0 5. JULI 2000

0032892510000

Stadtbibliothek Salzgitter

gelöscht

Nicht
entleihbar

Stadtbibliothek
-Salzgitter-

1x 89,- / 1000

D1690283

SPRA
V44
DvD

DUDEN

Das große Wörterbuch
der deutschen Sprache

Band 1: A–Bedi

Noch Fragen?
Die DUDEN-Sprachberatung hilft Ihnen prompt und zuverlässig bei der Lösung sprachlicher Zweifelsfälle zum Beispiel aus folgenden Bereichen:
- Rechtschreibung und Zeichensetzung
- Grammatik und Wortbedeutung
- Stil und Anreden
- formale Textgestaltung

Sie erreichen uns montags bis freitags von 9.00 bis 17.00 Uhr unter der Telefonnummer 01 90/87 00 98 (3,63 DM/Min.).

DUDEN

Das große Wörterbuch
der deutschen Sprache

IN ZEHN BÄNDEN

3., völlig neu bearbeitete und erweiterte Auflage
Herausgegeben vom Wissenschaftlichen Rat
der Dudenredaktion

Band 1: A – Bedi

DUDENVERLAG
Mannheim · Leipzig · Wien · Zürich

Redaktionelle Bearbeitung:
Dr. Werner Scholze-Stubenrecht (Projektleiter)
Dieter Mang (stellvertretender Projektleiter)

Anette Auberle, Ulrike Braun M. A., Maria Grazia Chiaro M. A.,
Birgit Eickhoff M. A., Angelika Haller-Wolf, Dr. Anette Klosa,
Ursula Kraif, Dr. Kathrin Kunkel-Razum, Ralf Osterwinter,
Dr. Christine Tauchmann, Olaf Thyen, Marion Trunk-Nußbaumer M. A.,
Dr. Matthias Wermke

Unter Mitarbeit von:
Dr. Brigitte Alsleben, Dr. Jochen A. Bär, Jürgen Folz, Evelyn Knörr,
Anja Konopka, Dr. Martha Ripfel, Magdalena Seubel, Wolfgang Worsch

Beratende Mitwirkung:
Gesellschaft für deutsche Sprache, Wiesbaden

Typographie: Norbert Wessel, Mannheim

Umschlaggestaltung: Mischa Acker, Mannheim

Herstellung: Monika Schoch, Mannheim

Die Deutsche Bibliothek – CIP-Einheitsaufnahme
Duden »Das große Wörterbuch der deutschen Sprache«: in zehn Bänden /
hrsg. vom Wissenschaftlichen Rat der Dudenredaktion.
[Red. Bearb.: Werner Scholze-Stubenrecht (Projektleiter) ...]
Unter Mitarb. von Brigitte Alsleben ...]. – [Ausg. in 10 Bd.]. –
Mannheim ; Leipzig ; Wien ; Zürich : Dudenverl.
ISBN 3-411-04733-X
Bd. 1. A – Bedi
3., völlig neu bearb. und erw. Aufl. – 1999
ISBN 3-411-04743-7

Das Wort DUDEN ist für den Verlag
Bibliographisches Institut & F. A. Brockhaus AG
als Marke geschützt.

Das Werk wurde in neuer Rechtschreibung verfasst.

Alle Rechte vorbehalten
Nachdruck, auch auszugsweise, verboten
Kein Teil dieses Werkes darf ohne schriftliche Einwilligung des Verlages
in irgendeiner Form (Fotokopie, Mikrofilm oder ein anderes Verfahren),
auch nicht für Zwecke der Unterrichtsgestaltung, reproduziert
oder unter Verwendung elektronischer Systeme verarbeitet, vervielfältigt
oder verbreitet werden.

© Bibliographisches Institut & F. A. Brockhaus AG, Mannheim 1999
Satz: Bibliographisches Institut & F. A. Brockhaus AG (alfa Integrierte Systeme)
Druck: Druckhaus Langenscheidt KG, Berlin
Bindearbeit: Schöneberger Buchbinderei, Berlin
Printed in Germany
Gesamtwerk: ISBN 3-411-04733-X
Band 1: ISBN 3-411-04743-7

Vorwort

»Das große Wörterbuch der deutschen Sprache« in der hier vorliegenden dritten, vollständig überarbeiteten und aktualisierten Auflage ist die umfassende und authentische Dokumentation der deutschen Sprache vor dem Übergang ins neue Jahrtausend.

In mehr als 200 000 Stichwörtern mit über 300 000 Bedeutungserklärungen erschließt die Dudenredaktion mit diesem Nachschlagewerk die sprachliche Welt unserer Gegenwart. Anknüpfend an die Literatursprache der deutschen Klassik spannt sie den Bogen bis zum Ende unseres Jahrtausends, wobei der Schwerpunkt auf der deutschen Sprache des zwanzigsten Jahrhunderts (besonders in der Zeit nach 1945) liegt.

Dieses Wörterbuch hat die Aufgabe, die deutsche Sprache in ihrer ganzen Vielschichtigkeit zu dokumentieren und damit auch bewusst zu machen. Es ist zugleich ein Spiegelbild unserer Zeit und ihrer kulturellen und gesellschaftlichen Verhältnisse.

»Das große Wörterbuch der deutschen Sprache« beschreibt zum einen den Wortschatz der deutschen Gegenwartssprache mit allen Ableitungen und Zusammensetzungen so vollständig wie möglich. Es schließt alle Sprach- und Stilschichten ein, alle landschaftlichen und regionalen Varianten, auch die sprachlichen Besonderheiten in Österreich und in der deutschsprachigen Schweiz, und alle Fach- und Sondersprachen, insofern sie auf die Allgemeinsprache hinüberwirken. Zum anderen bezieht dieses Wörterbuch auch den Wortschatz der deutschen Sprache von der zweiten Hälfte des 18. Jahrhunderts bis zum Ende des 19. Jahrhunderts mit ein und erfasst Wörter und Verwendungsweisen, die für das Verständnis der klassischen deutschen Literatur von Lessing bis Fontane nötig sind.

Um den Wortschatz so vollständig und so exakt wie möglich zu beschreiben, geht das Wörterbuch auf authentisches Quellenmaterial zurück. Es wertet mehrere Millionen Belege aus der Sprachkartei der Dudenredaktion sowie umfangreiche elektronische Textkorpora aus. Vielfach wurden zusätzlich die allgemeinen Recherchemöglichkeiten des Internets genutzt. Zahlreiche Belege sind als Beispiele oder Zitate in das Wörterbuch eingeflossen, um die Verwendung der Wörter im Satz zu veranschaulichen. Auch in allen anderen Belangen ist das Wörterbuch das Ergebnis umfangreicher Untersuchungen, die die Dudenredaktion in den vergangenen Jahrzehnten – zum Teil in Zusammenarbeit mit Fachgelehrten – durchgeführt hat, sei es im Bereich der Aussprache, der Etymologie oder der Grammatik. Auch das sprachwissenschaftliche Schrifttum ist für dieses Wörterbuch ausgewertet worden.

»Das große Wörterbuch der deutschen Sprache« ist ein Gesamtwörterbuch, das verschiedene Aspekte, unter denen der Wortschatz betrachtet werden kann, vereinigt. Es enthält alles, was für die Verständigung mit Sprache und das Verständnis von Sprache wichtig ist. Einerseits stellt es die deutsche Sprache so dar, wie sie in der zweiten Hälfte des 20. Jahrhunderts ist, zeigt die sprachlichen Mittel und deren Funktion, andererseits leuchtet es die Vergangenheit aus, geht der Geschichte der Wörter nach und erklärt die Herkunft von Redewendungen und sprichwörtlichen Redensarten.

Immer mehr Menschen benötigen heute ein umfassendes, die deutsche Sprache zuverlässig dokumentierendes Wörterbuch. Das Kulturgut Wörterbuch gewinnt in unserer Gesellschaft zunehmend an Bedeutung. Die Dudenredaktion trägt dieser Entwicklung mit dem »Großen Wörterbuch der deutschen Sprache« Rechnung. Dieses Wörterbuch soll einerseits die sprachlichen Fähigkeiten des Einzelnen weiterentwickeln und andererseits die Verständigung – durch die starke Berücksichtigung der Fachsprachen auch die Verständigung zwischen den Fachbereichen – erleichtern. Es soll die Sprachkultur fördern und schließlich auch dazu beitragen, die Stellung des Deutschen in der Welt als Wissenschaftssprache und als Konferenzsprache zu stärken.

Ein besonderer Dank der Dudenredaktion gilt der Gesellschaft für deutsche Sprache, Wiesbaden, dem Institut für Deutsche Sprache, Mannheim, sowie dem Institut für maschinelle Sprachverarbeitung der Universität Stuttgart für wertvollen Rat und freundliche Unterstützung bei der Überarbeitung des Wörterbuchs.

Mannheim, im Oktober 1999   Die Dudenredaktion

Inhalt

Geleitwort von Herbert Heckmann:
Sprechen wir in der Zukunft noch Deutsch? 9
Anlage und Aufbau der Wörterbuchartikel 15
Das Wichtigste auf einen Blick 17
Anordnung und Behandlung der Stichwörter 23
Liste der starken, der unregelmäßigen Verben
und der Verben mit Mischformen 43
Bereiche, Fach- und Sondersprachen 51
Im Wörterverzeichnis verwendete Abkürzungen 53
Wörterverzeichnis 61
Quellenverzeichnis 4725
Zur Neuregelung der deutschen Rechtschreibung 4746
Die Geschichte der deutschen Sprache 4771
Wörter des Jahrhunderts 4783

HERBERT HECKMANN

Sprechen wir in der Zukunft noch Deutsch?

Wörterbücher sind nicht gerade Lesebücher, sondern Blätterbücher, bei denen man die erstaunlichsten Entdeckungen machen kann. So wird es jedem wortneugierigen oder wortunsicheren Benutzer ergehen, der den großen DUDEN in die Hand nimmt. Er ist ein Wörterbuch der deutschen Sprache, der gleichwohl zeigt, dass nicht jedes Wort seinen Ursprung in der deutschen Sprache hat. Sie hat viele fremdsprachliche Masken getragen, ohne ihr Gesicht zu verlieren.

Das sei gleich zum Trost für die Puristen gesagt, die bei jeder Sprache, die der deutschen das Erbrecht streitig zu machen versucht, aufseufzen und gleich den Untergang ihrer Sprache befürchten.

Die deutsche Sprache hat seit ihren Anfängen tüchtig bei anderen Sprachen geborgt. Wir sprechen dann von Lehnwörtern, die heute kaum ihren Ursprung ahnen lassen. Nehmen wir zum Beispiel das Wort »Teller«, das nichts von seiner fremden Ahnengalerie verrät. Kant weist in seiner »Kritik der reinen Vernunft« darauf hin, dass die Hauptbedeutung des Wortes das Rundsein sei. Nichts dergleichen. Die Sprachwurzel liegt vielmehr in einem Zeitwort, das das Schneiden bezeichnet. Von lateinisch talea = abgeschnittenes Stück, Einschnitt leiten sich ab: italienisch tagliare, französisch tailler = zerschneiden, altfranzösisch tailleor = Vorlegeteller. Das Mittelhochdeutsche entlehnte aus dem Italienischen talier, aus dem Französischen deller. Der Teller ist also ursprünglich der Vorlegeteller, auf dem das Fleisch zerschnitten wurde und von dem sich die Teilnehmer der Mahlzeiten die Stücke mit der Hand oder später mit der Gabel nahmen.

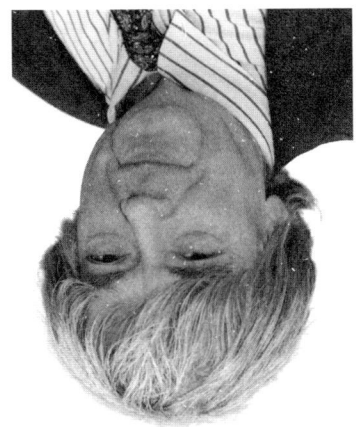

Herbert Heckmann, Absolvent des Frankfurter Goethe-Gymnasiums und der ebenfalls nach dem Dichterfürsten benannten Universität, war langjähriger Präsident der Deutschen Akademie für Sprache und Dichtung in Darmstadt. Was die Zukunft der deutschen Sprache betrifft, so ist ihm darum nicht bange.

»Die deutsche Sprache hat viele fremdsprachliche Masken getragen, ohne ihr Gesicht zu verlieren.«

Durchstöbert man die deutsche Sprache nach Lehnwörtern, wird man eine erkleckliche Anzahl entdecken, die nichts Fremdländisches mehr an sich haben. Diese Einbürgerungen haben der deutschen Sprache nicht geschadet. Im Gegenteil, sie haben ihr das Neue erschlossen, für das sie selbst keine eigenen Wörter besaß. Freilich sollte man nichtsdestotrotz den Rat Goethes beherzigen: »Die Pflicht des Schriftstellers ist es, auf die Abstammung der Wörter zu merken. Die Ableitung führt ihn auf das Bedeutende des Wortes, und er stellt manches Gehaltvolle wieder her und führt ein Missbrauchtes in den vorigen Stand.«

Der wohl größte Teil der deutschen Lehnwörter stammt aus dem Lateinischen und zeigt, was die Germanen vom römischen Erbe angenommen haben. Latein war auch die Sprache der Kirche, um dann schließlich zur Gelehrtensprache schlechthin zu werden. Noch im 19. Jahrhundert wurden wissenschaftliche Arbeiten in Latein verfasst. Im 17. Jahrhundert gewann das Französische im deutschen Sprachgebiet mehr und mehr an Bedeutung und hinterließ mancherlei Spuren. Hierbei spielte der Nachahmungstrieb der Deutschen eine große Rolle, die sich bei ihrem westlichen Nachbarn das Weltmännische abzugucken erhofften. Wer etwas am Hofe der vielen Fürstentümer und in der feinen Gesellschaft werden wollte, »partierte« französisch und gab sich »galant«. Die Wörter »galant« und »Galanterie« leiten sich von dem arabischen »chila« = Ehrengewand ab, das im Spanischen zu »gala« wurde. Alle Sprachen leben gleichsam vom Import und Export der Wörter. Was den Import der französischen Sprache in die deutsche anbelangt, so kam es dabei zu abenteuerlichen Sprachvermischungen, die schon sehr früh satirischen Widerspruch herausforderten. So dichtete Friedrich von Logau in seinen »Deutschen Sinn-Getichten« (1654):

Wer zu einer / die nicht ehelich ist geboren / sich verfreit /
Dieser mecht, daß jhn bey Zunfften / kein in jhrem Mittel leidt:
Weil Frantzösisch / wie man saget / ist Latein / dem Huren-Kind
Wie dann / daß um sie bey Deutschen so viel tolle Freyer sind?

Herbert Heckmann

25.9.1930 in Frankfurt am Main geboren
Studium der Germanistik und Philosophie in Frankfurt am Main
seit 1958 schriftstellerisch tätig
1959 Promotion, danach Hochschulassistent in Münster
1962 Veröffentlichung des Entwicklungsromans »Benjamin und seine Väter«
1963-79 Herausgeber der »Neuen Rundschau«
1965-67 Gastdozent für deutsche Sprache und Literatur an der Northwestern University (Evanston, Illinois)
1972 Erzählband »Der große Knock-out in sieben Runden«
1984-96 Präsident der Deutschen Akademie für Sprache und Dichtung in Darmstadt
veröffentlichte auch Kinderbücher, gastrosophische Schriften und Arbeiten zur Sprache und Landschaft seiner hessischen Heimat

Noch zu Beginn unseres Jahrhunderts bestand der deutsche Sprachschatz aus vielen französischen Fremdwörtern und Redewendungen. Heute jedoch sind im Dickicht der deutschen Sprache kaum noch Spuren der ehemaligen verbalen Frankophilie zu finden. Daran mit schuldig ist nicht zuletzt das Reinheitsgebot für die deutsche Sprache, das die Kulturdemagogen des Nationalsozialismus forderten. Nach 1945 trat so etwas wie eine Spracherneuterung ein, nachdem bewusst geworden war, welches Unheil man mit einer gegängelten Sprache anrichten kann. Dolf Sternberger, der die sprachkritischen Untersuchungen »Aus dem Wörterbuch des Unmenschen« (1956) mit herausgegeben hat, war überzeugt, dass den Modewörtern des Nationalsozialismus auch weiterhin das Unmenschliche ihrer ehemaligen Benutzer eigen sei. Trotz der moralischen Sprachkritik blieben diese Wörter im Schwange, ohne dass man jeden, der sie im Munde führte, gleich einen Nazi hätte schelten können. Vorbei war es jedoch mit der Vorstellung, dass Rasse, Staat und Sprache seelisch zueinander zu ordnen seien. Wohl häutet sich die deutsche Sprache immer wieder, aber dies geschieht nicht nach politischen und »völkischen« Maßstäben. Die deutsche Sprache ist die Sprache, die von den Bewohnern der deutschsprachigen Länder gesprochen und geschrieben wird, aber nicht das Ideal einer Sprache, dem wir zustreben müssten. Sie lebt und ändert sich im Dialog mit anderen Sprachen, sie hat ein historisches Schicksal und greift das auf, was zur Bewältigung und zum Verständnis der Gegenwart notwendig ist. Das Neue muss einen Namen haben, um es brauchbar zu machen. »Kein Ding sei, wo das Wort gebricht«, fordert Stefan George. So wächst die deutsche Sprache von Tag zu Tag unter dem Diktat der Geschichte, wie sie auch Wörter einbüßt, mit denen die Deutschen nichts mehr anzufangen wissen.

Es ist schwer abzuschätzen, was bleibt und was hinzukommt. Schließlich haben alle ein Wort mitzureden, wenn sie nicht einfach nachplappern. Als man in der Bundesrepublik mit dem Wiederaufbau begann, richtete sich die Sprachneugier vor allem auf das Englische, aus dem zahllose Wörter und Worte importiert wurden. Man eignete sich geschwind ein amerikanisches Lebensgefühl an und schmückte seinen »Talk«, demensprechend. Heute ist der englische Anteil an der

Talk gehört zum Lifestyle, outen ist in, Trouble hat jeder und erzählt davon, just for fun: Hier wird die 500. Folge der Talkshow »Fliege« gefeiert.

Im 17. und 18. Jahrhundert galt es in höfischer Gesellschaft und im gehobenen Bürgertum in Deutschland als kultiviert, auf Französisch zu parlieren und sich so in kosmopolitischer Gewandtheit zu präsentieren (Adolf von Menzel, König Friedrichs II. Tafelrunde in Sanssouci, 2. Hälfte des 19. Jahrhunderts).

deutschen Sprache so weit gediehen, dass Engländer um ihre eigene Sprache bangen, die sie von Deutschen phonetisch wie grammatisch verhunzt hören. Es scheint gar, als würde sich in Deutschland eine neue englische Sprache entwickeln. Die Versuchung dazu ist sehr groß. Der Umgang mit dem Computer allenthalben, selbst zu Hause, wie das Surfen im Internet ist nur mit den englischen Fachausdrücken möglich. Nicht anders ist es mit den Fachsprachen der Naturwissenschaften und der Medizin, die ganz und gar vom Englischen beherrscht werden. »Global« ist das heutige Zauberwort, das jeden bewegt, der nicht in einem Sprachwinkel versauern will. Eine Übersetzung der englischen Fachausdrücke ins Deutsche würde ein babylonisches Chaos schaffen. Der Versuch unserer französischen Nachbarn, ihre Sprache gegen die Übermacht der global gewordenen englischen Sprache zu behaupten, ist selbst mit Strafdrohungen gegen die Sprachsünder nicht gelungen. Wenn sie in der Wissenschaft, in der Forschung, in den neuen Medien mithalten wollen, müssen sie ihren Sprachstolz etwas zurücknehmen.

Die Deutschen freilich übertreiben die Einbürgerung englischer Wörter in ihre Sprache, vor allem dann, wenn ein deutsches Wort viel triftiger als das englische ist. Was früher schlicht und einfach Auskunft war, ist heute »information«, was man einmal Liebhaber nannte, ist im aktuellen Indiskretionsklatsch »lover«. Man ist eben auf der Höhe der Zeit, wenn dies auch einen Tiefpunkt des Geschmacks darstellt. Natürlich fehlt es hierzulande nicht an puristischer Kritik, die so weit geht, die deutsche Seele in Gefahr zu sehen.

»*Sicher ist, dass wir in der Zukunft weiterhin Deutsch sprechen, jedoch mit Farbflecken anderer Sprachen*«

»Can you English?«: Englische Wörter und Wendungen sind aus dem deutschen Sprachalltag nicht mehr wegzudenken. Engländer und Amerikaner staunen manchmal nicht schlecht, wenn sie hören oder lesen, wie sich dabei Aussprache oder Bedeutung gewandelt haben.

Moden haben es in sich, vorüberzugehen. Da bedarf es eher einer guten Satire, um dies zu beschleunigen, als eines Reinheitsgebots. Auf den englischen Fachausdruck können wir nicht verzichten, und man muss kein Prophet sein, um die Zukunft der deutschen Sprache vor einem englischen Hintergrund zu sehen. Schließlich wollen wir uns nicht aus der Weltwirtschaft und aus der wissenschaftlichen Zusammenarbeit mit anderen Staaten zurückziehen. Doch dürfen wir nicht vergessen, dass in der deutschen Sprache vieles viel besser und anschaulicher zum Ausdruck kommen kann als im rasch importierten Englisch. Worauf es ankommt, ist, dass man sich ebenso auf gut Deutsch seinen Landsleuten gegenüber verständlicher machen kann wie auch gegenüber den Fremden durch die englische Sprache. Sicher ist, dass wir in der Zukunft weiterhin Deutsch sprechen, jedoch mit Farbflecken anderer Sprachen, und das müssen nicht nur englische sein. Wir helfen uns dabei, wenn wir über die Sprache nachdenken, die wir benutzen.

Protest: nicht sprachlicher gegen das Englische, sondern theologischer gegen die Verwendung des Kruzifixes in der Zigarettenwerbung. Wo? In Lübeck. Wie? In English, of course.

Anlage und Aufbau der Wörterbuchartikel

Um Ihnen den Zugang zu der in diesem Nachschlagewerk enthaltenen Informationsfülle zu erleichtern, möchten wir Ihnen die Anlage und den Aufbau des **Großen Wörterbuchs der deutschen Sprache** auf zwei Arten vorstellen, die aufeinander abgestimmt sind und sich gegenseitig ergänzen.

Zunächst werden unter der Überschrift »Das Wichtigste auf einen Blick« die einzelnen Elemente der Artikelstruktur anhand ausgewählter Stichwörter schlaglichtartig vorgestellt. Verweise in Klammern geben an, auf welchen Seiten im Abschnitt »**Anordnung und Behandlung der Stichwörter**« nähere Informationen zu diesen charakteristischen Elementen der lexikographischen Darstellung zu finden sind.

Dank dieser speziell für das **Große Wörterbuch der deutschen Sprache** konzipierten zweiteiligen Gestaltung der Benutzungshinweise können Sie also, je nach Bedarf in Ihrer jeweiligen Benutzungssituation, zwischen einer kurz gefassten, schnell überschaubaren »Gebrauchsanleitung« und einer ausführlicheren, mehr ins Detail gehenden Beschreibung der Wörterbuchstruktur wählen.

Außerdem können Sie die Kurzfassung dazu benutzen, einen bestimmten, für Sie gerade interessanten Abschnitt in der ausführlichen Darstellung (über die oben erwähnten Verweise) rasch aufzufinden.

Das Wichtigste auf einen Blick

Oran|gen|mar|me|la|de, die: *Marmelade aus Orangen.*
Oran|gen|re|net|te, die: *Cox' Orange.*
Oran|gen|saft, der: *ausgepresster Saft von Orangen.*
Oran|gen|scha|le, die: *Schale der Orange.*
Oran|gen|schei|be, die: *einzelne halbmondförmige Scheibe einer Orange.*
Orange Pe|koe [ˈɔrɪndʒ ˈpiːkoʊ], der; -- [engl. orange pekoe, aus dem Chin.]: *indische Teesorte aus den größeren, von der Zweigspitze aus gesehen zweiten u. dritten Blättern der Teepflanze.*
Oran|ge|rie [orãʒəˈriː, auch: oraŋʒ...], die; -, -n [frz. orangerie]: *[in die Anlage barocker Schlösser einbezogenes] Gewächshaus in Parkanlagen des 17. u. 18. Jh.s zum Überwintern von exotischen Gewächsen, bes. Orangenbäumen.*
oran|ge|rot <Adj.>: *von orangefarbenem Rot.*

Jedes Stichwort steht in halbfetter Schrift am Anfang einer neuen Zeile (↑ S. 26).

¹**Ni|ckel,** das; -s [schwed. nickel, gek. aus: kopparnickel = Kupfernickel (= Rotnickelkies), da in diesem Erz ¹Nickel am häufigsten vorkam; urspr. glaubte man, das Erz sei wertlos u. ein Kobold (vgl. ³Nickel) habe es unter die wertvolleren Erze gemischt]: *silberweiß glänzendes Schwermetall (chemisches Element; Zeichen: Ni).*
²**Ni|ckel,** der; -s, - (ugs. veraltet): *Nickelmünze, Zehnpfennigstück.*
³**Ni|ckel,** der; -s, - [älter auch = Kobold; als Scheltwort gebr. Kurzf. des m. Vorn. Nikolaus] (landsch.): *eigensinniges, schwieriges Kind.*

Hochgestellte Ziffern zur Kennzeichnung von Stichwörtern mit gleicher Schreibung (↑ S. 28).

nF = Nanofarad. **NF** = Neues Forum. **N. F.** = Neue Folge. **NGO** [endʒiːˈoʊ], die; - [Abk. für non-governmental organization]: *Nichtregierungsorganisation; in unterschiedlichen Politikbereichen tätige nichtstaatliche Organisation.*	Abkürzungen als Stichwörter (↑ S. 24).
Oph|thal|mo|lo|ge...	Worttrennmöglichkeiten werden mit dem Zeichen | angezeigt (↑ S. 28).
Kom|pres|sor, der; -s, ...oren ... **Kom|pres|so|ri|um**...	Angabe der Betonung (↑ S. 29). Der unter einen Vokal gesetzte Punkt gibt die Betonung auf einer kurzen, der Strich die Betonung auf einer langen Silbe an.
Ku|bist, der; -en, -en... **Ku|bis|tin,** die; -, -nen... **LCD** [ɛltseːˈdeː], das; -s, -s ...	Grammatische Angaben bei Substantiven und Abkürzungswörtern (↑ S. 31). Dabei werden das Genus (durch den bestimmten Artikel) und die Endungen des Genitivs Singular und des Nominativs Plural angegeben.
ka|se|mat|tie|ren, <sw. V.; hat>...	Grammatische Angaben bei Verben (↑ S. 31).
kurz <Adj.; kürzer, kürzeste>...	Grammatische Angaben bei Adjektiven (↑ S. 31).
jen|seits [auch ˈjɛn...; mhd. jensit, jene site]: **I.** <Präp. mit Gen.> *auf der gegenüberliegenden, anderen Seite:* j. des Ozeans; ... **II.** <Adv.> **1.** *auf der gegenüberliegenden, anderen Seite [gelegen]:* j. vom Rhein...	Gehört ein Stichwort mehreren Wortarten an, erscheinen die Wortartangaben hinter römischen Gliederungsziffern (↑ S. 31).
Pen|do|li|no®, der; -s, -s [nach der in Italien entwickelten Pendolino-Technik, ital. pendolino, Vkl. von: pendolo = Pendel, zu: pendere = sich neigen < lat. pendere]: *mit einer speziellen computergesteuerten Neigetechnik ausgestatteter Zug*...	Kennzeichnung von Markenzeichen mit ® (↑ S. 24).

Pfet|te, die; -, -n [spätmhd. pfette; wohl über das Roman. zu lat. patena, eigtl. = Krippe < griech. (mundartl.) páthnē]...

Pfiff, der; -[e]s, -e [1: rückgeb. aus ↑ pfeifen; 2: entw. auf den Lockpfiff der Vogelsteller od. auf den zur Ablenkung ausgestoßenen Pfiff der Taschenspieler bezogen; 3: zu landsch. Pfiff = Kleinigkeit, Wertloses]...

Etymologische Erläuterungen (↑ S. 32) zum Stichwort bzw. zu einzelnen Bedeutungen.

re|ge|ne|rie|ren, <sw. V.; hat> [1: frz. régénérer < lat. regenerare, aus: re- = wieder und generare = (er)zeugen]: **1.** (bildungsspr.) *erneuern, mit neuer Kraft versehen, neu beleben:* seine Kräfte, sich geistig und körperlich r. ... **2.** <r. + sich> (Biol., Med.) *(von verletzten, abgestorbenen Geweben, Organen o. Ä.) neu entstehen, sich neu bilden:* Federn, Haare, Pflanzenteile regenerieren sich... **3.** (Technik) **a)** *durch entsprechende Behandlung wiederherstellen...* **b)** *(von nutzbaren chemischen Stoffen, wertvollen Rohstoffen, abgenutzten Teilen o. Ä.) aus verbrauchten, verschmutzten Materialien wiedergewinnen, wieder gebrauchsfähig machen:* Motoren, chemische Substanzen r. ...

Arabische Ziffern und Kleinbuchstaben kennzeichnen die verschiedenen Bedeutungen (↑ S. 38) eines Stichwortes.

Qua|drant, der; -en, -en [lat. quadrans (Gen.: quadrantis) = der vierte Teil, subst. 1. Part. von: quadrare, ↑ quadrieren]. **1. a)** (Geom., Geogr., Astron.) *Viertel eines Kreises, bes. eines Meridians od. des Äquators;* **b)** (Math.) *Viertel einer Kreisfläche;* **c)** (Math.) *eines der vier Viertel, in die die Ebene eines ebenen rechtwinkligen Koordinatensystems durch das Achsenkreuz aufgeteilt ist:* der Punkt P (5, 3) liegt im ersten -en. **2.** (Astron., Seew.) *(heute nicht mehr gebräuchliches) Instrument zur Bestimmung der Höhe (4b) von Gestirnen.* **3.** (Milit.) *(heute nicht mehr gebräuchliches) Instrument zum Einstellen der Höhenrichtung eines Geschützes beim indirekten Schuss (ohne Sicht auf den Gegner).*
Qua|dru|pel|kon|zert, das (Musik): *Komposition (1b) für vier Soloinstrumente u. Orchester.*
Qua|dru|pol, der; -s, -e [zu lat. quadri- = vier u. ↑ ¹Pol] (Physik): *Anordnung von zwei elektrischen Dipolen od. zwei Magnetspulen.*

Sachgebietsangaben (↑ S. 36) zum Stichwort bzw. zu einer Bedeutung des Stichwortes.

Jam|mer|kas|ten, der (salopp abwertend): *Musikinstrument (z. B. Drehorgel, Klavier), Rundfunkgerät [das unreine, klägliche Töne von sich gibt].* **Jam|mer|mie|ne,** die (ugs.): *bekümmerter Gesichtsausdruck [der Mitleid erregen soll]:* mit einer J. daherkommen. **Jam|mer|tal,** das ‹o. Pl.›... (geh.): *das Leben auf dieser Welt als Stätte des Unglücks...*	Angaben zur Sprachebene (↑ S. 33 ff.).
Nipf, der; -[e]s [bayr. Nipf = Pips] (österr. ugs.): *Mut, Energie...* **par|kie|ren** ‹sw. V.; hat› (schweiz.): *parkieren.*	Besondere Berücksichtigung des österreichischen und schweizerischen Wortschatzes (↑ S. 35).
Kehr|wo|che, die ‹o. Pl.› (südd., bes. schwäb.): *Woche, in der eine Mietpartei verpflichtet ist, die Treppe [den Bürgersteig o. Ä.] zu reinigen...* **Küb|ler,** der; -s, - ... (südwestd.): *Böttcher.* **Lie|sen** ‹Pl.› (nordd.): *Fett von der Bauchwand des Schweins.*	Darstellung von regionalen Sprachvarianten des Deutschen (↑ S. 35).
Ka|der|ab|tei|lung, die (DDR): *Abteilung eines Betriebes, einer Verwaltung o. Ä., die für die Einstellung u. Betreuung des Personals zuständig ist.* **Ka|der|ak|te,** die (DDR): *Personalakte.*	Sprachliche Besonderheiten der ehemaligen DDR (↑ S. 35).
Macht|spruch, der: vgl. Machtwort. **Macht|stel|lung,** die: vgl. Machtposition.	Verweis auf Stichwörter, die nach demselben Wortbildungsmuster gebildet sind (↑ S. 39).
los|rei|ßen ‹st. V.;hat›: **a)**... **b)** ‹l. + sich› *sich [gewaltsam] lösen:* das Kind reißt sich [von der Hand der Mutter] los... **los|sa|gen,** sich ‹sw. V.; hat›: *sich von jmdm. trennen, loslösen, mit jmdm. etw. nichts mehr zu tun haben wollen...*	Angabe des reflexiven Gebrauchs von Verben (↑ S. 31).

Park|schei|be, die: *(hinter der Windschutzscheibe sichtbar zu platzierende) Karte mit einer einem Zifferblatt ähnlichen drehbaren Scheibe, mit der der Beginn des Parkens angezeigt wird u. die der Kontrolle der Parkdauer dient.*
Park|schein, der: *für gebührenpflichtige Parkplätze od. in Parkhäusern ausgegebener Schein, auf dem Beginn od. das Ende der Parkzeit vermerkt ist.*
Park|schein|au|to|mat, der: *Automat, der Parkscheine ausgibt.*
Park|strei|fen, der: *entlang einer Fahrbahn verlaufender Seitenstreifen, der zum Parken dient.*

Bedeutungsangabe (Definition) (↑ S. 36 ff.).

Re|vi|re|ment [revirə'mã:] ...
Rhythm and Blues ['riðəm ənd 'bluːz] ...

Angaben zur Aussprache in internationaler Lautschrift (IPA) (↑ S. 29 f.).

Ruck ... ein R. am Zügel; ein jäher R. mit dem Kopf; plötzlich gab es einen R.; mit einem R. riss ich mich los, hob er die schwere Kiste hoch; ohne den geringsten R. anfahren; Ü einer Sache einen R. geben (selten; *sie vorantreiben*); es gab ihr einen inneren R. *(traf sie innerlich);* wir fuhren in einem R. (ugs.; *ohne Halt)* durch; ... bei den Wahlen gab es einen R. nach links (ugs.; *einen erheblichen Stimmenzuwachs für die linken Parteien*); **sich <Dativ> **[innerlich] einen R. geben** (ugs.; *sich überwinden, etw. zu tun, wogegen bestimmte Widerstände bestehen*).

Anwendungsbeispiele, typische Wendungen und Wortverbindungen (↑ S. 39 ff.).

sal|zig ... Der rund sechshundert Kilometer lange See hat keinen Abfluss. Was zufließt, verdunstet. Deshalb ist der Ostteil s. (Berger, Augenblick 125); ... Salziger, heller Rotz mischte sich ... auf seinen Lippen (Jahnn, Geschichten 88); Ein -er, nach Hibiskus und Rosmarin duftender Windstoß fegte durch die Stube der Alten (Ransmayr, Welt 193) ...
Sand|platz ... Experten meinen, auf einem S. sei den deutschen Profis ... am kommenden Wochenende der Pokalsieg sicher (Spiegel 48, 1993, 208); Es ist ein prächtiger Anblick, wenn die Ritter mit erhobenen Bannern auf den S. sprengen (Zeit 9. 8. 96, 43).

Originalzitate aus Literatur, Zeitungen, und Zeitschriften mit Quellenangaben (↑ S. 40).

◆ **Sap|per|lö|ter,** der; -s, -: *Schwerenöter:* Du kannst nicht übel erzählen, du S.! (Keller, Spiegel 278). **Sap|peur**... ◆ Ein Haar von einem Menschen, vom Bart eines -s, eines Unteroffiziers (Büchner, Woyzeck [Straße])...	Stichwörter und Belege aus der Zeit von etwa der Mitte des 18. Jahrhunderts bis zum Ende des 19. Jahrhunderts werden mit ◆ gekennzeichnet (↑ S. 23).
pla|zie|ren usw.: frühere Schreibung für ↑ platzieren usw.	Verweise von alter auf neue Schreibung (↑ S. 25).

ANORDNUNG UND BEHANDLUNG DER STICHWÖRTER

A Die Wortauswahl

»Das große Wörterbuch der deutschen Sprache« will den aktuellen Wortschatz des modernen Deutsch möglichst umfassend darstellen, wobei sich Verlag und Bearbeiter der Tatsache bewusst sind, dass Vollständigkeit bei geschätzten rund 500 000 Wörtern der Alltagssprache und einer nach oben unbegrenzten Zahl von fachsprachlichen Prägungen schlechterdings unmöglich ist.

Nicht aufgenommen werden dabei Ad-hoc-Bildungen, also oft individualsprachliche und situativ bedingte Prägungen, wie sie in der Literatur auftreten oder in den Medien immer wieder zu lesen und zu hören sind; etwa *__Fußballhimmel__ (... – die bayerische Hauptstadt schwebt im siebten F.; Die Welt online, 22. 9. 1998). Auch ausgesprochene Mundartwörter, die außerhalb ihres regionalen Verwendungsgebiets kaum erscheinen, werden nicht ins Wörterbuch aufgenommen; z. B. *__griabig__ (Ein klassischer Ausflugs-Biergarten also, g. und schattig.; Internet-Biergartenführer, www.biergarten.com/fuehrer) oder *__Hocketse__ (...; am 12. November 1998 findet ab 19 Uhr eine H. im Technikum des Fraunhofer-Instituts ... statt.; Veranstaltungshinweis des Fraunhofer Instituts für Bauphysik im Internet).

Veraltete Wörter werden nur vereinzelt aufgenommen, etwa dort, wo sie heute noch in spezieller Funktion verwendet werden, z. B. ironisch-scherzhaft wie __Embonpoint,__ bzw. wo sie immer noch Bestandteil von gebräuchlichen Wendungen sind, wie __Lug__ in __Lug und Trug.__

Liebhaber der deutschsprachigen klassischen Literatur werden eine große Auswahl an Wörtern finden, die in den Werken des 18. und 19. Jahrhunderts eine Rolle spielen, im modernen Deutsch jedoch meist keine Verwendung mehr finden. Wörter wie __Embrassement__ oder __Empfindlerin__ werden als volle Stichwörter behandelt, erklärt und mit einem Originalzitat belegt; als Erkennungszeichen dient eine vor dem Stichwort bzw. vor der Bedeutung oder dem Zitat platzierte Raute (◆).

Ausschlaggebend für die Aufnahme von Begriffen aus Fach- und Sondersprachen sind ihre Häufigkeit, d. h. ihre Verwendung in der geschriebenen und gesprochenen Alltagssprache. Sondersprachliche Wörter und Fachtermini, die außerhalb ihres begrenzten Fachgebietes nicht auftreten, erscheinen daher nicht im Wörterbuch.

Eine vollständige Erfassung der Fachsprachen ist in einem Wörterbuch, das die Darstellung der Allgemeinsprache anstrebt, ohnehin nicht zu leisten. Erwähnt sei nur, dass etwa die Bereiche Elektrotechnik oder Sanitärwesen jeweils über rund 80000 Fachtermini verfügen, die Medizin gar über etwa 250 000; und im Bereich der organischen Chemie treffen wir auf über 3,5 Millionen fachspezifische Wörter.

Als Stichworteinträge erscheinen auch gängige Abkürzungen und Kurzwörter, bei denen zumindest die Vollform, oft aber auch weitere Angaben zu Gebrauch und Bedeutung zu finden sind. Ebenso werden wichtige geographische Eigennamen verzeichnet, die Namen von Institutionen und Organisationen, sowie Namen und Begriffe aus der Mythologie oder Astronomie. Echte Personennamen, Warenzeichen oder Kunstwörter werden dagegen nur berücksichtigt, wenn sie als Gattungsbezeichnungen gebräuchlich sind, wie **Casanova, Raglan** oder **Perlon**®. Wörter, bei denen der Redaktion bekannt ist, dass es sich um eingetragene Markenzeichen handelt, sind durch das Zeichen ® kenntlich gemacht.

Verkleinerungsformen auf -chen erscheinen nur dann als Stichwort, wenn sich durch sie das Ausgangswort an sich verändert, etwa **Äffchen** ← **Affe**.

Die Aufnahme von produktiven Wortbildungselementen wie **a-, super-, Traum-; -abel, -freundlich** oder **-muffel** zeigt die Produktivität der deutschen Sprache und hilft beim Verstehen von Neuprägungen wie auch bei deren aktiver Benutzung.

In den letzten Jahren fand in vielen Bereichen des alltäglichen Lebens eine rasante Entwicklung statt, die sich im Wandel der Sprache spiegelt. Daher wurde in diese Neubearbeitung des »Großen Wörterbuchs der deutschen Sprache« eine Vielzahl an Neuwörtern (Neologismen) aufgenommen, bei denen aufgrund der Belegstellenlage die Annahme zu rechtfertigen ist, dass es sich bei ihnen nicht nur um kurzlebige Moment-Prägungen handelt (z. B. **Mauerspecht**).

Die Basis für die lexikographische Bearbeitung von bekanntem und neuem Wortschatz ist wie seit jeher die stets auf aktuellem Stand gehaltene Duden-Sprachkartei. Mit den nahezu unbegrenzten Möglichkeiten, die Recherchen in Datenbanken und im Internet bieten, haben die Bearbeiterinnen und Bearbeiter des Wörterbuches »Werkzeuge« an der Hand, die verlässliche Informationen zum Stand der deutschen Sprache von heute garantieren.

B Orthografie / Orthographie

Durch die Einführung des im Auftrage des königl. preußischen Ministeriums der geistlichen, Unterrichts- und Medizinal-Angelegenheiten herausgegebenen Büchleins »Regeln und Wörterverzeichnis für die deutsche Rechtschreibung« in allen preußischen Schulen ist ohne Zweifel die »orthographische Frage« nicht nur in ein neues Stadium getreten, sondern, fürs Erste wenigstens, entschieden.

Konrad Duden, 1880

Im Vorwort zu Konrad Dudens »Orthographischem Wörterbuch« schwingt eine gewisse Skepsis mit; als hätte der Begründer der modernen, einheitlichen Schreibung der deutschen Sprache bereits geahnt, dass die Diskussion eigentlich erst beginnen sollte.

Und in der Tat wird seit den ersten Versuchen der Vereinheitlichung bzw. Formulierung von allgemein gültigen Rechtschreibregeln teils erbittert um Nuancen und Details gefochten, teils um Grundsätzliches gerungen. Auch nach der Neuregelung der deutschen Rechtschreibung vom 1. Juli 1996 ist die Diskussion um Sinn oder Unsinn der Reform noch nicht verstummt.

Einem modernen Wörterbuch der deutschen Sprache – zumal einem Wörterbuch der vorliegenden Größe – kommt bei der Umsetzung einer solchen Reform eine doppelte Aufgabe zu.

Zum einen müssen die aus den neuen amtlichen Regeln resultierenden Schreibweisen richtig wiedergegeben werden, wie etwa **föhnen, Karamell, rau, Rohheit, Schifffahrt, Seeelefant, Stängel** oder **Tipp**.

Zum anderen müssen viele Wörter auch in ihrer alten Schreibweise auffindbar bleiben, da die neuen Schreibungen einstweilen noch nicht allen Sprachteilhabern vertraut sind. Dieses Problem stellt sich nicht in Fällen wie **Kuß/Kuss, daß/dass**, da diese Wörter in alter wie in neuer Schreibung an derselben alphabetischen Stelle stehen, wohl aber bei Wörtern wie **plazieren/platzieren, Gemse/Gämse**, deren neue Schreibungen recht weit vom alphabetischen Platz der alten entfernt stehen können.

»Das große Wörterbuch der deutschen Sprache« folgt in solchen Fällen den neuen Regeln, gibt jedoch für noch zulässige Nebenformen bzw. veraltete Schreibweisen Verweise an. Unter ²**As** findet man z. B. den Hinweis »frühere Schreibung von ¹Ass«, und wird so zum neuen Eintrag geführt.

Wo aus alten Zusammenschreibungen wie *****laubtragend** oder *****leichtverständlich** Getrenntschreibung wurde, findet man am alphabetischen Ort der alten Schreibweise zwar nur die neue Schreibung, jedoch mit Verweis auf den Artikel, in dem sich die neue Schreibung in den Beispielen findet:

leicht verständlich: s. leicht.

In Fällen, in denen neue und alte Schreibung gleichberechtigt sind (**Ketschup - Ketchup**), findet man den vollständigen Eintrag gewöhnlich unter der Schreibweise, die nach Einschätzung der Redaktion entweder derzeit noch am geläufigsten ist oder sich voraussichtlich bald durchsetzen wird. (Bei Zusammensetzungen wurde aus Platzgründen gelegentlich nur diese eine Schreibung angegeben.) Bei der anderen, ebenso gültigen Schreibweise steht in solchen Fällen ein Verweis.

Dies gilt auch für Fälle, in denen die alte Schreibweise nicht mehr gültig, aber vielen Benutzern möglicherweise noch vertrauter als die neue Schreibung ist:

Gem|sbart, Gems|bock, Gem|se usw.: frühere Schreibung
für Gämsbart, Gämsbock, Gämse usw.

Auch Fälle, in denen die neue Rechtschreibung regionale oder nationale Varianten vorsieht, werden berücksichtigt:

Geschoss, (südd., österr. auch) **Geschoß,** ...

Näheres zu den reformierten Rechtschreibregeln finden Sie im Anhang des Wörterbuchs.

C Die Anordnung der Stichwörter

Es gilt der Grundsatz: Jedes Stichwort steht am Anfang einer neuen Zeile.
Die Stichwörter sind streng alphabetisch angeordnet. Die Umlaute **ä, ö** und **ü** werden wie die entsprechenden nicht umgelauteten Vokale **a, o** und **u** (also nicht wie **ae, oe, ue**!) behandelt, wobei im Konkurrenzfalle der Umlaut dem nicht umgelauteten Vokal nachfolgt:

> **Raucherecke** ...
> **Raucherei** ...
> **Räucherei** ...
> **Räucherfass** ...
> **Raucherhusten** ...
> **räucherig** ...
> **Raucherin** ...

D Der Aufbau der Einträge

Die Darstellung in den Stichwortartikeln folgt einem einfachen Schema. Die in den Kreisen stehenden Zahlen dienen dazu, in dem folgenden längeren Beispiel aus dem Wörterbuch die genannten Elemente des Artikels leichter zu finden.

Wenn man im Umgang mit dieser leicht nachzuvollziehenden Grundstruktur vertraut ist, wird man auch beim Nachschlagen in längeren Einträgen schnell die gewünschte Information finden.

1. Die wichtigsten Elemente

- ❶ Stichwort mit
- ❷ Angaben zur Silbentrennung und
- ❸ Betonung;
- ❹ Angabe der Aussprache;
- ❺ grammatische Angaben;
- ❻ etymologische Angaben;
- ❼ Benennung der Sprachebene und
- ❽ Hinweis auf den Sprachgebrauch;
- ❾ zeitliche und
- ❿ regionale Einordnung;
- ⓫ Angabe des Sachgebiets bzw. der Fach- oder Sondersprache;
- ⓬ Bedeutungsangabe (Definition);
- ⓭ Anwendungsbeispiele;
- ⓮ Anwendungsbeispiele mit übertragener Bedeutung;
- ⓯ Belegzitate;
- ⓰ Redensarten;
- ⓱ Sprichwörter;
- ⓲ idiomatische Wendungen.

En|coun|ter ❶❷ [ɪnˈkaʊntə], ❹ das, (auch:) der; -s,- ❺ -[engl. encounter = Begegnung, Treffen] ❻ (Psych.): ⓫ *Sensitivitätstraining, bei dem die Selbstverwirklichung in der Gruppe durch die spontane Äußerung von Aggressionen, Sympathien u. Antipathien gefördert werden soll.*⓬

En|de, ❶❷❸ das; -s, -n ❺ [mhd. ende, ahd. enti = äußerster räumlicher od. zeitlicher Punkt]: ❻ **1. a)** <Pl. selten> *Stelle, Ort, wo etw. aufhört:* ⓬ das spitze, stumpfe E.; das E. der Straße; ⓭ wir wohnen am E. der Stadt, am E. der Welt *(scherzh.;* ❽ *weit draußen);* [...] Ü er fasst die Sache am richtigen/-falschen/verkehrten E. *(richtig/verkehrt)* an; ⓮ **b)** <o. Pl.> [...] plötzliches, gutes, schlimmes E.; das E. der Welt *(der Jüngste Tag);* das E. *(der Schluss)* der Vorstellung; E. (Funkw. ⓫ ; *Schluss)* der Durchsage; das E. naht, ist nicht abzusehen; (geh.: ❼) es war des Staunens kein E.; alles muss einmal ein E. haben; bei seinen Erzählungen findet er kein E., kann er kein E. finden *(kommt er nicht zum Schluss, kann er nicht aufhören* ⓬*);* kein E. nehmen *(nicht aufhören wollen);* ein böses/kein gutes E. nehmen *(böse ausgehen);* [...] er erzählte vom guten alten Feldhandball und dass es ein Jammer war, dass es mit dem nun fast zu E. ging *(dass es fast nicht mehr gespielt würde;* Loest, Pistole 171); ⓯ [...] R (scherzh.:) alles hat ein E. nur die Wurst hat zwei ⓰ bis zum bitteren E; Spr E. gut, alles gut; ⓱ ***das dicke E.** ⓲ (ugs.; [...] das dicke E. kommt noch, kommt nach; **am E.** (1. *schließlich, im Grunde: das ist am E. dasselbe.* 2. *nordd.;* ⓾ *vielleicht, etwa: du bist es am E. [gar] selbst gewesen);* **am E. sein** (ugs.; *völlig erschöpft sein);* **mit etw. am E. sein** *(nicht mehr weiterwissen, -können):* mit seinem Wissen am E. sein; **c)** (geh. verhüll.) *Tod:* sein E. nahen fühlen; ein qualvolles E. haben; **d)** (veraltet) ❾ *Zweck, Endzweck:* zu welchem E.? **2. a)** *letztes, äußerstes Stück:* die beiden -n der Schnur; das E. *(der Zipfel)* der Wurst; **b)** (landsch.) *kleines Stück (von einem Ganzen):* ein E. Draht, Bindfaden [...]

❶ Stichwort mit
❷ Angabe zur Silbentrennung
❹ Angabe der Aussprache
❺ grammatische Angaben
❻ etymologische Angaben
⓫ Angabe des Sachgebiets
⓬ Bedeutungsangabe

❶ Stichwort mit
❷ Angaben zur Silbentrennung und
❸ Betonung
❺ grammatische Angaben
❻ etymologische Angaben
❽ Hinweise auf den Sprachgebrauch
⓭ Anwendungsbeispiele
⓮ Anwendungsbeispiele mit übertragener Bedeutung
⓫ Angabe des Sachgebiets
❼ Benennung der Sprachebene

⓬ Bedeutungsangabe (auch bei Anwendungsbeispielen)

⓯ Belegzitat
⓰ Redensart
⓱ Sprichwort
⓲ idiomatische Wendung
⓾ regionale Zuordnung

❾ zeitliche Einordnung

2. Das Stichwort

Aus Gründen der Benutzerfreundlichkeit erhält jeder Eintrag Stichwortstatus, d. h. jeder Artikel beginnt mit einer neuen Zeile. Diese Art der Darstellung erleichtert das Auffinden des gesuchten Wortes.

Die Stichwörter erscheinen in halbfetter Schrift. Gibt es eine Variante zum Stichwort, so wird diese nach einem Komma ebenfalls in Halbfett abgegeben, wenn sie alphabetisch unmittelbar auf die Hauptform folgt:

Echoorientierung, die, **Echoortung,** die [...]

Folgt die Variante alphabetisch nicht unmittelbar auf das Stichwort, wird sie hier trotzdem, jedoch in magerer Schrift, mit angeführt. An ihrem alphabetischen Ort jedoch wird sie in der Regel zusätzlich als eigenständiges halbfettes Stichwort aufgenommen und mit einem Verweis auf den Haupteintrag versehen:

moderig, modrig <Adj.>...

...

modrig: moderig.

Gleich geschriebene Wörter (Homographen bzw. Homonyme) mit unterschiedlicher grammatikalischer Zuordnung (und damit verschiedener Deklination bzw. Konjugation), grundlegend unterschiedlicher Bedeutung oder verschiedener Aussprache werden durch hochgestellte Ziffern gekennzeichnet:

Beispiele:
[1]**Band,** das; -[e]s, Bänder u. -e ...
[2]**Band,** der; -[e]s, Bände ...
[3]**Band** [bɛnt, engl.: bænd], die; -, -s ...

[1]**hängen** <st. V.; hat, südd., österr. ...> ...
[2]**hängen** <sw. V.; hat> ...

[1]**sieben** <sw. V.; hat> ...
[2]**sieben** <Kardinalz.> ...

[1]**Tenor,** der; -s, Tenöre ...
[2]**Tenor,** der; -s ...

Mehrsilbige Stichwörter bergen noch zwei weitere Informationen. Senkrechte Striche, wie in **Ver|schluss|de|ckel,** zeigen unter Berücksichtigung der neuen Rechtschreibregeln die Möglichkeiten zur Worttrennung am Zeilenende. In der Praxis sollten aber Trennungen nur verwendet werden, wenn sich dadurch ein angemessener Raumgewinn ergibt. Die laut Regelwerk mögliche Trennstelle bei vokalischem Anlaut wie etwa nach dem A in Abend wird also nicht angegeben, da in solchen Fällen der Raumgewinn nur minimal wäre. Alle angegebenen Trennstellen sind als Empfehlungen zu verstehen; die neuen Rechtschreibregeln lassen häufig auch weitere Trennungen zu.

Ein unter einen Vokal gesetzter Punkt bezeichnet die Betonung auf einer kurzen, ein Strich unter einem Vokal oder Diphthong die Betonung auf einer langen Silbe. Diese Aussprachehilfen entfallen bei Stichwörtern, deren Aussprachen in Lautschrift angegeben wird.

3. Die Aussprache

Bei Stichwörtern, die keine fremdsprachigen Laute enthalten, sind Angaben in Lautschrift in der Regel überflüssig. Hier reichen die oben beschrieben Angaben zur Betonung aus.

Angaben zur Aussprache in Lautschrift sind daher in den meisten Fällen Stichwörtern vorbehalten, die aus einer Fremdsprache stammen, und deren Aussprache noch mit der in ihrer Ursprungssprache identisch oder stark an sie angelehnt ist. Die phonetische Umschrift folgt dem Zeichensystem der International Phonetic Association (IPA).

Die folgende Tabelle zeigt die Lautzeichen und ihre Kombinationen, wie sie im »Großen Wörterbuch der deutschen Sprache« verwendet werden. In der ersten Spalte steht das phonetische Zeichen, in der zweiten Spalte ein dazu passendes Wortbeispiel, in der dritten Spalte dessen volle phonetische Umschrift.

a	h**a**t	hat		ŋ	la**ng**	laŋ
a:	B**ah**n	ba:n		o	M**o**ral	mo'ra:l
ɐ	Ob**er**	'o:bɐ		o:	B**oo**t	bo:t
ɐ̯	Uh**r**	u:ɐ̯		o̯	l**o**yal	lo̯a'ja:l
ã	pens**ee**	pã'se:		õ	F**on**due	fõ'dy:
ã:	Ab**on**nement	abõnə'mã:		õ:	F**on**d	fõ:
ai̯	w**ei**t	vai̯t		ɔ	P**o**st	pɔst
au̯	H**au**t	hau̯t		ø	Ök**o**nom	øko'no:m
b	**B**all	bal		ø:	**Ö**l	ø:l
ç	i**ch**	iç		œ	g**ö**ttlich	'gœtliç
d	**d**ann	dan		œ̃	cha**c**un à son	ʃakœ̃asõ'gu
dʒ	**G**in	dʒin			goût	
e	M**e**than	me'ta:n		œ̃:	Parf**um**	par'fœ̃:
e:	B**ee**t	be:t		ɔy̯	H**eu**	hɔy̯
ɛ	h**ä**tte	'hɛtə		p	**P**akt	pakt
ɛ:	w**äh**len	'vɛ:lən		pf	**Pf**ahl	pfa:l
ɛ̃	t**im**brieren	tɛ̃'bri:rən		r	**R**ast	rast
ɛ̃:	T**im**bre	'tɛ̃:brə		s	Ha**s**t	hast
ə	halt**e**	'haltə		ʃ	**sch**al	ʃa:l
f	**F**ass	fas		t	**T**al	ta:l
g	**G**ast	gast		ts	**Z**ahl	tsa:l
h	**h**at	hat		tʃ	Ma**tsch**	matʃ
i	v**i**tal	vi'ta:l		u	k**u**lant	ku'lant
i:	v**ie**l	fi:l		u:	H**u**t	hu:t
i̯	Stud**i**e	'ʃtu:di̯ə		u̯	akt**u**ell	ak'tu̯ɛl
ɪ	B**i**rke	'bɪrkə		ʊ	P**u**lt	pʊlt
j	**j**a	ja:		v	**w**as	vas
k	**k**alt	kalt		x	Ba**ch**	bax
l	**L**ast	last		y	Ph**y**sik	fy'zi:k
l̩	Nabe**l**	'na:bel̩		y:	R**ü**be	'ry:bə
m	**M**ast	mast		y̯	Et**u**i	e'ty̯i:
m̩	große**m**	'gro:sm̩		ʏ	f**ü**llen	'fʏlən
n	**N**aht	na:t		z	Ha**s**e	'ha:zə
n̩	bade**n**	'ba:dn̩		ʒ	**G**enie	ʒe'ni:

Von diesen Zeichen und Zeichenkombinationen werden [ɐ̯ a͜i a͜u dʒ l̩ m̩ n̩ ɔy p͡f t͡s t͡ʃ] nicht für die Aussprache fremdsprachlicher Wörter verwendet.

Viele Fremdwörter im Deutschen entstammen der englischen Sprache, die einige Aussprachebesonderheiten aufweist. Zu deren phonetischer Darstellung sind eigene Zeichen erforderlich. In der folgenden Darstellung steht in der ersten Spalte das phonetische Zeichen, in der zweiten Spalte ein Beispiel für den dargestellten Laut und in der dritten Spalte die volle Lautschrift des Beispielworts.

ɑ:	Hardware	ˈhɑːdwɛə	ð	on the rocks	ɔn ðə ˈrɔks
æ	Campus	ˈkæmpəs	θ	Thriller	ˈθrılə
ʌ	Country-music	ˈkʌntrımjuːzık	w	Whirlpool	ˈwəːlpuːl

Sonstige Zeichen, die in der Beschreibung der Aussprache verwendet werden:

| Dieser senkrechte Strich innerhalb der Ausspracheangabe bezeichnet den »Knacklaut« (auch: Stimmritzenverschlusslaut) und bedeutet, dass aufeinander folgende Vokale nicht verbunden, sondern getrennt ausgesprochen werden, wie etwa in dem Stichwort **EAN-Code** [eːǀaːǀˈɛn...].
: Dieser Doppelpunkt ist ein Dehnungszeichen und steht bei lang gesprochenen Vokalen wie in **Chrom** [kroːm].
~ Die Tilde über einem Vokalzeichen bedeutet, dass der betreffende Vokal nasal ausgesprochen wird, wie etwa in **Fond** [fõ].
ˈ Das Betonungszeichen steht unmittelbar vor der betont ausgesprochenen Silbe: **Composé** [kõpoˈzeː].
ˌ Dieses Zeichen steht direkt unter einem silbisch gesprochenen Konsonanten: **Bushel** [ˈbʊʃl̩].
‿ Unter- oder übergesetzte Halbkreise bezeichnen einen unsilbischen Vokal, etwa wie in **Milieu** [miˈli̯øː] oder **Etui** [ɛtˈy̆iː].

Die Aussprache folgt direkt nach dem Stichwort und steht in eckigen Klammern: **Gin** [dʒın], **Jacquard** [ʒaˈkaːr].

Gleich bleibende Teile einer vorhergehenden Ausspracheangabe werden durch drei Punkte wiedergegeben: **Dompteur** [dɔmpˈtøːɐ̯]; **Dompteuse** [...ˈtøːzə]. Die drei Punkte stehen hier also für die Lautfolge [dɔmp].

Bei Betonungsvarianten werden die Silben durch Striche gezeigt, wie in **ebendaher** [auch: ˈ---ˈ-, --ˈ--].

Bei (fremdsprachigen) Wortgruppen, die naturgemäß keine Wortartangabe haben, stehen Aussprache und Etymologie durch Semikolon getrennt in e i n e r eckigen Klammer: **à la carte** [alaˈkart; frz., zu: carté ↑ Karte] (Gastr.): [...].

4. Die grammatischen Angaben

Zu jedem Stichwort werden detaillierte grammatische Informationen gegeben. Neben der Bestimmung der Wortart können dies Deklinations- oder Konjugationsformen sein, die Angabe, ob die Perfekttempora eines Verb mit *haben* oder mit *sein* gebildet werden oder die Steigerungsformen bei Adjektiven.

a) Die Wortart wird außer beim Substantiv (siehe b) in Winkelklammern angegeben: **bärtig** <Adj.>; **dummerweise** <Adv.>; **ohne** <Präp. mit Akk.>; **beide** <Indefinitpron.>; **zehn** <Kardinalz.>; **hei** <Interj.>. Gehört ein Stichwort mehr als einer Wortart an, wird mit römischen Ziffern untergliedert: **bis** [...] **I.** <Präp. mit Akk.> ... **II.** <Adv.> ... **III.** <Konj.> ...

b) Beim Substantiv steht anstatt einer Wortartangabe getrennt durch ein Komma nach dem Stichwort der bestimmte Artikel zur Bestimmung des Genus: **Bischof,** der; **Birne,** die; **Bier,** das. Es folgen nach einem Semikolon die Endungen von Genitiv Singular und Nominativ Plural. Der waagerechte Strich repräsentiert dabei das Stichwort: **Birne,** die; -, -n. Wenn nichts anderes angemerkt ist, gelten diese Deklinationsendungen auch für die Komposita des Substantivs, im gegebenen Fall also auch etwa für **Glühbirne**. Bei Komposita dieser Art werden daher keine Deklinationsformen angegeben.

Weist ein Substantiv im Plural eine Veränderung des Wortstamms auf, so wird diese Form angegeben: **Haus,** das; -[e]s, Häuser. Das Fehlen einer Pluralform bedeutet, dass das betreffende Substantiv normalerweise keinen Plural bildet.

Bei Wörtern wie **Ende,** die mehrere Bedeutungen haben, kann es vorkommen, dass in einer Bedeutungskategorie der Plural selten ist bzw. eine Pluralform nicht gebräuchlich ist. In diesen Fällen werden Markierungen wie <Pl. selten> oder <o. Pl.> verwendet.

c) In Adjektiveinträgen werden unregelmäßige Komparationsformen gezeigt: **groß** <Adj.; größer, größte>.

d) Beim Verb wird der Wortartangabe »V.« die Art der Flexion vorangestellt (sw. = schwach flektiert, st. = stark flektiert; unr. = unregelmäßig flektiert). Beispiele: **blamieren** <sw. V.>, **werfen** <st. V.>, **bringen** <unr. V.>. Eine Auflistung aller starken und unregelmäßigen Verben sowie aller Verben mit Mischformen befindet sich auf S. 43 – 50.

Reflexive Verben werden durch die Angabe »sich« nach dem Stichwort oder (bei Bedeutungspunkten) durch »+ sich« gekennzeichnet; die Anwendungsbeispiele zeigen, ob das Reflexivpronomen im Akkusativ oder Dativ gebraucht wird: **schämen,** sich <sw. V.; hat> [...] *ich schäme mich für dich* [...]; **merken** [...] **2.** <m. + sich> *im Gedächtnis behalten* [...] *merk dir das!* [...].

Der Wortartangabe folgt nach einem Semikolon die 3. Person Singular des Hilfsverbs (»hat« oder »ist«), mit dem das Perfekt des Verbs gebildet wird. Bei Verben, die in bestimmten Unterbedeutungen das Hilfsverb wechseln, steht die Angabe »ist« bzw. »hat« in Winkelklammer hinter der jeweiligen Bedeutungsangabe bzw. hinter der Ziffer, unter der mehrere Unterbedeutungen mit gleicher Perfektbildung aufgeführt sind: **laufen** ... **1.** ⟨ist⟩ [...] **5. a)** *als Läufer in einem sportlichen Wettbewerb, Rennen an den Start gehen* ⟨ist⟩ [...] **b)** [...] *als Läufer eine bestimmte Zeit erzielen, erreichen* ⟨hat/ist⟩ [...] **c)** [...] *eine bestimmte Strecke zurücklegen* ⟨hat⟩ [...].

Unter 5. a) lauten die Formen also »ich bin gelaufen, du bist gelaufen ... sie sind gelaufen«, unter 5. c) lauten sie »ich habe gelaufen, du hast gelaufen ... sie haben gelaufen«. Unter 5. b) können beide Formen erscheinen: »ich habe/bin gelaufen, du hast/bist gelaufen ... sie haben/sind gelaufen«).

Bei Verben mit gemischten Flexionsformen, die besonders aufgeführt werden, steht die betreffende Form des Hilfsverbs vor dem 2. Partizip: **aussenden** ⟨unr. V.; sandte/(seltener:) sendete aus, hat ausgesandt/(seltener:) ausgesendet⟩ [...].

Zusammengesetzte Verben (**verlaufen, entstehen, vorbeikommen, zurückholen** usw.) folgen der Beugung des Basisverbs.

5. Die etymologischen Angaben

Die etymologischen Angaben informieren über die Geschichte bzw. die Herkunft der Wörter.
 Sie gehen, was die Form angeht, bei originär deutschen Wörtern im Allgemeinen nicht über das Althochdeutsche hinaus. Auf rekonstruierte Formen und Wortwurzeln aus anderen germanischen bzw. indogermanischen Sprachen wird verzichtet. Hinsichtlich der Bedeutung wird vor allem bei kultur- und geistesgeschichtlich relevanten Wörtern die ursprüngliche oder eigentliche Bedeutung angegeben. Damit werden die Benutzer in die Lage versetzt, die semantische Entwicklung eines Wortes nachzuvollziehen.
 Lehn- und Fremdwörtern wird dagegen bis in ihre Ursprungssprache gefolgt. Auch die Herkunft von Redewendungen und sprichwörtlichen Redensarten wird, soweit bekannt und für das Verständnis angebracht, erklärt.

Die etymologischen Angaben folgen in eckiger Klammer nach den grammatikalischen Angaben: **Einigkeit,** die; - [mhd. einecheit = Einigkeit; Einzigkeit; ahd. einigheit = Einzigkeit, Einsamkeit].

Bei allen deutschen Grundwörtern werden die mittelhochdeutschen (mhd.) wie auch die althochdeutschen (ahd.) Formen angeführt, wenn sie belegt sind. Der mittelhochdeutschen Form folgt nach einem Komma die althochdeutsche Form, wenn sich die Bedeutungen entsprechen: **Bad,** das; -[e]s, Bäder [mhd. bat, ahd. bad ...]. Sind sowohl Bedeutung wie Schreibung identisch, fassen wir der Einfachheit halber zusammen: ¹**Bank,** die; -, Bänke [mhd., ahd. banc ...].

Bei den etymologischen Angaben zu Lehn- und Fremdwörtern werden Entlehnungen der gleichen Wortart durch das Zeichen <verbunden: **Bandura** ... [russ. bandura <poln. bandura <ital. pandora <lat. pandura <griech. pandoūra] ...; **Butter,** die; - [mhd. buter, ahd. butera, über das Vlat. <lat. butyrum <griech. boútyron, zu boūs Kuh, Rind u. eigtl. = Quark aus Kuhmilch]. Gehört die Wurzel eines Wortes einer anderen Wortart an, steht die Präposition »zu«: **basieren** ... [frz. baser, zu: base <lat. basis, ↑ Basis] ...

Komposita erhalten etymologische Angaben nur, soweit die Wortteile nicht als Stichwörter im Wörterbuch vorkommen **(Bauwich)**, oder wenn sie durch ihre sprachgeschichtliche Entwicklung hindurch stets als Einheit interpretiert wurden **(Maulwurf)**. Auch wenn die Kompositumbildung eine besondere semantische Qualität aufweist, werden die etymologischen Angaben angeführt **(Weißbuch)**.

6. Die stilistischen Angaben

Es ist eine Frage des individuellen Sprachgefühls, in welcher Qualität Wörter wie »Scheiße«, »blöd«, »Dreckspatz«, »saukalt«, »affengeil« oder »beölen« wahrgenommen werden. Was manchen Benutzern normalsprachlich, weil dem eigenen vertrauten Lebens- und Sprachalltag entstammend, erscheint, ist für andere schon »ugs.« (= umgangssprachlich), ja gar »derb« oder sogar »vulg.« (= vulgär). Ähnlich verhält es sich mit Bewertungen wie »geh.« (= gehoben) oder »dichter.« (= dichterisch).

Angaben zum Sprachstil, zur Sprachebene, sind immer wertend und damit zwangsläufig oft subjektiv. Dies gilt bis zu einem gewissen Grad auch für dieses Wörterbuch, obgleich seine Einstufungen und Bewertungen aufgrund einer Fülle von Belegmaterial vielfach als empirisch abgesichert angesehen werden können.

Im Stichwortartikel folgen die stilistischen Angaben in runden Klammern auf die etymologischen Hinweise (falls vorhanden) bzw. direkt auf die grammatischen Informationen oder, wo sie sich nur auf eine Bedeutungskategorie beziehen, unmittelbar hinter der halbfetten arabischen Ziffer oder dem halbfetten Kleinbuchstaben; auch idiomatische Wendungen werden gegebenenfalls entsprechend markiert: **Antlitz,** das; -es, -e <Pl. selten> [mhd. antlitze, ahd. antlizzi ...] (geh.) [...]; **Affe,** der; -n, -n [...] **1.** [...] **2.** (derb) [...]; **Hemd,** das; -[e]s, -en [...] 1. a) [...] ; mach dir nicht ins H. (salopp) [...].

Normalsprachliche Wörter werden nicht besonders gekennzeichnet; sie haben den bei weitem größten Anteil am Gesamtwortschatz. Oberhalb dieser Schicht ist eine Ausdrucksweise angesiedelt, die eine gewisse höhere Allgemeinbildung voraussetzt. Sie wird mit »bildungsspr.« (= bildungssprachlich) markiert. Es handelt sich dabei meist um Fremdwörter, die weder einer Fachsprache angehören noch im alltäglichen Sprachgebrauch verwendet werden, wie etwa **Affront, homogen** oder **explizit.**

Noch eine Stufe höher finden sich Wörter, wie sie bei feierlichen Anlässen und gelegentlich in der Literatur verwendet werden. Diese gehobene (»geh.«) Ausdrucksweise, zu der Wörter wie **Antlitz, sich befleißigen** oder **emporlodern** gehören, wirkt im sprachlichen Alltag mitunter übertrieben gesucht, zumindest feierlich.

Einen ähnlichen Stellenwert haben (aus heutiger Sicht) veraltete Wörter, die heute eigentlich nur noch in literarischen Texten vorkommen, wie etwa **Aar, beglänzen** oder **Odem.** Solche Wörter werden mit »dichter.« (= dichterisch) markiert.

Der klassischen Literatur entstammende Wörter, die im modernen Deutsch meist keine Rolle mehr spielen, aber zum Verständnis literarischer Texte von Lessing bis Fontane unerlässlich sind, werden mit dem Zeichen ◆ markiert.

»Unterhalb« unserer angenommenen normalsprachlichen Ebene treffen wir auf eine gößere Vielfalt an Stilebenen. Die mit der Abkürzung »ugs.« markierte »Umgangssprache« ist der Sprachstil, wie man ihn im alltäglichen »Umgang« zwischen den Menschen vor allem hört, bzw. dort liest, wo individuelle Abweichungen von der Norm der Hochsprache üblich sind, etwa in zwangloser Unterhaltung, in persönlichen Briefen und mittlerweile auch sehr oft in Fax- und E-Mail-Texten. Umgangssprachliche Ausdrücke dieser Art sind z. B. **flitzen, beschickern, gewieft** oder **super.**

Die rasante Entwicklung der Massenmedien in den letzten fünfzehn Jahren hat unsere Gesellschaft auf den Weg zu einer Multi-Media-Gesellschaft gebracht, die prägend in den täglichen Umgang der Menschen miteinander eingreift und damit auch auf die Umgangssprache ausstrahlt. Stellvertretend dafür sei das Präfix **Mega-** genannt, dessen ursprüngliche Bedeutung als Maßbezeichnung für eine Million, wie in **Megavolt** oder **Megabyte,** zur Funktion eines Steigerungselements wie in **Megahit, Megastar** oder **megapreiswert** erweitert wurde.

So gesehen, beginnt die Markierung »ugs.« zunehmend die negative Aura zu verlieren, die ihr traditionell in Wörterbüchern anhaftet. Sie beschreibt eher einen Umgang mit der Sprache, der zwar vom Standard abweicht, jedoch eine hohe Frequenz wie auch eine breite Akzeptanz aufweist.

Anders verhält es sich mit den folgenden stilistischen Markierungen. Wörter, die für eine burschikose, saloppe und teilweise auch recht nachlässige Ausdrucksweise typisch sind, wie wie **Armleuchter, bekloppt** oder **Fliegenschiss** werden als »salopp« eingestuft.

Wörter, die eine grobe und gewöhnliche Ausdrucksweise kennzeichnen, wie etwa **Arsch, scheißen** oder **Fresse** gelten als »derb«.

Die Markierung »vulg.« (= vulgär) erhalten Wörter, die eindeutig sexuell-obszön sind, wie **Fotze** oder **Ficker.**

Eine eigene Gruppe bilden diejenigen Wörter oder Wendungen, die man für gewöhnlich nur im engeren Freundeskreis oder innerhalb der Familie antrifft, da sie nur verwendet werden, wenn ein besonderer Grad an Vertrautheit gegeben ist. Sie werden im Wörterbuch mit »fam.« (= familiär) markiert. Zu dieser Gruppe gehören z. B. **Bäuerchen, einkuscheln, Frechdachs** oder die Wendung **ich guck dir nichts ab** unter dem Stichwort **abgucken.**

Zu diesen stilistischen Bewertungen können Gebrauchsangaben treten, die etwas über die Haltung des Sprechers oder die Nuancierung einer Äußerung aussagen. Solche Markierungen sind »scherzhaft, spöttisch, ironisch, abwertend, nachdrücklich, gespreizt, verhüllend, Schimpfwort« etc.

Sie sagen nichts über die Stilebene aus und können deshalb selbstverständlich auch bei stilistisch unmarkierten Wörtern und Gebrauchsweisen vorkommen.

Wörter, die zwar im alltäglichen Gebrauch nachgewiesen sind, jedoch nur selten verwendet werden, erhalten die entsprechende Markierung »selten«, wie **Abersinn** oder **similär**.

7. Die regionale und nationale Zuordnung

Wörter und Wendungen, die nicht im gesamten Verbreitungsgebiet der deutschen Sprache Bestandteil der Normalsprache sind, sondern nur regional Verwendung finden, werden entsprechend markiert. Auch die nationalen Varietäten des österreichischen und schweizerischen Deutsch haben eine entsprechende Auszeichnung.

Ein **Brötchen** wird so in einem Teil des deutschen Sprachgebiets zum **Rundstück** (nordd., bes. Hamburg), in einem anderen Teil zum **Weck** oder **Wecken** (bes. südd., österr.). Für **Tomate** wird in Österreich das Wort **Paradeiser** (österr.) verwendet, in der Schweiz sagt man **Saaltochter** (schweiz.), wenn man Bedienung meint.

Wo, wie es bei Regionalismen öfter der Fall ist, eine genaue regionale Zuordnung nicht möglich ist, wird die Markierung »landsch.« (= landschaftlich) verwendet.

Die sprachlichen Besonderheiten der ehemaligen Deutschen Demokratischen Republik werden mit »DDR« gekennzeichnet, wenn es sich um Dinge, Einrichtungen, Organisationen usw. handelt, die nach der Vereinigung der beiden deutschen Staaten nicht mehr existieren, etwa **Abschnittsbevollmächtigter, Elternaktiv, FDJ** oder **Volkskammer**. DDR-typische Wörter und Verwendungsweisen, die auch nach der Vereinigung in den neuen Bundesländern weiterhin üblich sind, erhalten die Markierung »regional« (z. B. **Broiler, Feinfrostgemüse, Plast**), die eine über einzelne Sprachlandschaften hinausgehende, großräumige Verbreitung kennzeichnet.

8. Zeitliche Zuordnung

Die zeitliche Zuordnung von Wörtern oder Verwendungsweisen kennzeichnet sprachliche Elemente, die nicht mehr zum aktuellen Sprachschatz gehören.

So bedeutet die Markierung »veraltend«, dass das damit bezeichnete Wort nicht mehr zum allgemein benutzten Wortschatz der Gegenwartssprache gehört, sondern, wie etwa **Backfisch,** meist oder fast ausschließlich von der älteren Generation verwendet wird.

Wörter, die allenfalls noch in älteren literarischen Texten zu finden sind, sonst aber nicht mehr oder nur mit ironischer oder scherzhafter Absicht verwendet werden, erhalten die Markierung »veraltet«, wie **fürbass, Kommis, Muhme** oder **Gevatter**.

Mit »hist.« (= historisch) werden Wörter markiert, die etwas bezeichnen, was einer vergangenen historischen Epoche angehört (z.B. **Doge, Zehnte**).

Wörter, die mit »nationalsoz.« (= nationalsozialistisch) markiert sind, gehören zum typischen Vokabular der nationalsozialistischen Ideologie und des auf ihr basierenden staatlichen und gesellschaftlichen Systems (z.B. **BDM, Sturmbann**).

Die Angabe »früher« steht bei Wörtern, die Sachen oder Sachverhalte beschreiben, die es so nicht mehr gibt, wie **Hungerturm, Leibeigenschaft, Lehrherr, Mägdestube**.

9. Zugehörigkeit zu Fach- und Sondersprachen

Das Wörterbuch grenzt das Allgemeinsprachliche vom Fach- und Sondersprachlichen ab und kennzeichnet die Fachbereiche und Sondersprachen, in denen die jeweiligen Wörter verwendet werden: **Thorax** (»Anat.« = Anatomie), **Binder** (»Bauw.« = Bauwesen), **Infanterie** (»Milit.« = Militär) **Ozonschicht** (»Met.« = Meteorologie). Bei Wörtern, deren Zugehörigkeit aus der Bedeutungsangabe eindeutig ablesbar ist, wurde auf eine explizite Markierung häufig verzichtet. So werden z. B. Pflanzennamen in der Regel nicht ausdrücklich (mit »Bot.«) dem Gebiet der Botanik zugeordnet.

Beispiele für Sondersprachen sind etwa die Jugendsprache (»Jugendspr.«) (z. B. **endgeil, heavy, Grufti**) oder die Sprache der Jäger (»Jägerspr.«) (z. B. **atzen, ²Losung, ²Geräusch**).

Die in diesem Wörterbuch vorkommenden Markierungen zu Sachbereichen sowie Fach- und Sondersprachen sind in einer Liste auf S. 51 f. zusammengestellt.

10. Bedeutungsangaben (Definitionen)

Wir können uns sprachlich verständigen, weil wir von Kindheit an lernen, bestimmten lautlichen oder schriftlichen Zeichen Bedeutungen zuzuordnen. In der Muttersprache geschieht dies im Prozess der Erziehung bzw. Sozialisation, bei Fremdsprachen sind dafür unter Umständen spezielle Hilfsmittel (Wörterbücher usw.) oder Techniken (Intensivkurse usw.) erforderlich. Die Bedeutungen, die semantische Dimension menschlicher Äußerungen, machen das Wesen, den Kern jeglicher auf Sprache basierenden Kommunikation aus. Ohne die Kompetenz, sie lautlich wie schriftlich zu realisieren, ist Kommunikation mithilfe von Sprache unmöglich.

Daher gilt das Hauptaugenmerk des »Großen Wörterbuchs der deutschen Sprache« der exakten Bestimmung ihrer semantischen Vielfalt.

Auf der Basis umfangreicher Korpora wurden dabei die Bedeutungsnuancen bis ins Detail analysiert, bewertet und - sofern durch aussagekräftige Frequenzbefunde gerechtfertigt - sind im Wörterbuch dargestellt.

a) Wörter, die nur eine Bedeutung tragen, die sozusagen »eindeutig« sind:

Oxy|mo|ron, das; -s, ...ra [griech. oxymoron] (Rhet., Stilk.): *Zusammenstellung zweier sich widersprechender Begriffe in einem Kompositum od. in einer rhetorischen Figur* (z. B. bittersüß ; Eile mit Weile!);

b) Oft haben Wörter mehrere, unter Umständen viele Bedeutungen, die von der jeweiligen Situation abhängen, in der sie gebraucht werden, oder die von der Sprecherintention oder anderen Faktoren beeinflusst werden:

zie|hen [...] 1. [...] 20. <unpers.> *als Luftzug in Erscheinung treten, unangenehm zu verspüren sein* <hat>: [Tür zu] es zieht!; in der Halle zieht es; es zieht vom Fenster her, an die Beine, mir an den Beinen.

c) Im Gegensatz zu den Erklärungen in **Enzyklopädien**, die den Benutzern Informationen zu Dingen, historischen Begebenheiten, Personen usw. (also: Sachinformationen) bieten, findet man in einem Wörterbuch üblicherweise Informationen zur Sprache und ihren Bedeutungen. In diesem Werk sind dessen ungeachtet an gegebenem Ort auch (knapp gefasste) Sachinformationen zu finden: Diese Angaben sind gerade gesetzt.

Ku|ba; -s: Inselstaat im Karibischen Meer.

Zeus (griech. Myth.): höchster Gott ...

Doch ist die Darstellung der sprachlichen Bedeutungsstrukturen das eigentliche Anliegen dieses Wörterbuchs:

Flam|me, die; -, -n [mhd. vlamme < lat. flamma]: **1.** *in bläulich od. gelbrot leuchtenden Zungen* (8) *hochschlagender Teil des Feuers:* die F. züngelt; *in [hellen] -n stehen *(lichterloh brennen);* in [Rauch und] -n auf- gehen *(vom Feuer völlig zerstört werden).* **2. a)** *an der Luft verbrennender Gasstrom:* auf kleiner F. kochen; **b)** *Stelle, an der Gas [an einem Kochherd] zum Zwecke des Kochens angezündet werden kann:* ein Gasherd mit vier -n. **3.** (ugs. veraltend) *Freundin* (2).

Es wird im vorstehenden Artikel nicht erwähnt, dass eine **Flamme** ein »*unter Licht- und Wärmeausstrahlung brennendes Gas*« ist, »*wobei im Fall fester und flüssiger Stoffe die Bildung brennbarer, i. A. Kohlenmonoxid, Kohlenwasserstoffe und Wasserstoff enthaltender Gase oder Dämpfe vorausgeht [...]* (Brockhaus Enzyklopädie, Bd. 7). Letztere Informationen sind nicht das Anliegen eines Wörterbuchs.

d) Die Bedeutungsangaben sind möglichst leicht verständlich formuliert und enthalten im Allgemeinen nur Wörter, die der normalsprachlichen Ebene angehören und die im Wörterbuch selbst als Stichwörter erscheinen. Wird in der Bedeutungsangabe ein Wortverwendet, das selbst in mehreren Bedeutungen im Wörterbuch verzeichnet ist, dann kann (der Eindeutigkeit halber) in runder Klammer der jeweilige Bedeutungspunkt angegeben sein, der im betreffenden Zusammenhang gemeint ist.

Steu|er|be|ra|ter, der: *staatlich zugelassener Berater u. Vertreter in Steuerangelegenheiten* (Berufsbez.).

Mu|ni|ti|ons|de|pot, das: *Depot* (1a), *in dem Munition gelagert wird.*

Auf Definitionen dieser Art wird nur dort verzichtet, wo sich eine Bedeutung durch einfache Nennung eines Synonyms (eines bedeutungsgleichen anderen Worts) angeben lässt. Dies setzt aber natürlich voraus dass das angeführte Synonym selbst auch als Stichwort erscheint und als solches eine ausführliche Bedeutungsangabe hat:

ab|nib|beln <sw. V.; ist> [...] ...: *sterben:* ich nibb[e]le bald ab.

e) Mitunter werden situations- bzw. kontextabhängige Zusatzinformationen in eckigen Klammern gegeben:

fort|wäh|rend <Adj.>: sich *[zur Verwunderung od. Unzufriedenheit des Sprechers] immer wiederholend, fortgesetzt, dauernd, ständig, immer wieder:* das -e Reden störte sie; er hatte f. an ihr etwas auszusetzen

f) Die Bedeutungsangaben stehen nach einem Doppelpunkt und erscheinen in kursiver Schrift. Bei Wörtern mit mehreren Unterbedeutungen werden sie mittels arabischer Ziffern untergliedert. Wo Unterbedeutungen semantisch eng verwandt sind, wird mit Hilfe von Kleinbuchstaben unterschieden:

ab|ko|chen <sw. V.; hat>: **1. a)** (selten) *kochen (bis die betreffende Sache gar ist):* Futterkartoffeln, Eier für den Salat a.; **b)** *durch Kochen keimfrei machen:* wir mussten das Trinkwasser a.; **c)** *im Freien kochen:* die Pfadfinder kochen ab; **d)** *durch Kochen ausziehen:* [Heil]kräuter a. **2.** (salopp) *jmdn. zermürben, erledigen, fertig machen:* sich nicht a. lassen. **3.** (salopp) *schröpfen, ausnehmen:* sie haben ihn beim Skat ganz gehörig abgekocht. **4.** (Sport Jargon) *vor einem Kampf [durch Schwitzen] sein Körpergewicht in kurzer Zeit verringern [um für eine bestimmte Klasse zugelassen zu werden]:* eine Woche vor dem Fight musste er noch 5 Pfund a.

g) Die Erklärungen zu bestimmten Nebenbedeutungen, die sich nur aus konkreten Kontexten ergeben bzw. in idiomatischen Wendungen zutreffen, werden in runden Klammern hinter dem entsprechenden Wort oder der Redewendung angegeben:

Gras, das; -es, Gräser [mhd., ahd. gras, eigtl. = das Keimende, Hervorstechende]: **1.** [...] R wo der hinhaut/hintritt/hinfasst, da wächst kein G. mehr (ugs.; *er ist in seinem Tun ziemlich grob, hat eine ziemlich grobe Art*); *das G. wachsen hören (ugs. spött.; *an den kleinsten od. auch an eingebildeten Anzeichen zu erkennen glauben, wie die Lage ist od. sich entwickelt*); [...].

h) Eine Bedeutungsangabe kann bei leicht erklärbaren Zusammensetzungen durch einen Verweis auf ein anderes Stichwort ersetzt werden, das nach demselben Wortbildungsmuster entstanden ist. Aus der dort angegebenen Bedeutung lässt sich die des Ausgangswortes erschließen:

Lieb|lings|dich|ter, der: *Dichter, den man am meisten schätzt.*
Lieb|lings|schrift|stel|ler, der: vgl. Lieblingsdichter.

In diesem Beispiel ersetzt der Verweis die Bedeutungsangabe *Schriftsteller, den man am meisten schätzt.*

11. Anwendungsbeispiele

Die Anwendungsbeispiele in diesem Wörterbuch zeigen den Gebrauch der Stichwörter im Textzusammenhang. Damit leisten sie sowohl beim (passiven) Verstehen wie auch beim (aktiven) Verfertigen von Texten wertvolle Hilfestellung.
a) Die Beispiele, die die konkrete Bedeutung zeigen, stehen an erster Stelle. Ihnen folgen, mit Ü angekündigt, die Beispiele mit übertragener Bedeutung:

Netz, das; -es, -e [...] **1. a)** *Gebilde aus geknüpften Fäden, Schnüren o. Ä., deren Verknüpfungen meist rautenförmige Maschen bilden:* ein feines, weit-, grobmaschiges N.; ein N. knüpfen; [...] Ü ein N. von fein gesponnenen Intrigen; ein N. von Beziehungen knüpfen; sie wollte das N. der Lügen zerreißen [...].

b) Bei Adjektiven werden die Beispiele in der Regel so angeordnet, dass der attributive Gebrauch vor dem prädikativen steht, und beide vor dem adverbialen Gebrauch gezeigt werden:

brav <Adj.> [frz. brave < ital. bravo = wacker; unbändig, wild, über das Vlat. zu lat. barbarus = fremd; ungesittet, ↑ Barbar]: **1.** *(von Kindern) sich so verhaltend, wie es die Erwachsenen erwarten od. wünschen; gehorsam; artig:* ein -es Kind; sei b.!; b. sitzen bleiben. **2.** [...]

c) Anwendungsbeispiele, die bestimmte (in Klammern erklärte) Kontextbedeutungen veranschaulichen, werden meist am Ende des Eintrags bzw. der Bedeutungskategorie dargestellt.

olym|pisch <Adj.>: **1.** *den Olymp* (1) *betreffend:* -er Nektar. **2.** *die Olympiade* (1) *betreffend, zu ihr gehörend:* eine -e Disziplin, ein -er Wettkampf; ein -er Rekord; der -e Gedanke *(Gedanke der absoluten Fairness u. des Bewusstseins, dass die Teilnahme wichtig ist u. nicht der Sieg);* den -en Eid schwören *(schwören, sich an den olympischen Gedanken zu halten).*

d) Substantive werden in der Regel zunächst als Subjekt [mit vorangestelltem oder folgendem Attribut] gezeigt, dann in ihrer Funktion als Akkusativobjekt und schließlich als Teil präpositionaler Fügungen. Auch hier stehen Anwendungsbeispiele, die das Wort in bestimmten, in Klammern erklärten Kontexten zeigen, in der Regel hinter den einfachen.

> **Bein,** das; -[e]s, -e, (landsch., südd., österr. auch: -er) [mhd., ahd. bein]: **1.** *zum Stehen u. Fortbewegen dienende Glied bei Mensch u. Tier (die beim Wirbeltier u. beim Menschen vom Hüftgelenk bis zu den Zehen reicht):* das rechte, linke B.; gerade, krumme, schlanke, dicke -e; die -e spreizen, von sich strecken, anziehen, übereinander schlagen; er hat im Krieg ein B. verloren; der Hund hob das B.; […] auf einem B. kann man nicht stehen *(ein Glas Alkohol genügt nicht* [bei der Aufforderung od. dem Wunsch, ein zweites Glas zu trinken]); […].

e) Die Anwendungsbeispiele basieren weitestgehend auf Belegen aus der Sprachkartei der Dudenredaktion. Darüber hinaus wurden Belege aus umfangreichen elektronischen Textkorpora herangezogen. Belege dienen in einem Wörterbuch dazu, das grammatikalische, semantische oder syntaktische »Verhalten« eines Wortes zu zeigen; sie werden vielfach auch wörtlich zitiert, um den typischen Gebrauch eines Wortes zu illustrieren, um auf seltene oder neue Bedeutungen hinzuweisen oder um einen bildhaften bzw. übertragenen Gebrauch darzustellen. Die Quellen wurden so ausgewählt, dass sie einen dem repräsentativen Durchschnitt des modernen Deutsch garantieren. Ein ausführliches Quellenverzeichnis findet sich im letzten Band des Wörterbuchs. In den einzelnen Wörterbuchartikeln steht nach dem Belegzitat eine verkürzte Quellenangabe, die sich meist leicht dem vollständigen bibliographischen Eintrag im Quellenverzeichnis zuordnen lässt.

> **Pass,** der; -es, Pässe […] **1.** *amtliches Dokument (mit Angaben zur Person, Lichtbild u. Unterschrift des Inhabers), das der Legitimation bes. bei Reisen ins Ausland dient;* ein französischer, deutscher P.; der P. ist abgelaufen, ungültig, gefälscht, ist auf ihren Mädchennamen ausgestellt; einen P. beantragen, verlängern, erneuern lassen, abholen, bekommen; den P. konrollieren, vorzeigen; gefälschte, falsche Pässe besitzen; »Hat jemand anders möglicherweise den P. Ihrer Gattin benutzt?«, wurde jetzt im Telefon vermutet (Baum, Paris 162); Serbische Posten zerreißen alle Unterlagen vom P. über die Geburtsurkunde bis zu Grundbucheintragungen (Zeit 29. 4. 99; 10), […].

f) Bestimmte Wendungen erlangen als semantische Einheit eine Bedeutung, die mehr ist, als die Summe der Einzelbedeutungen der die Wendung ausmachenden Wörter, etwa »***den Löffel sinken lassen/wegwerfen/wegschmeißen/abgeben** (salopp; *sterben*)«.

Diese idiomatischen Wendungen stehen hinter den Anwendungsbeispiele eines Stichworts und werden mit dem Zeichen »*« markiert:

> **Bein,** das; -[e]s, -e, (landsch., südd., österr. auch: -er) [mhd., ahd. bein]: **1.** *zum Stehen u. Fortbewegen dienende Gliedmaße bei Mensch u. Tier (die beim Wirbeltier u. beim Menschen vom Hüftgelenk bis zu den Zehen reicht)*: das rechte, linke B.; gerade, krumme, schlanke, dicke -e; die -e spreizen, von sich strecken, anziehen, übereinander schlagen; er hat im Krieg ein B. verloren; der Hund hob das B.; R auf einem B. kann man nicht stehen *(ein Glas Alkohol genügt nicht [bei der Aufforderung od. dem Wunsch, ein zweites Glas zu trinken])*; [...] ***jmdm. -e machen** (ugs.; *jmdn. an treiben, fortjagen*); **jüngere -e haben** (ugs.; *besser als ein Älterer laufen können*); **ein langes B. machen** (Fußball; *den ballführenden Gegner durch einen Spreiz- oder Grätschschritt vom Ball zu trennen suchen*); **ein B. stehen lassen** (Fußball; *den ballführenden Gegner über ein Bein fallen lassen*); [...] **sich <Dativ> die -e vertreten** (ugs.; *nach langem Sitzen ein wenig hin u. her gehen*); **sich <Dativ> kein B. ausreißen** (ugs.; *sich [bei der Arbeit] nicht besonders anstrengen*); [...]

Idiomatische Wendungen stehen in der Regel unter dem ersten auftretenden Substantiv bzw. unter dem ersten semantisch signifikanten Wort. So findet sich z. B. »frieren wie ein Schneider« unter **Schneider,** »durch dick und dünn« unter **dick** und »Dritte Welt« unter **Welt.**

Liste der starken, der unregelmässigen Verben und der Verben mit Mischformen

1. In dieser Liste sind die starken, die unregelmäßigen Verben und die Verben mit Mischformen in der Reihenfolge: Infinitiv – 2. Stammform (Präteritum) – 3. Stammform (2. Partizip) aufgeführt, und zwar alphabetisch nach dem Infinitiv.

2. Beim Infinitiv werden die 2. und 3. Pers. Sing. Präs. sowie der Imperativ, bei der 2. Stammform (Präteritum) wird der Konjunktiv in Klammern hinzugesetzt, wenn Umlaut, e/i-Wechsel u. Ä. eintritt.

3. Vor der 3. Stammform (2. Partizip) steht *hat* oder *ist* in Klammern, je nachdem, ob das Perfekt, Plusquamperfekt usw. mit *haben* oder *sein* umschrieben werden.

4. Die zusammengesetzten Verben werden wie die einfachen Verben gebeugt, z. B. *abbrechen* wie *brechen*. Ausnahmen sind angegeben.

Infinitiv	2. Stammform (Präteritum)	3. Stammform (2. Partizip)
backen[1] (du bäckst, er bäckt; häufig auch schon: du backst, er backt)	backte (älter: buk [büke!])	(er hat) gebacken
befehlen (du befiehlst, er befiehlt; befiehl!)	befahl (beföhle, befähle)	(er hat) befohlen
befleißen, sich[2]	befliss	(er hat sich) beflissen
beginnen	begann (begänne, seltener: begönne)	(er hat) begonnen
beißen	biss	(er hat) gebissen
bergen (du birgst, er birgt; birg!)	barg (bärge)	(er hat) geborgen
bersten (du birst, er birst; veraltet: du berstest, er berstet; birst! [selten])	barst (bärste)	(er ist) geborsten

[1] In der Bedeutung »kleben« schwach: Der Schnee backt, backte, hat gebackt.
[2] Heute selten. Das üblichere *sich befleißigen* wird schwach gebeugt.

Infinitiv	2. Stammform (Präteritum)	3. Stammform (2. Partizip)
bewegen (»veranlassen«)[1]	bewog (bewöge)	(er hat) bewogen
biegen	bog (böge)	gebogen (Er *ist* um die Ecke gebogen; aber: Er *hat* das Rohr gebogen)
bieten	bot (böte)	(er hat) geboten
binden	band (bände)	(er hat) gebunden
bitten	bat (bäte)	(er hat) gebeten
blasen (du bläst, er bläst)	blies	(er hat) geblasen
bleiben	blieb	(er ist) geblieben
bleichen (»hell werden«)[2]	blich	(er ist) geblichen
braten (du brätst, er brät)	briet	(er hat) gebraten
brechen (du brichst, er bricht; brich!)	brach (bräche)	gebrochen (Das Eis *ist* gebrochen, aber: Er *hat* sein Wort gebrochen)
brennen	brannte (brennte [selten])	(er hat) gebrannt
bringen	brachte (brächte)	(er hat) gebracht
denken	dachte (dächte)	(er hat) gedacht
dingen (gehoben)	dang (dänge)[3]	(er hat) gedungen[4]
dreschen (du drischst, er drischt; drisch!)	drosch (veraltet: drasch) (drösche, veraltet: dräsche)	(er hat) gedroschen
dringen	drang (dränge)	gedrungen (Er *hat* darauf gedrungen; aber: Der Feind *ist* in die Stadt gedrungen)
dünken (dir oder dich, ihm oder ihn dünkt, auch: deucht)	deuchte[5]	(ihm oder ihn hat) gedeucht[5]
dürfen (ich darf, du darfst, er darf)	durfte (dürfte)	(er hat) gedurft
empfehlen (du empfiehlst, er empfiehlt; empfiehl!)	empfahl (empföhle, seltener: empfähle)	(er hat) empfohlen
erkiesen (gehoben für: »erwählen«)[6]	erkor (erköre)	(er hat) erkoren
essen (du isst, er isst; iss!)	aß (äße)	(er hat) gegessen
fahren (du fährst, er fährt)	fuhr (führe)	gefahren (Er *ist* über die Brücke gefahren; aber: Er *hat* einen Mercedes gefahren)
fallen (du fällst, er fällt)	fiel	(er ist) gefallen
fangen (du fängst, er fängt)	fing	(er hat) gefangen
fechten (du fichtst[7], er ficht; ficht!)	focht (föchte)	(er hat) gefochten
finden	fand (fände)	(er hat) gefunden
flechten (du flichtst[8], er flicht; flicht!)	flocht (flöchte)	(er hat) geflochten

[1] In der Bedeutung »die Lage ändern; rühren, erregen« schwach gebeugt: bewegte, bewegt.
[2] Meist nur noch in Zusammensetzungen und Präfixbildungen wie *aus-, er-, verbleichen*. Das transitive *bleichen*, »hell machen« wird schwach gebeugt: bleichte, hat gebleicht. Das 2. Partizip zu *ausbleichen* »hell machen« lautet *ausgebleicht*, das zu *ausbleichen* »hell werden« *ausgeblichen*, aber auch schon *ausgebleicht*. Erbleichen hat die Formen *erbleichte, ist erbleicht*, veraltet und im Sinne von gestorben nur *erblichen*.
[3] Heute meist schwach: dingte.
[4] Seltener schwach: gedingt.
[5] Veraltet. Heute meist: dünkte, gedünkt.
[6] Selten auch schwach: erkieste, (er hat) erkiest. Der Infinitiv und die Präsensformen dieses Verbs sind ungebräuchlich.
[7] Umgangssprachliche Erleichterungsform, der Aussprache angeglichen, ist: fichst.
[8] Umgangssprachliche Erleichterungsform, der Aussprache angeglichen, ist: flichst.

Infinitiv	2. Stammform (Präteritum)	3. Stammform (2. Partizip)
fliegen	flog (flöge)	geflogen (Er *ist* nach London geflogen; aber: Er *hat* die Maschine nach London geflogen)
fliehen	floh (flöhe)	geflohen (Er *ist* geflohen; aber: Der Schlaf *hat* mich geflohen)
fließen	floss (flösse)	(er ist) geflossen
fragen (vor allem landsch. gelegentlich noch: du frägst, er frägt)	fragte (vor allem landsch. gelegentlich noch: frug)	(er hat) gefragt
fressen (du frisst, er frisst; friss!)	fraß (fräße)	(er hat) gefressen
frieren	fror (fröre)	(er hat) gefroren
gären[1]	gor (göre)	gegoren (Der Wein *hat* oder *ist* gegoren)
gebären[2] (gehoben: du gebierst, sie gebiert; gebier! [selten])	gebar (gebäre)	(sie hat) geboren
geben (du gibst, er gibt; gib!)	gab (gäbe)	(er hat) gegeben
gedeihen	gedieh	(er ist) gediehen[3]
gehen	ging	(er ist) gegangen
gelingen	gelang (gelänge)	(er ist) gelungen
gelten (du giltst, er gilt; gilt! [selten])	galt (gölte, gälte)	(er hat) gegolten
genesen	genas (genäse)	(er ist) genesen
genießen	genoss (genösse)	(er hat) genossen
geschehen (es geschieht)	geschah (geschähe)	(es ist) geschehen
gewinnen	gewann (gewönne, gewänne)	(er hat) gewonnen
gießen	goss (gösse)	(er hat) gegossen
gleichen	glich	(er hat) geglichen
gleiten[4]	glitt	(er ist) geglitten
glimmen[5]	glomm (glömme)	(er hat) geglommen
graben (du gräbst, er gräbt)	grub (grübe)	(er hat) gegraben
greifen	griff	(er hat) gegriffen
haben (du hast, er hat)	hatte (hätte)	(er hat) gehabt
halten (du hältst, er hält)	hielt	(er hat) gehalten
hängen (intransitiv)[6]	hing	(er hat) gehangen
hauen[7]	hieb	(er hat) gehauen
heben	hob (veraltet: hub)[8] (höbe, veraltet: hübe)	(er hat) gehoben
heißen	hieß	(er hat) geheißen[9]
helfen (du hilfst, er hilft; hilf!)	half (hülfe, selten: hälfe)	(er hat) geholfen
kennen	kannte (kennte [selten])	(er hat) gekannt
kiesen: ↑ erkiesen		
klimmen[10]	klomm (klömme)	(er ist) geklommen

[1] Besonders in übertragener Bedeutung auch schon schwach: gärte, gegärt.
[2] Sonst üblicher: du gebärst, sie gebärt; gebäre!
[3] Das alte Partizip *gediegen* (ebenfalls zu *gedeihen*) ist zum Adjektiv geworden.
[4] Veraltet: gleitete, gegleitet.
[5] Daneben auch schon schwach: glimmte, geglimmt.
[6] Älter oder mundartlich: hangen. Das transitive *hängen* ist schwach: Er hängte das Bild an die Wand. Er hat das Bild an die Wand gehängt.
[7] Die starke Form *hieb* wird hochsprachlich für das Schlagen mit einer Waffe oder das Verwunden im Kampf, gelegentlich auch geh. für *haute* verwendet. Sonst wird allgemein *haute* gebraucht. *Gehaut* gehört der landschaftlichen Umgangssprache an.
[8] In der Bedeutung »anfangen, beginnen« hat *anheben* im Präteritum die Formen *hob/hub an*.
[9] Das 2. Partizip *gehießen* ist landschaftlich umgangssprachlich.
[10] Heute auch schon schwach: klimmte, geklimmt.

Infinitiv	2. Stammform (Präteritum)	3. Stammform (2. Partizip)
klingen	klang (klänge)	(es hat) geklungen
kneifen[1]	kniff	(er hat) gekniffen
kommen (veraltet: du kömmst, er kömmt)	kam (käme)	(er ist) gekommen
können (ich kann, du kannst, er kann)	konnte (könnte)	(er hat) gekonnt
kreischen[2]	krisch	(er hat) gekrischen
kriechen	kroch (kröche)	(er ist) gekrochen
küren[3] (in gehobener Sprache)	kor (köre)	(er hat) gekoren
laden (»aufladen«) (du lädst, er lädt)	lud (lüde)	(er hat) geladen
laden (»zum Kommen auffordern«) (du lädst, er lädt; veraltet, aber noch landsch.: du ladest, er ladet)	lud (lüde)	(er hat) geladen
lassen (du lässt, er lässt)	ließ	(er hat) gelassen
laufen (du läufst, er läuft)	lief	gelaufen (Er *ist* in den Wald gelaufen; aber: Er *hat* sich die Füße wund gelaufen)
leiden	litt	(er hat) gelitten
leihen	lieh	(er hat) geliehen
lesen (du liest, er liest; lies!)	las (läse)	(er hat) gelesen
liegen	lag (läge)	gelegen (Er *hat* lange krank gelegen; aber: Das Dorf *ist* schön gelegen)
löschen[4] (intransitiv; du lischst, er lischt; lisch!)	losch (lösche)	(es ist) geloschen (veraltet)
lügen	log (löge)	(er hat) gelogen
mahlen	mahlte	(er hat) gemahlen
meiden	mied	(er hat) gemieden
melken[5] (du milkst, er milkt; milk!)	molk (mölke)[5]	(er hat) gemolken[5]
messen (du misst, er misst; miss!)	maß (mäße)	(er hat) gemessen
misslingen	misslang (misslänge)	(es ist) misslungen
mögen (ich mag, du magst, er mag)	mochte (möchte)	(er hat) gemocht
müssen (ich muss, du musst, er muss)	musste (müsste)	(er hat) gemusst
nehmen (du nimmst, er nimmt; nimm!)	nahm (nähme)	(er hat) genommen
nennen	nannte (nennte [selten])	(er hat) genannt
pfeifen	pfiff	(er hat) gepfiffen
pflegen[6]	pflog (pflöge)	(er hat) gepflogen
preisen	pries	(er hat) gepriesen

[1] Die Formen *kneipen, knipp, geknippen* sind landschaftlich. Das von *Kneipe* abgeleitete ugs. *kneipen* »in einer Kneipe verkehren, trinken« wird schwach gebeugt.
[2] Die starken Formen sind entweder veraltet oder mundartlich. Hochsprachlich heute schwach: kreischte, hat gekreischt.
[3] Die schwache Beugung ist heute üblicher: kürte, gekürt.
[4] Meist nur noch in Zusammensetzungen und Präfixbildungen wie *auslöschen* (veraltet), *er-* und *verlöschen*. Das transitive *löschen* wie auch die transitiven *auslöschen* und *verlöschen* werden schwach gebeugt: Er löschte das Feuer, hat das Feuer gelöscht.
[5] Die schwachen Formen *du melkst, er melkt; melke!; melkte* sind heute üblicher. Neben *gemolken* wird auch schon *gemelkt* gebraucht.
[6] Nur noch stark in Wendungen wie *der Ruhe pflegen*. In den Bedeutungen »Kranke betreuen« und »die Gewohnheit haben« nur schwach: Er pflegte ihn, hat ihn gepflegt. Er pflegte früh aufzustehen.

Infinitiv	2. Stammform (Präteritum)	3. Stammform (2. Partizip)
quellen (intransitiv[1]; du quillst, er quillt; quill! [selten])	quoll (quölle)	(er ist) gequollen
raten (du rätst, er rät)	riet	(er hat) geraten
reiben	rieb	(er hat) gerieben
reißen	riss	gerissen (Er *hat* sich ein Loch in die Hose gerissen; aber: Der Strick *ist* gerissen)
reiten	ritt	geritten (Er *hat* den Schimmel geritten; aber: Er *ist* in den Wald geritten)
rennen	rannte (rennte [selten])	(er ist) gerannt
riechen	roch (röche)	(er hat) gerochen
ringen	rang (ränge)	(er hat) gerungen
rinnen	rann (ränne, seltener: rönne)	(es ist) geronnen
rufen	rief	(er hat) gerufen
salzen	salzte	(er hat) gesalzen oder (selten) gesalzt (übertr. nur stark: gesalzen)
saufen (du säufst, er säuft)	soff (söffe)	(er hat) gesoffen
saugen[2]	sog (söge)	(er hat) gesogen
schaffen (»schöpferisch gestalten, hervorbringen«)[3]	schuf (schüfe)	(er hat) geschaffen
schallen	scholl (schölle)[4]	(es hat) geschallt
scheiden	schied	geschieden (Er hat die faulen Äpfel von den guten geschieden; aber: Er *ist* aus dem Dienst geschieden)
scheinen	schien[5]	(es hat) geschienen[5]
scheißen (derb)	schiss	(er hat) geschissen
schelten (du schiltst, er schilt; schilt!)	schalt (schölte)	(er hat) gescholten
scheren (»abschneiden«)[6]	schor (schöre)	(er hat) geschoren
schieben	schob (schöbe)	(er hat) geschoben
schießen	schoss (schösse)	geschossen (Er *hat* den Hasen geschossen; aber: Das Wasser *ist* in die Rinne geschossen)
schinden[7]	schund	(er hat) geschunden
schlafen (du schläfst, er schläft)	schlief	(er hat) geschlafen
schlagen (du schlägst, er schlägt)	schlug (schlüge)	(er hat) geschlagen
schleichen	schlich	(er ist) geschlichen
schleifen (»schärfen«)[8]	schliff	(er hat) geschliffen

[1] Das transitive *quellen* ist schwach: Die Mutter quellte Bohnen, hat Bohnen gequellt.
[2] Die schwachen Formen *saugte, gesaugt* werden heute schon viel gebraucht, vor allem in der Sprache der Technik.
[3] In der Bedeutung »vollbringen, (landsch.:) arbeiten« schwach: schaffte, geschafft. In Verbindung mit bestimmten Substantiven: Er schuf, (auch:) schaffte endlich Abhilfe, Ordnung, Platz, Rat, Raum, Wandel. Es muss endlich Abhilfe, Ordnung usw. geschaffen, (selten:) geschafft werden.
[4] Häufiger schwach: schallte. Die Präfixbildung *erschallen* hat neben der From *erscholl* seltener *erschallte*, außerdem neben dem schwachen ein starkes Partizip: *erschollen. Verschollen* ist heute isoliert.
[5] Landsch. gelegentlich: scheinte, hat gescheint.
[6] Die schwache Beugung ist hier selten; aber *sich scheren* (ugs.) in den Bedeutungen »sich fortmachen« und »sich kümmern« wird schwach gebeugt: Er scherte sich fort, hat sich um ihn nicht geschert.
[7] Das Präteritum wird zumeist gemieden. Wird es gebraucht, dann ist die Form heute im allgemeinen schwach. Das 2. Partizip wird stark gebeugt.
[8] In der Bedeutung »über den Boden ziehen« schwach gebeugt: Er schleifte ihn, hat ihn geschleift.

Infinitiv	2. Stammform (Präteritum)	3. Stammform (2. Partizip)
schleißen[1] (Federn)	schliss	(er hat) geschlissen
schließen	schloss (schlösse)	(er hat) geschlossen
schlingen	schlang (schlänge)	(er hat) geschlungen
schmeißen[2] (ugs. für »werfen«)	schmiss	(er hat) geschmissen
schmelzen (intransitiv; »flüssig werden«)[3] (du schmilzt, er schmilzt; schmilz! [selten])	schmolz (schmölze)	(er ist) geschmolzen
schnauben[4]	schnob (schnöbe)	(er hat) geschnoben
schneiden	schnitt	(er hat) geschnitten
schrecken[5] (intransitiv; »in Schrecken geraten«) (du schrickst, er schrickt; schrick!)	schrak (schräke)	(er ist) geschrocken (veraltet)
schreiben	schrieb	(er hat) geschrieben
schreien	schrie	(er hat) geschrien
schreiten (gehoben)	schritt	(er ist) geschritten
schwären (es schwärt, veraltet: schwiert; schwäre! veraltet: schwier!)	es schwärte (veraltet: schwor)	(es hat) geschwärt (veraltet: geschworen)
schweigen	schwieg	(er hat) geschwiegen
schwellen (intransitiv; »größer, stärker werden«)[6] (du schwillst, er schwillt; schwill!)	schwoll (schwölle)	(er ist) geschwollen
schwimmen	schwamm (schwömme, seltener: schwämme)	geschwommen (Er hat den ganzen Vormittag geschwommen; aber: Er ist über den Fluss geschwommen)
schwinden	schwand (schwände)	(er ist) geschwunden
schwingen	schwang (schwänge)	(er hat) geschwungen
schwören	schwor, veraltet: schwur (schwüre, selten: schwöre[7])	(er hat) geschworen
sehen (du siehst, er sieht; sieh[e]!)	sah (sähe)	(er hat) gesehen
sein	war (wäre)	(er ist) gewesen
senden[8]	sandte oder sendete (sendete [selten])	(er hat) gesandt oder gesendet
sieden[9]	sott (sötte)	(er hat) gesotten
singen	sang (sänge)	(er hat) gesungen
sinken	sank (sänke)	(er ist) gesunken

[1] Auch schwach: schleißte, hat geschleißt.
[2] *Schmeißen* (Jägerspr.) »Kot auswerfen, besudeln« wird schwach gebeugt: schmeißte, hat geschmeißt.
[3] Das transitive *schmelzen*, »flüssig machen« wird heute ebenfalls stark gebeugt: Er schmilzt, schmolz das Eisen, hat das Eisen geschmolzen. Die schwache Beugung ist veraltet.
[4] Die schwachen Formen *schnaubte, hat geschnaubt* sind heute üblich.
[5] Nur noch in Präfixbildungen und Zusammensetzungen wie er-, auf-, hoch-, zusammenschrecken. Jägerspr. *schrecken* »schreien« wird schwach gebeugt: Das Reh schreckte, hat geschreckt. Das transitive *schrecken* »in Schrecken versetzen« sowie die transitiven *ab-, auf-* und *erschrecken* und das seltene *verschrecken* werden schwach gebeugt. Er schreckte ihn [ab, auf], hat ihn erschreckt. Das transitive *zurückschrecken* wird regelmäßig schwach gebeugt. Das intransitive *zurückschrecken* wird in konkretem Gebrauch, der selten ist, noch weitgehend stark gebeugt, doch wird das entsprechende 2. Partizip *zurückgeschrocken* selten angewendet. Häufiger ist hier das schwache Partizip. In übertragenem Gebrauch wird das intransitive *zurückschrecken* in Vebindung mit vor in der Bedeutung »etwas nicht wagen« vorwiegend schwach gebeugt: Er schreckte vor dem Verbrechen zurück, war davor zurückgeschreckt.
[6] Das transitive *schwellen* »größer machen« wird schwach gebeugt: schwellte, hat geschwellt.
[7] Der Konjunktiv II *schwöre* (von schwor) ist mit dem Konjunktiv I und dem Präs. lautgleich (selten).
[8] In der Bedeutung »[durch Rundfunk] übertragen« nur schwach.
[9] Die schwachen Formen *siedete, hat gesiedet* werden daneben öfter gebraucht.

Infinitiv	2. Stammform (Präteritum)	3. Stammform (2. Partizip)
sinnen	sann (sänne, veraltet: sönne)	(er hat) gesonnen[1]
sitzen	saß (säße)	(er hat) gesessen
sollen (ich soll, du sollst, er soll)	sollte	(er hat) gesollt
spalten	spaltete	(er hat) gespalten (auch: gespaltet)[2]
speien[3]	spie	(er hat) gespien
spinnen	spann (spönne, spänne)	(er hat) gesponnen
spleißen	spliss	(er hat) gesplissen
sprechen (du sprichst, er spricht; sprich!)	sprach (spräche)	(er hat) gesprochen
sprießen	spross (sprösse)	(er ist) gesprossen
springen	sprang (spränge)	(er ist) gesprungen
stechen (du stichst, er sticht; stich!)	stach (stäche)	(er hat) gestochen
stecken (intransitiv; »sich in etwas befinden«	stak (stäke)[4]	(er hat) gesteckt
stehen	stand (stünde, auch: stände)	(er hat) gestanden
stehlen (du stiehlst, er stiehlt; stiehl!)	stahl (stähle, seltener: stöhle)	(er hat) gestohlen
steigen	stieg	(er ist) gestiegen
sterben (du stirbst, er stirbt; stirb!)	starb (stürbe)	(er ist) gestorben
stieben[5]	stob (stöbe)	gestoben (Die Funken sind oder haben gestoben)
stinken	stank (stänke)	(er hat) gestunken
stoßen (du stößt, er stößt)	stieß	gestoßen (Er ist auf Widerstand gestoßen; aber: Er hat mich gestoßen)
streichen	strich	gestrichen (Er hat Butter auf das Brot gestrichen; aber: Die Schnepfen sind über den Acker gestrichen)
streiten	stritt	(er hat) gestritten
tragen (du trägst, er trägt)	trug (trüge)	(er hat) getragen
treffen (du triffst, er trifft; triff!)	traf (träfe)	(er hat) getroffen
treiben	trieb	getrieben (Der Wind hat den Ballon südwärts getrieben; aber: Der Ballon ist südwärts getrieben)
treten (du trittst, er tritt; tritt!)	trat (träte)	getreten (Er hat ihn getreten; aber: Er ist in die Pfütze getreten)
triefen[6]	troff (tröffe)	(er hat) getroffen
trinken	trank (tränke)	(er hat) getrunken
trügen	trog (tröge)	(er hat) getrogen
tun	tat (täte)	(er hat) getan
verderben (du verdirbst, er verdirbt; verdirb!)	verdarb (verdürbe)	verdorben[7] (Er hat sich den Magen verdorben; aber: Das Eingemachte ist verdorben)

[1] *Gesonnen* in der Verbindung *gesonnen sein* (Er ist gesonnen) stammt von einem heute ausgestorbenen Verb. *Gesinnt* (Er ist treu gesinnt) ist eine Ableitung aus dem Substantiv *Sinn*.
[2] Die starke Form *gespalten* steht besonders bei adjektivischem Gebrauch: gespaltenes Holz usw.
[3] Gelegentliche schwache Formen sind mundartlich.
[4] Auch schwach: steckte. In der Bedeutung »festheften« wird transitives *stecken* nur schwach gebeugt: steckte, hat gesteckt.
[5] Heute auch schon schwach: stiebte, gestiebt.
[6] Heute häufig schwach: Seine Nase triefte, hat getrieft. In gewählter Sprache ist jedoch das Präteritum in der starken Form gebräuchlicher: troff.
[7] Die Form *verderbt* »schlecht« wird nur noch als Adjektiv gebraucht.

Infinitiv	2. Stammform (Präteritum)	3. Stammform (2. Partizip)
verdrießen	verdross (verdrösse)	(er hat) verdrossen
vergessen (du vergisst, er vergisst; vergiss!)	vergaß (vergäße)	(er hat) vergessen
verlieren	verlor (verlöre)	(er hat) verloren
wachsen (du wächst, er wächst)	wuchs (wüchse)	(er ist) gewachsen
wägen [vgl. wiegen][1]	wog (wöge)	(er hat) gewogen
waschen (du wäschst, er wäscht)	wusch (wüsche)	(er hat) gewaschen
weben[2]	wob (wöbe)	(er hat) gewoben
weichen (»nachgeben«)[3]	wich	(er ist) gewichen
weisen	wies	(er hat) gewiesen
wenden[4]	wandte oder wendete (wendete [selten])	(er hat) gewandt oder gewendet
werben (du wirbst, er wirbt; wirb!)	warb (würbe)	(er hat) geworben
werden (du wirst, er wird; werde!)	wurde (dichter. noch: ward) (würde)	(er ist) geworden (als Hilfszeitwort: worden)
werfen (du wirfst, er wirft; wirf!)	warf (würfe)	(er hat) geworfen
wiegen [vgl. wägen][5]	wog (wöge)	(er hat) gewogen
winden	wand (wände)	(er hat) gewunden
winken	winkte	(er hat) gewinkt[6]
wissen (ich weiß, du weißt er weiß)	wusste (wüsste)	(er hat) gewusst
wollen (ich will, du willst, er will)	wollte	(er hat) gewollt
wringen	wrang (wränge)	(er hat) gewrungen
zeihen	zieh	(er hat) geziehen
ziehen	zog (zöge)	gezogen (Er *hat* den Wagen gezogen; aber: Er *ist* aufs Land gezogen)
zwingen	zwang (zwänge)	(er hat) gezwungen

[1] Die schwache Beugung *wägte, gewägt* kommt gelegentlich vor. Von *abwägen* kommen die starken und schwachen Formen vor: wägte, wog ab und abgewogen, abgewägt.
[2] Im übertragenen Gebrauch meist stark; in eigentlicher Bedeutung dagegen schwach: webte, hat gewebt.
[3] In der Bedeutung »ein-, aufweichen« schwach gebeugt: weichte, hat geweicht.
[4] In der Bedeutung »einen Mantel usw., Heu wenden, das Auto wenden« nur schwach: wendete, hat gewendet. *Gewandt* steht auch isoliert (»geschickt«). Bei *entwenden* sind die starken Formen veraltet: entwandte, hat entwandt.
[5] In der Bedeutung »schaukeln« schwach gebeugt: wiegte, hat gewiegt.
[6] Das starke 2. Partizip *gewunken* findet zunehmende Verbreitung.

Bereiche, Fach- und Sondersprachen

Liste der in diesem Wörterbuch vorkommenden Bereiche und Fach- und Sondersprachen:

Akustik
Anatomie
Anthropologie
Arbeitsrecht
Arbeitswissenschaft
Archäologie
Architektur
Astrologie
Astronomie
Bakteriologie
Ballett
Ballistik
Bankwesen
Bautechnik
Bauwesen
Bergbau
Bergmannssprache
Betriebswissenschaft
bildende Kunst
Biochemie
Biologie
Bodenkunde
Börsenwesen
Botanik
Buchbinderei
Buchführung
Buchwesen
Bürowesen
Chemie
Datenverarbeitung
Dichtkunst
Diplomatie
Druckersprache
Druckwesen
EDV
Eisenbahnwesen

Elektronik
Elektrotechnik
Fernsehen
Fernsprechwesen
Fertigungstechnik
Film
Finanzwesen
Fischereiwesen
Fliegersprache
Flugwesen
Forstwesen
Fotografie
Frachtwesen
Funktechnik
Funkwesen
Gartenbau
Gastronomie
Gaunersprache
Geldwesen
Genealogie
Genetik
Geographie
Geologie
Geometrie
Gewerbesprache
Gießerei
graphische Technik
Handarbeiten
Handwerk (Gerberei, Böttcherei, Bäckerei usw.)
Hauswirtschaft
Heraldik
Hochfrequenztechnik
Hochschulwesen
Holzverarbeitung
Hotelwesen

Imkersprache
Informationstechnik
Jagdwesen
Jägersprache
Kartenspiel
Kaufmannssprache
Kerntechnik
Kindersprache
Kino
Kirchensprache
Kochkunst
Kommunikationsforschung
Kosmetik
Kraftfahrzeugtechnik
Kraftfahrzeugwesen
Kunstwissenschaft
Kybernetik
Landwirtschaft
Literaturwissenschaft
Malerei
Mathematik
Mechanik
Medizin
Meereskunde
Metallbearbeitung
Metallurgie
Meteorologie
Militär
Mineralogie
Mode
Münzkunde
Musik
Mythologie
Nachrichtentechnik
Nachrichtenwesen
Naturwissenschaft[en]

Optik
Pädagogik
Paläontologie
Parlamentssprache
Pharmazie
Philatelie
Philosophie
Phonetik
Physik
Physiologie
Politik
Polizeiwesen
Postwesen
Prähistorie
Psychoanalyse
Psychologie
Raumfahrt
Rechtssprache
Religion
Rentenversicherung
Rundfunk
Rundfunktechnik
Schiffbau
Schifffahrt
Schriftwesen

Schülersprache
Seewesen
Sexualkunde
Soldatensprache
Sozialpsychologie
Sozialversicherung
Soziologie
Sport (Boxen, Fußball, Reiten usw.)
Sportmedizin
Sprachwissenschaft
Sprengtechnik
Statistik
Steuerwesen
Stilkunde
Straßenbau
Studentensprache
Tabakindustrie
Technik
Textilindustrie
Theater
Theologie
Tiermedizin
Tierzucht
Touristik

Uhrmacherei
Verfassungswesen
Verhaltensforschung
Verkehrswesen
Vermessungswesen
Versicherungswesen
Verslehre
Verwaltung
Viehzucht
Völkerkunde
Völkerrecht
Volkskunde
Waffentechnik
Wasserbau
Wasserwirtschaft
Werbesprache
Winzersprache
Wirtschaft
Wohnungswesen
Zahnmedizin
Zahntechnik
Zeitungswesen
Zollwesen
Zoologie

Im Wörterverzeichnis verwendete Abkürzungen

A B C D E F G H I J K L M N O P Q R S T U V W X Y Z

a...	mit folgender Sprachangabe: alt...
Abk.	Abkürzung
Abl.	Ableitung
adj.	akjektivisch
Adj.	Adjektiv
adv.	adverbial
Adv.	Adverb
aengl.	altenglisch
afries.	Altfriesisch
afrik.	afrikanisch
afrz.	altfranzösisch
ägypt.	ägyptisch
ahd.	althochdeutsch
aind.	altindisch
air.	altirisch
aisl.	altisländisch
aital.	altitalienisch
Akk.	Akkusativ
Akk.-Obj.	Akkusativobjekt
alat.	altlateinisch
alban.	albanisch
alemann.	alemannisch
allg.	allgemein
altgriech.	altgriechisch
amerik.	amerikanisch
amtl.	amtlich
Amtsdt.	Amtsdeutsch
Amtsspr.	Amtssprache
Anat.	Anatomie
angloamerik.	angloamerikanisch
angloind.	angloindisch
Anm.	Anmerkung
anord.	altnordisch
Anthrop.	Anthropologie
aprovenz.	altprovenzalisch
arab.	arabisch
aram.	aramäisch
Arbeitswiss.	Arbeitswissenschaft
Archäol.	Archäologie
Archit.	Architektur
Art.	Artikel
aruss.	altrussisch
asächs.	altsächsisch
Astrol.	Astrologie
Astron.	Astronomie
A.T.	Altes Testament
attr.	attributiv
Attr.	Attribut
Ausspr.	Aussprache
awest.	awestisch
aztek.	aztekisch

A **B** C D E F G H I J K L M N O P Q R S T U V W X Y Z

babyl.	babylonisch
Bakteriol.	Bakteriologie
balt.	baltisch
Bankw.	Bankwesen
Bantuspr.	Bantusprache
Bauw.	Bauwesen
bayr.	bayrisch
BdW	Bild der Wissenschaft
Bed.	Bedeutung[en]
Bergmannsspr.	Bergmannssprache
berlin.	berlinisch
Berufsbez.	Berufsbezeichnung
bes.	besonders
Best.	Bestimmungswort
Bez.	Bezeichnung[en]
bibl.	biblisch
bild. Kunst	bildende Kunst
bildl.	bildlich
bildungsspr.	bildungssprachlich
Biol.	Biologie
BM	Berliner Morgenpost
BNN	Brandenburgische Neueste Nachrichten
Bodenk.	Bodenkunde
Börsenw.	Börsenwesen
Bot.	Botanik
bras.	brasilianisch
bret.	bretonisch

Bruchz.	Bruchzahl	entspr.	entsprechend, entspricht
Buchf.	Buchführung	entw.	entweder
Buchw.	Buchwesen	eskim.	eskimoisch
bulgar.	bulgarisch	etw.	etwas
Bürow.	Bürowesen	ev.	evangelisch
bzw.	beziehungsweise	Ew.	Einwohnerbezeichnung

C

chin.	chinesisch
christl.	christlich

D

DÄ	Deutsches Ärzteblatt
dän.	dänisch
Dat.	Dativ
Datenverarb.	Datenverarbeitung
Dativobj.	Dativobjekt
DDR	Deutsche Demokratische Republik
Dekl.	Deklination
Demonstrativpron.	Demonstrativpronomen
dgl.	dergleichen
d. h.	das heißt
dichter.	dichterisch
Dichtk.	Dichtkunst
Dipl.	Diplomatie
Druckerspr.	Druckersprache
Druckw.	Druckwesen
dt.	deutsch

E

EA	Erstausgabe
ebd.	ebenda
ehem.	ehemals, ehemalig
Eigenn.	Eigenname
eigtl.	eigentlich
eingef.	eingeführt
einschl.	einschließlich
Eisenb.	Eisenbahnwesen
elektr.	elektrisch
Elektrot.	Elektrotechnik
engl.	englisch

F

fachspr.	fachsprachlich
Fachspr.	Fachsprache
fam.	familiär
Familienn.	Familienname
FAZ	Frankfurter Allgemeine Zeitung
Fem.	Feminium
Fernspr.	Fernsprechwesen
Fertigungst.	Fertigungstechnik
Finanzw.	Finanzwesen
finn.	finnisch
Fischereiw.	Fischereiwesen
fläm.	flämisch
Fliegerspr.	Fliegersprache
Flugw.	Flugwesen
FNP	Frankfurter Neue Presse
Forstw.	Forstwesen
Fot.	Fotografie
FR	Frankfurter Rundschau
Frachtw.	Frachtwesen
fränk.	fränkisch
fries.	friesisch
frühnhd.	frühneuhochdeutsch
frz.	französisch
Funkt.	Funktechnik
Funkw.	Funkwesen

G

gäl.	gälisch
galloroman.	galloromanisch
gaskogn.	gaskognisch
Gastr.	Gastronomie
Gattungsz.	Gattungszahlwort

gaunerspr.	gaunersprachlich
Gaunerspr.	Gaunersprache
geb. (aus)	gebildet (aus)
gebr.	gebräuchlich
gegr.	gegründet
geh.	gehoben
gek. (aus)	gekürzt (aus)
Geldw.	Geldwesen
gelegtl.	gelegentlich
gemeingerm.	gemeingermanisch
Gen.	Genitiv
Gen.-Obj.	Genitivobjekt
Geogr.	Geographie
Geol.	Geologie
Geom.	Geometrie
gepr.	geprägt
germ.	germanisch
gew.	gewöhnlich
Gewerbespr.	Gewerbesprache
Ggb.	Gegenbildung
Ggs.	Gegensatz
gleichbed.	gleichbedeutend
got.	gotisch
graf.	grafische Technik
griech.	griechisch

A B C D E F G **H** I J K L M N O P Q R S T U V W X Y Z

Handarb.	Handarbeiten
Handw.	Handwerk
HB	Handelsblatt
hebr.	hebräisch
Her.	Heraldik
hess.	hessisch
hist.	historisch
hochd.	hochdeutsch
Hochschulw.	Hochschulwesen
hochspr.	hochsprachlich
Holzverarb.	Holzverarbeitung
Hotelw.	Hotelwesen
hottentott.	hottentottisch
H. u.	(weitere) Herkunft ungeklärt
Hüttenw.	Hüttenwesen

A B C D E F G H **I** J K L M N O P Q R S T U V W X Y Z

iber.	iberisch
idg.	indogermanisch
Imkerspr.	Imkersprache
ind.	indisch
Indefinitpron.	Indefinitpronomen
indekl.	indeklinabel
indian.	indianisch
Indianerspr.	Indianersprache
Indik.	Indikativ
indon.	indonesisch
Inf.	Infinitiv
Informationst.	Informationstechnik
Interj.	Interjektion
intr.	intransitiv
ir.	irisch
iran.	iranisch
iron.	ironisch
islam.	islamisch
isländ.	isländisch
ital.	italienisch

A B C D E F G H I **J** K L M N O P Q R S T U V W X Y Z

Jagdw.	Jagdwesen
Jägerspr.	Jägersprache
jap.	japanisch
Jes.	Jesaja
Jh.	Jahrhundert
jidd.	jiddisch
jmd.	jemand
jmdm.	jemandem
jmdn.	jemanden
jmds.	jemandes
jüd.	jüdisch
Jugendspr.	Jugendsprache
jur.	juristisch

A B C D E F G H I J **K** L M N O P Q R S T U V W X Y Z

kanad.	kanadisch
Kardinalz.	Kardinalzahl
karib.	karibisch
katal.	katalanisch
kath.	katholisch
Kaufmannsspr.	Kaufmannssprache

kaukas.	kaukasisch
kelt.	keltisch
Kfz-T.	Kraftfahrzeugtechnik
Kfz-W.	Kraftfahrzeugwesen
Kinderspr.	Kindersprache
kirchenlat.	kirchenlateinisch
kirchenslaw.	kirchenslawisch
Kirchenspr.	Kirchensprache
kirchl.	kirchlich
klass.	klassisch
klass.-lat.	klassisch-lateinisch
Kochk.	Kochkunst
Kommuni-kationsf.	Kommunikations-forschung
kommunist.	im kommunistischen Sprachgebrauch
Komp.	Komparativ
Konj.	Konjunktion
kopt.	koptisch
korean.	koreanisch
Kosef.	Koseform
Kosew.	Kosewort
kreol.	kreolisch
kroat.	kroatisch
kuban.	kubanisch
Kunstwiss.	Kunstwissenschaft
Kurzf.	Kurzform
Kurzw.	Kurzwort

A B C D E F G H I J K **L** M N O P Q R S T U V W X Y Z

ladin.	ladinisch
Lallw.	Lallwort
landsch.	landschaftlich
landw.	landwirtschaftlich
Landw.	Landwirtschaft
lapp.	lappisch
lat.	lateinisch
latinis.	latinisiert, latinisierend
lautm.	lautmalend
lett.	lettisch
lit.	litauisch
Literaturw.	Literaturwissenschaft
LNN	Luzerner Neueste Nachrichten
LÜ	Lehnübersetzung

A B C D E F G H I J K L **M** N O P Q R S T U V W X Y Z

m…	mit folgender Sprachangabe: mittel…
m.	männlich
ma.	mittelalterlich
MA.	Mittelalter
malai.	malaiisch
marx.	marxistisch
Mask.	Maskulinum
math.	mathematisch
Math.	Mathematik
md.	mitteldeutsch
Mech.	Mechanik
med.	medizinisch
Med.	Medizin
Meeresk.	Meereskunde
mengl.	mittelenglisch
Met.	Meteorologie
Metallbearb.	Metallbearbeitung
mex.	mexikanisch
mfrz.	mittelfranzösisch
mgriech.	mittelgriechisch
mhd.	mittelhochdeutsch
Milit.	Militär
militär.	militärisch
mind.	mittelindisch
Mineral.	Mineralogie
mir.	mittelirisch
mlat.	mittellateinisch
MM	Mannheimer Morgen
mniederd.	mittelniederdeutsch
mniederl.	mittelniederländisch
mong.	mongolisch
mundartl.	mundartlich
Münzk.	Münzkunde
mus.	musikalisch
Myth.	Mythologie

A B C D E F G H I J K L M **N** O P Q R S T U V W X Y Z

n…	mit folgender Sprachangabe: neu…
Nachrichtent.	Nachrichtentechnik
Nachrichtenw.	Nachrichtenwesen
Naturw.	Naturwissenschaft[en]
NBI	Neue Berliner Illustrierte

Nebenf.	Nebenform	o. Pl.	ohne Plural
neutest.	neutestamentlich	Ordinalz.	Ordinalzahl
Neutr.	Neutrum	Ortsn.	Ortsname
ngriech.	neugriechisch	osman.	osmanisch
nhd.	neuhochdeutsch	ostd.	ostdeutsch
niederd.	niederdeutsch	österr.	österreichisch
niederl.	niederländisch	Österr.	Österreich
NJW	Neue Juristische Wochenschrift	ostfrz.	ostfranzösisch
nlat.	neulateinisch	ostmd.	ostmitteldeutsch
NN	Nürnberger Nachrichten	ostniederd.	ostniederdeutsch
NNN	Norddeutsche Neueste Nachrichten	ostpreuß.	ostpreußisch
Nom.	Nominativ		
nord.	nordisch		

A B C D E F G H I J K L M N O **P** Q R S T U V W X Y Z

Päd.	Pädagogik
Paläont.	Paläontologie
Papierdt.	Papierdeutsch
Parapsych.	Parapsychologie
Parl.	Parlamentssprache
Part.	Partizip
Perf.	Perfekt
pers.	persisch; persönlich
Pers.	Person
Personenn.	Personenname
pfälz.	pfälzisch
Pharm.	Pharmazie
Philat.	Philatelie
philos.	philosophisch
Philos.	Philosophie
Phon.	Phonetik
physik.	physikalisch
Physiol.	Physiologie
pik.	pikardisch
Pl.	Plural
Plusq.	Plusquamperfekt
polit.	politisch
Polizeiw.	Polizeiwesen
poln.	polnisch
polynes.	polynesisch
port.	portugiesisch
Possessivpron.	Possessivpronomen
Postw.	Postwesen
präd.	prädikativ
Prähist.	Prähistorie
Präp.	Präposition
Präp.-Obj.	Präpositionalobjekt
Präs.	Präsens
Prät.	Präteritum

nordamerik.	nordamerikanisch
nordd.	norddeutsch
nordostd.	nordostdeutsch
nordwestd.	nordwestdeutsch
norm.	normannisch
norw.	norwegisch
nationalsoz.	nationalsozialistisch
N.T.	Neues Testament
NZZ	Neue Zürcher Zeitung

A B C D E F G H I J K L M N **O** P Q R S T U V W X Y Z

o.	ohne
o. ä., o. Ä.	oder ähnliche[s], oder Ähnliche[s]
o. Art.	ohne Artikel
obersächs.	obersächsisch
Obj.	Objekt
od.	oder
o. dgl.	oder dergleichen
Off.	Offenbarung Johannis
ohne Akk.-Obj.	ohne Akkusativobjekt
ohne Präp.-Obj.	ohne Präpositionalobjekt
ökon.	ökonomisch
ökum.	ökumenisch (Ökumenisches Verzeichnis der biblischen Eigennamen nach den Loccumer Richtlinien. Stuttgart 1971)

preuß.	preußisch	seem.	seemännisch
Pron.	Pronomen	Seemannsspr.	Seemannssprache
provenz.	provenzalisch	Seew.	Seewesen
Ps.	Psalm	semit.	semitisch
Psych.	Psychologie	serb.	serbisch
		serbokroat.	serbokroatisch
		Sexualk.	Sexualkunde

A B C D E F G H I J K L M N O P Q **R** S T U V W X Y Z

®	als Markenzeichen geschütztes Wort	Sg.	Singular
		sibir.	sibirisch
R	Redensart	singhal.	singhalesisch
Raumf.	Raumfahrt	skand.	skandinavisch
Rechtsspr.	Rechtssprache	slaw.	slawisch
refl.	reflexiv	slowak.	slowakisch
rel.	religiös	slowen.	slowenisch
Rel.	Religion	s. o.	siehe oben
Rentenvers.	Rentenversicherung	Soldatenspr.	Soldatensprache
rhein.	rheinisch	sorb.	sorbisch
Rhet.	Rhetorik	Sozialpsych.	Sozialpsychologie
röm.	römisch	Sozialvers.	Sozialversicherung
roman.	romanisch	Soziol.	Soziologie
rückgeb. (aus)	rückgebildet (aus)	Sp.	Spalte
rumän.	rumänisch	span.	spanisch
Rundf.	Rundfunk	spätahd.	spätalthochdeutsch
Rundfunkt.	Rundfunktechnik	spätgriech.	spätgriechisch
russ.	russisch	spätlat.	spätlateinisch
rzp.	reziprok	spätmhd.	spätmittelhochdeutsch
		spött.	spöttisch
		Spr	Sprichwort
		sprachw.	sprachwissen-schaftlich

A B C D E F G H I J K L M N O P Q R **S** T U V W X Y Z

		Sprachw.	Sprachwissenschaft
s.	siehe; sächlich	Sprengt.	Sprengtechnik
S.	Seite	Steig.	Steigerung[sformeln]
sächs.	sächsisch	Steuerw.	Steuerwesen
sanskr.	sanskritisch	Stilk.	Stilkunde
scherzh.	scherzhaft	Studentenspr.	Studentensprache
schles.	schlesisch	st. V.	starkes Verb
schott.	schottisch	StVO	Straßenverkehrs-ordnung
schriftspr.	schriftsprachlich		
Schriftw.	Schriftwesen	s. u.	siehe unten
schülerspr.	schülersprachlich	subst.	substantivisch, substantiviert
Schülerspr.	Schülersprache	Subst.	Substantiv
Schulw.	Schulwesen	südamerik.	südamerikanisch
schwäb.	schwäbisch	südd.	süddeutsch
schwed.	schwedisch	südwestd.	südwestdeutsch
schweiz.	schweizerisch	sumer.	sumerisch
		Sup.	Superlativ
s. d.	siehe dies, siehe dort	svw.	so viel wie

sw. V.	schwaches Verb
syr.	syrisch
SZ	Süddeutsche Zeitung

T

Tabakind.	Tabakindustrie
tahit.	tahitisch
tamil.	tamilisch
tat.	tatarisch
techn.	technisch
Textilind.	Textilindustrie
Theol.	Theologie
thüring.	thüringisch
tib.	tibetisch
Tiermed.	Tiermedizin
tirol.	tirolisch
tschech.	tschechisch
tungus.	tungusisch
türk.	türkisch
turkotat.	turkotatarisch

U

u.	und
Ü	Übertragung
u. a.	und and[e]re, und and[e]res; unter ander[e]m, unter ander[e]n
u. ä., u. Ä.	und ähnliche[s], und Ähnliche[s]
[Übers.]	Übersetzung (in Quellenangaben)
übertr.	übertragen
u. dgl.	und dergleichen
ugs.	umgangssprachlich
ukrain.	ukrainisch
unbest.	unbestimmt
unflekt.	unflektiert
ung.	ungarisch
ungebr.	ungebräuchlich
unpers.	unpersönlich
unr. V.	unregelmäßiges Verb
urspr.	ursprünglich
urverw.	urverwandt
usw.	und so weiter

V

v. a.	vor allem
venez.	venezianisch
verächtl.	verächtlich
Verfassungsw.	Verfassungswesen
Vervielfälti- gungsz.	Vervielfältigungs- zahlwort
Verhaltensf.	Verhaltensforschung
verhüll.	verhüllend
Verkehrsw.	Verkehrswesen
Vermessungsw.	Vermessungswesen
Versicherungsw.	Versicherungswesen
verw.	verwandt
vgl. [d.]	vergleiche [dies]
Vgr.	Vergrößerungsform
viell.	vielleicht
Vkl.	Verkleinerungsform
vlat.	vulgärlateinisch
Völkerk.	Völkerkunde
volksetym.	volksetymologisch
Volksk.	Volkskunde
volkst.	volkstümlich
Vorn.	Vorname
vulg.	vulgär

W

w.	weiblich
Waffent.	Waffentechnik
wahrsch.	wahrscheinlich
Wasserwirtsch.	Wasserwirtschaft
weidm.	weidmännisch
weitergeb. (aus)	weitergebildet (aus)
Werbespr.	Werbesprache
westd.	westdeutsch
westfäl.	westfälisch
westgerm.	westgermanisch
westmd.	westmitteldeutsch
westniederd.	westniederdeutsch
westslaw.	westslawisch
Wiederholungsz.	Wiederholungs- zahlwort
wiener.	wienerisch
Winzerspr.	Winzersprache
Wirtsch.	Wirtschaft
Wissensch.	Wissenschaft
Wohnungsw.	Wohnungswesen
Wz.	Wurzel

A B C D E F G H I J K L M N O P Q R S T U V W X Y **Z**

Zahnmed.	Zahmedizin	Zollw.	Zollwesen
Zahnt.	Zahntechnik	Zool.	Zoologie
z. B.	zum Beispiel	Zus.	Zusammensetzung[en]
Zeitungsw.	Zeitungswesen	Zusb.	Zusammenbildung[en]
Zigeunerspr.	Zigeunersprache (Es handelt sich hier um eine in der Sprachwissenschaft übliche Bezeichnung, die nicht abwertend zu verstehen ist.)	zusger. (aus)	zusammengerückt (aus)
		zusgez. (aus)	zusammengezogen (aus)
		Zusschr.	Zusammenschreibung
		z.T.	zum Teil
		zw.	zwischen

| | | Das Zeichen | gibt die Worttrennung an (**ab|be|din|gen**).
| . | Der unter den Vokal gesetzte Punkt ̣ gibt betonte Kürze an (**A̧lter**).
| _ | Der unter den Vokal gesetzte Strich ̱ gibt betonte Länge an (**Magen**).
| * | Das Sternchen * kennzeichnet idiomatische Ausdrücke (*** in einem/im gleichen Boot sitzen**).
| ◆ | Die Raute ◆ kennzeichnet Wörter und Verwendungsweisen aus der klassischen Literatur von Lessing bis Fontane (**◆ Dynamitarde**).
| ¹ ² | Hochgestellte Zahlen vor dem Stichwort unterscheiden gleich lautende Wörter (**¹Ball, ²Ball**).

A B C D E F

a, A [a:], das; - (ugs.: -s), - (ugs.: -s) [mhd., ahd. a]: **1.** *erster Buchstabe des Alphabets, erster Laut der Vokalreihe a, e, i, o, u:* ein kleines a, ein großes A; eine Broschüre mit praktischen Hinweisen von A bis Z *(unter alphabetisch angeordneten Stichwörtern);* R wer A sagt, muss auch B sagen *(wer etwas beginnt, muss es fortsetzen u. auch unangenehme Folgen auf sich nehmen);* ***das A und O,** (auch:) **das A und das O** (ugs.; *die Hauptsache, Quintessenz, das Wesentliche, Wichtigste, der Kernpunkt;* urspr. = der Anfang und das Ende, vgl. Off. 1,8: »Ich bin das A und das O, der Anfang und das Ende, spricht Gott der Herr«; nach dem ersten [Alpha] und dem letzten [Omega] Buchstaben des griech. Alphabets): Die richtige Getriebeabstufung ist das A und O beim Bergrennen (ADAC-Motorwelt 7, 1979, 60); **von A bis Z** (ugs.; *von Anfang bis Ende, ganz und gar, ohne Ausnahme;* nach dem ersten u. dem letzten Buchstaben des dt. Alphabets): Köstlichkeiten – von A bis Z aus westlicher Produktion (Freie Presse 29. 11. 89, 4); Warhol war Künstler von A bis Z (Focus 23, 1998, 136); die Geschichte ist von A bis Z frei erfunden. **2.** (Musik) *sechster Ton der C-Dur-Tonleiter:* der Kammerton a, A.

ä, Ä [ɛ:], das; - (ugs.: -s), - (ugs.: -s) [mhd. æ]: *Umlaut aus a, A.*

¹**a** = a-Moll; ¹Ar.

²**a** ⟨Präp.⟩ [ital. a < lat. ad = zu] *auf, mit, zu* (in ital. Fügungen, z. B. a conto, a tempo).

A = A-Dur; Ampere; Autobahn.

Å (früher auch: A, AE, ÅE) = Ångström, Ångströmeinheit.

α, **A:** ↑Alpha.

à [a] ⟨Präp.⟩ [frz. à < lat. ad = zu]: **1.** (Kaufmannsspr., ugs.) *[das Stück] zu:* zehn Marken à 50 Pfennig; zwei Kästen à dreihundert Schuss (H. Kolb, Wilzenbach 157). **2.** *nach, um* (in formelhaft gebrauchten frz. Fügungen, z. B. à la carte, à tout prix).

@ [ɛt; urspr. auf amerik. Schreibmaschinentastaturen das Zeichen für »(commercial) at« = à]: meist als trennendes Zeichen in E-Mail-Adressen verwendetes Symbol.

a. = am (bei Ortsnamen, z. B. Frankfurt a. Main); alt (schweiz.; vor Amtsbezeichnungen, z. B. a. Bundesrat).

a., A. = anno, Anno.

a- [griech. a- = nicht, un-]: verneint in Bildungen mit Adjektiven deren Bedeutung: apolitisch, asinnlich, atypisch.

a. a. = ad acta.

Aa [a'la], das; - [lautm.] (Kinderspr.): *feste menschliche Ausscheidung, Kot:* ***Aa machen** (seine große Notdurft verrichten).

AA = Auswärtiges Amt; Anonyme Alkoholiker.

Aa|chen: Stadt in Nordrhein-Westfalen.

¹**Aa|che|ner,** der; -s, -: Ew.

²**Aa|che|ner** ⟨indekl. Adj.⟩: A. Printen.

Aa|che|ne|rin, die; -, -nen: w. Form zu ↑¹Aachener.

Aal, der; -[e]s, -e [mhd., ahd. āl; H. u.]: *in Süßwasser u. Meer lebender, schlangenförmiger Fisch mit schlüpfriger Haut:* A. grün (Kochk.; *gedünsteter Aal*); A. blau (Kochk.; *gekochter, durch Übergießen mit heißem Essigwasser blau verfärbter Aal*); schleimige -e schnellten und glitschten über den Sand (Bieler, Bonifaz 201); Ich war derzeit noch dünn wie ein A. (Leip, Klabauterflagge 38); sich wie ein A. durch etw. hindurchwinden; -e fangen, stechen; ***glatt wie ein A. sein** (*nicht zu fassen sein, sich aus jeder Situation geschickt herauszuwinden verstehen);* **sich [drehen und] winden, krümmen wie ein A.** (*sich aus einer unangenehmen, schwierigen Lage zu befreien suchen*).

aal|ar|tig ⟨Adj.⟩: *einem Aal ähnlich; wie ein Aal.*

aa|len, sich ⟨sw. V.; hat⟩ [eigtl. = sich winden wie ein Aal] (ugs.): *sich behaglich ausgestreckt ausruhen:* sich am Strand, in der Sonne a.; sie aalte sich auf der Couch; Auf den Wiesen an der Nidda aalten sich Sonnenhungrige (FR 11. 7. 94, 14); Wir aalen uns eine ganze Weile, lassen uns die Sonne auf die Wangen brennen (Imog, Wurliblume 251).

Aal|fang, der ⟨o. Pl.⟩: *das Fangen von Aalen:* die Männer sind alle beim A.

Aal|fi|scher, der: *Fischer, der besonders auf Aalfang ausgeht.*

Aal|fi|sche|rei, die: *Aalfang.*

aal|för|mig ⟨Adj.⟩: *in der Form einem Aal ähnlich.*

aal|glatt ⟨Adj.⟩: **1.** (seltener) *überaus glatt:* -e Griffe; Der Schnee ... bildete nach den Angaben eines Polizeisprechers eine -e Oberfläche (NZZ 21. 1. 83, 24). **2.** (abwertend) *schwer zu fassen; fähig, sich aus jeder Situation herauszuwinden:* jmdm. a. ausweichen; Nun begann der Kampf zwischen uns, ... von seiner Seite a., immer mit Lächeln und immer mit falschen Worten (Fallada, Herr 58).

aal|gleich ⟨Adj.⟩: *einem Aal gleich, ähnlich; wie ein Aal.*

Aal|ha|men, der (landsch.): *Fangnetz für Aale.*

Aal|kas|ten, der: *aus Lattenrosten bestehende Fangvorrichtung, in die das einströmende Wasser den Aal hineinzieht.*

Aal|korb, der: *einem Korb ähnliches Gerät zum Aalfang.*

Aal|lei|ter, die: *Fischpass für Aale.*

Aal|mut|ter, die ⟨Pl. -n⟩ [nach der Ähnlichkeit der Jungen mit jungen Aalen]: *(in kalten Meeren, teilweise in großen Tiefen lebender) Fisch, der lebende Junge zur Welt bringt.*

Aal|quap|pe, die [nach dem aalförmigen Körper]: **1.** *Rutte.* **2.** (bes. nordd.) *Aalmutter.*

Aal|räu|che|rei, die: **1.** ⟨o. Pl.⟩ *das Räuchern von Aalen.* **2.** *Räucherei für Aale.*

Aal|rau|pe, die [2. Bestandteil (in Anlehnung an ↑Raupe) mhd. ruppe, rutte < mlat. rubeta < lat. rubeta = Kröte]: *Rutte.*

Aal|reu|se, die: *Reuse für den Aalfang.*

Aal|speer, der: *einem Speer ähnliches Gerät mit mehreren Zinken zum Aalstechen.*

Aal|ste|chen, das; -s, - *das Fangen von Aalen durch Stechen mit dem Aalspeer.*

Aal|strich, der [nach der schmalen, länglichen Form]: *meist dunkelfarbiger, schmaler Streifen längs der Rückenmitte bei [Wildformen von] Pferden, Rindern, Eseln, Ziegen u. anderen Säugetieren.*

Aal|sup|pe, die: *aus dem Fleisch vom Aal zubereitete Suppe:* Hamburger A.

Aal|tier|chen, das: *Älchen* (2).

a. a. O. = am angeführten, (auch:) angegebenen, (veraltet) angezogenen Ort.

Aar, der; -[e]s, -e [mhd. ar(e), ahd. aro, daneben mhd. arn, verw. mit griech. órnis = Vogel] (dichter. veraltet): *Adler:* Wo der A. nistet, da weitet sich des Deutschen Brust (SZ 8. 2. 97, 64).

Aa|rau: Hauptstadt des Kantons Aargau.

Aa|re, die; -: Fluss in der Schweiz.

Aar|gau, der; -s: schweizerischer Kanton.

¹**Aar|gau|er**, der; -s, -: Ew.
²**Aar|gau|er** ⟨indekl. Adj.⟩.
Aar|gau|e|rin, die; -, -nen: w. Form zu ↑¹Aargauer.
aar|gau|isch ⟨Adj.⟩.
Aas, das; -es, -e u. Äser [im nhd. Wort sind zusammengefallen mhd., ahd. āʒ = Essen, Speise; Futter u. mhd. ās = Fleisch zur Fütterung der Hunde u. Falken, Aas; beides zu ↑essen u. eigtl. = Essen, Fraß]: **1. a)** ⟨Pl. Aase⟩ *[verwesende] Tierleiche, Kadaver:* Das sind hier Reste von einem Waldtier, das verendete. Verscharrt das A. (Kaiser, Villa 58); Er stinkt wie ein A. (Jahnn, Geschichten 65); **b)** ⟨o. Pl.⟩ *Fleisch verendeter Tiere:* A. fressende Tiere; sie ernähren sich hauptsächlich von A. **2.** ⟨Pl. Äser⟩ (ugs. abwertend, oft als Schimpfwort) **a)** *durchtriebener, gemeiner, niederträchtiger Mensch:* so ein A.!; sie ist ein freches, raffiniertes, faules A.; (mitleidig:) du armes A.!; (mit dem Unterton widerstrebender Anerkennung:) ein tolles A.; * **ein A. auf der Bassgeige sein** (salopp; ↑²As 2a); **kein A.** (ugs.; *kein Mensch, niemand*): kein A. ist gekommen; Fest steht jedenfalls, dass heute kein A. mehr ein Nazi gewesen sein will (Kirst, 08/15, 895); **b)** *widerspenstiges [Haus]tier:* das A. (= der Esel) bockt schon wieder; das A. hat mich gebissen.
Aas|ban|de, die ⟨Pl. selten⟩ (ugs. abwertend): *üble* ¹*Bande* (2): diese verfluchte A.
Aas|blu|me, die: *Blume mit nach Aas* (1) *riechender Blüte, die Aasfliegen anzieht* (z. B. Aronstab, Stapelie u. a.).
aa|sen ⟨sw. V.; hat⟩ [zu ↑Aas (1)] (landsch.): *(mit etw.) verschwenderisch, nicht haushälterisch umgehen; etw. verschwenden:* mit dem Geld, mit seinen Kräften a.
Aa|ser: ↑Aser.
Aas|flie|ge, die: *größere Fliege, deren Weibchen die Eier an Aas* (1) *ablegt u. deren Larve von Aas lebt.*
Aas fres|send: s. Aas (1 b).
Aas|fres|ser, der: *Tier, das Aas* (1 b) *frisst* (z. B. Hyäne).
Aas|gei|er, der: **1.** *von Aas* (1b) *lebender Geier:* die A. versammelten sich bereits auf einem Baum in der Nähe des verwundeten Tieres; Ü Erhob sich diese Liebe nicht wie eine weiße Taube über die krächzenden A. des Krieges ...? (Hagelstange, Spielball 89). **2.** (ugs. abwertend) *Mensch, der darauf aus ist, sich [an anderen] zu bereichern.*
Aas|ge|ruch, der: *Geruch von Aas* (1).
Aas|ge|stank, der (abwertend): *Aasgeruch.*
aa|sig ⟨Adj.⟩: **1.** *vom Aas* (1) *herrührend, faulig:* ein -er Hauch. **2.** *von Niedertracht, Infamie erfüllt; gemein:* sein -es Lächeln schien sie nicht abzuschrecken (K. Mann, Mephisto 54). **3.** ⟨intensivierend bei Verben u. Adjektiven⟩ (landsch.) *über alles Maß, sehr:* a. frieren; Ich packte den Koffer, den großen blauen, a. schwer (Kempowski, Uns 318).
Aas|in|sekt, das: *Insekt, das sich von Aas* (1 b) *nährt.*

Aas|jä|ger, der: *Jäger, der unweidmännisch jagt.*
Aas|jä|ge|rei, die; -: *unweidmännisches Jagen.*
Aas|kä|fer, der: *Käfer, der sich von Aas* (1b) *nährt.*
Aas|krä|he, die: *Rabenvogel (Nebelkrähe u. Rabenkrähe), der u. a. Aas* (1b) *frisst.*
Aas|sei|te, die (Gerberei): *Fleischseite der tierischen Haut.*
Aast, das; -[e]s, Äster (landsch.): *Aas* (2).
Aas|vo|gel, der: *Vogel, der Aas* (1b) *frisst:* Bald ist von dem Zebra nichts mehr zu sehen, es ist zugedeckt von einer Masse graubrauner Aasvögel (Grzimek, Serengeti 321).
ab [mhd. ab(e), ahd. ab(a), verw. mit griech. apó = von, ab]: **I.** ⟨Präp. mit Dativ⟩ **1.** (räumlich) **a)** (bes. Kaufmannsspr., Verkehrsw.) *von ... an, von ... weg:* [frei] ab Werk; ab [unserem] Lager; wir fliegen ab allen deutschen Flughäfen; ♦ **b)** *von* (I 1): so will ich euch eine heilige Muschel mitbringen ab dem Meeresstrand von Askalon (Hebel, Schatzkästlein 16). **2.** ⟨bei artikellosen Substantiven mit adj. Attribut gelegtl. auch mit Akk.⟩ (zeitlich) *von ... an:* ab dem 35. Lebensjahr; Jugendliche ab 18 Jahren/(auch:) Jahre; ab kommendem/(auch:) kommenden Montag; ab Mai; ab 1970; ab heute [Nacht]; Ab da (ugs.; *von diesem Zeitpunkt an*) hat sie angefangen zu trinken (Brot und Salz 346). **3.** ⟨bei artikellosen Substantiven mit adj. Attribut gelegtl. auch mit Akk.⟩ bei einer Reihenfolge, Rangfolge o. Ä.; *von ... an:* die Dienstgrade ab Unteroffizier; ab nächster/(auch:) nächste Ausgabe; Ab dem Viertelfinale wird gedient (SZ 22.10.85, 42). **II.** ⟨Adv.⟩ **1.** *weg, fort; entfernt:* gleich hinter der Kreuzung links ab; nicht sehr weit ab vom Weg liegen; die Hütte soll weit ab von jeder menschlichen Behausung ab sein; zwei Kilometer ab (von dieser Stelle); (Verkehrsw.:) Darmstadt ab 7:30; Bayrischer Bahnhof ab, ab Bayrischer Bahnhof; (oft in Aufforderungen:) los, ab ins Bett!; ab in die Unterkünfte (Grass, Hundejahre 373); (als Bühnenanweisung:) ab *(geht ab, soll abgehen);* * **ab trimo/trümo** (landsch.; *weg, ab; verschwinde!* H. u.): Statt »verschwinde« sagen raue Gemüter oft »ab trümo!« (Hörzu 11, 1975, 115). **2. a)** *herunter, hinunter, nieder* (gewöhnlich in militär. Kommandos): Gewehr ab!, Helm ab zum Gebet!; ab! (Gewichtheben: Kommando, mit dem der Kampfrichter den Athleten auffordert, das Gewicht abzulegen); Ü ich weiß nicht, warum ich so ab (ugs.; *müde, erschöpft*) bin; **b)** *losgelöst, abgetrennt, abgegangen:* der Knopf wird bald ab sein; die Farbe ist fast ganz ab. **3.** * **ab und zu** (**1.** *gelegentlich; von Zeit zu Zeit:* ab und zu besucht er uns. **2.** veraltend: *[in Bezug auf eine Bewegung] weg u. wieder herbei; aus u. ein:* die Bedienung ging ab und zu; Der Adjutant, der zunächst ab und zu an der Reihe war, beiseite [Th. Mann, Hoheit 117]); **ab und an** (bes. nordd.; *gelegentlich; von Zeit zu Zeit*): er kommt ab und an, um nach dem Rechten zu sehen; Ab und Ab übernehmen

ich das Ruder (Leip, Klabauterflagge 15).
A. B. = Augsburger Bekenntnis.
Aba, die; -, -s [arab. ˈabāˀ]: *weiter, kragenloser Mantel der Araber mit angeschnittenen Ärmeln.*
Aba|de, der; -[s], -s [nach der iran. Stadt Abade]: *meist elfenbeingrundiger Teppich.*
abais|siert [abɛˈsiːɐ̯t] ⟨Adj.⟩ [zu frz. abaisser = senken, zu: baisser, ↑Baisse] (Heraldik): *(von den Flügeln eines Adlers 2 im Wappen) nach unten zum Schildrand gesenkt.*
Aba|kus [ˈa(ː)bakʊs], der; -, - [1: lat. abacus < griech. ábax (Gen.: ábakos); H. u.]: **1. a)** *Rechen- od. Spielbrett der Antike;* **b)** *Rechengerät, bei dem die Zahlen durch auf Stäben verschiebbare Kugeln dargestellt werden;* Andere Arbeitsgruppen stellen Moleküle her, die die Funktionen eines einfachen A. übernehmen können (SZ 10. 8. 95, 20). **2.** (Archit.) *obere Platte auf dem Säulenkapitell.*
Ab|ali|e|na|ti|on [...lie...], die; -, -en [1: zu ↑abalienieren; 2: lat. abalienatio]: **1.** *Entfremdung* (2), *Veräußerung.*
ab|ali|e|nie|ren [...lie...] ⟨sw. V.; hat⟩ [lat. abalienare, aus: ab = weg u. alienare = veräußern, entfernen; zu: alienus = fremd]: **1.** *entfremden.* **2.** (Rechtsspr.) *veräußern.*
ab|än|der|bar ⟨Adj.⟩: *sich abändern lassend:* -e Entscheidungen; Zeiten der chronischen Krise muten dem menschlichen Lebenswillen zu, permanente Ungewissheit als den nicht -en Hintergrund seiner Glücksbemühungen hinzunehmen (Sloterdijk, Kritik 246); a. sein.
Ab|än|der|bar|keit, die; -: *das Abänderbarsein.*
ab|än|der|lich ⟨Adj.⟩ (veraltet): *abänderbar.*
Ab|än|der|lich|keit, die; - (veraltet): *das Abänderbarsein.*
ab|än|dern ⟨sw. V.; hat⟩: **1.** *ein wenig, in Teilen ändern:* das Testament, den Antrag, Beschluss, das Programm a.; Diese Verfassung durfte nur mit Zustimmung des Hohen Kommissars abgeändert werden (Dönhoff, Ära 80). **2.** (Biol.) *(durch Mutation od. Umwelt) in den Artmerkmalen variieren, sich wandeln:* Die Farben der Blüten ändern oft stark ab; um ebenso viele Möglichkeiten der individuellen Kennzeichnung zu ergeben wie bei den stärker abändernden Kulturmerkmalen (Lorenz, Verhalten I, 207).
Ab|än|de|rung, die; -, -en: *das Abändern.*
Ab|än|de|rungs|an|trag, der (Parl.): *Antrag auf Abänderung eines Gesetzentwurfs o. Ä.*
ab|än|de|rungs|be|dürf|tig ⟨Adj.⟩: *einer Abänderung bedürfend.*
ab|än|de|rungs|fä|hig ⟨Adj.⟩: *abänderbar.*
Ab|än|de|rungs|kla|ge, die (Rechtsspr.): *Klage auf Abänderung eines zivilgerichtlichen Urteils auf Zahlung bestimmter wiederkehrender Leistungen.*
Ab|än|de|rungs|vor|schlag, der: *Vorschlag für eine Abänderung.*

Aban|don [abãˈdõ:], der; -s, -s [frz. abandon < afrz. a bandon = zur freien Verfügung] (Rechtsspr.): *(bes. bei Gesellschaftsverhältnissen, in der Seeversicherung, auch im Börsenwesen) Verzicht auf ein Recht zugunsten einer Gegenleistung.*
aban|don|nie|ren [abãdɔˈniːrən] ⟨sw. V.; hat⟩ [frz. abandonner]: **1.** (veraltet) *verlassen, aufgeben, abtreten, überlassen.* **2.** (Rechtsspr.) *den Abandon erklären.*
ạb|an|geln ⟨sw. V.; hat⟩ (Angelsport): *zum letzten Mal gemeinschaftlich in der Saison angeln* (1 a): wir angeln am Sonntag ab; ⟨subst.:⟩ *alle 36 Sekunden ein Exemplar. Diese sportliche Leistung schaffte H. Dams ... beim Abangeln des Vereins* (Fisch 2, 1980, 92).
ạb|ängs|ten, sich ⟨sw. V.; hat⟩ (veraltet): *abängstigen.*
ạb|ängs|ti|gen, sich ⟨sw. V.; hat⟩: *sich um jmdn., etw. längere Zeit hindurch im Übermaß ängstigen:* sich jmds., einer Sache wegen a.; ◆ *Nur der innere Trieb, die Liebe helfen uns Hindernisse überwinden, Wege bahnen und uns aus dem engen Kreise, worin sich andere kümmerlich abängstigen, emporheben* (Goethe, Lehrjahre I, 14).
ạb|ar|bei|ten ⟨sw. V.; hat⟩: **1. a)** *durch eine Arbeitsleistung nach u. nach abtragen, tilgen:* Schulden, einen Vorschuss, das Essen a.; **b)** *durch Arbeiten erledigen; als Arbeitszeit hinter sich bringen:* sein Pensum, die Wochentage a.; *Computer arbeiten Schritt für Schritt jene Befehle ab, die ihnen zuvor ein Programmierer ... aufgetragen hat* (Datenverarb.; Welt 22. 3. 90, 25); 1050 Aufträge konnten im August mehr abgearbeitet werden als im Vorjahr (NNN 24. 9. 87, 6). **2. a)** *durch schwere körperliche Arbeit stark beanspruchen:* du hast dir die Finger abgearbeitet; ⟨oft im 2. Part.:⟩ abgearbeitete Hände; **b)** *durch Arbeit [mit einem Gerät] fortschaffen, beseitigen:* die vorstehenden Enden a.; ◆ (Seemannsspr.) *wieder flottmachen.* **3.** ⟨a. + sich⟩ *längere Zeit im Übermaß arbeiten; sich abplagen:* ich arbeite mich ab, und du schaust zu; sich an einem Problem a. *(sich damit abmühen);* An welchen Widersprüchen arbeiten sich die Völker unserer Länder ab (Bahro, Alternative 14); zwei Kontrahenten, die sich ... aneinander abarbeiten (Sloterdijk, Kritik 680); eine abgearbeitete alte Frau; abgearbeitet aussehen.
Ạb|ar|bei|tung, die; -: *das Abarbeiten.*
ạb|är|gern, sich ⟨sw. V.; hat⟩ (ugs.): *sich durch ständigen Ärger über jmdn., etw. aufreiben:* sich mit faulen Schülern a. müssen.
Ạb|art, die; -, -en: **a)** (bes. Biol.) *ähnliche, sich nur durch wenige Merkmale unterscheidende Art; Spielart; Varietät:* das Tannhörnchen ist eine A. des Eichhörnchens; **b)** (Philat.) *von der normalen Ausführung unbedeutend abweichende Briefmarke;* ◆ **c)** *verdorbener Mensch:* Liebt ihr ihn nicht mehr, so ist diese A. auch euer Sohn nicht mehr (Schiller, Räuber I, 1).
ạb|ar|ten ⟨sw. V.; ist⟩ (selten): *(von der üblichen Art) abweichen:* Was ... vom Würdig-Bedeutenden spielerisch abarte, war Josephs Neigung, aus der allgemeinen Denkrichtung Nutzen zu ziehen (Th. Mann, Joseph 582).
ạb|ar|tig ⟨Adj.⟩: *(bes. in sexueller Hinsicht) vom als normal Empfundenen abweichend; pervers* (1): eine -e Neigung haben; auf etwas a. reagieren; wissen Sie, hier wird man Homo oder a. (Ossowski, Bewährung 54).
Ạb|ar|tig|keit, die; -, -en: *Abnormität, Widernatürlichkeit.*
Ạb|ar|tung, die; -, -en: **1.** (selten) *das Abarten.* **2.** (Biol.) *Mutation einer Tier- od. Pflanzenart.*
à bas [aˈba; frz., aus ↑à u. bas = niedrig < vlat. bassus = dick; gedrungen] (bildungsspr. veraltet): *nieder!, weg [damit]!, herunter!*
ạb|äschern, sich ⟨sw. V.; hat⟩ [H. u.] (landsch., bes. niederd. u. ostmd.): *sich sehr abhetzen.*
ạb|äsen ⟨sw. V.; hat⟩ (Jägerspr.): **1.** *durch Äsen kahl fressen:* das Reh äste die ganze Stelle ab. **2.** *äsend fressen, abfressen:* Blätter a.
ạb|as|ten, sich ⟨sw. V.; hat⟩ [zu ↑asten] (salopp): *sich [schwer tragend] längere Zeit hindurch sehr mit etw. abplagen:* ich astete mich mit dem Koffer ab; * **sich einen a.** (ugs.; *sich mit etwas Schwerem abplagen*): ich habe mir mit der Kiste einen abgeastet.
ạb|äs|ten ⟨sw. V.; hat⟩: *einen Baum von [überflüssigen] Ästen befreien:* einen gefällten Baum a.
Aba|ta: Pl. von ↑Abaton.
Abate, der; -[n], -n u. (ital.:) ...ti [ital., span. abate < spätlat. abbas, ↑Abt]: *Weltgeistlicher in Italien u. Spanien.*
ạb|at|men ⟨sw. V.; hat⟩ (Med.): *durch Atmen abgeben, ausatmen:* Kohlendioxid a.; Nach zehn Stunden ist der größte Teil des leicht flüchtigen Öls über die Lunge abgeatmet (Woche 14. 2. 97, 27); Ü Erst nach ... Tagen waren sie (= Blüten) verwelkt und hatten ihren Duft an das ... Fett und Öl abgeatmet (Süskind, Parfum 228).
Aba|ton [ˈa(ː)batɔn], das; -s, Abata [griech. ábaton, zu: ábatos = unzugänglich] (Rel.): *Allerheiligstes* (1), *bes. der Altarraum in den Kirchen mit orthodoxem Ritus.*
a batt. = a battuta.
a bat|tu|ta [ital., zu: battuta = das Schlagen (mit dem Taktstock)] (Musik): *(wieder streng) im Takt;* Abk.: a batt.
ạb|ät|zen ⟨sw. V.; hat⟩: **1.** *durch ätzende Mittel entfernen:* den Lack a. **2.** *durch ätzende Mittel reinigen:* den Marmor a.
Ạb|ät|zung, die; -, -en: *das Abätzen.*
Abb. = Abbildung (3).
Ạb|ba [spätlat. abba(s) < spätgriech. abba(s) < aram. abaˈ = Vater; Lallw.]: **1.** Anrede Gottes im N. T. **2.** (früher) Anrede von Geistlichen der Ostkirche.
ạb|ba|cken ⟨unr. V.; bäckt ab/backt ab, backte (/veraltet:) buk ab, abgebacken⟩: **1.** *durch Backen fertig stellen* ⟨hat⟩: Kuchen, Plätzchen bei mittlerer Hitze a.; Hausmannskuchen, die sie in der Bäckerei ... ließen (Strittmatter, Wundertäter 76). **2.** (Gastr.) *(vom Teig) sich vom Topfboden ablösen* ⟨ist⟩: der Teig ist abgebacken. **3.** (landsch.) *(vom Brot) so schlecht backen, dass sich die Rinde [leicht] von der Krume löst* ⟨hat/ist⟩: ⟨meist im 2. Part.:⟩ abgebackenes Brot.
ạb|ba|den ⟨sw. V.; hat⟩ (selten): *durch Baden von Schmutz säubern:* sich, die Kinder a.
ạb|bag|gern ⟨sw. V.; hat⟩: *mit dem Bagger beseitigen:* eine Sandbank a.; Der versuchte Boden muss für eine restlose Sanierung abgebaggert werden (BdW 8, 1987, 30).
Ạb|bag|ge|rung, die; -, -en: *das Abbaggern.*
ạb|ba|ken ⟨sw. V.; hat⟩ (Seew.): *durch Baken bezeichnen:* das Fahrwasser a.
ạb|bal|gen ⟨sw. V.; hat⟩: **1.** (Jägerspr.) *einem Tier den Balg abziehen:* einen Hasen a.; Einmal schossen wir Dachse. Die wurden abgebalgt, mit Speck umwickelt und ... gebraten (Kempowski, Tadellöser 302). **2.** ⟨a. + sich⟩ (ugs.) *sich balgen:* die Kinder haben sich nun genug abgebalgt.
ạb|bal|zen ⟨sw. V.; hat⟩ (Jägerspr.): *(vom Federwild) die Balz beenden:* der Hahn balzt ab.
◆ **ạb|ban|gen** ⟨sw. V.; hat⟩: *durch das Versetzen in Angst abnötigen, abzwingen:* Wenn hätt' ich das gekonnt? Wo hätt' ich das gelernt? – Und soll das alles, ah, wozu? Wozu? – Um Geld zu fischen; Geld! – Um Geld, Geld einem Juden abzubangen (Lessing, Nathan III, 4).
ạb|bas|ten ⟨sw. V.; hat⟩: *vom Bast befreien:* einen Baum a.
Ạb|bau, der; -[e]s, -e u. -ten: **1.** ⟨o. Pl.⟩ *Zerlegung von Aufgebautem in seine Einzelteile; Abbruch:* der A. von Gerüsten, Baracken, Ständen. **2.** ⟨o. Pl.⟩ *Herabsetzung, Senkung:* ein A. von Privilegien, Rückständen, Vorurteilen; dem sozialen A. *(der Verschlechterung der Lebensbedingungen)* entgegenwirken. **3.** ⟨o. Pl.⟩ *allmähliche Beseitigung, Auflösung:* die skandinavische Tief ist im A. befindlich; der A. der Müllhalde. **4.** ⟨o. Pl.⟩ *Verringerung im Bestand, in der Personenzahl:* ein A. der Verwaltung, von Beamten, Lehrstellen, Arbeitsplätzen, Planstellen. **5.** ⟨o. Pl.⟩ (Chemie, Biol.) *Zerlegung komplizierter Moleküle, Strukturen in einfachere:* A. von Traubenzucker, von Eiweiß, Stärke; der A. des Alkohols im Blut. **6.** (Bergbau) **a)** ⟨o. Pl.⟩ *Förderung, Gewinnung von Erzen u. Mineralien im Tief- od. Tagebau:* Kohle ..., deren regelmäßiger A. im 12. Jahrhundert in England begann (Gruhl, Planet 50); Kali in A. nehmen *(abbauen);* **b)** ⟨Pl. Abbaue⟩ *Ort des bergmännischen Abbaus* (6 a): ältere -e; ein ... A., wo die Kohle ... ohne Rutsche herausgeholt wurde (Marchwitza, Kumiaks 133). **7.** ⟨o. Pl.⟩ **a)** *Rückgang (von Kulturpflanzen) im Ertrag u. in der Qualität; Schwund:* die Weizensorte unterliegt dem A.; **b)** *Schwund, Rückgang von Kräften in biologischer u. psychischer A.:* das Vorurteil ... Altern bedeute körperlichen A., geistiges Defizit (Zivildienst 2, 1986, 1). **8.** ⟨Pl. Abbauten⟩ (landsch., bes. nordostd.) *abseits liegendes Anwesen, Einzelgehöft, das zu einer größeren Siedlung gehört.* **9.** ⟨o. Pl.⟩ (Kunstkraftsport) *das*

Abbauarbeit

Auflösen einer Figur nach vollendeter Übung.

Ab|bau|ar|beit, die ⟨meist Pl.⟩: *Arbeit des Abbaus* (1, 6a).

ab|bau|bar ⟨Adj.⟩: *sich biologisch abbauen lassend:* leicht, schwer -e Stoffe.

ab|bau|en ⟨sw. V.; hat⟩: **1.** *Aufgebautes unter Erhaltung des Materials zwecks Wiederverwendung in seine Einzelteile zerlegen:* Gerüste, Baracken, Stände, Zelte, Maschinen, (Fabrik)anlagen a.; Zurzeit mach ich Schaustellergehilfe ... Aufbauen, kassieren, ausbessern, a. ... (Fels, Sünden 102); Ü (Kunstkraftsport:) eine Pyramide a. **2.** *herabsetzen, senken:* die Gehälter, Löhne, Preise a.; Aber dann wurde zuerst die Verstümmelungszulage und später auch die Rente selbst bis auf 40 Prozent abgebaut (Fr. Wolf, Zwei 95). **3. a)** *allmählich beseitigen, abschaffen:* Steuervergünstigungen wieder a.; Vorurteile, Feindbilder a.; Ängste, Schuldgefühle, Minderwertigkeitskomplexe, Aggressionen a.; ... es komme darauf an, den völkischen Hass zwischen Preußen und Polen abzubauen (Niekisch, Leben 245); **b)** ⟨a. + sich⟩ *allmählich verschwinden, sich auflösen:* die Vorurteile bauen sich immer stärker ab. **4.** *(im Bestand, in der Personenzahl) verkleinern, verringern:* ein Warenlager a.; Butterbestände, Lebensmittelvorräte a.; die Verwaltung, Beamte a.; Na, wieder mal ohne Arbeit, meine Herren? Gut, dass heute Kündigungstag ist, einen von Ihnen werde ich a. *(entlassen;* Fallada, Mann 63). **5.** (Bergbau) **a)** *(Erze, Mineralien) fördern, gewinnen:* Erze, Kohle, Schiefer a.; **b)** *ausbeuten* (1a): die Flöze wurden im Tagebau abgebaut. **6. a)** (Chemie, Biol.) *komplizierte Moleküle, Strukturen in einfachere zerlegen:* Kohlehydrate zu Milchsäure a.; Da sich chlorierte Kohlenwasserstoffe ... kaum mikrobiologisch a. lassen ... (DÄ 47, 1985, 23); **b)** ⟨a. + sich⟩ *in niedrige Bauelemente zerfallen:* der Stoff baut sich nur langsam ab. **7.** (Landw.) *(von Kulturpflanzen) im Ertrag u. in der Qualität zurückgehen:* diese Kartoffelsorte hat [infolge einer Viruskrankheit] abgebaut. **8.** *in der Leistung nachlassen, an Kraft, Konzentration verlieren:* einige Zuhörer bauten stark ab; im Alter körperlich und geistig a.; Meinen Weltrekord bin ich voll angegangen, hatte bei 50 m nach 22,4 s die Wende erreicht und dann etwas abgebaut (Junge Welt 30. 10. 76, 8).

Ab|bau|er|schei|nung, die: *Anzeichen, Merkmal, das ein Abbauen* (7, 8) *erkennen lässt.*

Ab|bau|feld, das (Bergbau): *Bereich des Abbaus* (6 b).

Ab|bau|ge|rech|tig|keit, die (Rechtsspr.): *Recht zum Abbau* (6 a) *von Mineralien auf fremdem Grundstück.*

Ab|bau|ham|mer, der (Bergbau): *im Bergbau verwendeter Presslufthammer.*

ab|bau|men ⟨sw. V.; hat/ist⟩ (Jägerspr.): **a)** *(von Raub- u. Federwild) einen Baum (herunterspringend bzw. wegfliegend) verlassen:* der Marder baumte ab; **b)** (scherzh.) *vom Hochsitz heruntersteigen.*

Ab|bau|me|tho|de, die (Bergbau): *Methode des Abbaus* (6 a).

Ab|bau|ort, das (Bergbau): ³*Ort des Abbaus* (6 a).

Ab|bau|pro|dukt, das: *durch Abbau* (5) *entstehendes Produkt.*

Ab|bau|pro|zess, der: *Prozess des Abbauens* (3–8).

Ab|bau|recht, das (Rechtsspr.): *Abbaugerechtigkeit.*

Ab|bau|stel|le, die (Bergbau): vgl. *Abbaufeld.*

Ab|bau|stre|cke, die (Bergbau): vgl. *Abbaufeld.*

Ab|bau|ver|fah|ren, das: vgl. *Abbaumethode.*

Ab|bau|ver|mö|gen, das ⟨o. Pl.⟩ (Chemie, Biol.): *Fähigkeit zum Abbau* (5).

ab|bau|wür|dig ⟨Adj.⟩: *würdig, lohnend, bergmännisch abgebaut zu werden.*

Ab|bé [a'beː], der; -s, -s [frz. abbé < spätlat. abbas, ↑Abt]: *Weltgeistlicher in Frankreich.*

ab|be|din|gen ⟨st. V.⟩ (Rechtsspr.): *durch Vertrag außer Kraft setzen:* Die Vorschriften ... können durch arbeitsvertragliche Vereinbarungen außer Kraft abbedungen werden (MM 1. 9. 73, 44).

Ab|be|din|gung, die; -, -en (Rechtsspr.): *Außerkraftsetzung.*

ab|bee|ren ⟨sw. V.; hat⟩ (landsch.): **1.** *Beeren von den Stielen lösen:* Johannisbeeren a. **2.** *von Beeren leer pflücken:* wir haben den letzten Strauch noch nicht abgebeert.

♦ **ab|be|geh|ren** ⟨sw. V.; hat⟩: *[ab]verlangen, fordern:* Er hat mir doch gestern meinen Strauß abgebegehrt (Iffland, Die Hagestolzen V, 3).

ab|be|hal|ten ⟨st. V.; hat⟩: *die Kopfbedeckung nicht wieder aufsetzen:* den Hut a.

ab|bei|ßen ⟨st. V.; hat⟩: *(ein Stück von etw.) mit den Zähnen abtrennen:* einen Bissen vom Brot a.; jmdn. von etw. a. lassen; Schlangen müssen ja ihre Beute ganz verschlingen, sie können nichts davon a. (Grzimek, Serengeti 180); einen Faden a.; ihm wurde von einem Hund ein Ohr abgebissen; neulich hat sich ein Junge aus meiner Klasse ... einer Kröte den Kopf abgebissen (Chr. Wolf, Nachdenken 135); sich einen Fingernagel a.; ... zog er eine Zigarrenschachtel aus seiner Brusttasche, biss einer Zigarre die Spitze ab (Plievier, Stalingrad 263); *einen a.* (landsch., bes. nordd.; *ein Glas eines alkoholischen Getränks trinken;* eigtl. = ein Glas abtrinken)

ab|bei|zen ⟨sw. V.; hat⟩: **1.** *(Farbe o. Ä.) mit einem chemischen Lösungsmittel entfernen:* den alten Anstrich, die Farbe a. **2.** *mit einem chemischen Lösungsmittel (von Farbe o. Ä.) befreien, reinigen:* ich habe die Tür abgebeizt.

Ab|beiz|mit|tel, das: *Mittel zum Abbeizen.*

ab|be|kom|men ⟨st. V.; hat⟩: **1.** *sein Teil von etw. bekommen:* [die Hälfte von] etw. a.; nichts vom Erbe a. **2. a)** *der Einwirkung von etw. (Positivem) unterliegen:* nicht genug Sonne a.; Grünkohl schmeckt am besten, wenn er Frost abbekommen hat (Freie Presse 1. 12. 89, 6); **b)** *(einen Schaden) davontragen, (etw.* *Nachteiliges) hinnehmen müssen:* Mag sein ... dass ich im Krieg etwas abbekommen habe (Böll, Und sagte 124); er war wie ein Topf, der ... irgendwann ... einen Sprung abbekommen hatte (Plievier, Stalingrad 45); der Wagen hat nichts abbekommen *(ist nicht beschädigt worden).* **3.** *etw. fest Haftendes, fest Aufgeschraubtes o. Ä. lösen:* die Farbe nicht von den Fingern a.; den Deckel nicht a.

ab|be|ru|fen ⟨st. V.; hat⟩: *zum Zwecke der Amtsenthebung od. Versetzung von seinem Posten zurückrufen:* einen Botschafter [von seinem Posten] a.; dass der Betriebsrat beschlossen habe, ... Ballschneider aus dem Betriebsrat abzuberufen (Chotjewitz, Friede 149); Ü Gott hat ihn [aus diesem Leben, in die Ewigkeit] abberufen (geh. verhüll.; *er ist gestorben).*

Ab|be|ru|fung, die; -, -en: *das Abberufen, Abberufenwerden.*

ab|be|stel|len ⟨sw. V.; hat⟩: **1.** *eine Bestellung, einen Auftrag zurücknehmen, widerrufen:* die Zeitung, ein Hotelzimmer a.; Tausende Abonnenten ... haben ihr Blatt längst wieder abbestellt (Spiegel 17, 1994, 106). **2.** *eine Person, die jmd. wegen einer auszuführenden Arbeit zu sich bestellt hat, nicht kommen lassen:* den Klempner a.

Ab|be|stel|lung, die; -, -en: *das Abbestellen.*

ab|be|ten ⟨sw. V., hat⟩: **1.** (abwertend) **a)** *etw. so rasch wie möglich u. mechanisch herunterbeten:* ohne Hebung, ohne Senkung das Breviarium a.; **b)** (ugs.) *monoton hersagen:* seinen Spruch, sein Sprüchlein a.; ♦ **c)** *eine bestimmte Anzahl [vorgeschriebener] Gebete verrichten:* will seine Taten, seine Worte mir wie Perlen ... zusammenreihn zu einem Rosenkranz und, den beschämt abbetend Tag für Tag, ersticken mein Gefühl (Hebbel, Genoveva II, 3). **2.** *durch Beten tilgen, wegschaffen:* seine Sünden a.; Wer betet Krankheiten ab? (Augsburger Allgemeine 6./7. 5. 87, 31).

ab|bet|teln ⟨sw. V.; hat⟩ (ugs.): *durch Betteln od. drängendes Bitten von jmdm. erlangen:* der Mutter Geld für ein Eis a.; Die Autorin dieser Pferdegeschichte ist ... selbst begeisterte Pferdeliebhaberin, die ihre erste Reitstunde den Eltern abgebettelt hat (FR 10. 10. 98, 10).

ab|beu|teln ⟨sw. V.; hat⟩ (österr.): *abschütteln:* ... dass ich solche Schreckenstage a. könnte wie ein Hund seine Flöhe (Hofmannsthal, Der Unbestechliche 156, Fischer Bücherei 233, 1962).

Ab|be|vil|li|en [abəvɪ'liɛː], das; -[s] [nach dem frz. Fundort Abbeville]: *früheste Kulturstufe der Altsteinzeit in Westeuropa.*

ab|be|zah|len ⟨sw. V.; hat⟩: **1.** *(eine geschuldete Summe) in Teilbeträgen zurückzahlen:* seine Schulden [in Raten] a.; die Orgel kostet hundert Taler, noch drei Jahre muss ich a. (Winkler, Bomberg 95). **2.** *(eine Ware) in Teilbeträgen bezahlen:* den Fernseher a.

Ab|be|zah|lung, die; -, -en: *das Abbezahlen.*

ab|bie|gen ⟨st. V.⟩: **1.** *sich von einer einge-*

schlagenen Richtung entfernen, eine andere Richtung einschlagen ⟨ist⟩: ich, das Auto bog [von der Straße, nach links] ab; die Straße biegt [nach Norden] ab. **2.** ⟨hat⟩ **a)** *in eine andere Richtung biegen:* einen Finger nach hinten a.; **b)** (ugs.) *einer Sache geschickt eine andere Wendung geben u. dadurch eine unerwünschte Entwicklung verhindern:* sie bog das Gespräch ab; Um jede Kritik abzubiegen, griff Königin Elisabeth in ihre Privatschatulle (Spiegel 52, 1965, 91); er hat die Sache noch einmal abgebogen *(mit Geschick abgewendet).* ◆ **3.** *(einen Teil von etw.) biegend lösen, abtrennen* ⟨hat⟩: Mein Vater bog eben einen Deckel ab (Rosegger, Waldbauernbub 9).

Ab|bie|ge|spur, die: *Spur einer Fahrbahn, die für das Links- bzw. Rechtsabbiegen bestimmt ist.*

Ab|bie|gung, die; -, -en: **1.** *das Abbiegen* (1). **2.** *Stelle, an der ein Weg, eine Straße die Richtung ändert.*

Ab|bild, das; -[e]s, -er: *getreues Bild, genaue Wiedergabe, Spiegelbild:* ein getreues A. der Natur; Die Behausung wird zum A. der geistigen Situation des Menschen (Bild. Kunst 3, 39); ... dass einer im Leben anders aussah als sein A. in der Zeitung (Heym, Schwarzenberg 168); ein A. von etw.

ab|bil|den ⟨sw. V.; hat⟩: *nachbildend, bildlich darstellen, nachgestalten:* jmdn., einen Gegenstand naturgetreu a.; er ist auf dem Titelblatt abgebildet *(dargestellt);* die englischen Castles, die auf den Tellern abgebildet waren (Th. Mann, Krull 261); Ü für Peter Pick ... bildet der Bericht das Ausmaß nicht begründeter Krankenhausaufnahmen gut ab *(gibt es genau wieder;* Woche 4. 4. 97, 21).

ab|bil|dern ⟨sw. V.; hat⟩ (landsch.): *abbilden:* Es waren auch die kleinen Bürger nimmer, die sich halb misstrauisch und halb schamhaft a. ließen (Fussenegger, Haus 29); Ü Mit Behagen und Zorn bilderte er seine Menschen ab *(schilderte er sie;* Feuchtwanger, Erfolg 790).

Ab|bil|dung, die; -, -en: **1.** ⟨Pl. selten⟩ *das Abbilden, bildliche Darstellen:* sich nicht für eine A. eignen; Ü die Erkenntnis beruht auf der A. *(Widerspiegelung)* der objektiven Realität im Bewusstsein des Menschen. **2.** *das Abgebildete, bildliche Wiedergabe, einem Buch- od. Zeitschrifttext beigegebene bildliche Darstellung, die im Text Behandeltes veranschaulicht; Bild:* das Lexikon enthält viele -en; Abk.: Abb. **3.** (Math.) *Zuordnung, durch die für jedes Element einer Menge x genau ein zugeordnetes Element einer Menge y festgelegt wird:* eine A. f der Menge A in die Menge B; eine A. auf M *(der Menge M in sich selbst).*

Ab|bil|dungs|feh|ler, der (Optik): *Fehler bei der Abbildung eines Gegenstandes durch ein optisches System.*

Ab|bil|dungs|frei|heit, die: *Freiheit der Presse, Abbildungen bekannter Persönlichkeiten zu veröffentlichen.*

Ab|bil|dungs|maß|stab, der (Fot.): *Maßstab, in dem etw. abgebildet wird.*

ab|bim|sen ⟨sw. V.; hat⟩ (landsch.): *abschreiben* (1 c): die Rechenaufgaben a.

ab|bin|den ⟨st. V.; hat⟩: **1.** *etw., was gebunden od. angebunden ist, losbinden, lösen, abnehmen:* die Schürze, das Kopftuch a.; darf ich mir die Krawatte a.?; auf Seiten des Marketenderbootes wurde das Tau vorzeitig abgebunden (Klepper, Kahn 137). **2. a)** *abschnüren:* eine Arterie a.; die Nabelschnur a.; das verletzte Bein wurde abgebunden *(an einer Stelle mit einer Schnur fest umwickelt, um das Blut am Ausfließen zu hindern);* ein Kind a. *(bei der Geburt abnabeln);* **b)** *zu einem Bund binden:* das Haar am Hinterkopf a. **3. a)** (Zimmerei) (Bauhölzer) *durch Bearbeiten passend machen u. probeweise zusammenfügen, verbinden:* den Dachstuhl a.; **b)** (Böttcherei) (Fässer) *durch Reifen zusammenbinden:* das Fass muss neu abgebunden werden. **4.** (Landw.) *(ein Kalb) entwöhnen:* ein Kalb a. **5.** (Gastr.) *(mit einem Bindemittel) verdicken:* die Suppe mit Mehl a. **6.** (Bauw.) *(von bestimmten Baustoffen) hart werden:* der Beton hat noch nicht abgebunden; der Mörtel, Gips, Kalk bindet gut, schlecht ab. ◆ **7. *kurz a.** (landsch.; *rasch zum Ende kommen*): Anstatt aber kurz abzubinden, seine Schulden gradaus zu bezahlen und abzureisen (Keller, Kleider 28).

Ab|bin|dung, die; -, -en: *das Abbinden* (2, 3, 6).

Ab|biss, der; -es, -e (Jägerspr.): *vom Wild abgebissener Pflanzentrieb:* Abbisse von Fichten bedecken den Boden.

Ab|bit|te, die; -, -n ⟨Pl. selten⟩ *(förmliche) Bitte um Verzeihung:* jmdm. A. leisten, schulden; öffentlich A. tun; nehmen diesen Brief als verspätete A. (Kafka, Felice 246).

ab|bit|ten ⟨st. V.; hat⟩: *jmdn. (für ein zugefügtes Unrecht) förmlich um Verzeihung bitten:* ich habe ihm vieles abzubitten; Bonadea hatte ihrem Freund schon hundertmal im Stillen ihre Eifersucht abgebeten (Musil, Mann 258).

ab|bla|sen ⟨st. V.; hat⟩: **1. a)** *durch Blasen entfernen; wegblasen:* die Asche a.; **b)** *durch Blasen von Staub o. Ä. reinigen:* Bücher, den Tisch a. **2.** (Technik) **a)** *(unter Druck Stehendes) aus einem Behälter entweichen lassen:* Dampf a.; Giftgas, das in einem Elektroschmelzwerk ... abgeblasen worden war (MM 9. 4. 69, 11); **b)** *(eine [industrielle] Feuerungsanlage) außer Betrieb setzen:* einen Hochofen a. **3. a)** (Jägerspr., Milit.) *durch Blasen eines Signals beenden:* die Jagd, ein Manöver a.; **b)** (ugs.) *(von geplanten, angekündigten od. angelaufenen Aktionen) absagen, abbrechen:* eine Feier, die Premiere a.; sie haben das ganze Unternehmen abgeblasen.

ab|blas|sen ⟨sw. V.; ist⟩ (geh.): *allmählich an Farbe verlieren; blass, farblos werden; [ver]bleichen:* die Farben blassen ab; Ü die Person blasst zum Träger ... von Qualifikationen ... ab (Gehlen, Zeitalter 41); abgeblasste *(schwächer gewordene)* Erinnerungen; abgeblasste *(sinnentleerte)* Redensarten.

Ab|bla|sung, die; -: *das Abblasen.*

Ab|blat|ten ⟨sw. V.; hat⟩ (Landw.): *(von bestimmten Pflanzen) vor der Ernte die Blätter entfernen, um sie zu verfüttern:* Zuckerrüben a.

ab|blät|tern ⟨sw. V.⟩: **1.** *(von Pflanzen, Blüten) einzelne Blätter verlieren* ⟨ist⟩: die Rosen sind abgeblättert. **2.** *sich in Blättchen lösen u. abfallen* ⟨ist⟩: die Farbe, der Bewurf blättert ab; Eine Tafel mit abblätternder Schrift besagte: Zum Jugendlager – 1 km (Simmel, Stoff 59); Ü Von ihrem Ruhm blätterte ... ein gutes Stück ab (Westdeutsche Zeitung 11. 5. 84, 17). **3.** (landsch.) *(die Blätter) von etw. entfernen* ⟨hat⟩: die Rüben a.

ab|blei|ben ⟨st. V.; ist⟩ (ugs., bes. nordd.): *sich an einem nicht bekannten Ort aufhalten, befinden, zurückbleiben:* fragen Sie mal ..., wo der Willy abgeblieben ist (Borell, Romeo 166); Erst zwanzig Jahre später ... kam ans Tageslicht, wo die vielkarätigen Diamanten, Saphire und Smaragde 1947 abgeblieben waren (Prodöhl, Tod 7); Ü Nu is auch mein Bruder Klaus abgeblieben *(gefallen, im Krieg geblieben;* Grass, Katz 121).

ab|blei|chen ⟨sw. V.; ist⟩ (selten): *bleich, blass, farblos werden, die Farbe verlieren, verbleichen:* die Farbe bleicht ab; abgebleichte Bucheinbände, Stoffe; sie trüge das Pflaster einer ... Flechte wegen, die nicht a. wollte (Giordano, Die Bertinis 546).

Ab|blen|de, die; - (Film): *allmählicher Übergang von normaler Belichtung zu völliger Schwärze;* Kuss in Großaufnahme ... und weiche A. (MM 31. 10. 70, 8).

ab|blen|den ⟨sw. V.; hat⟩: **1. a)** *eine Lichtquelle (mit einer Blende) verdecken, möglichst unsichtbar machen; abschirmen, abdunkeln:* die Lampe, Laterne, die Fenster a.; Dann knipste er mitten in der Nacht Licht an, blendete es mit einer Zeitung ab (Böll, Haus 94); **b)** (Verkehrsw.) *die Abstrahlung von Scheinwerfern so einstellen, dass Entgegenkommende nicht geblendet werden:* die Scheinwerfer a.; ich blendete sofort ab. **2. a)** *(von Lichtquellen) verlöschen, abgeschaltet werden:* Wenig später ... blenden die Scheinwerfer des Fernsehens ab (FAZ 18. 12. 61, 5); **b)** (Fot.) *die Öffnung der Blende kleiner stellen u. dadurch den Eintritt des Lichts durch die Linse verringern:* zu stark a.; **c)** (Film) *eine Aufnahme, Einstellung beenden:* bitte a.!

Ab|blend|licht, das: *abgeblendetes* (1 b) *Scheinwerferlicht bei Kraftfahrzeugen:* Die Autofahrer schalteten vom Standlicht auf A. um (B. Vesper, Reise 224); mit A. fahren.

Ab|blen|dung, die; -, -en: *das Abblenden.*

ab|blit|zen ⟨sw. V.; ist⟩ [urspr. = (vom Pulver) wirkungslos von der Pfanne des Gewehrs abbrennen] (ugs.): *mit etw. abgewiesen werden, keine Gegenliebe finden:* bei jmdm. mit einer Bitte a.; er ist bei mir bereits ... den Spielleiter a. lassen *(seine Werbung ausgeschlagen),* danach den ... Hauptdarsteller und jetzt den Produzenten (Perrin, Frauen 290).

ab|blo|cken ⟨sw. V.; hat⟩ **1.** (bes. Boxen, Volley-, Handball): *(einen gegnerischen Angriff, Schlag, Wurf, Schuss) durch Blo-*

Abblockung

cken abwehren: den Ball am Netz, den linken Haken a. **2.** *abrupt, ungerührt abwehren, verhindern:* alle Bestrebungen, jede Kritik a.; Fragen, Forderungen, Initiativen a.; Mit solchen Argumenten hat der Kaplan jede Diskussion abgeblockt (Ziegler, Gesellschaftsspiele 58); Der Sprecher der Oberfinanzdirektion ... blockt vorsorglich ab: »Wir verschenken nichts!« (Focus 35, 1994, 68).

Ab|blo|ckung, die; -, -en: *das Abblocken.*

ạb|blü|hen ⟨sw. V.; hat/ist⟩ (geh.): *aufhören zu blühen:* die Rosen sind abgeblüht *(sind verblüht);* die Wiesen hatten abgeblüht (Gaiser, Schlußball 22); Ü Regierungsformen blühten ab, Reiche vergingen, Kaiser stürzten (Jacob, Kaffee 196).

ạb|boh|ren ⟨sw. V.; hat⟩: **1.** (Bergbau, Technik) **a)** *durch Bohren lösen, entfernen:* Gestein a.; **b)** *(ein Gebiet) durch Bohren untersuchen:* die ganze Talsohle wurde abgebohrt. **2.** (Schülerspr.) *abschreiben:* die Mathematikaufgaben a.

ạb|bor|gen ⟨sw. V.; hat⟩: *etw. von jmdm. borgen:* jmdm. Geld a.

ạb|bö|schen ⟨sw. V.; hat⟩: *mit einer Böschung versehen:* das Ufer a.

Ab|bö|schung, die; -, -en: **1.** *das Abböschen.* **2.** *Böschung; abgeböschte Stelle.*

Ạb|brand, der; -[e]s, -ände (selten) *das Abbrennen, Verbrennen:* ... dass beim A. von Kunststoffen ... Gase entstehen (Vorarlberger Nachrichten 29. 11. 68, 3). **2.** (Kerntechnik) *Umwandlung der spaltbaren Atomkerne im Reaktor.* **3.** (Hüttenw.) **a)** *Metallverlust durch Oxidation u. Verflüchtigung beim Schmelzen;* **b)** *Rückstand nach dem Rösten sulfidischer Erze.* **4.** (Raketentechnik) *Abbrennen fester Treibstoffe.*

Ạb|brand|ler, Ab|bränd|ler, der; -s, -: (österr. ugs.): *durch Brand Geschädigter, Brandgeschädigter, Abgebrannter:* für die A. sammeln, spenden.

ạb|bra|ten ⟨st. V.; hat⟩ (selten): *gar, fertig, zu Ende braten, durch Braten bereiten:* kurz abgebratene Fleischstücke.

ạb|brau|chen ⟨sw. V.; hat⟩: *durch ständigen Gebrauch abnutzen:* er braucht seine Kleidung rasch ab; ⟨oft im 2. Part.:⟩ abgebrauchte Sachen; Ü Auch diese Sensation hat sich abgebraucht (Werfel, Tod 62); Für ihn trifft das abgebrauchte *(abgegriffene)* Wort zu: Er starb in den Sielen (W. Brandt, Begegnungen 369).

ạb|brau|sen ⟨sw. V.⟩: **1.** *mit der Brause abspülen; duschen* ⟨hat⟩: Das Kraut wird kurz abgebraust, weil es sandig ... sein kann (e & t 7, 1987, 17); sie brauste die Kinder in der Wanne ab; ich habe mich, meine Beine kalt abgebraust. **2.** (ugs.) *geräuschvoll u. rasch davonfahren* ⟨ist⟩: das Motorrad brauste ab; Er setzte sich in den BMW und brauste ab mit Vollgas (Kuby, Sieg 339).

ạb|bre|chen ⟨st. V.⟩: **1.** ⟨hat⟩ **a)** *(einen Teil von etw.) brechend lösen, abtrennen:* einen Zweig, [sich] einen Stock a.; den Stiel von etw. a.; (mit der Nebenvorstellung des Unabsichtlichen:) er hat ihm im Ringkampf, ich habe mir beim Nüsseknacken einen Zahn abgebrochen; * *sich* ⟨Dativ⟩ **einen a.** (ugs.: **1.** *sich bei etw. sehr ungeschickt anstellen, sich übermäßig*

anstrengen. **2.** *übertrieben vornehm tun*); **b)** *(etw. Aufgebautes) in seine Einzelteile zerlegen:* ein Gerüst, die Zelte a.; **c)** *ab-, niederreißen:* ein altes Haus a.; Ü die Brücken zur Vergangenheit a. **2.** ⟨hat⟩ **a)** *unvermittelt, vorzeitig beenden; mit etw. aufhören:* die diplomatischen Beziehungen zu einem Staat, eine fruchtlose Diskussion, ein Experiment, Verhandlungen a.; seinen Urlaub a.; (Med.:) eine Schwangerschaft a.; sein Studium a. *(aufgeben);* ein abgebrochener Student (ugs.; *Student, der sein Studium nicht abgeschlossen hat*); den Verkehr mit jmdm. a.; der Kampf musste in der 3. Runde abgebrochen werden; (Math.:) eine Reihe nach dem zehnten Glied a.; abgebrochene *(halb unterdrückte, unzusammenhängende)* Sätze; ♦ **b)** *etw. ruhen lassen, davon ablassen* (6 a): Der Kommandant ... bat ihn, bis nach vollendeter Reise, von dieser Sache abzubrechen (Kleist, Marquise 259). **3.** *sich brechend lösen, durch einen Bruch entzweigehen* ⟨ist⟩: der Henkel, das Stuhlbein brach ab; der Absatz ist [mir] abgebrochen; der Bleistift *(die Spitze des Bleistifts)* ist abgebrochen. **4. a)** *in, mit etw. unvermittelt, vorzeitig aufhören, in einer Tätigkeit nicht fortfahren* ⟨hat⟩: sie lachte laut, brach aber mitten im Lachen ab; **b)** *unvermittelt aufhören, enden, ein plötzliches, nicht erwartetes Ende haben* ⟨ist⟩: die Unterhaltung, der Brief brach ab; die Verbindung ist abgebrochen, weil der Akku leer war; die Musik brach nach wenigen Takten ab; M. träumt ..., sie liegt zum Strand und der Weg bricht plötzlich ab, sie muss hinunterfliegen (Gregor-Dellin, Traumbuch 58). **5.** *(von Erhebungen, Aufragendem) [steil] abfallen* ⟨ist⟩: der Felsen bricht fast senkrecht ab. **6.** (Milit.) *(von in breiter Front sich bewegenden Kolonnen) sich [einzeln] hintereinander gliedern u. dadurch die Kolonne verengern* ⟨meist im Imperativ⟩: rechts bricht ab – im Schritt marsch! **7.** (Druckw. veraltend) *von einer Zeile auf die nächste übergehen* ⟨hat⟩: hier a.! ♦ **8.** ⟨hat⟩ **a)** *sparen will ich gern ..., wenn es mich, bloß mich betrifft* (Lessing, Nathan II, 2); **b)** **a. +** *sich*) *sich absparen:* dass ich auch für sie sorge, ... mir alle Tage etwas abbreche für sie (Ebner-Eschenbach, Gemeindekind 61); **c)** *entziehen, wegnehmen:* da man den Sprachübungen ... Zeit und Aufmerksamkeit abbrach, um sie an so genannte Realitäten zu wenden (Goethe, Dichtung u. Wahrheit 6).

ạb|brem|sen ⟨sw. V.; hat⟩: *die Geschwindigkeit [von etw.] herabsetzen, bis zum Stillstand verringern:* die Fallgeschwindigkeit auf 400 km/h a.; der Fahrer konnte gerade noch a.; Ü Eine solche unerfreuliche Entwicklung kann ... entschärft und abgebremst werden (Weltwoche 17. 5. 84, 43).

Ạb|brem|sung, die; -, -en: *das Abbremsen.*

ạb|bren|nen ⟨unr. V.⟩: **1. a)** *durch Brand zerstören, niederbrennen* ⟨hat⟩: eine alte Baracke a.; ganze Dörfer wurden abgebrannt; **b)** *herunterbrennen* ⟨ist⟩: das

Feuer brennt langsam ab; die Kerzen sind abgebrannt; (Kerntechnik:) abgebrannte *(verbrauchte)* Brennstäbe, Brennelemente; **c)** *durch Feuer von etw. befreien, reinigen, säubern* ⟨hat⟩: Felder, Wiesen, ein Moor a.; Geflügel a. *(absengen);* **d)** *durch Feuer beseitigen, entfernen* ⟨hat⟩: Benzinreste a.; **e)** *anzünden u. verbrennen, explodieren lassen* ⟨hat⟩: ein Feuerwerk a.; **f)** (Milit. veraltet) *(eine Feuerwaffe) abfeuern* ⟨hat⟩: die Geschütze a. [lassen]. **2.** (österr. ugs.) *bräunen* ⟨hat⟩: die Sonne hat sein Gesicht abgebrannt; sich [von der Sonne] a. lassen; abgebrannt aus dem Urlaub heimkehren; Das abgebrannte sommerliche Gesicht des Jünglings (Werfel, Himmel 66). **3.** ⟨ist⟩ **a)** *durch Brand zerstört werden, niederbrennen:* der Schuppen brannte ab; die Gebäude sind bis auf den Grund, bis auf die Grundmauern abgebrannt; **b)** (ugs.) *durch Brand geschädigt werden, Hab u. Gut verlieren:* wie wird schon zweimal abgebrannt; Spr dreimal umgezogen ist [so gut wie] einmal abgebrannt (wohl nach engl. »three removes are as bad as a fire« von Benjamin Franklin, 1757); * **abgebrannt sein** (ugs.; *kein Geld mehr haben*): ich bin völlig abgebrannt; Wir wissen zu gut, wer wir sind. Ein paar abgebrannte Studenten, dem Teufel vom Karren gefallen (Muschg, Gegenzauber 330).

Ab|bre|via|ti|ọn, die; -, -en [spätlat. abbreviatio, zu: abbreviare, ↑ abbreviieren] (veraltet): ↑ Abbreviatur.

Ab|bre|via|tur, die; -, -en [wohl zu ↑ abbreviieren; mlat. abbreviatura = kurze Notariatsaufzeichnung]: *abgekürztes Wort in Schrift u. Druck; Abkürzung [in der Notenschrift]:* Ü Was mir ... in Wirklichkeit vorschwebt, ist die enzyklopädische A. eines altertümlichen Weltganzen (Kronauer, Bogenschütze 89).

Ab|bre|vi|ạtur|spra|che, die; -, ⟨o. Pl.⟩: *sprachökonomisch gekürzte Ausdrucksweise der Alltagssprache.*

ab|bre|vi|ie|ren ⟨sw. V.; hat⟩ [spätlat. abbreviare, zu lat. brevis = kurz] (veraltet): *(bes. ein Wort) [mit einem Zeichen] abkürzen.*

ạb|brin|gen ⟨unr. V.⟩: **1.** *dazu bringen, von etw. od. jmdm. abzulassen od. von etw. abzugehen:* jmdn. von einem Weg, von einer Richtung a.; er ist durch nichts von ihr, von seinem Plan, von seiner Meinung abzubringen; wir sollten uns von der ... Problematik nicht a. lassen (W. Brandt, Begegnungen 238). **2.** (ugs.) *(Anhaftendes) von etw. lösen:* bringst du den Flecken vom Tischtuch nicht ab? **3.** (Seemannsspr.) *(ein auf Grund gelaufenes od. gestrandetes Schiff) wieder flottmachen:* mit zwei Schleppern konnte der Tanker abgebracht werden.

ạb|brö|ckeln ⟨sw. V.⟩: **1.** *sich brockenweise, in Bröckchen lösen u. abfallen* ⟨ist⟩: der Verputz war abgebröckelt; abgebröckeltes Erdreich; Ü Allmählich war das Gespräch abgebröckelt (Hilsenrath, Nacht 35); Die in den letzten Wochen demonstrierte Einigkeit beginnt abzubröckeln *(zu zerfallen;* Saarbr. Zeitung 8. 10.

79, 18). **2.** (selten) *etw. brockenweise, in Bröckchen lösen* ⟨hat⟩: *das Hochwasser hat hier das Erdreich abgebröckelt.* **3.** (Börsenw.) *(von Kursnotierungen) leicht zurückgehen* ⟨ist⟩: *die Notierungen bröckeln überwiegend leicht ab; Bremer Jute holt auf. Warnung vor abbröckelndem Dollar* (Grass, Hundejahre 501).

Ab|brö|cke|lung, Ab|bröck|lung, die; -: *das Abbröckeln.*

ab|bro|cken ⟨sw. V.; hat⟩ (südd., österr.): *abpflücken.*

Ab|bruch, der; -[e]s, Abbrüche: **1.** ⟨o. Pl.⟩ *das Abbrechen* (1 b), *Zerlegen in einzelne Teile:* der A. des Zeltes, des Lagers. **2.** ⟨o. Pl.⟩ *das Abbrechen* (1 c), *Abreißen:* der A. des alten Hauses; der Bau ist reif zum/für den A.; * *etw. auf A. verkaufen (ein abbruchreifes, für den Abbruch vorgesehenes Gebäude zum entsprechenden Gegenwert verkaufen).* **3.** ⟨Pl. selten⟩ *das Abgebrochen-, Beendetwerden; plötzliche, unerwartete oder vorzeitige Beendigung:* mit dem A. der diplomatischen Beziehungen drohen; der A. des Studiums; So fanden Stimmung und Humor erst ihren A., als ... die Sperrstunde ausgerufen wurde (Vorarlberger Nachrichten 30. 11. 68, 5); bei jmdm. einen A. *(Schwangerschaftsabbruch)* vornehmen; (Boxen:) durch A. unterliegen; **auf A. heiraten** (ugs. scherzh.; *in Erwartung des baldigen Todes des Ehepartners heiraten).* **4. a)** *das Abbrechen* (3); *[Los]lösung:* b) *bei einem Abbruch* (4 a) *abgebrochenes Stück:* an dieser Stelle muss ein A. niedergegangen sein. **5.** ⟨o. Pl.⟩ *Beeinträchtigung, Schaden* ⟨nur in Verbindung mit Verben⟩: *das Regenwetter tat ihrer Fröhlichkeit keinen A. (beeinträchtigte sie nicht);* Unbegrenzte Möglichkeiten und eingeschränkte Übersichtlichkeit liegen im Netz (= Internet) nahe beieinander. Der Goldgräberstimmung tut dies keinen A. (Spiegel 28, 1998, 104); *etw. erfährt, erleidet durch etw. [keinen] A.*

Ab|bruch|ar|beit, die ⟨meist Pl.⟩: *bei einem Abbruch* (2) *anfallende Arbeit.*

Ab|bruch|ar|bei|ter, der: *Arbeiter, der Abbrucharbeiten ausführt.*

Ab|bruch|bir|ne, die: *Abrissbirne.*

Ab|bruch|fir|ma, die: *Firma, die Abbrüche* (2) *ausführt.*

Ab|bruch|ge|neh|mi|gung, die: *Genehmigung zum Abbruch* (2).

Ab|bruch|haus, das: *Haus, das zum Abbruch* (2) *vorgesehen ist, abgerissen wird:* Balken, alte Türen aus Abbruchhäusern.

Ab|bruch|kos|ten ⟨Pl.⟩: *Kosten des Abbruchs* (2).

Ab|bruch|ma|te|ri|al, das: *durch einen Abbruch* (2) *angefallenes Material.*

ab|bruch|reif ⟨Adj.⟩: *(von Bauwerken) in einem Zustand, der einen Abbruch* (2) *nötig macht, nötig erscheinen lässt.*

Ab|bruchs|ar|beit (österr.): ↑ Abbrucharbeit.

Ab|bruch|sieg, der (Boxen): *Sieg durch Abbruch* (3) *des Kampfes.*

Ab|bruch|sie|ger, der (Boxen): *Sieger durch Abbruch* (3) *des Kampfes.*

Ab|bruch|un|ter|neh|men, das: *Abbruchfirma.*

ab|brü|hen ⟨sw. V.; hat⟩: *zu verschiedenen Zwecken durch Brühen mit kochendem Wasser zur Weiterverarbeitung vorbereiten:* Kalbfleisch, Geflügel a. *(blanchieren).*

ab|brum|men ⟨sw. V.⟩ (ugs.): **1.** *eine Freiheitsstrafe in einer Haftanstalt verbüßen* ⟨hat⟩: eine dreijährige Strafe, fünf Jahre a. **2.** *sich mit brummendem Geräusch entfernen* ⟨ist⟩: der Lastzug brummte ab; er war mit seiner Maschine abgebrummt.

ab|bu|chen ⟨sw. V.; hat⟩ (Bankw.): *(einen Posten) von der Habenseite eines Kontos wegnehmen:* die Bank buchte den Betrag von meinem Konto ab; Ü Christine Friedrichsen. Na und? Warum buchst du sie nicht ab *(gibst du sie nicht auf),* Junge? Kapitel beendet (Heim, Traumschiff 389).

Ab|bu|chung, die; -, -en (Bankw.): **1.** *das Abbuchen.* **2.** *abgebuchter Betrag.*

ab|bü|cken ⟨sw. V.; hat⟩ (Turnen): *mit einer Bücke vom Gerät abgehen, einen Übungsteil mit einer Bücke abschließen:* vom Reck, aus dem Handstand a.

ab|bü|geln ⟨sw. V.; hat⟩: **1.** (Schneiderei) *(ein fertig gestelltes Kleidungsstück) bügeln:* Sakkos a. **2.** (Ski) *den Bügel des Skiliftes loslassen:* nach 50 m a. **3.** (ugs.) *[umstandslos] ablehnen, zurückweisen:* War der Referatsleiter diesmal so giftig..., weil seine Präsidentin und die Spitze der Bundestagsverwaltung seine Warnungen ... abgebügelt hatten? (Focus 49, 1997, 50).

Ab|büg|ler, der; -s, - (Schneiderei): *jmd., der abbügelt* (1) (Berufsbez.).

Ab|büg|le|rin, die; -, -nen: w. Form zu ↑ Abbügler.

ab|bum|meln ⟨sw. V.; hat⟩ (ugs.): *(geleistete unbezahlte Mehrarbeit) durch Freistunden, Freizeit ausgleichen:* Überstunden a.; Ein Teil der rund 33 000 Lehrer muss ab der nächsten Schuljahr pro Woche ein bis zwei Stunden mehr arbeiten, die später abgebummelt werden können (taz 26. 5. 98, 21).

Ab|bund, der; -[e]s (Zimmerei): *das Abbinden* (3 a) *von Bauhölzern:* der A. des Dachstuhls.

ab|bürs|ten ⟨sw. V.; hat⟩: **1. a)** *mit einer Bürste von etw. entfernen:* jmdm., sich die Fusseln von der Jacke a.; **b)** *mit der Bürste säubern:* Die Kartoffeln unter fließendem Wasser a. (e & t 6, 1987, 84); ich habe [ihm] den Mantel, habe ihn abgebürstet. **2.** (ugs.) *in scharfer, unfreundlicher Form zurechtweisen, schelten:* einen Untergebenen a.; vor Schmidt gern als »linke Spinner« abgebürsteten Jung- oder Altsozialisten (Spiegel 36, 1977, 22).

ab|bus|seln ⟨sw. V.; hat⟩ (ugs., bes. österr.): *abküssen:* Gary Lux, Popsängerknabe von der Donau, wurde von Fans abgebusselt (Hörzu 25, 1985, 12).

ab|bü|ßen ⟨sw. V.; hat⟩ (bes. Rel.) **1.** *büßend wieder gutmachen:* eine Schuld a. **2.** (bes. Rechtsspr.) *eine Straftat sühnen, die Strafe dafür auf sich nehmen; voll ableisten:* eine lange Freiheitsstrafe, ein Vergehen mit drei Jahren Haft a.

Ab|bü|ßung, die; -, -en: *das Abbüßen.*

Abc [a(:)be(:)ˈtse:], das; -, - ⟨Pl. selten⟩ [mhd. ābēcē, abc, nach den ersten drei Buchstaben des Alphabets]: **1.** *festgelegte Reihenfolge aller Buchstaben der deutschen Sprache, Alphabet:* das Abc lernen, aufsagen. **2.** *Buch mit alphabetisch geordneten Stichwörtern:* Abc der Fotografie. **3.** *Anfangsgründe, Elemente:* dieses Wissen gehört zum Abc der Wirtschaft; das Abc der Unternehmensgründung beherrschten die beiden Entrepreneure aus dem Osten schneller als gedacht (SZ 19. 8. 98, 26).

ABC-Ab|wehr, die [ABC = Abk. für **a**tomar, **b**iologisch, **c**hemisch]: *Abwehr gegen ABC-Kampfmittel.*

ABC-Ab|wehr|trup|pe, die: *(bei der Bundeswehr) Kampfunterstützungstruppe des Heeres, die bes. zum Entstrahlen, Entseuchen u. Entgiften eingesetzt wird.*

ABC-Alarm, der: *bei Einsatz von ABC-Kampfmitteln ausgelöster Alarm.*

Abc-Buch, das [zu ↑ Abc] (veraltet): *Fibel.*

Abc|da|ri|er usw. ↑ Abecedarier usw.

ABC-Ge|fahr, die: *durch den Einsatz von ABC-Kampfmitteln auftretende Gefahr.*

ab|chan|gie|ren [ˈapʃāʒi:rən] ⟨sw. V.; hat⟩ [zu ↑ changieren] (Reiten): *vom Rechts- zum Linksgalopp wechseln.*

Ab|cha|se, der; -n, -n: Ew. zu ↑ Abchasien.

Ab|cha|si|en; -s: *autonome Republik innerhalb Georgiens.*

Ab|cha|sin, die; -, -nen: w. Form zu ↑ Abchase.

ab|cha|sisch ⟨Adj.⟩: *Abchasien, die Abchasen betreffend; aus Abchasien stammend.*

ab|che|cken ⟨sw. V.; hat⟩: **a)** *nach einem bestimmten Verfahren o. Ä. prüfen, kontrollieren:* Funktionen a.; Mit drei Tests ... werden die Kriterien ... zusätzlich abgecheckt (Manager 3, 1974, 81); Ü Es ist gar nicht feststellbar, ob sich selbst »abzuchecken« (Dierichs, Männer 137); **b)** *die auf einer Liste aufgeführten Personen usw. kontrollierend abhaken:* die Passagiere a.

ABC-Kampf|mit|tel ⟨Pl.⟩: **a**tomare, **b**iologische, **c**hemische Kampfmittel.

Abc-Schüt|ze, der [veraltet Schütze = junger Schüler, nach lat. tiro = Rekrut, Anfänger]: *Schulanfänger.*

ABC-Schutz|mas|ke, die: *Schutzmaske gegen ABC-Kampfmittel.*

ABC-Staa|ten ⟨Pl.⟩ [nach den Anfangsbuchstaben der drei Staatennamen]: **A**rgentinien, **B**rasilien u. **C**hile.

ABC-Waf|fen ⟨Pl.⟩: *ABC-Kampfmittel.*

ABC-Waf|fen-frei ⟨Adj.⟩: *von ABC-Waffen frei:* eine -e Zone schaffen.

ab|da|chen, sich ⟨sw. V.; hat⟩: *sich dachartig neigen; allmählich abfallen, sich abflachen:* das Waldland dacht sich nach Nordwesten zu ab; eine sich sanft abdachende Wiese; der abgedachte Ausläufer der Hochebene.

Ab|da|chung, die; -, -en: *dachartige Neigung.*

ab|däm|men ⟨sw. V.; hat⟩: **a)** *Wasser [durch einen Damm] von etw. abhalten:* Sie hatten ein Stück vom Teich ... abgedämmt und trockengelegt (Fallada, Herr

Abdämmung

220); **b)** *durch einen Damm gegen Wasser schützen:* das Land a.
Ab|däm|mung, die; -, -en: **1.** *das Abdämmen.* **2.** *abgedämmter Bereich.*
Ab|dampf, der; -[e]s, Abdämpfe (Technik): *in einem Arbeitsvorgang bereits genutzter [abgeleiteter] Dampf.*
Ab|dampf|ap|pa|rat, der (Technik): *Apparat, mit dessen Hilfe Flüssigkeiten verdampft werden.*
Ab|dampf|aus|tritt, der (Technik): *Stelle, an der der Abdampf austritt.*
ab|damp|fen ⟨sw. V.⟩ [2: urspr. mit dem Dampfschiff od. mithilfe der Dampflokomotive]: **1.** ⟨ist⟩ **a)** *Dampf abgeben:* die heiße Flüssigkeit a. lassen; **b)** (Chemie) *als Dampf, Gas abgeschieden werden:* Alkohol dampft ab. **2.** (ugs.) *abfahren, abreisen; sich entfernen* ⟨ist⟩: die Urlauber sind heute abgedampft; er könne jeden Tag nach Amerika oder nach Australien a. (R. Walser, Gehülfe 38). **3.** (Chemie) *das Lösungsmittel einer Lösung durch Erhitzen u. Verdampfen vom gelösten Stoff trennen* ⟨hat⟩: das Wasser a. und dadurch das Salz gewinnen.
ab|dämp|fen ⟨sw. V.; hat⟩: **1.** *[in seiner Wirkung] mildern:* den Schall durch Isolierung a.; Will man die ... Sicherheit bei Motorradunfällen erhöhen, dann muss der Aufprall ... abgedämpft ... werden (ADAC-Motorwelt 5, 1986, 16); bei abgedämpftem Lampenlicht; Ü Er dämpfte sich selber ab *(mäßigte sich;* Baum, Paris 81). **2.** *abdampfen* (1 a) *lassen:* Kartoffeln, Gemüse a. **3.** *ein mit einem feuchten Tuch bedecktes Kleidungsstück bügeln, um es von Glanz zu befreien:* einen Rock, eine Hose a.
Ab|dampf|ent|öler, der; -s, - (Technik): *Vorrichtung, durch die das Öl aus dem Abdampf ausgeschieden wird.*
Ab|dampf|hei|zung, die: *Heizung, die vom Abdampf gespeist wird.*
Ab|dampf|rück|stand, der (Technik): *beim Abdampfen verbliebener Rückstand.*
Ab|dampf|scha|le, die (Chemie): *flaches Gefäß, in dem flüssige Stoffe abdampfen können.*
Ab|dampf|tur|bi|ne, die (Technik): *mit Abdampf betriebene Turbine.*
Ab|dampf|ver|wer|tung, die: *technische Verwertung von Abdampf.*
Ab|dampf|vor|wär|mer, der; -s, - (Technik): *Aggregat zum Vorwärmen von Kesselspeisewasser durch Abdampf.*
Ab|dampf|wär|me, die: **1.** (Technik) *im Abdampf enthaltene Wärme.* **2.** (Chemie) *zum Abdampfen eines Stoffes aufzuwendende Wärmemenge.*
ab|dan|ken ⟨sw. V.; hat⟩: **1.** *von einem Amt zurücktreten:* der König dankte ab *(verzichtete auf den Thron);* der Minister hat freiwillig abgedankt; Ü Der große 2-Liter-Vierzylinder hat zugunsten einer ... Vergaservariante ... a. müssen (auto touring 12, 1978, 23). **2.** (veraltet) *(bes. Soldaten u. Dienstboten) verabschieden, aus dem Dienst entlassen* ⟨nur noch im 2. Part.:⟩ abgedankte Offiziere; ♦ Es ist wahr, er hat das Unglück gehabt, abgedankt zu werden (Lessing, Minna III, 4). **3.** (landsch., bes. schweiz.) *die kirchliche Trauerfeier halten.*

Ab|dan|kung, die; -, -en: **1. a)** *Amtsniederlegung, Rücktritt:* seine A. erklären, vollziehen; **b)** (veraltet) *Entlassung:* die A. des Generals. **2.** (landsch., bes. schweiz.) *Trauerfeier:* Schugger Leos Beruf war, nach allen Begräbnissen – und er wusste um jede A. – ... die Trauergemeinde zu erwarten (Grass, Blechtrommel 198).
ab|dar|ben, sich ⟨sw. V.; hat⟩ (geh.): *sich darbend absparen:* sich ⟨Dativ⟩ etw. [am, vom Munde] a.
Ab|das|se|ler, Abdassler, der; -s, -: *jmd., der Rinder abdasselt.*
ab|das|seln ⟨sw. V.; hat⟩ [zu ↑²Dassel]: *von der Dasselfliege befallene Rinder behandeln, indem die in den Dasselbeulen sitzenden Larven abgetötet od. entfernt werden:* ich dass[e]le die Rinder ab.
Ab|das|se|lung, Abdasslung, die; -, -en: *das Abdasseln.*
Ab|dass|ler: ↑ Abdasseler.
Ab|dass|lung: ↑ Abdasselung.
Ab|deck|creme, die: *Creme zum Abdecken von Hautunreinheiten u. Ä.*
ab|de|cken ⟨sw. V.; hat⟩: **1. a)** *(etw. Bedeckendes) von etw. weg-, herunternehmen:* die Bettdecke, das Tuch von dem Krug a.; **b)** *von etw. Bedeckendem, darauf Befindlichem frei machen:* das Bett a.; den Tisch a. *(abräumen);* bei dem Sturm wurden viele Dächer abgedeckt *(die Ziegel, Teile des Daches flogen herunter).* **2.** *[zum Schutz] mit etw. Bedeckendem versehen; zudecken, bedecken, verdecken:* ein Grab mit Tannenzweigen a.; einen Schacht [mit Brettern] a.; Fänä deckte die Augen mit der Hand ab (Degenhardt, Zündschnüre 97). **3.** (veraltet) *(einen Tierkadaver) beseitigen:* verendete Tiere a. **4.** (Schach) *schützen, abschirmen:* Er deckte mit dem Turm seine Dame ab (Kuby, Sieg 387). **5.** (Sport) *decken* (8): den gegnerischen Stürmer a. **6.** (Kaufmannsspr.) *ausgleichen, tilgen, bezahlen:* bestehende Verpflichtungen a.; Einen geringen Teil der ... Kosten hofft man auch durch Werbeeinnahmen a. zu können (Hamburger Morgenpost 8. 7. 85, 3). **7.** *befriedigen, decken:* Bedürfnisse a. **8.** (Kaufmannsspr.) *(den Markt) beherrschen, kontrollieren, befriedigen:* weltweit gibt es ... 250 Anbieter, die mehr als 700 Modelle verkaufen. Allerdings decken die zehn größten Firmen 80 Prozent des Marktes ab (Presse 30. 3. 84, 20).
Ab|de|cker, der; -s, -: *jmd., der verendete Tiere abdeckt (3).*
Ab|de|cke|rei, die; -, -en (veraltend): **1.** ⟨o. Pl.⟩ *Gewerbe des Abdeckers.* **2.** *Arbeitsstätte des Abdeckers.*
Ab|deck|mit|tel, das (Metallurgie): *Mittel zum Abdecken der Oberfläche von Schmelzen* (2 a) *bestimmter Metalle u. Legierungen, das die unmittelbare Berührung mit der Atmosphäre verhindert.*
Ab|deck|plat|te, die (Bauw.): *Platte mit Abdecken, Zudecken von dem Wetter ausgesetzten Bauteilen.*
Ab|deck|stift, der: *getönter Stift zum Abdecken* (2) *von Hautunreinheiten.*
Ab|de|ckung, die; -, -en: *das Abdecken* (2, 4, 5, 6).

Ab|de|ra: altgriechische Stadt.
Ab|de|rit, der; -en, -en [2: die Bewohner von Abdera standen schon in der Antike im Ruf der Kleinstädterei]: **1.** Ew. **2.** (veraltet) *einfältiger Mensch; Schildbürger.*
ab|de|ri|tisch ⟨Adj.⟩ (veraltet): *einfältig, schildbürgerhaft.*
ab|des|til|lie|ren ⟨sw. V.; hat⟩ (Chemie): *abtreiben* (7 a): das Zink wird abdestilliert; Ü erst, wenn das Allgemeine aus seinen Schriften abdestilliert wird (Adorno, Prismen 257).
ab|dich|ten ⟨sw. V.; hat⟩: *dicht, undurchlässig machen:* ein Leck a.; Fenster a.; etw. mit Filz, Kitt, Hanf a.; Wände gegen Feuchtigkeit a.; Ü Diese Welt ist ... gegen jede Störung abgedichtet (Enzensberger, Einzelheiten I, 168).
Ab|dich|tung, die; -, -en: **1.** ⟨o. Pl.⟩ *das Abdichten:* die A. der Rohre war nicht einfach. **2.** *etw., was etw. abdichtet:* die A. hält das Grundwasser fern.
Ab|dich|tungs|ma|te|ri|al, das: *Material zum Abdichten.*
ab|die|nen ⟨sw. V.; hat⟩: **1.** (veraltend) *(eine vorgeschriebene Dienst-, Ausbildungszeit o. Ä.) voll ableisten:* Der ... Arzt war ein ganz junger Mensch, der sein erstes klinisches Jahr abdiente (Werfel, Tod d. Kleinbürgers 34). ♦ **2.** *durch Dienen abarbeiten:* ist er vom Waldbaume eingekommen. Die können sie ihm nicht schenken, ... die muss er a. (Rosegger, Waldbauernbub 79).
Ab|di|ka|ti|on, die; -, -en [lat. abdicatio, zu: abdicare, ↑ abdizieren] (veraltet): *Amtsniederlegung, Abdankung:* »Du denkst an A., Albrecht?«, fragte Klaus Heinrich erschrocken (Th. Mann, Hoheit 108).
ab|di|ka|tiv ⟨Adj.⟩ [spätlat. abdicativus = verneinend]: **a)** *Abdankung, Verzicht bewirkend;* **b)** *Abdankung, Verzicht bedeutend:* -er Führungsstil (Soziol.; *freies Gewährenlassen der Untergebenen, wobei auf jeglichen Einfluss von oben verzichtet wird).*
ab|ding|bar ⟨Adj.⟩ (Arbeitsrecht): *durch (abweichende) freie Vereinbarung ersetzbar:* -e Vertragsteile; diese Bestimmungen sind a.
Ab|ding|bar|keit, die; - (Arbeitsrecht): *das Abdingbarsein.*
ab|din|gen ⟨V.; dingte ab, hat abgedungen/(auch:) abgedingt⟩ (veraltend): *jmdm. etw. abhandeln; etw. durch Vereinbarung erlangen:* dieses Recht kann nur keiner a.
ab|di|zie|ren ⟨sw. V.; hat⟩ [lat. abdicare, eigtl. = sich von etw. lossagen, zu: dicare = (feierlich) verkünden] (veraltet): *ein Amt niederlegen; abdanken:* der Herrscher musste a.
ab|do|cken ⟨sw. V.; hat⟩ [zu ↑¹docken] (Jägerspr.): *(den Schweißriemen des Hundes) abwickeln:* den Schweißriemen a.
Ab|do|men, das; -s, - [lat. abdomen, viell. zu: abdere = verbergen u. eigtl. = Verborgenes, nicht Sichtbares]: **1.** (Med.) *Bauch, Unterleib:* akutes A. *(plötzlich auftretende heftige Schmerzen im Bauch).* **2.** (Zool.) *Hinterleib bes. der Gliederfüßer.*

ab|do|mi|nal ⟨Adj.⟩ (Med.): *das Abdomen betreffend, von ihm ausgehend.*
Ab|do|mi|nal|schwan|ger|schaft, die (Med.): *Bauchhöhlenschwangerschaft.*
ab|don|nern ⟨sw. V.; ist⟩ (ugs.): *mit donnerndem Geräusch davonfahren, sich entfernen:* die schweren Maschinen donnern ab.
ab|dor|ren ⟨sw. V.; ist⟩ (geh.): *völlig dürr werden, welken:* die Zweige dorrten ab; Ü warum die Werke des Gefühls abdorren, wenn sie nicht aus unmittelbarer Liebeserfahrung und nicht einmal erfrischt werden (Musil, Mann 1304).
ab|drän|gen ⟨sw. V.; hat⟩: *von einer Stelle, aus einer eingeschlagenen Richtung drängen:* sich nicht von seinem Platz a. lassen; der Verteidiger konnte den Rechtsaußen a. und am Torschuss hindern; dass die Autofahrer nicht von den ... Autobahnen ... auf die viel gefährlicheren Landstraßen abgedrängt werden (Westd. Zeitung 11. 5. 84, 6); Demonstranten a.; Ü Die in die Privatsphäre abgedrängten Konflikte (Fraenkel, Staat 225).
ab|dre|hen ⟨sw. V.⟩: **1.** ⟨hat⟩ **a)** *durch Drehen einer entsprechenden Vorrichtung ausschalten, abstellen:* das Radio, den Heizofen, die Lampe a.; »Abdrehen das Gedudel!« (Kempowski, Uns 73); im Notfall den Wasserhahn a. *(zudrehen);* **b)** *durch Drehen einer entsprechenden Vorrichtung die Zufuhr von etw. unterbinden:* den Strom, das Gas, das Wasser a.; Das Licht wird gegen neun Uhr abgedreht (Sobota, Minus-Mann 52). **2.** *durch eine drehende Bewegung von etw. abtrennen, lösen* ⟨hat⟩: den Stiel vom Apfel, einen Knopf vom Mantel a.; er hat den Schlüsselbart [im Schloss] abgedreht; Der alte Schurr ... zog ein paar Radieschen aus, spülte sie ..., drehte das Kraut ab (Gaiser, Jagd 81). **3.** *wegdrehen, abwenden* ⟨hat⟩: das Gesicht a.; er hatte sich halb abgedreht. **4.** *(einen Film, Filmszenen) drehen* ⟨hat⟩: einen Spiel-, Dokumentarfilm a.; Jetzt hat sie ihre erste Hauptrolle abgedreht (Hörzu 3, 1986, 86); die bereits abgedrehten Passagen. **5.** *eine andere Richtung einschlagen, einen anderen Kurs nehmen* ⟨ist/hat⟩: das Flugzeug, das Schiff dreht [nach Osten] ab.
ab|dre|schen: ↑ abgedroschen.
Ab|drift, die; -, -en ⟨Pl. selten⟩ (bes. Schiff-, Luftfahrt): *durch Wind od. Strömung hervorgerufene Abweichung bes. eines Schiffes, Flugzeugs von seinem Kurs, von der eingeschlagenen Richtung:* Da die Wolke ... von den Winden erfasst wird, ist ihre A. ein Maß für die Windgeschwindigkeit (MM 6. 9. 68, 3); Ü Wie stark die A. von der alten Parteilinie schon vollzogen ist (Spiegel 6, 1982, 23).
ab|drif|ten ⟨sw. V.; ist⟩: *Abdrift erleiden, vom Kurs, von der eingeschlagenen Richtung abweichen:* das Boot driftete ab; Ein Raubvogel kreiste in Gebirgshöhe, driftete ab und machte ein Maß für die Windgeschwindigkeit (Meckel, Suchbild 171); Ü dass die Mutterpartei ... immer weiter nach rechts abgedriftet sei (Saarbr. Zeitung 20. 12. 79, 2); Erzählton, Diktion und Figurenperspektive ...

driften am Schluss des Buches bis ins Ironische ... ab (NNN 6. 12. 88, 3).
◆ **ab|drin|gen** ⟨st. V.; hat⟩: *abzwingen:* Wie oft hat er Albrecht durch seinen Bruder die förmliche Entsagung abzudringen gesucht (Hebbel, Agnes Bernauer IV, 6).
ab|dros|seln ⟨sw. V.; hat⟩: **1.** (selten) *jmdm. die Luftröhre völlig zudrücken [u. ihn dadurch an der Atmung hindern]:* ich dross[e]lte ihm die Luftröhre ab. **2.** (Technik) **a)** *im Zustrom hemmen, die Zufuhr von etw. verringern od. ganz unterbinden:* den Dampf a.; Ü den Verkehr a.; **b)** *durch Drosseln des Betriebsstoffes verlangsamen od. ganz zum Stillstand bringen:* den Motor a.; Ü Ich fürchtete, ... dass man ... den Vorwand suchte, das Prager Experiment abzudrosseln (W. Brandt, Begegnungen 278); **c)** *so weit schließen, dass der Zustrom von etw. aufhört:* den Gashahn a.
Ab|dros|se|lung, Ab|dross|lung, die; -, -en: *das Abdrosseln.*
¹Ab|druck, der; -[e]s, -e: **1.** ⟨o. Pl.⟩ *das Abdrucken, Abgedrucktwerden:* der A. des Romans beginnt im nächsten Heft. **2.** *etw. Abgedrucktes:* von dem Bild wurden mehrere -e hergestellt.
²Ab|druck, der; -[e]s, Abdrücke: **1.** ⟨o. Pl.⟩ *das Abdrücken (5 a):* der A. in Wachs dauert nicht lange. **2.** *Abgedrücktes; durch Eindrücken od. Berühren auf od. in etw. hinterlassene Spur:* Abdrücke ihrer Finger, ihrer Füße im Sand; 20 000 Menschen kamen ... ums Leben. Die Abdrücke ihrer Körper wurden in den Aschenmassen konserviert (BdW 7, 1987, 45).
ab|dru|cken ⟨sw. V.; hat⟩: *in einer Zeitung, Zeitschrift gedruckt erscheinen lassen, edieren:* etw. gekürzt, unverändert, wörtlich, in der Zeitung a.; ein Gedicht, einen Roman a.; die hier abgedruckten Bilder.
ab|drü|cken ⟨sw. V.; hat⟩: **1. a)** *durch Drücken, Zudrücken o. Ä. einen Zuströmen hemmen:* Bring sie um ...! Drück ihr die Luft ab (Konsalik, Promenadendeck 417); die Erregung drückte ihm die Luft ab; **b)** *etw. so drücken, dass der Zustrom von etw. gehemmt wird; abpressen:* ich habe [mir] die Ader abgedrückt. **2.** *drückend von etw. entfernen; wegdrücken:* ich habe mich, er hat das Boot mit dem Fuß vom Ufer abgedrückt; wie ein Schwimmer, wenn er sich vom Startblock abdrückt (Ott, Haie 239); (Eisenb.:) Waggons beim Rangieren vom Ablaufberg] a. **3. a)** *den Abzug einer Schusswaffe betätigen, um den Schuss auszulösen:* das Gewehr a.; der Verbrecher drückte sofort ab; auf jmdn. a.; **b)** *den Auslöser beim Fotoapparat betätigen:* Einfach durch den Sucher gucken und a. (Saarbr. Zeitung 15./16. 12. 79, 28). **4.** (ugs.) *in Überschwang heftig an sich drücken u. küssen:* die Mutter drückte ihr Kind ab. **5. a)** *durch Eindrücken in eine weiche Masse nachbilden:* Zähne in Gips, den Schlüssel in Wachs a.; **b)** ⟨a. + sich⟩ *sich abzeichnen:* die Spur hatte sich im Erdboden abgedrückt. **6.** (ugs.) *(eine Geldsumme) bezahlen:* mein Alter hat noch mal 100 Mäuse

abgedrückt; Was also tun, wenn der Kaffee bestellt, die Surfgebühr (zehn Mark pro Stunde) abgedrückt ist? (taz 26. 4. 96, 27).
ab|du|cken ⟨sw. V.; hat⟩ (Boxen): *dem Schlag eines Gegners durch Ducken ausweichen:* er duckte sich blitzschnell ab; ⟨subst.:⟩ Schläge durch Abducken auspendeln.
◆ **ab|duf|ten** ⟨sw. V.; ist⟩ [zu ↑ Duft in der alten Bed. »Dunst«]: *im Dunst der Ferne verschwimmen:* gegen Südost hat das Auge die unendliche Fläche des Elsasses zu durchforschen, die sich in immer mehr abduftenden Landschaftsgründen dem Gesicht entzieht (Goethe, Dichtung u. Wahrheit 10).
Ab|duk|ti|on, die; -, -en [spätlat. abductio = das Wegführen, zu: abducere, ↑ abduzieren] (Med.): *das Bewegen eines Körperteils von der Körperachse weg.*
Ab|duk|tor, der; -s, ...oren (Med.): *Muskel, der eine Abduktion bewirkt, dem Abspreizen dient.*
Ab|duk|to|ren|zer|rung, die: *Zerrung (1) des Abduktors.*
ab|dun|keln ⟨sw. V.⟩: **1.** ⟨hat⟩ **a)** *gegen den Einfall od. die Aussendung hellen Lichts abschirmen:* die Positionslaternen a.; Die Bahnhöfe, die sie passierten, waren abgedunkelt (Bienek, Erde 150); abgedunkelte Fenster; ihr ... Zimmer, das ... mit einem schwarzen Rouleau gegen die Straße abgedunkelt war (Johnson, Ansichten 111); **b)** *(bes. eine Farbe) dunkler machen:* das Weiß zu einem Hellgrau a. **2.** (selten) *(bes. von Farben) dunkler werden* ⟨ist/(seltener:) hat⟩: das Fell des Tieres ist abgedunkelt.
Ab|dun|ke|lung, Ab|dunk|lung, die; -, -en: **1.** *das Abdunkeln, Abgedunkeltwerden:* entnahm die Platte endlich und brachte sie nach völliger Abdunkelung in eine Schiebelade (Steimann, Aperwald 78). **2.** *Vorrichtung zum Abdunkeln (1 a):* eine A. am Fenster anbringen.
ab|du|schen ⟨sw. V.; hat⟩: **1.** *durch Duschen reinigen:* sie duschte sich, das Kind warm ab; du solltest das Geschirr zuerst kurz a.; Ü Seine große Stunde schlug im Samstagtraining, als er die Konkurrenz ... kalt abduschte *(ihr eine Niederlage beibrachte;* Saarbr. Zeitung 7. 7. 80, 15). **2.** *Schmutz o. Ä. von jmdm., etw. herunterspülen:* In der fünften Etage duschen wir den Straßenstaub ab (NNN 12. 9. 86, 2).
ab|du|zie|ren ⟨sw. V.; hat⟩ [lat. abducere = wegziehen, -führen, aus: ab = von – weg u. ducere = führen] (Med.): *von der Mittellinie des Körpers nach außen bewegen.*
◆ **abe:** ↑ ab: Abe, a., weißer Schädel, mürbe Knochen, fahret in die Grube mit Freuden (Schiller, Räuber IV, 3).
ab|eb|ben ⟨sw. V.; ist⟩: *mit der Zeit an Intensität verlieren; abnehmen:* der Lärm, der Sturm, seine Erregung ebbt langsam ab; Ü ein Häuflein Übriggebliebener aus einer längst abgeebbten Protestbewegung (Kurier 22. 11. 83, 21).
Abe|ce: ↑ Abc.
Abe|ce|da|ri|er, der; -s, - [zu ↑ Abecedarium] (veraltet): *Abc-Schütze.*

Abe|ce|da|ri|um, das; -s, ...ien [mlat. abecedarium, abecedarius = alphabetisch geordnetes Florilegium (2 a); Alphabet]: **1.** *alphabetisches Verzeichnis des Inhalts von alten deutschen Rechtsbüchern.* **2.** (veraltet) *Abc-Buch, Fibel.* **3.** *Abecedarius* (2).
Abe|ce|da|ri|us, der; -, ...rii [2. mlat. abecedarius]: **1.** (veraltet) *Abecedarier.* **2.** *Gedicht od. Hymnus, dessen Vers- od. Strophenanfänge dem Abc folgen.*
abe|ce|lich ⟨Adj.⟩ (selten): *alphabetisch.*
Abee [aˈbeː, auch: ˈabe], der, auch: das; -s, -s [französierend für ↑¹Abort, Abtritt] (landsch. verhüll.): *¹Abort.*
ab|eg|gen ⟨sw. V.; hat⟩ (Landw.): **1.** *mit der Egge entfernen:* er eggte das Kartoffelkraut ab. **2.** *etw. in seiner Länge mit der Egge bearbeiten:* den Acker a.
-a|bel [frz. -able < lat. -abilis]: drückt in Bildungen mit Verben (Verbstämmen) aus, dass etw. gemacht werden kann: konsumabel, reparabel, transportabel.
Abel|mo|schus [abˈlmɔʃʊs, auch: ˈaːbl...], der; -, -se [nlat. abelmoschus < arab. abū'l-misk = Vater des Moschus]: *(zu den Malvengewächsen gehörende) Pflanze mit nach Moschus duftenden Samenkörnern, die zum Räuchern dienen.*
Abend, der; -s, -e [mhd. ābent, ahd. āband, eigtl. = der hintere od. spätere Teil des Tages, urverw. mit ↑After]: **1.** *Tageszeit um die Dämmerung, das Dunkelwerden vor Beginn der Nacht:* ein warmer, kühler, klarer, sommerlicher A.; der letzte, folgende A.; heute, gestern, morgen, neulich A.; es wird A.; es ist schon später A. *(die Nacht hat bereits begonnen, es ist schon Nacht);* es war gestern ein langer A. bei euch *(es dauerte bis [tief] in die Nacht);* der A. kommt, naht, bricht herein; Wenn der A. *(die Abenddämmerung)* schroff in den Bäckereihof fiel (Strittmatter, Wundertäter 217); Aber köstlich war auch der A., wenn die Pflanzen des Parks balsamisch dufteten (Th. Mann, Tod 30); jeden, keinen A., alle -e fernsehen; viele -e warten; wie hast du den A. verbracht?; die Bedienung hat ihren freien A.; des -s (geh.; *abends*); eines [schönen] -s; Im Laufe des -s musste sich Ronni noch oft ... wundern (Geissler, Wunschhütlein 146); am A. [vorher]; am frühen, späten, gestrigen, gleichen A.; am A. des 31. März; es geht dem A. zu; Arlecq fuhr auf den A. noch in die Bücherei (Fries, Weg 187); bis heute, morgen A.!; A. für A.; gegen A.; vom Morgen bis zum A.; während des -s; R je später der A., desto schöner die Gäste *(höflich-scherzhafte Begrüßung eines später hinzugekommenen Gastes);* Ü Jetzt, am A. des Ölzeitalters, hängt alles am Öl (Capital 2, 1980, 111); ***guten A.** (Grußformel: [zu] jmdm. Guten, (auch:) guten A. sagen; **zu A. essen** *(die Abendmahlzeit [in gesellschaftlichem Rahmen] einnehmen);* **der Heilige A.** *([Tag u.] Abend des 24. Dezember);* **er** usw. **kann mich am A. besuchen** (salopp; *er* usw. *soll mich in Ruhe lassen;* verhüll. für: er kann mich am Arsch lecken). **2.** *[geselliges] Beisammensein am Abend:* ein gemütlicher A.; der musikalische A. *(die musikalische Soiree)* beim französischen Botschafter; oh, wie viel strahlende -e hatte ich einst nach solchen Konzerten mit den Künstlern hingebracht (Hesse, Steppenwolf 151); ***bunter A.** *(Abendveranstaltung mit heiterem, abwechslungsreichem Programm).* **3.** ⟨o. Pl.⟩ (veraltet, noch altertümelnd) *Westen:* Weiterhin wendet der Bachlauf sich gegen A. einer ländlichen Ortschaft zu (Th. Mann, Herr 86).
Abend|aka|de|mie, die: *Volkshochschule.*
Abend|an|dacht, die: *Andacht* (2) *am Abend.*
Abend|an|zug, der: *Gesellschaftsanzug.*
Abend|aus|ga|be, die: *abends erscheinende [Ausgabe einer] Zeitung.*
Abend|blatt, das: *Abendzeitung.*
Abend|brot, das ⟨Pl. selten⟩ [mhd. ābentbrōt]: *abends eingenommenes [bescheideneres] Essen, zumeist mit Brot:* das A. machen, richten; zum A. bleiben.
Abend|brot|tisch, der: *für das Abendbrot gedeckter Tisch.*
Abend|brot|zeit, die: *Zeit, zu der gewöhnlich das Abendbrot eingenommen wird.*
Abend|däm|me|rung, die: *Dämmerung am Abend.*
aben|de|lang ⟨Adj.⟩: *sich über mehrere Abende hinziehend:* -e Gespräche.
Abend|emp|fang, der: *Empfang* (3 b), *den jmd. am Abend gibt.*
abend|es|sen ⟨sw. V.; nur im Inf. u. 2. Part.⟩ (österr.): *zu Abend essen:* wir gehen a.; habt ihr schon abendgegessen?
Abend|es|sen, das [mhd. ābentezzen]: *[größere, in gesellschaftlichem Rahmen] abends eingenommene Mahlzeit:* das A. auftragen; Dort fand ein gemeinsames A. ... statt (Ott, Haie 289).
Abend|frie|de[n], der, (geh.): *abendlicher Frieden* (2).
abend|fül|lend ⟨Adj.⟩; *(von Darbietungen) den ganzen Abend ausfüllend:* ein -er Film; ein -es Thema; Ü Uwe sorgt für Gesprächsstoff ... Uwe ist a. (Chotjewitz, Friede 110).
Abend|fül|ler, der: *abendfüllende Darbietung o. Ä.:* Der erste A., Ulrich Schamoni ... gedreht hat (Spiegel 6, 1966, 84).
Abend|gal|ge, die: *Gage für einen abendlichen Auftritt:* Tausend Mark A., das ist doch ... toll (K. Mann, Mephisto 33).
Abend|ge|bet, das: *Gebet vor der Nachtruhe.*
Abend|ge|sell|schaft, die: vgl. *Abendempfang.*
Abend|glo|cke, die: *Kirchenglocke, die mit ihrem Läuten die Abendzeit ankündigt.*
Abend|got|tes|dienst, der: vgl. *Abendandacht.*
Abend|gym|na|si|um, das: *Abendschule, die berufstätige Erwachsene zum Abitur führt.*
Abend|hauch, der (dichter.): *kühler Abendwind.*
Abend|haupt|schu|le, die: *Einrichtung für Erwachsene, in der der Hauptschulabschluss nachgeholt werden kann.*
◆ **Abend|herr,** der: *regelmäßig abends in einer bestimmten Gaststätte verkehrender Gast; abendlicher Stammgast:* Die Rebhuhnpastete darf ich nicht anschneiden, da sie für die -en bestimmt ... ist (Keller, Kleider 5).
Abend|him|mel, der: *Himmel zur Zeit des Sonnenuntergangs.*
Abend|hoch|schu|le, die (DDR): *Abenduniversität.*
Abend|im|biss, der: *am Abend eingenommener Imbiss.*
Abend|kas|se, die (bes. Theater, Kino): *unmittelbar vor einer Abendvorstellung geöffnete Kasse:* es gibt noch Karten an der A.
Abend|kleid, das: *[bodenlanges] festliches Kleid für den Abend.*
Abend|klei|dung, die: *festliche Kleidung für abendliche Veranstaltungen.*
Abend|kon|zert, das: *am Abend stattfindendes Konzert.*
Abend|küh|le, die: *abendliche Kühle.*
Abend|kurs, Abend|kur|sus, der: *abends (meist für berufstätige Erwachsene) stattfindender Kurs.*
Abend|land, das ⟨o. Pl.⟩ [zu ↑Abend (3)]: *durch Antike u. Christentum geformte kulturelle Einheit der europäischen Völker; Europa; die Alte Welt; Okzident.*
Abend|län|der, der; -s, -: *Vertreter der abendländischen Kultur:* Im Morgen der Welt ist die dem A. natürliche zeitrechnerische Wachsamkeit fast unbekannt (Th. Mann, Joseph 377).
Abend|län|de|rin, die: w. Form zu ↑Abendländer.
abend|län|disch ⟨Adj.⟩: *das Abendland betreffend:* das -e Denken; die -e Kultur, Kunst, Tradition; -er Geist.
Abend|läu|ten, das; -s: *abendliches Läuten der Kirchenglocke[n].*
Abend|lehr|gang, der: *Abendkurs.*
Abend|lek|tü|re, die: *abendliche Lektüre.*
abend|lich ⟨Adj.⟩ [mhd. ābentlich, ahd. ābandlīh]: *in die Abendzeit fallend; abends stattfindend, auftretend, erscheinend; für den Abend charakteristisch:* zu -er Stunde; das -e Bad; -e Gäste; gingen wir durch die -en Straßen zum Corso Garibaldi hinunter (Fest, Im Gegenlicht 154); die a. verdunkelten Falten der Landschaft (Johnson, Ansichten 81); -e Kühle, Stille.
Abend|licht, das ⟨o. Pl.⟩ (geh.): *abendliche, während der Dämmerung herrschende Beleuchtung* (1 a): Der Heimatflughafen lag in fahlblauem A. (Kirst, 08/15, 341); Glatt polierte Alabasterwände und zarte Gitterfenster zerstreuen das schräge A. (a & r 2, 1997, 34).
Abend|lied, das: *am Abend zu singendes Lied.*
Abend|luft, die ⟨Pl. selten⟩: *abendliche Luft.*
Abend|mahl, das [1: mhd. ābentmāl]: **1.** (geh. veraltend) *Abendessen:* die Töchter des Hauses waren daheim geblieben, das A. vorzubereiten (Th. Mann, Joseph 328). **2.** ⟨o. Pl.⟩ *Abschiedsmahl Christi mit seinen Jüngern in der Passahnacht.* **3.** ⟨o. Pl.⟩ (ev. Kirche) *Sakrament, bei dem mit Bezug auf Jesu Abendmahl* (2) *für den Gläubigen Christus in Brot u.*

Wein gegenwärtig ist: das A. empfangen, nehmen; am A. *(an der Abendmahlsfeier)* teilnehmen; zum A. gehen; R darauf nehme ich das A. (veraltend; *das weiß ich ganz sicher*).

A̲bend|mahls|brot, das ⟨o. Pl.⟩: *den Leib Christi symbolisierendes Brot, das beim Abendmahl (3) verteilt wird.*

A̲bend|mahls|fei|er, die (ev. Kirche): *Feier des heiligen Abendmahls.*

A̲bend|mahls|ge|mein|schaft, die (christl. Kirchen): *Teilnahme von Angehörigen verschiedener Kirchen an gemeinsamen Abendmahl (3) bzw. Beteiligung von Geistlichen verschiedener Kirchen an der Leitung des Gottesdienstes od. an der Austeilung des Abendmahls (3).*

A̲bend|mahls|ge|rät, das (ev. Kirche): *Karaffe, Kelch u. Teller, die beim Abendmahl (3) verwendet werden.*

A̲bend|mahls|kelch, der (ev. Kirche): *Kelch, mit dem der Wein beim Abendmahl ausgeteilt wird.*

A̲bend|mahls|wein, der ⟨Pl. selten⟩: *Wein, der bei der Abendmahlsfeier verwendet wird.*

A̲bend|mahl|zeit, die: *am Abend eingenommene Mahlzeit.*

A̲bend|man|tel, der: vgl. Abendkleid.

A̲bend|mes|se, die (kath. Kirche): *Feier der Eucharistie am Abend.*

A̲bend|mu|sik, die: *kleines Konzert am Abend [mit geistlicher Musik].*

A̲bend|nach|rich|ten ⟨Pl.⟩: *von Rundfunk u. Fernsehen am Abend gesendete Nachrichten.*

A̲bend|pro|gramm, das: *abendliches [Rundfunk-, Fernseh]programm.*

A̲bend|re|al|schu|le, die: *Abendschule, die berufstätige Erwachsene zum Realschulabschluss führt.*

A̲bend|rot, das ⟨o. Pl.⟩, **A̲bend|rö|te,** die ⟨o. Pl.⟩: *rote Färbung des westlichen Himmels durch den Sonnenuntergang:* Hinter dem Gangfenster ... verglüht das letzte A. (Fallada, Trinker 127).

A̲bend|ru|he, die: *abendliche Stille.*

a̲bends ⟨Adv.⟩: *zur Zeit des Abends;* Abk.: abds.: a. um 8 [Uhr]; von morgens bis a.; dienstags a.; die interessanten Sendungen beginnen oft erst a. nach 22 Uhr.

A̲bend|schein, der ⟨o. Pl.⟩: *Schein der Abendsonne.*

A̲bend|schop|pen, der: *am Abend getrunkener Schoppen Wein.*

A̲bend|schu|le, die: *Bildungsstätte, an der sich bes. berufstätige Menschen im Abendunterricht weiterbilden:* Eine A. für Redenlernen, Nichterröten und festen Händedruck (Strauß, Niemand 167).

A̲bend|schü|ler, der: *jmd., der eine Abendschule besucht.*

A̲bend|schü|le|rin, die: w. Form zu ↑Abendschüler.

A̲bend|se|gen, der [mhd. ābentsegen]: *kurze Abendandacht.*

A̲bend|sei|te, die (veraltet, noch altertümelnd): *Westseite:* Oft hockt Hans ... an der A. des Hauses auf den ... Basaltblöcken (Fr. Wolf, Zwei 43).

A̲bend|son|ne, die: *abendliche Sonne:* Sie saß in der A. Er im Schatten (M. Walser, Pferd 150); Goldfarben und braunrosa leuchten diese Gemäuer in der A. (a & r 2, 1997, 35).

A̲bend|son|nen|schein, der (dichter.): *Abendsonne.*

A̲bend|spa|zier|gang, der: *Spaziergang am Abend.*

A̲bend|länd|chen, das: *am Abend dargebrachtes Ständchen.*

A̲bend|stern, der; -[e]s: *der als auffallend hell leuchtender Stern erscheinende Planet Venus am westlichen Himmel nach Sonnenuntergang.*

A̲bend|stim|mung, die ⟨o. Pl.⟩: *abendliche Stimmung (2).*

A̲bend|stu|di|um, das: vgl. Abendunterricht.

A̲bend|stun|de, die ⟨meist Pl.⟩: *Zeit am Abend:* diese schönen -n im väterlichen Zimmer (K. Mann, Wendepunkt 72).

A̲bend|täsch|chen, das, **A̲bend|ta|sche,** die: *kleine, bei festlichen Anlässen zu benutzende Damenhandtasche.*

A̲bend|tisch, der: *Abendbrottisch.*

A̲bend|toi|let|te, die: 1. *Gesellschaftskleidung der Frau für den Abend.* 2. (geh.) *das abendliche Sichzurechtmachen für die Nachtruhe.*

A̲bend|uni|ver|si|tät, die [LÜ von russ. večernij universitet] (DDR): *Bildungsstätte, in der Berufstätige in Abendveranstaltungen eine Universitätsausbildung erhalten.*

A̲bend|un|ter|hal|tung, die: *am Abend stattfindende, Unterhaltung bietende Veranstaltung.*

A̲bend|un|ter|richt, der: *abends (meist für Berufstätige) stattfindender Unterricht.*

A̲bend|ver|an|stal|tung, die: *abendliche Veranstaltung.*

A̲bend|ver|kauf, der: *am Abend [außerhalb der üblichen Ladenschlusszeit] stattfindender Verkauf (1):* wollen sich am kommenden Donnerstag mehr Firmen am A. beteiligen (Stuttg. Zeitung 11. 10. 89, 1).

A̲bend|ver|kehr, der: *abendlicher Straßenverkehr:* Sie kamen in den dicksten A. (Chr. Wolf, Himmel 298).

A̲bend|vor|stel|lung, die: *Aufführung eines Theaterstücks o. Ä. am Abend.*

A̲bend|wind, der: *abends aufkommender Wind:* draußen bewegten sich dunkle Baumkronen im A. (Simmel, Affäre 118).

A̲bend|zeit, die ⟨o. Pl.⟩: *die Abendstunden umfassende Zeit:* ein Spaziergang in der A., zur A.

A̲bend|zei|tung, die: *abends erscheinende Zeitung.*

A̲bend|zug, der: *abends verkehrender Eisenbahnzug:* weil er im Kursbuch den A. nach Breslau nicht finden konnte (K. Mann, Wendepunkt 157).

A̲ben|teu|er, das; -s, - [mhd. ābentiure, āventiure < afrz. aventure, über das Vlat. zu lat. advenire, ↑Advent]: 1. *mit einem außergewöhnlichen, erregenden Geschehen verbundene gefahrvolle Situation, die jmd. mit Wagemut zu bestehen hat:* A. bestehen, suchen; sich in ein gefährliches A. stürzen. 2. *außergewöhnliches, erregendes Erlebnis:* die Fahrt war ein A. 3. (auch abwertend) *riskantes Unternehmen:* wir beschlossen, uns auf das A. Hausbau nicht einzulassen; Napoleon ..., der ... die Welt rücksichtslos in mörderische A. riss (St. Zweig, Fouché 187). 4. *Liebesabenteuer:* Lydia war sein erstes A. (er hatte mit ihr sein erstes Liebeserlebnis); Christa ... ist sich zu schade für ein A. (sie möchte kein flüchtiges Liebesabenteuer haben; Saarbr. Zeitung 6./7. 10. 79, 36); ein flüchtiges, erotisches A.; Ich habe ... rastlos das kurze A. gesucht (Strauß, Niemand 30).

A̲ben|teu̲er|buch, das: *Buch, in dem Abenteuer (1) geschildert werden:* Der ganze Haufen kam ihm wie aus einem A. entsprungen vor (Fels, Sünden 8).

A̲ben|teu̲er|drang, der ⟨o. Pl.⟩: *Drang, Abenteuer zu erleben.*

A̲ben|teu̲er|durst, der: *Abenteuerdrang.*

A̲ben|teu̲er|film, (auch:) Abenteurerfilm, der: vgl. Abenteuerbuch.

A̲ben|teu̲er|ge|schich|te, (auch:) Abenteurergeschichte, die: *Geschichte, die von Abenteuern (1) erzählt.*

A̲ben|teu̲er|hun|ger, der: *Verlangen nach Abenteuern.*

a̲ben|teu̲er|hung|rig ⟨Adj.⟩: *begierig nach Abenteuern.*

A̲ben|teu̲e|rin: ↑Abenteurerin.

a̲ben|teu̲er|lich ⟨Adj.⟩: 1. *Abenteuer (1, 2) enthaltend:* -e Geschichten erzählen; du musst die Geschichte noch ein wenig a. (mit Abenteuern) verbrämen. 2. (gelegtl. abwertend) *gewagt; riskant:* ein -es Unternehmen, Vorhaben; Ihr politisches Denken empfindet er als a. (Chotjewitz, Friede 18). 3. *ungewöhnlich, seltsam, fantastisch, malerisch, bizarr:* in -er Vermummung; Die ... Schwiegermütter trugen -e Hüte (Bieler, Bär 434); Je weiter sie vordrangen, desto -er wurde das Durcheinander (Funke, Drachenreiter 37). 4. (selten) (von Menschen) *von Abenteuern (1, 2) umwittert, Abenteuern zugeneigt:* Sie hatte sich ... einen schönen, reichen und -en Geliebten gewünscht (Musil, Mann 604).

A̲ben|teu̲er|lich|keit, die; -, -en: 1. ⟨o. Pl.⟩ *abenteuerliche Art.* 2. ⟨meist Pl.⟩ *abenteuerliches Erlebnis, Vorkommnis.*

A̲ben|teu̲er|lust, (auch:) Abenteurerlust, die ⟨o. Pl.⟩: *Verlangen, Abenteuer zu erleben; Lust am Abenteuer:* dass ihre Straftaten oft ... der Langeweile, Selbstbestätigung und A. entspringen (Ossowski, Bewährung 18).

a̲ben|teu̲er|lus|tig ⟨Adj.⟩: *von dem Verlangen erfüllt, Abenteuer zu erleben; voller Lust am Abenteuer.*

a̲ben|teu̲ern ⟨sw. V.; ist⟩: *auf Abenteuer (1, 2) ausgehen, -ziehen:* durch die Welt a.; jener Roman ..., dessen eigentlicher Held die abenteuernde ... Seele des Menschen ist (Th. Mann, Joseph 40).

A̲ben|teu̲er|po|li|tik, (auch:) Abenteurerpolitik, die: *skrupellose, risikoreiche Politik (1).*

a̲ben|teu̲er|reich ⟨Adj.⟩: *reich an Abenteuern.*

A̲ben|teu̲er|rei|se, die: vgl. Abenteuerurlaub.

A̲ben|teu̲er|ro|man, (auch:) Abenteu-

rerroman, der: *[volkstümlicher] Roman, in dem der Held viele Abenteuer zu bestehen hat.*
Aben|teu|er|spiel|platz, der: *Spielplatz, der nicht mit den üblichen Geräten o. Ä. ausgestattet ist, sondern auf dem sich die Kinder mit zur Verfügung gestelltem Material selbstständig bauend usw. betätigen können.*
Aben|teu|er|sto|ry, (auch:) Abenteurerstory, die: *Story, die von Abenteuern berichtet.*
Aben|teu|er|sucht, die ⟨o. Pl.⟩: vgl. Abenteuerdrang.
aben|teu|er|süch|tig ⟨Adj.⟩: *süchtig nach Abenteuern* (1).
Aben|teu|er|tum, das: ↑Abenteurertum: *Hitlers verbrecherisches A.* (W. Brandt, Begegnungen 457).
Aben|teu|er|ur|laub, der: *[von einem Reiseunternehmen organisierte] Urlaubsreise mit bestimmten, von den normalen touristischen Angeboten abweichenden [nicht alltäglichen] Unternehmungen.*
Aben|teu|rer, der; -s, - (abwertend): *jmd., der das Abenteuer (1-3) liebt; Glücksritter: Der A. in ihm beobachtete ... A. am Werk* (Reich-Ranicki, Th. Mann 44).
Aben|teu|rer|film: ↑Abenteuerfilm.
Aben|teu|rer|geist, der ⟨o. Pl.⟩: vgl. Abenteurertum.
Aben|teu|rer|ge|schich|te: ↑Abenteuergeschichte.
Aben|teu|re|rin, (auch:) Abenteuerin, die; -, -nen: w. Form zu ↑Abenteurer.
Aben|teu|rer|le|ben, das ⟨o. Pl.⟩: *Leben als Abenteurer.*
Aben|teu|rer|lust: ↑Abenteuerlust.
Aben|teu|rer|na|tur, die: **1.** ⟨o. Pl.⟩ *Hang zum Abenteuer* (1, 2). **2.** *Mensch, der das Abenteuer* (1, 2) *liebt.*
Aben|teu|rer|po|li|tik: ↑Abenteuerpolitik.
Aben|teu|rer|ro|man: ↑Abenteuerroman.
Aben|teu|rer|ro|man|tik, die: *Romantik* (2) *des Abenteurerlebens.*
Aben|teu|rer|tum, (gek. auch:) Abenteuertum, das; -s: *Lebensweise eines Abenteurers; Hang zum Abenteuer* (1-3).
aber [mhd., ahd. aber, aver, eigtl. = weiter weg; später; noch einmal wieder]: **I.** ⟨Konj.⟩ **1. a)** drückt einen Gegensatz aus; *[je]doch, dagegen:* heute nicht, a. morgen; er schlief, sie a. wachte; Ich a. besaß seidenweiches Haar (Th. Mann, Krull 17); **b)** drückt aus, dass etw. der Erwartung nicht entspricht; *indessen, [je]doch:* es wurde dunkel, a. wir machten kein Licht. **2. a)** drückt eine Einschränkung, einen Vorbehalt, eine Berichtigung, Ergänzung aus; *doch, jedoch, allerdings:* arm, a. nicht unglücklich; er trank gern, a. nicht unmäßig; Keine Lüge. A. Vereinfachungen (Koeppen, Rußland 81); **b)** drückt die Anknüpfung, die Weiterführung aus; *jedoch:* es a. dunkel wurde, machten sie Rast. **3.** drückt einen Einwand, eine Entgegnung aus: einer von uns muss es a. gewesen sein; a. warum denn? **II.** ⟨Partikel; unbetont⟩ **a)** drückt eine Verstärkung aus: a. ja; a. gern; alles, a.

auch alles würde er tun; verschwinde, a. dalli!; **b)** nur emphatisch zur Kennzeichnung der gefühlsmäßigen Anteilnahme des Sprechers, der Sprecherin und zum Ausdruck von Empfindungen: du spielst a. gut!; die ist a. dick!; die hat sich a.!; Tulla ... maulte: »Mensch, das dauert a.« (Grass, Katz 38); a., meine Herrschaften; a., a.! *(nicht doch!, was soll das?)*; a. ich bitte dich! **III.** ⟨Adv.⟩ (veraltet) *wieder[um]* (noch in festen Wortverbindungen): a. und abermals (immer wieder).
Aber, das; -s, -, ugs.: -s: **1.** *Einwand, Bedenken:* kein A.!; er hat sich dafür entschieden ohne jedes Wenn und A.; Also Schluss nun mit dem Hätte und Wäre und Wenn und A. (Brot und Salz 133). **2.** *bedenklicher Punkt; beeinträchtigende Gegebenheit, Schwierigkeit;* Haken: die Sache hat ihr A.
◆ **Aber|acht,** die; - [mhd. aberahte, zu ↑aber (III)]: *erneuerte u. verschärfte* ²*Acht: das Reich steht hinter mir mit Acht und A.* (Hebbel, Agnes Bernauer III, 13).
Aber|glau|be, der; -ns, (selten:) **Aber|glau|ben,** der; -s [zu ↑aber in der veralteten Bed. »falsch, schlecht«; vgl. Aberwitz, Abersinn] (abwertend): **1.** *als irrig angesehener Glaube an die Wirksamkeit übernatürlicher Kräfte in bestimmten Menschen u. Dingen:* ein verbreiteter A.; das ist ein dummer, törichter A.; einem Aberglauben anhängen; aus Aberglauben verzichtet man auf die Zimmernummer 13; Ü Der größte A. ist der Glaube an die Vorfahrt (Hörzu 9, 1978, 55). **2.** *Einbildung, Vorurteil:* Das ist so ein Aberglaube von den Männern (Fallada, Mann 78).
aber|gläu|big ⟨Adj.⟩ (seltener): meist von Personen: *abergläubisch:* Wer a. ist, gibt sich heute ganz vorsichtig, manche setzen aus Angst, dass etwas passieren könnte, ja gar keinen Fuß vor die Tür (FR 13. 11. 98, 4).
aber|gläu|bisch ⟨Adj.⟩: *im Aberglauben befangen; dem Aberglauben entspringend:* -e Scheu; ein -er Mensch; Ich bin nicht a., aber so was erinnert man eben (Kemelman [Übers.], Dienstag 184); Abergläubisch hütet sich der italienische Erfolgsschriftsteller davor, Glückwünsche entgegenzunehmen (Woche 14. 11. 97, 47).
aber|hun|dert, Aber|hun|dert ⟨unbest. Zahlw.; indekl.⟩ (geh.): *viele Hundert:* a., A. Lichter.
Aber|hun|der|te, aber|hun|der|te ⟨Pl.⟩ (geh.): *viele Hunderte:* vor -n von Jahren.
ab|er|ken|nen ⟨unr. V.; erkennt ab/(selten:) aberkennt, erkannte ab/(selten:) aberkannte, hat aberkannt⟩: *(jmdm. etw.) [durch einen (Gerichts)beschluss] absprechen:* jmdm. die bürgerlichen Ehrenrechte a.; Molik ..., dem die SED wegen unverhohlener Systemkritik ... die Promotion a. ließ (Spiegel 43, 1977, 65); Als den Hausherren im Spiel gegen Kalkutta ein Tor wegen Abseits aberkannt wurde (Kurier 22. 11. 83, 28).
Ab|er|ken|nung, die; -, -en: *das Aberkennen.*

aber|ma|lig ⟨Adj.⟩: *erneut, nochmalig:* eine -e Verlängerung der Dienstzeit; ein -er Versuch.
aber|mals ⟨Adv.⟩: *von neuem, wieder[um]:* er verlor a.; Abermals ... bauen Menschen am Babylonischen Turm (Saarbr. Zeitung 24. 12. 79, 2).
ab|ern|ten ⟨sw. V.; hat⟩: **1.** *in seiner Gesamtheit ernten:* man erntete das Getreide ab. **2.** *durch Ernten der Frucht völlig leer machen:* das Feld a.; unzählige Obstbäume, die niemand aberntet (Gruhl, Planet 156); Ü er (= ein Juwelendieb) hat ... bis Sydney ein weites Feld, das er nur abzuernten braucht (Konsalik, Promenadendeck 231).
Ab|er|ra|ti|on [apl...], die; -, -en [lat. aberratio = Abweichung, zu: aberrare, ↑aberrieren]: **1.** (Biol.) *[starke] Abweichung von der normalen Art durch strukturelle Änderung eines Chromosoms od. der Chromosomenzahl.* **2.** (Astron.) *scheinbare Ortsveränderung eines Gestirns in Richtung der Erdbewegung:* tägliche, jährliche A. **3.** (Optik) *Abweichung der Strahlen vom idealen Bildpunkt eines optischen Instruments:* sphärische, chromatische A.
ab|er|rie|ren ⟨sw. V.; ist⟩ [lat. aberrare = abweichen, aus: ab = von – weg u. errare, ↑erratisch] (Fachspr.): *Aberration* (1-3) *aufweisen.*
◆ **Aber|schanz,** die; -, -en [zu ↑aber als Ausdruck eines Gegensatzes u. ↑¹Schanze, also eigtl. = entgegengesetzt liegende, hintere ¹Schanze; vgl. Hinterquartier, -viertel]: *Gesäß:* schenkt ihm noch etlich' gute Tritt' keck auf die A. (Mörike, Hutzelmännlein 163).
Aber|sinn, der; -[e]s [vgl. Aberglaube] (selten, altertümelnd): *Widersinn, Aberwitz:* dass das Leben, bis zum offenkundigen A., verschieden gelebt wird (Musil, Mann 1310).
aber|sin|nig ⟨Adj.⟩ (selten, altertümelnd): *widersinnig, aberwitzig:* Er konnte diesem -en Reden keinen rechten Widerstand mehr entgegenstellen (Musil, Mann 357).
Aber|tau|send, aber|tau|send ⟨unbest. Zahlw.; indekl.⟩ [zu ↑aber III] (geh.): *viele Tausend:* in der Serengeti, wo abertausend Zebras herumlaufen (Grzimek, Serengeti 24).
Aber|tau|sen|de, aber|tau|sen|de ⟨Pl.⟩ (geh.): *viele Tausende:* Abertausende, abertausende von Menschen.
◆ **Aber|wei|se,** der [vgl. Aberglauben]: *auf verkehrte Art u. Weise klug; überklug:* euer ganzes -s Jahrhundert (Goethe, Götter, Helden und Wieland).
Aber|witz, der; -es [vgl. Aberglaube] (geh.): *Unsinnigkeit, Wahnwitz:* welch ein A.!; Der A. seiner Lage ließ ihm keine Wahl (Kant, Impressum 396).
aber|wit|zig ⟨Adj.⟩ (geh.): *unsinnig; wahnwitzig:* ein -er Mensch, Plan; Vielleicht war die Welt ... ein Werk von ganz -er Willkür (Rolf Schneider, November 200).
ab|er|zie|hen ⟨unr. V.; hat⟩: *jmdm. etw. durch erzieherische Maßnahmen abgewöhnen:* einem Kind eine Unart a.; ... dass es dem ... Hof gelingen wird, »La-

dy Di« ... jenen naiv-kindlichen Charme abzuerziehen (Spiegel 30, 1981, 108).

ab|es|sen ⟨unr. V.; hat⟩: **1. a)** *von etw. herunter-, wegessen:* wer hat die Streusel vom Kuchen abgegessen?; Alle vier ... hielten die Heringe bei Kopf und Schwanz und aßen sie ... von der Hauptgräte ab (Grass, Butt 201); **b)** *[säuberlich] leer essen:* den Teller a.; Wir saßen noch immer vor dem abgegessenen Abendtisch (Andres, Liebesschaukel 80); **c)** (ugs.) *(einen für den Verzehr bestimmten Geldbetrag) aufbrauchen:* die hundert Mark kann man hier gar nicht a. **2.** *die Mahlzeit [durch Verzehr des Essens] beenden* ⟨meist nur in den Vergangenheitsformen⟩: wir hatten gerade abgegessen; es ist abgegessen; * *bei jmdm. abgegessen haben* (ugs., bes. ostmd.; *bei jmdm. nicht mehr erwünscht, beliebt sein*).

Abes|si|ni|en, -s: **1.** ältere Bez. für ↑Äthiopien. **2.** (ugs. scherzh.) *Nacktbadestrand.*

Abes|si|ni|er, der; -s, -: Ew.

Abes|si|ni|e|rin, die; -, -nen: w. Form zu ↑Abessinier.

abes|si|nisch ⟨Adj.⟩: *Abessinien, die Abessinier betreffend.*

Ab|es|siv, der; -s, -e [zu lat. abesse, ↑absent] (Sprachw.): **1.** *Kasus in den finnisch-ugrischen Sprachen, der die Abwesenheit od. das Fehlen von etw. angibt* (z. B. finn. talotta = ohne Haus). **2.** *Wort im Abessiv* (1).

ab|fa|ckeln ⟨sw. V.; hat⟩: **1.** (Technik) *nicht verwertbare od. überschüssige Gase durch Abbrennen beseitigen od. unschädlich machen:* Gas, Kohlenwasserstoffe über den Schornstein a. **2.** (ugs.) *abbrennen, niederbrennen:* in Memmingen versuchten unbekannte Täter ein Haus abzufackeln, in dem Ausländer leben (Woche 4. 4. 97, 5).

Ab|fa|cke|lung, Ab|fack|lung, die; -, -en ⟨Pl. ungebr.⟩: *das Abfackeln.*

ab|fä|deln ⟨sw. V.; hat⟩ (landsch.): *(Bohnen) abziehen* (3), *von den Fäden befreien.*

ab|fahr|be|reit ⟨Adj.⟩: *bereit zum Abfahren* (1 a): die -en Gäste; der Zug ist a.

ab|fah|ren ⟨st. V.⟩ [1 d: wohl urspr. Fechterspr., eigtl. = mit der Klinge abgleiten lassen; 1 e: eigtl. = jmdn. gewaltsam mit sich nehmen]: **1.** ⟨ist⟩ **a)** *(von Personen od. Fahrzeugen) einen Ort zu einer bestimmten Zeit fahrend verlassen; weg-, davonfahren:* der Zug, der Bus fährt gleich ab; ich fahre in ein paar Tagen ab; **b)** (salopp) *fortgehen, verschwinden:* fahr ab!; Ü dass sie hundert Jahre alt werden ..., bis sie an einem Herzschlag ... abfahren (salopp; *sterben;* Remarque, Obelisk 170); **c)** *durch Einschlagen einer anderen Richtung fahrend verlassen:* an der nächsten Ausfahrt von der Autobahn a.; **d)** *abwärts fahren, bes. auf Skiern:* ins Tal a.; **e)** (salopp) *abgewiesen werden* (oft in Verbindung mit »lassen«): er war auf blamable Art abgefahren; jmdn. derb a. lassen *(abweisen);* **f)** (salopp) *mit jmdm. hart umgehen, ihn streng zurechtweisen:* mit dem Kerl sind wir aber abgefahren! **2. a)** *mit einem Fahrzeug abtransportieren* ⟨hat⟩: Müll, Bauschutt a. [lassen]; **b)** *an etw., jmdm. zum Zweck der Besichtigung od. Kontrolle entlangfahren; von einem Fahrzeug aus besichtigen, absuchen* ⟨hat/ist⟩: die Beamten haben/sind die nähere Umgebung abgefahren; wir ... fuhren in Gedanken die Kleinbahnstrecke ab (Chr. Wolf, Nachdenken 11); Während sich die eine (= Polizeistreife) um den Unfall kümmert, fährt die andere ... den Stau ab (ADAC-Motorwelt 10, 1986, 67); **c)** *(ein Gelände) abwärts fahren* ⟨ist⟩: einen steilen Hang a.; **d)** *durch An-, Überfahren abtrennen, abreißen* ⟨hat⟩: ich fuhr mit dem Wagen ein Stück von der Mauer ab; Ich bin schuldig ..., ich habe ihr beide Beine abgefahren (Strauß, Niemand 115); **e)** *durch vieles Fahren abnutzen* ⟨hat⟩: die Reifen a.; **f)** ⟨a. + sich⟩ *sich durch vieles Fahren abnutzen* ⟨hat⟩: der rechte Hinterreifen hat sich, ist am stärksten abgefahren; **g)** (ugs.) *(eine zum [mehrmaligen] Fahren berechtigende Karte) aufbrauchen* ⟨hat⟩: hast du deine Mehrfahrtenkarte schon abgefahren?; abgefahrene *(benutzte)* Fahrscheine; **h)** (Film, Rundf., Fems.) *[zu] spielen [beginnen]* ⟨hat⟩: die MAZ a.; Sie brachten den TV-Film mit, Richter Kirsch ließ ihn a. (Spiegel 7, 1977, 128). **3.** (ugs.) *von jmdm., etw. persönlich besonders stark beeindruckt sein, sich angesprochen fühlen* ⟨ist⟩: auf eine Musik, auf eine Band a.; Johnny ist auf die fünfziger Jahre ... abgefahren (Spiegel 17, 1982, 243); Das ist 'ne richtige Tussi ... Da fahr' ich voll drauf ab (Quick 49, 1980, 93).

Ab|fah|rer, der; -s, -s (ugs.): *Abfahrtsläufer.*

Ab|fah|re|rin, die; -, -nen (ugs.): w. Form zu ↑Abfahrer.

Ab|fahrt, die; -, -en: **1.** *das Abfahren* (1 a): die A. verzögert sich. **2.** (Ski, Rodeln) **a)** *abwärts führende Fahrt/Lauf:* die A. war gefährlich; **b)** *abwärts führende Strecke:* Der Fichtelberg mit seinen steilen -en und sanften Hügeln (Gast, Bretter 88 a); **c)** *Ort, Stelle, wo abgefahren wird:* zur A. der Rodelbahn hinaufgehen; **d)** *Abfahrtslauf:* Leitner, der in der A. und im Riesenslalom so gut ... gelaufen war (Olymp. Spiele 1964, 15). **3.** (Amtsspr.) *Abtransport, Abfuhr:* die A. von Holz, Sperrmüll. **4.** *Autobahnausfahrt:* die A. [nach] Wiesbaden.

ab|fahrt|be|reit ⟨Adj.⟩: *zur Abfahrt* (1) *bereit; abfahrbereit.*

Ab|fahrt|gleis: ↑Abfahrtsgleis.

Ab|fahrts|da|tum, das: *Zeitpunkt der Abfahrt* (1 a).

Ab|fahrts|gleis, (Fachspr.:) Abfahrtgleis, das: *Gleis, auf dem ein Zug o. Ä. abfährt.*

Ab|fahrts|hang, der: vgl. Abfahrtspiste.

Ab|fahrt|si|gnal: ↑Abfahrtssignal.

Ab|fahrts|lauf, der (Ski): *das Abfahren* (1 d) *als Disziplin des alpinen Skilaufs.*

Ab|fahrts|läu|fer, der; -, -: *jmd., der Abfahrtslauf betreibt.*

Ab|fahrts|läu|fe|rin, die: w. Form zu ↑Abfahrtsläufer.

Ab|fahrts|pis|te, die: *Piste, die für Abfahrten* (2 b) *vorgesehen ist.*

Ab|fahrts|plan, der: **1.** *Abfahrtstafel.* **2.** ⟨Pl.⟩ *Pläne, die jmds. Abfahren* (1 a) *von einem Ort betreffen.*

Ab|fahrts|ren|nen, das (Ski): *Abfahrtslauf.*

Ab|fahrts|si|gnal, (Fachspr.:) Abfahrtsignal, das: *Zeichen zur Abfahrt* (1).

Ab|fahrts|stel|le, die: *Stelle, wo ein Fahrzeug ab. Schiff abfährt.*

Ab|fahrts|stre|cke, die (Ski): *Strecke für den Abfahrtslauf.*

Ab|fahrts|ta|fel, die (Fachspr.:) Abfahrttafel, die: *Tafel mit den Abfahrtszeiten der Züge.*

Ab|fahrts|tag, der: *für die Abfahrt* (1) *vorgesehener Tag.*

Ab|fahrts|ter|min, (Fachspr.:) Abfahrttermin, der: *Termin der Abfahrt* (1).

Ab|fahrts|zei|chen, (Fachspr.:) Abfahrtzeichen, das: *Abfahrtssignal.*

Ab|fahrts|zeit, (Fachspr.:) Abfahrtzeit, die: vgl. Abfahrtstermin.

Ab|fahrt|ta|fel: ↑Abfahrtstafel.

Ab|fahrt|ter|min: ↑Abfahrtstermin.

Ab|fahrt|zei|chen: ↑Abfahrtszeichen.

Ab|fahrt|zeit: ↑Abfahrtszeit.

Ab|fall, der; -[e]s, Abfälle: **1.** *Reste, die bei der Zubereitung od. Herstellung von etw. entstehen; unbrauchbarer Überrest:* Ein Bauernhof erzeugte so gut wie keine Abfälle (Gruhl, Planet 41); Kübel mit übel riechendem A.; radioaktive Abfälle; ♦ Ü aber still! dass kein Mann uns belausche, wie hoch wir uns mit dem A. seiner Fürtrefflichkeit brüsten (Schiller, Fiesco I, 1). **2.** ⟨o. Pl.⟩ (bes. Rel., Politik) *Lossagung von einem Glauben, einem Bündnis, einer bestehenden Bindung; das Abtrünnigwerden gegenüber jmdm., etw.:* Nach dem A. Titos 1948 wurde das Kominform rasch bedeutungslos (Fraenkel, Staat 168); ein A. von Gott, von der Partei. **3.** ⟨o. Pl.⟩ *Neigung eines Geländes:* die Wiese erstreckt sich in sanftem A. bis zur Straße. **4.** ⟨o. Pl.⟩ *Abnahme, Rückgang:* der A. seiner Leistungen, in seiner Leistung ist unverkennbar.

Ab|fall|auf|be|rei|tung, die: *das Aufbereiten* (1) *von Abfällen* (1).

Ab|fall|be|sei|ti|gung, die (Fachspr.): *Gesamtheit der Maßnahmen u. Methoden zur Verringerung, Ablagerung, Umwandlung od. Weiter- u. Wiederverwendung von festen, flüssigen u. gasförmigen Abfallstoffen.*

Ab|fall|ei|mer, der: *Eimer für den Abfall* (1).

ab|fal|len ⟨st. V.; ist⟩: **1. a)** *bei der Zubereitung od. Herstellung von etw. übrig bleiben:* in der Küche fällt immer viel ab; beim Zuschneiden ist kaum Stoff abgefallen; **b)** *jmdm. nebenher als Anteil, Gewinn zufallen:* wenn er mir beim Verkaufen hilft, fallen auch ein paar Mark für ihn ab; was fällt für mich dabei ab? Und von jedem dagelassenen Tausendmarkschein fallen viele Pfennige für die Gemeindekasse ab (Woche 14. 3. 97, 58). **2.** *sich von etw. loslösend herunterfallen, sich lösen:* der Mörtel fällt [von der Wand] ab; Ü all seine Hektik war von ihm abgefallen. **3.** (bes. Rel., Politik) *sich von jmdm., etw. lossagen; jmdm., einer Sache gegenüber abtrünnig werden:* von Gott,

Abfaller

vom Glauben, von der Partei a.; Einer von diesen Männern ... war ein abgefallener Priester (Böll, Und sagte 7). **4.** *schräg nach unten verlaufen:* das Gebirge fällt nach Osten ab; abfallende Wege, Dächer, Schultern. **5. a)** *an Intensität, Leistung o. Ä. verlieren, abnehmen:* der Wasserdruck, die Leistung des Motors fiel ab; **b)** (bes. Sport) *im Vergleich zu anderen zurückbleiben, schwächer werden, einen schlechteren Eindruck machen:* der Läufer fällt ab; gegen seinen Freund fiel er sehr ab; **c)** (selten) *abmagern:* nach der Krankheit ist er ganz abgefallen. **6.** (Seemannsspr.) *den Kurs so ändern, dass der Wind voller (mehr von hinten) in das Segel fällt; vom Kurs nach Lee abgehen:* das Boot fällt [auf die Wendemarke] ab. **7.** (Jägerspr.): **a)** *(vom Hund) von der Fährte abkommen:* der Schweißhund war abgefallen; **b)** *(von Auer- u. Birkwild) vom Baum wegfliegen; abbaumen:* der Auerhahn fiel ab.

Ab|fal|ler, der; -s, -: **1.** (Wasserspringen) *Kopfsprung vorwärts aus dem Stand bei völlig gestreckter Haltung des Körpers mit Drehpunkt um die Zehen (als Vorübung).* **2.** (Faustball) *kurz vor der Leine hoch zugespielter Ball, der dann direkt hinter die Leine geschlagen wird.*

Ab|fall|er|zeug|nis, das: *Abfallprodukt* (1).

Ab|fall|gru|be, die: *Erdgrube zur Aufnahme von Abfallstoffen.*

Ab|fall|hau|fen, der: *aus Abfällen* (1) *bestehender Haufen:* etw. auf den A. werfen; Ü Den Blick für politische Entwicklungen schärfen ..., damit wir nicht auf dem A. der Geschichte landen (Heym, Schwarzenberg 255).

ab|fäl|lig ⟨Adj.⟩ [wohl als Gegenwort zu ↑beifällig geb.]: *(in Bezug auf Äußerungen) ablehnend, missbilligend, abschätzig:* eine -e Bemerkung; sich a. über jmdn., etw. äußern; ♦ *****jmdm. a. sein** *(jmdm. kritisch ablehnend gegenüberstehen; jmdm. widersprechen):* Wenn ich ... euch auch eben nicht a. sein kann, in dem, was ihr von der Unfähigkeit der Geistlichen zu Führung und Beurteilung weltlicher Angelegenheiten behauptet (Novalis, Heinrich 24).

Ab|fall|korb, der: *im Freien aufgestellter [korbartiger] Behälter, der für Abfälle* (1) *vorgesehen ist:* als er Hunde und alte Leute an Abfallkörben schnüffeln sah (Fels, Unding 274).

Ab|fall|kü|bel, der: vgl. Abfalleimer.

Ab|fall|ma|te|ri|al, das: *bei einem Herstellungsprozess anfallende Abfälle von Material.*

Ab|fall|pro|dukt, das: **1.** *aus Abfällen hergestelltes Produkt.* **2.** *bei der Herstellung zusätzlich anfallendes Produkt.*

Ab|fall|rohr, das (Bauw.): *zum Ableiten von Regenwasser aus der Dachrinne dienendes, senkrecht abfallendes Rohr.*

Ab|fall|stoff, der (Fachspr.): *Abfall* (1), *Rückstand* (1), *der bei Produktion, Konsum oder Energiegewinnung entsteht, gelegentlich auch als Nebenprodukt genutzt wird.*

Ab|fall|ton|ne, die: vgl. Abfalleimer.

Ab|fall|ver|wer|tung, die: *Recycling.*

Ab|fall|wirt|schaft, die: *Abfallbeseitigung [u. -verwertung].*

ab|fäl|schen ⟨sw. V.; hat⟩ (Ballspiele, Eishockey): *den Ball, die Scheibe [unabsichtlich] so berühren, dass er, sie aus einer vorgegebenen Richtung gelenkt wird:* einen Schuss, den Ball [zur Ecke] a.; Hannes ... wollte den Ball ... mit der Stirn in die lange Ecke a. (Walter, Spiele 174); Ü Milliardenfach hatten die Physiker ... Protonen mit nahezu Lichtgeschwindigkeit gegen Antiprotonen geschleudert. Milliardenfach waren die Bruchstücke nach der Kollision, nur geringfügig abgefälscht, geradeaus weitergeflogen (Spiegel 7, 1996, 166).

ab|fan|gen ⟨st. V.; hat⟩ [2: zu weidm. Fang = Stoß]: **1. a)** *nicht sein Ziel, seinen Bestimmungsort erreichen lassen [u. in seine Gewalt bringen]:* einen Brief, eine Nachricht, einen Agenten a.; **b)** *jmdn., auf den jmd. gewartet hat, aufhalten, um sich wegen etw. an ihn zu wenden; abpassen:* den Briefträger a.; **c)** (Sport) *jmdn. ein- u. überholen u. dadurch seinen Sieg verhindern:* jmdn. erst auf den letzten zwanzig Metern a.; **d)** *einen Gegner, etw. von ihm Ausgehendes aufhalten, abwehren:* den Vorstoß des Feindes, den Feind a.; (Sport:) den Gegner, einen Angriff a.; Er (= ein Boxer) konnte einen Schlag a., weil er wusste, dass er kommen würde (Frischmuth, Herrin 139); Ü Die Kraterberge fangen die Ostwinde vom Indischen Ozean ab (Grzimek, Serengeti 59); **e)** (Bauw., Technik) *etw., was durch sein Gewicht drückt, durch Balken u. a. abstützen:* bei dem Umbau der unteren Stockwerke müssen die oberen abgefangen werden; **f)** *wieder unter Kontrolle [u. in die normale Fahrtrichtung od. Lage] bringen:* die Maschine, einen schleudernden Wagen a.; **g)** (Leichtathletik) *den Schwung, den der Körper nach einem Wurf od. Stoß hat, abbremsen, um so ein Übertreten zu vermeiden:* den Körper durch einen Umsprung a. **2.** (Jägerspr.) *angeschossenem Wild mit dem Hirschfänger den Fang* (3) *geben:* das Wild hinter dem Blatt a.; (subst.:) dass ... mancher Jäger dem Abfangen mit der blanken Waffe den ... Fangschuss vorzieht (Natur 77).

Ab|fang|jä|ger, der (Milit.): *Jagdflugzeug der großräumigen Luftverteidigung mit bes. großer Steigfähigkeit, das gegen feindliche Bombenflugzeuge eingesetzt wird.*

Ab|fang|sa|tel|lit, der (Milit.): *Satellit, der andere die Erde umkreisende Satelliten zerstören kann.*

ab|fär|ben ⟨sw. V.; hat⟩: **1.** *die eigene Farbe (unerwünscht) auf etw. anderes übertragen:* der blaue Pyjama färbte beim Waschen ab, färbte auf die andere Wäsche ab. **2.** *Einfluss auf jmdn., etw. ausüben:* der schlechte Umgang färbt auf den Jungen ab; nervös und aufgekratzt wirkte er, eine Stimmung, die auf den letzten Teil seines Berichts abgefärbt hatte (Muschg, Gegenzauber 298).

ab|fa|sen ⟨sw. V.; hat⟩ [zu ↑Fase] (Holz-, Steinbearbeitung): *abkanten:* die Triglyphen ... mit ihren drei senkrechten, abgefasten Leisten (Bild. Kunst I, 214).

ab|fas|sen ⟨sw. V.; hat⟩: **1.** *einem vorgegebenen, nicht allzu umfangreichen Stoff die entsprechende sprachliche Form geben:* Der Brief ... war in einem ... unverbindlichen Ton abgefasst (K. Mann, Wendepunkt 160); Dieses ... teils deutsch, teils französisch abgefasste ... Handschreiben (Th. Mann, Krull 391); ein Testament a. **2.** (ugs.) *abfangen* (1 a), *ergreifen (oft bei etw. Verbotenem):* einen Dieb a.

Ab|fas|sung, die; -, -en: *das Abfassen* (1).

Ab|fas|sungs|zeit, die: *Zeit, in der etw. abgefasst wurde.*

ab|fau|len ⟨sw. V.; ist⟩: *sich durch Fäulnis[einwirkung] lösen:* die Blätter, die Wurzeln faulen ab.

ab|fe|dern ⟨sw. V.; hat⟩: **1. a)** *(einen Stoß, eine Erschütterung, ein Gewicht, Hindernis) federnd abfangen:* jede Bodenwelle a.; Ü soziale Härten, die Folgen der Arbeitslosigkeit a. *(abmildern);* ... Rückstellungen bilden, um drohende Verluste aus Großprojekten im In- und Ausland abzufedern (Woche 19. 12. 97, 18); **b)** (Sport, bes. Turnen) *mit Armen od. Beinen federn, um aus der nach unten gerichteten Bewegung eine nach oben gerichtete einzuleiten:* mit den Beinen vom niederen Holm a.; **c)** (Leichtathletik) *nachfedern.* **2.** (Technik) *mit einer Federung versehen:* man muss die Achsen schlecht abgefedert.

Ab|fe|de|rung, die; -, -en: **1.** *das Abfedern* (1 a): Ü Mit Beginn der Währungsunion fallen Wechselkurse als Instrument zur A. unterschiedlicher realwirtschaftlicher Entwicklungen ... weg (Woche 2. 1. 98, 10). **2.** *das Abfedern* (2).

ab|fe|gen ⟨sw. V.⟩: **1.** ⟨hat⟩ (bes. nordd.) **a)** *durch Fegen entfernen;* ²*abkehren* (a): den Schnee [vom Geländer] a.; der Hirsch fegt den Bast ab (Jägerspr.; streift ihn vom Geweih durch Reiben an Baumstämmen od. Ästen ab); **b)** *durch Fegen reinigen;* ²*abkehren* (b): den Flur, die Fensterbank a. **2.** (ugs.) *rasch davonlaufen, -fahren* ⟨ist⟩: mit dem Motorrad a.; Dann sah sie mich wie einen Schwerverbrecher an und sah, und dann fegte sie ab (Plenzdorf, Leiden 71).

ab|fei|ern ⟨sw. V.; hat⟩: **1.** (Jargon) *(Mehrarbeit) durch Freistunden, Freizeit ausgleichen:* Überstunden a. **2.** (ugs.) **a)** *mit einer Feier verabschieden:* Wir haben gestern Höß abgefeiert ... bis vier Uhr früh (Hochhuth, Stellvertreter 209); man feierte ihn mit großem Trara ab; **b)** *jmdn. ausgiebig feiern:* Nach Bach wird ... nun Händel abgefeiert (Spiegel 28, 1985, 178).

ab|fei|len ⟨sw. V.; hat⟩: **1. a)** *durch Feilen beseitigen:* ich feilte die scharfen Zacken ab; **b)** *durch Feilen [von etw.] entfernen:* er feilte die Krampen [von der Kiste] ab. **2. a)** *durch Feilen glätten:* ich feilte [mir] den eingerissenen Fingernagel ab; **b)** *durch Feilen verkürzen:* ich habe den Schlüsselbart abgefeilt. **3.** (ugs.) *abschreiben* (1 c): bei der Klassenarbeit a.; er hat ganze Passagen abgefeilt; Sonst stehen ja beinahe wir so da ..., als hätten wir unseren Roman abgefeilt (Spiegel 31, 1982, 42).

ab|feil|schen ⟨sw. V.; hat⟩ (abwertend): *abhandeln* (1): jmdn. etw. a.; er hat ein paar Mark vom Preis abgefeilscht *(heruntergehandelt).*

ab|fer|keln ⟨sw. V.; hat⟩ (Landw.): *ferkeln* (1): die Sau hat abgeferkelt.

ab|fer|ti|gen ⟨sw. V.; hat⟩: **1.** *zur Beförderung, zum Versand, zur Fahrt fertig machen:* Briefe, Pakete a.; Jährlich werden von ihnen etwa 15 000 Schiffe abgefertigt (Hamburger Abendblatt 22. 5. 85, 31). **2.** *jmdn. bedienen:* die Kunden der Reihe nach a.; Der Oberkellner Anton war gerade dabei, die letzten Gäste abzufertigen (Kirst, 08/15, 349); die Reisenden [am Schalter] a. *(ihre Formalitäten erledigen).* **3.** (ugs.) *jmdn., der ein Anliegen hat, unfreundlich behandeln:* jmdn. kurz, schroff, an der Tür a.; Wer es ... wagt, auf die unbequeme Weise hinzuweisen, wird barsch abgefertigt (Woche 14. 3. 97, 17); Ein Jüngling verliebte sich ..., ein zweiter folgte. Unwirsch fertigte sie beide ab *(wies sie ab;* A. Kolb, Daphne 133); er wollte mich mit 20 Mark a. *(abspeisen).* **4.** (Sport) *überlegen schlagen:* die Gastmannschaft wurde klar 6 : 1 abgefertigt. **5.** (österr.) *abfinden:* bei seinem Ausscheiden hat man ihn abgefertigt.

Ab|fer|ti|gung, die; -, -en: *das Abfertigen.*

Ab|fer|ti|gungs|ba|ra|cke, die: vgl. Abfertigungshalle.

Ab|fer|ti|gungs|be|am|te, der: *Beamter, der für das Abfertigen* (1) *zuständig ist.*

Ab|fer|ti|gungs|ge|bäu|de, das: *Gebäude, in dem Reisende, Gepäck, Fracht abgefertigt* (1) *werden.*

Ab|fer|ti|gungs|ge|bühr, die: *für das Abfertigen* (1) *erhobene Gebühr.*

Ab|fer|ti|gungs|hal|le, die: vgl. Abfertigungsgebäude.

Ab|fer|ti|gungs|schal|ter, der: *Schalter in einer Abfertigungshalle o. Ä.*

ab|fet|ten ⟨sw. V.; hat⟩ (Kochk.): *durch Abschöpfen von Fett befreien:* Brühe, Soße a. **2.** *enthaltenes Fett an die Umgebung abgeben:* der Kuchen hat [auf das Papier] abgefettet.

ab|fet|zen ⟨sw. V.; hat⟩ (landsch.): *in Fetzen abreißen:* sich bei einem Sturz die Haut a.

ab|feu|ern ⟨sw. V.; hat⟩: **1.** *(eine Feuerwaffe) abschießen:* eine Kanone a. **2.** *ein Geschoss abschießen:* eine Rakete, Salutschüsse a.; eine Ohrfeige saß plötzlich auf seiner Wange, war wie ein Schuss aus dem Hinterhalt abgefeuert worden (Thieß, Legende 78); Ü Wenn ... der Vorsitzende ... eine Breitseite auf die amtierende Regierung abfeuert (MM 17. 8. 72, 2). **3.** (Sport) *mit Wucht schießen:* einen Schuss aufs Tor a.

ab|fie|deln ⟨sw. V.; hat⟩: **1.** (selten, abwertend) *auf der Geige herunterspielen:* ich fied[e]le mein Liedchen ab. **2.** (landsch.) *mit mehrmaligem Hin- und Herbewegen des Messers [ungeschickt] abschneiden:* ein Stück Brot, Wurst a.

ab|fie|ren ⟨sw. V.; hat⟩ (Seemannsspr.): *nach unten fieren, herunterlassen:* Dann fierte er an einer dünnen Leine den Farbtopf und den Pinsel zu Teichmann ab (Ott, Haie 9); das Rettungsboot a.

ab|fie|seln ⟨sw. V.; hat⟩ [zu veraltet fiseln = nagen] (südd., österr.): *abnagen:* einen Knochen a.; da lassen sie Bosheiten über andere los, da kann man sie a. wie eine Makrele (Spiegel 37, 1984, 213).

ab|fil|men ⟨sw. V.; hat⟩: *im Film zeigen, darstellen; verfilmen:* Der bunte Traum ..., wie ihn Fellini ... im nächsten Jahr abfilmt (MM 28. 12. 68, 35); Kernstück des Blitzlehrgangs ... ist das Rollenspiel der Teilnehmer, das abgefilmt und dann vorgeführt wird (Welt 9./10. 7. 77, 1).

Ab|fil|mung, die; -, -en: *das Abfilmen, Verfilmen:* An einer A. des Romans war ihm nicht gelegen (MM 28. 12. 79, 29).

ab|fil|tern ⟨sw. V.; hat⟩: **a)** *(von festen Bestandteilen, Schwebstoffen) durch Filtern* (1) *entfernen:* Schmutzpartikel, Schwebstoffe werden abgefiltert; **b)** *(von unerwünschten Strahlenanteilen) durch Filtern* (2) *ausschalten:* ultraviolette Strahlen a.

Ab|fil|te|rung, die; -, -en: *das Abfiltern.*

ab|fil|trie|ren ⟨sw. V.; hat⟩ (Chemie, Technik): *abfiltern* (a).

Ab|fil|trie|rung, die; -, -en: *das Abfiltrieren.*

ab|fin|den ⟨st. V.; hat⟩: **1.** *durch eine einmalige Geldzahlung, Sachleistung für etw. [teilweise] entschädigen:* jmdn. großzügig a.; Ü ich ließ mich mit dieser Bemerkung nicht a. *(zufrieden stellen).* **2.** ⟨a. + sich⟩ **a)** *sich einigen, vergleichen:* ich fand mich mit den Gläubigern ab; **b)** (landsch.) *sich durch etw. erkenntlich zeigen, einer Verpflichtung entledigen:* ich habe mich bei ihm mit einer Gefälligkeit mit einem Buch abgefunden; **c)** *sich mit jmdm., etw. zufrieden geben; sich in etw. fügen:* ich fand mich mit meinem Schicksal ab; sich mit den Gegebenheiten, den Tatsachen, der Situation a.; diejenigen, die sich ... mit der Teilung Deutschlands abzufinden bereit sind (Dönhoff, Ära 205); ich habe mich nicht abgefunden, ihr Schleimscheißer (Ziegler, Kein Recht 214).

Ab|fin|dung, die; -, -en: **1.** *das Abfinden* (1): die A. der Gläubiger. **2.** *zum Abfinden* (1) *bestimmte Summe:* jmdm. eine A. geben; Wir hatten 150 Mark einmalige A. (Klee, Hornbrüder 52).

Ab|fin|dungs|sum|me, die: *Abfindung* (2): stellte sein Freund ihn ... vor die Alternative, als Butler bei ihm zu bleiben oder, mit einer A., endgültig zu verschwinden (Ziegler, Labyrinth 214).

ab|fin|gern ⟨sw. V.; hat⟩: *überall mit den Fingern betasten:* Münzen, Geld a.

ab|fi|schen ⟨sw. V.; hat⟩: **1.** *(ein Gewässer) leer fischen:* den Teich a. **2.** (Angelsport) *zum letzten Mal gemeinschaftlich in der Saison fischen:* am Sonntag wird abgefischt; ⟨subst.:⟩ Abfischen der Anglervereins Petri Heil 09 an der Blies (MM 15. 9. 83, 26).

ab|fla|chen ⟨sw. V.⟩: **1.** *flach[er] machen* ⟨hat⟩: die Seitenkanten der Steine a. **2.** ⟨a. + sich; hat⟩ **a)** *flacher werden:* die Schwellung flachte sich langsam ab; der Schädel ist stark abgeflacht; ⟨häufig im 2. Part.:⟩ abgeflachte Höhenzüge; **b)** *an Quantität verlieren, abnehmen:* der Zuwachs der Produktion flacht sich ab; Die Preissteigerungsrate ... wird sich ... weiter a. (BM 9. 4. 76, 13); Das Transportaufkommen ... zeigt abflachende Tendenz (Hamburger Abendblatt 22. 7. 85, 13). **3.** *im Niveau sinken* ⟨ist⟩: die Unterhaltung flachte später merklich ab.

Ab|fla|chung, die; -, -en ⟨Pl. selten⟩: *das Abflachen.*

ab|flam|men ⟨sw. V.; hat⟩: **1.** (Kochk.): *(Geflügel nach dem Rupfen) absengen:* eine Gans, eine Ente a. **2.** *mit einer Flamme beseitigen:* Lackreste a.

ab|fläm|men ⟨sw. V.; hat⟩ (Landw.): *(Wiesen, Hecken) abbrennen:* Wiesen, Feldraine a.; ⟨subst.:⟩ Zum Schutz von Kleintieren ist Abflämmen verboten (MM 11. 3. 81, 20).

ab|flan|ken ⟨sw. V.; hat⟩ (Turnen): *mit einer Flanke (vom Gerät) abgehen:* vom Reck a.

ab|flau|en ⟨sw. V.; ist⟩: **1.** *allmählich schwächer werden, nachlassen:* der Wind war abgeflaut. **2.** *geringer werden, sinken:* die Begeisterung, der Verkehr, das Geschäft flaute ab; Unser Lebensstandard ist in den letzten 23 Jahren abgeflaut (Focus 41, 1994, 262); ⟨subst.:⟩ das Interesse an der Ausstellung war schon im Abflauen.

ab|flie|gen ⟨st. V.⟩: **1.** ⟨ist⟩ **a)** *(von Vögeln) weg-, davonfliegen:* die Taube flog ab; **b)** *(von Flugzeugen u. Personen) seinen Ort zu einer bestimmten Zeit verlassen:* Ihr werdet ... Ende April in Richtung Berlin a. (Leonhard, Revolution 271); unsere Maschine fliegt noch in der Nacht ab; **c)** (ugs.) *sich plötzlich lösen und fortgeschleudert werden:* die Radkappe ist [mir] abgeflogen. **2.** ⟨hat⟩ **a)** *[aus einer bedrohlichen Situation] mit dem Flugzeug wegbringen:* man flog die Verwundeten [aus dem Kessel] ab; **b)** *zum Zweck der Besichtigung od. Kontrolle überfliegen:* die Front a.; So fliegen wir die ganze Serengeti ... in Streifen von einem Kilometer Abstand ab (Grzimek, Serengeti 132).

ab|flie|ßen ⟨st. V.; ist⟩: **1. a)** *herab-, herunterfließen:* der Regen fließt vom Dach ab; **b)** *sich fließend entfernen, wegfließen:* das Wasser im Waschbecken fließt nicht, nur langsam ab; der Wunde floss Eiter ab; das Regenwasser ist nicht abgeflossen *(versickert);* der elektrische Strom fließt ab *(geht verloren);* Ü durch die Baustelle fließt der Verkehr schlecht ab; das Geld fließt ins Ausland ab *(wird ins Ausland transferiert).* **2.** *sich durch Abfließen (des Wassers) leeren:* die Wanne fließt schlecht ab.

ab|flö|ßen ⟨sw. V.; hat⟩: *Holz flussabwärts flößen:* die Tannen werden abgeflößt.

Ab|flug, der; -[e]s, Abflüge: **1.** ⟨o. Pl.⟩ *das Weg-, Davonfliegen:* der weiche A. der Eule. **2.** *Start eines Flugzeugs:* den A. einer Maschine bekannt geben; Der A. verzögert sich; alle Abflüge wurden wegen Nebel gestrichen.

ab|flug|be|reit ⟨Adj.⟩: *bereit zum Abfliegen* (1): eine -e Maschine; die Schwalben sind a.

Ab|flug|ge|wicht, das: *Gesamtgewicht eines Luftfahrzeugs beim Abflug.*
Ab|flug|ha|fen, der: *Flughafen, von dem ein Flugzeug startet.*
Ab|flug|ort, der: *Ort, von dem der Abflug (2) ausgeht.*
Ab|flug|tag, der: *Tag, an dem der Abflug (2) stattfindet.*
Ab|flug|ter|mi|nal, der (auch: das): *Terminal (1 a), in dem die Fluggäste für den Abflug (2) abgefertigt werden.*
Ab|flug|zeit, die: *Zeit des Abflugs (2).*
Ab|fluss, der; -es, Abflüsse: **1.** ⟨o. Pl.⟩ *das Abfließen* (1 b): den A. des Wassers erleichtern; Ü die Polizei musste den A. des Verkehrs am Stadion regeln; den A. von Kapital ins Ausland verhindern. **2.** *Stelle, an der etw. abfließt:* der A. der Badewanne ist verstopft.
Ab|fluss|be|cken, das: *Becken, aus dem oder in das etw. abfließt.*
Ab|fluss|ge|biet, das (Geogr.): *durch eine Wasserscheide begrenztes Gebiet, aus dem die Wasserläufe in den Ozean abfließen.*
Ab|fluss|gra|ben, der: *Graben, durch den etw. abfließen kann.*
Ab|fluss|hahn, der: *Hahn zum Regulieren des Abflusses.*
Ab|fluss|ka|nal, der: vgl. Abflussgraben.
Ab|fluss|ko|ef|fi|zi|ent, der (Geogr.): *Verhältnis zwischen mittlerer monatlicher u. mittlerer jährlicher Wasserführung eines Flusses.*
Ab|fluss|loch, das: vgl. Abflussgraben.
ab|fluss|los ⟨Adj.⟩ (Geogr.): *ohne Abfluss [ins Meer].*
Ab|fluss|re|gi|me, das (Geogr.): *das vom Klima abhängige, auf ein monatliches Mittel umgerechnete Auftreten von Hoch- u. Niedrigwasser eines Flusses während eines Jahres.*
Ab|fluss|rin|ne, die: vgl. Abflussgraben.
Ab|fluss|rohr, das: vgl. Abflussgraben.
Ab|fluss|ven|til, das: *Absperrventil für Abwasser.*
ab|foh|len ⟨sw. V.; hat⟩ (Landw.): *fohlen.*
Ab|fol|ge, die; -, -n: *Aufeinander-, Reihenfolge:* die A. der Ereignisse; Kündigung, Abfindung, Steuervorteile – in diese gewohnte A. bei Beendigung eines Arbeitsverhältnisses hat der Bundesfinanzhof ... eingegriffen (Focus 30, 1998, 188); in chronologischer, rascher, logischer A.; der Fahrplan wird auf eine A. von 5 Minuten ... verdichtet (NNN 2. 3. 88, 6).
ab|for|dern ⟨sw. V.; hat⟩: *von jmdm. nachdrücklich fordern; jmdm. abverlangen:* der Polizist forderte mir die Kennkarte ab; dem Volk ein Bekenntnis a.; von kleinen Aufmerksamkeiten bis hin zu hohen Gebühren, die den Herstellern abgefordert werden (Woche 4. 4. 97, 41).
ab|for|men ⟨sw. V.; hat⟩: *durch Eindrücken in eine weiche Masse, durch Formen einer weichen Masse nachbilden:* Die versunkenen Züge derer, die kühn kämpften, ... wurden vom abformenden Gips ... festgehalten (Molo, Frieden 110).
Ab|for|mung, die; -, -en: **1.** *das Abformen.* **2.** *das Abgeformte:* Den Museumsfreunden ... blieb ... nur der große Wunsch, wenigstens -en »ihrer« Götter im eigenen Nationalmuseum zu sehen (Saarbr. Zeitung 10. 7. 80, 24/26/28).
ab|fo|to|gra|fie|ren ⟨sw. V.; hat⟩: *durch Fotografieren abbilden, eine Fotografie von jmdm., etw. machen:* die Familie a.; abfotografiertes Theater; Und immer wieder ... meinen Urlaub a. (Wochenpost 6. 6. 64, 8); ⟨subst.:⟩ der Verrat Redls bestand im Abfotografieren zahlreicher Dokumente (Riess, Cäsar 143).
Ab|fra|ge, die (EDV): *(innerhalb eines Programmablaufs) die Gewinnung von Daten aus einem Datenspeicher od. die Feststellung von Informationen auf bestimmten Speicherplätzen.*
ab|fra|gen ⟨sw. V.; hat⟩: **1.** *jmds. Kenntnisse durch Fragen [über]prüfen:* ich fragte ihn/ihm lateinische Vokabeln ab; das Einmaleins a.; der Lehrer hat mich abgefragt. **2. a)** (Fernspr.) *durch Anruf prüfen, ob eine Leitung zu vermitteln od. noch intakt ist:* alle Leitungen a.; **b)** (Elektrot., EDV) *[ermitteln, feststellen und] sich geben lassen:* Informationen, den Kontostand über den Computer a.; Den aktuellen Zustand vieler ... Passstraßen kann man ... telefonisch a. (ADAC-Motorwelt 12, 1986, 86). **3.** (veraltend) *von jmdm. durch Fragen in Erfahrung bringen:* sie wollte ihm sein Geheimnis a.; Sag fragten wir uns unsere Erlebnisse ab (Chr. Wolf, Nachdenken 35).
Ab|fra|gung, die; -, -en: *das Abfragen.*
ab|fres|sen ⟨st. V.; hat⟩: **1.** *von etw. wegfressen:* die Hasen fraßen den Kohl *(die Kohlblätter)* ab; (derb, meist abwertend von Menschen:) wer hat die Streusel [vom Kuchen] abgefressen? **2.** *kahl fressen:* die Vögel fressen die Holundersträucher ab.
ab|fret|ten, sich ⟨sw. V.; hat⟩ (südd., österr. ugs.): *fretten* (2).
ab|frie|ren ⟨st. V.⟩: **1.** *durch Frost absterben [und abfallen]* ⟨ist⟩: die Knospen froren ab; die Ohren waren [ihm] abgefroren. **2.** (ugs. übertreibend) *an einer Körperstelle Frost bekommen* ⟨hat⟩: Glaubst du, wir wollen uns hier die Füße a.? (v. d. Grün, Glatteis 142); * sich ⟨Dativ⟩ einen a. (ugs.; *sehr frieren*): ich habe mir bei der Kälte [ganz schön] einen abgefroren. **3.** (selten) *einfrieren* ⟨ist⟩: die Leitung friert ab.
ab|frot|tie|ren ⟨sw. V.; hat⟩: *den Körper, einen Bereich von oben bis unten, von einer Seite zur andern frottieren:* ich frottierte mir den Rücken ab; du musst dich gut a.!
ab|füh|len ⟨sw. V.; hat⟩: **1.** (veraltend) *etw. fühlen u. es jmdm. anmerken:* ich fühlte es der Mutter ab, dass sie mir insgeheim dankbar dafür war. **2.** *fühlend abtasten:* Großmutter ... entwickelte sogar im Laufe der Zeit einen neuen ernsthaften Tick, indem sie beim Essen aufstand, um in den Stall zu gehen und die Hühner hinten abzufühlen (Lentz, Muckefuck 113); Lambsdorff ... wurde mit einem Sensorgerät abgefühlt (Spiegel 35, 1978, 170).
Ab|fuhr, die; -, -en [2: zu ↑abführen (1 b); 3: nach (2)]: **1.** *Abtransport:* die A. von Müll, Sperrgut, Holz. **2.** (Verbindungsw.) *Niederlage des Paukanten in der Mensur vor dem Ende der Fechtzeit:* eine A. auf Schmiss. **3. a)** *entschiedene Abweisung:* jmdm. eine A. erteilen; sich eine A. holen; Die erste A., die er von Sabine Handrig erhielt, nahm er gelassen hin (Augsburger Allgemeine 13./14. 5. 78, V); **b)** (Sport) *[hohe] Niederlage:* sich eine schwere A. holen.
ab|füh|ren ⟨sw. V.; hat⟩: **1. a)** *jmdn., der ergriffen wurde, wegführen; bes. jmdn., der festgenommen wurde, in polizeilichen Gewahrsam bringen:* die Gangster wurden abgeführt; Liebenswürdig ... überreichte Jones ... das Stilett und ließ sich a. (Erné, Fahrgäste 80); **b)** (Verbindungsw.) *wegen Verwundung, regelwidriger Haltung o. Ä. vor dem Ende der Fechtzeit aus der Mensur nehmen u. für besiegt erklären [lassen]:* wir mussten zwei Bundesbrüder auf Haltung und drei auf Schmiss a.; **c)** *ableiten:* Abgase, Abwärme a.; **d)** *von etw. wegführen, abbringen:* dieser Weg führt uns von unserem Ziel ab; Ü dieser Gedankengang führt nur vom Thema ab; **e)** *von etw. abzweigen:* an dieser Stelle führt der Weg von der Hauptstraße ab; **f)** *Gelder an jmdn., etw. abliefern, zahlen:* Steuern an das Finanzamt a.; der Anteil der Kosten, die der Arbeitgeber a. (Woche 7. 3. 97, 12); ◆ **g)** ⟨a. + sich⟩ *sich entfernen, verschwinden:* er wird sie dir auf der Nase beschwatzen, das Mädel eins hinsetzen und führt sich ab (Schiller, Kabale I, 1). **2. a)** *den Stuhlgang fördern:* Rhabarber führt ab; abführende Mittel; **b)** *den Darm leeren:* sie konnte schon drei Tage nicht a. **3.** (veraltend) *täuschen, anführen:* wenn zwei sich lieben und er führt das Mädchen ab, so bleibt er ein Ehrenmann (Th. Mann, Erzählungen 78). **4.** (Schrift- u. Druckw.) *(einen Satz, Textteil) mit einem schließenden Anführungszeichen versehen.* **5.** (Jägerspr.) *beim Jagen auf Wild anleiten:* einen Jagdhund a.
Ab|führ|mit|tel, das: *den Stuhlgang förderndes Mittel* (2 a).
Ab|führ|pil|le, die: vgl. Abführmittel.
Ab|führ|scho|ko|la|de, die: vgl. Abführmittel.
Ab|führ|tee, der: vgl. Abführmittel.
Ab|füh|rung, die; -, -en: *das Abführen* (1 a-c, f; 4).
Ab|füll|an|la|ge, die: *technische Anlage zum Abfüllen von Stoffen.*
Ab|füll|au|to|mat, der: *Anlage für das automatische Abfüllen.*
Ab|füll|da|tum, das: *Datum, unter dem etw. abgefüllt wurde.*
ab|fül|len ⟨sw. V.; hat⟩: **1.** *[im Rahmen eines Gewerbebetriebs] (Gefäße nacheinander) füllen:* man füllte die Flaschen [mit Apfelwein] ab. **2.** *aus einem größeren Behälter in einen kleineren füllen:* Wein a.; ein Kornschnaps ... wurde aus beliebter ... Korbflasche abgefüllt (Grass, Hundejahre 30); in Steintöpfe abgefülltes Schmalz. **3.** (ugs.) *betrunken machen:* Um neun hat mich Dennis Hopper in eine Bar geschleppt und abgefüllt (Woche 7. 2. 97, 32); freitags kam er im-

mer total abgefüllt *(betrunken)* nach Hause.

Ab|fül|lung, die; -, -en: **1.** *das Abfüllen.* **2.** *Abgefülltes:* Die Weinkarte verzeichnet mehr als 400 französische -en (e & t 6, 1987, 31).

¹ab|füt|tern ⟨sw. V.; hat⟩: **a)** *die Fütterung von Tieren vornehmen:* ich füttere [das Vieh] ab; Es waren nicht viele Pferde ..., der Friedrich hatte schon abgefüttert (Fallada, Herr 114); **b)** (salopp) *(Menschen in der Gruppe) zu essen geben:* die Kinder waren schon abgefüttert; Längst hätten ihre »Männer« da sein müssen. Die hatte sie noch a. wollen (Bredel, Väter 10).

²ab|füt|tern ⟨sw. V.; hat⟩: *(ein Kleidungsstück) mit Futterstoff versehen:* Ein Kleidungsstück a.; zu einem roten Jäckchen, das mit weißer Seide abgefüttert ist (Hörzu 39, 1975, 24).

¹Ab|füt|te|rung, die; -, -en: *das ¹Abfüttern.*

²Ab|füt|te|rung, die; -, -en: *das ²Abfüttern.*

Abg. = Abgeordnete.

Ab|ga|be, die; -, -n: **1.** ⟨o. Pl.⟩ *das Abgeben* (1 a): die A. der Stimmzettel, der Prüfungsarbeiten; gegen A. der Coupons. **2.** ⟨meist Pl.⟩ *einmalige od. laufende Geldleistung an ein öffentlich-rechtliches Gemeinwesen; Steuer:* hohe, jährliche, soziale -n; -n entrichten; das Recht des Staates, von seinen Bürgern -n zu erheben (Fraenkel, Staat 89); die -n an den Staat fallen weg. **3.** (Wirtsch.) *Verkauf:* größere -n an der Börse; die A. von Waldpflanzen aus ... Großpflanzgärten an private Waldbesitzer ... zum Selbstkostenpreis (Mantel, Wald 78). **4.** (Ballspiele, [Eis]hockey) **a)** *das Abgeben* (4), *Abspielen:* er hat mit der A. [des Balles] an den Linksaußen zu lange gezögert; **b)** *abgespielter Ball:* der gegnerische Läufer konnte die A. erlaufen; **c)** *Verlust:* die A. eines Satzes, Punktes, Titels. **5.** ⟨o. Pl.⟩ *das Abgeben* (5), *Abfeuern:* bei der A. eines Schusses. **6.** *das Abgeben* (6), *Ausströmen, Ausstrahlen:* unter A. von Wärme, Energie. **7.** *das Abgeben* (7), *Äußern:* die A. einer Erklärung, eines Urteils.

Ab|ga|ben|au|to|no|mie, die: *Befugnis der Gemeinden, eigene Abgaben zu erheben und durch Satzung zu regeln.*

Ab|ga|ben|bei|trei|bung, die: *das Beitreiben von Abgaben.*

ab|ga|ben|frei ⟨Adj.⟩: *frei von Abgaben* (2), *keine Abgaben erfordernd.*

Ab|ga|ben|last, die: *Belastung durch Steuern, Sozialabgaben o. Ä.:* Etwa 67 Prozent der gesamten A. in Deutschland lasten auf dem Faktor Arbeit (Lohnsteuer, Rentenversicherung etc.) (SZ 21. 10. 98, 47).

Ab|ga|ben|ord|nung, die (Rechtsspr.): *grundlegendes, die Steuern betreffendes Gesetzeswerk* (Abk. AO).

ab|ga|ben|pflich|tig ⟨Adj.⟩: *verpflichtet, Abgaben* (2) *zu entrichten.*

Ab|ga|ben|recht, das ⟨o. Pl.⟩: vgl. Abgabenordnung.

Ab|ga|ben|sen|kung, die: *das Senken von Abgaben* (2).

ab|ga|be|pflich|tig ⟨Adj.⟩: **1.** (Wirtsch.) *zur Abgabe* (3) *verpflichtet.* **2.** ↑ abgabenpflichtig.

Ab|ga|be|preis, der: *Preis, zu dem eine Ware od. Dienstleistung angeboten wird.*

Ab|ga|be|satz, der ⟨meist Pl.⟩ (Bankw.): *Abschlag in Prozent, den die Deutsche Bundesbank Käufern von Geldmarktpapieren einräumt.*

Ab|ga|be|soll, das: *Ablieferungssoll.*

Ab|ga|be|ter|min, der: *Termin der Abgabe* (1).

Ab|gang, der; -[e]s, Abgänge: **1. a)** ⟨o. Pl.⟩ *das Weg-, Fortgehen:* Sie dürfen den A. vom Schalter nicht behindern; ein dramatischer A. (von der Bühne); der von Beifall umrauschte A. des berühmten Schauspielers; Nur noch die Olympiade ..., dann ist Schluss, das ist doch ein guter A., oder? (Lenz, Brot 138); Dann habe er den Kopf gesenkt und mit rasch rudernden Armen seinen A. genommen (sei er davongegangen; Muschg, Gegenzauber 379); * **sich einen guten o. ä. A. verschaffen** *(beim Weggehen einen guten Eindruck hinterlassen);* **einen A. machen** (ugs.; *fortgehen, verschwinden*); **keinen A. finden** (ugs.; *sich nicht entschließen können aufzubrechen*); **b)** *das Verlassen eines Wirkungskreises, das Ausscheiden aus einem Bereich:* nach dem A. von der Schule; der A. des Ministers aus seinem Amt; Ein Korrespondent ... handelte sich ... kurz vor seinem endgültigen A. aus Moskau den Vorwurf der Spionage ein (NZZ 2. 9. 86, 1); **c)** *jmd., der ausscheidet, einen Wirkungskreis verlässt:* an unserer Schule haben wir 5 Abgänge; **d)** (bes. Milit., Med.) *Todesfall, Tod:* es gab viele Abgänge; * **[einen] A. machen** (salopp; *sterben*); »Der hat 'nen A. gemacht«, »die Augen auf null gestellt«, kommentieren die Fixer ..., wenn es einen von ihnen erwischt hat (Spiegel 23, 1977, 185). **2.** *Abfahrt:* kurz vor A. des Zuges, Schiffes, Flugzeuges. **3.** ⟨o. Pl.⟩ *Absendung:* der A. der Post, der Waren. **4.** *das Abgehen von einem Turngerät:* die Riesenwelle am Reck mit gegrätschtem A. **5. a)** ⟨o. Pl.⟩ *Ausscheidung:* das Mittel befördert den A. der Steine; **b)** (Med.) *Tot-, Fehlgeburt,* ²*Abort:* Ihre Frau hat durch den Unfall einen A. gehabt. Sie hat ihr Kind verloren (Kranz, Märchenhochzeit 39); **c)** (salopp) *[unwillkürlicher] Samenerguss:* einen A. haben, kriegen. **6.** ⟨o. Pl.⟩ (Kaufmannsspr.) *Absatz* (3): diese Ware hat, findet reißenden A. **7.** ⟨Pl. selten⟩ (veralt., noch Kaufmannsspr.) *Wegfall, Verlust:* der A. muss wieder ersetzt werden; beim Obsthandel gibt es viel A. **8.** (österr. Amtsspr.) *Fehlbetrag:* den A. von 50 Schilling musste die Kassierin ersetzen.

Ab|gän|ger, der; -s, -: **1.** (bes. Amtsspr.) *Schüler, der von der Schule abgeht.* **2.** (salopp) *Abgang* (5 c).

Ab|gän|ge|rin, die; -, -nen: w. Form zu Abgänger (1): Sieben der zwanzig lehrstellenlosen -nen der Bertha-v.-Suttner-Schule konnten hinterher untergebracht werden (FR 23. 6. 98, 3).

ab|gän|gig ⟨Adj.⟩: **1.** (landsch.) *überzählig, überflüssig, weil unbrauchbar:* es wurden meist -e alte Kühe geschlachtet. **2.** (Amtsspr., bes. österr.) *(von Personen) nicht mehr vorhanden; vermisst, verschollen:* es werden alle -en Personen registriert; Aus der Wohnung seiner Eltern ... ist ... der 15-jährige Zdravko Penic a. (Kronen-Zeitung 22. 11. 83, 9).

Ab|gän|gi|ge, der u. die ⟨Dekl. ↑ Abgeordnete⟩ (Amtsspr., bes. österr.): *jmd., der abgängig* (2) *ist.*

Ab|gän|gig|keits|an|zei|ge, die (österr.): *Vermisstenanzeige.*

Ab|gangs|da|tum, das: *Datum des Abgangs* (1 b, d; 3).

Ab|gangs|exa|men, das: *Abgangsprüfung.*

Ab|gangs|ha|fen, der: *Hafen, von dem ein bestimmtes Schiff abgeht.*

Ab|gangs|klas|se, die: *Klasse der Schulabgänger.*

Ab|gangs|mel|dung, die: *Meldung über den Abgang* (2, 3).

Ab|gangs|prü|fung, die: *Prüfung, die beim Verlassen einer Schule abgelegt wird.*

Ab|gangs|sta|ti|on, die: vgl. Abgangshafen.

Ab|gangs|tag, der: vgl. Abgangsdatum.

Ab|gangs|zeit, die: *Abfahrtszeit.*

Ab|gangs|zeug|nis, das: *Zeugnis, das ein Schüler ohne Schulabschluss statt eines Abschlusszeugnisses erhält:* ein schlechtes A. haben, bekommen; Das ... A. vom Warschauer Lyzeum (Fussenegger, Zeit 276).

Ab|gas, das; -es, -e ⟨meist Pl.⟩: *bei technischen od. chemischen Prozessen (bes. bei Verbrennungsprozessen) entstehendes, meist nicht mehr nutzbares Gas:* die -e der Motoren; Die Simse an den Fassaden waren von -en zernagt (Fels, Unding 275).

ab|gas|arm ⟨Adj.⟩: *(von Kraftfahrzeugen) nur noch wenig [schädliche] Abgase produzierend:* -e Autos, Fahrzeuge.

Ab|gas|ent|gif|tung, die: *Abgasreinigung.*

ab|gas|frei ⟨Adj.⟩: **a)** *frei von Abgasen, keine Abgase enthaltend:* -e Luft; **b)** *keine Abgase produzierend:* das -e Auto und die Zukunft der Fahrzeugindustrie (Spiegel 45, 1984, 222).

Ab|gas|grenz|wert, der: *Abgaswert* (b).

Ab|gas|ka|ta|ly|sa|tor, der: *Katalysator* (2), *mit dessen Hilfe die Abgase von Kraftfahrzeugen entgiftet werden.*

Ab|gas|rei|ni|ger, der: *Vorrichtung zur Abgasreinigung* (z. B. Katalysator 2).

Ab|gas|rei|ni|gung, die: *Verminderung der Emission von Schadstoffen in Abgasen durch technische Maßnahmen u. Vorrichtungen wie Katalysator 2 oder Filter.*

Ab|gas|son|der|un|ter|su|chung, die (früher): *Abgasuntersuchung für bestimmte Fahrzeuge* (Abk. ASU).

Ab|gas|tur|bi|ne, die: *Turbine, die mit Abgasen getrieben wird.*

Ab|gas|un|ter|su|chung, die: *Kraftfahrzeuguntersuchung, bei der der Gehalt an Kohlenmonoxid im Abgas bei Leerlauf des Motors gemessen wird* (Abk.: AU).

Ab|gas|ver|wer|tung, die: *technische Verwertung von Abgasen.*

Ab|gas|wert, der ⟨meist Pl.⟩: **a)** *gemesse-*

Abgaswolke

ner Wert der Abgase in der Luft: eine Überprüfung der -e eines Fahrzeugs; **b)** *zulässiger Grenzwert für Abgase:* Personenwagen auf die vorgeschriebenen -e einstellen.
Ab|gas|wol|ke, die: *Wolke* (2) *von Abgasen:* Gemächlich füllte sich die Guiollettstraße mit ... hupenden Kraftfahrzeugen, -n stiegen auf (Zwerenz, Quadriga 193).
ab|gau|nern ⟨sw. V.; hat⟩ (ugs. abwertend): *jmdn. etw. durch Gaunerei[en] abnehmen:* jmdn. etw. a.
ab|ge|ar|bei|tet: ↑ abarbeiten.
ab|ge|ben ⟨st. V.; hat⟩: **1. a)** *etw. dem zuständigen Empfänger [od. jmdm., der es an den Empfänger weiterleitet] geben, übergeben, aushändigen:* einen Brief, ein Geschenk [persönlich, eigenhändig], den Stimmzettel, die Klassenarbeit a.; er gab die Waren beim Nachbarn für mich ab; An der Sperre gaben wir unsere Fahrkarten ab (Bieler, Bonifaz 103); Ü die bearbeiteten Daten werden per Mausklick an den Zentralspeicher abgegeben; **b)** *zur Aufbewahrung geben:* den Mantel in der Garderobe a. **2. a)** *mit jmdm. teilend freiwillig überlassen, abtreten:* er hat mir die Hälfte des Kuchens, vom Kuchen abgegeben; er gibt von seinem Verdienst keinen Pfennig an den Haushalt ab; **b)** *jmdm. etw. od. jmdn. [gezwungenermaßen] überlassen, abtreten:* die Leitung, den Vorsitz a.; Personal, Mitarbeiter a. müssen; (Sport:) die Spitze, zwei Punkte a. **3.** *jmdm. zu einem niedrigen Preis überlassen, verkaufen:* Obst, Eier a. **4.** (Ballspiele, [Eis]hockey) *(den Ball, die Scheibe) an einen Mitspieler geben:* den Ball an den Verteidiger a.; er muss schneller a. **5.** *(einen Schuss) abfeuern:* einen Warnschuss a. **6.** *von sich geben, ausströmen, ausstrahlen:* der Ofen gibt genügend Wärme ab; das Blut gibt Kohlensäure ab; morgens sei es in der Grube oft hundekalt, der ... Boden gebe die Tageswärme viel schneller ab (Loest, Pistole 257). **7.** *verlauten lassen, äußern:* sein Urteil, eine Erklärung, ein Statement a.; ihr wart ... nicht dabei, als Rotaug sein Gutachten abgab (Simmel, Stoff 591); das U-Boot hatte einen Funkspruch abgegeben; seine Stimme [bei der Wahl] a. (abstimmen, wählen). **8.** (ugs.) **a)** *eine bestimmte Rolle auf der Bühne spielen; jmdn. darstellen, geben:* den Wilhelm Tell a.; **b)** *jmdn. darstellen, als jmd., etw. figurieren:* einen guten Familienvater a.; Ich hatte Hochwürden Gusewski versprochen, ... den Messdiener abzugeben (Grass, Katz 65); **c)** *die Grundlage für etw. bilden;* ¹*ergeben* (1): kleine Beeren, die ... sogar eine ganz gute Marmelade abgeben (Grzimek, Serengeti 167); den Rahmen, den Hintergrund für etwas a. **9.** (Kartenspiel) *die Karten zum letzten Spiel austeilen:* du gibst ab. **10.** ⟨a. + sich⟩ (meist geringschätzig) **a)** *sich mit etw., jmdm. beschäftigen, befassen:* sich mit Gartenarbeit a.; sich viel mit kleinen Kindern, mit Tieren a.; damit gebe ich mich nicht ab; **b)** (ugs.) *mit jmdm. Umgang pflegen:* sich mit jmdm. einlassen; sich mit Prostituierten, mit Ganoven a.; Die Leute sagen, dass er sich in dieser

kleinen Stadt mit einer anderen Frau abgab (Müller, Niederungen 16). **11.** *jmdm. etwas, was, eins a.* (ugs.; *jmdn. schelten, schlagen*): sei still, sonst gibt es [et]was ab!; er hat dem Hund eins abgegeben.
ab|ge|blasst: ↑ abblassen.
ab|ge|brannt: ↑ abbrennen (2, 3 b).
ab|ge|braucht: ↑ abbrauchen.
ab|ge|bro|chen: ↑ abbrechen (2).
ab|ge|brüht ⟨Adj.⟩ [zu ↑ abbrühen, eigtl. = mit heißem Wasser übergossen] (ugs.): *[zynisch] abgestumpft, unempfindlich gegen etw.:* ein -er Bursche; Ich hatte schon mit vielen Unfallopfern zu tun ... Aber ich kann nicht behaupten, dass ich a. wäre (M. L. Fischer, Kein Vogel 105); Ü Ein kniender Mann ist ... zu einer Lächerlichkeit geworden in unserem -en Zeitalter (Baum, Paris 95).
Ab|ge|brüht|heit, die; -: *abgebrühte Art.*
ab|ge|dankt: ↑ abdanken (2).
ab|ge|dreht ⟨Adj.⟩ [2. Part. von ↑ abdrehen] (ugs.): *absonderlich, skurril, verrückt, überspannt:* ein total -er Typ.
ab|ge|dro|schen ⟨Adj.⟩ [zu veraltet *abdreschen,* eigtl. = mit reinem Getreide] (ugs.): *bis zum Überdruss gebraucht, phrasenhaft:* -e Redensarten; Mit der -en Phrase, das Land vor dem Kommunismus retten zu wollen, schlugen sie erbarmungslos zu (horizont 45, 1976, 15); diese Ausdrücke sind schon sehr a.
Ab|ge|dro|schen|heit, die; -: *das Abgedroschensein.*
ab|ge|fah|ren ⟨Adj.⟩ [zu ↑ abfahren (3)] (ugs.): *beeindruckend, außergewöhnlich, hervorragend, begeisternd:* eine -e Rockband.
ab|ge|feimt ⟨Adj.⟩ [zu veraltet *abfeimen,* eigtl. = von unreinem Schaum befreit u. dadurch gereinigt, zu ↑ ¹Feim]: *in allen Schlichen u. Schlechtigkeiten erfahren, in unmoralischer Weise schlau:* ein -er Schurke; eine -e Bosheit.
Ab|ge|feimt|heit, die; -, -en: **1.** ⟨o. Pl.⟩ *abgefeimte Art, Handlungsweise.* **2.** *abgefeimte Handlung.*
ab|ge|fuckt [...fakt] ⟨Adj.⟩ [zu engl. to fuck = koitieren (wohl nach dem Muster von »abgewichst«)] (derb): *in üblem Zustand, heruntergekommen:* ein -er Typ; ein -es Hotel; irgendwie macht alles einen -en Eindruck - müde Vorstadtkneipenatmosphäre (zitty 13, 1984, 31); Die Zimmer zierten Bilder röhrender Hirsche oder ein -es Poster mit Ku'damm-Panorama (taz 31. 5. 97, 29); total a. sein.
ab|ge|gan|gen: ↑ abgehen (11 b).
ab|ge|grif|fen: ↑ abgreifen (1 a).
ab|ge|hackt ⟨Adj.⟩ [2. Part. von ↑ abhacken]: *(in Bezug auf Sprechweise, Bewegungen o. Ä.) nicht fließend, sondern ständig stockend, für einen Augenblick aussetzend:* eine -e Redeweise; grünblonde Haare fielen ihm bei jeder seiner -en Bewegungen in die ... Stirn (Kaschnitz, Wohin 15); Er ... hatte eine schöne, tiefe Stimme und sprach seltsam a. (Dönhoff, Ostpreußen 53).
ab|ge|half|tert: ↑ abhalftern (2).
ab|ge|han|gen: ↑ ¹abhängen (1).
ab|ge|härmt: ↑ abhärmen (3).

ab|ge|här|tet: ↑ abhärten.
ab|ge|hen ⟨unr. V.; ist⟩: **1. a)** *sich gehend entfernen, einen Schauplatz verlassen:* Eduard macht eine verzweifelte Geste und geht ab (Remarque, Obelisk 124); (Theater:) ... geht über den Korridor nach links ab; **b)** *prüfend o. ä. entlanggehen:* einen Weg noch einmal a.; der Bahnwärter geht die Strecke ab; **c)** *aus einem Wirkungsbereich ausscheiden; eine Ausbildungsstätte, bes. eine Schule, verlassen:* nach der zehnten Klasse a. **2.** *einen Platz, Ort, eine Stelle [fahrplanmäßig] verlassen (um irgendwohin zu gelangen):* das Schiff, der Zug geht gleich ab. **3.** *abgeschickt werden:* das Schreiben ist abgegangen; die Waren werden mit dem nächsten Schiff a. **4.** (Turnen) *ein Gerät mit einem Schwung, Sprung o. Ä. verlassen u. damit eine Übung beenden:* mit einem Grätschabschwung vom Reck a. **5. a)** *von etw. ausgehen, abzweigen:* der Weg geht von der Hauptstraße ab; Weiter vorne geht ein Feldweg ab (Chotjewitz, Friede 197); **b)** *in anderer Richtung verlaufen:* der Weg geht dann links, nach Norden ab. **6.** *sich lösen* (1 b): hier ist der Putz, die Farbe abgegangen; mir ist ein Knopf, der Daumennagel abgegangen; der Fleck geht nicht ab *(lässt sich nicht entfernen).* **7.** *ausgeschieden, abgesondert werden:* die Würmer gehen mit dem Stuhlgang ab; ** jmdm. geht einer ab* (salopp; *ein Mann hat, ohne Geschlechtsverkehr auszuüben, einen Samenerguss*). **8.** *(vom Schuss) sich lösen* (6 b): plötzlich ging ein Schuss ab. **9.** *Absatz finden:* die Ware geht reißend ab. **10.** *abgezogen, abgerechnet werden:* von dem Gewicht geht noch die Verpackung ab. **11. a)** *jmdm. fehlen, mangeln:* jmdm. geht der Humor, jedes Taktgefühl ab; Angeln, »wertvolle« Literatur lesen, sein Beruf – lauter Dinge, die mir völlig abgehen (Grossmann, Beziehungsweise 82); wir bekommen ja, was wir brauchen. Nichts geht uns ab (Grass, Butt 34); **b)** (veraltet, noch Fachspr.) *aufgegeben werden, nicht mehr erhalten bleiben:* (meist im 2. Part.:) abgegangene Siedlungen; abgegangene Flussnamen. **12.** *von etw. Abstand nehmen:* von einer Gewohnheit, einem Grundsatz a. **13.** *in einer bestimmten Weise ablaufen* (5 c): es ist noch einmal glimpflich, ohne Geschrei abgegangen; unter einem halben Jahr wird es nicht a. (Wiechert, Jeromin-Kinder 892); ging es auch bei den Staatsprüfungen glatt ab (Doderer, Wasserfälle 147). **14.** (ugs.) *sich abspielen; los sein:* Bei uns ist immer irgendwelche zusammen, sind überall da, wo was abgeht (Spiegel 48, 1982, 84); Der Weg führt durch ein Großraumbüro ... Was da abgeht, kann man nur schwer beschreiben (Amendt, Sexbuch 165).
ab|ge|ho|ben: ↑ abheben (4).
ab|ge|hun|gert: ↑ abhungern (3).
ab|ge|il|zen, sich ⟨sw. V.; hat⟩: *durch äußerste Sparsamkeit erübrigen:* ich hatte mir die Summe von meinem Lohn abgegeizt.
ab|ge|kämpft: ↑ abkämpfen (2).
ab|ge|kar|tet: ↑ abkarten.

◆ **ab|ge|kit|zelt** ⟨Adj.⟩ [eigtl. = durch dauerndes Kitzeln abgestumpft, keine Reizempfindung mehr habend]: *übersättigt*: die gesunde Volkskraft muss sich an die Stelle dieser nach allen Richtungen -en Klasse setzen (Büchner, Dantons Tod I, 6).

ab|ge|klap|pert ⟨Adj.⟩ (salopp abwertend): **1.** *aufgrund starker Beanspruchung durch Bewegung abgenutzt; verbraucht:* -e Gäule; die Schreibmaschine, das Auto ist schon recht a. **2.** *abgedroschen, nichts sagend; phrasenhaft:* -e Schlager; Konsequent wiederholen die westlichen Medien, die papstkritischen, längst -e Plattitüden (taz 16. 3. 91, 15); diese Redewendungen sind ziemlich a.

ab|ge|klärt ⟨Adj.⟩: *aufgrund von Lebenserfahrung über den Dingen stehend; ausgeglichen und weise; voller Besonnenheit; eine entsprechende Geisteshaltung erkennen lassend:* ein -er Mensch; ein -es Urteil; a. über etw. sprechen.

Ab|ge|klärt|heit, die; -: *abgeklärtes Wesen; besonnene Ruhe:* die A. des Alters.

ab|ge|la|gert: ↑ ablagern (2).

Ab|geld, das (Bankw.): *Disagio*.

ab|ge|lebt ⟨Adj.⟩ (geh.): **1.** *vom langen Leben verbraucht, entkräftet; alt u. kraftlos:* -e Greise; Ü dort spüre man eine neue, bessere Zukunft, tausendmal lebendiger als in unserem alten Europa (St. Zweig, Fouché 218). **2.** *überlebt, überholt, altmodisch:* dass die olympische Bewegung eine -e Sache sei (Basler Zeitung 26. 7. 84, 32); in -en Zeiten; diese Prämissen sind a.

Ab|ge|lebt|heit, die; -: *das Abgelebtsein.*

ab|ge|le|dert ⟨Adj.⟩ [zu ↑ ableder (1)] (landsch.): *abgerissen* (1 a).

ab|ge|le|gen ⟨Adj.⟩: *abseits, entfernt liegend:* ein -es Dorf; In -en Gegenden Sibiriens ist auch heute noch Holz das vorherrschende Baumaterial (Berger, Augenblick 136); An -er Stelle hing eine der Vorzeichnungen Stielers zu seinem berühmten Goetheporträt (Fest, Im Gegenlicht 335); der Ort ist sehr a.; a. wohnen; ⟨subst.:⟩ er ... erwies sich als Kenner der Insel, bewandert auch in Abgelegenem (Fest, Im Gegenlicht 26).

Ab|ge|le|gen|heit, die; -: *das Abgelegensein.*

ab|ge|lei|ert: ↑ ableiern (2).

ab|gel|ten ⟨st. V.; hat⟩: *[pflicht-, ordnungsgemäß] ausgleichen; eine empfangene Leistung durch eine gleichwertige andere ersetzen:* mit dieser Zahlung sind alle Ansprüche abgegolten; eine Schuld in Devisen a.; Weil die Inflation in der Lohnrunde nicht voll abgegolten wird (Presse 7. 6. 84, 1); Ü seine papierene Welt, in der jeder Handschlag abgegolten werden musste (Heym, Schwarzenberg 198).

Ab|gel|tung, die; -, -en: *das Abgelten:* wenn es darum ging, die paar Groschen A. für tägliche kleine Dienstleistungen zu entrichten (Miethe, Rang 175).

ab|ge|lumpt ⟨Adj.⟩ (ugs.): *zerlumpt, abgerissen* (1 b): ein -er Bettler; damals war ich a. wie ein Strauchdieb (Bergengruen, Rittmeisterin 430).

ab|ge|macht: ↑ abmachen (2).
ab|ge|ma|gert: ↑ abmagern (1).
ab|ge|mer|gelt: ↑ abmergeln.

ab|ge|mes|sen ⟨Adj.⟩ (geh.): **a)** *gleichmäßig, ruhig, gemessen:* Durch die Straßen ... bewegt sich in -em Schritt eine Prozession (Fest, Im Gegenlicht 176); **b)** *maßvoll [u. beherrscht]:* eine -e Lebensweise; Der sonst ... so -e Mann kam mit einer unbändigen Heftigkeit auf ihn zu (Buber, Gog 216).

Ab|ge|mes|sen|heit, die; -: *abgemessene Art.*

ab|ge|neigt ⟨Adj.⟩ [zu veraltet sich abneigen = sich wegwenden] *in der Verbindung* **jmdm., einer Sache a. sein** *(jmdm., einer Sache gegenüber ablehnend eingestellt sein):* einem Plan, Bündnis a. sein; jmdm. persönlich [nicht] a. sein; nicht a. sein, etwas zu tun; er zeigte sich [nicht] a.; in der Nähe der Natur lag die Kraft, die sie ... allem Gemeinen a. gemacht hat (Musil, Mann 543); ⟨auch attr.:⟩ die der modernen Literatur -en Leser.

Ab|ge|neigt|heit, die; -: *das Abgeneigtsein.*

ab|ge|nutzt: ↑ abnutzen.

Ab|ge|ord|ne|te, der u. die; -n, -n [zu ↑ abordnen]: *vom Volk für eine festgelegte Zeit in eine parlamentarische Institution gewählter Vertreter, gewählte Vertreterin; Deputierte[r], Delegierte[r]:* Beispiele zur Dekl.: ein -r; eine A.; einige A. (selten: einige -n); viele A. (selten: viele -n); beide -n (seltener: beide A.); zwei A.; alle -n (selten: alle A.); er ist -r; er ist als -r, sie ist als A. gewählt worden; der Wahlkreis des [Herrn] -n, der [Frau] -n Müller; Herrn, Frau -n Müllers Wahlkreis; dem, der -n Müller; genanntem -n (veraltet: genannten -m) wurde ein Im Vorwurf gemacht; ihm als -n (auch: als -m); ihr als -n (auch: als -r); an Herrn -n, an Frau A. Müller; er sprach mit Herrn -n Müller, mit Frau -n (auch: Frau -r) Müller; der Besuch von -n (= dem Abgeordneten) Müller, von -r (= der Abgeordneten) Müller; Abk.: Abg.

Ab|ge|ord|ne|ten|bank, die ⟨Pl. ...bänke⟩: *Platz für Regierungsmitglieder mit Sitz im Parlament.*

Ab|ge|ord|ne|ten|haus, das: **1.** *Körperschaft der Abgeordneten.* **2.** *Tagungsgebäude der Abgeordneten.*

Ab|ge|ord|ne|ten|kam|mer, die: vgl. *Abgeordnetenhaus.*

Ab|ge|ord|ne|ten|man|dat, das: *Mandat eines od. einer Abgeordneten.*

Ab|ge|ord|ne|ten|sitz, der: **1.** *Abgeordnetenbank.* **2.** *Abgeordnetenmandat.*

Ab|ge|ord|ne|ten|wahl, die: *Wahl der Abgeordneten.*

ab|ge|plat|tet: ↑ abplatten.

ab|ge|ra|ten ⟨st. V.; ist⟩ (veraltend): *sich, ohne es zu merken, von etwas entfernen; abkommen:* sie waren vom Weg abgeraten.

ab|ge|rech|net: ↑ abrechnen.

ab|ge|ris|sen ⟨Adj.⟩: **1. a)** *zerlumpt:* -e Kleidung; ein -es (abgewetztes) Sofa; **b)** *in zerlumpten Kleidern, äußerlich heruntergekommen:* ein -er Häftling; a. aussehen; Er landete, völlig a., in einem Hospital (Ceram, Götter 44). **2.** *unzusammenhängend, zusammenhanglos:* -e Sprachfetzen, Gedanken; habe ich ... alle möglichen Erscheinungen in -en Sätzen wiederzugeben versucht (Kaschnitz, Wohin 197); a. *(abgehackt, stoßweise)* sprechen.

Ab|ge|ris|sen|heit, die; -: *das Abgerissensein.*

ab|ge|run|det: ↑ abrunden.

Ab|ge|run|det|heit, die; -: *das Abgerundetsein.*

ab|ge|sagt ⟨Adj.⟩: *in der Fügung* **ein -er Feind von etw.** (geh.; *ein erklärter, entschiedener Feind von etw.*): er ist ein -er Feind des Alkohols.

Ab|ge|sand|te, der u. die; -n, -n ⟨Dekl. ↑ Abgeordnete⟩ (geh.): *Person, die mit einem bestimmten Auftrag, mit einer [offiziellen] Botschaft zu jmdm. geschickt wird:* die -n des Königs; der Chef hat es nicht nötig, sich selbst mit den -n Pekings herumzustreiten (Dönhoff, Ära 230); dass ihn Lakatos fürchtete als den leibhaftigen -n des Teufels (Roth, Beichte 151); Ü Betriebswirte, Programmierer, Fachinformatiker ... sind die ersten -n der Zukunft auf dem Potsdamer Platz (Woche, 13. 3. 98, 30).

Ab|ge|sang, der; -[e]s, Abgesänge: **1.** (Verslehre) *abschließender, dritter Teil der Strophe in den Liedern des Minne- u. Meistersangs:* der A. folgt auf Stollen und Gegenstollen. **2.** (geh.) **a)** *Ausklang, [wehmütiger] Abschied:* Man freut sich auf den nächsten ... Abend schon, wenn man schließlich, nach rituellem A., auseinander geht (Wohmann, Absicht 60); das ist der A. des Herbstes; **b)** *letztes Werk bes. eines Dichters, Komponisten:* die Ode ist der A. des greisen Dichters an sein Jahrhundert, auf sein Jahrhundert; John Fords schönster Western ... ein sarkastischer A. auf den Mythos des Revolverhelden (Spiegel 35, 1979, 202).

ab|ge|sät|tigt: ↑ absättigen.
ab|ge|schabt: ↑ abschaben (2).

ab|ge|schie|den ⟨Adj.⟩ [mhd. abegescheiden = zurückgezogen] (geh.): **1.** *entlegen, einsam, abgelegen:* ein -es Dorf; Es ist einsamer als in vielen anderen -en Gegenden der Mark (Berger, Augenblick 26); das Gehöft ist, liegt a. **2.** *verstorben, tot:* -e Seelen *(die Seelen Verstorbener).*

Ab|ge|schie|de|ne, der u. die; -n, -n ⟨Dekl. ↑ Abgeordnete⟩ (geh.): *Verstorbene[r]:* Für A. hielt ich sie, die ihre wirklichen Leben in ihren verlorenen Ländern gelassen hatten (Seghers, Transit 115).

Ab|ge|schie|den|heit, die; -: *das Abgeschiedensein:* Sie, als weltfremde Künstlerin, lesen natürlich niemals Zeitungen, und nun gar in der A. dieser sommerlichen Idylle (Seidel, Sterne 106); das Bergdorf ... mit dicht gewachsenen Wäldern ... in einer Umgebung von A. und Stille (Fest, Im Gegenlicht 300).

ab|ge|schlafft: ↑ abschlaffen (b).

ab|ge|schla|gen ⟨Adj.⟩: **1.** (bes. Sport) *vom Sieger hinter sich gelassen, klar besiegt:* der weit -e Favorit; die beiden dänischen Athleten sind a. (Lenz, Brot 147); Tauno Luiro ... endete a. auf dem

Abgeschlagenheit

achtzehnten Rang (Maegerlein, Piste 38); Die Partei von Präsident Rafael Caldera ... landete bei den Parlamentswahlen ... a. auf den hinteren Plätzen (SZ 10. 11. 98, 9). **2.** (landsch.) *ermattet, erschöpft:* einen -en Eindruck machen; ich bin völlig a. **3.** *(von Geschirr) mit kleinen Beschädigungen:* -e Tassen.

Ab|ge|schla|gen|heit, die; -: *das Abgeschlagensein* (2): die Erkältung ging mit Kopfschmerzen und A. einher.

ab|ge|schlif|fen: ↑ abschleifen.

Ab|ge|schlif|fen|heit, die; -: *das Abgeschliffensein.*

ab|ge|schlos|sen ⟨Adj.⟩: **1.** *abgesondert, isoliert, von der Welt getrennt:* ein -es Leben führen; mein Leben ist still und a. **2.** *in sich geschlossen [u. deshalb für Fremde nicht ohne weiteres zugänglich]:* eine -e Wohnung; ein abgeschlossenes System (Physik; *physikalisches System, das sich nicht in Wechselwirkung mit seiner Umgebung befindet*). **3.** *abgerundet, durchgestaltet, in sich vollendet:* ein -es Werk.

Ab|ge|schlos|sen|heit, die; -: *das Abgeschlossensein* (1, 3).

ab|ge|schmackt ⟨Adj.⟩ [zu gleichbed. veraltet abgeschmack; vgl. Geschmack; schmecken]: *dem Empfinden zuwider; fade, geistlos, töricht, albern:* -e Reden, Komplimente; »Baby«, sagte ich es klang a., aber ich nannte sie nun mal Baby (Habe, Namen 190); seine Worte waren äußerst a.; etw. a. finden.

Ab|ge|schmackt|heit, die; -, -en: **1.** *das Abgeschmacktsein:* die A. seiner Reden. **2.** *etw. Abgeschmacktes:* seine -en *(abgeschmackten Reden, Verhaltensweisen)* wirken abstoßend.

ab|ge|schnit|ten: ↑ abschneiden (1, 2, 3).

Ab|ge|schnit|ten|heit, die; -: *das Abgeschnittensein.*

ab|ge|se|hen: ↑ absehen (4).

ab|ge|son|dert: ↑ absondern (1).

Ab|ge|son|dert|heit, die; -: *das Abgesondertsein.*

ab|ge|spannt ⟨Adj.⟩ [urspr. vom Bogen oder von Saiteninstrumenten, deren Spannung nachgelassen hat]: *(nach großer körperlicher od. geistiger Anstrengung) angegriffen, müde, erschöpft:* einen -en Eindruck machen; er sieht a. aus, ist sehr a.

Ab|ge|spannt|heit, die; -: *das Abgespanntsein:* sein Gesichtsausdruck, der höchste A. zeigte (Hochhuth, Stellvertreter 145); Körperliche A. kann geistige Erholung sein (Spiegel 31, 1994, 7).

ab|ge|spielt: ↑ abspielen (1 b).

Ab|ge|stalt, die; -, -en (veraltet): *Mensch mit auffälligen Fehlbildungen.*

ab|ge|stan|den ⟨Adj.⟩ [zu veraltet, noch landsch. abstehen = schal, schlecht werden; zugrunde gehen]: **1. a)** *durch langes Stehen schal geworden:* eine Tasse mit -em Milchkaffee (Werfel, Himmel 111); das Bier ist, schmeckt a.; **b)** *nicht mehr frisch, verbraucht:* -e Luft; die Wärme, der Geruch war a. **2.** *fade, nichts sagend:* -e Phrasen; die bloße ... lyrische Empfindung gilt bereits als a. (Gehlen, Zeitalter 33)).

Ab|ge|stan|den|heit, die; -: *das Abgestandensein.*

ab|ge|stimmt: ↑ abstimmen (2).

ab|ge|stor|ben: ↑ absterben (1 a, 2).

Ab|ge|stor|ben|heit, die; -: *das Abgestorbensein.*

ab|ge|stumpft: ↑ abstumpfen (2).

Ab|ge|stumpft|heit, die; -: *das Abgestumpftsein.*

ab|ge|ta|kelt ⟨Adj.⟩ (salopp abwertend): *vom Leben mitgenommen; verlebt, ausgedient, heruntergekommen:* Vorgesetzte sind oft ... alte, -e Garnisonswallache (A. Zweig, Grischa 196); Zwei Huren ... reichlich a. schon (Ziegler, Labyrinth 184); a. aussehen.

ab|ge|tan: ↑ abtun (3).

ab|ge|trie|ben: ↑ abtreiben (4).

ab|ge|wetzt: ↑ abwetzen (1 b).

ab|ge|wichst ⟨Adj.⟩ (derb): *in üblem Zustand, heruntergekommen:* ein -er Typ; einen -en Eindruck machen.

ab|ge|win|nen ⟨st. V.; hat⟩: **a)** *von jmdm. im Spiel oder [Wett]kampf als Gewinner, Sieger erlangen:* sie hat ihm [im Kartenspiel] viel Geld abgewonnen; **b)** *abnötigen, abringen; durch intensive Bemühungen entlocken:* dem Meer Land a.; In ... Radierungen gewann er der Ätzkunst eine Ausdrucksskala ab, die unübertroffen geblieben ist (Bild. Kunst III, 86); jmdm. ein Lächeln abzugewinnen versuchen; sie wusste sich neben ihrer ... Tagesarbeit noch Zeit ab, gute Bücher zu lesen (Niekisch, Leben 13); **c)** *etw. Gutes, Positives an einer Sache finden:* dass er ... dieser für ihn so betrüblichen Angelegenheit noch eine positive Seite abgewinnt (Kicker 82, 1981, 31); er hat der Sache keine Reize, nichts abgewonnen.

ab|ge|wirt|schaf|tet: ↑ abwirtschaften.

ab|ge|wo|gen: ↑ abwägen.

Ab|ge|wo|gen|heit, die; -: *das Abgewogensein.*

ab|ge|wöh|nen ⟨sw. V.; hat⟩: *jmdn., sich dazu bringen, eine [schlechte] Gewohnheit abzulegen:* jmdm. das Fluchen a.; ich habe mir das Rauchen abgewöhnt; Ich habe es mir zum Beispiel ganz abgewöhnt, zum Frühstück mehr als eine bescheidene Tasse Kaffee zu trinken (Grzimek, Serengeti 21) ⟨subst.:⟩ einen (scherzh.; *ein letztes alkoholisches Getränk*) noch zum Abgewöhnen; *zum Abgewöhnen sein* (ugs.; *so schlecht sein, dass man die Lust daran verliert*): das war Fußball zum A.

ab|ge|wohnt: ↑ abwohnen (1).

Ab|ge|wöh|nung, die; -: *das Abgewöhnen.*

ab|ge|wrackt: ↑ abwracken.

ab|ge|zehrt: ↑ abzehren.

ab|ge|zir|kelt: ↑ abzirkeln.

ab|ge|zo|gen ⟨Adj.⟩ [zu veraltet abziehen = abstrahieren] (selten): *abgeleitet, abstrahiert, abstrakt:* von den gewohnten Gegenständen ihre -e Werte, die im Wesen des Menschen ihre Entsprechung fanden (Kaschnitz, Wohin 214).

Ab|ge|zo|gen|heit, die; -: *das Abgezogensein.*

ab|gie|ßen ⟨st. V.; hat⟩: **1. a)** *einen Teil einer Flüssigkeit, der als zu viel erscheint, aus einem Gefäß heraus-, weggießen:* gieß Wasser [aus dem Eimer] ab!; **b)** *durch das Herausgießen von Flüssig-* keit den Inhalt eines Gefäßes verringern: den Eimer a. **2. a)** *von etwas gießen, weggießen:* das Wasser von den Kartoffeln, Nudeln a.; **b)** *etw. Gekochtes vom Kochwasser befreien:* die Kartoffeln a. **3.** (bild. Kunst; Gießerei) *durch einen Guss formen, nachbilden:* eine Büste a.; man kann Hände a. lassen von einem Skulpteur (Härtling, Frau 28); Terrakotten ... wurden ... in Bronze abgegossen (MM 19. 6. 71, 70). **4.** (Gießerei) *(eine Form) mit flüssigem Metall füllen:* eine Form a.

Ab|glanz, der; -es: **1.** *Reflex glänzender Lichter, Farben; Widerschein:* der A. der Abendröte; was ist der Mond ... Was von ihm ausgeht, ist der goldene A., der als Widerschein ... auf den Wellen des Meeres tanzt (Gregor-Dellin, Traumbuch 87). **2.** *etw., worin etwas anderes von gleicher Wesensart noch spürbar ist; Nachklang:* ein schwacher, matter A. vergangener Pracht; In ihr (= einer Kirche) war ein A. von Größe und Stille, wie sie auch zu dieser Landschaft gehörten (Kirst, 08/15, 496).

Ab|gleich, der; -[e]s, -e ⟨Pl. selten⟩ (Funkt., Elektronik): *das Abgleichen* (3): A. und Prüfung ... elektrischer und elektronischer Baugruppen (Elektronik 11, 1971, A 87).

ab|glei|chen ⟨st. V.; hat⟩: **1.** (Bauw., Handw.) *in der Höhe, im Verlauf gleichmachen:* den Beton a. **2.** *vergleichend auf etw. abstimmen:* die Maße sind mit den Normalen der Eichbehörden abgeglichen worden. **3.** (Funkt., Elektronik) *Spulen, Kondensatoren auf den richtigen Wert einstellen, die Eigenfrequenzen von Schwingkreisen in Übereinstimmung zu bringen:* einen Rundfunkempfänger a. **4.** (Optik) *(zwecks richtiger Brillenbestimmung) die Sehschärfen beider Augen einander anpassen.*

Ab|glei|chung, die; -, -en: *das Abgleichen.*

ab|glei|ten ⟨st. V.; ist⟩ (geh.): **1. a)** *die Haftung, den Halt verlieren u. von etw. unbeabsichtigt seitwärts [und nach unten] gleiten:* sie glitt vom Beckenrand ab; das Messer war abgeglitten; Ü die Beleidigungen glitten von ihm ab *(berührten ihn nicht);* ihre Verführungskünste sind an ihm abgeglitten *(sind bei ihm wirkungslos geblieben);* manchmal hielt sie lauschend inne ... und ließ Kühle und Musik an sich a. (Broch, Versucher 349). **b)** *sich von etw. entfernen, ohne es zu merken; von etw. abirren, abschweifen:* sie taumeln, sie gleiten vom Wege ab, sie glauben nicht mehr an sich selber (Thieß, Legende 173); Bei den Verhandlungen ... glitten ihre Gedanken ab (Müthel, Baum 217); von der Bahn der Tugend a. **2. a)** (selten) *von etw. nach unten gleiten:* ich ließ mich vom Pferd, vom Wagen a.; Ü in Anarchie a. *(absinken);* **b)** *nachlassen, schlechter werden:* seine Leistungen sind in letzter Zeit immer mehr abgeglitten; der Schüler ist in seinen Leistungen abgeglitten; **c)** *moralisch absinken, herunterkommen:* nach dem Tod seiner Frau ist er immer mehr abgeglitten; **d)** *an Wert verlieren; fallen:* der Dollar gleitet ab; abgleitende Preise.

ab|glie|dern ⟨sw. V.; hat⟩: *[sich] als Teil eines Ganzen räumlich abgrenzen, absondern:* einen Verschlag ..., der von dem anstoßenden Zimmer, dem eigentlichen Schauplatz der Untersuchung, abgegliedert war (Th. Mann, Krull 106).

Ab|glie|de|rung, die; -, -en: *das Abgliedern.*

ab|glit|schen ⟨sw. V.; ist⟩ (ugs.): *ab-, ausgleiten, abrutschen:* von der Bank, vom Beckenrand a.; sie stolperten über ... Steinbrocken, glitschten in Löcher ab, verloren die Balance (Apitz, Wölfe 224).

ab|gon|deln ⟨sw. V.; ist⟩ (ugs.): *langsam davongehen, -fahren:* er gondelte mit seinem Fahrrad a.

Ab|gott, der; -[e]s, Abgötter [mhd., ahd. abgot, wahrsch. zu einem alten Adj. mit der Bed. »gottlos« (vgl. got. afguþs, das griech. asebēs = gottlos wiedergibt)]: **1.** (veraltet) *falscher Gott; Götze:* sie umtanzen ihren hölzernen A. **2.** *vergöttertes Wesen; etw. leidenschaftlich Verehrtes:* dieses Kind ist der A. seiner Eltern; der bescheidene, in eine graue Litewka gekleidete Mann, ..., der A. der Jugend, dem die Herzen zuflogen (Bieler, Bär 268); etwas zu seinem A. machen.

Ab|göt|te|rei, die; -: **1.** (veraltet) *Götzendienst, Kult:* sie trieben A. **2.** *übertriebener Kult mit Personen u. Dingen:* ihre Verehrung für ihn grenzt schon an A.

Ab|göt|tin, die; -, -nen (veraltet): **1.** w. Form zu ↑Abgott (1). **2.** *abgöttisch geliebte weibliche Person.*

ab|göt|tisch ⟨Adj.⟩: **1.** (veraltend) *götzendienerisch:* die -e Anbetung der Gegenstände verbieten; ein hölzernes Bild a. verehren. **2.** (emotional) *wie einen Abgott, mit übersteigerter Zuneigung:* jmdn. a. lieben.

Ab|gott|schlan|ge, die; -, -n [die Schlange genoss in ihrer Heimat, bes. in Mexiko, wegen ihrer Stärke und Schönheit göttliche Verehrung]: *Königsschlange.*

ab|gra|ben ⟨st. V.; hat⟩: **1.** *mit dem Spaten o. Ä. abtragen:* er grub das Erdreich ab. **2.** *durch Graben, durch Gräben ableiten:* Wasser, einen Bach a.

ab|grä|men, sich ⟨sw. V.; hat⟩ (selten): *sich in Gram u. Kummer verzehren:* ich grämte mich im Stillen um sie ab.

ab|gra|sen ⟨sw. V.; hat⟩: **1.** *Gras, Kräuter o. Ä. von etw. abfressen; abweiden:* das Vieh graste die Uferböschungen ab; Ü dieses Gebiet, dieser Themenkreis ist schon abgegrast (ugs.; *bietet keine Möglichkeiten mehr für eine Bearbeitung*). **2.** (ugs.) *eine Gegend, Haus für Haus o. Ä. nach etw. absuchen, wegen etw. aufsuchen:* die Umgebung a.; Die Badegäste, die abends ... die Andenkenläden ... abgrasen (FAZ 24. 11. 61, 28); Ü Ich habe deine Wirtinnen abgegrast. Sie haben dich alle in bester Erinnerung (H. Weber, Einzug 101).

ab|gra|ten ⟨sw. V.; hat⟩: *(ein Werkstück) von Graten befreien:* ein Gussstück a.

ab|grät|schen ⟨sw. V.; ist⟩ (Turnen): *mit einer Grätsche vom Gerät abgehen:* er grätschte [vom Barren] ab.

ab|grei|fen ⟨st. V.; hat⟩: **1. a)** *durch häufiges Anfassen abnutzen:* viele Finger haben den alten Einband abgegriffen; die Türklinke ... es war nicht mehr die meiner Kindheit, der abgegriffene Löwenkopf aus Messing (Gregor-Dellin, Traumbuch 131); abgegriffene Zeitschriften; Ü Es klingt albern und abgegriffen *(banal),* aber es ist wahr (Remarque, Triomphe 42); **b)** ⟨a. + sich⟩ *durch häufiges Anfassen abgenutzt werden:* die Farbe greift sich rasch ab. **2.** *greifend abtasten:* die Ärztin griff die Körperstelle, den Knochen ab. **3.** *[greifend zwischen zwei Finger o. Ä. nehmen und dadurch] messen, ausmessen:* ich griff die Entfernung mit den Fingern, mit dem Zirkel ab. **4.** (Elektrot., Elektronik) *feststellen; wahrnehmen:* eine Spannung a.; ein Signal a. **5.** *aufgreifen* (1): Ab und zu greifen sie einen ab (Spiegel 44, 1989, 107); Die Demonstranten buhten und pfiffen. Die Polizei kesselte ein, griff ab, haute drauf und sperrte 491 Personen wg. Nötigung ein (Zeit 10. 7. 92, 1).

ab|gren|zen ⟨sw. V.; hat⟩: **1.** *von etw. durch eine Grenze abtrennen:* einen Garten vom Nachbargrundstück [mit einem Zaun, einer Hecke] a.; Sie ... stiegen zuletzt über einen kleinen Zaun, der das Grundstück gegen einen Feldweg abgrenzte (Simmel, Stoff 24); Ü Der Gesang des Rotkehlchens grenzt das eigene Wohnrevier gegen Rivalen ab (Natur 83). **2.** *etw., sich durch genaue Definition von etw., jmdm. unterscheiden, abheben:* Es (= das geheime Zusatzprotokoll) grenzte die beiderseitigen Interessensphären ab (Saarbr. Zeitung 6./7. 10. 79, 34); die Aufgabengebiete, Kompetenzen sind genau abgegrenzt. **3.** ⟨a. + sich⟩ *sich distanzieren, von jmdm., einer Sache absetzen:* Politisch grenzen sich die arabischen Staaten ... deutlich von Arafat ab (Wochenpresse 46, 1983, 34).

Ab|gren|zung, die; -, -en: *das Abgrenzen.*

Ab|griff, der; -[e]s, -e (Elektrot., Elektronik): **1.** ⟨ohne Pl.⟩ *das Abgreifen* (4): *die Geschwindigkeit des Abgriffs.* **2.** *Vorrichtung zum Abgreifen* (4): pneumatische -e, photoelektrische -e.

Ab|grund, der; -[e]s, Abgründe [mhd., ahd. abgrunt, eigtl. = abwärts gehender (Erd)boden]: **1.** *unermessliche, gefährliche Tiefe:* ein A. tat sich vor mir auf; in den A. stürzen; er riss den Bergführer mit sich in den A.; Wie in einen dunklen A. fiel er in eine Krise (Geissler, Wunschhütlein 12); Ü Humor als eine Brücke über den A. (Gregor-Dellin, Traumbuch 90). **2.** (geh.) **a)** ⟨häufig Pl.⟩ *unergründlicher Bereich:* die Abgründe der menschlichen Seele; aus den Abgründen des Schlafes zurückkehren; die Kunst ist die heilige Fackel, die barmherzig hineinleuchte ... in alle scham- und gramvollen Abgründe des Daseins (Th. Mann, Tod u. a. Erzählungen 181); **b)** *unvorstellbares Ausmaß von etw.:* Hinter uns lag ein A. an Gewalt und Schuld (v. Weizsäcker, Deutschland 49); ein A. von Gemeinheit; **c)** *Untergang, Verderben:* am Rande des -s; an den Rand des -s geraten; Kaum jemand macht sich klar, dass ... die Industrieländer sich ... auf den A. zubewegen (Gruhl, Planet 263); das Volk in den A. führen; vor dem A. stehen; **d)** *unüberbrückbare Kluft, Gegensatz:* einen A. zwischen Ost und West aufreißen.

ab|grund|häss|lich ⟨Adj.⟩ (emotional): *überaus hässlich.*

ab|grün|dig ⟨Adj.⟩ (geh.): **1.** *geheimnisvoll, rätselhaft [u. gefährlich] in seiner Unergründlichkeit:* ein -es Geheimnis; bekommt das Wort »Naivität« eine neue, -ere Bedeutung – weil man den Abgrund besser sieht, über dem sie schwebt (Sloterdijk, Kritik 113); a. lächeln; ⟨subst.:⟩ Sie erschauern ... vor der Enthüllung des Abgründigen im Menschen (Koeppen, Rußland 47). **2. a)** *von unvorstellbarem Ausmaß, unermesslich, überaus groß:* Eine -e Wut brüllt aus den Soldaten (A. Zweig, Grischa 286); dieser zweite Text ist von einer -en Verachtung eben jener Grundsätze diktiert (Enzensberger, Einzelheiten I, 60); **b)** ⟨intensivierend bei Adj.⟩ *sehr, überaus:* a. boshaft, gemein.

Ab|grün|dig|keit, die; -: *abgründige Art.*

ab|grund|tief ⟨Adj.⟩ (emotional): *(meist in Bezug auf negative Empfindungen) unermesslich [tief]:* -er Hass; jmdn. a. verachten.

ab|grup|pie|ren ⟨sw. V.; hat⟩: *in eine niedrigere Lohn- od. Gehaltsgruppe einstufen:* jmdn. [in eine niedrigere Lohnstufe] a.

Ab|grup|pie|rung, die; -, -en: *das Abgruppieren.*

ab|gu|cken ⟨sw. V.; hat⟩: **1.** (ugs.) *durch genaues Hinsehen von jmdm. lernen, übernehmen:* bei wem hast du dir denn das abgeguckt?; jmdm. ein Kunststück, einen Trick a. **2.** (Schülerspr.) *in der Schule, bei einer Prüfung unerlaubt von jmdm. abschreiben:* sie ließ nur ihre Freundin a.; darf ich bei dir, von dir a.? **3.** * **jmdm. nichts abgucken** * (fam. scherzh. veraltend; in Aufforderungen [an Kinder], sich auszuziehen und sich nicht zu genieren): du brauchst keine Angst zu haben, du guck dir nichts ab!

Ab|gunst, die; - [mhd. ab(e)gunst] (selten): *Missgunst.*

ab|güns|tig ⟨Adj.⟩ (selten): *missgünstig:* Er sagte es a. und bewundernd zugleich (Giordano, Die Bertinis 113).

Ab|guss, der; -es, Abgüsse: **1.** (landsch.) *Ausguss.* **2.** (bild. Kunst) *durch Gießen hergestellte Nachbildung:* der A. einer Büste; einen A. in Gips, in Bronze anfertigen. **3.** (Gießerei) *Gussstück im Rohzustand.*

Abh. = Abhandlung (2).

ab|ha|ben ⟨unr. V.; hat⟩ (ugs.): **1.** *(einen Teil von etw.) erhalten* ⟨meist im Inf.⟩: willst du was a.?; Wenn du mal probieren willst ... Du kannst was a. (Christiane, Zoo 52); * **einen a.** * (salopp; 1. *betrunken sein.* 2. *nicht recht gescheit sein*). **2.** *abgenommen haben:* er hatte den Schlips, den Hut, die Brille ab. **3.** *(etwas fest Haftendes) gelöst, entfernt haben:* hast du den Fleck, den Verschluss ab?

ab|ha|cken ⟨sw. V.; hat⟩: *einer Sache od. jmdm. [einen Teil von] etw. mit einem scharfen Werkzeug abschlagen, abtrennen:* ich hackte dem Huhn den Kopf ab; beinahe hätte ich mir den Daumen abgehackt; jmdm. den Kopf, die Rübe a.

abhäkeln

(derb emotional; *ihn enthaupten*); (emotional:) eher lasse ich mir die Hand a., als dass ich mich dafür hergebe; Es kam ihm vor, als hätte man ihm beide Beine abgehackt (Loest, Pistole 62); Das richtige Plündervolk, das sei ja noch gar nicht da ... Beil in der Hand: Finger a., wenn der Ring nicht abgeht (Kempowski, Uns 39).

ab|hä|keln ⟨sw. V.; hat⟩: *häkelnd nachbilden:* ich häk[e]le das Muster ab.

ab|ha|ken ⟨sw. V.; hat⟩: **1.** *von einem Haken abnehmen, aus einer Öse o. Ä. loshaken:* den Tragriemen von der Tasche a.; die Fensterläden a.; Dann hielt er kurz vor einem Gebüsch ..., hakte seine Kommandoflagge ab und befestigte an deren Stelle ein weißes Tuch (Kirst, 08/15, 872). **2.** *als erledigt, ausgeführt, zur Kenntnis genommen mit einem Haken* (1 b) *kennzeichnen:* die Namen in einer Liste, eine Liste a.; Wenn Sie wollen, hake ich Sie auf meiner Liste ... ab (Cotton, Silver-Jet 133); In seinem Büro hat Zahlmeister Burkhard die Ankunft der ... Passagiere abgehakt (Heim, Traumschiff 52); Ü die Streitfragen in der Sache waren rasch abgehakt *(erledigt);* somit war das Thema abgehakt *(als erledigt angesehen;* Eppendorfer, St. Pauli 60); Der Bundesnachrichtendienst hakte den Tod seines Mitarbeiters ... als Unfall ab (Spiegel 4, 1982, 4).

ab|half|tern ⟨sw. V.; hat⟩: **1.** (selten) *einem Zugtier das Halfter abnehmen:* ich halfterte das Pferd ab. **2.** (ugs.) *aus seiner Stellung entfernen, seines Postens, Einflusses berauben:* man hat die aufmüpfige Redakteurin kurzerhand abgehalftert; abgehalfterte Parteifunktionäre; als ... einige CDU-Rebellen versuchten, ihren als abgehalftert geltenden Vorsitzenden zu stürzen (Woche 7. 2. 97, 5);

Ab|half|te|rung, die; -, -en: *das Abhalftern.*

ab|hal|ten ⟨st. V.; hat⟩: **1. a)** *in Händen Gehaltenes von jmdm., sich od. etw. weg-, entfernt halten:* die Zeitung beim Lesen weiter [von sich] a.; Haugk hielt den Hörer etwa fünfzehn Zentimeter von der Wand ab (H. Gerlach, Demission 36); **b)** *ein Kind so halten, dass es seine Notdurft verrichten kann:* die Mütter an der Reling halten die kleinen Kinder ab (Hilsenrath, Nazi 239). **2. a)** *nicht herankommen od. eindringen lassen; abwehren:* die Fliegen von dem schlafenden Säugling a.; dass die Jacke die kalte Luft des Fensters abhielt (Johnson, Mutmaßungen 114); Der Südwester und das Handtuch ... hielten auf die Dauer das Wasser nicht ab (Ott, Haie 232); **b)** *von etw. zurückhalten; an etw. hindern:* jmdn. von einer unüberlegten Handlung a.; eine dringende Angelegenheit hielt mich davon ab, an der Feier teilzunehmen; sie hielt ihn davon ab, noch mehr zu trinken; die Kinder vom Lernen, von den Schularbeiten a.; Er ... ließ sich durch nichts auf der Welt davon a., ihn (= den Kaffee) in Ruhe auszutrinken (H. Weber, Einzug 379); Keine zehn Pferde hätten sie a. können, die Sixtinische Kapelle zu sehen (Loest, Pistole 103); wie die Türen eines Käfigs mit senkrechten Gitterstäben, die jedoch niemanden abhielten, zu gehen und zu kommen, wann es ihm beliebte (H. Gerlach, Demission 7). **3.** *eine Veranstaltung, Zusammenkunft durchführen:* eine Konferenz, eine Versammlung a.; Wahlen a.; Als die Eheliebsten hörten, dass wir ... fliegen gelernt hätten, hielten sie Kriegsrat ab (Grzimek, Serengeti 57). **4.** (landsch.) *aushalten:* der Junge, der Stoff, das Material hält viel, wenig ab. **5.** (Seemannsspr.) **a)** *den Kurs so ändern, dass er von etwas wegsteuert;* das Schiff hat von der Klippe abgehalten; **b)** *abfallen* (6): die Jolle hält [vom Wind] ab.

Ab|hal|tung, die; -, -en: **1.** *Verhinderung:* ich hatte eine dringende A. **2.** *Durchführung:* die A. von Wahlen.

ab|han|deln ⟨sw. V.; hat⟩: **1.** *jmdm. nach längerem Handeln abkaufen, durch Herunterhandeln von jmdm. erwerben:* dass Ranek ein Gauner sei und ihm das Tuch ... für lausige drei Kartoffeln abgehandelt hätte (Hilsenrath, Nacht 435); Ü ich lasse mir von meinem Recht nichts a.; vielleicht würde er sich einen Kompromiss a. lassen *(sich durch Überredung dazu bringen lassen;* Kühn, Zeit 153). **2.** *[wissenschaftlich] darstellen, gründlich behandeln:* ein Thema, einen Gegenstand a.; Kulturen ..., die in ihrer Bedeutung den hier abgehandelten kaum nachstehen (Ceram, Götter 437).

ab|han|den [eigtl. = von den Händen weg] ⟨Adv.⟩: in der Verbindung **[jmdm.] a. kommen** *(verloren gehen):* mir ist meine Brieftasche a. gekommen; Ü ein Bezug zur Natur ... kam immer mehr a. (Bremer Nachrichten 20. 5. 85, 11); Was Kraft ist, weiß man erst richtig zu schätzen, wenn sie einem a. gekommen ist (Salzburger Nachr. 17. 2. 86, 7); ⟨auch attr.:⟩ die a. gekommene Brieftasche.

Ab|han|den|kom|men, das; -s: *das Verlorengehen.*

Ab|hand|lung, die; -, -en: **1.** *das Abhandeln* (2). **2.** *schriftliche [wissenschaftliche] Darstellung; längerer Aufsatz* (Abk.: Abh.): eine A. über die einheimische Fauna; eine A. verfassen, schreiben.

Ab|hang, der; -[e]s, Abhänge: *sich neigende Seite einer Bodenerhebung, eines Gebirges:* ein schroffer A.; den A. hinunterrutschen, hochklettern; Den A. zum Wasser hinunter standen vereinzelt alte Linden (Lentz, Muckefuck 174); in einer ... Bungalowsiedlung am südlichen A. eines Mittelgebirges (Handke, Frau 7).

ab|han|gen ⟨st. V.; hat⟩ (mundartl., schweiz., sonst veraltet): †¹**abhängen:**
♦ soll es einzig so von meiner Minna a., ob ich noch jemandem wieder zugehören soll als ihr (Lessing, Minna V, 9).

¹**ab|hän|gen** ⟨st. V.; hat⟩: **1.** (bes. von *Schlachtfleisch*) *durch längeres Hängen mürbe werden:* der Hase hat drei Tage auf dem Balkon abgehangen; ⟨meist im 2. Part.:⟩ gut abgehangene Steaks; das Rindfleisch ist gut abgehangen. **2.** (selten) **a)** *herunterhängen:* dem ... Hautfetzen, der von seiner Hand abhing (Johnson, Mutmaßungen 111); das Licht ..., das unter einem unterbrochenen Porzellanschirm an einem krummen langen Draht von der Zimmerdecke abhing (Lynen, Kentaurenfährte 188); **b)** *abfallen* (4): An dem nach Osten abhängenden Gelände (Plievier, Stalingrad 84). **3. a)** *durch etw. bedingt sein; jmds. Willen od. Macht unterworfen sein:* etw. hängt von den Umständen, vom Wetter, vom Zufall ab; sein Leben, ihre Zukunft hing von dieser Entscheidung ab; Aber sie sollte sehen, ..., was von ihm und seinen Fähigkeiten abhing, wenn es um Krankheit und Menschenleben ging (Ossowski, Liebe ist 39); es hängt viel davon für mich ab *(es ist für meine Zukunft wichtig);* **b)** *auf jmdn. od. etw. angewiesen, von jmdm. od. etw. abhängig sein:* Meinst du, es macht mir Spaß, ewig und drei Tage von Vaters Gnaden abzuhängen (M. L. Fischer, Kein Vogel 130); viele Studierende hängen finanziell von ihren Eltern ab.

²**ab|hän|gen** ⟨sw. V.; hat⟩: **1.** *von einem Haken, Nagel [ab-, herunter]nehmen:* ich hängte das Bild ab. **2.** *aus der Verbindung mit etw. lösen:* der Speisewagen wird in München abgehängt. **3. a)** (salopp) *jmdn. loswerden, die Bindung zu ihm lösen:* Du denkst, du kannst mich a., was? (Augustin, Kopf 196); dass ihn Grete ... abhängte, um sich dem anderen Kerl ... an den Hals zu werfen (Marchwitza, Kumiaks 215); **b)** (ugs., bes. Sport) *jmdn. abschütteln, hinter sich lassen:* die Gegner [im Sport] a.; er hat alle Konkurrenten abgehängt; Sie kommen ... in ... pfeilschnellen Booten, die bei der Flucht sogar Marinewachboote abhängen (MM 17. 10. 80, 33). **4.** (veraltend) *den Telefonhörer auflegen u. damit das Gespräch beenden:* der Teilnehmer hat abgehängt. **5.** (Bauw.) *die Decke eines Raumes niedriger machen:* eine Decke a.; ⟨subst.:⟩ Hohe Räume ... können durch Abhängen der Paneeldecke niedriger gemacht werden (Wohnfibel 130).

ab|hän|gig ⟨Adj.⟩: **1. a)** *durch etw. bedingt, bestimmt; von etw. entscheidend beeinflusst:* das ist von den Umständen a.; er ist von Alkohol, von Drogen a.; weil sie davon überzeugt ist, dass Hasch a. macht (ran 3, 1980, 22); etw. von einer Bedingung a. machen *(für etw. eine bestimmte Bedingung stellen);* **b)** *auf jmdn. od. etw. angewiesen, an jmdn. od. etw. gebunden:* von den Eltern [finanziell] a. sein; Er ... geriet ... in die Gewalt seiner ... Frau und wurde ... in allem fast unbedingt von ihr a. (Hauptmann, Thiel 7); von einem Land wirtschaftlich a. sein; eine von den Launen ihres Herrn -e Masse von Sklaven (Thieß, Reich 511). **2.** *unselbstständig:* in -er Stellung sein; -e Beschäftigte, Erwerbstätige (Amtsspr.: *Personen, die nicht selbstständig, sondern als Angestellte, Beamte, Arbeiter od. Auszubildende arbeiten);* Sprachw.: -er *(untergeordneter)* Satz *(Neben-, Gliedsatz),* -e *(indirekte)* Rede, -er *(obliquer)* Fall. **3.** (veraltet) *abfallend, geneigt:* ließen die Tiere hinschreiten auf einem Grunde, der linkerseits a. war und moosig (Th. Mann, Joseph 588).

-ab|hän|gig: drückt in Bildungen mit Substantiven eine Abhängigkeit aus:

1. *durch etw. bestimmt, von etw. entscheidend beeinflusst:* leistungs-, temperatur-, zeitabhängig. **2.** *körperlich und seelisch von etw. abhängend, auf etw. angewiesen:* heroin-, rauschgift-, tablettenabhängig.

Ab|hän|gig|keit, die; -, -en: **1.** *das Abhängigsein* (1 b): *die wirtschaftliche, politische A. von einem anderen Land; Nach dem Grundgesetz ist ... es unvereinbar, wenn Abgeordnete sich gleichzeitig in die finanzielle A. eines Interessenverbandes begeben* (Woche 28. 2. 97, 2); *jmdn. seine A. fühlen lassen; Diplompsychologen ... mit Erfahrung im Bereich A.* (Drogenabhängigkeit; Saarbr. Zeitung 6./7. 10. 79, 50); *die Geschichte eines älteren Mannes, der in die A. von einer Frau gerät – eine erotische und sexuelle A.* (Reich-Ranicki, Th. Mann 131); *die Jagd nach dem Glück macht krank und schafft -en* (Hörzu 35, 1974, 54). **2.** *das Abhängigsein* (1 a; 2).

Ab|hän|gig|keits|ge|fühl, das ⟨o. Pl.⟩: *Gefühl des Abhängigseins.*

Ab|hän|gig|keits|ver|hält|nis, das: *Verhältnis, bei dem einer der beiden Partner vom andern abhängig ist:* in ein A. geraten.

Ab|häng|ling, der; -s, -e (Archit.): *(bes. in der Spätgotik verwendeter) herabhängender, Gewölberippen zusammenfassender Schlussstein.*

ab|har|ken ⟨sw. V.; hat⟩ (nordd.): **a)** *mit der Harke entfernen:* Laub a.; Ü *Eine Rockergruppe überfiel in einem ... Park einen Angetrunkenen und »harkte ein paar Mücken ab«* (salopp; *erpresste Geld von ihm;* Spiegel 29, 1974, 38); **b)** *mit der Harke säubern:* den Rasen a.

ab|här|men, sich ⟨sw. V.; hat⟩: *sich jmds., einer Sache wegen stark härmen:* ich härmte mich seinetwegen/um ihn ab; ⟨oft im 2. Part.:⟩ abgehärmt aussehen; ein abgehärmtes *(einen abgehärmten Eindruck machendes)* Gesicht.

ab|här|ten ⟨sw. V.; hat⟩: *an Beanspruchungen durch raues Wetter, Kälte, Entbehrungen gewöhnen u. dadurch widerstandsfähig machen:* seinen Körper durch Sport a.; ich habe mich gegen Erkältungen abgehärtet; die Kinder sind abgehärtet; Ü *So abgehärtete* (unempfindlich gewordene) *Seele von einem Menschenschinder* (Remarque, Obelisk 293).

Ab|här|tung, die; -: *das Abhärten.*

ab|has|peln ⟨sw. V.; hat⟩: **1.** *[von einer Rolle, Winde] abwickeln, abspulen:* ich hasp[e]le den Faden ab; Ü *ein Mann, der bisher nur ... leichtfertige Abenteuer abgehaspelt hat* (Fussenegger, Haus 392). **2.** *hastig, ohne rechte Betonung aufsagen, vortragen:* eine Rede, einen Vortrag a. **3.** ⟨a. + sich⟩ (landsch.) *sich abhetzen.*

ab|hau|en ⟨unr. V.; haute/(geh.:) hieb ab, abgehauen⟩ [2: eigtl. = flüchtig herunterhauen, vgl. abschmieren; 3: zu veraltet neu = eilen, laufen, vom Einhauen der Sporen in die Weichen des Pferdes]: **1.** ⟨hat⟩ **a)** *abschlagen:* die Maurer hauten den Putz ab; **b)** *abtrennen:* ich hieb/(ugs.:) haute die Äste mit der Axt ab; beinahe hätte er sich den Daumen abgehauen; Wieso haut man der giftigen Schlange nicht den Kopf ab (Maass, Gouffé 289). **2.** ⟨nur: haute⟩ (Schülerspr.) *(in der Schule, in einer Prüfung) unerlaubt [schnell u. nicht sauber] abschreiben* ⟨hat⟩: *er haute die Rechenaufgaben [von mir] ab.* **3.** ⟨nur: haute⟩ (salopp) *sich davonmachen, verschwinden* ⟨ist⟩: *er haute mit dem ganzen Geld ab; Machen Sie, dass Sie fortkommen. Hauen Sie auf der Stelle ab* (Muschg, Gegenzauber 159); *Mensch, hau bloß, endlich ab!; sie sind aus dem Lager, in den Westen, über die Grenze abgehauen; Wir hauen ab auf die Bahamas* (M. Walser, Pferd 137); *Bist [Übers.], Notre-Dame 166)*. **4.** (Bergbau) *(bei schrägem Grubenausbau) die Strecke einer Lagerstätte von oben nach unten vortreiben* ⟨hat⟩: *wir hatten die Strecke abgehauen.*

ab|häu|ten ⟨sw. V.; hat⟩: *einem Tier die Haut abziehen:* einen Hasen, ein Lamm a.; *Der Mensch ... häutete die Tiere ab und kleidet sich mit ihren Pelzen* (Strittmatter, Wundertäter 246).

Ab|he|be|ge|schwin|dig|keit, die; -, -en: *Geschwindigkeit beim Abheben* (4): *Die A. (der »Concorde«) liegt bei 325 km/h* (MM 20. 2. 69, 19).

ab|he|ben ⟨sw. V.; hat⟩ [2: für älter: *heben,* nach ital. *levare;* 5: wohl aus der Schützensprache]: **1. a)** *anheben u. entfernen; ab-, herunternehmen:* den Deckel, den Hörer a.; *Karten [von einem Kartenspiel] a.:* du musst noch a. *(vor Spielbeginn einen Teil der [bereits gemischten] Karten vom Stapel heruntenehmen und die übrig gebliebenen obenauf legen);* eine Masche a. (Stricken; *durch Überziehen einer Masche über die davor liegende der Gesamtmaschenzahl um eins reduzieren);* **b)** ⟨a. + sich⟩ *sich ablösen:* die Kruste hebt sich ab. **2.** *sich etw. auszahlen lassen:* Geld [vom Konto] a.; *sieht er -en, hebt auf der Sparkasse sein Guthaben ab* (Fallada, Blechnapf 311). **3. a)** ⟨a. + sich⟩ *gegenüber einem Hinter-, Untergrund, seiner Umgebung deutlich unterscheidbar hervortreten:* die Bäume hoben sich vom/gegen den Abendhimmel ab; *Weiter vorn ... hoben sich zwei Segel wie kleine graue Türmchen vor dem Himmel ab* (Hausmann, Abel 162); Ü *der Ritmo ist ein ungewöhnliches Auto. Er hebt sich ab* (er unterscheidet sich deutlich von anderen Autos; ADAC-Motorwelt 10, 1980, 12); sie hob sich von den anderen durch ihre ruhige Art ab; *Die Nationale Front legt überall dort zu, wo die Arbeitslosigkeit hoch ist, die alten Stadtregierungen korrupt oder vom Alltag der Bürger abgehoben sind* (Woche 14. 2. 97, 3); **b)** *etw. optisch gegenüber etw. hervortreten lassen:* etw. unterstreichen und es dadurch von seiner Umgebung a. **4.** (Fliegerspr.) *(von Flugzeugen, Raketen) sich in die Luft erheben:* die Maschine hebt gleich ab; *die Rakete hat von der Startrampe abgehoben;* Ü *er ist Realist geblieben, hat innerlich nicht abgehoben* (hat den Bezug zur Realität nicht verloren; Hamburger Morgenpost 25. 5. 85, 9); In *welcher abgehobenen* (realitätsfernen) *Welt leben eigentlich die Politiker* (Stuttg. Zeitung 7. 11. 89, 29). **5.** *auf etw. nachdrücklich Bezug nehmen, in einem gegebenen Zusammenhang hinweisen:* Schmidt hob auf die Notwendigkeit einer kritischen Distanz zwischen Medien und Politik ab (Saarbr. Zeitung 27. 6. 80, 11); *die Fraktionsvorsitzende hat bewusst auf die Gewissensentscheidung jedes und jeder einzelnen Abgeordneten abgehoben.*

ab|he|bern ⟨sw. V.; hat⟩: *eine Flüssigkeit aus etw. mit einem Heber entnehmen.*

Ab|he|bung, die; -, -en: *das Abheben* (2): *dass er -en bis zur Höhe der Gesamtsumme vornehmen könne* (Th. Mann, Krull 294).

ab|hech|ten ⟨sw. V.; hat⟩ (Turnen): *mit einem Hechtsprung vom Gerät abgehen:* aus dem Liegestütz, vom Stufenbarren a.

ab|hef|ten ⟨sw. V.; hat⟩: **1.** *etw. in einen Hefter einordnen:* Rechnungen, Durchschläge in einem Ordner a.; *die Mappe ..., in der Vorgang des Gefreiten Drees abgeheftet war* (Loest, Pistole 99). **2.** *etw. mit Heftstichen befestigen:* sie heftete die Falte ab.

Ab|hef|tung, die; -, -en: *das Abheften.*

ab|hei|len ⟨sw. V.; ist⟩: *[ver]heilen [u. verschwinden]:* der Ausschlag heilte [nicht] ab; *gut abheilende Wunden* ⟨subst.:⟩ *Die Haut ... würde noch Tage zum Abheilen brauchen* (Loest, Pistole 90).

Ab|hei|lung, die; -, -en: *das Abheilen.*

ab|hel|fen ⟨st. V.; hat⟩: *eine Notlage, einen Übelstand beheben; sich einer Sache annehmen u. den Grund zur Unzufriedenheit o. Ä. beseitigen:* einem Übel, einem Missstand, berechtigten Beschwerden a.; dem ist leicht abzuhelfen.

ab|het|zen ⟨sw. V.; hat⟩: **1.** *(Wild, Pferde, Hunde) durch ständiges Antreiben erschöpfen:* er hat sein Pferd abgehetzt. **2.** ⟨a. + sich⟩ *sich bis zur Erschöpfung beeilen:* ich habe mich so abgehetzt, um den Zug noch zu erreichen; Sie waren beide abgehetzt und froh, als die wilden Pfingsttage ... zu Ende gegangen waren (Kant, Impressum 190); ⟨häufig im 2. Part.:⟩ abgehetzte Menschen; abgehetzt aussehen.

ab|heu|ern ⟨sw. V.; hat⟩: **1.** (Seemannsspr.) *aus dem Dienst auf einem Schiff entlassen:* ein Besatzungsmitglied a. **2.** (Seemannsspr.) *den Dienst auf einem Schiff aufgeben; abmustern:* der zweite Steuermann hat abgeheuert. **3.** (ugs.) *[jmdm.] jmdn. abwerben:* [einem Unternehmen] Arbeitskräfte a.

Ab|heu|e|rung, die; -, -en: *das Abheuern.*

Ab|hieb, der; -[e]s (Forstw.): **1.** *das Abhauen, Fällen von Bäumen:* vor dem A. des Bestandes. **2.** *Stelle, an der ein Baum abgehauen worden ist:* drei Meter über A.

Ab|hil|fe, die; -, -n: *das Abhelfen:* Schnellste A. sei vonnöten (Werfel, Bernadette 307); *ist es der Chemie möglich, ... -n zu entwickeln* (Heilbronner Stimme 12. 5. 84, 15); A. versprechen, schaffen; auf A. sinnen; für A. sorgen.

Ab|hit|ze, die; - (Technik): *Abwärme hoher Temperatur (bei Abgasen).*

Ab|hit|ze|ver|wer|tung, die; - (Technik): *technische Verwertung der Abhitze.*
ab|ho|beln ⟨sw. V.; hat⟩: **1.** *mit dem Hobel glätten:* die Kanten von etw. a. **2.** *mit dem Hobel entfernen:* ich hob[e]le noch 1 cm vom Brett ab. **3.** *mit dem Hobel dünner, kleiner machen:* die Tür[kante] a.
ab|ho|cken ⟨sw. V.; ist⟩: **1.** (Turnen) *mit einer Hocke vom Gerät abgehen:* in den Stand a. **2.** (Ski) *in die Hocke gehen:* vor dem Sprung tief a.
ab|hold ⟨Adj.⟩ [mhd. abholt = feindlich gesinnt, aus ↑ab u. ↑hold]: in der Verbindung **jmdm., einer Sache a. sein** (geh.; *jmdm., einer Sache abgeneigt sein*): großen Worten a. sein; Dass er auch anderen irdischen Freuden nicht ... a. war (Th. Mann, Tod 71); er war dem Alkohol nicht a. *(trank gern u. viel Alkohol);* ⟨auch attr.:⟩ Ein nüchterner, allen Emotionen und Phrasen -er Politiker (Dönhoff, Ära 104).
ab|ho|len ⟨sw. V.; hat⟩: **1.** *(Bereitliegendes) sich geben lassen u. mitnehmen:* In vierzehn Tagen können Sie die Fotos a. (Bieler, Bonifaz 119); Ich muss nur ... telefonisch das Ergebnis a. (Fichte, Versuch 140); eine Bescheinigung bei der Polizei, ein Paket auf der Post, Theaterkarten an der Kasse a. **2.** *jmdn. an einem vereinbarten Ort treffen u. mit ihm weggehen:* jmdn. zum Spaziergang a.; sie holte mich am Bahnhof, von der Bahn ab; Ü Die Notwendigkeit ..., den Jugendlichen dort »abzuholen« ..., wo dieser steht (*dialogisch auf seine tatsächlichen Motivationen u. Bedürfnisse einzugehen;* NZZ 16. 10. 81, 21); Le Pen holt die Menschen bei ihren Ängsten ab (Woche 14. 2. 97, 3). **3.** (ugs. verhüll.) *verhaften:* jmdn. nachts a.; ... wurde gemunkelt, dass der oder jener abgeholt worden wäre und dass dieser und jener noch habe fliehen können (Fühmann, Judenauto 50).
Ab|ho|ler, der; -s, -: *Person, die etw. abholt* (1).
Ab|ho|le|rin, die; -, -nen: w. Form zu ↑Abholer.
Ab|hol|markt, der: *Verkaufsstelle, bei der die Käufer Waren, die sonst üblicherweise geliefert werden, selbst abholen.*
Ab|ho|lung, die; -, -en: *das Abholen.*
ab|hol|zen ⟨sw. V.; hat⟩: **1.** *Bäume in einem Gebiet fällen:* Bäume, Wälder a.; Die ... Felder sind bestellt, der abgeholzte Wald ist nachgewachsen (Kempowski, Zeit 15). **2.** *in einem Gebiet den Baumstand durch Kahlschlag entfernen:* die Hänge waren teilweise abgeholzt; für den Ponyhof wurde ... das letzte Stück freie Natur abgeholzt (Christiane, Zoo 23).
Ab|hol|zung, die; -, -en: *das Abholzen.*
Ab|hör|an|la|ge, die: vgl. Abhörgerät; eine A. installieren; Ursprünglich sollten mit der A. ausländische Diplomaten für die USA erpresst werden (Zwerenz, Quadriga 107).
ab|hor|chen ⟨sw. V.; hat⟩: **1. a)** *mit dem Ohr auf Geräusche prüfen:* den Boden a.; Er horchte ... den Himmel ab (Gaiser, Jagd 96); **b)** *durch Prüfen bestimmter Geräusche im Körper untersuchen:* das Herz, die Lunge a.; Er brachte den Jungen ... zu Bett und horchte ihn ab (Seghers, Transit 107). **2.** (selten) *heimlich überwachen, mit anhören:* Telefongespräche a. **3.** *von jmdm. etw. durch Horchen erfahren, ermitteln:* Er ... horchte wie ein Blinder den Fahrtgeräuschen die Entfernung zur nächsten Haltestelle ab (Johnson, Ansichten 54).
Ab|hör|dienst, der; -[e]s, -e: *Einrichtung, die Rundfunkprogramme abhört u. auswertet.*
Ab|hör|ein|rich|tung, die: vgl. Abhörgerät.
ab|hö|ren ⟨sw. V.; hat⟩: **1.** *jmdn. etw. Gelerntes ohne Vorlage aufsagen lassen, um festzustellen, ob er es beherrscht:* die Schülerinnen u. Schüler/den Schülerinnen u. Schülern die Vokabeln a.; Habe ich den anderen ihren Katechismus abgehört? (Remarque, Obelisk 183); einander, sich [gegenseitig] a.; der Lehrer hat die Geschichtszahlen abgehört; Da sitzen sie nun, ... die Mütter, hören Tag für Tag die Fälle und die Vokabeln ab (Spiegel 12, 1982, 57); die Mutter hörte ihn ab. **2.** *abhorchen* (1b), *auskultieren:* die Lunge a.; die Ärztin hörte den Kranken ab. **3.** *(etw. Gesprochenes usw.) [zur Überprüfung, zum Wissenserwerb, zum Vergnügen] anhören:* eine Aufnahme, ein Band a. **4.** *heimlich überwachen, mit anhören:* die Telefonleitung, ein Gespräch a.; Eine ... Vermutung war damit bestätigt - sie wurden abgehört (Hamburger Rundschau 15. 3. 84, 1). **5.** *wegen eines Verbots heimlich hören, um sich zu informieren:* ausländische Sender a. **6.** (selten) *von jmdn., etw. durch Hören erfahren, ermitteln:* einem Wort seine Herkunft a.; während ich ... der Drehzahl der Reifen abhörte, wie der Bus die Seestraße hinter sich legte (Muschg, Gegenzauber 286).
Ab|hör|ge|rät, das: *hoch empfindliches, mit Mikrofon u. Sender ausgestattetes Gerät zum Abhören von [Telefon]gesprächen.*
Ab|hör|ka|bi|ne, die: *Kabine* (2 b) *zum Abhören* (3).
Ab|hör|raum, der: vgl. Abhörkabine.
ab|hor|res|zie|ren ⟨sw. V.; ist⟩ [spätlat. abhorrescere] **ab|hor|rie|ren** ⟨sw. V.; ist⟩ [lat. abhorrere] (bildungsspr.): **a)** *verabscheuen, ablehnen;* **b)** *zurückschrecken.*
ab|hör|si|cher ⟨Adj.⟩: *gegen Abhören* (4) *gesichert:* -e Telefone.
Ab|hör|tisch, der: *Gerät zum Kontrollieren u. Schneiden von Magnetbändern.*
Ab|hö|rung, die; -, -en: *das Abhören.*
Ab|hör|ver|bot, das: *Verbot, bestimmte, bes. ausländische Rundfunksender abzuhören.*
Ab|hör|wan|ze, die (Jargon): *Abhörgerät in Form eines kleinen Senders, der in einem Raum versteckt angebracht wird.*
Ab|hub, der; -[e]s: **1.** (veraltend abwertend) *Abschaum:* übelster A. der Gesellschaft; an den dritten Tisch setzten den A., Leute, die sie meinten, niemandem zumuten zu können (Katia Mann, Memoiren 22). ♦ **2.** *Abfall, [Speise]rest:* Der Armselige lebte vom A., kleidete sich in Fetzen (Ebner-Eschenbach, Spitzin 17); Es ist für dich gesorgt. – Gesorgt? O ja, wie man dem Bettler wohl den Napf mit A. an die Schwelle reicht (Grillparzer, Medea II).
ab|hum|peln ⟨sw. V.; ist⟩: *sich humpelnd entfernen:* ich hump[e]le unzufrieden ab.
ab|hun|gern ⟨sw. V.; hat⟩: **1.** ⟨a. + sich⟩ *sich durch Hungern absparen, ermöglichen:* ich habe mir das Geld dazu, die Reise abgehungert. **2.** *durch Hungern bewirken, dass das Körpergewicht geringer wird:* ich habe zehn Pfund, einige Pfunde abgehungert. **3.** ⟨a. + sich⟩ *sehr hungern; sich durch Hunger entkräften:* ich habe mich im Lager abgehungert; ⟨häufig im 2. Part.:⟩ abgehungerte Gestalten; abgehungert aussehen.
ab|hus|ten ⟨sw. V.; hat⟩: *durch Husten Schleim aus der Lunge entfernen:* ich kann nicht a.; du musst noch einmal ordentlich [den Schleim] a.
Abi, das; -s, -s ⟨Pl. selten⟩ (Schülerspr.): *Kurzf. von* ↑Abitur.
Abi|djan [abi'dʒaːn]: *Hafenstadt der Elfenbeinküste* (2).
ab|imp|fen ⟨sw. V.; hat⟩ (Bakteriologie): *Impfstoff entnehmen:* Er impfte die Pilzkolonie ab (Medizin II, 122).
Ab|imp|fung, die; -, -en: *das Abimpfen.*
Abio|se, die; - [zu ↑a- u. griech. bios = Leben] (Med.): **1.** *Fehlen der Lebensvorgänge, Aufhören der Lebensfunktion* (z. B. bei Körpergeweben als Folge einer Abiotrophie). **2.** *Abiotrophie.*
abio|tisch ⟨Adj.⟩ (Med.): *die Abiose betreffend, mit Abiose verbunden.*
Abio|tro|phie, die; -, -n [zu ↑a-, griech. bios = Leben u. griech. trophē = Ernährung] (Med.): *angeborene Minderwertigkeit oder trophische Degeneration von Organen.*
ab|ir|ren ⟨sw. V.; ist⟩ (geh.): *von der Richtung abkommen:* in der Dunkelheit vom Weg a.; ihr Blick, ihre Augen irrten ab; Ü ihre Gedanken irrten immer wieder ab; Seine Rede wurde, nachdem sie so abgeirrt war, gleich wieder nüchtern (Jahnn, Geschichten 163).
Ab|ir|rung, die; -, -en: *das Abirren.*
ab|iso|lie|ren ⟨sw. V.; hat⟩ (Fachspr.): *die Isolierung von einem Kabelende entfernen.*
Ab|iso|lier|zan|ge, die: *besondere Zange zum Entfernen der Isolierung von einem Kabelende.*
Abi|tur, das; -s, -e ⟨Pl. selten⟩ [zu nlat. abiturire, ↑Abiturient]: *Reifeprüfung an einer höheren Schule:* Bis die anderen A. machen, hast du schon eine abgeschlossene Berufsausbildung (Chotjewitz, Friede 28); sein A. machen, bauen; das A. bestehen, nachholen; durchs A. fallen.
Abi|tur|fei|er, die: *Abschlussfeier nach dem Abitur.*
Abi|tu|ri|ent, der; -en, -en [nlat. abituriens (Gen.: abiturientis), 1. Part. von: abiturire = (von der Schule) ab-, weggehen wollen, zu lat. abire = abgehen]: *Schüler kurz vor, im u. nach dem Abitur.*
Abi|tu|ri|en|ten|ball, der: *Abschlussball der Abiturienten nach dem Examen.*
Abi|tu|ri|en|ten|exa|men, das: *Reifeprüfung.*

Abi|tu|ri|en|ten|klas|se, die (seltener): *Abiturklasse.*

Abi|tu|ri|en|ten|lehr|gang, der (österr.): *einjähriger Lehrgang für Abgänger einer allgemein bildenden höheren Schule, nach dem die Reifeprüfung einer berufsbildenden Schule abgelegt werden kann.*

Abi|tu|ri|en|ten|prü|fung, die (selten): *Reifeprüfung.*

Abi|tu|ri|en|ten|tref|fen, das: vgl. *Klassentreffen.*

Abi|tu|ri|en|ten|zeug|nis, das (selten): *Abiturzeugnis.*

Abi|tu|ri|en|tin, die; -, -nen: w. Form zu ↑Abiturient.

Abi|tur|klas|se, die: *Schulklasse, die das Abitur vor sich oder [gerade] hinter sich hat.*

Abi|tur|zei|tung, die: *von Abiturienten in Form einer Zeitung zusammengestellte Beiträge, in denen humorvoll an Personen und Ereignisse des zurückliegenden Schullebens erinnert wird.*

Abi|tur|zeug|nis, das: *Zeugnis, mit dem Abiturientinnen u. Abiturienten nach bestandener Reifeprüfung die höhere Schule verlassen; Reifezeugnis.*

ab|ja|gen ⟨sw. V.; hat⟩: **1.** *jmdm. etw. nach längerer Verfolgung entreißen, abnehmen:* die Polizei konnte den Dieben die Beute noch rechtzeitig a.; der Stürmer jagte ihm wieder den Ball ab; Ü jmdm. Kundinnen a.; ich kochte so gut, dass ich sogar dem Herrenhof Gäste abjagte (Kafka, Schloß 84); Ich würde ... Marie ihren Begleiter a. (Seghers, Transit 273). **2. a)** *durch ständiges Antreiben erschöpfen:* die Pferde a.; **b)** ⟨a. + sich⟩ (ugs.) *sich abhetzen* (2); sie hatte sich abgejagt, um den Zug noch zu erreichen.

Ab|ju|di|ka|ti|on, die; -, -en [mlat. abiudicatio = Verurteilung] (Rechtsspr.): *[gerichtliche] Aberkennung.*

ab|ju|di|zie|ren ⟨sw. V.; hat⟩ [lat. abiudicare] (Rechtsspr.): *[gerichtlich] aberkennen, absprechen* (1 a).

Ab|ju|ra|ti|on, die; -, -en [mlat. abiuratio] (veraltet): *Abschwörung, durch Eid bekräftigter Verzicht.*

ab|ju|rie|ren ⟨sw. V.; hat⟩ [lat. abiurare] (veraltet): *abschwören, unter Eid entsagen.*

Abk. = Abkürzung.

ab|ka|cken ⟨sw. V.⟩ (derb): **1.** *[schnell] seine große Notdurft verrichten* ⟨hat⟩. **2.** *[plötzlich] völlig versagen* ⟨ist⟩: unterwegs ist ihm der Motor abgekackt; am Ende des Waldlaufs sind die beiden Angeber total abgekackt; in der letzten Prüfung kackt er noch ab.

ab|kal|ben ⟨sw. V.; hat⟩ (Landw.): *kalben.*

ab|käm|men ⟨sw. V.; hat⟩: **1.** *mit dem Kamm [aus dem Haar] entfernen:* sie kämmte den Kind die Tannennadeln [vom Haar] ab. **2.** *systematisch absuchen:* ein Waldstück [nach einem Sträfling] a.; Mit mehreren Fahrzeugen hatten sie praktisch die gesamte Hochebene abgekämmt (Cotton, Silver-Jet 139).

ab|kämp|fen ⟨sw. V.; hat⟩: **1.** (veraltend) *jmdm., sich abringen:* ich habe ihm seine Zustimmung mit großer Mühe abgekämpft; Jede Bewegung musste er sich a. (Fels, Unding 330). **2.** ⟨a. + sich⟩ *sich bis zur Erschöpfung anstrengen:* die Raufenden haben sich abgekämpft; ⟨meist im 2. Part.:⟩ abgekämpfte Athleten; abgekämpft sein, aussehen; Kinder kommen schon abgekämpft zur Schule (MM 27. 3. 79, 11).

ab|kan|ten ⟨sw. V.; hat⟩: **1.** *scharfe Kanten bei etw. beseitigen:* die Schreinerin kantete das Brett ab. **2.** *die Kante von etw. umbiegen:* die Bleche sind [mit der Abkantmaschine] abgekantet worden. **3.** *mit einer Kante versehen:* er hat den Stein scharf abgekantet. **4.** *über die Kante abladen:* schwere Geräte vom Wagen a.

ab|kan|zeln ⟨sw. V.; hat⟩ [urspr. = jmdn. von der Kanzel (1) herab rügen] (ugs.): *(bes. einen Untergebenen) betont unhöflich, scharf tadeln:* jmdn. a.; ich kanz[e]le ihn öffentlich, scharf ab; Weswegen, meint Ihr, fuhr ich hierher? ... Um mich von euch a. zu lassen (Hacks, Stücke 145); würde er eine Parlamentsanfrage ... als lästige Einmischung a. (Hamburger Rundschau 23. 8. 84, 9).

Ab|kan|ze|lung, (seltener:) **Ab|kanz|lung,** die; -, -en (ugs.): *das Abkanzeln.*

ab|ka|pi|teln ⟨sw. V.; hat⟩ [↑kapiteln] (landsch.): *abkanzeln; jmdm. die Leviten lesen:* ich kapit[e]le ihn ab.

¹**ab|kap|pen** ⟨sw. V.; hat⟩ [zu ↑kappen]: **1.** *die Spitze von etw. abschneiden:* Im Winter ist die richtige Zeit, ... die Latschen zu schneiden, ihre obersten Zweige abzukappen (Molo, Frieden 131). **2.** *kappen* (1): ich kappte das Tau ab.

♦²**ab|kap|pen** ⟨sw. V.; hat⟩ [zu ↑Kappe in der Wendung jmdm. Kappen geben = jmdm. eine Abfuhr erteilen]: *abweisen* (a): und wie sauber sie ihn abkappte, wenn er ... einen Antrag auf die gnädigen Frau machen wollte (Schiller, Räuber IV, 3).

ab|kap|seln ⟨sw. V.; hat⟩: **a)** *in einer Art Kapsel dicht abschließen:* die Krankheitserreger a.; Die ... Aufgabe von Abszessen ... ist es, ... Fremdstoffe abzukapseln (Natur, 100); **b)** ⟨a. + sich⟩ *sich in einer Art Kapsel dicht abschließen:* die Würmer kapseln sich in der Muskulatur ab; **c)** ⟨a. + sich⟩ *sich gegenüber der Umwelt absondern, abschließen:* ich kaps[e]le mich gegen meine Umwelt ab; die Gefahr ..., dass er ... sich von der Welt a. könnte (Wilhelm, Unter 90); abgekapselt sein.

Ab|kap|se|lung, (selten:) **Ab|kaps|lung,** die; -, -en: *das Abkapseln.*

ab|kar|gen, sich ⟨sw. V.; hat⟩ (geh. veraltend): *absparen:* sich etw. von seinem geringen Lohn, vom Munde a.

ab|kar|ren ⟨sw. V.; hat⟩: **1.** *mit der Karre abtransportieren:* Sand, Steine a.; wie man die Juden aus den Städten abkarrte wie Vieh (Hochhuth, Stellvertreter 66). ♦ **2.** *abtreiben* (4): Sie wüssten nicht, wie das vollbringen in dieser Frist mit ihrem abgekarrten Vieh (Gotthelf, Spinne 35).

ab|kar|ten ⟨sw. V.; hat⟩ [eigtl. = die Karten nach heimlicher Verabredung einsehen] (ugs.): *zum Nachteil eines anderen heimlich verabreden:* die Sache war abgekartet; ⟨häufig im 2. Part.:⟩ ein abgekartetes Spiel.

ab|kas|sie|ren ⟨sw. V.; hat⟩ (ugs.): *Geld von jmdm. kassieren:* die Fahrgäste a.; der Ober hat [alle Tische] bereits abkassiert; Die Getränke wurden gebracht und gleich abkassiert (M. L. Fischer, Kein Vogel 280); Ü Ihr wollt nur a. *(viel Geld verdienen),* aber nichts leisten (Hörzu 44, 1979, 17); Räuber kassierte in Volksfestzelt ab ⟨*erbeutete Geld;* MM 11. 9. 78, 12); selbst bei Renten- und Lebensversicherungen will Vater Staat künftig a. *(als zu hoch empfundene Abgaben erheben;* Woche 17. 1. 97, 1).

ab|kau|en ⟨sw. V.; hat⟩: **1. a)** *durch ständiges Beknabbern, Kauen verunstalten, hässlich aussehen lassen:* Nägel a.; abgekaute Bleistifte; **b)** *durch häufiges Beißen abnutzen:* das Mundstück der Pfeife a.; abgekaute Zähne. **2.** (vulg.) *fellationieren:* jmdm. einen a.

Ab|kauf, der (regional): *Einkauf von weit über den unmittelbaren Bedarf hinausgehenden Mengen von Waren:* ... gab es in der Volkskammer einen Disput über die Maßnahmen gegen spekulative Abkäufe (Freie Presse 2. 12. 89, 3).

ab|kau|fen ⟨sw. V.; hat⟩: **1.** *von jmdm. kaufen:* jmdm. ein altes Radio a.; er kaufte ihr einen Blumenstrauß ab; Ü Lass dir nicht jedes Wort a. *(sei nicht so wortkarg;* Erich Kästner, Schule 59); was du da sagst, kauft dir keiner ab (ugs.; *glaubt dir niemand).* **2.** (seltener) *zum Einkauf Berechtigendes aufbrauchen:* wenn sie ihre fälligen Marken abgekauft hatten (Kuby, Sieg 126).

Ab|kehr, die; -: *Abwendung von etw.,* (auch:) *jmdm.:* die A. vom Wegwerfprinzip; Walsers »Wegschauen« meinte eine innere A. von routinierten Reuebekundungen (Spiegel 49, 1998, 23).

¹**ab|keh|ren** ⟨sw. V.; hat⟩: *abwenden* (1): sie kehrte ihr Gesicht ab; ich kehrte mich von ihr, vom Fenster ab; die uns abgekehrte Seite des Mondes; Ü von der Welt a.; Zwei Beispiele für die vielen Organisationen, die sich von Militarismus, Nationalismus und Krieg abkehren (Zeit 4. 6. 98, 60); ihr allem Lauten abgekehrtes Wesen.

²**ab|keh|ren** ⟨sw. V.; hat⟩ (bes. südd.): **a)** *durch ²Kehren (von etw.) entfernen; abfegen* (1 a): ich kehrte den Schmutz [von der Treppe] ab; **b)** *durch ²Kehren säubern; abfegen* (1 b): die Treppe a.

ab|ket|teln ⟨sw. V.; hat⟩: *abketten.*

ab|ket|ten ⟨sw. V.; hat⟩: **1.** *von der Kette lösen:* ich kettete den Hund ab. **2.** *(Maschen) zu einem festen Rand verbinden.*

ab|kin|dern ⟨sw. V.; hat⟩ (Jargon veraltet): *(in Bezug auf ein vom Staat bei der Gründung einer Familie gewährtes Darlehen) durch Kinder die ein Elternpaar bekommt, die Rückzahlung des Darlehens erlassen bekommen:* »Abkindern« heißt das Zauberwort, mit dem bei jungen Ehepaaren die Baby-»Produktion« in Schwung gebracht werden soll (Welt 24. 7. 78, 3).

ab|kip|pen ⟨sw. V.⟩: **1. a)** *kippend nach unten fallen lassen* ⟨hat⟩: die Bordwand des Lieferwagens a.; **b)** *nach unten fallen,*

abrutschen ⟨ist⟩: der Balken kippte plötzlich ab; Vor ihm kippte eine Ju ab (Fliegerspr.; *kippte aus der normalen Fluglage u. glitt seitlich ab;* Loest, Pistole 106); Elegant lassen sie (= die Möwen) sich seitwärts a. und segeln schwerelos davon (Berger, Augenblick 11). **2.** *[Müll o. Ä.] abladen, beseitigen* ⟨hat⟩: Müll, Sand, Säure a.; Tausende von Tonnen giftigen Industriemülls hat ... Plaumann illegal abgekippt (Spiegel 45, 1975, 54). **3.** (ugs.) *ohnmächtig werden* ⟨ist⟩: plötzlich a.
ab|kla|bas|tern ⟨sw. V.; hat⟩ (nordostd.): *der Reihe nach aufsuchen:* alle Geschäfte a.; Ü von Albrecht Achilles bis Zieten klabasterte er die Jahrhunderte ab (Grass, Hundejahre 70).
ab|klap|pen ⟨sw. V.; hat⟩: **1.** *nach unten klappen:* die Seitenwände a. **2.** *(von Müll o. Ä.) abladen, beseitigen:* Chemiebetriebe dürfen weiter »abklappen« (MM 4./5. 9. 82, 37).
ab|klap|pern ⟨sw. V.; hat⟩: [viell. nach dem Klappern der Holzpantoffeln von Hausierern, die ihre Kunden abgingen] (ugs.): *(eine Anzahl Personen, Orte) der Reihe nach aufsuchen:* Kunden a.; er hatte die halbe Stadt [nach einem Zimmer] abgeklappert; Aschberg, Talsperre Muldenberg, Großer Rammelberg ... alles wurde abgeklappert (Loest, Pistole 211).
ab|klä|ren ⟨sw. V.; hat⟩: *völlig klären:* einen Sachverhalt, Tatbestand a.; etw. durch einen Fachmann a. lassen; körperliche Beschwerden a.; wurden Untersuchungen eingeleitet, um abzuklären, ob die Verhafteten als Täter ... infrage kommen (NZZ 27. 1. 83, 7); aus nicht abgeklärter Ursache.
Ab|klä|rung, die; -, -en (bes. schweiz.): *das Abklären:* die A. der Todesursache; Die -en ergaben, dass sie ... bestohlen worden war (NZZ 27. 1. 83, 28).
Ab|klatsch, der; -[e]s, -e: **1. a)** (Kunstwiss.) *Nachbildung, Negativ einer Vorlage:* der A. eines Reliefs; **b)** (abwertend) *bloße, minderwertige Nachahmung eines Vorbildes; Kopie:* die Landschule darf kein A. der Stadtschule sein; ich sei ein ziemlicher A. von meinem Bruder (Kempowski, Tadellöser 334). **2.** (Druckerspr.) *mit der Hand hergestellter Bürstenabzug.* **3.** (Philat.) *Briefmarke, bei der die Bildseite auf die Rückseite abgefärbt hat.*
ab|klat|schen ⟨sw. V.; hat⟩: **1.** *durch Klatschen in die Hände jmdn., der gerade mit einem andern tanzt, für sich als Tanzpartner[in] erbitten u. erhalten:* ich habe das Mädchen abgeklatscht; sie klatschte mehrmals den Tanzpartner ihrer Freundin ab. **2.** (Theater, Film) *durch Klatschen in die Hände jmdn. in etw. unterbrechen:* die Akteure bei der Probe a.; der Regisseur musste mehrmals a. **3.** (Ballspiele) *(einen Ball) mit flachen Händen abwehren, zurückschlagen:* den Ball a.; Der ungarische Torhüter ... konnte das Leder mit Mühe und viel Glück a. (Walter, Spiele 57). **4.** (Sport) *(zur Aufmunterung als Zeichen der Anerkennung) die Handflächen gegen die eines Mitspielers, Mannschaftskameraden o. Ä schlagen:* jmdn. a. **5. a)** (Kunstwiss.)

in einem Abklatsch (1 a) *nachbilden:* ein Relief a.; die »Cartouches« mit Königsnamen wurden abgeklatscht oder abgeschrieben (Ceram, Götter 135); **b)** (abwertend) *kopieren* (4); *unverarbeitet, unreflektiert wiedergeben:* in seinen Bildern, Romanen klatscht er das Leben nur ab.
Ab|klat|scher, der; -s, - (Sport Jargon): *abgeklatschter Ball:* der Stürmer nahm den A. auf und donnerte ihn unter die Latte.
Ab|klat|schung, die; -, -en: **1.** (seltener) *das Abklatschen.* **2.** (Med.) *Heilbehandlung, bei der ein feuchtes Tuch an den zu behandelnden Körperteil straff angelegt u. mit flachen Händen geklatscht wird.*
ab|klau|ben ⟨sw. V.; hat⟩ (landsch.): **a)** *mit den Fingern od. Zähnen von etw. ablösen:* die Rosinen vom Kuchen a.; **b)** *durch Klauben von etw. befreien:* den Knochen a.
ab|kla|vie|ren, sich ⟨sw. V.; hat⟩ [eigtl. = an den Fingern abzählen, nach dem Vergleich der Finger mit einer Klaviatur] (landsch.): *etw. an od. aus etw. ersehen; sich etw. ausrechnen:* das kannst du dir doch leicht an den Fingern, an zehn Fingern a.
ab|kle|ben ⟨sw. V.; hat⟩: *mit Klebeband, Papier o. Ä. bekleben u. so vor Verunreinigung od. Beschädigung schützen:* die Stirnkanten der Tonröhren mit Tesakrepp a. (Haus 2, 1980, 75).
ab|klem|men ⟨sw. V.; hat⟩: **1.** *durch Klemmen ab-, durchtrennen:* das Telefon [von der Leitung a.]; (mit der Nebenvorstellung des Unabsichtlichen:) ich hätte mir beinahe einen Finger abgeklemmt. **2. a)** *[mit einer Klemme] zusammenpressen:* eine Ader, die Nabelschnur a.; sie klemmt die Luftröhre mit zwei Fingern ab; **b)** *von einer Klemme, von Klemmen lösen:* die Verteilerkappe a.; die Drehbank ist abgeklemmt. **3.** (ugs.) *sich zurückziehen, verschwinden:* ein Bier noch, dann klemm ich ab.
Ab|klem|mung, die; -, -en: *das Abklemmen.*
Ab|kling|be|cken, das (Reaktortechnik): *durch dicke Betonschichten abgeschirmtes Wasserbecken, in dem Brennelemente aus Reaktoren nach dem Ausbau gelagert werden, bis ihre Radioaktivität auf einen bestimmten Wert gesunken ist.*
ab|klin|geln ⟨sw. V.; hat⟩ (ugs. früher): **a)** *(bei Straßenbahnen o. Ä.) durch Klingeln das Zeichen zur Weiterfahrt geben:* die Schaffnerin klingelte ab; **b)** *ein Telefongespräch durch ein Klingelzeichen beenden:* den Hörer auflegen und a.
ab|klin|gen ⟨st. V.; ist⟩: **1.** *in der Lautstärke abnehmen, leiser werden:* der Lärm klingt ab. **2.** *weniger werden; schwinden, nachlassen:* die Erregung, das Fieber, der Wundschmerz klingt ab; die Begeisterung war abgeklungen; ⟨subst.:⟩ Gegen Abend, als die Hitze ... schon im Abklingen war (H. Weber, Einzug 414). **3.** (Physik) *in der radioaktiven Strahlung nachlassen.*
Ab|kling|kon|stan|te, die (Physik): *Zerfallskonstante.*

Ab|kling|zeit, die (Physik): *Zeit, in der eine physikalische Größe um einen bestimmten Wert abnimmt.*
ab|klop|fen ⟨sw. V.; hat⟩ [5: nach dem Klopfen an die Haustür]: **1. a)** *durch Klopfen entfernen:* den Putz von den Wänden, den Schnee vom Mantel a.; Niemand ... klopfte so nachlässig die Asche seiner Zigarette ab (Klepper, Kahn 156); **b)** *durch Klopfen säubern:* der Kellner klopfte die Tische mit einer Serviette ab; ich klopfte mir den Mantel ab, klopfte mich ab. **2.** *klopfend liebkosen:* das Pferd a. **3.** (bes. Med.) *durch Klopfen untersuchen, prüfen; perkutieren:* der Arzt mochte es lieber sehen, a. mit flachen Händen und abhorchen konnte (Heym, Schwarzenberg 217); die Ärztin klopft die Brust ihres Patienten mit dem Finger ab; Fässer a.; ihm folgte das Mädchen und klopfte nun die Jacke des Großvaters nach Waffen ab (H. Weber, Einzug 136); Ü Man habe die Absicht, ... das Thema Heimat ... noch etwas gründlicher abzuklopfen (Brückner, Quints 150); Die Zeugen ... werden natürlich auf ihre Glaubwürdigkeit abgeklopft (ADAC-Motorwelt 1, 1987, 43). **4.** *(vorgetragene Musik) durch Klopfen mit dem Taktstock auf das Dirigentenpult unterbrechen:* der Dirigent klopfte die Probe ab, klopfte nach den ersten Takten ab. **5.** (ugs.) *(Orte, Gebäude u. Ä.) der Reihe nach aufsuchen:* Sie hatten ... einige Lokale abgeklopft (Ott, Haie 135).
ab|klop|pen ⟨sw. V.; hat⟩ (landsch. salopp): **1.** *abklopfen* (5). **2.** *abschreiben* (1 c): die Lösungen in der Pause schnell a.
ab|knab|bern ⟨sw. V.; hat⟩ (ugs., fam.): **1.** *in kleinen Bissen abbeißen:* ich knabbere gern die knusprige Brotrinde ab; er knabbert seine Fingernägel ab, möchte abgeknabberte Nägel haben. **2.** *leer knabbern; abnagen* (2): dass Kutti beim nächsten Mal die Kotelettknochen a. dürfte (Wilhelm, Unter 77).
ab|knal|len ⟨sw. V.; hat⟩ (salopp abwertend): *hemmungslos, kaltblütig niederschießen:* streunende Hunde, einen Flüchtling a.; Wir knallen die Engländer wie die Hasen ab (Hilsenrath, Nazi 315); Abknallen sollte man euch alle (Degenhardt, Zündschnüre 152).
ab|knap|pen ⟨sw. V.; hat⟩ (landsch.): *abknapsen.*
ab|knap|sen ⟨sw. V.; hat⟩ (ugs.): *(einen Teil von etw.) wegnehmen:* sie hat im Urlaub knapst sie jeden Monat ein paar Mark vom Haushaltsgeld ab; er knapste noch zwei Mark [von seinem Taschengeld] ab; eins von den Bädern der Gründerjahre, dem noch den Raum für eine Mädchenkammer abgeknapst worden war (Johnson, Ansichten 111).
ab|knau|peln ⟨sw. V.; hat⟩ (landsch.): *abknabbern* (2): ich knaup[e]le den Gänseflügel ab.
ab|knei|fen ⟨st. V.; hat⟩: **1.** *(mit einer Zange, mit den Fingernägeln) abtrennen:* den verkohlten Docht a. **2.** (salopp) *sich Worte, Sätze in schwerfälliger Formulierung abquälen, abringen:* da hast du vielleicht was abgekniffen!

ab|kni|cken ⟨sw. V.⟩: **1.** ⟨hat⟩ *nach unten knicken [u. abtrennen]:* einen Stiel, dünne Zweige a.; Zwei ... Männer ... wurden nachts festgenommen, weil sie an vier ... Autos die Antennen abgeknickt hatten (MM 8. 1. 80, 15); die Blumen waren nur abgeknickt, nicht abgerissen. **2.** *einen Knick machen, bilden* ⟨ist⟩: in der Hüfte a. (bei der Gymnastik); abknickende Vorfahrt (Verkehrsw.; *Vorfahrt einer nach rechts od. links abbiegenden Straße*).
Ab|kni|ckung, die; -, -en: **1.** *das Abknicken.* **2.** *abgeknickte Stelle.*
ab|knip|sen ⟨sw. V.; hat⟩ (ugs.): **1.** *(etwas Dünnes, Kleines mit einer Schere, Zange o. Ä.) abtrennen:* eine Blüte, die Rachenmandeln a.; ich knipste das eine Ende der Zigarre ab. **2.** *(einen Film) zu Ende knipsen:* ich habe den Film noch nicht abgeknipst. **3.** (salopp) *erschießen:* schleicht da einer bis an die Schlossmauer, klettert hoch, legt sein Gewehr an, zielt, und wenn Wilhelm zum Luftschnappen auf die Terrasse tritt, wird er abgeknipst (Bieler, Bär 377).
ab|knöp|fen ⟨sw. V.; hat⟩ [2: viell. mit Bezug auf Wertsachen, die (wie z. B. Uhren) am Knopfloch befestigt waren]: **1.** *(Angeknöpftes) abnehmen:* dem Kind, sich die Kapuze vom Anorak a. **2.** (ugs.) *jmdn. auf listige Weise dazu bringen, einen Geldbetrag herzugeben:* ich habe ihm beim Kartenspielen fünf Mark abgeknöpft; Wird man ... den reichen Leuten ihr Geld a. (*abnehmen, wegnehmen*)? (St. Zweig, Fouché 88); Fachleute schließen nicht aus, dass Krankenhäuser für diese Studien den Kassen jährlich dreistellige Millionenbeträge zu viel abknöpfen (*von ihnen fordern;* Spiegel 6, 1997, 20); Ü Otto grient, denn seine Männer knöpften dem deutschen Meister einen Punkt ab (Hörzu 44, 1976, 41); jmdm. den Spitzenplatz auf der Wahlliste a.
ab|knüp|fen ⟨sw. V.; hat⟩: **1.** *etw. Angeknüpftes wieder lösen:* eine Kordel a. **2.** *(einen Erhängten) vom Strick lösen:* den Erhängten a. **3.** *durch Aufknüpfen losbinden:* das Kopftuch a.
ab|knut|schen ⟨sw. V.; hat⟩ (salopp, oft abwertend): *jmdn. unter Umarmungen fortgesetzt küssen:* er knutschte sie im Hausflur ab; Vor den Augen seiner Frau ... haben sie sich abgeknutscht (Lemke, Ganz 170); Sich ... mit so einer abzuknutschen (Fallada, Mann 66).
ab|ko|chen ⟨sw. V.; hat⟩: **1. a)** (seltener) *kochen (bis etw. gar ist):* Futterkartoffeln, Eier für den Salat a.; **b)** *durch Kochen keimfrei machen:* wir mussten das Trinkwasser a.; **c)** *im Freien kochen:* die Pfadfinder kochen ab; Um vier Uhr früh, als sie abkochen, ist klarer Sternenhimmel (Trenker, Helden 158). **d)** *durch Kochen ausziehen:* [Heil]kräuter a. **2.** (salopp) *(jmdn.) zermürben, erledigen, fertig machen:* sich nicht a. lassen. **3.** (salopp) *schröpfen, ausnehmen:* sie haben ihn beim Skat ganz gehörig abgekocht; Sie taten nur schön mit ihm, wenn es bei ihm etwas abzukochen gab (Apitz, Wölfe 104). **4.** (Sport Jargon) *vor einem Kampf [durch Schwitzen] sein Körpergewicht in*

kurzer Zeit verringern *[um für eine bestimmte Klasse zugelassen zu werden]:* eine Woche vor dem Fight musste der Europameister noch [5 Pfund] a.; zweieinhalb Kilogramm Übergewicht, ... die könne er bis zum ... Showdown ... nicht mehr »abkochen« (Spiegel 38, 1989, 218).
Ab|ko|chung, die; -, -en: *durch Abkochen (1 d) bereitete Lösung; Absud, Dekokt.*
ab|kom|man|die|ren ⟨sw. V.; hat⟩ (meist Milit.): *dienstlich zur Erfüllung einer besonderen Aufgabe entsenden; abstellen, abordnen:* jmdn. für etw., an die Front, nach Südamerika, zum Ölschaufeln an der Küste a.
Ab|kom|man|die|rung, die; -, -en: *das Abkommandieren:* Sie tauschten die Adressen ... aus, um nach einer A. ... die Verbindung knüpfen zu können (Loest, Pistole 113).
Ab|kom|me, der; -n, -n [zu veraltet abkommen = abstammen] (veraltet): *Nachkomme:* er ist ein direkter A. des Kurfürsten; Ü Sie malte schreckliche Bilder, Sonnenblumen, entartete -n Vincents (Baum, Paris 52).
ab|kom|men ⟨st. V.; ist⟩: **1. a)** *sich, ohne es zu merken, von einer eingeschlagenen Richtung entfernen:* vom Weg[e], vom Kurs, leicht vom Glatteis von der Fahrbahn a.; **b)** *abschweifen (2):* vom Thema a.; **c)** *etw. aufgeben:* von einem Plan wieder a.; Ich habe ... daran gedacht, ob ich sie zum Kaiser ... senden soll. Aber ich bin rasch von dem Gedanken abgekommen (Benrath, Konstanze 139). **2. a)** (Sport) *einen Wettkampf, eine sportliche Übung in bestimmter Weise beginnen:* der Springer ist gut [von der Sprungschanze] abgekommen; **b)** (Schießen) *bei der Abgabe des Schusses eine bestimmte Zielrichtung haben:* ich bin zu tief, bin 8 hoch links abgekommen. **3.** *sich von einer Tätigkeit freimachen* ⟨meist im Inf.⟩: Sie können ja wohl für eine Stunde von ihrem Dienst a. (Plievier, Stalingrad 173). **4.** *außer Gebrauch, aus der Mode kommen:* diese Sitte ist heute ganz abgekommen; Blauer Trenchcoat ist ... ganz abgekommen. Die Leute haben ihn sich übergesehen (Fallada, Mann 94). **5.** (landsch.) *abmagern, körperlich herunterkommen:* er ist während seiner Krankheit sehr abgekommen. **6.** (Radball, Radpolo) *den Boden des Spielfeldes berühren, während der Ball in Spiel ist:* der Spieler ist abgekommen. ♦ **7.** *sich (von jmdm., etw.) entfernen, lösen:* es kam ... an mir vorbeigeglitten ein Menschenschatten ..., welcher, allein daherwandelnd, von seinem Herrn abgekommen zu sein schien (Chamisso, Schlemihl 52).
Ab|kom|men, das; -s, - [zu veraltet abkommen = zu einer Abmachung kommen, mhd. abekomen = (von einer Schuld) durch eine Abmachung loskommen]: *[vertragliche] Übereinkunft [bes. zwischen Staaten, wirtschaftlichen Institutionen o. Ä.]:* ein geheimes A. zwischen zwei Staaten; ein A. [mit jmdm., über etw.] treffen, schließen; Ich habe ein A. mit dem Schalterhengst am Bahnhof getroffen (Kirst, Aufruhr 6).

Ab|kom|men|schaft, die; - (selten): *Gesamtheit der Nachkommen.*
ab|kömm|lich ⟨Adj.⟩: *imstande, sich von einer Tätigkeit freizumachen; entbehrlich:* ich bin im Moment nicht, schlecht a.; Mitten im Sommer ... hielt sie sich im Hotel für a. (Brückner, Quints 116).
Ab|kömm|lich|keit, die; -: *das Abkömmlichsein.*
Ab|kömm|ling, der; -s, -e [1: vgl. Abkomme]: **1.** (bes. Rechtsspr.) *Nachkomme:* ein A. des Geschlechts der von Ramstein; Entziehung des Pflichtteils eines -s wegen unsittlichen Lebenswandels (NJW 19, 1984, XXX); -s des Wildpferdes, des Schachtelhalms; Ü der neue Marbella ist wieder ein direkter A. des Fiat Panda (ADAC-Motorwelt 1, 1987, 32). **2.** (Chemie) *abgeleitete Verbindung; Derivat.*
ab|kön|nen ⟨unr. V.; hat⟩ (bes. nordd. ugs., meist verneint): **a)** *leiden können, ertragen können:* solche Typen konnte ich ... überhaupt nicht ab (Christiane, Zoo 68); endlich hat er begriffen, dass ich keine Hunde abkann (Merian, Tod 22); **b)** *aushalten, vertragen:* Hummer ess' ich gerne. Kann ich aber nicht mehr gut ab mit dem Magen (Fichte, Wolli 36); das ist unwahrscheinlich, was so ein Mensch abkann (Stern 44, 1980, 134).
ab|kon|ter|fei|en ⟨sw. V.; hat⟩ (veraltet, noch scherzh.): *abmalen, abzeichnen, fotografieren:* sich vom Fotografen a. lassen.
ab|kop|peln ⟨sw. V.; hat⟩: **1.** *(ein Tier, Tiere) von der ²Koppel (3) losmachen:* ich kopp[e]le die Hunde ab. **2.** *(einen Wagen o. Ä. von einem anderen) durch Lösen der Kupplung trennen:* ich kopp[e]le den Anhänger ab; die Mondlandefähre [von der Kommandokapsel] a.; Ü Die wirtschaftlichen Schwierigkeiten ... führten ... zu der noch einige Jahre vorher undenkbaren Entscheidung, den Dollar vom Gold abzukoppeln (W. Brandt, Begegnungen 379); will ich klar sagen, dass ich die Verantwortung ... mitgetragen habe. Keiner kann sich hier a. (so als, beträfe es ihn nicht; Freie Presse 30. 11. 89, 3).
Ab|kop|pe|lung, Ab|kopp|lung, die; -, -en: *das Abkoppeln.*
ab|kra|geln ⟨sw. V.; hat⟩ [zu ↑Kragen (2 a)] (österr. ugs.): *(bes. Geflügel) den Hals umdrehen, abschneiden:* ich krag[e]le das Huhn ab; weil sie es selber nicht übers Herz bringen tun, die Welpen abzukrageln (*zu töten;* Augsburger Allgemeine 22./23. 4. 78, XIX); (derb von Menschen:) er drohte dem Nachbarn, ihn abzukrageln.
ab|kra|gen ⟨sw. V.; hat⟩ [zu ↑Krage] (Bauw.): *(einen Stein) abschrägen:* ein nach unten abgekragter Stein.
ab|krat|zen ⟨sw. V.⟩ [2: urspr. mundartl. = weggehen (u. dabei einen Kratzfuß machen)]: **1.** ⟨hat⟩ **a)** *durch Kratzen von etw. entfernen:* das Preisschild, alte Farbe a.; abends gingen wir ... auf Tour und kratzten die Naziplakate ab von den Zäunen (Schnurre, Bart 142); **b)** *durch Kratzen reinigen:* die Schuhe a. **2.** (derb) *sterben* ⟨ist⟩: er wird wohl bald a.; dieser Mann, der daran schuld war, dass die Pa-

tientin fast abgekratzt wäre (Heim, Traumschiff 142); Einige Typen sind draufgegangen, an Drogen abgekratzt (Praunheim, Sex 31).

Ab|krat|zer, der; -s, -: *neben Haustüren angebrachtes Eisen zum Abkratzen* (1 a) *des Schmutzes von den Schuhen.*

ab|krie|gen ⟨sw. V.; hat⟩ (ugs.): **1.** *abbekommen* (1): *ein Stück, nichts a.;* Ü *Die Frauen heiraten, weil sie Angst haben, keinen mehr abzukriegen* (Hornschuh, Ich bin 53); *vom Elend hatte sie genug abgekriegt* (Degenhardt, Zündschnüre 193). **2.** *in einer gefahrvollen Situation einen Schaden erleiden:* etwas a.; *das Schiff hatte zwei Torpedotreffer abgekriegt.* **3.** *etwas Haftendes, Festsitzendes mit Mühe lösen können, losbekommen:* den Deckel nicht a.

ab|ku|cken (nordd.): *abgucken.*

ab|küh|len ⟨sw. V.; hat⟩: **1.** *auf eine niedrigere Temperatur bringen:* die Milch a.; *Nachdem der Schaden bemerkt worden sei, sei der Reaktor ... von 120 auf 40 Grad abgekühlt worden* (NZZ 26. 8. 86, 5); *ich habe mich vor dem Baden rasch abgekühlt;* Ü *die Erlebnis hatte seine Liebe abgekühlt.* **2.** ⟨a. + sich⟩ *kühl[er] werden, an Wärme verlieren:* nach dem Regen hat es sich stark abgekühlt; das Badewasser hat sich inzwischen abgekühlt; ⟨auch ohne »sich«:⟩ der Motor, die Suppe muss noch a.; Ü *Als ich ... zurückkehrte, merkte ich, dass die Stimmung ... abgekühlt war* (Fallada, Herr 148); *ihre Beziehungen kühlten sich ab.*

Ab|küh|lung, die; -, -en ⟨Pl. selten⟩: **1.** *das Abkühlen, das Sichabkühlen.* **2.** *Temperaturrückgang.*

ab|kün|di|gen ⟨sw. V.; hat⟩ (kirchl.): *von der Kanzel herab bekannt geben:* der Pfarrer kündigte die Verstorbenen ab.

Ab|kün|di|gung, die; -, -en: *das Abkündigen.*

Ab|kunft, die; - [zu ↑abkommen; 2. Bestandteil veraltet Kunft, mhd. kunft, kumft, ahd. chumft, ↑künftig]: *Abstammung, Herkunft:* ein Dichter österreichisch-böhmischer A.; bescheidener, bürgerlicher A. sein; *ernst nahm dieser erfahrene Mann nur die Macht, die Pflicht, hohe A. und in einigem Abstand davon die Vernunft* (Musil, Mann 106); Ü *die slawische A. dieses Wortes.*

ab|kup|fern ⟨sw. V.; hat⟩ [eigtl. = einen Kupferstich vervielfältigen] (ugs. abwertend): *unerlaubt übernehmen, abschreiben:* einen Artikel aus einem Lexikon a.; bei jmdm., von jmdm. a.; sich etw. a.; *Es war ein Erzfehler, alle Irrtümer linker Wirtschaftsexperimente nach veralteten Lehrbüchern abzukupfern* (MM 13. 9. 73, 6).

ab|kup|peln ⟨sw. V.; hat⟩: *abkoppeln* (2).

ab|kür|zen ⟨sw. V.; hat⟩: **1.** *räumlich kürzer machen:* einen Weg a.; gingen sie, ein Stück abzukürzen, über den Rasen (Brückner, Quints 302); in abgekürztem *(gezügeltem, verhaltenem)* Trab. **2.** *in seiner Zeitdauer beschränken; vorzeitig beenden:* eine Rede, ein Verfahren a.; *Wir glaubten, es mit rein bürokratischen Formalitäten zu tun zu haben, die ... abzukürzen sein würden* (Kantorowicz, Tage-

buch I, 231); er hatte seinen Besuch abgekürzt. **3.** *(in Sprache u. Schrift) kürzer ausdrücken, in einer verkürzten Form wiedergeben:* ein Wort, einen Namen a.

Ab|kür|zung, die; -, -en: **1.** *das Abkürzen, Verkürzen.* **2.** *eine Entfernung, Wegstrecke abkürzender Weg:* eine A. kennen, nehmen; *Im Mittelalter hatten die Bauern hier* (= durch die Marienkirche) *Schweine durchgetrieben, die Kirche als A. benutzt* (Kempowski, Uns 49). **3.** *abgekürztes Wort:* Die geheimnisvolle A. bedeutete ... Marinekriegsschule für die Luftwaffe (Leonhard, Revolution 45); Abk.: Abk.

Ab|kür|zungs|fim|mel, der (ugs. abwertend): *übertriebene Neigung, Abkürzungen* (3) *zu verwenden.*

Ab|kür|zungs|lis|te, die: *Abkürzungsverzeichnis.*

Ab|kür|zungs|punkt, der: *hinter einer Abkürzung* (3) *stehender Punkt.*

Ab|kür|zungs|spra|che, die: *Akürsprache.*

Ab|kür|zungs|ver|zeich|nis, das: *Verzeichnis, in dem Abkürzungen* (3) *aufgeführt u. erklärt werden.*

Ab|kür|zungs|weg, der: *Weg, der eine Abkürzung* (1) *darstellt.*

Ab|kür|zungs|wort, das: *Kurzwort, Buchstabenwort, verkürztes Wort.*

Ab|kür|zungs|zei|chen, das: *Sigel.*

ab|küs|sen ⟨sw. V.; hat⟩: *oft u. heftig küssen:* sie küsst den Jungen ab; sie küssten sich [gegenseitig] ab.

ab|la|chen ⟨sw. V.; hat⟩: (ugs.) *ausgiebig u. herzhaft lachen.*

Ab|lad, das; -[e]s (schweiz.): *das Abladen.*

ab|la|den ⟨st. V.; hat⟩: **1. a)** *von einem Transportmittel laden:* das Gepäck, Fässer [vom Wagen] a.; Ü *wo kann ich Sie a.?* (ugs. scherzh.; *absetzen ?*); *die Tageskarte wird gerne von Eltern abgekauft, die ihre Kids in einem der Fun-Parks a.* (salopp; *unterbringen u. so für einige Zeit loswerden*) wollen (Woche 17. 1. 97, 33); *die Bürger ..., die Ärger mit der Verwaltung haben und nicht wissen, wo sie ihn a. sollen* (Hamburger Abendblatt 24. 5. 85, 3); *seinen Kummer im Wirtshaus a.* (*loswerden*); *die Schuld auf einen anderen a.* (*abwälzen*); **b)** *durch Herunternehmen der Ladung leer machen:* einen Lastwagen, Waggon a. **2.** (Seew.) *ein Schiff mit Waren beladen:* hatte die Großfähre ... voll abgeladen, wie seemännisch eine volle Ladung des Schiffes bezeichnet wird (NNN 2. 10. 86, 3).

Ab|la|de|platz, der: *Platz, Stelle, an der etw.* (z. B. Schutt) *abgeladen u. gelagert werden kann.*

Ab|la|der, der; -s, -: **1.** *Person, die etw. ablädt; Transportarbeiter.* **2.** (Seew.) *Person, Firma, die die Güter ans Schiff liefert.*

Ab|la|ge, die; -, -n: **1.** ⟨o. Pl.⟩ *das Ablegen:* Sie könne »weder telefonieren noch Schreibmaschine schreiben oder A. machen« (Spiegel 9, 1981, 238); einen Akt zur A. geben; das Weibchen wurde bei der A. der Eier gestört. **2.** *Raum, Stelle, Vorrichtung, wo etw. abgelegt wird:* Akten in die A. bringen. **3.** ⟨meist Pl.⟩ (selten) *abgelegtes Schriftstück:* als eine Sekretärin ... die -n des Landratsamtes

durchstöberte (Heym, Schwarzenberg 57). **4.** (schweiz.) *Annahme-, Zweigstelle:* den Totoschein zur A. bringen. **5.** (schweiz.) *das Ablagern* (3); *Ablagerung* (3).

ab|la|gern ⟨sw. V.; hat⟩: **1. a)** *sich absetzen, ansammeln lassen:* der Fluss lagert hier viel Geröll ab; **b)** ⟨a. + sich⟩ *sich absetzen, ansammeln:* der Stoff lagert sich im Bindegewebe ab. **2.** *durch (längeres) Lagern an Qualität gewinnen:* das Holz muss a., hat abgelagert; meist im 2. Part.:⟩ abgelagerte Weine; *der Tabak ist gut abgelagert.* **3.** *etw. zur Lagerung geben, deponieren:* Fässer a.; *Kernbrennstäbe in einem Stollen a.;* Chemieabfälle ..., die ... dort abgelagert wurden (Saarbr. Zeitung 5. 10. 79, 14).

Ab|la|ge|rung, die; -, -en: **1. a)** *das Ablagern* (1); **b)** *das Abgelagerte, Anhäufung fester Stoffe:* eiszeitliche -en. **2.** *das Ablagern* (2), *Lagerung.* **3.** *das Abladen, Deponieren:* die -en des radioaktiven Mülls (Gruhl, Planet 110).

ab|lai|chen ⟨sw. V.; hat⟩ (Zool.): *(von Fischen, Amphibien, Weichtieren) Laich ablegen.*

Ab|lak|ta|ti|on, die; -, -en [spätlat. ablactatio] **1.** (Med.) *das Abstillen; Entwöhnung des Säuglings von der Mutterbrust.* **2.** (Bot.) *das Ablaktieren* (2).

ab|lak|tie|ren ⟨sw. V.; hat⟩ [1: spätlat. ablactare = den Säugling entwöhnen, zu lat. lac (Gen.: lactis) = Milch; 2: nach der Vorstellung, dass die Milch, d. h. der Saftstrom, vom Mutterstamm weggesaugt wird]: **1.** (Med. veraltet) *abstillen.* **2.** (Bot.) *eine Pflanze in der Weise veredeln, dass das Edelreis von der Mutterpflanze erst nach seiner Verwachsung mit dem Wildling abgetrennt wird:* einen Baum a.

ab|lan|dig ⟨Adj.⟩ (Seemannsspr.): *(vom Land weg) seewärts gerichtet:* -er Wind; die Strömung ist a.; Er (= der Butt) sei gleich a. weggeschwommen (Grass, Butt 676).

ab|län|gen ⟨sw. V.; hat⟩ (Handw.) *in bestimmter Länge absägen, durchschneiden:* der Zimmermann längt den Balken ab; Alle Kabelsortimente ... lassen sich jetzt rationell aufbewahren, a. und messen (Elektronik 10, 1971, A 97).

Ab|lass, der; -es, Ablässe [mhd. aplâȝ, ahd. ablâȝ] (kath. Kirche): *Nachlass von auferlegten Strafen, die von dem Sünder nach seiner Umkehr noch zu verbüßen sind:* »Jesus Barmherzigkeit« bringt hundert Tage A. (Winckler, Bomberg 137).

Ab|lass|brief, der (MA.): *Urkunde über erteilten Ablass.*

ab|las|sen ⟨st. V.; hat⟩: **1. a)** *abfließen, herauslaufen lassen:* das Öl [aus dem Motor] a.; *Wasser aus der Wanne a.;* **b)** *ausströmen, entweichen lassen:* Dampf a.; Das verschmutzte Kältemittel wird gewöhnlich in die Atmosphäre abgelassen (CCI 9, 1986, 32); die Luft aus einem Reifen a.; Ü seinen Groll, Sprüche a.; Selbst weniger zart besaitete Minister ... lassen in vertraulichen Zirkeln aufgestauten Frust ab (Woche, 7. 2. 97, 5); **c)** *durch Ablassen* (1 a) *entleeren:* einen

Teich a.; die Kessel müssen vor der Reparatur abgelassen werden. **2.** *sich in Bewegung setzen lassen:* Brieftauben a.; dass ein Zug in der Richtung nach Breslau her aus der nächstliegenden Station abgelassen sei (Hauptmann, Thiel 20). **3.** *aus Gefälligkeit [preiswert] verkaufen, abgeben:* ich würde Ihnen das Buch für zwölf Mark a.; jmdm. die Hälfte seiner Portion a. **4.** *[jmdm.] einen bestimmten Preisnachlass gewähren:* er lässt [ihr] von dem Preis 15% ab. **5.** (ugs.) *nicht [wieder] befestigen, nicht [wieder] anlegen:* das Schildchen a. **6. a)** *von etw. absehen u. es nicht weiterverfolgen, von etw. abgehen u. sich nicht mehr daran halten:* von einem Vorhaben a.; Er lässt nicht ab von seiner Idee (Langgässer, Siegel 595); Ist das wache Gewissen nicht selbst Antrieb genug, nicht ab von der Bemühung ... (Goes, Hagar 170); **b)** *sich nicht mehr mit jmdm. befassen:* von dem Unterlegenen a.; Nach einigen Bissen ließ der Hund von ihr ab (Grzimek, Serengeti 211).

Ab|lass|hahn, der: *Abflusshahn.*
Ab|lass|han|del, der ⟨o. Pl.⟩: *(bes. im 15./16. Jh. betriebener) Handel mit Ablassbriefen.*
Ab|lass|krä|mer, der: *(bes. im 15./16. Jh.) Verkäufer von Ablassbriefen.*
Ab|lass|leh|re, die (kath. Rel.): *Lehre von dem möglichen Erlass von Kirchenstrafen.*
Ab|lass|pra|xis, die ⟨o. Pl.⟩: *Handhabung der Ablasslehre.*
Ab|lass|pre|di|ger, der: *(bes. im 15./16. Jh.) Geistlicher, der den Gläubigen die Möglichkeit des Ablasses verkündigt.*
Ab|lass|rohr, das: vgl. Ablassschraube.
Ab|lass|schrau|be, die: *Schraube an einem Behälter, die dazu dient, etw. abzulassen (1).*
Ab|lass|streit, der ⟨o. Pl.⟩: *Streit zwischen Luther u. der katholischen Kirche um den Ablasshandel.*
Ab|lass|ven|til, das: vgl. Ablassschraube.
Ab|lass|vor|rich|tung, die: *Vorrichtung zum Ablassen (1).*
Ab|lass|we|sen, das ⟨o. Pl.⟩: *Gesamtheit dessen, was den Ablass (1) betrifft.*
Ab|lass|zet|tel, der: vgl. Ablassbrief.
Ab|la|tiv ['ab..., 'ap...], der; -s, -e [lat. (casus) ablativus = die Trennung ausdrückend(er Fall)] (Sprachw.): **1.** *Kasus in bestimmten Sprachen, der einen Ausgangspunkt, eine Entfernung oder Trennung angibt.* **2.** *Wort im Ablativ.*
ab|la|ti|visch ⟨Adj.⟩ (Sprachw.): *den Ablativ betreffend, zum Ablativ gehörend; im Ablativ [stehend, gebraucht].*
Ab|la|ti|vus ab|so|lu|tus, der; --, ...vi ...ti [↑ Ablativ, ↑ absolut] (Sprachw.): *(in der lat. Sprache) selbstständig im Satz stehende satzwertige Gruppe in Form einer Ablativkonstruktion.*
ab|lat|schen ⟨sw. V.⟩ (salopp): **1.** *(Schuhwerk) [durch nachlässigen Gang] abnutzen* ⟨hat⟩: seine Schuhe a.; ⟨meist im 2. Part.:⟩ Die Füße, an deren Spitzen die abgelatschten Hausschuhe hingen (Ossowski, Liebe ist 22). **2.** *sich latschend entfernen* ⟨ist⟩: endlich latschte der Kerl ab.

◆ **ab|lau|ern** ⟨sw. V.; hat⟩: *lauernd beobachten, verfolgen:* Sie haben uns die Spur abgelauert (Schiller, Räuber II, 3).
Ab|lauf, der; -[e]s, Abläufe: **1.** ⟨o. Pl.⟩ (Sport) *Startplatz, Start:* sich am A. einfinden; die Pferde am A. versammeln; an den A. gehen. **2. a)** ⟨o. Pl.⟩ *das Ablaufen (2):* für schnellen A. des Wassers sorgen; **b)** *Stelle, an der etw. abläuft:* den A. mit einem Tuch verstopfen; (= die Käfer), doch kletterten sie nach einer Weile immer wieder aus dem A. hervor (Frisch, Homo 47). **3.** (Seemannsspr.) *Stapellauf.* **4. a)** *Verlauf:* der A. der Ereignisse, des Programms; die geschichtlichen Abläufe; Der genaue zeitliche A. für das Rockfestival steht fest (Hamburger Morgenpost 25. 5. 85, 8); **b)** (Ferns., Rundf.) *Abfolge von Programmpunkten.* **5.** ⟨o. Pl.⟩ *Beendigung einer Zeit, Erlöschen einer Frist:* nach, vor A. der gesetzten Frist; dass sich nach A. des Quartals entlassen werden sollte (Brot und Salz 221). **6.** (Leichtathletik) *Start des den Stab übernehmenden Läufers bei Staffelwettbewerben.*
Ab|lauf|bahn, die (Ski): *Teil der Sprungschanze, auf der der Springer abläuft (1 b).*
Ab|lauf|berg, der (Eisenb.): *(auf Verschiebebahnhöfen) Gefällstrecke mit Gleisverzweigungen, auf der Waggons zur Zusammenstellung von Güterzügen ablaufen (4 a) können.*
ab|lau|fen ⟨st. V.⟩: **1.** ⟨ist⟩ **a)** (selten) *sich laufend von einer Stelle entfernen:* Der Schneider ... ging ... über den Platz, von dem das Volk ablief (H. Mann, Stadt 30); **b)** (Sport) *starten:* das Feld der Marathonläufer lief ab; **c)** (Seemannsspr.) *einen [anderen] Kurs nehmen; abdrehen:* Als der Zerstörer mit Höchstfahrt ablief (Ott, Haie 271). **2.** ⟨ist⟩ **a)** *ab-, wegfließen:* das Wasser aus der Wanne a. lassen; Nun lief der Strom (= Ebbstrom) ab (Schnabel, Marmor 65); Ich saß ... am Dieksanderdeich ... auf den ablaufenden Wassern (Kant, Aufenthalt 14); **b)** *abfließen (2):* die Badewanne läuft schlecht ab. **3.** ⟨ist⟩ **a)** *von etw. herab-, herunterfließen, -rinnen:* vom Regen läuft [am Mantel, vom Schirm] ab; Ü an ihm läuft alles ab *(alles lässt ihn gleichgültig);* * **jmdn. a. lassen** (ugs. selten): *kühl ab., zurückweisen;* wohl aus der Fechterspr., von der Klinge des Gegners, die abgleitet, ohne zu verwunden): er ließ den Gatten der Zeset a. ..., weil er ihn nicht recht leiden konnte (Th. Mann, Joseph 837); **b)** *durch das Ablaufen des Wassers trocken werden:* die Weintrauben müssen noch a.; das Geschirr a. lassen. **4.** ⟨ist⟩ **a)** (Eisenb.) *den Ablaufberg hinunterfahren:* in 24 Stunden bis zu 5000 Waggons a. lassen; **b)** (Seemannsspr.) *vom Stapel laufen:* das Schiff seitlich a. lassen. **5.** ⟨ist⟩ **a)** *sich (von Anfang bis Ende) abrollen, abwickeln:* das Kabel ist [von der Trommel] abgelaufen; das Tonband, den Film a. lassen; **b)** *mechanisch zu Ende laufen u. dann stehen bleiben:* die Uhr ist abgelaufen; Sie wirk-

te anfangs wie eine Aufziehpuppe, deren Federwerk nie abläuft (Weber, Tote 188); **c)** *in bestimmter Weise vonstatten gehen, vor sich gehen, verlaufen:* alles ist gut, glimpflich abgelaufen; Die Wahrscheinlichkeit, dass im Ernstfall die Dinge so ablaufen, wie wir sie planen, ist gering (Brückenbauer 11. 9. 85); wie ist die Diskussion abgelaufen? **6.** *zu Ende gehen; zu bestehen, zu gelten aufhören* ⟨ist⟩: die Frist, die Amtszeit läuft am 1. Januar ab; das Visum, der Pass, der Ausweis ist abgelaufen; wann läuft der Vertrag ab?; Seit Ende der 80er-Jahre kauft Baxter abgelaufene *(mit überschrittenem Verfallsdatum versehene)* Blutkonserven von Blutbanken und Kliniken auf (Woche 14. 2. 97, 27). **7.** (selten) *abgehen, abzweigen:* von der Landstraße läuft ein Weg ab. **8.** ⟨ist/hat⟩ **a)** *an etw. zum Zweck der Besichtigung od. Kontrolle entlanggehen, -laufen:* den ganzen Weg a.; Wir liefen jetzt die Strecke, die wir eben gefahren waren, noch einmal ab (Martin, Henker 47); **b)** *der Reihe nach nach jmdm., etw. absuchen:* alle Läden, Lokale, Kunden a.; ich habe/bin die ganze Gegend *(Haus für Haus)* abgelaufen; Ich lief die Ämter ab. Aber keiner wollte zuständig sein (Christiane, Zoo 247). **9.** ⟨hat⟩ **a)** *durch vieles Gehen, Laufen abnutzen:* du hast die Absätze schon wieder ganz abgelaufen; **b)** ⟨a. + sich⟩ *sich durch vieles Gehen, Laufen abnutzen:* die Sohlen haben sich schnell abgelaufen; Ü Mit der Zeit lief sich die Neugier ab (Fussenegger, Haus 415). **10.** ⟨a. + sich⟩ (ugs.) *sich durch vieles Gehen, Laufen müde machen* ⟨hat⟩: ich habe mich abgelaufen.
Ab|lauf|frist, die: *Frist, bis zu der etw. abläuft (6).*
Ab|lauf|ge|schwin|dig|keit, die: *Geschwindigkeit, mit der bes. ein Tonband, eine Schallplatte abläuft.*
Ab|lauf|mar|ke, die (bes. Leichtathletik): *Markierung, von der aus der Läufer startet.*
Ab|lauf|plan, der: *Plan, nach dem ein bestimmtes Programm ablaufen soll.*
Ab|lauf|rin|ne, die: *Rinne, durch die eine Flüssigkeit ablaufen kann.*
Ab|lauf|rohr, das: vgl. Ablaufrinne.
Ab|lauf|tem|po, das: vgl. Ablaufgeschwindigkeit.
ab|lau|gen ⟨sw. V.; hat⟩: **a)** *mit Lauge behandeln, reinigen:* die Tür a.; **b)** *mit Lauge entfernen:* die Farbe a.
Ab|lau|gung, die; -, -en: *das Ablaugen.*
ab|lau|schen ⟨sw. V.; hat⟩: *von jmdm. durch aufmerksames Hin-, Zuhören erfahren:* jmdm. ein Geheimnis a.; Ü Fein beobachtet. So recht dem Leben abgelauscht (Loest, Pistole 87).
ab|lau|sen ⟨sw. V.; hat⟩: **1.** (ugs.) *jmdm. die Läuse absuchen:* der Affe laust die Jungen, dem Jungen den Kopf ab. **2.** (salopp) *listig [Stück für Stück] abnehmen, ablisten:* jmdm. alle seine Moneten a.
Ab|laut, der; -[e]s, -e ⟨Pl. selten⟩ (Sprachw.): *gesetzmäßiger Vokalwechsel in der Stammsilbe etymologisch verwandter Wörter.*
ab|lau|ten ⟨sw. V.; hat⟩ (Sprachw.): *Ab-*

abläuten

laut aufweisen: wie lautet dieses Verb ab?; ablautende Verben.

ab|läu|ten ⟨sw.V.; hat⟩: **a)** (früher) *(bei Straßenbahnen o. Ä.)* durch Läuten das Zeichen zur Weiterfahrt geben: der Schaffner läutete ab; **b)** (bes. Sport) *durch ein Läutezeichen beenden:* eine Runde a.; **c)** (früher) *(ein Telefongespräch) durch ein Läutezeichen beenden:* Waldemar hängte ein und läutete ab (Kreuder, Gesellschaft 26).

ab|le|ben ⟨sw.V.⟩ /vgl. abgelebt/ (veraltend): **1.** *einen Zeitraum (bis zu Ende) leben, durchleben* ⟨hat⟩: er lebte die restlichen Jahre im Exil ab; Da sitzen die beiden und leben ihre Passion ab (Kronauer, Bogenschütze 61). **2.** (geh.) *sterben* ⟨ist⟩: in dem Jahr, als sie abgelebt ist.

Ab|le|ben, das; -s ⟨geh.⟩: *Tod:* waren auf drei Stehpulten Kondolenzbücher aufgestellt wie sonst nur beim A. eines ... Staatsoberhauptes (Prodöhl, Tod 108).

ab|le|cken ⟨sw.V.; hat⟩: **a)** *durch Lecken entfernen:* das Blut mit der Zunge a.; **b)** *durch Lecken säubern;* an jmdm., etw. leckend entlangfahren: mit der Zunge die Zähne a.; der Hund hat mich abgeleckt.

ab|le|dern ⟨sw.V.; hat⟩: **1.** (veraltend) *einem Tier das Fell abziehen:* das verendete Pferd wurde in der Abdeckerei abgeledert; Ü durch den heftigen Aufprall war meine Haut völlig abgeledert (ugs.; *abgeschürft).* **2.** (landsch.) *heftig verprügeln:* jmdn. a. **3.** (ugs.) *etw. mit einem Ledertuch trockenwischen u. blank putzen:* das gewaschene Auto a.

ab|lee|ren ⟨sw.V.; hat⟩ (selten): *(von etw.) leer machen:* den Teller a.; die Arbeiter hatten die Fuhre abgeleert.

ab|le|gen ⟨sw.V.; hat⟩ [3: urspr. = (das Geld für) eine geschuldete Summe hinlegen (= bezahlen)]: **1. a)** *(ein Kleidungsstück o. Ä.) ausziehen, abnehmen:* Mantel und Hut a.; willst du nicht a.?; **b)** *(bes. Kleidung) nicht mehr tragen:* die Trauerkleidung a.; sie legte den Verlobungsring ab; abgelegte Sachen; Ü mein Vater hat den Adel abgelegt (Wiechert, Jerominkinder 124); seinen Namen a.; seine Untugenden a. *(sie sich abgewöhnen);* sie hatte ihre Scheu abgelegt *(sich davon frei gemacht);* er hatte den Zyniker abgelegt (Musil, Mann 439); **c)** (landsch. derb) *gebären:* Jetzt hat meine Olle auch noch 'n Kind abgelegt (Marchwitza, Kumiaks 238). **2. a)** *an einen Ort legen:* den Hörer a.; legte das den Kugelschreiber auf der Klapplehne ab (Jägersberg, Leute 11); den Schriftwechsel a. (Bürow.; *zur Aufbewahrung in einer Ordner o. Ä. legen);* Nach dem Abruf löscht der Empfänger die Daten, er kann sie ... auch in einen anderen Speicher a. (EDV; *speichern;* Rhein-Zeitung 21. 12. 84, 25); den Satz a. (Druckw. früher; *die einzelnen Buchstaben wieder in den Setzkasten legen);* Herzass a. (Kartenspiel; *beiseite legen, weil die Karte nicht mehr benötigt wird);* **b)** (bes. Jägerspr.) *(einen Hund) sich niederlegen u. warten lassen.* **3.** *⟨in Verbindung mit bestimmten Substantiven⟩ vollziehen, leisten, machen:* ein Examen a. *(machen);* einen Eid a. *(schwören);* die Beichte a. (geh.; *beichten);* für jmdn. od.

etw. Zeugnis a. *(für jmdn. zeugen, etw. bezeugen);* ein Geständnis a. *(gestehen);* ein Bekenntnis [über etwas] a. *([etw.] bekennen);* ein Gelübde a. *(geloben);* Rechenschaft [über etwas] a. *(geben);* einen Beweis [für etwas] a. *([etw.] beweisen).* **4.** (veraltet, noch landsch.) *es auf etw. anlegen, absehen:* worauf hast du es denn abgelegt? **5.** (Seemannsspr.) *vom Kai o. Ä. wegfahren:* das Schiff hatte in der Nacht abgelegt; Als ... das Boot von der Bunkerpier ablegte (Ott, Haie 353).

Ab|le|ger, der; -s, - [eigtl. = Trieb, der vom Baum abgemacht u. in die Erde gelegt wird]: **1. a)** *vorjähriger Trieb, der zwecks vegetativer Vermehrung in ganzer Länge waagerecht in eine Rille gelegt u. festgehakt wird;* **b)** *Steckling.* **2. a)** (ugs. scherzh.) *Sohn, Sprössling;* **b)** *Zweigstelle:* der deutsche A. der IBM; im kleinen Wallfahrtsort Eldern ..., einem A. der ... Abtei Ottobeuren (NZZ 30. 8. 86, 37).

ab|leh|nen ⟨sw.V.; hat⟩ [4: eigtl. = die Lehne (= Stütze) von etw. wegnehmen]: **1.** *(Angebotenes) nicht annehmen:* jmds. Einladung a.; ein Geschenk a.; er lehnte die Wahl ab; nicht a. dürfen (Loest, Pistole 251). **2.** *einer Forderung o. Ä. nicht stattgeben:* einen Antrag a.; die Zahlung von tausend Mark a. **3.** *nicht gelten lassen, nicht gutheißen;* missbilligen: ein Regime a.; die moderne Malerei a.; er lehnt seinen Schwiegersohn ab; Er lehne jede Gewalt ab, er billige sie nicht (Gregor-Dellin, Traumbuch 95). **4.** *als nicht in Betracht kommend zurückweisen:* ich muss jede Verantwortung a.; jmdn. als Zeugen a.; Patienten, die aus Glaubensgründen Blutübertragungen ablehnen (Hackethal, Schneide 202). **5.** *sich weigern, etw. zu tun;* verweigern: die Ausführung eines Befehls, die Behandlung eines Patienten a.; er lehnte es ab, einen mitzutrinken; sich ablehnend verhalten; ablehnend antworten. ◆ **6.** *abwehren, fern halten:* ein Mittel ..., wodurch so manches Leiden gestillt, so manche Gefahr abgelehnt werden könnte (Goethe, Dichtung u. Wahrheit 8).

Ab|leh|nung, die; -, -en: *das Ablehnen:* bei jmdm. auf A. stoßen; der Antrag ist auf A. verfallen *(abgelehnt worden).*

Ab|leh|nungs|front, die: *Front (3), die etw. entschieden ablehnt:* Aus den Reihen der A. des hessischen Weges hört man die eigentlichsten Begründungen (Spiegel 9, 1984, 81).

ab|lei|ern ⟨sw.V.; hat⟩ (ugs. abwertend): **1.** *(etw. auswendig Gelerntes, einen Text) eintönig vortragen:* ein Gedicht a.; das Gedicht ablegen. **2.** *(anderen bereits Bekanntes) immer wieder vorbringen:* Es wurden in geistlosen Variationen die festgelegten Dogmen abgeleiert (Thieß, Reich 492); ⟨meist im 2. Part.:⟩ abgeleierte Phrasen.

ab|leis|ten ⟨sw.V.; hat⟩: *[voll u. ganz, bis zum Ende] leisten:* den Wehrdienst, ein Probejahr a., ein Praktikum a.; Zivis ..., die ... ihren Dienst im Altersheim ableisten (Zivildienst 2, 1986, 24); nahezu 1 400 ehrenamtliche Arbeitsstunden abgeleistet (Saarbr. Zeitung 5. 12. 79, 19).

Ab|leis|tung, die; -, -en: *das Ableisten.*

ab|lei|ten ⟨sw.V.; hat⟩: **1.** *in eine andere Richtung leiten:* den Rauch [durch den Schacht] a.; Wasser, einen Bach, Fluss a.; der Blitz wurde abgeleitet; Ü jmds. Zorn von sich a. **2. a)** *von etw. od. jmdm. herleiten:* ein Recht, einen Anspruch, ein Vorrecht aus seiner Stellung a.; Jüngers Neigung, aus meist einfachen ... Erscheinungen einen generalisierenden Gedanken abzuleiten (Fest, Im Gegenlicht 312); ein Wort a. (Sprachw.; *zu einem anderen Wort bilden*): eine Formel a. (Math.; *entwickeln*); eine Gleichung a. (Math.; *ermitteln*); Die neue, vom Audi 80 abgeleitete Modellreihe (ADAC-Motorwelt 10, 1984, 27); **b)** *auf jmdn., etw. als seinen Ursprung zurückführen:* seine Herkunft von den Einwanderern a.; ⟨a. + sich⟩ *sich herleiten* (b): der Anspruch leitet sich aus ererbten Privilegien ab; (Sprachw.:) das Wort leitet sich aus dem Griechischen ab.

Ab|lei|tung, die; -, -en: **1.** *das Ableiten (1, 2).* **2.** *abgeleitetes Wort:* »hämmern« ist eine A. von »Hammer«.

Ab|lei|tungs|sil|be, die (Sprachw.): *der Bildung neuer Wörter dienende Vor-, Nachsilbe.*

ab|len|ken ⟨sw.V.; hat⟩: **1.** *in eine andere Richtung lenken:* den Ball [zur Ecke] a.; mit dem Kopf abgelenkt, landete das Leder ... im Netz (Kicker 6, 1982, 34); die Lichtstrahlen werden abgelenkt. **2. a)** *von etw. abbringen, wegbringen;* jmdn. [von der Arbeit] a.; der Junge ... lässt sich allzu leicht a. (Hörzu 16, 1973, 139); Die politischen Ereignisse ... irritieren ihn, lenken ihn ab (Reich-Ranicki, Th. Mann 53); jmds. Aufmerksamkeit a.; vom Thema a. *(die Aufmerksamkeit auf etw. anderes [weniger Heikles] lenken);* er versuchte, den Verdacht von sich abzulenken; um von diesem Gegenstand abzulenken, fragte sie angelegentlich: ... (Werfel, Bernadette 414); **b)** *auf andere Gedanken bringen; zerstreuen:* ich möchte dich ein bisschen a.; jmdn., sich mit etw. abzulenken versuchen; sie blätterte in einer Zeitschrift, um sich abzulenken. **c)** *das Gesprächsthema wechseln:* er lenkte schnell ab.

Ab|len|kung, die; -, -en: **1.** *das Ablenken* (1): die A. der Magnetnadel. **2.** *Zerstreuung:* das ist eine willkommene A.; A. brauchen, suchen.

Ab|len|kungs|ma|nö|ver, das: *Maßnahme, Handlung, die jmdn. geschickt, unauffällig von etw. ablenken, seine Aufmerksamkeit, Konzentration o. Ä. auf etw. anderes lenken soll:* Die vielen Diskussionen ... sind A. (Zwerenz, Kopf 210).

Ab|len|kungs|maß|nah|me, die: vgl. Ablenkungsmanöver.

Ab|len|kungs|ver|such, der: vgl. Ablenkungsmanöver.

ab|ler|nen ⟨sw.V.; hat⟩ (seltener): *von jmdm. durch Nachahmen lernen:* jmdm. bestimmte Kniffe a.; behandelte ihn Diotima mit jener ... Zuvorkommenheit, die sie ihrem Mann abgelernt hatte (Musil, Mann 95); ◆ Ü dem edlen Pferde, das

du reiten willst, musst du seine Gedanken a. *(durch genaue Beobachtung erkennen;* Goethe, Egmont IV).
¹**ab|le|sen** ⟨st. V.; hat⟩: **a)** *[ein]sammelnd einzeln von etw. abnehmen:* er liest Kartoffelkäfer ab; **b)** *durch* ¹*Ablesen* (a) *von etwas leer, frei machen:* Kartoffelpflanzen a.
²**ab|le|sen** ⟨st. V.; hat⟩: **1.** *nach einer schriftlichen Vorlage sprechen:* seine Rede [vom Blatt] a.; der Redner liest ab. **2. a)** *den Stand eines Messgerätes feststellen:* den Stromzähler a.; Er hatte verschiedene ... meteorologische Instrumente abzulesen (Gast, Bretter 18); **b)** *die verbrauchte Menge, die [zurückgelegte] Entfernung o. Ä. an einem Messgerät feststellen:* Strom, die Entfernung a. **3. a)** *[bei jmdm. od. etw.] durch genaue Beobachtung erkennen:* jmdm. jeden Wunsch von den Augen a.; seinen Ausführungen war deutlich die Verärgerung abzulesen; mit Gesichtern, von denen er ... a. konnte, wie sie über ihn dachten (Apitz, Wölfe 283); **b)** *aus etw. erschließen:* die Bedeutung des Ereignisses kann man daran a., dass alle erschienen waren.
Ab|le|ser, der; -s, -: *Person, die etw.* ²*abliest* (2).
Ab|le|sung, die; -, -en: *das* ²*Ablesen* (2).
ab|leuch|ten ⟨sw. V.; hat⟩: **a)** *mit einer Lichtquelle absuchen:* ich habe mit der Taschenlampe den Hof [nach ihm] abgeleuchtet; Sollte ich durchs Fenster entkommen sein? ...ich leuchte die zwei Fenster ab (Hofmann, Fistelstimme 121); Ü Das Motto ... wird nach ... künstlerischen Aspekten abgeleuchtet (tango 9, 1984, 60); **b)** (Bergmannsspr.) *die Luft in einer Grube* (3 a) *auf Methangehalt untersuchen.*
ab|leug|nen ⟨sw. V.; hat⟩: **1.** *mit großem Nachdruck leugnen:* seine Schuld a.; Niemand würde es glauben, wenn er es ableugnete (Böll, Adam 55). ♦ **2.** *absprechen* (1 b): das hieße, Göttern die Vernunft a. (Schiller, Iphigenie V, 3).
Ab|leug|nung, die; -, -en: *das Ableugnen.*
ab|lich|ten ⟨sw. V.; hat⟩: **1.** *fotokopieren:* er lichtete die Buchseite ab. **2.** (ugs.) *fotografieren:* dass seine Tochter sich ... für ein deutsches Sexmagazin hatte a. lassen (Ziegler, Liebe 268); Ü Jeder Mangel ... kann damit erklärt werden, dass amerikanische Wirklichkeit abgelichtet *(im Film dargestellt)* wurde (MM 18. 9. 71, 57).
Ab|lich|tung, die; -, -en: **1.** *das Ablichten.* **2.** *Fotokopie:* eine A. machen, anfertigen.
ab|lie|beln ⟨sw. V.; hat⟩ (selten): *liebkosen, liebkosend streicheln:* Ein gelbbunter Schäferhund ... kam heran und ließ sich a. (Löns, Haide 42).
ab|lie|fern ⟨sw. V.; hat⟩: **1.** *pflichtgemäß [einem zuständigen Empfänger] übergeben, aushändigen:* Waren a.; den Rest des Geldes lieferte sie dem Vater ab; Ü Da kam einer aus dem Ausland, lieferte seinen ... Singsang vor dem Mikrofon ab (Jargon; *präsentierte ihn;* Hörzu 19, 1983, 45); Er (= ein Auto) hatte 12 Zylinder, 9,4 Liter Hubraum und lieferte 220 PS ab (Jargon; *hatte 220 PS;* ADAC-Motorwelt 5, 1986, 30). **2.** (ugs.) *an einen vereinbarten Ort bringen, einer zuständigen Stelle übergeben:* Du hast Torsten bei Mutti abgeliefert *(ihn in ihre Obhut gebracht)* und bist nach Amerika geflogen (Danella, Hotel 150).
Ab|lie|fe|rung, die; -, -en: *das Abliefern.*
Ab|lie|fe|rungs|be|scheid, der: *Bescheid über die Ablieferung von etw.*
Ab|lie|fe|rungs|be|schei|ni|gung, die: *Bescheinigung über die Ablieferung von etw.*
Ab|lie|fe|rungs|frist, die: *Frist für die Ablieferung von etw.*
Ab|lie|fe|rungs|pflicht, die ⟨o. Pl.⟩: *Verpflichtung zur Ablieferung von etw.*
Ab|lie|fe|rungs|preis, der: *Preis für etw., was abgeliefert wird.*
Ab|lie|fe|rungs|rück|stand, der: *Rückstand bei der Ablieferung von etw.*
Ab|lie|fe|rungs|soll, das (bes. DDR Wirtsch.): *Teil der landwirtschaftlichen Produktion, der zu festgesetzten Preisen an staatliche Stellen abgeliefert werden muss.*
Ab|lie|fe|rungs|ter|min, der: *Termin für die Ablieferung von etw.*
Ab|lie|fe|rungs|zwang, der ⟨o. Pl.⟩: *Zwang zur Ablieferung bestimmter Erzeugnisse.*
ab|lie|gen ⟨st. V.; hat⟩ /vgl. abgelegen/: **1.** (von etw.) *entfernt liegen:* der nächste Ort liegt drei Kilometer [weit] ab; Ü so kam es ..., dass ... so weit voneinander abliegende Vorkommnisse ... die Wendung in Herrn Gérades Karriere bedeuteten (A. Kolb, Schaukel 76). **2.** (südd., österr.) *durch längeres Liegen mürbe werden, an Qualität gewinnen:* das Fleisch hat noch nicht lange genug abgelegen, ist noch nicht abgelegen; gut abgelegener Rostbraten.
ab|lis|ten ⟨sw. V.; hat⟩: *jmdn. mit List dazu bringen, etw. herzugeben:* jmdm. Geld a.; Ü Die Ernte muss der Natur abgelistet werden, dem Nebel, dem Regen, dem salzrauen Wind (Koeppen, Rußland 58).
ab|lo|chen ⟨sw. V.; hat⟩ (EDV früher): *auf Lochkarten, Lochstreifen übertragen:* den ganzen Jahrgang einer Zeitung vollständig a.
Ab|lo|cher, der; -s, - (EDV früher): *jmd., der Ablochungen vornimmt.*
Ab|lo|chung, die; -, -en (EDV früher): *das Ablochen.*
ab|lo|cken ⟨sw. V.; hat⟩: **1.** *[durch Schmeicheln, Überreden] abgewinnen, ablisten:* etw. lockt jmdm. Bewunderung ab; er hat mir 100 Mark abgelockt. **2.** *weglocken:* wenn wir uns durch keine Wüste irremachen und durch keine ägyptischen Fleischtöpfe vom Wege a. lassen (Thielicke, Ich glaube 310).
ab|loh|nen ⟨sw. V.; hat⟩ (veraltend): **1.** *für etw. bezahlen, entlohnen:* er lohnte den Kutscher a. **2.** *entlohnen u. entlassen:* die Leutestube, wo Jörn Uhl einen Knecht ablohnte (Frenssen, Jörn Uhl 272).
Ab|loh|nung, die; -, -en (veraltend): *das Ablohnen.*

ab|lö|schen ⟨sw. V.; hat⟩: **1. a)** *ab-, wegwischen:* er löschte das an die Tafel Geschriebene ab; **b)** *durch Ablöschen* (1 a) *reinigen:* er hat die Tafel abgelöscht. **2.** *mit einem Löschblatt trocknen:* die Tinte a.; Sie ... füllte ... den bläulichen Scheck aus, löschte ihn ab (Böll, Haus 89). **3. a)** *(einen Brand) löschen:* Das Feuer konnte erst am Morgen abgelöscht werden; **b)** (Kochk.) *einer Sache kalte Flüssigkeit zusetzen:* das angebratene Fleisch mit einem Glas trockenem Weißwein a.; Die Aprikosen ... mit Rotwein und Essig a. (e & t 6, 1987, 19).
Ab|lö|se, die; -, -n: **1.** (selten) *Ablösung:* Ohne Mocks Einwilligung wird keiner seiner Gegner die A. des Langzeitobmanns riskieren (profil 30, 1987, 15). **2. a)** (ugs.) Kurzf. von ↑Ablösesumme: Der Stürmer kostet 200000 Mark A. (MM 26. 11. 86, 1); **b)** (österr.) *bei Beginn eines Mietverhältnisses für eine Wohnung einmal vom Mieter zu entrichtende Summe.*
ab|lö|sen ⟨sw. V.; hat⟩: **1. a)** *von seinem Untergrund lösen; abmachen:* die Briefmarke vorsichtig, behutsam a.; er löste das Fleisch von den Knochen ab; **b)** ⟨a. + sich⟩ *sich lösen:* die Sohle hat sich abgelöst; Eine große Müdigkeit hatte mich plötzlich erfasst, mein Körper schien sich von mir abzulösen (Jens, Mann 131). **2.** *die Tätigkeit, den Dienst, die Stellung von jmdm. [im Wechsel] übernehmen:* einen Kollegen [bei der Arbeit] a.; Eduard ... war damals plötzlich abgelöst und an die Front geschickt worden (Remarque, Obelisk 151); Drei Ärzte ... lösten hier einander ab (Plievier, Stalingrad 222); der Vorsitzende muss abgelöst (verhüll.; *aus seinem Amt entfernt*) werden; Ü Der Frühling löst den Winter ab *(folgt auf ihn).* **3.** (Geldw.) *durch eine einmalige Zahlung tilgen, abgelten:* eine Hypothek a.; eine Rente a. *(durch eine Abfindung mit einer bestimmten Summe ersetzen).* **4.** (Psychol.) ⟨sich a.⟩ *die Ablösung* (4) *vollziehen:* die Kinder beginnen sich abzulösen.
Ab|lö|se|spiel, das (Berufssport): *beim Vereinswechsel eines Spielers zwischen altem u. neuem Verein vereinbartes Spiel, dessen Einnahmen dem alten Verein zufließen:* A. für Kevin Keegan im ... Volksparkstadion (Hörzu 47, 1977, 10).
Ab|lö|se|sum|me, die (Berufssport): *Geldsumme, die einem Verein, den ein Berufssportler verlässt, von dem neuen Verein, zu dem er überwechselt, gezahlt wird.*
Ab|lö|sung, die; -, -en: **1.** *das Ablösen* (1). **2. a)** *das Ablösen* (2); **b)** *Person, die jmdn. ablöst; ablösende Personengruppe:* wann kommt unsere A.? **3.** (Geldw.) *Tilgung, Abgeltung einer Schuld:* die A. einer Rente, einer Hypothek. **4.** (Psych.) *Auflösung eines seelischen Abhängigkeitsverhältnisses zwischen zwei Personen, bes. eines Kindes von den Eltern:* die A. vollziehen.
Ab|lö|sungs|be|trag, der: vgl. Ablösungssumme.
Ab|lö|sungs|pro|zess, der: *Prozess des Sichablösens* (4).
Ab|lö|sungs|recht, das (Rechtsspr.):

Ablösungssumme

Recht eines Dritten, anstelle des Schuldners den Gläubiger zu befriedigen.
Ab|lö|sungs|sum|me, die **1.** (Berufssport): *Ablösesumme.* **2.** (Rechtsspr.) *(bei der Rentenschuld) Geldbetrag, durch dessen Zahlung der Grundstückseigentümer die Rentenschuld ablösen kann.*
ab|luch|sen ⟨sw. V.; hat⟩ (salopp): **1.** *durch Überredung von jmdm. erhalten; ablisten:* Kempowski hat ihm das Haus abgekauft ... für einen Pappenstiel. »Abgeluchst«, wie ich besser sagen sollte (Kempowski, Zeit 30); Ü Es kommt mir heute nicht mehr darauf an, dem Leben mehr Jahre abzuluchsen (Hörzu 37, 1974, 6). **2.** *durch aufmerksame Beobachtung von jmdm. erfahren:* jmdm. ein Geheimnis a.
♦ **ab|lu|dern** ⟨sw. V.; hat⟩ [zu ↑ Luder]: *abdecken* (3): Meinethalb mag er sie (= die Pferde) jetzt a. und häuten (Kleist, Kohlhaas 68).
Ab|luft, die; -, Ablüfte (Technik): **1.** ⟨o. Pl.⟩ *verbrauchte Luft, die aus Räumen abgesaugt wird:* Reinigung der A. **2.** *von einem Industrieunternehmen o. Ä. in die Außenluft abgegebene Luft:* Vergleichsweise unwirtschaftlich ist die Wärmerückgewinnung aus der A. (Tag & Nacht 2, 1997, 4); ein Werk ..., das besonders die deutsche Bevölkerung ... mit seiner A. belasten wird (Saarbr. Zeitung 21. 12. 79, 11).
Ab|lu|ti|on, die; -, -en [lat. ablutio = das Abspülen, Abwaschen]: **1.** (Geol.) *das Abtragen von noch nicht verfestigten Meeresablagerungen.* **2.** (kath. Kirche) *(bei der ¹Messe) Ausspülung der Gefäße und Waschung der Fingerspitzen [und des Mundes] des Zelebranten nach dem Empfang von Brot und Wein [und der Austeilung der Kommunion].*
ab|lut|schen ⟨sw. V.; hat⟩ (ugs.): **a)** *durch Lutschen entfernen:* das Blut a.; er hat die Marmelade [von den Fingern] abgelutscht; **b)** *durch Lutschen von etw. säubern, befreien:* Pflaumenkerne a.; Der Charly lutschte jedes einzelne Knöchlein des Wildgerichtes sorgfältig ab (Sommer, Und keiner 333); Ü Ständig hatte sie mit dem abgelutschten Thema ... zu kokettieren (Hörzu 7, 1978, 10); **c)** *durch Lutschen verzehren:* der Bonbon war schon zur Hälfte abgelutscht.
ABM = Arbeitsbeschaffungsmaßnahme.
ab|ma|chen ⟨sw. V.; hat⟩: **1.** (ugs.) *von etw. loslösen u. entfernen:* den Rost a.; das Schild [von der Tür] a.; Ü Das mach dir man ab, Vater! Schnaps kriegst du nie mehr (berlin.; *das schlag dir aus dem Kopf!;* Fallada, Jeder 327). **2. a)** *vereinbaren:* einen neuen Termin, eine dreimonatige Kündigungsfrist a.; wir hatten abgemacht, dass jeder die Hälfte zahlen soll; es war zwischen ihnen noch nichts abgemacht worden; ⟨häufig im 2. Part.⟩ (bekräftigend, zustimmend in Bezug auf den Abschluss einer Vereinbarung:) abgemacht!; ♦ **b)** *eine Vereinbarung treffen, einen Vertrag schließen:* dass ich sogleich mit ihr abmachte und ihn in unsere Dienste nahm (C. F. Meyer, Amulett 9). **3.** *(in bestimmter Weise) klären, ins Reine bringen:* etwas gütlich a.; alle Geschäfte im Restaurant a.; wir wollen die Sache unter uns a.; das musst du mit dir selbst a. *(du musst selbst sehen, wie du damit fertig wirst);* mein Fall war nicht im Sitzen abzumachen *(ließ sich nicht ohne Mühe erledigen;* Muschg, Gegenzauber 288). **4.** (ugs.) *ableisten, hinter sich bringen:* seine Dienstzeit abgemacht haben; Ich mache ... einen längeren Knast ab (Oxmox 5, 1985, 153).
Ab|ma|chung, die; -, -en: *Vereinbarung:* mit jmdm. [über etw.] eine A., -en treffen.
ab|ma|gern ⟨sw. V.⟩: **1.** *mager werden* ⟨ist⟩: sie ist [bis auf die Knochen] abgemagert; war Huth zu einem Skelett abgemagert (Plievier, Stalingrad 289); Heute, wo mein Antlitz abgemagert ist (Th. Mann, Krull 79). **2.** *das Volumen, den Gehalt von etwas verringern* ⟨hat⟩: eine abgemagerte Ausstattung; Durch ... zusätzliche Luft wird das Gemisch (= Kraftstoffgemisch) abgemagert (auto 7, 1965, 18); GM kürzt und magert die Modelle ... ab (BM 12. 9. 76, 22).
Ab|ma|ge|rung, die; -, -en: *das Abmagern.*
Ab|ma|ge|rungs|kur, die: *Kur, die der Verringerung des Körpergewichts dienen soll.*
ab|mä|hen ⟨sw. V.; hat⟩: **1.** *mit der Sense, Mähmaschine abschneiden:* das Gras a.; Ü Die alten (= Bäume) wurden ... durch Artilleriefeuer abgemäht (Berger, Augenblick 106). **2.** *(eine Wiese o. Ä.) durch Mähen von hohem Gras frei machen:* eine abgemähte Wiese.
ab|mah|nen ⟨sw. V.; hat⟩: **1.** (veraltend) *jmdm. eindringlich von etw. abraten:* er mahnte mich von dem Unternehmen ab. **2.** (Rechtsspr.) *zu vertrags- od. gesetzesgemäßem Verhalten auffordern, eindringlich [er]mahnen:* die Firma ist vom Bundeskartellamt abgemahnt worden, Missbräuche ihrer Preisbindung abzustellen; viele ... sind mit Kündigungsdrohung abgemahnt worden (Spiegel 7, 1984, 41).
Ab|mah|nung, die; -, -en: **1.** (veraltend) *das Abmahnen* (1). **2.** (Rechtsspr.) **a)** *das Abmahnen* (2); **b)** *Schreiben, in dem eine Abmahnung* (2 a) *enthält:* die A. an ihn ist bereits abgeschickt worden; eine »Abmahnung« genannte Rüge mit der Drohung arbeitsrechtlicher Konsequenzen im Wiederholungsfall (Spiegel 10, 1981, 214).
Ab|mahn|ver|ein, der (Rechtsspr. Jargon): *Verein, der Firmen o. Ä. auf nicht vertrags- od. gesetzesgemäße Geschäftspraktiken aufmerksam macht u. diese mit Hinweis auf eine mögliche Klage abmahnt [u. die Zahlung einer so genannten Strafgebühr verlangt].*
ab|ma|len ⟨sw. V.; hat⟩: **1.** *malend genau wiedergeben, genau nach der Vorlage malen:* ich habe das Haus abgemalt; sich a. lassen; Ü ich würde nie eine Hose tragen, wo ... der Hintern abgemalt ist (Fichte, Wolli 235); jene, die er als echte Schurken abgemalt hat, ohne ihre Namen zu nennen (Sieburg, Robespierre 16); R da/dort möchte ich nicht abgemalt sein (ugs.; *dort möchte ich auf keinen Fall sein*). **2.** ⟨a. + sich⟩ (geh.) *sich in etw. widerspiegeln, zum Ausdruck kommen:* in seinem Gesicht malte sich Verlegenheit ab.
ab|ma|ra|chen, sich ⟨sw. V.; hat⟩ [aus der Gaunerspr., H. u.] (landsch., bes. nordd.): *sich sehr abmühen:* sich mit den schweren Säcken a.
ab|mar|ken ⟨sw. V.; hat⟩ [zu ↑ ²Mark] (Amtsspr.): *(ein Gebiet) durch [Grenz]zeichen markieren, abgrenzen:* Grenzpunkte a.
ab|mark|ten ⟨sw. V.; hat⟩ (geh.): *abhandeln* (1 b): jmdm. etw. billig a.; Ü er lässt sich nichts Billiges a.
Ab|mar|kung, die; -, -en: *das Abmarken.*
Ab|marsch, der; -[e]s, Abmärsche ⟨Pl. selten⟩: *das Abmarschieren:* Vorbereitungen für den A. treffen; Er ist im A. zu seinem Stammtisch (Remarque, Obelisk 17).
ab|marsch|be|reit ⟨Adj.⟩: *zum Abmarsch bereit.*
ab|mar|schie|ren ⟨sw. V.⟩: **1.** *in Formation u. im Gleichschritt abziehen, abrücken* ⟨ist⟩: die Soldaten sind abmarschiert. **2.** *zur Kontrolle [marschierend] abgehen* ⟨ist/hat⟩: das ganze Gebiet a.
ab|mar|tern ⟨sw. V.; hat⟩ (geh.): *aufs Äußerste mit etw. martern:* ich martere mir mein Gehirn ab, habe mich unnötig damit abgemartert.
ab|mat|ten ⟨sw. V.; hat⟩ (geh.): *überaus matt machen:* das Fieber mattete ihn ab; ich mattete mich in vergeblichen Anstrengungen ab; ich fühlte mich abgemattet; viele Leute machten einen ... abgematteten Eindruck (Fussenegger, Zeit 100).
Ab|mat|tung, die; -, -en ⟨Pl. selten⟩: *das Abmatten.*
ab|meh|ren ⟨sw. V.; hat⟩ [vgl. Mehr (2)] (schweiz.): **1.** *durch eine mit Handerheben festgestellte Mehrheit verwerfen, abschaffen:* die Gemeinde mehrte den Antrag ab. **2.** *durch Handerheben über etw. abstimmen, beschließen:* eine Vorlage a.
ab|mei|ern ⟨sw. V.; hat⟩ [zu ↑ Meier] **1.** (hist.) *jmdm. den Meierhof, das Pachtgut, den Erbhof entziehen:* man meierte die Pächter ab. **2.** (ugs.) *entlassen, abschieben, seines Amtes entheben:* Ministerstühle werden feilgeboten ..., Amtsinhaber abgemeiert (Spiegel 22, 1988, 18); Gisela ging neuerdings mit Hanning ..., Kutti ... war abgemeiert *(hatte ihre Gunst verloren;* Kempowski, Uns 132).
Ab|mei|e|rung, die; -, -en: *das Abmeiern.*
ab|mei|ßeln ⟨sw. V.; hat⟩: **1.** *durch Meißeln entfernen:* ich meiß[e]le die scharfe Kante ab. **2.** *durch Meißeln kleiner machen:* einen Stein stückchenweise a. **3.** (selten) *meißelnd nachbilden:* den großen Sohn der Stadt a.
Ab|mei|ße|lung, (seltener:) **Ab|meiß|lung,** die; -, -en: *das Abmeißeln.*
Ab|mel|de|be|stä|ti|gung, die: *Bestätigung für die Abmeldung (bei einer Behörde).*
Ab|mel|de|for|mu|lar, das: *Formular für die polizeiliche Abmeldung.*
ab|mel|den ⟨sw. V.; hat⟩: **1. a)** (bes. Milit.) *den Weggang ordnungsgemäß melden:* sich, die Kameraden bei seinem Kommandeur a.; **b)** *die Aufgabe des*

Wohnsitzes bei der dafür zuständigen Stelle melden: hast du dich, deine Familie schon [bei der Polizei] abgemeldet?; **c)** *das Ausscheiden bei der zuständigen Stelle melden:* seinen Sohn von der Schule, sich bei seinem Verein a.; Ü Mit dieser Haltung eckt man wenig an, aber man meldet sich ... aus der ... Diskussion ab (man nimmt nicht mehr daran teil; CCI 12, 1985, 38); **d)** *der zuständigen Stelle melden, dass etw. nicht mehr benutzt wird, nicht [mehr] in Betrieb ist:* das Fernsehgerät, das Auto vor den Wintermonaten a. **2.** (Sport Jargon) *seinen Gegner nicht zur Entfaltung kommen lassen, ihn beherrschen:* der Verteidiger hat den englischen Linksaußen völlig abgemeldet. **3.** **[bei jmdm.] abgemeldet sein* (ugs.; *nicht mehr [von jmdm.] beachtet werden, seine Gunst verloren haben*): Wenn einer säuft, ist er bei mir abgemeldet (Kirst, 08/15, 484).

Ab|mel|de|schein, der: *Abmeldeformular.*

Ab|mel|dung, die; -, -en: *das Abmelden* (1).

Ab|melk|be|trieb, der; -[e]s, -e: *Abmelkwirtschaft.*

ab|mel|ken ⟨st. u. sw. V.; melkt/(veraltet:) milkt ab, melkte/(veraltend:) molk ab, hat abgemelkt/(häufiger abgemolken)⟩ (Landw.): **1. a)** *(bes. einer Kuh) durch Melken Milch abnehmen:* der Kuh ein wenig Milch a.; **b)** *(bes. eine Kuh beim Trächtigsein) bis zum letzten Tropfen melken:* das Tier ist abgemolken (steht trocken); **2.** *das Melken beenden.*

Ab|melk|wirt|schaft, die; -, -en (Landw.): **1.** ⟨o. Pl.⟩ *Rinderhaltung nur zur Milchgewinnung.* **2.** *Betrieb mit Abmelkwirtschaft* (1).

ab|mer|geln, sich ⟨sw. V.; hat⟩ [↑ ausmergeln] (landsch.): *sich durch übermäßige Arbeit u. ständige Sorge erschöpfen:* ich merg[e]le mich ab; ⟨meist im 2. Part.:⟩ abgemergelte Frauen, Gesichter; die Häftlinge waren völlig abgemergelt.

◆ **ab|mer|ken** ⟨sw. V.; hat⟩: **a)** *anmerken* (1): Sie sind nachdenklich, Jarno, ich kann es Ihnen schon einige Zeit a. (Goethe, Lehrjahre VIII, 7); **b)** *beobachtend, zusehend (von jmdm.) lernen; ablernen:* Sie merkte ... Wilhelmen seine Grundsätze ab, richtete sich nach seiner Theorie und seinem Beispiel (Goethe, Lehrjahre V, 16).

ab|mes|sen ⟨st. V.; hat⟩ [vgl. abgemessen]: **1.** *nach einem bestimmten Maß (Länge, Größe, Umfang o. Ä.) bestimmen:* eine Strecke a.; Ü das Ausmaß eines Schadens noch nicht a. *(abschätzen, beurteilen)* können. **2.** *messend abteilen u. wegnehmen:* einen Meter Stoff [vom Ballen] a.

Ab|mes|sung, die; -, -en: **1.** *das Abmessen* (1). **2.** *[Aus]maß, Dimension:* einheitliche -en; die -en des Schrankes.

ab|mie|ten ⟨sw. V.; hat⟩ (selten): *von jmdm. mieten:* jmdm. ein Zimmer a.; Er hatte dem Förster den Bodenraum abgemietet (Schnurre, Schattenfotograf 379).

ab|mil|dern ⟨sw. V.; hat⟩: *abschwächen:* den Sturz, Aufprall a.; eine scharfe Äußerung abzumildern suchen; etw. in seinen Folgen abzumildern versuchen.

Ab|mil|de|rung, die; -, -en: *das Abmildern.*

ab|mi|schen ⟨sw. V.; hat⟩ (Film, Funk, Ferns.): *mischen* (6): Lieder, eine CD a.; Zu den ... miserabel abgemischten Klängen der Rockbands machte sich Kirmesstimmung breit (Welt 16. 8. 86, 18).

ABMler, der; -s, - (ugs.): *jmd., dem eine ABM-Stelle zugeteilt worden ist.*

ABMle|rin, die; -, -nen: w. Form zu ↑ ABMler.

Ab|mo|de|ra|ti|on, die (Rundf., Ferns.): *das Abmoderieren:* die A. machen.

ab|mo|de|rie|ren ⟨sw. V.; hat⟩ (Rundf., Ferns.): *als Moderator einer Sendung die abschließenden Worte sprechen:* [eine Sendung] a.

ab|mon|tie|ren ⟨sw. V.; hat⟩: *[einen Teil von] etw. mit technischen Hilfsmitteln entfernen:* ein Rad [vom Auto], eine Antenne a.; Der Rudi hat ... ein Blechschild abmontiert (Zenker, Froschfest 191).

ab|moo|sen ⟨sw. V.; hat⟩: **1.** (Gartenbau) *(Stecklinge, bevor sie zur Bewurzelung von der Mutterpflanze abgetrennt werden) an der beabsichtigten Schnittstelle mit Moos umwickeln:* Stecklinge, eine Triebspitze a.; ⟨subst.:⟩ eine durch Abmoosen ... vorbereitete Triebspitze (MM 16. 9. 70, 56). **2.** *von Moos befreien:* Steine, eine Mauer, Bäume a.

ABM-Stel|le, die: *Stelle* (4), *die im Zuge einer Arbeitsbeschaffungsmaßnahme geschaffen wird.*

ab|mü|den ⟨sw. V.; hat⟩ (geh.): *durch Anstrengung stark ermüden:* ich mußte meinen Geist, mich ab; Elsbeth ging ... etwas abgemüdet umher (Strittmatter, Wundertäter 38).

ab|mü|hen, sich ⟨sw. V.; hat⟩: *sich (mit etw., jmdm.) bis zur Erschöpfung mühen:* sich mit jmdm., etw. a.; ich habe mich abgemüht, meine Familie zu ernähren; ... Aufgabe, an der sich schon die begabtesten ... Fachleute vergeblich abgemüht hätten (Musil, Mann 1112).

ab|murk|sen ⟨sw. V.; hat⟩ [urspr. Studentenspr., zu niederd. murken = töten < mniederd. morken = zerdrücken] (salopp): **1.** *umbringen:* er hat seine Frau abgemurkst; dass ich dich killen wollte, dich einfach a. (Amory [Übers.], Matten 174); Ü den Motor a. *(durch unsachgemäßes Schalten od. Bremsen zum Stillstand bringen).* **2.** ⟨a. + sich⟩ *sich (mit etw.) abmühen.*

◆ **ab|mü|ßi|gen** ⟨sw. V.; hat⟩: **a)** *sich vorübergehend (von jmdm., einer Beschäftigung) freimachen, lösen:* Es sind Personen bei ihm, von denen er sich keinen Augenblick a. kann (Lessing, Emilia Galotti IV, 5); **b)** *als freie Zeit abringen, für sich gewinnen:* dass er nur auf den Augenblick warte, der er seinen Geschäften würde a. können, um ihr seine Ehrerbietigkeit zu bezeugen (Kleist, Marquise 252).

ab|mus|tern ⟨sw. V.; hat⟩ [eigtl. = aus der Musterrolle gestrichen werden] (Seemannsspr.): **a)** *aus dem Dienst auf einem Schiff entlassen:* den Schiffskoch a.; **b)** *den Dienst auf einem Schiff aufgeben:* ich kann morgen schon a.; Peter Petersen mustert auf dem Seenotkreuzer ab und geht auf eine Werft (Hörzu 49, 1977, 85); Ü Sie sieht so aus, als hätte sie eben als Galionsfigur abgemustert (Zeit 6. 6. 75, 43).

Ab|mus|te|rung, die; -, -en: *das Abmustern.*

ab|na|beln ⟨sw. V.; hat⟩: **1.** *(ein neugeborenes Kind) von der Nabelschnur trennen:* ich nab[e]le das Neugeborene ab. **2.** ⟨a. + sich⟩ (salopp scherzh.) *sich von etw. lösen:* Ich habe diese Rolle abgeschüttelt, mich davon abgenabelt (Hörzu 51, 1980, 47); ⟨auch ohne »sich«:⟩ von dem Traum, Sportflieger zu werden, konnte er nur schwer a.

Ab|na|be|lung, (seltener:) **Ab|nab|lung,** die; -, -en: *das Abnabeln.*

ab|na|gen ⟨sw. V.; hat⟩: **1.** *durch Nagen entfernen:* die Maus hat ein Stück [von dem Speck] abgenagt. **2.** (scherzh.) *leer nagen:* die Hühnerknochen sauber a.; abgenagte Gänsekeulen.

ab|nä|hen ⟨sw. V.; hat⟩: *durch eine keilförmige Naht, durch das Einnähen einer Falte in den Stoff enger machen:* sie nähte den Rock ab; ⟨subst.:⟩ Sie muss ... mit dem Einsäumen oder Abnähen von ... Unterröcken beschäftigt gewesen sein (Hofmann, Fistelstimme 115).

Ab|nä|her, der; -s, -: *keilförmige Naht, eingenähte Falte, mit der ein Kleidungsstück enger gemacht wird.*

Ab|nah|me, die; -, -n [2. Bestandteil mhd. nāme, ahd. nāma = das (gewaltsame) Nehmen, Verbalabstraktum von ↑ nehmen]: **1.** *das Abnehmen, Entfernung:* die A. des Kronleuchters, des Verbandes; die A. *(Amputation)* eines Beines. **2.** ⟨Pl. selten⟩ *Verminderung:* eine merkliche A. des Gewichts; die periodische Zu- und Abnahme des Leuchtens. **3.** ⟨Pl. selten⟩ *das Abnehmen* (7); *Kauf:* bei A. größerer Mengen gewähren wir Rabatt; **A. finden (sich verkaufen lassen):* die Ware findet reißende A. **4.** ⟨Pl. selten⟩ *das Abnehmen* (3): die A. eines Versprechens. **5.** ⟨Pl. selten⟩ **a)** *das Abnehmen* (5): die A. der Parade, die A. der Fahrzeuge, die A. einer Strecke; **b)** *mit der Abnahme* (5 a) *betraute Personen:* die A. hat den Wagen beanstandet.

Ab|nah|me|be|am|te, der: *Beamter, der Abnahmen* (5) *vornimmt.*

Ab|nah|me|be|am|tin, die: w. Form zu ↑ Abnahmebeamte.

Ab|nah|me|be|din|gung, die: *Bedingung für die Abnahme* (3) *von etw.*

Ab|nah|me|fahrt, die: *Fahrt, bei der ein Fahrzeug abgenommen* (5) *wird.*

Ab|nah|me|flug, der: vgl. *Abnahmefahrt.*

Ab|nah|me|frist, die: *Frist, die für die Abnahme* (3) *von etw. gesetzt ist.*

Ab|nah|me|ga|ran|tie, die: *Garantie für die Abnahme* (3) *von etw.*

Ab|nah|me|kom|mis|si|on, die: vgl. *Abnahmekommission.*

Ab|nah|me|prü|fung, die: *bei einer Abnahme* (5) *stattfindende Prüfung.*

Ab|nah|me|ver|wei|ge|rung, die: *Verweigerung der Abnahme* (3).

Ab|nah|me|vor|schrift, die: *Vorschrift für die Abnahme* (5) *von etw.*

ab|neh|men ⟨st. V.; hat⟩: **1. a)** *von einer Stelle fort-, herunternehmen:* den Hut a.; den Deckel a.; die Wäsche von der Leine a.; niemand nahm [den Hörer] ab; ich nahm mir den Bart ab *(rasierte ihn mir ab);* Freddy ... mit Bart. Inzwischen hat er ihn sich wieder abnehmen lassen (Hörzu 8, 1976, 63); Beeren, Äpfel a. *(abpflücken, ernten);* das Bein musste [ihm] schließlich abgenommen *(amputiert)* werden; **b)** (ugs.) *ein Telefongespräch durch Abheben des Hörers vom Fernsprechgerät entgegennehmen:* niemand hat abgenommen; Das Telefon klingelte ... aber er konnte nicht hingehen und a. (M. Walser, Seelenarbeit 269). **2. a)** *jmdm. helfend etw. [Schweres] aus der Hand nehmen:* jmdm. die Pakete, die Tasche a.; Hugo nahm ihr den Wäschekorb ab (Jägersberg, Leute 235); **b)** *etw., was jmdm. aufgebürdet ist, an seiner Stelle übernehmen:* der Mutter eine Arbeit, einen Weg a.; er brauchte ... jemanden, der ihm den ganzen Papierkram abnahm (Simmel, Stoff 663). **3.** *sich etw. von jmdm. geben lassen; etw. von jmdm. entgegennehmen:* dem Briefträger das Päckchen a.; sie nahm ihm die Blumen nicht ab; Ü Im Institut für Hämoderivate lässt er sich Blut a. (Zenker, Froschfest 84); jmdm. einen Eid a. *(jmdn. einen Eid ablegen lassen);* jmdm. ein Versprechen a. *(sich von jmdm. ein Versprechen geben lassen);* der Priester nahm ihm die Beichte ab *(ließ ihn sie ablegen).* **4.** *von jmdm. für eine Gegenleistung fordern:* er will mir für die Reparatur nur 50 Mark a. **5.** *nach Fertigstellung, vor der Zulassung prüfen, ob alles den Vorschriften entspricht; prüfend begutachten:* einen Neubau, ein Fahrzeug a.; die Parade a.; wer hat die Prüfung abgenommen? **6. a)** *[widerrechtlich] wegnehmen, entreißen:* jmdm. die Brieftasche a.; der Mann nahm ihm die Uhr ab; der Polizist hat ihm den Führerschein abgenommen *(hat ihn beschlagnahmt);* **b)** *im Spiel oder Wettkampf abgewinnen:* jmdm. beim Skat viel Geld a. **7.** *jmdm. abkaufen:* der Händler will uns die alten Sachen a.; Ü das nehme ich ihm nicht ab (ugs.; *glaube ich ihm nicht*); Blüm, dem ich sein Engagement abnehme (Spiegel 51, 1984, 24). **8. a)** *von einem Original übertragen:* Fingerabdrücke a.; **b)** (veraltend, noch scherzh.) *aufnehmen* (10b), *fotografieren:* lass dich mal a.! **9.** (Handarb.) *Maschen zusammenstricken, um ihre Zahl zu verringern:* ich muss jetzt [Maschen] a. **10.** (veraltend) *aus etw. schließen:* ich konnte an/aus ihrem Verhalten nichts a.; ♦ Hast du das von dir abgenommen? Hast du diese stolze Anmerkung über dich selbst gemacht (Goethe, Egmont III); **11.** *an Körpergewicht verlieren:* ich muss noch einige Pfund a.; sie hat in der letzten Zeit sehr, stark abgenommen. **12.** *an Größe, Umfang, Substanz, Stärke o. Ä. verlieren; sich verringern:* die Geschwindigkeit, die Helligkeit nimmt ab; die Vorräte nehmen ab; seine Kräfte nahmen rasch ab; die Tage nehmen ab *(werden kürzer);* ⟨häufiger im 1. Part.:⟩ im abnehmenden Licht; bei abnehmendem Mond *(in der Zeit zwischen Vollmond u. Neumond).* ◆ **13.** *(landsch.) abschöpfen* (1): an der Nidel sollte es doch auch nicht fehlen, sie hätte dieselbe abgenommen, wie sie es sonst nicht alle Tage im Brauch hätte (Gotthelf, Spinne 10).

Ab|neh|mer, der; -s, -: **1.** *Person, die [als Zwischenhändler] eine Ware kauft.* **2.** *jmd., der etw. von einem anderen annimmt:* viele A. für etw. haben; für meine journalistische Arbeit gab es noch A. in Paris (K. Mann, Wendepunkt 306); für etw. einen A. finden *(jmdn. finden, der etw. Bestimmtes, das jmd. abgeben will, gerne nimmt, haben möchte).*

Ab|neh|me|rin, die; -, -nen: w. Form zu ↑ Abnehmer.

Ab|neh|mer|kreis, der: *Anzahl von Abnehmern:* er hat für seine Erzeugnisse einen großen A.

Ab|neh|mer|land, das: *Exportland.*

Ab|nei|gung, die; -, -en ⟨Pl. selten⟩ [vgl. abgeneigt]: *deutlich bewusste Empfindung, jmdn. od. etw. nicht zu mögen:* gegen jmdn., etw. eine unüberwindliche A. haben, empfinden; Zwischen der Königin Johanna und ihr soll eine ausgesprochene A. bestehen (Benrath, Konstanze 18); dass ich aus A. gegen diese Beschäftigung ... übertrieb (Niekisch, Leben 15).

ab|nib|beln ⟨sw. V.; ist⟩ [H. u.; viell. zu niederd. nibbeln = mit den Lippen, Zähnen kleine Stücke von etw. lösen] (nordd., bes. berlin. salopp): *sterben:* ich nibb[e]le bald ab; Ü Delikatessen-Krüger, wie der so allmählich abnibbelte, und Bölte, wie der hochkam (Kempowski, Tadellöser 247).

ab|ni|cken ⟨sw. V.; hat⟩ [für älteres abg(e)nicken, zu ↑Genick] (Jägerspr.): *Wild durch einen Stich in das Genick töten.*

ab|ni|cken ⟨sw. V.; hat⟩ [eigtl. = mit einem Kopfnicken zustimmen] (salopp): *befürworten, genehmigen:* die Geschäftsleitung hat großzügig alle Forderungen des Betriebsrats abgenickt; 95 Prozent Wahlbeteiligung bei 8 Prozent Neinstimmen? Abgelehnt. 96 zu 5? Abgelehnt ... Irgendwann dann wurde abgenickt (Spiegel 3, 1992, 49).

ab|norm ⟨Adj.⟩ [lat. abnormis, zu: norma, ↑Norm]: **1.** *vom Normalen abweichend; krankhaft:* dieser Trieb, Veranlagung ist a.; Anders gelagerte Interessen ... geben ... nicht das Recht, jemanden als a. einzustufen (Hörzu 49, 1970, 111). **2.** *das gewohnte Maß übersteigend, vom Üblichen abweichend, ungewöhnlich:* -e Ausmaße; der Junge ist a. dick; auf Expeditionen und unter ähnlichen -en Lebensbedingungen lässt sich dies ... Phänomen beobachten (Spiegel 43, 1975, 118).

ab|nor|mal ⟨Adj.⟩ [aus lat. ab- = weg-, ent-, un-, miss- u. ↑normal] (bes. österr. u. schweiz.): *nicht normal:* Geburten von -en Kindern ... werden ... auf die Strahlung zurückgeführt (NZZ 23. 10. 86, 45); sich a. verhalten.

Ab|nor|mi|tät, die; -, -en [lat. abnormitas]: **1.** *Abweichung vom Normalen, Krankhaftigkeit, Fehlbildung:* der Psychiater stellte eine A. im Gehirn des Angeklagten fest. **2.** *fehlgebildetes Wesen:* früher stellte man auf Jahrmärkten oft -en zur Schau.

ab|nö|ti|gen ⟨sw. V.; hat⟩ (geh.): *bewirken, dass jmd. sich zu einem bestimmten Verhalten o. Ä. genötigt sieht; zwingend abgewinnen:* sein Verhalten nötigt mir Respekt ab; Die Vorstellung, wie ich ... den Acker bebaue, hat ... Silberstein ein Lächeln abgenötigt (Erné, Kellerkneipe 219); Die DDR wollte uns ... ein Abkommen a. (W. Brandt, Begegnungen 104).

ab|nut|zen, (südd., österr. u. schweiz. meist:) **ab|nüt|zen** ⟨sw. V.; hat⟩: **a)** *durch Gebrauch, Beanspruchung im Wert, in der Brauchbarkeit mindern:* die Autoreifen a.; ⟨häufig im 2. Part.:⟩ ein abgenutzter Teppich; Ü Vielleicht ist unsere Welt deshalb so abgenutzt, weil sie schon so unendlich viele Male in den Sterbenden erloschen ist (Gregor-Dellin, Traumbuch 67); ⟨häufig im 2. Part.:⟩ Wie oft habe ich das gelesen und mir ... vorgenommen, die abgenützte *(entleerte)* Formel zu vermeiden (Erné, Kellerkneipe 5); **b)** ⟨a. + sich⟩ *durch Benutzung an Wert und Brauchbarkeit verlieren:* die Bürste hat sich rasch abgenutzt; Ü große Worte nutzen sich ab; wie schnell sich eine sexuelle Beziehung in diesem Alter abnutzt *(ihren Reiz verliert;* Freizeitmagazin 26, 1978, 45).

Ab|nut|zung, (südd., österr. u. schweiz. meist:) **Ab|nüt|zung,** die; -, -en ⟨Pl. selten⟩: *das Abnutzen.*

Ab|nut|zungs|er|schei|nung, (südd., österr. u. schweiz. meist:) **Ab|nüt|zungs|er|schei|nung,** die: vgl. Verschleißerscheinung.

Ab|nut|zungs|ge|bühr, (südd., österr. u. schweiz. meist:) **Ab|nüt|zungs|ge|bühr,** die: *Gebühr für die Abnutzung von etw.*

Ab|nut|zungs|krank|heit, (südd., österr. u. schweiz. meist:) **Ab|nüt|zungs|krank|heit,** die: (seltener) Verschleißkrankheit.

Abo, das; -s, -s (ugs.): Kurzf. von ↑Abonnement.

Abo|li|ti|on, die; -, -en [lat. abolitio = Abschaffung, Aufhebung] (Rechtsspr.): *Niederschlagung eines Strafverfahrens vor seinem rechtskräftigen Abschluss.*

Abo|li|ti|o|nis|mus, der; - [engl. abolitionism, zu lat. abolitio, ↑Abolition]: **1.** *Bewegung zur Abschaffung der Sklaverei in Großbritannien u. Nordamerika im 18. u. 19. Jh.* **2.** *von Großbritannien im 19. Jh. ausgehender Kampf gegen die Prostitution.* **3.** *rechtsphilosophische Strömung, die auf die Abschaffung der Gefängnisse u. des bisherigen strafrechtlichen Systems sowie auf eine Neudefinition der bisher als Kriminalität bezeichneten Phänomene u. auf einen völlig anderen, weniger Leid für die Inkriminierten verursachenden Umgang mit dieser Situation abzielt.*

Abo|li|ti|o|nist, der; -en, -en: *Anhänger des Abolitionismus.*

abo|li|ti|o|nis|tisch ⟨Adj.⟩: *den Abolitionismus, die Abolitionisten betreffend.*

abo|mi|na|bel ⟨Adj.; ...abler, -ste⟩ [frz. abominable < spätlat. abominabilis, zu lat. abominari = verabscheuen, zu: ominari = sprechen, zu: omen, ↑Omen] (veraltet): *abscheulich, scheußlich, widerlich:* ein abominabler Anblick, Gestank; die Rede des Ministers war a.

Abon|ne|ment [abɔnəˈmã:, schweiz. auch: ...əˈmɛnt], das; -s, -s, schweiz. auch: -e [frz. abonnement, zu: abonner, ↑abonnieren]: *für eine längere Zeit vereinbarter und deshalb meist verbilligter Bezug von Zeitungen, Zeitschriften, Eintrittskarten, Mittagessen o. Ä.:* das A. des »Sprachspiegels«/(bes. schweiz.:) auf den »Sprachspiegel« beginnt, endet, erlischt am 1. Januar; ein A. haben; sein A. (*Anrecht*) für die städtischen Sinfoniekonzerte, die Oper, das Schauspiel erneuern, verlängern; ein A. mit 10 Kammermusikabenden auflegen; Meyers Lexikon, im A. bestellt, brach beim Stichwort »Soxhlet« ab (Bieler, Bär 87); Ü Ich habe ein A. auf einen Traum ... (*ich träume ihn oft*; Reinig, Schiffe 112).

Abon|ne|ment|be|din|gun|gen, Abon|ne|ment|kar|te usw. ↑Abonnementsbedingungen, Abonnementskarte usw.

Abon|ne|ments|be|din|gun|gen ⟨Pl.⟩: *für ein Abonnement geltende Bedingungen.*

Abon|ne|ments|kar|te, die: *Karte, mit der sich eine Abonnentin, ein Abonnent ausweisen kann.*

Abon|ne|ments|kon|zert, das: *zum Programm eines Abonnements gehörendes Konzert.*

Abon|ne|ments|preis, der: *Preis für ein Abonnement.*

Abon|ne|ments|vor|stel|lung, die: vgl. Abonnementskonzert.

Abon|ne|ments|zeit, die: *Zeit, während der ein Abonnement läuft.*

Abon|nent, der; -en, -en: *Inhaber eines Abonnements:* neue -en werben.

Abon|nen|ten|lis|te, die: *Liste der Abonnenten u. Abonnentinnen.*

Abon|nen|ten|zahl, die: *Anzahl der Abonnenten u. Abonnentinnen.*

Abon|nen|tin, die; -, -nen: w. Form zu ↑Abonnent.

abon|nie|ren ⟨sw. V.; hat⟩ [frz. s'abonner (à), zu: abonner = etw. für jmdn. abonnieren, älter = eine zeitlich begrenzte Leistung vereinbaren < afrz. bonne, Nebenf. von: borne, ↑borniert]: *im Abonnement beziehen:* eine Zeitung a.; wir haben im Theater abonniert; * *auf etw.* **abonniert sein** (1. *etw. abonniert haben; ein Abonnement haben.* 2. *etw. wiederholt haben, bekommen o. Ä.:* auf Erfolg abonniert sein; die Mannschaft ist auf Sieg abonniert).

ab|ord|nen ⟨sw. V.; hat⟩ [eigtl. = jmdn. aus einer Gruppe mit einem Auftrag absenden]: *dienstlich zur Erfüllung einer Aufgabe entsenden:* jmdn. zu einer Konferenz a.; die Partei hat ihn nach Berlin abgeordnet.

Ab|ord|nung, die; -, -en: 1. ⟨o. Pl.⟩ *das Abordnen:* die A. eines Bevollmächtigten befürworten. 2. *Gruppe von abgeordneten Personen:* eine A. empfangen.

¹**Ab|ori|gi|ne** [apləˈri:gine:, engl.: æbəˈrɪdʒini:], der; -s, -s [engl. aborigine <

lat. Aborigines (Pl.) = Name der Ureinwohner von Latium, zu: ab origine = vom Ursprung an]: Bez. für *Ureinwohner [Australiens].*

²**Ab|ori|gi|ne,** die; -, -s: w. Form zu ↑¹Aborigine.

¹**Abort** [schweiz. nur: ˈabɔrt], der; -[e]s, -e [wohl aus dem Niederd., eigtl. = abgelegener Ort (wird heute hochsprachlich gemieden, in der Amts- u. Fachspr. aber noch gebr.): *Toilette* (2): Seit einer Woche spülen in Hamburg die ersten vollautomatischen -e (Spiegel 23, 1983, 75).

²**Abort,** der; -s, -e [lat. abortus, zu: aboriri, ↑abortieren] (Med.): **1.** *Fehlgeburt* (1). **2.** *Schwangerschaftsabbruch:* Wo die Schulmädchen heute mit vierzehn ihren ersten A. haben (Domin, Paradies 62).

³**Abort,** der; -s, -e [engl. abort < lat. abortus, ↑²Abort] (Raumf.): *Abbruch eines Raumfluges.*

Abort|an|la|ge, die ⟨meist Pl.⟩: *bauliche Anlage* (3) *mit Toiletten.*

Abort|bril|le, die (ugs.): *Klosettsitz.*

Abort|de|ckel, der: *Deckel auf einem Abort.*

Abort|frau, die: *Toilettenfrau.*

Abort|gru|be, die: *Grube beim Haus, die die Fäkalien aus den Toiletten aufnimmt.*

abor|tie|ren ⟨sw. V.; hat⟩ [zu lat. abortum, 2. Part. von: aboriri = (von der Leibesfrucht) abgehen] (Med.): *einen ²Abort haben.*

abor|tiv ⟨Adj.⟩ [lat. abortivus] (Med.): *einen ²Abort bewirkend; abtreibend.*

Abort|schüs|sel, die: *Klosettbecken.*

ab ovo [ap ˈoːvo; lat., eigtl. = vom Ei an] (bildungsspr.): **1.** *von Anfang an:* ich will nicht ab ovo beginnen. **2.** *von vornherein, grundsätzlich:* etw. ab ovo als falsch ansehen.

ab|pa|cken ⟨sw. V.; hat⟩ (Kaufmannsspr.): *(eine Ware) für den Verbraucher in einer bestimmten Menge verpacken:* Zucker a.; abgepackte Waren; Beim Einkaufen weisen wir ... auf ... das abgepackte Brot (Weinberg, Deutsch 88).

Ab|pa|ckung, die; -: *das Abpacken.*

ab|pad|deln ⟨sw. V.; hat⟩ (Kanusport): **1.** *zum letzten Mal gemeinschaftlich in der Saison paddeln:* wir paddeln morgen ab; ⟨subst.:⟩ morgen ist Abpaddeln. **2.** *eine Strecke paddelnd durchmessen, im Paddelboot o. Ä. zurücklegen:* Mit dem Kanu wurden elf Flüsse ... abgepaddelt (MM 23. 2. 66, 6).

ab|par|ken ⟨sw. V.; hat⟩: *die von einem Vorgänger an einer Parkuhr bezahlte, aber noch nicht ganz verbrauchte Parkzeit ausnutzen:* ich parkte die Viertelstunde noch ab.

ab|pas|sen ⟨sw. V.; hat⟩ [1: vgl. aufpassen]. **1. a)** *(den passenden Zeitpunkt) abwarten:* den richtigen Zeitpunkt a.; ich passte den Augenblick ab, an dem sich seine Tür öffnete (Salomon, Boche 9); **b)** *auf jmdn. warten u. ihn aufhalten, um sich wegen etw. a ihm auszusprechen:* den Briefträger a.; Die beiden ... konnten ungestört drei Bankangestellte a. ..., mit Handschellen fesseln und zur Öffnung von Tresor und Geldautomat zwingen (SZ 22. 3. 95, 44); er passte sie in dunk-

len Flur ab. **2.** (veraltend) *in Bezug auf etw. abstimmen u. passend anfertigen:* den Rock, die Schürze, den Vorhang in der Länge a.

ab|pas|sie|ren ⟨sw. V.; hat⟩ (Kochk.): *(eine Flüssigkeit mit ihren festen Bestandteilen) durch ein Sieb streichen, durchlaufen lassen:* die Soße a.

ab|pa|trouil|lie|ren ⟨sw. V.; hat⟩: *[zum Zweck der Überwachung] patrouillierend abgehen, abfahren:* die Straßen a.

♦ **ab|pat|schen** ⟨sw. V.; hat⟩ [zu patschen = ungeschickt gehen] (landsch.): *weggehen, verschwinden:* ... ihm zu sagen, wo der frühere Herr Lehrer sei. »Abgepatscht, und auch du patsch ab!«, lautete die Antwort (Ebner-Eschenbach, Gemeindekind 128).

ab|pau|sen ⟨sw. V.; hat⟩: *mit Pauspapier übertragen:* eine Zeichnung a.; Ü Askese als Ekstase ... alles von der Wirklichkeit abgepaust (Mayröcker, Herzzerreißende 34).

ab|pel|len ⟨sw. V.; hat⟩ (landsch., bes. nordd.): *pellen* (1 a): Kartoffeln, die Wurst a.; Ü Sie ... pellte sich mit großer Anstrengung die kreischnasse Bluse ab (Richartz, Büroroman 110).

ab|per|len ⟨sw. V.; ist⟩: *(von Flüssigkeit) an etw. in Perlen herunterrinnen:* das Wasser perlt am Mantel ab.

ab|pe|sern ⟨sw. V.; hat⟩ [zu ostniederd. pesern, pösern, posern = mit Feuer spielen, aus dem Slaw., vgl. poln. požar = Brand, Feuersbrunst] (landsch.): *abbrennen, niederbrennen:* ... eine Fackel an das Bäumchen zu legen und es sachte a. zu lassen (Lenz, Suleyken 119).

ab|pfei|fen ⟨st. V.; hat⟩ (Sport): **a)** *(vom Schiedsrichter bei einem Spiel) durch Pfeifen unterbrechen:* das Spiel wegen Abseits a.; der Schiedsrichter hatte schon vorher abgepfiffen; **b)** *(vom Schiedsrichter bei einem Spiel) durch Pfeifen beenden:* die erste Halbzeit, das Spiel a.; Ü dass wir die Aktion wieder abpfiffen (Express 11. 10. 68, 8).

Ab|pfiff, der; -[e]s, -e (Sport): *Pfiff als Zeichen zur Beendigung eines Spiels.*

ab|pflü|cken ⟨sw. V.; hat⟩: **a)** *pflückend von einer Pflanze, einem Baum entfernen:* sie hat die Kirschen abgepflückt; Ü wenn ... sie sich im Schein der Lampe die Läuse abpflückten (*absammelten*; Plievier, Stalingrad 47); **b)** *eine Pflanze, einen Baum von etw. leer machen:* die Stachelbeersträucher sind alle abgepflückt.

ab|pin|nen ⟨sw. V.; hat⟩ (Schülerspr.): *abschreiben:* vom Nachbarn a.

ab|pin|seln ⟨sw. V.; hat⟩ (ugs., oft abwertend): *abmalen:* Diese gasbeleuchtete Ringstraßenwelt, warum hat sie der Pointillist Seurat nicht gemalt, ... für die Nachwelt abgepinselt (Fischer, Wohnungen 76).

ab|pla|cken, sich ⟨sw. V.; hat⟩ (landsch.): *sich abplagen:* Ihr plackt euch für den letzten Dreck ab.

ab|pla|gen, sich ⟨sw. V.; hat⟩: *sich mit etw., jmdm. abmühen, mühselige Arbeit verrichten:* sich mit einer Arbeit, mit den unartigen Kindern a.; ich habe mich mein ganzes Leben lang abgeplagt; Er hatte ruhig zugesehen, wie sie ... sich ab-

abplatten

plagte mit dieser Frage (Chr. Wolf, Himmel 24).

ab|plat|ten ⟨sw. V.⟩: **1.** *platt[er] machen* ⟨hat⟩: man hat die Rundungen etwas abgeplattet. **2.** *platt[er] werden* ⟨ist⟩: durch die Belastung plattet die Oberfläche ab.

ab|plät|ten ⟨sw. V.; hat⟩ (nordd., md.): *durch Bügeln auf einen Stoff übertragen:* ein Muster a.

Ab|plätt|mus|ter, das: *vorgedrucktes Muster zum Abplätten:* ein A. für eine Kissenplatte (zum Sticken).

Ab|plat|tung, die; -, -en: *das Abplatten; das Abgeplattetsein:* die A. der Erde *(Verkürzung des Durchmessers der Erde von Pol zu Pol).*

ab|plat|zen ⟨sw. V.; ist⟩: *[einen Riss bekommen u.] sich ruckartig von etw. lösen:* Gips platzt ab; mir ist ein Knopf von der Jacke abgeplatzt.

ab|pols|tern ⟨sw. V.; hat⟩: *(zum Schutz gegen Stoß od. Schlag, zum Abdämpfen von Geräuschen o. Ä.) mit einer Polsterung versehen:* etw. mit alten Autoreifen a.; in einem ... durch eine abgepolsterte Tür von Außengeräuschen abgedämpften Zimmer (Plievier, Stalingrad 235); Ü Alles soll krisenfest abgepolstert *(abgesichert)* werden (Spiegel 26, 1985, 42).

ab|prä|gen ⟨sw. V.; hat⟩: *in etw. prägend abbilden:* der Künstler prägte ihre Gestalt in Metall ab; Ü das Wesen des Menschen prägt sich in seiner Geschichte ab.

Ab|prall, der; -[e]s, -e ⟨Pl. selten⟩: *das Abprallen.*

ab|pral|len ⟨sw. V.; ist⟩: *beim harten Auftreffen auf etw. [federnd] zurückgeworfen werden:* die Schosse prallten an der Mauer ab; der Ball prallte von der Latte ab; Ü die Vorwürfe prallten an ihm ab; Seine Blicke liefen über ihre Gestalt, prallten an ihren Augen ab (Schneider, Erdbeben 72).

Ab|pral|ler, der; -s, - (Ballspiele): *vom Torpfosten, Spieler abprallender Ball:* Den A. aufnehmen, einschießen.

ab|pres|sen ⟨sw. V.; hat⟩: **1.** *herauspressen; unter Druck absondern:* die Hitze presste ihm manchen Schweißtropfen ab; ⟨subst.:⟩ Aus dem Spätburgunder wird durch ... Abpressen ... Weißherbst gewonnen (e&t 6, 1987, 110). **2.** *abnötigen, abzwingen:* jmdm. ein Versprechen, ein Geständnis a.; ich presste mir ein Lächeln ab. **3.** *abschnüren* (1): diese Vorstellung presste ihm den Atem ab.

Ab|pres|sung, die; -, -en: *das Abpressen.*

Ab|pro|dukt, das (Fachspr.): *(bes. in Industrie und Landwirtschaft) bei der Produktion entstehende Abfälle.*

ab|prot|zen ⟨sw. V.; hat⟩ [2: übertr. von (1) od. lautm.]: **1.** (Milit.) *ein Geschütz von der Protze lösen [u. in Feuerstellung bringen]:* die Kanoniere protzten das Geschütz ab. **2.** (derb) *seine große Notdurft verrichten:* »Der frisst jetzt zum zweiten Mal ein volles Dinner ...« »Es gibt so Leute ... Die gehen zum Lokus, protzen ab und fangen dann von vorn ... an« (Konsalik, Promenadendeck 124).

ab|pum|pen ⟨sw. V.; hat⟩: **1.** *durch Pumpen entfernen:* Öl, Wasser a.; Andrea pumpt alle paar Stunden ihre Milch ab (Zenker, Froschfest 27). **2.** (salopp) *von jmdm. leihen, borgen:* ich habe ihm 20 Mark abgepumpt.

Ab|putz, der; -es, -e ⟨Pl. selten⟩: *Putz, Verputz.*

ab|put|zen ⟨sw. V.; hat⟩: **1. a)** *durch Wischen o. Ä. säubern, von etw. den Schmutz entfernen:* sich die Hände a.; Kalle Knebel stürzte in den Morast, und es dauerte eine Weile, bis wir ihn mit Heuwischen abgeputzt hatten (Lentz, Muckefuck 315); hast du dir die Schuhe richtig abgeputzt?; das Kind a. *(von Kot säubern);* **b)** (selten) *wischend, bürstend, schrappend entfernen:* du musst noch die Flecken a. **2.** *verputzen:* ein Haus a. **3.** (landsch.) *tadeln, zurechtweisen:* Kohl ... hatte seinem Duzfreund ... zugesetzt, er lasse sich so nicht a. (Spiegel 42, 1976, 30). **4.** (bes. österr.) *sich reinwaschen, einen Verdacht von sich ablenken:* Wir könnten uns a. und sagen: Pech gehabt (Wiener, Okt. 1983, 38).

ab|quä|len ⟨sw. V.; hat⟩: **1. a)** (a. + sich) *sich so abmühen, dass es einem zur Qual wird:* sich lange [mit einer Arbeit] a.; ich quäle mich ... mit einer Unzahl von Koffern und Taschen ab (Mayröcker, Herzzerreißende 124); **b)** *sich mühsam abzwingen:* den gekrakelten Brief, den er sich abquälte (Kühn, Zeit 56); ich quälte mir ein Lächeln ab. **2.** (veraltet) *quälend erschöpfen:* seinen Geist a.

ab|qua|li|fi|zie|ren ⟨sw. V.; hat⟩: *abfällig beurteilen; in der Qualifizierung herabsetzen:* ein Buch, eine politische Überzeugung a.; hat er meine Dissertation als ... Machwerk abqualifiziert (Heym, Schwarzenberg 171); Niemand würde sie als Dilettantin a. (Wolfe [Übers.], Radical 64); als »Tante-Emma-Läden« abqualifizierte Einzelhandelsgeschäfte (Wochenpost 6. 8. 76, 10).

Ab|qua|li|fi|zie|rung, die; -, -en: *das Abqualifizieren.*

ab|quat|schen ⟨sw. V.; hat⟩ (salopp): *jmdn. überreden, etw. herzugeben:* das Bild habe ich ihm abgequatscht.

ab|quet|schen ⟨sw. V.; hat⟩: *durch Quetschen abtrennen:* ich habe mir um ein Haar den Finger abgequetscht.

Ab|quet|schung, die; -, -en: *das Abquetschen.*

ab|ra|ckern, sich ⟨sw. V.; hat⟩ (salopp): *sich abmühen, abarbeiten:* ich rackerte mich [mit dem schweren Koffer] ab; Dafür hat man sich 25 Jahre abgerackert, dass der Junge alles hinschmeißt (Chotjewitz, Friede 140); sich für jmdn. a.

ab|ra|die|ren ⟨sw. V.; hat⟩: *durch Radieren entfernen:* einen Flecken von der Tapete a.

Ab|ra|ham: in der Wendung **wie in -s Schoß** (ugs.; *sicher u. geborgen; gut aufgehoben;* nach Luk. 16, 22): bei mir bist du sicher. Wie in -s Schoß (Degener, Heimsuchung 87).

ab|rah|men ⟨sw. V.; hat⟩: *die Fettschicht von der Milch abschöpfen:* die Milch vorher a.; Ü da hat jemand [alles] abgerahmt (ugs.; *das Beste für sich genommen).*

Ab|ra|ka|da|bra [auch: '---'--], das; -s [1: spätlat. abracadabra, H. u.]: **1.** ⟨o. Art.⟩ Zauberformel. **2.** *sinnloses, unverständliches, unsinniges Gerede:* Es war alles A., was er daherredete (Plievier, Stalingrad 268).

Abra|sax: ↑ Abraxas.

ab|ra|sie|ren ⟨sw. V.; hat⟩: **a)** *(Haare) mit dem Rasiermesser, -apparat unmittelbar an der Haut abschneiden:* ich rasierte [ihm, ihr] die Haare ab; **b)** (ugs.) *dem Erdboden gleichmachen:* die Luftminen haben ganze Straßenzüge abrasiert.

Ab|ra|si|on, die; -, -en [spätlat. abrasio = Abschabung]: **1.** (Fachspr.) *Abschabung.* **2.** (Geol.) *Abtragung der Küste durch die Brandung.* **3.** (Med.) *Auskratzung, Ausschabung.*

◆ **ab|ras|ten** ⟨sw. V.; hat⟩: *(landsch.) rasten* (1): Dazu errichteten die Leute vier Altäre, damit »der Herrgott a. kann auf seiner Wanderschaft« (Rosegger, Waldbauernbub 237).

ab|ra|ten ⟨st. V.; hat⟩: *raten, etw. nicht zu tun:* [jmdm.] von der Lektüre eines Buches a.; sie riet ihm [davon] ab, allein dorthin zu gehen; das rate ich dir ab.

ab|rau|chen ⟨sw. V.; hat⟩: *vollständig rauchen* (2 b): Da ein Raucher ... nicht weniger konsumiere als von normalen Zigaretten und sie ... bis fast auf den Filter abrauche (Spiegel 44, 1967, 151).

Ab|rauch|ma|schi|ne, die; -, -n: *(zu bestimmten Versuchszwecken verwendete) Maschine zum Abrauchen von Zigaretten.*

Ab|raum, der; -[e]s: **1.** (Bergbau) *[abgeräumte] Deckschicht ohne nutzbare Mineralien über Lagerstätten:* Das Ruhrgebiet erstickt unter dem A. (Welt 29. 3. 79, 1). **2.** (landsch.) *Abfall* (1).

Ab|raum|bag|ger, der; -s, -: *Bagger, der beim Abräumen* (1 b) *eingesetzt wird.*

ab|räu|men ⟨sw. V.; hat⟩: **1. a)** *(von einer Oberfläche) weg-, herunternehmen [um Platz zu schaffen]:* die Teller, das Frühstück a.; der Kellner räumt ab; Ü sie hat schon beim ersten Wurf abgeräumt (Kegeln; *alle Kegel umgeworfen);* räumten Polizeikräfte in der Stammkneipe ab, weil die Zecher auf der Straße randaliert hatten (Spiegel 27, 1980, 92); die Kultur des ... Bürgertums ... ist abgeräumt (Rhein. Merkur 8, 1976, 29); Vier ... Banditen räumten Schmuck für 1,8 Millionen Mark ab (Welt 7. 4. 86, 9); **b)** (Bergbau) *(Abraum) wegschaffen:* die Deckschicht a. **2.** *durch Abräumen* (1 a) *von etw. leer machen:* den Tisch a.

Ab|raum|för|de|rung, die: *das Fördern von Abraum.*

Ab|raum|ge|stein, das: vgl. Abraum (1).

Ab|raum|hal|de, die (Bergbau): *Halde* (2 a).

Ab|raum|kip|pe, die: *Abraumhalde.*

Ab|raum|salz, das ⟨meist Pl.⟩ (Bergbau): *Kalisalzschicht über einer Steinsalzschicht (die früher abgeräumt wurde).*

ab|rau|schen ⟨sw. V.; ist⟩ (ugs.): **a)** *sich rasch (mit Auto, Motorrad o. Ä.) entfernen;* **b)** *sich auffällig entfernen:* die Diva rauschte ab; Jetzt wisset die ... Eltern ... Bescheid, mit welcher Sorte Boy die Tochter abgerauscht ist (M. Walser, Seelenarbeit 286).

Abra|xas ⟨o. Art.⟩ [spätgriech. Abráxas, H. u.]: Zauberformel.

ab|re|a|gie|ren ⟨sw. V.; hat⟩ (Psych.):

1. *(eine seelische Spannung o. Ä.) durch eine bestimmte Reaktion verringern, ableiten, zum Verschwinden bringen:* Aggressionen, seine schlechte Laune [an den Kindern] a.; Ist es der Ärger ..., den ich auf diese Weise abreagiere? (Gregor-Dellin, Traumbuch 56). **2.** ⟨a. + sich⟩ *sich durch eine bestimmte Reaktion beruhigen:* Die jungen Leute suchen manchmal ein Ventil, sie wollen sich a. (BM 11. 11. 76, 2).

Ab|re|ak|ti|on, die; -, -en (Psych.): **a)** *Beseitigung seelischer Hemmungen u. Spannungen duch das bewusste Nacherleben;* **b)** *Entladung seelischer Spannungen u. gestauter Affekte in Handlungen.*

ab|re|beln ⟨sw. V.; hat⟩ (südd., österr.): *abzupfen, rebeln* (2).

ab|re|chen ⟨sw. V.; hat⟩ (bes. md., südd.): **a)** *mit dem Rechen entfernen:* das Laub vom Rasen a.; **b)** *mit dem Rechen säubern:* den Rasen a.

ab|rech|nen ⟨sw. V.; hat⟩: **1.** *von einer Summe abziehen:* die Mehrwertsteuer a.; Ü das abgerechnet *(nicht berücksichtigt),* bin ich einverstanden; abgerechnet das bisschen Einmaligkeit ist einer wie der andere beschaffen (Th. Mann, Krull 257). **2. a)** *eine Schlussrechnung aufstellen:* die Kasse a.; sie hat schon abgerechnet; **b)** *mit jmdm. eine Geldangelegenheit in Ordnung bringen:* mit dem Taxifahrer a. **3.** *sich mit jmdm. wegen einer moralischen Schuld auseinander setzen, jmdn. zur Rechenschaft ziehen:* Nach dem Krieg werden wir mit diesen Brüdern a., darauf kannst du dich verlassen (Ott, Haie 347); Nachdem die Söhne mit ihren Vätern abgerechnet hatten, rechneten nun die Töchter mit ihren Müttern in Buchform ab (Brückner, Quints 115).

Ab|rech|nung, die; -, -en: **1.** *das Abrechnen, Abzug:* nach A. der Unkosten; * **etw. in A. bringen** (Papierdt.; *etw. abziehen*); **in A. kommen** (Papierdt.; *abgezogen werden*). **2. a)** *Rechenschaft über Einnahmen u. Ausgaben, Schlussrechnung:* die A. machen; **b)** *Blatt mit einer Abrechnung* (2 a): er hat die A. unterschrieben. **3.** *Vergeltung, Rache:* mit jmdm. od. etw. [scharfe] A. halten; die Stunde der A. wird kommen; Die ... gnadenlose A. mit dem Kaiserreich kam unzähligen Lesern wie gerufen (Reich-Ranicki, Th. Mann 127); Die Polizei vermutet eine A. innerhalb verbrecherischer Verbrecherorganisation (NNN 7. 12. 88, 2).

Ab|rech|nungs|be|leg, der: vgl. Abrechnung (2 b).

Ab|rech|nungs|stel|le, die: *Stelle* (4), *die Abrechnungen* (2 a) *vornimmt.*

Ab|rech|nungs|ter|min, der: *Termin für bestimmte Abrechnungen* (2 a).

Ab|rech|nungs|ver|kehr, der ⟨o. Pl.⟩ (Bankw.): *(im bargeldlosen Zahlungsverkehr) Ausgleich der gegenseitigen Forderungen von Banken durch Verrechnung.*

Ab|re|de, die; -, -n: **1.** ⟨Pl. selten⟩ (veraltend) *Verabredung, Vereinbarung;* etw. ist wider die A.; keiner A. bedürfen; die geheimen -n, die Führererlasse ... oder wie man das nennen will (NJW 19, 1984, 1087). **2.** * **etw. in A. stellen** (Papierdt.; *be-, abstreiten*).

ab|re|den ⟨sw. V.; hat⟩: **1.** (veraltend) *jmdn. durch eindringliches Reden davon zu überzeugen suchen, etw. nicht zu tun:* er versuchte vergebens, ihm davon abzureden. **2.** (veraltend) *verabreden, vereinbaren:* sie haben den Plan heimlich miteinander abgeredet; ◆ Das war nun eine abgeredete Kriegslist (Mörike, Mozart 241).

Abrégé [abre'ʒe:], das; -s, -s [frz. abrégé, zu: abréger = ab-, verkürzen] (veraltet): *kurzer Auszug, Zusammenfassung.*

ab|re|geln ⟨sw. V.; hat⟩ (Fachspr. Jargon): *durch Feinabstimmung regulieren:* Der elektronische Drehzahlbegrenzer regelt oben so sanft ab, dass dem Erreichen höherer Tourenzahl kein schreckliches Ruckeln zum Schalten mahnt (ADAC-Motorwelt 10, 1986, 33); Das Triebwerk regelt in den einzelnen Gängen sanft und weich ab (Kronen-Zeitung 22. 11. 83, 33).

ab|re|geln, sich ⟨sw. V.; hat⟩ (ugs.): *sich beruhigen:* nun reg[e] dich wieder ab!

ab|reg|nen, sich ⟨sw. V.; hat⟩: *in Form von Regen niedergehen:* die Wolken haben sich an der Küste abgeregnet; ⟨auch ohne »sich«:⟩ die Wolken regnen ab.

ab|rei|ben ⟨st. V.; hat⟩: **1. a)** *durch Reiben entfernen, beseitigen:* den Rost [von dem Metall] a.; **b)** *durch Reiben säubern:* ich rieb [mir] die Hände an den Hosen ab. **2. a)** *trockenreiben:* das Kind nach dem Baden a.; die Pferde wurden mit Stroh abgerieben; **b)** *frottieren:* jmdn. mit einem nassen Handtuch a. **3.** (selten) *durch Reiben abnutzen:* das Polster ist an dieser Stelle stark abgerieben; ⟨auch: a. + sich:⟩ der Gummi hat sich abgerieben. **4.** *[die Schale von etw.] mit dem Reibeisen entfernen:* eine Muskatnuss a.; abgeriebene Zitronenschale. **5.** (landsch.) *rühren:* abgeriebener Kuchen *(Rührkuchen).*

Ab|rei|bung, die; -, -en [2 a: zu landsch. abreiben = prügeln]: **1.** *das Abreiben* (2 b), *Frottieren:* eine feuchte A. **2.** (ugs.) **a)** *Prügel:* jmdm. eine A. geben, verpassen; Eine tüchtige A. hat noch keinen umgebracht (Fels, Sünden 37); **b)** *scharfe Zurechtweisung.*

◆ **ab|rei|chen** ⟨sw. V.; hat⟩: *erreichen:* doch nicht für möglich acht ich's ... vom Schiff es (= das Steilufer) springend abzureichen (Schiller, Tell IV, 1).

ab|rei|chern ⟨sw. V.; hat⟩ (Fachspr.): *einen Anteil in einem Stoffgemisch o. Ä. verringern:* Uran a.

Ab|rei|se, die; -, -n: *Aufbruch, Abfahrt zu einer Reise:* die A. erfolgte, vollzog sich wie vorgesehen; seine A. um einen Tag verschieben; Bei Frau Babendererde war ... nach der A. von Stefan ... die Polizei gewesen (Rolf Schneider, November 76); war ich ... gelangweilt von so viel ... Ankünften und -n (Fest, Im Gegenlicht 48).

ab|rei|sen ⟨sw. V.; ist⟩: **1.** *eine Reise antreten:* übersetzt: in aller Frühe nach München a. **2.** *die Rückreise antreten, einen Aufenthalt beenden u. abfahren:* unser Besuch reist morgen [wieder] ab.

Ab|reiß|block, der ⟨Pl. ...blöcke u. ...blocks⟩: *Schreibblock mit Blättern* (2 a), *die durch Reißen am oberen od. seit-*

lichen Rand leicht entfernt werden können.

ab|rei|ßen ⟨st. V.⟩ /vgl. abgerissen/: **1.** ⟨hat⟩ **a)** *durch [ruckhaftes] Reißen [von jmdm., sich od. etw.] lösen, abtrennen:* ein Kalenderblatt, ein Pflaster, ein Plakat [von der Hauswand] a.; Blüten a.; den Offizieren werden die Abzeichen und Kokarden abgerissen (Kühn, Zeit 284); wurde ... dem Marineartilleristen Johann Buseberg die rechte Hand durch einen englischen Granatsplitter abgerissen (Lentz, Muckefuck 20); **b)** *[bei jmdm., sich od. etw.] hastig, mit einem Ruck entfernen:* ich riss [mir] den Kopfhörer ab. **2.** ⟨ist⟩ **a)** *sich [infolge starker Belastung, Beanspruchung] von jmdm. od. etw. ablösen, abgehen; entzweigehen, zerreißen:* der Schnürsenkel riss ab; ein abgerissener Knopf; **b)** *plötzlich unterbrochen werden, aufhören:* die Funkverbindung riss ab; Kontakte nicht a. lassen; Hier war die Tradition abgerissen (Doderer, Wasserfälle 151); der Strom der Flüchtlinge riss nicht ab *(nahm kein Ende).* **3.** *(ein baufälliges od. nicht mehr bestehendes Bauwerk) durch Niederreißen beseitigen* ⟨hat⟩: ein baufälliges Haus a. [lassen]; ... ließ der Pfarrer mit Genehmigung des Bauamts ... 32 Mauersegmente a. (SZ 13. 8. 98, 6). **4.** (ugs.) *(ein Kleidungsstück) durch unachtsames Tragen stark abnutzen, zerschleißen* ⟨hat⟩: du reißt die Sachen nur so schnell ab. **5.** (salopp) *(einen Dienst o. Ä., eine vorgeschriebene [Dienst-, Ausbildungs]zeit) voll ableisten* ⟨hat⟩: seinen Militärdienst a.; Den Männern ... sei es nicht länger zuzumuten, wegen Terminnot Überstunden abzureißen (MM 12. 6. 85, 17); ich habe mich meine ganze Strafe abgerissen *(verbüßt;* Spiegel 30, 1977, 61).

Ab|reiß|ka|len|der, der: *Kalender mit Blättern, die durch Reißen am [oberen] Rand leicht entfernt werden können.*

ab|rei|ten ⟨st. V.⟩: **1. a)** *weg-, davonreiten* ⟨ist⟩: er sah Joseph nicht mehr, der abgeritten war (Th. Mann, Joseph 529); **b)** (Jägerspr.) *(von Auer- und Birkwild) wegfliegen* ⟨ist⟩: der Auerhahn reitet ab. **2. a)** *etw. zum Zwecke der Besichtigung od. Kontrolle entlangreiten, etw. bei einem Ritt besichtigen* ⟨hat/ist⟩: die [Front der] Schwadron, die Posten, Stellungen a.; **b)** *ein Pferd müde reiten* ⟨hat⟩; **c)** (Seemannsspr.) *(schlechtes Wetter, raue See) vor Anker liegend auf See überstehen* ⟨hat⟩: wir müssen den Sturm draußen a. **3.** (Polo) *den Gegner vom Ball abdrängen* ⟨hat⟩.

Ab|rei|te|platz, Ab|reit|platz, der; -es, ...plätze (Reiten): *kleiner Platz am Rande eines Turniergeländes, auf dem sich Pferd u. Reiter vor einem Wettbewerb vorbereiten:* er (= der Turnierleiter) habe ... verabsäumt, eine Fachkraft ... auf den Abreiteplatz zu senden (Express 5. 10. 68, 5).

ab|ren|nen ⟨unr. V.⟩ [3: zu ↑rennen (3)] (ugs.): **1.** *eine Anzahl Orte od. Personen der Reihe nach wegen etw. eilig aufsuchen* (hat, selten: ist) wie Läden, die ganze Stadt, alle seine Bekannten nach etw. a. **2.** ⟨a. + sich⟩ *sich durch Rennen*

abrichten

ermüden ⟨hat⟩: warum rennst du dich so ab? ♦ **3.** *abstoßen* (4): Habt Ihr ein paar Zinken abgerennt? (*habt Ihr euch leicht verletzt, wie ein Hirsch sein erneuertes Geweih an einem Baum?;* Goethe, Götz III).

ab|rich|ten ⟨sw. V.; hat⟩: *ein Tier (bes. einen Hund) zu bestimmten Leistungen od. Fertigkeiten erziehen; dressieren:* einen Hund [falsch, richtig] a.; er richtete den Falken zur Beize ab; Sie (= Kinder) ... lassen sich ... durch Terror und Missbrauch zu furchtlosen Kämpfern a. (SZ 2. 11. 94, 8); Selbst Killerwale ... werden in San Diego auf ... Waffenrecycling abgerichtet (Spiegel 6, 1989, 157); Ü nichts sei schlimmer als eine nur zur Hausfrau abgerichtete Partnerin (Ossowski, Liebe ist 249).

Ab|rich|ter, der; -s, -: *jmd., der ein Tier abrichtet.*

Ab|rich|te|rin, die; -, -nen: w. Form zu ↑Abrichter.

Ab|rich|tung, die; -: *das Abrichten, Dressur.*

Ab|rieb, der; [e]s, -e: **1.** ⟨o. Pl.⟩ *das [Sich]abreiben:* der A. ist bei Winterreifen besonders stark. **2.** *das Abgeriebene:* der A. von Steinkohle bei der Aufbereitung; die -e von Gummireifen und Fahrbahnbelag (Kosmos 1, 1965, 6).

Ab|rieb|be|an|spru|chung, die: *Beanspruchung eines Materials o. Ä. durch Abrieb* (1).

ab|rieb|fest ⟨Adj.⟩: *gegen Abrieb (1) unempfindlich:* -e Reifen, Beläge.

Ab|rieb|fes|tig|keit, die: *Unempfindlichkeit gegen Abrieb* (1).

ab|rie|geln ⟨sw. V.; hat⟩: **a)** *mit einem Riegel [ver]sperren:* den Stall a.; riegeln Sie bitte die Tür ab!; **b)** *den Zugang blockieren, absperren:* eine Unfallstelle, alle Zufahrtswege a.; die Polizei hatte das Viertel hermetisch abgeriegelt; Ü ich meine, wir dürfen uns nicht a. Zuhören ist nicht genug (W. Brandt, Begegnungen 268).

Ab|rie|ge|lung, Ab|rieg|lung, die; -, -en: **1.** *das Abriegeln.* **2. a)** *Riegel* (1, 2); **b)** *Sperre* (1 a).

ab|rin|gen ⟨st. V.; hat⟩: *von jmdm., etw. durch intensive Bemühung erlangen; abzwingen:* dem Meer neues Land a.; ich habe ihm das Versprechen abgerungen, nicht mehr zu rauchen; sich ein Lächeln a.; Die Ernte, die der Bauer ... mit primitivsten Werkzeugen dem Boden abrang (elan 2, 1980, 13); Die Bevölkerung hatte dem König 1990 durch gewaltsam bekämpfte Proteste mit vielen Toten demokratische Reformen abgerungen (SZ 22. 12. 98, 12); Wenn man es schafft, mit weniger zufrieden zu sein, wird man auch diesem Fußball interessante Aspekte a. (taz 10. 6. 98, 1).

ab|rin|nen ⟨st. V.; ist⟩: **1.** *an etw. abwärts rinnen:* das Wasser rann an/von der Ölhaut ab. **2.** *rinnend verschwinden:* das Regenwasser rinnt nur langsam ab; Ü ich habe das Gefühl, die Zeit, die da abrann (Zuckmayer, Herr 74).

Ab|riss, der; -es, -e [vgl. Reißbrett]: **1. a)** ⟨o. Pl.⟩ *das Ab-, Niederreißen:* der A. des Hauses; dass die Laube eben auf A. steht (*abgerissen werden soll;* Plenzdorf, Leiden 26); **b)** *Teil, der von etw. abgerissen werden soll* (z. B. *von Eintrittskarten):* ohne A. ungültig. **2.** (veraltet) *[Umriss]zeichnung:* einen A. von etw. machen. **3.** *knappe Darstellung, Übersicht, Zusammenfassung, auch als kurz gefasstes Lehrbuch; Kompendium:* der Hauptteil enthält einen A. der Lautlehre; Bold gab ... einen A. der Vereinsgeschichte (Saarbr. Zeitung 8. 10. 79, 8).

Ab|riss|ar|bei|ten ⟨Pl.⟩: *Arbeiten, die mit einem Abriss* (1 a) *verbunden sind.*

Ab|riss|bir|ne, die: *beim Abriss von Häusern o. Ä. verwendete Stahlkugel, die an einem Kran hängt u. durch dessen Bewegung mit Wucht gegen das Mauerwerk geschleudert wird, das auf diese Weise zum Zusammenstürzen gebracht wird.*

Ab|riss|fir|ma, die: *Firma, die Abrisse* (1 a) *übernimmt.*

ab|rol|len ⟨sw. V.⟩: **1. a)** *von einer Rolle [ab]wickeln* ⟨hat⟩: ein Kabel, Tau a.; ♦ Ü den großen Gegenstand in einer Reihe von Gemälden nur vor euren Augen abzurollen (Schiller, Wallenstein, Prolog). **b)** *sich von einer Rolle abwickeln, ablaufen* ⟨ist⟩: der Film, die Leine rollt ab. **2. a)** (Turnen) *eine rollende Bewegung von der Ferse zu den Zehen ausführen* ⟨hat⟩: beim Laufen über den ganzen Fuß a.; **b)** (Turnen) *eine Rolle machen* ⟨ist⟩: nach vorn, über den rechten Arm a. **c)** (Boxen) *mit Kopf u. Oberkörper eine kreisförmige Bewegung in der Richtung eines gegnerischen Schlages ausführen u. so dem Schlag ausweichen* ⟨hat⟩; **d)** (Basketball) *einen Verteidiger daran hindern, den Ball anzunehmen, ihn vorm Korb abschirmen u. sich dann zum Korb drehen* ⟨ist⟩. **3. a)** (Fachspr.) *(Frachtgut mit einem Fahrzeug) abtransportieren* ⟨hat⟩: Bierfässer a.; der Spediteur hat die Kisten abgerollt; **b)** *sich (auf Rädern o. Ä.) rollend entfernen* ⟨ist⟩: *das Flugzeug rollt zum Start ab;* der Zug ist eben abgerollt; Draußen rollt ein Panzer ab (Erich Kästner, Schule 121). **4.** *ablaufen, vonstatten gehen, sich abspielen* ⟨ist⟩: das Programm rollt reibungslos ab; ihr Leben rollte noch einmal vor ihren Augen ab; Was hier abrollt, ist ein Meisterwerk der Strategie (Kirst, 08/15, 565); Die Evolution rollt nicht wie ein Automatismus ab (Natur 25). ♦ **5.** *hastig u. monoton aufsagen:* dass er die ganze Geschlecht-Ausnahme ... vor der Quinta wie ein Wecker abrollte, bloß die Regel wusst' er nicht (Jean Paul, Wutz 59).

ab|rub|beln ⟨sw. V.; hat⟩ (landsch., bes. nordd.): *rubbelnd trockenreiben:* ich habe mich, mir nach dem Bad den Körper abgerubbelt.

ab|rü|cken ⟨sw. V.⟩: **1.** *von jmdm., etw. wegschieben* ⟨hat⟩: ich rückte das Bett [von der Wand] ab. **2.** *sich von jmdm., etw., von seinem Platz rückend, ein kleines Stück entfernen* ⟨ist⟩: ich rückte ein wenig von ihm ab. **3.** *sich von jmdm., etw. distanzieren, lossagen* ⟨ist⟩: er ist von seinen Äußerungen abgerückt; Man müsse endlich von der Vorstellung a., Drogenabhängige seien Menschen ohne Zukunft (NZZ 2. 9. 86, 21); Es waren fatale und widerliche Ereignisse, und man wäre wohl auch in Rom ... gern öffentlich davon abgerückt (Thieß, Reich 322); Allerdings ist die Gesellschaft schon oft von Normen abgerückt, die Tabucharakter zu haben schienen (Woche 7. 3. 97, 25). **4.** (bes. Milit.) *in geschlossener Formation abmarschieren* ⟨ist⟩: in die Quartiere, in die Kaserne a.; Prott befiehlt Antreten, meldet, lässt zum Zellenbau a. (Loest, Pistole 18); Ü die Mädchen rückten ab (ugs.; *entfernten sich*); eines Tages rückte er heimlich ab (ugs.; *ging er heimlich weg*).

ab|ru|dern ⟨sw. V.; hat⟩ (Rudersport): **1.** *zum letzten Mal gemeinschaftlich in der Saison rudern:* wir rudern am nächsten Sonntag ab; ⟨subst.:⟩ morgen ist Abrudern. **2.** *eine Strecke rudernd durchmessen, im Ruderboot zurücklegen:* zum Seitenarm a.

Ab|ruf, der; -[e]s, -e ⟨Pl. selten⟩: **1.** *Aufforderung, sich von einem Ort, einer Stelle wegzubegeben; Abberufung:* sich auf A. *(für die Weisung zu kommen)* bereithalten; Ü Eine Unsumme von Stunden ... sind mit auf A. *(abrufbar)* im Gedächtnis (Frisch, Stiller 396). **2.** (Kaufmannsspr.) *Weisung des Käufers an den Verkäufer, eine Ware zu einem bestimmten Zeitpunkt zu liefern:* eine Ware auf A. kaufen, bestellen; den Käufer zum A. *(zum Abrufen) der Ware auffordern.* **3.** (Bankw.) *Abheben vom Konto:* der A. einer Summe.

ab|ruf|bar ⟨Adj.⟩: *sich abrufen lassend.*

ab|ruf|be|reit ⟨Adj.⟩: *bereit zum Abgerufenwerden.*

ab|ru|fen ⟨st. V.; hat⟩: **1. a)** *veranlassen, sich von einem Ort, einer Stelle wegzubegeben:* jmdn. aus einer Sitzung a. **b)** (selten) *von einem Posten zurückrufen, abberufen:* einen Funktionär [von seinem Posten] a.; Ü betrauert man den Tod des Gruberbauern ..., der im 56. Lebensjahre ins Jenseits abgerufen wurde (geh. verhüll.; Sonntagspost 3. 12. 67, 2). **2. a)** (EDV) *abfragen* (2 b): Informationen, Daten a.; Nebenan, in dem fensterlosen Raum, rief sein Kollege Ulli der Reihe nach die einzelnen Zusatzfragen des Programms ab (Simmel, Stoff 289); Ü was wir gespeichert haben, ist ein Wissen, das wir aufgrund von Lernprozessen selbst konstruiert haben und das wir in der Regel auch nicht einfach abrufen, sondern rekonstruieren (Lernmethoden 1997, 55); **b)** (Flugw.) *zur Landung auffordern:* eine Maschine a. **3. a)** (Kaufmannsspr.; *vom Käufer) den Verkäufer anweisen, eine bereitgestellte Ware zu liefern:* den Rest einer Ware a.; **b)** (Bankw.) *Geld (von einem Konto) abheben, Geld [zurück]verlangen:* eine bestimmte Summe von seinem Konto a.

ab|rüh|ren ⟨sw. V.; hat⟩: **1.** (Kochk.) *mit etw. ver-, zusammenrühren, abziehen:* sie rührte die Suppe mit einem Ei ab. ♦ **2.** *fertig anrühren:* Noch keine Salben abgerührt (Hebbel, Agnes Bernauer I, 7).

ab|rum|peln ⟨sw. V.⟩: **1.** (ostmd.) *abrubbeln* ⟨hat⟩. **2.** *rumpelnd davonfahren* ⟨ist⟩: der Wagen ist abgerumpelt.

ab|run|den ⟨sw. V.; hat⟩: **1.** *rund machen,*

in runde Form bringen: die Ecken a.; alle Kanten sind sorgfältig abgerundet. **2.** *Landsbesitz durch den Erwerb angrenzenden Landes vergrößern; arrondieren:* seinen Grundbesitz a. können. **3.** *eine Zahl durch Abziehen od. Hinzufügen auf die nächste runde Zahl bringen:* 81,5 auf 81 od. 82 a.; eine Summe a. (häufiger: *durch Abziehen auf die nächste runde Zahl bringen*). **4. a)** *(eine Sache) durch Hinzufügen von etw. ausgewogen[er], vollständig[er] machen:* einen Bericht mit etw. a.; Milch oder Sahne runden den Geschmack ab; ein kleines Klavier ..., das zuweilen der Aufgabe diente, die Bildung und Erziehung des Sohnes Peter abzurunden (Musil, Mann 1291); Der Kongress wurde abgerundet mit archäologischen Stadtrundgängen und thematischen Führungen (Archäologie 2, 1997, 56); ⟨häufig im 2. Part.:⟩ eine stilistisch abgerundete Erzählung; **b)** ⟨a. + sich⟩ *eine abschließende, vervollständigte, ausgewogene Form bekommen:* mein Eindruck, das Bild rundet sich allmählich ab.

Ab|run|dung, die; -, -en: **1.** *das Abrunden.* **2.** *abgerundete Form.*

ab|rup|fen ⟨sw. V.; hat⟩: *[auf unachtsame, lieblose Weise] ruckartig abreißen:* Blumen a.; Ü das muss man gesehen haben, wie er seine Handschuhe Finger um Finger abrupft *(von den Fingern abzieht;* Zeller, Amen 176).

ab|rupt [ap'rʊpt] ⟨Adj.;⟩ [lat. abruptus, adj. 2. Part. von: abrumpere = abreißen]: **1.** *plötzlich und unvermittelt, ohne dass jmd. damit gerechnet hat:* Nach einem Jahrzehnt ... fand die Erfolgsstory ein -es Ende (Spiegel 9, 1988, 220); die ... Wirtschaft hat ... einen -en Wechsel erlebt (NZZ 27. 1. 83, 17); etw. a. unterbrechen; a. aufhören. **2.** *ohne erkennbaren Zusammenhang:* a. antworten.

ab|rüs|ten ⟨sw. V.; hat⟩: **1.** *die Rüstung, die Streitkräfte vermindern:* die Großmächte haben abgerüstet; Wer den Frieden will, muss a. (MM 7. 11. 66, 6); ⟨seltener mit Akk.-Obj.:⟩ die Atomwaffen a. **2.** (Bauw.) *das Gerüst eines Hauses wegnehmen:* wir haben das Haus schon längst abgerüstet.

Ab|rüs|tung, die; -: *das Abrüsten (1):* eine totale, allgemeine, atomare A.

Ab|rüs|tungs|ab|kom|men, das: *die Abrüstung betreffendes Abkommen.*

Ab|rüs|tungs|de|bat|te, die: *Debatte über Fragen der Abrüstung.*

Ab|rüs|tungs|kon|fe|renz, die: *Konferenz, bei der zwei od. mehrere Staaten über Fragen der Abrüstung beraten.*

Ab|rüs|tungs|ver|hand|lung, die ⟨meist Pl.⟩: vgl. Abrüstungskonferenz.

ab|rut|schen ⟨sw. V.; ist⟩: **1.** *abgleiten (1 a), abwärts od. seitwärts rutschen:* vom Beckenrand a.; das Messer ist mir abgerutscht. **2. a)** *nach unten rutschen:* Erdmassen sind abgerutscht; Ü der Verein ist auf den letzten Tabellenplatz abgerutscht; Da viele Arbeitslose in die Sozialhilfe abrutschten (Hamburger Abendblatt 24. 5. 85, 8); **b)** *nachlassen, schlechter werden:* ihre Leistungen rutschen immer mehr ab; in seinen Leistungen a.; **c)** *[moralisch] herunterkommen:* sie ist völlig abgerutscht.

Abru|zen ⟨Pl.⟩: **1.** *Gebiet im südlichen Mittelitalien.* **2.** *Abruzzische Apennin.*

Abru|zzi|sche Apen|nin, der: *Teil des Apennins.*

ABS = Antiblockiersystem.

Abs. = Absatz (2); Absender.

ab|sä|beln ⟨sw. V.; hat⟩ (ugs.): *[in großen Stücken] ungeschickt, nicht säuberlich abschneiden:* ich säb[e]le [mir] ein Stück von der Wurst ab; ... sah zu, wie Sybille das Wasser aufstellte, Brotscheiben absäbelte und mit Butter bestrich (Fels, Unding 260).

¹**ab|sa|cken** ⟨sw. V.; hat⟩ [zu ↑¹sacken]: *in Säcke abfüllen:* Getreide a.

²**ab|sa|cken** ⟨sw. V.; ist⟩ (ugs.): **1. a)** *nach unten ²sacken:* der Boden, das Fundament sackt ab; Ihr Gesicht wirkte wie abgesackt. Nur die Augen waren noch an der alten Stelle (M. Walser, Seelenarbeit 93); **b)** *(von Schiffen) sinken, untergehen:* Plötzlich sackte das Kanu ab (NZZ 26. 8. 86, 5); **c)** *an Höhe verlieren:* das Flugzeug sackt ab. **2. a)** *absinken:* sein Blutdruck sackte ab; In München wurde zum Wochenanfang der bisher eisigste Nacht verzeichnet, in der die Quecksilbersäulen der Thermometer ... bis auf minus 18 Grad absackten (Augsburger Allgemeine 14. 2. 78, 6); in den Feinkostläden sackte der Umsatz im Januar um 14 Prozent gegenüber dem Vorjahrsmonat ab (Woche 27. 3. 98, 30); **b)** *nachlassen, schlechter werden, abrutschen (2 b):* er ist [in seinen Leistungen, in Mathematik] stark abgesackt; **c)** *[moralisch] herunterkommen, abrutschen (2 c):* in der Großstadt sackte er völlig ab; Also bin ich abgesackt. Ich habe angefangen zu saufen (Emma 5, 1978, 31). **3.** (Börsenw.) *(von einer Valuta, einem Kurs) an Wert verlieren:* In Frankfurt ist der Dollar ... um rund 2 Pf abgesackt (NZZ 31. 8. 87, 15).

Ab|sa|cker, der; -s, - (ugs.): *letztes Glas Alkohol vor dem Schlafengehen:* Sollen wir noch einen Weinbrand als A. trinken?

Ab|sa|ge, die; -, -n: **1. a)** *Zurücknahme [eines Übereinkommens], ablehnender Bescheid:* eine A. erhalten; die A. kam überraschend; **b)** *Ablehnung, Zurückweisung:* eine A. an totalitäre Politik. **2.** (Rundf.) *am Schluss einer Sendung folgende Bemerkungen des Ansagers.*

ab|sa|gen ⟨sw. V.; hat⟩: **1.** *nicht stattfinden lassen:* eine Veranstaltung, das Training a. **2.** *(von einem Vorhaben) mitteilen, dass es nicht stattfindet:* seinen Besuch, die Teilnahme a. **3.** *jmdm. mitteilen, dass etw. Vereinbartes nicht stattfindet:* ich habe dem Mann, mit dem ich mich treffen wollte, abgesagt; dass ... Marion für den Abend a. musste (Baum, Paris 95). **4.** (geh.) *etw. aufgeben, einer Sache entsagen:* dem Alkohol a.; sich entschließen muss man und dem Zweifelmut a. (Th. Mann, Hoheit 235). **5.** (Rundf.) *die Absage (2) machen, sprechen.*

ab|sä|gen ⟨sw. V.; hat⟩: **1.** *durch Sägen entfernen, abtrennen:* einen Baum, einen Ast a.; Schweigend sägte sie eine Ampulle den Hals ab (Sebastian, Krankenhaus 10). **2.** (ugs.) *von seinem Posten entfernen, um seine Stellung bringen; jmdm. kündigen:* einen Beamten, den Trainer a.; wir wollen den Brüter sabotieren, dann wird man nicht zimperlich sein. Man wird uns a., entfernen, kaltstellen (Springer, Was 165).

ab|sah|nen ⟨sw. V.; hat⟩: **1.** (landsch.) *den Rahm von der Milch entfernen:* die Milch a. **2.** (ugs.) *sich (etw. Wertvolles, das Beste) [in nicht ganz korrekter Weise] aneignen:* der Staat sahnt Steuern ab; Bodenspekulanten und Baulöwen ... sahnten ab (ADAC-Motorwelt 2, 1979, 45).

ab|sam|meln ⟨sw. V.; hat⟩: **1.** *Stück für Stück von etw. wegnehmen:* Raupen, Käfer a.; ... wo wir, in langer Kette auseinander gezogen, die Steine absammelten von seinem Kartoffelacker (Lenz, Suleyken 100). **2.** *durch Absammeln (1) von etw. leer machen:* Sträucher, einen Acker a.

ab|sat|teln ⟨sw. V.; hat⟩: *(einem Pferd) den Sattel abnehmen:* das Pferd a.; ... denn nun haben wir ja abgesattelt und haben die Pferde zum Grasen auf die Sternenweide geschickt (Bergengruen, Rittmeisterin 448); Es lagen ein Dutzend Männer da, deren abgesattelte Pferde am Wasser grasten (May, Im Reiche 70); Ü Jetzt ist er 53, ein Jahrhundertsportler. Wäre es da nicht an der Zeit, endgültig abzusatteln *(aufzuhören;* Saarbr. Zeitung 3. 12. 79, 7).

ab|sät|ti|gen ⟨sw. V.; hat⟩: **1.** meist in der Verbindung **abgesättigt sein** (Chemie; *zu keiner weiteren Reaktion od. Bindung mehr fähig sein).* **2.** *(ein Bedürfnis) befriedigen:* ... bei Müttern besonders ausgeprägt, die mit ihren Bedürfnissen nach eigener sozialer Entfaltung zu kurz kommen und ihren Kindern ein sonstiges Kontaktdefizit abzusättigen versuchen (Richter, Flüchten 56).

Ab|sät|ti|gung, die; -, -en: *das Absättigen.*

Ab|satz, der; -es, Absätze: **1.** *erhöhter Teil der Schuhsohle unter der Ferse:* flache, hohe, spitze Absätze; die Absätze ablaufen, schief treten; Sie stampfte mit dem Fuß auf ...; dabei brach ihr der A. ab (Handke, Frau 65); * **sich auf dem A. umdrehen, umwenden; auf dem A. kehrtmachen** *(sogleich umkehren).* **2. a)** *Unterbrechung in einem fortlaufend gedruckten od. geschriebenen Text (nach der mit einer neuen Zeile begonnen wird):* einen A. machen; **b)** *einer von mehreren Abschnitten eines Textes auf einer gedruckten od. geschriebenen Seite:* Kapitel III, vorletzter A.; Abk.: Abs. **3.** (Kaufmannsspr.) *Verkauf:* der A. der Waren stockte; reißenden A. finden *(gut verkauft werden);* Mein eigentlicher Arbeitsplatz ist A. (Freie Presse 26. 11. 87, 1). **4.** *Unterbrechung einer Fläche, von etw. Fortlaufendem:* der A. eines Berges, einer Treppe, einer Mauer. **5.** ⟨Pl. selten⟩ (Geol.) *Ablagerung:* A. von Schlamm und Kies.

Ab|satz|chan|ce, die: *Chance, eine Ware abzusetzen, zu verkaufen.*

Ab|satz|er|folg, der: vgl. Absatzchance.

Ab|satz|fer|kel, das (Landw.): *von der Muttersau abgesetztes (11) Ferkel.*

Absatzflaute

Ạb|satz|flau|te, die (Kaufmannsspr.): Flaute im Absatz (3).
Ạb|satz|foh|len, das (Landw.): vgl. Absatzferkel.
Ạb|satz|för|de|rung, die: Förderung des Absatzes (3).
Ạb|satz|for|schung, die: den Absatz (3) betreffende Forschung.
Ạb|satz|ga|ran|tie, die: Garantie für den Absatz (3).
Ạb|satz|ge|biet, das (Kaufmannsspr.): Gebiet, in dem etw. abgesetzt (9) wird.
Ạb|satz|ge|nos|sen|schaft, die: Genossenschaft für den Verkauf bestimmter Erzeugnisse.
Ạb|satz|ge|stein, das (Geol.): Sedimentgestein.
Ạb|satz|ho|no|rar, das: Honorar eines Buchautors, das sich nach der Anzahl der verkauften Exemplare richtet.
Ạb|satz|kick, der (Fußball): Tritt gegen den Ball mit dem Absatz (1).
Ạb|satz|kos|ten ⟨Pl.⟩: Kosten, die durch den Verkauf entstehen.
Ạb|satz|le|der, das: für Absätze (1) verwendetes Leder.
Ạb|satz|markt, der: Markt (3), auf dem Produkte abgesetzt werden können.
Ạb|satz|schwie|rig|kei|ten ⟨Pl.⟩: den Warenabsatz betreffende Schwierigkeiten.
Ạb|satz|sor|gen ⟨Pl.⟩: den Warenabsatz betreffende Sorgen.
Ạb|satz|stei|ge|rung, die: Steigerung des Absatzes (3).
Ạb|satz|sto|ckung, die: vgl. Absatzflaute.
Ạb|satz|trick, der (Fußball): Hackentrick.
Ạb|satz|weg, der: Form, in der der Absatz (3) eines Produktes stattfindet.
ạb|satz|wei|se ⟨Adv.⟩: in Absätzen (2 b).
Ạb|satz|zei|chen, das (Druckw.): Zeichen, mit dem angegeben wird, dass ein neuer Absatz (2 a) beginnen soll.
ạb|sau|fen ⟨st. V.; ist⟩: **1. a)** (salopp) untergehen: der Kutter ist abgesoffen; **b)** (derb) ertrinken: fünf Matrosen soffen ab; In verschiedenen Staaten der USA stöhnten Millionen unter einer Hitzewelle ... – und wir saufen fast ab (wir ertrinken fast im Regen; Saarbr. Zeitung 12./13. 7. 80, 18). **2.** (ugs.) (vom Kfz-Motor) nicht mehr laufen, weil der Vergaser zu viel Benzin zugeführt wird: im Leerlauf säuft der Motor ab. **3.** (bes. Bergmannsspr.) sich mit Wasser füllen: die Grube ist abgesoffen.
Ạb|saug|an|la|ge, die: technische Anlage, mit deren Hilfe verunreinigte Luft aus Räumen abgesaugt wird.
ạb|sau|gen ⟨sw. V.; hat⟩: **1.** durch Saugen entfernen: die Pumpe saugt das Wasser ab; Umweltschützer befürchten, der gigantische Tagebauaufschluss sauge dem nahe gelegenen Naturpark ... das Grundwasser ab (Woche 19. 12. 97, 26); Ü der ... Boulevard ..., der den Verkehr aus den Wohnblocks absaugt (Schnabel, Anne 28). **2.** durch Saugen von etw. frei machen, säubern: den Teppich a.; Lankes erinnerte sich, saugte Gräten ab (säuberte sie saugend; Grass, Blechtrommel 677).

ạb|sau|sen ⟨sw. V.; ist⟩ (ugs.): rasch davonlaufen, -fahren: er sauste in großem Tempo ab.
ạb|scha|ben ⟨sw. V.; hat⟩: **1. a)** durch Schaben entfernen: mit einem Spachtel den Putz [von der Mauer] a.; ich habe mir den Bart abgeschabt (ugs.; abrasiert); **b)** durch Schaben von etw. frei machen: die Wand a. **2.** abwetzen (1 b): ein abgeschabter Kragen; der Mantel ist so abgeschabt (Fallada, Mann 234); In Mode soll alles gekommen sein, was konventionell war, und am aktuellsten soll gewesen sein, wenn man ein wenig abgeschabt war (abgeschabte Kleidung trug; Plenzdorf, Legende 234).
Ạb|scha|bung, die; -, -en ⟨Pl. selten⟩: das Abschaben (1).
◆ **Ạb|schach,** das; -s, -s: Abzugsschach: dieses A. hab ich nicht gesehn, das meine Königin zugleich mit niederwirft (Lessing, Nathan II, 1).
ạb|schaf|fen ⟨sw. V.; hat⟩: **1. a)** aufheben (3 a), außer Kraft setzen, beseitigen, was bisher bestand, üblich war: ein Gesetz, die Todesstrafe a.; Du willst doch auch die Monarchie a. (Kühn, Zeit 55); **b)** aus der Welt schaffen: die Autos müssten alle abgeschafft werden; **c)** etw., was jmd. besitzt, für immer fortgeben: den Hund, sein Auto a.; Viel billiger sei es, die Hühner ... abzuschaffen (Dönhoff, Ostpreußen 97); Ü den Chauffeur a. (ugs.; entlassen). **2.** ⟨a. + sich⟩ (südwestd., schweiz.) sich abarbeiten: du schaffst dich zu sehr ab, bist abgeschafft.
Ạb|schaf|fung, die; -, -en ⟨Pl. selten⟩: das Abschaffen (1): die A. der Sklaverei, aller Privilegien.
ạb|schäl|len ⟨sw. V.; hat⟩: **1. a)** durch Schälen von etw. entfernen: die Rinde a.; **b)** ⟨a. + sich⟩ sich in kleinen Stücken ablösen: die Haut schält sich ab. **2.** durch Schälen von etw. frei machen: einen Baum[stamm] a.; Ü Knapp', schäll mich ab (befreie mich von meiner Rüstung; Hebbel, Agnes Bernauer I, 14); jetzt wär ich ja frei – abgeschält von allen Pflichten (Schiller, Kabale III, 6).
ạb|schal|ten ⟨sw. V.; hat⟩: **1. a)** durch Betätigung eines Schalters unterbrechen, ausmachen: den Strom a.; er schaltete die Musik ab; **b)** abstellen, ausschalten: das Radio, den Motor a.; ein Kernkraftwerk, einen Reaktor a. (vorübergehend od. endgültig stilllegen). **2.** (ugs.) **a)** nicht mehr konzentriert auf das achten, was um einen herum vor sich geht u. Aufmerksamkeit beansprucht: einige Zuhörer hatten bereits abgeschaltet; **b)** Abstand gewinnen, sich entspannen: im Urlaub einmal richtig a.; gut, nicht a. können!; müsste sich nur ein bisschen ausruhen und mal a. (Gabel, Fix 51).
Ạb|schal|tung, die; -, -en: das Abschalten (1).
ạb|schat|ten ⟨sw. V.; hat⟩: **1.** ↑abschattieren. **2.** mit Schatten (1) versehen, verdunkeln: einen Raum a. **3.** (Funktechnik) eine elektromagnetische Welle dämpfen od. ganz auslöschen.
ạb|schat|tie|ren ⟨sw. V.; hat⟩: durch Schattieren abheben, nuancieren: den Hintergrund eines Bildes a.

Ạb|schat|tie|rung, die; -, -en: das Abschattieren.
Ạb|schat|tung, die; -, -en: das Abschatten.
ạb|schätz|bar ⟨Adj.⟩: sich abschätzen lassend: die Kosten für das Projekt sind nur schwer a.
ạb|schät|zen ⟨sw. V.; hat⟩: **a)** (nach Größe, Menge usw.) prüfend schätzen, veranschlagen, taxieren: die Entfernung, die Kosten nicht richtig a. [können]; **b)** nach bestimmten Gesichtspunkten beurteilen: sie schätzten einander ab, sich [gegenseitig] ab; Ich versuchte sie (= die Menschen) abzuschätzen, etwas von ihnen zu erfahren (Jahnn, Geschichten 160).
ạb|schät|zig ⟨Adj.⟩ [urspr. schweiz., zu veraltet abschätzen = eine Ware als minderwertig beurteilen]: geringschätzig, abfällig: -e Bemerkungen; die Äußerung ist nicht a. gemeint; sich a. äußern; mit diesem Blick, von dem sie nicht wusste, ob er a. war oder nicht (Ossowski, Liebe ist 362).
Ạb|schät|zig|keit, die; -: das Abschätzigsein: ein Blick voller A.
Ạb|schät|zung, die; -, -en: das Abschätzen (a): ... um einen Krieg zu vermeiden, den Deutschland nach nüchterner A. der Möglichkeiten verlieren musste (Rothfels, Opposition 68).
ạb|schau|en ⟨sw. V.; hat⟩ (landsch.): absehen (1, 5, 6).
Ạb|schaum, der; -[e]s (abwertend): übelster, minderwertigster Teil von einer Gesamtheit (gewöhnlich von Menschen): A. der Menschheit; dieser Kerl ist A.
ạb|schäu|men ⟨sw. V.; hat⟩ (Kochk.): den unreinen Schaum von etw. entfernen: die Brühe a.
ạb|schei|den ⟨st. V.⟩: **1. a)** (selten) von jmdm. absondern, abtrennen ⟨hat⟩: die kranken Tiere von den gesunden a.; er scheidet sich von der Gruppe ab; **b)** (Fachspr.) ausscheiden (hat): die Wunde scheidet Eiter ab; die Lösung hat Salz abgeschieden. **2.** (geh. verhüll.) sterben ⟨ist⟩: in Frieden a.; die habe nicht vor, ...demnächst schon abzuscheiden (Fussenegger, Haus 142); ⟨subst.:⟩ vor, nach seinem Abscheiden.
Ạb|schei|der, der; -s, - (Fachspr.): Vorrichtung zum Abscheiden (1 b) von flüssigen od. festen Stoffen aus Gasen, Dämpfen od. Flüssigkeiten.
Ạb|schei|dung, die; -, -en: das Abscheiden (1 b).
¹**ạb|sche|ren** ⟨st. V.; hat⟩: durch ¹Scheren (1 b) völlig entfernen: den Schafen wurde die Wolle abgeschoren; ich schor mir den Bart ab.
²**ạb|sche|ren** ⟨sw. V.⟩ (Technik): **a)** (ein Metallstück o. Ä. [zur Prüfung des Werkstoffes]) durch Abscherung (1) trennen ⟨hat⟩: das Blech, den Draht a.; **b)** sich durch Abscherung (1) lösen ⟨ist⟩: ... auf die noch vorhandene Tragfläche hinunter, die direkt auf dem Boden lag, da das Fahrwerk abgeschert war (Bergius, Jenseits 114).
Ạb|sche|rung, die; -, -en: **1.** (Technik) Trennung, Bruch eines Werkstückes infolge zu hoher Schubspannung. **2.** (Geol.) Störung der Lagerung von Gesteinen, wo-

bei sich das eine Gestein von seiner Unterlage gelöst u. auf ein anderes Gestein geschoben hat.

Ab|scheu, der; -s, seltener: die; - [zu ↑Scheu]: **a)** (selten) *physischer Ekel:* sein A. vor Spinnen ist unbeschreiblich; **b)** *heftiger Widerwille, starke [moralische] Abneigung:* die schweigende Mehrheit, die hier in stiller und friedlicher Form ihre A. über das Attentat zum Ausdruck bringt (NZZ 26. 8. 83, 3); die Jugendbewegung betonte ihre A. vor dem politischen Kuhhandel (Niekisch, Leben 165); vor einem Menschen A. haben; jmds. A. erregen; bei, in jmdm. A. erregen über, gegen etw.; eine [großen] A. erregende Handlungsweise; etw. erfüllt jmdn. mit A.

ab|scheu|ern ⟨sw. V.; hat⟩: **1. a)** *durch Scheuern entfernen:* den Schmutz a.; **b)** *durch Scheuern reinigen:* den Fußboden, den Tisch a. **2.** *durch starkes Reiben ablösen:* ich habe mir die Haut am Arm abgescheuert. **3. a)** *durch beständiges Reiben abnutzen:* du hast den rechten Ärmel abgescheuert; **b)** ⟨a. + sich⟩ *durch beständiges Reiben abgenutzt werden, sich abnutzen:* der Kragen hat sich abgescheuert.

ab|scheu|er|re|gend ⟨Adj.⟩: *jmds. Abscheu erregend:* eine äußerst -e Handlungsweise; das ist ja a.

ab|scheu|lich ⟨Adj.⟩: **a)** *ekelhaft, widerwärtig:* ein -er Geruch, Anblick; Die Augen des Scheusals waren blutrot und starr und auf dem -en Kopf trug es einen Kranz bleicher Stacheln (Funke, Drachenreiter 111); a. schmecken; Man hat dem Berliner jahrhundertelang eingetrommelt, wie a. (hässlich) die Umgebung seiner Stadt ist (Jacob, Kaffee 194); **b)** *[moralisch] verwerflich, schändlich:* eine -e Tat; sich a. benehmen; **c)** ⟨intensivierend bei Verben u. Adjektiven⟩ (ugs.) *sehr, überaus:* es ist a. kalt; a. wehtun; Ich habe gehört, dass sie a. hässlich ist (Hacks, Stücke 8).

Ab|scheu|lich|keit, die; -, -en: **1.** ⟨o. Pl.⟩: *das Abscheulichsein:* die A. eines Verbrechens. **2.** *abscheuliche Handlung; abscheuliche Sache:* wir werden die in diesem Krieg begangenen -en nicht vergessen; der Neubau ist architektonisch völlig missglückt, man sollte die A. einfach wieder abreißen.

ab|schi|cken ⟨sw. V.; hat⟩: **a)** *ab-, versenden:* Waren, Post a.; **b)** *mit einem bestimmten Auftrag wegschicken:* einen Boten a.; er wäre weggeschickt, um böse Taten von uns auszukundschaften (Grzimek, Serengeti 236).

Ab|schie|be|haft: ↑Abschiebungshaft.

ab|schie|ben ⟨st. V.⟩: **1.** ⟨hat⟩ **a)** *von seinem bisherigen Standort [weg]schieben, schiebend entfernen:* das Bett von der Wand a.; Ü die Schuld auf andere abzuschieben suchen; **b)** *gerichtlich des Landes verweisen, ausweisen:* Ein persischer Student war Zeuge einer fragwürdigen Polizeiaktion geworden und sollte abgeschoben werden (Ossowski, Liebe ist 194); jmdn. aus einem Land, über die Grenze, in sein Heimatland a.; **c)** (ugs.) *jmdn., um ihn seines Einflusses zu berauben od. weil er als lästig empfunden wird, aus seiner Umgebung entfernen:* einen Funktionär [in die Provinz] a.; Das bedeutet auf keinen Fall, dass Sie sich nicht mehr um die Mutter kümmern sollten oder sie ins Altersheim a. müssten (Frau im Spiegel 31, 1978, 60); Ü ... vor allem bei Älteren, Minderqualifizierten und gesundheitlich Eingeschränkten, die bislang häufig in die Frührente abgeschoben wurden (Woche 14. 2. 97, 13). **2.** (salopp) *weggehen* ⟨ist⟩: er schob vergnügt ab.

Ab|schie|be|stopp, der (ugs.): *(vorläufiges) Aussetzen einer geltenden Praxis des Abschiebens (b).*

Ab|schie|bung, die; -, -en: *das Abschieben (1), Abgeschobenwerden.*

Ab|schie|bungs|haft, die: *vom Richter angeordnete Haft, durch die erreicht werden soll, dass eine Person abgeschoben (1 b) werden kann.*

Ab|schied [zu ↑abscheiden], der; -[e]s, -e: **1.** ⟨Pl. geh.⟩ *Trennung von jmdm., etw.:* der A. von zu Hause fiel ihm sehr schwer; ein A. für immer; jmdm. zum A. winken; Das ganze Leben schien ihm ein Bahnhofsgelände zu sein ... Man verpasst die -e, hatte immerzu Verspätung (Fels, Sünden 48); Interview mit ... Dohnanyi zum A. *(Ausscheiden)* aus dem Amt (Spiegel 23, 1988, 238); *** A. nehmen** (geh.; 1. *sich vor einer längeren Trennung verabschieden:* von den Freunden, von der Heimat A. nehmen; 2. *einem Toten den letzten Gruß entbieten:* Die Aufbahrung erfolgt am Sonnabend ... damit die Bevölkerung von dem Verstorbenen A. nehmen kann [Schädlich, Nähe 180]). **2. a)** ⟨Pl. selten⟩ (veraltet) *Entlassung (bes. von Offizieren, Beamten):* den A. erteilen, geben; als Major seinen A. nehmen; seinen A. einreichen; ◆ *(sein Entlassungsgesuch)* **b)** *den Abschied (2 a) bestätigendes Schriftstück:* Ich antworte nicht, weil ich dieses Blatt liegen ließ, bis mein A. vom Hofe da wäre (Goethe, Werther II, 19. April). **3.** (hist.) *festgestelltes Schlussergebnis beratender, tagender Versammlungen:* die Abschiede des Reichstages; *** aus A. und Traktanden fallen** (schweiz.; *als Verhandlungsgegenstand erledigt sein*): Damit fällt »Bellecour« wohl aus A. und Traktanden (NZZ 14. 4. 85, 23).

Ab|schieds|abend, der: *Abend (1, 2) vor einem Abschied (1).*

Ab|schieds|be|such, der: *[letzter] Besuch, bei dem sich jmd. für längere Zeit von jmdm. verabschiedet.*

Ab|schieds|brief, der: *Brief, in dem jmd. für längere Zeit od. für immer von jmdm. Abschied nimmt.*

Ab|schieds|es|sen, das: *zum Abschied (1) gegebenes Essen.*

Ab|schieds|fei|er, die: *Feier zu Ehren eines Abschiednehmenden.*

Ab|schieds|ge|schenk, das: **a)** *Geschenk des Verabschiedenden an den Abschiednehmenden;* **b)** *Geschenk des Abschiednehmenden an den Verabschiedenden.*

Ab|schieds|ge|such, das (veraltet): *Gesuch um den Abschied (2).*

Ab|schieds|gruß, der: *Gruß zum, beim Abschied (1).*

Ab|schieds|kuss, der: vgl. Abschiedsgruß.

Ab|schieds|re|de, die: **a)** *Rede des Abschiednehmenden;* **b)** *Rede des Verabschiedenden.*

Ab|schieds|schmaus, der: vgl. Abschiedsessen.

Ab|schieds|schmerz, der ⟨o. Pl.⟩: *Schmerz (2) über den Abschied (1) von jmdm.*

Ab|schieds|spiel, das (bes. Fußball): *Spiel, mit dem sich ein Spieler od. Trainer verabschiedet:* Pelés A. wurde fast in der ganzen Welt übertragen.

Ab|schieds|stun|de, die: *Stunde des Abschiednehmens.*

Ab|schieds|sze|ne, die: **a)** (bes. Film, Theater): *Szene (1), in der ein Abschied (1) im Mittelpunkt steht:* eine ergreifende, heitere, wehmütige A.; **b)** *übertrieben gefühlvolles Abschiednehmen:* erspart mir bitte jegliche A.!

Ab|schieds|trä|ne, die ⟨meist Pl.⟩: *beim Abschied (1) vergossene Träne.*

Ab|schieds|trunk, der: vgl. Abschiedsessen.

Ab|schieds|vor|stel|lung, die: *letzte Vorstellung (3) eines scheidenden Künstlers.*

Ab|schieds|weh, das ⟨geh. veraltet⟩: *Abschiedsschmerz.*

Ab|schieds|wort, das ⟨Pl. -e⟩: *Wort[e] zum Abschied:* ich will nicht ohne ein A., ohne -e nehmen.

ab|schie|ßen ⟨st. V.⟩: **1.** ⟨hat⟩ **a)** *losschießen, abfeuern:* einen Pfeil, Torpedo a.; Ü wütende Blicke a.; Die Reporter schossen ihre Fragen ab; Eben noch lächelnd, schießt er plötzlich Befehle ab (Thieß, Reich 616); **b)** *(eine Schusswaffe) betätigen, abfeuern:* ein Gewehr a. **2.** ⟨hat⟩ **a)** *[hinterlistig] durch Schießen töten:* krankes Wild a.; jmdn. kaltblütig aus dem Hinterhalt a.; Der Industrielle war Empfänger von Drohbriefen, die ihn »wie ein Hase abgeschossen« werden sollte (Spiegel 44, 1966, 66); *** zum Abschießen aussehen/sein** (salopp; *überaus komisch, grotesk aussehen*); **b)** (ugs.) *aus seiner Stellung entfernen:* den Trainer, einen Politiker a.; die wollen mich a., auf die elegante Art (v. d. Grün, Glatteis 121); Er hat die Kontrolle verloren — über seine Krankheit wie über die Medien, die ihn erst ausgeweidet haben und jetzt abschieße (*rücksichtslos, vernichtend kritisieren*) (Woche 14. 2. 97, 19). **3.** *ein Kriegsgerät, bes. ein Flugzeug durch Schießen kampfunfähig machen, zerstören* ⟨hat⟩: einen Panzer, ein Flugzeug a.; *(sein Flugzeug)* ist über dem Atlantik abgeschossen worden; der Sohn ..., der im Krieg als Jagdflieger abgeschossen worden war (Danella, Hotel 298). **4.** *ein Körperglied mit einem Schuss wegreißen* ⟨hat⟩: man hat ihm im Krieg beide Beine abgeschossen. **5.** (österr., südd.) *in den Farben verblassen, verschießen* ⟨ist⟩: der Stoff ist abgeschossen. **6.** (Ballspiele) *einen Ball wuchtig schießen* ⟨hat⟩: er schoss aus halblinker Position kraftvoll ab. **7.** (Boxen) *jmdm. den*

abschildern

entscheidenden Schlag versetzen, jmdn. k. o. schlagen ⟨hat⟩.
ab|schil|dern ⟨sw. V.; hat⟩ (geh.): *durch Worte od. im Bild genau darstellen:* jmds. Leben, eine Landschaft a.; ♦ *diese letzte Tagzeit seines Sabbats hab ich noch abzuschildern* (Jean Paul, Wutz 29).
Ab|schil|de|rung, die; -, -en: 1. ⟨o. Pl.⟩ *das Abschildern.* 2. *etw. Abgeschildertes.*
ab|schil|fern ⟨sw. V.; ist⟩ (landsch.): *(besonders von der Haut) sich in kleinen Schuppen ablösen:* an dieser Stelle schilfert die Haut immer wieder ab; ⟨auch a. + sich:⟩ nach jedem Sonnenbrand schilfert sich seine Haut ab.
Ab|schil|fe|rung, die; -, -en (landsch.): 1. *das Abschilfern.* 2. *abschilfernde Stelle.*
ab|schin|den, sich ⟨unr. V.; schindete sich ab, hat sich abgeschunden⟩: 1. (ugs.) *sich längere Zeit übermäßig schinden:* sich mit einem Koffer a.; ich habe mich jahrelang für den Jungen abgeschunden; Tagdieb du! Gelt, das gefällt dir, wenn sich andere Leute für dich abschinden? (Hesse, Sonne 30). 2. (veraltend) *abschürfen:* ich habe mir beim Sturz die Haut [an der Stirn], das Knie abgeschunden.
♦ **Ab|schin|ner,** der; -s, - [zu ↑abschinnern]: *jmd., der etw. abschinnert:* das Personal ..., durch dessen Hände ein Stück Eisen geht, ehe es Sense ist, ich müsste den Kohlenbuben, Strecker, Breitenheizer, A. und Kramrichter nennen (Rosegger, Waldbauernbub 293).
♦ **ab|schin|nern** ⟨sw. V.; hat⟩ [zu Schinn = Haut, Leder, Rinde, vgl. mhd. schint = Obstschale, mniederd. schin = Schorf, verw. mit ↑schinden]: *(von etw. Unebenheiten, Rückstände, Rost o. Ä.) abschleifen:* ⟨subst.:⟩ *das Abschinnern der fertigen Sensen* (Rosegger, Waldbauernbub 293).
Ab|schirm|dienst, der (Milit.): *Geheimdienst, der mit der Abschirmung (3) befasst ist.*
ab|schir|men ⟨sw. V.; hat⟩: 1. a) *vor jmdm., etw. schützen, gegen jmdn., etw. absichern:* seine Augen mit der Hand a.; jmdn. gegen schädliche Einflüsse a.; sein Privatleben a.; In einem abgeschirmten, neutralen Raum können die Kranken ihre Empfindlichkeit gegenüber ... elektrischen Feldern selbst testen (natur 10, 1995, 10); ruhige, von Durchgangsverkehr abgeschirmte Lage (Augsburger Allgemeine 6./7. 5. 78, 19). b) *isolieren, nicht zur Wirkung kommen lassen:* der feindliche Spion wurde von unserem Geheimdienst abgeschirmt. 2. a) *(Licht) durch etw. zurückhalten:* das grelle Licht mit einem/durch ein Tuch a.; b) *etw., was Licht aussendet, mit etw. verdecken, sodass es nicht stört:* eine Lampe mit einem Tuch a.
Ab|schir|mung, die; -, -en: 1. *das Abschirmen, Abgeschirmtwerden.* 2. *etw., was etw. abschirmt.* 3. (Milit.) *Gesamtheit der Maßnahmen der Regierung und von ihr beauftragter Organe zum Schutz der eigenen Streitkräfte gegen Ausspähung, Sabotage u. Zersetzung.*
ab|schir|ren ⟨sw. V.; hat⟩: *(einem Zug-*

tier) das Geschirr (2) abnehmen: er schirrte das Pferd ab.
ab|schlach|ten ⟨sw. V.; hat⟩: 1. *(Tiere [vorzeitig, notgedrungen]) schlachten:* die erkrankten Schweine mussten abgeschlachtet werden. 2. *grausam töten:* der Despot hat Tausende a. lassen; Er hat mich a. wollen, ich bin ganz sicher (G. Vesper, Laterna 51); ⟨subst.:⟩ Trotzdem gilt in diesen Büchern des Alten Testaments das Abschlachten von besiegten Frauen, Kindern und Männern abscheulicherweise als Gebot Gottes (Woche 28. 3. 97, 32).
Ab|schlach|tung, die; -, -en: *das Abschlachten.*
ab|schlaf|fen ⟨sw. V.⟩ (ugs.): a) *matt, kraftlos, schlaff machen* ⟨hat⟩: das endlose Gerede hatte ihn abgeschlafft; b) *müde, erschöpft sein u. deshalb matt, kraftlos, schlaff werden, sich entspannen* ⟨ist⟩: nach einem langen Tag a., endlich a. können; Ü Jede Partei, die lange regiert, ist in der Gefahr, geistig abzuschlaffen (Spiegel 3, 1977, 20); ⟨oft im 2. Part.:⟩ ein abgeschlaffter Typ *(ein energieloser, unentschlossener Mensch, der keine Initiative, Unternehmungslust hat);* seine eigene Altersklasse, die »abgeschlafften Enddreißiger« (MM 24. 7. 80, 36).
Ab|schlag, der; -[e]s, Abschläge [3: zu veraltet abschlagen = (ratenweise) abzahlen]: 1. a) (Fußball) *Abstoß des Torwarts aus der Hand;* b) (Hockey) *Bully;* c) (Golf) *kleine rechtwinklige Fläche, von der aus bei jedem zu spielenden Loch mit dem Schlagen des Balles begonnen wird:* der Golfer ging am ersten A. in Position. 2. a) (Kaufmannsspr.) *Senkung eines Preises, Preisrückgang:* bei verschiedenen Waren ist im A. [des Preises] festzustellen; Den BMW kann man für 860 DM Aufpreis in nach viertürig, den Ford für 1 355 DM A. auch zweitürig haben (ADAC-Motorwelt 10, 1983, 28); b) (Bankw.) *Disagio.* 3. *Abschlagszahlung, Teilzahlung, Rate:* ein A. auf den Lohn; etw. auf A. kaufen, liefern. 4. (Prähist.) *als Werkzeug benutzter, von Knollen des Feuersteins u. Flussgeröll abgeschlagener Teil:* herumliegende Abschläge und Knochensplitter. 5. (Fachspr.) *Ableitung eines Wasserlaufs.* 6. (Bergbau) *freier Raum, der unter Tage abschnittsweise durch Sprengarbeit entsteht.* 7. (veraltet) *abschlägiger Bescheid:* »Nichts Gebratenes und Gesottenes«, legte Matthieu ihnen A. an (Jahnn, Nacht 82).
ab|schla|gen ⟨st. V.; hat⟩: 1. *etw. durch Schlagen gewaltsam von etw. trennen, abhauen:* Äste vom Baum a.; den Putz [von den Wänden] a.; ich habe ein Stück vom Teller abgeschlagen; jmdm. den Kopf a. 2. (landsch.) *(Aufgebautes) in seine Teile zerlegen, auseinander nehmen; abbrechen:* eine Bude, ein Gerüst a.; sie schlugen die Möbel für den Transport ab. 3. a) (Fußball) *(vom Torwart) den Ball durch Abschlag (1 a) ins Spiel bringen:* der Torwart schlug [den Ball] weit und genau ab; b) (Hockey) *den ins Toraus gegangenen Ball vom Schusskreis durch einen Schlag mit dem Schläger ins Spiel bringen.* 4. (bes. Milit.) *abwehren, zu-*

rückschlagen, -weisen: einen Angriff des Feindes, den Feind a.; Ü Als ziemlich alles vorüber, der Ansturm der Gäste abgeschlagen war, kamen die Kellner in die Küche und bedienten sich (Fels, Unding 72). 5. (Seemannsspr.) *von den Spieren losmachen.* 6. *von einem Raum einen Verschlag abteilen:* das Atelier war ein abgeschlagener Teil eines alten Speichers (Spoerl, Maulkorb 92). 7. *ablehnen, verweigern, nicht gewähren:* jmdm. eine Bitte a.; er hat mein Anliegen glatt, rundweg abgeschlagen; als er 1953, einen Ruf nach Amerika abschlagend, als ordentlicher Professor an die Universität Bern übersiedeln konnte (NZZ 3. 5. 83, 25). 8. ⟨a. + sich⟩ *sich niederschlagen:* die Feuchtigkeit hat sich an den Scheiben abgeschlagen. 9. (Fachspr.) *(einen Wasserlauf) ableiten* (1): wird ein Teil des Wassers aus dem Rehbach an der Winzinger Scheide abgeschlagen und in den Speyerbach umgeleitet werden (Rheinpfalz 10. 7. 92, 14).
ab|schlä|gig ⟨Adj.⟩ [zu ↑abschlagen (7)] (Amtsspr.): *ablehnend, verweigernd:* eine -e Antwort erteilen; er wurde a. beschieden *(erhielt einen ablehnenden Bescheid);* ihre Bitte ist a. beschieden *(abgelehnt)* worden; es wurde ihm mitgeteilt, dass sein Gnadengesuch a. beschieden sei (Tucholsky, Werke 34).
ab|schläg|lich ⟨Adj.⟩ [zu ↑Abschlag (3)] (veraltet): *als Abschlagszahlung [gedacht]:* -e Zahlungen; ♦ Abschläglich ist der Sold entrichtet (Goethe, Faust II, 6045).
Ab|schlags|di|vi|den|de, die: 1. *Vorauszahlung auf die endgültige Jahresdividende.* 2. *(im Konkursverfahren) bei der Abschlussverteilung an die Gläubiger zu zahlender Prozentsatz.*
Ab|schlags|punkt, der (Minigolf): *Markierung am Anfang jeder Piste, von der aus der erste Schlag erfolgt.*
Ab|schlags|sum|me, die: *Abschlag* (3).
Ab|schlags|ver|tei|lung, die: *Verteilung von Abschlagszahlungen an die Konkursgläubiger.*
Ab|schlags|zah|lung, Ab|schlag|zah|lung (BGB), die: *(erster) Teil einer zu leistenden Zahlung; Teilzahlung:* eine A. auf sein Gehalt erhalten.
ab|schläm|men ⟨sw. V.; hat⟩: 1. *Bodenteilchen wegspülen und als Schlamm absetzen* (6 a). 2. *von Schlamm befreien:* Gold durch Abschlämmen vom Gestein trennen.
ab|schle|cken ⟨sw. V.; hat⟩ (südd., österr., schweiz.): *ablecken:* Ob Hund oder Katze ist da gleich, man soll sich weder a. lassen noch ... (Reform-Rundschau 2, 1965, 17).
ab|schlei|fen ⟨st. V.; hat⟩: 1. a) *durch Schleifen (von etw.) entfernen:* Unebenheiten a.; ich habe den Rost [vom Messer] abgeschliffen; b) *durch Schleifen glätten:* die Kanten der Bretter a.; das Parkett a. *(glätten u. dabei reinigen);* Ü Wie das Fernsehen die Dialekte abschleift (Fest, Im Gegenlicht 215). 2. ⟨a. + sich⟩ *durch Reibung abgenutzt werden, nach und nach schwinden:* der Belag schleift sich im Laufe der Zeit ab; Ü seine

rauen Seiten werden sich schon noch a. *(mildern);* Zu Beginn der sechziger Jahre hatten sich die ideellen Gegensätze der schweizerischen Parteien abgeschliffen (BZ 11. 5. 84, 35).

Ab|schlei|fung, die; -, -en: *das Abschleifen.*

Ab|schlepp|be|trieb, der: *Abschleppdienst.*

Ab|schlepp|dienst, der (Kfz-W.): *Unternehmen, das fahruntüchtig (2) gewordene Kraftfahrzeuge abschleppt.*

ab|schlep|pen ⟨sw. V.; hat⟩: **1. a)** *ein Fahrzeug mit einem anderen Fahrzeug irgendwohin ziehen, abtransportieren:* ein Auto, ein Schiff a.; ich musste mich (mein Fahrzeug) a. lassen; Polizei lässt ... 78 Autos a. *(lässt falsch geparkte Autos wegschaffen;* Stuttg. Zeitung 30. 10. 89, 19); **b)** (salopp scherzh.) *jmdn. (oft wider dessen Willen) irgendwohin bringen:* einen Betrunkenen a.; jmdn. noch für ein Bier, in eine Kneipe a.; er wollte sie [auf seine Bude] a.; Er schleppte mich ab in die Pizzeria (Seghers, Transit 131). **2.** ⟨a. + sich⟩ (ugs.) *sich mit dem Tragen eines schweren Gegenstandes abmühen:* ich habe mich mit/an dem Koffer abgeschleppt.

Ab|schlepp|fir|ma, die: vgl. *Abschleppdienst.*

Ab|schlepp|ha|ken, der: vgl. *Abschleppseil.*

Ab|schlepp|kos|ten ⟨Pl.⟩: *Kosten für das Abschleppen eines Kraftfahrzeuges.*

Ab|schlepp|kran, der: *Kran, mit dessen Hilfe ein Kraftfahrzeug abgeschleppt wird.*

Ab|schlepp|seil, das: *Seil zum Abschleppen eines Kraftfahrzeugs.*

Ab|schlepp|stan|ge, die: vgl. *Abschleppseil.*

Ab|schlepp|un|ter|neh|men, das: vgl. *Abschleppdienst.*

Ab|schlepp|wa|gen, der: *kleinerer Lastkraftwagen mit einer Vorrichtung zum Abschleppen von Kraftfahrzeugen.*

ab|schließ|bar ⟨Adj.⟩: *sich abschließen (1, 2, 6) lassend.*

ab|schlie|ßen ⟨st. V.; hat⟩: **1. a)** *(einen Raum o. Ä.) mit einem Schlüssel [ver]sperren, zuschließen:* das Zimmer, die Wohnung, den Schrank a.; das Auto, das Fahrrad *(das Fahrradschloss)* a.; die Tür war abgeschlossen; ⟨auch ohne Akk.-Obj.:⟩ du musst noch a.; **b)** (landsch.) *wegschließen, verschließen:* Geld a. **2.** *von etw., jmdn. absondern, trennen:* etw. luftdicht, hermetisch a.; du kannst dich doch nicht hier einschließen, a. von der Welt (Geissler, Wunschküchlein 39). **3.** *einen Abschluss von etw. bilden:* das Theater schloss die eine Seite des Platzes ab. **4.** *beenden, zum Abschluss bringen, zu Ende führen:* ein Gespräch, seine Studien, einen Roman a.; Es gibt Dinge, die man a. und hinter sich bringen muss (Zwerenz, Kopf 166); »Eins wissen wir jedenfalls bei ihr genau«, schloss Kilian das Thema ab, »ihre roten Haare sind echt« (Danella, Hotel 235); die Untersuchungen, Messungen, die Vorbereitungen für die Unternehmung waren abgeschlossen; sein Rücktritt schloss eine Epoche ab; ein abschließendes Urteil; eine abschließende Bemerkung; ... sagte er abschließend; ein abgeschlossenes Universitätsstudium; die Bücher, ein Konto a. (Kaufmannsspr., Bankw.; *Bilanz ziehen*). **5. a)** *mit etw. enden, aufhören, seinen Abschluss finden:* die Tapete schließt mit einer goldenen Borte ab; der Roman schließt mit dem Tod des Helden ab; mit einem Fehlbetrag, mit Gewinn a. (Kaufmannsspr.; *Bilanz ziehen*); **b)** *mit jmdm., zu einem Ende kommen, die Beziehungen zu jmdm., etw. abbrechen:* ich habe mit ihr abgeschlossen; mit dem Leben, der Welt abgeschlossen haben *(nichts mehr vom Leben erwarten, resignieren).* **6.** *(durch Vertrag o. Ä.) vereinbaren:* einen Vertrag mit jmdm., eine Versicherung, Geschäfte a.; eine Wette [mit jmdm., auf etw.] a. *(mit jmdm., in Bezug auf etw. wetten);* für eine Tournee durch Deutschland a.

Ab|schlie|ßung, die; -, -en ⟨Pl. selten⟩ (selten): *das Abschließen.*

Ab|schluss, der; -es, Abschlüsse: **1.** *Verschluss:* einen luftdichten A. herstellen. **2.** *abschließender Teil, Verzierung u. Ä.:* der [obere] A. eines Kleides, der Tapete. **3. a)** ⟨o. Pl.⟩ *Ende, Beendigung:* der A. der Arbeiten; den A. bilden; in etw. seinen krönenden A. finden; die Verhandlungen nähern sich dem A., stehen kurz vor dem A.; nach A. des Studiums; Noch eine Frage zum A. (Weber, Tote 196); »Eine rundum gelungene Tagung mit vielen interessanten Informationen und Diskussionen«, lautete zum A. das Resümee der Teilnehmer (CCI 13, 1998, 56); zum A. kommen/gelangen (nachdrückl.; *abgeschlossen, beendet werden);* etw. zum A. bringen (nachdrückl.; *etw. abschließen, beenden);* **b)** (Wirtsch., Kaufmannsspr.) *Bilanz mit Gewinn- und-Verlust-Rechnung:* der A. der Bücher, Konten; **c)** (Ballspiele) *Beendigung eines Spielzuges durch einen Schuss aufs Tor:* beim A. Pech haben; **d)** (ugs.) *Abschlussprüfung, -examen:* keinen A., einen guten A. haben; einen A. anerkennen; Nur die Hälfte aller Hauptschulbesucher beispielsweise schafft den A. (ran3, 1980, 10). **4. a)** ⟨o. Pl.⟩ *das Abschließen, Vereinbaren:* bei A. des Bündnisses, Vertrages; **b)** (Kaufmannsspr.) *geschäftliche, ein Geschäft abschließende Vereinbarung:* einen vorteilhaften A. [über 200 Tonnen Getreide] tätigen; Oft genug waren da welche dabei, mit denen er im Lauf des Tags zu Abschlüssen gekommen war. Die lud er immer ein (M. Walser, Seelenarbeit 23); **c)** *tarifliche, ein Tarif (2) betreffende abschließende Vereinbarung; Tarifabschluss:* Vor einem Jahr stellte Zwickel einen A. in Höhe der Inflationsrate in Aussicht (Woche 20. 6. 96, 13).

Ab|schluss|ar|bei|ten ⟨Pl.⟩ (Wirtsch.): **1.** *Reinigungs- u. Instandhaltungsarbeiten nach der regulären Arbeitszeit.* **2.** *Arbeiten für den Jahresabschluss.*

Ab|schluss|ball, der: ²*Ball, mit dem etw. abgeschlossen (4) wird.*

Ab|schluss|be|richt, der: *abschließender Bericht:* der A. der Forschungsgruppe wird nächste Woche veröffentlicht werden.

Ab|schluss|bi|lanz, die (Wirtsch.): *Bilanz im Jahresabschluss.*

Ab|schluss|exa|men, das: *abschließendes Examen an der Hochschule.*

Ab|schluss|fei|er, die: *Feier nach einem Abschluss* (3 d).

Ab|schluss|klas|se, die: *letzte Klasse vor dem Ende der Schule od. Ausbildung.*

Ab|schluss|kund|ge|bung, die: *Kundgebung am Ende einer Veranstaltung.*

Ab|schluss|prü|fung, die: **1.** *letzte Prüfung vor Verlassen einer Klasse, Schule.* **2.** (Wirtsch.) *Prüfung des Jahresabschlusses.*

Ab|schluss|rech|nung, die: *Endabrechnung.*

Ab|schluss|sit|zung, die: *abschließende Sitzung am Ende einer Tagung o. Ä.*

Ab|schluss|trai|ning, das (Sport): *letztes Training vor einem Wettkampf.*

Ab|schluss|ver|an|stal|tung, die: vgl. *Abschlusskundgebung.*

Ab|schluss|zah|lung, die: *abschließende, letzte Zahlung.*

Ab|schluss|zen|sur, die: *am Ende des [letzten] Schuljahrs gegebene Zensur.*

Ab|schluss|zeug|nis, das: *nach Absolvieren eines bestimmten Ausbildungsgangs erworbenes Zeugnis.*

ab|schmal|zen ⟨sw. V.; hat⟩ (österr.): ↑ *abschmälzen.*

ab|schmäl|zen ⟨sw. V.; hat⟩ (Kochk.): *(eine Speise) mit gebräunter Butter [u. gerösteten Zwiebeln od. Bröseln] übergießen:* Nudeln a.

ab|schmat|zen ⟨sw. V.; hat⟩ (ugs.): *hörbar, geräuschvoll abküssen:* Dass McEnroe seine Trophäen abschmatzt, sagt aber nicht, dass er sich sonst beim Küssen Zurückhaltung auferlegt (Kronen-Zeitung 22. 11. 83, 57); Sie umhalste Frau Kumiak und schmatzte sie ab (Marchwitza, Kumiaks 20).

ab|schme|cken ⟨sw. V.; hat⟩: **a)** *den Geschmack einer zubereiteten Speise prüfen und danach würzen:* die Soße [mit Wein] a.; das Essen ist gut abgeschmeckt; **b)** *schmeckend prüfen:* er schmeckt [den Wein] ab; Ü Die folgende Geschichte hinwiederum muss man ins Berlinische übertragen, um ihre ganze Würze abzuschmecken (Tucholsky, Werke II, 205); Wörter, zumal die eines fäkalen Idioms, müssen einem, der in einer anderen Sprache aufwuchs, sehr oft über die Zunge gegangen sein, bevor er alle ihre Nuancen und Wirkungen abzuschmecken versteht (Stern, Mann 395).

ab|schmei|cheln ⟨sw. V.; hat⟩: *von jmdn. durch vieles Schmeicheln erlangen:* jmdn. ein Lob, Geld a.

ab|schmei|ßen ⟨st. V.; hat⟩ (ugs.): *abwerfen* (1 a, b, 2 a, c).

ab|schmel|zen ⟨st. V.⟩: **1.** *(von Eis, Metallen) flüssig werden u. zerlaufen* ⟨ist⟩: das Blei schmilzt ab; Wasser von abschmelzendem Eis. **2.** *(Eis, Metalle) flüssig machen u. zerlaufen lassen* ⟨hat⟩: die Hitze schmolz das Blei ab; Ü dass das Rücklagenpolster um 29 Milliarden Mark abgeschmolzen *(verringert)* werden musste (Saarbr. Zeitung 5. 12. 79, 5).

Ab|schmel|zung, die; -, -en: *das Abschmelzen.*
ab|schmet|tern ⟨sw. V.; hat⟩ (ugs.): *entschieden, schroff ablehnen:* einen Antrag a.; Die Arbeitgeber bewilligten den Arbeitern nicht mehr, als sie vor dem Streik angeboten hatten, und konnten auch die Forderung nach einem Tarifvertrag a. (Delius, Siemens-Welt 17).
ab|schmie|ren ⟨sw. V.⟩: **1.** (Technik) *(eine Maschine o. Ä. [an den Schmierstellen]) mit Fett versehen* ⟨hat⟩: die Achsen, das Auto a. **2.** (Schülerspr.) **a)** *etw. unsauber abschreiben* ⟨hat⟩: ich habe das ganz schnell abgeschmiert; **b)** *unerlaubt abschreiben* ⟨hat⟩: die Schulaufgaben vom Platznachbarn a. **3. a)** (Fliegerspr.) *abkippen [u. abstürzen]* ⟨ist⟩: das Segelflugzeug schmierte plötzlich in 30 m Höhe ab; **b)** (ugs.) *abstürzen* ⟨ist⟩: die Bergsteiger sind in der Nordwand abgeschmiert; Ü Benzinpreise schmieren weiter ab (ugs.; *sinken;* MM 17. 12. 81, 6). **4.** (salopp) *herabsetzen, verunglimpfen* ⟨hat⟩: wie er ... versucht, Willy Brandt als den kommenden Kanzler des nationalen Ausverkaufs abzuschmieren (MM 16. 10. 1969, 2). **5.** (salopp) *bestechen* (1).
Ab|schmier|fett, das: *Fett zum Abschmieren* (1).
ab|schmin|ken ⟨sw. V.; hat⟩: **1.** *das Gesicht, sich von Schminke säubern:* ich muss [mir] noch das Gesicht a.; ich schminkte mich ab; Abgeschminkt bist du ein Wrack (Schnurre, Ich 158). **2.** (ugs.) *etwas aufgeben, auf etwas verzichten:* die Reise schminken wir uns besser ab; das kannst du dir gleich a. *(das kommt nicht infrage);* Seinen Wunsch, Lehrer zu werden, konnte Clemens sich wohl a. (Grossmann, Liebe 15).
ab|schmir|geln ⟨sw. V.; hat⟩: **1.** *durch Schmirgeln glätten, polieren:* das Werkstück a. **2.** *durch Schmirgeln entfernen:* Unebenheiten a.
ab|schmü|cken ⟨sw. V.; hat⟩ (ugs.): *den Weihnachtsschmuck entfernen:* den [Tannen]baum a.
ab|schmu|len [↑ schmulen] (landsch. ugs.): *unerlaubt übernehmen, absehen, abschreiben* ⟨hat⟩: er schmulte [die Lösung der Aufgabe] von seinem Nachbarn ab.
Abschn. = Abschnitt (1).
ab|schnal|len ⟨sw. V.; hat⟩: **1.** *durch Öffnen der Schnallen, Lösen von Riemen, eines Gurtes [mit einer Schnalle] abnehmen:* den Tornister a.; jmdm., sich die Schlittschuhe a.; ich habe mir das Koppel abgeschnallt; er war, alles in allem, ein ungewöhnlicher Mensch, schon aus dem Grunde, weil er sein Holzbein bei den taktischen Vorträgen abzuschnallen pflegte (Lenz, Suleyken 17). **2.** *durch Öffnen der Schnalle[n], Lösen von Riemen, eines Gurtes [mit einer Schnalle] befreien; losschnallen:* nach der Landung schnallte ich mich ab; Ich habe im Auto a. **3.** (ugs.) *nicht mehr mitmachen, nicht mehr [geistig] folgen können:* restlos, völlig a.; man muss sich fit halten, sonst schnallt man geistig ab (Spiegel 22, 1975, 60); Ich habe abgeschnallt *(war im* höchsten Maße verwundert*), was für Möglichkeiten es ... gibt* (Wiener 11, 1983, 77); R da schnallst du ab *(da bist du fassungslos vor Staunen; das ist nicht zu glauben).*
ab|schnap|pen ⟨sw. V.⟩: **1. a)** (bes. schweiz.) *plötzlich abbrechen, aufhören* ⟨ist/hat⟩: Er habe seine Formeln nicht fertig gesprochen, sondern unserer Phantasie anheim gestellt, sie zu ergänzen, indem er seine Stimme in erhobenem Zustande a. ließ (Muschg, Gegenzauber 379); die Musik schnappte ab. **b)** (salopp) *sterben* ⟨ist⟩: vor einer Stunde ist er abgeschnappt. **2.** (ugs.) *im letzten Augenblick noch erreichen, abfangen* ⟨hat⟩: ich schnappte ihn an der Haustür gerade noch ab. **3.** (ugs.) *von einer Vereinbarung, einem Kauf in letzter Minute zurücktreten* ⟨ist⟩: er ist doch noch abgeschnappt.
ab|schnei|den ⟨unr. V.; hat⟩ [5: eigtl. wohl = *vom Kerbholz abschneiden,* d. h., als Schulden tilgen]: **1. a)** *durch Schneiden von etw. trennen:* Stoff [vom Ballen], ein paar Blumen, ein Stück Brot a.; **b)** *kürzer schneiden, bis zum Ansatz wegschneiden:* jmdm. die Haare, den Bart a.; ich habe mir die Fingernägel abgeschnitten. **2.** *jmdn. [wider seinen Willen] von jmdm., etw. trennen, isolieren:* ältere Menschen litten darunter, dass sie von ihren Verwandten und Freunden abgeschnitten waren (W. Brandt, Begegnungen 102); man lebt hier unter warum sie von der Außenwelt abgeschnitten, man lebt hier völlig von der Welt abgeschnitten. **3.** *(bereits Eingeleitetes) vereiteln, unterbinden, jmdm. etw. entziehen:* einen Einwurf, das Wort, alle Einwände a.; die Möglichkeit zu Auslandsreisen war abgeschnitten. **4.** *(den Weg) ab-, verkürzen:* dieser Pfad schneidet [den Bogen der Straße] ab; jmdm. den Weg a. *(einen kürzeren Weg gehen u. so einem anderen zuvorkommen);* wir schneiden ab, wenn wir hier gehen; ⟨subst.:⟩ wenn ein Eishockeyspieler den Gegner durch Abschneiden verletzt (Eishockey; *dadurch verletzt, dass er sich in den Weg des Gegners, der den Puck führt, fallen od. hineingleiten lässt, sodass dieser den Puck verliert),* muss er für fünf Minuten auf die Strafbank. **5.** *in bestimmter Weise Erfolg haben:* bei einer Prüfung gut, schlecht a.; er hat bei diesem Vergleich nicht gut abgeschnitten; in der Erzeugnis, das auf dem internationalen Markt gut abschneidet (Freie Presse 19. 11. 87, 3).
Ab|schnei|der, der; -s, -: **1.** *abschneidendes Werkzeug; abschneidender Teil eines Gerätes, einer Maschine.* **2.** (ugs.) *abkürzender Weg:* Ich hielt mich jetzt nicht an den A., den Firmin mir gezeigt hatte (Zuckmayer, Magdalena 97).
ab|schnel|len ⟨sw. V.⟩: **1.** ⟨hat⟩ **a)** *durch Schnellen wegfliegen lassen:* einen Pfeil a.; Ü (er) schnellt nur ... eins jener kleinen vergifteten Worte ab, die tödlicher verwunden als alle diese polternden Faustschläge (St. Zweig, Fouché 136); **b)** ⟨a. + sich⟩ *unter kräftigem Abstoßen vom Boden springen:* ich schnellte mich vom Brett ab. **2.** ⟨ist⟩ **a)** *schnellend wegfliegen:* der Pfeil schnellte [von der Sehne] ab; **b)** *sich kräftig vom Boden o. Ä. abstoßend springen:* er schnellt [vom Brett] ab.
Ab|schnel|ler, der; -s, - (Handball Jargon): *mit beiden Händen ausgeführter Wurf, bei dem die Handrücken in Brusthöhe zum Körper zeigen u. der Ball aus dieser Haltung nach vorn abgeschnellt* (1 a) *wird:* der A. eignet sich besonders für das Zuspiel auf kurze Entfernungen.
ab|schnip|peln ⟨sw. V.; hat⟩ (ugs.): *[unsachgemäß] schnippelnd [in kleinen Stücken] abschneiden:* ich habe [mir] von dem harten Käse mühsam ein paar Stücke abgeschnippelt.
Ab|schnitt, der; -[e]s, -e: **1.** *Teil[stück] von etw. Geschriebenem od. Gedrucktem; Kapitel, Passus:* hier endet der erste A.; Sie fuhr ins Taxi bis zum Funkhaus, dort las sie im Aufnahmestudio eine Dreiviertelstunde lang einen A. aus Lisbeth P. (Rolf Schneider, November 116); die Schrift zerfällt in mehrere A. (Abk.: Abschn.). **2. a)** *Teil eines Gebietes, Geländes:* einen A. nicht einsehen können, verteidigen; **b)** (DDR) *[Wohn]bereich, Bezirk.* **3.** *Zeitspanne, Periode:* ein neuer A. im Leben des Künstlers. **4.** *abgeschnittenes Stück:* ein A. Heftpflaster. **5.** *abtrennbarer Teil eines Formulars, einer Eintrittskarte o. Ä.:* der A. der Postanweisung; hatten die Lebensmittelkarten ... -e für Zucker, Butter, Fleisch (Leonhard, Revolution 135). **6.** (Math.) *Segment:* der A. eines Kreises.
Ab|schnitts|be|voll|mäch|tig|te, der u. die (DDR): *für einen bestimmten Abschnitt* (2 b) *zuständiger Volkspolizist, zuständige Volkspolizistin* (Abk.: ABV).
Ab|schnitts|glie|de|rung, die: *[alpha]numerische Gliederung eines Abschnitts* (1) *[nach bestimmten Richtlinien].*
ab|schnitts|wei|se, ab|schnitt|wei|se ⟨Adv.⟩: *in Abschnitten:* etw. a. gliedern. ⟨mit Verbalsubstantiven auch attr.:⟩ a. Gliederung.
Ab|schnit|zel, das; -s, - (südd., österr.): *kleines Stückchen (von Fleisch, Papier usw.).*
ab|schnü|ren ⟨sw. V.; hat⟩: **1.** *durch festes Zusammenziehen einer Schnur o. Ä. das Strömen, Zirkulieren von etw. unterbrechen:* jmdm. die Luft a.; das Gummiband schnürt [mir] das Blut ab; Ü sie versuchten ihm die Luft abzuschnüren (ihn wirtschaftlich, finanziell zu ruinieren). **2.** *den Zugang blockieren, abriegeln:* Panzer schnüren die Ausfallstraßen ab; Im Januar 1945 wurde Ostpreußen eingekreist, Oberschlesien abgeschnürt (Leonhard, Revolution 266). ♦ **3.** *mithilfe einer Schnur abmessen:* Wilhelm ... half ... die Umrisse a. (Goethe, Lehrjahre III, 4).
ab|schnur|ren ⟨sw. V.⟩: **1.** *mit surrendem Geräusch ohne Stockung, Unterbrechung ablaufen* ⟨ist⟩: der Wecker ist abgeschnurrt; Er lebte rasch wie ein abschnurrendes Uhrwerk (Th. Mann, Zauberberg 742); Ü Dieser ... Mechanismus, nach dem der ... entfesselte Spaß abschnurrt (BM 17. 12. 74, 16). **2.** (ugs.) *hastig u. monoton*

aufsagen; herunterrasseln (2) ⟨hat⟩: eine Rede a.

Ab|schnü|rung, die; -, -en: *das Abschnüren.*

ab|schöp|fen ⟨sw. V.; hat⟩: **1.** *(etw. oben Befindliches schöpfend von etw.) herunternehmen:* Schaum, Fett, den Rahm von der Milch a.; Ü Sie versuchten bei der Sache den Rahm für sich abzuschöpfen *(sich das Beste zu verschaffen).* **2.** (Wirtsch.) *(eine Geldmenge) aus dem Verkehr ziehen:* Gewinne, Kaufkraft a. **3.** (Jargon) *sich (jmdn., etw.) zunutze machen, für die eigenen Zwecke ausnutzen:* Mehr als die Hälfte der kirchlichen als »IM« geführten Personen sei aber »abgeschöpft« worden, das heißt, sie haben der Stasi nicht vorsätzlich zugearbeitet (FR 21. 2. 98, 4); Ihre Gesprächspartner mussten doch merken, dass sie von Ihnen als Informationsquelle abgeschöpft worden sind (Spiegel 11, 1992, 50).

Ab|schöp|fung, die; -, -en: **1.** *das Abschöpfen.* **2.** *(von der EG verordnete) Abgabe auf Waren, die aus nicht der EG angehörenden Ländern eingeführt wurden.*

ab|schot|ten ⟨sw. V.; hat⟩: **1.** (bes. Schiffbau) *mit einem* ²*Schott, mit Schotten versehen:* Zwischen der äußeren und der inneren (= Schiffshaut) befinden sich ... abgeschottete Zellen (Spiegel 11, 1967, 139). **2.** *gegen äußere Einflüsse, gegen die Außenwelt abschließen:* jmdn., sich gegen jmdn., von jmdm. a.; dass gerade die Japaner die Vorzüge des Weltmarktes nutzen, sich selbst jedoch nach außen hin rigoros abschotten (ADAC-Motorwelt 1, 1987, 72); weil andere Schiffbaunationen ihre Märkte abgeschottet haben (Hamburger Abendblatt 5. 9. 84, 31).

Ab|schot|tung, die; -, -en: *das Abschotten.*

ab|schrä|gen ⟨sw. V.; hat⟩: *schräg (1), schräger machen:* Balken a.; Ein weiteres Hindernis stellen die Bordsteinkanten dar. Einige werden sicher noch abgeschrägt (SZ 7. 8. 97, 2); eine abgeschrägte Wand.

Ab|schrä|gung, die; -, -en: **1.** *das Abschrägen.* **2.** *abgeschrägte Fläche.*

ab|schram|men ⟨sw. V.⟩: **1.** (ugs.) *abschürfen* ⟨hat⟩. **2.** ⟨ist⟩ (landsch.) **a)** *sich eilig entfernen;* **b)** (derb) *sterben:* er ist zornig abgeschrammt; **b)** (derb) *sterben:* die größten Halunken krepieren immer an der kleinsten Krankheit. Schrottke ist mit 'ner Virusgrippe abgeschrammt (Bieler, Bär 424).

ab|schran|ken ⟨sw. V.; hat⟩: *durch eine Schranke sperren:* die Brücke ist abgeschrankt worden.

Ab|schran|kung, die; -, -en: **1.** *das Abschranken.* **2.** *Absperrung* (2): der Wagen war in die Sandsäcke der A. hineingefahren (Frankenberg, Kaufhaus 89).

ab|schrau|ben ⟨sw. V.; hat⟩: **a)** *etw. (mit einem Gewinde Versehenes) von etw. schrauben, aus etw. herausschrauben:* den Deckel a., die Kappe [von der Tube] a.; **b)** *etw., was an einer bestimmten Stelle an-, festgeschraubt ist, durch Lösen der Schrauben entfernen:* das Türschild a.

ab|schre|cken ⟨sw. V.; hat⟩: **1.** *(durch bestimmte Eigenschaften o. Ä.) vor etw. zu- rückschrecken lassen, von etw. zurückhalten, abbringen:* der hohe Preis, die Kälte, der weite Weg schreckte ihn ab; die Strafe soll a.; er lässt sich durch nichts a.; Die hohen Kosten schreckten sie von weiterem Prozessieren ab (NJW 19, 1984, 1095); eine abschreckende Wirkung haben; ein abschreckendes *(warnendes)* Beispiel; er war abschreckend *(sehr, überaus)* hässlich. **2. a)** (Technik) *(Metall u. Ä.) beschleunigt abkühlen, um bestimmte Eigenschaften zu erzielen:* glühenden Stahl a.; **b)** (Kochk.) *nach dem Kochen mit kaltem Wasser be-, übergießen, in kaltes Wasser tauchen:* die gekochten Eier a.; Die Aprikosen kurz in kochendes Wasser geben, anschließend in Eiswasser abschrecken (e&t 6, 1987, 17).

Ab|schre|ckung, die; -, -en: *das Abschrecken; abschreckende Wirkung.*

Ab|schre|ckungs|mit|tel, das: *Mittel zum Abschrecken* (1).

Ab|schre|ckungs|po|li|tik, die: *auf der Abschreckungstheorie basierende Politik.*

Ab|schre|ckungs|stra|fe, die (Rechtsspr.): vgl. Abschreckungsmittel.

Ab|schre|ckungs|streit|macht, die (Milit.): *gemäß der Abschreckungstheorie aufgestellte Streitmacht.*

Ab|schre|ckungs|the|o|rie, die (Politik): *Theorie* (2), *nach der ein potenzieller Gegner durch das Bereitstellen militärischer Mittel u. die Fähigkeit u. Bereitschaft, diese anzuwenden, von einem Angriff abgehalten werden soll.*

Ab|schre|ckungs|waf|fe, die (Milit.): *Waffe, mit der ein potenzieller Gegner abgeschreckt werden soll.*

Ab|schre|ckungs|wir|kung, die: *abschreckende Wirkung von etw.:* die französische These von der friedenserhaltenden A. der Atomrüstung (Scholl-Latour, Frankreich 312).

ab|schrei|ben ⟨st. V.; hat⟩: **1. a)** *(von etw., was schriftlich od. gedruckt vorliegt) eine Abschrift machen:* [sich] eine Stelle aus einem Buch a.; Er schrieb meine Personalien aus meinem Pass ab (Koeppen, Rußland 79); **b)** *etw. [was im Konzept vorliegt] ins Reine schreiben; noch einmal abschreiben:* das Ganze noch einmal sauber a.; **c)** *(bes. in der Schule) [unerlaubt] von jmds. Vorlage schreibend übernehmen:* von einem Mitschüler a.; diese Stelle hat er wörtlich aus dem Buch eines Kollegen abgeschrieben; Es scheint, die Chronisten die falsche Einschätzung ... voneinander ab, ohne sie näher zu prüfen (Stern, Mann 148); ⟨subst.:⟩ Beide benahmen sich wie Schuljungen, die um Haaresbreite vom Lehrer beim Abschreiben erwischt worden wären (Bastian, Brut 63). **2.** (Wirtsch.) **a)** *(einen Gegenstand des bewertbaren Anlagevermögens) wegen Abnutzung im bilanzmäßigen Wert herabsetzen:* Maschinen a.; **b)** *(einen Betrag) streichen, abziehen:* ich habe den Betrag [von ihrer Rechnung] abgeschrieben. **3.** *brieflich absagen:* ich muss dir leider a. **4.** *[sich] durch Schreiben abnutzen:* einen Bleistift a.; der Bleistift schreibt sich schnell ab. **5.** (ugs.) *aufgeben, verloren geben; mit jmdm., etwas nicht mehr rechnen:* den verlorenen Ring kannst du a.; Das Projekt war damals im Weißen Haus wohl schon abgeschrieben (W. Brandt, Begegnungen 76); eine, die es verdient hat, abgeschrieben und vergessen zu werden (Strauß, Niemand 35); er ist so krank, dass ihn schon alle abgeschrieben haben.

Ab|schrei|ber, der; -s, -: *jmd., der abschreibt* (1).

Ab|schrei|be|rin, die; -, -nen: w. Form zu ↑Abschreiber.

Ab|schrei|bung, die; -, -en: **1.** *das Abschreiben* (2 a). **2.** *der abzuschreibende Betrag.*

ab|schrei|bungs|fä|hig ⟨Adj.⟩: *sich abschreiben* (3 a) *lassend:* Die Kosten für die Installierung seien nachträgliche Herstellungskosten und nach § 7 b EStG a. (Haus 2, 1980, 37).

Ab|schrei|bungs|fir|ma, die (ugs.): Abschreibungsgesellschaft.

Ab|schrei|bungs|ge|sell|schaft, die (Wirtsch.): *Gesellschaft (4 b), die den an ihr beteiligten Gesellschaftern Steuervorteile zu vermitteln versucht, indem sie ihnen zunächst Verluste zuweist, die sich steuermindernd auf erzielte Gewinne auswirken sollen.*

ab|schrei|en, sich ⟨st. V.; hat⟩ (ugs.): *längere Zeit hindurch [bis zur Erschöpfung] schreien:* ich habe mich abgeschrie[e]n, hast du denn nichts gehört?

ab|schrei|ten ⟨st. V.; hat/ist⟩: **1. a)** *an etw. [zur Kontrolle, prüfend o. ä. mit langsamen Schritten] entlanggehen* ⟨hat/ist⟩: der General hat/ist die Front abgeschritten; Die beiden Infanteristen schritten ... die ... Strecke ab (Th. Mann, Buddenbrooks 459); **b)** *mit Schritten abmessen* ⟨hat⟩: die Entfernung a. **2.** (geh.) *mit gemessenen Schritten davongehen* ⟨ist⟩: würdevoll schritt er ab.

Ab|schrift, die; -, -en: *das Abgeschriebene, Doppel, Kopie:* beglaubigte -en von Zeugnissen und Bescheinigungen; eine A. von etw. anfertigen.

ab|schrift|lich ⟨Adj.⟩ (Bürow.): *in Abschrift:* einen Brief a. mitschicken.

Ab|schrot, der; -[e]s, -e: *meißelförmiger Einsatz für den Amboss, auf dem abgeschrotet wird.*

ab|schro|ten ⟨sw. V.; hat⟩: *Metallteile auf dem Abschrot abschlagen.*

Ab|schrö|ter, der; -s, -: *Hammer zum Abschroten.*

ab|schrub|ben ⟨sw. V.; hat⟩ (ugs.): **1. a)** *mit einer Bürste reinigen:* ich schrubbe mich, mir den Rücken mit einer Bürste ab; die Fensterrahmen a.; **b)** *durch Schrubben von etw. entfernen:* den Dreck a.; während der Junge am Waschtrog die aufgeweichte Farbkruste abschrubbte (Fels, Sünden 86). **2.** (ugs.) *zurücklegen, hinter sich bringen:* dass man bei zügiger Fahrt seine 500 Kilometer a. kann (FAZ 3. 12. 69, 35).

ab|schuf|ten, sich ⟨sw. V.; hat⟩ (ugs.): *längere Zeit übermäßig schuften u. sich dadurch erschöpfen; sich abarbeiten:* mein ganzes Leben lang habe ich mich [für euch] abgeschuftet.

ab|schup|pen ⟨sw. V.; hat⟩: **1.** *(einen Fisch) von Schuppen befreien.* **2.** *(von der*

Haut) sich in Schuppen lösen: die Hautpartikel schuppen ab; ⟨auch a. + sich:⟩ an dieser Stelle schuppen sich die Hautpartikel vermehrt ab.
Ab|schup|pung, die; -, -en: **1.** *das Sichabschuppen.* **2.** (Geol.) *Verwitterungsform, bei der durch krasse Temperaturunterschiede an der nackten Gesteinsoberfläche [dünne] Blättchen abgesprengt werden.*
ab|schür|fen ⟨sw. V.; hat⟩: **a)** *durch Schürfen verletzen, aufreißen:* du hast dir die Haut am Ellbogen abgeschürft; **b)** *durch Schürfen an der Oberfläche leicht verletzen:* ich habe mir bei dem Sturz die Knie abgeschürft.
Ab|schür|fung, die; -, -en: **1.** *das Abschürfen.* **2.** *abgeschürfte Stelle, Schürfwunde.*
Ab|schuss, der; -es, Abschüsse: **1. a)** *das Abschießen* (1 a): der A. des Torpedos; **b)** *das Abschießen* (1 b): die Abschüsse der Kanonen. **2.** *das Abschießen* (2 a): der A. von Wild; / Damwildhirsche von A. freigegeben (Pirsch 22. 9. 84, 1 456); Ü Er erobert nicht das Herz eines Mädchens, und spricht von einem neuen »Abschuss« (Petra 1, 1967, 72). **3.** *das Abschießen* (3): der A. eines Flugzeugs.
Ab|schuss|ba|sis, die: *Basis* (4), *von der Raketen abgeschossen werden:* die Errichtung von Abschussbasen für Atomraketen (Dönhoff, Ära 34).
ab|schüs|sig ⟨Adj.⟩ [zu veraltet Abschuss = steiler Abhang]: *stark abfallend:* eine -e Straße, Strecke; Der Weg war a. und von Pfützen bedeckt (Salomon, Boche 113).
Ab|schüs|sig|keit, die; -: *das Abschüssigsein.*
Ab|schuss|lis|te, die (Jagdw.): *Liste, die Art und Zahl des innerhalb eines bestimmten Zeitraumes erlegten Wildes enthält:* der Revierförster hatte die geschossenen Rehe und Wildschweine in die A. eingetragen; Ü jmdn. auf die A. setzen *(zur Entlassung vorsehen);* sie steht auf der A.; Noch stand ... nicht fest, wer das Opfer sein sollte, zwei Namen standen an der Spitze einer A. (Spiegel 23, 1977, 92).
Ab|schuss|plan, der (Jagdw.): *jährliche Ermittlung des Wildbestandes u. Festsetzung des Abschusses von Schalenwild u. Waldhühnern.*
Ab|schuss|prä|mie, die (Jagdw.): *Prämie, die von einer Behörde für den Abschuss bestimmter Tiere gewährt wird.*
Ab|schuss|ram|pe, die: *Gerüst zum Abschießen von Raketen.*
Ab|schuss|si|lo, das: vgl. Abschussbasis: unterirdische -s.
Ab|schuss|vor|rich|tung, die: *Startvorrichtung für Raketen.*
Ab|schuss|zif|fer, die (Milit.): *Anzahl der abgeschossenen feindlichen Flugzeuge.*
ab|schüt|teln ⟨sw. V.; hat⟩: **1. a)** *durch Schütteln entfernen, herunterschütteln:* den Schnee [von sich, vom Mantel] a.; Ü ein Joch, die Knechtschaft a.; **b)** *durch Schütteln von etw. säubern:* das Tischtuch, die Zeltplane a. **2. a)** *sich von etw. frei machen; überwinden:* die Müdigkeit,

den Ärger, seine Sorgen, Stress, seine Angst a.; Bochow schüttelte die Gedanken ab (Apitz, Wölfe 30); **b)** *es fertig bringen, jmdn. (dessen Nähe einen stört, der einem lästig ist o. Ä.) loszuwerden:* er hat den zudringlichen Menschen abgeschüttelt; **c)** *durch größere Schnelligkeit, durch geschickte Taktieren o. Ä. einem Verfolger entkommen:* seine Verfolger, die Polizei a.; (Sport:) der Linksaußen schüttelte seinen Bewacher ab.
Ab|schüt|te|lung, die; -: *das Abschütteln.*
ab|schüt|ten ⟨sw. V.; hat⟩: **1. a)** *einen Teil einer Flüssigkeit, der als zu viel erscheint, aus einem Gefäß herausschütten:* die Hälfte des Wassers aus dem Eimer a.; **b)** *durch Herausschütten von Flüssigkeit den Inhalt eines Gefäßes verringern:* den Eimer a. **2. a)** *von etw. schütten:* das Wasser von den Kartoffeln a.; **b)** *(etw. Gekochtes) vom Kochwasser befreien:* die Kartoffeln a.
Ab|schütt|lung: ↑ Abschüttelung.
ab|schwä|chen ⟨sw. V.; hat⟩: **1.** *[allmählich] schwächer, geringer machen; mildern:* die Wirkung, einen bestimmten Eindruck von etw. a.; Sie hatte dann zwar versucht, ihre Worte abzuschwächen oder sogar rückgängig zu machen, aber als gesagt war, war nun mal gesagt (Weber, Tote 218); Der Staatsanwalt war deshalb bereit, die Diebstahlsanklage in »unbefugten Gebrauch eines Fahrzeugs« abzuschwächen (ADAC-Motorwelt 1, 1982, 42); etw. in abgeschwächter Form wiederholen. **2.** ⟨a. + sich⟩ **a)** *schwächer werden, sich mildern:* der Lärm schwächte sich ab; sein Gefühl für Verwandtschaft, Familienbeziehungen hatte sich unvermerkt bis zur Fremdheit abgeschwächt (Th. Mann, Zauberberg 690); **b)** (Met.) *an Wirkung verlieren:* das Hoch über Osteuropa schwächt sich ab.
Ab|schwä|cher, der; -s, - (Fot.): *(chemische Reaktionen bewirkender) Stoff, der die Schwärzung belichteter u. entwickelter fotografischer Schichten durch Auflösen des metallischen Bildsilbers vermindert.*
Ab|schwä|chung, die; -, -en: *das [Sich]abschwächen.*
ab|schwar|ten ⟨sw. V.; hat⟩: **1.** (bes. Jägerspr.) *(von Dachs und Schwarzwild) die Schwarte* (1 b) *abziehen:* eine Sau a. **2.** (Holzverarb.) *von der Schwarte* (5), *der Borke befreien:* die Bretter müssen abgeschwartet werden. **3.** (landsch.) *verprügeln.*
ab|schwat|zen, (bes. südd.:) **ab|schwät|zen** ⟨sw. V.; hat⟩ (ugs.): *von jmdm. durch Überredung erlangen:* er hat ihm 300 Mark abgeschwatzt; Joseph ... ist noch der gleiche, per einer, wie lange ist's her – dem würdig-sinnenden Jaakob das bunte Kleid abschwatzte (K. Mann, Wendepunkt 274).
ab|schwei|fen ⟨sw. V.⟩: **1.** (geh.) *den eingeschlagenen Weg [vorübergehend] verlassen:* sie waren vom Weg abgeschweift und hatten sich dann verlaufen; Ü Während er ... diese ungehörige Prüfung anstellte ..., schweifte sein Blick, um

sich zu entwirren, zur gegenüberliegenden Wand ab (Jahnn, Nacht 72). **2.** *(in Gedanken, in einer Erörterung o. Ä.) [vorübergehend] vom eigentlichen Ziel, von seinem Thema abkommen:* jmd. schweift, jmds. Gedanken schweifen [von etw.] ab; Er schweifte ab und erzählte etwas vom heiligen Patrik (Weber, Tote 203); Wir sprachen noch einmal über die Unzuverlässigkeit Fasanellas ..., schweiften aber bald ins Private ab (Stern, Mann 22).
Ab|schwei|fung, die; -, -en: *das Abschweifen:* Genug der A. und hinein ins Thema (Erné, Kellerkneipe 303); Der etwaige Leser verzeihe mir diese A. ins rein Betrachtende (Th. Mann, Krull 57).
ab|schwel|len ⟨st. V.; ist⟩: **1.** *(von etw. Geschwollenem) in der Schwellung zurückgehen:* das verletzte Knie schwoll ab. **2.** *allmählich leiser werden:* Aus irgendeinem Fenster ist Musik zu hören, die anschwillt und abschwillt (Zenker, Froschfest 40); Er hörte von weit draußen abschwellendes Motorengeräusch (Molsner, Harakiri 49).
ab|schwem|men ⟨sw. V.; hat⟩: **a)** *wegschwemmen; schwemmend entfernen:* das Hochwasser schwemmte den Sand ab; **b)** *durch Schwemmen von etw. befreien, reinigen:* Man verließ sich zuerst auf den Regen, der die Neu-Spuhl a. und wieder blank machen sollte (Gaiser, Schlußball 30).
Ab|schwem|mung, die; -, -en: *das Abschwemmen.*
ab|schwen|ken ⟨sw. V.⟩: **1.** *durch eine Schwenkung die Richtung ändern* ⟨ist⟩: die Kolonne schwenkt links ab; die Rote Brücke, wo der Bahnstrang nach rechts abschwenkt (Gaiser, Schlußball 209); Ü da bin ich schon wieder vom Thema abgeschwenkt (Mayröcker, Herzzerreißende 101); er ist wieder von der Theologie abgeschwenkt *(hat das Theologiestudium aufgegeben).* **2.** ⟨hat⟩ **a)** *durch Hin-und-her-Schwenken von etw. entfernen:* die Tropfen [von den Gläsern] a.; **b)** *durch Hin-und-her-Schwenken reinigen:* die Gläser a.
ab|schwim|men ⟨st. V.⟩: **1.** ⟨ist⟩ **a)** *sich schwimmend entfernen, wegschwimmen:* er schwamm vom Boot ab und winkte noch einmal; Ü wo die Parteibasis nach links abgeschwommen ist (MM 13. 3. 74, 2); **b)** (landsch.) *sich entfernen, weggehen:* eben ist er abgeschwommen. **2.** ⟨hat⟩ **a)** *durch Schwimmen verlieren:* überflüssige Pfunde a.; **b)** *(als Übung) eine bestimmte Strecke od. Zeit schwimmen:* ich hatte meine halbe Stunde abgeschwommen; **c)** (ugs.) *eine zum mehrmaligen Besuch einer Badeanstalt berechtigende Karte aufbrauchen* ⟨hat⟩: seine Karte a.
ab|schwin|deln ⟨sw. V.; hat⟩: *von jmdm. durch Schwindelei erlangen:* er hat ihr tausend Mark abgeschwindelt.
ab|schwin|gen ⟨st. V.; hat⟩: **1.** (bes. Turnen) *mit einem Schwung von etw. (einem Gerät) abgehen:* ich schwang vorwärts in den Stand ab. **2.** (Ski) *mit einem Schwung die Fahrtrichtung ändern [und langsamer fahren]:* mussten sie ... in einer Kurve

mit verhältnismäßig kleinem Radius nach links a. (Maegerlein, Piste 78).

ab|schwir|ren ⟨sw. V.; ist⟩: **a)** *(von Vögeln, Insekten) schwirrend wegfliegen:* die Libelle, der Kolibri schwirrte ab; **b)** (ugs.) *weggehen, wegfahren, sich entfernen:* »Geh doch«, schrie sie, »schwirr ab, verschwinde!« (Wellershoff, Körper 147); Agnes schwirrte ab, nach oben in ihr Zimmer (Heidenreich, Kolonien 87); Gestern, einen Tag vor seinen Mitarbeitern, schwirrte der Kanzler in die Weihnachtsferien ab (Welt 23. 12. 76, 3).

ab|schwit|zen ⟨sw. V.; hat⟩: *durch Schwitzen das Körpergewicht verringern:* a. müssen; ⟨mit Akk.-Obj.:⟩ er hat Gewicht, die überflüssigen Pfunde abgeschwitzt; * **sich einen a.** (ugs.; *stark schwitzen):* Im Sommer schwitzten sich die beiden einen ab, im Winter rannten sie in Pelzmänteln rum (Bravo 42, 1988, 79).

ab|schwö|ren ⟨st. V.; hat⟩: **1.** *sich von jmdm., etw. (mit einem Schwur) lossagen; etw. aufgeben:* seinem Glauben a.; Ü dem Alkohol a.; Nicht selten schwört man bei dieser Gelegenheit irgendwelchen kleinen und größeren Lastern ab (Zivildienst 10, 1986, 1); ◆ ⟨mit Akk.-Obj.:⟩ Ich habe meinen Glauben abgeschworen (Schiller, Maria Stuart II, 8). **2.** (veraltend) *ableugnen:* eine Schuld a.; Der Magistrat hat dein Urteil kassiert. Alle Zeugen haben abgeschworen (Süskind, Parfum 309). ◆ **3.** *durch eine Eidesformel bekräftigen; schwören* (1 b): spricht euch von ... aller wohlverdienten Strafe los, welches Ihr mit untertänigem Dank erkennen und dagegen die Urfehde a. *(den Schwur, Urfehde zu halten, ablegen)* werdet (Goethe, Götz IV).

Ab|schwö|rung, die; -, -en: *das Abschwören.*

Ab|schwung, der; -[e]s, Abschwünge: **1.** *das Abschwingen* (1): ein A. vom Barren. **2.** *das Abschwingen* (2): einen A. machen. **3.** (Golf) *Bewegung des horizontal über den Kopf gehobenen Schlägers nach unten beim Schlagen eines Balles.* **4.** (Wirtsch.) *Rückgang der Konjunktur, Rezession:* Das Wachstum in Europa wird sich abschwächen, der A. in den USA anhalten (Focus 48, 1998, 336); Wir haben durch Kreditaufnahmen einen A. gebremst und einen Aufschwung beschleunigt (Bundestag 189, 1968, 10234); Wir sind in den letzten zyklisch ... unserer Wirtschaft mit 800 000 Arbeitslosen gegangen (Spiegel 14, 1984, 35); das Unternehmen, die Konjunktur ist im A.

ab|se|geln ⟨sw. V.⟩: **1.** *(von Segelschiffen, -booten) sich segelnd entfernen* ⟨ist⟩: der Schoner segelte Ende des Monats von Hamburg ab. **2.** ⟨hat⟩ **a)** *(eine Strecke) segelnd zurücklegen:* [eine Strecke von] 10 000 km a.; **b)** *an etw. mit dem Segelschiff, -boot entlangfahren:* die Küste a. **3.** (Segeln) *zum letzten Mal gemeinschaftlich in der Saison segeln:* wir haben noch nicht abgesegelt; ⟨subst.:⟩ morgen ist Absegeln.

ab|seg|nen ⟨sw. V.; hat⟩ (ugs.): **a)** *die Ausführung eines Vorhabens o. Ä. (als höhere Instanz) befürworten, genehmigen:* Das Dokument ... wurde noch nicht offiziell abgesegnet (MM 5./6. 1. 89, 1); Alle diese Variationen sind von der ... Rechtsprechung abgesegnet worden (Spiegel 1, 1983, 56); Die einen wurden gefragt, ob sie den mediterranen Essensregeln oder lieber einer medizinisch abgesegneten Herz-Diät folgen wollten (natur 2, 1996, 40); Gilt eine Parkscheibe nur in der amtlich abgesegneten Form ...? (ADAC-Motorwelt 1, 1975, 54).

Ab|seg|nung, die; -, -en: *das Absegnen.*

ab|seh|bar ⟨Adj.⟩: *sich absehen* (2) *lassend:* die -en Folgen seines Handelns; in -er *(nicht zu langer) Zeit;* Es kommt vor ..., dass das Wetter einen kaum -en Einfluss auf das weitere Geschehen hat (Theisen, Festina 35); das Ende ist noch nicht a.

Ab|seh|bar|keit, die: *Vorhersehbarkeit:* Was an der vorschriftsmäßigen Kulturkritik nervt, ist ihre A., ihr Mangel an Phantasie (Woche 7. 11. 97, 50).

ab|se|hen ⟨st. V.; hat⟩: **1.** *beobachtend, zusehend von jmdm. lernen:* das Kunststück hat er einem Bruder abgesehen. **2.** *im Voraus erkennen, voraussehen:* das Ende der Kämpfe ist nicht abzusehen; die Folgen lassen sich nicht a. **3.** *auf etw. verzichten, von etw. Abstand nehmen:* von einer Anzeige, einem Besuch, von Beileidsbekundungen a. **4.** *etw. nicht in Betracht ziehen, außer Acht lassen:* wenn man von diesem Einwand absieht; So sieht das riesige Land Ägypten aus – eine Einöde ohne Baum und Strauch, wenn man vom schmalen Graben des Nils absieht (Grzimek, Serengeti 16); ⟨oft im 2. Part.:⟩ von wenigen Ausnahmen abgesehen; abgesehen davon *(ungeachtet dessen),* dass ... **5.** *(von Schülern) unerlaubt vom Heft o. Ä. des Platznachbarn abschreiben:* er hat [die Lösung der Aufgabe] bei mir abgesehen. **6.** *(von Gehörlosen u. Schwerhörigen) durch Beobachtung der Mundbewegungen des Sprechers verstehen:* die Kinder lernen a. **7.** * **es auf etw. abgesehen haben** *(etw. als Ziel im Auge haben):* dass er es auf nichts anderes abgesehen habe, als zu bummeln (Th. Mann, Krull 262); **es auf jmdn., etw. abgesehen haben** *(auf jmdn., etw. begierig sein; jmdn., etw. gerne für sich haben wollen):* die Frau hat es auf ihn, [nur] auf sein Geld abgesehen; **es auf jmdn. abgesehen haben** *(jmdn. fortgesetzt schikanieren):* der Chef hat es heute auf dich abgesehen; Auf Kropp, Tjaden, Westhus und mich hatte er es besonders abgesehen, weil er unsern stillen Trotz spürte (Remarque, Westen 22). ◆ **8.** *einsehen* (2 b): und ich sah nicht ab, warum man mir das Geringere gewähren und das Größere entziehen wollte (Büchner, Danton I, 5).

◆ **Ab|se|hen,** das; -s: *Aufmerksamkeit* (1), *Augenmerk:* Worauf kann so ein Windfuß wohl sonst sein A. richten? (Schiller, Kabale I, 1).

Ab|seh|un|ter|richt, der: *Unterricht im Absehen der Mundbewegungen des Sprechers für Gehörlose u. Schwerhörige.*

ab|sei|fen ⟨sw. V.; hat⟩: *mit [Wasser u.] Seife reinigen:* Ich musste den Tisch a., aufdecken (Imog, Wurliblume 194); sie seifte ihm den Rücken ab; Sie stellte sich in ihren Bottich, seifte sich ab (Plenzdorf, Legende 23).

ab|sei|hen ⟨sw. V.; hat⟩: *durch ein Sieb gießen [u. dadurch reinigen od. von festen Bestandteilen befreien]:* Milch, Bratensaft a.; je nach Sorte lässt man den Aufguss drei bis fünf Minuten ziehen, anschließend wird er abgeseiht (Wiener 6, 1984, 79).

ab|sei|len ⟨sw. V.; hat⟩: **1.** *an einem Seil herunterlassen:* ich seilte [ihn, mich] ab; Menschen, die ... aus den oberen Stockwerken der Häuser unmittelbar an der Sektorengrenze herabsprangen oder sich abseilten (W. Brandt, Begegnungen 40). **2.** ⟨a. + sich⟩ (ugs.) *weggehen, sich davonmachen, verschwinden:* die Ganoven hatten sich längst abgeseilt; Die Jüngsten in einer Familie haben oft die größten Schwierigkeiten, sich von zu Hause abzuseilen (Amendt, Sexbuch 221).

◆ **Ab|sein,** das; -s: *Abwesenheit* (1): der Biedermann hat nur mein Haus in meinem A. nicht betreten wollen (Lessing, Nathan I, 4).

ab sein: ↑ab (II 1, 2).

ab|seit ⟨Adv.⟩ (österr.): ↑abseits (II).

¹Ab|sei|te, die; -, -n [mhd. abesîte, ahd. absit < spätlat. absida, Nebenf. von lat. apsis, ↑Apsis; im Mhd. an ab u. sîte (= Seite) angelehnt] (landsch.): *Nebenraum [unter dem Dach]:* Hinterm Sofa war, die hatten sie nicht entdeckt (Kempowski, Uns 79).

²Ab|sei|te, die; -, -n [eigtl. = Seite, die von etw. abliegt]: **1.** (Textilw.) *linke Seite eines Gewebes;* **2.** *Rückseite:* die A. eines Gebäudes.

◆ **ab|sei|ten** ⟨Präp. mit Gen.⟩ (in der Kanzleispr.): *seitens; wegen:* dass »kraft seines tragenden Amtes, a. des Ansehens der Familie« die Augen der ganzen Stadt auf ihn gerichtet seien (Storm, Söhne 25).

Ab|sei|ten|ge|we|be, das: *Abseitenstoff.*

Ab|sei|ten|stoff, der: *Stoff, der auf beiden Seiten ein unterschiedliches Aussehen hat u. von dem jede Seite als Oberseite verwendet werden kann.*

ab|sei|tig ⟨Adj.⟩: **a)** (geh.) *abseits liegend:* eine -e Gasse; Ich kam vor ein großes, -es, noch immer bewohntes Bauernhaus (Seghers, Transit 10); Ü Eine zweite Schlappe erlitt der Kanzler unerwartet auf -em Terrain (Spiegel 43, 1966, 47); **b)** *dem Üblichen, Normalen nicht entsprechend; ausgefallen, abwegig:* -e Interessen; eine Idee für a. halten; Ich muss gestehen, dass mir der Disput damals recht a. vorkam (Heym, Schwarzenberg 54); **c)** *in den Bereich der Perversion gehörend:* -e Neigungen haben.

Ab|sei|tig|keit, die; -, -en ⟨Pl. selten⟩: *das Abseitigsein.*

ab|seits [älter: abseit; ↑-seits; II b: nach engl. offside]: **I.** ⟨Präp. mit Gen.⟩ *(ein wenig) entfernt von etw.:* a. des Weges, des Verkehrs; Ein Hotel mitten in Holstein, a. der großen Straßen (Danella, Hotel 348); Völker, die a. der großen Zivilisationen leben (a & r 2, 1997, 104); Ü sie hatten sich ausdrücklich und von Grundsatzes wegen zu dieser Stellung a. des Rechts, a. aller Gepflogenheiten gesitteter Nationen bekannt (NJW 19, 1984, 1087). **II.** ⟨Adv.⟩ **a)** *beiseite, fern, außerhalb:* das Haus steht etwas a.; a. von jeder menschlichen Behausung; Der suchte nicht orthodox, was beim Pilzesuchen bedeutete eher a., sondern a. vom Abseits (Handke, Niemandsbucht 889); Ü Er war nicht aggressiv, nicht link, nicht hinterhältig, er provozierte nicht. Er hielt sich lieber a. (Süskind, Parfum 31); Dies geschah auch mit Dingen, die auf den ersten Blick etwas a. liegen (Freie Presse 3. 11. 88, 5); **b)** (bes. Ballspiele) *im Abseits* (1): a. sein, laufen; der Stürmer stand a.

Ab|seits, das; -, - (Sport): **1.** *(beim Fußball) regelwidrige Stellung eines Spielers, dem der Ball zugespielt wird, wenn er sich näher an der gegnerischen Torlinie befindet als zwei gegnerische Spieler od. (beim Eishockey) wenn ein Spieler vor dem Puck in das Angriffsdrittel gelaufen ist:* im A. stehen; ins A. laufen; Ü im technologischen, politischen, gesellschaftlichen A. stehen; Mit ihrer Haltung begibt sich die Schweiz geistig und auch real ins A. (NZZ 21. 12. 86, 25); dass die Kunstform Oper endgültig ins museale A. zu führen droht (Wochenpresse 13, 1984, 47). **2.** *Verstoß gegen die Abseitsregel:* der Schiedsrichter pfiff A.

Ab|seits|fal|le, die (bes. Fußball): *Taktik, mit der die Abwehrspieler den angreifenden Gegner ins Abseits* (1) *locken.*

Ab|seits|pfiff, der: *Pfiff des Schiedsrichters beim Abseits* (2).

Ab|seits|po|si|ti|on, die: *Abseitsstellung.*

Ab|seits|re|gel, die (Ballspiele): *das Abseits* (1) *betreffende Regel.*

Ab|seits|stel|lung, die: *Stellung, bei der ein Spieler im Abseits* (1) *steht.*

Ab|seits|tor, das: *von einem im Abseits* (1) *stehenden Spieler erzieltes, nicht anerkanntes Tor.*

ab|seits|ver|däch|tig ⟨Adj.⟩ (Ballspiele): *ein Abseits* (1) *vermuten lassend:* ein Tor aus -er Position erzielen.

Ab|sence [apˈsãːs], die; -, -n [...sn̩; frz. absence < lat. absentia, ↑Absenz] (Med.): *(bes. bei Epilepsie auftretende) kurze Zeit dauernde Trübung des Bewusstseins; Absence* ⟨d⟩: eine A. haben.

ab|sen|den ⟨unr. V.; sandte/(seltener:) sendete ab, hat abgesandt/(seltener:) abgesendet⟩: **a)** *etw. (an einen Empfänger) schicken; abschicken:* eine Nachricht, ein Paket a.; ein Telegrammtext ..., der von Arucha aus nach München abgesandt werden soll (Grzimek, Serengeti 168); **b)** *jmdn. (mit einem Auftrag) losschicken:* einen Boten, einen Kurier a.

Ab|sen|der, der; -s,-: **1.** *jmd., der etwas absendet;* insbes. der A. des Briefes; Abk.: Abs. **2.** *(auf einer Postsendung angegebene) Adresse von jmdm., der etwas absendet, abschickt:* steht ein A. auf dem Brief?

Ab|sen|de|rin, die; -, -nen: w. Form zu ↑Absender (1).

Ab|sen|dung, die; -, -en: *das Absenden.*

ab|sen|gen ⟨sw. V.; hat⟩: **a)** *durch Sengen von etw. entfernen:* die Federreste von den Schlachthühnern a.; **b)** *durch Sengen von Resten von Flaum od. Federn befreien:* ein Huhn a.

ab|sen|ken ⟨sw. V.; hat⟩: **1.** ⟨a. + sich⟩ *sich mit einem bestimmten Gefälle senken, neigen:* das Gelände senkt sich zum Fluss hin ab. **2.** *niedriger, tiefer legen:* das Grundwasser, einen Stausee a.; Fische im abgesenkten Schluchsee leiden unter Sauerstoffmangel (MM 28. 9. 83, 12); ü den Verbrauch, die Produktion, die Temperatur a.; wird sich die organische Belastung des Mains ... auf unter 10 Prozent a. lassen (Blick auf Hoechst 8, 1983, 7); ⟨subst.:⟩ Ein Absenken des Beitrages zur Pflegeversicherung steht in keinem Verhältnis zu den sich abzeichnenden Folgen (Spiegel 10, 1998, 14). **3.** (Gartenbau) *(Pflanzen) durch Absenker vermehren:* Weinstöcke a.

Ab|sen|ker, der; -s, -: *in bestimmter Weise gepflanzter Ableger.*

Ab|sen|kung, die; -, -en: *das [Sich]absenken.*

ab|sent [apˈzɛnt] ⟨Adj.⟩ [lat. absens (Gen.: absentis), 1. Part. von: abesse = abwesend sein] (veraltet): *abwesend.*

ab|sen|tie|ren, sich ⟨sw. V.; hat⟩ [frz. s'absenter < spätlat. absentare] (bildungsspr. veraltend): *sich [heimlich u. unbemerkt] entfernen:* dass sie ... sich für eine Woche a. müsse (Dessauer, Herkun 169).

Ab|sen|tis|mus, der; -: **1.** (hist.) *häufige, gewohnheitsmäßige Abwesenheit der Großgrundbesitzer von ihren Gütern.* **2.** (Arbeitsmedizin) *(bezogen auf die Gesamtbelegschaft eines Betriebes in Prozenten ausgedrücktes) Fernbleiben vom Arbeitsplatz (durch Arbeitsunfähigkeit, Pausen o. Ä.).*

Ab|senz, die; -, -en [lat. absentia]: **a)** (bildungsspr.) *das Fehlen, Nichtvorhandensein von etw.:* die A. von Störungen, von Lärm; eine A. aller Werte; **b)** (bes. österr., schweiz.) *das Abwesendsein von einem Ort:* die A. des Schweizer Weltmeistervierers besonders bedauerlich (NZZ 27. 8. 83, 34); sich für seine -en entschuldigen; **c)** *geistige Abwesenheit:* Es geht uns nicht um kleine -en, eher um ein kurzes Abschalten (Richartz, Büroroman 93); **d)** (Med.) *Absence.*

ab|ser|beln ⟨sw. V.; ist⟩ [zu mhd. serben, ahd. serwēn = sterben; welken] (schweiz.): *dahinkränkeln, dahinwelken:* ideal ist die Luft ... gerade nicht, trotz der Klimaanlage. Man serbelt ab (Dürrenmatt, Meteor 64).

ab|ser|vie|ren ⟨sw. V.; hat⟩: **1. a)** *(gebrauchtes Geschirr) vom Tisch abräumen:* das Geschirr a.; würden Sie bitte a.; **b)** *(einen Tisch) von Geschirr frei machen:* den Tisch a.; wirkte das Lokal ... so abserviert wie eine leer gegessene Tafel (Habe, Namen 181). **2.** (salopp) *seines Einflusses od. seiner Wirkung berauben; kurzerhand seines Amtes entheben, kaltstellen:* sie haben ihn abserviert; ich lasse mich doch nicht einfach a.; dass so ein kleiner ... Speichellecker kommen muss- te, um mich abzuservieren (Härtling, Hubert 328); Ü ein Killer hat ihn abserviert *(ermordet).* **3.** (Sport Jargon, bes. Ballspiele) *eindeutig besiegen, klar schlagen:* die junge Mannschaft servierte die erfahrene Elf 5 : 0 ab.

Ab|ser|vie|rung, die; -, -en: *das Abservieren* (2).

ab|setz|bar ⟨Adj.⟩: **1.** *sich von dem zu versteuernden Einkommen absetzen* (10) *lassend:* die Zinsen sind [steuerlich] a. **2.** *sich absetzen* (9) *lassend, verkäuflich:* leicht -e Ware; habe er den Auftrag gehabt ..., das Gebäude zu verkaufen, jedoch sei es zunächst nicht a. gewesen (Saarbr. Zeitung 12./13. 7. 80, 18). **3.** *(vom Träger eines Amtes o. Ä.) der Möglichkeit unterliegend, abgesetzt* (7) *zu werden:* der Papst, ein Kaiser ist nicht a.

Ab|setz|bar|keit, die; -: *das Absetzbarsein.*

Ab|setz|ba|sin, das: *Absetzbecken.*

Ab|setz|be|cken, das: *Becken, in dem sich Schwebstoffe von Abwässern absetzen* (6 b) *können.*

Ab|setz|be|we|gung, die (Milit.): *Rückzug.*

ab|set|zen ⟨sw. V.; hat⟩: **1.** *etw., was jmd. auf dem Kopf, auf der Nase trägt, abnehmen, herunternehmen:* den Hut, die Brille a. **2.** *etw. [Schweres], was jmd. in Händen hält, auf den Boden, an eine Stelle setzen:* das Gepäck, den Koffer a.; ein paar Frauen, die zusammenstanden, die Taschen abgesetzt (Handke, Brief 13). **3.** *von einer Stelle wegnehmen u. dadurch etw. unterbrechen od. beenden:* das Gewehr, den Geigenbogen, das Glas vom Mund a.; sie trinkt, ohne abzusetzen *(in einem Zug).* **4.** *jmdn. an einer bestimmten Stelle aus einem Fahrzeug aussteigen lassen:* jmdn. in seinem Wagen mitnehmen und am Bahnhof a. **5.** *(von einem Reittier) den Reiter abwerfen:* das Pferd setzte ihn ab. **6. a)** *[langsam] sinken lassen, ablagern:* der Fluss setzte eine Masse Geröll ab; **b)** ⟨a. + sich⟩ *sich irgendwo niederschlagen u. dort verbleiben:* eine Menge Staub hat sich hier abgesetzt; ...dass giftige Schwermetalle sich im Flussgrund a. (NNN 12. 11. 86, 2). **7.** *aus Amt od. Stellung entfernen:* einen Minister a.; die Regierung wurde abgesetzt. **8. a)** *(Anberaumtes, Angekündigtes) absagen, nicht stattfinden lassen:* etw. von der Tagesordnung a.; ein Theaterstück a.; ein Fußballspiel a.; Der Film verstoße gegen die »Menschenwürde« ...und sei daher abzusetzen (Spiegel 21, 1979, 255); **b)** *abbrechen, nicht weiterführen:* die Therapie, Behandlung a.; **c)** *nicht weiter einnehmen:* ein Medikament, die Pille a.; Der Versuch, die Tabletten abzusetzen ..., ist gescheitert (Strauß, Niemand 181). **9.** (Kaufmannsspr.) *[in größeren Mengen] verkaufen:* wir haben alle Exemplare a. können. **10.** (Steuerw.) *etw., was nicht versteuert wird, von der zu versteuernden Summe abziehen:* die Kosten für etw. [von der Lohnsteuer] a. können; Die Firma konnte ihre Zuwendung als Spende von der Steuer a. (Spiegel 27, 1984, 19). **11.** (Landw.) *(ein junges Tier)* *entwöhnen:* ein Kalb a. **12. a)** *(Schrift- u. Druckw.)* **als neue Zeile beginnen lassen:** eine Zeile, die folgenden Zeilen, die Verse a.; **b)** *(Druckw.)* **den Drucksatz von etw. anfertigen:** ein Manuskript a. lassen. **13.** *(Seemannsspr.)* **von der Anlegestelle o. Ä. abstoßen, wegdrücken:** das Boot von der Brücke, vom Schiff a. **14.** ⟨a. + sich⟩ **a)** *(ugs.)* **sich [heimlich] davonmachen:** ich hatte mich nach Österreich, ins Ausland, über die Grenze abgesetzt; Ihr Vater hatte sich mit einer anderen Frau abgesetzt (Frischmuth, Herrin 39); **b)** *(Milit.)* **sich zurückziehen. 15.** *(Kanten eines Kleidungsstücks) mit etw. besetzen:* einen Saum mit einer Borte a.; ⟨oft im 2. Part.:⟩ mit Samt abgesetzte Ärmel. **16. * es setzt etw. ab** (1. *ugs.; es gibt, geschieht etw.:* es setzt Hiebe, Prügel ab; Dabei setzte es auch ein paar kritische Worte ... ab [NZZ 21. 12. 86, 11]; ♦ **2.** *es wird etw. eintreten, es kommt zu etw.:* allemal, wenn sein Weib mit ihm ins Wirtshaus will, so setzt es Streit ab [Gotthelf, Elsi 126]).

Ab|set|zer, der; -s, -: **1.** *(bes. bei der Braunkohleförderung) im Tagebau verwendetes Gerät, das den Abraum außerhalb des Abbaufeldes absetzt.* **2.** *(Milit., Luftf.) Person, die im Flugzeug die Absprünge von Fallschirmspringern beaufsichtigt.*

Ab|setz|ge|biet, das *(Milit., Luftf.):* Gebiet, in dem Fallschirmspringer abgesetzt werden.

Ab|setz|ge|schwin|dig|keit, die: *mittlere Geschwindigkeit, mit der sich Teilchen (2) von Feststoffen in einer Flüssigkeit absetzen.*

Ab|set|zung, die; -, -en: *das Absetzen* (bes. 7, 8); *das Abgesetztwerden.*

Ab|setz|wa|gen, der: *Hubstapler.*

ab|si|chern ⟨sw. V.; hat⟩: **1. a)** *(eine Gefahrenstelle o. Ä.) gegen mögliche Unfälle sichern:* eine Baustelle a.; hatte der Ribnitzer Betrieb eine große Menge Betonbausteine gelagert, ohne sie abzusichern (NNN 1. 3. 88, 6); die Unfallstelle mit Warnzeichen a. **b)** *jmdn., etw. gegen mögliche Gefahren sichern:* gefährdete Personen a.; einen Tresorraum a.; Ü einen Direktkandidaten auf der Landesliste a. *(ihm für den Fall, dass er nicht direkt gewählt wird, einen sicheren Listenplatz geben);* tariflich abgesicherte *(durch einen Tarifabschluss festgelegte, gesicherte)* Löhne. **2.** *untermauern:* eine Methode wissenschaftlich a. **3.** ⟨a. + sich⟩ *sich bei etw. durch entsprechende Vorkehrungen gegen etw. schützen:* als wolle sich gegen eine noch gar nicht geäußerte Kritik von vornherein a. (Wohmann, Absicht 66); dass Carducci sich doppelt absichert: Er trägt unter seinen Glacéhandschuhen noch ... Gummihandschuhe (Konsalik, Promenadendeck 170); ich sicherte mich vertraglich ab.

Ab|si|che|rung, die; -, -en: *das Absichern.*

Ab|sicht, die; -, -en [zu ↑ absehen (7)]: *Bestreben; Wollen:* edle, böse -en haben; Auch die Farbe war A. *(war mit Bedacht gewählt;* Kinski, Erdbeermund 260); das war nie meine A.; es war nicht meine A., das zu tun; ich hatte nicht die A. *(hatte nicht vor),* sie zu informieren; man weiß nicht, welche -en er hegt *(was er vorhat, plant);* die A. *(der Plan)* besteht allerdings; jmds. -en erkennen, durchschauen, vereiteln; sie trägt sich mit der A. *(beabsichtigt)* zu verreisen; das lag nicht in meiner A. *(das wollte ich nicht);* mit A. *(absichtlich, vorsätzlich, willentlich);* ohne A. *(absichtslos);* Ohne irgendeine besondere A. *(ein besonderes Vorhaben)* betrat ich ... das ... Kaufhaus (Leonhard, Revolution 126); von einer A. weit entfernt sein; *** -en [auf jmdn.] haben** *(ugs. veraltend; jmdn. heiraten wollen);* er hat ernste -en auf sie; Ihr zwei habt -en, oder? (Gabel, Fix 48); **in A. auf** *(hinsichtlich, in Bezug auf):* O ja! versetzte der Gehülfe, in A. auf andre Frauen ganz gewiss (Goethe, Wahlverwandtschaften II, 7).

ab|sicht|lich [nachdrücklich auch: -́- -] ⟨Adj.⟩: *mit Absicht [gezeigt, geschehend usw.]; vorsätzlich:* eine -e Kränkung; das hat a. getan; sie nehmen, wir hätten a. eine falsche Flugzeit angegeben (Grzimek, Serengeti 33).

Ab|sicht|lich|keit [auch: -́- - -], die; -, -en ⟨Pl. selten⟩: *das Absichtlichsein.*

Ab|sichts|er|klä|rung, die *(Rechtsspr.):* (bes. in völkerrechtlichen Abkommen verwendete) Erklärung, durch die eine unverbindliche Absicht [offiziell] mitgeteilt wird.

ab|sichts|los ⟨Adj.⟩: *ohne besondere Absicht; nicht absichtlich; unabsichtlich:* Er hatte ... die Mütze abgenommen, die er zwischen den Händen hielt und a. drehte (Weber, Tote 58).

Ab|sichts|lo|sig|keit, die; -, -en ⟨Pl. selten⟩: *das Absichtslossein.*

ab|sichts|voll ⟨Adj.⟩: *mit voller Absicht [geschehend]:* dass im Treppenhaus die Frauen sonderbar verlegen herumstanden und a. wegsahen, als sei an ihnen vorbeiging (Bienek, Erde 29).

ab|sie|deln ⟨sw. V.; hat⟩: *Metastasen bilden; metastasieren:* der Tumor hat Tochtergeschwülste abgesiedelt.

Ab|sied|lung, die; -, -en: *Metastase.*

ab|sin|gen ⟨st. V.; hat⟩: **1.** *von Anfang bis Ende singen:* alle Strophen eines Liedes a.; ⟨subst.:⟩ Die Unteroffiziere formierten sich ..., und an zog, unter Absingen schmutziger Lieder (scherzh.; mit großem Hallo, ausgelassen, fröhlich [singend]), in dem Duschraum (Kirst, 08/15, 172). **2.** *vom Blatt singen, ohne geübt zu haben:* sie singt [alle Lieder] vom Blatt ab.

ab|sin|ken ⟨st. V.; ist⟩: **1. a)** *in die Tiefe, auf Grund sinken; [im Wasser] versinken:* das Boot sank in Sekundenschnelle ab; Ü der ... ein wenig trunkene Glanz des absinkenden Tages (Thieß, Legende 183); Löcher in der Welt, in die die Dinge und Menschen fielen, einfach absanken in ein Nirgendwann (Zwerenz, Erde 29); **b)** *sich [allmählich] senken [u. dadurch niedriger werden]:* der Wasserspiegel ist abgesunken. **2. a)** *schwächer, niedriger werden:* der Blutdruck, das Fieber, die Temperatur sinkt ab; etw. sinkt um ein Drittel, auf die Hälfte ab; **b)** *schwächer, geringer werden:* das Interesse sinkt weiter ab; **c)** *nachlassen, schlechter werden:* in seinen Leistungen a.; **d)** *[moralisch] heruntérkommen:* er sinkt immer mehr ab; Hüttenrauchs Schlösschen war ... zur Bier- und Armeleutewirtschaft abgesunken (Muschg, Gegenzauber 35).

Ab|sinth, der; -[e]s, -e [frz. absinthe < lat. absinthium < griech. apsínthion = Wermut]: *grünlicher Branntwein aus Wermut mit Zusatz von Anis u. Fenchel.*

ab|sit|zen ⟨unr. V.⟩: **1. a)** *(abwertend) die Zeit an einem bestimmten Ort widerwillig, nur durch sein Anwesendsein hinter sich bringen:* die Eingangshalle, in der ein Portier hinter Glas seine Dienststunden absaß (Cotton, Silver-Jet 89); dass ich meine schönen Sommertage ... in einer grauen Schulstube absitze (Fallada, Herr 100); **b)** *(eine Strafe, eine Zeit als Strafe) im Gefängnis o. Ä. verbüßen:* er hat seine Strafe abgesessen; neun Monate Gefängnis a. **2.** ⟨ist⟩ **a)** *von einem Reittier steigen:* er saß [vom Pferd] ab; Jaakobs ... Dromedar ging ungeheißen in die Knie, um seinen Reiter a. zu lassen (Th. Mann, Joseph 385); abgesessen! (Reitkommando); **b)** *(Turnen) von einem Gerät aus dem Sitz in den Stand auf den Boden springen:* vom Kasten a. **c)** *von einem Fahrzeug absteigen, abspringen:* sie saßen [von ihren Rädern] ab. **3.** *von etw. entfernt sitzen* ⟨hat⟩: du sitzt viel zu weit [vom Tisch] ab. **4.** *durch vieles Sitzen abnutzen* ⟨hat⟩: du hast die Polster bereits abgesessen; dieses verrauchte Männerparadies mit den abgesessenen roten Samtbänken (Baum, Paris 74). **5.** *(schweiz.) sich [hin]setzen, sich niederlassen* ⟨ist⟩: sitz ab!

ab|so|cken ⟨sw. V.; ist⟩ *(salopp): eilig weggehen, sich schnell davonmachen:* »Wieso? Wer hat dich geschickt?« »Ihre Frau«, sagte der Lümmel, verbiss sein Feixen und sockte ab (Bieler, Bär 299).

ab|so|lut ⟨Adj.⟩ [(frz. absolu <) lat. absolutus, adj. 2. Part. von: absolvere, ↑ absolvieren]: **1.** *allein herrschend, souverän; unumschränkt:* ein -er Herrscher; die -e Monarchie. **2.** *unbedingt, uneingeschränkt, unangefochten, völlig:* -e Glaubens- und Gewissensfreiheit; Für Venedig ist ein -es Bauverbot erlassen worden (Basler Zeitung 2. 10. 85, 37). **3.** *vollkommen, in höchster Weise ideal, ungetrübt, ungestört:* die Suche nach dem -en Glück; eine Stimmung von -em Feierabend, in der friedlich die Rauchsäulen von kleinen Feuerstellen aufstiegen (Lenz, Brot 14). **4.** *nicht mehr steigerbar, überbietbar:* eine -e Grenze erreichen; der heißeste Tag des Jahres führte zu neuen -en Ausflugsrekorden; die Soloeinlagen von Supergitarristen ... waren der -e Höhepunkt (Freizeitmagazin 10, 1978, 52); etw. ist eine -e Notwendigkeit; etw. besitzt -e Priorität; -er Nullpunkt (Physik; *die tiefste überhaupt mögliche Temperatur,* −273,15 °C); -e Temperatur (Physik; *auf den absoluten Nullpunkt bezogene Temperatur).* **5.** *völlig, gänzlich, vollständig:* für -e Ruhe sorgen; In der Halle herrschte -e Stille (elan 2, 1980, 37). **6.** (meist Philos.) *rein, beziehungslos, für*

Absolutheit

sich betrachtet: -es Denken; das -e Sein; -e Kunst, Musik. **7.** *unabhängig; ohne Hilfsmittel, Bindungen, Beeinflussungen [auskommend]:* -e Größen. **8.** (Naturw.) *chemisch [fast] rein:* -er Alkohol, Äther. **9.** ⟨intensivierend bei Adj. u. Verben⟩ *überhaupt, ganz u. gar:* das kann ich a. nicht leiden; das ist a. unsinnig; Heinrich ... wollte a. nicht weg (Katia Mann, Memoiren 143).

Ab|so|lut|heit, die; -: *das Absolutsein; absolute* (2, 6, 7) *Beschaffenheit.*

Ab|so|lut|heits|an|spruch, der: *Anspruch auf absolute Richtigkeit od. Gültigkeit (bes. in Bezug auf Religionen, philosophische u. politische Lehren):* einen A. erheben; eine Revitalisierung alter politisch-religiöser Absolutheitsansprüche (v. Weizsäcker, Deutschland 99).

Ab|so|lu|ti|on, die; -, -en [lat. absolutio = das Freisprechen (vor Gericht), zu: absolvere, ↑absolvieren] (kath. Kirche): *Vergebung von Sünden nach der Beichte:* jmdm. [die] A. erteilen; Sophie beichtete ... und empfing die A., die Krankenkommunion und den Segen (Bieler, Mädchenkrieg 317); Ü (oft scherzh.) denk nicht, dass wir dir für deine Extravaganzen A. erteilen *(dass wir sie verzeihen).*

Ab|so|lu|tis|mus, der; - [frz. absolutisme] (hist.): **a)** *Regierungsform, bei der eine Person als Träger der Staatsgewalt eine von anderen Personen od. Institutionen nicht kontrollierte Macht ausübt:* der Weg vom A. zur Demokratie ist weit (Dönhoff, Ära 167); **b)** *Epoche des europäischen Absolutismus im 17. u. 18. Jh.:* der aufgeklärte A.; im Frankreich des A.

Ab|so|lu|tist, der; -en, -en (hist.): *Anhänger des Absolutismus.*

ab|so|lu|tis|tisch ⟨Adj.⟩: **a)** *den Absolutismus betreffend, auf ihm beruhend:* der -e Staat; **b)** *unumschränkt:* ein -er Herrscher.

Ab|so|lu|tiv, der; -s, -e (Sprachw.): **1.** *Kasus in bestimmten Sprachen (z. B. im Grönländischen), in den das Subjekt bei intransitiven u. das Objekt bei transitiven Satzkonstruktionen gesetzt wird.* **2.** *Kasus des Subjekts u. des nominalen Prädikats in den semitischen Sprachen.* **3.** *Absolutivum.*

Ab|so|lu|ti|vum, das; -s, ...va (Sprachw.): *erstarrter Kasus eines Verbalabstraktums als nähere Bestimmung der im Hauptverb ausgedrückten Handlung.*

Ab|so|lu|to|ri|um, das; -s, ...ien [lat. absolutorium = Befreiungsmittel]: **1.** (veraltet) **a)** *Reifeprüfung;* **b)** *Reifezeugnis.* **2.** (österr.) *Bestätigung einer Hochschule darüber, dass man die vorgeschriebene Anzahl von Semestern u. Übungen belegt hat u. deshalb während der noch ausstehenden Abschlussprüfungen nicht mehr inskribieren muss.*

Ab|sol|vent, der; -en, -en [lat. absolvens (Gen.: absolventis), 1. Part. von: absolvere, ↑absolvieren]: *Besucher einer Schule kurz vor od. nach der abschließenden Prüfung:* die -en der Kunstschule.

Ab|sol|ven|tin, die; -, -nen: w. Form zu ↑Absolvent.

ab|sol|vie|ren ⟨sw. V.; hat⟩ [lat. absolvere = vollenden; freisprechen (vor Gericht), aus: ab = los, weg u. solvere = lösen; befreien]: **1. a)** *(eine Schule o. Ä.) durchlaufen, [erfolgreich] beenden:* das Gymnasium, einen Lehrgang a.; Susanne absolvierte gerade das dritte Semester (Danella, Hotel 92); Sein Studium absolviert er größtenteils im Ausland; **b)** *verrichten, bewältigen, ableisten:* einen Achtstundentag a. müssen; ein Training, ein anstrengendes Programm a.; Fünf Länderspiele hat Gerd Zewe absolviert (Kicker 82, 1981, 26); **c)** *(eine Prüfung) bestehen:* hat er sein Examen absolviert? **2.** (kath. Rel.) *jmdm. Absolution erteilen:* jmdm. a.; »Ich befehle Ihnen, die heilige Messe Ihres Pfarrers zu hören ..., wenn Sie absolviert sind« (Böll, Und sagte 74).

Ab|sol|vie|rung, die; -, -: *das Absolvieren.*

ab|son|der|lich: I. ⟨Adj.⟩ *vom Gewöhnlichen, Üblichen abweichend:* der Stress ... führt zu den -sten Zwischenfällen (Augsburger Allgemeine 10./11. 6. 78, 4); -e Reaktionen; ein -er Mensch; Er muss ... reichlich a. gewirkt haben (Fest, Im Gegenlicht 72). ◆ **II.** ⟨Adv.⟩ *besonders* (2 a): Heutzutage hätte man ... nach den Schriften gefragt, a. nach dem Heimatscheine (Gotthelf, Elsi 124); Ihr Buttlerischen sollt auch mitreiten. – Und a. wir Wallonen (Schiller, Wallensteins Lager 11).

Ab|son|der|lich|keit, die; -, -en ⟨Pl. selten⟩: *das Absonderlichsein; absonderliche Gewohnheit.*

ab|son|dern ⟨sw. V.; hat⟩: **1.** ⟨a. + sich⟩ *sich von jmdm., etw. fernhalten; Kontakte meiden; lieber für sich bleiben:* er sonderte sich meist von seinen Mitschülerinnen und Mitschülern ab; Er will so abgesondert sein, wie er ist, will allein sein und will von anderen im Grunde nichts wissen (Th. Mann, Krull 417). **2.** *isolieren, mit anderen nicht zusammenkommen lassen:* die an Diphtherie Erkrankten a. **3.** *ausscheiden:* Gifte a.; Schleim, eine Flüssigkeit a.; Der Motor munkelte im Leerlauf und sonderte ebenfalls Dampf ab (Muschg, Gegenzauber 299). **4.** *abtrennen:* durch einen offenen Bogen, welcher vom Hauptraum einen kleineren absonderte (Th. Mann, Krull 324). **5.** (ugs.) *reden, von sich geben:* hat wieder lauter Unsinn abgesondert. Ich rede, ... es wird etwas abgesondert, doch das stimmt ja alles gar nicht (Hofmann, Fistelstimme 60).

Ab|son|de|rung, die; -, -en: **1.** *das [Sich]absondern.* **2.** *ausgeschiedener Stoff; Ausscheidung.*

Ab|son|de|rungs|drü|se, die (Biol., Med.): *Drüse, die etw. absondert* (3).

Ab|son|de|rungs|ge|we|be, das (Biol.): *pflanzliches Gewebe, das darauf spezialisiert ist, bestimmte Stoffe auszuscheiden.*

Ab|son|de|rungs|or|gan, das (Biol., Med.): vgl. Absonderungsdrüse.

Ab|son|de|rungs|stoff, der (Biol., Med.): *ausgeschiedener Stoff.*

Ab|son|de|rungs|tä|tig|keit, die ⟨o. Pl.⟩: *Tätigkeit* (2) *des Absonderns* (3), *Ausscheidens.*

ab|son|nig ⟨Adj.⟩ (Gartenbau): *nicht von der vollen Sonne beschienen, beschattet:* Nordfenster oder -er Stand an Ost- und Westfenstern (MM 15. 4. 72, 68).

Ab|sor|bens, das; -, ...benzien u. ...bentia [lat. absorbens, 1. Part. von: absorbere, ↑absorbieren] (Chemie, Physik): *absorbierender Stoff.*

Ab|sor|ber, der; -s, - [engl. absorber, zu: to absorb = auf-, einsaugen < lat. absorbere, ↑absorbieren]: *Vorrichtung zum Absorbieren von Gasen, Strahlen.*

ab|sor|bie|ren ⟨sw. V.; hat⟩ [lat. absorbere = verschlucken; aufsaugen]: **1.** (Naturw.) *aufsaugen, in sich aufnehmen:* Strahlen a.; Schall, Geräusche a. *(schlucken).* **2.** *in Anspruch nehmen:* jmds. Aufmerksamkeit völlig a.; von etw. absorbiert sein; Die ... Lehrkräfte sind durch administrative Arbeiten weitgehend absorbiert (NZZ 31. 8. 87, 14).

Ab|sorp|ti|on, die; -, - [spätlat. absorptio = das Verschlingen] (Naturw.): *das Absorbieren.*

Ab|sorp|ti|ons|fä|hig|keit, die ⟨o. Pl.⟩: *Fähigkeit, etw. zu absorbieren.*

Ab|sorp|ti|ons|ge|we|be, das (Bot.): *Gewebe mit starker osmotischer Saugkraft.*

Ab|sorp|ti|ons|käl|te|ma|schi|ne, die: *Kältemaschine, bei der durch bestimmte Stoffe der Umgebung Wärme entzogen wird.*

Ab|sorp|ti|ons|mit|tel, das (Chemie): *absorbierender Stoff.*

Ab|sorp|ti|ons|spek|trum, das (Physik): *durch Absorption bestimmter Wellen entstehendes Spektrum.*

Ab|sorp|ti|ons|ver|mö|gen, das: vgl. Absorptionsfähigkeit.

Ab|sorp|ti|ons|vor|gang, der: *Vorgang der Absorption.*

Ab|sorp|ti|ons|wär|me, die (Physik): *bei der Absorption von Strahlung entstehende Wärmeenergie.*

ab|sorp|tiv ⟨Adj.⟩: *zur Absorption fähig.*

Ab|sorp|tiv, das; -s, -e: *absorbierter Stoff.*

ab|spal|ten ⟨unr. V.; spaltete ab, hat abgespalten/ (auch:) abgespaltet⟩: **1.** *durch Spalten von etw. trennen:* ich habe ein Stück Holz abgespaltet; der Leutnant Asch ... spaltete ein mächtiges Stück Blutwurst ab (Kirst, 08/15, 847); Ü Es ist wirklich nicht der materielle Verlust meiner Manuskripte, der mich verstört, es ist vielmehr das von mir abgespaltene Leben (Werfel, Himmel 103). **2.** ⟨a. + sich⟩ *sich von jmdm., etw. lösen:* eine Minderheit hat sich von der Partei abgespalten; Sekten, die sich ... von den Monophysiten abgespaltet hatten (Thieß, Reich 498). **3.** (Chemie) *(einen Teil eines Moleküls, Moleküle durch chemische Reaktion) abtrennen:* das Enzym hat Phosphat abgespaltet.

Ab|spal|tung, die; -, -en: *das [Sich]abspalten.*

ab|spa|nen ⟨sw. V.; hat⟩ (Technik): *(ein metallisches Werkstück) durch Abtrennung von Spänen bearbeiten, bes. zur Herstellung einer guten Oberfläche.*

ab|spä|nen ⟨sw. V.; hat⟩ [zu ↑²spänen] (landsch.): *(ein junges Tier, einen Säugling) entwöhnen:* das Kleine kriegt Zähnchen, du musst es a.

Ab|spann, der; -[e]s, -e (Ferns.): Nachspann: Über die Ätherwellen läuft der A. Die Sendung ist aus (elan 2, 1980, 33).

¹ab|span|nen ⟨sw. V.; hat⟩: **1.** *(einem Zugtier, Zugtieren) das Geschirr (2) lösen:* hast du die Pferde abgespannt?; den Wagen *(das Zugtier, die Zugtiere vom Wagen)* a. **2.** (selten) *sich von einer Spannung lösen, entspannen:* die Glieder, sich nach einem langen Tag a. **3.** (Technik) *(in die Luft Ragendes) mit gespannten Seilen sichern:* einen Pylon mit Schrägseilen a.; Die Mittelwellenantenne besteht aus einem 185 Meter hohen, abgespannten Mast (NZZ 23. 10. 86, 47).

²ab|span|nen ⟨sw. V.; hat⟩ [mhd. abspenen = der Mutterbrust entwöhnen; weglocken; wohl vermischt mit ¹abspannen; ↑abspänen, abspenstig (selten)]: *abspenstig machen, ausspannen:* er hat mir die Freundin abgespannt.

Ab|spann|lei|ne, die; vgl. Abspannseil.

Ab|spann|mast, der, (auch:) Abspannungsmast, der: *Mast zur Sicherung von hochragenden Bauten.*

Ab|spann|seil, das: *Seil zum ¹Abspannen (3).*

Ab|spann|trans|for|ma|tor, der: *Transformator, der Energie hoher Spannung auf niedrigere Spannung herabsetzt.*

Ab|span|nung, die; -: **1.** *körperliche, geistige Ermüdung:* das Gesicht drückte äußerste A. aus. **2. a)** *das Abspannen (3);* **b)** (Technik) *Abspannseil[e]:* die A. ist gerissen.

Ab|span|nungs|mast: ↑Abspannmast.

Ab|spann|werk, das: *technische Anlage, die Elektrizität hoher Spannung umwandelt u. verteilt.*

ab|spa|ren ⟨sw. V.; hat⟩: **a)** ⟨a. + sich⟩ *[unter Entbehrungen] sparen u. für den Kauf von etw. erübrigen:* ich habe mir das Geld für das Rad [von meinem Taschengeld] abgespart; den Wintermantel *(das Geld für den Wintermantel)* musste sie sich regelrecht vom Munde a.; **b)** *einen Teil von etwas wegnehmen, erübrigen:* Mehl- und Brotsuppen ..., deren Zutaten sie erbettelt oder von ihren Rationen abgespart hatte (Grass, Butt 570).

ab|spe|cken ⟨sw. V.; hat⟩ (salopp): *eine Abmagerungskur machen, abnehmen:* unter ärztlicher Aufsicht a.; überflüssige Pfunde, 15 Kilo a.; in einer Woche 5 Pfund a.; ⟨subst.:⟩ vom Wandern und Abspecken nach St. Gilgen ... gereiste Kanzler (LNN 31. 7. 84, 2); Ü Seine Wagen wurden ... abgespeckt *(leichter gemacht;* rallye racing 10, 1979, 19); Weder will die SPD ihre neuen Universitäten in Bochum oder Essen gesundschrumpfen, noch will die bayerische CSU ihre Hochschulen in Regensburg oder Nürnberg a. *(bei ihnen Einsparungen vornehmen;* Spiegel 12, 1998, 254).

ab|spei|chern ⟨sw. V.; hat⟩ (EDV): *Daten in einen Speicher (2b) eingeben u. aufbewahren:* Daten, Musik a.; etw. auf Magnetband a.; einen Text auf der Festplatte, auf Diskette a.; allein um das Archivmaterial des WDR abzuspeichern, müsste jemand 257 Jahre lang alles digitalisieren (Zeit 27. 1. 95, 57); Genauso unaufwendig schließt er die Festplatte und den Drucker an, um einen Videoclip abzuspeichern und ein Standbild auszudrucken (Zeit 21. 1. 99, 27).

ab|spei|sen ⟨sw. V.; schweiz. auch st. V.; hat⟩: **1. a)** *(in liebloser Weise) mit einer Mahlzeit versorgen, beköstigen:* die Kinder werden in der Küche abgespeist; **b)** (ugs.) *mit weniger, als erhofft od. erwartet, abfertigen:* jmdn. mit Redensarten, mit Vertröstungen a.; dass sich die Schwarzen nicht mehr mit Verzögerungsmanövern a. lassen (NZZ 21. 12. 86, 1). **2.** (selten) *fertig, zu Ende speisen:* Kaum hatte er abgespeist, so kehrte auch Joachim zurück (Th. Mann, Zauberberg 266).

Ab|spei|sung, die; -, -en: *das Abspeisen.*

ab|spens|tig [eigtl. = weggelockt, zu älter abspannen = weglocken, zu mhd. spanen, ↑Gespenst]: in der Verbindung **jmdm. jmdn., etw. a. machen** *(jmdn. dazu bringen, sich von einem anderen abzuwenden; jmdn. durch Überreden dazu bringen, etw., was er besitzt, herzugeben):* er hat ihm die Freundin a. gemacht; Mit dem betont fremdenfeindlichen Gesetz wollen die Gaullisten der rechtsradikalen Nationalen Front ... Wähler a. machen (Woche 7. 3. 97, 21).

Ab|sperr|dienst, der (Rennsport): *für die Absperrungen verantwortliche Personen.*

ab|sper|ren ⟨sw. V.; hat⟩: **1.** (österr., südd., westmd.) *(einen Raum o. Ä.) mit einem Schlüssel zu-, abschließen:* das Zimmer, die Wohnungstür a.; der Schrank war abgesperrt. **2.** *(den Zugang zu etw.) sperren, etw. abriegeln:* die Unglücksstelle hermetisch a. **3.** *(das Fließen, Strömen von etw.) unterbrechen, abdrosseln:* [jmdm.] das Wasser, das Gas a. **4.** (Tischlerei) *Furniere beidseitig auf eine Mittellage aufleimen (wobei die Faserrichtungen um 90° versetzt sind).*

Ab|sperr|gra|ben, der: *Wassergraben eines Freigeheges.*

Ab|sperr|hahn, der (Technik): *Hahn, mit dem etw. abgesperrt (3) wird.*

Ab|sperr|ket|te, die: *Kette von Menschen, Polizisten, die etw. absperren (2).*

Ab|sperr|kom|man|do, das (Polizei, Milit.): *Kommando (3 a), das etw. absperrt (2).*

Ab|sperr|mann|schaft, die: vgl. Absperrdienst.

Ab|sperr|schie|ber, der: *Schieber (1), der die Zufuhr von etw. unterbindet; Riegel.*

Ab|sperr|seil, das: *Seil, das dazu dient, etw. abzusperren (2).*

Ab|sper|rung, die; -, -en: **1.** *das Absperren.* **2.** *Sperre, Barriere, durch die ein Bereich abgesperrt (2) wird:* die -en durchbrechen.

Ab|sperr|ven|til, das: vgl. Absperrschieber.

Ab|sperr|vor|rich|tung, die: vgl. Absperrschieber.

ab|spie|geln ⟨sw. V.; hat⟩: **a)** *als Spiegelbild wiedergeben, spiegelnd zurückwerfen:* das Wasser spiegelt den Baum ab; Ü die Meinung, die Sprache spiegle die Gegenstände nicht ab (Muttersprache 415, 1968, 157); **b)** ⟨a. + sich⟩ *als Spiegelbild zu sehen sein:* der Baum spiegelt sich [im Wasser] ab.

Ab|spie|ge|lung, Ab|spieg|lung, die; -, -en: *das [Sich]abspiegeln.*

Ab|spiel, das; -s, -e (Ballspiele): **1.** *das Abspielen (3).* **2.** *abgespielter Ball:* der Verteidigerin unterlief ein schlechtes A.; sein schlechtes A. *(sein schlecht abgespielter Ball)* landete beim Gegner; sein A. kam ... so nach Maß (Wilhelm, Unter 23).

ab|spie|len ⟨sw. V.; hat⟩: **1. a)** *[von Anfang bis Ende] spielen, ablaufen lassen:* eine CD, eine Kassette, ein Band a.; die Nationalhymne a.; **b)** *durch vieles Spielen abnutzen:* du hast die Platte schon ganz schön abgespielt; ⟨meist im 2. Part.:⟩ abgespielte Karten, Tennisbälle. **2.** *vom [Noten]blatt spielen, ohne geübt zu haben:* er kann alles vom Blatt a. **3.** (Ballspiele, Eishockey) *(den Ball, die Scheibe einem Spieler der eigenen Mannschaft) abgeben, zuspielen:* der Verteidiger muss früher, schneller a.; [den Ball] an den Linksaußen a.; wie er ... nach Maß zu einem Kameraden Ausschau hält, zu dem er hätte a. können (Walter, Spiele 22). **4.** ⟨a. + sich⟩ *(als Vorgang) [in bestimmter Weise] seinen Verlauf nehmen; vor sich gehen:* das alles spielte sich rasend schnell, vor ihren Augen ab; der Vorfall, der Überfall hat sich vor der Bank abgespielt; etw. spielt sich hinter den Kulissen *(im Verborgenen),* auf einer anderen Ebene ab; Was sich da zwischen den beiden abspielt ... ist ein psychologischer Zweikampf (Erné, Kellerkneipe 172); dass sich da so gar nichts abgespielt haben sollte, ... sei doch nicht recht glaubhaft (Heym, Schwarzenberg 290); R d/hier spielt sich nichts ab! (ugs.; *das kommt nicht infrage, daraus wird nichts).*

ab|spin|nen ⟨st. V.; hat⟩: **a)** *(Garn von der Spindel, dem Rocken) spinnend aufbrauchen:* sie hat den Faden ganz abgesponnen; Ü Vater Lot spann seinen Faden von der Spindel des Schicksals ab (Kaiser, Villa 153); **b)** ⟨a. + sich⟩ *spinnend aufgebraucht werden:* unter ihren Händen spinnt sich das Garn schnell ab; Ü Überall spannen sich Handlungen ab *(gingen vor sich;* Gaiser, Jagd 116).

ab|split|tern ⟨sw. V.⟩: **1.** *in Splittern von etw. ablösen* ⟨hat⟩: der Blitz splitterte den Ast ab. **2.** *sich in Splittern ablösen* ⟨ist⟩: der Lack ist abgesplittert; abgesplitterte Farbe. **3.** ⟨a. + sich⟩ *sich abspalten* ⟨hat⟩: ⟨subst.:⟩ Besonders die AWS ist als Sammelsurium zahlreicher konservativer Kleinparteien unter der Fittichen der Gewerkschaft Solidarnośći ständig vom Absplittern einzelner Gruppen bedroht (FR 21. 8. 98, 6).

Ab|split|te|rung, die; -, -en: *das [Sich]absplittern.*

Ab|spra|che, die; -, -n: *das [Sich]absprechen (2); Vereinbarung:* eine A. [mit jmdm.] treffen; ohne vorherige A.; dass sich viele ... nicht an die A. gehalten haben (Basler Zeitung 2. 10. 85, 5); dass es irgendwelche ... -n zwischen uns doch nicht gegeben hat (Hofmann, Fistelstimme 30).

ab|spra|che|ge|mäß ⟨Adj.⟩: *einer getroffenen Absprache entsprechend.*

ab|spre|chen ⟨st. V.; hat⟩: **1. a)** *aufgrund eines [gerichtlichen] Urteils aberkennen:* jmdm. die bürgerlichen Ehrenrechte a.; ◆ dass ich zur philosophischen Spekulation keineswegs berufen bin und dass ich mir dieses Feld völlig abgesprochen habe (Chamisso, Schlemihl 61); **b)** *behaupten, dass jmdm. eine bestimmte Eigenschaft o. Ä. fehlt:* er sprach ihm jede Sachkenntnis ab; jmdm. ein Recht zu etw. a. *(streitig machen);* Weininger versuchte ... dem Weib die Seele abzusprechen (Grass, Hundejahre 202); den guten Willen konnte ihm niemand a. (Kirst, 08/15, 221). **2. a)** ⟨a. + sich⟩ *sich über eine Frage einigen u. einen gemeinsamen Beschluss fassen:* ich hatte mich mit ihr abgesprochen; sie hatten sich abgesprochen *(einen gemeinsamen Beschluss gefasst);* **b)** *besprechen u. festlegen, vereinbaren:* eine Sache, neue Maßnahmen a.; sie haben ihre Aussagen offensichtlich miteinander abgesprochen; was er bei sich trug, war sorgsam abgesprochen *(war vereinbart)* mit den Herren (Loest, Pistole 127). **3.** (veraltend) *sich ablehnend über etw. äußern, etw. negativ beurteilen:* fasziniert ihn doch geradezu ihre bombensichere Art, über die Dinge abzusprechen (A. Kolb, Schaukel, 123); ⟨subst.:⟩ Neigung zum Herabsetzen und Absprechen (Gehlen, Zeitalter 107). ◆ **4. a)** *ein [Gerichts]urteil sprechen:* Dann sind noch zwei Richter daselbst ...; sprechen sie ab, so bleibt es gesprochen (Goethe, Reineke Fuchs 8, 328); **b)** *tadeln:* Seine Urteile waren richtig, ohne absprechend, treffend, ohne lieblos zu sein (Goethe, Lehrjahre IV, 16).

ab|spre|chend ⟨Adj.⟩: *abfällig, ablehnend, tadelnd:* ein -es Urteil; Ich glaube, ich habe mich früher a. über sie geäußert (Th. Mann, Hoheit 194).

ab|sprei|zen ⟨sw. V.; hat⟩: **1.** *(ein Körperglied) seitwärts strecken:* die Arme a.; Ich hielt die Hände ... abgespreizt, damit sie sehen konnten, dass ich nichts im Schilde führte (Bieler, Bonifaz 79). **2.** (Bauw.) *(senkrecht verlaufende Bauteile) waagrecht gegeneinander abstützen.*

ab|spren|gen ⟨sw. V.; hat⟩: **1.** *von etw. lossprengen:* ein Gesteinsstück a. **2.** *von einem Ganzen trennen u. isolieren:* einige Soldaten, die von ihrer Truppe abgesprengt worden waren; Wir entdecken eine Zebraherde, fahren darauf zu und sprengen vier oder fünf von den übrigen ab (Grzimek, Serengeti 305); abgesprengte Einheiten.

ab|sprin|gen ⟨st. V.; ist⟩: **1. a)** *sich aus einem Anlauf, dem Stand heraus abdrücken u. springen:* sie springt mit dem linken Bein ab; **b)** *von einem [fahrenden] Fahrzeug, einem Reittier o. Ä. herunterspringen:* von der Straßenbahn, vom Pferd a.; der Pilot ist mit dem Fallschirm abgesprungen; aus dem Stand a. (Turnen, etw. im Sprung vom Gerät abgehen); **c)** *sich plötzlich von etw. lösen:* die Fahrradkette ist abgesprungen; Von Kisten getrockneter Fische sprangen die Deckel ab (Gaiser, Jagd 184); Fünf Knöpfe sind mir abgesprungen (Werfel, Himmel 209); **d)** *von etw. abplatzen:* an einigen Stellen war der Lack abgesprungen; die Emaille sprang ab; **e)** *von etw. abprallen, zurückspringen:* der Ball sprang vom Pfosten ab. **2.** (ugs.) *von etw. Abstand nehmen, sich von etw. unvermittelt zurückziehen; zurücktreten; sich von etw. lösen:* vor Unterzeichnung eines Vertrages a.; ein Teil der Kundschaft wird a.; Immer wieder gibt es Gerüchte, Investoren seien abgesprungen (Woche 4. 4. 97, 46); einen Film ..., der von abgesprungenen CIA-Spitzeln gedreht wurde (Hamburger Morgenpost 28. 8. 85, 14). **3.** (Jägerspr.) *(von Wild) plötzlich flüchten:* dann und wann springt ein Reh ab, fliegt ein Vogel auf (Dönhoff, Ostpreußen 111).

ab|sprit|zen ⟨sw. V.⟩: **1.** ⟨hat⟩ **a)** *(jmdn., sich, etw.) durch Bespritzen mit Wasser nass machen, reinigen:* ich habe den Wagen abgespritzt; dass sie ... die Pferde mit dem Schlauch a. (Frischmuth, Herrin 46); er spritzte sich mit dem Gartenschlauch ab; **b)** *mithilfe eines Wasserstrahls entfernen:* ich werde den Dreck [mit dem Schlauch] a.; **c)** *(Pflanzen) mit einer chemischen Lösung besprühen:* die Sträucher a. **2.** *durch eine Injektion töten* ⟨hat⟩: einen Hund vom Tierarzt a. lassen; (nationalsoz. verhüllend:) Hätte die SS ihn gefunden, so wäre er als Verrückter sofort abgespritzt worden (Remarque, Funke 15). **3.** *von etw. spritzend abprallen* ⟨ist⟩: die Wassertropfen spritzen von der Scheibe ab. **4.** (salopp) *eilig davongehen, -fahren* ⟨ist⟩: sie spritzte ab. **5.** (derb) *ejakulieren* ⟨hat⟩: Der Student presst die Frau an sich ... Er möchte noch nicht a. (Jelinek, Lust 113). **6.** (Kochk.) *mit ein paar Tropfen von etw. würzen, abschmecken* ⟨hat⟩: den Drink gut gekühlt und abgespritzt mit frischer Zitrone servieren.

Ab|sprung, der; -[e]s, Absprünge: **a)** *Losspringen:* den Körper nach dem A. weit nach vorn werfen; Ü Die Zeit sei erfüllt ... Man dürfe nicht kneifen, müsse den A. wagen (Feuchtwanger, Erfolg 662); Einige Glückliche schaffen den rechtzeitige A. *(die Loslösung;* Bruder, Homosexuelle 69); solange seine Fans ihn so verwöhnen, fällt ihm der A. schwer *(fällt es ihm schwer aufzuhören;* Freizeitmagazin 10, 1978, 14); **b)** *Herunterspringen:* A. vom Sprungturm.

Ab|sprung|bal|ken, der (Leichtathletik): *Sprungbalken.*

Ab|sprung|bein, das (Leichtathletik): *beim Abspringen bevorzugtes Bein.*

Ab|sprung|ha|fen, der (Milit.): *Flughafen, von dem aus ein militärischer Einsatz erfolgt.*

Ab|sprung|hö|he, die: *Höhe, aus der jmd. abspringt* (1 b).

Ab|sprung|li|nie, die (Leichtathletik): *hintere Grenze des Absprungbalkens in Richtung Sprunggrube.*

Ab|sprung|raum, der (Leichtathletik): *Absprungzone.*

Ab|sprung|schritt, der (Leichtathletik): *letzter Schritt des Anlaufs, aus dem heraus der Absprung geschieht.*

Ab|sprung|tisch, der (Skispringen): *Schanzentisch einer Sprungschanze.*

Ab|sprung|zo|ne, die (Leichtathletik): *80 cm breiter Raum vor u. hinter dem Absprungbalken, aus dem beim Weitsprung der Jugendlichen der Absprung erfolgen muss.*

ab|spu|len ⟨sw. V.; hat⟩: **1. a)** ⟨a. + sich⟩ *sich von einer Spule o. Ä. abwickeln:* der Faden, das Garn spult sich ab; lehnte sie an einer Taurolle, die sich von einem ... Pflock abspulte (Zuckmayer, Herr 158); **b)** *von einer Spule o. Ä. abwickeln, herunterwickeln:* das Garn a.; einen Film a. *(von der Filmspule abrollen lassen, vorführen);* Ü Du kannst dein ganzes Repertoire a. *(vortragen;* Borell, Lockruf 27); Pro Monat spult der BMW ... 10 000 km ab *(fährt 10 000 km;* ADAC-Motorwelt 11, 1985, 43). **2.** (ugs.) *in einfallsloser, immer gleicher Weise tun, hinter sich bringen:* sein übliches Programm, immer die gleichen Sprüche a.; waren die Verkäufer unglaublich uninformiert oder spulten wie ein Uhrwerk alle möglichen und unmöglichen Argumente gegen den Katalysator ab (ADAC-Motorwelt 11, 1985, 48).

ab|spü|len ⟨sw. V.; hat⟩: **a)** *durch Spülen entfernen, mit Wasser o. Ä. wegspülen:* den Seifenschaum mit Wasser a.; Ü als ob das Wasser alle Unrast, alle Angst ... von ihnen abgespült hätte (Apitz, Wölfe 16); **b)** *durch Spülen von etw. reinigen, frei machen:* die Arme a.; den Teller mit heißem Wasser a.; **c)** (landsch.) *(in der Küche) den Abwasch machen:* Julia spiele nur, um nicht Bohnen putzen zu müssen, nicht a. zu müssen (M. Walser, Seelenarbeit 146).

Ab|spü|lung, die; -, -en (Geol.): *Abtragungstätigkeit des an der Oberfläche der Erde abfließenden Wassers.*

ab|spun|den ⟨sw. V.; hat⟩ (Technik): *mit Spundwänden abtrennen:* Eine riesige Fläche des Flussbettes vom Rhein wurde abgespundet (MM 9. 6. 71, 8).

ab|stam|men ⟨sw. V.; hat⟩: *der Nachfahre einer Person, eines Lebewesens sein:* er stammte in direkter Linie von Karl dem Großen ab; der Mensch, so hört man immer, stammt doch vom Affen ab (Th. Mann, Krull 312).

Ab|stam|mung, die; -: *Herkunft, Abkunft:* er ist adliger A.; der Erwerb der Staatsbürgerschaft durch A.; sie ist Britin indischer A.; eine in Deutschland ansässige Familie niederländischer A.

Ab|stam|mungs|ge|schich|te, die ⟨o. Pl.⟩: *Entwicklungsgeschichte der Lebewesen auf der Erde.*

Ab|stam|mungs|kla|ge, die (Rechtsspr.): *Klage, durch die ein Eltern-Kind-Verhältnis festgestellt werden soll.*

Ab|stam|mungs|leh|re, die (Biol.): *Lehre von der Abstammung aller die Erde bewohnenden Organismen von niederen Arten durch allmähliche Umbildung.*

Ab|stam|mungs|merk|mal, das: *(bei Zuchttieren) die Abstammung kennzeichnendes, für die Abstammung signifikantes Merkmal.*

Ab|stam|mungs|nach|weis, der: **1.** (Viehzucht) *Nachweis der Abstammung eines Zuchttieres bis zur 5. Generation im Herdbuch.* **2.** (nationalsoz.) *(in*

der rassistischen Ideologie des Nationalsozialismus) amtlicher Nachweis der sog. arischen (2) Abstammung.
Ab|stam|mungs|recht, das (Rechtsspr.): Maßgeblichkeit der Abstammung für die Staatsangehörigkeit: der Übergang vom bisherigen völkischen A. zu Elementen des modernen Territorialrechts bedeutet auch den Bruch mit altem »ethnonationalem Denken« ... Frankreich kombiniert wie andere Länder das A. (ius sanguinis) mit dem Territorialitätsprinzip (ius soli) (Woche 15. 1. 99, 6); Nicht Deutschtümelei und Rassenwahn haben das neuzeitliche A. begründet, sondern purer Pragmatismus (Zeit 14. 1. 99, 11).
Ab|stam|mungs|the|o|rie, die: Theorie einer Abstammungslehre.
Ab|stam|mungs|ur|kun|de, die: behördliche Urkunde über jmds. Abstammung.
Ab|stand, der; -[e]s, Abstände: **1. a)** räumliche Entfernung zwischen zwei Punkten, Körpern; Zwischenraum, Distanz (1): der A. beträgt 3 Meter; der A. zwischen ihnen hatte sich verkleinert, vergrößert; Die gewaltigen Elen-Antilopen bekommen wir in der Serengeti immer nur auf einen A. von fünfhundert bis sechshundert Metern zu sehen (Grzimek, Serengeti 82); in 50 Meter A.; zwei Männer, ... denen in gemessenem -e ihre Frauen folgten (Thieß, Legende 181); über einen A. von sechs Metern hinweg; Ü der soziale A. (die gesellschaftlichen Rangunterschiede); mit diesem Tor stellten die Stürmer den alten A. (Sport; die Differenz der von beiden Mannschaften erzielten Tore) wieder her; *** von etw. A. nehmen** (geh.; etw. nicht tun, von etw. absehen, auf etw. verzichten); **mit A.** (weitaus, bei weitem): sie war mit A. die Beste; Bei der Wahl ... erhält er mit A. die wenigsten Stimmen (Spiegel 13, 1981, 120); 1991 setzte sich als mit A. jüngster Bewerber ... durch (Woche 4. 4. 97, 3); **b)** Spanne zwischen zwei Zeitpunkten: ein A. von 14 Sekunden; hatte er ... zwischen sich und den in seinem Ford verzweifelt kämpfenden Phil Hill 30 Sekunden A. gelegt (Welt 24. 5. 65, 16); der A. beträgt 6 Minuten; jmdn. in regelmäßigen Abständen besuchen; Edda sagte in Abständen (wiederholte immer wieder): »Ich begreife dich nicht!« (Brückner, Quints 298); Ü sie hat von diesem schrecklichen Erlebnis noch keinen A. gewonnen (es noch nicht bewältigt); es fehlt ihm noch der innere A. zu den Ereignissen (es ist noch nicht genug Zeit verstrichen, die ihm eine klarere, ruhigere Beurteilung der Ereignisse erlaubte). **2.** Reserviertheit, Zurückhaltung im Umgang mit anderen Menschen; Distanz (2b): den gebührenden A. wahren; er kann nicht genügend A. halten. **3.** (ugs.) Abstandssumme; Abfindung: einen A. zahlen, verlangen.
Ab|stand|hal|ter, der: seitlich am Fahrrad angebrachter waagerechter Arm (2), der überholende Autofahrer veranlassen soll, den richtigen Abstand zu halten.
ab|stän|dig ⟨Adj.⟩ [vgl. abgestanden]: **1.** (Forstw.) (von Bäumen) überaltert, absterbend, dürr: -e Bäume; der Schlag ist a. **2.** (selten) veraltet: etw. ist, wird a.
Ab|stän|dig|keit, die; -: das Abständigsein.
Ab|stand|kel|le, die: Abstandhalter.
Ab|stands|sum|me, die [zu veraltet Abstand = das Aufgeben eines Rechts]: **a)** Summe, die jmdm. gezahlt wird, damit er auf einen Besitz, ein Recht verzichtet: eine A. leisten; Sie ... bieten erhebliche -n (K. Mann, Mephisto 206); **b)** Summe, die beim Auszug einer Mietpartei von der nachfolgenden Mietpartei für überlassene Einrichtungsgegenstände gezahlt werden muss: er sei nicht bereit, von sich aus das Mietverhältnis zu kündigen, wenn er dabei auf einen Geschäftsnachfolger und damit auf die A. verzichten müsste (FR 5. 9. 98, 6).
ab|stat|ten ⟨sw. V.; hat⟩ [zu mhd. staten = an eine Stelle bringen]: etw. offiziell, formell, aus Pflichterfüllung tun: jmdm. Bericht a. (berichten); jmdm. einen Besuch a. (jmdn. besuchen); jmdm. seinen Dank a. (jmdm. danken); Den größeren Teil dieses Berichts stattete Clarisse schon im Auto ab (Musil, Mann 1476).
Ab|stat|tung, die; -: das Abstatten.
ab|stau|ben ⟨sw. V.; hat⟩: **1.** vom Staub befreien: die Möbel, die Bilder a.; gründlich a. **2.** (salopp) sich etw. auf nicht ganz korrekte Weise aneignen, irgendwo unbemerkt mitnehmen: ein paar Zigaretten, eine Uhr a.; Möbelträger ist eine beliebte Aushilfstätigkeit. Da kann man sich schon mal aus der alten Decke organisieren, »abstauben« (Klee, Pennbrüder 16). **3.** (bes. Fußball) durch Ausnutzen eines glücklichen Zufalls, durch Fehler des Gegners od. durch Vorarbeit der Mitspieler mühelos ein Tor erzielen. **4.** (landsch.) ausschimpfen.
ab|stäu|ben ⟨sw. V.; hat⟩ (landsch.): abstauben (1, 4).
Ab|stau|ber, der; -s, -: **1.** (Sport) Spieler, der ein Abstaubertor erzielt. **2.** (ugs.) jmd., der etw. abstaubt (2); Schmarotzer, Nutznießer.
Ab|stau|ber|tor, das (bes. Fußball): durch Abstauben (3) erzieltes Tor.
ab|ste|chen ⟨st. V.; hat⟩: **1.** (ein Schlachttier) durch das Durchstechen der Halsschlagader töten: ein Schwein, einen Hammel a.; Man stach ab, rührte Blut, ... stopfte Därme (Bieler, Bär 10); (derb von Menschen) hatte er ... das blutige Messer gezeigt: »Ich habe heute Nacht einen abgestochen« (Saarbr. Zeitung 11. 7. 80, 20). **2.** (mit einem scharfen Gegenstand) aus einem zusammenhängenden Ganzen heraustrennen: die Grasnarbe [mit dem Spaten] a.; Torf a.; Teig mit einem Löffel a.; Die meisten stachen sich von ihrer Margarine ein kleines Stück ab (Gaiser, Jagd 105). **3. a)** (etw. Flüssiges) durch eine Öffnung in einem Behälter u. Ä. abfließen lassen: Bier a.; Stahl a.; **b)** das Abflussloch o. Ä. öffnen: einen Hochofen a. **4.** ein Maß mit einem Zirkel übertragen. **5.** zu jmdm., etw. einen starken Kontrast bilden, sich [stark] abheben: sie stach durch ihr gepflegtes Aussehen von den anderen ab; er ... genoss, wie seine Ruhe von Lehnaus Wut abstach (Springer, Was 217); eine abstechende Farbe.
Ab|ste|cher, der; -s, - [aus dem Niederd., eigtl. = kurze Fahrt mit dem (Bei)boot, zu veraltet seem. abstechen = staken (1 a)]: das Aufsuchen eines abseits von der Reiseroute liegenden Ziels: einen kurzen A. nach Berlin machen, unternehmen; machen wir einen A. zu den Tempeln von Karnak (Grzimek, Serengeti 36); Ü die Autorin macht an dieser Stelle einen A. in die moderne Psychologie.
ab|ste|cken ⟨sw. V.; hat⟩: **1.** (ein Gebiet, eine Strecke) mit in den Boden gesteckten Pfählen, Fähnchen u. Ä. abgrenzen: die Zeltplätze a.; Auf dem Frillensee wurde eine Natureisbahn abgesteckt (Spiegel 6, 1966, 68); den Kurs für ein Skirennen a.; Ü seine Position a. (umreißen); Der Artikel 21 stipulierte die Beendigung der Souveränität Italiens über Triest und steckte den Rahmen für die Verfassung des neuen Gebildes ab (Dönhoff, Ära 80). **2.** (Schneiderei) (ein nicht passendes Kleidungsstück) mit Stecknadeln so stecken, dass es danach passend genäht werden kann: die Schneiderin steckt das Kleid ab. **3.** (etw. Festgestecktes) wieder abnehmen: die Brosche, eine Nadel, eine Plakette a.
ab|ste|hen ⟨unr. V.; hat; südd., österr., schweiz. auch: ist⟩: **1. a)** in einem bestimmten Abstand stehen: der Schrank steht zu weit [von der Wand] ab; **b)** nicht anliegen: ein ... Stirnband, das im Nacken verknotet ist, sodass es von seinem Hinterkopf absteht wie eine weiße Schleife (Gregor-Dellin, Traumbuch 118); ⟨oft im 1. Part.:⟩ abstehende Ohren. **2.** (geh.) etw. ablassen, etw. aufgeben: von einem Plan, einer Absicht a.; dann verzichtete Bauschan und stand endgültig ab davon, mich ... zu begleiten (Th. Mann, Herr 36). **3.** (ugs.) (eine Zeit) stehend hinter sich bringen: zwei Stunden Wache a. **4.** (bes. von einer Flüssigkeit) längere Zeit stehen: zum Blumengießen soll das Wasser über Nacht in der Gießkanne a.
Ab|ste|her, der; -s, - (Kunstkraftsport): Figur einer Darbietung, bei der sich einer der Athleten waagerecht streckt und dabei den Kopf zwischen die Knien od. Beinen eines Partners hat.
ab|steh|len ⟨st. V.; hat⟩: [mit Mühe, List od. Betrug] wegnehmen: ich muss mir die Zeit dazu förmlich a.
ab|stei|fen ⟨sw. V.; hat⟩ (Bauw.): durch Balken o. Ä. stützen, abfangen: die Mauer, der Schacht muss abgesteift werden.
Ab|stei|fung, die; -, -en (Bauw.): **1.** das Absteifen. **2.** Konstruktion, die etw. absteift.
Ab|stei|ge, die; -, -n (ugs. abwertend): **a)** [billiges] Hotel: sie sind in einer schäbigen A. untergekommen, als ihr diese A. für die Reichen eingeweiht habt (Brückner, Quints 9); **b)** billiges Stundenhotel: reguläre A., wo Tag und Nacht Mädchen standen (Eppendorfer, Ledermann 16).
ab|stei|gen ⟨st. V.; ist⟩: **1. a)** von etw. heruntersteigen: vom Rad, vom Pferd a.;

ler a. ♦ **9.** (landsch.) *einkehren, Rast machen:* Zunächst der Kirche stand das Wirtshaus ... Dort stellte man ab (Gotthelf, Spinne 16).

Ab|stell|gleis, das: *totes Gleis, auf dem Eisenbahnwagen od. -züge abgestellt* (2 b) *werden:* ***jmdn. aufs A. schieben** (ugs.; jmdn. seines Wirkungsbereiches, Einflusses berauben).

Ab|stell|hahn, der: *Hahn zum Abstellen* (4 a).

Ab|stell|he|bel, der: *Hebel zum Abstellen* (4).

Ab|stell|kam|mer, die: *kleiner [Neben]raum, in dem Dinge, die nicht [mehr] benutzt werden, untergebracht werden können.*

Ab|stell|platz, der: *Platz zum Abstellen* (2 b).

Ab|stell|raum, der: vgl. Abstellkammer.

Ab|stell|tisch, der: *Tisch, auf dem etw. abgestellt* (1) *werden kann.*

Ab|stell|vor|rich|tung, die: *Vorrichtung zum Abstellen* (4).

ab|stem|peln ⟨sw. V.; hat⟩: **1.** *mit einem Stempel versehen:* Briefmarken, den Ausweis, eine Karte a. **2.** *mit einer meist negativen Wertung versehen u. darauf festlegen:* jmdn. zum, als Außenseiter a.; eine Bewegung als reaktionär a.; Ihre Zurückhaltung wurde als bürgerlich und arrogant abgestempelt (Ossowski, Liebe ist 44); eine Politik ... mit anderen Menschen als den parteipolitisch abgestempelten Konservativen (Fraenkel, Staat 172).

Ab|stem|pe|lung, Ab|stemp|lung, die; -, -en: *das Abstempeln, Abgestempeltwerden.*

ab|step|pen ⟨sw. V.; hat⟩: *mit Steppnähten versehen:* Falten a.; ein abgesteppter Kragen.

ab|ster|ben ⟨st. V.; ist⟩: **1. a)** *(von Teilen des menschlichen, tierischen od. pflanzlichen Organismus) allmählich aufhören zu leben:* die Zellen, Blätter sterben ab; Kalkschotter, der die Bergflora a. ließ (natur 5, 1991, 57); abgestorbene Bäume, Äste; **b)** *verschwinden, aufhören [zu existieren, zu funktionieren]:* das alte Brauchtum stirbt allmählich ab; Erzwungene Abgrenzung und Zeitablauf haben sie (= elementare menschliche Zusammengehörigkeit) nicht a. lassen (v. Weizsäcker, Deutschland 67). **2.** *(von Gliedern) durch Frost od. mangelhafte Durchblutung gefühllos werden, die Empfindung verlieren:* die Zehen sind vor Kälte [wie] abgestorben; Vielleicht stirbt der Fuß ab, kommt Brand hinein (Loest, Pistole 12). **3.** (ugs.) *(vom Kfz-Motor) ausgehen* (11 b): vor der Ampel, durch die Kälte starb der Motor immer wieder ab; Kurz nach einer Kreuzung stirbt das Auto ... ab (Zenker, Froschfest 91). **4.** (selten) *sterben:* die Leichname der hier abgestorbenen Personen; ⟨subst.:⟩ um einen Mittler vor Gottes Thron zu haben und einen Geweihten nach dem Absterben (Werfel, Himmel 139).

Ab|stich, der; -[e]s, -e: **1.** ⟨o. Pl.⟩ *das Abstechen* (2): der A. von Torf, Rasen. **2.** (Schneiderei) *Art des Kantenverlaufs beim Sakko vom unteren bzw. mittleren Knopf bis zur unteren Kante:* stark fliehender A. **3.** (Hüttenw.) **a)** ⟨o. Pl.⟩ *das Abstechen* (3 b): der A. des [Roh]eisens; **b)** *Teil eines Hochofens u. Ä., durch den das Eisen abgelassen wird:* die Gießpfanne unter den A. rücken. ♦ **4.** *das Abstechen* (5); *Kontrast:* dort erschien sie licht, im A. ihrer nächtlichen Umgebung (Grillparzer, Medea I).

Ab|stieg, der; -[e]s, -e: **1. a)** *das Abwärtssteigen: von einer Erhöhung, aus der Höhe:* der A. vom Gipfel war recht beschwerlich; **b)** *abwärts führender Weg:* ein steiler A. **2. a)** *Niedergang:* einen wirtschaftlichen A. erleben; Seine neue Stellung sollte zwar nicht wieder die alte sein, aber ein A. war sie nicht (Plenzdorf, Legende 234); Das Wohnen im Heim ... beschleunigt den Prozess des sozialen -s (Klee, Pennbrüder 103); **b)** (Sport) *das Eingestuftwerden in eine niedrigere Leistungsklasse:* gegen den A. kämpfen.

Ab|stiegs|bahn, die (Raumf.): *Bahn* (2), *über die ein Raumflugkörper zur Erde zurückkehrt.*

Ab|stiegs|ge|fahr, die (Sport): *aufgrund eines schlechten Tabellenrangs drohender Abstieg* (2 b): Nach der Heimniederlage geriet die Mannschaft erstmals in A.

ab|stiegs|ge|fähr|det ⟨Adj.⟩ (Sport): *vom Abstieg* (2 b) *bedroht:* eine -e Elf.

Ab|stiegs|kampf, der (Sport): **a)** *das Kämpfen gegen den drohenden Abstieg; angestrengte Bemühung, einen Abstieg abzuwenden:* der A. unter den Vereinen spitzt sich zu; **b)** *Spiel* (1 d), *bei dem der Verlierer absteigen* (3) *muss:* der A. wurde nach einem Remis durch Elfmeterschießen entschieden.

Ab|stiegs|kan|di|dat, der (Sport): *abstiegsgefährdete Mannschaft.*

Ab|stiegs|stu|fe, die (Raumf.): *Stufe* (3 b) *mit eigenem Versorgungs- und Antriebssystem zum Abstieg aus einem Orbit an die Oberfläche des Mondes od. eines Planeten.*

ab|stil|len ⟨sw. V.; hat⟩: *das Stillen eines Säuglings endgültig beenden, ihn entwöhnen:* du musst die Kleine a.; sie hat abgestillt; Muss doch Gründe dafür geben, dass wir Männer so brustversessen und wie zu früh abgestillt sind (Grass, Butt 13).

Ab|stimm|an|zei|ge, die (Elektrot.): *Instrument, das die korrekte Abstimmung eines Funkempfängers auf die Frequenz des empfangenen Senders optisch wahrnehmbar macht.*

Ab|stimm|an|zei|ge|röh|re, die (Elektrot.): vgl. Abstimmanzeige.

Ab|stimm|au|to|ma|tik, die (Elektrot.): *automatische Regelung der Genauigkeit beim Einstellen einer Frequenz.*

ab|stim|men ⟨sw. V.; hat⟩: **1.** *durch Abgabe der Stimmen eine Entscheidung über etw. herbeiführen:* geheim, mit Ja od. Nein a.; über einen Antrag a. **2.** *[etw.] in Einklang mit etw. bringen:* seine Rede auf die Zuhörer a.; Auf veränderten Öffnungszeiten der Geschäfte müssen kommunale Leistungen wie Bus und Bahn ... abgestimmt werden (Woche 17. 1. 97, 2); wir stimmen unseren Urlaub aufeinander ab (v. Grün, Glatteis 226); ⟨häufig im 2. Part.:⟩ eine fein abgestimmte Mischung; **3.** ⟨a. + sich⟩ *sich mit jmdm. absprechen:* ich habe mich darüber, in dieser Frage mit ihr abgestimmt; wir müssen uns [miteinander, untereinander] a.

Ab|stimm|knopf, der (Elektrot.): *Knopf, mit dem die Abstimmschärfe reguliert werden kann.*

Ab|stimm|kreis, der (Elektrot.): *Stromkreis, in dem Frequenzen abgestimmt werden.*

Ab|stimm|schär|fe, die (Elektrot.): *Genauigkeit beim Einstellen einer Frequenz.*

Ab|stim|mung, die; -, -en: **1.** *das Abstimmen* (1); *Stimmabgabe:* eine geheime A. vornehmen; eine Wahl durch A.; zur A. schreiten; zwei Anträge der Opposition gelangten, kamen zur A. *(wurden abgestimmt).* *** A. mit den Füßen** (ugs.; *Entscheidung für od. gegen etw. durch Hingehen, Weggehen od Wegbleiben).* **2.** *das Abstimmen* (2), *In-Einklang-Bringen:* die A. von Interessen, Plänen; die A. (Kaufmannsspr.; *Kontrolle*) der Konten.

Ab|stim|mungs|er|geb|nis, das: *Ergebnis des Abstimmens* (1).

Ab|stim|mungs|nie|der|la|ge, die: *Niederlage bei einer Abstimmung* (1).

Ab|stim|mungs|sieg, der; -: vgl. Abstimmungsniederlage.

Ab|stim|mungs|ver|fah|ren, das: *Verfahrensweise bei einer Abstimmung* (1).

abs|ti|nent ⟨Adj.⟩ [lat. abstinens (Gen.: abstinentis), 1. Part. von: abstinere = sich enthalten]: *auf bestimmte Genüsse (bes. alkoholische Getränke) völlig verzichtend:* a. leben; ein Alkoholiker, der a. geworden ist (Bieler, Mädchenkrieg 274); Ü Journalistisch aufbereitete Berichterstattung über das, was sich in deutschen Kinos tut, findet nur am Rande statt ... Diese -e Haltung verwundert (Woche 4. 4. 97, 15).

Abs|ti|nent, der; -en, -en (selten): *Person, die abstinent lebt:* ein gesunder und friedlicher Mann, Witwer, A. (Frisch, Gantenbein 75).

Abs|ti|nenz, die; - [unter Einfluss von engl. abstinence < lat. abstinentia]: *das Abstinentsein:* jmdn. zur A. anhalten; A. halten; in A. leben; Ü Am Zürcher Aktienmarkt machte sich ... eine spürbare A. *(Zurückhaltung)* der Käuferschaft breit (Nordschweiz 29. 3. 85, 24); Nach 32 Jahren freiwilliger A. von den Olympischen Spielen (Ostschweiz 31. 7. 84, 6).

Abs|ti|nenz|be|we|gung, die: *Vereinigung, die den Alkoholismus bekämpft.*

Abs|ti|nenz|er|schei|nung, die (Med.): *Entzugserscheinung.*

Abs|ti|nenz|ge|bot, das (kath. Kirche): vgl. Abstinenztag.

Abs|ti|nenz|ler, der; -s, - (oft abwertend): *Person, die Abstinenz übt; Antialkoholiker.*

Abs|ti|nenz|le|rin, die; -, -nen: w. Form zu ↑ Abstinenzler.

Abs|ti|nenz|tag, der (kath. Kirche): *Tag, an dem die Gläubigen kein Fleisch essen dürfen:* Aschermittwoch und Karfreitag sind -e.

Abs|ti|nenz|the|o|rie, die: *Zinstheorie,* nach der der Zins die Belohnung dessen ist, der auf sofortigen Konsum verzichtet.

Abs|ti|nenz|ver|ein, der: *Verein, der seine Mitglieder zur Enthaltung von Alkohol u. Tabak verpflichtet.*

Abs|ti|nenz|ver|pflich|tung, die: *Verpflichtung zur Abstinenz.*

ab|stin|ken ⟨st. V.; ist⟩ (ugs.): **1.** *davongehen; sich davonmachen:* stink ab! **2.** (derb landsch.) *sterben.*

ab|stop|pen ⟨sw. V.; hat⟩: **1. a)** *(Fahrzeuge, Maschinen o. Ä.) zum Stehen, zum Stillstand bringen:* das Auto, die Maschine a.; **b)** *zum Stillstand kommen, [an]halten:* der Wagen, die Fahrerin stoppte plötzlich ab; der Stürmer konnte noch rechtzeitig a. *(im Laufen anhalten).* **2.** *mit der Stoppuhr messen:* die Zeit, die Läufer a.

Ab|stoß, der; -es, Abstöße: **1.** *Stoß von etw. weg:* ein kräftiger A. [vom Boden, Ufer]. **2.** (Fußball) *Beförderung des Balles aus dem Strafraum ins Spielfeld:* A. machen; den A. ausführen; der A. missglückte; In den A. hinein ertönte der Schlusspfiff (Walter, Spiele 100).

Ab|stoß|bein, das (Leichtathletik): *Bein, mit dem sich jmd. (bes. beim Hürdenlauf vor Überspringen der Hürde) vom Boden abstößt.*

ab|sto|ßen ⟨st. V.⟩: **1. a)** *mit einem kräftigen Stoß von etw. wegbewegen* ⟨hat⟩: er hat das Boot, hat sich vom Ufer abgestoßen; ich stieß mich mit den Füßen [vom Boden] ab; **b)** *sich mit einem kräftigen Stoß von etw. entfernen* ⟨ist/hat⟩: die Boote, die Segler stoßen ab; die Stelle, von der das Boot abgestoßen war/hatte. **2.** *von sich wegstoßen, abwerfen* ⟨hat⟩: die Schlange stößt ihre alte Haut ab; Ü Transplantate werden oft vom Organismus abgestoßen *(sie verwachsen nicht damit);* das Gewebe stößt den Schmutz ab *(lässt ihn nicht eindringen).* **3.** ⟨hat⟩ **a)** *durch Bezahlen loswerden:* seine Schulden abzustoßen suchen; **b)** *(aus Gründen der Rentabilität) verkaufen:* Aktien a.; Seine Frau besitzt Häuser ... Die werden nun abgestoßen (NZZ 30. 8. 86, 38); Ü Ohne Risiko und belastende Lohnnebenkosten wollen wir je nach Auftragslage Personal rekrutieren oder a. (ugs.; *entlassen;* Woche 17. 1. 97, 10). **4.** *durch einen beschädigenden Stoß von etw. abtrennen* ⟨hat⟩: Kanten, Spitzen, Ränder a.; die Politur von den Möbeln a.; die Möbel a. *(durch Anstoßen beschädigen);* abgestoßene Tassen; abgestoßene Möbel; (mit der Nebenvorstellung des Unabsichtlichen:) ich habe mir die Haut am Knöchel abgestoßen *(abgeschürft).* **5.** *mit Widerwillen, Abscheu, Ekel erfüllen* ⟨hat⟩: dieser Mensch, sein Wesen, seine Art stößt mich ab; eine ... Welt ..., die uns abstößt oder anzieht (Hohmann, Engel 341); ⟨auch o. Akk.-Obj.:⟩ dein Geruch stößt ab; ein abstoßendes Benehmen, Äußere[s]; er war abstoßend hässlich *(sehr hässlich);* etw. a. finden. **6.** (Leichtathletik) *die Kugel beim Kugelstoßen mit Schwung des Körpers aus der Hand stoßen* ⟨hat⟩: kraftvoll a.

Ab|sto|ßung, die; -: *das Abstoßen* (2, 3).

ab|stot|tern ⟨sw. V.; hat⟩ (ugs.): **a)** *in [kleineren] Raten bezahlen:* Sie ... rang mir einen kleinen Austin ab, den sie von ihrem Gehalt ... abzustottern gedachte (Perrin, Frauen 243); **b)** *(einen bestimmten Betrag) ratenweise zahlen:* monatlich fünfzig Mark, seine Schulden a.

Ab|stot|te|rung, die; -, -en: *das Abstottern.*

Abs|tract ['æbstrækt]; das; -s, -s [engl. abstract, zu spätlat. abstractus, ↑ abstrakt]: *kurzer Abriss* (3), *kurze Inhaltsangabe eines Artikels od. Buches.*

ab|stra|fen ⟨sw. V.; hat⟩: *mit einer Strafe belegen, bestrafen:* ein Kind mit Schlägen a.; Dreimal erwischte ihn die Polizei, jedes Mal wurde die Ordnungswidrigkeit abgestraft (Spiegel 22, 1975, 74).

Ab|stra|fung, die; -, -en (geh.): *das Abstrafen.*

abs|tra|hie|ren ⟨sw. V.; hat⟩ [lat. abstrahere = ab-, wegziehen] (bildungsspr.): **1.** *aus dem Besonderen das Allgemeine entnehmen, verallgemeinern:* aus etw. Normen, Begriffe, Prinzipien a.; der Maler begann in seinem Spätwerk stark zu a. *(abstrakt zu malen).* **2.** *von etw., sich absehen, auf etw. verzichten:* die Darstellung abstrahiert völlig von konkreten Beispielen; Indem er gedanklich von sich abstrahiert, kann er sich selbst betrachten (Wilhelm, Unter 25).

ab|strah|len ⟨sw. V.; hat⟩: *in Form von Strahlen, Wellen aussenden:* der Ofen strahlt behagliche Wärme ab; Sonneneinstrahlung, von der ein Teil als Wärme wieder ... in den Weltraum abgestrahlt wird (Gruhl, Planet 37); Sonnenwärme a.; dass die Programme über Satelliten in Pal und Secam abgestrahlt würden (Spiegel 26, 1985, 26); Ü dass sie ihre Vorurteile auf die Kundschaft a. *(übertragen;* Spiegel 22, 1981, 204).

Ab|strah|lung, die; -, -en: *das Abstrahlen.*

abs|trakt ⟨Adj.⟩ [spätlat. abstractus, adj. 2. Part. von: abstrahere, ↑ abstrahieren]: **1.** (bes. Philos.) *die wesentlichen, gesetzmäßigen o. ä. Züge aus etw. Konkretem, sinnlich Wahrnehmbarem ableitend:* -e Begriffe; -es Denken. **2.** *sich [nur] im Gedanklichen, Theoretischen bewegend [u. keinen unmittelbar feststellbaren Bezug zur Wirklichkeit habend]:* -es Wissen; Dies war nicht ... die Antwort, die ich mir erwartet hatte, sie war mir etwas zu a. (Fallada, Herr 100); Den Pythagoras hab ich nie verstanden. Zu a. war das (Kempowski, Immer 165). **3.** *(von Kunstwerken des 20. Jh.s) nicht etw. sinnlich Wahrnehmbares, sondern den gedanklichen, abstrakten* (1) *Gehalt von etw. darzustellen suchend:* -e Kunst; a. malen.

Abs|trakt|heit, die; -, -en ⟨Pl. selten⟩: *das Abstraktsein.*

abs|trak|ti|fi|zie|ren ⟨sw. V.; hat⟩ [zu ↑ abstrakt u. lat. facere = machen]: *abstrakt* (2), *zunehmend abstrakter machen.*

Abs|trak|ti|fi|zie|rung, die; -, -en: *das Abstraktifizieren:* Nie ist ... die Rede von den Eingrenzungen und Kanalisierungen, von der Vergewaltigung und A. jener besonderen »kommunikativen Erfahrung« (Sprachgefühl 183).

Abs|trak|ti|on, die; -, -en [spätlat. abs-

Abstraktionsvermögen

tractio]: **a)** *das Abstrahieren* (1): *zu keiner A. fähig sein;* **b)** *verallgemeinerter, unanschaulicher Begriff:* eine A. aus etw. gewinnen.

Abs|trak|ti|ons|ver|mö|gen, das: *(geistige) Fähigkeit zu abstrahieren* (1).

Abs|trak|tum, das; -s, ...ta [lat.]: **1.** (Philos.) *etwas Abstraktes* (1), *abstrakte Idee.* **2.** (Sprachw.) *abstraktes Substantiv; Hauptwort, das etw. nicht Gegenständliches benennt:* »Damit« ist ein A.; Begriffe sind Abstrakta.

ab|stram|peln, sich ⟨sw. V.; hat⟩ (ugs.): **a)** *sich beim Betätigen von Pedalen, beim Radfahren o. Ä. sehr anstrengen:* ich fahre ständig gegen den Wind, stramp[e]le mich ab; **b)** *sich abmühen:* ich stramp[e]le mich ab, und du liegst auf der faulen Haut; Er hat ... gut für uns gesorgt und sich im Beruf abgestrampelt (Grossmann, Liebe 14); Die wollten raus aus ihrem Mief. Mörderisch abgestrampelt haben die sich (Degener, Heimsuchung 148); **c)** *(Körpergewicht) durch Radfahren o. Ä. verringern:* Der Besitzer ... strampelte sich auf dem fest stehenden Fahrrad Pfunde ab (Zwerenz, Quadriga 273).

ab|strän|gen ⟨sw. V.; hat⟩ [↑strängen]: *(ein Zugtier) vom Wagen losmachen:* standen ... die Pferde vor den Wagen abgesträngt auf der Straße (Grzimek, Serengeti 253).

ab|stra|pa|zie|ren ⟨sw. V.; hat⟩: *[sich] längere Zeit sehr strapazieren:* du hast deine Nerven, dich bei dieser Arbeit sehr abstrapaziert.

♦ **Ab|streich**, der; -[e]s, -e [Gegensatzwort zu: Aufstreich = Mehrgebot]: *Mindergebot:* die Herren schlugen sich um die drei Dukaten, und kam's im A. herab auf drei Batzen (Schiller, Räuber I, 2).

ab|strei|chen ⟨st. V.⟩: **1.** *durch Streichen* (1 b) *von etw. entfernen* ⟨hat⟩: den Dreck von den Schuhen a.; während ich mechanisch Bier in Gläser füllte, den Schaum abstrich (Härtling, Hubert 353). **2.** *abziehen* (14) ⟨hat⟩: er streicht von seiner Forderung hundert Mark ab. **3.** *absuchen* ⟨hat⟩: Polizisten mit Spürhunden strichen das Gelände ab. **4.** (Jägerspr.) **a)** *(bes. vom Federwild) wegfliegen* ⟨ist⟩: Mit lautem Flügelschlag strich eine Taube aus jener Kiefer ab (Pirsch 22. 9. 84, 1465); **b)** *(bes. von Greifvögeln) im Flug nach Beute absuchen* ⟨hat⟩: ein Habicht streicht die Felder ab.

Ab|strei|cher, der; -s, - (regional): *Abtreter.*

ab|strei|fen ⟨sw. V.⟩: **1.** ⟨hat⟩ **a)** *durch Herunterstreifen von etw. entfernen, ablegen, von sich tun:* die Asche [von der Zigarre], seine Armbanduhr, die Handschuhe, das Kleid a.; Ich streifte meinen Ehering ab (Noll, Häupter, 274); Johannisbeeren waschen, ... die Beeren a. (e&t 6, 1987, 69); Ü Er streift das lästige Gewand der Toleranz ab (Thieß, Reich 270); Sein Zuhause hat er abgestreift (A. Kolb, Schaukel 54); **b)** *ablegen; sich einer Sache entledigen:* Vorurteile, Unarten a.; Ich musste endlich diese das Blut eindickenden Gedanken a. (Stern, Mann, 374). **2.** *(ein Gelände) absuchen* ⟨hat⟩: Polizisten streifen die ganze Umgegend nach flüchtigen Gefangenen ab. **3.** (landsch.) *durch Herunterstreifen von etw. reinigen* ⟨hat⟩: ich habe [mir] die Füße, Schuhe abgestreift. **4.** *sich umherstreifend von etw. entfernen* ⟨ist⟩: vom Weg[e] a. **5.** (Sport) *sich bei konsequenter Deckung von seinem Bewacher lösen, indem ein Mitspieler ihn abblockt u. man selbst an diesem Mitspieler äußerst nah vorbeiläuft* ⟨hat⟩.

Ab|strei|fer, der; -s, - (regional): *Abtreter, Fußabtreter:* Der Leo wischte sich an dem rot geränderten A. sein einziges Paar guter Schuhe ab (Sommer, Und keiner 203).

ab|strei|ten ⟨st. V.; hat⟩: **1.** *in Abrede stellen, leugnen, bestreiten:* jede Beteiligung an etw. a.; sich vornehmen, bei einem Verhör nichts zuzugeben und so viel wie möglich abzustreiten (Leonhard, Revolution 34). **2.** *streitig machen, absprechen, aberkennen:* er ist ein guter Organisator, das kann ihm keiner a.; Was Mrs. Twentyman betrifft, so will ich ihr mütterliche Gefühle gar nicht a. (Th. Mann, Krull 241).

Ab|strich, der; -[e]s, -e: **1. a)** ⟨meist Pl.⟩ *Streichung, Kürzung, Abzug:* ein A. am Etat; Ü man muss im Leben oft viele A. machen *(zurückstecken);* **b)** ⟨Pl.⟩ *Einschränkungen:* Einige -e an Bequemlichkeit muss man ... meist machen (ADAC-Motorwelt 7, 1979, 43); Mit -en sind Darmstadt und die Stuttgarter Kickers vorne einzustufen (Saarbr. Zeitung 12./13. 7. 80, 6). **2.** (Med.) **a)** *Entnahme von Haut, Schleimhaut o. Ä. für eine Untersuchung:* einen A. machen; **b)** *durch Abstrich* (2 a) *gewonnene Haut, Schleimhaut o. Ä.:* den A. einfärben. **3.** (Schriftw.) *Strich nach unten.* **4.** (*bei Streichinstrumenten) abwärts geführter Bogenstrich.*

ab|strö|men ⟨sw. V.; ist⟩: **1.** *von etw. herabströmen, herabfließen:* Ein Bettlaken, das ... am Dach gehangen hatte, war vom abströmenden Regen in moosigen Mustern gestreift (Lynen, Kentaurenfährte 220). **2.** *strömend abfließen:* endlich strömte das Wasser ab; Ü die Menge strömte aus dem Stadion ab.

abs|trus ⟨Adj.⟩ [lat. abstrusus = verborgen, adj. 2. Part. von: abstrudere = verbergen]: *verworren u. daher unverständlich:* eine -e Idee; -e Vorstellungen von etw. haben; Dieses -e Gedankenspiel ist ... widersinnig (Augsburger Allgemeine 22./23. 4. 78, 2); die Sache ist völlig a.

ab|stu|fen ⟨sw. V.; hat⟩: **1.** *in Stufen abteilen, stufenförmig machen:* einen Hang in Terrassen a.; Ü die Gehälter a. *(nach der Höhe staffeln);* So werden die Mitarbeiter ... in ein hierarchisch abgestuftes System eingeteilt (Leonhard, Revolution 151); das vielfältig abgestufte Grau, das sich ... zum Schwarz ballte (Loest, Pistole 78). **2.** *eine od. mehrere Stufen im Lohn o. Ä. herabsetzen:* Keiner wird abgestuft, aber ... prallere Lohntüten warten (MM 25.6. 69, 5).

Ab|stu|fung, die; -, -en: **1.** *das Abstufen.* **2.** *stufenartige Gliederung, Staffelung.* **3.** *Nuance, Übergang:* Phantasiesteine in allen -en der Farbenskala (Th. Mann, Krull 96).

ab|stump|fen ⟨sw. V.⟩: **1. a)** *stumpf machen* ⟨hat⟩: die Spitze, Kante etwas a.; **b)** (Fachspr.) *Straßenglätte beseitigen* ⟨hat⟩: Räum-, Streu- und Sprühfahrzeuge ... waren im Einsatz, um Straßen zu beräumen und abzustumpfen (NNN 1. 3. 88, 1); **c)** (selten) *stumpf werden* ⟨ist⟩: die Schneide ist abgestumpft. **2. a)** *gefühllos, teilnahmslos machen* ⟨hat⟩: die Not hat sie abgestumpft; die monotone Tätigkeit, der Beruf stumpft ab; **b)** *gefühllos, teilnahmslos werden* ⟨ist⟩: sie stumpfte allmählich völlig ab; so a. kann man durch Gewöhnung nicht (Kafka, Schloß 194); abgestumpfte Menschen; ein abgestumpftes *(unempfindlich gewordenes)* Gewissen.

Ab|stumpf|ung, die; -: *das Abstumpfen.*

Ab|sturz, der; -es, Abstürze: **1.** *das Abstürzen; Sturz in die Tiefe:* der A. des Flugzeuges; Ich stehe auf der Spitze eines Granitfelsens, hinter einem ... Eisengestänge, das Abstürze verhindern soll (Rolf Schneider, November 66); Ü Gefahren des jähen -es in Verbannung, Kerker oder Tod (Bahro, Alternative 97). **2.** *sehr steiler [Ab]hang:* ein fast senkrechter A.; steile Abstürze und aufgerissene Felsen liegen an unserem Weg (Berger, Augenblick 140). **3.** (EDV Jargon) *das Abstürzen* (3); *Systemabsturz, -zusammenbruch.*

ab|stür|zen ⟨sw. V.; ist⟩: **1.** *aus großer Höhe herunterstürzen, in die Tiefe stürzen:* er, das Flugzeug stürzte ab; Es ist der Regenbogen ..., an dem man über ihn gehen, aber wenn man zweifelt, stürzt man ab (Remarque, Obelisk 269); abgestürzte Felstrümmer; Ü Er warnte ihn ..., abzustürzen in Hoffnungslosigkeit und Kleinmut (Thieß, Legende 167). **2.** *steil abfallen:* der Hang stürzt fast senkrecht zum Meer ab. **3.** (EDV Jargon) *(von einem Computerprogramm) bedingt durch einen Computervirus, einen Fehler im Programm od. einen falschen Befehl des Anwenders abgebrochen werden, keine Zugriffsmöglichkeit mehr bieten, funktionsunfähig sein.*

ab|stüt|zen ⟨sw. V.; hat⟩: **1.** *gegen Einsturz sichern:* einen Stollen mit Balken, eine Decke a.; Ü die Stiftung ist ... sehr breit abgestützt und vom Kanton finanziert (NZZ 2. 9. 86, 21). **2.** ⟨a. + sich⟩ *sich stützend von etwas weghalten, mit etw. stützen:* Hotte bremst ... an der Bordkante, stützt sich mit einem Bein ab (Degener, Heimsuchung 179); ich stützte mich von der Wand ab.

Ab|stüt|zung, die; -, -en: **1.** *das [Sich]abstützen.* **2.** *Vorrichtung zum Abstützen.*

ab|su|chen ⟨sw. V.; hat⟩: **1. a)** *suchend durchstreifen:* die Polizei suchte [mit Hunden] die Gegend ab; **b)** *den Blick suchend über etw. gleiten lassen:* den Himmel nach Fallschirmen a.; dass er sich ... im Spiegel betrachtete und sein Gesicht nach Unregelmäßigkeiten absuchte (Rolf Schneider, November 200); **c)** *gründlich durchsuchen:* ein ganzes Haus nach der Brille a.; sie suchte nervös mit von der Wand ab. **2. a)** *suchend ablesen:*

Läuse a.; Raupen [von den Sträuchern] a.; **b)** *durch gründliches Untersuchen, Absammeln von etw. befreien:* die Sträucher a.; die Affen suchen einander, sich [gegenseitig] [nach Läusen] ab.

Ab|sud 〈auch: ...'zu:t〉, der; -[e]s, -e [zu veraltet, noch landsch. absieden = abkochen]: *durch Abkochen mit einem Zusatz, einer Beimischung von etw. gewonnene Flüssigkeit:* einen A. aus, von Kräutern herstellen; Nacht für Nacht ... kosteten der Abt und Mönche von dem A. des Kaffeebaums (Jacob, Kaffee 13).

ab|surd 〈Adj.〉 [lat. absurdus, eigtl. = unrein klingend, zusgez. aus: absonus = misstönend u. surdus = taub; nicht verstehend]: *gesundem Menschenverstand völlig fern:* eine -e Idee; dieser Gedanke wäre Helmcke a. vorgekommen (Prodöhl, Tod 30); a. sein, klingen; etw. a. finden.

Ab|sur|di|tät, die; -, -en 〈Pl. selten〉 [spätlat. absurditas]: *das Absurdsein; etw. Absurdes:* die Egalité ... Das war eine A., wirklichkeitsfremd und undurchführbar (Heym, Schwarzenberg 139).

Abs|zeß, der, österr. auch: das; -es, -e [lat. abscessus, zu: abscedere (2. Part.: abscessum) = sich ablagern] (Med.): *Ansammlung von Eiter im Gewebe; eitrige Geschwulst:* einen A. haben; Der Mond ... war viel zu gelb, überreif und böse wie ein A. (Sommer, Und keiner 252).

abs|zin|die|ren 〈sw. V.; hat〉 [lat. abscindere (2. Part.: abscissum)] (Fachspr.): *abreißen, lostrennen.*

Abs|zis|se, die; -, -n [nlat. (linea) abscissa = abgeschnittene Linie)] (Math.): **1.** *auf der Abszissenachse abgetragene erste Koordinate eines Punktes.* **2.** *Abszissenachse.*

Abs|zis|sen|ach|se, die (Math.): *horizontale Achse eines Koordinatensystems.*

Abt, der; -[e]s, Äbte [mhd. abt, ahd. abbat < spätlat. abbas (Gen.: abbatis), ↑Abba]: *Vorsteher eines Klosters für Mönche.*

Abt. = Abteilung.

ab|ta|keln 〈sw. V.; hat〉 (Seemannsspr.): *die Takelage von einem Schiff entfernen [u. dieses dadurch außer Dienst stellen]:* ein Schiff a. müssen.

Ab|ta|ke|lung, Ab|tak|lung, die; -, -en: *das Abtakeln.*

ab|tan|ken 〈sw. V.; hat〉: *aus dem Tank, Behälter entfernen:* Da der Sauerstoff ... bereits abgetankt worden war, kam es zu keiner Katastrophe (v. d. Grün, Glatteis 137).

ab|tan|zen 〈sw. V.〉 (salopp): **1.** *fortgehen (2)* 〈ist〉: die beiden sind schon abgetanzt. **2.** 〈hat〉 **a)** *sich beim Tanzen völlig verausgaben, sich tanzend austoben (1 b):* Wer voll abgetanzt hat und erst mal ausruhen muss, kann sich ... auf den Boden legen und Musikvideos gucken, die an die Decke projiziert werden (MM 27. 8. 92, 24); **b)** *durch Tanzen überwinden:* kommen sie ..., um sich ihren Berufsstress abzutanzen (Spiegel 42, 1978, 233). **3.** *sterben* 〈ist〉: Ich sage a., weil das das Wort ist, ... das ich brauchte zur Kennzeichnung meines Befindens (Th. Mann, Zauberberg 354).

ab|tas|ten 〈sw. V.; hat〉: **1.** *tastend befühlen [um nach etw. zu suchen]:* jmds. Schädel a.; den Mann nach versteckten Waffen a.; Ü Er wurde angehalten. Zwei graue Augen tasteten ihn ab (Jahnn, Geschichten 148); Das Licht der Taschenlampe tastet die Wände ab (Ossowski, Flatter 64). **2.** (EDV) *mithilfe bestimmter elektronischer Vorrichtungen (z. B. Scanner) erfassen:* die Zahlen werden von elektrischen Fühlern abgetastet.

Ab|tast|na|del, die: *Nadel (4) am Tonabnehmer eines Plattenspielers zum Abtasten der rotierenden Schallplatte.*

Ab|tas|tung, die; -, -en: *das Abtasten.*

ab|tau|chen 〈sw. V.; ist〉: **1.** (Seemannsspr.) *(von U-Booten) unter Wasser gehen:* das Boot tauchte langsam ab; Ü Die Pinguine brauchen zum Fischfang im ... Schelfwasser nicht so weit abzutauchen wie ihre Kollegen an der Packeisgrenze (Woche 14. 2. 97, 26). **2.** (Jargon) *in den Untergrund gehen:* nach der Haftentlassung ist er abgetaucht; in den Untergrund, ins Ausland, in die Illegalität a.; Aus Berlin sind ... mehrere Personen »abgetaucht«, wie es im Jargon der Anarchoszene heißt (BM 7. 2. 79, 1). **3.** (Boxen) *abducken.*

ab|tau|en 〈sw. V.〉: **1.** 〈hat〉 **a)** *von Eis befreien:* die Fensterscheibe, den Kühlschrank a.; Außer »abtauen« gibt es im Umgang mit Tiefgekühltem noch die Begriffe »antauen« und »auftauen« (Frau im Spiegel 7, 1976, 58); **b)** *Eis zum Abschmelzen bringen:* das Eis von den Scheiben a. 〈ist〉 **a)** *von Eis frei werden:* der Hang taute ab; **b)** *[weg]schmelzen:* das Eis taute ab.

Ab|tausch, der; -[e]s: **1.** *Schlagabtausch.* **2.** (Schach) *das Abtauschen (1 a):* A. der Türme. **3.** (schweiz.) *Tausch:* A. von Grundstücken; Land für Umleugungen und A. (Solothurner Zeitung 31. 7. 84, 13).

ab|tau|schen 〈sw. V.; hat〉: **1. a)** (Schach) *(etwa gleichwertige Figuren) wechselseitig schlagen:* Auf dem Tischlein a. stand ... sein Schachbrett. Die Damen hatte er gleich zu Anfang abgetauscht (Fussenegger, Haus 18); **b)** *von jmdm. tauschend erwerben:* im 13. Jahrhundert, als ... Minuit einem Indianerstamm eine Halbinsel für eine Hand voll Glasperlen abtauschte (Szene 83, 10). **2.** (schweiz.) *tauschen:* den Platz mit jmdm. a.

ab|ta|xie|ren 〈sw. V.; hat〉: *abschätzen; einzuschätzen versuchen:* die Möglichkeiten für ihn ab. Rentner, tippt er (Schnurre, Fall 21); 〈subst.:〉 Diese Rivalitäten, ... dieses gegenseitige Abtaxieren (Brigitte 22, 1974, 152).

Ab|tei, die; -, -en [mhd. abbeteie, ahd. abbateia < kirchenlat. abbatia, zu: abbas, ↑Abt]: *Kloster[gebiet], dem ein Abt od. eine Äbtissin vorsteht.*

Ab|teil 〈auch: '- -〉, das; -[e]s, -e [1 a: gek. aus ↑Abteilung (1 b), für ↑Coupé (1)]: **1. a)** *abgeteilter Raum in einem Personenwagen der Eisenbahn:* ein A. erster, zweiter Klasse; Werner und ich saßen ... im A. für Reisende mit Traglasten (Lentz, Muckefuck 166); das A. ist besetzt; **b)** (ugs.) *Insassen eines Abteils*

(1 a): das ganze A. wacht ... vom Geruch des Brotes und der herrlichen Leberwurst auf (Remarque, Obelisk 348). **2.** *durch etw. abgeteilter Platz, Stelle:* das hinterste A. des Kellers.

ab|tei|len 〈sw. V.; hat〉: *in einzelne Teile teilen, teilend voneinander trennen, abtrennen:* durch eine Trennwand einen Abstellraum a.; teilen wir den Boden mit einem Rupfenvorhang ab, damit jeder seinen Schlafplatz für sich hat (Kühn, Zeit 21); in einer abgeteilten Ecke des Raumes.

Ab|tei|li|kör, der [der Likör geht auf alte Klosterrezepte zurück]: *mit Kräutern, Honig u. a. hergestellter, meist kräftiger, goldgelber Likör.*

Ab|teil|tür, die; -, -en: *Tür eines Abteils (1 a).*

Ab|tei|lung, die; -, -en: **1.** ['aptailʊŋ] **a)** *das Abteilen;* **b)** *abgeteilte Stelle, abgeteilter Raum:* Ich setzte mich an einen der ... Tische in der rückwärtigen A. des Ladens (Roth, Beichte 152). **2.** [ap'taɪlʊŋ, österr.: 'apt...] **a)** (Milit.) *geschlossene Gruppe von Soldaten u. Ä.;* **b)** (Milit.) *dem Bataillon entsprechender Verband bei besonderen Einheiten (bis 1945);* **c)** *relativ selbstständiger Teil einer größeren Organisationseinheit (Unternehmen, Warenhaus, Krankenhaus u. a.):* die chirurgische A.; A. für Haushaltswaren; Abk.: Abt.; **d)** (Geol.) *nächstfolgende Untergliederung einer Formation;* **e)** (Forstw.) *Gliederung eines Reviers.*

Ab|tei|lungs|chef, der: vgl. Abteilungsleiter.

Ab|tei|lungs|kom|man|deur, der (Milit.): *Kommandeur einer Abteilung (2 b).*

Ab|tei|lungs|lei|ter, der: *Leiter einer Abteilung (2 c);* Abk.: Abt.-Leiter.

Ab|tei|lungs|lei|te|rin, die; -, -nen: w. Form zu ↑Abteilungsleiter; Abk.: Abt.-Leiterin.

ab|te|le|fo|nie|ren 〈sw. V.; hat〉 (ugs.): **1.** *telefonisch absagen:* sie hat abtelefoniert, weil sie Besuch bekommen hat. **2.** *(zu einem bestimmten Zweck) eine größere Zahl von Personen, Stellen anrufen:* Alle Umweltschutzorganisationen, die ich abtelefonierte, ... waren ahnungslos (Hamburger Rundschau 23. 8. 84, 18). **3.** *(eingeworfene Münzen od. das Guthaben einer Telefonkarte) durch Telefonieren aufbrauchen:* Groschen, die bislang einbüßte, wer mit größeren Münzen zahlte, sie aber nicht voll abtelefonierte (Spiegel 50, 1977, 263).

ab|te|le|gra|fie|ren 〈sw. V.; hat〉 (ugs.): *telegrafisch absagen.*

Ab|tes|tat, das; -[e]s, -e (Hochschulw. früher): *am Ende eines Semesters gegebenes Testat (2).*

ab|tes|tie|ren 〈sw. V.; hat〉: *(vom Hochschulprofessor) ein Abtestat geben.*

ab|teu|fen 〈sw. V.; hat〉 (Bergbau): *einen Schacht in die Tiefe bauen:* einen Schacht a.

Ab|teu|fung, die; -, -en: *das Abteufen.*

Abt|haus, das: *Haus, in dem der Abt eines Klosters wohnt.*

ab|tip|pen 〈sw. V.; hat〉 (ugs.): *(einen vorliegenden Text) auf der Schreibmaschine abschreiben:* ein Manuskript a.

ab|ti|schen ⟨sw. V.; hat⟩ (schweiz.): *(den Tisch) abdecken:* Plötzlich tischte sie ab. Ich half (Frisch, Homo 200).

Äb|tis|sin, die; -, -nen [mhd. eppetisse, ahd. abbatissa < kirchenlat. abbatissa, zu: abbas, ↑Abt]: *Vorsteherin eines Nonnenklosters.*

ab|tö|nen ⟨sw. V.; hat⟩: *Farben ein wenig abändern, nuancieren [u. aufeinander abstimmen]:* Lack a.

Ab|tön|far|be, die: *weißer Grundfarbe zum Abtönen beizumischende bunte Farbe* (2).

Ab|tö|nung, die; -, -en: 1. *das Abtönen.* 2. *Nuance:* Farben in vielerlei -en.

Ab|tö|nungs|par|ti|kel, die (Sprachw.): ¹*Partikel* (2), *die dazu dient, der eigenen Aussage eine bestimmte subjektive Tönung zu geben od. auf vorangegangene Äußerungen in bestimmter Weise mit Zustimmung, Ablehnung, Einschränkung, Erstaunen o. Ä. Bezug zu nehmen; Modalpartikel.*

ab|tö|ten ⟨sw. V.; hat⟩: *Mikroorganismen, Zellen o. Ä. vernichten:* Bakterien a.; pathogene Keime werden abgetötet (NZZ 2. 2. 83, 37); Ü Gefühle a.; Hoffnung, die abgetötet worden ist, kann nicht wieder zum Leben erweckt werden (Loest, Pistole 16); ich wollte ... alles Unreine in mir a. (Keun, Mädchen 183).

Ab|tö|tung, die; -, -en: *das Abtöten.*

ab|tra|ben ⟨sw. V.; ist⟩: 1. *(von Reittieren, Reitern) sich im Trab entfernen.* 2. (ugs.) *sich schnell entfernen:* er ist ganz eilig abgetrabt.

Ab|trag, der; -[e]s: 1. (geh.) *Beeinträchtigung, Minderung:* etw. ohne A. genießen; keinen A. erleiden; der meinte, durch solche Zweifel geschähe der Liebe A. *(würde sie beeinträchtigt, gemindert;* Th. Mann, Zauberberg 905); **jmdm., einer Sache A. tun (schaden).* 2. *Abtragung:* A. von Erdreich. ♦ 3. *etw., was abgetragen* (1 c) *wird; Abfall, [Speise]rest:* Nehmen Sie mit dem A. von anderer Leute Gastung vorlieb? (Schiller, Fiesco I, 12). ♦ 4. *Buße:* dass alle ... so lange, bis sie dafür gebührenden A. getan haben werden, von den Wohltaten ... ausgeschlossen sein ... sollen (Wieland, Abderiten IV, 14).

ab|tra|gen ⟨st. V.; hat⟩: 1. a) *(eine Geländeerhebung, etw. an einer Stelle Aufgehäuftes) beseitigen, einebnen:* einen Erdhaufen, einen Hügel a.; das Wasser trägt das Erdreich ab; Ü die Gegenwart ist dünn, weil sie abgetragen wird von Tag zu Tag (Frisch, Gantenbein 211); **b)** *abbrechen, abreißen:* eine Mauer, Ruine a.; Das alte Bauwerk wird mit Beginn des kommenden Jahres abgetragen (NNN 28. 9. 87, 1); **c)** (geh.) *vom Esstisch wegtragen:* die Speisen, die Teller a.; das Geschirr könne von dem Dienstmädchen abgetragen werden (Härtling, Hubert 104). 2. (geh.) *nach und nach bezahlen, zurückzahlen:* eine Schuld a. 3. *durch Tragen abnutzen, verschleißen:* du hast den Anzug ziemlich rasch abgetragen; Die Uniformen der Polizisten sind abgetragen (Koeppen, Rußland 16); abgetragene Sachen, Kleider; Ü die dumme abgetragene ... Würde des Erwachsenseins (Borchert, Geranien 45). 4. (Math.) *[auf eine Gerade] übertragen:* die Strecke [auf der Geraden] a. ♦ 5. (schweiz.) *einbringen* (5): So etwas trägt heutzutag nichts mehr ab (Gotthelf, Spinne 94).

ab|träg|lich ⟨Adj.⟩: *nachteilig, schädlich:* eine -e Bemerkung, Äußerung; diese seiner eigenen Zufriedenheit nur -e Neigung (Th. Mann, Joseph 83); a. ist es, wenn ... vergessen wird, mit welchem Untersuchungsziel eine Frage in den Fragebogen überhaupt eingesetzt wurde (Noelle, Umfragen 214); Es ist nicht a. gemeint ..., wenn (Presse 7. 6. 84, VIII); das direkte Sonnenlicht war jedem Riechstoff a. *(schadete ihm;* Süskind, Parfum 78).

Ab|träg|lich|keit, die; -, -en ⟨Pl. selten⟩: *das Abträglichsein.*

Ab|tra|gung, die; -, -en: *das Abtragen.*

ab|trai|nie|ren ⟨sw. V.; hat⟩: *durch Training bewirken, dass [Über]gewicht abgebaut wird:* einige Pfunde a. müssen; Übergewicht a.; (Sport:) Da hab ich gehört, dass Egon a. soll unter sechzig, weil sie ihm dort die Medaille mit der Post zuschicken könnten (Loest, Pistole 218); Ü jmdm. die Angst, einem Tier die Aggressivität a. *(durch Training davon frei machen).*

Ab|trans|port, der; -[e]s, -e: *das Abtransportieren, Abtransportiertwerden:* der A. des Erzes; die Möbel warteten auf ihren A.

ab|trans|por|tie|ren ⟨sw. V.; hat⟩: *mit einem Fahrzeug wegbringen:* die Möbel mit einem Lastwagen a.; die Gefangenen wurden abtransportiert; den Verletzten im Krankenwagen a.; Ü das Blut transportiert die Schlacken ab.

ab|trei|ben ⟨st. V.⟩: 1. a) *etw., was schwimmt od. fliegt, in eine andere, nicht gewünschte Richtung treiben* ⟨hat⟩: die Strömung hat mich, das Boot abgetrieben; der Wind hat den Ballon weit abgetrieben; Ü Dann trieb uns das Leben weit voneinander ab (Rinser, Mitte 7); **b)** *(von etw. Schwimmendem od. Fliegendem, von jmdm., der schwimmt) in eine nicht gewünschte Richtung geraten, vom Kurs abkommen* ⟨ist⟩: das Boot, der Schwimmer treibt vom Ufer ab; Wir verfolgten, wenn der Wind oder die Wellen ihn ... nach draußen abtrieben (Gregor-Dellin, Traumbuch 45). 2. ⟨hat⟩ **a)** *bewirken, dass etw. aus dem Körper ausgeschieden wird:* das Mittel hat die Würmer, die Gallensteine abgetrieben; **b)** *eine Schwangerschaft durch Bewirken einer Fehlgeburt od. durch Entfernung eines Embryos od. Fötus aus der Gebärmutter abbrechen [lassen]:* ein Kind a.; Ich beeinflusse sie nicht, die Frucht abzutreiben (Kinski, Erdbeermund 250); sie hat ihr Kind a. lassen; sie hat abgetrieben. 3. *(Vieh) von der Hochweide ins Tal treiben* ⟨hat⟩. 4. (veraltet) *(ein Zugtier) durch ständiges Antreiben erschöpfen* ⟨hat⟩: die Pferde a.; ⟨meist im 2. Part.:⟩ ein abgetriebener Klepper; 5. (Forstw.) *(einen Wald, ein Waldgebiet) abholzen* ⟨hat⟩: Waldflächen, die gerade abgetrieben sind oder auch schon als Neukultur begründet wurden (MM 19. 6. 72, 7). 6. (Jägerspr.) *(ein Gebiet) auf einer Treibjagd durchkämmen* ⟨hat⟩: das Revier a.; 7. **a)** (Metallurgie) *unedle Bestandteile von Edelmetallen abtrennen* ⟨hat⟩: man hat das Blei abgetrieben und dadurch reines Silber gewonnen; **b)** (Chemie) *einen Stoff durch chemische Umsetzung entfernen* ⟨hat⟩: Brom a. 8. (Bergbau) ⟨hat⟩ **a)** *Bohlen in schräger Richtung von innen nach außen in das Gestein treiben, um das umgebende Gestein abzuschließen;* **b)** *einen Grubenbau durch Abtreiben* (8 a) *herstellen.* 9. (österr., südd.) *etw. gut verrühren;* etw. zu Schaum rühren ⟨hat⟩: Eidotter schaumig a. ♦ 10. *(jmdn.) verjagen, vertreiben:* Schon dreimal hatte er sich melden lassen und war nicht mehr abzutreiben (C. F. Meyer, Page 140); einer armen Witfrau ihren besten Mieter abzutreiben, is das in der Ordnung (Raabe, Chronik 71).

Ab|trei|bung, die; -, -en: *das Abtreiben* (2 b); *Schwangerschaftsabbruch:* eine A. vornehmen; meine Mutter hat schon drei -en gemacht (Schmidt, Strichjungengespräche 88); Auch die A. ist bei uns (= in Deutschland) nicht einfach erlaubt, sondern wegen des schwierigen Konfliktes mütterlicher und kindlicher Interessen lediglich von einer Bestrafung freigestellt (Zeit 7. 1. 99, 24).

Ab|trei|bungs|geg|ner, der: *jmd., der Abtreibungen aus moralischen Gründen ablehnt [u. aktiv bekämpft]:* Nur wenige Wochen später nahm Sakiz, Mitentdecker von RU 486 ..., nach massiven Drohungen von -n die Pille vom Markt (Zeit 7. 1. 99, 23); radikale, militante A.

Ab|trei|bungs|geg|ne|rin, die: w. Form zu ↑Abtreibungsgegner.

Ab|trei|bungs|kli|nik, die (ugs.): *Klinik, in der Schwangerschaftsabbrüche vorgenommen werden.*

Ab|trei|bungs|mit|tel, das: *Mittel zum Herbeiführen einer Fehlgeburt:* Ein Kölner Erzbischof verglich ein A. mit Auschwitz (Tagesspiegel 20. 1. 99, 27); Im Mittelalter wurde sie (= Wermutpflanze) als Geburtshelfer und auch als A. gepriesen (Berliner Zeitung 10. 5. 97, 3); chemische A.

Ab|trei|bungs|pa|ra|graph, der (ugs.): *die Abtreibung betreffender Paragraph des Strafgesetzbuchs:* Am 1. Januar 1996 wird das neue »Schwangeren-und-Familienhilfe-Gesetz«, so genannte »Abtreibungsparagraph«, in Kraft treten (FR 19. 5. 93, 1).

Ab|trei|bungs|pil|le, die: *Pille* (1 a), *durch deren Einnahme eine Fehlgeburt ausgelöst wird:* hatten sich Mediziner auf einem internationalen Gynäkologenkongress für die Freigabe der A. eingesetzt (Spiegel 43, 1989, 282); Deutlich angelegt mit den katholischen Bischöfen hat sich die Ost-Frau zudem in Sachen A. RU 486, die in Deutschland zulassen will (Woche 29. 1. 99, 6).

Ab|trei|bungs|ver|bot, das: *Verbot abzutreiben* (2 b).

Ab|trei|bungs|ver|fah|ren, das (ugs.): *Gerichtsverfahren in einem Fall von Abtreibung.*

Ab|trei|bungs|ver|such, der: *Versuch, eine Fehlgeburt herbeizuführen.*

ab|tren|nen ⟨sw. V.; hat⟩: **1. a)** *(An-, Festgenähtes) von etw. trennen, lösen:* die Knöpfe, die Ärmel a.; **b)** *(an einer dafür vorgesehenen Stelle) von etw. loslösen:* die Quittung, den Kassenzettel [vom Block], eine Briefmarke vom Bogen a.; **c)** *(ein Körperglied, einen Körperteil) [gewaltsam] vom Körper trennen:* bei dem Unfall wurde ihm ein Bein abgetrennt; Er hatte das Gefühl, als sei sein Kopf von seinem Körper abgetrennt worden (Ott, Haie 367). **2. a)** *von jmdm., etw. räumlich trennen:* von der Truppe abgetrennt werden; warum man mich denn vor allem, was zu mir gehörte, abgetrennt habe (Handke, Kaspar 93); **b)** *(einen Teil eines Raumes, Gebietes von dem anderen) trennen:* ein Vorhang trennt einen Teil des Raumes ab; Ü einen Anklagepunkt von dem Hauptverfahren a. (Rechtsspr.; gesondert behandeln).

Ab|tren|nung, die; -, -en: *das Abtrennen; das Abgetrenntwerden.*

ab|trep|pen ⟨sw. V.; hat⟩ (selten): *wie eine Treppe formen:* einen Garten a.; abgetreppte Dächer.

Ab|trep|pung, die; -, -en: *das Abtreppen.*

ab|tre|ten ⟨st. V.⟩: **1.** *[auf Befehl hin] eine bestimmte Stelle verlassen* ⟨ist⟩: »Erledigt«, sagte er. »Sie können a.« (Kirst, 08/15, 276); unter starkem Applaus trat die Schauspielerin ab *(verließ sie die Bühne).* **2. a)** *seinen Wirkungskreis verlassen, sich zurückziehen* ⟨ist⟩: Ich an deiner Stelle würde nach der nächsten Saison a. (Lenz, Spiele 120); Als sie abtraten, hinterließen sie eine Lücke (Maegerlein, Triumph 39); **b)** (ugs.) *sterben* ⟨ist⟩: Wie sang- und klanglos man heute abtritt (K. Mann, Wendepunkt 375). **3.** ⟨hat⟩ **a)** *überlassen, zur Verfügung stellen:* jmdm. seinen Platz a.; (seltener von Personen:) bevorzugten Gästen ... soll der Sultan seine Geliebte gelegentlich a. (Th. Mann, Krull 279); **b)** *etw. auf jmdn. [juristisch] übertragen:* seine Ansprüche, Rechte einem anderen, an einen anderen a. **4.** ⟨hat⟩ **a)** *durch häufiges Begehen abnutzen:* den Teppich a.; **b)** *Schuhwerk u. Ä. durch langen Gebrauch abnutzen:* seine Schuhe rasch a.; abgetretene Absätze; **c)** ⟨a. + sich⟩ *sich durch Begehen abnutzen:* der Teppich tritt sich sehr schnell ab. **5.** ⟨hat⟩ **a)** *(auf etw. tretend) den Schmutz o. Ä. von den Schuhen entfernen:* hast du [dir] den Schnee abgetreten?; **b)** *(das Schuhwerk) von anhaftendem Schmutz o. Ä. säubern:* hast du [dir] die Stiefel/(ugs.:) die Füße an der Fußmatte abgetreten? **6.** *durch Darauf-, Darantreten losreißen* ⟨hat⟩: eine Wächte, ein Schneebrett a.; er hat ihr auf der Treppe den Absatz abgetreten. ◆ **7.** *absteigen* (2), *einkehren* ⟨ist⟩: Als er in einem Wirtshause auf dem Markte abtrat, ging es darin sehr lustig ... zu (Goethe, Lehrjahre II, 4); Lehnsvettern des Junkers, in deren Hause er abtrat (Kleist, Kohlhaas 60).

Ab|tre|ter, der; -s, -: *Fußmatte od. kleinerer Gitterrost zum Abtreten des Schmutzes von den Schuhen; Abstreicher, Abstreifer.*

Ab|tre|tung, die, -, -en: *das Abtreten* (3).

Ab|trieb, der; -[e]s, -e: **1.** *das Treiben des Viehs von der Hochweide zu Tal:* der A. des Viehs von der Alm. **2. a)** *Abholzung eines Waldes, Waldgebietes:* der A. des Holzes, Waldes; **b)** *abgeholzte Fläche.* **3.** (Chemie) *Entfernung eines Stoffes durch chemische Umsetzung:* die Destillierapparate sind meist für kontinuierlichen A. eingerichtet. **4.** (österr., südd.) *zu Schaum Gerührtes:* Schnee und Mehl unter den A. mischen. **5.** (Technik) *Punkt der Abgabe von Energie am Ausgang einer Maschine, eines Getriebes o. Ä.*

Ab|trift: ↑ Abdrift usw.

ab|trin|ken ⟨st. V.; hat⟩: **a)** *aus einem bis zum Rand vollen Trinkgefäß vorsichtig ein wenig trinken:* trink erst ab, damit du nichts verschüttest!; **b)** *das Oberste von etw. wegtrinken:* die Blume vom Bier a.

Ab|tritt, der; -[e]s, -e: **1. a)** *das Abtreten* (1); *Abgang:* der A. von der Bühne; ◆ **b)** *Hingang, Tod:* Was kommt mir denn auch ein, so kurz vor meinem A. ... ein leises nein zu wollen (Lessing, Nathan V, 1). **2.** *das Abtreten* (2): dass Bert nicht an der Olympiade teilnehmen würde und dass die Chance eines großen -s für ihn vorbei war (Lenz, Spiele 141). **3.** (veraltend, noch landsch.) *[einfacher] Abort:* dann hocke ich mich auf den A. (Sobota, Minus-Mann 124).

Ab|tro|cken|tuch, das; -[e]s, ...tücher (ugs.): *in der Küche verwendetes Tuch zum Abtrocknen; Geschirrtuch.*

ab|trock|nen ⟨sw. V.; hat⟩ **a)** *(mit einem Handtuch o. Ä.) trockenreiben:* die Mutter trocknete das Kind ab; ich habe mich noch nicht abgetrocknet; ich trocknete die Hände ab; Geschirr a.; ⟨auch o. Akk.-Obj.:⟩ sie half ihm a.; **b)** *(Nasses, Feuchtes) wegwischen:* ich trocknete mir, dem Kind die Tränen ab. **2.** *trocken werden* ⟨ist/(auch:) hat⟩: die Straße trocknet ab; nach dem Regen ist/hat es schnell wieder abgetrocknet; die Bahn hatte recht schnell abgetrocknet, was dem Sieger ... zugute kam (NZZ 2. 9. 86, 38).

Ab|tropf|blech, das (bes. Technik): vgl. Abtropfschale.

Ab|tropf|brett, das: *Teil des Spülbeckens, auf den das nasse Geschirr gestellt wird.*

ab|trop|fen ⟨sw. V.; ist⟩: **1. a)** *in Form von Tropfen herabfallen:* der Regen tropft von den Bäumen ab; **b)** *anhaftende [Reste von] Flüssigkeit von etw. ablaufen lassen:* die Nudeln werden abgetropft; **c)** *Flüssigkeit in Form von Tropfen abgeben:* die Wäsche muss erst a. **2.** (Sport Jargon) *(vom Ball) gegen den Körper od. einen Körperteil prallen u. von dort fast senkrecht nach unten fallen:* den Ball von der Brust a. lassen.

Ab|trop|fer, der (Sport Jargon): *abgetropfter Ball.*

Ab|tropf|ge|fäß, das (bes. Technik): vgl. Abtropfschale.

Ab|tropf|ge|stell, das: vgl. Abtropfbrett.

Ab|tropf|ge|wicht, das (Fachspr.): *(bei Konserven) Gewicht der Einwaage ohne Flüssigkeit.*

Ab|tropf|scha|le, die (bes. Technik): *Schale zum Auffangen von abtropfender Flüssigkeit.*

ab|trot|ten ⟨sw. V.; ist⟩ (ugs.): *langsam, trottend davongehen:* missmutig a.

ab|trot|zen ⟨sw. V.; hat⟩: *(von jmdm.) durch Beharrlichkeit, Trotz erzwingen:* sie hat den Eltern die Heirat abgetrotzt; (Sport:) Saisonstart, bei dem Wismut Aue ... dem SC Leipzig mit 19:19 einen Punkt abtrotzte (NNN 25. 9. 89, 5); Ü Seine Souveränität war einem ... mühseligen Leben abgetrotzt (W. Brandt, Begegnungen 69).

Ab|trot|zung, die; -: *das Abtrotzen.*

ab|tru|deln ⟨sw. V.; ist⟩: **1.** (Fliegerspr.) *(von Flugzeugen) trudelnd abstürzen:* das Flugzeug trudelte [über den Schwanz] ab; die Feuersäule abtrudelnder Flugzeuge (Drewitz, Eingeschlossen 38). **2.** (salopp) *weggehen:* ich trud[e]le ab.

ab|trump|fen ⟨sw. V.; hat⟩: **1.** (Kartenspiel) *jmdm. mit einem Trumpf einen Stich abnehmen:* jmdm. [mit Herzass] a. **2.** (ugs.) *ausschimpfen, rügen, abkanzeln:* jmdn. a.

ab|trün|nig ⟨Adj.⟩ [mhd. abetrünnec, ahd. a(b)trunnīg, eigtl. = wer sich von etw. abtrennt]: *ungetreu, treulos:* ein -er Vasall; Freie Seelsorger trauen gegen Bares -e Katholiken (Woche 17. 1. 97, 27); Das Erste, was in die Brüche geht bei einer Frau, die sich selbst a. wird, ist das Gedächtnis (A. Kolb, Schaukel 85); sie ist [der Partei] a. geworden *(hat sich [von ihr] abgewendet, ist abgefallen).*

Ab|trün|ni|ge, der u. die; -n, -n ⟨Dekl. ↑ Abgeordnete⟩: *jmd., der abtrünnig ist.*

Ab|trün|nig|keit, die; -: *das Abtrünnigsein.*

Abts|stab, der: *einem Abt als Zeichen seiner Macht und Würde verliehener Stab.*

Abts|thron, der: *Thronsessel des Abts.*

Abts|wür|de, die: *Würde* (2) *eines Abts.*

ab|tun ⟨unr. V.; hat⟩: **1.** (ugs.) *ablegen* (1 a), *absetzen* (1): den Schlips, die Schürze, die Brille a. **2. a)** *einer [unangenehmen, lästigen] Sache keine Bedeutung beimessen u. sie beiseite, von sich schieben:* jmds. Einwände mit einer Handbewegung a.; etw. als unwichtig, unbegründet a.; Winifred ..., die starrsinnig die Konzentrationslager so wie »Propaganda der New Yorker Juden« abtat (Woche 7. 3. 97, 35); **b)** *jmdm. die Anerkennung verweigern, ihn geringschätzig behandeln, übergehen:* jmdn. arrogant a.; Manche mögen geneigt sein, Sie als den Sohn des berühmten Vaters abzutun (K. Mann, Wendepunkt 145). **3.** (seltener) *erledigen:* eine Sache so schnell wie möglich a.; ⟨meist im 2. Part. + sein:⟩ die Affäre war abgetan; Mit ... 200 Mark ist der Einbau in der Regel abgetan (ADAC-Motorwelt 5, 1986, 65). **4.** (veraltet, noch landsch.) *töten:* Er ... griff zwei Kitzen, im Frühling geboren, die um die Geiß sprangen, und tat sie ab mit Kehlschnitt (Th. Mann, Joseph 206); Er wird mich einfach a. (Jahnn, Geschichten 210). ◆ **5.** *abmachen* (3): Mag sie's mit Gott a. (Schiller, Maria Stuart I, 1). ◆ **6.** ⟨a. + sich⟩ *sich entledigen:* ... ja mich

abtupfen

selbst des Namens a. will, den ich geführt (Hebbel, Genoveva V, 6).
ab|tup|fen ⟨sw. V.; hat⟩: **a)** *[mit einem saugfähigen Stoff] tupfend entfernen:* ich tupfte das Blut [mit Watte] ab; **b)** *tupfend säubern:* ich tupfte mir die Stirn ab.
ab|tur|nen ⟨sw. V.; hat⟩: **a)** *zum letzten Mal in einem bestimmten Zeitabschnitt zum Turnen zusammenkommen:* wir turnen morgen ab; ⟨subst.:⟩ das Abturnen beendet die Freiluftsaison; **b)** vgl. abtrainieren.
ab|tü|ten ⟨sw. V.; hat⟩: *in bestimmter Menge in Tüten abpacken:* Kartoffeln a.
Abt|wahl, die: *Wahl eines Abts.*
Abt|woh|nung, die: vgl. Abthaus.
Abu [auch: ˈabu]: *Vater* (in arab. Eigenn.).
Abu Dha̱|bi: 1. Scheichtum der Vereinigten Arabischen Emirate. **2.** Hauptstadt von Abu Dhabi (1).
abu-dha̱|bisch ⟨Adj.⟩: *aus Abu Dhabi; Abu Dhabi betreffend.*
Abu|ja [aˈbuːdʒa]: Hauptstadt von Nigeria.
abun|dant ⟨Adj.⟩ [lat. abundans (Gen.: abundantis), 1. Part. von: abundare = überfließen] (bildungsspr., Wissenschaftsspr.): *häufig [vorkommend], reichlich:* das -e Vorkommen von etw.; eine -e Zahl (Math.): *natürliche Zahl, deren Doppeltes kleiner ist als die Summe aller ihrer Teiler).*
Abun|danz, die; - [lat. abundantia] (bildungsspr., Wissenschaftsspr.): *[große] Häufigkeit; Häufigkeit, Dichte des Vorkommens, Fülle.*
ab u̱r|be con|di|ta [lat.]: seit Gründung der Stadt [Rom] (altrömische Zeitrechnung, beginnend 753 v.Chr.); Abk.: a. u. c.
ab|ur|tei|len ⟨sw. V.; hat⟩: **1.** *[in einer Gerichtsverhandlung] verurteilen:* der Verbrecher wurde vom Schwurgericht abgeurteilt; eine Straftat a.; abgeurteilt wegen Führerbeleidigung (Grass, Hundejahre 433). **2.** *verdammen:* als Laie kann man diese Sache nicht einfach a.; dass man über die Parallelaktion aburteile *(ein Urteil fälle;* Musil, Mann 383).
Ab|ur|tei|lung, die; -, -en: *das Aburteilen.*
ab|u̱siv [apluˈziːf, auch: abuː...] ⟨Adj.⟩ [(m)lat. abusivus, zu: abuti (2. Part.: abusum) = missbrauchen] (bes. Med.): *missbräuchlich.*
Ab|u̱sus [apˈluːzʊs], der; -, - [...zuːs; mlat. abusus] (bildungsspr., auch Med.): *Missbrauch, übermäßiger Gebrauch (z. B. von bestimmten Arznei- od. Genussmitteln).*
ABV = Abschnittsbevollmächtigte[r].
ab|ver|die|nen ⟨sw. V.; hat⟩ (veraltend): *(Geschuldetes) durch Arbeitsleistung abtragen:* du musst dir die Unterkunft, den Vorschuss a.
Ab|ver|kauf, der; -[e]s: **a)** (bes. österr.) *Verkauf von Waren unter ihrem Wert;* **b)** (Kaufmannsspr.) *Verkauf in großen Mengen.*
ab|ver|kau|fen ⟨sw. V.; hat⟩: **a)** (bes. österr.) *einen Abverkauf veranstalten:* Ausstellungsstücke a.; **b)** (Kaufmannsspr.) *in großen Mengen verkaufen.*
ab|ver|lan|gen ⟨sw. V.; hat⟩: *[mit Dreistigkeit] von jmdm. für eine Gegenleistung*

fordern, als Preis verlangen: er hat ihr für das alte Auto einen viel zu hohen Preis abverlangt; Der Groom hat mir kein Geld abverlangt (Jahnn, Nacht 55); Ü Eine Erziehung, die dem Heranwachsenden Entscheidungen abverlangt (Hörzu 6, 1973, 90); du verlangst dir oft zu viel ab; ihr Verhalten verlangt uns Respekt ab.
ab|ver|mie|ten ⟨sw. V.; hat⟩: *weiter-, untervermieten:* ein Zimmer [an jmdn.] a.
ab|vie|ren ⟨sw. V.; hat⟩ (Holzverarb.): *(Stämme) vierkantig zuschneiden.*
Ab|vie|rung, die; -, -en (Holzverarb.): *das Abvieren.*
Ab|waa|ge, die; -, -n (bes. Boxen): *das Wiegen der Gegner vor dem Kampf.*
ab|wa|ckeln ⟨sw. V.⟩: **1.** (ugs.) *wackelnd davongehen* ⟨ist⟩: die Alte wackelte wütend ab. **2.** (landsch.) *jmdn. verprügeln* ⟨hat⟩: Hab nur meinen Jungen ein bisschen abgewackelt (Fallada, Jeder 203).
ab|wä̱|gen ⟨st. u. sw. V.; wog/(auch:) wägte ab, hat abgewogen/(auch:) abgewägt⟩: **1.** *vergleichend u. prüfend genau bedenken, überlegen:* das Pro und Kontra einer Sache a.; Gabler wog ab, was ihm stärker zuwider war, Gezänk ... oder Warten (Loest, Pistole 239); Sie wägen also auch ab, meine politischen Sünden, die ich nicht ableugnen kann, gegen die Tatsache, dass ... (Heym, Schwarzenberg 77); etw. kritisch abwägend erörtern; sorgfältig abgewogene Worte. **2.** (veraltet) *das Gewicht, Maß von etw. feststellen.*
ab|wä̱g|sam ⟨Adj.⟩ (selten): *bedächtig:* etw. a. prüfen; a. urteilen.
Ab|wä̱|gung, die; -, -en: *das Abwägen.*
Ab|wahl, die; -: *das Abwählen; das Abgewähltwerden:* Dem Konzil obliegt ... Wahl und A. des Universitätspräsidenten (MM 5. 7. 69, 32); er hat die Vorwände für seine A. selbst geliefert.
ab|wähl|bar ⟨Adj.⟩: **1.** *sich abwählen lassend:* ein -es Schulfach. **2.** *absetzbar* (3): der Papst ist nicht a.
ab|wäh|len ⟨sw. V.; hat⟩: **1.** *jmds. Wahl rückgängig machen:* der Vorsitzende wurde von den Mitgliedern abgewählt; er wurde im ersten Wahlgang als Klassensprecher abgewählt. **2.** (Schulw.) *(ein Fach) nicht mehr belegen:* sie hat Latein abgewählt; werden Chemie und Physik zugunsten von Biologie »eindeutig abgewählt« (Spiegel 35, 1978, 62).
ab|wäl|len ⟨sw. V.; hat⟩ (landsch.): *wällen.*
ab|wäl|zen ⟨sw. V.; hat⟩: **1.** *durch Wälzen von einer Stelle entfernen:* eine ... Gruft, von der die Deckelquader abgewälzt sind (Jahnn, Geschichten 39). **2.** (*Lästiges, Unangenehmes, Unerwünschtes) von sich schieben und einem anderen aufbürden: die Verantwortung, Schuld auf einen anderen a.; Kosten, die am Ende auf die Kunden abgewälzt würden (Woche 14. 3. 97, 17); Diese Entscheidung wurde ... von oben nach unten abgewälzt (Freie Presse 28. 11. 89, 6).
Ab|wäl|zung, die; -, -en: *das Abwälzen.*
ab|wan|deln ⟨sw. V.; hat⟩: **1.** *leicht verändern, teilweise anders machen, variieren:* ich wand[e]le das Thema ab; jenes Schlagwort ... abzuwandeln in eine Auf-

forderung (Dönhoff, Ära 93); einen Ausspruch in abgewandelter Form wiederholen. **2.** (Sprachw. veraltet) *flektieren.*
Ab|wan|de|lung (seltener): ↑ Abwandlung.
Ab|wan|de|rer, der; -s, -: *jmd., der irgendwo abwandert* (2, 3).
Ab|wan|de|rin, die; -, -nen: w. Form zu ↑ Abwanderer.
ab|wan|dern ⟨sw. V.⟩: **1. a)** (selten) *sich von einem Ort [wandernd] entfernen* ⟨ist⟩: er wanderte morgens ab; **b)** *ein Gebiet durchwandern* ⟨hat/ist⟩: wir wanderten den ganzen Schwarzwald ab; Der Anblick der Reisenden, die ... Ruinen und altes Gemäuer abwanderten (Fest, Im Gegenlicht 21). **2.** *(in einen anderen [Lebens- od. Berufs]bereich) überwechseln* ⟨ist⟩: viele arme Bauern sind [in die Stadt] abgewandert; Ü ⟨subst.:⟩ die ... Gefahr eines Abwanderns gewerblicher Inserenten von den Tageszeitungen (NJW 19, 1984, 1122). **3.** (Sport) *seinen Verein verlassen, um bei einem anderen zu spielen* ⟨ist⟩: einige Spieler sind abgewandert.
Ab|wan|de|rung, die; -, -en: *das Abwandern* (1b, 2, 3).
Ab|wand|lung, die; -, -en: **1.** *das Abwandeln.* **2.** *abgewandelte Form, Variation:* ein Muster in vielfachen -en; Ü Ich fand sie (= die Lissabonner Gesellschaft) in leichten -en ... wieder bei zwei Diners (Th. Mann, Krull 404).
Ab|wär|me, die (Technik): *bei einem wärmetechnischen Prozess entstehende, aber bei diesem nicht genutzte Wärme:* die A. von Kernkraftwerken; die A. nutzen, verwerten; ein Kompaktklimagerät ..., dessen Zellulose-Regenerator wahlweise mit Solar- oder Abwärme regeneriert wird (CCI 2, 1997, 14).
Ab|wart, der; -s, -e, (seltener:) Abwärte (schweiz.): *Hausmeister, Hauswart.*
ab|war|ten ⟨sw. V.; hat⟩: **1.** *auf das Eintreffen, Eintreten von etw., das Eintreffen von jmdm. warten:* eine günstige Gelegenheit, das Ende des Spieles, jmds. Antwort, die Entwicklung einer Sache [nicht] a.; der Briefträger a.; Warte nur ab, bis du auch in dem Verein bist (Fels, Sünden 132); man musste untätig a.; sich abwartend verhalten. **2.** *auf das Ende von etw. warten:* das Unwetter a. ♦ **3.** *pflegen* (b): Der ... Wundarzt ... versicherte, dass sie (= die Wunden) leicht heilen würden, wenn der Patient sich ruhig hielte und sich abwartete (Goethe, Lehrjahre IV, 9).
Ab|war|tin, die; -, -nen: w. Form zu ↑ Abwart.
ab|wärts ⟨Adv.⟩ [↑ -wärts]: *nach unten, hinunter, hinab:* a. gehen, fahren, steigen, klettern; schön, dass der Weg jetzt a. geht; Der Fahrstuhl ging a. (Reinig, Schiffe 117); Ü mit Major [an] a.; * **mit jmdm., etw. geht es a.** *(jmds. Situation o. Ä. verschlechtert sich):* mit ihr, mit ihrer Gesundheit, ihren Geschäften geht es a.; ♦ Die Mädchen erröteten und lächelten a. *(mit gesenktem Kopf;* Novalis, Heinrich 101).
Ab|wärts|be|we|gung, die: *nach unten führende Bewegung.*

Ab|wärts|ent|wick|lung, die: vgl. Abwärtstrend.

ab|wärts ge|hen: s. abwärts.

Ab|wärts|tech|nik, die (Leichtathletik): Abwärtswechsel.

Ab|wärts|trend, der: *Trend zum Schlechteren hin:* ein wirtschaftlicher A.; der A. setzt sich fort; VW lebt vom Golf ... – alle anderen Modelle sind im A. (ADAC-Motorwelt 11, 1984, 45).

Ab|wärts|wech|sel, der (Leichtathletik): *Technik des Wechsels beim Staffellauf, bei der ein Läufer den Stab dem übernehmenden Läufer von oben nach unten in die Hand führt.*

◆ **Ab|war|tung,** die; -, -en [zu veraltet abwarten = warten (2a)]: *das Warten (2a), Betreuung:* Annies A. und Pflege fiel Effi selber zu (Fontane, Effi Briest 169).

¹**Ab|wasch,** der; -[e]s (ugs.): **a)** *das Abwaschen:* du machst bitte den A., ja?; Ü Sie wollen ... den loyalen Mann spielen und überlassen den A. mir (Apitz, Wölfe 249); * *das ist ein A.; das geht, das machen wir in einem A.* (↑Aufwasch); **b)** *zu spülendes Geschirr:* wir lassen den A. im Becken stehen.

²**Ab|wasch,** die; -, -en (österr.): *Spülbecken:* Ich stellte die Kaffeetasse in die A. (Innerhofer, Schattseite 25).

ab|wasch|bar ⟨Adj.⟩: *sich abwaschen (2) lassend.*

Ab|wasch|be|cken, das: *Spülbecken.*

ab|wa|schen ⟨st. V.; hat⟩: **1.** *mit Wasser [und Seife o. Ä.] entfernen, wegwaschen:* den Schmutz [vom Gesicht] a.; Ü Ich bin gebrandmarkt ... Ich kann einen Schwur nicht a. (Jahnn, Geschichten 12). **2.** *mit Wasser [und Seife o. Ä.] reinigen:* das Gesicht a.; das Geschirr a.; wollen wir gleich a.?; * *das ist ein Abwaschen; das geht, das machen wir in einem A.* (salopp; ↑Aufwasch 1).

Ab|wasch|lap|pen, der: *Spültuch.*

Ab|wasch|mit|tel, das: *Spülmittel.*

Ab|wasch|schaff, das (österr.): *Spülschüssel.*

Ab|wasch|tisch, der: *Tisch mit eingelassenen Abwaschschüsseln.*

Ab|wasch|tuch, das: *Spültuch.*

Ab|wa|schung, die; -, -en: *das Abwaschen des Körpers od. von Körperteilen [um den Kreislauf anzuregen u. sich abzuhärten]:* kalte, [wechsel]warme -en.

Ab|wasch|was|ser, das ⟨Pl. ...wässer⟩: **1.** *für den* ¹*Abwasch bestimmtes Wasser.* **2.** *trübes Wasser, das zum* ¹*Abwasch gebraucht wurde.*

Ab|was|ser, das; -s, Abwässer (Technik): *durch häuslichen, gewerblichen od. industriellen Gebrauch verunreinigtes abfließendes Wasser.* A. reinigen, aufbereiten; A. in einen Fluss einleiten; die Abwässer der Brauerei fließen in den Fluss.

Ab|was|ser|ab|lei|tung, die: *das Ableiten von Abwasser.*

Ab|was|ser|auf|be|rei|tung, die (Technik): *das Aufbereiten von Abwasser.*

Ab|was|ser|bak|te|ri|en ⟨Pl.⟩: *im Abwasser vorkommende Bakterien.*

Ab|was|ser|be|las|tung, die: *Belastung eines Gewässers durch Abwasser.*

Ab|was|ser|be|sei|ti|gung, die: vgl. Abwasserableitung.

Ab|was|ser|ge|nos|sen|schaft, die: *Körperschaft des öffentlichen Rechts, der bes. die Abwasserreinigung im Einzugsgebiet eines Wasserlaufs obliegt.*

Ab|was|ser|ka|nal, der: *Kanal für Abwasser.*

Ab|was|ser|ka|na|li|sa|ti|on, die: vgl. Abwasserkanal.

Ab|was|ser|ka|tas|ter, der, auch: das: *zeichnerische Darstellung der (in einer Kommune) vorhandenen Abwasserkanäle, der eine Auflistung über Menge u. Art der Verschmutzung der anfallenden Abwässer beigelegt ist.*

Ab|was|ser|klär|an|la|ge, die: *Kläranlage für Abwasser.*

Ab|was|ser|klä|rung, die: vgl. Abwasserreinigung.

Ab|was|ser|last, die: *Belastung eines [fließenden] Gewässers mit Abwässern.*

Ab|was|ser|lei|tung, die: vgl. Abwasserkanal.

Ab|was|ser|men|ge, die: *Menge des anfallenden Abwassers.*

Ab|was|ser|rei|ni|gung, die: *Reinigung von Abwasser (mithilfe von Kläranlagen, Abwasserteichen o. Ä.).*

Ab|was|ser|rohr, das: *Kanalrohr, durch das Abwasser abgeleitet wird.*

Ab|was|ser|rück|stand, der ⟨meist Pl.⟩: *verbleibender Rückstand von Abwasser.*

Ab|was|ser|tech|nik, die: *Technologie, die sich mit der Reinigung von Abwasser beschäftigt.*

ab|was|ser|tech|nisch ⟨Adj.⟩: *die Abwassertechnik betreffend.*

Ab|was|ser|teich, der: *künstlich angelegter Teich, in den Abwässer eingeleitet werden, die durch Sedimentation (2) u. mikrobiologische Abbauvorgänge auf natürliche Weise gereinigt werden.*

Ab|was|ser|ver|band, der: *Abwassergenossenschaft.*

Ab|was|ser|ver|reg|nung, die; -, -en: *das Verregnen (2) von geklärtem Abwasser zur Bewässerung landwirtschaftlicher Flächen.*

Ab|was|ser|ver|wer|tung, die: *Nutzung von Abwasser in der Landwirtschaft.*

Ab|was|ser|wie|der|ver|wer|tung, die: vgl. Abwasserverwertung.

Ab|was|ser|wirt|schaft, die: *Wirtschaftszweig, der sich mit dem Abwasser befasst.*

ab|wat|schen ⟨sw. V.; hat⟩ [zu ↑ Watsche] (bayr., österr. ugs.): *heftig ohrfeigen:* er hat sie erbärmlich abgewatscht; Ü Hat er nicht schon damals gesagt ... das System gehöre reformiert? Und ist dafür sogar von Hans-Dietrich Genscher abgewatscht (ugs.; *durch scharfe Kritik zum Schweigen gebracht*) worden (Woche 7. 3. 97, 3).

ab|wech|seln, sich ⟨sw. V.; hat⟩: **1.** *im Wechsel aufeinander folgen:* Regen und Sonnenschein wechselten sich, (auch:) einander ab; ⟨auch ohne »sich«:⟩ Der Springbrunnen war angeleuchtet ... in verschiedenen Farben, die abwechselten (Gaiser, Schlußball 48); ⟨oft im 1. Part.:⟩ sie heulte und fluchte abwechselnd; Sie ... sah abwechselnd auf meine den Hebel haltende Hand und in mein Gesicht (Th. Mann, Krull 197). **2.** *sich bei etw. ablösen, miteinander wechseln:* ich wechs[e]le mich bei der Wache immer mit ihr ab; wir wechselten uns, (auch:) einander ab; Über die Cyrenaica wechseln Michael und ich uns am Steuer ab (Grzimek, Serengeti 33); ⟨auch ohne »sich«:⟩ die beiden wechseln sich in der Pflege des Kranken ab.

Ab|wech|se|lung (selten), **Ab|wechs|lung,** die; -, -en: *Unterbrechung des Einerleis:* eine willkommene A.; keine A. haben; A. in etw. bringen; das Leben hier bietet wenig A.; für A. sorgen; zur A. fährt sie mal alleine fort; * *die A. lieben* (ugs.; *häufig den Liebhaber, die Freundin wechseln*).

ab|wechs|lungs|hal|ber ⟨Adv.⟩: *um der Abwechslung willen.*

ab|wechs|lungs|los ⟨Adj.⟩: *ohne Abwechslung; eintönig.*

ab|wechs|lungs|reich ⟨Adj.⟩: *reich an Abwechslung; nicht eintönig:* es waren -e Tage.

ab|wechs|lungs|wei|se ⟨Adv.⟩: *abwechselnd:* Arman, der a. in New York, Vence und Paris lebt (Luzerner Tagblatt 31. 7. 84, 24).

Ab|weg, der; -[e]s, -e ⟨meist Pl.⟩: *moralisch oder gedanklich falscher Weg, Irrweg:* das darf ich nicht tun, das ist ein A. (Domin, Paradies 165); auf -e geraten; Die Kinder sind auf -en (K. Mann, Wendepunkt 89).

ab|we|gig ⟨Adj.⟩: *irrig, verfehlt:* ein -er Gedanke; eine -e Frage; ich finde das nicht so a.; Den Abriss des Hauses hält Klemann für a. (Tagesspiegel 13. 6. 84, 13); ⟨subst.:⟩ ein Verdacht, den er ... für das Abwegigste von der Welt halte (Maass, Gouffé 90).

Ab|we|gig|keit, die; -, -en ⟨Pl. selten⟩: *das Abwegigsein.*

Ab|wehr, die; -: **1. a)** *ablehnende Haltung, innerer Widerstand gegen jmdn., etw.:* er spürte ihre stumme A.; auf A. stoßen; in unwillkürlicher A. ... gab er die Antwort (Musil, Mann 821); mit innerer A. reagieren; **b)** *das Abwehren von etw., Zurückweisung:* die A. staatlicher Eingriffe; **c)** *Verteidigung gegen jmdn., etw.:* die A. des Feindes war nur gering. **2.** (Milit.) **a)** *Widerstand leistende Truppe:* die A. wurde vernichtet; **b)** *kurz für* ↑Abwehrdienst. **3.** (Sport) **a)** *Gesamtheit der verteidigenden Spieler einer Mannschaft:* eine stabile A.; die A. überlaufen; **b)** *Aktion, mit der der Ball abgewehrt wird:* eine riskante A.

Ab|wehr|ak|ti|on, die: *Aktion des Abwehrens.*

Ab|wehr|be|am|te, der: *Beamter des Abwehrdienstes.*

ab|wehr|be|reit ⟨Adj.⟩: *kampfbereit.*

Ab|wehr|be|reit|schaft, die: *Kampfbereitschaft.*

Ab|wehr|be|we|gung, die: *reflexartige Bewegung, mit der jmd. etw., bes. eine Bedrohung, abzuwehren sucht.*

Ab|wehr|bo|xer, der: *Defensivboxer.*

Ab|wehr|dienst, der (Milit.): *Geheimdienst zur Verhinderung von Spionage.*

ab|weh|ren ⟨sw. V.; hat⟩: **1.** *abschlagen, zurückschlagen:* den Feind, einen Angriff a.; (Sport:) einen Eckball a. **2.** *erfolgreich abwenden; vereiteln:* ein Unheil, eine Gefahr a.; das Schlimmste konnte ich a. **3.** *von sich weisen; zurückweisen; sich gegen etw. wehren:* eine Zumutung, einen Verdacht, jmds. Dank a. **4.** *nicht zulassen; fern halten; verscheuchen:* einen Besucher, Neugierige, Fliegen von jmdm. a. **5.** *auf etw. ablehnend reagieren:* Zunächst wehrte Bastian erschrocken ab (Müthel, Baum 108); Er sprach ... von Scheidung, sie wehrte ab (Danella, Hotel 48); abwehrend die Hand heben.

Ab|wehr|er|folg, der (Milit.): *militärischer Erfolg einer Widerstand leistenden Truppe.*

Ab|wehr|fä|hig|keit, die: *Fähigkeit zur Abwehr.*

Ab|wehr|feu|er, das (Milit.): *Feuer (4) zur Abwehr (2 a):* während das A. begann und die ersten Bomben fielen (Kaschnitz, Wohin 126).

Ab|wehr|front, die: *Vereinigung von Personen od. Staaten zur Abwehr von Bedrohungen:* dass keine Lücke in der A. der freien Welt entsteht (Spiegel 16, 1966, 106); Ü Diese Idee ist ... auf eine totale A. gestoßen (Spiegel 25, 1985, 75).

Ab|wehr|ge|schütz, das (Milit.): *Geschütz, das dem Abwehren eines Angriffs dient.*

Ab|wehr|hand|lung, die: *Handlung, mit der jmd. etw. abwehrt.*

Ab|wehr|kampf, der: *Kampf, Maßnahme, mit der etw. abgewehrt wird.*

Ab|wehr|ket|te, die (Sport): *bei einem gegnerischen Angriff auf gleicher Höhe stehende Abwehrspieler:* eine dichte A. durchbrechen; Ü ein Glied der A. gegen Krankheitserreger (Hackethal, Schneide 52).

Ab|wehr|kraft, die ⟨meist Pl.⟩ (bes. Physiol.): *Fähigkeit des Organismus, Krankheitserreger, Allergene u. Ä. abzuwehren:* zur Stärkung der Abwehrkräfte empfehlen sich meist natürliche Mittel.

Ab|wehr|li|nie, die (Radball, Radpolo): *vier Meter von der Tormitte entfernte halbkreisförmige Linie.*

Ab|wehr|maß|nah|me, die ⟨meist Pl.⟩: *zur Abwehr von etw. ergriffene od. zu ergreifende Maßnahme:* -n ergreifen.

Ab|wehr|me|cha|nis|mus, der: **1.** *(Psychoanalyse) unbewusste Verhaltensweise gegenüber Triebforderungen, die von der Kontrollinstanz (dem sog. Über-Ich) nicht gebilligt werden.* **2.** *(Physiol.) im Körper wirksamer Mechanismus in der Abwehr fremder Stoffe.*

Ab|wehr|ra|ke|te, die (Milit.): *Rakete, die feindliche Raketen, Panzer o. Ä. abwehren soll.*

Ab|wehr|re|ak|ti|on, die (bes. Physiol., Verhaltensf.): *Reaktion, mit der etw. abgewehrt werden soll.*

Ab|wehr|rie|gel, der (Sport): *verstärktes Verteidigungssystem, in das sich auch Mittelfeldspieler u. Stürmer einschalten.*

Ab|wehr|schlacht, die (Milit.): *heftige, der Verteidigung dienende Schlacht;* Ü das Fußballspiel war eine einzige A.

Ab|wehr|spiel, das (Sport): **1.** (bes. Tischtennis) *Spiel, das sich vorwiegend auf das Abwehren gegnerischer Angriffe, auf das Verteidigen beschränkt.* **2.** *Spiel der verteidigenden Spieler einer Mannschaft:* ein kluges A. zeigen.

Ab|wehr|spie|ler, der (Sport): *Verteidiger.*

Ab|wehr|spie|le|rin, die: w. Form zu ↑Abwehrspieler.

Ab|wehr|stel|lung, die: *Stellung, Haltung des Körpers in einem Augenblick der Abwehr:* in A. gehen; Ü wenn man ihm zu nahe tritt, geht er sofort in A.

Ab|wehr|stoff, der (Med.): *Antikörper.*

Ab|wehr|stra|te|gie, die: *der Abwehr von etw. dienende Strategie.*

Ab|wehr|waf|fe, die: *zur Abwehr eingesetzte Waffe.*

Ab|wehr|zau|ber, der (Volksk., Völkerk.): *magische Handlung od. magisches Mittel zur Abwehr böser Geister u. a.*

Ab|wehr|zoll, der (Wirtsch.): *(zum Schutz inländischer Erzeugnisse) auf importierte Waren zu zahlender Zoll.*

¹**ab|wei|chen** ⟨sw. V.⟩: **a)** *(Haftendes, Festgeklebtes) durch Feuchtigkeit weich machen und ablösen* ⟨hat⟩: das Etikett [von der Flasche] a.; **b)** *(von etw. Haftendem, Festgeklebtem) durch Feuchtigkeit weich werden u. sich ablösen* ⟨ist⟩: das Plakat weicht ab.

²**ab|wei|chen** ⟨st. V.; ist⟩: **1.** *eine eingeschlagene Richtung verlassen, sich von ihr entfernen:* vom vorgeschriebenen Kurs, von der Straße a.; Ü ich bin niemals von ihren Grundsätzen abgewichen (ihnen nicht untreu geworden); Ich aber wollte nicht, dass sie um meinetwillen von ihrer hohen Gewohnheit ... abwich (Rinser, Mitte 104); Dibelius, der es ... verstand, mit den Kommunisten auszukommen und doch keinen Fußbreit von seinem Weg abzuweichen (Dönhoff, Ära 220). **2.** *verschieden sein, sich unterscheiden:* die Fassung weicht im Wortlaut von der anderen ab; abweichende Ansichten; Mehrere Landesgruppen haben ... ihre abweichende Meinung zu Protokoll gegeben (Dönhoff, Ära 26).

Ab|weich|ler, der; -s, - [für russ. uklonist]: *jmd., der von einer [politischen] Lehrmeinung o. Ä. abweicht:* Trotzki gilt als Renegat, ideologischer A. und Verräter der Revolution (MM 22. 1. 70, 32); Hans Werner Henze ... vom Dogmatismus der Avantgarde bis heute als ästhetizistischer A. verdächtigt (Woche 17. 1. 97, 29); die Katharer, die ersten Ketzer und Urväter aller A. (profil 23, 1984, 61).

Ab|weich|le|rin, die; -, -nen: w. Form zu ↑Abweichler.

ab|weich|le|risch ⟨Adj.⟩: *in der Weise eines Abweichlers, einer Abweichlerin [handelnd]:* ein -er Kurs.

Ab|weich|ler|tum, das; -s [für russ. uklonizm]: *das abweichlerische Verhalten, Denken.*

Ab|wei|chung, die; -, -en: **1.** *das* ²*Abweichen:* eine A. von der Regel; linke, rechte -en von der Parteilinie. **2.** *Unterschied, Differenz:* es gibt erhebliche -en in ihrer Auffassung von der Sache.

ab|wei|den ⟨sw. V.; hat⟩: **a)** *weidend abfressen:* das Gras a.; **b)** *abgrasen (1):* die Wiesen, Hänge a.; ⟨subst.:⟩ Giraffen, die ... ihren langen Hals zum Abweiden von hohen Bäumen nutzten (MM 3. 3. 72, 37).

ab|wei|sen ⟨st. V.; hat⟩: **a)** *nicht zu sich lassen, nicht vorlassen; von sich weisen, zurückweisen:* einen Bettler, die Besucher, Neugierige a.; jmdn. abweisend behandeln; **b)** *ablehnen:* jmds. Angebot, einen Antrag, eine Klage a.; **c)** *zurückschlagen, abwehren:* die Angreifer, einen Angriff a.

Ab|wei|ser, der; -s, -: **1.** (Bauw.) *Prellstein.* **2.** (Wasserbau) *in den Strom hineingebaute Buhne, die die Strömung vom Ufer abweist.* **3.** (Schiffbau) *Scheuerleiste an Pontons, schwimmenden Baggern o. Ä.*

♦ **ab|wei|ßen** ⟨sw. V.; hat⟩: *weißen:* Die Frau musste ihm helfen, das Mauerwerk von Gras und Moos zu reinigen, es abzuweißen (Arnim, Invalide 95).

Ab|wei|sung, die; -, -en: *das Abweisen; das Abgewiesenwerden.*

ab|wel|ken ⟨sw. V.; ist⟩ (seltener): *welk werden, verwelken:* viele Gäste ... und viel Rauch, in dem die Blumen abwelkten (Gaiser, Schlußball 148); Ü Du siehst ein bisschen abgewelkt aus *(siehst erschöpft aus;* Baum, Paris 22).

ab|wen|den ⟨unr. V.⟩: **1.** ⟨wandte/wendete ab, hat abgewandt/abgewendet⟩ *(sich, etw.) nach der anderen Seite wenden, von etw. wegwenden:* den Blick, die Augen, den Kopf a.; ich wandte/wendete mich entsetzt ab; er wendet sich ab; die meisten wenden sich ab und grüßen nicht, wenn sie mich auf der Straße sehen (Leonhard, Revolution 225); mit abgewandtem/abgewendetem Gesicht dasitzen; Ü sie hat sich [innerlich] von ihren Freunden abgewandt/abgewendet; Ende 1937 schien er ... entschlossen, sich von der Politik abzuwenden (Reich-Ranicki, Th. Mann 60). **2.** ⟨wendete ab, hat abgewendet⟩ **a)** *ablenken, abwehren:* einen Hieb, Schlag a.; **b)** *verhindern, von jmdm. fern halten:* eine Katastrophe, Gefahr, drohendes Unheil a.; Maßnahmen des Naturschutzes konnten die Gefährdung a. (NNN 26. 5. 85, 6); sie haben das Verhängnis von uns abgewendet; **c)** (Turnen) *mit einer Wende vom Gerät abgehen:* vom Stufenbarren a.

ab|wen|dig *(veraltend)* in den Wendungen **jmdn. jmdm. a. machen** (veraltend; *jmdm. abspenstig machen*); **jmdn. einer Sache a. machen** (veraltend; *einer Sache abgeneigt machen*): Bücher ... welche sie nur zerstreuen und der Sache a. machen könnten (Th. Mann, Hoheit 215).

Ab|wen|dung, die; -: **1.** *Abkehr von jmdm., einer Sache:* politische Divergenzen führten im Ersten Weltkrieg zur A. ... der Arbeiterbewegung von der offiziellen Politik der Sozialdemokratie (Fraenkel, Staat 29). **2.** *Verhinderung:* die A. der Not, Gefahr.

ab|wer|ben ⟨st. V.; hat⟩ (bes. Wirtsch.): *jmdn. einer Firma, Mannschaft o. Ä. durch Unterbreitung eines guten Angebots abspenstig machen, um ihn für das eigene zu gewinnen:* Arbeitskräfte a.; die

Zimmerfrau aus unserem Hotel, ... die wir abgeworben hatten (Perrin, Frauen 64).

Ab|wer|ber, der; -s, -: *Person, die jmdn. abwirbt.*

Ab|wer|be|rin, die: w. Form zu ↑Abwerber.

Ab|wer|bung, die; -, -en: *das Abwerben:* Die A. an sich ist mittlerweile so branchenüblich, dass das moralisch nicht mehr als verwerflich gilt (Woche 20. 12. 96, 15).

ab|wer|fen ⟨st. V.; hat⟩ [3: urspr. von Früchten, die ein Obstbaum zur Erde wirft]: **1. a)** *aus der Höhe herabfallen lassen, herunterwerfen:* Bomben, Flugblätter, Ballast a.; **b)** *(etw. Lästiges) von sich werfen:* seinen Mantel, die Bettdecke a.; das Pferd warf die Reiterin ab; Er kam aus dem Gemeinschaftsbad zurück, warf den Morgenrock ab (Erné, Kellerkneipe 240); Ü Zwänge a.; **c)** *(Kartenspiel) (eine Karte, Farbe) ablegen:* eine Farbe, den König a.; **d)** *sich von etw. Bedrückendem befreien:* das Joch der Sklaverei, eine Bürde a. **2.** *(Sport)* **a)** *herunterstoßen:* beim Hochsprung die Latte a.; **b)** *(Fußball) (vom Torwart) den Ball ins Spielfeld werfen:* der Torwart wirft ab; **c)** *(Schlag-, Völkerball) einen Gegenspieler durch einen Wurf mit dem Ball treffen u. so ausschalten;* **d)** *(Leichtathletik) (den Speer, Diskus od. Hammer) mit Schwung des Körpers aus der Hand schnellen lassen;* **e)** *(Turnen) den Körper mit Schwung aus dem Stütz in den Hang od. aus dem Handstand in den Stand bringen:* in den Stand a. **3.** *(finanziell, als Ertrag) einbringen:* Gewinne a.; Es dauert eben seine Zeit, bis so eine Seidenraupenzucht etwas abwirft (Zeller, Amen 10); Vater, der ... dahinter gekommen war, dass ihm der Konservatismus mehr abwarf und ihn besser kleidete als revolutionärer Sozialismus (Harig, Weh dem 88).

ab|wer|ten ⟨sw. V.; hat⟩: **1.** *(Geldw.) die Kaufkraft von etw. herabsetzen, vermindern:* den Dollar a. **2.** *in seinem Wert, in seiner Bedeutung herabsetzen:* Ideale a.; er wertet alles ab; Wir wollen hier nicht das ... Leid für die Betroffenen a. (Saarbr. Zeitung 27. 12. 79, 2); wurden ... Grundrechte ... als Ausdruck »bürgerlicher Dekadenz« abgewertet (Fraenkel, Staat 203); eine abwertete Kritik.

Ab|wer|tung, die; -, -en: *das Abwerten, Abgewertetwerden.*

ab|we|send ⟨Adj.⟩ [1: aus dem Niederd., für lat. absens, ↑absent]: **1.** *nicht an dem erwarteten Ort befindlich, nicht zugegen, nicht vorhanden, nicht da:* der -e Geschäftsführer; er war viel von zu Hause a. **2.** *in Gedanken verloren; nicht bei der Sache; unaufmerksam:* mit -en Blicken, Augen; a. lächeln; Ich war ... merkwürdig a., las wie im Schlafe (Kaschnitz, Wohin 190); Er ... betrachtete sich a. im Spiegel (Remarque, Triomphe 13).

Ab|we|sen|de, der u. die; -n, -n ⟨Dekl. ↑Abgeordnete⟩: *jmd., der abwesend (1) ist.*

Ab|we|sen|heit, die; -, -en ⟨Pl. selten⟩: **1.** *körperliches Abwesendsein:* ferienbedingte, häufige -en; jmds. A. zu etw. benutzen; in, während meiner A.; jmdn. in A. verurteilen; Ü die A. *(das Fehlen)* störender Einflüsse; jene Freiheit eines großen Charakters, die durch die ... A. von Zweifeln ermöglicht wird (Musil, Mann 89); * **durch A. glänzen** (iron.; *durch Abwesenheit auffallen;* nach frz. briller par son absence, dies nach Tacitus, Annalen III, 76). **2.** *geistiges Abwesendsein:* Er saß in völliger A. (Langgässer, Siegel 157).

Ab|we|sen|heits|pfle|ger, der (Rechtsspr.): *Verwalter der Vermögensangelegenheiten eines abwesenden Volljährigen.*

Ab|we|sen|heits|pfle|ge|rin, die: w. Form zu ↑Abwesenheitspfleger.

Ab|we|sen|heits|pro|test, der (Wechselrecht): *Feststellung, dass der Bezogene beim Wechselprotest nicht angetroffen wurde.*

Ab|wet|ter ⟨Pl.⟩ (Bergbau): *verbrauchte Grubenluft:* die A. abführen.

ab|wet|tern ⟨sw. V.; hat⟩ (Seemannsspr.): *(einen Sturm) auf See überstehen (bes. von Segelschiffen, -booten):* einen Sturm abwettern; Ü den ... Fatalismus, mit dem der Herrscher ... glaubt, den Sturm hinter sicheren Mauern a. zu können (Spiegel 38, 1978, 144).

ab|wet|zen ⟨sw. V.⟩: **1.** ⟨hat⟩ **a)** (selten) *durch Wetzen entfernen:* den Rost [von der Sense] a.; **b)** *(von Kleidungsstücken, Polstern o. Ä.) durch Reiben bewirken, dass etw. dünn, speckig glänzend wird:* du hast den Mantel an der Seite mit der Tasche ganz abgewetzt; abgewetzte Hosen, Sitze; wie abgewetzt das Sofa ist, und dass ein Teppich fehlt (Chr. Wolf, Himmel 314). **2.** ⟨ugs.⟩ *schnell davonlaufen* ⟨ist⟩: er ist eben zum Bus abgewetzt.

ab|wich|sen ⟨sw. V.; hat⟩: **1.** (Theaterjargon) *überaus oft als Rolle spielen:* Die hab ich schun so abgewichst, mehr als 450-mol g'spielt (MM 27. 2. 1974, 13). **2.** * **sich** ⟨Dativ⟩/**jmdm. einen a.** (vulg.; [1,2]*masturbieren*).

Ab|wichs|hu|re, die; -, -n (vulg.): *Prostituierte, die ihren Kunden masturbiert.*

ab|wi|ckeln ⟨sw. V.; hat⟩: **1.** *(Aufgewickeltes, Aufgerolltes) vom Knäuel, von der Rolle u. Ä. wickeln:* ich wick[e]le den Faden ab; ein Kabel a.; ich wickelte [mir] den Verband ab. **2. a)** *ordnungsgemäß ausführen, erledigen: (in Geschäft, einen Auftrag a.;* können bei dem Kauf alle anderen Dinge, wie Finanzierung ..., über das Haus Opel Haas abgewickelt werden (Augsburger Allgemeine 13./14. 5. 78, XI); **b)** *ordnungsgemäß ablaufen lassen:* eine Veranstaltung a. **3.** ⟨a. + sich⟩ *ordnungsgemäß hintereinander ablaufen:* der Verkehr wickelt sich reibungslos ab. **4.** (Wirtsch.) *liquidieren* (1 a): eine Firma, ein Unternehmen a.; Aufgelöst – oder, wie es in der Vereinigungsdeutsch heißt »abgewickelt« (Spiegel 5, 1991, 50); Ü Bis zum 2. Januar dürfen jene akademischen Einrichtungen in der Ex-DDR »abgewickelt« werden, die »deutlich veränderte Aufgabenstellung« erhalten sollen (Spiegel 1, 1991, 27).

Ab|wi|cke|lung (seltener): ↑Abwicklung.

Ab|wick|ler, der; -s, -: *Liquidator.*

Ab|wick|le|rin, die; -, -nen: w. Form zu ↑Abwickler.

Ab|wick|lung, Abwickelung, die; -, -en: *das [Sich]abwickeln; das Abgewickeltwerden.*

ab|wie|geln ⟨sw. V.; hat⟩: **1.** (seltener) *jmdn. (meist eine aufgebrachte Menschenmenge) beschwichtigen:* er versuchte die erboste Menge abzuwiegeln. **2.** (oft abwertend) *jmds. (berechtigte) Erregung durch Herunterspielen, Verharmlosung ihrer Ursachen dämpfen:* in der Diskussion versuchte er immer wieder abzuwiegeln; Bürger in Angst vor tödlichem Giftgas ... – Landesregierung wiegelt ab (Rheinpfalz 27. 2. 78, 3).

Ab|wie|ge|lung, Abwieglung, die; -, -: *das Abwiegeln.*

ab|wie|gen ⟨st. V.; hat⟩: **1.** *so viel von einer größeren Menge wiegen, bis die gewünschte Menge erreicht ist:* Äpfel, Kartoffeln, die Zutaten a.; in Bambergers Nudelfabrik, wo sie Nudeln abwog (Haus 37). **2.** *durch genaues Wiegen das präzise Gewicht von jmdm., einer Sache feststellen:* die Ernte a.; die Boxer vor dem Kampf a.

Ab|wieg|lung, die; -: ↑Abwiegelung.

ab|wim|meln ⟨sw. V.; hat⟩ (ugs.): *(eine Person od. Sache, die als lästig empfunden wird) von sich schieben, abweisen:* eine Arbeit, einen Auftrag a.; ich wimm[e]le den Frager ab; Max hatte sich nicht a. lassen (Ossowski, Liebe ist 53); Um nicht in peinliche Verwicklungen ... hineingezogen zu werden, hatte er sich die »Leichensache Obereke« abgewimmelt (Prodöhl, Tod 259).

Ab|wind, der; -[e]s, -e: **1.** (Met.): *abwärts gerichtete Luftströmung:* -e treten z. B. im Lee von Gebirgen auf; Ü Frauen seien leider ... in Fachrichtungen gegangen, die »im A.« lägen *(die nicht sehr gefragt seien);* Welt 16./17. 8. 86, 1). **2.** (Flugw.) *abwärts gerichteter Luftstrom im Bereich eines Tragflügels.*

ab|win|keln ⟨sw. V.; hat⟩: *so halten, dass ein Winkel entsteht:* das Bein a.; Er sah ... aus wie ein Seiltänzer, der mit abgewinkelten Armen die Balance hält (Jaeger, Freudenhaus 229).

ab|win|ken ⟨sw. V.; hat⟩: **1.** *[mit einer Handbewegung] seine Ablehnung zum Ausdruck bringen, zu verstehen geben: ärgerlich, ungeduldig a.;* Es lohnt sich ... nicht, und was die Leitung des Verlags betrifft, so lehne ich ab, ich winke ab, ich bin nicht interessiert (Gregor-Dellin, Traumbuch 39); »Wir haben schon viel von Ihnen gehört.« »Und gelesen« ... Aber ich habe abgewinkt, weil ja noch gar nichts von mir erschienen ist (Hofmann, Fistelstimme 83). **2.** (Motorsport) **a)** *durch ein Winkzeichen beenden:* ein Rennen a.; * **bis zum Abwinken** (ugs.; *bis zum Überdruss):* Da (= bei der Sportschau im Fernsehen) möchte Mann einfach bis zum Abwinken hören, dass Chancen nur aus Standardsituationen resultierten, ... dass Räume eng werden (Spiegel 15, 1992, 240); Immense Hitze, immenses Geschwitze und zur Kühlung lauwarmen Whisky bis zum Abwinken (Lindenberg, El Panico 42); **b)** *durch ein*

Winkzeichen zum Anhalten bewegen: einen Rennfahrer a. ♦ **3.** *[durch einen Wink] wegrufen, weglocken:* nie gehörte Stimmen werden wach, locken mit Sirenensang, flüstern unwiderstehlich, winken den Wanderer ab vom sicheren Wege (Raabe, Chronik 16).

ạb|wirt|schaf|ten ⟨sw. V.; hat⟩: **a)** *durch schlechtes Wirtschaften herunterkommen, seine Existenzgrundlage vernichten:* die Firma, der Unternehmer hat abgewirtschaftet; Ü diese Partei hat [bei den Wählern] abgewirtschaftet; Wie viele andere Emigranten ... hoffte er, Hitler werde bald abgewirtschaftet haben (Niekisch, Leben 270); **b)** *durch schlechtes Wirtschaften herunterbringen:* seinen Hof abgewirtschaftet haben; ein abgewirtschaftetes Gut.

ạb|wi|schen ⟨sw. V.; hat⟩: **a)** *durch Wischen entfernen:* den Staub, jmds. Tränen, sich den Schweiß von der Stirn a.; **b)** *durch Wischen reinigen:* den Tisch mit einem Tuch a.; ich wischte mir die Hände an der Hose ab; Man wischte ihm den Mund mit Zellstoff ab (Rolf Schneider, November 10).

ạb|wohn|bar ⟨Adj.⟩: *sich abwohnen* (2) *lassend:* ein -er Baukostenzuschuss.

ạb|woh|nen ⟨sw. V.; hat⟩ (ugs.): **1.** *durch langes Wohnen abnutzen, verwohnen:* eine Wohnung a.; abgewohnte Räume; verlieren sich die Querstraßen in der Monotonie abgewohnter Mietblocks (Zeit 6. 6. 75, 43). **2.** *eine im Voraus gezahlte Geldsumme mit der Miete verrechnen:* einen Baukostenzuschuss a.

ạb|wra|cken ⟨sw. V.; hat⟩: *(bes. Schiffe) zerlegen u. verschrotten:* ein Schiff a.; die Bronzefigur war von den Nazis abgewrackt, eingeschmolzen ... worden (Kempowski, Uns 85); Ü Die Kerle sehen ja furchtbar aus ... So müde und abgewrackt *(erschöpft;* Kempowski, Zeit 299); ein abgewrackter Komiker.

Ạb|wrack|fir|ma, die: *Firma, die Schiffe o. Ä. abwrackt.*

Ạb|wra|ckung, die; -, -en: *das Abwracken: -*en vornehmen.

Ạb|wurf, der; -[e]s, Abwürfe: **1.** *das Abwerfen* (1 a): der A. einer Wasserstoffbombe. **2.** (Sport) **a)** *das Abwerfen* (2 b); **b)** (Ballspiele) *vom Torwart abgeworfener Ball;* **c)** (Schlag-, Völkerball) *Wurf, mit dem ein Gegenspieler getroffen u. ausgeschaltet wird.* **3.** (Jägerspr.) *abgeworfene Geweihstange von Hirsch u. Rehbock.*

Ạb|wurf|ball, der ⟨o. Pl.⟩: *Spiel, bei dem jeder gegen jeden spielt u. ihn abzuwerfen versucht:* A. spielen.

Ạb|wurf|band, das (Technik): *Förderband mit großer Reichweite, das das Fördergut abwirft.*

Ạb|wurf|bo|gen, der (Leichtathletik): *markierender Bogen aus Holz od. Metall, den der Werfer beim Speerwurf nicht überschreiten od. berühren darf.*

Ạb|wurf|li|nie, die (Sport): *Linie, die beim Speerwurf nicht überschritten werden darf.*

Ạb|wurf|stan|ge, die (Jägerspr.): *Abwurf* (3).

ạb|wür|gen ⟨sw. V.; hat⟩: **1.** (selten) *durch Würgen töten:* der Marder würgte das Huhn ab; Ü Inzwischen würgen die steigenden Zinsen die Schuldner ab (profil 23, 1984, 45). **2.** *(autoritär, mit undemokratischen Mitteln) unmöglich machen, unterdrücken:* eine Diskussion, eine Forderung, einen Streik a.; Fragen nach dem Grund ... werden mit einem »Das werden Sie schon erfahren« abgewürgt (Hamburger Rundschau 22. 8. 85, 2). **3.** (ugs.) *(den Kfz-Motor) durch Einlegen eines zu großen Ganges* (6 a) *od. zu schnelles Loslassen der Kupplung beim Anfahren od. durch Unterlassen des Auskuppelns beim Anhalten zum Stillstand bringen:* den Motor a.

abys|sal ⟨Adj.⟩ [mlat. abyssalis = grundlos tief, zu: abyssus = Tiefe, Meerestiefe, ↑Abyssus]: *in den Fügungen* **-e Region, -er Bereich** (Meeresk.: *völlig licht- u. pflanzenloser Bereich der Tiefsee zwischen etwa 1 000 bis 3 000 u. 6 000 bis 7 000 m Tiefe).*

Abys|sal, das; -s: *abyssale Region.*

abys|sisch ⟨Adj.⟩ [zu ↑Abyssus]: **1.** (Geol.) *aus den Tiefen der Erde stammend:* -e Gesteine. **2.** (Meeresk.) *zum Tiefseebereich gehörend:* -e Ablagerungen; in -en Tiefen; -e Region. **3.** (bildungsspr. veraltet) *abgrundtief.*

Abys|sus, der; - [mhd. abyss(e) < spätlat. abyssus < griech. ábyssos = Abgrund] (veraltet): **1.** *Abgrund* (1). **2.** *Unterwelt.*

ạb|zah|len ⟨sw. V.; hat⟩: **a)** *in Raten bezahlen:* ein Auto, die Waschmaschine a.; **b)** *zurückzahlen:* ich muss das Darlehen [mit monatlich hundert Mark] a.; Ü Ich hatte ihr mein Bestes gegeben, hatte ... wahrlich abgezahlt (Th. Mann, Krull 203).

ạb|zäh|len ⟨sw. V.; hat⟩: **a)** *zählen, um die vorhandene Anzahl festzustellen; die Anwesenden a.;* Wäsche a. *(die Anzahl der jeweiligen Stücke feststellen);* das Geld abgezählt *(passend)* bereithalten; **b)** (Sport, Milit.) *Gruppen bilden, indem fortlaufend immer nur bis zu einer bestimmten Anzahl gezählt wird:* [zu zweien, zu vieren] a.!; **c)** *eine bestimmte Anzahl zählend von einer Menge wegnehmen:* Zigaretten, Knöpfe, Nägel, Schrauben a.; **d)** *durch Zählen entscheiden:* die Kinder zählen ab *(bestimmen mithilfe eines Abzählreims),* wer Blindekuh sein soll; **e)** *zählend an etw. ermitteln:* er wird an den Säcken a., dass sie nichts tun, wenn er nicht dabeisteht (Bobrowski, Mühle 24); etw. an den Blütenblättern der Margerite a.

Ạb|zähl|reim, der: *Abzählvers.*

Ạb|zah|lung, die; -, -en: *Raten-, Teilzahlung:* etw. auf A. [ver]kaufen.

Ạb|zah|lungs|ge|schäft, das (Wirtsch.): *Kaufvertrag über Mobilien, bei dem der Kaufpreis in Teilzahlungen entrichtet wird.*

Ạb|zah|lungs|ge|setz, das (Rechtsspr.): *Gesetz, das Abzahlungsgeschäfte regelt.*

Ạb|zah|lungs|hy|po|thek, die: *Hypothek mit gleich bleibenden Tilgungsraten.*

Ạb|zah|lungs|kauf, der: vgl. *Abzahlungsgeschäft.*

Ạb|zah|lungs|ra|te, die: *Rate bei der Abzahlung.*

Ạb|zah|lungs|sys|tem, das: *System einer Abzahlung.*

Ạb|zah|lungs|ver|pflich|tung, die: *Verpflichtung, Abzahlungen zu leisten.*

Ạb|zah|lungs|ver|trag, der: *Vertrag über ein Abzahlungsgeschäft.*

Ạb|zah|lungs|we|sen, das ⟨o. Pl.⟩: *alles mit Abzahlungsgeschäften Zusammenhängende.*

Ạb|zähl|vers, der: *Reim* (b)*, mit dessen Hilfe ein Kind durch eine Zufallsentscheidung für etw. (ein Spiel) bestimmt wird; Abzählreim:* meinte ich etwa, sie ermittelten die verantwortlichen Leiter per A. ...? (Kant, Impressum 7).

ạb|zap|fen ⟨sw. V.; hat⟩: **a)** *zapfend entnehmen:* Wein, Bier, jmdm. Blut a. (ugs.; *aus der Vene entnehmen);* Wir haben oft zugesehen, wenn er seinen Schlangen das Gift abzapfte (Schnurre, Bart 136); Ü jmdm. Geld a. (ugs.; *es unbescheiden, dreist von ihm fordern u. erhalten);* Er fühlte sich, als sei er an einen Apparat angeschlossen, der ihm die Kraft abzapfte (Fels, Sünden 84); **b)** (selten) *zapfend allmählich leeren:* ein Fass a.

Ạb|zap|fung, die; -, -en: *das Abzapfen.*

ạb|zap|peln, sich ⟨sw. V.; hat⟩: *längere Zeit heftig zappeln:* die Fische im Netz zappelten sich ab; Ü sie zappelte sich ab (ugs.; *strenge sich an),* um noch fertig zu werden.

ạb|zäu|men ⟨sw. V.; hat⟩: *einem Reit- od. Zugtier das Zaumzeug abnehmen.*

ạb|zäu|nen ⟨sw. V.; hat⟩: *durch einen Zaun abtrennen:* ein Grundstück, Lager a.; ein ... Gebäude, das besonders abgezäunt war und zu dem niemand ... hingehen durfte (Leonhard, Revolution 159).

Ạb|zäu|nung, die; -, -en: **1.** *das Abzäunen; das Abgezäuntwerden.* **2.** *Zaun:* Ein Teil der baulichen A. ... ist verschwunden (NNN 27. 2. 88, 8).

ạb|zeh|ren ⟨sw. V.; hat⟩: *abmagern lassen, allmählich entkräften:* die Krankheit hatte ihn völlig abgezehrt; abgezehrt sein, aussehen; Diese fast nackte Frau ... war nicht schön, nicht hässlich, nicht üppig von Wohlleben, noch abgezehrt von Armut (Musil, Mann 1520); ein abgezehrter Körper.

Ạb|zeh|rung, die; - (veraltet): *Abmagerung, Kräfteverfall.*

Ạb|zei|chen, das; -s, - [urspr. = (Kenn)zeichen]: **a)** *Ansteckenadel als Kennzeichen einer Zugehörigkeit, Mitgliedschaft:* ein A. am Rockaufschlag tragen; **b)** *Plakette:* wir verkaufen morgen A. für die Caritas; **c)** *[Erkennungs-, Kenn]zeichen, Merkmal, Attribut:* er trug die A. der Abtswürde (Hesse, Narziß 346); ein Armenkind mit hässlichen, großen Händen, diesem A. einer niederen ... Geburt (Th. Mann, Hoheit 149); den Offizieren werden die A. und Kokarden abgerissen (Kühn, Zeit 284); **d)** *(Viehzucht) bei Haustieren von der Grundfarbe abweichender, meist weißer Fleck im Fell.*

ạb|zeich|nen ⟨sw. V.; hat⟩: **1.** *zeichnend genau wiedergeben, genau nach einer Vorlage zeichnen:* eine Blume, ein Bild a.;

Unser guter Lehrer ließ uns den Grundriss der Klasse maßstabgerecht a. (Kempowski, Immer 47). **2.** *mit seinem Namenszeichen versehen; als gesehen kennzeichnen:* einen Bericht a.; Er zeichnete die Rechnung ab, ohne draufzublicken (Konsalik, Promenadendeck 384). **3.** ⟨a. + sich⟩ **a)** *sich abheben, in seinen Umrissen [deutlich] erkennbar sein:* die Konturen, Umrisse von etw. zeichnen sich auf einem Hintergrund ab; Dahinter zeichnete sich die Filigranspitze des ... Kirchturms gegen den hellen Himmel ab (Hausmann, Abel 174); Ü eine Entwicklung, Tendenz, Gefahr zeichnet sich ab *(wird erkennbar, deutet sich an);* die Gründe für den Wertwandel ..., der sich bei den Jugendlichen abzeichnet (Nordschweiz 29. 3. 85, 3); **b)** *sich widerspiegeln, sichtbar werden:* in seinem Gesicht zeichnete sich ein plötzliches Erschrecken ab.

Ab|zeich|nung, die; -, -en: *das Abzeichnen* (2).

Ab|zieh|ap|pa|rat, der: **1.** *Vorrichtung zum Abziehen* (7) *von Klingen.* **2.** *Abziehpresse.*

Ab|zieh|bild, das: *Bild, das spiegelverkehrt auf ein wasserlöslich grundiertes Papier gedruckt ist u. nach Anfeuchten auf einen Gegenstand übertragen werden kann, wobei das Papier abgezogen wird:* -er abziehen; Ü Die globale Inflation ... ist nur ein A. der Politik (MM 4. 6. 70, 2).

ab|zie|hen ⟨unr. V.⟩: **1.** ⟨hat⟩ **a)** *[von, aus etw.] ziehend entfernen, weg-, herunter-, herausziehen:* den Zündschlüssel a.; einen Ring vom Finger a.; **b)** *(landsch.) (bes. eine Kopfbedeckung) abnehmen, ablegen:* Der junge Mann zog die Mütze vor ihr ab (Schnabel, Marmor 9); Später dann, ungern, zieht sie die berühmte Küchenschürze ab (Frisch, Gantenbein 340). **2.** ⟨hat⟩ **a)** *(von einem Tier) das Fell, die Haut abziehen:* dem Hasen das Fell a.; **b)** *(vom Körper eines erlegten, geschlachteten Tieres) das Fell, die Haut ziehend entfernen:* den Hasen a. **3.** *durch Weg-, Herunterziehen von etw. frei machen* ⟨hat⟩: Pfirsiche, Tomaten a.; die Bohnen müssen abgezogen *(von den Fäden befreit)* werden. **4.** ⟨hat⟩ **a)** *die Bettwäsche vom Bett abnehmen:* das Bettzeug, den Bezug a.; **b)** *ein Bett von der Bettwäsche frei machen:* die Betten a. **5.** *den Abzug einer Waffe o. Ä. betätigen* ⟨hat⟩: er hob die Handgranate a.; er lud dicht und zog ab. **6.** *durch Abschleifen von Unebenheiten glätten* ⟨hat⟩: das Parkett [mit Stahlspänen] a. **7.** *(eine Klinge) schärfen* (1) ⟨hat⟩: das Messer auf einem Stein a. **8.** ⟨hat⟩ **a)** (Fot.) *einen Abzug* (2a) *machen:* ein Negativ a. lassen; **b)** (Druckw.) *einen Abdruck von etw. machen, vervielfältigen:* einen Text [20 Mal] a. **9.** (Kochk.) *mit etw. (bes. Eidotter) verrühren u. dadurch eindicken; legieren* ⟨hat⟩: die Suppe a. **10. a)** *(aus einem Fass o. Ä. entnehmen u.) in Flaschen abfüllen* ⟨hat⟩: Wein, Most [auf Flaschen] a. **b)** (Winzerspr.) *(von jungem Wein) von einem Fass in ein anderes umfüllen u. dadurch vom Bodensatz trennen.* **11.** (Textilw.) *(eine Farbe aus einem Stoff) he-*

rausziehen ⟨hat⟩: die alte dunkle Farbe a. **12.** (Milit.) *(Truppen, Waffen) zurückziehen* ⟨hat⟩: Truppen a.; dass die Russen ihre Raketen abzogen (Basta 6, 1984, 24). **13.** *weglocken, entziehen* ⟨hat⟩: die vielen Ablenkungen zogen ihn von seiner Arbeit ab, zogen seine Aufmerksamkeit ab. **14. a)** *von etw. abrechnen, durch Subtraktion wegnehmen, subtrahieren* ⟨hat⟩: 20 von 100 a.; Ü dass ... der Aufenthalt in fremden Häusern und Städten von meiner Lebenszeit abgezogen werden müsste (Gregor-Dellin, Traumbuch 144); zog er wohl neunzig Prozent von dem ... Gerede ab *(hielt es zu 90 Prozent für unglaubwürdig;* Fallada, Herr 209); **b)** *den Preis berechnen u. kassieren:* Frau Müller, können Sie bitte der Kundin rasch noch den Liter Milch a.? **15.** (salopp) *vonstatten gehen lassen, routinemäßig durchführen, veranstalten* ⟨hat⟩: eine Party, eine Fete a.; Will er ... sein Kabarettsolo vor mir a.? (Ziegler, Kein Recht 221); Wir hatten ... einen ausgelassenen Abend a. wollen (Perrin, Frauen 207); Er ... zog sein wenig qualifiziertes Interview mit Egon Bahr ab (Hörzu 44, 1980, 189). **16.** *von einer Luftströmung weggetragen werden; wegziehen* ⟨ist⟩: der Nebel, die Gewitterfront zieht ab; Der Rauch zieht durch ein Loch in der Decke ab (Chotjewitz, Friede 201). **17.** ⟨ist⟩ **a)** (Milit.) *abrücken, abmarschieren:* die Truppen zogen ab; **b)** (ugs.) *weggehen, sich entfernen:* das kleine Mädchen zog strahlend ab; Ist mir doch egal, mit wem Peter abzieht (Gabel, Fix 86). **18.** (Ballspiele Jargon) *plötzlich wuchtig schießen* ⟨hat⟩: der Torjäger zog entschlossen ab.

Ab|zie|her, der; -s, -: **1.** (Druckw.) *jmd., der Korrekturabzüge abzieht* (8 b). **2.** (landsch.) *mit einer od. mehreren Lippen aus Gummi versehenes Gerät zum Wegschieben des Putzwassers auf glatten Flächen (wie Fußböden, Fensterscheiben u. Ä.).*

Ab|zieh|klin|ge, die: *Klinge, mit der etw. durch Abziehen feinster Späne gesäubert u. geglättet wird.*

Ab|zieh|pres|se, die (Druckw.): *Druckpresse, auf der Korrekturabzüge o. Ä. mit der Hand hergestellt werden.*

Ab|zieh|rie|men, der: *Lederriemen zum Abziehen* (7) *des Rasiermessers.*

Ab|zieh|stahl, der: *Wetzstahl.*

Ab|zieh|stein, der: *feinkörniger Stein zum [Nach]schleifen von Schneidewerkzeugen.*

Ab|zieh|vor|rich|tung, die (Technik): *Vorrichtung zum Abziehen* (1 a) *eines Rades von einer Welle od. Achse.*

ab|zie|len ⟨sw. V.; hat⟩: *zum Ziel haben, anstreben; auf etw. hinzielen, gerichtet sein:* sie zielt mit ihren Worten auf das Mitgefühl der Zuhörenden ab; Maßnahmen, die ... auf die Sicherung ... der Macht ... abzielen (Fraenkel, Staat 20); eine auf Gewinn abzielende Taktik; zuvor ließe sich die Forschung verbieten, die auf Klonierungstechniken für den Menschen abzielt (Woche 7. 3. 97, 25).

ab|zin|sen ⟨sw. V.; hat⟩ (Bankw.): *das Anfangskapital aus einem gegebenen Endkapital ermitteln:* später fällige Zahlun-

gen a.; abgezinste Wertpapiere; Beim abgezinsten Sparbrief werden Zins und Zinseszins ... auf die gesamte Laufzeit angerechnet (Hörzu 8, 1978, 107).

Ab|zin|sung, die; -, -en: *das Abzinsen.*

ab|zir|keln ⟨sw. V.; hat⟩: *[mit dem Zirkel] genau abmessen:* eine Entfernung auf der Karte a.; Beete, Wege genau a.; Der Kundenparkplatz ... glich einem in Planquadrate abgezirkelten Rollfeld (Fels, Unding 26); Ü seine Worte a. *(abwägen, wohl überlegt setzen).*

Ab|zir|ke|lung, Ab|zirk|lung, die; -, -en: *das Abzirkeln.*

ab|zi|schen ⟨sw. V.; ist⟩ (salopp): *sich schnell entfernen:* zisch ab!; Und jetzt zische ich ab (Fichte, Versuch 93).

ab|zit|tern ⟨sw. V.; ist⟩ (salopp): *sich entfernen:* zittere bloß ab!; Die Bullen warten doch nur darauf, dass ihr wieder Putz macht, damit sie euch greifen können. Also, zittert ab (Degener, Heimsuchung 22).

ab|zo|cken ⟨sw. V.; hat⟩ (salopp): **a)** *ausnehmen* (3 a): St. Pauli ... Das Lokal ist voll gestopft mit kleinen Tischen ... Glas Bier, das 15 Mark kostet, das gut aufgeteilt werden muss, denn, nicht wahr, wir lassen uns nicht a. (Frings, Fleisch 13); **b)** *abgaunern:* wegen abgezockter öffentlicher Mittel vor Gericht stehen.

Ab|zo|cker, der; -s, - (salopp): *jmd., der andere [auf hinterlistige, unredliche Weise] finanziell übervorteilt, um ihr Geld bringt:* er ist als A. bekannt; »Schnell reich werden!« - so fangen zahllose E-Mails an, mit denen kleine, billige A. Goldgräberstimmung verbreiten wollen (Woche 20. 12. 96, 23).

Ab|zo|cke|rin, die; -, -nen: w. Form zu ↑Abzocker.

ab|zot|teln ⟨sw. V.; ist⟩ (salopp): *sich langsam, trottend entfernen:* ich zott[e]le ab.

Ab|zug, der; -[e]s, Abzüge: **1.** *Hebel an Schusswaffen zum Auslösen des Schusses:* den Finger am A. haben; Auch du hattest schon ... die Hand am A. eines Gewehrs, einer Handgranate (Erné, Kellerkneipe 51); am A. spielen. **2. a)** (Fot.) *von einem Negativ hergestelltes Positiv:* Abzüge machen lassen; **b)** (Druckw.) ¹*Abdruck* (2). **3. a)** *das Abziehen* (14); *Abrechnung:* nach A. der Unkosten; * etw. in A. bringen (Papierdt.; *etw. bei einer Berechnung abziehen);* **b)** ⟨Pl.⟩ *Steuern, Abgaben:* meine Abzüge sind sehr hoch. **4. a)** ⟨o. Pl.⟩ *das Abziehen* (16): wir müssen für ausreichenden A. [der Gase] sorgen; **b)** *Vorrichtung, Öffnung, durch die etw. abziehen* (16) *kann:* ein A. für den Rauch. **5.** ⟨Pl. selten⟩ (bes. Milit.) *das Abrücken, der Abmarsch:* der A. der Besatzungstruppen; A. mit Schimpf und Schande (Gaiser, Schlußball 28). ♦ **6.** ⟨o. Pl.⟩ *das Abheben u. Aufdecken einer Spielkarte vom Kartenstock:* O das verfluchte Spiel! ... Beim A. war's nicht just (Goethe, Die Mitschuldigen I, 7).

ab|züg|lich ⟨Präp. mit Gen.⟩ (bes. Kaufmannsspr.): *nach, unter Abzug* (3 a): a. des gewährten Rabatts, ⟨ein folgendes allein stehendes, stark gebeugtes Subst. im Sg. bleibt ungebeugt:⟩ a. Rabatt; ⟨mit

Abzugsbügel

Dat. bei allein stehendem Subst. im Pl.:〉 a. Getränken.
Ab|zugs|bü|gel, der: *Abzug* (1).
ab|zugs|fä|hig 〈Adj.〉 (Steuerw.): *sich bei der Berechnung des steuerpflichtigen Einkommens abziehen lassend:* -e Ausgaben.
Ab|zugs|fe|der, die: *Feder, mit der sich der Abzug* (1) *spannen lässt.*
ab|zugs|frei 〈Adj.〉: *frei von Steuerabzügen.*
Ab|zugs|gra|ben, der: *Abfluss-, Entwässerungsgraben.*
Ab|zugs|hahn, der: *Hahn* (4).
Ab|zugs|hau|be, die: *dem Dunstabzug dienende haubenartige Vorrichtung über Feuerungen, Kochherden o. Ä.*
Ab|zugs|he|bel, der: *Hahn* (4).
Ab|zugs|ka|min, der: *Kamin, über den Rauch o. Ä. abziehen kann.*
Ab|zugs|ka|nal, der (Bauw., Technik): *Kanal für Abwässer.*
Ab|zugs|lei|ne, die (früher): *(an einer Kanone) Vorrichtung zum Auslösen eines Schusses.*
Ab|zugs|loch, das: *Öffnung, durch die etw. abziehen* (1 b) *kann.*
Ab|zugs|rin|ne, die: *Rinne, durch die etw. abziehen, abfließen kann.*
Ab|zugs|rohr, das: vgl. Abzugsrinne.
Ab|zugs|schach, das: *Schach, das durch das Abziehen einer Figur aus der Wirkungslinie der Dame, eines Läufers od. Turmes geboten wird.*
Ab|zugs|schacht, der (Bauw.): *Schacht zum Abzug von Dämpfen, Gasen, Gerüchen.*
Ab|zugs|vor|rich|tung, die: *Vorrichtung zum Abziehen* (5, 16).
ab|zup|fen 〈sw. V.; hat〉: **a)** *durch Zupfen von etw. lösen, abtrennen:* die [Blüten]blätter, Beeren, Stiele a.; die Weintrauben waschen und a. (e & t 7, 1987, 21); **b)** *durch Zupfen von etw. frei machen:* abgezupfte Traubenstiele.
ab|zwa|cken 〈sw. V.; hat〉 (ugs.): **1.** *abkneifen* (1): ein Stück Draht a. **2.** *[aus Kleinlichkeit] abziehen, entziehen; abknapsen:* vom Haushaltsgeld zehn Mark für Kosmetik a.; Diese Summe ... soll an keinem anderen Ende des Kultursäckels abgezwackt werden (SZ 25./26. 6. 77, 15); Ü sich ein wenig Zeit für etw. a.
ab|zwe|cken 〈sw. V.; hat〉 (selten): *auf einen bestimmten Zweck gerichtet sein; etw. bezwecken:* Maßnahmen, die auf eine Sicherung seiner Macht abzwecken.
Ab|zweig, der; -[e]s, -e: **1.** (Verkehrsw.) *abzweigende Autobahn, Straße:* weist ... ein Straßenschild auf den A. Einsiedel hin (Freie Presse 1. 12. 89, Beilage 3); ein A. von der Autobahn. **2.** (Technik) *Teilstück, das zum Abzweigen einer Rohrleitung verwendet wird.*
Ab|zweig|do|se, die (Elektrot.): *(bei elektrischen Installationen) einer Dose ähnlicher, mit Löchern versehener Gegenstand) zum Abzweigen elektrischer Leitungen; Verteilerdose.*
ab|zwei|gen 〈sw. V.〉: **1.** 〈ist〉 **a)** *(von Wegen o. Ä.) seitlich abgehen, in eine andere Richtung führen:* dort zweigt ein Weg von der Landstraße, zum Dorf ab; Der nach Marinowka und weiter nach Ka-

latsch abzweigende ... Eisenbahnstrang (Plievier, Stalingrad 163); **b)** (seltener) *(von Personen) sich von einer als Hauptrichtung angesehenen Richtung entfernen, sie verlassen:* weiter unten zweigt er vom Weg ab. **2.** *zu einem bestimmten Zweck von etw. wegnehmen* 〈hat〉: einen Teil des Geldes zur Schuldentilgung a.; wie vielleicht von den Stipendien etwas abzuzweigen sei (Leonhard, Revolution 78); wenn der Enkel dem Großvater von seiner Portion ... etwas abzweigte *(es ihm abgab;* Wohmann, Irrgast 156); Fachleute ... verstanden es, aus abgezweigten Chemikalien Sprengladungen für die Handgranaten zu mixen (Apitz, Wölfe 27).
Ab|zweig|kas|ten, der (Elektrot.): *Kasten, in dem Abzweigungen von einer Hauptleitung liegen.*
Ab|zweig|klem|me, die: *Klemme, mit deren Hilfe etw. abgezweigt wird.*
Ab|zweig|muf|fe, die: *Muffe, mit deren Hilfe etw. abgezweigt wird.*
Ab|zweig|rohr, das: vgl. Abzweig (2).
Ab|zweig|stel|le, die: **1.** (Eisenb.) *Blockstelle, an der ein od. mehrere Gleise abzweigen.* **2.** *Abzweig* (1).
Ab|zwei|gung, die; -, -en: **1.** *Stelle, an der von einer Straße o. Ä. eine andere abzweigt.* **2.** *Strecke, Leitung o. Ä., die von einer zentralen Strecke, Leitung o. Ä. abzweigt.*
ab|zwi|cken 〈sw. V.; hat〉: *abkneifen* (1): ein Stück Draht a.
ab|zwin|gen 〈st. V.; hat〉: *durch intensive Bemühung, durch einen gewissen Zwang erhalten, erreichen; jmdm., sich abnötigen, abringen:* dem Gegner Bewunderung a.; jmdm. ein Versprechen, ein Zugeständnis a.; sich zwang mir ein Lächeln ab *(zwang mich zu lächeln);* Ü Ornemünding ..., wo einst die Engländer ihren künstlichen Hafen dem Meer abgezwungen hatten (Grass, Blechtrommel 682).
ab|zwit|schern 〈sw. V.; ist〉 (salopp): *davongehen, sich entfernen:* lasst uns nach dem Frühstück a.; Da bin ich abgezwitschert (Fels, Sünden 103).
Ac = Actinium.
a c. = a conto.
à c. = à condition.
a. c. = anni currentis; anno currente.
a cap|pel|la [ital., zu: cappella = ¹Kapelle, d.h. in der Art eines hier singenden Chores] (Musik): *(vom Chorgesang) ohne Begleitung von Instrumenten:* die Chöre sind alle a c.; a c. singen.
A-cap|pel|la-Chor, der: *Chor, der ohne Instrumentalbegleitung singt.*
acc. c. inf. = accusativus cum infinitivo (↑Akkusativ).
ac|cel. = accelerando.
ac|cel|le|ran|do [atʃele'rando] 〈Adv.〉 [ital., zu: accelerare = beschleunigen] (Musik): *schneller werdend;* Abk.: accel.
Ac|cent ai|gu [aksã'gy], der; - -, -s -s [aksã'gy; frz. accent aigu, aus: accent (< lat. accentus, ↑Akzent) u. aigu < lat. acutus = scharf, spitz]: *Akut im Französischen* (ê).
Ac|cent cir|con|flexe [aksãsirkõ'flɛks], der; - -, -s -s [aksãsirkõ'flɛks; frz. accent circonflexe, aus: accent (↑Accent aigu) u.

circonflexe < lat. circumflexum, 2. Part. von: circumflectere = umbiegen, eine Silbe lang betonen]: *Zirkumflex im Französischen* (ê).
Ac|cent grave [aksã'gra:v], der; - -, -s -s [aksã'gra:v; frz. accent grave, aus: accent (↑Accent aigu) u. grave < lat. gravis, ↑Gravis]: *Gravis im Französischen* (è).
Ac|cen|tus [ak'tsɛntʊs], der; -, - [...tu:s; lat. accentus, ↑Akzent]: *Sprechgesang in der Liturgie der katholischen u. protestantischen Kirche;* vgl. Concentus.
Ac|ces|soire [aksɛ'soa:ɐ̯], das; -s, -s [aksɛ'soa:ɐ̯(s)] 〈meist Pl.〉 [frz. accessoires (Pl.), eigtl. = Nebensachen, zu lat. accessum, 2. Part. von: accedere = hinzukommen]: *modisches Zubehör zur Kleidung, zur Wohnung, zum Auto u. Ä.:* Der Schal als solcher ... Ursprünglich ein Stück ganzheitlicher Oberbekleidung, wurde er nach und nach ... zu einem A. reduziert (Zeit 24. 9. 98, 22); die -s aufeinander abstimmen; Einige Extras verbessern den Gebrauchswert eines Fahrzeugs ... Andere -s hingegen dienen vornehmlich der Augenwischerei (Gute Fahrt 4, 1974, 28).
Ac|ciac|ca|tu|ra [atʃaka'tu:ra], die; -, ...ren [ital., eigtl. = Quetschung] (Musik): *(in der Musik für Tasteninstrumente des 17./18. Jh. dem Mordent und dem kurzen Vorschlag ähnliche Verzierung, bei der gleichzeitig mit der Hauptnote deren untere Nebennote kurz angeschlagen und sofort wieder losgelassen wird.*
Ac|com|pa|gna|to [akɔmpan'ja:to], das; -s, -s u. ...ti [ital., zu: accompagnare = begleiten] (Musik): *von Instrumenten begleitetes Rezitativ.*
Ac|cor|da|tu|ra [akɔr...], die; - [ital., zu: accordare = abstimmen] (Musik): *die übliche Stimmung* (4) *eines Saiteninstruments.*
Ac|cra: Hauptstadt von Ghana.
Ac|cro|cha|ge [akrɔ'ʃa:ʒ(ə)], die; -, -s [...ʒn; frz. accrochage = das Aufhängen, zu: accrocher = aufhängen]: *Ausstellung aus den eigenen Beständen einer Privatgalerie.*
Ace [eɪs], das; -, -s [...sɪz; engl. ace < frz. as, ↑¹Ass](Golf, Tennis): ¹*Ass* (3).
Acell|la®, die; - [Kunstwort]: *Kunststofffolie aus Polyvinylchlorid für Wandverkleidungen u. a.*
Acet|al|de|hyd, der [zu ↑Acetat u. ↑Aldehyd] (Chemie): *farblose Flüssigkeit von betäubendem Geruch, die ein wichtiger Ausgangsstoff od. ein wichtiges Zwischenprodukt bei chemischen Synthesen ist.*
Ace|tat, das; -s, -e [zu lat. acetum = (Wein)essig] (Chemie): **1.** 〈o. Pl.〉 *(auf der Basis von Zellulosederivaten hergestellte) Chemiefaser.* **2.** *Salz od. Ester der Essigsäure.*
Ace|tat|sei|de, die 〈o. Pl.〉: *Kunstseide, die aus mit Essigsäure behandeltem Zellstoff hergestellt wird.*
Ace|ton, das; -s (Chemie): *farblose, stark riechende Flüssigkeit, die als Lösungsmittel verwendet wird.*
Ace|ty|len, das; -s [zu griech. hýlē = Stoff, Materie] (Chemie): *aus Kalzium-*

karbid u. Wasser gewonnenes, farbloses, brennbares Gas.
Ace|ty|len|bren|ner, der: *Schweißgerät, in dem Acetylengas als Brenngas verwendet wird.*
Ace|ty|len|gas, das: *aus Kalziumkarbid u. Wasser gewonnenes Gas; Acetylen.*
Ace|ty|len|lam|pe, die (früher): *mit Acetylengas gespeiste Lampe.*
Ace|ty|len|schwei|ßung, die: *mithilfe eines Acetylenbrenners vorgenommene Schweißung.*
ach ⟨Interj.⟩ [mhd. ach, ahd. ah]: **1.** als Ausdruck des Schmerzes, der Betroffenheit, des Mitleids o. Ä.: ach, musste das wirklich so kommen?; ach je; ach, die Armen; ach, ich habe sie verloren; * **a. und weh schreien** (ugs.; *jammern u. klagen*); **2.** ⟨meist betont⟩ **a)** als Ausdruck des ⟨ironischen⟩ Bedauerns: ach, wie schade!; verstärkend vor »so« + Adj.: ein ach so beliebtes Thema!; **b)** als Ausdruck der Verwunderung, des [freudigen] Erstaunens, des Unmuts: ach, das ist mir neu!; ach, ist das schön!; ach, den meinst du!; Ach, das verstehst du nicht (Jens, Mann 123); ach, lassen wir das; **c)** als Ausdruck des Verlangens o. Ä.: ach, wäre doch schon Feierabend!; **d)** als Ausdruck des Verstehens (ach + so). **3.** ⟨unbetont⟩ als Ausdruck der Verneinung (ach + wo[her], was; ugs.): ach wo, wir waren zu Hause; ach was, das ist doch gar nicht wahr.
Ach, das; -s, -[s]: Ausruf, mit dem jmd. Betroffenheit, Bedauern, Verwunderung o. Ä. ausdrückt: hin und wieder (?) sein ewiges A. und Weh (*Klagen, Gejammer*) fällt mir auf die Nerven; * **A. und Weh schreien** (ugs.; *jammern u. klagen*); **mit A. und Krach** (ugs.; *mit Mühe u. Not; nur unter großen Schwierigkeiten*): mit A. und Krach hat sie das Examen geschafft.
Achäler, der; -s, -: Angehöriger eines altgriechischen Volksstammes.
Achäerin, die; -, -nen: w. Form zu ↑Achäer.
Achalia, -s: griechische Landschaft im Nordwesten des Peloponnes.
Achäne, die; -, -n [aus griech. a- = nicht u. chainein = sich öffnen] (Bot.): *(für die Korbblütler typische) Schließfrucht mit nur einem Samen.*
Achat, der; -[e]s, -e [mhd. achāt(es) < lat. achates < griech. achátēs, H. u.] (Mineral.): *gebänderter Chalzedon von verschiedener Färbung.*
acha|ten ⟨Adj.⟩: *aus Achat bestehend:* eine ... -e Dose mit Brillanten (B. Frank, Tage 13).
ącheln ⟨sw. V.; hat⟩ [jidd., zu hebr. ạkal = essen] (landsch.): *essen:* hier kriegst du nichts mehr zu a. (Leip, Klabauterflagge 52).
Achen|see, der; -s: See in Nordtirol.
Ącheron, der; -[s] [griech. Achérōn ⟨Gen.: Achérontos⟩]: (griech. Myth.): *Fluss der Unterwelt.*
acheron|tisch ⟨Adj.⟩ [spätlat. Acheronticus]: **1.** *den Acheron betreffend.* **2.** *zur Unterwelt gehörend.*
Acheuléen [aʃøleˈɛ̃ː], das; -[s] [nach dem frz. Fundort St.-Acheul, einem Vor-

ort von Amiens]: *Kulturstufe der Altsteinzeit.*
Achia [aˈʃiːa], Atchia; -[s], -[s] [Hindi, zu: acār = Marinade, aus dem Pers.]: *indisches Gericht aus Bambusschösslingen.*
Achil|les|fer|se, die; -, -n ⟨Pl. selten⟩ [nach der einzig verwundbaren Stelle am Körper des griech. Sagenhelden Achilles] (bildungsspr.): *jmds. verwundbare Stelle; empfindlicher, schwacher Punkt:* das ist seine A.; Wer in die geheimen Dienste tritt, ... der muss seine Blößen, verwundbare Stellen, -n oder wie Sie es sonst nennen wollen, sorgfältig verbergen (Habe, Namen 386); Ü Wo die verschiedenen Modelle ihre -n haben, zeigen die ... Tabellen (ADAC-Motorwelt 5, 1986, 42 II).
Achil|les|seh|ne, die; -, -n [analog zu ↑Achillesferse] (Anat.): *Sehne, die zwischen Fersenbein und Wadenmuskel verläuft.*
Achil|les|seh|nen|re|flex, der (Med.): *reflektorische Verkürzung des Wadenmuskels beim Beklopfen der (leicht angespannten) Achillessehne, durch die der Fuß sohlenwärts gebeugt wird.*
Achil|les|seh|nen|riss, der: *Verletzung der Achillessehne in Form eines Risses.*
Ach|laut, der; -[e]s, -e: *der Laut ch, wie er im Deutschen nach a, o, u gesprochen wird* (z. B. ach, Koch, Geruch).
a. Chr. [n.] = ante Christum [natum].
Achro|ma|sie [akro...], die; -, -n [zu griech. a- = nicht u. chrṓma, ↑Chrom] (Optik): *das Freisein von Farbfehlern (bei optischen Systemen).*
Achro|mat, der; -[e]s, -e (Optik): *Linsensystem, bei dem die chromatische Aberration für zwei Farben korrigiert ist.*
achro|ma|tisch ⟨Adj.⟩ (Optik): *die Achromasie betreffend, sie aufweisend; unbunt.*
Achro|ma|tis|mus, der; -, ...men: *Achromasie.*
Achro|mie, die; -, -n (Med.): *angeborenes od. erworbenes Fehlen von Pigmenten (1) in der Haut.*
Achs|ab|stand, der: *Abstand zwischen zwei Achsen; Radstand.*
Achs|an|trieb, der (Kfz-T.): *Antrieb der Treibachse durch das vom Getriebe kommende Drehmoment.*
Achs|bruch: ↑Achsenbruch.
Achs|druck, der ⟨Pl. -drücke⟩: *Achslast.*
Ach|se, die; -, -n [1 a: mhd. a(c)hse, ahd. ahsa, urspr. = Drehpunkt (der geschwungenen Arme)]: **1.** (Technik) **a)** *Teil, das zwei in Fahrtrichtung nebeneinander liegende Räder eines Fahrzeugs, Wagens verbindet:* die A. ist gebrochen, hat sich heiß gelaufen; Die -n schlugen ... gehetzt, der Zug raste durch die Nacht (Simmel, Stoff 302); bis an die -n in Schlamm sinken; ein Güterzug von hundertzwanzig -n mit Kies und Schnittholz (Johnson, Mutmaßungen 14); * **auf [der] A. sein** (ugs.; *unterwegs, auf Reisen, auf Geschäftsreise sein*); **per A.** (Wirtsch., Verkehrsw.; *mittels eines Landfahrzeugs*): dann ziehen sie ... über ein verlängertes Wochenende per A. westwärts (auto touring 2, 1979, 9);

b) *stabförmiges [mit Zapfen versehenes] Maschinenteil zum Tragen u. Lagern von Rollen, Rädern, Scheiben, Hebeln u. a.:* die A. der Schleifscheibe. **2.** *[gedachte] Mittellinie, um die sich ein Körper dreht; Drehachse.* **3. a)** (Math.) *Gerade, die bei einer Drehung ihre Lage nicht verändert; Koordinaten-, Symmetrieachse;* **b)** (Geol.) *gedachte Linie, um die die Schichtung herumgebogen ist;* **c)** (Archit.) *Linie senkrechter od. waagerechter Richtung, auf die Bauwerke, Grundrisse o. Ä. bezogen sind.* **4.** (Bot.) *Sprossachse.* **5.** *Verbindung, Verbindungslinie:* die Bahnlinie als A. zwischen dem Norden u. dem Süden des Landes; Ü die A. Berlin–Rom (*Bezeichnung für die enge außenpolitische Zusammenarbeit zwischen dem faschistischen Italien u. dem nationalsozialistischen Deutschland;* 1936 von Mussolini in einer Rede geprägt); Die drei Großmächte Russland, China und Indien schmieden an einer A. (Woche 4. 4. 97, 17).
Ąch|sel, die; -, -n [1 a: mhd. ahsel, ahd. ahsla, vgl. Achse]: **1. a)** *Schulter* (1): *die* -n hochziehen, fallen lassen; die mit -n zucken (↑Schulter 1); * **etw. auf die leichte A. nehmen** (↑Schulter 1); **etw. auf seine -n nehmen** (↑Schulter 1); **auf beiden -n [Wasser] tragen** (veraltet; ↑Schulter 1); **jmdn. über die A. ansehen** (↑Schulter 1): Man sprach mit Geringschätzung von ihnen, ... sie wurden über die A. angesehen (Th. Mann, Zauberberg 286); **b)** *Achselhöhle:* die -n ausrasieren; das Gewehr in die A. schieben; in, unter der A. Fieber messen; zündete er sich eine Zigarette an, mir steckte er unter der A. hindurch auch eine zu (H. Kolb, Wilzenbach 12); **c)** (Schneiderei veraltend) *Schulter* (2) *an einem Kleidungsstück:* die A. muss gehoben werden. **2.** (Bot.) *Blattachsel.*
Ąch|sel|band, das ⟨Pl. -bänder⟩: *[Band für] Träger an Kleidern u. Unterwäsche.*
Ąch|sel|drü|se, die: *unter der Achsel* (1 b) *gelegene Drüse.*
Ąch|sel|griff, der: *bei der Rettung eines Ertrinkenden angewandter Griff unter die Achseln.*
Ąch|sel|gru|be, die: *Achselhöhle.*
Ąch|sel|haa|re ⟨Pl.⟩: *in der Achselhöhle wachsende Haare:* die A. ausrasieren.
Ąch|sel|höh|le, die: *(beim Menschen) grubenartige Vertiefung unter dem Schultergelenk.*
Ąch|sel|klap|pe, die ⟨meist Pl.⟩: *Schulterklappe.*
Ąch|sel|knos|pe, die (Bot.): *in den Blattachseln angelegte Seitenknospe.*
ąch|seln ⟨sw. V.; hat⟩ (landsch.): *schultern:* den Sack a.
Ąch|sel|pols|ter, das: *Schulterpolster.*
Ąch|sel|schnur, die ⟨Pl. -schnüre⟩: *an der Achselklappe einer Uniform befestigte geflochtene Schnur zur Kennzeichnung bestimmter Dienststellungen.*
Ąch|sel|schweiß, der: *von den Achseldrüsen abgesonderter Schweiß.*
Ąch|sel|spross, der (Bot.): *aus einer Achselknospe hervorgegangener Seitenspross.*
ąch|sel|stän|dig ⟨Adj.⟩ (Bot.): *in der Blattachsel stehend.*

Achselstück

Ach|sel|stück, das ⟨meist Pl.⟩: Schulterstück (1).
Ach|sel|zu|cken, das; -s: kurzes Hochziehen der Schultern (als Gebärde des Nichtwissens od. der Gleichgültigkeit): ein A. war die Antwort; Sie sei ja noch nicht einmal jetzt willkommen, murmelte sie mit einem erstaunten und traurigen A. (Maass, Gouffé 130).
ach|sel|zu|ckend ⟨Adj.⟩: mit einem Achselzucken: etw. a. sagen; sie ging a. hinaus; ein kleiner Fehlschlag ..., der mit einem -en Bedauern hingenommen werden konnte (Fallada, Trinker 12).
Ach|sen|bruch, der: Bruch der Achse (1 a).
Ach|sen|dre|hung, die: Drehung um die [eigene] Achse: die A. der Erde.
Ach|sen|kreuz, das (Math.): von den Achsen eines ebenen Koordinatensystems gebildetes Kreuz.
Ach|sen|mäch|te, die ⟨Pl.⟩ [nach der Achse Berlin–Rom, einem von Mussolini geprägten Begriff; vgl. Achse 5] (Politik): (von 1936 an) das nationalsozialistische Deutsche Reich u. seine Verbündeten, bes. Italien.
Ach|sen|sym|me|trie, die (Math.): spiegelbildliche Anordnung von Zeichen zu beiden Seiten einer gedachten Linie.
ach|sen|sym|me|trisch ⟨Adj.⟩: in der Weise der Achsensymmetrie.
Ach|sen|zy|lin|der, der (Med.): in der Nervenfaser zentral gelegener Fortsatz einer Nervenzelle.
-ach|ser in Zusb., z. B. Dreiachser (mit Ziffer: 3-Achser): Wagen mit drei Achsen (1 a).
ach|sig ⟨Adj.⟩: axial.
-ach|sig in Zusb., z. B. dreiachsig (mit Ziffer: 3-achsig): mit drei Achsen (1 a) [versehen].
Ach|sig|keit, die; -: Axialität.
Achs|ki|lo|me|ter, der (Verkehrsw.): Produkt aus der Zahl der Achsen (1 a) u. der zurückgelegten Kilometer (als statistische Maßzahl zur Bestimmung der Betriebsleistung bes. im Bahnverkehr).
Achs|la|ger, das ⟨Pl. ...lager⟩ (Technik): Lager (6 a), in dem eine Achse (1 a) liegt.
Achs|last, die: von einer Achse (1 a) auf Fahrbahn od. Schiene ausgeübte Kraft; Achsdruck.
Achs|na|gel, der: vor das Rad gesteckter Stift, der verhindert, dass sich das Rad von der Achse löst; Vorstecker, Lünse.
achs|recht ⟨Adj.⟩: axial.
Achs|schen|kel, der (Kfz-T.): Verbindung zwischen dem Ende der Vorderachse u. dem Vorderrad.
Achs|schen|kel|bol|zen, der (Kfz-T.): Bolzen, der bestimmte Bewegungen des Achsschenkels ermöglicht.
Achs|stand, der: Achsabstand.
Achs|sturz, der ⟨Pl. ...stürze⟩ (Kfz-T.): von der Senkrechten abweichende Neigung eines Rades.
Achs|wel|le, die: **a)** als Achse dienende Welle (5); **b)** (Kfz-T.) Antriebswelle eines Kraftfahrzeugs.
¹acht ⟨Kardinalz.⟩ [mhd. aht, ahd. ahto; wohl eigtl. = die beiden Viererspitzen (nämlich der Hände ohne Daumen); urspr. Zahl eines alten Vierersystems]

(als Ziffer: 8): a. und eins ist/macht/gibt neun; wir sind a. Personen, zu -en, (geh.:) unser a.; Sie waren die Mütter von -en seiner Kinder (Th. Mann, Joseph 361); die ersten, letzten a.; das kostet a. Mark; es ist, schlägt a. [Uhr]; um a., Punkt a., (ugs.:) Schlag a.; ein Viertel vor/(seltener:) auf/nach a.; halb a.; sie kommt gegen a. [Uhr]; alle a. Tage; sie wird heute a. [Jahre], a. Jahre alt; im Jahre a. nach Christus; ich fahre mit der Linie a.; die Mannschaft gewann a. zu vier (8 : 4).
²acht: in der Fügung **zu a.** (als Gruppe von acht Personen): sie kamen zu a.
¹Acht, die; -, -en: **a)** Ziffer 8: eine A. schreiben; die Zahl, Ziffer Acht; eine arabische, römische A.; eine A. schießen; **b)** etw. von der Form der Ziffer 8: sein Fahrrad hatte hinten eine A. (ugs.; der Hinterreifen des Fahrrads war zur Form einer 8 verbogen); **c)** (ugs. scherzh.) Handschellen: jmdm. die [stählerne] A. anlegen; Da schlägt Torsten mit der A., die seine Hände zusammenhält, gegen die Wand (Bredel, Prüfung 84); **d)** Spielkarte mit einer Acht: eine A. abwerfen; **e)** (ugs.) [Straßen]bahn, Omnibus der Linie 8; **f)** Figur, die die Form einer 8 beschreibt: auf dem Eis eine A. laufen; er ging in an um die Sessel nun eine A. (Kempowski, Uns 313); **g)** mit der Ziffer 8 in einer Liste o. Ä. Gekennzeichnetes: ich nehme die A. und die Vierzehn (die Gerichte Nummer 8 u. 14 auf der Speisekarte).
²Acht, die; - [mhd. āhte, ahd. āhta, H. u.] (hist.): Ausschluss einer Person vom Rechtsschutz, aufgrund dessen sie vogelfrei wurde: über jmdn. A. verhängen; jmdn. mit der A. belegen; *jmdn. in A. und Bann tun (1. hist.; aus der weltlichen u. kirchlichen Gemeinschaft ausschließen). 2. geh.; aus einer Gemeinschaft ausschließen, verdammen): Eine Reihe von anderen ... wurden zusammen mit mir in A. und Bann getan (K. Mann, Wendepunkt 266).
³Acht, die; - [mhd. ahte, ahd. ahta, eigtl. = das Nachdenken] (veraltet): Aufmerksamkeit ⟨in bestimmten Wendungen⟩: **A. geben** (vorsichtig, achtsam sein): man muss verteufelt A. geben in den brüchigen Felsen (Waggerl, Brot 14); **auf jmdn., etw. A. geben** (achten, aufpassen 2): auf seine Gesundheit A. geben; dass ich auf meine kleinen Schwestern A. geben musste, kränkte meinen Stolz (Niekisch, Leben 13); gib auf dich A.!; **auf jmdn., etw. A. haben** (geh.; auf jmdn., etw. Acht geben): auf die Kinder, die Kleidung A. haben; **auf etw./**(auch:) **einer Sache A. haben** (geh. veraltend; einer Sache Aufmerksamkeit schenken, etw. beachten): sie hatte auf den Verkehr nicht A. gehabt; Sie hatten im Sprechen ... des Weges kaum A. gehabt (Th. Mann, Hoheit 50); **etw. außer A./**(selten:) **aus der A., außer aller A. lassen** (nicht beachten); **etw. in A. nehmen** (vorsichtig, sorgsam behandeln); **sich in A. nehmen** (vorsichtig sein, aufpassen): jeder Landwirt oder Reiter weiß, wie sehr man sich vor den Hinterbeinen und auch vor den Vorderhufen in A. nehmen muss (Grzimek, Serengeti 306).

acht... ⟨Ordinalz. zu ↑acht⟩ [mhd. aht..., ahted..., ahd. ahtod...] (als Ziffer: 8.): das achte Kapitel heute ist der achte Januar; ⟨subst.:⟩ jeder Achte; er ist der Achte, den ich treffe; sie wurde Achte im Weitsprung; heute ist der Achte (der achte Tag des Monats); am Achten [des Monats]; Heinrich der Achte.
acht|ar|mig ⟨Adj.⟩: mit acht Armen (2): ein -er Leuchter.
acht|bän|dig ⟨Adj.⟩: acht Bände umfassend: ein -es Lexikon.
acht|bar ⟨Adj.⟩ [mhd. aht(e)bære, zu ↑³Acht]: Achtung, Anerkennung, Wertschätzung verdienend: -e Leute; eine Leistung; Für den Schweriner Volleyballer kommt es vor allem darauf an, sich a. aus der Affäre zu ziehen (NNN 9. 12. 88, 4).
Acht|bar|keit, die; - (geh.): das Achtbarsein.
acht|bäs|sig ⟨Adj.⟩: mit acht Bässen: ein -es Akkordeon.
acht|blätt|rig ⟨Adj.⟩ (Bot.): acht Blütenblätter aufweisend.
Acht|eck, das: Figur mit acht Ecken; Oktogon.
acht|eckig ⟨Adj.⟩: acht Ecken aufweisend: ein -er Bau.
acht|ein|halb ⟨Bruchz.⟩ (in Ziffern: 8½): vor a. Jahren.
ach|tel ⟨Bruchz.⟩ (als Ziffer: ⅛): den achten Teil einer genannten Menge ausmachend: ein a. Zentner; drei a. Liter.
¹Ach|tel, das, schweiz. auch: der; -s, - [a: mhd. ahtel, ahteil, ahd. ahto teila]: der achte Teil einer Menge, Strecke: ein A. Butter; ich habe zwei A. Rotwein getrunken; drei A. des Weges.
²Ach|tel, die; -, - (Musik): Achtelnote.
Ach|tel|fi|nal, Achtelfinal, der (schweiz.), **Ach|tel|fi|na|le,** das (Sport): Ausscheidungsrunde der sechzehn Mannschaften, die sich in einem Meisterschaftsod. Pokalwettbewerb qualifiziert haben.
Ach|tel|fi|na|list, der (Sport): Teilnehmer am Achtelfinale.
Ach|tel|li|ter, der: achter Teil eines Liters: einen A. Wein bestellen.
Ach|tel|los, das: Los der Klassenlotterie, das den achten Teil des Wertes eines ganzen Loses hat.
ach|teln ⟨sw. V.; hat⟩: in acht Teile teilen, in Achtel zerlegen: Tomaten a.
Ach|tel|no|te, die (Musik): Note, die den achten Teil des Zeitwertes einer ganzen Note hat.
Ach|tel|pau|se, die (Musik): Pause für die Dauer einer Achtelnote.
Ach|tels|fi|nal (schweiz.): ↑Achtelfinale.
Ach|tel|zent|ner, der: achter Teil eines Zentners.
ach|ten ⟨sw. V.; hat⟩ [2 a, 3: mhd. ahten, ahd. ahtōn, zu ↑³Acht]: **1.** jmdm. Achtung entgegenbringen; jmdn. respektieren: das Gesetz, das Alter, die Gefühle anderer a.; Großmutter sagt, dass Vater Mutter mehr a. soll (Schwaiger, Wie kommt 93); Deutschland ist ein weltweit geachteter Staat (R. v. Weizsäcker, Deutschland 29). **2. a)** jmdm., einer Sache Beachtung, Aufmerksamkeit schenken; jmdn., eine

Sache beachten (2): er achtete nicht auf die Passanten; er sprach weiter, ohne auf die Zwischenrufe zu achten; ⟨geh. veraltend mit Gen. u. veraltet mit Akk.; gewöhnlich in verneinten Sätzen⟩ er achtete nicht des Schmerzes, die Gefahr; sie zogen weiter, ohne des Sturms, ohne die Kälte zu a.; Sie ... tischten schließlich, ohne Emmas entsetzter Abwehr zu achten, eine Stunde früher als gewöhnlich das Abendbrot auf (Giordano, Die Bertinis 420); **b)** *aufpassen, Acht geben:* auf das Kind a.; auf Pünktlichkeit a.; Tante achtet sehr auf ihre Kalorien (Schädlich, Nähe 138). **3.** ⟨geh. veraltend⟩ *für jmdn., etw. halten, erachten:* etwas für Betrug a.; jmdn., etw. für wenig/nichts a.; Er achtete es nicht für Raub, seine Kollegen mit Cocktailbissen zu versorgen (Muschg, Gegenzauber 254). ♦ **4.** ⟨a. + sich⟩: **a)** *beachten* (2): Du ... achtest dich der Mädchen nicht mehr (Gotthelf, Spinne 23); **b)** *sich (nach etw.) richten, beachten* (1): Der Rentmeister achtete sich nach diesen Worten (Immermann, Münchhausen 88).

äch|ten ⟨sw. V.; hat⟩ [a: mhd. æhten, ahd. āhten; zu ↑²Acht]: **a)** (hist.) *über jmdn. die* ²*Acht verhängen:* er wurde [vom Kaiser] geächtet; **b)** *aus einer Gemeinschaft ausstoßen:* die anderen Häftlinge ächteten ihn; ich fühlte mich geächtet; ein Opfer einer Gesellschaft, welche ihre Außenseiter ächtet, stigmatisiert (Basler Zeitung 27. 7. 84, 31); **c)** *(als gemeinschaftsfeindlich) verdammen:* ein Land wegen seiner Rassenpolitik ä.; die Todesstrafe ä.; Was den Menschen angeht, so lehne ich das Klonen ...ab! Es muss aus ethischen Gründen international geächtet werden (Woche 7. 3. 97, 2).

Acht|en|der, der (Jägerspr.): *Hirsch, dessen Geweih an jeder Stange vier Enden hat.*

ach|tens ⟨Adv.⟩ (als Ziffer: 8.): *als achter Punkt, an achter Stelle.*

ach|tens|wert ⟨Adj.⟩: *wert, geachtet od. beachtet zu werden; [Be]achtung verdienend:* -e Leistungen; Selbst wenn man ... -e Motive finden sollte, sei das kein strafmildernder Grund (MM 22. 4. 71, 15); ein -er Mann.

Ach|ter, der; -s, -: **1.** (Sport) **a)** (Rudern) *Rennboot für acht Ruderer od. Ruderinnen (mit je einem Riemen) u. einen Steuermann od. eine Steuerfrau;* **b)** (Eis[kunst]lauf, Rollschuhlauf, Reiten) *Figur in Form einer* ¹*Acht.* **2.** (landsch.) **a)** ¹*Acht* (a); **b)** ¹*Acht* (b): Ein ... Bürscherl trug eine Gießkanne hinter ihr her und spritzte lauter ... A. (Figuren in Form einer 8) auf das Pflaster (Sommer, Und keiner 379); sie hat einen A. im Vorderrad *(das Vorderrad ist zur Form einer 8 verbogen);* **c)** ¹*Acht* (e): der A. *(die [Straßen]bahn, der Omnibus der Linie 8)* fährt zum Bahnhof. **3.** ¹*Acht* (c): Am Abend des 19. Juni 1958 schlossen sich die A. um seine Gelenke (Noack, Prozesse 229).

Äch|ter, der; -s, - [mhd. æhter, ahd. āhtare] (hist.): *Person, über die die* ²*Acht verhängt worden ist.*

ach|ter|aus ⟨Adv.⟩ [zu (m)niederd. achter, ↑achterlich] (Seemannsspr.): *nach hinten:* seine Peilung veränderte sich gelegentlich: ein bisschen mehr voraus, dann wieder mehr a. (Rehn, Nichts 75).

Ach|ter|bahn, die; -, -en: *(auf Jahrmärkten, Volksfesten o. Ä.) mit großer Geschwindigkeit auf- u. abwärts fahrende Bahn mit Kurven, die z. T. die Form einer* ¹*Acht haben.*

Ach|ter|deck, das [zu (m)niederd. achter, ↑achterlich] (Seemannsspr.): *Hinterdeck.*

Ach|ter|krei|sen, das (Gymnastik): *Übung, bei der man mit einem Bein, beiden Beinen, dem Rumpf od. den Armen eine* ¹*Acht (b) in der Luft beschreibt.*

Ach|ter|last, die (Seemannsspr.): *Last eines Schiffes, die dessen hinteren Teil tiefer ins Wasser drückt als den vorderen.*

ach|ter|las|tig ⟨Adj.⟩ (Seemannsspr.): *so getrimmt, dass der hintere Teil tiefer im Wasser liegt:* ein -es Schiff.

Ach|ter|las|tig|keit, die; - (Seemannsspr.): *das Achterlastigsein.*

Ach|ter|lauf, der (bes. Hallenhandball): *Spielsystem zum Überwinden der gegnerischen Deckung, bei dem die Angreifer in Form einer quer liegenden* ¹*Acht vor dem Wurfkreis laufen u. sich den Ball zuspielen.*

ach|ter|lei ⟨bestimmtes Gattungsz.; indekl.⟩ [↑-lei]: **a)** *von achtfach verschiedener Art:* in a. Farben; a. Weise; a. Sorten Papier; **b)** *acht verschiedene Dinge:* a. zu besorgen haben.

ach|ter|lich ⟨Adj.⟩ [zu (m)niederd. achter = hinter, niederd. Form von mhd. after, ↑After] (Seemannsspr.): *von hinten kommend:* -e See; Der Wind war a. und fetzte den Schornsteinrauch in die Augen (Leip, Klabauterflagge 37).

Ach|ter|mann|schaft, die (Rudern): *einen Achter (1 a) rudernde Mannschaft einschließlich des Steuermanns bzw. der Steuerfrau.*

ach|tern ⟨Adv.⟩ [zu (m)niederd. achter, ↑achterlich] (Seemannsspr.): *hinten:* das Wasser läuft a. ab; Der Dampfer ... sackte nach dem ersten Treffer im Heck a. weg (Rehn, Nichts 67); nach a.

Ach|ter|rei|he, die: **a)** *von acht Personen od. Gegenständen gebildete Reihe:* sich in einer A. aufstellen; die Stühle standen in -n hintereinander; Unversehens bekam Lea einen Stoß ... Sie lief plötzlich als Flügelmann einer A. mit (Ossowski, Liebe 11); **b)** *Reihe beliebig vieler zu addierender Ziffern mit dem Zahlenwert 8.*

Ach|ter|schiff, das (Seemannsspr.): *Hinterschiff.*

Ach|ter|ste|ven, der (Seemannsspr.): *Hintersteven.*

acht|fach ⟨Vervielfältigungsz.⟩ (mit Ziffer: 8fach): *achtmal genommen, ausgeführt u. Ä.:* die -e Menge, Portion; etw. a. aufeinander legen, ausfertigen.

Acht|fa|che, das; -n (mit Ziffer: 8fache) ⟨Dekl. ↑²Junge, das⟩: *achtfache Menge, Größe (von etw.):* etw. um das A. erhöhen.

acht|fäl|tig ⟨Adj.⟩ (veraltet): *achtfach.*

Acht|flach, das, **Acht|fläch|ner**, der; -s, - (Geom.): *Oktaeder.*

Acht|fü|ßer (Zool.), **Acht|füß|ler**, der; -s, -: *Oktopode.*

Acht ge|ben: s. ³Acht.

acht|ge|schos|sig ⟨Adj.⟩ (mit Ziffer: 8-geschossig): *mit acht Geschossen gebaut:* ein -es Hochhaus.

acht|glie|de|rig, acht|glied|rig ⟨Adj.⟩ (mit Ziffer: 8-glied[e]rig): *mit acht Gliedern.*

Acht|gro|schen|jun|ge, der (ugs. abwertend): **a)** *Spitzel;* **b)** *Strichjunge.*

Acht ha|ben: s. ³Acht.

acht|hun|dert ⟨Kardinalz.⟩ (in Ziffern: 800): vgl. hundert.

acht|jäh|rig ⟨Adj.⟩ (mit Ziffer: 8-jährig): **a)** *acht Jahre alt:* ein -es Mädchen; **b)** *acht Jahre dauernd:* eine -e Amtszeit.

Acht|jäh|ri|ge, der u. die; -n, -n ⟨Dekl. ↑Abgeordnete⟩ (mit Ziffer: 8-jährige): *Junge bzw. Mädchen von acht Jahren.*

acht|jähr|lich ⟨Adj.⟩: *sich alle acht Jahre wiederholend:* in -em Turnus.

Acht|kampf, der: **1.** (Turnen) *aus je vier Pflicht- u. vier Kürübungen bestehender Mehrkampf der Turnerinnen.* **2.** (Leichtathletik) *aus acht Einzeldisziplinen bestehender Mehrkampf für Frauen.*

acht|kan|tig ⟨Adj.⟩: *mit acht Kanten versehen:* -e Muttern; * **jmdn. a. hinauswerfen/hinausschmeißen/rausschmeißen** (salopp; *jmdn. [handgreiflich u.] ausgesprochen grob aus dem Haus, dem Zimmer weisen, entlassen*): Mein Meister hätte mich a. rausgeschmissen, wenn ich ... (Hörzu 37, 1981, 149).

acht|klas|sig ⟨Adj.⟩ (mit Ziffer: 8-klassig): *aus acht Schulklassen bestehend.*

Acht|ling, der; -s, -e: **1.** *eines von acht gleichaltrigen Geschwistern:* Im 20. Jh. sind bisher drei Fälle registriert worden, in denen -e geboren wurden (Presse 3. 10. 68, 10). **2.** *frühere Münze von acht Pfennig.*

acht|los ⟨Adj.⟩ [zu ↑³Acht]: *ohne jmdm., einer Sache Beachtung zu schenken; unachtsam, gleichgültig:* etw. a. wegwerfen; ihn konnte das ergreifen, woran andere a. vorbeigingen (Musil, Mann 60).

Acht|lo|sig|keit, die; -: *das Achtlossein; achtloses Verhalten.*

acht|mal ⟨Wiederholungsz., Adv.⟩: *acht Male:* ich bin a. in München gewesen; a. so groß wie ...; acht- bis neunmal.

acht|ma|lig ⟨Adj.⟩ (mit Ziffer: 8-malig): *acht Male stattfindend:* -es Niederknien; nach -er Wiederholung.

Acht|me|ter, der: *Strafstoß beim Hallenfußball.*

acht|mo|na|tig ⟨Adj.⟩ (mit Ziffer: 8-monatig): **a)** *acht Monate alt:* ein -es Fohlen; **b)** *acht Monate dauernd:* ein -er Aufenthalt.

acht|mo|nat|lich ⟨Adj.⟩ (mit Ziffer: 8-monatlich): *sich alle acht Monate wiederholend:* a. wechseln.

Acht|mo|nats|kind, das: *nach nur achtmonatiger Schwangerschaft geborenes Kind.*

Acht|pfün|der, der; -s, - (mit Ziffer: 8-Pfünder): *etw., was acht Pfund wiegt:* unter den Fischen, die sie geangelt hatte, waren zwei A.

acht|pfün|dig ⟨Adj.⟩ (mit Ziffer: 8-pfündig): *acht Pfund wiegend.*

Achtpolröhre

Acht|pol|röh|re, die (Elektrot.): *Elektronenröhre mit acht Elektroden, Oktode.*
acht|pro|zen|tig ⟨Adj.⟩ (mit Ziffer: 8-prozentig, 8%ig): *acht Prozent enthaltend, mit acht Prozent.*
Acht|punkt|schrift, die (Druckw.): *Schrift, deren Lettern acht typographische Punkte groß sind.*
acht|sam ⟨Adj.⟩ [zu ↑³Acht] (geh.): **a)** *aufmerksam, wachsam:* ein -es Auge auf jmdn., etw. haben; a. zuhören; **b)** *vorsichtig, sorgfältig:* etw. a. ausführen; mit etw. a. umgehen.
Acht|sam|keit, die; -: *das Achtsamsein; achtsames Wesen, Verhalten.*
acht|sei|tig ⟨Adj.⟩ (mit Ziffer: 8-seitig): **1.** *acht Seiten (1 a) aufweisend:* ein -es Vieleck. **2.** *acht Seiten (6 a, b) enthaltend, umfassend:* ein -er Prospekt.
acht|sil|big ⟨Adj.⟩: *aus acht Silben bestehend:* ein -es Wort.
acht|spän|nig ⟨Adj.⟩: *mit acht Pferden bespannt:* eine -e Kutsche; a. fahren.
acht|stel|lig ⟨Adj.⟩ (mit Ziffer: 8-stellig): *aus acht hintereinander geordneten Zahlen bestehend, die als Einheit zu lesen sind:* eine -e Zahl.
acht|stö|ckig ⟨Adj.⟩ (mit Ziffer: 8-stöckig): *mit acht Stockwerken:* ein -es Haus.
Acht|stun|den|tag, der: *acht Stunden dauernder Arbeitstag.*
acht|stün|dig ⟨Adj.⟩ (mit Ziffer: 8-stündig): *acht Stunden dauernd:* ein -er Arbeitstag.
acht|stünd|lich ⟨Adj.⟩ (mit Ziffer: 8-stündlich): *sich alle acht Stunden wiederholend:* a. wechseln; die Tropfen müssen regelmäßig a. eingenommen werden.
acht|tä|gig ⟨Adj.⟩ (mit Ziffer: 8-tägig): *acht Tage dauernd:* ein -er Kongress.
acht|täg|lich ⟨Adj.⟩ (mit Ziffer: 8-täglich): *sich alle 8 Tage wiederholend:* die Mülltonnen werden a. geleert.
acht|tau|send ⟨Kardinalz.⟩ (in Ziffern: 8 000): vgl. tausend.
Acht|tau|sen|der, der: *Gipfel von u. über 8 000 m Höhe:* einen A. bezwingen.
acht|tei|lig ⟨Adj.⟩ (mit Ziffer: 8-teilig): *aus acht Teilen bestehend:* ein -es Service.
Acht|ton|ner, der; -s, - (mit Ziffer: 8-Tonner): *Lastwagen mit acht Tonnen Ladegewicht.*
Acht|uhr|vor|stel|lung, die: *Vorstellung in Theater, Kino o. Ä., die abends um acht Uhr beginnt.*
Acht|uhr|zug, der: *Zug, der morgens od. abends um acht Uhr abfährt.*
acht|und|ein|halb (Bruchzahl): verstärkend für ↑ achteinhalb.
Acht|und|sech|zi|ger, der; -s, - (mit Ziffer: 68er): *jmd., der an der Studentenrevolte zu Ende der Sechzigerjahre des 20. Jh.s aktiv teilgenommen od. mit ihr sympathisiert hat:* Wenn Joschka Fischer nächste Woche nach Israel reist, wird er gleich drei Rollen spielen: deutscher Außenminister, Vertreter der Europäischen Union und ehemaliger 68er (Zeit 4. 2. 99, 8); er gehört zu den -n.
Acht|und|sech|zi|ge|rin, die; -, -nen (mit Ziffer: 68erin): w. Form zu ↑ Achtundsechziger: Beim Jurastudium in Yale hat sie trotzdem die unförmigen Klamotten nicht abgelegt, mit denen man damals – als echte A. – der Konsumgesellschaft verachtungsvoll den Rücken zukehrte (Spiegel 3, 1993, 104).
Acht|und|vier|zi|ger [...'fr...], der; -s, -: *Person, die an der deutschen Revolution von 1848 teilgenommen od. mit ihr sympathisiert hat.*
Acht|und|vier|zig|fläch|ner, der: *Kristallform des regulären Kristallsystems mit 48 Flächen.*
Ach|tung, die; - mhd. ahtunge, ahd. ahtunga = Meinung, Schätzung, zu ↑ achten]: **1.** *Hoch-, Wertschätzung, Respekt:* das gebietet die gegenseitige A.; eine A. gebietende (imponierende) Persönlichkeit; jmdm. A. entgegenbringen; die A. der Kollegen genießen; vor jmdm., etw. A. haben; würde er nie mehr die geringste A. vor sich selbst haben können (Hausmann, Abel 164); der Mann hat meine volle A. (Kuby, Sieg 347); sich allgemeiner A. erfreuen; in A. vor seinen Eltern; sie ist in unserer A. gestiegen, gefallen, gesunken; Leute, die dem »Spiegel« so viel Anzeigen geben, stehen nicht hoch in meiner A. (Dönhoff, Ära 58); *alle A.! (das verdient Anerkennung!;* Ausruf der Bewunderung). **2.** als Ruf od. Aufschrift, mit zur Vorsicht od. Aufmerksamkeit zu mahnen: A.!; A., Stufe!; A., Hochspannung; A., Aufnahme! **3.** als militärisches Ankündigungskommando: A., präsentiert das Gewehr! ♦ **4.** *A. geben (Acht geben):* niemand im Haus gab weiter A. drauf, sodass in kurzer Zeit das Theater in große Unordnung geriet (Goethe, Theatralische Sendung I, 8); Einfältiger Tropf ...; ein andermal gebt A. (Hebel, Schatzkästlein 58).
Äch|tung, die; -, -en [a: mhd. æhtunge, ahd. āhtunga, zu ↑ ächten]: **a)** (hist.) *Verhängung der ²Acht über jmdn.;* **b)** *Verdammung, Verfemung, Boykott:* der sozialen, gesellschaftlichen Ä. entgegen wollen, verfallen.
Achtung gebietend: s. Achtung (1).
Ach|tungs|ap|plaus, der: *nur aus Achtung für die Darbietenden, nicht aus Begeisterung über das Dargebotene gespendeter Applaus.*
Ach|tungs|be|zei|gung, die: *Beweis (2) für die jmdm. entgegengebrachte Achtung; Ehrenbezeigung.*
Ach|tungs|er|folg, der: *Erfolg, der jmdm. zwar Achtung einbringt, der aber nicht sehr bedeutend ist:* Hunderttausend verkaufte Platten bescherten den ersten A. (Hörzu 13, 1975, 16).
ach|tungs|voll ⟨Adj.⟩: *[große] Achtung erkennen lassend; respektvoll:* mit -en Mienen; Er ... führte -e Gespräche mit ihrem Vater (Fussenegger, Haus 9); jmdm. a. begegnen.
acht|wö|chent|lich ⟨Adj.⟩ (mit Ziffer: 8-wöchentlich): *sich alle acht Wochen wiederholend:* Schichtdienst im -en Wechsel.
acht|wö|chig ⟨Adj.⟩ (mit Ziffer: 8-wöchig): **a)** *acht Wochen alt:* ein -es Baby; **b)** *acht Wochen dauernd.*
acht|zehn ⟨Kardinalz.⟩ (in Ziffern: 18): vgl. acht.

Acht|zehn|en|der, der (Jägerspr.): *Hirsch, dessen Geweih an jeder Stange neun Enden aufweist.*
acht|zehn|hun|dert ⟨Kardinalz.⟩ (in Ziffern: 1800): *eintausendachthundert:* der Berg ist a. Meter hoch; er verdient a. Mark in der Woche; im Jahr a.
acht|zehn|jäh|rig ⟨Adj.⟩ (mit Ziffern: 18-jährig): **a)** *achtzehn Jahre alt:* ein -es Mädchen; ⟨subst.:⟩ die Achtzehnjährigen ⟨Dekl. ↑ Abgeordnete ⟩; **b)** *achtzehn Jahre dauernd:* nach -er Ehe.
acht|zei|lig ⟨Adj.⟩ (mit Ziffer: 8-zeilig): *aus acht Zeilen (1 a) bestehend.*
acht|zig ⟨Kardinalz.⟩ [mhd. ah(t)zec, ahd. ahtozug] (in Ziffern: 80): sie ist Mitte [der] a.; in die a. kommen; mit a. bin ich dafür zu alt; sie ist über a. [Jahre alt]; a. (ugs.; *80 Stundenkilometer)* fahren; * **auf a. sein/kommen** (ugs.; *sehr ärgerlich, wütend sein/werden);* **jmdn. auf a. bringen** (ugs.; *sehr ärgerlich, wütend machen); ***zwischen a. und scheintot sein** (ugs.; *sehr alt sein).*
Acht|zig, die; -: *Ziffer, Zahl 80.*
acht|zi|ger ⟨indekl. Adj.⟩ (mit Ziffern: 80er): **1.** (ugs.) *die Zahl, die Nummer, das Jahr, den Wert achtzig betreffend:* eine A. Briefmarke, Schraube, Glühbirne; der a. Bus; ein a. Eis; das ist ein a. Jahrgang *(ein Jahrgang* a,b *aus dem Jahr achtzig eines Jahrhunderts).* **2. a)** *das die Jahre 80 bis 89 umfassende Jahrzehnt eines bestimmten Jahrhunderts betreffend:* in den a. Jahren des vorigen Jahrhunderts; **b)** *das zwischen achtzigstem u. neunzigstem Geburtstag liegende Lebensjahrzehnt betreffend:* in den a. Jahren sein; vgl. Achtzigerjahre.
¹Acht|zi|ger, der; -s, -: **1. a)** *Mann von achtzig Jahren;* **b)** *Mann in den Achtzigerjahren:* er ist ein guter, hoher A.; ⟨Pl.⟩ kurz für ↑ Achtzigerjahre (1): sie ist Mitte der A., [hoch] in den -n; **d)** ⟨Pl.⟩ kurz für ↑ Achtzigerjahre (2): seit Mitte der A. **2.** *Wein aus dem Jahre achtzig eines bestimmten Jahrhunderts.*
²Acht|zi|ger, die; -, - (ugs.): *80-Pfennig-Briefmarke.*
Acht|zi|ge|rin, die; -, -nen: w. Form zu ↑¹Achtziger (1 a, b).
Acht|zi|ger|jah|re [auch: '- - -'- -] ⟨Pl.⟩: **1.** *zwischen achtzigstem u. neunzigstem Geburtstag liegendes Lebensjahrzehnt:* in den -n sein. **2.** *die Jahre 80 bis 89 eines bestimmten Jahrzehnts umfassendes Jahrzehnt:* in den -n des neunzehnten Jahrhunderts.
acht|zig|jäh|rig: vgl. achtjährig.
acht|zigst... ⟨Ordinalz. zu ↑ achtzig⟩ (in Ziffern: 80.); vgl. acht....
acht|zigs|tel (Bruchz.) (in Ziffern: $\frac{1}{80}$): vgl. achtel: in einer a. Sekunde.
Acht|zigs|tel, das, schweiz. auch: der; -s, -: vgl. Achtel.
acht|zöl|lig, (auch:) **acht|zol|lig** ⟨Adj.⟩ (mit Ziffer: 8-zöllig): *acht Zoll lang:* ein -es Rohr.
Acht|zy|lin|der, der (ugs.): **a)** kurz für ↑ Achtzylindermotor; **b)** *Kraftwagen mit Achtzylindermotor.*
Acht|zy|lin|der|mo|tor, der: *Kfz-Motor mit acht Zylindern (2).*
acht|zy|lind|rig ⟨Adj.⟩ (mit Ziffer: 8-zy-

lindrig): *mit acht Zylindern:* ein -er Motor.
ạch|zen ⟨sw. V.; hat⟩ [mhd. echzen, achzen, eigtl. = (oft) ach sagen]: *vor Schmerzen od. bei einer körperlichen Anstrengung kurz u. mit gepresst klingendem Laut ausatmen:* leise, laut ä.; sie ... ächzten wie Männer, die eine Eisenbahnschiene schleppen (A. Zweig, Grischa 55); ächzend aus dem Wagen steigen; Ü die Tür zur Kammer ächzte leise, als sie geöffnet wurde (Fallada, Trinker 27); dann drehen sie das Steuer, das ächzt (Frisch, Cruz 74); die Standuhr zählte ächzend die Zeit (Schnurre, Bart 192).
Ạch|zer, der; -s, - ⟨ugs.⟩: *ächzender Laut:* einen Ä. von sich geben.
a. c. i. = accusativus cum infinitivo (↑ Akkusativ).
Acid ['æsɪd], das; -s [engl. acid, eigtl. = Säure, sauer] (Jargon): *LSD:* Ich hatte keine Ahnung von ... den Requisiten jedes »gepflegten Trips«, die es fertig bringen, A. zum gedämpften Feierabendzauber zu reduzieren (B. Vesper, Reise 153).
Acid... ['ætsɪt...; lat. acidus = scharf, sauer] (chem. fachsprachl.): *Bestandteil von zusammengesetzten Wörtern, die sich auf Säure beziehen.*
Acid House ['æsɪdhaʊs], das; - - [engl. acid house, aus acid (↑ Acid) u. house; 2. Bestandteil viell. nach der Diskothek »The Warehouse« in Chicago]: *von schnellen [computererzeugten] Rhythmen geprägter Tanz- u. Musikstil, der die Tanzenden in einen rauschartigen Zustand versetzen soll:* A. H., etwas sanfter als Techno, hallt von den Wänden wider (Zeit 18. 8. 95, 45).
Aci|di|tät, die; - [zu lat. acidus = sauer, scharf] (Chemie): *Säuregrad einer Flüssigkeit.*
Aci|do|se, die; -, -n (Med.): *krankhafte Übersäuerung des Körpers.*
Ạcker, der; -s, Äcker u. (Feldmaß:) - [mhd. acker, ahd. ackar; urspr. = Viehweide]: **1.** *mit dem Pflug bearbeitete, für den Anbau von Nutzpflanzen bestimmter Bodenfläche:* ein fruchtbarer, ertragreicher, lehmiger A.; die Äcker liegen brach; den A. bestellen, düngen; Es war schwer, aus dem kleinen A. etwas herauszuholen (Brecht, Geschichten 154); ** sich vom A. machen* (salopp; *sich davonmachen, weggehen, verschwinden*): ich mach mich jetzt vom A.; Mach dich vom A.! (hau ab!; Degener, Heimsuchung 118); ♦ aber wenn einer ... einen A. fahren (landsch.; *bestellen*) soll (Gotthelf, Spinne 24). **2.** *altes Feldmaß:* 10 A. Land.
Ạcker|bau, der ⟨o. Pl.⟩: *systematische Bebauung des Ackers mit Nutzpflanzen; Feldbau, Agrikultur:* A. treiben; die A. treibenden (*mit Ackerbau beschäftigten, vom Ackerbau lebenden*) Völker; 580 Einwohner, die sich vorwiegend von A. und Viehzucht ernähren (Hörzu 19, 1973, 33); ** von A. und Viehzucht keine Ahnung haben* (ugs.; *von einer Sache nicht das Geringste verstehen*): Mein Eindruck: Der junge Mann hatte keine Ahnung von A. und Viehzucht (Spiegel 15, 1990, 246).

Ạcker|bau|er: 1. der; -n, selten: -s, -n (veraltet): *Landwirt, Bauer.* **2.** der; -s, - ⟨meist Pl.⟩ (Völkerk.) *Bebauer von Äckern (im Ggs. zu Jägern u. Sammlern):* In der gesamten menschlichen Geschichte gibt es keinen tieferen Einschnitt als die der Sesshaftwerdung, durch die aus schweifenden Sammlern und Jägern -n und Viehzüchter wurden (MM 9. 2. 68, 3); Die Massai ... tauschten ihr Vieh gegen Feldfrüchte bei den -n ringsum (Grzimek, Serengeti 261).
Ạcker|bau|e|rin, die: w. Form zu ↑ Ackerbauer (2).
Ạcker|bäu|e|rin, die: w. Form zu ↑ Ackerbauer (1).
Ạcker|bau|er|zeug|nis, das ⟨meist Pl.⟩: *landwirtschaftliches Erzeugnis.*
Ạcker|bau|schu|le, die: *Fachschule für Landbau.*
Ạcker bau trei|bend: s. Ackerbau.
Ạcker|beet, das: *zwischen zwei Furchen liegender erhöhter Teil eines Ackers.*
Ạcker|be|stel|lung, die: *das Bestellen des Ackers, der Äcker.*
Ạcker|bo|den, der: *landwirtschaftlich nutzbarer Boden:* das Land ist arm an A.
Ạcker|boh|ne, die: *Saubohne.*
Ạcker|bür|ger, der (früher): *Bürger einer Kleinstadt, der in der Gemarkung der Stadt Land bewirtschaftet.*
Ạcker|bür|ge|rin, die; -, -nen: w. Form zu ↑ Ackerbürger.
Ạcker|bür|ger|stadt, die (früher): *Stadt, in der vornehmlich Ackerbürger u. -bürgerinnen leben.*
Ạcker|chen, das; -s, -: Vkl. zu ↑ Acker.
Ạcker|dis|tel, die: *bes. auf Äckern wachsende Distel mit lilaroten Blüten.*
Ạcker|erb|se, die: *als Grünfutter angebaute Erbse mit rosa Blüten; Felderbse.*
Ạcker|er|de, die: *Ackerboden.*
Ạcker|flä|che, die: *für den landwirtschaftlichen Anbau genutzte Fläche.*
Ạcker|frä|se, die: *Bodenfräse.*
Ạcker|fuchs|schwanz, der: *auf Äckern u. an Wegrändern wachsendes Gras mit langen, ährenförmigen Rispen.*
Ạcker|fur|che, die: *Furche (1).*
Ạcker|ga|re, die: *Bodengare.*
Ạcker|gauch|heil, der [zu ↑ Gauchheil]: *häufig kriechend wachsende kleine Pflanze mit gestielten, hellroten, fünfblättrigen Blüten.*
Ạcker|gaul, der (abwertend): *Ackerpferd.*
Ạcker|ge|rät, das ⟨meist Pl.⟩: *Gerät zur Bodenbearbeitung u. Saatenpflege.*
Ạcker|hah|nen|fuß, der: *auf Getreidefeldern wachsender Hahnenfuß.*
Ạcker|ka|mil|le, die: *auf Äckern wachsende Hundskamille.*
Ạcker|kru|me, die (Landw.): *oberste Schicht des bearbeiteten Ackerbodens mit hohem Humusgehalt.*
Ạcker|land, das ⟨o. Pl.⟩: *als Acker genutztes Land:* das A. neu nutzen.
♦ **Ạcker|län|ge,** die [mhd. ackerlenge]: *ungefähre Länge eines Ackers (1) als Entfernungsangabe:* Eine A. vor dem Tor geschah ihm etwas unverhofft (Mörike, Hutzelmännlein 175).
Ạcker|mann: ↑ Ackersmann.
Ạcker|men|nig, der; -[e]s, -e [1. Bestandteil volksetym. angelehnt an ↑ Acker]: *Odermennig.*

ạckern ⟨sw. V.; hat⟩ [1: mhd. ackern]: **1. a)** *den Acker bestellen:* die Bauern a.; **b)** *mit dem Pflug bearbeiten:* das Feld a. **2.** (ugs.) *viel u. mühselig arbeiten:* er hat sein ganzes Leben lang für das Häuschen geackert; Ich arbeite ... genug, und ackre für zwei (Schwarzer, Unterschied 102); wir mussten ganz schön a., um über die Runden zu kommen.
Ạcker|nah|rung, die (Landw.): *Ackerfläche, die zum Unterhalt einer Familie ausreicht.*
Ạcker|pferd, das: *in der Landwirtschaft als Zugtier bes. für Ackergeräte eingesetztes schweres, kräftiges Pferd.*
Ạcker|rain, der: *Rain eines Ackers.*
Ạcker|ret|tich, der: *Hederich.*
Ạcker|rit|ter|sporn, der: *auf Äckern wachsender kleiner Rittersporn.*
Ạcker|sa|lat, der: *Feldsalat.*
Ạcker|schach|tel|halm, der: *bes. auf Äckern u. an Wegrändern wachsender Schachtelhalm.*
Ạcker|schäd|ling, der: *Schädling, der bes. auf Äckern vorkommt.*
Ạcker|schlei|fe, die: *Ackerschleppe.*
Ạcker|schlep|pe, die: *Schleppe (3).*
Ạcker|schlep|per, der: *in der Landwirtschaft verwendeter Traktor.*
Ạcker|schne|cke, die: *in der Dämmerung aktive Nacktschnecke, die bes. Feld- u. Gartenpflanzen abfrisst.*
Ạcker|schol|le, die: *beim Pflügen eines Ackers aufgeworfene Scholle (1 a).*
Ạcker|senf, der: *(zu den Kreuzblütlern gehörende) gelb blühende Pflanze, die bes. auf Äckern, Schuttplätzen u. an Wegrändern wächst.*
Ạckers|mann, der ⟨Pl. ...leute u. ...männer⟩ (veraltet): *Bauer, Landwirt.*
Ạcker|spark, Ạcker|sper|gel, Ạcker|spör|gel, der: *(zu den Nelkengewächsen gehörende) bes. in Getreidefeldern wachsende, auch als Futterpflanze angebaute Pflanze.*
Ạcker|un|kraut, das: *Wildkraut, das bes. auf Äckern wächst.*
Ạcker|wa|gen, der: *in der Landwirtschaft gebrauchter Wagen (1 a) als Anhänger.*
Ạcker|wal|ze, die: *aus mehreren Walzen (2) bestehendes Ackergerät zum Walzen des Ackerbodens.*
Ạcker|wi|cke, die: *als Futterpflanze angebaute hoch wachsende Wicke mit rotvioletten Blüten.*
Ạcker|win|de, die: *auf Äckern, an Zäunen wachsende kleine Winde mit weißen od. rosafarbenen Blüten.*
Ạcker|zahl, die ⟨o. Pl.⟩ (Landw.): *Einheit eines Einheitensystems, mit dem der Wert eines Ackers bestimmt wird.*
Ạck|ja, der; -[s], -s [schwed. ackja < finn. ahkio]: **1.** *lappländischer Schlitten, der die Form eines Bootes hat.* **2.** *Rettungsschlitten der Bergwacht.*
à con|di|ti|on [akõdiˈsjõ; frz., zu: condition = Bedingung < lat. conditio, ↑ Kondition] (Kaufmannsspr.): *(im Buchhandel) mit Rückgaberecht im Falle von ausbleibendem Weiterverkauf [geliefert, bezogen];* Abk.: à c.

a con|to [ital., zu: conto, ↑Konto] (Bankw.): *auf [laufende] Rechnung, auf Konto von ...:* eine Zahlung a c. leisten; Abk.: a c.
Ac|quit [a'kiː], das; -s, -s [frz. acquit, zu: acquitter = schuldenfrei machen, zu lat. quietus, ↑quitt] (veraltet): *Quittung, Empfangsbescheinigung.*
Acre ['eɪkə], der; -s, -s [engl. acre, eigtl. = Acker, Feld]: *englisches u. nordamerikanisches Flächenmaß* (etwa 4047 m²).
Acro|le|in: ↑ Akrolein.
Acryl, das; -s [zu ↑Acrolein u. griech. hýlē = Materie, Stoff] (Chemie): *zur Herstellung von Textilien verwendete Chemiefaser aus hochmolekularen Stoffen.*
Acryl|fa|ser, die: *Chemiefaser wie Orlon, Dralon u. a.*
Acryl|glas, das: *glasähnliches Produkt aus einem harten durchsichtigen Kunststoff.*
Acryl|harz, das: *farbloses, durchsichtiges thermoplastisches Kunstharz bes. zur Herstellung von Haushaltsgegenständen, Lacken u. Firnissen.*
Acryl|säu|re, die: *(Ausgangsmaterial für viele Kunststoffe u. Lacke bildende) stechend riechende Karbonsäure.*
ACS = Automobil-Club der Schweiz.
Ac|ti|ni|de[n], Aktinide[n] ⟨Pl.⟩ (Chemie): *Gruppe von chemischen Elementen, die von Actinium bis zum Lawrencium reicht.*
Ac|ti|ni|um, das; -s [zu griech. aktís (Gen.: aktínos) = Strahl]: *radioaktives Metall (chemisches Element)* (Zeichen: Ac).
Ac|tion ['ækʃən], die; - [engl. action < frz. action < lat. actio, ↑Aktion]: *spannende Handlung, turbulente Szenen, Aktion (in einer Erzählung, im Film u. a.):* Seine Drehbücher strotzten von A. und handfesten Geschehnissen (Zwerenz, Quadriga 73); dieser Film hat nicht genug A.; Ü hier ist mir zu wenig A. *(hier ist nichts los);* Die sind aktiv und kreativ; die machen reichlich A. (Musik und Medizin 4, 1977, 64); Und weil sich viele eben nicht an die Spielregeln der Gesellschaft halten, gibt's auch häufig A. hier *(Krawall;* Oxmox 8, 1984, 9); A. machen, in A. sein.
Ac|tion|co|mic, der: *Comic, bei dem das Hauptgewicht auf turbulenter Handlung liegt.*
Ac|tion|film, der: *Spielfilm mit spannungsreicher Handlung u. turbulenten, oft gewaltbetonten Szenen.*
Ac|tion-Pain|ting [-peɪntɪŋ], das; - [engl. action painting, eigtl. = Aktionsmalerei]: *(im amerikanischen abstrakten Expressionismus) Methode des Malens, bei der das Bild Ergebnis eines spontanen Malvorgangs ist.*
ad [lat. ad = (bis) zu, (bis) nach]: in formelhaft gebrauchten lat. Fügungen, z. B. ad absurdum, ad acta; ad 1: ..., ad 2: ... *(zu Punkt 1, zu Punkt 2).*
a d. = a dato.
a. d. = an der (bei Ortsnamen, z. B. Frankfurt a. d. Oder).
a. D. = außer Dienst.
A. D. = Anno Domini.
Ada|bei, der; -s, -s [aus mundartl. a dabei = auch dabei] (österr. ugs.): *jmd., der überall dabei sein will, sich überall wichtig u. dazugehörig fühlt:* »Adabeis«, ... Menschen ..., die immer und überall »auch dabei sein« möchten (Deutsches Allgemeines Sonntagsblatt 17, 1978, 22); Zum Schluss stand die Königin eingekeilt in einem Knäuel von Reportern und -s (Presse 12. 5. 69, o. S.).
ad ab|sur|dum [zu ↑ad u. ↑absurd]: in der Wendung **etw., jmdn., sich ad a. führen** (bildungsspr.; *das Widersinnige, die Sinnlosigkeit von etw. nachweisen; jmdn. des Widersinns seiner Behauptung o. Ä. überführen; sich als widersinnig, sinnlos erweisen):* männliches Machen hat sich ad a. geführt (Dierichs, Männer 279); dass Gott unseren Pessimismus widerlegen, unseren Kassandraspruch ad a. führen werde (K. Mann, Wendepunkt 342).
ADAC [a:de:|a:'tseː], der; -[s]: Allgemeiner Deutscher Automobil-Club.
ad ac|ta [lat.; ↑Akte]: in der Wendung **etw. ad a. legen** (1. veraltet; *ablegen, zu den Akten legen.* 2. bildungsspr.; *eine [lästige] Sache, Angelegenheit als erledigt betrachten).*
ada|gi|et|to [ada'dʒɛto] ⟨Adv.⟩ [ital.] (Musik): *ziemlich ruhig, ziemlich langsam.*
Ada|giet|to, das; -s, -s (Musik): *kurzes Adagio.*
ada|gio [a'daːdʒo] ⟨Adv.⟩ [ital., eigtl. = auf langsame Art, zu agio = Bequemlichkeit, letztlich zu lat. adiacere = in der Nähe liegen] (Musik): *langsam, ruhig.*
Ada|gio, das; -s, -s (Musik): **1.** *langsames, ruhiges Tempo.* **2.** *Musikstück mit der Tempobezeichnung »adagio«.*
ada|gis|si|mo [ada'dʒɪsimo] ⟨Adv.⟩ (Musik): *äußerst langsam.*
Adak|ty|lie, die; - [zu griech. a- = nicht, un- u. dáktylos = Finger; Zehe] (Med): *Fehlen der Finger od. Zehen als angeborene Fehlbildung.*
Adam [hebr. aḏām = der erste, von Gott erschaffene Mensch im Alten Testament]: **1.** der; -s, -s (ugs. scherzh.) *Mann [als Partner der Frau]:* Hübsche ... Eva ... sucht gut aussehenden ..., liebevollen A. (Mannheimer Wochenblatt 17. 4. 75, 3). **2. * seit ur Zeiten** (ugs.; *seit je her, solange man denken kann);* **von A. und Eva abstammen** (ugs.; *[von Sachen] sehr alt sein);* **bei A. und Eva anfangen/beginnen** (ugs.; *in einem Vortrag, in seinen Ausführungen sehr weit ausholen);* **der alte A.** (veraltend; *die alten Schwächen, Gewohnheiten eines Menschen;* nach Röm. 6, 6): von ... dem Egoismus ihrer männlichen Wünsche sprechen sie kaum. Der alte A. feiert ... hier fröhliche Urständ (Dierichs, Männer 8); **den alten A. ausziehen** (veraltend; *seine alten Fehler ablegen;* nach Kol. 3, 9, 10).
◆ **ada|man|ten** ⟨Adj.⟩ [mhd. adamantīn = diamanten, eigtl. adamantīn = stählern < lat. adamantinus = stählern, stahlhart, zu griech. adámas, ↑Adamantin]: *diamanten:* Man sieht sich selbst und das fratzenhafte französische Weiberstreben in ... einem Spiegel (Goethe, An Schiller 16. 1. 1804).
Ada|man|tin, das; -s [zu griech. adámas (Gen.: adámantos) = unbezwingbar; (subst.:) Stahl; Diamant] (Med.): *Zahnschmelz.*
Ada|man|ti|nom, das; -s, -e (Med.): *[zystenartige] Geschwulst im Kieferknochen.*
Ada|man|to|blast, der; -en, -en [zu griech. blastós = Spross, Trieb] (Med.): *Zelle, die den Zahnschmelz bildet; Ameloblast; Ganoblast.*
Ada|mas, der; -, ...manten [griech. adámas, ↑Adamantin] (veraltet): *Diamant.*
Ada|mit, der; -en, -en [zu ↑Adam] (früher): *Angehöriger einer Sekte, deren Mitglieder zu ihren Kulten angeblich nackt zusammenkommen, um auf diese Weise ihre paradiesische Unschuld zu dokumentieren.*
ada|mi|tisch ⟨Adj.⟩: **1.** *die Adamiten betreffend, für sie charakteristisch.* **2.** (selten) *nackt.*
Adam Rie|se: in der Fügung **nach A. R.** (ugs. scherzh.; *richtig gerechnet;* nach dem Rechenmeister Adam Ries[e], 1492–1559): das macht nach A. R. zehn Mark.
Adams|ap|fel, der [nach der Vorstellung, dass Adam das Kerngehäuse des verbotenen Apfels im Halse stecken geblieben ist] (ugs. scherzh.): *hervortretender Schildknorpel des männlichen Kehlkopfes:* Ein magerer ... Lümmel, mit einem kunstseidenen Schal um den dünnen Hals, an dem der A. auf- und abstieg (Remarque, Triomphe 118).
◆ **Adams|kind,** das: *Menschenkind* (b): was ich Gutes für bestimmte, an keinem A. hab ich es je getan (Wieland, Oberon 2, 40).
Adams|kos|tüm, das: in der Wendung **im A.** (ugs. scherzh. von männlichen Personen; *nackt*): im A. herumlaufen.
Adap|ta|bi|li|tät, die; -: *Fähigkeit, sich zu adaptieren* (1).
Adap|ta|ti|on, die; -, -en [mlat. adaptatio, zu lat. adaptare, ↑adaptieren]: **1.** ⟨o. Pl.⟩ (Biol.) *Anpassung des Organismus, von Organen an die jeweilige Umweltbedingungen.* **2.** ⟨o. Pl.⟩ (Soziol.) *Anpassung des Menschen an die soziale Umwelt: die A. des Menschen an seinen Lebensraum.* **3.** *Umarbeitung eines literarischen Werkes mit der Absicht, es den Erfordernissen einer anderen literarischen Gattung od. eines anderen Kommunikationsmediums (z. B. Film, Fernsehen) anzupassen.*
Adap|ta|ti|ons|syn|drom, das [gepr. von dem österr.-kanad. Biochemiker H. Selye (1907–1982)] (Med.): *krankhafte Anpassungsreaktion des Organismus auf krank machende Reize.*
Adap|ta|ti|ons|ver|mö|gen, das: *Fähigkeit zur Adaptation.*
Adap|ter, der; -s, - [engl. adapter, zu: to adapt = anpassen < lat. adaptare, ↑adaptieren]: *Zusatz- od. Verbindungsteil, das den Anschluss eines Gerätes od. Geräteteils an ein Hauptgerät od. an den elektrischen Strom ermöglicht.*
adap|tie|ren ⟨sw. V.; hat⟩ [lat. adaptare = anpassen, passend herrichten]: **1.** *anpassen; einer Adaptation (1–3) unterziehen:* Die ... Geschichte stammt von Os-

kar Maria Graf. Fassbinder hat sie ... fürs Fernsehen adaptiert (tip 13, 1983, 21). **2.** (österr.) *(bes. eine Wohnung, ein Haus) für einen bestimmten Zweck einrichten, herrichten:* ein Schloss als Museum a.; In Innsbruck soll ein ehemaliges Gefängnis ... als Wohnhaus adaptiert werden (Wochenpresse 43, 1983, 26); eine [neu] adaptierte *(renovierte)* Wohnung.

Adap|tie|rung, die; -, -en: *das Adaptieren; das Adaptiertwerden.*

Adap|ti|on, die; -, -en (Fachspr.): *Adaptation.*

adap|tiv ⟨Adj.⟩: *auf Adaptation beruhend.*

Adä|quanz [auch at[ɛ...], die; - (bes. Soziol.): *Angemessenheit u. Üblichkeit [eines Verhaltens].*

adä|quat ⟨Adj.⟩ [zu lat. adaequatum, 2. Part. von: adaequare = angleichen] (bildungsspr.): *angemessen, entsprechend:* ein -er Ausdruck; dass nicht alle einen -en Arbeitsplatz ... finden (Saarbr. Zeitung 29./30. 12. 79, 3); Welcher -e Herr sucht Freundschaft ... mit junger Frau (Mannheimer Wochenblatt 9, 1979, 4); etw. ist jmdm., einer Sache nicht a.

Adä|quat|heit, die; - (bildungsspr.): *das Adäquatsein.*

a da|to [aus lat. a = von u. ↑dato] (Wirtsch.): *vom Tage der Ausstellung an;* Abk.: a d.

ADB [aːdeːˈbeː], die; -: Allgemeine Deutsche Biographie.

ad ca|len|das grae|cas [lat.; zu ↑ad, ↑Kalenden u. graecus, ↑Graecum; eigtl. = an den griechischen Kalenden, d. h. niemals; die Griechen kannten keine Kalenden] (bildungsspr.): *niemals, am Sankt-Nimmerleins-Tag:* das geschieht ad c. g.; seit dem Jumboabschuss ist das Treffen vertagt – »ad c. g.« (Spiegel 40, 1983, 14).

Ad|dend, der; -en, -en [lat. (numerus) addendus = hinzuzufügen(de Zahl), zu: addere, ↑addieren] (Math.): *Zahl, die beim Addieren hinzugefügt werden soll.*

Ad|den|dum, das; -s, ...da [lat. addendum, zu: addere, ↑addieren]: **a)** (veraltet) *Zusatz, Nachtrag, Ergänzung;* **b)** ⟨Pl.⟩ *[Verzeichnis der] Nachträge (in wissenschaftlichen Publikationen, Wörterbüchern).*

ad|die|ren ⟨sw. V.; hat⟩ [lat. addere = hinzutun, zu: ad = (hin)zu u. dare = geben]: **a)** *etw. zusammenzählen:* Zahlen a.; Ü Negativposten, die noch niemand addiert hat (Gruhl, Planet 95); **b)** *zu etw. hinzufügen:* etw. zu etw. a.; Ü Jene ... haben zwar auch Kraft, die, wenn sie zur amerikanischen addiert wird, durchaus respektabel ist (Dönhoff, Ära 203); **c)** ⟨a. + sich⟩ *sich zu etw. summieren:* die Kosten addieren sich auf 100000 Mark; Ü Vortrieb und Windgeschwindigkeit addieren sich, und ich gleite schnell zur Landewiese (Hamburger Rundschau 22. 8. 85, 3).

Ad|dier|ma|schi|ne, die (früher): *Rechenmaschine zum Addieren (und Subtrahieren) von Zahlen.*

ad|dio [ital. addio, aus: a Dio (ti raccomando) = Gott (vertraue ich dich an); vgl. ade, adieu] (selten): *auf Wiedersehen!; leb[t] wohl!*

Ad|dis Abe|ba [-ˈabeba, auch: -aˈbeːba]: *Hauptstadt von Äthiopien.*

Ad|di|ta|ment, das; -s, -e, **Ad|di|ta|men|tum,** das; -s, ...ta [lat. additamentum]: *Anhang* (1), *Appendix* (2).

Ad|di|ti|on, die; -, -en [lat. additio, zu: addere, ↑addieren; das Zusammenzählen]: *die A. von Zahlen;* in der A. steckt ein Fehler; Sie meinen, dass Sie durch die A. Ihrer Unkenntnis zu Kenntnis gelangen könnten (Kemelman [Übers.], Dienstag 38).

ad|di|ti|o|nal ⟨Adj.⟩ (bildungsspr.): *zusätzlich, nachträglich.*

Ad|di|ti|ons|wort, das ⟨Pl. ...wörter⟩ (Sprachw.): *Kopulativum.*

ad|di|tiv ⟨Adj.⟩ (bes. Fachspr.): *auf Addition beruhend, durch Addition entstanden; hinzufügend, aneinander reihend:* ein -es Verfahren; -e Farbmischung *(Überlagerung von Farben, durch die eine neue Farbe entsteht).*

Ad|di|tiv, das; -s, -e [engl. additive, subst. aus: additive = hinzufügbar < spätlat. additivus, zu lat. addere, ↑additiv] (Chemie): *Zusatz zu Mineralölprodukten, Kunststoffen, Waschmitteln u. a. zur Abschwächung unerwünschter od. zur Verstärkung erwünschter Eigenschaften.*

ad|di|zie|ren ⟨sw. V.; hat⟩ [lat. addicere, aus: ad = zu u. dicere = sagen, sprechen] (bildungsspr.): *(bes. einen Frühdruck, ein Gemälde) zuschreiben:* einem Maler ein Gemälde a.

Ad|duk|ti|on, die; -, -en [spätlat. adductio = das (Her)anziehen, zu lat. adducere = (her)anziehen] (Med.): *das Heranziehen einer Gliedmaße zur Körperachse hin.*

Ad|duk|tor, der; -s, ...oren (Med.): *Muskel, der eine Adduktion bewirkt.*

Ad|duk|to|ren|zer|rung, die (Med.): *(bes. im Sport vorkommende) Verletzung in Gestalt einer Zerrung des Adduktors am Bein.*

ade [mhd. adē < altfrz. adé = zu Gott, Gott befohlen! < lat. ad deum; vgl. adieu] (veraltet, noch landsch.): *auf Wiedersehen!, leb[t] wohl!;* a., lieb Heimatland, a. (Brot und Salz 334); jmdm. a. sagen.

Ade, das; -s, -s: *Abschiedsgruß, Lebewohl:* jmdm. A. sagen, ein A. zurufen; Ü Wann hätten je die Deutschen freiwillig einer Politik der starken Fäuste A. gesagt? *(hätten von ihr Abstand genommen;* Augstein, Spiegelungen 18).

-a|de, die; -, -n [frz.]: *bezeichnet in Bildungen mit Substantiven (meist Namen) eine Handlung, eine Tätigkeit, die in bestimmter Art von jmdm. ausgeführt wird:* Chaplinade, Harlekinade, Valentinade.

Ade|bar, der; -s, -e [mhd. odebar, ahd. odebero, eigtl. = Segenbringer, wohl umgedeutet aus dem germ. Wort für »Sumpfgänger«] (volkst. scherzh.): *Storch.*

Adel, der; -s [2: mhd. adel, ahd. adal = Geschlecht, Abstammung; H. u.]: **1. a)** *Klasse, Gesamtheit von Familien, die [durch Geburt] einem in früherer Zeit mit bestimmten Vorrechten ausgestatteten Stand angehören:* dem A. angehören; kann der Monarch sich auf große Teile der Geistlichkeit, des -s, der Bourgeoisie ... stützen (Fraenkel, Staat 298); **b)** *adlige Familie[n]:* aus verarmtem A. stammen. **2.** *adlige Herkunft, adliges Geschlecht:* von A. sein; R A. verpflichtet (↑noblesse oblige). **3.** *Adelstitel:* Schröder ... erhielt vom Großherzog ... den persönlichen A. (Th. Mann, Hoheit 36); mein Großvater hatte im Hofdienst den erblichen A. erworben (Zuckmayer, Fastnachtsbeichte 78). **4.** *vornehme, edle Gesinnung; Würde, Vornehmheit:* der A. des Herzens.

ade|lig: ↑adlig.

Ade|li|ge, Adlige, der u. die; -n, -n ⟨Dekl. ↑Abgeordnete⟩: *jmd., der dem Adel angehört.*

adeln ⟨sw. V.; hat⟩: **1.** *in den Adelsstand erheben, jmdm. den Adelstitel verleihen:* er wurde für seine Verdienste vom König geadelt. **2.** (geh.) *(geistig, sittlich) über etw., jmdn. erheben; jmdm., einer Sache Adel (4) verleihen:* diese Gesinnung adelt sie; er sah wenige Gesichter, von denen er glauben konnte, dass die Niederlage sie a. würde (Wiechert, Jeromin-Kinder 492); die einfache Größe des Menschen, den Armut und Leid adeln (Bild. Kunst III, 85).

Adel|phie, die; -, -n [zu griech. adelphós = Bruder] (Bot.): *Vereinigung von Staubblättern zu einem od. mehreren Bündeln.*

Adels|brief, der: *Urkunde, durch die die Erhebung in den Adelsstand bestätigt wird.*

Adels|buch, das: *Adelsmatrikel.*

◆ **Adel|schaft,** die; -: *Adel* (1 a): was braucht es mehr als ein Haar aus dem weißen Bart meines Onkels, Genuas ganze A. in alle Lüfte zu schnellen (Schiller, Fiesco I, 5).

Adels|di|plom, das: *Adelsbrief.*

Adels|er|he|bung, die: *Erhebung in den Adelsstand.*

Adels|fa|mi|lie, die: *adlige Familie.*

Adels|ge|schlecht, das: *adliges Geschlecht* (3 c).

Adels|haus, das: *Adelsgeschlecht:* die europäischen Adelshäuser.

Adels|herr|schaft, die: *Herrschaft des Adels* (1 a).

Adels|ka|len|der, der: *genealogisches Handbuch adliger Familien.*

Adels|klas|se, die: *Rangstufe des Adels* (1 a).

Adels|kro|ne, die: *fünfzackige Rangkrone der untersten, untitulierten deutschen Adelsklasse.*

Adels|le|xi|kon, das: *(im 18./19. Jh.) inoffizielle Bestandsübersicht über die Adelsgeschlechter einzelner Länder.*

Adels|ma|tri|kel, die: *offizielles Verzeichnis der zum Adel gehörenden Familien.*

Adels|par|ti|kel, die: *Adelsprädikat* (z. B. von, de).

Adels|prä|di|kat, das: *dem Adel* (1 a) *zukommende Rangbezeichnung.*

Adels|pri|vi|leg, das: *dem Adel* (1 a) *vorbehaltenes Privileg.*

Adels|pro|be, die: *(innerhalb der Ahnen-*

Adelsrang

probe zu erbringender) Nachweis, dass jede einzelne Familie der vier (acht usw.) Ahnen von Geburt dem Ritterstand angehörte.
Adels|rang, der: vgl. Adelsstand.
Adels|stand, der: *Stand (5 c) des Adels* (1 a).
adels|stolz ⟨Adj.⟩: *stolz auf die adlige Herkunft.*
Adels|stolz, der: *Stolz des Adels* (1 a) *auf seinen Stand* (5 c).
Adels|ti|tel, der: *dem Adel* (1 a) *zukommender Titel.*
Adels|ver|lei|hung, die: *Verleihung des Adelstitels.*
Ade|lung, die; -, -en: *das Adeln* (1); *das Geadeltwerden:* erschien es mir A. genug für eine Frau, dass ein Dichter sie erwählte, ... mit ihm zu sterben (Spiegel 10, 1983, 227).
Adem|ti|on, die; -, -en [lat. ademptio] (veraltet): *Wegnahme, Entziehung.*
Aden: Hafenstadt in Jemen.
Ade|ni|tis, die; -, ...itiden [zu griech. adēn = Drüse] (Med.): **1.** *Drüsenentzündung.* **2.** kurz für ↑ Lymphadenitis.
Ade|nom, das; -s, -e (Med.): *meist gutartige, im Inneren von Organen abgekapselte, vom Drüsengewebe ausgehende Geschwulst.*
ade|no|ma|tös ⟨Adj.⟩ (Med.): *mit der Bildung von Adenomen verbunden; adenomartig.*
Ade|no|to|mie, die; -, -n [zu griech. tomē = Schnitt] (Med.): *operative Entfernung der Rachenmandel.*
Adept, der; -en, -en [lat. adeptus, subst. 2. Part. von: adipisci = erreichen, erfassen]: **a)** (früher) *in geheime Wissenschaften u. Künste, bes. in die Mysterien u. in die Alchemie, Eingeweihter;* **b)** (bildungsspr. scherzh.) *[als Schüler, Lernender] in etw., bes. eine Wissenschaft, Eingeweihter:* ein A. der Wissenschaft und der Künste; Schürrer ist längst eine Wiener Kultfigur, um die sich devote -en scharen (Wiener 11, 1983, 36); bei Bloch und seinen auf erbauliche Zitate erpichten -en (Pohrt, Endstation 102).
Adep|tin, die; -, -nen: w. Form zu ↑ Adept.
Ader, die; -, -n [1: mhd. āder, ahd. ād(e)ra, eigtl. = Eingeweide, urspr. Bez. für alle Gefäße u. inneren Organe des menschlichen Körpers]: **1.** *Blutgefäß:* die -n traten an seinen Schläfen hervor; ihre -n klopften; Die -n an seiner Schläfe schwollen an (Cotton, Silver-Jet 126); eine A. bei der Operation abklemmen, unterbinden; *sich ⟨Dativ⟩ **die -n öffnen** (geh.: *durch Öffnen der Pulsader[n] Selbstmord begehen*); **jmdn. zur A. lassen** (1. veraltet; *jmdm. Blut aus der Vene abnehmen.* 2. ugs. scherzh.; *jmdm. Geld abnehmen*). **2.** ⟨o. Pl.⟩ *Veranlagung, Begabung:* sie hat eine dichterische A.; keine A. für etw. haben *(für etw. keinen Sinn haben, nicht aufgeschlossen sein);* eine leichte A. haben *(leichtlebig sein);* Wie war Constantin zu seiner kontemplativen, seiner musischen A. gekommen? (A. Kolb, Daphne 24). **3. a)** (Bot.) *Blattader;* **b)** (Zool.) *feine Röhre in den Flügeln der Insekten;* **c)** (Holztechnik)

schmale Verzierung aus andersartigem Holz zur Belebung der Fläche; **d)** (Geol., Mineral., Bergbau) *kluftähnlicher kleiner Gang, der mit Mineralien, Erz o. Ä. ausgefüllt ist;* **e)** (Elektrot.) *einzelner, isolierter, Strom führender Leiter in Kabeln.*
Äder|chen, das; -s, -: Vkl. zu ↑ Ader (1).
Ader|ge|flecht, das: *Geflecht* (b) *von Adern, das unter der Haut erkennbar ist:* Auf Michaels Jungmännerhänden ... beginnt sich das A. der Lebensreife erst hervorzuwölben (Grzimek, Serengeti, 34).
Ader|ge|schwulst, die (Med.): *gutartige Geschwulst von Blutgefäßen; Blutschwamm.*
Ader|haut, die (Med.): *gefäßreiche Hautschicht der mittleren Augenhaut.*
ade|rig, äde|rig, adrig, ädrig ⟨Adj.⟩ (Fachspr.): *mit [vielen] Adern versehen:* eine -e Hand; sich a., ä. verzweigen.
Ader|klem|me, die (Med.): *Aderpresse.*
Ader|kno|ten, der: *schmerzhafte Erweiterung an Krampfadern.*
Ader|lass, der; -es, ...lässe [a: mhd. āderlāʒ, āderlæʒe]: **a)** (Med.) *Entnahme einer [größeren] Blutmenge aus einer Vene als Heilbehandlung:* bei jmdm. einen A. vornehmen; **b)** *Einbuße, spürbarer Verlust: ein finanzieller, personeller A.;* Wie viel Verluste! Wird die deutsche Literatur sich von diesem grausigen A. je erholen? (K. Mann, Wendepunkt 361); Über 30.000 Stellen im Metallbereich hat allein Nürnberg ... verloren. Nichts konnte diesen A. stoppen (Woche 17. 1. 97, 9).
Ader|min, das; -s [zu griech. a- = nicht u. dérma = Haut]: *Vitamin B₆, das am Stoffwechsel der Aminosäuren beteiligt ist.*
ädern, (Fachspr.): ⟨sw. V.; hat⟩ **adern** (selten): *mit Adern* (1, 3 a–c) *versehen.*
ader|reich ⟨Adj.⟩: *reich an Adern* (1, 3).
Ader|strang, der: *Strang* (2 b) *von Adern.*
Äde|rung, Ade|rung, die; -, -en: *das Ädern; das Geädertsein.*
Adęs|po|ta ⟨Pl.⟩ [griech. adéspota, eigtl. = Herrenlose]: *Werke (bes. Kirchenlieder) unbekannter Verfasser.*
Ades|siv, der; -s, -e [zu lat. adesse = anwesend sein] (Sprachw.): **1.** *Kasus in den finnisch-ugrischen Sprachen, der die Lage bei etw., die unmittelbare Nähe angibt* (z. B. finn. talolla = auf dem Haus). **2.** *Wort im Adessiv* (1).
à deux mains [adø'mɛ̃; frz., aus: à = mit, deux = zwei u. mains = Hände] (Klavierspiel): *mit zwei Händen, zweihändig [zu spielen].*
ADFC [a:de:ɛfˈtseː], der; -[s]: Allgemeiner Deutscher Fahrrad-Club: ein englisches Faltrad, das 1976 patentiert wurde und es zwanzig Jahre später immer noch schaffte, den Wettbewerb des Allgemeinen Deutschen Fahrrad-Clubs (ADFC) um den Titel »Fahrrad des Jahres« zu gewinnen (Zeit 20. 6. 97, 59).
Ad|go, die; - [Kurzwort für Allgemeine Deutsche Gebührenordnung für Ärzte]: *privates Gebührenverzeichnis für die Abrechnung zwischen Ersatzkassen u. Ärzten.*
Ad|hä|rens, das; - ...rҽnzien [lat. adhae-

rens, ↑adhärent]: **1.** (veraltet) *Anhaftendes; Zubehör.* **2.** (Chemie) *Klebstoff.*
ad|hä|rent ⟨Adj.⟩ [lat. adhaerens, 1. Part. von adhaerere, ↑adhärieren] (bes. Fachspr.): **1.** *anhaftend, anhängend.* **2.** *(von Geweben, Pflanzenteilen) angewachsen, verwachsen.*
Ad|hä|renz, die; -, -en [mlat. adhaerentia] (veraltet): *Hingebung; Anhänglichkeit.*
ad|hä|rie|ren ⟨sw. V.; hat⟩ [lat. adhaerere, aus: ad = an, zu u. haerere = (fest)hängen, haften] (veraltet): *an etw. hängen, haften:* die magische Valenz, aller Dichtung adhäriert (Deschner, Talente 140).
Ad|hä|si|on, die; -, -en [lat. adhaesio]: **1.** (Physik) *das Aneinanderhaften der Moleküle zweier Stoffe od. Körper.* **2.** (Med.) *Verklebung od. Verwachsung zweier Organe nach Operationen od. Entzündungen.* **3.** (Bot.) *Verwachsung in der Blüte einer Pflanze* (z. B. des Staubblatts mit dem Fruchtblatt). **4.** *Akzession* (2).
Ad|hä|si|ons|bahn, die: *schienengebundenes Beförderungsmittel, bei dem die Vorwärtsbewegung allein durch Ausnutzung der Haftreibungskräfte der Antriebsräder erreicht wird; Reibungsbahn.*
Ad|hä|si|ons|fett, das: *die Haftung zwischen Treibscheibe u. Treibriemen (Seil) erhöhendes Fett.*
Ad|hä|si|ons|klau|sel, die: *Akzessionsklausel.*
Ad|hä|si|ons|kraft, die (Physik): *an Berührungsflächen wirksam werdende molekulare Anziehungskraft.*
Ad|hä|si|ons|pro|zess, der (Rechtsspr.): *Adhäsionsverfahren.*
Ad|hä|si|ons|ver|fah|ren, das (Rechtsspr.): *Verfahren vor einem Strafgericht, bei dem durch den Verletzten vermögensrechtliche Ansprüche gegen den Beschuldigten geltend gemacht werden können, obwohl dies eigentlich nur bei einem Zivilgericht möglich ist.*
Ad|hä|si|ons|ver|schluss, der: *mit einer Haftschicht versehener Verschluss an Briefumschlägen o. Ä., der geöffnet u. wieder geschlossen werden kann.*
ad|hä|siv ⟨Adj.⟩: *auf Adhäsion beruhend, anhaftend.*
ad|hi|bie|ren ⟨sw. V.; hat⟩ [lat. adhibere, eigtl. = hinhalten, zu: habere = haben, halten] (veraltet): *anwenden, gebrauchen:* die Geschäftsleute, die ... tief beleidigt waren, wenn er etwa seine Individualität nun auch bei ihnen adhibierte (Tucholsky, Werke II, 432).
ad hoc [at 'hɔk, at 'hoːk; lat., eigtl. = zu diesem] ⟨in Verbindung mit bestimmten Verben⟩ (bildungsspr.): **a)** *zu diesem Zweck, dafür:* einen Ausdruck ad h. bilden; **b)** *aus dem Augenblick heraus [entstanden]:* Zweieinhalbtausend Teilnehmer kamen zu einem ad h. einberufenen Teach-in (Nußl, Hochschulreform 61); Man kann vom Plenum nicht erwarten, dass es sich über solche Anträge ein ... Urteil bildet (NZZ 2. 2. 83, 21).
Ad-hoc-Bil|dung, die: *ad hoc gebildetes Wort.*
Ad-hoc-Er|klä|rung, die: *ad hoc abgegebene Erklärung.*

Ad-hoc-In|ter|pre|ta|ti|on, die: *ad hoc vorgenommene Interpretation.*

ad ho|mi|nem [lat. = zum Menschen hin, zu: homo = Mensch]: *auf die Bedürfnisse u. Möglichkeiten des Menschen abgestimmt:* etw. ad h. demonstrieren *(etw. so widerlegen od. beweisen, dass die Rücksicht auf die Eigenart der Person u. die Bezugnahme auf die ihr geläufigen Vorstellungen, nicht aber die Sache selbst die Methode bestimmen).*

Ad|hor|ta|tiv, der; -s, -e [spätlat. adhortativus = mahnend, zu: adhortari = mahnen] (Sprachw.): *Imperativ, der zu gemeinsamer Tat auffordert* (z. B.: hoffen wir es!).

Adi|a|ba|te, die; -, -n [zu ↑adiabatisch] (Physik, Met.): *Kurve der Zustandsänderung von Gas od. Luft, die entsteht, wenn Wärme weder zu- noch zugeführt wird.*

adi|a|ba|tisch ⟨Adj.⟩ [griech. adiábatos = nicht hindurchtretend] (Physik, Met.): *(von Gas, Luft) ohne Wärmeaustausch:* ein Gas a. verdichten.

Adi|an|tum, das; -s, ...ten [lat. adiantum < griech. adíanton] (Bot.): *Frauenhaarfarn.*

Adi|a|pho|ron, das; -s, ...ra (meist Pl.) [zu griech. adiáphoros = nicht verschieden; gleichgültig]: **1.** (Philos.) *Sache od. Verhaltensweise, die außerhalb von Gut und Böse liegt u. damit moralisch wertneutral ist.* **2.** (Theol.) *sittliche od. kultische Handlung, die in Bezug auf Heil od. Rechtgläubigkeit unerheblich ist.* **3.** (Soziol.) *Verhaltensweise, die gesellschaftlich nicht normiert ist u. deshalb in den Bereich der persönlichen Entscheidungsfreiheit fällt.*

◆ **adies** [a'dje:s]: volkst. für ↑adieu: Adies, ihr Herrn (Kleist, Krug 2).

adieu [a'djø:; frz. adieu (= à dieu) = zu Gott, Gott befohlen, vgl. ade] (landsch., sonst veraltend): *auf Wiedersehen!, leb[t] wohl!:* jmdm. a. sagen.

Adieu, das; -s, -s: *Lebewohl:* jmdm. A. sagen, ein A. zurufen; Die Hand gab er ihm nicht ... Er sagte nur kurz A. (Süskind, Parfüm 141).

Ädi|ku|la, die; -, ...lä [lat. aedicula, eigtl. = kleiner Bau] (Archit.): *Umrahmung von Fenstern, Nischen o. Ä. mit Säulen, Giebeln u. Dach.*

Ädil, der; -s od. -en, -en [lat. aedilis, urspr. wohl = Tempelbeamter, zu: aedes = Tempel] (hist.): *hoher altrömischer, für die Polizeiaufsicht, Lebensmittelversorgung u. Ausrichtung der öffentlichen Spiele verantwortlicher Beamter.*

ad in|fi|ni|tum [lat., aus: ad (↑ad) u. infinitum = das Unendliche] ⟨in Verbindung mit bestimmten Verben od. nachgestellt bei Verbalsubstantiven⟩ (bildungsspr.): *bis ins Unendliche, unbegrenzt [sich fortsetzen lassend]:* diese Aufzählung kann man ad i. fortsetzen; eine Verlängerung ad i.

ad in|te|rim [lat.; ↑Interim] (bildungsspr.): *einstweilen, unterdessen; vorläufig:* Der schweizerische Geschäftsträger ad i. in Luanda ... ist am Dienstag im Alter von 62 Jahren an seinem Einsatzort in Afrika unerwartet verstorben (NZZ 16. 10. 81, 22).

adi|pös ⟨Adj.⟩ [zu lat. adeps (Gen.: adipis) = Fett] (Med.): **a)** *fett[reich];* **b)** *fettleibig; verfettet.*

Adi|po|si|tas, die; - [nlat.] (Med.): **a)** *Fettleibigkeit;* **b)** *Fettsucht.*

Adip|sie, die; - [zu griech. a- = nicht, un- u. dipsos = Durst] (Med.): *mangelndes Durstgefühl.*

à dis|cré|ti|on [adiskre'sjõ; frz.; ↑Diskretion] (bildungsspr.): *nach Belieben:* Essen und trinken à d. im Airport-Culinarium. Jeden Freitag und Samstagabend für 38 Franken (Basler Zeitung 27. 7. 84, 22).

Ad|ja|zent, der; -en, -en [lat. adiacens (Gen.: adiacentis), 1. Part. von: adiacere, ↑adjazieren] (veraltet): *Anwohner, Anrainer.*

ad|ja|zie|ren ⟨sw. V.; hat⟩ [lat. adiacere = bei od. neben etw. liegen] (veraltet): *angrenzen.*

Ad|jek|ti|on, die; -, -en [lat. adiectio, eigtl. = das Hinzutun]: *Mehrgebot bei Versteigerungen.*

Ad|jek|tiv [auch: - -'-], das; -s, -e [spätlat. (nomen) adiectivum, eigtl. = zum Beifügen dienend(es Nomen), zu: adicere (2. Part.: adiectum) = bei-, hinzufügen] (Sprachw.): *Wort, das ein Wesen od. Ding, ein Geschehen, eine Eigenschaft od. einen Umstand als mit einem bestimmten Merkmal, mit einer bestimmten Eigenschaft versehen kennzeichnet; Eigenschafts-, Artwort.*

Ad|jek|tiv|abs|trak|tum, das; -s, ...ta (Sprachw.): *von einem Adjektiv abgeleitetes Abstraktum* (z.B. »Tiefe« von »tief«).

ad|jek|ti|vie|ren ⟨sw. V.; hat⟩ (Sprachw.): *(ein Substantiv, Adverb) zu einem Adjektiv machen* (z.B. ernst, schuld; gestern; selten).

Ad|jek|ti|vie|rung, die; -, -en (Sprachw.): *das Adjektivieren; Verwendung (eines Substantivs, Adverbs) als Adjektiv.*

ad|jek|ti|visch [auch: - -'-] ⟨Adj.⟩ (Sprachw.): *das Adjektiv betreffend; als Adjektiv gebraucht; eigenschaftswörtlich.*

◆ **ad|jes:** volkst. für ↑adieu: Ich rief den armen Leuten nach allen Seiten recht stolz ... a. zu (Eichendorff, Taugenichts 3).

Ad|ju|di|ka|ti|on, die; -, -en [spätlat. adiudicatio] (Rechtsspr.): *gerichtliche Zuerkennung.*

ad|ju|di|zie|ren ⟨sw. V.; hat⟩ [lat. adiudicare; zu: ad = zu u. iudicare, ↑judizieren] (Rechtsspr.): *gerichtlich zuerkennen.*

Ad|junkt, der; -en, -en [lat. adiunctum, 2. Part. von: adiungere = bei-, zuordnen]: **a)** (veraltet) *Amtsgehilfe:* ein ... A. des Inspektors, der so genannte Eleve (Dönhoff, Ostpreußen 12); **b)** (österr., schweiz.) *unterer Beamter in Österreich, höherer Beamter in der Schweiz:* Er war ... A. bei der Fürsorgedirektion (Blick 31. 7. 84, 2).

Ad|junk|tin, die; -, -nen: w. Form zu ↑Adjunkt (b).

Ad|jus|ta|ge [adjʊs'ta:ʒə], die; -, -n [frz. ajustage, vgl. adjustieren]: **1.** (Technik) *das Adjustieren* (1 a, b). **2.** *Abteilung in Walzwerken, in der die Bleche zugeschnitten, gerichtet, geprüft, sortiert u. zum Versand zusammengestellt werden.*

ad|jus|tie|ren, die; -, - [nlat.] (Med.): **a)** *relatinisiert aus frz. ajuster, zu: juste = genau, richtig < lat. iustus]:* **1. a)** (Technik) *[Werkstücke] zurichten;* **b)** (Messtechnik) *(Messinstrumente, optische Instrumente) durch Stellschrauben genau einstellen.* **2.** (österr., sonst veraltet, Amtsspr.) *jmdn., sich dienstmäßig kleiden, ausrüsten:* Soldaten a.; als ... einer der beiden unteren Oberkellner ... mir eröffnete, man brauche mich im Saal, und mir auftrug, mich schleunig für diesen zu a. (Th. Mann, Krull 235).

Ad|jus|tie|rung, die; -, -en: **1.** *das Adjustieren.* **2.** (österr.) **a)** *dienstmäßige Kleidung, Uniform:* die Ordonnanz in ihrer dienstlichen A.; Ein Gendarm ... stürzte sich in voller A. ins Wasser und zog den jungen Mann wieder ans Ufer (Presse 15. 7. 69, 5); **b)** (scherzh.) *Aufmachung:* in sonderbarer A. auftreten.

Ad|ju|tant, der; -en, -en [span. ayudante, subst. 1. Part. von: ayudar = helfen < lat. adiutare, zu: adiuvare = helfen] (Mil.): *dem Kommandeur einer militärischen Einheit zur Unterstützung beigegebener Offizier:* einen SS-Obersturmbannführer ..., der einst Himmlers A. gewesen war (Dönhoff, Ära 62).

Ad|ju|tan|tur, die; -, -en: *Dienststelle eines Adjutanten.*

Ad|ju|tor [auch: ...to:ɐ̯], der; -s, -en [lat. adiutor] (veraltet): *Helfer, Gehilfe.*

Ad|ju|tum, das; -s, ...ten [zu lat. adiutum, 2. Part. von: adiuvare, ↑Adjutant]: **1.** (veraltet) *[Bei]hilfe.* **2.** (österr. Amtsspr.) *vorläufige Entlohnung eines Beamten während der Probezeit.*

Ad|ju|vans [auch: ...'ju...], das; -, ...anzien u. ...antia [lat. adiuvans, 1. Part. von: adiuvare, ↑Adjutant] (Med.): *Bestandteil eines Arzneimittels, der selbst nicht therapeutisch wirksam ist, aber die Wirkung des Hauptbestandteils unterstützt.*

Ad|ju|vant, der; -en, -en [1: mlat. adiuvans (Gen.: adiuvantis)] (veraltet): **1.** *Gehilfe, Helfer.* **2.** *Hilfslehrer.*

ad l. = ad libitum.

Ad|la|tus, der; -, - ...ten [aus lat. ad latus = zur Seite] (veraltet, noch scherzh.): *meist jüngerer [Amts]gehilfe, untergeordneter Helfer:* einen A. haben, beschäftigen; schlug ich meine Zelte als Privatsekretär, A., Berater und Mädchen für alles ... in Köln auf (Habe, Namen 39).

Ad|ler, der; -s, - [1: mhd. adler, adelar(e), eigtl. = Edelaar, zu mhd. ar (↑Aar), das auch die »unedlen« Jagdvögel wie Bussard u. Sperber bezeichnete]: **1.** *großer Greifvogel mit kräftigem Hakenschnabel, befiederten Läufen u. starken Krallen:* Die Möwen ... hielten ihre Flügel still wie große A. (Ott, Haie 226). **2.** *stilisierter Adler (als Wappentier):* der preußische A.; In der Kathedrale stehen die Särge der Zaren, weiße Marmorsarkophage, vergoldete kaiserliche A., silberne und goldene Totenkränze (Koeppen, Rußland 146). **3.** ⟨o. Pl.⟩ *Sternbild am Sommerhimmel.*

Adlerauge

Ad|ler|au|ge, das: *scharfes, durchdringend blickendes Auge (eines Menschen).*
ad|ler|äu|gig ⟨Adj.⟩ *wie mit Adleraugen.*
Ad|ler|blick, der: *scharfer, durchdringender Blick (eines Menschen).*
Ad|ler|farn, der [wenn man die unteren Blattstiele durchschneidet, zeigen die Leitbündel die Form eines Doppeladlers] (Bot.): *(bes. in lichten Wäldern u. auf Heiden wachsender) hoher Farn.*
Ad|ler|fi|bel, die (Kunstwiss., Archäol.): *Fibel der Völkerwanderungszeit in Form eines stilisierten Adlers.*
Ad|ler|flü|gel = ↑Adlersflügel.
Ad|ler|horst, der: *Horst eines Adlers.*
Ad|ler|kopf, der: *Kopf eines Adlers.*
Ad|ler|na|se, die: *große, gebogene Nase (eines Menschen).*
ad|ler|na|sig ⟨Adj.⟩: *eine große, gebogene Nase habend:* Die rassig nasige, -e Dame im weißen Kittel behandelte mich nach einem Unfall (v. Rezzori, Blumen 81).
Ad|ler|ro|chen, der (Zool.): *(vor allem in den tropischen Meeren lebender) Rochen mit peitschenförmigem Schwanz u. Giftstachel.*
Ad|ler|schwung, der (Turnen): *Schwungstemme mit Ellgriff am Reck.*
Ad|lers|fit|ti|che ⟨Pl.⟩, **Ad|lers|flü|gel** ⟨Pl.⟩: in den Fügungen **auf -n** (dichter. veraltet; *so schnell wie möglich*): auf -n herbeieilen.
ad lib. = ad libitum.
ad li|bi|tum [aus ↑ad u. spätlat. libitus = Wunsch]: **a)** (bildungsspr.) *nach Belieben:* einige Beispiele ad l. herausgreifen; **b)** (Musik) *Vortragszeichnung, mit der das Tempo eines Stücks dem Interpreten freigestellt wird;* Abk.: ad l., ad lib., a. l.
ad|lig, (geh.:) adelig ⟨Adj.⟩ [mhd. adellich, ahd. adallīh]: **1. a)** *dem Adel (1, 2) betreffend, ihm gemäß:* von -er Herkunft sein; **b)** *dem Adel (1) angehörend:* eine -e Dame; Noch gegen Ende der Monarchie waren von den dreizehn Oberpräsidenten der preußischen Provinzen ... elf adelig (Dönhoff, Ostpreußen 8). **2.** (geh.) *von innerem Adel (4) zeugend:* eine -e Gesinnung. **3.** (geh.) *vornehm, edel, hoheitsvoll:* eine -e Haltung; die Katzen, ... Roms älteste Bewohner, adlig und geheimnisvoll (Koeppen, Rußland 182).
Ad|li|ge, Adelige, der u. die; -n, -n ⟨Dekl. ↑ Abgeordnete⟩: *Angehörige[r] des Adelsstandes, des Adels* (1 a).
Ad|mi|nis|tra|ti|on, die; -, -en [lat. administratio, eigtl. = Dienstleistung, zu: administrare, ↑administrieren]: **1. a)** *das Verwalten;* **b)** *verwaltende Behörde; Verwaltung:* die neue A. in Washington (Politik; *der Regierungs- u. Verwaltungsapparat des Präsidenten der USA;* häufig in Zus. mit dem Namen des jeweiligen Präsidenten, z. B. Clinton-A., Reagan-A.; nach engl. administration); Präsident Reagan versuchte das Tohuwabohu an der Spitze seiner A. zu ordnen (Spiegel 46, 1981, 144). **2.** (DDR abwertend) *bürokratisches Anordnen, Verfügen.* **3.** (Milit.) *Regelung militärischer Angelegenheiten außerhalb der Strategie u. Taktik.*
ad|mi|nis|tra|tiv ⟨Adj.⟩: **1. a)** *zur Verwaltung gehörend;* **b)** *behördlich.* **2.** (DDR abwertend) *bürokratisch, von oben her [bestimmt].*
Ad|mi|nis|tra|tor, der; -s, ...oren [lat. administrator]: **a)** *Verwalter, Verwaltungsangestellter:* ein geschickter A.; In Brüssel sitzen stets liebenswürdig, mal bessere, mal schlechtere -en am Tisch (FR 28. 7. 98, 7); **b)** (kath. Kirche) *Pfarrverweser:* er ist A. der Benediktinerabtei; **c)** *selbstständiger Verwalter eines größeren Landwirtschaftsbetriebs bes. in Norddeutschland:* ein Brief von dem mir persönlich nicht bekannten Sohn unseres früheren -s ..., dem obersten Verwalter der Friedrichsteiner Güter (Dönhoff, Ostpreußen 44).
Ad|mi|nis|tra|to|rin, die; -, -nen: w. Form zu ↑Administrator (a, c).
ad|mi|nis|trie|ren ⟨sw. V.; hat⟩ [lat. administrare, zu: ministrare, ↑Ministrant]: **1.** *verwalten:* Mehr oder weniger gilt das ... für alle Institutionen, die sich nicht produzieren, sondern damit beschäftigt, sich selbst zu a. (Enzensberger, Mittelmaß 130). **2.** (DDR abwertend) *bürokratisch anordnen, verfügen.*
ad|mi|ra|bel ⟨Adj.; ...abler, -ste⟩ [lat. admirabilis] (veraltet): *bewundernswert.*
Ad|mi|ral, der; -s, -e, auch ...räle [1: frz. amiral (afrz. admiral) < arab. amīr (arrahl) = Befehlshaber (des Transports), ↑Emir]: **1.** ⟨Pl. auch: Admiräle⟩ *Vertreter der höchsten Dienstgradgruppe der Marineoffiziere:* er ist A. zur See. **2.** ⟨Pl. nur: -e⟩ (Zool.) *schwarzbrauner Tagfalter mit weißen Flecken u. orangeroter Bänderung.* **3.** ⟨o. Pl.⟩ *warmes Getränk aus Rotwein, Eiern, Zucker u. Gewürzen.*
Ad|mi|ral|arzt, der (Milit.): *Sanitätsoffizier im Rang eines Flotillenadmirals.*
Ad|mi|ra|li|tät, die; -, -en: **a)** *Gesamtheit der Admirale;* **b)** *oberste Kommandostelle u. Verwaltungsbehörde einer Kriegsmarine.*
Ad|mi|ra|li|täts|in|seln ⟨Pl.⟩: *Inselgruppe in der Südsee.*
Ad|mi|ra|li|täts|kar|te, die (Milit.): *von der Admiralität herausgegebene Seekarte.*
Ad|mi|rals|bar|kas|se, die (Milit.): vgl. Admiralsschiff.
Ad|mi|rals|flag|ge, die (Milit.): *Flagge des Admirals* (z. B. als Stander).
Ad|mi|rals|rang, der (Milit.): *Rang des Admirals* (1).
Ad|mi|rals|schiff, das (Milit.): *Schiff des Admirals im Flottenverband.*
Ad|mi|ral|stab, der (Milit.): *oberster Führungsstab einer Kriegsmarine.*
Ad|mi|ral|stabs|arzt, der (Milit.): *Sanitätsoffizier im Rang eines Konteradmirals.*
Ad|mi|ral|stabs|of|fi|zier, der (Milit.): *als Führungsgehilfe ausgebildeter Stabsoffizier der Marine.*
Ad|mi|ra|ti|on, die; - [lat. admiratio] (veraltet): *Bewunderung.*
ad|mi|rie|ren ⟨sw. V.; hat⟩ [lat. admirari, zu: mirari, ↑Mirakel] (veraltet): *bewundern.*
Ad|mis|si|on, die; -, -en [lat. admissio = das Hinzulassen, zu: admittere, ↑Admittanz] (Technik): *Einlass des Dampfes in den Zylinder einer Dampfmaschine.*

Ad|mit|tanz, die; - [engl. admittance, zu: to admit = hereinlassen < lat. admittere = hinsenden; loslassen, aus: ad = (hin)zu u. mittere, ↑Mission] (Elektrot.): *Leitwert des Wechselstroms, Kehrwert des Wechselstromwiderstandes.*
ADN [Abk. für: **A**llgemeiner **D**eutscher **N**achrichtendienst] = Nachrichtenagentur der DDR.
ad nau|se|am [lat., zu: nausea < griech. nausía = Seekrankheit; Übelkeit, Erbrechen] (bildungsspr.): *bis zum Überdruss:* »Ich seh dir in die Augen, Kleines.« Bogarts immer wiederkehrender Satz ... ist in den deutschen Sprachgebrauch eingegangen ... Ad n. wird er zitiert und nachgebetet (Zeit 3. 4. 92, 99).
Ad|nex, der; -es, -e [lat. adnexum, Nebenf. von: annexum, ↑Annex] (veraltet): *Anhang, Beigabe.*
ad|no|mi|nal ⟨Adj.⟩ [zu ↑ad u. ↑Nomen] (Sprachw.): *zum Nomen (Substantiv) hinzutretend u. von ihm abhängig:* -es Attribut.
ad no|tam [lat., zu ↑ad u. nota, ↑Note]: in der Wendung *etw.* **ad n. nehmen** (bildungsspr. veraltet; *etw. zur Kenntnis nehmen, beachten*): Wenn Intellektuelle denn doch unbedingt sein müssen, werden sie nur eine Zukunft haben, wenn sie die intelligente Intellektuellenkritik ad. n. nehmen (taz 12. 2. 98, 13).
Ado|be, der; -, -s [span. adobe < arab. tūb]: *lufttrockneter Lehmziegel.*
ad ocu|los [lat., zu ↑ad u. oculus = Auge]: in der Wendung **jmdm. etw. ad o. demonstrieren/zeigen** (bildungsspr.; *vor Augen führen, durch den Augenschein beweisen*): In diesem Kongress ... bin ich Juden begegnet, die mir sozusagen ad. o. gezeigt haben, warum das jüdische Volk zweitausend Jahre der Verbannung überleben konnte (Zeit 4. 10. 96, 24).
ado|les|zent ⟨Adj.⟩ [lat. adolescens, adj. 1. Part. von: adolescere = heranwachsen]: *heranwachsend, in jugendlichem Alter stehend:* Ein Großteil der Surfer gehört zur dominanten Gruppe der männlichen, -en Schüler (Focus 45, 1997, 306).
Ado|les|zent, der; -en, -en [lat. adolescens (Gen.: adolescentis)] (Med.): *Heranwachsender, Jugendlicher.*
Ado|les|zenz, die; - [lat. adolescentia] (Med.): *Endphase des Jugendalters:* Die Mädchen treten ... mit fünfzehn, die Jungen mit siebzehn in die Phase der A. (MM 3.3. 66, 7).
Ado|nai [hebr. ădônay = mein Herr]: (im A. T.) *Name Gottes.*
[1]Ado|nis (griech. Myth.): *schöner, von Aphrodite geliebter Jüngling.*
[2]Ado|nis, der; -, -se (bildungsspr.): *schöner junger Mann:* er ist ein A.; ihr Freund war nicht gerade ein A.; besonders hübsch war er ... nicht, keine Lichtgestalt, kein A. (K. Mann, Wendepunkt 109).
[3]Ado|nis, die; -, -: *Adonisröschen.*
ado|nisch ⟨Adj.⟩: *schön [wie [1]Adonis]:* -er Vers (Metrik; ↑Adonius).
Ado|nis|gar|ten, der: *Gefäß mit künstlich getriebenen u. schnell verwelkenden Pflanzen (das bei den antiken Adonisfesten eine besondere Rolle spielte).*

Ado|nis|kä|fer, der: *sehr kleiner Marienkäfer mit roten Flügeldecken, die mit kleinen schwarzen Punkten bedeckt sind.*

Ado|nis|rös|chen, das [¹Adonis wurde von Aphrodite nach seinem Tod in eine Blume verwandelt]: *(zu den Hahnenfußgewächsen gehörende) Pflanze mit gefiederten Blättern gelben od. roten Blüten.*

Ado|ni|us, der; - [lat. Adonius; nach seiner Verwendung als Schlussvers der Totenklage um ¹Adonis] (Metrik): *antiker Kurzvers aus zwei Daktylen, wobei der zweite Katalexe zeigt.*

adop|tie|ren ⟨sw. V.; hat⟩ [lat. adoptare, eigtl. = hinzuerwählen, aus: ad = (hin)zu u. optare, ↑optieren]: **1.** *als eigenes Kind annehmen:* ein Kind a.; Weil viele ihrer Frauen kinderlos bleiben, adoptieren die Massai gern Jungen von den umliegenden schwarzen Stämmen (Grzimek, Serengeti 268). **2.** *übernehmen, sich zu Eigen machen:* jmds. Namen a.; der amerikanische Lebensform a.; der Duden von 1955 hat ... das Wort noch nicht adoptiert *(aufgenommen;* Sprachspiegel 2, 1966, 47); Alfa Romeo von Fiat adoptiert (ADAC-Motorwelt 12, 1986, 10).

Adop|ti|on, die; -, -en [lat. adoptio]: *das Adoptieren (1), Adoptiertwerden.*

Adop|tiv|bru|der, der: *Junge, der durch Adoption zum Geschwisterteil wird;*

Adop|tiv|el|tern ⟨Pl.⟩: *[Ehe]paar, das ein Kind adoptiert hat.*

Adop|tiv|kai|ser, der (hist.): *durch Adoption zur Macht gelangter Herrscher der römischen Kaiserzeit.*

Adop|tiv|kind, das: *adoptiertes Kind.*

Adop|tiv|mut|ter, die: vgl. Adoptiveltern.

Adop|tiv|schwes|ter, die: *Mädchen, das durch Adoption zum Geschwisterteil wird.*

Adop|tiv|sohn, der: *als Sohn adoptierter Junge.*

Adop|tiv|toch|ter, die: *als Tochter adoptiertes Mädchen.*

Adop|tiv|va|ter, der: vgl. Adoptiveltern.

ado|ra|bel ⟨Adj.; ...abler, -ste⟩ [lat. adorabilis] (veraltet): *anbetungswürdig:* adorable Heilige.

Ado|rant, der; -en, -en [lat. adōrāns (Gen.): adōrantis), 1. Part. von: adorare, ↑adorieren] (Kunstwiss.): *anbetende Gestalt (als Standbild, auf Gemälden o. Ä.):* -en, d. h. betende Männer und Frauen (Bild. Kunst I, 115).

Ado|ra|ti|on, die; -, -en [a: lat. adoratio]: **a)** (bildungsspr.) *Anbetung, Verehrung;* **b)** (kath. Kirche) *dem neu gewählten Papst erwiesene Huldigung der Kardinäle (durch Kniefall u. Fußkuss).*

ado|rie|ren ⟨sw. V.; hat⟩ [lat. adorare, eigtl. = jmdn. anreden, zu: orare, ↑Orakel] (bildungsspr.): *verehren, anbeten:* ... bewunderten andere Jünglinge eitle Filmstars und lächerliche Abenteurer, so adoriere er Gelehrte (Habe, Namen 368).

Adr. = Adresse (1).

ad re|fe|ren|dum [aus lat. ↑ad u. referendum = das Mitzuteilende, Gerundivum von: referre, ↑referieren] (Amtsspr. veraltet): *zur Berichterstattung:* einen Vergleich ad r. annehmen.

ad rem [lat., zu ↑ad u. res = Sache] (bildungsspr.): *zur Sache [gehörend].*

Adre|ma®, die; -, -s: Kurzwort für ↑Adressiermaschine.

adre|mie|ren ⟨sw. V.; hat⟩: *mittels einer Adrema beschriften:* adremierte Umschläge.

adre|nal ⟨Adj.⟩ (Med.): *die Nebennieren betreffend.*

Adre|na|lin, das; -s [zu lat. ad = (hin)zu, bei u. ren = Niere] (Med.): *Hormon des Nebennierenmarks:* Man merkt, ... dass die Leute Blut sehen wollen. Das A. *(die Ausschüttung von Adrenalin)* steigt dann sehr schnell (Hörzu 49, 1989, 19).

Adre|na|lin|aus|schüt|tung, die (Med.): *Abgabe von Adrenalin ins Blut:* eine erhöhte A.

Adre|na|lin|spie|gel, der (Med.): *Grad des Vorhandenseins von Adrenalin im Blut:* ... schließlich erzähle ich Ihnen das alles nicht, um Ihnen den Puls zu beschleunigen oder, wie es seit neuestem heißt, den A. zu heben (Heym, Schwarzenberg 252).

Adre|na|lin|stoß, der (Med.): *vermehrte Adrenalinausschüttung (als Folge eines Erregungszustandes od. einer Stresssituation), die zu erhöhtem Blutdruck u. gesteigerter Herztätigkeit führt:* Ein hoher Erregungspegel, A. zur rechten Zeit, hilft dem Jungstar (Spiegel 28, 1985, 170).

adre|nerg, adre|ner|gisch ⟨Adj.⟩ [zu griech. érgon = Werk] (Med.): *durch Adrenalin bewirkt, auf Adrenalin ansprechend.*

Adress|än|de|rung, die (schweiz.): Adressenänderung.

Adres|sant, der; -en, -en (veraltet): *Absender [einer Postsendung].*

Adres|sat, der; -en, -en: **a)** *Empfänger einer Postsendung:* der A. ist nicht zu ermitteln; ein ... Schreiben, das, ehe es die -en erreicht hatte, bereits in zwei Zeitungen abgedruckt war (Kicker 82, 1981, 10); **b)** *jmd., an den sich etw. richtet, was ein anderer tut:* Der A. war neben der Bonner Regierung ... die Administration in Washington (NZZ 30. 6. 84, 2); Eugen Kogon war durch und durch Moralist ... Aber er trat nicht den -en seiner Kritiken und Appelle minutenlang enthusinauer gegenüber (SZ 11. 1. 99, 7); **c)** (bes. Sprachw.) Rezipient (1).

Adres|sa|tin, die; w. Form zu ↑Adressat.

Adress|buch, das: *als Buch gedrucktes, alphabetisches Verzeichnis der Adressen der Einwohner, Firmen, Behörden u. Ä., einer Stadt od. eines größeren Gebiets:* das A. der Stadt Nürnberg; Ü ein digitales A. *(Adressenverzeichnis in einem elektronischen Medium).*

Adress|buch|ver|lag, der: *Verlag, der Adressbücher herausbringt.*

Adres|se, die; -, -n [frz. adresse, eigtl. = Richtung, zu: adresser, ↑adressieren; 2: engl. address, zu frz. adresser, ↑adressieren]: **1. a)** *Angabe von jmds. Namen u. Wohnung, Anschrift:* die A. ist, lautet ...; [jmdm.] seine A. hinterlassen; jmds. A. notieren, ausfindig machen; Als A. war eine Straße und Hausnummer in Sachsenhausen angegeben (Kuby, Rosemarie 151); Ü eine Warnung an die A. der Aggressoren; das Unternehmen gehört zu den ersten Adressen *(den führenden Firmen)* auf diesem Sektor; ist die Lufthansa auch für Spezialtransporte eine erste A. (Allgemeine Zeitung 21. 12. 84, 7); wenn ich mal in die Bredouille käme ..., sie hätte eine A. *(jmdn., an den sie sich wenden könnte;* Danella, Hotel 99); das Viertel heißt Burgberg und ist eine teure A. (Spiegel 16, 1982, 289); *** sich an die richtige A. wenden** (ugs.; *sich an die zuständige Stelle wenden);* **bei jmdm. an die falsche/verkehrte/unrechte A. kommen, geraten,** (ugs.; *an den Falschen kommen, scharf abgewiesen werden);* **bei jmdm. an der falschen/verkehrten A. sein** (ugs.; *sich an den Falschen gewendet haben):* Wenn Sie'n Denunzianten brauchen, sind Sie bei mir an der verkehrten A. (Bieler, Bär 95); Abk.: Adr.; **b)** kurz für ↑Internetadresse; **c)** kurz für ↑E-Mail-Adresse; **2.** (bildungsspr.) *schriftlich formulierte [politische] Meinungsäußerung, Willenskundgebung, die von einzelnen Personen od. Gruppen an das Staatsoberhaupt od. die Regierung gerichtet wird:* In Wirklichkeit war er erbost und riet auch dem Kaiser ab, die A. des katholischen Adels entgegenzunehmen (Winckler, Bomberg 195); **b)** *offizielles Gruß-, Dank- od. Huldigungsschreiben [an eine höhere Stelle]:* eine A. an den Parteitag richten. **3.** (EDV) *Nummer einer bestimmten Speicherzelle im Speicher einer Rechenanlage.* ♦ **4.** *Nachricht, [Gruß]botschaft:* Er ... schrieb eine A. an die Marquise und gab sie dem Boten, als Antwort, zurück (Kleist, Marquise 282).

Adres|sen|än|de|rung, die: *Änderung der Adresse (1).*

Adres|sen|büch|lein, das: *Notizbuch mit Adressen (1).*

Adres|sen|bü|ro, das: *Betrieb, der Adressen (1) von Personen od. Firmen ermittelt, zusammenstellt u. an Interessenten verkauft.*

Adres|sen|lis|te, die: vgl. Adressenverzeichnis.

Adres|sen|samm|lung, die: vgl. Adressenverzeichnis.

Adres|sen|ver|zeich|nis, das: *Verzeichnis von Adressen (1).*

adres|sie|ren ⟨sw. V.; hat⟩ [frz. adresser, über das Vlat. zu lat. directum, 2. Part. von: dirigere, ↑dirigieren]: **1.** *mit einer Adresse (1) versehen:* einen Brief falsch a. **2.** *an jmds. Adresse (1) richten:* der Brief ist an dich adressiert; Ü seine Worte waren an mich adressiert *(für mich bestimmt).* **3.** (Ballspiele) *(mit einer Flanke, einem Pass) einen Mitspieler anspielen:* der Spieler adressiert seine Pässe haargenau. **4.** (veraltet) *sich an jmdn. wenden; gezielt ansprechen:* Er hielt zwei Schritte vor dem Tische und adressierte Morosow (Remarque, Triomphe 57).

Adres|sier|ma|schi|ne, die: *halb- od. vollautomatische Maschine, die regelmäßig gebrauchte Adressen (1 a) aufdruckt.*

adrett ⟨Adj.⟩ [älter: adroit < frz. adroit = geschickt, über das Vlat. zu lat. dirigere (2. Part.: directum), ↑dirigieren] (veraltend): *sauber u. ordentlich in der*

Adria

äußeren Erscheinung u. deshalb einen gefälligen, angenehmen, netten Eindruck machend: ein -es Mädchen; sie ist immer a. [gekleidet]; Die beiden Herren trinken Mokka, rauchen türkische Zigaretten, tragen gedecktes Tuch, a. und penibel (Bieler, Bär 404); Ü Schulmädchen tragen stolz ihre Uniform, ein -es britisches Marineblau (Heim, Traumschiff 194); ... stellt der Sänger mit dem -en Lächeln seine neue Single vor (Hörzu 10, 1976, 59); Zwischen a. gefalteten Hügelketten, Blumenrabatten und künstlichen Seen zelebriert diese Garten- und Residenzstadt den indischen Mahradscha-Mythos (a & r 2, 1997, 45).

A̱dria, die; -: Adriatisches Meer.

A̱dri|a̱|ti|sche Me̱er, das; -n -[e]s: Teil des Mittelländischen Meeres zwischen Balkan- u. Apenninenhalbinsel.

Adri|enne [adri'ɛn], Andrienne, die; -, -s [frz., nach der Titelheldin der Komödie »Andria« des röm. Dichters Terenz]: *loses Frauenüberkleid des Rokokos.*

a̱drig, ä̱drig: ↑aderig, äderig.

A̱drio, das; -s, -s [frz. atriau < älter frz. hâtereau, afrz. hasterel = geröstete Schweinsleberschnitte, zu: hâte = Rostbraten; Bratspieß < lat. hasta = Spieß] (schweiz.): *im Netz eines Schweinebauchfells eingenähte, faustgroße Bratwurstmasse aus Kalb- od. Schweinefleisch.*

ad sat. = ad saturationem.

ad sa|tu|ra|ti|o̱|nem [lat.]: *(auf ärztlichen Rezepten) bis zur Sättigung;* Abk. ad sat.

ad|schü̱s (landsch. ugs.): *adieu:* Er nimmt den Korb mit dem Essen ... und löscht die Tranfunzel. »Adschüs, Berta!« (Nachbar, Mond 8).

Ad|sor|ba̱t, das; -s, -e (Chemie, Physik): *adsorbierter Stoff; Adsorptiv.*

Ad|sor|bens, das; -, ...nzien u. ...ntia (Chemie, Physik): *Mittel, das eine Adsorption bewirkt.*

Ad|sor|ber, der; -s, - [anglisierende Neubildung zu ↑adsorbieren] (Fachspr.): **1.** *Adsorbens.* **2.** *Bauteil einer Adsorptionskältemaschine, das das Adsorbens enthält.*

ad|sor|bie̱|ren ⟨sw. V.; hat⟩ [zu lat. ad = (hin)zu u. sorbere = schlürfen] (Chemie, Physik): *Gase, Dämpfe od. gelöste Stoffe an der Oberfläche fester, bes. poröser Körper anlagern, binden.*

Ad|sorp|ti|o̱n, die; -, -en (Chemie, Physik): *das Adsorbieren, Adsorbiertwerden.*

Ad|sorp|ti|ons|ana|ly̱|se, die (Chemie): *Analyse, die von der unterschiedlichen Adsorbierbarkeit chemischer Verbindungen ausgeht.*

Ad|sorp|ti|ons|fä̱|hig|keit, die (Physik): *Fähigkeit eines Stoffes zur Adsorption.*

Ad|sorp|ti|ons|for|mel, die (Physik): vgl. Adsorptionsgesetz.

Ad|sorp|ti|ons|ge|setz, das ⟨o. Pl.⟩ (Physik): *physikalisches Gesetz zur Ermittlung der Menge od. der Konzentration eines adsorbierten Stoffes.*

Ad|sorp|ti|ons|käl|te|ma|schi|ne, die: *Kältemaschine, die die Adsorption zur Erzeugung tiefer Temperaturen ausnutzt.*

Ad|sorp|ti|ons|koh|le, die (Chemie, Med.): Aktivkohle.

Ad|sorp|ti|ons|ver|mö̱|gen, das: vgl. Adsorptionsfähigkeit.

Ad|sorp|ti|ons|wär|me, die (Physik): *bei der Adsorption frei werdende Wärme.*

ad|sorp|ti̱v ⟨Adj.⟩ (Chemie, Physik): *zur Adsorption fähig, nach Art einer Adsorption.*

Ad|sorp|ti̱v, das; -s, -e (Chemie, Physik): *adsorbierter Stoff; Adsorbat.*

ad spec|ta̱|to̱|res [lat. = an die Zuschauer]: *(von Äußerungen eines Schauspielers auf der Bühne) an das Publikum [gerichtet].*

Ad|strin|gens [...gɛns], das; -, ...genzien u. ...gentia [lat. a(d)stringens, 1. Part. von: a(d)stringere, ↑adstringieren] (Med.): *auf Schleimhäute od. Wunden zusammenziehend wirkendes (entzündungshemmendes, blutstillendes) Mittel.*

Ad|strin|gent, das; -s, -s: *Gesichtswasser, das ein Zusammenziehen der Poren bewirkt.*

ad|strin|gie̱|ren ⟨sw. V.; hat⟩ [lat. a(d)stringere = zusammenziehen] (Med.): *als Adstringens wirken, zusammenziehen:* ein adstringierender Stoff.

a due [a ˈduːe; ital., aus ↑²a u. due = zwei] (Musik): *(von Instrumentalstimmen in Partituren) doppelt zu besetzen.*

Ä̱du|er, der; -s, -: *Angehöriger eines gallischen Stammes.*

Ä̱du|e|rin, die; -, -nen: w. Form zu ↑Äduer.

Adu|la̱r, der; -s, -e [ital. adularia, nach dem Gebirgsmassiv Adula in den Alpen]: *(zu den Feldspaten gehörender) farbloser od. weißlicher bis bläulicher Schmuckstein mit irisierendem Glanz.*

adu̱lt ⟨Adj.⟩ [zu lat. adultum, 2. Part. von: adulescere (adolescere), ↑adoleszent] (Med): *erwachsen.*

Adu̱l|ter, der; -s, - [lat. adulter, zu: adulterare = Ehebruch begehen, zu: ad = zu u. alter = anderer] (veraltet): *Ehebrecher.*

Adu̱l|te|ra, die; -, -s [lat. adultera] (veraltet): *Ehebrecherin.*

Adult-School [ˈædʌlt ˈskuːl], die; --, --s [engl. = Erwachsenenschule] (Fachspr.): *Einrichtung zur Fortbildung, Umschulung u. Weiterbildung von Erwachsenen.*

A̱-Dur [auch: ˈ-ˈ-], das; -: *auf dem Grundton A beruhende Durtonart;* Zeichen: A.

A̱-Dur-Ton|lei|ter, die: *auf dem Grundton A beruhende Durtonleiter.*

ad us. = ad usum.

ad us. prop. = ad usum proprium.

ad u̱sum [zu ↑ad u. lat. usus = Gebrauch]: *(auf ärztlichen Rezepten) zum Gebrauch;* Abk.: ad us.

ad u̱sum Del|phi̱|ni [nlat. = zum Gebrauch des ↑Dauphins, für dessen Unterricht Ausgaben antiker Klassiker hergestellt wurden, die in moralischer u. politischer Hinsicht gereinigt u. kommentiert waren]: *(von Klassikerausgaben, für Schüler bearbeitet u. aus denen bes. die anstößigen Stellen entfernt wurden) für die Jugend [bearbeitet]:* eine Ovidausgabe ad u. D.

ad u̱sum pro̱|pri|um [auch: -- ˈprɔ...;

lat.]: *(auf ärztlichen Rezepten) zum eigenen Gebrauch (des ausstellenden Arztes);* Abk.: ad us. prop.

ad va̱|lo̱|rem [zu ↑ad u. lat. valor = Wert]: *(von der Zollberechnung bei Waren) dem Werte nach.*

Ad|van|tage [ədˈvɑːntɪdʒ], der; -s, -s [engl. advantage < frz. avantage, zu: avant = vor < spätlat. abante] (Tennis): engl. Bez. für *Vorteil* (2).

Ad|vek|ti|o̱n, die; -, -en [lat. advectio = das Heranführen] (Met.): **1.** *Heranführung von Luftmassen in vorwiegend horizontaler Richtung.* **2.** *Bewegung der Wassermassen der Weltmeere in horizontaler Richtung.*

Ad|vent [österr. u. schweiz. auch: ...f...], der; -[e]s, -e ⟨Pl. selten⟩ [mhd. advent(e) < lat. adventus = Ankunft, zu: advenire = ankommen; sich ereignen] (christl. Rel.): **a)** *vierwöchige Zeit vor dem Weihnachtsfest (mit vier Sonntagen):* im, vor, nach A.; der achtzigjährige Pfarrer ... legt heuer am 1. Advent sein Amt nieder, und schon vor A. hoffe ich sein Nachfolger zu sein (Werfel, Himmel 44); **b)** *(mit vorangestellter Ordinalzahl) Sonntag in der Adventszeit, Adventssonntag:* erster, zweiter, dritter, vierter A.

Ad|ven|tis|mus, der; - [engl. adventism]: *Glaubenslehre der Adventisten.*

Ad|ven|tist, der; -en, -en [engl. adventist]: *Angehöriger einer der Glaubensgemeinschaften, die an die baldige Wiederkehr Christi glauben.*

Ad|ven|tis|tin, die; -, -nen: w. Form zu ↑Adventist.

ad|ven|tis|tisch ⟨Adj.⟩: *den Adventismus betreffend.*

Ad|ven|tiv|knos|pe, die (Bot.): *Knospe, die an ungewöhnlicher Stelle aus wieder teilungsfähig gewordenem Dauergewebe entstanden ist.*

Ad|ven|tiv|kra|ter, der (Geol.): *Nebenkrater auf dem Hang eines Vulkankegels.*

Ad|ven|tiv|pflan|ze, die (Bot.): *Pflanze eines Gebietes, die dort ursprünglich nicht heimisch war.*

Ad|ven|tiv|spross, der (Bot.): *Spross, der sich aus einem neu gebildeten Vegetationspunkt entwickelt.*

Ad|ven|tiv|wur|zel, die (Bot.): *Wurzel, die sich an ungewöhnlicher Stelle (an einem Spross od. Blatt) bildet.*

Ad|vent|ka|len|der (österr.): ↑Adventskalender.

Ad|vent|kranz (österr.): ↑Adventskranz.

ad|vent|lich ⟨Adj.⟩: *zum Advent gehörend:* -e Bräuche, Musik; Die Musiker beginnen ihr -es Musizieren um 18 Uhr (Saarbr. Zeitung 20. 12. 79, 20).

Ad|vents|brauch, der: *in der Adventszeit gehörender Brauch.*

Ad|vents|ge|mü̱|se, das (landsch.): *zur Adventszeit gepflanztes Gemüse (bes. Wirsingkohl), das im Frühjahr auf den Markt kommt.*

Ad|vents|ka|len|der, der: *für Kinder bestimmter Kalender mit Bildern o. Ä. hinter 24 geschlossenen Fensterchen, von denen in der Adventszeit täglich eines geöffnet wird.*

Ad|vents|ker|ze, die: *zur Feier des Ad-*

vents entzündete Kerze [auf dem Adventskranz].

Ad|vents|kranz, der: *von der Decke herabhängender od. auf einem Tisch stehender Kranz [aus Tannengrün] mit vier Kerzen für die vier Adventssonntage.*

Ad|vents|leuch|ter, der: *Leuchter mit vier Kerzen, die in der Adventszeit entzündet werden.*

Ad|vents|lied, das: *[Kirchen]lied, das in der Adventszeit gesungen wird.*

Ad|vent|sonn|tag (österr.): ↑ Adventssonntag.

Ad|vents|samm|lung, die: *kirchliche Geldsammlung in der Adventszeit.*

Ad|vents|sams|tag, der: *Samstag vor einem Adventssonntag:* Zwar haben die Verbraucher an den vergangenen -en wie eh und je die Läden gestürmt – doch gekauft wurde nur wenig (Woche 10. 12. 96, 17).

Ad|vents|schmuck, der: *Zimmerschmuck für die Adventszeit:* Tannenzweige u. Kerzen als A.

Ad|vents|sin|gen, das: *Veranstaltung in der Adventszeit, in der meist ein Chor Adventslieder darbietet.*

Ad|vents|sonn|tag, der: *einer der vier Sonntage des Advents.*

Ad|vents|spiel, das: *volkstümliches Laienspiel mit biblischen Stoffen, die auf die Adventszeit Bezug nehmen.*

Ad|vents|stern, der: *Weihnachtsstern* (2).

Ad|vents|stim|mung, die: *adventliche, feierliche Stimmung in der Vorfreude auf Weihnachten.*

Ad|vents|was|ser, das: *in der Adventszeit auftretendes Hochwasser:* Die Schifffahrt wartet bisher vergeblich auf das so genannte A. (MM 6. 12. 78, 1).

Ad|vents|wo|che, die: *Woche im Advent.*

Ad|vents|zeit, (österr.:) **Ad|vent|zeit,** die: *Advent* (a).

Ad|verb, das; -s, -ien [lat. adverbium, eigtl. = das zum Verb Gehörende, zu ↑ad u. lat. verbum, ↑Verb] (Sprachw.): *[unflektierbares] Wort, das ein im Satz genanntes Verb, ein Substantiv, ein Adjektiv oder ein anderes Adverb seinem Umstand nach näher bestimmt; Umstandswort.*

ad|ver|bal ⟨Adj.⟩ (Sprachw.): **1.** *zum Verb hinzutretend, zu ihm gehörend:* -er Kasus. **2.** ↑adverbial.

ad|ver|bi|al ⟨Adj.⟩ [spätlat. adverbialis] (Sprachw.): *zum Adverb gehörend, als Adverb gebraucht; umstandswörtlich:* -e Bestimmung; ein Wort a. gebrauchen.

Ad|ver|bi|al, das; -s, -e (Sprachw.): *Adverbialbestimmung.*

Ad|ver|bi|al|ad|jek|tiv, das (Sprachw.): *aus einem lokalen od. temporalen Adverb entstandenes Adjektiv, das nur attributiv gebraucht werden kann* (z. B. dortig, heutig).

Ad|ver|bi|al|be|stim|mung, die (Sprachw.): *Ergänzung od. freie Angabe, die einen im Satz genannten Umstand bezeichnet; Umstandsbestimmung.*

Ad|ver|bi|al|le, das; -s, ...lien (Sprachw.): *Adverbialbestimmung.*

Ad|ver|bi|al|satz, der (Sprachw.): *Gliedsatz, der den Umstand angibt, unter dem das Geschehen im Hauptsatz verläuft; Umstandssatz.*

Ad|ver|bi|al|suf|fix, das (Sprachw.): *Suffix, das zur Bildung von Adverbien dient.*

ad|ver|bi|ell (seltener): ↑adverbial.

ad|ver|sa|tiv ⟨Adj.⟩ [spätlat. adversativus, zu lat. adversari = gegenüberstellen] (Sprachw.): *gegensätzlich, entgegensetzend, -stellend:* -e Konjunktion *(entgegensetzendes Bindewort;* z. B. aber).

Ad|ver|ti|sing [ˈædvətaɪzɪŋ], das; -s, -s [engl. advertising, zu: advertise = ankündigen, zu frz. avertir = benachrichtigen < lat. advertere = aufmerksam machen] (bes. Fachspr.): *Werbung* (1 a): Das A. scheint funktioniert zu haben, denn 12 000 Dauerkarten wurden abgesetzt (SZ 13. 10. 98, 36).

Ad|vo|ca|tus Dei, der; - -, ...ti - [lat. = Anwalt Gottes, zu: advocatus (↑Advokat) u. deus = Gott] (scherzh.): *Geistlicher, der im katholischen kirchlichen Prozess für eine Heilig- od. Seligsprechung eintritt.*

Ad|vo|ca|tus Di|a|bo|li, der; - -, ...ti - [lat. = Anwalt des Teufels, zu kirchenlat. diabolus, ↑Diabolus]: **a)** (scherzh.): *Geistlicher, der im katholischen kirchlichen Prozess für eine Heilig- oder Seligsprechung vorbringt;* **b)** *jmd., der um der Sache willen mit seinen Argumenten die Gegenseite vertritt, ohne selbst zur Gegenseite zu gehören, od. jmd., der bewusst Gegenargumente in eine Diskussion einbringt, um sie zu beleben:* den A. D. spielen.

Ad|vo|kat, der; -en, -en [lat. advocatus, eigtl. = der Herbeigerufene, zu: advocare = herbeirufen] (landsch., schweiz., sonst meist veraltet od. abwertend): *[Rechts]anwalt:* käme die Sache vor Gericht, wir brauchten einen -en (Bieler, Bonifaz 39); Ü die -en *(Fürsprecher)* der Freiheit.

ad|vo|ka|tisch ⟨Adj.⟩: *in der Art eines Advokaten, einem Advokaten gemäß:* etw. a. machen wollen; Ü aber die Sprache wird so seltsam blass, formelhaft, a. davon (Mutterspr. 11, 1966, 335).

Ad|vo|ka|tur, die; -, -en (veraltend): **a)** ⟨o. Pl.⟩ *Amt des [Rechts]anwalts, [Rechts]anwaltschaft;* **b)** *Anwaltsbüro:* sie arbeitet in einer A.

Ad|vo|ka|tur|bü|ro, das (schweiz.): *Anwaltsbüro.*

Ad|vo|ka|turs|kanz|lei, die (österr.): *Büro eines Rechtsanwalts.*

Ad|vo|ka|turs|kon|zi|pi|ent, der (österr.): *Konzipient in einer Advokaturskanzlei.*

ad|vo|zie|ren ⟨sw. V.; hat⟩ (veraltet): *als [Rechts]anwalt arbeiten.*

ady|na|misch [auch: ˈ- - - -] ⟨Adj.⟩ (Med.): *kraftlos, schwach.*

AE 1. = Ångström[einheit]. **2.** astronomische Einheit.

ÅE = Ångström[einheit].

Aech|mea [ɛç...], die; -, ...meen [zu griech. aichmḗ = Spitze; Lanze, nach der Form der Blätter] (Bot.): *Zimmerpflanze mit in Rosetten angeordneten Blättern.*

◆ **Aehl** [ɛːl], das; -s [schwed. öl, verw. mit engl. ale, ↑Ale]: *Bier:* Die Macht des starken -s, des Branntweins hatte gesiegt (E. T. A. Hoffmann, Bergwerke 12).

ae|quo a̱ni|mo [lat., zu: aequus = gleich(bleibend) u. animus, ↑Animus] (bildungsspr.): *mit Gleichmut, mit Gelassenheit.*

ae|ri|fi|zie|ren ⟨sw. V.; hat⟩ [zu lat. aer (↑¹Air) u. facere = machen] (Gartenbau): *vertikutieren.*

ae|ril, ae|risch ⟨Adj.⟩ [zu lat. aer, ↑¹Air] (Geol.): *durch Einwirkung von Luft od. Wind entstanden.*

aero-, Ae̱ro- [aːero..., ɛːro...; zu griech. aḗr = Luft] (Best. in Zus. mit der Bed.): *Luft-, Gas-.*

ae|rob ⟨Adj.⟩ [zu ↑Aerobier] (Biol.): *Luftsauerstoff zum Leben benötigend.*

Ae|ro|bal̲tik, die; - [engl. aerobatics, Analogiebildung zu: acrobatics, ↑aero- u. griech. bateín = gehen]: *Kunstflug[vorführungen].*

Ae|ro|bic [ˈɛːroˌbɪk], das; -s, auch: die; - ⟨meist o. Art.⟩ [engl.-amerik. aerobics, zu: aerobic = unter Einfluss von Sauerstoff stattfindend]: *Fitnesstraining, bei dem durch tänzerische u. gymnastische Übungen der Umsatz von Sauerstoff im Körper verstärkt werden soll.*

Ae|ro|bi|er, der; -s, - [zu griech. aḗr = Luft u. bíos = Leben] (Biol.): *Organismus, der nur mit Luftsauerstoff leben kann.*

Ae|ro|bi|o|lo|gie, die; -: *Zweig der Biologie, der die lebenden Mikroorganismen in der Atmosphäre erforscht.*

Ae|ro|bi|ont, der; -en, -en [zu griech. biōn (Gen.: bioũntos), 1. Part. von: bioũn = leben]: *Aerobier.*

Ae|ro|bi|os, der; - [zu griech. bíos = Leben]: *Gesamtheit der Lebewesen des freien Luftraums, bes. die fliegenden Tiere, die ihre Nahrung im Flug aufnehmen.*

Ae|ro|bi|o|se, die; -: *auf Luftsauerstoff angewiesene Lebensvorgänge.*

Ae|ro|bus, der; ...busses, ...busse: **1.** *Hubschrauber im Taxidienst.* **2.** *Nahverkehrsmittel in Form von Kabinen, die zwischen Masten an Kabeln schweben.*

Ae|ro|club: ↑Aeroklub.

Ae|ro|drom, das; -s, -e (veraltet): *Flughafen, Flugplatz.*

Ae|ro|dy|na̱|mik, die; - (Physik): *Wissenschaft von den strömenden Gasen, bes. von der strömenden Luft.*

Ae|ro|dy|na̱|mi|ker, der; -s, -: *Wissenschaftler auf dem Gebiet der Aerodynamik.*

Ae|ro|dy|na̱|mi|ke|rin, die; -, -nen: w. Form zu ↑Aerodynamiker.

ae|ro|dy|na̱|misch ⟨Adj.⟩: **a)** *zur Aerodynamik gehörend;* **b)** *den Gesetzen der Aerodynamik unterliegend, sie berücksichtigend:* eine a. geformte Karosserie.

Ae|ro|elas|ti|zi|tät, die; - (Technik): *das Verhalten der elastischen Bauteile gegenüber den aerodynamischen Kräften (Schwingen, Flattern) bei Flugzeugen.*

Ae|ro|flot, die; -: *russische Luftfahrtgesellschaft.*

Ae|ro|fo|to|gra|fi̱e, die; -, -n: **a)** ⟨o. Pl.⟩ *das Fotografieren aus Luftfahrzeugen;* **b)** *Luftmessbild.*

ae|ro|gen ⟨Adj.⟩ [↑-gen] (Fachspr.): **1.** *Gas bildend (z. B. von Bakterien).* **2.** *durch die Luft übertragen:* -e *Infektionen.*

Ae|ro|ge|o|lo|gie, die; -: *geologische Erkundung vom Flugzeug od. anderen Flugkörpern aus.*

Ae|ro|ge|o|phy|sik, die; -: *Teilgebiet der Geophysik, in dem die Erforschung geophysikalischer Gegebenheiten vom Flugzeug od. von anderen Flugkörpern aus erfolgt.*

Ae|ro|gramm, das; -s, -e [↑-gramm]: **1.** *Luftpostleichtbrief.* **2.** (Met.) *grafische Darstellung von Wärme- u. Feuchtigkeitsverhältnissen in der Atmosphäre.*

Ae|ro|klub, der; -s, -s: *Verein für Flugsport.*

Ae|ro|lith [auch: ...'lɪt], der; -en u. -s, -e[n] [zu griech. líthos = Stein] (veraltet): *Meteorstein.*

Ae|ro|lo|gie, die; - [zu griech. lógos, ↑Logos]: *Teilgebiet der Meteorologie, in dem man die physikalischen u. chemischen Phänomene in der Atmosphäre erforscht.*

Ae|ro|me|cha|nik, die; - (Physik): *zusammenfassende Lehre von der Aerostatik u. der Aerodynamik.*

Ae|ro|me|di|zin, die; -: *Teilgebiet der Medizin, in dem man die physischen Auswirkungen der Luftfahrt auf den menschlichen Organismus erforscht.*

Ae|ro|me|ter, das; -s, -: *Gerät zum Messen von Dichte u. Gewicht der Luft.*

Ae|ro|naut, der; -en, -en [↑-naut] (veraltet): *jmd., der ein Luftfahrzeug führt.*

Ae|ro|nau|tik, die; - (veraltet): *Luftfahrt* (1 a)

Ae|ro|nau|ti|ker, der; -s, -: *Luftfahrtsachverständiger.*

Ae|ro|nau|ti|ke|rin, die; -, -nen: w. Form zu ↑Aeronautiker.

Ae|ro|nau|tin, die; -, -nen (veraltet): w. Form zu ↑Aeronaut.

ae|ro|nau|tisch ⟨Adj.⟩: *die Aeronautik betreffend.*

Ae|ro|no|mie, die; - [griech. nómos = Gesetz]: *Wissenschaft, die sich mit der Erforschung der oberhalb der Stratopause gelegenen Schichten der Erdatmosphäre befasst.*

Ae|ro|no|mie|sa|tel|lit, der; -en, -en: *Forschungssatellit der Aeronomie.*

Ae|ro|pau|se, die; - [zu griech. paûsis = Ende]: *Übergangszone zwischen der Atmosphäre u. dem Weltraum.*

Ae|ro|pho|bie, die; -, -n [↑Phobie] (Med.): *krankhafte Angst vor frischer Luft (z. B. bei Tollwutkrankheiten).*

Ae|ro|phon, das; -s, -e [↑-phon]: *durch Lufteinwirkung zum Tönen gebrachtes Musikinstrument (z. B. Blasinstrument).*

Ae|ro|pho|to|gramm|me|trie, die; -, -n: *Aufnahme von Messbildern u. ihre Auswertung; Luftbildmessung.*

Ae|ro|plan, der; -[e]s, -e [zu griech. aéroplanos = in der Luft umherschweifend] (veraltet): *Flugzeug.*

Ae|ro|sa|lon, der; -s, -s: *Luftfahrtausstellung.*

Ae|ro|sol, das; -s, -e [zu lat. solutio = Lösung]: **a)** *feinste Verteilung schwebender fester od. flüssiger Stoffe in Gasen, bes. in der Luft (z. B. Rauch, Nebel);* **b)** (Med.)

zur Einatmung bestimmtes, nebelförmig verteiltes Medikament.

ae|ro|so|lie|ren ⟨sw. V.; hat⟩: *in den Zustand eines Aerosols überführen.*

Ae|ro|son|de, die; -, -n: *an einem Ballon hängendes Messgerät, das während des Aufstiegs Messwerte über Temperatur, Luftdruck u. Feuchtigkeit zur Erde sendet.*

Ae|ro|sta|tik, die; - (Physik): *Lehre von den Gleichgewichtszuständen ruhender Gase, bes. der Luft.*

ae|ro|sta|tisch ⟨Adj.⟩: **a)** *zur Aerostatik gehörend;* **b)** *den Gesetzen der Aerostatik unterliegend.*

Ae|ro|ta|xi, das; -s, -s: *Mietflugzeug; Lufttaxi.*

Ae|ro|the|ra|pie, die; -, -n (Med.): *Gesamtheit der Heilverfahren, bei denen (künstlich verdichtete od. verdünnte) Luft eine Rolle spielt (z. B. Klimakammer, Inhalation, Höhenaufenthalt).*

ae|ro|therm ⟨Adj.⟩ [zu griech. thermós = warm]: *mit heißer Luft behandelt, hergestellt:* a: *gerösteter Kaffee.*

Ae|ro|train [...trɛ:], der; -s, -s [frz. Aérotrain ®, aus: aéro = Luft- (↑aero-, Aero-) u. train = Zug]: *Luftkissenzug.*

AF = Air France.

a. f. = anni futuri.

afe|bril ⟨Adj.⟩ [aus griech. a- = nicht-, un- u. ↑febril] (Med.): *fieberfrei.*

Af|fai|re [a'fɛ:rə]: ältere Schreibung für ↑Affäre.

Af|fä|re, die; -, -n [c: frz. affaire, zusger. aus: (avoir) à faire = zu tun (haben)]: **a)** *unangenehme Angelegenheit; peinlicher, skandalöser [Vor-, Zwischen]fall:* die A. um die Vorsicht; in dunkle -n verwickelt sein; jmdn. in eine A. mit hineinziehen; wer garantierte ihm, dass Goron in jener ... unfreundlichen A. immer so diskret bleiben würde (Maass, Gouffé 12); *sich [mit etw.] aus der A. ziehen (ugs.; sich geschickt u. ohne Schaden [mit etw.] aus einer unangenehmen Situation herauswinden);* **b)** (veraltend) *Liebschaft, Verhältnis:* ihre Großmutter ..., die aus Königsberg stammte und ebenfalls als junge Frau eine A. gehabt hatte, ebenfalls mit einem Leutnant (Brückner, Quints 23); **c)** (ugs.) *Sache, Angelegenheit:* das ist eine A. von höchstens zwei Stunden, von tausend Mark; ♦ **d)** *Scharmützel, Geplänkel* (1): ... warf er den kommandierenden General, der in einer A. den Rückzug des Regiments befahl, vom Pferde (Arnim, Invalide 89); ich wurde gleich in der ersten A. gefangen (Droste-Hülshoff, Judenbuche 70).

Äff|chen, das; -s, -: Vkl. zu ↑Affe (1, 2 b).

Af|fe, der; -n, -n [1: mhd. affe, ahd. affo; H. u.; 3: H. u.; 4: nach dem Affen, der früher auf der Schulter des Gauklers saß]: **1.** *(zu einer Unterordnung der Herrentiere gehörendes) Säugetier mit zum Greifen geeigneten Händen u. gelegentlich mit aufrecht gehaltener Körperhaltung, das vorwiegend in den Tropen u. meist auf Bäumen lebt:* die -n im Zoo anschauen, füttern; der Mensch stammt von -n ab; sich benehmen wie ein wild gewordener A.; ich bin doch nicht dein A.! (salopp; *ich lasse mir von dir nichts vorschreiben*);

R [ich denke,] mich laust der A.! (salopp; *das überrascht mich sehr*; nach den von Gauklern mitgeführten Affen, die sich an einzelne Zuschauer heranmachten u. unter allgemeinem Spott bei ihnen scheinbar nach Läusen suchten); * **dasitzen wie ein A. auf dem Schleifstein** (ugs. scherzh.; *krumm sitzen, eine unglückliche Figur machen*; wohl bezogen auf den früher von wandernden Scherenschleifern oftmals mitgeführten Affen u. seine mehr od. weniger gelungenen Kunststücke); **nicht um einen Wald voll/von -n** (salopp; *auf keinen Fall, um keinen Preis*); **wie vom wilden -n gebissen** (salopp; *ganz von Sinnen, so sagt man*, »einen -n halten« (ugs.; ↑Narr 2); **einen -n an jmdm. gefressen haben** (ugs.; ↑Narr 2): Willi hatte an der schwarzhaarigen ... Lilli, wie man so sagt, »einen -n gefressen« (Kühn, Zeit 430); **seinem -n Zucker geben** (ugs.; *immer wieder über sein Lieblingsthema sprechen; seiner Marotte, Schwäche nachgeben*). **2.** (derb) **a)** *dummer, blöder Kerl* (oft als Schimpfwort): Sie fühlt sich diesem doofen Kerl ... weit überlegen, sie hat ihn ausgenommen, und die A. merkt es nicht mal (Fallada, Jeder 68); warum du A. auch nicht aufpassen kannst (Sobota, Minus-Mann 189); **b)** *eitler, gezierter Mensch; Geck:* ein geleckter A. **3.** (salopp) *Rausch:* einen -n haben; * **sich einen -n kaufen** (*sich betrinken [gehen]*); **einen -n [sitzen] haben** (*betrunken sein*). **4.** (Jargon) *Entzugserscheinung:* Was ist das für ein Gefühl, wenn man einen -n hat, wenn man Entzugserscheinungen hat (Eppendorfer, St. Pauli 235). **5.** (ugs. veraltend) *Tornister:* dass es sich um einen Tornister handelte, der A. genannt wurde, weil er hinten mit Fell bezogen war (Lentz, Muckefuck 190).

Af|fekt, der; -[e]s, -e [a: lat. affectus, zu: afficere (2. Part.: affectum) = in eine Stimmung versetzen]: **a)** *heftige Erregung, Gemütsbewegung; Zustand außergewöhnlicher seelischer Angespanntheit:* dass jeder starke A. das Bild der Welt ... verzerrt (Musil, Mann 1310); ich habe aus reinem A. heraus geschossen (Danella, Hotel 181); im A. handeln; **b)** ⟨Pl.⟩ *Leidenschaften:* jmds. -e aufführen; **c)** *Hang, Neigung:* Er mokierte sich über die »Manie für das Grüne« unter den Nordeuropäern. Sie sei ... ein A. von Waldbauern, in denen das Misstrauen gegen die urbane Lebensform noch immer vorherrsche (Fest, Im Gegenlicht 330).

Af|fek|ta|ti|on, die; - [lat. affectatio] (selten): *Affektiertheit:* Er spricht wirklich ganz so, ...aber ... ohne jede A. (Th. Mann, Unordnung 688).

Af|fekt|aus|bruch, der: *das Hervorbrechen eines Affektes* (a).

Af|fekt|aus|druck, der (Sprachw.): *gegenüber einer bedeutungsgleichen Bezeichnung emotionaler, meist auch konkreter Ausdruck (z. B.* »ins Gras beißen« *statt* »sterben«).

Af|fekt|äu|ße|rung, die: vgl. Affektausbruch.

af|fekt|be|tont ⟨Adj.⟩: *affektiv.*

af|fekt|ge|la|den ⟨Adj.⟩: *gereizt:* eine -e Atmosphäre.

Af|fekt|hand|lung, die: *im Affekt begangene strafbare Handlung.*

af|fek|tiert ⟨Adj.⟩ [zu veraltet affektieren = erkünsteln] (bildungsspr.): *gekünstelt, geziert:* das Mädchen ... begann mit -en Bewegungen zu tanzen (Fest, Im Gegenlicht 35).

Af|fek|tiert|heit, die; -, -en: **1.** ⟨o. Pl.⟩ *affektiertes Benehmen, Wesen.* **2.** *einzelne affektierte Handlung, Äußerung.*

Af|fek|ti|on, die; -, -en [1: ⟨frz. affection < lat. affectio⟩: **1.** (veraltet) *[Beziehung von] Wohlwollen, Neigung, Gunst; Liebhaberei:* ◆ *jmdn. in A. nehmen (*eine starke Zuneigung zu jmdm. fassen*; nach frz. prendre quelqu'un en affection): meine Frau ... stark in A. genommen hatte (Fontane, Effi Briest 181). **2.** (Med.) *Befall eines Organs mit Krankheitserregern:* Bei der ... Durchseuchung der Bevölkerung mit gonorrhoischen -en (Spiegel 15, 1980, 222).

af|fek|ti|o|niert ⟨Adj.⟩ (veraltet): *geneigt, herzlich zugetan.*

Af|fek|ti|ons|wert, der (veraltet): *Liebhaberwert.*

af|fek|tisch ⟨Adj.⟩ (Sprachw.): *(in Bezug auf die Sprache) von Gefühl od. Erregung beeinflusst.*

af|fek|tiv ⟨Adj.⟩ [spätlat. affectivus] (Psych.): *gefühlsbetont, durch Affekte gekennzeichnet.*

Af|fek|ti|vi|tät, die; - (Psych.): *das Affektivsein; Neigung, emotional bis affektiv auf Umweltreize zu reagieren.*

Af|fekt|stau, der (Psych.): *Anstauung nicht geäußerter Affekte.*

Af|fekt|stö|rung, die (Psych.): *krankhafte Veränderung des Gefühlslebens.*

Af|fekt|sturm, der (Psych.): *heftiger Affektausbruch.*

af|fek|tu|os, af|fek|tu|ös ⟨Adj.⟩: *seine Ergriffenheit von etw. mit Wärme u. Gefühl zum Ausdruck bringend:* ein Plus an affektuos geprägter, satter Tonfülle (MM 22. 10. 1973, 24).

Af|fekt|ver|drän|gung, die (Psych.): *Verlagerung von Affekten in andere Bereiche des Erlebens (a) od. ins Unbewusste, wenn der normalen Entladung soziale o. a. Hemmnisse entgegenstehen.*

Af|fekt|ver|la|ge|rung, die (Psych.): *Affektverdrängung.*

äf|fen ⟨sw. V.; hat⟩ [mhd. effen, zu ↑Affe]: **1.** (geh.) *irreführen, täuschen:* man hat uns geäfft. **2.** (selten) *nachahmen.*

äf|fen-, Af|fen- (ugs. emotional verstärkend): **1.** drückt in Bildungen mit Adjektiven eine Verstärkung aus: *sehr:* affenschnell, -stark. **2.** drückt in Bildungen mit Substantiven einen besonders hohen Grad von etw. aus: Affengeschwindigkeit, -kälte, -tempo.

af|fen|ähn|lich ⟨Adj.⟩: *einem Affen, den Affen ähnlich.*

Af|fen|arsch, der (derb): *Schimpfwort:* du A.!; dieser A.

Af|fen|art, die: *Art (4 b) von Affen.*

af|fen|ar|tig ⟨Adj.⟩: *in der Art u. Weise eines Affen:* eine -e Behändigkeit; mit -er (ugs.; *sehr großer*) Geschwindigkeit liefen alle davon; sich a. bewegen.

Af|fen|blu|me, die: *Gauklerblume.*

Af|fen|brot|baum, der: *(bes. in den Steppengebieten Afrikas wachsender) hoher Baum mit ungewöhnlich dickem Stamm, starken, waagerecht ausladenden Ästen u. gurkenförmigen, essbaren Früchten; Baobab.*

Af|fen|fett, das ⟨o. Pl.⟩ (ugs. veraltet abwertend): *minderwertiges Fett.*

Af|fen|frat|ze, die (abwertend): **a)** *hässliches Gesicht:* er hat eine A.; **b)** Schimpfwort: das sind ja überhaupt keine Menschen, sondern -n (Grzimek, Serengeti 168).

af|fen|geil ⟨Adj.⟩ [zu ↑geil (3)] (salopp, bes. Jugendsprache): *in besonders begeisternder Weise schön, gut; äußerst großartig, ganz toll:* das war ein -er Film; sie trägt immer die -sten Klamotten; Copis Roman ... ist eine ... -e Persiflage des Schwulenmilieus (Spiegel 27, 1983, 139); Seine Texte sind ziemlich komisch, aber die Linken finden sie wahrscheinlich a. (taz 30. 3. 98, 24).

Af|fen|ge|schwin|dig|keit, die: *Affentempo.*

Af|fen|ge|sicht, das: *hässliches Gesicht, das an Affen erinnert:* Leo mit seinem A. (Böll, Haus 59).

Af|fen|griff, der (Turnen): *Griff, bei dem der Daumen nicht die Stange umfasst, sondern neben den Fingern auf der Stange liegt.*

Af|fen|haus, das: *Gebäude im Zoo, in dem die Affen untergebracht sind.*

Af|fen|haut, die ⟨o. Pl.⟩ (Textilw.): *schweres Gewebe aus Streichgarn mit samtartiger Oberfläche.*

Af|fen|hit|ze, die (ugs. emotional verstärkend): *sehr große Hitze.*

Af|fen|jäck|chen, das, **Af|fen|ja|cke,** die (scherzh.): **1.** *Bolerojäckchen.* **2.** *kurze Uniformjacke:* so kurz waren die Panzerjacken, wurden auch Affenjäckchen genannt (Grass, Katz 147).

Af|fen|kä|fig, der: *Käfig [im Zoo], in dem Affen gehalten werden:* das geht ja hier zu wie in einem A. (ugs.; *hier herrscht furchtbarer Trubel, Lärm*).

Af|fen|kas|ten, der: **1.** *Affenkäfig.* **2.** (salopp abwertend) *schlechte Unterkunft.* **3.** (schweiz.) *Transportfahrzeug für Sträflinge:* Ich wurde in den ... vergitterten Polizeiwagen verladen, in den A., wie man so treffend sagt (Ziegler, Labyrinth 123).

Af|fen|ko|mö|die, die: *Affentheater.*

Af|fen|lie|be, die ⟨o. Pl.⟩: *übertriebene, blinde Liebe:* mit wahrer A. an jmdm. hängen.

Af|fen|mensch, der (Paläont.): *den Übergang zum Urmenschen bildender affenähnlicher Vormensch.*

Af|fen|pin|scher, der [nach der affenähnlichen Form u. Behaarung des Kopfes]: **1.** *Zwerghund mit struppigem Fell u. kugeligem Kopf.* **2.** (salopp) Schimpfwort: du A.!

Af|fen|schan|de: in der Wendung **eine A. sein** (ugs. emotional verstärkend; *unerhört, empörend, unglaublich sein*).

Af|fen|schau|kel, die: **1.** (Soldatenspr. scherzh.) *Fangschnur (b), Schulterschnur.* **2.** ⟨meist Pl.⟩ (ugs.) *zu beiden Seiten des Kopfes in Form einer Schlinge herabhängender Zopf:* das Mädchen trägt -n.

Af|fen|schwein: in der Wendung **ein A. haben** (ugs.; *sehr großes Glück haben*): wir hatten ein A., kann ich nur sagen (Frisch, Homo 28).

Af|fen|stall, der (ugs. abwertend): **1.** vgl. *Affenkäfig:* bei denen zu Hause stinkt es wie in einem A. **2.** *als zu eng, ungemütlich, unwürdig empfundene Unterkunft:* wir wollten raus aus dem A., wir wollten wie Menschen leben (Kuby, Sieg 364). **3.** *Anzahl von Menschen, von denen jeder macht, was er will:* was hab ich für 'nen A. an Bord (Ott, Haie 275).

Af|fen|tanz, der (salopp): **1.** *ausgelassenes Treiben.* **2.** vgl. Affentheater: Es gab, wie zu erwarten, einen »Affentanz« und einen Kompromiss (Spiegel 10, 1980, 247).

Af|fen|tem|po, das (ugs.): *große Geschwindigkeit, große Eile:* Rockmoden, die allzu oft im A. in die Läden gezwungen werden und von dort ebenso schnell wieder verschwinden (Wiener 10, 1983, 70); mit einem A. fahren.

Af|fen|the|a|ter, das (ugs. abwertend): *im Zusammenhang mit einer bestimmten Angelegenheit stehendes, als unsinnig, lästig od. übertrieben empfundenes Tun:* dieses A. mache ich nicht mehr länger mit.

Af|fen|weib|chen, das: *Äffin.*

Af|fen|zahn, der ⟨o. Pl.⟩ (salopp): *sehr hohe Geschwindigkeit:* der Lastwagen hatte einen A. drauf; Auf dem schweren ... Motorrad ... donnerte er mit A. durch das Stadion (Hörzu 20, 1973, 14); Mit einem A. rast die silberne Lok samt Waggons vorbei (taz 21. 8. 96, 18).

Af|fen|zeck, der (ugs. abwertend): *Affentheater.*

Äf|fer, der; -s, - [mhd. effer, affære (veraltet): *jmd., der andere äfft.*

Äf|fe|rei, die; -, -en (ugs. abwertend): *affiges Gebaren.*

Äf|fe|rei, die; -, -en [mhd. efferīe, afferīe] (veraltet): *Irreführung, Täuschung.*

af|fe|rent ⟨Adj.⟩ [lat. afferens (Gen.: afferentis), 1. Part. von: afferre = hinbringen] (Physiol., Med.): *zu einem Organ hinführend.*

Af|fe|renz, die; -, -en (Physiol., Med.): *Impuls, der über die afferenten Nervenfasern vom peripheren zum Zentralnervensystem geführt wird.*

Äf|fe|rin, die; -, -nen: w. Form zu ↑Äffer.

af|fet|tu|o|so ⟨Adv.⟩ [ital. affettuoso < spätlat. affectuosus, zu lat. affectus, ↑Affekt] (Musik): *leidenschaftlich, bewegt.*

Af|fi|cha|ge [afiˈʃaːʒə], die; - [frz. affichage = Anschlag, zu: afficher, ↑affichieren] (schweiz.): *Plakatwerbung.*

Af|fi|che [aˈfɪʃə, auch: aˈfiːʃə], die; -, -n [frz. affiche, zu: afficher, ↑affichieren] (Werbespr. u. schweiz., österr., sonst veraltet): *Anschlag, Plakat:* Ein Schlagerspiel steht nicht auf der A. (Nordschweiz 29. 3. 85, 23).

af|fi|chie|ren [afiˈʃiːrən] ⟨sw. V.; hat⟩ [frz. afficher, zu: ficher, ↑¹Fiche]: *(Plakate) ankleben, befestigen:* Österreichs Außenwerbeunternehmen werden ... 1000

Affidavit

Plakate für diese Kampagne a. (Presse 16. 2. 79, 12).
Af|fi|da|vit, das; -s, -s [engl. affidavit < mlat. affidavit = er hat feierlich gelobt, zu: affidare = feierlich geloben, zu lat. fides = Treue]: **1.** *(bes. in den USA) eidesstattliche Versicherung, durch die sich Verwandte od. Bekannte verpflichten, notfalls für den Unterhalt eines Einwanderers aufzukommen:* ein A. ausstellen, verlangen, beibringen; schrieb Zuck an Dorothy Thompson ... und bat ... um das A. für die Einreise nach Amerika (Herdan-Zuckmayer, Scheusal 113). **2.** *eidesstattliche Versicherung, bes. im internationalen Wertpapierverkehr.*
af|fig ⟨Adj.⟩ [zu ↑Affe] (ugs. abwertend): *übermäßig auf sein Äußeres bedacht; eitel u. geziert wirkend:* Ihre Augen bedeckt eine etwas -e Sonnenbrille in Schmetterlingsform (Strauß, Niemand 107); die Kinder gehen vor ihnen her und sprechen von den haarigen Cousinen, dass die ziemlich a. sind (Kempowski, Zeit 236).
af|fi|gie|ren ⟨sw. V.; hat⟩ [lat. affigere = anheften]: **1.** (veraltet) *(eine Affiche) anheften, aushängen.* **2.** (Sprachw.) *ein Affix an den Wortstamm anfügen.*
Af|fi|gie|rung, die; -, -en: *das Affigieren.*
Af|fig|keit, die; -, -en (ugs. abwertend): **a)** ⟨o. Pl.⟩ *affiges Wesen, affige Art;* **b)** *affige Handlung o. Ä.:* lass diese -en!
Af|fi|li|a|ti|on, die; -, -en [mlat. affiliatio = Adoption, zu kirchenlat. filiatio = Sohnwerdung, zu lat. filius = Sohn]: **1.** *Anschluss, Angliederung.* **2.** (Freimaurerei) *Wechsel der Loge eines Mitgliedes u. das folgende Ritual der Aufnahme in die neue Loge.* **3.** (Sprachw.) *Verwandtschaftsverhältnis von Sprachen, die sich aus einer gemeinsamen Grundsprache entwickelt haben.* **4.** (Rechtsspr. veraltet) *Adoption.*
af|fi|li|ie|ren ⟨sw. V.; hat⟩ [mlat. affiliare = adoptieren]: *einer größeren Gemeinschaft o. Ä. angliedern, anschließen:* Auch mit einer Orchesterakademie, die den Philharmonikern affiliert ist, lassen sich eben die Nachwuchsprobleme künstlerisch nicht überzeugend vollends lösen (Vaterland 73, 1985, 3).
af|fin ⟨Adj.⟩ [lat. affinis, eigtl. = angrenzend, zu: finis, ↑Finis]: **1.** (selten) *mit etw. verwandt; auf Affinität (1) beruhend:* weil die Ideologie jener Germanisten der NS-Ideologie a. war (Mitteilungen des Deutschen Germanistenverbandes I, 1970, 38). **2.** (Math.) *(von geometrischen Figuren) durch Parallelprojektion auf eine Ebene auf eine zweite auseinander hervorgehend.*
Äf|fin, die; -, -nen [mhd. effinne, affinne, ahd. affinna]: w. Form zu ↑Affe (1).
Af|fi|na|ti|on, die; - [zu ↑affinieren] (Chemie): *Trennung von Gold u. Silber aus ihren Legierungen mittels heißer konzentrierter Schwefelsäure.*
af|fi|nie|ren ⟨sw. V.; hat⟩ [frz. affiner = reinigen, zu: fin, ↑fein] (Chemie): *eine Affination vornehmen.*
Af|fi|nie|rung, die; -, -en: *Affination.*
Af|fi|ni|tät, die; -, -en [lat. affinitas, zu ↑affin]: **1.** *Wesensverwandtschaft, Ähn-*

lichkeit u. dadurch bedingte Anziehung: zu jmdm., etw. A. fühlen; dass der Chef möglicherweise eine A. zu den Damen hatte, die ... in den Boulevardblättern inserieren (Prodöhl, Tod 255); der Kontrast – und die A. – zwischen der amerikanischen Nachkriegsjugend und meiner eigenen europäischen Generation (K. Mann, Wendepunkt 186). **2. a)** (Chemie) *Neigung von Atomen od. Atomgruppen, sich miteinander zu vereinigen bzw. sich umzusetzen;* **b)** (Geom.) *affine (2) Abbildung;* **c)** (Gartenbau) *Zueinanderpassen von Edelreis u. Unterlage beim Pfropfen;* **d)** (Textilw.) *Aufnahmevermögen eines Faserstoffs für Farbstoffe u. Ausrüstungsmittel.*
Af|fir|ma|ti|on, die; -, -en [lat. affirmatio] (bes. Logik): *Bejahung, Versicherung.*
af|fir|ma|tiv ⟨Adj.⟩ [lat. affirmativus] (bes. Logik): *bejahend, bestätigend:* eine -e Antwort; ein -es Urteil (Logik; *Urteil, das einem Subjekt ein Prädikat zuspricht*); ein -er Aussagesatz.
Af|fir|ma|ti|ve, die; -, -n: (selten) *bejahende Aussage, Bestätigung.*
af|fir|mie|ren ⟨sw. V.; hat⟩ [lat. affirmare, zu firmare, ↑firmen] (selten): *bejahen, versichern, bekräftigen.*
äf|fisch ⟨Adj.⟩: *nach der Art eines Affen, affenähnlich:* ein -es Wesen; ein ä. geformter Kopf; Er war ... kein Halbmensch oder Vormensch mit -en Merkmalen (Grzimek, Serengeti 325).
Af|fix, das; -es, -e [zu lat. affixus = angeheftet, adj. 2. Part. von: affigere = anheften] (Sprachw.): *Bildungselement, das zur Wurzel od. zum Stamm eines Wortes hinzutritt (Präfix, Infix u. Suffix).*
Af|fi|xo|id, das; -s, -e [zu griech. -oidḗs = ähnlich] (Sprachw.): *affixähnlicher Wortbestandteil.*
af|fi|zie|ren ⟨sw. V.; hat⟩ [lat. afficere, ↑Affekt]: **a)** (selten) *Eindruck machen, bewegen, reizen:* ◆ wie in allem eine unaussprechliche Harmonie, ein Ton, eine Seligkeit sei, die in den höhern Formen mit allen Organen aus sich herausgreife, töne, auffasse und dafür aber auch umso tiefer affiziert würde (Büchner, Lenz 88); **b)** (Med.) *angreifen, krankhaft verändern.*
af|fi|ziert ⟨Adj.⟩ (Sprachw.): *direkt betroffen:* -es Objekt (*Objekt, das durch die im Verb ausgedrückte Handlung unmittelbar betroffen ist, z. B.* den Acker pflügen).
Af|fo|dill, der; -s, -e [mlat. affodillus < griech. asphódelos = eine lilienartige Pflanze] (Bot.): *(zu den Liliengewächsen gehörende) Pflanze mit weißlichen od. rötlichen Blüten in lang gestielten Rispen od. Trauben.*
af|fret|tan|do ⟨Adv.⟩ [ital., zu: affrettare = beschleunigen, zu: fretta = Eile, Hast] (Musik): *schneller, lebhafter werdend.*
Af|fri|ka|ta, Af|fri|ka|te, die; -, ...ten [zu lat. africare, ↑affrizieren] (Sprachw.): *Verschlusslaut mit folgendem Reibelaut (z. B. pf, z = ts).*
af|fri|zie|ren ⟨sw. V.; hat⟩ [lat. africare = anreiben, zu: fricare, ↑frikativ]: *einen*

Verschlusslaut in eine Affrikata verwandeln.
Af|front [aˈfrõː, auch: aˈfrɔnt], der; -s, -s [aˈfrõːs] u. (schweiz.:) -e [aˈfrɔntə; frz. affront: zu: affronter = beleidigen, vor den Kopf stoßen, zu: front, ↑Front] (bildungsspr.): *Schmähung, herausfordernde Beleidigung, Kränkung:* ein A. gegen jmdn., gegenüber einem Land; Also ist der Vorschlag ... ein spektakulärer, kaltschnäuziger A. gegen das Bundesverfassungsgericht (Woche 7. 2. 97, 2); etw. als einen A. betrachten; Ich konnte die Nichterwähnung Amerikas nur als A. werten (Brandt, Begegnungen 357).
af|fron|tie|ren ⟨sw. V.; hat⟩ [frz. affronter, ↑Affront] (veraltend): *durch einen Affront herausfordern.*
af|frös ⟨Adj.⟩ [frz. affreux, zu: affre = Schrecken, Entsetzen < provenz. afre, aus dem Got.] (veraltet): *abscheulich, scheußlich, hässlich.*
Af|ghan, der; -[s], -s: *überwiegend aus dem nördlichen Afghanistan kommender handgeknüpfter, meist dunkelroter Wollteppich mit geometrischer Musterung.*
Af|gha|ne, der; -n, -n: **1.** Ew. zu ↑Afghanistan. **2.** *(aus Afghanistan stammender) Windhund mit langem, seidigem Fell unterschiedlicher Färbung u. langem, meist in einem Ringel endendem Schwanz.*
Af|gha|ni, der; -[s], -[s]: *Währungseinheit in Afghanistan (1 Afghani = 100 Puls).*
Af|gha|nin, die; -, -nen: w. Form zu ↑Afghane (1).
af|gha|nisch ⟨Adj.⟩ [zu ↑Afghane (1)].
Af|gha|nis|tan; -s: *Staat in Vorderasien.*
Afla|to|xin, das; -s, -e [Kurzwort aus Aspergillus flavus (= ein auf Lebensmitteln wachsender Schimmelpilz) und ↑Toxin]: *durch bestimmte Schimmelpilze erzeugtes Pilzgift.*
AFN [eɪ-ɛfˈɛn], der; - [American Forces Network]: *Rundfunkanstalt der außerhalb der USA stationierten amerikanischen Streitkräfte.*
a|fo|kal ⟨Adj.⟩ [aus griech. a- = nicht, un- u. ↑fokal] (Optik): *ohne Fokus (1).*
à fonds [aˈfõ; frz.; ↑Fonds]: *gründlich, nachdrücklich.*
à fonds per|du [afõpɛrˈdy; frz.; ↑Fonds, ↑perdu]: *auf Verlustkonto, ohne Aussicht, etw. (bes. Geld) wiederzubekommen:* Ich bin bereits darauf angewiesen, à f. p. Bücher auszuleihen (Muschg, Gegenzauber 11).
à for|fait [afɔrˈfɛ; frz., vgl. forfaitieren] (Bankw.): *ohne Rückgriff (Klausel für die Vereinbarung mit dem Käufer eines ausgestellten Wechsels, nach der die Inanspruchnahme des Wechselausstellers [oder gegebenenfalls auch des Giranten] durch den Käufer ausgeschlossen wird).*
a for|ti|o|ri [- ...ˈtsi̯oːri; lat. = vom Stärkeren her] (Philos.): *(von einer Aussage) nach dem stärker überzeugenden Grunde; erst recht, umso mehr.*
AFP = Agence France-Presse.
a fres|co [ital., zu: fresco = frisch; ¹vgl. Fresko]: *(von Malereien) auf den noch feuchten Verputz einer Wand:* ein Bild a f. malen.
Af|ri|ka [ˈaːfrika, auch: ˈaf...] -s: *drittgrößter Erdteil.*

Afri|kaan|der, der; -s, - [afrikaans, eigtl. = Afrikaner]: *in der Republik Südafrika geborener, Afrikaans sprechender Weißer.*

Afri|kaan|de|rin, die; -, -nen: w. Form zu ↑Afrikaander.

afri|kaans ⟨Adj.⟩ [eigtl. = afrikanisch]: *in Afrikaans gesprochen od. geschrieben, kapholländisch:* -e *Literatur, Mundartforschung;* a. *sprechen.*

Afri|kaans, das; -: *aus niederländischen Dialekten entstandene Sprache der Buren in Südafrika.*

Afri|ka|na ⟨Pl.⟩ [lat. Africanus = afrikanisch] (Buchw.): *Werke über Afrika.*

Afri|kan|der: ↑Afrikaander.

Afri|ka|ner, der; -s, -: *aus Afrika stammende Person [von schwarzer Hautfarbe].*

Afri|ka|ne|rin, die; -, -nen: w. Form zu ↑Afrikaner.

afri|ka|nisch ⟨Adj.⟩: *Afrika, die Afrikaner betreffend; in Afrika gelegen, aus Afrika stammend:* die -en *Staaten; die ehemaligen* -en *Kolonien;* -e *Skulpturen; im* -en *Dschungel.*

afri|ka|ni|sie|ren ⟨sw. V.; hat⟩: *unter afrikanischen Einfluss bringen, unter afrikanische Herrschaft stellen.*

Afri|ka|ni|sie|rung, die; -: *das Afrikanisieren.*

Afri|ka|nist, der; -en, -en: *Wissenschaftler auf dem Gebiet der Afrikanistik.*

Afri|ka|nis|tik, die; -: *Wissenschaft von der Kultur u. den Sprachen der afrikanischen Völker.*

Afri|ka|nis|tin, die; -, -nen: w. Form zu ↑Afrikanist.

afro|al|pin ⟨Adj.⟩: *den alpinen Bereich der tropischen Hochgebirge Afrikas betreffend.*

Afro|ame|ri|ka|ner ['aːf..., auch: 'af...], der; -s, -: *Amerikaner schwarzer Hautfarbe, dessen Vorfahren aus Afrika stammen.*

Afro|ame|ri|ka|ne|rin ['aːf..., auch: 'af...], die; -, -nen: w. Form zu ↑Afroamerikaner.

afro|ame|ri|ka|nisch ['aːf..., auch: 'af...] ⟨Adj.⟩: **1.** *Afrika u. Amerika betreffend:* -e *Beziehungen.* **2.** *die Afroamerikaner betreffend:* -e *Musik.*

afro|asi|a|tisch ['aːf..., auch: 'af...] ⟨Adj.⟩: *Afrika u. Asien betreffend.*

Afro|look ['aːf..., auch: 'af...], der; -s, -s: *Frisur, bei der das Haar in stark gekrausten, dichten Locken nach allen Seiten hin absteht.*

Af|schar, Af|scha|ri, der; -[s], -s [nach dem Stamm der Afscharan in Aserbaidschan]: *persischer Teppich in vielfarbigen Pastelltönen auf elfenbeinfarbigem Grund.*

Af|ter, der; -s, - [mhd. after, ahd. aftero, eigtl. = Hinterer, Substantivierung von mhd. after, ahd. aftero = hinter, nachfolgend, zu mhd. after, ahd. aftar (Adv. u. Präp.)]: *hinterer, der Ausscheidung dienender Ausgang des Darms (bei der Mehrzahl der Tiere u. beim Menschen); Anus.*

Af|ter|bil|dung, die (veraltet): *Halb-, Pseudobildung.*

◆ **Af|ter|bräu|ti|gam,** der: *falscher Bräutigam:* Du wehrst dich mir, du A. (Kleist, Käthchen II, 8).

Af|ter|brunft, die (Jägersprache): *zur Unzeit stattfindende Brunft.*

Af|ter|brut, die (Jägerspr.): *außergewöhnliche (zweite) Brut beim Federwild.*

Af|ter|drü|se, die (Zool.): *in den od. am After mündende Drüse.*

Af|ter|fis|tel, die (Med.): *Fistel (1) am After.*

Af|ter|flos|se, die (Zool.): *in der Aftergegend liegende Flosse bei Fischen.*

Af|ter|flü|gel, der (Jägerspr.): *Daumen des Vogelflügels mit kleinen Schwungfedern.*

Af|ter|fur|che, die (Med.): *Einkerbung zwischen den beiden Gesäßhälften, in deren Zentrum der After liegt.*

Af|ter|fuß, der ⟨meist Pl.⟩ (Zool.): *Gliedmaße am Hinterleib vieler Gliederfüßer.*

Af|ter|ge|gend, die: *am After gelegene Körperregion.*

Af|ter|glau|be, der (Rel. veraltet): *Irr-, Aberglaube.*

Af|ter|ju|cken, das: *Jucken in der Aftergegend.*

Af|ter|klaue, die: **a)** *zweite u. fünfte Zehe bei Paarhufern, die den Boden meist nicht mehr berühren;* **b)** *Afterkralle.*

Af|ter|kö|nig, der: **a)** *unrechtmäßiger König;* **b)** *Neben-, Vizekönig.*

◆ **Af|ter|kö|ni|gin,** die: *unrechtmäßige Königin:* dass Euch allein gebührt, in Engelland zu herrschen, nicht dieser A., gezeugt im ehebrecherischen Bett (Schiller, Maria Stuart I, 6).

Af|ter|kral|le, die: *rudimentäre, den Boden nicht berührende erste Zehe an der Innenseite des Mittelfußes der Vorder- u. oft auch der Hinterbeine des Haushundes.*

Af|ter|le|der, das (veraltet): *in der Schuhmacherei abfallendes* (1 a) *Leder.*

Af|ter|le|hen, das [zu älter after, mhd. after, ahd. aftar = nach, hinter] (hist.): *durch den Lehnsmann weiterverliehenes Lehen.*

Af|ter|lo|gik, die (selten): *falsche Logik.*

Af|ter|made, die: *in den Eingeweiden des Menschen schmarotzender Madenwurm.*

Af|ter|mie|te, die (veraltet): *Untermiete.*

Af|ter|mie|ter, der (veraltet): *Untermieter.*

Af|ter|mon|tag, der (schwäb. veraltet): *Dienstag.*

Af|ter|mu|se, die (veraltet): *falsche Muse.*

Af|ter|pacht, die (bes. Landw.): *Weiterverpachtung (von Teilen) eines gepachteten Betriebes durch den Pächter.*

Af|ter|phi|lo|so|phie, die (bildungsspr.): *nicht ernst zu nehmende, falsche, schlechte Philosphie* (1); *Pseudophilosophie:* ... Schriftenreihe, in der über 400 Vertreter der völkischen Literatur ... systematisch die Professoren und Lehrer mit antisemitischer A. und Deutschtumsideologie schwängerten (Woche 7.3.97, 35).

Af|ter|rau|pe, die (Zool.): *raupenähnliche Larve der Blattwespe.*

Af|ter|re|de, die (veraltet): *üble Nachrede:* ◆ -n, Lug und Verrat und Diebstahl ..., man hört nichts anderes erzählen (Goethe, Reineke Fuchs 8, 161).

af|ter|re|den ⟨sw. V.; hat⟩ (veraltet): *Übles von jmdm. reden, jmdn. verleumden:* Afterredet nicht untereinander, liebe Brüder (Jak. 4, 11).

Af|ter|rüs|sel|kä|fer, der: *zu den Rüsselkäfern gehörendes Insekt.*

Af|ter|rüss|ler, der: *Afterrüsselkäfer.*

Af|ter|sau|sen, das; -s (derb): **a)** *Abgang von Blähungen:* der hat chronisches A.; **b)** *Angst:* du hast wohl A.?; nun krieg mal bloß kein A.

Af|ter|schrun|de, die: *Schrunde in der Schleimhaut des Afters.*

Af|ter|shave ['ɑːftəʃeiv], das; -[s], -s, **After-Shave-Lo|tion,** ⟨auch:⟩ **Af|ter-shave|lo|tion** ['ɑːftəʃeiv'loʊʃən], die; -, -s [engl. after shave = nach der Rasur]: *nach der Rasur zu verwendendes Gesichtswasser.*

Af|ter|skor|pi|on, der: *(zu den Spinnentieren gehörendes) dem Skorpion ähnliches kleines Tier ohne Giftstachel.*

Af|ter|spin|ne, die: *Weberknecht.*

Af|ter|va|sall, der (hist.): *Inhaber eines Afterlehens.*

Af|ter|weis|heit, die (veraltet): *Schein-, Pseudoweisheit.*

Af|ter|wis|sen|schaft, die (bildungsspr.): *Schein-, Pseudowissenschaft:* Der größte Fehler Stalins: die Psychologie für eine A. des Kapitalismus zu halten (Zeit 23.4.98, 64).

Af|ter|wurm, der: *Aftermade.*

Af|ter|ze|he, die: **a)** *Afterklaue;* **b)** *Afterkralle.*

Af|ter|zit|ze, die: *gelegentlich bei Säugetieren vorkommende überzählige Zitze.*

Ag = Argentum.

AG 1. = Aktiengesellschaft. **2.** Amtsgericht.

a. G. 1. = auf Gegenseitigkeit. **2.** als Gast (an einem Theater).

Aga, der; -s, -s [türk. ağa = Herr] (früher): *Titel höherer, dann auch niederer Offiziere u. Zivilbeamter in der Türkei.*

◆ **Aga|de,** die; -, -n [frz. agada < hebr. haggādā, ↑Haggada]: *Haggada:* der Hausvater ... liest ihnen vor aus einem abenteuerlichen Buche, das die A. heißt und dessen Inhalt eine seltsame Mischung ist von Sagen der Vorfahren, Wundergeschichten aus Ägypten ..., Gebeten und Festliedern (Heine, Rabbi 453).

Äga|di|sche In|seln ⟨Pl.⟩: *Inselgruppe westlich von Sizilien.*

Äga|lis, die; -, **Ägä|li|sche Meer,** das; -n -[e]s: *Meer zw. Balkanhalbinsel u. Kleinasien.*

Aga Khan, der; - -s, - -e [aus ↑Aga u. ↑Khan]: *Oberhaupt der islamischen Sekte der Hodschas in Indien u. Ostafrika u. dessen erblicher Titel.*

agam ⟨Adj.⟩ [griech. ágamos = unverheiratet, aus: a- = nicht, un- u. gámos = Ehe] (Biol.): *ohne vorausgegangene Befruchtung zeugend:* -e *Fortpflanzung* (Agamogonie).

Aga|met, der; -en, -en (Zool.): *durch Agamogonie entstandene Zelle niederer Lebewesen, die der ungeschlechtlichen Fortpflanzung dient.*

agamisch

aga|misch ⟨Adj.⟩: **1.** (selten) *ehelos*. **2.** (Bot.) *geschlechtslos*.

Aga|mist, der; -en, -en (veraltet): *Junggeselle*.

Aga|mo|go|nie, die; - [zu griech. gonḗ = Erzeugung] (Biol.): *ungeschlechtliche Vermehrung durch Zellteilung*.

Aga|pan|thus, der; -, ...thi [zu spätgriech. agápē = Liebe u. ánthos = Blume, also eigtl. = Liebesblume]: *(in Südafrika heimische, zu den Liliengewächsen gehörende) Pflanze mit blauen Blüten in kugeligen Blütenständen; Schmucklilie*.

Aga|pe, die; -, -n [kirchenlat. agape < spätgriech. agápē, eigtl. = Liebe]: **1.** ⟨o. Pl.⟩ (christl. Rel.) *selbstlose, nicht sinnliche Liebe* (z. B. die Liebe Gottes, die Nächstenliebe, die Feindesliebe): *die Liebe im Sinne der A. des Neuen Testaments nötigt den Menschen ..., sich über die Normen hinwegzusetzen* (Wiedemann, Liebe 118). **2.** *abendliches Liebesmahl der christlichen Gemeinde der ersten Jahrhunderte, bes. für Bedürftige*.

Agar-Agar, der od. das; -s [malai.]: *getrocknete u. gebleichte, in heißem Wasser lösliche Gallerte aus verschiedenen Rotalgenarten*.

Aga|ve, die; -, -n [frz. agave < griech. agauē, eigtl. = die Edle]: *Pflanze mit dickfleischigen, oft dornig-gezähnten Blättern, aus denen Fasern gewonnen werden*.

Ag|ba, das; -[s] [afrikan.]: *rötlich braunes, witterungsfestes harzreiches Holz eines westafrikanischen Baumes, das bes. für Furniere u. als Bauholz verwendet wird*.

Agence France-Presse [aʒɑ̃sfrɑ̃s'prɛs], die; - -: *französische Nachrichtenagentur* (Abk.: AFP).

Agen|da, die; -, ...den [lat. agenda = Dinge, die zu tun sind, zu: agere, ↑agieren]: **1.** *Merkbuch, in das die zu erledigenden Dinge eingetragen werden; Notizbuch*. **2.** *Liste von Gesprächs-, Verhandlungspunkten:* etw. auf die A. setzen; auf jmds. A. stehen; Washington ... werde es nicht zulassen, dass die Rüstungskontrolle die A. dominiere (NZZ 31. 8. 87, 3); Ü *ganz oben auf der politischen A. stehen (zu den vordringlichsten politischen Aufgaben gehören)*.

agen|da|risch ⟨Adj.⟩: *die Agende (1 b) betreffend, ihr entsprechend*.

Agen|de, die; -, -n: **1.** (ev. Kirche) **a)** *Buch, in dem Riten, Gebete u. a. für den Gottesdienst u. gottesdienstliche Handlungen aufgezeichnet sind;* **b)** *Gottesdienstordnung*. **2.** ⟨nur Pl.⟩ (bes. österr.): *zu erledigende Aufgaben, Obliegenheiten:* die fremdenpolizeilichen -n wahrnehmen.

Age|ne|sie, die; - [zu griech. a- = nicht, un- u. ↑Genese] (Med.): *angeborenes völliges Fehlen eines Körperteils od. Organs*.

Agens ['aːɡɛns], das u. (Sprachw. selten:) der; -, Agenzien u. (Sprachw.:) -, (Med. auch:) Agentia [zu lat. agens, 1. Part. von: agere, ↑agieren]: **1.** ⟨Pl. Agenzien⟩ (bildungsspr.) *treibende Kraft:* die europäische Integration sollte das wichtigste

A. in der deutschen Politik sein. **2.** ⟨Pl. Agenzien⟩ (Philos.) *wirkendes, handelndes, tätiges Wesen od. Prinzip*. **3.** ⟨Pl. Agenzien, auch: Agentia⟩ (Med.) **a)** *medizinisch wirksamer Stoff;* **b)** *krank machender Faktor:* Benzpyren ist ein gefährliches A. **4.** ⟨Pl. -⟩ (Sprachw.): *Träger eines durch das Verb ausgedrückten aktiven Verhaltens*.

Agent, der; -en, -en [ital. agente < lat. agens (Gen.: agentis), ↑Agens]: **1.** *Person, die im Geheimauftrag einer Regierung, einer militärischen od. politischen Organisation o. Ä. bestimmte, meist illegale Aufträge ausführen soll; Spion:* liest man von kommunistischen ... die Bundesrepublik ... zu unterminieren versuchen (Chotjewitz, Friede 252). **2. a)** (Wirtsch. veraltend) *jmd., der – meist auf Provisionsbasis – Geschäfte vermittelt u. abschließt, [Handels]vertreter;* **b)** *jmd., der berufsmäßig Künstler Engagements vermittelt.* **3.** (Dipl.) *Person im diplomatischen Dienst ohne diplomatischen Charakter*.

Agen|ten|aus|tausch, der: *Austausch von Agenten* (1), *die jeweils auf der gegnerischen Seite festgenommen worden sind:* Nach sechsmonatiger Unterbrechung als Folge der Spionageaffäre Guillaume wurde jetzt der A. zwischen der Bundesrepublik und dem Ostblock wieder aufgenommen (MM 20. 8. 74, 12).

Agen|ten|füh|rer, der: *Verbindungsmann der Agenten* (1) *eines Landes:* Igor Nikolajewitsch Brjanzew, der ... von Beamten des Bundeskriminalamtes verhaftet wurde, war A. (Welt 23. 12. 76, 1).

Agen|ten|netz, das: *Netz* (2 d) *von Agenten* (1).

Agen|ten|ring, der: *Ring* (4) *von Agenten* (1).

Agen|ten|sen|der, der: *von Agenten* (1) *betriebener Sender:* Im Bereich dieses Frontabschnittes gab es drei sowjetische A. (Kirst, 08/15, 573).

Agen|ten|tä|tig|keit, die: *Tätigkeit als Agent* (1): *ein Ermittlungsverfahren wegen geheimdienstlicher A.*

Agen|ten|treff, der: **a)** *Treffen von Agenten* (1); **b)** *Treffpunkt von Agenten* (1).

Agen|ten|zen|tra|le, die: *Zentrale* (1 a) *von Agenten* (1).

Agen|tia: Pl. von ↑Agens.

Agen|tie [aɡɛn'tsiː], die; -, -n [ital. agenzia, zu: agente, ↑Agent] (österr. veraltet): *Geschäftsstelle*.

agen|tie|ren ⟨sw. V.; hat⟩ (österr.): *als Agent* (2) *tätig sein; Käufer, Kunden werben*.

Agen|tin, die; -, -nen: w. Form zu ↑Agent.

Agent pro|vo|ca|teur, (auch:) **Agent Pro|vo|ca|teur** [aˈʒɑ̃ prɔvɔkaˈtøːɐ̯], der; - -, -s -s [aˈʒɑ̃ prɔvɔkaˈtøːɐ̯, frz., eigtl. = provozierender Agent]: *Agent* (1), *der verdächtige Personen zu strafbaren Handlungen anzustiften versucht, kompromittierende Handlungen beim Gegner provozieren soll; Lockspitzel:* ... inszenierte der Agent provocateur Wallraff Verhandlungen zwischen einem echten Leiharbeitervermittler und einem falschen (Spiegel 1, 1986, 35).

Agen|tur, die; -, -en [zu ↑Agent (2)]: **1.** (bes. Wirtsch.) **a)** *Institution, die jmdn., etw. vertritt, jmdn., etw. vermittelt;* **b)** *Geschäftsstelle, Büro eines Agenten* (2). **2.** kurz für ↑Nachrichtenagentur.

Agen|tur|be|richt, der: vgl. Agenturmeldung.

Agen|tur|mel|dung, die: *Meldung einer Agentur* (2): nach einer A., einer A. zufolge.

Agen|zi|en: Pl. von ↑Agens (1, 2, 3).

Ageu|sie, die; -, -n [zu griech. a- = nicht, un- u. geūsis = Geschmack] (Med.): *Verlust der Geschmacksempfindung*.

age|vol|le [aˈdʒeːvole] ⟨Adv.⟩ [ital., älter: agevile < mlat. agibilis, zu lat. agere, ↑agieren] (Musik): *leicht, gefällig*.

Ag|gior|na|men|to [adʒɔrna...], das; -s [ital. aggiornamento, eigtl. = Fortbildung] (kath. Kirche): *Versuch der Anpassung [der katholischen Kirche u. ihrer Lehre an die Verhältnisse des modernen Lebens]*.

Ag|glo|me|rat, das; -[e]s, -e [zu lat. agglomeratum, 2. Part. von: agglomerare, ↑agglomerieren]: **1.** (bildungsspr.) *Anhäufung von etw.* **2. a)** (Metallurgie) *aus feinkörnigen Erzen durch Behandlung stückig gemachtes Erz;* **b)** (Geol.) *meist unverfestigte Anhäufung loser, eckiger, grober Gesteinsstücke aus vulkanischem Auswurf*.

Ag|glo|me|ra|ti|on, die; -, -en [mlat. agglomeratio]: **1.** (bildungsspr.) *Anhäufung, Zusammenballung:* -en hässlicher Betonklötze. **2.** (schweiz.) *Ballungsraum:* In der A. Zürich sei eine spezialisierte Entzugsstation nötig (Tages Anzeiger 10. 7. 82, 17).

ag|glo|me|rie|ren ⟨sw. V.; hat⟩ [lat. agglomerare] (bildungsspr.): **a)** *etw. anhäufen, zusammenballen;* **b)** ⟨a. + sich⟩ *sich anhäufen, sich zusammenballen*.

Ag|glu|ti|na|ti|on, die; -, -en [spätlat. agglutinatio = das Ankleben]: **1.** (Med.) *Verklebung, Verklumpung von Zellen, Blutkörperchen u. Ä.* **2.** (Sprachw.) **a)** *Verschmelzung (z. B. des Artikels od. einer Präposition mit dem folgenden Substantiv);* **b)** *Anfügung von Bildungselementen (Affixen) an den mehr od. weniger unveränderten Wortstamm*.

ag|glu|ti|nie|ren ⟨sw. V.; hat⟩ [lat. agglutinare = ankleben]: **1.** (Med.) *eine Agglutination* (1) *herbeiführen:* Blutkörperchen, Zellen a. **2.** (Sprachw.) *eine Agglutination* (2) *herbeiführen:* Deshalb können ja auch mehrere Wörter zusammenwachsen, agglutiniert werden (Ronneberger-Sibold, Sprachverwendung - Sprachsystem, Tübingen 1980, 153); agglutinierende Sprachen (*[im Unterschied zu den flektierenden u. isolierenden Sprachen] Sprachen, in denen die grammatischen Funktionen durch das Anfügen von Affixen an den Wortstamm ausgedrückt werden; z. B. das Türkische*).

Ag|glu|ti|nin, das; -s, -e (Med.): *Antikörper, der im Blutserum Blutkörperchen fremder Blutgruppen od. Bakterien zusammenballt u. damit unschädlich macht*.

Ag|glu|ti|no|gen, das; -s, -e [zu griech. -genḗs = verursachend] (Med.): *Anti-*

gen, das die Bildung von Agglutininen anregt.
Ag|gra|va|ti|on, die; -, -en [lat. aggravatio = Beschwerung] (Med.): **1.** *Verschlimmerung einer Krankheit.* **2.** *das Aggravieren:* Der Verdacht der A., also der Übertreibung subjektiver Krankheitserscheinung (NZZ 28. 8. 86, 30).
ag|gra|vie|ren ⟨sw. V.; hat⟩ [lat. aggravare = schwerer machen, verschlimmern, zu: gravare, ↑gravierend] (Med.): *die subjektiven Beschwerden einer Krankheit übertreibend darstellen.*
Ag|gre|gat, das; -[e]s, -e [zu lat. aggregare = hinzunehmen; ansammle; 4: nach engl. aggregate]: **1.** (Technik) *Satz von zusammenwirkenden einzelnen Maschinen, Apparaten, Teilen, bes. in der Elektrotechnik:* Ein eigenes A. versorgt den Waggon ... mit Strom (Kinski, Erdbeermund 377). **2.** (Math.) *mehrgliedriger Ausdruck, dessen einzelne Glieder durch + od. – verknüpft sind.* **3.** (Geol.) *Verwachsung von Mineralien gleicher od. ungleicher Art.* **4.** (Soziol.) *bloße Summe von Personen, die (z. B. bei statistischen Untersuchungen) ausgewählt werden, ohne in einer sozialen Beziehung zueinander zu stehen:* Repräsentativumfragen vermögen ... zuverlässige Aussagen über alle zu machen, über die Gruppe, über das A. (Noelle, Umfragen 31). **5.** (Chemie) *Aggregation* (2).
Ag|gre|ga|ti|on, die; -, -en [lat. aggregatio]: **1.** *Anhäufung:* eine A. von Kenntnissen, Fakten. **2.** (Chemie) *lockere Zusammenlagerung von Molekülen od. Ionen.* **3.** (Med.) *Anhäufung, Zusammenschluss von Teilchen:* dass die A., das heißt das Zusammenballen der Blutplättchen, gefördert wird (Spiegel 40, 1978, 150).
Ag|gre|gat|zu|stand, der (Chemie): *Erscheinungs- u. Zustandsform, in der die Materie existiert: fester, flüssiger, gasförmiger A.;* Ü die Konstellation von Allgemeinem und Besonderem wäre für den A. der Gesellschaft nicht länger relevant (Habermas, Spätkapitalismus 172).
ag|gre|gie|ren ⟨sw. V.; hat⟩ [lat. aggregare, eigtl. = zur Herde scharen]: *vereinigen, ansammeln, anhäufen:* Der Stiftung kommt das Verdienst zu, ... Datenmaterial ... aggregiert ... zu haben (NZZ 30. 8. 86, 15).
Ag|gre|gie|rung, die; -, -en: *das Aggregieren.*
Ag|gres|si|on, die; -, -en [lat. aggressio = Angriff, zu: aggressum, 2. Part. von: aggredi = angreifen]: **1.** (Völkerr.) *rechtswidriger militärischer Angriff auf ein fremdes Staatsgebiet;* die sowjetische A. in Afghanistan; feindliche, militärische -en gegen Nachbarstaaten. **2.** (Psych.) **a)** *durch Affekte ausgelöstes, auf Angriff ausgerichtetes Verhalten des Menschen, das auf einen Machtzuwachs des Angreifers bzw. auf die Machtverminderung des Angegriffenen zielt;* **b)** *feindselige, ablehnende Einstellung, Haltung:* jmd. ist voller -en; etw. löst -en aus; seine -en nicht steuern, mit seinen -en nicht umgehen können; jmdm. gegenüber -en haben, entwickeln.

Ag|gres|si|ons|ab|sich|ten ⟨Pl.⟩: *Absichten, eine Aggression* (1) *zu beginnen.*
Ag|gres|si|ons|ba|sis, die (Milit.): *Basis* (5) *für eine Aggression* (1).
Ag|gres|si|ons|hand|lung, die: *auf Aggression gerichtete Handlung:* -en gegen jmdn., gegen ein Land.
Ag|gres|si|ons|in|ver|si|on, die (Psych.): *nach innen gerichtete Aggression* (2) *als Form des Masochismus.*
Ag|gres|si|ons|krieg, der: *Angriffskrieg.*
Ag|gres|si|ons|lust, die: *Neigung zu Aggressionen* (1, 2): jmds. A.; die A. eines Diktators, eines Kindes.
Ag|gres|si|ons|po|li|tik, die: *auf eine Aggression* (1) *abzielende Politik:* eine A. verfolgen, betreiben.
Ag|gres|si|ons|ten|denz, die: *Neigung zu Aggressionen:* Fröhliche Musik aus dem Autoradio baut -en beim Kraftfahrer ab (Hörzu 16, 1973, 169).
Ag|gres|si|ons|trieb, der (Psych., Verhaltensf.): *Antrieb* (2) *für Aggressionen* (2): das ungehemmte Ausleben des -s.
ag|gres|siv ⟨Adj.⟩ [nach frz. agressif, zu lat. aggressum, ↑Aggression]: **1. a)** *angriffslustig, streitsüchtig:* ein -er Mensch; seine Frau war sehr a.; a. reagieren; Krimis machen a., Familienserien hingegen stimmen freundlich (Hörzu 10, 1977, 8); eine durch Massensport getragene -e Parteilichkeit (Spiegel 51, 1982, 9); **b)** *auf Aggression* (1) *gerichtet:* Beitritt Thailands zum -en Südostasienpakt (horizont 45, 1976, 17) **c)** *herausfordernd [wirkend]:* ein -er Tonfall; -e Songs. **2. a)** *(von Dingen) angreifend:* **b)** *in schädigender Weise auf etw. einwirkend; zerstörend:* -e Stoffe, chemische Substanzen; weiches Wasser ist gegen Metalle -er als hartes. **3.** *sich gezielt-kräftig auf etw., jmdn. richtend:* eine -e Therapie; -e Werbemethoden, Verkaufspolitik. **4.** *nicht auf Sicherheit bedacht, rücksichtslos:* -e (andere Verkehrsteilnehmer gefährdende) Fahrweise; er fährt sehr a.
ag|gres|si|vie|ren ⟨sw. V.; hat⟩ (selten): *aggressiv machen:* wenn ... der Angreifer erst aggressiv gemacht, aggressiviert wird (Hacker, Aggression 405).
Ag|gres|si|vie|ren, das; -s, -, (selten): *das Aggressivmachen, -sein.*
Ag|gres|si|vi|tät, die; -, -en: **1.** ⟨o. Pl.⟩ **a)** (Psych.) *mehr od. weniger unbewusste, sich nicht immer offen zeigende aggressive Haltung eines Menschen:* seine A. beim Sport ausleben; **b)** *offen aggressive Haltung, aggressives Verhalten; Angriffslust:* Der Film sieht ihnen zu gut, zu opulent aus, und diese Geschmacksfrage haben sie mit einer A. behandelt, die mir noch nicht begegnet ist (SZ 14. 1. 99, 17). **2.** *einzelne aggressive Handlung.*
Ag|gres|sor, der; -s, ...oren [lat. aggressor] (Völkerr.): *Staat, Führer eines Staates, der eine Aggression* (1) *begeht:* der A. Irak; die faschistischen -en; Nie ... hat ein Land sich derart unverhüllt als A. betätigt (Augstein, Spiegelungen 76).
Ag|gres|per|len, Ag|gry|per|len ⟨Pl.⟩ [1. Bestandteil aus einer afrik. Sprache]: *Glas-, seltener Steinperlen venezianischer

od. Amsterdamer Herkunft, die früher in Westafrika als Zahlungsmittel dienten.*
Ägi|de [lat. aegis < griech. aigis (Gen.: aigidos) = Schild des Zeus]: *in der Fügung* **unter jmds. Ä.** (bildungsspr.; *unter jmds. Schirmherrschaft, Leitung*): Auch plätten lernte ich unter der Ä. der Mädchen (Dönhoff, Ostpreußen 87).
agie|ren ⟨sw. V.; hat⟩ [lat. agere = (an)treiben] (bildungsspr.): **1.** *handeln, tätig sein, wirken:* selbstständig zu a. versuchen; als Bremser, auf der politischen Bühne, gegen jmdn., mit unlauteren Mitteln a.; schon wissen wir, wie er in verschiedenen Situationen a. und reagieren wird (Reich-Ranicki, Th. Mann 129). **2. a)** (veraltend) *eine bestimmte Rolle* (5 a) *spielen:* die komische Alte a.; **b)** *als Schauspieler auftreten:* über 120 Nebendarsteller a. lassen. **3.** *etw. lebhaft bewegen; gestikulieren:* mit den Händen a.
agil ⟨Adj.⟩ [frz. agile < lat. agilis] (bildungsspr.): *von großer Beweglichkeit zeugend; regsam u. wendig:* ein -er Geschäftsmann; sie ist trotz ihres Alters körperlich und geistig noch sehr a.
agi|le [ˈaːdʒile] ⟨Adv.⟩ [ital. agile < lat. agilis, ↑agil] (Musik): *flink, beweglich.*
Agi|li|tät, die; - [frz. agilité < lat. agilitas]: *agiles Wesen, agile Art.*
Ägi|na, -s: **1.** *griechische Insel.* **2.** *Hauptstadt von Ägina* (1).
Ägi|ne|te, der; -n, -n: **1.** Ew. **2.** ⟨Pl.⟩ *Giebelfiguren des Tempels von Ägina* (1).
Ägi|ne|tin, die; -, -nen: w. Form zu ↑Äginete.
Agio [ˈaːdʒo, auch: ˈaːʒio], das; -s -u. Agien [...jən; älter ital. agio, zu griech. allagē = Tausch] (Bank- u. Börsenw.): *Betrag, um den der Preis eines Wertpapiers über dem Nennwert, der Kurs einer Geldsorte über der Parität liegt; Aufgeld.*
Agio|pa|pier, das ⟨meist Pl.⟩: *Schuldverschreibung, die mit Agio zurückgezahlt wird.*
Agio|ta|ge [aʒioˈtaːʒə, österr.: ...ˈtaːʃ], die; - [frz. agiotage]: **1.** *Börsenspekulation durch Ausnutzung von Kursschwankungen.* **2.** (österr.) *unerlaubter Handel mit Eintrittskarten.*
Agio|teur [aʒioˈtøːɐ̯], der; -s, -e [frz. agioteur]: **1.** *Börsenmakler, -spekulant.* **2.** *jmd., der unerlaubt mit zu überhöhten Preisen angebotenen Eintrittskarten handelt.*
Agio|teu|rin, die; -, -nen: w. Form zu ↑Agioteur.
agio|tie|ren [aʒioˈtiːrən] ⟨sw. V.; hat⟩ [frz. agioter]: *an der Börse spekulieren.*
Ägis, die; - [lat. aegis, ↑Ägide]: *Schild des Zeus u. der Athene.*
Agi|ta|tio, die; -, ...iones [lat. agitatio, ↑Agitation] (Med.): *körperliche Unruhe, Erregtheit eines Kranken.*
Agi|ta|ti|on, die; -, -en [engl. agitation < lat. agitatio = das In-Bewegung-Setzen, zu: agitare, ↑agitieren]: **a)** (abwertend) *aggressive Tätigkeit zur Beeinflussung anderer, vor allem in politischer Hinsicht; Hetze:* A. betreiben; Die Arbeitslosigkeit ... bot den Nazis Anlässe zu immer zügelloserer A. (Loest, Pistole 46); eine radikale A. gegen alle bestehenden Ordnungsbegriffe; **b)** *politische Aufklärungs-*

Agitationsarbeit

tätigkeit; Propaganda für bestimmte politische od. soziale Ziele: A. für eine Koalition; dass ich mich mit meinem Anliegen an die Abteilung A. und Propaganda wenden sollte (Leonhard, Revolution 121).

Agi|ta|ti|ons|ar|beit, die ⟨o. Pl.⟩: *das Agitieren* (b): A. betreiben.

Agi|ta|ti|ons|film, der: *Film* (3 a), *mit dem Agitation betrieben wird.*

Agi|ta|ti|ons|ma|te|ri|al, das: *Material* (3) *für die Agitation.*

Agi|ta|ti|ons|mit|tel, das ⟨meist Pl.⟩: *für die Agitation einsetzbares Medium* (2 a).

Agi|ta|ti|ons|red|ner, der: *Redner, der für etwas agitiert.*

Agi|ta|ti|ons|tä|tig|keit, die ⟨o. Pl.⟩: *das Agitieren.*

agi|ta|to [adʒi'ta:to] ⟨Adv.⟩ [ital.] (Musik): *sehr bewegt, erregt.*

Agi|ta|tor, der; -s, ...oren [ag...; engl. agitator < lat. agitator = Treiber (eines Tieres)]: **a)** *Person, die Agitation* (a) *betreibt;* **b)** (DDR) *Person, die Agitation* (b) *betreibt:* ein A. der Partei; ich habe den Parteiauftrag übernommen, in meinem Kollektiv als A. zu wirken (ND 18. 7. 78, 3).

agi|ta|to|risch ⟨Adj.⟩: **a)** *die Agitation betreffend:* -e Mittel einsetzen; **b)** *den Agitator betreffend.*

agi|tie|ren ⟨sw. V.; hat⟩ [engl. agitate < lat. agitare = eifrig betreiben, zu: agere, ↑agieren]: **a)** *Agitation betreiben:* für Streik a.; gegen jmdn. a.; **b)** *auf jmdn. agitatorisch einwirken:* Winfried agitierte mich nicht mehr mit seinen Ansprüchen (Schwamborn, Schwulenbuch 54); agitier du mich nicht, lass mich in Ruh (Kant, Impressum 209).

agi|tiert ⟨Adj.⟩ (Psych.): *erregt, unruhig:* Dadurch ist er »aufgeregt«, was der Psychiater als »agitiert« bezeichnet (Hörzu 6, 1977, 97).

Agi|tiert|heit, die - (Psych.): *äußere u. innere Unruhe.*

¹Agit|prop, die; - [Kurzwort für: Agitation und Propaganda] (marx.): *ideologisch-propagandistische Arbeit mit dem Ziel, die Massen zur Entwicklung des revolutionären Bewusstseins zu führen u. zur aktiven Teilnahme am Klassenkampf zu veranlassen:* ... das Kunst, Literatur, Musik anderes sind ... als A. für den Tagesbedarf (Kantorowicz, Tagebuch I, 586).

²Agit|prop, der; -[s], -s (ugs.): *jmd., der agitatorische Propaganda betreibt.*

Agit|prop|grup|pe, die: *Gruppe von Laienspielern, die ¹Agitprop in kabarettistischer Form betreibt.*

Agit|prop|the|a|ter, das: *Laientheater in sozialistischen Ländern, das der politischen Bildung dienen u. zur politischen Aktion der Massen aufrufen soll.*

Agit|prop|trup|pe, die: *Truppe von Laienspielern, die Agitproptheater macht:* -n wie »Blaue Blusen« und »Rote Raketen« spielten die Revue »Von New York bis Schanghai« (Raddatz, Traditionen II, 417).

Ag|la|ia [eigtl. = Glanz] (griech. Myth.): griech. Göttin der Anmut (eine der drei Chariten).

Aglei: ↑Akelei.

Aglo|bu|lie, die; - [zu griech. a- = nicht, un- u. lat. globulus = Kügelchen] (Med.): *Verminderung der Zahl der roten Blutkörperchen.*

Aglos|sie, die; -, -n [zu griech. a- = nicht, un- u. glōssa = Zunge] (Med.): *angeborenes Fehlen der Zunge.*

Agly|kon, das; -s, -e [zu griech. a- = nicht, un- u. glykýs = süß] (Chemie): *zuckerfreier Bestandteil der Glykoside.*

Agma, das; -[s] [griech. ágma = Bruchstück] (Sprachw.): *(in der griechischen u. lateinischen Grammatik) velarer Nasallaut gg* [ŋ].

Agnat, der; -en, -en [lat. agnatus, zu: agnasci (2. Part. agnatum) = hinzugeboren werden]: **a)** *(im römischen Recht) männliche od. weibliche Person, die mit einer anderen unter der gleichen väterlichen Gewalt steht;* **b)** *(im germanischen Recht) männliche od. weibliche Person im Verhältnis zu einer anderen, mit der sie in männlicher Linie von einem gemeinsamen Stammvater abstammt.*

Agna|tha ⟨Pl.⟩ [zu griech. a- = nicht, un- u. gnáthos = [Kinn]backe (Zool.): *im Wasser lebende fischähnliche Wirbeltiere, die keinen Kiefer haben.*

Agna|thie, die; -, -n (Med.): *angeborenes Fehlen der Ober- od. Unterkiefers.*

Agna|ti|on, die; - [lat. agnatio, zu: agnasci, ↑Agnat] (hist.): *Blutsverwandtschaft väterlicherseits.*

agna|tisch ⟨Adj.⟩: *im Verwandtschaftsverhältnis eines Agnaten stehend.*

Agni: indischer Gott des Feuers.

Agno|men, das; -s, ...mina [lat. agnomen, zu ↑ad u. lat. nomen, ↑Nomen]: *(im antiken Rom) Beiname, der persönliche Eigenschaften od. besondere Verdienste kennzeichnet* (z. B. P. Cornelius Scipio Africanus).

Agno|sie, die; -, -n [griech. agnōsía = Unkenntnis]: **1.** (Med.) *Unvermögen, trotz erhaltener Funktionstüchtigkeit des betroffenen Sinnesorgans Sinneswahrnehmungen als solche zu erkennen.* **2.** ⟨o. Pl.⟩ (Philos.) *Nichtwissen (als Ausgangspunkt od. Endergebnis allen Philosophierens).*

Agnos|ti|ker, der; -s, -: *Vertreter des Agnostizismus:* Meine Eltern sind nicht religiös. Mein Vater ist A., und ich wurde ebenfalls agnostisch erzogen (Kemelman [Übers.], Mittwoch 10).

Agnos|ti|ke|rin, die; -, -nen: w. Form zu ↑Agnostiker.

Agnos|ti|zis|mus, der;- [zu griech. ágnōstos = nicht erkennbar] (Philos.): *Lehre von der Unerkennbarkeit des wahren Seins sowie des Göttlichen u. Übersinnlichen.*

agnos|ti|zis|tisch ⟨Adj.⟩: *den Agnostizismus betreffend, ihm ausgehend.*

agnos|zie|ren ⟨sw. V.; hat⟩ [lat. agnoscere]: **1.** *anerkennen* (1 a, 2): Klar war es aber nun, dass Franz Bratuscha ein fremdes Kind als seine agnosziert hatte (Mostar, Unschuldig 87). **2.** *identifizieren:* Die Leichen vom Tage des Bastillensturmes sind längst agnosziert (Kisch, Reporter 308).

Agnus Dei, das; - -, - - [lat. = Lamm Gottes, zu: agnus = Lamm u. deus = Gott]: **a)** (christl. Rel.) ⟨o. Pl.⟩ *Bezeichnung Christi im Neuen Testament* (Joh. 1, 29); **b)** (kath. Kirche) *(in der ¹Messe* 1) *dreifacher Bittruf um Sündenvergebung u. Frieden;* **c)** *Wachstäfelchen mit eingeprägtem Lamm Gottes sowie Namen u. Regierungsjahr des Papstes.*

Ago|gik, die; - [zu griech. agōgḗ = Tempo der Musik, eigtl. = Leitung, Führung] (Musik): *Lehre von der in der Notation nicht mehr fassbaren, individuellen Gestaltung des Tempos beim musikalischen Vortrag.*

ago|gisch ⟨Adj.⟩: *frei, individuell gestaltet (in Bezug auf das Tempo eines musikalischen Vortrags):* war ... der Dirigent in der Lage, -e und dynamische Feinheiten ... voranzutreiben (MM 24. 11. 81, 28).

à go|go [ago'go; frz.; zu: gogo = scherzh. Verdoppelung der Anfangssilbe von afrz. gogue = Scherz]: *in Hülle und Fülle, nach Belieben:* Hits à g.

Agon, der; -s, -e [griech. agṓn, eigtl. = Versammlung] (griech. Antike): **1.** *sportlicher u. musischer Wettkampf.* **2.** *Streitgespräch als Hauptbestandteil der attischen Komödie.*

ago|nal ⟨Adj.⟩: *den Agon betreffend; kämpferisch:* die Sybariten ... hatten, anders als die übrigen Griechen, keinen kriegerischen Ehrgeiz, versagten sich auch deren ... -e Großtuerei (Fest, Im Gegenlicht 181).

Ago|ne, die; -, -n [zu griech. a- = nicht, un- u. gōnía = Winkel] (Physik): *Linie, die alle Punkte mit der Deklination* (3) *null verbindet.*

Ago|nie, die; -, -n [kirchenlat. agonia < griech. agōnía = Kampf, auch: Angst] (bildungsspr., Med.): *Todeskampf:* in A. verfallen; in der A. liegen; Ü unsere einmalige Vergangenheit ... Freiheit ... Exil ... A. ... Das war die A. (Hilsenrath, Nazi 291); Das war die A. einer Armee (Plievier, Stalingrad 192); fünfzehn Jahre nach dem Krieg lagen seine Opfer noch in endlosen -n (Sloterdijk, Kritik 792).

Ago|nist, der; -en, -en [1: griech. agōnistēs; 2: rückgeb. aus ↑Antagonist (2)]: **1.** *Teilnehmer an einem Agon* (1). **2.** (Anat.) *Muskel, der eine Bewegung bewirkt, die der des Antagonisten* (2) *entgegengesetzt ist.*

Ago|nis|tik, die; -: *Wettkampfwesen, -kunde.*

¹Ago|ra, die; -, -s u. Agoren [griech. agorá]: *Marktplatz der altgriechischen Stadt:* Das Volk selbst kann ja nicht mehr Recht sprechen wie auf der A. zu Athen (Mostar, Unschuldig 14).

²Ago|ra, die; -, Agorot [hebr. ăgôrā]: *israelische Währungseinheit* (100 New Agorot = 1 Schekel).

Ago|ra|pho|bie, die; -, -n [aus ↑¹Agora u. ↑Phobie] (Med., Psych.): *zwanghafte, mit Schwächegefühl og. Schwindel verbundene Angst, freie Plätze o. Ä. zu überqueren; Platzangst* (2).

Ago|ras, Ago|ren: Pl. von ↑¹Agora.

Ago|rot: Pl. von ↑²Agora.

Agraf|fe, die; -, -n [frz. agrafe, zu: agrafer = an-, zuhaken, zu afrz. grafe = Haken

< ahd. krāpho]: **1.** *Schmuckspange [zum Zusammenhalten von Kleidungsstücken].* **2.** (Archit.) *klammerförmige Verzierung am Schlussstein eines Rundbogens, die dessen Scheitel mit dem Gesims darüber verbindet.* **3.** (Med.) *Wundklammer.*

Agram: *früherer dt. Name von Zagreb.*

Agram|ma|tis|mus, der; -, ...men [zum griech. a- = nicht, un- u. ↑Grammatik] (Med.): **1.** ⟨o. Pl.⟩ *krankhaftes od. entwicklungsbedingtes Unvermögen, beim Sprechen die einzelnen Wörter grammatisch richtig aneinander zu reihen.* **2.** *einzelne Erscheinung des Agrammatismus* (1).

Agra|nu|lo|zy|to|se, die; -, -n [zu griech. a- = nicht, un- u. ↑Granulozyt] (Med.): *durch Fehlen od. starke Abnahme der Granulozyten im Blut bedingte schwere, meist tödlich verlaufende Krankheit.*

Agra|pha ⟨Pl.⟩ [zu griech. ágraphos = ungeschrieben] (christl. Rel.): *Aussprüche Jesu, die nicht in den vier Evangelien* (2b), *sondern in anderen Schriften des Neuen Testaments od. in sonstigen Quellen überliefert sind.*

Agra|phie, die; -, -n [zu griech. a- = nicht, un- u. gráphein = schreiben] (Med.): *Unfähigkeit, einzelne Buchstaben od. zusammenhängende Wörter richtig zu schreiben.*

agrar-, Agrar- [zu lat. agrarius = den Acker(bau) betreffend, zu: ager (Gen.: agri) = Acker] ⟨Best. in Zus. mit der Bed.⟩: *Landwirtschafts-, landwirtschaftlich.*

Agrar|be|reich, der: *landwirtschaftlicher Bereich* (b).

Agrar|be|trieb, der: *landwirtschaftlicher Betrieb* (1a).

Agrar|be|völ|ke|rung, die: *Landbevölkerung, die ihren Lebensunterhalt ganz od. überwiegend aus der Landwirtschaft bezieht.*

Agrar|bio|lo|gie, die: *Agrobiologie.*

Agrar|che|mie, die: *Agrikulturchemie.*

Agrar|che|mi|ka|lie, die: *Agrochemikalie.*

Agrar|er|zeug|nis, das: *landwirtschaftliches Erzeugnis.*

Agrar|eth|no|gra|phie, die: *Teilgebiet der Ethnographie, das sich mit der Landwirtschaft als Phänomen der Kultur befasst.*

Agrar|ex|port, der: *landwirtschaftlicher Export.*

Agrar|fa|brik, die (abwertend): *Agrarbetrieb, in dem Agrarprodukte wie in einer Fabrik erzeugt werden (u. in dem dadurch die ursprüngliche bäuerliche Naturbezogenheit u. -verbundenheit verloren gegangen ist): Es müsse Ziel der Politik sein, den bäuerlichen Familienbetrieb zu erhalten und nicht an seine Stelle -en errichten zu wollen (Allgemeine Zeitung 21. 12. 84, 14).*

Agrar|flug|zeug, das: *in der Landwirtschaft eingesetztes Flugzeug:* -e*, die Dünger und Pflanzenschutzmittel streuen* (ABC-Zeitung 4, 1976, 10).

Agrar|fonds, der: *landwirtschaftlicher Fonds* (1a): *60% der Gesamtausgaben des Brüsseler A.* (Bundestag 188, 1968, 10 180).

Agrar|ge|mein|schaft, die (österr.): *Allmende.*

Agrar|geo|gra|phie, die: *Teil der Kulturgeographie.*

Agrar|ge|schich|te, die: *Landwirtschaftsgeschichte: Die A. ... zeigt, dass die Staaten häufig ... politische Ziele mit ihrer Agrarpolitik verfolgten* (Fraenkel, Staat 21).

Agrar|ge|sell|schaft, die: *agrarische Gesellschaft* (1): *Die Heiligkeit des privaten Eigentums gehört zu den Merkmalen der -en* (Gehlen, Zeitalter 72).

Agra|ri|er, der; -s, - [zu lat. agrarii (Pl.) = Freunde der Ackergesetze u. Ackerverteilung, zu: agrarius = zu den Äckern, Feldern gehörend; Acker-, Feld-] (veraltend): *Landwirt, bes. Großgrund-, Gutsbesitzer in Ostdeutschland nach 1871.*

Agrar|im|port, der: *Einfuhr* (1) *landwirtschaftlicher Güter.*

agra|risch ⟨Adj.⟩: *landwirtschaftlich:* -e *Erzeugnisse; ein -er Staat (Agrarstaat); Das preußische Herrenhaus ... war ein Sinnbild der vorindustriellen -en Zeit* (Dönhoff, Ostpreußen 34).

Agrar|ko|lo|ni|sa|ti|on, die: *landwirtschaftliche Erschließung von wenig genutzten oder ungenutzten Gebieten.*

Agrar|kon|junk|tur, die: *spezielle Ausprägung der gesamtwirtschaftlichen Konjunkturlage im Agrarbereich.*

Agrar|kre|dit, der: *Kredit, der Agrarbetrieben gewährt wird.*

Agrar|kul|tur, die: *Agrikultur.*

Agrar|land, das ⟨Pl. ...länder⟩: **1.** *Agrarstaat.* **2.** ⟨o. Pl.⟩ (selten) *landwirtschaftlich genutzter Boden.*

Agrar|markt, der: *Markt* (3 a) *für Agrarprodukte.*

Agrar|po|li|tik, die: *Gesamtheit der staatlichen Maßnahmen zur Regelung u. Förderung der Landwirtschaft.*

agrar|po|li|tisch ⟨Adj.⟩: *die Agrarpolitik betreffend.*

Agrar|preis, der ⟨meist Pl.⟩: *Preis* (1) *von landwirtschaftlichen Produkten.*

Agrar|pro|dukt, das: *landwirtschaftliches Erzeugnis.*

Agrar|re|form, die: *landwirtschaftliche Reform (z. B. Bodenreform).*

Agrar|so|zi|o|lo|gie, die: *Soziologie, die sich mit den Formen der menschlichen Zusammenlebens in der Land- und Forstwirtschaft beschäftigt.*

Agrar|staat, der: *Staat, dessen Wirtschaft überwiegend durch die Landwirtschaft bestimmt wird.*

Agrar|struk|tur, die: *Struktur* (1) *der Landwirtschaft eines Landes.*

Agrar|tech|nik, die: *Technik der Bodenbearbeitung u. -nutzung.*

Agrar|über|schuss, der: *Überschuss in der Agrarproduktion.*

Agrar|ver|fas|sung, die: *Summe der rechtlichen, ökonomischen u. sozialen Grundgegebenheiten der Landwirtschaft während einer bestimmten Epoche.*

Agrar|wis|sen|schaft, die: *Agronomie.*

Agrar|wis|sen|schaft|ler, der: *Wissenschaftler auf dem Gebiet der Agrarwissenschaft.*

Agrar|wis|sen|schaft|le|rin, die; -, -nen: w. Form zu ↑Agrarwissenschaftler.

agrar|wis|sen|schaft|lich ⟨Adj.⟩: *die Agronomie betreffend.*

Agrar|zoll, der ⟨meist Pl.⟩: *landwirtschaftlicher Schutzzoll zur Regulierung des Imports von Agrarprodukten.*

Agrar|zo|ne, die: *Gebiet mit überwiegend landwirtschaftlicher Erwerbsstruktur.*

Agra|sel, das; -s, -n ⟨meist Pl.⟩ [zu mhd. agraz, agrāʒ = saure Brühe, über das Romanische zu lat. acer = sauer] (österr. mundartl.): *Stachelbeere.*

Agree|ment [əˈɡriːmənt], das; -s, -s [engl. agreement < frz. agrément = Einwilligung, zu: agréer, ↑agreieren] (Völkerr.): *zwischen Staatsmännern getroffene Übereinkunft auf Treu u. Glauben, die nicht der parlamentarischen Zustimmung od. Ratifikation bedarf.*

agre|ie|ren ⟨sw. V.; hat⟩ [frz. agréer, zu: gré = Wille, Gefallen < lat. gratum = das Willkommene, zu: gratus, ↑gratulieren] (selten): *genehmigen, für gut befinden.*

Agré|ment [agreˈmã:], das; -s, -s [frz. agrément, ↑Agreement]: **1.** (Dipl.) *Zustimmung einer Regierung zur Ernennung eines ausländischen diplomatischen Vertreters in ihrem Land:* jmdm., für jmdn. das A. als Botschafter erteilen. **2.** ⟨Pl.⟩ (Musik) *Verzierungen (z. B. Triller, Tremolo).*

Agrest, der; -[e]s, -e [ital. agresto, zu: agresta = Art von herben Weintrauben, zu lat. agrestis = wild (wachsend), zu: ager = Acker]: *aus unreifen Weintrauben einer bestimmten Sorte gepresster Saft.*

ägrie|ren ⟨sw. V.; hat⟩ [frz. aigrir, zu: aigre = sauer, bitter, über das Vlat. zu lat. acer = sauer] (veraltet): **a)** *erbittern;* ◆ **b)** ⟨ä. + sich⟩ *sich erbittern:* ich kann mich nicht weiter darüber ä. (Fontane, Jenny Treibel 66).

Agri|kul|tur, die; - [lat. agricultura, zu: ager = Acker u. cultura, ↑Kultur]: *Ackerbau, Landwirtschaft.*

Agri|kul|tur|che|mie, die; -: *Teilgebiet der angewandten Chemie, das sich bes. mit Bodenanalyse u. der Entwicklung von Dünge- u. Schädlingsvernichtungsmitteln befasst.*

Agri|kul|tur|phy|sik, die: *Agrophysik.*

Agro|bio|lo|gie, die; - [nach russ. agrobiologija] (DDR): *Lehre von den biologischen Gesetzmäßigkeiten in der Landwirtschaft.*

agro|bio|lo|gisch ⟨Adj.⟩: *die Agrobiologie betreffend.*

Agro|busi|ness, das; -: *Gesamtheit aller für die Versorgung der Bevölkerung mit Nahrungsmitteln ablaufenden Wirtschaftsprozesse: versuchen die Pflanzenzüchter des A., sich in möglichst vielen Sektoren Profitmöglichkeiten zu schaffen* (Kelly, Um Hoffnung 130).

Agro|che|mie, die; -: *Wissenschaft, die sich mit den chemischen Grundlagen bes. der Pflanzen- u. Tierernährung befasst.*

Agro|che|mi|ka|lie, die; -, -n: *in Landwirtschaft u. Gartenbau verwendete Chemikalie.*

Agro|nom, der; -en, -en [a: griech. agronómos = Aufseher über die Stadtländereien, zu: agrós = Acker; b: nach russ. agronom]: **a)** *akademisch ausgebildeter*

Agronomie

Landwirt, Diplomlandwirt; **b)** *(DDR) Landwirtschaftssachverständiger in der LPG.*

Agro|no|mie, die; - [zu griech. nómos = Gesetz]: *wissenschaftliche Lehre vom Ackerbau; Landwirtschaftswissenschaft.*

Agro|no|min, die; -, -nen: w. Form zu ↑Agronom.

agro|no|misch ⟨Adj.⟩: *die Agronomie betreffend, dazu gehörig, darauf beruhend.*

Agro|phy|sik, die; -: *Lehre von den physikalischen Vorgängen in der Landwirtschaft.*

Agro|stadt, die; -, ...städte [2: russ. agrogorod]: **1.** *große, stadtähnliche Siedlung, deren Bewohner vorwiegend in der Landwirtschaft arbeiten (z. B. in Südeuropa, Südamerika, China).* **2.** *(in der Sowjetunion) als Mittelpunkt von Kollektivwirtschaften propagierte u. geförderte Siedlung städtischen Typs.*

Agro|tech|nik, die; - [nach russ. agrotechnika] *(DDR): Lehre von den technischen Verfahren der Landwirtschaft.*

agro|tech|nisch ⟨Adj.⟩: *die Agrotechnik betreffend.*

Agro|ty|pus, der; -, ...typen: *Kulturpflanzensorte als Ergebnis einer Züchtung.*

Agru|men ⟨Pl.⟩ [ital. agrumi (Pl.), zu: agro = sauer < lat. acer = scharf]: *Zitrusfrüchte.*

Agu|ti, der od. das; -s, -s [span. agutí < Guarani u. Tupi (südamerik. Indianerspr.) acutí] (Zool.): *kaninchen- bis hasengroßes, hochbeiniges Nagetier in Südamerika.*

Ägyp|ten; -s: *arabischer Staat in Nordostafrika.*

Ägyp|ter, der; -s, -: Ew.

Ägyp|te|rin, die; -, -nen: w. Form zu ↑Ägypter.

ägyp|tisch ⟨Adj.⟩: **a)** *Ägypten, die Ägypter betreffend; von den Ägyptern stammend, zu ihnen gehörend;* **b)** *in der Sprache der alten Ägypter.*

Ägyp|tisch, das; -[s] u. ⟨nur mit best. Art.:⟩ **Ägyp|ti|sche,** das; -n: *die Sprache der alten Ägypter.*

ägyp|ti|sie|ren ⟨sw. V.; hat⟩: *etw. altägyptisch gestalten.*

Ägyp|to|lo|ge, der; -n, -n [zu griech. lógos, ↑Logos]: *Wissenschaftler auf dem Gebiet der Ägyptologie.*

Ägyp|to|lo|gie, die; - [zu griech. lógos, ↑Logos]: *Wissenschaft von Kultur u. Sprache der alten Ägypter.*

Ägyp|to|lo|gin, die; -, -nen: w. Form zu ↑Ägyptologe.

ägyp|to|lo|gisch ⟨Adj.⟩: *die Ägyptologie betreffend.*

ah ⟨Interj.⟩ [mhd. ā]: **a)** *Ausruf der Verwunderung, der [bewundernden] Überraschung, der Freude:* ah, das wusste ich nicht!; ah, wie schön!; **b)** *Ausruf zum Ausdruck des plötzlichen Verstehens:* ah so [ist das]!; ah deshalb!

Ah, das; -s, -s: *Ausruf der Verwunderung o. Ä., der Freude, des plötzlichen Verstehens:* beim Auspacken der Weihnachtsgeschenke ertönte ein lautes Ah.

Ah = Amperestunde.

äh [ɛ(:)]: **I.** ⟨Interj.⟩ *Ausruf des Ekels:* äh, das kann ich nicht sehn! **II.** ⟨Gesprächs-partikel⟩ *dient dazu, bei unkonzentriertem Sprechen kurze Sprechpausen zu überbrücken.*

aha [a'ha(:)] ⟨Gesprächspartikel⟩: *dient dazu, eine Information zu bestätigen, auszudrücken, dass man etw. verstanden hat:* a., so hängt das zusammen!

Aha-Er|leb|nis, das (Psych.): *plötzliches Erkennen eines Zusammenhanges zweier Vorgänge o. Ä.:* ein A. haben; Dass im blöden Alltag ... der Schock des Verrufenen so etwas wie ein A. auslöst (Spiegel 48, 1993, 102).

Ahar, der; -[s], -s [nach der gleichnamigen iran. Stadt]: *Orientteppich von feiner Knüpfung u. schwerer Struktur.*

Ahas|ver [ahas'veːɐ̯, auch: a'hasvɐ], der; -s, -s u. -e [Ahasverus = der Ewige Jude < Ahaswerôš, hebr. Form von Xerxes]: *ruhelos umherirrender Mensch:* Ein ... Leben, in dem der alte A. zum Vorschein kam, auf Spaziergängerbasis in der Schwarzwälder Weltstadt (Meckel, Suchbild 84).

ahas|ve|risch ⟨Adj.⟩ (bildungsspr.): *ruhelos umherirrend:* Stationen einer -en Lebensreise (Spiegel 10, 1983, 241).

Ahas|ve|rus, der; -, (selten:) -se: ↑Ahasver.

ahd. = althochdeutsch.

ahis|to|risch ⟨Adj.⟩ [aus griech. a- = nicht, un- u. ↑historisch]: *nicht historisch, von der Historie nicht beeinflusst, außerhalb der Historie stehend:* eine -e Betrachtungsweise.

Ahl|bee|re, die; -, -n [mniederd. ālbēre, 1. Bestandteil viell. zu mniederd. āl, zusgez. aus: adel = Jauche, nach dem unangenehmen Geruch der Beeren] (nordd.): *Schwarze Johannisbeere.*

Ah|le, die; -, -n [mhd. āle, ahd. āla, verw. mit aind. ārā = Ahle, alter idg. Werkzeugname]: **a)** *Werkzeug, mit dem Löcher in Leder, Pappe usw. gestochen werden;* **Pfriem;** **b)** *Werkzeug des Schriftsetzers bei der Ausführung von Korrekturen;* **c)** *Reibahle.*

Ahl|kir|sche, die; -, -n [1. Bestandteil viell. zu mniederd. āl (↑Ahlbeere), nach dem fauligen Geruch der Rinde u. des Holzes] (landsch.): *Traubenkirsche.*

Ahl|ming, die; -, -e u. -s [zu mniederd. amen = ¹eichen, ame = Eichmaß, dafür mhd. āme, ↑¹Ohm] (Seemannsspr.): *am vorderen u. hinteren Schiffsrumpf angebrachte Skala, an deren Markierungen der Tiefgang eines Schiffs abgelesen werden kann.*

Ahn, der; -[e]s u. -en, -en [mhd. an(e), ahd. ano, urspr. Lallwort der Kindersprache für ältere Personen aus der Umgebung des Kindes]: **1.** ⟨meist Pl.⟩ (geh.) *Vorfahr:* ... ob seine Vorfahren, die im Dorf -en genannt werden, Herren oder Knechte waren (Müller, Niederungen 127). **2.** (veraltet, noch landsch.) *Großvater.*

¹ahn|den ⟨sw. V.; hat⟩ [mhd. anden, ahd. antōn, zu mhd. ande = Kränkung, Unwille, ahd. anto = das Eifern; Eifersucht; Ärger; Zorn, wahrsch. zu ↑an u. eigtl. = das, was einen entgegensteht (geh.)]: *(eine missliebige Verhaltensweise o. Ä.) bestrafen:* ein Unrecht, Vergehen streng a.; etw. mit einer Geldbuße a.; Die Ordnungswidrigkeit wird ... durch Bußgeldbescheid geahndet (Straßenverkehrsrecht, OWiG 283); Für Taten, die nach dem Willen der Staatsführung aus politischen Gründen nicht geahndet worden sind, beginnt die Verjährungsfrist erst mit dem Ende des Unrechtsregimes (Woche 4. 4. 97, 8).

²ahn|den ⟨sw. V.; hat⟩ (dichter. veraltet): *¹ahnen:* ♦ Mir ahndet heut nichts Guts, Gevatter Licht (Kleist, Krug 3).

ahn|de|voll ⟨Adj.⟩ (dichter. veraltet): *ahnungsvoll:* Hans Castorps Gedanken oder -e Halbgedanken (Th. Mann, Zauberberg 907).

¹Ahn|dung, die; -, -en: *das ¹Ahnden.*

♦²Ahn|dung, die; -, -en: *Ahnung:* Woher bringst (hast) du diese A. (Schiller, Kabale I, 4).

¹Ah|ne, der; -n, -n: ↑Ahn.

²Ah|ne, die; -, -n [mhd. ane, ahd. ana]: w. Form zu ↑Ahn.

äh|neln ⟨sw. V.; hat⟩ [für älter ähnlichen, mhd. anelīchen, zu ↑ähnlich]: **1.** *ähnlich sehen, sein:* er ähnelt seinem Bruder; die Geschwister ähneln sich/(geh.:) einander; Ihre Erlebnisse ähnelten sich bis zur Lächerlichkeit (Müthel, Baum 221). ♦ **2.** *ähnlich machen:* sie (= die Narrenkappe) ähnelt ihn verrückten Toren (Goethe, Faust II, 5079).

¹ah|nen ⟨sw. V.; hat⟩ [mhd. anen, wohl zu ↑an u. eigtl. = einen an- oder überkommen]: **1.** *ein undeutliches Vorgefühl von etw. Kommendem haben:* ein Unglück, nicht das Mindeste a.; (geh.:) mir ahnte nichts Gutes; die nichts ahnenden Besucher; wir liefen nichts ahnend ins Unglück. **2. a)** *ein undeutliches Wissen von etw. haben, vermuten:* die Wahrheit a.; sie ahnte dunkel ein Geheimnis; wer konnte das a.!; (geh.:) ihm ahnte von den Schwierigkeiten; ... wer von ihm Fähigkeiten a. ließ, in die Führungsspitze aufzusteigen (Loest, Pistole 70); *[ach,] du ahnst es nicht!* (ugs.) *Ausruf der unangenehmen Überraschung;* **b)** im Infinitiv mit zu⟩ *(nur) undeutlich, schwach zu erkennen:* die Gestalt war in der Dunkelheit nur zu a./mehr zu a. als zu sehen.

♦²ah|nen ⟨sw. V.; hat⟩: *¹ahnden:* Männer, die ihn (= den Kabinettsminister) im Stillen hassten ..., zogen ... zu der prachtvollen Versammlung, überzeugt, dass ihre Namen gar wohl ins Register eingetragen und die Lücken schwer geahnet würden (Hauff, Jud Süß 381).

Ah|nen|bild, das: **1.** *Bild, Gemälde, das einen Ahnen od. eine ²Ahne darstellt.* **2.** (Völkerk.) *Ahnenfigur.*

Ah|nen|fi|gur, die (Völkerk.): *figürliche Darstellung, in der der Ahne gegenwärtig ist.*

Ah|nen|for|schung, die: *Genealogie:* die Behörden würden bei der A. doch herausbekommen, dass der Großvater ... aus Lemberg gekommen war (Bienek, Erde 132).

Ah|nen|ga|le|rie, die: *Galerie mit Ahnenbildern* (1).

Ah|nen|grab, das (Völkerk.): *Grab des Urahns einer Sippe (das bei vielen, bes. germanischen Stämmen eine große Bedeutung hat).*

Ah|nen|kult, der (Völkerk.): *kultische Verehrung einer Reihe vorhergegangener Generationen.*

Ah|nen|pass, der (bes. nationalsoz.): *Stammbaum in Heftform; Abstammungsnachweis.*

Ah|nen|pro|be, die (hist.): *Nachweis der adligen Abstammung.*

Ah|nen|rei|he, die: *Reihe, Gesamtheit der nachweisbaren Vorfahren.*

Ah|nen|saal, der: *Saal mit Ahnenbildern* (1).

Ah|nen|ta|fel, die: **1.** (geh.) *genealogische Tafel, auf der die Ahnen einer Person in aufsteigender Linie angegeben sind.* **2.** (Tierzucht) *nach Generationen geordnete Übersicht der Vorfahren eines Zuchttieres mit Angaben über die jeweiligen Eigenschaften.*

Ah|nen|ver|eh|rung, die: *Ahnenkult.*

Ahn|frau, die (geh. veraltend): *Stammmutter eines Geschlechts:* Ü »Ich war die A. aller Groupies« ... Peggy Guggenheim (Spiegel 40, 1976, 204).

Ahn|herr, der (geh. veraltend): *Stammvater eines Geschlechts.*

Ahn|her|rin, die: w. Form zu ↑Ahnherr.

Ahn|nin, die; -, -nen (selten): ²*Ahne.*

ähn|lich [vermischt aus mhd. ane-, enlich = angelehnt, gleich (für ahd. anagilih, ↑an u. ↑gleich) u. mhd. einlich, ostmd. enlich »einheitlich« (zu ↑¹ein)] ⟨Adj.⟩: **1.** *in bestimmten Merkmalen übereinstimmend:* -e *Interessen, Gedanken;* ä. *schöne Bilder; ein sehr -es Porträt; ein inhaltlich -er Vortrag; auf -e Weise; sie ist ihrer Schwester sehr wenig ä.; wird ihr immer -er; es erging mir ä. wie damals; jmdm., einer Sache täuschend, zum Verwechseln, kaum, auffallend ä. sehen;* ⟨subst.:⟩ *man erlebt Ähnliches (solches), wenn man ...; und Ähnliche[s] (Abk.: u. Ä.); etwas Ähnliches (ähnliche Dinge);* *** etw. sieht jmdm. ä.** (ugs.; *etw. passt zu jmds. Charakter, ist jmdm. zuzutrauen).* **2.** ⟨in der Funktion einer Präp. mit Dativ⟩ *wie das nachfolgend Genannte; dem nachfolgend Genannten vergleichbar:* ä. *einer Stilistik;* ä. *einer Stilistik* ä. *gibt dieses Buch gute sprachliche Ratschläge; Ähnlich dem italienischen Faschismus waren Begründung und Aufstieg ... eng mit der politischen Karriere ... verbunden* (Fraenkel, Staat 205); *Von ihren fünf Kindern umringt, einer Niobe* ä. (Frisch, Stiller 50).

Ähn|lich|keit, die; -, -en: *ähnliches Aussehen, ähnlicher Zug:* mit jmdm., einer Sache Ä. *haben; es besteht eine* Ä. *zwischen beiden.*

Ah|nung, die; -, -en [zu ↑¹ahnen]: **1.** *undeutliches, dunkles Vorgefühl:* eine A. *des kommenden Unheils; meine bösen -en trogen mich nicht; Sie habe dauernd -en, glaube, dass was passiert. Sie wisse nur nicht was* (Kempowski, Tadellöser 262). **2.** *intuitives Wissen, Vermutung, Vorstellung von etw. was:* von etw. absolut keine A., keine blasse, nicht die geringste, mindeste, entfernteste, blasseste A. *haben; Die Abende im Grunewald brachten noch einmal eine* A. *von Glanz, Witz und Urbanität der Zwanzigerjahre zurück* (Fest, Im Gegenlicht 213); *hast du eine A. (ugs.; weißt du), wo Mutter hingegangen ist?; keine* A. (ugs.; *als Antwort auf eine Frage; ich weiß es nicht); hast du eine A.!* (ugs.; *da irrst du dich aber sehr!; wenn du wüsstest!).*

ah|nungs|los ⟨Adj.⟩: *nichts ahnend, völlig unwissend:* der -e *Betrachter, Besucher; fünf Brüder, die in ihrem -en Lebensbummel ... gar nicht merken, dass sie an einem Scheidewege stehen* (Thielicke, Ich glaube 169); *völlig* a. *sein;* a. *hereinkommen.*

Ah|nungs|lo|sig|keit, die; -: *Unwissenheit in Hinblick auf etw. Bestimmtes; das Ahnungslossein:* Politische A. *ist seine kapitale Schuld* (A. Kolb, Schaukel 106); *dass er sich nur noch über die* A. *der Polizei wunderte* (Bieler, Mädchenkrieg 301).

Ah|nungs|ver|mö|gen, das ⟨o. Pl.⟩: *Vermögen* (1), *etwas vorauszusehen:* was dein Auge auf mich fallen ließ, darf wohl auch Kunst in weiterem Sinn genannt werden, schöpferisches A. (Muschg, Sommer 24).

ah|nungs|voll ⟨Adj.⟩ (geh.): *von Ahnung* (1) *erfüllt; etw. [Schlimmes] ahnend:* Immerhin macht sich der Heidegger von 1927 noch nicht diese -e *Sorge* (Sloterdijk, Kritik 394).

ahoi [engl. ahoy, zu: hoy = he!] (Seemannsspr.): *Anruf eines Schiffes (dem Namen des Schiffes od. der Bezeichnung der Schiffsart folgend):* »Pfeil« a.!; *Boot* a.!

Ahorn, der; -s, -e [mhd., ahd. ahorn, verw. mit lat. acer = scharf, spitz (nach den spitz eingeschnittenen Blättern)]: **1.** *(in mehreren Arten vorkommender) Laubbaum mit meist gelappten Blättern u. zweigeteilten, geflügelten Früchten:* Es war Mittag, und der A. *in den Straßen stand gelb gegen die schwarzen Brandmauern* (Bieler, Bonifaz 146). **2.** ⟨o. Pl.⟩ *Holz des Ahorns:* ein Schlafzimmer in A. *dunkel.*

Ahorn|blatt, das: *Blatt des Ahorns* (1).

Ahorn|si|rup, der: *Sirup, der aus dem Saft des Zuckerahorns gewonnen u. vor allem als Süßmittel verwendet wird.*

Ahr, die; -: *linker Nebenfluss des Rheins.*

Ähr|chen, das; -s, -: **1.** Vkl. zu ↑Ähre. **2.** *Teilblütenstand der zusammengesetzten Ähre der Gräser.*

Äh|re, die; -, -n [mhd. eher, ahd. ehir, verw. mit lat. acer = scharf, spitz (nach den spitzen Grannen)]: **1.** (Bot.) *Blütenstand mit unverzweigter Hauptachse, an der die ungestielten Blüten sitzen.* **2.** *oberster Teil des Getreidehalms, an dem die Körner sitzen:* reife, volle, schwere -n; -n *lesen.*

äh|ren|blond ⟨Adj.⟩ (selten): *von der Farbe reifen Getreides; strohblond:* abends zeigte sie den weißen Busen und die -e *Kunstfrisur in Opernpremieren* (K. Mann, Mephisto 28).

Äh|ren|bü|schel, das: *Büschel von Ähren* (2).

Äh|ren|feld, das (geh.): *in Ähren stehendes Getreidefeld:* er zerteilte die Menge wie Halme eines -es (Jaeger, Freudenhaus 222); *ein wogendes* Ä.

äh|ren|för|mig ⟨Adj.⟩: *von der Form einer Ähre.*

Äh|ren|he|ber, der (Landw.): *Teil des Mähdreschers, der das liegende Getreide so hochhebt, dass es abgemäht werden kann.*

Äh|ren|kranz, der: *aus Ähren* (2) *geflochtener Kranz:* Das Symbol ... ist ein buntes Festemblem mit Hammer und Zirkel im Ä. (Köhler, Hartmut 50).

Äh|ren|le|se, die: *Sammeln der bei der Ernte auf dem Feld zurückgebliebenen Ähren.*

Äh|ren|le|ser, der: *jmd., der auf einem abgeernteten Getreidefeld Ähren* (2) *sammelt.*

Äh|ren|le|se|rin, die: w. Form zu ↑Ährenleser.

Ai, das; -s, -s [port. aí < Tupi (südamerik. Indianerspr.) aj]: *in verschiedenen Arten vorkommendes Faultier mit drei sichelförmigen Krallen an den Vordergliedmaßen.*

Aich|mo|pho|bie, die; -, -n [zu griech. aichmē = (Lanzen)spitze u. ↑Phobie] (Med., Psychol.): *krankhafte Angst, sich od. andere mit spitzen Gegenständen verletzen zu können.*

Ai|da [a'iːda], das; -[s] (Fantasiebez.): *bes. als Grundstoff für Stickereien verwendetes, appretiertes Baumwoll- od. Zellwollgewebe mit kleinen Durchbrechungen.*

Aide [ɛːt], der; -n, -n ['ɛːdn; frz. aide, zu: aider = helfen < lat. adiutare]: **1.** (veraltet) *Gehilfe.* **2.** (schweiz.) *Küchengehilfe, Hilfskoch.* **3.** *Mitspieler, Partner beim Kartenspiel, bes. im Whist.*

Aide-mémoire ['ɛːtme'mŏaːɐ̯], das; -, -[s] [frz., eigtl. = Gedächtnishilfe, zu: mémoire, ↑Memoiren] (Politik, Dipl.): *auf diplomatischem Wege zugestellte Niederschrift einer Stellungnahme, eines Sachverhalts, um Missverständnisse od. Unklarheiten zu beseitigen:* ein A. *zu etw.; mit einem A. gegen etw. protestieren.*

Aids [eɪdz], das; - ⟨meist o. Art.⟩ [Kurzwort für engl. **a**cquired **i**mmune **d**eficiency **s**yndrome] (Med.): *Erkrankung, die zu schweren Störungen im Abwehrsystem des Körpers führt und meist tödlich verläuft:* Seine Krankheit zum Tode war A. ..., zu deutsch: »erworbener Mangel an Abwehrkraft« (Spiegel 45, 1984, 100).; *Ein Impfstoff gegen HIV, der die Menschheit von A. befreien könnte, ist derzeit nicht in Sicht* (Zeit 25. 3. 99, 32).

Aids|er|re|ger, der: *Aidsvirus:* Jeden Tag stecken sich 16 000 Menschen mit dem A. an (Zeit 18. 3. 99, 43).

aids|in|fi|ziert ⟨Adj.⟩: *mit dem Aidsvirus infiziert:* Heute, so wird geschätzt, sterben allein in Amerika tagtäglich zwei -e *Bluter* (Zeit 25. 3. 99, 32).

aids|krank ⟨Adj.⟩: *an Aids erkrankt:* ein -er *Bluter.*

Aids|kran|ke, der u. die: *jmd., der an Aids erkrankt ist.*

Aids|test, der: *medizinisches Untersuchungsverfahren zur Feststellung von Aids:* sie will [sich] den A. *machen lassen.*

aids|ver|seucht ⟨Adj.⟩: *durch das Aidsvirus verseucht:* -es Blut.

Aids|vi|rus, das, außerhalb der Fachspr. auch: der: *HIV.*

Aigret|te [εˈgrεtə], die; -, -n [frz. aigrette < prov. aigreta, zu: aigron = Reiher]: **1.** *als Schmuck im Haar od. am Hut getragene, in einem Ring aus Edelmetall zusammengefasste [Reiher]federn.* **2.** *büschelförmiges Gebilde bei Feuerwerken.*

Ai|gui|è|re [εˈgiε:rə], die; -, -n [frz. aiguière, über das Vlat. zu lat. aquarius = zum Wasser gehörig]: *oft prächtig verzierte, als Tafelgerät verwendete bauchige Wasserkanne der [französischen] Renaissance.*

Ai|ki|do, das; -[s] [jap., aus: ai = Harmonie, ki = (lenkende) Kraft u. dō = Weg]: *Weg zur Bildung von Körper u. Geist auf der Basis wirksamer Selbstverteidigungstechniken:* A. ist der eleganteste Weg der Selbstverteidigung (Börsenblatt 79, 1968, 5 768).

¹Air [ε:ɐ̯], das; -s, -s ⟨Pl. selten⟩ [frz. air < lat. aer < griech. aē̌r = Luft(schicht), Dunstkreis] (bildungsspr.): **a)** *Aussehen, Haltung:* sich ein weltmännisches A. geben; **b)** *Hauch, Fluidum:* er eilt, vom A. des Vielgereisten umgeben, von Kontinent zu Kontinent (Deschner, Talente 143).

²Air, das; -s, -s [frz. air < ital. aria, ↑Arie] (Musik): *vorwiegend für den vokalen, aber auch für den instrumentalen Vortrag bestimmte, einfach angelegte Komposition ohne formale Bindung.*

Air|bag [ˈε:ɐ̯bεk], der; -s, -s [engl. air bag, aus: air < (a)frz. air = Luft (↑¹Air) u. bag = Beutel, Sack]: *Luftkissen im Auto, das sich bei einem Aufprall automatisch aufbläst, um die Insassen vor schweren Verletzungen zu schützen:* Von allen passiven ... Sicherheitssystemen im Automobil hat sich der A. als am wirksamsten erwiesen (Spiegel 49, 1987, 281).

Air|bus®, der [engl. airbus, aus: air (< frz. air, ↑¹Air) u. bus, ↑Bus] (Luftf.): *Großraumflugzeug für Kurz- u. Mittelstrecken.*

Air|con|di|tio|ner [-kɔndɪʃənɐ], der; -s, - [engl. air conditioner], **Air|con|di|tio|ning** [-kɔndɪʃnɪŋ], das; -s [engl. air conditioning]: *Klimaanlage:* das Hotel, der Zug, der Bus hat A., ist mit A. ausgestattet.

Aire|dale|ter|ri|er [ˈε:ədeɪl-], der; -s, - [nach einem »Airedale« genannten Talabschnitt des Aire (England), zu engl. dale = Tal]: *häufig als Schutzhund dienender, größerer, muskulöser Hund mit kurzem, rauhaarigem, hellbraunem, am Rücken u. an der Oberseite von Hals u. Schwanz dunkelgrauem bis schwarzem Fell.*

Air France [εrˈfrã:s], die; - -: *französische Luftfahrtgesellschaft* (Abk.: AF).

Air|glow [ˈε:əgloʊ], der od. das [engl. airglow, zu: to glow = leuchten] (Astron.): *schwaches Leuchten des Nachthimmels in der Atmosphäre oberhalb 70 km Höhe.*

Air|hos|tess, die; -, -en (bes. schweiz.): *Stewardess.*

Air|lift, der; -[e]s, -e u. -s [engl. airlift, ↑Lift]: *Luftbrücke.*

Air|lift|ver|fah|ren, das (Technik): *Verfahren zum Fördern von Erdöl durch die Zufuhr von Luft, das angewendet wird, wenn die Ölzufuhr zum Bohrloch nachlässt.*

Air|line [ˈε:ɐ̯laɪn], die; -, -s [engl. airline]: *Fluglinie, Fluggesellschaft.*

Air|mail [ˈε:ɐ̯me:l], die; -: engl. Bez. für *Luftpost.*

Ai|ro|tor [ε-], der; -s, -...oren [zu engl. air = Luft u. ↑Rotor] (Zahnmed.): *durch Druckluft angetriebenes zahnärztliches Instrument zum vibrationsarmen Antrieb von Zahnbohrern; Dentalturbine.*

Air|port, der; -s, -s [engl. airport]: *Flughafen:* Der A., einer der modernsten der Welt (MM 21. 10. 71, 25).

Air|ter|mi|nal, der, auch: das: *Flughafen:* Es gelang ihnen ..., ... das Konzept eines modernen ... -s zu verwirklichen (Spiegel 42, 1974, 176).

ais, Ais, das; -, -: *um einen halben Ton erhöhtes a, A* (2).

Ai|tel, der; -s, - [weitergeb. aus gleichbed. mundartl. Ältel, Vkl. von: Alt(e), Nebenform von mhd. alent, ↑Aland] (bes. südd., österr.): *¹Döbel.*

Aja, die; -, -s [ital. aia < span. aya < lat. avia = Großmutter] (früher): *Hofmeisterin, Erzieherin fürstlicher Kinder.*

Aja|tol|lah, der; -[s], -s [pers. āya'ullāh = Zeichen Gottes]: *Ehrentitel für geistliche Würdenträger im schiitischen Islam:* das Regime des A. Chomeini (Spiegel 33, 1981, 79); Die oberste Autorität der islamischen Republik Iran, A. Ali Khamenei...(FR 17. 4. 98, 2).

à jour, (österr.:) **ajour** [aˈʒu:ɐ̯; frz., aus: à = zu u. jour = Tag < lat. diurnum = Tagesration, zu: diurnus = täglich, Tages-; 1: eigtl. = bis zum (heutigen) Tag; 2-4: zu frz. jour in der Bed. »Fenster«, eigtl. = durchbrochen]: **1. a)** *aktualisiert:* Im Schutzraum sind à j. gehaltene Informationen ... wichtig (NZZ 24. 8. 83, 20); etw. ist à j.; etw. à j. bringen *(aktualisieren);* **b)** (Buchf.) *auf dem Laufenden, ohne Buchungsrückstand.* **2.** *(von Edelsteinen) nur an den Kanten, am Rand u. mit freier Rückseite:* à j. gefasst. **3.** (Textil.) *(von Spitzen, Geweben) durchbrochen, mit Durchbrüchen.* **4.** (Archit.) *(von Ornamenten u. Bauteilen) frei gegen den Raum stehend.*

Ajour|ar|beit, die: **a)** *à jour* (2) *gearbeitete Fassung* (1 a) *für Edelsteine;* **b)** *Durchbrucharbeit* (1); **c)** *Fläche mit Ornamenten, die à jour* (4) *gestaltet sind.*

Ajour|fas|sung, die: *à jour* (2) *gearbeitete Edelsteinfassung.*

Ajour|ge|we|be, das (Textilw.): *à jour* (3) *hergestelltes Gewebe.*

ajou|rie|ren [aʒuˈri:rən] ⟨sw. V.; hat⟩: **1.** (österr.) *Ajourarbeit* (b) *machen.* **2.** (bildungsspr.) *auf dem Laufenden halten, aktualisieren:* das Handbuch muss in kurzen Abständen ajouriert werden.

Ajour|sti|cke|rei, die: **1.** ⟨o. Pl.⟩ *Stickereitechnik, bei der die Durchbrucharbeit* (1) *entsteht.* **2.** *Durchbrucharbeit* (1), *bei der durch Ausziehen, Ausschneiden u. Umsticken von Fäden eines Stoffs ein bestimmtes Muster entstanden ist.*

Ajour|stil, der (Archit.): *für die gotische u. die islamische Baukunst charakteristischer Stil, bei dem Oberflächen siebartig durchbrochen sind.*

Ajour|stoff, der (Textilw.): *Ajourgewebe.*

Ajour|wa|re, die (Textilw.): *à jour* (3) *hergestellte Web- od. Wirkware.*

AK = **1.** Aktienkapital. **2.** Armeekorps.

Aka|de|mie, die; -, -n [1 a: frz. académie < lat. Academia < griech. Akadḗmeia = Lehrstätte Platons bei Athen]: **1. a)** *wissenschaftliche Gesellschaft; Vereinigung von Gelehrten, Künstlern od. Dichtern:* A. der Wissenschaften, der Künste; die 1949 ... eingerichtete A. für Erziehung und Unterricht (Fraenkel, Staat 176); **b)** *Gebäude, in dem eine Akademie* (1 a) *ihren Sitz hat.* **2.** *Fach[hoch]schule.* **3.** (österr.) *literarische od. musikalische Veranstaltung:* Livias Geburtstag, der jedes Jahr ... mit einer Art A. begangen wurde (Werfel, Himmel 12).

Aka|de|mie|mit|glied, das: *Mitglied einer Akademie* (1 a).

Aka|de|mie|schrift, die: *Veröffentlichung einer Akademie* (1 a).

Aka|de|mi|ker, der; -s, - [2: nach russ. akademik = Akademiemitglied]: **1.** *jmd., der eine [abgeschlossene] Universitäts- od. Hochschulausbildung hat:* Es ist der Ehrgeiz von Vater und Mutter, dass wir A. werden (Frisch, Montauk 171). **2.** (selten) *Mitglied einer Akademie* (1 a).

Aka|de|mi|ke|rin, die; -, -nen: w. Form zu ↑Akademiker.

Aka|de|mi|ker|schwem|me, die (oft abwertend): *Überangebot an Akademikerinnen u. Akademikern* (1) *auf dem Arbeitsmarkt.*

aka|de|misch ⟨Adj.⟩: **1.** *an einer Universität od. Hochschule erworben, erfolgend, üblich, vorhanden:* achtzehn Personen ... in -en Positionen (Hofmann, Fistelstimme 75); die -e Stufenleiter; -es Viertel *(die Viertelstunde, um die eine akademische Veranstaltung später als angegeben beginnt);* a. [vor]gebildet sein. **2. a)** (bild. Kunst abwertend) *herkömmlich u. formal musterhaft, aber unlebendig u. ohne Verve:* eine Kunst von einer gewissen -en Mustergültigkeit; ein a. gemaltes Porträt; **b)** (abwertend) *lebensfern, trocken, theoretisch, voller Abstraktionen:* ein in -em Stil verfasster Aufsatz; Mein Interesse an der Bergpredigt ist nicht a., sondern existenziell (Alt, Frieden 9); **c)** *müßig, überflüssig:* wenn der Preis 8 000 Dollar überschreitet, wird die Frage sowieso a. (auto 7, 1965, 11).

aka|de|mi|sie|ren ⟨sw. V.; hat⟩: **a)** *in der Art einer Akademie* (1 a, 2) *einrichten;* **b)** (abwertend) *akademisch* (2 a, b) *betreiben;* **c)** *(bestimmte Stellen) nur mit Leuten mit akademischer* (1) *Ausbildung besetzen.*

Aka|de|mi|sie|rung, die; -: *das Akademisieren.*

Aka|de|mis|mus, der; - (abwertend): *künstlerische Betätigung u. Auffassung, die das Formale überbetont u. im Dogmatischen erstarrt ist:* Raffaels Spuren reichen bis in den A. ... des 19. Jahrhunderts (Fest, Im Gegenlicht 347).

A̱ka|de|mist, der; -en, -en (veraltet): Akademiker (2).

Akal|ku|lie, die; -, -n [zu griech. a- = nicht, un- u. lat. calculare = rechnen] (Med.): *(bei Aphasie auftretendes) Unvermögen, [einfachste] Rechnungen auszuführen.*

A̱kan|je, das; - [russ. akan'e, zu: akat' = (unbetontes o wie) a sprechen] (Sprachw.): *Aussprache eines unbetonten o als a im Russischen.*

Akan|thit [auch: ...'ttt], der; -s [zu griech. ákantha = Stachel, Dorn] (Mineral.): *rhombische Form des Argentits.*

Akan|thom, das; -s, -e [zu griech. ákantha = Stachel, Dorn] (Med.): *Geschwulst aus Stachelzellen der Haut.*

Akan|tho|se, die; -, -n: **1.** (Med.) *krankhafte Vermehrung u. Wucherung der Stachelzellen der Haut.* **2.** (Tiermed.) *bei Hunden auftretende Krankheit unbekannter Ursache, bei der die Haut Verfärbungen u. Verhornungen mit baumrindeähnlichem Aussehen aufweist.*

Akaṉ|thus, der; -, - [1: lat. acanthus < griech. ákanthos, zu: ákantha = Dorn]: **1.** *Bärenklau* (1). **2.** (Kunst) *Ornament nach dem Vorbild der Blätter des Akanthus* (1), *bes. am korinthischen Kapitell.*

Akan|thus|blatt, das: *Akanthus* (2).

Akar|di|a|kus, A̱kar|di|us, der; -, - [zu griech. a- = nicht, un- u. griech. kardía = Herz] (Med.): *nicht lebensfähiger (siamesischer) Zwilling ohne eigenes Herz.*

Aka|ri|a|sis, die; - [zu griech. akari = Milbe] (Med.): *durch Milben hervorgerufene Hauterkrankung.*

Aka|ri|ne, die; -, -n (Zool.): *Milbe.*

Aka|ri|no|se, die; -, -n: **1.** *durch Milben hervorgerufene Kräuselkrankheit des Weinlaubs.* **2.** *Akariasis.*

Aka|ri|zid, das; -s, -e [zu lat. -cidere = töten]: *Milbenbekämpfungsmittel im Obst- u. Gartenbau.*

Aka|ro|id|harz, das; -es [zu griech. -oeidḗs = ähnlich]: *aus bestimmten australischen Bäumen gewonnenes gelbes od. rotes Harz (das bes. als Farbstoff für Lack u. Firnis verwendet wird).*

Aka|ro|lo|gie, die; - [↑-logie]: *Teilgebiet der Zoologie, das sich mit der Untersuchung der Milben u. Zecken befasst.*

A̱ka|rus|räu|de, die; -, -: *durch Milben hervorgerufener Hautausschlag bei Tieren.*

Aka|ry|o|bi|ont, der; -en, -en [zu griech. a- = nicht, un-, karyon = Kern u. bioūn = leben]: *Anukleobiont* (1).

Aka|ry|ont, der; -en, -en (Zool.): *kernlose Zelle.*

aka|ry|ot ⟨Adj.⟩ (Zool.): *(von Zellen) kernlos.*

a̱ka|ta|lek|tisch ⟨Adj.⟩ [lat. acatalecticus, zu: acatalectus < griech. akatálēktos] (Verslehre): *(vom Vers) mit einem vollständigen Versfuß abschließend; nicht katalektisch*

A̱ka|this|tos, der; -, ...toi [zu spätgriech. akáthistos = nicht sitzend]: *Marienhymnus der orthodoxen Kirchen, der im Stehen gesungen wird.*

A̱ka|tho|lik, der; -en, -en [aus griech. a- = nicht, u. ↑ Katholik] (kath. Kirchenrecht, selten): *jmd., der nicht zur katholischen Kirche gehört.*

A̱ka|tho|li|kin, die; -, -nen: w. Form zu ↑Akatholik.

a̱ka|tho|lisch ⟨Adj.⟩: *nicht zur katholischen Kirche gehörend.*

a̱kau|sal ⟨Adj.⟩ [aus griech. a- = nicht u. ↑kausal] (Philos.): *nicht kausal; ohne ursächlichen Zusammenhang; außerhalb eines kausalen Zusammenhangs stehend.*

akau̱s|tisch ⟨Adj.⟩ [aus griech. a- = nicht, un- u. ↑kaustisch] (Chemie): *nicht kaustisch* (a).

Aka|zie, die; -, -n [lat. acacia < griech. akakía]: **1.** *(zu den Mimosengewächsen gehörender) Baum od. Strauch mit gefiederten Blättern u. meist gelben od. weißen, in Büscheln dicht beieinander stehenden kleinen, kugeligen Blüten;* R das ist [ja]es ist, um auf die -n zu klettern (ugs.; *das ist zum Davonlaufen, zum Verzweifeln;* vielleicht nach der Beobachtung, dass Affen aus Furcht od. in der Erregung auf Akazien, Palmen od. andere Bäume klettern). **2.** (volkst.) *Robinie.*

Ake|lei, die; -, -en [mhd. ackelei, ahd. agaleia < mlat. aquile(g)ia, H.u.]: *(zu den Hahnenfußgewächsen gehörende) Pflanze mit großen, meist blauen, orange od. gelben Blüten, deren innere Blütenblätter in einen nach hinten gerichteten Sporn auslaufen.*

ake|phal, (selten:) **ake|pha|lisch** ⟨Adj.⟩ [griech. aképhalos = ohne Kopf]: **1.** (Metrik) *(von einem Vers) am Anfang um die erste Silbe verkürzt.* **2.** (Literaturw.) *(von einem literarischen Werk) ohne Anfang od. nur mit verstümmeltem Anfang [erhalten, überliefert].*

A̱ki, das; -[s], -[s]: kurz für ↑ *Aktualitätenkino.*

Aki|na|kes, der; -, - [griech. akinákēs, aus dem Pers.] (hist.): *zweischneidiges Kurzschwert der Skythen, Sarmaten u. alten Perser.*

Aki|ne|sie, die; - [griech. akinēsía, zu: a- = nicht, un- u. kínēsis = Bewegung] (Med.): *Bewegungshemmung, -unfähigkeit.*

aki|ne|tisch ⟨Adj.⟩: *die Akinesie betreffend; unbeweglich, in der Bewegung gehemmt.*

Akk. = Akkusativ.

A̱k|kad: *ehemalige Stadt in Nordbabylonien.*

ak|ka|disch ⟨Adj.⟩: *das Akkadische betreffend, zu ihm gehörend.*

Ak|ka|disch, das; -[s] u. (nur mit best. Art.:) **Ak|ka|di|sche,** das; -n: *ausgestorbene semitische Sprache Babyloniens u. Assyriens.*

Ak|kla|ma|ti|on, die; -, -en [lat. acclamatio, zu: acclamare, ↑akklamieren] (bildungsspr., bes. österr. u. schweiz.): **1.** *Beifall; Zustimmung:* In Wahrheit wurde jede Bemerkung des Zeugen entweder durch umständliche -en oder aber ... durch lebhaften Widerspruch der beiden anderen unterbrochen (Jens, Mann 97). **2.** *Abstimmung durch Zuruf:* jmdn. durch/per A. [wieder] wählen. **3.** (christl. Rel.) *(im Gottesdienst) Zuruf des Geistlichen od. Erwiderung der Gemeinde:* z. B. Amen, Kyrie eleison).

ak|kla|mie|ren ⟨sw. V.; hat⟩ [lat. acclamare, zu: ad = zu u. clamare = rufen] (bildungsspr., bes. österr.): **1. a)** *mit Beifall bedenken, aufnehmen:* der Solist, die Szene wurde heftig akklamiert; **b)** *zustimmen, beipflichten:* »Gut gesagt!«, akklamierte ihm der Vater; Dass Gott uns keine ewigen Wahrheiten vom Himmel zuruft, bei denen unsere Vernunft begeistert akklamiert (Thielicke, Ich glaube 201). **2.** *jmdn. in einer Versammlung durch Zuruf wählen:* das Volk akklamierte den Kaiser.

Ak|kli|ma|ti|sa|ti|on, die; -, -en: **1.** *Anpassung von Lebewesen an veränderte klimatische Verhältnisse:* dass die stärksten Reizwirkungen von subtropischen feuchtwarmen Luftmassen ausgehen. Sie zwingen den Organismus ... zur Anpassung oder A. (Oltner Tagblatt 26. 7. 84, 5). **2.** *Gewöhnung an veränderte Lebensumstände.*

ak|kli|ma|ti|sie|ren, sich ⟨sw. V.; hat⟩ [(unter Einfluss von frz. acclimater) zu ↑ Klima] (bildungsspr.): **1.** *sich an veränderte klimatische Verhältnisse anpassen:* akklimatisiere dich erst mal! **2.** *sich an veränderte Lebensumstände gewöhnen:* Der junge Mensch ... war von Geburt ein Deutscher, hatte aber schon seit einer Reihe von Jahren in Amerika gelebt und sich dort völlig akklimatisiert (K. Mann, Wendepunkt 420).

Ak|kli|ma|ti|sie|rung, die; -, -en: *Akklimatisation.*

Ak|ko|la|de, die; -, -n [frz. accolade, zu: accoler = umarmen, zu lat. collum = Hals]: **1.** (Buch- u. Schriftw.) *geschweifte Klammer, die mehrere [Noten]zeilen, Wörter o. Ä. zusammenfasst.* **2.** *feierliche Umarmung beim Ritterschlag, bei einer Ordensverleihung u. Ä.*

ak|kom|mo|da|bel ⟨Adj.⟩ [frz. accommodable, zu: accommoder, ↑akkommodieren]: **1.** (Physiol.) *anpassungsfähig:* akkommodable Organe. **2.** (veraltet) *anwendbar, zweckmäßig, bequem.*

Ak|kom|mo|da|ti|on, die; -, -en [frz. accommodation < lat. accommodatio = das Anpassen]: **1.** (Physiol.) **a)** *Anpassung;* **b)** *Einstellung des Auges auf die jeweilige Entfernung.* **2.** (Theol.) *Angleichung einer Religion an die Ideen u. Werte einer anderen.*

Ak|kom|mo|da|ti|ons|fä|hig|keit, die: *Fähigkeit zur Akkommodation* (1 b).

ak|kom|mo|die|ren ⟨sw. V.; hat⟩ [frz. accommoder < lat. accommodare]: **1.** (Physiol.) **a)** *anpassen:* dadurch wird das Auge akkommodiert; **b)** ⟨a. + sich⟩ *sich anpassen:* die Muskeln akkommodieren an die gegebenen Verhältnissen (Aggression und Anpassung in der Industriegesellschaft 109). **2.** ⟨a. + sich⟩ (veraltet) **a)** *sich mit jmdm. über etw. einigen:* sich über die Vorgehensweise a.; **b)** *sich anpassen:* gab es noch genügend Leute, die sich akkomodierten, indem sie sich auf die Seite der Herrschenden schlugen (Heym, Schwarzenberg 144).

Ak|kom|mo|do|me|ter, das; -s, -: *Instrument zur Prüfung der Akkomodation* (b).

Ak|kom|pa|gne|ment [akɔmpanjəˈmãː], das; -s, -s [frz. accompagnement, zu: accompagner, ↑akkompagnieren] (bes.

Musik, veraltet): *Begleitung:* Der äußere Rahmen war freilich noch stark von der Technik und dem journalistischen A. einer großen internationalen Konferenz geprägt (W. Brandt, Begegnungen 371).

ak|kom|pa|gnie|ren [...ˈjiːrən] ⟨sw. V.; hat⟩ [frz. accompagner, zu: compagnon, ↑Kompagnon] (bes. Musik, veraltet): *begleiten:* eine Aufführung, die Sängerin am Klavier a.; Ich verfalle in Raserei ..., akkompagniert von der Starre des Blicks (Mayröcker, Herzzerreißende 41).

Ak|kom|pa|gnist, der; -en, -en (Musik veraltet): *Begleiter* (2).

Ak|kord, der; -[e]s, -e [frz. accord, zu: accorder = (Instrumente) stimmen, ↑akkordieren]: **1.** (Musik) *Zusammenklang von mehr als zwei Tönen mit verschiedener Tonhöhe:* volle, dissonante -e; -e anschlagen; Ü Es war ein melodischer A. von Düften (Thieß, Frühling 91). **2.** (Wirtsch.) **a)** *Bezahlung nach der erzeugten Stückzahl; Stücklohn:* Arbeitslos war schlimmer als A. (Bieler, Bär 312); einen schlechten A. haben; die -e herabsetzen; **b)** *Arbeitsverhältnis, in dem jmd. nach Stückzahlen entlohnt wird:* im, (selten auch:) in, auf A. arbeiten. **3.** a) (Rechtsspr.) *Übereinkommen, Vergleich, Vereinbarung:* einen A. mit seinen Gläubigern abschließen; **b)** (veraltet) *Übereinstimmung, Einklang:* Ein A. der beiden ... Atommächte, wie ihn der ... Überfall ... herbeizwingt (Augstein, Spiegelungen 78). ♦ **4.** *Arbeitsvertrag:* Gleich am ersten Tage hatte der Mann seinen A. mit der Gutsverwaltung abgeschlossen (Ebner-Eschenbach, Gemeindekind 3).

ak|kor|dant ⟨Adj.⟩ (Geol.): *sich an vorhandene Strukturelemente anpassend.*

Ak|kor|dant, der; -en, -en: **1.** *jmd., der im Akkord* (2) *arbeitet.* **2.** (schweiz.) *kleiner Unternehmer (bes. im Baunwesen u. Ä.), der Aufträge zu einem Pauschalpreis je Einheit auf eigene Rechnung übernimmt.*

Ak|kor|dan|tin, die; -, -nen: w. Form zu ↑Akkordant.

Ak|kor|danz, die; -, -en: (Geol.): *Anpassung bestimmter Gesteine an vorhandene Strukturelemente.*

Ak|kord|ar|beit, die: *Arbeit im Akkord* (2).

Ak|kord|ar|bei|ter, der; *jmd., der Akkordarbeit verrichtet.*

Ak|kord|ar|bei|te|rin, die: w. Form zu ↑Akkordarbeiter.

Ak|kord|be|din|gun|gen ⟨Pl.⟩ (Wirtsch.): *Bedingungen der Akkordarbeit.*

Ak|kord|dis|so|nanz, die (Musik): *Dissonanz* (1) *eines Akkordes* (1).

Ak|kor|de|on, das; -s, -s [1829 (als »Accordion«) geb. zu ↑Akkord von den österr. Instrumentenmacher C. Demian]: *bes. für Volks- u. Unterhaltungsmusik verwendetes Harmonikainstrument mit gleichem Ton bei Zug u. Druck; Schifferklavier:* A. spielen; In der Nachbarschaft quetsche jemand einen A. zuschanden (Fels, Sünden 97).

Ak|kor|de|o|nist, der; -en, -en: *jmd., der [berufsmäßig] Akkordeon spielt.*

Ak|kor|de|o|nis|tin, die; -, -nen: w. Form zu ↑Akkordeonist.

ak|kor|de|o|nis|tisch ⟨Adj.⟩: *das Akkordeon betreffend, für das Akkordeon charakteristisch.*

Ak|kord|flö|te, die: *in der Volksmusik verwendete Doppelflöte, deren paarweise angeordnete Grifflöcher ein zweistimmig paralleles Spielen ermöglichen.*

ak|kor|die|ren ⟨sw. V.; hat⟩ [frz. accorder, zu lat. cor (Gen.: cordis) = Herz, Verstand, Gestimmtheit]: **a)** *einen Akkord* (3 a) *über etw. abschließen; etw. vereinbaren:* Ehe er die Plantage verlässt, würde er mit seinen Leuten Gewinnbeteiligung a. (Jacob, Kaffee 270); **b)** ⟨a. + sich⟩ *sich mit jmdm. einigen; einen Vergleich schließen:* ich akkordierte mich mit meinen Gläubigern.

ak|kor|disch ⟨Adj.⟩: **a)** *den Akkord* (1) *betreffend;* **b)** *in Akkorden* (1) *geschrieben.*

Ak|kord|leh|re, die ⟨o. Pl.⟩ (Musik): *Harmonielehre.*

Ak|kord|lohn, der (Wirtsch.): *Stücklohn.*

Ak|kord|pas|sa|ge, die (Musik): *besonders schnelle Abfolge der Töne eines Akkordes* (1).

Ak|kord|richt|satz, der (Wirtsch.): *in Akkordarbeit zu erzielender Lohnsatz.*

Ak|kord|ver|bin|dung, die (Musik): *zeitliche Aufeinanderfolge von Akkorden nach den Regeln der Harmonielehre.*

Ak|kord|zet|tel, der (Wirtsch.): *Zettel, auf dem für den Namen des Akkordarbeiters, die Bezeichnung der Akkordarbeit, der vereinbarte Akkordsatz, die Zeit der Ausführung u. a. festgehalten sind.*

Ak|kord|zu|schlag, der (Wirtsch.): *Zuschlag zum Akkordlohn.*

ak|kou|chie|ren [akuˈʃiːrən] ⟨sw. V.; hat⟩ [frz. accoucher < afrz. acouchier, zu: se coucher = sich schlafen legen, sich hinlegen] (veraltet): *entbinden* (2 a).

ak|kre|di|tie|ren ⟨sw. V.; hat⟩ [frz. accréditer, zu: crédit, ↑¹Kredit]: **1.** (bes. Dipl.) *einen [diplomatischen] Vertreter beglaubigen, bevollmächtigen:* einen Botschafter a.; Buttermann war akkreditierter Korrespondent in der Hauptstadt der DDR (Rolf Schneider, November 35); dass Dr. Djudko bei der Prager Anwaltskammer akkreditiert war (Bieler, Mädchenkrieg 82). **2.** (Bankw.) *jmdm. Kredit einräumen, ein Akkreditiv* (2) *stellen:* jmdn. für den Gesamtbetrag von 50 000 Mark a.

Ak|kre|di|tie|rung, die; -, -en: *das Akkreditieren, Akkreditiertsein:* ihre beiden Leiter ... erhielten am 20. Juni 1974 ihre A. (W. Brandt, Begegnungen 520).

Ak|kre|di|tiv, das; -s, -e: **1.** (Dipl.) *Beglaubigungsschreiben eines diplomatischen Vertreters, das dem Staatsoberhaupt des fremden Landes überreicht wird.* **2.** (Bankw.) *Anweisung eines Kunden an seine Bank, auf seine Rechnung einem benannten Dritten einen bestimmten Betrag zur Verfügung zu stellen:* ein A. stellen, eröffnen.

Ak|kres|zenz, die; -, -en [zu lat. accrescere, ↑akkreszieren]: *Anwachsung.*

ak|kres|zie|ren ⟨sw. V.; hat⟩ [lat. accrescere, zu: crescere = wachsen] (veraltet): *anwachsen; zuwachsen* (2).

Ak|ku, der; -s, -s: Kurzf. für ↑Akkumulator (1).

Ak|kul|tu|ra|ti|on, die; -, -en [zu lat. ad u. ↑Kultur] (Völkerk., Sozialpsych.): *Übernahme von Elementen einer fremden Kultur durch den Einzelnen od. eine Gruppe; kultureller Anpassungsprozess.*

ak|kul|tu|rie|ren ⟨sw. V.; hat⟩: *einer Akkulturation unterziehen:* eine fremde Religion a.

Ak|ku|mu|lat, das; -[e]s, -e (Geol.): *Agglomerat* (2 b).

Ak|ku|mu|la|ti|on, die; -, -en [lat. accumulatio = Aufhäufung]: **1.** (bildungsspr.) *[An]häufung, [Auf]häufung, [An]sammlung, Speicherung:* die biologische A. von Schädlingsbekämpfungsmitteln durch Meerespflanzen (MM 26. 6. 69, 3). **2. a)** (Wirtsch.) *Anhäufung von Reichtum, bes. von Produktionsmitteln:* die A. von Kapital; **b)** (Geol.) *mechanische Anhäufung von Gesteinsmaterial durch Flüsse, Meer, Wind u. a.;* **c)** (Stilk.) *syndetische od. asyndetische Aneinanderreihung mehrerer Unterbegriffe vor einem [gedachten] zusammenfassenden Oberbegriff.*

Ak|ku|mu|la|tor, der; -s, ...oren [lat. accumulator = Anhäufer] (Technik): **1.** *auf elektrochemischer Basis arbeitender Stromspeicher:* der A. ist leer. **2.** (z. B. bei hydraulischen Pressen vorhandener) *Behälter mit Druckwasser o. Ä., der mechanische Energie speichert.* **3.** (EDV) *Speicherzelle in einer Rechenanlage.*

ak|ku|mu|lie|ren ⟨sw. V.; hat⟩ [lat. accumulare, zu: cumulare, ↑kumulieren] (bildungsspr., Fachspr.): **a)** *ansammeln, anhäufen, zusammentragen:* Kapital, Wissen a.; kleine Mengen der Pflanzenschutzmittel werden durch die Meerestiere akkumuliert; **b)** ⟨a. + sich⟩ *sich anhäufen, in großer Zahl zusammenkommen:* die Risiken akkumulierten sich; weil die Verzögerungen sich akkumulieren und der Patient ... zu warten hat (Th. Mann, Krull 379).

ak|ku|rat [lat. accuratus = sorgfältig, zu: accurare = mit Sorgfalt tun, zu: curare, ↑kurieren] ⟨Adj.⟩ **1.** *sorgfältig, ordentlich:* ein -er Mensch; äußerst a. gekleidet sein. **2.** *exakt, genau:* die -e Führung der Gesangsstimmen. **II.** ⟨Adv.⟩ (landsch.) *genau, gerade:* a. das habe ich gemeint; es ist a. sechs Uhr; Sechs von ihnen lebten am rechten Ufer, sechs am linken Ufer und eine a. dazwischen (Süskind, Parfum 59); a. wie eine Baronin, sagte er lachend (R. Walser, Gehülfe 107).

Ak|ku|ra|tes|se, die; - [geb. mit frz. Endung]: *Sorgfalt, Genauigkeit:* Karpow und Kasparow sind der A. selbst (sind überaus akkurat; Basler Zeitung 9. 10. 85, 3); Das Ganze war mit äußerster A. gemalt (Ossowski, Liebe ist 163).

Ak|ku|sa|ti|ons|prin|zip, das [zu lat. accusatio = Anklage] (Rechtsspr.): *im Strafprozessrecht geltendes Prinzip, nach dem das Gericht ein Strafverfahren erst übernimmt, wenn durch die Staatsanwaltschaft Anklage erhoben wurde.*

Ak|ku|sa|tiv, der; -s, -e [lat. (casus) accusativus = die Anklage betreffend(er Fall), zu: accusare = anklagen; falsche lat. Übersetzung von griech. (ptōsis) aitiatikḗ = Ursache u. Wirkung betreffend(er Fall)] (Sprachw.): **1.** ⟨o. Pl.⟩ *Kasus, in dem bes. das Objekt eines transitiven Verbs u. bestimmte Umstandsangaben stehen; Wenfall, vierter Fall;* Abk.: Akk.: *A. mit Infinitiv* (lat.: accusativus cum infinitivo; *eine grammatische Konstruktion, in der ein mit einem Infinitiv verbundener Akkusativ für einen Objektsatz steht;* Abk.: acc. c. inf., a. c. i.); *die Präposition* »gegen« *regiert den A.;* das Wort steht im A. **2.** *Wort, das im Akkusativ* (1) *steht:* der Satz enthält zwei -e.
ak|ku|sa|ti|visch ⟨Adj.⟩ (Sprachw.): *den Akkusativ* (1) *betreffend, zum Akkusativ gehörend; im Akkusativ [stehend, gebraucht]:* ein Wort a. verwenden.
Ak|ku|sa|tiv|ob|jekt, das (Sprachw.): *Ergänzung eines (transitiven) Verbs im Akkusativ.*
Akli|ne, die; - [zu griech. a- = nicht, un- u. klínein = neigen] (Geogr.): *Verbindungslinie der Orte ohne magnetische Inklination* (2).
Ak|me, die; - [griech. akmḗ, urspr. wohl = Spitze; Spitzes] (Med.): *Höhepunkt, Gipfel (des Fiebers, einer Krankheit, einer [stammesgeschichtlichen] Entwicklung o. Ä.).*
Ak|me|is|mus, der; - [russ. akmeizm] (Literaturw.): *neoklassizistische literarische Richtung in Russland (um 1914), deren Vertreter Genauigkeit im Ausdruck u. Klarheit der Formen forderten.*
Ak|me|ist, der; -en, -en: *Vertreter des Akmeismus.*
Ak|ne, die; -, -n [falsche Lesart von griech. akmḗ, ↑Akme] (Med.): *mit Knötchen- u. Pustelbildung einhergehende Entzündung der Talgdrüsen.*
Ako|as|ma, das; -s, ...men [entstellt aus griech. ákousma = das Gehörte] (Med.): *als krankhafte akustische Halluzination zu wertendes subjektiv wahrgenommenes Geräusch (z. B. Rauschen).*
A-Koh|le, die; *Aktivkohle.*
Ako|luth, der; -en u. -s, -en (selten): ↑Akolyth.
Ako|lu|thie, die; -, -n [spätgriech. akolouthía = Folge, Ordnung; griech. = Gefolge; das Übereinstimmen] (Rel.): **1.** *gottesdienstliche Ordnung der Stundengebete in der orthodoxen Kirchen.* **2.** (Philos.) *stoische Lehre von der notwendigen Folge der Dinge.*
Ako|lyth, der; -en u. -s, -en [mlat. acolythus, acoluthus < griech. akólouthos = Begleiter, Diener] (kath. Kirche): **1.** *Laie* (2), *der während der* ¹*Messe* (1) *bestimmte Dienste am Altar verrichtet: ... dass nur Männern das Amt des* »Akolythen« – dazu gehören auch die Messdiener – übertragen werden darf (Ranke-Heinemann, Eunuchen 139). **2.** (früher) *Kleriker im 4. Grad der niederen Weihen.*
Akon, das; -[s] [Kunstwort]: Handelsbez. *für bestimmte Pflanzenseiden, die als Füllmaterial verwendet werden.*
Ako|nit, das; -s -e [lat. aconitum < griech. akóniton] (Bot.): *Eisenhut* (1).

Akon|to, das; -s, ...ten u. -s [↑a conto] (österr.): *Anzahlung:* ein A. leisten.
Akon|to|zah|lung, die (Bankw.): *Anzahlung, Abschlagszahlung:* eine A. leisten.
¹**Ako|rie,** die; -, -n [zu griech. ákoros = unersättlich] (Med.): *krankhaft gesteigerter Appetit.*
²**Ako|rie,** die; -, -n [zu griech. a- = nicht, un- u. kórē = Pupille] (Med.): *[angeborenes] Fehlen der Pupille.*
Akos|mis|mus, der; - [zu griech. a- = nicht, un- u. ↑Kosmos] (Philos., Rel.): *Lehre, die die selbstständige Existenz der Welt leugnet u. Gott als einzig wahre Wirklichkeit betrachtet.*
Akos|mist, der; -en, -en: *Vertreter des Akosmismus.*
ako|ty|le|don ⟨Adj.⟩ [zu griech. a- = nicht, un- u. kotylēdōn = Keimblatt] (Bot.): *ohne Keimblatt.*
Ako|ty|le|do|ne, die; -, -n (Bot.): *Pflanze ohne Keimblatt.*
AKP-Staa|ten ⟨Pl.⟩: *mit den EU-Staaten assoziierte Entwicklungsländer aus Afrika, der Karibik u. dem Pazifik.*
ak|qui|rie|ren ⟨sw. V.; hat⟩ [lat. acquirere]: **1.** *erwerben, anschaffen.* **2.** (Wirtsch.) *als Akquisiteur tätig sein, Kunden werben:* Aufträge, die vom Architekten direkt akquiriert werden (profil 17, 1979, 44).
Ak|qui|se, die; -, -n (ugs.): *Akquisition* (2).
Ak|qui|si|teur [akvizi'tøːɐ̯], der; -s, -e [französierende Bildung]: **a)** (Wirtsch.) *Kundenwerber, Werbevertreter;* **b)** (Zeitungsw.) *Person, die Anzeigen für eine Zeitung einholt.*
Ak|qui|si|teu|rin, die; -, -nen: w. Form zu ↑Akquisiteur.
Ak|qui|si|ti|on, die; -, -en [(frz. acquisition <) lat. acquisitio]: **1.** *Erwerbung, Anschaffung:* Joe ließ die Maschine noch ein paarmal knurren ..., damit ... auch die ... Nachbarschaft von seiner tollen A. Kenntnis bekam (Borell, Lockruf 106). **2.** (Wirtsch.) *Kundenwerbung:* unser Name wird lediglich zur A. von Ausstellern und Besuchern genutzt (CCI 2, 1997, 4):
Ak|qui|si|tor, der; -s, ...oren [lat. acquisitor = Erwerber] (österr.): *Akquisiteur.*
ak|qui|si|to|risch ⟨Adj.⟩: **1.** *den Akquisitor betreffend.* **2.** *die Akquisition* (2) *betreffend:* -e Fähigkeiten haben.
akral ⟨Adj.⟩ (Med.): *die Akren betreffend.*
Akra|nie, die; -, -n [zu griech. a- = nicht, un- u. kraníon = Schädel] (Med.): *angeborenes Fehlen des Schädels od. Schädeldachs.*
Akra|ni|us, der; -, ...nien (Med.): *ohne Schädel od. Schädeldach geborenes Kind.*
Akra|to|pe|ge, die; -, -n [zu griech. ákratos = rein u. pēgḗ = Quelle]: *(unter 20°C) kalte Mineralquelle mit geringem Mineralgehalt.*
Akra|to|ther|me, die; -, -n: *(über 20°C) warme Mineralquelle mit geringem Gehalt an gelösten Stoffen.*
Akren ⟨Pl.⟩ [zu griech. ákros = oberst...; Spitze] (Med.): *Gesamtheit der äußersten, endenden Körperteile (z. B. Nase, Kinn, Extremitäten, bes. Finger u. Zehen).*
Akri|bie, die; - [kirchenlat. acribia < griech. akríbeia] (bildungsspr.): *höchste Genauigkeit, Sorgfalt in Bezug auf die Ausführung von etw.:* wissenschaftliche A.; Jener Urgroßvater ... hat dreißig Jahre lang mit penibler A. seine Ausgaben in schmale, längliche Bücher eingetragen (Dönhoff, Ostpreußen 130); Was ... dafür spricht, ist die sehr gute Verarbeitung, die Solidität u. A. im Detail (ADAC-Motorwelt 1, 1983, 20).
akri|bisch ⟨Adj.⟩ (bildungsspr.): *peinlich genau, höchst sorgfältig, äußerst gründlich:* -es Quellenstudium; die -e Anweisung, in welchem Verhältnis die ... Ingredienzien zu mischen sind (Süskind, Parfum 98); wird jedes noch so kleine Papierchen a. auseinander gefaltet (zitty 13, 1984, 18); Auch kontrollieren längst nicht alle Länder so a. wie die als Behördenstaat verschrieene Bundesrepublik (Woche 7. 2. 97, 23).
akri|bis|tisch ⟨Adj.⟩ (bildungsspr. abwertend): *übertrieben akribisch.*
akri|tisch ⟨Adj.⟩ [aus griech. a- = nicht, un- u. ↑kritisch] (bildungsspr.): *nicht kritisch.*
akro|a|ma|tisch ⟨Adj.⟩ [griech. akroamatikós = (nur) zum Zuhören bestimmt, zu: akróama = das Gehörte, zu: akroāsthai = aufmerksam zuhören, geb. zu: ákron oũs = gespitztes Ohr]: *einen Lehrstil betreffend, bei dem der Lehrer vorträgt u. der Schüler nur zuhört.*
Akro|an|äs|the|sie, die (Med.): *Empfindungslosigkeit in den Akren.*
Akro|bat, der; -en, -en [zu griech. akróbatos = auf den Fußspitzen gehend, zu: ákros = äußerst..., oberst...; spitz]: *jmd., der turnerische, gymnastische od. tänzerische Übungen, die besondere körperliche Beweglichkeit u. Gewandtheit erfordern, beherrscht [u. im Zirkus od. Varieté vorführt].*
Akro|ba|tik, die; -: **a)** *Körperbeherrschung u. Geschicklichkeit des Akrobaten:* eine bewundernswerte A.; **b)** *Übungen des Akrobaten:* er kann A. und Stepptanzen (K. Mann, Mephisto, 45).
Akro|ba|tik|läu|fer, der; -s, -: *Läufer* (2) *aus Kunststoff od. Gummi für das Training im Bodenturnen.*
Akro|ba|tin, die; -, -nen: w. Form zu ↑Akrobat.
akro|ba|tisch ⟨Adj.⟩: **a)** *Akrobaten, Akrobatinnen u. ihre Leistung betreffend;* **b)** *körperlich besonders gewandt, geschickt:* -e Figuren, Leistungen; ihre ... geradezu -en Tanzeinlagen (Saarbr. Zeitung 11. 7. 80, 17).
akro|dont ⟨Adj.⟩ [zu griech. odoús (Gen.: odóntos) = Zahn] (Zool.): *(von Zähnen) mitten auf der Kante der Kiefer sich befindend (z. B. bei Lurchen, Schlangen).*
Akro|dy|nie, die; -, -n [zu griech. odýnē = Schmerz] (Med.): *Schmerz an den äußersten, endenden Körperteilen.*
Akro|dys|to|nie, die; -, -n (Med.): *Krampf od. Lähmung an den äußersten Enden der Gliedmaßen.*
akro|karp ⟨Adj.⟩ [zu griech. karpós = Frucht] (Bot.): *die Frucht an der Spitze tragend.*
Akro|ke|pha|le: ↑Akrozephale.
Akro|ke|pha|lie: ↑Akrozephalie.

Akrolein

Akro|le|in, Acrolein, das; -s [zu griech. ákros (↑ Akrobat) u. lat. olere = riechen] (Chemie): *scharf riechender Aldehyd, der den beißenden Geruch von angebranntem Fett verursacht.*
Akro|lith [auch: ...'lɪt], der; -s u. -en, -e[n] [zu griech. líthos = Stein] (bild. Kunst): *altgriechische Statue, bei der die nackten Teile aus Marmor, die bekleideten aus schlechterem Material (z. B. Holz, Stuck) bestehen.*
Akro|me|ga|lie, die; -, -n [zu griech. méga = groß] (Med.): *abnormes Wachstum der Akren.*
Akro|mi|krie, die; -, -n [zu griech. mikrós = klein] (Med.): *abnormer Kleinwuchs des Skeletts u. der Akren.*
akro|ny|chisch, akro|nyk|tisch ⟨Adj.⟩ [griech. akronýktios = spät aufgehend (von Sternen), zu: akrónyx = Anfang der Nacht] (Astron.): *beim (scheinbaren) Untergang der Sonne erfolgend.*
Akro|nym, das; -s, -e [zu griech. ákros = Spitze, äußerstes Ende u. ónyma = Name]: *aus den Anfangsbuchstaben mehrerer Wörter gebildetes Kurzwort (z. B. EDV aus elektronische Datenverarbeitung).*
akro|oro|gen ⟨Adj.⟩ [zu griech. óros = Berg u. ↑-gen] (Geol.): *in der Tiefe gefaltet u. danach gehoben.*
akro|pe|tal ⟨Adj.⟩ [zu lat. petere = nach etw. streben] (Bot.): *(von den Verzweigungen einer Pflanze) aufsteigend.*
Akro|pho|nie, die; - (Sprachw.): *akrophonisches Prinzip.*
akro|pho|nisch ⟨Adj.⟩ [zu griech. phōnē = Laut]: *in der Verbindung* **-es Prinzip** (Sprachw.; *Benennung der Buchstaben einer Schrift nach etwas, dessen Bezeichnung mit dem entsprechenden Laut beginnt [z. B. in der phönizischen Schrift]).*
Akro|po|lis, die; -, Akropolen [griech. akrópolis]: **a)** *(in vielen griechischen Städten der Antike) auf einem Hügel oberhalb einer Stadt gelegene Burg;* **b)** ⟨o. Pl.⟩ *Burg oberhalb Athens.*
Akros|ti|chon, das; -s, ...chen u. ...cha [zu griech. akron = Höchstes, Spitze u. stíchos = Vers, erster Buchstabe eines Verses]: **a)** *Gedicht, bei dem die Anfangsbuchstaben, -silben od. -wörter der Verszeilen od. Strophen im Wort od. einen Satz ergeben;* **b)** *Gesamtheit der Anfangsbuchstaben, -silben od. -wörter der Verszeilen od. Strophen, die ein Wort od. einen Satz ergeben.*
Akro|te|leu|ton, das; -s, ...ten u. ...ta [griech. akroteleútōn = Schluss (eines Gedichts)] (Literaturw.): *Gedicht, in dem Akrostichon u. Telestichon vereint sind, sodass die Anfangsbuchstaben der Verse od. Zeilen eines Gedichts od. Abschnitts von oben nach unten gelesen u. die Endbuchstaben von unten nach oben gelesen das gleiche Wort od. den gleichen Satz ergeben.*
Akro|ter, der; -s, -e, (älter:) **Akro|te|rie,** die; -, -n, **Akro|te|ri|on,** das; -s, ...ien, **Akro|te|ri|um,** das; -s, ...ien [lat. acroterium < griech. akrōtḗrion]: *(in der antiken Architektur) bekrönende Verzierung auf dem First u. an den Ecken des Giebels repräsentativer Bauten u. a.*

Akro|tis|mus, der; -, ...men [zu griech. a- = nicht, un- u. krotein = schlagen, klopfen] (Med.): *Zustand des Organismus, in dem der Puls nicht mehr gefühlt werden kann.*
Akro|ze|pha|le, Akrokephale, der; -n, -n [zu griech. ákros = spitz u. kephalḗ = Kopf] (Med.): *Spitzkopf.*
Akro|ze|pha|lie, Akrokephalie, die; -, -n (Med.): *im Wachstum auftretende Anomalie, bei der sich eine abnorm hohe u. spitze Schädelform ausbildet.*
Akro|zy|a|no|se, die; -, -n (Med.): *bläuliche Verfärbung der Akren bei Kreislaufstörungen.*
Akryl usw.: ↑ Acryl usw.
ạ̈ks ⟨Interj.⟩: *Ausruf des Ekels.*
¹Akt, der; -[e]s, -e u. -en [lat. actus, zu: agere (2. Part. actum) = handeln, tätig sein]: **1.** ⟨Pl. -e⟩ **a)** *Handlung, Vorgang, Tat:* ein schöpferischer A.; rechtswidrige -e; die Anerkennung einer Norm solle als ein A. des Willens angesehen werden (Habermas, Spätkapitalismus 143); Weil Verkennung und Missachtung der Menschenrechte zu -en der Barbarei führten (Dönhoff, Ära 117); **b)** *Feierlichkeit, Zeremonie:* dem A. der Einweihung beiwohnen; **c)** *juristisches Verfahren, Rechtsvorgang.* **2.** ⟨Pl. -e⟩ *Aufzug (4):* ein Schauspiel in 5 -en; im ersten A. **3.** ⟨Pl. -e⟩ *(im Zirkus, Varieté) Darbietung, Nummer:* ein akrobatischer A. **4.** ⟨Pl. -e⟩ (bildl. Kunst) *künstlerisch [stilisiert] dargestellter nackter menschlicher Körper:* Silvie Monfort, deren A. er malte (Riess, Cäsar 352). **5.** ⟨Pl. -e⟩ *kurz für* ↑ *Geschlechtsakt:* Während des -es belegte er Tilly mit ... Schimpfworten, die seine Lüste steigerten (Jaeger, Freudenhaus 172). **6.** ⟨Pl. -en⟩ (bes. südd., österr.) ↑ *Akte:* der A., in dem all diese Erhebungen ... abgeheftet sind (Wiener 6, 1984, 62).
◆ **²Akt,** der; -[e]s, -e [seltenere Form von: Ack(e), fries. acki = Zufahrt]: (nordd.) *an der Außen- u. Innenseite eines Deiches angelegte Auffahrt:* ging sie den A., wie man bei uns die Trift- und Fußwege nennt, die schräg an der Seite des Deiches hinab- oder hinaufführen, zu den Häusern hinunter (Storm, Schimmelreiter 20).
Ak|tạnt, der; -en, -en [frz. actant] (Sprachw.): *[vom Verb] abhängiges Satzglied.*
Ạkt|auf|nah|me, die: *fotografische Aufnahme eines Aktes (4).*
Ạkt|bild, das: *Bild, das einen Akt (4) darstellt:* im Festsaal des Propagandaministeriums ... hing eines seiner -er (Weber, Tote 215).
Ạkt|dar|stel|lung, die: *[Art u. Weise der] Darstellung eines Aktes (4):* Voraussetzung für eine A. ... scheint es zu sein, dass das Modell ... nackt ist (Foto-Magazin 8, 1968, 26).
Ạk|te, die; -, -n [rückgeb. aus: Akten (Pl.) < lat. acta, eigtl. = an Verhandelte, die Ausführungen] (bes. Verwaltung, Gericht): *[Sammlung von] Unterlagen zu einem geschäftlichen od. gerichtlichen Vorgang:* eine A. anlegen, einsehen, bearbeiten, ablegen; in einer A. blättern; das kommt in die -n *(wird als Notiz in die Ak-*

ten eingetragen); * **über etw. die -n schließen** *(etw. für erledigt erklären, über etw. nicht mehr verhandeln);* **etw. zu den -n legen** (ugs.; *etw. als erledigt betrachten).*
Ạk|tei, die; -, -en: *Sammlung von Akten.*
Ạkt|ein|tei|lung, die: *Einteilung in Akte (2).*
Ạk|ten|bock, der: *Gestell als Ablage von Aktenordnern o. Ä.*
Ạk|ten|de|ckel, der: *gefalzter Karton, in dem Akten u. andere Papiere aufbewahrt werden.*
Ạk|ten|ein|sicht, die: *Einsicht (1 b) in eine Akte:* jmdm. A. gewähren.
Ạk|ten|fuchs, der (ugs. abwertend): *jmd., der sich in den Akten u. Unterlagen gut auskennt, sie genau studiert:* Was die Regierung verspricht, ist dem A. Vogel ... präsent (Spiegel 39, 1987, 55).
Ạk|ten|hef|ter, der: *Hefter für Akten.*
Ạk|ten|heft|ma|schi|ne, die: *Gerät zum Zusammenheften von Akten.*
Ạk|ten|kof|fer, der: *kleinerer Koffer zum Transport von Akten, Schriftstücken u. Ä.*
ạk|ten|kun|dig ⟨Adj.⟩ (Amtsspr.): *in Akten vermerkt, durch eine Akte beweisbar, belegbar:* Die unmenschliche Behandlung dort ist a. (Wochenpresse 5. 6. 84, 17).
Ạk|ten|map|pe, die: **1.** *Sammelmappe aus Pappe für Akten.* **2.** (nordd.) *Aktentasche.*
Ạk|ten|no|tiz, die: *Notiz, Vermerk in einer Akte:* eine A. machen.
Ạk|ten|ord|ner, der: *Ordner (2) für Akten.*
Ạk|ten|re|gal, das: *Regal für Akten.*
Ạk|ten|schrank, der: *Schrank zum Aufbewahren von Akten:* Im A. der ... Elterninitiative wächst die Zahl der dokumentierten Fehlentscheidungen (Spiegel 1, 1985, 110).
Ạk|ten|stän|der, der: *Ständer (1) für Akten.*
Ạk|ten|staub, der: *Staub, der sich auf Akten angesammelt hat:* Der Geruch von A. und ungelüfteten Räumen benahm ihnen fast den Atem (Zwerenz, Quadriga 231).
Ạk|ten|stück, das: *einzelne Akte, Vorgang (2):* in einem A. blättern.
Ạk|ten|ta|sche, die: *größere Tasche mit Tragegriff für Akten, Bücher, Schriftstücke u. Ä.:* Er geht langsam, ... die A. unter dem Arm (Jens, Mann 7).
Ạk|ten|ver|merk, der: *Vermerk in einer Akte:* einen A. machen.
Ạk|ten|wolf, der: *Reißwolf zum Vernichten erledigter Akten.*
Ạk|ten|zei|chen, das: *Signatur zur Kennzeichnung einer Akte.*
Ak|tẹur [akˈtøːɐ̯], der; -s, -e [frz. acteur < lat. actor] (geh.): **1.** *Handelnder, an einem bestimmten Geschehen Beteiligter; handelnde Person:* an das Gesundheitssystem dauerhaft zu erneuern und alle -e – vom Patienten bis zur Pharmaindustrie – am Reformwerk zu beteiligen (Woche 14. 3. 97, 17). **2. a)** *Schauspieler:* Er liebte die Rolle, die er spielte ... Denn er war ... ein großartiger A., ein passionierter Komödiant (Reich-Ranicki, Th. Mann 33); ◆ ⟨Pl. -s:⟩ *die großen Hunde ... rannten wider die -s (Goethe,*

Lehrjahre II, 3); **b)** (Sport) *Spieler, Wettkämpfer:* drei -e vom Meister Juventus Turin (NNN 23. 3. 87, 3).

Ak|teu|rin, die; -, -nen: **1.** w. Form zu ↑Akteur (1). **2. a)** w. Form zu ↑Akteur (2 a): *Es folgten der pointenreiche »Blick in die Zukunft« und schließlich das Singspiel »Vier Gärtnerinnen«, bei denen die -nen jeweils mit Witz und Humor überraschten* (Saarbr. Zeitung 4. 12. 79, 19); **b)** w. Form zu ↑Akteur (2 b).

Akt|fo|to, das: *Aktaufnahme:* diese unerhört abwechslungsreiche Kollektion wertvoller -s (Fallada, Mann 230).

Akt|fo|to|graf, der: *Fotograf, der auf Aktdarstellungen spezialisiert ist:* eine Folge von Aufnahmen führender -en der Welt (Foto-Magazin 8, 1968, 21).

Akt|fo|to|gra|fie, die; ⟨o. Pl.⟩ **1.** *Bereich der Fotografie, der die Aktdarstellung zum Gegenstand hat.* **2.** *Aktfoto.*

Akt|ge|mäl|de, das: *Gemälde, das einen Akt (4) darstellt.*

Ak|tie [ˈaktsi̯ə], die; -, -n [niederl. actie < lat. actio = Tätigkeit; klagbarer Anspruch] (Wirtsch.): *Urkunde, in der das Anteilsrecht am Grundkapital einer Aktiengesellschaft festgelegt u. der Anspruch auf einen bestimmten Teil des Gewinnes verbrieft ist:* die -n steigen, fallen, werden in Frankfurt notiert, wurden mit 15 Dollar bewertet; sein Vermögen in -n anlegen; eine Dividende in Form von -n; die Investition in A wird immer beliebter; junge -n *(nach einer Kapitalerhöhung neu ausgegebene Aktien);* Ü Bei der Zündanlage kann die Störungssuche ... erfolglos bleiben, wenn man annimmt, dass das kleine silberne »Blechdöschen« ... doch sicher keine A. *(keinen Anteil)* am Defekt haben wird (NNN 23. 2. 88, 5); * **wie stehen die -n?** (ugs. scherzh.; *wie geht's?*); jmds. -n steigen (ugs.; *jmds. Aussichten auf Erfolg werden besser*).

Ak|ti|en|aus|ga|be, die: *das Ausgeben (1 c) von Aktien.*

Ak|ti|en|be|sitz, der: *Besitz in Form von Aktien.*

Ak|ti|en|be|zugs|recht, das (Bankw.): *Bezugsrecht.*

Ak|ti|en|bier, das: *von einer Aktienbrauerei hergestelltes Bier.*

Ak|ti|en|brau|e|rei, die: *Brauerei, die eine Aktiengesellschaft darstellt.*

Ak|ti|en|ge|sell|schaft, die: *Handelsgesellschaft, deren Grundkapital von einzelnen Gesellschaftern aufgebracht wird, die in Höhe ihrer Einlage an dem Unternehmen beteiligt sind;* Abk.: AG.

Ak|ti|en|ge|setz, das (Rechtsspr.): *Aktiengesellschaften betreffende Gesetzgebung;* Abk.: AktG.

Ak|ti|en|in|dex, der (Börsenw.): *Index der durchschnittlichen Kurswerte der wichtigsten an der Börse gehandelten Aktien.*

Ak|ti|en|in|ha|ber, der: *Aktionär.*

Ak|ti|en|in|ha|be|rin, die: w. Form zu ↑Aktieninhaber.

Ak|ti|en|ka|pi|tal, das: *in Aktien gestückeltes Grundkapital einer Aktiengesellschaft;* Abk.: AK.

Ak|ti|en|kauf, der: *Kauf von Aktien.*

Ak|ti|en|kom|man|dit|ge|sell|schaft, die: *Kommanditgesellschaft auf Aktien, bei der mindestens ein Gesellschafter unbeschränkt haftet, während die übrigen Gesellschafter wie bei der Aktiengesellschaft haften.*

Ak|ti|en|kurs, der: *Kurs (4) von Aktien:* die -e steigen, fallen, erholen sich, ziehen an.

Ak|ti|en|markt, der: **1.** *Börse, an der Aktien gehandelt werden:* eine teilweise Kurserhöhung an den wichtigsten Aktienmärkten (MM 24. 2. 88, 4). **2.** ⟨o. Pl.⟩ *Handel mit Aktien:* seit Monaten belastete der ständig steigende Kapitalzins den A. (Welt 5. 8. 65, 13).

Ak|ti|en|mehr|heit, die: *den Aktienbesitz betreffende Mehrheit eines Gesellschafters:* die A. besitzen.

Ak|ti|en|pa|ket, das: *größerer Posten von Aktien eines Unternehmens in einer Hand.*

Ak|ti|en|recht, das ⟨o. Pl.⟩: *Gesamtheit der Aktiengesetze.*

Ak|ti|en|spe|ku|la|ti|on, die: *Spekulation (2) mit Aktien.*

Ak|tin, das; -s, -e [zu lat. agere (actum) = handeln, tätig sein] (Biochemie): *Eiweißverbindung im Muskel.*

Ak|ti|ni|de[n]: ↑Actinide[n].

Ak|ti|nie, die; -, -n [zu griech. aktis (Gen.: aktĩnos) = Strahl]: *sechsstrahlige Koralle; Seeanemone.*

ak|ti|nisch ⟨Adj.⟩: **a)** (Physik) *radioaktiv:* -e Heilquellen; **b)** (Med.) *durch Strahlen verursacht:* -e Krankheiten.

Ak|ti|ni|tät, die; - (Physik, Chemie): *photochemische Wirksamkeit einer Lichtstrahlung, bes. ihre Wirkung auf fotografisches Material.*

Ak|ti|ni|um: ↑Actinium.

Ak|ti|no|graph, der; -en, -en [↑-graph] (Met.): *Gerät, das die direkte Sonnenstrahlung bzw. die Strahlung von Himmelsausschnitten registriert.*

Ak|ti|no|lith [auch: ...ˈlɪt], der; -s u. -en; -e[n] [zu griech. lithos = Stein] (Geol.): *Strahlstein.*

Ak|ti|no|me|ter, das (Met.): *Gerät zur Messung der Sonnenstrahlung.*

Ak|ti|no|me|trie, die; - (Met., Phys.): *Strahlenmessung, bes. Messung der Sonnenstrahlung.*

ak|ti|no|morph ⟨Adj.⟩ [zu griech. morphē = Gestalt] (Biol.): *strahlenförmig.*

Ak|ti|no|my|ko|se, die (Med.): *Strahlenpilzkrankheit.*

Ak|ti|no|my|zet, der (Biol.): *Strahlenpilz.*

Ak|ti|on, die; -, -en [lat. actio, ↑Aktie]: **1.** *[gemeinschaftlich geplante] Unternehmung, Maßnahme:* eine gemeinsame A. planen; die A. kommt nicht in Gang, wird eingestellt; eine konzertierte A. (bes. Politik; *durch Übereinstimmung aller Partner erzieltes gemeinsames Vorgehen;* 1967 geprägt von Bundeswirtschaftsminister Karl Schiller); A. gegen den Staat (Bieler, Bonifaz 195); in gewaltfreien -en Widerstand leisten (Spiegel 10, 1983, 22); es ging um Putsch und militärische A. (elan 2, 1980, 12); in Namen von Verbänden u. Ä.: A. Sühnezeichen; die Katholische A. **2.** *das Handeln, Tätigsein:* Dialektik schließt das Verhältnis von A. und Kontemplation ein (Adorno, Prismen 20); * **in A.** *(in Tätigkeit):* in A. sein, setzen, treten; etw. in A. zeigen. **3.** (Reiten) *bestimmte charakteristische Beinbewegung beim Pferd; Gangart.* **4.** (Physik) *Wirkung.* **5.** (schweiz.) *Sonderangebot.*

ak|ti|o|nal, aktionell ⟨Adj.⟩ (Sprachw.): *die Aktion (2) betreffend.*

Ak|ti|o|när, der; -s, -e [frz. actionnaire, zu: action = Aktie]: *Gesellschafter einer Aktiengesellschaft; Aktieninhaber:* Was früher die -e an Dividende geschluckt haben (v. d. Grün, Glatteis 278).

Ak|ti|o|nä|rin, die; -, -nen: w. Form zu ↑Aktionär.

Ak|ti|o|närs|ver|samm|lung, die: *zu bestimmten Terminen einberufene Versammlung der Aktionäre.*

ak|ti|o|nell: ↑aktional.

Ak|ti|o|nis|mus, der; -: **1.** *Bestreben, das Bewusstsein der Menschen od. bestehende Zustände durch [provozierende, revolutionäre, künstlerische] Aktionen zu verändern.* **2.** (oft abwertend) *übertriebener Tätigkeitsdrang:* blinder A.; nichts verunsichert die Unternehmungen ... mehr als ... von einem hektischen A. geprägte Rahmenbedingungen (NZZ 28. 8. 86, 17); eine ganze Reihe von Jungdemokraten, denen der Eskapismus und A. ihres Verbandes Bauchschmerzen bereitet (Spiegel 25, 1980, 7).

Ak|ti|o|nist, der; -en, -en: *Vertreter des Aktionismus (1).*

Ak|ti|o|nis|tin, die; -, -nen: w. Form zu ↑Aktionist.

ak|ti|o|nis|tisch ⟨Adj.⟩: *den Aktionismus (1), den od. die Aktionisten betreffend:* eine scharfe Trennungslinie zwischen den Reformkräften und den »aktionistischen ultralinken Gruppen« (MM 29. 6. 71, 12).

Ak|ti|ons|art, die (Sprachw.): *Art u. Weise, wie die Aktion (2), das durch das Zeitwort ausgedrückte Geschehen vor sich geht.*

Ak|ti|ons|aus|schuss, der: *zur Durchführung einer Aktion (1) bestimmter Ausschuss:* Den Versammelten obliege es, einen solchen A. ... zu wählen (Heym, Schwarzenberg 43).

Ak|ti|ons|be|reich, der: *Tätigkeitsbereich; Ressort (a).*

Ak|ti|ons|ein|heit, die: *gemeinsames Vorgehen politischer Kräfte:* A. der Arbeiterklasse.

ak|ti|ons|fä|hig ⟨Adj.⟩: *zur Aktion (2) fähig, handlungsfähig:* a. sein, bleiben; Da die Natur des Menschen den Instinkte genommen hat, muss er sich selbst durch Verhaltenseinübung a. machen (Pilgrim, Dressur 42).

Ak|ti|ons|fä|hig|keit, die ⟨o. Pl.⟩: *das Aktionsfähigsein.*

Ak|ti|ons|feld, das: vgl. Aktionsbereich.

Ak|ti|ons|ge|mein|schaft, die: vgl. Aktionseinheit.

Ak|ti|ons|ka|ta|log, der (Verhaltensf.): *Ethogramm.*

Ak|ti|ons|ko|mi|tee, das: *Aktionsausschuss.*

Ak|ti|ons|kunst, die ⟨o. Pl.⟩: *Kunstform,*

Aktionskünstler

die künstlerische Aktionen an die Stelle von Kunstobjekten stellt.
Ak|ti|ons|künst|ler, der: *bildender Künstler, der Aktionskunst hervorbringt:* Der A. HA Schult ließ 1975 den Markusplatz in Venedig unter einer Flut von 10 000 Kilogramm Altpapier versinken (Hörzu 1, 1977, 27).
Ak|ti|ons|künst|le|rin, die: w. Form zu ↑ Aktionskünstler.
Ak|ti|ons|po|ten|zi|al, das (Physiol.): *durch plötzlichen Zusammenbruch des elektrischen Potenzials an den Membranen (2) von lebenden Organismen entstehende Spannung, durch die die Erregung* (2 b) *ausgelöst u. fortgeführt wird.*
Ak|ti|ons|preis, der: *herabgesetzter Verkaufspreis im Rahmen einer Sonderaktion:* Brathähnchen zum A.
Ak|ti|ons|pro|gramm, das: *Programm für eine Aktion* (1): ein landesweites A. gegen den Alkoholmissbrauch.
Ak|ti|ons|ra|di|us, der: **1.** *Wirkungsbereich, Reichweite.* **2.** *Entfernung, die ein Schiff, [Kampf]flugzeug, Fahrzeug zurücklegen kann, ohne neuen Treibstoff aufzunehmen; Fahr-, Flugbereich.*
Ak|ti|ons|strom, der (Med.): *bei der Tätigkeit eines Muskels auftretender elektrischer Strom.*
Ak|ti|ons|tag, der: *Tag, an dem eine bestimmte Aktion* (1) *durchgeführt wird:* den A. des Kampfes der europäischen Jugend für Abrüstung (Junge Welt 71 B, 1978, 4).
Ak|ti|ons|tur|bi|ne, die (Technik): *Turbine, bei der die gesamte Energie (Wasser, Dampf od. Gas) vor dem Eintritt in das Laufrad in einer Düse in Bewegungsenergie umgesetzt wird; Gleichdruckturbine.*
ak|ti|ons|un|fä|hig ⟨Adj.⟩: *nicht aktionsfähig.*
Ak|ti|ons|un|fä|hig|keit, die ⟨o. Pl.⟩: *das Aktionsunfähigsein.*
Ak|ti|ons|wo|che, die: *Woche, in der von bestimmten Gruppierungen, Organisationen in gemeinschaftlichen Aktionen für eine bestimmte Sache geworben, gearbeitet wird:* eine A. durchführen.
Ak|ti|ons|zen|trum, das: **1.** *Zentrum, von dem eine Aktion* (1) *ausgeht.* **2.** (Met.) *die Großwetterlage bestimmendes Gebiet überwiegend hohen u. tiefen Luftdrucks.*
ak|tiv [auch: '- -] ⟨Adj.⟩ [lat. activus, zu: agere (2. Part.: actum), ↑Akt]: **1. a)** *tätig, rührig, zielstrebig, eifrig, unternehmend, tatkräftig:* ein -er Teilnehmer; sexuell, politisch a. sein; **b)** *selbst in einer Sache tätig, sie ausübend (im Unterschied zum bloßen Erdulden o. Ä. von etw.); nicht passiv:* a. beteiligt sein; keiner hatte je a. Politik betrieben (Loest, Pistole 58); Mit der Mehrwertsteuererhöhung nimmt sich Bonn den Spielraum, um bei der dringend notwendigen Senkung der Lohnnebenkosten a. werden *(etw. unternehmen)* zu können (Woche 17. 1. 97, 1); **c)** *in besonderer Weise wirksam:* biologisch -es Insulin; die Kur wirkt a. auf Haar und Kopfhaut; **d)** *durch Aktivitäten* (1) *gekennzeichnet:* -e Nachbarschaftshilfe; -er Umweltschutz; Jede sechste Familie ... findet ... Entspannung und -e Erholung in Kleingärten (NNN 21 9. 87, 6); Harry Sternheimer, im -en Ruhestand lebender Werbefachmann (MM 17. 9. 80, 21). **2.** (Milit.) **a)** *[als Berufssoldat] im Militärdienst stehend:* ein -er Offizier; a. dienen; der älteste Admiral der amerikanischen Kriegsmarine ... bleibt für zwei weitere Jahre a. (Saarbr. Zeitung 4. 10. 79, 14); **b)** *den militärischen Pflichtdienst betreffend:* -e Dienstzeit. **3. a)** *als Mitglied einer Vereinigung die von ihr geforderten Tätigkeiten regelmäßig ausübend:* -es Mitglied; a. sein (Verbindungsw.; *als vollverpflichtetes Mitglied einer studentischen Verbindung angehören);* **b)** (Sport) *als Mitglied einer Sportgemeinschaft an Übungen u. Wettkämpfen teilnehmend:* ein -er Sportler. **4.** (Chemie) *besonders reaktionsfähig:* -e Festkörper. **5.** (Sprachw.) *aktivisch:* -e Verbformen.
¹Ak|tiv, das; -s, -e ⟨Pl. selten⟩ [lat. (genus) activum] (Sprachw.): *Verbform, die eine vom Satzgegenstand her gesehene Richtung einer Tätigkeit, eines Verhaltens, eines Geschehens o. Ä. ausdrückt* (z. B. Fritz schlägt den Hund; die Rosen blühen): das Verb steht im A.
²Ak|tiv, das; -s, -s, (seltener:) -e [russ. aktiv] (DDR): *Gruppe von Personen, die sich für eine wirtschaftliche, gesellschaftspolitische od. kulturelle Aufgabe innerhalb eines Kollektivs, einer Organisation u. Ä. besonders aktiv einsetzen:* -s haben sich bewährt (NNN 25. 9. 87, 2).
Ak|ti|va, Aktiven [schweiz. 'ak...] ⟨Pl.⟩ [subst. Neutr. Pl. von lat. activus, ↑aktiv]: *auf der Aktivseite der Bilanz eines Unternehmens stehende Vermögenswerte.*
Ak|tiv|bür|ger, der (schweiz.): *Bürger mit aktivem Wahlrecht, Staatsbürger, der in vollem Besitz seiner politischen u. bürgerlichen Rechte ist.*
Ak|tiv|bür|ge|rin, die (schweiz.): w. Form zu ↑ Aktivbürger.
Ak|tiv|bür|ger|schaft, die (schweiz.): *Gesamtheit der Aktivbürger.*
¹Ak|ti|ve, der u. die ⟨Dekl. ↑ Abgeordnete⟩: **1.** *aktiv Sport treibende Person, die ständig an Wettkämpfen teilnimmt.* **2.** *jmd., der irgendwo [noch] aktiv mitmacht, tätig ist.* Die Kluft zwischen Arm und Reich bei den Ruheständlern ist tiefer als bei den -n (Spiegel 53, 1976, 34).
²Ak|ti|ve, die; -n, -n ⟨Dekl. ↑ Abgeordnete⟩ (ugs. veraltet): *nicht selbst gedrehte Zigarette:* In seiner Jugend hatten die Portokassenjünglinge immer gerade so viel Geld, um sich eine A. anzuzünden (Chotjewitz, Friede 101).
Ak|ti|ven: ↑ Aktiva.
Ak|ti|ve|ri|en ⟨Pl.⟩: vgl. Aktivurlaub.
Ak|tiv|for|de|rung, die (Kaufmannsspr.): *ausstehende Forderung.*
Ak|tiv|ge|schäft, das (Bankw.): *Bankgeschäft, bei dem die Bank Kredite an Dritte gewährt.*
Ak|tiv|han|del, der (Wirtsch.): *von den Kaufleuten eines Landes betriebener Außenhandel.*
ak|ti|vie|ren ⟨sw. V.; hat⟩ [frz. activer, zu: actif = tätig, aktiv < lat. activus, ↑aktiv]: **1.** *aktiv* (1) *machen, zu einer [verstärkten] Tätigkeit bewegen, in Gang, Schwung bringen; die Wirkung von etw. verstärken; etw. wirksamer machen; einer Sache zu größerer Wirksamkeit verhelfen:* die Jugend, die Arbeit an einem Projekt a.; durch dieses Präparat wird die Drüsentätigkeit aktiviert; Politiker auf allen Kontinenten aktivieren ihre Anstrengungen (NNN 23. 3. 87, 2). **2.** (Chemie) *aktiv* (4), *besonders reaktionsfähig machen:* Der ... Leuchtstoff ... wird mit Kupfer aktiviert (Elektronik 11, 1971, 405); aktivierte Essigsäure. **3.** (Physik) *stabile Atomkerne durch Beschuss mit energiereichen Teilchen zu künstlich radioaktiven Atomkernen machen.* **4.** (Wirtsch.) *etw. in der Bilanz als Aktivposten erfassen, in die Bilanz als Vermögensteil einsetzen, durch buchhalterische Belastung ausgleichen:* eine Werterhöhung, Kosten a.
Ak|ti|vie|rung, die; -, -en: *das Aktivieren, Aktiviertwerden.*
Ak|ti|vie|rungs|ana|ly|se, die (Chemie): *Methode zur quantitativen Bestimmung kleinster Konzentrationen eines Elements in anderen Elementen.*
Ak|ti|vie|rungs|ener|gie, die: **1.** (Physik, Chemie) *Energiemenge, die für die Einleitung gehemmter chemischer u. physikalischer Reaktionen nötig ist.* **2.** (Kernphysik) *Energie, die einem atomaren System zugeführt werden muss, um es in einen angeregten Energiezustand zu bringen.*
ak|ti|visch [auch: '- - -] ⟨Adj.⟩ (Sprachw.): *das ¹Aktiv betreffend, im ¹Aktiv stehend:* die -en Formen des Verbs; den Satz a. konstruieren.
Ak|ti|vis|mus, der; -: **1.** *aktives* (1) *Verhalten, [fortschrittliches] zielstrebiges Handeln, Tätigkeitsdrang:* die Härte eines Politikers beweise sich »nicht durch starke Worte«, seine Entschiedenheit »nicht durch kopflosen A.« (Spiegel 38, 1974, 23). **2.** *(von etwa 1915 bis 1920 herrschende) die Literatur als Mittel zur Durchsetzung bestimmter Ziele begreifende geistig-politische Bewegung.*
Ak|ti|vist, der; -en, -en [2: russ. aktivist]: **1.** *bes. politisch aktiver* (1) *Mensch, zielstrebig Handelnder:* der Sachschaden ..., der in jüngster Zeit von gewalttätigen -en der Protestszene ... angerichtet wurde (Basler Zeitung 9. 10. 85, 31). **2.** (DDR) *Person, die im sozialistischen Wettbewerb durch wesentliche Erhöhung der Leistungen u. durch neue Arbeitsmethoden die Produktion steigert:* A. der sozialistischen Arbeit; Genosse Schröter wurde siebenfacher A. (Wochenpost 23. 7. 76, 4).
Ak|ti|vis|ten|be|we|gung, die (DDR): *Bewegung, die sich die höchstmögliche Produktionssteigerung in einem Betrieb o. Ä. zum Ziel gesetzt hat.*
Ak|ti|vis|ten|bri|ga|de, die (DDR): *Brigade* (3) *von Aktivisten* (2).
Ak|ti|vis|ten|dis|ser|ta|ti|on, die (DDR): *Referat eines Aktivisten* (2) *über seine neue, fortschrittliche Arbeitsmethode.*
Ak|ti|vis|tin, die; -, -nen: **1.** w. Form zu

↑Aktivist (1): sechs ... -nen und Aktivisten sind ... wegen Beschädigung von atomaren Sprengköpfen ... zu hohen Gefängnisstrafen verurteilt worden (Kelly, Um Hoffnung 102). **2.** w. Form zu ↑Aktivist (2).

ak|ti|vis|tisch ⟨Adj.⟩: **1.** *die Aktivisten* (1) *betreffend.* **2.** *den Aktivismus betreffend, ihn vertretend.*

Ak|ti|vi|tas, die; - (Verbindungsw.): *Gesamtheit der in einer studentischen Verbindung zur aktiven Beteiligung Verpflichteten.*

Ak|ti|vi|tät, die; -, -en [(frz. activité <) mlat. activitas]: **1.** ⟨o. Pl.⟩ *aktives Verhalten, Tätigkeitsdrang, Energie; Wirksamkeit:* die politische A. der Partei hat sich verstärkt; A. entfalten; die Bewohner leiden weniger unter überschüssiger A. als unter ihrer mangelnden Initiative (Klee, Pennbrüder 10). **2.** ⟨meist Pl.⟩ *Handlung, Tätigkeit, Maßnahme:* illegale -en; jede A. ist hier verboten; Wir sind ein ... Unternehmen mit weltweiten -en *(geschäftlichen Aktionen, Unternehmungen;* FR 1. 3. 85, A 58). **3.** (Chemie) *wirksame chemische Konzentration.* **4.** *Radioaktivität.*

Ak|tiv|koh|le, die (Chemie): *aktivierte staubfeine, poröse Pflanzenkohle, die wegen ihres großen Adsorptionsvermögens zur Reinigung von Gasen u. Flüssigkeiten dient; A-Kohle.*

Ak|tiv|le|gi|ti|ma|ti|on, die (Rechtsspr.): *(im Zivilprozess) sachliche Befugnis des Klägers, das strittige Recht geltend zu machen.*

Ak|tiv|pos|ten, der (Kaufmannsspr.): *auf der Aktivseite der Bilanz aufgeführter Vermögensposten:* Ü solche Vorzüge sind ein erheblicher A.

Ak|tiv|pro|zess, der (Rechtsspr.): *Prozess, den jmd. als Kläger führt.*

Ak|tiv|sei|te, die (Buchf.): *linke Seite, Stelle eines Kontos, einer Bilanz, auf der die Vermögensposten aufgeführt sind.*

Ak|tiv|stoff, der (Chemie): *Stoff von großer chemischer Reaktionsfähigkeit.*

Ak|tiv|ur|laub, der: *Urlaub mit sportlichen Aktivitäten, Wandern o. Ä.:* Jemand, der täglich hinter dem Ladentisch ... steht ..., braucht Bewegung ... den A. (Hörzu 51, 1981, 100).

Ak|ti|vzin|sen ⟨Pl.⟩: *Zinsen für Forderungen, die auf der Aktivseite der Bilanz aufgeführt sind.*

Akt|klas|se, die: *Klasse in Kunstakademien, in der das Aktzeichnen erlernt wird.*

Akt|ma|le|rei, die ⟨o. Pl.⟩: *das Malen von Akten* (4).

Akt|mo|dell, das: *Modell für einen Akt* (4).

Ak|tor, der; -s, ...oren: *Aktuator.*

Ak|tri|ce [ak'tri:sə], die; -, -n [frz. actrice, w. Form von: acteur, ↑Akteur]: *Schauspielerin.*

Akt|schluss, der: *Schluss des Aktes* (2).

Akt|stu|die, die: *Studie zu einem Akt* (4).

ak|tu|al ⟨Adj.⟩ [1: spätlat. actualis, ↑aktuell]: **1.** (Philos.) *wirksam, tätig.* **2.** (Sprachw.) *in der Rede od. im Kontext verwirklicht u. eindeutig determiniert.*

ak|tu|a|li|sie|ren ⟨sw. V.; hat⟩ (bildungsspr.): **a)** *auf die Gegenwart bezie-* hen, in die gegenwärtige Wirklichkeit überführen, für die Gegenwart verwirklichen: einen alten Film wieder a.; In Genf aktualisierte ich ... das Thema der biologischen ... Waffen (W. Brandt, Begegnungen 249); **b)** *auf den neuesten Stand bringen:* Die Inhalte sowjetischer Schulbücher über die Bundesrepublik ... sollen aktualisiert werden (Tagesspiegel 20. 10. 85, 11); ein Lehrbuch, Daten a.

Ak|tu|a|li|sie|rung, die; -, -en: *das Aktualisieren.*

Ak|tu|a|li|tät, die; -, -en [1: nach frz. actualité, zu ↑aktuell]: **1.** ⟨o. Pl.⟩ *gegenwärtige Wirklichkeit, Bedeutsamkeit für die unmittelbare Gegenwart, Gegenwartsbezogenheit, Zeitnähe:* der Film ist von außerordentlicher A.; etw. gewinnt, verliert an A. ⟨Pl.⟩ *Tagesereignisse, jüngste Geschehnisse.*

Ak|tu|a|li|tä|ten|ki|no, das (veraltend): *Filmtheater mit [durchgehend laufendem] aus Kurzfilmen verschiedener Art gemischtem aktuellem Programm* (Kurzwort: Aki).

Ak|tu|a|li|täts|the|o|rie, die: **1.** (Philos.) *Lehre von der Veränderlichkeit, vom unaufhörlichen Werden des Seins.* **2.** (Psychol.) *Lehre, nach der die Seele nicht an sich, sondern nur in den aktuellen, im Augenblick tatsächlich vorhandenen seelischen Vorgängen besteht.*

Ak|tu|al|neu|ro|se, die (Psychol.): *durch aktuelle, tatsächlich vorhandene, verdrängende Affekterlebnisse (z. B. Schreck, Angst) ausgelöste Neurose.*

Ak|tu|ar, der; -s, -e [lat. actuarius = Buchhalter]: **1.** (veraltet) *Gerichtsschreiber, -angestellter.* **2.** (schweiz.) *Schriftführer eines Vereins.* **3.** *wissenschaftlicher Versicherungs- u. Wirtschaftsmathematiker.*

Ak|tu|a|ri|at, das; -[e]s, -e: *Amt des Aktuars* (1).

Ak|tu|a|ri|us, der; -, ...ien (veraltet): *Aktuar* (1): ♦ das ist der ... fürtreffliche Herr juris utriusque Doctor Lanbek, leiblicher Sohn des berühmten Landschaftskonsulenten Lanbek, welchem er als A. substituiert ist (Hauff, Jud Süß 386).

Ak|tu|a|tor, der; -s, ...toren [engl. actuator, zu mlat. actuare = sich betätigen] (Elektrot.): *Bauelement am Ausgangsteil einer Steuer- od. Regelstrecke, der in Energie- od. Massenströme eingreift u. darin als veränderlicher Widerstand wirkt.*

ak|tu|ell ⟨Adj.⟩ [frz. actuel < spätlat. actualis = tätig, wirksam]: **1.** *gegenwärtig vorhanden, bedeutsam für die unmittelbare Gegenwart, gegenwartsbezogen, -nah, zeitnah, zeitgemäß:* ein -es Thema; dieses Problem ist heute nicht mehr a.; eine -e *(für aktuelle Themen bestimmte)* Fragestunde im Bundestag. **2.** (Mode, Wirtsch.) *ganz neu, modisch, up to date, en vogue:* bei den Sakkos sind feine Streifen sowie Fischgräten a.

Ak|tu|o|ge|o|lo|gie, die; -: *Teilgebiet der Geologie, das die Vorgänge der geologischen Vergangenheit unter Beobachtung der in der Gegenwart ablaufenden Prozesse zu erklären sucht.*

Ak|tu|o|pa|lä|on|to|lo|gie, die; -: *Teilgebiet der Paläontologie, das die Bildungsweise paläontologischer Fossilien unter Beobachtung der in der Gegenwart ablaufenden Prozesse zu erklären sucht.*

Ak|tus, der; -, - [...u:s; lat. actus = Handlung] (veraltet): **a)** *[Schul]feier;* ♦ **b)** *Festschrift, Rede anlässlich eines Aktus* (a): da hab ich öfter in die Schulprogramme hineingeguckt und in die Dissertationen und ‚Aktusse‘, wie sie vordem im Schwange waren (Fontane, Jenny Treibel 66).

Akt|zeich|nen, das: *Zeichnen von Akten* (4).

Akt|zeich|nung, die: *Zeichnung, die einen Akt* (4) *darstellt.*

Aku|i|tät, die; - [frz. acuité = Schärfe, Heftigkeit, zu lat. acutus, ↑akut] (Med.): *akuter* (2) *Verlauf einer Krankheit; akutes* (2) *Krankheitsbild.*

aku|mi|nös ⟨Adj.⟩ [frz. acuminé, zu lat. acumen = Spitze, zu: acuere = schärfen, zuspitzen] (Fachspr.): *scharf zugespitzt.*

Aku|pres|sur, die; -, -en [zu lat. acus = Nadel u. pressura = Druck]: *(mit der Akupunktur verwandtes) Verfahren, bei dem durch kreisende Bewegungen der Fingerkuppen – unter leichtem Druck – auf bestimmten Stellen des Körpers Schmerzen od. Beschwerden beeinflusst werden sollen.*

Aku|punk|teur [...'tø:ɐ̯], der; -s, -e: *jmd., der akupunktiert:* Ein A. aus der Volksrepublik China wird ... an den ... Universitätskliniken tätig sein (Saarbr. Zeitung 12./13. 7. 80, 30/32).

Aku|punk|teu|rin, die; -, -nen: w. Form zu ↑Akupunkteur.

aku|punk|tie|ren ⟨sw. V.; hat⟩: *mit Akupunktur behandeln.*

Aku|punk|tur, die; -, -en [zu lat. punctura = der Stich] (Med.): *(aus China u. Japan stammende) Heilmethode, bei der durch Einstiche mit feinen Nadeln in bestimmte Hautstellen Schmerzen od. Beschwerden beeinflusst werden sollen.*

Akü|spra|che, die; -, -n [Akü = Abkürzung]: *Ausdrucksweise mit vielen Abkürzungen u. Kurzwörtern.*

Akus|tik, die; -: **1.** (Physik) *Lehre vom Schall, von den Tönen.* **2.** *Beschaffenheit, Eigenschaft eines Raumes hinsichtlich der den Klang, den Schall betreffenden Gegebenheiten, der klanglichen Wirkung:* der Konzertsaal hat eine gute A.; Sixta ... trat an den ... Petroff-Flügel und verlangte eine Probe der A. (Bieler, Mädchenkrieg 141).

Akus|ti|ker, der; -s, -: **1.** *Fachmann auf dem Gebiet der Akustik.* **2.** *akustischer Typ[us].*

Akus|ti|ke|rin, die; -, -nen: w. Form zu ↑Akustiker.

akus|tisch ⟨Adj.⟩ [zu griech. akoustikós = das Gehör betreffend]: **1.** *die Akustik betreffend.* **2.** *den Schall, Klang betreffend, klanglich, klangmäßig, durch das Gehör:* -e Signale; -er Typ[us] (Psych.; Menschentyp, der Gehörtes besser behält als Gesehenes); etw. a. wahrnehmen; Akustisch ist das Triebwerk stets präsent (NZZ 27. 8. 86, 7).

Akustochemie

Akus|to|che|mie, die; -: *Teilgebiet der physikalischen Chemie, das sich mit der Erzeugung von Schall durch chemische Reaktionen u. mit der Beeinflussung dieser durch Schallschwingungen befasst.*
akut ⟨Adj.⟩ [lat. acutus, eigtl. = scharf, spitz, adj. 2. Part. von: acuere = schärfen, spitzen]: **1.** *im Augenblick herrschend; vordringlich, brennend; unmittelbar:* eine -e Frage; eine -e Gefahr bilden; dieses Problem wird jetzt a.; Die Bürokratie versorgt den Betroffenen mit dem a. Notwendigen (Klee, Pennbrüder 103); Dann hat Waigel nur zwei Möglichkeiten, a. *(unmittelbar, für den Augenblick)* die Löcher zu stopfen (Woche 14. 2. 97, 5). **2.** (Med.) *unvermittelt [auftretend], schnell u. heftig [verlaufend]:* eine -e fieberhafte Erkrankung; a. auftreten.
Akut, der; -[e]s, -e [lat. acutus (accentus) = scharf(e Betonung)]: **1.** (Sprachw.) *steigende Stimmführung anzeigender Akzent.* **2.** (Schriftw.) *diakritisches Zeichen* (´), *das (z. B. im Französischen) die geschlossene Aussprache eines e angibt.*
Akut|bett, das: *Bett für eine(n) Akutkranke(n) in einer Klinik:* Auskurierte Patienten liegen in den -en der Kliniken, obwohl sie eigentlich längst in Pflegeheime gehören (Woche 4. 4. 97, 21).
Akut|kli|nik, die: *Klinik für Akutkranke.*
Akut|kran|ke, der u. die: *jmd., der an einer akuten Krankheit leidet.*
Akut|kran|ken|haus, das: *Krankenhaus für Akutkranke.*
AKW: = Atomkraftwerk.
AKW-Geg|ner, der: *Atomkraftwerkgegner.*
Akyn, der; -s, -e [russ. akyn, aus dem Kirg.]: *kasachischer u. kirgisischer Volkssänger.*
Akyn|dich|tung, die: *bei Kasachen u. Kirgisen überlieferte Volkspoesie in Form von Epen u. Liedern, die von Akynen vorgetragen werden.*
Ak|ze|le|ra|ti|on, die; -, -en [lat. acceleratio = Beschleunigung]: **1. a)** (bildungsspr.) *Beschleunigung des Wachstums u. Vorverlagerung der sexuellen Reife bei Jugendlichen:* Die Ursachen der A. sind nicht eindeutig geklärt (Spiegel 29, 1985, 115); **b)** (Biol.) *Beschleunigung in der Aufeinanderfolge der Entwicklungsvorgänge bei Tieren.* **2.** (Fachspr.) *allmähliche Beschleunigung eines Vorgangs.* **3.** (Astron.) **a)** *Zunahme der Umlaufgeschwindigkeit des Mondes;* **b)** *Zeitunterschied zwischen einem mittleren Sonnentag (2) u. einem mittleren Sterntag.*
Ak|ze|le|ra|ti|ons|prin|zip, das (Wirtsch.): *Wirtschaftstheorie, nach der eine Schwankung der Nachfrage nach Konsumgütern eine prozentual größere Schwankung bei den Investitionsgütern hervorruft.*
Ak|ze|le|ra|ti|ons|pro|zess, der: *Vorgang der Akzeleration (1).*
Ak|ze|le|ra|tor, der; -s, ...oren **1.** (Kerntechnik) *Teilchenbeschleuniger.* **2.** (Wirtsch.) *Verhältniszahl, die aus den Werten der ausgelösten (verändernden) Nettoinvestition und der sie auslösenden (verändernden) Einkommensänderung ergibt.*
ak|ze|le|rie|ren ⟨sw. V.; hat⟩ [lat. accelerare, zu: celer = schnell]: *beschleunigen, vorantreiben; fördern.*
Ak|ze|le|rie|rung, die; -, -en: *das Akzelerieren.*
Ak|zent, der; -[e]s, -e [lat. accentus, eigtl. = das An-, Beitönen, zu: accinere = dazu tönen, dazu singen, zu: canere = singen]: **1.** (Sprachw.) **a)** *Betonung (einer Silbe, eines Wortes, eines Satzes):* dynamischer, musikalischer A.; der A. liegt auf der zweiten Silbe; den A. tragen; **b)** *Betonungszeichen.* **2.** ⟨o. Pl.⟩ *bestimmter Tonfall, Aussprache, Sprachmelodie, -färbung:* sie haben ... einen deutschen A. (Bieler, Mädchenkrieg 237); mit ausländischem A. sprechen. **3.** *Betonung, Nachdruck, Gewicht, Schwerpunkt, Bedeutsamkeit:* modische -e sind Rückengurte, Schlitze; auf etw. einen besonderen A. legen; das Jahr 1969 hat neue -e gesetzt *(gezeigt, worauf in Zukunft das Gewicht zu legen ist, hat eine neue Richtung gewiesen);* nur -e setzen *(nur Hinweise, Anregungen geben).*
Ak|zent|buch|sta|be, der (Sprachw.): *Buchstabe, der einen Akzent (1 b) trägt.*
ak|zent|frei ⟨Adj.⟩: *ohne Akzent (2): sie spricht das Russische a.*
ak|zent|los ⟨Adj.⟩: *akzentfrei.*
Ak|zent|set|zung, die (bildungsspr.): *Setzung von Akzenten (3).*
Ak|zent|trä|ger, der (Sprachw.): *Silbe, Wort, Wortgruppe als Träger des Akzents (1 a).*
Ak|zen|tu|a|ti|on, die; -, -en: *Akzentuierung.*
ak|zen|tu|ell ⟨Adj.⟩: *den Akzent betreffend.*
ak|zen|tu|ie|ren ⟨sw. V.; hat⟩ [mlat. accentuare, zu lat. accentus, ↑Akzent]: **a)** *(einen Buchstaben, eine Silbe, ein Wort) betonen, scharf aussprechen: [die Wörter] genau a.; deutlich und akzentuiert sprechen;* **b)** *hervorheben, deutlich zeigen:* die individuelle Duftnote akzentuiert das Gefühl, vollendet gepflegt zu sein; **c)** *etw. besonders kennzeichnen; einer Sache eine besondere Bedeutung geben:* weiße Steppnähte akzentuieren diesen Regenmantel; **d)** ⟨a. + sich⟩ *deutlich werden; sich nachdrücklich zeigen:* auf längere Sicht akzentuiert sich die Frage nach der Tragbarkeit (NZZ 29. 8. 86, 25).
Ak|zen|tu|ie|rung, die; -, -en: *das Akzentuieren; Betonung.*
Ak|zent|ver|schie|bung, die: **a)** (Sprachw.) *Verlagerung des Akzents (1 a);* **b)** *Verlagerung des Akzents (3).*
Ak|zent|wech|sel, der (Sprachw.): *Wechsel des Akzents (1 a).*
Ak|zent|zei|chen, das: *Akzent (1 b).*
Ak|ze|pis|se, das; -, - [zu lat. accepisse = erhalten haben, Inf. Perf. von: accipere, ↑akzeptieren] (veraltet): *Empfangsbescheinigung.*
Ak|zept, das; -[e]s, -e [lat. acceptum = das Empfangene, subst. 2. Part. von: accipere, ↑akzeptieren] (Bankw.): **a)** *Annahmeerklärung des Bezogenen (Zahlungspflichtigen) auf einem Wechsel;* **b)** *akzeptierter Wechsel.*

ak|zep|ta|bel ⟨Adj.⟩ [frz. acceptable < spätlat. acceptabilis]: *annehmbar, brauchbar:* ein akzeptables Angebot; akzeptable Preise; Ein Roman, in dem die wilhelminische Gesellschaft aufs Schärfste kritisiert ..., war für die deutschen Zensurbehörden ... nicht a. (Reich-Ranicki, Th. Mann 127); die Mannschaft hat ganz a. gespielt.
Ak|zep|ta|bi|li|tät, die; - [2: nach engl. acceptability]: **1.** (bildungsspr.) *Annehmbarkeit.* **2.** (Sprachw.) *von einem kompetenten Sprecher als sprachlich üblich und richtig beurteilte Beschaffenheit einer Äußerung.*
Ak|zep|tant, der; -en, -en [lat. acceptans (Gen.: acceptantis), 1. Part. von: acceptare, ↑akzeptieren]: **a)** (Bankw.) *Annehmer, Bezogener eines Wechsels;* **b)** (bildungsspr.) *Empfänger, Aufnehmender:* immer ist einer (= Partner eines Gesprächs) Initiant, der andere A. (Wirkendes Wort 4, 1972, 278 [Zeitschrift]).
Ak|zep|tan|tin, die; -, -nen: w. Form zu ↑Akzeptant.
Ak|zep|tanz, die; - (bes. Werbespr.): *Bereitschaft, etw. (ein neues Produkt o. Ä.) zu akzeptieren:* eine hohe, geringe A. von etw.; Die fragen sich: ... sind die überhaupt noch wählbar? Das schadet unserer A. in der Bevölkerung (Woche 14. 2. 97, 9).
Ak|zep|ta|ti|on, die; -, -en [lat. acceptatio]: *das Akzeptieren, die Annahme.*
ak|zep|tier|bar ⟨Adj.⟩: *akzeptabel.*
ak|zep|tie|ren ⟨sw. V.; hat⟩ [lat. acceptare, Intensivbildung zu gleichbed. accipere, zu: capere, ↑kapieren]: *annehmen, hinnehmen, billigen; anerkennen; mit jmdm. od. etw. einverstanden sein:* eine Entschuldigung a.; der Vorschlag wurde von allen akzeptiert; er wurde von der Gruppe akzeptiert; Das Wichtigste aber: Sie akzeptieren mich als Frau und als Boss (Freizeitmagazin 26, 1978, 2); er akzeptierte schließlich, dass er zurückstehen musste; er akzeptierte *(nahm das Angebot an);* da er bald das von niemandem ernannte und von allen akzeptierte Oberhaupt ... war (Reich-Ranicki, Th. Mann 52).
Ak|zep|tie|rung, die; -, -en: *das Anerkennen, Einverstandensein mit etw., jmdm.*
Ak|zept|kre|dit, der: *Wechselkredit.*
Ak|zep|tor, der; -s, ...oren [lat. acceptor = Empfänger]: **1.** (Bankw.) *Annehmer, Empfänger [eines Wechsels].* **2.** (Chemie) *Stoff od. Körper, der einen anderen bindet.* **3.** (Physik) *Fremdatom bei Halbleitern, das ein Valenzelektron weniger besitzt als die Atome des Grundmaterials.*
Ak|zep|to|rin, die; -, -nen: w. Form zu ↑Akzeptor (1).
Ak|zess, der; -es, -e [lat. accessus = Zutritt, Zugang, zu: accessum, ↑akzessorisch] (österr.): *[Zulassung zum] Vorbereitungsdienst an Gerichten u. Verwaltungsbehörden.*
Ak|zes|si|on, die; -, -en [lat. accessio = das Hinzukommen, zu: accedere, ↑akzessorisch]: **1.** (Verwaltung) *Neuerwerbung, Zugang:* A. von Kunstwerken. **2.** *Beitritt zu einem Staatsvertrag.*

Ak|zes|si|ons|klau|sel, die (Völkerr.): *Zusatz in einem Staatsvertrag, durch den angezeigt wird, dass jederzeit auch andere Staaten diesem Vertrag beitreten können.*

Ak|zes|si|ons|lis|te, die (Verwaltung): *Verzeichnis der Neuerwerbungen von Bibliotheken, Museen u. a. mit der laufenden Nummer.*

Ak|zes|sist, der; -en, -en (veraltet): *Anwärter [für den Akzess].*

Ak|zes|sit, das; -s, -s [zu lat. accessit = er ist herangekommen] (veraltet): *zweiter od. zusätzlicher Preis bei einem Wettbewerb.*

Ak|zes|so|ri|en ⟨Pl.⟩ [zu mlat. accessorium = Zuwachs; Zubehör]: **1.** (Bot.) *Samenanhängsel bei Pflanzen ohne Fruchtfleisch.* **2.** (Mineral.) *Minerale, die an der Zusammensetzung eines Gesteins nur wenig Anteil haben, aber wichtig für dessen Bestimmung sein können.*

Ak|zes|so|ri|e|tät, die; -, -en (Rechtsspr.): *Abhängigkeit eines Rechts von einem anderen.*

ak|zes|so|risch ⟨Adj.⟩ [mlat. accessorius, zu lat. accessum, 2. Part. von: accedere = hinzukommen]: *hinzutretend, nebensächlich, weniger wichtig:* -e Rechte (Rechtsspr.): *von einem anderen, übergeordneten Recht abhängige Rechte*.

Ak|zes|so|ri|um, das; -s, ...ien [mlat. accessorium, ↑ Akzessorien] (veraltet): *Nebensache, Beiwerk.*

Ak|zi|dens, das; -, ...denzien (Fachspr. für b auch: ...dentien) u. ...dentia [a: lat. accidens, 1. Part. von: accidere = anfallen, vorkommen]: **a)** (Philos.) *etw. Zufälliges, nicht unbedingt zum Wesen einer Sache Gehörendes; Zufall, Zufälligkeit; Akzidenz* (2); **b)** (Musik) *Vorzeichen, Versetzungszeichen.*

Ak|zi|den|ta|li|en ⟨Pl.⟩ [mlat. accidentalia = Zufälliges, zu: accidentalis, ↑ akzidentell] (Rechtsspr.): *Nebenpunkte bei einem Rechtsgeschäft.*

ak|zi|den|tell ⟨Adj.⟩ [frz. accidentel < mlat. accidentalis]: **a)** (Philos., bildungsspr.) *zufällig; unwesentlich*; **b)** (Med.) *zufällig auftretend; nicht unbedingt zum Krankheitsbild gehörend.*

ak|zi|den|ti|ell: ↑ akzidentell.

Ak|zi|den|ti|en: Pl. von ↑ Akzidens (b).

Ak|zi|denz, die; -, -en [1: urspr. = gelegentliche (Druck)arbeit; 2: lat. accidentia]: **1.** (Druckw.) *Druckerzeugnis, das nicht zum Buch- od. Zeitschriftendruck gehört* (z. B. Anzeige, Formular, Prospekt). **2.** (Philos.) *Akzidens* (a).

Ak|zi|denz|druck, der ⟨Pl. -e⟩: vgl. Akzidenzsatz.

Ak|zi|denz|dru|cke|rei, die: *Druckerei, die hauptsächlich Akzidenzen* (1) *druckt.*

Ak|zi|denz|zi|en: Pl. von ↑ Akzidenz.

Ak|zi|denz|satz, der ⟨o. Pl.⟩ (Druckw.): *das Setzen u. Gestalten von Akzidenzen* (1).

Ak|zi|denz|schrif|ten ⟨Pl.⟩: *Schriftarten für den Handsatz.*

Ak|zi|denz|set|zer, der (Druckw.): *Schriftsetzer mit besonderer Erfahrung im Akzidenzsatz.*

Ak|zi|denz|set|ze|rei, die: *Setzerei, die Akzidenzen* (1) *herstellt.*

ak|zi|pie|ren ⟨sw. V.; hat⟩ [lat. accipere, ↑ akzeptieren] (veraltet): *empfangen, annehmen; billigen.*

Ak|zi|se, die; -, -n [frz. accise < niederl. accijns < mlat. accisa, zu lat. accidere = abhauen, vermindern] (früher): *Verbrauchs-, Verkehrsteuer; Zoll.*

al [ital., aus: a (↑²a) u. il = m. Form des best. Art.]: *in italienischen Fügungen bes. aus der Musik:* [bis] *zu, auf,* z. B. al fine, al pari.

Al = Aluminium.

a. l. = ad libitum.

ä. L. (Genealogie) = ältere[r] Linie.

-al [lat. -alis]: *kennzeichnet in Bildungen mit Substantiven die Zugehörigkeit zu diesen/ etw. betreffend, in Bezug auf etw.:* hormonal, personal, prozedural.

à la [a la; frz., aus ↑ a u. frz. la = w. Form des best. Art.]: **a)** (ugs.) *im Stile von; so wie ...; auf eine bestimmte Art:* eine Kurzgeschichte à la Poe; die Kaiser ... nahmen in je einer à la Daumont bespannten Hofequipage Platz (Schädlich, Nähe 121); **b)** (Gastr.) *nach Art von:* Schnitzel à la Holstein.

alaaf ⟨Interj.⟩ [eigtl. allaf = all(es) ab, (= alles andere weg)] (Kölner Karnevalsruf): *hoch!; hurra!*

à la baisse [a la'bɛːs; frz., vgl. Baisse] (Börsenw.): *im Hinblick auf (wahrscheinlich) fallende Kurse:* à la b. spekulieren, verkaufen.

Ala|ba|ma, -s: Bundesstaat der USA.

Ala|bas|ter, der; -s, - [1: mhd. alabaster < lat. alabaster, alabastrum < griech. alábastros]: **1.** ⟨Pl. selten⟩ *feinkörnige, weißliche, meist durchscheinende Gipsart:* Schmucksachen aus A.; weiß wie A. **2.** (nordd.) *Murmel; bunte Glaskugel, die die Kinder beim Murmelspiel gegen die kleineren Tonkügelchen werfen.*

ala|bas|ter|far|ben ⟨Adj.⟩: *durchscheinend weiß.*

Ala|bas|ter|glas, das ⟨o. Pl.⟩: *farbloser, durchsichtiger Gips.*

ala|bas|tern ⟨Adj.⟩: **a)** *aus Alabaster;* **b)** (geh.) *wie Alabaster wirkend; durchscheinend weiß.*

à la bonne heure [alabɔˈnœːr; frz., zu: bonne, w. Form von: bon = gut (< lat. bonus) u. heure < lat. hora = Stunde, eigtl. = »zur guten Stunde«] (bildungsspr.): *recht so!, bravo!*

à la carte [alaˈkart; frz., zu: carte, ↑ Karte] (Gastr.): *so, wie es auf der Speisekarte steht, nicht als Menü:* à la c. essen; Ü Die Pensionierung à la c. *(nach eigenen Wünschen, Vorstellungen o. Ä.)* ist heute für viele Wirklichkeit (Basler Zeitung 26. 7. 84, 7).

à la hausse [alaˈoːs; frz., vgl. Hausse] (Börsenw.): *im Hinblick auf (wahrscheinlich) steigende Kurse:* à la h. spekulieren, kaufen.

à la jar|di|nière [alaʒardiˈnjɛːr; frz., zu: jardinière = Gärtnerin, zu: jardin = Garten, aus dem Germ.] (Gastr.): *nach Gärtnerinart.*

Ala|lie, die; -, -n [zu griech. a- = nicht, un- u. laleīn = schwatzen, reden] (Med.): *Unfähigkeit, artikulierte Laute zu bilden.*

à la longue [alaˈlõːg; frz., zu longue = Dauer, zu lat. longus = lang] (bildungsspr.): *auf die Dauer; auf längere Zeit [hin]:* Sind sich die Saudis bewusst, dass ihre Erdölvorräte à la l. zu Ende gehen? (Spiegel 21, 1981, 234).

à la maison [alamɛˈzõ; frz.] (Gastr.): *nach Art des Hauses.*

Ala|ma|te ⟨Pl.⟩ [zu Alan = Aluminiumwasserstoff] (Chemie selten): *Hydride des Aluminiums.*

à la meunière [alamøˈnjɛːr; frz., zu: meunière, w. Form von: meunier < spätlat. molinarius = Müller] (Gastr.): *nach Müllerinart.*

à la mode [alaˈmɔd; frz., vgl. Mode] (veraltet): *der Mode entsprechend, nach der neuesten Mode:* er ist ganz à la m. gekleidet.

Ala|mo|de|li|te|ra|tur, die ⟨o. Pl.⟩ (Literaturw.): *bes. am französischen Vorbild orientierte literarische Richtung der Alamodezeit.*

Ala|mo|de|we|sen, das: *(in Deutschland im 17. Jh.) übertriebene Ausrichtung des modisch-gesellschaftlichen u. kulturellen Lebens nach französischem Vorbild.*

Ala|mo|de|zeit, die ⟨o. Pl.⟩: *(in Deutschland im 17. Jahrhundert) Zeit des Alamodewesens.*

ala|mo|disch ⟨Adj.⟩: *das Alamodewesen, die Alamodezeit betreffend.*

Aland, der; -[e]s, -e [mhd. alant, alent, ahd. alunt, alunt; H. u.]: *(in nördlichen Seen u. ruhigen Flüssen lebender) großer Karpfenfisch, der sehr viele Gräten hat.*

Åland|in|seln [ˈoː...] ⟨Pl.⟩: finnische Inselgruppe in der Ostsee.

Ala|ne, der; -n, -n: *Angehöriger eines alten, urspr. iranischen Nomadenvolkes.*

Alant, der; -[e]s, -e [mhd., ahd. alant, alant, alunt; H. u.]: *(zu den Korbblütlern gehörende) hoch wachsende, gelb blühende, bes. auf feuchten Wiesen vorkommende Pflanze, die als Heilkraut verwendet wird.*

Alant|öl, das ⟨o. Pl.⟩: *aus der Wurzel des Alants gewonnenes Öl (das in der Volksmedizin bei Magen- u. Lungenleiden sowie als Gallen- u. Wurmmittel verwendet wird).*

Alarm, der; -[e]s, -e [ital. allarme, zusgez. aus: all'arme! = zu den Waffen!, zu: arme, Pl. von: arma < spätlat. arma = Waffe < lat. arma (Pl.) = Waffen]: **1.** *Notsignal; Warnung bei Gefahr:* A.!; A. auslösen, geben; er hat den A. gehört; Ü Eine leichte Tuberkulose, ... ohne Recht zum A. *(zur Beunruhigung, Aufregung)* nötigte (Frisch, Stiller 105); *blinder A.* (1. *versehentlich ausgelöster, falscher Alarm.* 2. *grundlose Aufregung*); A. schlagen *(die [öffentliche] Aufmerksamkeit auf etw. Bedrohliches, Gefährliches lenken; laut Hilfe fordern).* **2.** *Alarmzustand: ein längerer A.;* Zehn Uhr einunddreißig ... ging der letzte Zug ab ..., wenn kein A. *(Fliegeralarm)* war (Gaiser, Schlußball 176).

Alarm|an|la|ge, die: *Anlage, durch die Alarm ausgelöst wird:* optische, akustische -n.

alarm|be|reit ⟨Adj.⟩: *einsatzfähig; auf Abruf stehend:* ein stets -er Löschzug; man war, hielt sich a.

Alarmbereitschaft

Alarm|be|reit|schaft, die ⟨o. Pl.⟩: *alarmbereiter Zustand:* in A. stehen, sein; die Polizei hielt sich in höchster A.; China hat ... seine Truppen ... in A. versetzt (Welt 8. 9. 65, 1).

Alarm|fall, der: *eingetretener Fall (2 a) von Alarm (2):* im A. müssen alle sofort erscheinen.

Alarm|ge|ber, der: *Gerät, das [selbstständig] Alarm auslöst.*

Alarm|glo|cke, die: vgl. Alarmklingel: -n läuten, schrillen; Ü Als Müller ... sich dabei ertappen musste, wie er aus kurzer Entfernung nicht einmal imstande war, eine Werbetafel am Spielfeldrand zu entziffern, schrillte bei ihm die A. (Kicker 82, 1981, 12).

alar|mie|ren ⟨sw. V.; hat⟩ [frz. alarmer, zu: alarme < ital. allarme, ↑ Alarm]: **1.** *(eine Hilfsorganisation) zum Einsatz, zu Hilfe rufen:* die Feuerwehr, Polizei a. **2.** *aufschrecken, beunruhigen, warnen:* das nächtliche Klingeln alarmierte alle; diese Ereignisse sollten jeden Demokraten a.; Eines Tages alarmierte Ingenieur Schäffer seinen Freundeskreis mit der Mitteilung (Menzel, Herren 8/9); In der spanischen Hauptstadt ..., die ... unter einer alarmierenden Luftverschmutzung leidet (Saarbr. Zeitung 5. 12. 79, 14); der Leistungsabfall ist alarmierend; ⟨subst.:⟩ Das Herz schlug rasch wie ein Vogelherz, aber es war nichts Alarmierendes zu hören (Remarque, Triomphe 141).

Alar|mie|rung, die; -, -en: *das Alarmieren.*

Alarm|klin|gel, die: *Klingel, mit der Alarm gegeben wird.*

Alarm|pi|kett, das (schweiz.): *Überfallkommando.*

Alarm|re|ak|ti|on, die (Med.): *automatisches Einsetzen bestimmter Reaktionen des Körpers zur Abwehr von Krankheits- u. anderen Einflüssen:* Schmerz als A. des Körpers.

Alarm|ruf, der: *aufrüttelnde Worte, Notschrei:* »Immer mehr Nichtsesshafte!« hieß der A. (Klee, Pennbrüder 159).

Alarm|schal|ter, der: *Schalthebel, der [automatisch] Alarm auslösen kann.*

Alarm|schal|tung, die: *[elektronisch gesteuertes] Schaltsystem zum Anzeigen von Gefahr.*

Alarm|schrei, der: *Alarmruf.*

Alarm|schrei|ber, der (Med.): *Gerät, das die Messwerte eines Patienten im kritischen Zustand aufzeichnet.*

Alarm|si|gnal, das: *akustisches od. optisches Zeichen, mit dem Alarm gegeben wird.*

Alarm|si|re|ne, die: vgl. Alarmklingel: Zweimal heulten fern hinter den Mauern -n (Loest, Pistole 111).

Alarm|steu|e|rung, die: *elektronischer Mechanismus, durch den bei Erreichen bestimmter Messwerte Alarm ausgelöst wird.*

Alarm|stu|fe, die: *bestimmte Stufe der Alarmbereitschaft, des Alarmiertseins bei Gefahr:* A. 3; A. Rot.

Alarm|übung, die: *Übung als Probe für den Fall eines richtigen Alarms.*

Alarm|vor|rich|tung, die: *Alarmanlage.*

Alarm|zei|chen, das: vgl. Alarmsignal: das A. geben.

Alarm|zu|stand, der ⟨o. Pl.⟩: *Zustand des Vorbereitetseins auf eine möglicherweise unmittelbar auftretende Gefahr:* die Polizei war, befand sich im, in A.; eine Stadt in [den] A. versetzen.

Alas|ka, -s: **1.** nordamerikanische Halbinsel. **2.** Bundesstaat der USA.

Alas|trim, das; -s [zu port. alastrar-se = sich ausbreiten] (Med.): *Form der Pocken von gutartigem Charakter u. leichtem Verlauf.*

à la suite [alaˈsɥit; frz., vgl. Suite] (Milit. hist.): *im Gefolge [von]:* à la s. des 3. Regiments stehen.

Alaun, der; -s, -e [mhd. alūn < lat. alumen] (Chemie): *Schwefeldoppelsalz, das u. a. als blutstillendes Mittel, als Beiz- u. Färbemittel verwendet wird.*

Alaun|er|de, die: *schwefelhaltiger Ton.*

Alaun|ker|bad, der (Fot.): *Fixierbad zum Härten der fotografischen Schicht.*

Alaun|ger|bung, die: *Gerbverfahren mit alaunhaltigen Mitteln.*

alaun|hal|tig ⟨Adj.⟩: *Alaun enthaltend.*

alau|nig, ⟨Adj.⟩: *alaunhaltig.*

alau|ni|sie|ren ⟨sw. V.; hat⟩: *mit Alaun behandeln.*

Alau|ni|sie|rung, die; -, -en: *Behandlung mit Alaun.*

Alaun|schie|fer, der: *durch Kohlenstoff geschwärzter Tonschiefer.*

Alaun|stein, der; -s: **1.** *farbloses weißes od. rötlich gelbes Mineral, das zur Gewinnung von Alaun dient; Alunit.* **2.** *meist aus Bauxit od. Kaolin gewonnene Alaunverbindung (Kalialaun), die als mildes Ätzmittel od. als blutstillendes Mittel verwendet wird.*

Alaun|stift, der: *Stift aus Alaunstein (2) zum Blutstillen.*

a-Laut, der: *Klang des Vokals a:* verschiedene -e.

¹Alb, der; -[e]s, -en ⟨meist Pl.⟩ [mhd., ahd. alb, alp; H. u.] (germ. Myth.): *unterirdischer Naturgeist.*

²Alb, der; -[e]s, -e [mhd., ahd. alp, alb; H. u.]: **1.** *(im alten Volksglauben) koboldhaftes, gespenstisches Wesen, das sich nachts auf die Brust des Schlafenden setzt u. bei ihm ein drückendes Gefühl der Angst hervorruft; [Nacht]mahr:* etw. liegt wie ein A. auf jmds. Brust. **2.** ⟨o. Pl.⟩ (geh.) *schwere seelische Last, seelische Bedrückung, Beklemmung:* ein A. ist mir gewichen; Aufatmend, von einem A. befreit, stürzt die Hausfrau ... der Freundin entgegen (A. Kolb, Daphne 5).

¹Al|ba, die; -, Alben: ↑ ¹Albe.

²Al|ba, die; -, -s [(alt)provenz. alba < vlat. alba = Morgenröte, zu: albus = hell, licht, eigtl. = weiß (↑ ¹Albe)] (Literaturw.): *altprovenzalisches Tagelied.*

Al|ba|ner, der; -s, -: Ew. zu ↑ Albanien.

Al|ba|ne|rin, die; -, -nen: w. Form zu Albaner.

Al|ba|ni|en; -s: Balkanstaat.

al|ba|nisch ⟨Adj.⟩: **a)** *Albanien, die Albaner betreffend; von den Albanern stammend, zu ihnen gehörend;* **b)** *in der Sprache der Albaner.*

Al|ba|nisch, das; -[s] u. ⟨nur mit best.

Art.:⟩ **Al|ba|ni|sche,** das; -n: *die albanische Sprache.*

Al|ba|no|lo|ge, der; -n, -n: *Wissenschaftler auf dem Gebiet der Albanologie.*

Al|ba|no|lo|gie, die; - [↑-logie]: *Wissenschaft von der albanischen Sprache u. Literatur.*

Al|ba|no|lo|gin, die; -, -nen: w. Form zu ↑ Albanologe.

al|ba|no|lo|gisch ⟨Adj.⟩: *die Albanologie betreffend.*

Al|ba|rel|lo, das; -s, ...lli [ital. albarello, alberello, H. u.]: *Apothekergefäß von zylindrischer Form.*

Al|bat|ros, der; -, -se [niederl. albatros < engl. albatross, unter Einfluss von lat. albus = weiß (wegen des weißen Gefieders) < span. alcatraz < älter alcaduz = Brunnenrohr < arab. al-qādūs = Schöpfkrug; der Vogel ist nach der hornigen Nasenröhre auf dem Schnabel benannt]: **1.** *(auf den Meeren der südlichen Halbkugel beheimateter) ausgezeichnet segelnder großer Meeresvogel mit meist weißem u. grauem Gefieder, großem Hakenschnabel, sehr langen, schmalen Flügeln u. kurzem Schwanz, der sich auf dem Boden nur schwerfällig fortbewegen kann.* **2.** (Golf) *das Erreichen eines Lochs mit drei Schlägen weniger als nötig.*

Alb|druck, Alpdruck, der ⟨Pl. selten⟩: ...drücke): *²Alp (2):* von einem A. befreit sein; dass sich die Nachricht vom Krieg wie ein schwerer Alpdruck auf mich legte (Leonhard, Revolution 89).

Alb|drücken, Alpdrücken, das; -s: *drückendes Gefühl der Angst im [Halb]schlaf:* A. haben; die Schläfer rührten sich oft im Schlaf, als ob ihnen was auf der Brust läge, ein Alpdrücken (Bieler, Bär 76).

¹Al|be, die; -, -n [mhd. albe, ahd. alba < kirchenlat. alba, zu lat. albus, ↑ Album]: *weißes liturgisches [Unter]gewand katholischer u. anglikanischer Geistlicher:* Alles Weißzeug, das Humerale und die A. ließ er sich ... übermäßig stärken (Grass, Katz 101).

²Al|be, der; -n, -n: ↑ ¹Alb.

Al|be|do, die; - [lat. albedo = weiße Farbe, zu: albus, ↑ Album] (Physik): *Fähigkeit zu reflektieren (1); Rückstrahlungsvermögen von nicht selbst leuchtenden u. nicht spiegelnden Flächen.*

Al|ben: Pl. von ↑ ¹Alb, ↑ ¹Alba, ↑ ¹Albe, ↑ ²Alb, ↑ Album.

Al|be|rei, die; -, -en: *albernes Benehmen; kindischer Spaß:* lass doch diese -en!

Al|ber|ge, die; -, -n [frz. alberge < span. albérchiga, über das Mozarabische < vlat. persica, ↑ Pfirsich]: *Aprikose einer kleinen, säuerlichen Sorte mit festem Fleisch.*

Al|ber|go, das; -s, -s u. ...ghi [ital. albergo, aus dem Got., verw. mit ↑ Herberge]: *ital. Bezeichnung für: Gasthof, Hotel.*

¹al|bern ⟨sw. V.; hat⟩: *sich ²albern benehmen, Dummheiten machen:* ich albere mit Hella oder ... schau mir an, was es noch für Mädchen gibt (Loest, Pistole 193); ich albere ein bisschen; er kann nichts als a.

²al|bern ⟨Adj.⟩ [mhd. alwǣre = schlicht; einfältig; ahd. alawāri = freundlich, zu einem untergegangenen Adj. mit der Bed. »freundlich« u. eigtl. = ganz freundlich] (abwertend): **a)** *einfältig, töricht, kindisch:* -e *Witze;* Verschon mich mit diesem -en Aberglauben (Danella, Hotel 206); ein -es *Mädchen; sei nicht so a.!;* sich *a.* benehmen; gegen die Schlachten zwischen Rotfrontkämpferbund und SA wirken die Prügeleien von heute eher a. (Woche 14. 2. 97, 29); **b)** (ugs.) *klein, wertlos, unbedeutend:* wegen dieser -en Fünf ist er sitzen geblieben!

Al|bern|heit, die; -, -en: **1.** ⟨o. Pl.⟩ *alberne Art, albernes Benehmen.* **2.** *alberne Handlung, Äußerung:* Ich erwarte von Ihnen keine -en, sondern den Ernst und die Würde, die Ihrem Amt zukommen (Bieler, Bär 346).

Alb|fuß, der [zu ²Alb]: *Druckerfuß.*

Al|bi|gen|ser, der; -s, -: *Angehöriger einer mittelalterlichen häretischen Gruppe in Südfrankreich.*

Al|bi|klas, der; -es, -e [zu lat. albus = weiß u. griech. klásis = Bruch]: *Albit.*

Al|bi|nis|mus, der; - (Med., Biol.): *erbliches Fehlen von Farbstoffen in Haut, Haaren u. Augen.*

al|bi|ni|tisch: ↑albinotisch.

Al|bi|no, der; -s, -s [span. albino, zu: albo = weiß < lat. albus]: **a)** *Mensch od. Tier mit fehlender Farbstoffbildung;* **b)** *[Blüten]blatt, Samenkorn o. Ä. mit fehlender Farbstoffbildung.*

al|bi|no|tisch ⟨Adj.⟩ (Med., Biol.): *den Albino betreffend; auf Albinismus beruhend.*

Al|bi|on, -s (dichter.): *England:* Mit dem Rücken zum europäischen Festland blickte A. seewärts auf sein Commonwealth (Spiegel 20, 1967, 156).

Al|bit [auch: ...'bɪt], der; -s, -e [zu lat. albus = weiß] (Mineral): *meist weißes, wichtiges gesteinsbildendes Mineral.*

Alb|kreuz, das [zu ↑²Alp]: *Albfuß.*

Alb|ran|ke, die [nach altem Volksglauben sollen Mistelzweige Gewitter verursachende Hexen bannen]: *Mistel.*

Alb|schoss, der [2. Bestandteil mhd., ahd. schoʒ = Geschoss] (volkst.): *Belemnit.*

Alb|traum, Alptraum, der: *mit Albdrücken verbundener Traum; Angsttraum:* von Alpträumen geplagt werden; Ü Was für ein Alptraum von einem Tisch! (Muschg, Gegenzauber 167); etw. ist ein A. für jmdn.; Die Ruhr-Universität ist ein Alptraum aus Beton (Woche 17. 1. 97, 22).

Al|bu|go, die; -, ...gines [...neːs; lat. albugo, zu: albus = weiß] (Med.): *weißer Fleck der Hirnhaut* (2).

Al|bum, das; -s, Alben, ugs.: -s [lat. album = weiße Tafel für Aufzeichnungen, zu: albus = weiß]: **1. a)** *einem Buch ähnlicher Gegenstand mit meist unbedruckten stärkeren Seiten, Blättern, auf denen Fotografien, Briefmarken, Postkarten u. a. zum Aufbewahren befestigt werden:* Bilder in A. kleben: Er blätterte in dicken, alten Alben mit Lichtbildern seiner Familie (Musil, Mann 457); **b)** *kurz für* ↑*Plattenalbum.* **2. a)** (veraltend) *zwei zusammengehörige Langspielplatten in zwei zusammenhängenden Hüllen;* **b)** (veraltend) *Langspielplatte:* Lennon plant angeblich ein Come-back mit einem neuen A. (Hörzu 27, 1979, 84); Robby Rosa, der gerade an seinem ersten ... A. arbeitet (Popcorn 10, 1988, 3); **c)** *(bes. im Bereich der Unterhaltungsmusik) CD mit der Veröffentlichung mehrerer Titel eines Künstlers, einer Gruppe:* ein A. aufnehmen, abmischen, produzieren.

Al|bum|blatt, das: *Blatt, Seite aus einem Album* (1).

Al|bu|men, das; -s [lat. albumen] (Biol.): *Eiweiß* (1).

Al|bu|min, das; -s, -e: (Biol.) *einfacher, wasserlöslicher tierischer Eiweißkörper:* »Mir fehlt nur A.« »Was ist das?« »Eiweiß. Ich brauche Milch.« (Bieler, Mädchenkrieg 182).

Al|bu|mi|nat, das; -s, -e: *alkalisches Salz eines Albumins.*

Al|bu|mi|ni|me|ter, das; -s, -: *mit einer Messskala versehenes Röhrchen zur Bestimmung des Eiweißgehaltes im Harn.*

al|bu|mi|no|id ⟨Adj.⟩ [zu griech. -oeidḗs = -ähnlich]: *eiweißähnlich, eiweißartig.*

al|bu|mi|nös ⟨Adj.⟩ (Biol.): *eiweißhaltig.*

Al|bu|mi|nu|rie, die; -, -n [zu griech. oûron = Harn] (Med.): *Ausscheidung von Eiweiß im Harn.*

Al|bu|mo|se, die; -, -n: *Spaltprodukt der Eiweißkörper.*

Al|bum|vers, der: *für ein Poesiealbum geeigneter Vers.*

Al|bus, der; -, -se [mhd. albus < mlat. albus < lat. albus = weiß] (MA.): *[niederrheinischer] Weißpfennig.*

al|cä|lisch: ↑alkäisch.

Al|can|ta|ra®, das; -[s] [Kunstwort] (Textilind.): *hochwertiges Veloursledermitat.*

Al|car|ra|za [...'rasa, span. ...'rraθa], die; -, -s [span. alcarraza, aus dem Arab.]: *(in Spanien gebräuchlicher) poröser Tonkrug zum Kühlhalten von Wasser.*

Al|cá|zar: ↑Alkazar.

al|che|mie, die; -: [frz. alchimie < span. alquimia < arab. al-kīmiyā' = Kunst des Legierens]: *mittelalterliche, mystisch u. symbolisch verbrämte Chemie.*

Al|che|mist, der; -en, -en [mlat. alchimista]: *jmd., der sich mit Alchemie befasst; Goldmacher:* ein mittelalterlicher A.; Ü Unzählige deutsche Psychiater sind -en der Neuzeit geworden, die ... den jugendlichen Übermut in Gewalt verwandeln (Alexander, Jungfrau 331).

Al|che|mis|ten|kü|che, die: *Arbeitsstätte eines Alchemisten:* eine mittelalterliche A.; Ü ausgeheckt in der A. einer Bonner Parteizentrale.

al|che|mis|tisch ⟨Adj.⟩: *die Alchemie betreffend, zu ihr gehörend; mit den Mitteln der Alchemie [hergestellt].*

Äl|chen, das; -s, -: **1.** Vkl. zu ↑Aal. **2.** (Zool.) *[in Pflanzen u. Tieren als Parasit lebender] sehr kleiner Fadenwurm.*

Al|chi|mie usw.: vgl. Alchemie usw.

al cor|so [ital., ↑Korso] (Börsenw.): *zum laufenden Kurs.*

al|cy|o|nisch [alˈtsyːoːnɪʃ]: *alkyonisch.*

Al|de|ba|ran, der; -s: *hellster Stern im Sternbild Stier.*

Al|de|hyd, der; -s, -e [gek. aus nlat. Alcoholus dehydrogenatus = Alkohol, dem Wasserstoff entzogen wurde] (Chemie): *organische Verbindung, die entsteht, wenn Alkoholen Wasserstoff entzogen wird.*

Al|de|hyd|harz, das: *Kunstharz, das für Lacke u. Polituren u. a. verwendet wird.*

al den|te [ital., etwa = für den Zahn (zu spüren), aus ↑al u. dente = Zahn] (Gastr.): *(von Nudeln, Reis) nicht ganz weich gekocht:* die Spaghetti könnten etwas mehr a. d. sein.

Al|der|man [ˈɔːldəmən], der; -s, ...men [...mən]; engl. alderman < aengl. (e)aldorman, aus: (e)aldor = Familienoberhaupt u. man = Mann]: *Vorsteher, Ratsherr, Stadtrat (in angelsächsischen Ländern).*

◆ **Al|der|mann**, der; -[e]s, ..männer [eindeutschende Bildung]: ↑Alderman: Und wenn euch, ihr Kinder, mit treuem Gesicht ein Vater, ein Lehrer, ein A. spricht (Goethe, Eckart).

Al|di|ne, die; -, -n [nach dem venezianischen Drucker Aldus Manutius (1449–1515)] (Druckw.): **1.** ⟨o. Pl.⟩ *halbfette Antiquaschrift.* **2.** *Druck, bes. kleinformatige Klassikerausgabe vom Aldus Manutius od. einem seiner Nachfolger.*

Al|do|se, die; -, -n [zu ↑Aldehyd] (Biochemie): *Monosaccharid, das eine Aldehydgruppe enthält.*

Al|dos|te|ron, das; -s [Kurzwort]: *Hormon der Nebennierenrinde.*

Ale [eːl, engl.: eɪl], das; -s [engl. ale < aengl. (e)alu, H. u.]: *helles, obergäriges englisches Bier.*

alea iac|ta est [lat. = der Würfel ist geworfen (↑Würfel 2; angeblich Ausspruch Caesars, als er 49 v. Chr. durch Überschreiten des Rubikons den Bürgerkrieg entfesselte]: *die Entscheidung ist gefallen, es ist entschieden.*

Ale|a|to|rik, die; - [zu lat. aleator = Würfel-, Glücksspieler] (Musik): *Kompositionsverfahren der zeitgenössischen Musik mit individueller Notation (mit beabsichtigten großen Interpretationsspielräumen:* »Aleatorik« hieß das neue Schlagwort (Welt 9. 9. 68, 9).

ale|a|to|risch ⟨Adj.⟩ [lat. aleatorius = zum Würfelspieler gehörend] (bildungsspr.): *vom Zufall abhängig, auf Zufall beruhend, dem Zufall überlassen:* -e Technik, Musik; -e Dichtung.

Ale|man|ne, der; -n, -n: *Angehöriger eines germanischen Volksstammes.*

Ale|man|nin, die; -, -nen w. Form zu ↑Alemanne.

ale|man|nisch ⟨Adj.⟩: **a)** *die Alemannen betreffend, von ihnen stammend, zu ihnen gehörend;* **b)** *in der Mundart der Alemannen.*

Ale|man|nisch, das; -[s] u. ⟨nur mit best. Art.:⟩ **Ale|man|ni|sche**, das; -n: *alemannische Mundart.*

Alen|çon|spit|ze [alɑ̃ˈsõː...], die [nach der nordfrz. Stadt Alençon] (Textilw.): *Spitze mit Blumenmustern auf zartem Netzgrund.*

Alep|po|kie|fer, die; -, -n [nach der syrischen Stadt Aleppo]: *(im Mittelmeerraum heimische) harzreiche Kiefer.*

alert ⟨Adj.⟩ [frz. alerte, zugez. aus: à l'erte < ital. all'erta = auf die (An)höhe!]: **a)** *flink, munter:* ein -er Hotelpage; sie

Aleukämie

ist, Gott sei Dank, wieder a. *(munter, nicht mehr krank);* **b)** *geistig beweglich, aufgeweckt:* -e Geschäftsleute; Das Angebot an -en jungen Dozenten ... ist groß (Zeit 12. 6. 64, 13).

Aleu|kä|mie, die, -, -n [zu griech. a- = nicht, un- u. ↑Leukämie] (Med.): *Form der Leukämie mit Auftreten von unreifen weißen Blutkörperchen, die sich nicht vermehren.*

aleu|kä|misch ⟨Adj.⟩ (Med.): *das Erscheinungsbild der Aleukämie zeigend; leukämieähnlich.*

Aleu|ron, das; -s [griech. áleuron = Weizenmehl] (Biol.): *Eiweiß, das [in Form von festen Körnern] in Pflanzen[samen] vorkommt und als Energiereserve dient.*

Ale|u|ten ⟨Pl.⟩: *Inseln zwischen Beringmeer u. Pazifischem Ozean.*

Ale|xan|der Lu|cas, die; --, -- [nach dem frz. Obstzüchter Alexander Lucas (19. Jh.)]: *große, saftige, süße Birne.*

Ale|xan|dria, Ale|xan|dri|en: *ägyptische Stadt.*

¹Ale|xan|dri|ner, der; -s, -: Ew.

²Ale|xan|dri|ner, der; -s, - [nach frz. vers alexandrin = Vers des Alexanderromans (von 1180)] (Verslehre): *sechshebiger Reimvers mit 12 oder 13 Silben.*

Ale|xan|dri|ne|rin, die; -, -nen: w. Form zu ↑Alexandriner.

ale|xan|dri|nisch ⟨Adj.⟩: *Alexandria, Alexandrien betreffend.*

Ale|xan|drit [auch: ...'drɪt], der; -s, -e [nach dem russ. Zaren Alexander II. (1818–1881)]: *seltener, sehr harter Edelstein von tiefgrüner bis roter Farbe.*

Ale|xi|a|ner, der; -s, - [nach dem hl. Alexius (5. Jh.)]: *Angehöriger einer Laienbruderschaft.*

Ale|xi|a|ne|rin, die; -, -nen: *Angehörige einer Laienschwesternschaft.*

Ale|xie, die; -, -n [zu griech. a- = nicht, un- u. léxis = das Sprechen, Wort] (Med.): *Unfähigkeit, Geschriebenes zu lesen bzw. Gelesenes trotz intakten Sehvermögens zu verstehen.*

Ale|xin, das; -s, -e ⟨meist Pl.⟩ [zu griech. aléxein = abwehren] (Med.): *im Blutserum enthaltener eiweißartiger Abwehrstoff gegen Bakterien.*

ale|zi|thal ⟨Adj.⟩ [zu griech. a- = nicht, un- u. lékithos = Dotter] (Biol.): *(von Eiern) wenig Dotter enthaltend, dotterarm.*

Al|fa, die; -, -s, **Al|fa|gras**, das; -es, ...gräser [arab. halfā']: *Esparto (a).*

Al|fal|fa, die; - [span. alfalfa < arab. al-fāsfasa]: *Luzerne.*

♦ **Al|fanz**, der; -es, -e [mhd. alevanz, ↑alfanzen]: *Gewinn, Vorteil; Geschenk:* Der A. hat mir gleich nur halb gefallen; wer weiß, was für ein Rauner sie (= die Wunderschuhe) hingestellt hat (Mörike, Hutzelmännlein 152).

al|fan|zen ⟨sw. V.; hat⟩ [zu mhd. alevanz = Narretei, Schwindel, Gewinn < ital. all'avanzo = zum Vorteil] (veraltet): **1.** *Possen reißen; närrisch sein.* **2.** *schwindeln.*

Al|fan|ze|rei, die; -, -en ⟨meist Pl.⟩ (veraltet): **1.** *Albernheit* (2); *Narrheit* (b): ein tüchtiges Weib war sie doch gewesen, voll verlässlicher Vernünftigkeit, ohne Faxen und -en (Fussenegger, Haus 12). **2.** *Schwindel, [leichter] Betrug:* ♦ Da saugt mir das Mädel – weiß Gott, was als für – überhimmliche -en ein (Schiller, Kabale I, 1).

Al|fe|nid [auch: ...'nɪt], das; -s [frz. alfénide, nach dem frz. Chemiker Halfen (19. Jh.)]: *Neusilberlegierung aus Kupfer, Zink u. Nickel.*

al fi|ne [ital., aus ↑al u. fine < lat. finis = Ende] (Musik): *bis zum Schluss* (als erläuternde Bemerkung, Ausführungshinweis im Notentext): da capo al fine.

al fres|co: ↑a fresco.

Al|gar|ve, die u. der; -: *südlichste Provinz Portugals.*

Al|ge, die; -, -n [lat. alga = Seegras, Seetang]: *(in vielen Arten vorkommende) niedere blütenlose Wasserpflanze:* Die letzte Mole, schwarz von -n ..., gleitet vorüber (Frisch, Gantenbein 435).

Al|ge|bra [österr.: al'ge:bra], die; -, Algebren [arab. al-ǧabr, eigtl. = die Einrenkung (gebrochener Teile)] (Math.): **a)** *Lehre von den Gleichungen; Theorie der Verknüpfungen mathematischer Strukturen;* **b)** *algebraische Struktur.*

Al|ge|bra|i|ker, der; -s, -: *jmd., der berufsmäßig Algebra betreibt.*

Al|ge|bra|i|ke|rin, die; -, -nen: w. Form zu ↑Algebraiker.

al|ge|bra|isch ⟨Adj.⟩: *die Algebra betreffend:* eine -e Gleichung, Funktion, Zahl; -e Struktur *(Menge von Elementen mit den zwischen ihnen definierten Verknüpfungen).*

Al|ge|bra|i|sie|rung, die; -, -en: *Darstellung einer ursprünglich nicht algebraischen Theorie durch Ausdrucksmittel der Algebra.*

al|gen|ähn|lich ⟨Adj.⟩: *algenartig.*

al|gen|ar|tig ⟨Adj.⟩: **a)** *mit den Algen verwandt;* **b)** *wie Algen aussehend.*

Al|ge|nib, der; -s: **1.** *hellster Stern im Sternbild Perseus.* **2.** *Stern im Sternbild Pegasus.*

Al|gen|kun|de, die: *Wissenschaft von den Algen; Algologie.*

al|gen|kund|lich ⟨Adj.⟩: *die Algenkunde betreffend.*

Al|gen|pilz, der: *niederer, algenähnlicher Pilz; Fadenpilz.*

Al|ge|ri|en; -s: *Staat in Nordafrika.*

Al|ge|ri|er, der; -s, -: Ew.

Al|ge|ri|e|rin, die; -, -nen: w. Form zu ↑Algerier.

al|ge|risch ⟨Adj.⟩: *Algerien, die Algerier betreffend; von den Algeriern stammend, zu ihnen gehörend.*

Al|ge|sie, die; -, -n [zu griech. álgēsis = Schmerz] (Med.): *Schmerzempfindlichkeit; Schmerzempfindung.*

Al|ge|si|me|ter, Algometer, das; -s, - (Med.): *Gerät zur Messung der Schmerzempfindlichkeit.*

Al|ge|si|me|trie, die; -, -n (Med.): *Messung der Schmerzempfindlichkeit mit mechanischen, thermischen, elektrischen od. chemischen Methoden.*

Al|ge|si|o|lo|ge, der; -n, -n [zu griech. lógos, ↑Logos]: *Arzt mit besonderen Kenntnissen auf dem Gebiet der Schmerzforschung.*

Al|ge|si|o|lo|gie, die; -: *Wissenschaft, die sich mit dem Schmerz, seinen Ursachen u. seiner Bekämpfung befasst.*

al|ge|si|o|lo|gisch ⟨Adj.⟩: *die Algesiologie betreffend.*

Al|gier [...ʒiːɐ̯]: *Hauptstadt Algeriens.*

Al|gi|nat, das; -[e]s, -e [zu ↑Alge]: *Salz der Alginsäure.*

Al|gin|säu|re, die: *aus Braunalgen gewonnenes chemisches Produkt von vielfacher technischer Verwendbarkeit.*

Al|gi|zid, das; -[e]s, -e [zu lat. -cidere = töten]: *Mittel zur Bekämpfung von Algen.*

Al|go|ge|ne ⟨Pl.⟩ [zu griech. álgos = Schmerz u. ↑-gen]: *Schmerz erzeugende chemische Kampfstoffe.*

Al|gol, der; -s: *Stern im Sternbild Perseus.*

ALGOL, das; -[s] [Kurzwort aus engl. **al**gorithmic **l**anguage] (EDV): *bes. auf wissenschaftliche u. technische Aufgaben ausgerichtete Programmiersprache.*

Al|go|la|gnie, die; -, -n [zu griech. álgos = Schmerz u. lagnós = wollüstig] (Med., Sexualk.): *zusammenfassende Bez. für Sadismus u. Masochismus.*

Al|go|lo|ge, der; -n, -n [zu griech. lógos, ↑Logos]: *Forscher auf dem Gebiet der Algologie.*

Al|go|lo|gie, die; - [zu griech. lógos, ↑Logos]: *Algenkunde.*

Al|go|lo|gin, die; -, -nen: w. Form zu ↑Algologe.

al|go|lo|gisch ⟨Adj.⟩: *die Algologie betreffend.*

Al|go|me|ter: ↑Algesimeter.

¹Al|gon|kin, der; -[s], - ⟨meist Pl.⟩: *Angehöriger einer Sprachfamilie der nordamerikanischen Indianer.*

²Al|gon|kin, das; -[s]: *Sprache der Algonkin.*

al|gon|kisch ⟨Adj.⟩: *dem Algonkium angehörend; das Algonkium betreffend.*

Al|gon|ki|um, das; -s [nach dem Land der ¹Algonkin] (Geol.): *Formation des jüngeren Präkambriums; Proterozoikum.*

al|go|rith|misch ⟨Adj.⟩: *einem Algorithmus folgend.*

Al|go|rith|mus, der; -, ...men [mlat. algorismus = Art der indischen Rechenkunst, in Anlehnung an griech. arithmós = Zahl entstellt aus dem Namen des pers.-arab. Mathematikers Al-Ḫwarizmī, gest. nach 846] (Math., EDV): *Verfahren zur schrittweisen Umformung von Zeichenreihen; Rechenvorgang nach einem bestimmten [sich wiederholenden] Schema.*

Al|gra|phie, die; -, -n [Kunstw. aus Aluminium u. -graphie]: **1.** ⟨o. Pl.⟩ *Flachdruckverfahren mit einem Aluminiumblech als Druckform.* **2.** *nach dem Druckverfahren der Aligraphie* (1) *hergestelltes Kunstblatt.*

Al|ham|bra, die; -: *Palast bei Granada.*

Alia: Pl. von ↑Aliud.

ali|as ⟨Adv.⟩ [lat. alias]: *anders ...; sonst ...; eigentlich ...; oft auch ... genannt:* der Beschuldigte Meyer a. Müller a. Schulze; die Berichterstattung ... von Günter Wallraff a. Hans Esser (Spiegel 43, 1977, 267); Die Lupinenstraße a. Gutemannstraße heißt im Volksmund immer noch »die Neunzehnt« (MM 6. 5. 68, 4).

Ali|bi, das; -s, -s [lat. alibi = anderswo:

a) (Rechtsspr.) *[Nachweis der] Abwesenheit vom Tatort zur Tatzeit:* ein lückenloses A. haben; ein hieb- u. stichfestes A. beibringen; für die Tatzeit besitzt er kein A.; In den folgenden Tagen werden ... Fingerabdrücke genommen und die -s überprüft (Chotjewitz, Friede 281); **b)** *Ausrede, Entschuldigung; Rechtfertigung:* die Wirtschaftskrise ist willkommener Vorwand und A., irgendwelche Minderheiten zu verfolgen (Pohrt, Endstation 38); War denn die korrekte Erfüllung seiner Pflicht nicht das beste A. vor seinem eigenen Gewissen? (Apitz, Wölfe 81); ein moralisches A. für sein Amüsement finden.

Ali|bi-: drückt in Bildungen mit Substantiven aus, dass jmd. oder etw. nur als Alibi, als Ausrede oder Vorwand dient und keine wirkliche Funktion oder Bedeutung hat: Alibibeitrag, -charakter, -dezernat.

Ali|bi|be|weis, der (Rechtsspr.): *Unschuldsbeweis aufgrund eines Alibis* (a).

Ali|bi|frau, die (abwertend): *Frau, der unterstellt wird, sie habe ihre berufliche Position nur erhalten, um damit die Verwirklichung der Chancengleichheit zu dokumentieren:* Eine Firma sagte schließlich zu, von nun an war sie dort »die Alibifrau« (MM 30. 10. 87, 19).

Ali|bi|funk|ti|on, die: *jmdm., einer Sache zugeteilte Funktion, die den Zweck hat, einen Missstand zu verschleiern:* Ich hatte das Gefühl gehabt, ... eine A. übernehmen zu müssen – einmal als Nachrückerin und zusätzlich als Frau (Spiegel 17, 1984, 27).

Ali|en ['eɪljən], der od. das; -s, -s [engl. alien = Ausländer, Fremder, Außenseiter; ausländisch, fremd < lat. alienus, ↑alienieren]: *(bes. im Film, Roman, Comicstrip auftretendes) außerirdisches Wesen, utopisches Lebewesen fremder Planeten:* ... stießen Hopkins und andere Untertassenforscher auf »absolut überzeugende Belege« für das unheimliche Treiben der -s (Spiegel 38, 1987, 160).

Ali|e|na|ti|on, die; -, -en [lat. alienatio, zu: alienare, ↑alienieren]: **1.** *Entfremdung.* **2.** *Veräußerung, Verkauf.*

Ali|e|ni (Pl.) [lat. = die Fremden, Pl. von: alienus, ↑alienieren] (Zool.): *Tiere, die zufällig in ein ihnen fremdes Gebiet geraten bzw. dieses zufällig durchqueren.*

ali|e|nie|ren ⟨sw. V.; hat⟩ [lat. alienare, zu: alienus = fremd]: **1.** *entfremden.* **2.** *veräußern, verkaufen.*

Ali|gne|ment [alinjə'mãː], das; -s, -s [frz. alignement] (Verkehrsw.): **1.** *das Abstecken einer Leitlinie* (2). **2.** *Leitlinie* (2).

ali|gnie|ren [alɪn'ji:rən] ⟨sw. V.; hat⟩ [frz. aligner, zu: ligne = Linie < lat. linea]: *mit einer Richtschnur* (1) *versehen, abmessen.*

ali|men|tär ⟨Adj.⟩ [lat. alimentarius]: *die Ernährung betreffend.*

Ali|men|ta|ti|on, die; -, -en [mlat. alimentatio, zu: alimentare, ↑alimentieren]: *Versorgung, finanzielle Leistung für den Lebensunterhalt:* finanzielle A.

ali|men|ta|ti|ons|pflich|tig ⟨Adj.⟩: *unterhaltspflichtig.*

Ali|men|te (Pl.) [lat. alimenta (Sg.: alimentum) = Nahrungsmittel, zu: alere = ernähren; aufziehen]: *regelmäßig zu zahlender Unterhaltsbeitrag, Aufwendungen für den Lebensunterhalt, bes. für ein nichteheliches Kind:* A. zahlen; es würde einen Prozess mit Leo geben wegen der A. für Wilma (Böll, Haus 39).

Ali|men|ten|kla|ge, die: *gerichtliche Klage auf Zahlung von Alimenten.*

ali|men|tie|ren ⟨sw. V.; hat⟩ [mlat. alimentare, zu lat. alimentum, ↑Alimente]: *mit Geldmitteln unterstützen, unterhalten:* Bis heute wird ja Rheinland-Pfalz ... aus dem hessischen Haushalt alimentiert (Spiegel 45, 1985, 48); Er ist Bürgermeister einer Stadt, die von der Bundesrepublik alimentiert wird (Spiegel 52, 1965, 9).

Ali|men|tie|rung, die; -, -en: *das Alimentieren.*

a li|mi|ne [lat. = von der Schwelle]: *kurzerhand, von vornherein; ohne Prüfung in der Sache.*

Ali|nea, das; -s, -s [aus lat. a = von u. linea = Linie] (Druckw. veraltet): *[mit Absatz beginnende] neue Druckzeile.*

ali|ne|ie|ren ⟨sw. V.; hat⟩ (Druckw. veraltet): *abtrennen; mit neuer Zeile beginnen.*

ali|pha|tisch ⟨Adj.⟩ [zu griech. áleiphar (Gen.: aleíphatos) = Fett] (Chemie): *(von bestimmten Verbindungen) in der Strukturformel azyklische* (1) *Kohlenstoffketten aufweisend:* -e Kohlenwasserstoffe.

ali|quant ⟨Adj.⟩ [lat. aliquantus = ziemlich (groß)] (Math. veraltet): *mit Rest teilend:* fünf ist ein -er Teil von zwölf.

ali|quot ⟨Adj.⟩ [lat. aliquot = einige] (Math. veraltet): *ohne Rest teilend:* fünf ist ein -er Teil von zehn.

Ali|quo|te, die; -, -n: **1.** (Math.) *Zahl, die eine andere ohne Rest in gleiche Teile teilt; Teiler.* **2.** (Musik) **a)** ⟨meist Pl.⟩ *in einem ganzzahligen Schwingungsverhältnis zum Grundton stehender, mitklingender Oberton;* **b)** *Aliquotstimme.*

Ali|quot|flü|gel, der: *Flügel mit über den Anschlagsaiten angebrachten Aliquotsaiten, die den Klang aufhellen sollen.*

Ali|quot|sai|te, die: *zur Verstärkung eines Obertones frei mitschwingende Saite bei verschiedenen Instrumenten.*

Ali|quot|stim|me, die: *Register der Orgel, das zu den Grundstimmen als selbständige Realisierung von Obertönen (Aliquoten) hinzutritt.*

Ali|quot|ton, der ⟨meist Pl.⟩: *Aliquote* (2 a).

Ali|ta|lia, die; -: *italienische Luftfahrtgesellschaft.*

ali|tie|ren ⟨sw. V.; hat⟩ [zu ↑Aluminium] (Metallbearb.): *(bes. Stahl) mit einer aluminiumreichen Beschichtung versehen u. anschließend bei hohen Temperaturen bearbeiten; kalorisieren.*

Ali|ud, das; -, Alia (Rechtsspr.): *etwas anderes als der vereinbarte Gegenstand, als die vertraglich festgelegte Leistung.*

Ali|ud|lie|fe|rung, die (Rechtsspr.): *Lieferung eines Aliud.*

Ali|za|rin, das; -s [span. alizarina < arab. al-'aṣārahʰ]: *(früher aus der Krappwurzel gewonnener, jetzt synthetisch hergestellter) roter Farbstoff.*

Alk, der; -[e]s od. -en, -e[n] [anord. alka]: *(in mehreren Arten vorkommender) einem Pinguin ähnlicher Meeresvogel.*

Al|ka|hest, der od. das; -[e]s [mlat. alchahest; vielleicht geb. von Paracelsus]: *(in alchemistischen Schriften) angeblich alle Stoffe lösende Flüssigkeit.*

al|kä|isch ⟨Adj.⟩ [lat. Alcaicus < griech. Alkaïkós (nach dem griech. Lyriker Alkaios)]: *ein bestimmtes antikes Odenmaß betreffend:* -e Strophe (vierzeilige Odenstrophe).

Al|kal|de, der; -n, -n [span. alcalde < arab. al-qāḍī = Richter]: *[Straf]richter, Bürgermeister in Spanien.*

Al|ka|li [al'kaːli, auch: ˈalkali]; -s, -s, Alkalien ⟨meist Pl.⟩ [frz. alcali < span. álcali < arab. al-qalī = Pottasche] (Chemie): **a)** *[ätzende] Verbindung eines Alkalimetalls mit einer Hydroxylgruppe;* **b)** *Karbonat eines Alkalimetalls.*

Al|ka|li|ä|mie, die; -, -n [zu griech. haīma = Blut] (Med.): *Alkalose.*

Al|ka|li|blau, das: *leuchtend blauer Farbstoff (für Druck- u. Papierfarben).*

al|ka|li|frei ⟨Adj.⟩: *ohne Seifenrückstand:* ein -es Waschmittel.

Al|ka|li|lö|sung, die (Chemie): *Lauge.*

Al|ka|li|me|tall, das (Chemie): *eines der sehr reaktionsfähigen Metalle der ersten Hauptgruppe des Periodensystems (z. B. Lithium, Natrium, Kalium).*

Al|ka|li|me|trie, die; - (Chemie): *Messverfahren zur Bestimmung des Laugengehaltes einer Flüssigkeit.*

al|ka|lin ⟨Adj.⟩ (Chemie): **a)** *alkalisch reagierend;* **b)** *alkalihaltig.*

Al|ka|li|ni|tät, die; - (Chemie): **a)** *alkalische Eigenschaft, Beschaffenheit eines Stoffes;* **b)** *alkalische Reaktion eines Stoffes.*

Al|ka|li|salz, das: *Salz eines Alkalimetalls.*

al|ka|lisch ⟨Adj.⟩ (Chemie): *basisch; laugenhaft; Laugenwirkung zeigend:* eine -e Reaktion; die Lösung ist a.; a. reagieren.

al|ka|li|sie|ren ⟨sw. V.; hat⟩ (Chemie): *(eine Flüssigkeit) alkalisch machen.*

Al|ka|li|tät, die; -: *Gehalt einer Lösung an alkalischen Stoffen.*

Al|ka|lo|id, das; -[e]s, -e [zu griech. -eidēs = -förmig] (Chemie): *basische, bes. in Pflanzen vorkommende Stickstoffverbindung.*

Al|ka|lo|se, die; -, -n (Med.): *krankhafte Verminderung des Säuregehaltes im Blut mit Anstieg des pH-Wertes.*

Al|kan, der; -s, -e ⟨meist Pl.⟩ [zu ↑Alkyl] (Chemie): *gesättigter azyklischer Kohlenwasserstoff.*

Al|kan|na, die; - [span. alcana < arab. al-ḥinnā' = Hennapulver] (Bot.): *Gattung der Raublattgewächse, deren bekanntester Vertreter die Schminkwurz ist.*

Al|ka|zar [alˈkaːzar, auch: alkaˈtsaːɐ̯, alˈkaːtsar], der; -s, -e [span. alcázar < arab. al-qaṣr = Burg]: *Burg, Schloss, Palast in Spanien:* Ü ist die Vollzugsanstalt Stuttgart-Stammheim ... zu einem A. der Rechtsprechung ausgebaut worden (Spiegel 21, 1975, 46).

Al|ken, der; -s, -e ⟨meist Pl.⟩ [zu ↑Alkyl] (Chemie): *Olefin.*

Al|ki, der; -s, -s (Jargon): *Alkoholiker:* -s nannten wir die Jugendlichen, die sich mit Bier und Schnaps antörnten (Christiane, Zoo 49).
Al|kin, das; -s, -e ⟨meist Pl.⟩ [zu ↑Alkyl] (Chemie): *ungesättigter azyklischer Kohlenwasserstoff.*
Al|ko|hol [ˈalkohoːl, auch: - -ˈ-], der; -s, -e [2a: aus der Sprache der Alchemisten, urspr. = feines, trockenes Pulver < span. alcohol < arab. al-kuhl = (Augen)schminke aus) Antimon]: **1.** (Chemie) *organische Verbindung mit einer oder mehreren Hydroxylgruppen:* primärer, mehrwertiger A. **2. a)** ⟨o. Pl.⟩ *brennbare, brennend schmeckende, desinfizierende Flüssigkeit; Äthylalkohol, Weingeist, Spiritus:* reiner A.; A. destillieren; eine Wunde mit A. betupfen; Weinbrand enthält mindestens 38% A.; **b)** ⟨Pl. selten⟩ *Weingeist enthaltendes Getränk; geistiges Getränk:* keinen A. trinken; den A. nicht vertragen; dem A. verfallen sein; Er war ... dem A. ergeben (Niekisch, Leben 69); seine Sorgen in/im A. ertränken; nach A. riechen; Seine Geschwister wollten ihn ... zwingen, mit dem A. aufzuhören (Schwaiger, Wie kommt 124); *jmdn.* **unter A. setzen** (ugs.; *jmdn. betrunken machen*); **unter A. stehen** (*betrunken sein*).
al|ko|hol|ab|hän|gig ⟨Adj.⟩: *alkoholsüchtig.*
Al|ko|hol|ab|hän|gi|ge, der u. die: *Alkoholsüchtige.*
Al|ko|hol|ab|hän|gig|keit, die: *Alkoholsucht.*
al|ko|hol|arm ⟨Adj.⟩: *(von Getränken) wenig Alkohol enthaltend:* ein -es Getränk.
Al|ko|hol|at, das; -s, -e (Chemie): *Metallsalz der Alkohole.*
Al|ko|hol|aus|schank, der: ¹*Ausschank* (1) *von alkoholischen Getränken.*
Al|ko|hol|de|lir, das: *Delirium tremens.*
Al|ko|hol|ein|fluss, der ⟨o. Pl.⟩: *Einfluss, Einwirkung des Genusses von Alkohol auf das Handeln u. Verhalten von jmdm.:* unter A.
Al|ko|hol|ein|wir|kung, die ⟨o. Pl.⟩: *Alkoholeinfluss.*
Al|ko|hol|ex|zess, der: *exzessiver Alkoholgenuss:* der Text handelte von -en, Pöbeleien und Prügeleien (Woche 14. 2. 97, 19).
Al|ko|hol|fah|ne, die ⟨o. Pl.⟩ (ugs.): *unangenehmer Geruch des Atems nach Alkohol:* eine A. haben; man vermeinte die A. zu riechen, die ihnen voranwehte (Kirst, 08/15, 415).
al|ko|hol|fest ⟨Adj.⟩: *trinkfest.*
Al|ko|hol|fes|tig|keit, die: *das Trinkfestsein.*
al|ko|hol|frei ⟨Adj.⟩: **a)** *(von Getränken) ohne Alkoholgehalt:* -es Bier (Fachspr.; *Bier, das nicht mehr als 0,5 Gewichtsprozent Alkohol enthält*); **b)** *ohne Alkoholausschank:* ein -es Gasthaus; ein -es Festfeiern.
Al|ko|hol|geg|ner, der: *Antialkoholiker.*
Al|ko|hol|geg|ne|rin, die; -, -nen: w. Form zu ↑Alkoholgegner.
Al|ko|hol|ge|halt, der: *Gehalt einer Flüssigkeit an Alkohol.*

Al|ko|hol|ge|nuss, der ⟨o. Pl.⟩: *Genuss von Alkohol:* A. war uns ja strengstens verboten (Leonhard, Revolution 194).
al|ko|hol|hal|tig ⟨Adj.⟩: *Alkohol enthaltend.*
Al|ko|ho|li|ka ⟨Pl.⟩: *alkoholische Getränke, Spirituosen.*
Al|ko|ho|li|ker, der; -s, -: *Gewohnheitstrinker:* er ist A.; ***Anonyme A.** *(Selbsthilfeorganisation von Alkoholabhängigen, deren Mitglieder ihre Abhängigkeit eingestehen müssen, aber anonym bleiben;* Abk.: AA).
Al|ko|ho|li|ke|rin, die; -, -nen: w. Form zu ↑Alkoholiker.
al|ko|ho|lisch ⟨Adj.⟩: **1. a)** *Alkohol enthaltend:* -e Getränke; **b)** *Alkoholika betreffend; durch sie bewirkt:* -e Exzesse. **2.** (Chemie) *Alkohol* (1, 2a) *betreffend, zur Bildung von Alkoholen führend:* -e Gärung; etw. a. vergären.
al|ko|ho|li|sie|ren ⟨sw. V.; hat⟩: **1.** *mit Alkohol* (2) *versetzen:* Wein a.; alkoholisierte Früchte aus dem Rumtopf. **2.** *betrunken machen; jmdm. reichlich alkoholische Getränke vorsetzen;* ⟨2. Part.:⟩ *der offenkundig alkoholisierte (unter Alkoholeinfluss stehende, betrunkene)* Mann; Er hatte ... in alkoholisiertem Zustand einen Fußgänger verletzt (Basler Zeitung 27. 7. 84, 19).
Al|ko|ho|lis|mus, der; -: **a)** *Trunksucht; fortgesetzter Alkoholmissbrauch:* Vor etwa zehn Jahren verlor er durch A. seine Arbeit (Klee, Pennbrüder 118); Das Laster der Betrunkenheit, ein gigantischer A., fegte über alle Stände (Jacob, Kaffee 91); **b)** (Med.) *durch Alkoholmissbrauch hervorgerufene Schäden; chronische Alkoholvergiftung.*
Al|ko|hol|kon|sum, der ⟨o. Pl.⟩: *das Konsumieren von alkoholischen Getränken:* er hat einen beträchtlichen A.
al|ko|hol|krank ⟨Adj.⟩: *an Alkoholismus* (b) *leidend.*
Al|ko|hol|kran|ke, der u. die: *jmd., der alkoholkrank ist.*
al|ko|hol|lös|lich ⟨Adj.⟩ (Chemie): *in Alkohol* (2a) *auflösbar; sich in Alkohol* (2a) *lösend.*
Al|ko|hol|miss|brauch, der ⟨o. Pl.⟩: *Missbrauch von Alkohol.*
Al|ko|hol|nach|weis, der: *Feststellung des Alkoholgehaltes im Blut.*
Al|ko|ho|lo|me|ter, das; -s, - [↑-meter]: *Gerät zur Messung des Alkoholgehalts in Alkohol-Wasser-Gemischen durch Bestimmung des spezifischen Gewichts.*
Al|ko|hol|pe|gel, der (ugs.): *Alkoholspiegel:* dass der Koch infolge des hohen -s vermindert schuldfähig gewesen sei (Allgemeine Zeitung 12. 5. 84, 5).
Al|ko|hol|prob|lem, das; -s, -e ⟨meist Pl.⟩ (verhüll.): *Alkoholismus* (a): sie hat -e *(ist alkoholabhängig);* Diesmal lautet der konkrete Vorwurf: -e (Gong 21, 1991, 15).
al|ko|hol|reich ⟨Adj.⟩: *viel Alkohol enthaltend:* -e Getränke.
Al|ko|hol|spie|gel, der: *Grad der Konzentration von Alkohol im Blut:* sein A. betrug 1,5 Promille.
Al|ko|hol|sucht, die: *krankhafte Sucht nach Alkoholgenuss.*

al|ko|hol|süch|tig ⟨Adj.⟩: *an Alkoholsucht leidend.*
Al|ko|hol|süch|ti|ge, der u. die: *jmd., der alkoholsüchtig ist.*
Al|ko|hol|sün|der, der (ugs.): *jmd., der bes. als Fahrer eines Kraftfahrzeugs gegen die Bestimmungen über den Genuss von alkoholischen Getränken im Hinblick auf die Teilnahme am Straßenverkehr verstößt.*
Al|ko|hol|test, der: *Test zur Ermittlung des Alkoholspiegels.*
Al|ko|hol|ver|band, der (Med.): *in Alkohol* (2a) *getränkter Verband bei Schwellungen.*
Al|ko|hol|ver|bot, das: **a)** *Verbot, alkoholische Getränke zu sich zu nehmen:* vom Arzt bekam er striktes A.; **b)** *Prohibition* (b).
Al|ko|hol|ver|gif|tung, die (Med.): *durch übermäßigen Alkoholgenuss verursachte Vergiftung.*
Al|kor [auch: ˈ- -], der; -s: *Stern im Sternbild Großer Bär.*
Al|ko|ven [alˈkoːvn̩, auch: ˈ- - -], der; -s, - [frz. alcôve < span. alcoba = Schlafgemach < arab. al-qubba[h] = Kuppel]: **a)** *Nische mit Bett;* **b)** *kleiner, abgetrennter Nebenraum ohne Fenster.*
Al|kyl, das; -s, -e [zu ↑Alkohol u. griech. hýlē = Stoff, Materie] (Chemie): *einwertiger Kohlenwasserstoffrest, dessen Verbindung z. B. mit einer Hydroxylgruppe einfache Alkohole* (1) *liefert.*
Al|ky|la|ti|on, die; -, -en (Chemie): *das Einführen von Alkylen in eine organische Verbindung.*
Al|kyl|grup|pe, die (Chemie): *einwertiger Kohlenwasserstoffrest.*
al|ky|lie|ren ⟨sw. V., hat⟩ (Chemie): *Alkyl in eine organische Verbindung einführen.*
Al|ky|lie|rung, die; -, -en (Chemie): *Alkylation.*
Al|ky|o|ne, die; -s: *hellster Stern der Plejaden.*
al|ky|o|nisch ⟨Adj.⟩ [zu griech. alkyóneiai (hēmérai) = Wintertage, in denen der Eisvogel (griech. alkyṓn) sein Nest baut u. das Meer ruhig ist]: meist in der Fügung **-e Tage** (geh.; *Tage der Ruhe [auf dem Meer]).*
all ⟨Indefinitpron. u. unbest. Zahlw.⟩ [mhd., ahd. al, eigtl. = ausgewachsen, wahrsch. verw. mit ↑alt]: **1.** ⟨Sg.⟩ **a)** *auf etw. in seiner Gesamtheit, in seinem ganzen Umfang, in seiner ganzen Größe od. Stärke bezogen; ganz, gesamt;* ⟨attr.:⟩ aller gesunde Fortschritt; alle Freude; alles Glück dieser Erde; alles Übrige; er hat alles Geld/all sein Geld verloren; die Wurzel allen (veraltet: alles) Übels; bei allem guten (auch: gutem) Willen; in aller Öffentlichkeit; in alle Zukunft; mit allem Nachdruck, aller Kraft; trotz aller Mühe; ⟨für »ganz« + Adj.:⟩ in aller Unschuld *(ganz unschuldig);* in aller Stille *(ganz still);* mit aller Deutlichkeit *(ganz deutlich);* ⟨unflekt.:⟩ all dies[es]; all das andere; all deine Mühe; all die Zeit; in seiner Unschuld; Er gebrauchte all sein bisschen magere Kraft (Seghers, Transit 375); ⟨allein stehend:⟩ alles in Ordnung; alles in mir sträubt sich dagegen; das ist alles, was ich habe; nach allem, was man hört; trotz al-

lem; dies[es] alles; was soll das alles?; ⟨mit Trennung vom Demonstrativpron. usw.:⟩ das geht Sie doch alles nichts an!; dies hier kannst du alles wegwerfen; ***alles in allem** (im Ganzen gesehen, zusammengenommen): alles in allem war er ein Genie (Koeppen, Rußland 99); **vor allem** (hauptsächlich, besonders, in erster Linie): vor allem [in] Berlin; Vor allem der alte Leonardo ließ an den Aussagen ... kein gutes Haar (Jens, Mann 97); **b)** stärker vereinzelnd, die Einzelglieder einer Gesamtheit betrachtend; *jeder, jedes, jegliches:* ⟨attr.:⟩ alle wesentliche Information; Bücher aller Art; die Grenze alles Übersetzens; jmdm. alles Gute wünschen; führend in aller Art von Schmuck; auf alle Weise *(in jeder Beziehung);* ⟨allein stehend:⟩ es geht alles vorüber, alles *(jedes Ding)* hat [seine] zwei Seiten; wir waren in allem *(in jeder Beziehung)* Antipoden; ⟨alles (unflekt.):⟩ wem alles *(welchen Leuten insgesamt u. im Einzelnen)* hat wohl diese Geschichte erzählt!; was war dort alles zu sehen?; vorn sind alles *(nur, ausschließlich)* Wagen erster Klasse; R was es [nicht] alles gibt! (Ausruf der Verwunderung); *****all[es] und jedes** *(jegliches ohne Ausnahme);* **allen voran** *(hauptsächlich, besonders, in erster Linie, vor allen anderen):* Die besten Söhne der Neuzeit haben sich ... aufgelehnt. Allen v. Friedrich Nietzsche (Nigg, Wiederkehr 18); Als Mitte der Sechzigerjahre der Massentourismus, allen v. die Schweizer, ... die kenianische Küste eroberte ... (NZZ 30.4.83, 41); ◆ Ein gut Drittel dieses Raumes nimmt das Vetter Justs Bettsponde ein (Raabe, Alte Nester 62); **c)** ⟨Neutr. Sg.⟩ (ugs.) *alle Leute hier; jeder Anwesende; jeder Einzelne:* alles aussteigen!; alles hört auf mein Kommando!; Bei uns zu Hause ist alles in Aufregung (Plievier, Stalingrad 184); »Schläft noch allens, Herr Pinneberg« (mdal.; Fallada, Mann 61). **2.** ⟨Pl.⟩ **a)** *sämtliche; die gesamten, vollzähligen:* ⟨attr.:⟩ alle Leute; alle schönen (veraltet: schöne) Mädchen; das durchschnittliche aller Versicherten; in allen Farben schimmern; all die Jahre über; ⟨nachgestellt, nachdrücklich:⟩ Natürlich, diese kleinen Wohltaten aller (Brecht, Mensch 53); ⟨allein stehend:⟩ wir, ihr, sie alle; diese alle; das Wohl aller *(das Gemeinwohl);* alle miteinander; **b)** stärker vereinzelnd, *jede[r] [von diesen]; jeder, jede, jedes Einzelne aus einer bestimmten Anzahl:* ⟨attr.:⟩ das übersteigt alle Erwartungen; dem Wunsch aller Teilnehmer *(jedes einzelnen Teilnehmers)* entsprechen; gegen alle solche Überraschungen gewappnet sein (Frankenberg, Fahren 170); dass alle Deutschen, bis auf einen, unzuverlässig seien (Dönhoff, Ära 21); ⟨allein stehend:⟩ alle vier; alle diejenigen, die ...; der Kampf aller gegen alle *(jedes Einzelnen gegen jeden);* ⟨nachgestellt, nachdrücklich:⟩ die Leute können alle nicht mehr *(keiner kann mehr).* **3.** ⟨alle + Zeit- oder Maßangabe im Pl., seltener im Sg. [in Verbindung mit einem Zahlbegriff]⟩ zur Bezeichnung von etwas regelmäßig Wiederkehrendem; *im Abstand von ...:* alle Jahre *(jedes Jahr)* wieder; der Omnibus fährt alle 12 Minuten; alle halbe[n] Stunden/alle halbe Stunde; alle fünf Meter; Erna Pokriefke sagte alle fünf Schluck Bier: »Nu jäht inne Haia, Kender, is all Zait« (Grass, Hundejahre 232); ⟨landsch., bes. md., im Gen.:⟩ aller vierzehn Tage; Aller sieben Jahre ist die alte Haut abgekratzt (Bieler, Bonifaz 220).

All, das; -s [für: Universum]: *Weltraum, Universum:* das weite, unermessliche A.; das A. erforschen; Die ... Raumfahrt glaubte zuerst nur, mit jungen Astronauten ins A. vorstoßen zu können (Zivildienst 2, 1986, 5); Ich möchte im A. oder Universum neues besiedelbares Land für die Menschheit finden (Ossowski, Bewährung 14).

¹**al|la** ⟨Interj.⟩ [frz. allons, ↑allons] (südd.): *nun denn!, also!* (ermunternde Aufforderung): a., gehn wir!; a. tschüs! (freundschaftlicher Abschiedsgruß).

²**al|la** [ital., aus ↑² a u. la = w. Form des best. Art.] in italienischen Fügungen aus der Musik u. Malerei: *in der Art von; nach ... Art; auf ... Weise,* z. B. alla breve.

all|abend|lich ⟨Adj.⟩: *jeden Abend geschehend, stattfindend:* der -e Spaziergang; die Männer ..., wie sie sich a. mit erfundenen Abenteuern belogen (Fels, Unding 146).

all|abends ⟨Adv.⟩ (geh.): *jeden Abend.*

al|la bre|ve [ital., aus ↑²alla u. breve = Doppeltaktnote] (Musik): *im Alla-breve-Takt;* (Zeichen: ¢).

Al|la-bre|ve-Takt, der (Musik): Taktart, bei der die halben Noten wie Viertelnoten zählen.

Al|lah, -s [arab., wohl zusgez. aus al-ilāh = der Gott od. aram. alěllāhā = der Gott] (islam. Rel.): *Gott* (1): *Fünfmal des Tages, wie der Koran befiehlt, betet er zu A.* (Spiegel 14, 1975, 77).

al|la mar|cia [- ˈmartʃa; ital., aus ↑²alla u. marcia = ¹Marsch] (Musik): *nach Art eines* ¹Marsches (2); *marschmäßig.*

Al|lan|to|in, das; -s [zu ↑Allantois] (Chemie): *(als Naturstoff in vielen Pflanzen u. im Harn bestimmter Tiere vorkommendes) Produkt des Harnstoffwechsels.*

Al|lan|to|is, die; - [zu griech. allās (Gen.: allāntos) = Wurst, nach der Form] (Zool.): *Ausstülpung des Enddarms in einem frühen embryonalen Stadium der Wirbeltiere; Harnhaut,* -sack.

al|la pol|lac|ca [ital., aus ↑²alla u. polacca = polnisch] (Musik): *nach Art einer Polonäse.*

al|la pri|ma [ital., aus ↑²alla u. prima, ↑prima] (Malerei): *mit nur einer Farbschicht [gemalt].*

al|lar|gan|do [ital., zu allargare = verbreitern] (Musik): *langsamer, breiter werdend.*

Al|lasch, der; -[e]s, -e [nach dem lettischen Ort Allasch (Allaži) bei Riga]: *mit Zusätzen von Anis, Fenchel u. Koreander hergestellter hochprozentiger Kümmellikör.*

al|la te|des|ca [ital., aus ↑²alla u. tedesca = deutsch] (Musik): *nach Art eines deutschen Tanzes; im deutschen Stil.*

Al|la|tiv, der; -s, -e [zu lat. allatum, 2. Part. von: afferre = hinbringen] (Sprachw.): **1.** ⟨o. Pl.⟩ *Kasus in den finnisch-ugrischen Sprachen, der das Ziel angibt* (z. B. finn. talolle = zum Haus hin). **2.** *Wort, das im Allativ* (1) *steht.*

al|la tur|ca [ital., aus ↑²alla u. turca = türkisch] (Musik): *in der Art der türkischen od. Janitscharenmusik.*

◆ **all|au|gen|blick|lich** ⟨Adj.⟩ (verstärkend): *augenblicklich* (1): als wollten sie a. anfangen (Novalis, Heinrich 9).

al|la zin|ga|re|se [ital., aus ↑²alla u. zingarese = zigeunerhaft] (Musik): *nach Zigeunerart.*

all|be|kannt ⟨Adj.⟩: *allgemein, überall bekannt:* eine -es Tonqualität; eine -e Tatsache; es ist a., dass sie hier als die Chefin werden will.

◆ **all|be|reits** ⟨Adv.⟩: *bereits, schon:* dort oben regt in Menge sich a. ... viele Dienerschaft (Goethe, Faust II, 9148 ff.).

all|bot[t] ⟨Adv.⟩ [aus ↑all(e) u. ↑Bot(t), eigtl. = sooft das ↑Bot(t) stattfindet; mhd. al bot = jedesmal] (schweiz. mundartl.): *alle Augenblicke, häufig.*

all|da ⟨Adv.⟩ (veraltend): *ebenda, dort:* der Chwostik hatte selbst zwei solche Weiber in der Wohnung, a. tätig Nacht für Nacht (Doderer, Wasserfälle 26).

all|dem: ↑alledem: uns ..., die wir ausziehen, von a. zu erzählen (Th. Mann, Joseph 52).

all|deutsch ⟨Adj.⟩ (hist.): *die politischen Ziele des Alldeutschen Verbandes (1894 bis 1939) betreffend, nationalistisch im Sinn einer Zusammenfassung aller Deutschsprechenden.*

all|die|weil [I, II: mhd. al(le) die wīl(e)] (veraltet, noch scherzh.): **I.** ⟨Konj.⟩ *weil:* ich kann die Frage nicht beantworten, a. ich es nicht weiß. **II.** ⟨Adv.⟩ *währenddessen:* du kannst aufräumen, a. ich koche; man plauderte darüber ... und a. trieb das Leben fort (Maass, Gouffé 336).

al|le ⟨Adv.⟩ [wohl elliptisch für: alle verbraucht] (ugs.): **a)** *aufgebraucht, zu Ende gegangen:* der Schnaps ist, wird a.; Du kannst die Suppe a. machen; Mit einem Mal war der Wald dann a. *(zu Ende;* Fühmann, Judenauto 138); **b)** *abgespannt, erschöpft:* ich bin ganz a.; * **jmdn. a. machen** (1. salopp; *moralisch, gesellschaftlich ruinieren.* 2. *Gaunerspr.; umbringen).*

al|le|dem, alldem ⟨nur in Verbindung mit einer Präp.⟩: *all diesem:* aus, bei, mit, von, trotz a.; ein Künstler zu a. (Th. Mann, Krull 306).

Al|lee, die; -, Alleen [frz. allée, eigtl. = Gang, zu: aller = gehen, ↑allons]: *von hohen Bäumen dicht gesäumte Straße, [Park]weg:* durch die großen -n der Stadt ... wälzten sich die Schwaden der Desinfektionslösungen (Reinig, Schiffe 93); Sie gingen die endlose A. entlang ... unter den schwarzästigen Platanen (Dorpat, Ellenbogenspiele 19).

Al|lee|baum, der: *Baum am Rand einer Allee:* war das Gras welk, die Alleebäume beinahe ohne Laub (Kühn, Zeit 21).

Al|le|gat, das; -[e]s, -e [zu lat. allegatum, 2. Part von: allegare, ↑allegieren]: *Zitat, angeführte Schriftstelle.*

Al|le|ga|ti|on, die; -, -en [lat. allegatio]: *Anführung; das Zitieren.*

Al|le|gat|strich, der: *Strich, als Hinweis auf eine Anlage in einem Brief.*
Al|le|ghe|nies ['ælɪgɛnɪz] ⟨Pl.⟩, **Al|le|ghe|ny|ge|bir|ge** ['ælɪgɛnɪ-], das; -s: nordamerikanisches Gebirge.
al|le|gie|ren ⟨sw. V.; hat⟩ [lat. allegare = sich auf etw. berufen, anführen]: *(eine Schriftstelle) anführen.*
Al|le|go|re|se, die; -, -n: *allegorische Deutung.*
Al|le|go|rie, die; -, -n [lat. allegoria < griech. allēgoría, eigtl. = das Anderssagen] (bild. Kunst, Dichtk.): *[personifizierendes] rational fassbares Bild als Darstellung eines abstrakten Begriffs:* diese Frauengestalt ist eine A. der Gerechtigkeit; seine Idee durch eine A. veranschaulichen.
Al|le|go|rik, die; -: *allegorische Darstellungsweise; Übertragung in eine Metapher.*
al|le|go|risch ⟨Adj.⟩ [lat. allegoricus < griech. allēgorikós]: *die Allegorie betreffend, für sie charakteristisch, in der Art einer Allegorie:* -e Gestalten; ein -es Deckenbild; die Künste sind von Beginn an a. (Mayröcker, Herzzerreißende 19).
al|le|go|ri|sie|ren ⟨sw. V.; hat⟩ [kirchenlat. allegorizare]: *als Allegorie, gleichnishaft darstellen, versinnbildlichen:* das allegorisierende Erzählen.
Al|le|go|ri|sie|rung, die; -, -en: **1.** *das Allegorisieren.* **2.** *etw. allegorisiert Dargestelltes.*
Al|le|go|ris|mus, der; -, ...men: *das Anwenden der Allegorie.*
al|le|gret|to ⟨Adv.⟩ [ital. allegretto, Vkl. von ↑allegro] (Musik): *nicht so schnell wie allegro, mäßig schnell, mäßig lebhaft.*
Al|le|gret|to, das; -s, -s u. ...tti: **1.** *mäßig schnelles, mäßig lebhaftes Tempo.* **2.** *Musikstück mit der Tempobezeichnung »allegretto«.*
al|le|gro ⟨Adv.⟩ [ital. allegro, über das Vlat. zu lat. alacer (Gen.: alacris)] (Musik): *schnell, lebhaft;* - ma non troppo *(nicht allzu schnell);* Ü »... mich freut das Leben nicht mehr.« »Wie das? ...« »Du bist doch sonst immer so a.« (Fussenegger, Haus 491).
Al|le|gro, das; -s, -s u. ...gri: **1.** *schnelles, lebhaftes Tempo.* **2.** *Musikstück mit der Tempobezeichnung »allegro«.*
Al|le|gro|form, die (Sprachw.): *durch schnelles Sprechen entstandene Kurzform* (z. B. gnä' Frau für gnädige Frau).
al|lein, (ugs. auch [bes. I]:) alleine [mhd. alein(e), aus: al (↑all) u. ein(e) = allein, einzig]: **I.** ⟨Adj.⟩ **a)** *(von einer od. mehreren Personen) ohne die Anwesenheit, Gegenwart eines anderen od. anderer, getrennt von anderen, ohne Gesellschaft, für sich:* a. reisen, fahren; jmdn. a. lassen; sie wohnt a. in dem großen Haus; niemand erzieht seine Kinder a.! (Kühn, Zeit 382); hier sind wir [ganz] a. *(ungestört);* *a. stehen *(nicht verheiratet, ohne Familie sein):* er steht jetzt a.; eine a. stehende Frau, Mutter; a. stehend sein: sich sehr a. fühlen; ich bin unvorstellbar a.; **b)** *einsam, vereinsamt:* sich sehr a. fühlen; ich bin unvorstellbar a.; **c)** *ohne fremde Hilfe, Unterstützung, ohne fremdes Zutun:* das habe ich a. gemacht; das Kind kann schon a. stehen,

jetzt a. laufen; eine a. erziehende (bes. Amtsspr.; *ein Kind, Kinder ohne Partner erziehende)* Mutter; *von allein[e] (ugs.; *von sich aus, automatisch):* das weiß ich von a.; das geschieht nicht von a.; Ich stell Stoßdämpfer her und hab meine festen Kunden. Das läuft von a. (Konsalik, Promenadendeck 386). **II.** ⟨Adv.⟩ **a)** *(geh.) nur, ausschließlich:* er a. ist daran schuld; a. bei ihm liegt die Entscheidung; Pressereisen ..., die am Ende a. der Steuerzahler finanziert (Woche 7. 3. 97, 19); *a. **selig machend** (kath. Kirche; *einzig zum Heil führend):* die a. selig machende Kirche, Lehre; der a. selig machende Glaube; **b)** *von allem anderen abgesehen, anderes nicht gerechnet, schon* (häufig in Verbindung mit »schon«): [schon] a. der Gedanke/[schon] der Gedanke a./a. schon der Gedanke ist schrecklich; die Baukosten a. betragen 20 Millionen Mark; Allein in Fürth hinterließen sie ein Areal von 270 Hektar (Woche 17. 1. 97, 9); Wir haben Julia in Neuseeland besucht ... A. schon der Flug! (Danella, Hotel 427). **III.** ⟨Konj.⟩ *(geh.) aber* (I 1, b), *jedoch, indessen:* ich hoffte auf ihn, a. ich wurde bitter enttäuscht.
Al|lein|ar|beit, die ⟨o. Pl.⟩ (Päd.): *Beschäftigung des einzelnen Schülers mit einer Aufgabe, die er in Stillarbeit selbstständig erledigt, während seine Mitschüler auf andere Weise beschäftigt sind.*
Al|lein|be|rech|ti|gung, die: *Berechtigung, über etw. allein zu verfügen, etw. allein zu tun usw.*
Al|lein|be|sitz, der: *Besitz, der jmdm. allein gehört:* warum sich die ... Vertreter der verschiedenen Richtungen um den A. der Wahrheit streiten (Bahro, Alternative 63).
Al|lein|be|sit|zer, der: *alleiniger Besitzer.*
Al|lein|be|sit|ze|rin, die; -, -nen: w. Form zu ↑Alleinbesitzer.
al|lei|ne: ugs. für ↑allein.
Al|lein|ei|gen|tum, das: *Sache, die jmd. allein zum Eigentum hat.*
Al|lein|ei|gen|tü|mer, der: *alleiniger Eigentümer.*
Al|lein|ei|gen|tü|me|rin, die; -, -nen: w. Form zu ↑Alleineigentümer.
Al|lein|er|be, der: *Person, die jmdn. allein, ohne Miterben beerbt; einziger Erbe, Universal-, Gesamterbe:* der A. des großen Vermögens; A. sein; jmdn. zu seinem A. machen.
Al|lein|er|bin, die: w. Form zu ↑Alleinerbe: Wilhelmine Siebert, die legendäre A. von Fahlbusch & Siebert (Chotjewitz, Friede 254).
al|lein er|zie|hend: s. allein (I c).
Al|lein|er|zie|hen|de, der u. die; -n, -n ⟨Dekl. ↑Abgeordnete⟩ (bes. Amtsspr.): *Elternteil, der sein Kind, seine Kinder allein* (Ic) *erzieht.*
Al|lein|fi|nan|zie|rung, die: *Finanzierung durch eine einzige Person, Behörde o. Ä.*
Al|lein|flie|ger, der (Flugw.): *Pilot, der einen Alleinflug ausführt.*
Al|lein|flie|ge|rin, die: w. Form zu ↑Alleinflieger.

Al|lein|flug, der (Flugw.): *Flug, den ein Pilot allein unternimmt.*
Al|lein|gang, der: **a)** (bes. Pferdesport, Radsport, Leichtathletik) *Wettkampf, Rennen ohne [ernsthaften] Konkurrenten:* er unterbot den bestehenden Rekord im A.; **b)** *(im Mannschaftsspiel) Durchbruch eines einzelnen Spielers mit dem Ball o. Ä. durch die gegnerische Verteidigung, ohne ihn abzuspielen:* zu einem A. starten; **c)** (Alpinistik) *Aufstieg, den ein Einzelner ohne die Hilfe anderer unternimmt;* **d)** *das Handeln, Unternehmen im Vertrauen auf die eigene Kraft unter [bewusstem] Verzicht auf die Hilfe od. Zustimmung anderer:* ein nationaler A.; Je größer ein Land aber ist, desto mehr unterliegt es ... der Versuchung zu Alleingängen (H. Schmidt, Strategie 12).
Al|lein|gän|ger, der; -s, -: *Person, die einen Alleingang unternimmt:* Eine Bürokratie ... wird sich in jedem Falle gegen einen renitenten A. durchsetzen (Kantorowicz, Tagebuch I, 657).
Al|lein|gän|ge|rin, die; -, -nen: w. Form zu ↑Alleingänger.
Al|lein|ge|sell|schaf|ter, der: *alleiniger Gesellschafter eines Unternehmens.*
Al|lein|ge|sell|schaf|te|rin, die; -, -nen w. Form zu ↑Alleingesellschafter.
Al|lein|gül|tig|keit, die: *alleinige Gültigkeit:* Vorbehalte ... gegen die ... A. der Wahrheit von solchen Aussagen (Gehlen, Zeitalter 85).
Al|lein|han|del, der: *Handel mit bestimmten Waren, der von einer einzigen Person (Gruppe, Firma usw.) getrieben wird:* England besaß den A. (Jacob, Kaffee 165).
Al|lein|händ|ler, der: *Händler, der Alleinhandel betreibt.*
Al|lein|händ|le|rin, die: w. Form zu ↑Alleinhändler.
Al|lein|herr, der: *alleiniger Herr* (3): er ist wieder A. in seinem Haus.
Al|lein|herr|schaft, die ⟨o. Pl.⟩: *alleinige, uneingeschränkte Herrschaft einer einzigen Person, Gruppe, Partei o. Ä.:* die A. anstreben.
Al|lein|herr|scher, der [LÜ für Monarch]: *Person, die die Alleinherrschaft innehat.*
Al|lein|herr|sche|rin, die: w. Form zu ↑Alleinherrscher: Ü Die 28-Jährige ist durch ihren 4:6-6:3-6:2-Erfolg gegen Chris Evert-Lloyd ... wieder A. im Damentennis (Hamburger Morgenpost 8. 7. 85, 9).
al|lei|nig ⟨Adj.⟩: **1.** *einzig, ausschließlich:* der -e Vertreter, Erbe, Gegner; das -e Mittel; Ein internationaler Großflughafen in Schönefeld wäre ... nur als -er Airport für Berlin konkurrenzfähig (Woche 4. 4. 97, 46). **2.** (österr.) *allein stehend:* eine -e Dame; »Man ist halt ganz a.«, stellte das Mädchen fest (K. Mann, Wendepunkt 434).
Al|lein|in|ha|ber, der (Wirtsch.): *alleiniger Inhaber.*
Al|lein|in|ha|be|rin, die: w. Form zu ↑Alleininhaber.
Al|lein|kind, das: *Einzelkind.*
Al|lein|mäd|chen, das: *Mädchen* (3), *das alleinige Hausangestellte ist.*

Al|lein|recht, das: *alleiniges Recht; Monopol.*
Al|lein|rei|sen|de, der u. die: *jmd., der allein reist.*
Al|lein|schuld, die ⟨o. Pl.⟩: *alleinige Schuld:* die A. an etw. tragen.
Al|lein|sein, das: **1.** *Fürsichsein, Beisammensein ohne [störende] Dritte.* **2.** *Verlassenheit, Isoliertheit, Einsamkeit:* das A. des Menschen in der Menge.
al|lein se|lig ma|chend: s. allein (II a).
Al|lein|spiel, das: *Spiel eines Alleinspielers.*
Al|lein|spie|ler, der: *Person, die allein, ohne Spielpartner spielt:* Es gibt keine Möglichkeit sich vorzustellen, dass ein A., der am Brett niemals ein anderes Gegenüber hatte ..., bei seinen anfänglichen Kämpfen mit einem Gegner etwas ausrichten kann (Reinig, Schiffe 134).
Al|lein|spie|le|rin, die: w. Form zu ↑Alleinspieler.
al|lein ste|hend: s. allein (I a).
Al|lein|ste|hen|de, der u. die; -n, -n ⟨Dekl. ↑Abgeordnete⟩: *jmd., der allein lebt, keine Familie hat:* in diesem Haus wohnen viele -e.
Al|lein|stel|lung, die ⟨o. Pl.⟩ (Patentrecht): *besonderer Schutz eines bekannten Warenzeichens od. Unternehmens aufgrund seiner Einmaligkeit.*
Al|lein|tä|ter, der (Rechtsspr.): *Täter, der ein Delikt allein begangen hat.*
Al|lein|tä|te|rin, die: w. Form zu ↑Alleintäter.
Al|lein|un|ter|hal|ter, der: *Unterhaltungskünstler, der sein Programm allein bestreitet:* Ü eine Busladung von Witwen mit einem emeritierten Professor in ihrer Mitte, den der Reiseführer und A. machte (Wellershoff, Körper 125).
Al|lein|un|ter|hal|te|rin, die: w. Form zu ↑Alleinunterhalter.
Al|lein|un|ter|mie|te, die (österr.): *Untermiete, bei der eine ganze möblierte Wohnung vermietet wird u. der Hauptmieter nicht in der Wohnung lebt.*
Al|lein|ver|die|ner, der: *einzige Person einer Familie, die verdient:* Dann sind Sie also der A. in der Familie (e & t 6, 1987, 77).
Al|lein|ver|die|ne|rin, die: w. Form zu ↑Alleinverdiener.
Al|lein|ver|kauf, der ⟨o. Pl.⟩: *Verkauf bestimmter Waren, der ausschließlich von einer einzigen Person (Gruppe, Firma, Land) getätigt wird.*
Al|lein|ver|schul|den, das: *Alleinschuld:* Meine Ehe wurde ... aus dem A. meiner ... Frau geschieden (MM 18./19. 12. 65, 41).
Al|lein|ver|tre|ter, der (Wirtsch.): *Händler, der in einem bestimmten Bezirk allein berechtigt ist, Erzeugnisse einer Firma zu verkaufen.*
Al|lein|ver|tre|te|rin, die: w. Form zu ↑Alleinvertreter.
Al|lein|ver|tre|tung, die (Wirtsch., Politik): *Vertretung, die ausschließlich von einer einzigen Person (Gruppe, Firma usw.) übernommen wird.*
Al|lein|ver|tre|tungs|an|spruch, der (bes. Politik): *Anspruch auf die alleinige Vertretung:* Die Parteien ... haben ihren Auftrag zu einem politischen A. umgemünzt (Spiegel 14, 1983, 25).
Al|lein|ver|tre|tungs|recht, das (bes. Wirtsch.): *Recht auf die alleinige Vertretung.*
Al|lein|ver|trieb, der ⟨o. Pl.⟩: *Alleinverkauf.*
Al|lein|wort, das (schweiz.): meist in der Wendung **das A. führen** *(allein das Wort führen).*
al|lel ⟨Adj.⟩ (Biol.): *das Allel betreffend:* -e Gene.
Al|lel, das; -s, -e [zu griech. allḗlōn = einander] (Biol.): *eines von zwei (od. mehr) Genen homologer Chromosomen, die zwar einander entsprechen, sich aber im Erscheinungsbild des Lebewesens unterschiedlich auswirken.*
Al|le|lie, die; -: *Allelomorphismus.*
Al|le|lo|mor|phis|mus, der; - [zu griech. morphḗ = Gestalt, Form] (Biol.): *Zusammengehörigkeit von Allelen.*
Al|le|lo|pa|thie, die; - [zu griech. páthos = Leiden] (Bot.): *gegenseitige Wirkung von Pflanzen aufeinander.*
al|le|lu|ja usw.: ↑halleluja usw.
al|le|mal ⟨Adv.⟩: **1.** *immer, jedes Mal:* er hat a. versagt; **ein für a.* (↑¹ein I). **2.** (ugs.) *gewiss, freilich, natürlich, in jedem Fall:* kompliziert wird die Sache a.; ... machten ... ein Gesicht, als würden sie denken: So schön wie die oder der bin ich a. (Konsalik, Promenadendeck 262); bis worauf sie dies noch a./a. sei., »Sie fahren?« – »Allemal!«
Al|le|man|de [alə'mã:də], die; -, -n [frz. (danse) allemande, eigtl. = deutsch(er Tanz)] (Musik): **a)** *alter deutscher Tanz in geradem Taktmaß u. gemäßigtem Tempo;* **b)** *Satz einer Suite (eine Allemande in stilisierter Form).*
al|len|falls ['alən'fals, auch (bes. b): '---] ⟨Adv.⟩: **a)** *höchstens, bestenfalls:* a. noch eine Stunde; Michelangelo ... ein Verächter der Farbe, die er ... a. als dekorative Zutat billigte (Fest, Im Gegenlicht 348); **b)** *möglicherweise, vielleicht, gegebenenfalls:* das Mittel könnte a. helfen.
al|len|fall|sig: ↑allfallsig.
al|lent|hal|ben ⟨Adv.⟩ [↑-halben] (geh. veraltend): *überall:* das Lied ist jetzt a. zu hören; Die Konvention von Tauroggen ... löste unter den Ostpreußen in. Erleichterung aus (Dönhoff, Ostpreußen 128); ihre Augen ... stießen ... a. auf Störenfriede in der von ihr geschaffenen Ordnung (Kronauer, Bogenschütze 84).
Al|ler, die; -: *Nebenfluss der Weser.*
al|ler|al|ler|best... ⟨Adj.⟩: *verstärkend für* ↑allerbest...: die allerallerbesten Wünsche.
al|ler|art ⟨unbest. Gattungsz.; indekl.⟩ (veraltend): *allerlei:* a. schöne Dinge.
al|ler|äu|ßerst... ⟨Adj.⟩: *verstärkend für* ↑äußerst...: Hier sitzen Sie also ..., in der alleräußersten Ecke (Hofmann, Fistelstimme 78).
Al|ler|bar|mer, der; -s: *christl. Bez. für Gott od. Christus.*
al|ler|best... ⟨Adj.⟩: *verstärkend für* ↑best...: Ein Mann ... millionenschwer und im allerbesten Mannesalter (Prodöhl, Tod 262); dein Kuchen ist der allerbeste, am allerbesten; ⟨subst.:⟩ es ist das Allerbeste *(sehr gut)* zu schweigen; das ist das Allerbeste, was du tun kannst.
al|ler|dings ⟨Adv.⟩: **1.** *freilich, jedoch* (drückt eine Einschränkung aus): ich muss a. zugeben, dass ...; er ist sehr stark, a. wenig geschickt; Der Hamburger Hafen a. versorgte nicht nur deutsches Gebiet (Jacob, Kaffee 184). **2.** *natürlich, gewiss [doch], aber gewiss* (als nachdrückliche Bejahung einer Frage): »Hast du das gewusst?« – »Allerdings!« **3.** ⟨Partikel; meist unbetont; vor Adj.⟩ *drückt verstärkend die Anteilnahme des Sprechers aus; in der Tat:* das ist a. fatal; das war a. dumm von dir; Damit es funktioniere, sind nun a. zwei Dinge notwendig (Dönhoff, Ära 43).
al|ler|en|den ⟨Adv.⟩ (veraltend, noch regional): *überall:* Briefe und Wiedersehen in Straßburg, Schwierigke ten a. (Frisch, Gantenbein 191); Er ... hatte ... die Fläche der Mauern a. durch Pilaster ... unterbrochen (Fussenegger, Haus 63).
al|ler|erst... ⟨Adj.⟩: *verstärkend für* ↑erst...: Baldini kaufte nur allererste *(beste)* Qualität (Süskind, Parfum 61); Die Jungen entwickelten sich in den allerersten Tagen gut (Lorenz, Verhalten I, 112); ⟨subst.:⟩ er war der Allererste.
al|ler|früh|es|tens ⟨Adv.⟩: *verstärkend für* ↑frühestens: er kommt a. Montag.
al|lerg ⟨Adj.⟩ [zu griech. állos = anderer u. érgon = Arbeit]: in der Fügung **-e Wirtschaft** (*Wirtschaft 1, in der die Besitzer knapper Produktionsmittel aufgrund dieser Vorzugsstellung ein Einkommen erzielen, das nicht auf eigener Arbeitsleistung beruht;* Ggs. auterg).
Al|ler|gen, das; -s, -e ⟨meist Pl.⟩ [zu ↑Allergie u. griech. -genḗs = verursacht] (Med.): *Stoff (z. B. Blütenpollen, Haare), der bei dagegen bes. empfindlichen Menschen eine Allergie hervorrufen kann:* Als -e kommen ... Obst und Hülsenfrüchte in Betracht (Spiegel 29, 1974, 84).
Al|ler|gie, die; -, -n [zu griech. állos = anderer u. érgon = Tätigkeit, eigtl. = Fremdeinwirkung] (Med.): *krankhafte Reaktion des Organismus bei bestimmte körperfremde Stoffe (Allergene); Überempfindlichkeit:* an einer A. leiden; eine A. gegen Katzenhaare; Dass Stress und Autoabgase vor allem bei Kindern zu -n ... führen, ist ein alter Hut (Woche 3. 1. 97, 1); Ü Es entstehen Spannungen, -n, Hasslieben (Richartz, Büroroman 253).
Al|ler|gie|pass, der (Med.): *Ausweis eines Allergikers, auf dem vom Arzt festgestellte Allergien mit ihren auslösenden Substanzen eingetragen sind.*
Al|ler|gie|schock, der (Med.): *durch starke allergische Reaktion ausgelöster schockartiger Zustand:* einen A. erleiden.
Al|ler|gi|ker, der; -s, - (Med.): *jmd., der an Allergien leidet.*
Al|ler|gi|ke|rin, die; -, -nen: w. Form zu ↑Allergiker.
al|ler|gisch ⟨Adj.⟩ (Med.): **a)** *von einer Allergie herrührend, auf ihr beruhend:* -e Krankheiten; ein -er Schock, ausgelöst durch Einnahme eines Penicillinpräparats (Kemelman [Übers.] Mittwoch 2); die Reaktion ist a.; *auf Fremdstoffe a. reagieren;* Ü *auf jede Kritik a. reagieren;*

allergnädigst

b) *an einer Allergie leidend:* -e Menschen; ich bin a. gegen das Waschmittel; Ü Er verabscheute solche Massentouren, war a. gegen Omnibusfahrten (Konsalik, Promenadendeck 349).

al|ler|gnä|digst... ⟨Adj.⟩ (früher): verstärkend für: gnädigst..., bes. in Anreden an Kaiser, Könige u. andere hoch gestellte Personen: unser allergnädigster Herr.

Al|ler|go|lo|ge, der; -n, -n: *Wissenschaftler auf dem Gebiet der Allergologie.*

Al|ler|go|lo|gie, die; - [zu ↑Allergie u. ↑-logie]: *Teilgebiet der Medizin, das sich mit der Untersuchung der verschiedenen Allergien befasst.*

Al|ler|go|lo|gin, die; -, -nen: w. Form zu ↑Allergologe.

al|ler|go|lo|gisch ⟨Adj.⟩: *die Allergologie betreffend.*

Al|ler|go|se, die; -, -n: *allergische Krankheit.*

al|ler|größt... ⟨Adj.⟩: verstärkend für ↑größt...: Im Falle einer Krise werden gerade die jetzigen Errungenschaften zum allergrößten Verhängnis werden (Gruhl, Planet 263); ⟨subst.:⟩ du bist die Allergrößte.

al|ler|hand ⟨unbest. Gattungsz.; indekl.⟩ (ugs.): *ziemlich viel, allerlei, vielerlei:* er weiß a. [Neues]; a. Schwierigkeiten; a. Gerümpel; 100 Mark ist/sind a. Geld; Wir waren damals a. gewöhnt (Loest, Pistole 251); wo auf dem Gelände einer großen Transportfirma a. Auktionen durchgeführt wurden (Muschg, Gegenzauber 127); R das ist [ja, doch o. Ä.] a. *(das hätte ich nicht erwartet; das ist unerhört).*

Al|ler|hei|li|gen ⟨o. Art.; mit Attr.: das nächste A.; des nächsten A.⟩ [gek. aus: Allerheiligentag, für kirchenlat. omnium sanctorum dies] (bes. kath. Kirche): *Fest zum Gedenken an alle Heiligen* (1. November): heute ist A., heute haben ... unsere besten Seelen ein Freudenfest (Müller, Niederungen 106); an ⟨landsch.⟩, bis, nach, um, vor, zu A.

Al|ler|hei|li|gen|bild, das: *Darstellung der Anbetung des Lammes od. Christus' durch Vertreter der gesamten Menschheit.*

Al|ler|hei|li|gen|fest, das: vgl. Allerheiligen.

al|ler|hei|ligst... ⟨Adj.⟩: verstärkend für: heiligst...

Al|ler|hei|ligs|te, das; -n ⟨Dekl. ²Junge, das⟩: **1.** *Abaton.* **2.** (jüd. Rel.) *hinterster Raum des Tempels in Jerusalem mit der Bundeslade:* Ü es gelang ihr, in sein -s, seine Bibliothek, vorzudringen. **3.** (kath. Kirche) *geweihte Hostie im Tabernakel od. in der Monstranz; Sanktissimum; Venerabile.* **4.** (Sport Jargon) *Tor:* das A. hüten.

al|ler|herz|lichst... ⟨Adj.⟩: verstärkend für: herzlichst...: allerherzlichste Grüße; Sie sind a. eingeladen.

al|ler|höchst... ⟨Adj.⟩: verstärkend für ↑höchst...: die allerhöchste Spitze; Ein böses Kesseltreiben setzte ein, jedoch auf allerhöchste Weisung blieb ich verschont (Hochhuth, Stellvertreter 62); Psychisch befinde ich mich jetzt in einem Zustand, der ... zwischen allerhöchster Erregung und völliger Gleichgültigkeit liegt (Rolf Schneider, November 239); ⟨subst.:⟩ der Allerhöchste (geh.; *Gott*).

al|ler|höchs|tens ⟨Adv.⟩: verstärkend für ↑höchstens: »Wie alt mag sie sein?«, fragt Kropp. Ich schätze: »Allerhöchstens zweiundzwanzig ...« (Remarque, Westen 104).

al|ler|lei ⟨unbest. Gattungsz.; indekl.⟩ [mhd. aller lei(e), ↑-lei]: *[von] ziemlich verschiedener Art, mancherlei, vielerlei, divers:* a. Ausgaben, Pflanzen, Patienten; a. Gerümpel; a. Gutes, Beachtenswertes; man munkelt so a.; Allerlei war passiert in der lieben Heimat, während ich mich draußen herumtrieb (K. Mann, Wendepunkt 145); Allerlei *(viel)* für einen sitzen gebliebenen Quartaner, der nicht einmal die Gehilfenprüfung als Metzger bestand (Böll, Adam 63).

Al|ler|lei, das; -s, -s ⟨Pl. selten⟩: *buntes Gemisch, kunterbuntes Durcheinander; Mischung, Kunterbunt:* den Lohnstreifen, Colorpornofotos, Sparbücher, das ganze wohlanständige A. (Fels, Sünden 97); ***Leipziger A.** *(Mischgemüse aus Möhren, grünen Bohnen u. Erbsen, Sellerie, Kohlrabi u. Spargelköpfchen).*

al|ler|letzt... ⟨Adj.⟩: **1.** verstärkend für ↑letzt...: der allerletzte Rest; im allerletzten Moment, Augenblick; die Milch, jenes Manna, das es auch im allerletzten Nest in Irland ... gibt (Böll, Tagebuch 57); ⟨subst.:⟩ er ist der Allerletzte. **2.** *(nur attr.)* (salopp) *äußerst schlecht, hässlich, geschmacklos:* das ist ja der allerletzte Hut, den du da aufhast; ⟨subst.:⟩ R jmd., etw. ist [ja, wirklich] das Allerletzte! (Ausruf des Tadels, Missfallens, der Entrüstung, Empörung); Miss Destiny seufzte, Darling Polly sei wirklich das Allerletzte (Rechy [Übers.], Nacht 132).

al|ler|liebst ⟨Adj.⟩: **1.** verstärkend für: liebst...: Mon cher Papa, -e Mama (Th. Mann, Krull 288); am es sein -es Spielzeug; das wäre mir am ⟨subst.:⟩ du bist mir das Allerliebste; der, die Allerliebste (iron.; *Freund, Freundin).* **2.** *ganz reizend, wunderhübsch, niedlich:* ein -es Kleidchen; Von Zeit zu Zeit nämlich kam der Marquis ... nicht allein, sondern auf -e Weise zu zweit (Th. Mann, Krull 262); sie ist a.; hat sie es nicht a. gesagt?

al|ler|meist... ⟨Adv.⟩: verstärkend für ↑meist: es ist a. so, dass ...; man hat a. anders entschieden.

al|ler|meist... ⟨Indefinitpron. u. unbest. Zahlwort⟩: verstärkend für ↑meist...: in den allermeisten Fällen; das freut mich am allermeisten; die allermeisten handeln nicht so.

al|ler|min|dest... ⟨Adj.⟩: verstärkend für ↑mindest...: er hat nicht die allermindesten Aussichten; ⟨subst.:⟩ er versteht nicht das Allermindeste/(auch:) allermindeste davon; zum Allermindesten/ (auch:) allermindesten *(zumindest, wenigstens)* hätte er sich entschuldigen können.

al|ler|min|des|tens ⟨Adv.⟩: verstärkend für ↑mindestens: Von den Zehntausenden verkaufter Exemplare ... bleibt a. die Hälfte ungelesen (Enzensberger, Einzelheiten I, 165).

al|ler|nächst... ⟨Adj.⟩: verstärkend für ↑nächst...: in allernächster Zeit; den geplanten Ausbau des Altenheimes ..., der ... in allernächster Zukunft in Angriff genommen werde (Saarbr. Zeitung 10. 10. 79, 13); er wohnt am allernächsten.

al|ler|neu|est..., al|ler|neust... ⟨Adj.⟩: verstärkend für: neu[e]st...: die allerneu[e]ste Modell; auf dem allerneu[e]sten Stand sein; ⟨subst.:⟩ Wissen Sie schon das Allerneu[e]ste?

al|ler|nö|tigst..., al|ler|not|wen|digst... ⟨Adj.⟩: verstärkend für: nötigst..., notwendigst...: die allernötigsten/allernotwendigsten Dinge, Vorkehrungen; ⟨subst.:⟩ sie konnten nur das Allernotwendigste mitnehmen.

al|ler|or|ten ⟨Adv.⟩ (veraltend): *überall:* Der luftig gekleidete, bleiche Abendländer erntet ... a. nur verständnisloses Kopfschütteln (auto touring 12, 1978, 44); Wie kann man sich in unserer Zeit behaupten, wenn a. wirtschaftliche Probleme ... den ... Zusammenhalt von Staaten erschüttern (W. Brandt, Begegnungen 645).

al|ler|orts ⟨Adv.⟩ (geh.): *überall:* eine vereinfachte Form jener ... Zentrifuge ..., die damals a. in Betrieb war (Lentz, Muckefuck 140); Schneematsch ... oder Glätteobildung mahnten a. die Kraftfahrer zu besonderer Vorsicht (NNN 29. 2. 88, 2).

al|ler|schlimmst... ⟨Adj.⟩: verstärkend für: schlimmst...: die allerschlimmste denkbare Lage; das war am allerschlimmsten; ⟨subst.:⟩ das Allerschlimmste war, dass ...; sich auf das Allerschlimmste gefasst machen.

al|ler|schlimms|ten|falls ⟨Adv.⟩: verstärkend für ↑schlimmstenfalls...

al|ler|schönst... ⟨Adj.⟩: verstärkend für: schönst...: sie lebten in allerschönster Harmonie; am allerschönsten war, dass ...; ⟨subst.:⟩ das hat sich aufs Allerschönste/(auch:) allerschönste bestätigt; es ist das Allerschönste, was ich je gesehen habe.

Al|ler|see|len ⟨o. Art.; mit Attr.: das nächste A., des nächsten A.⟩ [gek. aus: Allerseelentag, für kirchenlat. omnium animarum dies] (kath. Kirche): *Gedenktag für alle Verstorbenen (gewöhnlich am 2. November):* morgen ist A.; an ⟨landsch.⟩, bis, nach, um, vor, zu A.

Al|ler|see|len|tag, der: vgl. Allerseelen.

al|ler|seits ⟨Adv.⟩ [↑-seits]: **1.** [*zusammen*]: Guten Abend die Herren a. (Remarque, Obelisk 59). **2.** *allseits:* a. begrüßt mit Händedruck (Frisch, Stiller 153); die a. den schönen Eindruck hervorrief, als habe er sich zeit seines Lebens vornehmlich mit den historischen Schicksalen ... beschäftigt (Th. Mann, Hoheit 17).

al|ler|spä|tes|tens ⟨Adv.⟩: verstärkend für ↑spätestens: Bei Einladungen ... wird man a. 10 Minuten nach der festgesetzten Zeit erscheinen (Horn, Gäste 13).

al|ler|un|ter|tä|nigst... ⟨Adj.⟩ (früher): verstärkend für: untertänigst...: Hohe Ehre, Euer Gnaden. Alleruntertänigst willkommen (Hacks, Stücke 257).

al|ler|wärts ⟨Adv.⟩ [↑-wärts]: *überall:*

Sportliche Betätigung war ... hier ... wie a. in ähnlichen Anstalten, unbedingt verwehrt (Th. Mann, Zauberberg 654).

al|ler|we|ge[n], al|ler|wegs ⟨Adv.⟩ (veraltet, noch landsch.): *überall u. immer, unaufhörlich:* Allerwegen gehen die arbeitslosen Bauernsöhne im 19. Jahrhundert in die Städte ... schaffen (Chotjewitz, Friede 143); ◆ *durch zweier Zeugen Mund wird allerwegs die Wahrheit kund* (Goethe, Faust I, 3013f.).

al|ler|weil: ↑allweil: Mein Schnaps springt a. raus dabei (Fels, Unding 271).

Al|ler|welts- (ugs. leicht abwertend) drückt in Bildungen mit Substantiven aus, dass etw. nichts Außergewöhnliches, sondern das Übliche, das Normale ist: Allerweltsname, -philosophie, -wohnung.

Al|ler|welts|ge|schmack, der (ugs. leicht abwertend): *Durchschnittsgeschmack.*

Al|ler|welts|ge|sicht, das (ugs. leicht abwertend): *Gesicht, wie man es häufig findet; gewöhnliches Gesicht; Durchschnittsgesicht.*

Al|ler|welts|kerl, der (ugs.): *jmd., der auf allen möglichen Gebieten beschlagen ist; Tausendsassa, Hansdampf in allen Gassen, Allroundman:* Auf dem alten Markt ... stand ein Straßenmusikant, ein A., der gleichzeitig fünf Instrumente spielte (Kempowski, Zeit 106).

Al|ler|welts|mit|tel, das: *Mittel, das gegen alles Mögliche gut ist.*

Al|ler|welts|pflan|ze, die (Bot.): *Pflanze, die auf den verschiedensten Standorten wächst; Ubiquist.*

Al|ler|welts|wort, das ⟨Pl. ...wörter⟩ (ugs. leicht abwertend): *nicht gehobenes, häufig gebrauchtes Wort ohne besonderen Bedeutungsgehalt:* »interessant« ist ein A.

al|ler|we|nigst... ⟨Adj.⟩: verstärkend für wenigst...: Das göttliche Erbarmen traf ihn in einer Stunde, da er es am allerwenigsten erwartet hatte (Nigg, Wiederkehr 40).

al|ler|we|nigs|tens ⟨Adv.⟩: verstärkend für ↑wenigstens.

Al|ler|wer|tes|te, der; -n, -n ⟨Dekl. ↑Abgeordnete⟩ (ugs. verhüll. scherzh.): *Gesäß:* Diesen Augenblick benutzt man ... und zeigt dem Tier seinen blanken -n (Winckler, Bomberg 181).

al|ler|wich|tigst... ⟨Adj.⟩: verstärkend für wichtigst...: der Beruf ist ihr allerwichtigste; ⟨subst.:⟩ Womöglich ist denen in Bonn die Drängelei zu den Posten das Allerwichtigste (Dönhoff, Ära 42).

al|les: ↑all.

al|le|samt ⟨Indefinitpron. u. unbest. Zahlwort⟩ (ugs.): *alle zusammen, alle miteinander, alle ohne Ausnahme:* wir standen a. auf: seine Dramen genügten a. den Anforderungen der Kunst nicht (Reich-Ranicki, Th. Mann, 63); die a. malerischen Orte liegen am Reschenpass (e&t 5, 1987, 184).

Al|les|bes|ser|wis|ser, der (abwertend): *Besserwisser.*

Al|les|bren|ner, der: *Ofen, in dem fast alle Brennstoffe verheizt werden können.*

Al|les|es|ser, der: *Lebewesen, bes. Mensch, der sowohl pflanzliche als tierische Nahrung zu sich nimmt:* Sicher drückt sich die ... Anpassungsfähigkeit des Menschen ... darin aus, dass er ein A. ist (Natur 65).

Al|les|fres|ser, der (Zool.): *Tier, das sowohl von pflanzlicher wie von tierischer Nahrung lebt.*

Al|les|kle|ber, der: *wasserfester Klebstoff, der die verschiedensten Materialien zusammenklebt.*

Al|les|kön|ner, der: *jmd. mit zahlreichen Fähigkeiten u. Fertigkeiten auf den verschiedensten Gebieten.*

Al|les|wis|ser, der; -s, - (abwertend): *[Alles]besserwisser.*

Al|les|wis|se|rei, die; - (abwertend): *Besserwisserei, Rechthaberei.*

al|le|we|ge: ↑allerwege[n]: was ... alles gemacht werden muss, bis es richtige Bauten sind ... Da klingelt es a., und egalweg ist etwas zu machen (Kant, Impressum 104).

al|le|weil: ↑allweil: er wisse es von einem Kameraden, dass die feindlichen Flieger a. Erdäpfelkäfer herunterschmissen (Carossa, Aufzeichnungen 177).

al|lez [aˈleː] ⟨Interj.⟩ [frz., eigtl. = geht!, gehen Sie!] (veraltet, noch landsch.): *vorwärts!, los!:* Lass sehen, ob du vorangekommen bist. A. hopp! zeige mir den Spagat! (Jens, Mann 118).

al|le|zeit, *allzeit* ⟨Adv.⟩ (veraltend, noch landsch.): *immer:* etwas Tröstliches oder Mahnendes, auf jeden Fall Positives und a. Gültiges (H. Gerlach, Demission 78); Weil es a. auf Erden gewimmelt hat von Käuzen (Th. Mann, Krull 412).

all|fäl|lig [auch: -´--] ⟨Adj.⟩ (bes. österr., schweiz.): *etwa[ig]; allenfalls, gegebenenfalls [vorkommend], eventuell:* Für -e weitere Auskünfte stehen wir ... zur Verfügung (Bund 9. 8. 80, 23); Kein -er Mond blickte in diese Nächte (Muschg, Gegenzauber 209); ⟨subst.:⟩ Tagesordnungspunkt: Allfälliges *(Verschiedenes).*

all|fall|sig ⟨Adj.⟩ (veraltend): *etwaig.*

◆ **all|fort** ⟨Adv.⟩: *immerfort:* die Hübschen und die Feinen hielt er sich a. dicht in der Nähe (Keller, Liebesbriefe 55); Nach Regensburg geht ihr doch noch; es liegt euch a. in Gedanken (Mörike, Hutzelmännlein 160).

All|gäu, das; -s: ein Alpengebiet.

¹**All|gäu|er,** der; -s, -: Ew.

²**All|gäu|er** ⟨indekl. Adj.⟩.

All|gäu|e|rin, die; -, -nen: w. Form zu ↑¹Allgäuer.

all|gäu|isch ⟨Adj.⟩: *das Allgäu, die ¹Allgäuer betreffend; von den ¹Allgäuern stammend, zu ihnen gehörend.*

All|ge|gen|wart, die; -: 1. (christl. Theol.) *Eigenschaft Gottes, überall u. in allem gegenwärtig zu sein.* 2. (dichter.) *ständiges Vorhandensein:* Nur einmal begegnete uns ein Schiff ... sonst gab es nur die A. des Meeres (Hagelstange, Spielball 194).

all|ge|gen|wär|tig ⟨Adj.⟩: 1. *(von Gott) die Eigenschaft der Allgegenwart (1) besitzend.* 2. *überall u. immer gegenwärtig:* die Technik -er Überwachung; Hermes ... der Gott, der die Scheidenden holt, lautlos wie immer, unversehens, a., der Bote des Todes (Frisch, Gantenbein 226).

all|ge|mach ⟨Adv.⟩ (geh. veraltend): *allmählich, nach u. nach:* Der Raum begann sich zu leeren, da es a. sieben Uhr geworden war (Th. Mann, Krull 163); wir waren eben a. alte Eheleute geworden (Fallada, Trinker 9).

all|ge|mein [mhd. algemeine (Adv.) = auf ganz gemeinsame Weise; insgesamt, aus ↑all u. ↑gemein] ⟨Adj.⟩: **1. a)** *allen gemeinsam, überall verbreitet, allseitig, generell:* auf -en Wunsch; die -e Meinung; im -en Sprachgebrauch; in Zeiten -er Unruhe (Fest, Im Gegenlicht 292); **b)** *überall, allerseits; von allen, für alle:* a. geachtet, beliebt sein; so wird leider a. erzählt; eine a. gültige Definition des Wortes »Bürger«; etw. a. gültig formulieren, festlegen; a. verbindliche Beschlüsse; etw. a. verbindlich regeln; a. verständliche Erläuterungen; etw. a. verständlich erklären; man ist a. des festen Glaubens, sie sei zu faul, zu erwachen und vom Bett aufzustehen (R. Walser, Gehülfe 70); **c)** *alle erfassend:* die Nervosität wird a. *(breitet sich bei allen aus).* **2. a)** *alle angehend, betreffend; für alle geltend, verbindlich:* das -e Wohl; das -e Wahlrecht; -e Geschäftsbedingungen; die -e Wehrpflicht; Allgemeine Ortskrankenkasse (Abk.: AOK); Die Enttäuschung war a. (Bastian, Brut 148); **b)** *gemeinsam, von allen ausgehend:* -er Aufbruch. **3. a)** *nicht auf Einzelheiten eingehend; nicht besonders, nicht speziell:* wenige, ganz -e Grundsätze; -ste Fragestellungen; die a. bildenden *(Allgemeinbildung vermittelnden)* Schulen; eine a. gehaltene Darstellung; das Gespräch wurde a. (Brückner, Quints 199); ⟨subst.:⟩ er bewegt sich stets nur im Allgemeinen; *im Allgemeinen (ohne Beachtung kleinerer Unterschiede im Großen und Ganzen, meist[ens], [für] gewöhnlich, generell):* Die Behälter sind im Allgemeinen nur für die üblichen Belastungen ausgelegt (Tag & Nacht 2, 1997, 13); **b)** (oft leicht abwertend) *unbestimmt, unverbindlich, unklar:* -es Geschwätz; seine Ausführungen blieben viel zu a.; **c)** *umfassend:* seine -e Bildung ist erstaunlich.

All|ge|mein|arzt, der: *Allgemeinmediziner.*

All|ge|mein|ärz|tin, die; -, -nen: w. Form zu ↑Allgemeinarzt.

All|ge|mein|be|fin|den, das (Med.): *allgemeines Befinden:* Störungen des -s.

All|ge|mein|be|griff, der (Philos., Sprachw.): *Begriff, der eine Gattung, Klasse, Art zusammenfasst.*

All|ge|mein|be|sitz, der: *Besitz aller, etw. allen Gehörendes:* die Weiden sind A.; Ü leider ist diese Erkenntnis noch nicht A. geworden.

all|ge|mein bil|dend: s. allgemein (3 a).

All|ge|mein|bil|dung, die ⟨o. Pl.⟩: **a)** *allseitige Bildung:* eine umfassende A. besitzen; eine Spezialisierung, die auf Kosten der A. geht; **b)** *nicht berufs- oder fachbezogener Teil der Bildung.*

All|ge|mein|er|kran|kung, die (Med.): *Erkrankung, die nicht ein einzelnes Or-*

gan, sondern den ganzen Organismus betrifft.
all|ge|mein gül|tig: s. allgemein (1 b).
Ạll|ge|mein|gül|tig|keit, die: *allgemeine Gültigkeit, Geltung, Verbindlichkeit:* Anspruch auf A. erheben.
Ạll|ge|mein|gut, das ⟨Pl. selten⟩: *etw., das alle geistig besitzen, worüber alle geistig verfügen:* diese Ideen, Gedanken sind A. geworden.
Ạll|ge|mein|heit, die; -, -en: **1.** ⟨o. Pl.⟩ *Öffentlichkeit, Gesamtheit, alle:* etw. für die A. tun; eine Tätigkeit im Dienste der A.; etw. geht auf Kosten der A.; Eine solche Entwicklung ist ... zum Schaden der A. (Spiegel 48, 1965, 5). **2.** ⟨o. Pl.⟩ *Unbestimmtheit, Undifferenziertheit, Unverbindlichkeit:* Ausführungen, Erklärungen nur [zu] großer A.; ⟨Pl.⟩ *allgemeine, oberflächliche Redensarten, Bemerkungen; Allgemeinplätze:* sich in -en ergehen, erschöpfen.
Ạll|ge|mein|in|te|res|se, das: *allgemeines Interesse:* etwas liegt im A.
Ạll|ge|mein|me|di|zin, die ⟨o. Pl.⟩: *fachärztlicher Bereich der Medizin für die Erkennung u. Behandlung jeder Art von Erkrankungen u. für die Krankheitsvorsorge (ohne Spezialisierung in einem Teilgebiet):* [Fach]arzt für A.
Ạll|ge|mein|me|di|zi|ner, der: *Arzt für Allgemeinmedizin.*
Ạll|ge|mein|me|di|zi|ne|rin, die; -, -nen: w. Form zu ↑Allgemeinmediziner.
Ạll|ge|mein|platz, der ⟨meist Pl.⟩: *abgegriffene, banale Redensart, Gemeinplatz, Plattheit, Plattitüde:* sich in Allgemeinplätzen ergehen, erschöpfen; ... Statt-Partei, jener lokalen Splittertruppe, die mit Allgemeinplätzen (»Mehr Gerechtigkeit«) ... 1993 in die Hamburger Bürgerschaft kam ... (Woche 14. 3. 97, 56).
all|ge|mein|plät|zig ⟨Adj.⟩: *in Allgemeinplätzen:* -e Reden führen.
Ạll|ge|mein|pra|xis, die: *Praxis eines Allgemeinmediziners.*
Ạll|ge|mein|spra|che, die: *Gemeinsprache* (a).
all|ge|mein|sprach|lich ⟨Adj.⟩ *die Allgemeinsprache betreffend, zu ihr gehörend.*
all|ge|mein ver|bind|lich: s. allgemein (1 b).
Ạll|ge|mein|ver|bind|lich|keit, die ⟨o. Pl.⟩: *allgemeine Verbindlichkeit.*
Ạll|ge|mein|ver|bind|lich|keits|er|klä|rung, die (Wirtsch.): *Verfügung der Verwaltungsbehörde, die den Geltungsbereich eines Tarifvertrages auf noch nicht tariflich gebundene Arbeitnehmer u. -geber ausdehnt.*
all|ge|mein ver|ständ|lich: s. allgemein (1 b).
Ạll|ge|mein|ver|ständ|lich|keit, die: *Verständlichkeit für alle.*
Ạll|ge|mein|wis|sen, das: *allgemeines Wissen:* ein gutes A. haben.
Ạll|ge|mein|wohl, das: *Wohlergehen aller.*
Ạll|ge|mein|zu|stand, der (Med.): vgl. *Allgemeinbefinden:* ein schlechter, guter A.
Ạll|ge|walt, die; -, -en ⟨Pl. selten⟩ (geh.): *Gewalt über alles; unbeschränkte, um-*

fassende, höchste Gewalt; Allmacht: mit der A. eines Naturereignisses; die A. Gottes.
all|ge|wal|tig ⟨Adj.⟩: **a)** (geh.) *Allgewalt besitzend, allmächtig:* der -e Gott; **b)** (ugs.) *uneingeschränkt führen* (3 a): ein -er Vorstandsvorsitzender.
all|gü|tig ⟨Adj.⟩: *(bes. von Gott) gütig:* Sie war plötzlich nicht mehr nur die ... -e Mutter, sondern eine ansehnliche Frau, nach der sich die Männer umdrehten (H. Weber, Einzug 233); Gott ist allwissend und a.
Ạll|gü|ti|ge, der; -n ⟨Dekl. ↑Abgeordnete⟩ (geh.): *Gott.*
Ạll|heil|mit|tel, das; -s, -: *[Haus]mittel gegen alle möglichen Beschwerden, Universalmittel:* etw. als A. preisen; Ü Rationalisierung ist kein A.; Jeder ... versucht mir weiszumachen, dass abseits der einzige wahre A. ist (Fels, Sünden 126).
Ạll|heit, die; - (Philos.): *Gesamtheit, Totalität.*
all|hier ⟨Adv.⟩ (Amtsspr. veraltet): *eben hier:* Herzog Ernst weilt a. zu Nürnberg (Hacks, Stücke 66).
Al|li|ance [a'ljã:s], die; -, -n [...sn̩]: veraltete Schreibung für ↑Allianz.
Al|li|anz, die; -, -en [frz. alliance, zu afrz. aleier, ↑alliieren]: **1.** (Völkerr.) *Bündnis zwischen Staaten; eine A. zwischen zwei Staaten; eine A. bilden; die atlantische A. (die NATO);* Der ... deutsche Einfluss werde sehr viel kleiner, wenn sich die Bundesrepublik von der A. *(von der NATO)* isoliere (Saarbr. Zeitung 6. 12. 79, 1). **2.** *Bündnis, Vereinigung, Gemeinschaft:* Auf die nackte Existenzangst gründen sich skurrile -en (Wiener 6, 1984, 115); Max Grundig hatte es nicht geschafft, eine europäische A. der Unterhaltungselektronik-Hersteller gegen die japanische Konkurrenz zu schmieden (Woche 17. 1. 97, 9). **3.** (veraltet) *Heirat, eheliche Verbindung.*
Al|li|anz|wap|pen, das (Heraldik): *Wappen, auf dem zwei Wappen einander zugewendet sind (bei Eheleuten, Verbündeten u. Ä.).*
Al|li|cin: ↑Allizin.
Al|li|ga|ti|on, die; -, -en [lat. alligatio = *das Anbinden*] (Fachspr.): *Mischung [von Metallen]; Zusatz.*
Al|li|ga|tor, der; -s, ...oren [engl. alligator < span. el lagarto = *die Eidechse* < lat. lacertus, lacerta, zu: lacertus = *Oberarm u. wohl eigtl.* = *die Biegsame; die Bewegliche*]: *(in tropischen u. subtropischen Flüssen u. Sümpfen Amerikas u. Südostasiens lebendes) zu den Krokodilen gehörendes Reptil mit verhältnismäßig kurzer Schnauze.*
Al|li|ga|to|ren|farm, die: *Betrieb, in dem Alligatoren zur Ledergewinnung gehalten werden.*
Al|li|ga|tor|schild|krö|te, die: *im Süßwasser lebende große Wasserschildkröte.*
al|li|ie|ren, sich ⟨sw. V.; hat⟩ [frz. allier < afrz. aleier < lat. alligare = *an-, verbinden*]: *(von Mächten, Truppen) sich verbünden:* die beiden Staaten haben sich alliiert.
al|li|iert ⟨Adj.⟩: **a)** *verbündet:* die -en Truppen, Soldaten; **b)** *von den Alliierten*

(b) *ausgehend, durchgeführt, eingerichtet:* die -en Beschlüsse.
Al|li|ier|te, der; -n, -n ⟨meist Pl.; Dekl. ↑Abgeordnete⟩: **a)** *einem Bündnis angehörende Macht, Verbündeter, Bundesgenosse:* unser -r; **b)** ⟨Pl.⟩ *die im Zweiten Weltkrieg gegen Deutschland verbündeten Staaten:* Die -n wollten Deutschland für immer geteilt und am Boden halten (B. Vesper, Reise 462).
Al|li|in, das; -s [zu ↑Allizin] (Chemie): *schwefelhaltige Aminosäure (Vorstufe des Allizins).*
Al|li|te|ra|ti|on, die; -, -en [zu ↑ad u. lat. littera = *Buchstabe*] (Verslehre): *Gleichheit des Anlauts bei betonten Silben bedeutungsschwerer Wörter, An[laut]reim;* vgl. Stabreim.
al|li|te|rie|ren ⟨sw. V.; hat⟩: *Alliteration zeigen:* diese Verse alliterieren nicht; alliterierende Dichtung.
al|li|tisch ⟨Adj.⟩ [zu ↑Aluminium u. griech. líthos = *Stein*]: *in der Verbindung -e Verwitterung* (Geol.: *Verwitterung in feuchten Klimagebieten, bei der Aluminiumverbindungen entstehen u. durch Anreicherung von Eisenoxiden der Boden oft rot gefärbt wird).*
Al|li|zin (chem. Fachspr.): Allicin, das; -s [zu lat. allium = *Knoblauch*] (Chemie): *für Knoblauch u. andere Laucharten typischer Aromastoff mit antimikrobieller Wirkung.*
all|jähr|lich ⟨Adj.⟩: *jedes Jahr [geschehend, stattfindend]:* -e Zusammenkünfte, Treffen; Die -en Debatten um die ... Bundestagsdiäten verschleiern nur den kostspieligen politischen Alltag (Woche 14. 2. 97, 11); Das Altarbild ... zog a. so viele Besucher an (Jens, Mann 108).
all|le|ben|dig ⟨Adj.⟩ (dichter. veraltet): *ganz lebendig; erfüllt von Leben.*
all|lie|bend ⟨Adj.⟩ (geh.): *(von Gott) alle u. alles liebend:* der -e Vater.
Ạll|macht, die; - (geh.): *Macht über alle u. alles, grenzenlose Machtfülle, uneingeschränkte Macht; Allgewalt:* die A. Gottes, des Staates, des Geldes; Die A. des Deutschen Fußball-Bundes beginnt zu bröckeln. Längst nicht mehr alle Politiker knicken vor dem Verbandsriesen ein, der ... ständig Extrawürste verlangt (Woche 7. 11. 97, 26).
all|mäch|tig ⟨Adj.⟩ [LÜ von lat. omnipotens, ↑omnipotent]: *über alle u. alles herrschend, grenzenlos mächtig, allgewaltig; omnipotent:* der -e Gott; -er Gott! (Ausruf des erschreckten Erstaunens); Ü ⟨subst.⟩: einer Masse von politischen Habenichtsen ... steht eine ... Anzahl von politisch Allmächtigen gegenüber (Enzensberger, Einzelheiten I, 15).
Ạll|mäch|ti|ge, der; -n ⟨Dekl. ↑Abgeordnete⟩ (geh.): *Gott:* beim -n schwören; -r! (Ausruf des erschreckten Erstaunens).
Ạll|mäch|tig|keit, die; -: *Allmacht.*
all|mäh|lich ⟨Adj.⟩ [mhd. almechlich, zu ↑gemach]: *langsam [fortschreitend], fast unmerklich in der Zeit, nach u. nach:* das -e Nachlassen der Kräfte; sich a. wieder beruhigen; gab es a. zu viele Dinge, über die sie a. nicht mehr ... sprachen (Chr. Wolf, Himmel 180).
Ạll|mein|de, Ạll|mend, die; -, -en

(schweiz.): ↑Allmende: man ... stach auf einem ... Reit- und Aussichtsweg in die kreidig belichtete Allmend hinaus (Muschg, Gegenzauber 270).

All|men|de, die; -, -n [mhd. almende, al(ge)meinde]: *Gemeindegut, -flur.*

all|mo|nat|lich ⟨Adj.⟩: vgl. alljährlich: -e Zahlungen; die a. fälligen Gebühren; Doerrs bester Freund in der Regierung, US-Vizepräsident Al Gore, trifft sich neuerdings a. mit einer handverlesenen High-Tech-Schar (Woche 7.11.97, 19).

all|mor|gend|lich ⟨Adj.⟩: *jeden Morgen [geschehend, stattfindend]: das -e Zeremoniell;* jenes weiße Getränk, welches Madame Gaillard a. ihren Zöglingen verabreichte (Süskind, Parfum 33).

all|mor|gens ⟨Adv.⟩ (geh.): *jeden Morgen.*

All|mut|ter, die; - (dichter.): *Mutter alles Lebenden:* A. Natur.

all|nächt|lich ⟨Adj.⟩: vgl. allabendlich.

Al|lo|cho|rie [...ko...], die; -, -n [zu griech. állos = anderer u. chōreīn = sich fortbewegen] (Bot.): *Verbreitung von Früchten und Samen durch Einwirkung von außen kommender Kräfte* (z. B. Wind, Wasser, Tiere).

al|lo|chro|ma|tisch ⟨Adj.⟩ [zu griech. chrōma = Farbe] (Mineral.): *(von Mineralien) verfärbt durch Beimengungen von Fremdstoffen.*

al|loch|thon [alɔx...] ⟨Adj.⟩ [zu griech. állos = anderer u. chthōn = Land] (Geol.): *an anderer Stelle entstanden.*

All|od, das; -[e]s, -e [mlat. al(l)odium, aus dem Germ., eigtl. = Ganzbesitz] (MA.): *von Abgaben befreiter privater Grund u. Boden (im Gegensatz zum Lehen).*

al|lo|di|al ⟨Adj.⟩ [mlat. al(l)odialis]: *das Allod betreffend.*

Al|lo|di|al|gut, das: **1.** *Allod.* **2.** *(in der Neuzeit) Privateigentum fürstlicher Familien.*

Al|lo|di|fi|ka|ti|on, Al|lo|di|fi|zie|rung, die; -, -en: (seit dem 16. Jh.) *Umwandlung von Lehen in freies Eigentum unter Mitwirkung der Belehnten u. gegen Abfindung des Lehnsherrn.*

Al|lo|di|um, das; -s, ...ien: *Allod.*

al|lo|gam ⟨Adj.⟩ (Bot.): **a)** *fremdbestäubend;* **b)** *fremdbestäubt.*

Al|lo|ga|mie, die; -, -n [zu griech. állos = anderer u. gámos = Befruchtung] (Bot.): *Fremdbestäubung.*

al|lo|gen ⟨Adj.⟩ [zu griech. állos = anderer u. ↑-gen] (Geol.): *allothigen.*

Al|lo|graph, das; -s, -e [zu griech. állos = anderer u. ↑²Graph] (Sprachw.): *durch die Stellung im Wort bedingte Variante eines Graphems* (z. B. lassen, ließ).

Al|lo|kar|pie, die; -, -n [zu griech. állos = anderer u. karpós = Frucht] (Bot.): *Bildung einer Frucht aufgrund von Fremdbestäubung.*

Al|lo|ka|ti|on, die; -, -en [mlat. allocatio = Verpachtung, zu ↑ad u. lat. locare = setzen, stellen] (Wirtsch.): *[in einem Etat] Zuweisung von finanziellen Mitteln, Materialien u. Produktivkräften:* Mittelfristig führt eine flaue Konjunkturentwicklung zu einer besseren A. der Arbeitskräfte innerhalb der Volkswirtschaft (profil 46, 1983, 34).

Al|lo|ku|ti|on, die; -, -en [lat. allocutio]: *Ansprache des Papstes bei bestimmten Gelegenheiten.*

Al|lo|la|lie, die; -, -n [zu griech. állos = anderer u. laleīn = reden] (Med., Psychol.): *(bei Psychosen auftretende) Behinderung od. Auflösung der Sprachfähigkeit.*

al|lo|me|trisch ⟨Adj.⟩ [zu griech. állos = anderer] (Med., Biol.): *(von Gliedmaßen, Organen od. Geweben) unterschiedliche Wachstumsgeschwindigkeit zeigend im Verhältnis zur Körpergröße od. zu anderen Organen.*

al|lo|morph ⟨Adj.⟩ [zu griech. állos = anderer u. morphē = Gestalt]: *allotrop.*

Al|lo|morph, das; -s, -e [engl. allomorph, zu griech. állos = anderer u. ↑ Morphem] (Sprachw.): *in einer bestimmten phonemischen, grammatikalischen od. lexikalischen Umgebung vorkommende Variante eines Morphems* (z. B. /ət/ für das t der 3. Pers. Sg. in »redet«).

Al|lo|mor|phie, die; - [zu griech. állos = anderer u. morphē = Gestalt]: *Allotropie.*

all'on|ga|re|se: ↑all'ongharese.

Al|lon|ge [aˈlõːʒə], die; -, -n [frz. allonge, eigtl. = Verlängerung, zu: allonger = verlängern, zu lat. longus = lang]: **1.** (Buchw.) *unbedrucktes Blatt, an dem ausfaltbare Karten, Abbildungen o. Ä. angeklebt sind.* **2.** (Wirtsch.) *mit einem Wechsel fest verbundenes Blatt für weitere Indossamente.*

Al|lon|ge|aus|fall, der (Fechten): *verlängerter Ausfall (4 a) durch Nachziehen des Standbeins.*

Al|lon|ge|pe|rü|cke, die: *Perücke des 17. u. 18. Jh.s für den Mann mit langen, Schultern u. Nacken bedeckenden Locken:* Das ungewisse Licht ... warf Reflexe auf -n und nackte, gepuderte Schultern (Remarque, Triomphe 353).

all'on|gha|re|se [alɔŋɡaˈreːzə; ital., zu: ungherese = ungarisch] (Musik): *nach Art ungarischer (zigeunerischer) Musik.*

al|lons [aˈlõː] ⟨Interj.⟩ [frz., eigtl. = lasst uns gehen, 1. Pers. Pl. von: aller = gehen, über das Vlat. zu lat. ambulare, ↑ambulant] (veraltet, noch bildungsspr. scherzh.): *vorwärts!, los!, auf!*

al|lo|nym ⟨Adj.⟩ [zu griech. állos = anderer u. ónyma = Name]: *mit einem anderen, fremden Namen behaftet.*

Al|lo|nym, das; -s, -e: *Pseudonym, bei dem der Name einer bekannten Persönlichkeit verwendet wird.*

Al|lo|path, der; -en, -en [zu griech. állos = anderer u. páthos, ↑Pathos]: *Vertreter der Allopathie.*

Al|lo|pa|thie, die; -: *Heilmethode der Schulmedizin, bei der Krankheiten im Unterschied zur Homöopathie mit entgegengesetzt wirkenden Medikamenten behandelt werden.*

Al|lo|pa|thin, die; -, -nen: w. Form zu ↑Allopath.

al|lo|pa|thisch ⟨Adj.⟩: *die Allopathie betreffend.*

Al|lo|phon, das; -s, -e [zu griech. állos = anderer u. ↑Phonem] (Sprachw.): **a)** *Variante eines Phonems, die nicht bedeutungsverändernd ist* (z. B. Zungen-R u. Zäpfchen-R im Deutschen); **b)** *durch benachbarte Laute bed'ngte Variation eines Phonems* (z. B. des ch in »ich« u. »auch«).

Al|lo|plas|tik, die; -, -en [zu griech. állos = anderer u. ↑Plastik] (Med.): *Ersatz körpereigenen Gewebes durch Fremdstoffe* (z. B. Kunststoffe, Metall).

Al|lo|plo|i|die, die; - [zu griech. állos = anderer u. -plóos = -fach] (Genetik): *Kombination von strukturell u. genetisch unterschiedlichen Chromosomensätzen.*

Al|lo|sem, das; -s, -e [zu griech. állos = anderer u. ↑Sem] (Sprachw.): *im Kontext realisierte Variante eines Semems* (z. B. »Hund« = Tier u. »Hund« = Förderwagen).

al|lo|thi|gen ⟨Adj.⟩ [zu griech. állothi = anderswo u. ↑-gen] (Geol.): *(von den Bestandteilen eines Gesteins) nicht am Fundort, sondern an anderer Stelle entstanden; allogen.*

Al|lo|tria, das; -[s], - ⟨Pl. selten⟩ [griech. allótria = fremde, abwegige Dinge, zu: allótrios = fremd, zu: állos = anderer]: *mit Lärm, Tumult o. Ä. ausgeführter Unfug, dummes Zeug, Dummheiten, Albernheiten:* A. treiben; lässt das A.!; Als nächster kam Roland von Aesch zu Wort ... Im Einzig Möglichen Blatt, das sein A. über Film und Musik bisher immer verschlossen hatte (Muschg, Gegenzauber 253); ♦ ⟨Pl. Allotrien:⟩ Nichts als Allotrien, Herr Schreiber (Kleist, Krug 7).

al|lo|tri|o|morph ⟨Adj.⟩ [zu griech. morphē = Gestalt] (Geol.): *(von Mineralien) nicht von eigenen Kristallflächen begrenzt.*

al|lo|trop ⟨Adj.⟩ [zu griech. állos = anderer u. tropē = Wendung, Drehung] (Chemie): **a)** *zur Allotropie fähig;* **b)** *durch Allotropie bedingt.*

Al|lo|tro|pie, die; - (Chemie): *Eigenschaft eines chemischen Stoffes, in verschiedenen Kristallformen vorzukommen* (z. B. Kohlenstoff als Diamant u. Graphit).

all'ot|ta|va [ital., zu ²alla u. ottava, ↑Oktave] (Musik): *in der Oktave, eine Oktave höher [zu spielen];* Zeichen: 8va............

Al|lo|xan, das; -s [zu ↑Allantoin u. ↑Oxalsäure] (Chemie): *durch Oxidation von Harnsäure hergestellte heterozyklische Verbindung.*

al|lo|zie|ren ⟨sw. V.; hat⟩ [zu ↑Allokation] (Wirtsch.): *finanzielle Mittel, Materialien, Produktionskräfte in einem bestimmten Raum verteilen, zuweisen.*

All|par|tei|en|re|gie|rung, die (Politik): *Regierung, in der alle im Parlament vertretenen Parteien vertreten sind.*

all|pott: ↑allbot.

All|rad, das; ⟨o. Pl.⟩ (ugs.): **1.** *Fahrzeug mit Allradantrieb:* Bei Alfa wird ein A. vorbereitet (ADAC-Motorwelt 1, 1983, 29); Der Yasur ist einer der wenigen aktiven Vulkane, den man per A. fast bis zum Gipfel befahren kann (a & r 2, 1997, 95). **2.** *Allradantrieb.*

All|rad|an|trieb, der (Kfz-T.): *auf sämtliche Räder eines Fahrzeugs wirkender Antrieb.*

All|rad|fe|de|rung, die: *(bei Motorrä-*

dern) Federung des Vorder- u. des Hinterrades.

all|rad|ge|trie|ben ⟨Adj.⟩ (Kfz-T.): *mit Allradantrieb:* -e Traktoren.

All|rad|len|kung, die (Kfz-T.): *Lenkung, die auf alle Räder wirkt.*

All|rad|schlep|per, der: *zweiachsiger Schlepper, dessen Antrieb auf alle vier Räder wirkt.*

all right ['ɔːl 'raɪt; engl. = alles richtig]: *richtig!, in Ordnung!, einverstanden!*

All|round|ath|let ['ɔːl'raʊnd...], der; -en, -en: *Sportler, der viele leichtathletische Sportarten ausübt.*

All|round|ath|le|tin, die; -, -nen: w. Form zu ↑Allroundathlet.

All|roun|der ['ɔːl'raʊndə], der; -s, - [engl. all-rounder, zu: all-round = vielseitig]: **1.** *Allroundman:* eine ... Chance für einen ... qualifizierten kaufmännischen A. (Baselland. Zeitung 27. 3. 85, 14). **2.** *vielseitig einsetzbares Gerät:* diese Kamera ist ein A.

All|roun|de|rin die; -, -nen: w. Form zu ↑Allrounder (1).

All|round|kleid ['ɔːl'raʊnd...], das; -[e]s, -er: *Kleid, das für viele Gelegenheiten geeignet ist.*

All|round|man ['ɔːl'raʊndmən], der; -s, -men [-mən; engl. man = Mann]: *wendiger, vielseitig interessierter Mann, der Kenntnisse u. Fähigkeiten auf zahlreichen Gebieten besitzt u. anwendet.*

All|round|mu|si|ker ['ɔːl'raʊnd...], der; -s, -: *Musiker, der sich auf vielen Gebieten der Musik auskennt, der viele Instrumente beherrscht.*

All|round|mu|si|ke|rin, die; -, -nen: w. Form zu ↑Allroundmusiker.

All|round|spie|ler ['ɔːl'raʊnd...], der; -s, - (Sport): *Spieler, der auf den verschiedensten Mannschaftsposten eingesetzt werden kann u. sie gleich gut ausfüllt, der das Spiel im Angriff wie in der Abwehr beherrscht.*

All|round|spie|le|rin, die; -, -nen: w. Form zu ↑Allroundspieler.

All|round|sport|ler ['ɔːl'raʊnd...], der; -s, -: *Sportler, der in zahlreichen, z. T. sehr unterschiedlichen Sportarten gute Ergebnisse erzielt.*

All|round|sport|le|rin, die; -, -nen: w. Form zu ↑Allroundsportler.

All|round|un|ter|hal|ter ['ɔːl'raʊnd...], der; -s, -: *Unterhalter, Kabarettist, der sich durch Vielseitigkeit auszeichnet.*

All|round|un|ter|hal|te|rin, die; -, -nen: w. Form zu ↑Allroundunterhalter.

all|sei|tig ⟨Adj.⟩: **a)** *an, auf allen Seiten (2a):* ein von Läden und Cafés a. umschlossener Arkadenhof (Saarbr. Zeitung 6. 12. 79, 27); **b)** *allgemein; auf, von allen Seiten (9a):* -e Unterstützung, Zufriedenheit; **c)** *umfassend, vielfältig, vielseitig:* eine -e Ausbildung; ich galt nicht mehr als ein a. interessierter Mensch (H. Weber, Einzug 385).

all|seits ⟨Adv.⟩ [↑-seits]: *überall; nach, von allen Seiten (9a); von, bei allen:* man war a. einverstanden; eine a. abgewogene Darstellung; eine a. verbreitete Meinung; eine a. beliebte Einrichtung; ein a. geschätzter Kollege.

All-Star-Band ['ɔːl'stɑːbænd], die; -, -s [aus engl.-amerik. all-star = aus den hervorragendsten Spielern bestehend (↑²Star 1 u. ³Band)] (Musik): **a)** *Jazzband, die nur aus berühmten Musikern besteht;* **b)** *erstklassige Tanz- u. Unterhaltungskapelle.*

All|strom|emp|fän|ger, der: *Rundfunkgerät, das mit Gleich- u. mit Wechselstrom betrieben werden kann.*

All|strom|ge|rät, das: *elektrisches Gerät, das sowohl mit Gleich- wie mit Wechselstrom betrieben werden kann.*

All|strom|mo|tor, der: *Elektromotor, der sowohl mit Gleich- wie mit Wechselstrom betrieben werden kann.*

all|stünd|lich ⟨Adv.⟩: vgl. alljährlich.

All|tag, der; -[e]s, -e [zu älter alletag = täglich, gewöhnlich]: **1.** ⟨Pl. selten⟩ *Werktag, Arbeitstag:* die Feier fand an einem A. statt. **2.** ⟨o. Pl.⟩ (geh.) *tägliches Einerlei, gleichförmiger Ablauf im [Arbeits]leben:* Man müsste aus dem A. ausbrechen können, wofür lebt man denn sonst? (Ziegler, Konsequenz 185); Für uns, die wir den grauen A. der Politik zu begreifen ... versuchen (Dönhoff, Ära 82); Schwere Kopfverletzungen von Skifahrern gehören ... leider schon bald zum A. (werden alltäglich; NZZ 30. 1. 83, 7).

all|täg|lich ⟨Adj.⟩: **1.** ['- - -] ⟨selten⟩ *für den Alltag (1) bestimmt, werktäglich:* -e Kleidung; a. und sonntäglich. **2.** [-'- -] *gewöhnlich, üblich, nichts Besonderes aufweisend, ohne außergewöhnliche Kennzeichen, durchschnittlich; banal, trivial:* die -[st]en Dinge; ein -er Mensch; ihre Gesichter waren sehr a.; die Geschichte kommt mir recht a. vor. **3.** ['-'- -], auch: '-'- -] *jeden Tag [geschehend, stattfindend]:* Es wurde a. ein guter Tisch bei uns geführt (Th. Mann, Krull 23); Im Märchen ist immer nur von den Stiefmüttern die Rede, im -en Leben gibt es aber auch Stieftöchter (Brückner, Quints 115).

All|täg|lich|keit, die; -, -en: **a)** ⟨o. Pl.⟩ *Üblichkeit, Gewöhnlichkeit;* **b)** *durch nichts Außergewöhnliches gekennzeichnete, übliche, alltägliche Erscheinung, alltäglicher Vorgang:* etw. wird zu einer A.

all|tags ⟨Adv.⟩: *an einem Alltag (1), Arbeitstag; werktags, wochentags:* der Kantor, der a. in der Dorfschule unterrichtete und am Sonntag in der Kirche die Orgel spielte (Dönhoff, Ostpreußen 78).

All|tags|an|zug, der: *Anzug, der alltags getragen wird.*

All|tags|din|ge ⟨Pl.⟩: *Dinge, Tätigkeiten, die im Alltag (2) verrichtet werden [müssen].*

All|tags|er|fah|rung, die: *Erfahrung, die jmd. im Alltag (2) macht:* Zweimal im Jahr rufen uns die Motorwelt-Leser auf, uns ihre -en ... mitzuteilen (ADAC-Motorwelt 1, 1982, 38).

All|tags|kleid, das; vgl. Alltagsanzug.

All|tags|klei|dung, die; vgl. Alltagsanzug.

All|tags|kram, der (ugs. abwertend): vgl. Alltagsdinge: Er konnte ... beruflich vorankommen, weil Sie ihm den Rücken freihielten vom A. (Hörzu 51, 1974, 97).

All|tags|le|ben, das: *Leben, das im Alltag (2) geführt wird:* In meiner Kindheit gab es all das, was heute zum A. gehört, noch nicht (Dönhoff, Ostpreußen 104).

All|tags|mensch, der: *gewöhnlicher, durchschnittlicher Mensch; Durchschnittsbürger.*

All|tags|mi|se|re, die: *Unannehmlichkeiten, leidige Probleme des täglichen Lebens:* keine Katastrophen, nur die gewöhnliche A. (Mayröcker, Herzzerreißende 100).

All|tags|pflicht, die ⟨meist Pl.⟩: *Pflicht, die das Alltagsleben mit sich bringt:* von den -en erdrückt werden.

All|tags|sor|gen ⟨Pl.⟩: *Sorgen, die der Alltag (2) mit sich bringt.*

All|tags|spra|che, die (Sprachw.): *Sprache, die im alltäglichen Verkehr der Menschen untereinander angewendet wird u. zwischen Hochsprache u. Umgangssprache steht.*

All|tags|theo|rie, die (Soziol.): *jmds. Handlungen leitende Theorie, die nicht anhand wissenschaftlicher Kriterien geprüft ist.*

All|tags|trott, der (leicht abwertend): *alltäglicher Trott; immer gleich bleibender, etwas eintöniger Tagesablauf:* Lassen Sie den A. für ein paar Tage hinter sich (Capital 2, 1980, 152).

All|tags|ver|stand, der: *gewöhnlicher, durchschnittlicher Verstand; Durchschnittsverstand.*

All|tags|wort, das ⟨Pl. ...wörter⟩: *gewöhnliches, übliches Wort, das von jedem verwendet wird.*

All-Ter|rain-Bike ['ɔːltə'reɪnbaɪk]; das; -s, -s [aus engl. all-terrain = für jedes Gelände (geeignet) u. ↑Bike]: *stabileres Fahrrad, das auch zum Fahren in unwegsamem od. bergigem Gelände vorgesehen ist:* 1990 sind nach Angaben des Verbandes der Fahrrad- und Motorradindustrie ... rund 1,7 Millionen ... -s verkauft worden (Rheinpfalz 6. 91, 24).

all|über|all ⟨Adv.⟩ (geh.): *verstärkend für* ↑überall: Weihnachtlich glänzen die Fußgängerzonen, a. in Warenhäusern und Einkaufspassagen leuchten die Lichtlein (Woche 20. 12. 96, 17); Sie sind so unbeständig, diese Schiffer. Heute hier und morgen a. (Strittmatter, Wundertäter 170).

all|um|fas|send ⟨Adj.⟩ (geh.): *alle u. alles umfassend:* eine -e Organisation, Regelung.

all'ungherese: ↑all'ongharese.

all'uni|so|no: ↑unisono.

Al|lü|re, die; -, -n [frz. allure = Gang(art), Benehmen, zu: aller, ↑Allee] (bildungsspr.): **a)** ⟨meist Plural⟩ (oft abwertend) *aus dem Rahmen fallende Umgangsform; auffallendes Benehmen, Gehabe:* Nie verlor er ganz die -n des lebensfrohen Gardeoffiziers (Niekisch, Leben 173); er ist ein Mensch ohne -n; **b)** ⟨selten⟩ *Benehmen, Auftreten, Gebaren:* Ich hatte es ... mit einem ... Manne von guter A. zu tun (Th. Mann, Krull 326).

Al|lu|si|on, der; -, -en [spätlat. allusio, zu lat. alludere = (an)spielen; scherzen] (bildungsspr.): *Anspielung:* Nach den

Seemannsliedern kam die Erotik zu ihrem Recht in einer für den Ausländer unverständlichen Folge von -en und Wortspielen, die in der kühlen, unverbindlichen Sprache des galanten 18. Jahrhunderts vorgetragen wurden (Scholl-Latour, Frankreich 156).

al|lu|vi|al ⟨Adj.⟩ (Geol.): **a)** *das Alluvium betreffend;* **b)** *[durch Ströme] angeschwemmt, abgelagert.*

Al|lu|vi|on, die; -, -en (Geol.): *neu angeschwemmtes Land an Fluss-, Seeufern u. Meeresküsten.*

Al|lu|vi|um, das; -s [lat. alluvium = Anschwemmung]: *älter für* ↑ Holozän.

All|va|ter, der ⟨meist ohne Art.⟩ (Myth., Rel.): *Gott als Vater aller Götter u. Menschen, als Schöpfer aller Dinge:* A. Wodan; Ü Er wollte klüger sein als der rote A. Lenin (Spiegel 40, 1966, 112).

all|ver|ehrt ⟨Adj.⟩: *von allen verehrt.*

all|weg ⟨Adv.⟩ (schwäb.): *jedenfalls.*

all|weil, allweil, allerweil ⟨Adv.⟩ (bes. österr. ugs.): *immer.*

All|wet|ter|jä|ger, der (Milit.): *Kampfflugzeug, das anfliegende Feindflugzeuge ohne Rücksicht auf die Wetterlage angreifen kann.*

All|wet|ter|klei|dung, die: *Kleidung, die auch bei schlechtem Wetter getragen werden kann.*

All|wet|ter|lan|dung, die (Flugw.): *Landung eines Flugzeugs, die auch bei extrem schlechter Sicht stattfinden kann; Blindlandung.*

All|wet|ter|platz, der: *Hartplatz.*

All|wet|ter|rei|fen, der: *Ganzjahresreifen.*

all|wis|send ⟨Adj.⟩: *alles wissend:* der -e Gott; niemand ist a.

All|wis|sen|de, der; -n ⟨Dekl. ↑ Abgeordnete⟩: *Gott.*

All|wis|sen|heit, die; -: *das Alles-Wissen, das Wissen von allem:* die A. Gottes.

all|wo ⟨Adv.⟩ (Amtsspr. veraltet): *[ebenda] wo* (2a): ◆ um mir ein Plätzchen auszubitten, a. ich meinem Gott ... dienen könne (Lessing, Nathan IV, 7); auf der Brücke zu Monterau, a. sein Vater fiel (Schiller, Jungfrau I, 5).

all|wö|chent|lich ⟨Adj.⟩: vgl. alljährlich.

all|zeit: ↑ allezeit: Allzeit ritterlich war auch sein Benehmen weiblichen Wesen gegenüber (Kirst, 08/15, 15).

all|zu ⟨Adv.⟩: *verstärkend für* ↑ zu II 1; *in zu hohem Grade, übertrieben, übermäßig:* a. bald, früh, gern, lang, lange, leicht, oft, schnell, sehr, selten, weit; die Last ist a. schwer; ein a. gewagtes Unternehmen; das weiß er nur a. gut; es ging dort menschlich, a. menschlich zu; Menschliches, a. Menschliches (mit Verneinung:) einer Sache kein a. großes (kein sehr großes) Gewicht beilegen; Er selber machte auf sein Alter nur dadurch aufmerksam, dass er seine Schritte a. federnd setzte (Fest, Im Gegenlicht 244); Spr a. viel ist ungesund.

all|zu bald, all|zu früh, all|zu gern: s. allzu .

all|zu|gleich ⟨Adv.⟩: **a)** (dichter.) *verstärkend für* ↑ zugleich; **b)** (geh.) *alle gemeinsam.*

all|zu groß, all|zu gut: s. allzu.

all|zu|hauf ⟨Adv.⟩ (veraltet): *alle in Haufen, in Massen.*

all|zu lang, all|zu lan|ge, all|zu leicht: s. allzu.

all|zu|mal ⟨Adv.⟩ (selten): **1.** *alle zusammen, ohne Ausnahme; insgesamt.* **2.** *immer, überhaupt:* erwärmte sich seine Seele am Gedanken, die Natur vermöge doch a. über die technischen Machenschaften triumphieren (NZZ 21. 12. 86, 30).

all|zu mensch|lich, all|zu oft, all|zu schnell, all|zu sehr, all|zu sel|ten, all|zu viel, all|zu weit: s. allzu .

All|zweck|hal|le, die: *Halle, die für die unterschiedlichsten Veranstaltungen geeignet ist.*

All|zweck|rei|ni|ger, der: *vielseitig verwendbares Reinigungsmittel.*

All|zweck|tuch, das: *vielseitig verwendbares Tuch.*

All|zweck|waf|fe, die (ugs., oft scherzh.): *Person, Sache, die vielseitig, bei verschiedenen Gelegenheiten eingesetzt, verwendet werden kann:* Komplettiert wird die Allparteien-Koalition vom FDP-Politiker und Schalke-04-Aufsichtsrat Jürgen Möllemann. Die liberale A. verschaffte DFB-Präsident Braun ... ein Entree beim Präsidenten des Bundeskartellamtes (Woche 7.11.97, 27); Neben der »Wochenshow« soll es im kommenden Jahr eine weitere Sendung mit Ihnen geben – eine wöchentliche Sitcom unter dem Titel »Anke«. Werden Sie auf Sat 1, so etwas Ähnliches wie der weibliche Johannes B. Kerner? (Woche 18.12.98, 34).

Alm, die; -, -en [aus mhd. alben, gebeugte Form von: albe, ↑²Alp]: *der sommerlichen Weidenutzung dienende Wiese im Gebirge, Hochweide:* eine A. bewirtschaften; das Vieh auf die A. treiben, von der A. abtreiben; droben auf der A.

Al|ma-A|ta: *früherer Name von Almaty.*

Alm|ab|trieb, der: *das Abtreiben* (3) *des Viehs von der Alm in die Winterställe im Herbst.*

Al|ma Ma|ter, die; - - [lat. = nährende Mutter] (bildungsspr., oft scherzh.): *Universität:* Meine ... Laufbahn begann jedoch, als ich auf der altehrwürdigen A. M. zu Wien meinen Studienkollegen, den Prinzen Benjamin, kennen lernte (Habe, Namen 36).

Al|ma|nach, der; -s, -e [mniederl. almanag < mlat. almanachus, H. u.] (Buchw.): **a)** (früher) *[mit einem Kalender verbundene] bebilderte Sammlung von Texten aus verschiedenen Sachgebieten (Belletristik, Theater, Mode, Reisen u. a.);* **b)** *aus besonderem Anlass od. aus Werbegründen veröffentlichter Querschnitt aus der Jahresproduktion eines Verlages.*

Al|man|din, der; -s, -e [mlat. al(a)mandina, nach der antiken Stadt Alabanda (Kleinasien)]: *dunkelrote Art des* ²*Granats.*

Al|ma|ty: *Hauptstadt von Kasachstan.*

Alm|auf|trieb, der: *das Hinauftreiben des Viehs auf die Alm im Frühjahr.*

Alm|dorf, das: *(bei gemeinschaftlicher Nutzung der Alm) mehrere beieinander liegende Almhütten.*

Al|me|mar, Al|me|mor, das; -[s] [hebr. 'alēmēmar, entstellt aus arab. al-minbar = Kanzel] (jüd. Rel.): *erhöhter Platz in der Synagoge für die Verlesung der Thora.*

al|men ⟨sw. V.; hat⟩ (österr.): *(Vieh) auf der Alm halten:* die Bergbauern almen ihr Vieh.

Al|men|rausch: ↑ Almrausch.

Al|mer, der; -s, - (österr.): *Senn; Almhirt.*

Al|me|rin, die; -, -nen: w. Form zu ↑ Almer.

Alm|hüt|te, die: *Wohn- u. Wirtschaftsgebäude auf der Alm.*

Al|mo|sen, das; -s, - [1: mhd. almouse, ahd. alamousa < kirchenlat. eleemosyna < griech. eleēmosýnē = Mitleid, Erbarmen]: **1.** (geh.) *einem Bedürftigen gewährte kleinere Gabe:* einem Bettler ein A. geben; um ein A. bitten; kein A. annehmen; von A. leben; der große Herr, der in die demütig ausgestreckte Hand ... ein A. legt (Th. Mann, Krull 386). **2.** (abwertend) *geringes, dürftiges Entgelt, das in keinem Verhältnis zu jmds. angemessener Forderung steht:* für ein A. arbeiten müssen.

Al|mo|sen|amt, das (früher): *Hofamt an Fürstenhöfen für die Verwaltung der Almosengelder.*

Al|mo|sen|emp|fän|ger, der (abwertend): *Empfänger von Almosen.*

Al|mo|sen|emp|fän|ge|rin, die; -, -nen: w. Form zu ↑ Almosenempfänger.

Al|mo|sen|geld, das ⟨meist Pl.⟩ (früher): *für Almosen* (1) *bestimmtes [gestiftetes] Geld.*

Al|mo|se|nier, der; -s, -e [zu ↑ Almosen geb. wohl unter Einfluss von frz. aumônier < mlat. eleemosynarius] (früher): *mit der Almosenpflege betrauter geistlicher Würdenträger:* Zufällig war ... der Mann ... zehn Jahre lang A. der französischen Gesandtschaft in Mexiko gewesen (Ceram, Götter 387).

Al|mo|sen|kas|ten, der (früher): *Stelle, an der die Stiftungen u. Spenden für die Armenfürsorge zusammenflossen.*

Al|mo|sen|pfen|nig, der (früher): *für die Empfänger von Almosen bestimmtes Geld.*

Al|mo|sen|pfle|ge, die (früher): *[Amt der] Verwaltung von Almosen.*

Al|mo|sen|pfle|ger, der (früher): *Almosenier.*

Al|mo|sen|salz, das (früher): *an Bedürftige verteiltes Salz.*

Al|mo|sen|stif|tung, die (früher): *Stiftung für Bedürftige.*

Al|mo|sen|stock, der (früher): *Opferstock.*

Alm|rausch, der; -[e]s [2. Bestandteil wohl zu lat. ruscus = Mäusedorn] (südd., österr.): *behaarte, rostrote Alpenrose.*

Alm|ro|se, die (südd., österr.): *Alpenrose.*

Al|mu|kan|ta|rat, der; -s, -e [arab. = Bogenlinien zu lat. cancellus] (Astron.): *Kreis der Himmelssphäre, der parallel zum Horizont verläuft.*

Alm|wirt|schaft, die ⟨o. Pl.⟩: *Wirtschaftssystem bes. der Alpen, das auf der sommerlichen Weidenutzung der Almen beruht.*

Aloe

Aloe ['a:loe], die; -, -n [...oən; 1: mhd., ahd. ālōe < lat. aloe < griech. alóē]: **1.** *(zu den Liliengewächsen gehörende) in den Tropen u. Subtropen wachsende Pflanze mit Wasser speichernden, dicken Blättern.* **2.** ⟨o. Pl.⟩ *bitterer Saft vieler Aloearten.*
Alo|gik, die [zu griech. a- = nicht, un- u. ↑Logik]: *Nichtlogik, Unlogik.*
alo|gisch ⟨Adj.⟩ [aus griech. a- = nicht, un- u. ↑logisch]: *nicht logisch, außerhalb der Logik.*
Alo|pe|zie, die; -, -n [griech. alōpekía, zu alṓpēx = Fuchs u. eigtl. = Krankheit, bei der die Haare ausfallen wie bei einem Fuchs] (Med.): **a)** *krankhafter Haarausfall;* **b)** *Glatze.*
¹**Alp,** der: ↑²Alb.
²**Alp,** die; -, -en [mhd. albe, ahd. alba, wahrsch. urspr. = Berg; schon früh volksetym. an lat. albus = weiß (↑Album) angeschlossen] (landsch., bes. schweiz.): *Alm.*
¹**Al|pa|ka,** [span. alpaca < Ketschua (südamerik. Indianerspr.) (al)paco, zu: paco = rot(braun)]: **1.** das; -s, -s: **a)** *langhaariges, schwarzes od. schwarzbraunes Lama in den Anden;* **b)** ⟨o. Pl.⟩ *Wolle des Alpakas* (1 a); **c)** ⟨o. Pl.⟩ *Reißwolle aus aufbereiteten Mischgeweben.* **2.** der; -s: *glänzendes Gewebe aus Alpaka* (1 b) *u. Baumwolle bes. für Kleider u. Schürzen.*
²**Al|pa|ka,** das; -s [H. u.]: *frühere Bez. für* ↑*Neusilber.*
Al|pa|ka|wol|le, die: *Wolle des* ¹*Alpakas* (1 a).
al pa|ri [ital., eigtl. = zu gleichem (Wert), aus ↑al u. pari, ↑pari] (Börsenw.): *zum Nennwert.*
Alp|druck: ↑Albdruck.
Alp|drü|cken: ↑Albdrücken.
Al|pe, die; -, -n (österr.): ↑²Alp.
al|pen ⟨sw. V.; hat⟩ (schweiz., österr.): **a)** *(Vieh) auf der* ²*Alp halten;* **b)** *(bes. vom Vieh) auf der* ²*Alp sein.*
Al|pen ⟨Pl.⟩: *höchstes europäisches Gebirge.*
Al|pen|bock, der (Zool.): *(bes. in den Gebirgen Mitteleuropas lebender) großer, blaugrau gefärbter Bockkäfer mit unterschiedlicher, schwarzer Zeichnung auf den Flügeldecken.*
Al|pen|dol|lar, der (österr. ugs. scherzh.): *Schilling* (1).
Al|pen|füh|rer, der: *Führer* (2) *durch die Alpen.*
Al|pen|gar|ten, der: *Gartenanlage mit Alpenpflanzen, die zum Zwecke des Studiums der Pflanzen angelegt ist.*
Al|pen|glöck|chen, das: *Troddelblume.*
Al|pen|glü|hen, das; -s: *rötlicher Widerschein des Lichtes auf den [schneebedeckten] Alpengipfeln.*
Al|pen|jä|ger, der: **1.** (selten) *Jäger in den Alpen.* **2.** dt. Bez. für *Angehöriger der italienischen u. französischen Gebirgstruppen.*
Al|pen|land, das ⟨Pl. ...länder⟩: **1.** ⟨o. Pl.⟩ *Gebiet, Region der Alpen.* **2.** ⟨meist Pl.⟩ *Staat, Land, zu dessen Territorium ein Teil der Alpen gehört* (z. B. *Österreich, die Schweiz, Italien u. a.*).
al|pen|län|disch ⟨Adj.⟩: *das Alpenland* (1), *die Alpenländer* (2) *betreffend.*

Al|pen|pass, der: *über die Alpen führender Pass* (2).
Al|pen|re|pu|blik, die ⟨o. Pl.⟩ (ugs. scherzh.): *Österreich:* ... *hatte Johannes Paul II. geplant,* ... *in der A. Zwischenstation zu machen* (Spiegel 13, 1979, 16).
Al|pen|ro|se, die (Bot.): *(zu den Heidekrautgewächsen gehörende) rot blühende, als Strauch wachsende Pflanze der Hochgebirgsregion.*
Al|pen|rot, das: *meist durch Blutalgen verursachte rötliche Färbung des Schnees in Gebirgen u. Polargebieten.*
Al|pen|schar|te, die: *in den Alpen vorkommende Art der Flockenblume.*
♦ **Al|pen|stei|ger,** der: *jmd., der häufig in den Alpen umhersteigt [u. wildert]: Der Schuster war es, der einstige A.* (Stifter, Bergkristall 58).
Al|pen|veil|chen, das: *(zu den Primelgewächsen gehörende) Pflanze mit großen runden bis herzförmigen Blättern u. einzeln an langen Stielen sitzenden roten, rosa od. weißen Blüten.*
Al|pen|ver|ein, der: *gemeinnütziger Verein, der das Bergsteigen u. Wandern im Hochgebirge unterstützen u. zu dessen Erschließung u. Erforschung beitragen will.*
Al|pen|vor|land, das; -[e]s: [nördliches] *Vorland der Alpen.*
Alp|fuß: ↑Albfuß.
Al|pha, das; -[s], -s [griech. álpha < hebr. ạlef, eigtl. = Ochse (nach der Ähnlichkeit des althebr. Buchstabens mit einem Ochsenkopf), aus dem Phönikischen]: *erster Buchstabe des griechischen Alphabets (A, α).*
¹**Al|pha|bet,** das; -[e]s, -e [mhd. alfabēte < kirchenlat. alphabetum < griech. alphábētos, aus: álpha (↑Alpha) u. bēta (↑Beta)]: *festgelegte Reihenfolge aller Schriftzeichen einer Sprache; Abc:* das kleine A. *(das Alphabet in Kleinbuchstaben),* das große A. *(das Alphabet in Großbuchstaben);* das deutsche, englische, russische A.; *Namen nach dem A. ordnen; um* ... *Ordnung in die Abfolge seines Nachwuchses zu bringen, taufte er die Kinder nach dem A. nach* (Ossowski, Flatter 8).
²**Al|pha|bet,** der; -en, -en (selten): *jmd., der lesen gelernt hat.*
al|pha|be|tisch ⟨Adj.⟩: *nach dem Alphabet [geordnet]; abecelich:* ein -es Register; eine Kartei a. ordnen.
al|pha|be|ti|sie|ren ⟨sw. V.; hat⟩: **1.** *nach dem Alphabet ordnen:* Karteikarten, Namen für eine Liste a. **2.** *(Analphabeten) lesen u. schreiben lehren:* Eine Flüchtlingsfrau, gerade alphabetisiert, liest einen Brief (Oxmox 5, 1985, 19).
Al|pha|be|ti|sie|rung, die; -, -en: *das Alphabetisieren:* ... *begannen die Sandinisten* ... *mit der A. der* ... *in Unwissenheit gehaltenen Bevölkerung* (Spiegel 16, 1984, 9).
al|pha|me|risch: kurz für ↑alphanumerisch.
al|pha|nu|me|risch ⟨Adj.⟩ [gek. aus ↑Alphabet u. ↑numerisch] (EDV): *(von Zeichenketten) im Gegensatz zu numerischen Ausdrücken nicht nur Ziffern u. Operationszeichen, sondern auch beliebige Zeichen eines Alphabets enthaltend.*

Al|pha pri|va|ti|vum, das; - - [zu spätlat. privativus = eine Beraubung anzeigend, zu lat. privare, ↑privat] (Sprachw.): *im Griechischen auftretendes Präfix a-, das das folgende Wort verneint.*
Al|phard, der; -s: *hellster Stern im Sternbild Hydra.*
Al|pha|rhyth|mus, der: *typische Wellenform, die im Elektroenzephalogramm eines Erwachsenen als Kennzeichen eines ruhigen u. entspannten Wachzustandes sichtbar wird.*
Al|pha|strah|len, α-Strahlen ⟨Pl.⟩ (Kernphysik): *aus Alphateilchen bestehende radioaktive Strahlen.*
Al|pha|strah|ler, α-Strahler, der (Kernphysik): *radioaktives Isotop, das beim Zerfall Alphastrahlen aussendet.*
Al|pha|teil|chen, α-Teilchen, das (Kernphysik): *beim radioaktiven Zerfall bestimmter Elemente u. bei bestimmten Kernreaktionen ausgesendetes, aus zwei Protonen u. zwei Neutronen bestehendes Teilchen.*
Al|pha|tier, das (Verhaltensf.): *(bei Tieren, die in Gruppen mit Rangordnung leben) Tier, das die Gruppe beherrscht.*
Al|pha|tron, das; -s, ...one [geb. aus ↑Alphastrahlen u. ↑Elektron] (Kernphysik): *Messgerät für niedrige Gasdrücke.*
Alp|horn, das ⟨Pl. ...hörner⟩ [zu ↑²Alp]: *volkstümliches, bis zu 4 m langes Blasinstrument in Hochgebirgsgegenden (bes. der Schweiz).*
Alp|horn|blä|ser, der: *jmd., der Alphorn bläst.*
Alp|horn|blä|se|rin, die: w. Form zu ↑Alphornbläser.
Alp|hüt|te, die: *Almhütte.*
Al|pi|den ⟨Pl.⟩ [zu ↑Alpen] (Geol.): *zusammenfassende Bez. für die in der Kreide u. im Tertiär gebildeten europäischen Ketten- u. Faltengebirge.*
al|pin ⟨Adj.⟩ [lat. alpinus = zu den Alpen gehörig, zu: Alpes = Alpen]: **1.** *die Alpen bzw. das Hochgebirge betreffend; Hochgebirgscharakter aufweisend:* -e Skigebiete; die Landschaft ist fast a. **2.** *in den Alpen, im Hochgebirge vorkommend:* -e Flora. **3.** (Ski) *den Abfahrtslauf, Slalom, Riesenslalom u. Superriesenslalom betreffend:* die -en Disziplinen. **4.** *den Alpinismus, das Bergsteigen in den Alpen, im Hochgebirge betreffend:* -e Ausrüstung.
Al|pi|na|ri|um, das; -s, ...ien [geb. in Analogie zu ↑Aquarium]: *Naturwildpark im Hochgebirge.*
Al|pi|ni ⟨Pl.⟩ [ital. alpini, Pl. von: alpino = Alpenjäger]: *italienische Gebirgstruppe.*
Al|pi|ni|a|de, die; -, -n [russ. alpiniada]: *alpinistischer Wettbewerb für Bergsteiger in den meisten osteuropäischen Ländern.*
Al|pi|nis|mus, der; -: *Bergsteigen in den Alpen, im Hochgebirge.*
Al|pi|nist, der; -en, -en: *Bergsteiger in den Alpen, im Hochgebirge.*
Al|pi|nis|tik, die; -: *Alpinismus.*
Al|pi|nis|tin, die; -, -nen: w. Form zu ↑Alpinist.
al|pi|nis|tisch ⟨Adj.⟩: *den Alpinismus, den Alpinisten betreffend.*
Al|pi|num, das; -s, ...nen: *Anlage zur Pflege von Gebirgspflanzen [für wissen-*

Alp|kreuz: ↑ Albkreuz.
Älp|ler, der; -s, -: **1.** *bäuerlicher Bewohner der Alpen.* **2.** (veraltet) *Hirt in den Alpen.*
Älp|le|rin, die; -, -nen: w. Form zu ↑ Älpler (1).
älp|le|risch ⟨Adj.⟩: *den Älpler betreffend:* ä. gekleidet sein.
Alp|ran|ke: ↑ Albranke.
Alp|schoss: ↑ Albschoss.
Alp|se|gen, der [zu ↑²Alp]: *Einsegnung der ²Alp durch den katholischen Priester vor dem Auftrieb des Viehs.*
Alp|traum: ↑ Albtraum.
Äl|pung, die; - (schweiz., österr.): *sommerliche Betreuung des Viehs auf der ²Alp durch den Sennen, Sömmerung.*
Alp|wei|de, die (schweiz., österr.): *Weide im Gebirge.*
Alp|wirt|schaft, die ⟨o. Pl.⟩ (schweiz., österr.): *Almwirtschaft.*
All|raun, der; -[e]s, -e: seltener für ↑ Alraune.
All|rau|ne, die; -, -n [1: mhd. alrūn(e), ahd. alrūn(a), aus ahd. alb (²Alb (2)) u. rūnēn, ↑ raunen, wohl eigtl. der Name des in die Wurzel gebannten Geistes]: **1.** *einer menschlichen Gestalt ähnliche od. entsprechend zurechtgeschnitzte Alraunwurzel, die nach dem Volksglauben Zauberkräfte besitzt u. zu Reichtum u. Glück verhilft.* **2.** *über Zauberkräfte verfügendes Wesen.*
All|raun|wur|zel, die: *(hauptsächlich im Mittelmeergebiet vorkommendes) Nachtschattengewächs mit giftiger, in der Volksmedizin verwendeter Wurzel.*
al ri|ver|so, al ro|ve|scio [-ro'vɛʃo; ital., aus ↑ al u. riverso = rückwärts bzw. rücklings] (Musik): *in der Umkehrung, von hinten nach vorn zu spielen.*

¹als [I, II: mhd. als(e), alsō, ahd. alsō, ↑ also]: **I.** ⟨als temporale Konj. in Gliedsätzen⟩ **1.** drückt die Vor-, Gleich- od. Nachzeitigkeit aus: a. wir das Haus erreicht hatten, [da] fing es an zu regnen; a. sie eine Zeitung kauft, [da] wird sie von dem Herrn angesprochen; kaum hatte er sich umgezogen, a. der Besuch eintraf; Anton und ich waren den ganzen Juli über bei Papa in Dalarna gewesen, und a. wir nach Stockholm zurückkamen, war Sabina im Ferienlager (Thor [Übers.], Ich 6). **2.** in Verbindung mit einer näher erläuternden Zeitangabe: zu der Zeit, a. seine Eltern noch lebten; damals, a. sie noch klein war. **II.** ⟨als modale Konj. in Satzteilen u. Gliedsätzen⟩ **1.** bei Ungleichheit **a)** nach Komp.: ich bin älter a. er; eher heute a. morgen; lieber sterbe a. unfrei sein; mehr aus Mitleid a. aus Liebe; Marion ist noch schöner, a. es ihre Mutter im gleichen Alter war; **b)** nach ander..., anders, nichts, kein, niemand, umgekehrt, entgegengesetzt od. nach einem Fragepronomen [+ sonst, überhaupt u. a.]: alles andere a. schön; anders, a. es mir gedacht hatte; nichts a. Unfug; mit keinem Menschen a. ihm; entgegengesetzt, a. ich [es] erwartet hatte; wohin sonst a. zu ihr hätte er gehen sollen? **2.** bei Gleichheit in Sätzen, in denen ein Geschehen mit einem anderen angenommenen Geschehen verglichen wird, oft in Verbindung mit »ob« oder »wenn«: so, a. spräche er eine ganz fremde Sprache; er sah, a. habe er nichts gehört, aus dem Fenster; nicht, a. wenn es schon sehr eilig wäre; mir kam es vor, a. ob ich schon Stunden gewartet hätte; Bei Gandria ist die Grenze erreicht. Die Uniformierten winken die Autofahrer durch, a. gewährten sie ihnen eine Gnade (a & r 2, 1997, 75); ⟨gelegentlich mit Indikativ des Verbs:⟩ mir kam es vor, a. ob ich schon Stunden über Stunden in diesem Keller saß; verkürzt zum Ausrufesatz: a. ob es mir etwas Neues gewesen wäre! **3.** bei Gleichheit in verschiedenen, meist festen Verbindungen neben »wie«: so schnell a. möglich; so viel a. ein Eid; doppelt so groß a.; sowohl ... a. [auch]. **4. a)** (veraltend, noch ugs.) in Verbindung mit »wie« statt bloßem »wie« bei Gleichheit: obgleich er sich da nicht so fühlte a. wie zu Hause; **b)** (ugs.) bei Ungleichheit in Verbindung mit »wie« nach einem Komparativ statt bloßem »als«: eine schönere Umgebung, a. wie man sie hier in der Stadt hat. **5.** in Verbindung mit »insofern, insoweit« einschränkend: ich werde kommen, insofern a. ich dazu überhaupt imstande bin; insofern[,] a. du an ihre Rückkehr glaubst, hast du dich gründlich geirrt. **6.** (veraltet) zur Einleitung einer Aufzählung: die vornehmen Taunusbäder, a.: Wiesbaden, Homburg, Langenschwalbach (Th. Mann, Krull 10); zu der gewöhnlichen Kost, ... a. da ist Speck und Klüten (Leip, Klabauterflagge 8). **7.** zur Einleitung einer Erläuterung eines Bezugswortes: Schmidt a. Vorgesetzter; ihm a. leitendem Arzt; meine Aufgabe a. Lehrer ist es, ...; das Wirken Albert Schweitzers a. Tropenarzt, des Herrn Müller a. des eigentlichen Führers der Opposition; ich habe, a. Mädchen *(in meiner Mädchenzeit, als ich ein Mädchen war)* immer davon geträumt; du fühlst dich a. Held; ich rate dir a. guter Freund zur Annahme dieser Bedingungen; er war a. Schriftsteller erfolgreicher denn a. Kaufmann; die Geschichte erwies sich a. wahr; Ihr neuer Film ... wurde von der Kritik a. fad und belanglos zerrupft (Woche 7. 2. 97, 32); ◆ ⟨bei Zeitangaben:⟩ Doch morgen, a. am ersten Ostertage, erlaubt mir ein' und andre Frage (Goethe, Faust I, 598 f.); wenn der Himmel mich beizeit noch einfallen wollte, so werde er morgen am Tag – das war a. heut – den Weg alles Fleisches gehen müssen (Schiller, Räuber IV, 3). **8.** in der Verbindung »zu + Adj., als dass« eine Folge ausdrückend: die Aufgabe ist viel zu schwierig, a. dass man sie auf Anhieb lösen könnte. **9.** in der Verbindung »umso (seltener: desto) + Komp., als« einen Grund ausdrückend: der Vorfall ist umso bedauerlicher, a. er dem Ansehen schadet. ◆ **10. a)** *wie* (II 1a): Sie nahm ihre Schürze a. ein Mäntelchen um (Cl. Brentano, Kasperl 345); Man unterhält sich manchmal mit einem gegenwärtigen Menschen a. mit einem Bilde (Goethe, Wahlverwandtschaften II, 2); Dass Ihr doch immer so gut a. klug, so klug a. weise seid (Lessing, Nathan I, 3); **b)** *(in der Kanzleisprache) so* (I 7a): Nachdem unser hochgebietender Feldherr ... des Kaisers Dienst zu verlassen gemeint gewesen, auf unser einstimmiges Bitten aber sich bewegen lassen, noch länger bei der Armee zu verbleiben ...; a. verpflichten wir uns ... auch bei ihm ehrlich und getreu zu halten (Schiller, Piccolomini IV, 1).

²als ⟨Adv.⟩ [mhd. alleʒ, Akk. Sg. Neutr. von: al, ↑ all] (westmitteld.): **1.** *immer[fort]:* er hat a. Unsinn gebabbelt. **2.** *bisweilen, manchmal:* er erzählte, sie hätten früher a. Schinderhannes gespielt; was der a. für einen Unsinn erzählt.

al s. = al segno.

als|bald [schweiz.: '– –] ⟨Adv.⟩ [gek. aus ↑ alsobald] (veraltend): *sogleich; kurz danach:* Jede Flucht ..., begann sie noch so verzweifelt, verwandelte sich ihm a. in eine Reise (Domin, Paradies 128).

als|bal|dig ⟨Adj.⟩ (Papierdt.): *umgehend, sofortig:* die Ware ist zum -en Verbrauch bestimmt; Wir ... suchen zum -en Eintritt für unsere Hauptverwaltung ... qualifizierte Stenotypistinnen (Saarbr. Zeitung 12./13.7. 80, XII); Auch dem Augustus ward, kurz bevor er dreiundsechzig wurde, der -e Tod geweissagt (Stern, Mann 326).

als|dann [schweiz. '– –] ⟨Adv.⟩: **1.** (veraltend) *sodann, darauf, hierauf:* In Trier erwarb er a. das Diplom der Theologie (Saarbr. Zeitung 10. 7. 80, 20). **2.** (südd., österr.) *also [nun [denn]* (als auffordernder Ausruf od. [zur Einleitung einer] abschließende[n] Bemerkung): Alsdann, Männer. Wir sind jetzt dicht vorm Ziel (Brot und Salz 219).

al sec|co: ↑ a secco.

al se|gno [al 'zɛnjo; ital., aus ↑ al u. segno = Zeichen < lat. signum] (Musik): *(bei Wiederholung eines Tonstückes) bis zum Zeichen.* Abk.: al s.

als|fort ⟨Adv.⟩ (südd.): *unaufhörlich:* er schimpft a.

◆ **als|ge|mach** ⟨Adv.⟩: *nach u. nach; langsam u. stetig; allgemach:* Als er ... den Frieder nimmer sah, war sein erster Gedanke: »Was gilts, der Herr Bruder ist a. vorausgegangen.« (Hebel, Schatzkästlein 56).

al|so [mhd., ahd. alsō, urspr. = ganz so, aus ↑ all u. ↑ ²so]: **I.** ⟨Adv.⟩ **1.** *folglich, demzufolge, demnach, somit, mithin:* er litt um sie, a. liebte er sie; er war Beamter, a. *(das heißt)* ein gewissenhafter Mensch/ ein gewissenhafter Mensch a.; Kranksein darf er sich nicht leisten, a. arbeitet er unter Schmerzen (Fels, Kanakenfauna 75). **2. a)** fasst Vorausgegangenes zusammen, nimmt es erläuternd od. weiterführend auf: Laufvögel, a. Strauße, Nandus, Emus, sind flugunfähig; ... wurden diese Probleme einer größeren Öffentlichkeit bewusst – weil sie über den Bauch, über Emotionen a., besseren Zugang zu den Menschen finden (natur 7, 1994, 104); **b)** dient der Fortsetzung eines unterbrochenen Gedankenganges: a. ich meine, dass ... **3.** (veraltet) verstär-

alsobald

kend für ↑so; *in ebendieser Weise:* a. geschah es. **II.** ⟨Partikel⟩ wirkt verstärkend bei gefühlsbetonten Aussagen, Fragen, Ausrufen, Aufforderungen: *a. schön*; *a., kommst du jetzt oder nicht?*; *a., gute Nacht!*; *na a.! (siehst du!; warum nicht gleich!).*

al|so|bald ⟨Adv.⟩ (veraltet): *alsbald:* Die mannigfachen Verstrickungen ... wurden Christian ... a. klar (Nigg, Wiederkehr 60).

al|so|gleich ⟨Adv.⟩ (geh. veraltend): verstärkend für ↑[so]gleich: *als bestünde kein Zweifel an meiner Bereitschaft, ihm a. nach Amerika zu folgen* (Habe, Namen 286).

Ạls|ter, die; -: rechter Nebenfluss der unteren Elbe.

Ạls|ter|was|ser, das ⟨Pl. ...wässer⟩ (landsch.): *Erfrischungsgetränk aus Bier u. Limonade.*

alt ⟨Adj.; älter, älteste⟩ [mhd., ahd. alt, eigtl. = aufgewachsen, verw. mit lat. alere, ↑Alimente]: **1. a)** *(von Menschen, Tieren, Pflanzen) nicht [mehr] jung, in vorgerücktem Lebensalter, bejahrt:* ein -er Mann, Hund, Baum; sie ist nicht sehr a. geworden; Obwohl man heute nicht a. ist ... mit 61 (Hilsenrath, Nazi 418); **nicht a. werden* (ugs.; *nicht lange bleiben, es nicht lange aushalten*): hier werde ich nicht a.; **a. aussehen** (ugs.; *das Nachsehen haben*): wenn er uns zuvorkommt, sehen wir sehr, ziemlich a. aus; Gegen die überalterte Gurkentruppe ... hat Breitners FC Bayern ganz schön a. ausgesehen (Spiegel 25, 1981, 165); **A. und Jung** (1. *alte und junge Menschen:* A. und Jung kommen in Wohnprojekten und offener Nachmittagsbetreuung zusammen [Woche 5. 1. 97, 1]. **2.** *jedermann:* ein Buch für A. und Jung); **a. und grau [bei etw.] werden** (ugs.; *[bei etw.] sehr lange warten müssen;* nach 1. Sam. 12, 2): da, bei diesem Amt kann man a. und grau werden, bis man an die Reihe kommt; **b)** *Merkmale des Alters aufweisend, Alterserscheinungen erkennen lassend; gealtert:* mit ihren -en, zittrigen Händen. **2.** *ein bestimmtes Alter habend:* ein drei Wochen -er Säugling; der ältere Bruder (von zweien); R man ist so a., wie man sich fühlt. **3. a)** *eine bestimmte Zeit vorhanden, im Gebrauch befindlich:* ein drei Jahre -er Wagen; das Spiel ist gerade zwei Minuten a. (Sport Jargon; *es sind gerade zwei Minuten Spielzeit vergangen*); **b)** *nicht [mehr] neu, lange gebraucht, getragen; abgenutzt:* -e Schuhe, mit -en *(antiquarischen)* Büchern handeln; die -en *(baufälligen)* Häuser abreißen; R aus A. mach Neu. **4. a)** *seit längerer Zeit vorhanden, bestehend, vor längerer Zeit erzeugt, hergestellt u. Ä. u. daher nicht [mehr] frisch:* eine -e Wunde; -e und frische Spuren im Schnee; der Fisch ist schon a., schmeckt a.; **b)** *vom letzten Jahr, vorjährig:* die -en Kartoffeln aufbrauchen; das -e Jahr geht zu Ende. **5. a)** *seit langem vorhanden, bestehend; vor langer Zeit entstanden, begründet [u. deshalb bewährt]:* eine -e Erfahrung; eine -e Besitz; Das Duftwasser hatte eine -e Tradition in Montpellier (Süskind, Parfum

189); **b)** *langjährig:* ein -es Mitglied; wir sind -e Freunde; **c)** *längst [überall] bekannt u. daher überholt, langweilig:* ein -er Witz. **6. a)** *einer früheren Zeit, Epoche entstammend; eine vergangene Zeit betreffend:* -e Meister; -e deutsche Sagen; die ältere Kolonialzeit; **b)** *antik; klassisch:* die -en Griechen, Römer; -e Sprachen *(Griechisch, Latein)* studieren; **c)** *durch Alter wertvoll [geworden]:* -es Porzellan; -er *(abgelagerter)* Wein. **7.** *unverändert, [von früher her] bekannt, vertraut, gewohnt [u. daher lieb geworden, geschätzt]:* es bot sich ihnen das -e Bild; alles geht seinen -en Gang (*wie immer*); Wie er die beiden Tore vorbereitet hat, zeigt, dass er wieder auf dem Weg zur -en Form ist (Kicker 6, 1982, 47); Das ist typisch -es Denken (Woche 7. 2. 97, 25); ⟨subst.:⟩ sie ist ganz die Ạlte *(hat sich nicht verändert)*; es bleibt alles beim Alten *(wie es war);* alles beim Alten lassen *(nichts verändern, unverändert lassen).* **8.** *vorherig, früher, ehemalig, einstig:* seine -en Kollegen besuchen; die -en Plätze wieder einnehmen; das Wiedersehen mit Ignazio Silone, einem -en Bekannten aus Zürcher Vorkriegstagen (K. Mann, Wendepunkt 424). **9. a)** (fam.) in vertraulicher Anrede: na, -er Junge, wie gehts?; **b)** (ugs. abwertend) verstärkend bei negativ charakterisierenden Personenbezeichnungen u. Schimpfwörtern: der -e Geizkragen!; (derb:) -es Schwein!

¹Ạlt, der; -s, -e ⟨Pl. selten⟩ [älter ital. alto, zu lat. altus = hoch, hell; urspr. Bez. für eine hohe Männerstimme, die später von einer tiefen Frauenstimme gesungen wurde] (Musik): **1. a)** *tiefe Singstimme einer Frau:* sie hat einen wundervollen A.; Sie mit ihrem hinreißenden A. (Kempowski, Tadellöser 244); **b)** *Knabenalt;* **c)** *wie ein* ¹Alt (1 a) *gefärbte Sprechstimme einer Frau:* sie hat einen angenehmen A.; **d)** ⟨o. Pl.⟩ *Gesamtheit der tiefen Frauen- od. Knabenstimmen in einem Chor:* der A. singt unrein; sie singt jetzt im A. mit. **2.** ⟨o. Pl.⟩ **a)** *solistische Altpartie in einem Musikstück:* den A. übernehmen; **b)** *Altstimme im Satz* (4 a) *eines Chors* (2): den A. einüben, studieren. **3.** (selten) *Sängerin mit Altstimme, Altistin:* die A. war indisponiert.

²Ạlt, das; -s, -: kurz für ↑Altbier.

alt|ade|lig, alt|ad|lig ⟨Adj.⟩: *aus altem Adel* (1) *stammend.*

Al|tại, der; -[s]: Gebirge in Zentralasien.

Al|ta|ir, der; -: ↑Atair.

al|ta|isch ⟨Adj.⟩: vgl. Altai: -e Sprachen.

Ạlt|am|mann [auch: -ˈ--], der; (schweiz. selten): *nicht mehr amtierender Amman.*

Ạl|ta Mọ|da, die; - - [ital. alta moda, zu alto = hoch (< lat. altus) u. moda = Mode, geb. nach frz. haute couture, ↑Haute Couture]: *italienische Variante der Haute Couture (bes. in Mailand):* ... A. M. und die Frage, womit Italiens Nobelschneider die Frauen der Reichen und Mächtigen im Winter anziehen werden (SZ 27./28.8.94, 60).

Ạl|tan, der; -[e]s, -e, **Ạl|ta|ne,** die; -, -n [ital. altana, zu: alto = hoch < lat. altus] (Archit.): *vom Erdboden aus gestützter balkonartiger Anbau, Söller.*

alt|an|ge|se|hen ⟨Adj.⟩: *seit langem angesehen, geschätzt, renommiert:* eine -e Firma.

alt|an|ge|ses|sen ⟨Adj.⟩: *alteingesessen.*

alt|an|ge|stammt ⟨Adj.⟩: *überkommen, ererbt:* -e Rechte, Gewohnheiten, Wirtschaftsprojekte ..., die Russland ... aus dem -en Schlendrian heraushelfen könnten (Scholl-Latour, Frankreich 348).

Ạlt|an|la|ge, die: *Anlage* (4), *die dem heutigen Stand der Technik, bes. in Bezug auf Umweltsicherheit, nicht mehr entspricht:* ... reduzieren den Schadstoffausstoß im Vergleich zur A. um bis zu 95 % (BdW 9, 1987, 101).

ạlt|an|säs|sig ⟨Adj.⟩: *alteingesessen.*

Ạl|tar, der; -[e]s, Altäre [mhd. altäre, altære, ahd. altāri, altār(e) < spätlat. al-tar(e) < lat. altaria = (Aufsatz auf dem) Opfertisch, Brandaltar]: **1.** *erhöhter, einem Tisch ähnlicher Aufbau für gottesdienstliche Handlungen in christlichen Kirchen:* an den A. treten, knien, vor den, zum A. treten; ***jmdn. zum A. führen** (geh.; *eine Frau heiraten*). **2.** *heidnische [Brand]opferstätte:* der A. des Zeus in Pergamon; ***jmdn., etw. auf dem A. der Gerechtigkeit, der Freundschaft, der Liebe o. Ä. opfern** (geh.; *jmdn., etw. für die Gerechtigkeit, die Freundschaft, die Liebe o. Ä. preisgeben*).

Ạl|tar|auf|satz, der: *auf dem Altar* (1) *errichtete, künstlerisch gestaltete Rückwand; Retabel.*

Ạl|tar|be|klei|dung, die: *Antependium.*

Ạl|tar|bild, das: *Gemälde, religiöse Darstellung an od. über dem Altar.*

Ạl|tar|blatt, das: *meist auf Leinwand gemalte religiöse Darstellung, die den Mittelpunkt des Altaraufsatzes bildet; Altargemälde.*

Ạl|tar|de|cke, die: *über den Altar gebreitete, meist reich verzierte Schutzdecke.*

Ạl|tar|die|ner, der: *katholischer Messdiener; Ministrant.*

Ạl|tar|ge|mäl|de, das: *Altarbild.*

Ạl|tar|ge|rät, das: *zum Gottesdienst erforderliche u. schmückende Gegenstände (wie Kruzifix, Leuchter) auf dem Altar.*

Ạl|tar|ge|sang, der: *die gregorianisch gesungenen Teile des katholischen Gottesdienstes.*

Ạl|ta|rist, der; -en, -en (kath. Kirche): *Priester, der keine bestimmten Aufgaben in der Seelsorge hat, sondern nur die* ¹Messe (1) *liest.*

Ạl|tar|ni|sche, die: *Apsis.*

Ạl|tar|raum, der: *Bereich innerhalb einer Kirche, in dem sich der Altar befindet.*

Ạl|tar[s]|sa|kra|ment, das ⟨o. Pl.⟩: *Sakrament des Abendmahls in der christlichen Kirche; Eucharistie.*

Ạl|tar|tisch, der: *Platte des Altars, Mensa* (2).

Ạl|tar|tuch, das ⟨Pl. ...tücher⟩: *über den Altar gebreitetes [Leinen]tuch.*

Ạl|tar|ver|klei|dung, die: *Antependium.*

Ạl|tar|vor|satz, der: *Antependium.*

Ạl|tar|wein, der: *bei dem Abendmahlsfeier gereichter Wein.*

Alt|azi|mut, das, auch: der [zu lat. altus = hoch u. ↑Azimut] (Astron.): *astronomisches Gerät zur Messung des Azimuts u. der Höhe der Gestirne.*

alt|ba|cken ⟨Adj.⟩: **1.** *(von Backwaren) nicht [mehr] frisch; trocken, hart:* -es Brot. **2.** (abwertend) *altmodisch, überholt, veraltet:* -e Ansichten; *Verlobung war ähnlich a. wie Einsegnung oder Poesiealbum oder Oblaten* (Kant, Impressum 201).

Alt|bau, der ⟨Pl. -ten⟩: **1.** *vor einem bestimmten (unterschiedlich geregelten) Stichtag bezugsfertig gewesenes Wohngebäude:* Es war ein A., etwa Jahrhundertwende, fünfstöckig (v. d. Grün, Glatteis 40). **2.** *im Verhältnis älteres Gebäude:* die Vorlesungen finden im A. der Universität statt.

Alt|bau|er, der: ¹*Bauer* (1 a) *auf dem Altenteil.*

Alt|bäu|e|rin, die: w. Form zu ↑Altbauer.

Alt|bau|mo|der|ni|sie|rung, die: *Modernisierung von Altbauten, von Altbauwohnungen.*

Alt|bau|sub|stanz, die ⟨o. Pl.⟩: *Substanz* (2) *an Altbauten.*

Alt|bau|woh|nung, die: *Wohnung in einem Altbau* (1): -en, wie es sie in den Vorderhäusern um den Kurfürstendamm gibt mit ... hohen Decken und Stuck (Christiane, Zoo 224).

alt|be|kannt ⟨Adj.⟩: *seit langem, von alters her bekannt:* eine -e Tatsache; »Das werden wir ja sehen«, sagte Johanna in -en energischen Ton (Danella, Hotel 138).

Alt-Ber|lin: *das alte, historische Berlin.*

alt|be|rühmt ⟨Adj.⟩: *seit langem berühmt:* -e Weinkellereien.

alt|be|währt ⟨Adj.⟩: *seit langem, von alters her bewährt:* -e Arzneimittel; ⟨subst.:⟩ sich an das Altbewährte halten.

Alt|bier, das: *obergäriges, meist dunkles, bitter-würziges Bier.*

Alt|block|flö|te, die: *in Altlage gestimmte Blockflöte.*

alt|bul|ga|risch ⟨Adj.⟩: *altkirchenslawisch.*

Alt|bun|des|kanz|ler, der: *nicht mehr amtierender Bundeskanzler.*

Alt|bun|des|prä|si|dent, der: vgl. Altbundeskanzler.

Alt|bun|des|rat (schweiz. Schreibweise:) alt Bundesrat, der (schweiz.): vgl. Altbundeskanzler.

Alt|bun|des|trai|ner, der: *nicht mehr amtierender Bundestrainer.*

Alt|bür|ger, der: *betagter Bürger.*

Alt|bür|ge|rin, die: w. Form zu ↑Altbürger.

Alt|bür|ger|meis|ter, der: *nicht mehr amtierender Bürgermeister.*

Alt|bür|ger|meis|te|rin, die: w. Form zu ↑Altbürgermeister.

alt|christ|lich ⟨Adj.⟩: *aus dem Frühchristentum stammend:* die -e Kirche, Kunst.

alt|deutsch ⟨Adj.⟩: *aus früheren deutschen Kulturepochen (bes. dem 15./16. Jh.) stammend od. sie nachahmend:* -e Malerei; -e Stilmöbel; Altdeutscher Weihnachtsmarkt in Bad Wimpfen (MM 29. 11. 83, 26).

¹Al|te, der; -n, -n ⟨Dekl. ↑Abgeordnete⟩: **1.** *alter Mann, Greis:* ein kleiner -r las die Zeitung; das macht der Junge wie ein -r *(wie ein erwachsener, erfahrener Mensch);* komische -r (Rollenfach im

Theater). **2.** (salopp) *Vater:* mein -r. **3.** (salopp) *Ehemann:* mein -r ist eifersüchtig; Ihr A. hat ihn ... weggebissen. Er scheint ein Tyrann zu sein (Konsalik, Promenadendeck 83). **4.** (salopp) *Vorgesetzter, Arbeitgeber, Meister, Chef:* der A. hat getobt; der A. hats auch nicht mehr dick und kann einen jeden Tag entlassen (Keun, Das kunstseidene Mädchen 7). **5.** (österr.) *Wein aus einem vergangenen Jahr, bereits ausgegorener Wein.*

²Al|te, die; -n, -n ⟨Dekl. ↑Abgeordnete⟩: **1.** *alte Frau, Greisin:* die gutmütige A.; komische A. (Rollenfach im Theater). **2.** (salopp) *Mutter:* meine A. **3.** (salopp) *Ehefrau:* ich habe Krach mit meiner -n. **4.** (salopp) *Vorgesetzte, Arbeitgeberin, Chefin.* **5.** (Zool.) *Muttertier.* **6.** (Jugendspr.) *Mädchen:* dieses Nachgepfeife und dieses »Na A., wie ist es mit uns« (Christiane, Zoo 323). **7.** (Volksk.) *letzte Garbe auf dem Feld; Muttergarbe:* die A. wurde festlich eingeholt.

³Al|te, das; -n ⟨Dekl. Junge, das⟩: *vergangene, aus früheren Zeiten stammende Konventionen, Bräuche, Gewohnheiten:* -s und Neues; am -n hängen; überall standen Menschen auf, um gegen das A. zu kämpfen (Musil, Mann 55).

alt|ehr|wür|dig ⟨Adj.⟩ (geh.): *aufgrund des hohen Alters, der Tradition als besonders ehrwürdig geltend:* ein -es Gebäude; Retten soll den -en Namen (=Cadillac) ein Automobil für die deutschen Konzerntochter (Woche 4. 4. 97, 36).

alt|ein|ge|führt ⟨Adj.⟩: *seit langem eingeführt, bewährt und deshalb angesehen.*

alt|ein|ge|ses|sen ⟨Adj.⟩: *seit langem [an einem Ort] eingesessen, ansässig, beheimatet:* Einer -en jüdischen Schneiderfamilie aus Preußisch-Stargard entstammte er (Grass, Hundejahre 36); ⟨subst.:⟩ sie gehören zu den Alteingesessenen.

Alt|ei|sen, das ⟨o. Pl.⟩: *gebrauchtes, noch verwertbares Eisen; Schrott:* A. sammeln; Ü Liebe und Freundschaft hatte er zum A. geworfen (Erné, Fahrgäste 17); Dass aus is. Dass ich raussortiert bin. A. (Schnurre, Ich 163).

äl|teln ⟨sw. V.; ist⟩ (veraltet): *langsam alt werden; ältelt.*

Al|ten ⟨Pl.⟩: **1.** *alte Menschen.* **2.** (salopp) *Eltern:* Ja, ... meine A. leben noch. Beide. Vater ist Frührentner (Degener, Heimsuchung 130). **3.** (veraltet) **a)** *Vorfahren, Ahnen;* **b)** *Völker der Antike.* **4.** (Sport) *erfahrene Wettkämpfer, Altmeister* (3). **5.** (Zool.) *Tiereltern:* die A. sind noch beim Füttern, beim Brutgeschäft; Spr wie die A. sungen, so zwitschern auch die Jungen *(das [negative] Beispiel der Eltern ist den Kindern oft Grund zur Nachahmung).*

Al|ten|heim, das: *öffentliches od. privates Heim, in dem alte Menschen wohnen und betreut werden.*

Al|ten|heim|ler, der; -s, - (ugs.): *Bewohner eines Altenheims.*

Al|ten|heim|le|rin, die; -, -nen: w. Form zu ↑Altenheimler.

Al|ten|hil|fe, die: *Unterstützung u. Betreuung hilfsbedürftiger alter Menschen mit öffentlichen Mitteln.*

Al|ten|nach|mit|tag, der: *für alte Menschen arrangiertes Treffen am Nachmittag mit Kaffeetafel u. Unterhaltung.*

Al|ten|pfle|ge, die: *Betreuung und Versorgung alter Menschen in Pflegeheimen und in häuslicher Pflege:* in der A. tätig sein.

Al|ten|pfle|ger, der: *jmd., der berufsmäßig alte Menschen betreut u. pflegt* (Berufsbez.).

Al|ten|pfle|ge|rin, die: w. Form zu ↑Altenpfleger.

Al|ten|ta|ges|stät|te, die: *Tagesstätte für alte Menschen.*

Al|ten|teil, das: *Anteil am Besitz, den sich jmd. bei Übergabe seines Besitztums (meist eines Bauernhofes) an den Nachfolger vorbehält:* sich auf sein A. zurückziehen; Ü jmdn. auf das A. schicken; sich aufs/ins A. zurückziehen; sich aufs A. setzen, auf dem A. sitzen *(sich vom öffentlichen Leben zurückziehen, nicht mehr aktiv tätig sein);* Fundis und Realos benutzen die Rotation nur allzu gern, um unliebsame ... Gegner ... aufs politische A. zu verbannen *(aus der aktiven Politik auszuschließen;* natur 2, 1991, 29).

Al|ten|tei|ler, der; -s, -: *jmd., der sich aufs Altenteil zurückgezogen hat:* als Altenkost war Schwadengrütze ... geschätzt, weshalb sich die ... A. in ihren Ausgedingeverträgen bestimmte Mengen Schwaden sicherten (Grass, Butt 101).

Al|ten|tei|le|rin, die; -, -nen: w. Form zu ↑Altenteiler.

Al|ten|wohn|heim, das: *Einrichtung mit Altenwohnungen speziell für alte Menschen.*

Al|ten|woh|nung, die: *selbstständige Kleinwohnung in einem Altenwohnheim.*

Al|ter, das; -s, - [mhd. alter, ahd. altar]: **1. a)** *höhere Anzahl von Lebensjahren, Bejahrtheit; letzter Lebensabschnitt:* ein biblisches, gesegnetes A.; 50 ist noch kein A. *(mit 50 Jahren ist man noch nicht alt);* Ernst Bloch ...: A. ist nicht das Ende, das A. ist Ernte (Spiegel 40, 1987, 105); das A. macht sich langsam bemerkbar; ein sorgenfreies A. haben; man sieht ihm sein A. nicht an *(er sieht jünger aus, als er ist);* die Würde, Weisheit des -s; für sein A. vorsorgen; sie kokettiert mit ihrem A. *(macht sich mit der Angabe ihres Alters interessant u. glaubt jünger eingeschätzt zu werden);* ein sorgenfreies A. haben; Spr A. schützt vor Torheit nicht; **b)** *lange Zeit des Bestehens, des Vorhandenseins:* das A. hat die Handschriften brüchig gemacht; die Tapete ist vom A. vergilbt. **2. a)** *Anzahl der Lebensjahre, Lebenszeit; Lebensabschnitt:* ein jugendliches, blühendes A.; jedes A. *(jede Altersstufe)* war vertreten; ein biblisches A. erreichen *(sehr alt werden);* Er war klein für sein A. und erbärmlich dünn (Loest, Pistole 39); das gesetzliche A. haben; ein hohes A. erreichen; das A. von Pferden erkennt man an ihren Zähnen; im kindlichen, jugendlichen, blühenden, mittleren, fortgeschrittenen, vorgerückten A.; er ist im besten, in einem schwierigen A.; ins schulpflichtige A. kommen; Männer im gefährlichen A.; seine Frau ist im kritischen A. *(in den Wechseljahren);* mein Freund ist in meinem A.; er starb im A. von 70 Jahren; ein Mann unbestimmten -s, von unbestimmten A.; aus einem bestimmten Alter heraus sein; **b)** *Zeit des Bestehens, Vorhandenseins:* das A. eines Gemäldes schätzen. **3.** (veraltet) *Zeitraum, Zeitalter, Epoche:* das Goldene, Silberne, Eherne A. **4. a)** *alte Menschen:* Ein junger ... Mann, spricht er zu einem Auditorium, in dem das A. deutlich überwiegt (NZZ 29. 4. 83, 28); man soll das A. ehren; **b)** *Menschen einer bestimmten Altersstufe:* das reifere A.; dieses A. ist nicht zugelassen.

äl|ter ⟨Adj.⟩ **1.** ⟨absoluter Komp.⟩ **a)** *über das mittlere Lebensalter, die mittlere Zeit des Bestehens hinaus, nicht mehr jung, aber auch noch nicht ganz alt:* eine -e Dame, das Haus, das Auto ist schon ä.; **b)** (verhüll.) *alt.* **2.** Komp. zu ↑alt (2, 6 a).

Al|te|rans, das; -, ...anzien [zu lat. alterare, ↑alterieren] (Med.): *den Stoffwechsel umstimmendes Mittel.*

Al|te|ra|ti|on, die; -, -en [mlat. alteratio, zu lat. alterare, ↑alterieren]: **1. a)** (veraltet) *Aufregung, Gemütsbewegung; Schreck, Verwirrung:* ◆ ich hatte eine A. gehabt. Denken Sie, ich habe meine Haushälterin fortgeschickt (Iffland, Die Hagestolzen I, 7); **b)** (Med.) *krankhafte Veränderung, Verschlimmerung eines Zustands.* **2.** (Musik) *chromatische Veränderung eines Tones innerhalb eines Akkords.*

Al|ter|chen, das; -s, -: *alter Mann* (häufig als vertrauliche Anrede).

Äl|te|re, der u. die ⟨Dekl. ↑Abgeordnete⟩: *ältere* (alt 2) *Person:* die ,h unter euch werden ihn alles noch wissen; als Ergänzung bei Eigennamen (Abk.: d. Ä.): Lucas Cranach der Ä.

Al|ter Ego [auch: - 'ɛgo], das; - - [lat. = anderes Ich, aus: alter = ander... u. ego, ↑Ego]: **1.** *Person, mit der jmd. eng verbunden, häufig zusammen ist, sich ergänzt:* da kommt mein A. E. **2.** (Psych.) *zweites, anderes Ich:* Erkennt man im Aussteiger sein eigenes A. E., für welches die bürgerliche Existenz ... eine lästige Bürde bedeutet? (Pohrt, Endstation 63). **3.** (Psych.) *Es (Begriff für die Triebhafte bei S. Freud).* **4.** bei C. G. Jung *Anima u. Animus (als Begriff für die im Unterbewussten vorhandenen Züge des anderen Geschlechts).* **5.** *Tier od. Pflanze, mit denen, nach dem Glauben vieler Naturvölker, eine Person eine besonders enge Lebens- u. Schicksalsgemeinschaft hat.*

alt|er|fah|ren ⟨Adj.⟩: *seit langem (in einer Tätigkeit) erfahren, bewandert, routiniert.*

al|te|rie|ren ⟨sw. V.⟩ ⟨hat⟩ [spätlat. alterare = anders machen, zu lat. alter = ander...]: **1. a)** (veraltet) *aufregen, ärgern, beunruhigen;* **b)** ⟨a. + sich⟩ (veraltend, noch landsch.) *sich aufregen, sich erregen, sich ärgern:* Sie weiß ..., dass der Zauberer sich wegen der fehlenden Himbeeren kaum noch ... a. würde (K. Mann, Wendepunkt 40). **2. a)** (veraltet) *verändern, abändern:* diese Tatsache ist durch nichts zu a.; **b)** (Musik) *einen od. mehrere Töne eines Akkords* (1) *chromatisch verändern:* alterierte Akkorde.

al|ter|los ⟨Adj.⟩ (österr., schweiz.): ↑alterslos.

◆ **Al|ter|mann,** der; -[e]s, ...männer [vgl. Aldermann]: ↑Alderman: Elis Fröbom erfuhr auf Befragen, dass der Mann Pehrson Dahlsjö sei, Masmeister, A. (E. T. A. Hoffmann, Bergwerke 20).

Äl|ter|mann, der; -[e]s, ...männer u. ...leute (veraltet): *Vorsteher einer Innung; Zunftmeister.*

Äl|ter|mut|ter, die; -, ...mütter (landsch. veraltet): *[Ur]großmutter.*

al|tern ⟨sw. V.⟩: **1. a)** *Merkmale des Alters zeigen, [sichtlich] älter werden; alt werden* ⟨ist/(selten:) hat⟩: er ist rasch, stark, vorzeitig, um Jahre gealtert; wenn ich meine Hand betrachte, wie sie altert, vor meinen Augen fortwährend zu a. scheint, gealtert erscheint (Mayröcker, Herzzerreißende 36); ein sehr alter Künstler; **b)** (selten) *älter erscheinen lassen, alt machen* ⟨hat⟩. **2. a)** *sich in seiner Beschaffenheit im Laufe der Zeit verändern* ⟨ist/(selten:) hat⟩: Metalle altern *(ihre Werkstoffeigenschaften ändern sich, das Gefüge ihrer Kristalle wird verändert);* Gewaschene Möhren sehen zwar hübscher aus, aber sie altern auch schneller (e & t 5, 1987, 25); Öl in größeren Mengen belastet den Kat und lässt ihn schneller a. (ADAC-Motorwelt 2, 1987, 35); gealterter Wein *(lange gelagerter Wein);* **b)** *in seiner Beschaffenheit verändern, alt machen* ⟨hat⟩: Weine [künstlich] a.

Al|ter|nant, der; -en, -en [zu lat. alternare, ↑alternieren] (Sprachw.): *freie od. stellungsbedingte Variante eines Graphems, Morphems od. Phonems.*

Al|ter|nanz, die; -, -en [zu lat. alternare, ↑alternieren]: **1.** (veraltend) *Wechsel, Abwechslung.* **2.** (Landw.) *jährlich wechselnde Ertragsschwankungen im Obstbau.* **3.** (Sprachw.) *Alternation* (2).

Al|ter|nat, das; -[e]s [zu lat. alternatum, 2. Part. von: alternare, ↑alternieren]: *Wechsel der Rangordnung od. Reihenfolge im diplomatischen Verkehr, z. B. bei völkerrechtlichen Verträgen, in denen jeder Vertragspartner in der für ihn bestimmten Ausfertigung zuerst genannt wird u. zuerst unterschreibt.*

Al|ter|na|ti|on, die; -, -en [lat. alternatio = Wechsel]: **1.** *Alternanz* (1). **2.** (Sprachw.) *das Auftreten von Varianten eines Graphems, Morphems od. Phonems.*

al|ter|na|tiv ⟨Adj.⟩ [frz. alternatif, zu: alterne, ↑Alternative] (bildungsspr.): **1.** *zwischen zwei Möglichkeiten die Wahl lassend; eine zweite Möglichkeit darstellend:* ein -er Entwurf, Plan; eine Lebensformen; eine -e Politik aufzeigen; a. zwei Vorschläge machen. **2. a)** *eine Haltung, Einstellung vertretend, die bes. durch Ablehnung bestimmter gesellschaftlicher Vorgehens- u. Verhaltensweisen (z. B. übermäßige Technisierung, unbegrenzte Steigerung des wirtschaftlichen Wachstums o. Ä.) Vorstellungen von anderen, als menschen- u. umweltfreundlicher empfundenen Formen des [Zusammen]lebens zu verwirklichen sucht:* -e Gruppen; a. leben; Alle, die sich ... unter dem Fremdwort a. aufgemacht, zusammengefunden und zusammengerauft haben, sind Frager (Brückner, Quints 241); **b)** *im Gegensatz zum Herkömmlichen stehend; anders im Hinblick auf die ökologische Vertretbarkeit o. Ä.:* eine -e Medizin, Landwirtschaft, Energiequellen; der Einsatz von Windkraft als -e Energie (Spiegel 20, 1983, 55); in einem der »alternativen Läden«, die naturbelassene Produkte anbieten (Hörzu 20, 1980, 143); Umweltschützer, die für ein »alternatives, soziales, basisdemokratisches und gewaltfreies« Europa streiten (MM 5. 6. 79, 8).

Al|ter|na|tiv|be|we|gung, die: *Protest- u. Reformbewegung (seit Beginn der 70er-Jahre des 20. Jh.s), die sich als alternative zu Kultur u. Wertordnung der bürgerlichen Gesellschaft versteht:* Wir Frauen innerhalb der Friedens-, Grünen- und Alternativbewegung sind selbstbewusster geworden (Kelly, Um Hoffnung 122).

¹**Al|ter|na|ti|ve,** die; -, -n [frz. alternative, zu: alterne = abwechselnd, wechselweise < lat. alternus, ↑alternieren] (bildungsspr.): **1.** *freie, aber unabdingbare Entscheidung zwischen zwei Möglichkeiten; das Entweder-oder:* vor die A. gestellt sein, werden; Die A. zwischen R. und mir, ... verlangte ihm Prioritätensetzung ab (Schwamborn, Schwulenbuch 43). **2.** *zweite, andere Möglichkeit; Möglichkeit des Wählens zwischen zwei oder mehreren Dingen:* eine echte A. sein, darstellen; keine A. zu Europa (MM 15. 7. 80, 14); es gibt verschiedene -n, nur eine A. zur Lösung dieses Problems; Eine dritte Gruppe wird stationär aufgenommen, obwohl es eine ... billigere ambulante A. gibt (Woche 4. 4. 97, 21).

²**Al|ter|na|ti|ve,** der u. die; -n, -n: *jmd., der der Alternativbewegung angehört od. ihr nahe steht.* A. sind jene, die nach einer anderen, zweiten Möglichkeit suchen (Brückner, Quints 240).

Al|ter|na|tiv|ener|gie, die: *durch neuartige Verfahren gewonnene od. nutzbar gemachte Energie (im Gegensatz zu Energie aus herkömmlichen Wärme- od. Kernkraftwerken).*

Al|ter|na|tiv|kul|tur, die: vgl. Alternativbewegung.

Al|ter|na|tiv|ler, die; -s, - (Jargon): *Anhänger einer alternativen (2) Lebensauffassung, Politik, Kultur o. Ä.*

Al|ter|na|tiv|le|rin, die; -, -nen: w. Form zu ↑Alternativler.

Al|ter|na|tiv|lö|sung, die: *Lösung* (1), *die eine Alternative* (1) *darstellt; andere, auch mögliche Lösung.*

Al|ter|na|tiv|mög|lich|keit, die: vgl. Alternativlösung.

Al|ter|na|tiv|pro|gramm, das: *alternatives* (1) *Programm.*

Al|ter|na|tiv|sze|ne, die: *alternative* (2) *Szene* (4).

Al|ter|na|tiv|vor|schlag, der: vgl. Alternativlösung.

Al|ter|na|tor, der; -s, ...oren (EDV): *Schaltelement zur Realisierung einer von zwei möglichen Entscheidungen.*

al|ter|nie|ren ⟨sw. V.; hat⟩ [lat. alternare, zu alternus = abwechselnd, einer um den anderen, zu: alter = ander...] (bildungsspr.): *wechseln, sich abwechseln, einander ablösen:* in dieser Szene alternieren die schärfsten Kontraste; meinetwegen will ich gern mit der Brunner a. (*abwechseln;* Erné, Fahrgäste 340); es geschieht alternierend *(im Wechsel)* einmal an diesem u. einmal an jenem Platz; ⟨subst.:⟩ ein Alternieren zwischen zwei Formen; in fachsprachlichen Fügungen: alternierende Besetzung (Theater; *Besetzung, die in der Darstellung einer Rolle mit einer anderen abwechselt);* alternierende Blattstellung (Bot.; *besondere Anordnung der Blätter am Stiel einer Pflanze);* alternierendes Fieber (Med.; *Erkrankung mit abwechselnd fiebrigen u. fieberfreien Zuständen),* alternierende Persönlichkeit (Psych.; *Person, bei der eine Spaltung des Bewusstseins auftritt);* alternierender Strom (Elektrot.; *Wechselstrom);* alternierende Reihe (Math.; *Reihe mit wechselnden Vorzeichen vor den einzelnen Gliedern);* alternierende Verse (Verslehre; *Verse, die einen regelmäßigen Wechsel zwischen unbetonten u. betonten bzw. langen u. kurzen Silben aufweisen).*

Al|terns|for|schung, die: *Erforschung des Prozesses des Alterns u. seiner Ursachen; Gerontologie.*

Al|terns|the|o|rie, die: *Theorie* (1), *Lehrmeinung über das Wesen des Alterns.*

Al|terns|vor|gang, der: *Vorgang des Alterns.*

al|ter|probt ⟨Adj.⟩: *seit langem erprobt, bewährt, zuverlässig, wirksam.*

al|ters: in den Verbindungen **seit a./von a. her** (geh.; *von jeher, seit langer Zeit, schon immer*): dass in Neapel seit a. nichts Menschliches verborgen werde (Fest, Im Gegenlicht 232); Von a. her galten Gewitter als besonders einprägsame Naturereignisse (Luzerner Tagblatt 31. 7. 84, 20); **vor a.** (veraltet; *vor langer Zeit, einst[mals]*): vor a. stand hier ein prächtiges Schloss.

Al|ters|ab|bau, der ⟨o. Pl.⟩: *Nachlassen der Kräfte im Alter.*

Al|ters|ab|stand, der: *Spanne zwischen verschiedenen Lebensaltern, Altersunterschied:* ein A. von 10 Jahren.

Al|ters|an|ga|be, die: *Nennung des Alters.*

Al|ters|ar|mut, die: *Mittellosigkeit, Bedürftigkeit, Armut im Alter durch mangelhafte Altersversorgung, fehlende finanzielle Absicherung:* Die allgemeine Verunsicherung, Angst vor Jobverlust und A. verdirbt den Verbrauchern die Lust am Konsum (Woche 20. 12. 96, 13).

Al|ters|asyl, das (schweiz.): *Altenheim.*

Al|ters|auf|bau, der ⟨o. Pl.⟩: *Gliederung einer Gruppe (meist der Bevölkerung) nach dem Lebensalter; Altersgliederung.*

al|ters|be|dingt ⟨Adj.⟩: **1.** *durch das jeweilige Lebensalter, durch die Altersstufe bedingt:* -e Unarten eines Kindes. **2.** *durch hohes Alter, durch Bejahrtheit bedingt:* -e Krankheiten.

Al|ters|be|schwer|den ⟨Pl.⟩: *im vorgerückten Alter auftretendes, durch das Alter bedingtes Leiden, Gebrechen.*

Al|ters|be|stim|mung, die: *Feststellung des Alters von Tieren u. Pflanzen; Datierung in [Kunst]geschichte u. Geologie:* die A. von Gesteinen ... mit Radarmethoden (BdW 7, 1987, 116).

Al|ters|blöd|sinn, der (Med. Jargon): *senile Demenz.*

Al|ters|brand, der ⟨o. Pl.⟩ (Med.): *in vorgerücktem Alter auftretende Rückbildung von Gewebe, bes. an den Gliedmaßen.*

Al|ters|di|a|be|tes, der (Med.): *in fortgeschrittenem Alter auftretender Diabetes mellitus.*

Al|ters|dis|po|si|ti|on, die: *für die einzelnen Lebensalter spezifische Disposition für Krankheiten.*

Al|ters|er|kran|kung, die: *durch fortgeschrittenes Alter bedingte, vorzugsweise im Alter auftretende Erkrankung.*

Al|ters|er|schei|nung, die: *Merkmal, typisches Zeichen des [nahenden] Alters:* sein Starrsinn ist eine A.; Ü Obwohl der VW-Transporter ... seit 30 Jahren auf dem Markt ist, kann von -en ... keine Rede sein (ADAC-Motorwelt 4, 1981, 46).

al|ters|feind|lich ⟨Adj.⟩: *alten Menschen gegenüber feindselig eingestellt:* Die heutige Gesellschaft ist derart a. und empfindet eine derartige Verachtung für das Alter (Fichte, Versuch 133).

Al|ters|fleck, der ⟨meist Pl.⟩: *dunkelbraune Verfärbung der Haut, die im fortgeschrittenen Alter bevorzugt an exponierten Stellen auftritt.*

Al|ters|frei|be|trag, der: *steuerlicher Freibetrag für verschiedene Personengruppen, die das 60. Lebensjahr vollendet haben.*

Al|ters|für|sor|ge, die: *Unterstützung u. Betreuung alter Menschen durch staatliche od. private Organisationen.*

Al|ters|geld, das ⟨o. Pl.⟩: *laufende Leistung im Rahmen einer dem Prinzip der Sozialversicherung entsprechenden Versicherung für Landwirte u. deren Familien.*

Al|ters|ge|nos|se, der: *Lebewesen im gleichen Alter.*

Al|ters|ge|nos|sin, die: w. Form zu ↑Altersgenosse.

al|ters|ge|recht ⟨Adj.⟩: **1.** *einem bestimmten Alter* (2a) *gemäß, seinen Anforderungen entsprechend:* Handhabung, Material und Spielmöglichkeiten müssen also a. sein (Jeversches Wochenblatt 30. 11. 84, 50). **2.** *den Bedürfnissen älterer Menschen entsprechend:* macht es ... erforderlich, das Angebot an -en Wohnungen zu erhöhen (MM 5./6. 1. 82, 17).

Al|ters|ge|wicht, das (Pferdesport): *das von einem Pferd im Galopprennen je nach Alter zu tragende Mindestgewicht.*

Al|ters|ge|wichts|ren|nen, das (Pferdesport): *Rennen, bei dem sich das von den Pferden zu tragende Gewicht nach ihrem Alter richtet.*

Al|ters|glie|de|rung, die: *Altersaufbau:* Die Wahlstatistik, die über Geschlecht und A. der Wähler Aufschluss gibt (Saarbr. Zeitung 18. 12. 79, 21).

Al|ters|gren|ze, die: **1.** *Lebensalter, mit dessen Erreichen bestimmte Rechte od. Pflichten verbunden sind:* eine A. festlegen. **2.** *Lebensalter, mit dessen Erreichen jmd. in den Ruhestand versetzt wird:* die A. erreicht haben; Probleme der flexiblen A.; Dass der Verstorbene weit über die übliche A. hinaus seine Zeitung leitete (NZZ 30. 6. 86, 30).

Al|ters|grün|de ⟨Pl.⟩: *durch fortgeschrittenes Alter bedingte Gründe, Ursachen:* sein Amt, sein Geschäft aus -n aufgeben.

Al|ters|grup|pe, die: *Personen im gleichen Lebensalter.*

al|ters|hal|ber ⟨Adv.⟩: *aus Altersgründen:* a. aus seinem Amt ausscheiden.

Al|ters|haut, die ⟨o. Pl.⟩: *menschliche Haut, die altersbedingte physiologische Veränderungen aufweist.*

Al|ters|heil|kun|de, die: *Teilgebiet der Medizin, das sich mit den spezifischen Erkrankungen des alten Menschen, ihrer Vorbeugung u. Behandlung befasst; Geriatrie.*

Al|ters|heim, das: *Altenheim:* in einem A. leben; jmdn. ins A. abschieben; Wenn der Club Matoul nicht hätte, würde der ganze Sturm pennen, wie ein komplettes A. (Loest, Pistole 201).

Al|ters|herz, das: *Herz mit altersbedingten physiologischen Veränderungen (z. B. Nachlassen der Leistungsfähigkeit).*

Al|ters|jahr, das (schweiz.): *Lebensjahr.*

Al|ters|ju|bi|lar, der (bes. österr.): *alter Mensch, der ein Jubiläum hat.*

Al|ters|klas|se, die: **1.** *Altersgruppe.* **2.** (Sport) *Wettkämpfer einer bestimmten Altersstufe* (z. B. Junioren, Senioren). **3.** *(bei Haustieren) Tiere einer bestimmten Altersstufe.* **4.** (Forstw.) *nach dem Alter zusammengefasster Waldbestand.*

Al|ters|kleid, das (Zool.): *Gefieder ausgewachsener Federwildarten.*

Al|ters|krank|heit, die: *durch fortschrittenes Alter begünstigte, vorzugsweise im Alter auftretende Krankheit.*

Al|ters|lei|den, das: vgl. Alterskrankheit.

al|ters|los ⟨Adj.⟩: *ohne Anzeichen des Alters:* ein -es Gesicht; plötzlich erschien er jung oder doch a. – ein agiles Heinzelmännchen voll Weisheit und Humor (K. Mann, Wendepunkt 412).

al|ters|mä|ßig ⟨Adj.⟩: *dem jeweiligen Alter entsprechend, dem Alter nach.*

Al|ters|mund|art, die: *nach Satzbau u. Wortschatz der jeweiligen Entwicklungsstufe eines Kindes eigene Sprechweise.*

Al|ters|pen|si|on, die (österr.): *dem Altersruhegeld in der Bundesrepublik Deutschland entsprechende Leistung der Sozialversicherung.*

Al|ters|prä|si|dent, der: *ältestes Mitglied einer Körperschaft od. eines Parlaments, das bis zum Amtsantritt eines gewählten Präsidenten den Vorsitz führt.*

Al|ters|prä|si|den|tin, die: w. Form zu ↑Alterspräsident.

Al|ters|py|ra|mi|de, die: *Altersaufbau der Bevölkerung (die in Form einer Pyramide dargestellt wird).*

Al|ters|ren|te, die: *regelmäßige Geldzahlung an Personen, die die erforderliche Altersgrenze* (2) *erreicht haben.*

Al|ters|ro|man, der: *Alterswerk eines Schriftstellers.*

Al|ters|ru|he|geld, das: *Leistung der gesetzlichen Rentenversicherung, die Versicherten nach Erreichen der Altersgrenze (2) gewährt wird.*
Al|ters|ru|he|sitz, der: *Alterssitz.*
al|ters|schwach ⟨Adj.⟩: **a)** *(von Personen) vom Alter geschwächt, gebrechlich, hinfällig:* mein Großvater ist schon etwas a.; **b)** *(von Gegenständen) durch lange Benutzung unbrauchbar, wacklig; ausgedient; im Verfall begriffen:* -e Möbel; eine -e Batterie; Gasse mit hohen, -en ... Häusern (Hilsenrath, Nazi 325).
Al|ters|schwä|che, die ⟨o. Pl.⟩: *das Altersschwachsein* (a, b).
Al|ters|schwach|sinn, der (ugs.): *senile Demenz.*
Al|ters|si|che|rung, die: *materielle Vorsorge für das Alter.*
al|ters|sich|tig ⟨Adj.⟩: *an Alterssichtigkeit leidend.*
Al|ters|sich|tig|keit, die: *Weitsichtigkeit durch altersbedingten Verlust der Fähigkeit des Auges zur Akkommodation* (1 b); *Altersweitsichtigkeit.*
Al|ters|sitz, der: *Wohnsitz, Ort, an den sich jmd. im Alter zurückzieht; Ruhesitz:* In Florenz hat er seinen A. gefunden (Hamburger Abendblatt 12. 5. 84, 13).
Al|ters|so|zi|o|lo|gie, die: *wissenschaftliche Erforschung der sozialen Beziehungen des alternden Menschen, soziologische Alternsforschung.*
Al|ters|sport, der: *leichtere sportliche Übungen speziell für das fortgeschrittene Alter zur Erhaltung u. Erhöhung der Leistungsfähigkeit.*
Al|ters|starr|sinn, der: *altersbedingter Starrsinn.*
Al|ters|stil, der: *für das Schaffen eines alternden Künstlers charakteristische Ausdrucksform.*
Al|ters|struk|tur, die: *Altersaufbau.*
Al|ters|stu|fe, die: *Abschnitt im Lebensalter:* Menschen verschiedener, aller -n.
Al|ters|teil|zeit, die: *(der Schaffung neuer Arbeitsplätze oder der Beschäftigungssicherung dienende) verkürzte Arbeitszeit für ältere Arbeitnehmer vor der Verrentung:* Ersatz für den Vorruhestand – »Altersteilzeit« nimmt Gestalt an (MM 17. 8. 88, 4); Dabei sollen Mitarbeiter, die die Regelung in Anspruch nehmen, in der ersten Hälfte der A. voll arbeiten und dafür in der zweiten Hälfte freigestellt werden (MM 12.8.97, 2).
Al|ters|un|ter|schied, der: *Unterschied im Lebensalter.*
Al|ters|ver|si|che|rung, die: *Versicherung, die den Lebensunterhalt im Alter gewährleistet.*
Al|ters|ver|sor|gung, die: *[gesetzlich geregelte] Versorgung alter Menschen:* eine betriebliche A.
Al|ters|weit|sich|tig|keit, die: *Alterssichtigkeit.*
Al|ters|werk, das: *Spätwerk.*
Al|ters|zu|schlag, der: *Betrag, der je nach Altersklasse zusätzlich zum Arbeitsentgelt gezahlt werden kann.*
Al|ter|tum, das; -s [im 17. Jh. = das Altsein, seit dem 18. Jh. in der heutigen Bed.]: **a)** *älteste historische Zeit eines Volkes od. einer Kultur:* Sagen aus dem deutschen A.; **b)** *älteste historische Zeit der Griechen u. Römer; klassisches Altertum, Antike.*
Al|ter|tü|me|lei, die; -, -en: *übertriebene Nachahmung [von Stil u. Wesen] des Altertums.*
al|ter|tü|meln ⟨sw. V.; hat⟩: *Stil u. Wesen des Altertums übertrieben nachahmen; archaisieren:* eine altertümelnde Ausdrucksweise.
Al|ter|tü|mer ⟨Pl.⟩: *[Kunst]gegenstände, Denkmäler aus dem Altertum:* A. sammeln; 1763 wird er zum Oberaufseher über alle A. in und um Rom bestellt (Ceram, Götter 28).
Al|ter|tüm|ler, der; -s, -: *altertümelnde Person.*
Al|ter|tüm|le|rin, die; -, -nen: w. Form zu ↑ Altertümler.
al|ter|tüm|lich ⟨Adj.⟩: **a)** *aus alter Zeit stammend; in der Art früherer Zeiten; archaisch:* eine -e Wohnungseinrichtung, Schrift; ein -er Ausdruck; ◆ **b)** *das Altertum* (b) *betreffend, daraus stammend:* dass Freude und Belehrung nur dem genausten Kenner -er Baukunst daraus entspringen kann (Goethe, Italien. Reise 6. 5. 1787 [Sizilien]).
Al|ter|tüm|lich|keit, die; -: *altertümliche Beschaffenheit.*
Al|ter|tums|for|scher, der: *Vertreter der Altertumsforschung, Archäologe.*
Al|ter|tums|for|sche|rin, die: w. Form zu ↑ Altertumsforscher.
Al|ter|tums|for|schung, die ⟨o. Pl.⟩: *Wissenschaft von der Erforschung der Kulturen des Altertums, Archäologie.*
Al|ter|tums|kun|de, die: *Lehre von der Erforschung des Altertums, Archäologie.*
Al|ter|tums|wert, der ⟨o. Pl.⟩: *besonderer Wert, den etw. wegen seines Alters hat:* A. haben; sein Fahrrad hat nur noch A. (scherzh.; *ist schon sehr alt u. kaum noch zu gebrauchen*).
Al|ter|tums|wis|sen|schaft, die ⟨o. Pl.⟩: *Altertumskunde.*
Al|te|rung, die; -, -en: **1.** ⟨o. Pl.⟩ *(von Lebewesen, hauptsächlich vom Menschen) Vorgang des Altwerdens, das Altern* (1 a): die A. der Bevölkerung. **2. a)** *(von Gebäuden, Materialien, Geräten, Flüssigkeiten) das Altern* (2 a): das Material unterliegt einer natürlichen A.; Die Studenten tragen zur vorzeitigen A. der Einrichtung bei, wenn sie Flure oder Cafeterien mit Kippen, Flugblattstapeln und Plastikbechern aussehen lassen wie eine Stadiontribüne (Woche 17. 1. 97, 22); **b)** *Veränderung des Gefüges, der Zusammensetzung od. der Eigenschaften durch natürliches od. künstliches Altern* (2 b): die künstliche A. von Wein, Spirituosen.
al|te|rungs|be|stän|dig ⟨Adj.⟩: *(von Materialien, Geräten, [Werk]stoffen) nicht alternd; widerstandsfähig, beständig gegen Alterung:* ein -er Kunststoff.
Al|te|rungs|mit|tel, das: *Mittel od. Verfahren zur künstlichen Alterung.*
Al|te|rungs|pro|zess, der: *Vorgang, Ablauf der Alterung.*
Al|te|rungs|schutz|mit|tel, das: *organische Verbindung, die die Oxidation (Alterung) von Kautschuk hemmt.*
Al|te|rungs|ver|such, der: *versuchsweise künstlich herbeigeführte Alterung* (2 a) *von [Werk]stoffen zur Materialprüfung.*
Äl|ter|va|ter, der; -s, ...väter (landsch. veraltet): *[Ur]großvater; Ahn:* ◆ Ihr stammt von einem lockern Ä. (Kleist, Krug 1).
äl|test...: ↑ alt.
Äl|tes|te, der u. die; -n, -n ⟨Dekl. ↑ Abgeordnete⟩: **1.** *ältestes Mitglied einer Gemeinschaft, Senior* (5); *Vorsteher, Oberhaupt einer [Kirchen]gemeinde; Presbyter:* der Rat der -n. **2.** *bei Naturvölkern von der Gemeinschaft bestimmter ältester Sohn, älteste Tochter:* an unserer -n haben wir eine große Stütze; der Ä. hat jetzt geheiratet.
Äl|tes|ten|kreis, der: *Gesamtheit der Ältesten* (1) *einer Kirchengemeinde.*
Äl|tes|ten|pre|di|ger, der: *Prediger in einer freien Kirchengemeinde.*
Äl|tes|ten|rat, der ⟨Pl. ...räte⟩: **1. a)** *Parlamentsausschuss;* **b)** ⟨o. Pl.⟩ *Organ des Bundestages aus Vertretern der Fraktionen zur Unterstützung des Bundestagspräsidenten.* **2.** *bei den Ältesten eines Gemeinwesens bestehende Institution zur Regelung des gesellschaftlichen Lebens.*
Äl|tes|ten|recht, das: **1.** *Art der Erbfolgeordnung, bei der das älteste Mitglied innerhalb der Familie die Erbfolge antritt; Seniorat.* **2.** *landschaftlich geltendes Recht, nach dem bei der Übergabe eines Hofes das älteste Kind des Eigentümers die Erbfolge antritt; Majorat.*
Alt|flö|te, die: *in Altlage gestimmte Flöte.*
Alt|flug, der: *Wettfliegen von bereits ein Jahr alten Brieftauben.*
alt|frän|kisch ⟨Adj.⟩ [mhd. altvrenkisch, eigtl. = in der Art der alten Franken] (veraltend): *altmodisch, altväterisch.*
alt|ge|dient ⟨Adj.⟩: *lange im Dienst, in einer bestimmten Position gewesen, bewährt, erprobt:* ein -er Soldat; Auch Outsourcing... ist kaum ein Königsweg für -e Führungskräfte (Woche 14. 2. 97, 1).
Alt|gei|ge, die: *Bratsche.*
Alt|geld, das: *vor der Währungsreform von 1948 gültiges Geld.*
Alt|ge|nos|se, der: *langjähriges Mitglied einer bestimmten Partei.*
Alt|ge|sel|le, der (veraltet): *ältester Geselle einer Werkstatt.*
alt|ge|wohnt ⟨Adj.⟩: *seit langem gewohnt, bekannt, vertraut:* Baldini, noch immer mit pedantischer Pedanterie seine Mischgefäße arrangierte, ... damit alles seine gute -e Ordnung habe (Süskind, Parfum 102).
Alt|glas, das ⟨o. Pl.⟩: *altes, noch als Rohmaterial verwertbares Glas.*
Alt|glas|be|häl|ter, der: *Altglascontainer.*
Alt|glas|con|tai|ner, der: *öffentlich aufgestellter Container, in dem Altglas zur Wiederverwendung gesammelt wird.*
alt|gläu|big ⟨Adj.⟩ (Rel. veraltend): *am alten Glauben festhaltend.*
Alt|gläu|bi|ge, der u. die; -n, -n: *altgläubiger Christ (Selbstbezeichnung der russisch-orthodoxen Christen, die sich im 17. Jh. von der russischen Staatskirche trennten).*
Alt|gold, das: **1.** (veraltend) *schon einmal verarbeitetes Gold.* **2.** *durch chemische Behandlung künstlich gedunkeltes Gold.*

Alt|grad, der: *Maßeinheit des Winkels* (1) *(360. Teil des Vollkreises).*
alt|grie|chisch ⟨Adj.⟩: *das antike Griechenland, die Griechen der Antike betreffend.*
Alt|han|del, der (veraltend): *Altwarenhandel.*
Alt|händ|ler, der (veraltend): *Altwarenhändler.*
All|thee, die; -, -n [lat. althaea < griech. althaía]: *Eibisch.*
Alt-Hei|del|berg: *das alte, historische Heidelberg.*
alt|her|ge|bracht ⟨Adj.⟩: *seit langem üblich, überliefert, gewohnt:* die modernen Wohnbezirke bedeuten den Verzicht auf die -en Formen des Daseins (Fest, Im Gegenlicht 50); ⟨subst.:⟩ *Ehrfurcht und Bewunderung für das Althergebrachte* (Weltwoche 17. 5. 84, 36).
alt|her|kömm|lich ⟨Adj.⟩: *altem Herkommen* (1) *gemäß, entsprechend; althergebracht:* -e Gewohnheiten.
Alt|her|ren|mann|schaft, die (Sport): *Mannschaft aus Spielern über 32 Jahre.*
Alt|her|ren|schaft, die; -, -en (Verbindungsw.): *Gesamtheit der Mitglieder einer studentischen Verbindung nach dem Examen od. nach dem Eintritt ins Berufsleben.*
All|thing [isländ. ˈalθɪŋg], das; -s [isländ. alþing]: *isländisches Parlament.*
alt|hoch|deutsch ⟨Adj.⟩: *das Althochdeutsche betreffend;* Abk.: ahd.
Alt|hoch|deutsch, das u. ⟨nur mit best. Art.:⟩ **Alt|hoch|deut|sche,** das: *älteste, vom Beginn der schriftlichen Überlieferung bis ins 11. Jh. reichende Stufe* (2 a) *in der Entwicklung der hochdeutschen Sprache.*
Al|ti|graph, der; -en, -en [zu lat. altus = hoch u. griech. gráphein = schreiben] (Geodäsie, Met.): *als Höhenschreiber verwendetes Altimeter.*
Al|ti|me|ter, das; -s, - [zu lat. altus = hoch] (Geodäsie, Met.): *Aneroidbarometer mit linear geteilter metrischer Höhenskala, das zur barometrischen Höhenmessung dient.*
Al|tin, Altyn, der; -[s], -e ⟨aber: 5 Altin⟩ [russ. altyn, aus dem Osman., eigtl. = Gold]: *alte russische Kupfermünze.*
Alt|in|disch, das; -[s] u. ⟨nur mit best. Art.:⟩ **Alt|in|di|sche,** das; -n: *Sprache der arischen* (1) *Inder.*
Alt|in|stru|ment, das: *in Altlage (meist eine Quinte tiefer als das entsprechende Sopraninstrument) gestimmtes Musikinstrument.*
Alt|in|ter|na|tio|na|le, der u. die (Sport): *ehemaliger Nationalspieler, ehemalige Nationalspielerin.*
Al|tist, der; -en, -en [älter ital. altista, zu: alto, ↑Alt]: *Sänger (meist Knabe) mit Altstimme.*
Al|tis|tin, die; -, -nen: w. Form zu ↑ Altist.
Alt|jahr[s]|abend [auch: -ˈ- - -], der (landsch.): *letzter Abend des Jahres, Silvesterabend.*
Alt|jahrs|tag [auch: -ˈ- - -], der, (österr., schweiz.): *letzter Tag des Jahres, Silvester.*
alt|jüng|fer|lich ⟨Adj.⟩ (abwertend): *altmodisch, verschroben, überängstlich:* -es

Gehabe; Er ist ein etwas -er Mann (Spiegel 23, 1966, 89).
Alt|jüng|fer|lich|keit, die; - (abwertend): *altjüngferliches Verhalten.*
Alt|jung|fern|stand, der ⟨o. Pl.⟩ (veraltet): *Stand des Unverheiratetseins.*
Alt|kanz|ler, der: vgl. Altbundeskanzler.
Alt|ka|tho|lik (die Kirchengemeinschaft selbst verwendet den Bindestrich: Alt-Katholik, alt-katholisch, Alt-Katholizismus), der: *Angehöriger der altkatholischen Religionsgemeinschaft.*
Alt|ka|tho|li|kin, die: w. Form zu ↑ Altkatholik.
alt|ka|tho|lisch ⟨Adj.⟩: *sich zu derjenigen katholischen Religionsgemeinschaft bekennend, die sich um 1870 von Rom u. dem Dogma der Unfehlbarkeit des Papstes lossagte.*
Alt|ka|tho|li|zis|mus, der: *Geist u. Lehre des altkatholischen Glaubens.*
alt|kir|chen|sla|wisch ⟨Adj.⟩: *aus der ältesten Sprachstufe des Slawischen stammend; altbulgarisch; glagolitisch.*
Alt|kla|ri|net|te, die: *Klarinette in Altlage.*
Alt|klei|der|händ|ler, der: *jmd., der mit getragener Kleidung handelt.*
Alt|klei|der|samm|lung, die: *Sammlung* (1) *von getragener Kleidung bes. für karitative Zwecke:* etw. in die A. geben; eine A. des Roten Kreuzes.
alt|klug ⟨Adj.; altkluger, altklugste⟩ [eigtl. = durch Alter klug]: *(von einem Kind) in seinen Äußerungen nicht kindgemäß, nicht seinem Alter, sondern eher Erwachsenen entsprechend u. oft vorlaut.*
Alt|klug|heit, die: *altkluge Art.*
Alt|knecht, der (veraltet): *ältester Knecht eines Hofs:* ♦ als mir der A. oft zurief: »Trag nur, Bub, und sei fleißig« (Rosegger, Waldbauernbub 15).
Alt|kunst, die ⟨o. Pl.⟩: *Antiquitäten.*
Alt|la|ge, die: *Stimmlage des* ¹*Alts* (1 a).
Alt|last, die: *stillgelegte Müllkippe, Halde mit Produktionsrückständen, Aufschüttung, Auffüllung u. Ä., die eine Gefahr für Umwelt und Grundwasser darstellt:* Vorher dauerte es bis zu einem Jahr, bis eine neu entdeckte A. auftauchte (Welt 7. 12. 89, 25); Ü die technologischen Fehlentwicklungen von heute sind die -en von morgen (BdW 8, 1987, 64).
Alt|li|be|ra|le, der u. die: *gemäßigte[r] Liberale[r], bes. in Preußen nach 1848.*
ält|lich ⟨Adj.⟩: *nicht mehr ganz jung, Anzeichen des Alters zeigend, nicht frisch* (3)*, rüstig wirkend:* eine -e, ä. wirkende Person; seine Hand ..., ... diese seine -e blasse Hand (Mayröcker, Herzzerreißende 27).
Alt|magd, die (veraltet): *älteste Magd eines Hofs.*
Alt|mark, die, -: *Landschaft westlich der Elbe.*
¹**Alt|mär|ker,** der, -s, -: Ew.
²**Alt|mär|ker** ⟨indekl. Adj.⟩: A. Zucker.
alt|mär|ker ⟨Adj.⟩: *die Altmark, die* ¹*Altmärker betreffend.*
Alt|ma|te|ri|al, das: *gebrauchtes, noch verwertbares Material.*
Alt|ma|te|ri|al|han|del, der: *Handel mit Altmaterial.*

Alt|ma|te|ri|al|samm|lung, die: *[öffentliche] Sammlung von Altmaterial.*
Alt|meis|ter, der: **1.** (früher:) *Zunftmeister, Vorsteher einer Innung.* **2.** *bedeutendster, als Vorbild geltender Vertreter eines Berufszweigs od. Fachgebiets; Nestor, Senior:* er gehört zu den -n der Kunstwissenschaft. **3.** (Sport) *Verein od. Spieler, der früher einen Meistertitel errungen hat:* A. Schalke 04.
Alt|meis|te|rin, die: w. Form zu ↑ Altmeister (2, 3).
Alt|me|tall, das: *gebrauchtes, noch verwertbares Metall; Schrott.*
Alt|mie|te, die (früher): *Miete für eine Altbauwohnung.*
Alt|mi|nu|te, die: *60. Teil eines Altgrads.*
♦ **alt|mo|dig:** ↑altmodisch: auf einem Brette von a. geformtem Zinn (Keller, Das Sinngedicht 32).
alt|mo|disch ⟨Adj.⟩: *nicht mehr der herrschenden Mode, dem Zeitgeschmack entsprechend; überholt, rückständig, gestrig, antiquiert, passee:* -e Ansichten haben; Sie trug ein schwarzes Kleid, -e Schnürstiefel und eine weiße Schürze (Simmel, Affäre 102); Mutter ist furchtbar a.; Es kann für mein Kind nicht gut sein, ... hatte sie ganz a. gedacht (Danella, Hotel 145); a. gekleidet sein.
alt|nor|disch ⟨Adj.⟩: *das Altnordische betreffend.*
Alt|nor|disch, das; -[s] u. ⟨nur mit best. Art.:⟩ **Alt|nor|di|sche,** das; -n: *von etwa 800 bis zum 15. Jh. reichende Stufe* (2 a) *in der Entwicklung der nordgermanischen Sprachen.*
Alt|oboe, die: *Englischhorn.*
Al|to|ku|mu|lus, der [zu lat. altus = hoch] (Met.): *Kumulus in mittlerer Höhe.*
Alt|öl, das: *verbrauchtes Schmieröl:* Immer mehr Schiffe entsorgen illegal ihr A. auf See (Woche 14. 3. 97, 57).
Al|to|stra|tus, der [zu lat. altus = hoch] (Met.): *Stratus in mittlerer Höhe.*
Alt|pa|pier, das ⟨o. Pl.⟩: *gebrauchtes, wieder verwertbares Papier.*
Alt|pa|pier|samm|lung, die: *[öffentliche] Sammlung von Altpapier.*
Alt|par|tei, die: *Partei* (1 a) *mit langer parlamentarischer Tradition:* Das Werben der SPD um die Grünen zeigt die Arroganz der Macht und verdeutlichen den trüben politischen Blick der sterilen, verkrusteten -en (Kelly, Um Hoffnung 21).
Alt|par|tie, die; -, -n: *für die Altstimme geschriebener Teil eines Musikstücks.*
Alt|phi|lo|lo|ge, der: *Wissenschaftler, Lehrer, Studierender auf dem Gebiet der Altphilologie.*
Alt|phi|lo|lo|gie, die: *Sprach- u. Literaturwissenschaft des klassischen Altertums; klassische Philologie.*
Alt|phi|lo|lo|gin, die: w. Form zu ↑ Altphilologe.
alt|phi|lo|lo|gisch ⟨Adj.⟩: *die Altphilologie betreffend, auf ihr beruhend.*
Alt|po|sau|ne, die; -, -n: *in Altlage gestimmte Posaune.*
alt|reich ⟨Adj.⟩ (veraltend): *seit langem Reichtum besitzend:* »Die da oben« sind -e Aristokraten wie die Thurn und Taxis (MM 21. 12. 73, 25).
Alt|reich, das ⟨o. Pl.⟩ (nationalsoz.):

deutsches Reich ohne die seit 1938 hinzugekommenen Gebiete.
Alt|reichs|kanz|ler, *der (früher): nicht mehr amtierender Reichskanzler.*
ạlt|re|nom|miert ⟨Adj.⟩: *seit langem angesehen, namhaft, berühmt:* ein -es Lokal.
ạlt|rö|misch ⟨Adj.⟩: *das antike Rom, das antike römische Reich betreffend; römisch* (2).
ạlt|ro|sa ⟨indekl. Adj.⟩: *von dunklem, bläulichem Rosa:* ein a. Kleid.
Al|tru|ịs|mus, der; - [frz. altruisme, zu lat. alter = der andere] (bildungsspr.): *selbstlose Denk- u. Handlungsweise, Uneigennützigkeit.*
Al|tru|ịst, der; -en, -en [frz. altruiste] (bildungsspr.): *selbstloser, uneigennütziger Mensch.*
Al|tru|ịs|tin, die; -, -nen: w. Form zu ↑ Altruist.
al|tru|ịs|tisch ⟨Adj.⟩ (bildungsspr.): *selbstlos, uneigennützig, aufopfernd:* ein -er Mensch; -e Ziele verfolgen; a. handeln.
Ạlt|sän|ger, der: *Altist.*
Ạlt|sän|ge|rin, die: *Altistin.*
Ạlt|sa|xo|phon, das: *in Altlage gestimmtes Saxophon.*
Ạlt|schlüs|sel, der: *auf der mittleren Linie des Notensystems liegender C-Schlüssel, Bratschenschlüssel.*
Ạlt|schnee, der: *schon vor längerer Zeit gefallener, bereits körniger Schnee.*
Ạlt|schnee|de|cke, die: *Decke* (2) *aus Altschnee.*
Ạlt|schrift, die (selten): *Antiqua.*
Ạlt|schult|heiß, der: **1.** (veraltet) *nicht mehr amtierender Schultheiß.* **2.** (im schweiz. Kanton Luzern) *nicht mehr amtierender Präsident des Regierungsrats.*
Ạlt|se|kun|de, die: *60. Teil einer Altminute.*
Ạlt|sil|ber, das: **1.** (veraltend) *schon einmal verarbeitetes Silber.* **2.** *durch chemische Behandlung künstlich gedunkeltes Silber.*
Ạlt|sitz, der (veraltet): *Altenteil.*
Ạlt|sol|lo, das; -s, -s u. -soli: *Solo der Altstimme.*
Ạlt|spa|rer, der (früher): *Inhaber eines von 1940 bis zur Währungsreform 1948 unterhaltenen Sparguthabens.*
Ạlt|sprach|ler, der; -s, -: *Kenner der altgriechischen, lateinischen [u. hebräischen] Sprache; Altphilologe.*
Ạlt|sprach|le|rin, die; -, -nen: w. Form zu ↑ Altsprachler.
ạlt|sprach|lich ⟨Adj.⟩: *die altgriechische, lateinische [u. hebräische] Sprache betreffend.*
Ạlt|stadt, die: *ältester Teil einer Stadt, historischer Stadtkern.*
Ạlt|stadt|sa|nie|rung, die: *Schaffung gesunder Lebensverhältnisse in überalterten Stadtteilen, in einer Altstadt.*
Ạlt|stein|zeit, die: *älteste Epoche der Menschheitsgeschichte, Paläolithikum.*
Ạlt|stim|me, die; -, -n: **1.** ¹*Alt* (1a). **2.** *Noten für den* ¹*Alt* (1d).
Ạlt|stoff, der: *gebrauchter, wieder verwertbarer Stoff* (2a), *Altmaterial.*
Ạlt|stoff|samm|lung, die: *Altmaterialsammlung.*

alt|tes|ta|men|ta|risch ⟨Adj.⟩: **a)** *alttestamentlich:* -e Schriften; **b)** *nach Art des Alten Testaments:* Der cholerische kleine Herr könnte sich ... zu Racheakten von wahrhaft -er Furchtbarkeit hinreißen lassen (K. Mann, Wendepunkt 35).
Ạlt|tes|ta|ment|ler, der; -s, -: *Wissenschaftler auf dem Gebiet Altes Testament.*
Ạlt|tes|ta|ment|le|rin, die; -, -nen: w. Form zu ↑ Alttestamentler.
ạlt|tes|ta|ment|lich ⟨Adj.⟩: *das Alte Testament betreffend, auf ihm beruhend:* -e Schriften; -e Theologie.
Ạlt|tier, das (Jägerspr.): *Hirschkuh vom Zeitpunkt der ersten Trächtigkeit an.*
alt|über|kom|men ⟨Adj.⟩: *seit langem überkommen, überliefert, ererbt.*
alt|über|lie|fert ⟨Adj.⟩: *seit langem überliefert, weitergegeben, tradiert:* Minister Leber erhob sich nun zum -en Akt der Grundsteinlegung (Prodöhl, Tod 31).
Ạl|tus, der; -s, ...ti [zu lat. altus = hoch, hell; ¹vgl. Alt] (Musik): **1.** *(bes. in der Musik des 16.–18. Jh.s) falsettierende Männerstimme in Altlage.* **2.** *Altist.*
Ạlt|va|ter, der (veraltet): *Erzvater, Ahnherr, Patriarch:* A. Abraham.
ạlt|vä|te|risch ⟨Adj.⟩: *altmodisch, altfränkisch, veraltet, antiquiert:* -e Kleidung; eine -e Kneipe; -e Anschauungen, Ansichten; die -en Begriffe wie Despotie und Tyrannis (Heringer, Holzfeuer 158); sich a. kleiden.
ạlt|vä|ter|lich ⟨Adj.⟩: *[ehr]würdig, patriarchalisch:* -e Haltung; sein -es Auftreten; altmodische schwarze Anzüge ... Sie wirken auf ihn irgendwie a. und konservativ (Chotjewitz, Friede 234).
ạlt|ver|traut ⟨Adj.⟩: *seit langem, von alters her vertraut, gut bekannt:* eine -e Umgebung.
Ạlt|vor|dern ⟨Pl.⟩ [eigtl. = Altfrühere] (geh.): *Vorfahren, Ahnen; ältere, frühere Generation:* bei den A. war das noch anders; Die Verlobung der Kinder ... soll die Freundschaft der A. festigen (Szene 6, 1983, 78).
Ạlt|wa|ren ⟨Pl.⟩: *gebrauchte, noch verwertbare Waren, [Kunst]gegenstände.*
Ạlt|wa|ren|han|del, der: *Ein- u. Wiederverkauf von Altwaren.*
Ạlt|wa|ren|händ|ler, der: *Trödler, Gebrauchtwarenhändler.*
Ạlt|was|ser, das ⟨Pl. -⟩: *abgetrennter Arm eines begradigten Flusses mit stehendem Wasser.*
Ạlt|wei|ber|fas[t]|nacht, die (landsch.): *letzter Donnerstag vor Aschermittwoch.*
Ạlt|wei|ber|ge|schwätz, Ạlt|wei|ber|ge|wäsch, das (abwertend): *leeres, törichtes Gerede.*
Ạlt|wei|ber|klatsch, der (abwertend): *törichte üble Nachrede.*
Ạlt|wei|ber|kno|ten, der (Seemannsspr.): *laienhaft geknüpfter, nicht belastbarer Knoten.*
Ạlt|wei|ber|mär|chen, das: *Ammenmärchen; unglaubwürdige, alberne Geschichte.*
Ạlt|wei|ber|müh|le, die (Volksk.): *Mühle, in der alte Frauen wieder in junge Mädchen verwandelt werden.*

Ạlt|wei|ber|som|mer, der [19. Jh.; H. u.]: **1.** *sonnige, warme Nachsommertage.* **2.** *im Spätsommer in der Luft schwebende lange Spinnfäden; Marienseide.*
ạlt|welt|lich ⟨Adj.⟩: *aus der Alten Welt stammend, sie betreffend od. nachahmend.*
Alt-Wien: *das alte, historische Wien.*
alt-wie|ne|risch ⟨Adj.⟩: *das alte, historische Wien betreffend.*
Ạlt|woh|nung, die (früher): *Altbauwohnung.*
Ạll|tyn: ↑ Altin.
¹Ạlu, das; -s (ugs.): Kurzf. von ↑ Aluminium.
²Ạlu, die; - (ugs.): *kurz für* ↑ Arbeitslosenunterstützung: Er hat früher ... 2 600 Mark brutto nach Hause gebracht. Seit August 1981 gibt's nur noch »Alu« (Hörzu 13, 1982, 136).
Ạlu|fo|lie, die: *kurz für* ↑ Aluminiumfolie.
Ạlu|men, das; -: *lat. Bez. für Alaun.*
alu|mi|nie|ren ⟨sw. V.; hat⟩: *Metall[teile] mit Aluminium überziehen.*
Alu|mi|ni|um, das; -s [zu lat. alumen (Gen.: aluminis) = Alaun (nach seinem natürlichen Vorkommen in der Alaunerde)]: *silberweißes Leichtmetall (chemisches Element);* Zeichen: Al.
Alu|mi|ni|um|blech, das: *dünn ausgewalztes Aluminium.*
Alu|mi|ni|um|druck, der ⟨Pl.: ...drucke⟩: *Algraphie.*
Alu|mi|ni|um|far|be, die: *Deckfarbe aus pulverisiertem Aluminium u. einem Bindemittel.*
Alu|mi|ni|um|fo|lie, die: *dünne Folie aus Aluminium für Verpackungs- u. Isolationszwecke.*
alu|mi|ni|um|hal|tig ⟨Adj.⟩: *Aluminium enthaltend:* Bauxit ist ein -es Mineral.
Alu|mi|ni|um|topf, der: *Kochtopf aus Aluminium.*
Alum|nat, das; -[e]s, -e [zu ↑ Alumnus]: **1.** *mit einer Lehranstalt verbundenes [kostenfreies] Schülerheim, Internatsschule.* **2.** (österr. veraltet) *Anstalt zur Heranbildung von Geistlichen.* **3.** (früher) *kirchliche Erziehungsanstalt.*
Alụm|ne, der; -n, -n: *Alumnus.*
◆ **Alụm|ne|um,** das; -s, ...neen [zu lat. alumnus, ↑ Alumnus]: *Alumnat* (1): Unter allen Nischen des -s war nur eine so gescheuert und geordnet (Jean Paul, Wutz 11).
Alụm|nus, der; -, ...nen [lat. alumnus = Pflegekind, Schüler]: *Schüler eines Alumnats.*
Alu|nịt [auch: ...'nıt], der; -s [zu lat. alumen = Alaun] (Mineral.): *Alaunstein* (1).
al|ve|o|lạr ⟨Adj.⟩ (Sprachw.): *mit der Zunge an den Alveolen* (a) *gebildet.*
Al|ve|o|lạr, der; -s, -e (Sprachw.): *an der Alveolen des Oberkiefers gebildeter Laut.*
al|ve|o|lär ⟨Adj.⟩ (Med.): **1.** *mit kleiner Fächern od. Hohlräumen versehen.* **2.** *die Alveolen betreffend.*
Al|ve|o|le, die; -, -n ⟨meist Pl.⟩ [lat. alveolus = kleine Mulde] (Med.): **a)** *Mulde, Vertiefung im Kieferknochen, in der die Zahnwurzel sitzt;* **b)** *Lungenbläschen.*
Al|ve|o|li|tis, die; -, ...itiden (Med.): **1.** *Knochenhautentzündung an der*

Zahnfächern. **2.** Entzündung der Lungenbläschen.

Al|weg|bahn, die; -, -en [nach dem schwed. Industriellen Axel Lenhart Wenner-Gren]: *sehr ruhig laufende Einschienenhochbahn, die hohe Geschwindigkeiten erreicht.*

Al|zerl, das; -s, - [Vkl. von: Alz = Lederauflage auf den Schuhleisten, kleines Stück < ital. alzo = Stück Leder, das den Schuh ausfüllt] (österr. mundartl.): *kleines Stück, kleiner Bissen o. Ä.:* ein A. Käse.

Alz|hei|mer, der; -s (ugs): kurz für ↑Alzheimerkrankheit.

Alz|hei|mer|krank|heit, die; - [nach dem dt. Neurologen Alois Alzheimer (1864–1915)]: *in einer Atrophie des Gehirns bestehende Krankheit, die mit fast völligem Erlöschen des Gedächtnisses und mit Persönlichkeitsverlust einhergeht.*

am ⟨Präp. + Art.⟩ [mhd. ame]: **1.** *an dem:* am Hang, am Berg, am See; (nicht auflösbar bei geographischen Namen u. in bestimmten Zeitangaben:) Frankfurt am Main; am Donnerstag; am Ende der Ferien; (nicht auflösbar in festen Verbindungen:) am Ziel, am Ende, am Werk sein; (Kaufmannsspr.:) sich am Markt behaupten, etw. am Lager haben; am Rande [bemerken]; etw. am Stück kaufen. **2.** (nicht auflösbar:) wird dem Superlativ vorangestellt, wenn dieser nicht Attribut od. Gleichsetzungsglied ist: am besten, am schönsten; nach einigen Verben mit an + Dativ: er zweifelte am Gelingen. **3.** (nicht auflösbar:) bildet mit dem subst. Infinitiv u. »sein« die Verlaufsform:) (ugs.) *dabei sein, etwas zu tun;* beim ... sein: ich bin sehr am Überlegen, ob ...; das Mittagessen ist am Kochen; er ist am Essen; Vielleicht weiß er ... wirklich selbst noch nicht, was er will, ist noch am Sortieren« (Woche 28. 11. 97, 3).

Am = Americium.

AM = Amplitudenmodulation.

a. m. = ante meridiem; ante mortem.

ama|bi|le ⟨Adv.⟩ [ital. amabile < lat. amabilis] (Musik): *liebenswürdig, sanft, zart.*

amag|ne|tisch ⟨Adj.⟩ [aus griech. a- = nicht, un- u. ↑magnetisch]: *nicht magnetisch.*

Amal|gam, das; -s, -e [mlat. amalgama, wohl < arab. al-malǧam = erweichende Salbe, zu griech. málagma = das Erweichende] (Chemie): *Legierung eines Metalls mit Quecksilber:* Ü Sein Denken ist ein A. *(eine Mischung)* aus Positivismus und historischem Materialismus (Adorno, Prismen 72); ein A. von etw. sein.

Amal|ga|ma|ti|on, die; -, -en [mlat. amalgamatio]: *Verfahren zur Gewinnung von Gold (auch von Silber) aus deren Erzen mithilfe von Quecksilber.*

Amal|gam|fül|lung, die (Zahnmed.): *Zahnfüllung aus Silber- od. Kupferamalgam.*

amal|ga|mie|ren ⟨sw. V.; hat⟩ [mlat. amalgamare]: **1.** (Technik) **a)** *(ein Metall) mit Quecksilber legieren u. dadurch eine Quecksilberlegierung herstellen:* Zinn, Zink, Kalium a.; **b)** ⟨a. + sich⟩ *sich zu einer Legierung verbinden:* die Metalle Zinn und Silber amalgamieren sich in sehr unterschiedlicher Weise. **2.** (Technik) *mithilfe von Quecksilber aus Erzen gewinnen:* Gold, Silber a. **3.** (bildungsspr.) *jmdn., sich od. etw. mit etw. verbinden, verschmelzen, vereinigen:* schließlich brauchten auch die USA ... mehr als hundert Jahre, bis der »Schmelztiegel« der Neuen Welt die verschiedensten Herkünfte amalgamiert hatte (Tages Anzeiger 28. 7. 84, 2); etw. zu etw. a.; amalgamierte Meinungen.

Amal|ga|mie|rung, die; -, -en: *das Amalgamieren, Amalgamiertwerden.*

Amant [aˈmã:], der; -s, -s [frz. amant, subst. **1.** Part. von: aimer = lieben < lat. amare] (veraltet): *Liebhaber, Geliebter:* Die Königin empfing ihre -s in einem Bett, das mit schwarzem Samt bezogen war (Jahnn, Nacht 53).

Ama|nu|en|sis, der; -, ...ses [...ze:s; spätlat. amanuensis, aus: a manu servus = Sklave, der als Schreibkraft (»als Hand«) gebraucht wird, zu lat. manus = Hand] (veraltet): *Gehilfe, Schreiber; Sekretär [eines Gelehrten]:* ◆ Admonition und Verpflichtung des anatomischen A. (Goethe, Tagebuch 18. 11. 1812).

ama|rant ⟨indekl. Adj.⟩: ↑amaranten.

Ama|rant, der; -s, -e [**1**: lat. amarantus < griech. amáranton = eine nicht verwelkende Blume: **2**: nach dem dunkelroten Blüten der Pflanze]: **1.** *Fuchsschwanz* (2 a). **2.** ⟨o. Pl.; auch: das; -s⟩ *dunkelroter Farbstoff.*

ama|ran|ten ⟨Adj.⟩, **ama|rant|rot** ⟨Adj.⟩: *dunkelrot wie Amarant* (2).

Ama|rel|le, die; -, -n [mlat. amarellum, zu lat. amarus = bitter, sauer]: *Sauerkirsche einer hellen Sorte mit besonders festem, mäßig saurem Fruchtfleisch.*

Ama|rum, das; -s, ...ra ⟨meist Pl.⟩ [zu lat. amarus = bitter] (Med.): *Bitterstoffe enthaltendes Mittel, das anregend auf die Sekretion von Magensaft u. Speichel wirkt.*

Ama|ryl, der; -s, -e [↑Amaryllis]: *künstlicher, hellgrüner Korund.*

Ama|ryl|lis, die; -, ...llen [griech. Amaryllis = Name einer Hirtin, eigtl. = die Glänzende]: *Pflanze mit riemenförmigen Blättern u. großen, trichterförmigen, oft leuchtend roten Blüten auf hohem Schaft.*

Ama|ryl|lis|ge|wächs, das: *Pflanze aus einer mit den Liliengewächsen verwandten Pflanzenfamilie.*

amas|sie|ren ⟨sw. V.; hat⟩ [frz. amasser, zu: masse < lat. massa, ↑Masse] (veraltet): *aufhäufen.*

Ama|teur [amaˈtøːɐ̯], der; -s, -e [frz. amateur < lat. amator = Liebhaber]: **1. a)** *jmd., der eine Tätigkeit aus Liebhaberei, als Hobby betreibt:* Der Film ... schien von einem ... A. gedreht worden zu sein (Böll, Haus 165); **b)** (leicht abwertend) *jmd., der eine Aufgabe ohne die nötigen Fachkenntnisse zu bewältigen versucht:* du arbeitest wie ein A.; **2.** (Sport) *Aktiver in einem Sportverein, der seinen Sport regelmäßig, aber nicht gegen Entgelt betreibt:* Vor ihnen liegt der World Cup, das schwerste Turnier für -e (Hörzu 19, 1973, 22).

Ama|teur-: *drückt in Bildungen mit Substantiven aus, dass jmd. eine bestimmte Tätigkeit nicht berufsmäßig, sondern aus Spaß an der Sache selbst (und deshalb weniger perfekt) ausübt* Amateurarchäologin, -detektiv, -koch.

Ama|teur|be|stim|mun|gen ⟨Pl.⟩ (Sport): *internationale Bestimmungen zur Kennzeichnung des Begriffs »Amateur«.*

Ama|teur|bo|xer, der: *Boxer, der Amateur* (2) *ist.*

Ama|teur|bo|xe|rin, die: w. Form zu ↑Amateurboxer.

Ama|teur|box|sport, der: *Boxsport, den jmd. als Amateur* (2) *betreibt.*

Ama|teur|film, der: *von einem Amateur* (1a) *gedrehter Film.*

Ama|teur|fil|mer, der: *jmd., der als Amateur* (1a) *Filme dreht.*

Ama|teur|fil|me|rin, die: w. Form zu ↑Amateurfilmer.

Ama|teur|fo|to, das: *Foto, das von einem Amateur* (1a) *gemacht wurde.*

Ama|teur|fo|to|graf, der: vgl. Amateurfilmer.

Ama|teur|fo|to|gra|fin, die: w. Form zu ↑Amateurfotograf.

Ama|teur|fun|ker, der: *Funkamateur.*

Ama|teur|fun|ke|rin, die: w. Form zu ↑Amateurfunker.

Ama|teur|fuß|ball, der: *Fußballsport, den jmd. als Amateur* (2) *betreibt.*

Ama|teur|fuß|bal|ler, der: *Fußballer, der Amateur* (2) *ist.*

Ama|teur|fuß|bal|le|rin, die: w. Form zu ↑Amateurfußballer.

ama|teur|haft ⟨Adj.⟩: *dilettantisch, stümperhaft:* a. wirken.

Ama|teu|rin, die; -, -nen: w. Form zu ↑Amateur.

Ama|teu|ris|mus, der; -: *Gesamtheit der mit dem Amateursport zusammenhängenden Vorgänge u. Bestrebungen.*

Ama|teur|koch, der: *jmd., der das Kochen als Amateur* (1a) *betreibt.*

Ama|teur|kö|chin, die: w. Form zu ↑Amateurkoch.

Ama|teur|li|ga, die (Sport): *Spielklasse für Amateursportler(innen) und -mannschaften.*

Ama|teur|mann|schaft, die (Sport): *aus Amateuren* (2) *bestehende Mannschaft.*

Ama|teur|re|gel, die (Sport): vgl. Amateurbestimmungen.

Ama|teur|spiel, das (Sport): *Wettkampf zwischen Amateurmannschaften.*

Ama|teur|sport, der: *Sport, den jmd. als Amateur* (2) *betreibt:* man unterscheidet zwischen Amateur- und Berufssport.

Ama|teur|sport|ler, der: *jmd., der sich als Amateur* (2) *sportlich betätigt.*

Ama|teur|sport|le|rin, die: w. Form zu ↑Amateursportler.

Ama|teur|sta|tus, der ⟨o Pl.⟩ (Sport): *Eigenschaft, Stellung als Amateur* (2).

Ama|teur|sta|tut, das ⟨Sport⟩: vgl. Amateurbestimmungen.

Ama|teur|the|a|ter, das: *Liebhabertheater.*

Ama|ti, die; -, -s: *Geige aus der Werkstatt*

der italienischen Geigenbauerfamilie Amati (16./17. Jh.).
Amau|ro|se, die; -, -n [zu griech. amaurós = dunkel, blind] (Med.): *Erblindung des Auges.*
amau|ro|tisch ⟨Adj.⟩ (Med.): *blind; ohne Sehvermögen; die Amaurose betreffend.*
Amau̱|se, die; -, -n [zu frz. émaux, Pl. von: émail = Email]: (ma. Bez. für) **1.** *Email.* **2.** *Schmuckstein aus Glas.*
Ama|zo̱|nas, der; -: *südamerikanischer Strom.*
Ama|zo̱|ne, die; -, -n [1: lat. Amazon < griech. Amazōn; 2a: frz. amazone = (kühne) Reiterin]: **1.** (griech. Myth.) *Angehörige eines in Kleinasien beheimateten Volkes kriegerischer Frauen.* **2. a)** (Reiten) *[Turnier]reiterin;* **b)** (Sport Jargon) *Frau, die an einem Wettkampf in einer sportlichen Disziplin, die überwiegend von Männern ausgeübt wird, teilnimmt:* Gersweiler Judoturnier – 386 -n legten sich gegenseitig aufs Kreuz (Saarbr. Zeitung 3. 10. 79, 18/20); Die erste ... Fußball-Weltmeisterschaft der Frauen ... Gegenwärtig gäbe es in 66 Ländern der Welt rund drei Millionen kickende -n (Freie Presse 19. 11. 88, 4). **3.** *hübsche, sportliche Frau.* **4.** (veraltet) *betont männlich auftretende Frau:* Ich wollte stark sein wie ein Mann. George Sand – A. und Schriftstellerin (Hörzu 29, 1978, 34). **5.** *Amazonenpapagei.*
Ama|zo|nen|amei|se, die [zu ↑Amazone (1); mit Bezug auf ihre kriegerische Lebensweise] (Zool.): *Ameise mit langem, säbelförmigem Kiefer.*
Ama|zo|nen|ja|cke, die [zu ↑Amazone (2 b)]: *dreiviertellange sportliche Damenjacke; Autocoat.*
Ama|zo|nen|pa|pa|gei, der [nach seiner Verbreitung bes. in den Uferländern des Amazonas; ↑Amazone (5)] (Zool.): *großer Papagei mit buntem Gefieder.*
Ama|zo|nen|sprin|gen, das [zu ↑Amazone (2 a)] (Pferdesport): *Springturnier für Damen.*
Ama|zo|nen|stein, der [nach dem Vorkommen am Amazonas]: *smaragdgrünes Mineral, das als Schmuckstein verwendet wird; Amazonit.*
Ama|zo|nen|strom, der; -[e]s: *Amazonas.*
Ama|zo|nit [auch: ...'nɪt], der; -s, -e: *Amazonenstein.*
Am|bas|sa|de [ambaˈsaːdə, frz.: ãbaˈsad], die; -, -n [frz. ambassade < ital. ambasciata, aus dem Germ., verw. mit ↑Amt] (veraltet): *Botschaft (2), Gesandtschaft* (1, 2).
Am|bas|sa|deur [...saˈdøːɐ̯], der; -s, -e [frz. ambassadeur] (veraltet): *Botschafter, Gesandter:* ♦ Der König ... hudelte den A. vor uns Patriziern, dass einem deutschen Mann das Herz im Leibe lachen musste (C. F. Meyer, Page 140).
Am|be, die; -, -n [frz. ambe < lat. ambo = beide] (Math.): *Verbindung zweier Größen in der Kombinatorik* (b).
Am|ber, der; -s, -[n] [frz. ambre < arab. 'anbar], Ambra, die; -, -s [ital. ambra < mlat. ambra, ambar < arab. 'anbar]: **a)** *fettige Ausscheidung aus dem Darm*

des Pottwals; **b)** *aus Amber* (a) *hergestellter Duftstoff.*
Am|ber|baum, der [nach dem stark riechenden Harz] (Bot.): *besonders hoher, Laub abwerfender Baum mit ahornblattähnlichen Blättern, die im Herbst eine auffallende Rotfärbung annehmen.*
Am|bi|an|ce [ãˈbjãːs(ə)], die; - [frz. ambiance, zu: ambiant < lat. ambiens, ↑Ambiente] (schweiz.): *Ambiente.*
am|bi|dex|ter ⟨Adj.⟩ [lat. ambidexter, aus: ambo = beide u. dexter = geschickt; recht...] (Fachspr.): *mit beiden Händen gleich geschickt.*
Am|bi|dex|ter, der; -s, - (Fachspr.): *jmd., der mit beiden Händen gleich geschickt ist.*
Am|bi|dex|trie, die; -, -n (Fachspr.): *gleich ausgebildete Geschicklichkeit beider Hände; Beidhändigkeit.*
Am|bi|en|te, das; - [ital. ambiente < lat. ambiens (Gen.: ambientis), 1. Part. von: ambire = herumgehen, aus: amb- = um – herum u. ire = gehen]: *Umwelt, Atmosphäre; Milieu, das eine Persönlichkeit, einen Raum od. ein Kunstwerk umgibt, ihm eigen ist:* das Essen in dieser Trattoria ist nicht teuer und schmeckt; das A. italienisch (Frisch, Montauk 200).
am|bie|ren ⟨sw. V.; hat⟩ [zu lat. ambire (↑Ambiente) in der Bed. »jmdn. um etw. angehen«] (veraltet): *sich [um eine Stelle] bewerben; nach etw. trachten:* ♦ das klingt ohnehin so nach Generalstab, worauf er, glaub ich, ambiert (Fontane, Effi Briest 25).
am|big: ↑ambigue: eine -e Formulierung.
Am|bi|gu [ãbiˈgy], das; -s, -s [frz. ambigu, ↑ambigue]: **1.** *Gemisch entgegengesetzter Dinge.* **2.** *kaltes Abendessen.* **3.** *französisches Kartenspiel.*
am|bi|gue ⟨Adj.⟩ [(frz. ambigu <) lat. ambiguus, zu: ambigere = bezweifeln; unschlüssig sein] (bes. Fachspr.): *mehrdeutig, doppelsinnig.*
Am|bi|gu|i|tät, die; -, -en [(frz. ambiguïté <) lat. ambiguitas] (bes. Fachspr.): *Mehr-, Doppeldeutigkeit.*
am|bi|gu|os ⟨Adj.⟩: *ambig[ue].*
am|bi|po|lar ⟨Adj.⟩ [zu lat. ambo = beide]: *beide Polaritäten betreffend.*
Am|bi|se|xu|a|li|tät, die [zu lat. ambo = beide]: *Hermaphroditismus.*
Am|bi|ti|on, die; -, -en ⟨meist Pl.⟩ [frz. ambition < lat. ambitio, eigtl. = das Herumgehen (als Bittsteller), zu: ambire, ↑Ambiente] (bildungsspr.): *auf ein bestimmtes Ziel gerichtetes Streben; [beruflicher] Ehrgeiz: künstlerische -en; er hat keine -en* (will nicht weiterkommen, ist mit seinem beruflichen Rang zufrieden): Olsen, der ... Dorfzahnarzt wurde, ... doch mit -en auf Eigenheim und Auto (Fries, Weg 56).
am|bi|ti|o|niert ⟨Adj.⟩ (geh.): *ehrgeizig, anspruchsvoll, strebsam:* ein -es Projekt, Vorhaben; ein -er Sportler; eine solide Ausbildung ... sollte so vonnöten, sind die Träumereien vom eigenen Geschäft auch noch so a. (NNN 8. 12. 88, 6).
am|bi|ti|ös [lat. ambitiosus] (meist abwertend): *ehrgeizig, geltungsbedürftig:* -e Pläne; François Mitterrand, diesen so

vielseitig begabten, -en ... Mann, ... habe ich ... erst einige Jahre später kennen gelernt (W. Brandt, Begegnungen 140).
Am|bi|tus, der; -, - [...tuːs; lat. ambitus = das Herumgehen; Umgang]: **1.** (Mus.) *Umfang der Tonhöhe einer Melodie, einer Stimme od. eines Musikinstruments.* **2.** (Archit.) *Chorumgang.*
am|bi|va|lent ⟨Adj.⟩ [zu lat. ambi- = von zwei Seiten, herum u. valens (Gen.: valentis) = stark, mächtig, adj. 1. Part. von: valere, ↑Valenz] (bildungsspr., Fachspr.): *doppelwertig u. deshalb oft in sich widersprüchlich; zwiespältig:* -e Gefühle, Beziehungen; eine -e Haltung; Das Bild, das die Medien ... über Europa vermitteln, ist a. (Rhein. Merkur 18. 5. 84, 16).
Am|bi|va|lenz, die; -, -en: *Zwiespältigkeit; Spannungszustand; Zerrissenheit [der Gefühle u. Bestrebungen]:* die A. von Wahrheitsanspruch und einer bloß scheinhaften Erfüllung (Habermas, Spätkapitalismus 167).
Am|bly|go|nit [auch: ...'nɪt], der; -s [zu griech. amblygōnios = stumpfkantig, zu: amblýs = stumpf u. gōnía = Ecke, Winkel; nach dem Aussehen der Aggregate (3)] (Mineral.): *grünlich od. bläulich weißes Mineral, das für die Lithiumgewinnung von großer Bedeutung ist.*
Am|bly|o|pie, die; -, -n [zu griech. ōps (Gen.: ōpós) = Auge] (Med.): *Schwachsichtigkeit.*
Am|bly|po|de der; -n, -n ⟨meist Pl.⟩ [zu griech. poús (Gen.: podós) = Fuß]: *ausgestorbenes Huftier in Elefantengröße aus dem Tertiär.*
¹Am|bo, der; -, -s u. ...ben [ital. ambo < lat. ambo = beide] (österr.): *Doppeltreffer beim Lotto.*
²Am|bo, der; -s, -s, **Am|bon,** der; -s, Ambonen [kirchenlat. ambo < (spät)griech. ámbōn]: *Lektionar* (2).
Am|boss, der; -es, -e [1: mhd. aneboʒ, ahd. anaboʒ, eigtl. = woran (worauf) man schlägt, aus ↑an u. mhd. bōʒen, ahd. bōʒan = schlagen, stoßen, klopfen; 2: nach der Form]: **1.** *eiserner Block mit ebener Fläche, auf dem der Schmied das Eisen schmiedet:* das glühende Eisen auf den A. legen; er schlug auf den A. **2.** (Anat.) *eines der drei Gehörknöchelchen.*
Am|boss|bahn, die: *ebene Deckfläche des Ambosses* (1), *auf die das zu bearbeitende Werkstück gelegt wird.*
Am|böss|chen, das; -s, -: *Vkl. zu ↑Amboss.*
Am|boss|ein|satz, der: *Zusatzstück (zum Halten od. Formen des Schmiedegutes), das in ein Loch des Ambosses* (1) *gesteckt wird.*
Am|boss|fuß, der: *Fuß des Ambosses* (1).
Am|boss|klotz, der: *[Holz]klotz, auf dem der eigentliche Amboss* (1) *befestigt ist; Untersatz für den Amboss* (1).
Am|boss|rütt|ler, der (Bauw.): *Rüttler mit Stoßanzeige.*
Am|boss|stock, der: *Ambossklotz.*
Am|bo|zep|tor, der; -s, ...oren [zu lat. ambo = beide u. capere (2. Part.: captum) = ergreifen] (Med.): *Antikörper mit zwei Antigene (bzw. ein Antigen u.*

dessen Komplement) bindenden Gruppen.
Am|bra: ↑Amber.
Am|bro|sia, die; - [lat. ambrosia < griech. ambrosía, eigtl. = Unsterblichkeit]: **1.** (griech. Myth.) *Nahrung der Götter, die ihnen ewige Jugend und Unsterblichkeit verleiht:* die feuchte Luft ..., nach dem Weindunst kam sie mir wie A. vor (Fallada, Herr 131). **2.** *Süßspeise aus Apfelsinen, Ananas, Mandeln, Zucker u. Sherry.* **3.** *Pilznahrung bestimmter Insekten.*
am|bro|si|a|nisch ⟨Adj.⟩ [nach dem Bischof Ambrosius von Mailand (4. Jh.)]: ↑Liturgie; ↑Lobgesang.
Am|bro|sia|pilz, der (Zool.): *bes. in Bohrlöchern von Käfern in absterbendem Holz vorkommender Pilz, der der Brut als Nahrung dient.*
am|bro|sisch ⟨Adj.⟩ [zu ↑Ambrosia] (geh. veraltend): *himmlisch, göttlich; köstlich:* -e Düfte.
am|bu|lant ⟨Adj.⟩ [frz. ambulant < lat. ambulans (Gen.: ambulantis), 1. Part. von: ambulare = herumgehen]: **1.** *wandernd, umherziehend; nicht ortsgebunden:* -er Handel; -e Händler, Dienste, Maßnahmen; eine -e Imbissbude; Die Weihnachtsmarktversorgung ... das ist für uns ... der letzte -e Versorgungshöhepunkt des Jahres (NNN 9. 12. 88, 6); Ambulanter Aufkauf von Sekundärrohstoffen (NNN 11. 1. 86 o. S.); ein Gewerbe a. betreiben. **2.** (Med.) *nicht an eine Krankenhausaufnahme gebunden; nicht stationär:* -e Behandlung; -e Patienten; Selbst Krankenhäuser entdecken, dass sich -e Eingriffe in ihr Konzept einbinden lassen (Woche 4. 4. 97, 21); der Verletzte konnte a. versorgt werden.
Am|bu|lanz, die; -, -en [frz. ambulance] (Med.): **a)** *bewegliches Feldlazarett; [fahrbare] ärztliche Untersuchungs- u. Behandlungsstation;* **b)** *Kranken-, Rettungswagen:* Verletzte mit der A. in Krankenhaus bringen; **c)** *Sanitäts-, Behandlungsraum für erste Hilfe [in Betrieben];* **d)** *poliklinische Station für ambulante Behandlung.*
Am|bu|lanz|wa|gen, der: *Ambulanz (a, b).*
am|bu|la|to|risch ⟨Adj.⟩ [lat. ambulatorius = beweglich]: *ambulant (2);* eine -e Versorgung.
Am|bu|la|to|ri|um, das; -s, ...ien [nach russ. ambulatorija] (bes. DDR): *Einrichtung zur ambulanten Behandlung der Bevölkerung.*
am|bu|lie|ren ⟨sw. V.; hat/ist⟩ [lat. ambulare, ↑ambulant] (veraltet): *spazieren gehen; lustwandeln.*
Amei|se, die; -, -n [mhd. āmeiʒe, ahd. āmeiʒa, zu ahd. meiʒan = (ab)schneiden, eigtl. = die Abgeschnittene, wohl nach dem scharfen Einschnitt zwischen Vorder- und Hinterkörper]: *kleineres, in vielen Arten auftretendes, meist rotbraunes bis schwärzliches, Staaten bildendes Insekt, dessen Bau häufig die Form eines Haufens hat u. für das sein als emsig empfundenes Tätigsein charakteristisch ist:* sie ist fleißig wie eine A.; hier wimmelt es von -n; Ü In Acapulco war

man nur Bestandteil eines organisierten Rummels, eine A. unter -en (Konsalik, Promenadendeck 192).
Amei|sen|bär, der: *(in Mittel- und Südamerika beheimatetes) Ameisen und Termiten fressendes Säugetier mit röhrenförmig ausgebildeter Schnauze.*
Amei|sen|ei, das (ugs.): *Puppe der Ameise.*
Amei|sen|fleiß, der (ugs.): *großer Fleiß.*
Amei|sen|geist, der ⟨o. Pl.⟩: *Ameisenspiritus.*
Amei|sen|gril|le, die (Zool.): *Grille, die als Parasit in Ameisennestern lebt.*
amei|sen|groß ⟨Adj.⟩: *so klein wie eine Ameise:* die Menschen im Tal erschienen nur noch a.
amei|sen|haft ⟨Adj.⟩: *emsig, flink wie Ameisen:* diese ... Mischung aus geduldiger Disziplin und ... -er Energie (Heim, Traumschiff 194).
Amei|sen|hau|fen, der: *Bau der Ameisen, der an der Erdoberfläche als kleiner Hügel sichtbar ist.*
Amei|sen|igel, der (Zool.): *(in Australien lebendes) Kloakentier, das Ameisen frisst.*
Amei|sen|jung|fer, die (Zool.): *libellenähnliches Insekt, dessen Larve Ameisen frisst.*
Amei|sen|krib|beln, das; -s, **Amei|sen|lau|fen,** das; -s: *Kribbeln od. feines Stechen in der Haut (ähnlich der Empfindung, die über die Haut laufende Ameisen hervorrufen); Formikatio.*
Amei|sen|lö|we, der (Zool.): *Larve der Ameisenjungfer.*
Amei|sen|nest, das: vgl. Ameisenhaufen.
Amei|sen|pfad, der: *Ameisenstraße:* Ü hier muss wohl ein A. sein (ugs. scherzh.; hier gehen ständig Leute entlang vorbei).
Amei|sen|pup|pe, die (Zool.): *Puppe (3) der Ameise.*
Amei|sen|säu|re, die ⟨o. Pl.⟩ (Chemie): *einfachste organische Säure, die bes. als Konservierungsmittel verwendet wird.*
Amei|sen|spi|ri|tus, der ⟨o. Pl.⟩ (Chemie, Med.): *in Alkohol gelöste Ameisensäure, die bes. als Einreibmittel gegen Rheumatismus verwendet wird.*
Amei|sen|staat, der: *Insektenstaat der Ameisen:* Ü In unserer Öffentlichkeit sind angstvolle Vorstellungen vom A. der Zukunft ... weit verbreitet (Gehlen, Zeitalter 7).
Amei|sen|stra|ße, die (Zool.): *von Ameisen zwischen ihrem Nest und den wichtigsten Nahrungsquellen angelegter Weg:* Ungeziefer, ganze -n laufen durch die Küche (Strauß, Niemand 82).
Ame|lie, die; -, -n [zu griech. a- = nicht, un- u. mélos = Glied] (Med.): *angeborenes Fehlen einer od. mehrerer Gliedmaßen.*
Ame|li|o|ra|ti|on, die; -, -en [frz. amélioration, zu: améliorer, ↑ameliorieren]: **a)** *Verbesserung des Ackerbodens;* **b)** *Veredelung, Verfeinerung, bes. von Metallen.*
ame|li|o|rie|ren ⟨sw. V.; hat⟩ [frz. améliorer, zu afrz. ameillorer: zu: meillor = besser < lat. melior]: **a)** *(den Ackerboden) verbessern;* **b)** *(Metalle) veredeln, verfeinern.*

Amel|korn, das; -s [zu mhd. amel, amer, ahd. amar, ↑Emmer]: *Emmer.*
Amel|lo|blast, der; -en, -en [zu ↑Enamelum u. griech. blastós = Spross, Trieb] (Med.): *Adamantoblast.*
Amel|lo|blas|tom, das; -s, -e (Med.): *Adamantinom.*
amen [ˈaːmɛn, ˈaːmən] ⟨Adv.⟩ [mhd. āmen < lat. amen < griech. amḗn < hebr. āmen = wahrlich; es geschehe!]: dient dem bekräftigenden Abschluss nach Gebet, Segen, Schriftlesung, Predigt: Ü (scherzh.:) »Jede Frau lügt«, sagt Renée ... »Und wenn sie nicht lügt, ist sie nichts wert.« »Amen«, erwidert der Hundedresseur (Remarque, Obelisk 98).
Amen, das; -s, - ⟨Pl. selten⟩: *bekräftigende liturgische Abschlussformel nach Gebet, Segen o. Ä.:* die Gemeinde sang das A.; R das ist so sicher wie das A. in der Kirche *(das ist ganz gewiss);* *** sein A. [zu etw.] geben** *(seine Einwilligung, Zustimmung geben);* *** zu allem Ja und A./** (auch:) **ja und amen sagen** (ugs.; *mit allem einverstanden sein, sich mit allem abfinden).*
Amen|de|ment [amãdəˈmãː], Amendment [əˈmɛndmənt], das; -s, -s [frz. amendement, zu: amender, ↑amendieren]: **1.** (Parl., Verfassungsw., Völkerr.) **a)** *Abänderungsantrag zu einem Gesetzentwurf;* **b)** *Gesetz zur Änderung od. Ergänzung eines bereits erlassenen Gesetzes.* **2.** (Rechtsspr.) *Berichtigung od. Änderung des Vorbringens einer Partei im Verlauf eines gerichtlichen Verfahrens.*
amen|die|ren [amɛnˈdiːrən] ⟨sw. V.; hat⟩ [frz. amender < lat. emendare = berichtigen]: *ein Amendement (1 a, 2) einbringen.*
Amen|die|rung, die; -, -en: *das Amendieren.*
Amend|ment [engl. amendment < frz. amendement]: ↑Amendement.
Ame|nor|rhö, die; -, -en [aus griech. a- = nicht, un- u. ↑Menorrhö] (Med.): *Fehlen od. Ausbleiben der Menstruation.*
ame|nor|rho|isch ⟨Adj.⟩: *die Amenorrhö betreffend, auf Amenorrhö beruhend.*
Amen|tia, die; -, ...tiae [...iɛ], Amenz, die; -, -en [lat. amentia, zu: amens = nicht bei Sinnen, aus: a- = nicht, un- u. mens, ↑mental] (Med.): *(bes. nach Schockerlebnissen auftretende) schwer wiegende Geistes- u. Bewusstseinsstörung mit Sinnestäuschungen, Wahnideen, Desorientiertheit.*
amen|ti|ell ⟨Adj.⟩ (Med.): *die Amenz betreffend, mit ihr einhergehend:* ein -es Syndrom.
Amenz: ↑Amentia.
Ame|ri|can Bar [əˈmɛrɪkən -], die; -, -s [aus engl. American = amerikanisch u. ↑¹Bar]: *schon am Vormittag geöffnete, meist einfachere Hotelbar:* Besonderer Tipp: das »Piano Entertainment Live«, das er »in der Atmosphäre einer klassischen A. B.« unterbreitet (Mannheim illustriert 1, 1985, 31).
Ame|ri|can Foot|ball, der: *Football.*
Ame|ri|ca|nis|mo, der; - [span. americanismo, eigtl. = Amerikanismus]: *Criollismo.*
Ame|ri|can Way of Life [əˈmɛrɪkən ˈweɪ

əv 'laɪf], der; - - - - [engl. = US-amerikanische Lebensweise]: *Lebensstil, Mentalität der Amerikaner* (1).
Ame|ri|ci|um, das; -s [engl. americium, nach dem Erdteil Amerika]: *künstlich hergestelltes metallisches Element (chemisches Element; Zeichen: Am).*
Ame|ri|ka; -s: **1.** aus den Erdteilen Nord- u. Südamerika bestehender Doppelkontinent. **2.** kurz für: Vereinigte Staaten von Amerika.
Ame|ri|ka|deut|sche, der u. die: *in Amerika geborene od. lebende Person deutscher Herkunft.*
Ame|ri|ka|haus, das: *von den USA in Deutschland u. Österreich unterhaltenes Kulturzentrum.*
Ame|ri|ka|na ⟨Pl.⟩ (Buchw.): *Werke über Amerika.*
Ame|ri|ka|ner, der; -s, - [2: H. u.]: **1.** Ew. zu ↑ Amerika (2). **2.** *rundes Gebäckstück aus Weizenmehl mit Zucker- od. Schokoladenguss.*
Ame|ri|ka|ne|rin, die; -, -nen: w. Form zu ↑ Amerikaner (1).
Ame|ri|ka|ner|re|be, die (Weinbau): *Weinrebe amerikanischen Ursprungs.*
Ame|ri|ka|ner|wa|gen, der (schweiz.): *Automobil amerikanischer Herkunft.*
ame|ri|ka|nisch ⟨Adj.⟩: **1. a)** *Amerika* (2), *die Amerikaner* (1) *betreffend:* -e Verhältnisse; Mark Twain, der ... die unbeschreiblich -e ... Äußerung tat (Bamm, Weltlaterne 189); **b)** *in amerikanischem Englisch:* -e Sprache, Literatur. **2.** (Film) *eine Einstellung betreffend, bei der eine Person bis etwa zum Knie zu sehen ist.*
Ame|ri|ka|nisch, das; -[s]: *amerikanisches Englisch.*
Ame|ri|ka|ni|sche, das; -n ⟨nur mit best. Art.:⟩ **a)** ↑ Amerikanisch: ein Werk ins A. übersetzen; **b)** *die Amerikaner Kennzeichnendes; amerikanische Eigenart.*
ame|ri|ka|ni|sie|ren ⟨sw. V.; hat⟩: **a)** *der amerikanischen Sprache od. den amerikanischen* (1 a) *Verhältnissen angleichen:* Den Vornamen Lido konnte der stolze Sohn italienischer Einwanderer noch schlicht in Lee a. (Hamburger Morgenpost 28. 8. 85, 14); Zwei Parteiveteranen ... denunzierten meinen Bekannten beim Parteikomitee: Er sei dabei, mit dekadenten Gaststätten Moskau zu a. (Ruge, Land 212); **b)** (Wirtsch.) *(einen Betrieb, eine Firma) mit US-amerikanischem Kapital ausstatten, unter US-amerikanische Leitung stellen.*
Ame|ri|ka|ni|sie|rung, die; -, -en: *das Amerikanisieren, Amerikanisiertwerden.*
Ame|ri|ka|nis|mus, der; -, ...men [engl. americanism] (Sprachw.): **1.** *sprachliche Besonderheit des amerikanischen Englisch.* **2.** *Entlehnung aus dem Amerikanischen [ins Deutsche]:* Immer neue Looks und Trends; die Amerikanismen waren auch in die Pariser Modeateliers eingedrungen (Brückner, Quints 351).
Ame|ri|ka|nist, der; -en, -en: *Wissenschaftler auf dem Gebiet der Amerikanistik.*
Ame|ri|ka|nis|tik, die; -: **1.** *Wissenschaft von der Geschichte, Kultur, Sprache u. Literatur der USA.* **2.** *Teilgebiet der Völkerkunde, das sich mit Geschichte, Sprache u. Kultur der amerikanischen Indianer befasst.*
Ame|ri|ka|nis|tin, die; -, -nen: w. Form zu ↑ Amerikanist.
ame|ri|ka|nis|tisch ⟨Adj.⟩: **a)** *die Amerikanistik betreffend:* -es Wörterbuch; **b)** *sich amerikanisch* (1 a) *gebend; in übertriebener Weise US-amerikanische Lebensart nachahmend.*
Ame|ri|ka|ni|zi|tät, die; - (bildungsspr.): *amerikanischer Ursprung, amerikanische Herkunft (einer Person od. Sache).*
a me|tà [-me'ta; ital. = zur Hälfte, aus ↑ ²a u. metà < lat. medietas = Mitte] (Kaufmannsspr.): *unter Teilung von Kosten, Gewinn u. Verlust.*
ame|tho|disch ⟨Adj.⟩ [aus griech. a- = nicht, un- u. ↑ methodisch]: *nicht methodisch, planlos; ohne System.*
Ame|tho|dist, der; -en, -en (veraltet abwertend): *jmd., der amethodisch arbeitet, vorgeht.*
Ame|thyst, der; -[e]s, -e [lat. amethystus < griech. améthystos, eigtl. = nicht betrunken (nach der Annahme, dass der Stein vor Trunkenheit schütze)]: *violetter bis purpurroter Schmuckstein.*
ame|thys|ten ⟨Adj.⟩ (dichter.): *amethystfarben.*
ame|thyst|far|ben ⟨Adj.⟩: *violett.*
Ame|trie, die; -, -n [griech. ametría, aus: a- = nicht, un- u. métron, ↑ Meter]: *Ungleichmäßigkeit; Missverhältnis.*
ame|trisch [auch: 'a...] ⟨Adj.⟩: *nicht gleichmäßig; in keinem ausgewogenen Verhältnis stehend.*
Ameu|ble|ment [aməbləˈmã:], das; -s, -s [frz. ameublement, zu: meuble, ↑ Möbel] (veraltet): *Wohnungseinrichtung.*
¹Ami, der; -[s], -[s] (ugs.): kurz für: *Amerikaner* (1); *US-amerikanischer Besatzungssoldat:* seine Frau hatte ihn bald nach dem Krieg mit einem ... A. verlassen (Danella, Hotel 238).
²Ami, die; -, -s (ugs.): kurz für: *amerikanische Zigarette:* Zwischendurch wieder ein hastiger Zug aus der A. (Spiegel 17, 1981, 128); Wenn sie die Bratwurst für zwei Zigaretten plus einer Reichsmark abgeben würde, wären das 500 echte -s (Timm, Entdeckung 197).
Ami|ant, der; -s [griech. (líthos) amiantos = reiner, unbefleckter (Stein)] (Mineral.): *Strahlstein einer bestimmten Art.*
Amid [a'mi:t], das; -[e]s, -e [Kunstwort aus ↑ Ammoniak u. -id] (Chemie): **a)** *chemische Verbindung des Ammoniaks, bei der ein Wasserstoffatom des Ammoniaks durch ein Metall ersetzt ist;* **b)** *Ammoniak, dessen H-Atome durch Säurereste ersetzt sind.*
Ami|da|se, die; -, -n: *Enzym, das bestimmte Amide spaltet.*
Ami|go, der; -s, -s [span. amigo < lat. amicus = Freund] (ugs. abwertend): *jmd., der als Freund u. Gönner eines Politikers auftritt u. sich dadurch Vorteile erhofft.*
ami|kal ⟨Adj.⟩ [frz. amical < spätlat. amicalis, zu lat. amicus = Freund] (bildungsspr.): *freundschaftlich:* Horst Friedrich Meyer und Ursula Stenzel sind als Adabeis der hohen Politik zu ernst, um mit -en Zurufen an »Uschi!« ungetrübtes Vergnügen (= beim Opernball) vortäuschen zu können (Wochenpresse 11, 1984, 40).
Ami|kron, das; -s, -en ⟨meist Pl.⟩ [zu griech. a- = nicht, un- u. mikrós = klein]: *sehr kleines Teilchen* (2), *das auch im Ultramikroskop nicht mehr erkennbar ist.*
ami|kro|sko|pisch ⟨Adj.⟩ [aus griech. a- = nicht, un- u. ↑ mikroskopisch]: *durch ein normales Mikroskop nicht mehr sichtbar.*
Amikt, der; -[e]s, -e [lat. amictus = Überwurf (1)]: *Humerale.*
amik|tisch ⟨Adj.⟩ [griech. ámiktos] (Fachspr.): *nicht durchmischt:* -er See *(See ohne Zirkulation).*
Ami|mie, die; -, -n [zu griech. a- = nicht, un- u. mimeīsthai = nachahmen] (Med.): *fehlendes Mienenspiel, maskenhafte Starre des Gesichts (als Symptom der Parkinsonkrankheit).*
Amin, das; -s, -e [Kunstwort]: *von Ammoniak abgeleitete Stickstoffverbindung.*
Ami|nie|rung, die; -, -en (Chemie): *das Einführen einer Aminogruppe in eine organische Verbindung.*
Ami|no|ben|zol, das: *Anilin.*
Ami|no|grup|pe, die: *chemische Gruppe aus einem Stickstoffatom und zwei Wasserstoffatomen.*
Ami|no|plast, das; -[e]s, -e: *Kunstharz, das durch Kondensation* (2) *von Harnstoff u. Formaldehyd gewonnen wird.*
Ami|no|säu|re, die: *organische Säure, bei der ein Wasserstoffatom durch eine Aminogruppe ersetzt ist.*
Ami|to|se, die; -, -n [aus griech. a- = nicht, un- u. ↑ Mitose] (Biol.): *direkte Teilung des Zellkerns.*
ami|to|tisch ⟨Adj.⟩: *die Amitose betreffend.*
Ami|xie, die; - [griech. amixia = Ungeselligkeit; Kontaktlosigkeit] (Zool.): *das Nicht-zustande-Kommen der Paarung zwischen Angehörigen der gleichen Art aufgrund bestimmter (z. B. geographischer) Umstände.*
◆ **Ami|zist,** der; -en, -en: *Angehöriger einer studentischen Verbindung, die sich »Amicitia« nennt:* Ich begleite meinen Bruder (= Bundesbruder), weil wir alte -en sind (Hauff, Jud Süß 439).
Am|man: *Hauptstadt Jordaniens.*
Am|mann, der; -[e]s, Ammänner [mhd. amman, ambetman, ahd. ambahtman, zu ↑ Amt] (schweiz.): **1.** kurz für ↑ Gemeinde-, ↑ Land-, ↑ Stadtamman. **2.** (im Kanton Freiburg) *Gemeindepräsident.*
Am|me, die; -, -n [mhd. amme, ahd. amma, urspr. Lallw.]: **1.** *Frau, die ein fremdes Kind [mit ihrem eigenen zusammen] stillt u. betreut; Kinderfrau:* ein gesundes ... Kind, das an dem Busen einer ... A. aufs Hoffnungsvollste gedieh (Th. Mann, Krull 14). **2.** (Zool.) *Weibchen, das unbefruchtete Eier zur Entwicklung bringt.*
Am|men|bie|ne, die (Zool.): *Arbeitsbiene während der Zeit, in der sie die Brut füttert.*
Am|men|bier, das ⟨o. Pl.⟩ (ugs. scherzhaft): *alkoholarmes Malzbier.*

Am|men|ge|ne|ra|ti|on, die (Biol.): *die im Generationswechsel auftretende Generation mit ungeschlechtlicher Teilung.*

Am|men|hai, der (Zool.): *(in tropischen und subtropischen Meeren meist in Küstennähe lebender) zu den Katzenhaien gehörender Fisch.*

Am|men|mär|chen, das: *unwahre, erfundene Geschichte, die für einen naiven, leichtgläubigen Zuhörer gedacht ist.*

Am|men|vo|gel, der: *Vogel, der fremde Eier ausbrütet od. fremde Junge füttert.*

Am|men|zeu|gung, die (Biol.): *Form des Generationswechsels.*

Am|mer, die; -, -n, Fachspr. auch: der; -s, -n [mhd. amer, ahd. amaro, zu ahd. amar = Dinkel (↑ Emmer), also eigtl. »Dinkelvogel«; der Vogel ernährt sich vorwiegend von Getreidekörnern]: *(zu den Finkenvögeln gehörender) in vielen Arten verbreiteter Vogel mit kurzem, kegelförmigem Schnabel u. langem Schwanz (z. B. die Goldammer).*

Am|min|salz, das: *Ammoniakat.*

Am|mon, das; -s: Kurzform von ↑ Ammonium.

Am|mo|ni|ak [auch: 'a...., österr.: a'mo:...], das; -s [lat. (sal) Ammoniacum = ammonisch(es Salz); nach der Ammonsoase (heute Siwa) in Ägypten] (Chemie): *stechend riechende, gasförmige Verbindung mit Stickstoff und Wasserstoff.*

am|mo|ni|a|ka|lisch ⟨Adj.⟩: *ammoniakhaltig.*

Am|mo|ni|a|kat, das; -[e]s, -e: *chemische Verbindung, die durch Anlagerung von Ammoniak an Metallsalze entsteht.*

Am|mo|ni|fi|ka|ti|on, die; -: *Mineralisation des Stickstoffs mithilfe von Mikroorganismen.*

am|mo|ni|fi|zie|ren ⟨sw. V.; hat⟩ [zu lat. facere = machen]: *den Stickstoff organischer Verbindungen durch Mikroorganismen in Ammoniumionen überführen.*

Am|mo|ni|fi|zie|rung, die; -: *Ammonifikation.*

Am|mo|nit [auch: ...'nɪt], der; -en, -en [zu lat. cornu Ammonis = Horn des Ammon (nach der Gestalt des Kalkgehäuses, die einem Widderhorn - dem Attribut des ägyptischen Gottes Ammon - ähnelt)]: **a)** (Zool.) *zu einer ausgestorbenen Gruppe von Kopffüßern aus dem Mesozoikum gehörendes Tier;* **b)** (Geol., Archäol.) *(als Leitfossil dienende) spiralförmige Versteinerung eines Ammoniten* (a), Ammonshorn (1).

Am|mo|ni|um, das; -s: *Ammoniak enthaltende Atomgruppe, die sich in vielen chemischen Verbindungen wie ein Metall verhält.*

Am|mo|ni|um|ni|trat, das: *Stickstoff enthaltender Dünger.*

Am|mons|horn, das ⟨Pl. ...hörner⟩ [für älter: cornu Ammonis (nach der Form; vgl. Ammonit)]: **1.** (Anat.) *Teil des Großhirns bei Säugetieren u. beim Menschen.* **2.** *Ammonit* (b).

Am|ne|sie, die; -, -n [zu griech. a- = nicht, un- u. mnēsis = Gedächtnis, zu: mimnēskein = (sich) erinnern] (Med.): *Ausfall des Erinnerungsvermögens bezüglich eines bestimmten Zeitraums vor od. während einer Bewusstseinsstörung; Erinnerungslücke; Gedächtnisschwund.*

Am|nes|tie, die; -, -n [lat. amnestia < griech. amnēstía = Vergessen, Vergebung] (Rechtsspr.): *durch ein besonderes Gesetz verfügter Straferlass od. verfügte Strafmilderung für eine Gruppe bestimmter Fälle, bes. für politische Vergehen:* eine A. für politische Gefangene fordern, erlassen; unter die A. fallen.

Am|nes|tie|ge|setz, das (Rechtsspr.): *die Amnestie betreffendes Gesetz.*

am|nes|tie|ren ⟨sw. V.; hat⟩: *begnadigen, jmdm. durch Gesetz die weitere Verbüßung einer Freiheitsstrafe erlassen:* einige politische Häftlinge wurden amnestiert.

Am|nes|tie|rung, die; -, -en: *das Amnestieren, Amnestiertwerden.*

am|nes|tisch ⟨Adj.⟩ (Med.): *die Amnesie betreffend, auf Amnesie beruhend.*

Amnesty International ['æmnɪstɪ ɪntə'næʃənl]: *internationale Organisation zum Schutz der Menschenrechte, bes. für Gefangene, die aus politischen od. weltanschaulich-religiösen Gründen festgenommen wurden.*

Am|ni|on, das; -s [griech. amnion] (Med., Biol.): *Eihaut der höheren Wirbeltiere u. des Menschen.*

Am|ni|o|skop, das; -s, -e: *konisch geformtes Rohr zur Durchführung der Amnioskopie.*

Am|ni|o|sko|pie, die; -, -n [zu griech. skopeín = betrachten] (Med.): *Verfahren zur Untersuchung der Fruchtblase u. zur Beurteilung des Fruchtwassers mithilfe des Amnioskops.*

Am|ni|o|ten ⟨Pl.⟩ (Biol.): *Gruppe der Wirbeltiere, die durch den Besitz eines Amnions in der Embryonalentwicklung gekennzeichnet ist (wie Reptilien, Vögel, Säugetiere).*

am|ni|o|tisch ⟨Adj.⟩: *das Amnion betreffend.*

Am|ni|o|zen|te|se, die; -, -n [zu griech. kéntēsis = das Stechen] (Med.): *Durchstechen des Amnions zur Gewinnung von Fruchtwasser für diagnostische Zwecke.*

amö|bä|isch ⟨Adj.⟩ [spätlat. amoebaeus < griech. amoibaîos]: *das Amöbäum betreffend.*

Amö|bä|um: ↑ Amoibaion.

Amö|be, die; -, -n [zu griech. amoibē = Wechsel, Veränderung]: *in sehr vielen Arten vorkommender Einzeller, der durch Fließbewegungen des Plasmas ständig die Gestalt wechselt; Wechseltierchen.*

amö|ben|ar|tig ⟨Adj.⟩ (Biol.): *wie eine Amöbe, in der Art einer Amöbe.*

Amö|ben|be|fall, der (Biol., Med.): *Eindringen von Amöben (in einen Organismus).*

Amö|ben|dys|en|te|rie, die (Med.): *Amöbenruhr.*

Amö|ben|ruhr, die (Med.): *(in den Tropen u. Subtropen verbreitete) Dickdarmerkrankung.*

Amö|ben|seu|che, die (Imkerei): *Krankheit bei Bienen.*

Amö|bi|a|sis, die; -, ...biasen (Med.): *Erkrankung durch Amöbenbefall.*

amö|bo|id ⟨Adj.⟩ [zu griech. -oeidēs = ähnlich]: *amöbenartig.*

Amoi|bai|on, das; -s, ...aia, **Amöbäum,** das; -s, ...äa [spätlat. (carmen) amoebaeum < griech. amoibaîon]: *Wechselgesang in der griechischen Tragödie.*

Amok ['a:mɔk, auch: a'mɔk], der; -s [malai. amuk = wütend, rasend]: *meist in Verbindungen wie* **A. laufen** *(in einem Zustand krankhafter Verwirrung [mit einer Waffe] umherlaufen u. blindwütig töten):* Ein ... LKW-Fahrer ist ... A. gelaufen und hat dabei sechs Menschen getötet (MM 11. 8. 82, 13); **A. fahren** *(in wilder Zerstörungswut mit einem Fahrzeug umherfahren).*

Amok|fah|rer, der: *jmd., der Amok fährt.*

Amok|fah|re|rin, die: w. Form zu ↑ Amokfahrer.

Amok|fahrt, die: *Fahrt eines Amokfahrers.*

Amok|lauf, der: *wildes Umherlaufen eines Amokläufers:* der verwirrte Mann erschoss bei seinem A. sieben Menschen; Ü eine Katastrophe ... ist der A. nach Männlichkeit (Pilgrim, Mann 66); Der Kampf zwischen Hal und der Crew endet im A. des Computers (Woche 14. 3. 97).

Amok|läu|fer, der: *jmd., der Amok läuft.*

Amok|läu|fe|rin, die: w. Form zu ↑ Amokläufer.

Amok|schüt|ze, der: *mit einer Waffe blindwütig schießender Amokläufer.*

Amok|schüt|zin, die: w. Form zu ↑ Amokschütze.

a-Moll [auch: '-'-], das; -: *auf dem Grundton a beruhende Molltonart;* Zeichen: a (↑ a, A 2).

a-Moll-Ton|lei|ter, die: *auf dem Grundton a beruhende Molltonleiter.*

amön ⟨Adj.⟩ [lat. amoenus, H. u.] (bildungsspr.): *anmutig, lieblich.*

Amö|ni|tät, die; - [lat. amoenitas] (bildungsspr.): *Anmut, Lieblichkeit.*

Amor (röm. Myth.): Gott der Liebe: ***von -s Pfeil getroffen*** (dichter.; *verliebt*).

Amo|ral, die; - [aus griech. a- = nicht, un- u. ↑ Moral] (bildungsspr.): *Unmoral; Mangel an Moral:* Er trat für die Menschenrechte ein ... und für den Schutz jener, die aus Gewissensgründen gegen die Brutalität und A. des Polizeistaates vorgingen (Ruge, Land 182).

amo|ra|lisch [auch: - - '- -] ⟨Adj.⟩: **a)** *nicht moralisch, sich über die herrschende Moral hinwegsetzend; unmoralisch:* ein -er Mensch; Wir sehen neue Entwicklungen vielleicht zur selben Zeit wie die Soziologen, formulieren aber schneller, radikaler und auch -er. Wir haben weniger Bedenken (Spiegel 5, 1996, 110). **b)** *sich außerhalb moralischer Bewertung befindend.*

Amo|ra|lis|mus, der; -: *gleichgültige od. ablehnende Einstellung gegenüber den [geltenden] Normen der Moral.*

Amo|ra|list, der; -en, -er: **1.** *Anhänger des Amoralismus.* **2.** *amoralistischer Mensch.*

Amo|ra|lis|tin, die; -, -nen: w. Form zu ↑ Amoralist.

amo|ra|lis|tisch ⟨Adj.⟩: *den Grundsätzen des Amoralismus folgend.*

Amo|ra|li|tät, die; - (bildungsspr.): Hal-

Amorces

tung, Lebensführung, die keine Moral für sich anerkennt.
Amorces [a'mɔrs] ⟨Pl.⟩ [frz. amorces]: Zündblättchen (für Feuerwerkskörper u. Ä.).
Amo|rẹt|te, die; -, -n [mit französierender Endung zu ↑Amor] (Kunstwiss.): Figur eines nackten, geflügelten Knaben (als Begleiter des römischen Liebesgottes); Putte.
Amor Fạ|ti, der; -- [lat. = Liebe zum Schicksal, ↑Fatum]: (bei Nietzsche als Zeichen menschlicher Größe geltende) Liebe zum Notwendigen u. zum Unausweichlichen.
amo|rọ|so ⟨Adv.⟩ [ital. amoroso, zu: amore < lat. amor = Liebe] (Musik): zärtlich, innig.
Amo|rọ|so, der; -s, ...osi (Theater veraltet): Liebhaber (1 d).
amorph ⟨Adj.⟩ [griech. ámorphos, zu: a- = nicht, un- u. morphē = Gestalt, Form]: **1.** (bildungsspr.) ungeformt, gestaltlos: eine -e Masse; Los Angeles. Wie a. und öde es wirkte nach der ... Schönheit von New York (K. Mann, Wendepunkt 169). **2. a)** (Physik) glasartig, nicht kristallin: -e Stoffe; **b)** (Biol.) ohne feste Gestalt: -e Körperformen.
Amor|phie̱, die; -, -n (Physik): amorpher (2 a) Zustand eines Stoffes.
amor|phisch ⟨Adj.⟩: amorph.
Amor|phis|mus, der; - (selten): Gestaltlosigkeit.
amor|ti|sa̱|bel ⟨Adj.⟩: ...abler, -ste⟩ [frz. amortissable]: amortisierbar.
Amor|ti|sa|ti|ọn, die; -, -en [zu ↑amortisieren]: **1.** (Wirtsch.) **a)** allmähliche Tilgung einer Schuld nach einem bestimmten Plan: eine kurzfristige, langfristige A.; **b)** Deckung der für ein Investitionsgut aufgewendeten Anschaffungskosten aus dem damit erwirtschafteten Ertrag: dadurch hat sich die A. des teuren Mähdreschers verzögert; **c)** (DDR) Abschreibung des Verschleißes, dem die Grundmittel in der Produktion ausgesetzt sind. **2.** (Rechtsspr.) **a)** gesetzliche Beschränkung od. Genehmigungsvorbehalt für den Erwerb von Vermögenswerten; **b)** Kraftloserklärung einer Urkunde.
Amor|ti|sa|ti|ọns|dau|er, die: Zeitspanne, in der eine Schuld getilgt bzw. das investierte Kapital wiedergewonnen wird.
Amor|ti|sa|ti|ọns|fonds, der: **a)** Tilgungsfonds; **b)** (DDR) Fonds zur Wiederherstellung verbrauchter Grundmittel.
amor|ti|sier|bar ⟨Adj.⟩: tilgbar; zum Amortisieren geeignet: diese Schuld ist in 20 Jahren a.
amor|ti|sie̱|ren ⟨sw. V.; hat⟩ [zu frz. amortir, eigtl. = abtöten, über das Vlat. zu lat. mortuus = tot] (Wirtsch.): **1.** (eine Schuld) nach einem vorgegebenen Plan allmählich tilgen: eine Hypothek, ein Darlehen a. **2. a)** (die Kosten, Investitionen) durch die Erträge wieder einbringen: während der Brückenbauer ... die Kosten ... durch Brückenzoll a. wollten (NNN 20. 9. 89, 3); **b)** ⟨a. + sich⟩ sich bezahlt machen; die Anschaffungskosten wieder einbringen: ... dass sich die Kosten für den Einbau der Trinkwasser-Zapfanlagen schon in wenigen Jahren

amortisiert haben werden (Tag & Nacht 2, 1997, 10); **3.** (DDR) den Verschleiß der Grundmittel in der Produktion einbringen.
Amor|ti|sie̱|rung, die; -, -en: Amortisation.
Amou̱|ren [a'mu:rən] ⟨Pl.⟩ [frz. amours, Pl. von: amour = Liebe < lat. amor] (veraltend, noch scherzh.): Liebschaften, Liebesabenteuer: In Benns Briefen an Oelze geht es um ... ganz Privates (etwa Benns späte A.) (Saarbr. Zeitung 27. 6. 80, 10); ♦ ⟨Sg. Amour, die; -:⟩ deine Amour mit der Jüdin ist überdies jetzt ganz und gar nicht an der Zeit (Hauff, Jud Süß 402).
Amour fou [amur'fu] die; - - [frz. amour fou]: verhängnisvolle leidenschaftliche, rasende Liebe: zwischen dem ungleichen Paar entwickelte sich eine A. f.; Ich liebe den Mann meiner Tochter... A. f. mit Folgen (Hörzu, 42, 1997, 67).
amou|rö̱s [amu'rø:s] ⟨Adj.⟩ [frz. amoureux]: Liebschaften betreffend, von Liebesbeziehungen handelnd: Dorothee verdächtigte ihn ... -er Abenteuer (Härtling, Hubert 322).
Ạm|pel, die; -, -n [1: mhd. ampel, ampulle, ahd. amp(ul)la < lat. ampulla, ↑Ampulle]: **1.** [schalenförmige, kleinere] Hängelampe. **2.** Lichtanlage, die der Verkehrsregelung dient; Verkehrsampel: A. zeigt Rot, ist auf Grün gesprungen; eine A. überfahren (nicht beachten). **3.** hängendes Gefäß für Topfpflanzen.
Ạm|pel|an|la̱|ge, die: meist aus mehreren Ampeln (2) bestehende technische Einrichtung: die A. warten, ausschalten; die A. ist ausgefallen.
Ạm|pel|kar|te, die (Fußball Jargon): gelbe und rote Karte als optisches Zeichen für das Verweisen eines Spielers vom Spielfeld nach einem Foul und seine Sperre für das nächste Spiel: in der Hinserie ...: Insgesamt 21 Spieler sahen die »Ampelkarte« und mussten daraufhin für eine Begegnung aussetzen (Rheinpfalz 25. 11. 91, 6).
Ạm|pel|ko|a|li|ti|on, die, [nach den Parteifarben Rot, Gelb, Grün]: Koalition aus SPD, FDP und Grünen.
Ạm|pel|kreu|zung, die: Straßenkreuzung, bei der der Verkehr durch Ampeln (2) geregelt wird.
Ạm|pel|männ|chen, das: im grünen u. im roten Licht einer Ampel (2) für Fußgänger sichtbares stilisiertes gehendes bzw. stehendes Männchen, mit dem das Signal zum Gehen bzw. zum Warten verdeutlicht wird: Sie merken schon, vom A. ist die Rede. Der alte DDR-Ampelmann, klein, knuffig und mit Hut, soll den dürren Eindringling aus dem Westen ... aus dem Verkehr ziehen (FR 19. 8. 98, 6).
Ạm|pe|lo|gra|phi̱e̱, die; - [zu griech. ámpelos = Weinstock u. gráphein = schreiben]: Beschreibung der Traubensorten; Rebsortenkunde.
Ạm|pel|pflan|ze, die: Pflanze, die sich besonders für das Bepflanzen einer Ampel (3) eignet.
Ạm|pel|sys|tem, das: System der Schaltung mehrerer aufeinander abgestimmter Ampeln (2).

Ạm|pel|wald, der (ugs. scherzh.): große Anzahl, Häufung von Ampeln (2).
Am|pere [am'pɛːɐ̯], das; -[s], - [nach dem französischen Physiker A. M. Ampère (1775–1836)]: Einheit der elektrischen Stromstärke (Zeichen: A).
Am|pere|me̱|ter, das: Messinstrument für die elektrische Stromstärke.
Am|pere|se|kụn|de, die: Einheit der Elektrizitätsmenge; Coulomb (Zeichen: As).
Am|pere|stụn|de, die: Einheit der Elektrizitätsmenge (Zeichen: Ah).
Am|pere|stụn|den|zäh|ler, der: Messgerät, mit dem die Strommenge in Amperestunden gemessen wird.
Am|pere|win|dungs|zahl, die: Produkt aus der Zahl der Windungen einer Spule u. der Stromstärke; Maß für den Magnetfluss in einer Spule.
Ạm|pex, die; - [Kunstwort aus engl. **a**utomatic **p**rogramming system **ex**tended = erweitertes automatisches Programmiersystem] (Ferns. Jargon früher): nach einem bestimmten Verfahren hergestelltes Band mit aufgezeichneten Bildfolgen.
Am|phe|ta|min, das; -s, -e [engl. amphetamine, Kunstwort aus: a(lpha), m(ethyl), ph(enyl), et(hyl) u. amine] (Chemie, Med.): als Weckamin u. Droge verwendete chemische Verbindung.
am|phi̱b ⟨Adj.⟩: amphibisch.
Am|phi̱|bie, die; -, -n [spätlat. amphibion < griech. amphíbion zu: amphíbios = doppellebig, aus: amphí = zweifach u. bios = Leben] (Zool.): sowohl auf dem Land wie auch im Wasser lebendes Kriechtier; Lurch.
Am|phi̱|bi|en|fahr|zeug, das: schwimmfähiges Kraftfahrzeug, das im Wasser u. auf dem Land verwendet werden kann.
am|phi̱|bisch ⟨Adj.⟩: **1.** im Wasser u. auf dem Land lebend od. sich bewegend: ein -es Lebewesen. **2.** (Milit.) zu Lande u. zu Wasser operierend: -e Kampfeinheit; Es ist eine große -e Invasion von England auf das europäische Festland geplant (Kelly, Um Hoffnung 61).
Am|phi̱|bi|um, das; -s, ...ien (selten): Amphibie: In den unentwegt kalten Hotelzimmern ... war ich zu einer Art A. geworden (Seghers, Transit 244).
am|phi̱|bo|lisch ⟨Adj.⟩: amphibolisch.
Am|phi̱|bol, der; -s, -e [zu griech. amphíbolos = zweideutig, ungewiss (vgl. Amphibolie); die Gruppe vereinigt sehr verschiedene Substanzen]: Hornblende.
Am|phi̱|bo|li̱e, die; -, -n [lat. amphibolia < griech. amphibolía, zu: amphí = beidseitig; zweifach u. bolḗ = das Werfen]: **a)** (Philos.) Doppelsinn, Zweideutigkeit im logischen Sinn; **b)** (Stilk.) Mehrdeutigkeit (von Wörtern od. Sätzen).
am|phi̱|bo|lisch ⟨Adj.⟩ [zu griech. amphíbolos, ↑Amphibol] (bildungsspr.): zweideutig, doppelsinnig.
Am|phi̱|bo|li̱t [auch: ...'lɪt], der; -s, -e: grau- bis dunkelgrünes, meist feinkörniges metamorphes Gestein.
Am|phi̱|bra|chys, der; -, - [griech. amphíbrachys, eigtl. = beiderseits kurz, aus: amphí = beidseitig u. brachýs = kurz] (Verslehre): dreisilbiger Versfuß

aus einer Kürze, einer Länge und einer Kürze.

Am|phi|dro|mie, die; -, -n [zu griech. amphídromos = herum-, umlaufend] (Geogr.): *durch Überlagerung der Gezeitenströme entstehende, kreisförmig umlaufende Bewegung der Gezeiten (ohne Ebbe und Flut).*

Am|phi|go|nie, die; - [zu griech. amphí = auf beiden Seiten; um; umher u. gonē = Zeugung] (Biol.): *Fortpflanzung durch Ei und Samenzellen.*

am|phi|karp ⟨Adj.⟩ (veraltet): *zur Amphikarpie fähig.*

Am|phi|kar|pie, die; - [zu griech. karpós = Frucht] (Biol.): **1.** *das Hervorbringen von zweierlei Fruchtformen an einer Pflanze.* **2.** *das Reifen der Früchte über u. unter der Erde.*

Am|phi|kra|nie, die; -, -n [zu griech. kraníon = Schädel] (Med.): *Kopfschmerz in beiden Kopfhälften.*

Am|phi|kty|o|ne, der; -n, -n [griech. amphiktíones (amphiktýones), eigtl. = Um-, Anwohner (Pl.)]: *Mitglied einer Amphiktyonie.*

Am|phi|kty|o|nie, die; -, -n [griech. amphiktyonía]: *(im Griechenland der Antike) kultisch-politischer Verband von Nachbarstaaten od. -stämmen mit gemeinsamem Heiligtum (z. B. Delphi u. Delos).*

am|phik|ty|o|nisch ⟨Adj.⟩ [griech. amphiktyonikós]: **a)** *nach Art einer Amphiktyonie gebildet;* **b)** *die Amphiktyonie betreffend.*

Am|phi|ma|cer [...zer], **Am|phi|ma|zer,** der; -s, - [lat. amphimacrus < griech. amphímakros, eigtl. = beiderseits lang] (Verslehre): *dreisilbiger Versfuß aus Länge, Kürze, Länge; Kretikus.*

am|phi|mik|tisch ⟨Adj.⟩: *durch Amphimixis entstanden.*

Am|phi|mi|xis, die; - [zu griech. mīxis = Mischung] (Biol.): *Vermischung der Erbanlagen bei der Befruchtung.*

Am|phi|ol|le®, die; -, -n [zu Ampulle u. ↑Phiole] (Med.): *Kombination aus Serum- od. Heilmittelampulle u. Injektionsspritze (für eine einmalige Injektion).*

am|phi|pneus|tisch ⟨Adj.⟩ [zu griech. amphí = auf beiden Seiten u. ↑Pneuma] (Biol.): *(von bestimmten Insektenlarven) nur vorne u. hinten Atemöffnungen aufweisend.*

Am|phi|po|de, der; -en, -en [zu griech. poús (Gen.: podós) = Fuß] (Zool.): *Flohkrebs.*

Am|phi|pros|ty|los, der; -, ...stylen [griech. amphipróstylos]: *griechischer Tempel mit Säulenvorhallen an der Vorder- u. Rückseite.*

am|phis|to|ma|tisch ⟨Adj.⟩ [zu griech. stóma, ↑Stoma] (Bot.): *(von bestimmten Pflanzenblättern) beidseitig mit Spaltöffnungen versehen.*

Am|phi|the|a|ter, das; -s, - [lat. amphitheatrum < griech. amphithéatron, aus: amphí = ringsum u. théatron, ↑Theater, also eigtl. = Theater, in dem man von allen Seiten zuschauen kann]: *[nicht überdachtes] in elliptischer Form angelegtes [antikes] Theater mit stufenweise ansteigenden Sitzreihen.*

am|phi|the|a|tra|lisch ⟨Adj.⟩ [lat. amphitheatralis]: *in der Art eines Amphitheaters:* Der Hörsaal 320, ... ein a. angelegter ... Raum (Hofmann, Fistelstimme 173).

Am|pho|ra, die; -, ...oren, **Am|pho|re,** die; -, -n [lat. amphora < griech. amphoreús, gek. aus: amphiphoreús = an beiden Seiten zu tragender (Krug), zu: amphí = beidseitig u. phérein = tragen]: *bauchiges, enghalsiges Gefäß der Antike mit zwei Henkeln (zur Aufbewahrung von Wein, Öl, Honig usw.).*

am|pho|ter ⟨Adj.⟩ [griech. amphóteros = beide, zu: amphí = zweifach] (Chemie): *teils als Säure, teils als Base sich verhaltend.*

Am|pli|dy|ne, die; -, -n [zu lat. amplus = weit u. griech. dýnamis = Kraft] (Elektrot.): *elektrische Gleichstrommaschine besonderer Bauart.*

Am|pli|fi|ka|ti|on, die; -, -en [lat. amplificatio, zu: amplificare, ↑amplifizieren]: **1.** (Stilk.) *kunstvolle Ausweitung einer Aussage über das zum unmittelbaren Verstehen Nötige hinaus; Ausschmückung.* **2.** (Psychoanalyse) *Erweiterung des Trauminhalts durch Vergleich der Traumbilder mit Bildern aus Mythologie, Religion o. Ä., die in sinnverwandter Beziehung zum Trauminhalt stehen.*

Am|pli|fi|ka|tiv|suf|fix, das [zu lat. amplificare, ↑amplifizieren] (Sprachw.): *Augmentativsuffix.*

Am|pli|fi|ka|ti|vum, das; -s, ...va (Sprachw.): *Augmentativum.*

am|pli|fi|zie|ren ⟨sw. V.; hat⟩ [lat. amplificare, zu: amplus = weit u. facere = machen] (bildungsspr.): *erweitern, weiter ausführen; unter verschiedenen Gesichtspunkten betrachten.*

Am|pli|tu|de, die; -, -n [lat. amplitudo = Größe, Weite] (Math., Physik): *größter Ausschlag einer Schwingung od. eines Pendels um der Mittellage; Schwingungsweite:* die Messung einer A.; Ü Die A., der Spielraum einer Lebensbedingung (Thienemann, Umwelt 77).

Am|pli|tu|den|mo|du|la|ti|on, die (Physik, Nachrichtent.): *Überlagerung von niederfrequenter Schwingung mit hochfrequenter Trägerwelle* (Abk.: AM).

Am|pul|le, die; -, -n [lat. ampulla, Vkl. von: amphora, ↑Amphora]: **1.** (Med.) *kleiner, keimfrei zugeschmolzener Glasbehälter für Injektionslösungen.* **2.** (Anat.) *Ausbuchtung, blasenförmige Erweiterung eines röhrenförmigen Hohlorgans.* **3.** (Kunst) *kleine Kanne od. Flasche aus Metall, Ton od. Glas als Wein-, Öl- od. Wasserbehälter [für liturgische Zwecke].*

Am|pu|ta|ti|on, die; -, -en [lat. amputatio, zu: amputare, ↑amputieren]: *operative Abtrennung eines Körperteils, bes. einer Gliedmaße:* eine A. vornehmen; Ü ... mit der Gewerkschaft ..., die sich ... gegen »Amputation« von Teilbereichen des Unternehmens wehren dürfte (Augsburger Allgemeine 11./12. 2. 78, 12).

Am|pu|ta|ti|ons|mes|ser, das (Med.): *bei einer Amputation verwendetes chirurgisches Messer.*

Am|pu|ta|ti|ons|stumpf, der (Med.): *nach einer Amputation verbleibendes Reststück.*

Am|pu|ta|ti|ons|täu|schung, die (Med.): *Täuschung des Gefühls bei einem Amputierten, der Schmerzen in dem nicht mehr vorhandenen Körperteil empfindet.*

Am|pu|ta|ti|ons|ver|such, der (Verhaltensforschung): *Beobachtung der Veränderungen in Bewegung u. Verhaltensweise eines Versuchstieres nach einer Amputation.*

am|pu|tie|ren ⟨sw. V.; hat⟩ [lat. amputare, eigtl. = ringsum abschneiden] (Med.): **a)** *(einen Körperteil, eine Gliedmaße) operativ entfernen:* der Arzt musste [ihm] das Bein a.; ein amputierter Arm; es ist bekannt, dass die Ärzte in den Feldlazaretten leicht amputieren (Remarque, Westen 170); **b)** *bei jmdm. eine Amputation vornehmen:* der Arzt musste ihm a.; Ü Für ihr ist in dem amputierten Betrieb keine Aufgabe (Tages Anzeiger 10. 7. 82, 17).

Am|pu|tier|te, der u. die; -n, -n ⟨Dekl. ↑Abgeordnete⟩: *Person, der eine od. mehrere Gliedmaßen operativ entfernt wurden.*

Am|pu|tier|ten|sport, der (Med.): *Bewegungs- u. Kräftigungsübungen für Amputierte als besondere Art des Behindertensports.*

Am|sel, die; -, -n [mhd. amsel, ahd. ams(a)la, H. u.]: *(zu den Drosseln gehörender) größerer Singvogel mit beim Männchen schwarzem Gefieder und gelbem Schnabel, beim Weibchen dunkelbraunem Gefieder und braunem Schnabel.*

Am|sel|männ|chen, das: *männliche Amsel.*

Am|sel|ruf, der: *Ruf (2 a) der Amsel.*

Am|sel|schlag, der ⟨o. Pl.⟩: *Gesang der Amsel:* Wunderbar, vor Morgengrauen geweckt zu werden vom A (Strauß, Niemand 174).

Am|sel|weib|chen, das: *weibliche Amsel.*

Ams|ter|dam [amstɛˈdam, auch: ˈ- - -]: *Hauptstadt der Niederlande.*

¹Ams|ter|da|mer, der; -s, -: Ew.

²Ams|ter|da|mer ⟨indekl. Adj.⟩

Ams|ter|da|me|rin, die; -, -nen: w. Form zu ¹Amsterdamer.

Amt, das; -[e]s, Ämter [mhd. amt, amb(e)t, ambahte, ahd. ambaht(i) = Dienst(leistung), aus dem Kelt.]: **1. a)** *offizielle Stellung (in Staat, Gemeinde, Kirche u. Ä.), die mit bestimmten Pflichten verbunden ist; Posten:* ein geistliches, öffentliches A.; das höchste A. im Staat; ein A. übernehmen, verwalten, antreten, ausüben, bekleiden, innehaben, niederlegen; Er hatte A. des Bürgermeisters angenommen als Ehre (Johnson, Achim 165); jmdn. aus einem A. entfernen; für ein A. kandidieren, [noch] im A. sein; sich um ein A. bewerben; * **in A. und Würden** (oft iron.; in einer festen, gesicherten Position); **b)** *Aufgabe, zu der sich jmd. bereit gefunden hat; Obliegenheit, Verpflichtung:* ihm wurde das schwere A. zuteil, diese Nachricht zu

Ämtchen

überbringen; ... bereitete sie den Kaffee, ein A., das sie ... übernommen hatte (A. Kolb, Daphne 121); Es kann ... meines -es nicht sein, die Herren ... aufzuklären (Maass, Gouffé 276); *seines -es walten (geh.; *Handlungen, die in jmds. Aufgabenbereich liegen, ausführen*). **2. a)** *Behörde, Dienststelle:* A. für Denkmalpflege, für Statistik; in einem A. vorsprechen; Sie läuft zu den Ämtern, bezwingt ihre ... Ängste und rebelliert (Richter, Flüchten 309); *Auswärtiges A. (Außenministerium;* Abk.: AA); **von -s wegen** (1. *auf behördliche Anordnung, in amtlichem Auftrag.* 2. *dienstlich, aus beruflichen Gründen*; **b)** *Gebäude, Raum, in dem ein Amt* (2a) *untergebracht ist:* das A. betreten; **c)** (veraltend) *Telefonamt; Amtsleitung:* das A. anrufen; bitte A. *(eine Amtsleitung)!;* das Fräulein vom A. (früher; *Telefonistin, Telefonvermittlerin*). **3.** *Gemeindeverband in einigen Bundesländern:* Kampen gehört zum A. **4.** (kath. Kirche) *Messe mit Gesang (des Priesters u. des Chors):* ein A. halten, besuchen; einem A. beiwohnen; bis allmählich ... die Töne der Dubislaver Kirchenglocke zum A. riefen (Bieler, Mädchenkrieg 170).
Ämt|chen, das; -s, - (oft abwertend): Vkl. zu Amt (1): er hat Ämter u. Ä. auf sich vereinigt.
Am|tei, die; -, -en (schweiz. regional, sonst veraltet): *Amtsbereich:* ♦ Sonst war doch der Preis (= für den Ämterkauf) einer A. zweitausend (Hauff, Jud Süß 410).
am|ten ‹sw. V.; hat› [mhd., ahd. ambahten] (bes. schweiz.): *sein Amt ausüben; amtieren:* Von Reinhard amtete von 1807 bis 1813 als Landammann in der Schweiz (NZZ 27. 1. 83, 28).
Äm|ter|häu|fung, die: *Bekleidung mehrerer öffentlicher Ämter durch eine Person.*
Äm|ter|jagd, die ‹o. Pl.› (ugs.): *ehrgeiziges Streben nach [Ehren]ämtern, die öffentliches Ansehen od. Geld einbringen.*
Äm|ter|jä|ger, der (ugs.): *jmd., der ehrgeizig nach den verschiedensten Ämtern strebt.*
Äm|ter|jä|ge|rin, die: w. Form zu ↑Ämterjäger.
Äm|ter|kauf, der: *Erwerb eines Amtes durch Bestechung o. Ä.*
Äm|ter|lauf|bahn, die: *Laufbahn eines Beamten.*
Äm|ter|pa|tro|na|ge, die: *Günstlingswirtschaft bei der Vergabe von Ämtern.*
Amt|frau, die: *Beamtin des gehobenen Dienstes (über der Oberinspektorin).*
am|tie|ren ‹sw. V.; hat›: **a)** *ein Amt innehaben, ausüben; im Amt sein:* der Minister amtiert seit Gründung der Republik; als Prüfer a.; ein Hauch von Resignation weht ... durch die Reihen der noch amtierenden Kriegsgeneration (Schreiber, Krise 36); **b)** *vorübergehend jmds. Amt versehen; stellvertretend jmds. Amtsgeschäfte führen:* ich vertrete zurzeit den Kommandeur (Kirst, 08/15, 421); der derzeit amtierende Bürgermeister; **c)** *eine Aufgabe übernehmen, als jmd. fungieren:* Willy Schneider ..., er amtiert hier als vorzüglicher Kellermeister und erfahrener Mundschenk (Bild und Funk 7, 1966, 25).
amt|lich ‹Adj.› [mhd. ambetlich, ahd. ambahtlīh]: **1. a)** *behördlich; von einem Amt, einer Behörde ausgehend:* -e Bekanntmachungen; das -e Kennzeichen *(die Zulassungsnummer an Kraftfahrzeugen);* eine Abschrift, Fotokopie a. beglaubigen lassen; Ü Der düstere Pessimismus, den das -e Bonn *(die Regierung)* zur Schau trägt (Augstein, Spiegelungen 35); Er wurde ganz a. und förmlich (Konsalik, Promenadendeck 259); ‹subst.:› das ist etwas Amtliches *(kommt von einer Behörde);* **b)** *zuständig; von Amts wegen:* er ist in -em Auftrag hier; Früher hatte ich a. viel mit ihm zu tun (Hesse, Steppenwolf 220); **c)** *von einer Behörde, einem [Regierungs]amt stammend u. daher zuverlässig, glaubwürdig, offiziös:* das sind -e Äußerungen; Der Mann ist jetzt tot. Das steht a. fest (Seghers, Transit 24); Ü die Sache ist a. (ugs.; *ganz sicher, wirklich wahr*). **2.** *wichtig, ernst [aussehend]:* er machte eine -e Miene.
amt|li|cher|seits ‹Adv.›: *von amtlicher* (1a) *Seite:* a. wurde dazu nicht Stellung genommen.
Amt|lich|keit, die; -: (seltener) *das Amtlich-, Dienstlich-, Offiziellsein:* Er wusste ... weise Menschlichkeit herzustellen statt der A. zwischen sich und ihnen (Th. Mann, Joseph 768).
Amt|mann, der; -[e]s, Amtmänner, auch: Amtleute [mhd. amtman, ambetman, ahd. ambahtman, ↑Ammann]: *Beamter des gehobenen Dienstes (über dem Oberinspektor).*
Amt|män|nin, die; -, -nen: w. Form zu ↑Amtmann.
Amts|adel, der (hist.): *an ein Amt gebundener [persönlicher] Adel:* dass die Familie de Gaulle ... aus dem A. hervorgegangen ist (Scholl-Latour, Frankreich 59).
Amts|an|ma|ßung, die (Rechtsspr.): *unbefugte Ausübung eines öffentlichen Amtes; unbefugte Vornahme einer amtlichen Handlung.*
Amts|an|tritt, der: *Antritt eines Amtes* (1 a); bei, seit, nach jmds. A.
Amts|an|walt, der (Rechtsspr.): *Beamter bei der Staatsanwaltschaft, der die Funktion des Staatsanwalts beim Amtsgericht ausübt.*
Amts|an|wäl|tin, die: w. Form zu ↑Amtsanwalt.
Amts|ap|pa|rat, der ‹o. Pl.›: *Menschen [u. Hilfsmittel], mit denen die staatlichen Funktionen ausgeübt werden.*
Amts|arzt, der: *beamteter Arzt im öffentlichen Gesundheitswesen.*
Amts|ärz|tin, die: w. Form zu ↑Amtsarzt.
amts|ärzt|lich ‹Adj.›: *den Amtsarzt betreffend, von ihm ausgehend:* ein -es Gutachten.
Amts|be|fug|nis, die: *mit einem Amt* (1a) *verbundene Befugnis, Vollmacht, Ermächtigung:* ich überschreite Ihnen zuliebe meine -se, nur um Ihnen Unannehmlichkeiten zu ersparen (Erné, Fahrgäste 233).
Amts|be|reich, der: *Bereich, Umkreis, innerhalb dessen ein Beamter seine Funktion auszuüben hat.*
Amts|be|zeich|nung, die: **a)** *amtliche Benennung für eine Dienststellung; Titel;* **b)** *amtliche Bezeichnung für einen bestimmten Gebrauchsgegenstand.*
Amts|be|zirk, der: *Amtsbereich.*
Amts|blatt, das: *von kommunalen od. staatlichen Dienststellen herausgegebene Zeitung mit amtlichen Bekanntmachungen u. Mitteilungen.*
Amts|bote, der: *von einem Amt beschäftigter Bote* (a).
Amts|bru|der, der: *Kollege im geistlichen Amt.*
Amts|dau|er, die ‹schweiz. auch Pl.: -n›: *Amtsperiode.*
Amts|deutsch, das (abwertend): *gespreizte, umständliche, unanschauliche Ausdrucksweise, wie sie oft formelhaft von Behörden gebraucht wird:* 133 Todesfälle »als Folge von Drogenmissbrauch«, wie es im A. nüchtern heißt (ran 3, 1980, 8).
Amts|die|ner, der: *Angestellter bei einer Behörde in untergeordneter Stellung.*
Amts|die|ne|rin, die: w. Form zu ↑Amtsdiener.
Amts|eid, der: *Eid, der bei der Übernahme eines Amtes zu leisten ist; Versprechen, seine Pflichten als Beamter gewissenhaft zu erfüllen.*
Amts|ein|füh|rung, die: *feierliche Einsetzung in ein Amt.*
Amts|ein|set|zung, die: *Einsetzung in ein Amt.*
Amts|ent|he|bung, die: *unehrenhafte Entlassung aus einem Amt.*
Amts|ent|set|zung, die (bes. österr., schweiz.): *Amtsenthebung.*
Amts|er|schlei|chung, die: *Erlangung eines Amts* (1a) *durch betrügerische Machenschaften:* Er stach hervor ... durch A., Betrug und Verderbtheit (Brandstetter, Altenehrung 122).
Amts|füh|rung, die ‹o. Pl.›: *Führung eines Amtes (bes. im Hinblick auf die Art u. Weise, die Strategie):* Immer wieder werden Klagen laut über seine autoritäre A. (Dönhoff, Ära 59).
Amts|ge|bäu|de, das: vgl. Amt (2b).
Amts|ge|heim|nis, das: **a)** ‹o. Pl.› *dienstliche Schweigepflicht:* sich auf das A. berufen; **b)** *Angelegenheit, der Schweigepflicht unterliegt; geheime Tatsache:* etw. ist ein A., kein A.; -se ausplaudern.
Amts|hil|fe, die: *Bürogehilfe bei einer Behörde (Berufsbez.).*
Amts|hil|fin, die: w. Form zu ↑Amtsgehilfe.
Amts|ge|richt, das: **a)** *Gericht unterster Instanz für kleinere Strafsachen u. Zivilangelegenheiten;* **b)** *Gebäude, in dem das Amtsgericht* (a) *untergebracht ist.*
Amts|ge|richts|di|rek|tor, der (früher): *(bis 1972) Direktor eines Amtsgerichts.*
Amts|ge|richts|prä|si|dent, der (früher): *(bis 1972) Präsident eines Amtsgerichts.*
Amts|ge|richts|rat, der (früher): *(bis 1972) Richter beim Amtsgericht.*
Amts|ge|richts|ver|fah|ren, das: *Verfahren im Zivilprozess vor einem Amtsgericht.*

Amts|ge|schäf|te ⟨Pl.⟩: *dienstliche Obliegenheiten, die zur Verwaltung eines [öffentlichen] Amtes gehören:* Bundeskanzler Brandt ... nimmt heute seine A. wieder auf (MM 14. 1. 74, 2).

Amts|ge|walt, die ⟨o. Pl.⟩: *Amtsbefugnis:* seine A. missbrauchen.

Amts|haf|tung, die (Rechtsspr.): *Haftung der öffentlichen Hand bei schuldhaft rechtswidriger Ausübung öffentlicher Gewalt.*

amts|hal|ber ⟨Adv.⟩: *wegen eines Amtes; aus amtlichen Gründen:* etwas a. beschlagnahmen.

amts|han|deln (sw. V.; hat) (österr.): *in amtlicher Eigenschaft vorgehen:* der Gendarm hat auf höheren Befehl amtsgehandelt.

Amts|hand|lung, die: *Handlung in Ausübung eines öffentlichen Amtes:* Im Februar wird der Aufsteiger ... Ministerpräsident und darf als erste A. ... Nixon als Staatsgast empfangen (Spiegel 43, 1976, 154).

Amts|haupt|mann, der (veraltet): *Leiter der Verwaltung einer Amtshauptmannschaft.*

Amts|haupt|mann|schaft, die: *(bis 1939) unterster staatlicher Verwaltungsbezirk in Sachsen.*

Amts|hil|fe, die: *Beistandsleistung einer Behörde für eine andere (beispielsweise durch Gewährung von Akteneinsicht).*

Amts|hil|fe|er|su|chen, das: *Bitte um Amtshilfe.*

Amts|in|ha|ber, der: *jmd., der ein öffentliches Amt innehat.*

Amts|in|ha|be|rin, die; -, -nen: w. Form zu ↑Amtsinhaber.

Amts|kanz|lei, die (österr.): *Büro einer Behörde, eines Amtes.*

Amts|kap|pel, das; -s, -n (österr. ugs.): **a)** *Dienst-, Uniformmütze:* Unter Dienstmützen (»Amtskappeln«) verbirgt ... sich bürokratische Aggression (Hacker, Aggression 301); **b)** *engstirniger Beamter.*

Amts|ket|te, die: *um den Hals getragene Kette als Zeichen der Würde, mit der ein Amt verbunden ist:* eine goldene A.

Amts|kir|che, die: *von kirchlichen Amtsträgern, hauptamtlichen Führungskräften repräsentierte Kirche als öffentliche Institution:* Mehr als 500 000 Deutsche treten jedes Jahr aus den beiden großen -n aus (Woche 17. 1. 97, 27).

Amts|klei|dung, die: *bei bestimmten Amtshandlungen vorgeschriebene Kleidung:* der Talar als A. der Richter u. Anwälte.

Amts|lei|tung, die: *öffentliche Telefonleitung (die nicht zu einer Nebenstelle, sondern über das Fernsprechamt zu einem anderen Hauptanschluss od. Knotenpunkt führt).*

Amts|mie|ne, die (meist spött.): *übertrieben strenger Gesichtsausdruck einer Amtsperson:* eine A. machen; seine A. aufsetzen; eine A. zur Schau tragen.

Amts|miss|brauch, der: *Missbrauch der Amtsgewalt (zur Erringung persönlicher Vorteile):* jmdn. des -s überführen, beschuldigen, anklagen.

amts|mü|de ⟨Adj.⟩: *nicht mehr gewillt, ein Amt in Zukunft weiter auszuüben.*

Amts|nach|fol|ge, die ⟨o. Pl.⟩: *Nachfolge in einem Amt.*

Amts|nach|fol|ger, der: *Nachfolger in einem kommunalen, staatlichen od. geistlichen Amt.*

Amts|nach|fol|ge|rin, die: w. Form zu ↑Amtsnachfolger.

Amts|nie|der|le|gung, die: *das Zurücktreten von einem Amt.*

Amts|pa|tro|na|ge, die: ↑Ämterpatronage.

Amts|pe|ri|o|de, die: *festgesetzte Zeitspanne der Tätigkeit in einem Amt.*

Amts|per|son, die: *jmd., der in amtlicher Eigenschaft auftritt od. tätig wird.*

Amts|pflicht, die: *Verpflichtung einer Amtsperson, die ihr übertragenen Aufgaben gewissenhaft auszuführen.*

Amts|pflicht|ver|let|zung, die (Rechtsspr.): *[fahrlässiges] Nichterfüllen dienstlicher Verpflichtungen gegenüber Dritten.*

Amts|rat, der: *Beamter des gehobenen Dienstes (über dem Oberinspektor).*

Amts|rä|tin, die; -, -nen: w. Form zu ↑Amtsrat.

Amts|raum, der: vgl. Amt (2b): die Amtsräume des Kanzlers; Er wurde in einen A. geführt. Man stellte ihm Fragen, auf die er keine Antwort gab (Rolf Schneider, November 87).

◆ **Amts|re|ve|nu|en** [...nyːən] ⟨Pl.⟩ [↑Revenue]: *Dienstbezüge:* das Frühstück, das mit seinen A. bestritten wurde (Jean Paul, Wutz 25).

Amts|rich|ter, der (ugs.): *Richter an einem Amtsgericht.*

Amts|rich|te|rin, die: w. Form zu ↑Amtsrichter.

Amts|schim|mel, der ⟨o. Pl.⟩ [2. Bestandteil viell. volkstyml. umgestaltet aus älter österr. Simile = Formular od. viell. urspr. = Schimmel der (berittenen) Schweizer Amtsboten] (scherzh.): *übertrieben genaue Handhabung der Dienstvorschriften; Bürokratismus:* *** den A. reiten** *(die Dienstvorschriften übertrieben genau einhalten);* **der A. wiehert** *(es herrscht Bürokratismus):* Bevor diese Fahrzeuge eine ... Steuerbefreiung erhalten, wiehert kräftig der A. (Zivildienst 2, 1986, 32).

Amts|sie|gel, das: *Dienstsiegel.*

Amts|sitz, der: **a)** *Ort, an dem sich die zuständige Behörde befindet;* **b)** *Dienstgebäude.*

Amts|spra|che, die: **1. a)** *offizielle Sprache eines Staates, Sprache der Gesetzgebung:* im schweizerischen Bundesrecht ist das Deutsche, Französische und Italienische A.; **b)** *in internationalen Organisationen zugelassene u. maßgebliche Sprache für Texte von Verträgen, Veröffentlichungen usw.* **2.** ⟨o. Pl.⟩ (oft abwertend) *Sprache der Verwaltung, der Behörden; trockenes Amtsdeutsch:* Wir fühlten uns »entnazifiziert«, wie man das in der A. zu bezeichnen beliebte (Erné, Kellerkneipe 305).

Amts|stu|be, die (veraltend): *Dienstzimmer:* Mein Pass war, auf seinem Wege durch die -n, verloren gegangen (Kaschnitz, Wohin 204).

Amts|stun|den ⟨Pl.⟩: *Öffnungszeiten einer Behörde; Zeit der Dienstbereitschaft für den Publikumsverkehr.*

Amts|tä|tig|keit, die: *Amtsführung:* Während seiner A. entstand das Jugendheim (Klee, Pennbrüder 70).

Amts|ton, der ⟨o. Pl.⟩: *strenger, unpersönlicher Tonfall einer Amtsperson.*

Amts|tracht, die: *Amtskleidung.*

Amts|trä|ger, der: *jmd., der ein bestimmtes Amt, bes. in einer Partei, innehat.*

Amts|trä|ge|rin, die: w. Form zu ↑Amtsträger.

Amts|über|ga|be, die: *[feierliche] Übergabe (1) eines Amtes (1 a).*

Amts|über|nah|me, die: *[feierliche] Übernahme (1) eines Amtes (1 a).*

Amts|un|ter|schla|gung, die (Rechtsspr.): *Unterschlagung von Sachen, die ein Beamter dienstlich empfangen od. in Verwahrung genommen hat.*

Amts|ver|ge|hen, das: *strafbare Handlung in Verbindung mit der Ausübung eines öffentlichen Amtes.*

Amts|ver|mitt|lung, die: *Vermittlung eines Gesprächs durch das Fernsprechamt.*

Amts|ver|schwie|gen|heit, die: *Verschwiegenheit im Amt.*

Amts|ver|ständ|nis, das ⟨o. Pl.⟩ (Theol.): *(in den Konfessionen unterschiedliche) Herleitung des geistlichen Amtes.*

Amts|ver|we|ser, der (geh.): *Statthalter, stellvertretender Verwalter eines [hohen] Amtes.*

Amts|ver|we|se|rin, die: w. Form zu ↑Amtsverweser.

Amts|ver|zicht, der: *Verzicht auf ein Amt.*

Amts|vor|gän|ger, der: *Vorgänger in einem kommunalen, staatlichen od. geistlichen Amt.*

Amts|vor|gän|ge|rin, die: w. Form zu ↑Amtsvorgänger.

Amts|vor|mund|schaft, die: *Vormundschaft des Jugendamtes über ein nichteheliches Kind (wenn die Mutter noch minderjährig ist od. die elterliche Gewalt verwirkt hat).*

Amts|vor|stand, **Amts vor|ste|her**, der: *Leiter einer [kleineren] Behörde.*

Amts|vor|ste|he|rin, die: w. Form zu ↑Amtsvorsteher.

Amts|weg, der ⟨Pl. selten⟩: *Dienstweg.*

Amts|woh|nung, die: *Dienstwohnung.*

Amts|zeit, die: *Zeitspanne, in der jmd. ein Amt innehat.*

Amts|zim|mer, das: *Amtsraum.*

Amu|lett, das; -[e]s, -e [lat. amuletum, H. u.]: *kleiner, oft als Anhänger getragener Gegenstand, dem Unheil abwehrende u. Glück bringende Kräfte zugeschrieben werden.*

amü|sant ⟨Adj.⟩ [frz. amusant, zu: amuser, ↑amüsant]: *unterhaltsam, belustigend, erheiternd; vergnüglich, Vergnügen bereitend:* -e Geschichten; ein -er Gesellschafter; er weiß a. zu erzählen; a. (in erheiternder Weise bemerkenswert) *nur wieder, dass Elfriede zwar die Erscheinung des Mädchens komisch gefunden hatte, nicht aber die ihres Sohnes (Danella, Hotel 44).*

Amuse-Gueule [amyzˈgœl], das; -[s], -[s]

Amüsement

Amüsement [frz., zu: gueule = Maul, ugs. für: Mund]: *kleiner Appetithappen, der vor der eigentlichen Mahlzeit gereicht wird:* Maria näherte sich ihrem Heim mit der Bedächtigkeit eines Feinschmeckers, der sein A. auf der Zunge zergehen lässt (Hahn, Mann 72).

Amü|se|ment [amyzə'mã:], das; -s, -s [frz. amusement]: *unterhaltsamer, belustigender Zeitvertreib; [oberflächliches] Vergnügen:* zwei Geschichten, die meine Mutter mit einem gewissen A. *(einer gewissen Belustigung)* erzählte (Dönhoff, Ostpreußen 35); etw. nur zu seinem A. tun.

Amu|sie, die; - [griech. amousía = Mangel an Bildung, zu: ámousos = amusisch, zu moûsa, ↑ Muse]: 1. (bildungsspr.) **a)** *Unfähigkeit, Musisches zu verstehen;* **b)** *Unfähigkeit zu musikalischem Verständnis od. zu musikalischer Hervorbringung.* 2. (Med.) *krankhafte Störung des Singvermögens od. der Tonwahrnehmung.*

Amü|sier|be|trieb, der (oft abwertend): 1. *Amüsierlokal.* 2. ⟨o. Pl.⟩ *dem Amüsement gewidmetes Treiben:* das kulturelle Leben ... als eine endlose Reihe von Unterhaltungsveranstaltungen, als gigantischer A. (Enzensberger, Mittelmaß 68 f.).

amü|sie|ren ⟨sw. V.; hat⟩ [frz. s'amuser, refl. Form von: amuser = belustigen; mit leeren Versprechungen abspeisen, zu einem vlat. Wort mit der Bed. »Maul, Schnauze«]: 1. ⟨a. + sich⟩ *sich vergnügen; sich auf angenehme Art die Zeit vertreiben, seinen Spaß haben:* sich köstlich, großartig, königlich a.; amüsiert euch gut! 2. ⟨a. + sich⟩ *sich über jmdn. od. etw. lustig machen:* die Leute amüsierten sich über ihn, sein Hobby; sie amüsierten sich sehr über meine vier Fahrkarten (Koeppen, Rußland 89). 3. *jmdn. belustigen, erheitern; jmdn. angenehm u. vergnüglich unterhalten:* der Gedanke amüsierte ihn; er war sehr amüsiert, lachte amüsiert; Ich darf sagen, dass ich ihn sehr amüsierte (Th. Mann, Krull 375).

Amü|sier|lo|kal, das (oft abwertend): *Nachtlokal mit leichter Unterhaltung unterschiedlicher Art.*

Amü|siert|heit, die; -: *Zustand der Erheiterung, des Amüsiertseins.*

Amü|sier|vier|tel, das: *Stadtviertel, in dem sich Unterhaltungslokale, Bars, Bordelle usw. befinden; Rotlichtviertel.*

amu|sisch [auch: -'---] ⟨Adj.⟩ [aus ↑ a- u. ↑musisch] (bildungsspr.): *nicht musisch, ohne Kunstverstand, ohne Kunstsinn.*

Amyg|da|lin, das; -s [zu griech. amygdálē = Mandel] (Chemie): *(in bitteren Mandeln u. Obstkernen enthaltenes) blausäurehaltiges Glykosid.*

amyg|da|lo|id ⟨Adj.⟩ [zu griech. -oeidḗs = ähnlich] (Chemie): *bittermandelähnlich.*

Amyl|ace|tat, das; -s [zu griech. ámylon, ↑Amylum] (Chemie): *(bes. als Lösungsmittel für Harze u. Öle verwendeter) Essigsäureester des Amylalkohols.*

Amyl|al|ko|hol, der (Chemie): *Hauptbestandteil der bei der alkoholischen Gärung entstehenden Fuselöle.*

Amy|la|se, die; -, -n (Chemie): *Enzym, das Stärke u. Glykogen spaltet.*

Amy|len, das; -s, -e (Chemie): *Penten.*

amy|lo|id ⟨Adj.⟩ [zu griech. -oeidḗs = ähnlich] (Chemie): *stärkeähnlich.*

Amy|lo|id, das; -s, -e (Med., Chemie): *stärkeähnlicher Eiweißkörper, der durch krankhafte Prozesse im Organismus entsteht u. sich im Bindegewebe der Blutgefäße ablagert.*

Amy|lo|i|do|se, die; -, -n (Med.): *Veränderung von Gewebe* (2) *(bes. in Leber, Milz, Nieren) infolge Ablagerung von Amyloiden, wodurch eine Verhärtung des Gewebes entsteht.*

Amy|lo|ly|se, die; -, -n [zu griech. lýsis = (Auf)lösung] (Biol., Chemie): *Stärkeabbau im Stoffwechselprozess, Überführung der Stärke in Dextrin* (2), *Maltose od. Glykose.*

amy|lo|ly|tisch ⟨Adj.⟩ (Biol., Chemie): *die Amylolyse betreffend.*

Amy|lo|se, die; - (Biol., Chemie): *in Wasser löslicher innerer Bestandteil stärkehaltiger Körner (wie Getreidekörner, Erbsen).*

Amy|lum, das; -s [lat. amylum < griech. ámylon] (Biol., Chemie): *Stärke* (8).

an [mhd. an(e), ahd. an(a), urspr. = etw. hin od. entlang]: **I.** ⟨Präp. mit Dativ u. Akk.⟩ ⟨räumlich⟩ **a)** ⟨mit Akk.⟩ zur Angabe der Richtung: die Leiter an den Baum lehnen; an eine andere Schule versetzt werden; ein Paket an jmdn. schicken; ◆ ich ... warf mich an die Erde und weinte mich aus (Goethe, Werther I, 3. September); **b)** ⟨mit Dativ⟩ zur Angabe der Lage, der Nähe, der Berührung o. Ä.: die Leiter lehnt an diesem Baum; eine Verletzung an der Wirbelsäule; Trier liegt an der Mosel; er geht an *(mithilfe von)* Krücken; auf der Blumentopf steht an (südd., österr.; *auf)* der Fensterbank; ◆ ⟨auch mit Akk.:⟩ ließ er ihn an die Stätte begraben, die er sich selbst erlesen (Goethe, Werther II, Der Herausgeber an den Leser); **c)** in Verbindung mit zwei gleichen Substantiven zur Angabe der Vielzahl od. der Regelmäßigkeit einer Reihe: sie standen Kopf an Kopf *(dicht gedrängt);* sie wohnen Tür an Tür *(in unmittelbarer Nachbarschaft).* 2. ⟨mit Dativ⟩ zur Angabe des Zeitpunkts: an einem Wintermorgen; an diesem 31. Januar; an dem unvermeidlichen Ende der Ferien; (bes. südd., österr., schweiz.:) an Ostern, an Weihnachten, an Pfingsten. 3. ⟨mit Dativ u. Akk.⟩ stellt unabhängig von räumlichen od. zeitlichen Vorstellungen eine Beziehung zu einem Objekt od. Attribut her: an einer Krankheit sterben; an einem Roman schreiben; Mangel an Lebensmitteln haben; Der Betrug an den Hoffnungen eines Volkes trägt auf ewig den passenden zynischen Namen: Treuhand (Woche 20. 12. 96, 1); an jmdn., eine Sache glauben; sich an jmdn. entsinnen; er war noch an jmdn. in Jahren; er ist schuld an dem Unglück; das gefällt mir nicht an ihm; das ist das Wichtigste an der ganzen Sache; was er an Rente bekam, war nicht viel; * **an [und für] sich** *(eigentlich, im Grunde genommen):* dagegen ist an sich nichts einzuwenden; Großmutter ... war an sich noch gut auf den Beinen (Danella, Hotel 88); **etw. an sich haben** (ugs.; *eine besondere Eigenart haben);* **an sich halten** *(sich mit großer Mühe beherrschen);* **es ist an dem** *(es ist so);* **es ist an jmdn., etw. zu tun** (geh.; *ist jmds. Aufgabe, etw. zu tun).* 4. ⟨mit Akk. u. vorausgehendem »bis«⟩ zur Angabe einer räumlichen od. zeitlichen Erstreckung: das Wasser reichte ihm bis an die Knie; er war gesund bis an sein Lebensende. **II.** ⟨Adv.⟩ **1. a)** (Verkehrsw.) zur Angabe der Ankunft: Frankfurt an: 17.30; **b)** in Verbindung mit der Präp. »von«, räumlich u. zeitlich: von Rom an; von der achten Reihe an; von [nächstem] Montag an; von heute an. **2. a)** *angeschaltet, angedreht, angestellt, angezündet:* kann das Licht noch an sein?; der Motor ist an gewesen; das Feuer ist noch nicht an; häufig elliptisch in Aufforderungen: Licht an *(einschalten, anmachen)!;* Scheinwerfer an *(einschalten)!;* **b)** (ugs.) elliptisch; *anziehen:* nur rasch den Mantel an und weg von hier!; mit nur wenig an *(nur wenig bekleidet)* öffnete sie die Tür; ohne etwas an *(unbekleidet, nackt, ohne etwas angezogen zu haben).* 3. (ugs.) in Verbindung mit Maß- u. Mengenangaben; *ungefähr, etwa:* die Strecke war an [die] 30 Kilometer lang; sie halfen an die fünfzig Kindern.

Ana, die; -, -s [subst. Endung -ana (z. B. in Goetheana) (veraltend): *Sammlung von Aussprüchen berühmter Personen.*

Ana|bap|tis|mus, der; -: *Lehre der Wiedertäufer.*

Ana|bap|tist, der; -en, -en [mlat. anabaptista, zu mgriech. anabaptízein = nochmals taufen]: *Wiedertäufer.*

ana|ba|tisch ⟨Adj.⟩ [zu griech. anabaínein = aufsteigen] (Met.): *(von Winden) aufsteigend.*

Ana|bi|o|se, die; - [griech. anabíōsis = das Wiederaufleben] (Biol.): *Fähigkeit von niederen Tieren u. Pflanzensamen, länger andauernde ungünstige Lebensbedingungen (z. B. Kälte, Trockenheit) in scheinbar leblosem Zustand zu überstehen.*

ana|bol ⟨Adj.⟩ (Med., Biol.): *die Anabolie betreffend.*

Ana|bo|lie, die; -, -n [zu griech. aná = (hin)auf u. bállein = werfen]: 1. (Biol.) *Erwerb neuer Merkmale.* 2. ⟨o. Pl.⟩ (Med., Biol.) *Anabolismus.*

Ana|bo|li|kum, das; -s, ...ka ⟨meist Pl.⟩ [zu griech. aná = (hin)auf u. bállein = werfen] (Med.): *Präparat, das den Aufbau von Eiweiß in einem Organismus steigert u. zum Aufbau von Muskeln verwendet wird.*

ana|bo|lisch ⟨Adj.⟩ (Med., Biol.): *anabol.*

Ana|bo|lis|mus, der; - [analoge Bildung mit griech. aná = (hin)auf zu ↑ Metabolismus] (Med., Biol.): *Aufbauphase des Stoffwechsels.*

Ana|cho|ret [anaço're:t, auch: ...ko..., ...xo...], der; -en, -en [lat. anachoreta < griech. anachōrētḗs, eigtl. = zurückgezogen (Lebender)] (Rel.): *frühchristlicher Einsiedler mit strenger Lebensform, Klausner.*

Ana|cho|re|ten|tum, das; -s(Rel.): *Lebensform der Anachoreten.*
ana|cho|re|tisch ⟨Adj.⟩ [lat. anachoreticus < griech. anachōrētikós] (Rel.): *die Anachoreten, das Anachoretentum betreffend; einsiedlerisch.*
Ana|chro|nis|mus [anakroˈnɪsmʊs], der; -, ...men [griech. anachronismós = Verwechslung der Zeiten] (bildungsspr.): **1.** *falsche zeitliche Einordnung.* **2.** *durch die Zeit überholte Einrichtung:* Krieg ist ein sinnlos gewordener A.; A. empfinden; dass die traditionellen Herstellungsmethoden ... ein A. sind (Dariaux [Übers.], Eleganz 91); Ü Bobrowski ist ein A. ..., gehört ... gar nicht zur Literatur der DDR (Raddatz, Traditionen I, 199).
ana|chro|nis|tisch ⟨Adj.⟩ (bildungsspr.): **1.** *zeitlich falsch eingeordnet.* **2.** *nicht in eine bestimmte Zeit, Epoche passend u. daher überholt; zeitwidrig:* Er ... kleidete sich ... a., Kniehosen und seidene Strümpfe (Riess, Cäsar 227); dass die Zeitgenossen ... ihn also in einem gewissen Sinne für eine -e Figur halten (Reich-Ranicki, Th. Mann 59); Die Wahl des Präsidenten beispielsweise erfolgt nach -em Gekungel wie die Kür des Kaisers im Heiligen Römischen Reich Deutscher Nation (Woche 4. 4. 97, 3).
An|aci|di|tät, die; - [aus griech. an- = nicht, un- u. ↑Acidität] (Med.): *das Fehlen von freier Salzsäure im Magensaft.*
Ana|di|plo|se, Ana|di|plo|sis, die; -, ...osen [spätlat. anadiplosis < griech. anadíplōsis] (Rhet., Stilk.): *Wiederholung des letzten Wortes od. der letzten Wortgruppe eines Verses od. Satzes am Anfang des folgenden Verses od. Satzes* (z. B. »Fern im Süd das schöne Spanien, Spanien ist mein Heimatland«; E. Geibel).
an|ae|rob ⟨Adj.⟩ [aus griech. an- = nicht, un- u. ↑aerob] (Biol.): *ohne Sauerstoff lebend.*
An|ae|ro|bi|er, der; -s, -, **An|ae|ro|bi|ont**, der; -en, -en [aus griech. an- = nicht, un- u. ↑Aerobiont] (Biol.): *niederes Lebewesen, das ohne Sauerstoff leben kann* (z. B. Darmbakterien).
An|ae|ro|bi|o|se, die; - (Biol.): *Lebensvorgänge, die unabhängig vom Sauerstoff ablaufen.*
Ana|ge|ne|se, die; - [aus griech. aná = (hin)auf u. ↑Genese] (Biol.): *Höherentwicklung innerhalb der Evolution* (2).
Ana|gly|phe, ⟨die; -, -n⟩ [griech. anaglyphḗ = Relief] (Physik): *in Komplementärfarben etwas seitlich mit einem anderen Bild verschoben übereinander gedrucktes u. projiziertes Bild, das beim Betrachten durch eine Anaglyphenbrille mit gleichen Komplementärfarben räumlich erscheint.*
Ana|gly|phen|bril|le, die: *spezielle Brille für das Betrachten von dreidimensionalen Bildern od. Filmen.*
Ana|gno|ri|sis, die; - [griech. anagnṓrisis] (Literaturw.): *das Wiedererkennen (zwischen Verwandten, Freunden usw.) als dramatisches Element in der antiken Tragödie.*
Ana|gnost, der; -en, -en [griech. anagnṓstēs = Vorleser, eigtl. = (Wieder)erkenner] (Rel.): *Vorleser im orthodoxen Gottesdienst.*
Ana|go|ge, die; - [griech. anagogḗ = das Hinaufführen]: **1.** *(in der altgriechischen Philosophie) das »Hinaufführen« des Eingeweihten zur Schau der Gottheit.* **2.** *(in der altgriechischen Rhetorik) Erläuterung eines Textes durch Hineinlegen eines höheren Sinnes.*
ana|go|gisch ⟨Adj.⟩ [griech. anagōgikós = erhebend]: *die Anagoge (1, 2) betreffend.*
Ana|gramm, das; -s, -e [griech. anágramma] (bildungsspr.): **1.** *durch Umstellung von Buchstaben od. Silben innerhalb eines Wortes entstandenes neues sinnvolles Wort.* **2.** *Buchstabenrätsel.*
ana|gram|ma|tisch ⟨Adj.⟩: *in der Art eines Anagramms.*
♦ **an|ähn|lich|en** ⟨sw. V.; hat⟩: *ähnlich machen, angleichen:* Schröder ... hat sie (= englische Lustspiele) von Grund aus verändert, dem deutschen Sinne angeähnlicht (Goethe, Dichtung u. Wahrheit III, 13).
Ana|kla|sis, die; - [griech. anáklasis = das Zurückbringen] (antike Metrik): *Vertauschung von Länge u. Kürze innerhalb desselben Metrums.*
ana|klas|tisch ⟨Adj.⟩: *(von antiken Versen) eine Anaklasis enthaltend.*
ana|ko|luth ⟨Adj.⟩: *anakoluthisch.*
Ana|ko|luth, das, auch: der; -s, -e, **Ana|ko|lu|thie**, die [lat. anacoluthon < griech. anakólouthon] (Sprachw.): *das Fortfahren in einer anderen als der begonnenen Satzkonstruktion; Satzbruch.*
ana|ko|lu|thisch ⟨Adj.⟩ (Sprachw.): *ein Anakoluth enthaltend, in einer anderen als der begonnenen Satzkonstruktion fortfahrend.*
Ana|kon|da, die; -, -s [engl. anaconda, wahrsch. aus dem Singhal.]: *(in Südamerika beheimatete, überwiegend im Wasser lebende) Riesenschlange mit runden schwarzen Flecken auf dem gelbbraunen Rücken.*
Ana|kre|on|tik, die; - [nach dem altgriech. Lyriker Anakreon] (Literaturw.): *literarische Richtung, Lyrik zur Zeit des Rokokos mit den Hauptthemen Liebe, Wein, heitere Geselligkeit.*
Ana|kre|on|ti|ker, der; -s, - (Literaturw.): *Vertreter der Anakreontik.*
ana|kre|on|tisch ⟨Adj.⟩ (Literaturw.): *in der Art Anakreons, zur Anakreontik gehörend:* ein -es Gedicht.
Ana|kru|sis, die; -, ...krusen [griech. anákrousis] (Metrik): *Auftakt* (3).
Ana|ku|sis, die; - [zu griech. an- = nicht, un- u. ákousis = das Hören] (Med.): *Taubheit.*
anal ⟨Adj.⟩ [zu lat. anus, ↑Anus] (Med.): *den After betreffend, zum After gehörend:* -e Phase (Psychoanalyse; *frühkindliche, durch Lustgewinn im Bereich des Afters gekennzeichnete Entwicklungsphase*): Die -e Phase ist die auf die orale Phase folgende Entwicklungsstufe des Kindes (Heiliger, Angst 64).
Anal|cim [...ˈtsiːm], das; - [zu griech. análkimos = kraftlos, schwach; wohl wegen der geringen elektr. Aufladbarkeit]: *weißes bis schwach rotes od. gelbes Mineral.*
Ana|lek|ten ⟨Pl.⟩ [lat. analecta < griech. análekta = Ausgesuchtes] (bildungsspr. veraltet): *Sammlung von Auszügen aus der Dichtung od. aus wissenschaftlichem Material.*
ana|lek|tisch ⟨Adj.⟩ (bildungsspr.): **a)** *die Analekten betreffend;* **b)** *auswählend.*
Ana|lep|ti|kon, Ana|lept|i|kum, das; -s, ...ka [zu griech. anapleptikós = erquickend, stärkend] (Med.): *Anregungsmittel.*
ana|lep|tisch ⟨Adj.⟩ (Med.): *anregend, belebend, stärkend.*
Anal|ero|tik, die (Psychoanalyse): *[frühkindliches] sexuelles Lustempfinden im Bereich des Afters.*
Anal|ero|ti|ker, der (Psychoanalyse): *jmd., dessen sexuelles Lustempfinden auf den Analbereich fixiert ist.*
Anal|ero|ti|ke|rin, die: w. Form zu ↑Analerotiker.
Anal|fis|sur, die (Med.): *schmerzhafte Rissbildung der Haut am After.*
Anal|fis|tel, die (Med.): *After-, Mastdarmfistel.*
An|al|gen, das; -s, -e (Med.): *Analgetikum.*
An|al|ge|sie, die; -, -n [aus griech. an- = nicht, un- u. ↑Algesie] (Med.): *Aufhebung der Schmerzempfindung, Schmerzlosigkeit.*
An|al|ge|ti|kum, das; -s, ..ka [zu griech. an- = nicht, un- u. álgos = Schmerz] (Med.): *schmerzstillendes Mittel.*
an|al|ge|tisch ⟨Adj.⟩ (Med.): *schmerzstillend.*
An|al|gie, die; -, -n (Med.) *Analgesie.*
Anal|ko|i|tus, der: *Analverkehr.*
an|al|lak|tisch ⟨Adj.⟩ [griech. anállaktos] (Fachspr.): *unveränderlich:* -er Punkt (Optik; *vorderer Brennpunkt bei Fernrohren*).
ana|log [frz. analogue < lat. analogos < griech. análogos, eigtl. = dem Logos, der Vernunft entsprechend, zu: aná = gemäß u. lógos, ↑Logos]: **I.** ⟨Adj.⟩ **1.** (bildungsspr.) *entsprechend; ähnlich, vergleichbar, gleichartig; eine -e Erscheinung; etw. a. nachbilden; a. verlaufen;* Mit dem »Hochgeboren« und »Hochwohlgeboren« ist es genau mit dem »Familie« und der »guten Familie«, ganz a. (Th. Mann, Krull 270). **2. a)** (EDV) *kontinuierlich, stufenlos;* **b)** (Physik) *durch ein und dieselbe mathematische Beziehung beschreibbar; einen Wert durch eine physikalische Größe darstellend:* -es Signal (*Analogsignal*). **II.** ⟨Präp. mit Dativ⟩ *entsprechend:* a diesem Fall.
Ana|lo|gat, das; -[e]s, -e (bildungsspr.): *analoges Verhältnis von Begriffen (z. B. in der Philosophie).*
Ana|log-di|gi|tal-Kon|ver|ter, der (EDV): *elektronische Schaltung, die Analogsignale in Digitalsignale umsetzt.*
Ana|log-di|gi|tal-Um|set|zer, Ana|log-di|gi|tal-Wand|ler, der (EDV): *Analog-digital-Konverter.*
Ana|log|grö|ße, die (Physik): *zur Darstellung u. Übermittlung von Signalen (3) verwendbare physikalische Größe, deren Informationsparameter (z. B. Amplitude*

Analogie

Ana|lo|gie, die; -, -n [lat. analogia < griech. analogía]: **1.** (bildungsspr.) *Entsprechung, Ähnlichkeit, Gleichheit von Verhältnissen:* zwischen den beiden Fällen besteht eine A.; eine A. aufweisen; Zuweilen glaubte man der Sache auf den Grund zu kommen, indem man eine A. zu Hilfe rief (Niekisch, Leben 88); etw. in A. zu etw. anderem beurteilen. **2.** (Biol.) *gleiche od. ähnliche Funktionsweise bei Organen von entwicklungsgeschichtlich verschiedener Herkunft:* Kiemen und Lungen sind Beispiele für die A.

Ana|lo|gie|bil|dung, die (Sprachw.): *nach dem Vorbild eines anderen Wortes od. einer anderen Form gebildetes Wort, gebildete Form:* »nachts« ist als A. zu »tags, morgens« entstanden.

Ana|lo|gie|er|zäh|lung, die: *Form des Zauberspruchs, bei der durch die Erzählung einer analogen Geschichte das Gewünschte wirksam gemacht werden soll.*

Ana|lo|gie|mo|dell, das (Physik, Technik): *mathematisch-physikalisches Modell, mit dem eine physikalische Erscheinung, die für eine exakte Berechnung zu kompliziert ist, in den wesentlichen Zügen u. Eigenschaften beschrieben werden kann:* -e sind die Grundlage für Analogrechner.

Ana|lo|gie|schluss, der (Philos.): *logisches Schlussverfahren, bei dem von der Übereinstimmung zweier Dinge in einigen Punkten auf Gleichheit auch in anderen Punkten geschlossen wird:* Der A. vom Tier auf den Menschen bei Galen hat über ein Jahrtausend Irrtümer konserviert (Medizin II, 262).

Ana|lo|gie|ver|fah|ren, das (Physik, Technik): *Aufstellung u. Verwendung eines Analogiemodells bei der Berechnung komplizierter physikalischer u. technischer Erscheinungen.*

Ana|lo|gie|zau|ber, der (Volksk.): *Zauber, der durch eine bestimmte Handlung Ähnliches bewirken will* (z. B. das Verbrennen von Haaren eines Menschen, der dadurch geschwächt werden od. sterben soll).

ana|lo|gisch ⟨Adj.⟩: *auf Analogie beruhend.*

Ana|lo|gis|mus, der; -, ...men: *Analogieschluss.*

Ana|lo|gon [auch: a'na...], das; -s, ...ga [griech. análogon] (bildungsspr.): *analoger, ähnlicher, gleich gearteter Fall:* warum unsere Zeit offensichtlich vor einer ganz neuen Situation zu stehen scheint, zu der es in der Geschichte kaum ein A. gibt (Heisenberg, Naturbild 17).

Ana|log|rech|ner, der (EDV): *Rechenanlage, in der die Ausgangswerte u. das Ergebnis einer Rechenaufgabe als physikalische Größen dargestellt werden.*

Ana|log|si|gnal, das (Informatik, Physik): *durch eine Analoggröße repräsentiertes od. mit ihr moduliertes Signal* (3).

Ana|log|uhr, die: *Uhr, bei der die Zeitangabe auf einem Zifferblatt durch Zeiger erfolgt.*

An|al|pha|bet [auch: '- - - -], der; -en, -en [griech. analphábētos, aus: an- = nicht, un- u. alphábētos, ↑Alphabet]: *jmd., der nicht lesen u. schreiben gelernt hat:* 5–10 % der europäischen Bevölkerung sind -en; Ü ein politischer A.; Ein Bekannter hat mich neulich gefragt: »Wie kannst du dich mit einem solchen -en zusammentun?« (Hörzu 45, 1973, 136).

An|al|pha|be|ten|tum, das; -s: *Vorhandensein, Verbreitung von Analphabeten in einem bestimmten Gebiet, Land:* Partinico galt lange Zeit als bedrückendes Beispiel für Rückständigkeit, A. und Aberglauben (Fest, Im Gegenlicht 99).

An|al|pha|be|tin, die; -, -nen: w. Form zu ↑Analphabet.

an|al|pha|be|tisch ⟨Adj.⟩: *des Lesens u. Schreibens unkundig:* ein -es Land; ein hoher Prozentsatz der Bevölkerung ist a.

An|al|pha|be|tis|mus, der; -: *Unfähigkeit, zu schreiben u. zu lesen.*

Anal|ver|kehr, der (Med.; Sexualk.): *Geschlechtsverkehr, bei dem der Penis in den After eingeführt wird; Analkoitus.*

Ana|ly|sand, der; -en, -en (Psychoanalyse): *jmd., der psychologisch analysiert wird, sich einer psychoanalytischen Behandlung unterzieht.*

Ana|ly|san|din, die: w. Form zu ↑Analysand.

Ana|ly|sa|tor, der; -s, ...toren: **1.** (Physik) *Messvorrichtung zur Untersuchung von polarisiertem Licht.* **2.** (Physik) *Vorrichtung zum Zerlegen einer Schwingung in harmonische Schwingungen.* **3.** (Psychoanalyse) *jmd., der eine psychotherapeutische Behandlung durchführt.*

Ana|ly|sa|to|rin, die: w. Form zu ↑Analysator (3).

Ana|ly|se, die; -, -n [mlat. analysis < griech. análysis = Auflösung, Zergliederung, zu: analýein = auflösen, zu: lýein, ↑Lysis]: **1.** (bildungsspr.) *Untersuchung, bei der etw. zergliedert, ein Ganzes in seine Bestandteile zerlegt wird:* eine wissenschaftliche, sorgfältige A.; die A. der Marktlage; Die Formulierungen, welche ich in meiner A. des Hitlerreichs geprägt hatte (Niekisch, Leben 285); eine A. machen, vornehmen, durchführen. **2.** (Chemie) *Ermittlung der Einzelbestandteile von zusammengesetzten Stoffen od. Stoffgemischen mit chemischen od. physikalischen Methoden:* eine quantitative, qualitative A. durchführen.

Ana|ly|sen|lam|pe, die: *UV-Lampe mit Filtern, die nur für ultraviolette Strahlen durchlässig sind; Schwarzlichtlampe.*

Ana|ly|sen|waa|ge, die (Chemie): *in der quantitativen Chemie gebrauchte, sehr empfindliche [elektrische] Waage; Feinwaage.*

ana|ly|sie|ren ⟨sw. V.; hat⟩ (bildungsspr.): *auf einzelne Merkmale hin untersuchen; zergliedern u. dadurch klarlegen:* einen Roman, eine Sonate, die Lage, eine Beziehung, seine Mitmenschen, sich selbst a.; Er machte sich selten die Mühe, seine Gefühle zu a. (Danella, Hotel 117); Er möchte ... sein Werk vor einer rational analysierenden ... Kritik schützen (Reich-Ranicki, Th. Mann 74).

Ana|ly|sis, die; - [mlat. analysis < griech. análysis, ↑Analyse]: **1.** (Math.) *Teil der Mathematik, in dem mit Grenzwerten gearbeitet, die Infinitesimalrechnung angewendet wird.* **2.** (Geom.) *Voruntersuchung beim Lösen geometrischer Aufgaben.*

Ana|lyst [auch engl.: 'ænəlıst], der; -en, -en u. (bei engl. Aussprache:) -s, -s (Börsenw.): *Börsenfachmann, der die Lage u. Tendenz an der Börse beobachtet u. analysiert:* Obwohl die französische Wirtschaft langsam an Fahrt gewinnt ..., rechnen die -en von Paribas Capital Markets damit, dass sich der Gewinn 1997 halbiert Woche 4. 4. 97, 11).

Ana|lys|tin, die; -, -nen: w. Form zu ↑Analyst.

Ana|ly|tik, die; - [lat. analytice < griech. analytikē (téchnē)]: **1.** (Philos.) *Kunst der Analyse, Lehre von den Schlüssen u. Beweisen.* **2.** *analytische Chemie.*

Ana|ly|ti|ker, der; -s, - (bildungsspr.): *jmd., der [in seinem Fachgebiet, bes. in der Psychoanalyse] nach der analytischen Methode vorgeht.*

Ana|ly|ti|ke|rin, die; -, -nen: w. Form zu ↑Analytiker.

ana|ly|tisch ⟨Adj.⟩ [lat. analyticus < griech. analytikós] (bildungsspr.): *zergliedernd, zerlegend; auf logischer Zergliederung, auf einem logisch zergliedernden Verfahren beruhend:* eine -e Arbeit, Untersuchung, Methode, Begabung; Grenouille besaß ... die beste Nase der Welt, sowohl a. als auch visionär (Süskind, Parfum 122); -e Chemie (Gebiet der Chemie, das sich mit der Analyse (2) befasst); -e Geometrie (Geometrie, bei der für geometrische Gebilde Funktionsgleichungen aufgestellt werden); -e Sprachen (Sprachen, bei denen syntaktische Beziehungen nicht am Wort selbst, sondern durch selbstständige Wörter ausgedrückt werden); -es Urteil (Philos.; Urteil, das aus der Zergliederung eines Begriffs gewonnen wird und nur so viel Erkenntnis vermittelt, wie in diesem enthalten ist); a. vorgehen, arbeiten.

Anä|mie, die; -, -n [griech. anaimía, zu haīma = Blut] (Med.): *Verminderung des roten Blutfarbstoffs u. der roten Blutkörperchen; Blutarmut:* perniziöse A. (schwere anämische Erkrankung).

an|ä|misch ⟨Adj.⟩ (Med.): *die Anämie betreffend; blutarm; blutleer:* -er Infarkt (durch Unterbrechung der arteriellen Blutzufuhr entstehende Nekrose mit gelblich weißer Verfärbung des Gewebes); a. aussehen; Ü (abwertend:) die Monotonie seiner ohnehin -en Prosa (Deschner, Talente 32).

Anam|ne|se, die; -, -n [spätlat. anamnesis < griech. anámnēsis = Erinnerung] (Med.): *Vorgeschichte einer Krankheit:* die A. aufnehmen.

anam|nes|tisch, anam|ne|tisch ⟨Adj.⟩: *die Anamnese betreffend.*

Anam|ni|er ⟨Pl.⟩ [zu griech. an- = nicht, un- u. ↑Amnion] (Biol.): *Wirbeltiere, deren embryonale Entwicklung ohne Bildung des Amnions verläuft* (Fische u. Lurche).

Ana|mor|pho|se, die; -, -n [griech. ana-

Anastasis

mórphōsis = Umgestaltung, Verwandlung] (Kunstwiss.): *für die normale Ansicht verzerrt gezeichnete Darstellung eines Gegenstandes.*

Ana|mor|phot, der; -en, -en (Optik): *Linse zur Entzerrung anamorphotischer Abbildungen.*

ana|mor|pho|tisch ⟨Adj.⟩ (Fachspr.): *umgestaltet, verwandelt, verzerrt:* -e Abbildungen (Foto- u. Kinotechnik; *Abbildungen, die bewusst verzerrt dargestellt sind).*

Ana|nas, die; -, -u. -se [port. ananás < indian. (südamerik.) (a)naná]: **1.** *tropische Pflanze mit rosettenartig angeordneten Blättern u. Blütenständen, die bei Entstehung der Frucht mit Teilen der Blüte u. der Deckblätter zu großen zapfenförmigen Früchten verwachsen.* **2.** *gelbe bis orangefarbene Frucht der Ananas* (1) *mit hellgelbem, saftig fleischigem, süßsäuerlich schmeckendem Fruchtfleisch.*

Ana|nas|erd|bee|re, die (veraltet): *Gartenerdbeere mit großen Früchten.*

Ana|nas|frucht, die: *Frucht der Ananas* (1).

Ana|nas|gal|le, die (Bot.): *durch Blattläuse verursachte ananasförmige Galle an jungen Fichtentrieben.*

Ana|nas|krank|heit, die [nach dem ananasfruchtähnlichen Aussehen] (Bot.): *Missbildungen an den Trieben von Nelken.*

an|an|geln ⟨sw. V.; hat⟩ (Angelsport): *zum ersten Mal gemeinschaftlich in der Saison angeln:* nächsten Sonntag werden wir a.; ⟨subst.:⟩ *zum Anangeln haben sich zahlreiche Angler angemeldet.*

Anan|kas|mus, der; -, ...men [zu ↑Ananke] (Psych.): *krankhafter Zwang zu bestimmten Vorstellungen od. Handlungen* (z. B. der Zwang, sich immer wieder die Hände waschen zu müssen, Gegenstände zu zählen o. Ä.).

Anan|kast, der; -en, -en: *jmd., der unter Anankasmus leidet.*

Anan|ke, die; - [griech. anágkē = Zwang, Notwendigkeit] (Philos.): *schicksalhafte Macht der Natur u. ihrer Gesetze, denen selbst die Götter unterliegen; Schicksal, Verhängnis.*

Anan|ta|po|dol|ton, das; -, ...ta [griech. anantapódoton, eigtl. = das Nichtzurückgegebene] (Sprachw.): *bei Sätzen mit zweigliedrigen Konjunktionen das Fehlen des durch die zweite Konjunktion eingeleiteten Satzes.*

Ana|nym, das; -s, -e [zu griech. aná = (dar)auf u. ónyma = Name]: *aus dem rückwärts geschriebenen wirklichen Namen gebildetes Pseudonym, bei dem die Buchstaben nicht od. nur teilweise verändert werden* (z. B. Ceram aus Marek).

ana par|tes ae|qua|les [-- ε...; lat. = zu gleichen Teilen]: *Vermerk auf ärztlichen Rezepten (bei mehreren Bestandteilen einer Arzneimischung;* Abk.: āā od. ā̄a. pt. aequ. od. aeq.

Ana|päst, der; -[e]s, -e [lat. anapaestus < griech. anápaistos] (Verslehre): *aus zwei Kürzen u. einer Länge bestehender Versfuß.*

ana|päs|tisch ⟨Adj.⟩: *in der Form eines Anapästs.*

Ana|pha|se, die; -, -n [aus griech. aná = (hin)auf u. ↑Phase] (Biol.): *bestimmtes Stadium bei der Kernteilung der Zelle.*

Ana|pher, die; -, -n [↑Anaphora] (Sprachw.): **1.** *Wiederholung eines od. mehrerer Wörter zu Beginn aufeinander folgender Sätze od. Satzteile.* **2.** *zurückverweisendes Element eines Textes* (z. B. Das Auto ... Es war ... seine Tür).

Ana|pho|ra [auch: a'na...], die; -, ...rä [lat. anaphora < griech. anaphorá, eigtl. = das Emportragen; Beziehung (auf etw.)] (Sprachw.): *Anapher.*

ana|pho|risch ⟨Adj.⟩ (Sprachw.): *die Anapher betreffend, in der Art der Anapher.*

An|aph|ro|di|si|a|kum, Antaphrodisiakum, das; -s, ...ka [aus griech. an- = nicht, un- u. ↑Aphrodisiakum] (Med.): *Mittel zur Herabsetzung des Geschlechtstriebes.*

An|aph|ro|di|sie, die; -, -n [zu griech. an- = nicht, un- u. aphrodísios, ↑aphrodisisch] (Med.): *geschlechtliche Empfindungslosigkeit.*

ana|phy|lak|tisch ⟨Adj.⟩ (Med.): *die Anaphylaxie betreffend:* -er Schock (Med.; *Schock infolge von Überempfindlichkeit gegenüber wiederholter Zufuhr desselben Eiweißes durch Injektion* 1).

Ana|phy|la|xie, die; -, -n [zu griech. aná = (hin)auf u. phýlaxis = Beschützung] (Med.): *Überempfindlichkeit, schockartige allergische* (1) *Reaktion, bes. gegen artfremdes Eiweiß.*

Anap|ty|xe, die; -, -n [griech. anáptyxis = Entfaltung, Entwicklung] (Sprachw.): *Bildung eines Sprossvokals zwischen zwei Konsonanten* (z. B. »fünef« für fünf).

an|ar|bei|ten ⟨sw. V.; hat⟩: **a)** *(gegen etw.) Maßnahmen ergreifen, angehen* (6): er hat vergeblich gegen seine Sucht angearbeitet; Ich weiß nicht, wie lange man das aushält, dagegen anzuarbeiten (MM 7.7. 89, 40); **b)** *(etw. an etw.) anfügen, befestigen:* den Kragen hat sie nicht exakt angearbeitet; **c)** ⟨a. + sich⟩ *bei der Arbeit bekommen, sich zuziehen:* ich habe mir beim Rasenmähen Blasen angearbeitet; Während ... der ... Vater sich für 2,50 Mark als Hafenmalocher den Buckel anarbeitet (*sich abarbeitet;* Lindenberg, El Panico 9).

anarch ⟨Adj.⟩ [griech. ánarchos = ohne (An)führer; zügellos, aus an- = nicht, un- u. árchein = vorangehen, führen; herrschen] (selten): *anarchisch.*

An|arch, der; -en, -en (selten): *Anarchist:* er begreift sich als -en, Pendant des Monarchen, freier als dieser, der seiner Macht dienen muss (Börsenblatt 22. 11. 77, 43); Das ist der A. Das ist der Mann, der sich überhaupt nicht kümmert um die, die da oben Angst machen wollen, und um die, die da unten Angst haben (Spiegel 33, 1982, 162).

An|ar|chie, die; -, -n [griech. anarchía, zu: ánarchos = führerlos; zügellos, zu: an- = nicht, un- u. árchein = Führer sein, herrschen]: **a)** *Zustand der Herrschaftslosigkeit, Gesetzlosigkeit; Chaos in rechtlicher, politischer, wirtschaftlicher, gesellschaftlicher Hinsicht:* einen Staat, die Wirtschaft an den Rand der A. bringen; Überall herrscht A. Überall herrscht Willkür (Feuchtwanger, Erfolg 582); **b)** (Philos.): *gesellschaftlicher Zustand, in dem eine minimale Gewaltausübung durch Institutionen u. maximale Selbstverantwortung des Einzelnen vorherrscht.*

anar|chisch ⟨Adj.⟩: *gesetzlos, ohne eine gesetzliche Ordnung, chaotisch:* -e Zustände. Verhältnisse; ...die Stadt. Der erste Eindruck ist der eines beispiellosen Wesens, hervorgerufen durch die Masse der Menschen (Fest, Im Gegenlicht 229); a. leben; ⟨subst.:⟩ nie verheimlichte er seine Schwäche für das ... Abenteuerhafte, ja für das Anarchische (Reich-Ranicki, Th. Mann 44).

Anar|chis|mus, der; -: *Lehre, die eine Gesellschaftsform ohne Staatsgewalt u. gesetzlichen Zwang propagiert:* sich zum A. bekennen; ... halte ich es mit ... Kant. Der hat gesagt: »A. ist Gesetz und Freiheit ohne Gewalt.« (Spiegel 16, 1983, 222).

Anar|chist, der; -en, -en [fz. anarchiste, zu: anarchie < griech. anarchía, ↑Anarchie]: *Anhänger des Anarchismus:* außerdem sind wir -en und für die totale menschliche Befreiung (Praunheim, Armee 281); er ist kein A., der die Welt verbessern will und Attentate macht (Spiegel 33, 1982, 161).

Anar|chis|tin, die; -, -nen: w. Form zu ↑Anarchist.

anar|chis|tisch ⟨Adj.⟩: *der Anarchismus betreffend, ihn vertretend, dem Anarchismus entspringend:* -e Ideen, Parolen, Gruppen, Aktionen; Ganoven ..., die bis aufs Mark a. waren (Genet [Übers.], Totenfest 196).

Anar|cho, der; -[s], -[s] (Jargon): *jmd., der sich gegen die bestehende bürgerliche Gesellschaft u. deren Ordnung gewaltsam auflehnt.*

Anar|cho|syn|di|ka|lis|mus, der; - [zu griech. anarchos, ↑anarch u. ↑Syndikalismus]: *(hauptsächlich im 1. Viertel des 20. Jh.s bes. in den romanischen Ländern aktive) nach einer staaten- u. klassenlosen Gesellschaft auf gewerkschaftlicher Grundlage strebende bedeutsame Arbeiterbewegung.*

Anar|cho|syn|di|ka|list, der; -en, -en: *Anhänger des Anarchosyndikalismus.*

Anar|cho|syn|di|ka|lis|tin, die; -, -nen: w. Form zu ↑Anarchosyndikalist.

Anar|cho|sze|ne, die (Jargon): *Milieu, Szene* (4) *der Anarchos; Personenkreis, der anarchistischen Ideen zugänglich ist.*

Anä|re|sis, die; -, ...resen [griech. anaíresis = das Aufheben] (antike Rhet.): *Entkräftung einer gegnerischen Behauptung.*

An|ar|thrie, die; -, -n [zu griech. an- = nicht, un- u. arthroūn = artikulierte Laute hervorbringen] (Med.): *Unvermögen, Wörter od. Einzellaute trotz Funktionstüchtigkeit der Sprechorgane richtig zu bilden.*

Ana|sar|ka, Ana|sar|kie, die; - [aus griech. aná sárka = ins Fleisch hinein] (Med.): *Ödem des Zellgewebes der Unterhaut.*

Anas|ta|sis, die; - [griech. anástasis = Auferstehung] (Kunstwiss.): *bildliche*

anastatisch

Darstellung der Auferstehung Jesu (in der byzantinischen Kirche).
anas|ta|tisch ⟨Adj.⟩ [zu griech. aná = (hin)auf u. statikós = stellend]: *wieder auffrischend, neu bildend:* -er Druck *(Nachdruckverfahren ohne Neusatz durch Übertragung der Druckschrift auf Stein od. Zink).*
An|äs|the|sie, die; -, -n [griech. anaisthēsía = Gefühllosigkeit] (Med.): **1.** *Betäubung, Ausschaltung der Schmerzempfindung bes. durch Narkose:* lokale A. *(örtliche Betäubung).* **2.** *Unempfindlichkeit des Nervensystems gegen bestimmte Reize, Fehlen der Schmerzempfindung infolge von Erkrankungen od. Narkose:* Die Bezeichnung A. ... wurde von Platon geprägt für den Begriff der Empfindungslosigkeit, vor allem gegenüber dem Schmerz (Medizin II, 11).
an|äs|the|sie|ren ⟨sw. V.; hat⟩ (Med.): *schmerzunempfindlich machen, betäuben:* den Patienten vor der Operation a.
An|äs|the|sio|lo|ge, der; -n, -n (Med.): *Wissenschaftler auf dem Gebiet der Anästhesiologie.*
An|äs|the|sio|lo|gie, die; - [zu Logos, ↑ Logos] (Med.): *Wissenschaft von der Anästhesie (1) u. den verschiedenen Narkoseverfahren.*
An|äs|the|sio|lo|gin, die; -, -nen: w. Form zu ↑ Anästhesiologe.
an|äs|the|sio|lo|gisch ⟨Adj.⟩: *die Anästhesiologie betreffend.*
An|äs|the|sist, der; -en, -en (Med.): *Facharzt für Anästhesie (1); Narkosefacharzt.*
An|äs|the|sis|tin, die; -, -nen: w. Form zu ↑ Anästhesist.
An|äs|the|ti|kum, das; -s, ...ka (Med.): *schmerzstillendes, den Schmerz ausschaltendes Mittel:* ein allgemeines, örtliches A.
an|äs|the|tisch ⟨Adj.⟩ (Med.): **1.** *den Schmerz ausschaltend.* **2.** *mit Unempfindlichkeit gegen bestimmte Reize, bes. gegen Schmerzen, verbunden.*
an|äs|the|ti|sie|ren ⟨sw. V.; hat⟩: ↑ anästhesieren.
An|as|tig|mat, der; -en, -en, auch: das; -s, -e (Fot.): *Objektiv, das Abbildungen ohne Verzerrungen ermöglicht.*
an|as|tig|ma|tisch ⟨Adj.⟩ [aus griech. an- = nicht, un- u. ↑ astigmatisch] (Fot.): *nicht astigmatisch, unverzerrt.*
Anas|to|mo|se, die; -, -n [griech. anastómōsis = (Er)öffnung] **1.** (Bot.) *Querverbindung zwischen Gefäßsträngen od. Pilzfäden.* **2.** (Med.) **a)** *natürliche Verbindung zwischen Blut- od. Lymphgefäßen od. zwischen Nerven;* **b)** *operativ hergestellte künstliche Verbindung zwischen Hohlorganen.*
Ana|stro|phe [...fe], die; -, ...strophen [spätlat. anastrophe < griech. anastrophē = Umkehr, Umstellung] (Sprachw.): *Umkehrung der gewöhnlichen Wortstellung, bes. die Stellung der Präposition hinter dem dazugehörenden Substantiv (z. B. zweifelsohne für ohne Zweifel).*
Anas|ty|lo|se, die; -, -n [zu griech. aná = (hin)auf u. styloûn = mit Säulen stützen] (Denkmalpflege): *Wiederaufrichtung*

zusammengestürzter Steinbauten, z. B. griechischer Tempel, unter Verwendung vorhandener Bauteile auf dem ursprünglichen Fundament.
Ana|te|xis, die; - [griech. anátēxis = das Schmelzen] (Geol.): *teilweises od. völliges Aufschmelzen fester Gesteine durch Druck- od. Temperaturänderung.*
Ana|them, das; -s, -e: ↑ Anathema (1).
Ana|the|ma [auch: a'na...], das; -s, -ta [...'te:mata; lat. anathema < griech. anáthema]: **1.** (kath. Kirche) *Kirchenbann, Exkommunikation; Verurteilung von Irrlehren:* Ü Unter den Figuren der Moderne, über welche das A. ergeht, befindet sich auch Freud (Adorno, Prismen 100). **2.** (antike Rel.) **a)** *Weihegeschenk, den Göttern vorbehaltene u. geweihte Gabe;* **b)** *das dem Zorn der Götter Überlieferte, das Verfluchte.*
ana|the|ma|ti|sie|ren ⟨sw. V.; hat⟩ [kirchenlat. anathematizare < griech. anathematízein] (kath. Kirche): *mit dem Kirchenbann belegen; verdammen.*
Ana|the|ma|ti|sie|rung, die; -, -en (kath. Kirche): *das Anathematisieren; Verdammung.*
ana|ti|o|nal [auch: ---'-] ⟨Adj.⟩ [aus griech. a- = nicht, un- u. ↑ national]: *nicht national [gesinnt].*
an|at|men ⟨sw. V.; hat⟩: *jmdn. [im Gesicht], etw. mit seinem Atem berühren, unbeabsichtigt anhauchen:* der große Spiegel ... wurde blind von oben bis unten, so atmete Tante Millie ihn an (Keun, Mädchen 153); Ü angeatmet von einem Kachelofen, der es in sich hatte, sangen wir als ... ein Weihnachtslied (Grass, Blechtrommel 317).
Ana|tol ['anato:l, auch: - - '-], der; -[s], -s [nach ↑ Anatolien]: *handgeknüpfter buntfarbiger Teppich aus Kleinasien.*
Ana|to|li|en, -s: *asiatischer Teil der Türkei.*
ana|to|lisch ⟨Adj.⟩: *Anatolien betreffend.*
Ana|tom, der; -en, -en (Med.): *Wissenschaftler auf dem Gebiet der Anatomie.*
Ana|to|mie, die; -, -n [spätlat. anatomia < griech. anatomía, zu: anatémnein = aufschneiden; sezieren] (Med.): **1.** ⟨o. Pl.⟩ **a)** *Wissenschaft vom Bau der [menschlichen] Körpers u. seiner Organe:* systematische, topographische, pathologische, vergleichende A.; **b)** *Aufbau, Struktur des [menschlichen] Körpers:* eine A. der Geschlechter; Ü Diese Unterlagen ermöglichen es ..., die A. einer Wochenschau zu studieren (Enzensberger, Einzelheiten I, 107). **2.** *anatomisches Institut:* eine Leiche an die A. geben; Ich habe einen Freund gehabt ..., der war bei der A. bedienstet (Werfel, Himmel 18). **3.** *Lehrbuch der Anatomie (1).*
ana|to|mie|ren ⟨sw. V.; hat⟩ (Med.): *sezieren.*
Ana|to|mie|saal, der (Med.): *Hörsaal der Anatomie (1).*
Ana|to|min, die; -, -nen: w. Form zu ↑ Anatom.
ana|to|misch ⟨Adj.⟩ (Med.): **a)** *den Bau des [menschlichen] Körpers betreffend:* ein -er Defekt, -e Veränderungen; Sie (= die Gesundheitsliege) wurde nach -en Gegebenheiten des menschlichen Kör-

pers gestaltet (Wohnfibel 197); **b)** *die Wissenschaft der Anatomie betreffend:* ein -es Lehrbuch, Institut; -e Präparate; Ü das -e Präparieren der Machtstruktur des Politischen (Fraenkel, Staat 266).
Ana|to|zis|mus, der; -, ...men [lat. anatocismus < griech. anatokismós, zu: tokízein = auf Zinsen leihen, wuchern, zu: tíktein = hervorbringen, verursachen, eigtl. = gebären] (Bankw.): *Verzinsung aufgelaufener Zinsen.*
ana|trop ⟨Adj.⟩ [zu griech. anatrépein = umkehren] (Bot.): *(von der Lage einer Samenanlage) umgewendet, gegenläufig.*
Anat|to, der od. das; -[s] [indian. (nördl. Südamerika) = rote Farbe]: *Orlean.*
an|axi|al ⟨Adj.⟩ [aus griech. an- = nicht, un- u. ↑ axial]: *nicht in der Achsenrichtung angeordnet, nicht axial, nicht achsrecht.*
An|azi|di|tät: ↑ Anacidität.
ana|zy|klisch [auch: ...'tsyk...] ⟨Adj.⟩ (Sprachw.): *(von Wörtern od. Sätzen) vorwärts u. rückwärts gelesen den gleichen Wortlaut ergebend (z. B. Otto).*
An|ba|cken ⟨unr. V.; bäckt/(auch:) backt an, backte/(veraltend:) buk an, angebacken⟩: **1.** ⟨hat⟩ **a)** *kurze Zeit, nicht fertig backen:* den Kuchen nur a.; Diese Masse gießt man in eine Pfanne ... und lässt sie kurz a. (Horn, Gäste 171); **b)** *nur kurze Zeit zum Backen im Backofen sein:* der Kuchen soll 10 Minuten a. **2.** *sich während des Backens an die Backform festsetzen* ⟨ist⟩: die Plätzchen sind alle am Blech angebacken.
²an|ba|cken ⟨sw. V.; ist⟩ (landsch.): *sich festsetzen, ankleben:* der Schnee, der Dreck backt [an den Schuhen] an.
an|ba|den ⟨sw. V.; hat⟩: *zum ersten Mal in der Saison baden, die Badesaison eröffnen, beginnen:* bei dem warmen Wetter können wir bald a.
an|bag|gern ⟨sw. V.; hat⟩ (salopp): *[herausfordernd] ansprechen u. unmissverständlich sein Interesse für die angesprochene Person zeigen:* da versucht er wieder, eine anzubaggern; Hat Udo deine Braut angebaggert, oder was soll der Geifer? (Spiegel 9, 1990, 11); ⟨subst.:⟩ Plumpes Anbaggern zieht nicht mehr. Die feine Kunst des Flirts wird wieder gepflegt (MM 23.6.95, 41).
an|bah|nen ⟨sw. V.; hat⟩: **a)** *in die Wege leiten, anknüpfen:* eine Verbindung, Handelsbeziehungen, Gespräche a.; Ich für mein Teil kann ... Richtlinien ziehen und Möglichkeiten a. (Th. Mann, Krull 84); **b)** ⟨a. + sich⟩ *sich zu entwickeln beginnen, sich andeuten:* eine Freundschaft, ein neues Verhältnis bahnte sich zwischen ihnen an; in ihrer Beziehung bahnt sich eine Wende an; Es hatte sich etwas angebahnt. Es wäre richtiger zu sagen, dass sie selbst ... etwas angebahnt hatte (Brückner, Quints 171).
An|bah|nung, die; -, -en: *das Anbahnen, Sichanbahnen, Sichentwickeln; Entwicklung.*
an|bal|zen ⟨sw. V.; hat⟩: *in die Richtung eines Gegenübers Balzlaute von sich geben:* der junge Vogel balzt seinen Pfleger an; das Dohlenweibchen begann die Elster anzubalzen.

an|ban|deln ⟨südd., österr.⟩, an|bän|deln sw. V.; hat⟩ [zu ↑Bändel] (ugs.): a) *mit jmdm. eine [nicht ernsthafte] Liebesbeziehung anknüpfen:* Ein bisschen mit ihr anbandeln und sie dann warm halten, solange man sie brauchte (Hilsenrath, Nacht 246); Je nach Lust und Laune können Sie scherzen, anbändeln, flirten, kritisieren (Freizeitmagazin 10, 1978, 35); b) *mit jmdm. Streit anfangen.*
An|bau, der; -[e]s, -ten: 1. a) ⟨o. Pl.⟩ *das Anbauen (eines Gebäudes od. Gebäudeteils an ein Hauptgebäude):* mit dem A. eines Seitenflügels beginnen; b) *Gebäude, das angebaut ist; angebauter Gebäudeteil* ein stilvoller A.; Die ... Aufnahme zeigt uns den östlichen Teil des ... Marktes ... mit dem Rathaus und seinen -ten (NNN 27. 2. 88, 8). 2. ⟨o. Pl.⟩ (Landw.) *das Anbauen (2), Anpflanzen:* der A. von Getreide, Kartoffeln, Tabak; Nur in den tiefer gelegenen Tälern wird A. betrieben (Kosmos 3, 1965, 97).
An|bau|be|schrän|kung, die: *Einschränkung des Anbaus (2) zur Verminderung des Angebots u. zur Stützung der Agrarpreise.*
an|bau|en ⟨sw. V.; hat⟩: 1. a) *an etw. bauend anfügen; hinzubauen:* eine Veranda, eine Garage a.; sie bauten einen Seitenflügel an das/(seltener:) an dem Hauptgebäude an; Ü Dominosteine a. *(ansetzen);* b) *ein Gebäude durch einen Anbau erweitern, vergrößern:* wir müssen a.; Ü wenn wir a. (ugs.; *einen zusätzlichen Tisch an die Tafel heranrücken),* finden alle Gäste Platz; c) ⟨a. + sich⟩ *sich an einem bestimmten Ort nieder lassen, sich ansiedeln:* ich habe mich außerhalb der Stadt angebaut. 2. *auf Feldern anpflanzen:* Gemüse, Getreide, Tabak, Wein a.
an|bau|fä|hig ⟨Adj.⟩: *für den Anbau (2) geeignet:* Das -e Land wird sich bis zum Jahr 2000 nur um vier Prozent vergrößern (Kelly, Um Hoffnung 137); diese Gemüsesorte ist bei den dortigen Klimaverhältnissen nicht a.
An|bau|flä|che, die: *Fläche für den Anbau (2):* die A. einschränken.
An|bau|ge|biet, das: *Gebiet für den Anbau (2).*
An|bau|gren|ze, die: *durch Klima, Böden o. Ä. bestimmte Grenze für den Anbau (2).*
An|bau|ho|bel, der (Bergbau): *mit selbstständigem Antrieb versehenes Gerät zur Gewinnung der Steinkohle.*
An|bau|kü|che, die: *Kücheneinrichtung, die aus Anbaumöbeln besteht.*
An|bau|me|tho|de, die: *Anbauverfahren.*
An|bau|mö|bel, das: *Möbelstück, das als Teil eines ganzen Programms mit anderen Stücken der gleichen Art zusammengesetzt werden kann.*
An|bau|mo|tor, der: *an ein Fahrrad angebauter Hilfsmotor.*
An|bau|plan, der (DDR): *den Anbau (2) betreffende Richtlinien.*
An|bau|rau|pe, die (Technik): *ansteckbare Raupenkette für Mähdrescher als Anhänger.*
An|bau|schrank, der: *Schrank als Anbaumöbel.*

An|bau|tech|nik, die: *Anbauverfahren.*
An|bau|ver|fah|ren, das: *Verfahren, nach dem der Anbau (2) betrieben wird:* biologisches A.
An|bau|wand, die: *Kombination von Anbaumöbeln, die eine Wand bilden.*
an|be|feh|len ⟨st. V.; hat⟩ (geh.): 1. *dringend anraten; ausdrücklich befehlen:* jmdm. größte Zurückhaltung a.; die Überlieferung hat festgehalten, dass er ... ihr anbefahl, sie möge sich ... als seine Schwester bezeichnen (Th. Mann, Joseph 124). 2. *anvertrauen; unter jmds. Schutz stellen:* er befahl seine Kinder, sich, sein Haus der Obhut seines Freundes an; Sie wollte ... zu dem Bilde der schwarzen Madonna, der sie sich für die Dauer dieser Gefangenschaft anbefohlen hatte (Benrath, Konstanze 87).
An|be|ginn, der; -[e]s (geh.): *Beginn, Anfang:* seit A. der Welt; von A. war die Sache verfahren; Manchen Gefängnissen entrinnen wir überhaupt nicht. Sie halten uns von A. an gefangen (Zwerenz, Kopf 201).
an|be|hal|gen sw. V.; hat⟩ (selten): *mit Behagen erfüllen:* Das (= sich einen Stumpen anzuzünden) behagete ihn seltsam an, und er konnte arbeiten (R. Walser, Gehülfe 104).
an|be|hal|ten ⟨st. V.; hat⟩ (ugs.): *nicht ablegen, nicht ausziehen:* den Mantel, die Schuhe, die Handschuhe a.; jene Holzkirschenkette ..., die sie als einziges Kleidungsstück anbehalten hatte (Grass, Blechtrommel 329).
an|bei [auch: '- -] ⟨Adv.⟩ (Amtsspr.): *als Anlage:* a. [schicken wir Ihnen] die gewünschten Unterlagen; Porto a.
an|bei|ßen ⟨st. V.; hat⟩: 1. *von etw. das erste Stück abbeißen; etw. durch Hineinbeißen zu verzehren beginnen:* einen Apfel, eine Praline a.; Sobald es gehe, wolle er ein Foto von Vater daneben hängen, sagte Robert und biss die Zigarre an (Kempowski, Uns 243); ein angebissenes Stück Brot; * zum Anbeißen sein, aussehen (ugs.; *reizend anzusehen sein*). 2. *den Köder an der Angel anfressen, verschlucken:* am Abend beißen die Fische am Abend an; Ü er wollte nicht so recht a. (ugs.; *auf das Angebot eingehen*); Ich bin verwundert darüber, was für ein namhafter Mann mit meinen kleinen Köder angebissen hat (Becker, Irreführung 164); kein Verleger hatte auf ihren Vorschlag angebissen (H. W. Richter, Etablissement 84); die Marie kriegt nur ein paar tausend Mark ..., und deshalb beißt ja auch niemand an (ugs.; *heiratet sie niemand*; Fallada, Mann 38).
an|be|kom|men ⟨st. V.; hat⟩: 1. *(nur mit Mühe) anziehen können:* ich habe die Schuhe nicht anbekommen. 2. *(nur mit Mühe) anzünden können:* ich bekomme das Streichholz nicht an.
an|be|lan|gen ⟨sw. V.; hat⟩ [zu veraltet *belangen* = *betreffen* u. ↑*anlangen*]: in der Verbindung **was jmdn., etw. anbelangt** *(was jmdn., etw. betrifft, anlangt):* was mich, diese Sache anbelangt, [so] bin ich einverstanden; Schulz wurde – was den Konsum anbelangte ... – sein weitaus bester Gast (Kirst, 08/15, 27).

an|bel|len ⟨sw. V.; hat⟩: *bellende Laute gegen jmdn., etw. ausstoßen:* der Dackel bellte ihn an, das Denkmal an; Ein Hund, der den Mond anbellt (Hagelstange, Spielball 259); Ü Er machte ein finsteres Gesicht, bellte rau alle an, die ihm über den Weg liefen (ugs.; *fuhr sie an;* Kirst, 08/15, 194); Die Problemflut steigt, die Parteien bellen sich gereizt an, aber einige der wichtigsten Konflikte bleiben unausgetragen (Woche, 18. 4. 97, 8).
an|be|que|men, sich ⟨sw. V.; hat⟩ (veraltend): *sich anpassen:* ... hatte Hans Castorp sich ... der herrschenden Sitte anbequemt, ohne Hut zu gehen (Th. Mann, Zauberberg 327); sich einer Forderung, den Verhältnissen a.
an|be|rau|men ⟨sw. V.; hat⟩ [unter Einfluss von ↑*Raum* zu spätmhd. *berämen* = *als Ziel festsetzen*, zu mhd. *rämen,* ahd. *rāmēn* = *zielen, streben*] (Amtsspr.): *[für einen bestimmten Zeitpunkt, Termin] ansetzen, bestimmen:* er beraumte eine Sitzung an/(seltener auch:) er anberaumte eine Sitzung; Constantin hatte drei Tage für den Besuch bei der Tante anberaumt (A. Kolb, Daphne 16); der anberaumte Termin.
An|be|rau|mung, die; -, -en: *das Anberaumen:* die leidige Tatsache, dass die A. der Audienz einige Tage ... in Anspruch nehmen würde (Th. Mann, Krull 378).
◆ An|berg, der; -[e]s, -e (landsch.) *Böschung, Abhang:* die beiden blanken Rappen zogen ihn schon den sandigen A. zur Geest hinauf (Storm, Schimmelreiter 59).
an|be|ten ⟨sw. V.; hat⟩: a) *(ein höheres Wesen) betend verehren:* Götzen, Götter a.; Ü dass in einer Gesellschaft, die das Geld anbetet, verpönt ist, des Geldes Erwähnung zu tun (Maass, Gouffé 311); b) *jmdn. überschwänglich verehren, vergöttern:* er betet seine Frau an.
An|be|ter, der; -s, -: a) (seltener) *jmd., der anbetet; betend verehrt:* Ü Erfolg auf Dauer ist ein Ärgernis gerade für die A. des Erfolges (Frisch, Montauk 64); b) *Verehrer:* ein heimlicher A.; eine Schar von -n erwartete den Künstler.
An|be|tracht: in der Verbindung **in A.** (im Hinblick auf; angesichts): in A. der Lage, seines hohen Alters; in A. dessen, dass er noch so jung war, ließ man ihn laufen; Wenn er ... ihm dennoch ... zum Gesellenbrief verhelfen wolle, so nur in A. von Grenouilles nicht alltäglicher Begabung (Süskind, Parfum 138).
an|be|tref|fen ⟨st. V.; hat⟩: in der Verbindung **was jmdn., etw. anbetrifft** *(was jmdn., etw. betrifft, anlangt):* was mich, diese Sache anbetrifft, [so] bin ich einverstanden; Ihm war alles, was seinen Dienst in der Wehrmacht anbetraf, scheißegal (Kirst, 08/15, 87).
an|bet|teln ⟨sw. V.; hat⟩: *sich bettelnd an jmdn. wenden; jmdn. nachdrücklich um etw., bes. eine Gabe bitten:* Kinder bettelten die Passanten [um Geld, Brot] an; Habe ich es nötig, das Mordgesindel um Verzeihung anzubetteln? (K. Mann, Mephisto 238).
An|be|tung, die; -, -en ⟨Pl. selten⟩: a) *betende Verehrung:* die A. des Jesuskindes;

eine an A. grenzende Verehrung für jmdn. zeigen; in A. versunken sein; **b)** bewundernde Verehrung, Vergötterung: ihre stille, demütige A. wärmte ihn (Hesse, Narziß 314).
an|be|tungs|voll ⟨Adj.⟩ (geh.): *voll Anbetung:* a. *die Knie beugen.*
an|be|tungs|wür|dig ⟨Adj.⟩: *in höchstem Maße verehrungswürdig, Bewunderung, Entzücken hervorrufend:* eine -e Frau.
an|beu|gen ⟨sw. V.; hat⟩: *eine Gliedmaße anwinkeln, bis zu einem bestimmten Winkel beugen:* der Verletzte konnte die Beine nicht a.; ⟨subst.:⟩ das Anbeugen des Ellenbogens.
an|be|zah|len ⟨sw. V.; hat⟩: *anzahlen.*
an|bie|dern, sich ⟨sw. V.; hat⟩ [zu ↑biederd] (abwertend): *sich jmdm. auf plumpvertrauliche Weise nähern, sich bei jmdm. einzuschmeicheln suchen:* ich dachte nicht daran, mich bei ihm anzubiedern; »Wie gefällt Ihnen denn unser Häuschen?«, biederte ich mich an (Grass, Blechtrommel 680).
An|bie|de|rung, die; -, -en: *das Sichanbiedern.*
An|bie|de|rungs|ver|such, der: *Versuch, sich bei jmdm. anzubiedern:* einen A. machen.
an|bie|ten ⟨st. V.; hat⟨ : **1. a)** *jmdm. etw. zur Verfügung stellen u. seine Bereitschaft dazu erkennen lassen, zeigen:* jmdm. seine Hilfe, seine Begleitung, seinen Platz a.; er bot ihr an, sie heimzubringen; Stadtbesichtigungsautobusse bieten ihre Dienste an (Koeppen, Rußland 181); Ü jmdm. Ohrfeigen, Schläge a. (iron. *androhen*); **b)** ⟨a. + sich⟩ *sich für einen bestimmten Zweck bereithalten, zur Verfügung stellen:* er bietet sich als zuverlässiger Vermittler an; ich biete mich zum Vorlesen an; Mädchen, die sich in den nahen Gassen anbieten *(als Prostituierte zu erkennen geben);* **c)** *(einem Gast) zum Essen, Trinken o. Ä. reichen:* jmdm. etw. zu essen, ein Getränk a.; er bot ihm eine Zigarette an *(fragte ihn, ob er eine von seinen Zigaretten rauchen wolle);* Bestimmt hat der Chef Ihnen vom Whisky angeboten (Molsner, Harakiri 11); nichts anzubieten, ⟨subst.:⟩ zum Anbieten haben; **d)** *zur Wahl stellen, bereithalten:* Griechisch sollte an allen Gymnasien wenigstens angeboten werden; jmdm. etw. als Gegengabe, als Ersatz a. **2. a)** *vorschlagen, anregen:* jmdm. eine Lösung, neue Verhandlungen a.; jmdm. das Du anbieten; der Minister hat seinen Rücktritt angeboten *(hat sein Amt zur Verfügung gestellt);* **b)** *einen Handel vorschlagen, ein [Waren]angebot machen, offerieren:* auf dem Markt Waren zum Verkauf a.; etw. zu günstigem Preis a.; einem Verlag ein Manuskript a.; sich als Fotomodell a.; **c)** *(ein Amt) antragen:* jmdm. eine neue Position, den Ministersessel a. **3.** ⟨a. + sich⟩ **a)** *in Betracht kommen, nahe liegen:* eine Lösung bietet sich an; **b)** *geeignet sein zu etw.:* der Ort bietet sich für das Treffen [geradezu] an; Die sog. »Staaten« der Ameisen ... boten sich zum Vergleich an (Hofstätter, Gruppendynamik 178).

An|bie|ter, der; -s, -: *jmd., der etw. anbietet* (2b): Denn dass die Post sich gegenüber privaten -n – zum Beispiel bei der Paketbeförderung – in echtem Konkurrenzkampf befindet, bleibt nicht erwähnt (Welt 9./10. 7. 77,1); verkommen ... sind die öffentlich-rechtlichen und privaten A. zu Promotoren ... eines schamlosen Business (Spiegel 6, 1989, 8).
An|bie|te|rin, die; -, -nen: w. Form zu ↑Anbieter.
♦ **an|bil|den,** sich ⟨sw. V.; hat⟩: *sich aneignen* (2): Unter die lässlichsten Versuche, sich etwas Höheres anzubilden, ... gehört wohl der jugendliche Trieb, sich mit Romanfiguren zu vergleichen (Goethe, Dichtung u. Wahrheit 11).
an|bin|den ⟨st. V.; hat⟩: **1. a)** *mit einer Leine, Schnur o. Ä. an etw. befestigen, festmachen:* das Boot am Ufer a.; den Hund, das Pferd an einen Pflock a.; einen Rosenstrauch a.; Ü ich lasse mich nicht a. *(lasse mir meine Freiheit nicht nehmen, will ungebunden leben);* man kann die Kinder nicht a. *(kann sie nicht daran hindern, eigene Wege zu gehen);* sie ist wegen ihrer großen Familie sehr angebunden *(hat viele Verpflichtungen u. daher wenig Zeit);* * **kurz angebunden [sein]** (unfreundlich, abweisend [sein]): er ist immer sehr kurz angebunden; »Weil ich mir's anders überlegt hab'«, antwortete er kurz angebunden (Hilsenrath, Nacht 488); **b)** (Landw.) *(ein Tier) entwöhnen u. großziehen [statt es zum Schlachten zu geben]:* ein Kalb a. **2.** (geh.) **a)** *mit jmdm. Streit beginnen, suchen; anbändeln:* er wagt nicht, mit ihm anzubinden; Hat ... jemand Lust, mit dem General anzubinden (Kirst, 08/15, 827); **b)** *mit jmdm. ein nicht ernsthaftes Liebesverhältnis anfangen:* er versuchte, mit der Kellnerin anzubinden. **3.** (Verkehrsw.) *einen Ort, Bereich, einen Verkehrsweg o. Ä. mit anderen verbinden; eine Verkehrsverbindung herstellen:* Der Leinpfad linksseitig der Saar soll ... an den Stadtverkehr angebunden werden (Saarbr. Zeitung 29./30. 12. 79, 17); Das Allgäu ist nunmehr an das Autobahnnetz ... angebunden (Saarbr. Zeitung 30. 11. 79, 13). ♦ **4.** *beschenken:* Des Jahres erster Tag ... heißt mich ... Sie jetzo anzubinden mit Versen (Goethe, Neujahrswunsch 1757).
An|bin|dung, die; -, -en (Verkehrsw.): *das Anbinden* (3): Die von Mannheim ... angestrebte direkte A. an den Nord-Süd-Verkehr der Eisenbahn (Mannheim illustriert 2, 1978, 3); eine bessere A. von öffentlichen Verkehrsmitteln an die Bahnhöfe (BM 14. 6. 84, 6); Ü Mainzer Gedankenspiele zu Kabel-TV. A. Mannheims an Pilotprojekt in Ludwigshafen erwogen (MM 1. 10. 80, 1); Wir bieten eine gute Bezahlung und wegen der A. an ein Konzernunternehmen der Reifenindustrie alle Sozialleistungen eines Großunternehmens (FR 1. 3. 85, A 47).
An|biss, der; -es, -e: **1.** *das Anbeißen:* der erste A. zeigte, dass der Apfel noch nicht reif war. **2.** *Stelle, an der etw. angebissen wurde:* den A. abschneiden.
an|blaf|fen ⟨sw. V.; hat⟩ (ugs. abwer-

tend): **1.** *(von einem Hund) anbellen, mit Gekläff belästigen:* unausgesetzt blaffte ihn der Dackel an. **2.** *heftig anfahren, zurechtweisen:* Immerhin blaffte sie ihn nicht sofort an, eine wohlerzogene Hanseatin (Frings, Fleisch 78).
an|bla|sen ⟨st. V.; hat⟩: **1.** *in Richtung auf jmdn., etw. blasen:* blase mich nicht mit dem Zigarettenrauch an!; Ein Mann hatte den Handschuh ausgezogen und blies sich die Fingerspitzen an (Plievier, Stalingrad 230). **2.** (salopp) *heftig anfahren, zurechtweisen:* Er wurde vom Oberst wegen Bummelei angeblasen (Kuby, Sieg 198). **3.** (Musik) *zu blasen beginnen; ganz leicht blasen:* einen Ton, eine Trompete a. **4.** *durch Blasen anfachen:* die Glut, das Feuer a.; den Hochofen a. *(in Betrieb setzen);* Ü den Lebensfunken wieder a. *(die Lebenskraft neu wecken).* **5.** *durch ein Horn, Signal o. Ä. das Zeichen für den Beginn von etw. geben; etw. ankündigen:* die Jagd a.; sie haben das neue Jahr angeblasen.
an|blät|tern ⟨sw. V.; hat⟩: *[ein Druckwerk] (Buch, Zeitschrift o. Ä.) nur flüchtig ansehen, durchblättern, um einen ersten Eindruck zu gewinnen:* ein Buch, eine Zeitschrift a.; ich konnte das Heft nur a.
an|ble|cken ⟨sw. V.; hat⟩: *(bes. vom Hund) jmdm. in drohender Gebärde die Zähne zeigen, gegen jmdn. die Zähne fletschen:* plötzlich bleckte der Hund uns an; Ü der Chef hat ihn ganz schön angebleckt *(heftig angefahren, zurechtgewiesen).*
an|blen|den ⟨sw. V.; hat⟩: *(bes. im Straßenverkehr) mit Scheinwerfern, Lampen u. Ä. auf etw. hinweisen; jmdm. Lichtsignale geben:* der Fahrer hinter mir hat mich fortwährend angeblendet; Ü Der Konsument und seine Probleme ... sind kurz angeblendet, aber kaum analysiert worden (MM 16. 11. 72, 45).
An|blick, der; -[e]s, -e: **a)** *etw., was sich dem Auge darbietet; Bild:* ein erfreulicher, trostloser A. bot sich ihr dar; Diesen A. wird niemals jemand vergessen (Kirst, 08/15, 762); man wollte ihm den traurigen A. ersparen; sich in einen A. vertiefen, verlieren; Starr stand ich da, versunken in den A. dieses Ungetüms (Radecki, Tag 31); R ein a. für Götter (ugs.; *ein köstlicher, lustiger Anblick*); **b)** ⟨o. Pl.⟩ *das Anblicken, Betrachten; Beobachten:* Thiel würdigte sie keines Blickes; sie aber erschrak beim A. ihres Mannes (Hauptmann, Thiel 45); ♦ **c)** *Blick* (1 b): Ergreife sie schnell, die holde Tochter, ... verbirg sie fern vor aller Menschen A. (Goethe, Natürliche Tochter II, 1).
an|bli|cken ⟨sw. V.; hat⟩: *[mit dem Ausdruck einer bestimmten Gefühlsregung] ansehen, seinen Blick, seine Augen auf jmdn., etw. richten:* er blickte sie lächelnd, vielsagend, von oben herab, unverwandt, mit großen Augen an; Verzaubert blickten wir einander an (Hesse, Steppenwolf 203); Ü die Rosen blickten sie traurig an.
an|blin|ken ⟨sw. V.; hat⟩: **a)** *blinkendes Licht auf jmdn. fallen lassen:* plötzlich blinkte mich eine Taschenlampe an; der Abendstern blinkte *(funkelte)* uns an;

b) *jmdn. mit einem Lichtsignal zu etw. auffordern, auf etw. aufmerksam machen:* einen ohne Licht fahrenden Pkw a.; Vor der Zeche ... wartete Martin. Ich blinkte ihn kurz an ..., und er folgte uns (v. d. Grün, Glatteis 67).

an|blin|zeln ⟨sw. V.; hat⟩: **1.** *blinzelnd ansehen, bes. um das Auge vor zu großem Lichteinfall zu schützen:* er blinzelte mich verschlafen an; Unter seinen weißen Brauen blinzelte er alle verächtlich prüfend an (H. Mann, Stadt 64). **2.** *augenzwinkernd seines [heimlichen] Mitgefühls, seiner Komplizenschaft versichern:* sie blinzelten ihn verstohlen an.

an|blit|zen ⟨sw. V.; hat⟩: *jmdn. mit blitzenden Augen (in einer Weise, die einen inneren Affekt verrät) ansehen:* jmdn. wütend, triumphierend a.; ihre Augen blitzten mich an.

an|boh|ren ⟨sw. V.; hat⟩: **1.** *mit einem Bohrer o. Ä. zu bearbeiten beginnen, ein Loch in etw. zu bohren beginnen:* Käfer, Larven bohren das Holz an; ein Brett a.; Ü es tue ... weh, wenn der Nerv des Vertrauens angebohrt werde (W. Brandt, Begegnungen 195); Aloisia bohrte ihre kleine Schläfe an, als er andeutete, er bliebe lieber im Auto (M. Walser, Seelenarbeit 210). **2.** *etw. durch Bohrung erschließen:* neue Quellen; ein Erdölvorkommen a. **3.** (ugs.) *jmdn. um etw. angehen, etw. von jmdm. bittend, fragend zu erlangen suchen:* jmdn. mit Fragen a.; Es komme ja nicht darauf an, einfach in einem Land zu sein ..., sondern darauf, sofort die richtigen Leute anzubohren (Muschg, Sommer 246).

An|boh|rung, die; -, -en: *das Anbohren.*

an|bor|gen ⟨sw. V.; hat⟩ (veraltend): *um Geld angehen:* er versucht alle Leute anzuborgen; jmdm. um 10 Mark a.

An|bot, das; -[e]s, -e (österr.): *Angebot.*

an|bran|den ⟨sw. V.; ist⟩: *schäumend an etw. branden, sich an etw. brechen:* die anbrandenden Fluten; Ü Vergeblich versuchten ... Polizisten ..., die anbrandende Menge von dem Botschaftsgebäude fern zu halten (BM 20. 8. 74, 1).

an|bras|sen ⟨sw. V.; hat⟩ (Seemannsspr.): *die Rahen eines Segelschiffes in Längsrichtung bringen, anholen:* die Matrosen brassten die Segel an; vollgetakelt ..., alle Tücher ablandig dem großen Flottenwind angebrasst (Lynen, Kentaurenfährte 312).

an|bra|ten ⟨st. V.; hat⟩: *(Fleisch) bei großer Hitze kurz braten (um dann die Zubereitung auf andere Weise fortzusetzen):* der Schweinerücken wird mit reichlich Fett angebraten.

an|brau|chen ⟨sw. V.; hat⟩ (ugs.): *etw. anbrechen, in Gebrauch nehmen:* eine neue Packung a.; Du darfst nicht 2 Selterswasserflaschen gleichzeitig a. (Wohmann, Absicht 306); angebrauchte *(nicht mehr neue, schon getragene)* Sachen.

an|bräu|nen ⟨sw. V.⟩: **1.** (Kochk.) *(auf dem Herd) nur ein wenig braun werden lassen, leicht bräunen* ⟨hat⟩: Fleisch, Mehl a. **2.** (ugs.) *ein wenig sonnengebräunt werden* ⟨ist⟩: du bist im Urlaub etwas angebräunt; angebräunt aus den Ferien zurückkehren.

an|brau|sen ⟨sw. V.; ist⟩: *mit großer Geschwindigkeit unter Getöse herankommen:* der Zug brauste an; Je ... stärker die Stürme anbrausen, desto kräftiger werden die Wurzeln der Bäume (Molo, Frieden 66); ⟨meist im 2. Part. in Verbindung mit »kommen«⟩: ein Motorrad kam angebraust.

an|bre|chen ⟨st. V.⟩: **1.** *nicht ganz [durch-, zer]brechen* ⟨hat⟩: das Stuhlbein ist angebrochen; ich habe mir einen Wirbel angebrochen; angebrochenes Geschirr. **2.** *(einen Vorrat) zu verbrauchen beginnen, (etw. Verpacktes) zum Verbrauch öffnen* ⟨hat⟩: ein neues Paket Zucker a.; eine angebrochene Flasche; ich zähle noch einmal das Geld ... und entschließe mich endgültig, es anzubrechen (Böll, Und sagte 22/23); Ü ein angebrochener Abend (ugs.: *Abend, der zum Teil bereits vergangen ist, den jmd. nicht mehr ganz zur Verfügung hat*). **3.** (geh.) *(von einem Zeitabschnitt) anfangen, beginnen, eintreten* ⟨ist⟩: der Tag bricht an *(die Morgendämmerung tritt ein);* dass mit der Christianisierung des Imperiums ... eine ganz neue Zeit angebrochen war (Thieß, Reich 290); dass seit drei Wochen alles anders ist in der Partei. Ist schon die Ära nach Kohl angebrochen? (Woche 14. 2. 97, 9).

an|brem|sen ⟨sw. V.; hat⟩: *durch kurzes Betätigen der Bremse vor Hindernissen o. Ä. die Fahrtgeschwindigkeit verringern:* der Fahrer hat [den Wagen] zu spät [vor der Kurve] angebremst.

An|brems|punkt, der: *kalkulierbare Stelle der Fahrbahn, bis zu der jmd. spätestens angefangen haben muss zu bremsen, um einer gefährlichen Situation (Ausbrechen des Wagens in einer Kurve o. Ä.) auszuweichen:* ein Verschätzen des -es.

an|bren|nen ⟨unr. V.⟩: **1.** *anzünden, zum Brennen bringen* ⟨hat⟩: den Holzstoß, die Pfeife, ein Feuerchen a.; Hanna sagt: »Pass auf. Brenn das Bett nicht an ...« (Hilsenrath, Nazi 292); ich brannte mir eine Zigarette an. **2.** *zu brennen beginnen* ⟨ist⟩: der Holzstoß, die Kohlen sind angebrannt. **3.** *(von einem Gericht, einem Nahrungsmittel) beim Kochen zu viel Hitze bekommen u. sich dadurch am Boden des Topfes o. Ä. in einer verkohlten Schicht ansetzen* ⟨ist⟩: das Essen, die Milch ist angebrannt; Lässt die Speckgrieben a., bis sie wie Rosinen schmecken (Hausmann, Abel 26); etw. brennt leicht an; das Gemüse schmeckt angebrannt; Ü sei beruhigt, hier kann nichts a. (ugs.: *kann euch Schlimmes passieren*); * **nichts a. lassen** (1. ugs.: *sich nichts entgehen lassen:* die Angst des jungen Menschen ..., ja nichts a. oder auch kalt werden zu lassen [Thielicke, Ich glaube 181]. 2. Sport Jargon: *kein Tor zulassen:* die Mannschaft, der Torwart ließ nichts a.).

An|brenn|holz, das ⟨o. Pl.⟩: *dünnes Holz, das zum Anbrennen (1) des Feuers geeignet ist:* über das Papier legte sie A.

an|brin|gen ⟨unr. V.; hat⟩ /vgl. angebracht/: **1.** (ugs.) *von irgendwoher herbeibringen, heranschleppen; mit nach Hause bringen:* die Kinder brachten ein Eichhörnchen, einen neuen Freund an; wie einer eine ganze Tüte mit Heringen anbrachte, weil ... ein Heringsfass umgestürzt war (Drewitz, Eingeschlossen 57). **2.** *an einer bestimmten Stelle festmachen, befestigen:* eine Lampe an der/(seltener:) an die Decke a.; eine Gelegenheit, am Rathaus eine Gedenktafel anzubringen (H. Mann, Stadt 81); Ü in einem Manuskript Änderungen, Verbesserungen a. **3.** *vorbringen, [beiläufig] zur Sprache bringen; äußern:* eine Beschwerde, eine Bitte bei jmdm. a.; sein Wissen a. *(zeigen, beweisen)* können; Fox, der ... auf eine Gelegenheit wartete, diese Bemerkung anzubringen (Geissler, Nacht 105); Der Redner ... bringt seinen Trinkspruch an *(trägt ihn vor;* Horn, Gäste 61). **4.** (ugs.) **a)** *(jmdm.) irgendwo unterbringen:* er hat seinen Sohn nur schwer als Lehrling, in einer Lehrstelle angebracht; sie bemüht sich, ihre Töchter anzubringen *(sie zu verheiraten);* **b)** *verkaufen, einen Käufer für etw. finden:* die Ware ist schwer anzubringen. **5.** (landsch.) *anzeigen, denunzieren:* er hat ihn, alles [beim Lehrer] angebracht. **6.** (ugs.) *anziehen können, anbekommen:* die Schuhe habe ich kaum angebracht.

An|brin|ger, der; -s, - (landsch.): *Angeber, Denunziant:* du bist ein richtiger A.!

An|brin|gung, die; -: *das Anbringen (2), Befestigen.*

An|bruch, der; -[e]s, Anbrüche: **1.** ⟨o. Pl.⟩ (geh.) *Anfang, Beginn:* der A. einer neuen Epoche; bei, vor, mit A. der Dunkelheit; die Gründung der Räterepublik als A. einer Zeit allgemeinen Friedens (Niekisch, Leben 70). **2.** *Beginn eines Bruchs, einer Beschädigung durch Brechen:* der Apparat zeigte auch nicht den Schatten eines -s. **3.** (Bergbau) *angebrochene Schicht nutzbarer Mineralien:* ein frischer A. **4. a)** (Forstw.) *krankes, fauliges Holz;* **b)** (Jagdw.) *eingegangenes, verwesendes Wild.*

an|brü|chig ⟨Adj.⟩ (Forstw., Jagdw.): *verwesend, verfaulend.*

an|brü|hen ⟨sw. V.; hat⟩: **a)** *mit kochendem Wasser übergießen [u. quellen lassen]:* Kaffee, Tee a.; **b)** *kurz in kochendes Wasser legen:* angebrühte Tomaten.

an|brül|len ⟨sw. V.; hat⟩: **1. a)** *(von bestimmten Tieren) brüllende Laute gegen jmdn. ausstoßen:* der Löwe, die Kuh brüllte mich an; **b)** (ugs.) *mit großem Stimmaufwand zurechtweisen, anfahren, seinen Unmut an jmdm. auslassen:* er brüllte den Jungen an; sie haben sich/ (geh.:) einander angebrüllt; Sie wurden gerade von einem Mann angebrüllt: »Saubande ..., könnt ihr denn nicht aufpassen!« (Kühn, Zeit 416). **2.** (ugs.) *mit lauter Stimme einen Lärm zu übertönen versuchen:* gegen den Motorenlärm a.

an|brum|men ⟨sw. V.; hat⟩: **1.** *(von bestimmten Tieren) Brummlaute gegen jmdn. ausstoßen:* der Bär brummte ihn an. **2.** (ugs.) *in brummigem Ton anfahren:* er brummte sie unwirsch an; »Halten Sie ihn«, brummte der Schließer Rose an (Apitz, Wölfe 228).

an|brü|ten ⟨sw. V.; hat⟩: *zu bebrüten an-*

anbuffen

fangen, kurze Zeit bebrüten: die Gans hat die Eier bereits angebrütet; angebrütete Eier.
an|buf|fen ⟨sw. V.; hat⟩ [zu ↑puffen] (derb): *schwängern:* Gerade Haltung da, du schaukelst ja wie 'ne angebuffte Jungfrau! (Bredel, Prüfung 69).
ANC [aːlɛnˈtseː], der; -[s] [Abk. für: African National Congress]: *politische Partei in der Republik Südafrika.*
an|ceps: ↑anzeps.
An|chor|man [ˈɛŋkəmən], der; -, ...men [...mən; engl. anchorman, aus: anchor = Anker u. man = Mann]: *Journalist o. Ä., der im Rundfunk, Fernsehen bes. in Nachrichtensendungen die einzelnen journalistischen Beiträge vorstellt, die verbindenden Worte u. Kommentare spricht:* Für das damals neue RTL-TV-Programm entwickelte er ein Nachrichtenkonzept und war als »Anchorman« über acht Jahre lang ebenfalls erfolgreich (Gong 2, 1993, 5).
An|chor|wo|man [ˈɛŋkəwʊmən], die; -, ...women [...wɪmɪn; engl. anchorwoman, zu: woman = Frau]: vgl. Anchorman: Als sie die Moderation der »Tagesthemen« aufgab, wurde es still um die einst einflussreiche A. (Sonntag Aktuell 20. 2. 94, 4).
An|cho|se [...ʃ...], die; -, -n [zu ↑Anchovis]: *aus Sardellen, Sprotten, Heringen u. a. Fischen durch Einlegen in Salz, Zucker, Gewürze u. anschließende mehrwöchige Reifung hergestellte, z. T. mit einer Soße od. Speiseöl versehene Präserve.*
An|cho|vis (Fachspr.): ↑Anschovis.
An|ci|en|ni|tät [ãsi̯ɛniˈtɛːt], die; -, -en [frz. ancienneté, zu: ancien = alt, zu lat. ante = vorher] (Fachspr.): **1.** *Dienstalter.* **2.** *Rang-, Reihenfolge nach dem Dienstalter.*
An|ci|en|ni|täts|prin|zip [ãsi̯ɛniˈtɛːts-], das; -[e]s (Fachspr.): *Prinzip, nach dem Vorteile aufgrund der Wartezeit, nicht der Leistung vergeben werden:* Beförderung, Studienplatzverteilung nach dem A.
An|ci|en Ré|gime [ãˈsi̯ɛ̃ reˈʒiːm]; das; - - [frz. = alte Regierungsform, aus: ancien, ↑Ancienität u. régime, ↑Regime]: *Zeit des französischen Absolutismus (vor der Revolution 1789).*
-and, der; -en, -en [lat. -andus]: bezeichnet in Bildungen mit Verben (Verbstämmen) eine Person, mit der etw. getan wird: Analysand, Informand, Konfirmand.
An|dacht, die; -, -en [mhd. andāht, ahd. anadāht, eigtl. = das Denken an etwas, zu ↑denken]: **1.** ⟨o. Pl.⟩ *Sammlung der Gedanken im Gebet:* vor dem Altar in frommer A. knien. **2.** *kurzer Gottesdienst, der bes. dem Gebet gewidmet ist:* eine A. halten; Isabelle ist ... in der A. gewesen (Remarque, Obelisk 283). **3.** ⟨o. Pl.⟩ *innere Sammlung, Anteilnahme:* die Zuhörer waren in tiefe A. versunken; der Friseur vertiefte sich in den Brief, las ihn ... mit dankbarer A. (Lenz, Suleyken 25); mit A. zuhören; etw. mit A. (scherzh.; *bedächtig u. mit Genuss*) verspeisen.
an|däch|tig ⟨Adj.⟩ [mhd. andæhtec, ahd. anadāhtīg]: **1.** *in Andacht* (1): die -e Gemeinde; a. niederknien. **2.** *innerlich gesammelt, ergriffen, beteiligt:* jmdm. a. lauschen, zuhören; Mummel hatte ... Bilder auf den Tisch gelegt, die er sinnend, beinahe a. betrachtete (Jens, Mann 79); Er verändert ... seine Haltung, die Haltung eines a. Lesenden kaum (Koeppen, Rußland 24); das Glas a. (scherzh.; *bedächtig u. mit Genuss*) austrinken. **3.** *Andacht* (3) *erzeugend; feierlich:* eine -e Stille.
An|dachts|bild, das: **a)** (Kunst) *Bild, Bildwerk aus dem Marienleben od. der Passion* (2 a); **b)** *Miniatur meist mit Motiven aus dem Leben der Heiligen als Einlage für das Gebetbuch:* nach der Ostermesse wurden -er verteilt.
An|dachts|buch, das: *für Andachten* (1, 2) *bestimmtes Buch; Gebetbuch.*
An|dachts|übung, die ⟨meist Pl.⟩: *Übung zur inneren Sammlung vor Gott:* sie besuchten regelmäßig die -en.
an|dachts|voll ⟨Adj.⟩ (geh.): *andächtig:* in -er Haltung.
An|da|lu|si|en; -s: *Region in Spanien.*
An|da|lu|si|er, der; -s, -: Ew.
An|da|lu|si|e|rin, die; -, -nen: w. Form zu ↑Andalusier.
an|da|lu|sisch ⟨Adj.⟩: *Andalusien, die Andalusier betreffend; von den Andalusiern stammend, zu ihnen gehörend.*
An|da|lu|sit [auch: ...ˈsɪt], der; -s, -e [nach den Erstfunden in Andalusien] (Geol.): *graues, rötliches, gelbes o. grünes metamorphes Mineral.*
an|damp|fen ⟨sw. V.; ist⟩: *dampfend, zischend näher kommen:* nach einer Weile dampfte eine Lokomotive an; (meist im 2. Part. in Verbindung mit »kommen«:) die Lok kommt angedampft; Ü schreibe ich an die Jungs: Kommt bitte ... dann kommen sie angedampft (Brot und Salz 356).
an|dan|te ⟨Adv.⟩ [ital. andante, eigtl. = gehend, zu: andare = gehen < vlat. ambitare, zu lat. ambire, ↑Ambiente] (Musik): *langsam, gemessen, ruhig.*
An|dan|te, das; -[s], -s (Musik): **1.** *langsames, ruhiges Tempo.* **2.** *Musikstück mit der Tempobezeichnung »andante«.*
an|dan|ti|no ⟨Adv.⟩ [ital. andantino] (Musik): *ein wenig bewegter, leichter akzentuiert als andante.*
An|dan|ti|no, das; -s, -s u. ...ni (Musik): **1.** *ein wenig bewegteres Tempo mit leichter akzentuiertem Vortrag als bei Andante.* **2.** *Musikstück mit der Tempobezeichnung »andantino«.*
an|dau|en ⟨sw. V.; hat⟩ [zu veraltet dauen = Speisen im Magen auflösen, mhd. douwen, ↑verdauen] (Med.): *zu verdauen beginnen:* die Nahrung wird im Körper angedaut; angedaute Speisen *(Nahrungsreste im ersten Stadium des Verdautwerdens).*
An|dau|er, die; -: *Fortbestehen eines Zustandes auf unbestimmte Dauer:* bei längerer A. des Regens, des Fiebers; ... bei längerer A. der stillen Friedenszeit auch noch die Geistlichen lange Säbel bekommen (Musil, Mann I 233).
an|dau|ern ⟨sw. V.; hat⟩: *nicht aufhören, weiter bestehen; Dauer haben, von Dauer sein:* die Niederschläge dauerten den ganzen Tag an (NZZ 10. 8. 84, 5); ein glücklicher Lebensabschnitt. Dass er a. würde, hatte wohl keiner ... erwartet (Brückner, Quints 171); andauernder Frost.
an|dau|ernd ⟨Adj.⟩: *[in ärgerlicher od. lästiger Weise] unausgesetzt, fortwährend; immer wieder:* diese -en Störungen!; es regnet a.; a. fragt er dasselbe; Mann, das machen die doch a. (Kemelman [Übers.], Dienstag 20).
An|dau|ung, die; - [zu ↑andauen] (Med.): *Beginn der Verdauung der Speisen im Magen.*
An|den ⟨Pl.⟩: *Gebirge in Südamerika.*
an|den|ken ⟨unr. V.; hat⟩: **1.** (selten) *gedanklich gegen etw. angehen:* dass man nicht gegen die Sprache a. kann (Cherubim, Fehllinguistik 237). **2.** *beginnen über etw. nachzudenken, sich über etw. Gedanken zu machen:* Hat die Entspannungspolitik der sozialliberalen Koalition in den siebziger Jahren, die von der großen Koalition angedacht ... wurde, den Weg zur deutschen Wiedervereinigung ... erleichtert ...? (Welt 3. 11. 93, 6); Was hatten Sachverständige für die dritte Stufe der Gesundheitsreform alles angedacht (Woche 14. 3. 97, 17). **3.** ** denk an; denken Sie an* (ugs.; *Ausdruck der Verwunderung*): Die Panzer warn bei Quelle geklaut. Nu denken Se an (Schnurre, Ich 39).
An|den|ken, das; -s, - [spätmhd. andenken = Erinnerung, Wissen; zu nach frz. souvenir, ↑Souvenir]: **1.** ⟨o. Pl.⟩ *Erinnerung, Gedenken an jmdn., etw.:* bei jmdm. in gutem A. stehen; Dem A. meines Vaters zuliebe (Nossack, Begegnung 151); jmdm. ein liebevolles A. bewahren; jmds. A. in Ehren halten; jmdm. etw. zum A. schenken; ◆ *Folgende Begebenheit verdient, dass sie im A. bleibe* (Hebel, Schatzkästlein 10). **2.** *Gegenstand, an den sich die Erinnerung an jmdn., etw., eine Zeit knüpft; Souvenir:* ein kleines, hübsches, bleibendes A.; das Schmuckstück ist ein A. an ihre verstorbene Mutter; ein Laden, der A. verkauft; einen Teppich als A. mitbringen; etwas als A. aufbewahren; Wollen Sie nicht noch irgendeine Kleinigkeit mitnehmen als A. (Remarque, Obelisk 340); Ü da hast du dir ja ein schönes A. mitgebracht (spött.; *etw. Übles eingehandelt*).
an|der... [mhd., ahd. ander, alte Komparativbildung]: **I.** ⟨Indefinitpron.⟩ **1. a)** *gibt an, dass ein Wesen oder Ding nicht identisch ist mit dem, dem es gegenübergestellt wird (bei zwei Wesen oder Dingen; nähert sich der Bedeutung von »der Zweite«):* die eine Hälfte essen, die andere aufheben; von einer Seite auf die andere; am anderen Ende; weder der eine noch der andere *(keins von beiden);* das eine tun und das andere nicht lassen *(beides tun);* **b)** *gibt an, dass ein Wesen oder Ding nicht identisch ist mit dem, dem es gegenübergestellt wird (bei mehreren Wesen oder Dingen); nähert sich der Bedeutung von »der Nächste, der Folgende, der Weitere«):* ein anderes Problem besteht darin, dass sie keine Arbeit findet; er durfte bleiben, die beiden

anderen mussten den Saal verlassen; ein[e]s nach dem ander[e]n erledigen *(etwas der Reihe nach, nacheinander erledigen)*; eine Zigarette nach der anderen rauchen; ein Jahr um das andere *(die Jahre hindurch)*; einen Brief über den ander[e]n, nach dem ander[e]n *(Briefe in rascher Folge)* schreiben; sie sprach unter anderem *(außerdem, auch noch;* Abk.: u. a.) über ihre neuen Pläne; zu den Rednern gehörte unter anderen *(auch noch;* Abk.): r.; Die Sehnsucht nach einer hinter dem ander[e]n *(hintereinander)*; am ander[e]n Tag *(am folgenden Tag).* **2.** *nicht gleich, verschieden, andersartig:* das ist eine andere Welt; andere Maßstäbe anlegen; der Versuch, auf jene »Kräfte des anderen Fortschritts« zu setzen, auf die Bürgerinitiativen (Spiegel 12, 1985, 24); Die Sehnsucht nach der »anderen« Medizin ist groß (Spiegel 49, 1985, 83); mit anderen Worten, er hat die Wette verloren; er ist anderer Meinung als ich; anderes gedrucktes Material; bei anderer seelischer Verfassung; es stand zwischen anderem wertlosen/(seltener:) wertlosem Gerümpel; das ist etwas [ganz] anderes; das problematische Individuum ... ist kein anderer als er selbst (Reich-Ranicki, Th. Mann 69); mit jemand anderem sprechen; Die Frau ist ihn suchen gegangen. Nach drei Tagen hat sie ihn gesehen: natürlich mit einer anderen *(mit einer anderen Frau;* Brot und Salz 338); jemand anderen fragen; ein anderer Mensch werden *(sich völlig verändern)*; er ist auf der Suche nach einem anderen *(neuen)* Arbeitsplatz; da müssen schon andere *(Tüchtigere)* kommen; man hat mich eines anderen *(Besseren)* belehrt; das machst du anderen *(Dümmeren)* weis; dem hätte ich an deiner Stelle etwas anderes erzählt *(ihm klar und deutlich die Meinung gesagt)*; beinahe hätte ich etwas anderes (ugs.; *Unangebrachtes, Anstößiges)* gesagt; das ist alles andere als *(genau das Gegenteil von)* gelungen; Das ist mal was ganz anderes *(ist etwas Neues gegenüber Bisherigem;* NNN 5. 9. 86, o. S.). ♦ **II.** 〈Ordinalz.〉 *zweit-...:* Der eine nahm der Gabel zur Hand und seinen Rechen der andre, und der dritte, der vierte mit Spieß und Hacke bewaffnet, kamen gesprungen (Goethe, Reineke Fuchs 2, 123 ff.); Du hast wie ein -er Orpheus die heulende Bestie, mein Gewissen, in den Schlaf gesungen (Schiller, Räuber I, 2).

ạn|de|rer|bar 〈Adj.〉: *sich ändern lassend:* der Entwurf, Plan ist jederzeit ä.

Ạn|der|bar|keit, die; -: *Eigenschaft, geändert werden zu können, änderbar zu sein:* die Ä. der Gesetzesvorlage.

ạn|de|ren|falls, andernfalls 〈Adv.〉: *sonst, im anderen Fall:* die Anweisungen müssen befolgt werden, a. können Komplikationen eintreten; ich musste ihm helfen, weil er a. zu spät gekommen wäre; Politiker wurden genötigt, sich Veranstaltungen zuzumuten, denen sie andernfalls freudig fernblieben (Presse 2./3. 10. 93, 12).

ạn|de|ren|orts, andernorts, anderorts 〈Adv.〉 (geh.): *an anderer Stelle, an einem* anderen Ort; anderswo: ich kann a. mein Geld verdienen; Anderenorts stehen dem Leistungssport zehn Bahnen ... zur Verfügung (Hamburger Abendblatt 5. 9. 84, 10); er hatte Verpflichtungen anderenorts (Heym, Schwarzenberg 296).

ạn|de|ren|tags, anderntags 〈Adv.〉 (geh.): *am nächsten, folgenden Tag:* a. wurde die Diskussion fortgeführt; Der Beamte versprach, mir um 9.00 Uhr anderntags ... die neue Adresse ... mitzuteilen (Bieler, Bär 330).

ạn|de|ren|teils, anderntteils 〈Adv.〉: *andererseits* (meist in Verbindung mit »einesteils«): einesteils ärgerte ihn diese Entscheidung, a. erleichterte sie ihn; er sprach einesteils wie ein ... Träumer ..., anderntteils hätte man ihn für einen Schwindler ... halten können (R. Walser, Gehülfe 173).

ạn|de|rer|seits, andererseits, andrerseits 〈Adv.〉 [dafür mhd. andersīt; ↑-seits]: *auf der anderen Seite, zum andern:* es kränkte ihn, a. machte es ihn auch stolz; die Probleme der Frau, die eine Familie hat und andererseits ihre Arbeit liebt (Augsburger Allgemeine 29./30. 4. 78, XXXIV); in Verbindung mit »einerseits«: einerseits machte das Spaß, a. Angst.

Ạn|der|ge|schwis|ter|kind, das; -[e]s, -er (landsch.): *Verwandte, deren Großmütter od. Großväter Geschwister sind.*

Ạn|der|kon|to, das; -s, ...ten: *Konto, über das nicht der Vermögensbesitzer, sondern dessen Notar, Anwalt o. Ä. als Treuhänder verfügt:* Ein A. einrichten.

ạn|der|lei 〈indekl. Adj.〉 [↑-lei] (geh.): *von verschiedener Art, verschieden:* a. Meinungen kamen auf; 17 Lieder, eine Fabel und a. Bedenkliches wird der Hallenser Chansonnier ... präsentieren (NNN 20. 2. 85, 6).

ạn|der|mal: nur in der Fügung **ein a.** *(zu einem anderen Zeitpunkt, bei anderer Gelegenheit)*: wir befassen uns damit ein a.; heute nicht, ein a. ... wollte er von mir wissen, ob ich nicht auch der Meinung sei (W. Brandt, Begegnungen 160).

ạn|dern 〈sw. V.; hat〉 [mhd. endern, zu ↑ander...]: **1. a)** *[durch Hinzufügen oder Streichen, durch Veränderung von Details] abändern, modifizieren:* einen Mantel, einen Text ä.; das Flugzeug änderte seinen Kurs um 30 Grad; das alles ändert nichts an dieser unerfreulichen Tatsache; an meiner Situation ... hätte es nichts geändert (Bieler, Bonifaz 194); daran ist nichts zu ä. *(damit muss man sich abfinden);* **b)** *wechseln, durch etw. anderes ersetzen, umformen, wandeln:* seine Meinung, Ansicht, den Ton ä.; Die Menschen ändern ihre Einstellung nur unter dem Druck der Ereignisse (Gruhl, Planet 234); alte Menschen kann man nicht mehr ä. *(von ihren Gewohnheiten abbringen).* **2.** ⟨ä. + sich⟩ *anders werden, sich verändern:* sich grundlegend ä.; Etwas Entscheidendes hat sich geändert (Dönhoff, Ära 78); das Wetter, die Lage ändert sich; du hast dich sehr geändert; ⟨schweiz. auch ohne »sich«:⟩ wie rasch die Dinge ä.; Deshalb ändern die Steuergesetze von Kanton zu Kanton (NZZ 21. 8. 83, 17).

ạn|dern|falls: ↑ anderenfalls.
ạn|dern|orts: ↑ anderenorts.
ạn|dern|tags: ↑ anderentags.
ạn|dern|teils: ↑ anderenteils.
ạn|der|orts: ↑ anderenorts.

ạn|ders [mhd. anders, ahd. anderes, eigtl. = Gen. Sg. Neutr. von ↑ander...] 〈Adv.〉: **1. a)** *auf andere, abweichende Art u. Weise, abweichend, verschieden:* a. denken, handeln, fühlen; die a. denkende *(eine andere Meinung vertretende)* Minderheit; die a. Denkenden, a. Gesinnten; a. gesinnt sein; a. geartete Probleme; a. lautende *(etw. anderes aussagende)* Berichte, Meldungen; Ich kann auch a. (ugs.; *auf andere, strengere, weniger nachsichtige o. ä. Weise handeln)*, denn meine Geduld ist zu Ende (Gabel, Fix 63); Dem Münchner Ehepaar ... wurde ganz a. (ugs.; *es erschrak)* als es davon erfuhr (Spiegel 9, 1978, 68); sie ist, a. als er *(im Gegensatz, Unterschied zu ihm)*, nicht geflohen; so und nicht a. *(gerade so)*; etw. nicht a. *(nur so)* kennen; Wir können nicht a., es ist förmlich ein Zwang (Remarque, Wester 102); Sie habe es sich a. überlegt, erklärte sie (Danella, Hotel 342); Mutter will's nicht a. (Müller, Niederungen 135); **b)** *andersartig, fremd, ungewohnt:* a. aussehen, wirken, sein; **c)** *besser, schöner:* früher war alles ganz a.; hätte ich es doch nicht getan, dann wäre es bestimmt a. gekommen. **2. a)** ⟨in Verbindung mit Indefinit-, Interrogativpronomen u. Adverbien⟩ *sonst:* wer, jemand, niemand, irgendwo, nirgends a.; wer, wie, was, wo a.; wie könnte es a. sein; wie könnte man sich das erklären; hier und nirgendwo a.; **b)** (ugs.) *im anderen Fall, anderenfalls, sonst:* wir müssen ihm zuerst helfen, lässt er uns nicht gehen; Zu einem Ausritt wäre die Erlaubnis von ... Mrs. Clerk nötig; a. gibt der Stallmeister die Pferde nicht her (Fr. Wolf, Menetekel 67).

ạn|ders|ar|tig 〈Adj.〉: *von anderer Art, verschiedenartig:* ein -es Aussehen, Verhalten; der -e ... Charakter der Römer ..., ihre organisierende Kraft, die den Griechen fehlte (Fest, Im Gegenlicht 371).

Ạn|ders|ar|tig|keit, die; -: *Eigenschaft des Andersseins; Verschiedenheit.*

ạn|ders den|kend: s. anders. (1a)

Ạn|ders|den|ken|de, der u. die; -n, -n ⟨Dekl. ↑Abgeordnete⟩: *anders denkender Mensch:* die grausame Verfolgung politisch -r (Spiegel 47, 1983, 36).

ạn|ders|seits: ↑ andererseits

ạn|ders|far|big, die; -: *in einer anderen Farbe, nicht gleichfarbig:* ein -es Kleid; dass der Hauptmann -e Kragenspiegel ... trägt (Bieler, Bär 159).

Ạn|ders|far|bi|ge, der u. die: *Mensch mit anderer Hautfarbe.*

ạn|ders ge|ar|tet: s. anders (1a).

ạn|ders|ge|schlecht|lich 〈Adj.〉: *dem anderen Geschlecht zugehörend:* ein -er Partner; -e Geschwister.

ạn|ders ge|sinnt: s. anders (1a).

Ạn|ders|ge|sinn|te, der u. die; -n, -n ⟨Dekl. ↑Abgeordnete⟩: *anders gesinnter Mensch.*

andersgläubig

an|ders|gläu|big ⟨Adj.⟩: *sich zu einem anderen Glauben bekennend.*

An|ders|gläu|bi|ge, der u. die: *andersgläubiger Mensch.*

an|ders|her|um ⟨Adv.⟩: **1. a)** *in die andere, in die entgegengesetzte Richtung:* etw. a. stellen; **b)** *in anderer, entgegengesetzter Richtung:* der Kühlschrank steht jetzt a.; **c)** *von der anderen, entgegengesetzten Richtung:* jetzt versucht er, a. an das Kabel zu kommen; Ü dass man ... noch lebt, trotz ... Konzentrationslager oder, a. betrachtet, gerade deshalb (Heym, Schwarzenberg 18). **2.** (ugs. verhüll.) *homosexuell:* der hälts mit den Mädchen. Dem liegt es a. nicht (Genet [Übers.], Querelle 274); a. sein.

an|ders lau|tend: s. anders (1 a).

an|ders|rum (ugs.): andersherum.

An|ders|sein, das (geh.): **1.** *das Andersgeartet-Sein, Verschiedensein; das Sich-unterscheiden, Von-der-Norm-Abweichen:* das A. von Menschen aus einem anderen Kulturkreis. **2.** *das Homosexuellsein:* zu der Zeit, während der ich mein A. noch als starken Makel empfand (Jaekel, Ghetto 76).

an|ders|spra|chig ⟨Adj.⟩: **a)** *eine andere Sprache sprechend:* der -e Bevölkerungsteil; **b)** *in einer anderen Sprache verfasst:* die -e Literatur steht im zweiten Regal; haben die meisten Programmiersprachen englische Befehlswörter ..., aber diese lassen sich leicht ... gegen -e austauschen (BdW 7, 1987, 124).

an|ders|wie ⟨Adv.⟩ (ugs.): *auf eine andere Weise:* das hättest du a. machen müssen; es hängt a. zusammen; die Namen ... lauteten englisch, russisch ... und a. (Th. Mann, Zauberberg 447).

an|ders|wo ⟨Adv.⟩ (ugs.): *an einer anderen Stelle, nicht hier, woanders:* hier ist es schöner als a.; Wer die Bahn will, muss a. Abstriche machen (Heilbronner Stimme 12. 5. 84, 4); von der Stadt Grasse, in der es so viele Parfumeure gebe wie a. Schuster (Süskind, Parfum 126); ⟨subst.:⟩ Ganze Bevölkerungsschichten leben ... in einem inneren Anderswo, nur nicht in diesem Land (Sloterdijk, Kritik 236).

an|ders|wo|her ⟨Adv.⟩ (ugs.): *von einer anderen Seite, einer anderen Stelle:* die Waffen bekamen sie a.

an|ders|wo|hin ⟨Adv.⟩ (ugs.): *an eine andere Stelle, an einen anderen Ort:* wir stellen den Schrank a.; Da müssten Sie schon a. gehen ..., ziemlich weit weg (Heym, Schwarzenberg 223).

an|dert|halb (Bruchz.) [mhd. anderhalp, ahd. anderhalb, zu veraltet ander... = zweit... u. ↑halb, eigtl. = das zweite halb]: *ein[und]einhalb:* a. Liter Milch; a. Meter Stoff; ich habe a. Stunden gewartet; ⟨veraltend flektiert:⟩ Der See war hier ein -en Kilometer breit (Loest, Pistole 144).

an|dert|halb|fach (Vervielfältigungsz.): *eineinhalbfach.*

an|dert|halb|mal (Wiederholungsz.; Adv.): *eineinhalbmal.*

An|dert|halb|mas|ter, der: *Eineinhalbmaster.*

Än|de|rung, die; -, -en: **1.** *Veränderung, Umgestaltung, Modifikation:* alles ist ganz wie sonst, in ihrem Ton zueinander nicht die leiseste Ä. (Musil, Mann 1 562); Er hatte das später, mit geringfügigen -en ot genug als Vorlage benutzt (Musil, Mann 1 179); eine Ä. der Verfassung; technische -en; -en vorbehalten. **2.** *Wechsel, Wandel, Erneuerung:* eine Ä. der Meinung, der Sinnesart; Es ist keine Ä. eingetreten ... seit wir verheiratet sind (Hauptmann, Schuß 46).

Än|de|rungs|an|trag, der (Politik): *Antrag an ein Parlament zur Änderung eines Gesetzes.*

Än|de|rungs|kün|di|gung, die (Rechtsspr., bes. Arbeitsrecht): *Kündigung eines Vertrags, mit der eine Änderung der Bedingungen zwischen zwei Vertragspartnern herbeigeführt wird, nach der aber das vertragliche Verhältnis (zu den geänderten Bedingungen) fortgesetzt wird.*

Än|de|rungs|schnei|de|rei, die: *Schneiderei (1), die nur Änderungen an Kleidungsstücken, keine Neuanfertigungen vornimmt.*

Än|de|rungs|vor|schlag, der: *Vorschlag, eine Änderung (1) vorzunehmen.*

Än|de|rungs|wunsch, der: vgl. *Änderungsvorschlag:* Statt bei der Reservierungszentrale ihren Flug umzubuchen, schicken »Smart Phone«-Nutzer den Ä. als Kurznachricht direkt an das Flughafenterminal (Focus 21, 1997, 168).

an|der|wär|tig ⟨Adj.⟩ [↑-wärtig]: *an einer anderen Stelle befindlich; von anderer Stelle stammend:* -e Informationen.

an|der|wärts ⟨Adv.⟩ [↑-wärts] (geh.): *an einem anderen Ort, anderswo:* hier ist es immer kälter als a.; Um Schwimmen zu lernen, schnitten wir uns armstarke Bündel Binsen, a. Ried genannt (Dönhoff, Ostpreußen 98).

an|der|weit ⟨Adv.⟩ [mhd. anderweit, anderweide = zum zweiten Mal, zu veraltet ander... = zweit... u. ↑²Weide in der alten Bed.»Weg«] (geh.): **1.** *in anderer Hinsicht:* a. benötigt, entschädigt werden; ⟨selten mit Verbalsubstantiven auch attr.:⟩ war ... der Rechtsstreit zur -en Verhandlung ... zurückzuverweisen (NJW 19, 1984, 1 112).

an|der|wei|tig ⟨Adj.⟩: **1.** *sonst noch vorhanden, sonstig, weiter..., ander...:* mit -en Dingen beschäftigt sein; wird sich das Hauptaugenmerk auf die -e Verwendung ... konzentrieren müssen (tennis magazin 10, 1986, 132). **2. a)** *anderswo erfolgend, an anderer Stelle:* sich a. mit allem Nötigen versorgen können; **b)** *anderswohin erfolgend, an eine andere Stelle, Person:* eine -e Vergabe; etw. a. vergeben; Will er die Wohnung nur frei haben, um sie a. teurer weiterzuvermieten (DM 1, 1966, 56).

An|de|sin, der; -s [nach dem Vorkommen in Andesiten der Anden] (Geol.): *zu den Feldspaten gehörendes Mineral.*

An|de|sit [auch: ...'sɪt], der; -s, -e [nach den ↑Anden] (Geol.): *graues, oft porphyrisches Ergussgestein.*

an|deu|ten ⟨sw. V.; hat⟩: **1. a)** *vorsichtig, durch einen leisen Hinweis, eine Bemerkung o. Ä. durchblicken lassen, zu verstehen geben:* einen Wunsch, ein Vorhaben vorsichtig a.; sie deutete ihr an, dass es Zeit sei aufzubrechen; die Mutter habe so etwas Ähnliches angedeutet (Ott, Haie 125); Der Kommandeur deutete etwas an von Umbesetzungen (Gaiser, Jagd 48); **b)** *ahnen lassen, ankündigen:* den Aufbau der Pyramide deutete ihr Grundriss schon an (Langgässer, Siegel 335); **c)** *etw. nur skizzenhaft, nur in wenigen Grundzügen o. Ä. darstellen, nicht ausführen:* einen Plan nur in Umrissen a.; Er deutete eine Verbeugung an (machte eine leichte Verbeugung; Cotton, Silver-Jet 131). **2.** ⟨a. + sich⟩ *sich abzeichnen, sich bemerkbar machen:* eine günstige Wendung, jmds. Absicht deutet sich an; Mochte sich eine Änderung ... bereits ... 1941 angedeutet haben (Jens, Mann 68).

An|deu|tung, die; -, -en: **1.** *[versteckter] Hinweis, Anspielung auf etw.:* geheimnisvolle, dunkle -en; findet sich in der Überlieferung nicht die leiseste A. (Kafka, Erzählungen 368); Aus -en der Mädchen schloss ich, dass ... (Hesse, Steppenwolf 182); -en über etw. machen; in -en sprechen (sich nicht deutlich ausdrücken). **2.** *schwache Spur, geringes Anzeichen von etw.:* die A. eines Lächelns, einer Verbeugung; Kein Baum, oft nicht einmal eine A. von Grün (Fest, Im Gegenlicht 330); Wir sprachen von der Vergangenheit; von jener kümmerlichen A. dessen, was unsere Väter vielleicht Leben genannt hätten (Böll, Mann 45).

an|deu|tungs|wei|se ⟨Adv.⟩: *in Andeutungen (2); indirekt:* etw. a. erzählen, durchblicken lassen; sozialistische Forderungen waren nicht einmal a. enthalten (Leonhard, Revolution 226); ⟨mit Verbalsubstantiven auch attr.:⟩ der a. Versuch einer Annäherung.

an|dich|ten ⟨sw. V.; hat⟩: **1.** *zu Unrecht zuschreiben, nachsagen, unterschieben:* jmdm. unlautere Absichten, übernatürliche Fähigkeiten a.; dort nehmen sie die ... Verhaltensweisen an, die man ihnen schon vorher andichtete (Klee, Pennbrüder 134). **2.** *auf jmdn. od. etw. ein Gedicht verfassen:* er dichtete mit Vorliebe die Frauen an.

an|di|cken ⟨sw. V.; hat⟩ (Kochk.): *mit Mehl o. Ä. sämig machen:* sie dickte die Soße mit Mehl an.

an|die|nen ⟨sw. V.; hat⟩: *(mit einer gewissen Aufdringlichkeit) [zum Kauf] anbieten; antragen, offerieren:* jmdm. eine Position, eine Aufgabe a.; Der Job wurde dem Sozialdemokraten ... im ... Mai angedient (Spiegel 39, 1981, 270); Der Kundschaft wird die First-Class-Pracht durch Zeitungsinserat ... als »Heruntergesetzte Ausstellungsstücke« angedient (Spiegel 42, 1967, 86); Ü sich als Vermittler, als Zeugin a.; er hat sich der Partei immer wieder angedient *(ihr seine Dienste angeboten).*

An|die|nung, die; -, -en: **1.** *das Andienen:* die A. von Waren. **2.** (Seew.) *Erklärung des Versicherten, dass er entschädigt sein will.*

An|die|nungs|pflicht, die ⟨o. Pl.⟩: *Verpflichtung zur Andienung (2) innerhalb einer gesetzten Frist.*

Andienungsstraße, die (Verkehrsw., Wirtsch.): beschränkt öffentliche Anliegerstraße für den Güteraustausch; Lieferstraße.
andin ⟨Adj.⟩: die Anden betreffend, in den Anden [lebend, vorkommend].
andiskutieren ⟨sw. V.; hat⟩: etw. zu besprechen, über etw. zu diskutieren beginnen: ein Thema a.; Zwei Stunden sind ja keine allzu lange Zeit, sodass vieles nur andiskutiert werden konnte (MM 12. 12. 80, 4).
andocken ⟨sw. V.; hat⟩ (Raumf.): ein Raumfahrzeug an ein anderes ankoppeln: ein Raumschiff dockt an die Raumstation an.
Andockung, die; -, -en: das Andocken.
andonnern ⟨sw. V.; hat⟩ (ugs.): **1.** (von Maschinen) unter großem Lärm, donnernd näher kommen: in Güterzug donnert an; ⟨oft im 2. Part. in Verbindung mit »kommen«:⟩ ein Lastwagen kam angedonnert. **2.** zornig anfahren, anbrüllen: der Unteroffizier hat die Rekruten schon wieder angedonnert.
Andorra; -s: Staat in den Pyrenäen.
Andorraner, der; -s, -: Ew.
Andorranerin, die; -, -nen: w. Form zu ↑Andorraner.
andorranisch ⟨Adj.⟩: Andorra, die Andorraner betreffend; von den Andorranern stammend, zu ihnen gehörend.
Andragoge, der; -n, -n: Fachmann auf dem Gebiet der Andragogik.
Andragogik, die; - [zu griech. anēr (Gen.: andrós) = erwachsener (Mann) u. agōgē = Leitung, Führung] (Päd.): Wissenschaft von der Erwachsenenbildung.
Andragogin, die; -, -nen: w. Form zu ↑Andragoge.
andragogisch ⟨Adj.⟩: die Andragogik betreffend.
Andrang, der; -[e]s: **1.** andrängende Menschenmenge; Gedränge; Zustrom von Menschen an einen Ort, wenn etw. Bestimmtes abspielt: der A. bei der Eröffnung war enorm; es herrschte großer A. von Kauflustigen; wegen des zu erwartenden A. war die Verhandlung im Schwurgerichtssaal angesetzt (Spoerl, Maulkorb 131). **2.** heftiges Zuströmen, Heranströmen von etw.; Wallung: er litt unter häufigem A. des Blutes zum Kopf; Ü müssen die Soldaten den Kaiser vor dem lebensgefährlichen A. der Begeisterung schützen (St. Zweig, Fouché 178).
andrängen ⟨sw. V.; ist⟩: an etw. herandrängen, andringen: nachdem ... die Russen gegen die Ringbahn andrängten (Plievier, Stalingrad 248); ⟨meist im 1. Part.:⟩ die andrängenden Wassermassen.
andre...: ↑ander...
Andreaskreuz, das; -es, -e [nach dem Apostel Andreas, der an einem solchen Kreuz gestorben sein soll]: **1.** Kreuz mit diagonal gekreuzten Balken, das im Christentum als Symbol des Leidens Christi gilt. **2.** (Verkehrsw.) Verkehrszeichen in Form zweier weißer, gekreuzter Balken mit roten Enden, das zur Warnung an Bahnübergängen dient.
andrehen ⟨sw. V.; hat⟩: **1. a)** durch Betätigung eines [Dreh]schalters, Knopfes o. Ä. zum Fließen, Strömen o. Ä. bringen; die Zufuhr von etw. ermöglichen: das Licht, das Gas a.; Er ging ins Bad ... und drehte das Wasser an (Baldwin [Übers.], Welt 64); **b)** durch Betätigung eines Knopfes o. Ä. in Betrieb setzen, einschalten, anstellen: die Dusche, das Radio, eine Maschine a.; **c)** (ugs.) einschalten: sie drehte ... im ... Fernsehen die Spätausgabe der politischen Nachrichten an (Rolf Schneider, November 107). **2.** durch Drehen befestigen, festdrehen: die Schrauben, den Griff a. **3.** (ugs.) (jmdm.) etw. [Minderwertiges, Unnötiges] aufschwatzen, verkaufen: sich einen Staubsauger a. lassen; ich habe ihm das beschädigte Buch angedreht; Diese ... Firma dreht Ihnen in Werbeveranstaltungen Rheumadecken ... zu Fantasiepreisen an (DM 5, 1966, 37); Ü mich ... mit ... Kindern rumzuärgern, die haschen und ihren Mädchen Babys andrehen (sie schwängern; Hörzu 41, 1975, 19). **4.** (Film) (einen Film) zu drehen anfangen: Anfang des Jahres wird [der Film] angedreht.
Andrehkurbel, die (Kfz-T. früher): Kurbel, mit deren Hilfe der Motor von Hand angelassen werden kann.
andrerseits: ↑andererseits.
andressieren ⟨sw. V.; hat⟩: einem Tier etw. mithilfe der Dressur beibringen: einem Hund ein Kunststück a.; Ü Die Haltung des jungen Kommunisten ..., der sich Gefühle verbietet und Selbstkontrolle als Charakterstärke andressiert (Spiegel 38, 1987, 29); die Höflichkeit dieser Kinder ist nur andressiert (abwertend; durch Drill o. Ä. anerzogen).
Andrienne [ãdriɛn]: ↑Adrienne.
andringen ⟨st. V.; ist⟩: **1.** (geh.) mit Ungestüm, gewaltsam auf jmdn., etw. losstürmen, gegen jmdn., etw. anstürmen: das feindliche Heer dringt gegen die Stadt an; andringende Massen, Fluten. ◆ **2.** [mit Worten] bedrängen, zudringlich werden: er war keineswegs schmeichelnd und andringend (Goethe, Lehrjahre IV, 16); ⟨subst.:⟩ Da trat Seldwyler zwecks Vermittlung des ihnen wohl bekannten ehrlichen Mitbürgers dem Andringen der fremden Händler ... vor (Keller, Lachen 166).
◆ **Andringling,** der; -s, -e: jmd., der andringt (2), zudringlich ist: nicht dem verwegenen und frechen A., sondern sich selbst zu gewähren, was ihr Lust und Erfrischung bringen könne (Keller, Frau Regel 160).
Androdiözie, die; - [zu griech. anēr (Gen.: andrós) = Mann u. ↑Diözie] (Bot.): Vorkommen von Pflanzen mit nur männlichen Blüten neben solchen mit zwittrigen Blüten der gleichen Art.
Androgamet, der; -en -en: männliche Keimzelle.
androgen ⟨Adj.⟩ (Med.): **a)** von der Wirkung eines Androgens; die Wirkung eines Androgens betreffend; **b)** männliche Geschlechtsmerkmale hervorrufend.
Androgen, das; -s, -e [zu griech. -genēs = verursachend] (Med.): männliches Geschlechtshormon: Östrogene bringen ihn in Schwung – Androgene machen den Mann zum Mann (Zeit 5. 2. 98, 33).
androgyn ⟨Adj.⟩ [zu griech. anēr (Gen.: andrós) = Mann u. gynē = Frau]: männliche u. weibliche Merkmale aufweisend, in sich vereinigend.
Androgynie, die; -: androgyne Beschaffenheit: Er ist die personifizierte A.: Das japanische Model Gaku posiert für Modeaufnahmen sowohl als Mann als auch als Frau (Focus 52, 1997, 166).
androhen ⟨sw. V.; hat⟩: mit etw. drohen; etw. unter Drohungen ankündigen: jmdm. Rache, ein Gerichtsverfahren, Schläge, Prügel a.; So haben die Vereinigten Staaten seit 1993 gegen 35 Länder sechzigmal unilateral Sanktionen angedroht oder angewandt (Zeit 13. 8. 98, 2).
Androhung, die; -, -en: drohende Ankündigung: die A. einer Strafe; unter A. von Gewalt.
Androide, der; -n, -n [zu griech. anēr (Gen.: andrós) = Mann, Mensch u. -id < griech. -eidēs = -förmig, zu: eidos, ↑Eidos]: (bes. in der futuristischen Literatur) menschenähnliche Maschine; künstlicher Mensch: Die Roboter ... setzen Windschutzscheiben ein und verlegen sogar Kabel. Mazda schwört auf seine dienstbeflissenen -n. Doch für die Belegschaft bleibt das ohne Folgen (Wirtschaftswoche 16. 4. 93, 68).
Androloge, der; -n, -n: Facharzt für Andrologie.
Andrologie, die; - [zu griech. lógos, ↑Logos]: Männerheilkunde.
Andrologin, die; -, -nen: w. Form zu ↑Androloge.
andrologisch ⟨Adj.⟩: die Andrologie betreffend.
Andromanie, die; -, -n (Med., Psych. selten): Nymphomanie.
Andromeda, die; -: Sternbild am nördlichen Sternenhimmel.
Andromonözie, die; - [zu griech. anēr (Gen.: andrós) = Mann u. ↑Monözie] (Bot.): Vorkommen von männlichen u. zwittrigen Blüten auf derselben Pflanze.
androphil ⟨Adj.⟩ [zu griech. phileīn = lieben] (bildungsspr. selten): eine sexuelle Neigung zu älteren, reifen Männern empfindend.
Androphilie, die; -, -n: sexuelle Neigung zu älteren, reifen Männern.
androphob ⟨Adj.⟩ die Androphobie betreffend.
Androphobie, die; -, -n [↑Phobie]: Furcht vor Männern, Hass auf Männer.
andröseln ⟨sw. V.; hat⟩: in der Verbindung **sich** ⟨Dativ⟩ **einen a.** (ugs.; sich betrinken): ein ... Säufer, der jederzeit Handgeld brauchte, sich einen anzudröseln (Zwerenz, Erde 9).
Androspermium, das; -s, ...ien [zu griech. anēr (Gen.: andrós) = Mann u. ↑Sperma] (Biol.): Samenfaden des Mannes, der ein Y-Chromosom enthält u. damit das Geschlecht des gezeugten Kindes als männlich bestimmt.
Androsteron, das; -s [zu ↑Steroide] (Med.): männliches Keimdrüsenhormon, Abbauprodukt des Testosterons.
Androzentrismus, der; - [zu griech. anēr (Gen.: andrós) = Mann u. ↑Zen-

Andruck

trum]: *das Männliche, den Mann ins Zentrum des Denkens stellende Anschauung; rein männliche Weltsicht.*

An|druck, der; -[e]s, -e: **1.** (Druckw.) *Probedruck:* der A. ist noch auf der alten Handpresse hergestellt worden; In der Druckerei fanden die Kriminalbeamten eine Druckplatte und zwei -e von ... 100-Dollar-Noten (Saarbr. Zeitung 27. 6. 80, 13). **2.** ⟨o. Pl.⟩ (bes. Technik) *Kraft, mit der jmd., etw. bei Beschleunigung gegen etw. gedrückt wird.*

an|dru|cken ⟨sw. V.; hat⟩ (Druckw.): **a)** *einen Andruck (1) von etw. herstellen:* Bilder a.; Als Mexiko von den ... Erdbeben erschüttert wurde, waren ... die Farbseiten dieses Artikels schon angedruckt (ADAC-Motorwelt 10, 1985, 102); **b)** *mit dem ²Druck (1a) eines Werks beginnen:* der Verleger will erst im Herbst a. lassen.

an|drü|cken ⟨sw. V.; hat⟩: **1.** *an etw. drücken, durch Druck an etw. befestigen:* mit Klebstoff bestrichene Bruchstellen fest a. **2.** *durch Betätigen eines Druckknopfs in Funktion setzen:* das Licht a.

An|druck|exem|plar, das (Druckw.): *Exemplar eines Andrucks (1), Probeexemplar:* spuckten in Essen die Rotationsmaschinen ... die ersten -e der Sonnabendausgabe aus (Spiegel 36, 1966, 17).

an|du|deln ⟨sw. V.; hat⟩ – in der Verbindung **sich** ⟨Dativ⟩ **einen a.** (ugs.; *sich betrinken*): gestern hatte er sich ganz schön einen angedudelt.

an|düns|ten ⟨sw. V.; hat⟩ (Kochk.): *kurz dünsten lassen:* Gemüse in heißem Öl kurz a.

an|ecken ⟨sw. V.; ist⟩: **1.** *versehentlich an etw. anstoßen:* ich bin mit dem Rad [am Bordstein] angeeckt; Er eckte ... am Auto seines Nachbarn an (ADAC-Motorwelt 1, 1976, 40). **2.** (ugs.) *unangenehm auffallen:* [irgendwo, bei jmdm., mit etw.] a.; Er will auf keinen Fall a., will es allen recht machen (Hörzu 50, 1974, 60); Während der Wende hatte die Jugendwelle ... großes politisches Engagement gezeigt, war häufig bei der Stasi angeeckt (Woche 7. 3. 97, 46).

an|ei|ern ⟨sw. V.; ist⟩ (salopp): *herankommen:* er sah die beiden a.; ⟨meist im 2. Part. in Verbindung mit »kommen«:⟩ kommst du endlich angeeiert?

an|ei|fern ⟨sw. V.; hat⟩ (südd., österr.): *anspornen, anfeuern:* die Freunde eiferten ihn an; Das Ich ... muss beständig angeeifert ... werden, um sich nicht zu verweigern (Freud, Abriß 49).

An|ei|fe|rung, die; -, -en: *das Aneifern.*

an|eig|nen, sich ⟨sw. V.; hat⟩: **1.** *sich in den Besitz einer Sache setzen; etw. widerrechtlich an sich nehmen:* du hast dir das Buch einfach angeeignet; Bungalows ... zeugen von der Mode, sich ein Stück Landschaft anzueignen und einzuzäunen (Berger, Augenblick 28). **2.** *sich in etw. üben, bis man es beherrscht; sich in zu Eigen machen, etw. lernen:* sich Kenntnisse, Fremdsprachen, Wissen a.; Wozu sich also Fertigkeiten a. ..., die man später niemals brauchen wird? (Kunze, Jahre 36).

An|eig|nung, die; -, -en ⟨Pl. selten⟩:
1. a) (Rechtsspr.) *Eigentumserwerb von herrenlosen Sachen od. Tieren;* **b)** *widerrechtliche Inbesitznahme:* die A. fremden Eigentums wird bestraft. **2.** (Päd.) *das Lernen:* in diesem Lebensalter hat die A. von Fremdsprachen Vorrang.

An|eig|nungs|recht, das (Rechtsspr.): *Recht, durch Aneignung Eigentum zu begründen.*

an|ei|nan|der ⟨Adv.⟩: *einer, eine, eines an den, die, das andere[n], an dem, der andere:* a. denken; a. vorbeigehen; Sie können sich nicht ... verstehen. Sie müssen a. vorbeireden und vorbeidenken (Hörzu 11, 1975, 105); Häuser a. bauen; die Gefangenen a. binden, fesseln; die Enden der Schnur a. binden, knoten, knüpfen *(miteinander verknoten, verknüpfen)*; die Bergsteiger haben sich mit einem Seil a. gebunden; die entgegenströmenden Menschen drängten die beiden dicht a.; in der Kälte, vor Angst drängten sich die Menschen dicht a.; zum Kleben muss man beide Teile fest a. drücken, pressen; die beiden Kinder drückten, pressten sich fest a.; Einzelteile a. fügen, legen; die einzelnen Teile des Bildes fügen sich harmonisch a. *(fügen, setzen sich harmonisch zusammen);* sie gerieten mit ihm, die beiden gerieten a. *(gerieten in Streit, fingen ein Handgemenge an);* unsere Gärten grenzen a.; zwei Stücke a. halten; sie begann, Girlanden a. zu hängen; die Lampions hingen dicht a.; die Sippe hing sehr a. *(war innerlich miteinander verbunden);* die Fotokopie und den Brief a. heften, klammern; die beiden Äffchen hatten sich fest a. geklammert *(sich gegenseitig mit den Armen umklammert);* erst müssen die beiden Hauptteile a. geklebt werden; die Einzelteile haften, kleben fest a.; Raumschiffe a. koppeln; die beiden lehnten sich a.; zwei Stoffstücke a. nähen; die Puzzlesteine passen genau a. *(fügen sich passend zusammen);* die Kisten alle a. reihen; die Bücher reihen sich im Regal a.; eng, dicht a. rücken *(zusammenrücken);* die Kisten a. schieben; sie schlugen im Takt die Hölzer a.; sie schmiegen, Szenen a. schneiden (Film; *zusammenschneiden);* etw. fest a. schrauben, schweißen; zwei Teile a. setzen; Spielsteine auf verschiedene Art a. stecken; die Spielsteine steckten a.; wir können die zwei Schränke a. stellen; die beiden Autos prallten, stießen a.; an dieser Nahtstelle stoßen Ost und West a. *(treffen Ost und West zusammen);* die Knochen müssen zuerst a. wachsen *(zusammenwachsen).*

an|ei|nan|der bau|en, an|ei|nan|der bin|den, an|ei|nan|der drän|gen usw.: s. aneinander.

An|ei|nan|der|rei|hung, die; -, -en: *das Aneinanderreihen.*

an|ei|nan|der rü|cken, an|ei|nan|der schie|ben usw.: s. aneinander.

Anek|döt|chen, das; -s, -: Vkl. zu ↑Anekdote: Roswitha erzählte mir A. aus dem Alltag der Propagandakompanie (Grass, Blechtrommel 396).

Anek|do|te, die; -, -n [frz. anecdote, nach »Anekdota« (griech. anékdota = Unveröffentlichtes), dem Titel eines Werkes des byzantinischen Geschichtsschreibers Prokop]: *kurze, meist witzige Geschichte, die eine Persönlichkeit, eine soziale Schicht, eine Epoche u. Ä. treffend charakterisiert:* eine kleine, hübsche, wahre A. erzählen; man erwartete, dass ... er eine A. zum Besten geben wollte (Musil, Mann 597); jene schon klassisch gewordene A. von dem Chinesen, den ein Amerikaner zu einer Autofahrt eingeladen hatte (Menzel, Herren 31).

anek|do|ten|haft ⟨Adj.⟩: *im Stil einer Anekdote:* eine -e Geschichte; etw. a. erzählen, wiedergeben.

Anek|do|tik, die; -: *Gesamtheit von Anekdoten einer bestimmten Epoche, über eine bestimmte Persönlichkeit.*

anek|do|tisch ⟨Adj.⟩: *in Form einer Anekdote verfasst:* -e Gesellschaftsbilder; Was er erzählte blieb a. (Meckel, Suchbild 128); ihre Spezialität ... blieb ... der a. gewürzte Vortrag (K. Mann, Wendepunkt 322).

an|ekeln ⟨sw. V.; hat⟩: *jmdn. anwidern, jmds. Ekel, Abscheu, Widerwillen erregen:* der Anblick, die Person ekelte mich an; dass sie ihn mit den Worten »Du ekelst mich an« abgewiesen habe (MM 14. 8. 67, 8); von etw. angeekelt sein; sich angeekelt abwenden.

An|elas|ti|zi|tät, die; -, -en [aus griech. an- = nicht, un- u. ↑Elastizität] (Werkstoffkunde): *Abweichung vom elastischen (1) Verhalten.*

Ane|mo|cho|ren [...'ko:...] ⟨Pl.⟩ [zu griech. ánemos = Wind u. chōreîn = sich wegbewegen] (Bot.): *Pflanzen, deren Samen od. Früchte durch den Wind verbreitet werden.*

Ane|mo|cho|rie [...ko:...], die; - (Bot.): *Verbreitung von Samen, Früchten od. Pflanzen durch den Wind.*

ane|mo|gam ⟨Adj.⟩ [zu griech. gámos = Ehe] (Bot.): *(von Pflanzen) durch Wind bestäubt.*

Ane|mo|ga|mie, die; -: *Windbestäubung.*

ane|mo|gen ⟨Adj.⟩ [zu griech. -genés = verursacht]: *durch Wind gebildet, vom Wind geformt.*

Ane|mo|gramm, das; -s, -e: *Aufzeichnung eines Anemographen.*

Ane|mo|graph, der; -en, -en [zu griech. gráphein = schreiben]: *Windmesser mit einer Vorrichtung zum Aufzeichnen, Registrieren.*

Ane|mo|me|ter, das; -s, -: *Windmesser.*

Ane|mo|ne, die; -, -n [lat. anemone < griech. anemṓnē, (unter Anlehnung an: ánemos = Wind), H. u.]: *kleine, im Frühling bes. in Laubwäldern blühende Pflanze mit meist nach unten geneigten weißen bis rosa Blüten; Buschwindröschen.*

Ane|mo|ta|xis, die; -, ...taxen [zu ↑²Taxis] (Biol.): *nach der Luftströmung ausgerichtete aktive Ortsbewegung von Lebewesen.*

Ane|mo|tro|po|graph, der; -en, -en [zu griech. trópos = Wendung u. gráphein = schreiben] (Meteor.): *die Windrichtung aufzeichnendes Gerät.*

Anelmoltrolpollmelter, das; -s, -: *die Windrichtung anzeigendes Gerät.*

anlemplfehllen ⟨st. V.; empfiehlt an/ (auch:) anempfiehlt, empfahl an/(auch:) anempfahl, hat anempfohlen⟩ (geh.): **a)** *jmdm. dringend empfehlen:* jmdm. ein Verhalten ausdrücklich, wärmstens a.; Ich sollte der Sache doch mal auf den Grund gehen, das könne er mir a. (Kempowski, Uns 265); **b)** *jmdm. nahelegen, ans Herz legen:* dem Herrn im Himmel die armen Seelen a.

Anlemplfehllung, die; -, -en: **1.** *das Anempfehlen.* **2.** *Rat:* Er hat mir nichts vermacht; – außer einer A. (Jahnn, Geschichten 180).

anlemplfinlden ⟨st. V.; hat⟩: *die Gefühle, die Empfindungsweise, die ein anderer hat, nicht selbst haben, sondern sich erst aneignen.*

Anlemplfinldung, die; -, -en: *das Anempfinden.*

Anlenlzelphallie, die; -, -n [zu griech. an- = nicht, un- u. egképhalos = Gehirn] (Med.): *schwere Störung in der embryonalen Entwicklung des Zentralnervensystems, die zu Fehlbildung des Kopfes, Fehlen der Schädeldecke u. meist auch des Gehirns führt.*

Anlepilgralpha ⟨Pl.⟩ [griech. anepígrapha, zu: anepígraphos = ohne Titel] (Buchw.): *unbetitelte Schriften.*

anlepilgralphisch ⟨Adj.⟩ (Buchw.): *unbetittelt, ohne Titel.*

Anlerlbe, der; -n, -n (Rechtsspr.): *bäuerlicher Alleinerbe, Hoferbe.*

Anlerlbenlfollge, die ⟨o. Pl.⟩: *Erbfolge des Anerben.*

Anlerlbenlrecht, das ⟨o. Pl.⟩ (Rechtsspr.): *altes bäuerliches Erbrecht, nach dem das Gesamterbe geschlossen an einen Alleinerben (meist den ältesten Sohn) übergeht.*

anlerlbielten, sich ⟨st. V.; erbietet an/ (schweiz. auch:) anerbietet, erbot an/ (schweiz. auch:) anerbot, hat anerboten⟩: **1.** *sich zu etw. bereit erklären, anbieten:* ich erbiete mich an, dich zu begleiten; ich anerbot mich, ihm Geld zu schicken (Ziegler, Konsequenz 237). ◆ **2.** *anbieten:* Die treue Neigung eines redlichen Gemüts genügt ihr und das stille Los, das ich mit dieser Hand ihr anerbiete (Schiller, Jungfrau III, 4).

Anlerlbielten, das; -s, - ⟨Pl. selten⟩: *Angebot, Vorschlag:* ein großmütiges, ehrenvolles A.; Ich brauche nicht zu sagen, dass Ihr A. mich ... ehrt (Th. Mann, Krull 251).

Anlerlbieltung, die; -, -en (selten): *das Anerbieten; Angebot:* Sie hatte die beiden -en ihres ... Brotherrn raschen Verstandes überschlagen (Werfel, Himmel 86).

Anlerlgie, die; -, -n [zu griech. an- = nicht, un- u. érgon = Werk, Tätigkeit, Gegenbildung zu ↑Energie]: **1.** (Med.) *Fehlen einer Reaktion des Organismus auf einen Reiz, bes. auf ein Antigen.* **2.** (Psych.) *Energie-, Willenlosigkeit.* **3.** (Thermodynamik) *nicht in technische Arbeit umsetzbarer Anteil der für das Ablaufen eines thermodynamischen Prozesses nötigen Energie.*

anlerlgisch ⟨Adj.⟩ **1.** (Med.) *unempfindlich gegen Reize.* **2.** (Psych.) *energielos.*

anlerlkannt ⟨Adj.⟩: *allgemein geschätzt, unbestritten:* Er ist ... der -este Bundespräsident, den dieses Land je hatte (Spiegel 39, 1988, 17); eine -e Fachfrau, Wissenschaftlerin; er fühlte sich von mir in seinen Qualitäten a. *(bestätigt;* Niekisch, Leben 261).

anlerlkannlterlmalßen ⟨Adv.⟩: *wie allgemein anerkannt, bestätigt:* er gehört a. zu den tüchtigsten Metzgermeistern der Stadt.

anlerlkenlnen ⟨unr. V.; erkennt an/ (auch:) anerkennt, erkannte an/(auch:) anerkannte, hat anerkannt⟩: **1. a)** *gutheißen, billigen, akzeptieren, einer Sache zustimmen:* den neuen Chef a.; Änderungen a.; Ein Abseitstor von ... Jones erkannte der ... Schiedsrichter nicht an (Welt 13. 5. 65, 6); ich will a., dass du dich bemüht hast; das ist eine Tatsache, und ich anerkenne sie (Zorn, Mars 210); etw. neidlos a.; **b)** *würdigen, loben, respektieren, achten:* die Mitmenschen, Spielregeln, jmds. Bemühungen a.; 1977 anerkannte der Reichsbund ... die Durchführung ... durch einen Ehrenpreis (Spiegel 38, 1978, 15); anerkennende Worte *(Worte der Anerkennung* 1). **2. a)** *jmdn., etw.) öffentlich bestätigen, für gültig erklären, legitimieren:* eine neue Regierung, einen Staat diplomatisch a.; Natürlich ... könnt ihr das verbrecherische Regime ... nicht a. (Dönhoff, Ära 146); damit sie ... als politische Flüchtlinge anerkannt werden (Simmel, Stoff 64); der Vaterschaft a.

anlerlkenlnenslwert ⟨Adj.⟩: *lobenswert:* ein -es Verhalten; eure Bemühungen sind a.

anlerlkenlnenslwerlterlweilse ⟨Adv.⟩: *lobenswerterweise.*

¹Anlerlkenntlnis, die; -, -se ⟨Pl. selten⟩ (geh.): *Anerkennung, Billigung:* die A. von Gottes gerechtem Walten (Schnurre, Schattenfotograf 77); die Haltung der ... Diplomatie ..., die, in A. der Zwangslage Chrustschows, darauf verzichtet hat (Augstein, Spiegelungen 81).

²Anlerlkenntlnis, das; -ses, -se (Rechtsspr.): *Erklärung des Beklagten im Zivilprozess, dass er den gerichtlich gegen ihn erhobenen Anspruch anerkenne:* das A. seiner Schuld.

Anlerlkenntlnislurlteil, das (Rechtsspr.): *Urteil im Zivilprozess aufgrund des Anerkenntnisses des Beklagten.*

Anlerlkenlnung, die; -, -en: **1.** *Würdigung, Lob, Achtung, Respektierung:* A. von Leistungen; keine A. finden; A. von jmdm. sprechen; Ich hatte immer nach A. und Liebe gedürstet (Fallada, Trinker 22); Seine Arbeiten hatten ihm ... A. eingebracht (Musil, Mann 44); Ich bin gern bereit, ihrer Tüchtigkeit meine A. zu zollen (Nossack, Begegnung 63); in A. von etw. Verdienten. **2.** ⟨Pl. selten⟩ **a)** *[offizielle] Bestätigung, Erklärung der Gültigkeit, der Rechtmäßigkeit:* die diplomatische A. eines Staates durch andere Staaten; die A. Pankows werde ... als unfreundlicher Akt angesehen (Dönhoff, Ära 151); **b)** *Billigung, Zustimmung:* unter A. des Prinzips der Gleichberechtigung.

Anlerlkenlnungslschreilben, das: *Schreiben, in dem die Anerkennung für eine selbstlose Tat, ein Jubiläum usw. ausgedrückt wird:* nach der Bundesverdienstkreuzverleihung erhielt er zahlreiche A.

Anlerlkenlnungslurlkunlde, die: *Urkunde, die [von staatlicher Seite] über eine selbstlose Tat, ein Jubiläum usw. ausgestellt wird.*

Anelrolid, das; -[e]s, -e [zu griech. a- = nicht, un- u. nērós = fließend, nass; das Barometer arbeitet ohne Flüssigkeit], **Anelrolidlbalrolmelter,** das (Met.): *Gerät zum Anzeigen des Luftdrucks.*

anlerlzielhen ⟨unr. V.; hat⟩: *durch Erziehung angewöhnen, beibringen:* jmdm. Pünktlichkeit a.; dass ihm als Sachsen die Liebe zum Preußenkönig anerzogen wurde (Loest, Pistole 54).

anlelssen, sich ⟨unr. V.; hat⟩: **1.** *sich etw. durch vieles Essen erwerben:* du hast ein Bäuchlein angegessen; Pferdefleisch ..., an dem eine ganze Armee sich den Tod angegessen hat (Plievier, Stalingrad 272). **2.** (österr. ugs.) *sich satt essen.*

anleulplolid ⟨Adj.⟩ [aus griech. an- = nicht, un- u. ↑euploid] (Biol.): *(von Zellen od. Lebewesen) eine von der Norm abweichende, ungleiche Anzahl Chromosomen od. ein nicht ganzzahliges Vielfaches davon aufweisend.*

Anleulplolildie, die; - (Biol.): *das Auftreten anormaler Chromosomenzahlen im Zellkern.*

Aneulryslma, das; -s, ...men [griech. aneúrysma = Erweiterung] (Med.): *krankhafte, örtlich begrenzte Erweiterung einer Arterie.*

anlfalchen ⟨sw. V.; hat⟩ (geh.): *[durch Blasen] zum Brennen, Aufflammen bringen:* ein Feuer, eine Glut a.; Ü jmds. Leidenschaften a. *(erregen);* jmds. Begierden a. *(anstacheln);* einen Streit a.; Schwache Fortpflanzungstätigkeit facht der Mensch gern an, und dazu hat er mancherlei Mittel: den Stierkampf, das Verbrechen, den Sport (Tucholsky, Werke II, 138).

Anlfalchung, die; -, -en: *das Anfachen:* Adenauer ... wurde durch die A. der nationalen Leidenschaft nicht überrascht (Scholl-Latour, Frankreich 475).

anlfahlren ⟨st. V.⟩: **1.** *(von Fahrzeugen) zu fahren beginnen, losfahren, starten* ⟨ist⟩: die Straßenbahn fuhr an; langsam, weich, ruckartig a.; auf den anfahrenden Zug springen; ⟨subst.:⟩ das Anfahren am Berg. **2.** *(mit einem Fahrzeug) heranfahren, fahrend näher kommen* ⟨ist⟩: ein Auto fuhr hupend an; ⟨meist im 2. Part. in Verbindung mit kommen⟩: in seinem Sportwagen in rasendem Tempo angefahren kommen. **3.** ⟨hat⟩ **a)** *bei einer Fahrt einen bestimmten Ort als Ziel haben:* Berlin, das Museum a.; die nächste Tankstelle a.; In einem Sonderzug fuhr die Parteiprominenz ... 27 ... Städte an *(besuchte sie;* Spiegel 6, 1983, 96); **b)** *fahrend auf etw. zusteuern; sich in seiner Fahrweise auf ein kommendes Hindernis einstellen:* er fuhr die Kurve falsch an; Er

Anfahrschacht

fuhr die ... Tore mit einer wilden Entschlossenheit an (Olymp. Spiele 1964, 17). **4.** *mit dem Fahrzeug herbeibringen* ⟨hat⟩: Erde, Holz, Kohle, Kartoffeln a.; Ü Getränke a. lassen (ugs.; *in größerer Menge auftragen lassen, spendieren*). **5.** *beim Fahren durch das Fahrzeug verletzen; mit einem Fahrzeug streifen* ⟨hat⟩: er hat eine alte Frau, ein Kind angefahren; sie ist von einem Auto angefahren worden; er habe den Wagen beim Rangieren angefahren und werde natürlich die Reparatur bezahlen (ADAC-Motorwelt 4, 1985, 59). **6.** *in heftigem Ton zurechtweisen* ⟨hat⟩: einen Untergebenen heftig, in barschem Ton a.; es hieß von ihr, sie sei ... von Sir Norbert noch niemals angefahren oder abgekanzelt worden (Zuckmayer, Herr 85). **7.** (Technik) *eine technische Anlage in Betrieb nehmen, die Produktion von etw. beginnen* ⟨hat⟩: wir durften die Anlage ... a. und außer Betrieb nehmen (Brot und Spiele 186); einen Atomreaktor a. **8.** (Bergbau) **a)** *zur Arbeit unter Tage fahren* ⟨ist⟩: in die Grube, zu einer Überschicht a.; Wenn das nicht besser wird, fahren die Kumpels nicht an (ran 3, 1980, 39); **b)** *eine Lagerstätte durch einen Grubenbau für den Abbau zugänglich machen* ⟨hat⟩.
An|fahr|schacht, der (Bergbau): *Schacht für den Abbau.*
An|fahrt, die; -, -en: **1. a)** *das Heranfahren, die Ankunft mit einem Fahrzeug*: sie konnten nur die A. zweier Autos melden; Es geschah ... nichts anderes als die A. von zwei Motorrädern (Seghers, Transit 11); **b)** *Strecke od. Zeit, die zu einer Anfahrt* (1 a) *benötigt wird*: die A. dauert mindestens eine Stunde, ist sehr lang. **2.** *Zufahrt, Zufahrtsstraße*: das Krankenhaus hat für die Krankenwagen eine besondere A. **3.** (Bergbau) *das Fahren zur Arbeit unter Tage:* Er schien versucht, vor der A. noch einen zu nehmen (Marchwitza, Kumiaks 30).
An|fahrts|kos|ten ⟨Pl.⟩: *für die Anfahrt* (1 b) *z. B. eines Handwerkers zu bezahlende Summe.*
An|fahrts|stra|ße, die: *Zufahrtsstraße.*
An|fahrts|weg, der: vgl. Anfahrtsstraße.
An|fahrts|zeit, die: *Zeit, die für die Anfahrt* (1 a) *benötigt wird.*
An|fall, der; -[e]s, Anfälle: **1.** *plötzliches Auftreten u. Wiederabklingen krampfartiger Symptome einer physischen od. psychischen Krankheit, Attacke*: einen epileptischen A. bekommen; Die plötzliche Ohnmacht ... Der A. war ohne vorherige Anzeichen gekommen (H. Weber, Einzug 163); einen A. von Hysterie haben, erleiden; Ü ein A. *(plötzlich auftretende Stimmung, Anwandlung)* von Fleiß, Energie, Eifersucht; wenn ich mal einen A. von Arbeitswut habe, dann setz ich mich ganz still in eine Ecke und warte, bis der A. vorüber ist (Brot und Salz 344); ***einen A. bekommen, kriegen** (ugs.; *außer sich geraten*): wenn ich nur sehe, kriege ich schon einen A.; seine Familie würde schlicht einen A. bekommen (Baldwin [Übers.], Welt 36). **2.** ⟨o. Pl.⟩ *Ausbeute, Ertrag:* der A. an Roheisen, an Getreide ist sehr gering. **3.** ⟨o. Pl.⟩ *das Entstehen, Anfallen* (3) *von etw.:* der A. an Arbeit war sehr gering. ♦ **4.** *zufallendes Erbe:* Euch Treuen sprech' ich zu ... das hohe Recht, euch ... durch A., Kauf und Tausch ins Weitre zu verbreiten (Goethe, Faust II, 10940 ff.).
an|fall|ar|tig ⟨Adj.⟩: *in der Art eines Anfalls* (1), *kurz u. zugleich heftig*: die Schmerzen kommen a.
an|fal|len st. V.⟩: **1.** *plötzlich angreifen* ⟨hat⟩: sie haben ihn aus dem Hinterhalt, im Dunkeln angefallen; ein bissiger Köter fiel uns an; er sei ... von einem Kaffernbüffel angefallen worden (Grzimek, Serengeti 118); Tatsächlich ... hat mich in meinem ganzen Leben niemals ein Mann wirklich angefallen, belästigt (Perrin, Frauen 73); Ü er hat sie mit groben Worten angefallen *[unvermutet] heftig angefahren).* **2.** *(von Stimmungen, Gefühlen) befallen, überkommen* ⟨hat⟩: Angst, Müdigkeit fiel ihn an; wo uns ... im Leben und in der Welt die Verzweiflung anfällt (v. Weizsäcker, Deutschland 89); Heimweh hat uns angefallen. **3.** *[nebenher, in der Folge von etw.] entstehen, sich ergeben* ⟨ist⟩: hohe Kosten sind angefallen; Irgendwo ... war Muttererde angefallen (H. Weber, Einzug 362); Es liegt auf der Hand, dass ... riesige Datenmengen anfallen (Zivildienst 2, 1986, 27); ⟨im 1. u. 2. Part.:⟩ alle anfallenden Arbeiten zu erledigen haben; angefallene Überstunden abfeiern. ♦ **4.** *(jmdm.) durch Erbschaft zufallen:* als wär' ein Königreich ihm angefallen (Wieland, Geron 388).
an|fäl|lig ⟨Adj.⟩: *zu Krankheiten, Störungen neigend, ihnen ausgesetzt; nicht widerstandsfähig*: seit seiner Operation ist er sehr a. *(krankheitsanfällig)*; sie ist ziemlich a. für/(seltener:) gegen Erkältungen; die Puten seien a. für Ungeziefer (Brückner, Quints 130); Ü ein Gefühl, für das man a. wird *(zu dem man neigt),* wenn man sehr verletzt ist (Domin, Paradies 38); Heizsysteme ... sind weniger a. gegen kalte Winter (CCI 5, 1985, 15).
-an|fäl|lig: 1. drückt in Bildungen mit Substantiven aus, dass jmd., etw. leicht von etw. ergriffen wird, einer Sache ausgesetzt ist: bakterien-, stressanfällig. **2.** drückt in Bildungen mit Substantiven aus, dass jmd., etw. leicht zu etw. neigt: fehler-, panik-, pannenanfällig.
An|fäl|lig|keit, die; -: *das Anfälligsein:* A. gegen Infekte (Bruker, Leber 95); Ü Motor und Getriebe zeichnen sich durch geringe A. aus; Bei den Auszubildenden herrscht eine ... A. für den Rechtsextremismus (Spiegel 7, 1979, 208).
An|falls|be|reit|schaft, die: *Anfälligkeit, Empfänglichkeit, Disposition für Anfälle* (1).
An|falls|lei|den, das: *mit Anfällen* (1) *einhergehende Krankheit, bes. Epilepsie.*
an|falls|wei|se ⟨Adv.⟩: *in Form eines Anfalls* (1) *auftretend:* die a. auftretende spastische Verengung von Herzkranzgefäßen ⟨mit Verbalsubstantiven auch attr.:⟩ -s Hinken.
An|fang, der; -[e]s, Anfänge [mhd. an[e]vanc, ahd. anafang: ⟨Pl. selten⟩ *Entstehung, Ursprung, Beginn:* der A. der Weltgeschichte; Der A. aller Leiden ist die Wandelbarkeit der Welt (Schneider, Leiden 114); im A. war das Wort (Joh. 1, 1); von [allem] A. an *(von Anbeginn an);* Zwischen uns bestand von A. an ein Verhältnis aufrichtiger Antipathie (Niekisch, Leben 305); ***von A. bis Ende** *(vollständig, ohne etw. auszulassen):* Er ... las uns unser Werk von A. bis zum vorläufigen Ende vor (Lentz, Muckefuck 100); **b)** *Ausgangspunkt, Start, Beginn:* ein viel versprechender A.; den A. nicht finden, verpassen; Der Vorsatz, ... einen neuen A. zu machen *(noch einmal [unter anderen Voraussetzungen] zu beginnen;* Schreiber, Krise 177); freie Wahlen müssten am A. ... stehen Dönhoff, (Ära 104); Im A., als ich noch nichts davon wusste (Remarque, Triomphe 48); Schlagzeugerin in den Anfängen sucht Band (Oxmox 9, 1984, 116); Das war gleich zu A. gewesen (Gaiser, Jagd 191); R das ist der A. vom Ende *(das schlimme Ende ist nicht mehr fern);* Spr aller A. ist schwer *(zu Beginn einer Arbeit o. Ä. treten immer Schwierigkeiten auf);* ***den A. machen** *(als Erster mit etw. beginnen):* einer muss ja den A. machen; **seinen A. nehmen** (geh.; *anfangen, beginnen*): nirgendwo sonst könnte uns die Geschichte von dir und mir ihren A. nehmen (Strauß, Niemand 77); **c)** *erster Teil, erstes Stadium, Ansatz:* der A. der Erzählung, der Vorlesung war ziemlich unklar; die Erforschung des Weltraums steckt erst in den Anfängen; **d)** ⟨o. Pl.⟩ *erster Teil eines Zeitabschnitts, eines Alters:* A. 1999; A. des Monats; [seit] A. Januar; (ugs.:) die Frau dürfte so A. [der] Fünfzig/der Fünfziger sein; **e)** *Beginn einer räumlichen Gegebenheit:* der A. einer Strecke, einer Straße; bei billiger Frischhaltefolie findet man den A. immer schlecht; das Wasser zwischen den Pflöcken war seicht, der A. des unendlichen Meeres (Seghers, Transit 273).
an|fan|gen ⟨st. V.; hat⟩ [mhd. an[e]vāhen, ahd. anafāhan, urspr. = anfassen, in die Hand nehmen]: **1. a)** *etw. in Angriff nehmen, mit etw. beginnen:* eine Arbeit, einen Brief, eine Freundschaft, ein Gespräch a.; sie fing wieder an zu paddeln/fing wieder zu paddeln an; gleich werden die Sirenen zu heulen a./a. zu heulen; der fing zu reden und zu seufzen an (M. Walser, Seelenarbeit 83); du hast angefangen (ugs.; *hast den Streit begonnen; bist schuld*); ein Verhältnis, etwas mit jmdm. a. (ugs.; *eine Liebesbeziehung mit jmdm. beginnen*); Er wollte eine Likörfabrik a. (ugs.; *gründen, eröffnen*), und Carapin sollte ihn finanzieren (Maass, Gouffé 133); Im Zoo möchte man auch mit der Zucht von ... Auerhähnen a. (Freie Presse 18. 11. 88, Beil. 3); **b)** *eine Ausbildung, eine berufliche Arbeit beginnen*: am 1. Januar können Sie a.; Du musst schon Solides a. (Maass, Gouffé 54); [ganz] von vorn[e], von klein auf a. *(mit dem untersten, am schlechtesten bezahlten Posten beginnen);* er hat als Handelsvertreter angefangen; **c)** *zu reden beginnen:* »Liebe

Freundinnen und Freunde«, fing er an; sie fing mit diesen Worten an; Von Monika wollte ich nicht a. (ugs.; *wollte ich nicht reden*). Da tat ers. »Monika strickt Babyzeug«, sagte er (Muschg, Gegenzauber 304); **d)** (ugs.) *ein bestimmtes Thema anschneiden:* er fing immer wieder von Politik an; nun fang du auch noch damit/davon an! **2. a)** *zu etw. gebrauchen, anstellen:* nichts, etwas mit sich, mit seiner Freizeit anzufangen wissen; dass sie nicht mehr weiß, was a. mit so einem freien Tag (Frischmuth, Herrin 52); Er nannte einen Namen, mit dem ich beim besten Willen nichts anzufangen wusste (Gregor-Dellin, Traumbuch 151); mit ihm ist heute nichts anzufangen *(er ist heute nicht in Form, nicht ansprechbar);* **b)** *machen, tun:* was können, sollen wir nachher a.?; eine Sache richtig, verkehrt a. **3.** *[mit etw.] einsetzen, beginnen, seinen Anfang nehmen:* hier fängt das Sperrgebiet an; der Unterricht fing um halb sieben an; das Wort fängt mit p an; (iron.:) das fängt ja gut, schön, heiter, nett an; das Jahr fängt ja ganz schön happig an (Kicker 6, 1982, 36).
An|fän|ger, der; -s, - [im 16. Jh. = Urheber]: *jmd., der am Beginn einer Ausbildung od. einer Tätigkeit steht:* A. und Fortgeschrittene; als er bei uns ... anfing, war er kein A. mehr (Grass, Katz 9); er ist noch ein blutiger A. (ugs.; *hat noch keinerlei Erfahrung);* A.! (abwertend; Schimpfwort für einen ungeschickten Menschen); Es war ... ein Vorrecht fortschrittlich gesinnter Opernbühnen, jungen begabten -n eine Chance zu geben (Thieß, Legende 200); Kurse für A.
An|fän|ge|rin, die; -, -nen: w. Form zu ↑Anfänger: Aus der irrlichternden A. ist längst eine Respektsperson der Szene geworden (Spiegel 12, 1997, 212).
An|fän|ger|kurs, An|fän|ger|kur|sus, der: *Kurs für Anfänger[innen].*
An|fän|ger|übung, die: vgl. Anfängerkurs.
an|fäng|lich ⟨Adj.⟩: *zu Beginn noch vorhanden:* nach -em Zögern, Misstrauen; Der Fall ... ist jedem Zeitungsleser bekannt, ...a. war's nur eine Schlagzeile (Frisch, Gantenbein 421).
an|fangs: I. ⟨Adv.⟩: *am Anfang, zuerst:* a. ging alles gut; die a. aufgestellte Hypothese war falsch; Es gab a. bei uns keine Erfahrungen mit Tiefbohrungen (Berger, Augenblick 71). **II.** ⟨Präp. mit Gen.⟩ (ugs.) *am Anfang, zu Beginn eines Zeitraums:* a. des Jahres, der Woche; (schweiz. auch ohne Genitivendung:) Sie hat a. Jahr keine Motion eingereicht (NZZ 5. 9. 86, 34); obwohl ihr Trainer a. Saison ... einen Platz in der Tabellenmitte angab (Nordschweiz 29. 3. 85, 24).
An|fangs|buch|sta|be, der: **a)** *erster Buchstabe eines Wortes; Initiale:* mit großen -n; die reich verzierten -n des alten Buches; **b)** ⟨nur Pl.⟩ *die ersten Buchstaben von Eigennamen, Monogramm:* in die Rinde des Baumes eingeritzte -n; in die Wäsche eingestickte -n *(eingestickte Monogramm).*
An|fangs|drit|tel, das (Eishockey): *erster Spielabschnitt.*

An|fangs|er|folg, der: *Erfolg zu Beginn einer Tätigkeit.*
An|fangs|ge|halt, das ⟨Pl. ...gehälter⟩: *erstes, nach einer Probezeit meist gesteigertes Gehalt in einer neuen Anstellung:* als A. bekam sie 3 500 Mark.
An|fangs|ge|schwin|dig|keit, die: *Geschwindigkeit am Anfang einer Bewegung:* eine hohe, niedrige A.
An|fangs|grün|de ⟨Pl.⟩ [für lat. elementa, Pl. von: elementum, ↑Element]: *Grundlagen, elementare Kenntnisse;* die A. der Mathematik.
An|fangs|hälf|te, die (Sport): *erste Spielhälfte:* in der A. dominierten die Gäste.
An|fangs|ka|pi|tal, das: *Kapital, das bei der Gründung eines Unternehmens od. bei der Tätigung eines größeren Geschäftes bereitsteht, bereitstehen muss:* ein hohes, niedriges A.
An|fangs|pha|se, die: vgl. Anfangsstadium.
An|fangs|reim, der (Dichtk.): *Reim zwischen den ersten Wörtern zweier od. mehrerer Verszeilen* (z. B. »Krieg! ist das Losungswort. / Sieg! und so klingt es fort«; Goethe, Faust II, V. 9 837/8).
An|fangs|schwie|rig|keit, die ⟨meist Pl.⟩: *am Anfang typischerweise auftretende Schwierigkeit:* keine, große -en haben.
An|fangs|sil|be, die: vgl. Anfangsbuchstabe.
An|fangs|sta|di|um, das: *erster [Zeit]abschnitt eines Entwicklungsprozesses o. Ä.:* das A. einer Krankheit; der Bau ist noch im A.
An|fangs|stück, das: *erstes, vorderstes Stück:* das A. eines Brotes, eines Rohrs.
An|fangs|stu|fe, die: vgl. Anfangsstadium.
An|fangs|tem|pe|ra|tur, die: *zu Beginn von etw. gemessene Temperatur.*
An|fangs|un|ter|richt, der: *Unterricht für Schulanfänger, Erstunterricht.*
An|fangs|ver|dacht, der (Rechtsspr.): *auf gesicherten Anhaltspunkten beruhender gegen jmdn. gerichteter Verdacht, der das Einschreiten der Staatsanwaltschaft rechtfertigt:* Die Staatsanwaltschaft ... prüft einen A., wonach die CDU verdeckte Parteispenden kassiert haben könnte (MM 15. 9. 97, 3).
An|fangs|wert, der (Math., Physik): *Wert einer gesuchten Funktion zu Beginn eines Vorgangs, dessen Ablauf von dieser Funktion beschrieben wird.*
An|fangs|wort, das ⟨Pl. ...wörter⟩: *erstes Wort einer Zeile, Strophe, eines Textes.*
An|fangs|zeit, die: **a)** *Zeitangabe für den Beginn von Veranstaltungen;* **b)** *erste Zeit einer Tätigkeit, eines Zustandes o. Ä.*
an|fär|ben ⟨sw. V.; hat⟩: *[leicht] färben; tönen:* Stoffteile a.; (Med., Biol.:) den Zellkern, Bakterien a.; Ü die erlangten Informationen dem Geschmack ... des Informationsempfängers anzufärben (Habe, Namen 105).
An|fär|bung, die; -, -en: *das Anfärben.*
an|fas|sen ⟨sw. V.; hat⟩: **1. a)** *mit der Hand berühren, ergreifen, mit den Fingern befühlen:* Manche ... begriffen es nie ..., ... ein Weinglas richtig am Stiel an-

zufassen (Böll, Adam 21); Riesenfeld zuckt ... zusammen, als hätte er einen elektrischen Kontakt mit nassen Pfoten angefasst (Remarque, Obelisk 242); etw. vorsichtig a.; sie lässt sich nicht gern a.; Ü Kreuzberg ... Da findet man Ecken, in denen ist Berlin noch Berlin. Da kann man Geschichte a. (BM 12. 11. 76, 16); * **zum Anfassen** (ugs.; *die Möglichkeit zu engstem Kontakt bietend, [etwas Abstraktes] aus unmittelbarer Nähe mitzuerleben; hautnah* 3): Europa zum Anfassen; Der Volkspapst ..., der mit den Leuten singt, der in der Menge badet: ein Papst zum Anfassen (Stern 11. 10. 79, 260); Die Spanier aber wünschen sich einen Star zum Anfassen und nicht nur einen, der gut Fußball spielt (Hörzu 45, 1982, 15); Pokrowski-Inszenierung »Die Hochzeit«: In einem engen Kinosaal Oper zum Anfassen (Spiegel 43, 1984, 186); Eine moderne Multimediaschau zum Anfassen bietet das Museum zum Anfassen (FR 8. 4. 99, 30); Verhütungsmittel zum Anfassen; **b)** (landsch.) *bei der Hand nehmen:* die Mutter fasst das Kind an; ⟨subst.:⟩ Ringelpiez mit Anfassen (Spiegel 12, 1984, 237); **c)** ⟨a. + sich⟩ *sich in einer bestimmten Weise anfühlen:* der Stoff fasst sich glatt, wie Wolle an. **2.** *auf eine bestimmte Art u. Weise behandeln:* jmdn. verständnisvoll, zart, rücksichtslos, hart a. **3. a)** *bei etw. zupacken, helfen:* der Korb ist schwer, fass doch mal [mit] an!; **b)** *[in bestimmter Weise] in Angriff nehmen, anpacken, anfangen:* eine Arbeit, eine Sache, ein Problem klug, geschickt, mit Eifer a. **4.** (geh.) *anwandeln, befallen, packen:* Angst, Schrecken, Sehnsucht fasste ihn an. ◆ **5.** *(jmdn.) treffen, (mit jmdm.) zusammentreffen:* wer weiß, wen er unterwegs angefasst hat (Goethe, Egmont II).
an|fau|chen ⟨sw. V.; ha⟩: **1.** *fauchende Laute (gegen jmdn.) ausstoßen:* die Katze fauch den Hund an. **2.** *heftig anfahren, zurechtweisen:* bis ... Petri ... mich derb zurückstößt und anfaucht: »Was soll das? ...« (Becker, Irreführung 125); Lutz wurde angefaucht, er solle nicht bummeln (Loest, Pistole 95).
an|fau|len ⟨sw. V.; ist⟩: *zu faulen beginnen, in Fäulnis übergehen;* das Korn faulte schon an; angefaulte Äpfel; Ü ein langer, im Lauf der Zeit angefaulter Friede (H. Lenz, Tintenfisch 62).
an|fecht|bar ⟨Adj.⟩: *nicht ohne weiteres gültig; bestreitbar, angreifbar:* ein -es Urteil, Testament; der Vertrag, die Entscheidung ist [nicht] a.
An|fecht|bar|keit, die; -: *das Anfechtbarsein.*
an|fech|ten ⟨st. V.; hat⟩ [mhd. anevehten = gegen jmdn. kämpfen; jmdm. etw. abgewinnen; beunruhigen, ahd. anafehtan = (an)kämpfen; schlagen]: **1.** *die Richtigkeit, Rechtmäßigkeit von etw. nicht anerkennen, bestreiten, angreifen; (gegen etw.) Einspruch erheben:* ein Urteil, einen Vertrag a.; das Zeugnis der Prostituierten könne vor Gericht angefochten werden (Brecht, Groschen 277); eine Stütze für meine oft angefochtenen Aussagen (Lorenz, Verhalten I, 312). **2.** (geh.)

Anfechtung

beunruhigen, bekümmern: Versuchungen, Sorgen fechten sie an; kein Altersleiden wird ihn a. (A. Kolb, Schaukel 57); das ficht mich nicht an; ich ließ es mich nicht a. *(ließ mich nicht davon beirren);* was ficht dich an? *(was ist mit dir?).*
An|fech|tung, die; -, -en: **1.** (Rechtsspr.) *das Anfechten* (1), *Einspruch gegen etw.:* die A. eines Urteils, eines Testaments. **2.** (geh.) *Versuchung:* eine innere A.; schweren -en ausgesetzt sein; Völlig ablehnend gegenüber allen -en der Weltstadt Paris (Ceram, Götter 108); Er hatte sich in weises Schweigen gehüllt und wich allen Fragen und -en dieser Welt mit einem leisen Lächeln aus (Strittmatter, Wundertäter 360).
An|fech|tungs|kla|ge, die (Rechtsspr.): *Klage, mit der jmd. eine Anfechtung* (1) *anhängig macht.*
an|fe|gen ⟨sw. V.; ist⟩ (ugs.): *mit großer Geschwindigkeit herankommen:* er hörte schon von weitem, wie sie anfegten; ⟨meist im 2. Part. in Verbindung mit »kommen«:⟩ sie kamen mit ihren Motorrädern angefegt.
♦ **an|feil|schen** ⟨sw. V.; hat⟩: *mit dem Feilschen, Handeln (um etw.) beginnen:* ... prüften die Ware, feilschten sie an; abgeschlossen sollte der Handel erst nach der Messe werden (Ebner-Eschenbach, Gemeindekind 137).
an|fein|den ⟨sw. V.; hat⟩: *bekämpfen, jmdm. feindselig begegnen:* jmdn. heftig, unaufhörlich a.; ich habe ... mein »Bekenntnis« zum Christentum veröffentlicht. Dafür bin ich angefeindet worden (B. Vesper, Reise 439); sie wurde von allen Seiten angefeindet.
An|fein|dung, die; -, -en: *das Anfeinden; das Angefeindetwerden; feindselige Haltung, Feindseligkeit:* dauernden -en ausgesetzt sein.
an|fei|xen ⟨sw. V.; hat⟩ (ugs.): *hämisch anlachen, angrinsen:* er feixte mich schadenfroh an.
an|fer|sen ⟨sw. V.; hat⟩: **1.** (Sport) *im Laufen die Fersen gegen die Oberschenkel od. das Gesäß schlagen:* Laufen mit Knieheben und Anfersen im Wechsel (MM 6. 6. 72, 6). **2.** *an Socken o. Ä. neue Fersen anstricken:* Strümpfe a.
an|fer|ti|gen ⟨sw. V.; hat⟩: *als Ergebnis einer Arbeit in sach-, kunstgerechter, oft bestimmten Plänen entsprechender Weise entstehen lassen, hervorbringen; herstellen, produzieren, fabrizieren, machen:* ein Gutachten, ein Protokoll, eine Zeichnung a.; Strickwaren a.; eine ... Kopie seines Siegelringes, die er ... hatte a. lassen (Th. Mann, Krull 295); die Sorgfalt, mit der er seine Schularbeiten anfertigte (Bergengruen, Rittmeister 339); sich beim Schneider einen Anzug a. lassen.
An|fer|ti|gung, die; -, -en: **1.** ⟨o. Pl.⟩ *das Anfertigen:* häusliche Aufgaben ... deren A. ich versäumt hatte (Th. Mann, Krull 116). **2.** *etw. Angefertigtes.*
An|fer|ti|gungs|kos|ten ⟨Pl.⟩: *Kosten, die bei der Anfertigung von etw. entstehen.*
an|fes|seln ⟨sw. V.; hat⟩: *an etw. festbinden:* sie haben ihn [an den Baum, an die Wand] angefesselt.

an|fet|zen ⟨sw. V.; hat⟩ (Jugendspr.): *sehr anregend, anreizend wirken, stimulieren:* diese Musik fetzt [mich] unheimlich an.
an|feuch|ten ⟨sw. V.; hat⟩: *[ein wenig] feucht machen:* Bügelwäsche, Briefmarken a.; ich feuchte mir die Lippen an; Rita feuchtet erst den Daumennagel an, eh' sie die Feile ansetzt (Jägersberg, Leute 85).
An|feuch|ter, der; -s, -: *Schwamm od. Pinsel zum Anfeuchten.*
An|feuch|tung, die; -, -en: *das Anfeuchten.*
an|feu|ern ⟨sw. V.; hat⟩: **1.** *anzünden, anheizen:* den Ofen, einen Herd, den Kessel a. **2.** *antreiben, anspornen:* die Kämpfer, jmds. Mut a.; jmdn. zu immer größeren Leistungen a.; Bogatini ... feuert das Orchester zu rasendem Fortissimo an (Thieß, Legende 196).
An|feu|e|rung, die; -, -en: **1.** ⟨o. Pl.⟩ *das Anfeuern:* An A. und Beifall fehlte es ... nicht, als die Schüler sich auf die Matte begaben (Saarbr. Zeitung 6./7. 10. 79, 22): wenn man die A. zum Maßstab nimmt, die sich die Alba-Spieler vor dem Anpfiff gegenseitig zuteil werden ließen (Berliner Zeitung 4. 1. 99, 32). **2.** *anfeuernder* (2) *Zuruf.*
an|fin|den, sich ⟨st. V.; hat⟩ (landsch.): *sich wieder finden, wieder zum Vorschein kommen, auftauchen:* das Fehlende wird sich schon [wieder] a.; So ordnete Sir Anthony engstes amtliches Stillschweigen über die scheußlichen Vorgänge ... an, vertrauend darauf, dass sich noch Spuren und Zeugen anfänden (Prodöhl, Tod 263).
an|fi|schen ⟨sw. V.; hat⟩ (Angelsport): *anangeln:* es wird bald angefischt; ⟨subst.:⟩ Anfischen und Abfischen – das sind zwei Höhepunkte im Jahresablauf (MM 2. 5. 79, 26).
an|fis|teln ⟨sw. V.; hat⟩ (ugs.): *mit Fistelstimme, mit vor Erregung überschnappender Stimme anherrschen:* einen Untergebenen wütend a.; »Was kraucht hier für ein Kerl?«, fistelt er Grischa an (A. Zweig, Grischa 288).
An|fi|xe, die; -, -n (Jargon): *erste Injektion einer Droge, bes. von Heroin.*
an|fi|xen ⟨sw. V.; hat⟩ [zu ↑ fixen (2)] (Jargon): *jmdn., der noch kein Rauschgift genommen hat, dazu überreden, sich zum ersten Mal eine Droge zu injizieren.*
an|flach|sen ⟨sw. V.; hat⟩ (ugs.): *verulken, veralbern:* er flachste die Mädchen an; weil Vater guter Laune war, flachste er mich von der Seite ... an (Loest, Pistole 200).
an|flan|schen ⟨sw. V.; hat⟩ (Technik): *mithilfe eines Flansches mit etw. anderem verbinden:* ein Rohr, eine Pumpe a.; An dem Gehäuse ist eine Saugturbine angeflanscht (CCI 11, 1985, 51).
an|flat|tern ⟨sw. V.; ist⟩: *flatternd angeflogen kommen:* unsicher flatterte der kleine Vogel an; ⟨meist im 2. Part. in Verbindung mit »kommen«:⟩ ein Schmetterling, ein Blatt kommt angeflattert.
an|fle|geln ⟨sw. V.; hat⟩ (ugs.): *in flegelhafter Weise beschimpfen, anpöbeln:* ich fleg[e]le ihn an; Heinrich Mann war ... in dem Parteiliteraturorgan »Die Links-

kurve« angeflegelt worden (Kantorowicz, Tagebuch I, 47).
an|fle|hen ⟨sw. V.; hat⟩: *sich flehend an jmdn. wenden, eine flehentliche Bitte an jmdn. richten:* Gott a.; jmdn. weinend [um Hilfe] a.; ich flehe dich an, geh nicht fort!; Der Konservator fleht die Bürger vergeblich an, nichts zu nehmen (Sieburg, Blick 85); Wie war es zu erklären, dass beide feindlichen Parteien dieselbe göttliche Autorität anflehten? (K. Mann, Wendepunkt 73).
An|fle|hung, die; -, -en ⟨Pl. selten⟩: *das Anflehen.*
an|flen|nen ⟨sw. V.; hat⟩ (ugs. abwertend): *sich weinend mit Bitten an jmdn. wenden [um damit etw. zu erreichen]:* Ob er sich vielleicht ... hätte erweichen lassen, wenn sie ihn angeflennt hätte (Fr. Wolf, Zwei 290).
an|flet|schen ⟨sw. V.; hat⟩: *(von Tieren) die Zähne in Richtung auf jmdn., etw. fletschen:* der Hund fletschte ihn an; die Eiszapfen wie spitze Drachenzähne ..., die die Erde anfletschten (Hilsenrath, Nazi 129).
an|fli|cken ⟨sw. V.; hat⟩ (ugs.): **1.** *etw. an etw. flicken, ansetzen:* zur Verlängerung ein Stück Draht a. **2.** *jmdm. etw. Schlechtes nachsagen, jmdn. verleumden:* er wollte ihm unbedingt etwas a.
an|flie|gen ⟨st. V.⟩: **1.** *fliegend herankommen* ⟨ist⟩: die Vögel fliegen das Futterhäuschen an; dauernd flog ihn eine Fliege an; der Hubschrauber musste mehrmals a., bevor er landen konnte; Die von Westen anfliegenden Maschinen hatten vorzüglich gezielt (Kuby, Sieg 223); ⟨häufig im 2. Part. in Verbindung mit »kommen«:⟩ ein Schneeball kam, Spatzen kamen angeflogen. **2.** *fliegend, mit einem Flugzeug o. Ä. ansteuern* ⟨hat⟩: den nächsten Flughafen a.; Bombengeschwader flogen deutsche Städte an; Die Maschine sackte nun langsam ab ..., um dann, sehr tief schon, Zürich anzufliegen (Ziegler, Labyrinth 118); der Ort wird von verschiedenen Fluggesellschaften angeflogen. **3. a)** *(von Fertigkeiten, Kenntnissen u. Ä.) jmdm. mühelos zufallen* ⟨ist⟩: alles ist ihm [nur so] angeflogen; Bildung wird nicht in stumpfer Fron und Plackerei gewonnen, sondern ... man kann wohl sagen, dass sie dem Erwählten im Schlafe anfliegt (Th. Mann, Krull 92); **b)** (geh.) *befallen, überkommen* ⟨hat⟩: Angst, Sehnsucht fliegt sie an; So rasch, wie es Ludwig anflog, so rasch verließ das angebliche Übel ihn auch wieder (Giordano, Die Bertinis 397).
an|flie|ßen ⟨st. V.⟩: *fließend herankommen:* ⟨meist im 2. Part. in Verbindung mit »kommen«:⟩ aus dem Wald kommt ein Bach angeflossen.
an|flit|zen ⟨sw. V.; ist⟩ (ugs.): *schnell laufend od. mit hoher Geschwindigkeit fahrend herankommen:* sie sah sie alle a.; Er flitze in fünfzehn Minuten an und bitte ... um eine Tasse frischen Tees (A. Zweig, Grischa 359); ⟨meist im 2. Part. in Verbindung mit »kommen«:⟩ die Rennwagen kommen angeflitzt; Schwalben kamen angeflitzt *(schnell angeflogen;* Kempowski, Tadellöser 71).

an|flö|ten ⟨sw. V.; hat⟩ (ugs.): *mit Worten zu betören suchen:* er hat sie angeflötet, aber sie ist hart geblieben.

An|flug, der; -[e]s, Anflüge: **1.** (Flugw.) **a)** *Flugweg zu einem bestimmten Ziel:* einen zu weiten A. haben; **b)** *letzte Phase des Flugs vor der Landung:* die Maschine befindet sich bereits im A. [auf die Stadt]. **2.** *Hauch, Spur, Schimmer, Andeutung:* Auf seinem Gesicht erschien ein A. von Melancholie (Fest, Im Gegenlicht 249); In dieser Familie gab es nie ... auch nur einen A. von Verschwendung (Loest, Pistole 39); nicht ohne einen, mit einem A. von Feierlichkeit. **3.** (Forstw.) **a)** *Verbreitung von Samen durch den Wind;* **b)** *durch Anflug (3 a) hervorgebrachter junger Baumbestand.*

An|flug|brett, das: *Vorrichtung an den Nistkästen einiger Vogelarten zum Aufsetzen nach dem Flug.*

An|flug|fut|ter, das (Zool.): *Fischnahrung, die durch Wind herangeweht wird (bes. Insekten).*

An|flug|hö|he, die (Flugw.): *vertikaler Abschnitt des Luftraums über einem Flughafen zur Vermeidung von Kollisionen.*

An|flug|nah|rung, die (Zool.): *Anflugfutter.*

An|flug|schnei|se, die (Flugw.): *Flugschneise, über die Flugzeuge einen Flughafen anfliegen.*

An|flug|sek|tor, der (Flugw.): *zur Vermeidung von Kollisionen über einem Flughafen eingerichteter horizontaler Abschnitt des Luftraums.*

An|flug|stan|ge, die: vgl. Anflugbrett.

An|flug|weg, der: *für den Anflug (1) vorgesehene Strecke.*

An|flug|zeit, die (Flugw.): **a)** *Zeitpunkt für den Beginn eines Anflugs (1):* Anflugzeit: 0.45; **b)** *Zeitraum, über den sich der Anflug (1) erstreckt:* die A. ist abhängig von der Witterung.

an|flun|kern ⟨sw. V.; hat⟩ (ugs.): *anlügen, beschwindeln:* seine Kollegin, die als Hellseherin die Leute gegen geringes Entgelt anflunkert (Spiegel 38, 1976, 186).

an|flu|ten ⟨sw. V.; ist⟩: **1.** (geh.) *flutend herankommen:* die Wassermassen kamen angeflutet. **2.** (Med.) *(von einem Betäubungsmittel) sich im Körper verteilen.*

an|for|dern ⟨sw. V.; hat⟩: *dringend verlangen, bestellen, erbitten:* Unterlagen, einen Katalog, ein Gutachten, zusätzliche Arbeitskräfte a.; Wir haben ihn ... über Funk angefordert (Martin, Henker 61); Danach werde ich vom Regiment angefordert (Remarque, Westen 188).

An|for|de|rung, die; -, -en: **1.** *das Anfordern:* eine schriftliche, telefonische A. von Ersatzteilen, Arbeitskräften. **2.** ⟨meist Pl.⟩ *Anspruch, Forderung an jmds. Leistung o. Ä.:* allen -en genügen, gerecht werden; die Aufgabe stellt hohe -en an Geist und Ausdauer; kein Mensch ... hält eine solche dauernde A. an seine Widerstandskraft aus (Hildesheimer, Legenden 72); die Industriegesellschaft sollte sich nach den -en des allgemeinen Wohles organisieren (Fraenkel, Staat 326).

An|for|de|rungs|pro|fil, das: **a)** *Gesamtheit der Anforderungen, denen ein Stellenbewerber in im Hinblick auf eine bestimmte berufliche Position genügen soll:* Angestrebt wird nur Position mit hohem A. (Presse 30. 3. 84, 19); wie sich das A. eines Managers gewandelt hat: Er muss heute viel mehr Generalist als Spezialist sein (Wirtschaftswoche 16. 7. 98, 68); **b)** *Gesamtheit der Eigenschaften, die ein bestimmtes Produkt haben soll:* Mit Vestolen ... bietet hüls einen ... Konstruktionskunststoff, der das A. für Kühlwasserrohre voll abdeckt (VDI nachrichten 18. 5. 84, 21).

An|fra|ge, die; -, -n: *Ersuchen, Bitte um Auskunft:* eine telefonische, schriftliche A. an jmdn. richten; Ihre A. bei unserer Firma wegen der Reparatur; Jeder Abgeordnete ist berechtigt, kurze mündliche -en an die Regierung zu richten (Fraenkel, Staat 229); kleine A. (Parl.; *in der Regel schriftlich gestellte u. beantwortete Frage an die Regierung);* große A. (Parl.; *in einer Bundestagssitzung behandelte Frage an die Regierung).*

an|fra|gen ⟨sw. V.; hat⟩: *sich mit einer Frage an jmdn., eine Institution wenden:* brieflich, telefonisch, höflich wegen einer Sache bei jmdm. a.; bei jmdm. a. lassen, ob ein Besuch möglich ist; (schweiz. auch mit Akk.:) jmdn. höflich wegen einer Sache a.: Jetzt werde ich oft angefragt, von Bauherren und Privaten, ob ich nicht ihren Bauplatz anschauen könnte (Basler Zeitung 2. 10. 85, 35); sämtliche von uns angefragten Rechtsanwälte gaben sich auffallend zurückhaltend (Ziegler, Liebe 89).

An|fra|ger, der; -s, -: *jmd., der eine Anfrage, Anfragen an jmdn. richtet:* der A. wurde abschlägig beschieden.

An|fra|ge|rin, die; -, -nen: w. Form zu ↑Anfrager.

an|fres|sen ⟨st. V.; hat⟩: **1.** *zu einem [kleinen] Teil fressen; annagen:* die Raupen haben den Kohl, die Mäuse den Kuchen angefressen. **2.** ⟨a. + sich⟩ (derb) *anessen:* du hast für einen Bauch angefressen. **3.** *zu zersetzen, aufzulösen beginnen:* Rost frisst Eisen an; der Wirtsgartenzaun ... war brüchig und von giftgrünem Rost angefressen (Kühn, Zeit 21); hat der deutsche Kaiser Otto den Kaiser Karl Sachsentöter in seiner Gruft in Aachen aufgesucht und ihn ... unverwest gefunden. Nur die Nase war etwas angefressen (Jahnn, Geschichten 124); Ü Wir, die wir von der Zivilisation angefressen sind (Bamm, Weltlaterne 165).

an|freun|den, sich ⟨sw. V.; hat⟩: **1.** *sich mit jmdm., miteinander befreunden, eine Freundschaft beginnen:* sich leicht, schwer mit jmdm. a.; Ich freundete mich mit drei Berliner Mädchen an (K. Mann, Wendepunkt 94); die beiden haben sich rasch angefreundet *(sind miteinander vertraut, zu Freunden geworden).* **2.** *sich an etw. gewöhnen, sich mit etw. vertraut machen:* sich mit einem Gedanken, einer Vorstellung a.; Die Getriebewerker gehörten zu den ersten, die sich mit elektronischer Datenverarbeitung anfreundeten (Freie Presse 30. 4. 88, 3).

An|freun|dung, die; -, -en: *das Sichanfreunden.*

an|frie|ren ⟨st. V.⟩: **1.** *an etw. festfrieren* ⟨ist⟩: das Eis friert an dem Behälter an. **2.** *ein wenig gefrieren, Frost abbekommen* ⟨ist⟩: die Kartoffeln, die Blumen sind angefroren. **3.** ⟨a. + sich⟩ (ugs.) *sich etw. leicht erfrieren* ⟨hat⟩: es habe mir die Nase, die Füße angefroren; sicherlich wird er sich ein Ohr angefroren haben (Wiechert, Jeromin-Kinder 374). **4.** *leicht gefrieren lassen* ⟨hat⟩: Die ... Filetscheiben werden ... zwei Stunden angefroren (e&t 7, 1987, 15).

an|fri|schen ⟨sw. V.; hat⟩: **1.** (Jägerspr.) *[den Hund] durch Zureden anspornen.* ◆ **2. a)** *auffrischen (1 a):* Ich muss diesen Hass verstärken! Dieses Interesse a. (Schiller, Fiesco II, 8); **b)** *anregen, ermuntern:* Sind uns die kurzen bunten Lumpen zu missgönnen, die ein jugendlicher Mut, eine angefrischte Phantasie um unsers Lebens arme Blöße hängen mag (Goethe, Egmont II).

an|frot|zeln ⟨sw. V.; hat⟩ (ugs.): *mit spöttischen Reden necken:* einander, sich [gegenseitig] a.; man hat ihn wegen seiner abgeschorenen Haare angefrotzelt; Dürfen Hauser (konservativ) und Kienzle (liberal) einander so locker a.? (Spiegel 40, 1993, 298).

an|fü|gen ⟨sw. V.; hat⟩: *hinzusetzen, hinzufügen:* einem Brief einige Zeilen, einen Kommentar a.; Den Wohnungen sind auf der Südseite ... Balkone angefügt (NNN 27. 2. 88, 8); »Sie müssen verzeihen«, glaubte er a. zu sollen (Th. Mann, Krull, 303).

An|fü|gung, die; -, -en: *das Anfügen.*

an|füh|len ⟨sw. V.; hat⟩: **a)** *prüfend betasten, anfassen:* einen Stoff a.; **b)** ⟨a. + sich⟩ *durch den Tastsinn o. Ä. ein bestimmtes Gefühl vermitteln:* etw. fühlt sich weich, rau an; seine Füße ... fühlten sich an wie Watte (Ott, Haie 305); Mitten im Gras liegt ein totes Giraffenkind, das sich noch warm anfühlt (Grzimek, Serengeti 146).

An|fuhr, die; -, -en: *Heranschaffung, Antransport größerer Mengen von etw.:* die A. von Versorgungsgütern, von Holz und Kohle; In den nächsten Tagen dürften die ersten -en aus der Ostschweiz eintreffen (NZZ 28. 8. 86, 28).

an|füh|ren ⟨sw. V.; hat⟩: **1. a)** *einer Gruppe o. Ä. führend vorangehen:* einen Festzug, die Polonäse a.; Der Polizist fehlt übrigens, der sonst immer an Kaisers Geburtstag mit aufgewichstem Schnurrbart und Plempe den ganzen Zug angeführt hat (Kempowski, Zeit 284); Ü Eudokia führte ... die lange Reihe ebenso schöner wie bedeutender Frauen an, die im Heiligen Palaste residiert haben (war *die Erste in der langen Reihe;* Thieß, Reich 385); der Verein führt die Tabelle an (Sport; *ist Spitzenreiter);* haben wir vorausgesagt, dass Pils einmal den Markt a. wird (e&t 6, 1987, 92); **b)** *(eine Gruppe o. Ä.) leiten, befehligen:* eine Truppe a. **2. a)** *vorbringen, erwähnen, aufzählen:* etw. als Beispiel, Argument, Grund für etw. a.; werden sie die Liebe zum Vaterland als Beweggrund ihres

Handelns a. (Ott, Haie 348); Wenn ich etwas zu meiner Entschuldigung a. darf (Jünger, Bienen 61); die oben *(weiter vorne im Text)* angeführten Thesen; **b)** *benennen:* jmdn. als Zeugen a.; einen Gewährsmann a.; Vielleicht hält man mich für zu voreingenommen ... Deshalb möchte ich einen Fachmann a. (Grzimek, Serengeti 53); **c)** *zitieren, wörtlich wiedergeben:* seinen Vorredner a.; er führte mehrere Zitate, Stellen aus der Bibel an. **3.** (ugs.) *zum Besten haben; foppen, hereinlegen:* du hast mich aber gründlich angeführt. **4.** (Schrift- u. Druckw.) *einen Satz, Textteil mit einem beginnenden Anführungszeichen versehen.* ◆ **5.** *anleiten, unterweisen:* seid nur redlich, und so führt ihr ihn (= den Pöbel) zum Menschlichen an (Goethe, Venez. Epigramme 55).

An|füh|rer, der; -s, - (oft abwertend): *Führer einer Gruppe, Bande:* der A. einer radikalen Gruppe; er ... stieß bei dieser Tätigkeit zu der erst aus sechs Mitgliedern bestehenden, neu gegründeten »Deutschen Arbeiterpartei«, zu deren A. er rasch avancierte (Fraenkel, Staat 205); die A., die man später in den Akten als Rädelsführer bezeichnen wird (Maron, Überläuferin 57).

An|füh|re|rin, die; -, -nen: w. Form zu ↑Anführer.

An|füh|rung, die; -, -en: **1.** meist in Verbindung mit »unter«: *Führung, Leitung:* unter A. eines Generals. **2. a)** *Erwähnung, Aufzählung:* besondere A. von Ereignissen, Daten, Namen; **b)** *Zitierung, Wiedergabe:* der Vortrag war aufgelockert durch die A. einiger Zitate. **3.** *angeführtes Zitat, angeführter Satz-, Textteil.* **4.** (Schrift- u. Druckwesen) *das Anführen* (4).

An|füh|rungs|strich, der 〈meist Pl.〉: *Anführungszeichen:* Ü Ich glaube, dass ich unter einem großen Ödipuskomplex leide, leide in -en *(nicht ganz wörtlich zu nehmen;* Fichte, Wolli 475).

An|füh|rungs|zei|chen, das 〈meist Pl.〉: *[paarweise gesetzte, strichförmiges] Satzzeichen, das bes. den Anfang u. das Ende einer angeführten Rede markiert; Gänsefüßchen:* halbe A.; ein Wort in A. setzen, mit A. versehen; Ü ich sage das in A. *(meine es nicht ganz wörtlich).*

an|fül|len 〈sw. V.; hat〉: *vollständig mit etw. füllen:* eine Grube mit Abfällen a.; ein Eckgeschäft, dessen unergründliche Tiefen angefüllt waren mit einem Wirrwarr von Möbeln (Kronauer, Bogenschütze 104); weil unsere Vorratskammer bis zum Rand mit Konservenbüchsen angefüllt ist (Hilsenrath, Nazi 258); Ü Weltmann, den Frauen zugeneigt ..., angefüllt mit Bosheit, Spott und Geist (Ceram, Götter 92).

an|fun|keln 〈sw. V.; hat〉: *jmdn. [böse] mit funkelnden Augen, Blicken ansehen:* ich sehe ihn wütend an; Sie funkelte ihn wild an und ließ ihn stehen (Kirst, 08/15, 54); Ich sehe ihn noch vor mir, wie er uns durch seine Brillengläser anfunkelte (Remarque, Westen 14).

an|fun|ken 〈sw. V.; hat〉: *durch Funkspruch anrufen:* einen Truppenteil, den Taxikollegen a.; Ich werde die Reederei a. und um weitere Maßnahmen bitten (Konsalik, Promenadendeck 144).

an|fur|zen 〈sw. V.; hat〉 (derb): *jmdn. anherrschen, anschnauzen.*

an|fut|tern, sich 〈sw. V.; hat〉 (ugs.): *anessen:* Joschka Fischer hat sich sein Gewicht nicht nur mit Müsli angefuttert (Spiegel 26, 1995, 18); sich einen Bauch a.

an|füt|tern 〈sw. V.; hat〉 (Angelsport): *Köder auswerfen, mit denen Fische zunächst angelockt werden sollen.*

An|ga|be, die; -, -n: **1.** *Aussage, Auskunft, Information:* alle -n ohne Gewähr; sie über die zahlenmäßige Stärke ... liegen nicht vor (Mehnert, Sowjetmensch 37); genaue, falsche, zweckdienliche, keine, widersprechende -n zu etw., über jmdn., etw. machen; nach jmds. -n; ohne A. der Adresse *(ohne die Adresse anzugeben, zu nennen).* **2.** 〈o. Pl.〉 (ugs.) *Prahlerei, Angeberei:* diese Behauptung ist reine A.; Jetzt schon von endgültig Erreichtem zu sprechen, das wäre A. (Hörzu 46, 1972, 36). **3.** (Sport) **a)** *Anspielen des Balls über eine Leine, ein Netz hinweg:* der Spieler verfügt über eine starke A.; **b)** *bei der Angabe* (3 a) *gespielter Ball:* die A. ging ins Aus. **4.** (österr.) *Anzahlung:* eine A. leisten. **5.** (Sprachw.) *Satzglied (in bestimmten Grammatiktheorien):* freie, grammatisch weglassbare A.

An|ga|be|li|nie, die (Sport): *Linie, hinter der eine Angabe* (3 a) *gemacht wird.*

an|gaf|fen 〈sw. V.; hat〉 (abwertend): *neugierig, aufdringlich anstarren:* sie gafften diese Frau unentwegt an; Keiner gafft neugierig den Fremden an (Berger, Augenblick 20).

an|gäh|nen 〈sw. V.; hat〉: *in die Richtung von jmdm., etw. gähnen:* mein Gegenüber gähnte mich fortwährend an; Ü Unendliche Öde gähnt mich an (Rinser, Mitte 16).

an|ga|lop|pie|ren 〈sw. V.; ist〉: **1.** *[auf einem Reittier] im Galopp herankommen:* er sah die Pferde a.; 〈meist im 2. Part. in Verbindung mit »kommen«:〉 die Reiterinnen, die Pferde kommen angaloppiert; Ü die Kinder kamen angaloppiert (ugs.; *kamen in großen Sätzen rasch herbei).* **2.** *zu galoppieren beginnen:* der Reiter galoppierte hart an.

An|gang, der; -s: **1.** (landsch.) *Beginn, Anfang, Ansatzpunkt; Inangriffnahme:* Das Ende der Piratenstationen soll der A. von zwei neuen ... Rundfunkprogrammen sein (MM 29./30. 7. 67, 33). **2.** (Volksk.) *im Volksglauben zufälliges Zusammentreffen mit bestimmten Menschen od. Tieren, dem eine zukunftsbestimmende Bedeutung beigemessen wird:* der A. eines jungen Mannes wird als günstig, der einer alten Frau als ungünstig empfunden.

an|gän|gig 〈Adj.〉 [zu veraltet angehen = gelingen]: *möglich, erlaubt, zulässig:* eine nicht -e Handlungsweise; wenn irgend a., ...; dass es nämlich nicht a. ist, ein so schwieriges und weit tragendes Problem jetzt im Kriege aufzurollen (Hochhuth, Stellvertreter [Nachwort], 245).

An|gangs|glau|be, der; -ns (Volksk.): *Aberglaube, der annimmt, dass das Schicksal von einem Angang* (2) *beeinflusst wird.*

An|ga|ri|en|recht, das; -s [zu lat. angaria = von den Grundbesitzern dem Staat unentgeltlich zu erbringende Transportleistungen < griech. aggareía = Dienst der reitenden (persischen) Boten, zu: ággaros = reitender persischer Bote, aus dem Pers.] (Völkerr.): *Recht eines Staates, im Notstandsfall (bes. im Krieg) die in seinen Häfen liegenden fremden Schiffe für eigene Zwecke zu verwenden.*

an|ge|al|tert 〈Adj.〉 (selten): *leicht gealtert, ältlich:* ein -er Mann.

an|ge|ä|thert 〈Adj.〉 [zu ↑Äther] (salopp): *leicht betrunken:* was jemand a. vor sich hin quassle, könne nicht als Beweis gelten (Grass, Hundejahre 283).

an|geb|bar 〈Adj.〉: *sich angeben* (1), *benennen lassend:* -e Gründe; obwohl es nicht in exakt -en Realitäten gründet (Thielicke, Ich glaube 22); etw. ist nicht a.

an|ge|ben 〈st. V.; hat〉: **1. a)** *nennen, mitteilen, Auskunft über etw. geben:* Personalien, seine Adresse, einen Termin a.; etw. nicht mit Bestimmtheit a. *(sagen)* können; etw. als Grund a.; dies ward als Entschuldigung und Erklärung (als Vorwand, wie sie meinten) dafür angegeben (Maass, Gouffé 250); zur angegebenen Zeit kommen; **b)** *bestimmen, festsetzen:* den Takt, die Richtung a.; Obwohl wir ... schnell gehen, denn ich gebe das Tempo an (Hofmann, Fistelstimme 179); **c)** *andeuten, markieren:* die Umrisse des Gebäudes, die Lage einer Anhöhe [auf der Karte] a. **2.** *anzeigen, melden, denunzieren, bes. einer Lehrperson Mitteilung über unerlaubte Handlungen o. Ä. anderer machen:* einen Diebstahl a.; er hat seinen Mitschüler beim Direktor angegeben; Es ist überliefert, dass viele Weiber damals ihre Männer angaben aus Eifersucht (Jacob, Kaffee 32). **3.** (ugs.) *sich mit etw. sehr wichtig tun, in großspuriger Weise damit prahlen, großtun:* gib bloß nicht so an!; wer seiner selbst sicher wäre, gäbe wohl nicht so an (K. Mann, Wendepunkt 147); er hat mit seinen Eroberungen furchtbar vor seinen Freunden angegeben. **4.** *(bei Ballspielen) als Erste[r] anspielen.*

An|ge|ber, der; -s, -: **1.** *Verräter, Denunziant:* im Lager gab es einen A. **2.** (ugs.) *Prahler, Wichtigtuer:* er ist nichts als ein A.; A.: Mann, dessen Selbstbewusstsein größer ist als er selbst (Hörzu 44, 1978, 85); alle Hacker als A. abzutun, wäre leichtfertig und gefährlich (Wirtschaftswoche 6. 3. 97, 72); Mobbingopfer sind für Dambach (auch er ist Lehrer) die Außenseiter, die Streber und Schleimer, die A. und Klassenclowns (Zeit 10. 12. 98, 63).

An|ge|be|rei, die; -, -en (ugs.): **1.** 〈o. Pl.〉 *Prahlerei, Protzerei, Großtuerei:* wenn es sagt, ist alles A. **2.** *angeberische Handlung, Äußerung:* seine -en beruhen auf einem Minderwertigkeitskomplex.

An|ge|be|rin, die; -, -nen: w. Form zu ↑Angeber.

an|ge|be|risch 〈Adj.〉 [zu: Angeber (2)]

(ugs.): *prahlerisch, großtuerisch:* ein -er Kerl; der ... gar nicht -e, bescheidene Schauspieler (Augsburger Allgemeine 6./7. 5. 78, II); a. daherkommen.

An|ge|bel|te|te, der u. die; -n, -n ⟨Dekl. ↑Abgeordnete⟩ (meist scherzh.): *Verehrte[r], Geliebte[r]:* Jetzt hat er endlich Geld und die Hand seiner -n anhalten (Bild u. Funk 27, 1966, 17).

An|ge|bin|de, das; -s, - [der Gegenstand wurde früher dem Beschenkten an den Arm gebunden] (geh. veraltet): *kleineres Geschenk als Geste der Zuneigung, Aufmerksamkeit o. Ä.:* jmdm. ein A. verehren, überreichen; Man lasse mich ... denjenigen glücklich preisen, dem ... Reizempfänglichkeit von der Fee seiner Geburt zum A. gemacht wurde (Th. Mann, Krull 328).

an|geb|lich ⟨Adj.⟩: *wie behauptet wird; vermeintlich; nicht verbürgt:* eine -e Augenzeugin, ein -er Onkel; er war a. verreist; Eines Tages habe Bugenhagen sie verlassen, a. seiner Arbeit wegen (Jens, Mann 91).

an|ge|bo|ren ⟨Adj.⟩: *von Geburt an vorhanden, bestehend:* -e Instinkte; ein -er Fehler; Kein Tier ... kann aus diesem Flechtwerk -er Erfahrungen ... heraustreten (Natur 30); Sie haben ihre *-e (durch Geburt erhaltene)* Nationalität behalten (K. Mann, Wendepunkt 455); die Krankheit ist a.

An|ge|bot, das; -[e]s, -e: **1. a)** *Kaufangebot, Offerte:* jmdm. ein [günstiges, unverbindliches] A. machen; ein A. erhalten, ablehnen; wir bitten Sie um Ihr A. über [die], für [die] Lieferung von ...; **b)** *etw., was jmdm. angeboten, vorgeschlagen wird:* das kulturelle A. der Stadt ist dürftig; Er wäre emigriert ..., hätte man ihm nur ein fettes A. aus Hollywood gemacht (K. Mann, Mephisto 304); auf ein A. eingehen; von einem A. Gebrauch machen; **c)** *(bei einer Auktion) erstes Gebot:* das A. beträgt 500 DM. **2.** ⟨o. Pl.⟩ (Kaufmannsspr.) *angebotene Ware, Warenangebot:* ein großes, reichhaltiges A.; das A. ist breit gefächert; ein preiswertes A. an, von Kleidern; wir haben heute griechischen Spargel im A. *(bieten ihn vorübergehend billiger an);* Falkland-Orden im A. (Spiegel 7, 1983, 17). **3.** ⟨o. Pl.⟩ (Wirtsch.) *Gesamtheit der Güter (Waren u. Dienstleistungen), die auf den Markt kommen:* In der Marktwirtschaft regeln A. und Nachfrage den Preis (Gruhl, Planet 235).

An|ge|bots|ab|ga|be, die (Wirtsch.): *das Abgeben (1a) eines Angebots.*

An|ge|bots|aus|schrei|bung, die (Wirtsch.): *Ausschreibung zur Ermittlung des günstigsten Angebots.*

An|ge|bots|druck, der ⟨Pl. selten: ...drücke⟩ (Wirtsch.): *starke Häufung des Angebots, die eine spürbare Veränderung des wirtschaftlichen Verhaltens nach sich zieht.*

An|ge|bots|elas|ti|zi|tät, die (Wirtsch.): *Elastizität (2b) der Angebotspreise.*

An|ge|bots|kal|ku|la|ti|on, die (Wirtsch.): *Vorkalkulation zur Ermittlung des Angebotspreises.*

An|ge|bots|kar|tell, das (Wirtsch.): *Kartellbildung der Anbieter zur Erzeugung wirtschaftlicher Pressionen.*

An|ge|bots|kurs, der (Wirtsch.): *Kurs, zu dem ein Wertpapier od. eine Ware angeboten wird.*

An|ge|bots|lü|cke, die (Wirtsch.): *Mangel an Angeboten in einem bestimmten Bereich:* eine A. im Konsumgüterbereich.

An|ge|bots|mo|no|pol, das (Wirtsch.): *Konzentration des Angebots in einer Hand.*

an|ge|bots|ori|en|tiert ⟨Adj.⟩ (Wirtsch.): *auf die Erhöhung des Angebots (3) gerichtet:* der Gegensatz zwischen -er und nachfrageorientierter Wirtschaftspolitik.

An|ge|bots|pa|let|te, die (Wirtsch.): *Palette (1b) an Angeboten:* eine breite A. vom Teppichboden bis zum Orientteppich (Augsburger Allgemeine 29./30. 4. 78, XLII); Stattdessen haben wir unsere A. um für bestimmte Zielgruppen besonders geeignete Produkte ergänzt (Wirtschaftswoche 15. 10. 98, 202).

An|ge|bots|preis, der (Wirtsch.): *vom Anbieter geforderter Preis für angebotene Güter.*

An|ge|bots|über|hang, der (Wirtsch.): *Gütermenge, um die das Angebot die Nachfrage übersteigt.*

an|ge|bracht ⟨Adj.⟩: *einer bestimmten Situation angemessen, für einen bestimmten Fall genau passend; sinnvoll, opportun:* eine keineswegs -e Bemerkung; etw. für a. halten; Die Reiseleiter ... geben Erklärungen in allen Sprachen, wo Schweigen a. wäre (Koeppen, Rußland 40); sind Schneeketten am Caravan durchaus a. (Caravan 1, 1980, 10).

an|ge|brannt: ↑anbrennen (2, 3).
an|ge|braucht: ↑anbrauchen.
an|ge|bräunt: ↑anbräunen.
an|ge|braust: ↑anbrausen.
an|ge|bro|chen: ↑anbrechen.
an|ge|brü|tet: ↑anbrüten.
an|ge|bun|den: ↑anbinden (1a).
an|ge|dampft: ↑andampfen.
an|ge|dei|he: nur in der Verbindung **jmdm. etw. a. lassen** (geh. od. iron.; *zuteil werden, zukommen lassen, gewähren*): jmdm. Schonung, Schutz a. lassen; die »respektlose Behandlung«, die man ihr hatte a. lassen (Maass, Gouffé 255); So müthen sie sich, dem Politiker ... mehr Gerechtigkeit a. zu lassen (Saarbr. Zeitung 19. 12. 79, 3).

An|ge|den|ken, das; -s: **1.** (veraltet) *Andenken, Souvenir.* **2.** (geh.) *Erinnerung, Gedenken:* jmdm. ein treues A. bewahren; Die Prinzessin aber bewahrte jenem Stündchen ein süßes A. (Th. Mann, Erzählungen 202); zum ewigen A.; * **seligen -s** (1. veraltet: *verstorben:* mein Großvater seligen -s. 2. ugs. scherzh.: *einstig; früher vorhanden:* die gute Postkutsche seligen -s).

an|ge|don|nert: ↑andonnern (1).

an|ge|dunt ⟨Adj.⟩ [zu ↑dun] (landsch.): *[leicht] betrunken:* die korporierten Teutonen oder Rhenanen, a. wie sie vom Exsaufen kamen (Grass, Butt 603).

an|ge|du|selt ⟨Adj.⟩ [zu ↑Dusel] (salopp): *[leicht] betrunken.*

an|ge|ekelt: ↑anekeln.
an|ge|fah|ren: ↑anfahren (2).
an|ge|fault: ↑anfaulen.
an|ge|fegt: ↑anfegen.
an|ge|fein|det: ↑anfeinder.
an|ge|flat|tert: ↑anflattern.
an|ge|flitzt: ↑anflitzen.
an|ge|flo|gen: ↑anfliegen (1).
an|ge|fro|ren: ↑anfrieren.
an|ge|fuckt [...fakt] ⟨Adj.⟩ [vgl. abgefuckt] (Jugendspr.): *abgerissen-salopp:* ich laufe gerne so a. rum, um meine Alten zu schocken.

an|ge|gan|gen ⟨Adj.⟩: **1.** (ugs.) in der Verbindung **a. kommen** *(gehend, zu Fuß herbeikommen):* er kam a. als ob nichts geschehen sei. **2.** (landsch.) *verdorben, in Fäulnis übergegangen:* -es Obst, Fleisch; Blutwürste wurden verschenkt. Schon ein wenig a. (Kempowski, Tadellöser 321).

an|ge|gilbt ⟨Adj.⟩: *leicht vergilbt:* -e Buchseiten; unter einem Birnbaum, durch dessen schon stark -e Blätter die sinkende Sonne ihre letzten Strahlen schickte (Bredel, Väter 300).

an|ge|glie|dert: ↑angliedern.
an|ge|gon|delt: ↑angondeln.
an|ge|gos|sen: ↑angießen (3).
an|ge|graut ⟨Adj.⟩: *leicht ergraut:* ein Herr mit -en Schläfen; ihr Haar ist schon a.

an|ge|grif|fen: ↑angreifen (5a).
An|ge|grif|fen|heit, die; -: *angegriffener Zustand; das Angegriffen-, Geschwächtsein.*

an|ge|haucht: ↑anhauchen (3).
an|ge|hei|ra|tet ⟨Adj.⟩: *durch Heirat Mitglied einer Familie geworden:* ein -er Onkel; ein -e Cousine; die -e Verwandtschaft; Schwiegersöhne sind oft empfindlicher für Beleidigungen der -en Familie (Hagelstange, Spielball 55).

an|ge|hei|tert ⟨Adj.⟩: *durch Genuss von Alkohol beschwingt, in gehobene Stimmung versetzt; leicht angetrunken:* eine -e Gesellschaft; Am Affentorplatz lärmte ein Trupp -er Nachtschwärmer (Zwerenz, Quadriga 39); er war ziemlich a.

an|ge|heizt: ↑anheizen.

an|ge|hen ⟨unr. V.⟩: **1.** (ugs.) *beginnen, anfangen, losgehen* ⟨ist⟩: das Theater geht um halb acht an; die Schule geht morgen wieder an *(nach den Ferien beginnt der Unterricht wieder):* Wir tanzten im Hof ..., und nun ging die Freude erst recht an (Küpper, Simplicius 108). **2.** (ugs.) *zu brennen, zu leuchten beginnen* ⟨ist⟩: das Feuer, das Licht geht an; als die Dämmerung einbrach, gingen die bunten Glühbirnen an (Fes., Im Gegenlicht 210). **3.** ⟨ist⟩ **a)** (ugs.) *anwachsen, festwachsen, Wurzeln schlagen:* die Ableger, Pflanzen sind [nicht] alle angegangen; **b)** (Med., Biol.) *(von Bakterien, Pilzen) auf präpariertem Grund anwachsen.* **4.** *gegen jmdn. vorgehen, ihn angreifen, sich ihm in feindlicher Absicht nähern* ⟨hat; südd., österr., schweiz. auch: ist⟩: einen Gegner a.; der Bär ging den Jäger an; Der Chefkoch ... berichtete ... dass er tätlich angegangen worden sei (Fels, Unding 160); (Sport:) der Verteidiger hat den Stürmer von hinten angegangen.

5. *anpacken, in Angriff nehmen, zu bewältigen suchen; an etw. herangehen* ⟨hat; südd., österr., schweiz. auch: ist⟩: er ging die anstehenden Probleme, Schwierigkeiten zielstrebig an; Hätte man die Reformen nicht schon viel früher angehen müssen? (Woche 14. 2. 97, 8); Im Sinne dieser Partnerschaft sollten alle Beteiligten die nächsten 20 Jahre a. (Zivildienst 5, 1986, 16); Von verschiedenen Seiten ging Abrassimow die Frage an (W. Brandt, Begegnungen 118); ihm zu raten, er solle es doch diesmal etwas langsamer a. (Gregor-Dellin, Traumbuch 11); (Sport:) die Mannschaft hat das Spiel zu schnell angegangen; der Rennfahrer hat die Kurve, Strecke zu überhastet angegangen; die Reiterin ging das letzte Hindernis im Galopp an *(ritt im Galopp darauf zu).* **6.** *gegen etw. Maßnahmen ergreifen, vorgehen; bekämpfen* ⟨ist⟩: gegen die Umweltverschmutzung, gegen ein Gerichtsurteil a.; gegen jmds. Willen, Absicht a. **7.** *jmdn. um etw. bitten, sich mit einer Bitte an jmdn. wenden* ⟨hat; südd., österr., schweiz. auch: ist⟩: er hat sie um ein Darlehen, um ihre Zustimmung, Hilfe, Vermittlung angegangen; jmdn. um [seinen] Rat a.; ich weiß von jemandem, dass er mehrere Leute angegangen ist, ihm einen bestimmten Gegenstand zu geben (Kasper, Semantik 99). **8.** *jmds. Sache sein* ⟨ist⟩: das geht ihn nichts, wenig, viel an; die Geschichte ist dich doch überhaupt nichts angegangen; was geht mich das an? *(was habe ich damit zu schaffen?);* Er äußerte sich ... über Gegenstände, die ihn im Grunde wenig angingen (Reich-Ranicki, Th. Mann 68). **9.** *möglich, zulässig, vertretbar sein* ⟨ist⟩: das mag, mochte noch a.; die Hitze ist gerade noch angegangen; ⟨auch unpers.:⟩ mit dem Verkehr ging es noch an; »Du bist dünner, als du mit achtzehn warst« ... »Das kann doch nicht a.« (Danella, Hotel 140). **10.** in der Verbindung **was jmdn., etw. angeht** *(was jmdn., etw. betrifft, anlangt):* was deine Frage angeht, [so] kann ich dir nicht weiterhelfen; Den Zeitvertreib nach dem Kaffeestündchen angehend, so ergötzte ich mich für geringes Eintrittsgeld am Beschauen eines herrlichen Rundgemäldes (Th. Mann, Krull 192).

an|ge|hend ⟨Adj.⟩: *in Ausbildung stehend; künftig:* ein -er Lehrer, Schauspielerinnen; er ist ein -er Physiker.

an|ge|hetzt: ↑ anhetzen.

an|ge|heult: ↑ anheulen (2).

an|ge|hö|ren ⟨sw. V.; hat⟩: **a)** *zu etw., jmdm. gehören, einer Gruppe o. Ä. an-, eingegliedert sein:* der Regierung, einer Organisation, einer Nation a.; einem Verein als Mitglied a.; er gehört der älteren Generation an; Wissen will ich, wem ihr angehört, dem Proletariat oder dem Kapital (Jahnn, Geschichten 130); Ü Als ... Bernadette auf den Knien lag ..., gehörte sie nicht mehr der Erde an *(war sie entrückt;* Langgässer, Siegel 147); Es war, als ob man von Ereignissen spräche, die längst der Geschichte angehörten (Leonhard, Revolution 45); **b)** *mit jmdm., miteinander eng verbunden sein:* Hier werden wir endlich uns wiedersehen ..., um einander so vollkommen anzugehören (Langgässer, Siegel 433); Jeanne beschließt feierlich, nie einem Mann anzugehören *(mit einem Mann zu schlafen;* Joho, Peyrouton 105).

an|ge|hö|rig ⟨Adj.⟩: *zu etw., jmdm. gehörend, jmdm., einer Sache angehörend, zugehörig, zuzuordnen:* einer linksradikalen Gruppe -e Studenten; die ... der Steinkohlenzeit -en Baumfarne (Th. Mann, Krull 372); Sie sind nicht nur aus dem Bauernstand ... hervorgegangen, sondern ihm ... noch a. (Chotjewitz, Friede 160).

An|ge|hö|ri|ge, der u. die; -n, -n ⟨Dekl. ↑ Abgeordnete⟩: **a)** ⟨meist Pl.⟩ *dem engsten Familienkreis angehörende[r] Verwandte[r]:* die -n benachrichtigen; er hat keine -n mehr; **b)** *jmd., der einer bestimmten Gruppe angehört, Mitglied, Anhänger, Mitarbeiter:* -r eines Berufsstandes sein; A. anderer Nationalitäten; für A. aller Schichten der Bevölkerung (Fraenkel, Staat 175); Die -n der Botschaft bemühten sich, russisch zu sprechen (Koeppen, Rußland 140).

an|ge|jagt: ↑ anjagen.

an|ge|jahrt ⟨Adj.⟩: *leicht gealtert, nicht mehr ganz jung:* ein -er Mann; sie war die Geliebte eines -en Malers (Danella, Hotel 331); Sie benehmen sich ja wie ein Liebespärchen. Sind wir, wenn auch a., sagte Forster (Härtling, Hubert 332); Ü Die angeblich modernste Partei Deutschlands... wirkt politisch selbst a. und ziemlich grau (Woche 15. 5. 98, 8).

an|ge|keucht: ↑ ankeuchen.

An|ge|klag|te, der u. die; -n, -n ⟨Dekl. ↑ Abgeordnete⟩: *jmd., der unter gerichtlicher Anklage steht:* eine -e vernehmen; Für seine ... »filmische Wahrheitssuche ...« hat Ophüls Ankläger und A. ... befragt (Spiegel 11, 1978, 134).

an|ge|kle|ckert: ↑ ankleckern.

an|ge|knab|bert: ↑ anknabbern.

an|ge|knackst ⟨Adj.⟩ (ugs.): *nicht mehr in guter Verfassung:* eine -e Gesundheit; ein -es Selbstbewusstsein; ein psychisch -er Arzt kann keinem helfen (Danella, Hotel 94); er, sein Prestige ist a.

an|ge|knackt: ↑ anknacken.

an|ge|kohlt ⟨Adj.⟩ [zu ↑ ¹kohlen (1)]: *teilweise schwarz verbrannt, verkohlt:* -e Balken; Nachts ... sah ich Totenvögel über den -en Ruinen (Hilsenrath, Nazi 181); das Holz war a.

an|ge|krän|kelt ⟨Adj.⟩: *nicht widerstandsfähig:* ein -es Adelsgeschlecht; Tonio ist der von des Gedankens Blässe -e Hamlet aus Lübeck (Reich-Ranicki, Th. Mann 95); Ü die von keinem Zweifel angekränkelte Entschlossenheit (Dönhoff, Ära 14).

an|ge|kratzt ⟨Adj.⟩ (ugs.): *[vom Leben] mitgenommen:* ein leicht -er Fünfziger; ein -es Nervenkostüm; seine Gesundheit ist a.; Ü er versucht sein -es Image aufzupolieren.

an|ge|kro|chen: ↑ ankriechen.

An|gel, die; -, -n [mhd. angel, ahd. angul, zu ahd. ango = Haken (eigtl. = der Gekrümmte, Gebogene), verw. mit ↑ Anker]: **1.** *Gerät zum Fischfang, das aus einer Rute besteht, an deren Ende eine Schnur mit einem Haken befestigt ist:* die A. auswerfen, einziehen; einen dicken Fisch an der A. haben; Kurz nach Eröffnung der Hechtsaison ... gingen gleich zwei ... Hechte an die A. (Fisch 2, 1980, 98); Ü er ist ihr an die A. gegangen; ♦ ⟨auch: der; -s, -:⟩ Das Wasser rauscht', das Wasser schwoll, ein Fischer saß daran, sah nach dem A. ruhevoll (Goethe, Der Fischer); wohl seh' ich den A., so mit man dich zu fangen denkt (Schiller, Piccolomini V, 1). **2.** *Zapfen, an dem eine Tür, ein Fenster o. Ä. drehbar befestigt ist:* quietschende -n; die Tür aus den -n heben; die Tür knarrt, hängt schief in den -n; das Geräusch, mit dem die Kinderzimmertür in ihr knarrte (Baum, Paris 38); * *etw. aus den -n heben (etw. aus dem Gleichgewicht bringen, grundlegend ändern):* die Welt aus den -n heben wollen; Ist es ... so leicht bei uns, das Recht und die Menschheit aus den -n zu heben (Dönhoff, Ära 79). **3.** *im Messergriff befestigte [spitz zulaufende] Verlängerung der Klinge.*

an|ge|latscht: ↑ anlatschen.

an|ge|lau|fen: ↑ anlaufen (1).

An|gel|blei, das: *an einer Angel (1) befestigtes Senkblei.*

An|geld, das; -[e]s, -er (veraltet): *Handgeld, Vorauszahlung:* ein A. bekommen; Ü dass das, was uns Gott ... an Geistesgaben schenkt, nur ein »Angeld«, nur eine »erste Rate« ist (Thielicke, Ich glaube 265).

an|ge|le|gen ⟨Adj.⟩ [zu veraltet anliegen = wichtig sein]: in der Verbindung **sich** ⟨Dativ⟩ **etw. a. sein lassen** (geh.; *sich [aus innerem Antrieb] um etw. bemühen, kümmern):* ich ließ mir die Erziehung meiner Kinder sehr a. sein; Diese ... Artigkeit ließ ich mir gleich am ersten Tag ... a. sein (Th. Mann, Krull 373).

An|ge|le|gen|heit, die; -, -en: *Sachverhalt, dessen Lösung od. Erledigung für jmdn. von [großer] Bedeutung ist; Sache, Problem:* eine schwierige, ernste, dringliche, missliche, teure, peinliche, leidige A.; private, öffentliche, kulturelle -en; die neue Parole hieß jetzt, die Wiedervereinigung sei eine A. der Deutschen (Dönhoff, Ära 90); das ist meine A. *(geht keinen anderen etwas an);* eine A. in Ordnung bringen, klären, besprechen; sich in jmds. -en mischen; er kam in einer dienstlichen A. zu ihr.

an|ge|le|gent|lich ⟨Adv.⟩ (geh.): *eingehend, nachdrücklich:* eine -e Bitte; sich a. nach jmdm. erkundigen; während ich mein Diner bestellte, ...hörte er nicht auf, mich ... a. zu betrachten (Th. Mann, Krull 269).

an|ge|legt ⟨Adj.⟩: *mit Anlagen zu etw. versehen; veranlagt:* Hatte er, der leidenschaftlich war und auf Konsequenz und Klarheit a., sich zwingen wollen (Rilke, Brigge 29); Er ist von Natur aus ordentlich und gar nicht a., etwas Unordentliches zu tun (Gaiser, Schlußball 78).

an|ge|lernt: ↑ anlernen.

An|ge|lern|te, der u. die; -n, -n ⟨Dekl ↑ Abgeordnete⟩: *Person, die keine Berufs-*

ausbildung besitzt u. für die von ihr ausgeübte Tätigkeit nur angelernt wurde.
An|gel|fi|scher, der: *Angler.*
An|gel|fi|sche|rei, die: *(oft als Sport betriebener) Fang von Fischen mit einer Angel (1).*
An|gel|ge|lenk, das [zu ↑Angel (2)] (Zool.): *bewegliche Verbindung am Chitinskelett der Insekten.*
An|gel|ge|rät, das: *zum Angeln benutztes Gerät.*
An|gel|ha|ken, der: *Haken an der Angelleine.*
An|ge|li|ka, die; -, ...ken u. -s [mlat. angelica, zu spätlat. angelicus = Engeln zukommend < griech. aggelikós, zu: ággelos, ↑Engel; wohl nach der mit dem Wirken von Engeln verglichenen Heilkraft]: *Engelwurz.*
An|ge|li|ka|öl, das ⟨o. Pl.⟩: *aus der Engelwurz gewonnenes ätherisches Öl.*
An|gel|kö|der, der: *am Angelhaken befestigter Köder.*
An|gel|lei|ne, die: *am oberen Ende mit der Angelrute verbundene Leine, die mit einem Köder am unteren Ende zum Angeln ins Wasser geworfen wird.*
an|geln ⟨sw. V.; hat⟩ [mhd. angeln]: **1. a)** *das Fangen von Fischen mit einer Angel (1) betreiben:* er angelt gern; wir gehen a.; sie saß am Bach und angelte; auf Hechte, nach Barschen a.; ⟨subst.:⟩ [das] Angeln ist mein Hobby; **b)** *durch Angeln (1 a) fangen, zu fangen suchen:* Forellen a.; Ü (ugs.) *Geld ... Sie angeln sich einen Freund, der welches hat* (Sobota, Minus-Mann 190); *Sie ... angelte Gurken mit einer hölzernen Gabel aus dem trübe erscheinenden Glas* (Böll, Und sagte 34); *Bert angelte sich den Hocker, setzte sich neben das Sofa* (Lenz, Brot 58). **2.** (ugs.) *etw. entfernter Befindliches [vorsichtig] zu fassen, zu ergreifen suchen:* Als ich auf dem Bettrand saß und mit beiden Füßen nach den Hausschuhen angelte (Roehler, Würde 155).
an|ge|lo|ben ⟨sw. V.; hat⟩: **1.** (geh.) *feierlich zusagen, versprechen:* jmdm. Treue a. **2.** (österr.) *feierlich vereidigen:* wurde der ... Bürgermeister von Ebenfurth ... angelobt (Presse 8. 6. 84, 4).
◆ **An|ge|löb|nis,** das; -ses, -se: *feierliches Versprechen, Gelöbnis:* seines -ses jedoch eingedenk, enthielt er sich jeder Frage (Goethe, Wanderjahre III, 1).
An|ge|lo|bung, die; -, -en: *das Angeloben; das Angelobtwerden; Vereidigung.*
An|gel|lo|la|trie, die - [zu spätlat. angelus < griech. ággelos = Engel u. ↑Latrie] (Rel.): *Verehrung der Engel.*
An|gel|lo|lo|gie, die; - [zu griech. lógos, ↑Logos] (Theol.): *Lehre von den Engeln (1).*
An|gel|lot [engl. ˈeɪndʒələt, frz. ɑ̃ʒˈlo], der; -s, -s [engl. angelot, frz. angelot, Vkl. von afrz. angele < lat. angelus = Engel]: *(im 17. Jh. letztmals geprägte) englische u. französische Münze, die einen Engel, oft auch einen Heiligen zeigt.*
An|gel|platz, der: *Stelle zum Angeln an einem Gewässer [für die ein Angelschein ausgestellt wurde].*
An|gel|punkt, der [zu ↑Angel (2)]: *Punkt, um den sich alles dreht; Hauptsa-*

che; Zentrum: Berlin war der schwierigste Ort in Europa, A. weltpolitischer Ereignisse (W. Brandt, Begegnungen 40); in einer Welt, in der der Lebensstandard immer mehr zum A. wird, um den sich alles dreht (Dönhoff, Ära 40).
An|gel|ru|te, die: *Angel (1).*
An|gel|sach|se, der; -n, -n: **1.** (hist.) *Vertreter der im 5./6. Jh. nach England ausgewanderten westgermanischen Stämme der Angeln, Sachsen u. Jüten.* **2.** *Person englischer Abstammung u. Muttersprache, bes. Engländer od. aus England stammender Amerikaner:* De Gaulle will ein kontinentales Europa aufbauen, das von den -n unabhängig ist (Dönhoff, Ära 130).
An|gel|säch|sin, die; -, -nen: *w. Form zu* ↑Angelsachse (2).
an|gel|säch|sisch ⟨Adj.⟩: **1.** *den Volksstamm der Angelsachsen betreffend, von ihm abstammend, zu ihm gehörend.* **2.** *die Angelsachsen (2) betreffend, zu ihnen gehörend, von ihnen stammend:* -e Literatur.
An|gel|säch|sisch, das; -[s] ⟨nur mit best. Art.⟩ **An|gel|säch|si|sche,** das; -n: *die angelsächsische (1) Sprache.*
An|gel|schein, der: *[von einer Behörde ausgestelltes] Genehmigung (b) zum Angeln.*
An|gel|schnur, die: *Angelleine.*
An|gel|sport, der: *sportlich ausgeübte Angelfischerei.*
An|ge|lus [ˈaŋgelʊs], der, auch: das; -, - [lat. angelus (domini) = Engel (des Herrn); nach dem Anfangswort des Gebets] (kath. Kirche): **a)** *Dankgebet, das morgens, mittags u. abends gebetet wird;* **b)** *Glockenzeichen für den Angelus (3a).*
An|ge|lus|läu|ten, das; -s: *Angelus (b).*
An|gel|zap|fen, der: *Angel (2).*
an|ge|mes|sen ⟨Adj.⟩: *richtig bemessen; adäquat:* ein -er Preis; Immer fanden sich gegen -e Bezahlung Helfer (Prodöhl, Tod 78); Die Jugendlichen haben ihre Zeitung dem Thema a. auf Recyclingpapier ... drucken lassen (Hamburger Morgenpost 23. 5. 85, 5); etw. für a. halten.
An|ge|mes|sen|heit, die; -: *das Angemessensein; die A. der Preise.*
an|ge|na|gelt: ↑annageln.
an|ge|nä|hert: ↑annähern.
an|ge|nehm ⟨Adj.⟩: *eine positive Empfindung auslösend, erfreulich, wohltuend:* eine -e Nachricht; ein -es Klima; ein -er Mensch; [ich wünsche dir eine] -e Reise!; -e Art.; Arbeitsplätze ..., die neben einem gesicherten Einkommen auch -e Arbeitsbedingungen bieten (Saarbr. Zeitung 4. 10. 79, 4); es wäre mir [sehr] a., wenn ...; »Kommerzienrätin Hellbohm«, stellte Herr Radau vor. »Sehr a.«, sagte ich *(formelhafte Antwort bei einer Vorstellung;* Bieler, Bonifaz 159); a. überrascht, enttäuscht sein; a. berührt sein; a. auffallen; mir ist ... in meinem Inneren a. warm (Molo, Frieden 7); solche, die a. sind vor Gott (bibl.; *die Gottes Wohlgefallen erregen);* zu erkennen, mache ich mich ... anheischig (Th. Mann, Krull 77); ⟨subst.:⟩ das ist das Angenehme daran.
an|ge|neh|mer|wei|se ⟨Adv.⟩: *zu jmds. Zufriedenheit, erfreulicherweise:* Statt

des ominösen Kübels befand sich in der Zelle a. ein Wasserklosett (Niekisch, Leben 301).
an|ge|nom|men: ↑annehmen.
An|ge|nom|men|sein, das; -s: *das Akzeptiertwerden, Geliebtwerden:* Die Erfahrung des -s ermöglicht Liebe (Wiedemann, Liebe 118).
an|ge|pad|delt: ↑anpaddeln (1).
an|ge|passt: a) *den Gegebenheiten angemessen:* eine der Witterung -e Fahrweise; a. fahren; **b)** *(von Personen) konformistisch; sich [aus opportunistischen Gründen] arrangiert habend:* allzu -e Typen; Unser ... Team von erfolgreichen Individualisten sucht eine passende – aber bitte keine – Ergänzung (Presse 8. 6. 84, 13); werde er sich ... so geben: Sehr a., betont ordentlich gekleidet (Saarbr. Zeitung 4. 12. 79, 23); ⟨subst.:⟩ Dieter Mann ... spielt ... den Typ des beruflich Erfolgreichen und Angepassten (MM 28. 3. 80, 48).
An|ge|passt|heit, die; -: *Zustand des Angepasstseins.*
an|ge|pest: ↑anpesen.
an|ge|pol|tert: ↑anpoltern.
an|ge|prescht: ↑anpreschen.
An|ger, der; -s, - [mhd. anger, ahd. angar, eigtl. = Biegung, Bucht] (landsch.): *kleinere Grasfläche, Grasplatz [in einem Dorf]:* Sie hätten geglaubt, vor der ... Flussmündung und auf den grünen -n ihrer ... Heimat zu stehn (Jacob, Kaffee 112).
an|ge|ra|delt: ↑anradeln.
an|ge|rannt: ↑anrennen (1).
an|ge|ras|selt: ↑anrasseln.
an|ge|rast: ↑anrasen.
an|ge|rat|tert: ↑anrattern.
an|ge|raucht ⟨Adj.⟩: **1.** ↑anrauchen (1). **2.** (veraltend): *vom Rauch leicht angeschwärzt:* -e Wände.
an|ge|rauscht: ↑anrauschen.
an|ge|raut: ↑anrauen.
An|ger|blüm|chen, das (landsch.): *Gänseblümchen.*
An|ger|dorf, das: *um einen Anger herum angelegtes [Rund]dorf.*
an|ge|regt ⟨Adj.⟩: *(bes. von einer Unterhaltung, einem Gespräch) lebhaft, interessant; animiert:* eine -e Unterhaltung; In irgendeinem, was man so sagt, geistig -en (regen) Hause (Bergengruen, Rittmeisterin 191); sich a. unterhalten.
An|ge|regt|heit, die; -: *das Angeregtsein; gehobene Stimmung:* Diotima und ihr Stubenmädchen blieben nach Ulrichs Fortgang in einer leisen A. zurück (Musil, Mann 95).
an|ge|rei|chert: ↑anreichern.
an|ge|rit|ten: ↑anreiten.
an|ge|rollt: ↑anrollen (1 b).
an|ge|ros|tet: ↑anrosten.
an|ge|ru|dert: ↑anrudern (1).
an|ge|rührt: ↑anrühren.
an|ge|sagt ⟨Adj.⟩ [2. Part. von ↑ansagen]: *in der Verbindung* **a. sein** (ugs.; **1.** *im Schwange, in Mode, sehr gefragt, begehrt sein:* Zärtlichkeit, Romantik und Treue sind bei jungen Menschen heute wieder a.; wenn man jünger ist und das Gefühl hat, bestimmte Dinge unbedingt mitmachen zu müssen, weil sie gerade a.

sind [Szene 8, 1984, 45]. **2.** *bevorstehen, anstehen; gemacht, ausgeführt werden sollen, auf Erledigung warten:* Frühstück ist jetzt a.; heute ist ein Ausflug a.; jetzt ist Handeln/handeln a.; hier ist eine Renovierung, eine neue Tapete a.; Jazz total ist ... heute ... im Spiegelzelt a. [MM 15./16. 5. 85, 22]).

ạn|ge|säu|selt ⟨Adj.⟩ (ugs.): *leicht betrunken:* In leicht »angesäuseltem«, aber nicht angetrunkenem Zustand geriet er in eine Verkehrskontrolle (BM 19. 5. 78, 24); ein bisschen a. sein.

ạn|ge|saust: ↑ ansausen.
ạn|ge|schest: ↑ anschesen.
ạn|ge|schim|melt: ↑ anschimmeln.
ạn|ge|schis|sen: ↑ anscheißen (3).
ạn|ge|schla|gen ⟨Adj.⟩: *nicht mehr im Vollbesitz seiner Kräfte, nicht mehr [voll] leistungsfähig; erschöpft:* einen -en Eindruck machen; eine -e Gesundheit; a. sein, wirken; nachdem Islacker a. *(verletzt)* ... vom Platz gegangen war (Walter, Spiele 21); warum siehst du so ein bisschen a. aus? (Wohmann, Absicht 399); Ü Der -en ... Autoindustrie kann es nur recht sein, wenn der Benzinpreis sinkt (Rhein. Merkur 2. 2. 85, 13); Das Kriegsende stärkt das -e Vertrauen der Konsumenten und Investoren in die US-Konjunktur (Wirtschaftswoche 22. 2. 91, 20).

ạn|ge|schlen|dert: ↑ anschlendern.
ạn|ge|schli|chen: ↑ anschleichen (1).
ạn|ge|schlos|sen: ↑ anschließen.
ạn|ge|schmud|delt ⟨Adj.⟩ (ugs.): *angeschmutzt.*
ạn|ge|schmutzt ⟨Adj.⟩: *leicht verschmutzt:* -e Wäsche; Das war kein Ort für jemanden, der eine Verabredung lieber absagte, als mit -en Manschetten zu erscheinen (Bieler, Mädchenkrieg 37); das Buch ist etwas a.

ạn|ge|schnauft: ↑ anschnaufen.
ạn|ge|schnit|ten: ↑ anschneiden.
ạn|ge|scho|ben: ↑ anschieben (3).
ạn|ge|schos|sen: ↑ anschießen (3).
ạn|ge|schrie|ben: ↑ anschreiben (2).
Ạn|ge|schul|dig|te, der u. die; -n, -n ⟨Dekl. ↑ Abgeordnete⟩: *jmd., der (wegen einer Sache) angeschuldigt wird.*
ạn|ge|schwankt: ↑ anschwanken.
ạn|ge|schwän|zelt: ↑ anschwänzeln.
ạn|ge|schwärmt: ↑ anschwärmen (1).
ạn|ge|schwärzt: ↑ anschwärzen.
ạn|ge|schwirrt: ↑ anschwirren.
ạn|ge|schwom|men: ↑ anschwimmen (1 b).
ạn|ge|se|gelt: ↑ ansegeln (1 b).
ạn|ge|se|hen ⟨Adj.⟩: *Ansehen genießend; geachtet, geschätzt:* eine -e Familie; In einer unserer -sten Gazetten stand ... (Bamm, Weltlaterne 53); sie ist überall a.; So a. die Forstwirtschaft als sichere Vermögensanlage ist (Mantel, Wald 92).
ạn|ge|ses|sen ⟨Adj.⟩ (selten): *ansässig, eingesessen:* Einen Teil ihrer Jugend hatte sie bei den Großeltern ... verbracht, die in Kroatien a. waren (Dönhoff, Ostpreußen 43).
ạn|ge|setzt: ↑ ansetzen (11).
Ạn|ge|sicht, das; -[e]s, -er u. (österr.:) -e [mhd. angesiht = das Ansehen, Aussehen; Angesicht, zu mhd. gesiht, ↑ Gesicht] (geh.): *Gesicht:* das geliebte, vertraute A.; Sie hörte das unbewegten -s mit an (Tucholsky, Zwischen 40); sein A. verhüllen; er sah ihr voll ins A. (Strittmatter, Wundertäter 162); Ü Der Wind brachte uns bis ins A. *(bis in Sichtweite)* der Türme von Stralsund (Fallada, Herr 67); jmdn. von A. kennen; Ich wollte sie sehen ... von A. zu A. (Frisch, Nun singen 108); * **im A.** (1. *im, beim Anblick:* im A. der Gefahr. 2. *im Hinblick auf:* im A. dieser Tatsache wollen wir ihm vertrauen; im A. des Todes).

ạn|ge|sichts: I. ⟨Präp. mit Gen.⟩ (geh.): **a)** *im, beim Anblick:* a. des Todes, der Bergwelt; **b)** *im Hinblick auf, in Anbetracht:* a. dieser Tatsachen; a. der Angesichts der wachsenden sozialen Spannungen (NZZ 30. 8. 86, 2). **II.** ⟨Adv.⟩ *beim Anblick von:* Vierbein verlor a. von so viel heulenden Elend seine ... Wut (Kirst, 08/15, 440); a. von Pressekonferenzen in den USA (Dönhoff, Ära 112).

ạn|ge|sockt: ↑ ansocken.
ạn|ge|spannt: a) *angestrengt, konzentriert:* mit -er Aufmerksamkeit zuhören; **b)** *kritisch, bedenklich:* eine -e Lage; der -e Wohnungsmarkt; die Finanzlage ist a.
Ạn|ge|spannt|heit, die; -: *das Angespanntsein.*
ạn|ge|sprengt: ↑ ansprengen.
ạn|ge|spritzt: ↑ anspritzen (2).
ạn|ge|sprun|gen: ↑ anspringen (3).
ạn|ge|stakst: ↑ anstaksen.
ạn|ge|stammt ⟨Adj.⟩ [zu veraltet anstammen = durch Abstammung erwerben]: *durch Erbschaft od. Tradition erworben; überkommen:* -er Besitz; Als wäre der geplante Umzug nach Berlin ... nicht der legitime Umzug aus der provisorischen Hauptstadt in die -e (Dönhoff, Ära 70); Ich bemerkte ..., dass sie (= die Dohle) ... auf ihrem -en Schlafplatz saß (Lorenz, Verhalten 26); diese Rechte sind a.

ạn|ge|stapft: ↑ anstapfen.
ạn|ge|staubt ⟨Adj.⟩: **1.** *leicht verstaubt:* Zarte Vasen und Glasfiguren ... leicht a., wie die ersten Sonnenstrahlen verraten (Zeit 4. 4. 97, 74). **2.** (ugs.) *bereits etwas veraltet, überholt:* leicht -e Ansichten haben; a. scheinen heute schon seine Romane (Tucholsky, Werke II, 356); Marktwirtschaftslehre wäre als Fachbezeichnung in der Tat heute treffender als der enge Begriff Volkswirtschaftslehre, der a. wirkt (Wirtschaftswoche 13. 3. 97, 26).

Ạn|ge|stell|te, der u. die; -n, -n ⟨Dekl. ↑ Abgeordnete⟩: *jmd., der in einem vertraglichen Arbeitsverhältnis mit monatlicher Gehaltszahlung steht:* höherer, leitender, kleiner -r; die kaufmännische A.; die Arbeiter/-innen und -n unserer Firma; die Bundesversicherungsanstalt für A. (Abk.: BfA).
Ạn|ge|stell|ten|ge|werk|schaft, die: *Arbeitnehmerorganisation für Angestellte.*
Ạn|ge|stell|ten|schaft, die; -: *Gesamtheit der Angestellten:* Die treuesten Mitarbeiter des Hauses sind von jeher in unsrer A. zu finden (Delius, Siemens-Welt 79).

Ạn|ge|stell|ten|ver|hält|nis, das: *vertragliches Arbeitsverhältnis mit monatlicher Gehaltszahlung:* im A. stehen.
Ạn|ge|stell|ten|ver|si|che|rung, die: *Sozialversicherung für Angestellte:* Beiträge für die A. entrichten.
Ạn|ge|stell|ten|ver|si|che|rungs|ge|setz, das ⟨o. Pl.⟩: *Gesetz zur Regelung der Pflichtversicherung der Angestellten* (Abk.: AVG).
ạn|ge|stie|felt: ↑ anstiefeln.
ạn|ge|strengt: a) *mit Anstrengung; konzentriert:* mit -er Aufmerksamkeit; Nach einem Jahr -en Lernens und Arbeitens (NNN 5. 7. 85, 1); a. nachdenken; **b)** *verkrampft, nicht locker:* Elsa wagte nicht, die Richtsin zu bitten, sich natürlich in Pose zu setzen (Strauß, Niemand 162); Ü Zweiter Film ... aus Ingmar Bergmans heute a. wirkender Gottsucherlogie (Spiegel 126, 1988, 192); Die -en Scherze der Clowns (Lenz, Brot 126).
Ạn|ge|strengt|heit, die; -: *das Angestrengtsein.*
ạn|ge|strömt: ↑ anströmen (2).
ạn|ge|stü|ckelt, ạn|ge|stückt: ↑ anstückeln, anstücken.
ạn|ge|stürmt: ↑ anstürmen (b).
ạn|ge|stürzt: ↑ anstürzen.
ạn|ge|tan ⟨Adj.⟩: *in den Wendungen* **es jmdm. a. haben** *(jmdn. bezaubern, entzücken; jmd. für sich einnehmen):* er, sein Geigenspiel hat es ihr a.; **von jmdm., etw. a. sein** *(angenehm berührt, begeistert sein):* Freunde in Wien, die waren ... sehr a. von den Festspielen (Danella, Hotel 298); **danach/dazu a. sein** *(geeignet sein, günstig für etw. sein):* die Lage ist nicht dazu a., Feste zu feiern; ein reines Orchesterstück, ... mit allen Wassern moderner Klangtechnik gewaschen und klüglich danach a., die Seele in Traum zu spinnen (Th. Mann, Zauberberg 897).
ạn|ge|tanzt: ↑ antanzen.
ạn|ge|tobt: ↑ antoben.
ạn|ge|trabt: ↑ antraben (2).
Ạn|ge|trau|te, der u. die; -n, -n ⟨Dekl. ↑ Abgeordnete⟩ (scherzh.): *Ehepartner, Ehepartnerin.*
ạn|ge|trun|ken ⟨Adj.⟩: *leicht betrunken:* der -e Fahrer wurde festgenommen; Die meisten waren ja schon morgens leicht a. (Klee, Pennbrüder 120).
Ạn|ge|trun|ken|heit, die; -: *das Angetrunkensein:* Zu den Hauptursachen der Verkehrsunfälle gehörten Unachtsamkeit ... und A. (NZZ 30. 6. 84, 32).
ạn|ge|tu|ckert: ↑ antuckern.
ạn|ge|turnt: ↑ ¹ anturnen.
ạn|ge|wa|ckelt: ↑ anwackeln.
ạn|ge|wandt ⟨Adj.⟩: *in der Praxis nutzbar gemacht, angewendet:* -e Chemie, Mathematik; -e Kunst *(Kunsthandwerk);* stellen sich ... Gestalter ... mit Werkproben aus ihrem -en ... Schaffen vor (Weltwoche 17. 5. 84); Forstwissenschaft kann auch zu den »angewandten« Wissenschaften gezählt werden (Mantel, Wald 83).
ạn|ge|wärmt: ↑ anwärmen.
ạn|ge|wat|schelt: ↑ anwatscheln.
Ạn|ge|wen|de, das; -s, - (landsch.): *an ein Feld grenzender Streifen zum Wenden des Pfluges.*

an|ge|wetzt: ↑anwetzen.
an|ge|wi|dert: ↑anwidern.
an|ge|wie|sen ⟨Adj.⟩: in der Wendung **auf jmdn., etw. a. sein** *(von jmdm., etw. abhängig sein):* auf jmdn., jmds. Hilfe, Wohlwollen a. sein; dass er ... auf sich selber würde a. sein *(dass er keine Hilfe von außen bekommen würde;* Maass, Gouffé 66); Wir werden alle noch sehr aufeinander a. sein *(gegenseitiger Unterstützung bedürfen);* Benrath, Konstanze 56); das auf dem Westen -e Agrarland (Bloch, Wüste 42); da sind wir nun fast gänzlich auf unsere Fantasie a. *(brauchen wir unsere Fantasie;* Seidel, Sterne 38).
an|ge|wöh|nen ⟨sw. V.; hat⟩: *zur Gewohnheit machen:* sich Pünktlichkeit a.; gewöhne dir endlich an, deutlich zu sprechen; den Kindern gute Manieren a. *(anerziehen);* Sie hatte sich das Trinken angewöhnt *(regelmäßig Alkohol zu trinken begonnen;* Bieler, Bonifaz 76).
An|ge|wohn|heit, die; -, -en: *[schlechte] Gewohnheit, Eigenheit:* eine A. annehmen, ablegen; diese schreckliche A., mit sich selber Gespräche zu führen, nahm ... zu (Langgässer, Siegel 49); Man war oft williger Sklave seiner -en (H. Gerlach, Demission 196).
An|ge|wöh|nung, die; -: *das Angewöhnen.*
an|ge|wur|zelt: ↑anwurzeln.
an|ge|zeigt (geh.): *angebracht, ratsam, passend:* etw. [nicht] für a. halten; es war nicht a., sich zu der Angelegenheit zu äußern.
an|ge|zischt: ↑anzischen (3).
an|ge|zo|ckelt: ↑anzockeln.
an|ge|zo|gen: ↑anziehen.
an|ge|zot|telt: ↑anzotteln.
an|ge|zwit|schert: ↑anzwitschern (1).
an|gie|ßen ⟨st. V.; hat⟩: **1.** *frisch gesetzte Pflanzen, Stecklinge zum Anwachsen, Anwurzeln gießend wässern:* die Salatpflanzen a. **2.** (Kochk.) *etwas Wasser, Brühe an Gebratenes gießen:* den Schmorbraten a. **3.** (Gießerei) *durch Guss mit etw. anderem zusammenfügen, verbinden:* ein Metallstück a.; * **wie angegossen sitzen, passen** (ugs.; *genau passen, einen tadellosen Sitz haben):* Ich trug lackierte Reitstiefel ..., die wie angegossen saßen (Fallada, Herr 7); In seiner Montur sah er ... verkleidet aus. Sie saß ihm nicht wie angegossen (Härtling, Hubert 50).
An|gieß|ver|fah|ren, das: *beim Angießen (3) angewendetes Verfahren.*
an|gif|ten ⟨sw. V.; hat⟩ (ugs.): *böse, wütend, gehässig zurechtweisen, beschimpfen:* jmdn., einander a.; * Seit der Sommerpause vergeht kein Tag, an dem sich CDU und FDP nicht wechselseitig angiften (Basler Zeitung 9. 10. 85, 7); sodass Verkäuferinnen verlernen zu lächeln, Autofahrer sich angiften, Busfahrer so muffig sind wie ihre Fahrgäste (Zeit 10. 11. 95, 19).
An|gi|i|tis, die; -, ...itiden [zu griech. aggeīon = (Blut)gefäß] (Med.): *Entzündung eines Blutgefäßes.*
An|gi|na, die; -, ...nen [lat. angina, zu griech. agchónē = das Erwürgen]

(Med.): *Entzündung des Rachenraumes, bes. der Mandeln.*
An|gi|na Pec|to|ris, die; - - [zu lat. pectus (Gen.: pectoris) = Brust] (Med.): *anfallartig auftretende Schmerzen hinter dem Brustbein infolge Erkrankung der Herzkranzgefäße.*
An|gio|gramm, das; -s, -e [zu griech. aggeīon = (Blut)gefäß u. grámma, ↑Gramm] (Med.): *bei der Angiographie erstelltes Röntgenbild.*
An|gio|gra|phie, auch: angiografie, die; -, -n [zu griech. gráphein = schreiben] (Med.): *röntgenologische Darstellung von Blutgefäßen mithilfe injizierter Kontrastmittel.*
an|gio|gra|phie|ren, auch: angiografieren ⟨sw. V.; hat⟩ (Med.): **a)** *eine Angiographie machen;* **b)** *Gefäße röntgenologisch darstellen.*
an|gio|gra|phisch, auch: angiografisch ⟨Adj.⟩ (Med.): *mithilfe der Angiographie erfolgend.*
An|gi|o|lo|ge, der; -n, -n [zu griech. lógos, ↑Logos]: *Arzt u. Forscher mit Spezialkenntnissen auf dem Gebiet der Angiologie.*
An|gi|o|lo|gie, die; -: *Teilgebiet der Medizin, das sich mit den Blutgefäßen u. ihren Erkrankungen befasst.*
An|gi|o|lo|gin, die; -, -nen: w. Form zu ↑Angiologe.
an|gi|o|lo|gisch ⟨Adj.⟩: *die Angiologie betreffend.*
An|gi|om, das; -s, -e: *Geschwulst aus Blut- od. Lymphgefäßen.*
An|gio|pa|thie, die; -, -n [↑-pathie] (Med.): *Gefäßkrankheit.*
An|gio|spas|mus, der; -, ...men (Med.): *Gefäßkrampf.*
An|gio|sper|mi|um, das; -s, ...ien [zu ↑Sperma]: *Blütenpflanze mit Fruchtknoten.*
an|gir|ren: ↑angurren.
An|glaise [ãː'glɛːzə], die; -, -n [1: frz. (danse) anglaise = englischer Tanz; 2: frz. (redingote) anglaise, vgl. Redingote]: **1.** *alter, ursprünglich englischer Gesellschaftstanz.* ♦ **2.** *lange Herrenjacke mit ¹Schößen* [...] Ich sah einen Herr wär und hätt ein' Hut und eine Uhr und eine A. und könnt vornehm reden (Büchner, Woyzeck, Beim Hauptmann).
an|glei|chen ⟨st. V.; hat⟩: *jmdm., einer Sache gleichmachen, anpassen:* die Löhne den Preisen/an die Preise a.; sie haben [einander] angeglichen; Die Steuersysteme ... sollen einander angeglichen werden (Fraenkel, Staat 94); Ihr Lehrprogramm war dem aller Oberschulen ... angeglichen (Loest, Pistole 44).
An|glei|chung, die; -, -en: *das Angleichen, das Angeglichenwerden:* die A. des Lebensstandards an den unsrigen (W. Brandt, Begegnungen 123).
Ang|ler, der; -s, -: **1.** *jmd., der mit einer Angel (1) Fische fängt.* **2.** *Anglerfisch.*
Ang|ler|fisch, der: *essbarer Seefisch, dessen Kopf ein köderförmiges Anhängsel zum Anlocken von Beutetieren hat.*
ang|le|risch ⟨Adj.⟩: *den Angler, das Angeln betreffend:* die -e Erschließung eines Gewässers.
an|glie|dern ⟨sw. V.; hat⟩: *an etw. an-

schließen, einer Sache hinzufügen:* der Schule ist ein Internat angegliedert; hat ein Chemiekonzern diese Reifenfabrik seinem Imperium angegliedert (Kühn, Zeit 438); etw. an etw. a.
An|glie|de|rung, die; -, -en: *das Angliedern; das Angegliedertwerden.*
An|gli|ka|ner [angli...], der; -s, - [engl. Anglican, ↑anglikanisch]: *Angehöriger der Kirche von England od. einer ihrer Tochterkirchen.*
An|gli|ka|ne|rin, die; -, -nen: w. Form zu ↑Anglikaner.
an|gli|ka|nisch ⟨Adj.⟩ [engl. Anglican, zu lat. Anglii = Angeln (westgerm. Stamm)]: *zur Kirche von England od. einer ihrer Tochterkirchen gehörend.*
An|gli|ka|nis|mus, der; -: *Lehre der Kirche von England.*
an|gli|sie|ren ⟨sw. V.; hat⟩: **1.** *an die Sprache, die Sitten od. das Wesen der Engländer angleichen:* Sybil Bedford ... (deutschen Ursprungs, aber seit Jahren ... »anglisiert«) (K. Mann, Wendepunkt 342). **2.** ↑englisieren.
An|gli|sie|rung, die; -, -en: *das Anglisieren, Anglisiertwerden.*
An|gli|sie|rungs|pro|zess, der: *Prozess (2) der Anglisierung.*
An|glist, der; -en, -en: *jmd., der sich mit der Anglistik befasst.*
An|glis|tik, die; -: *Wissenschaft von der englischen Sprache u. Literatur.*
An|glis|tin, die; -, -nen: w. Form zu ↑Anglist.
an|glis|tisch ⟨Adj.⟩: *die Anglistik betreffend.*
An|gli|zis|mus, der; -, ...men (Sprachw.): *Übertragung einer für das britische Englisch charakteristischen sprachlichen Erscheinung auf eine nicht englische Sprache:* Gerne streut er Anglizismen (»so what«, »good luck«) in seine Rede ein und erledigt seinen Job von einem piekfeinen Schreibtisch aus (Spiegel 18, 1998, 178).
An|glo|ame|ri|ka|ner, der; -s, -: **1.** *aus England stammender Amerikaner.* **2.** *Einwohner eines der angelsächsischen Länder.*
An|glo|ame|ri|ka|ne|rin, die; -, -nen: w. Form zu ↑Angloamerikaner.
an|glo|ame|ri|ka|nisch ⟨Adj.⟩: zu ↑Angloamerikaner.
An|glo|ka|tho|li|zis|mus, der; -: *katholisch orientierte Gruppe der anglikanischen Kirche.*
An|glo|ma|nie, die; - (bildungsspr.): *übertriebene Nachahmung alles Englischen.*
an|glo|phil ⟨Adj.⟩ (bildungsspr.): *England, seinen Bewohnern u. seiner Kultur besonders aufgeschlossen gegenüberstehend.*
An|glo|phi|le, der u. die; -n, -n ⟨Dekl. ↑Abgeordnete⟩ (bildungsspr.): *jmd., der anglophil ist.*
An|glo|phi|lie, die; - [zu griech. philia = Liebe] (bildungsspr.): *Vorliebe für England, seine Bewohner, seine Kultur.*
an|glo|phob ⟨Adj.⟩ (bildungsspr.): *gegen alles Englische eingenommen.*
An|glo|pho|bie, die; - [↑Phobie] (bildungsspr.): *Abneigung gegen alles Englische.*

an|glo|phon, anglofon ⟨Adj.⟩ [zu griech. phonē̂, ↑Phon] (bildungsspr.): *Englisch als Muttersprache sprechend.*

an|glot|zen ⟨sw. V.; hat⟩ (salopp): *ausdruckslos, starr, aufdringlich o. ä. ansehen:* glotz mich doch nicht so dämlich an!; Ich ... glotze Eduard an, als hätte er Gold gespuckt (Remarque, Obelisk 118); Er (= der Goldfisch) hatte aufgehört herumzuschwimmen, sein Kopf war Daniela zugewendet, er glotzte sie an, sein Maul ging auf und zu (Kuby, Sieg 120).

an|glü|hen ⟨sw. V.; hat⟩: **1.** *kurz zum Glühen bringen:* ein Hufeisen a. **2.** *einen glühenden Schein auf jmdn. werfen:* Wenn die ... Feuerklappe geöffnet wurde, wurden sie gespenstisch angeglüht (Apitz, Wölfe 357); Ü die Augen der Katze glühten ihn an.

An|go, der; -s, -s [ahd. ango, ↑Angel]: *(vom 5. bis 7. Jh. bei den Franken gebrauchte) Lanze mit einer sehr langen, dünnen in einem Widerhaken endenden Eisenspitze:* Um 500 waren die ranghöchsten Krieger also mit Prunkschwert und Sax, A. oder Lanze sowie der Wurfaxt und dem Schild ausgerüstet (Archäologie 2, 1997, 29).

An|go|la; -s: Staat in Afrika.

An|go|la|ner, der; -s, -: Ew.

An|go|la|ne|rin, die; -, -nen: w. Form zu ↑Angolaner.

an|go|la|nisch ⟨Adj.⟩: *Angola, die Angolaner betreffend; von den Angolanern stammend, zu ihnen gehörend.*

an|gon|deln ⟨sw. V.; ist⟩ (ugs.): *langsam [mit einem Fahrzeug] herankommen:* endlich gondelte er [auf seinem Mofa] an; ⟨meist im 2. Part. in Verbindung mit »kommen«:⟩ sie kam [auf ihrem Fahrrad] angegondelt.

An|go|ra|be|haa|rung, die [vgl. Angorawolle]: *bes. bei Haustieren vorkommende sehr feine u. leichte Behaarung, bei der das Deckhaar die Unterwolle weit überragt.*

An|go|ra|ka|nin|chen, das: *Kaninchen einer bestimmten Rasse mit langem, dichtem, seidigem Haar.*

An|go|ra|kat|ze, die [Angora = früherer Name von ↑Ankara]: **a)** *Perserkatze;* **b)** (ugs.) *Langhaarkatze.*

An|go|ra|wol|le, die: *Wolle, die von Haustieren mit feinem, seidigem Langhaar, bes. der Angoraziege, stammt; Mohair.*

An|go|ra|zie|ge, die: *in Vorderasien gezüchtete kleinere Hausziege mit feinem, langem Haar.*

An|gos|tu|ra®, der; -s, -s [Angostura = früherer Name der venezolanischen Stadt Ciudad Bolívar]: *(bes. zum Würzen u. zum Mixen von Getränken verwendeter) Bitterlikör.*

An|gos|tu|ra|baum, der: *(im nördlichen Südamerika vorkommender, zur Familie der Rautengewächse gehörender) Baum mit bitterer, zur Herstellung von verdauungsfördernden Getränken geeigneter Rinde.*

An|gos|tu|ra|bit|ter, der; -s, -: *aus der Rinde des Angosturabaums hergestellter bitterer Aromastoff.*

An|gos|tu|ra|rin|de, die: *Rinde des Angosturabaums.*

an|gra|ben ⟨st. V.; hat⟩ (salopp): *jmdn. [herausfordernd] ansprechen u. unmissverständlich sein Interesse an ihm zeigen:* ne Schnecke a.; Ü zu der Ausrüstung kam die Grundschule, weil sie das regionale Bildungswerk der Wirtschaft als Sponsor a. konnte (FR 30. 7. 97, 2).

an|greif|bar ⟨Adj.⟩: *sich leicht angreifen, kritisieren, bezweifeln lassend; Kritik ermöglichend, kritisierbar:* ein -es Urteil; seine Thesen sind alle a.; wie er hatte erreichen wollen, ... den Aalglatten, den Unangreifbaren a. zu machen (Sebastian, Krankenhaus 168/9).

An|greif|bar|keit, die; -: *das Angreifbarsein:* die A. seiner Thesen.

an|grei|fen ⟨st. V.; hat⟩ [mhd. an(e)grīfen, ahd. anagrīfan = berühren, anfassen]: **1. a)** *in feindlicher Absicht den Kampf gegen jmdn., etw., beginnen:* die Stadt mit Panzern, Geschützen a.; Nato-Maschinen würden in den nächsten Tagen zunehmend im Tiefflug serbische Truppenkonzentrationen in Kosovo a. (FR 9. 4. 99, 1); Wir hörten Nachrichten. Rostock sei wieder angegriffen worden (Kempowski, Tadellöser 190); manchmal wurden sie ... tätlich angegriffen (Leonhard, Revolution 131); Wird man von einem Löwen ... angegriffen, dann muss man stehen bleiben (Grzimek, Serengeti 83); **b)** *im sportlichen Wettkampf gegenüber den Gegner die Initiative ergreifen, ihm Vorteile abzugewinnen, ihn zu besiegen suchen:* die beiden Dänen schieben sich nach vorn, sie sind an Musso vorbei, nun greifen sie Bert an (Lenz, Brot 33); der Sturm der Fußballmannschaft griff planlos und hektisch an; **c)** *heftig kritisieren, zu widerlegen suchen, attackieren:* jmdn., jmds. Standpunkt, Rede, öffentlich, scharf a.; als sich Peters 1895 um ein Reichstagsmandat bewarb ..., habe ihn Bebel im Reichstag angegriffen (Grzimek, Serengeti 105); Ein Professor ... greift ihn in einem offenen Brief an (Reich-Ranicki, Th. Mann 85). **2.** (landsch.) *anfassen, berühren:* du darfst hier nichts a.; sie befühlten ihn, griffen den Stoff an, fragten nach dem Preis (H. W. Richter, Etablissement 100); **b)** (a. + sich) *sich in bestimmter Weise anfühlen:* der Stoff greift sich weich, rau, derb an. **3.** *[notgedrungen] zu verbrauchen beginnen, anbrechen:* den Vorrat, die letzten Reserven, die Ersparnisse a.; Das Geld durfte nicht angegriffen werden (M. L. Fischer, Kein Vogel 139); **4. a)** *[auf bestimmte Weise] anpacken, in Angriff nehmen, anfangen:* eine Aufgabe entschlossen, vernünftig a.; Das Problem werden wir später anzugreifen versuchen (Freud, Abriß 28); **b)** *an einer Stelle ansetzen, von etw. ausgehen:* die Reformpläne greifen nicht an der richtigen Stelle an. **5. a)** *schwächen, reduzieren; jmdm., einer Sache schaden:* die Anstrengung, Krankheit greift ihn an; ⟨oft im 2. Part.:⟩ er wirkte etwas angegriffen; angegriffen aussehen; sich in einem angegriffenen Zustand befinden; dass bei dem Zustand seines angegriffe-

nen Herzens etwas passiere (Jens, Mann 29); Meine Gesundheit ist ... etwas angegriffen (Rolf Schneider, November 203); **b)** *etw. beschädigen, zersetzen:* der Rost greift das Eisen an; Die Früchte greifen ... die Oberfläche der Dosen an (DM 5, 1966, 25); Weil er Angst hat, dass die Dämpf' seine Ware angreifen (Kühn, Zeit 21).

An|grei|fer, der; -s, -: *jmd., der jmdn., etw. angreift* (1): den, die A. zurückschlagen.

an|grei|fe|risch (seltener): *angriffslustig.*

an|gren|zen ⟨sw. V.; hat⟩: *eine gemeinsame Grenze mit etw. haben, benachbart sein, an etw. stoßen:* das Grundstück grenzt [unmittelbar] an den Fluss an; im Gebüsch, ... neben der Pforte, da, wo der Garten angrenzt (Imog, Wurlitblume 57); das angrenzende Zimmer.

An|gren|zer, der; -s, - (landsch.): *Nachbar, Anlieger:* Von den -n wurde des Öfteren schon Klage geführt (MM 14. 3. 69, 10).

An|gren|zung, die; -: *das Angrenzen.*

an|grie|nen ⟨sw. V.; hat⟩ (ugs.): *angrinsen:* der Briefträger hat mich von Tag zu Tag anzüglicher angegrient (Spiegel 1/2, 1972, 49).

An|griff, der; -[e]s, -e [mhd. an(e)grīf, ahd. anagrīf = Berührung, Umarmung]: **1. a)** *das Angreifen* (1 a) *eines Gegners; Offensive; Eröffnung eines Kampfes:* heftige, feindliche, atomare -e; Anne hatte die -e *(Fliegerangriffe)* in Hamburg überstanden (Danella, Hotel 204); einen A. auf/gegen das Nachschublager fliegen, abwehren, vortragen, abschlagen; zum A. übergehen; **b)** (Sport) *beim sportlichen Wettkampf Versuch, dem Gegner Vorteile abzugewinnen, ihn zu besiegen:* einen A. starten, parieren; der gegnerischen A. unterbinden; gelang es ... uns einmal, einen präzisen A. über die Mittellinie vorzutragen (Walter, Spiele 74); In ihr (= der Abseitsfalle) lief sich manch gegnerischer A. tot (Walter, Spiele 163); **c)** *Gesamtheit der Angriffsspieler:* der A. war ausgesprochen schlecht. **2.** *heftige [aggressive] Kritik; Anfeindung:* versteckte, massive -e gegen jmdn. richten; heftigen -en ausgesetzt sein; Die erbittertsten -e der ... Presse auf das Schandurteil (Feuchtwanger, Erfolg 138); die Abwehr von -en gegen den Staat. **3.** * *etw. in A. nehmen* (mit etw. beginnen; etw. entschlossen anpacken): eine Arbeit in A. nehmen; Ein Hochbau wird dort in A. genommen (Richartz, Büroroman 12).

an|grif|fig ⟨Adj.⟩ (bes. schweiz.): **a)** *kämpferisch, streitbar; draufgängerisch:* einer bläst auf der ... Trompete -e Signale (Grass, Butt 581); hat der Papst in seiner -en Art zwei heikle Themen angefasst (NZZ 5. 11. 82,4); **b)** *aggressiv* (2 b): die Säure ist, wirkt zu a. auf die Oberfläche.

An|griffs|be|we|gung, die: **a)** (Milit.) *Bewegung der Truppe zum Zweck des Angreifens, der Offensive;* **b)** (Sport) *Bewegung, die den Gegner zur Verteidigung zwingt.*

An|griffs|bünd|nis, das (bes. Politik): Zusammenschluss zweier od. mehrerer Parteien zum gemeinsamen Angriff.

An|griffs|drit|tel, das (Eishockey): Drittel (2 a), in dem das Tor der gegnerischen Mannschaft steht.

An|griffs|flä|che, die: Stelle, auf die etw. [schädlich] einwirken kann: der Damm bietet dem Wasser hier keine A. mehr; Ü er wollte einem so gefährlichen Mann keinerlei -n bieten; Hass ist scharfsichtig, er findet die zartesten -n (Radecki, Tag 117).

An|griffs|fuß|ball, der ⟨o. Pl.⟩ (Sport): betont auf Angriff angelegter, offensiver Fußball.

An|griffs|geist, der ⟨o. Pl.⟩: in einer Gemeinschaft entstehende geistige Haltung, die die Angriffslust anregt: einen Mangel an A. feststellen.

An|griffs|krieg, der: Krieg, der im Angriff auf fremdes Territorium geführt wird; Aggressionskrieg: Warum nicht auch einen eigenmächtigen A. zugunsten der Kurden, der südamerikanischen Indios, der indonesischen Minderheiten, der Tibeter und wo auch sonst noch in der Welt (Zeit 15. 4. 99, 48).

An|griffs|li|nie, die: **1.** (Volleyball) Linie, die die hintere Zone (der Verteidiger) von der vorderen Zone (der Angreifer) trennt. **2.** (Ballsport) [in einer Linie postierte] angreifende Spieler; Sturm: die gegnerische A. formierte sich blitzschnell.

An|griffs|lust, die ⟨o. Pl.⟩: Bereitschaft, jederzeit jmdn. anzugreifen; Aggressivität.

an|griffs|lus|tig ⟨Adj.⟩: Angriffslust zeigend: Ein Mann von großer Selbstsicherheit, brillanter Dialektik und -er Intelligenz (Enzensberger, Einzelheiten I, 96).

An|griffs|plan, der (bes. Milit.): Plan, nach dem ein Angriff (1 a) vorgenommen werden soll: Zudem machten das Wetter und andere Störfaktoren einen Strich durch manchen A. (Spiegel 14, 1999, 161).

An|griffs|punkt, der: **1.** (Milit.) Punkt, an dem ein Angriff (1 a) stattfindet od. von dem ein Angriff ausgeht. **2.** vgl. Angriffsfläche.

An|griffs|spiel, das (Sport): auf Angriff (1b) eingestellte Spielweise: ein dynamisches A. zeigen.

An|griffs|spie|ler, der (Ballsport): **1.** Spieler, der offensiv spielt. **2.** angreifender Spieler einer Mannschaft, Stürmer. **3.** (Volleyball) Netzspieler.

An|griffs|tak|tik, die: planmäßiges Vorgehen beim Angriff: die A. ändern; die A. des Gegners durchschauen.

An|griffs|ver|tei|di|gung, die (Eishockey): Verteidigungssystem, bei dem der Gegner schon in seinem eigenen Drittel angegriffen wird.

An|griffs|waf|fe, die (Milit.): Waffe, die speziell für den Angriff (1a) entwickelt wurde: Amerika werde die Einfuhr von -n nach Kuba nicht dulden (W. Brandt, Begegnungen 92); -en wie etwa Panzer; Ü Ich bin nicht der Ansicht, dass man die Währung als A. einsetzen soll, um die Exporte zu fördern (Spiegel 6, 1997, 95).

an|griffs|wei|se ⟨Adv.⟩: in der Art eines Angriffs: eine a. geführte Verteidigung.

an|grin|sen ⟨sw. V.; hat⟩: grinsend ansehen: jmdn. albern, dümmlich, gutmütig a.; Wedelmann und der Adjutant grinsten sich vorsichtig an (Kirst, 08/15, 275); Damals hatte der Junge gelernt, den aufgebrachten Pfarrer anzugrinsen, als sei alles nur eine harmlose Gaudi (Fels, Sünden 56).

an|grob|sen ⟨sw. V.; hat⟩ (landsch.): grob anfahren: Sie rauft ihm das Haar und grobst ihn an: Nun ist es aber genug (Köhler, Hartmut 47).

an|grun|zen ⟨sw. V.; hat⟩ (salopp): anfahren, anschnauzen: »Hau ab!« grunzte er ihn an.

An|gry Young Men [ˈæŋrɪ ˈjʌŋ ˈmɛn] ⟨Pl.⟩ [engl. = zornige junge Männer]: in der 2. Hälfte der 50er-Jahre des 20. Jh.s aktive Gruppe sozialkritischer britischer Autoren.

angst: in den Wendungen **jmdm. ist, wird [es] a. [und bange]** (jmd. hat, bekommt Angst); ♦ **a. sein** (sich fürchten): ich war so a., ich zitterte (Goethe, Lehrjahre, VII, 8); Sei so beklommen nur nicht! So a. (Lessing, Nathan V, 6).

Angst, die; -, Ängste [mhd. angest, ahd. angust, eigtl. = Enge, verw. mit ↑eng]: mit Beklemmung, Bedrückung, Erregung einhergehender Gefühlszustand [angesichts einer Gefahr]; undeutliches Gefühl des Bedrohtseins /in der Fachsprache der Psychologie u. Philosophie wird [öfter] zwischen »Angst« als unbegründet, nicht objektbezogen und »Furcht« als objektbezogen differenziert; in der Allgemeinsprache ist diese Differenzierung nicht üblich/: eine wachsende, würgende, bodenlose, panische A. befällt, beschleicht, quält jmdn.; die A., schwächer zu sein; jmdm. sitzt die A. im Nacken; A. macht blind (Schnurre, Ich 115); Natürlich fehlt auch nicht die Depression vor dem Kampf, die A. vor eigener Courage (Spiegel 14, 1977, 208); die A. der Besitzenden vor dem Neid der Besitzlosen (Wilhelm, Unter 100); die A., schwächer zu sein; Ihre Ängste vor verstrahlten ... Umwelt sind eklatant (Wiener 1, 1989, 44); blieb Lea ein Gefühl der Bedrohung, das ... A. auslöste (Ossowski, Liebe 354); A. um jmdn., etw., vor jmdm., etw. haben; Sie entdeckte an sich ... eine neurotische A. vorm Fliegen (Schreiber, Krise 149); er hat A. (er fürchtet sich); sie hat A. (sie befürchtet), dass alles entdeckt wird; jmdm. durch, mit etw. A. einjagen; jmdn. in A. [u. Schrecken] versetzen; in A. leben; in großer A.; in tausend Ängsten schweben (in starker Unruhe, Sorge sein); unter welchen Ängsten litt ein Mensch, von dem sich behauptete, keine A. zu haben (Meckel, Suchbild 80); vor [lauter] A.; ♦ war ihm alle A. jenes schauerlichen Augenblicks (vor jenem schauerlichen Augenblick) entnommen (E. T. A. Hoffmann, Bergwerke 19); R die A. hat tausend Namen; * **mehr A. als Vaterlandsliebe haben** (scherzh.; sehr ängstlich, furchtsam sein); **jmdm. A. [und Bange] machen** (jmdn. in Angst versetzen): Die Unvermeidlichkeit des Bestehenden hat ihr A. gemacht (Chr. Wolf, Nachdenken 92); Zwei, drei, viele Raketen in den falschen Händen machten der Regierung A. (Woche 19. 12. 97, 14); **es mit der A. [zu tun] bekommen/kriegen** (plötzlich ängstlich werden, in Panik geraten): Als es ihm schwarz vor Augen wurde, bekam er es mit der A. zu tun (Fels, Sünden 122).

Angst|an|fall, der: anfallartig auftretende Angst.

Angst|arsch, der (derb): Angsthase.

angst|be|bend ⟨Adj.⟩: vor Angst zitternd.

Angst|bei|ßer, der: Hund, der in Angstsituationen beißt.

angst|be|setzt ⟨Adj.⟩ (bildungsspr., Fachspr.): Angst verursachend: -e Bereiche; Krieg ist ein -es Thema.

ängs|ten, sich ⟨sw. V.; hat⟩ [mhd. angesten, ahd. angusten] (selten): ↑ängstigen (2): was uns in unserem Leben als undurchdringliche Wirrnis von Zufall und Schicksal ängstete (Thielicke, Ich glaube 266).

Angs|ter, der; -s, - [zu lat angustus = eng]: Trinkglas (des 16. Jh.s) mit engem Hals bzw. enger Mündung.

angst|er|füllt ⟨Adj.⟩: von Angst erfüllt, voll[er] Angst; bang: ein -es Gesicht.

angst|frei ⟨Adj.⟩: ohne Angstgefühle auszulösen: -e Erziehung; a. lernen; ein Klima ..., das offen, a. und vertrauensvoll ist (Siems, Coming out 144).

Angst|ge|fühl, das: Anflug von Angst.

Angst|geg|ner, der (Sport Jargon): Gegner, der jmdm. nicht liegt, den jmd. fürchtet: Connors wird ... immer mehr zum A. für Ivan Lendl (Westd. Zeitung 7. 7. 84); Ü Die neue Führungsschicht ... sucht den Markt- und Technikrückstand gegenüber den in erster Linie Managementfehlern zuzuschreiben (Wirtschaftswoche 15. 7. 94, 45).

Angst|geg|ne|rin, die; -, -nen: w. Form zu ↑Angstgegner: Ü Heide Schmidt ist Haiders A.; in ihrer Gegenwart bewegt er sich hölzern, reagiert scheu und unsicher (Zeit 8. 12. 95, 17).

angst|ge|pei|nigt ⟨Adj.⟩ (geh.): angstgequält.

angst|ge|quält ⟨Adj.⟩: in große, quälende Angst versetzt.

Angst|ge|schrei, das: **a)** vor Angst ausgestoßene Schreie; **b)** (Jagdw.) Geschrei des vom Bock getriebenen weiblichen Rehwildes.

Angst|ha|se, der (ugs.): ängstlicher Mensch, Feigling: du A.!; er ist ein A.

ängs|ti|gen ⟨sw. V.; hat⟩: **1.** in Angst, Sorge, Unruhe versetzen; jmdm. Angst einjagen: ein unheimlicher Traum ängstigte ihn; Das drohende Wort »Invasion« ängstigte die Menschen (Weber, Tote 141). **2.** ⟨ä. + sich⟩ (vor jmdm., etw./um jmdm., etw.) Angst haben; sich (um jmdn., etw.) Sorgen machen: die Mutter ängstigte sich um ihr Kind; ich ängstige mich vor der Zukunft.

Ängs|ti|gung, die; -, -en: das Ängstigen, Sichängstigen.

Angst|kauf, der: Kauf von Waren des täglichen Bedarfs aus Angst vor Verknappung: Angstkäufe vornehmen; ein Teil

Angstklausel

der jüngsten Preissteigerung ist indes auf Angstkäufe zurückzuführen, wobei die Spekulation kräftig mitmischte (Wirtschaftswoche 27. 6. 86, 74).
Angst|klau|sel, die (Rechtsspr. veraltet): Vorbehaltsklausel.
Angst|laut, der: *(bei Tieren) bestimmter in der Angst ausgestoßener Laut.*
ängst|lich ⟨Adj.⟩ [mhd. angestlich, ahd. angustlīh]: **1. a)** *leicht Angst empfindend:* ein -er Typ; unser Kind ist sehr ä.; sie wirkte ein wenig ä.; **b)** *von Angst erfüllt; verängstigt; besorgt:* ein -es Gesicht machen; Alle freuten sich, dass sich die -en Prophezeiungen als unrichtig erwiesen hatten (Leonhard, Revolution 86); ihr wurde ganz ä. zumute; sich ä. umblicken, antworten. **2.** *sehr sorgsam, peinlich genau:* die blanke, bis ins Kleinste aufgeräumte Wohnung ..., eine -e Ordnung für alle Fälle herrscht auch hier (Kronauer, Bogenschütze 347); ein Geheimnis ä. hüten; Dann ... packte ich meine Apparatur zusammen, ä. bemüht, auffällige Bewegungen zu vermeiden (Hartung, Piroschka 51). **3.** **[mit etw.] nicht ä. sein* (landsch.; *nicht dringend, nicht eilig sein*): mit der Rückgabe ist es nicht so ä.; das ist nicht so ä. ◆ **4.** *beängstigend; Angst, Beklemmung erregend:* wie sie den Sarg hinunterließen ..., dann die erste Schaufel hinunterschollerte und die -e Lade einen dumpfen Ton wiedergab (Goethe, Werther II, Der Herausgeber an den Leser [Werthers letzter Brief an Lotte]); ⟨subst.:⟩ Und nun hat selbst Cardillacs Betragen ... für mich etwas sonderbar Ängstliches und Unheimliches (E. T. A. Hoffmann, Fräulein 28).
Ängst|lich|keit, die; -, -en ⟨Pl. selten⟩: *das Ängstlichsein; ängstliches Verhalten:* es fing an, ihn zu erregen, ihn mit einer gewissen Ä. zu erfüllen (Th. Mann, Zauberberg 13); ◆ welchen Traum von -en schafft ihr um mich her (Goethe, Epimenides II, 6).
angst|lö|send ⟨Adj.⟩: *einen Angstzustand auflösend, beseitigend:* -e Medikamente.
Angst|lust, die; - (Psych.): *mit Angst verbundenes Gefühl der Lust, z. B. bei risikoreichen Sportarten wie Skilaufen, Klettern, aber auch bei Masochismus o. Ä.:* handelte es sich um unbeschreibliche Affektstürme, ... um Ausbrüche ... der A. und des Schicksalsrauschs (Sloterdijk, Kritik 239).
Angst|ma|cher, der (ugs.): *jmd., der Angst erweckt od. schürt.*
Angst|ma|che|rei, die; - (abwertend): *absichtsvolles Ängstigen, Einflößen von Angst.*
Angst|mei|er, der (salopp): *Angsthase.*
Angst|neu|ro|se, die (Med., Psych.): *sich in Angstzuständen äußernde Neurose.*
Angst|pa|rol|le, die ⟨meist Pl.⟩ (ugs. abwertend): *sich auf politische, wirtschaftliche Entwicklungen beziehende Äußerung, die Angst, Besorgnis verbreiten soll.*
Angst|par|tie, die: *Unternehmen, Spiel, o. Ä., das jmdm. Angst macht, bei dem sich jmd. unsicher fühlt:* Jeder Flug wird zur A. (MM 4./5. 2. 89, 10); Keppel schil-

dert die A. der Entführung (Spiegel 19, 1981, 219).
Angst|psy|cho|se, die (Med.): *sich in Angstzuständen äußernde Psychose.*
Angst|röh|re, die [1848 in Wien geprägt, als die aufständischen Studenten statt der Kalabreser wieder bürgerliche Zylinder aufsetzten] (ugs. scherzh.): *Zylinder.*
Ång|ström ['ɔŋstrœm, auch: 'aŋ...], das; -[s], - [nach dem schwed. Physiker A. J. Ångström (1814 bis 1874)] (früher): *Einheit der Licht- u. Röntgenwellenlänge* (1 Å = 10^{-10} m; Abk.: Å).
Ång|ström|ein|heit, die: *Ångström.*
Angst|ruf, der: vgl. Angstschrei.
Angst|schrei, der: *vor Angst ausgestoßener Schrei.*
Angst|schweiß, der: *Schweiß, der jmdm. bei Angst ausbricht:* mir brach der A. aus.
Angst|traum, der: *Angst auslösender [Alb]traum.*
angst|ver|zerrt ⟨Adj.⟩: *große Angst widerspiegelnd, von Angst verzerrt:* ein -es Gesicht.
angst|voll ⟨Adj.⟩: *voller Angst:* bei ihnen herrschte eine gedrückte -e Stimmung (Leonhard, Revolution 89); sich a. umschauen.
Angst|vor|stel|lung, die ⟨meist Pl.⟩: *Vorstellung* (2 a), *die Angst erzeugt.*
Angst|zu|stand, der ⟨meist Pl.⟩: *unkontrollierbares Gefühl der Angst, das physische Störungen (Schwindel, Herzbeklemmung, Ohnmacht u. a.) auslöst, bedingt:* Angstzustände haben, bekommen; Für mich bedeutet die Erinnerung an die Schulzeit das Heraufrufen ... eines permanenten es (Kempowski, Immer 16).
an|gu|cken (sw. V.; hat) (ugs.): **1.** *[in bestimmter Weise] ansehen:* jmdn. komisch a.; jmdn. groß (verwundert) erstaunt a.; sich etw. sehr genau a.; Goron guckte Dopffer ... wohlwollend durchs Pincenez an (Maass, Gouffé 31). **2.** *prüfend ansehen, eingehend betrachten:* gucken wir uns die Auslagen in Kaisers-Kaffee-Geschäft an (Grass, Blechtrommel 308); »Wenn ich dich so angucke«, sagte er plötzlich, »könnte ich dich fressen« (H. Gerlach, Demission 179); »Guck an«, sagte Heinrich überrumpelt (Bastian, Brut 56); ⟨subst.:⟩ die meisten Expander werden ja wirklich bloß zum Angucken geschenkt (*sie werden nicht ernsthaft in Gebrauch genommen;* Loest, Pistole 192). **3.** *(im Kino, im Fernsehen o. Ä.) ansehen:* so Spielfilme und Western. Das guck ich mir gerne an (Hornschuh, Ich bin 13, 11); ein Fußballspiel a.
an|gu|lar ⟨Adj.⟩ [lat. angularis = winklig, eckig]: *zu einem Winkel gehörend.*
an|gur|ken ⟨sw. V.; ist⟩ (ugs.): *[mit einem alten, klapprigen Fahrzeug] herbeikommen:* da gurkt er an; ⟨meist im 2. Part. in Verbindung mit »kommen«:⟩ Mit alten Lieferwagen ... kamen viele angegurkt (MM 13. 11. 89, 17).
an|gur|ten ⟨sw. V.; hat⟩: *mit einem Sicherheitsgurt auf dem Sitz eines Autos, Flugzeugs festschnallen:* es ist Vorschrift, sich im Auto anzugurten; Angegurtet wäre fast keinem dieser Menschen etwas passiert (MM 31. 8. 73, 36).

An|gus|rind ['æŋɡəs...], das [nach dem Namen der ostschott. Grafschaft]: *Rind der Aberdeen-Angus-Rasse, dessen Fleisch (für Steaks) besonders geschätzt wird.*
An|guss, der; -es, Angüsse: **1.** (Fertigungst.) *je nach Bedarf verschiedenartiges Teil des Spritzgusswerkzeugs für die Verarbeitung thermoplastischer Kunststoffe:* ein punktförmiger, kegelförmiger A. **2.** (Druckw.) *(beim Gießen von Druckplatten) überschüssiges Blei, das entfernt wird.* **3.** (Keramik) **a)** *Auftragen einer weißen od. farbigen Tonschicht auf keramische Erzeugnisse zur Veredelung der Oberfläche;* **b)** *feine Tonschicht auf keramischen Erzeugnissen.*
Anh. = Anhang (1).
an|ha|ben ⟨unr. V.; hat⟩: **1.** (ugs.) *ein Kleidungsstück (ausgenommen Kopfbedeckungen) tragen, mit einem Kleidungsstück angetan sein:* ich sah, dass er neue Schuhe anhatte; wenig, nichts a.; sie hat immer schöne Kleider an. **2.** *jmdm., einer Sache Schaden zufügen* ⟨nur im Inf. in Verbindung mit Modalverben; gewöhnlich verneint⟩: der Sturm konnte dem Boot nichts a.; niemand konnte ihm etwas a. (ugs.; *ihm wegen Nachteiliges nachsagen*); Dem rüstigen Gruber ... schienen Lärm und Unordnung nichts anzuhaben (*sie schienen ihn nicht zu stören;* K. Mann, Wendepunkt 429). **3.** (ugs.) *eingeschaltet haben:* das Radio, den Fernsehapparat a.; Er hatte kein Licht an (Singer [Übers.], Feinde 152).
an|haf|ten ⟨sw. V.; hat⟩: **1.** *an jmdm., etw. haften, kleben:* der Schmutz haftet an dieser Stelle fest an; anhaftende Farbreste. **2.** *jmdm., einer Sache eigen sein, zugehören:* ein Nachteil haftet dieser Sache an; Es blieben Geschäfte, denen ein Risiko anhaftete (Jünger, Bienen 6); Dass ... diesem Versuch notwendig etwas Unzulängliches anhaftet (Natur 22).
an|hä|gern ⟨sw. V.; hat⟩ [zu obersächs. Heger = Sandhügel im Fluss] (veraltet): *(von Flüssen, Bächen usw.) Sand, Schlamm anlagern.*
An|hä|ge|rung, die; -, -en: *das Anhägern.*
an|hä|keln ⟨sw. V.; hat⟩: *etw. an etw. häkelnd anfügen:* einen Aufhänger an den Waschlappen a.
an|ha|ken ⟨sw. V.; hat⟩: **1.** *mit einem Haken an etw. befestigen:* er hakte die Feldflasche am Gürtel an. **2.** *in einer Liste durch einen Haken kennzeichnen:* Daten, Namen auf einer Liste a.
an|half|tern ⟨sw. V.; hat⟩: *einem Pferd das Halfter anlegen.*
¹An|halt, der; -[e]s, -e ⟨Pl. selten⟩: **1.** *Anhaltspunkt, Erklärung:* keinen A. für einen Verdacht haben; einen A. für, zu etw. suchen, finden; Bot diese Legende A. zur Erklärung des Bildes? (Ceram, Götter 83); Gibt es denn wirklich keinen A. für die Ursachen ... eines solchen Unfalls? (Gaiser, Jagd 131). ◆ **2.** *Halt* (2): Fast wären sie in ihrer Eile ohne A. durch Seldwyla gefahren (Keller, Kleider 53).
²An|halt: ehem. Land des Deutschen Reiches.
an|hal|ten ⟨st. V.; hat⟩: **1. a)** *zum Halten,*

zum Stillstand bringen, stoppen: das Fahrzeug, den Wagen a.; von einer Streife angehalten werden; den Schritt a. *(stehen bleiben);* Es verlangte eine ausgefeilte Atemtechnik, ... den Atem zwanzig Sekunden anzuhalten (Ott, Haie 231); die Luft a. *(zurückhalten);* wir gingen auf Zehenspitzen ... und starrten mit angehaltenem Atem durch die kristallen funkelnde Scheibe (Schnurre, Bart 163); drei Zustände kenne ich, bei denen ich gern die Zeit anhielte: Schreiben, Lesen und Nichtstun (Gregor-Dellin, Traumbuch 83); **b)** *stehen bleiben, zum Stillstand kommen, innehalten:* das Auto hielt vor dem Haus an. **2.** *[durch wiederholte Hinweise] zu etw. anleiten, erziehen:* ein Kind zur Sauberkeit a.; die Schülerinnen u. Schüler [dazu] a., selbstständig zu arbeiten. **3.** *andauern, fortdauern:* das schöne Wetter, seine gute Laune hält [immer noch, schon einige Tage] an; Zunächst hielt der Winter länger an als sonst (Welt 19. 8. 65, 9). **4.** (veraltet) *die Eltern eines Mädchens um die Erlaubnis bitten, ihre Tochter heiraten zu dürfen:* um die Hand der Tochter a. **5.** *an jmdm., etw. halten, anlegen:* ich hielt mir den Rock [zur Probe] an. **6.** ⟨a. + sich⟩ *sich [an etw.] festhalten, sich stützen:* du musst dich am Geländer, an deinem Freund a. ♦ **7. a)** (landsch.) *zu etw. drängen, zu einem Tun ermahnen:* je mehr man ihr anhielt, umso härter schien sie zu werden (Gotthelf, Spinne 49); **b)** *gefangen halten:* dass unser ... arretiert und eine ziemliche Zeit ... gefänglich angehalten worden (Goethe, Dichtung u. Wahrheit 15).

an|hal|tend ⟨Adj.⟩: *unaufhörlich, ununterbrochen, permanent, ausdauernd:* -er Regen; a. husten, lachen.

♦ **An|hal|te|punkt,** der: *Anhaltspunkt:* Diese sind denn auch mit die -e, an welche ich ... den stellenweis unterbrochenen Faden meiner Chronik wieder anknüpfe (Raabe, Chronik 19).

¹**An|hal|ter,** der; -s, -: *Tramper:* Beide Opfer waren als A. unterwegs gewesen (Spiegel 30, 1966, 30); * **per A. fahren/reisen** ⟨ugs.⟩: *trampen).*

²**An|hal|ter:** ↑Anhaltiner.

¹**An|hal|te|rin,** die; -, -nen: w. Form zu ↑¹Anhalter: in einem Waldstück vergewaltigte er eine 18-jährige A. und tötete die junge Frau (Focus 36, 1998, 38).

²**An|hal|te|rin:** ↑Anhaltinerin.

An|hal|te|weg, der; -[e]s, -e ⟨Pl. selten⟩ (Verkehrsw.): *Strecke, die ein Fahrzeug bei einem Bremsvorgang zurücklegt, bis es zum Stillstand kommt; Reaktionsweg u. Bremsweg.*

An|hal|ti|ner: ²Anhalter, der; -s, -: Ew.

An|hal|ti|ne|rin, ²Anhaltiner, die; -, -nen: w. Form zu ↑Anhaltiner.

an|hal|tisch ⟨Adj.⟩: ²*Anhalt betreffend.*

♦ **An|halt|sam|keit,** die; -: *Beharrlichkeit, Ausdauer:* er hatte alles nur durch unsäglichen Fleiß, A. und Wiederholung erworben (Goethe, Dichtung u. Wahrheit 1).

An|halts|punkt, der: *Stütze für eine Annahme; Hinweis:* einen A. geben, suchen, finden; es gab neue -e für ihre Schuld; Als das Protokoll fertig war, bot es so gut wie keinerlei -e hinsichtlich der Person des Täters (Kuby, Sieg 262).

an|hand: I. ⟨Präp. mit Gen.⟩ *mithilfe:* a. des Zeugnisses; a. der Indizien. Versuchen wir a. der Evidenz dieses Grabes den Bestattungsablauf zu rekonstruieren (Archäologie 2, 1997, 10). **II.** ⟨Adv.⟩ *mithilfe:* a. von Indizien, Gewebeproben.

An|hang, der; -[e]s, Anhänge: **1.** *nachträglicher schriftlicher Zusatz, Nachtrag:* der A. zu dem Vertrag; Den eigentlichen Text ergänzt in A. von ... siebzig Seiten (Reich-Ranicki, Th. Mann 116); die Anmerkungen befinden sich im A.; Abk.: Anh. **2.** ⟨o. Pl.⟩ **a)** *Anhängerschaft, Freundes-, Bekanntenkreis:* Der treue A. sollte endlich den ersten Heimsieg ... miterleben (Freie Presse 24. 11. 88, 5); Die Sozialdemokratie ... verlor zunehmend an A. (Niekisch, Leben 37); diese Bewegung hat keinen großen A.; mit etw. A. gewinnen (Freie Presse 24. 11. 88, 5); **b)** *Verwandtschaft; Angehörige:* Mann, Frau ohne A.; Er kommt aus einer alten Neu-England-Familie und hat keinen A. (Kemelman [Übers.], Dienstag 54).

An|hän|ge|adres|se, die: *kleines Schildchen mit Angabe von Namen u. Adresse zur Befestigung an Gepäckstücken.*

an|han|gen (geh. veraltend): ¹*anhängen* (2): je inbrünstiger wir ... der Welt und ihren Darbietungen anhangen (Th. Mann, Krull 38).

¹**an|hän|gen** ⟨st. V.; hat⟩ (geh.): **1.** *mit jmdm., einer Sache verknüpft sein; jmdm., einer Sache anhaften:* das Gefühl der Schuld wird ihm immer a.; Die Verstimmung vom Vorabend hing ihnen noch an (M. L. Fischer, Kein Vogel 84). **2.** *sich jmdm., einer Sache verschrieben haben, zugehörig fühlen:* einer Sekte, der neuen Mode a.; zwanzig Jahre hatte Mazzino Montinari der Weltrevolution angehangen (Fest, Im Gegenlicht 48); Alboin hing als Langobarde der arianischen Lehre an (Archäologie 2, 1997, 20); weil er dem Glauben anhing, Zwiebeln seien gut zur Beflügelung des Geistes (Lenz, Suleyken 123).

²**an|hän|gen** ⟨sw. V.; hat⟩: **1. a)** *etw. an etw. hängen:* ein Schildchen [an die Tür] a.; den Mantel [an einen Haken] a.; [den Hörer] a. (veraltet; *den Telefonhörer an den Haken des Apparates hängen);* **b)** *(ein Fahrzeug [mit einem anderen]) verbinden, ankuppeln:* den Schlafwagen [an den Zug] a.; den Wohnwagen a. **2.** ⟨a. + sich⟩ **a)** *sich an etw. festklammern, hängen:* Auf dem Weg zur Schule laufen sie manchmal einem Wagen nach und hängen sich an (Trenker, Helden 154); **b)** (ugs.) *sich jmdm. beim Laufen, Fahren usw. unmittelbar anschließen:* ich hängte mich an meinen Vordermann, an die Autoschlange an; Ü Er hatte sich an die Methode des Juristen angehängt (Hamburger Morgenpost 24. 5. 85, 24). **3. a)** *[dem Gesagten, Geschriebenen] hinzufügen, anschließen, anfügen:* ein Nachwort a.; an die Tagung noch 5 Tage Urlaub a. **4.** (ugs. abwertend) **a)** *jmdm. etw. [Übles] zuschreiben, aufbürden, in die Schuhe schieben:* jmdm. einen Betrug, einen Diebstahl a.; Weil ihr Kerl sie verprügelt und sitzen gelassen hätte, habe sie ihm was a. wollen (Prodöhl, Tod 94); Vorschläge, die offensichtlich dazu dienen sollten, Frankreich die Schurkenrolle anzuhängen (W. Brandt, Begegnungen 346); **b)** *jmdm. etw. [Unbrauchbares, Schlechtes] verkaufen, andrehen:* jmdm. eine ganze Lieferung schlechter Ware a.; Ü Ein Weib ..., das ihm die Syphilis angehängt hat (Kirst, 08/15, 204). **5.** *(von Speisen) sich beim Kochen am Topfboden festsetzen [u. anbrennen]:* dass nur nicht der Kohlrabi unten im Topf anhängt.

An|hän|ger, der; -s, -: **1.** *jmd., der entschieden, überzeugt für jmdn., eine bestimmte Sache, politische Richtung, Partei o. Ä. eintritt:* ein leidenschaftlicher, glühender, überzeugter A. des Liberalismus, seiner Partei sein; in A. des Rechtsstaates; seine Lehre hatte viele A.; Er war Nazi. Also A., möchte ich mal sagen (Weber, Tote 191); Er ... hatte viele A., nur wenig Feinde (Böll, Haus 21). **2.** *angehängter Wagen ohne eigene Antriebskraft.* **3.** *Schmuckstück, das an einer Kette getragen wird:* ein wertvoller A.; sie trug einen A. aus Rosenquarz. **4.** *Schildchen mit Namen, Adresse od. Nummer, das an einem Gepäckstück befestigt wird:* einen A. an Koffer befestigen. **5.** (landsch.) *Aufhänger an Kleidungs- u. Wäschestücken:* der A. des Handtuchs ist abgerissen; Majie saß in ihrem Zimmer und hing am abgerissenen A. an meinem Rock fest (Salomon, Boche 141).

An|hän|ge|rin, die; -, -nen: w. Form zu ↑Anhänger (1): Bis letzten Donnerstag war Iris Trimble aus Chicago noch eine überzeugte A. des Microsoft-Betriebssystems Windows (Wirtschaftswoche 15. 10. 98, 66).

An|hän|ger|lo|re, die; -, -n: *Lore einer Feldbahn, die mit anderen zusammengekoppelt werden kann.*

An|hän|ger|schaft, die; -: *Gesamtheit der Anhängerinnen u. Anhänger* (1): seine A. vergrößert sich; die gesamte A. [für eine Aktion] mobilisieren; Mit dreizehn Millionen Stimmen ... konnte die SPD ... auf eine respektable A. stützen (W. Brandt, Begegnungen 168).

An|hän|ger|zahl, die: *Zahl der Anhängerinnen u. Anhänger* (1).

An|hän|ge|schild, das: *Anhängeadresse.*

An|hän|ge|schloss, das: *Vorhängeschloss.*

An|hän|ge|vor|rich|tung, die (Kfz-T.): *Kupplung, die einen Anhänger mit einem Fahrzeug verbindet.*

an|hän|gig ⟨Adj.⟩: **a)** (Rechtsspr.) in den Wendungen **-es Verfahren** (schwebendes Verfahren); **a. sein** *(bei Gericht zur Entscheidung anstehen);* **etw. a. machen** *(vor Gericht bringen):* Die Untersuchungshaft würde aufgehoben, da sich die gegen ihn a. gemachte Beschuldigung als nicht beweisbar herausgestellt hatte (Loest, Pistole 116); ♦ **b) a. sein** *(dazugehören, im Zusammenhang [mit etw.] stehen):* ... dass ich schweigen kann; und besonders von Heiratssachen, oder was dem a. ist (Lessing, Der junge Gelehrte II, 3).

Anhängigkeit

An|hän|gig|keit, die; - (Rechtsspr.): *das Anhängigsein.*
an|häng|lich ⟨Adj.⟩: *an jmdm. sehr hängend, treu:* eine -e Art; der Hund ist sehr a.
An|häng|lich|keit, die; -: *anhängliche Haltung:* aus [alter] A.; Zahme Nachtraubvögel entwickeln eine große A. an ihre Besitzer (Hildesheimer, Legenden 98).
an|hang|los ⟨Adj.⟩: *ohne Anhang* (2 b): Hensel ist siebenundsiebzig Jahre alt, ... a. (Becker, Irreführung 91).
An|häng|sel, das; -s, -: **1.** *kleines Schmuck- od. Erinnerungsstück, das an einer Kette o. Ä. getragen werden kann:* seine geflochtene goldene Uhrkette mit ... vielen zierlichen -n, einem Revolverchen, einem Messerchen (Roth, Beichte 32). **2.** *als minderwertig, überflüssig betrachtete Begleiterscheinung von etw.:* in der Fabrik waren die Arbeiter nur A. der Maschinen; War der Patient nur eine Nummer hier, lästiges A. eines Krankenscheins? (Koeppen, Rußland 157); Seine Arme ... schienen nur noch ein überflüssiges A. seines Körpers zu sein (Ott, Haie 180).
an|hangs|wei|se ⟨Adv.⟩: *als Anhang* (1), *in Form eines Anhangs:* die Literaturangaben erscheinen a.
An|hauch, der; -[e]s (geh.): *[gegen jmdn., etw. gerichteter] Hauch:* mein A. lässt die Eisblumen langsam schmelzen; dass ... die blanke Scheibe durch den A. des Mundes beschlug (Jens, Mann 157); Pygmalion gleich, der sein Marmorgeschöpf durch schöpferisch-liebenden A. zum Leben bringt (K. Mann, Wendepunkt 121); Ü dann ergriff mich ... ein A. von ganz Fremdem wie Heimweh oder Liebe (Muschg, Gegenzauber 328).
an|hau|chen ⟨sw. V.; hat⟩: **1.** *jmdn. [im Gesicht], etw. mit seinem Atem berühren, gegen jmdn., etw. hauchen:* einen Spiegel, die Brille [zum Reinigen] a.; Ü ihre Wangen waren rosig angehaucht; grün, alternativ, marxistisch angehaucht sein *(eine leicht grün, alternativ, marxistisch ausgerichtete Haltung einnehmen);* Ohnehin gibt es im Land schon mehrere Klubs mit politisch -en Namen (Spiegel 22, 1985, 110); Auch wenn ... die Texte ... zu christlich a. sein mögen (Zivildienst 5, 1986, 2); **2.** (salopp) *jmdn. heftig anfahren, zurechtweisen, tadeln:* der Chef hat ihn ordentlich angehaucht.
an|hau|en ⟨unr. V.; hieb/(ugs.:) haute an, hat angehauen⟩: **1.** *mit einem Werkzeug zu schlagen, zu hauen beginnen:* er hieb mit der Axt den Baum an. **2.** (salopp) *jmdn. plump-vertraulich ansprechen, um von ihm etw. zu erbitten od. zu erreichen:* jmdn. um 50 Mark a.; Leute, die mich ... um ein Autogramm anhauen (Hörzu 37, 1981, 44); bei Partys wird er neuerdings von Kommilitonen angehauen, ob er nicht einen todsicheren Tipp parat hätte (Spiegel 32, 1997, 71). ◆ **3.** (landsch.) *anschneiden* (1 a), *anbrechen:* Lange wollte die Gotte nicht zulassen, dass ihretwegen die Züpfe (= Weißbrot in Zopfform) angehauen würden (Gotthelf, Spinne 9).
an|häu|feln ⟨sw. V.; hat⟩ (Landw., Gartenbau): *zum besseren Gedeihen bes. junger Pflanzen die Erde um sie herum lockern u. aufhäufen:* der Häufelpflug häufelt meistens zwei Pflanzenreihen auf je einer Seite an.
an|häu|fen ⟨sw. V.; hat⟩: **a)** *zusammentragen, sammeln u. aufbewahren, aufspeichern:* Vorräte, Reichtümer a.; ist Rom immer achtlos mit den Kunstschätzen umgegangen, die in ihm angehäuft waren (Fest, Im Gegenlicht 338); **b)** ⟨a. + sich⟩ *sich [an]sammeln, auflaufen:* die Arbeit häuft sich immer mehr an; Es zeigte sich ..., dass sich so manches ... an Ärgernissen anhäuft (Freie Presse 24. 6. 89, 3).
An|häu|fung, die; -, -en: **1.** *das Anhäufen, Sichanhäufen:* die andauernde A. von Kernwaffen (NNN 13. 11. 86,2). **2. a)** *etw., was angehäuft worden ist;* **b)** *etw., was sich anhäuft hat.*
an|he|ben ⟨st. V.; hat⟩: **1.** *ein wenig hochheben:* einen Schrank, die Gläser a.; es wäre klüger gewesen ... zu warten, bis die Flut (= das Schlauchboot) anhob (Gaiser, Jagd 199). **2.** *erhöhen:* Preise, Gebühren a.; Zur Kostendeckung ... wird das Grundkapital ... um 200 Millionen Schilling angehoben (auto touring 2, 1979, 26); die Löhne um 10 % a.; die Mehrwertsteuer von 14 % auf 15 % a.; Ließe sich durch die Beschäftigungsdichte in verschiedenen Dienstleistungsbereichen auf das Niveau »reifer Servicegesellschaften« wie den USA oder Dänemark a. (Wirtschaftswoche 4. 3. 99, 30); Kleinunternehmer und Handwerker würden unter der höheren Verbrauchssteuer leiden, weil sie ihre Endpreise nicht anheben können (Zeit 25. 2. 99, 34). **3.** ⟨Imperfekt veraltet: hub an⟩ (geh.) *[mit einer Tätigkeit o. Ä.] beginnen:* von neuem zu sprechen a.; der Gesang hob an; Glocken huben zu läuten an (Seidel, Sterne 64); statt eitel Freude hob in der Folge ein Proteststurm an (NZZ 11. 4. 85, 41).
An|he|bung, die; -, -en: *das Anheben* (1, 2).
an|hef|ten ⟨sw. V.; hat⟩: *mit großen Stichen, mit Nadeln, Heftklammern u. a. an etw. heften, [lose] an etw. befestigen:* den Saum a.; mit Reißnägeln ein Schild a.; einen Zettel an die/an der Tür a.; jmdm. einen Orden [an das Revers] a.; Diesem Mann wird eine Medaille angeheftet (Hacks, Stücke 217).
An|hef|tung, die; -, -en: *das Anheften.*
an|hei|len ⟨sw. V.; ist⟩: *in einem Heilungsprozess wieder anwachsen:* die Haut ist völlig angeheilt.
an|heim [bes. in der frühnhd. Kanzleispr. gebr. verdeutlichende Bildung für ↑heim]: in den Verbindungen **jmdm. a. fallen** (geh.; *als Eigentum zufallen*): die Güter der Flüchtlinge fielen dem Staat anheim; **einer Sache a. fallen** (geh.; *einer Sache zum Opfer fallen*): der Vergessenheit a. fallen; der Zerstörung, einem Betrug a. fallen; Weil ich einfach zu viel erlebt hat, um nicht einmal der romantischen Täuschung a. fallen zu können, dass ... (Schreiber, Krise 23); **jmdm., etw. jmdm., einer Sache a. geben** (geh.; *jmdn., etw. jmdm., einer Sache anvertrauen, übergeben*): das Kind wird der Obhut seiner Schwester a. gegeben; **sich einer Sache a. geben** (geh.; *sich einer Sache ganz hingeben, überlassen*): sich dem leichten Schaukeln des Bootes a. geben; es war nicht mitgegeben, gedankenlos sich einer Anziehung a. zu geben (Hesse, Narziß 39); **etw. jmdm. einer Sache a. stellen** (geh.; *jmdm., einer Sache die Entscheidung über etw. überlassen, etw. in jmds. Ermessen stellen*): ich stelle das Ihnen, Ihrem Ermessen a.; es bleibt dir a. gestellt, ob du kommen willst oder nicht; Endlich gab er alles auf und stellte alles Gott a. (Th. Mann, Buddenbrooks 450).
an|hei|meln ⟨sw. V.; hat⟩ [zu ↑Heim]: *jmdn. behaglich, vertraut anmuten:* das Zimmer heimelte ihn an.
an|hei|melnd ⟨Adj.⟩: *vertraut, behaglich wirkend, heimelig:* eine -e Atmosphäre; so spendet ein ... Kachelofen eine -e Wärme (Freie Presse 8. 7. 89, 3); die -en Altstadtstraßen der früheren Residenzstadt (Saarbr. Zeitung 11. 10. 79, II); Karg und öd war es, und doch a. (Strauß, Niemand 215).
an|heim ge|ben, an|heim stel|len: s. anheim.
an|hei|schig [unter Anlehnung an ↑heischen zu mhd. antheizec = verpflichtet, zu mhd., ahd. antheiʒ = Gelübde]: nur in der Wendung **sich a. machen** (geh.; *sich erbieten; sich verpflichten [zur Lösung eines schwierigen Sachverhalts]*): ich machte mich a., Beweise zu liefern; solche, die angenehm sind vor Gott, zu erkennen, mache ich mich jederzeit a. (Th. Mann, Krull 77).
an|hei|zen ⟨sw. V.; hat⟩: **1.** *(in einem Ofen o. Ä.) ein Feuer entfachen, zu heizen beginnen:* den Ofen a.; er konnte sie nur mit Mühe davon abhalten, den Herd anzuheizen und Essen aufzuwärmen (Becker, Tage 101). **2.** (ugs.) **a)** *steigern, größer, heftiger, stärker werden lassen; schüren:* die Stimmung, die Inflation a.; eine Diskussion über etw. a.; Ansprüche, die ... durch das ... Werbefernsehen immer neu angeheizt worden sind (Saarbr. Zeitung 24. 12. 79, IV); Das Warten heizt die Spannung im Saal ... an (Freizeitmagazin 26, 1978, 34); eine weitaus größten und bedeutendsten Open-Air-Festival ... präsentieren sich ... viele Spitzen-Bands unterschiedlichster Stilrichtungen: SIMPLE MINDS, SPLIFF ... werden drei Tage lang das Publikum a. (Oxmox 3, 1983, 9); Manchmal schrie sie dazu absolut ordinäre Worte und Sätze, um sich und ihren Partner bis zur Ekstase anzuheizen (Konsalik, Promenadendeck 226).
An|hei|zer, der; -s, - (ugs.): *jmd., der anheizt* (2 b): ... war Buddy Rich mit seinem Orchester A. für Frank Sinatras Carnegie-Hall-Konzerte (Stadt-Zeitung 12, 1984, 84).
An|hei|ze|rin, die; -, -nen: w. Form zu ↑Anheizer.
An|hei|zung, die; -: *das Anheizen* (2), *Angeheiztwerden.*
An|he|li|o|se, die; -, -n [zu griech. anhḗlios = ohne Sonne, aus: an- = nicht, un-

u. hḗlios = Sonne] (Med.): *Gesundheitsod. Leistungsstörung (z. B. bei Bergleuten), die auf Mangel an Sonnenlicht zurückgeführt wird.*

◆ **an|her** ⟨Adv.⟩: *hierher:* Mit nicht geringer Erwartung segelte er a. (Keller, Das Sinngedicht 60).

an|herr|schen ⟨sw. V.; hat⟩: *in herrischem, heftigem Ton zurechtweisen:* jmdn. grob, barsch, wütend a.; wenn er sie wegen eines Spielfehlers anherrschte, so kochte alles in ihr (Musil, Mann 440); Er herrschte mich an, ob ich denn nicht begriffe ... (Niekisch, Leben 342).

an|het|zen ⟨sw. V.; ist⟩ (ugs.): *in großer Hast, erschöpft, atemlos herankommen:* da vorne hetzt er an; ⟨meist im 2. Part. in Verbindung mit »kommen«⟩: jeden Morgen kommt er als Letzter angehetzt.

an|heu|ern ⟨sw. V.; hat⟩ **1.** (Seemannsspr.) **a)** *auf einem Schiff in Dienst stellen, zum Dienst auf einem Schiff anwerben:* Matrosen, einen Schiffskoch a.; **b)** *auf einem Schiff in Dienst treten:* er heuerte auf der »Bremen« an. **2.** (ugs.) **a)** *anwerben:* Für eine deftige Liebesszene ... heuerte Regisseur Olden ein britisches Starlet an (Spiegel 6, 1966, 92); war Kühn als Lockspitzel von der Polizei angeheuert worden? (Kühn, Zeit 74); Folge der Krise ist, dass die meisten Fincas heute weniger Saisonarbeiter anheuern (NZZ 26. 8. 83, 5); **b)** *in Dienst treten:* ... habe ich einen ... Masseur aufgetan, der gern bei uns a. würde (Danella, Hotel 330).

An|heue|rung, die; -, -en: *das Anheuern.*

an|heu|len ⟨sw. V.; hat⟩: **1.** *sich mit Geheul gegen jmdn., etw. wenden:* der Hund heult den Mond an. **2.** *mit einem (infolge der hohen Geschwindigkeit) heulenden Ton herankommen:* ein schweres Motorrad heulte an; ⟨meist im 2. Part. in Verbindung mit »kommen«⟩: der Rennwagen kam angeheult.

an|he|xen ⟨sw. V.; hat⟩: **1.** *durch angebliche Hexerei anhängen:* man sagt von ihr, sie hexe den Leuten Krankheiten an; Sie hat sich den Tod selber angehext (Danella, Hotel 193). **2.** (Schneiderei) *mit Hexenstich ein Stoffteil an einem anderen befestigen.*

An|hi|dro|se, die; -, -n [zu griech. an- = nicht, un- u. hidrōs = Schweiß] (Med.): *fehlende od. verminderte Schweißabsonderung.*

An|hieb: nur in der Wendung **auf [den ersten] A.** *(beim ersten Versuch, sofort, gleich zu Beginn):* auf [den ersten] A. etw. bewirken, erreichen können; alles klappte auf A.; etw. auf A. schaffen; Mit Pauline verstand er sich auf A. (Danella, Hotel 245); Riepp enttäuscht nicht. Er liefert auf A. ein Meisterwerk (NZZ 30. 8. 86, 38); Er wurde auf A. Zweiter (Lenz, Brot 168).

An|him|mel|ei, die; -, -en (ugs. abwertend): *beständiges Anhimmeln.*

an|him|meln ⟨sw. V.; hat⟩ (ugs.): **a)** *schwärmerisch ansehen:* sie himmelte ihn den ganzen Abend an; **b)** *schwärmerisch verehren:* Von Millionen jungen und alten Menschen wurde sie bewundert, angehimmelt, verehrt (Ziegler, Labyrinth 254).

An|him|me|lung, (seltener:) **An|himm|lung,** die; -, -en: *das Anhimmeln, Angehimmeltwerden.*

an|hin ⟨Adv.⟩ (schweiz.): *am nächsten, kommenden ...:* am 1. Oktober a.; * **bis a.** *(bis jetzt, bisher):* Der bis a. unbescholtene Geschäftsmann ... (NZZ 21. 12. 86, 7); Bis a. sind ... jene 36 Unternehmen einer staatlichen Kontrolle unterworfen (NZZ 11. 4. 85, 17).

an|ho|cken ⟨sw. V.; hat; südd., österr., schweiz. auch: ist⟩: **a)** (Turnen) *die Beine so an den Körper ziehen, dass die Hockstellung erreicht wird:* aus dem Liegestütz vorlings a. [in den Hockstand]; **b)** (Ski) *leichte Hockstellung einnehmen:* so wird auch diese Vertiefung dank der angehockten Vorlage des Körpers überwunden (Gast, Bretter 38); ⟨subst.:⟩ Einleitung eines Schwunges durch Anhocken (MM 21. 12. 71, 11).

An|hö|he, die; -, -n: *mäßig hohe Erhebung im Gelände:* felsige -n; eine kleine A.; Nach einer halben Stunde Fußmarsch standen wir am Fuße einer A. (Leonhard, Revolution 153); auf einer A. stehen.

an|hol|len ⟨sw. V.; hat⟩ (Seemannsspr.): *anbrassen.*

an|hö|ren ⟨sw. V.; hat⟩: **1. a)** *bereitwillig, aufmerksam zuhören, was jmd. als Anliegen o. Ä. vorträgt, jmdm. Gehör schenken:* jmds. Beschwerden, Klagen a.; ich hörte mir die Pläne meines Freundes geduldig an; »So hören Sie mich doch zu Ende an«, sagte ich leise (Seghers, Transit 70); **b)** *[etw.] aufmerksam, bewusst bis zu Ende hören:* ein Konzert, eine Debatte a.; ... waren sie ... nach Berlin gefahren, um sich eine Rede ihres oberston Befehlshabers anzuhören (Ott, Haie 214); heute Abend höre ich mir [im Radio] ein Hörspiel an; Schallplatten a. So musste sich ... Yumiko Takahara ... a. *(sagen lassen),* sie sei erstens zu alt und zweitens überqualifiziert (Basler Zeitung 2. 10. 85, 5). **2.** *etw. unbeabsichtigt, unfreiwillig hören, mithören:* ein Gespräch am Nachbartisch [mit] a.; ich kann das nicht mehr mit a. *(es regt mich auf, wird mir lästig o. Ä.).* **3.** *jmdm. an der Stimme, an den Äußerungen oder deren Art etw. anmerken:* man hörte ihr die Verzweiflung an. **4.** ⟨a. + sich⟩ *durch einen typischen Klang, ein typisches Geräusch einen bestimmten Eindruck vermitteln:* das hört sich aber hässlich, nach Zank an; es hörte sich an, als ob sie stritten; auf dem Kopfsteinpflaster hörte sich ein gefederter ... Wagen ganz anders an als die Bauerngefährte (Dönhoff, Ostpreußen 157).

An|hör|ter|min, der: *Zeitpunkt, der für eine Anhörung, ein Hearing festgesetzt wird:* einen A. festlegen; morgen ist A. in Sachen Hochschulordnung.

An|hö|rung, die; -, -en: **1.** *[öffentliche] Befragung von Fachleuten, Sachverständigen, Zeugen zu einem bestimmten Thema, Fall o. Ä. durch einen Untersuchungsausschuss, das Parlament o. Ä.; Hearing:* Gibt es ... Bedenken, so kann der Bewerber einer »Anhörung« unterzogen werden (Zeit 6. 6. 75, 16); A. zum Landesentwicklungsplan (MM 28. 4. 70, 4). **2.** *das Anhören, Befragen:* das Verfahren wurde ohne A. von Zeugen eingestellt (Schwaiger, Wie kommt 91); er sei nach A. verschiedener Augenzeugen überzeugt, dass ... (Welt 16. 8. 76, 1).

An|hö|rungs|ver|fah|ren, An|hör|ver|fah|ren, das: *Verfahren einer Anhörung, eines Hearings:* ein A. vorbereiten, einleiten.

an|ho|sen, sich ⟨sw. V.; hat⟩ [zu ↑Hose] (landsch.): *sich [ungewöhnlich] anziehen:* der hat sich aber seltsam angehost.

an|hu|pen ⟨sw. V.; hat⟩: *jmdm. mit der Hupe ein Signal geben:* einen unvorsichtigen Fußgänger a.; Überholt man ... mit etwas mehr als 100 km/h, wird man gleich angehupt (Gute Fahrt 3, 1974, 12).

an|hus|ten ⟨sw. V.; hat⟩: **1.** *jmdm. ins Gesicht husten:* huste mich bitte nicht an! **2.** (salopp) *jmdn. heftig anfahren, zurechtweisen, tadeln:* bei plustert sich auf wie ein Kapaun; aber hust ihn mal an, und er fällt um (Fr. Wolf, Zwei 13).

An|hy|drid, das; -s, -e [zu griech. ánhydros = wasserlos] (Chemie): *Verbindung, die durch Wasserentzug entstanden ist.*

An|hy|drit [auch: ...'drɪt], der; -s, -e: *wasserfreier Gips.*

Änig|ma, das; -s, -ta u. ...men [lat. aenigma < griech. aínigma] (bildungsspr. selten): *Rätsel.*

änig|ma|tisch ⟨Adj.⟩ (bildungsspr. selten): *rätselhaft.*

änig|ma|ti|sie|ren ⟨sw. V.; hat⟩ (bildungsspr. selten): *in Rätseln sprechen.*

anil ⟨Adj.⟩ [lat. anilis, zu: anus = Greisin] (veraltet): *vergreist; in der Art einer alten Frau.*

Ani|lin, das; -s [zu port. anil = Indigopflanze < arab. an-nīl; Anilin wurde erstmals aus Indigo gewonnen] (Chemie): *farblose, ölige Flüssigkeit als Ausgangsstoff für zahlreiche Arzneimittel, Farb- u. Kunststoffe.*

Ani|lin|druck, der ⟨o. Pl.⟩ (Druckw. veraltet): *Flexodruck.*

Ani|lin|far|be, die ⟨meist Pl.⟩ (veraltet): *Teerfarbe.*

Ani|lin|gus, der; - [zu lat. anus = After u. lingere = lecken] (Sexualk.): *das Lecken am After des Geschlechtspartners als Form sexueller Betätigung.*

Ani|lin|le|der, das: *bereits während des Gerbens mit Teerfarbe gefärbtes Leder.*

Ani|lin|rot, das: vgl. Anilinfarbe.

Ani|ma, die; -, -s [lat. anima, eigtl. = Lufthauch, Atem]: **1.** (Philos.) *Seele.* **2.** ⟨o. Pl.⟩ (Psych.) *Seelenbild der Frau im Unbewussten des Mannes* (nach C. G. Jung). **3.** *der aus unedlem Metall bestehende Kern einer mit Edelmetall überzogenen Münze.*

ani|ma|lisch ⟨Adj.⟩ [zu lat. animal = Tier, Lebewesen]: **a)** *vom Tier stammend, tierisch:* -er Dünger; **b)** *tierhaft, urwüchsig-kreatürlich:* -e Wärme ausstrahlen; den -en Charme kleiner Tiere, nicht mal die Kinder besitzen ihn hier (Pohrt, Endstation 132); **c)** *triebhaft:* das bereitet ihm ein geradezu -es Vergnügen; -er Hass.

animalisieren

ani|ma|li|sie|ren ⟨sw. V.; hat⟩ (Textilind.): *Zellulosefasern durch dünne Überzüge von Eiweißstoffen, Kunstharzen u. Ä. wollähnlich machen.*
Ani|ma|lis|mus, der; -: *religiöse Verehrung von Tieren.*
Ani|ma|li|tät, die; - [spätlat. animalitas]: *animalisches* (a, b) *Wesen.*
Ani|ma|teur [...'tøːɐ̯], der; -s, -e [frz. animateur = Unterhalter; Initiator, zu: animer, ↑animieren]: *jmd., der von einem Reiseunternehmen o. Ä. zu dem Zweck angestellt ist, den Gästen durch Veranstaltung von Spielen, Sport o. Ä. Möglichkeiten für die Gestaltung ihres Urlaubs anzubieten:* -e stehen hoch im Ansehen. Urlauber von heute wollen »motiviert« und »aktiviert« werden (MM 13. 11. 80, 35); Urlaubsdörfer, in denen bei Sport und Spiel -e den Ton angeben (Spiegel 29, 1985, 5).
Ani|ma|teu|rin [...'tøːrɪn], die; -, -nen: w. Form zu ↑Animateur.
Ani|ma|ti|on, die; -, -en [lat. animatio = das Beleben]: **1.** *organisierte Sport- und Freizeitaktivitäten für Urlauber bes. in Ferienklubs:* aus dem fröhlichen Spiel entstand der gedrillte Urlaubsspaß organisierter A. (Spiegel 29, 1985, 50); Ein neues Wort im Tourismus: A. (FAZ 4. 3. 76). **2.** (Film) *Verfahren, das unbelebten Objekten im Trickfilm Bewegung verleiht.* **3.** kurz für ↑Computeranimation: Besonders Kinder- und Sachbuchverlage profitieren von der neuen Technik, weil sie durch die multimediale Verbindung von Schrift, Ton, A. und Video ihre Inhalte weit didaktischer, spielerischer und kreativer als bisher vermitteln können (MM 8./9. 4. 95, 52)
Ani|ma|ti|ons|film, der: *Trick-, Zeichentrickfilm.*
ani|ma|to ⟨Adv.⟩ [ital. animato < lat. animatus = beseelt] (Musik): *lebhaft, belebt, beseelt.*
Ani|ma|tor, der; -s, ...oren [lat. animator = Beleber] (Film): *Trickzeichner:* Bosustow, ein gebürtiger Kanadier, hatte sieben Jahre als A. in Disneys Betrieb gearbeitet (Gregor, Film 223).
Ani|mier|da|me, die: *möglichst verführerisch zurechtgemachte Frau, die in [Nacht]lokalen die Gäste, bes. Männer, zum Trinken von Alkohol animiert:* Sie war A. in einem Nachtlokal (M. L. Fischer, Kein Vogel 206).
ani|mie|ren ⟨sw. V.; hat⟩ [frz. animer < lat. animare = beseelen]: **1.** *anregen; ermuntern; in Stimmung versetzen; bei jmdm. Lust zu etw. wecken:* jmdn. zum Trinken, zu einem neuen Vorhaben a.; Der Porsche ... animiert vom ganzen Charakter her eher zum Reisen denn zum Rasen (ADAC-Motorwelt 2, 1986, 27); lustige, animierende Musik zum Tanzen und Mitsingen (Freizeitmagazin 26, 1978, 37); Es waren festlich animierte *(angeregte)* Tage (K. Mann, Wendepunkt 192); **2.** (Film) *aus einer Folge einzelner, den Bewegungsablauf wiedergebender Bilder einen Film drehen:* James Broughton ... fasste dasselbe Motiv ... in die Form ... eines animierten Familienalbums (Gregor, Film 295).

Ani|mier|knei|pe, die (ugs.): *Animierlokal.*
Ani|mier|lo|kal, das: *[Nacht]lokal mit Animierdamen.*
Ani|mier|mäd|chen, das: *Animierdame.*
Ani|mie|rung, die; -, -en: *das Animieren.*
Ani|mis|mus, der; -, ...men [zu lat. anima = Seele]: **1.** (Völkerk.) *Glaube, dass die Dinge der Natur beseelt od. Wohnsitz von Geistern sind:* primitiver A.; Die einen sind ... Muselmanen, die anderen wurden zu diversen christlichen Konfessionen bekehrt, soweit sie nicht im A. verharren (Scholl-Latour, Frankreich 500). **2.** (Parapsych.) *Theorie innerhalb des Okkultismus, die parapsychologische Erscheinungen auf die Einwirkung lebender Personen zurückführt.* **3.** *Lehre von der unsterblichen Seele als oberstem Prinzip des Organismus.*
Ani|mist, der; -en, -en: *Anhänger des Animismus* (3).
Ani|mis|tin, die; -, -nen: w. Form zu ↑Animist.
ani|mis|tisch ⟨Adj.⟩: *die Lehre des Animismus* (3) *vertretend; sie betreffend.*
Ani|mo, das; -s [ital. animo < lat. animus, ↑Animus] (österr.): **a)** *Schwung, Lust:* Alle 31 Solisten sind ... mit A. bei der Sache (Express 14. 10. 68, 5); **b)** *Vorliebe:* er hat ein A. für gutes Essen.
ani|mos [lat. animōsus; eigtl. = hitzig, leidenschaftlich]: **1.** (geh.) *feindselig.* **2.** (veraltet) *aufgeregt, gereizt, aufgebracht, erbittert:* Verschiedene Herren ... zeigten sich a. gegen Zeitgenossen (Meckel, Suchbild 83).
Ani|mo|si|tät, die; -, -en [lat. animositas] (geh.): **a)** *feindselige Einstellung:* eine A. gegen jmdn., etw. haben; die grimmige A. zwischen den beiden Glaubensrichtungen (Bund 9. 8. 80, 1); Wetterlagen, die in Betrieben und Büros schon lange schwebenden -en zum plötzlichen Aufbrechen bringen (Oltner Tagblatt 26. 7. 84, 5); **b)** *feindselige Äußerung:* in der Zeitung standen ein paar -en gegen den Kandidaten.
Ani|mus, der [lat. animus = Seele; Gefühl, Gemüt]: **1.** (Psych.) *Seelenbild des Mannes im Unbewussten der Frau* (nach C. G. Jung). **2.** (ugs. scherzh.) *Ahnung [die einer Aussage od. Entscheidung zugrunde gelegen hat u. die durch die Tatsachen bestätigt u. als eine Art innerer Eingebung angesehen wird]:* mein A. hat mich den rechten Weg geführt; ich habe da so einen A.
An|ion ['anjoːn], das; -s, Anionen [zu griech. aná = hinauf u. ↑Ion] (Physik, Chemie): *negativ geladenes elektrisches Teilchen, das bei der Elektrolyse zur Anode wandert.*
an|io|nisch ⟨Adj.⟩ (Physik, Chemie): *das Anion betreffend.*
Anis [a'niːs, auch, österr. u. schweiz. nur: 'aːnɪs], der; -es, -e [mhd. anīs < lat. anisum < griech. ánēs(s)on, áněthon = Dill]: **1. a)** *(zu den Doldengewächsen gehörende) Pflanze mit kleinen weißen Doldenblüten, die als Gewürz- u. Heilpflanze verwendet wird;* **b)** *als Gewürz verwendete dem Kümmel ähnliche getrocknete Früchte des Anis* (1 a). **2.** *auf

der Grundlage von Anis* (1 b) *hergestellter Branntwein.*
Anis|bo|gen, der ⟨meist Pl.⟩ (österr.): *feines, mit Anis bestreutes Gebäck in gebogener Form.*
Anis|brot, das: *mit Anis gewürztes Brot.*
Anis|bröt|chen, das (schweiz.): *Anisplätzchen.*
Ani|set|te [ani'zɛt], der; -s, -s [frz. anisette]: *Anislikör.*
Anis|ge|schmack, der: *aromatischer, von Anis* (1 b) *stammender Geschmack.*
Anis|li|kör, der: *süßer, auf der Grundlage von Anis* (1 b) *hergestellter dickflüssiger Likör.*
Anis|öl, das: *aus den Früchten des Anis gewonnenes Öl zur Herstellung von Medikamenten u. Gewürze.*
An|iso|mor|phie, die; - [aus griech. an- = nicht, un- u. ↑Isomorphie] (Bot.): *unterschiedliche Ausbildung gewisser Pflanzenorgane je nach ihrer Lage zum Boden hin od. zur Sprossachse.*
An|iso|mor|phis|mus, der; -, ...men [aus griech. an- = nicht, un- u. ↑Isomorphismus] (Sprachw.): *nicht volle Entsprechung zwischen Wörtern verschiedener Sprachen.*
An|iso|phyl|lie, die; - [zu griech. an- = nicht, un-, ísos = gleich u. phýllon = Blatt] (Bot.): *(bei Pflanzen) Vorkommen unterschiedlicher Laubblattformen in derselben Sprosszone.*
an|iso|trop ⟨Adj.⟩: *die Anisotropie betreffend; Anisotropie aufweisend.*
An|iso|tro|pie, die; - [aus griech. an- = nicht, un- u. ↑Isotropie]: **1.** (Bot.) *Fähigkeit von Pflanzenteilen, unter gleichen Bedingungen verschiedene Wachstumsrichtungen anzunehmen.* **2.** (Physik) *Eigenart von Kristallen, nach verschiedenen Richtungen verschiedene physikalische Eigenschaften zu zeigen.*
An|iso|zy|to|se, die; -, -n [zu griech. ánisos = ungleich u. kýtos = Höhlung, Wölbung; vgl. Zytoblast] (Med.): *(bei bestimmten Blutkrankheiten) Auftreten von unterschiedlich großen roten Blutkörperchen im Blut.*
Anis|plätz|chen, das ⟨meist Pl.⟩: *mit Anis* (1 b) *gewürztes Plätzchen.*
Anis|schar|te, die; -, -n ⟨meist Pl.⟩ (österr.): *Anisbogen.*
Anis|schnaps, der: *auf der Grundlage von Anis* (1 b) *hergestellter Schnaps.*
an|ja|gen ⟨sw. V.; ist⟩ (ugs.): *in großer Hast herankommen* ⟨meist im 2. Part. in Verbindung mit »kommen«⟩: sie kamen auf ihren Motorrädern angejagt.
♦ **an|jetzt** ⟨Adv.⟩ [verstärkende Bildung]: *jetzt:* Da fanden sich auch ... seine Verwandten a. (Goethe, Reineke Fuchs 12, 215 f.); Vergiss a., was du gelitten (Novalis, Heinrich 47).
an|kämp|fen ⟨sw. V.; hat⟩: *gegen jmdn., etw. kämpfen, vorgehen, Widerstand leisten:* Menschen ..., die gegen das Hitlerregime ankämpften (Fallada, Jeder 5); ein Volk ..., das ... gegen fremde Unterdrücker ankämpft (Augstein, Spiegelungen 78); gegen den Sturm, gegen die Wellen a.; Ü gegen den Schlaf, die Inflation a.; ... bedurfte sie keines übermäßigen Aufgebotes ihrer seelischen Energien,

um gegen die Melancholie dieses Sommers anzukämpfen (A. Kolb, Schaukel 108).

An|ka|ra: Hauptstadt der Türkei.

an|kar|ren ⟨sw. V.; hat⟩ (ugs.): *eine größere Ladung von etw. anfahren:* Kartoffeln, Kohlen a.; Dort sei von Lastwagen eine große Anzahl von Fässern mit ... Säureteer angekarrt ... worden (MM 6. 10. 72, 6).

an|kar|ri|o|len ⟨sw. V.; ist⟩ (ugs.): *mit einem Fahrzeug herankommen:* Schlächterwagen karriolen an in schlankem Galopp (Döblin, Alexanderplatz 146); ⟨meist im 2. Part. in Verbindung mit »kommen«:⟩ alle schauen, wie sie ankarriolt kommen.

An|ka|the|te, die; -, -n: *einem Winkel als dessen Schenkel anliegende Kathete im rechtwinkligen Dreieck.*

An|kauf, der; -[e]s, Ankäufe: *Kauf, Erwerb:* der A. des Geländes, von Wertpapieren, Altgold, Grundstücken; Ankäufe machen, tätigen; das einzige Abenteuer ... war der aus dem Vermögen der Frau getätigte A. eines kleinen Gutes (Plievier, Stalingrad 91).

an|kau|fen ⟨sw. V.; hat⟩: **1.** *durch Kauf erwerben:* Aktien, Getreide a.; die Galerie hat ein Gemälde von einem niederländischen Meister angekauft; Ein Mann, der ... Hitler-Reliquien ... aus dem Dritten Reich an- und verkaufte (Spiegel 20, 1983, 115); der Sender hat die Unterhaltungsserie angekauft. **2.** ⟨a. + sich⟩ *ein Grundstück, ein Haus, eine Wohnung kaufen, um dort zu leben:* Geyer habe sich in einem kleinen Ort an der ... Küste angekauft (Feuchtwanger, Erfolg 791); In Storkow hatten Kapitäns sich für ihr Alter angekauft (Klepper, Kahn 127).

An|käu|fer, der; -s, -: *jmd., der etw. ankauft, Käufer.*

An|käu|fe|rin, die: w. Form zu ↑ Ankäufer.

An|kaufs|etat, der: *für eine bestimmte Frist festgesetzter Geldbetrag, der für Ankäufe ausgegeben werden kann:* der A. des Landesmuseums.

An|kaufs|recht, das (Rechtsspr.): *Recht in Bezug auf einen Kauf, das dem Berechtigten die Entscheidungsbefugnis darüber einräumt, ob der Kauf zustande kommt.*

¹An|ke, die; -, -n [mhd. anko, ahd. ancha, ↑ ¹Enkel]: **1.** (Metallbearb.) *Presse zum Heraustreiben halbkugeliger Erhebungen aus Blechen; Vertiefstempel.* **2.** (landsch.) *Nacken, Genick.*

²An|ke, der; -n, -n [H. u.]: *Seeforelle.*

an|keh|rig ⟨Adj.⟩ [zu landsch. ankehren = zur Hand nehmen] (schweiz.): *anstellig, geschickt.*

an|kei|fen ⟨sw. V.; hat⟩: *mit keifender Stimme zurechtweisen:* Kinder schreien, Ehepaare keifen sich an (Chotjewitz, Friede 181).

an|ken ⟨sw. V.; hat⟩ (schweiz. mundartl.): *buttern.*

An|ken, der; -s [mhd. anke, ahd. anko, wohl verw. mit lat. ung(u)ere = salben, (mit Fett) bestreichen] (schweiz. mundartl.): *Butter.*

¹An|ker, der; -s, - [(m)niederl. anker < mlat. anc(h)eria = kleine Tonne, H. u.]: *früheres Flüssigkeitsmaß von etwa 34 bis 39 Litern.*

²An|ker, der; -s, - [mhd., spätahd. anker < lat. ancora < griech. ágkyra, eigtl. = Gebogenes, Gekrümmtes, verw. mit ↑ Angel]: **1.** *schweres eisernes, an einer Kette od. einem Tau befestigtes, meist zweiarmiges hakenartiges Gerät, das vom Schiff auf den Grund eines Gewässers hinabgelassen wird, wo es sich festhakt u. dadurch das Schiff an seinem Platz festhält:* den A. auswerfen, einholen; den A. hieven, lichten; einen Sturm vor A. abwettern (Seemannsspr.; *vor Anker liegend abwarten, überstehen*); klar bei A.! (Seemannsspr.; *zum Lichten des Ankers bereit!*); Ü Die Staffelteilnahme ist für viele der rettende A. im Hinblick auf Olympia (Tagesspiegel 13. 6. 84, 16); * *sich vor A. legen* (den Anker auswerfen); *vor A. liegen/treiben* (mit dem Anker am Grund festgemacht sein); *A. werfen/vor A. gehen* (1. *den Anker auswerfen:* der Schleppzug ging für die Nacht vor Anker [ankerte; Klepper, Kahn 50]. 2. ugs.; *an einer Stelle, bei jmdm. Rast machen, sich niederlassen:* Hier warf ich A., hier war es für eine Stunde auszuhalten [Hesse, Steppenwolf 47]). **2.** (Uhrmacherei) *ankerförmiges bewegliches Teil der mechanischen Steuerung der Uhr.* **3.** (Bauw.) *Eisenhaken zur Befestigung von Mauerwerk, Balken o. Ä.:* die Anker mussten eingezogen und A. befestigt werden (Freie Presse 17. 11. 88, 1). **4.** (Elektrot.) *bewegliches Teil eines elektromagnetischen Geräts, der von einem Magneten angezogen wird.*

An|ker|bo|je, die: *Boje, die auf der Wasseroberfläche die Lage des ²Ankers (1) anzeigt.*

An|ker|ge|bühr, die (Seew.): *Gebühr für das Ankern in einem Hafen, Hafengeld.*

An|ker|ge|schirr, das (Seew.): *Gesamtheit der zum Ankern nötigen Geräte.*

An|ker|grund, der (Seew.): *Bodenbeschaffenheit in Bezug auf die Möglichkeiten, ein Schiff zu verankern.*

An|ker|hem|mung, die (Uhrmacherei): *mithilfe eines ²Ankers (2) funktionierende Hemmvorrichtung an Uhren.*

An|ker|ket|te, die (Seew.): *schwere, bes. bruchfeste Kette als Verbindung zwischen Schiff u. ²Anker (1).*

An|ker|klü|se, die (Seew.): *Öffnung in der Bordwand zur Führung der Ankerkette.*

An|ker|kreuz, das (Kunstwiss.): *Kreuz mit ankerförmig auslaufenden Balken.*

An|ker|mast, der (Luftf.): *[stählerner] Gittermast auf Flughäfen zur Befestigung von Luftschiffen.*

an|kern ⟨sw. V.; hat⟩: **a)** *den ²Anker (1) auswerfen, vor Anker gehen:* das Schiff muss im nächsten Hafen a.; **b)** *vor ²Anker (1) liegen:* das Schiff ankert hier schon einen Monat; Die Stadt liegt an einem Fluss ... auf dem zahlreiche Segelschiffe ankern (Kempowski, Zeit 7); wir ankern in der Bucht stundenlang (Frisch, Gantenbein 438).

An|ker|platz, der (Seew.): *Stelle zum Ankern.*

An|ker|spill, das (Seew.): *Ankerwinde.*

An|ker|tau, das (Seew.): *Tau, das einen leichteren ²Anker (1) mit dem Schiff verbindet.*

An|ker|uhr, die (Uhrmacherei): *Uhr mit Ankerhemmung.*

An|ker|wi|cke|lei, die; -, -en: *Werkstatt, in der Elektromotoren repariert werden.*

An|ker|wick|lung, die (Elektrot.): *Umwicklung eines ²Ankers (4) mit Leitungsdraht.*

An|ker|win|de, die (Seew.): *Vorrichtung zum Hochziehen des ²Ankers (1).*

an|ket|teln ⟨sw. V.; hat⟩ (Textilw.): *ein Maschengewebe maschengerecht mit einem anderen verbinden.*

an|ket|ten ⟨sw. V.; hat⟩: *mit einer Kette an etw. festmachen, an die Kette legen:* das Fahrrad an einen, an einem Zaun a.; du musst den Hund unbedingt a.; die Gefangenen waren alle angekettet; Sieben Jugendliche ketten sich vor dem ... Eisenwerk an, um gegen den ... Ausbildungsplatzabbau zu protestieren (elan 1, 1980, 13); Ü durch unseren Besuch sind wir zurzeit ziemlich angekettet (ugs.; *zeitlich beansprucht, gebunden*).

an|keu|chen ⟨sw. V.; ist⟩ (ugs.): *in großer Hast, keuchend herankommen:* stöhnend keuchte er mit zwei großen Koffern an; ⟨meist im 2. Part. in Verbindung mit »kommen«:⟩ sie kamen in letzter Sekunde angekeucht.

an|kie|ken ⟨sw. V.; hat⟩ (nordd.): *ansehen:* du kannst dir das Boot ja mal a.; Wir haben neulich erst seine Klassenhefte angekiekt (Kirsch, Pantherfrau 102).

an|kip|pen ⟨sw. V.; hat⟩: *ein wenig kippen (2):* den Schrank [etwas] a.; sind die Fenster so gebaut, dass man sie nur a., also den Kopf nicht hinausstecken kann (Plenzdorf, Legende 191).

an|kit|ten ⟨sw. V.; hat⟩: *mit Kitt an etw. befestigen:* den Henkel wieder an die Kanne a.

an|kläf|fen ⟨sw. V.; hat⟩ (ugs.): *wütend, laut anbellen:* der Köter kläffte mich die ganze Zeit an; Ü Kluttig kläffte ihn an (fuhr ihn an): »Und wer hat ...« (Apitz, Wölfe 260).

An|kla|ge, die; -, -n: **1.** ⟨o. Pl.⟩ **a)** *Klage, Beschuldigung vor Gericht:* die A. lautet auf Totschlag; eine A. wegen Betrugs; die A. stützt sich auf Indizien; A. gegen jmdn. erheben; eine A. einreichen, zurückziehen; jmdn., etw. vor A. bringen (Papierdt.; *anklagen*); unter A. stehen; **b)** *Anklagevertretung:* Das Gericht versammelt sich ... zu den Plädoyers der A. und der Verteidigung (Frisch, Gantenbein 430). **2.** *Klage, Vorwurf, Beschuldigung:* massive, flammende -n gegen jmdn. vorbringen; soziale -n; Was in der Novelle ... schon anklingt, die A. des Sohnes gegen den Vater (Jens, Mann 117); Beleidigungen waren ihre Blicke, versteckte -n, bösartige Vorwürfe (Jaeger, Freudenhaus 310).

An|kla|ge|bank, die ⟨Pl. [selten] ...bänke⟩: *Bank im Gericht, die für den Angeklagten bestimmt ist:* sie brach auf der A. zusammen; Wie sie später A. saß und kein einziges Mal zur Seite sah (Baum, Paris 37); die beiden Beamten sitzen neben mir auf der A. (Sobota, Minus-Mann 61); dass in Nürnberg nicht auch die Leute auf der A. saßen *(angeklagt waren),* die viele als die Handlanger des Verbrechers Hitler erkannt hatten (Dönhoff, Ära 118); Ü Nicht ... Wissenschaft oder Automation sind auf die A. zu setzen (Welt 11. 8. 62, Literatur).

An|kla|ge|er|he|bung, die (Rechtsspr.): *Antrag auf gerichtliche Voruntersuchung od. Einreichung einer Anklageschrift.*

an|kla|gen ⟨sw. V.; hat⟩: **1.** *vor Gericht zur Verantwortung ziehen, beschuldigen; gegen jmdn. Klage wegen etw. erheben:* jmdn. des Hochverrats, des Mordes an jmdm. a.; er wurde angeklagt und zum Tode verurteilt; das Gericht hat ihn wegen Hochverrats angeklagt. **2.** *wegen etw. beschuldigen, für etw. verantwortlich machen:* er klagte sich als der eigentliche Schuldige/(seltener:) den eigentlichen Schuldigen an; der Film klagt die sozialen Missstände an; Das ist mir ganz einerlei, ob dieser oder jener mich der Selbstgefälligkeit anklagt (Th. Mann, Krull 18); ein anklagendes Buch.

An|kla|ge|punkt, der: *einzelner Punkt der Anklage[schrift]:* Sie hatte einen Zettel mit Notizen vor sich ... Es waren die -e gegen mich (Leonhard, Revolution 183).

An|klä|ger, der; -s, -: *jmd., der vor Gericht die Anklage vertritt:* der öffentliche A.; ... hat Ophüls A. und Angeklagte der Nürnberger Prozesse befragt (Spiegel 11, 1978, 135); Ü ein liebenswürdiges Buch, verfasst nicht von einem A. oder Eiferer (Reich-Ranicki, Th. Mann 131).

An|klä|ge|rin, die: w. Form zu ↑Ankläger.

an|klä|ge|risch ⟨Adj.⟩: *anklagend, vorwurfsvoll:* in -em Ton; ihr Blick war a.

An|kla|ge|schrift, die (Rechtsspr.): *vom Staatsanwalt eingereichte Schrift, die alle Punkte der Anklage zusammenfasst.*

An|kla|ge|ver|tre|ter, der (Rechtsspr.): *vom Gericht bestellter Ankläger, bes. Staatsanwalt.*

An|kla|ge|ver|tre|te|rin, die: w. Form zu ↑Anklagevertreter.

An|kla|ge|ver|tre|tung, die: *Anklagevertreter; Staatsanwaltschaft.*

an|klam|mern ⟨sw. V.; hat⟩: **1.** *mit einer Klammer an etw. befestigen:* Kleidungsstücke an der Wäscheleine a.; eine Fotokopie an einen/an einem Brief a. **2.** ⟨a. + sich⟩ *sich krampfhaft festhalten:* das Kind klammerte sich ängstlich an die/an der Mutter an; Ü sich an eine Hoffnung a.; Einmal noch ... bäumte sich das Leben in ihnen auf, ein ... sich zäh anklammerndes Leben (Plievier, Stalingrad 158).

An|klang, der; -[e]s, Anklänge: **1.** *Ähnlichkeit, Reminiszenz:* das Theaterstück enthält viele Anklänge an Brecht; Breit gesponnene ... Familiengeschichte mit fernen Anklängen an Thomas Mann (Wochenpresse 48, 1983, 50); Momente, in denen er Anklänge von so etwas wie Genugtuung ... erlebte (Süskind, Parfum 148). **2.** ***A. finden** *(mit Zustimmung, Beifall aufgenommen werden):* Katja-Sophie. Der Name fand allgemein A. (Brückner, Quints 134).

an|klat|schen ⟨sw. V.; hat⟩ (salopp): *achtlos, ohne Sorgfalt ankleben:* Plakate a.; Ü die nassen Kleider sind am Körper angeklatscht; das Haar ist angeklatscht *(durch Feuchtigkeit flach anliegend).*

an|kle|ben ⟨sw. V.⟩: **1.** *mit Klebstoff o. Ä. festmachen* ⟨hat⟩: ein Plakat [an die/an der Wand] a.; Tapeten a.; jmdm., sich falsche Wimpern, einen Bart a.; das nennst du direkte Aktion: rumgehen, Zettel a. (Döblin, Alexanderplatz 298). **2.** *an etw. festkleben, haften* ⟨ist⟩: der Teig ist an der Schüssel angeklebt. ◆ **3.** *anhaften* (3): Das Kindische klebt ihnen noch an (Goethe, Theatralische Sendung I, 11).

an|kle|ckern ⟨sw. V.; ist⟩ (ugs.): **1.** *immer wieder mit etw. belästigen* ⟨meist im 2. Part. in Verbindung mit »kommen«⟩: komm doch nicht wegen jeder Kleinigkeit angekleckert. **2.** *nach u. nach eintreffen* ⟨meist im 2. Part. in Verbindung mit »kommen«⟩: die Gäste kommen einer nach dem anderen angekleckert.

An|klei|de|ka|bi|ne, die: *kleiner abgeteilter Raum zum An- u. Ausziehen od. Sichumziehen:* die -n im Schwimmbad.

an|klei|den ⟨sw. V.; hat⟩: *Kleidung anziehen:* die Schwester kleidet die Kranke an; ich bin noch nicht angekleidet; Seine Mutter und Detlev Richter saßen ausgehfertig angekleidet auf den Stühlen (Fels, Sünden 39).

An|klei|de|pup|pe, die: **1.** *Puppe aus Kunststoff in der Größe eines Menschen, die bes. im Schaufenster mit Kleidungsstücken ausgestellt wird.* **2.** *Ausschneidepuppe mit dazugehörenden Kleidungsstücken.*

An|klei|der, der; -s, - (Theater): *Angestellter, der den Schauspielern beim Ankleiden hilft:* Abends arbeitete er ... in der Theatergarderobe, wo er ... erster A. geworden war (Bredel, Väter 415).

An|klei|de|raum, der: *Raum zum An- u. Ausziehen od. Sichumziehen, in dem die Kleidung aufbewahrt wird.*

An|klei|de|rin, die; -, -nen: w. Form zu ↑Ankleider.

An|klei|de|spie|gel, der: *großer Spiegel [im Schlafzimmer] zum Überprüfen der angelegten Kleidungsstücke.*

An|klei|de|zel|le, die: *Ankleidekabine.*

An|klei|de|zim|mer, das: *Ankleideraum.*

An|klei|dung, die; -, -en: *das Ankleiden.*

an|kleis|tern ⟨sw. V.; hat⟩ (salopp): *ankleben.*

an|kli|cken ⟨sw. V.; hat⟩ (EDV): *auf der Benutzeroberfläche mithilfe der Maus* (5) *markieren od. anwählen* (c): ein Menü a.; Als vor Jahren die ersten Mäuse auftauchten, revolutionierten diese die Computerwelt. Befehle wurden nicht mehr getippt, sondern »angeklickt« (FAZ 22. 3. 93, B 29); Tageszeitungen und TV feiern die »Rückkehr zum Mond«, Hunderttausende klicken täglich die neuesten Nachrichten auf der Missions-Website der Nasa an (Woche 19. 12. 97, 25).

an|klin|geln ⟨sw. V.; hat⟩ (landsch.): *anrufen* (3): Mein Vater klingelte den Oberbürgermeister an (Kempowski, Tadellöser 119).

an|klin|gen ⟨st. V.; hat⟩: **a)** *hier und da mit etw. übereinstimmen; eine leichte Ähnlichkeit mit etw. haben; Erinnerungen an etw. wecken:* die Melodie klingt an ein altes Volkslied an; ein Verhalten ..., das an die entsprechenden Verhaltensweisen des Menschen anklingt (Lorenz, Verhalten I, 150); **b)** *andeutungsweise zum Ausdruck kommen; spürbar, hörbar werden:* in ihren Worten klang so etwas wie Wehmut an; eine toskanische Redensart, in der die Weigerung anklingt, sich das Leben vom Gewesenen verdüstern zu lassen (Fest, Im Gegenlicht 322); ◆ **c)** *anstoßen* (4): Doch ich trinke! Trinke, trinke! Angeklungen! (Goethe, Faust II, 5275 f.); ⟨auch sw. V.:⟩ so war nichts natürlicher, als dass die Gesellschaft ... gleichfalls anklingte und die Günstlinge ... hochleben ließ (Goethe, Lehrjahre II, 10).

an|klop|fen ⟨sw. V.; hat⟩: **1.** *(als Zeichen für die Absicht, einen Raum zu betreten) an die Tür klopfen:* leise, vorsichtig, energisch an die Tür/an der Tür a.; er trat ein, ohne [vorher] anzuklopfen; Ü Die (= die Russen) sind uns auf den Fersen! Die werden ... gleich bei dir a. (Plievier, Stalingrad 252). **2.** (ugs.) *bei jmdm. vorsichtig um etw. bitten, wegen etw. fragen:* bei jmdm. um Geld a.; Am Morgen klopfen sie bei mir an um etwas Spiritus für den Kocher (Seghers, Transit 254); Sie könnten ja mal beim Chef a., ob da 'ne Chance besteht (Prodöhl, Tod 274).

an|knab|bern ⟨sw. V.; hat⟩: **a)** *(von Tieren) an etw. knabbern, nagen:* Mäuse knabbern die Nüsse an; die Tiere ... hatten im Winter ... die Knospen der jungen Obstbäume angeknabbert (Molo, Frieden 22); Ü ein Lebensaufgabe, die ... sein angeknabbertes (ugs.; *verletztes*) Selbstbewusstsein etwas aufpolierte (Ziegler, Konsequenz 44); ***zum Anknabbern aussehen** (ugs.; *reizend aussehen*); **b)** (ugs.) *anbrechen:* ... legen wir uns hin und überlegen, ob wir die eisernen Portionen a. sollen (Remarque, Westen 33).

an|kna|cken ⟨sw. V.; hat⟩: **a)** *leicht, ein wenig knacken* (3 a): 4 Steine mit einem Nussknacker leicht a. (e & t 6, 1987, 142); **b)** (ugs.) *(von etw. Brechbarem) leicht anbrechen* (1): die Erschütterung hat die Scheiben angeknackt; das Stuhlbein ist angeknackt.

an|knack|sen ⟨sw. V.; hat⟩ (ugs.): *(von etw. Brechbarem) leicht anbrechen* (1): Geschirr, eine Fensterscheibe a.; 1949 ... stürzt er ... und knackst sich das Rückgrat an (Spiegel 43, 1984, 25); ... lag er im Marien-Hospital ..., weil man ihm ... einige Rippen angeknackst hatte (Grass, Hundejahre 293); ich habe mir den Fuß angeknackst; ein angeknackstes Tischbein; Ü Seit 1990, als Maggie Thatcher versuchte die deutsche Vereinigung aufzuhalten, sind die deutsch-britischen Beziehungen angeknackst *(leicht gestört,* Woche 25. 4. 97, 20).

an|knal|len ⟨sw. V.; hat⟩ (salopp): **1.** *heftig anstoßen:* mit dem Kopf gegen einen Pfosten a. **2.** ***sich** ⟨Dativ⟩ **einen a.** (salopp; *sich betrinken*): steht es heute auch einer Frau frei, sich in aller Öffentlichkeit einen anzuknallen (Neue Kronen Zeitung 28. 8. 91, 12). **3.** *schwängern:* Der Willi Sobireit hat ein Mädchen angeknallt (Brot und Salz 198). **4.** *befestigen:* etw. an die/an der Wand a.

an|knar|ren ⟨sw. V.; hat⟩ (salopp): *mit knarrender Stimme anfahren:* »Wer seid denn ihr«, knarrte sie die Feldwebelstimme Gereths an (Kühn, Zeit 129).

an|kni|cken ⟨sw. V.; hat⟩: *leicht knicken:* ein angeknickter Zweig lag auf der Erde; er (= der alte Mann) war auch – nicht eigentlich zusammengesunken, ... eher angeknickt (Seghers, Transit 50); Ü Auch wenn das Blödsinn ist – der gute Ruf ist angeknickt (*ist beschädigt;* Konsalik, Promenadendeck 370).

an|knip|sen ⟨sw. V.; hat⟩ (ugs.): *durch Knipsen, Drücken des Schalters an-, einschalten:* das Licht, die Taschenlampe a.; Herford hat die Lautsprecheranlage angeknipst (Simmel, Stoff 572); Dann knipste er ... Licht an (Böll, Haus 94).

an|knöp|fen ⟨sw. V.; hat⟩: *durch Knöpfen an etw. befestigen:* die Träger an den Rock a.; Bei Heidi dauert das Ausziehen länger, weil sie ... alles angeknöpft hat: ihr Leibchen, die Strümpfe, die Bluse (Imog, Wurlitbume 93).

an|kno|ten ⟨sw. V.; hat⟩: *durch Knoten mit etw. verbinden:* ein Seil, einen Faden a.

an|knüp|fen ⟨sw. V.; hat⟩: **1.** *durch Knüpfen an etw. befestigen:* eine Schnur, ein Band wieder a. **2.** *(in der Absicht, eine Sache fortzuführen) etw. wieder aufnehmen, an etw. anschließen:* an einen Gedanken, eine Entwicklung, an alte Traditionen, längst Vergangenes, alte Bräuche a.; Ü Christa Zechmeister ... vermag nicht mehr an ihre frühere Form anzuknüpfen (*kann die frühere Form nicht mehr erreichen;* Saarbr. Zeitung 17. 12. 79, 17). **3.** *(als Kontakt zu jmdm.) in Gang bringen, herstellen:* eine Unterhaltung, Beziehungen a.; Bekanntschaften a.; ... könnte man mit irgendjemandem ein Gespräch a. (Hilsenrath, Nacht 102).

An|knüp|fung, die; -, -en: *das Anknüpfen.*

An|knüp|fungs|punkt, der: *Punkt, an dem [im Gespräch] angeknüpft werden* (3) *kann:* einen A. suchen; etw. bietet sich als A. an.

an|knur|ren ⟨sw. V.; hat⟩: **1.** *knurrende Laute gegen jmdn., etw. ausstoßen:* der Hund knurrte den Vertreter an. **2.** (ugs.) *jmdn. böse anfahren:* jmdn. wütend a.

an|ko|chen ⟨sw. V.; hat⟩: *etw. kurze Zeit kochen:* die Spargel sollen nur kurz angekocht werden.

An|koch|stu|fe, die: *höchste Wärmestufe beim elektrischen Herd.*

an|kö|dern ⟨sw. V.; hat⟩: **1.** (Angelsport) *einen Köder am Angelhaken anbringen:* er nahm den Fang vom Haken und köderte neu an. **2.** (Jagdw.) *Wild mit Futter anlocken.* **3.** *durch Versprechungen anlocken, zu gewinnen suchen:* man hatte versucht, ihn mit Geld anzuködern.

an|koh|len ⟨sw. V.; hat⟩ [zu ↑²kohlen] (ugs.): *jmdn. [im Scherz] belügen; jmdm. [spaßhalber] Unwahrheiten erzählen:* du kohlst mich mit deiner Geschichte ja nur an!

an|kom|men ⟨st. V.; ist⟩: **1.** *einen Ort erreichen, an einem Ort eintreffen:* ein Brief, ein Päckchen ist angekommen; pünktlich, völlig unerwartet, [glücklich] in Berlin, mit der Bahn, um 8 Uhr, zu Hause a.; Ü bei unseren Nachbarn ist kürzlich das vierte Kind angekommen *(geboren worden);* wir waren schon beim Nachtisch angekommen, als er endlich eintraf. **2.** (ugs.) *sich [wiederholt, in lästiger Weise] mit etw. an jmdn. wenden:* kommst du schon wieder an!; die Zuhörer kamen mit immer neuen Fragen an; Nun kam er an und sagte, wenn ich zu ihm zurückkäme, würde er sich ändern (Hörzu 50, 1974, 87). **3.** (ugs.) *eine Stellung finden:* er ist in diesem Betrieb als Werbefachmann angekommen. **4.** (ugs.) *Anklang, Widerhall finden:* dieser Schlager, das Buch, die Werbung kommt bei den Leuten an; die Sängerin kam gut, schlecht [beim Publikum] an; Sie haben das Zeug zum Fernsehmoderator ... ich könnte mir denken, dass Sie ankommen (Brückner, Quints 274); Seine Sendung kam an, hatte viele Zuhörer, viel Resonanz (elan 2, 1980, 32). **5.** *gegen jmdn., etw. aufkommen, sich durchsetzen; jmdm., einer Sache beikommen:* gegen ihn, gegen diese Entwicklung kann man nicht, nur schwer a. **6.** (geh.) **a)** *befallen, überkommen:* ein Gefühl, Angst, ein Verlangen kommt ihn/(veraltet:) ihm an; **b)** *(in bestimmter Weise) auf jmdn. wirken, ihn berühren:* etwas kommt jmdn. hart, sauer an *(fällt ihm schwer);* Er gab sich Mühe zu verbergen, wie schwer ihn der Abschied ankam (H. Grzimek, Tiere 94); den Chronisten kommt Beklemmung an bei der Erinnerung (Loest, Pistole 70). **7.** *von jmdm., etw. abhängen:* auf ihn, seine Initiative kommt es an; auf den Stand der Dinge, auf einen Versuch kommt es an; auf ein paar Mark kommt es mir nicht an; es kommt aufs Wetter an, ob wir morgen fahren können; auf einen kommt es nicht an *(er hält sich für besonders wichtig);* * **es auf etw. a. lassen** *(vor etw. nicht zurückschrecken, etw. riskieren):* es auf einen Versuch, einen Prozess mit jmdm. a. lassen; Sie werden es nicht auf einen Kampf mit den Amerikanern a. lassen, sie werden fliehen (Apitz, Wölfe 64); **es d[a]rauf a. lassen** (ugs.: *abwarten, wie etw. kommt, wie sich etw. von selbst fügt*). **8.** *[für jmdn.] wichtig, von Bedeutung sein:* es kommt mir nicht darauf an; es kommt ihr auf gutes Benehmen an.

An|kömm|ling, der; -s, -e: *der soeben, kürzlich Angekommene:* der Empfang, die Begrüßung der -e; die Kinder ... liefen zur Treppe, den späten A. zu begrüßen (Penzoldt, Erzählungen 53); Ü alle wollten den kleinen A. *(Neugeborenen)* sehen.

an|kön|nen ⟨unr. V.; hat⟩ (ugs.): *sich gegen jmdn., etw. durchsetzen, etw. gegen jmdn. ausrichten können:* da waren die anderen, aus die schlechten Einfluss auf ihn hatten. Da konnte ich nicht gegen an (Danella, Hotel 202); gegen den Konkurrenten kann er nicht an; weil eine Menschenstimme kaum ankann gegen den tollen Lärm (Fr. Wolf, Zwei 350).

an|kop|peln ⟨sw. V.; hat⟩: **1. a)** *mithilfe einer Kupplung* (2 a) *mit etw. verbinden:* Güterwagen a.; Das ... Transportraumschiff ... ist ... an den bemannten Orbitalkomplex Mir angekoppelt worden (NNN 28. 9. 87, 2); **b)** *sich mithilfe einer Kupplung* (2 a) *mit etw. verbinden:* das Landegefährt koppelte an das Mutterschiff an. **2.** *Tiere in Gruppen festbinden:* sie koppelten die Jagdhunde an.

An|kop|pe|lung, An|kopp|lung, die; -, -en: *das Ankoppeln.*

an|kö|ren ⟨sw. V.; hat⟩ (Tierzucht): *(ein Tier) für die Nachzucht bestimmen, auswählen.*

an|kör|nen ⟨sw. V.; hat⟩: **1.** (Jägerspr.) *Wild durch Ausstreuen von Körnerfutter anlocken.* **2.** (Handw.) *zu bohrende Löcher in Werkstoffen mit dem ¹Körner markieren.*

an|kot|zen ⟨sw. V.; hat⟩ (derb): **1.** *anekeln, anwidern; jmdm. zuwider sein:* euer Gejammere, dein ewiges Geschwätz kotzt mich an; Das ist drei Wochen sehr lustig, aber dann hörst du a. f damit, weil es dich einfach ankotzt (Wiener 10, 1983, 25); Im Augenblick kotzt du mich an (Konsalik, Promenadendeck 217). **2.** *grob anfahren:* der Spieß hat ihn gehörig angekotzt; Der hätte die doch angekotzt; und die hätten natürlich zurückgekotzt (Quick 52, 1977, 37).

an|kral|len ⟨sw. V.; hat⟩: **1.** ⟨a. + sich⟩ *sich mit den Krallen festhalten:* der Vogel krallt sich an den Käfig an; Ü Das Kind krallte sich an das Gitter des Laufstalls an *(hielt sich krampfhaft daran fest).* **2.** (landsch.) *aufdringlich mit einer Bitte um etw. ansprechen, angehen:* er hat mich schon wieder wegen 30 Mark angekrallt.

♦ **an|krän|keln** ⟨sw. V.; hat⟩: *kränklich, krank machen:* Der angeborenen Farbe der Entschließung wird des Gedankens Blässe angekränkelt (Shakespeare, Hamlet III, 1 [Schlegel]).

An|kratz: in der Verbindung **A. haben** (landsch.; *[von Mädchen, Frauen] bei Männern ankommen*).

an|krat|zen ⟨sw. V.; hat⟩: **1.** *etw. [durch Kratzer] leicht beschädigen.* bei dem Unfall wurde der Wagen nur leicht angekratzt; Ü Meine Kapitänsehre hat man ... angekratzt (ugs.; *hat man verletzt;* Konsalik, Promenadendeck 121); Die Glaubwürdigkeit der Politiker ist angekratzt (Wochenpresse 25. 4. 79, 3). **2.** ⟨a. + sich⟩ (ugs.) **a)** *sich einschmeicheln:* du hast dich beim Lehrer angekratzt; **b)** *zum Freund, zur Freundin nehmen:* Ich bin Witwer, ich will heiraten ... Ich kratz mir eine an (Hacks, Stücke 309).

an|krau|sen ⟨sw. V.; hat⟩: *Stoff mit einem Faden zusammenziehen, um die Weite zu verringern:* sie hat einen leicht angekrausten Rock.

an|krei|den ⟨sw. V.; hat⟩: **1.** (veraltet) *(bes. in Wirtshäusern) Schulden notieren, anschreiben:* alle Getränke a. **2.** *zum Vorwurf machen; anlasten:* jmdm. etw. übel a.; Seine Kritiker kreideten ihm Ehrgeiz

... an (W. Brandt, Begegnungen 549); dass man mir ankreidet, dass ich nicht in Wirtshäusern verkehre (Innerhofer, Schattseite 199).

An|kreis, der; -es, -e (Geom.): *Kreis, der eine Seite eines Dreiecks von außen u. die Verlängerungen der beiden anderen Seiten von innen berührt.*

An|kreuz|brief, der (Bürow.): *Brief mit vorgedruckten kurzen Mitteilungen od. vorbereiteten Antworten, die statt eines ausführlichen Schreibens lediglich entsprechend angekreuzt werden.*

an|kreu|zen ⟨sw. V.⟩: **1.** *in einem Text, in einer Liste zur Hervorhebung mit einem Kreuz markieren* ⟨hat⟩: er kreuzte den Namen an. **2.** (Segeln) *gegen den Wind segeln* ⟨hat/ist⟩: wenn er (= der Wind) nicht stärker wird, kreuzen wir dagegen an (Nachbar, Mond 30); dann mit vollem Zeug gegen die Dünung angekreuzt (Hausmann, Abel 10).

An|kreu|zung, die; -, -en: *das Ankreuzen* (1).

an|krie|chen ⟨st. V.; ist⟩: *kriechend herankommen:* einen feindlichen Posten von hinten a.; dass meine eigenen Kameraden auf mich schießen könnten, wenn ich ankrieche (Remarque, Westen 160); ⟨meist im 2. Part. in Verbindung mit »kommen«⟩: der Hund kam unterwürfig angekrochen.

an|krie|gen ⟨sw. V.; hat⟩ (ugs.): *anbekommen.*

an|ku|cken (nordd.): ↑ angucken.

an|küm|meln ⟨sw. V.; hat⟩: in der Wendung **sich** ⟨Dativ⟩ **einen a.** (ugs.; *sich einen Rausch antrinken, sich betrinken*).

an|kün|den ⟨sw. V.; hat⟩ (geh. veraltend): **a)** *ankündigen* (a); Der Pedell kann den Vortrag a. (Grass, Katz 149); Ü Manchmal dachte ich, dass dieses Gefühl einfach das Alter ankünde (Jünger, Bienen 25); **b)** ⟨a. + sich⟩ *ankündigen* (b): Mit leisem Knacken kündete sich eine neue Veränderung an (Jahnn, Geschichten 87).

an|kün|di|gen ⟨sw. V.; hat⟩: **a)** *im Voraus bekannt geben; in Aussicht stellen; jmdn. wissen lassen:* etw. rechtzeitig, feierlich a.; seinen Besuch a.; Alle Kinder ... kriegen Vitaminspritzen! Wurde groß angekündigt per Lautsprecher (Hilsenrath, Nazi 255); eine Veranstaltung in der Zeitung a.; Herr Piesch kündigt ohne Umschweife an, Herrn Warga die Fresse zu polieren (Ossowski, Flatter 28); ... telefonierte mit seiner Frau und kündigte sich zum Abendessen an (*ließ sie wissen, dass er zum Abendessen nach Hause kommt;* Bieler, Mädchenkrieg 64); ein Prospekt ..., in welchem auch mein Buch angekündigt war (Salomon, Boche 86); **b)** ⟨a. + sich⟩ *durch bestimmte Anzeichen sein Herannahen erkennen lassen:* die Lichter entlang des Wassers glühten ...; die nahe Nacht kündigte sich an (Baldwin [Übers.], Welt 255); Im März, als eben mit Vogelgezwitscher ... der Frühling sich lieblich ankündigte (Th. Mann, Krull 105); die Krankheit kündigt sich durch Kopfschmerzen und Durchfall an.

An|kün|di|gung, die; -, -en: *das Ankündigen, Sichankündigen.*

An|kün|di|gungs|kom|man|do, das (Milit.): *erster, gedehnt gesprochener Teil eines Kommandos.*

An|kunft, die; -, (selten:) Ankünfte [zum 2. Bestandteil vgl. Abkunft]: *das Ankommen:* die rechtzeitige, verspätete A. [des Zuges]; jmds. A. mitteilen, erwarten; melde wohlbehaltene A. dahier, Savoy Palace (Th. Mann, Krull 327); ... war ich ... gelangweilt von so viel ... Ankünften und Abreisen sowie dem Hotelgeplauder zwischendurch (Fest, Im Gegenlicht 48); Ü die glückliche A. *(Geburt)* eines Stammhalters.

An|kunfts|hal|le, die: *großer Warteraum für ankommende Fluggäste im Flughafen.*

An|kunfts|ort, der: *Ort, an dem jmd. ankommt:* sein A. war nicht bekannt.

An|kunfts|ta|fel, die: *(in Flughäfen od. Bahnhöfen) Tafel mit den Ankunftszeiten.*

An|kunfts|ter|min, der: vgl. Ankunftszeit.

An|kunfts|zeit, die: *Uhrzeit, zu der jmd., ein Zug, Flugzeug o. Ä. irgendwo fahrplanmäßig ankommt.*

an|kup|peln ⟨sw. V.; hat⟩: *(einen Anhänger an ein Motorfahrzeug o. Ä.)* ²anhängen (1b), *anschließen:* einen Waggon a.; die Mondfähre an das Raumschiff a.

An|kup|pe|lung, An|kupp|lung, die; -, -en: *das Ankuppeln.*

an|kur|beln ⟨sw. V.; hat⟩: **1.** *(einen Motor) mithilfe einer Kurbel in Gang bringen:* den Motor a.; Er ... kurbelte das Grammophon an und setzte die Nadel in die Rille (Bieler, Mädchenkrieg 361). **2.** *etw.* [*was darniederliegt, was beschleunigt werden soll*] *in Schwung bringen:* die Wirtschaft, die Produktion a.; den Tourismus, das Geschäft a.; Der »Konsum« wird immer wieder angekurbelt (Gruhl, Planet 152); Ü Adrenalin ... kurbelt den Stoffwechsel an (MM 21. 8. 68, 3).

An|kur|be|lung, An|kurb|lung, die; -, -en: *das Ankurbeln.*

An|kur|be|lungs|kre|dit, der (Wirtsch.): *Kredit zur Ankurbelung der Wirtschaft:* einen A. gewähren.

An|kurb|lung: ↑ Ankurbelung.

an|ku|scheln, sich ⟨sw. V.; hat⟩: *sich anschmiegen:* die Kinder kuscheln sich an die Mutter an.

An|ky|lo|se, die; -, -n [zu griech. agkýlos = gekrümmt; vgl. ²Anker] (Med.): *Gelenkversteifung.*

an|ky|lo|tisch ⟨Adj.⟩ (Med.): **a)** *die Ankylose betreffend;* **b)** *(von Gelenken) versteift.*

an|la|bern ⟨sw. V.; hat⟩ (ugs. abwertend): *in lästiger od. herausfordernder Weise ansprechen* (1): ... konnte ich ... auf der Liegewiese Zeitung lesen, ohne dass ich angelabert wurde (Spiegel 34, 1985, 137).

an|lä|cheln ⟨sw. V.; hat⟩: *lächelnd ansehen:* jmdn. freundlich, bedeutungsvoll, hintergründig a.; Er lächelte ihn ebenso höflich wie unverschämt an (Kuby, Sieg 389); wir lächelten uns beide ... verständnisvoll an (Grass, Blechtrommel 346).

an|la|chen ⟨sw. V.; hat⟩: **1.** *lachend ansehen:* jmdn. fröhlich, freundlich a.; er ... lachte den Hauptmann durchtrieben an (Langgässer, Siegel 385); sie lachten sich/(geh.:) einander an; Ü ein blauer Himmel lachte uns an; Bares Geld lacht Sie heute an (Remarque, Obelisk 196); der Kuchen auf dem Tisch lachte uns an *(sah sehr einladend, appetitanregend aus).* **2.** ⟨a. + sich⟩ (ugs.) *mit jmdm. anbändeln, ein Liebesverhältnis beginnen:* du hast dir einen Studenten angelacht; Er sagte, ich solle mir eine Freundin a. (Gabel, Fix 68).

An|la|ge, die; -, -n: **1.** *das Anlegen* (5), *Schaffen:* jmdn. mit der A. seines Gartens beauftragen. **2.** *das Anlegen* (6 a) *von Geld: eine sichere prämienbegünstigte A.;* Jene Milliardenbeiträge sind zum Fenster hinausgeworfen, wenn man sich nicht um ihre A. ... kümmert (Dönhoff, Ära 173). **3.** *nach einem Plan für einen bestimmten Zweck gestaltete Flächen, Bauten o. Ä.:* städtische, öffentliche -n *(Grünflächen, Parks);* Natürlich hätte ich mich ... ein paar Stunden in den -n der Stadt verbergen können (Fallada, Trinker 69); -n für den Sport; dass wir ... in Paris kriegswichtige -n bewacht hatten (v. d. Grün, Glatteis 228). **4.** *Vorrichtung, Einrichtung:* eine technische, elektronische A.; sanitäre -n *(Toiletten);* Die Steuerung dieser -n erfolgt ... automatisch (Gruhl, Planet 59); Er ging ... zum Heizraum zurück, um die A. zu überprüfen (H. Gerlach, Demission 89). **5.** *Entwurf, Gliederung:* die A. des Romans, der Symphonie. **6.** *Veranlagung:* eine krankhafte A.; Die A. zur Kurzsichtigkeit ist bereits vor der Einschulung vorhanden (Saarbr. Zeitung 6./7. 10. 79, 33); eine A. *(Begabung)* zur Musik. **7.** (Bürow.) *Beilage zu einem Schreiben:* in der/als A. sende ich Ihnen ein Attest; -n: 1 Lichtbild, 1 Lebenslauf.

an|la|ge|be|dingt ⟨Adj.⟩: *durch eine Anlage* (6) *bedingt, verursacht:* die Krankheit ist a.

An|la|ge|be|ra|ter, der (Wirtsch.): *jmd., der bei Anlagen* (2) *berät* (Berufsbez.): einen A. konsultieren.

An|la|ge|be|ra|te|rin, die: w. Form zu ↑ Anlageberater.

An|la|ge|ka|pi|tal, das (Wirtsch.): *bestimmter Teil des Anlagevermögens.*

An|la|gen|bau, der ⟨o. Pl.⟩: *Planung u. Bau technischer Anlagen.*

An|la|gen|fi|nan|zie|rung, die (Wirtsch.): *Finanzierung* (2), *bei der das beschaffte Kapital der Erneuerung und Erweiterung von betrieblichen Anlagen* (4) *dient.*

An|la|ge|pa|pier, das ⟨meist Pl.⟩ (Wirtsch.): *[festverzinsliches] Wertpapier, das einer längerfristigen Anlage* (2) *von Geldmitteln dient.*

an|la|gern ⟨sw. V.; hat⟩ (Chemie): **a)** *sich binden:* die Kolloidteilchen lagern Wassermoleküle an; **b)** *sich mit einem anderen Stoff o. Ä. verbinden:* das Molekül lagert sich an ein Ion an.

An|la|ge|rung, die; -, -en (Chemie): *das Anlagern, Sichanlagern.*

An|la|ge|rungs|ver|bin|dung, die: *durch Anlagern entstandene chemische Verbindung.*

An|la|ge|strich, der (Bürow.): *auf eine*

Anlage (7) *hindeutender Schrägstrich am Rand eines Briefes.*

An|la|ge|ver|mö|gen, das (Wirtsch.): *unveräußerlicher Teil des Vermögens einer Unternehmung.*

an|lan|den ⟨sw. V.⟩: **a)** *vom Schiff an Land bringen* ⟨hat⟩: Truppen a.; Es gelang, einen ... drei Meter langen Raubfisch anzulanden (BM 23. 10. 76, 16); **b)** *an einem Ort landen, anlegen* ⟨ist⟩: das Schiff landete in einer Bucht an; **c)** *vom Schiff an Land gehen* ⟨ist⟩: Die ... japanischen Touristen, die jährlich in Übersee anlanden (Spiegel 35, 1982, 130); **d)** ⟨Geol.⟩ *sich durch Schlick od. Ansammlung von Sand verbreitern* ⟨hat/ ist⟩: die Sandbank, die Insel landet an.

An|lan|dung, die; -, -en: **a)** *das Anlanden* (a); **b)** ⟨Geol.⟩ *Entstehung von Land durch Anlanden* (d).

an|lan|gen ⟨sw. V.⟩: **1.** *an einem Ziel ankommen* ⟨ist⟩: glücklich am Ziel, zu Hause a.; fuhr ich mit der Seilbahn hinab und nahm, unten angelangt, ... Abschied (Th. Mann, Krull 437); Ü Sie waren beim Dessert angelangt (Danella, Hotel 304); er war auf der Höhe des Ruhmes angelangt; Der Diener sah ... mich an, wollte er zum Ausdruck bringen, dass er am Ende aller Weisheit angelangt sei (Simmel, Stoff 210). **2.** ⟨landsch.⟩ *anfassen* ⟨hat⟩: du darfst die Ausstellungsstücke, Waren nicht a.; Einer der Rocker sagt aus, er sei unsittlich angelangt worden (Bruder, Homosexuelle 48). **3.** in der Verbindung **was jmdn., etw. anlangt** *(was jmdn., etw. betrifft, angeht):* das ist meine Antwort, was mich, unsere Familie, diese Frage anlangt; Was schließlich die Fraktion anlangt, so wäre es wirklich eine Schande, wenn ... (Dönhoff, Ära 24).

an|lap|pen ⟨sw. V.; hat⟩ (landsch.): *(jmdn.) ohne Veranlassung in heftigem Ton zurechtweisen:* jmdn. wegen einer Kleinigkeit a.

an|la|schen ⟨sw. V.; hat⟩ (Eisenb.): *[Schienen] durch Laschen aneinander fügen.*

An|lass, der; -es, ...lässe: **1.** *Veranlassung; Ausgangspunkt; äußerer Beweggrund:* der A. des Streites; als wir uns ... trennten, hatten wir den A. unseres Gesprächs längst vergessen (Jens, Mann 83); A. für seine Beschwerde; ein unmittelbarer A. zur Besorgnis besteht nicht; jmdm. A. zu etw. geben; allen A. haben, etw. zu tun; keinen A. zu etw. sehen; den äußeren A. zu etw. bieten, darstellen; jmdm. A. geben, sich zu beschweren; ... habe A. dieses Jubiläums eine Gedenktafel gestiftet (Winckler, Bomberg 198); Aus gegebenem Anlass trafen sich die Mitglieder ... zu einer außerordentlichen Versammlung in Düsseldorf (CCI 2, 1997, 1); beim geringsten, ohne besonderen A.; dass die Westmächte die Berlin-Krise zum A. nehmen wollen, die ... Frage zu diskutieren (Dönhoff, Ära 113). **2.** *Gelegenheit; Ereignis:* ein willkommener, besonderer A.; festliche Anlässe; ... besaß das Volk bei öffentlichen Anlässen ... das Recht, ... Klage zu führen (Thieß, Reich 514); der Kaiser trug auch bei feierlichen Anlässen ... die Felduniform (Friedell, Aufklärung 59); alle waren dem A. entsprechend gekleidet. **3.** (schweiz.) *Veranstaltung, Lustbarkeit:* ... wird im Palace Hotel ein vergnüglicher A. (= ein Galaabend) geboten (NZZ 29. 8. 86, 44); ... hat ... die ... Botschafterkonferenz begonnen. Rund sechzig Postenchefs nehmen an diesem A. teil (NZZ 28. 8. 86, 26).

an|las|sen ⟨st. V.; hat⟩: **1.** *(einen Motor) in Gang setzen:* den Motor, Wagen a.; man hörte, dass sie das Mofa anließ (M. Walser, Seelenarbeit 128); Verzweifelt versuchten die Flugzeugführer, die Triebwerke wieder anzulassen (Spiegel 50, 1984, 206). **2.** (ugs.) *anbehalten, nicht ausziehen:* den Mantel, die Schuhe a. **3.** *in Funktion belassen, nicht ausmachen, nicht abstellen:* das Radio, Licht, die Lampe a.; wir ließen unsere Scheinwerfer an, obschon wir nicht fuhren (Frisch, Homo 97). **4.** ⟨a. + sich⟩ (ugs.) *sich zu Beginn in bestimmter Weise entwickeln, erweisen:* der Lehrling ließ sich gut an; das Geschäft, der Tag lässt sich gut an; Das Wetter ließ sich am folgenden Tag nicht günstiger an (Th. Mann, Tod 27). **5.** (geh.) *schelten, anfahren* (6): jmdn. grob, hart a.; Der Präsident ließ den Angeklagten wegen seiner unziemlichen Heiterkeit scharf an (Fallada, Jeder 371); ♦ Wenn in Augenblicken des Kummers und der Galle meine Laune sich übel anließ (Lessing, Nathan III, 2). **6.** (Technik) *erwärmen u. dadurch härten:* Stahl a. ♦ **7.** ⟨a. + sich⟩ *sich einlassen* (5): wie eine Katze schnurrte, wenn man sich mit ihr anlässt, ihr den Balg streicht (Gotthelf, Spinne 94).

An|las|ser, der; -s, - (Technik): *Vorrichtung zum Anlassen eines Motors.*

An|lass|far|be, die: *Anlauffarbe.*

an|läss|lich ⟨Präp. mit Gen.⟩: *bei Gelegenheit, aus Anlass* (2): eine Feier a. seines Geburtstages; Anlässlich einer längeren Reise über deutsche Autobahnen frage ich mich, ... (ADAC-Motorwelt 12, 1986, 17).

an|las|ten ⟨sw. V.; hat⟩: **a)** *die Schuld an etw. zuschreiben; jmdm. etw. vorwerfen, zur Last legen:* jmdm. ein Verbrechen, die Schuld an etw. a.; eine Schwäche ..., die man ihm bei sonstigen Vorzügen ... nicht als persönliches Versagen a. kann (Hörzu 47, 1972, 146); **b)** (veraltend) *aufbürden:* die Kosten den Verursachern a.

an|lat|schen ⟨sw. V.; ist⟩ (salopp): *latschend herankommen:* ein abgerissener Kerl latschte an.; ⟨meist im 2. Part. in Verbindung mit »kommen«:⟩ nach einer Stunde kam sie endlich angelatscht.

An|lauf, der; -[e]s, Anläufe: **1.** *das Anstürmen gegen etw.:* eine Festung im A. nehmen; Ü etw. gelingt beim ersten A. *(Versuch).* **2.** (Sport) **a)** *das Anlaufen* (3a): A. nehmen; »Entschluss«, meinte der »Jude«, »das ist doch so, wie wenn man einen A. nimmt und springt ...« (Buber, Gog 45); ein Sprung mit, ohne A.; beim A. zu langsam sein; **b)** *Strecke für das Anlaufen:* ein kurzer A., der A. muss verlängert werden; Als ich ... im A. stand und mich in die Spur stellte (Maegerlein, Piste 21). **3.** ⟨o. Pl.⟩ *das Einsetzen, der Beginn einer Tätigkeit, Aktion o. Ä.:* der A. der Produktion. **4.** *Versuch.* sie schafften es nicht beim, im ersten A.; der A. zur Reform ist stecken geblieben; Hubert versuchte einen letzten A.: Sollten wir ... nicht ein Beispiel geben? (Härtling, Hubert 257); schien das Ziel ... nach verschiedenen Anläufen ... in kaum erreichbare Ferne gerückt (Fraenkel, Staat 206); *einen neuen A. nehmen/machen *(erneut anfangen; einen neuen Versuch machen):* Pak blieb der ... Satz im Halse stecken. Er nahm einen neuen A. (Baum, Bali 99); sie machte immer wieder neue Anläufe, ihn umzustimmen.

An|lauf|adres|se, die: *Adresse einer [öffentlichen] Stelle, an die sich jmd. mit einem bestimmten Anliegen, in einer Notlage o. Ä. wenden kann:* »Wenn Sie Anregungen zum Thema Kinder haben, schreiben Sie uns.« ELTERN hat sich als A. für Ideen zur Verfügung gestellt (Eltern 1, 1980, 11).

an|lau|fen ⟨st. V.⟩: **1.** *herbeilaufen* ⟨ist; meist im 2. Part. in Verbindung mit »kommen«⟩: die Kleine kam [heulend] angelaufen; Ü Die See kommt mit breiten Schaumstreifen schräg angelaufen (Kempowski, Zeit 244). **2.** ⟨ist⟩ **a)** *beim Laufen gegen jmdn., etw. prallen:* gegen die Parkuhr a.; **b)** *angehen Schritte unternehmen:* gegen Vorurteile a. **3.** ⟨ist⟩ **a)** *durch Laufen Schwung holen:* für den Hochsprung kräftig a.; **b)** (Leichtathletik) *ein Rennen, den ersten Teil eines Rennens (in einer bestimmten Art u. Weise od. Zeit) laufen:* die ersten 200 m zu langsam a.; die 400 m in 57 Sekunden a. **4.** *(von Schiffen, mit dem Schiff) ansteuern* ⟨hat⟩: einen Hafen a. **5.** *in Gang kommen, zu laufen beginnen* ⟨ist⟩: der Motor läuft an. **6.** *einsetzen, beginnen* ⟨ist⟩: die Fahndung läuft sofort an; die Produktion läuft an; eine bis in alle Einzelheiten vorbereitete Aktion angelaufen sei (Weber, Tote 277); der Film läuft demnächst in den Kinos an (wird in den Kinos gezeigt); die Saison läuft an; Bis jetzt läuft's ganz gut an (Aberle, Stehkneipen 104). **7.** (landsch.) *anschwellen* ⟨ist⟩: die Backe läuft an. **8.** *eine bestimmte Farbe annehmen* ⟨ist⟩: Einer bekam sogar einen Herzanfall ... Er lief blau an und musste gleich ins nächste Krankenhaus werden (Spiegel 9, 1977, 46); sein Gesicht war rot angelaufen. **9.** ¹*beschlagen* (2 a, b) ⟨ist⟩: die Fensterscheibe läuft an; Anna blickte durch das Guckloch in der angelaufenen Scheibe (G. Roth, Winterreise 32). **10.** *zunehmen, sich steigern* ⟨ist⟩: die Kosten laufen leider ziemlich an. **11.** (veraltend) *Missfallen erregen, schlecht ankommen* ⟨ist⟩: bei jmdm. übel a.; Achte ... auf meine Verwarnungen, dass du nicht anläufst bei den Kindern Ägyptens (Th. Mann, Joseph 689).

An|lauf|far|be, die (Technik): *beim Erhitzen von Stahl auftretende Farberscheinung.*

An|lauf|schwie|rig|keit, die ⟨meist Pl.⟩: *Anfangsschwierigkeit.*

An|lauf|stel|le, die: *Anlaufadresse:* eine

A. für Hilfesuchende; A. für ... Reiserufe ist Elfi Ammann in der ... ADAC-Zentrale (ADAC-Motorwelt 8, 1979, 24); Für Christie's sei Westberlin ... als Kunstmarkt eine A. (Welt 5. 1. 77, 17).

An|lauf|turm, der (Ski): *höchste Stelle der Sprungschanze, von der aus zum Absprung angelaufen wird.*

An|lauf|ver|lust, der ⟨meist Pl.⟩: *Verlust* (4)*, der zu Anfang eines Unternehmens o. Ä. entsteht:* aber mit mehr als 10 Milliarden Barvermögen ist Microsoft das einzige Unternehmen, das sich deftige -e leisten kann (Woche 20. 12. 97, 21).

An|lauf|zeit, die: **a)** (Kfz-T.) *Zeit, die der Motor zum Warmlaufen braucht;* **b)** *Vorbereitungszeit:* »... Donnerstag früh geht's mit Extrapost nach Ansbach, da komme ich um 11–12 Uhr ... an, suche schnell ein Instrument, abends ist das Konzert ...« Sehr kurze A. also zu diesem Konzert in Ansbach (D. Kühn, Schumann 147); **c)** (Theater, Film) *Zeit der ersten Aufführungen.*

An|laut, der; -[e]s, -e (Sprachw.): *Laut am Beginn einer Silbe od. eines Wortes:* im A. stehen.

an|lau|ten ⟨sw. V.; hat⟩ (Sprachw.): *mit einem bestimmten Laut beginnen:* Wörter, die mit d a.; der anlautende Vokal.

an|läu|ten ⟨sw. V.; hat⟩: **1.** (südd., österr., schweiz.) *anrufen* (3): Sie ... ist ... unschlüssig, ob sie a. soll oder nicht (Frischmuth, Herrin 100); bei jmdm. a.; den(/schweiz.:) den Vater a. **2.** (Sport) *durch Läuten beginnen lassen:* ein Spiel a.

An|laut|reim, der: *Alliteration.*

an|le|cken ⟨sw. V.; hat⟩: *ein wenig an etw. lecken [um es zu befeuchten]:* den Lutscher, die Briefmarke a.; dann wird der Brief angeleckt und zugestrichen (Kempowski, Zeit 361); Die ... Tabakbüchse nimmt er ... und beginnt zu drehen ..., beginnt das Papier anzulecken (Degener, Heimsuchung 138).

An|le|ge|ap|pa|rat, der (Druckw.): *Vorrichtung zum automatischen Anlegen von Druckbogen bei Schnellpressen.*

An|le|ge|brü|cke, die: *Landungsbrücke.*

An|le|ge|ma|nö|ver, das: *Manöver* (2) *des Anlegens:* das A. einer Raumkapsel, eines Schiffes.

an|le|gen ⟨sw. V.; hat⟩: **1.** *an jmdn., etw. legen:* die Leiter, ein Lineal, Karten a.; den Säugling a. *(zum Trinken an die Brust legen);* einen Verband a.; Ohne Widerstand lässt er sich festnehmen und Handschellen a. (Ossowski, Flatter 187); Ü einen strengen Maßstab a. *(streng beurteilen).* **2.** *Brennmaterial aufs Feuer legen:* Kohlen, Holz a. **3. a)** *das Gewehr in Anschlag bringen:* er legte an und schoss; **b)** *mit dem Gewehr auf jmdn. zielen:* auf den Flüchtenden a. **4.** (geh.) *anziehen, sich mit etw. Bestimmtem schmücken:* Trauerkleidung, die Uniform, Schmuck a.; Sie haben ein Gewand angelegt, das nicht gut in den Alltag passt (Kirst, Aufruhr 136); hatte er seine sämtlichen Orden und Ehrenzeichen angelegt (Ott, Haie 143); legten er und das Mädchen die Masken an (Wiechert, Jeromin-Kinder 759). **5.** *planvoll erstellen, gestalten:*

einen Garten a.; Statistiken, ein Verzeichnis, eine Akte a.; Reserven, einen Vorrat a.; Ich habe Federn gesammelt, ... Muschelsammlungen angelegt (Kempowski, Immer 144). **6. a)** *investieren:* sein Geld vorteilhaft [in Wertpapieren] a.; **b)** *zahlen, ausgeben:* wie viel wollen Sie für das Bild a.; alles darauf a., jmdn. zu täuschen; Ich habe es nie darauf angelegt, irgendwo beliebt zu sein (Brot und Spiele 247). **8.** ⟨a. + sich⟩ *Streit suchen:* sich mit jmdm. a. wollen; Wenn es ihm langweilig wurde, wenn er Action brauchte, legte er sich mit jedem an (Fels, Unding 28). **9.** *landen, festmachen:* das Schiff legt pünktlich am Kai an. **10.** (Elektrot.) *mit einer Stromquelle verbinden:* eine Spannung a.

An|le|ge|platz, der: *Landungsplatz.*

An|le|ger, der; -s, -: **1.** (Druckw.) **a)** *jmd., der bei der Druckpresse das Papier einführt* (Berufsbez.); **b)** *Anlegeapparat.* **2.** (Wirtsch.) *Investor.* **3.** (Seemannsspr.) *Landungsplatz.*

An|le|ge|rin, die; -, -nen: w. Form zu ↑Anleger (1 a, 2).

An|le|ge|steg, der: *Landesteg.*

An|le|ge|stel|le, die: *Landungsplatz.*

an|leh|nen ⟨sw. V.; hat⟩: **a)** *an jmdn., etw. lehnen:* eine Leiter an die Mauer a.; sich [mit dem Rücken] an die Wand a.; nicht a.! *(warnender Hinweis bei frisch gestrichenen Flächen);* Ü sich eng an ein Vorbild a. *(einem Vorbild folgen);* haben Sie ... auch manchmal das Bedürfnis, sich an einen anderen Menschen anzulehnen? *(bei ihm Hilfe, Trost o. Ä. zu suchen);* Hofmann, Fistelstimme 48); **b)** *nicht ganz schließen, einen Spalt offen lassen:* die Tür nur a.; ein angelehntes Fenster.

An|leh|nung, die; -, -en: **a)** *die Sichstützen; Halt:* A. an jmd Stärkeren, Größeren suchen, finden; **b)** *enge Orientierung:* die A. an Brecht ist deutlich zu merken; dass die Gegenwart, auch wo sie zu formalen -en neigt, nicht mehr in der Tradition steht (Fest, Im Gegenlicht 342); in/ unter A. an die Romantik; Bezahlung in A. an die öffentlichen Dienst.

An|leh|nungs|be|dürf|nis, das: *Bedürfnis, sich an jmdn. anzuschließen:* starkes A. zeigen, haben.

an|leh|nungs|be|dürf|tig ⟨Adj.⟩: *voll Anlehnungsbedürfnis:* -e Menschen; [besonders] a. sein.

An|leh|re, die; -, -n (schweiz.): *berufliche Ausbildung für Jugendliche mit fehlenden od. ungenügenden Voraussetzungen für eine Lehre* (1).

An|lehr|ling, der; -s, -e (schweiz.): *jmd., der eine Anlehre macht.*

An|lehr|toch|ter, die; -, ...töchter (schweiz.): *weiblicher Anlehrling.*

an|lei|ern ⟨sw. V.; hat⟩ (ugs.): *in Gang setzen:* wer hat die ganze Sache angeleiert?; Dann ... wurde ein Sofortprogramm angeleiert (MM 21./22. 3. 81, 25).

An|lei|he, die; -, -n: *größere langfristige Geldaufnahme am Kapitalmarkt:* eine bis 1999 unkündbare A.; öffentliche, staatliche -n; eine A. [auf etw.] aufnehmen; eine A. bei jmdm. machen *(Geld borgen);* Ü die Formensprache der Möbel zeigt -n bei der Architektur *(einen Rückgriff auf formale Elemente;* Bild. Kunst III, 8); -n bei Reggae aus Jamaika (ran 2, 1980, 31); der Komponist hat hier -n bei der Barockmusik gemacht *(von ihr formale Elemente übernommen).*

An|lei|he|ab|lö|sung, die (Wirtsch.): *Abgeltung einer Anleihe.*

An|lei|he|ka|pi|tal, das (Wirtsch.): *durch Anleihe beschafftes Kapital.*

An|lei|he|markt, der (Wirtsch.): *Markt, auf dem Anleihen gehandelt werden.*

An|lei|hen, das; -s, - (schweiz.): ↑*Anleihe.*

An|lei|he|pa|pier, das (Wirtsch.): *Wertpapier.*

An|lei|he|schuld, die (Wirtsch.): *Geldschuld durch Aufnahme von Anleihen.*

An|lei|he|zeich|nung, die (Wirtsch.): *durch Unterschrift eingegangene Verpflichtung zur Übernahme eines bestimmten Betrages neu ausgegebener Anleihen.*

an|lei|men ⟨sw. V.; hat⟩: **1.** *mit Leim an etw. befestigen:* ein abgeplatztes Stück Holz an den Tisch/(seltener:) am Tisch wieder a.; ein Stuhlbein a.; Hier sitzen wir doch fest wie angeleimt ... bis die große Schneeschmelze vorbei ist *(können nicht fort, werden von den Witterungsverhältnissen festgehalten;* Kirst, 08/15, 427). **2.** (ugs.) *betrügen:* eine alte Frau a.

an|lei|nen ⟨sw. V.; hat⟩: *(ein Tier) an die Leine nehmen; mit der Leine festmachen, festbinden:* den Hund [am Türpfosten] a.; Wer ... auf die Begleitung seines Hundes verzichten möchte, muss ihn fest a. (MM 5./6. 11. 66, 5); an den eisernen Haken, an denen früher die Pferde angeleint worden waren (Brückner, Quints 54).

an|lei|ten ⟨sw. V.; hat⟩: **a)** *unterweisen; jmdn. bei etw. leiten, führen:* die Schüler [bei der Arbeit] a.; **b)** *zu etw. anhalten, etw. lehren:* die Kinder zur Selbstständigkeit a.

An|lei|ter, der; -s, -: *jmd., der andere anleitet.*

An|lei|te|rin, die; -, -nen: w. Form zu ↑Anleiter.

An|lei|tung, die; -, -en: **1.** *Anweisung, Unterweisung;* unter [der] A. eines anderen tun. **2.** *Zettel mit einer aufgedruckten Anleitung* (1): Leicht geschriebene A. zur Herstellung einer Arche (Andres, Liebesschaukel 50).

An|lern|be|ruf, der: *Beruf, der keine Lehrzeit, sondern nur eine bestimmte Anlernzeit voraussetzt.*

an|ler|nen ⟨sw. V.; hat⟩: **1.** *in eine bestimmte berufliche Tätigkeit [die keine Berufsausbildung voraussetzt] einarbeiten:* einen Hilfsarbeiter a.; Ich werde als Walzer an einer Maschine angelernt (Fels, Sünden 76); ein angelernter Arbeiter. **2.** ⟨a. + sich⟩ (ugs.) *sich etw. durch Übung aneignen: das habe ich mir angelernt;* Ich hab so eine Gabe, mir etwas sehr schnell anzulernen (Kirsch, Pantherfrau 76); vieles klingt angelernt, Lesereminiszenzen (Jens, Mann 64).

An|lern|ling, der; -s, -e: *jmd., der angelernt* (1) *wird, einen Anlernberuf ausübt.*

An|lern|ver|hält|nis, das (veraltend): *Lehrverhältnis:* in einem A. stehen.

An|lern|zeit, die: *Ausbildungszeit eines Anlernlings.*

an|le|sen ⟨st. V.; hat⟩: **1.** *nur die ersten Seiten von etw. lesen:* ein Buch, einen Aufsatz a.; Er ... liest meine Dissertation, liest sie jedenfalls an (Hofmann, Fistelstimme 20). **2.** *sich durch Lesen [oberflächlich] aneignen:* ich habe mir dieses Wissen angelesen; angelesene Kenntnisse.

an|leuch|ten ⟨sw. V.; hat⟩: *Licht auf jmdn., etw. richten:* den Dieb mit der Taschenlampe a.; Der Springbrunnen war angeleuchtet, automatisch in verschiedenen Farben, die abwechselten (Gaiser, Schlußball 48); ein angeleuchtetes Schloss.

an|lie|fern ⟨sw. V.; hat⟩: *eine größere Sendung von etw. zustellen, liefern:* Waren, Möbel [fristgerecht] a.; die Firma hat noch nicht angeliefert; ist es ... möglich, ... Gartenabfälle ... an bestimmten Plätzen ... anzuliefern (MM 14./15. 10. 89, 20); Ü In der Medizinischen Hochschule sah ich ... dies ganze Leid, was da täglich angeliefert wird (Grossmann, Schwul 89).

An|lie|fe|rung, die; -, -en: **1.** *das Anliefern.* **2.** *angelieferte Ware.*

an|lie|gen ⟨st. V.; hat; südd., österr., schweiz. auch: ist⟩: **1.** *sich der Körperform anpassen:* der Pullover liegt eng an; Ein Surfanzug muss gut sitzen und faltenfrei a. (Volksblatt 17. 6. 84, 7.); Amsels fuchsiges Haar ... lag straff an (Grass, Hundejahre 75); ⟨häufig in 1. Part.:⟩ sie trug ein sehr eng anliegendes Kleid; anliegende *(nicht abstehende)* Ohren haben. **2.** (ugs.) *zur Bearbeitung anstehen, zu erledigen sein:* liegt was Besonderes an? **3.** (geh.) *jmdn. bewegen, beschäftigen:* dem Minister liegt die Reform an. **4. a)** (geh.) *belästigen, mit etw. behelligen, jmdn. in den Ohren liegen:* jmdm. mit Beschwerden a.; Sie hinderte ihn nicht, ... ihr mit Bitten und Beteuerungen anzuliegen (Th. Mann, Hoheit 215); ◆ **b)** *angehen* (7): ... beschloss der Kurfürst, der Majestät des Kaisers zu Wien einen Bericht ... vorzulegen ... und sie ... anzuliegen, den Kohlhaas beim Hofgericht zu Berlin ... zur Rechenschaft zu ziehen (Kleist, Kohlhaas 89). **5.** (Seemannsspr.) *steuern:* seewärts a.; Musst den Schwung ... abfangen, ehe das Schiff den richtigen Kurs anliegt (Hausmann, Abel 28).

An|lie|gen, das; -s, -: *Angelegenheit, die jmdm. am Herzen liegt; Wunsch, Bitte:* Die Verbesserung der ... Wiederbelebungsmethoden ist und bleibt ein dringendes A. (Medizin II, 15); ... kamen die Gesprächsteilnehmer ..., den kulturellen A. ... mehr Beachtung zu schenken (Saarbr. Zeitung 28. 12. 79, 21); Sein dichterisches A. ist das Aufzeigen der ewigen Ordnung (NJW 19, 1984, 1 079); ein A. an jmdn. haben; ein dringendes A. vorbringen, vortragen.

an|lie|gend ⟨Adj.⟩: **1.** *angrenzend, benachbart:* -e Grundstücke, Häuser; Die Dorfjugend der -en Fischerdörfer (Grass, Hundejahre 75). **2.** (Bürow.) *beigefügt, beiliegend:* -e Schriftstücke, Kopien.

An|lie|ger, der; -s, - (bes. Verkehrsw.): *Anwohner:* frei für A.

An|lie|ge|rin, die; -, -nen: w. Form zu ↑Anlieger.

An|lie|ger|staat, der: *bes. großen Gewässern, Meeren anliegender Staat:* die -en der Nordsee.

An|lie|ger|ver|kehr, der: *auf die Anlieger einer Straße o. Ä. beschränkter Verkehr.*

an|lie|ken ⟨sw. V.; hat⟩ (Seemannsspr.): *das Liek an einem Segel befestigen.*

an|lin|sen ⟨sw. V.; hat⟩ (ugs.): *verstohlen anblicken:* jmdn. verstohlen, vorsichtig a.

an|lo|cken ⟨sw. V.; hat⟩: *zu sich locken, heranlocken:* Vögel [mit Futter] a.; obwohl sich der Handel immer etwas Neues einfallen lässt, um die Kundschaft anzulocken (MM 4. 8. 67, 16); der Professor schaffte es nie, mehr als zehn Hörer anzulocken (Kemelman, [Übers.], Dienstag 103); Ü die Musik hatte viele Leute, Schaulustige angelockt.

an|lö|ten ⟨sw. V.; hat⟩: *durch Löten anbringen, befestigen:* den Draht an den/ (seltener:) den Bügel a.

an|lü|gen ⟨st. V.; hat⟩: *jmdn. ohne Zögern, Bedenken belügen:* jmdn. frech, unverschämt a.; es sei doch besser, wenn sie die Wahrheit erführe ..., als dass sie ihn anlöge (Christiane, Zoo 75).

an|lu|ven ⟨sw. V.; hat⟩ (Seemannsspr.): *das Vorderteil des Schiffes stärker in den Wind drehen.*

Anm. = Anmerkung (2).

An|ma|che, die; -, -n (salopp): **a)** *das Anmachen* (4a): Den ledigen Studenten stört manchmal, »dass sie nur noch auf die harte A. fliegen ...« (Hörzu 11, 1984, 149); Um ihre Geschlechtsgenossinnen vor A. und Vergewaltigung zu schützen, fordern die Kommunalpolitikerinnen einen speziellen Taxiservice für Frauen (Spiegel 1, 1986, 47); **b)** *das Anmachen* (4 d): Keine U-Bahn-Fahrt ... ohne Rüpeleien, Dosenschmeißen, A. (Spiegel 48, 1982, 71).

an|mä|che|lig ⟨Adj.⟩ (schweiz. mundartl.): *reizend, anziehend, verlockend:* Das -e Werk, zu dem der Zürcher Volkskundler Arnold Niederer das Vorwort beigesteuert hat (Bund 9. 8. 80, Beilage 2).

an|ma|chen ⟨sw. V.; hat⟩: **1.** (ugs.) *befestigen, anbringen:* Gardinen a.; ein Schild an der Haustür a. **2.** (ugs.) **a)** *anschalten; einschalten:* die Lampe, das Radio a.; wir müssen die Heizung a.; mach doch bitte mal das Licht an!; **b)** *anzünden:* Feuer a. **3. a)** *mischend gebrauchsfertig machen, zubereiten, anrühren:* Gips, Mörtel a.; Salat mit Öl und Essig a.; Der Teig für Mutters Kuchen wird nicht mit Wasser angemacht (Strittmatter, Laden 163); ◆ **b)** *panschen* (1): Sie verkauften sich auch ein paar Fässchen angemachten Weines (Keller, Romeo 24). **4.** (salopp) **a)** *[herausfordernd] ansprechen u. dabei unmissverständlich [sexuelles] Interesse zeigen:* Mädchen in der Disko a.; dürfen Frauen auch Männer a.?; Obwohl er seine Freundin dabeihatte, machte er mich immer an (Hornschuh, Ich bin 29); so ein paar Typen, ... die haben mich angemacht. Einer wollte mich nach Ibiza einladen (Heim, Traumschiff 164); Und Sieglinde Huntscha versuchte, die Ossilaib anzumachen. Die schmusten ganz schön (Grass, Butt 428); **b)** *zum Mitmachen animieren:* der Sänger fing an zu klatschen und machte das Publikum an; **c)** *in irgendeiner Weise ansprechen, anregen, reizen; in Stimmung bringen:* das macht mich nicht an; Musik, die anmacht (Szene 6, 1983, 50); Sie kommen in den Genuss eines ersten Leserbriefes, weil mich Ihr Artikel über »Jogging« echt angemacht hat (Spiegel 50, 1978, 7); das Einzige, was diesen Mann anmacht, scheint Geld zu sein (Lindlau, Mob 178); mach mich nicht an! *(lass mich in Ruhe!);* **d)** *jmdm. hartnäckig zusetzen; jmdn. behelligen, belästigen:* einen Menschen wegen seines fremdländischen Aussehens a.; Mein Vater macht meine Mutter ständig an, sie gäbe zu viel Geld aus (Christiane, Zoo 20); ... wurden Schüler, die das Etikett im Unterricht trugen, von ihren Lehrern angemacht (Spiegel 8, 1982, 28); Ewig fühlt er sich falsch verstanden, falsch zitiert, zu Unrecht angemacht (Hörzu 45, 1982, 16); Ich verdiene zur Zeit gutes Geld, aber mein Job macht mich an *(geht mir auf den Geist;* Oxmox 7, 1985, 96).

An|ma|cher, der; -s, - (ugs.): *jmd., der andere anmacht* (4).

An|ma|che|rin, die; -, -nen: w. Form zu ↑Anmacher.

an|mah|nen ⟨sw. V.; hat⟩: *eine Verpflichtung o. Ä. mündlich od. schriftlich in Erinnerung bringen:* die Ratenzahlung, ein ausgeliehenes Buch a.; Die CDU/ CSU hatte den Bericht ... bereits mehrfach angemahnt (MM 8. 5. 79, 1); der vom runden Tisch ... angemahnte ... Solidarbeitrag (Freie Presse 14. 2. 90, 3).

An|mah|nung, die; -, -en: **1.** *Erinnerung an eine Verpflichtung.* **2.** *Schreiben, das eine Anmahnung* (1) *enthält.*

an|ma|len ⟨sw. V.; hat⟩: **a)** *anzeichnen* (a): Bilder [an die Wände] a.; **b)** (ugs.) *mit Farbe versehen:* blau a.; den Gartenzaun a.; Das Flugzeug ... ist wie ein Zebra angemalt (Grzimek, Serengeti 16); **c)** (ugs.) *bemalen:* die Vorlage, Bilderbücher a.; **d)** (ugs.) *schminken:* ich male mir, ihr die Lippen an; Ich (14) male mich ganz gern an, auch mal auffällig (Freizeitmagazin 26, 1978, 45); **e)** *mit etw. bemalen:* wie sie ... einen, steinigen, der Mutter Gottes ... einen Schnurrbart angemalt hatte (Strittmatter, Wundertäter 250).

An|marsch, der; -[e]s, -: *das Anmarschieren:* der A. der Truppen; ***im A. sein** (**1.** *anrücken:* der Feind ist im A. **2.** ugs. scherzh.: *auf dem Weg hierher sein:* sie ist bereits im A.; Nachwuchs *(ein Baby)* ist ... im A.). **2.** (ugs.) *Anmarschweg:* ein A. von einer halben Stunde; dass er einen weiten A. gehabt ... habe (Gaiser, Jagd 56).

an|mar|schie|ren ⟨sw. V.; ist⟩: *marschie-*

rend herankommen: die Truppen marschierten an; ⟨oft im 2. Part. in Verbindung mit »kommen«:⟩ die Wanderer kommen anmarschiert (ugs.; *nähern sich zügig).*
An|marsch|weg, der: *Wegstrecke, die bis zu einem bestimmten Ziel zurückzulegen ist:* ein langer A.
an|ma|ßen, sich ⟨sw. V.; hat⟩: *ohne Berechtigung für sich in Anspruch nehmen:* sich Vorrechte, Kritik a.; du maßt dir ein Urteil darüber an; Er hat Untergebene – er kann sie schleifen! ... Und er zögert nicht, sich das anzumaßen (Kirst, 08/15, 215); Eines Tages ... nahm auch seine angemaßte Gewalt ein furchtbares Ende (Thieß, Reich 513).
an|ma|ßend ⟨Adj.⟩: *überheblich, arrogant:* ein -er Ton; a. auftreten; dass die Deutschen zwar manchmal ... a. sind, nicht jedoch böswillig (Dönhoff, Ära 191).
♦ **an|maß|lich** ⟨Adj.⟩: *anmaßend:* Anmaßlich find ich, dass zur schlechten Frist man etwas sein will, wo man nichts mehr ist (Goethe, Faust II, 6774f.).
An|ma|ßung, die; -, -en: **a)** *Überheblichkeit, Arroganz:* oft hat man Thomas Manns Annäherung an Goethe verspottet und ihn des Hochmuts, der A. und der Überheblichkeit beschuldigt (Reich-Ranicki, Th. Mann 72); **b)** *unberechtigte Inanspruchnahme:* die A. von Rechten, Befugnissen; die A. eines Amtes.
an|mäs|ten ⟨sw. V.; hat⟩ (salopp): *anessen:* er hat sich einen Bauch angemästet.
an|mau|len ⟨sw. V.; hat⟩ (ugs. abwertend): *mürrisch, unfreundlich anreden:* da hat mich der Vernehmer gleich angemault (Spiegel 29, 1977, 69).
an|me|ckern ⟨sw. V.; hat⟩ (ugs.): *grundlos, in kleinlicher Weise kritisieren, [dauernd] der Kritik unterwerfen:* Sie hat furchtbare Eltern. Nie wird sie gelobt, immer nur angemeckert (Hörzu 44, 1975, 123).
an|mei|ern ⟨sw. V.; hat⟩ (landsch.): *betrügen:* sie hat mich ganz gehörig angemeiert.
An|mel|de|for|mu|lar, das: *Vordruck für eine Anmeldung.*
An|mel|de|frist, die: *festgesetzter Zeitraum für eine Anmeldung.*
an|mel|den ⟨sw. V.; hat⟩: **1.** *ankündigen:* seinen Besuch telefonisch a.; sich beim Direktor a. lassen; Ü Wir mussten ... heiraten, weil sich unser Sohn anmeldete (Hörzu 21, 1977, 147); Nachwuchs, ein Baby hat sich angemeldet. **2.** *bei einer zuständigen Stelle (Behörde, Institution o. Ä.) eintragen lassen:* seinen Wohnsitz, das Radio a.; ein Patent, etw. zum Patent a.; ein Gewerbe a.; Konkurs a.; sich polizeilich a. **3.** *die Teilnahme an etw., den Eintritt in etw., den Besuch bei jmdm. vormerken lassen:* das Kind in der Schule, im Kindergarten a.; sich beim Arzt, zu einem Kurs a. **4.** *geltend machen, vorbringen:* seine Bedenken, Forderungen, Wünsche a.; Zweifel wurden angemeldet an der Wirtschaftlichkeit des Atomstroms (NZZ 14. 3. 85, 25); Sofort nach dem Tode des Kaisers hatte die Kurie ihre alten Ansprüche angemeldet (Ben-

rath, Konstanze 160); sie ... haben ... ein Recht auf Heimat angemeldet (Kant, Impressum 176).
An|mel|de|pflicht, die: *gesetzliche Verpflichtung zur Anmeldung bei einer Behörde.*
an|mel|de|pflich|tig ⟨Adj.⟩: *der Anmeldepflicht unterworfen:* -e Krankheiten.
An|mel|dung, die; -, -en: **1.** *das Anmelden* (1–4). **2.** (ugs.) *Raum, in dem man sich anmeldet:* zuerst müssen Sie in die A. gehen.
an|mer|ken ⟨sw. V.; hat⟩: **1.** *an jmdm., einer Sache feststellen, spüren:* jmdm. den Ärger, die Erregung, die Besorgnis a.; sie lässt sich nichts a. von ihrem Entsetzen *(bewahrt die Haltung);* Er ... hat an sein Geschäft zu denken, das er mit der Geschmeidigkeit eines Zirkuskünstlers machen muss, dem man die Anstrengung nicht a. darf (Musil, Mann 429); Niemand soll mir a., dass ich nicht immer Kellner war (Kaiser, Villa 162). **2.** *notieren, anstreichen:* einen Tag im Kalender [rot] a. **3.** (geh.) *zu einer Sache äußern, bemerken:* dazu möchte ich noch Folgendes a. ...; er wurde hochnäsig ... – das ist eine Einzelheit, die angemerkt zu werden verdient (Th. Mann, Zauberberg 197).
An|mer|kung, die; -, -en: **1.** *mündliche Äußerung zu einer Sache, Bemerkung:* eine beiläufige, flüchtige A. **2.** *kurze Erläuterung zu einem Text; Fußnote;* Abk.: Anm.
an|mes|sen ⟨st. V.; hat⟩: **1.** *nach Maß anfertigen:* jmdm. einen Anzug, ein Paar Stiefel a. [lassen]; es ist gegen alle Sitte, noch während der Angehörige sich auf dem Sterbelager windet, ... sich Trauerkleider a. zu lassen (Plievier, Stalingrad 237). **2.** (Physik) *den Abstand eines Himmelskörpers von der Erde messen:* den Mond, den Jupiter, einen Sternennebel a.
an|mie|ten ⟨sw. V.; hat⟩: *[vorübergehend] für einen bestimmten Zweck o. Ä. mieten:* Räume, einen Leihwagen a.; Büroräume, ein Ladenlokal a.; Etliche Wohnungen hat die Organisation in ... geräumigen Altbauten angemietet (Spiegel 23, 1977, 200); Bank, in der Scholl den Safe angemietet hat (MM 9. 8. 85, 2).
An|mie|tung, die; -, -en: *das Anmieten.*
an|mit ⟨Adv.⟩ (schweiz. Amtsspr.): *hiermit:* a. wird bekannt gegeben, dass ...
An|mo|de|ra|ti|on, die (Rundf., Ferns.): *das Anmoderieren.*
an|mo|de|rie|ren ⟨sw. V., hat⟩ (Rundf., Ferns.): *als Moderator einer Sendung die einführenden Worte sprechen:* [eine Sendung] a.; Als Fernsehansagerin ist ... Elsbeth Janda zu sehen. Allerdings nicht, ... um Beiträge anzumoderieren, Nachrichten zu lesen (MM 18. 4. 87, 16).
an|mon|tie|ren ⟨sw. V.; hat⟩: *mit technischen Hilfsmitteln anbringen:* einen Feuerlöscher [an die/der Wand] a.
An|mon|tie|rung, die; -, -en: *das Anmontieren.*
an|mot|zen ⟨sw. V.; hat⟩ (ugs.): *beschimpfen:* Man motzte sich mit den ... Reizwörtern der längst verebbten Studentenbewegung an (Grass, Butt 48);

Typisch ist, dass die Parteien ... sich immer nur anmotzen, beschimpfen (Eltern 2, 1980, 58).
an|mus|tern ⟨sw. V.; hat⟩ (Seemannsspr.): **a)** *für ein Schiff in Dienst stellen:* zwei neue Leichtmatrosen a.; sich a. lassen; **b)** *Dienst auf einem Schiff nehmen:* als Schiffsjunge, auf einem Windjammer a.
An|mus|te|rung, die; -, -en: *das Anmustern, Angemustertwerden.*
An|mut, die; - [mhd. anemuot = Vergnügen, Lust, eigtl. = der an etw. gesetzte Sinn, aus: ane (↑an) u. muot, ↑Mut]: *Harmonie [der Bewegung]:* Ihm ... war an Goldmund außer der gewinnenden A. seines Wesens nichts anderes aufgefallen (Hesse, Narziß 50); A. besitzen; sich mit A. bewegen; Ü mit welch vollendeter A. die Bäume sich über die Ufermauer ... neigen (Langgässer, Siegel 221); die A. *(Lieblichkeit)* einer Landschaft.
an|mu|ten ⟨sw. V.; hat⟩: **1.** *[auf jmdn.] einen bestimmten Eindruck machen, in bestimmter Weise wirken:* das mutet mich seltsam, wie im Märchen an; Wir haben damals ... Vorschläge gemacht, die ... heute geradezu abenteuerlich anmuten (Dönhoff, Ära 65); Landstriche ..., an deren Abhängen verschwörerisch anmutende Gebirgsnester liegen (Fest, Im Gegenlicht 157); ein seltsam anmutender Anblick. **2.** (schweiz., sonst veraltet) *zumuten:* jmdm. etw., zu viel a.
an|mu|tig ⟨Adj.⟩: [spätmhd. anemüetic = Verlangen, Lust hervorrufend]: *voller Anmut:* eine -e Erscheinung; a. tanzen; Der Fahrer des Wagens war ein junger Mann mit a. langen Haaren (Becker, Tage 91); Ü Kleine Dörfer ..., die schmiegen sich unter -e Palmenhaine (Heim, Traumschiff 147).
♦ **An|mu|tig|keit,** die; -: *Anmut:* bringet, zärtliche Doriden, Galateen, der Mutter Bild: ernst, den Göttern gleich zu schauen, würdger Unsterblichkeit, doch wie holde Menschenfrauen lockender A. (Goethe, Faust II, 8385ff.).
an|mut|los, anmutslos, ⟨Adj.⟩ (geh.): *ohne Anmut, reizlos:* ein -es Geschöpf; a. wirken.
An|mut|lo|sig|keit, Anmutslosigkeit, die; - (geh.): *das Anmutlossein.*
an|muts|los: ↑anmutlos.
An|muts|lo|sig|keit: ↑Anmutlosigkeit.
an|muts|voll, anmutvoll ⟨Adj.⟩: *sehr anmutig, voll Grazie.*
An|mu|tung, die; -, -en: **1.** (bes. schweiz.) *Zumutung:* wenn sich der Jugendliche dem Kriegsdienst oder ähnlichen -en entziehen will (Die Unabhängigen 7. 10. 72, 5). **2.** *gefühlsmäßiges, unbestimmtes Eindruckserlebnis:* war ihm das Gemüt doch nicht frei von dunklen -en (Fussenegger, Haus 208); Als ein europäisches Auto mit Fiat den Tempra verstanden wissen. Seine äußere A. beinhaltet demnach auch nicht typisch Italienisches mehr (Welt 24. 2. 90, 25).
An|mu|tungs|qua|li|tät, die (Psych.): *von einem Objekt ausgehende Anmutung (2).*
an|mut|voll: ↑anmutsvoll.
an|na|deln ⟨sw. V.; hat⟩ (österr.): *mit ei-*

ner *[Steck]nadel befestigen:* ein Abzeichen an die Jacke a.
ạn|na|geln ⟨sw. V.; hat⟩: *mit Nägeln befestigen:* Bretter a.; das Schild ..., vielleicht war es nur schlecht angenagelt gewesen und heruntergefallen (Seghers, Transit 25); wie angenagelt sitzen bleiben.
ạn|na|gen ⟨sw. V.; hat⟩: *an etw. zu nagen beginnen:* Mäuse haben das Brot angenagt; angenagte Äpfel; Ü dass die Inflation seine Ersparnisse annagt (Zeit 7. 2. 75, 1).
ạn|nä|hen ⟨sw. V.; hat⟩: *durch Nähen [wieder] an etw. befestigen:* einen Knopf, den Saum a.
ạn|nä|hern ⟨sw. V.; hat⟩: **1.** ⟨a. + sich⟩ **a)** *sich nähern* (1 a): Die ... Sonde wird die ... aufgenommenen Bilder aber zur Erde senden, wenn sie sich wieder unserem Planeten angenähert haben wird (Freie Presse 10. 2. 90, 1); Kanonen ..., die ... auf sich annähernde einzelne Menschen gerichtet worden waren (Plievier, Stalingrad 182); **b)** *sich nähern* (1 c): sich den westlichen, östlichen Block a. **2.** *einer Sache anpassen, angleichen, in weitgehende Übereinstimmung bringen:* etw. einem Vorbild a.; verschiedene Standpunkte einander a.; eine Parallelreportage von einer Touristen- und einer Außenministerreise nähert ... Alltag und Politik einander an (NZZ 28. 8. 86, 45).
ạn|nä|hernd ⟨Adv.⟩: *ungefähr, fast:* Die a. 200 Straßenwachtfahrer, die zwischen Saar und Fulda unterwegs sind (ADAC-Motorwelt 11, 1986, 107); Von ihnen auch nur a. ein klares Bild zu erhalten, ist ... unmöglich (NZZ 10. 8. 84, 11); die Kinder sind a. gleich groß; ⟨seltener auch attr.:⟩ mit -er Sicherheit.
Ạn|nä|he|rung, die; -, -en: **1. a)** *das Herannahen, Herankommen:* bei der A. feindlicher Flugzeuge; **b)** *das [gegenseitige] menschliche Sich-näher-Kommen, Anknüpfen menschlicher Beziehungen:* die A. der beiden geschah im Verborgenen. **2.** *Anpassung, Angleichung:* eine A. der gegensätzlichen Standpunkte erzielen; eine A. an europäische Verhältnisse.
Ạn|nä|he|rungs|po|li|tik, die; -: *Politik mit dem Ziel engerer Beziehungen zwischen [zwei] Staaten.*
Ạn|nä|he|rungs|ver|such, der: *[aufdringlicher] Versuch, mit jmdm. näher in Kontakt zu kommen:* ein plumper A.; -e machen; ... hatten sich ... Stammkunden des Lokals über eine ... Frau hergemacht, die sich -en widersetzen wollte (Welt 9. 11. 65, 11).
ạn|nä|he|rungs|wei|se ⟨Adv.⟩: *annähernd:* etw. nur a. erreichen.
Ạn|nä|he|rungs|wert, der: *ungefährer, annähernder Wert.* -e angeben, berechnen.
Ạn|nah|me, die; -, -n [zum 2. Bestandteil vgl. Abnahme]: **1.** ⟨Pl. selten⟩ **a)** *das Annehmen* (1 a), *Entgegennehmen:* die A. eines Pakets, einer Sendung verweigern; **b)** (Sport) *Ballannahme;* **c)** *Billigung; Zustimmung zu etw.:* die A. einer Gesetzesvorlage, Resolution; **d)** *Übernahme, Aneignung; das Annehmen* (4) *einer Gewohnheit;* die A. eines anderen Namens; **e)** *Zulassung, Einstellung:* über jmds. A. entscheiden; **A. an Kindes statt* (früher für ↑Adoption). **2.** *Annahmestelle:* etw. bei der A. abgeben. **3.** *Vermutung, Ansicht:* eine weit verbreitete A.; ich war der A., er sei krank; Ulrich hatte sich in der A., dass er sie ... antreffen würde, nicht getäuscht (Musil, Mann 309); Diotima erläuterte, worauf sich ihre A. stütze (Musil, Mann 273); etw. beruht auf der irrtümlichen A., dass ...; Gehe ich recht in der A., dass ... dies ein Pseudonym ist (Hörzu 40, 1973, 3).
Ạn|nah|me|be|stä|ti|gung, die: *Bescheinigung über die Annahme einer Postsendung o. Ä.:* eine A. vorlegen, unterschreiben.
Ạn|nah|me|er|klä|rung, die: vgl. Annahmebestätigung.
Ạn|nah|me|frist, die: *für die Annahme* (1 a) *gesetzte Frist.*
Ạn|nah|me|stel|le, die: *Ort der Annahme* (1 a): etw. an der A. abgeben.
Ạn|nah|me|ver|merk, der: *Vermerk über die Annahme* (1 a) *von etw.*
Ạn|nah|me|ver|wei|ge|rung, die: *das Verweigern der Annahme einer Postsendung o. Ä.:* das Recht der A./auf, zur A.
Ạn|na|len ⟨Pl.⟩ [lat. (libri) annales, zu: annus = Jahr]: *chronologisch geordnete Aufzeichnungen von [geschichtlichen] Ereignissen; Jahrbücher:* in den A. verzeichnet sein; Die A. des Verkehrsvereins künden ... nicht von Erfolgen (Basler Zeitung 27. 7. 84, 33); Ü in die A. [der Geschichte] eingegangen sein (bildungsspr.; *unvergessen* bleiben).
Ạn|na|list, der; -en, -en: *Verfasser von Annalen.*
Ạn|na|lis|tik, die; -: *Geschichtsschreibung in Form von Annalen.*
Ạn|na|lis|tin, die; -n, -nen: w. Form zu ↑Annalist.
Ạn|na|ten ⟨Pl.⟩ [mlat. annata = Jahresertrag, zu lat. annus = Jahr]: *im MA. übliche Abgabe an den Papst für die Verleihung eines kirchlichen Amtes.*
ạn|nehm|bar ⟨Adj.⟩: **a)** *geeignet, angenommen od. gebilligt zu werden; akzeptabel:* ein -er Vorschlag; Der Gasthof hat einen guten Ruf, und die Preise sind a. (Frischmuth, Herrin 51); diese Bedingungen sind a.; **b)** *ziemlich gut:* ein -es Wetter; sie spielt ganz a. Klavier.
Ạn|nehm|bar|keit, die; -: *das Annehmbarsein.*
ạn|neh|men ⟨st. V.; hat⟩: **1. a)** *etw. [gerne, ohne Bedenken] in Empfang nehmen, nicht zurückweisen:* ein Geschenk, Trinkgeld a.; einen Brief für den Nachbarn a.; einen Wechsel a. *(einlösen);* Reiseschecks a. *(umwechseln);* **b)** *mit etw. einverstanden sein, mit etw. übereinstimmen, verinnerlichen* (2): eine Einladung, jmds. Hilfe a.; eine Wette, die Herausforderung a.; das Urteil, die Methoden a.; die Bevölkerung hat die neue Einrichtung noch nicht angenommen *(hat sich noch nicht damit vertraut gemacht);* Ein Titel wird populär, wenn die Rockfans ihn annehmen (Freie Presse 25. 11. 88, Beilage S. 6); Sie (= die SPD) hat das Angebot einer großen Steuerreform nie wirklich angenommen, denkt in Wahrheit an ein Konsumprogramm (Woche 18. 4. 97, 1); Ü Wir ... müssen die Vergangenheit a. *(uns ihr stellen;* R. v. Weizsäcker, Deutschland 20); **c)** *übernehmen:* eine Arbeit, einen Job a.; Manche nehmen Gelegenheitsarbeiten an (Fels, Sünden 44). **2.** *seine Zustimmung geben, billigen:* eine Resolution a.; der Antrag wurde einstimmig angenommen. **3. a)** *sich etw. zu Eigen machen, zulegen:* schlechte Gewohnheiten, Starallüren, einen anderen Namen, ein Pseudonym a.; **b)** verblasst in Verbindung mit Subst., drückt aus, dass sich etw. in bestimmter Weise verändert, entwickelt: der Arbeitskampf nimmt immer schärfere Formen a.; etw. nimmt unvorstellbare Ausmaße an. **4. a)** *aufnehmen, zulassen:* einen Bewerber a.; im Kindergarten nicht angenommen werden; **b)** (ugs.) *adoptieren:* sie wollen ein kleines Mädchen a. **5.** *eindringen, haften lassen:* dieser Stoff nimmt Farbe, Feuchtigkeit gut an; Bald hatten auch ihre Haare den Geruch nach ... Tabakstaub angenommen (Kühn, Zeit 255). **6. a)** *vermuten, meinen, glauben:* mit Recht, ernstlich a., dass ...; er ist nicht, wie vielfach angenommen wird, der Autor; **b)** *voraussetzen:* etw. als Tatsache a.; angenommen, dass ...; R das kannst du a. (ugs.: *das ist sicher).* **7.** *sich um jmdn., etw. kümmern:* sich der Verletzten, der Kinder a.; die Stadt will sich verstärkt der Ausländerbetreuung a.; ◆ Du nimmst dich auch um ihn an (Stifter, Granit 60). **8.** (veraltend) *sich etw. zu Herzen nehmen:* ich werde mir das a. **9.** (Jägerspr.) **a)** *(eine Fährte) aufnehmen u. ihr folgen:* eine Fährte a.; **b)** *(einen Wechsel) betreten:* einen Wechsel a. **10.** (Jägerspr.) *(Futter) nicht verschmähen; fressen:* Futter a. **11.** (Jägerspr.) *angreifen:* jmdn., ein Tier a.; **jmdn. [hart] a.* (ugs.: *attackieren):* Dann ... nahm Blüm die Unternehmer an. Sie sollten sich gefälligst auf ihre Aufgaben besinnen (Spiegel 2, 1983, 19). **12.** (Sport) *den zugespielten Ball in seinen Besitz, unter Kontrolle bringen:* den Ball a.
ạn|nehm|lich ⟨Adj.⟩ (veraltet): **a)** *angenehm, zufrieden stellend:* eine -e Position; **b)** *annehmbar* (a): die Bedingungen sind a.
Ạn|nehm|lich|keit, die; -, -en ⟨meist Pl.⟩: *Bequemlichkeit, Vorteil:* sich viele -en leisten können; -en genießen; Ihr jungen Leute wollt immer nur die A. des Lebens haben (Geissler, Wunschhütlein 174); dort muss er auf manche A. verzichten.
◆ **Ạn|nei|gung,** die; -, -en ⟨Pl. selten⟩: *Neigung* (5), *Zuneigung:* Sie ... konnte sich eine besondere A. zu jenem, dem sie dies Glück schuldig gewesen, nicht versagen (Goethe, Wanderjahre II, 7).
an|nek|tie|ren ⟨sw. V.; hat⟩ [frz. annexer; relativisiert nach lat. annectere = verknüpfen]: *gewaltsam u. unberechtlich in seinen Besitz bringen:* ein Gebiet a.; das nördliche Ostpreußen, das die Sowjetunion annektierte (W. Brandt, Begegnungen 527).
An|nek|tie|rung, die; -, -en: *das Annektieren, Annektiertwerden.*

Annex

An|nex, der; -es, -e [zu lat. annexum, 2. Part. von: annectere, ↑annektieren] (bildungsspr.): **1.** *Anhängsel, Zubehör:* die Vereinbarungen werden in -en festgehalten. **2.** *Annexbau:* Seit der A. des Opernhauses im Rohbau steht, ... (NZZ 4. 4. 84, 29).

An|nex|bau, der ⟨Pl. -bauten⟩: *Anbau, Seitenbau.*

An|ne|xi|on, die; -, -en [frz. annexion < lat. annexio = Verknüpfung]: *gewaltsame u. widerrechtliche Aneignung fremden Gebiets.*

An|ne|xi|o|nis|mus, der; - (abwertend): *Bestrebungen, die auf Annexionen abzielen.*

an|ne|xi|o|nis|tisch ⟨Adj.⟩: *den Annexionismus betreffend:* -e Bestrebungen.

an|ni cur|ren|tis [lat., zu annus = Jahr u. currere = laufen] (veraltet): *laufenden Jahres;* Abk.: a. c.

an|nie|sen ⟨sw. V.; hat⟩: **1.** *jmdm. ins Gesicht niesen:* jmdn. a. **2.** (ugs.) *grob anfahren:* er hat ihn wieder einmal angeniest.

an|nie|ten ⟨sw. V.; hat⟩: *durch Nieten an etw. befestigen.*

an|ni fu|tu|ri [lat., zu annus = Jahr u. futurus, ↑Futur] (veraltet): *künftigen Jahres;* Abk.: a. f.

An|ni|hi|la|ti|on, die; -, -en [zu ↑annihilieren]: **1. a)** *Vernichtung, Zunichtemachung;* **b)** *Ungültigkeitserklärung.* **2.** (Kernphysik) *das Annihilieren* (2).

an|ni|hi|lie|ren ⟨sw. V.; hat⟩ [zu lat. ad (in Zus. an- = zu u. nihil = nichts]: **1. a)** *zunichte machen;* **b)** *für nichtig erklären.* **2.** (Kernphysik) *Elementar- u. Antiteilchen zerstören.*

an|ni prae|te|ri|ti [- ...ε...; lat., zu annus = Jahr u. praeteritum, ↑Präteritum] (veraltet): *vorigen Jahres;* Abk.: a. p.

An|ni|ver|sar, das; -s, -e [mlat. anniversarium, zu lat. anniversarius = alljährlich, zu: annus = Jahr u. vertere, ↑Vers]: **1.** (bildungsspr.) *Jahrestag, Jubiläum:* sein 50. A. begehen, feiern. **2.** (kath. Kirche) *jährlich wiederkehrende Gedächtnisfeier für einen Toten.*

An|ni|ver|sa|ri|um, das; -s, ...ien: *Anniversar.*

an|no [lat. anno, Ablativ von: annus = Jahr] (veraltet): *im Jahre:* erbaut a. 1911; die Kinder bekommen die Grippe und die Erwachsenen auch: wie a. siebzehn (Grass, Hundejahre 243); Abk.: a.; * **a. dazumal**/(ugs. scherzh.:) **dunnemals** *(früher, in jener [alten, vergangenen] Zeit):* Dampferfahrten auf der Spree ... wie a. dunnemals (BZ 25. 2. 76,3); **a.**/(in älteren Dokumenten o. Ä.:) **Anno Domini** *(früher; im Jahre des Herrn;* lat.): Anno Domini 1584; Abk.: A. D.; **a. Tobak** (ugs. scherzh.; *alte [längst überholte] Zeit; in, aus alter [längst überholter] Zeit):* dein Hut ist noch von a. Tobak.

◆ **an|noch** [auch: -'-] ⟨Adv.⟩ [verstärkende Bildung]: *noch* (1 a): Ich freue mich ..., Euch a. wohl zu sehen (Lessing, Nathan IV, 7); wenn Ihr im Tode a. feste steht (Schiller, Räuber V, 1).

an|no cur|ren|tis [lat., zu annus = Jahr u. currere = laufen] (veraltet): *im laufenden Jahr;* Abk.: a. c.

An|no|mi|na|ti|on, die; -, -en [lat. an-, agnominatio] (Rhet., Stilk.): *Wortspiel, das in der Zusammenstellung von Wörtern gleicher od. ähnlicher Lautung, aber unterschiedlicher, im Zusammenhang oft gegensätzlicher Bedeutung besteht* (z. B. der Mond schien schon schön); vgl. Paronomasie.

An|non|ce [a'nõ:sə], die; -, -n [frz. annonce, zu: annoncer, ↑annoncieren]: *Anzeige in einer Zeitung od. Zeitschrift:* eine A. aufgeben, in die Zeitung setzen, schalten; sich auf eine A. melden; Sie hatte auf seine A. geantwortet, in der er sich anpries (Jaeger, Freudenhaus 9).

An|non|cen|blatt, das: *Zeitung, die vorwiegend od. nur aus Annoncen besteht; Anzeigenblatt:* das A. aufschlagen, durchlesen.

An|non|cen|ex|pe|di|ti|on, die: *Anzeigenexpedition.*

An|non|cen|teil, der: *in sich abgeschlossener Teil einer Zeitung, der nur Annoncen enthält.*

An|non|ceu|se [anõ'søzə], die; -, -n (Gastr.): *Angestellte, die die Bestellungen der Gäste an die Küche weitergibt.*

an|non|cie|ren [anõ'si:rən] ⟨sw. V.; hat⟩ [frz. annoncer < lat. annuntiare = an-, verkündigen]: **a)** *eine Annonce in einer Zeitung o. Ä. aufgeben:* in einer Zeitung a.; **b)** *durch eine Annonce ankündigen:* neue Modelle, das Erscheinen eines Buches a.; **c)** *ankündigen, bekannt geben:* er wollte seinen Besuch für morgen annonciert; ... wollte Mauhart seine Pläne nicht via Medien a. (Neue Kronen Zeitung 12. 5. 84, 62).

An|no|ne, die; -, -n [span. anona, aus einer Indianerspr. der Antillen]: *tropische Baumfrucht mit verschiedenen essbaren Arten* (z. B. Chirimoya, Zimtapfel).

An|no|ta|ti|on, die; -, -en (meist Pl.) [1 : lat. annotatio]: **1.** (veraltet) *Aufzeichnung; Vermerk.* **2.** (Buchw.) *kurze Charakterisierung eines Buches (für bibliothekarische Zwecke).*

an|no|tie|ren ⟨sw. V.; hat⟩ [lat. annotare = aufzeichnen, vermerken (Buchw.): *den Inhalt eines Buches o. Ä. aufzeichnen, erläutern, analysieren:* Die Buchliteratur wird selten annotiert (Deutsch als Fremdsprache 5, 1976, 371).

an|nu|al ⟨Adj.⟩ (Bot.): *annuell.*

An|nu|a|ri|um, das; -s. ...ien u. ...ia [zu lat. annus = Jahr]: *Kalender; Jahrbuch.*

an|nu|ell ⟨Adj.⟩ [frz. annuel < spätlat. annualis = ein Jahr alt od. dauernd]: **1.** (veraltet) *alljährlich.* **2.** (Bot.) *(von Pflanzen) einjährig.*

An|nu|el|le, die; -, -n (Bot.): *Pflanze, die nach einer Vegetationsperiode abstirbt.*

An|nu|i|tät, die; -, -en [zu lat. annus = Jahr] (Wirtsch.): **1.** *Jahreszahlung an Zinsen u. Tilgungsraten bei der Amortisation (1) einer Schuld.* **2.** ⟨Pl.⟩ *jährliches Einkommen.*

an|nul|lie|ren ⟨sw. V.; hat⟩ [spätlat. annullare, zu lat. nullus, ↑null]: *[amtlich] für ungültig, nichtig erklären:* ein Gerichtsurteil, einen Vertrag, die Ehe a.; Hitler ... sprach über den Friedensvertrag von Versailles, der annulliert werden müsse (Hilsenrath, Nazi 49); Ü Hier wird ... viel gelobt, doch zwischendurch gibt es Sätze ..., die das soeben gespendete Lob unvermittelt annullieren (Reich-Ranicki, Th. Mann 66).

An|nul|lie|rung, die; -, -en (bildungsspr.): *das Annullieren, Annulliertwerden.*

An|nun|ti|a|ti|ons|stil, der; -s [zu kirchenlat. Annuntiatio Mariae = Mariä Verkündigung]: *Zeitbestimmung des Mittelalters u. der frühen Neuzeit, bei der der Jahresanfang auf das Fest Mariä Verkündigung (25. März) fiel.*

Anoa, das; -s, -s [indon. anoa]: *indonesisches Wildrind.*

Ano|de, die; -, -n [engl. anode < griech. ánodos = Aufweg, Eingang; von Faraday (vgl. Farad) 1834 eingeführt] (Physik): *positive Elektrode.*

an|öden ⟨sw. V.; hat⟩ (ugs.): **a)** *langweilen:* Du kannst dir nicht vorstellen, ... wie mich meine Arbeit in der Schreibstube anödet (Härtling, Hubert 339); Sie ... rauchten, dösten, ödeten sich an (Kirst, 08/15, 286); **b)** *belästigen:* Natürlich kommt es auch vor, dass jemand, ein Betrunkener in einer Bar, mich anödet oder es mindestens versucht (Frisch, Montauk 61).

Ano|den|bat|te|rie, die (Physik): *Batterie zur Erzeugung des Anodenstroms für Elektronenröhren.*

Ano|den|span|nung, die (Physik): *(in Elektronenröhren) Spannung zwischen Anode u. Kathode.*

Ano|den|strah|len ⟨Pl.⟩ (Physik): *von einer glühenden Anode ausgehende Ionenstrahlen.*

Ano|den|strom, der (Physik): *von der Kathode zur Anode fließender Elektronenstrom.*

ano|disch ⟨Adj.⟩: *die Anode betreffend, mit ihr zusammenhängend.*

ano|gen ⟨Adj.⟩ [zu griech. ánō = hinauf, empor u. -genēs = hervorgebracht] (Geol.): *(von Eruptivgesteinen) aus der Tiefe aufsteigend.*

An|öku|me|ne, die; - [aus griech. an- = nicht, un- u. ↑Ökumene] (Geogr.): *der nicht bewohnte Teil der Erde* (z. B. Polargebiete u. Hitzewüsten).

anom ⟨Adj.⟩ (Soziol.): *anomisch:* Untersuchungen von, insbesondere kriminellen Verhaltens (Habermas, Spätkapitalismus 12).

ano|mal ['anoma:l, auch: - -'-] ⟨Adj.⟩ [spätlat. anomalus < griech. anōmalos = unregelmäßig, ungleich, aus: an- = nicht, un- u. omalós = gleich, eben]: *nicht normal [entwickelt]; abnorm:* -e Beziehungen, Verhältnisse; eine -e Entwicklung; sich a. verhalten.

Ano|ma|lie, die; -, -n [lat. anomalia < griech. anōmalía]: **a)** ⟨o. Pl.⟩ *Abweichung vom Normalen, Abnormität;* **b)** (Biol.) *körperliche Fehlbildung:* eine angeborene A.; -n des Gehirns; **c)** (Physik) *das unregelmäßige Verhalten des Wassers im Vergleich mit den meisten anderen Stoffen bei Temperaturänderungen;* **d)** (Astron.) *Winkel zur mathematischen Beschreibung der Stellung eines Planeten in seiner Bahn um die Sonne.*

ano|ma|lis|tisch ⟨Adj.⟩ (Astron.): *auf*

gleiche Anomalie (d) bezogen: -er Mond (Zeit von einem Durchgang des Mondes durch den Punkt seiner größten Erdnähe bis zum nächsten Durchgang); -es Jahr (Zeit von einem Durchgang der Erde durch den Punkt ihrer größten Sonnennähe bis zum nächsten Durchgang).

Ano|mie, die; -, -n [griech. anomía = Gesetzlosigkeit] (Soziol.): *Zustand mangelhafter gesellschaftlicher Integration innerhalb eines sozialen Gebildes, der bes. durch Normabweichung u. Nichtbeachtung bisher gültiger Verhaltensweisen gekennzeichnet ist.*

ano|misch ⟨Adj.⟩ [griech. ánomos = gesetzlos] (Soziol.): *Anomie zeigend, aufweisend.*

ano|nym ⟨Adj.⟩ [spätlat. anonymus < griech. anṓnymos, zu: an- = nicht, un- u. ónoma (ónyma) = Name] (bildungsspr.): **a)** *ungenannt, ohne Namensnennung:* ein -er Verfasser, Brief, -e Waren (*No-Name-Produkte*); **b)** *unpersönlich, durch Fremdheit geprägt:* -e Wohnblocks; sie wohnen in -en Hochhäusern (Saarbr. Zeitung 27. 6. 80, V); In den Parks geschieht eine Art -e Sex (Eppendorfer, Ledermann 100); Die Wirtschaft wird immer -er (Gruhl, Planet 46); ein[en] Traktat a. herausgeben; er ist bestrebt, a. (*unbekannt*) *zu leben, zu bleiben.*

Ano|ny|ma ⟨Pl.⟩: *Schriften ohne Angabe des Verfassers.*

ano|ny|misch ⟨Adj.⟩: *anonym.*

ano|ny|mi|sie|ren ⟨sw. V.; hat⟩: *(aus einer Statistik, aus Fragebogen, Unterlagen u. Ä.) die Namen einer Person, persönliche Daten löschen:* eine Statistik a.; ... werden die Namen ... nach etwa eineinhalb Jahren gelöscht und somit anonymisiert (Spiegel 15, 1983, 10); anonymisierte Daten, Fragebögen.

Ano|ny|mi|tät, die; - (bildungsspr.): *das Nicht-bekannt-Sein, Nicht-genannt-Sein; Namenlosigkeit:* die A. wahren, aufgeben; dieser Lehrer ... war aus der A. herausgetreten (hatte sie preisgegeben) und hatte geschrieben, er ... wünsche sich im Zeichen der Aussöhnung (R. v. Weizsäcker, Deutschland 28).

Ano|ny|mus, der; -, ...mi u. Anonymen (bildungsspr.): *namentlich nicht genannter Autor, Briefschreiber o. Ä.:* der Autor ist ein A. aus dem 17. Jh.; Ein A., der als »ein gläubiger Katholik« zeichnet, entrüstet sich, dass ... (Kantorowicz, Tagebuch I, 552).

Ano|phe|les, die; -, - [zu griech. anōphelḗs = schädlich]: *(in tropischen u. südeuropäischen Ländern vorkommende) Stechmücke [die Malaria überträgt].*

An|oph|thal|mie, die; -, -n [zu griech. a- = nicht, un- u. ophthalmós = Auge] (Med.): *angeborenes Fehlen od. Verlust eines od. beider Augäpfel.*

An|o|pie, An|op|sie, die; -, -n [zu griech. a- = nicht, un- u. ṓps (Gen.: ōpós) = Auge] (Med.): *Funktionsuntüchtigkeit eines Auges (z. B. beim Schielen).*

Ano|rak, der; -s, -s [eskim. anorak = Pelzüberzug, Schneejacke]: *Windjacke mit Kapuze.*

an|ord|nen ⟨sw. V.; hat⟩: **1.** *in einer bestimmten Weise, nach einem bestimmten Plan ordnen, aufstellen:* die Bücher neu a.; das Verzeichnis ist nach Sachgruppen angeordnet; Zahllose Kleinigkeiten ... waren auf Etageren und Plüschtischchen angeordnet (Th. Mann, Krull 13); ein wenig reizvoller Vorgarten ... mit Kiesflächen, geometrisch angeordneten Beeten und Rabatten (Kuby, Sieg 305). **2.** *veranlassen, befehlen, verfügen:* etw. dienstlich a.; der Arzt ordnete strenge Bettruhe an; Es begann schon zu dämmern, als ich alles Nötige angeordnet hatte (Baum, Bali 14).

An|ord|nung, die; -, -en: **1.** *das Anordnen* (1), *Gruppierung:* eine übersichtliche A. vornehmen. **2.** *Verfügung:* eine polizeiliche A.; eine einstweilige A. (Rechtsspr.; *eine Entscheidung des Gerichts, die vorläufigen Rechtsschutz bezweckt*); eine A. erlassen, treffen; jmds. -en nachkommen, befolgen; sich einer A. widersetzen; das geschah auf meine A., auf ärztliche A. (*Veranlassung*).

ano|rek|tal ⟨Adj.⟩ [zu ↑Anus u. ↑rektal] (Med.): *Mastdarm u. After betreffend, in der Gegend von Mastdarm u. After gelegen.*

Ano|rek|ti|kum, das; -s, ...ka [zu griech. anorekteīn = keinen Appetit haben]: *Appetitzügler.*

Ano|re|xia ner|vo|sa, die; - - [nlat., zu ↑Anorexie u. nlat. nervosus = nervös] (Med.): *Magersucht:* A. n., die früher ausschließlich Teenager und junge Frauen ergriff (MM. 13./14. 4. 91, 11).

Ano|re|xie, die; -, -n [griech. anorexía] (Med.): *Appetitlosigkeit.*

An|or|ga|ni|ker, der; -s, -: *Spezialist auf dem Gebiet der anorganischen Chemie.*

An|or|ga|ni|ke|rin, die: w. Form zu ↑Anorganiker.

an|or|ga|nisch ⟨Adj.⟩ [aus griech. an- = nicht, un- u. ↑organisch]: **1. a)** *zum unbelebten Teil der Natur gehörend, ihn betreffend:* -er Dünger; **b)** *nicht durch Lebewesen entstanden:* Dieser Mülleimer hat zwei Kammern, sodass man organischen und einen Abfall trennen kann (e & t 5, 1987, 156). **2.** *nicht nach bestimmten [natürlichen] Gesetzmäßigkeiten erfolgend:* -es Wachstum.

An|or|gas|mie, die; -, -n [zu griech. an- = nicht, un- u. ↑Orgasmus] (Med.): *Fehlen bzw. Ausbleiben des Orgasmus.*

anor|mal ⟨Adj.⟩ [mlat. anormalis, aus lat. a- = nicht, un- u. normalis, ↑normal]: *nicht normal; von der Norm abweichend; ungewöhnlich:* einen -en Eindruck auf jmdn. machen.

Anor|thit [auch: ...'tɪt], der; -s [zu griech. anorthós = schräg, nach dem schrägen Spaltungswinkel] (Geol): *zu den Feldspaten gehörendes Mineral.*

Anor|tho|sit [auch: ...'sɪt], der; -s (Geol.): *fast nur aus Plagioklas bestehendes Tiefengestein.*

An|os|mie, die; - [zu griech. an- = nicht, un- u. osmḗ = Geruch] (Med.): *Verlust des Geruchssinnes.*

An|os|to|se, die; -, -n [zu griech. an- = nicht, un- u. ostéon = Knochen] (Med.): *Störung des Knochenwachstums u. der Knochenentwicklung; Knochenschwund.*

ano|therm ⟨Adj.⟩ [zu griech. ánō = empor u. thermós = warm] (Geogr.): *mit zunehmender Wassertiefe kälter werdend.*

Ano|ther|mie, die; -: *Abnahme der Wassertemperatur in den Tiefenzonen stehender Gewässer u. der Meere.*

An|ox|ä|mie, Anoxhämie, die; -, -n [zu griech. an- = nicht, un-, ↑Oxygenium u. griech. haīma = Blut] (Med.): *Sauerstoffmangel im Blut.*

An|oxie, die; -, -n [zu griech. an- = nicht, un- u. ↑Oxygenium] (Med.): *Sauerstoffmangel in den Geweben.*

an|oxisch ⟨Adj.⟩ (Med.): *auf Sauerstoffmangel im Gewebe beruhend, durch Sauerstoffmangel verursacht.*

An|oxy|hä|mie: ↑Anoxämie.

An|paa|rung, die; -, -en (Tierzucht): *gewollte Paarung von [Haus]tieren mit verschiedenen Merkmalen.*

an|pa|cken ⟨sw. V.; hat⟩: **1. a)** *fest [mit den Händen] fassen:* jmdn. grob am Arm a.; er packte die Kiste mit beiden Händen an; **b)** *jmdn. durch Zufassen angreifen:* der Vogel packte das Jungtier mit den Klauen an; pack an! (Aufforderung an einen Hund: beiß zu!); **c)** *mit zugreifen; mithelfen:* wenn alle mit a., haben wir die Sachen schnell weggeschafft. **2.** *in Angriff nehmen:* ein Problem, eine Arbeit a.; Niemals weigerte er sich, die gewaltigen Aufgaben anzupacken, die ihm seine Partei übertrug (Bieler, Bär 351); Es ist gefährlich, wenn ein solcher Herrscher ... hundert Dinge gleichzeitig anpackt (Thieß, Reich 240); Angepackt wurde inzwischen im Pilotprojekt (Szene 6, 1983, 16). **3.** (ugs.) *in einer bestimmten Art behandeln; mit jmdm. auf eine bestimmte Weise umgehen:* der Lehrer hat die Schüler hart angepackt; Lubbersch ..., der ... die Mannschaft scharf ... anpackt (A. Zweig, Grischa 453); eine Sache richtig anzupacken verstehen.

an|pad|deln ⟨sw. V.⟩: **1.** *sich paddelnd nähern* ⟨ist⟩: mit leichten Schlägen paddelte er an; ⟨meist im 2. Part. in Verbindung mit »kommen«:⟩ er kommt sie angepaddelt. **2.** (Kanusport) *zum ersten Mal gemeinschaftlich in der Saison paddeln* ⟨hat⟩: ich padd[e]le morgen mit meinen Freunden an; ⟨subst.:⟩ war das Anpaddeln trotz rauen Wetters ein Festtag (MM 2. 4. 69, 7).

an|pap|pen ⟨sw. V.⟩: **1.** (ugs.) *[notdürftig od. leichtfertig] ankleben* ⟨hat⟩: ich pappe einen Zettel an meine/meiner Tür an; ein angepapptes Bärtchen; ⟨subst.:⟩ Die Platten ... sind vorhanden. Nur das Anpappen müssen die ... Verantwortlichen ... vor sich her (BM 15. 5. 77, 10). **2.** (landsch.) *festkleben, festsitzen* ⟨ist⟩: der Schnee pappt an.

an|pas|sen ⟨sw. V.; hat⟩: **1.** *jmdm., einer Sache anmessen; für jmdn., etw. passend machen:* jmdm. einen Anzug, Kleider a.; Lassen Sie sich im Magazin ... die gehörige Livree a. (Th. Mann, Krull 176); dass die Raumeinteilung jeweils den Gegebenheiten angepasst werden kann (Bild. Kunst III, 47); Türrahmen und Türen müssen einander angepasst werden. **2.** *etw. einer Sache angleichen; etw. auf* *etw. abstimmen:* seine Kleidung dem festlichen Anlass a.; die Renten wurden angepasst *(den Lebenshaltungskosten angeglichen);* Arbeitnehmer und Betriebe profitieren von einer flexiblen, der Situation angepassten Arbeitszeitorganisation (Woche 18. 4. 97, 2). **3.** ⟨a. + sich⟩ *sich jmdm., einer Sache angleichen; sich nach jmdm., etw. richten:* sich der/an die Umgebung, Wirklichkeit a.; sich in der Kleidung den anderen a.; sich [gegenseitig]/(geh.:) einander a. können; Zenaide ... passte sich ohne Widerrede den Wünschen ihres Schützlings ... an (A. Kolb, Daphne 119).

An|pas|ser, der; -s, - ⟨ugs.⟩: *jmd., der [ständig] geneigt ist, sich anzupassen* (3): Natürlich gibt es Zöglinge, die nach seiner Pfeife tanzen ... Das sind die so genannten »Anpasser« (Ziegler, Gesellschaftsspiele 27).

An|pas|se|rin, die; -, -nen: w. Form zu ↑Anpasser.

An|pas|sung, die; -, -en ⟨Pl. selten⟩: *das Sicheinstellen auf jmdn., etw.; das [Sich]einfügen, Angleichen:* A. der Löhne, Gehälter, Renten; die A. an bestimmte Normen; über den Mangel an A. klagen; A. an veränderte räumliche Gegebenheiten; die A. an die Höhenluft war so vollkommen gelungen, dass niemand über Atembeschwerden klagte (Trenker, Helden 235); eine A. der Theorie an die neuen empirischen Gegebenheiten (Fraenkel, Staat 254); A. (Med.; *Adaptation* 1) des Auges; der Begriff der A. *(Adaptation* 2) wurde hauptsächlich in der amerikanischen Psychologie und Soziologie entwickelt.

an|pas|sungs|be|reit ⟨Adj.⟩: *bereit, sich anzupassen:* eine -e Kollegin; er ist überhaupt nicht a.; Da denke ich manchmal, dass unsere Schulen auch völlig auf dem Holzweg sind, wenn sie nur -es ... Nachwuchsmaterial für die deutsche Wirtschaft ... schaffen (Woche 3. 1. 97, 45).

an|pas|sungs|fä|hig ⟨Adj.⟩: *fähig, sich anzupassen:* ein -er Mensch; er ist sehr a.; Ü wegen der häufigen Umzüge empfehlen sich -e Systeme mit mobilen Elementen (Hamburger Abendblatt 21. 5. 85, Beilage 2).

An|pas|sungs|fä|hig|keit, die: *Anpassungsvermögen.*

An|pas|sungs|hil|fe, die (Wirtsch.): *geldliche Unterstützung für die Zeit des Eingewöhnens:* einen bestimmten Betrag als A. bekommen.

An|pas|sungs|me|cha|nis|mus, der (Biol., Verhaltensforschung): *Mechanismus, der eine Anpassung bewirkt.*

An|pas|sungs|pro|zess, der: *Prozess, Vorgang des [Sich]anpassens.*

An|pas|sungs|schwie|rig|kei|ten ⟨Pl.⟩: *[seelische] Schwierigkeiten bei der Umstellung auf andere Umwelt-, Lebens- od. Arbeitsverhältnisse:* bei der Eingliederung der ausländischen Arbeitskräfte ist mit A. zu rechnen.

An|pas|sungs|stra|te|gie, die: vgl. Anpassungsvermögen: -n entwickeln.

An|pas|sungs|ver|mö|gen, das ⟨Pl. selten⟩: *Fähigkeit, sich anzupassen:* er hat keinerlei A.

An|pas|sungs|vor|gang, der: *Vorgang des [Sich]anpassens.*

an|pat|zen ⟨sw. V.; hat⟩ (österr. ugs.): *beschmutzen, bekleckern:* er hat sich, seine neue Hose mit Soße angepatzt.

an|pei|len ⟨sw. V.; hat⟩: **a)** (Schifffahrt, Flugw.) *mittels Peilung ansteuern:* den Leuchtturm a.; Ü Die Konsequenz ..., mit der sie ihr Ziel angepeilt und stets im Auge behalten hat (Maegerlein, Triumph 59); niemand bezweifelt ..., dass er die Präsidentschaft ... anpeilt *(anstrebt;* Saarbr. Zeitung 11. 10. 79, 3); Angepeilte Arbeitsplätze: insgesamt 75 (Wochenpresse 48, 1983, 54); **b)** (Rundf.) *durch Peilung den Standort o. Ä. von etw. bestimmen:* ein Flugzeug, einen feindlichen Agentensender a.

An|pei|lung, die; -, -en: *das Anpeilen, Angepeiltwerden.*

an|peit|schen ⟨sw. V.; hat⟩: *brutal [mit Drohungen] zu etw. antreiben:* die Arbeiter werden zu immer neuen Sonderschichten und Überstunden angepeitscht; Ü Ich hatte mich ... geirrt, als ich ... annahm, die ressentimentgeladene Opposition werde ... verebben; sie wurde ... von neuem angepeitscht (W. Brandt, Begegnungen 541).

an|pel|len ⟨sw. V.; hat⟩ (landsch. salopp): *Kleidung anziehen:* Feddersen hat seine Frau, sich kältegerecht anzupellen (MM 14. 12. 74, 43).

an|pe|sen ⟨sw. V.; ist⟩ ⟨ugs.⟩: **a)** *eilig, hastig herbeilaufen:* ganz außer sich vor Wut kommt die Peste an; ⟨meist im 2. Part. in Verbindung mit »kommen«:⟩ da kommt er angepest; **b)** *sich schnell fahrend nähern:* ⟨meist im 2. Part. in Verbindung mit »kommen«:⟩ gerade kommt sie mit ihrem Motorrad angepest.

an|pfei|fen ⟨st. V.; hat⟩: **1.** (Sport) *(vom Schiedsrichter) ein Spiel od. einen Spielabschnitt durch Pfeifen eröffnen:* ein Spiel, die zweite Halbzeit wurde angepfiffen; der Schiedsrichter hat angepfiffen. **2.** (ugs.) *in scharfem Ton zurechtweisen:* der Chef hat ihn angepfiffen; Er hatte die Mittagspause überzogen. In der Küche war er angepfiffen ... worden (Fels, Unding 37).

An|pfiff, der; -[e]s, -e: **1.** (Sport) *Pfiff als Zeichen für den Beginn eines Spiels od. Spielabschnitts:* nach dem A. des Schiedsrichters. **2.** (ugs.) *scharfe Zurechtweisung, Rüge:* einen A. bekommen; jeder musste einen unvermuteten und unverdienten A. gewärtigen (Feuchtwanger, Erfolg 409).

an|pflan|zen ⟨sw. V.; hat⟩: **a)** *an eine bestimmte Stelle pflanzen:* Blumen, Sträucher, Obstbäume [im Garten] a.; **b)** *(einen Garten, ein Beet) bepflanzen:* die Beete sind frisch angepflanzt; **c)** *(eine bestimmte Pflanzenart) anbauen:* Mais, Tabak, Kaffee a.

An|pflan|zung, die; -, -en: **1.** *das Anpflanzen* (a, b): dieser Boden ist zur A. von Getreide nicht geeignet. **2.** *bepflanzte Fläche:* auf dem Kahlschlag wurde eine neue A. angelegt.

an|pflau|men ⟨sw. V.; hat⟩ [wohl zu ↑²Pflaume] (ugs.): **1.** *jmdn. verulken, verspotten, necken, hänseln:* er hat mich ständig angepflaumt; die vielen Weihnachtsmänner, die, ... ihren anstrengenden Dienst versehen. Sie werden angepflaumt, manchmal am Bart gezupft (BM 22. 12. 76, 13); **2.** *jmdn. scharf zurechtweisend ansprechen:* ihr Vorgesetzter pflaumt sie schon beim kleinsten Fehler sofort an.

An|pflau|me|rei, die; -, -en (ugs.): *das Anpflaumen:* lass doch die ewige A., deine -en!

An|pflau|mung, die; -, -en (ugs.): *das Anpflaumen.*

an|pflo|cken ⟨sw. V.; hat⟩: **a)** *an einem Pflock befestigen:* ein Boot, eine Ziege a.; zwei Hämmel weideten angepflockt im Gras (Benn, Stimme 37); **b)** *mit Pflöcken befestigen:* die Zelte müssen angepflockt werden.

an|pflö|cken: seltener für ↑anpflocken.

¹an|pi|cken ⟨sw. V.; hat⟩: *pickend anfressen:* Elstern ..., die Maiskolben anpicken, ehe sie reif sind (Strittmatter, Wundertäter 314).

²an|pi|cken ⟨sw. V.⟩ (österr.): **a)** *festsitzen, angeklebt sein* ⟨ist⟩: das Blatt pickt an; **b)** *an-, festkleben* ⟨hat⟩: er hat den Henkel wieder angepickt.

an|pin|keln ⟨sw. V.; hat⟩ (salopp): **1.** *an, auf etw. urinieren:* Am Tor pinkelte einer den Hoheitsadler an (Kirst, 08/15, 883); Guck nicht so hochnäsig ...! In drei Jahren pinkelt dich kein Hund mehr an! *(fragt niemand mehr nach dir;* Ziegler, Labyrinth 220). **2.** *gegen jmdn. äußerst ausfällig werden:* von dem lass ich mich nicht a.; Kriech du man ... aufs Gesicht ... Anpinkeln werden sie dich (Bobrowski, Mühle 34).

an|pin|nen ⟨sw. V.; hat⟩ (ugs.): *mit Pinnen* (3) *anheften:* Fotos an die Schranktür a.; etw. ans schwarze Brett a.

an|pin|seln ⟨sw. V.; hat⟩ (ugs.): *bemalen, anmalen, anstreichen:* Fenster, Wände [bunt] a.; hast du den Namen [an die Tür] angepinselt?; du hast dich aber gewaltig angepinselt *(geschminkt).*

an|pir|schen ⟨sw. V.; hat⟩ (Jägerspr.): **a)** *sich leise u. vorsichtig einem Wild nähern:* Wild in der freien Steppe a.; **b)** ⟨a. + sich⟩ *sich heranschleichen:* ich pirschte mich mit schussbereiter Kamera an.

an|pis|sen ⟨sw. V.; hat⟩ (derb): *an, auf etw. urinieren:* Einmal mit Hund an den Dom, damit er ihn anpisst an allen zweiunddreißig Ecken (Grass, Hundejahre 514).

◆ **an|pla|cken** ⟨sw. V.; hat⟩ [zu landsch. placken = mit einem Flicken besetzen, zu ↑Placken (2)]: *ankleben:* Dabei plackte er das bewusste Mandat wieder, und zwar die Ecken des Rathauses selbst, an (Kleist, Kohlhaas 37).

an|plie|ren ⟨sw. V.; hat⟩ [↑plieren] (nordd.): *jmdn. mit verschleiertem Blick, blinzelnd ansehen; etwas dümmlich ansehen:* während so die Fischfrau das unentschlossene Herrchen anplierte (Lenz, Suleyken 343).

An|pö|be|lei, die; -, -en (ugs. abwertend): *das Anpöbeln:* Schluss mit der A.!; von denen haben wir nur -en zu erwarten.

an|pö|beln ⟨sw. V.; hat⟩ (ugs. abwertend): *durch beleidigende, unflätige o. ä. Äußerungen od. entsprechende Handlungen belästigen, provozieren o. Ä.:* die Leute auf der Straße a.; die alten Herren am Stammtisch, die er anpöbelte, weil sie so selbstzufrieden dahockten (Ziegler, Konsequenz 250); am See ... wurde sie angepöbelt: »Kiek, die Trine!« (Grass, Butt 622).

An|pö|be|lung, (auch:) **An|pöb|lung,** die; -, -en (abwertend): *das Anpöbeln, Angepöbeltwerden.*

an|pol|chen ⟨sw. V.; hat⟩ (landsch. od. geh.): *[vorsichtig] anklopfen; [bittend] an die Tür klopfen:* bei jmdm. zaghaft a.; Ü ich werde einmal bei meiner Mutter a. *(vorsichtig, bittend nachfragen),* ob sie uns helfen kann.

an|po|li|ti|sie|ren ⟨sw. V.; hat⟩: *(jmdn.) auf populistische Art u. Weise politisch beeinflussen u. so die unreflektierte Übernahme eines bestimmten ideologischen Gedankenguts (als eigene Meinung) bewirken:* in Zeiten wirtschaftlicher Rezession lassen sich besonders Jugendliche oft von radikalen Gruppen a.; die Stadt sei ... nicht rechtsgewirkt ... »Im Augenblick bilden sich überall spontane, kleine Gruppen, die nur anpolitisiert sind. Das Potenzial dazu besteht auch in Mannheim.« (MM 7. 9. 92, 15).

an|pol|tern ⟨sw. V.; ist⟩: *mit polterndem Schritten herankommen:* von weitem schon hörte ich ihn a.; ⟨meist im 2. Part. in Verbindung mit »kommen«:⟩ eben kommt sie angepoltert.

an|pop|eln ⟨sw. V.; hat⟩ (salopp): *sich kritisch mit jmds. Person beschäftigen:* Selbstverständlich muss in einer Talk-Show nach hartem ... Kampf immer der Gastgeber der Unterlegene sein ... Anpopeln darf man nur anerkannte Markenekel wie Klaus Kinski (Zeit 25. 4. 75, 49).

An|prall, der; -[e]s: *das Anprallen; heftiger Stoß gegen etwas Hartes; [plötzliches] Aufschlagen:* der A. der Wellen gegen den Deich; Nach dem A. an die Schutzplanken hatte sich das Fahrzeug mehrmals überschlagen (Saarbr. Zeitung 3. 12. 79, 9); dem A. standhalten; Ü Sie waren benommen, als sie ... vom A. der sommerlichen Straße getroffen wurden (Musil, Mann 1378).

an|pral|len ⟨sw. V.; ist⟩: **1.** *an od. gegen jmdn., etw. prallen, heftig anstoßen:* hart an, gegen die Mauer a. ◆ **2.** *(in der Sprache der Reiter) schnell herangeritten od. -gefahren kommen u. dann die Pferde unvermittelt zum Halten bringen:* Strapinski fuhr in einem prächtigen Halbbogen an und ließ die Pferde aufs beste a. (Keller, Kleider 15).

an|pran|gern ⟨sw. V.; hat⟩: *öffentlich tadeln, verurteilen, brandmarken, an die Missstand herausstellen, an die Öffentlichkeit bringen:* die Korruption der Verwaltung a.; jmdn. als Betrüger a.; die Missstände, die niedrigen Gehälter wurden angeprangert; Grzimek ... darf weiter ... die Unterbringung von Legehennen in engsten Käfigen a. (BM 27./28. 5. 76, 32); das muss als Missbrauch der Amtsgewalt angeprangert werden.

An|pran|ge|rung, die; -, -en: *das Anprangern, Angeprangertwerden.*

an|prei|en ⟨sw. V.; hat⟩ (Seemannsspr.): *ein anderes Schiff anrufen:* Von einem deutschen Dreimastschoner werden wir durch das Sprachrohr angepreit (Kisch, Reporter 34).

an|prei|sen ⟨st. V.; hat⟩: *wegen besonderer Vorzüge empfehlen, rühmen:* eine Ware, ein Lokal, eine Sehenswürdigkeit a.; Plakate ..., die Filme oder Rockkonzerte anpreisen (Fest, Im Rampenlicht 366); das Hotel preist sich als mit allem Komfort ausgestattet an; die Regierung pries ihre beabsichtigten oder vollbrachten Taten an, wie wir im Warenhaus es von den billigen Fischen zu halten pflegt (Niekisch, Leben 255).

An|prei|sung, die; -, -en: *das Anpreisen, Angepriesenwerden.*

◆ **an|prel|len** ⟨sw. V.; hat⟩: *anprallen:* den Platz, wo ... der Teufel bei mir angeprellt (Kleist, Krug 511).

an|pre|schen ⟨sw. V.; ist⟩ (ugs.): *[im Laufschritt] eiligst herankommen:* wutschnaubend preschte sie an; ⟨meist im 2. Part. in Verbindung mit »kommen«:⟩ atemlos angepreischt kommen.

an|pres|sen ⟨sw. V.; hat⟩: *fest an etw. pressen:* sie presste das Ohr an die Tür und horchte; ich habe mich an den Boden angepresst; So lagen sie, ... angepresst an den Boden (Remarque, Funke 183).

An|pro|be, die; -, -n: *das Anprobieren eines [in Arbeit befindlichen] Kleidungsstückes:* zur A. kommen; ich bin um 10 Uhr zu A. bestellt; Anzug nach Maß ... Das Ganze braucht fünf -n (Grass, Blechtrommel 556).

an|pro|bie|ren ⟨sw. V.; hat⟩: **a)** *etw. anziehen, um zu sehen, ob es passt:* einen Anzug, Kleider, Schuhe a.; morgen können Sie a. (ugs.; *zur Anprobe*) kommen; Die Verkäuferin behauptet bei jedem Stück, das sie anprobiere, dass sie das selbst auch trägt (Schwaiger, Wie kommt 99); **b)** *veranlassen, dass jmd. etw. zur Probe anzieht:* der Schneider probierte ihm den Anzug an ... schickte er einen Ballen voll bunter Garderobe ..., um sie mir nach Tische nur zum Vergnügen anzuprobieren (Th. Mann, Krull 30).

an|pum|meln ⟨sw. V.; hat⟩ [zu ↑Pummel] (landsch.): *dick, warm anziehen:* du hast dich aber angepummelt!; sie pummelt ihre Kinder immer so dick an.

an|pum|pen ⟨sw. V.; hat⟩ (ugs.): *sich Geld von jmdm. leihen:* sie hat mich [um 50 Mark] angepumpt; Dauernd hat er Schulden und pumpt alle möglichen Leute an (Freizeitmagazin 26, 1978, 10); die ... Schauspieler pumpen sich untereinander um Zigaretten an (Keun, Das kunstseidene Mädchen 31).

an|pus|ten ⟨sw. V.; hat⟩ (ugs.): *seinen Atem gegen jmdn., etw. blasen, pusten:* das Feuer a.; eine Pusteblume ist so schwach, dass sie umfällt, wenn man sie anpustet; Ü draußen pustet uns ein starker Wind an.

An|putz, der; -es (landsch.): *auffällige, [übertrieben] festliche Kleidung:* sie kam in einem stattlichen A.

an|put|zen ⟨sw. V.; hat⟩ (landsch.): *festlich anziehen, herausputzen, schmücken:* sie hat ihre Kinder/sich sonntäglich angeputzt; bei so einem Karneval ... wo wir zu Hause uns so angeputzt haben (Fichte, Wolli 141); Am ... Mittag hat er den Baum angeputzt (Brot und Salz 296).

an|quä|len ⟨sw. V.; hat⟩: **a)** *(ein Kleidungsstück) nur mit Mühe anziehen können:* sich, dem Kind den Anorak a.; **b)** ⟨a. + sich⟩ *sich etw. mit Mühe verschaffen:* Während sich Konditon anquälen (ran 3, 1980, 34).

an|quas|seln ⟨sw. V.; hat⟩ (ugs.): *anquatschen:* gehen wir auf ihn zu und quasseln ihn an (Lynen, Anrainerfährte 28).

an|quat|schen ⟨sw. V.; hat⟩ (ugs.): *ungeniert ansprechen:* ich habe keine Lust, mich von jedem Flegel a. zu lassen; »Und da habe ich sie einfach angequatscht« (BM 17. 1. 1975, 14); Wir Ärzte ... sogar beim Einkaufen wird man ... angequatscht (Spiegel, 15, 1989, 7).

an|quir|len ⟨sw. V.; hat⟩ (Kochk.): **a)** *an etw. quirlen, mit dem Quirl in etw. einrühren:* du musst noch ein Ei a.; **b)** *etw. anrühren, indem man mit dem Quirl verquirlen:* das Puddingpulver wird mit einigen Esslöffeln Milch angequirlt.

an|ra|deln ⟨sw. V.; ist⟩ (ugs.): *mit dem Fahrrad herankommen:* ohne große Eile radelte sie an; ⟨meist im 2. Part. in Verbindung mit »kommen«:⟩ Einen Tag später kam Mathilde angeradelt (Lentz, Muckefuck 134).

an|rai|nen ⟨sw. V.; hat⟩ [zu ↑Rain]: *angrenzen:* die anrainenden Siedlungen.

An|rai|ner, der; -s, -: *Grundstücksnachbar; Anlieger:* die Straßenbaukosten müssen von den -n mitgetragen werden; darüber müssen Sie sich mit Ihrem A. verständigen; Ü die arabischen A. des Roten Meeres (Spiegel 12, 1966, 111).

An|rai|ner|grund|stück, das: *angrenzendes Grundstück.*

An|rai|ner|land, das ⟨Pl. ...länder⟩: *angrenzendes Land:* die Anrainerländer des Bodensees.

An|rai|ner|macht, die: vgl. Anrainerstaat.

An|rai|ner|staat, der: *angrenzender Staat:* die -en der Ostsee.

An|rai|ner|ver|kehr, der ⟨o. Pl.⟩ (bes. österr.): *Anliegerverkehr.*

An|rand, der; -[e]s [zu veraltet Rand = Lauf, Bewegung, wohl zu ↑rinnen] (landsch.): *verstärkter Anlauf:* einen A. nehmen.

an|ran|zen ⟨sw. V.; hat⟩ (ugs.): *scharf tadeln, in barschem Ton zurechtweisen:* seine Untergebenen a.; »Wohin geblieben!«, ranzt er sie an (Fr. Wolf, Zwei 360).

An|ran|zer, der; -s, - (ugs.): *scharfer Tadel; barsche Zurechtweisung:* einen A. bekommen.

an|ra|sen ⟨sw. V.; ist⟩ (ugs.): *in rasendem Tempo herankommen; herbeirennen:* wild gestikulierend raste er an; ⟨meist im 2. Part. in Verbindung mit »kommen«:⟩ er ist angerast gekommen und ins Haus gestürzt.

an|ras|seln ⟨sw. V.; ist⟩ (ugs.) **1.** *rasselnd heranfahren* ⟨ist⟩: die Feuerwehr rasselte an; ⟨meist im 2. Part. in Verbindung mit

»kommen«:) die alte Straßenbahn kam angerasselt. **2.** *grob zurechtweisen, anfahren* ⟨hat⟩: Exzellenz hat mich einige Male eklig angerasselt (A. Zweig, Grischa 397).

an|ra|ten ⟨st. V.; hat⟩: *empfehlen; jmdm. raten, etw. zu tun:* Kühle Vernunft ist dir in der Tat anzuraten (Th. Mann, Krull 185); Nun rate ich Ihnen Vorsicht an (Seghers, Transit 270); das wollte ich dir auch angeraten haben!; ⟨subst.:⟩ auf Anraten des Arztes.

an|rat|tern ⟨sw. V.; ist⟩ (ugs.): *unter Rattern, mit großem Lärm herankommen:* endlich ratterte die alte Tram an; ⟨meist im 2. Part. in Verbindung mit »kommen«:⟩ sie kam in ihrem alten Wägelchen angerattert.

an|rau|chen ⟨sw. V.; hat⟩ /vgl. angeraucht/: **1.** *(eine Zigarette, Zigarre, Pfeife) anzünden u. die ersten Züge tun:* rauch mir bitte eine Zigarette an!; Kronberger drückte seine gerade eben angerauchte Zigarette aus (M. L. Fischer, Kein Vogel 19). **2.** *mit Rauch belästigen; jmdm. Rauch ins Gesicht blasen:* ... wird der Dekan nun denken, ich habe ihn mit Absicht angeraucht (Hofmann, Fistelstimme 40).

an|räu|chern ⟨sw. V.; hat⟩: *leicht, kurz räuchern:* mageres Schweinefleisch, leicht angeräuchert.

an|rau|en ⟨sw. V.; hat⟩: *(Stoff, Leder o. Ä.) an der Oberfläche ein wenig rau machen:* der Stoff ist auf der Unterseite leicht angeraut; Ü eine mächtige ... Stimme; Bierdunst und Zigarrenrauch hatten sie eingeölt und angeraut (Kirst, 08/15, 7).

An|raum, Anreim, der; -[e]s [zu mhd., ahd. rām = Schmutz] (landsch., bes. bayr.-österr.): *Raureif:* der Raureif oder A., wie er im Volksmund genannt wird (Eidenschink, Fels 118).

an|raun|zen ⟨sw. V.; hat⟩ (ugs.): *anfahren; mit groben Worten scharf zurechtweisen:* Der Packmeister hatte ihn schon zweimal angeraunzt (Kühn, Zeit 133).

An|raun|zer, der; -s, - (ugs.): *grobe, scharfe Zurechtweisung.*

an|rau|schen ⟨sw. V.; ist; meist im 2. Part. in Verbindung mit »kommen«⟩ (ugs.): **a)** *mit einem rauschenden Geräusch herankommen:* Da kommt der Autobus ... angerauscht, strahlend gelb und ... in unfeierlichem Tempo (Faller, Frauen 81); **b)** *mit großer Gebärde, Aufmerksamkeit auf sich lenkend herankommen:* Natürlich hat sich Kurz von ihr an die Wand drücken lassen, ... wenn sie mit ihren Blumensträußen ... angerauscht kam (Erné, Fahrgäste 70).

◆ **an|re|beln** ⟨sw. V.; hat⟩ [viell. zu landsch. rebeln = (ab)zupfen, zu Räppes, Raps, Nebenf. von ↑Rapp] (landsch.): *anfahren (6), anschnauzen:* wenn sie vom Pfarrer nicht wollten angerebelt werden (Gotthelf, Spinne 17).

an|re|chen|bar ⟨Adj.⟩: *sich anrechnen (1 c) lassend; anrechnungsfähig:* diese Beitragsmonate sind a.

an|rech|nen ⟨sw. V.; hat⟩: **1. a)** *[gesondert] in Rechnung stellen, berechnen:* die vielen privaten Telefongespräche muss ich Ihnen a.; diese Zusatzleistung hat sie [uns] nicht [mit] angerechnet; **b)** *bewerten:* die Schülerin war so lange krank, dass ihr die schlechte Arbeit nicht angerechnet wurde; **c)** *gegen etw. aufrechnen, in etw. einbeziehen; bei etw. berücksichtigen:* das Auto wurde ihnen mit 5000 Mark angerechnet; die Untersuchungshaft wurde [auf die Strafe] angerechnet. **2.** *in einer bestimmten Weise werten; [vergleichend] einschätzen:* etwas als strafmildernd a.; jmdm. etw. übel a.; Man soll es der jungen Kirche nicht zur Unehre a. (Thieß, Reich 164); **jmdm. etw. hoch a.* (jmds. Verhalten besonders anerkennen, würdigen): er hatte Vertrauen zu mir, und das rechne ich ihm hoch an (Kemelman [Übers.], Mittwoch 165); Manstein ist ... kein Nationalsozialist – umso höher ... muss ihm doch angerechnet werden, dass ... (Hochhuth, Stellvertreter 39).

An|rech|nung, die; -, -en (Pl. selten): *das Anrechnen; Berechnung; Berücksichtigung:* eine A. der Transportkosten erfolgt nicht; unter A. der Untersuchungshaft; in A. bringen (Papierdt., nachdrücklich; *anrechnen; mit berechnen).*

an|rech|nungs|fä|hig ⟨Adj.⟩: *sich anrechnen (1 c) lassend; geeignet, angerechnet zu werden:* -e Versicherungszeiten.

An|rech|nungs|zeit|raum, der: *Zeitraum für den, in dem etw. angerechnet (1 c) wird.*

An|recht, das; -[e]s, -e: **1.** *Recht auf etw., was einem zusteht; Anspruch:* sie hat, besitzt ein altes A. auf diese Wohnung; sein A. geltend machen; auf sein A. verzichten; Die Katze schlief weiter, in dem sicheren Bewusstsein, dass sie ... ein verbrieftes A. darauf habe, ihren Lebensunterhalt vorgesetzt zu bekommen (Tucholsky, Werke II, 298). **2.** *[Theater-, Konzert]abonnement:* wir bitten unsere Abonnenten, ihr A. bis zum 1. September zu erneuern.

An|recht|ler, der; -s, -: *Abonnent.*

An|rechts|kar|te, die: *[Platz]ausweis eines Abonnenten.*

An|rechts|schein, der (Wirtsch.): *Zwischenschein, den ein Aktionär vor der Emission der eigentlichen Aktien erhält.*

An|re|de, die; -, -n: **1.** *Bezeichnung, mit der man jmdn. anredet:* eine höfliche, steife, vertrauliche A.; eine A. umgehen, vermeiden; ... bediente sich ... der A.: Lieber Freund (Musil, Mann 812); Knopf suchte nach der richtigen A. (Remarque, Obelisk 236). **2. a)** (selten) *das Ansprechen eines anderen; an einen anderen gerichtete Worte:* er blieb stehen, als verlange ihn nach einer A. (Gaiser, Jagd 63); ◆ ... brachte die A. an den Geist (= in einer Hamlet-Aufführung) so verwirrt ... vor (Goethe, Wahljahre V, 11); **b)** (schweiz. veraltet) *Ansprache (1).*

An|re|de|fall, der (Sprachw.): ¹*Fall (5), in dem jmd. angesprochen wird; vgl. Vokativ.*

An|re|de|für|wort, das (Sprachw.): *zum Anreden gebrauchtes Personalpronomen:* du, ihr und Sie sind Anredefürwörter.

an|re|den ⟨sw. V.; hat⟩: **1. a)** *ansprechen; Worte an jmdn. richten:* die Nachbarin redete mich an; Natürlich kannte er die Ereignisse, die zu Kreyslers Ablösung geführt hatten, aber redete ihn nicht darauf an *(brachte das Gespräch nicht darauf;* Gaiser, Jagd 158); Du hast es satt, dich dumm a. zu lassen wegen des Aufzugs (Danella, Hotel 37); **b)** *in einer bestimmten Form, mit einer bestimmten Bezeichnung ansprechen:* jmdn. mit Sie, mit Du, mit dem Vornamen, mit seinem Titel a.; Mein Sohn Michael wird ... mit »Meikl« angeredet (Grzimek, Serengeti 91). **2.** *sich durch Reden gegen jmdn., etw. durchzusetzen versuchen, redend gegen etw. angehen:* gegen solchen Lärm kann ich nicht mehr a.

An|re|de|no|mi|na|tiv, der (Sprachw.): *im Nominativ stehende Anrede an eine Person als stellungsfreies, weglassbares Satzglied.*

An|re|de|pro|no|men, das (Sprachw.): *Anredefürwort.*

an|re|gen ⟨sw. V.; hat⟩ /vgl. angeregt/: **1. a)** *jmdn. zu etw. veranlassen, ermuntern, inspirieren:* das Ereignis regte sie zum Nachdenken, zu einer Bemerkung an; gilt es, die Unternehmer anzuregen *(dazu zu veranlassen),* größere Beträge zu investieren (Fraenkel, Staat 378); angeregt durch das Beispiel der anderen, machte sie sich an die Arbeit; **b)** *etw. vorschlagen, den Anstoß zu etw. geben:* ich möchte die Frage a., ob ...; Prof. Müller hat diese Dissertation angeregt. **2.** *(von bestimmten Stoffen) beleben, aufmuntern:* Kaffee und Tee regen [die Lebensgeister] an; etw. regt den Appetit, das Wachstum, die Fantasie an; Wenn sich ... die Herren, angeregt vom Wein, ... in den Garten ... zurückgezogen hatten (Thieß, Reich 346); ein anregendes Mittel; Ü die Diskussion war sehr anregend; in angeregtem Gespräch. **3.** (Physik) *Atom[kern]e od. Moleküle (im Quantensprung) aus dem Grundzustand in einen höheren Energiezustand versetzen:* ein Atom kann nur sprunghaft angeregt werden. ◆ **4.** *anspornen (1):* Sogleich regte Felix sein Pferd an, sprengte auf die Stelle los (Goethe, Wanderjahre I, 6).

An|re|ger, der; -s, -: *jmd., der Anregungen (1 b) gibt:* Herder war der große A. für seine Zeitgenossen; er ist einer der A. dieser Arbeitsgemeinschaft.

An|re|ge|rin, die; -, -nen: w. Form zu ↑Anreger.

An|re|gung, die; -, -en: **1. a)** ⟨o. Pl.⟩ *das Anregen:* die A. von Diskussionen, Debatten; **b)** *Impuls, [Denk]anstoß:* [fruchtbare] -en geben, erhalten; sich wertvolle -en holen; eine A. befolgen, aufgreifen; -en unterbreiten; Platon hat seine -en ... in den Weistümern des Orients geschöpft (Musil, Mann 1337); Sie machen sich keine Vorstellung davon, wie mannigfaltig die -en sind, die man empfängt (Musil, Mann 321). **2.** ⟨o. Pl.⟩ *das Beleben; Belebung:* ein Mittel zur A. des Appetits, der Verdauung, der Herztätigkeit. ◆ **3.** *Regung (2), Anwandlung:* Ich bin nicht abergläubisch ... und gebe nichts auf diese dunklen -en, insofern sie nur solche wären (Goethe, Wahlverwandtschaften I, 1).

An|re|gungs|mit|tel, das: *Aufputschmittel, Stimulans:* der Arzt hat ihr ein A. verschrieben.
an|rei|ben ⟨st. V.; hat⟩: **1.** (landsch.) *(ein Streichholz) durch Reiben entzünden:* ein Streichholz a. **2.** (Fachspr.) **a)** *(Farbe mit Wasser od. einem Bindemittel) mischen, anrühren:* sie hat etwas Farbe angerieben; **b)** *ein mit einem Klebemittel beschichtetes Material auf der zu beklebenden Fläche durch Reiben festdrücken:* das Einbandgewebe wird mit den Handrücken auf dem Buchdeckel angerieben.
an|rei|chen ⟨sw. V.; hat⟩ (landsch.): *helfend zureichen, hinüberreichen:* ich muss die Bücher dort oben einordnen, kannst du sie mir mal anreichen?
an|rei|chern ⟨sw. V.; hat⟩: **1. a)** *ansammeln, aufspeichern:* die giftigen Stoffe werden im Körpergewebe angereichert; bestimmte Pflanzen reichern Stickstoff im Boden an; mit Rauch, Gas, Staub und Dämpfen angereicherte Luft; **b)** ⟨a. + sich⟩ *sich ansammeln, aufgespeichert werden:* diese Stoffe können sich im Nervensystem a.; Schlämme, in denen sich Schwermetalle ... bis zu fünfzigfach anreicherten (DÄ 47, 1985, 25). **2.** *verbessern, vermehren; gehaltvoller machen:* Lebensmittel mit Vitaminen a.; Die Buchproduktion wird mit wissenschaftlichen Texten angereichert (FAZ 9. 1. 82, 21); ein angereichertes Gemisch (Kfz-T.; *Kraftstoff-Luft-Gemisch mit besonders hohem Kraftstoffanteil, wie es beim Kaltstart u. im hohen Drehzahlbereich gebraucht wird*); angereichertes Uran (Kerntechnik; *Uran, bei dem der Anteil von spaltbarem U 235 erhöht wurde*).
An|rei|che|rung, die; -, -en: *das Anreichern, Sichanreichern, Angereichertwerden.*
An|rei|che|rungs|sys|tem, das (Kfz-T.): *Vorrichtung zum Anreichern des Kraftstoff-Luft-Gemisches.*
¹an|rei|hen ⟨sw. V.; hat⟩: **a)** *einer Reihe anfügen:* Perlen a.; **b)** ⟨a. + sich⟩ (geh.) *sich [einer Reihe] anschließen:* ... gab sie argwöhnisch Acht, dass sich Marie nicht einschleiche, statt sich hinten anzureihen (Seghers, Transit 166); Der Wagen ... rollt in die Ringstraße ein ... Hier reiht sich ein Kranz der Bungalows an (Fr. Wolf, Menetekel 245); ein weiterer Bericht reiht sich an; das reiht sich seinen Taten würdig an.
²an|rei|hen ⟨sw., auch st. V.; reihte/(seltener): rieh an, hat angereiht/angeriehen⟩: *mit großen Stichen, lose annähen, anheften:* sie hat den Rock zur Anprobe erst einmal angeriehen.
¹An|reim, der; -[e]s: ↑Anraum.
²An|reim, der; -[e]s, -e [zu ↑Reim]: (selten) *Alliteration.*
an|rei|men ⟨sw. V.; hat⟩: (selten) *allitterieren.*
An|rei|se, die; -, -n: **a)** *Hinfahrt, Fahrt (an ein bestimmtes Ziel):* die A. erfolgt über München, die Rückfahrt über Ulm; die A. dauert 10 Stunden; Nur wenige Flugreisende kalkulieren ihre A. zum Airport so knapp, dass Ankunft und Abflug nahtlos ineinander greifen (a & r 2, 1997, 116); **b)** *[erwartetes] Eintreffen, Ankunft:* wir erwarten die A. einer größeren Reisegesellschaft.

an|rei|sen ⟨sw. V.; ist⟩: **a)** *an ein bestimmtes Ziel reisen, fahren:* sie reisen mit dem Auto, mit der Bahn, mit einem Sonderzug an; In einem Jumbo-Jet reist er an (Grass, Butt 211); Küchenchef Christian Begyn, der täglich über die Grenze aus dem Elsass anreist (*von dort gefahren kommt; e & t 7,* 1987, 26); **b)** *eintreffen; von weit her (mit einem Verkehrsmittel) ankommen:* die Teilnehmer reisen aus allen Himmelsrichtungen an; Jubiläumsturnier in Gelenau ..., wo die Konkurrenz aus Luckenwalde anreiste (*wo sich hinbegab;* Loest, Pistole 191); aus Hamburg angereist kommen.
An|rei|se|tag, der: *Tag der Anreise:* der Montag gilt als A.
An|rei|se|ter|min, der: *Termin für die Anreise (a).*
an|rei|ßen ⟨st. V.; hat⟩ [5: vgl. Reißbrett]: **1.** *zu zerreißen beginnen, am Rande einreißen:* Stoff, Papier a.; das Buch hat schon angerissene Ecken. **2.** (ugs.) *(nach dem Aufreißen der Verpackung) zu verbrauchen beginnen:* sie riss die ... Zigarettenpackung an, die zum Reiseproviant gehörte (Johnson, Ansichten 222); seine Vorräte a.; Aschenschalen und angerissene Keksschachteln standen auf dem Tisch (Gaiser, Jagd 82). **3.** (landsch.) *(ein Streichholz o. Ä.) anzünden:* Er ... riss ein Streichholz am Schaft seines Stiefels an (Cotton, Silver-Jet 24). **4.** *einen Motor (mithilfe einer Leine) in Gang setzen, anwerfen:* sie riss den Außenbordmotor an, und das Boot schoss los. **5.** (Technik) *(auf einem zu bearbeitenden Werkstück, bes. Metall) zeichnen; mit einem spitzen Gerät Linien angeben:* der Blechzuschneider reißt [das Material] an; Nie nach Augenmaß sägen, stets mit Stift und Zollstock a. (Freie Presse 4. 11. 88, Beilage 6). **6.** (Forstw.) *zu fällende Bäume mit einem besonderen Werkzeug markieren.* **7.** *zur Sprache bringen, gesprächsweise berühren:* soziale Probleme a.; die Aufgaben der Kunst kurz a.; Literarische Beiträge ... werden das Thema a. (MM 5. 6. 79, 16). **8.** (ugs.) *in aufdringlicher Weise als Kunden anlocken:* er hatte sich auf den Markt gestellt, um die Leute anzureißen.
An|rei|ßer, der; -s, -: **1.** (Technik) *jmd., der Werkstücke anreißt* (5). **2.** (ugs.) **a)** *jmd., der etw. lautstark anpreist:* Ein ... A. ... begann zu dröhnen: »Hereinspaziert, meine Herren! ...« (Simmel, Stoff 340); **b)** *Ware, die als Kundenfang dient.*
An|rei|ße|rin, die; -, -nen: w. Form zu ↑Anreißer (1, 2 a).
an|rei|ße|risch ⟨Adj.⟩ (ugs.): *in aufdringlicher, billiger Art werbend; unseriös:* ein -es Plakat; der -e Titel eines Buches; dass ... mit »anreißerischen Versprechungen« Asylbewerber nach Berlin gelockt werden (BM 25. 11. 77, 1).
An|reiß|werk|zeug, das (Technik): *Werkzeug zum Anreißen* (5) *von Metallen.*
an|rei|ten ⟨st. V.⟩: **1.** *reitend herankommen* ⟨ist⟩: wenn die Tuareg anreiten in schneeweißen Burnussen (Loest, Pistole 12); sie sind angeritten; ⟨meist im 2. Part. in Verbindung mit »kommen«:⟩ da kommen die Ersten angeritten. **2. a)** *auf einen bestimmten Punkt (ein Ziel, ein Hindernis) zureiten* ⟨hat⟩: Reiten Sie ... jedes Hindernis energisch an (Dwinger, Erde 163); **b)** (Milit.) *gegen jmdn., etw. reiten; reitend kämpfen* ⟨ist⟩: die Schwadron reitet gegen den Feind an; Ü das Vorschiff, gegen das die ... Wellen mit grau schimmernden Kämmen anritten (Jahnn, Geschichten 157). **3. a)** *zu reiten beginnen; losreiten* ⟨ist⟩: er ist gerade angeritten; Er ...trabte, sanft anreitend, zum Hoftor hinaus (Schnurre, Schattenfotograf 273); ⟨subst.:⟩ das Anreiten im Schritt; **b)** *die Reitsaison eröffnen* ⟨hat⟩: morgen wird angeritten. **4.** *ein Pferd anreiten, zureiten* ⟨hat⟩: er hat das Pferd gut angeritten.
An|reiz, der; -es, -e: *etw., was jmds. Interesse erregt, ihn motiviert, etw. zu tun; Antrieb:* ein materieller, finanzieller A.; ein A. zum Sparen; etw. erhöht den A., bietet keinen A. mehr; bedarf es am Ende gar keines solchen -es, dass wir arbeiten (Goes, Hagar 170).
an|rei|zen ⟨sw. V.; hat⟩: **a)** *den Anreiz zu etw. geben:* Steuermäßigungen sollen zum Sparen a.; die ausgesetzte Prämie hat ihn zu besonderen Leistungen angereizt; **b)** *anregen, wecken:* den Appetit a.; der Unfall hat die Sensationslust der Leute angereizt.
An|rem|pe|lei, die; -, -en (ugs.): **a)** *dauerndes Anrempeln* (a): auf dieser Straße ist man oft -en von Betrunkenen ausgesetzt; **b)** *Anrempeln* (b): ich kann die dauernden -en nicht mehr hören!
an|rem|peln ⟨sw. V.; hat⟩ (ugs.): **a)** *[absichtlich] im Vorübergehen anstoßen:* ich remp[e]le im Dunkeln so leicht irgendwen an; Der ... Bursche rempelte die alte Dame mit ... seiner Schulter an (Genet [Übers.], Miracle 274); von einem Betrunkenen angerempelt werden; **b)** *beschimpfen, beleidigen:* ... musste er sich vom Vorsitzenden a. lassen: »Seien Sie gefälligst still ...!« (Ziegler, Kein Reich 166); Er ... rempelt Passanten an, redet sie an, bittet um Geld (Klee Pennbrüder 78).
An|rem|pe|lung, Anremplung, die; -, -en (ugs.): *das Anrempeln, Angerempeltwerden.*
An|remp|ler, der; -s, - (ugs.): **1.** *scharfer Verweis; einen A. bekommen.* **2.** *heftiges Anstoßen, Anprallen, Anrempeln; Stoß:* die Stoßdämpfer halten A. aus; »Die weiß, was harte Arbeit ist – von ihrer Zofe vielleicht«, rief Gustl zum Podium hinauf, was ihm beifälliges Lachen ..., aber auch die verweisenden Blicke vom Vorstandstisch ... und einen derben A. eines massigen Ordnungsmannes eintrug, dass er unter den Tisch rutschte (Kühn, Zeit 236).
An|remp|lung: ↑Anrempelung.
an|ren|nen ⟨unr. V.⟩: **1.** *rennend, laufend herankommen* ⟨ist; meist im 2. Part. in Verbindung mit »kommen«⟩: da kommt er ja schon angerannt! **2.** *gegen jmdn., etw. anlaufen* ⟨ist⟩: Um sich zu wehren, hatte er das Hinterende seines Speers in

die Erde gestoßen und das Tier dagegen a. lassen (Grzimek, Serengeti 222); er ist die ganze Zeit gegen den Sturm angerannt; Ü die See, die ... knallend wie Gewehrschüsse gegen den vorderen Gefechtsstand anrannte (Ott, Haie 121). **3.** ⟨ist⟩ **a)** (ugs.) *an od. gegen etw. rennen, rennend anstoßen [u. sich dabei verletzen]:* mit dem Ellbogen an, gegen die Fensterecke a.; dass wir einer Türe einen Tritt versetzen, an die wir im Finstern mit der Nase angerannt sind (Lorenz, Verhalten I, 122); **b)** *[in feindlicher Absicht] gegen jmdn., etw. laufen, anstürmen:* gegen feindliche Stellungen a.; der Feind versucht überall anzurennen, kommt aber nicht durch; Ü gegen Konkurrenten, gegen die Zeit a.; diese ganzen erbärmlichen Einrichtungen, gegen die man nicht mehr a. kann, die man doch auch nie jemand anrennt (*gegen die er angeht, sich gegen sie wehrt;* Bachmann, Erzählungen 120); Der Satiriker ... will die Welt gut haben, sie ist schlecht, und nun rennt er gegen das Schlechte an (Tucholsky, Werke II, 75). **4.** ⟨hat⟩ **a)** (landsch.) *anstoßen:* er hat mich angerannt; **b)** ⟨a. + sich⟩ (ugs.) *sich einen Körperteil an etw. stoßen:* an dieser Ecke renne ich mir immer wieder den Kopf an.

An|rich|te, die; -, -n: **a)** *Geschirrschrank mit einer Fläche zum Anrichten u. Bereitstellen der Speisen; Büfett:* das Essen steht auf der A.; Auf der A. ... lagen ... Schnittlauch und anderes Grünzeug (Innerhofer, Schattseite 25); die Teller aus der A. nehmen; **b)** *Raum mit Geschirrschränken u. Flächen zum Anrichten:* in der A. arbeiten.

an|rich|ten ⟨sw. V.; hat⟩: **1.** *vorbereitete Speisen, Salate, Brote u. Ä. auf Schüsseln u. Platten [garnieren u.] zum Verzehr bereitstellen:* Ragout im Reisrand a.; Er deckt den Tisch, und sie richtet das Essen an (Fallada, Mann 131); es ist angerichtet (geh.; *das Essen steht auf dem Tisch*); Ein Stammessen, auf gutem Porzellan angerichtet (Kuby, Sieg 72). **2.** *[unbeabsichtigt] etw. Negatives verursachen:* Unfug, heillose Verwirrung a.; was hast du wieder alles angerichtet!; der Orkan richtete schwere Verwüstungen an; Unheil a.; Ein furchtbares Massaker wird unter den römischen Geiseln ... angerichtet (Thieß, Reich 620); er muss für den angerichteten Schaden aufkommen; die Kinder können hier nichts a. *(sie können keinen Schaden stiften);* Ü Sie hatte Angst vor den ungenauen, unzutreffenden Wörtern. Sie wusste, dass sie Unheil anrichten (Chr. Wolf, Nachdenken 217).

An|rich|te|tisch, der: *kleinerer Tisch zum Anrichten* (1)*; Kredenztisch.*

an|rie|chen ⟨st. V.; hat⟩ (selten) **a)** *beriechen, beschnüffeln:* der Hund riecht den Knochen an; wenn man ihn anroch, sog die Nase einen ... süßlichen Alkoholdunst ein (Kirst, 08/15, 323); **b)** *jmdm., einer Sache durch den Geruch anmerken:* man riecht der Wurst an, dass sie nicht mehr frisch ist; den Alkohol riecht man ihm schon von weitem an.

an|rie|men ⟨sw. V.; hat⟩ (landsch.): *mit einem Riemen befestigen:* einen Fotoapparat, ein Fernglas a.; die Ledertasche, die sie am Gürtel angeriemt trug (Fussenegger, Zeit 240).

An|riss, der; -es, -e: **1.** *kleiner Riss; Beginn eines Risses:* sich beim Bodenturnen einen A. der Achillessehne zuziehen. **2.** (Technik) *als Vorlage dienende Zeichnung, Vorzeichnung auf einem danach zu bearbeitenden Material:* einen A. auf einem Werkstück anfertigen. **3.** (Ruder-, Kanusport) *kräftiges Durchziehen beim Eintauchen des Ruderblattes od. Paddels:* den A. verstärken.

an|ris|ten ⟨sw. V.; hat⟩ [zu ↑Rist] (Turnen): *mit einem od. beiden Fußrücken kurz das Turngerät, die Hände berühren.*

An|ritt, der; -[e]s, -e: **a)** (veraltet) *das Anreiten* (1) *an etw.:* beim A. auf die Kastanienallee; **b)** (veraltet) *das Anreiten* (2 b) *gegen etw.:* der A. gegen die feindlichen Truppen; **c)** (selten) *das Anreiten* (3 a)*; Losreiten.*

an|rit|zen ⟨sw. V.; hat⟩: *ein wenig ritzen:* einen Baum a.; zur Blutentnahme wurde dem Patienten das Ohr leicht angeritzt; Ü Das Thema ist angeritzt ... Auch das Fernsehen wird darauf zurückkommen müssen (Hörzu 5, 1973, 123).

an|rol|len ⟨sw. V.⟩: **1.** ⟨ist⟩ **a)** *zu rollen beginnen; losfahren:* der Zug rollte an; Als die ... Kolonne ... anrollte, setzte sich Asch ab, lenkte auf das freie Feld (Kirst, 08/15, 833); Ü Die Produktion rollte langsam an (*kam langsam in Schwung;* Ziegler, Labyrinth 265); **b)** *heranrollen:* mit Gütern beladene Waggons rollen an; Sobald der Kranwagen anrollt, geht's los (H. Gerlach, Demission 162); ⟨subst.:⟩ die Maschine war beim Anrollen zur Startbahn von der Piste abgekommen; ⟨oft mit 2. Part. in Verbindung mit »kommen«:⟩ da kommen sie angerollt! **2.** *(in feindlicher Absicht) auf jmdn., etw. zufahren* ⟨ist⟩: dann rollten Panzer gegen die deutsche Artillerie an; Ü die Wellen rollten gegen den Deich an. **3.** *rollend heranschaffen* ⟨hat⟩: er hat die Fässer angerollt; Ü sie haben ein tolles Menü a. lassen (ugs.; *bestellt, kommen lassen*).

an|ros|ten ⟨sw. V.; ist⟩: *zu rosten beginnen, ein wenig rostig werden:* wenn die Speichen erst einmal anrosten, sieht das Rad bald unansehnlich aus; angerostete Messer; der Wagen ist schon ziemlich angerostet; Ü Wie das EPL-Training bei angerosteten Ehen wirkt, wurde an 150 Paaren getestet (Woche 3. 7. 98, 27).

an|rös|ten ⟨sw. V.; hat⟩: *leicht rösten:* die Weißbrotscheiben dürfen nur angeröstet werden.

an|rot|zen ⟨sw. V.; hat⟩ (salopp): **1.** *jmdn. anspucken.* **2.** *mit Kraftausdrücken beschimpfen:* ich lasse mich doch von so einem Schnösel nicht a.!

an|rü|chig ⟨Adj.⟩ [in Anlehnung an »riechen, Geruch« zu mniederd. anrüchtig = *von schlechtem Leumund*] **a)** *in zweifelhaftem Ruf:* ein -es Lokal; die Schwindler- und Diebesnester, die -en Kneipen und Herbergen der ... Stadt (Maass, Gouffé 105); wir ... verirrten uns ... in öden und -en Hafengassen (Kaschnitz, Wohin 208); es handelt sich um eine ziemlich -e Person; **b)** *[leicht] anstößig:* -e Witze; Gott weiß, was diese Flucht zu bedeuten hatte ..., welch -e Machenschaften (Perrin, Frauen 244); ⟨subst.:⟩ Herr Kruzowski war ... Privatgelehrter. Nicht, als ob das etwas Anrüchiges wäre (Schnurre, Bart 135).

An|rü|chig|keit, die; -: *das Anrüchigsein, zweifelhafte Beschaffenheit, Natur.*

an|ru|cken ⟨sw. V.; hat⟩: **a)** *(von einem Fahrzeug) mit einem Ruck anfahren:* der Zug ruckte an; Endlich ruckte die Lokomotive wieder an, und die Waggons schlichen über die Elbbrücke (Bieler, Bär 251); **b)** (selten) *ruckartig an etw. ziehen:* Viermal ruckt die Leine kurz an. Das heißt, der Taucher hat den Gegenstand gefunden (NNN 26. 6. 85, 3).

an|rü|cken ⟨sw. V.⟩: **1.** *in einer Gruppe od. [militärischen] Formation näher kommen, herankommen* ⟨ist⟩: die Polizei rückte an; die anrückenden Truppen; Das ... Feuer konnte von den sofort angerückten Feuerwehrleuten rasch gelöscht werden (NZZ 2. 9. 86, 22); Ü (ugs.:) wir kamen mit Sack und Pack angerückt; Am folgenden Montag ... rückten ein Geselle und ein Lehrjunge mit dem Handwagen an (G. Vesper, Laterna 46). **2. a)** *an jmdn., etw. heranrücken* ⟨hat⟩: den Tisch an die Wand a.; **b)** *näher heranrücken* ⟨ist⟩: das Kind rückte aus Furcht an die Mutter an.

an|ru|dern ⟨sw. V.⟩: **1.** *sich rudernd nähern:* sie sind ganz langsam angerudert; ⟨meist im 2. Part. in Verbindung mit »kommen«:⟩ er kam gemächlich angerudert. **2.** (Rudern) *zum ersten Mal gemeinschaftlich in der Saison rudern* ⟨hat⟩: wir ruderten letzten Sonntag an; ⟨subst.:⟩ heute ist Anrudern.

An|ruf, der; -[e]s, -e: **1.** *an eine bestimmte Person gerichteter, auffordernder Ruf, Zuruf:* auf einen A. reagieren; ohne A. schießen; Auf A. der Stubenältesten erheben sich die Gefangenen (Bredel, Prüfung 205); wie ein Nachtwandler ... von einem harten A. plötzlich erweckt, ... in die Tiefe saust (St. Zweig, Fouché 159); Ü der A. des Gewissens. **2.** *telefonische Verbindung; Telefongespräch:* heute kamen sechs -e; ein anonymer A.; einen A. erwarten, erhalten, entgegennehmen; ich hatte ... nichts im Sinn als einen telefonischen A. (Johnson, Achim 8).

An|ruf|be|ant|wor|ter, der; -s, - (Fernspr.): *Gerät, das bei Abwesenheit des Inhabers dem Anrufer eine aufgezeichnete Mitteilung durchgibt [u. eine Nachricht des Anrufers aufzeichnet]:* dieser Anschluss ist mit einem automatischen A. ausgerüstet.

an|ru|fen ⟨st. V.; hat⟩: **1.** *durch Rufen jmdn. auf sich aufmerksam machen, jmds. Namen rufen:* der Wachposten rief ihn an; Sie rufen euch an, sie rufen dreimal, dann schießen sie (Seghers, Transit 237); Franke ... wurde wach, als Rita ihn leise anrief (Loest, Pistole 149). **2.** *jmdn. bitten, vermittelnd, helfend o. ä. einzugreifen:* eine Schiedsstelle, das Verfassungsgericht a.; Warum wird die UN nicht angerufen? (Dönhoff, Ära 79); jmdn. als Zeugen, um Hilfe a.; Ich rufe meine Mutter zum Zeugen an, dass ... (Andres, Liebesschaukel 157); da hatte er ... in höchster Not seinen Gott angerufen (Th. Mann, Joseph 219); Gott um Gnade a.; sie haben die Gerichte angerufen *(sind vor Gericht gegangen).* **3.** *mit jmdm. telefonisch Verbindung aufnehmen:* einen Bekannten, die Auskunft, die Polizei a.; bei der Bank in München a.; ich habe überall angerufen, bei der Polizei, auf der Arbeitsstelle, im Club (Koeppen, Rußland 127); jeden Tag a.; ich ... rief irgendeine Nummer an (Koeppen, Rußland 178); er hat schon dreimal angerufen; (nicht standardspr., südwestd. u. schweiz. ugs. auch mit Dativ:) du kannst mir heute Abend noch anrufen. ◆ **4.** *rufend verkünden, ausrufen* (2a): der Nachtwächter rief die elfte Stunde an (Cl. Brentano, Kasperl 345); Wie weit ist's in der Nacht? – Eben itzt ruft der Nachtwächter zwei an (Schiller, Räuber V, 1).

An|ru|fer, der; -s, -: *jmd., der telefonisch Verbindung mit einem anderen aufnimmt:* ein anonymer A.

An|ru|fe|rin, die; -, -nen: w. Form zu ↑Anrufer.

An|ruf|lam|pe, die (Fernspr.): *an Handvermittlungs- od. Nebenstellen bei Eintreffen eines Anrufs [farbig] aufleuchtende Glühlampe.*

An|ruf|schran|ke, die (meist Pl.) (Eisenb.): *Bahnschranke, die nur bei Anruf eines Verkehrsteilnehmers (von einer anderen Stelle her) geöffnet wird:* -n sind nur für wenig benutzte Wege vorgesehen.

An|ru|fung, die; -, -en: *das Anrufen* (2); *Beschwörung:* Nur durch ... die A. von Gerichten hat die ... Umweltpolitik einigen Nachdruck erfahren (Gruhl, Planet 136); Eine sofortige A. der Vereinten Nationen scheine kaum erfolgversprechend (W. Brandt, Begegnungen 9). ◆ **an|rüh|men** (sw. V.; hat): *empfehlen, anraten:* Ich kann euch nicht genug a., Euren Verstand, Euren natürlichen Trieb zu wissen, wie alles sich begibt und untereinander nach Gesetzen der Folge zusammenhängt, mit Fleiß und Mühe zu unterstützen (Novalis, Heinrich 109).

an|rüh|ren (sw. V.; hat): **1. a)** *[mit der Hand] berühren, anfassen:* rühr mich nicht an!; Er habe ... nicht gewusst, dass er die Zahnräder ... nicht a. dürfe (Innerhofer, Schattseite 214); Ihr Bett ist nicht angerührt *(es war nicht benutzt;* Gaiser, Schlußball 174); Ich habe noch nie einen meiner Söhne angerührt *(geschlagen;* Dierichs, Männer 209); er rührte seine Frau nicht mehr an *(verhüllend; hatte keinen Geschlechtsverkehr mehr mit ihr);* kein Buch a. *(nie ein Buch lesen);* **b)** *von etw. essen, trinken, nehmen, verbrauchen* (meist verneint od. eingeschränkt): das Essen kaum a.; keine Zigaretten a.; Keine Lustigkeit bei der Konfirmationsfeier. Der ... Stachelbeerwein wurde kaum angerührt (Strittmatter, Wundertäter 56); Dieses Gras ... wird von den Tieren nicht angerührt *(sie fressen es nicht;* Grzimek, Serengeti 318); der Hauptgang wurde erst angerührt, wenn der Obermeister die Auflassung gab (H. Weber, Einzug 123). **2.** (geh.) *jmdn. innerlich berühren:* das Leid der Flüchtlinge rührte ihn an; Es ist mir nicht bekannt geworden ..., ob mein Jammer den Bruder anrührte (Jahnn, Geschichten 32). **3.** *[mit etw.] verrühren, mischen:* Farbe, Gips [mit Wasser] a.; einen Teig a.; von der Schokoladencreme, die Gervaise angerührt hatte, gedachte er zu nehmen (A. Kolb, Schaukel 56); frisch angerührter Kleister.

an|ru|ßen (sw. V.; hat): *leicht verrußen, durch Ruß schwarz machen:* die vielen Kerzen haben die Zimmerdecke angerußt; angerußte Häuserwände; eine Sonnenfinsternis soll man durch ein angerußtes Glas beobachten.

ans (Präp. + Art.): *an das:* ans Meer reisen; sich ans Steuer setzen; nicht auflösbar in festen Verbindungen: ans Tageslicht kommen; nicht auflösbar in Verbindung mit einem subst. Inf.: ans Weggehen denken.

an|sä|beln (sw. V.; hat) (ugs.): *ungeschickt anschneiden:* du hast das frische Brot so angesäbelt, dass man keine vernünftige Scheibe abschneiden kann.

an|sa|cken (sw. V.; hat) (landsch., bes. sächs.): *(etw. Schweres) kräftig fassen u. anheben (um es fortzutragen):* er sackte den großen Koffer an und trug ihn zum Auto.

an|sä|en (sw. V.; hat): *(etw.) säen, anbauen:* [auf diesem Feld will er] Weizen a.; Gras a.

An|sa|ge, die; -, -n: **1.** *die Ankündigung von jmdm., etw., das Bekanntgeben von etw. [zu Beginn od. während einer Sendung, Veranstaltung o. Ä.]:* die A. des Programms, des nächsten Titels; Ein Mann ... machte die A., stellte die Musiker als seine Freunde vor (Fries, Weg 215); den Sportlern werden -n über ihre Zeiten durchgegeben; Er konnte schon vor der A. nach jedem Schuss sofort die Ringzahl sagen (M. Walser, Seelenarbeit 191); auf die A. der Ergebnisse warten. **2.** (Kartenspiel, bes. Bridge, Whist) *Angabe des Kartenwerts beim Bieten:* als eine knifflige A. (= beim Bridge) von vier no trumps zu entscheiden hatte (Baum, Paris 34).

An|sa|ge|dienst, der: kurz für ↑Fernsprechansagedienst.

an|sa|gen (sw. V.; hat): **1.** *ankündigen, bekannt geben:* die Zeit, das Programm a.; Am Ende jeder Vorlesung wurde uns die Literatur angesagt (Leonhard, Revolution 164); Am folgenden Abend blieb er, ohne vorher anzusagen, ganz fort (Ossowski, Bewährung 67); die Firma hat Bankrott angesagt *(ihre Zahlungsunfähigkeit erklärt);* Ein Grand mit dreien, in der Vorhand, Schneider und Schwarz angesagt (Skat; Führmann, Judenauto 120); In der vergangenen Nacht, ...so hatten sie im Radio angesagt (Heym, Schwarzenberg 17). **2.** (a. + sich) *seinen Besuch ankündigen:* sich bei einer Freundin, für Dienstag, in Bonn, zum nächsten Wochenende a.; Er sagte sich nämlich an, er stand einfach hinter der Tür (Jens, Mann 123); ich bin morgen beim Arzt angesagt. **3.** (Bürow.) *diktieren:* noch einige wichtige Briefe a.; Telegramme telefonisch a.; (subst.:) der Chef ist grade beim Ansagen. **4.** (veraltet) *sagen, mitteilen, melden:* er fürchtete sich, seiner Frau diese Nachricht anzusagen.

an|sä|gen (sw. V.; hat): *eine Kerbe, einen Einschnitt in etw. sägen:* einen Baum, ein Brett, einen Balken a.; Elisabeth nahm eine kleine Feile und sägte die Ampulle an (Sebastian, Krankenhaus 172).

An|sa|ger, der; -s, -: **a)** *[Nachrichten]sprecher im Rundfunk, Fernsehen;* **b)** *Conférencier; Unterhalter, der im Kabarett, Varieté usw. durch verbindende Texte u. witzige Pointen Stimmung zu machen versucht.*

An|sa|ge|rin, die; -, -nen: w. Form zu ↑Ansager.

an|sa|men, sich (sw. V.; hat): *sich durch Samen ansiedeln:* hier haben sich junge Fichten angesamt.

an|sam|meln (sw. V.; hat): **1.** *verschiedene Dinge nach u. nach zusammentragen u. aufbewahren:* Reichtümer, Kunstschätze a.; atomares Potenzial a.; Ü den Fundus an Vertrauen, den Konrad Adenauer in den Jahren seiner Regierung angesammelt hatte (Dönhoff, Ära 113). **2.** (a. + sich) **a)** *zusammenströmen, sich versammeln:* immer mehr Leute, Neugierige sammelten sich an; Publikum hat sich angesammelt. Wo das Fernsehen ist, muss etwas los sein (Brückner, Quints 290); **b)** *sich anhäufen, zusammenkommen:* es hat sich viel Staub, Schmutz angesammelt; die Bücher, die sich in Rom angesammelt haben (Frisch, Montauk 194); im Bindegewebe sammelt sich Flüssigkeit an; Ü Zorn, Missmut und Empörung haben sich in ihnen angesammelt; nicht nur dieser Abend war der Anlass, dass ich so empfand. Das hatte sich bei mir lange angesammelt (Danella, Hotel 179).

An|samm|lung, die; -, -en: **1. a)** *das Ansammeln* (1); **b)** *etw., was sich angesammelt hat:* eine A. von Kunstschätzen; A. von Kunstgut ... Eine A. ist noch keine Sammlung (Lemke, Ganz 143). **2.** *Menschenmenge, die [aus bestimmtem Anlass] an einer bestimmten Stelle zusammengekommen ist:* eine A. aufgeregter, neugieriger Menschen.

An|sa|mung, die; -, -en: *das Sichansamen.*

an|säs|sig (Adj.) [zu frühnhd. anseß = fester Wohnsitz, zu mhd. seʒ, ↑sesshaft]: *mit festem Wohnsitz wohnend, lebend:* eine lange in England a. französische Familie; die -e *(eingesessene)* Bevölkerung; die -e *(heimische)* Industrie; ... ständen im Rahmen der -en *(heimischen)* Gastronomie Räume ... zur Verfügung (Saarbr. Zeitung 12./13. 7. 80, 18); in Düsseldorf a. sein; dass er Wien verlasse und sich auf dem Land a. mache *(ansiedle;* Saarbr. Zeitung 4. 12. 79, II); (subst.:) Die in der Umgebung Ansässigen mieden uns (Th. Mann, Krull 25).

An|säs|sig|keit, die; -: *das Ansässigsein.*

An|satz, der; -es, Ansätze: **1.** (Technik) *das Angesetzte; Verlängerungsstück:* ein Rohr mit einem A. versehen. **2. a)** *erstes*

Ansatzpunkt

sichtbares Zeichen; Spross, Anflug von etw.: der A. von Knospen; der Baum zeigte einen reichlichen A. von Früchten; du hast schon ein ganz klein wenig A. zum Bauch; ◆ **b)** *Voraussetzung, Fähigkeit o. Ä. für etw., etw. Bestimmtes zu werden:* In der Tat, du hast einen sehr glücklichen A. zu einem guten Manne (Lessing, Misogyn I, 2). **3. a)** *das Ansetzen* (5b): dieses Mittel verhindert den A. von Kalkstein; **b)** *Schicht, die sich angesetzt hat:* der A. [von Kalkstein] lässt sich nur schwer entfernen. **4.** (Anat.) *Stelle, wo ein Körperteil, Glied ansetzt, beginnt:* der A. der Oberarme, des Halses; er ... starrte auf den zarten A. ihres Nackens (Zuckmayer, Herr 78). **5.** *erstes Anzeichen:* der erste A. zu einer Besserung; Die Ansätze zu einer Demokratisierung ... wurden ... immer wieder ... zugeschüttet (W. Brandt, Begegnungen 289); etw. schon im A. unterdrücken; in den Ansätzen stecken bleiben; die in den fünfziger Jahren in Ansätzen entstandene Organisierung (Schwamborn, Schwulenbuch 126); sie kam nicht über die ersten Ansätze hinaus; die Sache war schon vom A. her *(von Anbeginn)* falsch. **6.** (Musik) **a)** *bestimmte Stellung und Spannung der Lippen beim Anblasen von Blasinstrumenten:* einen weichen, harten A. haben; keinen [guten] A. mehr haben; den A. üben; **b)** *Art der Tonerzeugung beim Singen:* einen schönen, reinen A. haben. **7.** (Wirtsch.) *Veranschlagung, Voranschlag, Kalkulation:* der ursprüngliche A. im Bundeshaushalt für die Verteidigung ist überschritten worden; in A. bringen (Papierdt.; ansetzen, veranschlagen); für den Wohnungsbau sind 187 Millionen Mark in A. gebracht worden; außer A. bleiben (Papierdt.; *nicht berechnet, nicht mit eingerechnet werden*); die Sonderausgaben bleiben außer A. **8.** (Math.) *Umsetzung einer Textaufgabe in eine mathematische Form:* der A. ist falsch; eine Aufgabe in A. bringen. **9.** (Chemie) *Zusammenstellung der Bestandteile für eine chemische Reaktion.* ◆ **10.** *Forderung; Vorschlag:* Männer ..., die ... sich nach ruhiger Überlegung den billigen Ansätzen ihres Deichgrafen unterwarfen (Storm, Schimmelreiter 93).

An|satz|punkt, der: *Punkt, an dem angefangen, angesetzt werden kann:* ein methodischer A.; ein A. zur Kritik; einen A. für etw. suchen, bieten; positive -e, welche man mit einer Bestrafung zerstören würde (Ossowski, Bewährung 64).

An|satz|rohr, das (Anat.): *Resonanzraum oberhalb des Kehlkopfes.*

An|satz|stö|rung, die (Med.): *Ernährungsstörung beim Säugling.*

An|satz|stück, das (Technik): *Ansatz* (1).

an|satz|weise ⟨Adv.⟩: *[nur] im Ansatz* (2), *in Ansätzen [zu erkennen]:* Von den immer wieder zu hörenden Disziplinarproblemen war nicht einmal a. etwas zu spüren (Saarbr. Zeitung 19. 12. 79, I); ⟨mit Verbalsubstantiven auch attr.:⟩ Über die Gründe für den jüngsten Zulauf zu den technischen Schulen bestehen -e Vermutungen (Tages Anzeiger 28. 7. 84, 29).

an|sau|en ⟨sw. V.; hat⟩ (derb): *jmdn. grob beschimpfen:* der Feldwebel hat ihn wieder einmal angesaut.

◆ **an|säu|er|lich** ⟨Adj.⟩: *säuerlich* (2): ihre zwei sehr ältlichen und sehr -en Töchter Heloise und Klara (Raabe, Chronik 27).

an|säu|ern ⟨sw. V.⟩: **1.** *anfangen, sauer zu werden* ⟨ist⟩: die Milch ist schon ein wenig angesäuert. **2.** ⟨hat⟩ **a)** *(einen Teig) mit Sauerteig versetzen:* den Brotteig a.; **b)** (Chemie) *mit einer Säure versetzen:* eine Lösung a.

an|sau|fen, sich ⟨st. V.; hat⟩ (salopp): *sich betrinken [u. sich dadurch in einen bestimmten Zustand bringen]:* er hat sich einen Rausch angesoffen; du hast dir wohl erst Mut a. müssen?; * **sich** ⟨Dativ⟩ **einen a.** (salopp; *sich betrinken*): Kumiak gab endlich dem starken Wunsch nach, sich einmal umsonst und nach Herzenslust einen anzusaufen (Marchwitza, Kumiaks 92).

An|saug|druck, der ⟨Pl. ...drücke⟩ (Kfz.-T.): *Druck eines Gases im Zylinder vor seinem Eintritt in den Verdichter.*

an|sau|gen ⟨sw., geh. auch: st. V.; hat⟩: **1. a)** *durch Saugen anziehen:* Luft, Wasser [mit einer Pumpe] a.; das Gebläse hat große Luftmengen angesaugt; Ü dass ich von einem Wirbel der Qual und Trauer ... angesogen werde (Rinser, Mitte 170); **b)** *mit, an etw. zu saugen beginnen:* er steckte einen Schlauch in den Tank und saugte ihn an, bis das Benzin herausfloss. **2.** ⟨a. + sich⟩ *sich saugend festsetzen:* ein Blutegel hat sich angesaugt.

An|saug|ge|räusch, das (bes. Kfz.-T.): *beim Ansaugen der Luft in einem Verbrennungsmotor entstehendes zischendes Geräusch.*

An|saug|ge|räusch|dämp|fer, der (bes. Kfz.-T.): *Vorrichtung zur Dämpfung des Ansauggeräuschs eines Verbrennungsmotors.*

An|saug|ka|nal, der (bes. Kfz.-T.): vgl. Ansaugrohr.

An|saug|luft, die (bes. Kfz.-T.): *Luft, die ein Motor ansaugt.*

An|saug|quer|schnitt, der (bes. Kfz.-T.): *Querschnitt einer Vorrichtung, durch die etw. angesaugt wird.*

An|saug|rohr, das (bes. Kfz.-T.): *Rohr, durch das die Ansaugluft strömt.*

An|saug|stut|zen, der (bes. Kfz.-T.): vgl. Ansaugrohr.

An|saug|takt, der (bes. Kfz.-T.): *Takt, in dem eine Vorrichtung zum Ansaugen von etw. arbeitet.*

An|saug|vo|lu|men, das (Kfz.-T.): *Volumen einer Vorrichtung, die zum Ansaugen von etw. dient:* das A. wird durch den Hubraum bestimmt.

an|säu|seln, sich ⟨sw. V.; hat⟩ /vgl. angesäuselt/: **1.** (salopp) **a)** *gewinnend ansprechen:* sie hat ihn wegen dieser Sache schon mehrfach angesäuselt; **b)** *anherrschen, grob anfahren:* er hat ihn angesäuselt. **2.** * **sich** ⟨Dativ⟩ **einen a.** (ugs.; *sich [leicht] betrinken*): heute säus[e]lt er mir einen an.

an|sau|sen ⟨sw. V.; ist⟩ (ugs.): *in sehr schnellem Tempo herankommen* ⟨meist im 2. Part. in Verbindung mit »kommen«⟩: atemlos kam er angesaust.

An|schaf|fe, die; -, -: **1.** (bayr.) *Anordnung, Befehl.* **2.** (landsch.) *Erwerbsmöglichkeit:* eine A. suchen. **3.** (salopp) *Prostitution:* Vorerst gehe ich noch zwei oder drei Jahre auf die A. (Jaeger, Freudenhaus 131). **4.** (salopp) *Diebstahl.*

an|schaf|fen ⟨sw. V.; hat⟩: **1.** *etw. erwerben, kaufen, was länger Bestand hat, nicht zum direkten Verbrauch bestimmt ist:* ich habe mir einen Fernsehapparat, ein Auto angeschafft; darum hatte er nie wieder einen Hund angeschafft (Danella, Hotel 223); wir haben neue Möbel angeschafft; Ü Unsere Vorstellung war ..., dass wir uns zwei Kinder anschaffen (ugs.; *zwei Kinder kriegen*; Dierichs, Männer 165); Du sollst dir einen stillen, sanften Mut a. (Wohmann, Absicht 315). **2. a)** (landsch.) *Geld verdienen:* ich muss a. [gehen], sonst komme ich nie auf einen grünen Zweig; **b)** (salopp) *Prostitution betreiben:* a. gehen; die beiden schaffen jetzt auch an; »Stimmt es, dass er Mädchen auf den Strich schickt?« »Kann schon sein, dass welche für ihn anschaffen.« (M. L. Fischer, Kein Vogel 262); ⟨subst.:⟩ Ein Teufelskreis ist das mit dem Anschaffen ... (Spiegel 44, 1989, 82); **c)** (salopp) *stehlen.* **3. a)** (südd., österr.) *anordnen; befehlen:* wer hat dir das angeschafft?; Wer hat den Elefanten alles angeschafft, was er tun muss? (Hofmannsthal, Der Unbestechliche 147); Spr wer zahlt, schafft an *(wer die Kosten zu tragen hat, darf auch bestimmen);* **b)** *(in einer Gaststätte) seine Bestellung machen; bestellen:* Der Kellner hielt die riesige Platte ... und sagte: »Beliebens nur anzuschaffen, junger Herr!« (Fühmann, Judenauto 17).

An|schaf|fer, der; -s, -: **1.** (landsch.) *jmd., der anschafft* (2 a): *Verdiener:* an mir, dem braven Hausvater, dem Dussel und A., ... erprobten sie ihren Witz (Grass, Butt 498). **2.** (südd., österr.) *jmd., der anschafft* (3); *Auftraggeber.* **3.** (salopp) *Dieb.*

An|schaf|fe|rei, die; -, -en (südd., österr.): *herrschsüchtiges Anschaffen* (3 a): ist mir leichter gewesen ohne die permanente A. (Doderer, Dämonen 578).

An|schaf|fe|rin, die; -, -nen: **a)** w. Form zu ↑ Anschaffer; **b)** (salopp) *Frau, die anschafft* (2 b): *Prostituierte.*

An|schaf|fung, die; -, -en: **a)** *das Anschaffen* (1): die A. eines Autos; [größere, kleinere] -en machen; tausend Rubel für jeden für kleinere -en (Leonhard, Revolution 272); **b)** *etw., was sich jmd. angeschafft* (1) *hat:* dies Gemälde ist eine sehr wertvolle Anschaffung.

An|schaf|fungs|kos|ten ⟨Pl.⟩: *Kosten, die beim Erwerb von etw. entstehen:* langlebige Gebrauchsgüter mit hohen A.

An|schaf|fungs|preis, der: *Preis, den etw. bei seiner Anschaffung hatte.*

An|schaf|fungs|wert, der: *Wert eines Gegenstandes zurzeit der Anschaffung:* der heutige Wert dieses Gemäldes liegt weit über dem A.

◆ **an|schaf|ten** ⟨sw. V.; hat⟩: (landsch.)

als Schaft (1 a) *anbringen*: hat der klein' Maxel ... sein Schlagbeil hervorgezogen. Er schaftete einen neuen Stiel an, er machte es ... wieder scharf (Rosegger, Waldbauernbub 82).

an|schäf|ten ⟨sw. V.; hat⟩: **1.** (Gartenbau) *(durch Ansetzen eines Reises Schnittfläche an Schnittfläche) einen jungen Baum am Schaft veredeln.* **2.** (Holzverarb.) *(ein Holz) durch Ansetzen eines anderen von etwa gleichem Querschnitt verlängern.*

an|schal|ten ⟨sw. V.; hat⟩: **1.** *(Licht, Radio, eine Maschine) durch Betätigen eines Hebels od. Schalters in Betrieb setzen, anstellen, einschalten:* das Radio, den Fernseher, das elektrische Licht a. **2.** (Med.) *Viren o. Ä. aktivieren:* bei jeder Impfung werden T-Zellen aktiviert. Und allein das kann dazu führen, dass HIV-Viren angeschaltet werden (BdW 8, 1987, 23).

an|schau|en ⟨sw. V.; hat⟩ (bes. südd., österr., schweiz., sonst geh.): **1.** *ansehen* (1): jmdn. nachdenklich, aufmerksam, prüfend, vorwurfsvoll, erstaunt, von oben bis unten a.; sich (geh.:) einander unverwandt a.; sich im Spiegel a.; lass dich mal a.!; Er schaut einen an. So durch und durch (Strittmatter, Wundertäter 77); Warum schauen Sie mich so an? (Frisch, Cruz 89). **2.** *ansehen* (2): ich habe mir die Stadt angeschaut; sich die Urlaubsfotos a.; Am Abend darf er sich im Fernsehen die Cavalleria Rusticana a. (Zenker, Froschfest 67); Du musst dir einmal so ein Match in Farbe anschauen (Zenker, Froschfest 22); R da schaue ich mir an! (ugs; *mal sehen, was sich daraus entwickelt!*).

an|schau|lich ⟨Adj.⟩ [mhd. anschouwelich = beschaulich]: *deutlich, verständlich [dargestellt]; bildhaft, lebendig:* eine -e Darstellung, Erzählung; der ... Verhaltensforscher ... hielt eine Reihe Filmausschnitte mit -en Experimenten bereit (Freie Presse 22. 6. 89,6); a. erklären, erzählen, schildern; Der Gegensatz der beiden Tanten wird a. an ihrem Verhalten zur Kutscherschaft (Bergengruen, Rittmeisterin 161); [jmdm.] etw., durch etw. a. machen.

An|schau|lich|keit, die; -: *bildhafte Deutlichkeit, Verständlichkeit;* die Darstellung gewinnt auf diese Weise an A.

An|schau|ung, die; -, -en: **1.** *grundsätzliche Meinung, Betrachtungsweise:* moderne, veraltete politische, soziale -en; eine weit verbreitete A.; Auf der ganzen Welt setzt sich die A. vom Lebensstandard als dem Barometer politischen Erfolgs ... durch (Dönhoff, Ära 197); er hat rückständige -en darüber; was wir haben, sind Leute mit ausgeprägt bourgeoisen -en (Wolfe [Übers.], Radical 46); Sie sind in europäischen -en befangen (Kafka, Erzählungen 110); verschiedene -en vertreten; ich bin der Sache ... nach neuerer A.; **2. a)** ⟨o. Pl.⟩ *das Anschauen, Betrachten; Meditation:* in A. versunken vor einem Bild stehen; in A. (veraltend; *angesichts*) der russischen Vorgänge (Niekisch, Leben 37); **b)** *Vorstellung, Eindruck:* etw. aus unmittelbarer A. kennen, wissen; aus eigener A. urteilen können; aus der bloßen inneren Kenntnis und A. der Dinge (Th. Mann, Krull 48).

An|schau|ungs|kraft, die ⟨Pl. selten⟩: *Vorstellungskraft.*

An|schau|ungs|ma|te|ri|al, das: *Material, das [im Unterricht] dazu dient, etw. zu verdeutlichen, zu veranschaulichen:* er hatte reichliches A. zusammengetragen; Der Studentenprotest ... liefert für diesen Mechanismus gutes A. (Habermas, Spätkapitalismus 177).

An|schau|ungs|ob|jekt, das: vgl. Anschauungsmaterial.

An|schau|ungs|un|ter|richt, der ⟨o. Pl.⟩ (Päd.): *Unterricht, Belehrung mithilfe von Anschauungsmaterial.*

An|schau|ungs|ver|mö|gen, das: *Vorstellungsgabe, Fähigkeit, sich etw. bildhaft vorzustellen.*

An|schau|ungs|wei|se, die: *Denkweise, Art der Anschauung* (1).

An|schein, der; -[e]s [mhd. anschīn = Deutlichkeit, Verständlichkeit]: *äußerer Schein, [falscher] Eindruck:* dem äußeren A. zum Trotz; damit man den A. standesgemäßen Lebens aufrechterhalten könne (Feuchtwanger, Erfolg 583); es war falsch, den A. aufkommen zu lassen, als ob ... (Erh. Kästner, Zeltbuch 146); es hat den A., als ob ...; (schweiz.:) es machte den A., als habe dem ... Bauwerk die letzte Stündlein geschlagen (NZZ 20. 8. 83, 24); Warum wollte Jan den A. erwecken, ihretwegen nicht ... gefahren zu sein (Bieler, Mädchenkrieg 257); sich den A. geben, sehr wissend zu sein; einer Sache einen wissenschaftlichen A. geben; Man kann nie dem A. nach urteilen (Kemelman [Übers.], Mittwoch 108); * **dem/allem A. nach** *(vermutlich; offenbar; anscheinend):* Allem A. nach beschränkte sich O'Daven anfangs ... auf Nachrichten (Weber, Tote 272).

an|schei|nen ⟨sw. V.; hat⟩: *bescheinen; Licht od. Wärme auf jmdn., etw. ausstrahlen:* sich von der Sonne a. lassen; sein Gesicht, das von der Tischlampe angeschienen war (Gaiser, Jagd 64).

an|schei|nend ⟨Adv.⟩ [zu frühnhd. anscheinen = sich zeigen]: *wie es scheint; dem Anschein, Anschein nach; offenbar:* er ist a. ganz begabt; a. wusste er noch nicht, was ihm bevorstand; Anscheinend hatte der Präsident ein gutes Gedächtnis (Bieler, Mädchenkrieg 239).

an|schei|ßen ⟨st. V.⟩ (derb): **1.** *betrügen* ⟨hat⟩: mit diesem Vehikel bist du aber gründlich angeschissen worden; Er hat dich angeschissen, ausgetrickst (Brot und Salz 201). **2.** *jmdn. grob zurechtweisen, beschimpfen* ⟨hat⟩: Als Heiner Geißler den Koalitionspartner anschiss: »Der Rexrodt muss einen Zwillingsbruder haben. So dumm kann einer allein gar nicht sein« ... (Woche 7. 3. 97, 3). **3.** *ungelegen kommen* ⟨ist; meist im 2. Part. in Verbindung mit »kommen«⟩: Was hast du dir dabei gedacht, dass du jetzt hier angeschissen kommst? (Kirst, 08/15, 148).

an|sche|sen ⟨sw. V.; ist⟩ (ugs.): *[eilig, hastig] herankommen:* nach einer Stunde scheste er endlich an; ⟨meist im 2. Part. in Verbindung mit »kommen«:⟩ endlich kam sie angeschest.

an|schi|cken, sich ⟨sw. V.; hat⟩ (geh.): *sich bereitmachen, im Begriff sein, etw. zu tun:* sich zum Gehen a.; Er nahm wieder sein Fernschreiben zur Hand und schickte sich an, ... einen Antworttext zu verfassen (Prodöhl, Tod 271).

an|schie|ben ⟨st. V.⟩: **1.** *(ein Fahrzeug) durch Schieben in Bewegung setzen* ⟨hat⟩: den Karren a.; der Motor springt nicht an, könnt ihr mich, den Wagen mal a.; den Ball a. (Hallenhockey; *den Ball durch Schieben mit dem Schläger ins Spiel bringen*); angeschobenes Brot *(von Brotlaiben, die auf dem Backblech dicht aneinander gerückt gebacken werden, sodass an den Seiten jeweils keine braune Kruste entsteht);* Ü jmds. Karriere a.; Die SPD sollte den Mut haben, ihr gutes Innovationsprogramm mit einem Wachstumskick anzuschieben (Woche, 28. 11. 97, 24); dass etwas nicht ganz rund liefe *(nicht klappe)* und deshalb angeschoben werden müsse (Sprachpflege 1, 1977, 9). **2.** *etw. dicht an etw. schieben, heranrücken* ⟨hat⟩: das Sofa an die Wand a. **3.** (ugs.) *[lässig] herankommen* ⟨ist⟩: ganz lässig schob er an; ⟨meist im 2. Part. in Verbindung mit »kommen«:⟩ nach einer Stunde kam er dann angeschoben.

an|schie|len ⟨sw. V.; hat⟩ (ugs.): *schielend, von der Seite her ansehen:* jmdn. ängstlich, misstrauisch a.

an|schie|ßen ⟨st. V.⟩: **1.** *durch einen Schuss verletzen; mit einem Schuss treffen* ⟨hat⟩: dass er ... gewildert und ein Tier mit einem Giftpfeil angeschossen hat (Grzimek, Serengeti 118); sie haben wieder einen Flüchtling angeschossen; er raste unline wie ein angeschossener Eber. **2.** (Milit., Jagdw.) *Waffen auf ihre Genauigkeit u. Treffsicherheit prüfen; einschießen* ⟨hat⟩: schwere Waffen a. **3.** ⟨hat⟩ **a)** *mit Böllerschüssen o. Ä. begrüßen:* das neue Jahr a.; **b)** (Leichtathletik) *den Beginn eines Rennens od. der letzten Runde eines Rennens durch einen Schuss signalisieren:* die letzte Runde a. **4.** (Bergbau) *durch Lossprengen des Gesteins bloßlegen* ⟨hat⟩: eine Ader a. **5.** (Fußball) *den Ball gegen einen Spieler schießen* ⟨hat⟩: den herauslaufenden Torwart a. **6.** (ugs.) *[durch üble Nachrede] schädigen; kritisieren; [geschäftlich] in Verruf bringen* ⟨hat⟩: die Konkurrenz in ganz hässlicher Weise a.; Die Importeure fühlen sich zu Unrecht angeschossen (Tages Anzeiger 14. 10. 85, 43). **7.** *eilig herankommen; sich in schnellem Tempo, geräuschvoll nähern* ⟨ist⟩: donnernd schossen die schweren Maschinen an; ⟨meist im 2. Part. in Verbindung mit »kommen«:⟩ der Damm war gebrochen, das Wasser kam brausend angeschossen. ◆ **8. a)** *plötzlich hervortreten:* Neue Weltteile sollen entstehen, neue Geschlechter sollen aus der großen Auflösung a. (Novalis, Heinrich 115); **b)** *sich ansetzen* (5 c): aus seinem Blut sprießen nicht Rosen hervor, sondern schießen Quecksilberblüten an (Büchner, Dantons Tod I, 5).

an|schif|fen ⟨sw. V.; hat⟩ (salopp): *an, auf etw. urinieren.*

an|schim|meln ⟨sw. V.; ist⟩: *zu schimmeln beginnen:* die Wurst ist schon angeschimmelt; angeschimmeltes Brot; etw. schmeckt angeschimmelt.

an|schimp|fen ⟨sw. V.; hat⟩ (landsch.): *beschimpfen, mit lauten Worten zurechtweisen:* das war das erste Mal, dass sie mich angeschimpft hat (Kempowski, Immer 45).

an|schir|ren ⟨sw. V.; hat⟩: *(ein Zugtier) anspannen; (einem Zugtier) das Geschirr anlegen:* Ein beliebter Sport ... war es, eines dieser ... Tiere anzuschirren und eine Kette von Rodelschlitten anzuhängen (Dönhoff, Ostpreußen 135); Ü Solange er sich mit hastigen Griffen anschirrte (Fliegerhaube, Weste u. Gurte festschnallte; Gaiser, Jagd 189).

An|schiss, der; -es, -e [zu ↑anscheißen (2)] (salopp): *heftiger Tadel, grobe Zurechtweisung:* einen A. bekommen; Der Kommandant ... verpasste dem Obermaschinisten einen ungeheuren A. (Ott, Haie 333).

An|schlag, der; -[e]s, Anschläge: **1.** *Bekanntmachung, die am schwarzen Brett, an einer Mauer, Litfaßsäule o. Ä. angeschlagen ist:* die Anschläge der gegnerischen Partei wurden heruntergerissen; ... war an der Tafel ..., wo immer die obrigkeitlichen Anschläge hingen, ein Aufruf angebracht (Kühn, Zeit 12); am schwarzen Brett hängt ein neuer A.; einen A. machen; Ich stand vor einer Plakatsäule, ich las die Anschläge ein Dutzend Mal (Chr. Wolf, Nachdenken 11); etw. durch A. bekannt machen. **2.** *gewalttätiger, auf Vernichtung, Zerstörung zielender Angriff:* ein verbrecherischer, gemeiner A.; der A. ist missglückt; einen A. auf das Staatsoberhaupt, auf jmds. Leben planen, verüben; Ü einen A. auf jmdn. vorhaben (ugs.: *jmdn. um etw. bitten wollen*). **3.** ⟨o. Pl.⟩ *das Anschlagen* (2a): den gleichmäßigen A. der Wellen an die Schiffswand hören; dieser Schlag wird von Schnee gedämpft, er ist wattig, wollig, den A. hört man kaum (Hildesheimer, Tynset 260). **4. a)** ⟨Pl. selten⟩ *Art des Anschlagens* (5b): einen weichen, schönen A. haben; der karge A., die ... Motorik der so genannten sachlichen Pianistenschule (Hildesheimer, Legenden 72); er spielt mit zu hartem A.; **b)** ⟨o. Pl.⟩ *Art, in der sich etw. anschlagen* (5a) *lässt:* diese Maschine hat einen ganz leichten A. **5. a)** ⟨Pl.⟩ *das einzelne Anschlagen* (5a), *Niederdrücken einer Taste (auf der Schreib- od. Rechenmaschine):* sie schreibt 300 Anschläge in der Minute; **b)** ⟨meist Pl.⟩ *Maß für einen Buchstaben, ein Zeichen od. einen Zwischenraum auf der Schreibmaschine:* die Zeilenlänge auf 50 Anschläge einstellen. **6. a)** (Schwimmen) *das Anschlagen* (3a); **b)** *(beim Versteckspiel) verabredete Stelle, an der man mit der Hand schlägt zum Zeichen, dass man einen andern gesehen hat:* er ist ganz schnell zum A. gelaufen; **c)** *(beim Versteckspiel) das (von dem Ausruf »Anschlag für ...« begleitete) Anschlagen* (3b) *mit der Hand der verab-*

redeten Stelle: A. für Emil!; A. für mich! **7.** (Milit., Jagdw.) *schussbereite Stellung:* A. liegend, kniend, stehend freihändig; ein Posten mit dem Karabiner im A.; die Gewehre gehen in A. **8.** (Kaufmannsspr.): *Kostenvoranschlag:* der A. beläuft sich auf dreitausend Mark; etw. in A. bringen (Papierdt.; *mit berechnen, einbeziehen, berücksichtigen*); die geleisteten Vorarbeiten bei der Berechnung in A. bringen; Ü Bekenntnisse, bei denen immerhin in A. zu bringen ist, dass ich sie freiwillig ablege (Th. Mann, Krull 140). **9.** ⟨Pl. selten⟩ *Stelle, bis zu der sich etw. bewegen od. drehen lässt:* Der Lautstärkeknopf ist bis zum A. aufgedreht (Spiegel 40, 1983, 119); Ich zog den Gashebel bis gegen den A. (Brasch, Söhne 34). **10.** (Bergbau) *Füllort.* **11.** (Handarb.) *erste Maschenreihe beim Häkeln u. Stricken:* für den A. rechnet man 30 Luftmaschen; 80 Maschen A., dann jede zweite Reihe 2 Maschen zunehmen. **12.** (Sport, Radball, Radpolo) *Schlag, mit dem der Ball ins Spiel gebracht wird.* **13.** (selten) *kurzes, warnendes Bellen:* der A. des Hundes schreckte ihn auf. **14.** (Angeln) *Drehbewegung mit Hand oder Arm, durch die nach dem Anbiss der Angelhaken fest in das Maul des Fisches getrieben werden soll:* der A. glückt nur, wenn er unmittelbar auf den Biss erfolgt; die Forelle saß beim A. sofort fest. ◆ **15. a)** *Antrag* (2): Eben jetzt liegt der A. im Kabinett, dass ... Lady Milford zum Schein den Abschied erhalten ... soll (Schiller, Kabale I, 5); **b)** *Vorschlag* (1): Es ist nichts unmöglich, gib mir einen A. (*mach mir einen Vorschlag;* Goethe, Egmont V); **c)** *Vorhaben, Plan:* Eure großen Anschläge könnten darüber zugrunde gehen (Goethe, Götz III); die lange Mutter voll bitterer Worte und nutzloser Anschläge (Keller, Das Sinngedicht 70).

An|schlag|brett, das: *schwarzes Brett; Tafel für Anschläge* (1): Informiert euch an -ern im Betrieb (ran2, 1980, 37).

an|schla|gen ⟨st. V.⟩: **1.** *(als Bekanntmachung, Ankündigung, Inserat o. Ä.) zur allgemeinen Kenntnisnahme irgendwo anbringen* ⟨hat⟩: das Programm am schwarzen Brett a.; ich habe diese Mitteilung irgendwo angeschlagen gesehen. **2. a)** *an etw. stoßen, auf etw. auftreffen* ⟨ist⟩: mit dem Kopf [an die Wand] a.; die Wellen schlugen kaum hörbar [an das/an dem Ufer] an; **b)** *mit einem Körperteil an etw. stoßen [u. sich verletzen]* ⟨hat⟩: ich habe mir an einer scharfen Ecke das Knie angeschlagen; einen Balken ... An dem hätten sich schon viele den Kopf angeschlagen (Innerhofer, Schattseite 15). **3.** ⟨hat⟩ **a)** (Schwimmen) *beim Wenden u. am Ziel mit der Hand den Beckenrand kurz berühren:* bei der Wende hatte er als Erster [am Beckenrand] angeschlagen; **b)** *(beim Versteckspiel) den vereinbarten Anschlag* (6b) *mit dem Ausruf »Anschlag für ...« berühren:* er schlug einen nach dem andern an; ⟨subst.:⟩ wir spielen Verstecken mit Anschlagen. **4.** *(durch Anstoßen) beschädigen* ⟨hat⟩: beim Geschirrspülen einen Teller a.; angeschlagene Tassen, Biergläser. **5.** ⟨hat⟩ **a)** *die Tasten*

(einer Maschine) bis zum Anschlag (9) *niederdrücken:* auf dem alten Modell lassen sich die Tasten ziemlich schwer a.; bei vier Durchschlägen muss man viel kräftiger a.; **b)** *(durch Tastendruck od. Schlag gegen etw.) zum Tönen bringen:* die Stimmgabel, einzelne Tasten, ein Saiteninstrument a.; **c)** *erklingen lassen:* den Kammerton a.; Er schlug eine Terz an, die sich schnell im Dunkeln verlor (Fries, Weg 320); er hat die Melodie auf dem Klavier angeschlagen; ein gellende Lache a.; In meinen Darlegungen ... bedauerte ich den polemischen Ton, den Stoph angeschlagen hatte (W. Brandt, Begegnungen 507); **d)** *etw. anders weiterführen; in anderer Weise mit etw. beginnen od. fortfahren:* Ilja ... schlug einen schnelleren Schritt an (Schaper, Kirche 107); eine schnellere Gangart a.; die Reiterin schlug scharfen Galopp an. **6.** *erklingen, ertönen [u. dadurch etw. anzeigen]* ⟨hat⟩: wie die Turmuhr der Stadt erst die zweite Nachtstunde anschlug (Schaper, Kirche 45); Sooft die Wohnungsklingel anschlug, war ich darauf vorbereitet, Hitlers Häscher eintreten zu sehen (Niekisch, Leben 239). **7.** ⟨hat⟩ **a)** *durch Hämmern, Nageln o. Ä. an etw. befestigen:* ein Brett, eine Leiste, Beschläge a.; **b)** *(an etw.) verbinden; fest [an etw.] anmachen:* die Leine a.; ein Segel am Baum a.; **c)** (Technik, Bergbau) *(eine Last, ein Fördergefäß) am Seil befestigen, um es hochzuziehen:* der Steiger schlug den Förderkorb an. **8.** ⟨hat⟩ **a)** *(mit einer Axt o. Ä.) einkerben, zum Fällen vorbereiten:* ein Dutzend Bäume a.; **b)** *(ein Fass) anstechen, anzapfen:* Nach der Begrüßung ... schlug Bürgermeister R. Müller das erste Fass an (Saarbr. Zeitung 8. 10. 79, 6). **9.** ⟨hat⟩ (Milit., Jagdw. veraltend) **a)** *eine Feuerwaffe in Anschlag* (7) *bringen;* **b)** *auf jmdn., etw. mit einer angeschlagenen* (9 a) *Waffe zielen:* den Fuchs a. **10.** (Radball, Radpolo) *den Ball durch Anschlag* (12) *ins Spiel bringen* ⟨hat⟩. **11.** (geh.) *in bestimmter Weise einschätzen, veranschlagen* ⟨hat⟩: jmds. Verdienste hoch a.; ich musste es ... hoch a., dass er mir als Gegengabe einiges aus seinem Besitz anbot (Erh. Kästner, Zeltbuch 22). **12.** ⟨hat⟩ **a)** *einen bestimmten Erfolg haben; [s]eine Wirkung zeigen:* die Kur, das Mittel schlägt bei ihm an; **b)** (ugs.) *jmdn. an Gewicht zunehmen lassen:* setz dich beim Essen, sonst schlägt es nicht an (Kinski, Erdbeermund 371); das gute Essen hat bei ihr gleich angeschlagen. **13. a)** *kurz u. warnend bellen* ⟨hat⟩: Ein Hund erwacht in seiner Hütte ..., schlägt an, fängt an zu kläffen (Fallada, Trinker 28); **b)** *(von bestimmten Vögeln) schlagen* (7 c): Irgendwo schlug ein Vogel an, sehr tief und süß (Seidel, Sterne 22).

An|schlä|ger, der; -s, -: **1.** (Bergbau) *jmd., der für die Güterbeförderung im Schacht verantwortlich ist* (Berufsbez.). **2.** (Faustball) *Spieler, der die Angabe* (3 a) *ausführt.*

An|schlä|ge|rin, die; -, -nen: w. Form zu ↑Anschläger (2).

an|schlä|gig ⟨Adj.⟩ (landsch.): *klug,* ein-

fallsreich: ein -er Kopf; als meine Augen ... einem anderen Augenpaar begegneten, einem lustig -en (Th. Mann, Krull 268).

An|schlä|gig|keit, die; - (landsch.): *das Anschlägigsein.*

An|schlag|säu|le, die: *Litfaßsäule.*

An|schlag|ta|fel, die: vgl. Anschlagbrett.

An|schlag|win|kel, der (Handw.): *Winkelmaß aus Holz od. Metall zur genauen Ausrichtung von rechten Winkeln.*

an|schläm|men ⟨sw. V.; hat⟩ (selten): *(Sand, Schlamm) anspülen, anschwemmen.*

an|schlei|chen ⟨st. V.⟩: **1.** *heranschleichen, sich langsam [heimlich] nähern* ⟨ist⟩: als er den Deckel andrückte, hörte er, wie jemand anschlich (Degenhardt, Zündschnüre 12); aus den Augenwinkeln sehe ich die ... Katze ..., wie sie übers Garagendach ... anschleicht (Lentz, Muckefuck 21); ⟨häufig im 2. Part. in Verbindung mit »kommen«:⟩ auf leisen Sohlen angeschlichen kommen; kommst du schon wieder angeschlichen? **2.** ⟨hat⟩ **a)** *zum Ziel nehmen u. sich ihm schleichend nähern:* das Wild a.; sie ... lernten, wie man sich tarnte und einen Gegner anschlich (Loest, Pistole 39); **b)** ⟨a. + sich⟩ *sich anschleichend nähern:* sich mit dem Fotoapparat in der Hand [an das Wild] a.

¹an|schlei|fen ⟨st. V.; hat⟩: **a)** *ein wenig* ¹*schleifen:* einen Stein an einer Seite a.; **b)** *durch* ¹*Schleifen anschärfen, anspitzen:* Werkzeugstähle a.; **c)** *einer Sache durch* ¹*Schleifen eine bestimmte Form geben:* dem Messer eine Spitze a.

²an|schlei|fen ⟨sw. V.; hat⟩ (ugs.): ²*schleifend heranbringen:* einen schweren Sack a.; er schleifte viele Bücher an *(holte sie mit Eifer herbei).*

an|schlen|dern ⟨sw. V.; ist⟩ (ugs.): *sich nachlässig, gemütlich, langsam nähern:* mit unschuldiger Miene schlenderte sie an; ⟨meist im 2. Part. in Verbindung mit »kommen«:⟩ Arm in Arm kamen sie angeschlendert; Kurz vor dem Platz kamen ein Mann und eine Frau angeschlendert (Weber, Tote 172).

an|schlep|pen ⟨sw. V.; hat⟩: **1.** *mühsam heranbringen:* Tische und Stühle a.; Aus dem Gemeindehaus wurde ein mannshoher Messingleuchter angeschleppt (Hörzu 10, 1973, 14); Er ... blättert in dicken Wälzern, die er aus der Gefängnisbibliothek angeschleppt *(herbeigeholt)* hat (Sobota, Minus-Mann 102); etw. angeschleppt bringen; Ü viele Freunde a. (ugs.; *unerwartet, unerwünscht mitbringen).* **2.** *ein Kraftfahrzeug ziehen, bis es aus eigener Kraft weiterfahren kann:* der Wagen musste angeschleppt werden.

an|schlie|ßen ⟨st. V.; hat⟩: **1.** *festmachen, (durch ein Schloss) sichern:* das Fahrrad [am/(seltener:) an den Gartenzaun] a. **2.** *anbringen; verbinden:* einen Schlauch an (auch:) an Wasserhahn a.; ein elektrisches Gerät a.; Sie ... schloss den Tauchsieder an *(steckte seinen Stecker in die Steckdose;* Bieler, Bonifaz 83); das Haus an die Fernheizung a.; die angeschlossenen *(mit dem das Programm ausstrahlenden Sender verbundenen)* Sender. **3.** *folgen lassen, anfügen, hinzufügen:* ich möchte einer Frage/an eine Frage eine weitere a.; einige Bemerkungen a. **4.** ⟨auch a. + sich⟩ *räumlich od. zeitlich unmittelbar folgen, sich anreihen:* an das Haus schließen [sich] Stallungen an; an den Vortrag schließt [sich] eine Diskussion an; Besichtigungsreise mit anschließendem Theaterbesuch. **5.** ⟨a. + sich⟩ **a)** *sich beteiligen, sich zugesellen:* sich einer Gruppe, Partei, einer Reisegesellschaft a.; ... schloss ich mich der Schlange an, die vor der U-Bahn-Station ... stand (Leonhard, Revolution 100); Andreas schließt sich meinem Hungerstreik an (Küpper, Simplicius 176); **b)** *zustimmen, beipflichten:* sich einer Meinung, einer Theorie a.; ich schließe mich an *(bin ich der gleichen Ansicht);* **c)** *sich zuwenden, sich hinwenden:* sich einem Menschen, großen Vorbildern a.; sich aneinander a.; sich schnell, leicht, schwer a. [können] *(Kontakt finden).* **6.** *(von Kleidungsstücken) anliegen:* der Kragen schließt eng [am Hals] an.

an|schlie|ßend ⟨Adv.⟩: *danach, hinterher:* a. verreisen wir; Ob er a. noch bleiben wird, weiß ich nicht (Kemelman [Übers.], Mittwoch 167); Was a. an die Barbesuche vorgefallen sein mag, das ist nicht bekannt geworden (Riess, Cäsar 360).

An|schliff, der; -[e]s, -e: **a)** ⟨o. Pl.⟩ *das* ¹*Anschleifen* ist nicht ganz einfach; **b)** *durch* ¹*Anschleifen hergestellte Form, Schnittfläche:* ein Stichel mit elliptischem A.

An|schluss, der; -es, Anschlüsse: **1. a)** *Verbindung zu einem Leitungsnetz:* elektrischen A. haben; A. an die Kanalisation erhalten; **b)** *Fernsprechanlage:* einen A. beantragen; der A. ist gestört; **c)** *gewünschte telefonische Verbindung:* keinen A. bekommen; auf den A. warten; Er hörte ..., dass jemand zu telefonieren versuchte, ... es schien aber kein A. zustande zu kommen (Rolf Schneider, November 136); Kein A. unter dieser Nummer *(Hinweis am Telefon, dass eine bestimmte angewählte Telefonnummer nicht [mehr] gilt).* **2.** *anschließende Verkehrsverbindung:* sofort A. haben; seinen A. *(Anschlusszug)* erreichen, verpassen; Von der ... Grenzstation aus haben Sie ... direkten A. nach Leningrad (Leonhard, Revolution 9); der Zug hat A. an einen Eilzug nach ...; * **den A. verpassen** (ugs.: **1.** *keinen Ehepartner finden.* **2.** *im Beruf nicht vorwärts kommen:* Sie müssen sich sehr bemühen, im Beruf nicht den A. zu verpassen [Bild u. Funk 12, 1967, 31]). **3.** ⟨o. Pl.⟩ **a)** *menschliche Verbindung, Kontakt, Bekanntschaften:* A. suchen, finden; ich habe hier nicht viel A., wünsche ihn auch nicht (Remarque, Obelisk 135); die Studenten wollen Ausländern den A. erleichtern; **b)** *Verbindung (nach vorn):* A. in der Spitzengruppe; dann biss er die Zähne zusammen und versuchte A. zu halten (Olymp. Spiele 32); unsere Mannschaft darf nicht den A. verlieren; Die Alten »Linken« haben gesellschaftlich längst den A. verloren, sind politisch nicht mehr wettbewerbsfähig (Woche 14. 2. 97, 24); Ich hatte spinale Kinderlähmung, und als ich dann wieder in die Schule kam, hatte ich den A. verloren *(war ich hinter der Klasse zurückgeblieben;* Kempowski, Immer 156); * **im A. an** (**1.** *unmittelbar nach:* im A. an den Vortrag findet eine Aussprache statt. **2.** *nach dem Vorbild von, in Anlehnung an:* im A. an Schönberg komponieren); **c)** (Sport) *Anschlusstreffer:* den A. herstellen, besorgen, schaffen; zum A. kommen. **4.** *Angliederung, politische Vereinigung:* der A. des Saargebiets; Die Autoren ... rekonstruieren die Geschichte des Anschlusses Österreichs *(die Einverleibung Österreichs durch das nationalsozialistische Deutschland im Jahr 1938;* Spiegel 10, 1988, 275); den A. eines Gebietes [an ein Land] betreiben.

An|schluss|bahn, die: *weiterführende Bahnlinie.*

An|schluss|do|se, die: *Steckdose für elektrische Anschlüsse.*

an|schluss|fer|tig ⟨Adj.⟩: *so gefertigt, dass es sofort [an ein Leitungsnetz] angeschlossen werden kann:* ein -er Verstärker.

An|schluss|flug, der: vgl. Anschlusszug: Offenbar verpasste Miroslawa Kolodziejska in Frankfurt ihren A., denn sie verbrachte die Nacht im Flughafen (Woche 9. 1. 98, 27).

An|schluss|gleis, das (Eisenb.): *Industriegleis.*

An|schluss|ka|bel, das: *Kabel, mit dem ein Anschluss (1 a) hergestellt wird.*

An|schluss|kon|kurs, der (Wirtsch.): *Konkurs im Anschluss an ein Vergleichsverfahren.*

An|schluss|li|nie, die: *Straßenbahn- od. Omnibuslinie, mit der jmd. Anschluss (2) hat.*

An|schluss|stel|le, die: *Stelle an einer Autobahn, an der die Möglichkeit zur Ab- bzw. zur Auffahrt gegeben ist:* Stau an der A. Hockenheim.

An|schluss|stre|cke, die: vgl. Anschlusszug.

An|schluss|stück, das: *Verbindungsstück.*

An|schluss|stut|zen, der: vgl. Anschlussstück.

An|schluss|tor, das, **An|schluss|tref|fer,** der (Ballspiele): *Tor, Treffer, der eine zurückliegende Mannschaft [bis auf ein Tor] an die Tor- od. Trefferzahl der anderen heranbringt:* den Anschlusstreffer erzielen.

An|schluss|zug, der: *Zug, mit dem jmd. Anschluss (2) hat:* hat.

An|schluss|zwang, der ⟨o. Pl.⟩ (Verwaltung): *Pflicht für alle Hausbesitzer, ihr Grundstück gebührenpflichtig an vorhandene Leitungsnetze u. an die Kanalisation anzuschließen.*

an|schmach|ten ⟨sw. V.; hat⟩: *schmachtend, schwärmerisch ansehen:* einen Filmstar a.

an|schmei|cheln, sich ⟨sw. V.; hat⟩ (selten): *durch Schmeicheln bei jmdm. etw. zu erreichen suchen:* sich bei jmdm. a.

an|schmei|ßen ⟨st. V.; hat⟩ (salopp): **1.** *anlassen, in Gang setzen, anwerfen:*

anschmelzen

den Motor, die Maschine a.; Als Erstes muss ich gleich die Waschmaschine a. (Hörzu 32, 1988, 103). **2.** ⟨a. + sich⟩ *sich (jmdm.) aufdrängen, sich anbiedern:* sich dem Chef a.; Vom ersten Tage unserer Bekanntschaft hatte ich mich dem Prinzen angeschlossen oder angeschmissen, wie man bösartigerweise behaupten könnte (Habe, Namen 37).

an|schmel|zen ⟨st. V.⟩: **1. a)** *(durch Erwärmung) ein wenig zum Schmelzen bringen* ⟨hat⟩: Man kann annehmen, dass die unterste Schicht (= von Gletschereis) angeschmolzen wird, wenn sie sich über Wasser bewegt (MM 26. 11. 73, 3); **b)** *(durch Erwärmung) zu schmelzen beginnen* ⟨ist⟩: die Eisdecke ist angeschmolzen. **2.** (Technik) *in einem Schmelzverfahren mit etw. anderem verbinden* ⟨hat⟩.

an|schmie|den ⟨sw. V.; hat⟩: *durch Schmieden an etw. befestigen:* Ü sich nicht a. lassen (ugs.; *sich nicht irgendwo festhalten, zum Bleiben, Ausharren zwingen lassen*).

an|schmie|gen ⟨sw. V.; hat⟩: *zärtlich an jmdn., etw. schmiegen:* das Kind schmiegte sich, sein Gesicht [an die Mutter] an; in einer weichen Gegenbewegung schmiegte sich ihr Oberkörper dem Baum an (Wellershoff, Körper 201); Ü das Kleid schmiegt sich eng dem Körper, an den Körper an; Das Klubhaus schmiegt sich harmonisch dem bewaldeten Hang an (NZZ 11. 4. 85, 37).

an|schmieg|sam ⟨Adj.⟩: *sich zärtlich anschmiegend; anpassungsfähig:* a. sein.

An|schmieg|sam|keit, die; -: *das Anschmiegsamsein.*

an|schmie|ren ⟨sw. V.; hat⟩: **1. a)** *versehentlich beschmutzen:* wo hast du dich denn so [mit Tinte] angeschmiert?; **b)** (ugs. abwertend) *achtlos, lieblos anmalen, anstreichen:* Von den Bombenkisten waren sie zu Särgen hinabgesunken, ...aus billigstem, dünnstem Ausschussholz, braunschwarz angeschmiert (Fallada, Jeder 230); sie hat sich allzu sehr angeschmiert (*zu stark geschminkt*). **2.** (salopp) *täuschen, betrügen:* jmdn. gründlich a.; Er hat dich angeschissen, angeschmiert, ausgetrickst (Brot und Salz, 201); mit diesem Teppich ist er angeschmiert worden. **3.** ⟨a. + sich⟩ (salopp abwertend) *sich in aufdringlicher Weise beliebt machen:* er versuchte sich beim Chef anzuschmieren; er ... denkt, wir wolln uns a. bei ihm (Schnurre, Bart 15).

an|schmo|ren ⟨sw. V.; hat⟩ (Kochk.): *nur kurz schmoren:* das Fleisch a.

an|schmut|zen ⟨sw. V.; hat⟩: *[leicht] beschmutzen:* sieh dich vor, dass/damit du das Kleid bei der Anprobe nicht anschmutzt; Ich warte nicht, bis ... die Zeit heran ist, meine Kleider auszubürsten, ich achte schon tagsüber drauf, dass ich mich nirgendwo anschmutze (Strittmatter, Der Laden 559).

an|schnal|len ⟨sw. V.; hat⟩: *festbinden; [mit Schnallen, mit Riemen, einem Gurt (mit einer Schnalle)] befestigen, festmachen:* die Steigeisen a.; jmdm., sich die Schlittschuhe a.; das Kind im Wagen a.; sich a. (*im Auto od. Flugzeug den Gurt anlegen*); Die Passagiere waren bereits angeschnallt (Ziegler, Labyrinth 116); bitte a.! (*Aufforderung im Flugzeug, den Sicherheitsgurt anzulegen*).

An|schnall|gurt, der: *Halte-, Sicherheitsgurt.*

An|schnall|pflicht, die ⟨o. Pl.⟩: *Vorschrift, sich [beim Autofahren] anzuschnallen.*

◆ **an|schnar|chen** ⟨sw. V.; hat⟩: *heftig anfahren* (6): Sie riefen sie heraus, schnarchten sie fürchterlich an (Novalis, Heinrich 136).

an|schnau|fen ⟨sw. V.; ist⟩: *sich schnaufend nähern:* völlig abgehetzt schnaufte er an; ⟨meist im 2. Part. in Verbindung mit »kommen«:⟩ der letzte Läufer, die Lokomotive kommt angeschnauft.

an|schnau|zen ⟨sw. V.; hat⟩ (ugs.): *mit groben Worten anfahren:* die Kinder a.; Er wünschte, es ließe sich jemand finden, den er ... a. könnte (H. Gerlach, Demission 271); Der Zoodirektor ... schnauzte den Oberwärter an, und der Oberwärter schnauzte den Wärter an (Schnurre, Bart 21); dauernd angeschnauzt werden; sie schnauzten sich dauernd [gegenseitig] an.

An|schnau|zer, der; -s, - (ugs.): *Rüffel, grobe Zurechtweisung:* einen A. kriegen; Andertags stand Gustl vor dem Schreibtisch des Feldwebels und erhielt seinen ersten, dafür umso kräftigeren A. (Kühn, Zeit 183).

an|schnei|den ⟨unr. V.; hat⟩: **1. a)** *durch Abschneiden des ersten Stückes zu verbrauchen beginnen:* das Brot, den Kuchen a.; auf einem Osterntisch ... ein hinreichend kolossaler Schinken, frisch angeschnitten nach Möglichkeit (Lenz, Suleyken 35); **b)** *(von Schnittblumen) den Stiel ein wenig kürzen [u. unten einritzen]:* du musst die Tulpen a., bevor du sie in die Vase stellst. **2.** *zur Sprache bringen:* ein Thema, Problem a.; Im Verlaufe des Gesprächs schnitt ich die Rapallofrage an (Niekisch, Leben 275); dass man viel Zeit brauchen werde, um auf alle angeschnittenen Fragen einzugehen (W. Brandt, Begegnungen 453). **3.** (Schneiderei) *ein Teil mit einem anderen in einem Stück zuschneiden:* eine Kapuze a.; angeschnittene Ärmel. **4. a)** (Verkehrsw., Motorsport) *eine Kurve von innen her anfahren, nicht voll ausfahren:* eine Kurve a.; **b)** (Ski) *ein Tor dicht an der Torstange durchfahren:* beim Slalom die Tore geschickt a. **5.** (Ballspiele) *dem Ball einen Drall geben, damit er die Richtung ändert:* ein gefährlich angeschnittener Ball. **6.** (Jägerspr.) *(gefallenes Wild) anfressen:* Wildkatze, Luchs und Fuchs schneiden das Wild an; Bei gefleckten Tieren schneiden die Vampire ... in den dunklen Flecken ... an (Tier 10, 1973, 17). **7.** (Fot., Film) *nur einen Teil von etw. auf das Bild bringen; etw. nur in einem Ausschnitt auf den Film bringen:* Im Hintergrund, seitlich angeschnitten, Rückfront eines Rokokoschlösschens (Erich Kästner, Schule 37); Wenn Sie Personen »anschneiden«, dann schneiden Sie Ihrem Modell nie die Beine ab (Hörzu 42, 1978, 162). **8.** (Archäol.)
bei einer Grabung auf etw. stoßen: bei den Ausschachtungsarbeiten wurde ein römisches Haus angeschnitten.

An|schnitt, der; -[e]s, -e: **1. a)** *Schnittfläche:* den A. von Frischwurst mit einer Folie vor dem Austrocknen schützen; **b)** *das abgeschnittene erste Stück:* der A. des Brotes. **2.** (Fot., Film) *Ausschnitt:* die Kamera zeigte als ... Kulisse ... immer nur im A. (Hörzu 1, 1984, 11).

an|schnor|ren ⟨sw. V.; hat⟩ (ugs.): *anbetteln; unverfroren, aufdringlich um etw. bitten:* den Vater dauernd um Geld a.; Ab und zu schnorrte ihn ein Penner an (Fels, Unding 214).

An|scho|vis, (Fachspr.:) *Anchovis* [anˈʃoːvɪs], die; -, - [niederl. ansjovis < span. anchoa, über das Ital. u. Vlat. < griech. aphýē = Sardelle]: *gesalzene Sardelle, auch Sprotte, kleiner Hering in Würzunke:* mit Ei und A. belegte Brötchen.

An|scho|vis|pas|te, die: *sehr fein zerkleinerte, in Tuben verkaufte Anschovis (pikanter Brotaufstrich).*

an|schrau|ben ⟨sw. V.; hat⟩: **a)** *mit Schrauben befestigen:* ein Schild a.; Er stand wie angeschraubt (*bewegungslos*), nahm in jede Hand einen Strauß und tat unbekümmert (Weber, Tote 149); ◆ ⟨auch st. V.:⟩ die Luken müssen angeschrauben werden (Storm, Schimmelreiter 132); **b)** *locker Gewordenes wieder festschrauben:* die Scharniere wieder a.

An|schrei|be|bo|gen, der; -s, -, südd. österr. auch: -bögen (Sport): *offizielles Formular, in dem der Anschreiber über das Spiel Bericht führt.*

an|schrei|ben ⟨st. V.; hat⟩: **1.** *an eine für andere sichtbare Stelle schreiben:* Vokabeln [an die Tafel] a.; an den Hauswänden/an die Hauswände angeschriebene Parolen; der Name steht dort angeschrieben. **2.** *(eine Geldsumme, die jmd. schuldig bleibt) für die spätere Bezahlung notieren:* in der Kneipe immer a. lassen; die Frau des Dorfkrämers anschrieb, wenn Büdners Wochenlohn nicht reichte (Strittmatter, Wundertäter 19); *** bei jmdm. gut, schlecht angeschrieben sein** ⟨ugs.⟩; *bei jmdm. in gutem/schlechtem Ansehen stehen [u. dadurch leicht/schwer etw. erreichen können]*: er ist beim Chef nicht gut angeschrieben; Ich war ... gut angeschrieben bei meinen Vorgesetzten (Roth, Beichte 64). **3.** (Amtsspr., Papierdt.) *sich schriftlich an jmdn. wenden:* an die Behörde, Versicherung a.; Da ... auch seine Frau den Mietvertrag unterzeichnet hat, hätte auch sie angeschrieben werden müssen (Hamburger Rundschau 23. 8. 84, 5); vierzig Prozent der angeschriebenen Studenten bejahten die Frage. **4.** (schweiz.) *mit einer Aufschrift versehen; beschriften:* Akten a. **5.** *schreibend gegen etw. angehen:* dass sie nicht Recht behält, ... dagegen wird auf über 500 Seiten angeschrieben (MM 24. 2. 86, 28); neben diesem stillen Mann, der schlafen wagte ..., sondern emsig gegen die Verzweiflung anschrieb (Kuby, Sieg 23).

An|schrei|ben, das; -s, - (Amtsspr.): *[kurzes] Begleitschreiben:* die Unterla-

gen mit einem A. an die zuständige Stelle schicken.
An|schrei|ber, der; -s, - (Sport): *Offizieller, der über die Vorkommnisse des Spiels Bericht führt.*
An|schrei|be|rin, die; -, -nen: w. Form zu ↑Anschreiber.
an|schrei|en ⟨st. V.; hat⟩ (abwertend): *laut ansprechen; mit lauter Stimme zurechtweisen:* jmdn., sich [gegenseitig]/(geh.:) einander aufgeregt, wütend a.; ich lasse mich nicht dauernd a.!; Sie wirkte ... geduckt und demütig. Sicher hatte man sie oft angeschrien und herumgestoßen (Simmel, Affäre 109); Ü Hier ... schrie ihn ein Widerspruch an (Thielicke, Ich glaube 177).
An|schrift, die; -, -en: *[postamtliche] Angabe der Wohnung; Adresse:* A. unbekannt; seine A. angeben; Er holte seine Visitenkarte hervor ... Auf der Karte las Ulrich ... eine vornehme A. (Musil, Mann 1 540).
An|schrif|ten|än|de|rung, die: *Änderung der Anschrift.*
An|schrif|ten|ver|zeich|nis, das: *Verzeichnis von Anschriften.*
An|schub, der; -[e]s, Anschübe: **1.** *das Anschieben* (1). **2.** *auslösende Wirkung, Impuls.*
An|schub|fi|nan|zie|rung, die (Wirtsch.): *Finanzierung* (1), *stützende finanzielle Maßnahme, mit der Anfangsschwierigkeiten eines Projekts überwunden u. eine schnellere günstige Entwicklung herbeigeführt werden soll:* Die Otto-von-Bismarck-Stiftung ... soll das Andenken an Bismarck wahren und seinen Nachlass verwalten. Als »Anschubfinanzierung« stellte der Bund rund 8 Millionen Mark zur Verfügung (Woche 9. 1. 98, 6).
an|schub|sen ⟨sw. V.; hat⟩ (ugs.): *jmdm., etwas einen leichten Stoß geben:* Valerie denkt gar nicht daran, sie kullert den Ball über den Weg, springt ihm hinterher und schubst sie neu an (Straessle, Herzradiesken 75).
an|schul|di|gen ⟨sw. V.; hat⟩ [zu ↑schuldig] (geh.): *[öffentlich] bezichtigen, [vor Gericht] anklagen:* jmdn. des Diebstahls/ wegen eines Diebstahls a.; Sie sind angeschuldigt, den Mord begangen zu haben; Ü ... ist ungeklärt, woher die ... Darmentzündung rührt. Wahlweise werden Bakterien, Viren oder Pilze angeschuldigt (Spiegel 10, 1983, 232).
An|schul|di|gung, die; -, -en: *das Anschuldigen, Bezichtigung:* eine schwere, falsche A.; die -en zurückweisen.
an|schum|meln ⟨sw. V.; hat⟩ (salopp): *betrügen:* jmdn. [mit einer Ware] a.; Lügen, ...begaunern, a., das kann bald ein Mensch (Werfel, Himmel 140).
an|schü|ren ⟨sw. V.; hat⟩: **a)** *durch Schüren [neu] entfachen, in Gang setzen:* das Feuer, die Flammen a.; **b)** *anheizen:* Er ... lässt ... den kleinen eisernen Ofen a. (Fussenegger, Zeit 48).
An|schuss, der; -es, Anschüsse (Jägerspr.): **1. a)** *Stelle, wo das Wild in dem Augenblick stand, als der Schuss fiel;* **b)** *Einschussstelle am Körper des Wildes.* **2.** *erster Schuss bei einer Jagd* (1 b): der A. zur diesjährigen Hubertusjagd erfolgt im Revier »Rosslache«.
an|schüt|ten ⟨sw. V.; hat⟩: *künstlich erhöhen, aufschütten:* eine künstliche Insel, ein Gelände [auf eine bestimmte Höhe] a.; Das ... Gelände wurde etwa vier Meter bis auf Rheindammhöhe angeschüttet (MM 23. 10. 70, 11).
An|schüt|tung, die; -, -en: **1.** *das Anschütten:* Die A. künstlicher Inseln in der Nordsee. **2.** *angeschüttetes Gelände o. Ä.:* eine A. mit Gras einsäen.
an|schwan|ken ⟨sw. V.; ist⟩: *sich schwankend nähern:* Ich schwankte gegen meine Helfer an und fiel immer wieder ... (Wohmann, Absicht 178); ⟨meist im 2. Part. in Verbindung mit »kommen«:⟩ zwei Betrunkene kamen angeschwankt.
an|schwän|zeln ⟨sw. V.; ist⟩: *sich schwanzwedelnd nähern* ⟨meist im 2. Part. in Verbindung mit »kommen«⟩: der Hund kommt angeschwänzelt.
an|schwän|zen ⟨sw. V.; hat⟩ [wohl zu mhd. swenzen = schwenken] (Brauerei, Weinbau): *[durch Übergießen von Wasser] die Würzstoffe ausfiltern:* Maische, Treber a.
an|schwär|men ⟨sw. V.⟩: **1.** *in Schwärmen herbeifliegen* ⟨ist⟩: die Bienen schwärmen an; Ü das ... Gelichter der südlichen Wüste ..., das anschwärmte *(in Schwärmen herbeikam),* um zu plündern (Th. Mann, Joseph 396); ⟨meist im 2. Part. in Verbindung mit »kommen«:⟩ sie kommen [in Scharen] angeschwärmt. **2.** *schwärmerisch verehren* ⟨hat⟩: seinen Lehrer, einen Schauspieler a.; je mehr Männer sie anschwärmten, umso glücklicher fühlte sie sich (H. W. Richter, Etablissement 194).
an|schwär|zen ⟨sw. V.; hat⟩: **1.** (selten) *schwarz machen:* Glas a. (um [bei Beobachtung der Sonne] nicht geblendet zu werden). **2.** (ugs. abwertend) *schlecht machen, denunzieren, in Misskredit bringen, verdächtigen, verleumden:* einen Kollegen [beim Chef] a.; Stets schwärzte er die anderen oben an (Fallada, Trinker 151).
An|schwe|be|ge|schwin|dig|keit, die (Flugw.): *für den Anflug vorgesehene Fluggeschwindigkeit.*
an|schwe|ben ⟨sw. V.; ist⟩: *schwebend herankommen:* Die Transportmaschinen ... durchstießen die Nebelfetzen und schwebten an (Plievier, Stalingrad 132); Ballons schweben langsam, lautlos an; ein anschwebendes *(zur Landung ansetzendes)* Flugzeug.
an|schwei|gen ⟨st. V.; hat⟩: *jmdm. mit Schweigen begegnen; demonstrativ jedes Gespräch vermeiden:* er hat ihn lange angeschwiegen; sich [gegenseitig]/(geh.:) einander a.; Wir tranken unseren Kaffee und schwiegen uns an (v. d. Grün, Glatteis 73).
¹**an|schwei|ßen** ⟨sw. V.; hat⟩ (Technik): *durch Schweißen befestigen:* ein Metallstück [an das/an dem Gerät] a.; (Med.:) mithilfe der Lasertechnik die abgelöste Netzhaut des Auges a.
²**an|schwei|ßen** ⟨sw. V.; hat⟩ [zu ↑Schweiß (2)] (Jägerspr.): *ein Wild durch einen Schuss verwunden, sodass es Blut verliert:* er hat das Reh angeschweißt.
¹**an|schwel|len** ⟨st. V.; ist⟩: **1. a)** *dicker werden, (in einem krankhaften Prozess) an Umfang zunehmen:* die Beine schwellen an; die Lymphdrüsen sind angeschwollen; Ein Blick in der Spiegel zeigte ihr, dass Mund und Nase stark angeschwollen waren (Musil, Mann 1485); **b)** *lauter werden:* der Lärm, die Musik schwoll an; Totenklage. Sie schwoll an, verebbte und begann wieder (Remarque, Triomphe 293); seine Stimme schwoll mächtig an (Kirst, Aufruhr 223). **2.** *[bedrohlich] wachsen, an Umfang, Menge o. Ä. zunehmen:* das Wasser, die Wassermenge schwillt an; nach dem Regen schwoll der Fluss an *(führte er zunehmend mehr Wasser);* Ü die Arbeit schwillt immer mehr an; Sc aber ständischer Dünkel zum Größenwahn an (Tucholsky, Werke II, 77); die Bankkonten schwollen an, die Konzentration in der Wirtschaft war schließlich auf 1 000 Seiten angeschwollen; Ein Beispiel für den immer mehr anschwellenden Boom im Tennissport (Augsburger Allgemeine 27./28. 5. 78, 26).
²**an|schwel|len** ⟨sw. V.; hat⟩: *schwellen lassen:* der Wind hat die Segel angeschwellt; Ü eine kleine Verfehlung zum Skandal a. *(aufbauschen).*
An|schwel|lung, die; -, -en: *Verdickung, leichte Schwellung:* eine A. am Knie.
an|schwem|men ⟨sw. V.; hat⟩: *ans Ufer spülen:* die Flut schwemmt Baumstämme an; werden bei längerem Seewind größere Mengen Seetang angeschwemmt (NNN 1. 9. 86, o. S.); angeschwemmter Sand.
An|schwem|mung, die; -, -en: **1.** *das Anschwemmen.* **2.** *angeschwemmtes Land.*
An|schwem|mungs|küs|te, die: *flache Küste aus Schwemmland.*
an|schwim|men ⟨st. V.⟩: **1. a)** *auf etw. zuschwimmen* ⟨hat⟩: eine Boje, einen Punkt am Ufer a.; dass Kinder versucht hatten, ein fahrendes Schiff anzuschwimmen (MM 25. 8. 73, 18); Ü Es war immer wieder ein Erlebnis, zu sehen, wie so ein Riesenschiff Zentimeter um Zentimeter an die Kaimauer anschwamm (Konsalik, Promenadendeck 369); **b)** *sich schwimmend nähern* ⟨ist⟩: pfeilschnell schwamm der Hai an; ⟨meist im 2. Part. in Verbindung mit »kommen«:⟩ da kommt er angeschwommen. **2.** *sich schwimmend einer Kraft entgegenbewegen, schwimmend gegen etw. angehen, ankämpfen* ⟨ist⟩: gegen die Strömung a.
an|schwin|deln ⟨sw. V.; hat⟩ (ugs.): *anlügen, jmdm. ins Gesicht schwindeln:* jmdn. [mit etw.] a.; wenn ich den Arzt ein wenig über meinen Alkoholverbrauch angeschwindelt habe (Fallada, Trinker 174).
an|schwin|gen ⟨st. V.; hat⟩ (Sport): *zum Beginn einer Übung einen Schwung nehmen:* am Reck zur Riesenwelle a.
an|schwir|ren ⟨sw. V.; ist⟩ **a)** *(von Vögeln od. Insekten) schwirrend heranfliegen;* **b)** (salopp) *sich unangemeldet, stö-*

rend nähern ⟨meist im 2. Part. in Verbindung mit »kommen«⟩: da kommt er doch schon wieder angeschwirrt!

an|schwit|zen ⟨sw. V.; hat⟩ (Kochk.): *in heißem Fett leicht gelb werden lassen:* Zwiebeln a.; Für die Sauce die restliche Butter oder Margarine zerlassen, Mehl zugeben und unter Rühren a. (e & t 6, 1987, 69).

An|schwung, der; -[e]s, Anschwünge (Turnen): *das Schwungnehmen vor einer Leichtathletik- od. Turnübung.*

an|se|geln ⟨sw. V.⟩: **1. a)** *sich segelnd auf ein Ziel zubewegen* ⟨hat⟩: eine Insel a.; Niemandem hatten die Gerkes gesagt, welches Ziel sie a. wollten (MM 30. 7. 80, 15); **b)** *sich segelnd oder im Gleitflug nähern* ⟨ist⟩: elegant segelte das Flugzeug an; ⟨meist im 2. Part. in Verbindung mit »kommen«⟩: eine Möwe kommt angesegelt; Ü da kommt er angesegelt (scherzh.; *kommt er schnell, leichten Schrittes daher*). **2.** *zum ersten Mal gemeinschaftlich in der Saison segeln od. segelfliegen* ⟨hat⟩: wir haben gestern angesegelt; ⟨subst.:⟩ auf dem Flugplatz ist heute Ansegeln.

an|se|hen ⟨st. V.; hat⟩ /vgl. angesehen/: **1.** *den Blick auf jmdn., etw. richten; ins Gesicht blicken, betrachten:* einen Menschen ernst, tadelnd, freundlich, böse, herausfordernd, fragend, missbilligend, von der Seite a.; sieh mich [nicht so] an!; entfernt stehen zwei große Warzenschweine ... und sehen uns interessiert an (Grzimek, Serengeti 88); Er ... sah mich ... durch dicke Brillengläser an (Bieler, Bonifaz 211); Wissen Sie, wenn ich Sie so anseh e, ... (Gaiser, Jagd 176); sich [gegenseitig]/(geh.:) einander a.; jmdn. groß a. *(erstaunt, mit großen Augen anblicken);* Ü jmdn. von oben [herab] a. *(herablassend, gönnerhaft behandeln);* jmdn. nicht mehr a. [wollen] *(nichts mehr mit ihm zu tun haben [wollen]);* *** [nur] von/vom Ansehen** *([nur] vom Sehen, nicht mit Namen):* er ist mir nur vom Ansehen bekannt; **ohne Ansehen** *(ohne Rücksicht auf):* Was Rita von Martins Wutausbrüchen ... gegen jeden, ohne Ansehen von Rang und Namen, hörte, machte ihr Sorgen (Chr. Wolf, Himmel 213); Gott grüßte nach links und nach rechts ... ohne Ansehen der Parteizugehörigkeit (Fries, Weg 64); **ohne Ansehen der Person** *(ganz gleich, um wen es sich handelt):* es müssen alle ohne Ansehen der Person gehört werden. **2.** *etw. [aufmerksam, prüfend] betrachten (um es kennen zu lernen):* [sich] Bilder, einen Film, ein Theaterstück a. *(besichtigen);* R a. kostet nichts!; ⟨subst.:⟩ vom bloßen Ansehen wird man nicht satt; das ist nicht des Ansehens wert; Ü ich werde mir die Sache a. *(mich damit beschäftigen);* Auch diese Frau Häberle würde man sich näher a. (Fallada, Jeder 211); *** sieh [mal] [einer] an!** (ugs.; *wer hätte das gedacht!*); **[das] sehe [sich] einer an!** (ugs.; *das ist doch nicht zu glauben, ist ganz erstaunlich!*): Da höre ich nun, dass er Logenbruder ist. Sehe einer an (Th. Mann, Zauberberg 702). **3. a)** ⟨a + sich⟩ *in bestimmter Weise aussehen:* das sieht sich ganz hübsch an; es sah sich an *(hatte den Anschein),* als würde es sich bessern; **b) * anzusehen sein** *(einen bestimmten Anblick bieten):* sie ist in diesem Kleid hübsch anzusehen; die Verletzte war schrecklich anzusehen. **4.** *vom Gesicht ablesen können; an der äußeren Erscheinung erkennen:* jmdm. etw. schon von weitem a.; man sieht ihm seine Unsicherheit an; jmdm. sein Alter [nicht] a. **5. a)** *einschätzen, beurteilen:* etw. anders, mit anderen Augen a.; **b)** *als etw. betrachten, auffassen; für jmdn., etw. halten:* jmdn. als seinen Freund, als Betrüger a.; etw. als/für seine Pflicht a.; Die reichen Völker werden es ... als ihr Verdienst a., dass sie es so weit gebracht haben (Gruhl, Planet 300); etw. als/für eilig a.; sich als Held, (veraltend:) als Helden a.; Frankreich kann als Ursprungsland der Gotik angesehen werden (Bild. Kunst III, 22); Die Farmer ... sahen die Zebras und die Gnus als Schädlinge an (Grzimek, Serengeti 82); *** jmdn. nicht für voll a.** *(nicht für ganz zurechnungsfähig halten, nicht ernst nehmen).* **6.** *Zeuge sein; zusehen, ohne etw. dagegen zu unternehmen* (meist verneint): das Elend nicht mehr [mit] a. können; »Und du meinst«, ...»dass ich das ruhig mit a. werde?« (Reinig, Schiffe 21).

An|se|hen, das; -s: **1.** *Achtung, Wertschätzung, hohe Meinung:* großes A. genießen; Mit einem Offizier in der Familie erwarb man sich A. in der Gesellschaft (Kühn, Zeit 269); der Vorfall schadet seinem A.; Die Macht war erstrebenswert, ...weil sie soziales A. verlieh (Dönhoff, Ära 42); sein A. durch etw. verlieren, erhöhen; Hatte er nicht bei den tapfersten Völkern vorzüglich in A. gestanden? *(war er dort nicht sehr geachtet?;* Th. Mann, Tod 51); [bei jmdm.] in hohem A. stehen; zu A. kommen; der Grund seines -s als Abgeordneter. **2.** (geh.) *Aussehen:* ein Greis von ehrwürdigem A.; der Park und der Oberstock (= eines Schlösschens) trugen das A. des achtzehnten Jahrhunderts (Musil, Mann 12).

an|se|hens|wert ⟨Adj.⟩: *wert, betrachtet zu werden:* eine -e Ausstellung.

an|sehn|lich ⟨Adj.⟩: **1.** *beträchtlich; so groß, dass es Beachtung verdient:* ein -er Betrag; -e Mengen; das Modell ..., das in -en Stückzahlen verkauft wurde (ADAC-Motorwelt 4, 1986, 114). **2.** *gut aussehend, stattlich:* eine -e Person; die Dekoration ist recht a.; Das Herrenhaus ... war weniger a. (Dönhoff, Ostpreußen 118).

An|sehn|lich|keit, die; -: *das Ansehnlichsein.*

An|se|hung: nur in der Fügung **in A.** (veraltend; *unter Berücksichtigung; angesichts*): in A. der Tatsache, dass ...; in A. seiner Verdienste; ich bäte sie dringend, in A. der inneren Unruhe meiner Frau den ... Brief zu befördern (Niekisch, Leben 85); mit dem Segen war, in A. der Art und Weise, wie er gewonnen worden, etwas Fluch verbunden (Th. Mann, Joseph 241).

an|sei|len ⟨sw. V.; hat⟩: *(bes. im Bergsteigen zur Sicherung gegen das Abstürzen) an ein Seil binden:* jmdn., sich a.; ⟨subst.:⟩ Das Anseilen wird von vielen ... als nicht wichtig erachtet (Eidenschink, Fels 51).

An|seil|kno|ten, der: *beim Anseilen verwendeter Knoten.*

an sein: s. an (II 2 a).

an|sen|gen ⟨sw. V.; hat⟩: *ein wenig versengen:* ich habe mir die Haare, das Kleid angesengt; Wäsche (beim Bügeln) a.; es riecht angesengt *(brenzlig).*

an|set|zen ⟨sw. V.; hat⟩: **1.** *etw. für eine bestimmte Tätigkeit in die entsprechende Lage, Stellung bringen:* das Glas [zum Trinken], den Bohrer, die Trompete, den Geigenbogen a.; den Wagenheber a.; er setzte die Feder, den Pinsel an; ein Chirurg, der zum ersten Mal das Skalpell ansetzt (Kirst, 08/15, 451). **2.** *anfügen u. befestigen:* ein Verlängerungsstück [an ein/einem Rohr] a.; einen Saum [am/an das Kleid] a.; tief angesetzte Taschen. **3.** *seinen Ausgang haben, beginnen:* die Haare setzen bei ihm sehr tief, über der hohen Stirn an. **4. a)** *mit etw. beginnen:* zum Reden, zum Sprung a.; Die »Löwen« aus Kassel setzten zum zweiten Male ... zum Sprung an die Spitze an *(suchten die Tabellenspitze zu erreichen;* Kicker 6, 1982, 46); [mit der Arbeit, den Überlegungen] an einer bestimmten Stelle a.; zum Überholen a. *(einen Überholvorgang einleiten);* die finnische Läuferin setzt zum Endspurt an; Er setzte mehrmals zum Sprechen an, aber es schien, dass er sich zwang zu warten (Musil, Mann 968); Wenn er seinen Spurt früher angesetzt hätte – er wäre als Zweiter durchs Ziel gegangen (Lenz, Brot 49); Die Stadtbahn ist schon zu hören, wenn sie im Nachbarort zur Fahrt ansetzt (Fries, Weg 301); **b)** *beginnen, einsetzen:* hier muss die Kritik a. **5. a)** *hervorbringen, zu bilden beginnen:* die Bäume setzen Knospen an; die Erdbeeren haben gut angesetzt *(viele Früchte gebildet);* Die Myrte hatte angesetzt, und der Christusdorn bekam auch neue Blüten (Kempowski, Tadellöser 252); **b)** *(etw. Unerwünschtes) ausbilden:* Patina a.; das Eisen setzt Rost an; Kummerspeck a. *(aus Kummer viel essen u. dadurch dick werden);* **c)** ⟨a. + sich⟩ *sich festsetzen:* an den Seiten hat sich Kalk, Grünspan angesetzt. **6. a)** *(für einen bestimmten Zeitpunkt) bestimmen, festsetzen:* eine Besprechung a.; die Aufführung ist für den/auf den 1. Mai angesetzt; Das Fest des Beilagers war auf den Vollmond der Sommersonnenwende angesetzt worden (Th. Mann, Joseph 287); **b)** *veranschlagen, vorausberechnen:* die Kosten mit drei Millionen, zu niedrig a.; für die Proben mehr Monate a.; Zur Durcharbeitung der angegebenen Literatur wurde eine bestimmte Stundenzahl angesetzt (Leonhard, Revolution 164); **c)** (Math.) *einen Ansatz (8) machen:* eine Gleichung a. **7. a)** *für etw. vorsehen, einsetzen, mit etw. beauftragen:* Hunde [auf eine Spur] a.; acht Mitarbeiter auf ein neues Projekt a.; **b)** (Sport Jargon) *einen Spieler zur besonderen Bewachung, Abschirmung eines* *anderen einsetzen:* der Trainer hatte gleich zwei Spieler auf den Torjäger angesetzt; **c)** *mit jmds. Beobachtung beauftragen:* einen Detektiv auf jmdn. a.; Hat das Institut Sie auf mich angesetzt? (Springer, Was 141). **8. a)** *mischen, anrühren o. Ä. u. zur weiteren Verarbeitung vorbereiten:* eine Bowle, Kuchenteig a.; Leim, Gips a.; Tonkruken, in denen Sauerkirschensaft vergor, mit Weinstein angesetzt (Lentz, Muckefuck 142); Großmutter setzte ihre Tees an, die ... immer halfen (Lentz, Muckefuck 97); **b)** (landsch.) *aufsetzen* (2): die Kartoffeln a.; sie hatte das Essen schon angesetzt. **9.** *sich beim Erhitzen am Boden des Topfes festsetzen; anbrennen:* Milch setzt [sich] leicht an. **10.** ⟨a. + sich⟩ (Jägerspr.) *auf dem Ansitz warten:* der Jäger setzt sich auf Sauen an. **11.** *sich mit großen Sprüngen, Sätzen nähern:* da setzt er an; ⟨meist im 2. Part. in Verbindung mit »kommen«:⟩ der Hund kommt angesetzt. ◆ **12.** ⟨a. + sich⟩ *sich anstrengen, sich bemühen:* Die (= die Erlaubnis) werde zu haben sein, der Herr Lehrer solle sich nur recht a.!, meinte Pavel (Ebner-Eschenbach, Gemeindekind 80).

An|set|zung, die: *das Ansetzen.*

an|seuf|zen ⟨sw. V.; hat⟩: *seufzend ansprechen, klagen:* dann seufzte Tante Betty meine Mutter an (Keun, Mädchen 134).

An|sicht, die; -, -en: **1.** *Meinung, Überzeugung:* die richtige, eine irrige A.; Ohne einen Hund, das war meines Großonkels unumstößliche A., sei ein allegorisches Gemälde ... schlechterdings unvollkommen (Kusenberg, Mal 99); In mir festigte sich die A., auch er werde verhaftet sein (Niekisch, Leben 292); altmodische, verschiedene, vernünftige -en haben; eine A. vertreten, teilen; einer, anderer A. sein *[nicht] übereinstimmen);* nach meiner A./meiner A. nach; die -en von etw., über jmdn. od. etw.; rings um ihn saßen auf gewohnten Plätzen Männer in festen Stellungen, mit festen -en (Feuchtwanger, Erfolg 12). **2.** *Bild, Abbildung:* eine A. der Stadt, der Landschaft; bunte -en von der alten Kirche; er ... zeigte mir -en, die das Objekt von vorn, von hinten und von den Seiten darstellten (Hildesheimer, Legenden 88). **3.** *sichtbarer Teil, Seite, Front:* die vordere, hintere A. des Schlosses. **4.** *zur A.* *zum prüfenden Ansehen):* eine Ware, ein Buch zur A. bestellen, liefern.

An|sich|ten|post|kar|te, die (selten): *Ansichtskarte:* eine A., die ein Porträt des Staatschefs zeigte (Johnson, Ansichten 105).

an|sich|tig ⟨Adj.⟩: *nur in der Verbindung* **jmds., einer Sache a. werden** (geh.; *jmdn., etw. sehen, erblicken):* Als sie Ulrichs a. wurde, übergoß eine jähe Röte ihre Wangen (Musil, Mann 1 013); er erschrak, als er des Feuerscheins a. wurde; Krähen greifen aber jedes behaarte oder gefiederte Raubtier an, dessen sie überhaupt a. werden (Lorenz, Verhalten 21).

An|sichts|kar|te, An|sichts|post|kar|te, die: *Karte mit einer Ansicht* (2): Eine Woche nach ihrer Abreise kam ihre Ansichtskarte aus Rimini (Richartz, Büroroman 117); das alles stand ... auf einer Ansichtspostkarte, die ... die Düsseldorfer Lambertuskirche zeigte (Grass, Hundejahre 293).

An|sichts|sa|che: in der Wendung *das/ etw. ist A. (darüber kann man verschiedene Ansichten 1 haben):* das Wie ist [hier] A.

An|sichts|sei|te, die: *Schauseite eines Gebäudes; Seite, die die Ansicht* (3) *bietet.*

An|sichts|sen|dung, die: *Sendung zur Ansicht* (4).

An|sichts|skiz|ze, die: *Bildentwurf; Skizze zu einer Ansicht* (2).

An|sie|de|lei, die; -, -en: *kleine Ansiedlung.*

an|sie|deln ⟨sw. V.; hat⟩: **a)** ⟨a. + sich⟩ *sich niederlassen, sesshaft werden:* sich [auf dem Land, in der Stadt] a.; Im Theaterviertel ... siedelten die Cafés sich an (Jacob, Kaffee 95); ⟨auch ohne »sich«:⟩ Mannheimer Industriefirma siedelte in der Spargelstadt an (MM 9. 8. 69, 8); Ü Keime siedeln sich auf den verderblichen Lebensmitteln an; Wo sich ... eine natürliche Pflanzengesellschaft a. kann (Tier 12, 1971, 44); **b)** *ansässig, sesshaft machen:* Flüchtlinge auf dem Land, eine Tierart in Europa a.; Ein Kurort kann ... ein Industriewerk a., doch wird es dann sehr schnell aufhören, Kurort zu sein (Kosmos 3, 1965, 194); Der Holländer ... war es, der als Erster den Plan fasste, auf Java und auf Sumatra Kaffeepflanzen anzusiedeln (Jacob, Kaffee 114); die in jenen Gebieten neu angesiedelten Polen (Dönhoff, Ära 155); **c)** *zeitlich, rangmäßig o. ä. einordnen:* dieses Kunstwerk ist in der frühen Gotik anzusiedeln; ein Jahresgehalt, das etwa bei 500 000 Mark netto anzusiedeln ist (Volksblatt 17. 6. 84, 9); eine Angelegenheit sehr hoch a. *(ihr hohen Rang beimessen);* Kleine Schwester – Zwischen Humor und Bedrohung angesiedeltes Dramolett um eine Modestudentin (Woche 18. 4. 97, 28).

An|sie|de|lung: ↑Ansiedlung.

An|sie|de|lungs|ge|neh|mi|gung: ↑Ansiedlungsgenehmigung.

An|sied|ler, der; -s, -: *jmd., der sich ansiedelt; Kolonist:* die ersten A. kamen aus Holland.

An|sied|le|rin, die; -, -nen: w. Form zu ↑Ansiedler.

An|sied|lung, Ansiedelung, die; -, -en: **a)** *das Ansiedeln, Angesiedeltwerden:* die A. von Flüchtlingen in einem Gebiet; eine erfolgsversprechende Ansiedlung der Schleiereule, die gern der Kultur des Menschen folgt (NNN 21. 9. 85, 3); Mit der Ansiedlung von Einkaufszentren wurden manche Gemeinden in den neuen Ländern reich ... (Woche 14. 3. 97, 58); Ü Ansiedlung des Datenschutzbeauftragten beim Landtag (Saarbr. Zeitung 1. 12. 79, 30); **b)** *Niederlassung, kleine Siedlung, Einzelgehöft:* dort entstanden die ersten -en; das älteste Rom war die Roma quadrata, eine umzäunte Ansiedlung auf dem Palatin (Freud, Unbehagen 96).

An|sied|lungs|ge|neh|mi|gung, Ansiedelungsgenehmigung, die: *Erlaubnis, sich an einer bestimmten Stelle anzusiedeln.*

an|sin|gen ⟨st. V.; hat⟩: **1. a)** *sich mit einem Lied an jmdn., etw. wenden:* die Freundin, den Mond a.; **b)** *das Kommen, den Anfang von etw. besingen:* den Frühling, den Advent a.; **c)** *das gemeinsame Singen eröffnen:* dieser Chor singt an. **2.** *vorher (zum Lernen) durchsingen:* die neuen Lieder erst a. lassen. **3.** *mit Gesang jmdn., etw. zu übertönen versuchen:* gegen das Orchester, gegen den Sturm a.

an|sin|nen ⟨st. V.; hat⟩: a) (geh. selten) *zumuten, von jmdm. verlangen:* so etwas hat man mir angesonnen!; Was sie aus den Elternhäusern treibt, ist der Protest gegen alles, was bürgerliche Wohlanständigkeit ihnen ansinnt (Spiegel 39, 1966, 72); ◆ **b)** (landsch.) *zutrauen:* ich weiß nicht, warum Ihr mir das Schlimmste ansinnt (Gotthelf, Elsi 132).

An|sin|nen, das; -s, -: *unannehmbare Forderung; Vorschlag; Zumutung:* ein freches, seltsames A.; jmds. A. ablehnen, zurückweisen; ein A. an jmdn. stellen, richten; mit seinem A. um Mieterhöhung (Hamburger Rundschau 23. 8. 84, 5); Ein A. zur Errichtung eines Zwischengers ... sei ... nicht an sie herangetragen worden (Saarbr. Zeitung 10. 10. 79, 10).

An|sitz, der; -es, -e: **1.** (Jägerspr.) **a)** *Platz, von dem aus das Wild erwartet wird; Hochsitz:* auf den A. gehen; **b)** *das Warten auf dem Ansitz* (1 a): ein langer, vergeblicher A.; A. auf ... Wild in Eifelrevier (Pirsch 9, 1984, 1 456). **2.** (österr.) *großer, repräsentativer Wohnsitz:* einen A. in den Bergen haben; Stolze Burgen, -e und romantische Ruinen (ADAC-Motorwelt 2, 1987, 63).

an|sit|zen ⟨unr. V.; hat; südd., österr., schweiz. auch: ist⟩: **1.** (Jägerspr.) *Erscheinen des Wildes erwartend auf dem Ansitz* (1 a) *sitzen.* **2.** *seinen Ansitz* (2) *haben; ansässig sein:* er ... erklärte, dass sein Geschlecht seit Karl dem Großen im ... Rhein-Main-Eck ansaß (MM 17. 9. 69, 32).

an|so|cken ⟨sw. V.; ist⟩ (salopp): *eilig herbeikommen:* atemlos sockte er an; ⟨meist im 2. Part. in Verbindung mit »kommen«:⟩ da kommt er angesockt; Noppe hat sich gefreut ..., als ich vor drei Wochen angesockt kam (Loest, Pistole 179).

an|soh|len ⟨sw. V.; hat⟩: **1.** *(an Strümpfe) ein neues Fußteil anstricken:* die Strümpfe a. **2.** (landsch.) *betrügen:* das brauchen Sie mir nun nicht zu erzählen, dass mein Skatbruder mich ansohlt (Fallada, Mann 180).

an|sonst: I. ⟨Adv.⟩ ↑ansonsten. II. ⟨Konj.⟩ (österr., schweiz.) *andernfalls, sonst:* ... dürfen diese ... Verfallserscheinungen nicht verallgemeinert werden, a. sie zu einer Ungerechtigkeit ... führen (Nigg, Wiederkehr 152).

an|sons|ten ⟨Adv.⟩ (ugs.): **a)** *im Übrigen, sonst:* a. gibt es nichts Neues; Im Gemeinderat sind allein in die Wahlen geheim, a. gibt es nur offene Abstimmungen

(Augsburger Allgemeine 10./11. 6. 78, 43); Das Fehlen a. häufigen Hausüberlagerungen bestärkt diese Ansicht (Archäologie 2, 1997, 52); **b)** *im anderen Falle, sonst:* zur Vermeidung von Steuererhöhungen, die a. notwendig wären.

an|span|nen ⟨sw. V.; hat⟩ /vgl. angespannt/: **1.** *(ein Zugtier, Zugtiere) vor etw. spannen* (3): die Pferde a.; den Wagen a. *(ein Zugtier vor den Wagen spannen);* a. lassen; der Kutscher hat angespannt; eines Tages spannen sie an und fahren hin (Johnson, Mutmaßungen 125). **2.** *straffer spannen:* ein Seil, die Zügel a. **3. a)** *anstrengen, zur Höchstleistung zusammenfassen:* die Muskeln, Nerven a.; Bernadette spannt alle ihre Kräfte an, um diesem Verhör gewachsen zu sein (Werfel, Bernadette 444); Manchmal ist seine Stimme so leise, dass Pfarrer Schmitt alle Sinne a. muss, um sie zu verstehen (Heim, Traumschiff 340); **b)** ⟨a. + sich⟩ *sich spannen:* alle Muskeln spannen sich an.

An|span|nung, die; -, -en: **1.** ⟨o. Pl.⟩ *das Anspannen, Angespanntsein* (3a): das plötzliche Zusammenstürzen seiner übermenschlichen A. drohte ihn zu ersticken (Hesse, Narziß 347); unter A. aller Kräfte. **2.** *Anstrengung, Konzentration:* die A. war zu groß; man merkt ihr die A. an.

an|spa|ren ⟨sw. V.; hat⟩: *durch [regelmäßiges] Sparen zusammenbringen:* 40% der Bausparsumme, das Geld für einen neuen Wagen a.; seine Großmutter, die hatte was angespart (Eppendorfer, St. Pauli 188); Wer immer noch glaubt, die im Laufe eines Arbeitslebens eingezahlten Rentenbeiträge würden angespart und stünden mit Erreichen des Rentenalters zu Verfügung, der irrt (Woche 14. 11. 97, 13); Mein Bruder nahm sich vor, ein Polster anzusparen (Wilhelm, Unter 122).

An|spa|rung, die; -, -en: *das Ansparen.*

An|spar|zeit, die: *Zeitraum, in dem man Geld anspart.*

an|spa|zie|ren ⟨sw. V.; ist⟩ (ugs.): *in gemütlichem Tempo herankommen:* gemächlich spazierte sie an; ⟨meist im 2. Part. in Verbindung mit »kommen«:⟩ da kommt sie endlich anspaziert.

an|spei|en ⟨st. V.; hat⟩ (geh.): *anspucken:* sie haben ihn angespie[e]n; wenn ich höre, du bist schlapp mit ihm gewesen, dann speie ich dich an (Fallada, Herr 208).

An|spiel, das; -[e]s, -e (Sport, Spiele): *das Anspielen* (1, 2).

an|spiel|bar ⟨Adj.⟩ (Sport): *frei stehend; bereit, angespielt* (2) *zu werden:* ein -er Außenstürmer; Er ist ewig a., ein ständiger Unruheherd, der zudem zum Tor drängt (Kicker 6, 1982, 4).

an|spie|len ⟨sw. V.; hat⟩: **1.** (Sport) *(den Ball, die Scheibe) jmdm. zuspielen:* den Linksaußen a.; Netzer spielte Beckenbauer mit einem langen Pass an (MM 21. 11. 70, 13). **2.** (Sport, Spiel) *das Spiel beginnen; die erste Karte ausspielen:* Trumpf, Herz a.; der Spielführer hat angespielt. **3.** *versteckt hinweisen:* auf den Vorgängen, auf sein Alter a.; ich weiß nicht, worauf ihr anspielt (Hacks, Stücke 26); er spielte auf den Minister an. **4.** *sich im Spiel gegen jmdn., etw. zu behaupten suchen:* ... spielte der große Gangsterdarsteller ... mit mäßigem Erfolg gegen sein Ganovenimage an (Spiegel 14, 1981, 288).

An|spie|lung, die; -, -en: *Andeutung, versteckter Hinweis:* eine persönliche, freche A.; [zweideutige] -en absichtlich überhören; Sie machen -en, die ich nicht verstehe und die sie komisch finden (Wohmann, Absicht 16); Mit der verächtlichen A. auf meinen Beruf hatte er eine alte und nie geheilte Wunde berührt (Jünger, Bienen 67).

an|spie|lungs|reich ⟨Adj.⟩: *mit vielen Anspielungen:* -e Äußerungen; Der Oberleutnant entflammte sich leicht für alles, was a. war, er liebte Verklausulierungen (Hilbig, Ich 21).

an|spie|ßen ⟨sw. V.; hat⟩: *auf einen spitzen Gegenstand befestigen:* Kartoffeln, den Braten a.; der Bissen wird angespießt (Horn, Gäste 64); angespießte Schmetterlinge.

an|spin|nen ⟨st. V.; hat⟩ (selten): **a)** *behutsam beginnen, anbahnen, anknüpfen:* eine Unterhaltung, ein Liebesverhältnis [mit jmdm.] a.; ich habe in einer Bar Verbindungen zu einem Textilunternehmen angesponnen (Keun, Das kunstseidene Mädchen 78); **b)** ⟨a. + sich⟩ *sich allmählich entwickeln, anbahnen:* ein Gespräch spinnt sich an; da hat sich etwas angesponnen; Er fühlte, wie sich ein Netz von Beziehungen anspann, zwischen dem Burschen in der Kirche und dem Mädchen und ihm (Andersch, Sansibar 73).

an|spit|zen ⟨sw. V.; hat⟩: **1.** *spitz machen:* Bleistifte, Pfähle a. **2.** (ugs.) *in Schwung, Trab bringen, [zu besonderen Leistungen] antreiben:* der Meister hat den Lehrling tüchtig angespitzt. **3.** (ugs.) *zu etw. veranlassen, anstiften:* du musst ihn einmal a., dass er sich um die Sache kümmert; Herr Gscheidle käme mit seiner ... Idee viel besser durch, wenn er seine Werbemanager a. würde (Spiegel 22, 1977, 8).

An|spit|zer, der; -s, -: *Gerät zum Anspitzen* (1): Ein A. in Form eines Scotch Terriers ..., hinten steckte man die Stifte rein (Kempowski, Uns 34).

An|sporn, der; -[e]s: *Antrieb, Anreiz:* etw. ist ein A. für jmdn.; Für Fischer ist das Jubiläum A. zu neuen Taten (Kicker 82, 1981, 15).

an|spor|nen ⟨sw. V.; hat⟩: **1.** *(dem Pferd) die Sporen geben:* die Reiterin spornt das Pferd an. **2.** *antreiben, anfeuern, jmdm. einen Ansporn geben:* die Menschen durch die Aussicht auf höheren Lohn zu größeren Leistungen a. (Mehnert, Sowjetmensch 104).

An|spor|ner, der; -s, -: *jmd., der anderen Ansporn, Vorbild ist:* Roux, eine der fesselndsten Persönlichkeiten ..., erhält ... die Funktion eines -s (Weiss, Marat 143).

An|spor|ne|rin, die; -, -nen: w. Form zu ↑Ansporner.

An|spor|nung, die; -, -en: *das Ansporen* (2).

An|spra|che, die; -, -n: **1.** *kurze Rede:* eine zündende, witzige A.; ... hielt der Flottillenchef von der Pier aus eine ... kurze A. (Ott, Haie 255). **2.** (bes. Milit.) *kennzeichnende Beschreibung eines Ziels durch genaue Angaben über Richtung, Entfernung, Orientierungshilfen; Zielansprache.* **3. a)** (geh. selten) *Anrede:* dass ... die Divisionskommandeure ein Anrecht auf die A. Exzellenz besäßen (Musil, Mann 320); **b)** *das Angesprochenwerden:* der Kunde vermisst heute im Laden oft die A. des Verkäufers. **4.** (bes. südd., österr.) *Gespräch, Aussprache, Kontakt:* sie suchte die persönliche A.; keine, viel A. *(Umgang)* haben; Ich bin ... froh, dass die Tini eine A. hat und nicht in einem fort zu Hause sitzt (Schnitzler, Liebelei 41).

an|sprech|bar ⟨Adj.⟩: **1.** *nicht mit etw. beschäftigt u. daher bereit, eine Mitteilung o. Ä. entgegenzunehmen:* ich bin jetzt nicht a., ich muss mich zu sehr konzentrieren. **2.** *fähig, in der Lage, auf etw. einzugehen, auf. etw. zu reagieren:* der Kranke ist noch nicht wieder a.; Sie war nicht a., sie gab mir keine Antwort, wenn ich sie etwas fragte (v. d. Grün, Glatteis 269); gemütsmäßig war er nicht a., er zeigte auch keinerlei Gemütsbewegung (Mostar, Unschuldig 160). **3.** (seltener) *offen, zugänglich u. dadurch leicht anzusprechen* (1): In der Regel unterscheidet er mit sicherem Instinkt die -en Menschen von den allzu fest versiegelten (Strauß, Niemand 100).

An|sprech|bar|keit, die; -: *das Ansprechbarsein.*

An|sprech|dau|er, die (Kfz-T.): *Ansprechzeit.*

an|spre|chen ⟨st. V.; hat⟩ /vgl. ansprechend/: **1.** *Worte an jmdn. richten; mit jmdm. ein Gespräch beginnen:* jmdn. auf der Straße a.; Sie erschrickt, wenn man sie laut anspricht, denn sie ist ... vertieft ins Ordnen (Schwaiger, Wie kommt 111); sie wird dauernd von Männern angesprochen (belästigt). **2.** *in einer bestimmten Weise anreden:* jmdn. in der dritten Person, mit Vornamen, mit seinem Titel a.; Sie hatte die Gefangenen mit »Herr« anzusprechen (Niekisch, Leben 92). **3. a)** *sich an eine Gruppe wenden:* die Bürger, die Betriebsangehörigen [direkt] a.; Wir sprechen qualifizierte Fachkräfte ... an (Rheinpfalz 7. 7. 84, 25); **b)** *sich in einer bestimmten Angelegenheit an jmdn. wenden:* jmdn. auf einen Vorfall a. *(seine Stellungnahme erbitten);* jmdn. um seine Hilfe, um Geld a. *(bitten).* **4.** *zur Sprache bringen, behandeln:* das Thema, die Schwierigkeiten a.; Angesprochen wurde ... die Notwendigkeit, das Gelände ... zu erhalten (Saarbr. Zeitung 10. 10. 79, 13). **5.** *als etw. bezeichnen, ansehen:* jmdn. als Nachfolger a.; Er zeigte uns ... ein Haus, welches wir als anzubietende mussten (Bamm, Weltlaterne 137). **6. a)** (Jagdw.) *(ein Wild) erkennen u. beurteilen:* das Wild, den Raubvogel [richtig] a.; s widerspricht einer der wichtigsten ... Regeln weidmännischen Verhaltens, wenn jemand einen Schuss abgibt, bevor er das betreffende Tier genau angesprochen hat (MM 12. 1. 1974, 44); **b)** (Milit.) *beschreiben, genau ausma-*

chen: einen anfliegenden Verband a. **7.** *einen bestimmten positiven Eindruck hinterlassen; gefallen, anrühren:* der Vortrag hat viele Menschen angesprochen; das Stück sprach nicht besonders an; gern gestehe ich, dass ich in tiefster Seele angesprochen war von der berauschenden Seltsamkeit des Vorkommnisses (Th. Mann, Krull 136). **8. a)** *in positiver Form reagieren, eine Reaktion zeigen:* der Patient spricht auf das Mittel nicht an; das Messgerät spricht auf die kleinsten Schwankungen an; gut ansprechende Bremsen; **b)** *Wirkung haben, wirken:* das Mittel spricht [bei ihm] nicht an. **9.** (Musik) *zum Klingen gebracht werden:* diese Flöte spricht leicht an. **10.** (selten) *beanspruchen:* darf dieses Buch Bedeutung für sich a. (Kisch, Reporter 9).

an|spre|chend ⟨Adj.⟩: *gefällig, reizvoll:* ein -es Wesen; eine -e Mode; ein wenig -es Äußeres haben; -e Resultate, Leistungen; Die Bayern ... beendeten diese Negativserie eindrucksvoll und zeigten darüber hinaus, dass sie auch auf Schneeboden -en Fußball zu bieten imstande sind (Kicker 6, 1982, 35); Übrigens sah er heute einigermaßen a. aus: gut sitzend der gestreifte Anzug, modisch das Hemd und der Binder (Bastian, Brut 142); das ist recht a. gestaltet.

An|spre|cher, der; -s, - (schweiz.): *Bittsteller.*

An|spre|che|rin, die; -, -nen: w. Form zu ↑Ansprecher.

An|sprech|part|ner, der: *jmd., den man ansprechen kann, um eine Auskunft o. Ä. zu erhalten, um ein Kontaktgespräch zu führen:* Ihr A. in unserer Firma ist Herr Müller; Mensah ist ... A. für die Probleme seiner Landsleute (Hamburger Morgenpost 23. 5. 85, 6).

An|sprech|part|ne|rin, die; -, -nen: w. Form zu ↑Ansprechpartner: sie ist unsere A.; Die ... Pressestelle gilt bei den ... Journalisten als kompetente A. in allen gesundheitlichen Fragen (Nds. Ä. 22, 1985, 11).

An|sprech|zeit, die (Kfz-T.): *Zeitspanne vom Berühren des Bremspedals bis zum Ansprechen der Bremse.*

an|spren|gen ⟨sw. V.; ist⟩: **1.** *sich im Galopp reitend nähern:* die Schwadron sprengte an; ⟨meist im 2. Part. in Verbindung mit »kommen«:⟩ da kommen sie angesprengt. ◆ **2.** *bestürmen* (2): Luise (sprengt ihn ängstlich an): Was, Vater, was (Schiller, Kabale II, 4).

an|sprin|gen ⟨st. V.⟩: **1. a)** *sich mit einem Sprung auf jmdn. od. ein Tier stürzen; anfallen* ⟨hat⟩: der Luchs springt sein Opfer an; Eckhoff ... fiel zu Boden, als Viehmann ihn von hinten ansprang (Degenhardt, Zündschnüre 10); Ü (geh.) Furcht springt sie an *(überkommt sie);* Mit voller Gewalt sprang die Wahrheit ihn an (Langgässer, Siegel 255); **b)** *freudig an jmdn. hochspringen* ⟨hat⟩: der Hund springt seinen Herrn an; **c)** *gegen etw. springen* ⟨ist⟩: gegen die Tür a.; Ü (geh.) die See ... sprang wütend die Boote an (Ott, Haie 127). **2.** ⟨hat/ist⟩ (Turnen) **a)** *nach kurzem Anlauf od. aus dem Stand an das Gerät springen:* den hohen Holm a.; in den Stütz a.; **b)** *aus einem Sprung heraus turnen:* eine Rolle a.; ein angesprungener Überschlag. **3.** *sich in großen Sprüngen nähern:* ⟨meist im 2. Part. in Verbindung mit »kommen«⟩: die Kinder kommen angesprungen. **4.** *in Gang kommen* ⟨ist⟩: der Motor sprang sofort an, versackte aber dann gleich wieder (Kirst, 08/15, 615); Plötzlich sprangen ... die Peitschenleuchten an (Springer, Was 167); der Wagen springt [gut, schwer, nicht] an; Gleich darauf hörten wir ... den anspringenden Rotor eines Hubschraubers (Simmel, Stoff 619); Ü der ansprindenden Konjunktur (VDI nachrichten 18. 5. 84, 7); Er gähnte ... und sprang überhaupt nicht an *(wurde nicht recht wach;* B. Vesper, Reise 191). **5.** (ugs.) *zustimmend auf etw. eingehen* ⟨ist⟩: auf ein Angebot [sofort, nicht] a.; mal sehen, ob er anspringt; ... schien ... der Typ, der auf so etwas (= jemandes Charisma) ansprang, unter den Deutschen beängstigend häufig zu sein (Heym, Nachruf 44).

an|sprit|zen ⟨sw. V.⟩: **1.** ⟨hat⟩ **a)** *mit etw. bespritzen:* die Kinder [mit dem Gartenschlauch] a.; **b)** *auf jmdn., etw. spritzen:* ich habe ihr, mir Parfüm angespritzt. **2.** (ugs.) *sich schnell nähern* ⟨ist; meist im 2. Part. in Verbindung mit »kommen«⟩: sie kam sofort angespritzt.

An|spruch, der; -[e]s, Ansprüche: **1.** *Forderung:* ein berechtigter A.; bescheidene Ansprüche; ... sind ... in Leverkusen die Ansprüche zu hoch geschraubt worden (Kicker 82, 1981, 20); Mit dem großen Starangebot ... wuchsen die Ansprüche (Kraushaar, Lippen 102); Formuliert sind hier ästhetische Ansprüche (Reich-Ranicki, Th. Mann 98); Ansprüche an das Leben haben; seine Ansprüche anmelden, befriedigen, durchsetzen; Er ... war ein Wesen voll Romantik, Bosheit und persönlichen Ansprüchen (Musil, Mann 221); 08/15-Anlagen genügen ... nicht mehr unseren gehobenen Ansprüchen (CCI 1, 1986, 21); er erhebt A. auf *(beansprucht)* sein Erbteil; sie erhob A. darauf *(verlangte),* angemessen beteiligt zu werden; er stellte [keine] Ansprüche *(ist [nicht] bescheiden);* die Pflanze stellt keine großen Ansprüche an den Boden; ... konnte die IKK '97 ... ihren A. als internationale Leitmesse ... einmal mehr eindrucksvoll unterstreichen (CCI 13, 1997, 1); ***** *jmdn., etw. in A. nehmen* (1. *jmdn. beanspruchen, von etw. Gebrauch machen:* er nahm ihn, seine Hilfe gern in A. 2. *erfordern, beanspruchen:* der Beruf nimmt sie ganz in A.; das nimmt alle meine Kräfte in A.; Die ... Ereignisse ... nehmen ... seine Zeit in A. [Reich-Ranicki, Th. Mann 53]); *etw.* **für** *sich in A. nehmen (etw. Bestimmtes von sich behaupten):* Was Stifter für sich in A. nahm, lässt sich auf Thomas Mann schwerlich übertragen (Reich-Ranicki, Th. Mann 72). **2.** *Recht, Anrecht:* sein A. ist erloschen; [keinen] A. auf Ruhegeld haben; A. auf einen Kindergartenplatz haben; ein A. auf einen Arbeitsplatz ist also gleichbedeutend mit der Forderung auf einen hohen Lebensstandard (Gruhl, Planet 160); ◆ **3.** *gerichtliche Forderung:* er solle sich stellen, gegen A. und Klage sein Recht zu wahren (Goethe, Reineke Fuchs 2, 264 f.).

an|spruchs|be|rech|tigt ⟨Adj.⟩ (Amtsspr.): *berechtigt, einen Anspruch zu stellen:* -e Gläubiger.

An|spruchs|be|rech|tig|te, der u. die; -n, -n ⟨Dekl. ↑Abgeordnete⟩ (Amtsspr.): *jmd., der in einem bestimmten Zusammenhang anspruchsberechtigt ist:* ein Sozialzuschlag zur Unterhaltshilfe für die -n (MM 10. 11. 73, 44).

An|spruchs|den|ken, das: *Einstellung, Denkweise, die in der Überzeugung gründet, bestimmte, meist überzogene Ansprüche zu haben:* Der Bürger gewöhnt sich schließlich daran, dass der Staat für alles und jedes zuständig ist ... »Wohlfahrtsstaat« und »Anspruchsdenken« heißen ... die Schlagworte (Bayernkurier 19. 11. 77, 6); das A. der im Wohlstand aufgewachsenen Kinder gegenüber ihren Eltern; Da sprechen die hohen Herren ständig von dem überzogenen A. der Bürger (MM 2. 11. 84, 59).

An|spruchs|ge|sell|schaft, die: *Gesellschaft* (1), *die in übertriebener Weise dem Anspruchsdenken verhaftet ist:* Die Zeitungen schreiben, dass man sich darauf einzurichten habe, wieder mehr ums Überleben zu kämpfen ..., Ansprüche zu dämpfen, und die Ökologen sagen es auch. A., pfui Geier (Sloterdijk, Kritik 200).

An|spruchs|hal|tung, die: vgl. Anspruchsdenken: Unterdessen wachsen mit den neuen politischen Freiheiten mancherorts auch Schwindel erregende Erwartungen, -en und Wiedergutmachungsforderungen (MM 16. 5. 91, 3).

an|spruchs|los ⟨Adj.⟩: **a)** *genügsam, ohne große Ansprüche:* ein -er Mensch; Ü Gerste ist ein ganz -es Getreide (e & t 6, 1987, 86); **b)** *schlicht; bescheidenen Ansprüchen genügend:* ein -es Vergnügen; diese Musik ist sehr a.

An|spruchs|lo|sig|keit, die; -: *das Anspruchslossein.*

An|spruchs|ni|veau, das: *Niveau* (2) *der Ansprüche, der Forderungen:* ein steigendes A.

an|spruchs|voll ⟨Adj.⟩: **a)** *mit großen [Qualitäts]ansprüchen; wählerisch:* ein -es Publikum; zu a. sein; **b)** *hohen Ansprüchen genügend; hohe Anforderungen stellend; einen hohen Anspruch* (1) *erhebend:* Es erwartet Sie ein -er Aufgabenbereich (SZ 1. 3. 86, 74); -e Lektüre.

an|sprü|hen ⟨sw. V.; hat⟩: *auf der Oberfläche besprühen:* Pflanzen a.; sich/ jmdn. ein Parfüm a.

An|sprung, der; -[e]s, Ansprünge ⟨Pl. selten⟩: **1.** *das Anspringen (gegen jmdn. od. etw.):* eine Raubkatze im A. **2.** (Turnen) **a)** *nach kurzem Anlauf od. aus dem Stand erfolgender Sprung an das Gerät;* **b)** *mit einem Bein ausgeführter Sprung, der den beidbeinigen Absprung einleitet:* der A. zum Absprung vom Reutherbrett.

an|spu|cken ⟨sw. V.; hat⟩: *gegen jmdn., etw. spucken:* Spucken vom Spiegel, spuckte ihr Konterfei an (Dorpat, Ellenbogenspiele 148); Ü Wenn man von

anspülen

der ÖVP ... immer nur angespuckt wird, braucht man sich über mangelnde Begeisterung nicht zu wundern (profil 23, 1984, 14); dass ich eine genommen hab, die kein anderer anspuckt *(für die sich kein anderer interessiert;* Werfel, Himmel 136).

an|spü|len ⟨sw. V.; hat⟩: *an das Ufer, an den Strand spülen:* Strandgut a.; die Strömung spülte einen Ertrunkenen an.

An|spü|lung, die; -, -en: **1.** *das Anspülen.* **2.** *angespültes Land.*

an|spü|ren ⟨sw. V.; hat⟩ (geh.): *an jmds. Verhalten, Reaktion o. Ä. spüren, merken:* man konnte ihm den Schrecken [kaum] a.; sie ... sah mich ... an mit so einem Blick, dem ich gleich anspürte, dass ich für sie ein Dreck war (Gaiser, Schlußball 49).

an|sta|cheln ⟨sw. V.; hat⟩: *anfeuern, anspornen:* jmds. Ehrgeiz, Eifer [durch Lob] a.; der erste Erfolg hat sie zu neuen Anstrengungen angestachelt; dass wir ... uns bestens verstehen, uns gegenseitig a. (Freie Presse 24. 10. 88, 6).

An|sta|che|lung, An|stach|lung, die; -, -en: *das Anstacheln.*

an|stak|sen ⟨sw. V.; ist⟩ (ugs.): *staksig herankommen:* schüchtern stakste der Junge an; ⟨meist im 2. Part. in Verbindung mit »kommen«:⟩ da hinten kommt sie angestakst.

An|stalt, die; -, -en [mhd. anstalt = Richtung, Beziehung; Aufschub, zu: an(e)stān = zum Stehen kommen; sich gehören; 2: zu älter Anstand = Einwand, Aufschub]: **1.** ⟨o. Pl.⟩ *gute Sitte, schickliches Benehmen:* A. haben; keinen A. besitzen; das erfordert die A.; Sie ließen nicht ab von den Geboten einfach menschlichen -s (Rothfels, Opposition 33); Thiel schien sich in das Unvermeidliche mit gutem A. fügen zu wollen (Hauptmann, Thiel 35); Er war überzeugt gewesen, ... die Begegnung mit A. hinter sich zu bringen (Loest, Pistole 142); ♦ ***mit leichtem A.** (ohne eine Anstrengung in ungezwungener Art u. Weise):* Herr John machte die Honneurs mit leichtem A. (Chamisso, Schlemihl 19). **2.** *(südd., österr.) Schwierigkeit, Ärger:* Anstände bei der Zollkontrolle; es hat keinen A. gegeben; weil ich schon einmal Anstände damit gehabt habe (Gaiser, Schlußball 46); ***[keinen] A. an etw. nehmen** ([keinen] Anstoß nehmen, sich [nicht] an etw. stoßen):* die Nachbarn haben an dem nächtlichen Lärm A. genommen; er nahm keinen A., den Platz räumen zu lassen. **3.** *(Jägerspr.): Ansitz* (1). ♦ **4. * ohne A.** *(ohne Zögern):* Ich begann daher ohne a. meine Erklärung (Goethe, Dichtung u. Wahrheit 5); **A. haben** *(Zeit* 3 b *haben; aufgeschoben werden können;* zu An-stand = das Stillstehen, das Innehalten, Aufschub): Es kann A. damit haben bis morgen (Lessing, Emilia Galotti I, 8).

an|stän|dig ⟨Adj.⟩: **1. a)** *den Sitten, den geltenden Moralbegriffen entsprechend:* -es Betragen; sich a. benehmen; Setz dich mal a. *(ordentlich)* hin! (Schwarzer, Unterschied 19); **b)** *ehrbar, korrekt:* er ist ein -er Mensch, Kerl; eine -e Gesinnung; a. handeln; Ist ja a. *(ugs.; anerkennenswert),* dass sie nicht entlassen wurde (v. d. Grün, Glatteis 211); Für jeden zehn Zigarren ..., das ist sehr a. (ugs.; Remarque, Westen 7). **2.** *(ugs.) zufrieden stellend, durchaus genügend:* -es *(ordentliches)* Aussehen; Nicht mal ein -es Sofa war da (Christiane, Zoo 58); Wenn es aber einen -en *(ordentlichen, tüchtigen)* Schweinsrücken gegeben hat, ... (Gaiser, Jagd 148); Jetzt möcht ich erst mal a. *(gut)* frühstücken (Prodöhl, Tod 216); die Leistung war ganz a.; jmdn. a. bezahlen; ⟨subst.:⟩ Endlich wird man etwas Anständiges in den Magen bekommen (Werfel, Bernadette 74). **3.** *(ugs.) beträchtlich, ziemlich:* eine -e Tracht Prügel bekommen; wir mussten a. draufzahlen.

an|stän|di|ger|wei|se ⟨Adv.⟩: *aus Anstand* (1), *Rücksicht:* sie hat a. geschwiegen.

An|stän|dig|keit, die; -: *anständige Gesinnung:* sie tat es aus lauter A.

An|stands|be|such, der: *formeller Höflichkeitsbesuch:* einen A. machen.

An|stands|da|me, die (früher): *Begleiterin eines jungen Mädchens, die dessen Umgang überwacht:* ... musste der Bräutigam noch Eintrittskarten ... kaufen, um die -n – Tanten und Kusinen seiner Braut – unterzubringen (FAZ 6. 5. 61, 62).

An|stands|frist, die: *Frist, die man anstandshalber einhält od. verstreichen lässt:* eine A. verstreichen lassen.

An|stands|ge|fühl, das ⟨o. Pl.⟩: *Gefühl für Anstand* (1): etw. verletzt jmds. A.; kein A. im Leib haben.

an|stands|hal|ber ⟨Adv.⟩: *um die Form zu wahren; nur aus Höflichkeit:* a. müssen wir ihn besuchen; Anstandshalber wartete sie noch eine Woche (Süskind, Parfum 37); Anstandshalber konnte man nicht immerzu nach der Uhr sehen (Tucholsky, Werke II, 197).

An|stands|hap|pen, der (ugs.): *letztes Stück (Brot, Fleisch u. Ä.) auf einer Platte (das zu verzehren sich der einzelne Essensteilnehmer oft geniert):* einen A. übrig lassen.

an|stands|los ⟨Adv.⟩ [zu älter Anstand = Einwand, Aufschub; vgl. Anstand (2)]: *ohne weiteres; ohne Schwierigkeiten zu machen; etw. zu bezahlen, anerkennen, umtauschen:* ich erhalte a. mein Geld zurück (Freie Presse 17. 2. 89, Beilage S. 4); Hendrik akzeptierte a. einen Vertrag (K. Mann, Mephisto 194).

An|stands|re|gel, die ⟨meist Pl.⟩: *Regel, die der Anstand vorschreibt.*

An|stands|rest, der: vgl. Anstandshappen.

An|stands|un|ter|richt, der ⟨o. Pl.⟩: *bes. in Tanzschulen erteilte Unterweisung in den Regeln des guten Benehmens:* ... beginnt die erste Tanzstunde mit dem A. (DM 5, 1966, 52).

An|stands|wau|wau, der (ugs. scherzh.): *jmd., der durch seine Anwesenheit über Sitte u. Anstand bes. eines jungen Mädchens wachen soll.*

an|stän|kern ⟨sw. V.; hat⟩ (salopp abwertend): *sich mit groben, beleidigenden Worten gegen jmdn., etw. wenden:* jmdn. sich [gegenseitig] a.; wenn Leute wegen langer Haare ewig angestänkert werden (Plenzdorf, Leiden 62).

an|stap|fen ⟨sw. V.; ist⟩: *sich mit schwe-*

ren, stapfenden Schritten nähern ⟨meist im 2. Part. in Verbindung mit »kommen«⟩: die Männer kamen durch den Schnee angestapft.

an|star|ren ⟨sw. V.; hat⟩: *den Blick starr auf jmdn., etw. richten:* jmdn. [unverwandt] a.; die Wände a.; sie starren sich [gegenseitig]/(geh.:) einander an; Niemand starrt einen Urlauber neugierig an (Berger, Augenblick 5); er ... würde in der Straßenbahn immerzu Mädchen a. (Loest, Pistole 176); Ü dass die geliebtesten Bäume ihn plötzlich grau und gleichgültig anstarren (Werfel, Himmel 157).

an|statt [mhd. an stat, ↑Statt]: **I.** ⟨Konj.⟩ *statt, anstelle von:* dunkelblau a. schwarz; er las, a. zu arbeiten/(veraltend:) a. dass er arbeitete; er traf den Pfahl a. *(und nicht)* die Konservendose; jetzt braucht die Tochter Streicheleinheiten a. Vorwürfe (Hörzu 21, 1987, 14). **II.** ⟨Präp. mit Gen.⟩ *anstelle:* er übernahm die Aufgabe a. seines Bruders; er traf den Pfahl a. *(anstelle)* der Konservendose; ⟨mit Dativ, wenn der Genitiv formal nicht zu erkennen ist:⟩ a. Worten will ich Taten sehen.

an|stau|ben ⟨sw. V.; ist⟩ /vgl. angestaubt/: *ein wenig staubig werden:* Wäsche, leicht angestaubt, billig abzugeben; angestaubte Bücher.

an|stau|en ⟨sw. V.; hat⟩: **1.** *(eine Flüssigkeit, Wasser eines Flusses o. Ä.) stauend aufhalten u. sich ansammeln lassen:* einen Fluss, einen Bach a.; Wasser a. **2.** ⟨sich a.⟩ *sich ansammeln:* Geröllmassen stauen sich an den Brückenpfeilern an; das Blut hat sich in den Beinen angestaut; Ü ... hatte sich ... im Laufe der Jahrhunderte ein Vorrat von Wissen, von Erfindungen und Plänen angestaut (Gruhl, Planet 99); Eine starke Sehnsucht nach Licht ... hatte sich in allen angestaut (Chr. Wolf, Himmel 126); Er ... raste, seine angestauten Gefühle freilassend (Zwerenz, Quadriga 193); angestaute Wut.

an|stau|nen ⟨sw. V.; hat⟩: *staunend betrachten, bewundern:* jmdn., etw. neugierig, ängstlich a.; Heiligen gleich, die zu zaubern verstehen, wurden sie vom Volke angestaunt (Nigg, Wiederkehr 158); ... wird unser Haus als Gipfel des Luxus angestaunt werden (Geissler, Nacht 98).

An|stau|ung, die; -, -en: *das Anstauen, Sichanstauen.*

an|ste|chen ⟨st. V.; hat⟩: **1. a)** *in etw. ein wenig hineinstechen:* die Kartoffeln a. *(prüfen, ob sie gar sind);* ein Stück Fleisch [mit der Gabel] a.; **b)** *durch Hineinstechen beschädigen od. verletzen:* Autoreifen a.; ein angestochener *(durch den Stich eines Insekts madig gewordener)* Apfel; angestochenes *(vom Holzwurm befallenes)* Holz; (ugs.:) er rennt umher, fährt hoch wie ein angestochenes Schwein, ein angestochener Eber; der Feller rennt rum wie angestochen *(wie wild;* Bobrowski, Mühle 25). **2.** *durch Einstich öffnen, anzapfen:* ein Fass Bier, den Wein a.; wir haben eben angestochen. **3.** (Archäol.) *durch eine Grabung öffnen:* den Hügel a.; die Mauern eines assyrischen Palastes a. *(beim Graben darauf stoßen);* Er hatte den Spaten in kretischen Boden gesenkt und hatte eine Insel der Rätsel aufgestochen (Ceram, Götter 76). ◆ **4.** *(in der Jägerspr.) verletzen:* Ü »Ist sie auch wie alle das Volk!«, dachte ich und war angestochen und wollte gehen (Goethe, Werther II, 15. März).

An|steck|blu|me, die: *künstliche Blume zum Anstecken.*

an|ste|cken ⟨sw. V.; hat⟩: **1. a)** *[mit einer Nadel] befestigen, an etw. stecken:* eine Blume, eine Nadel [am/an den Rockaufschlag] a.; [sich] falsche Zöpfe a.; er solle sich auch so einen Bonbon *(ein Parteiabzeichen)* a. (Lentz, Muckefuck 110); **b)** *(einen Ring) an den Finger stecken:* er steckt ihr einen Brillantring an. **2.** (landsch.) **a)** *anzünden:* Gas, Kerzen a.; So steckte ich denn die große Petroleumlampe ... an (Fallada, Herr 51); Wenn sie den Schaltknopf ihrer Ölheizung bediente, nannte sie das ...: Ich stecke die Heizung an (Wohmann, Irrgast 193); **b)** *anbrennen:* ich steckte mir eine Zigarette an; **c)** *in Brand stecken:* die Scheune ist mutwillig angesteckt worden; Eine kleinere Einheit ... bekommt plötzlich den Befehl, Häuser anzustecken (Leonhard, Revolution 198). **3. a)** *(eine Krankheit) auf jmdn. übertragen, sich selbst zuziehen:* er steckt uns alle [mit seiner Erkältung] an; ich habe mich [bei ihm (mit Grippe)] angesteckt; Ü andere mit seinem Lachen, seiner Angst, seinem Eifer a.; Unsere jungen Leute sind ... von dem Freiheitsschwindel angesteckt (Brot und Salz 37); **b)** *sich übertragen; leicht auf andere übergehen:* Grippe steckt an; von Masern wird man nur einmal angesteckt; ansteckende Krankheiten *(Infektionskrankheiten);* diese Entzündung ist nicht ansteckend; Ü Lachen, Gähnen steckt an, wirkt ansteckend; Die Begeisterung des Jungen ist ansteckend (Chotjewitz, Friede 128); Ihr Führer ... wurde von der allgemeinen ... Schreckhaftigkeit angesteckt (Thieß, Reich 359). **4.** (landsch.) *anstechen* (2).

An|ste|cker, der: *Anstecknadel* (2).

An|steck|na|del, die: **1.** *[längliche] Schmucknadel zum Anstecken* (1 a). **2.** *Plakette* (1) *als Kennzeichen einer Zugehörigkeit, Mitgliedschaft.*

An|ste|ckung, die; -, -en ⟨Pl. selten⟩: *das Anstecken* (3), *Angestecktwerden:* A. durch Berührung; sich vor A. schützen; eine A. fürchten.

an|ste|ckungs|fä|hig ⟨Adj.⟩: *ansteckend* (3 b): Fälle von offener, also -er Lungentuberkulose (MM 10. 7. 69, 4).

An|ste|ckungs|ge|fahr, die: *Gefahr der Ansteckung.*

An|ste|ckungs|herd, der: *Ansteckungsquelle.*

An|ste|ckungs|mög|lich|keit, die: *bestehende Möglichkeit zu einer Ansteckung.*

An|ste|ckungs|quel|le, die: *Ausgangspunkt einer Welle von Erkrankungen:* nach der A. suchen.

an|ste|hen ⟨unr. V.; hat; südd., österr., schweiz. auch: ist⟩: **1.** *mit anderen zusammen bis zum Abgefertigtwerden wartend stehen:* Nadler, der an der Abendkasse anstand (Wellershoff, Körper 262); dass man genug Zeit und Geduld hatte, um von sechs Uhr morgens bis zur Mittagsstunde anzustehen (K. Mann, Wendepunkt 51); [stundenlang] bei einer Behörde, nach Eintrittskarten, um Brot a.; ⟨subst.:⟩ warteten auf den Tag, an dem es ... wieder, ohne stundenlanges Anstehen, ausreichend Essen zu kaufen gab (Kühn, Zeit 286). **2. a)** *auf Erledigung warten:* diese Arbeit steht schon lange an; Der hat eine kleine Druckerei, ... lebt von Lohndruckerei, was eben so ansteht, Hochzeitskarten, Todesanzeigen (v. d. Grün, Glatteis 250); anstehende Probleme; * *etw. a. lassen (etw., was dringend geändert o. Ä. werden müsste, vor sich herschieben, hinausschieben; mit etw. warten);* **b)** *festgelegt, angesetzt sein:* die Wahl eines neuen Präsidenten steht in diesem Jahr an; ein Termin steht noch an, steht auf Montag an; Im Westen stehen vier Institute der Max-Planck-Gesellschaft zur Schließung an (Woche 14. 2. 97, 50). **3. a)** (geh.) *sich ziemen; zu jmdm., einer Sache in bestimmter Weise passen:* das steht ihm wohl, übel an; ein derartiger Name hätte ihm so wenig angestanden wie einer Fischverkäuferin ... der Familienname Habsburg (Bergengruen, Rittmeister 173); **b)** * *nicht a., etw. zu tun* (geh.; *etw. ohne weiteres, ohne Bedenken tun:* Ich stehe nicht an, zu sagen, dass ich ... entschlossen war, mich in das Abenteuer zu werfen (Th. Mann, Krull 284); ◆ **c)** *gefallen* (1): Stehen Sie ihr an – wohl und gut, so mag sie zusehen, wie sie glücklich mit Ihnen wird (Schiller, Kabale I, 2). **4.** (Geol., Bergbau) *hervortreten, zutage liegen:* hier steht Gneis an; anstehender Schiefer; Heute steht das Grundwasser in einer Tiefe von etwa vier Metern an (Archäologie 2, 1997, 48); Diese Urnen sind aus dem jeweilig anstehenden Stein gefertigt, in Volterra daher aus Alabaster (Bild. Kunst I, 99). **5.** (österr.) *auf jmdn., etw. angewiesen sein* ⟨ist⟩: auf ihn, auf sein Geld stehe ich nicht an. ◆ **6.** *schwanken* (3), *zögern:* dass der Junker Wenzel a. müsse, sie (= die Pferde) für die dem Kohlhaas gehörigen anzuerkennen (Kleist, Kohlhaas 66).

an|stei|gen ⟨st. V.; ist⟩: **1. a)** *aufwärts führen:* die Straße, das Gelände steigt an; sanft ansteigende Wiesen; **b)** *aufwärts steigen, aufsteigen:* schräg a.; Ist ... ein schräges Ansteigen ... nicht möglich, sodass man gezwungen ist, gerade anzusteigen (Eidenschink, Fels 54). **2. a)** *höher werden:* das Wasser, die Flut, die Temperatur steigt an; ansteigende Armbäder (Med.; *Armbäder mit sich erhöhender Wassertemperatur);* **b)** *zunehmen, wachsen:* die Preise steigen an; die Besucherzahlen sind stark angestiegen; Besucher, die ... in ständig ansteigender Zahl aus Europa ... kommen (Grzimek, Serengeti 344).

an|stel|le (auch: an Stelle): **I.** ⟨Präp. mit Gen.⟩ *statt, stellvertretend für:* a. seines Bruders; Jugendherbergen stellen einen ähnlichen Organismus wie das Hotel

anstellen

dar; an Stelle der Einzelzimmer treten Schlafsäle (Bild. Kunst III, 45); a. großer Reden werden Taten erwartet; ... haben die Europäer deswegen hier und da versucht, an Stelle von Pferden Zebras einzuspannen und zu reiten (Grzimek, Serengeti 208). **II.** ⟨Adv. in Verbindung mit »von«⟩ *statt, stellvertretend für:* a. von großen Reden werden Taten erwartet.
an|stel|len ⟨sw. V.; hat⟩ /vgl. Angestellte/: **1. a)** *etw. an etw. stellen, lehnen:* eine Leiter an den/(seltener:) am Baum a.; Kotik fand im Gartenschuppen eine Leiter, die stellte er an und stieg durch das Fenster ein (Bienek, Erde 27); **b)** ⟨a. + sich⟩ *sich anreihen, sich in eine Reihe von Wartenden stellen (um abgefertigt zu werden od. etw. zu erhalten):* sich hinten a.; sich stundenlang nach Eintrittskarten a.; Am Abend stellen sich die Menschen an den Haltestellen an (Koeppen, Rußland 36); ... muss ich mich ... um das Transit a. (Seghers, Transit 79). **2. a)** *zum Fließen, Strömen bringen:* das Gas, das Wasser a.; den Haupthahn a. *(aufdrehen);* **b)** *einschalten, in Betrieb setzen:* die Maschine, das Radio a.; Hab die Heizung angestellt, damit es pottwarm wird (Eppendorfer, St. Pauli 117). **3. a)** *einstellen; in eine Stelle einsetzen:* jmdn. als Sachbearbeiter a.; stellte er ihn sogleich als Hauslehrer für seine Söhne an (Radecki, Tag 118); Ich ... weiß, dass er im Krankenhaus angestellt ist (Imog, Wurliblume 136); er ist fest, zur Probe angestellt; **b)** (ugs.) *mit einer Arbeit beauftragen, beschäftigen:* jmdn. zum Schuhputzen a.; du willst dauernd jemanden für dich a. *(einen anderen deine Arbeit machen lassen).* **4.** *vornehmen* (in Verbindung mit bestimmten Substantiven; häufig verblasst)*:* mit jmdm. ein Verhör a. *(jmdn. verhören);* Vermutungen a. *(vermuten);* Überlegungen über etw. a. *(etw. überlegen);* keine Experimente a. *(nicht experimentieren);* Nachforschungen a. *(nachforschen);* Er stellte zaghaft ironische Betrachtungen an (Schaper, Kirche 55); Es war eine Probe, die er da anstellte (Th. Mann, Joseph 611); dann werden sie tiefsinnige Erörterungen über Strategie und Taktik a. (Ott, Haie 348). **5.** (ugs.) **a)** *versuchen, tun:* der Arzt hat alles Mögliche [mit ihm] angestellt; wie wir es auch anstellen, wir können es nicht verhindern (H. Weber, Einzug 139); **b)** *anrichten; etw. Dummes, Übermütiges tun:* Unfug a.; was hast du da wieder angestellt!; **c)** *in einer bestimmten Weise anfangen:* wie soll ich das a.? **6.** ⟨a. + sich⟩ (ugs.) *sich in einer bestimmten Weise verhalten:* sich geschickt, dumm [bei etw.] a.; ihre Tante ... soll sich wie eine Verrückte ... angestellt haben (Langgässer, Siegel 558); stell dich nicht so an! *(sei nicht so wehleidig!; zier dich nicht so!).* ◆ **7.** *veranstalten, durchführen* (2 d): dass der Kurfürst ... zu einem großen Hirschjagen, das man, um ihn zu erheitern, angestellt hatte, nach Dahme gereist war (Kleist, Kohlhaas 89).
An|stel|le|rei, die; -, -en (abwertend): *wehleidiges Getue, Ziererei.*
an|stel|lig ⟨Adj.⟩: *geschickt:* ein -er Mensch; er ist a. und flink; Sie ist sehr nett, ... hilfsbereit und a. (Danella, Hotel 400).
An|stel|lig|keit, die; -: *Geschicklichkeit:* Wir bezeugten ja schon, dass er nennenswerten Verstandes ist und von nicht alltäglicher A. (Th. Mann, Joseph 609).
An|stel|lung, die; -, -en: **a)** *das Anstellen* (3 a), *Einstellung:* die A. weiterer Mitarbeiter; Ein Glücksfall war ... die A. in einer Änderungsschneiderei (Kühn, Zeit 336); **b)** *Stellung:* eine [feste] A. finden; er hat jetzt eine A. in einem Auktionshaus (Bergengruen, Rittmeisterin 393).
An|stel|lungs|be|trug, der (Rechtsspr.): *Erschleichen einer Stellung durch gefälschte Papiere.*
An|stel|lungs|fä|hig ⟨Adj.⟩: *geeignet für eine Anstellung* (a).
An|stel|lungs|ver|trag, der: *Vertrag über eine Anstellung* (a) *u. ihre Bedingungen.*
an|stem|men ⟨sw. V.; hat⟩: *gegen etw. stemmen:* die Füße a.; sich mit den Schultern [gegen die Tür] a.
an|steu|ern ⟨sw. V.; hat⟩: **1.** *auf etw. zusteuern, die Richtung auf etw. einschlagen:* eine Bucht, den Flugplatz a.; den nächsten Parkplatz a.; Fehringer ... entdeckte noch einen freien Tisch und steuerte ihn an (Konsalik, Promenadenkaffee 133); Ü in seiner Karriere ein ehrgeiziges Ziel a.; als er noch eine Laufbahn als Popmusiker ansteuerte (Hamburger Abendblatt 12. 5. 84, 9). **2.** (Elektronik) *eine Spannung an ein bestimmtes Schaltelement legen:* einer Schaltung Zähler a.
An|steu|e|rung, die; -, -en: *das Ansteuern.*
An|stich, der; -[e]s, -e: **1.** *das Anstechen* (2): der A. eines Bierfasses; Eröffnet wird ... mit dem A. des ersten Fasses (Saarbr. Zeitung 5. 10. 79, 41). **2.** *erster Ausschank aus dem angestochenen Fass:* den frischen A. probieren.
an|stie|feln ⟨sw. V.; ist⟩ (ugs.): *herankommen, -laufen; ohne große Eile stiefelte sie an;* ⟨meist in 2. Part. in Verbindung mit »kommen«:⟩ endlich kam sie angestiefelt.
An|stieg, der; -[e]s, -e: **1.** ⟨o. Pl.⟩ *Steigung; das Ansteigen* (1): der A. der Straße. **2.** ⟨o. Pl.⟩ *Erhöhung, Zunahme:* der A. der Temperatur, der Kosten; Nach dem A. des Rentenbeitrags auf die Rekordmarke von 21 Prozent (Woche 14. 11. 97, 3). **3. a)** *das Hinaufsteigen, Aufstieg:* ein mühsamer A.; Der steile A. zum Kraterrand dauert 20 Minuten (a&r 2, 1997, 96); **b)** *Weg zum Gipfel:* der Berg hat drei -e; Diese ... Route weicht von den ... beschriebenen -en ... ab (Alpinismus 2, 1980, 9).
An|stiegs|zeit, die: *für einen Anstieg* (3 a) *benötigte Zeit.*
an|stie|ren ⟨sw. V.; hat⟩ (abwertend): *mit starrem Blick ansehen:* er stierte mich unverwandt an; Blacky ... stiert seine Stiefelspitzen an (Degener, Heimsuchung 124).
an|stif|ten ⟨sw. V.; hat⟩: **a)** *(etw. Unheilvolles) ins Werk setzen:* Unheil, Verschwörungen a.; Wir werden dich schon lehren, Heimlichkeiten gegen uns anzustiften (Musil, Törleß 132); **b)** *zu etw. Schlechtem, Bösem verleiten, überreden:* jmdn. zum Betrug, zu dummen Streichen a.
An|stif|ter, der; -s, -: *jmd., der andere zu etw. anstiftet.*
An|stif|te|rin, die; -, -nen: w. Form zu ↑Anstifter.
An|stif|tung, die; -, -en: *Verleitung, Verführung:* A. zum Mord, zum Widerstand; Ü die A. *(Aufforderung, Überredung)* der Mieter zur Eigeninitiative (Szene 6, 1983, 17).
an|stim|men ⟨sw. V.; hat⟩: **a)** *zu singen, zu spielen beginnen:* ein Lied a.; Oskar ... forderte Schwester Gertrud ... zu einem Tänzchen auf, als die Band »Rosamunde« anstimmte (Grass, Blechtrommel 561); Angestimmt wurde: »Ich hatt' einen Kameraden ...« (Grass, Hundejahre 284); **b)** *in etw. ausbrechen:* ein Gelächter, Geschrei a.; Klagen a.; Frauen ..., die ... ihr altes Lamento anstimmten, die gewöhnliche Klage über ihr Leben (Chr. Wolf, Nachdenken 182).
an|stin|ken ⟨st. V.; hat⟩ (ugs.): **1.** *jmdn. anwidern:* die Sache stinkt mich allmählich an *(wird mir zu dumm);* Mit Typen, die mich von vornherein anstanken, verhandelte ich gar nicht erst (Christiane, Zoo 126); Immer nur Haushalt und putzen den. Das stinkt mich an (Schwarzer, Unterschied 33). **2.** *angehen, sich auflehnen:* wenn du gegen mich a. willst, musst du früher aufstehn (Fels, Unding 334); man hält die Schnauze. Du kannst doch nicht gegen die da oben a. *(kannst nichts gegen sie ausrichten;* Bredel, Prüfung 103).
an|stol|zie|ren ⟨sw. V.; ist⟩: *sich stolzierend nähern:* grinsend stolzierte er an; ⟨meist im 2. Part. in Verbindung mit »kommen«:⟩ da kommt er anstolziert.
An|stoß, der; -es, Anstöße: **1.** *das Anstoßen, Ruck:* Durch die Wucht des -es wurde der Wagen ... gegen ein drittes Fahrzeug geschoben (Saarbr. Zeitung 3. 12. 79, 9). **2.** (Fußball) *erstes Stoßen des Balles zum Spielbeginn od. nach einer Unterbrechung:* den A. haben, ausführen. **3.** *auslösende Wirkung; Impuls:* der erste A. zu dieser Tat; es bedurfte nur eines -es; in vergleichbaren Fällen kommen die entscheidenden Anstöße zur Überprüfung ... von ihm selber (Reich-Ranicki, Th. Mann 30); die Ablehnung des Antrags gab den A. zum Aufstand. **4.** * **A. erregen** *(jmds. Unwillen hervorrufen):* mit seinem Benehmen hat er A. [bei ihr] erregt; **an etw. A. nehmen** *(Ärger, Unwillen über etw. empfinden):* ich nehme an seiner saloppen Kleidung keinen A.; sie wusste nun ..., warum Wendelin A. an dieser Kritik genommen hatte (Seidel, Sterne 108). ◆ **5.** *Anfall* (1): Es ist nur ein A. von Schwindel (Schiller, Räuber V, 1).
an|sto|ßen ⟨st. V.⟩: **1.** ⟨hat⟩ **a)** *einen kleinen Stoß geben:* das Pendel einer Uhr a.; jmdn. [aus Versehen] a.; jmdn. mit dem Fuß [unter dem Tisch] a. *(heimlich auf etw. aufmerksam machen);* Hier, du, sagte er zu Abel und stieß ihn freundschaftlich mit der Schulter an (Hausmann, Abel 59); Ü Wenn man als junger dyna-

mischer Unternehmer ein innovatives Projekt anstößt (*in die Wege leitet;* Woche, 28. 3. 97, 46); vielleicht wird ja die eine oder andere Investition im Baugewerbe angestoßen (*angeregt;* Woche, 21. 3. 97, 6); **b)** (Fußball) *den Anstoß (2) ausführen.* **2.** *an etw. stoßen, prallen* ⟨ist⟩: mit dem Kopf [an eine scharfe Ecke] a.; ... hastete er durch die Finsternis ... und streckte zuweilen die Hände vor, um nicht anzustoßen (Gaiser, Jagd 117); sie ist mit dem Tablett angestoßen; Beim Rückwärtsstoßen stieß das Fahrzeug ... gegen einen weiteren Personenwagen an (Saarbr. Zeitung 10. 7. 80, 21). **3.** *lispeln* ⟨hat⟩: sie stößt beim Sprechen an; ... stieß er ein wenig mit der Zunge an (K. Mann, Wendepunkt 152). **4.** *die gefüllten Gläser leicht gegeneinander stoßen (um auf etw. zu trinken)* ⟨hat⟩: auf jmds. Wohl, auf die Zukunft a.; Es hatte Feste gegeben, als das Auto gekauft wurde, ja, man hatte sogar auf den neuen Fernseher angestoßen (H. Weber, Einzug 401); am besten wäre es sicherlich gewesen, ich wäre mit Sodtbaum gleich in die Mitropa gegangen, wir hätten zur Begrüßung mit Korn angestoßen, und ich hätte gesagt ... (Loest, Pistole 245). **5. a)** *jmds. Unwillen hervorrufen, Anstoß (4) erregen* ⟨ist⟩: mit dieser Bemerkung ist sie beim Chef angestoßen; jmd. stößt überall an; Wahrscheinlich ist es ihrem Taktgefühl und besonders ihrer Grundeinstellung, sich als etwas Besonderes zu fühlen, zu verdanken, dass sie trotzdem nirgends anstieß (Bund 9.8.80, 13); ◆ **b)** *reizen* (1): wenn er mich aber anstieße, so wollte ich ihm Tritte geben ärger als ein Esel (Goethe, Benvenuto Cellini, I, 2, 12). **6.** (selten) *angrenzen* ⟨hat⟩: das Grundstück stößt an den Wald an; die Besitzer der an den Bach anstoßenden Parzellen (NZZ 30. 8. 83, 19).

Anǀstöǀßer, der; -s, - (schweiz.): *[Grundstücks]nachbar, Anlieger:* ... zu schweigen von dem unsäglichen Umtrieb, den uns die Entschädigungsansprüche und Prozessdrohungen der A. schon gekostet haben (Muschg, Gegenzauber 260).

Anǀstöǀßeǀrin, die; -, -nen (schweiz.): w. Form zu ↑ Anstößer.

anǀstöǀßig ⟨Adj.⟩: *Anstoß (4) erregend:* -e Witze; etw. a. finden; Bertin lachte ... a. laut in der Gegenwart eines so hoch gestellten Vorgesetzten (A. Zweig, Grischa 159).

Anǀstöǀßigǀkeit, die; -, -en: **1.** *das Anstößigsein, Unanständigkeit:* der spanische Grandenfeudalismus, gegen die Idee der A. aller Arbeit zurückgehe (Fest, Im Gegenlicht 201). **2.** *anstößige Bemerkung, Handlung.*

anǀstrahǀlen ⟨sw. V.; hat⟩: **1.** *Licht[strahlen] auf jmdn., etw. richten:* das Schloss a.; der Schauspieler wurde hell angestrahlt; eine ... kahle Mauer mit einer Seifenreklame darauf, die angestrahlt wurde (Nossack, Begegnung 364); von der Sonne angestrahlte Berggipfel. **2.** *strahlend anblicken:* sie, ihre Augen strahlten ihn an; er grüßte mich und strahlte mich dabei an (Ziegler, Labyrinth 220).

anǀstränǀgen ⟨sw. V.; hat⟩: *(ein Zugtier, Zugtiere) mit Strängen an den Wagen spannen, anschirren:* Die Möbelkutscher schnallen die Futterbeutel ab ... sie strängen die Tiere an (Strittmatter, Der Laden 20).

anǀstreǀben ⟨sw. V.; hat⟩ (geh.): *zu erreichen suchen; nach etw. streben:* das Glück, eine bessere Stellung, den Kauf eines Hauses a.; Er strebt mit seiner Mannschaft die Teilnahme am UEFA-Pokal an (Augsburger Allgemeine 22./23. 4. 78, 25).

anǀstreǀbensǀwert ⟨Adj.⟩: *wert, angestrebt zu werden:* ein -es Ziel.

anǀstreiǀchen ⟨st. V.; hat⟩: **1. a)** *Farbe auf etw. streichen:* Gartenmöbel [bunt] a.; Panzer rollten herauf, weiß angestrichen (Plievier, Stalingrad 328); das Haus frisch a. lassen; Ü Dass sie behaupten, ich streiche mich an *(schminke mich)* wie eine Nutte (Freizeitmagazin 26, 1978, 45); ◆ **b)** *bestreichen* (1): Ich fuhr während des Verbandes fort, ihn mit Wein anzustreichen (Goethe, Lehrjahre VI, Schöne Seele). **2.** *durch einen Strich kennzeichnen, hervorheben:* die wichtigen Stellen in einem Aufsatz, Buch a.; die Fehler [rot] a.; Diesen ... pflegte er die Fehler in den Extemporalien ganz leicht und zierlich anzustreichen (Th. Mann, Buddenbrooks 494); die angestrichenen Stellen. **3.** *(ein Streichholz) anzünden:* Der Mann ... streicht ein Hölzchen an und leuchtet die Hütte ab (Jens, Mann 141). **4.** (landsch.) *heimzahlen:* das werde ich ihr a. **5.** (Jägerspr.): **a)** *(vom Federwild) anfliegen:* Feldhühner strichen an; **b)** *(von Wild) mit dem Körper an Gras, Zweige usw. streichen (u. damit Witterung hinterlassen):* an dieser Schonung hat ein Reh angestrichen.

Anǀstreiǀcher, der; -s, -: *Maler (2).*

Anǀstreiǀcheǀrin, die; -, -nen: w. Form zu ↑ Anstreicher.

anǀstreiǀfen ⟨sw. V.; hat⟩: **1.** *leicht berühren:* der Wagen hat ihn nur angestreift; Auf dem Bazar treibt sich so viel verlaustes Gesindel rum. Bist du auch sicher, dass dich niemand angestreift hat? (Hilsenrath, Nacht 129). **2.** *schnell überziehen:* die Handschuhe, den Schuh a.; »Verzeihen Sie!«, sagt er und streift die Jacke ... an (Fr. Wolf, Zwei 31).

anǀstrenǀgen ⟨sw. V.; hat⟩ /vgl. angestrengt/ [wohl zu ↑ strengen]: **1. a)** ⟨a. + sich⟩ *sich mit allen Kräften einsetzen; sich große Mühe geben, um etw. zu leisten:* sich sehr, nicht sonderlich a.; du musst dich [in der Schule] mehr a.; Tante Lina ..., die ohne sich übermäßig anzustrengen, den Haushalt führte (Kirst, Aufruhr 30); **b)** *zu besonderer Leistung steigern:* seinen Geist, Verstand, seine Kräfte, sein Gehör a. **2.** *stark beanspruchen, strapazieren:* die kleine Schrift strengt die Augen an; der Besuch, das Reden hat den Kranken [zu sehr] angestrengt; diese Arbeit strengt an *(ist anstrengend).* **3.** (Rechtsspr.) *(ein gerichtliches Verfahren) einleiten, veranlassen:* eine Klage [gegen jmdn.] a.; dass Karl Kraus nicht davor zurückschreckte, einen Prozess wegen Fehlens eines Satz-
zeichens ... anzustrengen (NJW 19, 1984, 1069).

anǀstrenǀgend ⟨Adj.⟩: *ermüdend, strapaziös:* ein -es Leben; -e Arbeit; es war ein -er Tag; Nichtstun ist a. (v. d. Grün, Glatteis 165); es ist sehr a., diesem Vortrag zu folgen.

Anǀstrenǀgung, die; -, -en: **1.** *Bemühung, Kraftaufwand, Einsatz (für ein Ziel):* vergebliche -en; seine -en verstärken, verdoppeln; weil der Vorsatz ... nur mit A. *(mit Mühe)* durchzuhalten war (Böll, Haus 20); mit äußerster, letzter A.; -en machen, (geh.:) unternehmen *(sich anstrengen, sich sehr bemühen).* **2.** *[Über]beanspruchung, Strapaze:* geistige, körperliche -en; sich von den -en einer Geschäftsreise erholen; an den umwickelten Füßen gefrorener Schnee, jeder Schritt eine A. (Plievier, Stalingrad 336).

Anǀstrenǀgungsǀbeǀreitǀschaft, die: *Bereitschaft, sich anzustrengen* (1 a), *Anstrengungen auf sich zu nehmen.*

Anǀstrich, der; -[e]s, -e: **1. a)** ⟨o. Pl.⟩ *das Anstreichen* (1): ein neuer A. wird 2000 Mark kosten; **b)** *aufgetragene Farbe:* der helle A. gefällt mir. **2.** ⟨o. Pl.⟩ *Aussehen, Note:* die Sache hat einen offiziellen, einen künstlerischen A.; einer Veranstaltung einen künstlerischen A. geben; das Bemühen um einen sozialen A. ... dürfte sich ... als nicht fruchtbar erweisen (NZZ 28. 8. 86, 13). **3.** (selten) **a)** *das Anstreichen* (2): ein Buch mit -en versehen; **b)** (Schriftw.) *Strich nach oben.*

anǀstriǀcken ⟨sw. V.; hat⟩: *durch Stricken anfügen:* Ärmel, einen Rand an den Pullover a.

anǀströǀmen ⟨sw. V.; ist⟩: **1.** *strömend heranfließen:* anströmende Kaltluft. **2.** *in großer Zahl herbeikommen:* Es strömten von der Straße her noch immer neue Massen von Männern an (Plievier, Stalingrad 327); ⟨meist im 2. Part. in Verbindung mit »kommen«:⟩ viele kamen [zum Fußballspiel] angeströmt.

anǀstüǀckeln, anǀstüǀcken ⟨sw. V.; hat⟩: **a)** *ein kleineres Stück, kleinere Stücke ansetzen* (2): Stefan brauchte ... Isolierband, um das Kabel ... an die ... Leitung anzustücken (Kuby, Sieg 270); **b)** *(durch Anfügen eines kleineren Stückes, kleinerer Stücke) ausbessern od. verlängern:* das Kleid a.; sein Oberhemd ... war am unteren Ende angestückelt (Augustin, Kopf 104).

anǀstupǀsen ⟨sw. V.; hat⟩ (ugs.): *anstoßen:* sie stupste ihren Tischnachbarn an.

Anǀsturm, der; -[e]s, Anstürme ⟨Pl. selten⟩: **a)** *das Heranstürmen, stürmisches Andrängen:* der A. des Feindes; Der ... Regierung ist es gelungen, den A. der Bevölkerung auf die Schalter der Sparkassen aufzufangen (FAZ 27. 10. 61, 5); dem A. des Gegners trotzen, nicht gewachsen sein; Ü ein A. der Gefühle; unter dem A. einer schrecklichen Erinnerung (H. Mann, Unrat 115); **b)** *großer Andrang:* der A. von Autogrammjägern; A. nach Karten, auf die Ware; die Verkaufsstellen ... können einem gewaltigen A. (LNN 31. 7. 84, 5).

anǀstürǀmen ⟨sw. V.; ist⟩: **a)** *gegen etw.*

anstürzen

stürmend andrängen; angreifen: gegen eine Festung a.; *Wellen stürmen gegen die Küste an;* **b)** *sich eilig u. ungestüm nähern:* eine Schar lärmender Kinder stürmte an; nur der Nimrod hält dem anstürmenden Koloss (= einem Rhinozeros) stand (Grzimek, Serengeti 54); ⟨meist im 2. Part. in Verbindung mit »kommen«:⟩ auf ihren Ruf kamen die Jungen angestürmt.

an|stür|zen ⟨sw. V.; ist⟩: *sich eilig, in großer Hast nähern:* atemlos stürzte er an; ⟨meist im 2. Part. in Verbindung mit »kommen«:⟩ im letzten Augenblick kamen sie angestürzt.

an|su|chen ⟨sw. V.; hat⟩ (österr., sonst Papierdt. veraltend): *förmlich bitten, ersuchen:* um Asyl, um einen Kredit a.; Sie hat um eine Einreiseerlaubnis nach Deutschland angesucht (Express 6. 10. 68, 4); In der Gemeinschaftshaft gibt es keine Schreiberlaubnis. Ich habe angesucht, jetzt wurde sie bewilligt (Sobota, Minus-Mann 346).

An|su|chen, das; -s, -: *förmliche Bitte, Gesuch:* ein A. einreichen; auf A. meines Mandanten; Dem A. ... um Verleihung der kanadischen Staatsbürgerschaft wurde ... stattgegeben (Presse 29. 8. 69, 10).

An|su|cher, der; -s, - (österr.): *Antragsteller.*

An|su|che|rin, die; -, -nen (österr.): w. Form zu ↑ Ansucher.

ant-, Ant-: ↑ anti-, Anti- (1).

-ant, der; -en, -en [lat. -ans (Gen.: -antis)]: *bezeichnet in Bildungen mit Verben (Verbstämmen) eine Person – selten eine Sache –, die etw. macht:* Demolant, Informant, Sympathisant.

Ant|aci|dum: ↑ Antazidum.

An|ta|go|nịs|mus, der; -, ...men [zu griech. antagōnisma = (Wider)streit, zu: antí = gegen u. agṓn, ↑ Agon] (bildungsspr.): *Gegensatz, Widerstreit:* Sein ... Versuch, ... den amerikanisch-sowjetischen A. abzuschwächen (Rhein. Merkur 18. 5. 84, 16); der A. der Geschlechter, Klassen; Antagonismen innerhalb einer Gesellschaft.

An|ta|go|nịst, der; -en, -en [spätlat. antagonista < griech. antagōnistḗs]: **1.** *Gegner, Gegenspieler, Widersacher:* die beiden sind -en. **2.** (Med.) *Muskel, der dem Agonisten (2) entgegenwirkt:* der Beuger ist der A. des Streckers. **3.** (Biochemie) *Stoff, der in seiner Wirkung einem anderen entgegengesetzt ist u. dessen Wirkung aufhebt.*

An|ta|go|nịs|tin, die; -, -nen: w. Form zu ↑ Antagonist (1).

an|ta|go|nịs|tisch ⟨Adj.⟩: *gegensätzlich, widerstreitend:* -e Gefühle; eine -e Ordnung.

an|tail|lie|ren ⟨sw. V.; hat⟩ (Schneiderei): *leicht in der Taille einnehmen, auf Taille arbeiten:* den Mantel a.; ein antailliertes Jackett, Hemd.

An|ta|na|na|ri|vo: Hauptstadt von Madagaskar.

an|tan|zen ⟨sw. V.; ist⟩ (salopp): *[auf eine Einladung, ein Kommando hin] herbeikommen, sich irgendwo einstellen:* nach und nach tanzen die Gäste an (Imog, Wurliblume 149); Halb 2 musste man bei Tante Anna a. (Kempowski, Tadellöser 233); Der Nachtarbeiter ..., der tagsüber zu schlafen schien, denn es dauerte eine Weile, bis er antanzte (Bieler, Bär 323); ⟨im 2. Part. in Verbindung mit »kommen«:⟩ kommst du schon wieder angetanzt? (abwertend; *störst du mich schon wieder?*).

Ant|apex, Antiapex, der; -, ...apizes [...'a:pitse:s; zu griech. antí = gegen u. ↑ Apex] (Astron.): *Gegenpunkt des Apex* (1).

An|ta|res, der; -: *hellster Stern im Sternbild Skorpion.*

Ant|ark|ti|ka, -s: *antarktischer Kontinent.*

Ant|ark|tis, die; -: *Gebiet um den Südpol.*

ant|ark|tisch ⟨Adj.⟩.

Ant|ar|thri|ti|kum, das; -s, ...ka [zu griech. antí = gegen u. ↑ Arthrose] (Med.): *Medikament gegen Gelenkerkrankungen.*

an|tạs|ten ⟨sw. V.; hat⟩: **1.** (selten) *mit den Händen tastend anfühlen, berühren:* einen ausgestellten Gegenstand [vorsichtig] a. **2.** *zu verbrauchen beginnen* (meist verneint): das Geld, die Vorräte [nicht] a. **3.** *etw. schmälern, beeinträchtigen, verletzen:* jmds. Ehre, Würde a.; der Staat darf die Freiheit des Individuums nicht a.; dass keine Absicht bestehe, legitime Interessen der Westmächte anzutasten (W. Brandt, Begegnungen 21); das Bestehende ... wird ... nicht gern angetastet (Musil, Mann 305).

an|tạt|schen ⟨sw. V.; hat⟩ (ugs.): *jmdn., etw. [tollpatschig] anfassen, angreifen:* tatsch nicht alles an!

an|tau|chen ⟨sw. V.; hat⟩ (österr.): **a)** *anschieben:* bitte hilf mir a.!; **b)** *sich mehr anstrengen:* Jetzt muss man halt bissl a. (Kraus, Tage 117).

an|tau|en ⟨sw. V.⟩: **1.** *an der Oberfläche leicht zu tauen beginnen* ⟨hat/ist⟩: Der liegende Schnee taute oberflächlich an (Th. Mann, Zauberberg 404); die Schneedecke war wider Erwarten angetaut. **2. a)** *etw. kurze Zeit tauen lassen* ⟨hat⟩: die gefrorenen Lebensmittel a.; **b)** *ein wenig auftauen* ⟨ist⟩: das Fleisch aus der Kühltruhe taut an, ist angetaut.

an|täu|schen ⟨sw. V.; hat⟩ (Sport): *so tun, als liefe, schösse man in eine bestimmte Richtung, u. dadurch den Gegner täuschen.*

Ant|azi|dum, das; -s, ...da [zu griech. antí = gegen u. lat. acidus, ↑ Acidität] (Med.): *Magensäure bindendes Arzneimittel.*

Ạn|te, die; -, -n [lat. antae (Pl.), urspr. = Türpfosten] (Archit.): *[pfeilerartige] Stirn einer frei endenden Mauer in der griechischen u. römischen Baukunst.*

ante Chrịs|tum [na|tum] [lat.]: *vor Christus, vor Christi Geburt* (Abk.: a. Chr. [n.]).

an|te|da|tie|ren ⟨sw. V.; hat⟩ [aus lat. ante = vor u. ↑ datieren] (veraltet): **a)** *(ein Schreiben) vor[aus]datieren;* **b)** *(ein Schreiben) zurückdatieren.*

◆ **An|te|di|lu|vi|a|ner**, der; -s, - [zu lat. ante = vor u. lat. diluvium = Überschwemmung; Sintflut, also eigtl. = *Mensch, der vor der Sintflut gelebt hat*]: *Mensch auf einer sehr frühen Entwicklungsstufe:* Sie möchten uns zu -n machen. St. Just säh' es nicht ungern, wenn wir wieder auf allen vieren kröchen (Büchner, Dantons Tod I, 1).

an|tei|gen ⟨sw. V.; hat⟩ (selten): *anrühren (3), zu einem Teig verarbeiten:* Roggenbrot, aus dem eigenen Roggen, der ... über Nacht angeteigt wurde (B. Vesper, Reise 168).

Ạn|teil, der; -[e]s, -e: **1. a)** *Teil von einem Ganzen [der jmdm. zukommt od. gehört, den Personen od. Sachen o. Ä. bilden]:* der A. des Einzelnen am Sozialprodukt; seinen A. fordern; jmdm. seinen ihm gebührenden A. geben; auf seinen A. am Erbe verzichten; in Zwickau arbeitet ein hoher A. Frauen (Freie Presse 24. 11. 87, 4); der A. der landwirtschaftlich Beschäftigten an der Gesamtzahl der Beschäftigten ... ist nicht groß (Fraenkel, Staat 23); *** A. an etw. haben** *(an etw. beteiligt sein):* dass die Pressure-Groups ... großen A. an der Vorbereitung der ... Entscheidungen haben (Fraenkel, Staat 282); **b)** *Beteiligung am Kapital einer Firma:* seine -e bei der Gesellschaft betragen etwa 40%; seine -e verkaufen. **2.** ⟨o. Pl.⟩ *Beteiligung; [geistige] Teilnahme:* voller A. *(Interesse)* für alles sein; Er war voll A. für alles, was um ihn geschah (Feuchtwanger, Erfolg 353); *** [tätigen] A. an etw. nehmen** *(sich an etw. beteiligen, daran mitwirken):* sie nahm A. an der Diskussion; **A. an jmdm., etw. nehmen/zeigen/**(geh.:)**bekunden** (1. *Interesse zeigen:* als Mensch, der regen A. an den geistigen Strömungen des Tages nahm [Hildesheimer, Legenden 43]. 2. *Teilnahme, Mitgefühl zeigen:* A. an jmds. Trauer nehmen; sie haben viel A. an eurem Schicksal genommen [Müthel, Baum 193]).

an|tei|lig ⟨Adj.⟩: *den Anteilen (1 a) entsprechend:* der -e Urlaub; den Gewinn a. verteilen.

Ạn|teil|lohn, der; (Landw.): *Naturallohn.*

an|teil|los, (auch:) **anteilslos** ⟨Adj.⟩ (veraltet): *teilnahmslos.*

ạn|teil|mä|ßig, **anteilsmäßig** ⟨Adj.⟩ (Papierdt.): *in Bezug auf die Anteile (1 a):* a. ist das nicht viel.

Ạn|teil|nah|me, die; - [zum 2. Bestandteil vgl. Abnahme]: **1.** *Beteiligung:* unter reger, starker A. der Bevölkerung. **2.** *innere Beteiligung; Interesse; Mitgefühl:* menschliche A.; seine A. aussprechen; mit A. zuhören; dass er sie mit unverhüllter A. betrachtete und ihr ... Vertrauen einflößen wollte (Musil, Mann 966); Constantin verfolgte alle politischen Ereignisse mit heftiger A. (A. Kolb, Daphne 24).

Ạn|teil|schein, der; (Wirtsch.): *Wertpapier, das Ansprüche an eine Gesellschaft od. das Anrecht auf eine Aktie nachweist.*

Ạn|teils|eig|ner, der; (Wirtsch.): *Inhaber eines Investmentzertifikats od. eines sonstigen Anteilsscheins:* den Gewinn an die A. ausschütten.

Ạn|teils|eig|ne|rin, die; -: w. Form zu ↑ Anteilseigner.

an|teils|los ⟨Adj.⟩: *anteillos: das goldhaarige Mädchen, das reglos und a. blieb* (Seghers, Transit 162).
an|teils|mä|ßig: ↑anteilmäßig.
An|teils|recht, das ⟨Wirtsch.⟩: *Recht auf einen Anteil* (1 b) *am [Grund]kapital.*
An|teils|ur|laub, der: *Urlaub, der anteilmäßig nach der Zeit berechnet wird, die jmd. innerhalb eines Kalenderjahres gearbeitet hat: nach viermonatiger Arbeit steht ihr ein A. von einem Drittel des Jahresurlaubs zu.*
an|te|le|fo|nie|ren ⟨sw. V.; hat⟩ ⟨ugs.⟩: *anrufen* (3): *die Freundin, bei der Firma a.*
an|te me|ri|di|em [lat. = vor Mittag] (bei Uhrzeitangaben, bes. im angelsächsischen Sprachbereich): *vor Mittag, vormittags* (Abk.: a. m.): *um 10 Uhr a. m.*
Ant|eme|ti|kum, Antiemethikum, das; -s, ...ka [zu griech. antí = gegen u. emeīn = ausspeien] (Med.): *Medikament gegen Erbrechen.*
an|te mor|tem [lat. = vor dem Tod] (Med.): *kurz vor dem Tode* (Abk.: a. m.).
An|ten|ka|pi|tell, das ⟨Archit.⟩: *oberer Abschluss einer Ante.*
An|ten|ne, die; -, -n [ital. antenna, eigtl. = (Segel)stange < lat. antenna]: 1. *[an einem erhöhten Punkt angebrachte, hoch aufragende] Vorrichtung zum Empfang od. zur Ausstrahlung elektromagnetischer Wellen: eine A. [auf dem Dach] anbringen; die A. erden;* * **eine A. für etw. haben** ⟨ugs.⟩, *ein Gefühl, Gespür für etw. haben; etw. vorausahnen, fühlen können*): *Kinder haben sehr feine -n für Ungerechtigkeiten* (Hörzu 41, 1978, 171); *wenn der ... Arzt »keine Antenne« für organisch-geistige Zusammenhänge hat* (MM 13./14. 6. 79, 16). 2. ⟨Zool.⟩ *Fühler der Gliedertiere.*
An|ten|nen|draht, der: *Draht, aus dem eine Antenne* (1) *besteht.*
An|ten|nen|mast, der: *Mast, an dem eine Antenne* (1) *befestigt ist.*
An|ten|nen|wald, der ⟨ugs. scherzh.⟩: *Häufung von Antennen* (1) *auf Hausdächern.*
An|ten|nen|wi|der|stand, der ⟨Elektrot.⟩: *Widerstand* (4 a) *einer Antenne.*
An|ten|tem|pel, der; -s, - ⟨Archit.⟩: *altgriechischer Tempel mit Vorhalle, die von Anten gebildet wird.*
An|te|pän|ul|ti|ma, die; -, ...mä u. ...men [lat. antepaenultima, aus: ante = vor u. paenultima, ↑Pänultima] (Sprachw.): *die vor der Pänultima stehende drittletzte Silbe eines Wortes.*
An|te|pen|di|um, das; -s, ...ien [mlat. antependium, zu: antependens = vorn herabhängend, zu lat. ante = vor(ne) u. pendere, ↑Pendel] (Kunstwiss.): *kunstvolle Verkleidung der Vorderseite des Altars.*
an|te por|tas [lat. = vor den Toren] (bildungsspr.): *im Anmarsch, im Kommen: Shere Hite ist – wieder – a. p.* (Spiegel 3, 1982, 150); *Wir führen keine Freudentänze auf, weil Karlchen wieder a. p. steht* (Spiegel 30, 1976, 29).
An|te|stat, das; -[e]s, -e ⟨Hochschulw. früher⟩: *zu Beginn eines Semesters gegebenes Testat* (2).

An|te|ze|dens, das; -, ...zedenzien [lat. antecedens, 1. Part. von: antecedere, ↑antezedieren] (Philos.): *Grund, Ursache.*
an|te|ze|dent ⟨Adj.⟩ ⟨Geol.⟩: *durch Antezedenz* (2) *entstanden.*
An|te|ze|denz, die; -, -en: 1. (Philos.) *Antezedens.* 2. (Geol.) *Bildung eines Tales durch einen Fluss, der in einem von ihm durchflossenen aufsteigenden Gebirge seine allgemeine Laufrichtung beibehält u. in dem Maße in die Tiefe erodiert, in dem sich das Gebirge hebt.*
An|te|ze|den|zi|en ⟨Pl.⟩: 1. Pl. von ↑Antezedens. 2. (veraltet) *Vorleben, frühere Lebensumstände:* ◆ *Die Neigung kümmert sich um keine A. ..., so mag sie weder von Vergangenheit noch Zukunft wissen* (Goethe, Dichtung u. Wahrheit 19).
an|te|ze|die|ren ⟨sw. V.; hat⟩ [lat. antecedere (2. Part.: antecessum), aus: ante = vor(her) u. cedere = (weg)gehen] (veraltet): *vorhergehen, vorausgehen.*
An|te|zes|sor, der; -s, ...oren [(spät)lat. antecessor] (veraltet): *[Amts]vorgänger:* ◆ *das Gekrächz hungriger Raben, die an meinem halbfaulen A.* (= am Galgen) *zu dreißig hingen* (Schiller, Räuber II, 3).
An|them ['ænθəm], das; -s, -s [engl. anthem < aengl. antefn, antifne < spätlat. antiphona, ↑Antiphon]: *(in der englischen Kirchenmusik seit der 2. Hälfte des 16. Jh.s) motetten- od. kantatenartige Vertonung eines biblischen Textes in englischer Sprache.*
An|the|re, die; -, -n [zu griech. anthērós = blühend] (Bot.): *Staubbeutel.*
Ant|hi|dro|ti|kum, das; -s ...ka [zu griech. antí = gegen u. hidrṓs = Schweiß] (Med.): *Mittel gegen übermäßige Schweißabsonderung.*
An|tho|lo|gie, die; -, -n [griech. anthología, eigtl. = Blütenlese, zu: anthos = Blume]: *Sammlung von ausgewählten literarischen Texten (Gedichten od. kürzeren Prosastücken): eine A. moderner Lyrik; eine A. mit zeitgenössischer Prosa* (Rolf Schneider, November 212).
an|tho|lo|gisch ⟨Adj.⟩: *in der Art einer Anthologie; ausgewählt: eine -e Sammlung.*
An|tho|xan|thin, das; -s, -e (Bot.): *in Blüten, Blättern u. Wurzeln zahlreicher Pflanzen vorkommender hell- bis dunkelgelber Pflanzenfarbstoff.*
An|thra|cen, (auch:) An|thra|zen, das; -s, -e [zu griech. ánthrax = Kohle]: *aus Steinkohlenteer gewonnene chemische Verbindung, die als Ausgangsmaterial für viele Farbstoffe dient.*
an|thra|zit ⟨indekl. Adj.⟩: *kurz für* ↑*anthrazitfarben.*
An|thra|zit, der; -s, -e ⟨Pl. selten⟩ [lat. anthracites < griech. anthrakítēs = Kohle(nstein)]: *hochwertige, glänzende Steinkohle.*
an|thra|zit|far|ben, an|thra|zit|far|big, an|thra|zit|grau ⟨Adj.⟩: *von der Farbe des Anthrazits; schwarzgrau: ein -er Anzug.*
An|thra|zit|koh|le, die: *Anthrazit.*
An|thra|zit|ofen, der: *Ofen, der nur mit Anthrazit beheizt wird.*
an|thro|po-, An|thro|po- [griech. ánthrōpos = Mensch, H. u.] ⟨Best. in Zus. mit der Bed.⟩: *menschen-, Menschen-* (z. B. anthropologisch, Anthropologe).
an|thro|po|gen ⟨Adj.⟩ [zu griech. -genḗs = verursacht]: *durch den Menschen beeinflusst, verursacht.*
An|thro|po|ge|ne|se, die; -: *Anthropogenie.*
An|thro|po|ge|ne|tik, die; -: *Humangenetik.*
An|thro|po|ge|nie, die [zu griech. -genḗs = verursacht]: *Wissenschaft von der Entstehung u. Abstammung des Menschen.*
An|thro|po|geo|gra|phie, die; -: *Teilgebiet der Geographie, das sich mit dem Einfluss des Menschen auf die Erdoberfläche u. mit dem Einfluss der geographischen Umwelt auf den Menschen befasst.*
An|thro|po|gra|phie, die; - [↑-graphie]: *Wissenschaft von den menschlichen Rassenmerkmalen.*
an|thro|po|id ⟨Adj.⟩ [zu griech. -eidḗs = -gestaltig]: *menschenähnlich.*
An|thro|po|id, der; -en, -en, An|thro|po|i|de, der; -n, -n: *Menschenaffe.*
An|thro|po|kli|ma|to|lo|gie, die; -: *Wissenschaft von den Beziehungen zwischen Mensch u. Klima.*
An|thro|po|la|trie, die [↑Latrie]: *gottähnliche Verehrung eines Menschen.*
An|thro|po|lo|ge, der; -n, -n [zu griech. lógos, ↑Logos]: *Wissenschaftler auf dem Gebiet der Anthropologie.*
An|thro|po|lo|gie, die; -: a) *Wissenschaft vom Menschen u. seiner Entwicklung;* b) *Geschichte der Menschentypen.*
An|thro|po|lo|gin, die; -, -nen: w. Form zu ↑Anthropologe.
an|thro|po|lo|gisch ⟨Adj.⟩: *die Anthropologie betreffend, zu ihr gehörend: -e Forschungen, -e Pädagogik.*
An|thro|po|me|trie, die; -: *Wissenschaft von den Maßverhältnissen am menschlichen Körper u. deren exakter Bestimmung.*
an|thro|po|me|trisch ⟨Adj.⟩: *auf die Anthropometrie bezogen, sie betreffend.*
an|thro|po|morph ⟨Adj.⟩ [griech. anthrōpómorphos]: *von menschlicher Gestalt; nur der Gestalt nach.*
an|thro|po|mor|phisch ⟨Adj.⟩: *die menschliche Gestalt betreffend, sich auf sie beziehend.*
an|thro|po|mor|phi|sie|ren ⟨sw. V.; hat⟩: *vermenschlichen; menschliche Eigenschaften auf Nichtmenschliches übertragen: Tiere a.; eine anthropomorphisierende Betrachtung Gottes; Ich glaube nicht, dass ich zu anthropomorphisierendem ... Bemitleiden von Tieren neige* (Lorenz, Verhalten 63).
An|thro|po|mor|phi|sie|rung, die; -, -en: *das Anthropomorphisieren.*
An|thro|po|mor|phis|mus, der; -, ...men: 1. ⟨o. Pl.⟩ *Übertragung menschlicher Eigenschaften auf Nichtmenschliches, bes. in der Vorstellung, die man sich*

von Gott macht. **2.** *menschliche Eigenschaft an nichtmenschlichen Wesen.*
An|thro|po|nym, das; -s, -e [zu griech. ónyma = Name] (Sprachw.): *Personenname.*
An|thro|po|ny|mik, die; - (Sprachw.): *Wissenschaft von den Personennamen.*
An|thro|po|pha̱|ge, der; -n, -n [zu griech. phageīn = essen, fressen] (Fachspr.): *Kannibale.*
an|thro|po|phob ⟨Adj.⟩: *menschenscheu.*
An|thro|po|pho|bi̱e, die; - [↑Phobie] (Psych.): *[neurotische] Angst vor dem Umgang mit Menschen.*
An|thro|po|soph, der; -en, -en: *Anhänger der Anthroposophie.*
An|thro|po|so|phi̱e, die [griech. sophía = Weisheit]: *Lehre, nach der der Mensch höhere seelische Fähigkeiten entwickeln u. dadurch übersinnliche Erkenntnisse erlangen kann.*
An|thro|po|so|phin, die; -, -nen: w. Form zu ↑Anthroposoph.
an|thro|po|so|phisch ⟨Adj.⟩: *auf der Anthroposophie beruhend, die Grundsätze der Anthroposophie vertretend:* eine -e Weltanschauung.
An|thro|po|tech|nik, die; -: *Gebiet der Arbeitswissenschaft, das sich mit dem Problem befasst, Arbeitsvorgänge, -mittel u. -plätze den Eigenarten des menschlichen Organismus anzupassen.*
an|thro|po|zen|trisch ⟨Adj.⟩: *den Menschen in den Mittelpunkt stellend:* ein -es Weltbild; a. denken.
An|thu̱|rie, die; -, -n, **An|thu̱|ri|um,** das; -s, ...ien [zu griech. ánthos = Blüte u. ourá = Schwanz] (Bot.): *(zu den Aronstabgewächsen gehörende) Zimmerpflanze mit meist auffallend rot gefärbtem Hochblatt u. schmalen, gestielten dunkelgrünen Blättern; Flamingoblume.*
an|ti-, An|ti-, (vor Vokalen u. gelegentlich vor h:) ant-, Ant- [griech. antí]: **1.** bedeutet in Bildungen mit Substantiven od. Adjektiven *gegen[über], entgegen, nicht:* Antonym, Antidiabetikum; antipathisch. **2.** *drückt in Bildungen mit Substantiven oder Adjektiven eine generische Einstellung gegenüber einer Person oder Sache, eine ablehnende Haltung gegen jmdn. oder etw. aus:* antiautoritär, -bürgerlich, -demokratisch; Antifaschist, -kommunismus, -sozialismus. **3.** *drückt in Bildungen mit Adjektiven oder – in Verbindung mit einem Substantiv – in Bildungen mit Substantiven aus, dass etw. verhindert wird oder werden soll, dass einer Sache entgegengewirkt wird:* antiallergisch; Antiinflationspolitik, Antikrebsmittel, Antikriegsfilm. **4.** *drückt in Bildungen mit Substantiven einen [ergänzenden] Gegensatz zu etw. oder etw. Entgegengesetztes aus:* Antirakete, -schnulze, -teilchen. **5.** *drückt in Bildungen mit Substantiven aus, dass jmd. oder etw. nicht das ist, was man üblicherweise darunter versteht:* Antifußball, -held, -star.
An|ti-AKW-De|mons|tra|ti|on, die; -, -en: *gegen ein bestimmtes Atomkraftwerk od. gegen Atomkraftwerke im Allgemeinen gerichtete Demonstration.*
An|ti|al|ko|ho̱|li|ker [auch: '- - - - - - -],

der; -s, -: *jmd., der grundsätzlich keinen Alkohol trinkt.*
An|ti|al|ko|ho̱|li|ke|rin [auch: '- - - - - - - -], die; -, -nen: w. Form zu ↑Antialkoholiker.
an|ti|ame|ri|ka̱|nisch [auch: '- - - - - - -] ⟨Adj.⟩: *gegen die USA gerichtet.*
An|ti|ame|ri|ka|ni̱s|mus [auch: '- - - - - - - -], der; -: *ablehnende Haltung gegenüber Gesellschaftssystem, Politik und Lebensstil der USA.*
An|ti|apart|heid|be|we|gung, die; -: *Bewegung* (3 a), *die gegen die Apartheid in Südafrika kämpft.*
An|ti|apex: ↑ Antapex.
An|ti|asth|ma|ti|kum, das; -s, ...ka (Med.): *Medikament gegen Bronchialasthma.*
an|ti|au|to|ri|tär [auch: '- - - - - - -] ⟨Adj.⟩: *autoritäre Normen, [missbrauchte] Autorität ablehnend; nicht autoritär, unautoritär:* ein -er Kinderladen; -es Denken; -e Erziehung; sein Kind a. *(unter weitgehender Vermeidung von Zwängen)* erziehen.
An|ti|ba|by|pil|le [...'be:bi...], die; -, -n (ugs.): *empfängnisverhütendes Mittel in Pillenform auf hormonaler Grundlage.*
an|ti|bak|te|ri|ell ⟨Adj.⟩: *gegen Bakterien wirkend:* -e Medikamente; Verbandsmaterial a. bestrahlen; a. wirken.
An|ti|bar|ba|rus, der; -, ...ri [nlat., eigtl. = Gegner des Barbarischen] (Sprachw.): *Titel von sprachwissenschaftlichen Werken, die zur Vermeidung von Barbarismen* (1) *anleiten.*
An|ti|bi|ont, der; -en, -en [zu griech. bíōn (Gen.: bioúntos), 1. Part. von: bioūn = leben] (Biol.): *Kleinstlebewesen, von dem die Antibiose ausgeht.*
An|ti|bi|o̱|se, die; -, -n [zu griech. bíos = Leben] (Biol.): *hemmende od. abtötende Wirkung der Stoffwechselprodukte bestimmter Mikroorganismen auf andere Mikroorganismen.*
An|ti|bi|o̱|ti|kum, das; -s, ...ka [zu griech. biōtikós = zum Leben gehörig] (Med.): *aus den Stoffwechselprodukten von Mikroorganismen gewonnener Wirkstoff gegen Krankheitserreger:* eine Infektion mit Antibiotika bekämpfen; ein A. schlucken, nehmen müssen.
an|ti|bi|o̱|tisch ⟨Adj.⟩: *dem Wachstum von Mikroorganismen entgegenwirkend:* ein Präparat mit -er Wirkung; a. wirken.
An|ti|blo|ckier|sys|tem, das; -s, -e (Kfz-T.): *Bremssystem, das den Bremsvorgang so steuert, dass ein Blockieren der Räder ausgeschaltet wird:* ein Wagen mit A.; das Modell hat ein A. (Abk.: ABS).
An|ti|bol|sche|wi̱s|mus [auch: '- - - - -], der; -: *Gegnerschaft gegen den Bolschewismus.*
an|ti|bol|sche|wi̱s|tisch [auch: '- - - - - -] ⟨Adj.⟩: *gegen den Bolschewismus gerichtet.*
An|ti|cham|bre [ātɪˈʃãːbrə], das; -s, -s [frz. antichambre, ↑antichambrieren] (veraltet): *Vorzimmer.*
an|ti|cham|brie|ren [antɪʃamˈbriːrən] ⟨sw. V.; hat⟩ [zu veraltet Antichambre = Vorzimmer < frz. antichambre < ital.

anticamera, zu: ante (< lat. ante) = vor u. camera < lat. camera, ↑Kammer]: **1.** (veraltet) *im Vorzimmer eines Vorgesetzten, einer hoch gestellten Persönlichkeit o. Ä. warten:* Sie scheut sich nicht, sogar hohe Würdenträger stundenlang a. zu lassen (Thieß, Reich 565). **2.** *(mit dem Ziel, etw. Bestimmtes zu erreichen) sich unterwürfig, dienstfertig um jmds. Gunst bemühen:* obwohl der Präsident allerorten antichambrierte ..., fand der Plan wenig Interesse (Capital 2, 1980, 150).
An|ti|christ [mhd., ahd. Antikrist < spätlat. antichristus < griech. antíchristos]: **1.** der; -[s]: *der Widersacher Christi, der Teufel:* Sie sah in Hitler die Personifikation des A. (Spiegel 45, 1977, 57); Ü die Intellektuellen ... biederten sich beim A. an: nämlich beim Widersacher des Geistes (K. Mann, Wendepunkt 224). **2.** der; -en, -en: *Gegner des Christentums:* er ist ein überzeugter A.; als sich in den Gemächern des Vatikans Christ und A. die Hand reichten (Spiegel 7, 1967, 70).
an|ti|christ|lich [auch: - - -'- -] ⟨Adj.⟩: *gegen das Christentum eingestellt.*
an|ti|de|mo|kra̱|tisch [auch: '- - - - - -] ⟨Adj.⟩: **a)** *gegen die Demokratie gerichtet:* -e Gesetze; **b)** *die Demokratie ablehnend:* -e Tendenzen; a. eingestellt sein.
An|ti|de|pres|si̱|vum, das; -s, ...va ⟨meist Pl.⟩ (Med.): *Medikament gegen Depressionen.*
An|ti|di|a|be̱|ti|kum, das; -s, ...ka (Med.): *Medikament gegen Diabetes.*
An|ti|di|ar|rho̱i|kum, das; -s, ...ka (Med.): *Medikament gegen Diarrhö.*
An|ti|dot, das; -[e]s, -e, (auch:) **An|ti|do̱|ton,** das; -s, ...ta [lat. antidotum < griech. antídoton] (Med.): *Gegenmittel, Gegengift.*
An|ti|dum|ping|ge|setz [...'dampɪŋ..., auch: '- - - - - -], das; -es, -e: *Gesetz zum Verbot des Dumpings.*
An|ti|dum|ping|zoll [...'dampɪŋ..., auch: '- - - - -], der; -[e]s, ...zölle: *Zoll zur Neutralisierung eines ausländischen Dumpings auf dem Inlandsmarkt.*
An|ti|eme̱|ti|kum: ↑ Antemetikum.
An|ti|fak|tor, der; -s, -...oren (Med.): *natürlicher Hemmstoff der Blutgerinnung.*
An|ti|fa|schi̱s|mus [auch: '- - - -], der; -: **1.** *Gesamtheit der Bewegungen u. Ideologien, die sich gegen Faschismus u. Nationalsozialismus richten.* **2.** *Gegnerschaft gegen Faschismus u. Nationalsozialismus.*
An|ti|fa|schi̱st [auch: '- - - -], der; -en, -en: *Vertreter des Antifaschismus:* Deserteure wurden ... gehenkt, -en kamen unter das Fallbeil (Weber, Tote 102).
An|ti|fa|schi̱s|tin, die; -, -nen: w. Form zu ↑Antifaschist.
an|ti|fa|schi̱s|tisch [auch: '- - - - -] ⟨Adj.⟩: *den Antifaschismus betreffend:* -e Bücher, Filme; ... galt der »antifaschistische Schutzwall« (= die Mauer in Berlin) bei den westlichen Brüdern ... als »Todesgrenze« (Spiegel 13, 1984, 39).
an|ti|fe|bril ⟨Adj.⟩ [aus ↑anti-, Anti- u. ↑febril] (Med.): *fiebersenkend; antipyretisch.*
An|ti|fe|bri̱|le, das; -[s], ...lia (Med.): *fiebersenkendes Medikament.*

an|ti|fer|ro|ma|gne|tisch ⟨Adj.⟩ (Physik): *besondere magnetische Eigenschaften aufweisend.*

An|ti|fou|ling ['æntɪˈfaʊlɪŋ], das; -s [engl. antifouling, zu: fouling = Bewuchs]: *Anstrich für den unter Wasser befindlichen Teil eines Schiffes, der das Sichfestsetzen pflanzlicher u. tierischer Organismen verhindert.*

An|ti|gen, das; -s, -e [zu griech. -genēs = verursachend] (Med., Biol.): *artfremder Eiweißstoff, der im Körper die Bildung von Antikörpern gegen sich selbst bewirkt.*

An|ti|gua; -s: Insel im Bereich der Kleinen Antillen.

An|ti|gu|a|ner, der; -s, -: Ew.

An|ti|gu|a|ne|rin, die; -, -nen: w. Form zu ↑Antiguaner.

an|ti|gu|a|nisch ⟨Adj.⟩: *Antigua, die Antiguaner betreffend.*

An|ti|gua und Bar|bu|da; - - -s: Inselstaat im Karibischen Meer.

An|ti|haft|schicht, die: *Beschichtung (2), an der andere Substanzen nicht od. kaum haften bleiben.*

An|ti|hal|tung, die; -, -en: *[bewusst zur Schau getragene] Haltung, die jmds. Gegnerschaft gegen etw. Bestimmtes ausdrückt:* eine A. einnehmen; Die vielen Basisinitiativen ... haben ... einen entscheidenden Schritt über die kritische A. hinaus getan (Kelly, Um Hoffnung 180).

An|ti|held, der; -en, -en: *inaktive, negative od. passive Hauptfigur in Drama, Roman, Film im Unterschied zum aktiv handelnden Helden:* Springers A. Wetter, ein Zögerer, den die Ereignisse, die an seinem Weltbild rütteln, hinterherläuft (Saarbr. Zeitung 3. 10. 79, III).

An|ti|his|ta|mi|ni|kum, das; -s, ...ka (Med.): *Medikament, das die Wirkung des Histamins auf die Gewebe abschwächt od. aufhebt.*

An|ti|im|pe|ri|a|lis|mus [auch: '--------], der; -: *Gegnerschaft gegen den Imperialismus.*

an|ti|im|pe|ri|a|lis|tisch [auch: '--------] ⟨Adj.⟩: *gegen den Imperialismus gerichtet.*

an|ti|in|tel|lek|tu|ell [auch: '--------] ⟨Adj.⟩: *gegen den Intellekt gerichtet:* Falls sie (= radikal-islamische Bewegungen) sich dabei auch -er Ressentiments bedienen, können sie sich allerdings nicht auf den Koran berufen (Woche 25. 4, 97, 18).

an|tik ⟨Adj.⟩ [frz. antique < lat. antiquus = alt]: **1.** *das klassische Altertum, die Antike betreffend; aus dem klassischen Altertum stammend:* in -es Bauwerk; das -e Rom; die -e Kultur, Mythologie; im -en Griechenland standen Athen und Sparta ... einander gegenüber (Fraenkel, Staat 194). **2.** *in altertümlichem Stil hergestellt; vergangene Stilepochen (jedoch nicht die Antike) nachahmend:* ein -er Leuchter; -er Schmuck; ich brauche eine möglichst alte Flinte ... eine -e Knallbüchse (Kant, Impressum 96); Um als a. zu gelten, braucht ein Möbel nicht genügend alt zu sein (Salzburger Nachr. 30. 3. 84, I); a. eingerichtet sein.

An|ti|kal|gli|en [...ˈkaljən] ⟨Pl.⟩ [ital. anticaglia, zu: antico = alt < lat. antiquus] (Kunstwiss.): *kleine antike Kunstgegenstände:* A. sammeln.

an|ti|ka|pi|ta|lis|tisch [auch: '--------] ⟨Adj.⟩: *gegen den Kapitalismus gerichtet.*

An|ti|ka|tho|de, An|ti|ka|to|de, die; -, -n: *die der Kat[h]ode gegenüberstehende positive Elektrode in einer Röntgenröhre.*

An|ti|ke, die; -, -n [zu ↑antik]: **1.** ⟨o. Pl.⟩ *das klassische Altertum u. seine Kultur:* die griechische, römische A.; die Kunst der A.; Die Darstellung des nackten menschlichen Körpers, wie er für die A. eine Selbstverständlichkeit war (Bild. Kunst III, 9). **2.** ⟨meist Pl.⟩ *aus der Antike stammendes Kunstwerk.*

An|ti|ken|samm|lung, die: *Sammlung antiker (1) Kunstgegenstände.*

an|ti|kisch ⟨Adj.⟩: *in der Art der Antike (1), ihr nachstrebend:* eine -e Statue; a. stilisierte Figuren; das -e Gelock ihrer nassen Haare um den Nacken (Frisch, Stiller 204); ein -es Brunnenbecken, über dem ... zwei kupferne Eimer hängen (Carossa, Aufzeichnungen 124).

an|ti|ki|sie|ren ⟨sw. V.; hat⟩: *nach der Art der Antike (1) gestalten; die Antike (1) nachahmen* ⟨meist im 1. Part.⟩: antikisierende Dichtung; ein Bau ... mit antikisierendem Portikus (Bild. Kunst III, 27).

an|ti|kle|ri|kal [auch: '-----] ⟨Adj.⟩: *kirchenfeindlich:* -e Strömungen; a. eingestellt sein.

An|ti|kle|ri|ka|lis|mus [auch: '--------], der; -: *kirchenfeindliche Einstellung; Gegnerschaft gegen den Klerikalismus.*

An|ti|kli|max, die; - (Stilk.): *Übergang vom stärkeren zum schwächeren Ausdruck, vom Wichtigeren zum weniger Wichtigen.*

an|ti|kli|nal ⟨Adj.⟩ [zu griech. antiklinein = entgegenneigen] (Geol.): *(von geologischen Falten) sattelförmig.*

An|ti|kli|na|le, An|ti|kli|ne, die; -, -n (Geol.): *Bergsattel.*

An|ti|klopf|mit|tel, das; -s, -: *die Klopffestigkeit erhöhender Zusatz zu Vergaserkraftstoffen.*

An|ti|ko|a|gu|lans, das; -, ...lantia u. ...lantien (Med.): *die Blutgerinnung hemmendes od. verzögerndes Medikament.*

An|ti|kom|mu|nis|mus [auch: '------], der; -: *Gegnerschaft gegen den Kommunismus u. seine Vertreter.*

An|ti|kom|mu|nist [auch: '-----], der; -en, -en: *Vertreter des Antikommunismus.*

An|ti|kom|mu|nis|tin [auch: '------], die; -, -nen: w. Form zu ↑Antikommunist.

an|ti|kom|mu|nis|tisch [auch: '------] ⟨Adj.⟩: *gegen den Kommunismus u. seine Vertreter gerichtet.*

An|ti|kon|zep|ti|on, die; -, -en (Med.): *Empfängnisverhütung.*

an|ti|kon|zep|ti|o|nell ⟨Adj.⟩ (Med.): *empfängnisverhütend:* -e Mittel.

An|ti|kon|zep|ti|vum, das; -s, ...va (Med.): *antikonzeptionelles Mittel.*

An|ti|kör|per, der; -s, - ⟨meist Pl.⟩ (Med.): *im Blutserum als Reaktion auf das Eindringen von Antigenen gebildeter Schutzstoff.*

An|ti|kri|tik [auch: '----], die; -, -en: *Erwiderung auf eine Kritik.*

An|til|len ⟨Pl.⟩: westindische Inselgruppe: die Großen, die Kleinen A.

An|til|lo|ga|rith|mus, der; -, ...men (Math.): *Numerus (2).*

An|til|lo|pe, die; -, -n [frz., niederl. antilope < engl. antelope < mlat. ant[h]alopus < mgriech. anthólōps = ein Fabeltier, eigtl. = Blumenauge]: *(in Afrika u. Asien vorkommendes, in Herden lebendes) Säugetier (von unterschiedlicher Größe) mit schlankem Körper u. gekrümmten od. geringelten Hörnern.*

An|ti|ma|chi|a|vel|lis|mus [...makja-vɛ...], der; - [nach dem »Antimachiavell«, einer Schrift Friedrichs d. Gr. gegen Machiavelli, ↑Machiavellismus]: *gegen den Machiavellismus gerichtete Anschauung.*

An|ti|ma|te|rie, die; -: *hypothetische, auf der Erde nicht existierende Form der Materie, deren Atome aus der Antiteilchen der irdischen Materie aufgebaut sind:* Berechnungen über die Ursache der ungleichen Verteilung von Materie und A. im Weltraum (Welt 21. 5. 86, 3).

An|ti|me|ta|bo|le, die; -, -r [spätlat. antimetabole < griech. antimetabolē = Vertauschung] (Rhet., Stilk.): *Wiederholung von Wörtern in zwei gleich gebauten Sätzen in umgekehrter Reihenfolge (z. B.:* Wir leben nicht, um zu essen, sondern wir essen, um zu leben).

An|ti|mi|li|ta|ris|mus [auch: '--------], der; -: *grundsätzliche Ablehnung jeder Form militärischer Rüstung.*

An|ti|mi|li|ta|rist [auch: '------], der; -en, -en: *Anhänger des Antimilitarismus.*

An|ti|mi|li|ta|ris|tin [auch: '-------], die; -, -nen: w. Form zu ↑Antimilitarist.

an|ti|mi|li|ta|ris|tisch [auch: '--------] ⟨Adj.⟩: *den Antimilitarismus betreffend, auf ihm beruhend.*

An|ti|mon [auch: '---], das; -s [mlat. antimonium, H. u.]: *ein silberweiß glänzendes Halbmetall (chemisches Element); Zeichen: Sb (↑Stibium).*

an|ti|mo|nar|chisch [auch: '-----] ⟨Adj.⟩: *gegen die monarchische Staatsform gerichtet.*

An|ti|mon|blü|te, die ⟨o. Pl.⟩: *ein gelbliches od. farbloses kristallines Mineral.*

An|ti|mon|glanz, der: *ein bleigraues kristallines Mineral.*

An|ti|mon|sil|ber, das: *Dyskrasit.*

An|ti|my|ko|ti|kum, das; -s, ...ka [↑Myko-, Myko-] (Med.): *Mittel gegen Hautpilz.*

An|ti|neu|ral|gi|kum, das; -s, ...ka (Med.): *schmerzstillendes Mittel gegen Neuralgie.*

An|ti|neu|tron, das; -s, ...onen (Kernphysik): *Elementarteilchen, dessen Eigenschaften denen des Neutrons entgegengesetzt sind.*

An|ti|no|mie, die; -, -n [lat. antinomia < griech. antinomía] (Philos., Rechtsspr.): *Widerspruch eines Satzes in sich, zweier Sätze, von denen jeder Gültigkeit beanspruchen kann:* Natur und Technik ... bedeuten für Piano keine Widersprüche. Sie sind ihm -n, die das Leben interessant machen (Woche 7. 2. 97, 45); eine wahre Aussage und ihre Negation bilden eine A.; Der ärztliche Beruf, die ärztliche Be-

antinomisch

rufung stehen so in einer A. ... zu der heutigen Gesellschaft (elan 2, 1980, 2).

an|ti|no|misch ⟨Adj.⟩: widersprüchlich.

An|ti|no|mis|mus, der; -: **1.** grundsätzliche Gegnerschaft zu Gesetz u. Gesetzlichkeit, die sich in einer anarchistischen Grundhaltung äußert. **2.** (Theol.) Lehre, die die Bindung an das [bes. alttestamentliche] Sittengesetz leugnet u. die menschliche Glaubensfreiheit u. die göttliche Gnade betont.

An|ti|no|mist, der; -en -en: Vertreter des Antinomismus.

An|ti|no|mis|tin, die; -, -nen: w. Form zu ↑Antinomist.

an|ti|no|mis|tisch ⟨Adj.⟩: den Antinomismus betreffend.

An|ti|oxi|dans, das; -, ...dantien (Chemie): Zusatz, der die Autoxidation bei Kraftstoffen, Kunststoffen, Lebensmitteln u. a. verhindert.

an|ti|oxi|dan|tie|ren ⟨sw. V.; hat⟩ (Chemie): durch einen Zusatz die Autoxidation verhindern.

An|ti|ozo|nans, das; -, ...nantien, **An|ti|ozo|nant,** das; -s, -e u. -s (Chemie): Zusatzstoff, der Polymere gegen die Einwirkung von Ozon schützt.

An|ti|pas|to, der od. das; -[s], ...ti [ital., aus: anti- = vor u. pasto = Mahlzeit < lat. pastus = Nahrung]: ital. Bez. für Vorspeise: Außerdem empfehlenswert: die Antipasti (Wiener 5, 1994, 95).

An|ti|pa|thie, die; -, -n [lat. antipathia < griech. antipátheia] (bildungsspr.): Abneigung, Widerwille: eine unüberwindliche A. gegen jmdn., etw. haben; Du ... darfst dich dabei nicht von falschen Gefühlen leiten lassen, von Sympathie oder A. (Ziegler, Kein Recht 270); Zwischen uns bestand von Anfang an ein Verhältnis aufrichtiger A. (Niekisch, Leben 305).

an|ti|pa|thisch ⟨Adj.⟩: **a)** mit Antipathie erfüllt; **b)** Antipathie hervorrufend: Auch die Gesellschaft ächtete sie (= die Schwulen), in grimmiger Feindseligkeit, als -e Abweichler (Spiegel 41, 1992, 132).

An|ti|per|so|nen|mi|ne, die; -, -n: Landmine, die bes. gegen Zivilisten bei innerstaatlichen Konflikten eingesetzt wird: Die weltweite Ächtung von -n bringt Deutschland ... in Bedrängnis (Spiegel 21, 1998, 20).

An|ti|phlo|gis|ti|kum, das; -s, ...ka (Med.): antiphlogistisches Mittel.

an|ti|phlo|gis|tisch ⟨Adj.⟩ (Med.): entzündungshemmend.

An|ti|phon, die; -, -en [spätlat. antiphona < griech. antiphōna]: liturgischer Wechselgesang.

An|ti|pho|nar, das; -s, -ien [mlat. antiphonarium]: liturgisches Buch mit dem Text der Antiphonen u. des Stundengebets.

an|ti|pho|nisch ⟨Adj.⟩: im Wechselgesang.

An|ti|phra|se, die; -, -n [spätlat. antiphrasis < griech. antíphrasis] (Rhet.): Wortfigur, die das Gegenteil des Gesagten meint (z. B.: Das ist ja eine schöne Bescherung!).

An|ti|po|de, der; -n, -n [griech. antípodes (Pl.), eigtl. = Gegenfüßler]: **1.** (Geogr.)

an einem diametral entgegengesetzten Punkt der Erde wohnender Mensch. **2.** Mensch von entgegengesetzter Geisteshaltung, Eigenart: Von unserer gemeinsamen politischen Überzeugung abgesehen, waren wir eigentlich in allem -n (Jens, Mann 83).

An|ti|po|din, die; -, -nen: w. Form zu ↑Antipode.

an|tip|pen ⟨sw. V.; hat⟩: **1.** leicht u. kurz berühren: er tippte mich vorsichtig an; Ihre Fingerspitzen tippten unschlüssig die Bedienungstasten des Gerätes an (Prodöhl, Tod 63); Ü ein heikles Thema a. (nur andeuten). **2.** (ugs.) vorsichtig anfragen: ich werde bei ihm einmal [deswegen] a.

An|ti|pro|ton, das; -s, ...onen (Kernphysik): Elementarteilchen, dessen Eigenschaften denen des Protons entgegengesetzt sind.

An|ti|py|re|ti|kum, das; -s, ...ka [zu griech. pyretós = Fieber] (Med.): fiebersenkendes Mittel.

an|ti|py|re|tisch ⟨Adj.⟩ (Med.): fiebersenkend; antifebril.

An|ti|qua, die; - [lat. antiqua = die alte (Schrift)] (Druck- u. Schriftw.): die heute allgemein gebräuchliche Buch- u. Schreibschrift; Lateinschrift.

An|ti|quar, der; -s, -e [lat. antiquarius = Kenner u. Anhänger des Alten]: jmd., der ein Antiquariat (b) od. einen Kunsthandel betreibt: er ... verkaufte seine Bücher an einem Preis von einem halben Schilling für zwei Kilo an einen A. (Böll, Haus 96).

An|ti|qua|ri|at, das; -[e]s, -e: **a)** ⟨o. Pl.⟩ Handel mit [wertvollen] gebrauchten Büchern: das moderne A. (der Restebuchhandel); **b)** Buchhandlung, in der antiquarische Bücher verkauft werden: ein wissenschaftliches A. betreiben.

An|ti|qua|rin, die; -, -nen: w. Form zu ↑Antiquar.

an|ti|qua|risch ⟨Adj.⟩: **a)** aus dem, im Antiquariat: -e Bücher; eine Zeitschrift a. erwerben; Die Bücher habe ich nach und nach gekauft ... Viele davon a. (Remarque, Westen 123); **b)** alt, gebraucht: ein Liebhaber -en Spielzeugs.

An|ti|qua|ri|um, das; -s, ...ien: Sammlung von Altertümern: Seit Kurfürst Karl Theodor im A. des Schlosses den Bodenfunden ... Asyl gab (MM 9. 10. 71, 13).

An|ti|qua|schrift, die; -: Antiqua.

an|ti|quiert ⟨Adj.⟩ (abwertend): veraltet; altmodisch, überholt: ein -es Frauenbild; diese Verordnung ist völlig a.; Wir wissen alle, wie a. diese Worte klingen: Güte, Wohlwollen, Großmut (Bodamer, Mann 42); a. denken.

An|ti|quiert|heit, die; -, -en: **a)** ⟨o. Pl.⟩ Festhalten an Veraltetem; **b)** ⟨o. Pl.⟩ altmodisches Gebaren; **c)** altmodischer Ausspruch, Brauch.

An|ti|qui|tät, die; -, -en ⟨meist Pl.⟩ [lat. antiquitates = Altertümer, Pl. von antiquitas = Altertum (a)]: altertümlicher Gegenstand aus dem Kunsthandwerk: hat er angefangen, sich allen möglichen Plunder anzuschaffen, -en heißt das wohl (Brot und Salz 243): ein Liebhaber von -en.

An|ti|qui|tä|ten|han|del, der: An- u. Verkauf von Antiquitäten.

An|ti|qui|tä|ten|händ|ler, der: jmd., der mit Antiquitäten handelt.

An|ti|qui|tä|ten|händ|le|rin, die: w. Form zu ↑Antiquitätenhändler.

An|ti|qui|tä|ten|samm|ler, der: jmd., der Antiquitäten sammelt.

An|ti|qui|tä|ten|samm|le|rin, die: w. Form zu ↑Antiquitätensammler.

An|ti|qui|tä|ten|samm|lung, die: Sammlung von Antiquitäten.

An|ti|ra|chi|ti|kum, das; -s, ...ka (Med.): Medikament zur Vorbeugung u. Heilung der Rachitis.

An|ti|ra|ke|te, An|ti|ra|ke|ten|ra|ke|te, die; -, -n: Rakete zur Abwehr von Interkontinentalraketen.

An|ti|rau|cher|kam|pa|gne, die; -, -n: Kampagne (1) gegen das Rauchen von Tabakprodukten: Kaum im Amt, startete sie (= Rita Süssmuth) eine A., forderte die Streichung von Subventionen für Tabakbauern und ein Verbot für im Freien angebrachte Zigarettenautomaten (Zeit 22. 12. 98, 4).

An|ti|rheu|ma|ti|kum, das; -s, ...ka (Med.): Medikament gegen Rheumatismus.

an|ti|sem ⟨Adj.⟩ [↑Sem] (Sprachw.): antonym.

An|ti|se|mit, der; -en, -en [geb. um 1879 von dem dt. Publizisten W. Marr]: jmd., der antisemitisch eingestellt ist; Gegner des Judentums.

An|ti|se|mi|tin, die; -, -nen: w. Form zu ↑Antisemit.

an|ti|se|mi|tisch ⟨Adj.⟩: feindlich gegenüber den Juden [eingestellt], gegen das Judentum gerichtet: unsere Schule in Halle war eine Hochburg -er Hetzpropaganda (Hilsenrath, Nacht 503); ein -es Theaterstück; -e Äußerungen.

An|ti|se|mi|tis|mus, der; -: **a)** Abneigung od. Feindschaft gegenüber den Juden; **b)** [politische] Bewegung mit ausgeprägt antisemitischen Tendenzen.

An|ti|sep|sis, die; - (Med.): Vernichtung von Krankheitskeimen mit chemischen Mitteln, bes. in Wunden.

An|ti|sep|ti|kum, das; -s, ...ka (Med.): keimtötendes Mittel, bes. zur Wundbehandlung.

an|ti|sep|tisch ⟨Adj.⟩ (Med.): keimtötend, Wundinfektionen verhindernd: ein -er Verband; a. wirken.

An|ti|se|rum, das; -s, ...ren od. ...ra (Med.): spezifische Antikörper enthaltendes Heilserum.

An|ti|ska|ting|ein|rich|tung, [...'skeɪtɪŋ...], die; -, -en (Technik): Vorrichtung an einem Tonarm, die dem Skatingeffekt entgegenwirkt.

An|ti|spas|mo|di|kum, An|ti|spas|ti|kum, das; -s, ...ka [zu ↑spasmodisch, ↑spastisch] (Med.): antispastisches Mittel.

an|ti|spas|tisch ⟨Adj.⟩ (Med.): krampflösend, krampfmindernd.

An|ti|star, der; -s, -s: Schauspieler, Schauspielerin o. Ä., die nicht die charakteristischen Eigenschaften eines Stars aufweist: Hanna Schygulla ... ein A., der Weltstar wurde (Hörzu 8, 1987, 18).

an|ti|sta|tisch ⟨Adj.⟩ (Physik): *elektrostatische Aufladungen verhindernd od. aufhebend:* Teppichboden, Stoffe a. ausrüsten.
An|tis|tes, der; -, ...stites [...tite:s; lat. antistes, eigtl. = Vorsteher]: **1.** *Titel von Priestern und der Antike.* **2.** *Ehrentitel katholischer Bischöfe u. Äbte.*
An|ti|stro|phe [auch: '----], die; -, -n [lat. antistrophe < griech. antistrophḗ]: *(in der altgriechischen Tragödie) die der Strophe folgende, eine tänzerische Wendung des Chors begleitende Strophe.*
An|ti|teil|chen, das; -s, - (Kernphysik): *Elementarteilchen, dessen Eigenschaften zu denen eines anderen Elementarteilchens in bestimmter Weise komplementär sind.*
An|ti|ter|ror|ein|heit, die; -, -en: *Einheit (3), die bei terroristischen Anschlägen od. Überfällen (z. B. zur Befreiung von Geiseln) eingesetzt wird.*
An|ti|the|a|ter, das; -s: *modernes, experimentelles Theater unterschiedlichster Richtung.*
An|ti|the|se [auch: '----], die; -, -n [lat. antithesis < griech. antíthesis]: **1.** *einer These entgegengesetzte Behauptung; Gegensatz:* Er (= der Begriff der Diktatur) bildet ... die A. zum Begriff der Demokratie (Fraenkel, Staat 79); Ü war ein Pensionsdasein ... die A. zu meinem bisher so freiheitlichen Leben (Dönhoff, Ostpreußen 217). **2.** (Stilk.) *Gegenüberstellung gegensätzlicher Begriffe u. Gedanken (z. B. Freund und Feind).*
An|ti|the|tik, die; - (Philos.): *Lehre von den Widersprüchen u. ihren Ursachen.*
an|ti|the|tisch ⟨Adj.⟩ [spätlat. antitheticus < griech. antithetikós]: *gegensätzlich, Gegensätze enthaltend.*
An|ti|to|xin [auch: '----], das; -s, -e (Med.): *vom Körper gebildetes Gegengift gegen von außen eingedrungene Gifte.*
an|ti|to|xisch ⟨Adj.⟩ (Med.): *als Antitoxin wirkend.*
An|ti|trans|pi|rant, das; -s, -e u. -s [↑transpirieren]: *die Schweißabsonderung hemmendes Mittel.*
An|ti|tri|ni|ta|ri|er, der; -s, -: *Gegner der Lehre von der göttlichen Dreieinigkeit.*
an|ti|tri|ni|ta|risch ⟨Adj.⟩: *gegen die Dreieinigkeitslehre gerichtet.*
An|ti|trust|be|we|gung [...'trast..., auch: '------], die; -, -en (Wirtsch.): *Bewegung gegen wirtschaftliche Machtzusammenballung.*
An|ti|tus|si|vum, das; -s, ...va [zu griech. antí = gegen u. lat. tussis = Husten] (Med.): *Medikament gegen Husten.*
An|ti|typ, der; -s, -en, **An|ti|ty|pus,** der; -, ...typen: **a)** *jmd., der von seiner Persönlichkeit, seinem Auftreten, seinem Aussehen her den allgemein üblichen Vorstellungen von einem bestimmten Typ (1 a) in keiner Weise entspricht:* sie ist der A. der deutschen Hausfrau; »Freiwillig zwei Jahre Antarktis, wie haben Sie das denn durchgestanden, Menschenskind?« – »Weiß ich auch nicht mehr so recht ... Nur an eine erinnere ich mich: Für die Pinguinweibchen war ich anscheinend der absolute Antityp« (Heim, Traumschiff 299); **b)** *Gegenfigur:* Zu Bismarck der Antityp, das war sie: Katharina S., die das Glück ohne Pflicht und Schuldigkeit gekannt hatte (Spiegel 6, 1986, 184); Aber in diesem Augenblick würde ihm zweifellos zugute kommen, dass er (= Pompidou) ... gewissermaßen einen Antitypus zu de Gaulle darstellt (Scholl-Latour, Frankreich 189).

An|ti|vi|ta|min, das; -s, -e (Biol., Med.): *organische Verbindung, die die Wirksamkeit eines Vitamins vermindert od. ausschaltet.*
An|ti|zi|o|nis|mus [auch: '-----], der; -: *ablehnende Haltung gegenüber dem Zionismus.*
An|ti|zi|o|nist [auch: '----], der; -en, -en: *Vertreter des Antizionismus.*
An|ti|zi|o|nis|tin [auch: '-----], die; -, -nen: w. Form zu ↑Antizionist.
an|ti|zi|o|nis|tisch [auch: '-----] ⟨Adj.⟩: *gegen den Zionismus gerichtet.*
An|ti|zi|pa|ti|on, die; -, -en [lat. anticipatio]: **1.** *Vorwegnahme, Vorgriff:* die A. eines Gedankens; Er versteht sich auf Ahnungen, Andeutungen und -en (K. Mann, Wendepunkt 422); die A. von Tönen eines folgenden Akkords. ♦ **2.** *Vorschuss, Vorauszahlung:* Der Jude wird mich nicht verschonen, der schafft -en, die speisen ihn zehn, ein Jahr voraus (Goethe, Faust II, 4870 ff.).
an|ti|zi|pa|to|risch ⟨Adj.⟩: *[bewusst] vorwegnehmend.*
an|ti|zi|pie|ren ⟨sw. V.; hat⟩ [lat. anticipare, zu: ante = vor(her) u. capere = nehmen] **1.** (bildungsspr.) *vorwegnehmen; den Stil späterer Epochen a.* **2.** (Kaufmannsspr.) *vor dem Fälligkeitstermin zahlen.*
an|ti|zy|klisch [auch: ...'tsʏk..., '----] ⟨Adj.⟩: **1.** *in unregelmäßiger Folge wiederkehrend.* **2.** (Wirtsch.) *einem bestehenden Zustand der Konjunktur entgegenwirkend:* eine -e Wirtschaftspolitik.
An|ti|zy|klo|ne [auch: '----], die; -, -n (Met.): *Hoch[druckgebiet]:* Mit ... dem von Westen her erfolgenden Aufbau einer A. (NZZ 9.12.82, 9).
Ant|litz, das; -es, -e ⟨Pl. selten⟩ [mhd. antlitze, ahd. antlizzi, eigtl. = das Entgegenblickende, 1. Bestandteil mhd., ahd. ant- = (ent)gegen- (verw. mit griech. antí, ↑anti-, Anti-), 2. Bestandteil zu einem untergegangenen Verb mit der Bed. »blicken, sehen« (vgl. aengl. wlitan); vgl. ent-] (geh.): *Gesicht, Angesicht:* ein edles A.; sein A. verhüllen; Wellenförmig ... gingen die Jahre über ihr A. (Jens, Mann 26); Ü das A. der Macht; dem Tod ins A. blicken; der Boom der Nachkriegszeit hat das A. ... mancher Landschaft verändert (Basler Zeitung 27.7.84, 33).
an|to|ben ⟨sw. V.⟩: **1.** ⟨hat⟩ **a)** *gegen jmdn., etw. toben, wüten, rasen:* der Gefangene tobte gegen seine Wärter, seine Fesseln an; kaum ein Gallier ... hat Verständnis für jene rabiaten teutonischen »Friedenskämpfer«, die mit Wurfgeschossen gegen die Vereidigung von Rekruten der Bundeswehr antoben (Scholl-Latour, Frankreich 552); **b)** *wütend anschreien:* er hat mich furchtbar angetobt. **2.** *sich lärmend u. tollend nähern* ⟨ist⟩: laut bellend tobte der Hund an; ⟨meist in 2. Part. in Verbindung mit »kommen«:⟩ die Kinder kamen angetobt.

An|to|de, die; -, -n [griech. antōdḗ, zu: anti (↑anti-, Anti-) u. ōdḗ, ↑Ode]: *Chorgesang in der griechischen Tragödie, zweiter Teil der Ode.*
An|tö|ken ⟨Pl.⟩ [zu griech. ántoikos = gegenüber wohnend]: *Menschen, die in Gebieten entgegengesetzter geographischer Breite, aber auf demselben Meridian wohnen.*
An|ton: in der Fügung **blauer A.** (ugs.; *blauer Monteuranzug*).
an|tö|nen ⟨sw. V.⟩: **1.** (geh. selten) *erklingen, anklingen lassen:* eine Melodie tönt an. **2.** (österr., schweiz.) *andeuten* ⟨hat⟩: was die Spötter mit satirischer Übertreibung antönen, hat einen sehr realen Hintergrund (Weltwoche 17.5.84, 5).
An|to|no|ma|sie, die; -, -n [zu griech. antí = gegen u. onomasía = Benennung] (Sprachw.): **1.** *Ersetzung eines Eigennamens durch eine Benennung nach besonderen Kennzeichen od. Eigenschaften des Benannten (z. B.: der Zerstörer Karthagos = Scipio; der Korse = Napoleon).* **2.** *Ersetzung der Bezeichnung einer Gattung durch den Eigennamen eines ihrer typischen Vertreter (z. B.: Krösus = reicher Mann).*
an|to|nym ⟨Adj.⟩ [zu griech. ónyma = Name] (Sprachw.): *(von Wörtern) eine entgegengesetzte Bedeutung habend.*
An|to|nym, das; -s, -e [zu griech. antí = gegen u. ónyma = Name] (Sprachw.): *Gegen[satz]wort, Oppositionswort (z. B. schwarz – weiß).*
an|to|ny|misch ⟨Adj.⟩ (Sprachw.): *antonym.*
an|tör|nen ⟨sw. V.; hat⟩ [aus engl. to turn on, eigtl. = aufdrehen] (ugs.): **1.** *in einen Drogenrausch versetzen:* Man musste ... ein gutes Feeling mitbringen oder sich eben a. (Christiane, Zoo 252). **2.** *in Erregung, Rausch o. Ä. versetzen:* die Karin, das is 'ne Sahneschnitte. Die törnt mich ganz schön an (Welt 1.10.83, 24); ein fremdes Land wie Indien, das törnt als solches schon an (Fichte, Wolli 455); die Musik törnte sie an.
an|tra|ben ⟨sw. V.⟩: **1.** *zu traben beginnen* ⟨hat⟩: Ruhnau gab dem Gaul die Peitsche, und der trabte an (Kirst, 08/15, 445). **2.** *sich trabend nähern* ⟨ist⟩: schnaubend trabte der Hengst an; ⟨meist im 2. Part. in Verbindung mit »kommen«:⟩ sie kam auf einer Stute angetrabt; Ü wenig später kam die zweite Gruppe angetrabt (ugs.; *anmarschiert*); Heute sind die Neuen angetrabt (Spiegel 9, 1977, 46).
An|trag, der; -[e]s, Anträge: **1. a)** *Gesuch, Forderung:* ein formloser *(frei zu formulierender)* A.; einen schriftlichen A. einreichen; einen A. auf Beihilfe stellen; (Papierdt.:) dem A. wurde [nicht] stattgegeben; Wer einen Diebstahl oder eine Unterschlagung gegen Angehörige, Vormünder oder Erzieher begeht, ... ist nur auf A. zu verfolgen (Becker, Irreführung 51); **b)** *Antragsformular:* sich am Schalter einen A. besorgen. **2.** *zur Abstimmung eingereichter Entwurf; Vorschlag:* einen A. im Parlament einbringen; über einen

antragen A. abstimmen, beraten; auf/(österr. auch:) über A. von ... **3. a)** (geh. veraltend) *Angebot:* sie machte den A. zu vermitteln; eine Luftschicht und Ausstrahlung von Kühle, in welcher, beinahe zu seinem eigenen Bedauern, treuherzige Anträge der Freundschaft ... stecken bleiben (Th. Mann, Krull 229); Dieser ... Bursche ... wird sicherlich auch schon Anträge für die Nacht an den Haustüren bekommen haben (Jahnn, Geschichten 139); Saßest du nicht eine Nacht lang bei Ludmilla und machtest ihr womöglich unzüchtige Anträge, heiße Angebote? (Strittmatter, Wundertäter 177); **b)** *Heiratsantrag:* einer Frau einen A. machen.

an|tra|gen ⟨st. V.; hat⟩: **1. a)** (geh.) *anbieten:* man trug ihr den Vorsitz an; er hat mir das Du angetragen; sie hat mir die Freundschaft angetragen; ich habe mich ihr als Begleiter angetragen; wie wenn ein Mann einer Frau Geld für ihre Liebe anträgt (Musil, Mann 327); der Brief ist abgeschickt ... Ich habe ihr die Ehe angetragen (Frisch, Montauk 146); ◆ **b)** *beantragen, einen Antrag (auf etw.) stellen:* eine Beschwerde, in welcher er ... auf gesetzmäßige Bestrafung ... und auf Ersatz des Schadens antrug (Kleist, Kohlhaas 17); So trag' ich darauf an, dass die Vollstreckung des Richterspruchs ihm übertragen werde (Schiller, Maria Stuart IV, 6). **2.** (Jägerspr.) *(auf Wild) einen Schuss abgeben:* Aus freier Hand über das offene Visier trug er ihm weidgerecht die Kugel mitten ins Leben an (Jagd 5, 1987, 134).

An|trags|de|likt, das (Rechtsspr.): *Straftat, die nur auf Antrag des in seinen Rechten Verletzten gerichtlich verfolgt wird.*

An|trags|for|mu|lar, das: *Formular für einen Antrag* (1 a).

an|trags|ge|mäß ⟨Adj.⟩: *einem Antrag* (1 a, 2) *entsprechend.*

An|trag|stel|ler, der; -s, -: *jmd., der einen Antrag* (1 a) *stellt.*

An|trag|stel|le|rin, die; -, -nen: w. Form zu ↑Antragsteller.

an|trai|nie|ren ⟨sw. V.; hat⟩: *durch Training vermitteln; sich durch Training aneignen:* André Eisermann, der die Rolle nun bei den Salzburger Festspielen, in Leander Haußmanns Inszenierung, spielt, hat sich mit Eifer und Geschick ein nervöses Schulterzucken, Gliederreißen, Wadenwackeln antrainiert (Zeit 2. 8. 96, 41); sich Muskeln a.; einem Tier bestimmte Verhaltensweisen a.; Der gute Lehrer muss gute Nerven haben. Die kann er sich nicht a. (Becker, Tage 59).

An|trans|port, der; -[e]s, -e: *das Antransportieren.*

an|trans|por|tie|ren ⟨sw. V.; hat⟩: *an einen bestimmten Ort transportieren, anliefern:* die Möbel sind gerade antransportiert worden.

an|trau|en ⟨sw. V.; hat⟩ (veraltend): *mit jmdm. verheiraten:* hielt Amalie ihrem angetrauten Haushaltsvorstand eine gehörige Standpauke (Kühn, Zeit 364).

an|tref|fen ⟨st. V.; hat⟩: *vorfinden:* jmdn. bei der Arbeit, bei guter Gesundheit, in großer Armut a.; sie trifft mich nie zu Hause an; Möwen sind überall auf See anzutreffen (Ott, Haie 228); Diese Erscheinung ist bereits im Tierreich anzutreffen (Hofstätter, Gruppendynamik 116); ich habe eine völlig veränderte Situation angetroffen; wenn ... Christus wiederkäme, er träfe es schlechter an als ehedem (Musil, Mann 563).

an|trei|ben ⟨st. V.⟩: **1.** ⟨hat⟩ **a)** *vorwärts treiben:* sie trieb die Pferde [mit der Peitsche] an; **b)** *zu höherer Leistung zwingen, anstacheln:* der Chef trieb uns zur Eile an; **c)** *zu etw. bringen, veranlassen:* die Neugier hat sie angetrieben, den Raum zu betreten; Es war eine Arbeit, zu der ihn ein Dämon antrieb (Thieß, Legende 145); dass ... die Schwerindustrie und die Banken durch ihre Ansprüche die Völker zu Rüstungen antreibe (Musil, Mann 1 451). **2.** *in Bewegung setzen bzw. halten* ⟨hat⟩: eine Turbine durch Dampf a.; die Mühlräder werden vom Wasser angetrieben. **3. a)** *angeschwemmt werden* ⟨ist⟩: Eisschollen sind [ans Ufer/am Ufer] angetrieben; ein Porter, der aus einer Schiffsversenkung stammte und unlängst in Fässern ... angetrieben war (Gaiser, Jagd 151); Vor dem Ausfluss des Strießbachs hielt ein Eisenwehr das Treibholz an. Dort trieben die Leichen an (Grass, Hundejahre 312); **b)** *ans Ufer spülen, anschwemmen* ⟨hat⟩: die Flut treibt den Tang [am Ufer/ans Ufer] an; **c)** *herantreiben* ⟨ist⟩: graue Wolken sind von Westen angetrieben. **4.** (Gartenbau) *künstlich zum Treiben bringen* ⟨hat⟩: die Pflanzen im Gewächshaus a.

An|trei|ber, der; -s, - (abwertend): *jmd., der andere [zur Arbeit] antreibt:* war er zu einem bloßen A. und Aufpasser hinabgesunken (Fallada, Jeder 36); schrie ich wie ein A. (= die Turnlehrerin) an wie ein A. beim Militär (Kempowski, Immer 186).

An|trei|be|rin, die; -, -nen: w. Form zu ↑Antreiber.

An|trei|ber|me|tho|de, die ⟨meist Pl.⟩: *Methode, die ein Antreiber verwendet.*

An|trei|ber|sys|tem, das: vgl. Antreibermethode.

An|treib|sel, das; -s, -: *etw., was angetrieben* (3 a, b) *wird:* muss man schon einen geübten Blick haben, um Bernstein aus den ... im Flutsaum herauszufinden (MM 15. 9. 67, 11).

An|trei|bung, die; -, -en: *das Antreiben* (1, 2, 4).

an|tren|zen, sich ⟨sw. V.; hat⟩ [zu veraltet, noch landsch. trenzen, trensen = sich (mit Speichel) beschmutzen, zu mhd. trehenen, trahenen = weinen, zu: trahen, ↑Träne] (österr. ugs.): **1.** *sich bekleckern.* **2.** *raunzen* (1).

an|tre|ten ⟨st. V.⟩: **1.** *festtreten* ⟨hat⟩: die Erde um die Pflanzen herum a. **2.** *durch Treten auf den Anlasser in Gang bringen* ⟨hat⟩: das Motorrad a. **3.** (Sport) *zu spurten beginnen* ⟨ist⟩: plötzlich, kräftig a. **4.** ⟨ist⟩ **a)** *sich in einer Formation aufstellen:* die Schüler sind/stehen der Größe nach angetreten; hatte ich ... auf dem zum letzten Mal vor den Ferien gesprengten Schulhof gestanden, im Karree angetreten mit den andern Jungen (Lentz, Muckefuck 89); **b)** (Sport) *sich zum Wettkampf stellen:* gegen den Weltmeister a.; Ü Gegen Wolfgang Schäuble würden am liebsten alle Führungsgenossen a. (Woche 7. 3. 97, 1); **c)** *sich zu etw. an einem bestimmten Ort einfinden, erscheinen:* wir sind pünktlich zum Dienst angetreten; **d)** *seinen Dienst aufnehmen:* wurde der Rektor verabschiedet, ein junger trat an (Loest, Pistole 53); der Küchenchef, ... der erst vor einem halben Jahr angetreten war (Danella, Hotel 254). **5.** ⟨hat⟩ **a)** *sich zu etw. anschicken, mit etwas beginnen:* eine Reise, den Heimweg a.; er hat eine neue Stelle, die Lehrzeit angetreten; eine Strafe a. (abzubüßen beginnen); den Urlaub a.; die Regierung a.; **b)** *übernehmen:* jmds. Nachfolge, ein Amt, ein Erbe a. **6.** (Sprachw.) *zu etw. hinzutreten* ⟨ist⟩: die Endung tritt an den Stamm an. **7.** ⟨hat⟩ **a)** (geh.) *sich jmdm. nähern:* unverhofft trat ihn der Tod an; Als ... die nackte Sorge von dem Brot den einsam gewordenen König antrat (Jacob, Kaffee 155); ◆ **b)** *zutreten* (1): um den Landesherrn, im Schlosse selbst, anzutreten (Kleist, Kohlhaas 27).

An|trieb, der; -[e]s, -e: **1.** *Triebkraft, bewegende Kraft:* ein Motor mit elektrischem A.; den A. drosseln. **2.** *Anreiz, Impuls, Bewegrund, innere Triebfeder:* -e seines Handelns; der Erfolg gab ihr neuen A.; Wie kann ein Richter urteilen, wenn er nur die Tat kennt, nicht aber die -e (NJW 19, 1984, 1 082); aus eigenem A. *(von sich aus)* handeln; ◆ * *auf jmds. A.* [hin] *(auf jmds. Veranlassung):* Konstanze hatte ... auf seinen A. ein Stückchen Land ... gepachtet (Mörike, Mozart 260); Wurde Andreas in den Wald geschickt auf A. des Grafen (Raabe, Chronik 40).

An|triebs|ach|se, die (Technik): *Achse, an der die Antriebsräder eines Fahrzeugs angebracht sind.*

An|triebs|ag|gre|gat, das (Technik): *Aggregat* (1), *das einen Antrieb* (1) *erzeugt.*

an|triebs|arm ⟨Adj.⟩ (Psych.): *unter einem Mangel an innerem Antrieb* (2) *leidend:* Diese Menschen sind in ihrem Temperament ... passiv, lahm, a. (Studium 5, 1966, 311).

An|triebs|kraft, die (Technik): *Kraft, die beim Umsetzen eines Antriebs* (1) *in Bewegung wirksam ist;* Ü Die geistigen ... Antriebskräfte unserer Vorväter ist in uns lebendig (W. Brandt, Begegnungen 164).

An|triebs|rad, das (Technik): *Rad, das von einem Motor [direkt] angetrieben wird.*

An|triebs|schei|be, die (Technik): *Scheibe, die einen Antrieb* (1) *überträgt.*

an|triebs|schwach ⟨Adj.⟩ (Psych.): *mit nur schwachem Antrieb* (2) *ausgestattet, zur Passivität neigend:* ein -er Mensch.

An|triebs|schwä|che, die ⟨o. Pl.⟩ (Psych.): *das Fehlen des Antriebs* (2).

an|triebs|stark ⟨Adj.⟩ (Psych.): *mit starkem Antrieb* (2) *ausgestattet.*

An|triebs|stär|ke, die ⟨o. Pl.⟩ (Psych.): *das Vorhandensein eines starken Antriebs* (2).

An|triebs|sys|tem, das: *Anlage u. Funktion eines [Raketen]triebwerks.*

An|triebs|wel|le, die (Technik): *Welle (5), die einen Antrieb (1) überträgt.*

an|trin|ken ⟨st. V.; hat⟩: **1.** *nur wenig von etw. trinken, nicht austrinken:* den Wein a.; ⟨meist im 2. Part.:⟩ angetrunkene Bierflaschen. **2.** *sich durch Trinken in einen bestimmten Zustand bringen:* sich einen Rausch, Schwips a.; du hast dir Mut angetrunken; er trank sich zu oft Hoffnung an (Fels, Afrika 8); * sich ⟨Dativ⟩ einen a. (ugs.; *sich betrinken*): Wir gehen zum Essen und trinken uns dann vor Begeisterung einen an (Spiegel 37, 1987, 210). **3.** ⟨a. + sich⟩ (österr. ugs.) *sich betrinken.*

An|trin|ket, der; -s (schweiz.): **1.** *gemeinsamer Trunk vor einem [Kirchweih]fest.* **2.** *Geschäftseröffnung durch einen neuen Wirt.*

an|trip|peln ⟨sw. V.; hat⟩ (Leichtathletik): *den Anlauf mit ganz kurzen Schritten einleiten:* die ersten Meter des Anlaufs beim Hochsprung a.

An|tritt, der; -[e]s: **1. a)** *der Beginn, das Antreten* (5 a): der A. einer Reise; bei/vor A. der Fahrt; **b)** *Übernahme:* der A. eines Amtes, einer Regierung, einer Erbschaft. **2.** (Sport) *[Fähigkeit zur plötzlichen] Erhöhung des Lauftempos:* er (= ein Läufer) hat einen schnelleren A. ..., und auf den letzten Metern wird er eine Menge mitzureden haben (Lenz, Spiele 148).

An|tritts|be|such, der: *der Vorstellung dienender Höflichkeitsbesuch:* seinen A. abstatten, bei jmdm. machen.

An|tritts|mün|ze, die: *zum Gedenken an einen Regierungsantritt geprägte Münze.*

An|tritts|re|de, die: *die erste Rede, die jmd. nach Übernahme eines [akademischen, politischen] Amtes hält.*

an|tritts|schnell ⟨Adj.⟩ (Sport): *einen schnellen Antritt (2) habend.*

An|tritts|schnel|lig|keit, die; -: *das Antrittsschnellsein.*

An|tritts|ver|mö|gen, das ⟨o. Pl.⟩ (Sport): *Antritt (2).*

An|tritts|vor|le|sung, die: *[im Rahmen einer festlichen Veranstaltung gehaltene] Vorlesung eines Hochschullehrers nach Übernahme eines Lehrstuhls.*

an|trock|nen ⟨sw. V.; ist⟩: **1.** *an etw. trocken werden u. festkleben:* die Reste sind am Teller angetrocknet; im Auto wurden angetrocknete Blutspuren festgestellt (MM 14. 1. 72, 12). **2.** *ein wenig trocknen:* die Wäsche ist nur angetrocknet.

an|tu|ckern ⟨sw. V.; ist⟩ (ugs.): *sich tuckernd nähern:* sie hörte die Barkasse a.; ⟨meist im 2. Part. in Verbindung mit »kommen«:⟩ das Motorboot kam angetuckert.

an|tun ⟨unr. V.; hat⟩: **1. a)** *etw. tun, zuteil werden lassen, erweisen:* jmdm. Gutes, eine Wohltat a.; sich etw. Gutes a. *(sich etw. gönnen);* **b)** *zufügen:* jmdm. Böses, Unrecht, ein Leid a.; Bierens de Haan tut mir wirklich zu viel Ehre an, wenn ... (Lorenz, Verhalten I, 400); tu mir das ja nicht an (ugs.; *lass es bitte sein*); Alles kannst du mir a., aber sterben darfst du nicht (Danella, Hotel 317); Tun Sie sich doch um Himmels willen keinen Zwang an *(zwingen Sie sich nicht zu etwas, was Sie nicht wollen;* Ziegler, Labyrinth 239); * **sich** ⟨Dativ⟩ **etw. a.** (ugs. verhüll.; *Selbstmord begehen*). **2.** *jmdn. anziehen, bezaubern:* ihr Aussehen hat es ihm angetan; Mir hatten es ... immer die Zwerge und Kasperle angetan (Schnurre, Bart 51). **3.** (geh.) **a)** *etw. Bestimmtes anziehen:* sie tat ihre Jacke an; zog er ... das Prunkstück hervor und tat es sich an (Th. Mann, Joseph 531); **b)** *jmdm., sich Kleidung anlegen:* Feierlich ... hat er sich angetan (St. Zweig, Fouché 69); ⟨meist im 2. Part. in Verbindung mit »sein«:⟩ ein erster Trupp von 50 ... Gefangenen, angetan mit Jeans und T-Shirts (NZZ 30. 6. 84, 1); Er war prächtig angetan mit einer hohen Kantors-Yarmulke aus Samt (Kemelman, Übers.], Mittwoch 85).

an|tup|fen ⟨sw. V.; hat⟩: *leicht berühren:* jmdn. mit dem Finger a.

¹an|tur|nen ⟨sw. V.; ist⟩ (ugs.): *sich tollend, sich ausgelassen bewegend nähern:* lachend turnte sie an; ⟨meist im 2. Part. in Verbindung mit »kommen«:⟩ die Kinder kamen fröhlich angeturnt.

²an|tur|nen [ˈantœrnən] ⟨sw. V.; hat⟩: *antörnen.*

Ant|wer|pen: *Stadt in Belgien.*

¹Ant|wer|pe|ner, der; -s, -: Ew.

²Ant|wer|pe|ner ⟨indekl. Adj.⟩.

Ant|wer|pe|ne|rin, die; -, -nen: w. Form zu ↑¹Antwerpener.

Ant|wort, die; -, -en [mhd. antwürte, ahd. antwurti, eigtl. = Gegenrede, aus mhd., ahd. ant- (↑Antlitz) u. ↑Wort]: **a)** *mündliche od. schriftliche Erwiderung, Entgegnung:* eine höfliche, bissige, witzige, kluge A.; die A. blieb aus; die A. lautet folgendermaßen; du gibst freche -en, wenn man dich etwas fragt (Ziegler, Gesellschaftsspiele 130); Manche Leute verweigerten die A., wenn man sie fragte (H. Gerlach, Demission 76); eine A. geben; keine A. geben; etw. zur A. geben; nur eine ausweichende A. [auf eine Frage] bekommen; jmdm. eine abschlägige A. erteilen; [jmdm.] die A. schuldig bleiben *([jmdm.] ohne Antwort lassen);* um keine A. verlegen sein; (geh.:) jmdm. keiner A. würdigen; Der Lettenbauer Sepp kaute eine Weile an einer A., bis ihm das Richtige eingefallen war (Kühn, Zeit 143); Spr keine A. ist auch eine A.; wer viel fragt, bekommt viel Antwort[en]; Abk.: Antw.; u. [od. U.] A. w. g. *(um [od. Um] Antwort wird gebeten;* auf Einladungsschreiben); Ü Auf die Frage ... hat es bisher keine gültige A. der Geschichte gegeben (R. v. Weizsäcker, Deutschland 41); **b)** *Reaktion:* da A. wies er stumm auf die Tür; sein Fernbleiben ist die A. auf deine Beleidigung.

Ant|wort|brief, der: *schriftliche Erwiderung auf einen Brief.*

ant|wor|ten ⟨sw. V.; hat⟩ [mhd. antwürten, ahd. antwurten]: **a)** *mündlich od. schriftlich erwidern; Antwort, Auskunft geben:* auf die Frage ausführlich, ausweichend, der Wahrheit gemäß a.; ehe Pinneberg noch ein Wort a. konnte (Fallada, Mann 176); mit Ja oder Nein a.; er hat mir noch nicht [auf meinen Brief] geantwortet; wie/was soll ich ihm a.?; Ü Kurzes, ... bitteres Lachen antwortete mir vom Sitzungstische her (Th. Mann, Krull 123); Worte, auf die man nur mit den Fäusten antwortet (Remarque, Obelisk 234); **b)** *reagieren:* sie antwortete mit einem Achselzucken; Die Zerstörer antworteten mit grünen Leuchtkugeln (Ott, Haie 263).

Ant|wort|kar|te, die: *Karte, auf der eine Rückantwort vorbereitet ist.*

ant|wort|lich ⟨Präp. mit Gen.⟩ (Papierdt., Kaufmannsspr. veraltet): *in Beantwortung:* a. Ihres Schreibens *[als Antwort] auf Ihr Schreiben).*

Ant|wort|no|te, die (Dipl.): *offizielle Antwort einer Regierung an eine andere.*

Ant|wort|post|kar|te, die (Postw.): *Postkarte mit anhängender Postkarte für die Rückantwort.*

Ant|wort|schein, der: in der Fügung **internationaler A.** *(international gültiger Gutschein für das Rückporto eines Briefes).*

Ant|wort|schrei|ben, das: vgl. Antwortbrief: Als ich ihm, kurz nach Ausbruch des Zweiten Weltkrieges, einen Artikel ... schickte, den ich in einer Schweizer Revue hatte erscheinen lassen, fand er in seinem A. Worte des Dankes (K. Mann, Wendepunkt 203).

Anu|kle|o|bi|ont, der; -en, -en [zu griech. a- = nicht, un-, lat. nucleus = Kern u. griech. bioũn = leben] (Zool.): **1.** *Kleinstorganismus ohne Zellkern; Akaryobiont.* **2.** ⟨Pl.⟩ *Gesamtheit von Bakterien u. Blaualgen.*

an|ul|ken ⟨sw. V.; hat⟩ (ugs.): *jmdn. necken, mit jmdm. seinen Spaß machen:* die Kollegen ulken mit Vorliebe die neuen Mitarbeiter an; er ist ein Spaßvogel, der jeden anulkt.

Anu|lus, der; -, ...li [lat. anulus, eigtl. = kleiner Ring, Vkl. von: anus, ↑Anus]: **1.** (Bot.) *Ring am Stiel von Blätterpilzen.* **2.** *ringförmiger Teil eines Organs.* **3.** ⟨Pl.⟩ *umlaufende Ringe am Kapitell der dorischen Säule.*

Anu|rie [an|...], die; -, -n [zu griech. a(n)- = nicht u. oũron = Harn] (Med.): *stark verminderte od. vollständig fehlende Ausscheidung von Urin.*

Anus, der; -, Ani [lat. anus, eigtl. = Ring] (Med.): *After.*

Anus prae|ter, der; - -, Ani - , ugs. auch: - - [nlat., kurz für Anus praeternaturalis (aus lat. praeter = an ... vorbei; außer u. naturalis = natürlich) (Med.): *künstlich angelegter Darmausgang.*

an|ver|trau|en ⟨sw. V.; hat⟩: **1.** *vertrauensvoll übergeben, überlassen:* jmdm. ein Amt, ein Dokument, eine Geldsumme a.; wir haben uns seiner Führung, seiner Obhut anvertraut; Die gesamte Recht sprechende Gewalt ist den Richtern anvertraut (Fraenkel, Staat 103); sie würden sich ... Tag und Nacht um die ihnen anvertrauten Tiere kümmern (Frischmuth, Herrin 36); Ü sie vertraute seine sterbliche Hülle der Erde an (geh. verhüllend; *begruben ihn*). **2. a)** *im Vertrauen mitteilen:* jmdm. ein Geheimnis, seine Pläne a.; ich vertraue dir meine Entdeckung an, (selten:) ich anvertraue dir ...;

Ü indem ich mich also anschicke, meine Geständnisse ... dem geduldigen Papier anzuvertrauen (Th. Mann, Krull 9); **b)** ⟨a. + sich⟩ *sich vertrauensvoll offenbaren:* sich jmdm. rückhaltlos a.

an|ver|wan|deln ⟨sw. V.; hat⟩ (geh.): *sich zu Eigen machen:* du verwandelst dir gerne fremde Auffassungen an, du anverwandelst dir ... an; Pannwitz »anverwandelt« sich ... alle ihm genehmen Forschungsergebnisse und Geisteszeugnisse (FAZ 27. 5. 61, 53); Zur ... Auslegungsgeschichte Vergils gehört, wie er sich das Werk Homers anverwandelt (Fest, Im Gegenlicht 256).

An|ver|wand|lung, die; -, -en (geh.): *das Anverwandeln.*

an|ver|wandt ⟨Adj.⟩ (geh. selten): **1.** *mit jmdm. verwandt:* eine mir -e Dame. **2.** *verwandt (2):* Mitarbeit im Dienstleistungssektor oder -er Branche (NZZ 11. 4. 85, 18).

An|ver|wand|te, der u. die; -n, -n ⟨Dekl. ↑ Abgeordnete⟩ (geh.): *Verwandte[r]:* seine Brüder, A., Freunde ... veranstalteten eine gehörige Partie (M. Walser, Seelenarbeit 135).

an|vet|tern, sich ⟨sw. V.; hat⟩ (landsch.): *sich anbiedern.*

an|vi|sie|ren ⟨sw. V.; hat⟩: **1.** *ins Visier nehmen, als Zielpunkt nehmen:* einen feindlichen Panzer a.; wir visieren einen Vulkan am Horizont an, der uns als Richtpunkt dient (Grzimek, Serengeti 131); Ü 11 Prozent der anvisierten Zielgruppe (Saarbr. Zeitung 4. 10. 79, 12). **2.** *ins Auge fassen, anstreben:* eine Aufgabe, ein Ziel a.; Die Beschäftigtenzahl ist ... gesunken; für das letzte September 1987 ist eine Planzahl von 46000 anvisiert (NZZ 19. 12. 86, 17); Wie lange die Verfügbarkeit, zumindest in Deutschland, gegeben sein wird, ist derzeit offen, da seitens der Bundesregierung eine vorgezogene Terminierung des Komplettverbots anvisiert wird (CCI 14, 1998, 24).

Anw. = Anweisung.

An|wachs, der; -es (seltener): *Anwachsung.*

an|wach|sen ⟨st. V.; ist⟩: **1. a)** *festwachsen:* die transplantierte Haut ist angewachsen; Meine Knochen wollen nicht zusammenwachsen ... Bei einem andern sind sie falsch angewachsen (Remarque, Westen 181); angewachsene Ohrläppchen; **b)** *Wurzeln schlagen:* die verpflanzten Bäume sind gut angewachsen; Ü (scherzh.:) komm mit, ... kannst hier auf der Bank doch nicht a. (Degener, Heimsuchung 83). **2.** *stetig zunehmen:* die Bevölkerung, der Verkehr wächst bedrohlich an; die Anzahl der Mitglieder ist auf über 1 000 angewachsen *(gestiegen);* Ihre Zahl wächst jedes Jahr um zwei Prozent an (Grzimek, Serengeti 114); anwachsende Schulden; Anfang April ist die Skizze bereits auf 21 Seiten angewachsen *(hat sie einen Umfang von 21 Seiten erreicht;* Jens, Mann 145); die Fachliteratur ist zu einer unübersehbaren Flut angewachsen; ⟨subst.:⟩ das unvorstellbar rasche Anwachsen der ... Produktivität (Fraenkel, Staat 189).

An|wach|sung, die; -, -en (Rechtsspr.): *Vergrößerung eines [Erb]anteils bei Ausscheiden eines Mitberechtigten; Akkreszens.*

an|wa|ckeln ⟨sw. V.; ist⟩ (ugs.): *sich langsam [unbeholfen] nähern* ⟨meist im 2. Part. in Verbindung mit »kommen«:⟩ eine Ente kam angewackelt.

an|wäh|len ⟨sw. V.; hat⟩: **a)** *durch Wählen der entsprechenden Nummer eine telefonische Verbindung herzustellen versuchen:* jmdn., eine Nummer, einen Anschluss a.; London hat direkt angewählt werden; **b)** *durch ein [Funk]signal rufen, mit jmdm., etw. in Verbindung treten:* die angeschlossenen Funkstellen wählt man durch Tastendruck an; **c)** (EDV) *(am Computer) ein zu bearbeitendes Programm aufrufen, aktivieren:* am Bildschirm ... Funktion a. (CCI 8, 1989, 22).

An|walt, der; -[e]s, Anwälte [mhd. anwalte = Bevollmächtigter, ahd. anawalto = Machthaber, zu ↑ walten, eigtl. = jmd., der über etw. Gewalt hat]: **1.** *Rechtsanwalt:* sich als A. niederlassen; ich habe mir einen A. genommen; Du hast Geldmittel genug, du kannst ... einen A. zuziehen (Fallada, Herr 207); sich vor Gericht durch seinen A. / von seinem A. vertreten lassen. **2.** *Verfechter einer Sache; Fürsprecher:* Anwälte der zwölf Millionen Flüchtlinge und Vertriebenen waren ... nur die christlichen Kirchen (Rhein. Merkur 2. 2. 85, 5); als A. einer guten Sache auftreten.

An|wäl|tin, die; -, -nen: w. Form zu ↑ Anwalt.

an|walt|lich ⟨Adj.⟩: *die Tätigkeit als Rechtsanwalt betreffend:* -e Aufgaben; eine -e Tätigkeit ausüben; -e Unterhändler.

An|walts|bü|ro, das: **1.** *Geschäftsräume eines Anwalts (1).* **2.** *aus mehreren Anwälten (1) bestehende Firma.*

An|walt|schaft, die; -, -en ⟨Pl. selten⟩: **1.** *Gesamtheit der Anwälte (1) u. Anwältinnen:* die A. unserer Stadt. **2.** ⟨o. Pl.⟩ *Amt des Anwalts (1):* das Prinzip der freien A. **3.** ⟨o. Pl.⟩ *Vertretung einer Sache als Anwalt (1, 2):* die A. in einem Prozess [für jmdn. od. etw.] übernehmen.

an|walt|schaft|lich ⟨Adj.⟩: *von einem Anwalt (1) ausgehend, ihn betreffend:* jmds. -e Vertretung übernehmen.

An|walts|ge|bühr, die ⟨meist Pl.⟩: *Gebühr, die ein Mandant seinem Anwalt zu zahlen hat.*

An|walts|ge|hil|fe, der: *Rechtsanwalt[s]gehilfe.*

An|walts|ge|hil|fin, die: w. Form zu ↑ Anwaltsgehilfe.

An|walts|kam|mer, die (Rechtsspr.): *Berufsorganisation der Rechtsanwälte u. Rechtsanwältinnen.*

An|walts|kanz|lei, die: *Anwaltsbüro.*

An|walts|pro|zess, der (Rechtsspr.): *gerichtliches Verfahren, für das Anwaltszwang besteht.*

An|walts|zwang, der ⟨o. Pl.⟩ (Rechtsspr.): *Notwendigkeit, sich in einem gerichtlichen Verfahren durch einen zugelassenen Rechtsanwalt vertreten zu lassen.*

an|wal|zen ⟨sw. V.; ist⟩ (salopp): *behäbig herankommen;* ⟨meist im 2. Part. + kommen:⟩ die Nachbarin kommt ja schon wieder angewalzt.

an|wan|deln ⟨sw. V.; hat⟩ (geh.): *erfassen, befallen, überkommen:* eine Stimmung, ein Gefühl, eine Laune wandelte sie an; Dergleichen Zustände hatten mich in früheren Zeiten öfters angewandelt (Werfel, Himmel 20).

An|wan|de|lung, (häufiger:) **An|wand|lung,** die; -, -en: *plötzlich auftretende Stimmung, Laune:* eine A. von Furcht überkam, befiel ihn; Solch eine A. von Pessimismus war ... selten bei ihr (Danella, Hotel 49); sonderbare -en haben *(sich merkwürdig benehmen);* einer plötzlichen A. folgend, aus einer A. heraus ...; in einer A. von Großzügigkeit; Wo andere Interpreten sich erst a. *(langsam einspielen)* müssen, steigt er gleich ... in die Materie (NZZ 3. 5. 83, 5).

an|wan|zen, sich ⟨sw. V.; hat⟩ (salopp): *sich einschmeicheln, aufdrängen:* er wollte sich beim Chef a.

an|wär|men ⟨sw. V.; hat⟩: *ein wenig wärmen:* die Suppe, die Milch a.; Da ... die Betten bei feuchtem Wetter klamm wurden, ließ sie sie mit kupfernen Wärmflaschen a. (Brückner, Quints 60); bei Hammelfleisch ist es ratsam, von angewärmten Tellern zu essen (Grass, Butt 10); Ü Gleich zu Beginn des Konzerts setzt Eric Clapton die Akzente. Wo andere Interpreten sich erst a. *(langsam einspielen)* müssen, steigt er gleich ... in die Materie (NZZ 3. 5. 83, 5).

An|wär|ter, der; -s, - [zu mhd. an(e)warten, ahd. anawartēn = erwarten]: *aussichtsreicher Bewerber, Kandidat für etw.:* die A. auf Mitgliedschaft in einem der traditionellen Fastnachtsbataillone (Zuckmayer, Fastnachtsbeichte 5); die sichersten A. auf olympische Medaillen (Maegerlein, Piste 120); die ... Söhne, die natürlichen A. für den Waldarbeiterstand, wandern in die Stadt ab (Mantel, Wald 110); A. auf einen Posten sein.

An|wär|te|rin, die; -, -nen: w. Form zu ↑ Anwärter.

An|wart|schaft, die; -, -en ⟨Pl. selten⟩: *Anspruch, begründete Aussicht auf etw.:* die A. auf ein Amt, eine Stellung haben, anmelden; die Nervenprobe für den ..., der ... eine A. für einen Platz zwischen 3 und 5 oder 8 und 10 geltend machen konnte (Maegerlein, Triumph 24).

an|wat|scheln ⟨sw. V.; ist⟩ (salopp): *sich watschelnd nähern;* gemächlich watschelte er an ⟨meist im 2. Part. in Verbindung mit »kommen«:⟩ eine Ente, eine dicke alte Frau kam angewatschelt.

an|we|hen ⟨sw. V.⟩: **1.** (geh.) *gegen jmdn. wehen* ⟨hat⟩: Die Sonne schien ... warm, aber ein kühler Hauch wehte sie plötzlich aus der Tiefe des Waldes an (Wiechert, Jeromin-Kinder 190); Ü ein Schauer wehte mich an; Aus Schluchten ... wehte einen Tod an (Feuchtwanger, Herzogin 182). **2. a)** *durch Wehen anhäufen* ⟨hat⟩: der Wind hat viel Schnee, Sand, viele Blätter angeweht; **b)** *sich durch Wehen anhäufen* ⟨ist⟩: hier weht immer viel Sand an.

an|wei|sen ⟨st. V.; hat⟩: **1.** *zuweisen, zuteilen:* man wies mir eine Arbeit an;

jmdm. ein Quartier, ein Zimmer, einen Stuhl, einen Tisch im Restaurant a.; Der Kellner wies mir auf Englisch einen Platz an (Koeppen, Rußland 80). **2.** *beauftragen, jmdm. etw. befehlen:* ich habe ihn angewiesen, die Sache sofort zu erledigen; sie ist angewiesen, uns sofort zu verständigen; Eine Frau, wohl sie seine, erschien, ... und er wies sie herrisch an, für das Frühstück zu sorgen (Heym, Schwarzenberg 154). **3.** *anleiten:* den Lehrling [bei der Arbeit] a. **4. a)** *die Auszahlung veranlassen:* das Gehalt, ein Honorar a.; **b)** *als Postsendung o. Ä. überweisen:* ich habe [ihm] den Betrag durch die Post angewiesen.

An|wei|sung, die; -, -en: **1.** *das Anweisen* (1). **2.** *Anordnung, Befehl:* eine A. befolgen; wir haben strikte A. weiterzuarbeiten; auf ausdrückliche A. des Ministeriums, der Vorstände, von Herrn Meyer; wir dürften auf keinen Fall trecken ohne die ausdrückliche A. durch die Kreisleitung (Normann, Tagebuch 10); eine A. von oben *(von einer übergeordneten Stelle);* **3.** *[gedruckte] Anleitung:* eine A. ist dem Gerät beigefügt. **4. a)** *Überweisung:* um A. des Geldes auf ein Konto bitten; **b)** *Anordnung zur Auszahlung:* die A. des Gehalts erfolgt demnächst; **c)** (Bankw.) *Bankanweisung o. Ä., für die zur Überweisung od. Auszahlung eines Betrages ermächtigt:* eine A. auf/über einen Betrag ausstellen, ausschreiben; Hier haben Sie eine A. auf die Kasse. Lassen Sie sich das Geld geben (Fallada, Blechnapf 180); Abk.: Anw.

an|wend|bar ⟨Adj.⟩: *zur Anwendung geeignet:* eine -e Methode finden; hörte das ... Gewaltenteilungsschema auf, ein unmittelbar -es Vorbild für das Verfassungsrecht und eine Maxime der aktuellen Verfassungspolitik zu sein (Fraenkel, Staat 122); die Theorie erwies sich als nur bedingt auf die Praxis/ in der Praxis a.; Beide Bestimmungen sind auf die ... Sprachkritik ... a. (Heringer, Holzfeuer 217); dass ... die Theorie ... a. gemacht worden ist (Fraenkel, Staat 183).

An|wend|bar|keit, die; -: *das Anwendbarsein.*

an|wen|den ⟨unr. V.; hat⟩: **1.** *gebrauchen, verwenden; mit etw. arbeiten (um etw. zu erreichen):* eine Technik, ein [Heil]mittel richtig a.; Sie können ihren alten Trick immer wieder a. (Dönhoff, Ära 46); eine List, Gewalt a.; wir haben viel Sorgfalt, viel Mühe auf die Sache angewandt/(seltener:) angewendet; Je weniger Kraft man dazu anwandte, umso besser (Remarque, Triomphe 50); ein schönes Verfahren, aber leider für Zebras und Gnus nicht anzuwenden (Grzimek, Serengeti 114). **2.** *auf etw. beziehen, übertragen:* einen Paragraphen auf einen Fall a. ♦ **3.** *Mühe, Fleiß aufbringen, aufwenden; sich anstrengen:* Die Jungfrau hatte auch a. wollen nach Kräften, um auch schön zu sein (Gotthelf, Spinne 15).

An|wen|der, der; -s, -: *jmd., der etw. (bes. ein Programm* 4*) anwendet, verwendet:* Fachausstellung ... Treffpunkt der Anbieter und der A. (MM 1. 10. 86, 17).

an|wen|der|freund|lich ⟨Adj.⟩: *für den Anwender angenehm, praktisch (in der Handhabung):* Die anfallende Flut an Daten und Informationen wirft die Frage nach einer einfachen und -en Bedienung auf (CCI 2, 1997, 17).

An|wen|de|rin, die; -, -nen: w. Form zu ↑ Anwender.

An|wen|der|pro|gramm, das (EDV): *Programm* (4), *das es dem Anwender ermöglicht, am Computer spezielle Aufgaben (z. B. Textverarbeitung, Tabellenkalkulation, Erstellung einer Datenbank) durchzuführen;* Anwendungsprogramm.

An|wen|dung, die; -, -en: **1. a)** *das Anwenden* (1): die A. eines Verfahrens; wir ... haben ja feierlich auf jede A. von Gewalt verzichtet (Dönhoff, Ära 150); etw. in/zur A. bringen (Papierdt.; anwenden); zur A. kommen/gelangen/A. finden (Papierdt.; angewendet werden). **b)** *das In-Beziehung-Setzen:* die A. einer Bestimmung auf einen Fall; **2.** (Med.) *therapeutische, bes. hydrotherapeutische Maßnahme [im Rahmen einer Kur]:* -en haben, bekommen, nehmen. **3.** (EDV) Anwenderprogramm.

An|wen|dungs|be|reich, der: *Bereich, in dem etw. Anwendung findet:* der A. eines Heilmittels.

an|wen|dungs|be|reit ⟨Adj.⟩: *bereit für eine Anwendung* (1).

An|wen|dungs|ge|biet, das: *Anwendungsbereich.*

An|wen|dungs|mög|lich|keit, die: *Möglichkeit der Anwendung.*

an|wen|dungs|ori|en|tiert ⟨Adj.⟩: *praxisbezogen:* -es Denken; eine -e Technologie.

An|wen|dungs|pro|gramm, das: *Anwenderprogramm.*

An|wen|dungs|soft|ware, die (EDV): *Software, die ein od. mehrere Anwenderprogramme enthält.*

An|wen|dungs|tech|nik, die: *praktische Anwendung von theoretisch entwickelten Mitteln u. Verfahren:* Erfahrungen in der A. sammeln.

an|wen|dungs|tech|nisch ⟨Adj.⟩: *die Anwendungstechnik betreffend:* -e Verfahren; ein Material a. erproben.

An|wen|dungs|vor|schrift, die: *Vorschrift, nach der etw. angewendet wird:* die A. für ein Medikament durchlesen.

an|wer|ben ⟨st. V.; hat⟩: *durch Werben für eine bestimmte Tätigkeit zu gewinnen suchen;* Soldaten, Arbeitskräfte, Freiwillige a.; hatte man ... die Treidelknechte für die Saison angeworben (Koeppen, Rußland 117); sich [für einen/zu einem Dienst] a. lassen; Sie (= der A. einer Armee) bestand ... aus angeworbenen Söldnern (Thieß, Reich 503).

An|wer|be|stopp, der: *Verfügung, durch die das Anwerben von ausländischen Arbeitskräften (aus Ländern, die nicht der EG angehören) gestoppt wird.*

An|wer|bung, die; -, -en: *das Anwerben:* die A. von ausländischen Arbeitskräften.

an|wer|fen ⟨st. V.; hat⟩: **1.** *etw. an etw., jmdn. werfen:* zum Verputzen wird Kalk [an die Wand] angeworfen; Ein Schwarzer steht mit nacktem Oberkörper da, nachdem ihm ein Landsmann heißes Wasser angeworfen hat (NZZ 14. 4. 85, 23). **2. a)** *in Gang setzen:* den Motor, den Wagen, den Propeller a.; **b)** (ugs. scherzh.) *anschalten, einschalten:* das Radio, den Fernseher a.; Dann hörte er, wie sie den Staubsauger anwarf (Fels, Unding 238); Ich schoss in die Bude, warf den Recorder an (Plenzdorf, Leiden 51). **3.** (bes. Hand-, Korbball) *den Ball ins Spiel bringen.*

An|wert, der; -[e]s (bayr., österr.): *Wertschätzung:* A. finden, A. haben *(geschätzt werden);* Der A., den das Eiland genießt, erklärt sich ... vor allem aus seiner völligen Steuerfreiheit (Wochenpresse 46, 1983, 62).

An|we|sen, das; -s, - [eigtl. subst. mhd. anewesen, ↑ anwesend]: *[bebautes] größeres Grundstück:* ein einsames, ländliches A.; er besitzt ein großes A.

an|we|send ⟨Adj.⟩ [zu mhd. an(e)wesen, ahd. anawesen, LÜ von lat. adesse = dabei sein, da sein]: *aus einem bestimmten Anlass an einem Ort befindlich, zugegen:* alle -en Personen; bei einer Sitzung a. sein; Ü nicht ganz a. sein (ugs. scherzh.; *geistesabwesend sein, nicht aufpassen).*

An|we|sen|de, der u. die; -n, -n ⟨Dekl. ↑ Abgeordnete⟩: *jmd., der anwesend ist:* verehrte A.!; alle -en erhoben sich; A. ausgenommen.

An|we|sen|heit, die; -: **1.** *das Zugegensein:* jmds. A. feststellen, vermissen; bei, während meiner A.; in A. sämtlicher Mitglieder; jmdn. mit seiner A. beglücken (meist iron.; *jmdn. stören, jmdm. lästig fallen).* **2.** *das Vorhandensein:* die A. von Metall feststellen.

An|we|sen|heits|kon|trol|le, die: *Kontrolle der Anwesenheit* (1) *am Arbeitsplatz o. Ä.*

An|we|sen|heits|lis|te, die: *Liste, in der die Anwesenheit* (1) *von Personen verzeichnet ist.*

an|wet|tern ⟨sw. V.; hat⟩ (selten): *anherrschen, zornig anfahren.*

an|wet|zen ⟨sw. V.; ist⟩ (salopp): *sich eilig nähern:* atemlos wetzte er an; ⟨meist im 2. Part. in Verbindung mit »kommen«:⟩ da kam meine Freundin angewetzt.

an|wi|dern ⟨sw. V.; hat⟩ (abwertend): *jmdm. zuwider sein; jmds. Ekel erregen:* er, sein Anblick widert mich an; sich von etw. angewidert fühlen; Rühr mich nicht an! ... Heute widerst du mich an (Konsalik, Promenadendeck 244).

an|win|keln ⟨sw. V.; hat⟩: *ein wenig winkeln, zu einem Winkel beugen; biegen:* die Arme a.; hat der ... Schläfer ... das Bein im Knie angewinkelt (Dunkel, Körpersprache 118); leicht angewinkelte Ellbogen.

an|wim|seln ⟨sw. V.; hat⟩: *winselnde Laute gegen jmdn. ausstoßen:* der Hund winselte seinen Herrn an; Ü er winselte mich um Hilfe an (abwertend; *er flehte mich unterwürfig an, ihm zu helfen).*

an|woh|nen ⟨sw. V.; hat⟩ (geh. selten): **1.** *in unmittelbarer Nähe von etw. wohnen:* einem Fluss a. **2.** *beiwohnen, an etw. teilnehmen:* er wohnte auf seiner mit rotem Stoff ausgeschlagenen Ehrentribüne

Anwohner

den Pferderennen ... an (Th. Mann, Hoheit 111).

An|woh|ner, der; -s, -: *jmd., der in unmittelbarer Nähe von etw. wohnt; Anlieger:* die A. einer Straße; Die A. der zentralen Plätze genießen das Schauspiel der Ninotprozession aus sicherer Entfernung (a & r 2, 1997, 89).

An|woh|ne|rin, die; -, -nen: w. Form zu ↑Anwohner.

An|woh|ner|schaft, die; -: *Gesamtheit der Anwohner.*

An|wuchs, der; -es: **1.** (selten) *das Anwachsen* (1 b). **2.** (Forstw.) *junger Wald.*

An|wurf, der; -[e]s, Anwürfe: **1.** ⟨o. Pl.⟩ (bes. Hand-, Korbball) *das Anwerfen* (3), *Anspiel in der Mitte des Spielfeldes:* den A. ausführen; A. haben. **2.** (veraltend) *das Angeworfene* (1); *Verputz.* **3.** *Vorwurf, unbegründete Anschuldigung:* scharfe Anwürfe gegen jmdn. erheben, richten; ich verbitte mir Ihre Anwürfe; Pelle nahm die Anwürfe gelassen hin (Ossowski, Bewährung 39).

an|wur|zeln ⟨sw. V.; ist⟩: *Wurzeln schlagen:* die Pflanzen sind gut angewurzelt; *** wie angewurzelt [da]stehen, stehen bleiben** *(ohne sich zu bewegen dastehen, stehen bleiben):* Er blieb stehen wie angewurzelt, während sie davonschlenderten (Kronauer, Bogenschütze 107).

An|zahl, die; -, (Fachspr.:) -en: **a)** *eine gewisse Zahl von Personen, gewisse Menge von Sachen:* eine unbedeutende, eine stattliche A.; eine ganze A. Kinder/von Kindern kam/(seltener:) kamen uns entgegen; eine A. leer stehender/(seltener:) leer stehende Häuser; Eine A. von Interessenten musste abgelehnt werden (Wolff [Übers.], Bisexualität 89); **b)** *[Gesamt]zahl:* die A. der Teilnehmer war nicht ausreichend; während ... die A. der Konsumenten alljährlich um 15 Millionen zunimmt (Dönhoff, Ära 227); weiche Bewunderung ... ein Physikprofessor wegen seiner Fähigkeit genoss, im Handumdrehen die A. von Ziegeln einer unverputzten Mauer anzugeben (Menzel, Herren 16); die Mannschaften waren in ungleicher A. angetreten.

an|zah|len ⟨sw. V.; hat⟩: **a)** *als ersten Teilbetrag zahlen:* die Hälfte des Preises a.; was, wie viel hat sie angezahlt?; **b)** *den ersten Teilbetrag für etw. zahlen:* die Waschmaschine a.

an|zäh|len ⟨sw. V.; hat⟩ (Sport): *einen Boxer bei Kampfunfähigkeit auszuzählen beginnen:* der Boxer wurde bis acht angezählt; Stengel verlor nach Punkten und wurde ... in der dritten Runde kurz angezählt (MM 29. 11. 67, 17); Ü Blüm, der sich gerne mit einem Boxer vergleicht ..., wirkt schwer angezählt, als er vor die Dortmunder Delegierten tritt (Woche 14. 11. 97, 3).

An|zah|lung, die; -, -en: *Zahlung des ersten Teilbetrages einer Kaufsumme:* eine A. leisten, machen; etwas gegen eine kleine A., ohne A. kaufen, bekommen.

An|zah|lungs|sum|me, die; -: *als Anzahlung gezahlte Summe.*

an|zap|fen ⟨sw. V.; hat⟩: **a)** *eine Flüssigkeit zapfend entnehmen;* ein Fass a.; Bäume zur Harzgewinnung a.; der Wirt hat frisch angezapft *(angestochen);* Zikaden zapfen einen Schachtelhalm an, um seinen süßen Saft zu schlürfen (Gregor-Dellin, Traumbuch 79); **b)** (ugs.) *sich durch bestimmte technische Manipulationen die Möglichkeit zum heimlichen Abhören einer Telefonverbindung o. Ä. verschaffen:* eine Leitung, einen Draht a.; Wahrscheinlich hat man mein Telefon angezapft und lässt mich ... beobachten (Springer, Was 174); **c)** (ugs.) *von jmdm. Geld leihen; jmdn. dreist um Geld angehen.*

An|zap|fung, die; -, -en: *das Anzapfen* (a, b).

an|zau|bern ⟨sw. V.; hat⟩: **a)** *durch Zaubern verschaffen:* das kann ich dir nicht a.; Ja, wenn er die Geige hier hätte, dem langweiligen Gesinge den gewissen Pfiff anzuzaubern (Bobrowski, Mühle 178); **b)** *durch einen bösen Zauber über jmdn. bringen:* jmdm. eine Krankheit a.

An|zei|chen, das; -s, -: **a)** *Vorzeichen:* A. eines Gewitters; die A. für eine Krise mehren sich; die ersten A. *(Symptome)* einer Krankheit; wenn nicht alle A. trügen, verlässt sie bald unsere Abteilung. **b)** *Zeichen, das etw. erkennen lässt; Merkmal:* A. von Reue erkennen lassen; bei dem geringsten A. des Widerstandes sollten die Ausgänge besetzt werden; Erste A. von Renitenz sind bereits jetzt nicht zu übersehen (Becker, Tage 117); An allerhand A. konnte ich bald bemerken, dass den Lehrern ... das Geheimnis meiner Geburt bekannt war (Roth, Beichte 23); Mehrere A. deuteten schon vor der Tat darauf hin (Kant, Impressum 83).

an|zeich|nen ⟨sw. V.; hat⟩: **a)** *etw. an eine senkrechte Fläche zeichnen:* etw. [an die Wandtafel] a.; **b)** *durch ein Zeichen kenntlich machen, kennzeichnen:* die Stelle in einem Buch a.

An|zei|ge, die; -, -n: **1.** *Meldung einer strafbaren Handlung an eine Behörde:* bei der Polizei ist eine anonyme A. eingegangen; eine A. verfolgen, niederschlagen; A. gegen jmdn. [wegen einer Sache] erstatten *(jmdn. anzeigen);* Mehlig erstattet A. gegen unbekannt wegen Verbreitung des gegen ihn gerichteten Zeitungsartikels (Chotjewitz, Friede 159); er ... wird eine A. an den Hals kriegen (Ossowski, Flatter 107); jmdm. mit einer A. drohen; jmdn., etw. zur A. bringen (Papierdt.; *anzeigen).* **2. a)** *gedruckte Bekanntgabe eines privaten Ereignisses:* wir haben A. ihrer Vermählung erhalten; der Onkel war tot. Eine schwarz geränderte A. hatte sein Ableben mitgeteilt (Hauptmann, Schuß 68); **b)** *in einer Zeitung, Zeitschrift o. Ä. veröffentlichte private, geschäftliche oder amtliche Mitteilung; Inserat; Annonce:* eine A. aufgeben, in die Zeitung setzen, schalten; sich auf eine A. [hin] melden. **3. a)** *das Anzeigen* (3), *ablesbarer Stand:* die A. eines Messinstruments; **b)** *Anlage, die etw. anzeigt:* die elektrische A. ist ausgefallen. ◆ **4.** *Anzeichen, Merkmal:* Bei den ersten -n des Erdbebens flüchtete sie dahin (Goethe, Italien. Reise 25. 5. 1787 [Neapel]).

An|zei|ge|blatt: ↑Anzeigenblatt.

An|zei|ge|ge|rät, das: *Gerät, das etw. anzeigt* (3).

an|zei|gen ⟨sw. V.; hat⟩: **1.** *Strafanzeige erstatten:* einen Dieb, einen Diebstahl [bei der Polizei] a.; den rücksichtslosen Autofahrer a. **2. a)** *durch eine Anzeige bekannt geben:* die Geburt eines Kindes a.; der Verlag hat die neuen Bücher angezeigt; **b)** *wissen lassen, mitteilen, ankündigen:* der Trainer zeigte der Mannschaft die restliche Spielzeit an; sie hat uns ihren Besuch angezeigt (geh.; *sich zu einem Besuch angemeldet).* **3. a)** *den Stand von etw. angeben, zeigen:* Auf der anderen Seite des Platzes zeigte die Uhr vor dem Optikergeschäft wenige Minuten nach acht an (Grass, Hundejahre 264); das Barometer hatte schönes Wetter angezeigt; der Zähler zeigt den Stromverbrauch an; außerdem haben wir Neumond, wie meine Armbanduhr und der Himmel richtig anzeigen (Grzimek, Serengeti 156); **b)** *erkennen lassen:* Das heutige Ereignis zeigte geheime Kräfte an, die er in seiner eitlen Überheblichkeit niemals hatte ernst nehmen wollen (Apitz, Wölfe 294). ◆ **4.** ⟨a. + sich⟩ *sich ankündigen:* Nicht vergebens zeigt sich's mir in Träumen an und ängstlichen Gesichten (Schiller, Jungfrau, Prolog 2).

An|zei|gen|blatt, das: *überwiegend aus Anzeigen* (2 b) *bestehende kleine Zeitung.*

An|zei|gen|ex|pe|di|ti|on, die: *Unternehmen, das Aufträge für Anzeigen* (2 b) *annimmt u. weiterleitet.*

An|zei|gen|kam|pa|gne, die: *Kampagne* (1) *mit Anzeigen* (2 b): die bösartige A., die Butter- und Margarinehersteller gegeneinander starteten (DM 1, 1966, 15).

An|zei|gen|ring, der: *Zusammenschluss lokaler Zeitungen zur gemeinsamen Organisation des Anzeigengeschäfts.*

An|zei|gen|teil, der: *Teil der Zeitung, der die Anzeigen* (2 b) *enthält.*

An|zei|gen|ver|mitt|lung, die: *Anzeigenexpedition.*

An|zei|gen|wer|bung, die: *Werbung durch Anzeigen* (2 b).

An|zei|ge|pflicht, die ⟨o. Pl.⟩: *Meldepflicht.*

an|zei|ge|pflich|tig ⟨Adj.⟩: *meldepflichtig.*

An|zei|ger, der; -s, -: **1.** *Gerät, das etw. anzeigt:* der A. für den Ölstand ist defekt. **2.** *kleinere Zeitung, Zeitschrift* (oft im Titel von Zeitungen): im lokalen, im literarischen A. blättern.

An|zei|ge|ta|fel, die (Sport): *[elektronische] Einrichtung in Stadien u. Sporthallen zur Angabe von Ergebnissen, Mannschaftsaufstellungen u. Ä.*

an|zel|ten ⟨sw. V.; hat⟩: *zum ersten Mal in der Saison gemeinschaftlich zelten, campen:* heute wird angezeltet; morgen ist Anzelten. ⟨subst.:⟩

an|zeps ⟨Adj.⟩ [lat. anceps = schwankend, ungewiss, eigtl. = doppelt, zweiseitig] (antike Metrik): *(von der Schlusssilbe eines Verses) lang od. kurz.*

an|zes|tral ⟨Adj.⟩ [engl. ancestral < frz. ancestral < afrz. ancestre < (spät)lat. antecessor = Vorgänger, zu: antecedere

(2. Part.: antecessum), ↑antezedieren]: **a)** *altertümlich;* **b)** *stammesgeschichtlich.*

An|zet|te|ler, Anzettler, der; -s, -: *jmd., der etw. anzettelt.*

An|zet|te|le|rin, die; -, -nen: w. Form zu ↑Anzetteler.

an|zet|teln ⟨sw. V.; hat⟩ [zu ↑¹Zettel, eigtl. = durch das Knüpfen der Längsfäden mit dem Weben beginnen] (abwertend): *(etw. Negatives) [heimlich] vorbereiten u. in die Wege leiten:* einen Streit, eine Schlägerei a.; Einen Aufstand a. hat ... nichts mit Intelligenz zu tun (Innerhofer, Schattseite 230); Kurden ..., die seit zwei Jahren versuchen, einen Guerillakrieg gegen die Türkei anzuzetteln (NZZ 28. 8. 86, 3); Lea habe diese ... Geschichte doch nur angezettelt, um diesem jungen Mann zu imponieren (Ossowski, Liebe ist 353).

An|zet|te|lung, Anzettlung, die; -, -en: *das Anzetteln.*

An|zett|ler: ↑Anzetteler.

An|zett|le|rin, die; -, -nen: w. Form zu ↑Anzettler.

An|zett|lung: ↑Anzettelung.

an|zie|hen ⟨unr. V.⟩: **1.** ⟨hat⟩ **a)** *an sich ziehen, heranziehen:* die Beine, die Knie a.; Lutz hockte auf der Pritsche, hatte die Beine angezogen (Loest, Pistole 88); **b)** *(bes. von Lebensmitteln) etw. aus der Luft der Umgebung, in der es sich befindet, aufnehmen:* Salz zieht die Feuchtigkeit an; Lebensmittel ziehen leicht an *(nehmen schnell den Geschmack, den Geruch von etw. an);* **c)** *in seinen Bann ziehen, anlocken:* sich von jmdm. angezogen fühlen; die Ausstellung zog viele Besucher an; in jenem Italien, das deutschen Dichter immer angezogen hat (Gregor-Dellin, Traumbuch 64); Merkwürdigerweise scheinen alle Arten von Katastrophen geradezu magisch anzuziehen (Perrin, Frauen 15); Dann geht er, angezogen von dem Blick des Fremden, durch die Reihen der ... Schüler (Thieß, Legende 105). **2.** ⟨hat⟩ **a)** *straffer spannen:* die Zügel a.; **b)** *festziehen:* eine Schraube a.; er hatte vergessen, die Handbremse anzuziehen; Ü der Staat hat die Steuerschraube angezogen *(höhere Steuern erhoben).* **3.** (landsch.) *bis auf einen Spalt schließen* ⟨hat⟩: die Tür leise a. **4. a)** *sich in Bewegung setzen* ⟨hat⟩: die Pferde, durch Schnalzen ermutigt, zogen feurig an (Maass, Gouffé 217); der Zug zog langsam an; **b)** *(veraltet) anrücken, heranziehen* ⟨ist⟩: das feindliche Heer zog an; ⟨häufig im 2. Part. in Verbindung mit »kommen«:⟩ wenn die Herden langsam angezogen kommen (Grzimek, Serengeti 224); **c)** (Brettspiele) *den ersten Zug machen, das Spiel eröffnen* ⟨hat⟩: Weiß zieht an. **5.** ⟨hat⟩ **a)** *jmdm., sich Kleidung anlegen* ⟨hat⟩: sie ist noch nicht angezogen *(ist [noch] nicht fertig angekleidet, ist [noch] im Schlafanzug o. Ä.);* Er ist halb angezogen und hat einen Schlafrock darüber (Musil, Mann 1430); Er stand auf und begann sich anzuziehen (Remarque, Obelisk 138); **b)** *(ein Kleidungsstück) anlegen:* den Mantel, die Hosen, die Schuhe a.; die Mütze, den Hut a. (landsch.; *aufsetzen*);

nichts anzuziehen haben; sich, dem Kind frische Wäsche a.; **c)** *jmdn., sich in bestimmter Weise kleiden:* sich, das Kind warm, dick, zu dünn a.; sie ist sportlich, elegant, lässig angezogen. **6.** (Börsenw., Kaufmannsspr.) *[im Preis] steigen* ⟨hat⟩: die Aktien ziehen an; Baumwolle hat angezogen; Das Fleisch ware zu lange eingelagert worden, weil man warten wollte, bis die Preise wieder anziehen (Wiener 11, 1983, 113). **7.** *[das Tempo vom Stand an] in bestimmter Weise beschleunigen* ⟨hat⟩: der Wagen zieht gut an; der Sprinter zog vom Start weg energisch an; **8.** (veraltend) *zitieren* ⟨hat⟩: einen Autor, eine Stelle a.

an|zie|hend ⟨Adj.⟩: *reizvoll, gewinnend, sympathisch; attraktiv:* ein -es Äußeres; Xaver fand sie noch immer schön. Für ihn war sie a. (M. Walser, Seelenarbeit 189); a. wirken.

An|zieh|pup|pe, die: *Puppe, für die es verschiedene Kleidungsstücke gibt, die man an- u. ausziehen kann.*

An|zieh|sa|chen ⟨Pl.⟩ (ugs.): *Kleidungsstücke:* schöne A. und gemeinsame Ausflüge am Wochenende (Christiane, Zoo 58).

An|zie|hung, die; -, -en: **1.** ⟨o. Pl.⟩ *das Anziehen* (1 c), *Anziehungskraft* (2): eine starke A. auf jmdn. ausüben; Die Landschaft ... ist ohne A. für einen Mann, der die Schweizer Alpenwelt gesehen hat (Fries, Weg 115); Es war ein Verhältnis (= zwischen Thomas u. Heinrich Mann), das sich zwischen A. und Abstoßung bewegte (Katia Mann, Memoiren 35). **2.** *Verlockung, Reiz:* den -en der Großstadt erliegen.

An|zie|hungs|kraft, die: **1.** (Physik) *magnetische Kraft, Schwerkraft:* die A. der Erde. **2.** ⟨o. Pl.⟩ *Vermögen, jmdn. in seinen Bann zu ziehen:* eine unwiderstehliche A. besitzen, auf jmdn. ausüben; Die makabre A., die bestimmte Brücken, Türme ... auf labile Menschen ausüben (Noack, Prozesse 156); Er war ein harmloser ... Junge mit einer ungemein starken erotischen A. (Ziegler, Konsequenz 35).

An|zie|hungs|punkt, der: *Ort, Einrichtung o. Ä., die viele Menschen anzieht, zu der sie sich hinbegeben:* das Schloss, der Park ist ein A. für die Besucher der Stadt; Heute ist ein Museum ein A. für die Fremden (Danella, Hotel 69).

an|zie|len ⟨sw. V.; hat⟩: *etw. zum Ziel haben, etw. anstreben:* man wird ... einen Sozialismus a., der mit weniger Not und Lüge und Zwang auskommt (Zwerenz, Kopf 151); das angezielte Ergebnis wurde nicht erreicht; Ü das Medikament zielt eine bestimmte Wirkung an.

an|zi|schen ⟨sw. V.⟩: **1.** *zischende Laute gegen jmdn. ausstoßen* ⟨hat⟩: der Schwan hat mich böse angezischt. **2.** (ugs.) *jmdn. heftig, böse anfahren* ⟨hat⟩: Er hat Paula angezischt: »Bist du wahnsinnig!« (Plenzdorf, Legende 65). **3.** (salopp) *sich schnell nähern* ⟨ist⟩: wütend zischte sie an; ⟨meist im 2. Part. in Verbindung mit »kommen«:⟩ er kam sofort angezischt.

an|zit|tern ⟨sw. V.; ist⟩ (salopp): *herankommen:* mit einiger Verspätung zitter-

ten sie an; ⟨meist im 2. Part. in Verbindung mit »kommen«:⟩ um vier Uhr kam er angezittert.

an|zo|ckeln ⟨sw. V.; ist⟩ (ugs.): *sich langsam nähern:* ohne Eile zockelte sie an; ⟨meist im 2. Part. in Verbindung mit »kommen«:⟩ ein Pferdegespann kam angezockelt; Kommt hier er einfach mit seinem Vauwehchen angezockelt (Degener, Heimsuchung 25).

an|zot|teln ⟨sw. V.; ist⟩ (ugs.): *sich zottelnd nähern:* mit schlurfenden Schritten zottelte er an; ⟨meist im 2. Part. in Verbindung mit »kommen«:⟩ eine Schar müder Kinder kam angezottelt.

An|zucht, die; -, Anzüchte: **1.** (Bergmannsspr.) *Abwassergraben.* **2.** ⟨o. Pl.⟩ *das Heranziehen* (2 a) *von etw.:* die A. von Pflanzen, Stauden; dafür ... Gehölze einige Jahre A. benötigt werden (Jagd 5, 1987, 131).

an|züch|ten ⟨sw. V.; hat⟩: *heranzüchten, die Anzucht* (2) *von etw. betreiben:* Pflanzen a.; Ü Haltungsschäden werden geradezu angezüchtet, sagen die Orthopäden (Wochenpresse 46, 1983, 52).

An|zucht|gar|ten, der: *Anlage, in der Pflanzen herangezogen* (2 a) *werden.*

an|zu|ckeln ⟨sw. V.; ist⟩ (ugs.): *anzockeln:* da kommt die Pferdebahn angezuckelt (Kempowski, Zeit 34).

An|zug, der; -[e]s, Anzüge [1: zu ↑anziehen (5); 2: zu ↑anziehen (7)]: **1.** *aus Hose u. Jacke [u. Weste (1) bestehendes Kleidungsstück (für Männer):* ein eleganter, abgeschabter, zweireihiger A.; der A. sitzt schlecht, passt nicht; einen A. von der Stange *(einen Konfektionsanzug)* kaufen; einen A. nach Maß anfertigen lassen; im dunklen A. erscheinen; Fritz im weißen A. und Panamahut am weißen Sandstrand (Plievier, Stalingrad 234); * **jmdn. aus dem A. stoßen/boxen** (salopp; *jmdn. verprügeln);* **aus dem A. fallen** (salopp; *stark abgemagert sein);* **aus dem A. fallen** (salopp; 1. *zu Boden fallen:* der kippt ja schon nach drei Bier aus dem A. 2. *sehr überrascht sein:* als ich hörte, dass sie schwanger sei, bin ich aus dem A. gekippt). **2.** *Beschleunigungsvermögen:* Er musste ... über eine Gangschaltung beraten, um einen schnelleren A. zu haben (Plenzdorf, Legende 294); das Auto ist schlecht im A. **3.** * **im A. sein** *(sich nähern, herankommen):* der Feind, ein Gewitter ist im A.; Gefahr ist im A. (droht); Ein schwerer Schnupfen schien im A. (Th. Mann, Zauberberg 232). **4.** *das Anziehen* (4 c). **5.** (schweiz.) *[Bett]bezug, Überzug.* **6.** (schweiz.) *Antrag im Parlament:* Der A. ... zur Einschränkung von einigen Parkmöglichkeiten ... soll stehen bleiben (Basler Zeitung 11. 5. 84, 35).

An|zug|ho|se, die: *zu einem Anzug* (1) *gehörende Hose.*

An|zug|ja|cke, die: *zu einem Anzug* (1) *gehörende Jacke:* Sie musste in die Taschen von -n greifen (Rolf Schneider, November 90).

an|züg|lich ⟨Adj.⟩ [zu spätmhd. anzuc = Beschuldigung]: **1.** *auf etw. Unangenehmes anspielend:* -e Fragen stellen; werde nur nicht a.!; er lächelte a. **2.** *zwei-*

Anzüglichkeit

deutig, anstößig: -e Witze erzählen; Sie lacht über einen ... -en Scherz (Brot und Salz 363). ♦ **3.** *anziehend:* ⟨subst.:⟩ Die kleine Mauer ..., die hohen Bäume ..., das hat alles so was Anzügliches (Goethe, Werther I, 12. Mai); Vieles von dem Anzüglichsten der Schönheit liegt ganz außer den Grenzen derselben (Lessing, Emilia Galotti I, 4).

An|züg|lich|keit, die; -, -en: **1.** ⟨o. Pl.⟩ *anzügliche Art.* **2.** *anzügliche Bemerkung, Äußerung:* seine Rede war voller -en.

An|zugs|kraft, die: *Kraft des Anzugs* (2).

An|zug|stoff, der: *Stoff für Anzüge* (1).

An|zugs|ver|mö|gen, das: *Anzug* (2): das A. eines Sportwagens, Motorrads.

an|zün|den ⟨sw. V.; hat⟩: **a)** *zum Brennen bringen:* ein Streichholz, das Gas, ein Feuer im Ofen a.; **b)** *anbrennen:* Wenn ein Gewitter kam, ... ging die Großmutter auf den finsteren Wohnungsgang hinaus, zündete einen geweihten Wachsstock an (Sommer, Und keiner 34); Ich pflege meine Pfeife mit einem Fidibus anzuzünden (Ott, Haie 97); ich zündete mir eine Zigarette an; **c)** *in Brand stecken:* ein Haus a.; Ich stand am Fenster und hasste ... meine Wohnung. Ich hätte sie a. wollen! (Frisch, Homo 87); Diese Schweine haben unsere Felder angezündet. Bananenpflanzungen verbrannt (Hilsenrath, Nazi 330).

An|zün|der, der; -s, -: *Gerät, mit dem man etw. (bes. Gas) anzündet.*

an|zwe|cken ⟨sw. V.; hat⟩ (landsch.): *mit Reißzwecken befestigen:* ein Plakat, ein Poster [an die Wand] a.

an|zwei|feln ⟨sw. V.; hat⟩: *nicht recht glauben, infrage stellen:* jmds. Glaubwürdigkeit, die Echtheit eines Bildes a.; Die geschichtliche Überlieferung, nach der man dem Holzschnitzer Riemenschneider ... beide Hände abgehackt habe, wird neuerdings angezweifelt (Kaschnitz, Wohin 138); eine nicht anzuzweifelnde Tatsache.

An|zwei|fe|lung, An|zweif|lung, die; -, -en: *das Anzweifeln.*

an|zwin|kern ⟨sw. V.; hat⟩: *zwinkernd ansehen:* jmdn. verschmitzt a.; Ü Die Wände der Bar zwinkerten ihn aus tausend Augen vertraulich an (Rehn, Nichts 87).

an|zwit|schern ⟨sw. V.⟩: **1.** (ugs.) *lässig, ohne Eile ankommen* ⟨ist⟩: nach etwa einer Stunde zwitscherte er wieder an; ⟨meist im 2. Part. in Verbindung mit »kommen«:⟩ endlich kamen sie angezwitschert. **2.** * *sich* ⟨Dativ⟩ *einen a.* (ugs.; *sich einen Schwips antrinken* ⟨hat⟩).

AO = Abgabenordnung; Anordnung.

ao., a. o. = außerordentlich.

Aö|de, der; -n, -n [griech. aoidós, zu: aeídein = (be)singen]: *Sänger u. Dichter der frühgriechischen Zeit (als Träger der mündlich überlieferten Dichtung).*

AOK [aˈoːkaː], die; -: Allgemeine Ortskrankenkasse.

Äo|li|en; -s: antike Landschaft an der Nordwestküste Kleinasiens.

äo|lisch ⟨Adj.⟩: **1.** *Äolien betreffend, von dort stammend:* -e Tonart (Musik; *auf dem Grundton a stehende Kirchenton-*

art); Äolische Inseln (Liparische Inseln). **2.** (Geol.) *durch Windeinwirkung entstanden.*

Äols|har|fe, die [nach dem griech. Windgott Äolus]: *harfenähnliches Instrument, dessen meist gleich gestimmte Saiten durch den Wind zum Erklingen gebracht werden; Windharfe:* Der Wind wie immer brachte die Pappelreihe zum Klingen ... Wie eine Ä., sagte Paasch (Fries, Weg 106).

Äo|lus (griech. Myth.): Gott des Windes.

Äon [auch: ˈɛːɔn], der; -s, -en ⟨meist Pl.⟩ [lat. aeon < griech. aiōn] (bildungsspr.): *Zeitalter, [unendlich] langer Zeitraum; Weltalter, Ewigkeit:* ein Ä. ist zu Ende, aber es hat mich kaum jemand begriffen (Jaeger, Freudenhaus 255); -en von Jahren rasen hier die gleiche Bahn um die Sonne (Musil, Mann 1530).

äo|nen|lang ⟨Adj.⟩ (bildungsspr.): *unendlich lang; ewig.*

äo|nen|weit ⟨Adj.⟩ (bildungsspr.): *unendlich weit, ausgedehnt:* ä.: Wasser, eine stille Fläche (Tucholsky, Werke II, 512).

a. o. Prof. = außerordentliche Professorin, außerordentlicher Professor.

Ao|rist, der; -[e]s, -e [spätlat. aoristos < griech. aóristos] (Sprachw.): *[erzählende] Zeitform der Vergangenheit, bes. im Griechischen.*

Aor|ta, die; -, ...ten [griech. aortḗ, zu aeírein = zusammen-, anbinden u. eigtl. = *das Anbinden,* (am Herzbeutel) *Angebundenes, Angehängtes* (Med.): *Hauptschlagader.*

Aor|ten|bo|gen, der (Med.): *bogenförmiger Abschnitt der Aorta.*

Aor|ten|druck, der (Med.): *Blutdruck in der Aorta.*

Aor|ten|klap|pe, die (Med.): *eine der drei taschenförmigen Klappen an der Mündung der Herzkammer in die Aorta.*

Aor|ti|tis, die; -, ...tiden (Med.): *Entzündung der Aorta.*

AP = [engl. eɪˈpiː; Associated Press]: US-amerikanische Nachrichtenagentur.

a. p. = anni praeteriti.

APA = Austria Presse Agentur.

Apa|che, der; -n, -n [2: frz. apache, nach ↑Apache (1)]: **1.** [auch: aˈpatʃə] *Angehöriger eines Indianerstammes im Südwesten der USA.* **2.** (veraltend) *Großstadtganove (bes. im Paris der Jahrhundertwende).*

Apa|chen|ball, der (veraltend): *Kostümfest, auf dem die Teilnehmer als Ganoven o. Ä. verkleidet erscheinen.*

Apal|li|ker, der; -s, - (Med.): *jmd., der an einem apallischen Syndrom leidet.*

apal|lisch ⟨Adj.⟩ [zu griech. a- = nicht, un- u. pállein = schwingen]: in der Fügung **-es Syndrom** (Med.; *Ausfallerscheinungen infolge doppelseitiger Ausschaltung der Großhirnrinde durch Unterbrechung der Verbindungen zwischen Großhirn u. Hirnstamm, z. B. durch eine unfallbedingte Blutung; Dezerebration).*

Apa|na|ge [apaˈnaːʒə], die; -, -n [frz. apanage, zu altfrz. apaner = ausstatten, zu lat. panis = Brot]: **a)** *Zuwendung in Form von Geld od. Grundbesitz an nicht regierende Mitglieder eines Fürstenhau-*

ses zur Sicherung des standesgemäßen Unterhalts: eine A. beziehen, erhalten; **b)** *regelmäßige finanzielle Zuwendung größeren Stils:* Eine wöchentliche A. von 2 000 Dollar (Abendpost 26./27. 3. 66, 16); Der Rat gab bekannt, dass der »ehrenhafte Herr Thierry Roussel« bereits zu Lebzeiten 47 Millionen Dollar von Christina Onassis erhalten habe sowie weitere 36 Milionen nach ihrem Tod aus dem Vermögen Athinas und dass er eine jährliche A. von 1,4 Millionen Dollar beziehe (SZ 11. 11. 96, 3).

Apa|na|ge|her|zog|tum, das (hist.): *aus einer Apanage entstandenes, in den Herrschaftsbefugnissen meist eingeschränktes Herzogtum.*

Apa|na|ge|sys|tem, das (hist.): *bestimmtes, vor allem in Frankreich bis ins 18. Jh. praktiziertes System der Verleihung von Apanagen.*

apa|na|gie|ren [...ˈʒiːrən] ⟨sw. V.; hat⟩ [frz. apanager]: *eine Apanage geben.*

apart ⟨Adj.⟩ [frz. à part = beiseite, besonders, eigenartig, aus: à = zu u. part = Seite < lat. pars, ↑Part]: **1. a)** *von eigenartigem Reiz; besonders reizvoll, geschmackvoll:* ein -es Kleid, Aussehen, Gesicht; Die Augen des Herzogs hingen voll Bewunderung an der -en Schauspielerin (Danella, Hotel 359); der Mantel ist a.; sie ist sehr a., kleidet sich a.; **b)** *ungewöhnlich, pikant:* Besonders a. ist sein Angebot, während der Sommerferien Szenen in und um Luzern auf Bestellung zu malen (Vaterland 26. 7. 84, 11); Um einmal ganz a. zu sein, schreibe ich dir aus einem kanadischen Feldlazarett (K. Mann, Wendepunkt 415). **2.** (Buchhandel) *einzeln, gesondert:* fehlende Einzelbände werden a. nachgeliefert. ♦ **3. a)** *eigen* (1): ⟨subst.:⟩ Hätt' ich mir nicht die Flamme vorbehalten, ich hätte nichts Aparts für mich (Goethe, Faust I, 1377 f.); **b)** ⟨Adv.⟩ *eigens:* Auch der Teil, der nicht uns gehört, der solle a. für uns erobert werden (Hebbel, Agnes Bernauer III, 6).

Apart|be|stel|lung, die (Buchhandel): *Einzelbestellung (eines Heftes od. Bandes aus einer Reihe).*

Apart|heid, die; - [afrikaans apartheid, eigtl. = Abgesondertheit, zu: apart = besonders, einzeln, vgl. apart]: (früher) *politisch-gesellschaftliche Doktrin, nach der die einzelnen Bevölkerungsgruppen in der Republik Südafrika voneinander getrennt werden und durch die eine angebliche Vorherrschaft der Weißen begründet wird:* in den Camps wird strikte A. eingehalten (Spiegel 20, 1985, 176).

Apart|heid|po|li|tik, die: *auf Apartheid beruhende Politik.*

Apart|heit, die; -: *das Apartsein; apartes Wesen.*

Apart|ho|tel, das [aus ↑Apartment u. ↑Hotel]: *Hotel, das Appartements vermietet, in denen die Gäste auch selbst wirtschaften können:* Realisierung eines ... am Lago di Lugano (NZZ 13. 10. 84, 24).

A|part|ment [əˈpɑːrtmənt, engl.: əˈpɑːtmənt], das; -s, -s [engl.-amerik. apartment = Wohnung, Etage < frz. appartement, ↑Appartement]: *Appartement* (b).

Apart|ment|haus, das: *modernes Mietshaus mit einzelnen Kleinwohnungen.*

Apa|thie, die; -, -n [lat. apathia < griech. apátheia, aus: a- = nicht, un- u. -patheia, ↑-pathie]: **a)** *Teilnahmslosigkeit; Zustand der Gleichgültigkeit gegenüber den Menschen und der Umwelt:* A. und Passivität entstehen oft, weil die Situation nicht änderbar erscheint (Klee, Pennbrüder 36); Die Nachricht muss gepfeffert sein ..., um gegen die A. der Überfütterten anzukommen (Gehlen, Zeitalter 61); aus seiner A. erwachen; in A. verfallen, versinken; **b)** (Med.) *krankhaft verminderte Ansprechbarkeit des Gefühls.*

apa|thisch ⟨Adj.⟩: *teilnahmslos; abgestumpft, gleichgültig:* ein -er Mensch; einen -en Eindruck machen; in -em Zustand; völlig a. sein, dasitzen; Sie klagte nicht, saß a. auf dem Bettrand (Jaeger, Freudenhaus 273).

apa|tho|gen ⟨Adj.⟩ [aus griech. a- = nicht, un- u. ↑pathogen] (Med.): *(z. B. von Bakterien im menschlichen Organismus) keine Krankheiten hervorrufend.*

Apa|tit [apa'ti:t, auch: ...'tɪt] der; -s, -e [zu griech. apátē = Täuschung (bei der Bestimmung sind mehrmals Irrtümer vorgekommen)]: *kristallisches Mineral.*

Apa|to|sau|ri|er, der; -s, -, **Apa|to|saurus,** der; -, ...rier [zu griech. apátē = Täuschung; man hielt die ersten Funde möglicherweise für Überreste einer anderen Saurierart]: *Pflanzen fressender Dinosaurier der Kreidezeit.*

Apa|tri|de, der; -n, -n die; -, -n [zu griech. apátris = ohne Vaterland, zu: patrís = väterlich, Vaterland, zu: patēr = Vater] (selten): *staatenloser Mann, staatenlose Frau:* Für ... de Gaulle war die Stadt ein gefährliches Nest von -n, vaterlandslosen Gesellen (Spiegel 20, 1978, 188).

Apen|nin, der; -s, (auch:) **Apen|ni|nen** ⟨Pl.⟩: *Gebirge in Italien.*

Apen|ni|nen|halb|in|sel, die; - (Geogr.): *Italien (als von den Apenninen durchzogene Halbinsel des Mittelmeers).*

aper ⟨Adj.⟩ [mhd. āber, ahd. ābar, eigtl. = nicht (Schnee) tragend, zu: beran, ↑gebären] (südd., österr., schweiz.): *schneefrei:* ein -er Südhang; -e Flecke wie um die Obstbäume im Frühjahr (Muschg, Gegenzauber 408); die Straßen sind a.

Aper|çu [aper'sy:], das; -s, -s [frz. aperçu = kurzer Überblick, subst. 2. Part. von: apercevoir = wahrnehmen, zu: percevoir = wahrnehmen < lat. percipere = (bildungsspr.): *geistreiche, prägnant formulierte Bemerkung:* ... leistet sich Marie Schlei ab und an ein schnoddriges A. über den und jenen (Spiegel 49, 1975, 41).

ape|ri|o|disch ⟨Adj.⟩ [aus griech. a- = nicht, un- u. ↑periodisch]: *nicht periodisch.*

Ape|ri|tif [auch: ...'ti:f] der; -s, -s, auch: -e [frz. apéritif, eigtl. = (Magen)öffner, zu lat. aperire = öffnen]: *appetitanregendes alkoholisches Getränk:* einen A. nehmen, servieren; Wir reichen gerade den A. (Danella, Hotel 60).

Ape|ri|ti|vum, das; -s, ...va (Med.): **1.** *mildes Abführmittel.* **2.** *appetitanregendes Arzneimittel.*

apern ⟨sw. V.; hat⟩ [zu ↑aper] (südd., österr., schweiz.): **a)** *schneefrei werden:* die Hänge apern bereits; es apert *(taut);* **b)** (selten) *schneefrei machen.*

Apé|ro, (auch:) **Ape|ro** ['ape:ro], der; selten: das; -s, -s [frz. apéro, Kurzf. von: apéritif] (bes. schweiz.): *Aperitif:* er ... fragt mich, ob ich nicht zu einem A. komme (Frisch, Homo 146).

Aper|tur, die; -, -en [lat. apertura = Öffnung, zu: aperire = öffnen] (Optik, Fot.): *Maß für die Leistung eines optischen Systems.*

Ape|rung, die; -, -en (südd., österr., schweiz.): **a)** ⟨o. Pl.⟩ *das Apern, Tauen;* **b)** *schneefrei gewordenes Gelände (meist Fels, Geröll o. Ä., beim Gletscher das blanke Eis).*

Aper|wet|ter, das (südd., österr., schweiz.): *Tauwetter.*

Aper|wind, der (südd., österr., schweiz.): *Tauwind, milder Wind.*

Apex, der; -, Apizes ['a:pitse:s; lat. apex = Spitze]: **1.** (Astron.) *Zielpunkt eines Gestirns (bes. der Sonne u. der Erde), auf den dieses in seiner Bewegung gerade zusteuert.* **2.** (Sprachw.) *Zeichen zur Kennzeichnung langer Vokale* (ˆ od. ˉ). **3.** (Sprachw.) *Hilfszeichen zur Kennzeichnung einer betonten Silbe, das über den Vokal gesetzt wird* (´).

Ap|fel, der; -s, Äpfel [mhd. apfel, ahd. apful, urspr. wohl = Holzapfel; H. u.]: **1.** *rundliche, fest-fleischige, aromatisch schmeckende Frucht mit Kerngehäuse; Frucht des Apfelbaums:* ein grüner, saurer, unreifer, wurmstichiger, rotbäckiger, gebratener A.; A. im Schlafrock *(ein Gebäck);* Äpfel pflücken, [vom Baum] schütteln, schälen, reiben; Spr der A. fällt nicht weit vom Stamm/(ugs. scherzh.:) nicht weit vom Pferd *(jmd. ist in seinen [negativen] Anlagen, in seinem Verhalten den Eltern sehr ähnlich);* * **Äpfel und Birnen zusammenzählen/Äpfel mit Birnen addieren** (ugs.; *Unvereinbares zusammenbringen):* wie leicht kann man ... »Äpfel und Birnen zusammenzählen« und »aus normalen Vorgängen alle möglichen Verdächte ... zusammenbrauen« (Spiegel 44, 1984, 24); **für einen A. und ein Ei** (ugs.; *sehr billig; für einen unbedeutenden Betrag):* etw. für einen A. und ein Ei kriegen; dass er den Wagen ... für einen A. und ein Ei erworben hatte (Borell, Romeo 342); **in den sauren A. beißen** (ugs.; *etwas Unangenehmes notgedrungen tun).* **2. a)** kurz für ↑Apfelbaum: die Äpfel tragen dieses Jahr gut, blühen dieses Jahr spät; **b)** *Apfelsorte:* dies ist ein früher A. **3.** ⟨Pl.⟩ (verhüll.) *Brüste.*

ap|fel|ar|tig ⟨Adj.⟩: *wie ein Apfel geartet.*

Ap|fel|auf|lauf, der: *Auflauf (2) mit Äpfeln.*

Ap|fel|bäck|chen, das ⟨meist Pl.⟩ (fam.): *rundes Bäckchen von frischem, rosigem Aussehen.*

Ap|fel|baum, der: *rötlich weiß blühender Obstbaum mit Äpfeln als Früchten.*

Ap|fel|blü|te, die: **a)** *Blüte des Apfelbaums;* **b)** *Zeit, in der die Apfelbäume* blühen; das Blühen der Apfelbäume; die A., war dieses Jahr besonders schön.

Ap|fel|blü|ten|ste|cher, der; -s, -: *schwarzbrauner Rüsselkäfer, der seine Eier in die Blütenknospen von Apfel u. Birne legt.*

Ap|fel|brei, der: *heller, dicker Brei aus gekochten Äpfeln.*

Äp|fel|chen, das; -s, -: Vkl. zu ↑Apfel (1, 3).

Ap|fel|frucht, die (Bot.): *Frucht der Apfelgewächse.*

Ap|fel|ge|häu|se, das: *Kerngehäuse des Apfels.*

Ap|fel|ge|lee, der od. das: *Gelee aus Äpfeln.*

Ap|fel|ge|wächs, das (Bot.): *zu einer Unterfamilie der Rosengewächse gehörende Pflanze:* Quitte, Mispel u. Weißdorn gehören zu den -en.

Ap|fel|griebs, der (landsch.): *Apfelgehäuse.*

ap|fel|grün ⟨Adj.⟩: *kräftig hellgrün.*

Ap|fel|grut|zen, der (landsch.): *Apfelgehäuse.*

Ap|fel|hor|de, die: *[Latten]gestell zum Lagern von Äpfeln.*

ap|fel|lig ⟨Adj.⟩ (landsch.): *gefleckt, tüpfelig.*

Ap|fel|kern, der: *Samenkern im Gehäuse des Apfels.*

Ap|fel|kom|pott, das: *aus Äpfeln hergestelltes Kompott.*

Ap|fel|korn, Ap|fel|korn|schnaps, der: *Kornbranntwein mit Zusatz von Apfelsaft[konzentrat].*

Ap|fel|kraut, das ⟨o. Pl.⟩ (landsch.): *durch langes Kochen eingedickter Sirup aus Äpfeln.*

Ap|fel|ku|chen, der: vgl. Pflaumenkuchen.

Ap|fel|ma|de, die: *Larve des Apfelwicklers.*

Ap|fel|most, der: **a)** *aus Äpfeln hergestellter unvergorener, alkoholfreier Saft; Apfelsaft;* **b)** (bes. südd.) *leicht alkoholisches Getränk aus vergorenem Apfelsaft.*

Ap|fel|mus, das: *helles, dickes Mus aus gekochten Äpfeln;* * **gerührt [sein] wie A.** (ugs. scherzh.; *sehr gerührt [sein]).*

äp|feln ⟨sw. V.; hat⟩: *(vom Pferd) Pferdeäpfel fallen lassen.*

Ap|fel|pfann|ku|chen, der: *aus Apfelscheiben u. gesüßtem Mehlteig hergestellter Pfannkuchen.*

Ap|fel|quit|te, die: *apfelähnliche Quitte.*

ap|fel|rund ⟨Adj.⟩: *rund wie ein Apfel:* -e Bäckchen.

Ap|fel|saft, der: *aus Äpfeln hergestellter unvergorener, alkoholfreier Saft.*

Ap|fel|saft|kon|zen|trat, das: *eingedickter, konzentrierter Apfelsaft.*

Ap|fel|säu|re, die: *in unreifen Äpfeln, Stachelbeeren u. anderen Früchten vorkommende Säure, die zum Konservieren von Lebensmitteln gegen Schimmelpilze Verwendung findet.*

Ap|fel|schale, die: *Schale (1 a) des Apfels.*

Ap|fel|schei|be, die: *einzelne [flache] halbmondförmige Scheibe von einem Apfel.*

Ap|fel|schim|mel, der: *Schimmel (2), in dessen Fell die graue bis weiße Grundfär-*

Apfelschnitz

bung von dunkleren, apfelförmigen Flecken durchsetzt ist.

Ap|fel|schnitz, der (landsch.): *halbmondförmiges Stück eines geschälten, vom Kerngehäuse befreiten Apfels.*

Ap|fel|schorf, der: *durch Pilze hervorgerufene Schorfbildung auf Blättern u. Früchten des Apfelbaumes.*

Ap|fel|si|ne, die; -, -n [aus dem Niederd. < älter niederl. appelsina, eigtl. = Apfel aus China]: **a)** *rötlich gelbe, runde Zitrusfrucht mit saftreichem, wohlschmeckendem Fruchtfleisch u. dicker Schale; Frucht des Apfelsinenbaums; Orange:* süße, saftige -n; eine A. schälen, auspressen; **b)** kurz für ↑ Apfelsinenbaum.

Ap|fel|si|nen|baum, der: *kleiner Baum mit länglich-eiförmigen Blättern u. weißen Blüten mit Apfelsinen als Früchten.*

Ap|fel|si|nen|kern, der: *Samenkern der Apfelsine.*

Ap|fel|si|nen|saft, der: *ausgepresster Saft von Apfelsinen.*

Ap|fel|si|nen|scha|le, die: *Schale (1 a) der Apfelsine.*

Ap|fel|si|nen|schei|be, die: *einzelne halbmondförmige Scheibe einer Apfelsine.*

Ap|fel|si|nen|spal|te, die: *Apfelsinenscheibe.*

Ap|fel|sor|te, die: *bestimmte Sorte von Äpfeln.*

Ap|fel|spal|te, die (bes. österr.): *Apfelscheibe.*

Ap|fel|stru|del, der: *mit einer Füllung aus Äpfeln u. anderen Zutaten eingerolltes Gebäck aus Nudelteig.*

Ap|fel|ta|sche, die: *mit Äpfeln gefülltes Gebäck aus Mürbeteig (in Form einer kleinen Tasche).*

Ap|fel|tee, der: *Tee aus getrockneten Apfelschalen.*

Ap|fel|tor|te, die: *mit Äpfeln belegte Torte.*

Ap|fel|wein, der: *durch alkoholische Gärung aus dem Saft von Äpfeln erzeugtes, weinähnliches Getränk.*

Ap|fel|wick|ler, der: *grauer, kleiner Schmetterling mit rötlich braunem Fleck an der Spitze der Vorderflügel, dessen Larve die Wurmstichigkeit der Äpfel verursacht.*

Apg. = Apostelgeschichte (2).

Aphä|re|se, die; -, -n [lat. aphaeresis < griech. aphaíresis, eigtl. = das Wegnehmen] (Sprachw.): *Wegfall eines Lautes od. einer Silbe am Wortanfang (z. B. 's für es).*

Apha|sie, die; -, -n [griech. aphasía = Sprachlosigkeit]: **1.** (Med.) *Verlust des Sprechvermögens od. Sprachverstehens infolge einer Erkrankung des Sprachzentrums im Gehirn.* **2.** (Philos.) *Enthaltung des Urteils in Bezug auf Dinge, über die nichts Sicheres bekannt ist.*

Apha|si|ker, der; -s, -: *jmd., der an Aphasie leidet.*

Apha|si|ke|rin, die; -, -nen: w. Form zu ↑ Aphasiker.

Aphel, das; -s, -e, Aphelium [zu griech. aph' hēlíou = von der Sonne weg] (Astron.): *Punkt der größten Entfernung eines Planeten von der Sonne.*

Aphe|l|an|dra, die; -, ...dren [zu griech.

aphelés = einfach u. anēr (Gen.: andrós) = Mann (nach den einfächerigen Staubbeuteln der Pflanze)]: *(zu den Akanthusgewächsen gehörende) Pflanze mit weiß geäderten Blättern u. meist gelben Blüten.*

Aphe|li|um, das; -s, ...ien (Astron.): *Aphel.*

Aphon|ge|trie|be, das; -s, - [1. Bestandteil zu griech. a- = nicht, un- u. phōnḗ = Laut, Stimme] (Technik): *geräuscharmes Schaltgetriebe.*

Apho|nie, die; -, -n [zu griech. a- = nicht, un- u. phōnḗ = Laut, Stimme] (Med.): *Unfähigkeit, mit klingender Stimme zu sprechen; Fehlen des Stimmklanges.*

Apho|ris|mus, der; -, ...men [lat. aphorismus < griech. aphorismós, eigtl. = Abgrenzung, Bestimmung] (bildungsspr.): *prägnant-geistreicher, in sich geschlossener Sinnspruch in Prosa, der eine Erkenntnis, Erfahrung, Lebensweisheit vermittelt:* geschliffene Aphorismen; Wenn er mit schiefem Gesicht und ungekämmten Haaren böse Aphorismen zum Besten gab (Hasenclever, Die Rechtlosen 477); »Ein A. braucht nicht wahr zu sein, aber er soll die Wahrheit überflügeln ...« (Deubzer, Methoden 91).

Apho|ris|tik, die; -: *Kunst, Fähigkeit, Aphorismen zu formulieren, zu schreiben.*

Apho|ris|ti|ker, der; -s, -: *Verfasser von Aphorismen.*

Apho|ris|ti|ke|rin, die; -, -nen: w. Form zu ↑ Aphoristiker.

apho|ris|tisch ⟨Adj.⟩: *in der Art eines Aphorismus; kurz u. treffend, prägnantgeistreich [formuliert]:* ein -er Stil; über etw. a. (andeutungsweise) berichten, sprechen; ein Thema nur a. (kurz) behandeln.

apho|tisch ⟨Adj.⟩ [zu griech. a- = nicht u. phōs (Gen.: phōtós) = Licht] (Biol.): *lichtlos, ohne Lichteinfall (z. B. von der Tiefsee).*

Aphra|sie, die; -, -n [zu griech. a- = nicht, un- u. phrásis = das Reden] (Med.): **1.** *Stummheit.* **2.** *Unvermögen, richtige Sätze zu bilden.*

Aph|ro|di|sia|kum, das; -s, ...ka [zu griech. aphrodisiakós = zum Liebesgenuss gehörend] (Med.): *Mittel zur Anregung u. Steigerung des Geschlechtstriebs u. der Potenz (2):* Johimberinde gilt als A.; denn die Nennung hoher Ziffern hat mich von eh und je in heiße Wallungen versetzt, und auch diesmal wirkten die Zahlen auf mich wie ein A. (Habe, Namen 207).

aph|ro|di|sisch ⟨Adj.⟩ [griech. aphrodísios = die Göttin Aphrodite, den Liebesgenuss betreffend] (bildungsspr.): **a)** *Aphrodite, die Liebe betreffend;* **b)** *den Geschlechtstrieb steigernd.*

Aph|ro|di|te (griech.Myth.): *Göttin der Liebe.*

aph|ro|di|tisch ⟨Adj.⟩: *Aphrodite betreffend.*

Aph|the, die; -, -n [lat. aphtha < griech. áphtha] (Med.): *[schmerzhaftes] kleines Geschwür an der Mundschleimhaut.*

Aph|then|seu|che, die: *Maul- und Klauenseuche.*

Aphy|ti|kum, das; -s [zu griech. a- =

nicht u. phytón = Pflanze]: *frühes Zeitalter der Erdgeschichte ohne nachweisbares Vorkommen von Pflanzen.*

a pia|ce|re [a pi̯aˈtʃeːrə; ital., zu: piacere = Vergnügen, Belieben] (Musik): *nach Belieben (Vortragsanweisung in der Notenschrift).*

Api|a|ri|um, das; -s, ...ien [lat. apiarium, zu: apis = Biene] (Fachspr.): *Bienenhaus, -stand.*

api|kal ⟨Adj.⟩ [zu lat. apex (Gen.: apicis), ↑ Apex]: **1.** (Bot.) *an der Spitze gelegen, nach oben gerichtet (z. B. vom Wachstum einer Pflanze).* **2.** (Sprachw.) *(von Lauten) mit der Zungenspitze artikuliert.*

Apis, der; -, **Apis|stier,** der [griech. Āpis < ägypt. Hāpi]: *von den alten Ägyptern verehrter Orakel erteilender Stier.*

Api|zes: Pl. von ↑ Apex.

Ap|la|nat, der; -en, -en, auch: das; -s, -e [zu griech. aplánētos = ohne Irrtum] (Optik): *Linsensystem, durch das die Aberration korrigiert wird.*

ap|la|na|tisch ⟨Adj.⟩ (Optik): *den Aplanaten betreffend.*

Apla|sie, die; -, -n [zu griech. a- = nicht, un- u. plásis = das Bilden, Bildung] (Med.): *angeborenes Fehlen eines Organs.*

aplas|tisch ⟨Adj.⟩ (Med.): *(von Organen) nicht ausgebildet, [von Geburt an] fehlend.*

Ap|lit, [auch: aˈplɪt], der; -s [zu griech. haplóos = einfach, nach dem »unzusammengesetzten« Aussehen] (Geol.): *helles feinkörniges Ganggestein, das überwiegend aus Feldspäten u. Quarz besteht.*

Aplomb [aˈplõː], der; -s [frz. aplomb, eigtl. = senkrechte Stellung, Gleichgewicht, subst. aus: à plomb = senkrecht, aus: à = zu, nach (< lat. ↑ ad) u. plomb = (Senk)blei < lat. plumbum]: **1.** (bildungsspr.) **a)** *Sicherheit [im Auftreten], Nachdruck:* der Weltmeister ließ ... gute zehn Minuten auf sich warten, wodurch allerdings sein Erscheinen dann erhöhten A. erhielt (St. Zweig, Schachnovelle 28); **b)** *Forschheit, Dreistigkeit:* etw. mit A. durchzusetzen versuchen; Was er sagt, ist wenig konkret, aber er trägt es mit A. und Bestimmtheit vor (Spiegel 43, 1982, 18); Es war das erste und ... letzte Mal mit meinem Leben, dass ich eine »Lady« mit dem A. ... eines zornigen Müllkutschers spucken sah (K. Mann, Wendepunkt 258). **2.** (Ballett) *Standfestigkeit; Abfangen einer Bewegung in den unbewegten Stand.*

apl. [Prof.] = außerplanmäßig[er Professor].

Ap|noe [aˈpnoːə], die; - [zu griech. ápnoia = Atemlosigkeit] (Med.): *Atemstillstand; Atemlähmung.*

APO, (auch:) **Apo,** die; - [Kurzwort für außerparlamentarische Opposition]: (bes. während der Regierungszeit der großen Koalition zwischen CDU u. SPD von 1966 bis 1969 in der Bundesrepublik Deutschland) *nicht fest organisierte Aktionsgemeinschaft bes. von Studierenden u. Jugendlichen, die als antiautoritäre Bewegung die Durchsetzung politischer u. gesellschaftlicher Reformen außerhalb der (als handlungsunfähig er-*

Apo|chro|mat [apokro'ma:t], der; -en, -en, auch: -s, -e [zu griech. apó = von – weg u. chrōma, ↑Chrom] (Optik): Linsensystem, durch das Farbfehler korrigiert werden.

apo|chro|ma|tisch ⟨Adj.⟩ (Optik): den Apochromaten betreffend, auf ihm beruhend.

apo|de|misch ⟨Adj.⟩ [zu griech. apódēmos = abwesend] (Biol., Zool.): auch außerhalb des eigentlichen Verbreitungsgebietes vorkommend: -e Pflanzen.

Apo|dik|tik, die; - [zu ↑apodiktisch] (Philos.): Lehre vom Beweis.

apo|dik|tisch ⟨Adj.⟩ [spätlat. apodicticus < griech. apodeiktikós = beweiskräftig]: **1.** (Philos.) unwiderleglich, unumstößlich; unbedingt sicher; unmittelbar evident: -e Beweise, Urteile. **2.** (bildungsspr.) keinen Widerspruch duldend: etwas in -er Form, Weise, mit -er Bestimmtheit behaupten; etwas a. formulieren, erklären; Stiller ... wiederholte mit -er Melancholie: »Es war ein Versagen.« (Frisch, Stiller 318).

Apo|dy|te|ri|on, Apo|dy|te|ri|um, das; -s, ...ien [lat. apodyterium < griech. apodytḗrion]: (in der römischen Antike) Umkleideraum in den Thermen (2).

Apo|gal|ak|ti|kum, das; -s, ...ken [zu griech. apó = von – weg u. ↑Galaxis] (Astron.): vom Zentrum der Galaxis (a) entferntester Punkt auf der Bahn eines galaktischen Sterns.

apo|gam ⟨Adj.⟩ [zu griech. apó = von – weg u. gámos = Ehe] (Bot.): (von bestimmten Pflanzen) sich ungeschlechtlich fortpflanzend.

Apo|ga|mie, die; - (Bot.): (bei bestimmten Pflanzen) ungeschlechtliche Fortpflanzung.

Apo|gä|um, das; -s, ...äen [griech. apógeion] (Astron., Raumf.): von der Erde am weitesten entfernter Punkt auf der Bahn eines Körpers um die Erde, Erdferne.

Apo|gä|ums|sa|tel|lit, der (Raumf.): Satellit, der aus dem Apogäum in die endgültige Umlaufbahn geschossen wird.

Apo|gä|ums|trieb|werk, das (Raumf.): Raketentriebwerk, das (zum Einschuss eines Satelliten aus der Übergangsbahn in die endgültige Umlaufbahn) im Apogäum der Übergangsbahn kurzzeitig gezündet wird.

Apo|ka|lyp|se, die; -, -n [kirchenlat. apocalypsis < griech. apokálypsis, eigtl. = Enthüllung]: **1.** (Rel.) Schrift, die sich in Visionen, Träumen, Abschiedsreden, Weissagungen mit dem kommenden Weltende befasst. **2.** (bildungsspr.) Untergang; Unheil; Grauen: Umsonst? Darauf läuft es wohl stets hinaus in dieser chimärisch uneigentlichen, der A. verfallenen Welt (K. Mann, Wendepunkt 326).

Apo|ka|lyp|tik, die; -: **1.** (Rel.) Gesamtheit der Apokalypsen (1); apokalyptisches Schrifttum. **2.** Deutung von Ereignissen im Hinblick auf ein nahendes Weltende: unterscheidet sich Chargaffs A. nicht substanziell von den Prophetien des Untergangs, die seit einigen Jahren Konjunktur haben (NZZ 19. 8. 83, 31).

Apo|ka|lyp|ti|ker, der; -s, -: **1.** (Rel.) Verfasser od. Ausleger einer Apokalypse (1). **2.** (bildungsspr.) Mensch, für den die Vorstellung eines kommenden Weltendes, einer Weltkatastrophe Realität hat: die Narren der Vernunft, ... mit ihren Menetekeln ... als ungläubige A. (Strauß, Niemand 133).

Apo|ka|lyp|ti|ke|rin, die; -, -nen: w. Form zu ↑Apokalyptiker.

apo|ka|lyp|tisch ⟨Adj.⟩: **1.** (Rel.) die Apokalypse [des Johannes], die Apokalyptik betreffend, in ihr vorkommend, auf ihr beruhend: -e Schriften; * **die -en Reiter** (Sinnbilder für Pest, Krieg, Hunger, Tod; nach Offenb. 6, 2-8). **2.** (bildungsspr.) **a)** auf das Weltende hinweisend, Unheil bringend; **b)** dunkel, geheimnisvoll; **c)** die Apokalypse (2) betreffend: dem -en Bewusstsein der Gegenwart dämmert die Einsicht ... (SZ 22. 10. 85, 11).

apo|karp ⟨Adj.⟩ [zu griech. apó = von – weg u. karpós = Frucht] (Bot.): (von Blüten) aus einzelnen getrennten Fruchtblättern bestehend; getrenntfrüchtig.

Apo|kar|pi|um, das; -s, ...ien (Bot.): aus einzelnen, je einem Fruchtblatt entsprechenden Früchten zusammengesetzter Fruchtstand.

Apo|ka|tas|ta|se, Apo|ka|ta|sta|sis, die; -, ...stasen [griech. apokatástasis, eigtl. = »Wiederherstellung«] (Rel.): (bes. in der Lehre des Parsismus) Wiederkehr eines früheren Zustandes, bes. Wiederherstellung allgemeiner Vollkommenheit in der Zeit des Weltendes.

Apo|koi|nu, das; -[s], -s [griech. apò koinoũ, eigtl. = vom Gemeinsamen] (Stilk.): grammatische Konstruktion, bei der sich ein Satzteil od. Wort zugleich auf den vorhergehenden u. den folgenden Satzteil bezieht; Constructio apo Koinu.

Apo|ko|pe [a'po:kope], die; -, Apokopen [lat. apocope < griech. apokopḗ, eigtl. = das Abschlagen] (Sprachw.): Abfall eines Auslauts oder einer auslautenden Silbe (z. B. hatt für: hatte).

apo|ko|pie|ren ⟨sw. V.; hat⟩ (Sprachw.): ein Wort durch Apokope verkürzen.

apo|kryph ⟨Adj.⟩ [lat. apocryphus < griech. apókryphos = unecht]: **1.** (Rel.) zu den Apokryphen gehörend. **2.** (bildungsspr.) zweifelhaft; nicht zum Gültigen, Anerkannten gehörend, unecht.

Apo|kryph, das; -s, -en, (auch:) **Apo|kry|phon**, das; -s, ...pha u. Apokryphen [spätlat. apocrypha (Pl.)] (Rel.): nicht in den Kanon aufgenommene, den biblischen Büchern sehr ähnliche Schrift.

apo|li|tisch [auch: --'--] ⟨Adj.⟩ [aus griech. a- = nicht, un- u. ↑politisch]: gleichgültig, ohne Interesse gegenüber politischem Geschehen; unpolitisch: ein -er Mensch; weil es keinen -en Umgang mit Geschichte geben kann (Saarbr. Zeitung 7. 12. 79, 3); So a. sich ihre Mitglieder zu verhalten neigen, so eindeutig schlägt ihr Herz für den Konservatismus (Richter, Flüchten 75); er ist völlig a.

Apoll, der; -s, -s ⟨Pl. selten⟩ (geh.): ²Apollo (1): Er hatte eine dunkle und melodiöse Stimme, die voll ausklang, wenn er, ein bezaubernder A., auf dem Rednerpult stand (Niekisch, Leben 98).

apol|li|nisch ⟨Adj.⟩ [lat. Apollineus]: **1.** den Gott Apollo betreffend, in der Art Apollos. **2.** (bes. Philos.) harmonisch, maßvoll, ausgeglichen: Sollte die Sicherheit vom dionysischen Rausch erschüttert werden? (Goldschmit, Genius 156).

¹Apol|lo (griech.-röm. Myth.): Gott der Dichtkunst.

²Apol|lo, der; -s, -s: **1.** schöner [junger] Mann. **2.** Apollofalter.

³Apol|lo, der: Bez. für ein amerikanisches Raumfahrtprogramm für die Landung bemannter Raumfahrzeuge auf dem Mond.

Apol|lo|fal|ter, der: Schmetterling mit gelblich weißen Flügeln, die schwarze, auf den hinteren Flügeln schwarz umränderte rote Flecke aufweisen; ²Apollo (2).

Apol|lo-Pro|gramm, das ⟨o. Pl.⟩ [zu ↑³Apollo]: US-amerikanisches Raumfahrtprogramm für die Landung bemannter Raumfahrzeuge auf dem Mond.

Apol|lo-Raum|fahr|zeug, das: Raumfahrzeug für das ↑Apollo-Programm.

Apol|lo-Raum|schiff, das: Apollo-Raumfahrzeug.

Apo|log, der; -s, -e [griech. apólogos] (Literaturw.): [humoristische] Erzählung; Fabel.

Apo|lo|get, der; -en, -en [zu ↑apologetisch]: **a)** (bildungsspr.) jmd., der mit seiner ganzen Überzeugung hinter einer Auffassung od. Lehre steht u. diese mit Nachdruck nach außen vertritt: Dem Frieden hat der Nationalstaat noch nie gedient ... nicht einmal seine frühen -en ... haben dies behauptet (Pohrt, Endstation 125); Martin Buber, der größte moderne A. der Chassidim (Kemelman [Übers.], Dienstag 152); **b)** (Rel.) Vertreter einer Reihe griechischer für das Christentum eintretender Schriftsteller aus dem 2. Jh.

Apo|lo|ge|tik, die; -, -en [spätlat. apologeticum < griech. apologētikón]: **1.** (bildungsspr.) Verteidigung, wissenschaftliche Rechtfertigung von [christlichen] Lehrsätzen o. Ä. **2.** ⟨o. Pl.⟩ (Theol.) Teilgebiet der Theologie, das sich mit der rationalen Rechtfertigung des Glaubens befasst.

Apo|lo|ge|tin, die; -, -nen: w. Form zu ↑Apologet (a).

apo|lo|ge|tisch ⟨Adj.⟩ [spätlat. apologeticus < griech. apologētikós, zu apologeīsthai = sich verteidigen] (bildungsspr.): eine Ansicht, Lehre o. Ä. verteidigend, rechtfertigend.

Apo|lo|gie, die; -, -n [spätlat apologia < griech. apología] (bildungsspr.): **a)** Verteidigung, Rechtfertigung (einer Lehre, Position o. Ä.): Enzensbergers ... A. ... provoziert mich zu Randbemerkungen (Deschner, Talente 10); **b)** Verteidigungsrede, -schrift: eine A. halten, schreiben.

apo|lo|gi|sie|ren ⟨sw. V.; hat⟩ (bildungsspr.): rechtfertigen, verteidigen.

apo|mik|tisch ⟨Adj.⟩ (Bot.): (von bestimmten Pflanzen) sich ungeschlechtlich fortpflanzend.

Apomixis

Apo|mi̱|xis, die; - [aus griech. apó = von – weg u. míxis = (Ver)mischung] (Bot.): *(bei bestimmten Pflanzen) ungeschlechtliche Fortpflanzung.*
apo|phaṉ|tisch ⟨Adj.⟩ [griech. apophantikós] (bildungsspr.): *aussagend, behauptend, nachdrücklich.*
Apo|pho|ni̱e̱, die; - [aus griech. apó = von – weg u. phōnḗ = Laut] (Sprachw.): *Ablaut in der Stammsilbe wurzelverwandter Wörter (z. B. sprechen – sprach).*
Apoph|theg̱|ma, das; -s, ...men u. -ta [griech. apóphthegma]: *[witziger, prägnanter] Ausspruch, Sinnspruch; Zitat, Sentenz.*
apoph|theg̱|ma̱|tisch ⟨Adj.⟩ [griech. apophthegmatikós]: *in der Art eines Apophthegmas geprägt.*
Apo|phyl|li̱t [auch: ...'lit], der; -s, -e [zu griech. apophyllízein = entblättern] (Geol.): *blättrige od. körnige Aggregate (3) bildendes Mineral.*
Apo|phy̱|se, die; -, -n [griech. apóphysis = Auswuchs]: **1.** (Anat.) *Knochenfortsatz im Übergang zu den Muskeln;* **2.** (Geol.) *Abzweigung eines Ganges (8) in das Nebengestein.*
Apo|plek|ti̱|ker, der; -s, - [zu ↑apoplektisch] (Med.): **a)** *jmd., der zu Schlaganfällen neigt;* **b)** *jmd., der an den Folgen eines Schlaganfalles leidet:* sein Gesicht wirkte wie das eines -s (White [Übers.], Staaten 39).
Apo|plek|ti̱|ke|rin, die; -, -nen: w. Form zu ↑Apoplektiker.
apo|pleḵ|tisch ⟨Adj.⟩ [spätlat. apoplecticus < griech. apoplēktikós] (Med.): **a)** *zu einem Schlaganfall gehörend, davon zeugend, damit zusammenhängend; durch einen Schlaganfall bedingt:* ein -er Anfall; ein -es Aussehen, Gesicht; **b)** *zu Schlaganfällen neigend:* -e Männer; er ist stark a.
Apo|ple|xi̱e̱, die; -, -n [spätlat. apoplexia < griech. apoplēxía] (Med.) **1.** *Schlaganfall; Gehirnschlag.* **2.** (Bot.) *plötzliches teilweises od. gänzliches Absterben der Krone von Steinobstbäumen.*
Apo|re̱m, das; -s, -ata [griech. apórēma] (Philos.): *eine Aporie (1) enthaltender Satz (2); logische Schwierigkeit, unlösbares Problem.*
apo|re|ma̱|tisch ⟨Adj.⟩ [griech. aporēmatikos] (Philos.): *zweifelhaft; schwer zu entscheiden.*
Apo|re̱|tik, die; -: *systematisches Diskutieren von Aporien (1).*
Apo|re̱|ti|ker, der; -s, -: **1.** *Philosoph, der sich mit der Aporetik befasst.* **2.** *Zweifler, Skeptiker.*
Apo|re̱|ti|ke|rin, die; -, -nen: w. Form zu ↑Aporetiker.
apo|re̱|tisch ⟨Adj.⟩ [2: griech. aporētikós]: **1.** *die Aporetik betreffend, in der Art der Aporetik.* **2.** *zum Zweifeln geneigt, skeptisch.*
Apo|ri̱e̱, die; -, -n [spätlat. aporia < griech. aporía = Ratlosigkeit]: **a)** (Philos.) *Unmöglichkeit, eine philosophische Frage zu lösen, da Widersprüche vorhanden sind, die in der Sache selbst oder in den zu ihrer Klärung gebrauchten Begriffen liegen;* **b)** *Unmöglichkeit, in einer bestimmten Situation die richtige Entschei-*

dung zu treffen; Ausweglosigkeit: Die -n der Entwicklungshilfe sind bekannt (Enzensberger, Mittelmaß 165).
Apo|si|o|pe̱|se, die; -, -n [spätlat. aposiopesis < griech. aposiṓpēsis, eigtl. = das Verstummen] (Rhet.): *bewusstes plötzliches Abbrechen der Rede zur Steigerung des Ausdrucks.*
Apos|ta|si̱e̱, die; -, -n [spätlat. apostasia < griech. apostasía): **a)** (bildungsspr.) *Abfall, Lossagung, bes. vom christlichen Glauben;* **b)** (kath. Rel.) *Austritt eines Klosterangehörigen unter Bruch des Gelübdes.*
Apos|ta̱t, der; -en, -en [lat. apostata < griech. apostátēs] (bildungsspr.): *Abtrünniger, bes. jmd., der sich vom christlichen Glauben lossagt; Renegat:* Ich will ... kein A. sein, kein Häretiker (Rolf Schneider, November 75).
Apos̱|tel, der; -s, - [1: mhd. apostel, ahd. apostolo < kirchenlat. apostolus < griech. apóstolos, eigtl. = abgesandt; Bote, zu: apostéllein = (als Gesandten) wegschicken]: **1. a)** *einer aus dem Kreis der zwölf Jünger Jesu;* **b)** *urchristlicher Missionar:* der A. Paulus. **2.** (bildungsspr.; oft iron.) *[allzu] eifriger Befürworter, Vertreter einer [neuen] Lehre o. Ä.:* es war ... nicht meine Absicht, als sozialer A. herumzugondeln (Dürrenmatt, Meteor 20); ein A. der Gewaltlosigkeit, der Enthaltsamkeit, der freien Marktwirtschaft; A. der Humanität wollte er sein (Niekisch, Leben 98); Der Verfall des Trinkens ist nicht von den -n der Mäßigkeit verursacht (Bamm, Weltlaterne 182).
Apos|tel|amt, das ⟨o. Pl.⟩ (Theol.): *mit der Verkündigung des Evangeliums verbundenes, später bes. der Reinerhaltung der Lehre dienendes Amt der Apostel.*
Apos|tel|brief, der (Theol.): *eine der 21 in Briefform verfassten Schriften im Neuen Testament, die den Aposteln zugeschrieben werden.*
Apos|tel|ge|schich|te, die (Theol.): **1.** *eine der Apokryphen über das Wirken der Apostel.* **2.** ⟨o. Pl.⟩ *Buch im Neuen Testament über das Wirken der Apostel nach der Auferstehung Jesu;* Abk.: Apg.
Apos|tel|krug, der: *meist braun glasierter, niedriger Tonkrug mit farbiger Reliefdarstellung der zwölf Apostel.*
Apos|tel|löf|fel, der: *Löffel, dessen Stielende mit der Figur eines Apostels verziert ist.*
Apos|tel|spiel, das (Literaturw.): *geistliches Drama, in dem Ereignisse aus dem Leben der Apostel od. die ganze Geschichte der Apostel dargestellt wird.*
Apos|te|ri|o|ri, das; -, - (Philos.): *Erfahrungssatz; Inbegriff aposteriorischer Erkenntnisse.*
a pos|te|ri|o|ri [lat. = vom Späteren her; **a)** (Philos.) *aus der Erfahrung gewonnen, auf Erfahrung gründend:* eine Erkenntnis a p.; **b)** (bildungsspr.) *nachträglich, später:* das lässt sich erst a p. feststellen.
apos|te|ri|o|risch ⟨Adj.⟩ (Philos.): *auf Erfahrung beruhend, gründend; erfahrungsgemäß.*
Apo|sti̱lb, das; -s, - [aus griech. apó = von – weg u. ↑Stilb; eigtl. = vom

Stilb hergeleitet] (Physik veraltet): *photometrische Einheit der Leuchtdichte;* Zeichen: asb
Apos|ti̱l|le, die; -, -n [zu griech. apostéllein, ↑Apostel] (bildungsspr.): **1.** (veraltet) *Entlassungsgesuch, -schreiben.* **2.** *[empfehlende od. beglaubigende] Nachschrift* (2); **3.** *Randbemerkung.*
Apos|tol|lat, das, Fachspr. auch: der; -[e]s, -e [kirchenlat. apostolatus, zu: apostolus, ↑Apostel] (Theol.): **a)** *Amt der Apostel, auch der Bischöfe u. Priester;* **b)** *Auftrag der Kirche, bes. auch der Laien in der katholischen Kirche.*
Apos|to̱|li|ker, der; -s, - [kirchenlat. apostolicus, subst. Mask. von: apostolicus, ↑apostolisch] (Rel.): *Angehöriger verschiedener christlicher Gruppen, die sich am Kirchenbild der apostolischen Zeit orientieren, bes. Angehöriger der Neuapostolischen Gemeinde.*
Apos|to̱|li|ke|rin, die; -, -nen (Rel.): w. Form zu ↑Apostoliker.
Apos|to̱|li|kum, das; -s (Theol.): *Apostolisches Glaubensbekenntnis.*
apos|to̱|lisch ⟨Adj.⟩ [kirchenlat. apostolicus < griech. apostolikós] (Theol.): **a)** *von den Aposteln ausgehend, in der Art der Apostel; die Apostel u. ihre Lehre betreffend:* Apostolisches Glaubensbekenntnis; **b)** (kath. Kirche) *päpstlich:* Apostolischer Nuntius; apostolischer Segen *(vom Papst od. einem von ihm bevollmächtigten Bischof od. Priester erteilter Segen, mit dem ein vollkommener Ablass verbunden ist);* Apostolischer Stuhl (↑Stuhl 3).
Apos|to|li|zi|tät, die; -: *(nach dem Verständnis der christlichen Kirchen) Wesensgleichheit der gegenwärtigen Kirche mit der Kirche der Apostel.*
Apo|stroph [schweiz.: 'apo...], der; -s, -e [spätlat. apostrophos < griech. apóstrophos, eigtl. = abgewandt; abfallend; zu: apostréphein, ↑Apostrophe] (Sprachw.): *Häkchen, das den Ausfall eines Lautes od. einer Silbe kennzeichnet; Auslassungszeichen* (z. B. hatt', 'naus): einen A. setzen.
Apo|stro̱|phe [apoˈstroːfə, aˈpɔstrofe], die; -, Apostrophen [lat. apostrophe < griech. apostrophḗ, zu: apostréphein = abwenden, zu: stréphein, ↑Strophe] (Rhet.): *überraschende Hinwendung des Redners zum Publikum od. zu abwesenden Personen.*
apo|stro|phi̱e|ren ⟨sw. V.; hat⟩: **1.** (Sprachw. selten) *mit einem Apostroph versehen.* **2.** (bildungsspr.) **a)** *erwähnen, anführen; sich auf jmdn., etw. beziehen:* jmdn., etw. a.; Ich habe mir alle meine Freunde vergrämt, indem ich sie in meinen Büchern apostrophierte (Fussenegger, Zeit 349); Chruschtschow ... hatte mich in mehr als einer Rede wenig schmeichelhaft apostrophiert (W. Brandt, Begegnungen 113); **b)** *als etwas bezeichnen, in einer bestimmten Eigenschaft herausstellen:* jmdn. als naiv, als Ignoranten a.; Berlin-Tegel ... wird als moderner Flughafen Europas apostrophiert (MM 10. 9. 76, 15); Mauroy apostrophierte das Projekt ... als »Verstoß gegen Moral und Demokratie« (NZZ 28. 8. 86, 2); **c)** (sel-

ten) *gezielt ansprechen, sich [feierlich] an jmdn. wenden:* einen hohen Gast mit wohlgesetzten Worten a.

Apo|stro|phie|rung, die; -, -en: *das Apostrophieren.*

Apo|the|ke, die; -, -n [mhd. apotēke < lat. apotheca < griech. apothḗkē = Aufbewahrungsort, zu thḗkē, ↑Theke]: **1.** *Geschäft, in dem Arzneimittel verkauft u. zum Teil auch hergestellt werden:* welche A. hat Nachtdienst?; Ü Immer mehr Ärzte ... empfehlen ... Rezepte aus der A. der Natur (Brückenbauer 11. 9. 85, 11). **2.** (ugs. abwertend) *Geschäft, das für hohe Preise bekannt ist:* der Laden ist eine A.

Apo|the|ken|hel|fe|rin, die: *weibliche Fachkraft, die in einer Apotheke Arbeiten ausführt, die keine pharmazeutische Vorbildung erfordern* (Berufsbez.).

apo|the|ken|pflich|tig ⟨Adj.⟩: *nur in Apotheken erhältlich:* das Mittel ist a.

Apo|the|ken|schränk|chen, das: *Schränkchen für Arzneimittel o. Ä.:*

Apo|the|ken|schwes|ter, die: *Krankenschwester, die in einem Krankenhaus die Arzneimittel verwaltet.*

Apo|the|ker, der; -s, - [1: mhd. apotēker < (m)lat. apothecarius]: *jmd., der aufgrund seiner Berufsausbildung u. seiner Approbation berechtigt ist, eine Apotheke zu betreiben* (Berufsbez.).

Apo|the|ker|fau|na, die (früher): *Gesamtheit der in chinesischen Apotheken als Heilmittel geführten Fossilien.*

Apo|the|ker|ge|wicht, das: *(früher vorgeschriebene) Gewichtseinheit für Arzneimittel (z. B. Gran, Unze).*

Apo|the|ke|rin, die; -, -nen: w. Form zu ↑Apotheker.

Apo|the|ker|kam|mer, die: *Berufs- u. Standesvertretung der Apotheker.*

Apo|the|ker|preis, der ⟨meist Pl.⟩ (ugs. abwertend): *unverhältnismäßig hoher Preis:* Das ... Wasser wird zwar nicht umsonst abgegeben, aber »es werden auch keine -e genommen.« (Kieler Nachrichten 30. 8. 84, 21).

Apo|the|ker|waa|ge, die: *gleicharmige Präzisionswaage.*

Apo|the|o|se, die; -, -n [lat. apotheosis < griech. apothéōsis, zu: theós = Gott]: **1.** (bildungsspr.) **a)** *Erhebung eines Menschen zum Gott; Vergöttlichung eines Menschen:* die A. Napoleons; **b)** *Verherrlichung, Verklärung:* die A. der modernen Naturwissenschaft; Der Sturm auf die Barrikaden. Die A. der Fortschrittsgläubigkeit (Fries, Weg 74); Sie (= die Atombombe) ist das eigentliche Telos, die A. des Scherbenhaufens (Enzensberger, Einzelheiten I, 117); **c)** (Kunst) *Darstellung einer Apotheose* (1 a). **2.** (Theater) *wirkungsvolles [verherrlichendes] Schlussbild eines Bühnenstücks.*

apo|the|o|tisch ⟨Adj.⟩: **a)** *zur Apotheose (1) erhoben;* **b)** *eine Apotheose darstellend.*

a po|ti|o|ri [lat., zu: potior = vor allem, besonders, Komp. von: potis = mächtig]: *von der Hauptsache her; größtenteils.*

Apo|tro|pai|on, das; -s, ...ia [zu griech. apotrópaios, ↑apotropäisch]: *Apotropäum.*

apo|tro|pä|isch ⟨Adj.⟩ [griech. apotrópaios = abwendend] (bildungsspr.): *Unheil abwehrend.*

Apo|tro|pä|um, das; -s, ...a: *Zaubermittel, das Unheil abwehren soll.*

Ap|pa|rat, der; -[e]s, -e [1: lat. apparatus = Zubereitung, Einrichtung, Werkzeuge, zu: apparare = beschaffen; ausrüsten]: **1. a)** *aus mehreren Bauelementen zusammengesetztes technisches Gerät, das bestimmte Funktionen erfüllt:* ein kleiner, komplizierter A.; den A. ausschalten; **b)** kurz für *Radio-, Fernseh-, Rasier-, Fotoapparat u. a.;* **c)** kurz für *Telefonapparat:* du wirst am A. verlangt; bleiben Sie bitte am A.!; am A.! *(Sie sprechen mit ihm, ihr selbst);* wer ist am A.? *(mit wem spreche ich?);* **d)** (Fernspr.) *Nebenstelle:* verlangen Sie bei der Zentrale A. 721; Schneider, A. Kaufmann *(hier spricht Schneider, Sie sind mit der Nebenstelle von Herrn, Frau Kaufmann verbunden).* **2.** *Gesamtheit der für eine bestimmte Aufgabe, Tätigkeit, Institution benötigten Personen u. Hilfsmittel:* ein technischer, militärischer A.; der schwerfällige A. der Verwaltung; der Führer, die Partei, dieser ganze ungeheure A. mit all seiner Macht (Fallada, Jeder 105); Die Oper Wagners erforderte einen umständlichen szenischen A. (Feuchtwanger, Erfolg 596); solche Persönlichkeiten ... sind ... den -en der Parteien natürlich nicht geheuer (Wochenpresse 13, 1984, 13). **3.** (Fachspr.) **a)** *Zusammenstellung von Büchern als Hilfsmittel für eine wissenschaftliche Arbeit:* ein wissenschaftlicher A. [zu einem Kolloquium]; das Buch steht im A.; **b)** *Zusammenstellung von Lesarten u. Verbesserungen von Texten:* eine Textausgabe mit [kritischem] A. **4.** (Anat.) *System von Organen od. Körperteilen, die einer gemeinsamen Funktion dienen* (meist in Zusammensetzungen, z. B. Bewegungs-, Verdauungsapparat). **5.** (ugs.) *etw., was durch ungewöhnliche Größe, durch seine Besonderheit, Ausgefallenheit Aufsehen od. Staunen erregt:* von den Äpfeln waren -e von mindestens 10 cm Durchmesser; Wozu laufen Sie eigentlich mit diesem nahezu grotesken Brillengestell herum? ... Das ist ja ein ganz toller A., den Sie da auf der Nase haben (Borchert, Draußen 31); gelegentlich auch von Personen: A. von Frau, wie? (Strittmatter, Wundertäter 418).

Ap|pa|ra|te|bau, der ⟨o. Pl.⟩ (Technik): *Herstellung, Konstruktion von Apparaten.*

Ap|pa|ra|te|me|di|zin, die: *Form der medizinischen Versorgung, die durch den Einsatz technischer Apparate zur Diagnose u. Therapie gekennzeichnet ist u. bei der die Betreuung durch den Arzt selbst zurücktritt.*

ap|pa|ra|tiv ⟨Adj.⟩ (Fachspr.): **a)** *die Apparate, den Apparatebau betreffend:* neuere -e Entwicklungen; **b)** *mit Apparaten arbeitend, mithilfe von Apparaten:* -e Methoden, Diagnostik; In diesem Jahrhundert gibt es eine Vielzahl von Akzeptanzdiskussionen, etwa um ... -e Medizin (NZZ 27. 8. 87, 37); Die krankengymnastische Abteilung ... ist a. *(mit Apparaten)* gut ausgestattet (Saarbr. Zeitung 6./7. 10. 79, 48).

Ap|pa|rat|schik, der; -s, -s [russ. apparatčik, zu: apparat = (Verwaltungs)apparat] (abwertend): *Funktionär im Staats- u. Parteiapparat totalitärer Staaten des Ostens, der die Weisungen u. Maßnahmen bürokratisch durchzusetzen sucht:* gewissenlose -s eines verbrecherischen Regimes (Schnurre, Schattenfotograf 318); Er ist kein charismatischer Prediger wie Khomeini, eher ein Apparatschik der Revolution (Woche 18. 4. 97); will der Mensch tatsächlich eine Welt, in der ... nur noch kurzsichtige Technokraten und blinde -s das Sagen haben (Wochenpresse 48, 1983, 4).

Ap|pa|ra|tur, die; -, -en: *Gesamtanlage von Apparaten od. Instrumenten, die einem gemeinsamen Zweck dienen:* eine komplizierte, automatische A.; Ü hat nur der Macht, der die drei großen -en: Partei, Wehrmacht und Polizei im Gleichgewicht zu halten vermag (Dönhoff, Ära 210); die Gesellschaft vom Reißbrett, organisiert und diszipliniert durch eine bürokratische A. (Welt 7. 5. 66, 3).

ap|pa|rent ⟨Adj.⟩ [lat. apparens (Gen.: apparentis), adj. 1. Part. von: apparere = erscheinen]: *sichtbar, wahrnehmbar (z. B. vom Verlauf einer Krankheit).*

Ap|pa|ril|lo, der; -s, -s [scherzh. romanisierende Bildung zu ↑Apparat] (ugs. scherzh.): *Ding, Gerät; Apparat* (5): was ist das denn für ein komischer A.?

Ap|par|te|ment [apartə'mã:, schweiz. auch: ...'mɛnt], das; -s, -s, schweiz. auch: -e [...'mɛntə; a: frz. appartement < ital. appartamento = abgeteilte, abgeschlossene Wohnung, zu: appartare = abteilen, zu lat. a parte = abgetrennt]: **a)** *Zimmerflucht in einem größeren [luxuriösen] Hotel:* Mein Hotel war ein ... Palast ... Der Palast war in -s aufgeteilt, jedes A. bestand aus einem Schlafzimmer, einem Baderaum, einem Salon (Koeppen, Rußland 135); **b)** *moderne Kleinwohnung (meist in einem [komfortablen] Mietshaus), Apartment:* Hab' neuerdings 'n A. Mit Aufzug und Müllschlucker (Degener, Heimsuchung 149).

Ap|par|te|ment|haus, das: *modernes Mietshaus mit einzelnen Kleinwohnungen.*

Ap|par|te|ment|woh|nung, die: *Appartement* (b).

ap|pas|si|o|na|to ⟨Adv.⟩ [ital., zu: passione = Leidenschaft < lat. passio, ↑Passion] (Musik): *leidenschaftlich, stürmisch.*

Ap|peal [ə'pi:l], der; -s [engl. appeal < frz. appel, ↑Appell] (bildungsspr.) *Anziehungskraft, Ausstrahlung, Reiz* (häufig als Grundwort von Zusammensetzungen): *der publikumswirksame A. eines Showmasters;* ein so ... gescheiter Mensch kann ja keinen A. auf die Wähler haben (Wochenpresse 13, 1984, 13); der sportliche A. eines Autos; **b)** (Werbespr.) *Anreiz, Aufforderungscharakter:* wir müssen dem Produkt einen lang andauernden A. geben.

Appeasement

Ap|pease|ment [ə'piːzmənt], das; -s [engl. appeasement < frz. apaisement = Beschwichtigung, zu: apaiser = beruhigen, besänftigen, zu altfrz. pais = Friede < lat. pax] (Politik, oft abwertend): *Politik ständigen Nachgebens gegenüber expansiver od. subversiver Machtpolitik bes. totalitärer Staaten; Beschwichtigungspolitik.*

Ap|pell, der; -s, -e [frz. appel, zu: appeler = (auf)rufen < lat. appellare, ↑appellieren]: **1. a)** *auffordernde, aufrüttelnde Mahnung:* ein A. an die Vernunft; einen dringenden A. an die Öffentlichkeit richten; Er ... veröffentlicht das Bild als einen A. an das Gewissen der Verantwortlichen (Bieler, Mädchenkrieg 339); **b)** *Aufruf, Aufforderung:* Khomeini drohte in einem A. an die Nation, er werde ... (MM 20. 2. 79, 1); ein dringender A. zum Frieden, zur Zusammenarbeit, zur Unterstützung der Betroffenen. **2.** (Milit.) *Aufstellung, Antreten zur Überprüfung, Entgegennahme einer Nachricht, eines Befehls o. Ä.:* der morgendliche A.; einen A. abhalten; zum A. antreten, erscheinen. **3.** (Jagdw.) *Gehorsam (bei einem Hund):* der Hund hat [guten, keinen] A. **4.** (Fechten) *kurzes, scharfes Aufsetzen des vorgestellten Fußes, ohne dabei vorwärts zu gehen: der A. dient unter anderem dazu, sich vom guten Stand zu überzeugen oder den Gegner zu täuschen, zu beunruhigen.*

ap|pel|la|bel ⟨Adj.; ...abler, -ste⟩ [frz. appelable] (Rechtsspr. veraltet): *gerichtlich anfechtbar.*

Ap|pel|lant, der; -en, -en [lat. appellans (Gen. appellantis), 1. Part. von: appellere, ↑appellieren] (Rechtsspr. veraltet): *Berufungskläger.*

Ap|pel|lat, der; -en, -en (Rechtsspr. veraltet): *Berufungsbeklagter.*

Ap|pel|la|ti|on, die; -, -en [lat. appellatio, eigtl. = das Ansprechen] (Rechtsspr. veraltet, noch schweiz.): *Berufung (im Zivil- u. Strafprozess):* Die Verteidigung, die auf Freispruch ... plädiert hatte, kündigte A. an das Obergericht an (NZZ 29. 8. 86,9).

Ap|pel|la|ti|ons|ge|richt, das (Rechtsspr. veraltet, noch schweiz.): *Berufungsgericht.*

Ap|pel|la|ti|ons|pri|vi|leg, das (hist.): *Vorrecht eines Landesherrn, die Appellationen der Untertanen an die Gerichte zu untersagen.*

Ap|pel|la|tiv, das; -s, -e (Sprachw.): *Substantiv, das eine Gattung von Dingen od. Lebewesen u. zugleich jedes einzelne Wesen od. Ding dieser Gattung bezeichnet; Gattungsbezeichnung,*   -*name (z. B. Mensch, Blume, Tisch).*

ap|pel|la|ti|visch ⟨Adj.⟩ (Sprachw.): *als Appellativ [verwendet]:* -e Substantive; ein Wort a. verwenden.

Ap|pel|la|tiv|na|me, der (Sprachw.): *als Appellativ verwendeter Eigenname (z. B. Krösus = jmd., der sehr reich ist; Zeppelin = Luftschiff).*

Ap|pel|la|ti|vum, das; -s, ...va [spätlat. (nomen) appellativum]: *Appellativ.*

ap|pel|lie|ren ⟨sw. V.; hat⟩ [1: mhd. appellieren < lat. appellare = (um Hilfe) ansprechen]: **1.** (bildungsspr.) **a)** *sich nachdrücklich mit einer Mahnung, einer Aufforderung an jmdn. wenden; jmdn. zu etwas aufrufen:* an das Volk, an die Belegschaft a.; appellierte die Polizei ... an die Bevölkerung ... mitzufahnden (Prodöhl, Tod 66); **b)** *mit Nachdruck etwas Bestimmtes in jmdn. ansprechen, es wachzurufen, herauszufordern suchen:* an jmds. Ehrgefühl, Humor, Einsicht a.; an das Gewissen a.; Ich appellierte an ihre mütterlichen Gefühle (H. Gerlach, Demission 185). **2.** (Rechtsspr. veraltet, noch schweiz.) *Berufung einlegen:* an ein höheres Gericht, gegen ein Urteil a.; Die Verteidigung hat gegen diese ... Strafen appelliert (NZZ 29. 4. 83, 1).

Ap|pell|platz, der (Milit.): *Platz, auf dem Appelle* (2) *abgehalten werden.*

Ap|pen|dek|to|mie, die; -, -n [zu ↑Appendix u. ↑Ektomie] (Med.): *operative Entfernung des Wurmfortsatzes des Blinddarms.*

Ap|pen|dix, der; -, ...dizes [...ditseːs] od. der; -es, -e (vgl. Pkt. 3) [lat. appendix = Anhang]: **1.** (bildungsspr.) *Anhängsel:* die Organisation ist ein bloßer A. der Staatspartei; Im westeuropäischen A. des eurasiatischen Landkolosses (NZZ 1./2. 5. 83,6); damit nicht der – auf alle Fälle falsche – Eindruck erweckt wird, die Semantik sei nichts als ein A. zur Syntax (Deutsch als Fremdsprache 3, 1976, 138). **2.** (Fachspr.) *Anhang eines Buches.* **3.** ⟨Fachspr.: die; -, ...dizes, sonst auch: der; -, ...dizes⟩ (Anat.): **a)** *Wurmfortsatz;* **b)** *an Organen hängendes Gebilde.* **4.** (selten) *Ansatzstück zum Füllen (an Luftballons).*

Ap|pen|di|zi|tis, die; -, ...itiden (Med.): *Blinddarmentzündung.*

ap|pen|di|zi|tisch ⟨Adj.⟩ (Med.): *die Appendizitis betreffend, bei Appendizitis auftretend.*

Ap|pen|zell: 1. Kanton in der Schweiz: A. Außerrhoden, A. Innerrhoden (Halbkantone der Schweiz). **2.** Hauptort von Innerrhoden.

¹Ap|pen|zel|ler, der; -s, -: Ew.

²Ap|pen|zel|ler ⟨indekl. Adj.⟩: A. Käse.

³Ap|pen|zel|ler, der; -s, -: *[ursprünglich aus Appenzell stammender] würziger Hartkäse.*

Ap|pen|zel|le|rin, die; -, -nen: w. Form zu ↑¹Appenzeller.

ap|pen|zel|le|risch ⟨Adj.⟩: *Appenzell die Appenzeller betreffend.*

Ap|per|zep|ti|on, die; -, -en [frz. aperception, geb. von Leibniz zu: apercevoir, ↑Aperçu]: **1.** (Philos.) *durch Reflexion des unterscheidenden Verstandes bewirktes Erfassen u. Einordnen in einen Bewusstseinszusammenhang.* **2.** (Psych.) *bewusste Wahrnehmung, Aneignung von Erlebnis-, Wahrnehmungs- u. Denkinhalten; aktive Aufnahme von [sinnlich] Gegebenem ins Bewusstsein:* Mit Ihnen stimmt etwas nicht, Castorp, das wird Ihrer werten A. ja nicht entgangen sein (Th. Mann, Zauberberg 869).

ap|per|zep|tiv ⟨Adj.⟩ (Psych.): *durch Apperzeption* (2) *bewirkt, zustande kommend:* -e Wahrnehmungen; etwas a. erfassen.

ap|per|zi|pie|ren ⟨sw. V.; hat⟩ (Psych.): *Erlebnis-, Wahrnehmungs- u. Denkinhalte bewusst wahrnehmen, ins Bewusstsein aufnehmen, eingliedern.*

Ap|pe|tenz, die; -, -en [lat. appetentia = das Begehren] (Verhaltensf.): *Bedürfnis, Trieb, triebbedingtes Verhalten.*

Ap|pe|tenz|ver|hal|ten, das (Verhaltensf.): *sich in noch ungerichteter Aktivität äußerndes triebhaftes Verhalten [bei Tieren], das eine auslösende Reizsituation anstrebt, die zur Befriedigung eines Triebes führt:* das Umherschweifen hungriger Tiere, bevor sie Beute jagen, ist ein A.

Ap|pe|tit [apeˈtiːt, auch: ...ˈtɪt], der; -[e]s, -e ⟨Pl. selten⟩ [(m)lat. appetitus (cibi) = Verlangen (nach Speise), zu: appetere = verlangen, begehren, zu: petere, ↑Petition]: *Lust, Verlangen, etwas [Bestimmtes] zu essen:* der A. ist mir vergangen; einen guten, unbändigen A. haben; den A. anregen; Ein paar Gläschen vor dem Essen, das hebt den A. (v. d. Grün, Glatteis 230); jmdm. den A. verderben, nehmen, verlegen; einen gesegneten A. hatte sie (Kempowski, Uns 104); A. auf etwas haben, bekommen; Die ... Geschützbedienung ... bekundete A. auf Hammel mit Bohnen (Kirst, 08/15, 426); [etw.] mit A. essen; das kann man mit A. essen *(das ist sauber, appetitlich, gut zubereitet);* R der A. kommt beim/mit dem Essen *(wenn man erst einmal mit etwas angefangen hat, kommt auch die Lust dazu);* Ü Vor den Sommerferien hat ihr der Papi ... Bilder gezeigt ... von einer Seilbahn und einer Bergwiese mit Blumen – hat ihr A. gemacht auf das, was vielleicht sein könnte (ADAC-Motorwelt 7, 1979, 42); * **guten A.!** (Wunschformel vor dem Essen).

ap|pe|tit|an|re|gend ⟨Adj.⟩: **a)** *appetitlich:* das sieht sehr a. aus; **b)** *den Appetit fördernd:* ein -es Mittel.

Ap|pe|tit|bis|sen, der: *Appetithappen.*

Ap|pe|tit|bröt|chen, das: vgl. Appetithappen.

Ap|pe|tit|häpp|chen, das: *Appetithappen:* Ü Eine gekonnte Filmmontage als A. (Stadtblatt 21, 1984, 73).

Ap|pe|tit|hap|pen, der: *kleines Stück Brot od. Brötchen o. Ä. mit pikantem Belag.*

Ap|pe|tit|hem|mer, der; -s, -: *Appetitzügler.*

ap|pe|tit|lich [apeˈtiːtlɪç, auch: ...ˈtɪtlɪç] ⟨Adj.⟩: **a)** *appetitanregend, zum Essen reizend:* a. angerichtete Speisen; a. aussehen, duften; **b)** *sauber, hygienisch einwandfrei u. dadurch ansprechend:* etwas ist a. verpackt; **c)** (ugs.) *adrett u. frisch aussehend:* ein -es junges Mädchen.

ap|pe|tit|los ⟨Adj.⟩: *ohne Appetit, keinen Appetit habend:* a. essen; Nach dem Abendessen, bei dem das Ehepaar ... a. in den Speisen herumstocherte (Konsalik, Promenadendeck 181).

Ap|pe|tit|lo|sig|keit, die; -: *Zustand des Appetitlosseins.*

Ap|pe|tit|züg|ler, der; -s, -: *das Hungergefühl, den Appetit verminderndes Medikament.*

Ap|pe|ti|zer [ˈæpɪtaɪzɐ], der; -s, - [engl appetizer, zu lat. appetitus, ↑Appetit

(Pharm.): *appetitanregendes Mittel:* Ü Hauff, geschniegelt und geleckt, als männlicher A. vor dem Playmate of the month (Spiegel 36, 1978, 34).

ap|pla|nie|ren ⟨sw. V.; hat⟩ [vgl. frz. aplanir]: **a)** (selten) *planieren;* **b)** (österr.) *(einen Konflikt o. Ä.) beilegen, schlichten:* nachdem ... die Affäre ohne Gericht applaniert wurden (Wiener 10, 1983, 99).

Ap|pla|nie|rung, die; -, -en: *das Applanieren.*

ap|plau|die|ren ⟨sw. V.; hat⟩ [lat. applaudere, zu: plaudere (2. Part.: plausum), ↑plausibel] (bildungsspr.): **a)** *Beifall klatschen:* lebhaft, begeistert a.; dem Solisten a.; das Basler Publikum ... applaudierte sich die Hände wund (Nordschweiz 29. 3. 85,7); **b)** (seltener) *mit Beifall bedenken, beklatschen:* etw., jmdn. a.; ⟨meist im Passiv:⟩ Märsche, die von den ... Gratulanten lebhaft applaudiert wurden (Vorarlberger Nachr. 27. 11. 68, 4); um als »Retter in der Not« applaudiert zu werden (NZZ 19. 8. 83, 14).

Ap|plaus, der; -es, -e ⟨Pl. selten⟩ [lat. applausus] (bildungsspr.): *Beifall, das Beifallklatschen:* stürmischer A.; donnernder, frenetischer A.; der A. verebbt; es gab viel A. für die Künstler; keine Hand wagte A. (Winckler, Bomberg 92); Eine Strohpuppe ... wurde ... unter frenetischem A. vor dem Dom verbrannt (Fussenegger, Zeit 103). Er hatte den anderen das Zeichen zum stehenden *(im Stehen dargebrachten)* A. gegeben (Bieler, Mädchenkrieg 550).

ap|pli|ka|bel ⟨Adj.⟩ [zu lat. applicare, ↑applizieren] (bildungsspr.): *anwendbar:* ein applikables Modell.

Ap|pli|ka|bi|li|tät, die; - (bildungsspr. selten): *Anwendbarkeit.*

Ap|pli|kant, der; -en, -en [lat. applicans (Gen.: applicantis), 1. Part. von: applicare, ↑applizieren] (veraltet): **a)** *Bewerber, Anwärter;* **b)** *Bittsteller.*

Ap|pli|kan|tin, die; -, -nen: w. Form zu ↑Applikant.

Ap|pli|ka|ti|on, die; -, -en [lat. applicatio = das Sichanschließen]: **1.** (bildungsspr.) **a)** *Anwendung, Verwendung, Gebrauch:* Schon gestern, bei der ersten A. des Duftes, habe er sich ganz blümerant gefühlt (Süskind, Parfum 187); **b)** *Anbringung, Befestigung.* **2.** (veraltet) **a)** *Bewerbung;* **b)** *Bittschrift, Gesuch.* **3.** (Med.) *Verabreichung (von Medikamenten), Anwendung (von Heilverfahren):* Betäubung unter A. von Lösungen ... anderer Lokalanästhetika (Medizin II, 192). **4.** (veraltet) *Fleiß, Eifer;* ◆ da ist ein Abgrund, doch wäre mit Ernst und A. hier auch weiterzukommen (Goethe, Italien. Reise 27. 7. 1787). **5.** (kath. Rel.) *das Feiern der Messe für einen bestimmten Zweck.* **6.** (Textilk., Schneiderei) *auf ein Gewebe aufgenähte Verzierung aus Stoff, Leder, Filz, dünnem Metall o. Ä.:* ein Kleid mit schwarzen -en: **7.** (EDV) ↑Anwenderprogramm.

Ap|pli|ka|ti|ons|raum, der (Med.): *den Strahlenschutzbedingungen entsprechender Behandlungsraum einer nuklearmedizinischen Abteilung.*

Ap|pli|ka|ti|ons|sti|cke|rei, die (Textilw.): *mit Stickerei verbundene Applikation, Aufnäharbeit.*

ap|pli|ka|tiv ⟨Adj.⟩ (Med.): *als Applikation (3) verwendet.*

Ap|pli|ka|tor, der; -s, ...oren [zu lat. applicatum, 2. Part. von: applicare, ↑applizieren] (Med.): *Gerät, Gegenstand, mit dessen Hilfe bei bestimmten Therapien Substanzen in od. auf den Körper des Patienten gebracht werden.*

Ap|pli|ka|tur, die; -, -en [zu lat. applicatum, 2. Part. von: applicare, ↑applizieren] (veraltet): **1.** (bildungsspr.) *[zweckmäßiger] Gebrauch:* Wie schon gesagt, lässt sich Gaisers »demotisches« Deutsch auch nicht als A. verschiedener »Stimmen« justifizieren (Deschner, Talente 58). **2.** (Musik) *Fingersatz.*

ap|pli|zie|ren ⟨sw. V.; hat⟩ [lat. applicare = anfügen, an-, hinwenden]: **1.** (bildungsspr.) *anwenden, verwenden, gebrauchen:* [sich] ein Parfum a.; eine Terminologie a.; diese Denkmodelle lassen sich nicht auf unsere Verhältnisse a. **2.** (Med.) *(ein Medikament) verabreichen, (bei jmdm. ein Heilverfahren) anwenden:* der Arzt applizierte ihm eine Spritze in den Unterarm; man ... applizierte in das Ader ... die Kanüle für eine Tropfinfusion (Rolf Schneider, November 16). **3. a)** (bildungsspr.) *etw. irgendwo anbringen, befestigen;* **b)** (Textilw., Schneiderei) *eine Verzierung aus Stoff, Leder, Filz, dünnem Metall o. Ä. auf ein Gewebe aufnähen:* Auf ... Sackleinwand waren kleine chinesische Figuren appliziert (Dönhoff, Ostpreußen 43); **c)** (selten) *(Farben) auftragen, auflegen.* ◆ **4.** ⟨a. + sich⟩ *sich (auf etw.) verlegen (6):* dass wir nicht so unnütz in der Welt herumschweifen, sondern uns besser auf die Wissenschaften a. sollen (Eichendorff, Taugenichts 87).

Ap|pli|zie|rung, die; -, -en: *das Applizieren.*

Ap|pog|gia|tur [apɔdʒaˈtuːɐ̯], **Ap|pog|gia|tu|ra** [...ˈtuːra], die; -, ...ren [ital. appoggiatura, eigtl. = Stütze, zu: appoggiare = stützen, über das Vlat. zu lat. ad = zu, bei u. podium, ↑Podium] (Musik): *langer Vorschlag (2).*

Ap|point [aˈpo̯ɛ̃], der; -s, -s [frz. appoint, zu: appointer = beilegen (3)] (Bankw.): **1.** *Betrag, mit dem etw. ausgeglichen wird.* **2.** *Wechsel, der eine Restschuld vollständig ausgleicht.*

ap|port [frz. apporte, Imperativ Sg. von: apporter, ↑apportieren] (Jägerspr.): *bring [es] her!* (Befehl an einen Hund).

Ap|port, der; -s, -e [frz. apport, eigtl. = das Herbeibringen, zu: apporter, ↑apportieren]: **1.** (Wirtsch. veraltet) *Sacheinlage bei Gründung einer Kapitalgesellschaft.* **2.** (Jägerspr.) *das Herbeibringen von Gegenständen od. erlegtem kleinen Wild durch einen Hund.* **3.** (Parapsych.) *(im Verständnis der Parapsychologie) von Geistern od. durch ein Medium bewirkte Lage- oder Ortsveränderung von Gegenständen, das Herbeischaffen, Erscheinenlassen von Gegenständen.*

ap|por|tie|ren ⟨sw. V.; hat⟩ [(beeinflusst von gleichbed. frz. rapporter) < frz. apporter = herbeibringen < lat. apportare] (Jägerspr.): *(von einem Hund) (Gegenstände od. erlegtes kleineres Wild) herbeibringen:* der Hund apportiert den Stock; der Hund kann a.

Ap|por|tier|hund, der: *Hund, der zum Apportieren abgerichtet ist od. sich dazu eignet.*

Ap|po|si|ti|on, die; -, -en [lat. appositio = das Hinsetzen, Zusatz] (Sprachw.): *substantivische nähere Bestimmung, die meist im gleichen Fall steht wie das Substantiv od. Pronomen, zu dem es gehört; Beisatz* (z. B. Karl der Große, er als behandelnder Arzt).

ap|po|si|ti|o|nal ⟨Adj.⟩, **ap|po|si|ti|o|nell** ⟨Adj.⟩ (Sprachw.): *die Apposition betreffend; als Apposition, in der Art einer Apposition gebraucht, in der Apposition stehend.*

ap|po|si|tiv ⟨Adj.⟩ (Sprachw.): *als Apposition gebraucht, in der Apposition stehend.*

ap|prai|siv [apreˈziːf] ⟨Adj.⟩ [engl. appraisive, zu: to appraise = schätzen, bewerten < frz. apprécier < lat. appretiare] (Sprachw.): *bewertend; nicht wertfrei:* Die sozialistische Agitation dagegen »muss selbstverständlich den jeweils bedingten -en und präskriptiven Charakter der Wörter in Rechnung stellen ...« (Deutsch als Fremdsprache 6, 1972, 377).

Ap|pre|hen|si|on, die; -, -en [spätlat. apprehensio = das Verstehen, Begreifen, zu: apprehendere = sich aneignen; 3: frz. appréhension = Befürchtung, zu: appréhender, ↑apprehensiv]: **1.** *Erfassung eines Gegenstandes durch die Sinne.* **2.** (Philos.) **a)** *(in der scholastischen Philosophie) erster geistiger Schritt bei der Gewinnung von Erkenntnis,* **b)** *(im deutschen Rationalismus u. bei Kant) vorbegriffliches Erfassen von den in der Vorstellung gegebenen Gegenständen.* ◆ **3.** *Widerwille, Abneigung, Unbehagen:* weil sie nicht gemeint war, in ihrer Umgebung etwas zuzulassen, wovor sie immerfort eine starke A. gefühlt hatte (Goethe, Wahlverwandtschaften II, 11); Seine Gesicht, nicht allein von Blattern entstellt, sondern auch des einen Auges beraubt, sah man die erste Zeit nur mit A. (Goethe, Dichtung u. Wahrheit 4).

ap|pre|hen|siv ⟨Adj.⟩ [1: engl. apprehensive, frz. apprehensif, zu frz. apprehender = (be)fürchten < lat. apprehendere (↑Apprehension) im Sinne von: im Geiste abwägen; 2: zu ↑Apprehension (1)]: **1.** *furchtsam.* **2.**

Ap|pre|teur [...ˈtøːɐ̯], der; -s, -e: (bes. Textilind.): *Zurichter, Ausrüster [von Geweben].*

Ap|pre|teu|rin [...ˈtøːʁ...], die; -, -nen: w. Form zu ↑Appreteur.

ap|pre|tie|ren ⟨sw. V.; hat⟩ [frz. apprêter = zubereiten, zu lat. praestus = gegenwärtig, zur Hand] (bes. Textilind.): *Gewebe (auch Leder, Holz, Papier) durch entsprechendes Bearbeiten ein besseres Aussehen, Glätte, Glanz, größere Festigkeit geben:* ◆ Ü und ... Qualen appretiert *(gefestigt)* und sublimiert zu werden (Jean Paul, Wutz 12); ⟨subst.:⟩ Es war

Appretur

einmal ein braver Koch, geschickt im Appretieren (*im Anrichten, Zubereiten;* Goethe, Katzenpastete).
Ap|pre|tur, die; -, -en (bes. Textilind.): **a)** *mechanische u. chemische Bearbeitung von Geweben (auch von Leder, Holz, Papier) zur Erzielung von Glätte, Glanz, Festigkeit o. Ä.; Veredlung, Ausrüstung;* **b)** *Mittel, Masse zum Appretieren.*
Ap|proach [ə'proʊtʃ], der; -[e]s, -s [engl. approach, zu: to approach = sich nähern < frz. approcher < spätlat. appropiare]: **1.** (Wissensch.) *Annäherung an ein wissenschaftliches Problem; Vorgehensweise; Ansatz:* er hat einen anderen A.; ein ganz neuer A. **2.** (Werbespr.) *wirkungsvolle Werbezeile (als Annäherung des Werbenden an den Konsumenten), bes. Anfang eines Werbetextes, der die Aufmerksamkeit des Konsumenten erregen soll.* **3.** (Flugw.) *Landeanflug.*
Ap|pro|ba|ti|on, die; -, -en [lat. approbatio]: *zur Ausübung des Berufs als Arzt od. Apotheker erforderliche staatliche Bestätigung, Zulassung:* der Zahnärztin wurde die A. erteilt.
ap|pro|ba|tur [lat. = es wird gebilligt, zu: approbare, ↑approbieren] (Buchw.): *zum Druck freigegeben (Formel der kirchlichen Druckerlaubnis).*
ap|pro|bie|ren ⟨sw. V.; hat⟩ [lat. approbare, zu: probare, ↑probieren] (österr., sonst veraltet): *[behördlich] genehmigen, zulassen:* ein Schulbuch, ein Buch für den Gebrauch an Schulen a.; 1979 sprach die Glaubenskongregation ihr Urteil, das der Papst approbiert hatte (Bund 9. 8. 80, Beilage 1).
ap|pro|biert ⟨Adj.⟩: *als Arzt od. Apotheker zur Berufsausübung staatlich zugelassen, anerkannt:* ein -er Tierarzt.
Ap|pro|che [a'prɔʃ(ə)], die; -, -n [...ʃn; frz. approches (Pl.), zu: approcher < spätlat. appropiare = sich nähern (Milit. veraltet): *Laufgraben.*
ap|pro|chie|ren ⟨sw. V.; hat⟩ [frz. approcher, ↑Approche] (veraltet): **1.** *sich nähern.* **2.** (Milit.) *Laufgräben ausheben.*
Ap|pro|pri|a|ti|on, die; -, -en [spätlat. appropriatio, zu lat. appropriare, ↑appropriieren] (selten): *Zu-, Aneignung; Besitzergreifung.*
ap|pro|pri|ie|ren ⟨sw. V.; hat⟩ [spätlat. appropriare, zu lat. proprius = eigen] (selten): *in Besitz nehmen.*
Ap|pro|vi|sa|ti|on, die; -, -en (österr. Amtsspr. veraltet): *Versorgung mit Lebensmitteln:* die A. der Armee stockte.
ap|pro|vi|si|o|nie|ren ⟨sw. V.; hat⟩ [frz. approvisionner, zu: provision = Vorrat < lat. provisio = Vorsorge] (österr. Amtsspr. veraltet): *mit Lebensmitteln versorgen.*
Ap|pro|vi|si|o|nie|rung, die; -, -en: *Approvisation.*
Ap|pro|xi|ma|ti|on, die; -, -en [mlat. approximatio, zu lat. approximare = sich nähern]: **1.** (bildungsspr.) *Annäherung (an einen bestimmten Zielpunkt o. Ä.).* **2.** (Math.) *Näherung, Näherungswert.*
ap|pro|xi|ma|tiv ⟨Adj.⟩ (bildungsspr.): *angenähert; ungefähr:* -e Werte, Angaben; die Preise lauten a. wie folgt ....
ap|pro|xi|mie|ren ⟨sw. V.; hat⟩ (bes.

Math.): *annähern, eine Approximation vornehmen.*
Apr. = April.
Apra|xie, die; -, -n [griech. apraxía = Untätigkeit] (Med.): *Unfähigkeit, richtige Bewegungen auszuführen (infolge krankhaft geschädigter Nervenbahnen).*
Après-Ski [aprɛ'ʃi:, frz.: apre'ski], das; - [frz. après ski = nach dem Ski(laufen)]: **a)** *sportlich-saloppe, modisch-elegante Kleidung, die von Wintersportlern im Allgemeinen nach dem Skilaufen getragen wird;* **b)** *Unterhaltung, Vergnügen, Zerstreuung [nach dem Skilaufen] im Winterurlaub.*
Après-Ski-Klei|dung, die: *Après-Ski* (a).
Après-Ski-Kos|tüm, das: vgl. Après-Ski (a).
apri|cot [...'ko:] ⟨indekl. Adj.⟩ [frz. abricot, in der Schreibung an ↑Aprikose angelehnt]: *von der Farbe der Aprikose; aprikosenfarben:* eine Bluse.
Apri|ko|se, die; -, -n [niederl. abrikoos < frz. abricot < span. albaricoque < arab. al-barqūq = Pflaumen, über das Spätgriech. < spätlat. praecoca = Pfirsiche, eigtl. = frühreife (Früchte)]: **a)** *rundliche, samtig behaarte, gelbe bis orangefarbene, oft rotwangige Frucht mit [saftigem] wohlschmeckendem Fruchtfleisch u. glattem, scharfkantigem Stein;* **b)** kurz für ↑Aprikosenbaum.
apri|ko|sen|ar|tig ⟨Adj.⟩: *einer Aprikose* (a) *ähnlich.*
Apri|ko|sen|baum, der: *weiß bis hellrosa blühender Obstbaum mit Aprikosen als Früchten.*
Apri|ko|sen|blü|te, die: **1.** *Blüte eines Aprikosenbaums.* **2.** ⟨o. Pl.⟩ *das Blühen der Aprikosenbäume; Zeit, in der die Aprikosenbäume blühen:* die A. ist schon vorüber.
apri|ko|sen|far|ben ⟨Adj.⟩: *apricot.*
Apri|ko|sen|haut, die ⟨o. Pl.⟩: *Pfirsichhaut* (2).
Apri|ko|sen|li|kör, der: *aus Aprikosensaft hergestellter Likör.*
Apri|ko|sen|mar|me|la|de, die: *aus Aprikosen hergestellte Marmelade.*
Apri|ko|sen|saft, der: *Saft von Aprikosen.*
Apri|ko|sen|sor|te, die: *bestimmte Sorte von Aprikosen.*
Apri|ko|sen|spin|ner, der: *Schlehenspinner.*
April, der; -[s], -e ⟨Pl. selten⟩ [mhd. aberelle, ahd. abrello < lat. Aprilis (mensis), H. u.]: *vierter Monat des Jahres:* der launische, unbeständige A.; Anfang, Ende A.; Es ist A. geworden, wetterwendischer A. (Fallada, Mann 180); im Laufe des April[s], des Monats A.; im A.; *jmdn. in den A. schicken (jmdn. am 1. April mit etw., mit einem scherzhaften Auftrag o. Ä. zum Narren halten;* H. u.): A., A.! *(spottender Zuruf an jmdn., der in den April geschickt wurde);* Abk.: Apr.
April|narr, der: *jmd., der sich in den April schicken lässt (als Ruf, mit dem er verspottet wird).*
April|schau|er, der: *plötzlicher, meist heftiger Regenschauer, wie er im April häufig auftritt.*

April|scherz, der: *Spaß, Ulk, mit dem jmd. in den April geschickt wird:* auf einen A. hereinfallen; Ü Das ist kein A., sondern traurige Wahrheit (Bild 1. 4. 64,5); das ist doch wohl ein A.! *(kann doch nicht wahr sein, ist doch wohl nicht ernst zu nehmen!).*
Aprils|geck, der: *Aprilnarr.*
Aprils|narr, der: *Aprilnarr.*
April|the|sen ⟨Pl.⟩: *von Lenin am 17. April 1917 in Petrograd verkündetes Programm, das die Aktionen der bolschewistischen Partei auf dem Weg von der Februar- in die Oktoberrevolution bestimmte.*
April|wet|ter, das ⟨o. Pl.⟩: *unbeständiges, meist kühles Wetter mit raschem Wechsel zwischen heftigen Schauern u. Aufheiterungen, wie es im April häufig ist.*
a pri|ma vis|ta [ital. = auf den ersten Blick, aus ↑²a, prima (↑prima) u. vista = das Sehen, zu: vedere < lat. videre = sehen]: **a)** *ohne vorherige Kenntnis; unvorbereitet:* a p. v. etwas schwer beurteilen können; **b)** (Musik selten) *ohne vorherige Probe od. Kenntnis der Noten:* a p. v. spielen, singen.
a pri|o|ri [lat. = vom Früheren her, zu: prior, ↑Prior]: **a)** (Philos.) *von der Erfahrung unabhängig.* Wahrnehmung unabhängig, aus der Vernunft durch logisches Schließen gewonnen; aus Vernunftgründen: eine Erkenntnis, ein Urteil a p.; **b)** (bildungsspr.) *von vornherein, grundsätzlich; ohne weitere Beweise:* etw. a p. verurteilen; Arbeits- und Sozialwelt bedeuten a p. keinen Widerspruch mehr (Welt 3. 7. 1965, die geist. Welt 1).
April|o|ri, das; -, - (Philos.): *Vernunftsatz; Inbegriff apriorischer Erkenntnisse.*
apri|o|risch ⟨Adj.⟩ (Philos.): *aus der Vernunft gewonnen, durch Denken erschlossen; erfahrungsunabhängig; aus Vernunftgründen, vernunftgemäß:* Ist die Weltauffassung der Philosophie ... eine ... -e Konstruktion ...? (Natur 13).
Apri|o|ris|mus, der; - (Philos.): *Lehre, die eine von der Erfahrung unabhängige Erkenntnis annimmt.*
Apri|o|rist, der; -en, -en: *Vertreter der Lehre des Apriorismus.*
Apri|o|ris|tin, die; -, -nen: w. Form zu ↑Apriorist.
apri|o|ris|tisch ⟨Adj.⟩: *den Apriorismus betreffend.*
apro|pos [apro'po:] ⟨Adv.⟩ [frz. à propos = der Sache, dem Thema angemessen, zu: propos = Gespräch(sthema), zu: proposer = vorschlagen] (bildungsspr.): *übrigens; nebenbei bemerkt; da wir gerade davon sprechen:* das kostet eine Menge Geld – a. Geld, ich muss ja noch zur Bank!; Apropos Familienfreundlichkeit: In vielen Wintersportorten fahren Kinder ... gratis mit dem Lift (ADAC-Motorwelt 11, 1986, 94).
Apro|se|xie, die; -, -n [griech. aprosexía = Unaufmerksamkeit] (Med.): *Konzentrationsschwäche.*
Ap|si|de, die; -, -n [spätlat. apsida, zu lat. apsis, ↑Apsis]: **1.** (Astron.) *Punkt der kleinsten od. größten Entfernung eines Planeten vom Gestirn, das er umläuft.* **2.** *Apsis* (1).

Ap|si|den: 1. Pl. von ↑Apsis. **2.** Pl. von ↑Apside.

ap|si|di|al ⟨Adj.⟩ (Archit.): *die Apsis* (1) *betreffend, nach Art einer Apsis gebaut.*

Ap|sis, die; -, Apsiden [1: (spät)lat. apsis (Gen.: absidis); hapsis < griech. (ionisch) apsis = Gefüge; Masche eines Netzes, zu: háptein = (an)knüpfen]: **1.** (Archit.) *über einem halbkreisförmigen, oft auch vieleckigen Grundriss errichteter, mit einer Halbkuppel überwölbter Raum, der einen Hauptraum, meist einen Kirchenraum, abschließt:* eine halbrunde A. **2.** *[halbrunde] Nische im Zelt zur Aufnahme von Gepäck u. Ä.*

ap|tie|ren ⟨sw. V.; hat⟩ [2: lat. aptare]: **1.** (Philat.) *einen Stempel so ändern, dass eine weitere Benutzung möglich ist.* **2.** (veraltet) *anpassen; herrichten.*

Ap|ti|tude [ˈæptɪtjuːd], die; -, -s [engl. aptitude = Begabung < mfrz. aptitude < spätlat. aptitudo = Brauchbarkeit] (Psych.): *anlagebedingte Fähigkeit, Leistungen zu erbringen.*

Apu|li|en; -s: italienische Region.

Apu|li|er, der; -s, -: Ew.

Apu|li|e|rin, die; -, -nen: w. Form zu ↑Apulier.

apu|lisch ⟨Adj.⟩: *Apulien, die Apulier betreffend.*

Apy|re|xie, die; -, -n [aus griech. a- = nicht u. ↑Pyrexie] (Med.): *Fieberlosigkeit, fieberfreie Zeit (z. B. zwischen Malariaanfällen).*

Aqua des|til|la|ta, das; - - [aus lat. aqua = Wasser u. destillata, 2. Part. von: destillare, ↑destillieren] (Chemie): lat. Bez. für *destilliertes Wasser.*

Aquä|dukt, der, auch: das; -[e]s, -e [lat. aquae ductus = Leitung des Wassers]: *(in der römischen Baukunst) Wasserleitung, bei der das Wasser in offenen oder abgedeckten Kanälen über eine oft mehrgeschossige Bogenbrücke in natürlichem Gefälle dem Ziel zugeleitet wird.*

Aqua|kul|tur, die; -, -en: **1.** ⟨o. Pl.⟩ **a)** *systematische Bewirtschaftung u. Nutzung von Meeren, Seen u. Flüssen für die Gewinnung bes. der für die Ernährung wichtigen, im Wasser existierenden Pflanzen u. Tiere (z. B. durch Anlegen von Muschelkulturen);* **b)** *(in bestimmten Anlagen, Aquarien u. Ä. durchgeführtes) Verfahren zur Intensivierung der Fischzüchtung u. Fischproduktion.* **2.** *Anlage zur Aquakultur* (1): Schon heute werden ... Wassertiere in -en gezüchtet (MM 12. 11. 70, 13).

äqual ⟨Adj.⟩ [lat. aequalis] (bildungsspr.): *gleich [groß]; nicht verschieden.*

Aqua|ma|ni|le, das; -s, -n [mlat. aqua(e)manile, zu spätlat. manile = Gießkanne] (kath. Kirche): *Gefäß, das bei der Handwaschung des Priesters in der ¹Messe* (1) *verwendet wird.*

aqua|ma|rin ⟨Adj.⟩: *von der Farbe des Aquamarins.*

Aqua|ma|rin, der; -s, -e [lat. aqua marina = Meerwasser]: *hellblauer bis meergrüner Edelstein, Abart des Beryllls.*

aqua|ma|rin|blau, aqua|ma|rin|far|ben ⟨Adj.⟩: *aquamarin.*

Aqua|naut, der; -en, -en [zu griech. naútēs = Seemann]: *jmd., der [in einer Unterwasserstation o. Ä.] die besonderen Lebens- u. Umweltbedingungen in größeren Meerestiefen erforscht; Unterwasserforscher:* -en ..., die in rund 63 m Wassertiefe ... ein Forschungsprogramm erfüllen (MM 10. 9. 65, 3).

Aqua|nau|tik, die; -: *Forschungsbereich der Ozeanographie, der sich vor allem mit den Möglichkeiten des Aufenthaltes von Menschen unter Wasser sowie mit der Erkundung u. Ausnutzung von Meeresbodenschätzen befasst; Unterwasserforschung.*

Aqua|nau|tin, die; -, -nen: w. Form zu ↑Aquanaut.

Aqua|pla|ning [...ˈplaːnɪŋ, selten auch: ...ˈpleɪnɪŋ], das; -[s] [engl. aquaplaning, zu: to aquaplane = (auf nasser Straße) rutschen, schleudern, eigtl. = Wasserski fahren, zu: aquaplane = Wasserski]: *bei höheren Geschwindigkeiten auf regennasser Straße unkontrollierbares Gleiten eines Kraftfahrzeugs auf einer den unmittelbaren Kontakt zwischen Fahrbahnbelag u. Reifen aufhebenden Wasserschicht:* beim A. ist ein Auto praktisch nicht mehr lenkbar.

Aqua|rell, das; -s, -e [ital. acquerello, zu: acqua = Wasser < lat. aqua] (Malerei): *mit Aquarellfarben auf meist weißem, saugfähigem Papier gemaltes Bild, bei dem der Grund durchscheint, teilweise auch ausgespart ist:* ein A. von Nolde; * **A. malen** *(mit Aquarellfarben malen);* **in A.** *(in Aquarellfarben):* eine Landschaft in A.

Aqua|rell|druck, der ⟨Pl. -e⟩: *Reproduktion eines Aquarells im Offset- od. Steindruck, oft unter Verwendung rauer, harter Papiere, bei der die Eigenheiten der Aquarellmalerei nachgeahmt werden.*

Aqua|rell|far|be, die: *durchscheinende, nicht deckende Wasserfarbe.*

Aqua|rell|holz|schnitt, der: *chinesischer od. japanischer Holzschnitt, bei dessen Herstellung der Druckstock vor jedem Abzug mit Aquarellfarben o. Ä. eingefärbt wird.*

aqua|rel|lie|ren ⟨sw. V.; hat⟩ (Malerei): *mit Aquarellfarben malen:* er aquarelliert gern; Gesell aquarellierte ... das kleine Hafenstück ..., indem er ... seinen Pinsel in einen Rest grünen Tees tauchte (Muschg, Sommer 269); eine aquarellierte *(mit Aquarellfarben farbig gemachte)* Zeichnung.

Aqua|rel|list, der; -en, -en: *Aquarellmaler.*

Aqua|rel|lis|tin, die; -, -nen: w. Form zu ↑Aquarellist.

Aqua|rell|ma|ler, der: *Künstler, der Aquarelle malt.*

Aqua|rell|ma|le|rei, die: **1.** ⟨o. Pl.⟩ *das Malen, die Kunst des Malens mit Aquarellfarben.* **2.** *mit Aquarellfarben gemaltes Bild, Aquarell.*

Aqua|rell|ma|le|rin, die: w. Form zu ↑Aquarellmaler.

Aqua|rell|tech|nik, die: *beim Malen von Aquarellen angewandte Technik.*

Aqua|ri|a|ner, der; -s, -: *jmd., der sich aus Liebhaberei mit der Haltung u. Züchtung von Wassertieren u. -pflanzen in Aquarien beschäftigt.*

Aqua|ri|a|ne|rin, die; -, -nen: w. Form zu ↑Aquarianer.

Aqua|ri|en: Pl. von ↑Aquarium.

Aqua|ri|en|fisch, der: **a)** *zur Haltung in einem Aquarium geeigneter Fisch;* **b)** *Fisch, der in einem Aquarium gehalten wird.*

Aqua|ri|en|freund, der: *jmd., der aus Liebhaberei ein Aquarium, Aquarien unterhält.*

Aqua|ri|en|freun|din, die: w. Form zu ↑Aquarienfreund.

Aqua|ri|en|glas, das: *kleines Aquarium.*

Aqua|ri|en|haus, das: *Gebäude, in dem zur Besichtigung von Wassertieren u. -pflanzen Aquarien untergebracht sind.*

Aqua|ri|en|kun|de, die: *Lehre vom sachgerechten Halten u. Züchten von Tieren u. Pflanzen in Aquarien; Aquaristik.*

Aqua|ri|en|lieb|ha|ber, der: *Aquarienfreund.*

Aqua|ri|en|lieb|ha|be|rin, die; -, -nen: w. Form zu ↑Aquarienliebhaber.

Aqua|ri|en|pflan|ze, die: **a)** *Wasser- od. Sumpfpflanze, die in einem Aquarium gehalten wird;* **b)** *Wasser- od. Sumpfpflanze, die zur Haltung in einem Aquarium eignet.*

Aqua|ri|en|tier, das: **a)** *zur Haltung in einem Aquarium geeignetes Wassertier:* -e wie Teichmuscheln und Meeresschnecken; **b)** *Wassertier, das in einem Aquarium gehalten wird:* Goldfische sind beliebte -e.

Aqua|rist, der; -en, -en: *jmd., der sich mit Aquaristik beschäftigt.*

Aqua|ris|tik, die; -: *Aquarienkunde.*

Aqua|ris|tin, die; -, -nen: w. Form zu ↑Aquarist.

aqua|ris|tisch ⟨Adj.⟩: *die Aquaristik, die Aquarienkunde betreffend, auf ihr beruhend:* der -e Fachhandel; in dieser Tierhandlung berät man Sie in allen -en Fragen.

Aqua|ri|um, das; -s, ...ien [zu lat. aquarius = zum Wasser gehörend]: **1.** *meist viereckiger Glas- od. Plexiglasbehälter, der, mit Süß- od. Seewasser gefüllt, zur Pflege, Zucht u. Beobachtung von Wassertieren (meist Fischen) u. Wasserpflanzen dient:* ein beleuchtetes A.; ein A. anlegen. **2.** *Aquarienhaus.*

Aqua|tel, das; -s, -s [zu lat. aqua = Wasser u. ↑Hotel]: *Hotel, das anstelle von Zimmern od. Appartements Hausboote vermietet.*

Aqua|tin|ta, die; -, ...ten [ital. acquatinta < lat. aqua tincta = gefärbtes Wasser] (bild. Kunst): **a)** ⟨o. Pl.⟩ *Kupferstichverfahren, bei dem die Zeichnung aus einer mit pulverisiertem Kolophonium u. Asphaltlack präparierten Metallplatte herausgeätzt wird, wobei die Wirkung einer Tuschzeichnung erzielt wird:* diese Radierung ist in A. ausgeführt; **b)** *(selten) in Aquatinta ausgeführte Arbeit:* er arbeitet an einer A.

aqua|tisch ⟨Adj.⟩: *dem Wasser zugehörend, im Wasser befindlich, lebend, entstanden:* eine -e Fauna, -e Sedimente.

Äqua|tor, der; -s, ...oren [lat. aequator = Gleichmacher, zu: aequare = gleichmachen, zu: aequus = gleich]: **1.** ⟨o. Pl.⟩ *größter Breitenkreis auf der Erde, der die*

äquatorial

Erdkugel in die nördliche u. südliche Halbkugel teilt; Erdäquator: das Schiff hat den Ä. passiert, überquert. **2.** (Math.) *Großkreis auf einer Kugel, dessen Ebene senkrecht auf einem vorgegebenen Kugeldurchmesser steht u. der die Kugel in zwei gleiche Hälften teilt.*

äqua|to|ri|al ⟨Adj.⟩: **a)** *zum Äquator gehörend;* **b)** *unter dem Äquator od. in der Nähe des Äquators befindlich:* -e Meere; was die Niederländer sich unter dem -en Himmel ... abgewöhnen mussten, war ihr Fleiß (Jacob, Kaffee 115).

Äqua|to|ri|al|gui|nea; -s: Staat in Afrika.

Äqua|to|ri|al|re|gen, der (Geogr.): *zweimal im Jahr auftretende Regenzeit in äquatorialen Räumen.*

Äqua|to|ri|al|strom, der (Geogr.): *eine der beiden durch die Passatwinde hervorgerufenen, westwärts gerichteten warmen Meeresströmungen beiderseits des Äquators.*

Äqua|tor|tau|fe, die: *seemännischer Brauch, nach dem jede Person, die zum ersten Mal den Äquator passiert, unter Wasser getaucht wird.*

a qua|tre mains [akatrəˈmɛ̃; frz., aus: à = mit, quatre = vier u. mains = Hände] (Musik): *vierhändig.*

Aqua|vit [auch: ...ˈvɪt], der; -s, -e [zu lat. aqua vitae = Lebenswasser, urspr. in der Apothekerspr. Bez. für »Branntwein«]: *meist wasserheller od. gelblicher, vorwiegend mit Kümmel [u. anderen Gewürzen] aromatisierter Branntwein.*

äqui|dis|tant ⟨Adj.⟩ [spätlat. aequidistans (Gen.: aequidistantis)] (Math.): *gleich weit voneinander entfernt (z. B. von Punkten auf Kurven).*

Äqui|dis|tanz, die; -, -en (bes. Fachspr.): *gleich großer Abstand:* weil sonst die gewünschte Ä. zu den Zählimpulsen prinzipiell nicht einhaltbar ist (Elektronik 10, 1971, 337); Ü die SPD betreibe eine Politik der Ä. zu beiden Supermächten, das heißt, sie halte trotz Zugehörigkeit zum westlichen Bündnis gleichen Abstand zu den beiden Großen (Spiegel 3, 1983, 20).

Aqui|fer, der; -s, -e [zu lat. aqua = Wasser u. ferre = tragen] (Geol.): **1.** *Schicht* (1), *die Grund- od. Mineralwasser enthält u. geeignet ist, es weiterzuleiten.* **2.** *Struktur* (2) *in einer Wasser führenden Schicht, die Gas speichert.*

äqui|li|brie|ren ⟨sw. V.; hat⟩ [frz. équilibrer] (selten): *ins Gleichgewicht bringen.*

Äqui|li|brist, der; -en, -en [frz. équilibriste, zu lat. aequilibrium = Gleichgewicht, zu: aequus = gleich u. libra = Waage]: *Artist, der die Kunst des Gleichgewichthaltens beherrscht; Gleichgewichtskünstler, bes. Seiltänzer.*

Äqui|li|bris|tik, die; -: *Kunst des Gleichgewichthaltens.*

Äqui|li|bris|tin, die; -, -nen: w. Form zu ↑Äquilibrist.

äl|qui|li|bris|tisch ⟨Adj.⟩: *die Äquilibristik betreffend, zu ihr gehörend, auf ihr beruhend:* -e Vorführungen, Kunststücke.

äqui|mo|lar ⟨Adj.⟩ (Chemie): (bes. von Lösungen) *in gleichen Volumina gleich viele Mole enthaltend.*

äqui|mo|le|ku|lar ⟨Adj.⟩ (Chemie): (bes. von Lösungen) *in gleichen Volumina gleich viele Moleküle enthaltend.*

äqui|nok|ti|al ⟨Adj.⟩ [lat. aequinoctialis] (Astron., Geogr.): *das Äquinoktium betreffend, zu ihm gehörend.*

Äqui|nok|ti|al|stür|me ⟨Pl.⟩ (Geogr.): *regelmäßig zur Zeit der Äquinoktien bes. im Bereich der subtropischen Meere auftretende Stürme, die häufig von starken, oft gewittrigen Regengüssen begleitet sind.*

Äqui|nok|ti|um, das; -s, ...ien [lat. aequinoctium, zu: aequus = gleich u. nox (Gen.: noctis) = Nacht] (Geogr.): *Zeitpunkt, zu dem die Sonne auf ihrer jährlichen scheinbaren Bahn den Himmelsäquator schneidet u. für alle Orte auf der Erde Tag u. Nacht gleich lang sind; Tag- und Nachtgleiche:* im Frühjahr liegt das Ä. um den 21. März.

Aqui|ta|ni|en; -s: historische Landschaft in Südwestfrankreich.

Äqui|tät, die; - [lat. aequitas, zu: aequus = gleich] (veraltet): *eigentlich übliches u. jmdm. zustehendes Recht; Gerechtigkeit* (1a).

äqui|va|lent ⟨Adj.⟩ [mlat. aequivalens (Gen.: aequivalentis), zu lat. aequus = gleich u. valere = wert sein] (bildungsspr.): *gleichwertig:* zwei -e Ausdrücke; -e Mengen (Math.; *Mengen, deren Elemente einander umkehrbar eindeutig zugeordnet werden können; Mengen gleicher Mächtigkeit*).

Äqui|va|lent, das; -[e]s, -e (bildungsspr.): *gleicher Wert, Gegenwert; gleichwertiger Ersatz, gleichwertige Entschädigung; Ausgleich, Entsprechendes:* für eine solche Leistung ist diese Bezahlung kein richtiges Ä.; es gibt für dieses englische Wort im Deutschen kein [wirkliches] Ä.; der Nürburgring – ein deutsches Ä. zur Targa Florio (ADAC-Motorwelt 4, 1986, 114).

Äqui|va|lenz, die; -, -en [mlat. aequivalentia] **1.** (bildungsspr.) *Gleichwertigkeit; Wertgleichheit:* die Ä. zweier Begriffe, verschiedener Tauschobjekte. **2.** (Logik) *Gleichwertigkeit der Wahrheitshaltes, der Bedeutung zweier Aussagen.* **3.** (Math.) *Gleichwertigkeit zweier Mengen, die dann besteht, wenn es sich um Mengen gleicher Mächtigkeit* (4) *handelt.*

äqui|vok ⟨Adj.⟩ [spätlat. aequivocus, zu: aequus = gleich u. vocare, ↑Vokabel]: **a)** (Sprachw., Philos.) *zwei-, mehrdeutig, von verschiedener Bedeutung trotz gleicher Lautung* (z. B. »einsilbig« als Eigenschaft von Wörtern u. von Menschen): -e Ausdrücke; **b)** (bildungsspr.) *doppelsinnig, verschieden deutbar:* eine -e Aussage, Auffassung.

Äqui|vo|ka|ti|on, die; -, -en: **1.** *Doppelsinnigkeit, Mehrdeutigkeit.* **2.** (*in der Informationstheorie* 1) *Verlust von Informationen bei der Nachrichtenübermittlung.* **3.** (Sprachw.) *Homonymie.*

¹Ar, das, auch: der; -s, -e (aber: 10 -) [frz. are < lat. area = freier Platz, Fläche]: *Flächenmaß von 100 m²:* 25 Ar Land; eine Fläche von 87 Ar (Zeichen: a).

²Ar = = Argon.

Ara, der; -s, -s [frz. ara < Tupi (südamerik. Indianerspr.) arara]: *(vor allem in den Wäldern Mittelamerikas lebender) in Baumhöhlen nistender großer, langschwänziger, sehr bunter Papagei mit großem, kräftigem Schnabel.*

Ära, die; -, Ären ⟨Pl. selten⟩ [spätlat. aera, eigtl. = gegebene Zahl]: **1. a)** (hist.) *Zeitrechnung, der als Ausgangspunkt ein wirkliches od. fiktives Ereignis zugrunde liegt u. die durch fortlaufende Weiterzählung der einzelnen Jahre zustande kommt:* die christliche Ä. zählt die Jahre nach und vor Christi Geburt; **b)** (bildungsspr.) *in bestimmter Weise durch eine Person od. Sache geprägtes Zeitalter, gekennzeichnete Epoche; unter einem bestimmten Aspekt gesehener Zeitabschnitt:* eine neue Ä. begann; die Ä. der Raumfahrt; die Ä. des Feudalismus; die Ä. de Gaulle (*die Amtszeit de Gaulles*); Hemingways Dichtung zeugt von der Barbarisierung, die in der technischen Ä. eingetreten ist (Bodamer, Mann 171). **2.** (Geol.) **a)** *größte, mehrere Formationen umfassende Zeiteinheit der Erdgeschichte; Erdzeitalter;* **b)** *Zeitraum, in dem eine Reihe von zusammengehörenden Gebirgsfaltungen abläuft.*

Ara|ber [ˈaːrabɐ, auch: ˈar..., österr. u. schweiz. auch: aˈraːbɐ], der; -s, - [lat. Arabes (Pl.) < griech. Árabes < arab. ˈarab, eigtl. = Wüstenbewohner]: **1.** Ew. zu ↑Arabien. **2.** *Pferd der edelsten Pferderasse des arabischen Vollbluts.*

Ara|be|rin, die; -, -nen: w. Form zu ↑Araber (1).

ara|besk ⟨Adj.⟩ [frz. arabesque < ital. arabesco = arabisch]: *Arabesken* (1) *aufweisend; rankenförmig verziert, verschnörkelt.*

Ara|bes|ke, die; -, -n [frz. arabesque < ital. arabesco, zu: arabo = arabisch]: **1.** (bild. Kunst) *aus der Dekorationskunst der römisch-hellenistischen Welt entwickeltes, stilisiertes Rankenornament, das das vorherrschende Dekorationselement in allen Gattungen der islamischen Kunst darstellt:* -n aus Gips; Ü Die komprimierte Anlage wird allein akzentuiert von rhythmisch gegeneinander versetzten Fenstern – eher A. (*Schnörkel, verzierendes, nebensächliches Beiwerk*) denn Funktion, aber wirkungsvoll (FR 21. 7. 98, 9). **2.** (Musik) **a)** *Verzierung einer Melodie, reiche Figuration;* **b)** *heiteres Musikstück bes. für Klavier.*

Ara|besque [araˈbɛsk], die; -, -s [...ˈbɛsk] (Ballett): (*beim klassischen Tanz*) *Haltung des Körpers auf einem Bein, wobei das andere Bein völlig gestreckt nach hinten angehoben ist, während ein Arm nach vorne ausgestreckt wird.*

Ara|bi|en; -s: das Gebiet der arabischen Halbinsel.

ara|bisch ⟨Adj.⟩: **a)** *Arabien, die Araber betreffend; von den Arabern stammend, zu ihnen gehörend;* **b)** *in der Sprache der Araber.*

Ara|bisch, das; -[s] u. ⟨nur mit best. Art.:⟩ **Ara|bi|sche,** das; -: *arabische Sprache.*

ara|bi|sie|ren ⟨sw. V.; hat⟩: *an die arabische Sprache, an die Sitten, das Wesen der Araber angleichen.*

Ara|bi|sie|rung, die; -: *das Arabisieren.*
Ara|bist, der; -en, -en: *Wissenschaftler auf dem Gebiet der Arabistik.*
Ara|bis|tik, die; -: *wissenschaftliche Erforschung der arabischen Sprachen u. Literaturen.*
Ara|bis|tin, die; -, -nen: w. Form zu ↑Arabist.
ara|bis|tisch ⟨Adj.⟩: *die Arabistik betreffend; auf dem Gebiet der Arabistik.*
Arach|ni|den ⟨Pl.⟩ [zu griech. aráchnē = Spinne u. -eidés = -gestaltig] (Zool.): *Spinnentiere.*
Arach|no|dak|ty|lie, die; -, -n [zu griech. dáktylos = Finger; Zehe] (Med.): *abnorme Länge der Hand- u. Fußknochen; Spinnenfingrigkeit.*
arach|no|id ⟨Adj.⟩ [zu griech. -oeidés = ähnlich]: *spinnenähnlich.*
Arach|no|i|den ⟨Pl.⟩: *Arachniden.*
Arach|no|lo|ge, der; -n, -n [zu griech. lógos, ↑Logos]: *Wissenschaftler auf dem Gebiet der Arachnologie.*
Arach|no|lo|gie, die; -: *Teilgebiet der Zoologie, das sich mit den Spinnentieren befasst.*
Arach|no|lo|gin, die; -, -nen: w. Form zu ↑Arachnologe.
arach|no|lo|gisch ⟨Adj.⟩: *die Arachnologie betreffend.*
arach|no|phob ⟨Adj.⟩ [zu griech. phóbos = Furcht]: *[krankhafte] Furcht, Abscheu vor Spinnen empfindend.*
Arach|no|pho|bie, die; -, -n [↑Phobie]: *[krankhafte] Furcht, Abscheu vor Spinnen.*
Aragón [...'gon]; -s: span. Form von ↑Aragonien.
Ara|go|ne|se, der; -n, -n (selten): ↑Aragonier.
Ara|go|ne|sin, die; -, -nen: w. Form zu ↑Aragonese.
Ara|go|ni|en; -s: Region in Nordostspanien.
Ara|go|ni|er, der; -s, -: Ew.
Ara|go|ni|e|rin, die; -, -nen: w. Form zu ↑Aragonier.
ara|go|nisch ⟨Adj.⟩: *Aragonien, die Aragonier betreffend.*
Ara|go|nit [auch: ...'nɪt], der; -s [nach dem häufigen Vorkommen in Aragonien]: *karbonatisches, dem Kalzit chemisch gleiches Mineral.*
Arai ⟨Pl.⟩ [griech. araí, Pl. von: ará = Fluch, Verwünschung]: *Verse einer altgriechischen Literaturgattung, in denen jmd. od. etw. verwünscht od. verflucht wird.*
Ara|lie, die; -, -n [H. u.]: kurz für ↑Zimmeraralie.
Aral|see, der; -s: See in Mittelasien.
Ara|mäa; -s: alter Name Syriens.
Ara|mä|er, der; -, -: *Angehöriger eines westsemitischen Nomadenvolkes.*
Ara|mä|e|rin, die; -, -nen: w. Form zu ↑Aramäer.
ara|mä|isch ⟨Adj.⟩: *Aramäa, die Aramäer betreffend.*
Ara|mä|isch, das; -[s] u. ⟨nur mit best. Art.⟩: **Ara|mä|i|sche,** das; -n: *aramäische Sprache.*
Aran|zi|ni ⟨Pl.⟩ [ital. arancini = kleine Apfelsinen, zu: arancia = Apfelsine < arab. nāranǧ, ↑²Orange] (bes. österr.): *überzuckerte od. mit Schokolade überzogene gekochte Apfelsinenschalen.*
Aräo|me|ter, das; -s, - [zu griech. araiós = dünn] (Physik): *Gerät zur Bestimmung der Dichte bzw. des spezifischen Gewichts von Flüssigkeiten; Senkwaage.*
Ärar, das; -s, -e [lat. aerarium = Staatskasse, Schatzkammer, zu: aes = Kupfer (das älteste röm. Geld bestand aus Kupfer)] (österr. Amtsspr. veraltend): a) *Staatsvermögen, Staatseigentum;* b) *Fiskus.*
Ara|ra, der; -s, -s: ↑Ara.
Ara|rat, der; -[s]: Berg in der Türkei.
ära|risch ⟨Adj.⟩ (österr. Amtsspr. veraltend): *das Ärar betreffend, aus ihm stammend, zu ihm gehörend; staatlich:* in ihrer Dienstzeit als -e Straßenwächter (Presse 24. 7. 69); dass die Heimkehrer ihr -es Kleidungsstück (= den Trenchcoat) ins zivile Dasein hinübernahmen (Wochenpresse 13, 1984, 69).
Arau|ka|ner, der; -s, -: *Angehöriger eines südamerikanischen Indianervolkes.*
Arau|ka|rie, die; -, -n [nach der chilenischen Provinz Arauco]: *auf der Südhalbkugel vorkommender Baum mit schuppen- bis nadelförmigen Blättern u. quirlig stehenden Ästen.*
Arąz|zo, der; -s, ...zzi [ital. arazzo, nach der nordfrz. Stadt Arras]: *gewirkter Bildteppich.*
Ar|beit, die; -, -en [1 c: mhd. ar(e)beit, ahd. ar(a)beit = schwere körperliche Anstrengung, Mühsal, Plage, viell. zu einem Verb mit der Bed. »eine Waise, ein Kind sein u. zu schwerer Arbeit verdingt sein« u. verw. mit ↑¹Erbe; die heutige Bed. seit Luther]: **1. a)** *Tätigkeit mit einzelnen Verrichtungen, Ausführung eines Auftrags o. Ä.:* eine leichte, anstrengende, mühsame, zeitraubende, langweilige, interessante A.; die -en können beginnen; die A. geht voran; diese A. geht mir gut, leicht von der Hand; die A. läuft uns nicht davon (scherzh.); *wir brauchen uns nicht damit zu beeilen;* Ich führe alle übertragenen -en zur vollen Zufriedenheit aus (Handke, Kaspar 68); eine A. übernehmen, ausführen, verrichten, erledigen; durch diese Maßnahmen können wir A. sparen; eine A. sparende Methode; Sie haben ... einen von uns abgezogen ..., und der andere ersäuft in A. (H. Gerlach, Demission 22); mit A. überhäuft sein; über einer A. sitzen; *****ganze, gründliche o. ä. A. leisten/tun/** (ugs.): *machen (etwas so gründlich tun, dass nichts mehr zu tun übrig bleibt; oft im negativen Sinn):* Wilderer ... haben schnelle A. geleistet (Grzimek, Serengeti 224); **b)** ⟨o. Pl.⟩ *das Arbeiten, Schaffen, Tätigsein; das Beschäftigtsein mit etwas:* körperliche, geistige A.; schöpferische A.; die A. am Schreibtisch nimmt den größten Teil seiner Zeit beansprucht (Plievier, Stalingrad 275); soziale A. leisten; gute A. leisten; viel A. haben *(viel arbeiten müssen);* seine A. tun; Die A. hat er auch nicht erfunden *(er ist nicht gerade arbeitsam),* alle Augenblicke ist er irgendwo hinausgeflogen (Kühn, Zeit 384); an die A. gehen; sich an die A. machen; Bei der A. an diesem Buch (W. Brandt, Begegnungen 7); Spr nach getaner A. ist gut ruh[e]n; *****etw. in A. geben** *(etw. anfertigen, machen lassen):* einen Anzug [bei einem Schneider] in A. geben; **etw. in A. haben** *(ar etw. zurzeit arbeiten; mit der Anfertigung von etw. gerade beschäftigt sein);* **in A. sein** *(gerade hergestellt werden);* **c)** ⟨o. Pl.⟩ *Mühe, Anstrengung; Beschwerlichkeit, Plage:* das war eine ziemliche A.; das war ein hartes Stück A. *(eine große Mühe),* Ausführlich erzählt Edith von Adolfs Gebrechen, und wie viel A. sie mit ihm hat (Chotjewitz, Friede 140); du hast dir [damit, dadurch] unnötige A. gemacht; keine Mühe und A. scheuen; das macht viel A.; **d)** ⟨o. Pl.⟩ *Berufsausübung, Erwerbstätigkeit; Arbeitsplatz:* eine A. suchen, finden; A. suchende Männer und Frauen; Seine Frau, alkoholkrank, verlor die Arbeit (Strauß, Niemand 100); A. haben *(eine Stelle, eine Anstellung haben);* Gitt ... wollte ... wieder ihre A. aufnehmen (H. Weber, Einzug 86); Tausend Beschäftigte ... ließen A. A. sein (Spiegel 45, 1975, 92); unsere Firma hat A. *(hat Aufträge);* einer [geregelten] A. nachgehen *(berufstätig sein);* (ugs.:) auf A. gehen *(berufstätig sein);* ohne A. sein *(arbeitslos sein);* von der A. kommen; zur A. gehen, fahren; Die Kinder waren zur Schule, der Mann war zur A. (Spiegel 26, 1978, 174); Spr jede A. ist ihres Lohnes wert; *****[bei jmdm.] in A. sein, stehen** *([bei jmdm.] beschäftigt, angeste*llt *sein);* **von seiner Hände A. leben** (geh.; *sich seinen Lebensunterhalt durch Erwerbstätigkeit verdienen).* **2.** ⟨o. Pl.⟩ (Sport) *körperliche Vorbereitung auf bestimmte Leistungen; Training;* die A. am Sandsack, mit der Hantel; A. an den Geräten. **3.** ⟨o. Pl.⟩ **a)** (Pferdesport) *für die Ausbildung für den jeweiligen Verwendungszweck dienende Beschäftigung mit dem Pferd:* die A. an der Longe, an der Hand; **b)** (Jagdw.) *Abrichtung u. Führung eines Jagdhundes, dessen Einübung in die Suche nach Wild:* die A. mit einem Leithund auf der Schweißfährte. **4. a)** *als Ergebnis einer Betätigung entstandenes Werk; Erzeugnis, Produkt:* eine sorgfältige, grundlegende A.; dass eine gute A. das beste Aushängeschild des Gewerbetreibenden sei (Chotjewitz, Friede 42), handgefertigte -en; eine A. veröffentlichen; junge Künstler stellen ihre -en aus; Ü das ist bestellte A. *(dahinter steckt Absicht, das war geplant);* *****nur halbe A. machen** *(etwas nur unvollkommen ausführen);* **b)** *Klassenarbeit:* der Lateinlehrer ließ eine A. schreiben; Jan hat die A. in Deutsch nicht mitgeschrieben; **c)** *Werk in seiner Beschaffenheit, in der Art seiner Ausführung; Gestaltung:* eine saubere, tadellose A.; getriebene A.; diese Vase ist eine italienische A.; eine A. aus Silber, in Marmor; Edle A., Löwenfüße aus Bronze (Feuchtwanger, Erfolg 236). **5.** (Physik) *Produkt aus einem Körper angreifenden Kraft v. dem unter ihrer Einwirkung von dem Körper zurückgelegten Weg (wenn Kraft u. Weg in ihrer Richtung übereinstimmen).*
ar|bei|ten ⟨sw. V.; hat⟩ [mhd. ar(e)beiten,

Arbeiter

ahd. ar(a)beiten = (sich) plagen, angestrengt tätig sein, zu ↑Arbeit]: **1. a)** *Arbeit leisten, verrichten; tätig sein:* körperlich, geistig a.; gewissenhaft, fleißig, hart, den ganzen Tag, am Schreibtisch, im Garten a.; an einem Roman a. *(schreiben);* der Schauspieler hat viel an sich gearbeitet *(hat sich viel mit der Ausbildung seiner schauspielerischen Fähigkeiten beschäftigt);* ich arbeite an mir, an unserer Beziehung (Dierichs, Männer 100); für, gegen Geld *(gegen Bezahlung)* a.; mit den Händen, mit dem Kopf a.; Dompteur Gilbert Huck, das war'n Franzose, ... arbeitete mit Tigern (Kirsch, Pantherfrau 8); im Akkord, mit Hochdruck, unter schlechten Bedingungen, unter Tarif a.; er lässt gern andere für sich a.; er arbeitete für sich ..., er war sein eigener Herr (Koeppen, Rußland 117); ⟨subst.:⟩ jmdn. am Arbeiten hindern; Ü sein Geld a. lassen *(es Gewinn bringend anlegen);* **b)** *beruflich tätig, beschäftigt sein:* halbtags a.; auf dem Bau, bei der Bahn, in einer Fabrik a.; Der Arzt arbeitet in einem Feldlazarett im Frontgebiet (Ott, Haie 204); Seit ich die Kinder habe, gehe ich nicht mehr a. (ugs. *übe ich keinen Beruf mehr aus;* Brot und Salz 194); er arbeitet als Monteur, fürs Fernsehen; die arbeitende Bevölkerung, ⟨subst.:⟩ die nicht arbeitende Bevölkerung; ⟨subst.:⟩ hier ist doch kein gedeihliches Arbeiten ... möglich (Plievier, Stalingrad 195); Ü Arbeitet die Geschichte eigentlich für uns oder gegen uns (Dönhoff, Ära 197); **c)** *sich mit jmdm., etw. befassen [u. darüber schreiben]:* er arbeitet über den Expressionismus; **d)** ⟨a. + sich; unpers.⟩ *sich in bestimmter Weise arbeiten* (1 a, b) *lassen:* es arbeitet sich gut mit diesem Gerät; am Abend arbeitet es sich ungestörter. **2. a)** *sich für etw. einsetzen; auf ein bestimmtes Ziel, Ergebnis hinarbeiten:* an der Lösung eines Problems a.; für eine bessere Zukunft, für den Frieden a.; **b)** *jmdm., einer Sache zu schaden suchen;* gegen das Regime a. **3. a)** *alle Kräfte aufbieten;* der Ruderer musste schwer a., um gegen die Strömung anzukommen; Ü das Schiff arbeitet schwer in der Dünung; **b)** ⟨a. + sich⟩ *einen Weg [zu einem Ziel hin] mühevoll zurücklegen:* sich durch das Gebüsch a.; im aufgelockerten Erdreich arbeitete sich ein Regenwurm nach oben (Molo, Frieden 31). **4. a)** ⟨a. + sich⟩ *durch Arbeit, körperliche Anstrengung in einen bestimmten Zustand gelangen:* sich müde, krank a.; du musst dich warm a.; **b)** *sich körperlich so sehr betätigen, dass ein Körperteil in einen bestimmten Zustand gerät:* sie arbeitete mir die Hände wund, den Rücken lahm; Sie ... arbeiten sich um einen Schilling in der Stunde den Rücken krumm (Sobota, Minus-Mann 123). **5.** *in Funktion, Bewegung, Tätigkeit sein; in Betrieb, in Gang sein:* das Herz des Patienten arbeitet regelmäßig; die Anlage, Maschine arbeitet vollautomatisch; Die Pumpe arbeitete einwandfrei (Ott, Haie 174); Mein Gehirn arbeitet fieberhaft (Kinski, Erdbeermund 370); Ü das Holz arbeitet *(verzieht sich);* der Wein, Most arbeitet *(gärt);* der Teig arbeitet *(geht auf).* **6.** *jmdm. zu schaffen machen, jmdn. innerlich beschäftigen:* die Kränkung arbeitete in ihm. **7.** (Sport) *sich körperlich auf bestimmte Leistungen vorbereiten; trainieren:* mit den Hanteln, am Sandsack a. **8. a)** (Pferdesport) *(ein Pferd für seinen jeweiligen Verwendungszweck) ausbilden, zureiten, dressieren:* Man wird Ihnen das Pferd jetzt so vorreiten, wie ich es selbst täglich zu a. pflege (Dwinger, Erde 190); **b)** (Jagdw.) *(einen Jagdhund) abrichten u. führen, in die Suche nach Wild einüben:* einen Schweißhund, einen Vorstehhund a. **9.** (bes. Handw.) *anfertigen, herstellen:* ein Kostüm auf Taille a.; welcher Schneider hat diesen Anzug gearbeitet?; wo, bei wem lassen Sie a.?; eine Schale in Ton, in Silber a.

Ar|bei|ter, der; -s, - [mhd. arbeiter = Tagelöhner, Handwerker]: **a)** *jmd., der körperlich od. geistig [in bestimmter Weise] tätig ist:* er ist ein langsamer, schneller, umsichtiger, gewissenhafter A.; ein Staat der A. der Stirn und der A. der Faust (Borkowski, Wer 62); die sprichwörtliche Ruhe des wissenschaftlichen -s (Kafka, Erzählungen 362); **b)** *Arbeitnehmer, der überwiegend körperliche Arbeit leistet; Lohnarbeiter:* ein ungelernter A.; die A. am Gewinn beteiligen; die Gewerkschaft vertritt die Interessen der A.; am 29. Juni 1956 ... traten die A. ... in Posen in Streik (Dönhoff, Ära 148).

Ar|bei|ter|ak|tie, die: *Belegschaftsaktie.*

Ar|bei|ter|amei|se, die (Zool.): *Arbeiterin* (2) *in einem Ameisenstaat.*

Ar|bei|ter|auf|stand, der: *Aufstand, Revolte von Arbeitern.*

Ar|bei|ter|aus|stand, der: *Ausstand* (1), *Streik von Arbeitern.*

Ar|bei|ter|bau|er, der (seltener): *Landwirt, der hauptberuflich in der Industrie u. nebenberuflich in der Landwirtschaft tätig ist:* Nicht nur Immobilienhändler ..., sondern auch »Arbeiterbauern« ... fürchten eine drastische Einschränkung ihrer Aktivitäten (NZZ 21. 1. 83, 22).

Ar|bei|ter|be|völ|ke|rung, die ⟨o. Pl.⟩: *[überwiegend] aus Arbeitern bestehende Bevölkerung.*

Ar|bei|ter|be|we|gung, die ⟨o. Pl.⟩ (Politik): *(im 19. Jh. sich entwickelnde) gegen die besitzenden Klassen u. deren politische Vertreter gerichtete, auf Verbesserung der ökonomischen, sozialen u. politischen Verhältnisse abzielende Bewegung der abhängigen Lohnarbeiter:* das Ursprungsland der modernen A. ist England.

Ar|bei|ter|bil|dung, die ⟨o. Pl.⟩: *im Zusammenhang mit der Arbeiterbewegung entstandene Bestrebungen, den Arbeitern durch allgemeine, bes. politische u. berufliche Weiterbildung soziale Aufstiegsmöglichkeiten zu schaffen.*

Ar|bei|ter|de|mons|tra|ti|on, die: *Demonstration von Arbeitern.*

Ar|bei|ter|denk|mal, das: **1.** *die Arbeit glorifizierendes Standbild eines Arbeiters.* **2.** (ugs. scherzh.) *jmd., der (statt seine Arbeit zu verrichten) untätig dasteht.*

Ar|bei|ter|dich|ter, der: *dem Arbeitermilieu entstammender Dichter; Arbeiter, der Dichtungen verfasst, die vor allem die sozialen Probleme u. politischen Kämpfe der Arbeiterschaft behandeln.*

Ar|bei|ter|dich|tung, die: *von Arbeiterdichtern verfasste Dichtung.*

Ar|bei|ter|fa|mi|lie, die: *der Schicht der Arbeiter angehörende Familie:* er kommt aus einer A.

ar|bei|ter|feind|lich ⟨Adj.⟩: *gegen die Interessen der Arbeiter gerichtet:* -e Maßnahmen.

Ar|bei|ter|fest|spie|le ⟨Pl.⟩ (DDR): *in bestimmten Abständen stattfindendes [Kultur]festival, das im Wesentlichen von Laienensembles aus Betrieben bestritten wird.*

Ar|bei|ter|fo|rel|le, die (ugs. scherzh. veraltend): *Hering.*

Ar|bei|ter|fra|ge, die ⟨o. Pl.⟩: *Problemkreis, der die Lebensbedingungen der Arbeiter beinhaltet.*

ar|bei|ter|freund|lich ⟨Adj.⟩: *den Arbeitern gegenüber freundlich gesinnt.*

Ar|bei|ter|füh|rer, der: *in der Arbeiterbewegung aktiver politischer Führer.*

Ar|bei|ter|füh|re|rin, die; -, -nen: w. Form zu ↑Arbeiterführer.

Ar|bei|ter|funk|ti|o|när, der: *Funktionär einer Arbeiterorganisation.*

Ar|bei|ter|funk|ti|o|nä|rin, die; -, -nen: w. Form zu ↑Arbeiterfunktionär.

Ar|bei|ter|ge|schich|te, die: **1.** *Geschichte* (2), *die im Arbeitermilieu spielt.* **2. a)** ⟨o. Pl.⟩ *Geschichte* (1 a) *der Arbeiterbewegung:* Die nichtmarxistische A. zeigte zwar mehr Aufmerksamkeit für die Übergänge zwischen Gesellen und Lohnarbeitern (Historische Zeitschrift 243, 1986, 346); **b)** *Werk, das die Arbeitergeschichte* (2 a) *zum Thema hat:* Der Klassenbegriff scheint in dieser A. »von unten« ganz außer Mode zu kommen, aber man sieht auch nicht die verallgemeinerungsfähigen Konzepte, die ihn ersetzen könnten (Zeit 5. 12. 86, 19).

Ar|bei|ter|ge|werk|schaft, die: *Gewerkschaft, deren Mitglieder überwiegend Arbeiter sind.*

Ar|bei|ter|gro|schen, der (ugs.): *Geld der Arbeiter:* Es sind A., mit denen die Flicks und Co. spenden und schmieren (Spiegel 46, 1984, 10).

Ar|bei|te|rin, die; -, -nen: **1.** w. Form zu ↑Arbeiter. **2.** (Zool.) *unfruchtbare weibliche Biene, Ameise, Termite, deren Aufgabe u. a. in Brutpflege, Bewachung, Beschaffung von Nahrung besteht.*

Ar|bei|ter|ju|gend, die: *meist organisierte, der Arbeiterschaft entstammende od. ihr nahe stehende Jugendliche.*

Ar|bei|ter|ju|gend|be|we|gung, die ⟨o. Pl.⟩: *(nach 1900) in verschiedenen Verbänden u. Vereinen organisierte Bewegung der Arbeiterjugend.*

Ar|bei|ter|ju|gend|or|ga|ni|sa|ti|on, die: *Organisation der Arbeiterjugendbewegung.*

Ar|bei|ter|kampf|gruß, der: *in der Arbeiterbewegung üblicher, Solidarität u. Kampfbereitschaft signalisierender Gruß bei dem die zur Faust geballte rechte Hand erhoben wird.*

Ar|bei|ter|kind, das: *Kind aus einer Arbeiterfamilie:* man versuchte, die Bildungschancen für -er zu verbessern.

Ar|bei|ter|klas|se, die ⟨o. Pl.⟩: *gesellschaftliche Schicht der Arbeiter:* der Kampf der A. um Verbesserung der sozialen Bedingungen.

Ar|bei|ter|ko|lo|nie, die: *(im 19. Jh.) Heimstätte der Obdachlosenfürsorge, in der Menschen, die arbeitslos u. ohne festen Wohnsitz sind, Aufnahme u. Arbeit finden.*

ar|beit|er|leich|ternd, arbeitserleichternd ⟨Adj.⟩: *die Arbeit erleichternd, vereinfachend:* -e Maschinen, Maßnahmen, Methoden.

Ar|bei|ter|lied, das: *Kampflied der Arbeiterklasse.*

Ar|bei|ter|li|te|ra|tur, die: vgl. Arbeiterdichtung.

Ar|bei|ter|mas|sen ⟨Pl.⟩: *in großer Zahl auftretende, vorhandene Arbeiter:* Vor 1848 ... begeisterte der Sozialismus nur gelegentlich die A. zu sporadischen Aktionen (Fraenkel, Staat 306).

Ar|bei|ter|mi|lieu, das: *Milieu, in dem die Arbeiter leben.*

Ar|bei|ter|or|ga|ni|sa|ti|on, die: *(im Zuge der Arbeiterbewegung entstandene) Organisation (wie Partei, Gewerkschaft, Verband), in der sich Arbeiter zusammenschließen.*

Ar|bei|ter|par|tei, die: *politische Partei, die die Interessen der Arbeiter vertritt u. deren Mitglieder überwiegend Arbeiter sind.*

Ar|bei|ter|pfar|rer, der: *evangelischer Pfarrer, der neben seinem Gemeindepfarrer in einem Industriebezirk tätig ist u. der sich durch zeitweilige Arbeit in einer Fabrik, Mitgliedschaft in einer Gewerkschaft u. a. um besondere Verbundenheit mit den Arbeitern bemüht.*

Ar|bei|ter|pries|ter, der: *katholischer Priester, der als Arbeiter unter Arbeitern lebt u. diese seelsorgerisch betreut.*

Ar|bei|ter|rat, der: *(früher in einigen kommunistischen Ländern) Vertretungsorgan der Belegschaftsmitglieder in Betrieben u. Unternehmen:* Arbeiterräte wurden 1950 in Jugoslawien geschaffen.

Ar|bei|ter|ren|ten|ver|si|che|rung, die ⟨o. Pl.⟩: *Zweig der gesetzlichen Sozialversicherung, mit Pflichtversicherung aller Arbeiter sowie der ihnen durch Gesetz gleichgestellten Personen.*

Ar|bei|ter|rück|fahr|kar|te, die (Eisenb. früher): *Rückfahrkarte für Berufstätige.*

Ar|bei|ter|schaft, die; -: *Gesamtheit der Arbeiter u. Arbeiterinnen:* die Partei sieht ihre politische Basis in der A.

Ar|bei|ter|schrift|stel|ler, der: *dem Arbeitermilieu entstammender Schriftsteller; Arbeiter, der Schriften verfasst, die vor allem die sozialen Probleme u. politischen Kämpfe der Arbeiterschaft behandeln.*

ar|beit|er|schwe|rend, arbeiterschwerend ⟨Adj.⟩: *die Arbeit erschwerend, behindernd:* -e Bedingungen.

Ar|bei|ter|seel|sor|ge, die (kath. Kirche): *seelsorgerische Betreuung von Arbeitern.*

Ar|bei|ter|se|kre|tär, der (früher): *Gewerkschaftsfunktionär im Arbeitersekretariat.*

Ar|bei|ter|se|kre|ta|ri|at, das (früher): *von einer Arbeiterorganisation eingerichtete Auskunftsstelle für Mitgliederberatung in Fragen des Arbeits- und Sozialversicherungsrechts.*

Ar|bei|ter|sekt, der (ugs. scherzh. veraltend): *Mineralwasser.*

Ar|bei|ter|selbst|ver|wal|tung, die: *Verwaltung von Betrieben u. Institutionen durch die dort beschäftigten Arbeiter.*

Ar|bei|ter|sied|lung, die: *für Arbeiter errichtete, von Arbeitern bewohnte Siedlung:* eine A. aus dem 19. Jahrhundert.

Ar|bei|ter|sohn, der: *Sohn eines Arbeiters:* der Präsident ist ein A.

Ar|bei|ter|stadt, die: *durch einen hohen Anteil von Arbeitern geprägte [Industrie]stadt:* Duisburg ist eine A.

Ar|bei|ter|stand, der: *Stand (5 c) der Arbeiter u. Arbeiterinnen.*

Ar|bei|ter|stu|dent, der (DDR): *Student, der vor seinem Studium Arbeiter war.*

Ar|bei|ter|the|a|ter, das: *aus sozialdemokratischer Bildungsarbeit hervorgegangenes Amateurtheater, das bes. der Agitation, aber auch der Unterhaltung dient.*

Ar|bei|ter|toch|ter, die: *Tochter eines Arbeiters.*

Ar|bei|ter|turn- und -sport|be|we|gung, die (früher): *eigenständige, von den übrigen Turn- und Sportverbänden unabhängig entstandene Turn- und Sportbewegung der deutschen Arbeiterschaft.*

Ar|bei|ter-und-Bau|ern-Fa|kul|tät, die (DDR): *einer Hochschule o. Ä. zugehörende Bildungsanstalt für jüngere Arbeiter u. Bauern.*

Ar|bei|ter-und-Bau|ern-In|spek|ti|on, die ⟨o. Pl.⟩ (DDR): *dem ZK der SED u. dem Ministerrat der DDR rechenschaftspflichtiges Organ der staatlichen u. wirtschaftlichen Kontrolle.*

Ar|bei|ter-und-Bau|ern-Macht, die ⟨o. Pl.⟩ (DDR): *(nach marxistisch-leninistischer Theorie) politische u. gesellschaftliche Macht der Klasse der Arbeiter u. Bauern:* die A. stärken.

Ar|bei|ter-und-Bau|ern-Staat, der (DDR): *von der Klasse der Arbeiter u. Bauern getragener u. geführter Staat.*

Ar|bei|ter-und-Sol|da|ten-Rat, der (hist.): *aus Arbeitern u. Soldaten gebildeter Rat (3 c).*

Ar|bei|ter|un|fall|ver|si|che|rung, die: *Unfallversicherung für Arbeiter.*

Ar|bei|ter|ver|ein, der: *[konfessionell od. politisch gebundener] Verein zur kulturellen u. wirtschaftlichen Förderung der Arbeiter innerhalb der Arbeiterbewegung:* Generalversammlung des -s »St. Josef« der Pfarrei Herz Jesu (Saarbr. Zeitung 23. 10. 86, 15).

Ar|bei|ter|ver|rä|ter, der (Politik abwertend): *Politiker, der die Interessen der Arbeiter verrät.*

Ar|bei|ter|ver|tre|ter, der: *jmd., der damit beauftragt ist, die Interessen der gewerblichen Arbeitnehmer [in einem Betrieb] zu vertreten.*

Ar|bei|ter|ver|tre|te|rin, die: w. Form zu ↑Arbeitervertreter.

Ar|bei|ter|ver|tre|tung, die: *die Interessen der Arbeiter vertretende Organisation.*

Ar|bei|ter|ve|te|ran, der (DDR): *Arbeiter, der sich in einem langen Arbeitsleben bewährt u. verdient gemacht hat.*

Ar|bei|ter|ve|te|ra|nin, die; -, -nen: w. Form zu ↑Arbeiterveteran.

Ar|bei|ter|vier|tel, das: *bes. von Arbeitern bewohntes Stadtviertel.*

Ar|bei|ter|vor|ort, der: vgl. Arbeiterviertel.

Ar|bei|ter|vor|stadt, die: vgl. Arbeiterviertel.

Ar|bei|ter|wo|chen|kar|te, die (Eisenb. früher): *Wochenkarte für Berufstätige.*

Ar|bei|ter|wohl|fahrt, die ⟨o. Pl.⟩: *Verband der freien Wohlfahrtspflege, der auf allen Gebieten der Sozialarbeit u. in der Entwicklungshilfe tätig ist.*

Ar|bei|ter|wohn|ge|mein|de, die: *Gemeinde, in der die gewerblich orientierten Erwerbstätigen gegenüber denjenigen der Land- u. Forstwirtschaft stark überwiegen.*

Ar|bei|ter|woh|nung, die: *von einer Arbeiterfamilie bewohnte od. für sie gebaute Wohnung.*

Ar|bei|ter|zeit, die: *(nach der REFA-Lehre) Zeit, in der der arbeitende Mensch dem Betrieb aufgrund eines Arbeitsvertrages zur Ausführung der vereinbarten Tätigkeit zur Verfügung steht.*

Ar|bei|ter|zei|tung, die: *Zeitung, die [von Arbeitern] für Arbeiter gemacht wird.*

Ar|bei|ter|zug, der: *Zug, der bes. Arbeiter befördert.*

Ar|beit|ge|ber, der: *Firma o. Ä., Person, die Arbeitnehmer im Arbeitsverhältnis beschäftigt:* die soziale Verpflichtung der A.

Ar|beit|ge|ber|an|teil, der: *Anteil an der Sozialversicherung des Arbeitnehmers, der vom Arbeitgeber getragen werden muss.*

Ar|beit|ge|ber|dar|le|hen, das: *Darlehen, das dem Arbeitnehmer vom Arbeitgeber als [Bau]darlehen gewährt wird.*

Ar|beit|ge|be|rin, die; -, -nen: w. Form zu ↑Arbeitgeber: die Siemens AG als größte private A. (Delius, Siemens-Welt 134).

Ar|beit|ge|ber|prä|si|dent, der: *Präsident einer Vereinigung der Arbeitgeber.*

Ar|beit|ge|ber|sei|te, die ⟨o. Pl.⟩: *Gesamtheit der Arbeitgeber in Opposition zu den Arbeitnehmern:* die A. hat die Forderung zurückgewiesen.

Ar|beit|ge|ber|ver|band, der: *Interessenverband von Arbeitgebern.*

Ar|beit|ge|ber|ver|tre|ter, der: *Vertreter (1b) der Arbeitgeberseite.*

Ar|beit|neh|mer, der: *jmd., der von einem Arbeitgeber beschäftigt wird.*

Ar|beit|neh|mer|frei|be|trag, der: *Steuerfreibetrag für Arbeitnehmer.*

Ar|beit|neh|me|rin, die; -, -nen: w. Form zu ↑Arbeitnehmer.

Ar|beit|neh|mer|or|ga|ni|sa|ti|on, die:

Arbeitnehmerschaft

Organisation zur Vertretung der Interessen der Arbeitnehmer.
Ar|beit|neh|mer|schaft, die: *Gesamtheit der Arbeitnehmer.*
Ar|beit|neh|mer|sei|te, die ⟨o. Pl.⟩: vgl. Arbeitgeberseite.
Ar|beit|neh|mer|ver|tre|ter, der: vgl. Arbeitgebervertreter.
Ar|beits|ab|lauf, der: *das Ablaufen (5 c), Verlauf einer Arbeit* (1): den A. regeln, stören, unterbrechen; eine Unterbrechung im A.
Ar|beits|ab|schnitt, der: *einzelner Abschnitt, einzelne Phase* (1) *einer Arbeit* (1).
Ar|beits|ak|tie, die: *Aktie, die an Belegschaftsmitglieder einer AG ausgegeben wird, um diese aufgrund ihrer Arbeitsleistung am Gewinn des Unternehmens zu beteiligen.*
Ar|beits|all|tag, der ⟨o. Pl.⟩: *täglicher gleichförmiger Ablauf im Arbeitsleben:* Elektroden blitzen, Schweißbrenner zischen, das scheppernde Dröhnen von schweren Hammerschlägen ... A. auf der Volkswerft Stralsund (NNN 18. 10. 84, 5).
ar|beit|sam ⟨Adj.⟩ (veraltend): *eifrig u. viel arbeitend, fleißig:* ein -er Mensch.
Ar|beits|amei|se, die (Zool.): *Arbeiterameise.*
Ar|beit|sam|keit, die; - (veraltend): *das Arbeitsamsein.*
Ar|beits|amt, das: *staatliche Behörde mit den Aufgaben der Arbeitsvermittlung, der Gewährung von Arbeitslosengeld u. -hilfe u. a.*
Ar|beits|an|fall, der ⟨o. Pl.⟩: *das Anfallen von Arbeit; anfallende Arbeit.*
Ar|beits|an|fang, der: *Anfang der täglichen beruflichen Arbeit:* um 8 Uhr ist A.
Ar|beits|an|ge|bot, das: *Angebot an Arbeitsmöglichkeiten.*
Ar|beits|an|lei|tung, die: *Anleitung, nach der eine Arbeit auszuführen ist.*
Ar|beits|an|tritt, der ⟨Pl. selten⟩: *Beginn einer beruflichen Tätigkeit.*
Ar|beits|an|wei|sung, die: vgl. Arbeitsanleitung.
Ar|beits|an|zug, der: vgl. Arbeitskleidung.
Ar|beits|at|mo|sphä|re, die ⟨Pl. selten⟩: *am Arbeitsplatz herrschende Atmosphäre* (2 a).
Ar|beits|auf|fas|sung, die: *innere Einstellung zur Berufsarbeit in Bezug auf deren gewissenhafte Erledigung:* eine vorbildliche A.
Ar|beits|auf|la|ge, die (Jugendstrafrecht): *Auflage, bestimmte Arbeiten durchzuführen.*
Ar|beits|auf|wand, der: *Aufwand an Arbeit:* etw. mit großem, geringem A. erreichen; der A. für etw. ist unverhältnismäßig hoch.
ar|beits|auf|wen|dig, (auch:) arbeitsaufwändig ⟨Adj.⟩: *mit viel Arbeit* (1 a) *verbunden:* eine -e Aktion; ein -es Verfahren; das ist zu a.
Ar|beits|aus|fall, der: *Ausfall* (2 a) *von Arbeit, die hätte getan werden sollen (bes. in der Produktion):* ein A. von einigen Stunden.
Ar|beits|aus|schuss, der: *arbeitsfähiger Ausschuss, der sich mit einem begrenzten Sachbereich befasst:* einen A. bilden; mit diesem Problem soll sich ein A. von Parlamentariern befassen.
Ar|beits|aus|weis, der: *Ausweis über [behördlich genehmigte] berufliche Tätigkeit.*
Ar|beits|be|din|gun|gen ⟨Pl.⟩: *Bedingungen, Umstände, unter denen jmd. arbeitet.*
Ar|beits|be|frei|ung, die: *kürzere Befreiung, Freistellung von der Arbeit.*
Ar|beits|be|ginn, der: *Arbeitsanfang.*
Ar|beits|be|hör|de, die: *Einrichtung, in deren Zuständigkeit Arbeitsgerichtsbarkeit, Arbeitsvermittlung, Arbeitslosenversicherung u. a. fallen.*
Ar|beits|be|las|tung, die: *Belastung, die durch die zu leistende Arbeit für jmdn. entsteht:* eine geringe, erhöhte A.
Ar|beits|be|ra|ter, der: *jmd., der [in einem Arbeitsamt] Arbeitnehmer, die ihre Arbeitsstelle od. ihren Beruf wechseln od. wieder berufstätig werden wollen, über die Lage auf dem Arbeitsmarkt, über Umschulung, Fortbildung o. Ä. informiert* (Berufsbez.).
Ar|beits|be|ra|te|rin, die; -, -nen: w. Form zu ↑Arbeitsberater.
Ar|beits|be|reich, der, selten: das: **1.** *Gebiet, auf dem jmd. arbeitet:* diese Aufgabe fällt, gehört in ihren A. **2.** *Bereich, in dem jmd., etw. arbeitet:* eine spanische Wand trennt den A. vom übrigen Zimmer; der A. des Drehkrans.
Ar|beits|be|richt, der: *Bericht über geleistete Arbeit:* den monatlichen A. vorlegen.
Ar|beits|be|schaf|fung, die: *öffentliche Bereitstellung od. Subventionierung von Arbeitsplätzen, bes. bei allgemeiner Arbeitslosigkeit.*
Ar|beits|be|schaf|fungs|maß|nah|me, die ⟨meist Pl.⟩: *der Bereitstellung zusätzlicher Arbeitsplätze dienende Maßnahme;* Abk.: ABM.
Ar|beits|be|schaf|fungs|pro|gramm, das: *Programm zur Arbeitsbeschaffung.*
Ar|beits|be|schei|ni|gung, die: *Bescheinigung über berufliche Tätigkeit.*
Ar|beits|be|sit|zer, der (Fachspr.): *jmd., der einen Arbeitsplatz hat (im Gegensatz zum Arbeitslosen):* In den Parolen am 1. Mai ist viel von der Spaltung in A. und Arbeitslose die Rede (Welt 29. 4. 89, 19).
Ar|beits|be|spre|chung, die: *die Arbeit betreffende Besprechung:* regelmäßige -en abhalten; zu einer A. zusammenkommen.
Ar|beits|be|such, der (Politik): vgl. Arbeitstreffen.
Ar|beits|bie|ne, die: **1.** (Zool.) *Arbeiterbiene.* **2.** (ugs.) **a)** *außerordentlich fleißige weibliche Person;* **b)** (abwertend) *arbeitssüchtige, -wütige weibliche Person.*
Ar|beits|bri|ga|de, die (DDR): *für eine bestimmte Arbeit zusammengestellte Gruppe von Arbeitern.*
Ar|beits|buch, das. **1.** (bes. Päd.): *Übungsbuch.* **2.** *Buch* (2), *in dem sämtliche Arbeitsverhältnisse eines Arbeitnehmers eingetragen werden:* jeder Deutsche soll wieder ein A. haben (Spiegel 39, 1979, 9).

Ar|beits|büh|ne, die (Technik): *Plattform (mit Geländer) zum Ausführen von Arbeiten in größerer Höhe:* eine fahrbare, drehbare, schwenkbare A.; die Oberleitung von einer A. aus reparieren.
Ar|beits|dau|er, die: *Dauer einer Arbeit; für eine bestimmte Arbeit notwendiger Zeitaufwand.*
Ar|beits|dienst, der: **1.** *nicht voll entlohnte, freiwillige od. gesetzlich erzwungene körperliche Arbeit im Dienst der Allgemeinheit:* A. leisten; jmdn. zum A. heranziehen. **2. a)** *für den Arbeitsdienst* (1) *zuständige Organisation:* der Freiwillige A. der Regierung Brüning; **b)** (nationalsoz.) *kurz für* ↑Reichsarbeitsdienst.
Ar|beits|dienst|la|ger, das (nationalsoz.): *Gebäude, in dem die Angehörigen des Reichsarbeitsdienstes untergebracht waren.*
Ar|beits|di|rek|tor, der: *Direktor für Personalwesen u. Soziales in Unternehmen, die dem Mitbestimmungsgesetz unterliegen, der einerseits als Mitglied in den Vorstand od. die Geschäftsführung eingebunden ist, andererseits im Rahmen der Mitbestimmung die Belange der Arbeitnehmer zu wahren hat;* Sozialdirektor.
Ar|beits|dis|zi|plin, die ⟨o. Pl.⟩: *bei der Arbeit herrschende, aufgebrachte Disziplin:* eine gute, schlechte A.
Ar|beits|ei|fer, der: *Eifer, ernstes Bemühen bei der Arbeit:* mit viel A. anfangen.
Ar|beits|ein|heit, die: **1.** (DDR) *Maßeinheit für Arbeitsleistung:* die LPG zahlte je A. ... 11,45 DM (Neues D. 10. 6. 64, 2). **2.** *Baueinheit.* **3.** *Maßeinheit für physikalische Arbeit.*
Ar|beits|ein|kom|men, das: *Einkommen aus körperlicher od. geistiger Arbeit.*
Ar|beits|ein|spa|rung, die: *Einsparung von Arbeit:* A. durch Automatisierung.
Ar|beits|ein|stel|lung, die: **1.** *Niederlegung der Arbeit, Streik:* demonstrative -en in der Metall verarbeitenden Betrieben. **2.** vgl. Arbeitsauffassung: eine vorbildliche A. zeigen.
Ar|beits|ein|tei|lung, die: *Einteilung einer Arbeit, eines Arbeitspensums:* durch gute A. hat er Zeit gespart.
Ar|beits|elan, der: *Elan, Schwung, Eifer bei der Arbeit.*
Ar|beits|ele|fant, der: *zu Arbeitsleistungen abgerichteter Elefant.*
Ar|beits|emi|grant, der (Soziol.): *jmd., der sein Land verlässt, um im Ausland zu arbeiten.*
Ar|beits|en|de, das: vgl. Arbeitsanfang.
Ar|beits|ent|gelt, das: *Arbeitslohn.*
Ar|beits|er|fah|rung, die: *Erfahrung, die bes. in langjähriger Arbeit gewonnen wurde:* A. einbringen.
Ar|beits|er|geb|nis, das: *Ergebnis einer Arbeit:* gute -se.
Ar|beits|er|laub|nis, die: *Erlaubnis, (in einem bestimmten Land) berufstätig zu sein:* eine A. erteilen; um A. nachsuchen.
ar|beits|er|leich|ternd, ⟨Adj.⟩: ↑arbeitserleichternd.
Ar|beits|er|leich|te|rung, die: *Erleichterung, Vereinfachung der Arbeit.*
ar|beits|er|schwe|rend ⟨Adj.⟩: ↑arbeitserschwerend.

Ar|beits|er|schwe|rung, die: *das Erschweren einer Arbeit.*
ar|beits|er|spa|rend ⟨Adj.⟩: *arbeitssparend.*
Ar|beits|er|spar|nis, die ⟨o. Pl.⟩: *Einsparung von Arbeit.*
Ar|beits|er|trag, der: *Ergebnis, Ertrag einer bestimmten Arbeit.*
Ar|beits|es|sen, das: *Essen, das dazu dient, anliegende Fragen, geschäftliche Dinge zu besprechen; Arbeitsbesprechung während eines Essens:* den Auftakt der Konferenz bildete ein A. der vier Außenminister.
Ar|beits|ethik, die ⟨o. Pl.⟩: *auf die Arbeit bezogene Ethik:* die calvinistische A.
Ar|beits|ethos, das: *im Ethisch-Sittlichen gegründetes Verhältnis zur beruflichen Arbeit.*
Ar|beits|ex|em|plar, das: *Exemplar, bes. Buch, mit dem jmd. arbeitet od. das jmd. bearbeitet:* jeder Redakteur hat ein A. zur Verfügung; Korrekturen in ein A. eintragen.
ar|beits|ex|ten|siv ⟨Adj.⟩ (Wirtsch.): *zum geringeren Teil durch den Produktionsfaktor Arbeit bestimmt:* -e Bewirtschaftung.
ar|beits|fä|hig ⟨Adj.⟩: *in der Lage, seine Arbeit zu verrichten:* eine -e Regierung; vom Arzt a. geschrieben werden.
Ar|beits|fä|hig|keit, die ⟨o. Pl.⟩: *das Arbeitsfähigsein:* der Arzt hat ihm seine volle A. bestätigt.
Ar|beits|feld, das (geh.): *Gebiet, auf dem jmd. arbeitet, das jmd. bearbeitet; Arbeitsgebiet, Aufgabenbereich:* jmdm. eröffnet sich ein neues, weites A.
Ar|beits|fie|ber, das: *fieberhafter Arbeitseifer:* das A. packte ihn.
ar|beits|frei ⟨Adj.⟩: *von beruflicher Arbeit frei:* einen -en Tag haben; [einen Tag] a. haben, bekommen; heute ist a. (ein arbeitsfreier Tag).
Ar|beits|freu|de, die ⟨o. Pl.⟩: *Freude an der Arbeit, am Arbeiten.*
Ar|beits|frie|den, (geh. auch:) Arbeitsfriede, der: *dem Arbeitsrecht gemäßer, konfliktfreier Zustand des Verhältnisses zwischen Arbeitgeber u. Arbeitnehmer:* den Arbeitsfrieden wiederherstellen, stören.
Ar|beits|front, die; - [kurz für: Deutsche Arbeitsfront] (nationalsoz.): *der NSDAP angeschlossener Verband aller Berufstätigen (einschließlich der Arbeitgeber);* Abk.: DAF.
Ar|beits|früh|stück, das: vgl. Arbeitsessen.
Ar|beits|gang, der: **1.** *abgeschlossener Teil eines größeren Arbeitsvorgangs:* die einzelnen Arbeitsgänge bei der Herstellung von etw.; Zählen und Sortieren in einem A. abwickeln. **2.** (selten) *[Fort]gang einer Arbeit:* jmdm. den A. erklären.
Ar|beits|ge|biet, das: *Gebiet, auf dem jmd. arbeitet; Aufgabenbereich, Arbeitsfeld:* ein großes, interessantes A.
Ar|beits|ge|mein|schaft, die: **1.** *Gemeinschaft, Gruppe, die mit einer bestimmten Arbeit, Aufgabe beschäftigt ist;* Abk.: AG: eine A. von Architekten; eine A. bilden, gründen; in der Schule gibt es

eine A. »Theater«. **2.** (seltener) *Gemeinsamkeit, Gedanken- u. Erfahrungsaustausch bei der Arbeit; Aufgabenteilung bei gemeinsamer Arbeit;* er hat das Werk in A. mit anderen geschrieben.
Ar|beits|ge|neh|mi|gung, die: *Arbeitserlaubnis.*
Ar|beits|ge|rät, das: **1.** *für eine bestimmte Arbeit benötigtes Gerät* (1 a): ein unentbehrliches A. **2.** ⟨o. Pl.⟩ *für eine bestimmte Arbeit benötigtes Gerät* (2): sein A. in Ordnung halten; ein Schuppen mit [allerlei] A.
Ar|beits|ge|richt, das: *Gericht, das für arbeitsrechtliche Streitigkeiten zuständig ist.*
ar|beits|ge|richt|lich ⟨Adj.⟩: *ein Arbeitsgericht betreffend, zu einem Arbeitsgericht gehörend, von ihm ausgehend:* -e Entscheidungen.
Ar|beits|ge|richts|pro|zess, der: *Prozess vor einem Arbeitsgericht.*
Ar|beits|ge|stal|tung, die: *Gestaltung von Arbeitsabläufen.*
Ar|beits|grund|la|ge, die: *Grundlage, Basis, auf der jmd. arbeitet, von der jmd. bei der Arbeit ausgeht:* ein Unternehmen auf eine [vernünftige] A. stellen.
Ar|beits|grup|pe, die: *Personengruppe, die gemeinsam [u. arbeitsteilig] an etw. arbeitet, etw. bearbeitet.*
Ar|beits|haus, das (früher): *Besserungs- u. Strafanstalt mit Arbeitszwang;* jmdn. in ein A. einweisen; Das A., bisher für arbeitsscheue Kleindelinquenten wie Bettler, Dirnen und Landstreicher, wird abgeschafft (MM 30./31. 8. 1969, 16).
Ar|beits|heft, das: **1.** *Heft für Klassenarbeiten.* **2.** vgl. Arbeitsbuch.
Ar|beits|hil|fe, die: *Hilfe, Hilfsmittel bei der Arbeit:* Bücher und andere -n für den Schüler.
Ar|beits|ho|se, die: *bei der Arbeit getragene Hose:* eine A. aus blauem Drillich.
Ar|beits|hy|gi|e|ne, die: *Gesamtheit der zum Gesundheitsschutz der Arbeitnehmer getroffenen Vorkehrungen eines Betriebes.*
ar|beits|hy|gi|e|nisch ⟨Adj.⟩: *die Arbeitshygiene betreffend.*
Ar|beits|hy|po|the|se, die: *vorläufige Hypothese, die der weiteren Arbeit zugrunde gelegt wird:* diese Behauptung ist nur eine A.
Ar|beits|im|mi|grant, der (Soziol.): *jmd., der in ein Land einwandert, um dort für [un]bestimmte Zeit zu arbeiten.*
Ar|beits|in|spek|ti|on, die: *(in Österreich und in der Schweiz) staatliches Organ zur Durchführung der Arbeitsschutzgesetzgebung; Gewerbeaufsicht.*
Ar|beits|in|struk|ti|on, die: *Arbeitsanweisung, -anleitung:* der Chef gab den Männern -en.
ar|beits|in|ten|siv ⟨Adj.⟩ (Wirtsch.): *(gegenüber anderen Produktionsfaktoren, z. B. Kapital) überwiegend durch menschliche Arbeit bestimmt:* ein -es Verfahren; die Herstellung ist sehr a.
Ar|beits|ja|cke, die: vgl. Arbeitshose.
Ar|beits|ju|bi|lar, der: *Arbeitnehmer, der ein Arbeitsjubiläum hat.*
Ar|beits|ju|bi|la|rin, die: w. Form zu ↑Arbeitsjubilar.

Ar|beits|ju|bi|lä|um, das: *Jahrestag eines langen Tätigseins bei demselben Arbeitgeber:* ein A. begehen.
Ar|beits|ka|me|rad, der: vgl. Arbeitskollege.
Ar|beits|kampf, der: *unter Anwendung bestimmter Kampfmaßnahmen geführte Auseinandersetzung um Fragen der Arbeitsbedingungen, des zu zahlenden Entgelts u. bes. um einen Tarifvertrag.*
Ar|beits|kampf|maß|nah|me, die ⟨meist Pl.⟩: *zur Anwendung im Arbeitskampf geeignete Kampfmaßnahme.*
Ar|beits|kit|tel, der: vgl. Arbeitskleidung.
Ar|beits|klei|dung, die: *bei der Arbeit getragene Kleidung.*
Ar|beits|kli|ma, das ⟨o. Pl.⟩: *durch ein bestimmtes gemeinschaftliches Verhalten bei der Arbeit geprägte Stimmung, Atmosphäre:* in diesem Betrieb herrscht ein gutes A.
Ar|beits|kluft, die (ugs.): *Arbeitskleidung.*
Ar|beits|kol|le|ge, der: *Kollege* (b).
Ar|beits|kol|le|gin, die: w. Form zu ↑Arbeitskollege.
Ar|beits|kol|lek|tiv, das (DDR): *Arbeitsgruppe, Arbeitsgemeinschaft.*
Ar|beits|kom|man|do, das: *abkommandierte Personengruppe, die eine bestimmte Arbeit ausführen soll:* die -s rücken aus.
Ar|beits|kon|flikt, der: *kollektiver Konflikt zwischen Arbeitnehmern u. Arbeitgebern:* der A. wurde beigelegt.
Ar|beits|ko|pie, die (EDV): *Kopie eines Anwenderprogramms, die [aus Sicherheitsgründen] anstelle des Originals für die Arbeit am Computer verwendet wird.*
Ar|beits|kos|ten ⟨Pl.⟩: *Gesamtheit der Aufwendungen eines Betriebes für den Produktionsfaktor Arbeit.*
Ar|beits|kraft, die: **1.** *Kraft zu geistiger od. körperlicher Arbeit, Leistungskraft:* jmds. A. beanspruchen; die menschliche A. durch eine Maschine ersetzen. **2.** *Arbeit leistender Mensch:* er ist eine tüchtige A.
Ar|beits|kräf|te|len|kung, die ⟨o. Pl.⟩ (DDR): *behördliche Lenkung der Ausbildung u. Verteilung der Arbeitskräfte.*
Ar|beits|kräf|te|man|gel, der ⟨o. Pl.⟩: *Mangel an [bestimmten] Arbeitskräften* (2).
Ar|beits|kreis, der: *Arbeitsgemeinschaft* (1): einen A. bilden.
Ar|beits|la|ger, das: *Lager für Zwangsarbeiter.*
Ar|beits|lärm, der: *von bestimmten Arbeiten verursachter Lärm.*
Ar|beits|last, die: *Last der geistigen od. körperlichen Arbeit, die jmd. zu tragen hat.*
Ar|beits|le|ben, das ⟨o. Pl.⟩: **1.** *durch die Erwerbstätigkeit geprägter Teil des Lebens (eines Menschen):* ein erfülltes A.; Die wirklich schlechte Nachricht betrifft jedoch all jene, die mitten im Arbeitsleben stehen (Woche 14. 11. 97, 13). **2.** *Arbeitswelt:* Szenen aus dem A.
Ar|beits|leis|tung, die: *durch Arbeiten erbrachte Leistung:* eine gewaltige A. vollbringen; er steigerte seine A.

Arbeitslenkung

Ar|beits|len|kung, die: *behördliche Lenkung des Einsatzes u. der Verteilung der Arbeitskräfte.*

Ar|beits|lied, das: **1.** *[Gemeinschafts]lied, das körperliche Arbeit begleitet, einteilt, rhythmisch gestaltet u. inhaltlich thematisiert.* **2.** *Volkslied, volkstümliches Lied, das körperliche Arbeit musikalisch u. inhaltlich thematisiert.*

Ar|beits|lohn, der: *Lohn für Arbeits- u. Dienstleistungen:* jmdm. seinen A. [aus]zahlen.

ar|beits|los ⟨Adj.⟩: *trotz Arbeitsfähigkeit ohne berufliche Arbeit, beschäftigungslos, erwerbslos:* sie war, wurde a.

Ar|beits|lo|se, der od. die; -n, -n ⟨Dekl. ↑ Abgeordnete⟩: *arbeitslose Person.*

Ar|beits|lo|sen|für|sor|ge, die: (früher) ↑ Arbeitslosenhilfe.

Ar|beits|lo|sen|geld, das: *von der Arbeitslosenversicherung an stellensuchende Arbeitslose gezahltes Geld:* A. beziehen, bekommen, beantragen.

Ar|beits|lo|sen|heer, das: *große Zahl von Arbeitslosen.*

Ar|beits|lo|sen|hil|fe, die ⟨o. Pl.⟩: **1.** *Organisation u. Durchführung (bes. öffentlicher) finanzieller Hilfe zur Verhütung, Überbrückung, Beendigung von Arbeitslosigkeit.* **2.** *bedürftigen Arbeitslosen, die keinen Anspruch [mehr] auf Arbeitslosengeld haben, vom Staat gewährte finanzielle Hilfe.*

Ar|beits|lo|sen|quo|te, die: *Quote (a) der Arbeitslosen in einem bestimmten Bereich.*

Ar|beits|lo|sen|ra|te, die: vgl. Arbeitslosenquote.

Ar|beits|lo|sen|un|ter|stüt|zung, die: (früher) ↑ Arbeitslosengeld.

Ar|beits|lo|sen|ver|si|che|rung, die ⟨o. Pl.⟩: **1.** *gesetzlich geregelte Pflichtversicherung gegen Nachteile durch Arbeitslosigkeit.* **2.** *staatliche Einrichtung, Anstalt für Arbeitslosenversicherung (1).*

Ar|beits|lo|sen|zahl, die: *Anzahl der Arbeitslosen:* eine steigende A.

Ar|beits|lo|sen|zif|fer, die: vgl. Arbeitslosenzahl.

Ar|beits|lo|sig|keit, die; -: **1.** *das Arbeitslossein; Zustand, arbeitslos (1) zu sein.* **2.** *das Vorhandensein von Arbeitslosen:* es gab kaum, keine A.

Ar|beits|lust, die ⟨o. Pl.⟩: *positive Einstellung gegenüber der eigenen Arbeit; Freude an der Arbeit.*

ar|beits|lus|tig ⟨Adj.⟩: *Arbeitslust empfindend.*

Ar|beits|maid, die (nationalsoz.): *junge Frau im untersten Dienstgrad des Arbeitsdienstes* (2b).

Ar|beits|man|gel, der ⟨o. Pl.⟩: *Mangel an Arbeit:* wir können nicht über A. klagen.

Ar|beits|mann, der: **1.** ⟨Pl. ...leute⟩ (veraltet) *Arbeiter (b), Handwerker.* **2.** ⟨Pl. ...männer⟩ (nationalsoz.) *Mann im untersten Dienstgrad des Arbeitsdienstes* (2b).

Ar|beits|man|tel, der: *bei der Arbeit benutzter Mantel, Kittel.*

Ar|beits|map|pe, die: **a)** *bei der Arbeit benutzte Sammelmappe:* diese A. enthielt einige Bleistiftskizzen, Aufsatzentwürfe; **b)** *bei Aufnahmeprüfungen an [Kunst]hochschulen, Bewerbungen o. Ä. vorzulegende Mappe mit künstlerischen Arbeitsproben:* Zusammen mit den Bewerbungsunterlagen schickte sie ihre A. an die Kunstakademie.

Ar|beits|markt, der: *Bereich der Wirtschaft, in dem sich Angebot von u. Nachfrage nach Arbeit begegnen:* die Lage auf dem A.

Ar|beits|ma|schi|ne, die: **1.** *für bestimmte Arbeiten eingesetzte Maschine:* Bagger, Straßenwalzen und andere -n. **2.** (abwertend) *Mensch, der seine Arbeit stur u. mechanisch verrichtet:* am Fließband wird der Mensch zur A.

ar|beits|mä|ßig ⟨Adj.⟩: *die Arbeit betreffend:* die -en Voraussetzungen, Belastungen.

Ar|beits|ma|te|ri|al, das: *für eine Arbeit benötigtes Material.*

Ar|beits|me|di|zin, die ⟨o. Pl.⟩: *Sondergebiet der Medizin, das sich mit dem Menschen beschäftigt, sofern er den Einwirkungen des Arbeitsprozesses ausgesetzt ist.*

Ar|beits|me|di|zi|ner, der: *Facharzt auf dem Gebiet der Arbeitsmedizin.*

Ar|beits|me|di|zi|ne|rin, die: w. Form zu ↑ Arbeitsmediziner.

ar|beits|me|di|zi|nisch ⟨Adj.⟩: *die Arbeitsmedizin betreffend.*

Ar|beits|mensch, der: *Mensch, der viel arbeitet u. bei dem das Arbeiten im Mittelpunkt seines Lebens steht.*

Ar|beits|me|tho|de, die: *Methode, nach der gearbeitet wird.*

Ar|beits|mi|nis|ter, der: *Minister für das Ressort »Arbeit [u. Soziales]«.*

Ar|beits|mi|nis|te|rin, die: w. Form zu ↑ Arbeitsminister.

Ar|beits|mi|nis|te|ri|um, das: *für das Ressort »Arbeit [u. Soziales]« zuständiges Ministerium.*

Ar|beits|mit|tel, das: vgl. Arbeitsmaterial: *Sand, Zement als A. benutzen;* die A. des Germanisten.

Ar|beits|mo|dell, das: *Modell, das als Vorlage für die weitere Arbeit dient:* der Zahnarzt ließ ein A. des Kiefers anfertigen; eine Autoparkanlage, die eine britische Firma ... vorerst als A. vorstellt (auto 6, 1965, 17).

Ar|beits|mög|lich|keit, die: *Möglichkeit zum Arbeiten:* sie hat eine A. entdeckt, gefunden.

Ar|beits|mo|ral, die: *Einstellung, Haltung gegenüber der eigenen Arbeit:* jmds. hohe A. loben; eine schlechte A. haben; die A. sinkt, steigt.

Ar|beits|nach|weis, der: **1.** *Nachweis offener Arbeitsstellen.* **2.** *behördliche Stelle, die offene Arbeitsstellen nachweist.*

Ar|beits|neu|ro|se, die (Psych.): *durch Berufsarbeit [mit]bedingte Neurose.*

Ar|beits|nie|der|le|gung, die: *als Kampfmaßnahme eingesetzte Niederlegung der Arbeit.*

Ar|beits|norm, die: **1.** *für einen bestimmten Arbeitsvorgang (bes. zur Ermittlung des Akkords) festgesetzte Leistungsnorm.* **2.** (DDR) *vorgeschriebene Arbeitsleistung; für eine bestimmte Leistung vorgeschriebene Zeit:* die -en erhöhen.

Ar|beits|nor|men|ver|trag, der: *Rechtsnormen setzender Teil eines Tarifvertrags.*

Ar|beits|ord|nung, die: **1.** (selten) *Ordnung bei der Arbeit; ordentliche Arbeit:* Kinder zur A. erziehen. **2.** *Ordnung durch Ein- u. Verteilung der Arbeit:* das bürokratische System ist eine A. **3.** *durch Betriebsvereinbarung zwischen Arbeitgeber u. Betriebsrat festgelegte Regelung der Arbeitsbedingungen u. allgemeine Ordnung des Betriebsablaufs.*

Ar|beits|or|ga|ni|sa|ti|on, die: *Organisation der Arbeit:* die A. verbessern.

Ar|beits|ort, der: *Ort, in dem jmd. arbeitet:* Fahrten zwischen Wohn- u. A.

Ar|beits|pä|da|go|gik, die: **1.** *Erziehung durch Arbeit u. zur Arbeit.* **2.** *erziehungswissenschaftliche Disziplin, die sich mit dem Problem der Erziehung unter dem Aspekt der menschlichen Arbeit befasst.*

Ar|beits|pa|pier, das: **1.** (bes. Politik) *Papier, dessen Inhalt der weiteren Arbeit zugrunde gelegt werden soll:* der Minister hat ein A. vorgelegt. **2.** ⟨Pl.⟩ *das bestehende u. die bisherigen Arbeitsverhältnisse betreffende, vom Arbeitgeber verwahrte Papiere des Arbeitnehmers:* seine -e abgeben; sich seine -e geben lassen.

Ar|beit spa|rend s. Arbeit (1a).

Ar|beits|pau|se, die: *bei der Arbeit eingelegte Pause.*

Ar|beits|pen|sum, das: *Pensum* (a): mein tägliches A.; ein großes A. bewältigen.

Ar|beits|pferd, das: *für bestimmte Arbeiten eingesetztes Pferd:* der Bauer spannt die -e vor den Pflug; Ü er, sie ist ein A. *(eine unermüdliche, tüchtige Arbeitskraft).*

Ar|beits|pflicht, die: (Rechtsspr.) *Forderung an den Bürger, seine Arbeitskraft der Allgemeinheit zur Verfügung zu stellen.*

Ar|beits|phy|sio|lo|gie, die: *Teilgebiet der Arbeitsmedizin, das sich mit der Physiologie des Organismus unter Arbeitsbedingungen beschäftigt.*

Ar|beits|plan, der: *Plan, nach dem bei der Arbeit vorgegangen werden soll:* der A. dieser Woche.

Ar|beits|pla|nung, die: *Planung von Arbeit.*

Ar|beits|plat|te, die: *Platte zum Verrichten von [Küchen]arbeiten.*

Ar|beits|platz, der: **1. a)** *zum Arbeiten bestimmter Platz:* das Kind braucht einen A., an dem es seine Aufgaben macht; **b)** *Arbeitsstätte (2):* sein letzter A. war das Deutsche Museum. **2.** *Stellung, (berufliche) Beschäftigung:* ein gut bezahlter A.; Sicherung der Arbeitsplätze; seinen A. verlieren.

Ar|beits|platz|ga|ran|tie, die: *Garantie für das Behalten od. Erlangen eines Arbeitsplatzes:* Das beste Geschenk für alle, die – freiwillig oder zähneknirschend – längst Lohnverzicht üben, wäre eine A. (Zeit 20. 5. 98, 22).

Ar|beits|platz|si|che|rung, die: *das Sichern von Arbeitsplätzen im Hinblick auf einen möglichen Abbau von Arbeitsplätzen.*

Ar|beits|platz|stu|die, die: *Analyse der technischen Ausstattung eines Arbeits-*

platzes u. der damit verbundenen Beanspruchung der menschlichen Arbeitskraft.

Ar|beits|platz|ver|lust, der: *Verlust des Arbeitsplatzes.*

Ar|beits|platz|ver|mitt|lung, die: *Vermittlung von Arbeitsplätzen.*

Ar|beits|platz|wech|sel, der: *Wechsel des Arbeitsplatzes.*

Ar|beits|pro|be, die: *Teil, Stück als Muster der [ganzen] Arbeit und ihrer Beschaffenheit:* seiner Bewerbung mehrere -n beifügen.

Ar|beits|pro|duk|ti|vi|tät, die (Wirtsch.): *Arbeitsertrag im Verhältnis zum Arbeitseinsatz:* die A. steigern.

Ar|beits|pro|gramm, das: *Programm für eine Arbeit, für den Ablauf einer Arbeit:* ein A. aufstellen; das A. der Regierung.

Ar|beits|pro|zess, der: 1. ⟨o. Pl.⟩ *durch die Erwerbstätigkeit geprägter Lebensbereich des Menschen:* jmdn. in den A. eingliedern. 2. *Ablauf einer Arbeit:* die zunehmende Differenzierung der Arbeitsprozesse.

Ar|beits|psy|cho|lo|gie, die: *Psychologie des Arbeitslebens.*

Ar|beits|pult, das: *Pult zum Arbeiten (Lesen, Schreiben, Zeichnen).*

Ar|beits|raum, der: *(geschlossener) Raum, in dem gearbeitet wird.*

Ar|beits|recht, das ⟨o. Pl.⟩: *Recht auf dem Gebiet der vertraglichen, abhängigen Arbeit.*

Ar|beits|recht|ler, der; -s, -: *Jurist auf dem Gebiet des Arbeitsrechts.*

Ar|beits|recht|le|rin, die; -, -nen: w. Form zu ↑ Arbeitsrechtler.

ar|beits|recht|lich ⟨Adj.⟩: *das Arbeitsrecht betreffend, ihm entsprechend, zu ihm gehörend:* ein -er Streitfall.

ar|beits|reich ⟨Adj.⟩: *reich an Arbeit, erfüllt von Arbeit:* ein -es Leben; die Woche war, verlief a.

Ar|beits|rhyth|mus, der ⟨o. Pl.⟩: *bestimmte Regelmäßigkeit in Arbeitsabläufen.*

Ar|beits|rich|ter, der: *Richter für arbeitsrechtliche Streitigkeiten.*

Ar|beits|rich|te|rin, die: w. Form zu ↑ Arbeitsrichter.

Ar|beits|richt|li|nie, die ⟨meist Pl.⟩: *Richtlinie für das Arbeiten, für die Arbeit.*

Ar|beits|rich|tung, die: *Richtung u. zugehörige Gesamtheit von Verfahrensweisen des. des wissenschaftlichen Arbeitens:* die Medizin spaltet sich in eine Vielfalt von -en.

Ar|beits|ru|he, die: *das Ruhen der Arbeit (aus besonderen Gründen):* 5 Minuten A.

Ar|beits|sa|che, die: 1. ⟨Pl.⟩ (ugs.) *für die Arbeit gebrauchte Sachen:* seine -n vom Schreibtisch räumen. 2. ⟨Pl.⟩ (ugs.) *Arbeitskleidung:* die -n anziehen. 3. (Rechtsspr.) *Rechtssache auf dem Gebiet des Arbeitsrechts.*

ar|beits|scheu ⟨Adj.⟩: *geregelter Arbeit abgeneigt, faul:* -e Elemente, Burschen.

Ar|beits|scheu, die: *Abneigung, Widerwille gegen das Arbeiten.*

Ar|beits|schicht, die: *Schicht (3 a) der Industriearbeiter u. Bergleute.*

Ar|beits|schluss, der: vgl. Arbeitsanfang.

Ar|beits|schritt, der: *Schritt eines Arbeitsvorgangs:* etw. in drei -en bewerkstelligen.

Ar|beits|schu|le, die: 1. *Schule, die vom Schüler aktives Lernen durch selbstständiges Erarbeiten des Stoffes fordert.* 2. *Schule, die durch Unterricht in praktisch-manueller Arbeit zur Selbstständigkeit erzieht.* 3. *Schule, die auch Produktionsaufgaben erfüllt.*

Ar|beits|schutz, der: *[gesetzlicher] Schutz des Menschen gegen körperliche, seelische, geistige, sittliche Gefährdung durch berufliche Beschäftigung.*

Ar|beits|schutz|be|stim|mung, die: *dem Arbeitsschutz dienende [gesetzliche] Bestimmung.*

Ar|beits|schutz|bril|le, die: *Brille, die bei bestimmten Arbeiten zum Schutz der Augen getragen wird.*

Ar|beits|schwung, der ⟨o. Pl.⟩: vgl. Arbeitselan.

Ar|beits|sit|zung, die: *Sitzung, bei der gemeinsam an einem Thema, Problem gearbeitet wird:* die erste A. der Kommission.

Ar|beits|skla|ve, der: (früher) *Sklave, der körperlich arbeiten muss:* er wurde als A. verkauft; Ü im (emotional abwertend; *die ausgebeuteten Arbeiter*) am Fließband.

Ar|beits|so|zi|o|lo|gie, die: *Teilgebiet der Soziologie, das die durch die Arbeit (bes. im industriellen Bereich) bedingten sozialen Verhaltens- u. Orientierungsformen sowie die sozialen Beziehungen u. Prozesse in der Arbeitswelt u. der Gesellschaftsstruktur untersucht.*

ar|beits|spa|rend ⟨Adj.⟩: *weniger Arbeit verursachend:* eine -e Methode.

Ar|beits|spei|cher, der (EDV): *zur Zentraleinheit eines Computers gehörender Datenspeicher, der die Aufgabe hat, abzuarbeitende Programme u. Zwischenergebnisse aufzunehmen u. für die gerade ablaufende Verarbeitung verfügbar zu halten; Hauptspeicher, Zentralspeicher.*

Ar|beits|spit|ze, die (DDR): *besondere Arbeitsbelastung:* während der Erntezeit kommt es häufig zu solchen -n.

Ar|beits|spra|che, die: **a)** *Sprache, in der ein Übersetzer, Dolmetscher hauptsächlich arbeitet;* **b)** vgl. Verhandlungssprache: An der Sommerschule ... können bis zu 60 Hochschulabsolventen und junge Wissenschaftler aus ganz Europa teilnehmen ... A. ist Englisch (Tiroler Tageszeitung 30. 4. 87, 8).

Ar|beits|stab, der: *Stab (2b), dessen Mitglieder an einer bestimmten Aufgabe arbeiten.*

Ar|beits|stät|te, die: 1. (geh.) *zum Arbeiten bestimmte Stätte, bestimmter Raum:* dieses Zimmer war Beethovens A. 2. *Stätte, Stelle beruflicher Tätigkeit, Arbeitsplatz (1 b), Arbeitsstelle (1 a): Fahrten zwischen Wohnort und A.*

Ar|beits|stel|le, die: **1. a)** *Arbeitsstätte (2):* zu seiner A. fahren; **b)** *Arbeitsplatz (2):* eine A. finden. **2.** *kleinere, mit einer bestimmten Arbeit, [Sonder]aufgabe beschäftigte Abteilung [eines Instituts]:* eine A. leiten; eine A. des Instituts für deutsche Sprache.

Ar|beits|stil, der: *persönlicher Stil, in dem jmd. arbeitet, seine Arbeit tut.*

Ar|beits|streit, der (Rechtsspr.): *arbeitsrechtlicher Streit.*

Ar|beits|strom, der: 1. *elektrischer Strom zum Antrieb von Maschinen.* 2. (Elektrot.) *Strom, der erst bei Betätigung einer Anlage fließt.*

Ar|beits|stu|be, die (veraltet): *die A. des Schuhmachers, des Dichters.*

Ar|beits|stu|die, die: *wissenschaftliche Studie, Analyse, die die an bestimmte Arbeitsplätze gebundene menschliche Arbeit einschließlich der technischen, wirtschaftlichen Zusammenhänge u. ihrer besten Gestaltung untersucht.*

Ar|beits|stu|fe, die: 1. *relativ geschlossener größerer Abschnitt eines Arbeitsvorgangs.* 2. (Päd.) *eine der im allgemein gültigen formalen Aufbau des Arbeitsunterrichts enthaltenen Stufen beim Erarbeiten u. Lösen einer Aufgabe.*

Ar|beits|stuhl, der: vgl. Arbeitstisch.

Ar|beits|stun|de, die: *(bes. im Hinblick auf eine Entlohnung) arbeitend verbrachte Stunde:* der Installateur hat zwei -n berechnet.

Ar|beits|su|che, Arbeitsuche, die: *Suche nach einer Arbeit, Stellung, [beruflichen] Beschäftigung:* auf A. sein.

ar|beits|su|chend ⟨Adj.⟩: *eine Arbeit, Stellung, [berufliche] Beschäftigung suchend:* -e Männer und Frauen.

Ar|beits|su|chen|de, der u. die (seltener): ↑ Arbeitsuchende.

Ar|beits|sucht, die ⟨o. Pl.⟩: *krankhafter Drang, ständig zu arbeiten.*

ar|beits|süch|tig ⟨Adj.⟩: *an Arbeitssucht leidend.*

Ar|beits|tag, der: *Tag, an dem [beruflich] Arbeit geleistet wird od. zu leisten ist:* ein schwerer, harter A.

ar|beits|täg|lich ⟨Adj.⟩: *an jedem Arbeitstag [stattfindend, geschehend]:* die -e Produktion; zunächst 160 Einheiten a. herstellen.

Ar|beits|ta|gung, die: *zu gemeinsamer Arbeit bestimmte Tagung.*

Ar|beits|takt, der: 1. (Mech.) *dauernd wiederkehrende Phase bei Arbeit einer Maschine:* mit dem Steuergerät lassen sich unterschiedliche -e einstellen. 2. *in einer bestimmten kürzeren Zeitspanne (Taktzeit) wiederholter Abschnitt der Fließbandarbeit.*

Ar|beits|team, das: vgl. Arbeitsgruppe: ein A. bilden.

Ar|beits|tech|nik, die: *Technik, Methode des Arbeitens, technische Verfahrensweise bei der Arbeit:* eine spezielle A. anwenden.

ar|beits|tech|nisch ⟨Adj.⟩: *die Arbeitstechnik betreffend.*

ar|beits|tei|lig ⟨Adj.⟩: *auf Arbeitsteilung beruhend, in Arbeitsteilung:* die -e Gesellschaft; etw. a. betreiben.

Ar|beits|tei|lung, die: *Verteilung einer Arbeit, Aufgabe auf verschiedene Personen [u. Gebiete], Tiere, [Teile von] Organismen:* die gesellschaftliche A.; Tierstöcke mit A.

Ar|beits|tem|pe|ra|tur, die (Technik): *Temperatur, mit der ein Gerät, eine Anlage, Maschine [normalerweise] arbeitet.*

Ar|beits|tem|po, das: *Tempo, in dem jmd. arbeitet.*

Ar|beits|the|ra|pie, die: *Therapie, Heilbehandlung durch kontrollierte körperliche [u. geistige] Arbeit.*

Ar|beits|tier, das: *zur Leistung von Arbeit eingesetztes Tier:* den Elefanten als A. abrichten; Ü sie ist ein A. *(arbeitet unermüdlich).*

Ar|beits|tisch, der: *Tisch, an dem gearbeitet wird:* der A. des Schneiders.

Ar|beits|ti|tel, der: *vorläufiger Titel einer geplanten od. entstehenden Arbeit:* der A. eines Films; »Soziale Plastik« war auch der A. des Projekts, zu dem wir aber nicht wieder zurückgekommen sind (SZ 23. 1. 99, 1).

Ar|beits|tref|fen, das: *[informelles] Treffen zur gemeinsamen Arbeit an einer Aufgabe.*

Ar|beits|über|las|tung, die: vgl. Arbeitsbelastung.

Ar|beit|su|che: ↑Arbeitssuche.

Ar|beit su|chend: s. Arbeit (1d).

Ar|beit|su|chen|de, der u. die; -n, -n ⟨Dekl. ↑Abgeordnete⟩: *Person, die auf Arbeitssuche ist.*

ar|beits|un|fä|hig ⟨Adj.⟩: *durch Krankheit, Körperschaden o. Ä. unfähig zur Arbeit:* sich a. fühlen; vom Arzt a. geschrieben werden.

Ar|beits|un|fä|hig|keit, die: *Zustand des Arbeitsunfähigseins:* bei A. infolge Krankheit oder Mutterschaft.

Ar|beits|un|fall, der: *Unfall, der in ursächlichem Zusammenhang mit der beruflichen Tätigkeit des Betroffenen steht:* Erwerbsminderung infolge -s.

Ar|beits|un|lust, die: *mangelnde Lust, Freude an der Arbeit:* seine A. steigt, nimmt ab.

ar|beits|un|lus|tig ⟨Adj.⟩: *ohne Arbeitslust.*

Ar|beits|un|ter|bre|chung, die: *Unterbrechung einer Arbeit.*

Ar|beits|un|ter|bruch, der (schweiz.): *Arbeitsunterbrechung.*

Ar|beits|un|ter|la|ge, die ⟨meist Pl.⟩: *für eine Arbeit benötigte, benutzte Unterlage* (2): meine -n sind alle im Büro.

Ar|beits|un|ter|richt, der (Päd.): *Unterricht, in dem die Schüler den Stoff selbstständig erarbeiten.*

ar|beits|un|wil|lig ⟨Adj.⟩: *nicht gewillt zu arbeiten.*

Ar|beits|ur|laub, der: *Urlaub vom Wehrdienst zur Ausübung beruflicher Tätigkeit.*

Ar|beits|ver|dienst, der: *Verdienst aus beruflicher Arbeit.*

Ar|beits|ver|ein|ba|rung, die: *das Arbeitsverhältnis betreffende Vereinbarung.*

Ar|beits|ver|ein|fa|chung, die: *Vereinfachung der Arbeit.*

Ar|beits|ver|fah|ren, das: *Verfahren, nach dem eine Arbeit erledigt wird:* ein neues A. anwenden.

Ar|beits|ver|fas|sung, die: *Gesamtheit der das Arbeitsleben regelnden Normen u. Vereinbarungen.*

Ar|beits|ver|ga|be, die: *Vergabe von Arbeit* (1a): Ganz im Zeichen von -n für laufende Bauvorhaben ... (Vorarlberger Nachr. 9. 11. 68).

Ar|beits|ver|gü|tung, die: *Vergütung für geleistete Arbeit.*

Ar|beits|ver|hält|nis, das: 1. *Rechtsverhältnis zwischen Arbeitnehmer u. Arbeitgeber:* das A. lösen; ein A. eingehen *(eine Stellung annehmen);* in einem A. stehen *(Arbeitnehmer bei jmdm. sein).* 2. ⟨Pl.⟩ *die berufliche Arbeit betreffende Verhältnisse.*

Ar|beits|ver|hin|de|rung, die: *Verhinderung eines Arbeitnehmers, seiner Arbeit nachzukommen.*

Ar|beits|ver|lust, der: *Verlust des Arbeitsplatzes.*

Ar|beits|ver|mitt|ler, der: *jemand, der Arbeitsplätze* (2) *vermittelt:* Etwa 70 000 Menschen haben 1998 in Deutschland eine Beschäftigung über private A. gefunden (Handelsblatt 24. 3. 99, 4).

Ar|beits|ver|mitt|le|rin, die: w. Form zu ↑Arbeitsvermittler.

Ar|beits|ver|mitt|lung, die: *Vermittlung von Arbeitskräften* (2) *u. Stellen.*

Ar|beits|ver|mö|gen, das: *Vermögen, Fähigkeit zum Arbeiten:* sein A. ist herabgesetzt.

Ar|beits|ver|pflich|tung, die: *Dienstverpflichtung.*

Ar|beits|ver|säum|nis, das: *Versäumnis an Arbeitszeit.*

Ar|beits|ver|tei|lung, die: *Verteilung von Arbeit an verschiedene Personen:* eine zweckmäßige A.

Ar|beits|ver|trag, der: *zwischen Arbeitgeber u. Arbeitnehmer abgeschlossener Vertrag, der ein Arbeitsverhältnis begründet:* einen A. abschließen, verlängern, unterschreiben.

Ar|beits|ver|wei|ge|rung, die: *Verweigerung der Arbeit (die zu tun jmd. verpflichtet ist):* A. ist ein Kündigungsgrund.

ar|beits|ver|wen|dungs|fä|hig ⟨Adj.⟩ (Milit. früher): *aufgrund körperlicher Mängel nicht für den Waffendienst, jedoch für den militärischen Arbeitsdienst geeignet;* Abk.: av, av., a. v.

Ar|beits|ver|wen|dungs|fä|hig|keit, die; ⟨o. Pl.⟩: *das Arbeitsverwendungsfähigsein.*

Ar|beits|ve|te|ran, der (DDR): *Arbeiterveteran.*

Ar|beits|vor|be|rei|ter, der; -s, -: *jmd., der auf dem Gebiet der Arbeitsvorbereitung* (2) *beruflich tätig ist.*

Ar|beits|vor|be|rei|te|rin, die; -, -nen: w. Form zu ↑Arbeitsvorbereiter.

Ar|beits|vor|be|rei|tung, die: 1. ⟨meist Pl.⟩ *Vorbereitung für die Arbeit:* -en treffen. 2. ⟨o. Pl.⟩ (Wirtsch.) *[Lehre von der] Vorbereitung industrieller Arbeit durch ökonomische, verfahrens- u. termingerechte Gestaltung u. durch planmäßige Bereitstellung von Arbeitskräften, Hilfsmitteln u. Material.*

Ar|beits|vor|gang, der: *Vorgang, Prozess, Ablauf einer Arbeit:* den A. beschleunigen, verlangsamen.

Ar|beits|vor|ha|ben, das: *geplante, in Aussicht genommene Arbeit.*

Ar|beits|vor|la|ge, die: *Vorlage, Muster, Modell für die Arbeit:* der Zeichner hat mehrere Skizzen als A. benutzt.

Ar|beits|wa|gen, der: *Straßen- od. Eisenbahnwagen für Arbeiten an den Bahnanlagen.*

Ar|beits|wei|se, die: 1. *Art u. Weise, Methode des Arbeitens:* eine überholte A. 2. *Art zu funktionieren [u. Arbeit zu leisten], technische Funktionsweise:* die A. einer Radaranlage.

Ar|beits|welt, die: *Lebensbereich, Welt der Arbeit:* die industrielle A.

Ar|beits|wil|le, der: *Wille zu arbeiten.*

ar|beits|wil|lig ⟨Adj.⟩: *willig, bereit zu arbeiten:* sich a. zeigen; ⟨subst.:⟩ Streikposten hinderten die Arbeitswilligen am Betreten des Werks.

Ar|beits|wis|sen|schaft, die: *Wissenschaft von der menschlichen Arbeit, ihrem ökonomischen Einsatz, ihren medizinischen, psychologischen, gesellschaftlichen u. wirtschaftlichen Problemen.*

Ar|beits|wo|che, die: vgl. Arbeitstag.

Ar|beits|wut, die (oft scherzh.): *[über]großer, leidenschaftlicher Arbeitseifer:* von einer wahren A. besessen, gepackt sein; Sie haben über unseren Idealismus gegrinst wie über die A. eines Irren (Kirst, 08/15, 930).

ar|beits|wü|tig ⟨Adj.⟩ (oft scherzh.): *von Arbeitswut erfüllt, beherrscht:* ein -er Mensch; a. sein.

Ar|beits|zeit, die: 1. *für die Arbeit vorgesehene od. festgelegte Zeitspanne:* die ausfallende A.; verkürzte Arbeitszeit[en] in der Textilindustrie; gleitende A. *(vom Arbeitnehmer bei Einhaltung der durchschnittlichen Arbeitszeit außerhalb der täglichen Fixzeit selbst zu bestimmende Arbeitszeit).* 2. *Zeit, die für eine bestimmte Arbeit benötigt wird:* ich lasse mir die A. bezahlen; die -en einzeln anschreiben und in Rechnung stellen.

Ar|beits|zeit|ord|nung, die ⟨o. Pl.⟩: *gesetzliche Regelung der Arbeitszeit;* Abk.: AZO.

Ar|beits|zeit|stu|die, die: *bes. die Arbeitszeit betreffende Arbeitsstudie.*

Ar|beits|zeit|ver|kür|zung, die: *Verkürzung der [täglichen, wöchentlichen] Arbeitszeit für Arbeitnehmer.*

Ar|beits|zeug, das ⟨o. Pl.⟩ (ugs.): 1. *Arbeitskleidung:* ein Mechaniker in seinem A. 2. *Werkzeug für die Arbeit:* sein A. auspacken.

Ar|beits|zeug|nis, das: *dem Arbeitnehmer vom Arbeitgeber über Art u. Dauer der Beschäftigung sowie über Führung u. Leistungen ausgestelltes schriftliches Zeugnis.*

Ar|beits|zim|mer, das: 1. vgl. Arbeitsraum. 2. *(bes. in einer Privatwohnung) Zimmer zum geistigen Arbeiten:* ein A. steuerlich absetzen.

Ar|beits|zug, der (Eisenb.): *Materialtransportzug für Arbeiten an den Bahnanlagen.*

Ar|beits|zwang, der: *Anwendung hoheitlicher Mittel, mit denen jmd. zum Erbringen bestimmter Arbeiten gezwungen wird, z. B. bei der Zwangsarbeit.*

Ar|beits|zweig, der: *Zweig eines Arbeitsgebiets.*

Ar|bi|ter, der; -s, - [lat. arbiter, zu: ad = (hin)zu u. baetere = gehen, eigtl. = jmd., der (als Unbeteiligter) zu zwei Streitenden hinzutritt] (veraltet): *Schiedsrichter.*
Ar|bi|ter Ele|gan|ti|a|rum, Ar|bi|ter Ele|gan|ti|ae [- ...i̯ɛ], der; --, -- [zu lat. elegantia = geschmackvolle Wahl, Feinheit] (bildungsspr. veraltet): *[einflussreicher] Sachverständiger in Sachen des guten Geschmacks, des Lebensstils.*
Ar|bi|tra|ge [arbiˈtraːʒə], die; -, -n [frz. arbitrage, zu: arbitrer = als Schiedsrichter auftreten < lat. arbitrari]: **1.** (Handelsrecht) *Entscheidung eines Streits durch ein Schiedsgericht.* **2.** (Börsenw., Wirtsch.) *Ausnutzung von Kurs- od. Preisunterschieden an verschiedenen Börsen bzw. Märkten.*
ar|bi|trär ⟨Adj.⟩ [frz. arbitraire < lat. arbitrarius] (bildungsspr.): *dem Ermessen überlassen, beliebig; nach Ermessen, willkürlich:* eine -e Entscheidung; eine -e Größe (Math.; *durch einen Buchstaben angedeutete, beliebige konstante Größe*); das sprachliche Zeichen ist im Allgemeinen] a. (Sprachw.; *die verbindliche Zuordnung zwischen [Laut]gestalt u. [Wort]inhalt ist nicht naturgegeben, sondern entspricht einer vorauszusetzenden Konvention*).
Ar|bi|tra|ri|tät, die; - (Sprachw.): *Beliebigkeit des sprachlichen Zeichens im Hinblick auf die Zusammengehörigkeit von Signifikant u. Signifikat.*
Ar|bi|tra|ti|on, die; - [engl. arbitration = Schlichtung]: *Schiedswesen für Streitigkeiten an der Börse.*
Ar|bi|tra|tor, der; -s, ...oren [lat. arbitrator] (veraltet): *Schiedsrichter.*
ar|bi|trie|ren ⟨sw. V.; hat⟩ [(franz. arbitrer <) lat. arbitrari, ↑Arbitrage]: **1.** (veraltet) *schätzen.* **2.** *eine Arbitrage (2) vollziehen.* **3.** (schweiz.) *Schiedsrichter sein.*
Ar|bi|tri|um, das; -s, ...ia [lat. arbitrium]: (*im römischen Zivilprozessrecht*) *Schiedsspruch, Gutachten.*
Ar|bo|re|al, das; -s, -e [zu lat. arbor = Baum u. ↑Areal] (Biol.): *Lebensbereich der Tierwelt mehr od. weniger geschlossener Waldregionen, Sümpfe, Moore u.* ²*Heiden.*
Ar|bo|re|tum, das; -s, ...ten [lat. arboretum, zu: arbor = Baum] (Bot.): *zu Studienzwecken angelegte Pflanzung verschiedener Bäume; Baumschule.*
Ar|bu|se, die; -, -n [russ. arbuz < pers. harbūzaʰ, eigtl. = Eselsgurke]: *Wassermelone.*
arc = Arkus.
Ar|cha|ik, die; - [griech. archaïkós = altertümlich, zu: archaîos = alt, altertümlich; ursprünglich, zu: archḗ, ↑Architekt]: **1.** *frühzeitliche Kulturepoche.* **2.** *archaische* (1 a, 2) *Art.*
Ar|cha|i|ker, der; -s, -: *in archaischem Stil schaffender Künstler:* Franz Mertz war ... A. und Modernist (Welt 25. 1. 66, 7).
Ar|cha|i|ke|rin, die; -, -nen: w. Form zu ↑Archaiker.
Ar|cha|i|kum, Ar|chä|i|kum, das; -s (Geol. veraltet): *Archäozoikum.*
ar|cha|isch ⟨Adj.⟩ [griech. archaîos, ↑Archaik]: **1. a)** *der Vor-, Frühzeit angehörend od. aus ihr überkommen, vor-, frühzeitlich:* eine -e Pflanzenwelt, Fauna; die Wandzeichnungen sind noch ganz a.; **b)** (Psych.) *entwicklungsgeschichtlich älteren Schichten der Persönlichkeit angehörend:* -es Denken. **2.** *altertümlich, veraltet:* -e Wortformen; Ü (bildungsspr. abwertend) Die Technik der Billettdrucker der SBB ist a. (*ist völlig veraltet;* NZZ 29. 4. 83, 27); Zum einen fällt auf, wie a. die deutschen Konflikt- und Konsensrituale noch immer sind (Woche 21. 3. 97, 7). **3.** *der Frühstufe eines Stils, bes. der vorklassischen Epoche der griechischen Kunst angehörend, entstammend:* -e Vasenmalereien; die -e Plastik; -es Lächeln (*einem Lächeln ähnelnder Gesichtsausdruck in der frühgriechischen Kunst*).
ar|chä|isch ⟨Adj.⟩: *das Archäikum, Archaikum betreffend, ihm angehörend, entstammend:* eine -e Formation.
ar|cha|i|sie|ren ⟨sw. V.; hat⟩ [griech. archaïzein]: *archaische Sprach- od. Kunstformen verwenden:* eine Kunstepoche, in der man gern archaisierte, ⟨meist im 1. Part.⟩ die archaisierende (*altertümelnde*) Sprache einer Dichtung; archaisierend schreiben; Gleich zu Beginn ein urtümlich brodelndes Schlagwerk, überhaupt leicht archaisierende Klangbilder voll Innenspannung, etwa bei der geheimnisvoll stillen Vertonung der Worte »Und Gott sagte: Das ist gut.« (Tagesspiegel 8. 2. 98, 27).
Ar|cha|is|mus, der; -, ...men [griech. archaïsmós] (Sprachw., Stilk., Kunstwiss.): **1.** *einzelnes archaisches Element* (in *Sprache od. Kunst*): die Archaismen in Thomas Manns Romanen; »weiland« ist ein A. (*veralteter, altertümelnder Ausdruck*). **2.** ⟨o. Pl.⟩ *archaisierende sprachliche od. künstlerische Haltung, Gestaltungsweise:* der A. in der modernen Kunst, Dichtung.
Ar|cha|ist, der; -en, -en (bildungsspr.): *Vertreter einer künstlerischen, geistigen Haltung, die sich an einer frühzeitlichen Epoche orientiert:* Neben die ... treten die Futuristen (Gehlen, Zeitalter 84).
Ar|cha|is|tin, die; -, -nen (bildungsspr.): w. Form zu ↑Archaist.
ar|cha|is|tisch ⟨Adj.⟩ (bildungsspr.): *die künstlerische od. geistige Orientierung an einer frühzeitlichen Epoche betreffend, ausdrückend, gestaltend, vertretend.*
Ar|chan|thro|pi|nen ⟨Pl.⟩ [zu griech. archḗ (↑Archaik) u. ánthrōpos = Mensch]: *älteste Gruppe der Frühmenschen.*
Ar|chä|o|lo|ge, der; -n, -n [griech. archaiológos]: *Wissenschaftler auf dem Gebiet der Archäologie, Altertumsforscher.*
Ar|chä|o|lo|gie, die; - , -n [griech. archaiología = Erzählungen aus der alten Geschichte, zu: archaîos (↑Archaik) u. lógos, ↑Logos]: *Wissenschaft von den sichtbaren Überresten alter Kulturen; Altertumsforschung, -kunde, -wissenschaft:* industrielle A. (*Industriearchäologie*).
Ar|chä|o|lo|gin, die; -, -nen: w. Form zu ↑Archäologe.
ar|chä|o|lo|gisch ⟨Adj.⟩: *auf der Archäologie beruhend, sie anwendend, betreffend, dazu gehörend:* -e Fragen; die -e Wissenschaft (*die Archäologie*); ein Gelände a. untersuchen.
Ar|chä|o|me|trie, die; -: *Gesamtheit der naturwissenschaftlichen Methoden u. Verfahren, die in der Archäologie zur Auffindung, Untersuchung u. Bestimmung von Objekten angewandt werden.*
Ar|chä|o|phyt, der; -en, -en [zu griech. phytón = Pflanze]: *Adventivpflanze der frühgeschichtlichen Zeit.*
Ar|chä|op|te|ryx, (auch:) Archaeopteryx, der, auch: die; -, -e u. ...pteryges [...ˈteːryɡəs; zu griech. ptéryx = Flügel]: *Urvogel.*
Ar|chä|o|zo|i|kum, das; -s [zu griech. zō̄ē = Leben] (Geol.): *vor dem Algonkium liegende Formation des Präkambriums.*
Ar|che, die; -, -n [mhd. arche, ahd. archa, arka < lat. arca = Kasten]: **1.** ***die A. [Noah]** (bibl.; *schiffähnlicher Kasten, in dem Noah mit seiner Familie u. zahlreichen Tierpaaren die Sintflut überlebte*). **2.** (ugs.) *geräumiges [altes] Fahrzeug:* er ... bestieg seine A., um zur Garage hinüberzufahren (H. Gerlach, Demission 270).
Ar|che|bak|te|rie, die ⟨meist Pl.⟩ [zu griech. archḗ = Anfang, Ursprung (↑Architekt) u. ↑Bakterie] (Biol.): *an extremen Standorten (z. B. in Salzseen) vorkommender, früher den Bakterien zugeordneter Organismus.*
Ar|che|get, der; -en, -en [griech. archēgétēs, eigtl. = Oberaufseher, zu: archi- (↑Architekt) u. ēgeīsthai = vorangehen, führen] (bildungsspr.): *Stammvater; Vorläufer, Protagonist:* Jacob Grimm, der ... auch als ein A. des Goethe-Wörterbuchs gelten darf (Goethe-Wörterbuch, Bd. 1, Stuttgart/Berlin/Köln/Mainz 1978, Spalte XVI).
Ar|che|typ [auch: ˈ---], der; -s, -en [lat. archetypum < griech. archétypon, zu: týpos, ↑Typ]: **1.** (Philos.) *Urbild, Urform des Seienden:* die Platonischen »Ideen« sind [die] -en des Seienden. **2. a)** (Psych.) *eins der ererbten, im kollektiven Unbewussten bereitliegenden urtümlichen Bilder, die Gestaltungen [vor]menschlicher Grunderfahrungen sind u. zusammen die genetische Grundlage der Persönlichkeitsstruktur repräsentieren* (nach C. G. Jung); **b)** *Urform, Musterbild:* die Pionierleistungen Byrons, der als A. des modernen Touristen gelten muss (Enzensberger, Einzelheiten I, 191). **3. a)** *älteste überlieferte od. erschließbare Fassung einer Handschrift, eines Druckes;* **b)** *Original eines Kunst- od. Schriftwerks im Gegensatz zu Nachbildungen od. Abschriften.* **4.** (Biol.) *rekonstruierte, die stammesgeschichtliche Verwandtschaft von Lebewesen begründende Ausgangsform.*
ar|che|ty|pisch [auch: ˈ----] ⟨Adj.⟩: *einem Archetyp entsprechend, zugehörend:* -e Bilder, Symbole, Formen.
Ar|che|ty|pus, der; -, ...pen: *Archetyp.*
Ar|chi|di|a|kon [auch: ...ˈdiːa...], der; -s u. -en, -e[n] [kirchenlat. archidiaconus < griech. archidiákonos, aus griech. archi- (↑Architekt) u. ↑Diakon]: **1. a)** *erster Diakon, Stellvertreter des Bischofs in der*

Archidiakonat

alten u. frühmittelalterlichen Kirche; **b)** *Stellvertreter eines anglikanischen Bischofs.* **2.** *(bes. im MA.) Vorsteher eines Kirchensprengels.* **3.** *Ehrentitel in der ev. Kirche; Träger dieses Titels.* **4.** *zweiter Geistlicher an ev. Stadtkirchen.*

Ar|chi|di|a|ko|nat, das, auch: der, -[e]s, -e [spätlat. archidiaconatus]: **1.** *Amt des Archidiakons.* **2.** *Wohnung des Archidiakons.* **3.** *Kirchensprengel.*

Ar|chi|le|xem, das; -s, -e [aus griech. archi- (↑Architekt) u. ↑Lexem] (Sprachw.): *Lexem innerhalb eines Wortfeldes, das den allgemeinsten Inhalt hat (z. B. Pferd gegenüber Gaul, Rappe, Hengst).*

Ar|chi|man|drit, der; -en, -en [spätlat. archimandrites < spätgriech. archimandrítēs, zu: archi- (↑Architekt) u. mándra = Kloster]: **1.** *Oberer eines ostkirchlichen Kloster[verband]s.* **2.** *Ehrentitel für verdiente Priester einer Ostkirche u. Träger dieses Titels.*

ar|chi|me|disch ⟨Adj.⟩ [nach dem griech. Mathematiker Archimedes (um 285–212 v. Chr.)]: *von Archimedes herrührend, nach ihm benannt:* -es Prinzip (Physik; *Prinzip, nach dem der hydrostatische Auftrieb eines Körpers gleich dem Gewicht der von ihm verdrängten Flüssigkeits- od. Gasmenge ist*); -er Punkt *(von Archimedes geforderter fester Standpunkt außerhalb der Erde, von dem aus er die Erde in Bewegung setzen könne);* die -en Körper (Geom.; *die jenen geometrischen Körper, deren Begrenzungsflächen regelmäßige Vielecke zweier verschiedener Arten sind, sowie die drei Körper, die von je drei verschiedenen Vieleckarten begrenzt werden);* -e Schraube *(Gerät zur Be- od. Entwässerung, Wasserschnecke);* -es Axiom (Math.); -e Spirale (Geom.).

Ar|chi|pel, der; -s, -e [älter ital. archipelago, eigtl. = Hauptmeer, wohl umgebildet aus griech. Aigaĩon pélagos = Ägäisches Meer] (Geogr.): *größere Inselgruppe:* der Malaiische A.

Ar|chi|pres|by|ter, der; -s, - [lat. archipresbyter, aus griech. archi- (↑Architekt) u. ↑Presbyter]: **1.** (hist.) *oberster Priester einer [Bischofs]kirche;* Erzpriester **2. a)** *Vorsteher eines ländlichen ev. Kirchenkreises;* **b)** *Ehrentitel für verdiente ev. Geistliche; Träger dieses Titels.*

Ar|chi|tekt, der; -en, -en [lat. architectus < griech. architéktōn = Baumeister, aus: archi- = Haupt-, Ober- (zu: árchein = der erste, Führer sein, archós = Anführer, Oberhaupt, zu: arché = Herrschaft, Regierung; Anfang, Ursprung) u. téktōn = Baumeister]: *auf dem Gebiet der Baukunst ausgebildeter Fachmann, der Bauwerke entwirft u. gestaltet, Baupläne ausarbeitet u. deren Ausführung einleitet u. überwacht; Baumeister:* die Bauten des -en Müller; [An] Herrn -en Schulze; Ü Jean Rey ... A. *(Schöpfer)* der europäischen Union (MM 15. 7. 82, 5); David Ben Gurion, A. des Staates Israel (Augsburger Allgemeine 13./14. 5. 78, 3).

Ar|chi|tek|ten|bü|ro, das: **1.** *Büro eines Architekten.* **2.** *geschäftlicher, wirtschaftlicher Zusammenschluss mehrerer Architekten:* in A. gründen.

Ar|chi|tek|ten|wett|be|werb, der:

Wettbewerb, bei dem Architekten zu einem bestimmten Projekt Entwürfe einreichen, von denen eine od. mehrere prämiert werden.

Ar|chi|tek|tin, die; -, -nen: w. Form zu ↑Architekt.

Ar|chi|tek|to|nik, die; -, -en: **1.** ⟨o. Pl.⟩ *Wissenschaft vom Bauen, von der Baukunst.* **2. a)** *[kunstgerechter] Aufbau eines Bauwerks:* die A. der Loireschlösser; **b)** *strenger, gesetzmäßiger [künstlerischer od. geistiger] Aufbau:* die A. des menschlichen Körpers, einer Dichtung.

ar|chi|tek|to|nisch ⟨Adj.⟩ [spätlat. architectonicus < griech. architektonikós]: **1.** *die Architektonik (1, 2 a), die Architektur betreffend, zu ihr gehörend, auf ihr beruhend, ihren Gesetzen gemäß; baukünstlerisch, baulich:* die -e Schönheit, Gestaltung eines Gebäudes; ein -es Meisterstück; die Hilton-Hotels, die meist a. bemerkenswerte Leistungen darstellen (Bild. Kunst III, 45); etw. a. gliedern. **2.** *die Architektonik (2 b) betreffend, zu ihr gehörend, auf ihr beruhend, ihr gemäß:* die -e Gliederung der Fabel; ein Kunstwerk a. [gut] gliedern.

Ar|chi|tek|tur, die; -, -en [lat. architectura]: **1.** ⟨o. Pl.⟩ *Baukunst [als wissenschaftliche Disziplin]:* A. studieren; die stillen Höfe ... haben etwas vom Zauber maurischer A. (Bamm, Weltlaterne 102); der Stuttgarter Günter Behnisch – er plädiert für die so genannte demokratische A. (Hörzu 46, 1981, 66); Ü geistige A. (bildungsspr.; *Kunst des strengen geistigen Aufbaus).* **2.** *[mehr od. weniger] kunstgerechter Aufbau u. künstlerische Gestaltung von Bauwerken:* die kühne, gotische A. eines Bauwerks; Ü die A. eines Musikstücks, [Kunst]werkes. **3.** ⟨o. Pl.⟩ *Gesamtheit von Erzeugnissen der Baukunst (bes. eines Volkes, Bereichs, Stils, einer Zeit); Baustil:* die A. der Griechen u. Römer.

ar|chi|tek|tu|ral ⟨Adj.⟩ [frz. u. engl. architectural] (schweiz.): *architektonisch (1).*

Ar|chi|tek|tur|bild, das (Kunst): *Darstellung von Innen- od. Außenansicht eines Bauwerks (als Bildgattung), bei der die nicht zur Architektur gehörigen Motive nur als Staffage dienen.*

Ar|chi|tek|tur|bü|ro, das: *Architektenbüro.*

Ar|chi|tek|tur|mo|dell, das (Archit.): *plastisches Modell eines Bauwerks in verkleinertem Maßstab zur Veranschaulichung eines geplanten Baus.*

Ar|chi|tek|tur|mu|se|um, das: *Museum, das eine Sammlung von Bauentwürfen u. Baumodellen präsentiert.*

Ar|chi|tek|tur|plas|tik, die: *Bauplastik.*

Ar|chi|tek|tur|zeich|nung, die: *Zeichnung, die den Entwurf eines Gebäudes od. einzelner Teile eines Gebäudes (z. B. Grundriss, Aufriss od. Details) zeigt.*

Ar|chi|trav, der; -s, -e [ital. architrave, zu griech. archi- (↑Architekt) u. lat. trabs = Balken]: *auf Säulen ruhender tragender Querbalken [aus Stein od. Holz] in der antiken u. späteren Baukunst:* die -e eines griechischen Tempels.

Ar|chiv, das; -s, -e [spätlat. archivum <

griech. archeĩon = Regierungs-, Amtsgebäude, zu: árchein = regieren, herrschen, zu: arché, ↑Architekt]: **a)** *Einrichtung zur systematischen Erfassung, Erhaltung u. Betreuung von Schriftstücken, Dokumenten, Urkunden, Akten, insbes. soweit sie historisch, rechtlich od. politisch von Belang sind:* das A. für Wohlfahrtspflege; **b)** *geordnete Sammlung von [historisch, rechtlich, politisch belangvollen] Schriftstücken, Dokumenten, Urkunden, Akten;* in umfangreiches A., ein A. anlegen; Ü Der General und der Kanzler werden diese Erinnerung ins A. der Geschichte verweisen (Welt 30. 7. 62, 3); **c)** *Raum, Gebäude für ein Archiv (1 a, b):* im A. arbeiten.

Ar|chiv|ak|ten ⟨Pl.⟩: *in einem Archiv aufbewahrte Akten.*

Ar|chi|va|le, das; -s, ...lien ⟨meist Pl.⟩: *Schriftstück, Dokument, Urkunde; Akte in, aus einem Archiv:* die Benutzung der Archivalien erlauben.

Ar|chi|va|li|en|kun|de, die: *Archivkunde.*

ar|chi|va|lisch ⟨Adj.⟩: **1.** *ein od. mehrere Archive betreffend:* eine -e Tätigkeit ausüben. **2.** *zu einem od. mehreren Archiven gehörend, darin enthalten, daraus stammend:* -es Material; etw. a. beweisen *(mithilfe eines Archivs, durch archivalische Urkunden).*

Ar|chi|var, der; -s, -e: *fachlich ausgebildeter Betreuer eines Archivs.*

Ar|chi|va|rin, die; -, -nen: w. Form zu ↑Archivar.

Ar|chiv|as|ses|sor, der: *Assessor im Archivdienst.*

Ar|chiv|as|ses|so|rin, die: w. Form zu ↑Archivassessor.

Ar|chiv|be|am|te, der: *Beamter im Archivdienst.*

Ar|chiv|be|am|tin, die: w. Form zu ↑Archivbeamte.

Ar|chiv|be|nut|zer, der: *jmd., der ein Archiv benutzt.*

Ar|chiv|be|nut|ze|rin, die: w. Form zu ↑Archivbenutzer.

Ar|chiv|be|nut|zung, die: *das Benutzen eines Archivs für bestimmte Forschungen.*

Ar|chiv|bild, das: *Bild, Foto aus einem Bildarchiv.*

Ar|chiv|dienst, der: *Dienst der beamteten od. öffentlich angestellten Archivare:* die Laufbahn des gehobenen -es.

Ar|chiv|di|rek|tor, der: *Direktor eines Archivs.*

Ar|chiv|di|rek|to|rin, die: w. Form zu ↑Archivdirektor.

Ar|chiv|exem|plar, das: *für ein Archiv bestimmtes, in ein Archiv gehörendes Exemplar.*

Ar|chiv|ge|schich|te, die: *Geschichte des Archivwesens.*

Ar|chiv|gut, das ⟨o. Pl.⟩: *in einem Archiv Gesammeltes.*

ar|chi|vie|ren ⟨sw. V.; hat⟩: *(Schriftstücke, Urkunden, Dokumente, Akten) in ein Archiv aufnehmen:* Dokumente a.; Einsichtnahme in archiviertes ... Schriftgut (NJW 19, 1984, 1135); Man suchte in Archiven, der Name Quint musste doch irgendwo archiviert sein (Brückner, Quints 195).

Ar|chi|vie|rung, die; -, -en: *das Archivieren:* die A. *von Bildmaterial.*
Ar|chi|vis|tik, die; -: *Archivkunde.*
Ar|chiv|kun|de, die: *Lehre von der Organisation, Struktur u. Geschichte der Archive.*
ar|chiv|kund|lich ⟨Adj.⟩: *die Archivkunde betreffend.*
Ar|chiv|ma|te|ri|al, das: vgl. Archivakten.
Ar|chi|vol|te, die; -, -n [ital. archivolto < mlat. archivoltum, zu lat. arcus = Bogen u. volutum, ↑Volute] (Kunstwiss.): **1.** *meist bandartig abgesetzte Stirn- u. Innenseite eines Rundbogens.* **2.** *plastisch gestalteter Bogenlauf im romanischen und gotischen Portal.*
Ar|chiv|rat, der: **a)** ⟨o. Pl.⟩ *Titel von Beamten im Archivdienst;* **b)** ⟨Pl. ...räte⟩ *Träger dieses Titels.*
Ar|chiv|rä|tin, die: w. Form zu ↑Archivrat.
Ar|chiv|re|fe|ren|dar, der: *Referendar im Archivdienst.*
Ar|chiv|re|fe|ren|da|rin, die: w. Form zu ↑Archivreferendar.
Ar|chiv|we|sen, das ⟨o. Pl.⟩: *Gesamtheit dessen, was mit der Funktion, Einrichtung, Organisation u. Verwaltung von Archiven* (1) *zusammenhängt.*
Ar|chiv|wis|sen|schaft, die ⟨o. Pl.⟩: *Archivistik.*
Ar|chon, der; -s, Archonten, **Ar|chont,** der; -en, -en [lat. archon < griech. árchōn, subst. 1. Part. von árchein, ↑Archiv]: *einer der [neun] höchsten Beamten in Athen u. anderen Städten der Antike.*
Ar|chon|tat, das; -[e]s, -e: **1.** *Amt eines Archonten.* **2.** *Amtszeit eines Archonten.*
Ar|cus: ↑Arkus.
ARD [a:lɛr'de:], die; -: *Arbeitsgemeinschaft der öffentlich-rechtlichen Rundfunkanstalten der Bundesrepublik Deutschland.*
Ar|da|bil, Ar|de|bil, der; -[s], -s: *vorwiegend blaugrundiger handgeknüpfter Teppich aus der gleichnamigen iranischen Stadt od. den umliegenden Gebieten.*
Ar|den|nen ⟨Pl.⟩: *größtenteils in Belgien gelegenes Gebirge.*
Are, die; -, -n (schweiz.): ↑¹Ar: *die Opferung von vielen ein wertvollen Kulturlandes* (Bund 9. 8. 80, 17).
are|al ⟨Adj.⟩ [zu mlat. arealis- = Flächen-, zu lat. area = Fläche]: *Verbreitungsgebiete betreffend:* -e *Linguistik;* *Gruppensprachen ..., die ... historisch, a. und sozial determiniert sind* (ZGL 1, 1973, 3).
Are|al, das; -s, -e: **1.** *Bodenfläche:* der *Park bedeckt ein A. von mehreren Quadratkilometern.* **2.** *abgegrenztes Gebiet, Gelände, Stück Land, Grundstück:* das *A. [des Schießplatzes] ist vom Wald umschlossen; die Tempel und Paläste ... bildeten ein geschlossenes A. von nahezu festungsartigem Charakter* (Ceram, Götter 404); *Wohnen auf dem A. der Akademie ... ist Bedingung* (SZ 1. 3. 86, 107). **3.** *Verbreitungsgebiet (bes. von Tieren, Pflanzen, sprachlichen Erscheinungen).*
Are|al|kun|de, die: *Wissenschaft von der räumlichen Verbreitung der Pflanzen u. Tiere; Chorologie* (2).

Are|al|lin|gu|is|tik, die (Sprachw.): *[neuere] Sprachgeographie.*
are|al|lin|gu|is|tisch ⟨Adj.⟩ (Sprachw.): *die Areallinguistik betreffend.*
Are|al|me|tho|de, die: *Verfahren der Meinungsforschung mithilfe von Stichproben, bei dem Personen eines ausgewählten, aber der soziologischen Struktur nach repräsentativen Gebietes (Areals) befragt werden.*
Are|fle|xie, die; -, -n [zu griech. a- = nicht, un- u. ↑Reflex] (Med.): *(angeborenes od. krankheitsbedingtes) Fehlen von Reflexen.*
Are|ka|nuss, die; -, -nüsse [port. areca < Malayalam atecca]: *Betelnuss.*
Are|ka|pal|me, die; -, -n: *Palme einer auf dem Malaiischen Archipel, in Neuguinea u. Australien verbreiteten Gattung, bes. Betelnusspalme.*
are|li|gi|ös ⟨Adj.⟩ [aus griech. a- = nicht, un- u. ↑religiös]: *nicht religiös, außerhalb der Religion [stehend], irreligiös:* ein -er *Mensch; Meine Eltern waren zutiefst a.* (Zorn, Mars 69).
Ären: Pl. von ↑Ära.
Are|na, die; -, -nen [lat. (h)arena, H. u.]: **1. a)** *Kampfbahn, [sandbestreuter] Kampfplatz im Amphitheater der römischen Antike:* die *Gladiatoren in der A.; zieht er es vor, die politische A. ... zu verlassen* (St. Zweig, Fouché 23); **b)** *Sportplatz, Wettkampfstätte mit ringsum steigend angeordneten Zuschauersitzen:* Im *Stadion jagt ein Turnlehrer Knaben um die A.* (Koeppen, Rußland 197); *sie trugen die dreifachen Torschützen auf den Schultern aus der A.* **2. a)** *Vorführplatz für Stierkämpfe;* **b)** *Zirkusmanege:* ein *Clown stolpert durch die A.* **3.** (österr. veraltet): *Sommerbühne.*
Aren|da: ↑Arrende.
Are|o|pag, der; -s [lat. Areopagus < griech. Areiópagos]: *höchster Gerichtshof im alten Athen;* Ü *Carlo Schmid ... Der gehört ... in den hohen geistigen A. über den Wassern der Parteien* (Saarbr. Zeitung 1. 12. 79, 33); *würde die Stimme meines Gewissens ... ihn ... in den A. der großen Menschheitslehrer versetzen* (Thielicke, Ich glaube 197).
Ares (griech. Myth.): *Kriegsgott.*
Are|ta|lo|gie, die; -, -n [spätgriech. aretalogía, zu griech. aretē = Tugend u. lógos, ↑Logos] (Literaturw.): *(in der späten griech.-röm. Literatur) die Wundertaten einer Gottheit od. eines Helden lobpreisendes Traktat.*
Are|te, die; - [griech. aretḗ (griech. Philos.) = Tugend, Tüchtigkeit; Tauglichkeit *der Seele.*
Are|to|lo|gie, die; - [zu griech. lógos, ↑Logos]: *Lehre von der Arete.*
Arez|zo: *italienische Stadt.*
arg ⟨Adj.; ärger, ärgste⟩ [mhd. arc, ahd. arg, eigtl. wohl = zitternd; erregt]: **1. a)** (geh. veraltet) *von böser, niederträchtiger Gesinnung [erfüllt], niederträchtig, böse:* die -e *Welt;* -e *Gedanken; a. denken, handeln; ein a. gesinnter Mensch (ein Mensch von übler Gesinnung;* ⟨subst.:⟩ *nichts Arges im Sinn haben;* **b)** (landsch.) *schlimm, übel; unangenehm:* -es *Wetter; es war eine -e Zeit; ein* -es *Schicksal; habe die Düngung des Bodens* -e *Schäden angerichtet* (Neue Kronen Zeitung 12. 5. 84, 14); *das ist denn doch zu a.; ihr treibt es aber auch gar zu a.!; das Schicksal hat ihm a. mitgespielt; Es war ihr a. genug (traf sie sehr, ging ihr ziemlich nach), dass er unter ihrer Neigung zu Wolfgang litt* (Dorrin, Paradies 41); *es ist mir a. (tut mir sehr Leid, ist mir sehr unangenehm), dass er das erfahren hat; etw. noch ärger machen, als es schon ist; sein ärgster Feind;* ⟨subst.:⟩ *es hatte nichts Arges darin, dabei; An dieser Bescheinigung ist nichts Arges, dachte ich damals* (Seghers, Transit 77); *an nichts Arges denken (völlig ahnungslos sein o. unangenehm überrascht werden); das Ärgste befürchten;* * **im Argen liegen** (geh.; *in Unordnung, in einer verworrenen, ungeordneten Lage sein).* **2. a)** (landsch., auch geh.) *[unangenehm] groß, stark, heftig:* eine -e *Enttäuschung;* ein -er *Spötter;* (nur landsch. eine -e *Freude;* ♦ *der Hiasel ..., der ein -er (guter) Kletterer war* (Rosegger, Waldbauernbub 93); **b)** ⟨intensivierend bei Adj. u. Verben⟩ (landsch.) *sehr, überaus:* es ist a. *warm; sich a. freuen; Ein Husten quälte ihn a. und ließ ihn ... keine Ruhe finden* (Trenker, Helden 282).
Arg, das; -s [mhd. arc, ahd. arg]: **a)** (geh. veraltet): *Falschheit, Boshaftigkeit, Böses* (meist verneint in festen Verbindungen ohne Art.): *es ist kein A. an ihm, in ihm, daran; kein A. an einer Sache finden; er ist ohne A.;* ♦ **b)** (landsch.) *Fehler, Mangel* (2): »*Wer von euch hat keinen Hut, der kein Loch hat?« ... Nur Jakoberles Hut war ohne A.* (Rosegger, Waldbauernbub 44).
Ar|ga|li, der, auch: das; -[s], -s [mongol.]: *Wildschaf in Zentralasien.*
arg|den|kend ⟨Adj.⟩ (geh. veraltet): *Böses denkend, im Sinn habend.*
Ar|ge, der; -n [↑arg] (veraltet): *Teufel, Satan.*
Ar|gen|ti|ni|en; -s: *Staat in Südamerika.*
Ar|gen|ti|ni|er, der; -s, -: *Ew.*
Ar|gen|ti|ni|e|rin, die; -, -nen: w. Form zu ↑Argentinier.
ar|gen|ti|nisch ⟨Adj.⟩.
Ar|gen|tit [auch: ...tɪt], der; -s [zu lat. argentum = Silber]: *graues, metallisch glänzendes Mineral; Silberglanz.*
Ar|gen|tum, das; -[s]: lat. Bez. für ↑Silber (Zeichen: Ag).
är|ger: ↑arg.
Är|ger, der; -s [zu ↑ärgern]: **1.** *bewusstes, von starker Unlust u. [aggressiver] innerer Auflehnung geprägtes [erregtes] Erleben [vermeintlicher] persönlicher Beeinträchtigung, bes. dadurch, dass etw. nicht ungeschehen zu machen, nicht zu ändern ist; Aufgebrachtsein, heftige Unzufriedenheit, [heftiger] Unmut, Unwille, [heftige] Verstimmung, Missstimmung:* ohnmächtiger Ä.; *der Ä. des Schwiegersohn packte ihn wieder* (Edschmid, Liebesengel 40); *sein Ä. verflog; Zu stark, ja übermächtig sind Ä., Argwohn und Misstrauen ... geworden* (Dönhoff, Ära 126); *etw. erregt jmds. Ä.; sein Ä. an der Literatur war demonstrativ*

ärgerlich

(Muschg, Literatur 13); Ä. über etw. empfinden; seinen Ä. an jmdm. od. etw. auslassen; seinen Ä. unterschlucken, herunterschlucken; Ulrich konnte seinen Ä. kaum unter einem Scherz verbergen (Musil, Mann 226); seinem Ä. Luft machen; Ä. [bei jmdm., mit etw.] erregen; etw. aus Ä. tun; in Ä. geraten; du warst außer dir vor Ä.; (ugs.:) grün und gelb/ schwarz vor Ä. werden; zu meinem großen Ä. kam er nicht; Das ist ja mein Ä.! *(darüber ärgere ich mich ja!;* Th. Mann, Krull 166). **2.** *ärgerliches Erlebnis od. Gesamtheit ärgerlicher Erlebnisse, Verdruss, Unannehmlichkeit[en], Schereien[en]:* geschäftlicher, beruflicher, häuslicher Ä.; der tägliche Ä. im Beruf, mit den Kunden; viel Ä. [mit jmdm., etw., wegen einer Sache] haben; lass das, sonst bekommst du Ä.! (Warnung; Hoffentlich kriegt er keinen Ä. deswegen (Prodöhl, Tod 98); Du musst die Frau Pastor grüßen ..., anders gibt es Ä. (Kant, Impressum 84); Da gibt er nach – und erspart sich Ä. (Sebastian, Krankenhaus 53); sich Ä. ersparen; Das könnt ihr mit mir nicht machen, macht doch keinen Ä., ich will um vier bei meiner Frau zum Kaffee sein (Spiegel 34, 1976, 16).

är|ger|lich ⟨Adj.⟩: **1.** *voller Ärger, verärgert, [sehr] verdrossen, verdrießlich, ungehalten, aufgebracht, unwillig, unmutig:* ein -er Blick; er war, wurde sehr ä.; sie ist ä. über/über mich, über den Misserfolg; Plötzlich stand die Hausfrau ä. auf und sagte: »Ich versteh euch nicht ...« (Dönhoff, Ära 206); ä. reagieren, fragen; Ärgerlich lachte er auf (Hesse, Steppenwolf 214). **2.** *Ärger erregend, bereitend; misslich, unerfreulich, unangenehm, unerquicklich, leidig:* ein -er Vorfall; ein Buch voller Geschwätzigkeit (LNN 31. 7. 84, 7); eine sehr -e Geschichte, Angelegenheit; er ist ä. uneinsichtig; es ist sehr ä., dass wir uns verpasst haben; ⟨subst.:⟩ das ist das Ärgerliche an, bei der Sache.

är|ger|li|cher|wei|se ⟨Adv.⟩: *in einer ärgerlichen (2), unerfreulichen Weise.*

Är|ger|lich|keit, die; -, -en: **1.** ⟨o. Pl.⟩ *ärgerliche (1) Stimmung:* er wollte seine Ä. nicht zeigen. **2.** ⟨o. Pl.⟩ *ärgerlicher (2) Charakter:* bei aller Ä. brachte sie doch auch ein Gutes mit sich. **3.** *ärgerlicher Umstand, Ärger bereitende Angelegenheit:* auf solche -en waren sie nicht gefasst.

är|gern ⟨sw. V.; hat⟩ [mhd. ergern, argern, ahd. argerōn, geb. zum Komp. von ↑arg u. eigtl. = ärger, schlechter machen]: **1.** *[dauernd] ärgerlich machen, [heftig] verstimmen, aufbringen:* er hat mit seiner Bemerkung, mit seinem Verhalten sehr, bis aufs Blut geärgert; jmdn. krank, zu Tode ä. *(sehr ärgern);* Sie ... hat wohl ihren Mann ins Grab geärgert *(so geärgert, dass er starb;* Thieß, Legende 28); das hat er bloß getan, um mich zu ä.; seine Anwesenheit ärgerte mich; es ärgerte mich, dass er nicht kam; ihn ärgert die Fliege an der Wand (ugs.; *jede Kleinigkeit);* die Jungen ärgerten (*necken, reizen)* den Hund; Viel wurde gelacht ... und die Katze des Platzverwalters geärgert (Grass, Hundejahre 208). **2.** ⟨ä. + sich⟩ *ärgerlich, verstimmt, aufgebracht sein, werden; Ärger empfinden:* ich ärgere mich darüber, dass sie nicht die Wahrheit gesagt hat; ich habe mich über ihn, über mich selbst, über den Fehler furchtbar, maßlos, wütend geärgert; sich krank, zu Tode ä. *(sich sehr ärgern);* Sie ... veränderte sich durch die Einzelhaft so, dass alle sich an ihr (veraltend; *über sie)* ärgerten (Fallada, Jeder 384); dass der ausgezeichnete Mann ... sich über alle Maßen an dem jungen Mädchen (veraltend; *über das junge Mädchen)* geärgert hat (Maass, Gouffé 297); R nicht ä., nur wundern!; * **sich schwarz/sich grün und blau/sich gelb und grün ä.** (ugs.; *sich sehr ärgern):* dann ärgerte ich mich wieder schwarz, dass wir kein Auto besäßen (Loest, Pistole 207); Der Brigadier ... ärgert sich grün und blau über das, was er sieht (Werfel, Bernadette 170).

Är|ger|nis, das; -ses, -se [im 15. Jh. ergerniß]: **1.** ⟨o. Pl.⟩ *Anstoß, Verletzung des [religiösen od. sittlichen] Gefühls:* bei jmdm. Ä. erregen; jmdm. ein Ä. geben (veraltend; *jmdn. kränken);* Ä. an etwas nehmen (veraltend; *Anstoß an etwas nehmen);* Erregung öffentlichen -ses (Rechtsspr.; *Verletzung des sittlichen Gefühls eines durchschnittlichen Beobachters in geschlechtlicher Hinsicht* [z. B. durch öffentlich vorgenommene sexuelle Handlungen]); Die Polizei ... steckte sie ins Untersuchungsgefängnis, wo sie eine Anklage wegen Erregung öffentlichen -ses erwartet (MM 10. 8. 72, 17). **2.** *etw. Ärgerliches, Anstößiges, Skandalöses:* es ist jedes Mal ein Ä. für mich *(es ärgert mich jedes Mal),* wenn ich so etwas sehe; diese Kerle sind ein Ä.; dieses Bauwerk ist ein öffentliches Ä. *(es ärgert die Betrachter);* stellen die Stadtstreicher ... doch ein Ä. dar, weil sie Verunreinigungen schaffen (Klee, Pennbrüder 79). **3.** ⟨meist Pl.⟩ *Ärger (2), Unannehmlichkeit; Widerwärtigkeit:* die kleinen -se des Alltags; Wir werden noch viele Enttäuschungen und -se haben (Dönhoff, Ära 177); berufliche -se; konstruktionsbedingte -se wie schlechte Sitze oder eine hakende Schaltung (ADAC-Motorwelt 10, 1985, 68). ♦ **4.** (auch: ⟨o. Pl.⟩; -, -se:) und innerlich verzehrt' ihn die Ä. (Goethe, Egmont V).

arg ge|sinnt: s. arg (1).

Ar|gi|nin, das; -s, -e [zu ↑Argentum] (Biol.): *in allen Eiweißkörpern enthaltene lebenswichtige Aminosäure.*

Arg|list, die ⟨o. Pl.⟩ [mhd. arclist, zu ↑arg]: **1.** (geh.) *Hinterlist, Heimtücke:* jmds. A. kennen; Das Kind ist dem primitiven Menschen verwandt ..., ohne A. und ohne Gnade (K. Mann, Wendepunkt 22); voll A. **2.** (Rechtsspr.) *bewusste Täuschung; Verstoß gegen Treu u. Glauben.*

arg|lis|tig ⟨Adj.⟩ [mhd. arclistec]: *voll Arglist, hinterlistig, heimtückisch, verschlagen:* ein -er Mensch, Plan; ein -es Lächeln; sie lockten ihn a. in die Falle; -es Verhalten, -e Täuschung (Rechtsspr.; *bewusste, böswillige Täuschung im Rechtsverkehr).*

Arg|lis|tig|keit, die: **1.** ⟨o. Pl.⟩ *das Arglistigsein, arglistiges Wesen.* **2.** *arglistige Handlung.*

arg|los: 1. *ohne Arg, nichts Böses vorhabend, unschuldig, harmlos:* eine -e Bemerkung, Frage; In den USA kostet das -e *(gedankenlose)* Wegwerfen von Abfällen bis zu 50 Dollar (Hamburger Abendblatt 5. 9. 84, 7); a. lächeln. **2.** *nichts Böses ahnend, ohne Argwohn, vertrauensselig:* ein -es Kind; sie ging völlig a. darauf ein; Wer konnte a. bleiben nach den Bränden der Synagogen (R. v. Weizsäcker, Deutschland 18).

Arg|lo|sig|keit, die; -: *argloses Wesen:* die A. einer Frage; Frau Lautenschlag, deren unverwüstliche A. und deren Träumerei nur Hohn ... entfesselten (A. Kolb, Schaukel 124); jmds. A. bezweifeln.

Ar|go die; - [1: griech. Argṓ, entw. = die Schnelle od. nach dem Erbauer Argo, einem der ↑Argonauten; 2: nach der griech. Myth. wurde das Schiff von Athene in den Himmel versetzt]: **1.** (griech. Myth.) *Name des Schiffs,* mit dem mehrere Helden ausfuhren, das Goldene Vlies zu holen; Wie mag es hier ausgesehen haben, als Diogenes dort unten in seiner Tonne hauste, oder als gar die A. Anker warf? Dem Mythos zufolge war sie das erste Schiff überhaupt (FR 11. 4. 98, 5). **2.** *Sternbild am südlichen Sternhimmel.*

Ar|gon ['argɔn, auch: ar'go:n], das; -s [zu griech. argós = untätig, träge]: *sehr träge reagierendes, farb- u. geruchloses Edelgas (chemisches Element; Zeichen: Ar).*

Ar|go|naut, der; -en, -en [1: lat. Argonauta < griech. Argonaútēs]: **1.** (griech. Myth.) *einer der Helden auf dem Schiff Argo.* **2.** *Tintenfisch einer bestimmten Gattung.*

Ar|gon|nen ⟨Pl.⟩: *Gebirge in Frankreich.*

Ar|got [ar'go:], das od. der; -s, -s [frz. argot, H. u.]: **1.** ⟨o. Pl.⟩ *Sondersprache der französischen Gauner u. Bettler.* **2.** *Sondersprache einer sozialen od. beruflichen Gruppe, Jargon* (a): *Der Ausdruck stammt aus dem A. des Militärs* (Enzensberger, Einzelheiten I, 90).

ärgs|te: ↑ arg.

Ar|gu|ment, das; -[e]s, -e [lat. argumentum, zu: arguere = erhellen; beweisen, eigtl. = etw., was der Erhellung u. Veranschaulichung dient]: **1.** *Rechtfertigungsgrund, [stichhaltiger, plausibler] Beweisgrund, Punkt einer Beweisführung:* ein stichhaltiges, schlagendes A.; gewichtige, politische -e; dieses A. überzeugt mich; das ist kein A. [gegen meine Behauptung] *(keine stichhaltige Entgegnung);* Warum ließen ihn die Vernehmer schmoren? Doch nur, weil ihnen die -e ausgegangen waren (Loest, Pistole 115); dass wir jetzt nach Mecklenburg liefern, das ist doch kein A. (Hacks, Stücke 376); -e für, gegen etw. vorbringen, vortragen; jmdn., eine Sache mit -en beizukommen suchen. **2.** (Math.) *unabhängige Variable einer Funktion:* Wir nennen die erste Zahl das »Argument« der Funktion und die zweite den »Wert« (Schumacher Konzeption 75). **3.** (Sprachw.) *Satzglied, mit dem eine Leerstelle ausgefüllt wird.*

Ar|gu|men|ta|ti|on, die; -, -en [lat. argumentatio]: *Darlegung der Argumente, Beweisführung:* er hat mit seiner A. Recht; seine A. für, gegen den Plan stützt sich auf Erfahrung; Johanna ließ sich auf die umständliche A. nicht ein (Feuchtwanger, Erfolg 111).

Ar|gu|men|ta|ti|ons|hil|fe, die: *Argumente, die jmd. hat, die jmdm. an die Hand gegeben werden für seine Argumentation (in einem bestimmten Zusammenhang):* Läpple, der ... -n für den Wahlkampf verteilte (Saarbr. Zeitung 8. 10. 79, 10); A. in Form einer neuen Studie erhielt Deutschlands oberster Handwerker vom Rheinisch-Westfälischen Institut für Wirtschaftsforschung (RWI) in Essen (Tagesspiegel 5. 5. 99, 4).

ar|gu|men|ta|tiv ⟨Adj.⟩ [lat. argumentativus] (bildungsspr.): **1.** *[die] Argumente betreffend:* die -e Verunsicherung der Richter. **2.** *mithilfe von Argumenten [durchgeführt]:* a. auf etw. eingehen; eine -e Auseinandersetzung in einem Streitfall; eine ... -e Austragung von Konflikten (Nuissl, Hochschulreform 73); der Wahlkampf soll a. geführt werden.

ar|gu|men|ta|to|risch ⟨Adj.⟩ (seltener): argumentativ (2).

ar|gu|men|tie|ren ⟨sw. V.; hat⟩ [lat. argumentari]: *seine Argumente [für od. gegen etw.] darlegen, seine Gründe auseinander setzen, den Beweis führen:* sachlich, schlagend [für, gegen etw.] a.; gegen jmdn. a.; dahin gehend a., dass eine andere Lösung nicht möglich ist; Hätte er mir Geld gegeben, wäre ich längst vorher abgeflogen ... Damit argumentierte ich auch (Danella, Hotel 179); ⟨subst.:⟩ Egon machte ihm das Argumentieren leicht (H. Weber, Einzug 333).

Ar|gu|men|tie|rung, die; -, -en (seltener): *Argumentation.*

Ar|gu|men|tum e Con|tra|rio, das; ---, ...ta-- [lat., zu: contrarium = Gegenteil, zu: contrarius, ↑konträr]: *Schlussfolgerung aus dem Gegenteil.*

Ar|gus, der; -, -se [nach dem hundertäugigen Riesen der griech. Sage] (bildungsspr.): *scharf u. misstrauisch beobachtender Wächter:* als A. über etw. wachen; sie war ein A., der uns nicht aus den Augen ließ.

Ar|gus|au|gen ⟨Pl.⟩ (bildungsspr.): *scharf beobachtender Blick:* seinen A. entging nichts; jmdn., etw. mit A. bewachen, beobachten; die Polizei wacht mit A. über die Einhaltung der ... Pornogesetze (Saarbr. Zeitung 4. 12. 79, 10).

ar|gus|äu|gig ⟨Adj.⟩ (bildungsspr.): *scharf beobachtend, wachsam:* Argusäugig wachen Lobbyisten in Tokio, Washington und Brüssel darüber, dass keine neue Umweltauflage Wettbewerbsnachteile für die heimische Industrie bringt (Bonner General-Anzeiger, Stadtausgabe Bonn, 19. 8. 93, 2).

Arg|wohn, der; -[e]s [mhd. arcwān, ahd. argwān, zu ↑arg u. ↑Wahn] (geh.): *Einstellung, Neigung, hinter dem Tun od. dem Verhalten eines anderen eine gegen die eigenen Interessen gerichtete, feindselige od. unredliche Absicht zu vermuten; Misstrauen, Verdacht, schlimme Vermutung:* A. schöpfen; A. [gegen jmdn., etw.] hegen; der A. ... findet immer wieder neue Nahrung (Dönhoff, Ära 161); die Wirkung ihrer Stimme nährte in mir den A., dass sie mir etwas zu verbergen suchte (Thorwald, Chirurgen 240); jmds. A. erregen, zerstreuen; jmdn. mit A., voller A. betrachten.

arg|wöh|nen ⟨sw. V.; hat⟩ [mhd. arcwænen, ahd. argwānen] (geh.): *mit Argwohn, misstrauisch vermuten, befürchten:* er argwöhnte eine Falle; man argwöhnte einen Verräter in ihm; Jumbo zögerte ..., weil er irgendeine Hinterlist argwöhnte (Hausmann, Abel 158).

arg|wöh|nisch ⟨Adj.⟩ [mhd. arcwænec, ahd. argwānīc] (geh.): *voll Argwohn, misstrauisch:* ein -er Blick, Mensch; Klementine, die er verachtete, aber, um sie nicht a. zu machen, öfters mit kleinen Aufmerksamkeiten beschenkte (Musil, Mann 1448); Die Frau musterte Akiva a., dann lächelte sie zerstreut (Kemelman [Übers.], Mittwoch 39).

Arhyth|mie usw.: ↑Arrhythmie usw.

Ari, die; -, -s: (Soldatenspr.): Kurzf. von Artillerie: Ich käme aus Berlin, sagte ich, ... die A. schösse schon hinein (Kempowski, Tadellöser 459).

Ari|ad|ne|fa|den, der; -s [nach der griech. Sagengestalt Ariadne, die Theseus ein Wollknäuel gibt, das ihn aus dem Labyrinth wieder herausführt] (bildungsspr.): *etw., was jmdn. durch Wirrnis hindurchleitet, ihm aus einer unüberschaubaren Situation heraushilft.*

Ari|a|ner, der; -s, -: *Anhänger des Arianismus.*

ari|a|nisch ⟨Adj.⟩: *den Arianismus vertretend, betreffend, auf ihm beruhend, zu ihm gehörend:* -e Auffassung; der Arianische Streit (*Religionsstreit des Arius u. der Arianer mit den andersgläubigen Christen*).

Ari|a|nis|mus, der; -: *Lehre des Arius (4. Jh.) u. seiner Anhänger, wonach Christus mit Gott nicht wesensgleich, sondern nur wesensähnlich ist.*

arid [lat. aridus] (Geogr.): *trocken, dürr, wüstenhaft:* -e Böden, -e Klimate (*Klimate von Gebieten, in denen die Verdunstung durchschnittlich stärker ist als der Niederschlag*).

Ari|di|tät, die; - (Geogr.): *Trockenheit (des Klimas).*

Arie, die; -, -n [ital. aria, urspr. = Weise (des Auftretens) < lat. aera (Akk. von: aer); vgl. ²Air]: *Gesangsstück für Solo mit Instrumental-, bes. Orchesterbegleitung [in Oper od. Oratorium]:* eine A. singen.

¹**Ari|el:** alter Name Jerusalems.

²**Ari|el,** der; -s: Mond des Uranus.

Ari|er, der; -s, - [sanskr. ārya = Edler]: **1.** (Völkerk., Sprachw.) *Angehöriger eines der frühgeschichtlichen Völker mit indogermanischer Sprache in Indien u. Iran.* **2.** (nationalsoz.) *(in der rassistischen Ideologie des Nationalsozialismus) Angehöriger einer (bes. in Gegensatz zu den Juden definierten) angeblich geistig, politisch und kulturell überlegenen nordischen (2) Menschengruppe:* So erschienen in Annaberg im Erzgebirge einige SA-Leute im Büro eines jüdischen Unternehmers und verlangten die Übergabe seines Geschäftes an einen A. (Zeit 29. 8. 97, 68); es war an Jüdinnen gedacht, die mit -n verheiratet sind (Hochhuth, Stellvertreter 47).

Ari|e|rin, die; -, -nen: w. Form zu ↑Arier.

Ari|er|nach|weis, der (nationalsoz.): *(in der rassistischen Ideologie des Nationalsozialismus) amtlicher Nachweis der sog. arischen (2) Abstammung.*

Ari|er|pa|ra|graph, der (nationalsoz.): *die Ausschließung (bes. aus dem öffentlichen Dienst) der nicht als arisch (2) geltenden, jüdischen Bevölkerung beinhaltende gesetzliche Bestimmung.*

Ari|es [...i̯es], der; -: *das Sternbild Widder.*

Ari|et|ta, Ari|et|te, die; -, ...tten [(frz. ariette) < ital. arietta, zu aria, ↑Arie] (Musik): *kleine Arie.*

ari|os ⟨Adj.⟩ [ital. arioso, zu: aria, ↑Arie] (Musik): *liedhaft, gesanglich, melodiös:* -e Einschübe.

ari|o|so ⟨Adv.⟩ [ital. arioso] (Musik): *liedhaft [vorzutragen].*

Ari|o|so, das; -s, -s u. ...si: **1.** *instrumental begleitetes [gegen den Sprechgesang abgehobenes] liedhaft-ausdrucksvolles arienähnliches Gesangsstück, Zwischenstück [in einem größeren Vokalwerk].* **2.** *liedhaft-ausdrucksvolles Instrumentalstück.*

arisch ⟨Adj.⟩: **1.** (Völkerk., Sprachw.) *die Arier (1) od. ihre Sprachen betreffend, ihnen zugehörend, eigentümlich, von ihnen stammend:* die -en Völker, Sprachen; dass ... es eine ... Muttersprache gegeben hat, welche die Wurzeln der -en Mundarten in sich beschloss (Th. Mann, Joseph 28). **2.** (nationalsoz.) *die sog. Arier (2) betreffend, ihnen zugehörend, ihnen eigentümlich; von sog. Ariern (2) stammend; nicht jüdisch:* -e Abstammung; -e Großeltern; Dann kam die Anweisung, alle Offiziere sollten sich ihren -en Nachweis besorgen (Kühn, Zeit 365); Arisches Geschäft, Minna Schulz und Co. (Hilsenrath, Nazi 60).

ari|sie|ren ⟨sw. V.; hat⟩ (nationalsoz.): *(zur Zeit der nationalsozialistischen Herrschaft) durch Enteignung, zwangsweisen Verkauf jüdischen Besitz in arischen (2) Besitz überführen:* ein Grundstück, Unternehmen a.; Rosenthals haben früher ein Wäschegeschäft an der Prenzlauer Allee gehabt. Das ist dann arisiert worden (Fallada, Jeder 8); wat den Juden jehörte, ... det wurde arisiert (B. Vesper, Reise 456).

Ari|sie|rung, die; -, -en (nationalsoz.): *das Arisieren:* die A. des jüdischen Besitzes.

Aris|tie, die; -, -n [griech. aristeia, zu: aristós = der Beste, Edelste, Tapferste] (Literaturw.): *überragende Heldentat u. ihre literarische Verherrlichung.*

Aris|to|krat, der; -en, -en [zu ↑Aristokratie]: **1.** *Angehöriger der Aristokratie, Adliger:* er ist ein A.; Ü Hier wächst der A. unter den Rotweinen (e&t 7, 1987, 107). **2.** *Mensch von vornehmer Gesinnung, zurückhaltender Lebensart; vornehmer, edler Mensch.*

Aristokratie

Aris|to|kra|tie, die; -, -n [lat. aristocratia < griech. aristokratía, zu: krateīn = herrschen]: **1. a)** ⟨o. Pl.⟩ *Staatsform, in der die Herrschaft im Besitz einer privilegierten sozialen Gruppe (Adel, Oberschicht) ist; Adelsherrschaft;* **b)** *Staat, Gemeinwesen, in dem eine Aristokratie* (1 a) *besteht.* **2.** *adlige Oberschicht, Adel[sstand]:* A. und Bourgeoisie; Man kann sagen, dass drei Viertel aller Mitglieder des Preußischen Herrenhauses der A. angehörten (Dönhoff, Ostpreußen 34); Ü die A. des Geldes, des Geistes *(durch Besitz einflussreiche, durch Bildung hervorragende Minderheit).* **3.** ⟨o. Pl.⟩ *Würde, Vornehmheit:* die A. seiner Gesinnung, seines Wesens.
Aris|to|kra|tin, die; -, -nen: w. Form zu ↑Aristokrat (1).
aris|to|kra|tisch ⟨Adj.⟩: **1.** *die Aristokratie* (1) *betreffend, ihr zugehörend, entsprechend, gemäß, von ihr stammend:* eine -e Herrschaftsform. **2.** *adlig:* -e Kreise. **3.** *edel, vornehm:* er war von -er Geistigkeit; Das -e Profil, sein kurzes Kraushaar, das war ... bewunderungswürdig (Kempowski, Tadellöser 145); ⟨subst.:⟩ ihre Gestalt hat etwas Aristokratisches.
Aris|to|nym, das; -s, -e [zu griech. ónyma = Name]: *aus einem Adelsnamen bestehendes Pseudonym.*
Aris|to|pha|ne|us, der; -, ...neen [lat. Aristophaneus < griech. Aristopháneios = von (dem altgriech. Lustspieldichter) Aristophanes (4./3. Jh. v. Chr.)] (Verslehre): *antiker Vers (von der Normalform: –..–..–).*
aris|to|pha|nisch ⟨Adj.⟩ (bildungsspr.): *geistvoll, witzig, mit beißendem Spott nach Art des altgriechischen Lustspieldichters Aristophanes:* von -er Laune.
Aris|to|te|li|ker, der; -s, -: **a)** *Schüler des altgriechischen Philosophen Aristoteles (384–322 v. Chr.);* **b)** *Vertreter, Anhänger der Philosophie des Aristoteles.*
Aris|to|te|li|ke|rin, die; -, -nen: w. Form zu ↑Aristoteliker (b).
aris|to|te|lisch ⟨Adj.⟩: *Aristoteles u. seine Lehre betreffend, seiner Lehre entsprechend, gemäß, auf seiner Lehre beruhend; nach Art des Aristoteles, nach Aristoteles benannt:* einen -en Standpunkt vertreten.
Aris|to|te|lis|mus, der; -: *von Aristoteles ausgehende, über die Scholastik bis in die Gegenwart reichende Philosophie.*
Arith|me|tik, die; -, -en [lat. arithmetica < griech. arithmētikḗ (téchnē) = Rechenkunst, zu: arithmētikós = zum Rechnen gehörend, zu: arithmeīn = zählen, rechnen, zu: arithmós = Zahl]: **1.** ⟨o. Pl.⟩ *Teilgebiet der Mathematik, das sich mit bestimmten u. allgemeinen Zahlen, Reihenlehre, Kombinatorik u. Wahrscheinlichkeitsrechnung befasst:* A. der natürlichen Zahlen; Ü die A. (bildungsspr., oft abwertend; *[System] aus ausgeklügelte[r] Berechnung)* der Verteilung von Ämtern. **2.** *Lehrbuch der Arithmetik* (1).
Arith|me|ti|ker, der; -s, -: *Fachmann auf dem Gebiet der Arithmetik.*
Arith|me|ti|ke|rin, die; -, -nen: w. Form zu ↑Arithmetiker.

arith|me|tisch ⟨Adj.⟩: *die Arithmetik betreffend, zu ihr gehörend, ihr entsprechend, gemäß; auf ihr beruhend:* -e Formeln, Probleme, Verfahren; das -e Mittel (Math.; *Quotient aus dem Zahlenwert einer Summe u. der Anzahl der Summanden;* Ü *Durchschnittswert);* -e Folge, Reihe *(mit gleich bleibender Differenz zwischen je zwei benachbarten Gliedern);* Ü Aber wehe, wenn diese -e Reihe steigender Wachstumsraten, Löhne und Gewinne einmal abreißt (Dönhoff, Ära 49).
Arith|mo|griph, der; -en, -en [zu griech. grīphos = Rätsel]: *Zahlenrätsel.*
Ari|zo|na, -s: *Bundesstaat der USA.*
Ar|ka|de, die; -, -n [frz. arcade < ital. arcata, zu: arco = Bogen(gewölbe) < lat. arcus]: **1.** *Bogen* (2) *auf zwei Pfeilern od. Säulen.* **2.** ⟨meist Pl.⟩ *Reihe von Bogen* (2); *[einseitig offener] Bogengang [an Gebäuden]:* gedeckte -n.
Ar|ka|di|en, ⟨-s⟩ [alt]griechische Landschaft. **2.** ⟨das; -[s]⟩ (bildungsspr.) *Schauplatz glückseligen, idyllischen [Land]lebens; glückseliges Land:* Es war immer A., was die romantisch bewegten Reisenden seit Goethe in Italien suchten (Fest, Im Gegenlicht 24); Die gut eingeführten Musikfestspiele Potsdam Sanssouci basieren auf der engen Verbindung zwischen dargebotener Musik und dem Aufführungsort: Schlössern, Orangerien, Palmenhäusern und Gartenanlagen im preußischen A. (Handelsblatt 29. 3. 99, 44); Ü Die Studenten ... verlassen den Hörsaal ... in dem Gefühl, einen winzigen Einblick in das A. der Wissenschaft geworfen zu haben (MM 10. 3. 67, 30).
Ar|ka|di|er, der; -s, - (bildungsspr.): *Bewohner von Arkadien.*
ar|ka|die|ren ⟨sw. V.; hat⟩ (Bauw.): *(ein Gebäude) mit Arkaden* (2) *versehen.*
Ar|ka|die|rin, die; -, -nen (bildungsspr.): w. Form zu ↑Arkadier.
ar|ka|disch ⟨Adj.⟩ (bildungsspr.): *Arkadien, die Arkadier betreffend; Arkadien, den Arkadiern zugehörend, eigentümlich; in, aus Arkadien vorkommend; -en Gefilden;* eine -e Landschaft (Literaturw., Malerei; *ideale, idyllische Landschaft*); -e Dichtung (Literaturw.; *idyllische Hirten- u. Schäferdichtung*).
ar|kan ⟨Adj.⟩ [lat. arcanus] (bildungsspr.): *geheim.*
Ar|kan|dis|zi|plin, die; - [zu lat. arcanum, ↑Arkanum] (bildungsspr.): *Geheimhaltung von Lehre u. Brauch einer Religionsgemeinschaft vor Außenstehenden (bes. im frühen Christentum).*
Ar|ka|nist, der; -en, -en [zu lat. arcanum, ↑Arkanum]: *(bes. im 18. Jh.) in die Geheimnisse der Porzellanherstellung Eingeweihter.*
Ar|kan|po|li|tik, die (veraltend): *Geheimpolitik: das Prinzip der Öffentlichkeit – jene Publizität, die einst gegen die A. der Monarchen durchgesetzt werden musste* (Fraenkel, Staat 220); Ü die Entscheidungsprozesse in den Gremien ... waren zu Bereichen hierarchischer A. geworden (Nuissl, Hochschulreform 200).
Ar|kan|sas, Arkansas': *Bundesstaat der USA.*
Ar|ka|num, das; -s, ...na [lat. arcanum,

zu: arcanus = geheim] (bildungsspr.): **1.** *Geheimnis:* Wohl mag es Dinge geben, die ein Staat als sein A. hütet (Spiegel 47, 1985, 20). **2.** *Geheimmittel.*
Ar|ka|tur, die; -, -en (Archit.): *Gesamtheit der Arkaden* (2) *eines Gebäudes.*
Ar|ke|bu|se, die; -, -n [frz. arquebuse < älter niederl. hakebusse = Hakenbüchse]: *altes Schießzeug ..., aber vor den -n und Hakenbüchsen schien es dem General doch zu grauen* (Kant, Impressum 96).
Ar|ke|bu|sier, der; -s, -e [frz. arquebusier] (früher): *mit der Arkebuse ausgerüsteter Soldat.*
Ar|ko|na, -s: *Nordkap Rügens.*
Ar|ko|se, die; - [frz. arkose, H. u.]: *feldspatreicher Sandstein.*
Ar|ko|sol, Ar|ko|so|li|um, das; -s, ...ien [wohl spätlat. arcosolium, zu lat. arcus = Bogen u. solium = Sarkophag (Archit.): *(in Katakomben) überwölbte Grabnische in der Wand.*
Ark|ti|ker, der; -s, -: *Bewohner der Arktis.*
Ark|ti|ke|rin, die; -, -nen: w. Form zu ↑Arktiker.
Ark|tis, die; -: *Gebiet um den Nordpol.*
ark|tisch ⟨Adj.⟩ [spätlat. arcticus < griech. arktikós = nördlich, zu: árktos = Bär (nach den Sternbildern des Großen u. Kleinen Bären am nördlichen Himmel)]: **a)** *die Arktis betreffend, in der Arktis vorkommend:* die -e Fauna. **b)** *wie in der Arktis:* -e Kälte, Temperaturen.
Ark|tur, Ark|tu|rus, der; -: *hellster Stern im Sternbild Bootes.*
Ar|ku|bal|lis|te, die; -, -n [spätlat. arcuballista, ↑Armbrust] (früher): *wie eine Armbrust funktionierendes römisches u. mittelalterliches Belagerungsgeschütz; Bogenschleuder.*
Ar|kus, (auch:) Arcus, der; -, - [...u:s; lat. arcus] (Math.): *Kreisbogen, Bogenmaß eines Winkels;* Zeichen: arc.
Ar|kus|funk|ti|on, die (Math.): *Umkehrfunktion einer trigonometrischen Funktion.*
Ar|kus|ko|si|nus, der (Math.): *Umkehrfunktion des Kosinus.*
Ar|kus|ko|tan|gens, der (Math.): *Umkehrfunktion des Kotangens.*
Ar|kus|si|nus, der (Math.): *Umkehrfunktion des Sinus.*
Ar|kus|tan|gens, der (Math.): *Umkehrfunktion des Tangens.*
Ar|lec|chi|no [arle'ki:no], der; -s, -s u. ...ni [ital. arlecchino, ↑Harlekin]: ital. Bez. für *Harlekin.*
Arles [arl]: *Stadt in Südfrankreich.*
arm ⟨Adj.; ärmer, ärmste⟩ [mhd., ahd. arm, wahrsch. urspr. = verwaist, wohl verw. mit ↑¹Erbe]: **1. a)** *ohne [genügend] Geld zum Leben, wenig besitzend, bedürftig, mittellos:* eine -e Familie; ein Kind -er Leute; Die Einwohner ... führen ein friedliches und arbeitsames Leben: man ist a., aber nicht unglücklich (Jens, Mann 102); dass ein Teil der Welt immer reicher, ein anderer Teil immer ärmer wird (Dönhoff, Ära 162); sie waren [bitter] a.; ihre Verschwendungssucht hat

ihn a. gemacht; ⟨subst.:⟩ der Gegensatz zwischen Arm und Reich, zwischen Armen und Reichen; die Ärmsten der Armen; R es trifft ja keinen Armen (ugs.; *er hat ja genug Geld, sodass es ihn nicht sehr hart trifft*); *** Arm und Reich** (veraltet; *alle Menschen, ohne Unterschied*); **b)** *wenig habend, aufweisend od. hergebend, ohne nutzbringenden Gehalt, ärmlich:* -e *(wenig ergiebige, wenig fruchtbare)* Böden; dass die Traubenkirsche ... auf -en Standorten gedeiht (Jagd 5, 1987, 138); -es (Bergmannsspr.; *geringhaltiges*) Erz; um das auszudrücken, ist unsere Sprache zu a.; geistig a. (abwertend; *geistig anspruchslos*) sein; *** a. an etw. sein** *(wenig von etwas haben):* das Leben ist a. an Freuden; diese Früchte sind a. an Vitaminen *(vitaminarm);* während doch sonst sein kluger Bauernschädel an Einfällen nicht a. gewesen ist (Thieß, Reich 360); Auch an Repräsentationsbauten ist die alte Hauptstadt nicht ganz a. (Dönhoff, Ära 69); **um jmdn., etw. ärmer werden** *(jmdn., etw. verlieren):* der Sport ist um zwei Meister ärmer geworden; mit diesem Vorfall war es um eine Illusion ärmer geworden. **2.** *unglücklich, bedauernswert, beklagenswert:* das -e Kind; der -e Kerl; die -en Seelen [im Fegefeuer]; das -e Hündchen, es zittert ja vor Kälte (v. d. Grün, Irrlicht 20); meine -en (ugs.; *übermäßig strapazierten, geschundenen, schmerzenden o. ä.*) Beine!; ⟨subst.:⟩ du Arme[r]!; der Ärmste, was hat er [alles] erdulden müssen!; sie ist a. dran (ugs.; *es geht ihr nicht gut*); Arm dran (ugs.; *in einer schlechten Lage*) sind nur jene Fachkollegen, bei denen die Technik eine Rolle spielt (Spiegel 51, 1975, 29).

Arm, der; -[e]s, -e [mhd., ahd. arm, urspr. = Fügung; Gelenk, Glied]: **1.** *bes. zum Greifen u. Halten dienendes, aus Ober- u. Unterarm [sowie Hand] bestehendes Körperglied an der rechten bzw. linken Schulter des Menschen (u. des Affen):* kräftige, behaarte -e; sein linker A. ist steif; eine Gruppe Türken ..., stießen ihre -e in die Luft, klagten, weinten (v. d. Grün, Glatteis 264); die -e aufstützen, [nach jmdm.] ausstrecken, [über der Brust] kreuzen; Hitler zeigte sich ..., und Loest reckte mit Tausenden den A. *(erhob den Arm zum Hitlergruß)* und brüllte Heil ... (Loest, Pistole 50); jmds. A. nehmen *(jmdn. unterhaken);* sie schlang ihre -e um seinen Hals; fiel mir ein ... Genosse auf, der einen A. verloren hatte *(der nur noch einen Arm hatte;* Leonhard, Revolution 163); Ich bin ein bisschen verlegen, weiß nicht, wo ich meine -e lassen soll (Imog, Wurliblume 218); beide -e voll haben *(bepackt sein u. daher nichts anderes mit den Armen machen können);* wir brauchen noch einen A. voll *(Menge, die jmd. im Arm tragen kann),* zwei A. voll, mehrere A. voll Holz; ich habe mir den A. gebrochen; er nahm, packte ihn am/beim A.; sieht er sie zufällig im Park am A. eines kleinen, älteren Mannes (Strauß, Niemand 102); ein Kind auf den A. nehmen; sie riss sich aus seinen -en [los]; jmdn. im A., in den -en halten; die Kollegin ... ging mit dem Stoß Bücher, den sie im A. trug, zum Auslagetisch (Wellershoff, Körper 83); Vorm Hause lag der Pfarrer, in A. mit einem Neger (Bieler, Bonifaz 153); sie lagen sich gerührt in den -en; sie kam mit einem A. voll Holz herein; den Mantel über dem A. nehmen, über dem A. tragen; er nahm die Mappe unter den A.; wir können hier noch zwei starke -e *(jmdn., der kräftig zupacken, helfen kann)* gebrauchen; Ü der A. *(die Reichweite)* des Gesetzes; Hartl fühlte sich ... als A. der ausgleichenden Gerechtigkeit (Kühn, Zeit 402); *** jmds. verlängerter A. sein** *(im Auftrag u. anstelle von jmdm. handeln, dessen Anliegen zu erfüllen suchen):* Das ... Laiengremium ... hat sich ... von dem Geruch befreit, nichts anderes als der verlängerte A. der Bischöfe zu sein (MM 6./7. 11. 76, 2); **einen langen A. haben** *(weit reichenden Einfluss haben):* der hätte sicher auch den langen A., solch ein Gesuch ... zu befürworten (Prodöhl, Tod 82); **jmdn. am steifen/ausgestreckten A. verhungern lassen** (ugs.; *auf jmdn., der in irgendeiner Weise von einem abhängig ist, durch Entzug von etw. über längere Zeit Druck ausüben, um dadurch zu erreichen, dass er sich einer Forderung o. Ä. nicht mehr widersetzt; meist als Drohung);* **jmdn. auf den A. nehmen** (ugs.; *jmdn. zum Besten haben, foppen;* der Betreffende wird sozusagen auf den Arm genommen wie ein kleines Kind, mit dem man scherzt u. spielt): wenn du mich auf den A. nehmen willst, dann ist das jetzt nicht der Zeitpunkt (Brot und Salz 420); **jmdm. in den A. fallen** *(jmdn. an etw. hindern);* **jmdm. in die -e laufen** (ugs.; *jmdm. zufällig begegnen):* Du konntest ja nicht wissen, dass du hier einer Frau wie Katja in die -e laufen würdest (Erné, Kellerkneipe 201); **jmdn., jmdm., einer Sache in die -e treiben** *(verursachen, verschulden, dass jmd. zu seinem Schaden jmdm., einer Sache zuwendet):* Unternehmer, die mit diesen Hungerlöhnen die Arbeiter den Radikalen in die -e treiben (Kühn, Zeit 236); der ewige Streit hat ihn dem Alkohol in die -e getrieben; **sich jmdm., einer Sache in die -e werfen** (oft abwertend; *sich jmdm., einer Sache ganz verschreiben, hingeben);* **jmdn. mit offenen -en aufnehmen/empfangen** *(jmdn. [wegen seiner Qualitäten, irgendwelcher Vorzüge o. Ä.] ohne Bedenken, als einen höchst Willkommenen empfangen):* dass er ... wieder in seine alte Dienststelle eingestiegen ist, dass er mit offenen -en empfangen worden ist (Plenzdorf, Legende 287); **jmdm. [mit etw.] unter die -e greifen** *(jmdn. in einer Notlage [mit etw.] helfen):* Wir haben beschlossen, Ihnen im Notfall unter die -e zu greifen (Brecht, Mensch 59). **2.** *armartiger, armförmiger [Körper]teil; schmaler, seitlich abstehender, abzweigender Teil:* die -e *(Fangarme)* des Polypen; ein Kronleuchter mit acht -en; der A. des Wegweisers zeigt in die falsche Richtung; die beiden -e einer Waage, eines Hebels; der Fluss teilt sich an der Mündung in drei -e; ein toter *(nicht weiterführender)* A. des Rheins; Eine mächtige alte Kastanie reckte ihre alten -e aufwärts zum ... Himmel (Remarque, Triomphe 88). **3.** (Fachspr.) *Ärmel:* ein Kleid mit kurzem, halbem A., mit weiten -en; *** die -e hochkrempeln** (↑Ärmel): Da hieß es gleich die -e hochkrempeln, denn zunächst wurde gründlich renoviert (NNN 18. 8. 84, o. S.). **4.** (salopp verhüll.) **a)** *Arsch* (1): setz dich auf deinen A.!; **b)** *Arsch* (2): du A.!

-arm: 1. drückt in Bildungen mit Substantiven aus, dass etw. nur in äußerst geringem Umfang vorhanden ist: emotions-, fleisch-, handlungsarm. **2.** drückt in Bildungen mit Substantiven aus, dass etw. nur in äußerst geringem Umfang entwickelt, dass etw. nur in äußerst geringem Grad hervorgerufen wird: austausch-, emissions-, schadstoffarm. **3. a)** drückt in Bildungen mit Verben (Verbstämmen) aus, dass die beschriebene Sache etw. nur in äußerst geringem Grad macht: knitter-, klirr-, rauscharm; **b)** drückt in Bildungen mit Verben (Verbstämmen) aus, dass etw. nur in äußerst geringem Grad gemacht zu werden braucht: bedien-, bügel-, pflegearm.

Ar|ma|da, die; -, ...den u. -s [span. armada, zu lat. armatus = bewaffnet] (bildungsspr.): *große [Kriegs]flotte; Pulk, Schwarm:* Eine A. von Schiffen jeder Größe hielt auf den Havaristen zu (MM 8. 9. 66, 8); Ü wenn die Augsburger mit einer ganzen A. von Omnibussen ... anrücken (Tagesspiegel 20. 10. 85, 46).

Ar|ma|ged|don, Harmagedon, das; - [griech. Harmagedōn, wohl < hebr. har-Magiddô = Berg von Megiddo, nach Offenb. Joh. 16, 16 der mythische Ort, an dem die bösen Geister die Könige der gesamten Erde für einen großen Krieg versammeln] (bildungsspr.): *[politische] Katastrophe:* dass die große Hitze ein nahes A. ankündigte (Tagesspiegel 8. 10. 74, 2); »Unmengen von Blut werden vergossen werden«, kündigte der Gewaltmensch ein A. am Golf an (Spiegel 6, 1991, 145).

Ar|ma|gnac [arman'jak], der; -[s], -s [nach der frz. Landschaft Armagnac]: *französischer Weinbrand hoher Qualität.*

ạrm|am|pu|tiert ⟨Adj.⟩: *einen Arm durch Amputation verloren habend.*

Arm|am|pu|tier|te, der u. die; -n, -n: *jmd., dem ein Arm amputiert wurde.*

Ạrm|ar|beit, die ⟨o. Pl.⟩ (Sport): *Einsatz, Training der Arme.*

Ar|ma|ri|um, das; -s, ...ien u. ...ia [lat. armarium, zu: arma, ↑armieren]: **1.** *(in der [Spät]antike)* Schrank zur Aufbewahrung von Speisen, Kleidern, Kleinodien, Büchern o. Ä. **2.** *(im MA.)* Wandschrank zur Aufbewahrung des Allerheiligsten (3), von Reliquien, liturgischen Geräten u. Paramenten.

Ar|ma|tur, die; -, -en [lat. armatura = Ausrüstung, zu: arma, ↑armieren]: **a)** *Ausrüstung von technischen Anlagen, Maschinen od. Fahrzeugen;* **b)** ⟨meist Pl.⟩ *Gerät zum Schalten, Bedienen, Anzeigen, Messen o. Ä. an einer technischen Anlage, einer Maschine, einem Fahrzeug;* **c)** ⟨meist Pl.⟩ *Vorrichtung zum Drosseln od. Absperren von etw., Wasserhahn o. Ä. (in Badezimmern, an Duschen u. a.).*

Armaturenbrett

Ar|ma|tu|ren|brett, das: *Tafel, Fläche, auf der die Armaturen* (b) *befestigt sind.*
Ar|ma|tu|ren|ta|fel, die: vgl. Armaturenbrett.
Arm|bad, das (Med.): *bei einer Heilbehandlung angewandtes Bad* (1 a), *bei dem die Arme bis zur Mitte des Oberarms in [kaltes] Wasser getaucht werden.*
Arm|ba|de|wan|ne, die: *bes. in der Kneipptherapie verwendetes Gefäß für Armbäder.*
Arm|band, das ⟨Pl. ...bänder⟩: *am Arm über dem Handgelenk zu tragendes [kettenähnliches, schmückendes] Band.*
Arm|band|uhr, die: *über dem Handgelenk an einem Armband zu tragende Uhr.*
Arm|beu|ge, die: **1.** *Innenseite des Ellbogengelenks.* **2.** (Turnen) *das Beugen der Arme im Liegestütz.*
Arm|be|we|gung, die: *mit einem Arm ausgeführte Bewegung:* eine heftige A. machen; Ü Till begriff, dass die Ansichten von Jonas ... schwergewichtig waren, dass man sie nicht mit einer A. vom Tisch wischen *(sie einfach beiseite schieben)* konnte (H. Weber, Einzug 224).
Arm|bin|de, die: **1.** *Stoffstreifen, der als Kennzeichen o. Ä. um den Arm getragen wird:* gab man ihm eine A. mit aufgemalten Buchstaben »Bahnhofswache« (Kühn, Zeit 285); ein Blinder mit einer gelben A. **2.** *bei Verletzungen des Armes getragene Binde* (1 b).
Arm|blatt, das: *gegen Achselschweiß schützende Einlage.*
Arm|bruch, der: *Bruch des Armes:* sie musste mit einem A. ins Krankenhaus.
Arm|brust, die; -, ...brüste, auch: -e [mhd. armbrust, umgebildet aus mlat. arbalista < spätlat. arcuballista = Bogenschleuder, zu lat. arcus = Bogen u. ballista = Wurfmaschine]: *alte, aus dem Bogen entstandene Schusswaffe, mit der Bolzen, Pfeile, Stein- u. Bleikugeln geschleudert werden:* Der Blaue Turm dient zum Aufbewahren von Waffen, ... von -en und Morgensternen (Kempowski, Zeit 8).
Ärm|chen, das; -s, -: Vkl. zu ↑Arm (1).
arm|dick ⟨Adj.⟩: *dick wie ein Arm:* ein -er Schlauch.
Ar|me, der u. die; -n, -n ⟨Dekl. ↑Abgeordnete⟩: *jmd., der arm* (1 a) *ist:* Ein Beleg hierfür sind die neuen -n – Menschen, die ein Arbeitsverhältnis, jedoch demütigend niedrige Verdienste halten (FR 22. 2. 95, 18); Ü Hitlers »Mein Kampf« übersetzte Spenglers preußischen ... Sozialismus in die Sprache der geistig -n (Niekisch, Leben 136); *für A.* (salopp abwertend; *in billiger, minderwertiger Art, Ausführung):* Dass Leute, die auf sich hielten, ihn als Karajan für A. und seine Musik als akustisches Milchbrei bezeichneten ... (SZ 17. 4. 99, 1).
Ar|mee, die; -, -n [frz. armée, zu: armer, ↑armieren]: **1. a)** *gesamte Streitmacht eines Landes, Staates:* eine A. aufstellen, unterhalten; die Angehörigen der A.; Er hatte schon so viele Kleider gekauft ..., dass er eine ganze A. hätte damit ausrüsten können (Böll, Erzählungen 125); in der A. dienen; die Rote A. (früher; *Armee der Sowjetunion*); *zur großen A.*

abberufen werden (veraltet verhüll.; *sterben*); **b)** *großer Truppenverband:* die zweite A. **2.** *sehr große Anzahl:* eine A. von Arbeitslosen; Indien verfügt über die größte A. arbeitender Kinder (Saarbr. Zeitung 6. 12. 79, 14); -n von Borkenkäfern liegen auf der Lauer (Hamburger Abendblatt 20. 3. 84, 1).
Ar|mee|ab|tei|lung, die (Milit.): *kleinere Armee.*
Ar|mee|an|ge|hö|ri|ge, der u. die: *jmd., der einer Armee* (1) *angehört.*
Ar|mee|be|fehl, der (Milit.): *einer Armee* (1) *erteilter Befehl.*
Ar|mee|fahr|zeug, das: *Fahrzeug einer Armee.*
Ar|mee|füh|rer, der (Milit.): *Führer einer Armee.*
Ar|mee|füh|rung, die (Milit.; DDR): *Führung* (1 c) *einer Armee.*
Ar|mee|ge|ne|ral, der (Milit.): *eine Armee führender General.*
Ar|mee|grup|pe, die (Milit.): *Großverband des Heeres, der aus mehreren Armeen besteht.*
Ar|mee|korps, das: *Großverband des Heeres;* Abk.: AK.
Ar|mee|ober|kom|man|do, das (Milit.): *Führung einer Armee;* Abk.: AOK.
Ar|mee|sa|ni|tät, die (schweiz.): *Sanität.*
Ar|mee|spiel, das (schweiz.): *Spielmannszug einer Armee.*
Är|mel, der; -s, - [mhd. ermel = Ärmel, ahd. armilo = Armring, Armfessel, zu ↑Arm]: *den Arm teilweise od. ganz bedeckender Teil eines Kleidungsstückes:* die Ä. hochkrempeln; Auf der Reling hockend, krempelte er die zu langen Ä. um (Hausmann, Abel 19); jmdn. am Ä. zupfen; ein Kleid mit langen, kurzen -n, ohne Ä.; *[sich ⟨Dativ⟩ die Ä. hochkrempeln* (ugs.; *bei einer Arbeit tüchtig zupacken*): Wenn alle die Ä. hochkrempeln, werden wir uns aus eigener Kraft retten (Kicker 6, 1982, 10); **leck mich am Ä.!** (salopp verhüll.; *leck mich am Arsch!*); *[sich ⟨Dativ⟩] etw. aus dem Ä./aus dem Ä schütteln* (ugs.; *etw. mit Leichtigkeit hervorbringen, [be]schaffen;* wohl mit Bezug auf die weiten Ärmel bes. der spätmittelalterlichen Kleidung, die oft als Tasche dienten): Wie denkst du dir das, so etwas kann man sich nicht aus dem Ä. schütteln (v. d. Grün, Glatteis 249).
Är|mel|ab|zei|chen, das: *am Ärmel getragenes Abzeichen.*
Är|mel|auf|schlag, der: *Aufschlag am unteren Ende eines Ärmels.*
Är|mel|brett, das: *kleines Bügelbrett bes. für Ärmel.*
Ar|mel|leu|te|es|sen, das (abwertend): *aus einfachen Zutaten bereitetes, bescheidenes Gericht:* ein Gericht aus Pellkartoffeln mit Quark gilt bei vielen noch als [ein] A.
Ar|mel|leu|te|ge|ruch, der ⟨Pl. selten⟩ (abwertend): *charakteristischer Geruch, der mit dem Armeleutemilieu in Verbindung gebracht wird:* aus seiner zerschlissenen ... Aktentasche stieg ein A. (Habe, Namen 60); Ü Die ganze Geschichte ... hat so einen säuerlichen A. (Baum, Paris 19).

Ar|me|leu|te|mi|lieu, das: *von allgemeiner Armut geprägtes Milieu.*
Ar|me|leu|te|sohn, der ⟨Pl. selten⟩ (veraltend): *Sohn armer Leute:* erwartest du etwa, dass ich mich wie ein A. benehme? (Wendtland, Eisprinzeßchen 11).
Ar|me|leu|te|vier|tel, das: vgl. Armeleutemilieu.
Är|mel|fut|ter, das: ²*Futter eines Ärmels.*
Är|mel|hal|ter, der (veraltend): *um den Oberarm zu streifendes Gummiband, den Ärmel eines Oberhemds am Herunterrutschen hindert.*
Är|mel|ka|nal, der; -: *Meeresstraße zwischen England u. Frankreich.*
Är|mel|län|ge, die: *Länge des Ärmels.*
Är|mel|loch, das: *Ausschnitt für den Ärmel in einem Kleidungsstück.*
är|mel|los ⟨Adj.⟩: *keine Ärmel habend:* ein -es Kleid.
Är|mel|scho|ner, Är|mel|schüt|zer, der: *über einen Ärmel zu streifende Manschette (zur Schonung des Ärmels):* der leise Tritt der Bosheit in schütterem Haar und -n (Hildesheimer, Tynset 30).
Är|mel|strei|fen, der: *Streifen am Ärmel (bes. als Rangabzeichen).*
Är|mel|wes|te, die: *Weste mit Ärmeln.*
Ar|men|an|walt, der (Rechtsspr. früher): *Anwalt einer Partei, der das Armenrecht gewährt wird.*
Ar|men|arzt, der (früher): *von einer Gemeinde zur unentgeltlichen Behandlung mitteloser Kranker eingestellter Arzt.*
Ar|men|bi|bel, die: *Biblia Pauperum.*
Ar|men|für|sor|ge, die (früher): vgl. Fürsorge (2 a, b).
ar|men|ge|nös|sig ⟨Adj.⟩ (schweiz. veraltend): *[der Armenpflege] bedürftig (u. daher berechtigt, staatliche Sozialleistungen in Anspruch zu nehmen):* Noch immer gebe es -e Menschen in der ganzen Schweiz (NZZ 21. 12. 86, 23).
Ar|men|haus, das (früher): *Haus, in dem Arme untergebracht u. betreut werden:* sie luden jede Woche einmal Kinder aus dem A. ein; Ü Der Verlust dieser 1 400 Arbeitsplätze würde bedeuten, dass die Region zum A. Österreichs wird (Wiener 11, 1983, 80); Das Land (= Mazedonien) galt schon immer als A. des Balkans und litt in den 90er-Jahren vor allem unter dem Boykott Griechenlands ... (Handelsblatt 8. 4. 99, 4).
Ar|men|häus|ler, der (früher): *jmd., der in einem Armenhaus lebt:* Wir sind pleite, mein Kind. Du siehst vor dir mögliche A. (Härtling, Frau 176).
Ar|me|ni|en; -s: *Staat in Vorderasien.*
Ar|me|ni|er, der; -s, -: Ew.
Ar|me|ni|e|rin, die; -, -nen: w. Form zu ↑Armenier.
ar|me|nisch ⟨Adj.⟩: **a)** *Armenien, die Armenier betreffend; von den Armeniern stammend, zu ihnen gehörend:* es leben viele Menschen -er Herkunft in den USA; **b)** *in der Sprache der Armenier:* armenische Lieder.
Ar|me|nisch, das; -[s] u. ⟨nur mit best. Art.:⟩ **Ar|me|ni|sche,** das; -n: *die armenische Sprache.*
Ar|men|kas|se, die ⟨o. Pl.⟩ (früher): *soziale Einrichtung, Kasse zur Unterstützung der Armen:* *etw. aus der A. kriegen*

(landsch. verhüll. scherzh.; *Schläge bekommen;* unter scherzh. Anlehnung an ↑Arm).

Ar|men|pfle|ge, die ⟨o. Pl.⟩ (früher): *Fürsorge für die Armen.*

Ar|men|pfle|ger, der (früher): *in der Armenpflege Tätiger.*

Ar|men|pfle|ge|rin, die; -, -nen: w. Form zu ↑Armenpfleger.

Ar|men|recht, das ⟨o. Pl.⟩ (Rechtsspr. früher): *Prozesskostenhilfe.*

Ar|men|rechts|zeug|nis, das (Rechtsspr. früher): *behördliche Beglaubigung des Anspruchs auf Armenrecht.*

Ar|men|sün|der|glo|cke (österr.): ↑Armsünderglocke usw.

Ar|men|ver|tei|di|ger, der (Rechtsspr. früher): *Armenanwalt.*

Ar|men|vier|tel, das: *Stadtviertel, in dem vor allem Arme wohnen;* A., wo Hunde und Hühner faul vor den Türen lagen (Böll, Adam 8).

är|mer: ↑arm.

Ar|mes|län|ge, die; -, -n (geh.): *Länge eines Armes (als Entfernungs-, Maßangabe):* sich jmdm. auf A. nähern; er war ihm um zwei -n voraus; Es gelang ihm, ... die beiden um eine A. voneinander zu trennen (Ossowski, Liebe ist 301).

Ar|me|sün|der, der (früher): *zum Tode Verurteilter:* er sitzt da wie ein Armesünder; die beiden Armesünder.

Ar|me|sün|der|bank, die (früher): *Bank im Gericht für die Angeklagten:* Dann saß er ... auf der Wartebank vor dem Richterzimmer ... Hörte zu, was die Leidensgenossen über ihre »Verbrechen« ... austauschten, die sie hierher auf die A. des Stadtgerichts gebracht hatten (Kühn, Zeit 71); Ü Das EU-Gründungsmitglied Italien zusammen mit Griechenland auf der A. – kein Wunder, dass die Regierung in Rom das Urteil als Ohrfeige empfindet (Zeit 2. 5. 97, 24).

Ar|me|sün|der|glo|cke, (auch:) **Arme-Sün|der-Glo|cke,** die: ↑Armsünderglocke usw.

Ar|me|sün|de|rin, die (früher): w. Form zu ↑Armesünder.

Arm|flor, der: *am Arm getragener schwarzer Trauerflor.*

Arm|flos|ser, der; -s, - (Zool.): *zu den Knochenfischen gehörender langsam schwimmender Fisch, der sich mithilfe verlängerter Brustflossen auch kriechend auf dem Meeresboden fortbewegen kann.*

arm|för|mig ⟨Adj.⟩: *in der Form eines Arms.*

Arm|fü|ßer, Arm|füß|ler, der; -s, - (Zool.): *zu den Tentakelträgern gehörendes Tier mit Rücken- u. Bauchschale u. langen, spiralig eingerollten um den Mund angeordneten Armen.*

Arm|gei|ge, die (veraltet): *Bratsche.*

Arm|ge|lenk, das: *Gelenk zwischen Ober- u. Unterarm.*

Arm|guss, der: *(als Heilbehandlung) Begießung der Arme (bis zum Schulterblatt) mit [kaltem] Wasser.*

Arm|hal|tung, die: *Haltung der Arme.*

Arm|he|bel, der (Judo): *das Ellenbogengelenk des Gegners dehnender u. verdrehender Griff.*

ar|mie|ren ⟨sw. V.; hat⟩ [frz. armer < lat. armare = bewaffnen, zu: arma = Geräte; Waffen]: **1.** (Milit. veraltet) *mit Waffen ausrüsten od. bestücken:* ein Heer a.; eine Festung [mit Kanonen] a.; die ... Söhne des Pfauenthrones, die, nur unzureichend mit altmodischen Trommelrevolvern armiert, kaum Gegenwehr leisten konnten (Prodöhl, Tod 47). **2. a)** (Bauw., Technik) *mit einer [verstärkenden] Ein-, Auflage, Umkleidung versehen:* armierter *(mit einer Einlage aus Eisen, Stahl versehener)* Beton; ein armiertes *(mit einer Schutzschicht aus gewickeltem Draht od. Metallband versehenes)* Kabel; **b)** (Technik) *mit Armaturen versehen.*

Ar|mie|rung, die; -, -en: **a)** *das Armieren;* **b)** *Eisen-, Stahleinlage in Beton.*

Ar|mie|rungs|ei|sen, das: *Eisen zum Armieren von Beton.*

-ar|mig: in Zusb., z. B. acht-, mehrarmig.

Arm|jak, der; -s, -s [russ. armjak, aus dem Tatarischen] (früher): *Kittel der russischen Bauern.*

Arm|kno|chen, der: *Knochen des Arms.*

Arm|krei|sen, das (Turnen): *kreisende Bewegung der Arme (als Übung).*

Arm|ku|gel, die: *oberer, halbkugelartig gearbeiteter Teil des Oberärmels bei der Oberbekleidung.*

arm|lang ⟨Adj.⟩: *so lang wie ein Arm.*

Arm|län|ge, die: *Länge eines Armes:* die A. beim Zuschnitt berücksichtigen; jmdn. auf A., auf zwei -n herankommen lassen; Zwei -n entfernt stand Katharina (Ossowski, Liebe ist 49).

Arm|leh|ne, die: *seitliche Lehne (an einem Sitzmöbel, neben einem Sitz) zum Aufstützen eines Arms.*

Arm|leuch|ter, der: **1.** *Leuchter mit mehreren Armen* (2). **2.** (salopp abwertend) **a)** *blöder Kerl, Dummkopf;* **b)** (verhüll.) *Arschloch.*

ärm|lich ⟨Adj.⟩ [mhd. ermelich, ahd. armalih, zu ↑arm]: **a)** (selten) *recht arm, bedürftig:* Früher, als Fleisch in -en und mittelständischen Familien rar war (Neue Kronen Zeitung 30. 3. 84, 22); **b)** *aufgrund von materieller Armut dürftig, kümmerlich:* eine -e Wohnung; Eine einfache, aber keineswegs -e Kost, die da ... zubereitet wird (Szene 8, 1983, 6); das ganze Viertel der -en Häuschen ... war erhalten (Berger, Augenblick 35); die Verhältnisse, in denen sie lebte, waren ä.; ä. gekleidet sein; **c)** (seltener) *armselig, jämmerlich, unzulänglich:* ein -er Lichtschein.

Ärm|lich|keit, die; -: *das Ärmlichsein.*

Ärm|ling, der; -s, -e [mhd. ermelinc]: *Ärmel zum Überstreifen, Ärmelschoner.*

Arm|loch, das: **1.** *für den Arm ausgeschnittene Öffnung an einem Kleidungsstück.* **2.** (salopp verhüll.) *Arschloch* (2).

Arm|man|schet|te, die (Med.): *aus einer Gummimanschette bestehender Teil eines Geräts zur Blutdruckmessung, der dem Patienten um den Oberarm gelegt wird.*

Arm|mus|kel, der: *zum Arm gehörender Muskel, bes. Bizeps.*

Ar|moi|sin [armɔaˈzɛ̃], der; -s [frz. armoisin < ital. ermesino, ↑Ermesin]: *Ermesin.*

Ar|mo|ri|al, das; -s, -e [frz. armorial, zu: armorial = heraldisch, Wappen-, zu: armoiries (Pl.) = Wappen] (Heraldik): *Buch, in dem Wappen dargestellt u. erläutert sind; Wappenbuch.*

Ar|mo|ri|ka; -s: *keltische Bez. für die Bretagne.*

ar|mo|ri|ka|nisch ⟨Adj.⟩: *Armorika betreffend.*

Arm|pols|ter, das: *Polster der Armlehne.*

Arm|pro|the|se, die: *als Ersatz für einen fehlenden Arm dienende Prothese.*

Arm|reif, der: *um den Arm, ums Handgelenk zu tragender Reif.*

Arm|ring, der: *Armreif.*

Arm|schie|ne, die: **1.** *einen Teil eines Arms bedeckender Teil einer Rüstung.* **2.** *Schiene zur Ruhigstellung eines gebrochenen Arms.*

Arm|schlag, der (Kraul- u. Rückenschwimmen): **1.** *einzelne vorwärts treibende Armbewegung.* **2.** *Rhythmus der (vorwärts treibenden) Armbewegungen;* Schlagzahl od. -schnelligkeit der Arme.

Arm|schlüs|sel, der (Ringen): *Griff mit Armzug über den Rücken.*

Arm|schutz, der: *Leder o. Ä. zum Schutz des Unterarms z. B. vor der zurückschnellenden Bogensehne.*

Arm|schüt|zer, der: **1.** *Armschutz.* **2.** *Ärmelschoner.*

Arm|schwin|ge, die (Zool.): *große Schwungfeder eines Vogelflügels.*

Arm|schwin|gen, das; -s (Turnen): *Übung, bei der die Arme geschwungen werden.*

arm|se|lig ⟨Adj.⟩ [zu mhd. armsal = Armut, Elend, zu ↑arm]: **a)** *aufgrund von materieller Armut kümmerlich, dürftig, ärmlich:* eine -e Mahlzeit; in einer -en Hütte hausen; An der Küche klapperten die Kübel ..., die -e Suppe war inzwischen kalt (Apitz, Wölfe 82); »Könnt euch nicht vorstellen, wie heruntergekommen hier alles ist, wie a. die Leute und die vielen Kinder ...« (Grass, Katz 133); **a.** leben; **b)** (abwertend) *als klein, wertlos, arm, unzureichend usw. empfunden, unzulänglich, jämmerlich:* er ist ein -er Stümper; Der kleinere Rabbi ... gab neben ihm eine -e Figur ab (Kemelman [Übers.], Dienstag 155); für -e *(lächerliche)* fünf Mark.

Arm|se|lig|keit, die; -: *das Armseligsein.*

Arm|ses|sel, der; -s, -: *Sessel mit Armlehnen.*

Arm|span|ge, die: *Armreif in der Art einer Spange* (1).

Arm|spei|che, die: *Unterarmknochen an der Innenseite des Armes; Speiche, Radius.*

ärms|te: ↑arm ⟨subst.⟩: *der, die Ärmste (zu Bemitleidende) hat sich ein Bein gebrochen.*

Arm|stuhl, der: vgl. Armsessel.

Arm|stum|mel, der (salopp): *Armstumpf.*

Arm|stumpf, der: *am Körper verbliebener Rest eines amputierten Armes.*

Arm|süt|ze, die: *Armlehne:* drei Sessel mit gedrechselten -n, brokatüberzogen (Simmel, Stoff 484).

Arm|sün|der|glöck|chen, das: *Armsünderglocke.*

Arm|sün|der|glo|cke, Armesündergloke, die (früher): *bei Hinrichtungen läutende Glocke.*

Arm|sün|der|hemd, das (früher): *von einem zum Tode Verurteilten bei der Hinrichtung getragenes hemdartiges Kleidungsstück.*

Arm|sün|der|mie|ne, die (scherzh.): *sehr schuldbewusste Miene.*

Ar̲|mut, die; - [mhd. armuot(e), ahd. armuoti, aus ↑arm u. dem Suffix -ōti; schon ahd. fälschlich an Mut angelehnt]: **1. a)** *das Armsein, Mittellosigkeit, Bedürftigkeit:* es herrscht drückende A.; »Armut«, heißt es wohl, »ist keine Schande« (Th. Mann, Krull 148); dass sie ein Leben in A. führen müssen (Gruhl, Planet 178); in A. leben, geraten, sterben; **b)** *Dürftigkeit, Kümmerlichkeit, Kargheit:* innere A.; diese Schrift verrät A. des Ausdrucks; die A. *des Geistes (das Freisein, Leersein von Äußerlichkeiten)* und ... die tätige Erfahrung in der Einfalt des Herzens (Nigg, Wiederkehr 172); die A. *(der Mangel) eines Landes an Bodenschätzen.* **2.** (veraltet) *Gesamtheit der Armen:* die Wohnungen der städtischen A.; ♦ ⟨auch: das; -s:⟩ Das A. ist mehrenteils ein freches Gesindel (Iffland, Die Hagestolzen II, 1); mag das A. sehn, wie's fertig wird (Lessing, Nathan IV, 3).

Ar|mul|tei, die; - (landsch.): *Zustand allgemeiner Armut u. daraus erwachsender Verwahrlosung:* So eine A., verbreitet Drautzmann, die nicht zwanzig Mark verkraften könne (Gaiser, Schlußball 35).

Ar̲|muts|flucht, die (Soziol.): *das Abwandern in ein wirtschaftlich höher entwickeltes Land, um dort wegen der günstigeren Lebensbedingungen Arbeit zu suchen u. so der Armut im eigenen Land zu entgehen:* A. - ein in Deutschland nicht anerkannter Asylgrund (Szene 8, 1983, 16).

Ar̲|muts|flücht|ling, der (Soziol.): *Wirtschaftsflüchtling:* Bonn favorisiert Rückkehrhilfe - -en soll mit EG-Aktion vor Ort geholfen werden (RNZ 26. 9. 90, 1).

Ar̲|muts|gür|tel, der [LÜ von engl. poverty belt] (Soziol.): *Zone der Länder der Dritten u. Vierten Welt, in der besonders große Armut herrscht:* zu den geographischen Schwerpunkten sollen nach dem neuen Konzept die »Armutsgürtel« in Afrika und Asien gehören (Saarbr. Zeitung 10. 7. 80, 1).

Ar̲|muts|wan|de|rung, die (Soziol.): *Armutsflucht.*

Ar̲|muts|zeug|nis, das [für lat. testimonium paupertatis] (Rechtsspr. früher): *behördliche Beglaubigung des Anspruchs auf Armenrecht:* * ein A. für jmdn., etw. sein *(der Nachweis für jmds. Unvermögen, Unfähigkeit sein):* Es wäre ja ein A., wenn wir das nicht hinkriegten (Kempowski, Tadellöser 204); **jmdm., sich, einer Sache mit etw. ein A. ausstellen** *(jmdn., sich, etw. als unfähig in Bezug auf etw. hinstellen; sein Unvermögen offenbaren).*

Ar̲m voll: s. Arm (1).

Arm|zug, der (Ringen): *Griff, bei dem der Ringer am Arm des Gegners zieht.*

Ar|ni, der; -s, -s [Hindi]: *Wasserbüffel.*

Ar|ni|ka, die; -, -s [nlat.; mhd. arnich, H. u.]: **1.** *krautige, würzig riechende Heilpflanze.* **2.** ⟨o. Pl.⟩ *aus den Blüten u. Wurzeln der Arnika hergestellter, heilkräftiger Extrakt.*

Ar|ni|ka|tink|tur, die: *aus dem Extrakt von Arnika hergestellte Tinktur.*

Ar|no, der; -s: italienischer Fluss.

Arom, das; -s, -e: (dichter.) *Aroma:* Ihr Atem hatte da ein seltsames A. von Pomeranzen, Weindut und Milch (Fr. Wolf, Menetekel 255); Ü Ein Geruchsorgan, welches ... das liebliche A. der Heiligkeit wahrgenommen hätte (Th. Mann, Krull 78).

Aro̲|ma, das; -s, ...men, -s u. (bildungsspr. veraltend:) -ta [lat. aroma < griech. árōma = Gewürz]: **1.** *ausgeprägter angenehmer Geschmack, würziger Duft; kräftiger, intensiver [Wohl]geruch; ausgeprägter Eigengeschmack od. Eigengeruch bes. eines pflanzlichen Genussmittels:* ein starkes, kräftiges A.; kein A. haben; die Zigarette hat ein volles A.; das A. des Kaffees; Es duftete nach Kräutern, nach Fenchel, Thymian und anderen Aromen des Feldes (Th. Mann, Joseph 548). **2.** *[künstlicher] Geschmacksstoff für Lebensmittel, aromatisches Würzmittel, aromatische Essenz:* natürliche, künstliche Aromen.

Aro|mat, der; -en, -en (Chemie): *aromatische (2) [Kohlenstoff]verbindung.*

aro|ma|tisch ⟨Adj.⟩ [lat. aromaticus < griech. arōmatikós]: **1.** *voller Aroma (1), würzig, wohlschmeckend, wohlriechend:* ein -er Tee, Tabak; ein -er Duft, Geschmack; der -e Geruch eines feinen Rauchwölkchens (H. Grzimek, Tiere 33); -e Essenzen; a. duften; Das Schmalz war erstklassig, nicht zu viel Äpfel drin, die Grieben kross und a. (Kempowski, Tadellöser 47). **2.** (Chemie) *(von organischen Verbindungen) in der Strukturformel zyklische (3) Kohlenstoffketten aufweisend:* -e Kohlenwasserstoffe.

aro|ma|ti|sie|ren ⟨sw. V.; hat⟩: *mit Aroma versehen:* Tabak, Tee a.

Aro|ma|ti|sie|rung, die; -, -en: *das Aromatisieren.*

A̲rons|stab, A̲ron|stab, der; -[e]s, ...stäbe [zu lat. aron < griech. áron, volksetym. angelehnt an den Hohenpriester A(a)ron im A. T.]: *(bes. in Laubwäldern wachsende) Pflanze mit pfeilförmigen Blättern, kolbenförmigem, rotbraunem Blütenstand u. roten Beeren.*

A̲ron|stab|ge|wächs, das: *(in zahlreichen Gattungen) als Staude, Kraut, seltener als Strauch wachsende Pflanze mit einem von kleinen, als Kolben ausgebildeten Blütenstand, der von einem tüten-, glocken- od. röhrenförmigen Hochblatt umgeben ist.*

Ar|peg|gia|tur [arpɛdʒaˈtuːɐ̯], die; -, -en (Musik): *Reihe arpeggierter Akkorde.*

ar|peg|gie|ren [arpɛˈdʒiːrən] ⟨sw. V.; hat⟩ [ital. arpeggiare, ↑Arpeggio] (Musik): *arpeggio spielen.*

ar|peg|gio [arˈpɛdʒo] ⟨Adv.⟩ (Musik): *in Form von Akkorden, deren einzelne Töne sehr schnell nacheinander erklingen.*

Ar|peg|gio, das; -s, -s u. ...ggien [...dʒi̯ən; ital. arpeggio, zu: arpeggiare = Harfe spielen, zu: arpa = Harfe < spätlat. harpa, aus dem Germ.] (Musik): *arpeggio gespieltes Musikstück.*

Ar|peg|gio|ne [...ˈdʒoːnə], die; -, -n [ital. arpeggione] (Musik): *wie ein Cello gespieltes 6-saitiges Streichinstrument:* Sonate a-Moll für A. und Klavier von Franz Schubert.

Ar|rak, der; -s, -e u. -s [frz. arak < arab. ʿaraq, eigtl. = Schweiß]: *[ostindischer] Branntwein aus Reis od. Melasse.*

Ar|ran|ge|ment [arãʒəˈmãː, auch: arãʒəˈmaŋ], das; -s, -s [frz. arrangement]: **1.** (bildungsspr.) **a)** *das Anordnen, [künstlerische] Anordnung; organisierende Vorbereitung:* das A. [einer Veranstaltung] übernehmen; Sein einziger Lebenszweck schien das A. von Sandkastenspielen zu sein (Kirst, 08/15, 918); **b)** *das künstlerisch Angeordnete, Anordnung, geschmackvoll zusammengestelltes Ganzes:* jmdm. ein A. [aus Blumen] überreichen; Auf der Bühne saß die Streicherbesetzung ..., eingerahmt von kunstvollen -s aus rosa Nelken (MM 2. 6. 66, 2). **2.** (Musik) **a)** *das Einrichten, die Bearbeitung eines Musikstückes für andere Instrumente:* ein A. für Klavier; mein Vater ... hat eine Menge Sachen für Klavier ... gesetzt. Diese -s wurden dann bei uns zu Hause gespielt (Katia Mann, Memoiren 12); **b)** *Festlegung des Verlaufs von Harmonien, Stimmen, Formen im Jazz:* Der Name Marsalis steht seit langem schon für technisch perfekten Jazz und geschmackvolle -s (Handelsblatt 5. 3. 99, g07). **3.** (bildungsspr.) *das Sich-arrangieren, Übereinkommen, Abmachung, Vereinbarung:* ein A. mit seinen Gläubigern treffen; ein A. zwischen zwei Staaten. **4.** (Bankw.) *Abwicklung der Börsengeschäfte.*

Ar|ran|geur [arãˈʒøːɐ̯], der; -s, -e [frz. arrangeur]: **1.** (bildungsspr.) *jmd., der etwas arrangiert (1 b).* **2.** (Musik) *jmd., der ein Musikstück einrichtet, einen Schlager instrumentiert.*

Ar|ran|geu|rin [arãˈʒøːrɪn], die; -, -nen: w. Form zu ↑Arrangeur: In den Sechzigerjahren wird sie zur musikalischen Muse der New Yorker Szene und bis heute - konkurrenzlos - als Komponistin, A. und Pianistin gefeiert (Zeit 1. 3. 96, 52).

ar|ran|gie|ren [arãˈʒiːrən] ⟨sw. V.; hat⟩ [frz. arranger, zu: ranger, ↑rangieren]: **1. a)** *für die Durchführung u. den Ablauf einer Sache, für die Gestaltung einer Veranstaltung o. Ä. sorgen; einrichten, in die Wege leiten, bewerkstelligen:* ein Fest, eine Reise, ein Treffen a.; eine große Tournée, die ein ... Agent für uns arrangiert hatte (K. Mann, Wendepunkt 153); die Sache lässt sich a.; **b)** *gestalten, künstlerisch anordnen; geschmackvoll, künstlerisch zusammenstellen:* eine Sitzgruppe ..., die effektvoll arrangierte Story; **c)** (Musik) *ein Musikstück für andere Instrumente einrichten, bearbeiten, einen Schlager instrumentieren:* eine Polka für eine Bigband a.; die Schlager waren neu arrangiert. **2.** ⟨a. + sich⟩ *[trotz gegensätzlicher Standpunkte] eine Übereinkunft treffen, sich verständigen u. eine Lösung für etw. finden; sich einigen, aufeinander einstellen:* sich [mit dem politischen Gegner] a.; du musst dich [mit den Verhältnissen] a. *(musst dich mit den Verhältnissen abfinden u. dich darauf einstellen);* ich scheitere ... an meiner Unfähigkeit, mich mit meiner Umwelt zu a. (Hörzu 6, 1976, 93); Man musste sich a. und sehen, dass man nicht zu kurz kam (Kuby, Sieg 380).

Ar|ran|gier|pro|be, die (Theater): *Stellprobe.*

Ar|ray [əˈreɪ], das u. der; -s, -s [engl. array < afrz. arei, aroi, zu: areer, aroier = anordnen, aus dem Germ.] (Fachspr., bes. EDV): *bestimmte Anordnung von Objekten, Bauelementen, Schaltelementen, Daten u. a.*

Ar|raz|zo: ↑ Arazzo.

Ar|ren|de, die; -, -n, Arenda, die; -, ...den [russ. arenda < poln. arenda < mlat. arrenda, zu lat. reddere = zurückgeben]: *(im alten Russland) Pachtvertrag.*

Ar|rest, der; -[e]s, -e [mlat. arrestum = Verhaftung, vgl. arretieren]: **1.** *Haft, Freiheitsentzug (bes. als Strafe innerhalb einer Gemeinschaft, z. B. Militär, früher auch Schule):* drei Tage leichten, strengen A. bekommen; der Schüler bekam eine Stunde A. *(musste eine Stunde nachsitzen);* in A. sitzen; Ich hatte ... von einem Gefangenen gehört, der wegen einer Schlägerei schon die achte Woche im strengen A. saß (Fallada, Trinker 153); der Unteroffizier ..., der ... mit geschärftem A. bestraft worden war (Gaiser, Jagd 163); Der Richter verurteilte Edith S. ... zu nur vier Monaten A. (Express 2. 10. 68, 4); unter A. stehen *(eine Haftstrafe verbüßen).* **2.** (Rechtsspr.) *Beschlagnahme, Sicherstellung:* jmds. Vermögen unter A. stellen, mit A. belegen.

Ar|res|tant, der; -en, -en [mlat. arrestans (Gen.: arrestantis] (veraltend): *jmd., der sich im Arrest befindet; Häftling.*

Ar|res|tan|tin, die; -, -nen: w. Form zu ↑ Arrestant.

Ar|res|tat, der; -en, -en [mlat. arrestatus] (veraltet): *jmd., der festgenommen wurde.*

Ar|res|ta|tin, die; -, -nen: w. Form zu ↑ Arrestat.

Ar|res|ta|ti|on, die; -, -en [frz. arrestation] (veraltet): *Festnahme.*

Ar|rest|lo|kal, das (veraltend): *[behelfsmäßiger] Raum für Arrestanten:* Ali saß im Arrest ... Das A. war ein polnisches Vorstadthaus (Strittmatter, Wundertäter 384).

Ar|rest|zel|le, die: *Zelle zur Unterbringung von Arrestanten.*

ar|re|tier|bar ⟨Adj.⟩: *sich arretieren (2) lassend:* der Kinderwagen hat -e Räder.

ar|re|tie|ren ⟨sw. V.; hat⟩ [frz. arrêter, über das Vlat. zu lat. restare = stillstehen]: **1.** (veraltend) *festnehmen, verhaften:* den Dieb a.; Man arretierte den Mann sofort, einen ... vorbestraften Gelegenheitsarbeiter (Mostar, Unschuldig 35). **2.** *(bewegliche Teile eines Geräts) feststellen, sperren, blockieren:* einen Hebel, die Waage, ein Gerät a.; die Räder des Kinderwagens, des Rollstuhls können arretiert werden.

Ar|re|tie|rung, die; -, -en: **1.** *das Arretieren* (1, 2). **2.** *Vorrichtung zum Arretieren* (2).

Ar|ret|stoß [aˈrɛ(ː)...], der; -es, -stöße [zu frz. arrêt = das Aufhalten, zu: arrêter, ↑ arretieren] (Fechten): *Stoß in den Angriff des Gegners, um diesen zu sperren; Sperrstoß.*

Ar|rhyth|mie, Arhythmie, die; -, -n [lat. arrhythmia < griech. arrhythmós, zu a- = nicht, un- u. rhythmós, ↑ Rhythmus]: **1.** *Unregelmäßigkeit, unregelmäßige Bewegung im Ablauf eines rhythmischen Vorgangs.* **2.** (Med.) *unregelmäßige Herztätigkeit.*

ar|rhyth|misch, arhythmisch ⟨Adj.⟩: *Arrhythmie aufweisend; nicht rhythmisch* (1).

Ar|ri|val [əˈraɪvəl] ⟨o. Art.⟩ [engl. arrival, zu frz. arriver, ↑ arrivieren]: *Ankunft* (Hinweis auf Flughäfen).

ar|ri|ve|der|ci [arrive'dertʃi; ital., zu ↑²a, rivedere = wiedersehen u. ci = uns]: *auf Wiedersehen! (italienischer Gruß).*

ar|ri|vie|ren ⟨sw. V.; ist⟩ [frz. arriver, eigtl. = ankommen, über das Vlat. zu lat. ripa = Ufer, also eigtl. = ans Ufer gelangen] (bildungsspr.): *in der Karriere vorwärts kommen, Erfolg haben; beruflich od. gesellschaftlich emporkommen:* rasch a.; als wir schon wieder ganz arriviert waren und obenauf, kam die Fresswelle (Simmel, Stoff 224); Ü er ist inzwischen zum Staatsfeind Nummer eins arriviert; War er bisher ... verdächtigt worden, so arrivierte er nun über Nacht zum nationalen Märtyrer (K. Mann, Wendepunkt 425).

ar|ri|viert ⟨Adj.⟩: *erfolgreich, emporgekommen:* in diesem Restaurant trafen sich die -en Bürger; eine -e Künstlerin; Dass er (= der Zweireiher) sich aber auch für ihn als Herrn eignet (Herrenjournal 3, 1966, 84); Das Klappbrad im Kofferraum ... ist ... zum Symbol -er Bürger geworden (MM 8. 9. 65, 10); An den Wänden hängt käufliches Kunst, die ebenso wie das Kneipenpublikum a. ist und gut aussieht (Tagesspiegel 22. 3. 99, 13).

Ar|ri|vier|te, der u. die; -n, -n ⟨Dekl. ↑ Abgeordnete⟩: *jmd., der beruflich od. gesellschaftlich emporgekommen ist, Ansehen u. Anerkennung erlangt hat.*

ar|ro|gant [frz. arrogant < lat. arrogans (Gen.: arrogantis], 1. Part. von: arrogare = sich anmaßen] (abwertend): *anmaßend, dünkelhaft, überheblich, eingebildet:* ein ganz -er Bursche; War es nicht Barbara, ... an deren -er Kühle der Elan seines Gefühls ermatten musste (K. Mann, Mephisto 156); Was soll ich nun über das Buch selbst sagen und darüber, wie es etwa zu lesen sei? Der Beginn ist eine sehr -e Forderung, nämlich die, dass man es einmal lesen soll (Th. Mann, Zauberberg IX); ein -es Wesen, Benehmen; a. lächeln, aussehen; es war gemütlich, da zu sitzen, wenn auch der Kellner a. waren (Koeppen, Rußland 49).

Ar|ro|ganz, die; - [lat. arrogantia] (abwertend): *arrogante Art, arrogantes Wesen:* Diese Herren sind von einer A., die ... aufreizend wirkt (K. Mann, Wendepunkt 416); Was bleibt, ist die Frage, wer sich solche A. gegenüber dem Bürgerwillen noch zu leisten wagt (Freie Presse 14. 2. 90, 5).

ar|ron|die|ren [auch: arõ...] ⟨sw. V.; hat⟩ [frz. arrondir, zu: rond = rund < lat. rotundus]: **1.** *abrunden, zusammenlegen:* seinen Besitz, sein Grundstück [mit, durch etw.] a. **2.** *(Kanten) abrunden:* Leisten a.

Ar|ron|die|rung, die; -, -en: *das Arrondieren.*

Ar|ron|dis|se|ment [arõdɪsəˈmã:], das; -s, -s [frz. arrondissement, eigtl. = Abrundung]: **a)** *dem Departement untergeordneter Verwaltungsbezirk in Frankreich;* **b)** *Verwaltungseinheit, Stadtbezirk in französischen Großstädten:* das 4. Pariser A.

Ar|ro|si|on, die; -, -en [zu lat. arrosum, 2. Part. von: arrodere = benagen] (Med.): *Zerstörung von Gewebe, bes. von Gefäßwänden, durch entzündliche Vorgänge od. Geschwüre.*

Ar|row|root [ˈɛrorut], das; -s [engl. arrowroot, eigtl. = Pfeilwurzel]: **1.** *Pfeilwurz.* **2.** *Stärkemehl aus Wurzeln u. Knollen bestimmter tropischer Pflanzen (z. B. Pfeilwurz, Batate).*

ARS = *internationaler Währungscode für: argentinischer Peso.*

Ars an|ti|qua, die; - - [lat. = alte Kunst, ↑ antik] (Musik): *Blütezeit der Mensuralmusik, bes. im Paris des 13. u. 14. Jahrhunderts.*

Arsch, der; -[e]s, Ärsche [mhd., ahd. ars, urspr. wohl = Erhebung; vorstehender Körperteil] (derb): **1.** *Gesäß:* ein fetter A.; auf den A. fallen; jmdm. in den A. treten; Die Offiziere hatten sich natürlich in einem Wärmezelt den A. gewärmt und Schnaps gesoffen (Spiegel 9, 1977, 44); *** jmdm. geht der A. auf/mit Grundeis** (derb; *jmd. hat große Angst;* Grundeis ist die unterste Eisschicht auf dem Boden von Gewässern, die bei Tauwetter polternd losbricht; jmdm., der große Angst hat, rumort es in den Eingeweiden in einem Fluss, der mit Grundeis geht); **den A. offen haben** (derb; *nicht recht bei Verstand sein;* drückt Kritik an jmds. Verhalten aus): machte eine eine Handbewegung, dass ihr Brot vom Tisch gefegt wurde. Sie stand auf und sagte: Du hast wohl den A. offen (M. Walser, Seelenarbeit 276); **den A. zukneifen** (derb; *sterben*): wenn ich morgen den A. zukneifen sollte (Spiegel 52, 1987, 172); **sich** ⟨Dativ⟩ **den A. abfrieren** (derb; *sehr frieren*): dass ... »200 Menschen sich bibbernd den A. abfrieren ...« (Spiegel 48, 1990, 41); **einen kalten A. kriegen** (derb; *sterben*), **einen kalten A. haben** (derb; *tot, gestorben sein*): als wir ihn ... hinauftrugen, hatte er schon 'nen kalten A. (Fr. Wolf, Menetekel 319); **sich** ⟨Dativ⟩ **den A. aufreißen** (derb; *sich sehr anstrengen*): Ich musste mir den A. aufreißen, um an diese Männer ranzukommen (Denneny [Übers.], Lovers 147); **jmdm. den A. aufreißen** (derb; *jmdn. hart herannehmen,*

drillen): *Dir werde ich den A. aufreißen, du ... Dreckskerl* (Simmel, Stoff 267); **jmdn. am A. haben** (derb; *jmdn. zu etw. weniger Angenehmem heranziehen*); **am A. der Welt** (derb; *am Ende der Welt, sehr abgelegen*): *der Ort liegt, er wohnt am A. der Welt*; **leck mich am A.!** (derb; *lass mich in Ruhe!*); **sich** ⟨Dativ⟩ **etw. am A. abfingern können** (derb; *sich etw. denken können*); **sich auf den A. setzen** (derb; 1. *fleißig lernen, arbeiten*. 2. *aufs Gesäß fallen*. 3. *völlig überrascht sein*); **jmdm. in den A. kriechen** (derb; *sich in würdeloser Form unterwürfig-schmeichlerisch einem anderen gegenüber zeigen*); **sich in den A. beißen [können]** (derb; *sich sehr ärgern*): *Wenn ich daran denke ... könnt ich mich in den A. beißen* (Spiegel 41, 1976, 72); *ich würde mir lieber in den A. beißen, als ihm Recht zu geben* (Rocco [Übers.], Schweine 46); **in den A. gehen** (derb; *danebengehen, misslingen*): *die Sache ist in den A. gegangen;* **im/am A. sein** (derb; *verdorben, zerstört, vernichtet sein*): *das Auto ist im A.* 2. (Schimpfwort) *Trottel, Dummkopf*: *Ein Feldwebel kam und sagte: Kommt mit, ihr Ärsche!* (Kant, Aufenthalt 12); *dieser A. hat mir alles verdorben; Komm heran, du feiger A. mit Ohren!* (Remarque, Obelisk 329); *warste als A. hingestellt, weil du eben neu angefangen hattest* (Spiegel 21, 1980, 93).
arsch- (derb emotional abwertend): drückt in Bildungen mit Adjektiven eine Verstärkung aus/*sehr:* arschkahl, -kalt, -klar.
Arsch|ba|cke, die (derb): ²*Backe:* Kneifen Sie die -n zusammen, und zeigen Sie etwas Zivilcourage (Ziegler, Liebe 67).
Arsch|be|trü|ger, der (derb scherzh.): *Kleidungsstück, das [zu] kurz ist u. nicht über das Gesäß reicht.*
Arsch|bom|be, die (ugs.): *Sprung [ins Wasser] mit nach vorne hoch gezogenen Beinen und dem Gesäß voran.*
Arsch|fi|cker, der; -s, - (vulgär abwertend): *Homosexueller.*
Arsch|gei|ge, die (derb abwertend): Schimpfwort: *Joko, du A., wer gibt dir das Recht, über mich zu bestimmen?* (H. Weber, Einzug 112).
Ar|schin, der; -[s], -en ⟨aber: 3 Arschin⟩ [russ. arschin < turkotat. aršyn = Elle]: *altes russisches Längenmaß (71,1 cm).*
Arsch|kar|te: in der Wendung **die A. ziehen** (derb; *der Benachteiligte sein, den Schaden tragen*): *Als WM-Vierter habe ich die A. gezogen* (FNP 9. 8. 97, 1).
arsch|klar ⟨Adj.⟩ (derb emotional abwertend): *völlig klar, selbstverständlich.*
Arsch|krie|cher, der (derb abwertend): *übertrieben schmeichlerischer Mensch.*
Arsch|le|cker, der (derb abwertend): *Arschkriecher.*
Arsch|le|der, das (Bergmannsspr.): *halbrund geschnittenes, über dem Gesäß hängendes, als Schutz bei der Arbeit dienendes Leder der Bergleute.*
ärsch|lings ⟨Adj.⟩ (derb): *mit dem Hinterteil voran:* ä. hinplumpsen; ◆ *die Plumpen schlagen Rad auf Rad und stürzen ä. in die Hölle* (Goethe, Faust III, 11737 f.).

Arsch|loch, das (derb): 1. *After.* 2. Schimpfwort: *dieses A.!*
Arsch|pau|ker, der (derb abwertend): *Lehrer.*
Arsch|ru|he, die (derb): *jmds. durch nichts zu erschütternde Ruhe:* Vielleicht hat man diese A. erst, wenn man mal vom Eishauch gestreift wurde (H. Weber, Einzug 248).
Arsch-und-Tit|ten-Pres|se, die; - (derb): *Presseerzeugnisse, die vor allem pornographische Bilder mit nackten Frauen enthalten.*
Arsch|wisch, der (derb abwertend): *wertloses Schriftstück.*
¹**Ar|sen:** Pl. von ↑ Arsis.
²**Ar|sen,** das; -s [gek. aus ↑Arsenik]: *Halbmetall, das in verschiedener, nach unterschiedlichen Farben zu unterscheidender Form auftritt;* (chemisches Element; Zeichen: As).
Ar|se|nal, das; -s, -e [ital. arsenale < arab. dār as-sināʻaʰ, eigtl. = Haus des Handwerks]: 1. *Geräte- u. Waffenlager:* ein A. anlegen; die -e im Hinterland zerstören; Ü *wir müssen unsere geistigen und seelischen -e nutzen.* 2. *Sammlung, Anhäufung:* ein A. von leeren Bierflaschen; eine mehr oder weniger lustiger sprachlicher Erfindungen (Bausinger, Dialekte 106).
ar|sen|hal|tig ⟨Adj.⟩: ²*Arsen enthaltend.*
ar|se|nie|ren ⟨sw. V.; hat⟩ (Metallbearb.): *Metallgegenstände mit einer dünnen Schicht aus ²Arsen überziehen.*
ar|se|nig: in der Fügung **-e Säure** (*in Wasser gelöstes Arsenik*).
Ar|se|nik, das; -s [spätlat. arsenicum < griech. arsenikón, aus dem Pers.]: *giftige Verbindung von ²Arsen mit Sauerstoff*: nun hat sie ja A. in die Suppe geschüttet, und der Landgerichtsrat wird sie wegen Mordes verurteilen (Baum, Paris 65).
Ar|sen|kies, der: *undurchsichtiges, weißes bis graues Mineral.*
Ar|sen|oxid, (auch:) **Ar|sen|oxyd,** das: *Verbindung von ²Arsen u. Sauerstoff.*
Ar|sen|sul|fid, das: *Verbindung von ²Arsen mit Schwefel.*
Ar|sen|ver|bin|dung, die: *chemische Verbindung mit ²Arsen.*
Ar|sen|ver|gif|tung, die: *Vergiftung durch ²Arsen.*
Ar|sen|was|ser|stoff, der: *ein giftiges, farbloses Gas.*
Ar|sis, die; -, Arsen [spätlat. arsis < griech. ársis, zu: aeirein = emporheben]: 1. (Verslehre) **a)** *unbetonter Taktteil in der antiken Metrik;* **b)** *betonter Taktteil in der neueren Metrik.* 2. (Musik) *aufwärts geführter Schlag beim Taktschlagen.*
Ars Mo|ri|en|di, die; - -, Artes Moriendi [ˈartɛ -; lat. = Kunst des Sterbens] (Literaturw.): *zur spätmittelalterlichen Erbauungsliteratur gehörende Schrift (2), die eine Anleitung zur Beichte für den Sterbenden u. tröstlichen Zuspruch enthält; Sterbebüchlein.*
Ars mu|si|ca, die; - - [zu lat. musicus = die Musik betreffend]: *im MA. Bezeichnung für die Musik[lehre] im Rahmen der sieben freien Künste.*
Ars no|va, die; - - [lat. = neue Kunst, aus:

ars = Kunst u. nova, Fem. von: novus = neu] (Musik): *die neue Strömung in der französischen Musik des 14. Jahrhunderts.*
Ars po|e|ti|ca, die; - - [zu lat. poeticus = dichterisch]: *Dichtkunst.*
Art, die, -, -en [mhd. art, H. u.]: 1. ⟨o. Pl.⟩ *angeborene Eigenart, Eigentümlichkeit; Wesen[sart], Natur, die jmdm. innewohnt:* das ist nun einmal seine A.; sie hat eine lebhafte A.; es lag nicht in ihrer A., war nicht ihre A., voreilig Schlüsse zu ziehen; das entspricht nicht seiner A.; der Junge war von stiller A. 2. *Weise, Verhaltensweise, Verfahrensweise, Gewohnheit im Handeln:* eine höfliche, merkwürdige A.; es gibt verschiedene -en, darauf zu reagieren; das ist nicht gerade die feine [englische] A. (*das ist sehr unschön*), wie du dich verhältst; elementare Ausbrüche waren nicht seine A. (*gehörten nicht zu seinen Verhaltensweisen;* Loest, Pistole 153); er hat eine ungenierte A. zu sprechen; das ist die entschiedene A., sein Ziel zu erreichen; auf geheimnisvolle A. verschwinden; sie wollte so natürliche A. leben; häufig in intensivierender Verbindung mit »Weise«: das ist die rechte A. und Weise; auf die eine oder andere A. und Weise (*so oder so*); (Sprachw.:) Umstandsbestimmung der A. und Weise; * **in der A. [von]** (*im Stil, wie*); **nach A.** (*jmdm. entsprechend; wie es irgendwo, bei jmdm. üblich ist*): Eintopf nach A. des Hauses. 3. ⟨o. Pl.⟩ (ugs.) *gutes Benehmen:* das ist doch keine A.!; was ist denn das für eine A.? (*was soll das?*); ist das vielleicht eine A.? (*gehört sich das?*), * **... dass es [nur so] eine A. hat** (*wie es kaum besser sein könnte*). 4. **a)** *besondere, bestimmte Sorte von etw.:* alle -en von Blumen; jede A. von Gewalt ablehnen; Antiquitäten aller A.; er ist ein Verbrecher übelster A.; einzig in seiner A. sein; Spr A. lässt nicht von A. (*besondere Charaktereigenschaften der Eltern werden weitervererbt*); **b)** (Biol.) *Einheit im System (7 a) der Tiere u. Pflanzen, die in den Individuen zusammengefasst sind, die in allen wesentlichen Merkmalen übereinstimmen u. die untereinander fruchtbare Nachkommen hervorbringen können:* diese A. ist ausgestorben; * **eine A. [von]** (*etwas Ähnliches wie*): eine A. grober Schotter/(geh.:) groben Schotters; der Weg war mit einer A. grobem Schotter/(geh.:) groben Schotters/von grobem Schotter bestreut; Ich war so eine A. Briefkastentante in meiner Klasse (Christiane, Zoo 324); Ich hatte ihn ... als eine A. Apostel ... begriffen (Denneny [Übers.], Lovers 31); Ich ... bekam jedes Mal eine A. von Lachkrampf (Andres, Liebesschaukel 60); **aus der A. schlagen** (*anders als die übrigen Familienangehörigen sein;* urspr. zu mhd. art = Geschlecht): Musste sie nicht glauben, dass sie nichts taugte, wenn ihr der Sohn missriet, aus der A. schlug (Fels, Sünden 19); **in jmds. A. schlagen** (*einem seiner Verwandten ähneln*).
Art. = Artikel (2, 3).
Art|an|ga|be, die (Sprachw.): *Umstands-*

ergänzung od. freie Umstandsangabe der Art u. Weise.

Art|be|griff, der: *Begriff* (1), *der eine Art* (4a) *bezeichnet.*

Art|bil|dung, die (Biol.): *Bildung von Arten* (4b).

Art déco [arde'ko], der u. das; - - [frz. art déco(ratif), aus: art (< lat. ars, Gen.: artis) = Kunst u. décoratif, ↑dekorativ]: *künstlerische Richtung (bes. im Kunstgewerbe) in den Jahren von 1920 bis 1940.*

Art|di|rec|tion ['ɑ:t dɪ'rɛkʃən, auch: '-daɪ'rɛkʃən], die; - [engl. art direction, aus: art = Kunst (< frz. art, ↑Art déco) u. direction = Leitung (< frz. direction < lat. directio), ↑Direktion)]: *künstlerische Leitung des Layouts in einer Werbeagentur o. Ä.*

Art|di|rec|tor ['ɑ:t dɪ'rɛktə, auch: '- daɪ'rɛktə], der; -s, -s [engl. art director, zu: director, über das (A)frz. < spätlat. director, ↑Direktor]: *künstlerischer Leiter des Layouts in einer Werbeagentur o. Ä.:* ... Witzel, nach dem Zweiten Weltkrieg auch Layouter und A. für Werbeagenturen (FNP 14. 2. 98, 4).

Art-Di|rek|tor, der: *Artdirector* (Berufsbez.): Jeder neue Art-Direktor beansprucht sich für einen neuen Stil (SZ 15. 9. 98, 2).

Art-Di|rek|to|rin, die: w. Form zu ↑Art-Direktor (Berufsbez.): Nach einem Grafik-Design-Studium in Frankfurt arbeitete sie als Art-Direktorin in einer Werbeagentur (FR 15. 2. 97, 4).

Ar|te|fakt, das; -[e]s, -e [zu lat. arte = mit Geschick (Ablativ von: ars = Kunst, Geschick) u. factum = das Gemachte]: **1.** (Archäol.) *Gegenstand, der seine Form durch menschliche Einwirkung erhielt:* bei den Funden handelt es sich um -e aus dem Paläolithikum. **2.** (Med.) *[mit Täuschungsabsicht] am eigenen Körper herbeigeführte Veränderung, Schädigung; Selbstverstümmelung:* die Verletzung sieht sehr nach einem A. aus. **3.** (bildungsspr.) *etw. von Menschenhand Geschaffenes; Kunstprodukt:* Das »Museum für 100 Tage« ... bietet eine vorzügliche Auswahl jüngster -e (Spiegel 28, 1968, 43); wir leben in einer Welt der -e. **4.** (Elektronik) *Störsignal.*

art|ei|gen ⟨Adj.⟩ (Biol.): *der eigenen Art zugehörend:* -es Eiweiß; Auslöser für e Instinkthandlungen (Ruthe, Partnerwahl 52).

Ar|tel [ar'tɛl, auch: ar'tjɛl], das; -s, -s [russ. artel', zu ital. artieri, Pl. von: artiere = Handwerker, zu: arte, ↑Arte povera]: **a)** *[Arbeiter]genossenschaft im zaristischen Russland;* **b)** *in der UdSSR landwirtschaftliche Produktionsgenossenschaft mit der Möglichkeit privaten Eigentums u. privater Bewirtschaftung.*

Ar|te|mis (griech. Myth.): *Göttin der Jagd.*

ar|ten ⟨sw. V.; ist⟩ [mhd. arten, zu ↑Art] (geh.): *nach jmdm. geraten, jmdm. ähnlich werden:* Es war ein sehr ernstes Kind, das nach der Mutter artete (Wiechert, Jeromin-Kinder 361).

ar|ten|arm ⟨Adj.⟩ (Biol.): *arm an Arten* (4b): Der zentralafrikanische Regenwald beispielsweise ist ziemlich a., in den Bergregenwäldern dagegen ballt sich die Artenvielfalt (FR 21. 10. 97, 6).

Ar|ten|ar|mut, die (Biol.): *Armut an Arten* (4b).

ar|ten|reich ⟨Adj.⟩ (Biol.): *reich an Arten* (4b): eine -e Tierwelt, Flora; Artenreich ist auch das Vorkommen an Wasserpflanzen (NNN 18. 8. 84, o. S.).

Ar|ten|reich|tum, der ⟨o. Pl.⟩: *Reichtum an Arten* (4b).

Ar|ten|satz, der ⟨o. Pl.⟩ (Druckw.): *durch Namen, Ziffern, Zeichen erschwerter, kostspieliger Satz.*

Ar|ten|schutz, der: *Schutz für vom Aussterben bedrohte Tier- und Pflanzenarten durch bestimmte [behördliche] Maßnahmen:* Krokodile stehen in Australien unter A. (Tagesspiegel 9. 4. 99, 32).

Ar|ten|schutz|ab|kom|men, das: *[internationales] Abkommen über den Artenschutz:* Leider aber verlief der Transport nach Südafrika nicht so, wie die Tiere es nach dem Washingtoner A. verdient hätten (Spiegel 51, 1998, 20).

Ar|ten|viel|falt, die: *Vielfalt der in einem bestimmten Bereich vorkommenden Tier- und Pflanzenarten:* ein Rückgang der A.

Ar|te po|ve|ra, die; - - [ital. = arme Kunst, aus: arte (< lat. ars, Gen.: artis) = Kunst u. povera = arm]: *Objektkunst, vor allem in den 60er- u. 70er-Jahren des 20. Jh.s in Italien, die unkonventionelle (»arme«) Materialien wie Erde, Holz, Stroh, Filz verwendet u. diese formlos u. bewusst unästhetisch darbietet.*

art|er|hal|tend ⟨Adj.⟩ (Biol., Verhaltensf.): *der Erhaltung der eigenen Art* (4b) *dienend:* die -e Funktion der Triebhandlungen (Lorenz, Verhalten I, 153); beim Menschen hat sich der -e Sinn der Aggression ins Gegenteil verkehrt (Spiegel 52, 1965, 74).

Art|er|hal|tung, die (Biol., Verhaltensf.): *Erhaltung der eigenen Art* (4b).

Ar|te|rie, die; -, -n [lat. arteria < griech. artēría, zu: aeirein = anbinden; vgl. Aorta] (Med.): *Schlagader:* die Aorta ist die größte A.

ar|te|ri|ell ⟨Adj.⟩: *die Arterien betreffend, zu einer Arterie gehörend;* -es Gewebe; -es Blut (in einer Arterie transportiertes, helles, sauerstoffhaltiges Blut).

Ar|te|ri|en|ver|kal|kung, die (ugs.): *Arteriosklerose:* Nikotin wiederum fördert A. und setzt Stresshormone frei (FR 23. 1. 97, 2).

Ar|te|ri|i|tis, die; -, Arteriitiden (Med.): *Entzündung der Arterien.*

Ar|te|ri|o|gramm, das; -s, -e [↑-gramm] (Med.): *bei der Arteriographie erstelltes Röntgenbild.*

Ar|te|ri|o|gra|phie, die; -, -n [↑-graphie] (Med.): *röntgenographische Darstellung einer Arterie bzw. des arteriellen Gefäßsystems mithilfe eines Kontrastmittels.*

Ar|te|ri|o|le, die; -, -n [nlat. Vkl. von lat. arteria, ↑Arterie] (Med.): *kleinste Arterie, die sich in die Kapillaren* (1) *verzweigt.*

Ar|te|ri|o|skle|ro|se, die [zu ↑Arterie u. ↑Sklerose] (Med.): *krankhafte Veränderung der Arterien vor allem als Folge von Kalkablagerungen an der inneren Wand; Arterienverkalkung.*

ar|te|ri|o|skle|ro|tisch ⟨Adj.⟩: **a)** *die Arteriosklerose betreffend;* **b)** *durch Arteriosklerose hervorgerufen.*

Ar|te|ri|o|to|mie, die; -, -n [zu griech. tomḗ = Schnitt] (Med.): *operative Öffnung einer freigelegten Arterie (zur Entfernung eines Blutgerinnsels, zum Einbringen eines Katheters u. a.).*

ar|te|sisch ⟨Adj.⟩: ↑Brunnen (1).

ar|tes li|be|ra|les ['arte:s libe'ra:le:s] ⟨Pl.⟩ [lat. artes liberales (Pl.), zu: ars = Kunst u. liberalis, ↑liberal]: *die sieben freien Künste (Grammatik, Rhetorik, Dialektik, Arithmetik, Geometrie, Astronomie, Musik), die zum Grundwissen der Antike u. des Mittelalters gehörten.*

art|fremd ⟨Adj.⟩ (bes. Biol.): *der eigenen Art fremd:* -es Eiweiß; -e Verhaltensweisen; -e Sitten, Gebräuche; Mendelssohns Hochzeitsmarsch lässt man tunlichst weg, der fällt jetzt unter -e (nationalsoz.; jüdische, nichtarische) Musik (Zeller, Amen 155); Ü eine -e Arbeit übernehmen (eine Arbeit, die nicht dem erlernten Beruf entspricht).

art|ge|mäß ⟨Adj.⟩: *so wie es einer bestimmten Tierart gemäß ist, entspricht:* eine -e Tierhaltung.

Art|ge|nos|se, der: *Individuum derselben Art* (4b); Dass aber ein Löwe den anderen, also den -n, umbringt, ist nicht üblich (Grzimek, Serengeti 85); (scherzh.:) wenn ich an Agelaos und seine -n denke, an die Hirten und kleinen Bauern (Hagelstange, Spielball 15); dass weibliche -n genauso empfänglich für die Anrede »Gnädige Frau« sind (Welt, 16. 3. 63, Die Frau).

Art|ge|nos|sin, die: w. Form zu ↑Artgenosse: Durch die gezielte Verabreichung kommt eine Batteriehenne statistisch mit weniger Arzneien aus als ihre A. im Grünen (Berliner Zeitung 21. 4. 99, W1).

art|ge|recht ⟨Adj.⟩: *den Ansprüchen einer bestimmten Tierart genügend:* warum die Untersuchung der unzutreffenden Eindruck erweckt, es könne eine -e Käfighaltung von Pelztieren geben (natur 9, 1991, 8); der Landwirt ernährt seine Nutztiere a.

art|gleich ⟨Adj.⟩: *derselben Art angehörend, von gleicher Art.*

Ar|thral|gie, die; -, -n [zu griech. árthron = Gelenk, Glied u. álgos = Schmerz] (Med.): *Gelenkschmerz.*

Ar|thri|ti|ker, der; -s, -: *an Arthritis Leidender; Gichtkranker.*

Ar|thri|ti|ke|rin, die; -, -nen: w. Form zu ↑Arthritiker.

Ar|thri|tis, die; -, ...itiden [lat. arthritis < griech. arthrītis] (Med.): *Gelenkentzündung.*

ar|thri|tisch ⟨Adj.⟩: *von Arthritis befallen:* -e Knie.

Ar|thro|pa|thie, die; -, -n [↑-pathie] (Med.): *Erkrankung eines Gelenks* (a).

Ar|thro|plas|tik, die; -, -en (Med.): *künstliche Bildung eines neuen Gelenks nach Resektion des alten:* eine A. durchführen; sich eine A. machen lassen.

Ar|thro|po|den ⟨Pl.⟩ [zu griech. poús (Gen.: podós) = Fuß] (Zool.): *Gliederfüßer.*

Ar|thro|se, die; -, -n (Med.): *chronische,*

auf Abnutzung beruhende Erkrankung eines Gelenks (a).
Ar|thro|sko|pie, die; -, -n [zu griech. skopeīn = betrachten] (Med.): *Untersuchung des Inneren eines Gelenks* (a) *mithilfe einer Sonde.*
ar|thro|tisch ⟨Adj.⟩ (Med.): *die Arthrose betreffend; von Arthrose befallen.*
Ar|thro|to|mie, die; -, -n [zu griech. tomē = Schnitt] (Med.): *operative Öffnung eines Gelenks* (z. B. zur Entfernung eines Meniskus 1).
ar|ti|fi|zi|ell ⟨Adj.⟩ [frz. artificiel < lat. artificialis, letztlich zu: artifex = Künstler, zu: ars (Gen.: artis) = Kunst u. facere = machen] (bildungsspr.): **a)** *künstlich:* die -e Umwelt; Die Inszenierung der ... Staatsoper war in sich geschlossen und hoch a. (Hörzu 47, 1981, 217); **b)** *gekünstelt:* eine etwas -e Freundlichkeit.
ar|tig ⟨Adj.⟩ [mhd. ertec = angestammte gute Beschaffenheit habend, zu ↑Art]: **1.** *sich so verhaltend, wie es die Erwachsenen erwarten; sich gut und folgsam benehmend:* -e Kinder; sei artig!; sich a. verhalten. **2. a)** (geh. veraltend) *höflich, galant:* mit einer -en Verbeugung; Ich war ... nicht Kavalier genug, um a. wegzusehen, sondern ich sah ihr ganz ungeniert zu (Borchert, Geranien 97); »Es hat Spaß gemacht ..,«, verteilte er ... Komplimente (Göttinger Tageblatt 30. 8. 85, 14); er küsste ihr a. die Hand; **b)** (veraltet) *anmutig, nett:* ein -es Mädchen; die Mädchen trugen weiße Schleifen in ihren a. gebundenen Zöpfen (Koeppen, Rußland 113); a. aussehen.
-ar|tig: drückt in Bildungen mit Substantiven – selten mit Adjektiven – aus, dass die beschriebene Person oder Sache vergleichbar mit etw., so beschaffen wie etw. ist: balladen-, brei-, jazzartig.
Ar|tig|keit, die; -, -en: **1.** ⟨o. Pl.⟩ (geh. veraltend) *Höflichkeit, Zuvorkommenheit:* er umwarb sie mit größter A.; mit ausgesuchter A.; Solche A. der Haltung und Erscheinung kann nicht umhin zu bestechen (K. Mann, Wendepunkt 187); **2.** ⟨meist Pl.⟩ *höfliche Redensart, Schmeichelei:* jmdm. -en sagen; Man tauschte -en aus und sprach vom Wetter (Weber, Tote 163).
Ar|ti|kel [auch: ...'tɪkl], der; -s, - [lat. articulus = Abschnitt, Teilchen, Vkl. von: artus = Gelenk, Glied; 3: nach frz. article]: **1.** *Aufsatz, Abhandlung; Beitrag:* ein A. in der Zeitung, im Lexikon; wissenschaftliche A.; ich las einen A. über Ameisen (Simmel, Stoff 607); er ... will einen A. über mich schreiben (Kinski, Erdbeermund 188). **2. a)** *[mit einer Nummer gekennzeichneter] Abschnitt in einem Gesetz, Vertrag o. Ä.:* nach A. 4 des Grundgesetzes; A. 74 des Genfer Abkommens vom 27. 7. 1929 (Bieler, Bonifaz 9); Abk.: Art. **b)** *Glaubenssatz; Abschnitt eines Bekenntnisses od. Manifestes, These;* Abk.: Art. **3.** *[Handels]gegenstand, Ware:* preiswerte A.; dieser A. ist nicht am Lager; Schnürsenkel ... und Bürsten, A., die sonst nicht sehr gefragt sind (Böll, Erzählungen 101); Abk.: Art. **4.** (Sprachw.) *[der Genusbezeichnung von Substantiven die-

nende] Wortart mit identifizierender, individualisierender od. generalisierender Funktion; Geschlechtswort:* der bestimmte, unbestimmte A.
Ar|ti|kel|rei|he, die: *Folge von Artikeln* (1) *zu einem Hauptthema.*
Ar|ti|kel|schrei|ber, der: *jmd., der [einen] Artikel in einer Zeitung, Zeitschrift o. Ä. schreibt.*
Ar|ti|kel|schrei|be|rin, die: w. Form zu ↑Artikelschreiber.
Ar|ti|kel|se|rie, die: *Artikelreihe.*
Ar|tik|ler [auch: ...'tɪk...], der; -s, -: *Schreiber von Artikeln* (1): Der Herausgeber hat geschickte Blattmacher und gute A. ... gewonnen (Börsenblatt 100, 1971, 2 956).
Ar|tik|le|rin, die; -, -nen: w. Form zu ↑Artikler.
ar|ti|ku|lar ⟨Adj.⟩ [lat. articularius] (Med.): *zum Gelenk* (a) *gehörend.*
Ar|ti|ku|la|ti|on, die; -, -en [spätlat. articulatio = gegliederter Vortrag]: **1. a)** *deutliche Aussprache, Gliederung des Gesprochenen;* **b)** (Sprachw.) *Lautbildung.* **2.** *das Artikulieren* (2): die A. der Gedanken. **3.** (Musik) *Binden od. Trennen der Töne.*
Ar|ti|ku|la|ti|ons|art, die (Sprachw.): *Art u. Weise, wie Artikulation* (1 b) *zustande kommt.*
Ar|ti|ku|la|ti|ons|ba|sis, die (Sprachw.): *Ruhestellung der Sprechwerkzeuge vor Beginn u. nach Ende der Artikulation* (1 b).
ar|ti|ku|la|ti|ons|fä|hig ⟨Adj.⟩: *fähig zur Artikulation; fähig, sich auszudrücken.*
Ar|ti|ku|la|ti|ons|or|ga|ne ⟨Pl.⟩ (Sprachw., Anat.): *Sprechwerkzeuge.*
Ar|ti|ku|la|ti|ons|stel|le, die, (bes. Sprachw.): *Stelle im Mund, an der ein Laut gebildet wird.*
Ar|ti|ku|la|ti|ons|ver|mö|gen, das: *Ausdrucksfähigkeit.*
ar|ti|ku|la|to|risch ⟨Adj.⟩: *die Artikulation betreffend.*
ar|ti|ku|lie|ren ⟨sw. V.; hat⟩ [lat. articulare]: **1.** *(Silben, Wörter, Sätze) deutlich, in bestimmter Weise aussprechen:* deutlich, klar, schlecht a.; Er trank nie weiter, wenn er schwierige Wörter nicht mehr einwandfrei a. konnte (H. Weber, Einzug 126). **2.** (bildungsspr.) **a)** *(Gedanken, Gefühle) in Worte fassen, [formuliert] zum Ausdruck bringen:* seinen Willen a.; hat der Bürger das Recht, seine Sorgen und Nöte zu a. (Saarbr. Zeitung 10. 10. 79, 13); Weil ich ... die Erfahrungen, die ich mit Menschen gemacht habe, ... a. will (Eppendorfer, Ledermann 214); **b)** ⟨a. + sich⟩ *sich angemessenen Ausdruck verschaffen:* Deutsche Politik seit 1945 ist sprachlos. Sie kann sich nicht, nicht verständlich machen (Spiegel 9, 1966, 18); Waren doch ... die Lieder oft die einzige Möglichkeit, politisch zu a. (Augsburger Allgemeine 13./14. 5. 78, 45); **c)** ⟨a. + sich⟩ *zum Ausdruck kommen:* der Meinungsumschwung artikuliert sich im Wahlergebnis.
ar|ti|ku|liert ⟨Adj.⟩: *in eine klare, gegliederte Form gebracht; deutlich:* Aber es muss auf der Basis -er und formulierter

Interessen ... geschehen (FR 26. 3. 99, 10).
Ar|ti|ku|liert|heit, die; -: *Tatsache, dass etw. ausgedrückt, [in bestimmter Weise] ausgesprochen wird.*
Ar|ti|ku|lie|rung, die; -, -en: *Artikulation* (1, 2).
Ar|til|le|rie [auch: '- - - -], die; -, -n ⟨Pl. selten⟩ [frz. artillerie, zu afrz. artill(i)er = mit Kriegsgerät bestücken, ausrüsten, H. u.] (Milit.): **a)** *mit meist schweren Geschützen ausgerüstete Gattung der Kampfunterstützungstruppen;* **b)** *schweres Geschütz, Geschütze:* Auf den Bunker trommelt feindliche A. (Ott, Haie 128).
Ar|til|le|rie|ab|tei|lung, die (Milit.): *Abteilung der Artillerie* (a).
Ar|til|le|rie|an|griff, der (Milit.): *Angriff durch Artillerie.*
Ar|til|le|rie|be|schuss, der: *Beschuss durch Artillerie.*
Ar|til|le|rie|feu|er, das: *konzentrierter Beschuss durch Artillerie.*
Ar|til|le|rie|of|fi|zier, der (Milit.): *Offizier der Artillerie* (a).
Ar|til|le|rie|re|gi|ment, das (Milit.): *Regiment der Artillerie* (a).
Ar|til|le|rie|vor|be|rei|tung, die ⟨Pl. selten⟩: *starker Beschuss des Gegners als Einleitung eines Angriffs.*
Ar|til|le|rist [auch: '- - - -], der; -en, -en: *Soldat der Artillerie* (a).
Ar|til|le|ris|tin, die; -, -nen: w. Form zu ↑Artillerist.
ar|til|le|ris|tisch ⟨Adj.⟩: *die Artillerie betreffend; von der Artillerie ausgehend.*
Ar|ti|scho|cke, die; -, -n [nordital. articiocco, H. u.]: **1.** *(mit den Disteln verwandte) Pflanze mit großen Blütenköpfen, deren verdickter unterer Teil als Gemüse gegessen wird.* **2.** *wohlschmeckende Blütenknospe der Artischocke* (1).
Ar|ti|scho|cken|bo|den, der: *als Delikatesse geltender Blütenboden der Artischocke* (1).
Ar|tist, der; -en, -en [unter Einfluss von frz. artiste < mlat. artista, zu lat. ars = Geschicklichkeit]: **1.** *[Geschicklichkeitsübungen vorführender] Künstler in Zirkus u. Varieté.* **2.** (selten) *Darstellungsmittel u. -formen souverän beherrschender Künstler:* er gehört zu den -en unter den Filmemachern; Dass aber jener, den der Tod Hanno Buddenbrooks ... beschrieben hat, bloß ein kalkulierender A. gewesen sein soll ... (Reich-Ranicki, Th. Mann 33).
Ar|tis|ten|fa|kul|tät, die: *Fakultät der sieben freien Künste an mittelalterlichen Universitäten.*
Ar|tis|ten|schu|le, die: *Ausbildungsstätte, in der artistische Nachwuchs herangebildet wird.*
Ar|tis|tik, die; -: **1.** *Varieté- u. Zirkuskunst.* **2. a)** *außerordentliche körperliche Geschicklichkeit:* die A. der Abfahrtsläufer; **b)** *großes Maß an formaler Beherrschung:* mit bewundernswerter A.; das bloße A. (abwertend): *reine Formkunst ohne inneren Gehalt.*
Ar|tis|tin, die; -, -nen: w. Form zu ↑Artist.
ar|tis|tisch ⟨Adj.⟩: **1.** *Zirkuskunst u.*

-*künstler betreffend:* -e Kunststücke, Glanzleistungen; Spitzenklasse sind die -en Arbeiten der chinesischen Akrobatengruppe (MM 21. 10. 66, 7); eine a. gut durchgestaltete Nummer. **2. a)** *in der Art eines Artisten, überaus geschickt:* eine -e Ballbehandlung; Der Verteidiger-Routinier bewahrte seine Elf vor einem Rückstand, als er auf fast -e Art und Weise in Rückenlage einen Heber ... kurz vor der Linie klärte (Tagesspiegel 5. 5. 99, 31); **b)** *große formalkünstlerische Fertigkeiten zeigend:* mit -er Technik; Was indes seinen Plan im Endergebnis durchkreuzt hat, war nichts anderes als sein -es Naturell, das sich nie ganz unterdrücken ließ (Reich-Ranicki, Th. Mann 196); ein Instrument a. beherrschen.
Art nou|veau [arnu'vo], der u. das; - - [frz. = neue Kunst; urspr. Name einer 1895 in Paris gegründeten Galerie]: Bez. für *Jugendstil* in Großbritannien, den USA u. Frankreich.
Ar|to|thek, die; -, -en [zu lat. ars (Gen.: artis) = Kunst u. griech. thḗkē, ↑Theke]: *Galerie, Museum, das Bilder od. Plastiken an Privatpersonen ausleiht:* Die erste A. ... ist vom Kunstverein Freiburg eröffnet worden (MM 20. 2. 73, 24).
Ar|to|the|kar, der; -s, -e: *jmd., der eine Artothek betreut.*
Ar|to|the|ka|rin, die; -, -nen: w. Form zu ↑Artothekar.
Ar|tung, die; -, -en (selten): *Beschaffenheit, Veranlagung, Wesensart:* der A. nach zueinander passen; dass ich diese Eigenschaft weniger einem besonderen Menschen als einer menschlichen A. zuschreiben möchte (Musil, Mann 1 105).
art|ver|schie|den ⟨Adj.⟩: *von verschiedener Art.*
art|ver|wandt ⟨Adj.⟩: *von ähnlicher Art:* -e Typen; Man dürfte sicher sein, dass -e Seelen sich treffen würden (Eppendorfer, Ledermann 101); Blechschlosser oder -e Berufe (Heilbronner Stimme 12. 5. 84, 11).
Art|wort, das (Sprachw.): *Adjektiv.*
Ar|ve ['arvə, schweiz.: 'arfə], die; -, -n [H. u.]: *Zirbelkiefer.*
Ary|bal|los, der; -, ...loi [griech. arybal(l)os]: *kleines altgriechisches Salbgefäß.*
Ar|znei, die; -, -en [mhd. arzenīe, für: arzātīe, zu ahd. arzāt, ↑Arzt] (veraltend): *Heilmittel, Medikament, [flüssige] Medizin:* eine A. verordnen, verschreiben; seine A. einnehmen; die Preise für -en erhöhen; Ü etw. ist für jmdn. eine bittere, heilsame A. (Erfahrung, Lehre).
Arz|nei|buch, das: *Deutsches A. (amtliches Verzeichnis für die Zubereitung, Beschaffenheit usw. von Arzneien; Abk.:* DAB).
Arz|nei|kun|de, die ⟨o. Pl.⟩: *Pharmazie.*
Arz|nei|leh|re, die ⟨o. Pl.⟩: *Pharmazie.*
arz|nei|lich ⟨Adj.⟩: *Arznei betreffend;* a. *(als Arznei) brauchbare Stoffe;* Die -e Behandlung *(Behandlung mit Medikamenten)* ist Sache des Arztes (Bruker, Leber 166).
Arz|nei|löf|fel, der: *Löffel, mit dem flüssige Arznei verabreicht wird.*
Arz|nei|mit|tel, das: *Heilmittel, Medikament:* die Preisbindung für A.; Listen mit billigen und wirksamen Arzneimitteln (Woche 14. 3. 97, 17).
Arz|nei|mit|tel|for|schung, die ⟨o. Pl.⟩: *Forschung auf dem Gebiet der Pharmazie; Pharmakologie.*
Arz|nei|mit|tel|ge|setz, das: *Gesetz, das bes. Herstellung u. Verbrauch von Arzneimitteln betrifft.*
Arz|nei|mit|tel|her|stel|ler, der: *Hersteller (1) von Arzneimitteln; pharmazeutisches Unternehmen.*
Arz|nei|mit|tel|miss|brauch, der: *[suchthafter] Missbrauch von Arzneimitteln.*
Arz|nei|mit|tel|scha|den, der: *gesundheitlicher Schaden, der durch ein Arzneimittel entstanden ist.*
Arz|nei|pflan|ze, die: *Heilpflanze.*
Arz|nei|schränk|chen, das: *Hausapotheke.*
Arzt, der; -es, Ärzte [mhd. arzet, arzāt, ahd. arzāt < spätlat. archiater < griech. archiatros = Oberarzt, zu: archi- (↑Architekt) u. iatrós = Arzt]: *jmd., der nach Medizinstudium u. klinischer Ausbildung die staatliche Zulassung (Approbation) erhalten hat, Kranke zu behandeln* (Berufsbez.): der behandelnde, leitende A.; den A. fragen, konsultieren, holen; zum A. gehen.
Arzt|be|richt, der: *Bericht, den ein Arzt über eine erfolgte Therapie u. a. für den Hausarzt eines Patienten schreibt.*
Arzt|be|ruf, der: *Beruf des Arztes:* den A. ergreifen.
Arzt|be|su|cher, der: *Pharmareferent.*
Arzt|be|su|che|rin, die: w. Form zu ↑Arztbesucher.
Arzt|brief, der: *Arztbericht.*
Ärz|te|be|steck, das: *die Instrumente eines Arztes.*
Ärz|te|be|su|cher, der: *Pharmareferent.*
Ärz|te|be|su|che|rin, die: w. Form zu ↑Ärztebesucher.
Ärz|te|kam|mer, die: *Berufs- u. Standesvertretung der Ärzte.*
Ärz|te|mus|ter, das: *für Ärzte bestimmtes Muster, Probe eines Medikaments.*
Ärz|te|schaft, die; -: *Gesamtheit der Ärzte.*
Ärz|te|schwem|me, die (salopp): *den Bedarf weit übersteigende Zahl an ausgebildeten Ärzten:* Sofern die Instrumente zur Steuerung – Zulassungsstopp und Numerus clausus zum Medizinstudium, versagen, könnte die Ä. über ein Einkaufsmodell der Krankenkassen ausgetrocknet werden (Zeit 3. 9. 98, 28).
Ärz|te|ver|tre|ter, der: *Vertreter, der bei Ärzten für die Medikamente o. Ä. einer Firma wirbt.*
Ärz|te|ver|tre|te|rin, die: w. Form zu ↑Ärztevertreter.
Ärz|te|zei|tung, die: *[täglich erscheinendes] Informations- u. Anzeigenblatt für Ärzte.*
Arzt|frau, die: *Ehefrau eines Arztes.*
Arzt|ge|löb|nis, das: *dem hippokratischen Eid entsprechendes Gelöbnis für Ärzte.*
Arzt|hel|fer, der: vgl. Arzthelferin.
Arzt|hel|fe|rin, die: *Angestellte, die dem Arzt in der Praxis hilft, Instrumente u. Patientenkartei betreut sowie Verwaltungsarbeiten erledigt* (Berufsbez.).
Ärz|tin, die; -, -nen [mhd. arzātinne, arzātīn]: w. Form zu ↑Arzt (Berufsbez.).
Arzt|kit|tel, der: *über der Kleidung getragener, meist weißer Kittel für Ärzte.*
Arzt|kos|ten ⟨Pl.⟩: *Kosten für ärztliche Behandlung:* die A. senken.
ärzt|lich ⟨Adj.⟩ [mhd. arzātlich]: *vom Arzt ausgehend; sich auf den Arzt beziehend:* -e Untersuchung, Verordnung; die -e Schweigepflicht; ein -es Attest; alle e Kunst war vergebens; die -e Hilfe kam zu spät; auf -en Rat; unter -er Aufsicht; sich ä. behandeln lassen; ein ä. empfohlenes Medikament.
ärzt|li|cher|seits ⟨Adv.⟩ [↑-seits] (Papierdt.): *vonseiten des Arztes:* ä. gibt es keine Bedenken.
Arzt|pra|xis, die: **a)** *Räumlichkeiten für die ärztliche Berufsausübung;* **b)** ⟨o. Pl.⟩ *Patientenkreis eines Arztes:* eine große A. haben.
Arzt|rech|nung, die: *vom Arzt für seine Bemühungen erstellte Rechnung.*
Arzt|ro|man, der: *im ärztlichen Milieu spielender Unterhaltungsroman.*
Arzt|se|kre|tä|rin, die: *Sekretärin, die in einer Arztpraxis die schriftlichen Arbeiten erledigt.*
Arzt|se|rie, die: *Fernsehserie, die von einem oder mehreren Ärzten handelt:* die populärsten TV-Genres – nämlich Krimi und A. (FR 23. 3. 98, 11).
Arzt|sohn, der: *Sohn eines Arztes.*
Arzt|ta|sche, die: *die notwendigsten Utensilien enthaltende Tasche, die ein Arzt bei Hausbesuchen mitnimmt.*
Arzt|toch|ter, die: *Tochter eines Arztes.*
Arzt|tum, das; -s: *das Arztsein.*
Arzt|wahl, die: in der Wendung **freie A. haben** *(als Pflichtversicherter das Recht haben, den Arzt seiner Wahl aufzusuchen).*
Arzt|wech|sel, der: *Wechseln des behandelnden Arztes:* Damit wolle er ... vor allem »einen häufigen A. vermeiden« (Tagesspiegel 19. 2. 99, 4).
as, ¹As, das; -, - (Musik): *um einen halben Ton erniedrigtes a, A* (2).
²As: frühere Schreibung für: ¹Ass.
³As, der; -ses, -se [lat. as = das Ganze als Einheit; als Münzeinheit eigtl. = viereckiges Metalltäfelchen (nach der alten Form der Münze)]: *altrömische Münz- u. Gewichtseinheit.*
⁴As = Arsen.
Ås [o:s], der, auch: das; -, Åsar [schwed. ås < anord. äss = Bergrücken] (Geol.): Os.
A-Sai|te, die: *auf den Ton a, A (2) gestimmte Saite eines Saiteninstruments.*
Åsar ['o:sar]: Pl. von ↑Ås.
asb = Apostilb.
As|best, der; -[e]s, -e [lat. asbestos < griech. ásbestos (lithos) = Asbest(stein), eigtl. = unzerstörbar(er Stein)]: *ein mineralischer, feuerfester Faserstoff.*
As|best|an|zug, der: *feuerfeste Schutzkleidung.*
As|best|be|ton, der: *Asbestzement.*
As|bes|to|se, die; -, -n (Med.): *durch das Einatmen von Asbeststaub hervorgerufene Lungenerkrankung.*

As|best|plat|te, die: *wärmeisolierender Untersatz für heiße Töpfe, Bügeleisen u. Ä.*
As|best|staub, der: *bei der Verarbeitung von Asbest entstehender Staub.*
As|best|staub|lun|ge, die: *Asbestose.*
As|best|tel|ler, der: *flacher, runder, wärmeisolierender Untersatz aus Asbest.*
As|best|ze|ment, der: *Gemisch aus Asbestfasern u. Zement, das bes. als Dämm- od. Isolierstoff verwendet wird.*
Ạsch, der; -[e]s, *Äsche* [mhd. asch = Schüssel; kleines Schiff, ahd. in: ascman = Seeräuber, Pirat (eigtl. = Bootsmann), H. u.] (ostmd.): *Napf, [tiefe] Schüssel.*
Aschạn|ti, die; -, -, **Aschạn|ti|nuss,** die [nach dem afrik. Stamm der Aschanti] (österr.): *Erdnuss.*
Ạsch|be|cher, der: ↑Aschenbecher.
ạsch|blond ⟨Adj.⟩: *(bezogen auf das Kopfhaar) von stumpfer blonder Farbe:* eine ... Sekretärin mit -em Haarknoten (Ziegler, Liebe 93).
Ạsche, die; -, -n [mhd. asche, ahd. asca, verw. mit ↑¹Esse]: **1.** *staubigpulveriger Rückstand verbrannter Materie:* heiße, kalte, glühende A.; Sie täten gut, es... zu verbrennen und seine A. in alle Winde zu zerstreuen (Th. Mann, Tod u. a. Erzählungen 182); die A. [von der Zigarre] abstreifen, abklopfen; Im Waschhaus räumte er die A. aus der Feuerung (H. Gerlach, Demission 44); Papierbuden, die alle im Nu zu A. wurden (niederbrannten; Augustin, Kopf 148); im Krematorium ... wurde A. wieder zu A., und das war sein Ende (Brand [Übers.], Gangster 18); Ṛdas ist doch A.! (ugs.; *das taugt nichts; damit ist nichts los*); Ü auf Zufälligkeiten käme es nicht an, ... man müsse aus der Geschichte nicht die A. heraussuchen, sondern das Feuer (Loest, Pistole 160); Langsam begann ich zu begreifen. Die Liebe war schon zu A. geworden (Jahnn, Geschichten 208); ***sich** ⟨Dativ⟩ **A. aufs Haupt streuen** (meist scherzh.; *demütig bereuen;* nach 1. Makkabäer 3, 47). **2.** ⟨o. Pl.⟩ (ugs.) *Geld:* »Hast du genug A. zusammengekratzt?« (Quick 52, 1980, 111); »Die große A. ist nicht zu machen« (Spiegel 44, 1983, 236); blanke A. (*Silbermünzen*).
Äsche, die; -, -n [mhd. asche, ahd. asco, H. u.]: *im Süßwasser lebender Lachsfisch mit hoher Rückenflosse.*
Ạsch|ei|mer, der: *Eimer für die Asche (aus dem Herd).*
Ạschen|bahn, die (Sport): *mit einer Unterlage aus gemahlener Schlacke befestigte Bahn für Laufwettbewerbe:* auf der A. trainieren.
Ạschen|be|cher, der: *Schale o. Ä. zum Abstreifen od. Ausklopfen von Tabakasche u. für Zigaretten- u. Zigarrenreste.*
Ạschen|brö|del, das; -s, - [mhd. aschenbrodele = Küchenjunge, eigtl. = jmd., der in der Asche wühlt]: **1.** ⟨o. Pl.⟩ *weibliche Figur des gleichnamigen Volksmärchens.* **2.** *unscheinbare weibliche Person, die [niedere Arbeiten verrichten muss u.] ständig zurückgesetzt* (5) *wird:* sie hatte es satt, das A. zu sein (Kemelman [Übers.], Mittwoch 78); Ü Unter dem ...

Filmfestspielen ist das Filmfestival von Locarno das A. (Welt 4. 8. 62, Film).
Ạschen|brö|del|da|sein, das: *das Leben eines Aschenbrödels* (2): ein A. führen; Ü der Wiederaufbau ... hat es (= das Stuttgarter Neue Schloss) aus einem A. erlöst (FAZ 22. 4. 61, 56).
Ạschen|ei|mer, der: ↑Ascheimer.
Ạschen|kas|ten, der: ↑Aschkasten: Vater wirft kein Stück Schnur, das er noch brauchen könnte, in den A. (Harig, Weh dem 98).
Ạschen|krug, der (geh.): *Urne.*
Ạschen|platz, der (Tennis): *Hartplatz mit einer Unterlage aus gemahlener Schlacke.*
Ạschen|put|tel, das; -s, - [zu hess. Pud(d)el = unordentliches, schmutziges Mädchen]: *Aschenbrödel: das Märchen vom A. vorlesen;* Ü Auf jeden Fall hat sich Niedersachsen in der Regierungszeit Schröders keineswegs vom A. zum Dornröschen gemausert (Handelsblatt 25. 2. 98, 5).
Ạschen|re|gen, Ascheregen, der: *Niederschlag von [vulkanischer od. radioaktiver] Asche:* am Bahndamm ..., wo uns der Lehrter D-Zug mit einem glühenden A. überschüttete (Lentz, Muckefuck 104).
♦ **Ạschen|zie|her,** der; -s, - [der Turmalin wird durch Reibung u. Erwärmung magnetisch, u. man kann mit ihm (Torf)asche anziehen]: *Turmalin:* der Magnet ist bloß erschaffen, um seine hinangeworfnen Ladenschlüssel zu tragen, der A., um seine Tabakasche zu sammeln (Jean Paul, Siebenkäs 13).
Ạscher, der; -s, - (ugs.): *Aschenbecher.*
Ạsche|re|gen: ↑Aschenregen: Der Pinatubo war ... ausgebrochen und hatte umliegende Städte und Dörfer unter A. und Schlammmassen begraben (Rheinpfalz 29. 1. 92, 24).
Ạscher|mitt|woch, der [im 15. Jh. für mhd. aschtac, geb. mit dem älteren Pl. Ascher von ↑Asche (an diesem Tag zeichnet der Priester im kath. Gottesdienst den Gläubigen mit Holzasche ein Kreuz als Zeichen der Buße auf die Stirn)]: *Tag nach Fastnacht; erster Tag der Fastenzeit.*
ạsch|fahl ⟨Adj.⟩: *fahl, grau wie Asche:* ein -es Gesicht.
ạsch|far|ben ⟨Adj.⟩: *von der grauen Farbe von Asche:* Wenn sie ... Kopfweh hat, erstarrt ihr Gesicht zu einer -en Maske (K. Mann, Wendepunkt 29).
Ạsch|ga|bat [aʃxa...]: *Hauptstadt Turkmenistans.*
ạsch|grau ⟨Adj.⟩: *von stumpfem Grau:* der -e Himmel; sie sah plötzlich A. geworden, wie Mehltau oder Schimmelpilz (Dönhoff, Ära 88); ***bis ins Aschgraue** (ugs.; *unendlich lange, bis zum Überdruss so weiter*): Die Furchtsamkeit der Verleger geht ins Aschgraue *(ist unendlich groß;* Tucholsky, Werke II, 227).
ạschig ⟨Adj.⟩: **a)** *aus Asche bestehend, wie Asche:* -er Staub; Auf der Zunge spürte er a. die schwere rußige Luft (Johnson, Mutmaßungen 86); **b)** *aschblond:* -es Haar.

Ạsch|kas|ten, der: *herausnehmbarer viereckiger Behälter für die Asche im Ofen.*
Ạsch|ke|na|sim [...'na:zi:m, auch: ...na'zi:m] ⟨Pl.⟩ [hebr. Aškĕnazzîm, nach einem biblischen Völkernamen (vgl. 1. Mos. 10, 3)]: *die ost- u. mitteleuropäischen Juden.*
ạsch|ke|na|sisch ⟨Adj.⟩: *die Aschkenasim betreffend, zu ihnen gehörend.*
Ạsch|ku|chen, der [zu ↑Asch] (ostmd.): *Napfkuchen.*
Ạsch|ram, der; -s, -s [sanskr. āśram(a)]: **a)** *Einsiedelei eines indischen Asketen;* **b)** *einem Kloster ähnliche Anlage in Indien (bes. als Ort der Meditation für die Anhänger einer Lehre).*
ASCII-Code ['aski...], der; -s [Abk. für engl. American Standard Code of Information Interchange] (EDV): *Zeichencode, der in Rechnern zur Darstellung bestimmter Informationen verwendet wird.*
As|co|na: *schweizerischer Ort am Lago Maggiore.*
As|cor|bin|säu|re, (auch:) Askorbinsäure, die; - [zu griech. a- = nicht, un- u. ↑Skorbut]: *chemische Bez. für Vitamin C.*
Ạs|cot ['æskət]: *Dorf nahe bei London (Austragungsort von Pferderennen).*
As-Dur [auch: '–'–], das; -: *auf dem Grundton* ¹As *beruhende Durtonart;* Zeichen: As (↑as, ¹As).
As-Dur-Ton|lei|ter, die: *auf dem Grundton* ¹As *beruhende Durtonleiter.*
Ạse, der; -n, -n [anord. áss] (germ. Myth.): *Vertreter des gewaltigsten Göttergeschlechts.*
ASEAN ['æsiæn], die [Kurzwort aus engl. Association of South East Asian Nations]: *Vereinigung südostasiatischer Staaten zur Förderung von Frieden und Wohlstand.*
Asel|bie, die; - [griech. asébeia, zu: asebés = gottlos, frevelhaft, zu: sébesthai = verehren, Ehrfurcht haben]: *Gottlosigkeit, Frevel (gegen die Götter).*
a sẹc|co [ital. = auf dem Trockenen, zu: secco < lat. siccus = trocken]: *auf trockenem Putz [gemalt] (mittelalterliche Maltechnik).*
äsen ⟨sw. V.; hat⟩ [mhd. æʒen, zu: āʒ = Essen, Futter] (Jägerspr.): *(vom Wild mit Ausnahme des Schwarz- u. Raubwildes) Nahrung aufnehmen:* mitten zwischen den Kühen äste friedlich ein stattlicher Hirsch (Lenz, Suleyken 147); ⟨auch ä. + sich:⟩ es war ein Stück Wild, das sich dort äste (Löns, Gesicht 138).
Asẹp|sis, die; - [aus griech. a- = nicht, un- u. ↑Sepsis] (Med.): *Keimfreiheit (von Wunden, Instrumenten, Verbandsstoffen u. Ä.).*
Asẹp|tik, die; - (Med.): *Keimfreimachung, keimfreie Wundbehandlung, Herstellung eines aseptischen Zustands.*
asẹp|tisch ⟨Adj.⟩ (Med.): **a)** *nicht septisch, keimfrei:* septische und -e Bereiche eines Krankenhauses; -Lebensmittelcounter mit den ersten -en Frischwarenverpackungen (CCI 7, 1986, 2); eine Wunde a. behandeln; **b)** *nicht auf Infektion beruhend.*

Āser, (auch:) Aaser, der; -s, - [mhd. āser, zu: āʒ, ↑Aas]: **1.** (Jägerspr. bes. südd.) *Jagdtasche.* **2.** (Jägerspr. schweiz.) *im Freien eingenommene Mahlzeit.*

¹Äser, der; -s, - (Jägerspr.): *(vom Wild mit Ausnahme des Schwarz- u. Raubwildes) Maul.*

²Äser: Pl. von ↑Aas.

Aser|baid|schan, -s: **1.** Landschaft u. Provinz im nordwestlichen Iran. **2.** Staat am Kaspischen Meer.

Aser|baid|scha|ner, der; -s, -: Ew.

Aser|baid|scha|ne|rin, die; -, -nen: w. Form zu ↑Aserbaidschaner.

aser|baid|scha|nisch, ⟨Adj.⟩: **a.** *Aserbaidschan, die Aserbaidschaner betreffend; von den Aserbaidschanern stammend, zu ihnen gehörend;* **b.** *in der Sprache der Aserbaidschaner.*

Aser|beid|schan usw.: ↑Aserbaidschan usw.

ase|xu|al [auch: - - -'-] ⟨Adj.⟩ [aus griech. a- = nicht, un- u. ↑sexual]: **1. a)** *sexuell gefühllos;* **b)** *alles Sexuelle ausklammernd:* eine -e Erziehung; Ich hatte mir ... vorgenommen, ein -es Leben zu führen (Jaekel, Ghetto 69); **2.** *ungeschlechtlich, geschlechtslos.*

Ase|xu|a|li|tät [auch: - - - - -'-] die; -: **1.** (Med., Psych.) *das Fehlen jeglicher Libido* (1). **2.** (Med.) *das Fehlen der Geschlechtsdrüsen.*

ase|xu|ell [auch: - - -'-] ⟨Adj.⟩: *asexual.*

Asi|at, der; -en, -en: Ew.

Asi|a|ti|ka ⟨Pl.⟩ (Buchw.): *Werke über Asien.*

Asi|a|tin, die; -, -nen: w. Form zu ↑Asiat.

asi|a|tisch ⟨Adj.⟩: *zu Asien gehörend; aus Asien kommend.*

Asi|en; -s: *größter Erdteil.*

As|ka|ri, der; -s, -s [arab. ʿaskarī = Soldat]: *afrikanischer Soldat im ehemaligen Deutsch-Ostafrika.*

As|ke|se, die; - [griech. áskēsis = Übung, Lebensweise]: **a)** *streng enthaltsame u. entsagende Lebensweise [zur Verwirklichung sittlicher u. religiöser Ideale]:* Jeschaja hatte in der Asketengesicht, ohne je A. geübt zu haben (Buber, Gog 78); in strenger A. leben; **b)** *Bußübung zur Überwindung von Lastern und Abtötung von Begierden.*

As|ket, der; -en, -en [mlat. asceta < griech. askētēs]: *enthaltsam [in Askese] lebender Mensch;* (scherzh.:) Ludwig war kein A. und Kostverächter (Strittmatter, Wundertäter 246).

As|ke|tik, die; -: ↑Aszetik.

As|ke|ti|ker, der; -s, -: ↑Aszetiker.

As|ke|ti|ke|rin, die: w. Form zu ↑Asketiker.

As|ke|tin, die; -, -nen: w. Form zu ↑Asket.

as|ke|tisch ⟨Adj.⟩: **a)** *die Askese* (a) *betreffend; entsagend, enthaltsam:* ein -es Leben; **b)** *Askese* (b) *übend;* **c)** *wie ein Asket:* ein -es Gesicht; eine -e Erscheinung; Männer mit kurz geschorenen ... Haaren und -en Zügen (Fest, Im Gegenlicht 371); **d)** *formal zurückhaltend, sparsam, streng:* eine -e Farbgebung.

As|kle|pi|os: Äskulap.

◆ **as|kle|pisch** ⟨Adj.⟩: *nach den Heilmethoden des Asklepios verordnet:* Helenen will er sich gewinnen, und weiß nicht wie und wo beginnen; -er Kur vor andern wert (Goethe, Faust II, 7485ff.).

As|kle|pi|us: Äskulap.

As|kor|bin|säu|re: ↑Ascorbinsäure.

Äs|ku|lap (griech.-röm. Myth.): *mit Schlange u. Stab dargestellter Gott der Heilkunde.*

Äs|ku|lap|nat|ter, die: *oberseits glänzend braune, unterseits gelblich weiße Natter.*

Äs|ku|lap|stab, der: *von einer Schlange umwundener Stab Äskulaps (Sinnbild der Heilkunst).*

As|ma|ra, -s; Hauptstadt von Eritrea.

as-Moll [auch: '-'-], das; -: *auf dem Grundton as beruhende Molltonart;* Zeichen: as (↑as, ¹As).

as-Moll-Ton|lei|ter, die: *auf dem Grundton as beruhende Molltonleiter.*

aso|ma|tisch ⟨Adj.⟩ [griech. asṓmatos, aus a- = nicht, un- u. sṓma, ↑Soma] (Philos.): *nicht körperlich, körperlos.*

Asom|nie, die; -, -n [zu griech. a- = nicht, un- u. lat. somnus = Schlaf] (Med.): *Schlaflosigkeit; Schlafstörung.*

äso|pisch ⟨Adj.⟩ (bildungsspr. veraltend): *in der Art, im Geist des altgriechischen Fabeldichters Äsop; witzig:* -er Stil; -e Erzählweise.

Asow|sche Meer, das; -n -[e]s: *Teil des Schwarzen Meeres.*

aso|zi|al [auch: - - -'-] ⟨Adj.⟩ [aus griech. a- = nicht, un- u. ↑sozial]: **1.** *unfähig zum Leben in der Gemeinschaft, sich nicht in die Gemeinschaft einfügend; am Rand der Gesellschaft lebend:* eine -e Charakter; fast alle (= Strichjungen) sind sie a., wollen nicht arbeiten (Ziegler, Labyrinth 303); er ist a. veranlagt. **2.** (meist abwertend) *die Gemeinschaft, Gesellschaft schädigend:* -es Verhalten; Sie sind ein -es Element! (Kinski, Erdbeermund 218); du bist a.

Aso|zi|a|le, der u. die; -n, -n (meist abwertend): *jmd., der asozial ist:* von den gesellschaftlichen Normen abweichende Menschen ..., also A., Künstler, verrückte Leute oder heimliche Genies (Wohngruppe 56).

Aso|zi|a|li|tät, die; -: *das Asozialsein.*

As|pa|ra|gin, das; -s [zu ↑Asparagus]: *Derivat der Asparaginsäure.*

As|pa|ra|gin|säu|re, die: *in vielen Eiweißstoffen (bes. in Spargeln) enthaltene Aminosäure.*

As|pa|ra|gus [asˈpaːragʊs, auch: ...ˈraːgʊs], der; - [lat. asparagus < griech. aspáragos]: **a)** *Spargel (Gemüsepflanze);* **b)** *Spargelart, deren Kraut in der Blumenbinderei verwendet wird.*

As|par|tam®, das; -s, -e [der Süßstoff enthält u. a. Asparaginsäure]: *(bes. für Diätgetränke verwendeter) künstlich hergestellter Süßstoff.*

As|pekt, der; -[e]s, -e [lat. aspectus, eigtl. = das Hinsehen]: **1.** (bildungsspr.) *Blickwinkel, Blickrichtung, Betrachtungsweise, Blick-, Gesichtspunkt:* den sozialen A. eines Problems betonen; Neutralismus ist ein Begriff, der je nach Zeit und Raum höchst verschiedene -e bietet (Dönhoff, Ära 165); wurde die Arbeitslosigkeit neben den finanziellen -en als großer Unsicherheitsfaktor eingestuft (Saarbr. Zeitung 2. 10. 79, 4); etw. unter einem bestimmten A. sehen, betrachten; In der Botanik haben wir ... Pflanzen unter dem A. des Wasserhaushaltes untersucht (Kempowski, Immer 146). **2.** (Astron., Astrol.) *bestimmte Stellung von Sonne, Mond u. Planeten zueinander u. zur Erde.* **3.** (Sprachw.) *[in den slawischen Sprachen bes. ausgeprägte] grammatische Kategorie, mit der der Sprecher die Vollendung od. Nichtvollendung eines Geschehens aus seiner Sicht ausdrückt:* ein perfektiver, imperfektiver A.

as|per|gie|ren ⟨sw. V.; hat⟩ [lat. aspergere (2. Part.: aspersum) = bespritzen] (veraltet): *(mit Weihwasser) besprengen.*

As|per|gill, das; -s, -e [spätlat. aspergillum, zu lat. aspergere, ↑aspergieren] (kath. Kirche): *Weihwasserwedel.*

asper|ma|tisch ⟨Adj.⟩ (Med.): *(vom Ejakulat) ohne Samenzellen.*

Asper|ma|tis|mus, der; - [zu griech. a- = nicht, un- u. ↑Sperma] (Med.): **1.** *das Fehlen der Samenflüssigkeit bzw. das Ausbleiben des Samenergusses.* **2.** *Aspermie.*

Asper|mie, die; - (Med.): *das Fehlen von Samenzellen im Ejakulat.*

As|per|si|on, die; -, -en [lat. aspersio = das Besprengen, zu: aspergere, ↑aspergieren]: *Besprengung (mit Weihwasser).*

As|per|so|ri|um, das; -s, ...ien [mlat. aspersorium]: *Weihwasserbehälter.*

As|phalt [auch: '- -], der; -s, (techn.:) -e [frz. asphalte < lat. asphaltus < griech. ásphaltos, eigtl. = unzerstörbar]: *Gemisch von Bitumen u. Mineralstoffen, das besonders als Straßenbelag verwendet wird:* Sie schritten durch leere Vorstadtstraßen, die sich im nassen A. spiegelten (Dürrenmatt, Grieche 21); Die Luft flimmerte über dem A. (Simmel, Affäre 36).

As|phalt|bahn, die (Kegeln): *Kegelbahn mit einem Belag aus Asphalt od. asphaltartigem Belag.*

As|phalt|blatt, das; (ugs. abwertend): *Boulevardblatt:* Die Rolle des Wahrsagers spielte ... ein Kioskverkäufer von ... Asphaltblättern (MM 20. 6. 78, 29).

As|phalt|cow|boy, der; (ugs.): *Jugendlicher, junger Mann, der als Müßiggänger in der Stadt herumschlendert:* die Großstadtenttäuschungen zweier provinzlerischer Hilfsarbeiter und -s (Spiegel 4, 1979, 191).

As|phalt|de|cke, die: *Straßenbelag aus Asphalt.*

As|phalt|dschun|gel, der (ugs. abwertend): *die Großstadt mit ihren menschenfeindlichen Elementen, der Verlorenheit u. Gefährdung der Menschen darin:* Ich muss zurück in meinen A. (Kinski, Erdbeermund 67).

as|phal|tie|ren ⟨sw. V.; hat⟩: *eine Straße o. Ä. mit einer Asphaltdecke versehen:* eine Straße a.; asphaltierte Gehwege.

as|phal|tisch ⟨Adj.⟩: *aus Asphalt bestehend.*

As|phalt|lack, der: *Lack aus einer Lösung von stark bitumenhaltigem Asphalt u. anderen organischen Lösungsmitteln.*

As|phalt|li|te|rat, der (abwertend):

Asphaltpresse

Schriftsteller, Literat, der in der Großstadt lebt, das Leben der Menschen in der Großstadt in ihrer Verlorenheit beschreibt: Die -en in Berlin haben ... alle Werte zu zersetzen versucht (B. Vesper, Reise 129).
As|phalt|pres|se, die (ugs. abwertend): *Boulevardpresse.*
As|phalt|stra|ße, die: *asphaltierte Straße.*
As|pho|de|lus, der; -, -, **As|pho|dill,** der; -s, -e: *Affodill.*
asphyk|tisch ⟨Adj.⟩ [griech. ásphyktos = ohne Pulsschlag] (Med.): *die Asphyxie betreffend, Asphyxie zeigend; dem Ersticken nahe.*
Asphy|xie, die; -, -n [griech. asphyxía = Aufhören des Pulsschlags] (Med.): *Atemstillstand infolge Lähmung des Atemzentrums (z. B. bei Unfallschock, Vergiftungen).*
As|pik [as'piːk, auch: as'pɪk, '- -], der (österr. das, auch: der); -s, -e [frz. aspic, H. u.]: *Gallert aus Gelatine od. Kalbsknochen:* Fleisch, Fisch in A.
As|pi|rant, der; -en, -en [frz. aspirant, zu: aspirer, ↑aspirieren]: **1.** *Bewerber, [Beamten]anwärter:* ein A. für/(seltener:) auf einen Posten; Im August müssen sich etwa 100 -en der engeren Wahl ... stellen (Badische Zeitung 12. 5. 84, 10). **2.** *(DDR) wissenschaftliche Nachwuchskraft an der Hochschule.*
As|pi|ran|tin, die; -, -nen: w. Form zu ↑Aspirant.
As|pi|ran|tur, die; -, -en (DDR): *besonderer Ausbildungsgang des wissenschaftlichen Nachwuchses.*
As|pi|ra|ta, die; -, ...ten u. ...tä [lat. aspirata, zu: aspirare, ↑aspirieren] (Sprachw.): *behauchter [Verschluss]laut* (z. B. griech. ϑ [= tʰ]).
As|pi|ra|ti|on, die; -, -en [lat. aspiratio]: **1.** ⟨meist Pl.⟩ (bildungsspr.) *Bestrebung, Hoffnung, ehrgeiziger Plan:* -en auf, nach etw. haben; Über die politischen Aktivitäten und -en des Papa dürftest Du ... unterrichtet sein (K. Mann, Wendepunkt 412). **2.** (Sprachw.) *[Aussprache eines Verschlusslautes mit] Behauchung.*
As|pi|ra|tor, der; -s, ...oren [engl. aspirator, zu lat. aspirare, ↑aspirieren] (Technik): *Vorrichtung zum Absaugen von Gasen, die bei chemischen Experimenten od. industriellen Verfahren entstehen.*
as|pi|ra|to|risch ⟨Adj.⟩ (Sprachw.): *mit Behauchung gesprochen.*
as|pi|rie|ren ⟨sw. V.; hat⟩ [frz. aspirer < lat. aspirare]: **1.** (bes. österr.) *sich um etw. bewerben:* auf einen Posten a.; Crews, die auf die WM-Teilnahme aspirieren (Tages Anzeiger 10. 7. 82, 27). **2.** (Sprachw.) *mit Behauchung aussprechen:* einen [Verschluss]laut a.
As|pi|rin®, das; -s [Kunstwort]: *ein Schmerz- und Fiebermittel.*
As|pis|vi|per, die [lat. aspis < griech. aspís = Natter, Otter, wohl identisch mit lat. aspis, griech. aspís = Schild, nach der Kopfform od. nach den schildförmigen Plättchen am Kopf]: *im südlichen Europa heimische, der Kreuzotter ähnliche Viper.*
¹**Ass,** das; -es, -e [frz. as < lat. as = das Ganze als Einheit]: **1.** *(im Kartenspiel) höchste Spielkarte, Eins:* kein A., alle vier -e in der Hand haben. **2.** (ugs.) **a)** *eine durch [sportliche] Leistung besonders hervorragende Persönlichkeit:* die -e der Mannschaft; Eberwein hielt sich für das A. unter den Kriegsberichten (Kirst, 08/15, 519); ein A. in Mathematik sein; * ein Ass auf der Bassgeige sein (salopp; clever sein; vgl. Aas 2); **b)** (Werbespr.) *besonders beliebter Artikel:* das A. unter den neuen Wagen. **3.** (Sport) **a)** (Tennis) *für den Gegner unerreichbarer Aufschlagball:* Mit einem normal bespannten Schläger ... serviert Becker mehr -e als einst Borg (Spiegel 28, 1985, 170); **b)** (Golf) *mit einem Schlag vom Abschlag ins Loch gespielter Ball.*
²**Ass,** das; -es, Asse [↑ Eiß] (österr. ugs.): *Abszess, Eitergeschwür.*
Ass. = Assessor; Assistent.
aß: ↑ essen.
As|sa|gai, der; -s, -e [engl. assagai < port. azagaia < arab. az-zaḡāyaʰ]: *Wurfspieß der Bantus im südlichen Afrika.*
as|sai [ital. assai < vlat. ad satis = genug] (Musik; in Verbindung mit einer Tempobezeichnung): *sehr, ziemlich:* allegro assai.
As|sam; -s: Bundesstaat der Republik Indien.
as|sa|nie|ren ⟨sw. V.; hat⟩ [zu frz. assainir, zu: sain = gesund < lat. sanus] (österr.): *gesund machen, verbessern (bes. im hygienischen Sinn):* eine Stadt, ein Gelände a.
As|sa|nie|rung, die; -, -en (österr.): *das Assanieren.*
As|sas|si|ne, der; -n, -n [ital. assassino < arab. ḥaššāšīn, zu: ḥaššāš = Haschischgenießer]: **1.** ⟨meist Pl.⟩ *Angehöriger eines islamischen Geheimbundes, der seine Ziele auch mit Mordanschlägen durchzusetzen sucht:* Khomeinis blindwütige -n (Wochenpresse 43, 1983, 39). **2.** (veraltet) *Meuchelmörder.*
As|saut [a'soː], das; -s, -s [frz. assaut, über das Vlat. zu lat. assultus = das Anspringen]: *Übungskampf beim Fechten, bei dem das Erlernte erprobt werden soll.*
äße: ↑ essen.
As|se|ku|ra|deur [...'døːɐ̯], der; -s, -e [geb. mit französierender Endung zu ↑ Assekuranz] (Fachspr.): *Versicherungsagent, der als Selbstständiger für Versicherungsgesellschaften bes. an Seehandelsplätzen tätig ist:* Der A. wird von den Steuerbehörden als Versicherungsvertreter (Vermittler) angesehen (Versicherungswirtschaft 7, 1986, 416 [Zeitschrift]).
As|se|ku|ra|deu|rin [...'døːrɪn], die; -, -nen: w. Form zu ↑ Assekuradeur.
As|se|ku|rant, der; -en, -en (Fachspr.): *Versicherer, Versicherungsträger.*
As|se|ku|ranz, die; -, -en [älter ital. assicuranza, zu: assicurare, ↑ assekurieren] (Fachspr.): *Versicherung[sgesellschaft]:* Der Ratgeber ... könnte »die Bundesbürger zum Betrug anstiften und sie in völlig aussichtslose Prozesse mit der A. treiben« (Spiegel 10, 1982, 68).
As|se|ku|ranz|brief, der (veraltet): *Versicherungsschein, Versicherungspolice.*
As|se|ku|ranz|po|li|ce, die: *Versicherungspolice.*
As|se|ku|ranz|prin|zip, das ⟨o. Pl.⟩: *Theorie, nach der die Steuern Versicherungsprämien für den vom Staat gewährten Personen- und Eigentumsschutz sind.*
As|se|ku|rat, der; -en, -en [ital. assicurato] (Fachspr.): *Versicherter, Versicherungsnehmer.*
As|se|ku|ra|tin, die; -, -nen: w. Form zu ↑ Assekurat.
as|se|ku|rie|ren ⟨sw. V.; hat⟩ [ital. assicurare = (ver)sichern, über das Vlat. zu lat. securus = sorglos, sicher] (Fachspr.): *versichern* (3).
As|sel, die; -, -n [viell. aus lat. asellus = Eselchen (nach der grauen Farbe)] (Zool.): *(zu den Krebsen gehörendes) kleines Tier mit abgeflachtem, deutlich gegliedertem Körper, das sich vorwiegend an dunklen, sumpfigen Stellen u. in Tümpeln aufhält:* Wer an der Küste lebte, der lebte ... im Verborgenen unter den Steinen wie eine A. (Ransmayr, Welt 13).
As|sel|spin|ne, die (Zool.): *im Meer lebender kleiner Gliederfüßer mit vier Paar langen Beinen.*
As|sem|bla|ge [asã'blaːʒ(ə)], die; -, -n [frz. assemblage = das Zusammenfügen, zu: assembler = zusammenfügen, versammeln, über das Vlat. zu lat. simul = zugleich, zusammen] (Kunst): *Hochrelief od. dreidimensionaler Gegenstand, der aus einer Kombination verschiedener Objekte entstanden ist:* -n, es handelt sich dabei um raumplastische Materialbilder ... mit reliefartiger Wirkung (Luzerner Tagblatt 31. 7. 84, 24).
◆ **As|sem|blee,** die; -, ...bleen [frz. assemblée]: *Versammlung; Gesellschaft* (1 b): Wenn Sie sich unpässlich fühlen, Mylady – berufen Sie die A. hier zusammen (Schiller, Kabale II, 1).
As|sem|bler [ə'sɛmblə], der; -s, - [engl. assembler, zu frz. assembler, ↑ Assemblage] (EDV): **1.** *maschinenorientierte Programmiersprache:* das Programmieren in A. **2.** *Übersetzungsprogramm zur Umwandlung einer maschinenorientierten Programmiersprache in die spezielle Maschinensprache.*
As|sem|bling [ə'sɛmblɪŋ], das; -s, -s [engl. assembling] (Wirtsch.): *das Zusammenbringen, -schließen einzelner Komponenten zu einem Ganzen:* das A. von Computern; durch A. Kosten bei der Autoproduktion sparen.
as|sen|tie|ren ⟨sw. V.; hat⟩ [lat. assentire, zu: sentire, ↑ Sentenz]: **1.** (veraltet) *bei-, zustimmen:* er assentierte gerne, dass er sich geirrt habe. **2.** (österr. veraltend) *auf Militärdiensttauglichkeit hin untersuchen.*
As|sen|tie|rung, die; -, -en (österr. veraltend): *Musterung.*
As|sent|kom|mis|si|on, die; -, -en (österr. veraltet): *Musterungskommission.*
as|se|rie|ren ⟨sw. V.; hat⟩ [lat. asserere, zu: serere, ↑ Serie] (Philos.): *behaupten, versichern:* die Richtigkeit einer Theorie a.
As|ser|ti|on, die; -, -en [lat. assertio] (Philos.): *bestimmte, feststellende Behauptung, Versicherung.*

as|ser|to|risch ⟨Adj.⟩ [lat. assertorius] (Philos.): *behauptend, versichernd:* eine -e Aussage; -e Urteile (Logik; *Behauptungen von Tatsachen, die ohne Beweis Gültigkeit beanspruchen*).

As|ser|vat, das; -[e]s, -e [zu lat. asservatum, 2. Part. von: asservare = (amtlich) bewachen]: *in amtliche Verwahrung genommener, für eine Gerichtsverhandlung als Beweismittel wichtiger Gegenstand*: Seit dem Attentat auf Schleyer ... hat das BKA ... 15 000 -e gesammelt (Spiegel 44, 1977, 13).

As|ser|va|ten|kam|mer, die: *Aufbewahrungsort für Asservate (bei Gerichten od. Polizeidienststellen)*.

As|ser|va|ten|kon|to, das: *Bankkonto, dessen Guthaben bestimmten Zwecken vorbehalten ist*.

As|ser|va|ten|raum, der: svw. ↑Asservatenkammer.

as|ser|vie|ren ⟨sw. V.; hat⟩ [lat. asservare, ↑Asservat] (veraltet): *[amtlich] aufbewahren:* nie zuvor asservierte die Münchner Polizei bei einem Verbrechen eine solche Unmenge von Fingerspuren (Spiegel 39, 1992, 77).

As|sess|ment-Cen|ter, (auch:) **As|sess|ment|cen|ter**, das; -s, - [engl. assessment centre, aus: assessment = Einschätzung, Beurteilung u. centre, ↑Center]: *psychologisches Testverfahren, mit dem jmds. Eignung (bes. für eine Führungsposition) festgestellt werden soll:* ein A. absolvieren, durchlaufen.

As|sess|ment-Cen|ter-Me|tho|de, die ⟨o. Pl.⟩: ↑Assessment-Center.

As|ses|sor, der; -s, ...oren [lat. assessor = Beisitzer, Gehilfe, zu assidere (2. Part.: assessum) = (als Berater) zur Seite sitzen; verweilen]: **1.** *jmd., der die zweite juristische Staatsprüfung bestanden u. die Befähigung zum Richteramt erworben hat.* **2.** (früher) *Anwärter der höheren Beamtenlaufbahn nach der zweiten Staatsprüfung;* Abk.: Ass.

as|ses|so|ral ⟨Adj.⟩: *den Assessor betreffend; in der Art eines Assessors*.

As|ses|so|rat, das; -[e]s, -e (veraltet): *Amt des Assessors*.

As|ses|so|rin, die; -, -nen: w. Form zu ↑Assessor.

as|ses|so|risch ⟨Adj.⟩: *assessoral*.

◆ **As|ses|sur**, die; -, -en: *Assessorat:* sah ich ihn zum Doktorgrad erreichen, dann sich zur A. emporheben (Goethe, Dichtung u. Wahrheit 8).

¹**As|si**, der; -s, -s (ugs.): Kurzf. von ↑Assistent.

²**As|si**, die; -, -s (ugs.): Kurzf. von ↑Assistentin.

³**As|si**, der; -s, -s, u. die; -, -s (ugs. meist abwertend): Kurzf. von ↑Asoziale.

As|si|bi|la|ti|on, die; -, -en (Sprachw.): *das Assibilieren*.

as|si|bi|lie|ren ⟨sw. V.; hat⟩ [spätlat. assibilare = zischeln, flüstern, zu lat. sibilare = zischen, pfeifen] (Sprachw.): **a)** *einem Verschlußlaut einen Zischlaut folgen lassen;* **b)** *einen Verschlußlaut in einen Zischlaut verwandeln*.

As|si|bi|lie|rung, die; -, -en: *Assibilation*.

As|si|du|i|tät, die; - [lat. assiduitas, zu: assiduus = beharrlich, beständig, zu: as-

sidere, ↑Assessor]: *Ausdauer, Beharrlichkeit*.

As|si|et|te, die; -, -n [frz. assiette, über das Vlat. zu lat. assidere = zur Seite stehen]: **1.** (veraltet) *Teller, flache Schüssel:* Käse auf einer A. reichen; ◆ die Saladière, die Saucière, die A. zu Käse und die Senfdose war ein einziger Teller, der aber vor jeder Rolle einmal abgescheuert wurde (Jean Paul, Wutz 33). **2.** (österr. veraltet) *kleines Vor- od. Zwischengericht:* eine kalte A. servieren. **3.** (veraltet) *Stellung, Lage:* eine gute A. haben; in keiner guten A. *(Verfassung, Stimmung)* sein.

As|si|gnant, der; -en, -en [lat. assignans (Gen.: assignantis), 1. Part. von: assignare, ↑assignieren] (veraltet): *Anweisender; Aussteller einer Geldanweisung*.

As|si|gnan|tin, die; -, -nen: w. Form zu ↑Assignant.

As|si|gnat, der; -en, -en [zu lat. assignatum, 2. Part. von: assignare, ↑assignieren] (veraltet): *jmd., der auf eine Geldanweisung hin zahlen muss*.

As|si|gna|tar, der; -s, -e (veraltet): *Empfänger einer Geldanweisung*.

As|si|gna|ta|rin, die; -, -nen: w. Form zu ↑Assignatar.

As|si|gna|te die; -, -n ⟨meist Pl.⟩ [frz. assignats, zu: assigner < lat. assignare, ↑assignieren]: *Papiergeld[schein] der Ersten französischen Republik*.

As|si|gna|tin, die; -, -nen: w. Form zu ↑Assignat.

As|si|gna|ti|on, die; -, -en [lat. assignatio = Anweisung, Zuteilung, zu: assignare, ↑assignieren] (veraltet): *Geld- od. Zahlungsanweisung:* eine A. ausstellen.

as|si|gnie|ren ⟨sw. V.; hat⟩ [lat. assignare = an-, zuweisen, zu: signare, ↑signieren] (veraltet): *[Geld] anweisen*.

As|si|mi|lat, das; -[e]s, -e [lat. assimilatum, 2. Part. von assimilare, ↑assimilieren]: *Produkt, das im Organismus durch Umwandlung körperfremder in körpereigene Stoffe entsteht (z. B. Stärke bei Pflanzen)*.

As|si|mi|la|ti|on, die; -, -en [lat. assimilatio = Ähnlichmachung, zu: assimilare, ↑assimilieren]: **1. a)** (Biol.) *das Assimilieren (1);* **b)** *Angleichung, Anpassung:* die A. an bestehende Verhältnisse. **2.** (Sprachw.) *Angleichung eines Konsonanten an einen anderen (z. B. in mhd. lamb zu m in nhd. Lamm)*. **3.** (Soziol.) *Angleichung eines Einzelnen od. einer Gruppe an die Eigenart einer anderen Gruppe, eines anderen Volkes:* »Man hat herausgefunden«, ... »dass die A. der Juden mit ihrer Umgebung abhängig ist von deren kulturellem Anreiz« (Saarbr. Zeitung 3. 10. 79, 6). **4.** (Psych.) *Angleichung neuer Wahrnehmungsinhalte und Vorstellungen an bereits vorhandene*. **5.** (Physiol.) *Bildung von Assimilaten*. **6.** (Genetik) *erbliche Fixierung eines erworbenen Merkmals*.

as|si|mi|la|to|risch ⟨Adj.⟩: **a)** *die Assimilation betreffend;* **b)** *durch Assimilation gewonnen, entstanden:* -er Lautwandel.

as|si|mi|lie|ren ⟨sw. V.; hat⟩ [2: lat. assimilare, zu: similare (simulare), ↑simulieren]: **1.** (Biol.) *aufgenommene Nahrungs-

stoffe in körpereigene Stoffe umwandeln:* die Pflanzen assimilieren Kohlensäure. **2.** (bildungsspr.) *[sich] angleichen, [sich] anpassen:* Deutsche Juden haben sich ... stärker assimiliert als polnische (Saarbr. Zeitung 3. 10. 79, 6); sich assimilierte mich rasch diesen Gepflogenheiten; sich leicht an eine Umgebung a.; der neue Schüler wurde von der Klasse rasch assimiliert; Ich versuche doch nicht ... andere zu a. (FR 7. 1. 99, 7).

As|si|mi|lie|rung, die; -, -en: *Assimilation*.

As|si|sen ⟨Pl.⟩ [frz. assises, zu: asseoir = (sich) setzen, zu lat. sedere = (zu Gericht) sitzen]: *Schwurgericht und dessen Sitzungen in der Schweiz u. in Frankreich*.

As|si|si: Stadt in Italien.

As|sist, der; -s, -s [engl. assist, zu: to assist = helfen; mitarbeiten < frz. assister < lat. assistere, ↑assistieren] (schweiz.; Eishockey, Basketball): *Zuspiel, das zu einem Tor od. Korb führt:* Mit einem Tor und vier -s war er der erfolgreichste Spieler des Abends (NZZ 1. 2. 83, 33).

As|si|stent, der; -en, -en [lat. assistens (Gen.: assistentis), 1. Part. von: assistere, ↑assistieren]: **a)** *jmd., der einem anderen assistiert; Mitarbeiter, Gehilfe,* **b)** *mit bestimmten Lehraufgaben betrauter wissenschaftlicher Mitarbeiter eines Hochschullehrers:* er ist A. bei Professor Müller, am Institut für Phonetik; Abk.: Ass.

As|si|sten|ten|stel|le, die: *Arbeitsstelle eines Assistenten (b):* eine A. haben; nach dem Generalsputsch habe er sofort seine A. an der Kunsthochschule ... verloren (Rolf Schneider, November 251).

As|si|sten|tin, die; -, -nen: w. Form zu ↑Assistent.

As|si|stenz, die; -, -en ⟨Pl. selten⟩ [mlat. assistentia, zu lat. assistere, ↑assistieren]: *das Assistieren; Beistand, Mithilfe:* jmdm. A. leisten; jmds. A. anfordern; unter A. *(mithilfe)* von ...; Der Beleuchtungschef ... zog sich A. heran (Feuchtwanger, Erfolg 597).

As|si|stenz|arzt, der: *approbierter Arzt, der einem Chefarzt unterstellt ist*.

As|si|stenz|ärz|tin, die: w. Form zu ↑Assistenzarzt.

As|si|stenz|fi|gur, die (Kunstwiss.): *in Bildern verwendete Figur, die nicht zum Sinngehalt des Bildes beiträgt, sondern das Bild nur auffüllt u. abrundet*.

As|si|stenz|pro|fes|sor, der: *wissenschaftliche Fachkraft, die vorübergehend mit den Aufgaben eines Hochschullehrers betraut wird*.

As|si|stenz|pro|fes|so|rin, die: w. Form zu ↑Assistenzprofessor.

as|si|stie|ren ⟨sw. V.; hat⟩ [lat. assistere = dabeistehen; unterstützen]: *jmdm. nach dessen Anweisungen zur Hand gehen, bei einer Arbeit oder Tätigkeit behilflich sein:* jmdm. [bei etw.] a.; Immer häufiger lassen sich Chirurgen von Rechnern und Robotern assistieren (Woche 14. 11. 97, 29).

Ass. jur. = Assessor (1).

As|so|ci|a|ted Press [əˈsoʊʃɪeɪtɪd -;

Associé

engl.]: US-amerikanische Nachrichtenagentur (Abk.: AP).
As|so|cié [asoˈsi̯e:], der; -s, -s [frz. associé, zu: associer, ↑assoziieren] (veraltet): *Teilhaber, Gesellschafter; Kompagnon.*
As|so|lu|ta, die; -, -s [ital. assoluta = die Vollkommene, zu: assoluto < lat. absolutus, ↑absolut]: *weiblicher Spitzenstar in Ballett u. Oper.*
As|so|nanz, die; -, -en [zu lat. assonare = tönend beistimmen, zu: sonare, ↑Sonant] (Metrik): *sich auf die Vokale beschränkender Gleichklang zwischen zwei od. mehreren Wörtern [am Versende]* (z. B. laben: klagen).
as|sor|tie|ren ⟨sw. V.; hat⟩ [frz. assortir, zu: sorte, ↑Sorte] (Kaufmannsspr.): *nach Warenarten ordnen u. vervollständigen:* die Bestände neu a.; ⟨meist im 2. Part.:⟩ *ein gut assortiertes (gut ausgestattetes) Lager;* Ü ein Mann ..., der den Eindruck von gut assortiertem finanziellen Hintergrund vermittelte (Wohmann, Irrgast 200).
As|sor|ti|ment, das; -[e]s, -e [frz. assortiment] (veraltet): *Sortiment* (1).
As|so|zi|a|ti|on, die; -, -en [frz. association]: **1.** (bildungsspr.) *ursächliche Verknüpfung von Vorstellungen:* die A. erwecken, auslösen; Das Wort Macht ... kann in den Köpfen ... sehr verschiedenartige -en erzeugen (Heym, Schwarzenberg 21); eine bestimmte A. haben; bemerkenswerte -en zur Gegenwart im thematischen und formalen Bereich (Saarbr. Zeitung 27. 12. 79, 4). **2.** (bes. Politik) *Zusammenschluss, Vereinigung:* die A. afrikanischer Staaten; während ... den Palästinensern Selbstregierung in A. mit Jordanien gewährt werden soll (NZZ 30. 1. 83, 2).
As|so|zi|a|ti|ons|frei|heit, die ⟨o. Pl.⟩: *Grundrecht, einen Verein zu bilden.*
as|so|zi|a|tiv ⟨Adj.⟩ (bildungsspr.): **a)** *auf Assoziationen* (1) *beruhend, durch Verknüpfung von Vorstellungen entstehend:* eine -e Gedankenkette; a. reagieren; »Herr Artmann, wie schreiben Sie eigentlich?« ... »Mit viel Kaffee und Zigaretten. Außerdem schreib ich nur a., ich hab nie einen Vorsatz ...« (Wiener 11, 1983, 17); **b)** *verbindend, vereinigend:* -e Bestrebungen.
As|so|zi|a|tiv|ge|setz, das: *mathematisches Gesetz, das für eine bestimmte Verknüpfung die Unabhängigkeit des Ergebnisses von der Setzung der Klammern fordert,* z. B. a · (b · c) = (a · b) · c.
as|so|zi|ie|ren ⟨sw. V.; hat⟩ [frz. associer = vereinigen, verbinden < spätlat. associare, zu lat. sociare = vereinigen, verbinden, zu: socius, ↑Sozius]: **1.** (bildungsspr.) *Vorstellungen mit etw. verknüpfen, in Verbindung bringen:* Liest der ... Zeitungsleser das Wort »Gebrauchtwagen«, so wird er leicht misstrauisch und assoziiert: Wracks (Presse 23. 2. 79, 16); ich assoziiere dabei Unangenehmes; »Hungerstreik« ... zu oft assoziiere man damit die Aktionen von Terroristen (Wiener 10, 1983, 16); der Name assoziiert in mir liebe Erinnerungen; Es assoziiert sich etwas in einem (Benn, Stimme 213). **2.** ⟨a. + sich⟩ *sich zu-*

sammenschließen, vereinigen; sich anschließen: sich [mit] einer Gemeinschaft/ an eine Gemeinschaft a.; die [mit] der EU assoziierten Staaten; Schon damals waren achtzehn ... afrikanische Staaten ... assoziiert (W. Brandt, Begegnungen 215); assoziierte Staaten (1. *Staaten, die ohne formelle Mitgliedschaft an einem Zusammenschluss teilnehmen.* 2. *Bezeichnung für bestimmte Staaten der Französischen Union [1946–1958]*).
As|so|zi|ie|rung, die; -, -en: *vertraglicher Zusammenschluss:* die A. mit einer/an eine Gemeinschaft.
ASSR = Autonome Sozialistische Sowjetrepublik (der ehemaligen Sowjetunion).
As|su|an; -s: Stadt in Ägypten.
as|su|mie|ren ⟨sw. V.; hat⟩ [lat. assumere, ↑Assunta]: *annehmen; gelten lassen.*
As|sump|ti|o|nist, der; -en, -en [zu lat. assumptio, ↑Assumtion]: *Angehöriger einer katholischen Kongregation.*
As|sum|ti|on, die; -, -en [lat. assumptio = das An-, Aufnehmen, zu: assumptum, ↑Assunta]: **1.** ⟨o. Pl.⟩ (kath. Kirche) *Mariä Himmelfahrt.* **2.** (Kunstwiss.) *bildliche Darstellung der Himmelfahrt Mariens; Assunta.*
As|sun|ta, die; -, ...ten [ital. assunta, zu lat. assumptum, 2. Part. von: assumere = an-, aufnehmen]: *Assumtion* (2).
As|sy|rer, der; -s, -: Ew.
As|sy|re|rin, die; -, -nen: w. Form zu ↑Assyrer.
As|sy|ri|en; -s: (im Altertum) Reich in Mesopotamien.
As|sy|ri|er, der; -s, -: Ew.
As|sy|ri|e|rin, die; -, -nen: w. Form zu ↑Assyrer.
As|sy|ri|o|lo|ge, der; -n, -n: *Wissenschaftler auf dem Gebiet der Assyriologie.*
As|sy|ri|o|lo|gie, die; - [zu griech. lógos, ↑Logos]: *Wissenschaft von der assyrisch-babylonischen Geschichte, Kultur u. Sprache.*
As|sy|ri|o|lo|gin, die; -, -nen: w. Form zu ↑Assyriologe.
as|sy|ri|o|lo|gisch ⟨Adj.⟩: *die Assyriologie betreffend.*
as|sy|risch ⟨Adj.⟩: *Assyrien betreffend.*
Ast, der; -[e]s, Äste [mhd., ahd. ast, eigtl. = das, was (am Stamm) ansitzt]: **1.** *stärkerer Zweig eines Baumes [der unmittelbar aus dem Stamm hervorgeht]:* ein dicker, knorriger A.; Ein Sturm hat ... die Bäume kahl gefegt und das Grün vor meinen Fenstern in ein Gitterwerk von nackten Ästen verwandelt (Hildesheimer, Legenden 67); der Vogel hüpft von A. zu A.; Ü die Äste einer Arterie; (Math.:) die Äste einer Parabel; ***den A. absägen, auf dem man sitzt** (ugs.; *sich selbst seiner Lebensgrundlage berauben*); **auf den absteigenden A. sein** (1. *in seinen Fähigkeiten, Leistungen nachlassen.* 2. *in schlechtere Lebensverhältnisse geraten*); **einen A. durchsägen** (ugs. scherzh.; *laut schnarchen*). **2.** *Stelle in dem bearbeiteten Holz, an der ein Ast abzweigte.* **3.** ⟨o. Pl.⟩ (landsch.) **a)** *Rücken:* den Rucksack auf den A. nehmen; Ü Mittlerweile hast du zweiundzwanzig Lenze auf'm A., da

darfst du dir solche Kinkerlitzchen nicht mehr zumuten (Bieler, Bär 388); **b)** *krummer, verwachsener Rücken:* einen A. haben; ***sich** ⟨Dativ⟩ **einen A. lachen** (salopp; *sehr heftig lachen*).
a. St. = alten Stils.
AStA, der; -[s], -[s], auch: ASten: = Allgemeiner Studierendenausschuss.
As|ta|sie, die; -, -n [zu griech. a- = nicht, un- u. stásis = das Stehen] (Med.): *Unfähigkeit zu stehen* (z. B. bei bestimmten Ataxien od. psychisch bedingten Störungen).
as|ta|sie|ren ⟨sw. V.; hat⟩ [zu griech. a- = nicht, un- u. stásis = das Stehen] (Physik): *ein Messinstrument gegen Beeinflussung durch störende äußere Kräfte schützen.*
As|ta|sie|rung, die; -, -en (Physik): **1.** *das Astasieren.* **2.** *Vorrichtung, die eine Astasierung* (1) *bewirkt.*
As|tat, As|ta|tin, das; -s [zu griech. ástatos = unbeständig; wegen des raschen radioaktiven Zerfalls des Elements]: *radioaktives Nichtmetall (chemisches Element; Zeichen: At).*
as|ta|tisch ⟨Adj.⟩ (Physik): *gegen Beeinflussung durch äußere elektrische od. magnetische Felder geschützt:* ein -er *(Staub abweisender) Werkstoff.*
Äst|chen, das; -s, -: Vkl. zu ↑Ast (1).
as|ten ⟨sw. V.⟩ [zu ↑Ast (3)] (landsch.): **1.** *sich sehr anstrengen* ⟨hat⟩: er hat ganz schön a. müssen. **2.** *etwas Schweres irgendwohin tragen, schleppen* ⟨hat⟩: ein Klavier in den 4. Stock a.; Sie fielen ... der Polizei auf, als sie eine Registrierkasse durch die Goethestraße ... asteten (Berliner Morgenpost 31. 8. 74, 3). **3.** *mit Mühe eine Strecke zurücklegen* ⟨ist⟩: sie sind auf den Berg geastet. **4.** (Schülerspr.) *angestrengt lernen, büffeln.*
äs|ten ⟨sw. V.; hat⟩ [mhd. esten] (selten): *Äste treiben.*
As|ter, die; -, -n [lat. aster < griech. astḗr, eigtl. = Stern]: *(zu den Korbblütlern gehörende) von Sommer bis Herbst in vielen Farben blühende Pflanze, deren Blüten strahlenförmig um das Körbchen angeordnete Blätter aufweisen; Sternblume.*
Äs|ter: Pl. von ↑Aast.
as|te|risch ⟨Adj.⟩: *sternähnlich.*
As|te|ris|kus, der; -, ...ken [lat. asteriscus < griech. asterískos] (Buch- u Schriftw.): *Sternchen als Hinweis auf eine Fußnote bzw. als Kennzeichnung von erschlossenen, nicht belegten Wortformen* (Zeichen: *).
As|te|ro|id, der; -en, -en [zu griech. astḗr = Stern und -oeidḗs = ähnlich]: *kleiner Planet, Planetoid.*
As|te|ro|nym, das; -s, -e [zu griech. ónyma = Name]: *Zeichen aus drei Sternchen anstelle des Verfassernamens* (***).
ast|frei ⟨Adj.⟩: *frei von Ästen* (2).
Ast|ga|bel, die; -, -n: *Stelle, an der ein Ast abzweigt od. sich verzweigt.*
As|the|nie, die; -, -n [griech. astheneía zu: asthenḗs = kraftlos, entnervt] (Med.): **1.** ⟨o. Pl.⟩ *Schwächlichkeit, Kraftlosigkeit.* **2.** *[durch Krankheit bedingte] Entkräftigung.*
As|the|ni|ker, der; -s, - (Med., An-

throp.): *Mensch mit schmalem, schmächtigem, muskelarmem Körperbau:* vom Typ her A. sein.

As|the|ni|ke|rin, die; -, -nen: w. Form zu ↑Astheniker.

as|the|nisch ⟨Adj.⟩: *dem Körperbau des Asthenikers entsprechend; schlank-, schmalwüchsig:* ein -er Typ; Du bist eine -e Person, deutlich unterernährt (Wohmann, Absicht 275); Sie war eine sehr liebliche, wenn auch ... -e Erscheinung (Th. Mann, Zauberberg 186).

As|the|no|pie, die; -, -n [zu griech. õps (Gen.: õpós) = Auge] (Med.): *rasche Ermüdbarkeit der Augen (bes. beim Nahesehen).*

As|the|no|sphä|re, die; - (Geol.): *unterhalb der Lithosphäre liegende Zone von geringer Festigkeit.*

Äs|the|si|o|lo|gie, die; - [zu griech. aísthēsis = Sinneswahrnehmung u. ↑-logie] (Med.): *Lehre von den Sinnesorganen u. ihren Funktionen.*

äs|the|si|o|lo|gisch ⟨Adj.⟩: *die Ästhesiologie betreffend.*

Äs|thet, der; -en, -en [griech. aisthētḗs = der Wahrnehmende]: *Mensch mit [übermäßig] stark ausgeprägtem Schönheitssinn:* Er war ein hochgebildeter Ä., der sich auf höchst eigenwillige Weise kleidete (Dönhoff, Ostpreußen 50).

Äs|the|tik, die; -, -en [griech. aisthētikē (téchnē) = Wissenschaft vom sinnlich Wahrnehmbaren, zu: aisthánesthai = wahrnehmen]: **1.** *Wissenschaft, Lehre vom Schönen:* Hegels Ä.; zynische Elemente finden wir fast in allen ... -en der Zeit (Sloterdijk, Kritik 703). **2.** ⟨o. Pl.⟩ *das stilvoll Schöne, Schönheit:* die Ä. darf nicht zu kurz kommen; Der Weg zurück in die Stadt, den die Stadtentwicklung in den letzten Jahren verfolgt, hat ein neues Bewusstsein für Raumqualität und Ä. begünstigt (Handelsblatt 19. 3. 99, 45). **3.** ⟨o. Pl.⟩ *Schönheitssinn:* es fehlt seiner Gestaltung Geschmack und Ä. (MM 14. 2. 74, 18).

Äs|the|ti|ker, der; -s, -: *Vertreter od. Lehrer der Ästhetik (1).*

Äs|the|ti|ke|rin, die; -, -nen: w. Form zu ↑Ästhetiker.

Äs|the|tin, die; -, -nen: w. Form zu ↑Ästhet: -nen, die damals die Salons der besseren Gesellschaft bevölkerten (Spiegel 44, 1976, 232).

äs|the|tisch ⟨Adj.⟩: **1.** *den Gesetzen der Ästhetik entsprechend, gemäß:* -e Maßstäbe, Gesichtspunkte; der Platz, wo sie sich aufhalten, wo ihr -es Empfinden geschult wird (Kirsch, Pantherfrau 63); bei der Verliebtheit kommt das ä. Vernunfturteil so wenig zu seinem Recht wie das moralische (Th. Mann, Zauberberg 336); die Darbietung war ein -er Genuss *(befriedigte das Stilempfinden).* **2.** *stilvoll, schön, geschmackvoll, ansprechend;* gut im Aussehen: sein Aussehen war nicht gerade ä. (verhüll.): *war ekelerregend, unappetitlich o. Ä.)*.

äs|the|ti|sie|ren ⟨sw. V.; hat⟩: *[einseitig] nach den Gesetzen der Ästhetik [be]urteilen od. gestalten:* Der Tod erschien ihm niemals abstoßend ... Er wurde von Klaus Mann ästhetisiert und zugleich glorifiziert (Reich-Ranicki, Th. Mann 205); eine ästhetisierende Literatin.

Äs|the|ti|sie|rung, die; -, -en: *das Ästhetisieren.*

Äs|the|ti|zis|mus, der; -: *einseitig das Ästhetische betonende Haltung.*

Äs|the|ti|zist, der; -en, -en: *Vertreter des Ästhetizismus.*

Äs|the|ti|zis|tin, die; -, -nen: w. Form zu ↑Ästhetizist.

äs|the|ti|zis|tisch ⟨Adj.⟩: *einseitig das Ästhetische betonend:* eine -e Effekthascherei; jene -e, antipolitische Benn-Philosophie, die den Dichter 1933 ... verhängnisvoll irren ... ließ (Spiegel 26, 1977, 164).

Asth|ma, das; -s [griech. ãsthma = schweres, kurzes Atemholen, Beklemmung]: *anfallsweise auftretende Atemnot, Kurzatmigkeit:* A. haben, bekommen.

Asth|ma|an|fall, der: *Anfall (1) von Asthma; Atemnot.*

Asth|ma|ti|ker, der; -s, -: *jmd., der an Asthma leidet.*

Asth|ma|ti|ke|rin, die; -, -nen: w. Form zu ↑Asthmatiker.

asth|ma|tisch ⟨Adj.⟩ [nach griech. asthmatikós]: **1.** *durch Asthma bedingt:* -e Beschwerden. **2.** *an Asthma leidend, kurzatmig:* a. sein; Ü ein Riesenautobus schnob ... a. vorbei (Borchert, Geranien 49).

As|ti, der; -[s], -: *Wein aus dem Gebiet um die oberitalienische Stadt Asti.*

as|tig ⟨Adj.⟩: *reich an Ästen (2):* -es Holz.

äs|tig ⟨Adj.⟩: **1.** (selten) *reich an Ästen (1), [reich] verzweigt, verästelt:* eine -e Baumkrone. **2.** ↑astig.

as|tig|ma|tisch ⟨Adj.⟩: *(von Linsen od. vom Auge) Punkte strichförmig verzerrend.*

As|tig|ma|tis|mus, der; - [zu griech. a- = nicht, un- u. stigma, ↑Stigma]: **1.** (Physik) *Abbildungsfehler von Linsen.* **2.** (Med.) *Sehstörung infolge krankhafter Veränderung der Hornhautkrümmung.*

As|til|be, die; -, -n [zu griech. a- = nicht, un- u. stilbē = Glanz, also eigtl. = die Glanzlose]: *zu den Steinbrechgewächsen gehörende Zierpflanze mit weißen od. rötlichen Blüten.*

Äs|ti|ma|ti|on, die; -, -en [frz. estimation < lat. aestimatio] (veraltend): **1.** *das Ästimiertwerden, Würdigung.* **2.** ⟨o. Pl.⟩ *Wertschätzung, [Hoch]achtung, Anerkennung:* ◆ Meinst du, er habe mich mit seiner besonderen Ä. beehrt (Hauff, Jud Süß 400).

äs|ti|mie|ren ⟨sw. V.; hat⟩ [frz. estimer < lat. aestimare, zu: aes = Geld, Vermögen] (veraltend): *jmdn. od. etw. schätzen, [hoch] achten:* Er will ästimiert werden; das Schartekenwort besagt: man soll den Hut vor ihm ziehen und das Maul ehrfurchtsvoll aufsperren (Tucholsky, Werke I, 287); Ich ... wurde ... akzeptiert — wenn auch weniger ästimiert als ignoriert (Brandstetter, Altenehrung 71).

Ast|loch, das: *Loch im bearbeiteten Holz an einer Stelle, an der ein Ast abzweigte.*

¹As|tra|chan: *Stadt an der Wolga.*

²As|tra|chan, der; -s, -s [nach ↑¹Astra-
chan]: **1.** *Fell südrussischer Lämmer.* **2.** *Plüschgewebe mit fellartigem Aussehen.*

As|tra|gal, der; -s, -e [lat. astragalus < griech. astrágalos, eigtl. = Knöchel] (Archit.): *rundum laufende Verzierung, besonders zwischen Schaft u. Kapitell einer Säule.*

As|tra|gal|lus, der; -, ...li [↑Astragal]: **1.** (veraltet) *oberster Fußwurzelknochen (Sprungbein).* **2.** *(in der Antike) kleiner (aus dem Sprungbein von Schafen gefertigter) Spielstein.* **3.** *Astragal.*

α-Strah|len: ↑Alphastrahlen.

α-Strah|ler: ↑Alphastrahler.

as|tral ⟨Adj.⟩ [lat. astralis, zu: astrum = Stern(bild) < griech. ástron]: *die Gestirne betreffend, zu ihnen gehörend, von ihnen stammend;* die -en Wesen; ein -er Mythos; das Selbst ..., eine Art siderischer Essenz im Menschen, die ihn mit tellurischen und -en Wirklichkeiten verbindet (Deschner, Talente 175).

◆ as|tra|lisch ⟨Adj.⟩: *himmlisch:* weil ich einer solchen göttlichen Gnade nicht wert sei, so würden jene -en Einflüsse wohl ihre Bösartigkeit an mir beweisen (Goethe, Benvenuto Cellini I, 2, 12).

As|tral|kör|per, der (ugs., meist iron.): *Astralleib (3).*

◆ As|tral|lam|pe, die: *Petroleumlampe, die so konstruiert ist, dass ihr Licht kaum Schatten wirft:* Zwei mit roten Schleiern bedeckte -n (Fontane, Effi Briest 40).

As|tral|leib, der: **1.** (Anthroposophie) *ätherisch gedachter Träger des Lebens im Körper des Menschen, (unsichtbarer) Leib der höchsten, geistigen Stufe; Seelenleib.* **2.** (Okkultismus) *den Tod überdauernder unsichtbarer Leib des Menschen.* **3.** (ugs., meist iron.) *[schöner] menschlicher Körper.*

As|tral|licht, das ⟨o. Pl.⟩: *Sternschimmer der Milchstraße.*

As|tral|my|tho|lo|gie, die: *Lehre von den Gestirnen als göttlichen Mächten in der Welt.*

As|tra|lon®, das; -s [Kunstwort]: *durchsichtiger Kunststoff.*

As|tral|re|li|gi|on, die; -, -en [zu ↑astral]: *göttliche Verehrung der Gestirne.*

ast|rein ⟨Adj.⟩: **1.** *frei von Ästen (2):* -es Holz. **2.** (ugs.) *moralisch einwandfrei:* die Sache ist nicht ganz a.; Ich glaub, der ist nicht ganz a., der ist bestimmt ein Spion (Kempowski, Tadellöser 155). **3.** (Jugendspr.): *sehr schön, gut:* eine -e Party; Da brauchst du bloß reinzurufen ..., das versteht der drüben a. (Eppendorfer, Kuss 15).

as|tro-, As|tro- [zu griech. ástron = Stern(bild)]: ⟨Best. in Zus. mit der Bed.⟩: *Gestirn-, Stern-, Weltraum-.*

As|tro|bio|lo|gie, die: *Wissenschaft vom Leben auf anderen Himmelskörpern u. im Weltraum.*

As|tro|dy|na|mik, die: **1.** *Teilgebiet der Astrophysik, das sich mit der Dynamik (1) von Sternsystemen o. Ä. befasst.* **2.** *Teilgebiet der Raumflugtechnik, das sich mit der Bewegung künstlicher Satelliten (3) befasst.*

As|tro|gno|sie, die; - [zu griech. gnōsis = Erkenntnis]: *Beschäftigung mit den*

Astrograph

Sternbildern u. den sie bildenden Sternen einschließlich ihrer Darstellung auf Sternkarten od. durch Projektion in einem Planetarium.
As|tro|graph (auch): Astrograf, der; -en, -en [zu griech. ástron = Stern(bild) u. gráphein = schreiben]: **1.** *astronomisches Fernrohr zur fotografischen Aufnahme von Gestirnen.* **2.** *Vorrichtung zum Zeichnen von Sternkarten.*
As|tro|lab, das; -s, ...bien, **As|tro|la|bi|um**, das; -s, ...ien [mlat. astrolabium < griech. astrolábos]: **1.** *(in der Antike u. in anderer Form bis ins 17. Jh. verwendetes) Instrument zur Beobachtung u. Lagebestimmung der Gestirne.* **2.** *Instrument zur Bestimmung von Sternörtern.*
As|tro|la|trie, die; - [zu griech. latreía = (Opfer)dienst]: *Verehrung der Sterne.*
As|tro|log, der; -s, -en (veraltet): ↑¹Astrologe.
As|tro|lo|ge, der; -n, -n [lat. astrologus < griech. astrológos]: **1.** *jmd., der sich mit Astrologie beschäftigt; Sterndeuter:* Der indonesische A. Wong Kam Fu sieht für junge Paare ... eine Zukunft im siebten Himmel. »Ein großartiges Jahr zum Heiraten«, weiß der Sternedeuter (Handelsblatt 15. 8. 97, 44). **2.** (scherzh.) *jmd., der die politischen Verhältnisse u. Strömungen in einem bestimmten Land gut kennt od. zu kennen glaubt u. daraus Schlussfolgerungen über wahrscheinlich zu erwartende Reaktionen auf etw. zieht* (häufig in Verbindung mit einem geographischen Namen): Für die DDR-Astrologen der Bundesregierung war die Zurückweisung des Regierungsdirektors ... durch die DDR-Grenzbehörden eine echte Überraschung (MM 31. 7. 74, 2).
As|tro|lo|gie, die; - [lat. astrologia < griech. astrología]: *Lehre, die aus der mathematischen Erfassung der Örter u. Bewegungen der Himmelskörper sowie orts- u. zeitabhängiger Koordinatenschnittpunkte Schlüsse zur Beurteilung von irdischen Gegebenheiten u. deren Entwicklung zieht.*
As|tro|lo|gin, die; -, -nen: w. Form zu ↑Astrologe.
as|tro|lo|gisch ⟨Adj.⟩ [lat. astrologicus < griech. astrologikós]: **a)** *die Astrologie betreffend, zur Astrologie gehörend;* **b)** *mit den Mitteln der Astrologie erfolgend.*
As|tro|man|tie, die; - [zu griech. manteía = das Wahrsagen]: *das Wahrsagen aus den Sternen.*
As|tro|me|te|o|ro|lo|gie, die; -: **1.** *Wissenschaft von den Atmosphären* (1) *anderer Himmelskörper (bes. der Planeten).* **2.** *Lehre vom angeblichen Einfluss der Gestirne auf das Wetter.*
As|tro|me|ter, das; -s, -: *Gerät zur Messung der Helligkeit von Sternen.*
As|tro|me|trie, die; -: *Teilgebiet der Astronomie, das sich mit der Messung von Sternörtern befasst.*
As|tro|naut, der; -en, -en [zu griech. naútēs = Seemann]: *Teilnehmer an einem Raumfahrtunternehmen, Weltraumfahrer:* Erster deutscher A. an Bord war Ulf Merbold (Tagesspiegel 17. 4. 99, 36); Nach allem ... ist das Meer der Stürme ein günstiger Landeplatz für Kosmo- oder Astronauten (Zeit 10. 6. 66, 28).
As|tro|nau|tik, die; -: *[Wissenschaft von der] Raumfahrt.*
As|tro|nau|tin, die; -, -nen: w. Form zu ↑Astronaut: Die Astronautin steuerte den Roboterarm (FR 14. 12. 98, 22).
as|tro|nau|tisch ⟨Adj.⟩: *die Raumfahrt betreffend.*
As|tro|na|vi|ga|ti|on, die; -: **1.** ↑*Navigation unter Verwendung von Messdaten angepeilter Himmelskörper.* **2.** *Bestimmung von Ort u. Kurs eines Raumschiffs nach den Sternen.*
As|tro|nom, der; -en, -en [spätlat. astronomus < griech. astronómos]: *Wissenschaftler auf dem Gebiet der Astronomie.*
As|tro|no|mie, die; - [lat. astronomia < griech. astronomía]: *Stern-, Himmelskunde als exakte Naturwissenschaft.*
As|tro|no|min, die; -, -nen: w. Form zu ↑Astronom.
as|tro|no|misch ⟨Adj.⟩ [lat. astronomicus < griech. astronomikós]: **1.** *die Astronomie betreffend, zu ihr gehörig, auf ihr beruhend:* -e Einheit *(mittlere Entfernung Erde–Sonne als astronomische Längeneinheit;* Abk.: AE), -e Uhr *(in der Astronomie, Geophysik u. a. gebrauchte Präzisionsuhr);* -e Zeichen *(Zeichen für Wochentage, Himmelskörper, Sternbilder des Tierkreises, Konstellationen, Mondphasen).* **2.** (ugs.) *(dem Betrag, der Menge nach) riesig, unvorstellbar, ungeheuer, überaus groß:* -e Zahlen, Preise; Die Mär von ... -en Salärangeboten macht die Runde (NZZ 31. 8. 87, 14); Angst vor Entlassungen und -en Arbeitslosenraten (Weltwoche 26. 7. 84,9); Seit der Verhängung der UN-Sanktionen 1990 ist der Preisanstieg sogar a. (FR 13. 11. 98, 2).
as|tro|phisch [auch: -'- -] ⟨Adj.⟩ [aus griech. a- = nicht, un- u. ↑strophisch]: *(von Versen) nicht strophisch, ohne Gliederung durch Strophen.*
As|tro|pho|to|me|trie, die; -: *Messung der Strahlung u. der (scheinbaren) Helligkeit von Himmelskörpern.*
As|tro|phy|sik, die; -: *Teilgebiet der Astronomie, das den Aufbau u. die physikalische Beschaffenheit der Gestirne u. des Weltalls zum Gegenstand hat.*
as|tro|phy|si|ka|lisch ⟨Adj.⟩: *die Astrophysik betreffend, zu ihr gehörend.*
As|tro|phy|si|ker [auch: 'astro...], der; -s, -: *Wissenschaftler auf dem Gebiet der Astrophysik.*
As|tro|phy|si|ke|rin [auch: 'astro...], die; -, -nen: w. Form zu ↑Astrophysiker.
As|tro|spek|tro|sko|pie, die; -: *Untersuchung des Spektrums von Gestirnen mit den Methoden der Spektralanalyse* (2).
Äs|tu|ar, das; -s, -e u. -ien [lat. aestuarium, zu: aestus = Brandung, eigtl. = Hitze, Glut]: *trichterförmige Flussmündung.*
Ast|werk, das; -[e]s: *Gesamtheit der Äste eines Baumes; Geäst.*
ASU = Abgassonderuntersuchung.
Asun|ci|ón [...'θjɔn]: *Hauptstadt von Paraguay.*
Äsung, die; -, -en (Jägerspr.): *durch Äsen zu gewinnende Nahrung:* Ä. finden.
ASU-Pla|ket|te, die (früher): *auf dem Nummernschild von Kraftfahrzeugen angebrachte Plakette* (1), *die die Abgassonderuntersuchung bescheinigt.*
Asyl, das; -s, -e [lat. asylum < griech. ásylon, eigtl. = Unverletzliches, aus: a- = nicht, un- u. sŷlon = Plünderung; Raub, Beute]: **1.** *Heim, Unterkunft für Obdachlose:* Er kannte alle -e von den Alpen bis ans Meer (Lynen, Kentaurenfährte 188). **2.** ⟨Pl. selten⟩ *Aufnahme u. Schutz [für Verfolgte], Zuflucht[sort]:* politisches A. *(Zuflucht vor politischer Verfolgung);* jmdm. ein A. finden; jmdm. A. gewähren, geben; um A. bitten, nachsuchen; dass sich in diesen Bergen ein Widerstandsnest bildet, ...das zum A. für ... Nazis werden würde (Heym, Schwarzenberg 14).
Asyl|ant, der; -en, -en: *jmd., der um Asyl* (2) *nachsucht; jmd., der Asylrecht beansprucht* (wird gelegentlich als abwertend empfunden): -en aufnehmen, abweisen, in ihr Land zurückschicken; Er wolle damit »ein Fanal zeigen für meine verzweifelte Situation als A. in Deutschland«, sagte der Iraner vor dem Frankfurter Schöffengericht (FR 11. 9. 97, 22); Für Aussiedler, anerkannte -en und Ausländer von 16 bis 24 Jahre bietet die Berufliche Schule ... einen Eingliederungskurs an (FR 30. 4. 99, 5).
Asyl|an|ten|heim, das: *Heim* (2) *für Asylanten.*
Asyl|an|ten|kam|mer, die: *Kammer* (8 b), *die über Asylanträge entscheidet.*
Asyl|an|ten|strom, der: *das Hereinkommen von Asylanten in großer Zahl in ein Land.*
Asyl|an|ten|zu|strom, der: vgl. Asylantenstrom: die ... Bewältigung des -s (NZZ 29. 8. 86, 2).
Asyl|an|tin, die; -, -nen: w. Form zu ↑Asylant.
Asyl|an|trag, der: *Antrag auf Gewährung von Asyl* (2): ein abgelehnter A.; die Zahl der Asylanträge steigt, sinkt.
Asyl|be|rech|tig|te, der u. die: *jmd., dem das Recht auf Asyl* (2) *zuerkannt wurde.*
Asyl|be|wer|ber, der: *jmd., der um Asyl nachsucht* (2).
Asyl|be|wer|ber|heim, das: *Heim* (2) *für Asylbewerber:* rechtsextremistische Gewalttäter hatten das A. abermals angegriffen und in Brand gesteckt (FAZ 26. 8. 92, 1).
Asyl|be|wer|be|rin, die: w. Form zu ↑Asylbewerber.
Asy|lie|rung, die; -, -en: *Unterbringung in einem Asyl* (1).
Asyl|miss|brauch, der: *Missbrauch des Asylrechts* (1).
Asyl|recht, das, ⟨o. Pl.⟩: **1.** *Recht aus politischen, religiösen od. anderen Gründen Verfolgter auf Asyl* (2) *im Zufluchtsstaat:* A. genießen. **2.** *Recht souveräner Staaten, aus politischen, religiösen od. anderen Gründen Verfolgten Asyl* (2) *zu gewähren.*
Asyl|su|chen|de, der u. die; -n, -n: *Asylbewerber.*
Asyl|ver|fah|ren, das: *rechtliches Verfahren, in dem über jmds. Recht auf die*

Gewährung von Asyl (2) *entschieden wird:* ein verkürztes A.

Asyl|wer|ber, der; -s, - (österr.): *Asylant.*

Asyl|wer|be|rin, die; -, -nen (österr.): w. Form zu ↑ Asylwerber.

Asym|me|trie, die; -, -n [griech. asymmetría, aus: a- = nicht, un- u. ↑ Symmetrie]: *Ungleichmäßigkeit, Mangel an Symmetrie:* die A. der Form; Die A. erhöht die Schönheit der Fassade (Berger, Augenblick 22); Ü Bei den ... Verhandlungen ... springt die A. *(Ungleichheit)* überaus deutlich ins Auge, die alle ostwestlichen Gespräche prägt (NZZ 30. 1. 83, 3).

asym|me|trisch [auch: - - ' - -] ⟨Adj.⟩: *nicht symmetrisch, ohne Symmetrie:* ein -es Gesicht; -e Figuren; Herren in Modejournalen pflegen ihren Shawl so a. zu tragen (Grass, Hundejahre 261); Ü -e Gespräche (Soziol.; *autoritativ, nicht partnerschaftlich geführte Gespräche*); Falls es zur Regierungsbeteiligung der Sozialisten kommen sollte, hätte ein -es Modell die größten Chancen (NZZ 12. 10. 85, 4).

Asym|pto|te, die; -, -n [griech. asýmptōtos, eigtl. = nicht zusammenfallend, zu: a- = nicht, un- u. sympíptein, ↑ Symptom] (Math.): *Gerade, der sich eine ins Unendliche verlaufende Kurve beliebig nähert, ohne sie zu erreichen.*

asymp|to|tisch ⟨Adj.⟩ (Fachspr.): *sich wie eine Asymptote verhaltend.*

asyn|chron [auch: - - ' -] ⟨Adj.⟩ [aus griech. a- = nicht, un- u. ↑ synchron] (Fachspr.): *nicht synchron, nicht gleichzeitig, nicht mit gleicher Geschwindigkeit [ab]laufend:* Allerdings könne ein »zu starkes -es Vorgehen in den verschiedenen Ländern« den Gesamtprozess der Branche verlangsamen (Berliner Zeitung 20. 1. 99, 31); -er Druck (Druckw.; *Mehrfarbendruck, bei dem für jede Farbe eine Druckplatte vorhanden ist*).

Asyn|chron|mo|tor, der (Elektrot.): *Induktionsmotor.*

asyn|de|tisch [auch: - - ' - -] ⟨Adj.⟩ (Sprachw.): *nicht durch eine Konjunktion verbunden.*

Asyn|de|ton, das; -s, ...ta [lat. asyndeton < griech. asýndeton, zu: a- = nicht, un- u. ↑ syndetisch] (Sprachw.): *Wort- od. Satzreihe, deren Glieder nicht durch Konjunktionen miteinander verbunden sind.*

as|zen|dent ⟨Adj.⟩: **1.** (Fachspr.) *aufsteigend* (3 a, c). **2.** (Geol.) *(von wässrigen Lösungen, Dämpfen, Gasen) aus dem Erduntergrund aufsteigend.*

As|zen|dent, der; -en, -en [lat. ascendens (Gen.: ascendentis), 1. Part. von: ascendere, ↑ aszendieren]: **1.** (Genealogie) *Vorfahr, Verwandter in aufsteigender Linie.* **2.** (Astrol.) **a)** *im Augenblick der Geburt über den Osthorizont tretendes Tierkreiszeichen:* sie hat den Jupiter im -en; viele sind fest davon überzeugt, die Sonne, Mond und Sternzeichen, dass ... ihr Leben beeinflussen (Spiegel 49, 1981, 232); **b)** (Astron.) *Gestirn im Aufgang;* **c)** (Astron.) *Aufgangspunkt eines Gestirns.*

As|zen|denz, die; -: **1.** (Genealogie) *Verwandtschaft in aufsteigender Linie.* **2.** (Astron.) *Aufgang eines Gestirns.*

as|zen|die|ren ⟨sw. V.⟩ [lat. ascendere, zu: scandere, ↑ skandieren]: **1.** (Astron.) *(von Gestirnen) aufgehen* ⟨ist/hat⟩. **2.** (veraltet) *befördert werden, im Rang aufsteigen* ⟨ist/hat⟩.

As|ze|se usw.: ↑ Askese usw.

As|ze|tik, die; - (kath. Kirche): *Lehre vom Streben nach christlicher Vollkommenheit.*

As|ze|ti|ker, der; -s, -: *Vertreter der Aszetik.*

As|zi|tes, der; - [griech. askítēs (hýdrōps), zu: askós = Schlauch (aus abgezogener Haut)] (Med.): *Bauchwassersucht.*

at (veraltet) = technische Atmosphäre.

At = Astat.

A. T. = Altes Testament.

¹ata (veraltet) = absolute Atmosphäre.

²ata: in der Verbindung **a. [a.] gehen** (Kinderspr.; *spazieren gehen*).

At|a|ir, der; -s: *hellster Stern im Sternbild Adler:* das Sommerdreieck, das sich aus den drei hellen Sternen Wega in der Leier, Deneb im Schwan und Atair im Adler zusammensetzt (FR 28. 8. 98, 27).

At|a|man, der; -s, -e [russ. ataman, H. u.]: *frei gewählter Stammes- u. militärischer Führer der Kosaken.*

At|a|ra|xie, die; - [griech. ataraxía]: *(in der altgriechischen Philosophie) Unerschütterlichkeit, Gleichmut.*

At|a|vis|mus, der; -, ...men [zu lat. atavus = Großvater des Urgroßvaters, Urahne] (Fachspr.): **1.** ⟨o. Pl.⟩ *(bei Pflanzen, Tieren, Menschen) das Wiederauftreten von Merkmalen od. Verhaltensweisen, die dem unmittelbar vorhergehenden Generationen fehlen.* **2.** *entwicklungsgeschichtlich als überholt geltendes, unvermittelt wieder auftretendes körperliches od. geistig-seelisches Merkmal.*

ata|vis|tisch ⟨Adj.⟩: **a)** (Fachspr.) *den Atavismus betreffend, zu ihm gehörig, auf ihm beruhend;* **b)** (bildungsspr. abwertend) *in Gefühlen, Gedanken, Handlungen usw. einem früheren, primitiven Stadium der Menschheit entsprechend:* ein -es Verhalten; dass Strafen ... ein ... völlig unangemessenes -es Handeln ist (Schmidt, Strichjungengespräche 50); die -e Monstrosität des ... Massenkrieges (K. Mann, Wendepunkt 56).

At|a|xie, die; -, -n [griech. ataxía = Unordnung, zu: a- = nicht, un- u. táxis, ↑ ¹Taxis] (Med.): *Störung im geordneten Ablauf u. in der Koordination von Muskelbewegungen.*

ATB = All-Terrain-Bike.

At|chia: ↑ Achia.

α-Teil|chen: ↑ Alphateilchen.

Ate|l|ier [atə'lie:], das; -s, -s [frz. atelier < afrz. astelier = Werkstatt, urspr. = Haufen von Spänen (u. danach Bez. für die Werkstatt des Zimmermanns), zu afrz. astele = Splitter, Span < spätlat. astella, Vkl. von: lat. asser = Stange, Balken]: **a)** *Arbeitsraum, Arbeitsstätte eines Künstlers, Maßschneiders, Fotografen:* Pariserin mit Geblüt, ... gehoben durch Abendkleider aus teuren -s (Th. Mann, Krull 262); Als jüngster Lehrling hat sie am Abend das A. aufzuräumen (Fussenegger, Zeit 203); Er ... zeichnete Akt in dem A. seines Professors (Th. Mann, Krull 260); **b)** *Raum, Gebäude[komplex] für Filmaufnahmen:* »Die Powenzbande« ... Mitte Mai soll der Fünfteiler ins A. gehen (*soll mit seiner Verfilmung begonnen werden;* Hörzu 14, 1973, 147).

Ate|li|er|auf|nah|me, die: *im Atelier gemachte fotografische od. Filmaufnahme:* er drehte vorwiegend in authentischen Dekors und verzichtete ... auf -n (Gregor-Patalas, Film 205).

Ate|li|er|fens|ter, das: *schräges, in das Dach eingebautes Fenster einer Atelierwohnung:* der Raum hat ein großes A., durch das viel Licht reinflutet (Kinski, Erdbeermund 114).

Ate|li|er|fest, das: *Künstlerfest.*

Ate|li|er|ka|me|ra, die: *Kamera, die im Atelier fest installiert ist.*

Ate|li|er|woh|nung, die: *großzügige Wohnung unter dem Dach eines Hauses:* Sie wohnen in einer A., hoch über den Dächern der Stadt (Simmel, Affäre 111).

Atem, der; -s [mhd. ātem ahd. ātum, H. u.]: **1.** *das Atmen, Atmung:* kurzer, schneller A., Ein Wachtmeister beugt sich über den Sträfling 402, lauscht auf den gleichmäßigen A. (Loest, Pistole 23); ihm stockt der A.; ihr A. pfeift, fliegt, geht stoßweise, geht ruhig; Ü Da fehlt der große A. (geh.; *die große Linie, der weit gespannte Bogen, die Spannung*), da fehlt auch die persönlich prägende Handschrift (Orchester 7/8, 1984, 636); * **einen langen, den längeren A. haben** (*es bei einer Auseinandersetzung o. Ä. lange, länger als der Gegner aushalten*); **einen kurzen A. haben** (geh.; *asthmatisch sein*); **jmdn., etw. in A. halten** (*jmdn., etw. in Spannung halten, nicht zur Ruhe kommen lassen, pausenlos beschäftigen*); **in einem/im selben/im gleichen A.** (*[fast] gleichzeitig*). **2.** *ein- u. ausgeatmete Luft:* warmer, dampfender A.; [tief] A. holen, schöpfen; [vor Schreck, Spannung] den A. anhalten; das Tempo benimmt, verschlägt, raubt ihr den A.; außer A. sein, kommen (*atemlos sein, werden*); nach A. ringen; wieder zu A. kommen; * **A. holen/**(geh.:) **schöpfen** (*eine Pause machen u. sich zu weiterem Tun rüsten*); **jmdm. den A. verschlagen** (*jmdn. sprachlos machen*); **jmdm. geht der A. aus** (*jmd. ist mit seiner Kraft, mit seinen Mitteln, wirtschaftlich am Ende*).

Atem|be|klem|mung, die: *Gefühl der Beklemmung beim Atmen.*

atem|be|rau|bend ⟨Adj.⟩: *für jmdn. so erregend, dass es ihm fast den Atem nimmt; ungewöhnlich erregend:* eine -e Spannung, Darbietung; ein -es Tempo; Schluchten mit zum Teil atemberaubenden *(hinreißenden)* Wasserfällen (a & r 2, 1997, 13); Was sich an gemeinsamer Politik ... anbahnt, ist a. (Saarbr. Zeitung 6./7. 10. 79, 2); der Trapezakt war dezu a.; die endlos sich dehnende Steinwüste ist a. (*überaus*) trostlos (Grzimek, Serengeti 36).

Atem|be|schwer|den ⟨Pl.⟩: *Beschwerden beim Atmen.*

A̱tem|fre|quenz, die (Med.): *Frequenz der Atemzüge pro Zeiteinheit (Minute).*
A̱tem|füh|rung, die ⟨o. Pl.⟩ (Musik): *richtiges Atmen [beim Singen].*
A̱tem|gym|nas|tik, die: *Übungen zur Normalisierung u. Vertiefung der Atmung.*
A̱tem|ho|len, das, -s: *Einziehen der Luft beim Atmen:* Lene hörte ... das schwere ... A. ihres Mannes (Hauptmann, Thiel 48); Ü Ich glaube, hier ... war es so etwas wie ein A. *(eine Verschnaufpause)* vor der ... Flucht (Erné, Kellerkneipe 230).
A̱tem|läh|mung, die ⟨o. Pl.⟩ (Med.): *Lähmung der Atmung.*
a̱tem|los ⟨Adj.⟩: **1.** *außer Atem, keuchend, abgehetzt:* eine -e Läuferin; -e Geheimboten überbrachten furchtbare Bulletins (K. Mann, Wendepunkt 31); a. ankommen, berichten. **2.** *schnell, ununterbrochen:* -es Tempo; in -er Folge. **3.** *voller Spannung, Erregung:* -e Stille; Atemloses Schweigen um den Tisch (Danella, Hotel 411); a. lauschen.
A̱tem|lo|sig|keit, die; -: *das Atemlossein.*
A̱tem|luft, die ⟨o. Pl.⟩: *zum Atmen benötigte, gebrauchte Luft:* die A. aus den offenen Mündern stand als Nebel in der Menge (Kühn, Zeit 260).
A̱tem|mas|ke, die (Med.): *dicht am Gesicht anliegende Maske zum Einatmen von Sauerstoff, Narkosegemisch o. Ä.*
A̱tem|not, die ⟨o. Pl.⟩: *Zustand, in dem jmd. nicht durchatmen kann, nach Atem ringt:* ich gehe in eine Vernissage hinein und gehe sofort wieder hinaus, weil mir das Gedränge eine schreckliche A. macht (Mayröcker, Herzzerreißende 114).
A̱tem|pau|se, die: *kurze Unterbrechung, kurze Pause zur Erholung:* sie brauchen eine A.; Zwei Weltrekorde ... zeugen davon, dass das nacholympische Jahr keine A. kennt (Freie Presse 22. 8. 89, 5).
a tẹm|po [ital., aus ↑²a u. tempo < lat. tempus = Zeit]: **1.** (Musik) *wieder im ursprünglichen Tempo.* **2.** (ugs.) *sofort, schnell;* etw. a tempo besorgen.
a̱tem|rau|bend: *atemberaubend:* Arnheim erzählte zuweilen a. interessant (Musil, Mann 329).
A̱tem|schutz|ge|rät, das: *Gerät, das den Aufenthalt in Räumen ermöglicht, deren Luft nicht gefahrlos geatmet werden kann.*
A̱tem|schutz|mas|ke, die: vgl. Schutzmaske.
A̱tem|still|stand, der (Med.): *Stillstand (b) der Atmung:* Je öfter diese Atemstillstände auftreten, desto gefährlicher lebt der Betroffene (= Schnarchende). Von zehn Stillständen pro Stunde an, die jeweils länger als zehn Sekunden dauern, sprechen Mediziner von behandlungsbedürftiger »Schlafapnoe« (Spiegel 37, 1992, 104).
A̱tem|tech|nik, die: *Technik des richtigen Atmens (z. B. beim Gesang, bei einem Vortrag).*
A̱tem|übung, die: *Übung zur Normalisierung u. Vertiefung der Atmung.*
A̱tem|we|ge ⟨Pl.⟩: *Bahnen der Atemluft im Körper.*
A̱tem|zen|trum, das (Med.): *Nervenzentrum, das die Atmung reguliert.*
A̱tem|zug, der: *einmaliges Einziehen [u. Ausstoßen] des Atems:* einen A. tun, machen; ein tiefer A.; ruhige Atemzüge; Ängstlich beobachtete sie die Atemzüge des Kranken (Hauptmann, Thiel 47); Zwei Atemzüge lang fiel Totenstille ein (Werfel, Himmel 186); *** bis zum letzten A.** (geh.; *bis zuletzt):* haben wir uns bis zum letzten A. eingesetzt (Kirst, 08/15, 882); **im nächsten A.** *(gleich danach);* **in einem/im selben/im gleichen A.** *([fast] gleichzeitig mit etwas im Grunde Gegensätzlichem):* Im Klezmer, der traditionellen Musik osteuropäischer Juden, kann jeder Klarinettist die lachende und klagende Seele im selben A. zum Ausdruck bringen (Tagesspiegel 21. 4. 99, 27); ich breche das Gespräch sofort ab, wenn du Pius XII. und Hitler in einem A. nennst *(sie auf eine gemeinsame Stufe stellst;* Hochhuth, Stellvertreter 82).
Āthan: ↑ Ethan.
Atha|na|si|a|num, das; -s [nach dem Patriarchen Athanasius v. Alexandria, † 373]: *christliches Glaubensbekenntnis aus dem 6. Jh.*
Atha|na|sie, die; - [griech. athanasía, zu: athánatos = unsterblich, zu: thánatos = Tod] (Rel.): *Unsterblichkeit.*
Atha|na|tis|mus, der; -: *Lehre von der Unsterblichkeit der Seele.*
Ätha|nol: ↑ Ethanol.
Athe|ịs|mus, der; - [zu griech. átheos = gottlos, aus: a- = nicht, un- u. theós = Gott]: *Weltanschauung, die die Existenz Gottes leugnet.*
Athe|ịst, der; -en, -en: *Anhänger des Atheismus:* Ich habe hier schon manchen -en beten sehen (Remarque, Triomphe 91).
Athe|ịs|tin, die; -, -nen: w. Form zu ↑ Atheist.
athe|ịs|tisch ⟨Adj.⟩: **a)** *dem Atheismus anhängend:* ein -er Mensch, Staat; **b)** *zum Atheismus gehörend, ihm entsprechend.*
athe|ma|tisch [auch: --ˈ--] ⟨Adj.⟩ [aus griech. a- = nicht, un- u. ↑ thematisch]: **1.** (Musik) *ohne Thema, ohne Verarbeitung eines Themas.* **2.** (Sprachw.) *(von Wortformen) ohne Themavokal gebildet:* die -en Verben.
Athẹn: Hauptstadt Griechenlands.
Athẹne (griech.Myth.): *Göttin der Weisheit.*
¹Athẹ|ner, der; -s, -: Ew.
²Athẹ|ner ⟨indekl. Adj.⟩.
Athẹ|ne|rin, die; -, -nen: w. Form zu ↑ ¹Athener.
athẹ|nisch ⟨Adj.⟩: *Athen, die Athener betreffend; von den Athenern stammend, zu ihnen gehörend.*
Äther, der; -s [lat. aether < griech. aithḗr, eigtl. = der Brennende, Glühende, Leuchtende]: **1.** (geh.) *Weite, Raum des Himmels:* die Bläue des -s. **2.** *der Weltraum durchdringendes feines Medium, durch dessen Schwingung sich die elektrischen Wellen ausbreiten:* eine [Radio]nachricht durch den Ä. schicken; eine Rundfunksendung geht in den Ä. [hinaus]; wie wir, isoliert von der Welt ..., dem Knistern im Ä. lauschten (Heym, Schwarzenberg 131); Seit Ende Dezember geht die ... Musiksendung ... bis 4 Uhr über den Ä. (Zivildienst 2, 1986, 34). **3.** (griech. Philos.) *lebendiger, feiner Urstoff, Weltseele.* **4. a)** (Chemie) ↑ Ether; **b)** (Med.) (auch:) Ether: *farblose, als Narkosemittel (auch Fettlösungsmittel) verwendete Flüssigkeit.*
äthe̱|risch ⟨Adj.⟩: **1. a)** (veraltet) *himmlisch:* -e Sphären; **b)** *[hauch]zart, engelhaft zart u. vergeistigt:* eine -e Erscheinung; die jungen Mädchen sitzen wie künstliche Blumen, wie -e ... Wesen auf den unbequemen Bänken (Koeppen, Rußland 190). **2. a)** *ätherartig, [daher flüchtig] u. angenehm riechend:* ein -er Duft; -e Öle *(Duftöle);* **b)** (Chemie veraltet) *etherisch.*
äthe̱|ri|sie|ren ⟨sw. V.; hat⟩ (Med.): *mit Äther behandeln.*
Äther|leib, der (der Anthroposophie): *ätherisch gedachter Träger des Lebens im menschlichen Körper.*
ather|man ⟨Adj.⟩ [zu griech. a- = nicht, un- u. ↑ diatherman] (Physik): *für Wärmestrahlen undurchlässig.*
äthern ⟨sw. V.; hat⟩: *ätherisieren.*
Äther|nar|ko|se, die (Med.): *mit Äther (4 b) vorgenommene Narkose.*
Athe|rom, das; -s, -e [zu griech. athḗrē = Weizenmehlbrei] (Med.): **1.** *Balggeschwulst.* **2.** *krankhafte Veränderung der Gefäßwand in Form eines breiigen Geschwürs bei Arteriosklerose.*
Äther|rausch, der (Med. früher): *Äthernarkose.*
Äther|wel|le, die (meist. Pl.): *Radiowelle.*
Äthi|o|pi|en; -s: Staat in Ostafrika.
Äthi|o|pi|er, der; -s, -: Ew.
Äthi|o|pi|e|rin, die; -, -nen: w. Form zu ↑ Äthiopier.
äthi|o̱|pisch ⟨Adj.⟩: *Äthiopien, die Äthiopier betreffend; von den Äthiopiern stammend, zu ihnen gehörend.*
Ath|lẹt, der; -en, -en [lat. athleta < griech. athlētḗs, zu: âthlos, âthlon = Wettkampf; Kampfpreis, H. u.]: **1.** (ugs.) *kräftig gebauter, muskulöser Mann; Kraftmensch:* Nach dem Gesetz erotischer Dialektik ziehen die zwei ... einander an, der strahlend gesunde A. und der introvertierte Intellektuelle (K. Mann, Wendepunkt 186); Er besitzt ungewöhnlich starke Muskeln und ist breit gebaut wie ein A. (Kinski, Erdbeermund 20). **2.** (Sport) *Wettkämpfer.*
Ath|lẹ|tik, die; - [lat. athletica]: **1. a)** *Leicht- u. Schwerathletik;* **b)** *Wettkämpfe der Athleten (in antiken Griechenland).* **2.** *Wettkampflehre.*
Ath|lẹ|ti|ker, der; -s, - (Med., Anthrop.): *dem Körperbautyp nach starkknochiger, muskulöser Mensch.*
Ath|lẹ|ti|ke|rin, die; -, -nen: w. Form zu ↑ Athletiker.
Ath|lẹ|tin, die; -, -nen: w. Form zu ↑ Athlet: Weil Mitte der Achtzigerjahre Gerüchte kursierten, dass ehemalige Kolleginnen behinderte Kinder zur Welt gebracht hätten, verweigerten einige -nen die Einnahme der Hormone (Tagesspiegel 25. 4. 99, 21).

ath|le|tisch ⟨Adj.⟩ [lat. athleticus < griech. athlētikós]: **1. a)** *kräftig [gebaut] u. muskulös:* eine -e Frau; er hat einen -en Körper[bau]; Natürlich hatte sie nie an die Treue ihres Mannes geglaubt; dafür war er zu schön gewesen und viel zu a. gebaut (Bastian, Brut 131); **b)** *kräftig u. sportlich durchtrainiert, gestählt.* **2.** *der Athletik zugehörig, eigentümlich:* -e Übungen; hatten einige der ... Knaben doch -e Ambitionen und vergnügten sich mit Ballspielen (K. Mann, Wendepunkt 109).
At|home [ətˈhoʊm], das; -, -s [engl. at-home, zu: at home = zu Hause] (selten): *festgesetzter Tag, an dem jmd. zu festgesetzter Zeit zwanglos Gäste empfängt.*
Athos, der; -: *Berg auf der nordgriechischen Halbinsel Chalkidike.*
Äthyl usw.: ↑ Ethyl usw.
Äti|o|lo|gie, die; -, -n [lat. aetiologia < griech. aitiología, zu: aitía = Grund, Ursache, zu: aítion = Ursache, zu: aítios = schuldig; Urheber u. lógos, ↑ Logos]: **1.** ⟨o. Pl.⟩ (bildungsspr.) *Lehre von den Ursachen (bes. der Krankheiten).* **2.** *zugrunde liegender ursächlicher Zusammenhang (bes. von Krankheiten):* Krankheiten der verschiedensten Ä.
äti|o|lo|gisch ⟨Adj.⟩ (bildungsspr.): *die Ätiologie betreffend, ursächlich, begründend:* ä. orientierte Untersuchungen.
-a|ti|on, die; -, -en [(frz. -ation <) lat. -atio]: *bezeichnet in Bildungen mit Verben (Verbstämmen) das Ergebnis von etw. (einer Handlung, einer Tätigkeit) oder diese Handlung selbst:* Kanalisation, Sozialisation, Zementation.
äti|o|trop ⟨Adj.⟩ [zu griech. aitía (↑Ätiologie) u. tropḗ = (Hin)wendung]: *auf die Ursache gerichtet, die Ursache betreffend.*
At|lant, der; -en, -en [griech. Átlas (Gen. Átlantos), nach dem altgriech. Gott ↑¹Atlas; vgl. ²Atlas] (Archit.): *Gebälkträger in Form einer männlichen Figur.*
At|lan|ten: Pl. von ↑ Atlant, ²Atlas.
At|lan|tik, der; -s: *Atlantischer Ozean:* Kaum eine amerikanische Zeitung ... ohne Leserbriefe voller Empörung über die Instinktlosigkeiten auf beiden Seiten des A. (*in Europa u. Amerika;* Spiegel 18, 1985, 21).
At|lan|ti|kum, das; -s (Geol.): *wärmere Periode des Postglazials.*
At|lan|tis, -: *der Sage nach im Meer versunkenes Inselreich.*
at|lan|tisch ⟨Adj.⟩ [lat. atlanticus < griech. atlantikós, eigtl. = zum ⁶Atlas gehörend]: **1.** *den Atlantischen Ozean betreffend, zu ihm gehörend, von ihm ausgehend:* -e Störungen; Ausläufer eines -en Tiefs. **2.** *den Atlantikpakt betreffend, zu ihm gehörend, von ihm ausgehend:* die -e Gemeinschaft.
At|lan|ti|sche Oze|an, der; -n -s: *Ozean, der den amerikanischen Kontinent von Europa u. Afrika trennt.*
At|lan|to|sau|ri|er, der; -s, -, **At|lan|to|sau|rus**, der; -, ...rier: *Apatosaurier.*
¹At|las (griech. Myth.): *einer der Titanen.*
²At|las, der; - od. -ses, Atlạnten, auch: -se [nach ¹Atlas, der die Erdkugel auf seinen Schultern trug]: **1.** *Sammlung [gleichartig bearbeiteter] geographischer Karten in Buchform.* **2.** *Sammlung von Bildtafeln aus einem Wissensgebiet (z. B. der Anatomie) in Buchform.*
³At|las, der; - od. -ses (Med.): *erster Halswirbel; Halswirbel, der den Kopf trägt.*
⁴At|las, der; - od. -ses, -se [arab. atlas, eigtl. = glatt, fein]: *schweres, hochglänzendes Seidengewebe in Atlasbindung, Satin.*
⁵At|las, der; - u. -ses, -e u. Atlạnten (selten): *Atlant.*
⁶At|las, der; -: *Gebirge in Nordwestafrika.*
¹At|las|band, der ⟨Pl. ...bände⟩: ²*Atlas* (1) *eines vielbändigen Lexikons.*
²At|las|band, das ⟨Pl. ...bänder⟩: *Band aus Atlasseide.*
At|las|bin|dung, die (Textilind.): *Grundbindung einseitiger Gewebe.*
At|las|for|mat, das: *Format eines ²Atlas* (1).
At|las|schlei|fe, die: *Schleife aus Atlasseide.*
At|las|schuh, der: *Schuh aus Atlasseide.*
At|las|sei|de, die: *Seide in Atlasbindung.*
ạt|las|sen ⟨Adj.⟩ (selten): *aus ⁴Atlas.*
atm (veraltet) = *physikalische Atmosphäre.*
Ạt|man, der, auch: das; -[s] [aind. ātmán, eigtl. = Hauch]: *in der indischen Philosophie das unvergängliche Geistige im Menschen, Seele.*
at|men ⟨sw. V.; hat⟩ [mhd. ātemen, ahd. ātamōn, zu ↑Atem]: **1.** *Luft einziehen u. ausströmen lassen:* tief, schwer, mühsam a.; durch den Mund a.; vor Angst kaum zu a. wagen; der Verunglückte atmete noch; ⟨subst.:⟩ In dem Schlafsaal hörte man das ruhige und gleichmäßige Atmen der Zöglinge (Musil, Törleß 88); A. können *(nicht unterdrückt werden);* Durch die hohen Fächerpalmen atmete (dichter.; *wehte leicht*) ein warmer Wind (Thieß, Legende 180). **2.** (geh.) *einatmen:* die feuchte Nachtluft a. **3.** (geh.) *ausströmen, von etw. erfüllt sein:* das Buch atmet den Geist der Vergangenheit; Alles atmet Verlassenheit und Einsamkeit (Sieburg, Robespierre 41).
at|mo|phil ⟨Adj.⟩ [zu ↑Atmosphäre u. griech. phileĩn = lieben] (Physik, Chemie): *(von chemischen Elementen) in der Atmosphäre angereichert vorkommend (z. B. Stickstoff, Sauerstoff).*
At|mo|sphä|re, die; -, -n [zu griech. atmós = Dunst u. sphaĩra = (Erd)kugel]: **1. a)** ⟨o. Pl.⟩ *Lufthülle der Erde; Luft:* der Satellit verglühte beim Wiedereintritt in die A.; **b)** *Gashülle eines Gestirns:* die A. der Venus. **2. a)** *eigenes Gepräge, Ausstrahlung; Stimmung; Fluidum:* eine kühle, frostige A.; eine A. des Vertrauens; eine A. von Behaglichkeit; diese Stadt hat keine A.; A. um sich verbreiten; eine angenehme, behagliche A. schaffen; Persönlich gefärbte Attacken ... vergiftete die ... schon angespannte A. (NJW 19, 1984, 1095); **b)** *Umgebung, Umwelt, Milieu:* die fremde A. ängstigte mich. **3.** (Physik) *Einheit des Druckes:* absolute Atmosphäre (Zeichen: ¹ata); physikalische A. (Zeichen: atm); technische A. (Zeichen: at); der Kessel steht unter einem Druck von 40 -n; Ü In den Reifen sind immer noch zwei -n Berlin (Bamm, Weltlaterne 139).
At|mo|sphä|ren|druck, der ⟨Pl. ...drücke⟩: *in Atmosphären* (3) *gemessener Druck.*
At|mo|sphä|ren|über|druck, der ⟨Pl. ...drücke⟩: *in Atmosphären* (3) *gemessener Druck über dem normalen Luftdruck* (Zeichen: atü).
At|mo|sphä|ri|li|en ⟨Pl.⟩: *physikalisch u. chemisch wirksame Bestandteile der Atmosphäre* (1 a).
at|mo|sphä|risch ⟨Adj.⟩: **1. a)** *die Atmosphäre* (1) *betreffend:* -e Beobachtungen; das -e Geschehen; **b)** *in der Atmosphäre* (1) *[befindlich]:* -e Elektrizität; -e Störungen, Erscheinungen. **2. a)** *Atmosphäre* (2) *schaffend:* das Buch besitzt -e Dichte; Melancholie umgab dieses Paar a. (Th. Mann, Zauberberg 589); **b)** *nur in sehr feiner Form vorhanden u. daher kaum feststellbar:* Aber eine kleine – wenn man will: -e – Nuance scheint mir für das Wort Experte zu sprechen (Bausinger, Dialekte 90).
AT-Mo|tor, der: *Austauschmotor.*
Ạt|mung, die; -: *das Atmen:* künstliche A.; die A. beschleunigt sich.
ạt|mungs|ak|tiv ⟨Adj.⟩ (Werbespr.): *luftdurchlässig:* der Stoff ist a.
At|mungs|ap|pa|rat, der (Med.): *Gerät zur Beatmung.*
ạt|mungs|freund|lich ⟨Adj.⟩: *luftdurchlässig.*
At|mungs|ge|räusch, das: *Atemgeräusch.*
At|mungs|or|gan, das ⟨meist Pl.⟩ (Med., Biol.): *Organ bei Mensch u. Tier, durch das die Atmung ermöglicht wird;* Erkrankung der -e.
Ät|na [ˈɛːtna, auch: ˈɛtna], der; -[s]: *Vulkan auf Sizilien.*
Äto|li|en; -s: *altgriechische Landschaft, Gebiet im westlichen Griechenland.*
äto|lisch ⟨Adj.⟩: *aus Ätolien stammend, Ätolien betreffend.*
Atoll, das; -s, -e [engl. atoll < Malayalam adal = verbindend]: *aus einem ringförmigen Riff u. einer Lagune bestehende Koralleninsel in tropischen Meeren.*
Atọm, das; -s, -e [lat. atomus < griech. átomos = unteilbar(er Urstoff), zu: átomos = ungeschnitten; unteilbar, zu: a- = nicht, un- u. témnein = schneiden]: **a)** *kleinste, mit chemischen Mitteln nicht, jedoch mit physikalischen Mitteln noch weiter zerlegbare Einheit eines chemischen Elements, die noch die für das Element charakteristischen Eigenschaften besitzt:* In den guten alten Zeiten hielt man das A. für das kleinste Elementarteilchen (Tempo 1, 1989, 88); **b)** *winziges Teilchen, kaum wahrnehmbares Bruchstück:* nicht ein A.; kein A. *(gar nichts);* sich in -e auflösen (ugs.; *verschwinden);* Drei Jahre später sollte eine Sprengmine dieses Heim in -e zerreißen *(völlig zerstören, in Trümmer legen),* Fallada, Jeder 59).
Atọm|ab|fall, der: *radioaktiver Abfall:* Dort hatten Nuklearexperten einfach einen Schacht ausgehoben und ihn zwi-

schen 1958 und 1977 als Mülleimer für A. aller Art genutzt (Zeit 25. 6. 98, 26).

Atom|an|griff, der: *Angriff mit Atomwaffen.*

Atom|an|trieb, der: *Antrieb durch Kernreaktoren.*

ato|mar ⟨Adj.⟩: **1.** *das Atom[innere], die Atome betreffend, darauf beruhend, dazu gehörend:* -e Vorgänge; die -e Struktur der Materie. **2. a)** *die Kernumwandlung u. Kernenergie betreffend, dazu gehörend, darauf beruhend:* das -e Zeitalter; -e Waffen; -e Sprengsätze, Brennstäbe; -er Antrieb; a. angetrieben werden; **b)** *Atomwaffen, die Ausrüstung mit, den Einsatz von Atomwaffen betreffend; durch Atomwaffen bewirkt:* die -e Bedrohung, Rüstung, Überlegenheit; ein -er (mit Atomwaffen geführter) Krieg, Gegenschlag; das -e Gleichgewicht, Patt; der -e Holocaust; eine -e Verseuchung des Wassers, der Lebensmittel; Auch ein einseitig geführter Atomkrieg bewirkt den »atomaren Winter« und die »atomare Dunkelheit« auf der ganzen Erde (Spiegel 41, 1984, 65); a. bewaffnet sein.

Atom|ba|sis, die: *militärische Basis für den Einsatz von Atomwaffen.*

Atom|bat|te|rie, die: *Isotopenbatterie.*

atom|be|trie|ben ⟨Adj.⟩: *mit Atomenergie betrieben.*

Atom|bom|be, die: *Sprengkörper, bei dessen Explosion Atomkerne unter Freigabe größter Energiemengen zerfallen.*

atom|bom|ben|si|cher ⟨Adj.⟩: *einen Angriff mit Atombomben überstehend:* -e Keller.

Atom|bom|ber, der (ugs.): *Kampfflugzeug, das Atombomben mit sich führt.*

Atom|bun|ker, der: *Bunker zum Schutz gegen die Wirkung von Atombombenexplosionen.*

Atom|bu|sen, der (ugs. scherzh.): *[attraktiver] üppiger Busen.*

Atom|ei, das (ugs. scherzh.): *Kernreaktor:* das erste »Atomei« mit einer Leistung von rund 200 Megawatt (MM 31.1. 75, 14).

Atom|ener|gie, die ⟨o. Pl.⟩: *bei Kernspaltung frei werdende Energie, Kernenergie.*

Atom|ex|plo|si|on, die ⟨o. Pl.⟩: *Explosion einer Atombombe.*

Atom|for|schung, die ⟨o. Pl.⟩: *Forschung auf dem Gebiet der Atomphysik im Hinblick auf die Nutzung der Kernenergie.*

Atom|ge|fechts|kopf, der (Milit.): *Atomsprengkopf.*

Atom|geg|ner, der: *Kernkraftgegner.*

Atom|geg|ne|rin, die: w. Form zu ↑Atomgegner: die engagierteste A. im rot-grünen Senat von Berlin (Bonner Generalanzeiger 13. 8. 90, 3).

Atom|ge|wicht, das: *Vergleichszahl, die angibt, wievielmal die Masse eines Atoms größer ist als die eines Standardatoms.*

Atom|git|ter, das (Chemie): *Kristallgitter, bei denen die Schnittpunkte des Gitters mit Atomen besetzt sind (z. B. beim Diamanten).*

Atom|gramm, das: *Grammatom.*

Atom|grup|pe, die: *bestimmte Anzahl gleicher od. verschiedenartiger Atome.*

ato|misch ⟨Adj.⟩: (schweiz.): *atomar:* das -e Potenzial.

Ato|mi|seur [atomi'zø:ɐ̯], der; -s, -e [frz. atomiseur]: *Zerstäuber.*

ato|mi|sie|ren ⟨sw. V.; hat⟩: **1. a)** *in kleinste Teilchen zertrümmern, völlig zerstören;* ganze Häuserblocks wurden bei der Explosion atomisiert; sämtliche Fenster des Fabrikkomplexes wurden im Bruchteil einer Sekunde atomisiert (MM 19. 1. 66, 8); **b)** *(von Flüssigkeiten) zerstäuben:* eine Flüssigkeit a. **2.** (abwertend) *etw. zerstückelnd, zersplitternd behandeln, betrachten u. dabei seine geistig-begriffliche Einheit, Ganzheit vernachlässigen, zerstören:* eine atomisierende Betrachtungsweise.

Ato|mi|sie|rung, die; -, -en: *das Atomisieren.*

Ato|mis|mus, der; -: *(auf den griechischen Philosophen Demokrit zurückgehende) Vorstellung, die Welt u. alle Vorgänge in ihr seien auf Atome u. ihre Bewegung zurückzuführen.*

Ato|mist, der; -en, -en: *Vertreter des Atomismus.*

Ato|mis|tik, die; -: *Atomismus.*

ato|mis|tisch ⟨Adj.⟩: **1.** *die Atomistik betreffend, auf ihr beruhend, zu ihr gehörend.* **2.** (bildungsspr.) *atomisiert (2):* ein Ganzes a. behandeln, zerlegen.

Ato|mi|zer ['ætəmaizɐ], der; -s, - [engl. atomizer]: *Atomiseur.*

Atom|kern, der: *aus Neutronen u. Protonen bestehender Kern eines Atoms, der von der Elektronenhülle umgeben ist.*

Atom|klub, der (ugs.): *Gesamtheit der Großmächte, die Atomwaffen besitzen.*

Atom|kon|flikt, der: *militärischer Konflikt, in dem Atomwaffen eingesetzt werden.*

Atom|kraft, die ⟨o. Pl.⟩: *Kernkraft.*

Atom|kraft|geg|ner, der: *Kernkraftgegner.*

Atom|kraft|geg|ne|rin, die: w. Form zu ↑Atomkraftgegner.

Atom|kraft|werk, das: *Kraftwerk, das aus Atomenergie elektrische Energie gewinnt:* die erste ... Bürgerinitiative gegen den Bau eines -s (Meckel, Suchbild 17).

Atom|krieg, der: *Krieg, in dem Atomwaffen eingesetzt werden:* seit ... Militärs über einen »begrenzten A.« ... spekulieren (Alt, Frieden 73).

Atom|lob|by, die: *Gesamtheit derjenigen, die ungeachtet der Gefahren am Ausbau der Atomwirtschaft festhalten:* auch die westliche A. ... setze alles daran, das Tschernobyl-Desaster zu verharmlosen (Spiegel 5, 1992, 146).

Atom|macht, die: **1.** *Staat, der über Atomwaffen verfügt.* **2.** ⟨o. Pl.⟩ *mit Atomwaffen ausgerüstete Streitmacht, Streitkräfte.*

Atom|ma|fia, die (ugs. abwertend): *Atomlobby.*

Atom|mei|ler, der: *großer Kernreaktor.*

Atom|mi|ne, die (Milit.): *ortsfest eingebauter Atomsprengkörper, der zu einem bestimmten Zeitpunkt zur Explosion gebracht werden kann.*

Atom|mo|dell, das (Physik): *hypothetisch konstruiertes Bild eines Atoms, mit dessen Hilfe viele seiner Eigenschaften u. Wirkungen gedeutet werden können.*

Atom|müll, der: *radioaktiver Abfall:* radioaktiver A.; A. im Salzbergwerk: Potenzielle Last für Generationen (Spiegel 27, 1979, 126).

Atom|müll|trans|port, der: *Transport von Atommüll (über weite Strecken):* Einen neuen Höhepunkt erreichten die Anti-Atom-Proteste 1997 in Gorleben, als ein A. mit dem größten Polizeiaufgebot in der Geschichte der Bundesrepublik durchgesetzt wurde (FR 16. 10. 98, 5).

Atom|num|mer, die: *Kernladungszahl.*

Atom|phy|sik, die: *Physik der Atome, Ionen u. Moleküle.*

Atom|phy|si|ker, der: vgl. Kernphysiker.

Atom|phy|si|ke|rin, die: w. Form zu ↑Atomphysiker.

Atom|pilz, der: *bei einer Atomexplosion entstehende, riesige pilzförmige Wolke.*

Atom|ra|ke|te, die: *Rakete mit Strahlantrieb, der durch die gerichtete Abstrahlung der Zerfallsprodukte von Kernreaktionen entsteht.*

Atom|re|ak|ti|on, die: *Kernreaktion.*

Atom|re|ak|tor, der: *Kernreaktor.*

Atom|rüs|tung, die ⟨o. Pl.⟩: *Rüstung mit Atomwaffen.*

Atom|schmug|gel, der; -s: *gesetzwidrige Einfuhr u. Ausfuhr von atomaren Materialien:* Nach Ansicht des hessischen Umweltministers ... ist wegen des -s »bundesweit höchste Alarmstufe angesagt« (RNZ 12. 10. 92, 1).

Atom|spal|tung, die: *Kernspaltung.*

Atom|spek|trum, das: *von der Hülle eines Atoms ausgesandtes Spektrum* (1 a).

Atom|sperr|ver|trag, der ⟨o. Pl.⟩: *zwischenstaatlicher Vertrag über die Nichtweitergabe von Atomwaffen u. der zu ihrer Herstellung erforderlichen Produktionsmittel.*

Atom|spreng|kopf, der (Milit.): *nuklearer Sprengkörper, der auf der Spitze einer Trägerrakete montiert ist:* Raketen mit Atomsprengköpfen ausstatten.

Atom|spreng|kör|per, der: *nuklearer Sprengkörper.*

Atom|staat, der: **1.** *Atommacht* (1). **2.** *Staat, der weitgehend von der Kernenergie abhängig ist (u. deshalb über das notwendige Maß hinausgehende Sicherheitsvorkehrungen trifft):* Der Einsatz der Elektronik, besonders in solchen Atomgesellschaften wie der Bundesrepublik, ... kann zu einem noch viel größeren Überwachungsstaat und A. führen (Kelly, Um Hoffnung 64).

Atom|stopp, der: *Einstellung der Atombombenversuche u. der Herstellung spaltbaren Materials.*

Atom|strah|len ⟨Pl.⟩: *bei der Atomumwandlung entstehende Strahlen.*

Atom|strah|lung, die: *radioaktive Strahlung.*

Atom|stra|te|gie, die: *Nuklearstrategie.*

Atom|streit|macht, die: *mit Atomwaffen ausgerüstete Streitmacht.*

Atom|strom, der: *von Kernreaktoren erzeugter elektrischer Strom.*

Atom|tech|nik, die ⟨o. Pl.⟩: *mit der Atomkraft arbeitende Technik.*

Atom|test, der: *Erprobung von atomaren Sprengkörpern.*

Atom|test|stopp|ab|kom|men, das

Atom|the|o|rie, die: **1.** *Lehre, nach der die verschiedenen Stoffe aus kleinsten Teilchen zusammengesetzt sind.* **2.** *Theorie, die alle physikalischen Eigenschaften u. Vorgänge innerhalb des von ihr beschriebenen Problemkreises auf die Wechselwirkung u. das Verhalten der Atome (od. der Elektronen in ihnen) zurückführt.*
Atom|tod, der ⟨o. Pl.⟩: *Tod durch Atomwaffen, Atomstrahlen.*
Atom|trans|port, der: *Transport radioaktiver Materialien (über weitere Strecken):* Noch in diesem Jahr könnte wieder ein A. von der französischen Wiederaufbereitungsanlage Le Hague ins niedersächsische Zwischenlager Gorleben rollen (Tagesspiegel 3. 4. 99, 6).
Atom-U-Boot, das: *Atomunterseeboot.*
Atom|uhr, die: *Uhr, deren hohe Genauigkeit darauf beruht, dass die Schwingung bestimmter Atome od. Moleküle für die Zeitmessung benutzt wird.*
Atom|um|wand|lung, die: *Veränderung des Atoms, des Atomkerns durch natürlichen Zerfall od. Beschuss mit Elementarteilchen.*
Atom|un|fall, der: *Unfall o. Ä. (z. B. in einem Kernkraftwerk), bei dem Radioaktivität freigesetzt wird.*
Atom|un|ter|see|boot, das: *mit Atomkraft angetriebenes Unterseeboot.*
Atom|ver|such, der: *Atomtest.*
Atom|ver|suchs|stopp, der: *Atomstopp.*
Atom|vo|lu|men, das (Physik): *Volumen eines Grammatoms.*
Atom|waf|fe, die ⟨meist Pl.⟩: *Waffe, deren Wirkung auf Kernspaltung od. Kernverschmelzung beruht.*
atom|waf|fen|frei ⟨Adj.⟩: *von Atomwaffen frei:* -e Zone.
Atom|waf|fen|sperr|ver|trag, der ⟨o. Pl.⟩: *Atomsperrvertrag.*
Atom|wär|me, die (Physik): *Wärmemenge, die notwendig ist, um ein Grammatom eines Elements um 1°C zu erwärmen.*
Atom|wirt|schaft, die: *Teil der Wirtschaft (1), der sich mit der Gewinnung und Nutzung von Atomenergie befasst.*
Atom|wis|sen|schaft, die ⟨o. Pl.⟩: *Atomphysik u. Kernphysik.*
Atom|wis|sen|schaft|ler, der: *Wissenschaftler auf dem Gebiet der Atomwissenschaft.*
Atom|wis|sen|schaft|le|rin, die: w. Form zu ↑Atomwissenschaftler.
Atom|zei|chen, das: *aus einer Abkürzung bestehendes Symbol für ein chemisches Element.*
Atom|zeit, die: *mit einer Atomuhr bestimmte Zeit.*
Atom|zeit|al|ter, das ⟨o. Pl.⟩: *Zeitalter, in dem die Atomphysik beherrschend ist.*
Atom|zer|fall, der: *radioaktiver Zerfall des instabilen Atomkerns eines chemischen Elements od. seiner Radionuklide.*
Atom|zer|trüm|me|rung, die ⟨Pl. selten⟩ (Physik veraltet): *Kernspaltung.*
ato|nal [auch: −ˈ−ˈ−] ⟨Adj.⟩ [aus griech. a- = nicht, un- u. ↑tonal] (Musik): *nicht den herkömmlichen Gesetzen der Tonalität folgend, sie systematisch umgehend; nicht tonal:* -e Musik; a. komponieren.
Ato|na|list, der; -en, -en: *Vertreter der atonalen Musik.*
Ato|na|lis|tin, die; -, -nen: w. Form zu ↑Atonalist.
Ato|na|li|tät, die; - (Musik): *atonale Kompositionsweise.*
Ato|nie, die; -, -n [zu griech. átonos = abgespannt, schlaff] (Med.): *Schlaffheit, Erschlaffung der Muskulatur.*
ato|nisch ⟨Adj.⟩ (Med.): *(vom Zustand der Muskulatur) schlaff, spannungslos, ohne Tonus.*
Ato|non, das; -s, ...na [zu griech. átonos = tonlos, eigtl. = schwach, matt] (Sprachw.): *unbetontes Wort.*
Ato|pie, die; -, -n [zu griech. a- = nicht, un- u. tópos = Ort, Platz] (Med.): *Idiosynkrasie (a).*
Atout [aˈtuː], das, auch: der; -s, -s [frz. atout, aus: à tout = für alles (stehend)]: *Trumpf im Kartenspiel.*
à tout prix [atuˈpriː; frz., aus: à = zu, für u. prix, ↑Prix] (bildungsspr.): *um jeden Preis.*
ato|xisch [auch: −ˈ−−] ⟨Adj.⟩ [aus griech. a- = nicht, un- u. ↑toxisch] (Fachspr.): *nicht toxisch, ungiftig.*
ATP [eːtiːˈpiː], die; -: Association of Tennis Professionals.
ATP-Tur|nier, das: *von der ATP veranstaltetes Tennisturnier.*
atra|men|tie|ren ⟨sw. V.; hat⟩ [zu lat. atramentum = Schwärze, schwarze Flüssigkeit] (Metallverarb.): *(Stahl) mit einem korrosionsbeständigen Schutzüberzug aus Manganphosphat überziehen.*
Atre|sie, die; -, -n [zu griech. a- = nicht, un- u. trēsis = Loch] (Med.): *angeborenes Fehlen einer natürlichen Körperöffnung.*
Atri|chie, die; -, -n [zu griech. a- = nicht, un- u. thrix (Gen.: trichós) = Haar] (Med.): *angeborenes od. erworbenes Fehlen der Körperhaare.*
Atri|um, das; -s, ...ien [lat. atrium, H. u.]: **1.** *offener Hauptraum, Innenhof altrömischer od. moderner (bes. einstöckiger) Häuser.* **2.** *Säulenvorhalle (Paradies) altchristlicher u. romanischer Kirchen.*
Atri|um|bun|ga|low, der: *Bungalow mit Atrium (1).*
Atri|um|haus, das: *Haus mit Atrium (1).*
Atro|phie, die; -, -n [lat. atrophia < griech. atrophía = Auszehrung] (Med.): *(bes. durch Ernährungsstörungen bedingter) Schwund von Organen, Geweben, Zellen.*
atro|phie|ren ⟨sw. V.; ist⟩ (Med.): *aufgrund einer Atrophie schwinden, schrumpfen:* der Muskel ist atrophiert.
atro|phisch ⟨Adj.⟩ (Med.): *durch Atrophie gekennzeichnet:* ein -er Muskel.
Atro|pin, das; -s [zu nlat. Atropa belladonna = Tollkirsche]: *bes. als krampflösendes Arzneimittel verwendetes starkes Gift der Tollkirsche.*
Atro|pos (griech. Myth.): *eine der drei Schicksalsgöttinnen.*
Atro|zi|tät, die; -, -en [lat. atrocitas] (bildungsspr.): *Grausamkeit; Abscheulichkeit.*

ATS = internationaler Währungscode für: Schilling (1).
ätsch ⟨Interj.⟩ (Kinderspr.): *Ausruf zum Ausdruck des schadenfrohen Spotts (oft verbunden mit einer besonderen Geste).*
at|tac|ca [ital., Imperativ Sg. von: attaccare = anhängen] (Musik): *an das Ende des Satzes, Abschnitts ohne Unterbrechung anzuschließen.*
At|ta|ché [ataˈʃeː], der; -s, -s [frz. attaché, subst. 2. Part. von: attacher, ↑attachieren]: **1.** *Mitarbeiter einer diplomatischen Vertretung im niedrigsten Rang.* **2.** *diplomatischen Vertretungen zugeteilter Berater in Fragen der Kultur, des Handels u. des Militärs.*
At|ta|chée, die; -, -n: w. Form zu ↑Attaché.
At|ta|che|ment [ataʃəˈmãː], das; -s, -s [frz. attachement] (veraltet): *Anhänglichkeit, Zuneigung:* sein A. an den verehrten Lehrer; Das A. an die Araber reicht ... zurück in Wischnewskis Lehr- und Wanderjahre (Spiegel 44, 1977, 26); ◆ das alles gab mir ein solches A. an diesen Plan ..., dass ich darüber ... den größten Teil meiner übrigen sizilianischen Reise verträumte (Goethe, Italien. Reise II, Aus der Erinnerung [Sizilien]); Ein ernsthaftes A.! Mein Sohn? – Nein, Wurm, das macht Er mich nimmermehr glauben (Schiller, Kabale I 5).
at|ta|chie|ren [ataˈʃiːrən] ⟨sw. V.; hat⟩ [frz. attacher = zuweisen, zuordnen < afrz. estachier = festmachen, befestigen, zu: estache = Pfosten, Pfahl, aus dem Germ.; vgl. attackieren] (veraltet): **1.** *zuteilen, zur Unterstützung zuordnen:* einem Sachbearbeiter einen Berater [lose] a.; Als Napoleon diesen Mann wählte, um ihn einer seiner Expeditionen als künstlerischen Mitarbeiter zu a. (Ceram, Götter 89). **2.** ⟨a. + sich⟩ *sich jmdm. anschließen:* sich jmdm., an jmdn. a.; ◆ vornehmlich attachierte sich ein Abbate an uns (Mörike, Mozart 238); jmdm., an jmdn. attachiert *(in Zuneigung verbunden)* sein.
At|tack [əˈtæk], die; -, -s [engl. attack, eigtl. = Angriff < frz. attaque, attaquer, ↑Attacke] (Musik): **1.** *(im Jazz) intensives u. lautes Anspielen eines Tones.* **2.** *(beim Synthesizer) Zeitdauer des Ansteigens eines Tones bis zum Maximum.*
At|ta|cke, die; -, -n [1: frz. attaque, zu: attaquer, ↑attackieren; 4: engl. attack]: **1. a)** *Reiterangriff:* eine A. [auf, gegen den Feind] reiten; zur A. blasen; zur A. [gegen den Feind] übergehen; Ü eine A. gegen unsere Gesundheit; Eine scharfen, giftigen -n gegen die literarischen Größen der Zeit (Saarbr. Zeitung 27. 6. 80, 10); Von dieser Ausgangsstellung geht die Opposition nun zur A. über (Welt 18. 3. 64, 1); *eine A. gegen jmdn., etw. reiten *(sich scharf gegen jmdn., etw. wenden)*; **b)** *scharfe Kritik, Feldzug gegen etwas:* eine A. der Opposition gegen die [Gesetzesvorlage der] Regierung. **2.** (Mannschaftsspiele) *Spielzug, durch den der Gegner in die Verteidigung gedrängt wird:* eine A. abwehren, zurückschlagen. **3.** (Med.) *Anfall (1):* der Herzkranke hat die A. überstanden. **4.** (Mu-

attackieren

sik) *lautes, explosives Anspielen des Tones im Jazz.*
at|ta|ckie|ren ⟨sw. V.; hat⟩ [frz. attaquer < ital. attaccare = Streit anfangen, mit jmdm. anbinden, eigtl. = festhalten; befestigen, wohl aus dem Germ.; vgl. attachieren]: **a)** *einen militärischen Gegner zu Pferde angreifen:* den Feind, die feindlichen Stellungen a.; **b)** *angreifen* (1): Lufthansa attackiert British-Airways-Tocher – Neuer Preiskrieg (Handelsblatt 19. 11. 98, 16); plötzlich wurde er von hinten attackiert; An der Strafraumgrenze löste sich Horst Eckel von Gottschalk ..., um den Boss zu a. (Walter, Spiele 15); hatten die ... Angeklagten ihr Opfer ... körperlich attackiert (Saarbr. Zeitung 8. 7. 80, 18); **c)** *scharf kritisieren, gegen jmdn., etw. zu Felde ziehen;* jmdn. [wegen seines Verhaltens], jmds. Verhalten a.; Berg ... attackierte die Gemeinschaftsschule (Spiegel 48, 1965, 57).
◆ **at|tent** ⟨Adj.⟩ [lat. attentus, adj. 2. Part. von: attendere, ↑Attentismus]: *aufmerksam, achtsam:* unsereiner muss sich in der Fremde herumschlagen und immer a. sein (Eichendorff, Taugenichts 31); eine Madonna von Andrea del Sarto für 600 Zechinen ... Im vergangenen März hatte Angelica schon 450 drauf geboten, hätte auch das Ganze dafür gegeben, wenn ihr -er *(auf sein Vermögen sehr bedachter)* Gemahl nicht etwas einzuwenden gehabt hätte (Goethe, Italien. Reise 16. 7. 1787).
At|ten|tat [auch: ...'ta:t], das; -[e]s, -e [älter = versuchtes Verbrechen; unter Einfluss von frz. attentat < lat. attentatum = Versuchtes, zu: attentare, attemptare = versuchen]: *politisch od. ideologisch motivierter [Mord]anschlag auf eine im öffentlichen Leben stehende Persönlichkeit:* ein A. [auf jmdn.] verüben; ein A. vereiteln, vorbereiten; Dies war kein Mann, der im Verdacht stehen konnte, -e zu begehen (Roth, Beichte 71); einem A. zum Opfer fallen; ***ein A. [auf jmdn.] vorhaben** (ugs. scherzh.; *von jmdm. etwas Bestimmtes wollen).
At|ten|tä|ter [auch: ...'tɛ:tɐ], der; -s, -: *jmd., der ein Attentat verübt.*
At|ten|tä|te|rin [auch: --'---], die; w. Form zu ↑Attentäter.
at|ten|tie|ren ⟨sw. V.; hat⟩ [lat. attentare, ↑Attentat] (veraltet): **1.** *versuchen* (1 a). **2.** *in fremde Rechte eingreifen.*
◆ **At|ten|ti|on**, die; -, -en [frz. attention < lat. attentio, zu: attendere, ↑Attentismus]: *Aufmerksamkeit* (3): Der verständige Mann nahm noch ein Pastetchen, für die gnädige A. dankend (Goethe, Italien. Reise 12. 3. 1787. Abends [Neapel]).
At|ten|tis|mus, der; - [frz. attentisme, zu: attendre = (ab)warten < lat. attendere] (abwertend): *von Opportunismus bestimmte, abwartende Haltung.*
At|ter|see, der; -s: See im Salzkammergut.
At|test, das; -[e]s, -e [für älter Attestat < lat. attestatum, subst. 2. Part. von: attestari = bezeugen, bestätigen]: **1.** *ärztliche Bescheinigung (bes. über jmds. Gesundheitszustand):* [jmdm.] ein A. ausstellen, [aus]schreiben; ein A. [über jmds. Ge-
sundheitszustand] beibringen, vorlegen. **2.** (veraltet) *Gutachten, Zeugnis:* ◆ ich will euch ein A. schreiben über wohlgeführte Administration (Immermann, Münchhausen 88).
At|tes|ta|ti|on, die; -, -en [lat. attestatio = Bescheinigung] (DDR): **a)** *Erteilung der Lehrbefähigung unter Erlass bestimmter Prüfungen;* **b)** *Titelverleihung bzw. Bescheinigung einer bestimmten Qualifikation ohne Prüfungsnachweis (als Anerkennung für langjährige Praxis im Beruf);* **c)** *regelmäßige schriftliche Beurteilung der Fähigkeiten eines Offiziers der Nationalen Volksarmee.*
at|tes|tie|ren ⟨sw. V.; hat⟩ [lat. attestari]: **1.** *bescheinigen, bestätigen, zugestehen:* jmdm. seine Leistungen, einer Sache ihre hohe Qualität a.; Der Konjunktur werden ... gute Noten attestiert (NZZ 29. 8. 86, 13); Alle diese Tassen sind attestiert nach Herkunft und Zeit durch Dokumente mit notarieller Unterschrift (Fr. Wolf, Zwei 108); die amtlich attestierte Unschädlichkeit des Medikaments. **2.** (DDR) *jmdm. eine Attestation erteilen:* als Lehrer der Oberstufe attestiert werden.
At|tes|tie|rung, die; -, -en: *das Attestieren, Attestiertwerden.*
Ät|ti, der; -s [mhd. atte, ahd. atto, Lallw. der Kinderspr.] (schweiz.): **1.** *Vater.* **2.** *Alter; Ältester.*
¹At|ti|ka, -s: griechische Halbinsel.
²Ąt|ti|ka, die; -, ...ken [lat. (columna) Attica = attische od. athenischer (Pfeiler); aus Athen] (Archit.): *halbgeschossartiger Aufsatz über dem Hauptgesims eines Bauwerks, bes. als Träger von Skulpturen u. Inschriften (z. B. an römischen Triumphbogen).*
At|ti|ka|woh|nung, die (schweiz.): *Penthouse.*
¹At|ti|la: König der Hunnen (5. Jh. n. Chr.).
²At|ti|la, die; -, -s [nach ¹Attila]: **1.** *kurzer Rock der ungarischen Nationaltracht.* **2.** *mit Schnüren besetzte Husarenjacke.*
at|ti|rie|ren ⟨sw. V.; hat⟩ [frz. attirer] (veraltet): **a)** *hinzuziehen;* **b)** *anlocken, bestechen.*
ątisch ⟨Adj.⟩ [zu ↑¹Attika]: ***-es Salz** (↑Salz 2).
At|ti|tu|de [ati'ty:d], die; -, -s [...y:d]: ↑Attitüde (3).
At|ti|tü|de, die; -, -n [frz. attitude < ital. attitudine < lat. aptitudo = Brauchbarkeit] (bildungsspr.): **1.** *bewusst eingenommene [gekünstelte] körperliche Haltung, affektiert wirkende Geste:* eine A. an-, einnehmen; seine Hand strich mit eleganter A. über die weiße Gelehrtenstirne (Thieß, Frühling 89); einer denkt nach, ohne A. (Falter 23, 1983, 26). **2.** *[zum Ausdruck gebrachte innere] Haltung, Einstellung:* mit, in der A. des Experten auftreten. **3.** (Ballett) *Körperhaltung, bei der der Oberkörper u. ein Bein in die Waagerechte gebracht sind.*
At|ti|zis|mus, der; - [griech. attikismós, zu: Attikós, ↑²Attika]: *konservative, sich an der klassischen Sprache orientierende Stilrichtung im antiken Griechenland;*
Nachahmung u. Pflege der attischen Klassiker.
At|ti|zist, der; -en, -en [griech. attikistés]: *Anhänger, Vertreter des Attizismus.*
At|ti|zis|tin, die; -, -nen: w. Form zu ↑Attizist.
at|ti|zis|tisch ⟨Adj.⟩: *den Attizismus betreffend; auf dem Attizismus beruhend.*
At|to|ni|tät, die; - [zu lat. attonitus = betäubt, besinnungslos] (Med.): *regungsloser Zustand des Körpers bei erhaltenem Bewusstsein.*
At|trak|ti|on, die; -, -en [engl. attraction < frz. attraction = Anziehung(skraft) < spätlat. attractio = das An(sich)ziehen, zu lat. attrahere = anziehen]: **1.** ⟨o. Pl.⟩ (bildungsspr.) *Anziehung, Anziehungskraft* (2): Mich freut alles, was die A. des Hotels erhöht (Danella, Hotel 242); von jmdm., etw. geht eine A. aus. Er gewinnt an A., verliert seine A. **2.** *etw., was durch seine Außerordentlichkeit, sein Hervorstechen große Anziehungskraft ausübt, staunendes u. gespanntes Interesse erregt;* der Aussichtsturm mit dem Drehrestaurant ist eine besondere A. für die Besucher; der größte Erbster A. blieb der Pferdemarkt samt Lotterie und Reitturnier (Bieler, Bär 15); Die wahre A. dieses ... Festes war ... die Frau des Bürgermeisters (Kirst, Aufruhr 145); der Zirkus wartet mit neuen -en auf.
At|trak|ti|ons|ka|pel|le, die; -, -n (schweiz.): *Stimmungskapelle.*
at|trak|tiv ⟨Adj.⟩ [frz. attractif < spätlat. attractivus, zu lat. attrahere, ↑Attraktion]: **1.** *starken Anreiz bietend, verlockend, begehrenswert, erstrebenswert:* -e Löhne, Arbeitsbedingungen, Berufe; Kapitalanlagen ... zu -en Konditionen (NZZ 30. 8. 86, 48); Attraktiver Nahverkehr heißt ... (elan 1, 1980, 33); als Wahlkandidat nicht a. genug sein. **2.** *[sehr] anziehend aufgrund eines ansprechenden Äußeren, hübsch, reizvoll:* eine -e Frau, Erscheinung; das Kleid ist sehr a.; ein -es Armaturenbrett bei Audi (ADAC-Motorwelt 10, 1986, 18).
at|trak|ti|vie|ren ⟨sw. V.; hat⟩: *attraktiv machen:* das Projekt ..., das den Haspelkeller a. soll (Wiener 10, 1983, 112).
At|trak|ti|vi|tät, die; -: *das Attraktivsein; Anziehungskraft* (2).
At|trap|pe, die; -, -n [frz. attrape, eigtl. = Falle, zu: attraper = anführen, täuschen; fangen, zu: trappe = Falle, Schlinge, aus dem Germ.]: **1.** *täuschend ähnliche Nachbildung von etw. (bes. für Ausstellungszwecke):* leere -n; im Schaufenster liegen nur -n; die A. eines atomaren Geschosses; Versuche mit -n oder mit Ammenvögeln ... könnten über diese Frage Aufklärung bringen (Lorenz, Verhalten I, 160); Ü diese Institution ist eine reine A. (bildungsspr. abwertend; *hat keine echte Funktion);* in diesem Staat waren die Parteien nur noch -n (bildungsspr. abwertend; *sie hatten keine eigenständige Bedeutung mit wirkungslos).* ◆ **2.** *Fopperei, Neckerei; Fallstrick:* Wir hatten uns in unsern Knabenjahren einander oft angeführt; viele Spiele beruhen auf solchen Mystifikationen und -n (Goethe, Dichtung u. Wahrheit 5).

At|trap|pen|ver|such, der (Verhaltensf.): *Tierversuch mit Attrappen.*
at|trap|pie|ren ⟨sw. V.; hat⟩ [frz. attraper] (veraltet): *erwischen, ertappen:* ♦ Attrappiert mich unterwegs der Schwed'(= schwedische Soldaten), so geht's zu bösen Häusern oder gar zu bösen Bäumen (Hebel, Schatzkästlein 51).
at|tri|bu|ie|ren ⟨sw. V.; hat⟩ [lat. attribuere = zuteilen, verleihen; beifügen, zu: tribuere, ↑Tribut]: **1.** (bildungsspr.) **a)** *als Attribut* (1 b) *beigeben:* der Justitia ist die Waage attribuiert; **b)** *als Eigenschaft beilegen:* jmdm., einer Sache Unfehlbarkeit a.; Von diesen Hunderten von Leuten sind nur einige Dutzend spärlich attribuiert, mit ein paar Merkmalen, ein paar Redewendungen, ein paar Handlungsweisen ausgestattet (FR 2. 5. 98, 4). **2.** (Sprachw.) **a)** *ein Attribut* (2 b) *beilegen:* einem Substantiv ein Adjektiv a.; **b)** (selten) *mit einem Attribut* (2 b) *versehen:* ein Substantiv a.
At|tri|bu|ie|rung, die; -, -en: *das Attribuieren, Attribuiertwerden.*
At|tri|but, das; -[e]s, -e [lat. attributum, subst. 2. Part. von: attribuere, ↑attribuieren]: **1. a)** (bildungsspr.) *charakteristische Eigenschaft, Wesensmerkmal:* Ballgefühl und Kondition, das sind die hervorragenden -e von Steffi Graf (Hamburger Morgenpost 21. 5. 85, 8); Kälte ist ein A. des Teufels (Strauß, Niemand 73); jmdm. das A. der Unfehlbarkeit ZU schreiben; **b)** *charakteristische Beigabe [als Kennzeichen]:* die Brille als modisches A. (Hamburger Rundschau 15. 3. 84, 12); die Waage ist ein A. der Justitia. **2. a)** (Philos.) *wesentliche Eigenschaft, Wesensmerkmal einer Substanz;* **b)** (Sprachw.) *einem Substantiv, Adjektiv od. Adverb beigefügte nähere Bestimmung; Beifügung:* das A. eines Substantivs.
at|tri|bu|tiv ⟨Adj.⟩ (Sprachw.): *als Attribut* (2 b) *fungierend; beifügend.*
At|tri|bu|ti|vum, das; -s, ...va (Sprachw.): *als Attribut* (2 b) *verwendetes Wort.*
At|tri|but|satz, der; -es, ...sätze (Sprachw.): *Nebensatz in der Rolle eines Attributs.*
atü = Atmosphärenüberdruck.
aty|pisch [auch: -'---] ⟨Adj.⟩ [aus griech. a- = nicht, un- u. ↑typisch]: *nicht typisch, vom Typus abweichend, untypisch:* ein -er Krankheitsverlauf; Atypisch war ... ihre Haltung gegenüber den ... Unruhen an den Universitäten (Danella, Hotel 93).
Ätz|al|ka|li|en ⟨Pl.⟩ (Chemie): *stark ätzende Alkalien (Hydroxide der Alkalimetalle).*
Ätz|druck, der; ⟨o. Pl.⟩ (Textilind.): *Färbe- u. Druckverfahren zur Herstellung von Mustern auf Textilien.*
At|ze [wohl zu ↑atzen (Ü)] (berlin.): **1.** die; -, -n, selten: den; -n, -n: **a)** *Bruder;* **b)** *Freund.* **2.** die; -, -n: **a)** *Schwester;* **b)** *Freundin.* **3.** ⟨o. Art.⟩ *vertrauliche Anrede.*
Ät|ze, die; -, -n (graf. Technik): *Säurelösung zum Ätzen.*
at|zel, die; -, -n [spätmhd. ackzel, Vkl. von ahd. agaza = Elster] (landsch.): *Elster.*
ąt|zeln ⟨sw. V.; hat⟩ (landsch., meist scherzh.): *stehlen.*
ạt|zen ⟨sw. V.; hat⟩ [mhd. atzen, ahd. āz[z]en, Nebenf. von ↑ätzen] (Jägerspr.): *Jungvögel mit Futter, Nahrung versorgen, füttern:* die Jungen a.; Ü jmdm. a. (scherzh.; *ihm zu essen geben*).
ät|zen ⟨sw. V.; hat⟩ [mhd. etzen, ahd. ezzen = füttern, weiden, eigtl. = essen machen; die Säure frisst sich gleichsam in das Metall hinein]: **1.** *etw. mit Säure, Lauge o. Ä. behandeln, um es aufzulösen od. zu entfernen:* Wundränder mit Höllenstein a.; Tagsüber arbeitete er, ... entfleischte die ... Häute, ... ätzte, walkte sie (Süskind, Parfum 41). **2.** *(von Säuren, Laugen o. Ä.) zerstörend, zerfressend auf etw. wirken:* die Säure ätzt; ätzende Chemikalien; Ü ätzender *(beißender, scharfer)* Rauch; ätzender *(beißender, verletzender)* Spott. **3.** *durch Gebrauch von Säuren, Laugen o. Ä. etw. auf der Oberfläche eines Materials erzeugen, einätzen:* ein Bild auf, in die Kupferplatte ä.; geätztes *(durch Einätzung verziertes)* Glasgeschirr.
ät|zend ⟨Adj.⟩ (Jugendspr.): **1.** *abscheulich, furchtbar:* Peter Weiß, der in Berlin die -e Mauer verschönert hat (Oxmox 7, 1985, 16); Hausaufgaben sind ä.. **2.** (seltener) *toll, sehr gut:* der Film ist echt ä..
Ät|zer, der; -s, -: *jmd., der Metall, Glas o. Ä. durch Ätzen bearbeitet (Berufsbez.).*
Ät|ze|rin, die; -, -nen: w. Form zu ↑Ätzer.
Ätz|kalk, der: *Branntkalk.*
Ätz|kunst, die ⟨o. Pl.⟩: *Radierkunst.*
Ätz|na|tron, das (Chemie): *Natriumhydroxid.*
Ätz|spit|ze, die (Textilw.): *Ausbrenner.*
Ätz|stein, der: *Höllenstein.*
Ätz|stift, der: *zum Ätzen* (1) *verwendeter Stift aus Höllenstein.*
At|zung, die; -, -en [mhd. atzunge]: **1.** *das Atzen, Fütterung:* die A. der Vogelbrut; Ü (scherzh.:) die A. der Gäste. **2.** *zur Atzung* (1) *dienendes Futter:* A. für die Vogelbrut.
Ät|zung, die; -, -en: *das Ätzen, Geätztwerden.*
au ⟨Interj.⟩ [mhd. ou]: **1.** als Ausdruck des körperlichen Schmerzes: au, das tut weh!; »Au, au!«, schrie Sophie, »die heiße Kirchenbank hat mich verbrannt!« (Strittmatter, Wundertäter 82); Ü au! (bei den schlechten Witzen, gleichsam wie ob die Pointe dem Hörer Schmerzen verursachte). **2.** als Ausdruck der Freude: au ja!; au [fein], das macht Spaß!
Au = Aurum.
Au, die; -, -en (südd., österr.): ↑Aue (1).
AU = Abgasuntersuchung.
aua ⟨Interj.⟩ (Kinderspr.; auch ugs.): als Ausdruck des körperlichen Schmerzes: a., du hast mich getreten!
au|ber|gine [obɛrˈʒiːn] ⟨indekl. Adj.⟩: *rötlich violett:* ein a. Kleid.
Au|ber|gi|ne [...nə], die; -, -n [frz. aubergine < katal. alberginia < arab. al-bādinğān]: **a)** *Eierpflanze;* **b)** *Eierfrucht.*
au|ber|gi|ne|far|ben ⟨Adj.⟩: *aubergine.*
Au|bus|son [obyˈsõ], der; -[s], -[s], **Au-bus|son|tep|pich,** der [nach der gleichnamigen frz. Stadt]: *gewirkter Bildteppich.*
a. u. c. = ab urbe condita.
auch [mhd. ouch, ahd. ouh; wahrsch. Vermischung aus einem adverbiell erstarrten Kasus u. einer alten Partikel]: **I.** ⟨Adv.⟩ **1.** *ebenfalls, genauso:* du bist a. [so] einer von denen; ich bin a. nur ein Mensch *(mehr kann ich auch nicht tun);* a. gut *(damit bin ich ebenfalls einverstanden);* könnt ja mitsingen, wollt nicht, a. gut (Degener, Heimsuchung 9); in der Mehrheit der Branchen waren ... die realen Verhältnisziffern niedriger als a. schon (schweiz. ugs.; *als früher einmal;* NZZ 28. 8. 86, 15); alle schwiegen, a. der Fahrer sprach kein Wort; in Wortpaaren: sowohl ... als/wie a.; nicht nur ..., sondern a. **2.** *außerdem, zudem, überdies, im Übrigen:* ich kann nicht, ich will a. nicht; Zum Einschulen wäre eine neue Hose vonnöten und a. sonst noch einiges (Kühn, Zeit 55); ich hatte a. [noch] die Kosten zu zahlen. **3.** *selbst, sogar:* a. die kleinste Freude wird einem verdorben; er arbeitete weiter, a. als er es nicht mehr nötig gehabt hätte; sie gab mir a. nicht *(nicht einmal)* einen Pfennig. **II.** ⟨Partikel; unbetont⟩ **1.** drückt gefühlsmäßige Anteilnahme, Ärger, Verwunderung o. Ä. aus: du bist aber a. stur; der ist a. überall dabei; das noch; warum kommst du a. so spät. **2.** bekräftigt od. begründet eine vorangegangene Aussage: sie sah krank aus, sie war es a.; er wartete auf einen Brief, der dann a. am Vormittag eintraf; ich gehe jetzt, es ist a. schon spät. **3.** drückt im Fragesatz einen Zweifel, Unsicherheit o. Ä. aus: darf er das a. tun?; hast du dir das a. überlegt? **4. a)** verallgemeinernd; in Verbindung mit Interrogativ- oder Relativpronomen bzw. -adverbien: wer a. immer ... *(jeder, der);* was a. [immer] geschieht ... *(alles, was geschieht);* wo er a. *(überall, wo er)* hinkommt, wird er jubelnd begrüßt; wie dem a. sei ... *(ob es falsch od. richtig ist);* **b)** einräumend; in Verbindung mit »wenn«, »so« od. »wie«: er hat Zeit, wenn er a. *(obwohl er)* das Gegenteil behauptet; es meldete sich niemand, nicht a. an rief; wenn a. ! (ugs.; *das macht doch nichts!*).
Auch- (spött.): drückt in Bildungen mit Substantiven aus, dass eine Person das, was sie gern sein möchte, was sie zu sein glaubt, in nur unzulänglichem Maß ist, z. B. Auchdichter, Auchkünstler: ein Sozialpolitiker wie Carter findet ... ein besseres Verhältnis zu dem bärtigen Auchkommunisten (MM 2. 6. 77, 2).
au con|traire [okõˈtrɛːr; frz., zu: contraire = Gegenteil; gegensätzlich, ↑konträr] (bildungsspr.): *im Gegenteil.*
au cou|rant [okuˈrã; frz., zu: courant, ↑kurant] (bildungsspr.): *auf dem Laufenden:* Drei Stunden Lesemühe ... sollte so einer sich ... schon abverlangen, um in dieser gewittrigen Lage a. c. zu bleiben (Spiegel 23, 1987, 74).
au|di|a|tur et al|te|ra pars [lat.] (bes. Rechtsspr.): *man muss aber auch die Gegenseite hören.*
Au|di|ẹnz, die; -, -en [lat. audientia = Gehör, Aufmerksamkeit, zu: audire

Audimax

(2. Part.: auditum) = hören]: *offizieller Empfang bei einer hoch gestellten politischen od. kirchlichen Persönlichkeit:* jmdm. [eine] A. geben, gewähren; jmdm. in A. empfangen; jmdm. um eine A. bitten; jmdm. zur A. zulassen.

Au|di|max, das; -, - (Studentenspr.): Kurzwort für ↑Auditorium maximum.

Au|di|me|ter, der; -s, - [zu lat. audire = hören]: *Gerät, das an Rundfunk- u. Fernsehempfänger von Testpersonen angeschlossen wird, um den Sender sowie Zeitpunkt u. Dauer der empfangenen Sendungen zum Zweck statistischer Auswertungen zu registrieren.*

Au|di|o|book [...bʊk], das; -s, -s: *Hörbuch.*

Au|di|o|gramm, das; -s -e [↑-gramm]: *grafische Darstellung der mithilfe des Audiometers ermittelten Werte.*

au|di|o|lin|gu|al ⟨Adj.⟩ [zu lat. audire = hören u. lingua = Zunge] (Sprachw.): *[im Sprachunterricht] vom gesprochenen Wort ausgehend.*

Au|di|o|lo|ge, der; -n, -n [↑-loge] (Med.): *Facharzt auf dem Gebiet der Audiologie.*

Au|di|o|lo|gie, die; - [↑logie] (Med.): *Teilgebiet der Medizin, das sich mit den Funktionen u. den Erkrankungen des menschlichen Gehörs befasst; Wissenschaft vom Hören.*

Au|di|o|lo|gin, die; -, -nen: w. Form zu ↑Audiologe.

Au|di|o|me|ter, das (Med.): *Gerät zum Messen der menschlichen Hörleistung auf elektroakustischem Wege.*

Au|di|o|me|trie, die; - (Med.): *Prüfung des Gehörs mit Hörmessgeräten.*

au|di|o|me|trisch ⟨Adj.⟩: *die Audiometrie betreffend.*

Au|di|on, das; -s, -s u. ...onen (Elektrot.): *Schaltung in Rundfunkgeräten mit Elektronenröhren zum Trennen u. Verstärken der hörbaren (niederfrequenten) Schwingungen von den hochfrequenten Trägerwellen.*

Au|di|o|vi|si|on, die; - (Fachspr.): 1. *Technik des Aufnehmens, Speicherns u. Wiedergebens von Ton u. Bild.* 2. *Information durch Bild u. Ton.*

au|di|o|vi|su|ell ⟨Adj.⟩ (Fachspr.): *zugleich hörbar u. sichtbar; Auge u. Ohr ansprechend [u. dadurch den Lernprozess unterstützend]:* -er Unterricht *(Unterricht mit technischen Lehr- u. Lernmitteln);* das Kabel wird zum wichtigsten Glied in der Kette der -en Totalversorgung der Zukunft (Delius, Siemens-Welt 40).

Au|di|phon, das; -s, -e [zu griech. phōnḗ = Ton, Laut]: *Hörapparat für Schwerhörige.*

Au|dit [engl. ˈɔːdɪt], das, auch: der; -s, -s [engl. audit < lat. auditus = das (An)hören] (Wirtsch.): *[unverhofft durchgeführte] Überprüfung, Revision* (1 a): Im Juni wurden erstmals interne -s abgehalten, die mündlich Fehler ... aufdecken und die Mitarbeiter auf das Zertifizierungsaudit vorbereiten sollten (Handelsblatt 22. 10. 98, 40).

Au|di|teur [audiˈtøːɐ], der; -s, -e [frz. auditeur < lat. auditor, ↑Auditor] (früher): *Richter bei einem Militärgericht.*

¹Au|di|ti|on, die; -, -en [lat. auditio] (Theol.): *das innere Hören von Worten u. das damit verbundene Vernehmen von Botschaften einer höheren Macht (z. B. bei den Propheten).*

²Au|di|tion [ɔːˈdɪʃn] die; -, -s [engl. audition < lat. auditio, ↑¹Auditon]: *Veranstaltung, bei der Sänger, Tänzer, Schauspieler wegen eines Engagements vorsingen, vortanzen, vorsprechen.*

au|di|tiv ⟨Adj.⟩: 1. (Med.) a) *das Hören, den Gehörsinn betreffend, darauf beruhend;* b) *(in Bezug auf das menschliche Gehör) fähig, Sprachlaute wahrzunehmen u. zu analysieren.* 2. (Psych.) *vorwiegend mit Gehörsinn begabt.*

Au|di|tor, der; -s, ...oren [lat. auditor]: 1. a) *Richter an der Rota* (1); b) *Vernehmungsrichter an kirchlichen Gerichten;* c) *Beamter der römischen Kurie.* 2. a) (österr. früher, schweiz.) *öffentlicher Ankläger bei einem Militärgericht:* Die beiden ... Offiziere ... wurden vom A. zudem wegen Fahrens in angetrunkenem Zustand schuldig gesprochen (NZZ 30. 8. 86, 7); b) (schweiz.) *(im Kanton Zürich) angehender Jurist, der vorgeschriebene praktische Ausbildung bei einem [Bezirks]gericht absolviert:* Er war nach Abschluss seines Studiums ... am Bezirksgericht Zürich als A. tätig (NZZ 11. 4. 85, 27); c) (früher) *Auditeur.* 3. (Wirtsch.) *jmd., der Audits durchführt, die Qualitätssicherung kontrolliert o. Ä.*

Au|di|to|rin, die; -, -nen: 1. (schweiz.) w. Form zu ↑Auditor (2b). 2. (Wirtsch.) w. Form zu ↑Auditor (3).

Au|di|to|ri|um, das; -s, ...ien [lat. auditorium]: 1. *Hörsaal.* 2. (bildungsspr.) *Zuhörerschaft:* nach dem ... Schluss erzwang das A. ... Wiederholung (Bieler, Mädchenkrieg 144).

Au|di|to|ri|um ma|xi|mum, das; --, ...ia ...ma [zu lat. maximus = größter]: *größter Hörsaal einer Hochschule.*

Aue, (südd., österr. u. geh.:) Au, die; -, Auen [mhd. ouwe, ahd. ouw[i]a = Land im od. am Wasser, urspr. subst. Adj. u. eigtl. = die zum Wasser Gehörende]: 1. (landsch., dichter.) *[an einem (fließenden) Gewässer gelegenes] flaches Gelände mit saftigen Wiesen [u. verstreuten Büschen od. Bäumen]:* Nördlich der Landstraße liegt die Großkokerei ... in der parkartigen Aue (Berger, Augenblick 64). 2. (landsch.) *Insel (bes. in einem fließenden Gewässer).*

Au|en|land|schaft, die: *Landschaft, für die das Vorhandensein von Auen (1) charakteristisch ist.*

Au|en|wald, der: *Wald innerhalb einer Aue* (1).

Au|er|hahn, der [mhd. ūrhan, unter dem Einfluss von ūr (↑Auerochse) umgebildet aus mhd. orhan, urspr. = männlich(es Tier)]: *männliches Auerhuhn.*

Au|er|hen|ne, die: *weibliches Auerhuhn.*

Au|er|huhn, das: *(in den Wäldern Eurasiens lebender) zu den Raufußhühnern gehörender großer Vogel.*

Au|er|licht, das [nach dem österr. Chemiker C. Freiherr von Auer von Welsbach (1858-1929)] (früher): *Gaslicht mit Glühstrumpf.*

Au|er|och|se, der [mhd. ūrohse, ahd. ūrohso, verdeutlichende Zus. für gleichbed. mhd. ür[e], ahd. ūro, urspr. wohl = (Samen)spritzer]: *ausgestorbenes wildes Großrind; Ur.*

Au|er|wild, das (Jägerspr.): *Auerhähne u. Auerhennen:* ein Netz von Loipen, das Hochmoore und die Refugien des -s weitläufig umgeht (natur 3, 1991, 99).

auf [mhd., ahd. ūf, urspr. = von unten an etwas heran od. hinauf]: **I.** ⟨Präp. mit Dativ u. Akk.⟩ **1.** (räumlich) **a)** ⟨mit Dativ⟩ zur Angabe der Berührung von oben, der Lage, des Aufenthalts in einem Raum, einem Gebäude o. Ä., eines Seins-, Tätigkeitsbereichs o. Ä.: a. einer Bank, a. dem Pferd sitzen; die Vase steht a. dem Tisch; a. Deck, a. See sein; a. dem Mond landen; die Vegetation a. den Inseln; a. (in) seinem Zimmer bleiben; a. (in, bei) der Post arbeiten; a. (in) dem Rathaus etwas erledigen; a. dem (beim) Bau arbeiten; sie ist noch a. der Schule (ist noch Schülerin); ♦ Du sollst mich nie a. dem Kaffeehause treffen (Lessing, Minna I, 10); zur Angabe der Teilnahme an etw., des Sichaufhaltens bei einer Tätigkeit (zeitlich nahestehend): a. einer Hochzeit, a. Wanderschaft, a. Urlaub sein; a. (bei, während) der Rückreise erkranken; **b)** ⟨mit Akk.⟩ zur Angabe der Richtung; bezieht sich auf eine Stelle, Oberfläche, auf einen Erstreckungsbereich, einen Zielpunkt o. Ä., bezeichnet den Gang zu einem/in einen Raum, zu einem/in ein Gebäude; gibt die Richtung in einem Seins-, Tätigkeitsbereich o. Ä. an: sich a. die Couch setzen; die Vase a. den Schrank stellen; a. den Baum klettern; aufs Land ziehen; a. das Meer hinausfahren; er geht a. die Stadt zu; er geht a. sein Zimmer; jmdn. a. die Post schicken; sie geht a. die Universität (sie ist Studentin); ♦ Ich will aufs nächste Dorf und sehn, ob ... (Goethe, Götz III); Ü er geht schon a. die Achtzig zu (er wird bald achtzig); gibt die Hinwendung zur Teilnahme an etw., den Beginn einer Handlung, den Antritt von etw. an: a. einen Ball gehen; a. eine Tagung fahren; a. Urlaub gehen; **c)** ⟨mit Akk.⟩ zur Angabe der Entfernung: a. 100 Meter (bis zu einer Entfernung von 100 Metern) herankommen; die Explosion war a. zwei Kilometer [Entfernung] zu hören. **2.** (zeitlich) ⟨mit Akk.⟩ **a)** zur Angabe der Zeitspanne; für [die Dauer von]: a. längere Zeit mit etw. beschäftigt sein; a. ein paar Tage verreisen; Ob ich mal hinkomme a. ein paar Tage? (Danella, Hotel 264); ♦ wischt mir ... den rechten Frisur allen Puder weg, und ich bin ruiniert a. den ganzen Ball (Schiller, Kabale III, 2); Er kriegte a. drei Monate Urlaub (Cl. Brentano, Kasperl 356); **b)** (landsch.) zur Angabe des Zeitpunkts: a. den Abend *(am Abend)* Gäste bekommen; a. Weihnachten *(an Weihnachten)* verreisen wir; Er tritt die Nachfolge von Professor Dr. Ernst Härtner an, der a. diesen Zeitpunkt ... zurücktritt (NZZ 21. 12. 86, 32); das Taxi ist a. *(für)* 16 Uhr bestellt; *** a. einmal** (ugs.; 1. plötzlich: a. einmal hatte er keine Lust mehr. 2. zugleich, in einem Zug: sie hat alles a. einmal gegessen; **c)** zur Angabe des Übergangs, des Nacheinanders, der Aufeinanderfolge: von einem Tag a. den anderen *(überraschend schnell)* änderte sich das Bild; in der Nacht vom 4. a. den *(zum)* 5. September; a. *(nach)* Regen folgt Sonnenschein; **d)** (emotional verstärkend) in Verbindung mit zwei gleichen Substantiven zur Angabe der Wiederholung, der direkten Aufeinanderfolge: Welle a. Welle; es folgte Angriff a. Angriff. **3.** ⟨mit Akk.⟩ zur Angabe der Art u. Weise: a. elegante Art; sich a. Deutsch unterhalten; Dann sagt er zu Ilz etwas a. Slowenisch (Hofmann, Fistelstimme 157); Es geht ... ihm nicht ... um Kinder. Diese werden gegebenenfalls ..., a. Katholisch oder a. Nichtkatholisch, verhütet (Ranke-Heinemann, Eunuchen 291); ⟨vor dem Superlativ:⟩ jmdn. a. das/ aufs Herzlichste, (auch:) herzlichste *(sehr herzlich)* begrüßen. **4.** ⟨mit Akk.⟩ zur Angabe des Ziels, des Zwecks od. Wunsches: a. Hasen jagen; a. Zeit spielen (Sport; *verlangsamt spielen, um Zeit zu gewinnen*); a. jmds. Wohl trinken; ♦ *Der Schulz gab ihm eine Bollete (= schriftliche Anweisung) an den Gemeindswirt a. eine Mehlsuppe und einen Schoppen Wein* (Hebel, Schatzkästlein 57); Hast du die Bestellung ... a. allerlei Holzware gemacht (Mörike, Mozart 264). **5.** ⟨mit Akk.⟩ zur Angabe des Grundes, der Voraussetzung: a. Veranlassung, Initiative seiner Mutter, von seiner Mutter; a. wiederholte Aufforderung [hin]; a. einen Brief antworten. **6.** ⟨mit Akk.⟩ zur Angabe der bei der Aufteilung einer Menge zugrunde gelegten Einheit: a. jeden entfallen 50 Mark; 2 Esslöffel Waschpulver a. einen Liter. **7.** in idiomatisch-phraseologischer Abhängigkeit von anderen Wörtern: **a)** ⟨mit Akk.⟩ a. jmdn., etw. achten; sich a. jmdn., etw. freuen; a. jmdn. sein; das Recht a. Arbeit; **b)** ⟨mit Dativ⟩ a. einer Sache beruhen, beharren, fußen. **II.** ⟨Adv.⟩ **1. a)** *in die Höhe, nach oben* (bes. als Aufforderung, sich zu erheben): Sprung a.!, marsch, marsch! (milit. Kommando); * **a. und davon** (ugs.; *[schnell] fort*); **b)** *los, vorwärts* (als Aufforderung, mit etw. zu beginnen): a., an die Arbeit!; a. zum nächsten Kaufhaus! **2.** (ugs.) **a)** *geöffnet, aufgemacht:* die Tür, der Schrank ist a.; Fenster a.!; Augen a. im Straßenverkehr!; **b)** *nicht verschlossen, nicht abgeschlossen:* das Türschloss, der Koffer ist auf; die Tür wird a. sein; **c)** *(für den Verkauf o. Ä.) geöffnet, offen, nicht geschlossen:* wie lange werden die Läden heute a. sein?; die Bibliothek war nur vormittags a.; **3.** (ugs.) *[nicht mehr od. noch] nicht im Bett:* früh a. sein; bist du noch a.?; der Patient darf schon ein paar Stunden a. sein. **4.** in Wortpaaren wie auf u. ab, a. und nieder; **a)** *nach oben u. nach unten, hinauf u. hinab:* die Schaukel wippte a. und ab, a. und nieder; Ü ⟨subst.:⟩ das Auf und Ab des Lebens; damit endlich alles vorüber ist und ... das Auf und Nieder endlich ein Ende hat (Hofmann, Fistelstimme 115); **b)** *hin u. her:* sie ging im Garten a. und ab und

nieder. **5.** in der Verbindung mit »von« in festen Wendungen; von ... an: von Jugend a.; von klein a.; von Grund a. *(ganz u. gar; völlig)*.

auf|äch|zen ⟨sw. V.; hat⟩: *plötzlich, kurz ächzen:* leise a.

auf|ad|die|ren ⟨sw. V.; hat⟩ (ugs.): **1.** *zusammenzählen:* er addierte die Zahlenkolonnen noch einmal rasch auf. **2.** ⟨a. + sich⟩ *sich summieren:* die Beträge addieren sich a. zu einer großen Summe; einen Zinsgewinn ..., der sich bei den zusammenkommenden Millionenbeträgen ganz schön aufaddiert (ADAC-Motorwelt 9, 1970, 23).

au fait [oˈfɛ; frz.]: *gut unterrichtet; im Bilde:* a. f. sein; * **jmdn. au fait setzen** *(jmdn. aufklären, belehren;* nach frz. mettre au fait, zu: fait = Tatsache, Begebenheit, Vorfall < lat. factum, ↑¹Faktum).

auf|ap|pli|zie|ren ⟨sw. V.; hat⟩: *applizieren.*

auf|ar|bei|ten ⟨sw. V.; hat⟩: **1. a)** *(Liegengebliebenes) erledigen:* die Posteingänge, die Rückstände a.; Tagsüber habe der Minister Besprechungen, nachts arbeite er Akten auf (Hörzu 28, 1984, 30); Schon jetzt zeichnet sich jedoch ab, dass die 1998 von Brüssel bemängelten Reformrückstände nur zur Hälfte aufgearbeitet werden konnten (Tagesspiegel 24. 4. 99, 8). **b)** *aufbrauchen, völlig verarbeiten:* die Wolle a.; die Bestände sind noch nicht aufgearbeitet. **2.** *zusammenfassend betrachten, bearbeiten:* er hat die jüngsten Forschungsergebnisse [kritisch] aufgearbeitet. **3.** *sich etw. auseinander setzen, um Klarheit darüber zu gewinnen; etw. geistig verarbeiten:* die Vergangenheit, Konflikte a.; Ein wichtiges Thema, das ... noch lange nicht ausdiskutiert ist. Geschweige denn aufgearbeitet (Saarbr. Zeitung 11. 7. 80, V); Kunst muss versuchen, das, was in der Gesellschaft alles passiert, aufzuarbeiten (eland 2, 1980, 37); Wir haben unsere Jugend ebenso wenig aufgearbeitet wie die Eltern ihre (Spiegel 1/2, 1980, 141). **4.** *(alt u. unansehnlich Gewordenes) erneuern, überholen, auffrischen:* Polstermöbel, einen alten Schrank a. [lassen]. **5.** ⟨a. + sich⟩ (seltener) *sich aufraffen, sich unter Anstrengung langsam erheben:* der gestrauchelte Gegner konnte sich nur mühsam a.

Auf|ar|bei|tung, die; -, -en: *das Aufarbeiten (1-4):* Über das Niveau der Diskussion bei der A. des Konfliktes zwischen Serben und der Nato zeigt sich selbst die Klassenlehrerin ... erstaunt (FR 8. 5. 99, 3).

auf|at|men ⟨sw. V.; hat⟩: **1.** *einmal tief [und hörbar] atmen:* laut a.; Aage ... atmete ein paarmal erschrocken tief auf (Seidel, Sterne 7). **2.** *erleichtert sein, sich befreit fühlen:* ich werde a., wenn alles vorüber ist; ich hab richtig aufgeatmet, dass die Sache ... noch mal zur Sprache gebracht haben (Brot und Salz 379).

auf|ba|cken ⟨unr. V.; bäckt/backt auf, backte/(veraltend:) buk auf, hat aufgebacken⟩: **1.** *(nicht mehr frisches Gebäck) durch kurzes Erhitzen wieder knusprig machen:* Brötchen a. **2.** (landsch.) *aufwärmen:* das Mittagessen a.

auf|bag|gern ⟨sw. V.; hat⟩: *mithilfe eines Baggers öffnen, aufreißen:* die Straße a.

auf|bä|hen ⟨sw. V.; hat⟩ (südd., österr., schweiz.): *aufbacken.*

auf|bah|ren ⟨sw. V.; hat⟩: *einen Toten auf einer Bahre o. Ä. liegend, den Sarg mit einem Toten an einem bestimmten Ort aufstellen:* man hatte die Opfer des Unglücks in der Kirche [feierlich] aufgebahrt; Ulrich trat in das kleine Zimmer, worin die Tote aufgebahrt lag (Musil, Mann 693).

Auf|bah|rung, die; -, -en: *das Aufbahren.*

Auf|bah|rungs|hal|le, die: *Halle, in der Tote aufgebahrt werden.*

Auf|bah|rungs|raum, der: vgl. Aufbahrungshalle.

auf|bam|meln ⟨sw. V.; hat⟩: **1.** (landsch.) *etwas so aufhängen, dass es hin u. her schaukeln kann:* ein Spielzeug a. **2.** (salopp) **a)** *aufhängen (2a):* man hatte ihn wie eine Viehdieb aufgebammelt; **b)** *sich erhängen:* diese Kränkung verwinden manche nie, bammeln sich hinterher auf (Fallada, Jeder 210).

auf|bän|ken ⟨sw. V.; hat⟩ [zu ↑¹Bank] (Fachspr.): *einen Stein zum Behauen auf zwei Haublöcke legen:* ich ... blickte mich ... nach aufgebänkten Steinen um, die fertig geschliffen und poliert auf Grabinschriften warteten (Grass, Blechtrommel 589).

Auf|bau, der; -[e]s, -ten: **1.** ⟨o. Pl.⟩ **a)** *das Aufbauen (1 a), Errichtung:* der A. der Tribünen, des Zeltlagers; **b)** *das Von-neuem-Aufbauen, Wiedererrichtung von Zerstörtem:* der A. der durch Bomben zerstörten Innenstadt. **2.** ⟨o. Pl.⟩ *die Errichtung, Schaffung, Organisation von etw.:* den wirtschaftlichen A. beschleunigen; der A. des Sozialismus; der A. des Heeres soll stufenweise erfolgen; das Geschäft ist noch im A.; Sie ... sucht süße Sie zum A. einer romantischen und sinnlichen Beziehung (Oxmox 6, 1983, 94). **3.** ⟨o. Pl.⟩ *Gliederung, Anordnung, Art der Anlage, Komposition, Struktur:* der A. der Erzählung, des Dramas; der A. der Gesellschaft; der A. des Staates aus der Idee der Gerechtigkeit (Fraenkel, Staat 263); den A. einer Zelle darstellen. **4. a)** *das Aufgebaute, Aufgesetzte:* ein bühnenartiger A.; der A. *(der aufgestockte Gebäudeteil)* muss noch verputzt werden; **b)** (Kfz-T.) *Karosserie:* auf dem Schrottplatz lagen Autos mit unbeschädigten -ten.

Auf|bau|ar|beit, die: *Arbeit des [Wieder]aufbaus:* A. leisten.

Auf|bau|dar|le|hen, das: *Darlehen, das zum [Wieder]aufbauen einer Existenz gewährt wird.*

auf|bau|en ⟨sw. V.; hat⟩: **1. a)** *[vorübergehend] aufstellen, errichten; (aus Einzelteilen) zusammensetzen u. aufrichten:* ein Haus aus Fertigteilen a.; Zelte, Baracken a. *(aufschlagen):* Kameras für eine Fernsehübertragung a.; **b)** *(Zerstörtes, Niedergerissenes) von neuem errichten:* zerstörte Häuser wieder a.; Hier fallen die Häuser zusammen, hier baut man kein Haus auf (Brückner, Quints 105); **c)** *an einer bestimmten Stelle aufstellen, hinstellen, arrangieren:* ein kaltes Büfett,

Aufbauernährung

Geschenke auf dem Tisch a. **2.** *schaffen, organisieren; gestalten:* eine Partei zentralistisch a.; ich baue mir eine neue Existenz auf; Lechtenbrink hat gerade seine zweite Karriere aufgebaut (Freizeitmagazin 10, 1978, 32); eine Beziehung a.; Alles, was er aufgebaut hatte, wäre ohne seine Mutter nicht möglich gewesen (Danella, Hotel 44). **3.** *auf eine Aufgabe vorbereiten:* eine Politikerin, ein Talent, Sänger a.; diesen jungen Menschen haben wir gefördert, haben wir entdeckt, haben wir aufgebaut (Eppendorfer, Ledermann 23); jmdn. als künftigen Bundeskanzler aufzubauen suchen; Die wollten mich ... zu einem Agenten a. (Spiegel 41, 1976, 126). **4.** *gliedern, anordnen, strukturieren:* sie hat ihren Vortrag, ihre wissenschaftliche Arbeit gut aufgebaut; das Musikstück ist kunstvoll aufgebaut. **5. a)** *etw. als Grundlage, Voraussetzung für etw. nehmen:* eine Theorie auf einer Annahme a.; die Anklage auf einem Gutachten a.; bauen unsere Meisterverträge auf fairen Bedingungen auf (Heilbronner Stimme 12. 5. 84, 7); **b)** *auf etw. fußen, sich auf etw. gründen:* diese Lehre baut auf vagen Beobachtungen auf; seine Darstellung der Epoche baut auf ganz neuen Quellen auf; ⟨auch a. + sich:⟩ mein Plan baut sich auf folgenden Erwägungen auf. **6.** (Chemie) **a)** *zu einer Verbindung zusammensetzen:* diese Moleküle bauen die Verbindung auf; **b)** ⟨a. + sich⟩ *sich zusammensetzen, gebildet sein:* der Stoff baut sich aus folgenden Elementen auf. **7.** ⟨a. + sich⟩ **a)** *entstehen, sich bilden:* ein neues Hochdruckgebiet baut sich auf; **b)** *sich auftürmen:* schwere Gewitterwolken hatten sich aufgebaut. **8.** ⟨a. + sich⟩ (ugs.) *sich in bestimmter Haltung, an einer bestimmten Stelle meist vor jmdn. hinstellen:* ein Uniformierter ... baut sich in seiner ganzen Größe vor Lambert auf (Heym, Schwarzenberg 98).

Auf|bau|er|näh|rung, die: *Aufbaukost.*

Auf|bau|ge|setz, das ⟨meist Pl.⟩: *(in der Bundesrepublik Deutschland bis 1960 gültiges) Gesetz zum Wiederaufbau der durch den Zweiten Weltkrieg geschädigten Gemeinden u. Städte.*

Auf|bau|gym|na|si|um, das: *Gymnasium, das Schüler der Hauptschule nach dem 6. od. 7. bzw. Schüler der Realschule nach dem 9. od. 10. Schuljahr zur Hochschulreife führt.*

Auf|bau|hel|fer, der (DDR): *jmd., der durch seine Arbeitsleistung auf einer Baustelle zum [Wieder]aufbau beiträgt.*

Auf|bau|kost, die: *kräftigende Nahrung:* A. für die Kranken.

Auf|bau|lehr|gang, der: *Lehrgang für Hauptschulabsolventen während od. nach ihrer Lehrzeit.*

Auf|bau|lot|te|rie, die (DDR): *Lotterie mit einem Erlös zum Aufbau des Staates.*

auf|bau|meln ⟨sw. V.; hat⟩ (salopp): **a)** *durch Hängen töten:* jmdn. a.; ⟨a. + sich⟩ *sich erhängen:* sich aus Liebeskummer a.; ⟨subst.:⟩ an Aufbaumeln denkt Anna Quangel nicht (Fallada, Jeder 385).

auf|bau|men ⟨sw. V.; hat/ist⟩ (Jägerspr.):

(von Raub- u. Federwild) vom Boden aus auf einen Baum fliegen, klettern u. sich dort niederlassen: das Haselhuhn baumte auf; der Marder hat/ist aufgebaumt.

auf|bäu|men, sich ⟨sw. V.; hat⟩: **1.** *sich ruckartig hoch, steil aufrichten:* bei dem plötzlichen Schrei bäumte sich das Pferd jäh auf *(erhob sich auf die Hinterbeine);* das Wiesel bäumte sich unter dem Griff des Jägers auf. **2.** *sich auflehnen, sich empören:* sich gegen jmdn., gegen sein Schicksal a.; du bäumst dich vergebens gegen ihn auf; alles in ihr bäumte sich dagegen auf; sein Stolz bäumte sich [dagegen] auf.

Auf|bau|mit|tel, das: *Mittel, das aufbauende Substanzen für den Körper enthält.*

Auf|bau|mö|bel, das ⟨meist Pl.⟩ (seltener): *Möbelstück (Kommode o. Ä.), das in Material u. Form passend u. auf anderes gesetzt, mit diesem zusammen ein Ganzes bildet.*

Auf|bau|na|del, die (DDR): *ansteckbare Nadel als Auszeichnung für freiwillige Hilfe beim Aufbau:* die goldene A. am Rockaufschlag tragen.

Auf|bau|ort, der ⟨Pl. ...orte⟩: *Siedlung, die für neue od. größere Aufgaben planmäßig entwickelt werden soll.*

Auf|bau|pha|se, die: *Phase des Aufbaus* (2).

Auf|bau|prin|zip, das: *Gliederungs-, Ordnungsprinzip.*

Auf|bau|pro|gramm, das: *Programm für den Aufbau* (2)*:* Nach dem großen Sieg ... ein neues allumfassendes A. (Hilsenrath, Nazi 383).

Auf|bau|pro|zess, der: *Verlauf, Entwicklung des Aufbaus* (1, 2).

Auf|bau|re|al|schu|le, die: *Realschule, die Hauptschüler nach dem 6. od. 7. Schuljahr zur mittleren Reife führt.*

Auf|bau|salz, das: *Nährsalz.*

auf|bau|schen ⟨sw. V.; hat⟩: **1. a)** *prall machen, aufblähen, aufschwellen:* der Wind bauscht die Segel, die Vorhänge auf; **b)** ⟨a. + sich⟩ *aufgebauscht* (1 a) *werden:* die Röcke bauschten sich im Wind auf. **2. a)** *einer Sache mehr Bedeutung beimessen, als ihr zukommt; übertreiben:* Kleinigkeiten unnötig a.; Die Versuchung, seine paar Taten aufzubauschen im Guten oder Bösen (Frisch, Gantenbein 89); Du weißt, wie die Zeitungen so was aufbauschen (Erné, Fahrgäste 237); etw. zu einem Skandal a.; **b)** ⟨a. + sich⟩ *unvorhergesehene Ausmaße annehmen, sich zu etw. (Unverhältnismäßigem) entwickeln, auswachsen:* sich zu einer Krise a.

Auf|bau|schicht, die (DDR): *freiwillige Arbeitsschicht für den Aufbau.*

Auf|bau|schu|le, die: **a)** *Aufbaugymnasium;* **b)** *Aufbaurealschule.*

Auf|bau|spiel, das (Ballspiele): *Spiel, das systematischen Vorbereitung im Hinblick auf schwierigere Spiele dient.*

Auf|bau|spie|ler, der (Ballspiele): *Spieler, der den Angriff* (1 b) *planvoll einleitet u. dirigiert.*

Auf|bau|spie|le|rin, die (Ballspiele): w. Form zu ↑ Aufbauspieler.

Auf|bau|stu|di|um, das ⟨o. Pl.⟩: *Studium, das auf eine bestimmte Ausbildung*

bzw. *auf ein vorangegangenes Studium aufbaut.*

Auf|bau|stu|fe, die: *Aufbauzug.*

Auf|bau|stun|de, die (DDR): vgl. Aufbauschicht.

Auf|bau|ten ⟨Pl.⟩ (Schiffbau): *über das Oberdeck des Schiffes hinausragende Teile u. technische Anlagen:* Der Schiffmann zog die Planken ein. Die A. zitterten, langsam machte der Dampfer Fahrt (Kreuder, Gesellschaft 162).

Auf|bau|trai|ning, das (Sport): *Training, in dem Leistungsfähigkeit u. -bereitschaft aufgebaut werden.*

Auf|bau|zug, der (Päd.): **a)** *Sonderklasse an Gymnasien, in der Realschulabsolventen zur Hochschulreife geführt werden;* **b)** *den Lehrstoff der Realschule vermittelnde Einrichtung an Hauptschulen;* **c)** *Aufbaulehrgang.*

auf|be|ben ⟨sw. V.; hat⟩ (dichter.): *plötzlich, kurz [er]beben:* die Erde bebte auf; von den Geschützen getroffen, bebte der Rumpf des Schiffes mehrals auf.

auf|be|geh|ren ⟨sw. V.; hat⟩ (geh.): *heftigen Widerspruch erheben; sich auflehnen, wehren, empören:* dumpf a.; er begehrte gegen sein Schicksal auf; Die Reichswehr war das Gewaltinstrument, das aufbegehrende Gelüste in Schranken hielt (Niekisch, Leben 195); ⟨subst.:⟩ In seinen Augen wechseln ... Angst und jähes Aufbegehren (Werfel, Bernadette 157).

auf|be|hal|ten ⟨st. V.; hat⟩: **1.** (ugs.) (bes. *eine Kopfbedeckung*) *nicht abnehmen:* behalten Sie ruhig Ihren Hut auf; sie behält die Sonnenbrille auch am Abend noch auf. **2.** (ugs.) *geöffnet lassen:* den Schirm a. **3.** (veraltet) *aufheben, aufbewahren:* Schonungen, die von ... Kiefern überschattet wurden, welche man zum Schutz für den Nachwuchs aufbehalten hatte (Hauptmann, Thiel 15); Ü ♦ Er schließt daraus, dass Gott zu großen, großen Dingen euch müss' aufbehalten haben (Lessing, Nathan I, 5).

auf|bei|ßen ⟨st. V.; hat⟩: **1.** *durch Beißen öffnen:* eine Nuss a. **2.** *durch Beißen verletzen, sodass eine klaffende Stelle, Wunde entsteht:* der Hund hätte ihm beinahe die Schlagader aufgebissen; ich habe mir die Lippe aufgebissen.

auf|bei|zen ⟨sw. V.; hat⟩: *(ein Möbelstück) mit Beize auffrischen:* die alte Kommode a.

auf|be|kom|men ⟨st. V.; hat⟩ (ugs.): **1.** (nur mit Mühe) *öffnen können:* einen Koffer, eine Konservenbüchse schwer a.; schließlich bekam er die Tür doch auf; Sonntagabend musste ich um neun ins Bett, damit ich Montag früh die Augen aufbekam (Loest, Pistole 191). **2.** *(eine [Haus]aufgabe) vom Lehrer zur Erledigung bekommen:* wir haben für morgen 10 Rechenaufgaben aufbekommen; Wir hatten Wörter aufbekommen, die sollten wir zu Hause üben (Kempowski, Immer 39). **3.** (bes. nordd.) *ganz aufessen können:* ich bekomme das Stück Torte schon noch auf. **4.** *[richtig] aufsetzen können:* die Mütze nur mit Mühe a.

auf|bel|len ⟨sw. V.; hat⟩: *plötzlich, kurz bellen:* der Hund bellte im Schlaf mehrmals leise auf; Ü er hörte Schüsse a. (Hilsenrath, Nazi 23).

auf|be|rei|ten ⟨sw. V.; hat⟩: **1.** *bestimmte Rohstoffe zur [weiteren] Verwendung vorbereiten, geeignet machen:* Trinkwasser a. *(reinigen, klären);* Angesichts des steigenden Bedarfs ... wird ... zunehmend mehr Oberflächenwasser aufbereitet (DÄ 22. 11. 85, 24); Wasser als Trinkwasser a.; etw. zu etw. a.; Erze, Kohlen, Salze a. (Hüttenw., Bergbau; *durch chemische Behandlung von unerwünschten Bestandteilen scheiden);* die Stadt ..., in der ... Pechblende abgebaut und aufbereitet wird (Berger, Augenblick 95). **2.** *etw. Vorgegebenes in bestimmter Weise bearbeiten [u. so für etw. Bestimmtes vorbereiten]:* den Boden des Geländes für die Gartenschau aufzubereiten (Westd. Zeitung 7. 7. 84, o. S.); einen verderbten Text a. **3.** *statistisch erhobene Daten o. Ä. auswerten:* Statistiken, Zahlenmaterial a.; Die anfallenden Daten werden vor der Verarbeitung ... aufbereitet (Mathematik II, 51).
Auf|be|rei|tung, die; -, -en: *das Aufbereiten.*
Auf|be|rei|tungs|an|la|ge, die: *Anlage, die dem Aufbereiten (1) von etw. dient.*
Auf|be|rei|tungs|pro|zess, der: *Prozess (2), Vorgang des Aufbereitens (1) von etw.*
Auf|be|rei|tungs|tech|nik, die: *Technik des Aufbereitens (1) von etw.*
Auf|be|rei|tungs|ver|fah|ren, das: *Verfahren des Aufbereitens (1) von etw.*
auf|bers|ten ⟨st. V.; ist⟩ (geh.): *mit Gewalt aufbrechen, aufplatzen:* die Schalen der Kastanien barsten auf; Ü Es hörte sich an, als berste der Himmel mit schartigen Rissen auf (Hausmann, Abel 112).
auf|bes|sern ⟨sw. V.; hat⟩: *in der Qualität od. Quantität steigern; verbessern:* das Gehalt, die Renten, die Verpflegung a.; er besucht einen Englischkurs, um seine Sprachkenntnisse aufzubessern; muss sich seine Regierung ... bemühen, das ... angeschlagene Image im Ausland aufzubessern (NZZ 27. 8. 86, 3); Etliche verlegten sich aufs Fischen, um ihre Kost aufzubessern (Gaiser, Jagd 45); Insgesamt werden die Budgets der beteiligten Schulen und Kindergärten um rund 30 000 Mark aufgebessert (FR 15. 3. 99, 17).
Auf|bes|se|rung, die; -, -en: *das Aufbessern.*
auf|bet|ten ⟨sw. V.; hat⟩: **a)** (landsch.) *neu betten; das Bettzeug aufschütteln; das Bett machen:* Die Frau bettete dem Dichter die Kissen auf (Bienek, Erde 231); **b)** *im Bett höher legen:* einen Kranken a.
Auf|bet|tung, die; -, -en: *das Aufbetten.*
auf|be|wah|ren ⟨sw. V.; hat⟩: *in Verwahrung nehmen; sorgsam hüten, aufheben; etw. gut, sorgfältig a.; die Medikamente sind kühl, im Kühlschrank aufzubewahren (zu lagern);* Fotografien als, zum Andenken a.; etwas für die Nachwelt a. *(bewahren, erhalten);* Im arabischen Kulturkreis wurde uns das Wissen der Antike aufbewahrt (Medizin II, 184); Ü seine Mutter hatte ihm die Geschichte so oft erzählt, dass er glaubte, jedes Wort, jede Bewegung ... wären in seinem Gedächtnis aufbewahrt (Ossowski, Flatter 9); arbeitet sie ... in einem der Häuser, wo die Kinder aufbewahrt *(gehütet)* werden (Volksblatt 17. 6. 84, Magazin 2); vergessene Helden, die kein Rolandslied aufbewahrt (Langgässer, Siegel 403).
Auf|be|wah|rung, die; -: **a)** *das Aufbewahren, Verwahren:* jmdm. etw. zur A. geben; **b)** *Gepäckaufbewahrung (2):* eine Reisetasche an, bei der A. abgeben; fragen Sie die Angestellte an der A. für Handgepäck.
Auf|be|wah|rungs|ge|bühr, die: *Gebühr für die Aufbewahrung von Handgepäck o. Ä.*
Auf|be|wah|rungs|ort, der ⟨Pl. -e⟩: *Stelle, Platz, wo etw. aufbewahrt wird.*
Auf|be|wah|rungs|pflicht, die (bes. Wirtsch.): *Pflicht von Unternehmen, bestimmte Unterlagen (z. B. Handelsbücher, Bilanzen, im Güterverkehr die Beförderungspapiere) für einen rechtlich festgesetzten Zeitraum aufzubewahren.*
Auf|be|wah|rungs|raum, der: *Raum zum Aufbewahren bestimmter Dinge.*
Auf|be|wah|rungs|schein, der (bes. Wirtsch., Verkehrsw.): *Bescheinigung über die zur Aufbewahrung übergebenen Werte.*
Auf|be|wah|rungs|stel|le, die: *Stelle, an der etw. aufbewahrt wird.*
Auf|be|wah|rungs|zeit, die: *Zeit, Dauer, für die etw. für jmdn. aufbewahrt werden kann:* die A. ist begrenzt.
auf|bie|gen ⟨st. V.; hat⟩: **a)** *auseinander biegen:* den Schlüsselring, den Draht a.; **b)** *nach oben biegen:* den Deckel der Büchse a.; die etwas aufgebogene Spitze der Nase (Musil, Mann 833).
auf|bie|ten ⟨st. V.; hat⟩ [mhd. ūfbieten = (zeigend) in die Höhe heben]: **1.** *einsetzen, zusammenraffen, aufwenden:* alle Kräfte, seinen Einfluss, seine ganze Überredungskunst a., um jmdn. zu überzeugen. **2.** *zur Erledigung einer Aufgabe aufrufen, für die Erledigung einer Aufgabe einsetzen:* Militär, Polizei a.; alle verfügbaren Kräfte waren zum Einsatz aufgeboten; Soldaten a. (veraltet; *einberufen);* hätte er den Jungen als Zeugen der Anklage aufgeboten (Ziegler, Labyrinth 310); die aufgebotenen Streitkräfte. **3.** (früher) *die beabsichtigte Eheschließung eines Paares öffentlich bekannt geben, verkünden (um mögliche Ehehindernisse zu ermitteln):* es wurden gleichzeitig fünf Paare aufgeboten. **4.** (bei Versteigerungen) *den festgelegten Ausgangspreis ausrufen:* ein Bild mit 400 Mark a.
Auf|bie|tung, die; -, -en: **1.** ⟨o. Pl.⟩ *das Aufbieten (1), Aufwendung; Anspannung:* unter, (seltener:) mit, bei A. aller Kräfte, seiner ganzen Energie. **2. a)** *Aufbieten (2), Aufruf:* die A. der Jugend; **b)** *Einsatz:* die A. des Polizeiapparates. **3.** (früher) *die öffentliche Bekanntgabe der beabsichtigten Eheschließung, Aufgebot:* die A. des Brautpaares.
auf|bin|den ⟨st. V.; hat⟩: **1.** *(Zusammengebundenes, Zugeschnürtes) lösen, öffnen:* die Schnürsenkel, eine Schleife, eine Schürze a.; ich band [mir] die Krawatte auf; die Thibaut ... fing an, meinen Schlips aufzubinden (Fallada, Herr 7). **2.** *(Heruntergehängtes) hochbinden:* Ein ganzes Regiment von Rosenstöcken stand sauber in Reih und Glied, jeder einzelne ... mit Bast aufgebunden (Werfel, Himmel 108); die Reben a. (Weinbau; *junge Triebe zusammenbinden, an den Pfahl binden);* ein Mädchen mit aufgebundenem *(hochgestecktem)* Haar. **3. a)** *auf etw. festbinden:* das Kochgeschirr auf den Rucksack a.; **b)** (ugs.) *sich (Unangenehmes u. Beschwerliches) aufbürden:* mit dieser Einladung hast du dir ja was aufgebunden! **4.** (ugs.) *jmdm. etw. Unwahres erzählen, weismachen:* wer hat dir diese Lüge aufgebunden?; Lutz rekapitulierte, was er seinem Vernehmer bisher aufgebunden hatte (Loest, Pistole 95). **5.** (Buchw.) *(ein Buch) binden (5 d):* Bücher neu a.
Auf|biss, der; -es, -e (Zahnmed.): *Hilfsmittel zur Behebung einer Anomalie des Gebisses:* dem Kind wurde ein seitlicher A. eingesetzt.
auf|blä|hen ⟨sw. V.; hat⟩: **1. a)** *rund, prall machen, aufbauschen, aufschwellen:* die Nasenflügel a.; der Bauch der Kuh ist aufgebläht *(aufgetrieben);* Ü Der hohe Dollarkurs hat die Bilanzen der Schweizer Banken ... um zehn Prozent aufgebläht (Basellandschaftl. Zeitung 27. 3. 85, 4); ein aufgeblähter *(in unangemessener Weise vergrößerter)* Verwaltungsapparat; **b)** ⟨a. + sich⟩ *aufgebläht (1 a) werden:* die Segel blähten sich im Wind auf; Hin und wieder bildet sich ... eine weißliche Blase, bläht sich auf, platzt (Ossowski, Flatter 162); Ü Nachrichten, die sehr rasch Flügel bekamen und sich von Enten aufblähten, denen wir ... keinen Glauben schenkten (Perrin, Frauen 36). **2.** ⟨a. + sich⟩ (abwertend) *sich wichtig tun, sich großtun:* bläh dich nicht so auf!; dieser aufgeblähte Mensch!
Auf|blä|hung, die; -, -en: **1.** *das Aufblähen.* **2.** (Tiermed.) *Blähsucht (bes. bei Wiederkäuern), Trommelsucht.*
auf|blas|bar ⟨Adj.⟩: *sich aufblasen lassend:* eine -e Schwimmweste; -e Kleiderbügel; ein so verrückter Modemacher ..., der einst die -en Möbel erfand (Spiegel 10, 1976, 166).
auf|bla|sen ⟨st. V.; hat⟩: **1.** *(durch kräftiges Hineinblasen) rund, prall machen, anschwellen lassen:* eine Papiertüte, einen Luftballon a.; vor Anstrengung die Backen a.; Der Wind ... bies Barchent und Leinen auf (Bieler, Bonifaz 51); Die eine strotzte nur so vor Gesundheit und sah wie ein aufgeblasener Ballon aus (Hilsenrath, Nacht 79); ⟨subst.:⟩ Albert ließ sich Gummitiere zum Aufblasen zeigen (Böll, Haus 152); Ü sie ... Staatsaktionen auf (Hesse, Sonne 5). **2.** ⟨a. + sich⟩ (ugs. abwertend) *sich wichtig tun:* blas dich doch nicht so auf!; so ein aufgeblasener *(eingebildeter, überheblicher)* Kerl; all die aufgeblasenen Studenten und Professoren, die sie so von Herzen verachtet (Wilhelm, Unter 117).
auf|blät|tern ⟨sw. V.; hat⟩: **1. a)** *(die Seiten eines Buches, einer Zeitung o. Ä.) auf-*

schlagen *[um etw. zu suchen]:* ein Wörterbuch, den Anzeigenteil der Zeitung a.; Svoboda kauft eine Zeitung, die er mitten auf der Straße sogar aufblättert, als habe er Verlangen nach Neuigkeiten (Frisch, Gantenbein 348); Ü ein Lächeln im Gesicht, das Poesiealben aufblättert, gepresste Blumen und Gräser in die Küche streut (Fries, Weg 34); **b)** *die Seiten eines Buches o. Ä. flüchtig u. schnell umschlagen:* gelangweilt eine Illustrierte a. **2.** ⟨a. + sich⟩ *(geh.) (von Blüten) sich öffnen:* die Rosen haben sich schon aufgeblättert.

auf|blei|ben ⟨st. V.; ist⟩ (ugs.): **1.** *geöffnet bleiben, offen bleiben:* das Fenster ist die ganze Nacht über aufgeblieben. **2.** *nicht zu Bett gehen:* bis 23 Uhr, die ganze Nacht a.; 13-Jährige ... durften a., um ... den Psychothriller ... zu sehen (Spiegel 28, 1976, 126).

Auf|blen|de, die; - (Film): *allmählicher Übergang von völliger Schwärze zu normaler Belichtung.*

auf|blen|den ⟨sw. V.; hat⟩: **1.** *mit voller Lichtstärke scheinen:* die Scheinwerfer, die Lichter des Leuchtturms blendeten plötzlich auf. **2.** (Verkehrsw.) *(die Scheinwerfer) auf Fernlicht einstellen:* Ich blende zweimal den Scheinwerfer auf (Sobota, Minus-Mann 185); Im Zickzack-Kurs und mit aufgeblendeten Scheinwerfern (FR 21. 2. 97, 1); der Lkw blendete auf *(der Fahrer des Lkw schaltete das Fernlicht ein);* (subst.:) dass das so genannte Aufblenden auf Landstraßen ... sehr viel gefährlicher ist (Mensch im Verkehr 52). **3.** (Fot.) *durch Größerstellen der Blende verstärkt Licht einfallen lassen:* Man stellt die Kamera ... auf ein stabiles Stativ, blendet voll auf und lässt das Licht ... einwirken (Fotomagazin 8, 1967, 74). **4.** (Film): **a)** *eine Filmaufnahme, eine Einstellung beginnen:* Szene 1, bitte a.!; **b)** *(vom Film[ausschnitt]) abzulaufen beginnen:* eine Szene aus dem alten Film blendete auf.

Auf|blen|dung, die; -, -en: *das Aufblenden.*

Auf|blick, der; -[e]s, -e ⟨Pl. selten⟩ (geh.): *das Aufblicken, aufwärts gerichteter Blick:* ein kurzer, erstaunter A.; Der Knabe verband mit bittendem A. eine tröstend liebkosende Gebärde (Th. Mann, Joseph 82); nichts Ungewöhnliches, fügte ... Soudrais auf einen überraschten A. Gorons hinzu (Maas, Gouffé 21).

auf|bli|cken ⟨sw. V.; hat⟩: **1.** *den Blick nach oben, in die Höhe richten; hochschauen, aufsehen:* kurz, verwundert, freundlich a.; von seiner Arbeit, zu jmdm. a.; sie antwortete, ohne von ihrer Arbeit aufzublicken; Als er aufblickte, blickte er gerade in Joans Augen (Remarque, Triomphe 214); das Hündchen ..., eine zierliche Kreatur, die treuherzig zu mir aufblickte (Kusenberg, Mal 83). **2.** *(jmdn.) bewundernd verehren:* ehrfürchtig, in Verehrung zu jmdm. a.; er ist ein Mensch, zu dem man a. kann.

auf|blin|ken ⟨sw. V.; hat⟩: *plötzlich, kurz blinken, schimmern; blinkend, schimmernd aufleuchten:* Lichter, Sterne blinken im Dunkel auf; Ich ... hielt nicht eher inne, bis ich das Wasser des Hafens vor mir a. sah (Fallada, Herr 94); Ü in seinen Augen blinkte Begierde auf.

auf|blin|zeln ⟨sw. V.; hat⟩, *kurz blinzeln, blinzelnd aufschauen:* verstohlen, schelmisch a.; Augen, die unter der vorgehaltenen Hand neugierig aufblinzelten; Als ... Buchner aus trübem ... Dahindämmern aufblinzelte (Plievier, Stalingrad 347).

auf|blit|zen ⟨sw. V.⟩: **a)** *plötzlich blitzend, blinkend aufleuchten* ⟨hat⟩: eine Taschenlampe blitzte plötzlich auf; in seinen Händen blitzte ein Messer auf; dann blitzte am Himmel ein Feuerschein auf (Ott, Haie 350); **b)** *plötzlich in jmds. Bewusstsein auftauchen* ⟨ist⟩: eine Idee, eine Erinnerung blitzte in ihm auf.

auf|blo|cken ⟨sw. V.; hat⟩ [zu ↑Block] (Jägerspr.): *(von Raubvögeln) sich auf einem Baum od. Felsen niederlassen:* Krähenschwärme ... die blockten auf den kahlen Zweigen zu Hunderten auf (Schnurre, Schattenfotograf 78).

auf|blü|hen ⟨sw. V.; ist⟩: **1.** *sich blühend entfalten, die Blüten öffnen:* Damit hofft man den Einfluss regenreicher Sommermonsune nachweisen zu können, die die Wüsten zu jener Zeit a. ließen (Handelsblatt 17. 3. 99, 45); die Rosen fangen gerade an aufzublühen; Ü (geh.:) ihr blasses Gesicht war bei seinen Worten auf einmal aufgeblüht (hatte eine rosige Farbe angenommen); das Mädchen ist eine voll aufgeblühte Schönheit. **2. a)** *sich entfalten, sich entwickeln, Aufschwung nehmen:* Wissenschaft und Handel blühten auf; Dass damit aber auch die Schwarzmärkte aufblühten, versteht sich von selbst (NZZ 30. 1. 83, 9); das IOK jedoch blühte zu einem weltweit potenten Unternehmen auf (Weltwoche 17. 5. 84, 41); Okkultismus blühe immer in Krisenzeiten auf (NNN 23. 2. 88, 2); eine aufblühende Branche; **b)** *aufleben, eine positive Stimmung, eine lebensbejahende Haltung gewinnen:* er blüht sichtbar auf, seit er den Arbeitsplatz gewechselt hat; Es ist immer wieder zum Staunen, ... wie diese Alten aufblühen, sobald sie an Bord sind (Konsalik, Promenadendeck 394); Karoline blühte sichtbar auf, als ihre beiden Buben ... gelobt wurden (Kühn, Zeit 113).

Auf|blü|te, die; - (landsch.): *das Aufblühen* (1): ist trotz des milden Winters mit »einer etwas verspäteten A. der Obstgehölze« zu rechnen (MM 6. 3. 73, 11).

auf|bo|cken ⟨sw. V.; hat⟩: *etw. mithilfe einer besonderen Vorrichtung auf ein Gestell, einen Bock stellen:* ein Auto a.; sie hatte ihr Motorrad am Straßenrand aufgebockt *(auf den Kippständer gestellt);* Von Ravens hatte ein Reißbrett geliehen und neben der Kammer seines Vaters in der Mansarde aufgebockt (Bieler, Bär 168); in der Ecke stand aufgebockt ein Aquarium (Wellershoff, Körper 164).

auf|boh|ren ⟨sw. V.; hat⟩: *durch Bohren eine Öffnung schaffen; ein Loch in etw. bohren:* einen Backenzahn, die Schädeldecke a.; den Tresor, die Bankwand a.

auf|bran|den ⟨sw. V.; ist⟩ (geh.): *(von Wellen) tosend hochschlagen (an Felsen o. Ä.):* die aufbrandende Flut; Ü Beifall brandet auf *(setzt plötzlich mit Heftigkeit ein);* Ein Murren des Unwillens, ein empörtes Zischen brandete im Saal auf (Baum, Paris 124).

auf|bras|sen ⟨sw. V.; hat⟩ (Seemannsspr.): *die Rahen mithilfe der ²Brassen so drehen, dass sie quer zum Schiff stehen:* das Schiff a.

auf|bra|ten ⟨st. V.; hat⟩: *(eine [schon einmal gebratene] erkaltete Speise) durch kurzes Braten aufwärmen:* Frikadellen vom Mittag abends a.; Nudeln a.

Auf|brauch, der; -s (Kaufmannsspr.): *völliger Verbrauch:* Die Verkaufsdauer endet mit dem A. der Bestände (MM 27. 9. 82, 37).

auf|brau|chen ⟨sw. V.; hat⟩: *ganz, bis auf den letzten Rest verbrauchen:* alle Ersparnisse, seine Barschaft a.; Als sie dann schon ihren ganzen Urlaub aufgebraucht hatte, nahm sie unbezahlten (Frischmuth, Herrin 91); seine Energie, seine Geduld ist aufgebraucht *(ist erschöpft).*

auf|brau|sen ⟨sw. V.; ist⟩: **1.** *brausend, schäumend hochsteigen; zu wallen beginnen:* Natron braust im Wasser auf; Ü Beifall, Jubel braust auf *(setzt plötzlich ein).* **2.** *zornig auf-, hochfahren:* schnell, leicht a.; »Verdammt!«, brauste Belfontaine jähzornig auf (Langgässer, Siegel 83); er ist immer gleich aufgebraust; ein aufbrausendes *(cholerisches)* Temperament.

auf|bre|chen ⟨st. V.⟩ [3: eigtl. = das Lager aufbrechen (= abbrechen)]: **1.** ⟨hat⟩ **a)** *(Verschlossenes) gewaltsam öffnen:* ein Schloss, eine Tür, eine Kiste, einen Safe mit einem Stemmeisen a.; Auf einem Parkplatz in den B-Quadraten sieben Unbekannter abends sieben abgestellte Autos auf (MM 16. 12. 80, 13); Im Treppenhaus ... wurden die Briefkästen aufgebrochen (Eppendorfer, St. Pauli 104); **b)** *(eine geschlossene Fläche) auseinander brechen:* den Asphalt mit dem Bohrer a.; das Schwarzwild hat die Erde aufgebrochen; Ü zu versuchten, das System aufzubrechen; Deren (= der UEFA) Funktionäre verkünden, es sei gelungen, den »Festungscharakter des Fernsehmarkt aufzubrechen« (SZ 5. 5. 99, 4); Diese Pattsituation kann dann aufgebrochen werden (Furche 6. 6. 84, 19); **c)** (geh.) *hastig, ohne Sorgfalt öffnen:* einen Brief, ein Telegramm a.; **d)** (Jägerspr.) *(erlegtes Wild) ausweiden:* einen Hirsch a. **2.** ⟨ist⟩ **a)** *sich öffnen, aufgehen, aufspringen:* die Kastanienknospen sind aufgebrochen; **b)** *(von einer Oberfläche) aufreißen, aufplatzen, auseinander brechen:* die Eisdecke, der Asphalt ist aufgebrochen; ein Geschwür ist aufgebrochen; eine Wunde bricht [wieder] auf; Ü alte Wunden brachen in ihm auf; **c)** (geh.) *plötzlich hervortreten, auf einmal spürbar da sein:* ein Gegensatz war zwischen ihnen aufgebrochen; Doch die Gefahr konnte jederzeit neu a. (W. Brandt, Begegnungen 36); Es waren vor allem drei Punkte, an denen die Kontroverse um das Grundsatzprogramm aufbrach (Stamokap 119). **3.** *einen Ort* verlassen, fortgehen, sich auf den Weg machen ⟨ist⟩: in aller Frühe, zu einer Orientreise a.; pünktlich a.; die Gäste brachen nur zögernd auf; So wie die Dinge standen, war Irene aufgebrochen, ohne sich zu verabschieden (Erné, Fahrgäste 204); ⟨subst.:⟩ es ist Zeit zum Aufbrechen.

auf|bren|nen ⟨unr. V.⟩: **1.** *(ein Weidetier) mit einem Brandmal versehen, kennzeichnen* ⟨hat⟩: mit dem Brandeisen hantieren, um den Kälbern das Zeichen der Ranch aufzubrennen (MM 29. 8. 69, 28); Ü (meist scherzh.) er brannte ihr einen heißen Kuss a.; * **jmdm. eins a.** (salopp; 1. *jmdm. einen kräftigen Schlag versetzen:* sie hat ihm in ihrer Not [mit der Kohlenschaufel] eins aufgebrannt. 2. *anschießen:* der Jäger hat dem vermeintlichen Wilddieb eins aufgebrannt. **2.** (seltener) *durch Brennen öffnen* ⟨hat⟩: einen Verschluss mit dem Schneidbrenner a. **3.** *(Weinbau) (das Fass) mit einem Schwefelspan ausräuchern* ⟨hat⟩. **4.** (seltener) *emporlodern* ⟨ist⟩: die Flamme war leuchtend aufgebrannt; Ü wilder Hass brennt in ihm auf.

auf|brin|gen ⟨unr. V.; hat⟩ [mhd. ūfbringen = großziehen; erfinden, zustande bringen]: **1.** *(Geldmittel) beschaffen, zusammenbringen, auftreiben:* die notwendigen Mittel, eine Kaution von 10 000 Mark a.; viel Geld für Reparaturen a. müssen; Ü Kraft, Energie, Geduld, den Mut zu etw. a. *(zusammennehmen, aufbieten);* sie hat sehr viel Zeit für ihren Sport aufgebracht; Zur Ästhetik der Kriegsschiffe: Obwohl ich für ihre Verwendung nicht das geringste Verständnis aufbringe (Gregor-Dellin, Traumbuch 113). **2.** (ugs.) *mit Mühe öffnen [können]:* die Tür, das Schloss kaum a.; Was war mit Jeannine geschehen, konnte der Bursche nicht den Mund a.? *(nicht endlich reden?;* Lederer, Bring 118). **3.** *einführen, in Umlauf setzen:* eine neue Mode, ein Schlagwort a.; wer hat denn nur dieses Gerücht aufgebracht?; er habe das Problem jetzt nicht a. wollen (W. Brandt, Begegnungen 236); Shultz wird, wenn er nicht selbst das Thema aufbringt, davon von seinen Gastgebern in Peking zu hören bekommen (NZZ 1. 2. 83, 2). **4. a)** *in Wut bringen, erzürnen:* der geringste Anlass bringt ihn auf; mit aufgebrachter Stimme; **b)** *aufreizen, aufwiegeln, erzürnt machen:* sie versucht, ihn gegen seine Eltern aufzubringen. **5.** (Seemannsspr.) **a)** *beim Auftakeln Stengen, Rahen u. a. montieren;* **b)** *(ein [feindliches] Schiff) zwingen, einen bestimmten Hafen anzulaufen:* der Tanker wurde auf hoher See aufgebracht. **6.** *auf etw. anbringen, auftragen, verteilen:* eine Isolierschicht, Farben a.; Creme auf das Gesicht a.; Wir müssen jetzt noch die ... Deckschicht a. (Neue Zeit 29. 6. 77, 8); Bis vor kurzem brachten viele Bauern auch nährstoffreichen Schlamm aus Gewässern und Kläranlagen auf ihren Feldern auf (DÄ 47, 1985, 25). **7.** (veraltet) *großziehen:* er ist von Pflegeeltern aufgebracht worden; einen Jungvogel a. ♦ **8.** *vorbringen* (1 a): Getraut Er sich, etwas dagegen aufzubringen (Kleist, Krug 7).

Auf|brin|ger, der; -s, - (Seemannsspr.): *Kaperschiff.*

Auf|brin|gung, die; -: *das Aufbringen* (1, 5, 6).

auf|bri|sen ⟨sw. V.; hat⟩ [zu ↑ Brise]: *(vom Wind) an Stärke zunehmen:* am Morgen briste der Wind auf.

auf|brö|ckeln ⟨sw. V.⟩: **a)** *in kleine Brocken auseinander fallen* ⟨ist⟩: das Gestein bröckelt auf; Ü die Stadt bröckelte hier auf, verlor ihr Gesicht (Kreuder, Gesellschaft 136); **b)** *in Bröckchen brechen* ⟨hat⟩: Brot in Brötchen a.

auf|bro|deln ⟨sw. V.; ist⟩: *brodelnd emporsteigen:* Dampf, glühende Lava brodelt auf; aus dem Tal brodelt Nebel auf; Ü Unzufriedenheit war im Land aufgebrodelt; zweimal hat die Volksseele gekocht, zweimal sind die Deutschen aufgebrodelt wie Bromwasser (Tucholsky, Werke II, 126).

Auf|bruch, der; -[e]s, Aufbrüche: **1.** ⟨Pl. selten⟩ *das Aufbrechen* (3): ein allgemeiner, überstürzter, verspäteter A.; Lärmender A. schwemmte uns ins Foyer (Johnson, Achim 203); der A. zur Jagd; im A. begriffen sein; zum A. mahnen, drängen. **2.** *aufgebrochene Stelle:* die durch Frost entstandenen Aufbrüche auf der Autobahn. **3.** (Jägerspr.) *Eingeweide des erlegten Wildes.* **4.** (geh.) *geistiges Erwachen u. das Sich-Erheben:* der A. der Völker Afrikas; Eine große Zeit, May! Unser Volk im A. (Loest, Pistole 11). **5.** (Bergbau) *von unten nach oben, aber nicht bis zur Erdoberfläche geführter Grubenbau, senkrecht verlaufender Blindschacht.* **6.** *das Aufbrechen* (1 a): Kurz vor dem geglückten A. hatte das Duo vergeblich an einem anderen Pkw herumhantiert (MM 19. 2. 82, 15).

auf|bruchs|be|reit ⟨Adj.⟩: *gewillt u. bereit aufzubrechen; fertig zum Aufbruch* (1): a. dastehen.

Auf|bruchs|si|gnal, das: *Zeichen zum Aufbruch* (1): das A. ertönte.

Auf|bruchs|spal|te, die (Geol.): *durch Dehnung des Daches über einem magmatischen Gestein entstandene Spalte.*

Auf|bruch[s]|stim|mung, die; -: *allgemeine Unruhe, die den bevorstehenden Aufbruch* (1) *ankündigt:* es herrschte A.; die Gäste waren in A.; Ü Das ganze Land war in Unruhe und A. (Chr. Wolf, Himmel 18).

auf|brü|hen ⟨sw. V.; hat⟩: *(ein Getränk) durch Übergießen mit kochendem Wasser bereiten:* Kaffee, Tee a.

auf|brül|len ⟨sw. V.; hat⟩: *plötzlich, kurz brüllen:* die Rinder brüllten erschreckt auf; die Menge brüllte auf vor Vergnügen; Ü die Geschütze brüllten auf; Kowalski ließ den Motor a. (Kirst, 08/15, 321).

auf|brum|men ⟨sw. V.⟩: **1.** *plötzlich, kurz brummen* ⟨hat⟩: die Nebelhorn brummte mehrmals auf. **2.** (ugs.) *(als Strafe o. Ä.) auferlegen* ⟨hat⟩: jmdm. Arrest, Zwangsarbeit a.; Trotz der Vorstrafen bekommt er nur zwei Wochen über dem Mindestmaß aufgebrummt (SZ 6. 7. 98, 5); wir bekamen eine Strafarbeit aufgebrummt; jmdm. die Kosten für etw. a. **3.** ⟨ist⟩ **a)** (ugs.) *auffahren, mit etw. zusammenstoßen:* er ist auf meinen Wagen aufgebrummt; **b)** (Seemannsspr.) *auf Grund geraten:* das Schiff brummte auf; Och, wir werden wohl noch öfter a. (Hausmann, Abel 33).

auf|bu|ckeln ⟨sw. V.; hat⟩ (ugs.): *auf den Rücken laden:* ich buckelte mir, ihr die Kiepe Holz auf; Ü jmdm. die Verantwortung a.; Weiß er überhaupt etwas von meiner Existenz? Von meiner unendlichen Arbeit, mit der ich ihm das Unglück abnehme und mir aufbuckle? (Tucholsky, Zwischen 138).

Auf|bü|gel|mus|ter, das: *Stickmuster, das durch Aufbügeln auf einen Stoff übertragen wird.*

auf|bü|geln ⟨sw. V.; hat⟩: **a)** *durch Bügeln wieder glätten, in die gehörige Form bringen:* ich büg[e]le den Rock noch schnell auf; ⟨subst.:⟩ er gab seine Hosen zum Aufbügeln; Ü man hat eine verstaubte Komödie neu aufgebügelt (ugs.; *dramaturgisch modernisiert*); **b)** *durch Bügeln auf einen Stoff übertragen:* ein Stickmuster auf den Kissenbezug a.

auf|bum|sen ⟨sw. V.⟩ (salopp): **1.** *mit einem dumpf dröhnenden Laut aufsetzen* ⟨hat⟩: den schweren Koffer auf die Diele a. **2.** *mit einem dumpfen Ton fallen, auftreffen* ⟨ist⟩: der Ball bumste auf das Pflaster auf; das Kind ist mit dem Hintern aufgebumst; Als die Lockheed auf die Piste aufgebumst und nach einer Gewaltbremsung zum Stehen gekommen war (Spiegel 42, 1978, 277).

auf|bür|den ⟨sw. V.; hat⟩ (geh.): **1.** *jmdn. mit etw. belasten, ihm etw. abverlangen, was eine Bürde für ihn darstellt:* jmdm. die Last des Beweises, Verantwortung a.; das Schweigen des Papstes ... bürdet der Kirche die Schuld auf, die wir sühnen müssen (Hochhuth, Stellvertreter 124); ..., sollten die Kosten der Waldschäden nicht der Allgemeinheit aufgebürdet werden (Basler Zeitung 12. 5. 84, 59); du hast dir eine schwere Arbeit aufgebürdet. **2.** (seltener) *eine Traglast auflegen:* die Flüchtlinge hatten ihr Hab und Gut einem Esel aufgebürdet.

Auf|bür|dung, die; -: *das Aufbürden.*

auf|bürs|ten ⟨sw. V.; hat⟩: **a)** *(Pelz, Samt o. Ä.) durch Bürsten wieder auffrischen:* die Wildlederjacke, die Pelzkappe a.; **b)** *(die Haare) nach oben bürsten.*

auf|däm|mern ⟨sw. V.; ist⟩ (geh.): **1.** *allmählich hell, sichtbar werden:* der Tag dämmerte im Osten auf; als der wolkenfreie Himmel hinter den großen Fenstern aufdämmerte (Hohmann, Engel 155); Ü ein Hoffnungsschimmer dämmert auf. **2. a)** *jmdm. allmählich zu Bewusstsein kommen:* eine Vermutung, ein Verdacht dämmert in jmdm. auf.; ⟨subst.:⟩ Erna hat sich umgedreht. Ich ... mustere sie, bis ich, mit einem Aufdämmern, so tue, als erkenne ich Erna zufällig (Remarque, Obelisk 52); **b)** *jmdm. klar werden, jmdm. endlich aufgehen:* dämmert dir immer noch nicht auf, warum er das gesagt hat?

auf|damp|fen ⟨sw. V.⟩: **1.** *dampfend aufsteigen* ⟨ist⟩: über dem Fluss dampfte Ne-

aufdämpfen

bel auf; aufdampfender Kaffee. **2.** (Technik) *verdampfende Metalle o. Ä. auf die Oberfläche von etw. einwirken lassen, die dadurch mit einer Schutzschicht überzogen wird* ⟨hat⟩: *auf Zink eine Goldschicht a.;* Zur Entspiegelung werden auf das Glas Schichten aufgedampft, die bestimmte Farben des Lichts ... sozusagen auslöschen (ADAC-Motorwelt 8, 1980, 37).
auf|dämp|fen ⟨sw. V.; hat⟩: *feucht aufbügeln, durch Dampf auffrischen:* einen Hut, eine Hose, eine Krawatte a.
auf|da|tie|ren ⟨sw. V.; hat⟩ [LÜ von engl. to update]: *auf den neuesten, aktuellen Stand bringen, aktualisieren:* Die technischen, wirtschaftlichen und sozialen Randbedingungen sind aber in stetem Wandel begriffen, sodass die Analyse ... überprüft und aufdatiert werden sollte (CCI 8, 1987, 49).
Auf|da|tie|rung, die; -, -en: *das Aufdatieren, Aufdatiertwerden.*
auf|de|cken ⟨sw. V.; hat⟩: **1.** *die Decke o. Ä. von etw., jmdm. ab-, herunternehmen:* das Kind, den Kranken, den zugedeckten Käfig a.; das Bett a. *(die Bettdecke zurückschlagen);* du hast dich im Schlaf aufgedeckt *(hast deine Bettdecke weggeschoben).* **2.** *(Spielkarten) mit der Bildseite nach oben hinlegen:* willst du deine Karten nicht endlich a.? **3. a)** *(eine Tischdecke) auflegen:* zum Abendessen ein neues Tischtuch a.; **b)** *den Tisch decken:* die Kinder hatten schon aufgedeckt; Wenn Giesing mit den Servietten in das Esszimmer kommt und ... a. will, ... (Kempowski, Zeit 128). **4.** *(etw. Verborgenes, nicht Erkennbares) enthüllen, bloßlegen:* Missstände, Schwächen schonungslos a.; eine Verschwörung, einen Skandal a.; Im vergangenen Jahr wurden in der Bundesrepublik mehr als 4,3 Millionen Straftaten aufgedeckt (Rheinische Post 12. 5. 84, 1); Nur Anfänger fürchten, selbst veranlasste Autopsien würden Kunstfehler a. (Hackethal, Schneide 42); Ursachen, Zusammenhänge a. *(offenlegen, bewusst machen);* Wir versuchen, in die Gedankenwelt dieser Menschen einzudringen, ihre Gefühle aufzudecken (Weber, Tote 373).
Auf|de|ckung, die; -, -en: *das Aufdecken* (4): die A. des Betrugs, dieses Geheimnisses.
auf|don|nern, sich ⟨sw. V.; hat⟩ [H. u.] (salopp abwertend): *sich geschmacklos u. übertrieben zurechtmachen, kleiden:* sich allzu sehr, fürchterlich a.; Eine aufgedonnerte Sekretärin musterte ihn beleidigend (Springer, Was 314).
auf|dor|nen ⟨sw. V.; hat⟩ (Technik): *Bohrlöcher od. Rohrenden mithilfe eines kegelförmigen Dorns erweitern.*
auf|drän|geln ⟨sw. V.; hat⟩ (ugs.): *aufdrängen* (1, 2).
auf|drän|gen ⟨sw. V.; hat⟩: **1.** *hartnäckig anbieten, aufzunötigen versuchen:* jmdm. eine Ware a.; erinnere mich, wie Ilz mir das Sofa ja förmlich aufgedrängt und mir von dem Bett dringend abgeraten hat (Hofmann, Fistelstimme 163); Aber meine Mutter ... drängt Sonja noch ein Brot auf *(nötigt sie, es zu essen;* Gabel, Fix 74); jmdm. seine Ansichten a. *(aufoktroyieren);* ich habe ihn in diesem Fall nicht um seine Meinung gebeten. Er hat sie uns aufgedrängt (Kemelman [Übers.], Mittwoch 161); er hat mir seine Begleitung förmlich aufgedrängt; lass dir nichts a. **2.** ⟨a. + sich⟩ *sich (seine Dienste o. Ä.) jmdm. in aufdringlicher Weise, unaufgefordert anbieten:* allen Leuten hast du dich [als Ratgeber] aufgedrängt; Außerdem hatte sie sich selbst bei diesem Kerl eingeladen. Sich aufgedrängt, wenn man so wollte (Bastian, Brut 147); Na dann zieh doch ab, denkt mein Großvater, ich dränge mich ja nicht auf (Bobrowski, Mühle 289); ich will mich nicht a. *(will nicht lästig fallen).* **3.** ⟨a. + sich⟩ *sich unwillkürlich bei jmdm., in jmds. Bewusstsein einstellen:* Was sich auf der Fahrt durch die römische Campagna am stärksten aufdrängt, sind die Bilder ihrer Zerstörung (Fest, Im Gegenlicht 307); Assoziationen, die sich auch bei oftmaligem Hören aufgedrängt haben, ... (Melos 3, 1984, 114); ein Gedanke, ein Verdacht drängt sich [mir] auf; Doch ein Problem drängt sich auf, eine Frage muss Happel ... beantworten (Kicker 82, 1981, 23).
auf|dre|hen ⟨sw. V.; hat⟩: **1. a)** *durch Drehen öffnen:* den Verschluss, den Wasserhahn a.; Auf den Gedanken, das Ventil weiter aufzudrehen, kam er nicht (Ott, Haie 364); **b)** (ugs.) *durch Öffnen eines Ventils, einer Schließvorrichtung zuströmen lassen:* das Gas a.; Sie musste, während sie das Wasser aufdrehte, ... ein ... Tuch unter den Kran gehalten haben (Schröder, Wanderer 141); **c)** *durch Drehen lockern:* eine Schraube a.; **d)** (ugs.) *durch Drehen lauter stellen:* das Radio a.; Er dreht den Plattenspieler voll auf, bis zur Klirrgrenze (Degener, Heimsuchung 125); **e)** (südd., österr.) *ein-, anschalten:* die Zimmerbeleuchtung a.; **f)** (landsch.) *durch Drehen aufziehen, in Gang setzen:* die Spieldose, ein Spielzeugauto a. **2. a)** *(das Haar) auf Lockenwickler aufwickeln:* ich drehte [mir] nach dem Waschen die Haare auf; **b)** *nach oben drehen, aufzwirbeln:* den Schnurrbart a. **3.** (ugs.) *Gas geben, beschleunigen:* auf der Autobahn a.; Ü in der zweiten Halbzeit hatte die Mannschaft noch einmal aufgedreht *(die Leistung, das Tempo gesteigert);* Bands von Jugendmusikschulen drehten bei der Kulturwoche tüchtig auf *(spielten mit Schwung auf;* MM 29. 9. 89, 22). **4. a)** (ugs.) *in Stimmung kommen:* nach dem dritten Glas drehte er mächtig auf; Ihre wiedergewonnene gute Laune ließ sie sich jedoch nicht verderben. Im Gegenteil, sie drehte auf (Bastian, Brut 92); **b)** (südd., österr.) *zu schimpfen anfangen, wütend werden.* **5.** (Seemannsspr.) *(das Schiff) gegen den Wind od. gegen die Strömung drehen.*
auf|drie|seln ⟨sw. V.; hat⟩ (landsch.): *aufdröseln.*
auf|drin|gen ⟨st. V.; hat⟩ (veraltet): *aufdrängen* (1, 2). ◆ Des Königs Absicht ist, ... ihr eigenes Heil, wenn's sein muss, ihnen aufzudringen (Goethe, Egmont IV).

auf|dring|lich ⟨Adj.⟩ [zu veraltet aufdringen = aufdrängen]: *sich aufdrängend, lästig fallend, [durch Bitten, Fragen o. Ä.] andere belästigend:* ein -er Vertreter; -e Musik; die Fans werden immer -er; Ü ein -er *(sehr starker, als unangenehm empfundener)* Geruch; Die soll übrigens eine ziemlich lose Person sein: a. *(übertrieben auffällig)* geschminkt und zwei Kinder ohne Vater (Brot und Salz 338); das wiederum gibt diesem Möbel eine so -e Wichtigkeit, als stünde es in einem Museum (Frisch, Stiller 424).
Auf|dring|lich|keit, die; -, -en: **a)** ⟨o. Pl.⟩ *das Sichaufdrängen, aufdringliche Art:* die freche A. dieses Reporters; **b)** *aufdringliche Äußerung, Annäherung:* jmds. -en nicht mögen; Der Junge drängt sich noch näher zu ihm ..., stieß mit flüchtiger A. gegen den Schenkel des Älteren (Jahnn, Nacht 96).
auf|dröh|nen ⟨sw. V.; hat/ist⟩: **a)** *plötzlich dröhnend einsetzen:* Beifall ist aufgedröhnt; **b)** *einen kurzen dröhnenden Laut von sich geben:* die Motoren dröhnten auf.
auf|drö|seln ⟨sw. V.; hat⟩ (ugs.): *(Zusammengedrehtes o. Ä.) auf etw. mühevolle u. Zeit beanspruchende Weise wieder entwirren:* die Kordel, verheddertes Wolle, eine Strickarbeit a.; Irgendwo habe ich von einer griechischen Fürstin gelesen, die den Teppich, den sie tagsüber wirkte, über Nacht wieder aufdröselte (Heym, Schwarzenberg 126); Ü einen verschachtelten Satz a. *(in seine Einzelteile zerlegen, auflösen);* ein Problem a. *(analysieren);* Es gibt in der Verwaltung niemanden, der uns Parlamentariern diese Zusammenhänge richtig a. *(entwirren)* kann (Hamburger Abendblatt 23. 5. 85, 3).
Auf|druck, der; -[e]s, -e: **1. a)** *kurzer, auf etw. aufgedruckter Text:* Sie nahm die Karte, die in einem Kuvert steckte, besah den flotten A., der für die Fluglinie Reklame machte, ... (Baum, Paris 138); **b)** (Philat.) ²*Überdruck:* eine Briefmarke der alten Reichspost mit dem A. des veränderten Wertes. **2.** (Physik) *in einer Flüssigkeit nach oben wirkender Druck.*
auf|dru|cken ⟨sw. V.; hat⟩: *druckend auf etw. übertragen, aufbringen:* Postwertstempel auf Drucksachen a.; auf den Stoff geometrische Muster a.; er hat überall seinen Namen aufgedruckt.
auf|drü|cken ⟨sw. V.; hat⟩: **1. a)** *durch Drücken, durch Druck öffnen:* die Tür, das Fenster a.; **b)** (ugs.) *durch Knopfdruck öffnen:* auf ihr Klingeln hin wurde aufgedrückt *(die Haustür geöffnet);* **c)** (ugs.) *durch Drücken aufplatzen lassen [und auspressen]:* [sich, jmdm.] einen Pickel, ein Geschwür a. **2. a)** (ugs.) *fest auf den Kopf setzen:* jmdm., sich einen Kranz, einen Hut a.; **b)** *(als Stempel) auf etw. drücken, aufprägen:* das Amtssiegel auf ein Schriftstück a.; ***jmdm. einen a.** (salopp; einen Kuss geben);* **c)** *fest auf etw. drücken, mit starkem Druck aufsetzen:* den Bleistift beim Schreiben nicht zu sehr a.; wenn du etwas stärker aufdrückst, wird der Tintenkuli schon schreiben; a. drückt mit der Feder zu hart auf. **3.** (ugs.) *aufzwingen, mit Druck*

auferlegen: Da soll uns ... eine Industrieanlage aufgedrückt werden (Hamburger Rundschau 11. 8. 83,7); dass einzelne Mandatsträger der Partei derzeit ein Diskussion aufdrücken, die nun auch die Partei zu entscheiden habe (taz 6. 12. 84,5).

Auf|druck|fäl|schung, die (Philat.): *Fälschung des Aufdrucks* (1 b).

Auf|druck|fehl|druck, der (Philat.): *Aufdruck, der in der Farbe nicht stimmt od. der für die entsprechende Briefmarke nicht vorgesehen war.*

auf|ei|nan|der ⟨Adv.⟩: **1.** *eines auf dem andern, auf den andern:* a. auffahren; die Zähne a. beißen; die mit Klebstoff bestrichenen Seiten fest a. drücken; an mehreren a. folgenden Tagen; es folgten Frage und Antwort geläufig a. (Musil, Mann 642); die beiden Mäntel a. hängen; die Anzüge hingen a.; die Hunde a. hetzen; Steine a. häufen; die Bücher a. legen, schichten, setzen, stapeln, türmen; die Brotscheiben lagen a.; die Dreiecke passten a.; die beiden Autos prallten, stießen a.; die Meinungen prallten, stießen hart a. *(es gab heftige Meinungsverschiedenheiten);* die Lippen a. pressen; Perlen auf einer Schnur a. reihen; mir schlagen die Zähne a. (Schnurre, Bart 188); die Teile sitzen fest a.; die Reisenden mussten dicht a. *(dicht gedrängt)* sitzen; die Sieger treffen im Halbfinale a. **2.** *auf sich [gegenseitig]; einer auf den anderen:* a. angewiesen sein; a. warten; sich a. einstellen; wir stimmen unseren Urlaub a. ab (v. d. Grün, Glatteis 226).

auf|ei|nan|der bei|ßen, auf|ei|nan|der drü|cken: s. aufeinander.

Auf|ei|nan|der|fol|ge, die, -: *Reihenfolge, Abfolge:* zeitliche A.; in rascher A. *(schnell nach-, hintereinander)* schoss er drei Tore.

auf|ei|nan|der fol|gen, auf|ei|nan|der hän|gen, auf|ei|nan|der häu|fen, auf|ei|nan|der het|zen, auf|ei|nan|der le|gen usw.: s. aufeinander (1) usw.

auf|en|tern ⟨sw. V.; ist⟩: *entern.*

Auf|ent|halt, der; -[e]s, -e [mhd. ûfenthalt = Beistand, Unterhalt, Bleibe, zu ûfenthalten = aufrecht halten, beistehen; zurückhalten]: **1.** *das Sichaufhalten; zeitlich begrenzte Anwesenheit an einem Ort:* der A. im Depot ist verboten; ihr zweiter, etwas längerer A. in Florenz war sehr schön; bei meinem A., während meines -s in München. **2. a)** *Unterbrechung (einer Fahrt o. Ä.):* der Zug hat in Basel nur wenige Minuten A.; wie lange hat der Intercity hier A.?; ohne A. durchfahren; **b)** (geh.) *Verzögerung, Aufhaltung:* Unten (= im Hotel) gab es einen kleinen A., Madame reichte ihm ein Telegramm (Baum, Paris 96); eigentlich verrichte ich alle Handgriffe mit eiliger und unschuldiger Oberflächlichkeit, als wollte ich möglichst ohne -e zum eigentlichen Kern meiner Tagesarbeit vordringen (Mayröcker, Herzzerreißende 61). **3.** (geh.) *Ort, an dem sich jmd. aufhält; Wohnort:* sein jetziger A. ist Rom; Aber ihres war ein unwirtlicher A., tief unter der Erde (Maass, Gouffé 78); * **A. neh|men** (geh.; *eine gewisse Zeit an einem bestimmten Ort verweilen*): vorübergehend in Berlin A. nehmen.

Auf|ent|hal|ter, der; -s, - (schweiz.): *jmd., der nur vorübergehend in einer Stadt o. Ä. seinen Wohnsitz hat:* Man weiß ja, dass politische Tätigkeit fremder A. von der eidgenössischen Regierung nicht gern gesehen wird (Muschg, Gegenzauber 72).

Auf|ent|hal|te|rin, die; -, -nen: w. Form zu ↑ Aufenthalter.

Auf|ent|halts|be|fug|nis, *Aufenthaltsgenehmigung aus völkerrechtlichen od. dringenden humanitären Gründen od. zur Wahrung politischer Interessen.*

Auf|ent|halts|be|rech|ti|gung, die: *Recht zu einem zeitlich u. räumlich unbeschränkten Aufenthalt in einem Land:* Knapp ein Prozent der im Kreis Offenbach lebenden Ausländer, 5 500, haben eine A., das bedeutet, sie können ohne Meldung bei der Behörde dauerhaft in Deutschland leben (FR 3. 3. 99, 1).

Auf|ent|halts|be|schrän|kung, die: *behördliche Beschränkung der Aufenthaltsdauer in einem Land.*

Auf|ent|halts|be|wil|li|gung, die: *Aufenthaltsgenehmigung für einen bestimmten, nur einen vorübergehenden Aufenthalt erfordernden Zweck.*

Auf|ent|halts|dau|er, die: *Dauer des Aufenthalts an einem Ort.*

Auf|ent|halts|er|laub|nis, die: *Aufenthaltsgenehmigung für einen bestimmten Aufenthaltsort.*

Auf|ent|halts|ge|neh|mi|gung, die: *behördlich erteilte Genehmigung für Ausländer, sich unter bestimmten Bedingungen in einem Land aufzuhalten:* eine A. erteilen, verlängern.

Auf|ent|halts|ort, der ⟨Pl. -e⟩: *Ort, an dem sich jmd. [vorübergehend] aufhält; Wohnort.*

Auf|ent|halts|raum, der: *größerer Raum (eines nicht privaten Hauses) zum Verweilen, zur freien Beschäftigung, Unterhaltung:* moderne Schulbauten mit Aufenthaltsräumen.

Auf|ent|halts|ver|bot, das: vgl. Aufenthaltsgenehmigung.

Auf|ent|halts|ver|län|ge|rung, die: *amtliche Erlaubnis, sich für eine weitere befristete Zeit an einem Ort, in einem Land aufzuhalten.*

◆ **auf|er|bau|en** ⟨sw. V.; erbaute auf/ (auch:) auferbaute, hat auferbaut⟩: **1.** *aufbauen, erbauen, errichten:* Die Schauspieler ... ziehen jedoch immer in kleineren Chören umher, und ihre bewegliche Welt ist an jeder Stelle behänd genug auferbaut (Goethe, Wanderjahre III, 9); Ü die Jugend selbst, wenn man ihr nur vertraut, steht, eh' man sich's versieht, zu Männern auferbaut (Goethe, Faust II, 10915 f.). **2.** ⟨a. + sich⟩ **a)** *aufgebaut, errichtet sein, sich als Bauwerk erheben:* wo der Zeisig sich das Nest gebaut ... (Kleist, Käthchen V, 12); **b)** *sich zu einem Ganzen fügen:* diese Form, die sich ... in tausendfalt'gen Zügen auferbaut (Goethe, Die natürliche Tochter III, 9); *[innerlich] stärken:* so wird der beste Trank gebraut, der alle Welt erquickt und auferbaut (Goethe, Faust I, 172 f.).

auf|er|le|gen ⟨sw. V.; erlegte auf/(auch:) auferlegte, hat auferlegt⟩ (geh.): *aufbürden, zur Pflicht machen, als Verpflichtung auftragen:* jmdm. eine Geldbuße, eine Beschränkung a.; Der BGH hat beschlossen, die Kosten ... der Revision dem Bekl. aufzuerlegen (NJW 19, 1984, 1103); du brauchst dir keinen Zwang aufzuerlegen *(kannst dich zwanglos geben);* Die Pflicht, die Kranken zu besuchen, ist allen Juden auferlegt (Kemelman [Übers.], Mittwoch 48); das Maß von Versagung ..., das ... die Gesellschaft auferlegt (Freud, Unbehagen 119).

Auf|er|le|gung, die: *das Auferlegen.*

auf|er|ste|hen ⟨unr. V.; ersteht auf/aufersteht, erstand auf/auferstand, ist auferstanden; meist im Inf. u. im 2. Part. gebr.⟩ [mhd. ûferstên, ahd. ûfarstên = sich erheben; aufstehen; erst nhd. auf den religiösen Sinn eingeengt] (Rel.): *wieder zum Leben erwachen, erweckt werden:* die Toten werden a.; Wenn sich jemand vor den Zug schmeißt, dann gibt's Hallo ..., aber wenn einer aufersteht von den Toten, wird er noch dafür bestraft! (Bieler, Bonifaz 106); ⟨subst.⟩ 2. Part.:⟩ die Worte des Auferstandenen *(Jesu);* Ü bist du wieder auferstanden? (ugs. scherzh.; *[nach längerer Krankheit] wieder gesund?).*

Auf|er|ste|hung, die; -, -en ⟨Rel.⟩: *das Auferstehen:* die A. der Toten zum ewigen Leben; Ü (geh.) die alten Formen erlebten ihre A.; Erst der Abfahrtslauf um den Weltcup der Damen erlebte A. der Schweizerin Marie-Theres Nadig als Siegerin (Saarbr. Zeitung 6. 12. 79, 10); * **[fröhliche] A. feiern** (scherzh. od. iron.; *[von längst Vergessenem, Abgetanem, Überholtem] plötzlich wieder in Mode kommen, wieder Geltung haben*): Doch dank der Möglichkeiten, die das Internet in der Kombination mit dem Breitbandmedium Fernsehkabel bietet, feiern die Pläne des interaktiven Fernsehens fröhliche A. (Handelsblatt 10. 5. 99, 2).

Auf|er|ste|hungs|fei|er, die ⟨o. Pl.⟩ (Rel.): *Feier zur Erinnerung an die Auferstehung Jesu Christi.*

Auf|er|ste|hungs|fest, das ⟨o. Pl.⟩ (geh.): *Ostern.*

Auf|er|ste|hungs|ge|dan|ke, der ⟨o. Pl.⟩ (Rel.): *Glaubensvorstellung der Auferstehung.*

Auf|er|ste|hungs|glau|be, der (Rel.): *Glaube an die Auferstehung.*

Auf|er|ste|hungs|tag, der ⟨o. Pl.⟩: *Tag des Auferstehungsfestes.*

auf|er|wecken ⟨sw. V.; auferweckt, auferweckte, hat auferweckt⟩: *wieder lebendig machen, vom Tode erwecken:* einen Toten a.; Ü dieser Anblick hatte ein Kindheitserlebnis in ihm auferweckt (geh.; *wachgerufen*).

Auf|er|we|ckung, die; -, -en: *das Auferwecken.*

◆ **auf|er|zie|hen** ⟨unr. V.; erzog auf/ (auch:) aufzog, hat aufgezogen⟩: *aufziehen* (5): Es hasst die Kirche, die mich aufzog, der Sinne Reiz (Schiller, Maria Stuart I, 6).

auf|es|sen ⟨unr. V.; hat⟩: *ganz verzehren:* du brauchst nicht die ganze Portion aufzuessen; sie aßen erst mal die Pralinen auf (Schnurre, Bart 18); den Teller nicht a. (ugs.; *etw. auf dem Teller zurücklassen*); iss bitte rasch auf!

auf|fä|chern ⟨sw. V.; hat⟩: **1.** *fächerartig ausbreiten, anordnen:* die Spielkarten a.; May fächert Tabakballen auf, die Fingerspitzen werden taub (Loest, Pistole 16). **2. a)** *klar gegliedert ausbreiten:* so fächert er im Ablauf seines Buchs die Historie der 2,5 Milliarden Jahre Erdenlebens auf (MM 3./4. 70, 47); in einem Buch den gesamten Bereich der literarischen Rhetorik aufgefächert finden; Hier kann man schon mal auf ein paar Knöpfe drücken und per Bildschirm, aufgefächert nach Berufsgruppen, einen Blick in die magere Zukunft tun (Hamburger Rundschau 23. 8. 84, 3). **b)** ⟨a. + sich⟩ *sich klar gegliedert aufteilen:* der große Bereich fächert sich in mehrere Abteilungen auf; Die vermutlich aus benachbarten Flüssen eingewanderten Ahnen der Viktoria-Buntbarsche können erst danach begonnen haben, unterschiedliche Lebensraum-Ausschnitte und verschiedene Nahrung zu nutzen und sich dabei a. (FR 7. 6. 99, 8). **3.** ⟨a. + sich⟩ *von einem Punkt aus fächerförmig auseinander streben:* Straßen ... fächerten sich vom Marktplatz aus auf (Kuby, Sieg 61).

Auf|fä|che|rung, die; -, -en: *das Auffächern.*

auf|fä|deln ⟨sw. V.; hat⟩: *auf einen Faden o. Ä. aufziehen; aufreihen:* Glasperlen a.; ich fäd[e]le Apfelkerne auf; aufgefädelte Steinpilze.

Auf|fä|de|lung, Auf|fäd|lung, die; -: *das Auffädeln.*

auf|fäd|men ⟨sw. V.; hat⟩ [zu älter *fädmen = fädeln,* mhd. *vedemen,* zu: *vadem,* ↑ Faden] (landsch.): *auffädeln.*

auf|fah|ren ⟨st. V.⟩: **1.** *während der Fahrt von hinten auf etw. aufprallen, gegen etw. fahren* ⟨ist⟩: auf ein parkendes Auto a.; der Fischkutter war auf das Riff aufgefahren *(auf Grund geraten).* **2.** *sich den Davorfahrenden dicht anschließen* ⟨ist⟩: [zu] dicht a.; Der Kastenwagen war hinter den seinen (= Wagen) aufgefahren, ganz langsam rollte er noch etwas dichter heran (Muschg, Gegenzauber 148). **3. a)** *an eine bestimmte Stelle heranfahren; vorfahren* ⟨ist⟩: die Busse fuhren in Reihen vor dem Rathaus auf; Wer auf eine Hauptfahrbahn der Autobahn a. *(fahren)* will, ... (NNN 26. 2. 85, 5); **b)** (Milit.) *an eine bestimmte Stelle heranfahren u. in Stellung gehen* ⟨ist⟩: Panzer sind aufgefahren; **c)** (Milit.) *an eine bestimmte Stelle fahren u. in Stellung bringen* ⟨hat⟩: Er hat ... im Dunkel seine Batterien aufgefahren ... und die rechte Stunde für den Angriff gewählt (St. Zweig, Fouché 195). **4.** (salopp) *(Speisen, Getränke) auftischen* ⟨hat⟩: Die Schwiegermütter fahren auf, was Beziehungen und Lebensmittelkarten hergeben, und die Schwiegerväter spendieren den Sekt dazu (Bieler, Bär 65); Am besten überhaupt nur Salat. Was da die alles auffahren! Ich kann da einfach nicht widerstehen (Heim, Traumschiff 117); Ü Nur der Verband der Automobilindustrie und der ADAC fahren auch ökologische Gegenargumente auf *(bringen sie vor;* Vorwärts 17. 5. 84, 20). **5.** (selten) *heranfahren u. aufschütten* ⟨hat⟩: Torf, Kies a. **6.** *durch vieles Befahren beschädigen, aufreißen, aufwühlen* ⟨hat⟩: der Traktor hat den Waldweg aufgefahren. **7.** ⟨ist⟩ **a)** *[aus einem Ruhezustand] aufschrecken, hochfahren:* plötzlich, verstört, unwillig a.; Ein Bummern an der Tür ließ Stanislaus erschreckt a. (Strittmatter, Wundertäter 134); aus dem Schlaf, aus seinen Gedanken a.; **b)** *auf etw. zornig reagieren, aufbrausen:* verärgert a.; Reinsiepe fuhr auf. »Als ob es das nicht auch anderswo gegeben hätte«, ... (Heym, Schwarzenberg 54); ein auffahrendes Naturell haben. **8.** (selten) *sich plötzlich u. heftig erheben, aufkommen* ⟨ist⟩: ein Sturm fuhr auf. **9.** (selten) *sich plötzlich weit öffnen* ⟨ist⟩: der Wind ließ die Fensterläden a.; die Tür fuhr quietschend auf. **10.** (Bergbau) **a)** *aufwärts fahren, aus dem Schacht herausfahren* ⟨ist⟩: die Kumpel sind [aus der Grube] aufgefahren; **b)** *einen Grubenbau durch Aushauen des Gesteins herstellen od. erweitern* ⟨hat⟩: Sohlen, Schächte a.; ... schürfte man im 16. Jahrhundert nach Zinnobererz. 1952 wurden die alten Stollen noch einmal bergmännisch aufgefahren (Bauern-Echo 12. 7. 78, 7). **11.** (christl. Rel.) *in den Himmel aufsteigen* ⟨ist⟩: ich bin noch nicht aufgefahren zu meinem Vater (Joh. 20, 17).

Auf|fahr|scha|den, der: *Schaden, der durch das Aufprallen eines Fahrzeugs auf die Rückseite eines anderen Wagens entsteht.*

Auf|fahrt, die; -, -en: **1.** *das Berganfahren, Hinauffahren:* die A. zum Gipfel, zum Aussichtsturm dauert eine Stunde. **2. a)** *die [ansteigende] Zufahrtsstraße [zur Autobahn]:* die A. stauen zwei Anhalter; **b)** *[ansteigender] Fahrweg zu einem größeren Gebäude:* eine breite, kiesbedeckte A.; die A. zum Palais. **3.** *das [geordnete] Vorfahren vor einem Gebäude:* die A. der Polizeiautos vor dem Rathaus. **4.** (veraltet) *feierlicher Aufzug:* in großer A. erscheinen; indem er in großer A. ... zum Bahnhof fuhr (Winckler, Bomber 66). **5.** ⟨o. Pl.⟩ (christl. Rel.) **a)** (südwestd. veraltend, schweiz.) *Himmelfahrt Christi;* **b)** (südd., schweiz.) *Himmelfahrtstag:* an A. hat es geregnet; Nur gerade Neujahr, die A. und die Weihnachtstage werden ... mit einem Tag ohne Arbeit genossen (Luzerner Tagblatt 31. 7. 84, 28); Vor A. war Pferdemarkt (Steimann, Aperwind 33). **6.** (Bergbau) *das Auffahren* (10 a).

Auf|fahrt|ram|pe, die: *schiefe Ebene, die einen Höhenunterschied überbrückt u. dadurch die Auffahrt zu einem höher gelegenen Punkt ermöglicht.*

Auf|fahrts|fest, das (schweiz.): *das Fest Christi Himmelfahrt.*

Auf|fahrts|stra|ße, die: *Auffahrt* (2 a).

Auf|fahrts|tag, der: *Auffahrt* (5 b).

Auf|fahr|un|fall, der: *durch Auffahren* (1) *verursachter Unfall:* Nachdem sich die Staus ... aufgelöst hatten, ereigneten sich an denselben Autobahnabschnitten drei weitere Auffahrunfälle (Tagesspiegel 4. 1. 99, 10).

auf|fal|len ⟨st. V.; ist⟩ /vgl. auffallend/ [eigtl. = auf jmdn. fallen]: **1. a)** *Aufsehen erregen, die Aufmerksamkeit auf sich lenken, stark in Erscheinung treten:* sein Benehmen, ihre musikalische Begabung fiel auf; nur deine Ruhe willst du haben und bloß nicht a. (Fallada, Jeder 10); er ist in der Schule nicht sonderlich aufgefallen; sie fiel durch ihr schrilles Lachen unangenehm auf; Strickler war Exhibitionist und als solcher zeit seines Lebens unangenehm aufgefallen (Ziegler, Konsequenz 94); es fiel allgemein auf, dass du nicht da warst; auf fällt, dass sich keiner zu den Vorfällen geäußert hat; durch seinen Fleiß a.; *da hast du wirklich Recht!*); **b)** *ins Auge fallen, von jmdm. bemerkt werden:* sie ist mir [wegen ihrer Frisur] sofort aufgefallen; ist Ihnen nichts aufgefallen?; die Ähnlichkeit zwischen beiden ist mir gleich aufgefallen; Allmählich fiel sein verändertes Benehmen auch seinen Mitmenschen auf (Nigg, Wiederkehr 36). **2.** *auftreffen, aufprallen:* das Licht fiel schräg [auf die Wasserfläche] auf; auffallende Strahlen.

auf|fal|lend ⟨Adj.⟩: **1.** *eindrucksvoll, bemerkenswert:* eine -e Erscheinung. **2.** *auffällig:* die Ähnlichkeit zwischen ihnen ist a.; sie hat sich zu a. gekleidet; [das] stimmt a.! (ugs. scherzh.; *da hast du wirklich Recht!*); ⟨subst.:⟩ das Auffallendste an ihm waren die Hände. **3.** ⟨intensivierend bei Adj.⟩ *sehr, überaus:* ein a. ernstes Kind; sie ist a. schön.

auf|fäl|lig ⟨Adj.⟩: *die Aufmerksamkeit erregend, auf sich ziehend:* ein -es Benehmen; -e *(verdächtige)* Spuren; -e *(kräftige, grelle)* Farben; Dem Fahrzeugführer muss durch eine -e Kontrollleuchte ... angezeigt werden, dass ... (Straßenverkehrsrecht, StVZO 183); In der Bilderserie zeigen sie vier verschiedene Unfallbilder. Für mich ist dabei a. *(mir fällt dabei auf),* dass ... (ADAC-Motorwelt 7, 1979, 64); er ist schon mit 14 Jahren zum ersten Mal a. geworden *(ist durch gesetzwidriges o. ä. Verhalten aufgefallen);* sich [zu] a. kleiden; er ist a. *(un-, außergewöhnlich)* oft bei ihr; ⟨subst.:⟩ sie vermeidet alles Auffällige.

Auf|fäl|lig|keit, die; -, -en: **1.** ⟨o. Pl.⟩ *das Auffälligsein.* **2.** *etw. Auffälliges.*

auf|fal|ten ⟨sw. V.; hat⟩: **1. a)** *(etw. Gefaltetes) auseinander falten:* einen Brief a.; Als beide gleichzeitig die Servietten auffalteten (Handke, Frau 91); **b)** ⟨a. + sich⟩ *sich entfalten, sich öffnen:* der Fallschirm hatte sich nicht aufgefaltet. **2.** ⟨a. + sich⟩ (Geol.) *Falten bilden, aufwerfen* viele Gebirge sind dadurch entstanden dass sich die Erdrinde aufgefaltet hat.

Auf|fal|tung, die; -, -en (Geol.): *das Sich auffalten.*

Auf|fang|be|cken, das: **a)** (selten) *Sammelbecken zum Auffangen von Regen wasser u. Ä., Zisterne, Reservoir;* **b)** *Sammelbecken, Tummelplatz:* die Fremdenlegion war ein A. für Landsknechtsnaturen; Da der Kapitalismus auch sein menschliches Antlitz zeigen möchte -

wenigstens denen, die Mitgestalter seines unmenschlichen sind –, gibt es A. für das Führungspersonal, das sich gezwungenermaßen anderen Herausforderungen zuwenden muss (FR 7. 7. 98, 8).

Auf|fang|be|häl|ter, der: *Auffanggefäß.*
auf|fan|gen ⟨st. V.; hat⟩: **1.** *in einer Bewegung, im Fallen fassen:* den Ball geschickt a.; der Hund fängt den Bissen auf; Georg konnte sie gerade noch a., ehe sie vom Stuhl stürzte (Fels, Unding 242). **2. a)** *(in einem Gefäß o. Ä.) sammeln:* Regenwasser in einer Tonne a.; sie fingen das Blut des Opfertiers in einer Schale auf; Die Melonen ... ausstechen. Den Saft a. und mit der Suppe verrühren (e & t 7, 1987, 53); **b)** *Flüchtlinge, Einwanderer u. a. an einem Ort zusammenfassen u. vorläufig unterbringen:* die Flüchtenden in Lagern a. **3.** *[durch ein flugtechnisches o. ä.] Manöver] abfangen u. einen Absturz verhindern:* der Pilot konnte die abtrudelnde Maschine noch a. **4. a)** *(einen Schlag, Stoß o. Ä.) in seiner Wucht abstoppen, abwehren:* einen Schlag, Stoß [mit dem Arm] a.; die Polsterung soll die Erschütterung a. *(abschwächen);* **b)** *aufhalten, zum Stehen bringen:* den feindlichen Vorstoß a. **5.** *(in seinen negativen Auswirkungen) dämpfen, mildern, ausgleichen:* den Konjunkturrückgang, Preissteigerungen a.; die Plattenindustrie konnte noch einmal den drohenden Umsatzrückgang a. (Kraushaar, Lippen 191); Die ... Landesverbände berichteten ... von schweren Einbußen ..., jedoch aufgefangen werden konnten (MM 10. 11. 67, 7). **6.** *jmdn. auf der Flucht o. Ä. aufgreifen u. festnehmen:* entflohene Häftlinge a. **7.** (Handarb.) *eine von der Stricknadel heruntergerutschte Masche wieder auf die Nadel nehmen:* eine gefallene Masche a. **8.** *durch Zufall hören, bemerken, beobachten:* Brocken der Unterhaltung a.; Sie sah, dass Angelika nicht mehr schrieb, fing einen wirren Blick auf (Loest, Pistole 227); Allmählich, aus aufgefangenen Wortfetzen, gewann man ein ungefähres Bild dessen, was vorgefallen war (Fest, Im Gegenlicht 212). **9.** (Funkt.) *zufällig aufnehmen, abhören:* einen Funkspruch a. ◆ **10.** *auffassen* (1): Ich danke deiner Liebe, Wilhelm, dass du das Wort so aufgefangen hast (Goethe, Werther II, 20. Dezember).
Auf|fang|ge|biet, das: *Gebiet, das für die Aufnahme Evakuierter vorgesehen ist.*
Auf|fang|ge|fäß, das: *Gefäß zum Auffangen von Flüssigkeit.*
Auf|fang|kom|man|do, das (Milit.): *mit dem Auffinden u. Sammeln von Versprengten beauftragte Truppenabteilung.*
Auf|fang|la|ger, das: *Sammellager, in dem bes. Flüchtlinge vorübergehend aufgenommen werden.*
Auf|fang|li|nie, die (Milit.): *Auffangstellung.*
Auf|fang|stel|le, die: vgl. *Auffanglager.*
Auf|fang|stel|lung, die (Milit.): *Ersatzstellung hinter der Front, die im Falle eines feindlichen Durchbruchs bezogen wird.*

Auf|fang|vor|rich|tung, die: *Vorrichtung zum Auffangen von Flüssigkeit.*
auf|fär|ben ⟨sw. V.; hat⟩: *durch Färben wieder auffrischen; einer Sache durch Färben ein besseres Aussehen geben:* ein Kleid, einen Mantel a.; Ein Likör, den wir nur aufgefärbt hatten, weil er ein miserabler, missglückter Schnaps war (Lynen, Kentaurenfährte 142).
auf|fas|sen ⟨sw. V.; hat⟩: **1.** *etw. in einer bestimmten Weise verstehen, auslegen, deuten:* jmds. Worte als Vorwurf, Befehl a.; in manchen Ländern fasst man schon eine Abstimmungsniederlage als Rücktrittsgrund auf (Fraenkel, Staat 292); er hat meine Bemerkung persönlich aufgefasst *(als persönliche Kränkung, als Angriff empfunden);* er hat meine Bemerkung falsch aufgefasst *(missverstanden);* wie soll ich deine Worte a.? **2.** *mit dem Verstand aufnehmen, erfassen, begreifen:* auch schwierige Zusammenhänge schnell a.; es ist bereit mir Schwierigkeiten, alles zu fassen, was rundum geschieht, ich fasse auch nichts mehr auf, man kann es mir so oft erzählen, als man will (Mayröcker, Herzzerreißende 146); Es war nicht seine Art, die Dinge blitzschnell aufzufassen (Hausmann, Abel 138); Schüler, die leicht auffassen. ◆ **3. a)** *auffangen* (2 a): Ich wollte, ich könnte den Nachttau in Eimern a. (Kleist, Käthchen II, 3); **b)** *fassen* (1 a): Er küsste Amanden auf und fliegt mit ihr dahin (Wieland, Oberon 7, 40); **c)** *aufnehmen* (1 a): Fasst alle Schwerter auf (Schiller, Fiesco IV, 6).
Auf|fas|sung, die; -, -en: **1.** *Anschauung von etw., Meinung, Ansicht:* eine herkömmliche, [weit] verbreitete A.; eine strenge, hohe A. von der Ehe; unterschiedliche -en haben; Es war nur natürlich, dass der General dieser A. nicht beipflichten konnte (Musil, Mann 1193); sie war der A., dass man es besser hätte machen können; nach christlicher A.; **2.** ⟨o. Pl.⟩ *Auffassungsgabe:* eine gute A.
Auf|fas|sungs|ga|be, die ⟨o. Pl.⟩: *Fähigkeit, Vermögen zu begreifen:* eine leichte und schnelle A. besitzen.
Auf|fas|sungs|kraft, die ⟨o. Pl.⟩: *Auffassungsgabe:* seine A. hat etwas nachgelassen.
Auf|fas|sungs|sa|che, die: nur in der Wendung **A. sein** (ugs.; *verschiedener Meinung, Ansicht über etw. sein können:* wie das Problem am besten gelöst werden soll, ist weitgehend A., ist reine A.).
Auf|fas|sungs|ver|mö|gen, das ⟨o. Pl.⟩: *Auffassungsgabe.*
Auf|fas|sungs|wei|se, die: *subjektive Art u. Weise, etw. zu verstehen u. auszulegen; Betrachtungsweise; Mentalität.*
auf|fe|gen ⟨sw. V.; hat⟩: **1.** (bes. nordd.) *zusammen- u. auf eine Schaufel fegen:* den Schmutz, die Scherben, das verschüttete Salz a.; ich muss noch a. **2.** (dichter.) *heftig in die Höhe treiben:* die vom Wind aufgefegten Wellen (Plievier, Stalingrad 97).
auf|fei|len ⟨sw. V.; hat⟩ (seltener): *durch Feilen öffnen:* ein Schloss a.
auf|fet|ten ⟨sw. V.; hat⟩ (Landw.): *den Fettgehalt der Milch erhöhen.*

Auf|fet|tung, die; - (Landw.): *das Auffetten:* mit Ausnahme der A. auf 3,5 v. H. für normale Trinkmilch (MM 3. 4. 70, 26).
auf|fet|zen ⟨sw. V.; hat⟩ (ugs.): *(etw. aus Papier Bestehendes) hastig u. unachtsam öffnen, aufreißen:* James ... fetzte mit zwei kräftigen Handbewegungen den Umschlag auf und zog die Karte hervor (Kirst, 08/15, 674).
auf|feu|deln ⟨sw. V.; hat⟩ (nordd.): *aufwischen, mit einem Scheuertuch aufnehmen:* den Schmutz a.; ⟨subst.:⟩ Frau Murks versprach, ... beim Auffeudeln Acht zu geben (Beheim-Schwarzbach, Freuden 110).
auf|fi: ↑ *aufi.*
auf|fie|ren ⟨sw. V.; hat⟩ (Seemannsspr.): *ein Tau lockern.*
auf|find|bar ⟨Adj.⟩: *sich auffinden lassend* (meist verneint): der Schlüssel ist nicht a.; Ü gegenüber der in den Ideen -en *(erkennbaren)* Ordnung des Seins (Fraenkel, Staat 262).
auf|fin|den ⟨st. V.; hat⟩: *[zufällig] finden, entdecken:* jmdn. erfroren a.; der Schmuck war nirgends aufzufinden; Die Täter flüchteten in einem gestohlenen Auto, das kurze Zeit später verlassen aufgefunden wurde (MM 29./30. 3. 80, 1).
Auf|fin|dung, die; -, -en: *das Auffinden.*
auf|fi|schen ⟨sw. V.; hat⟩: **1.** (ugs.) *aus dem Wasser herausholen, herausziehen:* die Gekenterten wurden von einem Dampfer aufgefischt; wir fischten nur leere Konservenbüchsen auf. **2.** (salopp) *zufällig finden, treffen, kennen lernen; aufgabeln:* er hatte das Mädchen in einer Disco aufgefischt; Ich weiß nicht, wo Jean sie aufgefischt hatte, aber er liebte sie (Genet [Übers.], Totenfest 7); wo hast du denn diesen Schmöker aufgefischt?
auf|fit|zen ⟨sw. V.; hat⟩ [zu ↑*fitzen*] (landsch.): *(Verwirrtes, Verknotetes) [hastig] entwirren:* Garn a.
auf|fla|cken ⟨sw. V.; ist⟩ (landsch.): *aufflackern:* die trübe Lampe ... flackte auf (Apitz, Wölfe 256).
auf|fla|ckern ⟨sw. V.; ist⟩: *flackernd, zuckend aufleuchten:* Kerzen flackerten auf; das Klimpern, womit in allen Büros der Dämmerungszone die Neonröhren aufflackerten (Springer, Was 167); Ü der Widerstand war noch einma. kurz aufgeflackert *(hatte noch einmal für kurze Zeit eingesetzt);* die Zeit, als drauβen im Land immer wieder die Pest aufflackerte (Augsburger Allgemeine 11./12. 2. 78, VIII); Ein Hoffnungsfunken flackert auf (Weber, Tote 303); in den Gehirnen dieser Beamten flackerten die ersten Unsicherheiten auf (Schnabel, Anne 116).
auf|flam|men ⟨sw. V.; ist⟩: *plötzlich flammend aufleuchten:* alle zückten ihre Zigarettenschachteln, Feuerzeuge flammten auf (Fels, Sünden 97); im Hausflur wird Licht angemacht, auch die Lampe über der Haustür flammt auf (Gabel, Fix 12); Ü in seinen Augen flammte Zorn auf; Erneut waren nationalistische Leidenschaften aufgeflammt (v. Weizsäcker, Deutschland 22); oft flamme nur

aufflattern

eine kurze Begierde auf, die rasch in sich zusammenfiel (Kronauer, Bogenschütze 47); Proteste flammen auf, legen sich aber wieder (elan 2, 1980, 5); Unruhen flammten auf *(brachen los).*

auf|flat|tern ⟨sw. V.; ist⟩: *flatternd auffliegen:* eine Krähe flatterte auf; die Buchseiten flatterten auf *(wurden durch einen Windzug aufgeschlagen);* Ü (dichter.:) Ein Gelächter, das ... aufflatterte (Plievier, Stalingrad 123).

auf|flech|ten ⟨st. V.; hat⟩: **a)** *auflösen, entwirren:* warum flichtst du das Bastdeckchen wieder auf?; ich flocht mir gerade die Zöpfe auf; **b)** (selten) *zu einem Zopf, zu Zöpfen flechten:* ihre Mutter flicht ihr jeden Morgen die Haare auf.

auf|fli|cken ⟨sw. V.; hat⟩ (landsch.): *auf etw. einen Flicken aufsetzen:* eine Strickjacke mit aufgeflickten Ellbogen.

auf|flie|gen ⟨st. V.; ist⟩: **1.** *hochfliegen, emporfliegen:* die Amsel flog erschreckt auf; Staubwolken, die aufflogen *(aufwirbelten);* Ü Da flog das Herz des Mathias zu ihm (= dem Nachthimmel) auf (A. Kolb, Schaukel 65). **2.** *sich plötzlich u. schnell öffnen:* das Fenster, das Gartentor flog auf; Die Tür zur Küche fliegt auf (Ossowski, Flatter 14). **3.** ⟨ugs.⟩ *ein jähes Ende nehmen:* die Versammlung ist aufgeflogen; eine Konferenz a. lassen; der Rauschgiftschmuggel ist aufgeflogen *(ist entdeckt worden u. hat damit ein Ende gefunden);* Die Betrügereien flogen schließlich auf, als die misstrauisch gewordene Firma ihren Chefeinkäufer überwachen ließ (Augsburger Allgemeine 22./23. 4. 78, 45); Seine Gruppe war aufgeflogen, jemand hatte sie verpfiffen (Erné, Kellerkneipe 91); So wickelten wir die Tauschgeschäfte mit großer Vorsicht ab, und ich glaube, wir flogen nur deshalb nicht auf, weil ... (Lentz, Muckefuck 140); Jetzt flog auf *(wurde entdeckt):* Die Bundesanstalt für Arbeit spielt mit falschen Zahlen (elan 12, 1979, 17). **4.** (veraltet) *in die Luft gehen, explodieren:* das Pulverarsenal war aufgeflogen.

auf|flim|mern ⟨sw. V.; ist⟩: *zu flimmern beginnen:* über uns flimmerten die ersten Sterne auf; Ü In den Kinostücken ... flimmert ... eine etwas realistischere Gesellschaftsbetrachtung auf *(wird sichtbar;* Spiegel 47, 1965, 68).

♦ **auf|fo|dern:** ↑auffordern: Sie haben die Engländerin in mir aufgefodert (Schiller, Kabale II, 3).

auf|for|dern ⟨sw. V.; hat⟩: **a)** *von jmdm. verlangen, ihn nachdrücklich ersuchen, etw. zu tun;* Natürlich bin ich nicht befugt, Sie zur Eidesleistung aufzufordern (Bobrowski, Mühle 188); Man hatte zum bewaffneten Umsturz aufgefordert (Loest, Pistole 47); dringend, wiederholt wurde er aufgefordert, sich zu melden; jeder Bürger ist aufgefordert, seine Stimme abzugeben; **b)** *bitten, einladen, etwas zu tun:* jmdn. zum Sitzen, zu einer Partie Schach a.; Wir fordern die beiden Mechaniker auf, den ersten Probeflug mitzumachen (Grzimek, Serengeti 120); Hugo wurde nicht aufgefordert näher zu treten (Jägersberg, Leute 139); er nickte ihr auffordernd *(ermunternd)* zu; **c)** *zum Tanz bitten, engagieren:* er forderte an dem Abend mehrmals die Tochter seines Chefs auf.

Auf|for|de|rung, die; -, -en: **a)** *mit Nachdruck vorgebrachte Bitte:* eine freundliche, energische, versteckte A.; wir können Ihrer A. zu sofortiger Zahlung leider nicht nachkommen; dass der Schreiber ... einer A. seines Freundes, ihm einen Essay zu liefern, nicht nachgekommen ist (Langgässer, Siegel 316); auf wiederholte A. [hin] öffnete er; **b)** *Einladung:* eine A. zu einem Besuch; **A. zum Tanz* (ugs.; *Herausforderung).*

Auf|for|de|rungs|cha|rak|ter, der (Psych.): *von einer Sache od. einem Geschehen ausgehender Reiz, der zu einem bestimmten Verhalten auffordert, ein bestimmtes Verhalten provoziert:* Das Verhalten der Frauen hatte für mich A., mich nun besonders gegensätzlich benehmen zu sollen (Pilgrim, Mann 75).

Auf|for|de|rungs|satz, der (Sprachw.): *Satz, der einen Wunsch od. Befehl ausdrückt* (z. B. Wärst du doch gekommen!; Folge ihm!).

Auf|for|de|rungs|schrei|ben, das: *(offizieller) Brief, der zu etw. auffordert:* wir haben vom Finanzamt ein A. erhalten.

auf|fors|ten ⟨sw. V.; hat⟩ (Forstw.): *ein [abgeholztes] Gelände mit Bäumen bepflanzen:* einen Kahlschlag mit verschiedenen Holzarten, Ödland a.; Heute werden die Waldflächen in Italien zwar wieder aufgeforstet (Gruhl, Planet 86).

Auf|fors|tung, die; -, -en: *das Aufforsten.*

auf|fres|sen ⟨st. V.; hat⟩: **1.** *ganz fressen* (1 b), *bis nichts mehr übrig ist:* das Futter a.; unsere Katze hat das ganze Fleisch aufgefressen; (derb von Personen:) die Jungen fraßen die Torte im Handumdrehen auf; Ü Trotzdem störte es ihn maßlos, dass andere Männer seine Frau mit den Augen auffraßen (Konsalik, Promenadendeck 70); jmdn. vor Liebe a. können (ugs.; *überschwänglich lieben);* wenn die Sache schief geht, frisst uns der Chef auf (ugs.; *ist er sehr ärgerlich auf uns);* sowohl mein Stipendium wie auch seine paar Groschen wurden von Taxifahrten, Telefonaten ... aufgefressen *(wurden dafür verbraucht;* Perrin, Frauen 60). **2.** (ugs.) *völlig, bis zur Erschöpfung beanspruchen, ruinieren:* die Arbeit frisst mich auf; der Ärger frisst sie, ihre Nerven auf.

auf|frie|ren ⟨st. V.⟩: **1.** (landsch.) **a)** *auftauen* ⟨ist⟩: der Teich ist [wieder] aufgefroren; **b)** *auftauen* ⟨hat⟩: wir haben die Wasserleitung [wieder] aufgefroren. **2.** (Landw., Forstw.) *sich durch Einwirkung von Bodenfrost [mit den Wurzeln] aus dem Erdreich lösen* ⟨ist⟩: das Getreide ist aufgefroren; ⟨subst.:⟩ das Auffrieren der jungen Tannen.

auf|fri|schen ⟨sw. V.⟩: **1.** ⟨hat⟩ **a)** *(Abgenutztes, Verbrauchtes) wieder frisch machen, erneuern, wieder herstellen:* die Politur, die verblichenen Farben a.; Im Stockwerk darüber ist der Saal aufgefrischt worden (NZZ 9. 12. 82, 32); Sie frischt das Bett auf und holt Wasser (Waggerl, Brot 105); Ü sie hat ihre Englischkenntnisse [wieder] aufgefrischt *(aktiviert);* Hier werden Erinnerungen an weit zurückliegende literarische Erlebnisse aufgefrischt (Reich-Ranicki, Th. Mann 75); **b)** *(einen Vorrat o. Ä.) ergänzen:* den Weinvorrat [wieder] a. **2.** *(vom Wind) stärker werden, heftiger wehen* ⟨hat/ist⟩: der Wind hatte/war aufgefrischt; Der Westwind hat auf Stärke 7 bis 8 aufgefrischt (Hamburger Abendblatt 24. 8. 85, 73).

Auf|fri|schung, die; -, -en: *das Auffrischen.*

auf|fri|sie|ren ⟨sw. V.; hat⟩ (ugs.): **1.** *(einen Motor o. Ä.) durch technische Veränderungen leistungsstärker machen;* sie hatten das Motorrad auffrisiert; auffrisierte Maschinen. **2.** *noch einmal frisieren (um der Frisur die vollkommene Form zu geben):* bevor ich ins Theater fuhr, ließ ich mir die Haare a.; die Damen noch einmal rasch a.

auf|führ|bar ⟨Adj.⟩: *zur Aufführung geeignet:* eine kaum -e Oper; ist dieses Drama überhaupt a.?

Auf|führ|bar|keit, die; -: *Eignung zur Aufführung* (1).

auf|füh|ren ⟨sw. V.; hat⟩ [mhd. ûfvüeren = hinaufführen, ahd. ûffuoren = hinauftragen; 1: im 17. Jh. = jmdn. auf die Bühne (hinauf)führen]: **1.** *(Theaterstück, Film, Musik o. Ä.) einem Publikum darbieten:* Stücke moderner Autoren, ein Ballett, einen historischen Film a.; immerhin führt man wieder Majakowski auf *(spielt man seine Stücke wieder;* Koeppen, Rußland 99); Ringkämpfe a.; In Assisi gehe ich ... in den Dom, wo gerade eine Hochzeit aufgeführt wird (Frisch, Montauk 146); Ü musst du denn gleich so ein Theater a. (ugs.; *dich unnötig erregen)?* **2.** ⟨a. + sich⟩ *sich in bestimmter Weise benehmen, betragen:* sich anständig, normal, schlecht a.; Edda von Quinten, die sich mehr und mehr wie eine Stieftochter aufführte, was sie ja auch war (Brückner, Quints 115); er hat sich wie ein Verrückter aufgeführt; Einer, der sich bei meinem Parteiausschluss wie verrückt aufgeführt hat (Loest, Pistole 151); Wenn Sie sich hier nicht aufführen wie es sich für einen solchen würdigen Ort gehört (Kinski, Erdbeermund 385); sie hat sich wieder einmal aufgeführt! *(unpassend, skandalös benommen).* **3.** *nennen anführen, aufzählen:* jmdn. als Zeuge a.; Beispiele [für etw.] a.; ein ganzer Stapel von Unterlagen, in denen all jene Fahrzeuge aufgeführt waren, an denen die Polizei eine Kontrolle der Bereifung vorgenommen hatte (Bastian, Brut 152) die in der Rechnung aufgeführten Posten. **4.** (geh.) *errichten, hochziehen, bauen:* eine Mauer a.; das Haus ist aus grauen Quadersteinen aufgeführt. ♦ **5.** *[in feierlichem Rahmen] vorstellen, einführen* (5 a): Wir sind gesandt, dir sehen Dank zu überbringen, als Herolde dich bei ihm aufzuführen (Schiller, Macbeth I, 6).

Auf|füh|rung, die; -, -en: **1.** *das Spielen eines Stückes, Vorführung, Vorstellung:* eine gute, gelungene, mittelmäßige A. bei der A. von Schnitzlers »Reigen« kam es zu einem Skandal; (Papierdt.:) etw. zur A. bringen *(aufführen);* die meisten seiner Stücke gelangten erst gar nicht zur A. *(werden erst gar nicht aufgeführt;* Riess, Cäsar 373); Stattdessen kommt »Zar und Zimmermann« ... zur A. *(wird aufgeführt;* MM 22. 5. 89, 16). **2.** ⟨Pl. selten⟩ (geh.) *Betragen, Verhalten:* eine sonderbare, unwürdige A.; Zouzou, die sich für meine A. verantwortlich fühlte (Th. Mann, Krull 395). **3.** *das Aufführen (3), Nennen:* die A. der Ausgaben im Jahresbericht. **4.** (geh.) *das Aufführen (4), Errichten:* bei der A. des Gerüstes stürzte ein Bauarbeiter ab.

Auf|füh|rungs|pra|xis, die ⟨o. Pl.⟩ (Musik): *die zur akustischen Darbietung eines Notentextes gehörigen Techniken, Regeln u. Ä.:* von der A. mittelalterlicher Gesänge wissen wir nur sehr wenig.

Auf|füh|rungs|recht, das: *das Recht des Urhebers, sein Werk öffentlich aufzuführen.*

auf|füh|rungs|reif ⟨Adj.⟩: *so weit gediehen, dass eine Aufführung (1) angebracht wäre:* das Stück ist noch nicht a.

auf|fül|len ⟨sw. V.; hat⟩: **1. a)** *nachfüllen:* Öl, Benzin a.; **b)** *fast Leergewordenes wieder füllen, mit einer Flüssigkeit bis zum Rand füllen:* den Tank a.; den Kanister mit Petroleum a.; Thomas, im weißen Berufsmantel, füllt ein Regal mit Konserven auf (Ziegler, Kein Recht 343); Am Freitag ... soll wieder bewiesen werden, dass die Wiener Radstadion restlos mit Zusehern aufgefüllt werden kann (Falter 23, 1983, 20); Was jetzt noch von oben auf den Marktplatz sah und Aufnahmen machte, tat das, um Datenbänke aufzufüllen (Springer, Was 329). **2.** *ergänzen; zahlenmäßig wieder auf einen bestimmten Stand bringen:* einen Vorrat, Bestände wieder a.; Die Reserven kamen an. Braune, verschüchterte Männer ... Das Bataillon wurde aufgefüllt. Jetzt war es wieder schön rund und vollzählig (Strittmatter, Wundertäter 473); Die Bevölkerung der damals deutschen Ostgebiete habe die Lücken aufgefüllt, die der Krieg in Westdeutschland hinterlassen habe (Brückner, Quints 293); Ü Vielleicht können dadurch verschiedene Erinnerungslücken mancher Zeugen aufgefüllt werden (Allgemeine Zeitung 4. 6. 85, 5). **3.** (ugs.) *in einen Teller. Ä. füllen:* jmdm., sich die Suppe a.; ich ließ mir zum zweiten Mal a. *(noch einen Nachschlag geben).* **4.** (Gastr.) *eine größere Menge Flüssigkeit an, zu etw. gießen:* das Gemüse mit einer Fleischbrühe a.; Sherry mit Sekt a., die Zitronenschale hineingeben (e & t 7, 1987, 38); weißen Rum mit ... Apricot zusammengeben und mit Sekt auffüllen (MM 28. 3. 69, 5). **5.** *(tiefer Liegendes durch Aufschütten) höher machen:* das Ufer a. **6.** ⟨a. + sich⟩ (Met.) *(von einem Tief) schwächer werden, [sich] abflachen:* das Tief hat sich aufgefüllt.

Auf|füll|ma|te|ri|al, das: *Material zum Auffüllen* (1 a, 2, 5) *von etw.*

Auf|füll|lung, die; -, -en: *das Auffüllen* (1, 2, 5).

auf|fun|keln ⟨sw. V.; hat⟩: *funkelnd aufleuchten:* der Rubin funkelte auf; ihre Augen hatten bei diesen Worten kurz aufgefunkelt.

auf|fu|ßen ⟨sw. V.; hat⟩ (Reiten): *(vom Pferd) den Huf auf den Boden setzen; auftreten:* beim Trab fußt das diagonale Beinpaar auf; ⟨subst.:⟩ eine Gangart, bei der Sie ein dreifaches Auffußen spüren (Dwinger, Erde 97).

auf|fut|tern ⟨sw. V.; hat⟩ (ugs. scherzh.): *mit großem Appetit aufessen:* die übrig gebliebenen Brötchen a.

¹**auf|füt|tern** ⟨sw. V.; hat⟩: **a)** *(ein junges Tier) großziehen:* einen jungen Falken mit Hackfleisch a.; **b)** (fam.) *jmdn., der ausgehungert, geschwächt ist, durch reichliche Ernährung wieder kräftigen:* die Rekonvaleszentin a.; Er erzählte, wie er ins Moor geraten und endlich von Fischern gefunden und aufgefüttert worden war (Rinser, Jan Lobel 39).

²**auf|füt|tern** ⟨sw. V.; hat⟩ (Bauw.): *eine feste Unterlage mit Brettern, Spänen o. Ä. belegen, bis eine bestimmte Höhe erreicht ist.*

Auf|ga|be, die; -, -n: **1.** ⟨Pl. selten⟩ *das Aufgeben* (1): die A. eines Telegramms, einer Annonce; ..., erzählte er Betty, dass es ihm gelungen sei, den Abgeordneten zur A. einer Suchanzeige zu bewegen (Bieler, Mädchenkrieg 162); die A. des Gepäcks am Gepäckschalter. **2. a)** *etw., was jmdm. zu tun aufgegeben ist; Auftrag, Obliegenheit:* eine verantwortungsvolle, reizvolle, dankbare, interessante A.; Bereits in seinen frühen Arbeiten postulierte und verteidigte er die kritische, moralische und didaktische A. der Literatur (Reich-Ranicki, Th. Mann 44); wichtige -n stehen ihr bevor, warten auf sie; das ist nicht meine A. *(Pflicht);* es ist nicht [die] A. *(Sinn, Zweck, Absicht) dieser Darstellung, ...;* sie sah es als ihre A. an, den Chef zu unterrichten; eine A. übernehmen, bewältigen; er bekam, erhielt die A., Geld zu beschaffen; So erfüllt Berlin die entscheidende nationale -n für alle Deutschen (R. v. Weizsäcker, Deutschland 74); dieses Instrument hat die A. *(Funktion), ...;* sich einer A. [nicht] gewachsen fühlen; vor einer neuen A. stehen; sie sah sich vor die A. gestellt, ...; ich habe es mir zur A. gemacht *(zum Ziel gesetzt), ...;* **b)** *dem Denken aufgegebenes Problem:* eine schwierige, verwickelte, unlösbare A.; **c)** ⟨meist Pl.⟩ *Hausarbeit für die Schule, Schularbeit:* mündliche, schriftliche -n; keine -n [für/zum Montag, für den/zum 3. Februar] aufhaben; -n machen, erledigen; **d)** *Rechenübung:* in der letzten Mathematikarbeit hatte sie von fünf -n zwei nicht lösen können. **3.** ⟨Pl. selten⟩ **a)** *das Aufgeben* (7 a), *das Nichtfortsetzen:* die A. des Widerstandes; die A. *(vorzeitige Beendigung)* des Kampfes; der Betreuer warf zur A. *(Boxen; Abbruch des Kampfes)* das Handtuch in den Ring; **b)** *das Aufgeben* (7 b): die A. ihrer Pläne, Gewohnheiten; die A. *(Niederlegung)* verschiedener Ehrenämter; die Besitzer haben sich zur A. *(Schließung)* ihres Geschäftes entschlossen; sie wurde zur A. der Wohnung gezwungen. **4.** (Sport, bes. Volleyball) *das Hineinspielen des Balles in das gegnerische Feld:* eine platziert geschlagene A.; die A. ausführen.

Auf|ga|be|be|schei|ni|gung, die (Postw.): *Quittung über die Aufgabe* (1) *eines Telegramms, einer Wertsendung o. Ä.*

auf|ga|beln ⟨sw. V.; hat⟩: **1.** (salopp) *irgendwo zufällig kennen lernen u. eine private, dienstliche Beziehung anknüpfen:* er hatte das Mädchen in einem Lokal aufgegabelt; Wo in aller Welt hat die Redaktion diesen Analphabeten aufgegabelt? (Tucholsky, Werke II, 353); die Polizei gabelt mich halb erfroren vor einem Heuerstall auf (Sobota, Minus-Mann 23); Ü ich gab[e]lte mir nur ungern eine Erkältung auf. **2.** *(Heu) mit der Heugabel aufnehmen u. aufladen:* ich gab[e]lte mit auf.

Auf|ga|ben|be|reich, der: *Bereich, in dem jmds. Aufgaben liegen:* das fällt nicht in ihren A.

Auf|ga|ben|buch, das: **a)** *Buch, das Übungsaufgaben enthält;* **b)** *Aufgabenheft.*

Auf|ga|ben|feld, das: *Aufgabenbereich.*

Auf|ga|ben|ge|biet, das: *Aufgabenbereich:* sich mit einem neuen A. vertraut machen.

Auf|ga|ben|heft, das: *[kleines] Heft, in dem [Schul]aufgaben notiert werden.*

Auf|ga|ben|kom|plex, der: *Komplex von Aufgaben:* die Herauslösung übersehbarer örtlicher -e aus der umfassenden staatlichen Bürokratie (Fraenkel, Staat 160).

Auf|ga|ben|samm|lung, die: *Sammlung von Übungs-, Rechenaufgaben.*

Auf|ga|ben|stel|lung, die: *Art u. Weise der Aufgabe, die sich jmdm. stellt:* unterschiedliche -en; eine neue A. bewältigen müssen.

Auf|ga|ben|ver|tei|lung, die: *Zuteilung, Zuweisung der Aufgaben, Pflichten.*

Auf|ga|be|ort, der: *Ort, wo eine Postsendung aufgegeben wurde.*

Auf|ga|be|stem|pel, der (Postw.): *Poststempel, der Ort u. Zeit einer Aufgabe* (1) *angibt.*

Auf|ga|be|tag, der: *Tag der Aufgabe* (1) *einer Postsendung.*

Auf|ga|be|vor|rich|tung, die (Technik): *Vorrichtung zur gleichmäßigen Übergabe von [Verarbeitungs]gut an Öfen, Maschinen, Apparaturen u. Ä.*

Auf|ga|be|zeit, die: *Zeitpunkt der Aufgabe* (1) *einer Postsendung.*

auf|ga|gen ['ʔaufgɛgn̩] ⟨sw. V.; hat⟩: *mit Gags versehen:* Graz und seine Steinalt-Show als »Steirischer Herbstes« ist so eine Bühne der Gegenwart, wo Kunst nicht aufgegagt wird, sondern unüblichen Ideen ein Podium geboten wird (Berliner Zeitung 8. 10. 98, 10).

auf|gäh|nen ⟨sw. V.; hat⟩: *plötzlich, kurz [hörbar] gähnen:* während der Unterhaltung gähnte sie mehrmals ungeniert auf.

Auf|ga|lopp, der; -s, -s u. (selten) -e: **a)** (Reiten) *Probegalopp der Pferde an den Schiedsrichtern vorbei zum Start;* **b)** (Sport) *Probespiel, Beginn, Auftakt:* Nach einem kleinen A. in München-

Grünwald flogen wir nach Wien (Walter, Spiele 128); Nach der Sommerpause kann diese erste Begegnung für beide Mannschaften nicht mehr als ein A. sein (MM 21./22. 8. 79, 19); Ü bei dem Parteitag bestritt der Kanzler selbst den A.

Auf|gang, der; -[e]s, Aufgänge: **1.** *(von einem Gestirn) das Aufgehen, Erscheinen über dem Horizont:* der A. des Mondes, der Sonne; Ü die Erde vom A. der Sonne bis zu ihrem Niedergang (geh.; *die ganze Erde).* **2. a)** *aufwärts führende Treppe (zu einem Eingang hin):* das Theater hat mehrere Aufgänge; bitte den A. an der anderen Seite des Bahnsteigs benutzen!; **b)** (selten) *aufwärts führender Weg:* wir benutzten den bequemeren A. zum Gipfel. **3.** (Turnen) *Anfang, erster Teil einer Geräteübung:* sie nahm den A. mit elegantem Schwung. **4.** ⟨o. Pl.⟩ (Jagdw.) *Wiederaufnahme der Jagd nach Beendigung der Schonzeit:* im Herbst wird zum A. der Auerhahnjagd geblasen.

Auf|gangs|punkt, der (Astron.): *Stelle, an der ein Gestirn aufgeht:* der A. der Sonne im Osten verschiebt sich von Tag zu Tag.

auf|gä|ren ⟨sw. u. st. V.; gärte/(auch:) gor auf, ⟨ist/hat⟩ aufgegärt/(auch:) aufgegoren⟩ (selten): *gärend hochsteigen, wie in Gärung aufbrodeln:* Was Wunder, dass ... das Menschliche aufgärte und ... unzüchtig ausartete (Th. Mann, Joseph 54).

auf|ge|bauscht: ↑ aufbauschen (2).

auf|ge|ben ⟨st. V.; hat⟩ [mhd. ûfgeben = übergeben, fahren lassen; anheim stellen]: **1.** *zur Weiterleitung, Beförderung, Bearbeitung übergeben:* Pakete a.; ein Telegramm am Schalter, bei/auf der Post a.; wir gaben den Koffer bei der Bahn, am/auf dem Bahnhof auf; eine Annonce a. *(in die Zeitung setzen);* der Gast gab beim Ober seine Bestellung auf. **2. a)** *als Schularbeit auftragen:* der Lehrer gab ihnen eine Nacherzählung, ein Gedicht auf; sie hat uns viel aufgegeben; Manchmal wollte er von uns einen Gesangbuchverse hören, die er uns aufgegeben hatte (Kempowski, Zeit 218); **b)** *als Aufgabe stellen, zur Auflösung vorlegen:* die Sphinx, die jedem Vorübergehenden ein Rätsel aufgab; Wir werden die uns aufgegebenen Probleme nur lösen können, wenn ... (BZ 11. 5. 84, 35); **c)** (geh.) *auferlegen; auftragen, etw. zu tun:* zu Neujahr, so war uns ... aufgegeben worden, hatten wir das Anwesen zu räumen (Th. Mann, Krull 82); er wolle aber auch nicht verschweigen, dass ihm dieser Dienst einiges an Problemen bereite und einiges zum Nachdenken aufgegeben habe (Zivildienst 5, 1986, 22); sie glaubte, es sei ihr aufgegeben *(vom Schicksal bestimmt),* schweigend zu dulden. **3.** (landsch.) *auffüllen* (3): wir ließen uns Riesenportionen Bratkartoffeln a.; die Mutter musste den Kindern zum zweiten Mal a. **4.** (Technik) *zu verarbeitendes Gut auf ein Fördergerät geben [u. an eine Maschine o. Ä. übergeben]:* Schotter a.; man hatte nicht genug Koks aufgegeben *(in den [Hoch]ofen geschüttet).* **5.** (Kaufmannsspr.) *angeben* (1 a): der Auftraggeber verpflichtet sich, richtige Maße auf-

zugeben. **6.** (Ballspiele) *aufschlagen* (4). **7. a)** *mit einer Sache aufhören:* das Rauchen a.; seinen Widerstand, die Verfolgung a.; die kleine Reise, die ich unternehmen wollte, will ich nun a. (Mayröcker, Herzzerreißende 93); er gab die Therapie auf und wurde rückfällig (Saarbr. Zeitung 8. 10. 79, 14); ich habe es aufgegeben, darüber nachzudenken; Blum versucht, sich die Gesichter der Leute einzuprägen, aber es sind so viele, dass er es aufgibt (Hilsenrath, Nacht 311); gibs auf! (ugs.: *bemühe dich nicht, es ist doch zwecklos!);* den Kampf, ein Rennen, das Studium a. *(abbrechen, vorzeitig beenden);* **b)** *sich von etw. trennen; auf etw. verzichten:* wegen finanzieller Schwierigkeiten sein Geschäft, seine Praxis a. *(schließen);* wir mussten unser Haus, unsere Zweitwohnung a.; Zeitweise sah es so aus, als müsste Helmut seinen Wohnsitz a. und nach Recklinghausen umziehen (Zivildienst 5, 1986, 16); seinetwegen hat sie ihren Beruf, ihre Karriere aufgegeben *(nicht weiter ausgeübt);* sie hat ihre Interessen aufgegeben, aus Liebe, sie hat die Kinder geboren und erzogen (Brot und Salz 346); Er selber gab das Cello wieder auf, weil sein Spiel ... seinen hohen Ansprüchen nicht genügte (Frisch, Montauk 31); Berlin etwa kann sich drei große Universitäten nicht mehr leisten. Und statt zu entscheiden, welche Universität aufgegeben werden muss, ... (Woche 7. 2. 97, 25); ein Amt a. *(niederlegen);* Ansprüche, Gewohnheiten, Pläne, Grundsätze a.; die, alle Hoffnung a.; die Träume, Ideale ihrer Jugend hatte sie längst aufgegeben ..., als wolle sie heiraten, aber als sie merkte, welche Chancen sich ihr beruflich boten, gab sie den Gedanken wieder auf (Danella, Hotel 47); Nach dem unglücklichen Gegentor gaben die Bremer alle Vorsicht auf, stürmten verbissen (Kicker 6, 1982, 35); **c)** *als verloren od. tot ansehen, keine Hoffnung mehr auf jmdn. setzen:* die Ärzte hatten die Patientin schon aufgegeben *(hatten mit ihrem Tod gerechnet);* sie hatten ihren entsprungenen Sohn längst aufgegeben; du darfst dich nicht a.; **d)** *nicht weitermachen; aufhören:* trotz aller Schwierigkeiten nicht a.; die kleinen Läden wurden immer weniger, die mächtige Konkurrenz ließ die Inhaber a. (Kühn, Zeit 415); sie gibt nicht so leicht auf *(lässt sich nicht entmutigen);* **e)** (Sport) *ein Spiel, einen Wettkampf vorzeitig abbrechen;* der Europameister musste in der 7. Runde a.; der vorjährige Schachjugendmeister gab auf.

Auf|ge|ber, der; -s, -: **1.** *Aufgabevorrichtung.* **2.** (Sport, bes. Volleyball) *Spieler, der die Aufgabe* (4) *ausführt.*

Auf|ge|be|rin, die; -, -nen: w. Form zu ↑Aufgeber. (2)

auf|ge|bläht: ↑ aufblähen.

Auf|ge|bläht|heit, die; - (abwertend): *das Aufgeblähtsein; Wichtigtuerei.*

auf|ge|bla|sen: ↑ aufblasen (2).

Auf|ge|bla|sen|heit, die; - (ugs. abwertend): *Wichtigtuerei; Dünkelhaftigkeit.*

Auf|ge|bot, das; -[e]s, -e [für mhd. ûfbot,

zu ↑aufbieten]: **1.** ⟨Pl. selten⟩ *eine (zur Erledigung einer Aufgabe) aufgebotene Anzahl:* ein starkes A. von Polizeikräften; mit einem gewaltigen A. an Hubschraubern und Sanitätswagen; (Sport:) Martin Schmitt und Co. haben Wort gehalten. Und das erste WM-Gold im Mannschafts-Skispringen für sie in deutsches A. erkämpft (Tagesspiegel 24. 2. 99, 24); Schäfer nahm aber unterdessen das Training wieder auf, im nächsten Spiel gegen Düsseldorf gehört er wieder zum A. (Kicker 6, 1982, 36). **2.** (früher) *öffentliche Bekanntmachung der beabsichtigten Eheschließung eines Paares [durch Aushang im Standesamt]:* das standesamtliche A. bestellen. **3.** (Rechtsspr.) *öffentliche gerichtliche Aufforderung zur Anmeldung von Ansprüchen, Rechten:* auf das A. der Erbberechtigten h melden sich mehrere im Ausland lebende Personen. **4.** ⟨o. Pl.⟩ (veraltend) *Aufbietung:* auch das A. seiner ganzen Verstandeskraft half ihm nicht; mit dem A., unter dem A. *(unter Aufbietung)* ihrer letzten Kräfte. **5.** (Milit.) **a)** (früher) *Aufruf zum Waffendienst; Heranziehung zum Kriegsdienst:* das A. von Landwehren in den Befreiungskriegen; Ü ihr seid das letzte A. *(die letzte Reserve;* Kirst, 08/15, 809); **b)** (schweiz.) *Befehl, zur Erfüllung der allgemeinen Dienstpflicht einzurücken.*

Auf|ge|bots|schein, der: *Bescheinigung über das durchgeführte Aufgebot.*

Auf|ge|bots|ver|fah|ren, das: *Verfahren zur Ausschließung von Rechten, die nicht innerhalb der im Aufgebot enthaltenen Frist angemeldet werden.*

auf|ge|bracht: ↑ aufbringen (4 a).

Auf|ge|bracht|heit, die; -: *das Aufgebrachtsein; Wut, Zorn.*

auf|ge|don|nert: ↑ aufdonnern.

auf|ge|dreht ⟨Adj.⟩ [zu ↑ aufdrehen (4 a)] (ugs.): *überaus angeregt, animiert, in Stimmung:* eine -e Gesellschaft; sie war heute mächtig a.

Auf|ge|dreht|heit, die; -: *aufgedrehte Art.*

auf|ge|druckt: ↑ aufdrucken.

auf|ge|dun|sen ⟨Adj.⟩ [2. Part. von veraltet aufdunsen = aufschwellen machen ↑ gedunsen]: *ungesund aufgequollen, auf geschwemmt:* Adolf ist unruhig. Sein Unterleib ist unbekleidet Jürgen zieht die dünne Zudecke über sei nen -en Leib (Chotjewitz, Friede 136) ihr Gesicht war müde und a.; Ü die d recht -en Einleitungen (Enzensberger Einzelheiten I, 150).

Auf|ge|dun|sen|heit, die; -: *aufgedun senes Aussehen.*

auf|ge|hen ⟨unr. V.; ist⟩: **1.** *am Horizon erscheinen:* der Mond, die Sonne ist auf gegangen; das Land der aufgehenden Sonne *(Japan);* Wir kämpften mit de aufgehenden Morgensonne im Rücke (Hilsenrath, Nazi 356); Ein neuer Mor gen geht auf über der Donautal (geh. bricht an; Bamm, Weltlaterne 19 **2. a)** *sich öffnen:* plötzlich ging die Tü auf; das Fenster geht nur schwer a *(lässt sich kaum öffnen);* endlich ging d Vorhang auf und die Vorstellung began

b) *aufplatzen:* ihre Lippen waren aufgegangen; sie drückte, bis das Geschwür aufging; **c)** *(von etw. Befestigtem, fest Zugemachtem) nicht zubleiben:* der Reißverschluss, der Verband, der Knoten geht immer wieder auf; das Einmachglas ist aufgegangen; **d)** *sich entfalten:* die Knospen, die Tulpen gehen auf; der Fallschirm ging nicht auf. **3.** *(von Gewachsenem) sichtbar werden; aufkeimen, hervorkommen, emporwachsen:* der Samen, die Saat ging [nicht] auf; Ein Schatten fällt vor ihr auf die dünnen Streifen Grün, wo Haferkörner aufgegangen sind (Frischmuth, Herrin 124); die Pocken gehen auf *(die Pockenimpfung verläuft positiv);* Ü diese Teufelssaat wird eines Tages a. **4.** *(vom Teig) durch ein Treibmittel aufgetrieben werden:* der Hefeteig geht auf; Hefestollen, die im Backofen prächtig aufgehen. **5.** *jmdm. zu Bewusstsein kommen, klar werden:* ihr geht der Sinn, die Tragweite dieses Geschehens [nicht] auf; Als ihm die Bedeutung von Goralskys Bemerkung aufging, ... (Kemelman [Übers.], Mittwoch 129); Dem, der so spricht, ist der Zusammenhang von Verlies und KZ nicht aufgegangen (Berger, Augenblick 27); Ihm war in diesem Moment aufgegangen, wer der Verräter des Einbruchs war (Prodöhl, Tod 190); Dass den Schlafpositionen eine besondere Bedeutung zukommt, ging mir zum ersten Mal vor ein paar Jahren ... auf (Dunkell, Körpersprache 9). **6.** (Math.) *keinen Rest lassen [u. in sich stimmen]; sich ohne Rest ausrechnen, teilen lassen:* alle geraden Zahlen gehen durch 2 geteilt auf; die Rechnung, die Division, die Patience ist [nicht] aufgegangen; Ü es muss nur alles schön sauber a. wie im Theater (Rinser, Mitte 88); Eine leichtlebige junge Frau und der Sohn einer hoch angesehenen mächtigen Unternehmerfamilie, das ginge nicht auf, da könne nichts draus werden (Prodöhl, Tod 139). **7. a)** *sich jmdm., einer Sache ganz widmen u. darin seine Erfüllung finden:* ganz in der Familie, in seinem Beruf, in den Kindern a.; weil ich aus reichlich zwei Jahren Zusammenarbeit in Erfurt weiß, dass er absolut für eine Sache aufgeht, dass er unglaublich viel arbeitet (Freie Presse 16. 12. 89, 5); **b)** *mit etw. eins sein u. in dieser Einheit verschwinden:* nicht in der Masse a. wollen; die kleineren Betriebe gingen in den großen auf *(wurden von ihnen geschluckt);* **c)** *übergehen, sich auflösen, sich verwandeln:* in blauen Dunst a. **8.** (Jagdw.) *(von der Jagd) nach Beendigung der Schonzeit von neuem beginnen:* wenn die Jagd auf den Rehbock aufging (Löns, Haide 101). **9.** (Jagdw.) *(vom Federwild) aufsteigen, auffliegen.* **10.** (Bergmannsspr.) *(vom Grubenwasser) in die Höhe steigen.* ♦ **11.** *aufgebraucht, verbraucht werden:* Er verhielt ihm nicht, wie viel Geld aufgegangen, glaubte aber, dass es auch zu Ende wohl angewendet sei (Goethe, Theatralische Sendung IV, 9); Einem Mann wie meinem Herrn ..., weil er ein paar Monate her nicht prompt bezahlt hat, weil er nicht mehr so viel a. lässt ... –

in der Abwesenheit das Zimmer auszuräumen! (Lessing, Minna I, 2).

auf|ge|ho|ben: ↑aufheben (2, 3 a).

auf|gei|en ⟨sw. V.; hat⟩ (Seemannsspr.): *mithilfe von Geitauen das Rahsegel zusammenholen.*

auf|gei|gen ⟨sw. V.; hat⟩: *mit der Geige [zum Tanz] aufspielen:* Ü Bei strömendem Regen ... geigte das ... Sportklubensemble stellenweise großartig auf (ugs.; *erbrachte großartige Leistungen;* Express 6. 10. 68, 13).

auf|gei|len ⟨sw. V.; hat⟩ (derb): *jmdn., sich in geschlechtliche Erregung bringen:* Pornofilme geilen ihn auf; nachts geilt er sich an Bildern junger Männer auf (Rechy [Übers.], Nacht 183); Ü So, wie man in kitschigen Blättern Drogenwirkungen beschreibt, damit sich die Leser a. können (Gabel, Fix 116); Peter Handkes humorloser Scheiß, an dem sich besonders die Germanisten aufgeilen (Praunheim, Sex 21).

auf|ge|klärt ⟨Adj.⟩: *frei von Aberglauben u. Vorurteilen:* ein -er Geist; ..., ist danach lange Zeit kein Zirkus mehr in unser Dorf gekommen – wie man wissen wollte, aus Furcht vor dem allzu -en Publikum (Lenz, Suleyken 73); sie gibt sich sehr a.

Auf|ge|klärt|heit, die; -: *aufgeklärte Art.*

auf|ge|knöpft ⟨Adj.⟩ [zu ↑aufknöpfen] (ugs.): *zugänglich u. mitteilsam:* sie war an diesem Abend erstaunlich a.

auf|ge|kratzt ⟨Adj.⟩ [zu ↑aufkratzen (3)] (ugs.): *gut gelaunt u. lebhaft:* die turbulente Situationskomik sorgte für eine -e Stimmung auch in den Wohnstuben der Silvester feiernden Familien (MM 3. 1. 77, 27); Torsten war a., er lachte, er redete (Danella, Hotel 451).

Auf|ge|kratzt|heit, die; -: *aufgekratzte Art.*

Auf|geld, das; -[e]s, -er: **1.** (Bank- u. Börsenw.) *Agio.* **2. a)** *zusätzlicher Betrag:* eine geziemend private Tracht des Kutschers ... hatte ich gegen ein leichtes A. zur Bedingung gemacht (Th. Mann, Krull 404); Für DFB-Präsident Egidius Braun kam es unabhängig davon, wie im Vertrag stehe, »nur ein Ergebnis geben: Alle Fans müssen alle Spiele unserer Nationalelf im Fernsehen ohne A. sehen können« (SZ 3. 12. 97, 1); **b)** (bes. bei Auktionen): *zusätzlicher Betrag, den derjenige zahlen muss, der ein Kunstwerk ersteht, u. der den Gewinn* (1) *des Auktionators darstellt:* Im überfüllten Saal erwarb ein französischer Bieter das Gemälde für 6, 2 Mill. Franc (inklusive A. 6, 8 Mill. Franc) (Handelsblatt 1. 4. 99, G 03). **3.** (landsch. veraltend) *Anzahlung bei Abschluss eines Kaufes:* der Bauer zahlte für die Stute das vereinbarte A.

auf|ge|legt ⟨Adj.⟩: **1.** *in bestimmter Weise gestimmt, gelaunt:* der gut, schlecht -e Vater; ich fühlte mich glänzend a.; sie ist heute besser a. als gestern; die gut aufgelegte (Sport; *sich in guter Verfassung befindende*) Amerikanerin gewann in zwei Sätzen; * **zu etw. a. sein** *(in der Stimmung sein, etw. zu tun):* sie war zum Tanzen a.; die Schüler sind mal wieder zu Streichen a.; Zu einem Scherz war er

überhaupt nicht mehr a. (Bastian, Brut 152); ich bin heute nicht [dazu] a., Besuch zu empfangen; ein zu jedem Unfug -er Lausejunge. **2.** (abwertend) *klar, offensichtlich, offenkundig:* das ist ein -er Unsinn, Schwindel; Es ist nicht angezeigt, sich einem -en Narren verwandt zu fühlen (Musil, Mann 120); es ist ein -es Geschäft (landsch.; *ein Geschäft, das etwas einbringen wird;* Fallada, Mann 159).

Auf|ge|legt|heit, die; -: *das Aufgelegtsein.*

auf|gel|len ⟨sw. V.; ist⟩: *plötzlich, kurz gellen:* ein Schrei gellte auf.

auf|ge|lo|ckert: ↑auflockern (1, 3 b).

auf|ge|löst ⟨Adj.⟩: **a)** *aus der Fassung gebracht; verwirrt:* sie war durch diesen Vorfall, über diese Nachricht ganz a.; sie war vor Freude, Schmerz, Trauer ganz a.; Vater musste erst ein paar Mal die Nase hochziehen, ehe er antworten konnte; so a. hatte ich ihn selten erlebt (Schnurre, Bart 123); **b)** *erschöpft, schwach u. benommen:* ich bin ganz a. bei dieser Hitze.

Auf|ge|löst|heit, die; -: *das Aufgelöstsein.*

auf|ge|macht: ↑aufmachen (4).

auf|ge|putzt: ↑aufputzen.

auf|ge|räumt ⟨Adj.⟩: *gut gelaunt; in gelöster, heiterer Stimmung:* Mahlke ... spielte jenen -en Onkel, der nach jahrelanger und abenteuerlicher Abwesenheit auf Besuch kommt (Grass, Katz 171); sie war heute besonders a.; »Na, wo brennt's denn?«, fragte er a. (Bastian, Brut 154).

Auf|ge|räumt|heit, die; -: *aufgeräumte Art.*

auf|ge|regt: ↑aufregen (1 a).

Auf|ge|regt|heit, die; -, -en: **a)** ⟨o. Pl.⟩ *aufgeregte Art:* Man hatte ihn (= Professor Voza) mir als strengen Gelehrten beschrieben, ohne alle mediterrane A. (Fest, Im Gegenlicht 20); **b)** *aufgeregte Äußerung, aufgeregtes Verhalten:* Kanzler: »Nicht zu den -en der anderen beitragen« (MM 12./13. 4. 80, 1).

Auf|ge|sang, der; -[e]s, -e, Aufgesänge (Verslehre): *meist aus zwei gleich gebauten Stollen* (4) *bestehender erster Teil der Meistersangstrophe.*

auf|ge|schlos|sen ⟨Adj.⟩: *am geistigen Leben interessiert u. bereit, neue Gedanken u. Erkenntnisse zu verarbeiten:* sie macht einen a. Eindruck; Innerhalb von elf Monaten hatten sie dort aus mir, einem lebenslustigen, -en Studenten und Komsomolzen, einen jedes Wort abwägenden Parteifunktionär gemacht (Leonhard, Revolution 217); In Dänemark lerne man auf allen Schulen Deutsch. Da sei man -er (Kempowski, Tadellöser 259); er war an diesem Abend heiter und a. *(zugänglich);* eine Generation, die dem Problem der Minderheit -er gegenübersteht; sie sind a. für religiöse, politische Fragen.

Auf|ge|schlos|sen|heit, die; -: *das Aufgeschlossensein:* erwartet wird A. für die Probleme junger Menschen; seine A. gegenüber neuen Strömungen in der Kunst; Wer ist bereit, Semmelweis' Buch

mit A. zu lesen und seine Lehre anzunehmen? (Thorwald, Chirurgen 196).
auf|ge|schmis|sen [2. Part. von: aufschmeißen = stranden (vom Schiff)]: nur in der Verbindung **a. sein** (salopp; *sich in einer schwierigen Lage befinden u. nicht mehr weiterwissen*): wenn sie uns nicht hilft, sind wir a.; ohne unseren Wagen wären wir hier restlos a.
auf|ge|schos|sen: ↑aufschießen (1 b).
auf|ge|schwemmt: ↑aufschwemmen.
Auf|ge|schwemmt|heit, die; -: *aufgeschwemmtes Aussehen.*
auf|ge|sprun|gen: ↑aufspringen (5).
♦ **auf|ge|steift** ⟨Adj.⟩: (landsch.) *steif aufgerichtet:* Dieser lachte dem alt und a. vor ihm stehenden Leutnant ziemlich ungeniert ins Gesicht (Fontane, Jenny Treibel 21).
auf|ge|ta|kelt: ↑auftakeln (2).
auf|ge|weckt ⟨Adj.⟩: *für sein Alter von erstaunlich rascher Auffassungsgabe u. geistiger Regheit:* ein -es Kind; Die Unterprimanerin war eine -e junge Dame aus angesehener Studienratsfamilie (Hackethal, Schneide 46); ich war a. und ehrgeizig genug, mich für diese Dinge zu interessieren (K. Mann, Wendepunkt 61); Der Unteroffizier ... freute sich über den a. dreinsehenden Burschen vom Land (Kühn, Zeit 183).
Auf|ge|weckt|heit, die; -: *das Aufgewecktsein; aufgeweckte Art.*
auf|ge|wor|fen: ↑aufwerfen (1 c, 3, 5).
auf|ge|zo|gen: ↑aufziehen.
auf|gie|ßen ⟨st. V.; hat⟩: **a)** *(ein Getränk) aufbrühen:* Tee, Kaffee a.; **b)** *(Wasser o. Ä.) auf, über etw. gießen:* während sie langsam das kochende Wasser aufgoss (Rinser, Mitte 121); **c)** (Kochk.) *[mit etw.] auffüllen* (4): eine Mehlschwitze a.; man zieht den Topf vom Feuer und gießt mit kaltem Wasser auf; Curaçao und Rum in einem Longdrinkglas mischen, Zitrone dazugeben und mit Tonic a. (e&t 6, 1987, 120).
auf|glän|zen ⟨sw. V.; hat⟩: *plötzlich zu glänzen beginnen; aufleuchten:* der Mond glänzte hinter den Tannen auf; Manchmal glänzte ein Punkt auf wie Staub ... im Licht (Gaiser, Jagd 89); Ü ihr Gesicht hatte bei seinen Worten aufgeglänzt (hatte einen Ausdruck der Freude, des Glücks gezeigt).
auf|glei|sen ⟨sw. V.; hat⟩ (Technik): *etw. auf Gleise setzen:* einen neuen Güterwagen a.; die Arbeiter gleisten die Straßenbahn wieder auf.
Auf|glei|sung, die; -, -en: *das Aufgleisen.*
Auf|glei|sungs|ge|rät, das: *Gerät, mit dessen Hilfe entgleiste Fahrzeuge wieder auf die Schienen gesetzt werden können:* Mithilfe eines hydraulischen -es wurde der schwere Straßenbahnwagen angehoben (MM 4. 12. 70, 4).
Auf|glei|sungs|vor|rich|tung, die: *Aufgleisungsgerät.*
auf|glei|ten ⟨st. V.; ist⟩ (Met.): *(von Luftmassen) sich [gleitend] über etw. schieben:* jene Wetterlagen, bei denen aus südwestlicher bis südöstlicher Richtung in der Höhe Warmluft über Kaltluft aufgleitet (MM 21. 12. 70, 3); ⟨subst.:⟩ *das Aufgleiten wärmerer Luftmassen.*

Auf|gleit|flä|che, die (Met.): *Trennfläche zwischen kalten u. warmen Luftmassen, bei denen das Aufgleiten eintritt.*
Auf|gleit|front, die (Met.): *Schnittlinie von Aufgleitfläche u. Erdboden.*
Auf|gleit|zo|ne, die (Met.): *Bereich, in dem das Aufgleiten eintritt.*
auf|glie|dern ⟨sw. V.; hat⟩: *(ein Ganzes) nach bestimmten Gesichtspunkten aufteilen:* die Gesellschaft soziologisch, in Klassen a.; es sei ja bekannt, dass das ... zerschlagene Reich in Besatzungszonen aufgegliedert wurde (Heym, Schwarzenberg 42); die Verben sind aufgegliedert in starke, schwache und unregelmäßige.
Auf|glie|de|rung, die; -, -en: *das Aufgliedern.*
auf|glim|men ⟨st. u. sw. V.; glomm/(selten:) glimmte auf, ist aufgeglommen/(selten:) aufgeglimmt⟩ (geh.): *zu glimmen beginnen; glimmend aufleuchten:* ein einzelner Stern glomm auf; die Scheite glommen im Windzug noch einmal auf; Schlitzaugen unter gewölbten, mit Tusche gezeichneten Brauen glimmen auf (Heim, Traumschiff 353); Ü es glomm ein Plan in mir auf (Jahnn, Geschichten 26); de Jongh bemerkte mit dem Backenknochen, sein Jähzorn glomm auf, aber noch hatte er sich in der Gewalt (Konsalik, Promenadendeck 76); die in ihr aufglimmende Hoffnung.
auf|glit|zern ⟨sw. V.; hat/ist⟩: *glitzernd aufscheinen:* die Tautropfen glitzerten in der Sonne auf.
auf|glü|hen ⟨sw. V.; hat/ist⟩: *zu glühen beginnen; glühend aufleuchten:* die Zigarette glühte in der Dunkelheit auf; unter der Asche glühte das Feuer noch einmal auf; Ü ihr Gesicht glühte auf *(wurde rot)* vor Empörung, Scham; Der Spieß glühte vor Freude bei wie ein Stoppsignal (Kirst, 08/15, 159); die plötzlich in ihm aufglühende Leidenschaft.
auf|gra|ben ⟨st. V.; hat⟩: **a)** *(Erde) umgraben, durch Graben auflockern:* die Weinbauern gruben den trockenen Lehmboden auf; **b)** *durch Graben öffnen, freilegen:* eine Wasserader a.
Auf|gra|bung, die; -, -en: *das Aufgraben.*
auf|grät|schen ⟨sw. V.; hat/ist⟩ (Turnen): *sich so auf ein Gerät schwingen, dass man mit gegrätschten Beinen aufkommt:* er ist auf dem Barren aufgegrätscht; du hast prima aufgegrätscht.
auf|grei|fen ⟨st. V.; hat⟩: **1.** *(jmdn., der sich herumtreibt, bes. einen Jugendlichen, einen Verdächtigen o. Ä.) ergreifen, festnehmen:* den entlaufenen Häftling, einen jugendlichen Ausreißer bei einer Razzia a.; wird ... eine halb verhungerte Landstreicherin aufgegriffen (Mostar, Unschuldig 90). **2. a)** *[als Anregung] aufnehmen u. sich damit befassen:* einen Gedanken a.; in willkommener Anlass, einmal wieder das Thema aufzugreifen (CCI 19, 1997, 13); Der Vorschlag ... war von Mirka ausgegangen und von ihrem Mann bereitwillig aufgegriffen worden (Brückner, Quints 158); die Presse griff den Fall auf; **b)** *an etw. anknüpfen:* das frühere Gespräch a. **3.** (selten) *aufheben, aufnehmen:* er ... griff ... den Degen vom Boden auf (Th. Mann, Krull 435).

auf|grund (auch: auf Grund): **I.** ⟨Präp. mit Gen.⟩ *begründet, veranlasst durch; wegen:* **a.** des schlechten Wetters; Aufgrund der schwierigen Marktverhältnisse im Inland ... (CCI2, 1997, 23). **II.** ⟨Adv. in Verbindung mit »von«⟩ *begründet, veranlasst durch; wegen:* **a.** von Armut; In westafrikanischen Ländern wie Mali ... lohnt aufgrund von Dumpingpreisen aus Europa der Anbau von lokalem Getreide wie Sorghum oder Hirse nicht mehr (natur 2, 1991, 4).
auf|grü|nen ⟨sw. V.; hat⟩: *(ein Gebiet) mit [mehr] Grünflächen versehen:* die Stadtverwaltung hat sich endlich dazu entschlossen, das Neubaugebiet aufzugrünen.
Auf|grü|nung, die; -, -en: *das Aufgrünen.*
auf|grun|zen ⟨sw. V.; hat⟩: *plötzlich, kurz grunzen.*
auf|gu|cken ⟨sw. V.; hat⟩ (ugs.): *[aus der Versunkenheit herausgerissen] aufblicken* (1): Die Frau guckt etwas rot und verlegen auf (Remarque, Westen 186); er guckt kaum von der Arbeit auf.
auf|gur|ten ⟨sw. V.; hat⟩: *(einem Pferd) den Bauchgurt lösen:* die Stute a.
Auf|guss, der; -es, Aufgüsse: *aufgegossene Flüssigkeit; Lösung aus mit [siedendem] Wasser übergossenen Pflanzenteilen:* einen A. von Sennesblättern bereiten; Ü was so später schrieb, war nur noch ein zweiter, ein schwacher A. (abwertend; *Abklatsch*) ihrer ersten Gedichte.
Auf|guss|beu|tel, der: *Teebeutel.*
Auf|guss|tier|chen, das ⟨meist Pl.⟩ (Biol.): *mikroskopisch kleines einzelliges Lebewesen, das in faulenden Aufgüssen in großer Menge auftritt.*
auf|ha|ben ⟨unr. V.; hat⟩ (ugs.): **1.** *aufgesetzt haben:* einen Hut a.; sie hat ihre Brille nicht aufgehabt; Er ist vom Motorrad gestürzt und hatte keinen Stahlhelm auf (Böll, Adam 44). **2.** *(Hausaufgaben) aufgegeben bekommen haben:* viel, wenig a.; haben wir für morgen etwas in Englisch auf? **3. a)** *geöffnet haben:* wir hatten die Tür auf *(offen stehen);* das Kind hatte die Augen schon auf; **b)** *[nur mit Mühe] aufbekommen haben:* endlich den Knoten a.; hast du den Koffer noch nicht auf?; **c)** *(von Geschäften, Behörden o. Ä.) geöffnet haben:* der Bäcker hat schon ab 7 Uhr auf; die Hauptpost hat auch abends auf; wir haben unser Geschäft samstags auf; Wir gingen in eine Pinte im Bahnhof Zoo, die schon aufhatte (Christiane, Zoo 73). **4.** (landsch.) *aufgegessen haben:* sie hat ihr Brot noch nicht auf. **5.** (Jägerspr.) *Geweih auf. Gehörn tragen:* der Hirsch hat kapital auf.
auf|ha|cken ⟨sw. V.; hat⟩: **a)** *mit der Spitzhacke öffnen, aufbrechen:* die Eisfläche, das Straßenpflaster a.; **b)** *(von Vögeln) mit dem Schnabel öffnen:* eine Nuss a.
auf|ha|ken ⟨sw. V.; hat⟩: **1.** *(Zugehaktes) öffnen:* die Fensterläden, den Büstenhalter a.; Ich hakte das kleine Tor auf, ging durch den Vorgarten (Faller, Frauen 20); Damit begann sie, ... an dem Kragenverschluss meiner Jacke zu nesteln, ihn auf-

zuhaken (Th. Mann, Krull 203). **2.** (Jägerspr.) *aufblocken.*
auf|hal|den ⟨sw. V.; hat⟩: *(nicht verkäufliche Kohle o. Ä.) auf Halden legen.*
Auf|hal|dung, die; -, -en: *das Aufhalden.*
auf|hal|len ⟨sw. V.; hat⟩: *plötzlich, kurz hallen:* Im gleichen Moment hallte ein Schuss auf (Plievier, Stalingrad 61).
auf|hal|sen ⟨sw. V.; hat⟩ [eigtl. = auf den Hals laden] (ugs.): *jmdn., sich mit etw. od. jmdm. belasten:* jmdm. zu viel Arbeit, zu viel Verantwortung a.; sie hat ihrer Mutter auch noch das dritte Kind aufgehalst; Hat der Mann wirklich gedacht, sich zwee Weiber auf einmal aufzuhalsen (Döblin, Alexanderplatz 196); Die Baubetriebe haben ihre Leute im Frostmonat Januar einfach entlassen und die Kosten von über zwei Milliarden Mark den Arbeitsämtern aufgehalst (Woche 14. 2. 97, 11).
Auf|halt, der; -[e]s, -e (landsch.): *Verzug, Unterbrechung:* Das Volk tanzte ohne A. (Reinig, Schiffe 25).
auf|hal|ten ⟨st. V.; hat⟩: **1. a)** *[für eine Weile] daran hindern, weiterzugelangen:* einen Fliehenden, scheuende Pferde, den Vormarsch der feindlichen Truppen a.; Zwei Gendarmeriebeamte hielten uns auf und stellten fest, wir hätten die Stopplinie ohne die gebührende Reverenz vor der Straßenverkehrsordnung passiert (auto touring 2, 1979, 11); Alle schwiegen, bis sie sich anschickte zu gehen. Niemand hielt sie auf (Ossowski, Liebe ist 12); ich bin durch meine Nachbarin aufgehalten worden; Ü eine Entwicklung, die Katastrophe nicht a. *(verhindern, abwenden)* können; dies änderte nichts an der Tatsache, dass die internationale Anerkennung der DDR nicht mehr lange aufzuhalten war (W. Brandt, Begegnungen 246); Das bleifreie Benzin ist nicht aufzuhalten (ADAC-Motorwelt 5, 1986, 88); das hält doch bloß den ganzen Betrieb auf *(wirkt hemmend);* **b)** *[für eine Weile] von einer anderen [wichtigeren] Tätigkeit abhalten; stören:* sie wollte ihn mit ihren Fragen nicht unnötig a.; lassen Sie sich durch mich nicht a.!; **c)** ⟨a. + sich⟩ *sich mit jmdm., etw. zu eingehend befassen:* sie kann sich nicht mit jedem schwachen Schüler a.; wir wollen uns nicht länger bei, mit diesen Fragen a. **2.** ⟨a. + sich⟩ *bei jmdm., irgendwo vorübergehend leben, verweilen, sein:* sich zu Hause, bei Freunden a.; ich halte mich viel in Museen auf. **3.** *[für einen anderen] öffnen u. geöffnet halten:* jmdm. die Tür a.; halten Sie bitte das Netz auf, damit ich die Kartoffeln hineinschütten kann; das Kind hielt seine, die Hand auf *(hielt sie mit der Innenfläche nach oben, um etwas hineingelegt zu bekommen).* **4.** ⟨a. + sich⟩ *sich über einen andern u. seine Angelegenheiten o. Ä., die einen nichts angehen, entrüsten u. abfällig äußern:* sich über jmds. Lebenswandel, Aussehen a.; Man tauscht Belanglosigkeiten aus, hält sich auf über die mangelhafte Bedienung in dem winterlich öden Badehotel (Strauß, Niemand 104); **5.** (nordd.) *aufhören:* kannst du nicht endlich mit dem Quatsch a.?

auf|hält|lich ⟨Adj.⟩ (schweiz.): *sich [vorübergehend] irgendwo aufhaltend, befindend; wohnhaft:* der Geschäftsherr ist in Bern a.
Auf|halt|stoß, der (Fechten): *gerader Verteidigungsstoß in den gegnerischen Angriff hinein, wodurch dieser zurückgehalten wird.*
Auf|hal|tung, die; -, -en (selten): *Verzögerung, Unterbrechung.*
auf|hän|gen ⟨sw. V.; hat⟩: **1. a)** *auf eine entsprechende Vorrichtung hängen:* Gardinen a.; den Mantel a.; das Bild [an einem Nagel] a.; Wäsche zum Trocknen a.; wo darf ich mich a.? (ugs. scherzh.; meinen Mantel o. Ä. aufhängen?); Einzeln aufgehängte *(angebrachte)* Räder ... sorgen für guten Kontakt zur Straße (Hörzu 40, 1971, 55); **b)** *den Hörer an den Haken am Telefonapparat hängen [u. dadurch das Gespräch beenden]:* Der Mann im hellen Regenmantel, als er den Hörer schließlich aufgehängt und die wieder herausgefallene Münze eingesteckt hatte, versicherte sich, ... (Frisch, Gantenbein 395); Ich wollte noch Fragen stellen, aber Fischer hatte schon aufgehängt (Leonhard, Revolution 259). **2.** (emotional) **a)** *erhängen* (b): den Mörder [an einem Baum] a.; Den Ehlers ..., den hatten die Landarbeiter vor seiner Dienststelle aufgehängt (Grass, Blechtrommel 516); (als scherzhafte Drohung:) ich häng dich auf, wenn du nicht pünktlich bist; **b)** ⟨a. + sich⟩ *sich erhängen:* er hat sich an seinen Hosenträgern, mit einem Kabel aufgehängt. **3.** (ugs. abwertend) **a)** *aufschwatzen, andrehen* (3): du hast dir einen viel zu teuren Teppich a. lassen; **b)** *aufbinden* (4): wer hat dir denn dieses Märchen aufgehängt?; **c)** *jmdm. etw. (Unangenehmes, Mühevolles) aufbürden, zuschieben:* warum hast du dir diese langweilige Arbeit a. lassen?; er hat ihr ein Kind aufgehängt *(sie geschwängert).* **4.** *von einem Aufhänger* (2) *aus entwickeln:* Journalisten warten bekanntlich immer auf ein Ereignis, an dem sie ihren Bericht a. können (H. W. Richter, Etablissement 217).
Auf|hän|ger, der; -s, -: **1.** *Bändchen, Schlaufe an Kleidungsstücken o. Ä. zum Aufhängen:* an den Handtüchern müssen noch A. angenäht werden. **2.** *[aktuelles] Ereignis o. Ä., das als Anlass für die [journalistische] Behandlung eines Themas dient:* der Bestechungsskandal erwies sich als geeigneter A. für eine breit angelegte Kritik an der Regierung; dass Sie es notwendig haben, als »angeblich seriöse« Zeitschrift nackte Frauenkörper als A. zu benützen (Wiener 6, 1984, 8).
Auf|hän|gung, die; - (Technik): *Art und Weise, wie etw. aufgehängt, angebracht ist:* die A. der Räder ist bei den Automodellen unterschiedlich.
Auf|här|tung, die; - (Technik): *die beim Schweißen von Werkstücken erreichte höchste Härte:* die A. von Stählen.
auf|ha|schen ⟨sw. V.; hat⟩ (landsch.): *mit einer raschen Bewegung fangen, erhaschen:* sie hatte einen prächtigen Schmetterling aufgehascht; Ü ich konnte ihren Blick a.

auf|hau|en ⟨unr. V.; hieb/(ugs.:) haute auf, aufgehauen⟩: **1.** *gewaltsam öffnen, aufschlagen* (3) ⟨hat⟩: die Kokosnuss mit einem Hammer a. **2.** (ugs.) **a)** *aufschlagen* (1) ⟨ist⟩: ich bin mit dem Hinterkopf auf die/(auch:) auf den Fliesen aufgehauen; **b)** *aufschlagen* (2) ⟨hat⟩: ich habe mir bei dem Sturz das Knie aufgehauen. **3.** (österr. ugs.) *schlemmen, prassen* ⟨hat⟩. **4.** (Bergmannsspr.) *(bei schrägem Grubenbau) die Strecke einer Lagerstätte von unten nach oben vortreiben* ⟨hat⟩.
auf|häu|feln ⟨sw. V.; hat⟩: **a)** *(eine junge Pflanze) mit aufgehäufter Erde umgeben:* die Bohnen a.; **b)** *zu [einem] kleinen Haufen aufschichten, aufwerfen:* Heu a.; die Erde mit einer Hacke a.
Auf|häu|fe|lung, Aufhäuflung, die; -, -en: *das Aufhäufeln.*
auf|häu|fen ⟨sw. V.; hat⟩: **a)** *zu [einem] Haufen aufeinander legen, aufschichten:* Erde, Kartoffeln a.; Hier hatte der Köderwurm überall seine winzigen Schlammknäuel aufgehäuft (Hausmann, Abel 153); Ü sie hat Reichtümer aufgehäuft *(angesammelt);* das Äußerste, was ein Mensch an Kenntnissen in sich a. kann (Waggerl, Brot 143); **b)** ⟨a. + sich⟩ *sich zu einem Haufen auftürmen, zu einem Haufen anwachsen:* in der Abfallgrube häuft sich der Müll auf; Ü Schulden hatten sich so aufgehäuft *(angesammelt),* dass er Konkurs anmelden musste.
Auf|häuf|lung, die; -, -en: ↑ Aufhäufelung.
Auf|häu|fung, die; -, -en: *das Aufhäufen.*
auf|he|beln ⟨sw. V.; hat⟩: *mit einem Hebel gewaltsam aus ihrer Verankerung lösen, aufbrechen:* Die Einbrecher hatten die Eingangstür aufgehebelt und stahlen aus einem Stahlschiebeschrank Abrechnungsunterlagen (MM 3. 10. 77, 19).
auf|he|ben ⟨st. V.; hat⟩: **1. a)** *[vom Boden] aufnehmen:* einen Stein a.; etw. Heruntergefallenes wieder a.; Er hob mich vom Stuhl auf, als wäre ich eine Puppe (Jahnn, Geschichten 218); wir versuchten, den hilflos Daliegenden aufzuheben *(wieder aufzurichten);* **b)** ⟨a. + sich⟩ (geh. veraltend) *sich erheben, aufstehen:* ich hob mich mühsam vom Sessel auf; Und erst, als ... die Sterne ... blinkten, hoben sie sich wieder auf und wanderten weiter (Plievier, Stalingrad 285); Ü Die menschliche Klage, die sich zu Gott aufhob (Wiechert, Jeromin-Kinder 176); **c)** *in die Höhe heben; erheben:* die Hand [zum Schwur] a.; Es sind nicht die besten Schüler, die immerzu den Zeigefinger aufheben (Wiechert, Jeromin-Kinder 325); die Schüler wagten nicht, den Kopf aufzuheben; sie hob den Blick auf, die Augen fragend zu ihm auf (geh.; *blickte zu ihm auf).* **2.** *aufbewahren:* etw. gut, sorgfältig a.; Briefe zur Erinnerung a.; Den Untergang dieser Stadt schien sich der Satan ... bis zum Schlusse aufgehoben zu haben (Erh. Kästner, Zeltbuch 86); sie hebt alles auf *(wirft nichts weg);* du hebst dir das Beste immer bis zum Schluss auf; Sie sollte sich auch für den a. *(sie sollte auch für den ihre Jungfräulichkeit bewahren),* mit dem sie dann echt gehen wollte (Chris-

Aufheben

tiane, Zoo 206); *bei jmdm., irgendwo gut/schlecht o. ä. aufgehoben sein (1. *bei jmdm., irgendwo [nicht] in guter Obhut sein:* das Kind war bei seinen Pflegeeltern gut aufgehoben; ich fühlte mich in diesem Hospital bestens aufgehoben. 2. *bei jmdm., irgendwo [nicht] sicher, geschützt sein:* Geheimnisse sind bei ihr schlecht aufgehoben. 3. Sport; *von jmdm., irgendwo gut/schlecht gedeckt werden:* der Stürmerstar war bei dem kleinen Verteidiger, war dort gut aufgehoben). 3. a) *nicht länger bestehen lassen:* die Todesstrafe a.; der Jesuitenorden wurde in manchen Ländern aufgehoben; Der Weltsicherheitsrat hat ... die vor 14 Jahren gegen Rhodesien verhängten Wirtschaftssanktionen aufgehoben (Saarbr. Zeitung 24. 12. 79, 2); Ich sah die schwerfällige Ordnung und Gesetzlichkeit des Alltages aufgehoben (Th. Mann, Krull 56); einen Haftbefehl a. *(rückgängig machen);* ein Urteil a. *(für ungültig erklären);* Die angefochtene Entscheidung ist aufzuheben, weil der Senat ... außerstande ist, ... (NJW 19, 1984, 1129); die Schwerkraft a. *(außer Kraft setzen);* R aufgeschoben ist nicht aufgehoben; b) *den gleichen Wert, die gleiche Wirkung wie etw. Entgegengesetztes haben u. es dadurch ausgleichen:* der Verlust hebt den Gewinn wieder auf; Vielleicht ist dieser Unterschied so wichtig, dass er das Gemeinsame a. kann? (Musil, Mann 572); +2 und −2 heben sich gegenseitig auf; das [das beides] hebt sich auf; c) *etw. offiziell beenden:* die Belagerung, die Versammlung a. 4. (veraltet) *festnehmen, verhaften:* die Bande wurde in der Nacht aufgehoben; ♦ dass er dich auf Befehl des General Römchingen heute Nacht ... a. müsse (Hauff, Jud Süß 439). ♦ 5. *sich von allen bisherigen Bindungen lösen;* brechen (5): Denn damals, Sire, als ich auf immer mit der Krone aufgehoben (Schiller, Don Carlos III, 10).

Auf|he|ben, das; -s [nach den umständlichen Zeremonien der (Schau)fechter beim Aufheben der Waffe vom Boden vor einem Kampf]: meist in den Wendungen **viel Aufheben[s] von etw., jmdm. machen** *(etw., jmdm. übertrieben, ungerechtfertigt wichtig nehmen u. überflüssigerweise die Aufmerksamkeit anderer darauf, auf ihn lenken);* **kein A. von etw., jmdm. machen** *(etw., jmdm. nicht wichtig nehmen, als nebensächlich abtun);* **ohne [jedes, großes o. ä.] A.** *(ohne Aufsehen zu erregen, ohne große Umstände):* Hinzu kam, dass Asch Extraschnäpse ohne jedes A. spendierte (Kirst, 08/15, 14).

Auf|he|bung, die; -, -en: **1. a)** *das Aufheben* (3 a): die A. der Zölle; die A. der Klöster; Marx und Engels ...: Der Kommunismus ist die A. des kapitalistischen Privateigentums (Bahro, Alternative 28); die A. der ehelichen Gemeinschaft (Rechtsspr.); *das Getrenntleben*); **b)** *das Aufheben* (3 c): die A. der Sitzung wurde durch immer neue Wortmeldungen verzögert. **2.** (veraltet) *das Aufheben* (4): er wurde für die A. der Rädelsführer belobigt.

Auf|he|bungs|kla|ge, die (Rechtsspr.): *auf gerichtliche Beseitigung eines Rechtsverhältnisses gerichtete Klage.*

Auf|he|bungs|ver|trag, der (Rechtsspr.): *Vertrag, durch den ein bestehendes Rechtsverhältnis aufgehoben wird.*

auf|hef|ten ⟨sw. V.; hat⟩: **1.** *mit Heftstichen aufnähen:* eine Papierrose auf ein Kostüm a. **2.** (veraltet) *aufbinden* (4): die Männer ließen sich das Märchen nicht a.; ♦ Was hat uns der Lügner nicht alles aufgeheftet (Goethe, Reineke Fuchs 7, 98 f.).

auf|hei|ßen ⟨sw. V.; hat⟩ (Seemannsspr.): ²heißen.

auf|hei|tern ⟨sw. V.; hat⟩: **1.** *jmdn., der bedrückt ist, froher, heiterer stimmen:* vielleicht heitert ein Spaziergang sie etwas auf; um ihn etwas aufzuheitern, erzähle ich ihm einige Geschichten (Remarque, Westen 140). **2.** ⟨a. + sich⟩ **a)** *einen heiteren* (1) *Ausdruck annehmen; heiter[er]* (1) *werden:* sein Gesicht, die Stimmung hatte sich aufgeheitert; **b)** *heiter* (2) *werden:* der Himmel hat sich am Vormittag aufgeheitert; ⟨auch unpers., auch ohne »sich«:⟩ es heitert [sich] auf; (Vorhersage:) gegen Nachmittag örtlich aufheiternd. ♦ **3.** ⟨a. + sich⟩ *wieder heiter* (1) *werden, sich erheitern* (2 b): Der Herr erkannte seinen Fehler, heiterte sich im Anblick des schönen Frühlingshimmels auf, lächelte (Hebel, Schatzkästlein 22); Heitre dich auf! Sieh diese malerische Landschaft (Schiller, Räuber III, 2).

Auf|hei|te|rung, die; -, -en: **1.** *das Aufheitern:* die A. misslang. **2.** *etw., was aufheitert:* für -en sorgen.

auf|hei|zen ⟨sw. V.; hat⟩: **a)** (Physik, Technik) *allmählich erwärmen, erhitzen:* Luft, Gas a.; Wer seine Waschmaschine an die zentrale Warmwasserversorgung anschließt, spart Zeit und Geld. Schließlich braucht man keinen Strom, um das Wasser aufzuheizen (Tag & Nacht 2, 1997, 15); Ü das oppositionelle Misstrauen a. *(verstärken, verschärfen);* Aussperrungen heizen die Emotionen auf *(schüren sie)* und waren noch nie populär (Heilbronner Stimme 12. 5. 84, 1); Einzelne Regierungen haben allerdings nachgeholfen und die Konjunktur in ihren Ländern etwas aufgeheizt (Woche 4. 4. 97, 10); **b)** ⟨a. + sich⟩ (Physik, Technik) *sich allmählich erhitzen:* das Wasser heizt sich auf; dass sich der Innenraum wegen der stark geneigten Frontscheibe in der Sonne kräftig aufheizt (ADAC-Motorwelt 10, 1982, 24).

Auf|hei|zung, die; -, -en: *das [Sich]aufheizen, Aufgeheiztwerden:* weil er in der A. der Umwelt durch den hohen Energieverbrauch ein zentrales Problem sieht (Tages Anzeiger 28. 7. 84, 29).

auf|hel|fen ⟨st. V.; hat⟩: **a)** *beim Aufstehen behilflich sein; jmdm. helfen, sich [wieder] aufzurichten:* dem gestürzten Radfahrer a.; sie half der alten Dame [vom Sessel] auf; Ü dem in finanzielle Schwierigkeiten geratenen Schriftsteller a.; **b)** *etw. aufbessern:* sie ... verrichteten ... Arbeiten, um ihrer Löhnung aufzuhelfen (Bergengruen, Rittmeisterin 222);

dieser Erfolg half seinem lädierten Selbstbewusstsein auf *(stärkte es).*

Auf|hel|fer, der; -s, - (veraltet): *ein [geflochtenes] festes Band mit Quaste, mit dessen Hilfe sich alte od. kranke Menschen im Bett aufrichten.*

auf|hel|len ⟨sw. V.; hat⟩: **1. a)** *hell[er] machen:* ein altes Gemälde, das Haar a.; Ü diese Reise hatte ihr Gemüt etwas aufgehellt *(aufgeheitert);* **b)** *Klarheit in etw. (Ungeklärtes) bringen:* die Motive eines Verbrechens a.; ein Geheimnis des Glaubens, das ich mit meiner Vernunft nicht a. kann (Thielicke, Ich glaube 151). **2.** ⟨a. + sich⟩ **a)** *hell[er] werden:* der Himmel hat sich am Horizont etwas aufgehellt; Ü ihre Miene hellte sich auf *(wurde heiter, freundlich);* sein umwölkter Blick hellte sich auf (H. Gerlach, Demission 136); **b)** *durchschaubar werden, sich klären:* erst nach mehrmaligem Lesen hellte sich [mir] der Sinn des Gedichtes auf.

Auf|hel|ler, der; -s, -: **1.** (Fot.) *Beleuchtungsgerät mit stark Licht streuender Wirkung.* **2.** *Substanz, die vergilbte od. grau gewordene Textilien u. a. aufhellt:* Stoffe wie Enzyme, Parfüme, optische A. finden in großem Maße Anwendung (natur2, 1991, 6).

Auf|hel|lung, die; -, -en: *das Aufhellen.*

auf|hen|ken ⟨sw. V.; hat⟩ (veraltet): *aufhängen* (2): ♦ Ich ... erlebte bald, dass der falsche Münzer vor der Türe der Münze aufgehenkt, sein Mitschuldiger auf die Galeere verbannt wurde (Goethe, Benvenuto Cellini I, 1, 11).

auf|het|zen ⟨sw. V.; hat⟩ [eigtl. = Wild durch Hetzhunde aufjagen]: **a)** *durch Hetze* (2) *aufwiegeln:* das Volk [gegen jmdn.] a.; er ... hat sich nicht von der HJ gegen seine Eltern a. lassen (Fallada, Jeder 23); die studentische Jugend wurde gegen ihn aufgehetzt (Niekisch, Leben 50); **b)** *durch Hetze* (2) *zu etw. aufstacheln:* er hetzte die Masse zu Gewalttaten auf.

Auf|het|zer, der; -s, -: *jmd., der andere aufhetzt.*

Auf|het|ze|rei, die; -, -en: *dauerndes Aufhetzen.*

Auf|het|ze|rin, die; -, -nen: w. Form zu ↑Aufhetzer.

Auf|het|zung, die; -, -en: *das Aufhetzen.*

auf|heu|len ⟨sw. V.; hat⟩: **a)** *plötzlich, kurz heulen:* der Motor heulte auf; Woanders heulte ein Schweißgerät auf (Innerhofer, Schattseite 251); Dann heult ein Außenborder auf, zwei-, dreimal (Heim, Traumgesicht 360); Donna ließ ihre führerscheinfreie Nähmaschine a. (Freizeitmagazin 10, 1978, 10); die Menge heulte vor Wut; **b)** (ugs.) *plötzlich laut aufweinen:* das Kind heulte von neuem auf; ... drückte die Weinende auf sein Bett. Sie schlug die Hände vor ihr Gesicht und heulte erneut laut auf (Konsalik, Promenadendeck 453).

auf|hie|ven ⟨sw. V.; hat⟩: *hieven.*

auf|hin ⟨Adv.⟩ (österr., bayr.): *hinauf.*

auf|hir|ten ⟨sw. V.; hat⟩ (schweiz.): *Heu auf die ²Alp bringen.*

auf|his|sen ⟨sw. V.; hat⟩: *hissen:* die Segel a.; im Jugendlager wurden als Erstes die Wimpel aufgehisst.

¹**auf|ho|cken** ⟨sw. V.⟩: **1.** (Turnen) *auf ein Gerät springen und in Hockstellung aufkommen* ⟨hat/ist⟩: hast du/bist du noch einmal [auf das Pferd, auf den Barren] aufgehockt? **2.** ⟨a. + sich⟩ (landsch.) *aufsitzen* ⟨hat⟩: ich hatte mich hinten aufgehockt.

²**auf|ho|cken** ⟨sw. V.; hat⟩: **1.** (landsch.) ↑aufhucken. **2.** (Landw.) *(Heu, Getreide) in Hocken aufstellen.*

Auf|ho|cker, der; -s (Volksk.): *Geist, der dem einsamen Wanderer von hinten auf die Schulter springt, ihn würgt u. niederdrückt:* je näher sie zu jener Stelle kam ..., desto banger wurde ihr. Die Alten wussten alle, dass hier seit Jahrhunderten ein A. sein Unwesen trieb (-ky, Blut 11).

auf|hö|hen ⟨sw. V.; hat⟩: **a)** (geh.) *höher machen:* die ... Schneedecke, die den Bürgersteig aufhöhte (Th. Mann, Zauberberg 628); **b)** *auf etw. hellere Farbe auftragen u. es dadurch herausheben:* einzelne Stellen eines Bildes mit Deckweiß a.; Sie hatte ein dunkles Frätzchen ..., eine breitnüstrige Nase, ... einen breiten, rot aufgehöhten ... Mund (Th. Mann, Joseph 168).

Auf|hö|hung, die; -, -en: *das Aufhöhen.*

auf|ho|len ⟨sw. V.; hat⟩: **1. a)** *(einen Rückstand) wieder ausgleichen:* der Zug holte die Verspätung auf; Stefan besuchte wieder die Schule. Er hatte beträchtliche Versäumnisse, die er irgendwann würde a. müssen (Rolf Schneider, November 55); die zwei Tore der gegnerischen Mannschaft können noch aufgeholt werden; **b)** *den Unterschied zwischen dem eigenen Rückstand u. dem Vorsprung des anderen [um ein bestimmtes Maß] verringern:* der deutsche Läufer holte in der letzten Runde noch [ein paar Meter] auf; Heimlich und still haben die Frauen drastisch aufgeholt. »Und wenn sie trinken, dann härter als Männer« (Saarbr. Zeitung 29./30. 12. 79, 27); Bremer Sport holt auf (Börsenw.: *steigt im Kurs;* Grass, Hundejahre 501). **2.** (Seemannsspr.) *nach oben holen, in die Höhe ziehen:* die Segel, den Anker a.

Auf|ho|ler, der; -s, -: *dünnes Tau zum Heraufholen leichter Gegenstände.*

Auf|hol|jagd, die (Sport): *Bemühen, einen Rückstand im Wettkampf auszugleichen:* nach einer A. in Führung gehen; in der Rückrunde gelang es dem abstiegsbedrohten Verein durch eine furiose A., sich auf die rettenden 15. Platz zu verbessern; Ü die Industrie rüstet zur A., um der ausländischen Konkurrenz Marktanteile abnehmen zu können.

auf|hol|zen ⟨sw. V.; hat⟩ **a)** (Forstw.) *aufforsten;* **b)** (Jägerspr.) *aufbaumen;* **c)** (landsch.) *aufbürden.*

Auf|hol|zung, die; -, -en: *das Aufholzen.*

auf|hop|sen ⟨sw. V.; ist⟩ (landsch.): *aufhüpfen.*

auf|hor|chen ⟨sw. V.; hat⟩: *plötzlich etw. hören, was die Aufmerksamkeit erregt, u. gespannt hinzuhören beginnen:* als sie ihren Namen hörte, horchte sie auf; misstrauisch a.; Ü in den Fünfzigerjahren erschienen von ihr Gedichte, die a. ließen *(Aufmerksamkeit erregten).*

auf|hö|ren ⟨sw. V.; hat⟩ [mhd. ûfhœren, eigtl. wohl = aufhorchend von etw. ablassen]: **a)** *nicht länger andauern; enden:* der Regen hat aufgehört; Der Wind hatte völlig aufgehört (Seghers, Transit 110); das Schwindelgefühl hörte plötzlich auf; an dieser Stelle hört der Weg auf *(führt er nicht weiter);* unsere Freundschaft hörte auch schon nicht auf; das muss a.! (ugs.; *so kann es nicht weitergehen!);* da hört der Spaß auf (ugs.; *das kann man nicht länger einfach so hinnehmen);* R da hört [sich] doch alles auf! (ugs.; *das ist aber genug!; das ist ja unerhört!);* **b)** *mit etw. nicht fortfahren; Schluss machen:* sie hörte nicht auf zu schimpfen; Wenn auf dem Operationstisch das Herz eines Patienten zu schlagen aufhört, ... (Hackethal, Schneide 37); ⟨unpers.:⟩ es hat aufgehört zu schneien; hör endlich auf! (schweig!; *lass das sein!);* wir haben heute Abend früher aufgehört (mit der Arbeit o. Ä. *Schluss gemacht);* ... einschließlich ärztlicher Ermahnungen, mit der Sauferei nun endlich aufzuhören (Schreiber, Krise 232); sie hört am nächsten Ersten [mit der Arbeit, in der Firma] auf *(beendet das Arbeitsverhältnis).*

auf|hüb|schen ⟨sw. V.; hat⟩ (selten): *hübscher, anziehender machen:* du hast dich aufgehübscht; Hundertmarkschein mit einer noch extra aufgehübschten Clara (Spiegel 52, 1990, 157); Ü die aufgehübschte Zwangsjacke der militaristischen Diktatur (ND 21. 6. 64, 2).

auf|hu|cken ⟨sw. V.; hat⟩ [zu ↑Hucke] (ugs.): **a)** *(eine Last) auf den Rücken, auf die Schulter nehmen:* den Sack Kartoffeln a.; Jetzt ... zerrt sie ihre Traglast hervor, sie will sie a. (Fussenegger, Haus 368); **b)** *jmdm. etw. aufladen, aufpacken:* er huckte ihm den Rucksack auf; Ü hatten sie ihn in der Fabrik ein Ämtchen aufgehuckt (Fallada, Jeder 15).

auf|hüp|fen ⟨sw. V.; ist⟩: *plötzlich, kurz in die Höhe hüpfen:* der verletzte Jungvogel versuchte ein paar Mal aufzuhüpfen; die Kinder hüpften vor Freude auf.

auf|hus|sen ⟨sw. V.; hat⟩ [↑hussen] (österr. ugs.): *aufhetzen, aufwiegeln.*

Auf|hus|ser, der; -s, - (österr. ugs.): *Aufwiegler.*

Auf|hus|se|rin, die; -, -nen: w. Form zu ↑Aufhusser.

au|fi, auffi: ⟨Adv.⟩ [aus ↑aufhin] (bayr., österr.): *hinauf, nach oben.*

auf|ja|gen ⟨sw. V.; hat⟩: *(ein Tier) in seiner Ruhe stören u. aus seinem Versteck o. Ä. heraustreiben; hochjagen:* Rebhühner, Feldhasen a.; Ü das Klingeln jagte sie aus dem Schlaf auf; Durch das aufgejagte Gehirn schoss es Pröll: Sie haben mich! (Apitz, Wölfe 322).

auf|jam|mern ⟨sw. V.; hat⟩: *plötzlich, kurz jammern; jammernde Laute, Worte von sich geben:* mit jedem Schlag jammerte die Gepeinigte lauter auf; »Alles verloren!«, jammerte sie auf.

auf|jauch|zen ⟨sw. V.; hat⟩: *plötzlich, kurz jauchzen:* vor freudiger Überraschung laut a.; die Kleine patschte aufjauchzend in ihre Händchen.

auf|jau|len ⟨sw. V.; hat⟩: *plötzlich, kurz jaulen:* der Hund jaulte vor Schmerz auf; Ü vor dem Haus jaulte jäh ein Motor auf (Kirst, 08/15, 714).

auf|ju|beln ⟨sw. V.; hat⟩: *einen kurzen Jubelruf ausstoßen:* er wird a., wenn er vom Sieg seiner Mannschaft hört; als es hieß: »Hitzefrei!«, jubelte die Klasse laut auf.

auf|juch|zen ⟨sw. V.; hat⟩: *plötzlich, kurz juchzen:* sie tanzte immer wilder u. juchzte vor Vergnügen auf.

auf|kal|den ⟨sw. V.; hat⟩ [zu niederd. Kade, Nebenf. von ↑Kate] (Wasserbau): *einen Deich bei steigendem Wasser mit Brettern, Pfählen o. Ä. vorübergehend erhöhen.*

Auf|kal|dung, die; -, -en: **1.** *das Aufkalden.* **2.** *behelfsmäßige Befestigung zur Erhöhung eines Deiches.*

auf|käm|men ⟨sw. V.; hat⟩: **1. a)** *hochkämmen:* willst du dein Haar nicht einmal a.?; **b)** *durch Kämmen die Frisur verbessern:* das Lehrmädchen hat die Perücken aufgekämmt. **2.** (Zimmerei) *Holzteile so ineinander passen, dass sie sich gegenseitig verschieben können.*

auf|kan|ten ⟨sw. V.; hat⟩: **1.** *hochkant stellen:* Ich stemmte die Knie gegen den Klotz und versuchte, ihn aufzukanten (Roehler, Würde 137). **2.** (Ski) *das Körpergewicht von der Lauffläche auf die Innen- od. Außenseite der Skier verlegen.*

auf|kan|tern ⟨sw. V.⟩ (Reiten): *den Aufgalopp laufen:* ⟨subst.:⟩ den Pferden beim Aufkantern zuschauen.

♦ **auf|kap|fen** ⟨sw. V.; hat⟩ [mhd. nicht belegt, ahd. ûfkapfen = in die Höhe sehen, aufsehen, zu: kapfen = schauen, gaffen]: *hochstehen:* da doch einmal die Geistlichen die Perückenwammen anhängen müssen, wenigstens die Herzblätter eines aufkapfenden Perückchens herum (Jean Paul, Wutz 12).

auf|ka|schie|ren ⟨sw. V.; hat⟩ [zu ↑kaschieren (3)] (österr.): *aufkleben:* eine Fotografie auf einen Karton a.

auf|kau|en ⟨sw. V.; hat⟩ (selten): *zerkauen:* sie kaute das harte Brot auf; Er ließ den Lehm im Mund weich werden und kaute ihn auf (Strittmatter, Wundertäter 384).

Auf|kauf, der; -[e]s, Aufkäufe: *das Aufkaufen.*

auf|kau|fen ⟨sw. V.; hat⟩: *(einen Gesamtbestand, noch vorhandene Bestände von etw., einen ganzen Besitz) kaufen:* in Erwartung von Missernten Getreide a.; Vor einiger Zeit wurde die große liberale Tageszeitung News Chronicle von der Rothermere Group aufgekauft (Heringer, Holzfeuer 141); In den sechziger Jahren ist er Ordinarius an der Universität M. und beginnt, Land aufzukaufen (Chotjewitz, Friede 128); sie hat die Aktien der Firma aufgekauft.

Auf|käu|fer, der; -s, -: *jmd., der etw. aufkauft* (auch Berufsbez.): dieser Antiquar ist A. von Erstausgaben.

Auf|käu|fe|rin, die; -, -nen: w. Form zu ↑Aufkäufer.

Auf|kauf|han|del, der; -s (Wirtsch.): *Zweig des Handels, dessen Tätigkeit im Aufkauf von Gütern besteht, z. B. von Altmaterialien, Kleinprodukten wie Eiern (zur Steigerung des Absatzes) od. ganzer Ernten (zum Zweck der Spekulation).*

auf|keh|ren ⟨sw. V.; hat⟩ (bes. südd.): *zusammenkehren u. aufnehmen; auffegen:* ich werde den Dreck a. (Härtling, Hubert 151).

auf|kei|len ⟨sw. V.; hat⟩ (Bergmannsspr.): *die zu gewinnende Gesteinsmasse durch Eintreiben von Keilen od. auch durch Bohren o. Ä. in größeren Stücken loslösen.*

auf|kei|men ⟨sw. V.; ist⟩: *keimend aus der Erde herauskommen:* der Weizen ist schon aufgekeimt; ⟨subst.:⟩ *das Aufkeimen der Pflänzchen;* Ü Zweifel, Zuneigung keimt in ihr auf *(beginnt in ihr zu entstehen);* Gleichzeitig fühlte ich Sympathie für Zapparoni a. (Jünger, Bienen 21); er versuchte, die aufkeimende Leidenschaft zu ersticken; Aufkeimende Empörung über das Unrecht auf der Welt (Pohrt, Endstation 90).

auf|kel|len ⟨sw. V.; hat⟩: *mit der Kelle in ein Gefäß, auf seinen Teller o. Ä. schöpfen;* Ü Was sich einer aufkellt, soll er auch essen *(für das, was einer tut, muss er auch geradestehen);* Nachbar, Mond 276).

auf|ki|chern ⟨sw. V.; hat⟩ (selten): *plötzlich, kurz kichern:* mitten im Erzählen kicherte sie leise auf.

Auf|kim|mung, die; -, -en [zu ↑Kimm] (Seemannsspr.): *das seitliche Ansteigen des Schiffsbodens.*

auf|kip|pen ⟨sw. V.; ist⟩: 1. *umfallen u. mit der Kante auf etw. auftreffen:* der Umstand ..., dass der Würfel meist aufkippte (Lorenz, Verhalten I, 368). 2. (Schülerspr.) *auffliegen* (3): unser Plan, heimlich nach Frankreich zu trampen, ist leider aufgekippt; ist es beim Abspicken aufgekippt *(entdeckt worden).*

auf|klaf|fen ⟨sw. V.; hat⟩: *(von etw., was sonst geschlossen ist) auseinander klaffen, weit offen stehen, einen [breiten] Spalt bilden:* die Wunde des Verletzten hatte grässlich aufgeklafft; der Mund klaffte ihm auf, und die Zunge hing an der Unterlippe (Apitz, Wölfe 284); in einem brütend heißen Sommer, in dem die Felder verbrannten und die Erde in schwarzen Rissen aufklaffte (Ransmayr, Welt 134); aufklaffende Querspalten im Fels; Ü die Gegensätze zwischen den Siegermächten klaffen nach dem Krieg erneut auf *(brechen wieder auf).*

auf|kla|gen ⟨sw. V.; hat⟩ (selten): *plötzlich, kurz klagen; klagende Laute, Worte von sich geben:* die Kranke klagte nur manchmal leise auf.

auf|klam|mern ⟨sw. V.; hat⟩ (Med.): *mit Klammern geöffnet halten:* eine Wunde a.

Auf|klang, der; -[e]s, Aufklänge ⟨Pl. selten⟩ (geh., selten): *Auftakt* (1): zum A. des festlichen Abends spielt ein bekanntes Quartett.

auf|klapp|bar ⟨Adj.⟩: *sich aufklappen lassend:* ein -es Verdeck, Fenster; der hölzerne -e Waschtisch war geöffnet (Doderer, Wasserfälle 110).

auf|klap|pen ⟨sw. V.⟩: 1. a) *etw., was aufeinander liegt, an einer Seite befestigt od. geschlossen ist, durch Bewegen, Anheben eines od. mehrerer Teile öffnen* ⟨hat⟩: einen Liegestuhl, einen Koffer, den Kofferraum eines Pkws a.; das Butterbrot a.; er hatte das Messer blitzschnell aufgeklappt; Dann ging sie zum Fenster, klappte es auf (Bieler, Mädchenkrieg 414); Veitels Mutter klappte die Lampions auf und hängte sie an die Stöcke (Schnurre, Bart 19); das Buch a. *(aufschlagen);* b) *aufschlagen* (5) ⟨ist⟩: der Fensterladen ist aufgeklappt. 2. *hochschlagen, nach oben klappen* ⟨hat⟩: den Mantelkragen a.

auf|kla|ren ⟨sw. V.; hat⟩ [aus der niederd. Seemannsspr.]: 1. (Met.) *klar, wolkenlos werden, sich aufhellen:* das Wetter, der Himmel klarte am Nachmittag wieder auf; örtlich aufklarend; ⟨subst.:⟩ nachts bei Aufklaren Frostgefahr; Ü Die Mienen der Sportler ... klarten auf (MM 6.9. 68, 10). 2. (Seemannsspr.) *aufräumen, in Ordnung bringen:* die Kombüse, das Deck a.

auf|klä|ren ⟨sw. V.; hat⟩ /vgl. aufgeklärt/: 1. a) *Klarheit in etw. Ungeklärtes bringen:* ein Verbrechen a.; der Kommissar hat den Mordfall nicht a. können; Vorkommnisse, die niemals aufgeklärt wurden; einen Irrtum, Widersprüche a.; Ich glaube nicht, dass ... die Autopsie die Ursache des Herzstillstandes hätte a. können (Hackethal, Schneide 41); Der Vorgang ... wurde mithilfe der Quantentheorie aufgeklärt (Kosmos 3, 1965, 103); b) ⟨a. + sich⟩ *klar werden, sich auflösen u. nicht mehr rätselhaft sein:* die Missverständnisse haben sich längst aufgeklärt; auch dieses Geheimnis wird sich eines Tages a.; Jetzt wird sich ja alles befriedigend a. (Fallada, Herr 146); Rohdewald habe selbst nach seiner Verhaftung noch monatelang angenommen, alles würde sich höchst harmlos a. (Loest, Pistole 149). 2. a) *jmds. Unwissenheit, ungenügende Kenntnis über etw., jmdn. beseitigen; jmdn. über etw., jmdn. genau unterrichten, informieren (damit er sich in Zukunft entsprechend verhalten kann):* sie klärte mich auf über den wahren Sachverhalt auf; die Bevölkerung muss über die Suchtgefahren aufgeklärt werden; Das junge Ehepaar ... ließ sich von ihm (dem Pfarrer) über den Segen der Mutter Kirche a. (Kirst, 08/15, 815); können Sie mich [darüber] a. *(mir erklären),* was dieser Ausdruck bedeutet?; b) *(ein Kind, einen Jugendlichen) über geschlechtliche Vorgänge unterrichten:* Aufgeklärt hat den Knaben beinahe bis zu seinem fünfzehnten Lebensjahr niemand (Schreiber, Krise 171); da hat der Erzieher mich gefragt, ob du eigentlich schon aufgeklärt? (Schmidt, Strichjungengespräche 126); c) (DDR) *jmdm. in politischer Hinsicht etw. klarzumachen, jmdn. zu überzeugen versuchen; agitieren.* 3. ⟨a. + sich⟩ *(vom Wetter) sich aufhellen; wolkenlos, klar werden:* Himmel hatte sich nach dem Gewitter wieder aufgeklärt; R es klärt sich auf gegen Wolkenbruch (↑Wolkenbruch); Ü ihre finstere Miene, ihr Gesicht klärte sich auf *(heiterte).* 4. (Milit.) *(die Verhältnisse auf der feindlichen Seite) erkunden, auskundschaften:* die genaue Stellung des Feindes aufzuklären versuchen; Preußische Ulanen ritten in kleinen Trupps durch die französischen Linien, klärten auf, streiften durchs Hinterland (Loest, Pistole 17).

Auf|klä|rer, der; -s, -: 1. *Vertreter der Aufklärung* (3): diese Nachfahren Hams, von denen selbst der A. Voltaire ... geschrieben hatte ... (Scholl-Latour, Frankreich 493/494). 2. (Milit.) a) *Aufklärungsflugzeug:* Ein Höhenflugzeug, ein schneller unbewaffneter A. (Gaiser, Jagd 1); b) *jmd., der die Verhältnisse beim Gegner erkundet.* 3. (DDR) *Agitator.*

Auf|klä|re|rin, die; -, -nen: w. Form zu ↑Aufklärer (1, 2 b, 3).

auf|klä|re|risch ⟨Adj.⟩: a) *nach Art der Aufklärer* (1): -e Schriften; Bertrand Russell, einer der -sten Geister des 20. Jahrhunderts; Die Verfechter einer strafrechtlichen Freigabe des Ehebruchs, der Homosexualität ... rekurrierten letztlich auf -es, liberales Gedankengut (NJW 19, 1984, 1072); b) *durch Aufklärung* (2 c) *gegen Unwissenheit, Vorurteile angehend:* die -e Absicht seiner Romane; Eigentlich wäre die Möglichkeit gegeben, eine alternative und -e Medienpolitik zu betreiben (Courage 2, 1978, 38); a. tätig sein.

Auf|klä|rung, die; -, -en: 1. ⟨Pl. selten⟩ *völlige Klärung:* Drei Bluttaten harrten seit Jahr und Tag der A. (Noack, Prozesse 105); nun kam ihm wieder das als die Frage vor, die am dringendsten der A. bedurft hätte (Musil, Mann 1182); das trägt nicht gerade zur A. des Missverständnisses bei. 2. a) ⟨Pl. selten⟩ *Darlegung, die über bisher unbekannte Zusammenhänge aufklärt, über etw., jmdn. den gewünschten Aufschluss gibt:* um A. bitten; von jmdm. die gewünschte A. erhalten; seine Frau ... schien bereit, mir die ersehnte A. zu geben (Hartung, Piroschka 12); »Sie sind mir keine A. über Ihre Gefühle schuldig.« (Seghers, Transit 154); b) ⟨o. Pl.⟩ *Belehrung über geschlechtliche Vorgänge:* die [sexuelle] A. der Jugendlichen; Die Berichte an Arlecq waren exakt, farblos, wie aus einem Handbuch der staatlich subventionierten sexuellen A. (Fries, Weg 150); c) *Belehrung, Information über politische o. ä. Fragen:* die A. der Bevölkerung über Möglichkeiten der Geburtenregelung; A. durch Presse und Rundfunk; d) (DDR) *Agitation.* 3. ⟨o. Pl.⟩ *von Rationalismus u. Fortschrittsglauben bestimmte europäische geistige Strömung des 17. u. bes. des 18. Jahrhunderts, die sich gegen Aberglauben, Vorurteile u. Autoritätsdenken wendet:* das Zeitalter der A.; die A. als Wegbereiterin der Französischen Revolution; Dieser den Glauben an die Macht des ratio in sich aufnehmende Ideologiebegriff ist während der ganzen A. und so auch bei Claude Adrien Helvetius ... durchgehalten (Fraenkel, Staat 137). 4. (Milit.) *Erkundung der militärischen Situation des Feindes:* taktische A.

Auf|klä|rungs|ar|beit, die: *das tätige Bemühen um Aufklärung* (2 c, d).

Auf|klä|rungs|ba|tail|lon, das (Milit.): *Bataillon, das zur Aufklärungstruppe gehört.*
Auf|klä|rungs|be|schluss, der (Rechtsspr.): *Entscheidung des Gerichts, durch die es seiner Aufklärungspflicht genügt.*
Auf|klä|rungs|bro|schü|re, die: *Broschüre, die der Aufklärung (2 a–c) dienen soll:* das Gesundheitsministerium hat eine A. über Suchtgefahren herausgegeben.
Auf|klä|rungs|buch, das: *Buch, das über geschlechtliche Vorgänge unterrichtet.*
Auf|klä|rungs|film, der: vgl. Aufklärungsbuch.
Auf|klä|rungs|flug, der (Milit.): *der Aufklärung (4) dienender Flug.*
Auf|klä|rungs|flug|zeug, das (Milit.): *mit automatischen Kameras ausgerüstetes Flugzeug zur Aufklärung (4).*
Auf|klä|rungs|kam|pa|gne, die: *Propagandaaktion zur Aufklärung über bestimmte Fragen:* die Verbraucherorganisation startete eine A.
Auf|klä|rungs|li|te|ra|tur, die: **1.** *Literatur, die über etw. umfassend informiert.* **2.** *Literatur der Aufklärungszeit.*
Auf|klä|rungs|lo|kal, das (DDR): *öffentlicher Raum für Zwecke der Agitation.*
Auf|klä|rungs|ma|te|ri|al, das: *Unterlagensammlung für eine Aufklärung über bestimmte Fragen.*
Auf|klä|rungs|mit|tel ⟨Pl.⟩ (Milit.): *Truppenteile o. Ä., die mit der Aufklärung (4) betraut sind.*
Auf|klä|rungs|pflicht, die ⟨o. Pl.⟩ (Rechtsspr.): *Pflicht, über etw. aufzuklären:* die A. des Arztes *(Pflicht des Arztes, den Patienten über mögliche Gefahren einer geplanten Operation, einer medikamentösen Behandlung o. Ä. aufzuklären);* die A. des Richters *(Pflicht des Richters, von den am Prozess Beteiligten eine vollständige sachdienliche Aufklärung zu erwirken).*
Auf|klä|rungs|schrift, die: *der Aufklärung (2 c) dienende Schrift.*
Auf|klä|rungs|tä|tig|keit, die: *Tätigkeit, die der Aufklärung (1, 2, 4) dient.*
Auf|klä|rungs|trup|pe, die (Milit.): *zu einer der drei Teilstreitkräfte (Heer, Luftwaffe, Marine) gehörende, für die Aufklärung (4) ausgebildete u. ausgestattete Truppe* (z. B. Panzeraufklärer).
Auf|klä|rungs|zeit, die ⟨o. Pl.⟩: *Aufklärungszeitalter.*
Auf|klä|rungs|zeit|al|ter, das: *Zeitalter, das durch die Aufklärung (3) geprägt war.*
Auf|klä|rungs|ziel, das (Milit.): *Ziel der Aufklärung (4).*
auf|klat|schen ⟨sw. V.; ist⟩: **1.** *im Fall klatschend auftreffen:* der flache Stein war auf das Wasser aufgeklatscht; gewiss war es kein Gummischlauch, der in prasselnden Schlägen auf einem menschlichen Körper aufklatschte (Plievier, Stalingrad 72). **2.** (Jugendspr.) *verprügeln, fertig machen; aufmischen (2):* Die zuletzt reuigen Kampfagenten hatten eingeräumt, sie hätten »Neger a.« wollen (Rheinpfalz 23. 9. 92, 1).

auf|klau|ben ⟨sw. V.; hat⟩ (landsch.): *(verstreut Umherliegendes) aufheben, aufsammeln:* Kartoffeln a.; die heruntergefallenen Briefmarken wieder a.; ... sucht Armstrong der ersten Bodenproben, die er mit einer langarmigen Greifzange aufklaubt und in der Anzugtasche über dem linken Oberschenkel verstaut (MM 20. 6. 69, 3).
Auf|kleb|adres|se, Auf|kle|be|adres|se, die (Postw.): *Zettel zum Aufkleben (vor allem auf Pakete), auf den die Adresse geschrieben wird.*
Auf|kle|be|eti|kett, Aufklebeetikett, das: *beschrifteter Zettel, der (zur Auszeichnung von Waren o. Ä.) auf etw. aufgeklebt wird.*
auf|kle|ben ⟨sw. V.; hat⟩: *auf etw. kleben:* die Adresse [auf ein Paket] a.; die Mutter klebte ihm ein Pflaster auf; säuberlich aufgeklebte Scherenschnitte; Eine ganze Reihe großer brauner und goldener Rahmen, in denen Mädchenbrustbilder aufgeklebt waren (Böll, Adam 66).
Auf|kle|ber, der; -s, -: *(für einen bestimmten Zweck vorgefertigter) aufklebbarer Zettel.*
Auf|kleb|eti|kett: ↑ Aufklebeetikett.
Auf|kle|be|zet|tel, Auf|kleb|zet|tel, der: *Aufkleber.*
auf|kleis|tern ⟨sw. V.; hat⟩ (ugs.): *(mit Kleister, Leim o. Ä.) ohne besondere Sorgfalt aufkleben:* ich kleistere den Zettel [auf das Paket] auf.
auf|klin|gen ⟨st. V.; ist⟩: *plötzlich für kurze Zeit erklingen, zu klingen beginnen:* Melodien, Stimmen klangen auf einmal neben ihm im Dunkel auf; ich ... öffnete die Kirchentür vorsichtig, hörte Orgelmodulationen a. (Böll, Und sagte 148); Ü Wendungen, in denen noch etwas von der uralten Heiligkeit der Magna Mater aufklingt (Bergengruen, Rittmeisterin 277).
auf|klin|ken ⟨sw. V.; hat⟩: *durch Druck auf die Klinke öffnen:* sie versuchte die Tür mit dem Ellenbogen aufzuklinken.
auf|klop|fen ⟨sw. V.; hat⟩: **1.** *auf etw. klopfen:* bei jedem Bildwechsel klopfte der Vortragende [mit dem Zeigestock] auf; Ihre Wünschelrute zuckt und klopft auf (Th. Mann, Zauberberg 703). **2.** *(eine harte Schale) durch Klopfen zerstören, öffnen:* wir klopften die Nüsse [mit einem Hammer] auf; sie klopfte die Eierschale [mit dem Löffel] auf. **3.** *(die Federfüllung eines Kissens o. Ä.) durch Klopfen aufschütteln:* [jmdm.] das Kopfkissen a.; Plumeaus, die sie ... aufgeklopft hatte (Langgässer, Siegel 116).
auf|knab|bern ⟨sw. V.; hat⟩ (fam.): *(Festes) mit kleinen Bissen, knabbernd aufessen:* eine Tüte Erdnüsse a.; sie hat das ganze Gebäck aufgeknabbert.
auf|kna|cken ⟨sw. V.; hat⟩: **a)** *knackend aufbrechen:* Nüsse, Mandeln [mit den Zähnen, mit dem Nussknacker] a.; **b)** (ugs.) *(unerlaubt) gewaltsam aufbrechen, um Zugang zu etw. zu erhalten:* ein Auto, einen Tresor a.; die Ratten rumorten, aufgeknackte Magazine, deren Abbruch die Zeit überlässt (Böll, Tagebuch 62).
auf|knal|len ⟨sw. V.⟩ (salopp): **1.** *heftig*

auf etw. aufprallen ⟨ist⟩: mit dem Kopf [auf den Asphalt] a.; das Auto ist auf einen Lkw aufgeknallt. **2.** *(Unangenehmes) [als Strafe] auferlegen* ⟨hat⟩: Ich habe den Brüdern eine kurze Predigt gehalten und ihnen eine Stunde Mehrarbeit aufgeknallt (Remarque, Funke 37); Die dabei entstehenden Kosten knalle man auf die Preise der Möbel auf (BM 5. 8. 75, 6); Fragen Sie doch mal bei anderen Metzgern, was uns die Grossisten heut auf dem Schlachthof für Preise aufknallen (Marchwitza, Kumiaks 172). **3.** ⟨hat⟩ **a)** (selten) *(die Tür o. Ä.) so heftig aufreißen, dass sie mit einem Knall aufschlägt* ⟨hat⟩: der Matrose knallt die Bordluke auf; **b)** *(den Hörer o. Ä.) so heftig auflegen, dass er mit einem Knall zu liegen kommt:* als er am Telefon Bananen kaute, der Hörer aufknallte, unfreundlich war (Spiegel 42, 1975, 198).
auf|knien ⟨sw. V.⟩: **a)** (Turnen) *so auf ein Gerät springen, dass man bei gestrecktem Oberkörper kniend aufkommt* ⟨hat/ist⟩: auf dem Kasten a.; **b)** ⟨a. + sich⟩ *sich auf die Knie niederlassen:* sie kniete sich [auf die Bank] auf.
auf|knip|sen ⟨sw. V.; hat⟩ (ugs.): *(Druckknöpfe o. Ä.) aufmachen, wobei ein kurzer heller [metallener] Ton erzeugt wird:* Sie knipste ihre Handtasche auf und zog einen Zwanzigmarkschein hervor (Bienek, Erde 73).
auf|knöp|fen ⟨sw. V.; hat⟩ /vgl. aufgeknöpft/ [3: eigtl. = den Geldbeutel aufmachen/ **1.** *(Zugeknöpftes) öffnen:* den Kissenbezug a.; ich knöpfte mir den Mantel auf; Ü knöpf [dir] die Ohren auf! (ugs. scherzh.; hör gut, besser zu!). **2.** *auf etw. knöpfen:* einen weißen Kragen auf das Hemd a. ◆ **3.** *freigebig sein; Geld hergeben:* der Württemberger wird nicht a., ich sag's Euch! – Nicht a.? Ei! Ei! Hab ich nicht mein Pfand? (Hebbel, Agnes Bernauer II, 6).
auf|kno|ten ⟨sw. V.; hat⟩: **a)** *den, die Knoten in etw. lösen, aufmachen:* sie knotete die Schnur, ihre Schnürsenkel auf; **b)** *(Zugeknotetes) öffnen:* ein Paket, ein Aktenbündel a.
auf|knüp|fen ⟨sw. V.; hat⟩: **1.** (emotional) **a)** *erhängen* (b): jmdn. an einem Laternenpfahl a.; Man knüpfte ihn im Morgengrauen auf, ohne großes Tamtam, ohne Schafott und Tribünen (Süskind, Parfum 314); **b)** ⟨a. + sich⟩ *sich erhängen:* sie hat sich in einem Anfall von Schwermut aufgeknüpft; Selbstmörder auf Schiffen fürchten den grünen Abgrund und knüpfen sich an ihren Hosenträgern in der Kabine auf (Kaschnitz, Wohin 212). **2.** *Zusammengeknotetes öffnen:* das zu einem Säckchen zusammengeknotete Tuch wieder a.; den Schifferknoten wieder a.
auf|ko|chen ⟨sw. V.⟩: **1. a)** *etw. so lange erhitzen, bis es zum Kochen kommt* ⟨hat⟩: die Suppe unter Umrühren a.; Als Detlef das Dope aufkochte (Jargon; *zur Injektion vorbereitete),* wurde ich wahnsinnig geil auf einen Schuss (Christiane, Zoo 209); **b)** *zu kochen, sieden beginnen* ⟨ist⟩: warte, bis das Wasser aufkocht; Puddingpulver in die aufkochende Milch

aufkohlen

rühren; Ü Auch mir kocht mitunter die Wut auf (Niekisch, Leben 99). **2.** *(schon einmal Gekochtes) erneut kurz kochen lassen* ⟨hat⟩: jmdm. aufgekochten Kaffee vorsetzen; Ü die alten Geschichten noch mal a.; Koch noch einmal allen Kummer auf, den du ... im Büro gehabt hast (Tucholsky, Werke I, 477). **3.** *(südd., österr.) [bei besonderen Anlässen] gut u. in großer Menge kochen* ⟨hat⟩: für das Fest wurde groß aufgekocht: Zu den Hochzeiten fahren die Bauern in eines der großen Wildrestaurants in der Umgebung, wenn sie nicht zu Hause aufkochen (Frischmuth, Herrin 40); Georg Rahofer, der im Steyrer Meditzhaus aufkocht, hat sich schwerpunktmäßig auf die italienische Küche konzentriert (Oberösterr. Nachrichten 2.2. 92, 17).

auf|koh|len ⟨sw. V.; hat⟩ (Technik): *kohlenstoffarmen Stahl [zur Oberflächenhärtung] in einem Kohlenstoff abgebenden Mittel glühen;* ⟨subst.:⟩ das A. des Eisens in Schmelzöfen.

Auf|koh|lung, die; -, -en: *das Aufkohlen.*

auf|kom|men ⟨st. V.; ist⟩: **1.** *[unvermutet] entstehen:* Wind kommt auf; tagsüber stark bewölkt, aufkommende Niederschläge; ⟨subst:⟩ diese Wetterlage begünstigt das A. von Nebel; Ü Ende März kamen Gerüchte auf, das Parlament wolle ... doch zusammentreten (Niekisch, Leben 53); Misstrauen kam auf *(regte sich);* um keinerlei Zweifel a. zu lassen; der Tod des Mannes ... ließ keine rechte Anteilnahme in ihm a. (Prodöhl, Tod 243); es wollte keine rechte Stimmung a.; Beim Spielen gewinnen – da kommt Freude auf (Welt 26. 10. 85, 33); im 18. Jahrhundert kam der Frack auf *(wurde er Mode);* Neue Medien kommen auf *(werden entwickelt),* neue Möglichkeiten eröffnen sich für Radio und Fernsehen und weitere Kommunikationsmittel (NZZ 30.8. 83, 15); ⟨subst.:⟩ das A. der Kunststoffe. **2. a)** *entstehende Kosten übernehmen:* für die Kinder a.; die jetzt Arbeitenden kommen für die Rentner von heute auf (Woche 14. 11. 97, 13); für den Unterhalt der Kinder, für den entstandenen Sachschaden a.; Krankheiten – auch wenn man persönlich nicht in vollem Umfang für ihre Behandlung a. muss – ... (Strauß, Niemand 70); »Für die Kosten kommt Ihr Herr Papa auf?« (Th. Mann, Krull 286); wir mussten für alles selber a. (Perrin, Frauen 60); **b)** *für etw. tätige Verantwortung tragen:* für die Sicherheit Berlins a. **3. a)** *sich gegenüber jmdm., etw. durchsetzen:* gegen einen mächtigen Mann nicht a. können; gegen die berechtigten Ansprüche ... war schwer aufzukommen (Feuchtwanger, Herzogin 47); **b)** *jmdm. gleichkommen; an jmdn. heranreichen* (meist verneint): du wolltest niemanden neben dir a. lassen. **4. a)** *sich erheben, wieder aufstehen können:* sie kam nur mit Mühe vom Boden auf; **b)** *(geh.) wieder gesund werden:* sie hat einen so schlimmen Rückfall erlitten, dass sie wohl nicht mehr a. wird. **5.** *(landsch.) entdeckt werden, bekannt werden, herauskommen:* Im Sommer 1976, ein halbes Jahr bevor der Schwindel aufkam,

bestellte der Angeklagte ... (Augsburger Allgemeine 22./23. 4. 78, 45); Dann kommt nicht auf, dass vorher schon etwas gefehlt hat (Hörzu 21, 1973, 143). **6.** *beim Sprung od. Fall auf etw. auftreffen, aufsetzen:* die Akrobatin kam auf das/auf dem Netz auf; Der Skispringer kommt nicht so mühelos auf; Die Maschine setzte zur Landung an, kam weich auf und rollte aus (Konsalik, Promenadendeck 299). **7.** (Sport) *aufholen* (1 b); *besser, überlegen werden:* Hellström kommt jetzt auf ... und übernimmt die Spitze des Feldes (Lenz, Brot 20); dann aber kam die Borussia auf und beherrschte das Geschehen bis zur Pause; Petty ... musste sich aber bald dem stärker aufkommenden Darrell Waltrip geschlagen geben, der das Rennen mit drei Sekunden Vorsprung für sich entschied (rallye racing 10, 1979, 63). **8.** (Seemannsspr.) *(von Schiffen) in Sicht kommen, herankommen:* Ein Hansadampfer, der lautlos aufgekommen war, überholte die »Scharhörn« (Hausmann, Abel 13); ⟨subst.:⟩ Immer wieder musste »Stephan Jantzen« unterwegs stoppen, um den nachfolgenden Schiffen ein langsames A. zu ermöglichen (NNN 22. 2. 85, 1).

Auf|kom|men, das; -s, -: **1.** (Wirtsch.) **a)** *Summe der Einnahmen (aus Steuerabgaben u. a.) in einem bestimmten Zeitraum:* das A. [aus] der Körperschaftssteuer; **b)** (DDR) *in der Höhe festgelegte Abgabe, Pflichtablieferung landwirtschaftlicher Güter, Soll:* hatte die LPG ... das diesjährige A. an Eiern ... erfüllt (Neues D. 20. 6. 64, Beilage 3). **2.** ⟨o. Pl.⟩ (geh.) *Genesung:* wir dürfen wohl nicht mehr mit ihrem A. rechnen.

-auf|kom|men, das; -s, -: *bezeichnet in Bildungen mit Substantiven eine Menge, Anzahl von etw.:* Anzeigen-, Fahrgast-, Verkehrs-, Zuschaueraufkommen.

auf|kor|ken ⟨sw. V.; hat⟩ (ugs.): *entkorken:* unsere Gläser sind leer, korkst du bitte noch eine Flasche auf?

auf|kra|chen ⟨sw. V.; ist⟩ (ugs.): **1.** *(von etw. Genähtem) aufplatzen, aufreißen:* der Rock, die Naht ist aufgekracht. **2.** *mit einem krachenden Geräusch auffallen, aufschlagen:* der schwere Ast ist auf/ auf dem Wagendach aufgekracht. **3.** *sich plötzlich mit einem krachenden Geräusch öffnen:* da krachte die Tür auf, und der Wind fegte in die Hütte.

auf|krat|zen ⟨sw. V.; hat⟩ /vgl. aufgekratzt/: **1. a)** *(eine abheilende Wunde o. Ä.) durch Kratzen wieder öffnen:* du kratzt die Wunde am Knie immer wieder auf; **b)** *durch Kratzen verletzen:* die Dornen kratzten ihm das Gesicht auf. **2.** *rau, wund machen:* der saure Wein kratzt mir ja die Kehle auf! **3.** (ugs. selten) *aufheitern:* Frau Pinneberg ... hat die jungen Leute wieder ein bisschen aufgekratzt (Fallada, Mann 122).

auf|krei|schen ⟨sw. V.; hat⟩: *plötzlich, kurz kreischen:* vor Entsetzen, voller Schrecken laut a.; der andere ... kreischt voll Grauen auf ... und rennt davon (Remarque, Obelisk 331); Ü aufkreischende Bremsen; die Sägemaschine kreischte in Abständen auf.

auf|krem|peln ⟨sw. V.; hat⟩: *(den unteren Teil eines Kleidungsstückes) mehrmals umschlagen; hochkrempeln:* ich kremp[e]le [mir] die Hemdsärmel bis zum Ellbogen auf; mit aufgekrempelten Hosen im Wasser waten.

auf|kreu|zen ⟨sw. V.⟩: **1.** (salopp) *bei jmdm., irgendwo unvermutet erscheinen* ⟨ist⟩: dann ist sie auf einmal wieder in ihrer Heimatstadt aufgekreuzt; er ist gestern schon wieder bei uns aufgekreuzt *(hat uns ... besucht);* Den mittleren Chargen des Propagandaministeriums, in dessen Kreisen Wild gelegentlich aufkreuzte, ... (Erné, Kellerkneipe 135); hatte ich einen Grund, am nächsten Nachmittag wieder bei Charlie aufzukreuzen (Plenzdorf, Leiden 122); Ü während tausend Gedanken ... gleichzeitig in ihm aufkreuzten (Zuckmayer, Fastnachtsbeichte 11). **2.** (Seemannsspr.) *in Zickzacklinie gegen den Wind segeln* ⟨ist/hat⟩: der Schoner kreuzte gegen den starken Ostwind auf; Ü er wollte unter dem Winde der ... Weltrevolution gegen den Westen a. (Niekisch, Leben 172).

auf|krie|gen ⟨sw. V.; hat⟩ (ugs.): *aufbekommen.*

auf|kün|den ⟨sw. V.; hat⟩ (geh.): *aufkündigen.*

auf|kün|di|gen ⟨sw. V.; hat⟩: **a)** *(eine [vertragliche] Verpflichtung) durch Kündigung für beendet, für aufgehoben erklären:* das Miet-, das Arbeitsverhältnis a.; jmdm. den Dienst a.; Auch ein Kind war schon unterwegs, was den Hausbesitzer aber nicht hinderte, ihm das Zimmer aufzukündigen (Kühn, Zeit 229); Die Frage ist nicht diejenige, warum wir in der Regierung bleiben sollen, sondern, warum wir sie a. sollen (Saarbr. Zeitung 3. 12. 79, 10/12); **b)** (geh.) *(eine Beziehung, o. Ä.) als beendet erklären:* sie hat ihm die Freundschaft aufgekündigt; den Gehorsam a.; Der Kosovo-Konflikt ist zum Krieg eskaliert, weil Serben die friedliche Koexistenz mit Albanern aufgekündigt haben (FR 27. 3. 99, 20); Nachdem der Gewerkschaftsbund der SP die Partnerschaft aufgekündigt hatte, ... (Basler Zeitung 2. 10. 85, 10).

Auf|kün|di|gung, die; -, -en: *das Aufkündigen.*

auf|kup|fern ⟨sw. V.; hat⟩ (Druckw.): *eine Kupferschicht auf einen Tiefdruckzylinder aufbringen.*

auf|kur|beln ⟨sw. V.; hat⟩: **1.** *durch Drehen einer Kurbel öffnen:* das Wagenfenster a. **2.** (Schneiderei) *(mit der Nähmaschine) applizieren:* sie hatte auf die Bluse eine farbige Borte aufgekurbelt.

Aufl. = *Auflage* (1 a).

auf|la|chen ⟨sw. V.; hat⟩: *plötzlich, kurz lachen:* schallend, herzlich, höhnisch a.; Bei dieser Frage Berties hatte der Vater ohne wirkliche Erheiterung aufgelacht (Wohmann, Irrgast 103); er ... springt seiner jungen Frau entgegen und kneift sie irgendwohin, dass sie kollernd auflacht (Faller, Frauen 58); sie antwortete hell auflachend.

auf|la|ckie|ren ⟨sw. V.; hat⟩: *den Lackanstrich von etw. erneuern, mit Lack auffrischen:* wir müssen die alte chinesische

Tabakdose einmal a. lassen; da stand ihr Wagen frisch auflackiert u. glänzend.

auf|la|den ⟨st. V.; hat⟩: **1. a)** *(Ladegut) auf ein Transportmittel laden:* Kartoffelsäcke, Rüben [auf den Lastwagen] a.; lade doch das Gepäck auf das Wagendach auf; wir müssen noch a.; ⟨subst.:⟩ die Kinder halfen beim Aufladen; **b)** (ugs.) *eine Last auf den Rücken o. Ä. packen:* lädst du dir auch noch den schweren Seesack auf?; als die Formalitäten an der Rezeption beendet waren, schob der Mann den Hut ins Genick und lud sich kurzerhand die Koffer und Taschen auf, um sie zum Fahrstuhl zu tragen (Fest, Im Gegenlicht 251); Ü er lädt sich zu viel Arbeit auf; er lud seiner Frau die Verantwortung, die Sorge für die Kinder auf. **2.** (Physik) **a)** *elektrisch laden:* eine Batterie a.; Ü In atemlos dahinstürzenden Sätzen, die mit viel Pathos aufgeladen werden,... (Woche 28. 11. 97, 48); eine emotional aufgeladene Diskussion; **b)** ⟨a. + sich⟩ *sich elektrisch laden:* manche Textilien laden sich elektrostatisch auf. **3.** (Technik) *die Leistung eines Motors durch Einbringen verdichteter Luft erhöhen:* einen Dieselmotor a.

Auf|la|de|platz, der: *Ort, an dem Fracht aufgeladen wird.*

Auf|la|der, der; -s, -: *jmd., der Ladegut auf Transportmittel lädt* (Berufsbez.).

Auf|la|de|rin, die; -, -nen: w. Form zu ↑Auflader.

Auf|la|dung, die; -, -en: *das Aufladen, Aufgeladensein.*

Auf|la|ge, die; -, -n [mhd. ûflâge = Befehl, Gebot]: **1. a)** (Buchw.) *Gesamtzahl der nach einer bestimmten unveränderten Satzvorlage gedruckten Exemplare* (Abk.: Aufl.): die erste A. dieses Werkes erschien 1923; Vorwort zur dritten A.; sechste, neu bearbeitete u. erweiterte A.; Diese Bücher ... erreichten hohe -n und wurden in viele Sprachen übersetzt (Musil, Mann 191); Ü Vierte A. des Bergrennens (Dolomiten 1. 10. 83, 17); Knuth gewann gestern in Warschau bei seinem ersten A. des Feliks-Stamm-Boxgedenkturniers sein drittes Turnier in diesem Jahr (NNN 14. 11. 83, 4); Als Veranstaltung der städtischen Kulturszene soll der Theatermai in seiner vierten A. nun ... (NZZ 27. 1. 83, 27); **b)** (Wirtsch.) *Fertigungsmenge, Anzahl der Serie in einem bestimmten Zeitraum:* Die A. des VW ist immer noch im Steigen begriffen (Auto 6, 1965, 33). **2. a)** (Amtsspr.) *mit etw. verbundene, auferlegte Verpflichtung:* Zwar verkauft London die Subvention als Modernisierungshilfe, die mit der A. verbunden sei, die Produktivität zu steigern (Handelsblatt 27. 4. 99, 7); sie übermachte ihr Vermögen der Kirche mit der A., es für Missionszwecke zu verwenden; die Strafaussetzung wird mit -n verbunden; Er durfte mit seinem Team ohne irgendwelche -n in der Nervenklinik filmen (Hörzu 42, 1972, 85); jmdm. etw. zur A. machen; **b)** (DDR Wirtsch.) kurz für ↑Planauflage. **3. a)** *etw., was man auf etw. legt:* die Matratze hat eine A. aus Schaumgummi; **b)** *aufgelegte [Metall]schicht; Überzug:* die Bestecke haben eine A. aus Silber. **4.** *Unterlage, Stütze, auf der etw. aufliegt od. auf die etw. aufgelegt werden kann:* ohne A. schießen. **5.** (Holzverarb.) *die bei Doppelschnitt (von Rundholz o. Ä.) im ersten Arbeitsgang am Sägegatter erzeugte Fläche.*

Auf|la|ge|druck, (auch:) Auflagendruck, der (Buchw.): *Fertigungsphase in allen Druckverfahren, die der Herstellung der Auflage dient.*

Auf|la|ge|flä|che, die: *Stützfläche, auf der etw. aufliegt od. auf die etw. aufgelegt werden kann.*

Auf|la|ge|hö|he, (auch:) Auflagenhöhe, die (Buchw.): *Höhe einer Auflage* (1 a): diese Illustrierte hat eine A. von über einer Million Exemplaren; Die vorzugsweise historischen Romane der 1969 geborenen Bambergerin haben Schwindel erregende -n erreicht (Woche 28. 11. 97, 51).

Auf|la|gen|druck: ↑Auflagedruck.

Auf|la|gen|hö|he: ↑Auflagehöhe.

auf|la|gen|stark ⟨Adj.⟩: *(bes. von Zeitungen od. Zeitschriften) eine hohe Auflage* (1 a) *habend:* eine -e Wochenzeitung.

Auf|la|gen|zif|fer: ↑Auflageziffer.

Auf|la|ger, das; -s, - (Bauw.): *Stützkörper, Fläche (aus Holz, Stein o. Ä.) zum Tragen von Bauteilen.*

auf|la|gern ⟨sw. V.; hat⟩: **a)** *(zur Abstützung o. Ä.) auf etw. legen:* er hat die schweren Bretter auf zwei Stützböcke aufgelagert; **b)** *über etw. liegen, einer Sache aufliegen:* eine jüngere Gesteinsschicht, die den Granitmassen auflagert.

Auf|la|ge|rung, die; -, -en: *das Auflagern.*

Auf|la|ge|zif|fer, (auch:) Auflagenziffer, die (Buchw.): *Zahl der Exemplare einer Auflage.*

auf|lan|dig ⟨Adj.⟩ (Seemannsspr.): *(von der See weg) landwärts gerichtet:* -er Wind; die Strömung ist a.

Auf|lan|dung, die; -, -en (Fachspr.): **a)** *künstliche Geländeerhöhung durch Überschwemmung mit sinkstoffhaltigem Wasser;* **b)** *natürliche Verschlickung od. Versandung von Gewässerzonen:* die allmähliche A. des Hafenbeckens.

Auf|lan|dungs|teich, der (Fachspr.): *künstliches Erdbecken, das den Schlamm gewerblicher Abwässer aufnimmt.*

auf|las|sen ⟨st. V.; hat⟩: **1.** (ugs.) *offen lassen:* lass das Fenster auf; sie hatte die Tür versehentlich aufgelassen; den Mantel a. **2.** (ugs.) *aufbehalten:* sie ließ während ihres Besuches den Hut auf. **3.** (ugs.) *aufbleiben* (2) *lassen:* sie lassen ihre Kinder abends lange auf. **4.** *in die Höhe steigen lassen:* ganze Bündel von Luftballons wurden aufgelassen. **5. a)** (landsch., bes. südd., österr.) *(einen Betrieb o. Ä.) aufgeben, auflösen, schließen:* Jetzt hatte er das Geschäft verkauft und die Werkstätte aufgelassen (Fussenegger, Zeit 14); Die kleinen Geschäfte in den Ortschaften sind längst schon aufgelassen worden (Jelinek, Lust 165); er kauft sich ein aufgelassenes Kleingehöft im Bezirk Schwerin (Rolf Schneider, November 54); **b)** (Bergbau) *stilllegen:* Stollen a.; eine aufgelassene Grube. **6.** (Rechtsspr.) *(ein Grundstück o. Ä.) abtreten, übertragen, übereignen:* sie hat mehrere Hektar Wald aufgelassen; die Erbengemeinschaft hat den Bauplatz aufgelassen.

auf|läs|sig ⟨Adj.⟩ (Bergbau): *stillgelegt:* -e Bergwerke.

Auf|las|sung, die; -, -en ⟨Pl. selten⟩: **1. a)** (landsch., bes. südd., österr.) *Schließung, Aufgabe:* Für Österreichs Wirtschaft bringt das Nachteile, die über die A. von 400 Arbeitsplätzen hinausgehen (profil 17, 1979, 42); **b)** (Bergbau) *Stilllegung.* **2.** (Rechtsspr.) *Übereignung eines Grundstücks beim Grundbuchamt od. vor einem Notar in Anwesenheit von Veräußerer u. Erwerber.* **3.** ***die A. geben** (landsch. scherzh.; *als Gastgeber eine Festlichkeit eröffnen:* der Jubilar hob sein Glas und gab die A.; Die Suppenlöffel klirrten in Teller, der Hauptgang wurde erst angerührt, wenn der Obermeister die A. gab (H. Weber, Einzug 123).

auf|las|ten ⟨sw. V.; hat⟩ (selten): *aufladen* (1 b): musst du dir den schweren Sack Kartoffeln a.?; Ü ihr wurde alle Arbeit, Sorge aufgelastet; Unterhaltspflichtige Väter zahlen ihren volljährigen Kindern oft keinen Unterhalt und lasten ihnen damit die Probleme einer Klage auf (Welt 24. 8. 92, 3).

auf|lau|ern ⟨sw. V.; hat⟩: *auf jmdn. lauern* (a): er lauerte ihm an einer dunklen Straßenecke auf; Die Reporter lauern ihm auf, sie rechnen mit einem gestrichenen Kommentar, wenn er den Plenarsaal verlässt (Brückner, Quints 288); Gelegentlich schoss er ein Schaf, weil er zu faul war, anderem Wild aufzulauern (Jahnn, Geschichten 230); Ü sie hatte das Gefühl, als würde Tod oder Wahnsinn ihr a.

Auf|lauf, der; -[e]s, Aufläufe [2: zu ↑auflaufen (2 a)]: **1.** *das spontane Zusammenströmen, Zusammenlaufen vieler erregter Menschen, die auf irgendeine Weise entstandene Ansammlung auf Straßen od. Plätzen:* vor dem Rathaus gab es einen A. empörter Bürger; es bildete sich ein A.; Hier war Wache und Schilderhaus, Ablösung, Trommeln, Parade und A. von Gassenbuben (Th. Mann, Hoheit 30). **2.** *im Herd (in einer feuerfesten Form) überbackene [Mehl]speise:* ein A. mit Käse und Schinken.

Auf|lauf|brem|se, die (Kfz-T.): *bei Verlangsamung des Zugfahrzeugs selbsttätig wirkende Bremse für Kfz-Anhänger:* die Wohnwagen mit A.

auf|lau|fen ⟨st. V.⟩: **1.** ⟨ist⟩ **a)** (Seemannsspr.) *von oben her auf etw. auffahren, auf Grund laufen, sich festfahren:* der Dampfer lief auf eine Klippe auf; auf eine[r] Sandbank a.; Ü (ugs.:) Im Bonner Nuklearrat lief Kanzler Helmut Schmidt ... mit seiner Atompolitik auf (konnte sich nicht durchsetzen; Spiegel 21, 1979, 17); ...entwickelte pausenlos Pläne, wie wir die Alte a. lassen könnten, dass sie erfolglos bliebe; H. Weber, Einzug 167); ...zischten sie hinter mir her, nachdem ich bei ein paar

Auflaufform

Kontaktversuchen aufgelaufen war *(Misserfolg hatte;* Borell, Verdammt 131); **b)** *im Lauf, in der Fahrt gegen jmdn., etw. prallen:* ich wäre beinahe auf dich aufgelaufen; der Wagen lief auf die Fahrbahnbegrenzung auf; der Verteidiger ließ seinen Gegenspieler a. *(Fußball; veranlasste, dass sein Gegner im Lauf gegen ihn prallte [um ihn vom Ball zu trennen]).* **2.** ⟨ist⟩ **a)** (selten, landsch.) *anschwellen:* dem liefen die Adern dick auf über den Schläfen (H. Kolb, Wilzenbach 132); **b)** *anwachsen, zunehmen; sich anhäufen:* die Zinsen auf meinem Sparkonto sind auf 150 DM aufgelaufen; Bis dahin werden noch Verluste von 10,7 Mia. S a., die vom Staat abgedeckt werden müssen (NZZ 5. 9. 86, 17); die eingegangene Post ist während seiner Abwesenheit ziemlich aufgelaufen; Ü es war höchste Zeit, dass die aufgelaufene Verärgerung ... beseitigt wurde (Dönhoff, Ära 191). **3.** *(vom Wasser) mit der Flut ansteigen* ⟨ist⟩: das Wasser lief so schnell auf, dass die Schafe auf den Halligen nur mit Mühe gerettet werden konnten (FAZ 4. 11. 61, 17); auflaufendes Wasser *(landwärts gerichtete Tideströmung).* **4.** (Landw.) *(von Gesätem o. Ä.) aufgehen* ⟨ist⟩: die Radieschen, die Erbsen sind aufgelaufen. **5.** (Sport) *an jmdn. Anschluss gewinnen; aufrücken* ⟨ist⟩: im Endspurt lief sie zur Spitzengruppe auf; Ü leider ist man ja kein Hemingway, der erst im Suff zu großer Form aufläuft *(sich zu einer großen Leistung steigert;* Hörzu 39, 1978, 42). **6.** ⟨a. + sich⟩ (ugs.) *sich etw. wund laufen* ⟨hat⟩: bei der langen Wanderung habe ich mir die Füße aufgelaufen. **7.** (Sport) *einlaufen* ⟨ist⟩: zu einer Mannschaft gehören nicht die elf Spieler, die auflaufen, sondern alle 22 WM-Fahrer (Hörzu 24, 1978, 26); Der Vierte der Tabelle empfing den Dritten und konnte dazu endlich wieder in guter Besetzung a. (Leipziger Volkszeitung 26. 4. 99, 28).
Auf|lauf|form, die: *Backform für Aufläufe* (2): eine A. aus feuerfestem Glas.
Auf|lauf|krank|heit, die (Landw.): *bei Keimpflanzen auftretende, u. a. von niederen Pilzen verursachte Krankheit.*
auf|le|ben ⟨sw. V.; ist⟩: **a)** *neue Lebenskraft bekommen u. dies erkennen lassen:* sie lebt sichtlich auf, seit sie wieder für jemanden sorgen kann; die Regenfälle nach der langen Trockenzeit ließen die Natur wieder a.; Ü beim Anblick der Flasche Korn lebte er plötzlich auf *(wurde er munter);* **b)** *von neuem beginnen, zu neuem Leben erwachen:* als ein neuer Gast kam, lebte das Gespräch auf; Für einen Augenblick lebten die antisemitischen Gedanken wieder auf (Reich-Ranicki, Th. Mann 45); Die Begründung des Bundesamtes hohe Jugendarbeitslosigkeit, Lehrstellenmangel, Perspektivlosigkeit und Defizite in der familiären Erziehung kann aber kaum erklären, warum ausgerechnet im Osten die rechte Gewalt so auflebt und vor allem: warum sie auf so wenig Widerstand stößt (Berliner Zeitung 13. 2. 98, 9).
auf|le|cken ⟨sw. V.; hat⟩: *vom Boden o. Ä.*

leckend wegnehmen: die Katze hat die Milchlache vom Boden aufgeleckt; nachdem sie eine solche Praline angebissen, sie aber wegen ihres bitteren Geschmacks sogleich ausgespuckt hatte. Ihr Hund, der die Reste aufleckte, verendete (Noack, Prozesse 157); das Rotwild leckt das ausgelegte Salz auf.
Auf|le|ge|ma|trat|ze, die: *Matratze, die auf den Sprungfederrahmen eines Bettes aufgelegt wird.*
auf|le|gen ⟨sw. V.; hat⟩ /vgl. aufgelegt/: **1. a)** *auf etw. legen:* eine neue Tischdecke a.; ein Gedeck a. *(beim Tischdecken hinlegen);* eine alte [Schall]platte a. *(zum Abspielen auf den Teller des Plattenspielers legen);* Am liebsten wäre ich beim Rundfunk gewesen und hätte ganz heiße Bänder aufgelegt (Loest, Pistole 204); wir müssen noch mehr [Holz] a. *(in das Feuer legen, nachlegen);* Make-up a. *(auf das Gesicht auftragen);* Wenn sie lächelte, bemerkte man, dass sie zu viel Puder aufgelegt hatte (Simmel, Affäre 166); die Ellbogen a. *(zum Abstützen auf die Tischplatte legen);* einen Pfeil a. *(auf die Sehne setzen);* sie legte den Hörer auf *(legte den Hörer auf den Telefonapparat zurück);* man legte der Kranken kalte Kompressen auf; den Pferd den Sattel a. *(durch das Auflegen des Hörers das Telefongespräch beenden):* der Teilnehmer hat aufgelegt; er wollte noch etwas sagen, aber sie hatte schon aufgelegt. **2.** (seltener) *auferlegen:* so legten wir uns freiwillig Entbehrungen auf (Böll, Erzählungen 374); Die Spieler legten sich allerdings nach dem 1:0-Erfolg bei Werder keine vornehme Zurückhaltung auf (Kicker 6, 1982, 36). **3.** *zur Einsichtnahme o. Ä. auslegen:* die Liste für die Gemeinderatswahl wird erst morgen aufgelegt; Donahl, die noch vor kurzem einen Sittenkodex für alle Abgeordneten zur Unterschrift a. wollte (profil 39, 1993, 40); In den nächsten Monaten soll der Umweltverträglichkeitsbericht des Konsortiums öffentlich aufgelegt werden (Tages-Anzeiger 3. 12. 91, 3). **4.** ⟨a. + sich⟩ (landsch.) *sich anlegen* (8): warum legst du dich nur ständig mit deinen Nachbarn auf? **5. a)** (Buchw.) *ein Werk in einer Neuauflage] drucken, herausgeben:* einen Gedichtband neu a.; seine Romane sind später nicht wieder aufgelegt worden; Ü Die Staatsanwalt ging in die Berufung. Das Verfahren wird jetzt vor dem Landgericht neu aufgelegt *(verhandelt;* Westd. Zeitung 7. 7. 84, o. S.); **b)** (Wirtsch.) *mit der Herstellung eines Fabrikats in großer Stückzahl beginnen:* eine neue Serie von etw. a. **6.** (Geldw., Finanzw.) *(ein Wertpapier) ausschreiben, anbieten:* an der Börse waren neue Aktien aufgelegt worden. **7.** (Seemannsspr.) *(ein Schiff) für eine bestimmte Zeit stilllegen, außer Dienst stellen:* Dennoch wurde kaum ein Tanker dieser Größe aufgelegt (Hamburger Abendblatt 23. 5. 85, 22); das Segelschulschiff bleibt bis zum Abschluss der Überholungsarbeiten aufgelegt.
Auf|le|ger, der; -s, -: **1.** *Auflegematratze.* **2.** *jmd., der etw. auflegt.* **3.** *Anhänger, der*

auf eine Zugmaschine aufgelegt, aufgesattelt (2) *wird.*
Auf|le|ge|rin, die; -, -nen: w. Form zu ↑ Aufleger (2).
Auf|le|gung, die; -, -en ⟨Pl. selten⟩: *das Auflegen.*
auf|leh|nen ⟨sw. V.; hat⟩ [1: mhd. uflenen, eigtl. = sich aufrichten, zu ↑¹lehnen]: **1.** ⟨a. + sich⟩ *jmdm., jmds. Willen od. Anschauung Widerstand entgegensetzen:* sich gegen den Vater, gegen die bestehende Ordnung a.; sein Stolz lehnt sich dagegen auf, bevormundet zu werden; Gegen das Unabänderliche lehnte sie sich nicht auf (Kirst, Aufruhr 89); aber ich lehne mich mächtig gegen den Tod auf *(ich wehre mich dagegen zu sterben;* Mayröcker, Herzzerreißende 12). **2.** (landsch.) *(die Arme) auf etw. lehnen; aufstützen:* die Arme [auf das/auf dem Fenstersims] a.
Auf|leh|nung, die; -, -en: *das Sichauflehnen:* die A. der Flüchtlinge gegen ihr Schicksal; Ihre A. hatte jedoch alle Kraft verloren (Musil, Mann 315); ihr Geisteszustand wechselte von erbitterter A. zu stumpfsinniger Resignation.
auf|lei|men ⟨sw. V.; hat⟩: *mit Leim auf etw. befestigen, festkleben:* die abgebrochenen Figürchen wieder auf die/auf der Unterlage a.; ein Schrank mit aufgeleimten Leisten.
auf|leis|ten ⟨sw. V.; hat⟩: **1.** *(Schuhe) auf Leisten spannen.* **2.** *(eine Fläche) mit Leisten versehen:* der Kunstschreiner leistete den schmucklos glatten Schrank auf.
Auf|leis|tung, die; -, -en: *Leiste, die (auf eine Fläche) geklebt, genagelt wurde:* Stilschlafzimmer ... mit beschwingten -en (MM 7. 5. 73, 16).
auf|le|sen ⟨st. V.; hat⟩: **1. a)** *(verstreut Umherliegendes) mit der Hand aufsammeln:* Fallobst, Scherben a.; die heruntergefallenen Glasperlen wieder a.; Stewards rennen rum, ordnen Liegestühle, lesen heruntergeworfene Kissen auf (Heim, Traumschiff 190); **b)** (ugs.) *(zufällig Gefundenes) [aufheben/a.] mitnehmen:* ihre Hosentaschen waren voll von Dingen, die sie irgendwo aufgelesen hatte; Ü sie hatte ein paar spanische Redensarten aufgelesen, die sie überall anbrachte; **c)** (ugs. scherzh.) *sich irgendwo holen* (4): ich hatte in den Tropen eine Viruskrankheit aufgelesen; ich muss mir in dem Hotel Flöhe aufgelesen haben. **2.** (ugs.) *jmdn. irgendwo auffinden u. mit sich nehmen:* wo hast du den Kerl bloß aufgelesen?; Manchmal las er unterwegs Mädchen auf. Er prüfte, ob er noch wirkte (Härtling, Hubert 381); ein Autofahrer hat den kleinen Ausreißer aufgelesen und nach Hause gebracht.
auf|leuch|ten ⟨sw. V.; hat/ist⟩: *plötzlich, für kurze Zeit leuchten:* eine Lampe leuchtete auf; ein elektrischer Spielapparat mit Kugeln, an verschiedene Kontakte anschlugen, worauf farbige Zahlen aufleuchteten (Sommer, Und keiner 336); ein plötzlicher Sonnenstrahl ließ eine Herbstlandschaft a. lässt (Ott, Haie 101); Ü ihre Augen hatten freudig aufgeleuchtet; ein Gedanke, eine Ahnung war

in ihr aufgeleuchtet; Platinis Klasse leuchtete nur mehr sporadisch auf (NZZ 25. 10. 86, 39).

Auf|licht, das; -[e]s (Optik, Fot.): *auf einen Gegenstand auffallendes [künstliches] Licht.*

auf|lich|ten ⟨sw. V.; hat⟩ (geh.): **1.** *die Dichte von etw. auflockern; irgendwo Zwischenraum schaffen (in den Licht einfallen kann):* man müsste den Wald etwas a.; von Gärten aufgelichtete Stadtbezirke; Ü die Pest ... hat ... das ganze Reich grauenvoll aufgelichtet (Thieß, Reich 355). **2.** *heller machen:* man könnte die Räume durch hellere Tapeten etwas a.; er hat die dunklen Partien des Bildes mit Deckweiß aufgelichtet. **3.** *aufhellen* (1 b), *aufklären:* das Geheimnis wird wohl nie aufgelichtet werden. **4.** ⟨a. + sich⟩ **a)** *heller werden:* der Himmel lichtete sich gegen Nachmittag etwas auf; **b)** *durchschaubar werden, sich aufklären:* die Zusammenhänge, die bisher im Dunkeln lagen, haben sich aufgelichtet.

Auf|licht|mi|kro|skop, das (Optik): *Mikroskop zur Untersuchung undurchsichtiger Objekte, bei dem das Licht schräg auf das Objekt auffällt u. von ihm in das Objekt reflektiert wird.*

Auf|lich|tung, die; -, -en: *das Auflichten.*

Auf|lie|fe|rer, der; -s, - (Transportwesen): *jmd., der etw. aufliefert.*

Auf|lie|fe|rin, die; -, -nen: w. Form zu ↑Auflieferer.

auf|lie|fern ⟨sw. V.; hat⟩: *zur Beförderung aufgeben:* eine Sendung bei der Bahn a.; ich liefere mein Reisegepäck morgen auf.

Auf|lie|fe|rung, die; -, -en: *das Aufliefern.*

auf|lie|gen ⟨st. V.⟩: **1.** ⟨hat; südd., österr., schweiz. auch: ist⟩ **a)** *auf etw. liegen:* die Bretter liegen auf Querbalken auf; die Deckel liegt nicht richtig auf; Der Tisch war festlich gedeckt, ein prachtvolles Damasttischtuch lag auf (Katia Mann, Memoiren 64); Stundenlang liegt er dort in der prallen Sonne auf einer Luftmatratze, die schweißig wird, dort, wo er aufliegt (Lynen, Kentaurenfährte 338); Ü Während die Kruste aus schwerem Basalt besteht, werden die darauf aufliegenden Kontinentalschollen aus leichterem Granit gebildet (Welt 22. 10. 65, 9); **b)** (geh. veraltend) *auf jmdm. lasten:* die Verantwortung lag ihr schwer auf; ◆ *zur Last fallen:* Wenn sie (= die Männer) nicht gleich heiraten wollten, und wenn man einmal freundlich mit ihnen ist, einem hernach den ganzen Tag auflägen (Goethe, Jery u. Bätely). **2.** *zur Einsicht o. Ä. ausliegen* ⟨hat; südd., österr., schweiz. auch: ist⟩: von morgen an liegen die Wahlverzeichnisse auf; Kondolenzliste liegt auf (MM 11./12. 2. 89, 21); Im Übrigen liegt der Schneebericht ebenso bei allen größeren Reisebüros Deutschlands auf (Alpinismus 2, 1980, 44); Der Graf liegt aus meistens in Kirchenblatt, das hier als einzige Zeitung auflag (Habe, Namen 121). **3.** ⟨hat⟩ (ugs.) **a)** ⟨a. + sich⟩ *sich wund liegen:* ich habe mich aufgelegen; **b)** ⟨a. + sich⟩ *wund liegen:* ich habe mir auf dem Rücken aufgelegen.

4. (Seemannsspr.) *(von Schiffen) für eine bestimmte Zeit außer Dienst gestellt sein* ⟨hat⟩: das Schulschiff liegt bis auf weiteres im Hafen auf; Ich sehe zu, wie sie ... den Rumpf eines aufliegenden Frachters bemalen (Buchheim, Festung 557).

Auf|lie|ge|zeit, die: *Zeit, in der ein Schiff aufliegt* (4).

auf|lis|ten ⟨sw. V.; hat⟩: *[mithilfe einer elektronischen Anlage] eine Liste von etw. herstellen; zu einer Liste zusammenstellen:* Die ARD-Gewaltkommission ist dabei, einen Monat lang alle Gewaltdarstellungen in den Programmen aufzulisten (Spiegel 51, 1977, 60); In unendlichen Zahlenkolonnen ist Schadstoff um Schadstoff, Deponie um Deponie aufgelistet (natur 4, 1991, 33); ein Tabellenanhang listet auf *(führt in einer Liste auf),* wo in Schleswig-Holstein Kriegsgefangene und Zwangsarbeiter untergebracht waren (Hamburger Rundschau 15. 5. 85, 7); ⟨subst.:⟩ das Sammeln u. Auflisten von Wortmaterial.

Auf|lis|tung, die; -, -en: *das Auflisten:* Bei der A. der Verbrechen ... verzieht er keine Miene (Saarbr. Zeitung 5. 10. 79, 14).

auf|lo|ckern ⟨sw. V.; hat⟩: **1.** *locker machen:* ich lockere die Erde mit der Hacke auf; aufgelockerte *(leichte)* Bewölkung. **2.** ⟨a. + sich⟩ *seine Muskeln lockern* (1 c): ich schlenkere mit Armen und Beinen, um mich aufzulockern. **3. a)** *abwechslungsreicher machen:* ein Wohngebiet durch Grünanlagen, den Unterricht durch Gruppenarbeit a.; **b)** *gelöster, unbeschwerter machen:* an diesem Abend war sie aufgelockerter als sonst; der Alkohol trug dazu bei, die Atmosphäre aufzulockern *(zu entspannen, zwangloser zu machen);* Sellmann wollte das feierliche Herumstehen durch einen Witz a. (Bieler, Mädchenkrieg 135).

Auf|lo|cke|rung, die; -, -en: *das Auflockern.*

auf|lo|dern ⟨sw. V.; ist⟩: **a)** *plötzlich lodernd emporflammen:* er goss Benzin in die Flammen, sodass sie hoch auflodern; Ü In Irland loderten die Straßenkämpfe wieder auf; in ihren Augen loderte Hass auf; er zitterte; das kam ... von der Wut, die er in sich a. fühlte (Kirst, 08/15, 264); **b)** *in Flammen aufgehen:* die alten Briefe waren im Ofen aufgelodert.

auf|lo|hen ⟨sw. V.; ist⟩ [zu ↑¹lohen] (geh.): **a)** *auflodern* (a): das Feuer lohte zum Himmel auf; Ü die Flamme der Begeisterung lohte in ihnen auf; **b)** *auflodern* (b): Das Papier krümmte sich, lohte hell auf und wurde von der kräftigen Flamme des Holzes spurlos vertilgt (Fallada, Herr 120).

auf|lös|bar ⟨Adj.⟩: **1.** *sich auflösen* (1 a) *lassend:* ein -er Stoff. **2.** *sich auflösen* (2 a) *lassend:* ein schwer -er Knoten. **3. a)** *sich auflösen* (3 a) *lassend:* ein -er Vertrag; **b)** *sich auflösen* (4 b) *lassend:* die Gleichung ist nicht weiter a.

Auf|lös|bar|keit, die; -: *das Auflösbarsein.*

auf|lö|sen ⟨sw. V.; hat⟩ /vgl. aufgelöst/: **1. a)** *(in einer Flüssigkeit) zerfallen, zergehen lassen:* Tabletten in einem Glas Wasser a.; eine angeschlagene Tasse, in der sie immer Kernseife auflöste, um Seifenblasen zu machen (Böll, Haus 101); dass ... Salzlösungen die Haut entschuppen und die Hornschicht auflösen (natur 3, 1994, 73); **b)** ⟨a. + sich⟩ *sich zerteilen:* der Zucker hat sich aufgelöst; die Wolke löste sich auf; Ü das Traumbild löste sich auf; Zeichen des sich auflösenden *(zerfallenden)* Reiches; **c)** ⟨a. + sich⟩ *in etw. übergehen, sich in etw. verwandeln:* während sie (= die Schwärze) sich in graue Regengardinen auflöste (Hausmann, Abel 112); alles wird sich in eitel Freude a.; allmählich lösten die ... Glühbirnen sich in Strahlenbündel auf (Jahnn, Geschichten 87). **2. a)** (geh.) *(Gebundenes, Geflochtenes o. Ä.) aufbinden:* eine Schleife, Verschnürung a.; Als kleiner Junge ist er mal anlässlich einer größeren Festivität unter den Tisch gekrochen und hat allen Gästen die Schnürsenkel aufgelöst (Kempowski, Zeit 155); ich löste mir das Haar auf; ... er mal aufgelösten Haaren, Ü In einer die ältere Einheit von Politik und Ethik auflösenden Machtlehre des Politischen (Fraenkel, Staat 265); **b)** ⟨a. + sich⟩ *sich nicht in einer bestimmten Form halten; aufgehen:* die Schleife, ihr Haarknoten löst sich immer wieder auf. **3. a)** *nicht länger bestehen lassen:* einen Haushalt, einen Verein, das Parlament, eine Versammlung, einen Vertrag a.; 1938 begann mein Vater das Geschäft aufzulösen (Hilsenrath, Nacht 504); Trotz ... einer gerade mit sensationellem Erfolg abgeschlossenen Europatournee hat der Rocker seine Gruppe aufgelöst (Freizeitmagazin 26, 1978, 37); Polizisten hätten am Donnerstag mit Tränengas einen Zug von Demonstranten aufgelöst (Nordschweiz 29. 3. 85, 36); die Verlobung a.; die Ehe wurde aufgelöst *(geschieden);* du musst die Klammern a. (Math.; *durch Rechenoperationen entfernen);* **b)** ⟨a. + sich⟩ *nicht länger bestehen:* die alten Ordnungen lösten sich auf; der Verein löste sich bald wieder auf; Nachdem die Gruppe sich aufgelöst hatte, machte Jan einen Abstecher in seine alte Heimat (Oxmox 6, 1983, 6); die Menschenmassen hatten sich aufgelöst *(zerstreut, verteilt);* Endlich löste sich der Menschenklumpen am Grab auf (Lentz, Muckefuck 160). **4. a)** *klären, entwirren u. dadurch beheben:* wie kann man diese Schwierigkeiten, diesen Widerspruch a.?; **b)** *die Lösung von etw. finden:* ein Rätsel, eine mathematische Gleichung a.; **c)** ⟨a. + sich⟩ *sich auflären* (1 b): das Missverständnis wird sich a. **5.** (Musik) **a)** *ein Versetzungszeichen aufheben u. dadurch den ursprünglichen Ton wieder herstellen:* das Kreuz in der nächsten Takt wieder auflösen; **b)** *(eine Dissonanz) zur Konsonanz fortführen:* eine Dissonanz a. **6.** (Optik, Fot.) *nahe beieinander liegende Details eines Objekts deutlich unterscheidbar abbilden:* Bei größerem Abstand der Kamera ... werden die Farbpunkte nicht mehr aufgelöst (Foto-Magazin 8, 1967, 37).

Auf|lö|sung, die; -, -en ⟨Pl. selten⟩:

Auflösungserscheinung

1. a) *das Sichauflösen* (1 b): die A. der Nebelfelder; der Körper des Toten ist schon in A. begriffen *(beginnt schon zu verwesen);* Er ... hielt ihm die sittliche A. vor, der seine Klasse sichtlich entgegengehe (H. Mann, Unrat 97); **b)** *das Sichauflösen* (3 b): so führte diese Gewohnheit zu einer A. jeder wirklichen Tradition (Thieß, Reich 237); **c)** *das Aufgelöstsein* (a): Sie erreichte das Bridgezimmer in einem Zustand völliger A. (Baum, Paris 17); Trauer um den gerade verstorbenen Vater. Während Maria in einem Zustand nahe der A. ist, ... (Woche 14. 11. 97, 48). **2.** *das Auflösen* (3 a): die A. einer Institution, eines Verhältnisses; Die afrikanischen Bildhauer haben eine größere Tendenz zur A. der Form (Bild. Kunst I, 15). **3.** *das Auflösen* (4): die A. der Gleichung macht mir große Mühe; wir sind der A. dieses Geheimnisses schon recht nahe; die A. *(Lösung)* des Rätsels finden Sie auf Seite 27. **4.** (Musik) *das Auflösen* (5). **5.** (Optik, Fot.) *das Auflösen* (6): Diese Aufnahmen zeigen eine ... bessere A. von Einzelheiten (Kosmos 3, 1965, 118).

Auf|lö|sungs|er|schei|nung, die: Zerfallserscheinung.

Auf|lö|sungs|pro|zess, der: Zerfallsprozess.

Auf|lö|sungs|ten|denz, die: Tendenz zum Zerfall.

Auf|lö|sungs|ver|mö|gen, das (Optik, Fot.): *Vermögen, Fähigkeit, nahe beieinander liegende Details eines Objekts deutlich unterscheidbar abzubilden.*

Auf|lö|sungs|zei|chen, das (Musik): *Zeichen, mit dem die Geltung eines Versetzungszeichens aufgehoben wird* (Zeichen: ♮).

auf|lö|ten ⟨sw. V.; hat⟩: *auf etw. löten:* der Juwelier hatte Goldpailletten auf das Schmuckstück aufgelötet.

auf|lüp|fisch ⟨Adj.⟩ [zu ↑lupfen] (schweiz.): *aufrührerisch, rebellisch:* -e Reden führen; die Schüler sind heute -er als früher.

auf|lut|schen ⟨sw. V.; hat⟩: *lutschend verzehren:* hast du die Bonbons schon alle aufgelutscht?

auf|lu|ven ⟨sw. V.; hat⟩ [zu ↑Luv] (Seemannsspr.): *den Winkel zwischen Kurs u. Windrichtung verkleinern.*

aufm (ugs.): *auf dem, einem.*

Auf|ma|che, die; - (ugs.): *äußere Aufmachung.*

auf|ma|chen ⟨sw. V.; hat⟩: **1.** (ugs.) **a)** *öffnen:* das Fenster, den Koffer, den Mund a.; Als ich eines Tages meine Wohnungstür aufmachte, war das Treppenhaus bullig heiß (Eppendorfer, St. Pauli 187); Diesen Riegel machte er verstohlen auf (Sommer, Und keiner 226); den Mantel, den obersten Knopf a. *(aufknöpfen);* sie hat mir nicht aufgemacht *(mich nicht eingelassen);* **b)** *öffnen, um an den Inhalt zu gelangen:* ein Päckchen, einen Brief, eine Flasche a.; einen Tresor a. (Gaunerspr.; *aufbrechen);* jmdn. a. *(jmds. Leib durch Operation öffnen);* das Haar a. *(lösen);* **c)** *zum Verkauf öffnen:* die Geschäfte, wir machen um 8 Uhr auf. **2.** (ugs.) **a)** *eröffnen, gründen:* ein Geschäft, eine Filiale, ein Transportunternehmen a.; dass wir später zusammen 'ne Kneipe a. wollen (Grossmann, Beziehungsweise 36); eines Tages ... wirst du dir einen eigenen Friseursalon a. (Hilsenrath, Nazi 181); Aber gehen Sie doch auf eine Bank, aber machen Sie doch ein Konto auf *(richten Sie ein Konto ein;* Hofmann, Fistelstimme 98); **b)** *eröffnet werden:* hier haben viele neue Geschäfte aufgemacht. **3.** (Zeitungsw.) *mit etw. als Aufmacher versehen:* in der vorigen Woche war diese Zeitung mit folgenden Schlagzeilen aufgemacht: ... **4.** *effektvoll gestalten:* Auslagen, ein Buch hübsch a.; Restaurants, die zwar im Stil dieser Schenken aufgemacht sind, aber mit dem traditionellen Heurigen nichts zu tun haben (NNN 1. 3. 88, 2); der Prozess wurde von der Parteipresse groß aufgemacht (ugs.:); sie hatte sich auf jung aufgemacht *(zurechtgemacht);* Da sitzen drei Hundertschaften von Kreuzfahrern, schick aufgemacht, die Damen frisch vom Friseur (Heim, Traumschiff 149). **5.** ⟨a. + sich⟩ *sich auf den Weg machen:* sich zu einem Spaziergang a.; Ich machte mich dann tagtäglich auf in die Vororte (Handke, Niemandsbucht 277); sie machten sich endlich auf *(schickten sich an),* uns zu besuchen; Ü ein Wind hatte sich aufgemacht (dichter.; hatte zu wehen begonnen). **6.** (Skispringen) *den Aufsprung einleiten, indem man die Arme vom Körper weg nach vorne bewegt:* der österreichische Springer hat zu früh aufgemacht. **7.** (ugs.) *anmachen* (1): Gardinen a.; ein Plakat a.

Auf|ma|cher, der; -s, -: **a)** (Zeitungsw.) *als Blickfang gestalteter Titel, Hauptartikel einer Zeitung, Illustrierten:* Der Chefredakteur einer anderen Zeitung, die als einzige im A. über die Lehrlingsaktion berichtet hatte, ... (Delius, Siemens-Welt 62); »Berlin schiebt 2 000 Libanesen ab« – der BZ war diese Information gestern eine A. wert (taz 6. 12. 84, 16); **b)** (Ferns.) *die erste Meldung einer Nachrichtensendung:* »Ich rasiere mich morgens im Büro und denke dabei an den A. für die Tagesthemen.« (Hörzu 15, 1986, 25).

Auf|ma|cher|fo|to, das (Zeitungsw.): *Foto zu einem Aufmacher* (a).

Auf|ma|cher|sei|te, die (Zeitungsw.): *die erste Seite eines Hauptartikels in einer Illustrierten.*

Auf|ma|cher|sto|ry, die (Zeitungsw.): *als Aufmacher (a) dienende Story* (2 b).

Auf|ma|chung, die; -, -en: **1.** *Art u. Weise, in der jmd., etw. aufgemacht* (4) *ist:* eine geschmackvolle A.; er erschien in eleganter A.; die Blätter berichteten darüber in großer A.; Sie hatte als Besucherin der bayrischen Hochebene Neigung zu theatralischer A. (Feuchtwanger, Erfolg 451). **2.** (Zeitungsw.) **a)** *das Aufmachen* (3); **b)** *Aufmacher.*

♦ **auf|mah|nen** ⟨sw. V.; hat⟩: *aufbieten* (2): Wenn ein Kaufmann einen Pfeffersack verliert, soll man das ganze Reich a. (Goethe, Götz III).

auf|ma|len ⟨sw. V.; hat⟩: **a)** *auf etw. malen, zeichnen:* ein großes Schild, auf das/ auf dem eine schwarze Hand aufgemalt war; **b)** (ugs.) *umständlich groß, unbeholfen schreiben:* ein Zettel, auf den/auf dem das Kind einige Wörter aufgemalt hatte.

Auf|marsch, der; -[e]s, Aufmärsche: *das Aufmarschieren:* der A. der Truppe; das Regime liebte Aufmärsche; eine Veranstaltung, die einen großen A. (schweiz.; *zahlreichen Besuch*) verdient.

auf|mar|schie|ren ⟨sw. V.; ist⟩: *in größerer Zahl marschierend herankommen u. sich aufstellen:* die Einheit marschierte in Viererreihen auf; dann marschierten die vierten schottischen Füsiliere des Duke of Edinburgh zur Parade auf (Heim, Traumschiff 196); Ü (scherzh.:) sie ließ ihre sieben Kinder a.; Zeugen a. *(auftreten)* lassen.

Auf|maß, das; -es, -e (Fachspr.): **a)** *das Aufmessen:* Erfahrung in Einkauf, Verkauf, Kalkulation, Personalführung, sattelfest in A. und Disposition (Saarbr. Zeitung 6./7. 10. 79, 56); **b)** *durch Aufmessen ermittelte Maße von etw.*

auf|mei|ßeln ⟨sw. V.; hat⟩: *durch Meißeln öffnen:* den Kiefer, Schädel a.

auf|mer|ken ⟨sw. V.; hat⟩: **1.** (geh.) *aufpassen* (1 a): [auf alles] gut a.; Merket auf und sehet, ob es einen Schmerz gibt wie meinen Schmerz (Stern, Mann 415). **2.** *plötzlich aufmerksam werden, aufhorchen:* bei diesem Namen merkte er auf; Als dieser Doktor zu ihm gekommen war, ... da hätte er eigentlich a. müssen (Weber, Tote 218).

auf|merk|sam ⟨Adj.⟩: **1.** *sehend, hörend seine geistige Aufnahmefähigkeit bereitwillig auf etw. richtend:* -e Zuhörer, Beobachter, Blicke; einer Darbietung a. folgen; Mein Onkel hörte das alles a. an (Fallada, Herr 71); *[jmdn.] auf jmdn., etw. a. machen (hinweisen):* ich mache [Sie] darauf a., dass ...; *[auf jmdn., etw.] a. werden (jmdn., etw. wegen einer gewissen Auffälligkeit wahrnehmen):* Nimm den Kopf hoch, Rosamund, die Leute werden schon a. (Gaiser, Schlußball 145); ich bin auf ihn a. geworden, als er ... **2.** *höflich u. dienstbereit:* ein [mir gegenüber] sehr -er junger Mann; das ist sehr a. von Ihnen.

Auf|merk|sam|keit, die; -, -en: **1.** ⟨o. Pl.⟩ *das Aufmerksamsein:* die A. der Zuhörer lässt nach; Inzwischen schenkte er Gesprochenem kaum noch A. (Rolf Schneider, November 88); die dauernde A. der ganzen Welt darf man nicht dafür verlangen (Kafka, Erzählungen 260); A. für etw. zeigen, bekunden; der Vorfall erregte meine A.; seine A. auf etw. richten; es scheint Ihrer A. entgangen zu sein, dass ... (Sie haben offenbar noch nicht bemerkt, dass ...). **2.** ⟨Pl. selten⟩ *aufmerksames* (2) *Art; aufmerksames Verhalten:* er umgab sie mit großer A.; ein gewisses Talent ... zum gesamten Servieren und allen feineren -en, die dazu gehören? (Th. Mann, Krull 233). **3.** *kleines Geschenk:* jmdm. eine kleine A. mitbringen.

auf|mes|sen ⟨st. V.; hat⟩ (Fachspr.): *die Maße von etw. im Einzelnen feststellen:* ein Gebäude a.; Auch wenn er sonst den ganzen Tag über unterwegs gewesen war, die Gesellen bei der Arbeit aufgesucht,

auf|mi|schen ⟨sw. V.; hat⟩: **1.** *neu mischen, aufrühren:* Farben a.; Ich mischte den Mörtel auf (Rothmann, Stier 176); Ü (ugs.:) Eine mit Hass im Bauch konnte die ganze Gemeinschaft der über 60 Heimbewohner a. *(in Aufruhr versetzen),* Zoff in jedes Stockwerk tragen (MM 2./3. 3. 91, 15); Sony ... will jetzt den Markt der Videospiele a. *(aus dem Gleichgewicht bringen;* Spiegel 50, 1994, 75); Der gelernte Lebensmittelchemiker mischte mit zwei Büchern die Lebensmittelbranche auf *(versetzte sie in Aufregung;* natur 2, 1996, 41). **2.** (ugs.) *verprügeln, fertig machen:* Asterix und Obelix mischen immer die Römer auf; Skinheads hatten nach der Demonstration aufgemischt *(eine Prügelei angezettelt);* Das kann keiner von uns gewesen sein. Wir mischen Bullen auf, aber nieten doch keinen um (Spiegel 46, 1987, 19).

auf|mö|beln ⟨sw. V.; hat⟩ [urspr. wohl = alte Möbelstücke aufarbeiten] (ugs.): **1.** *etw. [wieder] in einen ansehnlicheren, besseren Zustand bringen:* einen alten Kahn a.; Eine originalgetreue Postkutsche wurde wieder aufgemöbelt (ADAC-Motorwelt 8, 1979, 33); das ... zerschrammte Gehäuse war nicht mehr aufzumöbeln (Hörzu 40, 1974, 29); Ü die Mannschaft muss ihren Ruf a.; Der junge Goethe zog nach Leipzig nicht zuletzt deshalb, um sein Frankfurterisch mit dem vorbildlich reinen Deutsch der Sachsen aufzumöbeln (Bausinger, Dialekte 21). **2.** *beleben* (1 a): der Kaffee hat mich aufgemöbelt. **3.** *jmdm. aus einer gedrückten Stimmung o. Ä. heraushelfen, jmdn. aufmuntern:* der Besuch, die Reise, die Ablenkung hatte sie wieder aufgemöbelt.

Auf|mö|be|lung, **Auf|möb|lung**, die; -, -en ⟨Pl. selten⟩: *das Aufmöbeln.*

auf|mon|tie|ren ⟨sw. V.; hat⟩: *auf etw. montieren:* ein Schild auf die Tür a.; Von der Teststrecke im benachbarten Fiorano dröhnt den satte Klang des Ferrari-Motors herüber, der Weltmeister hat dort dem Formel-1-Wagen Scheinwerfer a. lassen (Woche 24. 10. 97, 57).

auf|mot|zen ⟨sw. V.; hat⟩ [↑ aufmutzen] (ugs): *effektvoller gestalten:* die Masche, Politik mit Show und Show mit Politik aufzumotzen (Hörzu 46, 1972, 18); Autor ad Regisseur ... meinten obendrein, ihre Geschichte durch Sex- und Societyszenen a. zu müssen (Hamburger Abendblatt 5. 9. 84, 16); Philip ... stand stundenlang vor dem Spiegel und versuchte, sich aufzumotzen (Denneny [Übers.], Lovers 155); hinter dem postmodern aufgemotzten *(in effektvoller Weise postmodern gestalteten)* Verwaltungsgebäude waren ... Lagerhallen und -flächen zu sehen (-ky, Blut 172).

auf|muck|en, (auch:) **auf|muck|sen** ⟨sw. V.; hat⟩ (ugs.): *aufbegehren, Widerspruch erheben, sein Missfallen zum Ausdruck bringen:* Wagte es jemand, gegen solche Willkür aufzumucken (Hörzu 50, 1972, 104); Keiner muckte auf, als vor ein alter Obergefreiter den SS-Offizier mit einem Pistolenschuss niederstreckt (Borkowski, Wer 138); »Schmeißt die Dinger weg!« »Warum denn?«, muckte Hermann auf (Bieler, Bär 14).

auf|mu|ni|tio|nie|ren ⟨sw. V.; hat⟩ (Milit.): *mit Munition versehen:* nach ihrem Einsatz wurden die Kampfflugzeuge neu aufmunitioniert; Auf der kleinen Verkehrsinsel ... hatten US-amerikanische Soldaten ein schweres MG in Stellung gebracht, das voll aufmunitioniert war (Berliner Zeitung 30./31. 10. 76, 16).

auf|mun|tern ⟨sw. V.; hat⟩: **1. a)** *aufheitern:* sie versuchte, die anderen mit lustigen Geschichten aufzumuntern; **b)** *beleben, leicht aufpuschen:* der Alkohol munterte sie auf; ob Sie der Kaffee nicht etwas aufgemuntert hat (Th. Mann, Krull 164). **2.** *jmdm. zu etw. Mut machen:* jmdn. [mit Zurufen] zum Weitermachen a.; jmdn. aufmunternd ansehen.

Auf|mun|te|rung, die; -, -en: *das Aufmuntern.*

auf|müp|fig ⟨Adj.⟩ [zu müpfig = widersprechend, schweiz. Form von ↑²muffig] (landsch.): *aufsässig, widersetzlich:* aus dem früher so lieben Jungen war ein -er Bursche geworden; Das ... Berliner »Umweltmagazin« wurde immer -er (Rhein. Merkur 2. 2. 85, 4).

Auf|müp|fig|keit, die; -, -en (landsch.): **1.** ⟨o. Pl.⟩ *Aufsässigkeit* (1). **2.** *Aufsässigkeit* (2).

auf|mut|zen ⟨sw. V.; hat⟩ [spätmhd. ûfmutzen = herausputzen; zu: mutzen = schmücken, H. u.]: **1.** (landsch.) *vorwerfen:* jmdm. seine Fehler a. **2.** (seltener) *aufmotzen:* Oft wird das Wort ... gebraucht, um eine Reportage modern aufzumutzen (Sprachpflege 1, 1974, 22). ◆ **3.** (landsch.) *[erläuternd] hervorheben:* Das ist dem Wachtmeister, Franziska? – Wegen des spöttischen Tones habe ich nicht Zeit, dieses dein nochmals aufzumutzen (Lessing, Minna IV, 5).

aufn (ugs.): *auf den, auf einen.*

Auf|näh|ar|beit, die; -, -en (Schneiderei): *aufgenähtes Muster, Applikation.*

auf|nä|hen ⟨sw. V.; hat⟩: *auf etw. nähen:* eine Tasche, eine Applikation [auf das Kleid] a.

Auf|nä|her, der; -s, -: *aufnähbare Plakette* (1): die jungen Menschen, in deren »Schwerter zu Pflugscharen« tragen (Kelly, Um Hoffnung 24).

Auf|nah|me, die; -, -n [zum 2. Bestandteil vgl. *Abnahme*]: **1.** *das Aufnehmen* (2): die A. von Verhandlungen, von diplomatischen Beziehungen; nach A. des Fernsprechverkehrs. **2. a)** *Unterbringung, Beherbergung:* die A. von Flüchtlingen; jmds. A. in ein Krankenhaus einleiten; Der Stationsarzt registrierte »auffallende Blässe« und veranlasste die sofortige stationäre A. (Hackethal, Schneide 108); **b)** *Art, in der jmd. irgendwo aufgenommen wird:* die A. [in der Familie] war überaus herzlich; die Vertriebenen fanden ... in anderen Ländern bereitwillige A. (Friedell, Aufklärung 51); **c)** *Raum, in dem die neu Aufzunehmenden ihre Personalien angeben müssen:* in der A. [des Krankenhauses] warten; Isolierstation ... Ich müsse erst mal in die A. (Christiane, Zoo 288). **3.** *das Aufnehmen* (4 a); *Erteilung der Mitgliedschaft:* die A. in einen Verein beantragen; jmds. A. in einen Orden. **4.** *das Aufnehmen* (8): Während der gleichen Zeit ist die A. von fremden Geldern so teuer geworden wie nie zuvor (Zeit 6. 6. 75, 1); die A. einer Anleihe beschließen. **5. a)** *Übernahme:* die A. eines Wortes in eine Sprache; **b)** *das Registrieren, Verzeichnen in etw.:* die A. eines Wortes ins Lexikon. **6.** *Aufzeichnung von etw.:* die A. eines Protokolls, Diktats, Telegramms; zwei Polizisten waren mit der A. *(Protokollierung)* des Unfalls beschäftigt; die A. *(kartographische Vermessung)* eines Geländes. **7. a)** *das Fotografieren, Filmen:* Achtung, A.!; bei der A. [der Szene] mit dem Apparat wackeln; **b)** *Fotografie, Bild:* eine [un]scharfe, verwackelte A.; Es ist eine sehr dunkle A. geworden, leider ... unterbelichtet (Frisch, Homo 265); der Fotograf machte eine A. von dem Paar. **8. a)** *das Aufnehmen* (10 c) *auf Tonband, auf Schallplatte:* die -n dauerten drei Monate; bei der A. [auf Tonband] muss absolute Ruhe herrschen; **b)** *Ton-, Musikaufzeichnung:* sich die A. eines Konzerts noch einmal anhören; Am liebsten hatte Stefan eine A., die von Alan Parsons und Eric Woolfson stammte (Rolf Schneider, November 111). **9.** *das Aufnehmen* (9): wie war die A. beim Publikum?; Die A. des Romans bei Publikum und Presse war eher gereizt als kühl (Reich-Ranicki, Th. Mann 123); die Sendung fand [eine] begeisterte A. *(wurde begeistert aufgenommen).* **10.** ⟨o. Pl.⟩ *das Zu-sich-Nehmen:* die A. der Nahrung.

Auf|nah|me|be|din|gung, die ⟨meist Pl.⟩: *Bedingung für die Aufnahme* (3).

auf|nah|me|be|reit ⟨Adj.⟩: *bereit, etwas [in sich] aufzunehmen.*

Auf|nah|me|be|reit|schaft, die ⟨o. Pl.⟩: *das Aufnahmebereitsein.*

Auf|nah|me|fä|hig ⟨Adj.⟩: **1.** *in der Lage, etw. aufzunehmen* (6): abends ist er nicht mehr für Musik. **2.** *in der Lage, etw. aufzunehmen* (5): -e Märkte.

Auf|nah|me|fä|hig|keit, die ⟨o. Pl.⟩: *Fähigkeit, etw. aufzunehmen* (5, 6).

Auf|nah|me|ge|bühr, die: *Gebühr, die für die Aufnahme als Mitglied od. Teilnehmer zu zahlen ist.*

Auf|nah|me|lei|ter, der (Film): *jmd., der für die organisatorischen Arbeiten am Drehort zuständig ist.*

Auf|nah|me|lei|te|rin, die: w. Form zu ↑Aufnahmeleiter.

Auf|nah|me|lei|tung, die ⟨o. Pl.⟩: *Leitung* (1 a) *der organisatorischen Arbeiten am Drehort;* **b)** *die mit der Aufnahmeleitung* (a) *betrauten Personen.*

Auf|nah|me|prü|fung, die: *für die Aufnahme in eine Ausbildungsstätte erforderliche Prüfung:* Sie können in etwa zwei Wochen ihre A. ablegen (Leonhard, Revolution 71).

Auf|nah|me|ver|mö|gen, das ⟨o. Pl.⟩: **1.** *Aufnahmefähigkeit.* **2.** *Fassungsvermögen.*

Auf|nah|me|wa|gen, der: *Auto mit Anlagen für Aufnahmen des Hörfunks od. des Fernsehens.*

auf|nahms|fä|hig ⟨Adj.⟩ (österr.): *aufnahmefähig.*

Auf|nahms|prü|fung, die (österr.): *Aufnahmeprüfung:* Besteht die Matura zwar auf Anhieb, fliegt aber bei der A. am Reinhardtseminar sang- und klanglos durch (Wochenpresse 5. 6. 84, 48).

auf|neh|men ⟨st. V.; hat⟩: **1. a)** *vom Boden zu sich heraufnehmen:* den Handschuh [vom Boden] a.; den Rucksack a. *(auf den Rücken nehmen);* die Mutter nahm das Kind auf *(auf den Arm);* **b)** (bes. Fußball) *den Ball an sich nehmen, in seinen Besitz bringen:* eine Flanke von links direkt a.; der Torwart konnte die Rückgabe ungehindert a.; **c)** (nordd.) *(vom Boden o. Ä.) aufwischen:* die verschüttete Milch mit dem Lappen a.; * **es mit jmdm. a. [können]** *(den Wettstreit mit jmdm. nicht zu scheuen brauchen; mit jmdm. konkurrieren, sich messen können;* eigtl. = die Waffen aufnehmen): mit dem nehme ich es [im Trinken] noch allemal auf. **2.** *etw. zu tun, zu schaffen, herzustellen beginnen:* den Kampf, die Verfolgung a.; Verhandlungen [mit jmdm.] a.; diplomatische Beziehungen mit einem Land, zu einem Staat a.; mit jmdm. Kontakt, Fühlung a.; Nein, warten Sie nicht, nehmen Sie sofort die Suche auf! (Bastian, Brut 177); der Fernsprechverkehr ist heute aufgenommen worden; ein Studium a.; Heinz Griesser meint, dass er vor allem zu spät mit den RTV-Damen das Training habe a. können (Nordschweiz 29. 3. 85, 24); ein Thema, einen Gedanken, eine Anregung a. *(aufgreifen u. weiterführen).* **3.** *empfangen; bei sich unterbringen, beherbergen:* jmdn. freundlich, kühl a.; Flüchtlinge [bei sich, in seinem Haus] a.; Ich würde zu jeder Zeit meine Eltern a. bzw. versorgen, wenn es erforderlich wäre (Freie Presse 11. 11. 88, Beilage 4); in ein/einem Krankenhaus aufgenommen werden; in der letzten Woche des siebenten Monats wird sie auf der Frauenstation aufgenommen (Zenker, Froschfest 215); Die Bauern waren verpflichtet, die Neuankömmlinge aufzunehmen (Leonhard, Revolution 117); Ü die Nacht, Dunkelheit nahm uns auf (dichter.; *hüllte uns ein, verbarg uns).* **4. a)** *die Mitgliedschaft gewähren, ein-, beitreten lassen:* jmdn. als Teilhaber in sein Geschäft a.; sein Sohn wurde in die Schule, in den Sportverein aufgenommen; In die Gemeinschaft meiner Mitschüler wurde ich vorbehaltlos aufgenommen (Ziegler, Labyrinth 94); **b)** (österr.) *anstellen:* eine Hilfskraft a.; Da Maria Wiesinger jung und stark war und gelernt hatte, tüchtig zuzupacken, nahm man sie in einem Großgasthof als Servorerin auf (Innerhofer, Schattseite 105); **c)** *in etw. mit hineinnehmen, [mit] einbeziehen:* ein Stück in den Spielplan a.; einen Punkt in die Tagesordnung a.; Eine neue Initiative bleibe fast die einzige Mittel, um die Überwachung von Bankzinsen in das Gesetz aufzunehmen (Basler Zeitung 2. 10. 85, 1); wenn sich die maßgeblichen Kreise einmal darüber geeinigt haben, welche Kartoffelneuheit ins Sortiment aufgenommen werden soll, ... (Brückenbauer 11. 9. 85, 25). **5.** *Platz für jmdn., etw. bieten; fassen:* eine Gondel der Seilbahn nimmt 40 Personen auf; der Arbeitsmarkt nimmt noch Arbeitskräfte auf. **6.** *in sein Bewusstsein dringen lassen; erfassen:* ich wollte neue Eindrücke, die Atmosphäre [in mich/(selten:) in mir] a.; Frau Münchmeyer hat den Blick auf ihren Mann geheftet, als nähme sie jeden Satz als Weisheit auf (Loest, Pistole 35); das Gedächtnis kann das nicht alles a.; der Schüler nimmt leicht, schnell auf. **7.** *in sich hineinnehmen u. als chemischen Stoff verarbeiten:* der Rasen hat das Wasser aufgenommen; der Körper nimmt wieder Nahrung auf; Aus der Gewebsflüssigkeit nehmen die Zellen Sauerstoff ... auf (Medizin II, 142). **8.** *(Geld) von jmdm. leihen:* Geld, ein Darlehen, einen Kredit a.; Sie war gezwungen, eine zweite Hypothek aufzunehmen (Jaeger, Freudenhaus 28). **9.** *in bestimmter Weise auf etw., was sich an einen wendet, reagieren:* einen Vorschlag, eine Darbietung, ein Theaterstück beifällig, freundlich, kühl, mit Zurückhaltung a.; Wie hat er denn die Nachricht aufgenommen? (Weber, Tote 186); Mein Wunsch, mich anzuschließen, wurde gut aufgenommen (Seghers, Transit 34); Schauplatz der vom Publikum begeistert aufgenommenen Uraufführung war ... (Orchester 5, 1983, 46). **10. a)** *aufzeichnen, schriftlich festhalten:* ein Diktat, Telegramm, jmds. Personalien, ein Protokoll a.; Die Kellnerin, die die Bestellung aufnimmt, kennt ihre Kundschaft (Frischmuth, Herrin 50); ein Gelände [in einer genauen Karte] a. *(kartographisch vermessen u. aufzeichnen);* **b)** *fotografieren, filmen:* das junge Paar, die siegreiche Mannschaft [für die Zeitung] a.; eine Szene, mehrere Bilder a.; **c)** *auf einer CD, Kassette, auf Tonband festhalten:* ein Konzert a.; Alle Gespräche wurden auf Tonband aufgenommen und ... abgeschrieben (Schmidt, Strichjungengespräche 9); eine CD a. *(besingen, bespielen).* **11.** (Reiten) *(ein Pferd) zu gespannter Aufmerksamkeit zwingen; versammeln:* der Reiter musste das Pferd vor jedem Hindernis [neu] a. **12.** (Handarb.) *(von Maschen) beim Stricken zusätzlich auf die Nadel nehmen:* 10 Maschen a.

Auf|neh|mer, der; -s, - (nordd.): **1.** *Aufwischlappen.* **2.** *Kehrichtschaufel.*

äuf|nen ⟨sw. V.; hat⟩ [mhd. ūfenen = erhöhen, zu: ūf, ↑auf] (schweiz.): *[ver]mehren; (Kapital, Geld) bilden, ansammeln:* eine Sammlung, ein Kapital a.; Wie ist sicherzustellen, dass der durch staatlich verordnetes Zwangssparen geäufnete Sozialfonds von bald 25 Milliarden Dollar nicht missbraucht wird? (NZZ 13. 10. 84, 5).

auf|nes|teln ⟨sw. V.; hat⟩: *(durch Schnur, Haken, Knöpfe, Knoten o. Ä. Verschlossenes) nestelnd öffnen:* die Verschnürung, einen Knoten, das Mieder, die Haare, die Schuhe a.; dass Sylvester seiner Figur das Band unter dem Kinn aufnestelte (Muschg, Gegenzauber 348).

auf|nor|den ⟨sw. V.; hat⟩ [nach der rassistischen Ideologie des Nationalsozialismus, in der die sog. nordische Rasse als wertvollste eingeschätzt wurde] **1.** (nationalsoz.) *den Anteil der als Rasse begriffenen nordischen* (2) *Bevölkerungsgruppe erhöhen:* Heute wird geschätzt, dass in Osteuropa über eine Million Besatzungskinder von Wehrmachtsmännern leben. Die Soldaten gaben dem in der Perversion arischen Denkens noch eine völkische Funktion. Es hieß widerlicherweise: »Aufnorden«. (taz 27. 6. 97, 11). **2.** (veraltend iron.) *durch Zusätze aufbessern, veredeln:* Malzkaffee mit Bohnenkaffee a.; aufgenordete *(gebleichte)* Haare; Ü Das Image muss ein bisschen aufgenordet werden (Spiegel 23, 1969, 66).

Auf|nor|dung, die; -, -en (nationalsoz.): *das Aufnorden* (1).

auf|nö|ti|gen ⟨sw. V.; hat⟩: *jmdn. nötigen, etw. anzunehmen, sich zu etw. bereit zu finden:* jmdm. ein zweites Stück Kuchen, einen Vertrag a.; so hat er niemand eine Entscheidung über diese Dinge a. wollen (Johnson, Mutmaßungen 102); die Lage nötigt uns Zurückhaltung auf *(zwingt uns zur Zurückhaltung).*

Äuf|nung, die; -, -en (schweiz.): *Bildung (eines Vorrats o. Ä.), Ansammlung von etw.:* die Ä. eines Fonds; Nachdem sich ... die Getreideproduktion so gut entwickelt hatte, dass sich Delhi zur Ä. bedeutender Vorräte in der Lage sah (NZZ 24. 8. 83, 13).

auf|ok|troy|ie|ren ⟨sw. V.; hat⟩ (bildungsspr.): *aufzwingen:* jmdm. seine Meinung, eine neue Verfassung a.; der Landesvorsitzende versuchte, der Partei seinen Willen aufzuoktroyieren (Saarbr. Zeitung 3. 12. 79, 10/12); eine aufoktroyierte Regierungsform.

auf|op|fern ⟨sw. V.; hat⟩: **1.** (geh.) *einem höheren Zweck opfern, hingeben:* sein Leben für jmdn. a.; Arme Soldaten, die von unmenschlichen Generälen aufgeopfert wurden! (K. Mann, Wendepunkt 49); seine Existenz einer Idee a.; jenen Weibern, die ihre natürlichen Instinkte der Staatsraison aufopfern (Hagelstange, Spielball 13). **2.** (a. + sich) *sich ohne Rücksicht auf die eigene Person einsetzen:* sich für die Familie, für eine Sache a.; deine Mutter hat's wirklich verdient. Die opfert sich ja richtig auf für dich (Gabel, Fix 59).

auf|op|fernd ⟨Adj.⟩: *sich hingebungsvoll einem höheren Zweck opfernd:* -e Liebe, Arbeit; sich a. einer Sache widmen.

Auf|op|fe|rung, die; -, -en ⟨Pl. selten⟩: *das Aufopfern:* die A. [des Lebens] für jmdn., etwas; für jmdn. mit A. *(aufopfernd)* sorgen.

auf|op|fe|rungs|be|reit ⟨Adj.⟩: *bereit, sich od. etw. aufzuopfern.*

Auf|op|fe|rungs|be|reit|schaft, die ⟨o. Pl.⟩: *Bereitschaft, sich od. etw. aufzuopfern.*

auf|op|fe|rungs|voll ⟨Adj.⟩: *aufopfernd.*

au four [oˈfuːr; frz., zu: four < afrz. forn < lat. furnus = Ofen] (Gastr.): *im Backofen gebacken od. gebraten.*

auf|pa|cken ⟨sw. V.; hat⟩: **1. a)** *auf etw. packen:* dem Lastier, sich etw. a.; der

Verwaltungssekretär ... packte ihm Aktenbündel auf (Plievier, Stalingrad 24); Ich packe meinen Tornister auf und mache den Haken fest (Remarque, Westen 113); Koffer [auf den Wagen] a.; Ü jmdm. alle Verantwortung a.; du hast dir zu viel [Arbeit] aufgepackt; **b)** *[hoch] voll packen:* den Wagen a. **2.** (landsch.) *seine Sachen packen, um aufzubrechen:* lasst uns a.!; wie wäre es denn da, ... wenn Sie noch heute Nacht wieder aufpackten und sich morgen mit den fahrplanmäßigen Schnellzügen auf und davon machten? (Th. Mann, Zauberberg 124). **3.** (selten) *auspacken* (1 b): ein Paket a.

auf|päp|peln ⟨sw. V.; hat⟩ (fam.): *(einen Kranken, ein Kind) mit sorgfältiger Ernährung [wieder] zu Kräften bringen:* ein Kind a.; einen Kranken [mit Diätkost] [wieder] a.; Ü An die fünfzig Hörspiele sendereif gemacht, bei fünfzehn Regie geführt, zwei Leute entdeckt und aufgepäppelt zu Stammautoren (Loest, Pistole 136).

auf|pap|pen ⟨sw. V.; hat⟩ (landsch.): *aufkleben:* einen Zettel [auf den Koffer] a.

auf|pas|sen ⟨sw. V.; hat⟩ [zu veraltet *passen* = aufmerksam Vorübergehendes verfolgen]: **1. a)** *aufmerksam sein, Acht geben:* beim Unterricht in der Schule, im Straßenverkehr a.; auf die Verkehrszeichen a.; der Schüler passt nicht auf; ihr müsst a., dass nichts passiert; er müsse jetzt höllisch a. vor den Bullen wegen des Dopes (Christiane, Zoo 46); aufgepasst! *(Achtung!, Vorsicht!);* pass auf (ugs.: *du wirst sehen),* das ändert sich; **b)** *beaufsichtigend auf jmdn., etw. acht haben, um einen Schaden o.Ä. zu verhüten:* auf die Kinder a.; Lorchen, die auf die Gans im Ofen a. sollte, war nicht in der Küche (Grass, Hundejahre 25); **c)** (ugs.) *durch Unterbrechen des Geschlechtsverkehrs vor dem Samenerguss dafür sorgen, dass keine Empfängnis stattfindet:* Die mit einem Typen ins Bett geht und zu ihm sagt: »Du musst aber a.« (Merian, Tod 34); Nicht aufgepasst haben wir, im Herbst wird noch ein Kind kommen (Kühn, Zeit 97). **2.** (landsch.) *auflauern:* er passte ihr an der Ecke auf; Ü wenn man ihr aufpasst, der Zeit, dann vergeht sie sehr langsam (Th. Mann, Zauberberg 95). **3.** (landsch.) *aufprobieren:* [jmdm., sich] einen Hut a.

Auf|pas|ser, der; -s, -: **1.** (abwertend) *jmd., der die Aufgabe hat, auf andere [heimlich] aufzupassen, ihr Tun zu beobachten:* jmdn. als A. verdächtigen; Obwohl der Berliner Arztsohn ... als linientreu gilt, gab ihm die Partei gleich A. bei (Spiegel 4, 1966, 28). **2.** *Wächter, Beobachter:* auf dem Hügel war ein A. postiert.

Auf|pas|se|rin, die; -, -nen: w. Form zu ↑ *Aufpasser.*

auf|peit|schen ⟨sw. V.; hat⟩: **1.** *heftig bewegen u. in die Höhe treiben:* der Sturm peitscht das Meer, die Wellen auf. **2.** *in heftige Erregung versetzen:* die Musik peitscht die Sinne auf; der Marktredner peitschen das Volk auf, und das Volk lässt seine Retter hinrichten (Thieß, Reich 141); Auch die Zeitungen in unserem Land sind voll mit aufpeitschenden Artikeln (elan 1, 1980, 40).

auf|pel|zen ⟨sw. V.; hat⟩ [zu ↑ *Pelz* im Sinne von »Rücken, Buckel«] (landsch., bes. österr.): *aufbürden:* jmdm. eine Arbeit a.; hat man erst einmal vor Gericht gestanden, so kriegt man eine Strafe aufgepelzt (A. Zweig, Grischa 128); einer Mannschaft 4 Tore a. (Sport; *verpassen*).

auf|pep|pen ⟨sw. V.; hat⟩ (ugs.): *einer Sache Pep geben; effektvoller, wirkungsvoller gestalten:* Blancos Lieder entsprechen dem bundesdeutschen Schlagerdurchschnitt, mit etwas südamerikanischem Temperament aufgepeppt (Welt 6. 10. 79, 34); gewiss kann auch der Regisseur Hansgünther Heyme mehr als ein schwaches Stück mit starken Einzelszenen a. (Welt 18. 6. 86, 11); Anleihen und Rentenfonds bescherten eher moderate Erträge, beweglichere Anleger konnten sie mit ausländischen Titeln – und Währungsgewinnen – allerdings a. (Handelsblatt 8. 1. 98, 41).

auf|pflan|zen ⟨sw. V.; hat⟩: **1. a)** *aufstellen, aufrichten:* eine Fahne a.; Eisenhower ... setzte sich in seinen Packard, ließ den Generalstander mit den drei silbernen Sternen a. (Spiegel 10, 1977, 122); **b)** *aufstecken, auf das Gewehr stecken:* das Seitengewehr a.; mit aufgepflanztem Bajonett vorrücken. **2.** *sich provozierend vor jmdn., irgendwo hinstellen:* sich vor jmdm., vor dem Eingang a.; Da knallte der Schwarze sein Glas auf den Tisch und pflanzte sich vor Peter auf (Drewitz, Eingeschlossen 121).

auf|pflü|gen ⟨sw. V.; hat⟩: *durch Pflügen aufreißen, auf-, umbrechen:* den Boden a.; Ü das Schiff pflügt das Meer auf (dichter.; *wühlt das Wasser auf*).

auf|prop|fen ⟨sw. V.; hat⟩: *auf etw. pfropfen:* ein Reis [auf einen Stamm] a.; Ü einem Volk eine fremde Kultur, einem Roman eine bestimmte Tendenz a. (als etwas Wesensfremdes aufzwingen).

Auf|propf|ung, die; -, -en: **1.** *das Aufpfropfen.* **2.** *etw., was aufgepfropft worden ist.*

¹auf|pi|cken ⟨sw. V.; hat⟩: **1.** *mit dem Schnabel pickend aufnehmen:* der Vogel pickt Körner [vom Boden] auf; Ü aufgepickte (ugs.: *durch Lesen zufällig gefundene*) Klassikerzitate. **2.** *durch Picken öffnen:* die Elster pickt Eier auf; Fleischmann pickte persönlich einen rostigen Blechkanister auf (Richartz, Büroroman 174).

²auf|pi|cken ⟨sw. V.; hat⟩ [↑ ²*picken*] (österr. ugs.): *aufkleben.*

auf|plät|ten ⟨sw. V.; hat⟩ (nordd., md.): *aufbügeln.*

auf|plat|zen ⟨sw. V.; ist⟩: *sich platzend öffnen; auseinander platzen, platzend aufgehen, aufspringen:* die Knospen platzen auf; die Naht, die Wunde ist aufgeplatzt; Die Straße lief ... geradeaus. Stellenweise war sie aufgeplatzt (Hilsenrath, Nacht 76); Der Junge fand in der Jackentasche noch eine aufgeplatzte Zigarette (Fels, Sünden 51).

auf|plus|tern ⟨sw. V.; hat⟩ [zu ↑ *plustern*]: **1.** *(das Gefieder) aufrichten:* der Vogel plustert seine Federn auf; Ü ein Ereignis a. (ugs. abwertend; *aufbauschen*); Man durfte diese Sache mit den Juden nicht unnötig a. (Erné, Kellerkneipe 102). **2.** ⟨a. + sich⟩ **a)** *sich durch Aufrichten des Gefieders aufblähen:* der Vogel plustert sich auf; Der Spatz plusterte sich auf, denn die Morgensonne wärmte jetzt schon (H. Weber, Einzug 21); **b)** (ugs. abwertend) *sich wichtig tun:* Sie [mit seinem Können] gewaltig a.; Warum lügst du, warum plusterst du dich auf, warum machst du das alles für die Frau (Pilgrim, Mann 115).

auf|po|lie|ren ⟨sw. V.; hat⟩ *durch Polieren wieder glänzend machen:* Möbel a.; Ü einen Text [durch Bearbeitung] seine Kenntnisse, jmds. Ansehen a. (ugs.: *auffrischen; aufbessern*); Dass man Molière zeitgemäß a. kann, hat in Stuttgart Peter Zadek ... bewiesen (MM 19. 6. 69, 28); Ihnen flatterten Schreiben in die Briefkästen, mit denen die Hoechst-Gruppe ihr angeschlagenes Image a. und Aufbruchstimmung verbreiten möchte (SZ 12. 3. 99, 2); Den übrigen Figuren ... geht es vor allem darum, ihr Selbstbewusstsein aufzupolieren (Wiener 11, 1983, 93).

auf|pols|tern ⟨sw. V.; hat⟩: *die Polsterung von etw. aufarbeiten:* ein Sofa a. [lassen].

auf|pop|pen ⟨sw. V.; hat⟩ (ugs.): *nach Art der Popkunst gestalten:* die Schillerbühne war progressiv aufgepoppt.

auf|prä|gen ⟨sw. V.; hat⟩: *auf etw. prägen:* auf die Vorderseite ließ er sein Wappen a.; Ü Diesen Körperzellen werden bestimmte charakteristische Eigenschaften aufgeprägt.

Auf|prall, der; -[e]s, -e ⟨Pl. selten⟩: *das Aufprallen:* der A. der Maschine auf das/ (seltener:) auf dem Wasser; das Kreischen der Leute hat den A. verschluckt (das Geräusch des Aufschlagens übertönt; Imog, Wurliblume 299).

auf|pral|len ⟨sw. V.; ist⟩: *auf etw. prallen:* das Auto prallte auf den Mast auf; das Flugzeug war auf das/(seltener:) auf dem Wasser aufgeprallt.

◆ **auf|pras|seln** ⟨sw. V.; hat⟩: *prasselnd auflodern:* Ü ich bin nicht gewohnt, bei jedem Anlass in kindische Flammen aufzuprasseln (Schiller, Fiesco IV, 13).

Auf|pras|se|lung, Auf|prass|lung, die; -, -en: *das Aufprasseln:* unter plötzlicher Aufprasselung mit Baracken im Schlossraum, die sie mit Feuer bewarfen (Kleist, Kohlhaas 30).

Auf|preis, der; -es, -e: *Aufschlag auf den regulären Preis:* der Wagen wird gegen einen A. auch mit Automatik geliefert; Fortan wird es keine Privatpatienten mehr geben, die ... für einen A. ein besseres Essen erhalten (Hör zu 14, 1973, 130).

◆ **auf|prel|len** ⟨sw. V.; hat⟩ [Nebenf. von ↑ *aufprallen*]: *auffliegen* (2): Ich war nicht lange her, dass er einmal die Türe bei dem gnädigen Fräulein auf (Lessing, Minna III, 3).

auf|pro|bie|ren ⟨sw. V.; hat⟩: *probeweise aufsetzen:* eine Mütze, eine neue Brille a.; Sie probierte gerade einer Kundin den Hut auf (Seghers, Transit 258).

auf|prot|zen ⟨sw. V.; hat⟩ [zu ↑ *Protze*] (Milit. früher): *mit dem Vorderwagen*

aufpuckeln

verbinden u. zum Abfahren bereitmachen: ein Geschütz a.
◆ **auf|pu|ckeln** ⟨sw. V.; hat⟩: (landsch.) *aufbuckeln:* Mr. Nelson, ihren uns gütigst überlassenen oder, um es berlinisch zu sagen, ihren uns aufgepuckelten Ehrengast (Fontane, Jenny Treibel 91).
◆ **auf|puf|fen** ⟨sw. V.; hat⟩: *puffen* (3), *bauschen:* Wams und Hosen von feuergelbem Tuch, an Armen und Lenden weit aufgepufft (Heine, Rabbi 468).
auf|pul|vern ⟨sw. V.; hat⟩ [eigtl. = in einem Pulver (1 b) wieder aufrichten] (ugs.): *jmdm., sich, einer Sache in einem Zustand der Erschöpfung, des Erlahmens durch geeignete Mittel wieder Kraft o. Ä. geben:* jmdn., sich mit Kaffee a.; die Moral der Truppe a.; Tee pulvert [mich] auf.
Auf|pul|ve|rung, die; -, -en ⟨Pl. selten⟩ (ugs.): *das Aufpulvern.*
Auf|pul|ve|rungs|mit|tel, das (ugs.): *Mittel, das der Aufpulverung dient.*
auf|pum|pen ⟨sw. V.; hat⟩: **1. a)** *durch Pumpen mit Luft füllen:* einen Reifen, eine Luftmatratze a.; **b)** *die Reifen von etw. durch Pumpen mit Luft füllen:* ein Fahrrad a. **2.** ⟨a. + sich⟩ (ugs.) **a)** *sich aufblasen;* **b)** *sich ereifern; zornig werden.*
auf|pus|ten ⟨sw. V.; hat⟩ (ugs.): *aufblasen.*
auf|put|schen ⟨sw. V.; hat⟩ [zu ↑Putsch] (abwertend): **1.** *aufhetzen, aufwiegeln:* die Bevölkerung [zu Gewalttaten] a.; die öffentliche Meinung gegen jmdn., etw. a. **2.** *durch starke Reize, Drogen o. Ä. in einen Zustand unnatürlicher, künstlich gesteigerter Erregung [u. Leistungsfähigkeit] versetzen:* die Leidenschaften a.; Rock und Beat ... Jeder Nerv wurde aufgeputscht und zerfasert (Fels, Sünden 105); die Athleten wurden durch frenetischen Beifall [zu einmaligen Leistungen] aufgeputscht; jmdn., sich, seine Nerven durch Kaffee, Tabletten a.; aufputschende Mittel; das gewissenlos aufgeputschte öffentliche Interesse (Maass, Gouffé 43).
Auf|putsch|mit|tel, das: *Mittel zum Aufputschen* (2).
Auf|put|schung, die; -, -en ⟨Pl. selten⟩: *das Aufputschen.*
Auf|put|schungs|mit|tel, das: *Aufputschmittel.*
Auf|putz, der; -es: *auffallender Schmuck* (1 b), *übertriebene Aufmachung:* in festlichem, lächerlichem A. erscheinen; Prinz und Prinzessin Karneval in ihrem barocken A. (Zuckmayer, Fastnachtsbeichte 5).
auf|put|zen ⟨sw. V.; hat⟩: **1.** *auffallend, übertrieben schmücken:* Ich habe mich angezogen und aufgeputzt wie eine Siebzehnjährige auf Spanienurlaub (Strauß, Niemand 30); Mit größter Sorgfalt werden die Kamele mit handgefertigten Ledersätteln, bestickten Seidendecken ... aufgeputzt (a&r 2, 1997, 43). **2.** (ugs., meist abwertend) *durch künstliche Mittel wirkungsvoller erscheinen lassen:* um sein Image als Finanzexperte aufzuputzen, reiste er im Lande umher (Spiegel 51, 1966, 43); er will sich nicht a. *(groß herausstellen);* eine Bilanz a. *(frisieren);* ein Märchen durch Zutaten fantastisch

a. *(aufmachen).* **3.** (landsch., bes. rhein., südd., schweiz.) *aufwischen:* Oh, Verzeihung, Willi. Kannst du mir das Glas wieder voll machen? Ich putz schon selber auf (Gabel, Fix 109).
auf|quel|len ⟨st. V.; ist⟩: **1.** *quellend größer, umfänglicher werden:* der Teig quillt auf; Erbsen a. lassen; aufgequollene Augen, Wangen; gemeinsam ziehen wir Frau W. Gummistützstrümpfe und Strümpfe über ihre aufgequollenen Beine (Zivildienst 5, 1986, 18). **2.** (geh.) *quellend aufsteigen, empordringen:* Rauch quoll aus den Hütten auf; aufquellendes Blut; Ü Sehnsucht quillt in ihr *(steigt in ihrem Gemüt)* auf; Eine milde Woge von Tierliebe quillt in einem auf (Tucholsky, Zwischen 179); aufquellender Zorn.
auf|raf|fen ⟨sw. V.; hat⟩: **1.** *raffend aufnehmen, aufheben:* Steine a. und damit werfen; den Rock a. *(raffend ein wenig hochnehmen).* **2.** ⟨a. + sich⟩ **a)** *mühsam, mit Überwindung aufstehen, sich erheben:* sich [vom Boden, vom Sitz] a. und weitertaumeln; **b)** *sich zu etw. überwinden:* sich dazu a., etwas zu tun; Verzweifelt kämpfte sie gegen die Müdigkeit, raffte sich auf und hörte Schurbigel zu (Böll, Haus 20); Ich brauchte einige Zeit, um mich zu einer Erwiderung ... aufzuraffen (Thorwald, Chirurgen 259); sich aus seinen Träumen a. *(mit Anstrengung in die Realität zurückkehren).*
auf|ra|gen ⟨sw. V.; hat⟩: *in die Höhe ragen:* die Türme ragten [hoch] [in den, zum Himmel] auf; An dem Stumpf, der noch gut einen Meter hoch aufragte, hing die Laterne (Hausmann, Abel 49).
auf|rap|peln, sich ⟨sw. V.; hat⟩ (ugs.): **a)** *sich aufraffen* (2 a); *aufstehen:* Die Leute auf dem Fußboden erwachten und rappelten sich auf (Hilsenrath, Nacht 51); Eine 40-jährige Radfahrerin ... war ... gegen einen geparkten Wagen geprallt und gestürzt. Nachdem sie sich wieder aufgerappelt hatte ... (Rheinische Post 12. 5. 84, 22); **b)** *einen Zustand von Schwäche, Krankheit mit Anstrengung, Energie überwinden:* es ging ihm eine Zeit lang sehr schlecht, aber jetzt hat er sich wieder aufgerappelt; ..., hat sich McLane gehen lassen, als seine Frau gestorben war, doch der Mann war überzeugt, dass er sich wieder aufgerappelt hätte (Kemelman [Übers.], Mittwoch 134); **c)** *sich aufraffen* (2 b): endlich habe ich mich aufgerappelt und mein Zimmer aufgeräumt.
auf|rau|chen ⟨sw. V.; hat⟩: **1.** *zu Ende rauchen:* wenn ich [die Zigarre] aufgeraucht habe, gehe ich; Er ... drückte, ohne den Blick von ihr abzuwenden, die nicht einmal halb aufgerauchte Zigarette im Aschenbecher aus (Bastian, Brut 145). **2.** *durch Rauchen verbrauchen:* er hat in einer Woche eine Kiste Zigarren [halb] aufgeraucht.
auf|rau|en ⟨sw. V.; hat⟩: *durch Bearbeitung an der Oberfläche rau machen:* Leder, Stoffe a.
auf|räu|feln ⟨sw. V.; hat⟩ [zu niederd., ostmd. räufeln = auffädeln; zu einem Haufen zusammenschichten, wohl aus

dem Anord.; vgl. schwed., norw. (mundartl.) rufa = (Heu)haufen, anord. rjúfa = brechen, reißen]: *die Maschen von Gestricktem, Gehäkeltem aufziehen u. den Faden zu einem Knäuel aufwickeln:* einen alten Pullover a.; ich hatte das Muster falsch gestrickt und musste alles wieder a.
auf|räu|men ⟨sw. V.; hat⟩ /vgl. aufgeräumt/: **1. a)** *[wieder] Ordnung in etw. bringen:* das Zimmer, die Schublade a.; ich muss noch a. *(Ordnung machen);* Ü Du musst das alles mal richtig verstehen ... Du musst mal in deinem Kopf a. (Wohmann, Absicht 270); **b)** *wegräumen; an seinen Platz stellen, legen:* die Spielsachen a.; hast du auch aufgeräumt? **2.** (emotional) *wüten, Opfer fordern:* die Seuche, Epidemie hat unter der Bevölkerung furchtbar aufgeräumt. **3.** *(mit etw.) Schluss machen; nicht länger bestehen lassen:* mit Vorurteilen, Missständen a.; dass es ihm gelingen wird, Schritt für Schritt mit dem Rauschgifthandel in seinem Bezirk aufzuräumen (Weser-Kurier 20. 5. 85, 12); Überhaupt will die Ausstellung mit der weit verbreiteten Meinung a., die Kunst des Mittelalters sei anonym (Vaterland 27. 3. 85, 15).
Auf|räu|mung, die; -: *das Aufräumen* (1).
Auf|räu|mungs|ar|bei|ten ⟨Pl.⟩: *Arbeiten, durch die irgendwo aufgeräumt* (1 a), *etw. weggeräumt wird.*
auf|rau|schen ⟨sw. V.⟩: **1.** *sich rauschend in die Luft erheben, auffliegen* ⟨ist⟩: eine Schar Wildenten rauschte auf. **2.** *plötzlich rauschend laut werden, zu rauschen beginnen* ⟨hat/ist⟩: in einem Windstoß rauschten die Bäume auf; die Wasserspülung hatte plötzlich aufgerauscht; Musik, tosender Beifall war aufgerauscht.
auf|reb|beln ⟨sw. V.; hat⟩ [2. Bestandteil Nebenf. von räufeln, ↑aufräufeln] (nordd.): *aufräufeln:* Wolle a.; die erwünschten Pulswärmer hatte sie ihm aus einer aufgerebbelten Wolljacke selber gestrickt (MM 7. 3. 74, 34); Ü wie der sich wieder aufrebbelt *(aufregt, erregt)!*
auf|rech|nen ⟨sw. V.; hat⟩: **1.** *in Rechnung stellen, anrechnen:* dem Hausbesitzer die Reparaturkosten a.; Ü Der Komfort, den man selber ohne weiteres in Anspruch nimmt, wird jenem Pöbel wie eine Sünde aufgerechnet (Enzensberger, Einzelheiten I, 184). **2.** *mit etw. verrechnen:* eine Forderung gegen die andere a.; Forderungen [gegeneinander] a.
Auf|rech|nung, die; -, -en: *das Aufrechnen.*
auf|recht ⟨Adj.⟩ [mhd. ūfreht = aufrecht (1); aufrichtig; unverfälscht, zu ↑recht]: **1.** *gerade aufgerichtet:* eine -e Haltung; sein Gang war a.; etw. a. hinstellen; Ü diese Hoffnung hielt ihn bis zuletzt a.; *** sich nicht mehr/kaum noch a. halten können** *(zum Umsinken müde, erschöpft sein):* Es war noch früh, erst gegen sechs, aber ich konnte mich einfach nicht mehr a. halten (Kemelman [Übers.], Mittwoch 215). **2.** *rechtschaffen, redlich:* ein -er

Mann; eine -e Gesinnung; Das Leben der Verstorbenen war erfüllt von dem -en Einsatz für die Demokratie und der Sorge um das Wohl der Mitbürger (Westd. Zeitung 11. 5. 84, 24).

auf|recht|er|hal|ten ⟨st. V.; hat⟩: bestehen lassen; an etw. festhalten: den Kontakt [mit jmdm.] a.; Wer hatte denn die Produktion aufrechterhalten, als plötzlich ... einige Direktoren wie vom Erdboden verschwunden waren? (ran 3, 1980, 39); eine Behauptung a.; Dennoch erhält man die Illusion fleißig aufrecht, als könnte alles, was möglich ist, auch wirklich werden (Gruhl, Planet 255); Wie lange ließ sich diese Lüge a.? (Danella, Hotel 260); sein Glaube hatte ihn aufrechterhalten *(hatte ihn durchhalten lassen)*.

Auf|recht|er|hal|tung, die; -: *das Aufrechterhalten*: Eisler gab deutlich zu erkennen, dass ihm die A. der kommunistischen Gesellschaftsordnung viel wichtiger ist als die Wiedervereinigung (Dönhoff, Ära 98).

auf|re|cken ⟨sw. V.; hat⟩: **a)** *in die Höhe recken*: die Arme, den Kopf a.; **b)** ⟨a. + sich⟩ *sich in die Höhe recken, sich [aus gebückter Haltung] aufrichten*: der Gorilla hatte sich drohend aufgereckt; Ü ein Hochhaus reckt sich riesenhaft vor die Betrachtern auf.

auf|re|den ⟨sw. V.; hat⟩: *aufschwatzen*: die Wirtin redete ihm einen Schnaps auf.

auf|re|gen ⟨sw. V.; hat⟩: **1. a)** *in Erregung versetzen, beunruhigen*: die Nachricht regte sie sehr auf; Nun dürfe man die Mutter, weil sie so schwach und müde sei, nicht unnütz a. (Kafka, Schloß 146); er war sehr aufgeregt; ein aufregendes Ereignis; **b)** ⟨a. + sich⟩ *in Erregung geraten*: sich über jmdn., etw. a.; Ich hab mich im Kittchen auch über jeden Dreck aufgeregt (Fallada, Blechnapf 98); du darfst dich nicht so sehr a.; Reg dich nicht künstlich auf, ich glaub dir's ja (Ott, Haie 129). **2.** ⟨a. + sich⟩ (ugs.) *sich über jmdn., etw. entrüsten, abfällig äußern*: die Nachbarn regen sich über ihren Lebenswandel auf. ♦ **3. a)** *anregen* (1 a): und indem der Schüler zu dem besten Humor aufgeregt wird, geht auch alles zu schönsten vonstatten (Goethe, Dichtung u. Wahrheit 4); **b)** *bewirken, hervorrufen*: Zu löschen läuft die Schar herbei ..., und wie es patscht und wie es schlägt, wird neues Flammen aufgeregt (Goethe, Faust II, 5938 ff.); **c)** *auffordern* (a): sollte der Schulmeister an die Hand gehen, welchen aufzuregen er denn auch sogleich verteilte (Goethe, Dichtung u. Wahrheit 11).

Auf|re|gung, die; -, -en: **a)** *heftige Gefühlsbewegung, Erregung*: in A. geraten; wir müssen alle -en von den Kranken fern halten; Nun schön, sie hatte es in ihrer ersten A. gesagt, er würde es mit der Zeit schon vergessen (Fallada, Jeder 37); in der A. hatte ich alles vergessen *(ich war so aufgeregt, dass ich alles vergaß)*; er stotterte vor A.; **b)** *Verwirrung, Durcheinander*: alles war in heller A.; Der Kerl aus Münster ist in der A. durchgebrannt, ohne der Wette zu bezahlen (Remarque, Obelisk 276).

auf|rei|ben ⟨st. V.; hat⟩: **1.** ⟨a. + sich⟩ *wund reiben*: ich habe mir [beim Kartoffelreiben] die Fingerspitze aufgerieben. **2. a)** ⟨a. + sich⟩ *seine Kräfte völlig verbrauchen*: du reibst dich bei dieser Arbeit, in deinem Beruf auf; So wurde denn die örtliche Politik sein Feld, auf dem er sich oft bis zur Erschöpfung aufrieb (Kirst, Aufruhr 25); **b)** *jmds. Kräfte völlig aufzehren, zermürben*: die Sorge [um ihre Familie] ist ihr vorzeitig aufgerieben; eine aufreibende Tätigkeit. **3.** *völlig vernichten*: die Kompanie wurde in dieser Schlacht völlig aufgerieben; Unser Chef war besorgt. Eine Patrouille wurde aufgerieben, kehrte nicht zurück (Härtling, Hubert 130).

auf|rei|hen ⟨sw. V.; hat⟩: **a)** *hintereinander auf einen Faden aufziehen*: Perlen [auf eine Schnur] a.; **b)** *in einer Reihe aufstellen*: Bücher im Regal a.; die Polizisten reihten sich längs der Straße auf; Für die Besucher gibt es Korbsessel, die nebeneinander aufgereiht sind (Handke, Brief 186).

Auf|rei|hung, die; -: *das Aufreihen*.

auf|rei|ßen ⟨st. V.⟩: **1.** *durch [Zer]reißen [der Umhüllung] öffnen* ⟨hat⟩: einen Brief, eine Zigarettenpackung a. **2.** *schnell, ruckartig öffnen* ⟨hat⟩: die Tür a.; Die Frau lief offenbar zielstrebig in der Wohnung umher, riss quietschende Schubladen und Fächer auf (Kronauer, Bogenschütze 133); den Mund, die Augen a. (ugs.; *vor Schreck, Staunen o. Ä. weit öffnen*). **3.** *aufbrechen* ⟨hat⟩: das Straßenpflaster a. **4. a)** *auseinander reißen* ⟨ist⟩: eine Naht, die Hose ist an der Seite aufgerissen; die Wolkendecke reißt auf; Häuser stürzten ein oder wurden beschädigt, Straßen rissen auf (NZZ 20. 8. 83, 7); **b)** *durch Reißen beschädigen; ein Loch in etw. reißen* ⟨hat⟩: ich habe [mir] den Rocksaum aufgerissen; der Schiffsrumpf wurde aufgerissen; **c)** (Sport Jargon) *die gegnerische Deckung durch geschicktes Spiel auseinander ziehen u. somit Platz für einen Durchbruch schaffen* ⟨hat⟩: die Stürmer rissen mit raschen Pässen die Abwehr auf. **5.** (Technik) *einen Aufriss* (1) *machen* ⟨hat⟩: ein Konstruktionsteil a. **6.** *in großen Zügen darstellen* ⟨hat⟩: ein Thema a. **7.** ⟨hat⟩ (salopp) **a)** *jmds. Bekanntschaft suchen, um miteinander geschlechtlich zu verkehren*: Da kamen die Typen aus der Umgebung mit ihren Mopeds an, um Schülerinnen aufzureißen, die auf Klassenreise waren (Christiane, Zoo 325); Wenn du es unbedingt wissen willst, ich reiße mir heute einen Supermacker auf (Freizeitmagazin 10, 1978, 10); **b)** *sich etw. verschaffen*: einen Job a. ♦ **8.** ⟨a. + sich⟩ *sich mit aller Kraft aufraffen, zusammennehmen*: Es fasste ihn eine namenlose Angst in diesem Nichts: er war im Leeren! Er riss sich auf und flog den Abhang hinunter (Büchner, Lenz 82).

Auf|rei|ßer, der; -s, -: **1.** (Ringen) *Griff, mit dem der bäuchlings liegende Gegner hochgehoben wird*. **2.** (Sport Jargon) *Spieler, der sich besonders gut auf das Aufreißen* (4 c) *versteht*. **3.** (salopp) *jmd., der jmdn. aufreißt* (7 a): A., die Sex für eine Nacht suchen, sind die Ausnahme (Hörzu 8, 1990, 113).

Auf|rei|ße|rin, die; -, -nen: w. Form zu ↑Aufreißer (2, 3).

auf|rei|ten ⟨st. V.⟩: **1.** ⟨a. + sich⟩ *sich etw. durch Reiten aufscheuern; sich wund reiten* ⟨hat⟩: ich habe mich aufgeritten. **2.** *zu Pferd Aufstellung nehmen* ⟨ist⟩: die Wache ist auf dem Hof aufgeritten. **3.** (Zool.) *(von bestimmten Säugetieren) begatten* ⟨ist⟩: Von männlichen Ratten, Kaninchen, ... Hunden und Katzen kennt man Versuche, auf Geschlechtsgenossen aufzureiten (Studium 5, 1966, 275); Einer der Wallache versuchte, bei einer Stute aufzureiten (Frischmuth, Herrin 95).

auf|rei|zen ⟨sw. V.; hat⟩: **1.** *aufhetzen, aufwiegeln*: jmdn. zum Widerstand, zur Opposition a. **2.** *in Erregung versetzen*: etw. reizt [die Leidenschaften, die Sinne] auf; er hat einen aufreizenden Gang.

Auf|rei|zung, die; -, -en: *das Aufreizen*.

auf|rib|beln ⟨sw. V.; hat⟩ [Nebenf. von ↑aufrebbeln] (landsch.): *aufräufeln*: Außerdem habe ich zwei fast neue Pullover, die ich kürzlich in Amsterdam erstehen konnte, aufgeribbelt (Grass, Hundejahre 380).

Auf|rich|te, die; -, -n (schweiz.): *Richtfest*: Ein bräunliches Foto aus Fees Album zeigt den stolzen Hausgründer am Tag der A. (Muschg, Gegenzauber 25).

auf|rich|ten ⟨sw. V.; hat⟩: **1.** *aus liegender od. gebeugter Haltung in die Höhe richten, gerade richten, hochrichten*: einen Kranken, sich im Bett a.; Die Schlange ... richtete sich mit dem Kopf etwa einen halben Meter vom Boden auf (Grzimek, Serengeti 179); weil das Boot ... lang brauchte, bis es sich aus seiner Schräglage wieder aufgerichtet hatte (Ott, Haie 285); den Oberkörper a.; der Rückspiegel ist tatsächlich verschoben, einfach zu tief, ich muss ihn a. (Frisch, Gantenbein 292); Der Zeigefinger der rechten Hand war aufgerichtet (Bieler, Bonifaz 22); den Gestürzten wieder a. *(auf die Beine stellen)*. **2.** *errichten, aufbauen*: ein Baugerüst a.; Wir werden ein kleines Gewölbe aus Steinen darüber a. (Wiechert, Jeromin-Kinder 718); das weiß niemand, was es für die einzelnen Mann bedeutet, einen Dachstuhl aufzurichten (Waggerl, Brot 11); Ü ein Reich a.; der Versuch, eine neue kommunistische Kultur in Russland aufzurichten ... (Freud, Unbehagen 153). **3. a)** *trösten, jmdm. Mut zusprechen*: einen Verzweifelten [durch Zuspruch] a.; Irgendwie braucht man jemanden, der einen weiter ein bisschen aufrichtet, dass man nicht so stumpfsinnig dahindämmert (Klee, Pennbrüder 113); während Beatrice sich mit Sahne vergnügt, sie, die arbeiten muss (Frisch, Gantenbein 478); **b)** ⟨a. + sich⟩ *wieder Mut schöpfen*: ich habe mich an ihm, seinem Zuspruch aufgerichtet; jener Komsomolzenroman, der so viele sowjetische Jugendliche beeinflusste, an dem sie sich aufrichteten, wenn sie Zweifel hatten (Leonhard, Revolution 54). **4.** (landsch.) *aufarbeiten*: Polstermöbel a.

auf|rich|tig ⟨Adj.⟩: *dem innersten Gefühl,*

Aufrichtigkeit

der eigenen Überzeugung ohne Verstellung Ausdruck gebend: ein -er Mensch; -e Teilnahme; -es Bemühen; ihr Blick verriet -e Bewunderung (Bastian, Brut 21); a. sein; etw. a. bedauern; Goodman war a. entsetzt (Kemelman [Übers.], Mittwoch 151).

Auf|rich|tig|keit, die; -: *das Aufrichtigsein:* dass ich noch nie einen Menschenmund mit solcher A. habe reden hören (Buber, Gog 129).

Auf|rich|tung, die; -: *das Aufrichten.*

auf|rie|geln ⟨sw. V.; hat⟩: *durch Zurückschieben des Riegels öffnen:* das Tor, die Tür a.; Dann riegelte sie das Fenster auf (Sebastian, Krankenhaus 111).

auf|rig|gen ⟨sw. V.; hat⟩ (Seemannsspr.): *auftakeln.*

Auf|riss, der; -es, -e [zu ↑aufreißen (5)]: **1.** (Bautechnik) *Zeichnung der Vorderod. Seitenansicht eines Körpers:* ein Gebäude im A. darstellen. **2.** *kurz gefasste Darstellung eines Stoffes; Abriss:* ein A. der Literaturgeschichte. **3.** (salopp) *das Aufreißen (7a):* in eine der Gaststätten gehen, um sich auch einen festen Freund zu suchen. Immer der gleiche A. (Lemke, Ganz 277); Nun will ich nicht leugnen, dass auch Frauen manchmal »auf A.« gehen - sich einen Mann »aufreißen« wollen (Kurier 12. 5. 84, 16).

Auf|riss|zeich|nung, die: *Aufriss (1).*

auf|rit|zen ⟨sw. V.; hat⟩: **a)** *durch Ritzen öffnen:* die Verpackung an der dafür vorgesehenen Stelle a.; **b)** *durch Ritzen verletzen:* ich habe mir die Haut an der Kante aufgeritzt.

auf|rol|len ⟨sw. V.; hat⟩: **1. a)** *auf eine Rolle, zu einer Rolle wickeln, zusammenrollen:* ein Kabel, den Teppich a.; Er zog die Vorhänge zurück und rollte die Jalousie auf (Remarque, Triomphe 456); Dann bäckt man kleine Eierkuchen davon. Sie werden aufgerollt und in etwa 3 cm breite Streifen geschnitten (Horn, Gäste 212); **b)** (ugs.) *auf Lockenwickler aufdrehen:* ich habe mir die Haare aufgerollt; **c)** *aufkrempeln:* die Ärmel, Hosenbeine a.; **d)** ⟨a. + sich⟩ *sich zu einer Rolle winden, verbinden; sich zusammenrollen:* das Papier rollt sich immer wieder auf. **2. a)** *auseinander rollen:* eine Landkarte, Fahne a.; **b)** *durch Rollen öffnen:* eine Schiebetür a. **3.** *als Gegenstand einer umfassenden Erörterung aufgreifen:* eine Frage, ein Problem a.; einen Prozess noch einmal a.; Ich habe gehört, dass dein ganzer Fall noch mal aufgerollt werden soll (H. Weber, Einzug 151). **4.** (Milit.) *[von der Seite her] angreifen u. einen Durchbruch erzielen:* eine feindliche Stellung a.; Wir sind in einem Trichter, seitlich sitzen die Engländer, sie rollen die Flanke auf und gelangen hinter uns (Remarque, Westen 193); Ü das Teilnehmerfeld von hinten a. (Sport; *[in einem Rennen] den Gegner aus einer hinteren Position heraus angreifen u. sich an die Spitze setzen).*

Auf|rol|lung, die; -, -en: *das Aufrollen.*

auf|rü|cken ⟨sw. V.; ist⟩: **1.** *vorrücken u. dadurch eine entstandene Lücke schließen:* bitte a.!; können Sie etwas weiter a.? **2.** *befördert werden, in einen höheren [Dienst]rang aufsteigen:* Es war nicht meine linkssozialistische Jugend, die mich daran hinderte, rascher in die Parteiführung aufzurücken (W. Brandt, Begegnungen 165); während der andere via juristische Laufbahn und das Parlament in Aix selbst in den Adel aufrückte (Süskind, Parfum 254); sie war ohne jeden erkennbaren äußeren Grund zu einer Art Oberservieren aufgerückt (Gregor-Dellin, Traumbuch 122); Ein Orchester ... rückt zur Weltspitze auf (Basler Zeitung 27. 7. 84, 29).

Auf|rü|ckung, die; -, -en: *das Aufrücken.*

Auf|ruf, der; -[e]s, -e: **1.** *das Aufrufen (1):* Eintritt nur nach A. **2.** *öffentlicher Appell:* einen A. [an die Bevölkerung] erlassen; Sollte der marxistische A. zur Vereinigung der Proletarier vielleicht gerade darum in Russland wirksam geworden sein ...? (Hofstätter, Gruppendynamik 109); -e *(schriftlich fixierte Appelle)* an die Hauswände kleben. **3.** (EDV) *das Aufrufen (4).* **4.** (Bankw.) *Ungültigkeitserklärung u. Einziehung:* der A. von Banknoten.

auf|ru|fen ⟨st. V.; hat⟩: **1.** *jmdn. aus einer Menge heraus [beim Namen] rufen, um ihn zu etw. zu veranlassen:* einen Schüler, einen Patienten, jmds. Namen, Nummer a.; ist unser Flug schon aufgerufen worden? (Flugw.; *ist bekannt gegeben worden, dass wir uns ins Flugzeug begeben sollen?*). **2. a)** *öffentlich zu einem bestimmten Handeln od. Verhalten auffordern:* die Bevölkerung zu Spenden, zum Widerstand a.; Das Opernhaus ist aufgerufen, ein Problem auch ein wenig selber zu lösen (NZZ 19. 12. 86, 35); **b)** (geh.) *etw. in jmdm. wachrufen:* jmds. Rechtsempfinden, Hilfsbereitschaft a. **3.** (Rechtsspr.) *öffentlich auffordern, sich zu melden:* einen Zeugen, Erben a. **4.** (EDV) *abrufen, in Gang setzen:* ein Programm a. **5.** (Bankw.) *für ungültig erklären u. einziehen:* Banknoten a.

Auf|ru|fung, die; -: *das Aufrufen.*

auf|ru|hen ⟨sw. V.; hat⟩ (geh.): *mit seiner Schwere, seinem Gewicht auf etw. liegen, ruhen:* die Figuren ruhen auf einem Sockel auf.

Auf|ruhr, der; -s, -e ⟨Pl. selten⟩ [zu ↑¹Ruhr in der alten Bed. »(heftige) Bewegung, Unruhe«]: **1.** *Auflehnung u. Zusammenrottung bes. gegen die Staatsgewalt:* das Land, die Militär ist in offenem A.; die Menschenmenge geriet in A.; Unfähig zu organisiertem A., setzten sie Plünderung gegen Plünderung (Ceram, Götter 264). **2.** ⟨o. Pl.⟩ *heftige Erregung:* jmds. Gefühle, Sinne, Leidenschaften in A. bringen, versetzen; Für A. sorgte nur ein ... an jeden Nationalspieler persönlich gerichtetes Schreiben, das, ehe es die Adressaten erreicht hatte, bereits in zwei Zeitungen abgedruckt war (Kicker 82, 1981, 10); Ü ein A. der Elemente (geh.; *Unwetter).*

auf|rüh|ren ⟨sw. V.; hat⟩: **1.** *durch Rühren o. Ä. nach oben, in aufsteigende Bewegung bringen:* Teeblätter, Schlamm, den Bodensatz a. **2. a)** (geh.) *hervorrufen, wecken:* Gefühle, die Leidenschaften a.; Persönliches rührten sie (= bestimmte Details eines Falles) in ihm nicht auf, nichts focht ihn an (Maass, Gouffé 343); **b)** *etw. glücklicherweise [fast] in Vergessenheit Geratenes wieder in Erinnerung rufen:* eine längst vergessene, unangenehme Geschichte a. **3.** (geh.) *in heftige Erregung versetzen, innerlich aufwühlen:* etw. rührt jmdn. im Innersten auf; Für die Amerikanerin wurde die ... Konfrontation mit dem Sterben ein alle Seelengründe aufrührendes Erlebnis (Schreiber, Krise 149). **4.** (selten) *in Aufruhr (1) versetzen:* die Massen a.; Sobald die Anhängerschaft stark genug geworden, das ganze Volk aufgerührt sei (Schneider, Erdbeben 63).

Auf|rüh|rer, der; -s, - [zu ↑Aufruhr (1)]: *jmd., der sich gegen die Staatsgewalt o. Ä. auflehnt, einen Aufruhr (1) verursacht:* die A. verhaften, vor Gericht stellen.

Auf|rüh|re|rin, die; -, -nen: w. Form zu ↑Aufrührer.

auf|rüh|re|risch ⟨Adj.⟩: **a)** *zum Aufruhr (1) anstachelnd:* -e Ideen; Wir müssen nachschauen, was alles an -en Schriften bei ihm versteckt ist (Kühn, Zeit 92); seine Reden waren a.; Sie haben sich a. geäußert (Innerhofer, Schattseite 227); **b)** *in Aufruhr (1) befindlich:* eine -e Volksmenge; weil er auf der Seite der -en Bauern stand, ... (Kaschnitz, Wohin 138).

auf|run|den ⟨sw. V.; hat⟩: *nach oben abrunden:* die Summe [von 9,60 auf 10 Mark] a.

Auf|run|dung, die; -, -en: *das Aufrunden.*

auf|rüs|ten ⟨sw. V.; hat⟩: **a)** *die Rüstung (2) verstärken:* von vielen Ländern wird [wieder] aufgerüstet; Jahrelang haben also beide Seiten zur Aufrechterhaltung des Status quo verbissen aufgerüstet (Dönhoff, Ära 188); Ü anlässlich des Jubiläums will die Stadt a. *(ihre Anstrengungen verstärken, um sich optimal darzustellen);* **b)** *mit einer Streitmacht, mit bestimmten Waffen versehen:* ein Land [atomar] a.; Ü der Wagen wurde mit einigen Extras aufgerüstet *(verstärkt);* Das Dreieck (= Teil der Nordseeküste) wird industriell aufgerüstet (MM 6. 3. 70, 12); **c)** *aufrichten (3a):* niedergeschlagene Arbeitslose mithilfe eines Psychotrainings a.; als ich einmal versuchte, einen Kollegen, der gerade fürchterlichen Liebeskummer hatte, am Telefon moralisch aufzurüsten (Hörzu 25, 1975, 18).

Auf|rüs|tung, die; -, -en: *das Aufrüsten.*

auf|rüt|teln ⟨sw. V.; hat⟩: *durch Rütteln aufwecken:* jmdn. aus dem Schlaf] a.; Ü Die einen wollen die Gesellschaft mit radikalen Protestaktionen a. (R. v. Weizsäcker, Deutschland 83); das Gewissen der Menschen a.; jmdn. aus seiner Lethargie a.; Wissen Sie noch, wie sehr mich oft ... aus all meinen üblen Gewohnheiten haben a. müssen? (R. Walser, Gehülfe 12); aufrüttelnde Worte finden.

Auf|rüt|te|lung, Auf|rütt|lung, die; -, -en: *das Aufrütteln.*

aufs ⟨Präp. + Art.⟩: *auf das:* häufig unauflösbar in festen Fügungen: a. Neue; a. Äußerste.

auf|sa|cken ⟨sw. V.; hat⟩: **1.** *in Säcke ab-*

füllen: Getreide a. **2.** (salopp) *aufbürden:* du hast dir ja viel Arbeit aufgesackt.

auf|sa|gen ⟨sw. V.; hat⟩: **1.** *etw. auswendig Gelerntes fehlerlos, aber nicht kunstvoll sprechend zu Gehör bringen:* ein Gedicht, das Einmaleins a.; Es schien Agathe unbändiges Vergnügen zu bereiten, diese Schulmeistersätze ... von sich zu geben und tadellos aufzusagen (Musil, Mann 703). **2.** (geh.) *ein Verhältnis, in dem man zu jmdm. steht, für beendet erklären u. sich für die Zukunft nicht mehr daran gebunden fühlen:* seinen Dienst a.; jmdm. die Freundschaft, den Gehorsam a.

Auf|sa|gung, die; - (geh.): *das Aufsagen* (2).

auf|sam|meln ⟨sw. V.; hat⟩: **1.** *(verstreut Liegendes) aufheben:* die Scherben [vom Boden] a.; während dunkle Gestalten zwischen ihren Füßen Zigarrenstummel aufsammelten (Th. Mann, Krull 149); Einige Bilder und Briefe fallen heraus. Ich sammle sie auf (Remarque, Im Westen 159). **2.** (ugs.) *aufgreifen u. mitnehmen:* die Polizei hat einige Betrunkene [auf der Straße] aufgesammelt; Paterna wollte als Letzter aufsteigen, um Zurückbleibende aufzusammeln (Konsalik, Promenadendeck 328); Aus der Gosse hat sie ihn aufgesammelt, ...ohne sie wär er ja verkommen! (Kempowski, Zeit 26). **3.** (selten) *ansammeln, aufhäufen:* Vorräte a.; Ü der Groll hat sich in ihm aufgesammelt.

auf|säs|sig ⟨Adj.⟩ [zu ↑sitzen, vgl. mhd. sāʒe = Lage, Stellung; Nachstellung, Hinterhalt]: **a)** *widersetzlich, trotzig:* ein -es Kind; Ich habe noch nie erlebt, dass der Präsident ... und seine Vorstandskollegen gegen diesen -en Spieler eine Disziplinarstrafe verhängt haben (Saarbr. Zeitung 4. 12. 79, 7); a. sein; sich a. gegen jmdn. verhalten; **b)** *rebellisch, sich auflehnend:* -e Reden führen; das Volk ist a.; Demonstranten hatten die Matrosen in Kiel, waren a. geworden wegen des schlechten Mannschaftsessens (Kühn, Zeit 248); Man sah hilflose Bauerntölpel und a. gestimmte junge Vertreter des städtischen Proletariats (Th. Mann, Krull 107); ◆ a) ***jmdm. a. sein** *(jmdm. gegenüber eine ablehnende, feindliche Haltung einnehmen):* Sie sind mir alle wegen des Mädchens a. (Goethe, Jery und Bätely).

Auf|säs|sig|keit, die; -, -en: **1.** ⟨o. Pl.⟩ *aufsässige Art.* **2.** *aufsässige Handlung, trotzige Äußerung.*

auf|sat|teln ⟨sw. V.; hat⟩: **1.** *(einem Reittier) den Sattel auflegen:* ein Pferd a. **2.** (Technik) *einen einachsigen Fahrzeuganhänger mit dem Zugfahrzeug so verbinden, dass er mit einem wesentlichen Teil seiner Last auf dem Zugfahrzeug aufruht:* einen Anhänger a.

Auf|satz, der; -es, Aufsätze: **1. a)** *im Sprach-, bes. im Deutschunterricht über ein bestimmtes Thema unter Berücksichtigung bestimmter formaler u. stilistischer Prinzipien angefertigte Niederschrift:* einen A. schreiben; im A. ist er gut; **b)** *kürzere Abhandlung über ein bestimmtes Thema:* einen A. [in einer Fachzeitschrift] über die neuesten Forschungsergebnisse veröffentlichen; Zwischen diesen Werken verfertigte Hardemuth von Zeit zu Zeit kleine Aufsätze für Wochenzeitschriften (Hildesheimer, Legenden 37); Mehrfach ist der Verteidigungsminister persönlich von der NATO zur Ordnung gerufen worden, weil er Geheimmaterial in öffentlichen Reden und Aufsätzen verwandte (Dönhoff, Ära 59). **2. a)** *Aufbau, aufgesetzter Teil bei einem Möbelstück o. Ä.:* den A. des Vertikos abnehmen; dann kippte er den A. des Küchenschranks auf den Fußboden (Fels, Unding 195); Der Gipfel des Daches trug einen kurzen, breiten A. mit einer geschwungenen Haube (H. Mann, Stadt 126); **b)** (Orgelbau) *auf die Pfeifen aufgesetzter Teil, der Klangfarbe u. Tonqualität beeinflusst;* **c)** kurz für ↑*Tafelaufsatz:* einen A. mit Konfekt auf den Tisch stellen. **3.** *Ansatzstelle des Halses an Brust u. Schulter des Pferdes.*

Auf|satz|heft, das: *Heft für Aufsätze* (1 a).

Auf|satz|the|ma, das: *Thema eines Aufsatzes* (1 a).

auf|sau|gen ⟨sw. u. st. V.; saugte/sog auf, hat aufgesaugt/aufgesogen⟩: **1.** *saugend in sich aufnehmen:* die Erde, der Schwamm saugte/sog die Feuchtigkeit auf; Das Nachthemd sog das Blut auf (Sebastian, Krankenhaus 86); saug doch mal schnell die Krümel auf *(entferne sie mit dem Staubsauger);* Ü den Wissensstoff begierig in sich a. *(aufnehmen);* Er wirft sich rücklings vor die Reihen der Marschierenden, er will sie zurückdrängen, wird aber von ihnen aufgesogen *(verschwindet in der Menge;* Weiss, Marat 136); ...,der genau weiß, wie gierig seine einfachen Weisheiten von den Fans aufgesaugt werden (IWZ 14, 1988, 32). **2.** *jmdn. ganz in Anspruch nehmen, absorbieren:* die Arbeit hatte ihn völlig aufgesogen.

auf|säu|gen ⟨sw. V.; hat⟩: *säugend aufziehen:* ein Kind, ein Jungtier a.

Auf|sau|gung, die; -: *das Aufsaugen.*

Auf|säu|gung, die; -, -en: *das Aufsäugen.*

auf|schal|ten ⟨sw. V.; hat⟩ (Fernspr.): *eine Verbindung zu einem besetzten Anschluss herstellen [u. in das stattfindende Gespräch eingreifen]:* [sich] auf einen besetzten Anschluss a.

Auf|schal|tung, die; -, -en: *das Aufschalten, Aufgeschaltetwerden.*

auf|schär|fen ⟨sw. V.; hat⟩ (Jägerspr.): *aufschneiden:* Decke, Schwarte oder Balg des erlegten Tiers a.

Auf|schär|fung, die; -, -en (Jägerspr.): *das Aufschärfen.*

auf|schar|ren ⟨sw. V.; hat⟩: **a)** *durch Scharren aufreißen:* die Erde [mit den Hufen] a.; **b)** *durch Scharren freilegen:* das Wild hat die Saat aufgescharrt.

auf|schau|en ⟨sw. V.; hat⟩: **1.** (landsch., bes. südd., österr., schweiz.) *aufblicken;* *den Kopf heben o. jmdn., etw. ansehen:* verwundert [von seiner Arbeit] a.; Sie saßen also bei Maggio und tranken Frascati aus einer dickbauchigen Karaffe. Lutz schaute nicht vom Tisch auf (Loest, Pistole 100); zum Himmel a. **2.** (geh.) *jmdn.* *verehren:* voll Bewunderung zu jmdm. a.; Wir schauen auf zu jenem großen Mann, der unser aller Meister ist (Jens, Mann 96); Einen Mann mit ich haben, einen richtigen Mann, zu dem ich a. kann! (Sommer, Und keiner 192).

auf|schau|feln ⟨sw. V.; hat⟩: **a)** *mit der Schaufel aufhäufen:* Erde, Schnee [mit einer Schaufel] a.; **b)** *mit der Schaufel aufgraben, freilegen:* ein Grab.

auf|schau|keln, sich ⟨sw. V.; hat⟩: **1.** *zunehmend in Schwingung geraten:* Beim Bremsen und bei Bodenwellen schaukelt sich das Fahrzeug auf (ADAC-Motorwelt 4, 1986, 53). **2.** (ugs.) *sich [in der Wirkung] steigern:* Dauert das Beben länger, so schaukeln sich die Eigenschwingungen der Hochhäuser gewissermaßen immer stärker auf (Basler Zeitung 2. 10. 85, 3); In Kombination mit Quecksilber kommt es nun zu komplizierten, sich aufschaukelnden Reaktionen (Welt 8. 4. 86, 6); Ü die Erregung der Massen schaukelte sich immer mehr auf; wie sich ein Roman und der nach ihm gedrehte Film im Erfolg a. können (Börsenblatt 37, 1973, 689).

auf|schäu|men ⟨sw. V.⟩: **1.** *unter Schaumbildung in die Höhe steigen* ⟨ist, auch: hat⟩: der Sekt schäumt [im Glas] auf; das Wasser, das Meer schäumte auf; Bei voller Leistung kochen und zwischendurch mehrmals umrühren, damit die Konfitüre nicht zu stark aufschäumt (e & t 7, 1987, 112); Ü Als schäumte alle Jugendkraft noch einmal auf in Herrn Ruy (Doderer, Abenteuer 117). **2.** *[schäumend] aufquellen lassen* ⟨hat⟩: Styropor a. **3.** (selten) *aufbrausen* (2) ⟨ist⟩: vor Wut a.

auf|schei|nen ⟨st. V.; ist⟩: **1.** (geh.) *aufleuchten:* in der Ferne schienen Lichter auf; das Aufflackern eines zerberstenden Geschosses war ihm wie ein im Dunst aufscheinendes gelbes Feuer erschienen (Plievier, Stalingrad 227). **2.** (landsch., bes. österr.) *begegnen* (2 a), *auftauchen* (2 b): sein Name schien in den Spalten der Zeitung auf; Für den Sieger kam ... die Belohnung in Form einer Einberufung ins Daviscupteam der CSSR, in dem überraschend Ivan Lendl nicht aufscheint (Salzburger Nachr. 17. 2. 86, 12).

auf|scheu|chen ⟨sw. V.; hat⟩: **1.** *scheuchend aufjagen:* Rehe a.; Tiere durch ein lautes Geräusch a.; die aufgescheuchten Vögel flatterten über uns. **2.** (ugs.) *in seiner Ruhe o. Ä. stören u. in Unruhe versetzen; aus einer Tätigkeit o. Ä. herausreißen:* jmdn. aus seiner Ruhe, aus seiner Kontemplation a.; Feuringer ging schnell hinunter in seine Kabine 213 und scheuchte Herbert auf, der vor dem Fernsehapparat saß (Konsalik, Promenadendeck 218); was hätte es schon für einen Zweck, dauernd mit groß aufgemachten Schlagzeilen die Öffentlichkeit aufzuscheuchen (v. d. Grün, Glatteis 223).

auf|scheu|ern ⟨sw. V.; hat⟩: **a)** *durch Scheuern* (2 a) *verletzen:* ich habe mir, ihm die Haut aufgescheuert; Ich ... hatte mir meine Ferse aufgescheuert (Eppen-

aufschichten

dorfer, St. Pauli 167); aufgescheuerte *(wund gescheuerte)* Gelenke; **b)** ⟨a. + sich⟩ *durch Scheuern* (2 a) *verletzt werden:* seine Knie haben sich bei dem Sturz aufgescheuert.
auf|schich|ten ⟨sw. V.; hat⟩: **a)** *zu einem Stapel o. Ä. schichten:* Holzscheite [an der Hauswand] a.; eine der alten Pferdedecken, die zum Waschen und Ausbessern zu einem Stoß aufgeschichtet werden (Frischmuth, Herrin 109); Und zwar packe ich zuerst die Mappen ein, die ich unter dem Schreibtisch aufgeschichtet hatte (Hofmann, Fistelstimme 128); **b)** *durch Übereinanderschichten herstellen:* einen Holzstoß a.
Auf|schich|tung, die; -, -en: *das Aufschichten.*
auf|schie|ben ⟨st. V.; hat⟩: **1. a)** *durch Schieben öffnen:* ein Schiebefenster a.; Waggontüren wurden aufgeschoben, Männer sprangen heraus, reckten sich (Kant, Aufenthalt 77); **b)** *zurückschieben:* den Riegel a. **2.** *auf einen späteren Zeitpunkt verschieben:* die Abreise, die Entscheidung [auf den, bis zum nächsten Tag] a.; Aber dass der Martin mit seinen ledigen Kindern noch einmal die Hochzeit aufschiebt (Kühn, Zeit 210); R aufgeschoben ist nicht aufgehoben.
Auf|schie|bung, die; -, -en: *das Aufschieben* (2).
auf|schie|ßen ⟨st. V.⟩: **1.** ⟨ist⟩ **a)** *sich rasch nach oben bewegen; in die Höhe schießen:* ein Wasserstrahl, eine Stichflamme schießt auf; **b)** *schnell in die Höhe wachsen:* nach dem Regen ist die Saat aufgeschossen; ein hoch aufgeschossener Junge; **c)** *hochfahren, sich rasch erheben:* wütend schoss er von seinem Stuhl auf. **2.** (geh.) *plötzlich in jmdm. aufkommen, entstehen* ⟨ist⟩: Angst schoss in ihr auf; Da wiederholte Jaquemar, jetzt mit einem aufschießenden Gefühl von Zorn und Hass im Herzen, seine Frage deutlicher (Maass, Gouffé 128). **3.** ⟨hat⟩ (Seemannsspr.) **a)** *aufrollen, zusammenlegen:* ein Tau a.; **b)** *ein Segelschiff od. -boot durch In-den-Wind-Drehen abstoppen.*
auf|schim|mern ⟨sw. V.; hat/ist⟩ (geh.): *schimmernd aufleuchten:* Lichter schimmern in der Ferne auf; die glatte, leicht goldige Höhlung, die aufschimmerte von dem einfallenden Oberlicht (Th. Mann, Zauberberg 37); Ü in seinen Augen schimmerte Hoffnung auf.
auf|schin|den ⟨st. V.; hat⟩ (landsch.): *aufschürfen:* Außerdem habe ich mir beim Seileinziehen die Finger gestochen ... Andauernd schinde ich mir die Hände auf (Innerhofer, Schattseite 88).
auf|schir|ren ⟨sw. V.; hat⟩: *einem Zugtier das Geschirr anlegen:* ein Pferd a.
Auf|schlag, der; -[e]s, Aufschläge: **1.** *das Aufschlagen* (1); *heftiger Aufprall auf einer Fläche:* ein dumpfer, harter A.; beim A. zerschellen, die Eiskörner prasselten, prallten in schrägem A. gegen die Wände (Langgässer, Siegel 578). **2.** (bes. Badminton, [Tisch]tennis) *das Spiel eröffnender Schlag:* ein harter A.; A. haben. **3.** *Verteuerung eines Preises:* einen A. von 10% erheben; »Schweinefleisch mit

Shrimps und Gemüse, 6,95 DM. Betriebsfremde zahlen ... einen A. von 50 Prozent« (Woche 13. 3. 98, 30). **4.** *nach außen umgeschlagener Teil an Kleidungsstücken (an Ärmel, Mantel, Hose):* eine Uniform mit roten Aufschlägen; Hosen ohne A.; ..., nahm die Brille ab und putzte sie an den breiten Aufschlägen seines Jacketts (Bieler, Bonifaz 106). **5.** (Forstw.) *aus herabgefallenem ungeflügeltem Samen gewachsener Baum[bestand].*
Auf|schlag|ball, der (bes. Badminton, [Tisch]tennis): *zur Eröffnung eines Spiels über das Netz geschlagener Ball.*
auf|schla|gen ⟨st. V.⟩: **1.** *im Fall hart auftreffen, aufprallen* ⟨ist⟩: bei dem Sturz [mit dem Kopf auf der/die Straße] a.; er wurde umgeworfen und fühlte, wie sein Hinterkopf hart aufschlug (Ott, Haie 29). **2.** *durch Aufschlagen* (1) *verletzen* ⟨hat⟩: ich habe mir bei dem Sturz das Knie aufgeschlagen. **3.** *durch einen od. mehrere Schläge* (1 a) *öffnen* ⟨hat⟩: eine Nuss, ein Ei [am Tellerrand] a.; Im Schatten eines Hauses ... saßen mehrere schwarz gekleidete Frauen und schlugen, mit dem Rücken zur Straße, Mandeln auf (Fest, Im Gegenlicht 185); Mit handlichen Beilchen versuchte er, das Eis ... aufzuschlagen (*ein Loch in die Eisdecke zu schlagen;* Grass, Katz 51). **4.** (Badminton, [Tisch]tennis, Volleyball) *den Ball zur Eröffnung des Spiels über das Netz schlagen* ⟨hat⟩. **5.** *sich mit einer heftigen Bewegung bis zum Anschlag öffnen* ⟨ist⟩: durch den Wind schlug die Tür, der Fensterladen auf. **6.** *ein od. mehrere Blätter eines Druckerzeugnisses o. Ä. zur Seite schlagen, sodass eine od. zwei Seiten darin offen daliegen* ⟨hat⟩: die Zeitung, ein Buch a.; Er sitzt an seinem Schreibtisch und hat Andrees Handatlas aufgeschlagen (Kempowski, Zeit 307); sie wünschte sich die aufgeschlagene Seite. **7.** *durch Aufheben der Lider öffnen* ⟨hat⟩: die Augen a. **8.** *nach außen umschlagen* ⟨hat⟩: den Kragen, die Ärmel a. **9.** *durch Zusammenfügen der Teile aufstellen, aufbauen* ⟨hat⟩: ein Bett, ein Zelt a.; einen Schrank, ein Gerüst a.; Zum 17. Mai war ... in Oslo eine lustige Zeltstadt aufgeschlagen worden (Jahnn, Geschichten 78). **10.** *sich irgendwo eine Wohnung einrichten* ⟨hat⟩: seinen Wohnsitz in München a.; sie haben ihr Quartier in einer alten Villa aufgeschlagen. **11.** *auflodern* ⟨ist⟩: die Flammen schlugen hoch auf. **12. a)** *(den Preis) erhöhen, heraufsetzen* ⟨hat⟩: der Händler haben [die Preise, mit den Preisen] aufgeschlagen; **b)** *als Aufschlag* (3) *hinzurechnen* ⟨hat⟩: die Schreibgebühren werden auf diese Summe aufgeschlagen; **c)** *sich als, im Preis erhöhen* ⟨hat, seltener: ist⟩: die Preise, Mieten schlagen auf; das Obst hat/(seltener:) ist um 10% [im Preis] aufgeschlagen; »Alles schlägt auf«, so hören wir manchen Konsumenten seufzen (Basler Zeitung 27. 8. 80,2); Die Steuern waren drückend, und das Brot hatte erst kürzlich wieder aufgeschlagen (Brecht, Geschichten 102). **13.** (Stricken) *eine bestimmte Anzahl Maschen als erste Reihe

auf die Nadel nehmen ⟨hat⟩: für den Rücken einer Strickjacke 120 Maschen a. **14.** (Kochk.) *schlagen* (11) ⟨hat⟩: Die Sahne leicht a. und unterziehen (neuform Kurier, Juli 1987, 20); Eigelb ... mit den Quirlen des Handrührers zu einer weißlichen Creme a. (e&t 5, 1987, 176).
Auf|schlä|ger, der; -s, - (Badminton, [Tisch]tennis): *Spieler, der den Aufschlag* (2) *ausführt.*
Auf|schlä|ge|rin, die; -, -nen: w. Form zu ↑ Aufschläger.
Auf|schlag|feh|ler, der (Badminton, [Tisch]tennis): *Fehler beim Aufschlag* (2).
Auf|schlag|feld, das (Badminton, Tennis): *Feld, innerhalb dessen der aufgeschlagene Ball landen muss.*
Auf|schlag|li|nie, die (Badminton, Tennis): *Begrenzungslinie des Feldes, die beim Spielen des Aufschlags nicht überschritten werden darf.*
Auf|schlag|spiel, das: **1.** (Tennis) *Spiel eines Spielers, der den Aufschlag hat:* sie gewann ihre letzten beiden -e. **2.** ⟨o. Pl.⟩ (Badminton, [Tisch]tennis) *Art und Weise, wie ein Spieler aufschlägt; Güte, Härte, Genauigkeit des Aufschlags:* sein A. verbessern.
Auf|schlag|zün|der, der: *Zünder, der eine Granate o. Ä. unmittelbar beim Aufschlag* (1) *zur Explosion bringt.*
auf|schläm|men ⟨sw. V.; hat⟩: *schlämmen* (2).
Auf|schläm|mung, die; -, -en: **1.** *das Aufschlämmen.* **2.** *aufgeschlämmte Schicht.*
auf|schle|cken ⟨sw. V.; hat⟩ (südd., österr.): *auflecken.*
Auf|schlep|pe, die; -, -n: **1.** (Seew.) *Anlage zum An-Land-Ziehen von Schiffen.* **2.** (Fischereiw.) *Vorrichtung im Heck eines Fangschiffes, über die ein erlegter Wal an Bord gezogen werden kann.*
auf|schlep|pen ⟨sw. V.; hat⟩: **1.** (Seew.) *ein Schiff über die Aufschleppe an Land ziehen.* **2.** (landsch.) *auftragen:* kann ich das schwarze Kleid wieder für alle Tage a. (Nachbar, Mond 53).
Auf|schlep|pung, die; -, -en: **1.** (Seew.) *das Aufschleppen* (1). **2.** (landsch.) *das Aufschleppen* (2).
auf|schleu|dern ⟨sw. V.; hat⟩: *in die Höhe schleudern:* die Räder schleuderten Erde u. Steine auf; die Windschutzscheibe ist blind von aufgeschleudertem Schnee (Plievier, Stalingrad 267).
Auf|schleu|de|rung, die; -, -en: *das Aufschleudern.*
auf|schli|cken ⟨sw. V.; hat⟩ (Geogr. selten): *durch Schlick od. Schlamm erhöhen:* das Wasser hat die Ufer des Watts aufgeschlickt.
Auf|schli|ckung, die; -, -en (Geogr. selten): **1.** *das Aufschlicken.* **2.** *aufgeschlickte Schicht, aufgeschlickter Boden.*
auf|schlie|ßen ⟨st. V.; hat⟩ /vgl. aufgeschlossen/: **1.** *durch Betätigen eines Schlosses öffnen, zugänglich machen:* den Schrank, die Haustür [mit einem Nachschlüssel] a.; Sie stürmte fast aus dem Kino, da sie zuerst noch das Fahrrad a. musste (Alexander, Jungfrau 90); sie hat mir [das Zimmer] aufgeschlossen;

Ü der Lehrer hat den Schülern den Sinn des Gedichts aufgeschlossen (geh.; *erklärt*); eine neue Welt schloss sich ihr auf *(tat sich ihr auf, erschloss sich ihr).* **2.** (geh.) *offenbaren; mitteilen:* jmdm. sein Herz, sein Inneres a. **3.** (Bergbau) *für den Abbau erschließen, abbaureif machen:* Uranvorkommen a. **4.** (Hüttenw.) *durch Zerkleinern aufbereiten:* Erze a. **5.** (Chemie, Biol.) *löslich machen; auflösen:* Eiweiß a.; die Nahrung wird im Magen aufgeschlossen. **6.** (Amtsspr.) *an die öffentlichen Versorgungsanlagen anschließen:* einen Distrikt [für die Bebauung] a.; Diese Ersatzgrundstücke waren nicht aufgeschlossen und mussten erst mit einer umfangreichen Infrastruktur versehen werden (profil 17, 1979, 34). **7. a)** *aufrücken; den Abstand zu jmdm., der einen Vorsprung hat, verringern, beseitigen:* bitte a.!; eine 10-köpfige Verfolgergruppe schloss zum führenden Radrennfahrer auf; Mein Vordermann war hinter einer Baracke verschwunden; ich rannte, um zu ihm aufzuschließen (Kant, Aufenthalt 33); **b)** (Sport) *einen führenden Spieler, eine führende Mannschaft einholen, erreichen:* mit diesem Sieg schloss die Mannschaft zur Spitzengruppe auf; Der DDR-Sportler ... würde mit einem erneuten Gesamterfolg vor den dreifachen Siegern Björn Wirkola (Norwegen) und Helmut Recknagel (DDR) a. (BNN 30. 12. 85,5); Ü weitere Reformen seien in China unerlässlich, um zu den Industriestaaten des Westens aufzuschließen (MM 17./18. 1. 87, 2).

Auf|schlie|ßung, die; -: *das Aufschließen (3–6).*

auf|schlin|gen ⟨st. V.; hat⟩: **1.** *Schlingen lösen, auflösen:* einen Knoten a. **2.** (selten) *gierig, hastig aufessen, -fressen.*

auf|schlit|zen ⟨sw. V.; hat⟩: *durch einen Einschnitt, durch Aufreißen mit einem scharfen Gegenstand öffnen [u. beschädigen]:* einen Brief[umschlag], einen Sack a.; Die Wursthaut schlitzte er mit dem Daumennagel auf (Sommer, Und keiner 295); Über Nacht hatte ihm jemand die Fahrradreifen aufgeschlitzt (Bieler, Bär 178); einem Tier den Bauch a.; Andauernd musste man Angst haben, sich an einem vorstehenden Nagel ein Bein aufzuschlitzen (Innerhofer, Schattseite 34); Mademoiselle Passe ... kam die Straße hinunter, mit wippendem Schritt, den Rock aufgeschlitzt *(mit einem Schlitz versehen)* (Jens, Mann 161).

auf|schluch|zen ⟨sw. V.; hat⟩: *plötzlich, kurz schluchzen:* aufschluchzend die Hände vor das Gesicht schlagen.

auf|schlu|cken ⟨sw. V.; hat⟩: *stark dämpfen, abschwächen:* Wände, Teppiche schlucken den Schall auf; die Dämmerung hat alle Farben aufgeschluckt.

auf|schlür|fen ⟨sw. V.; hat⟩: *schlürfend [zu Ende] trinken:* den Tee a.; es habe sich unserer Welt von außen her ein riesenhaftes Wesen ... genähert und schlürfe das Meer auf (Nossack, Begegnung 320).

Auf|schluss, der; -es, Aufschlüsse: **1.** *[Auf]klärung, Auskunft:* über jmdn., etw. A. geben, bekommen; sich A. über etw. verschaffen; in der Philosophie, Religion A. über das Leben zu erlangen suchen; seine Sprüche und Predigten ... enttäuschen, falls man in ihnen den letztgültigen A. über das Leben sucht (Thieß, Reich 189). **2.** (Bergbau) *Erschließung von Bodenschätzen:* der A. neuer Kohlevorkommen. **3.** (Hüttenw.) *Aufbereitung.* **4.** (Chemie, Biol.) *das Löslichmachen, Auflösen von Stoffen.* **5.** (Geol.) *Stelle im Gelände, die Einblick in die Lagerung der Gesteine u. Ä. zulässt:* Felswände und natürliche, Steinbrüche künstliche Aufschlüsse. **6.** *das Aufschließen der Zellentür im Gefängnis:* Glockenzeichen, Aufstehen ..., 6 Uhr A. (Döblin, Alexanderplatz 36); Morgens, bei A., wurde dann der Kübel rausgestellt (Eppendorfer, Ledermann 69).

Auf|schluss|ar|bei|ten ⟨Pl.⟩ (Bergbau): *die zum Aufschluss (2) notwendigen Arbeiten.*

auf|schlüs|seln ⟨sw. V.; hat⟩: *nach einem bestimmten Schlüssel (3 c) aufteilen, aufgliedern:* die Kosten a.; etw. nach Typen a.; Er hatte die ... Gefangenen aufgeschlüsselt nach Alter, Beruf, Religion (Kirst, 08/15, 946).

Auf|schlüs|se|lung, Auf|schlüss|lung, die; -, -en: *das Aufschlüsseln:* Aufschlussreich ist die Aufschlüsselung der Todesfälle nach den Ursachen (Schreiber, Krise 151).

auf|schluss|reich ⟨Adj.⟩: *Aufschlüsse (1) gebend; informativ:* eine -e Äußerung; die Vergleichszahlen sind sehr a.; das, was uns unsere Schlafhaltungen über uns enthüllen, ist nicht nur höchst a., sondern ... (Dunkell, Körpersprache 12).

auf|schmei|ßen ⟨st. V.; hat⟩ (österr. ugs.): *bloßstellen, blamieren.*

auf|schmel|zen ⟨st. V.⟩: **1.** (Technik) *einen Stoff in geschmolzener Form auf einen anderen aufbringen od. einen Überzug auf ein Metallgefäß a.* **2.** (selten) **a)** *sich durch Schmelzen verflüssigen, auflösen* ⟨ist⟩: das Eis ist aufgeschmolzen; **b)** *durch Erwärmen zum Schmelzen, zur Auflösung bringen* ⟨hat⟩: die Sonne hat die Eisdecke des Sees aufgeschmolzen.

Auf|schmel|zung, die; -, -en: **1.** (Technik) *das Aufschmelzen (1).* **2.** (Technik) *aufgeschmolzene Schicht.* **3.** (selten) *das Aufschmelzen (2).*

auf|schmie|ren ⟨sw. V.; hat⟩ (ugs.): *[dick, ungeschickt] auf etw. schmieren:* du darfst nicht so viel Farbe a.

auf|schmin|ken ⟨sw. V.; hat⟩: *durch Schminke ein besseres Aussehen geben:* Sie schienen tagsüber ... hell aufgeschminkte Mumien zu sein (Werfel, Himmel 217).

auf|schnal|len ⟨sw. V.; hat⟩: **1.** *die Schnalle[n] von etw. lösen [u. öffnen]:* den Rucksack, die Schuhe a.; Abends aus dem Flugzeug, nachdem man die Gürtel a. darf (Frisch, Montauk 203). **2.** *mit Riemen auf etw. befestigen:* das Gepäck auf das Autodach a.; Das ist ein Sattel, der aufgeschnallt wird (Praunheim, Sex 228); ich habe mir den Rucksack aufgeschnallt *(auf den Rücken geschnallt)*.

auf|schnap|pen ⟨sw. V.⟩: **1.** *aufspringen, aus dem Schloss springen u. sich öffnen* ⟨ist⟩: die Tür, das Schloss schnappt auf. **2.** *schnappend mit dem Maul auffangen* ⟨hat⟩: der Hund schnappt das Stück Wurst auf. **3.** (ugs.) *zufällig hören, erfahren, mitbekommen* ⟨hat⟩: im Vorbeigehen jmds. Worte a.; die Kinder haben etw. aufgeschnappt, was sie nicht hören sollten; ich hab da heute früh ein bisschen was aufgeschnappt von Ihrem Gespräch (Brot und Salz 379); Selbst wenn er zufällig Unterhaltungen über Mathematik oder Physik aufschnappte, verstand er nicht, worum es ging (Springer, Was 124).

auf|schnau|fen ⟨sw. V.; hat⟩ (südd., österr. ugs.): *aufatmen:* er hat richtig aufgeschnauft, als er draußen war; Sie schnaufte wohlig auf (Jaeger, Freudenhaus 63).

auf|schnei|den ⟨unr. V.; hat⟩ [3: urspr. = (den Braten) mit dem großen Messer aufschneiden (= große Stücke abschneiden u. vorlegen)]: **1.** *durch Schneiden, durch einen Schnitt öffnen:* die Verpackung, einen Verband a.; Mit der Nagelschere schneidet sie die Plastikhülle auf (Richartz, Büroroman 20); ein Buch a. *(seine außen zusammenhängenden Seiten trennen);* [jmdm.] ein Geschwür a.; ich habe mir an dem Grashalm den Finger aufgeschnitten; Dann schnitten sie ihr den Bauch auf (salopp; *operierten sie sie*), machten aber gleich wieder zu, weil's schon zu spät war (Sommer, Und keiner 82). **2.** *in Scheiben od. Stücke schneiden:* den Braten, die Torte a. **3.** (ugs. abwertend) *großsprecherisch übertreiben:* wenn er von seinen Erlebnissen berichtet, schneidet er immer fürchterlich auf; Er schnitt daher unbedenklich auf und ließ sich pikante Geschichten einfallen (Kirst, 08/15, 18).

Auf|schnei|der, der; -s, - (ugs. abwertend): *jmd., der aufschneidet (3):* Am Morgen nach der ersten Nacht – halte mich meinethalben für einen A.: Es war die einzige, die ich allein in meinem Bett zubrachte (Hauptmann, Schuß 12).

Auf|schnei|de|rei, die; -, -en (ugs. abwertend): *das Aufschneiden (3).*

Auf|schnei|de|rin, die; -, -nen: w. Form zu ↑Aufschneider.

auf|schnei|de|risch ⟨Adj.⟩: *übertreibend:* -e Reden führen.

auf|schnel|len ⟨sw. V.; ist⟩: **a)** *in die Höhe schnellen:* er schnellte erschrocken, wütend von seinem Sitz auf; Ein Tiger duckt so – und dann schnellt er auf (Kaiser, Villa 196); **b)** (selten) *sich plötzlich öffnen:* die Tür schnellte auf.

Auf|schnitt, der; -[e]s: *[verschiedene Sorten von] Wurst, Braten, Schinken in Scheiben:* eine Platte mit kaltem A.; Der Asiate bedankte sich artig, als er seine zweihundert Gramm A. empfing (Zwerenz, Quadriga 183).

Auf|schnitt|plat|te, die: **a)** *Platte (3 a) für Aufschnitt;* **b)** *aus Aufschnitt bestehende Platte (3 b).*

auf|schnul|zen ⟨sw. V.; hat⟩: *(durch die Art der Interpretation) zur Schnulze machen:* ein Theaterstück, ein Volkslied a.

auf|schnü|ren ⟨sw. V.; hat⟩: **1.** *die Verschnürung von etw. lösen:* ein Päckchen a.; [jmdm., sich] die Schuhe a.; eine Hofdame schnürt ihr das Korsett auf (Hacks, Stücke 128). **2.** (selten) *mit Schnüren o. Ä. auf etw. befestigen:* einen Koffer auf den Gepäckträger a.
◆ **auf|schö|bern** ⟨sw. V.; hat⟩: (südd., österr.) *zu Schobern* (2) *aufschichten:* musste ich auf bestimmte Plätze die Garben zusammentragen, wo sie dann zu je zehn in »Deckeln« aus dem Trocknen aufgeschöbert wurden (Rosegger, Waldbauernbub 6).
auf|schö|nen ⟨sw. V.; hat⟩ (selten): *verschönern:* einen Raum durch neue Gardinen a.
◆ **Auf|schöss|ling,** der; -s, -e: *Schössling, Spross* (a): Ü Wie heiter werde ich die Verlegenheiten der jungen -e *(der noch unerfahrenen, heranwachsenden jungen Menschen)* betrachten (Goethe, Wahlverwandtschaften II, 15).
auf|schot|tern ⟨sw. V.; hat⟩ (Geogr.): *ablagern:* der Fluss schottert Geröll auf.
Auf|schot|te|rung, die; -, -en (Geogr.): **1.** *das Aufschottern.* **2.** *aufgeschotterte Schicht, aufgeschotterter Boden.*
auf|schram|men ⟨sw. V.; hat⟩: *durch Schrammen verletzen:* ich habe mir den Arm, die Haut [am Arm] aufgeschrammt.
auf|schrau|ben ⟨sw. V.; hat⟩: **1. a)** *durch [Ab]schrauben [des Schraubverschlusses] öffnen:* ein Marmeladenglas, einen Kuli a.; Er lacht, schraubt die Thermosflasche auf, gießt Kaffee ein (Brot und Salz 199); Ich schraubte sofort ein Bullauge auf, um mehr Luft zu verschaffen (Frisch, Homo 114); **b)** *durch [Ab]schrauben lösen, lockern:* den Deckel a. **2. a)** *schraubend auf etw. befestigen:* einen Verschluss, den Deckel [auf etw.] a.; **b)** *mithilfe von Schrauben anbringen, auf etw. befestigen:* ein Namensschild [auf die Tür] a.
¹**auf|schre|cken** ⟨sw. V.; hat⟩: *jmdn. so erschrecken, dass er darauf mit einer plötzlichen heftigen Bewegung o. Ä. reagiert:* mit seinem Geschrei jmdn. aus dem Schlaf a.; das Wild durch Schüsse a. *(aufscheuchen);* Ü Lehndorff hatte eine ziemlich wilde Jugend hinter sich gebracht ... und die Verwandtschaft durch abenteuerliche Unternehmungen aufgeschreckt *(beunruhigt;* Dönhoff, Ostpreußen 72); Die Ereignisse hatten die Menschen aus ihrer Gleichgültigkeit aufgeschreckt *(herausgerissen).*
²**auf|schre|cken** ⟨unr. V.; schreckt/(veraltend:) schrickt auf, schreckte/schrak auf, ist aufgeschreckt⟩: *vor Schreck hochfahren:* er schreckte/schrak aus dem Schlaf auf; aus seinen Gedanken a.; Plötzlich wurden unsere Namen aufgerufen ... als ich meine 15 Buchstaben vernahm, schreckte ich auf (Wiener 10, 1983, 57); Ü Die Politiker und andere Verantwortliche sind aufgeschreckt: Immer mehr und immer jüngere Menschen greifen zur Droge (ran 3, 1980, 8).
Auf|schrei, der; -[e]s, -e: *plötzlicher [kurzer] Schrei:* Es ist ein A. der Entsetzens, der sich Bernadette entringt (Werfel,

Bernadette 166); einen A. der Freude ausstoßen, unterdrücken; Ein Geschoss krepierte mitten im Pulk. Ein vielstimmiger A. folgte (Plievier, Stalingrad 161); Ü (geh.:) ein A. der Empörung ging durch das Land.
auf|schrei|ben ⟨st. V.; hat⟩: **a)** *schriftlich festhalten; niederschreiben:* seine Beobachtungen, seine Gedanken a.; du ... schreibst mir bis übermorgen zwanzigmal auf: Der Lehrer Seiner Majestät des Kaisers hieß Doktor Hinzpeter (Nachbar, Mond 307); **b)** *notieren:* ich habe [mir, dir] die Telefonnummer auf einen/ einem Zettel aufgeschrieben; Der Fotograf schrieb meine Adresse auf (Bieler, Bonifaz 119); der Polizist hat den Verkehrssünder aufgeschrieben (ugs.; *seine Personalien notiert);* **c)** (ugs.) *verschreiben, verordnen:* der Arzt hat mir ein Kopfschmerzmittel aufgeschrieben; **d)** (landsch.) *anschreiben* (2): sie lässt häufig [beim Kaufmann] a.
auf|schrei|en ⟨st. V.; hat⟩: *plötzlich, kurz schreien:* entsetzt, vor Schmerz a.; die Zuschauer schrien laut auf; Ü Die Reifen der Räder schrien auf, als der Wagen die Kurve ... nahm *(sie quietschten laut;* Sebastian, Krankenhaus 8).
Auf|schrift, die; -, -en: **a)** *kurzer Text, der auf etw. zur Bezeichnung, als Hinweis o. Ä. geschrieben ist:* das Schild, der Ordner, die Flasche trägt die A. ...; etw. mit einer A. versehen; Ein Seidenband mit goldgewirkter A. fasst eine Matrosenmütze ein (Grass, Hundejahre 158); **b)** (selten) *Anschrift, Adresse:* die A. des Briefes, Paketes war unleserlich.
auf|schrump|fen ⟨sw. V.; hat⟩ (Technik): *ein erhitztes Werkstoffteil auf ein anderes aufziehen, wobei durch Zusammenziehen beim Erkalten ein fester Verbund entsteht.*
Auf|schrump|fung, die; -, -en (Technik): *das Aufschrumpfen.*
Auf|schub, der; -[e]s, Aufschübe: *das Aufschieben* (2)*; etwas duldet keinen A.; etw. ohne A. (unverzüglich) tun;* um A. bitten; einem Schuldner A. *(Fristverlängerung)* geben, gewähren.
auf|schür|fen ⟨sw. V.; hat⟩: *durch Schürfen verletzen:* sich das Knie, die Haut a.
Auf|schür|fung, die; -, -en: **1.** *das Aufschürfen.* **2.** *Schürfwunde.*
auf|schür|zen ⟨sw. V.; hat⟩: *hochraffen:* den Rock beim Treppensteigen a.; Ü die Lippen a. (geh. veraltend; *aufwerfen).*
auf|schüt|teln ⟨sw. V.; hat⟩: *durch Schütteln auflockern:* die Kissen, das Bett a.; wie sich hier eine beleibte ältere Dame aus dem Bett wälzte, danach die Daunen aufschüttelte, das Kopfkissen zurechtlegte (Bieler, Bonifaz 158).
Auf|schüt|te|lung, Aufschüttlung, die; -, -en: *das Aufschütteln.*
auf|schüt|ten ⟨sw. V.; hat⟩: **1.** *auf etw. schütten, gießen:* Wasser [auf die Teeblätter] a.; Koks a. *(nachfüllen).* **2. a)** *schüttend aufhäufen:* Steine, Abraum, Stroh a.; **b)** *durch Aufhäufung von Erdmassen o. Ä. bauen, errichten:* einen Damm, einen Deich a.; **c)** *durch Aufbringung bestimmter Materialien erhöhen, verbreitern:* eine Straße a. **3.** (Geogr.)

durch Ablagerung entstehen lassen: der Fluss schüttet einen Schwemmkegel auf.
Auf|schütt|lung: ↑ Aufschüttelung.
Auf|schüt|tung, die; -, -en: **1.** *das Aufschütten* (1–3). **2. a)** *durch Aufschütten, Aufhäufen bestimmter Materialien entstandene Erhöhung;* **b)** (Geogr.) *durch Ablagerung entstandene Erhebung:* Das ist die sandige Landschaft rechts, eiszeitliche A. (Simmel, Stoff 56).
auf|schwat|zen, (landsch.:) **auf|schwät|zen** ⟨sw. V.; hat⟩: *jmdn. zum Kauf, zum Annehmen o. Ä. von etw. überreden; jmdm. eine Sache od. Person aufreden:* ich habe mir [an der Haustür, von einem Vertreter] ein Zeitschriftenabo a. lassen; Seine erste Platte hieß: »Im Gänsemarsch«. Die war ihm von der Verkäuferin aufgeschwatzt worden (Kempowski, Tadellöser 66); Wird er eines Tages doch heiraten und die Mutter hat ihm die Partnerin aufgeschwatzt (Ruthe, Partnerwahl 30); ... dem Krimuss, dem Geizhals, einen Knecht aufzuschwätzen, den er nicht braucht (Broch, Versucher 98).
auf|schwe|ben ⟨sw. V.; ist⟩: *in die Höhe schweben:* ein Luftballon schwebte auf.
auf|schwei|ßen ⟨sw. V.; hat⟩: **1.** *durch Schweißen auf etw. befestigen, mit etw. verbinden.* **2.** *mithilfe des Schneidbrenners öffnen:* ein Wrack a.; Einbrecher schweißen Tresor auf (MM 1. 7. 87, 14).
Auf|schwei|ßung, die; -, -en: *das Aufschweißen.*
¹**auf|schwel|len** ⟨st. V.; ist⟩: **1.** *stark anschwellen* (1 a): sein Leib schwoll auf; meine Mutter hört erst auf zu nähen, wenn ihr die Füße vom vielen Treten dick aufgeschwollen sind (Kinski, Erdbeermund 54); Ü Kaum war der zweite Dionys auf den Thron gestiegen, als bereits unter seinen Anhängern eine so weitgehende Unzufriedenheit aufschwoll (Thieß, Reich 90); Hitler wäre zu einer legendären Gestalt, zu einem Mythos aufgeschwollen (Niekisch, Leben 366). **2.** *stark anschwellen* (1 b): Lärm, Beifall schwillt auf; Alf ... griff prächtig in die Tastatur, ließ majestätische Akkorde aufschwellen (Giordano, Die Bertinis 376).
²**auf|schwel|len** ⟨sw. V.; hat⟩: *stark anschwellen lassen:* der Wind schwellte die Segel auf; Ü die vielen Nachträge haben das Buch unnötig aufgeschwellt.
Auf|schwel|lung, die; -, -en: *das* ¹*Aufschwellen* (1)*, das* ²*Aufschwellen.*
auf|schwem|men ⟨sw. V.; hat⟩: **1.** *durch Ansammlung von Flüssigkeit im Gewebe dick, schwammig werden lassen:* übermäßiger Biergenuss habe seinen Körper aufgeschwemmt; ein aufgeschwemmtes Gesicht haben. **2.** (Chemie) *suspendieren* (3).
Auf|schwem|mung, die; -, -en: **1.** *das Aufschwemmen* (1). **2.** (Chemie) *Suspension* (2).
auf|schwim|men ⟨st. V.; ist⟩: **a)** *infolge des Auftriebs an die Wasseroberfläche kommen:* die luftgefüllten Behälter schwimmen auf; eine Notboje, die bei einem Untergang automatisch aufschwimmt (MM 31. 5./1. 6. 80, 17); ... in die Vorklärbecken. Dort aufschwim-

mende *(an die Wasseroberfläche gelangende)* Lösungsmittel werden von der Wasseroberfläche entfernt (Blick auf Hoechst 8, 1983, 7); **b)** (Schiffbau) *(beim Stapellauf) zu schwimmen beginnen:* Auf der Sietas Werft in Neuenfelde schwimmt heute schon der zweite Küstenfrachter der neuen Baureihe »130« auf (Hamburger Abendblatt 22. 5. 85, 31); **c)** (Verkehrsw.) *(von Kfz-Reifen beim Aquaplaning) auf dem Wasser der regennassen Straße gleiten:* die Reifen schwimmen auf.

auf|schwin|deln ⟨sw. V.; hat⟩ (ugs.): *durch Schwindeln aufschwatzen:* der Verkäufer hat ihr den Schund aufgeschwindelt.

auf|schwin|gen ⟨st. V.; hat⟩: **1. a)** ⟨a. + sich⟩ *sich in die Höhe schwingen, emporfliegen:* der Bussard schwingt sich [in die Luft] auf; **b)** (Jägerspr.) *sich auf einem Baum niederlassen:* der Greifvogel schwingt auf. **2.** (Turnen) *einen Aufschwung machen:* am Beginn der Übung schwingt der Turner auf. **3.** ⟨a. + sich⟩ **a)** *sich hocharbeiten:* er hat sich zum Klassenbesten aufgeschwungen; Zur stärksten weiblichen Aktiven schwang sich Petra Scherwat auf, die ihre gute Form mit drei Siegen unter Beweis stellte (Allgemeine Zeitung 4. 6. 85,8); bei gutem Wetter besteht ja auch die Hoffnung, dass sich Foreigner und Saga zu neuer Höchstform aufschwingen *(steigern;* Hamburger Rundschau 15. 5. 85, 18); **b)** *sich zu etw. aufwerfen* (4): er schwingt sich zum Richter über andere auf; In Spanien hatte sich ein General ... zum Diktator aufgeschwungen (Feuchtwanger, Erfolg 781); **c)** *sich zu etw. aufraffen:* endlich hast du dich zu einem Brief aufgeschwungen; Hierdurch gerührt und verletzt, schwang sich Herr Tobler zu folgender Rede auf (R. Walser, Gehülfe 108). **4.** *sich schwingend öffnen:* die Flügeltüren schwangen auf; Das schmiedeeiserne Gatter eines Friedhofes schwang vor ihm auf (Fels, Sünden 96).

Auf|schwung, der; -[e]s, Aufschwünge: **1.** (Turnen) *das Aufwärtsschwingen am Turngerät:* einen A. [am Barren] machen. **2.** (geh.) *innerer Auftrieb, Schwung:* Ein wunderbarer und großer A. hatte ihr Herz ergriffen (Musil, Mann 1411); Im Eifer und A. der plötzlichen Veränderung spürte er wenig oder fast nichts von der bedrohlichen Meisterschaft des ewig Anderen (Strauß, Niemand 182); etw. gibt jmdm. [einen] neuen A. **3.** *lebhafte Aufwärtsentwicklung:* der A. der Naturwissenschaften, der Künste; Kein A. für die Kultur an der Ruhr (MM 17. 11. 86, 28); dann könne der CDU-Kanzler dafür verantwortlich gemacht werden, dass der A. *(der konjunkturelle Aufschwung)* schließlich doch ausgeblieben ist (Spiegel 19, 1983, 18); die Wirtschaft erlebte, nahm einen stürmischen A.; Dies verschaffte Peachums Unternehmen erst den eigentlichen A. (Brecht, Groschen 20).

auf|se|hen ⟨st. V.; hat⟩: **1.** *aufblicken* (1): fragend, erstaunt [von der Arbeit] a.; zu jmdm., etw. a.; Der Junge sah zu einem Vogelschwarm auf, der über den Dächern kreiste (Fels, Sünden 51); Sie unterbrach ihre Beschäftigung, sah aber nicht von ihr auf (Kirst, 08/15, 334). **2.** *aufblicken* (2): [ehrfürchtig] zu jmdm. a. ◆ **3. a)** *ausschauen* (1): vergeblich sah er auf weitläufige Anzeigen ... in gelehrten ... Blättern auf (Jean Paul, Siebenkäs 5); **b)** *sich (nach etw.) umsehen, (auf etw.) achten:* Mußt' er nicht einen Betteljungen, der bloß auf einen Pfennig aufsah, herumkatechisieren (Jean Paul, Wutz 23).

Auf|se|hen, das; -s: *durch etw. Außer- od. Ungewöhnliches ausgelöste allgemeine starke Beachtung, Aufregung, Verwunderung, Überraschung:* das Buch verursachte großes A.; ein [viel] Aufsehen erregender Film; Kaum hat ein Spektakel sich gelegt, macht schlimmeres Klamauk unliebsames A. (Winckler, Bomberg 232); der Prozess ging ohne A. über die Bühne.

auf|se|hen|er|re|gend ⟨Adj.⟩: *allgemeine Aufmerksamkeit erregend; sensationell:* ein [höchst] -es Ereignis; seine wissenschaftlichen Arbeiten waren [äußerst] a.

Auf|se|her, der; -s, -: *jmd., der Aufsicht zu führen hat:* er ist A. in einem Museum, Gefängnis; Ein alter A. führte uns durch die Gewächshäuser (Gaiser, Jagd 120); Dann war ich A. auf einer Plantage in Afrika (Bieler, Bonifaz 20).

Auf|se|he|rin, die; -, -nen: w. Form zu ↑Aufseher.

auf|sei|len ⟨sw. V.; hat⟩: *an einem Seil hochziehen:* jmdn., sich, etw. a.

Auf|sei|lung, die; -, -en: *das Aufseilen.*

auf sein: s. auf (II 2, 3).

auf|sei|ten (auch: auf Seiten) ⟨Präp. mit Gen.⟩: *seitens, auf jmds. Seite* (9 c): das Ergebnis der Verhandlungen wurde auch a. der Arbeitnehmer begrüßt.

auf|set|zen ⟨sw. V.; hat⟩: **1.** *auf den Kopf, die Nase setzen:* sich, dem Kind eine Mütze a.; die Brille a.; Die Gasmaske wird auch nicht mehr aufgesetzt (Spiegel 9, 1977, 44); Ü eine freundliche Miene a. *(bewusst zeigen, zur Schau tragen):* Er hatte schon gelernt, dass man beim Kneipengespräch ... ein ... Pokerface aufzusetzen hat (Springer, Was 77); ihr Lächeln wirkt aufgesetzt *(nicht natürlich, unecht).* **2.** *ein Gefäß mit etw. zum Kochen auf den Herd stellen:* Milch, das Essen, einen Topf mit Kartoffeln a.; Walk ging in die Küche, ... setzte Kaffeewasser auf (H. Weber, Einzug 150). **3.** *etw. in einem bestimmten Wortlaut angemessen schriftlich formulieren:* ein Protokoll, einen Vertrag, eine Anzeige, [jmdm., für jmdn.] einen Brief a.; Gustav hilft mir die Diskussionsrede a. (Hacks, Stücke 366). **4.** (landsch.) *aufschichten:* Holz a. **5.** *wieder aufrecht hinstellen:* Kegel a. **6.** *auf etw. bereits Vorhandenes bauen; auf etw. bereits Vorhandenem errichten:* ein weiteres Stockwerk, einen Dachreiter a. **7.** *aufnähen:* Taschen auf das Kleid a.; einen Flicken a. **8.** *mit einer Unterlage, dem Boden in Berührung bringen:* den Tonarm [auf die Schallplatte] a.; die Füße auf den Boden a.; Gitta gießt Milch nach und setzt dann den Krug hart auf dem Tisch auf (Frischmuth, Herrin 103); bei einem Platztritt kann jeder Spieler den Ball a. (Rugby; *auf den Boden legen).* **9.** *bei einer Landung in bestimmter Weise auf dem Boden auftreffen:* das Flugzeug setzte hart, weich auf der/⟨seltener:⟩ auf die Piste auf; (Skisport:) Jens Weißflog ... verschlechterte sich ... um vier Ränge, weil er im zweiten Durchgang schon bei 93,5 m aufsetzte (NNN 25. 2. 88,3). **10.** *aufrichten u. aufrecht hinsetzen:* sich, das Kind [im Bett] a. **11.** (Seemannsspr.) *an Land bringen, auf den Strand o. Ä. setzen:* die Boote werden zum Überholen aufgesetzt. **12.** (Jägerspr.) *(das Geweih) neu bilden:* das Rotwild setzt jedes Jahr [ein neues Geweih] auf. **13.** (Bergmannsspr.) *(von Lagerstätten) vorkommen, vorhanden sein:* in einem Erz führender Gang setzt auf. **14.** (Fußball, Handball) **a)** *den Ball auf dem Boden aufprallen lassen:* der Torwart setzte den Ball auf; **b)** *(von einem Ball) einmal kurz auf dem Boden aufprallen:* der Ball setzte noch einmal auf und sprang dann ins Netz.

Auf|set|zer, der; -s, -: **a)** (Fußball, Handball) *Ball, der einmal auf dem Boden aufprallt, kurz bevor er das Tor od. beim Zuspiel den Mitspieler erreicht;* **b)** (Rugby) *Spieler, der einen Tritt, bei dem der Ball auf den Boden gelegt wird, ausführt.*

auf|seuf|zen ⟨sw. V.; hat⟩: *unvermittelt, kurz seufzen:* tief, erleichtert a.; Lore Schulz hörte sich nicht ohne Anteilnahme zu und seufzte gelegentlich gefühlvoll auf (Kirst, 08/15, 815).

Auf|sicht, die; -, -en: **1.** ⟨o. Pl.⟩ *das Achten darauf, dass bestimmte Vorschriften eingehalten werden, dass nichts passiert:* die A. haben [über jmdn., etw.]; wer führt (hat) heute [die] A.?; die Aufsicht führende Lehrerin; die Kinder können nicht ohne A. sein; unter ärztlicher, polizeilicher A. stehen *(sich regelmäßig einer ärztlichen Untersuchung unterziehen, bei der Polizei melden müssen);* der/die Aufsicht Führende; ◆ * **jmdn., etw. in A. haben** *(jmdn., etw. beaufsichtigen):* und fand mich nicht weit von einigen Kanonen, die ein Bombardier von Florenz ... in A. hatte (Goethe, Benvenuto Cellini I, 1, 7). **2.** ⟨Pl. selten⟩ *Aufsicht führende Person, Stelle:* die A. um Auskunft bitten; Die A. machte sich sogar die Mühe, den wenigen Reisenden die Wagenfolge durchzusagen (Johnsor, Mutmaßungen 171). **3.** *die Sicht von oben auf etw.:* einen Körper in [der] A. zeichnen.

Auf|sich|ter, der; -s, - ⟨regional veraltet⟩: *jmd., der bei der Eisenbahn Aufsicht führt.*

Auf|sich|te|rin, die; -, -nen: w. Form zu ↑Aufsichter.

auf|sichts|füh|rend ⟨Adj.⟩: *die Aufsicht* (1) *innehabend.*

Auf|sichts|füh|ren|de, der u. die; -n, -n ⟨Dekl. ↑Abgeordnete⟩: *Aufsicht führende Person.*

auf|sichts|los, aufsichtslos ⟨Adj.⟩: *ohne Aufsicht, unbeaufsichtigt:* die Schüler waren a.

Auf|sichts|be|am|te, der: *Beamter, der Aufsicht führt.*

Auf|sichts|be|hör|de, die: *Behörde, die die Staatsaufsicht durchführt.*
auf|sichts|los: ↑ aufsichtslos.
Auf|sichts|per|so|nal, das: *Personal, das Aufsicht führt.*
Auf|sichts|pflicht, die ⟨o. Pl.⟩ (Rechtsspr.): *vom Gesetz vorgeschriebene Pflicht, bestimmte Personen (bes. Minderjährige) od. Sachen zu beaufsichtigen.*
Auf|sichts|rat, der (Wirtsch.): **a)** *Gremium, das die Geschäftsführung eines Unternehmens überwacht;* **b)** *Mitglied des Aufsichtsrats* (a).
Auf|sichts|rats|vor|sit|zen|de, der u. die: *Vorsitzende[r] eines Aufsichtsrats* (a).
auf|sie|deln ⟨sw. V.; hat⟩ (Geogr.): *(von bereits kultiviertem Land) neu besiedeln:* nach der Bodenreform einen Gutsbetrieb in Kleinbauernstellen a.
Auf|sie|de|lung: ↑ Aufsiedlung.
Auf|sied|ler|tum, das; -s (Biol.): *Epökie.*
Auf|sied|lung, Aufsiedelung, die; -, -en: *das Aufsiedeln.*
auf|sin|gen ⟨st. V.; hat⟩ (Seemannsspr.): *zu bestimmten gemeinsamen Arbeiten im Takt singen.*
auf|sit|zen ⟨unr. V.⟩: **1.** ⟨ist⟩ **a)** *sich auf ein Reittier setzen:* die Reiter saßen auf und ritten davon; aufgesessen! (Reiterkommando); **b)** *als Mitfahrer auf ein Fahrzeug aufsteigen:* auf dem Rücksitz des Motorrads a.; ich ließ meinen Bruder hinter mir a.; **c)** (Turnen) *auf dem Gerät in den Sitz springen od. schwingen:* er wollte am Holm a. **2.** ⟨hat; südd., österr., schweiz. auch: ist⟩ (ugs.) **a)** *(im Bett) aufgerichtet sitzen:* der Kranke hat [im Bett] aufgesessen; **b)** *während der Nacht aufbleiben, nicht zu Bett gehen:* über seiner Arbeit nächtelang a. **3.** *auf etw. ausruhen, fest auf etw. sitzen* ⟨hat; südd., österr., schweiz. auch: ist⟩: das Gebälk sitzt [auf] den tragenden Wänden auf; Er hatte kleine nervöse Augen, und der Kopf saß haltlos den Schultern auf (Bieler, Bonifaz 110). **4.** (Seemannsspr.) *auf Grund geraten sein; festsitzen* ⟨hat⟩: das Schiff saß [auf der Sandbank] auf. **5.** (landsch.) *lästig werden* ⟨hat; südd., österr., schweiz. auch: ist⟩: sie sitzen ihren Nachbarn auf; ich weiß, wie ... einem Erinnerungen a., wie man unbewusst plagiieren kann (Tucholsky, Werke II, 372). **6.** *auf jmdn., etw. hereinfallen* ⟨ist⟩: einem Betrüger, einem Gerücht a.; Magda war dann die Erste, die feststellen musste, dass sie einem Schwindler aufgesessen waren (Danella, Hotel 232); Bedauerlicherweise scheinen Sie ... einer Falschmeldung aufgesessen zu sein (Weber, Tote 92). **7.** (ugs.) *im Stich gelassen werden* ⟨ist⟩: ich bin ganz schön aufgesessen; der Handwerker hat uns a. lassen *(im Stich gelassen; ist nicht, wie vereinbart, gekommen).*
Auf|sit|zer, der; -s, - (österr. ugs.): *Reinfall:* dieser A. soll mir eine Lehre sein.
auf|so|ckeln ⟨sw. V.; hat⟩: *(als Denkmal o. Ä.) auf einen Sockel* (1) *stellen:* Zum Ruhme aufgesockelt, prachtvoll in Positur gebracht, ... kamen die Tugendhelden des griechischen Mythos und die Cäsaren der römischen Schlachten daher (Kursbuch 108, 1992, 90).

auf|spal|ten ⟨unr. V.; spaltete auf, hat aufgespaltet/aufgespalten⟩: **a)** *durch Spalten zerlegen, teilen:* das Stück Holz wird aufgespaltet; Eiweiß wird durch Enzyme aufgespalten (Chemie; *in einfachere Bestandteile zerlegt*); Ü er hat eben den Vandalenkrieg begonnen und kann es sich nicht leisten, sein Volk in feindliche Gruppen aufzuspalten (Thieß, Reich 560); In beiden Teilen unseres widernatürlich aufgespaltenen deutschen Vaterlandes (Kantorowicz, Tagebuch I, 20); **b)** ⟨a. + sich⟩ *sich spalten, trennen:* die Partei hat sich in zwei Lager aufgespalten; Wenn hundert Jahre vorher die christliche Welt sich in Arianer und Athanasier aufgespalten hatte (Thieß, Reich 500); Anfang 1984 wurde dann die AT & T in sieben Betriebsgesellschaften aufgespaltet (NZZ 27. 8. 86, 39).
Auf|spal|tung, die; -, -en: *das Aufspalten, Aufgespaltetwerden.*
auf|span|nen ⟨sw. V.; hat⟩: **1. a)** *öffnen, ausbreiten u. spannen:* ein Sprungtuch, den Schirm a.; Er sah die Gefechtsbaracke im Schatten liegen, daneben ein Sonnensegel aufgespannt (Gaiser, Jagd 45); **b)** *auf etw. spannen:* Papier auf das Zeichenbrett a.; Leinwand [auf einen Rahmen] a. ◆ **2.** *anspannen, erregen:* Über diätische und medizinische Behandlung der unglücklichen aufgespannten Aurelie vertraute der Arzt Wilhelmen noch seinen Rat (Goethe, Lehrjahre V, 16).
Auf|span|nung, die; -: *das Aufspannen.*
auf|spa|ren ⟨sw. V.; hat⟩: *für einen späteren Zeitpunkt, für eine andere Verwendung o. Ä. aufheben:* einen Vorrat für Notzeiten a.; ich habe [mir] ein Stück Kuchen aufgespart; Für seine Kinder hatte Gustl einige Tagesrationen Butter aufgespart (Kühn, Zeit 315); Ü das Schicksal hatte ihn für diese Aufgabe aufgespart (geh.; *ihn dazu ausersehen*); sie hatte [sich] die Pointe bis zum Schluss aufgespart; sparen Sie sich die Komplimente für jüngere Damen auf (Heim, Traumschiff 224); Kein Mensch ist verpflichtet, sich für einen Lebenspartner aufzusparen (Hörzu 37, 1973, 16).
Auf|spa|rung, die; -: *das Aufsparen.*
auf|spei|chern ⟨sw. V.; hat⟩: **a)** *als Vorrat speichern:* Lebensmittel, Getreide a.; er lümmelte sich weiter gegen den Balken und schien in seinem Mund Spucke aufzuspeichern (Kirst, 08/15, 287); Ü Ärger in sich a.; Die seit Jahren aufgespeicherte Wut der Häftlinge glich einer Explosion (Apitz, Wölfe 382); **b)** ⟨a. + sich⟩ *sich in jmdm. ansammeln:* der Zorn hatte sich in ihm aufgespeichert.
Auf|spei|che|rung, die; -, -en: *das Aufspeichern.*
auf|sper|ren ⟨sw. V.; hat⟩: **a)** (ugs.) *weit öffnen, aufreißen:* den Schnabel, den Rachen a.; alle Fenster a.; **b)** (landsch., bes. südd., österr.) *aufschließen* (1): die Wohnung mit einem Nachschlüssel a.; Es ist kurz nach halb sieben, als ich mein Auto aufsperre und mich in den Verkehr einreihe (Zivildienst 5, 1986, 18); Die Tür wird aufgesperrt, ein Beamter betritt den Raum (Sobota, Minus-Mann 49).
auf|spie|len ⟨sw. V.; hat⟩: **1.** *zum Tanz,*

zur Unterhaltung Musik machen: eine Musikkapelle spielte [zum Tanz] auf; die Zigeuner, deren Primas begonnen hat, von Tisch zu Tisch zu gehen, um den Leuten nach Wunsch aufzuspielen (Frischmuth, Herrin 63). **2.** (Sport) *in bestimmter Weise spielen:* die Mannschaft spielte glänzend, stark, hervorragend auf; und schon würde unsere Nationalelf a. wie die brasilianische zu ihren Glanzzeiten (Kieler Nachrichten 30. 8. 84, 14). **3.** ⟨a. + sich⟩ (ugs. abwertend) **a)** *sich wichtig tun; angeben:* du spielst dich [vor Fremden] immer furchtbar auf; Was willst du denn? Schneist hier herein und spielst dich auf? (Fels, Unding 240); **b)** *sich als etw. Bestimmtes hinstellen:* du spielst dich gerne als Held, (veraltet:) als Helden auf; bringen Sie aus Zelle eins alles heraus, was sich von dem Gesindel da als Katholik aufspielt (Hochhuth, Stellvertreter 135).
auf|spie|ßen ⟨sw. V.; hat⟩: **1. a)** *mit einem spitzen Gegenstand aufnehmen:* einen Bissen, ein Stück Fleisch a.; ein Stück Brot, das in saubere Würfel geschnitten war. Die spießte der Mann mit einem Taschenmesser auf (Sommer, Und keiner 293); Von einer Leitschiene aufgespießt und tödlich verletzt wurde in der Nacht zum Donnerstag der Schriftsetzer ... (Neue Kronen Zeitung 3. 8. 84, 9); **b)** *auf eine Nadel o. Ä. stecken u. auf etw. befestigen:* Schmetterlinge a. **2.** (ugs.) *öffentlich kritisieren, anprangern:* Missstände a.
auf|split|tern ⟨sw. V.⟩: **1.** *sich in Splitter auflösen* ⟨ist⟩: das Holz splittert durch den Druck auf. **2.** *in einzelne Teile, Gruppierungen auflösen* ⟨hat⟩: Die Unterbrechung der meisten Verkehrswege hat das Land in unzählige Enklaven aufgesplittert (Spiegel 8, 1966, 82); der Konflikt hat die Partei aufgesplittert; Scotland Yard verstand es auch hier wieder, die öffentliche Meinung aufzusplittern (Prodöhl, Tod 265); die gruppe wird sich a.
Auf|split|te|rung, die; -, -en: *das Aufsplittern, Aufgesplittertwerden.*
auf|spray|en ⟨sw. V.; hat⟩ (ugs.): *in Form von Spray auftragen:* Haarspray, Schuhpflegemittel a.
◆ **auf|sprei|zen** ⟨sw. V.; hat⟩: (landsch.) *aufschichten, aufstellen:* ich musste Garben tragen und dem Vater die Kornschöberlein a. helfen (Rosegger, Waldbauernbub 93).
auf|spren|gen ⟨sw. V.; hat⟩: **1. a)** *(Verschlossenes) mit Gewalt öffnen:* eine Tür, ein Schloss, einen Geldschrank a.; da die Pöbelmasse mit Beilhieben die Türen zu den Gemächern ... aufsprengte (St. Zweig, Fouché 215); **b)** *durch Sprengen in etw. eine Öffnung herstellen:* die Eisdecke wurde aufgesprengt. **2.** (Jägerspr.) *hochjagen, aufscheuchen:* Rebhühner a.
auf|sprie|ßen ⟨st. V.; ist⟩ (geh.): *in die Höhe sprießen:* Blumen, Gräser sprossen nach dem warmen Regen auf; Ü der schwarze Schrein, aus dem das Verbrechen hundertfältig ... wieder aufsprösse (Plievier, Stalingrad 264).
auf|sprin|gen ⟨st. V.; ist⟩: **1.** *hochspringen* (1 a): vor Freude, erregt vom Stuhl a.;

Als der Henkelmann leer war, sprang Maria auf und lief über den Strand bis an die See (Grass, Butt 693). **2.** *auf ein [fahrendes] Fahrzeug springen:* er versuchte [auf den anfahrenden Zug, auf die anfahrende Straßenbahn] aufzuspringen. **3.** *sich plötzlich [ohne äußere Einwirkung] öffnen:* die Tür, das Schloss ist aufgesprungen; die Knöpfe an der Bluse sprangen auf; Draußen wurde heftig an die Jalousie geschlagen. Sie ließ das Messer a. (*die Klinge des Messers aus dem* ¹*Heft schnellen;* Handke, Frau 74); die Knospen, Samenkapseln werden bald a. (geh.; *aufbrechen*); aufspringende Falten (Schneiderei; *Falten, die so gelegt sind, dass sie leicht klaffen*). **4.** *springend auf dem Boden auftreffen:* der Ball sprang hinter dem Torlinie auf. **5.** *durch Witterungseinflüsse o. Ä. rissig werden, aufplatzen:* die Hände sind aufgesprungen; aufgesprungene Lippen. **6.** *(von Luftbewegungen in der Atmosphäre) plötzlich aufkommen:* In der Nacht war ein scharfer Wind aufgesprungen (*rasch aufgekommen*; Plievier, Stalingrad 208).

auf|sprit|zen ⟨sw.V.⟩: **1.** *in die Höhe spritzen* ⟨ist⟩: Schmutz, Wasser spritzte auf; Die Maschinengewehrgarben fressen sich in Zickzackschlangen durch den Sand, der in winzigen Fontänen aufspritzt (Kinski, Erdbeermund 84). **2.** (salopp) *aus sitzender Haltung o. Ä. rasch aufspringen* ⟨ist⟩: Da waren Herren, die in einem fort von ihren Sitzen aufspritzten und sich wieder niederließen und wieder aufsprangen (Süskind, Parfum 302); Drei Kinder der Warga-Bande spritzen auf. Wenn etwas los ist, will jeder als Erster dabei sein (Ossowski, Flatter 28). **3.** *mit einer Spritze aufbringen* ⟨hat⟩: Farbe, Lack a.; Der ... Staubeffekt wurde mit Paraffin aufgespritzt (Hörzu 27, 1975, 8).

auf|spros|sen ⟨sw.V.; ist⟩ (geh. veraltend): *aufsprießen.*

auf|spru|deln ⟨sw.V.; ist⟩: *in die Höhe sprudeln:* beim Öffnen der Flasche ist die Limonade aufgesprudelt; Die glühende Lava ... sprudelte zähflüssig zu Vulkanriesen auf (Grzimek, Serengeti 58).

auf|sprü|hen ⟨sw.V.⟩: **1.** *in die Höhe sprühen* ⟨ist⟩: Funken sprühen auf; Gischt, Schaum sprüht auf; Ü In der Höhe sprühte ein Chor energischer Knabenstimmen auf (*erklang vielstimmig*; Werfel, Himmel 185). **2.** *sprühend auf etw. aufbringen* ⟨hat⟩: Lack, Farbe a.

Auf|sprung, der; -[e]s, Aufsprünge (Sport): **1. a)** *das Auftreffen auf dem Boden nach dem Sprung:* mit einem weichen A. auf der Erde aufsetzen; **b)** *das Aufspringen auf dem Sprungbrett vor dem Absprung.* **2. a)** *Sprung an od. auf das Gerät:* der A. am Barren; **b)** *Sprung nach oben:* ein A. am Trampolin.

auf|spu|len ⟨sw.V.; hat⟩: *auf eine Spule aufwickeln:* einen Film, Garn [auf eine Spule] a.; Ü eine Straße, die ... von den Russen immer weiter aufgespult wird (*Zug um Zug erobert wird*; Plievier, Stalingrad 91).

auf|spü|len ⟨sw.V.; hat⟩: **1.** *anspülen u. ablagern:* der Fluss, das Meer hat Sand aufgespült. **2.** (Seew.) *mit Baggersand, Schlick erhöhen:* einen Deich, das Ufer zur Befestigung mit Sand, Schlick a.; Mithilfe eines »neuartigen« Verfahrens ist an der Ostseeküste bei Graal-Müritz damit begonnen worden, den Strand neu aufzuspülen (MM 17. 10. 68, 3).

Auf|spü|lung, die; -, -en: *das Aufspülen.*

auf|spü|ren ⟨sw.V.; hat⟩: *durch intensives Nachforschen, Verfolgen einer Spur entdecken, ausfindig machen, finden:* eine Fährte, das Wild a.; einen Verbrecher a.; dass wir mehr Rauschgift schon vor oder spätestens an unserer Grenze aufspüren (ran3, 1980, 22); Ü ein Geheimnis a.; Doch war McIntosh unfähig, das Besondere dieser Erzählung aufzuspüren (Fries, Weg 192); ... jetzt versucht er im Auftrag eines Erfinders Interessenten für ein neuartiges Luftfiltersystem aufzuspüren (Woche 19. 12. 97, 11).

Auf|spü|rung, die; -, -en: *das Aufspüren.*

auf|sta|cheln ⟨sw.V.; hat⟩: **1.** *durch aufhetzende Reden o. Ä. zu bestimmtem Tun veranlassen; aufwiegeln:* das Volk [zum Widerstand] a.; Gleich muss der wieder Versammlungen abhalten, die Leute mit radikalem Getön a. (Kühn, Zeit 268). **2.** *anspornen:* jmds. Ehrgeiz a.; die Schüler zu größerem Eifer a.; Die Funktionäre seiner Partei seien durch die zurückliegenden Wahlergebnisse aufgestachelt (*in Unruhe versetzt;* Kurier 12. 5. 84, 2).

Auf|sta|che|lung, Auf|stach|lung, die; -, -en: *das Aufstacheln.*

auf|stamp|fen ⟨sw.V.; hat⟩: *fest, stampfend auftreten:* Matthieu versuchte Schnee und Eis von seiner Joppe abzuschütteln, stampfte mit den Füßen auf (Jahnn, Nacht 106); vor Wut a.; ... rief sie und stampfte zornig mit dem Fuße auf (Fallada, Herr 15).

Auf|stand, der; -[e]s, Aufstände: *Empörung, Aufruhr, Erhebung:* ein bewaffneter A. des Volkes; die Radionachrichten an diesem Dienstagabend über den A. in Ungarn ... (Johnson, Mutmaßungen 107); einen A. gegen den König niederschlagen; das Signal zum A. geben; Ü wenn ich das sage, wird es einen A. geben (ugs.; *wird man empört sein*); Ich hab zu ihr gesagt, sie soll nach Hause gehen. Da macht sie gleich so einen A. (Brot und Salz 359).

auf|stän|dern ⟨sw.V.; hat⟩: *mithilfe eines Ständers aufbauen, aufstellen; auf einem Ständer, auf Ständern errichten o. Ä.:* eine Hochstraße a.; Der aufgeständerte Fahrweg war 2 400 Meter lang (Hamburger Abendblatt 30. 5. 79, 2); Die vor etwa 15 Jahren aus den USA in Europa übernommene Methode, mit aufgeständerten ... Bohrmaschinen ... zu arbeiten (MM 3./4. 1. 81, 12); Während er eine Gitarre schlägt und eine aufgeständerte Mundharmonika bläst (Spiegel 45, 1977, 275).

Auf|stän|de|rung, die; -, -en: *das Aufständern.*

auf|stän|disch ⟨Adj.⟩: *in einem Aufstand begriffen; rebellisch, aufrührerisch:* -e Bauern, Arbeiter.

Auf|stän|di|sche, der u. die; -n, -n ⟨Dekl. ↑Abgeordnete⟩: *jmd., der an einem Aufstand beteiligt ist.*

auf|sta|peln ⟨sw.V.; hat⟩: *zu einem Stapel, aufeinander schichten:* Kisten, Bretter, alte Zeitungen a.; Die Bücherschränke waren überfüllt; neuere Publikationen mussten auf den Tischen, Stühlen und Bänken aufgestapelt werden (K. Mann, Wendepunkt 70); Ü Kindertage, in denen die ersten Erinnerungen aufgestapelt werden (Broch, Versucher 188).

Auf|sta|pe|lung, Auf|stap|lung, die; -, -en: *das Aufstapeln.*

auf|star|ren ⟨sw.V.; hat⟩ (selten, geh.): **1.** *nach oben starren:* zum Himmel a. **2.** *starr, unbewegt in die Höhe ragen:* plötzlich starrten spitze Felsen [in den Himmel] auf.

Auf|stau, der; -s: **1.** (Technik) *künstliche Abbremsung, Verzögerung eines Luftstroms.* **2.** (Wasserbau) *künstliche Erhöhung des Wasserspiegels durch Dämmung des Wassers.*

auf|stäu|ben ⟨sw.V.; ist⟩: *als, wie Staub aufwirbeln:* der Sand, Schnee stäubte auf; wo es gelb aufstäubte, begann die Wüste (Plievier, Stalingrad 49).

auf|stau|en ⟨sw.V.⟩: **a)** *durch Stauen (in einem Stausee o. Ä.) sammeln, anstauen:* einen Fluss, zu Tal fließende Wassermassen [zu einem See] a.; **b)** ⟨a. + sich⟩ *sich anstauen, sammeln:* das Wasser staut sich an den Brückenpfeilern auf; Ü Wut, Ärger, Aggressionen stauen sich in jmdm. auf; Man weiß ... aus Umfragen, dass es einen aufgestauten Nachholbedarf an langlebigen Gebrauchsgütern gibt (Zeit 6. 6. 75, 1).

Auf|stau|ung, die; -, -en: *das Aufstauen.*

auf|ste|chen ⟨st.V.; hat⟩: **1.** *durch einen Einstich öffnen:* [jmdm., sich] eine Blase, ein Geschwür a.; jmdm. die Reifen a.; kurz nach dem Regenzeit wurde dann mit langen, spitzen Stöcken der Boden aufgestochen und in jedes Loch mehrere Saatkörner Mais gelegt (Ceram, Götter 405). **2.** (ugs.) *bemerken, finden, aufdecken:* Fehler, Nachlässigkeiten a. **3.** (Jägerspr.) *aus seinem Versteck aufscheuchen:* einen Hasen a. **4.** (Fachspr.) *eine abgenutzte Kupferstichplatte durch Nachfahren der Linien mit dem Stichel aufarbeiten.*

auf|ste|cken ⟨sw.V.; hat⟩: **1.** *in die Höhe stecken, hochstecken:* [jmdm., sich] das Haar a. **2.** *auf etw. stecken:* eine Fahne a.; [jmdm., sich] einen Ring a.; Kerzen [auf den Leuchter] a. **3.** *durch seine Mimik erkennen lassen, bewusst zeigen:* eine Amtsmiene a.; Er hatte ein mokantes Lächeln aufgesteckt und zog die Brauen hoch (Apitz, Wölfe 123). **4.** (ugs.) *aufgeben, nicht weiter tun, nicht weiterverfolgen:* ein Vorhaben, das Studium a.; Der Sportler musste wegen einer Verletzung a.; ... berichtet über Menschen, die nach schweren Schicksalsschlägen nicht aufgesteckt haben (Spiegel 31, 1980, 159). **5.** (landsch.) *an einer entsprechenden Vorrichtung befestigen, aufhängen:* Gardinen a. **6.** (landsch.) *in die Futterraufe füllen:* [den Tieren] Heu, Futter a. **7.** (landsch.) *Eindruck machen, etw. erreichen:* mit seinem Verhalten wird er nicht viel a.

auf|ste|hen ⟨unr. V.⟩: **1.** ⟨ist⟩ **a)** *sich [von seinem Sitzplatz] erheben:* mühsam [von seinem Platz], vom Stuhl a.; zur Begrüßung stand er [vor der alten Dame] auf; vom Tisch a. *(die Mahlzeit beenden);* Ü So sinkt mir der Mut, vor meinen Mitmenschen als Prophet aufzustehen *(aufzutreten;* Freud, Unbehagen 190); ♦ ⟨Prät. stund auf:⟩ Sie stund auf, packte die Säcklein aus (Gotthelf, Spinne 11); **b)** *sich aus liegender Stellung aufrichten, auf die Füße stellen:* der Gestürzte stand mühsam auf; und nimmt einen Stein... und wirft ihn ihr an den Kopf, sie fällt, steht nicht wieder auf, tot (Brot und Salz 24); *** nicht mehr, nicht wieder a.** (verhüll.; *nicht mehr genesen u. sterben); **c)** *(nach dem Schlaf, nach einem Krankenlager) das Bett verlassen:* in aller Herrgottsfrühe, spät a.; der Kranke darf noch nicht a.; aus dem Bett a.; R da musst du früher, eher a. (salopp; *da musst du dir mehr Mühe geben, um zu erreichen, was du im Sinne hast*): du kannst mich nicht beleidigen. Da musst du früher a. (Brot und Salz 365); ⟨subst.:⟩ das frühe Aufstehen fällt ihm schwer. **2.** (geh. veraltend) *sich auflehnen, Widerstand leisten, rebellieren* ⟨ist⟩: gegen die Unterdrücker, gegen die Unterdrückung a. **3.** (geh.) *in jmdm. wach werden, aufleben, entstehen* ⟨ist⟩: Hass stand in Gepeinigten auf; Sein Trotz stand auf und wollte es leugnen, dass man seine Stute erschlagen hatte (Jahnn, Geschichten 97); eine Frage, eine Erinnerung war in ihm aufgestanden. **4.** *auf etw. stehen; aufruhen* ⟨hat; südd., österr., schweiz. auch: ist⟩: der Tisch steht nicht fest, nur mit drei Beinen [auf dem Boden] auf. **5.** *offen stehen, geöffnet sein* ⟨hat; südd., österr., schweiz. auch: ist⟩: der Schrank, die Tür, das Fenster steht auf. **6.** (Jägerspr.) *auffliegen* ⟨ist⟩: Feldhühner standen plötzlich auf.

auf|stei|gen ⟨st. V.; ist⟩: **1.** *auf ein Fahrzeug steigen, ein Fahrzeug, ein Reittier besteigen:* auf das Fahrrad, den Traktor a.; auf das Pferd a.; jmdn. a. lassen ⟨auf dem Rücksitz o. Ä. *eines [Motor]rades mitnehmen*⟩. **2.** *bergan, auf einen Berg steigen; hinaufsteigen:* auf einen Berg, zum Gipfel a. **3. a)** *in die Höhe, aufwärts steigen, hochsteigen:* die warme Luft steigt auf; Nebel steigt [aus den Wiesen] auf; der Saft steigt [in den Bäumen] auf; Aus dem dichten Grün der Berge stieg vereinzelt Rauch auf (a&r 2, 1997, 98); **b)** *sich fliegend in die Höhe bewegen:* ein Hubschrauber steigt auf; ein Flugzeug stieg gerade aus der Ebene auf (Handke, Frau 9); Wenn Wildenten aufsteigen, raschelte es im Schilf (Weber, Tote 264); mit/in einem Ballon a.; die Sonne steigt am Horizont auf *(erhebt sich über den Horizont;* **c)** *an die Oberfläche steigen:* aus dem Meer a.; Blasen steigen [vom Grund des Sees] auf. **4.** (geh.) *aufragen, sich in große Höhe erheben:* vor unseren Augen stieg ein Bergmassiv auf. **5.** (geh.) *in jmdm. aufkommen; wach werden:* Angst, Zweifel, ein Verdacht, ein Gedanke steigt, Tränen steigen in jmdm. auf; alles wusste von ihr, dieser fremde Mann. Hass stieg in ihr auf (Danella, Hotel 294); Erinnerungsbilder waren in ihr aufgestiegen. **6. a)** *beruflich, gesellschaftlich einen höheren Rang einnehmen, eine höhere Stellung erreichen:* beruflich a.; er gehörte zu jenen Selfmademen, die so häufig aus der Arbeiterklasse a. (Niekisch, Leben 358); ... testete die Jungvolkführung ... die Elf- und Zwölfjährigen, wer von ihnen Fähigkeiten ahnen ließ, in die Führungsspitze aufzusteigen (Loest, Pistole 70); Ihre Jugendfreundin vermittelt ihr eine Stelle beim Deutschlandfunk ..., wo die versierte Kauffrau rasch zur Leiterin der Honorarabteilung aufsteigt (Woche, 21. 3. 97, 30); er ist zu Macht u. Einfluss aufgestiegen; das aufsteigende Bürgertum; **b)** (Sport) *in die nächsthöhere Spielklasse eingestuft werden, sich dafür qualifizieren:* die Mannschaft ist [in die Bundesliga] aufgestiegen; **c)** (österr.) *in die nächste Klasse kommen, versetzt werden:* die Schülerin ist geeignet, in die zweite Klasse aufzusteigen.

Auf|stei|ger, der; -s, -: **1.** (ugs.) *jmd., der in eine höhere Position u. damit in eine angesehenere gesellschaftliche Stellung aufgerückt ist:* ein sozialer A.; Die jungen Clerks und Manager ... haben es genauso eilig wie die karrierebewussten A., die in Hamburg oder Frankfurt ihren Büros zustreben (Heim, Traumschiff 194); Ü Das Basilikum, hierzulande A. seit Jahren, ... (e&t 7, 1987, 13). **2.** (Sport) *Mannschaft, die in die nächsthöhere Spielklasse eingestuft wurde:* Aus der Spitzengruppe zurückgefallen ist der bisher so starke A. Werder Bremen (Kicker 6, 1982, 33).

Auf|stei|ge|rin, die; -, -nen: w. Form zu ↑Aufsteiger (1).

auf|stel|len ⟨sw. V.; hat⟩: **1. a)** *in einer bestimmten Ordnung o. Ä., an einen vorgesehenen Platz stellen, hinstellen:* Tische und Stühle [auf der Terrasse] a.; eine Falle [im Keller] a.; Um die Zwiebackkiste, auf der ich saß, hatte ich fünf Flaschen aufgestellt (Bieler, Bonifaz 70); In meiner Küche leckte es durch, sodass im Wassereimer a. musste (Eppendorfer, St. Pauli 171); **b)** *Aufstellung nehmen [lassen]; postieren:* einen Posten [an der Tür] a.; Ein Mann mit einer Violine stellte sich am Rande des Bürgersteiges auf und begann ... zu spielen (Remarque, Triomphe 156); wir haben uns in Reih und Glied aufgestellt; **c)** *errichten, aufbauen:* ein Gerüst, eine Baracke, ein Denkmal a.; **d)** *(Umgestürztes) wieder aufrecht hinstellen:* die Kegel a. **2. a)** *aufrichten, aufwärts stellen, hochstellen:* den Kragen a.; der Hund stellt die Ohren auf; **b)** ⟨a. + sich⟩ *(von Fell, Haaren) sich aufrichten:* die Borsten, Haare haben sich aufgestellt. **3.** *zu einem bestimmten Zweck zusammenstellen, formieren:* eine Mannschaft, eine Truppe a. **4.** *für eine Wahl, einen Wettkampf o. Ä. vorschlagen, benennen:* einen Kandidaten, jmdn. als Kandidaten a.; sich [als Kandidat(en)] a. lassen; für das diesjährige große Rennen ..., zu dem Achim aufgestellt war (Johnson, Achim 38). **5. a)** *ausarbeiten, niederschreiben:* einen Plan, eine Liste, eine Bilanz a.; eine Gleichung a.; **b)** *erarbeiten:* eine Theorie, Regeln, Normen a.; seine Menschenkenntnis und sein Rechtsempfinden waren bedeutend genug, um ein Gesetzeswerk aufzustellen, das ... den größten Geistestaten zugerechnet werden darf (Thieß, Reich 638); **c)** *erringen, erzielen:* einen Rekord a.; **d)** *aussprechen:* eine Forderung, Vermutung, Behauptung a. *(etw. fordern, vermuten, behaupten).* **6.** (landsch.) *zum Kochen aufs Feuer setzen:* die Suppe, Kartoffeln a.; Ich stell mal das Kaffeewasser auf (Kühn, Zeit 6). **7.** (nordd.) *etw. anstellen, Dummheiten, Übles anrichten:* was habt ihr denn da wieder aufgestellt?

Auf|stel|ler, der; -s, -: *aufstellbares Werbeelement.*

Auf|stel|lung, die; -, -en: **1. a)** *das Aufstellen:* *** A. nehmen** (*sich aufstellen*): Vor dem zweistöckigen Ziegelbau ... nahmen die Zigeuner A. (Hartung, Piroschka 62); **b)** *etw., was unter bestimmten Gesichtspunkten aufgestellt (3, 4, 5 a, b) worden ist.* **2.** (Sport) kurz für ↑Mannschaftsaufstellung.

auf|stem|men ⟨sw. V.; hat⟩: **1.** *gewaltsam, mit dem Stemmeisen öffnen:* eine Tür a.; Es war 'ne große Kiste, hat sie gleich in Ihr Arbeitszimmer raufgebracht und den Deckel aufgestemmt (Kemelman [Übers.], Freitag 42). **2.** *aufstützen:* seinen Fuß, sich [mit seinem Fuß auf etw.] a. **3.** (Turnen) *seinen Körper ruckartig in den Stütz bringen.*

Auf|stem|mung, die; -, -en: *das Aufstemmen.*

auf|stem|peln ⟨sw. V.; hat⟩: *mit einem Stempel aufprägen:* seinen Namen [auf den Briefkopf] a.

auf|step|pen ⟨sw. V.; hat⟩: **a)** *mit Steppstichen aufnähen, auf etw. steppen:* Taschen [auf den Mantel] a.; **b)** *mit Steppereien versehen:* Muster, Verzierungen auf etw. a.; aufgesteppte Blumen.

auf|sti|cken ⟨sw. V.; hat⟩: **1.** *auf etw. sticken:* ein Monogramm [auf ein Wäschestück] a. **2.** (Technik) *Stahl durch Glühen bei 500 bis 550°C in Stickstoff abgebenden Nitriermitteln härten.*

Auf|sti|ckung, die; -, -en (Technik): *das Aufsticken (2).*

auf|stie|ben ⟨st. V.; ist⟩: **1.** *stiebend in die Höhe fliegen:* Funken, Schneeflocken stieben auf; Auch die zweite Ju berührte schon die ... Fläche, und der Schnee stob unter ihrem Fahrgestell auf (Plievier, Stalingrad 132). **2.** (Jägerspr.) *erschreckt, schnell auffliegen:* das Federwild stob auf; Ein Entenschwarm stob mit rauschendem Flügelschlag auf und ging in sicherem Abstand auf dem See nieder (Lentz, Muckefuck 174).

Auf|stieg, der; -[e]s, -e: **1. a)** *das Aufwärtssteigen, Hinaufsteigen:* ein gefährlicher, beschwerlicher A. [zum Gipfel]; einen A. unternehmen; Auf der Hochebene entschädigen die famosen Ausblicke für die Strapazen des Aufstiegs (a&r 2, 1997, 13); **b)** *aufwärts führender Weg:* es gibt einen steilen u. einen bequemen A. auf den Berg; **c)** ⟨Pl. selten⟩ *das Hoch-*

fliegen, In-die-Höhe-Fliegen: den A. des Ballons, der Rakete beobachten. **2. a)** *Aufwärtsentwicklung:* der A. eines Landes zur Weltmacht; Italiens A. an die Spitze (Spiegel 32, 1987, 5); ein beruflicher, sozialer A.; einen konjunkturellen, wirtschaftlichen A. *(Aufschwung)* erleben; ist Portugal in einem grandiosen A. begriffen (Schneider, Leiden 79); **b)** (Sport) *das Eingestuftwerden in eine höhere Leistungsklasse:* der A. des Vereins in die Bundesliga.

Auf|stiegs|bahn, die (Raumf.): *Flugbahn, die ein künstlicher Erdsatellit bis zum Erreichen der Umlaufbahn durchläuft.*

Auf|stiegs|chan|ce, die: *Möglichkeit zu beruflichem Vorwärtskommen.*

Auf|stiegs|mög|lich|keit, die: *Aufstiegschance:* Er sollte in eine Station an einer neu eröffneten Linie kommen, ... in die Provinz, wo es kaum mehr eine A. gab (Kühn, Zeit 31).

Auf|stiegs|run|de, die (Sport): *Runde, in der der Aufstieg* (2 b) *ausgespielt wird.*

Auf|stiegs|spiel, das (Sport): *Ausscheidungsspiel um den Aufstieg* (2 b).

auf|stö|bern ⟨sw. V.; hat⟩: **1.** *ein Tier aus seinem Versteck aufjagen:* die Hunde stöbern das Wild auf. **2.** *[nach längerem Suchen] finden, aufspüren, entdecken:* das gesuchte Buch endlich a.; Wirklich kinderfreundliche Skihotels: Sie sind weit schwieriger aufzustöbern als kinderfreundliche Skiorte (ADAC-Motorwelt 10, 1986, 101); Den Autobesitzer ... stöberte die Polizei in einem Lokal in Spandau auf (Welt 9. 11. 65, 11).

Auf|stö|be|rung, die; -, -en: *das Aufstöbern, Aufgestöbertwerden.*

auf|stocken ⟨sw. V.; hat⟩: **1.** *um ein od. mehrere Stockwerke erhöhen:* ein Gebäude a.; wir haben aufgestockt. **2.** *etw. um eine bestimmte größere Menge, Anzahl o. Ä. vermehren, erweitern:* einen Etat, einen Kredit [um 10 Millionen auf 50 Millionen] a.; Wollen Sie Ihre Produktion a. um Lüftungs- und Klimageräte? (CCI 11, 1986, 60); Die Saarbergwerke haben erklärt, dass sie ... die Belegschaft um 4 000 Mitarbeiter a. werden (Saarbr. Zeitung 29./30. 12. 79, 3); die Gesellschaft stockt auf *(erhöht ihr Kapital).*

Auf|sto|ckung, die; -, -en: *das Aufstocken, Aufgestocktwerden.*

auf|stöh|nen ⟨sw. V.; hat⟩: *plötzlich, unvermittelt laut stöhnen:* vor Schmerz, erleichtert a.

auf|stöp|seln ⟨sw. V.⟩ (hat) (ugs.): *(ein Gefäß) durch Entfernen des Stöpsels öffnen:* eine Flasche a.

auf|stö|ren ⟨sw. V.; hat⟩ (selten): **a)** ¹*aufschrecken:* das Wild, Rebhühner durch Schüsse a.; *jmdn. aus einer Störung aus etw. herausreißen:* jmdn. [durch lautes Reden aus seinen Betrachtungen] a.; Ich erfuhr, wie wenig der Mensch erträgt, aus seinen Wünschen und Träumen ... aufgestört zu werden (Niekisch, Leben 306).

auf|sto|ßen ⟨st. V.⟩: **1.** *durch einen Stoß öffnen* ⟨hat⟩: die Tür, die Fensterläden a. **2. a)** *durch einen Stoß verletzen* ⟨hat⟩: sein Knie, sich ⟨Dativ⟩ das Knie a.; **b)** *mit etw.*

hart auf etw. auftreffen ⟨ist⟩: mit der Stirn auf die Tischkante a. **3.** *fest auf etw. aufsetzen* ⟨hat⟩: beim Gehen stößt er den Stock [auf den Boden] auf; Die Form mehrmals auf der Arbeitsfläche a., damit es keine Luftblasen in der Terrine gibt (e & t 6, 1987, 59). **4. a)** *Luft, die aus dem Magen aufgestiegen ist, hörbar durch den Mund entweichen lassen* ⟨hat⟩: das Baby muss noch a.; Herbert stößt geräuschvoll auf. Eine scharfe Wolke treibt mir fast die Tränen in die Augen (Remarque, Obelisk 212); ⟨subst.:⟩ er leidet unter Aufstoßen; **b)** *ein [hörbares] Entweichen od. Ausstoßen von Luft, auch Mageninhalt aus dem Magen verursachen* ⟨ist/hat⟩: das Essen ist/hat ihm aufgestoßen. **5.** (ugs.) *jmdm. auffallen, begegnen* ⟨ist⟩: bei seinen Beobachtungen ist ihm einiges Verdächtige aufgestoßen; Da sehe man ..., was einem auf Reisen nicht alles vorkommt und aufstößt (Th. Mann, Joseph 590).

auf|strah|len ⟨sw. V.; hat⟩: **1.** *strahlend aufleuchten:* Scheinwerfer strahlen auf. **2.** *einen Ausdruck von Freude, Glück o. Ä. bekommen, widerspiegeln:* ihre Augen strahlten auf; dass ihr Gesicht aufstrahlte, als sie mich auf der Straße erkannte (Seghers, Transit 194).

auf|sträu|ben ⟨sw. V.; hat⟩: *(von Fell, Haaren) sich sträuben, aufrichten:* das Fell des Hundes hatte sich aufgesträubt.

auf|stre|ben ⟨sw. V.; hat⟩: **1.** (geh.) *in die Höhe streben, sich erheben:* Bauten, Hochhäuser streben auf; hoch aufstrebende Berge. **2.** *danach streben, vorwärts zu kommen; vorwärts streben:* dieses Entwicklungsland strebt mit Macht auf; eine aufstrebende Industriestadt; die aufstrebenden Völker Asiens (Fraenkel, Staat 300).

◆ **Auf|streich,** der; -[e]s, -e [zu landsch. aufstreichen = bei einer Versteigerung sein Mehrgebot durch einen Schlag auf den Tisch kundtun]: (landsch.) *Versteigerung:* möchten einander vergiften um einen Unterbett, das ihnen beim A. überboten wird (Schiller, Räuber I, 2).

auf|strei|chen ⟨st. V.⟩: **1.** *streichend auftragen, auf etw. streichen* ⟨hat⟩: Farbe [auf die Wand], Butter [auf das Brot] a.; du streichst [dir] die Butter zu dick auf; rechts lag das Brot und links das Messer, um das Schmalz aufzustreichen (Augustin, Kopf 132). **2.** (Jägerspr.) *vom Boden auffliegen* ⟨ist⟩: Federwild streicht auf.

auf|strei|fen ⟨sw. V.; hat⟩: *zurückstreifen, hochschieben:* für die Arbeit musst du [dir] die Ärmel a.

auf|streu|en ⟨sw. V.; hat⟩: **a)** *etw. auf etw. streuen:* Puderzucker [auf den Kuchen] a.; Viehsalz [auf die Straße] a.; **b)** *(als Streu) aufschütten:* den Tieren im Stall Stroh a.

Auf|streu|ung, die; -, -en: *das Aufstreuen.*

Auf|strich, der; -[e]s, -e: **1.** (seltener) *Brotaufstrich.* **2.** *aufwärts geführter Strich in der Handschrift.* **3.** *(bei Streichinstrumenten) aufwärts geführter Bogenstrich:* mit A. spielen.

auf|stu|fen ⟨sw. V.; hat⟩ (Amtsspr.): *hö-*

her einstufen, aufwerten: eine Bundesstraße zu einer Stadtautobahn a.; Dieser Gesetzesentwurf schlug vor, die Beteiligung an terroristischen Vereinigungen vom Vergehen zum Verbrechen aufzustufen (Bayernkurier 19. 1. 77, 3); Zudem müsste dann auch das Orchester tariflich aufgestuft werden (Saarbr. Zeitung 3. 12. 79, 3).

Auf|stu|fung, die; -, -en: *das Aufstufen, Aufgestuftwerden.*

auf|stuh|len ⟨sw. V.; hat⟩: *(zum Zweck der Reinigung o. Ä. in einem Lokal) die Stühle umgekehrt auf die Tische stellen:* vor der Polizeistunde begannen die Lokale aufzustuhlen.

auf|stül|pen ⟨sw. V.; hat⟩: **1. a)** *auf od. über etw. stülpen:* einen Schirm auf die Lampe a.; **b)** *ohne große Sorgfalt auf den Kopf setzen, aufsetzen:* dem Kind rasch eine Mütze a.; Er ... stülpte den Südwester auf (Hausmann, Abel 45). **2.** *hochschlagen:* den Mantelkragen a.; Ü die Lippen a. *(schürzen, aufwerfen);* eine aufgestülpte *(am Ende etw. nach oben gerichtete)* Nase.

auf|stüt|zen ⟨sw. V.; hat⟩: **I.** *etw., sich auf etw. stützen:* die Arme [auf den, seltener: auf dem Tisch] a.; Sitzt er nachdenkend am Tisch, stützt den Ellbogen auf und den Kopf in die Hand (Th. Mann, Krull 417); ich habe mich [mit den Armen] aufgestützt; mit aufgestütztem Kopf dasitzen. **2.** *stützend aufrichten:* sich, den Kranken [auf seinem Lager] a.; wenn wir oben sind, dann möchte ich niemand sehen, der sich am Geländer aufstützt (Kempowski, Immer 54).

auf|su|chen ⟨sw. V.; hat⟩: **1.** *sich zu jmdm., an einen bestimmten Ort begeben:* Freunde [in ihrer Wohnung] a.; Hegemann hatte sofort einen Arzt ... Beamten des Bundeskanzleramtes aufgesucht (Weber, Tote 112); sie muss einen Arzt a. *(konsultieren);* die Toilette a.; ein Café a.; Nachdem Frau Schock beim Friseur war, hatte sie das Kreditbüro aufgesucht und die neunhundert D-Mark bekommen (Ossowski, Flatter 40); Die Mehrheit des Gefolges hatte sich endlich entschlossen, den Schutz einer Hütte aufzusuchen (E. Frank, Tage 96); früh das Bett a. *(zu Bett gehen).* **2. a)** (selten) *am Boden Befindliches aufsammeln:* Geldstücke [vom Boden] a.; **b)** *(in einem Buch blätternd) eine bestimmte Textstelle o. Ä. suchen:* eine Adresse im Telefonbuch, eine Textstelle a.; Kafka ... liebte Thomas Manns »Tonio Kröger« und suchte in der »Neuen Rundschau« jede Zeile dieses Autors andächtig auf (Reich-Ranicki, Th. Mann 101).

auf|sum|men, auf|sum|mie|ren ⟨sw. V.; hat⟩: **a)** (EDV) *Werte addieren od. subtrahieren:* die Digitalwerte [werden] aufsummiert und das Mittel aus der Summe ... gebildet (Elektronik 11, 1971, 377); **b)** ⟨a. + sich⟩ *eine bestimmte Summe erreichen, sich zu einer bestimmten Summe addieren, sich summieren:* die Spenden haben sich zu einem hohen Betrag aufsummiert; gewaltig kann ja wohl nicht der Betrag genannt werden, der sich ...

Aufsummierung

im Lauf einer langen Zeit aufsummen wird (MM 24. 1. 74, 2).

Auf|sum|mie|rung, die; -, -en: *das Aufsummieren.*

auf|sü|ßen ⟨sw. V.; hat⟩: *durch Zusetzen von Zucker o. Ä. (dem Wein) einen süßeren Geschmack geben:* ... dass deutsche Ausleseweine mit Zuckerwasser und Traubensaft aufgesüßt würden (Spiegel 39, 1974, 7).

auf|ta|bel|lie|ren ⟨sw. V.; hat⟩: **a)** *zu einer Tabelle zusammenstellen, eine Tabelle von etw. herstellen:* die zu versteigernden Gegenstände a.

Auf|ta|bel|lie|rung, die; -, -en: *das Auftabellieren.*

auf|ta|keln ⟨sw. V.; hat⟩: **1.** (Seemannsspr.) *mit Takelwerk versehen; Segel setzen:* die Segelboote a.; Angeschlagen ... erreichte der Windjammer Kapstadt. Dort wurde der Kreuzmast nicht wieder voll aufgetakelt (Hamburger Abendblatt 24. 8. 85, 7). **2.** ⟨a. + sich⟩ (ugs. abwertend) *sich sehr auffällig kleiden, zurechtmachen:* sie hat sich scheußlich aufgetakelt; Einige andere, offensichtlich die Animierdamen saßen beieinander und unterhielten sich ... Alle waren sie aufgetakelt und in kurzen oder seitlich geschlitzten Röcken (M. L. Fischer, Kein Vogel 221).

Auf|ta|ke|lung, die; -, -en: *das Auftakeln.*

Auf|takt, der; -[e]s, -e: **1.** ⟨Pl. selten⟩ *Beginn, Eröffnung (einer Veranstaltung o. Ä.):* ein festlicher A.; die Demonstration bildete den A. zu einer Reihe von Krawallen; Nach einem viel versprechenden A. gleitet Olmi allerdings die Kontrolle seines Films aus der Hand (Gregor, Film 282); in einem Artikel, der offenbar als A. für die Genfer Konferenz gedacht ist (Dönhoff, Ära 222); Der Geschäftsführer des Verbandes ... sprach zum A. der Offenbacher Messe (Welt 25. 8. 65, 11); Die Suppe soll bei Einladungen ... einen pikanten A. bilden (Horn, Gäste 165). **2.** (Musik) *der ein Musikstück o. Ä. eröffnende unvollständige Takt.* **3.** (Verslehre) *eine od. mehrere Silben vor der ersten tontragenden Silbe eines Verses.*

auf|tan|ken ⟨sw. V.; hat⟩: **a)** *den Treibstoffvorrat ergänzen:* ein Flugzeug bei einer Zwischenlandung a.; der Wagen steht aufgetankt und fahrbereit im Hof; die Maschine tankt hier auf *(der Treibstoffvorrat der Maschine wird ergänzt);* wir müssen noch [Benzin] a.; Ü im Urlaub neue Kräfte a. *(sammeln);* Godard musste öfter allein sein, er brauchte das, um aufzutanken (Hörzu 33, 1977, 4, Ausgabe Österreich); **b)** *ein Fahrzeug mit Treibstoff voll tanken:* den Jagdbomber, das Auto a.; 2 400 Kilometer mussten die israelischen Flugzeuge von ihren Stützpunkten bis nach Tunis zurücklegen. Sie wurden in der Luft aufgetankt (Basler Zeitung 2. 10. 85, 1).

auf|tau|chen ⟨sw. V.; ist⟩: **1.** *an die Wasseroberfläche kommen, emportauchen:* das U-Boot ist nicht aufgetaucht; die Froschmänner tauchten nach einer Weile wieder [aus der Tiefe] auf; Ü sie tauchte aus ihren Träumen auf *(hing nicht länger ihren Träumen nach);* Erinnerungsbilder tauchten in ihr auf *(traten in ihr Bewusstsein).* **2. a)** *unerwartet, plötzlich in Erscheinung treten, sichtbar werden:* aus dem Dunkel, in der Ferne, vor ihren Augen tauchten die Berge auf; Helligkeit über der Dünen, im Punkt taucht am Horizont auf (Loest, Pistole 31); Der Zonengrenzpunkt Dreilinden tauchte unvermittelt hinter einer Kurve auf (Simmel, Affäre 64); **b)** *unerwartet, plötzlich auftreten, da sein:* nachdem er lange verschollen war, ist er auf einmal wieder [bei seiner Familie] aufgetaucht; Mit der Plastiktüte in der linken Hand und der Sporttasche in der rechten tauchte er zum ersten Mal im Trainingslager der Nationalmannschaft auf (Freizeitmagazin 12, 1978, 29); die Akten tauchten erst nach vielen Jahren wieder auf *(wurden ... wieder gefunden);* das konnte auch schief ausgehen. Beispielsweise, wenn plötzlich neues Belastungsmaterial auftaucht (Weber, Tote 288); Ü Fragen, Zweifel, Probleme tauchen auf *(stellen sich, erheben sich);* ein Verdacht tauchte auf *(kam auf);* Die Kennzeichnung einer Personengruppe als »Mafia« taucht nämlich im modernen Sprachgebrauch in politischen Zusammenhängen häufiger auf (NJW 19, 1984, 1 132).

auf|tau|en ⟨sw. V.⟩: **1.** ⟨hat⟩ **a)** *(Gefrorenes) zum Tauen bringen:* die Sonne taut das Eis, den Schnee auf; Tiefkühlkost a.; **b)** *von Eis befreien:* die Wärme hat die Fensterscheiben aufgetaut. **2.** ⟨ist⟩ **a)** *sich tauend auflösen:* das Eis, der Schnee taut auf; **b)** *von Eis frei werden:* der See ist wieder aufgetaut; Ü Höfel wurde aufmerksam. Die vereiste Starre löste sich, die Gedanken tauten auf *(er konnte wieder denken;* Apitz, Wölfe 139). **3.** *die Befangenheit verlieren, gesprächig werden* ⟨ist⟩: er taut in Gesellschaft nur ganz langsam auf; dann kamen wir so ins Gespräch, und er taute nun auf (Fichte, Wolli 218).

♦ **auf|tau|meln** ⟨sw. V.; hat⟩: *in die Höhe taumeln* (b): Auftaumeln wird sie, die fürstliche Drahtpuppe (Schiller, Kabale IV, 9); ich taumelte bebend auf (Schiller, Räuber V, 1).

Auf|tau|ung, die; -, -en: *das Auftauen.*

auf|teen [...ti:n] ⟨sw. V.; hat⟩ [zu ↑²Tee] (Golf): *den Ball zum Abschlag auf das ²Tee aufsetzen.*

auf|tei|len ⟨sw. V.; hat⟩: **1.** *ein größeres Ganzes in Teile zerlegen u. verteilen:* das Land [an die Bauern] a.; die Schokolade unter die Kinder a.; den Gewinn [untereinander, unter sich] a. **2. a)** *aufgliedern:* einen Raum a.; das Gelände in Parzellen a.; Als die Deutschen und die Engländer ... mit einem Lineal Ostafrika ... aufteilten (Grzimek, Serengeti 261); Wir haben daran gedacht, das gesamte Archiv nach Ländern aufzuteilen (Leonhard, Revolution 219); **b)** *in Gruppen o. Ä. einteilen:* die Teilnehmer an der Exkursion in mehrere Gruppen a.; Ihr werdet jetzt zu je 100 Mann auf die einzelnen Blocks aufgeteilt (Apitz, Wölfe 304).

Auf|tei|lung, die; -, -en: *das Aufteilen.*

auf|tip|pen ⟨sw. V.; ist⟩: *(von einem Ball) leicht auf den Boden auftreffen u. zurückprallen:* den Ball kurz a. lassen; der Ball tippte mehrmals auf und rollte dann ins Aus.

auf|ti|schen ⟨sw. V.; hat⟩: **1.** *zum Essen auf den Tisch bringen; zum Verzehr anbieten:* das Beste aus Küche und Keller a.; Er erntete kein Wort des Dankes oder Lobes; sie tischten ihm kein Essen auf (Fels, Unding 301); Die Kinder wurden vorgestellt, und ein Abendbrot wurde aufgetischt (Strauß, Niemand 80); [jmdm.] reichlich a. *(ihn gut bewirten).* **2.** (ugs. abwertend) *etw. erzählen, berichten [was nicht der Wahrheit entspricht]:* [jmdm.] Lügen a.; du kennst doch Bröcker! Wenn der keine Sensation a. kann, fühlt er sich nicht wohl (Loest, Pistole 134); sie tischt immer wieder die alten Geschichten auf; Auch wenn immer wieder neue verkehrspolitische Ideen aufgetischt *(vorgebracht)* würden (NZZ 23. 10. 86, 29); was vergeben ist, das ... darf niemals wieder aufgetischt werden *(zum Vorwurf gemacht werden;* Hörzu 37, 1973, 116).

auf|top|pen ⟨sw. V.; hat⟩ [zu ↑ Topp] (Seemannsspr.): *die Rahen in senkrechter Richtung bewegen.*

♦ **auf|tou|pie|ren** ⟨sw. V.; hat⟩: *aufkämmen* (1 b): lass mir die Perück' hier a. (Kleist, Krug 11).

Auf|trag, der; -[e]s, Aufträge: **1.** *Weisung; zur Erledigung übertragene Aufgabe:* ein wichtiger, schwieriger, ehrenvoller A.; sich eines -es entledigen; er kam im A. *(beauftragt von;* Abk. in Briefunterschriften: i. A. od. [nach abgeschlossenem Text od. allein vor einer Unterschrift] I. A.) seiner Firma. **2.** *Bestellung (einer Ware od. Leistung):* ein A. in Höhe von 2 Millionen; ein A. über/(seltener:) auf die Lieferung von Schreibtischen; Aufträge vergeben; Die Firma Bertele hatte den A. gekriegt, im Keller der Alten Königlichen Residenz eine von der Feuchtigkeit zerfressene Lichtleitung neu zu verlegen (Sommer, Leber 224); *** etw. in A. geben** (Kaufmannsspr.; *bestellen*). **3.** ⟨Pl. selten⟩ *Verpflichtung, Mission:* der gesellschaftliche, geschichtliche A. der Partei; Der politische A. der Stunde mag begriffen werden (Schnabel, Marmor 141). **4.** ⟨Pl. selten⟩ *das Auftragen, Aufbringen von etw. auf etw.:* der Pinsel ermöglicht einen gleichmäßigen A. der Farbe.

auf|tra|gen ⟨st. V.; hat⟩: **1.** (geh.) *zum Essen auf den Tisch bringen, servieren:* es, das Essen ist aufgetragen!; Der Wirt trug von sich aus eine zweite Runde auf (Härtling, Hubert 190). **2.** *auf etw. streichen* (2 a); *etw. verteilen:* Salbe, Farbe a.; das Make-up [leicht auf auf/(seltener:) auf dem Gesicht] a.; am Schluss übernahm der ... Onkel es, in Feinarbeit die wasserdichte Glattschicht aus fettem Zement aufzutragen (Lentz, Muckefuck 136). **3.** *(jmdm.) den Auftrag* (1) *geben, etw. Bestimmtes zu tun:* sie hat mir einen Gruß an dich aufgetragen; man habe ihm aufgetragen, auch hierüber mit mir zu sprechen (W. Brandt, Begegnungen

236); es war mir extra aufgetragen worden, micht anständig zu benehmen (Dönhoff, Ostpreußen 144). **4.** *(ein Kleidungsstück) so lange tragen, bis es völlig abgetragen, zerschlissen ist:* ein Kleid im Haus a.; die jüngeren Geschwister müssen die Sachen der älteren a. **5.** *dicker erscheinen lassen:* dieser Stoff, dieses Unterhemd trägt kaum, zu sehr auf.

Auf|trag|ge|ber, der; -s, -: *jmd., der einen Auftrag (1, 2) erteilt.*

Auf|trag|ge|be|rin, die; -, -nen: w. Form zu ↑ Auftraggeber.

Auf|trags|ar|beit, die: *Arbeit* (4a), *die aufgrund eines Auftrags (2) ausgeführt wird:* des szenischen Oratoriums ..., die Peter Kiesewetter als A. ... dichtete und komponierte (Orchester 5, 1983, 468).

Auf|trags|be|stä|ti|gung, die (Kaufmannsspr.): *Bestätigung, einen Auftrag (2) erhalten zu haben.*

Auf|trags|buch, das (Kaufmannsspr.): *Orderbuch.*

auf|trags|ge|mäß ⟨Adj.⟩: *gemäß einem Auftrag (1):* der Transport wurde a. durchgeführt; -e Erledigung.

Auf|trags|la|ge, die (Kaufmannsspr.): *Stand der vorhandenen Aufträge (2):* eine schlechte A.

Auf|trags|pols|ter, das (Kaufmannsspr.): *größerer Bestand an Aufträgen (2), die eine Firma noch auszuführen hat.*

Auf|trags|werk, das: *Kunstwerk, das aufgrund eines Auftrags (2) entstanden ist.*

Auf|tra|gung, die; -: *das Auftragen (2).*

auf|tref|fen ⟨st. V.; ist⟩: *[bei einem Sturz o. Ä.] auf eine Fläche treffen, aufprallen, aufschlagen:* beim Sturz auf eine scharfe Kante a.; kleine Meteoriten trafen auf das Raumschiff auf; die auftreffenden Strahlen werden gebrochen.

auf|trei|ben ⟨st. V.⟩: **1.** ⟨hat⟩ **a)** *aufwirbeln, in die Höhe treiben:* der Wind treibt die Blätter, den Staub auf; **b)** *aus seiner Ruhe aufscheuchen, aufjagen:* die Sorge treibt sie [früh aus dem Bett] auf. **2. a)** *(durch Druck, Gasbildung o. Ä.) in die Höhe treiben, aufblähen* ⟨hat⟩: die Hefe treibt den Teig auf; die Krankheit hat seinen Körper aufgetrieben; **b)** *in die Höhe getrieben, aufgebläht werden* ⟨ist⟩: der Teig treibt auf; der Kadaver ist aufgetrieben; Ü Ihr Kopf ist aufgetrieben vor Schmerz (Werfel, Himmel 136). **3.** (ugs.) *etw., wonach man einige Zeit gefragt, gesucht hat, finden; ausfindig machen, beschaffen* ⟨hat⟩: einen Handwerker a.; wir müssen ein Taxi, etw. zu essen, das nötige Geld a.; Hast mir wohl nicht geglaubt, dass ich die Moneten auftreibe, wie? (Ziegler, Labyrinth 98); sogar Nussbutter hat er a. können (Grass, Hundejahre 459); Der Trainer hatte ihn engagiert, weil kein anderer Pferdebursche aufzutreiben gewesen war (Frischmuth, Herrin 51). **4.** ⟨hat⟩ **a)** *zum Verkauf auf den Markt bringen:* Schweine [zum Verkauf] a.; **b)** *Vieh auf die Bergweiden treiben.*

auf|tren|nen ⟨sw. V.; hat⟩: **1.** *die Fäden einer Naht zerschneiden [u. damit etw. wieder zertrennen], auseinander trennen:* eine Naht, den Saum a.; das Genähte wieder a. **2.** (landsch.) *(etw. Gestricktes od. Gehäkeltes) aufziehen, aufräufeln:* den Pullover a.

Auf|tren|nung, die; -, -en: *das Auftrennen.*

auf|tre|ten ⟨st. V.⟩: **1.** *die Füße in bestimmter Weise aufsetzen* ⟨ist⟩: fest, leise a.; sie kann mit dem verletzten Fuß nicht a.; Wir traten vorsichtig auf, um nicht in den Netzen hängen zu bleiben (Seghers, Transit 266). **2.** *durch einen Tritt gewaltsam öffnen* ⟨hat⟩: er hat die Tür aufgetreten. **3.** ⟨ist⟩ **a)** *ein bestimmtes Verhalten zeigen; sich in bestimmter Art benehmen:* selbstbewusst, bescheiden, forsch a.; Ü Großbritannien treten im Stile griechischer Tempel auf (Bamm, Weltlaterne 34); **b)** *in einer besonderen Eigenschaft od. mit einer bestimmten Absicht [öffentlich] in Erscheinung treten, hervortreten:* als Sachverständiger, Zeuge, Käufer, Vermittler a.; er trat [in der Versammlung, vor einem großen Publikum] als Redner auf; Er hatte sich seines Hoheitsscheines begeben, trat ganz als Privatmann auf (Th. Mann, Hoheit 28); Er war als ganz junger Traktorist auf einem der ersten Parteitage aufgetreten (H. Weber, Einzug 365); gegen etw., mit Forderungen a.; **c)** *(als Schauspieler o. Ä.) spielen, auf die Bühne treten:* heute wird ein bekannter Künstler a.; als Hamlet, auf einer großen Bühne a.; Ein Angebot, als Stripteasetänzerin aufzutreten, hatte sie abgelehnt (Kinski, Erdbeermund 198). **4.** ⟨ist⟩ **a)** *[plötzlich] eintreten, auftauchen:* Schwierigkeiten, Probleme, Meinungsverschiedenheiten traten auf; Komplikationen waren nicht aufgetreten. Weder bei der Wundheilung noch sonst (Hackethal, Schneide 66); bei der Erschließung und Beraubung von Ländern mit alter Kultur ... traten inflationische Tendenzen auf (Fraenkel, Staat 362); **b)** *plötzlich da sein, vorkommen:* Krankheiten, Seuchen, Schädlinge traten auf.

Auf|tre|ten, das; -s: **a)** *Benehmen, Verhalten (mit dem jmd. auftritt);* **b)** *das In-Erscheinung-Treten (in bestimmter Eigenschaft);* **c)** *das Spielen (als Schauspieler, Künstler).*

Auf|trieb, der; -[e]s, -e: **1.** ⟨o. Pl.⟩ (Physik) *der Schwerkraft entgegengesetzte Kraft, der ein in eine Flüssigkeit od. in ein Gas eingetauchter od. untergetauchter Körper unterworfen ist:* aerodynamischer, statischer A.; der Körper erfährt im Wasser einen A. **2.** ⟨o. Pl.⟩ *Schwung, Elan, Schaffenskraft:* der Erfolg wiederum gab uns A. und ermutigte uns, weiter vorauszudenken (Heym, Schwarzenberg 245); Warum konnte der ... Marxismus in den letzten Jahren wieder einen solch erstaunlichen A. erhalten? (Aufschwung nehmen; Gruhl, Planet 216). **3. a)** *Menge der zum Verkauf auf den Markt gebrachten Schlachttiere:* der A. an/von Kälbern; zum A. kommen; **b)** *das Hinauftreiben des Viehs auf die Bergweide:* der A. findet im Frühjahr statt.

Auf|triebs|kraft, die: *Auftrieb (1).*

Auf|tritt, der; -[e]s, -e: **1.** (Theater) *das Auftreten des Schauspielers auf der Bühne:* vor seinem A. Lampenfieber haben; auf seinen A. warten; Ü der Minister hatte einen großen A., verpasste seinen A.; Aus seiner Ankunft machte der Marchese kein A. (Fest, Im Gegenlicht 354). **2.** (Theater) *Teil eines Aufzugs, Szene:* der fünfte Akt hat nur zwei -e. **3.** *heftige Auseinandersetzung, Streit:* ein peinlicher A.; einen A. mit jmdm. haben, provozieren, vermeiden; Am Nachmittag hatte Peachum einen furchtbaren A. mit Coax erlebt (Brecht, Groschen 74); Zwischen dem Bürgermeister und dem kaiserlichen Staatsanwalt einerseits und dem kaiserlichen Staatsanwalt und dem Polizeikommissär andrerseits hat es sehr heftige -e gegeben (Werfel, Bernadette 190).

Auf|tritts|ver|bot, das: *Verbot, irgendwo aufzutreten (3c):* 1938 erhielt die Sängerin A.

auf|trock|nen ⟨sw. V.⟩: **a)** *[mit einem Tuch] vergossene Flüssigkeit aufwischen* ⟨hat⟩: das verschüttete Wasser a.; **b)** *(von Flüssigkeit, Farbe o. Ä.) an der Luft, Sonne o. Ä. trocken werden, trocknen* ⟨ist/ (auch:) hat⟩: das Wasser trocknet in der Sonne schnell auf.

auf|trump|fen ⟨sw. V.; hat⟩ [eigtl. = im Spiel die höchsten Karten einsetzen]: **1.** *seine Überlegenheit deutlich zeigen, unter Beweis stellen:* [mit Rekorden] a.; Bei internationalen Eisschnelllaufwettbewerben ... trumpften die DDR-Frauen überzeugend auf (Freie Presse 23. 11. 87, 1); Ü Nun aber trumpfen Sie mit einem Einfall auf, der uns ruckartig wachrüttelt: Sie wollen ins All! (Woche, 7. 3. 97, 44). **2.** *seine Meinung, seinen Willen od. eine Forderung [aufgrund seiner Überlegenheit] durchzusetzen versuchen:* sie trumpfte auf und forderte bessere Bezahlung; Paul ... glaubte ..., gegen seine Mutter einen rüden Ton anschlagen zu dürfen; er trumpfte auf und forderte (Bredel, Väter 75). ♦ **3.** *scharf zurechtweisen, unmissverständlich seinen Unwillen zu erkennen geben:* Ich hätt' dem Major besser a. sollen (Schiller, Kabale I, 1).

auf|tun ⟨unr. V.; hat⟩: **1.** (geh. veraltend) *aufmachen, öffnen:* die Tür a.; wenn man die Augen auftut, kann man wirklich allerhand für sein Geld bekommen! (Plievier, Stalingrad 276); den Mund a. (ugs.; *sprechen*). **2.** ⟨a. + sich⟩ (geh.) **a)** *sich öffnen:* Die Tür zum Operationssaal tat sich auf (Sebastian, Krankenhaus 87); Brod ... sägte einen Zweig vom Apfelbaum ab, dessen Blütenknospen sich innerhalb der nächsten Tage a. würden (Brückner, Quints 53); Ü eine breite Straße tat sich [vor ihr] auf; ein Abgrund hatte sich vor ihm aufgetan; **b)** *sich jmdm. erschließen, darbieten:* eine neue Welt, ein neuer Horizont tat sich ihr auf; Neue und bis dahin ungeahnte Möglichkeiten und Perspektiven tun sich auf (Natur 31). **3.** ⟨a. + sich⟩ (landsch.) *gegründet, eröffnet werden:* neue Läden, Vereine haben sich aufgetan. **4.** (ugs.) *durch Zufall entdecken, ausfindig machen:* ein gutes Lokal a.; Übrigens habe ich einen ganz fabelhaften Masseur aufgetan, der gern bei uns anheuern würde

auftunken

(Danella, Hotel 330). **5.** (ugs.) *zum Essen auf den Teller legen:* sich, jmdm. [Kartoffeln] a.; Sie legt ihm eine Serviette auf den Schreibtisch, stellt den Henkeltopf daneben und tut ihm die Suppe auf (Bieler, Bär 107). **6.** (landsch.) *auf den Kopf, auf die Nase setzen:* den Hut, die Brille a.

auf|tun|ken ⟨sw. V.; hat⟩: *durch Tunken aufsaugen:* die Soße a.; ...‚ sagte Bernhard und tunkte genießerisch das Öl mit Brot auf (Kuby, Sieg 213).

auf|tup|fen ⟨sw. V.; hat⟩: *durch Tupfen entfernen, aufsaugen:* Blutstropfen, Tränen, Wasserflecke [mit einem Tuch] a.; Sie nahm eine neue Scheibe Weißbrot, mit der sie die Soße auftupfte (Böll, Haus 105).

auf|tür|men ⟨sw. V.; hat⟩: **a)** *hoch aufschichten, stapeln* [zu einem Berg] a.; unvergessen ist mir der Anblick von Untertassen mit aufgetürmten Buttersternchen darauf (Erné, Kellerkneipe 250); **b)** ⟨a. + sich⟩ *sich stapeln, zu einem großen Berg anwachsen:* Aktenberge türmen sich auf; Die sich am Rand des Schneefeldes auftürmenden Steinhaufen (Plievier, Stalingrad 238).

auf|wa|chen ⟨sw. V.; ist⟩: *wach werden, erwachen:* plötzlich, aus einem Traum, durch ein Geräusch, mitten in der Nacht, mit schwerem Kopf a.; Man merkt, dass wir nahe am Meere sind, man wacht vor Kälte immer wieder auf (Remarque, Westen 48); aus der Narkose a. *(wieder zum Bewusstsein kommen);* Ü die Mannschaft wachte erst auf, als sie 0:2 im Rückstand lag; Machen Sie deshalb Schadenersatzansprüche ... geltend! Dann wacht die Behörde bestimmt schnell auf (DM 49, 1965, 92).

auf|wach|sen ⟨st. V.; ist⟩: **1.** *groß werden, heranwachsen:* auf dem Lande, in kleinen Verhältnissen a.; wir sind zusammen aufgewachsen; Helena und Maria sind als Gastarbeiterkinder in Deutschland aufgewachsen (Woche, 14. 11. 97, 48); Axel, Page Nummer eins. Er ist mit Hunden aufgewachsen (Danella, Hotel 32); **2.** (geh.) *auftauchen, immer größer werdend hervortreten:* Türme wachsen aus dem Dunkel auf.

auf|wal|len ⟨sw. V.; ist⟩: **a)** *(beim Erhitztwerden) wallend hochsteigen:* die Soße kurz, einmal a. lassen; die Milch wallt [im Topf] auf; Der Reis im Wasser wallte auf, und hastig lief sie zum Herd, um die Flamme kleiner zu stellen (Baldwin [Übers.], Welt 430); Ü mit aufwallendem Blut *(mit heftiger Erregung);* **b)** *in dichten Schwaden aufsteigen:* Nebel, Dunst wallt [aus einer Niederung] auf; Auch hier ... wallte Rauch zur Decke auf (Plievier, Stalingrad 122); **c)** (geh.) *plötzlich in jmdm. als heftige innere Bewegung hochsteigen:* Hass, Dankbarkeit wallte in ihr auf; Ihre plötzlich aufwallende Zärtlichkeit trieb ihr Tränen in die Augen (Jaeger, Freudenhaus 70).

Auf|wal|lung, die; -, -en: *das Aufwallen* (c): Emotionalen -en ist rechtzeitig durch Aufklärung zu wehren (Welt 12. 7. 78, 1).

auf|wäl|ti|gen ⟨sw. V.; hat⟩ [vgl. gewältigen] (Bergmannsspr.): *zusammengebrochene Grubenbaue wieder herrichten.*

Auf|wäl|ti|gung, die; -, -en (Bergmannsspr.): *das Aufwältigen.*

auf|wal|zen ⟨sw. V.; hat⟩ (Bauw.): *durch Walzen dünn auftragen:* eine neue Teerschicht a.

Auf|wand, der; -[e]s: **a)** *das Aufwenden; Einsatz:* ein großer A. an Energie, Geld; ein A. von zwei Millionen Mark; Die Natur arbeitet unwahrscheinlich ökonomisch; mit geringstem A. erreicht sie ein hohes Maß an Effektivität (Gruhl, Planet 37); Im Sommer briet er Fleisch im Freien und verfertigte kunstvolle Halterungen für die Spieße. Auch wenn ihnen manchmal der A. zu groß erschien, ... (Frischmuth, Herrin 51); **b)** *aufgewendete Mittel, Kosten:* der A. hat sich [nicht] gelohnt; Es dürfe kein A. gescheut werden, um die damit verbundenen Aufgaben auf die bestmögliche Art zu lösen (Basellland. Zeitung 27. 3. 85, 1); **c)** *übertriebener Prunk, Verschwendung:* unnötigen A. [mit etw.] treiben.

auf|wän|dig: ↑ aufwendig.

Auf|wands|ent|schä|di|gung, die; -, -en: *Ausgleichszahlung für besondere im Dienst entstandene Kosten:* eine A. von 500 DM erhalten.

Auf|wands|steu|er, Auf|wand|steu|er, die; -, -n: *Steuer, die auf bestimmte Einkommensverwendungen erhoben wird* (z. B. Kfz-Steuer, Hundesteuer).

auf|wär|men ⟨sw. V.; hat⟩: **1.** *(etw. Gekochtes) noch einmal, wieder warm machen:* das Essen vom Mittag a.; Sie können die Suppe noch mal a., aber vielleicht möchten Sie mal was anderes essen? (Danella, Hotel 165); Ü alte Geschichten, einen alten Streit wieder a. (ugs. abwertend; *erneut zur Sprache bringen, aufleben lassen);* Warum wärmst du aus heiterem Himmel diese ollen Kamellen auf? Sachen, die keinen Menschen mehr interessieren (Heim, Traumschiff 109). **2.** ⟨a. + sich⟩ *sich an einer Wärmequelle o. Ä. wieder wärmen:* sich an Ofen, mit einem Grog wieder a.; Zu jener Zeit waren die Drugstores noch bis Mitternacht geöffnet, und ich pflegte mich bei Aptaker aufzuwärmen (Kemelman [Übers.], Mittwoch 106). **3.** (Sport) *durch leichte Übungen die Muskulatur lockern, den Körper warm werden lassen (als Vorbereitung auf eine sportliche Betätigung):* der Sprinter wärmt sich vor dem Start auf.

Auf|wär|mer, der; -s, - (Sport Jargon): *leichtes Spiel zur Vorbereitung auf ein schwereres; Testspiel.*

Auf|wär|mung, die; -, -en: *das Aufwärmen, Sichaufwärmen.*

Auf|war|te|frau, die; -, -en (landsch.): *Putzfrau, Zugehfrau.*

auf|war|ten ⟨sw. V.; hat⟩: **1. a)** (geh.) *anbieten, vorsetzen:* den Gästen mit einer Flasche Champagner, mit einem fünfgängigen Menü a.; **b)** *zu bieten haben:* mit großen Neuigkeiten, Verbesserungen a. [können]; da sie schon nicht mit Schönheit a. konnte, hätte sie vielleicht eine hübsche Verlegenheit gerettet (Kronauer, Bogenschütze 127); Da er der bes-

te Kenner dieses Werks war, konnte er immer wieder mit Gedanken und Formulierungen a., die von den Interpreten in der ganzen Welt ... übernommen wurden (Reich-Ranicki, Th. Mann 32); die Mannschaft wartete mit einer großen Leistung auf *(bot eine große Leistung).* **2.** (veraltend) *(Gäste) bedienen:* den Gästen a. **3.** (geh. veraltet) *jmdm. einen Höflichkeitsbesuch, seine Aufwartung machen:* gleich nach seiner Ankunft wartete er dem Bürgermeister auf. ♦ **4. a)** *(eine Frau) umwerben:* Der Bruder hat unter der Truppe eine Tänzerin, mit der er schöntut ..., in der Stadt noch einige Frauen, denen er aufwartet (Goethe, Lehrjahre IV, 14); **b)** *(vom Hund) Männchen machen:* Du stehest still, er (= der Pudel) wartet auf (Goethe, Faust I, 1168); **c)** *zu Diensten sein, gehorchen:* breitete er ihn (= den Schatten) auf der Sonnenseite zu seinen Füßen aus, so, dass er zwischen den beiden ihm aufwartenden Schatten, dem meinen und seinen, daherging (Chamisso, Schlemihl 49).

Auf|wär|ter, der; -s, - (landsch.): *Aushilfskellner, Diener.*

Auf|wär|te|rin, die; -, -nen: w. Form zu ↑ Aufwärter.

Auf|war|te|stel|le, die (landsch.): *Stelle als Aufwartefrau:* eine A. antreten, suchen.

auf|wärts ⟨Adv.⟩ [mhd. ūfwert(es), ↑ -wärts]: *nach oben:* hier führt der Weg a.; den Fluss a. gehen, rudern; Ü von 100 Mark a., vom General a.; Vom Abteilungsleiter a. vermittelte er alles, was er erfolgreiche Karrieren versprach (Konsalik, Promenadendeck 40); * **mit jmdm., etw. geht es a.** *(jmds. Situation o. Ä. bessert sich):* mit ihrer Gesundheit geht es wieder a.; Mit Knut de Jongh ging es weiterhin a., obwohl das Fieber noch nicht völlig besiegt war (Konsalik, Promenadendeck 375); Im Sommer 1943 wurden die Rationen arg gekürzt, obwohl Göring zugesichert hatte, von jetzt an ginge es dank eroberten Raumes nur noch a. (Loest, Pistole 69).

Auf|wärts|be|we|gung, die: *Bewegung nach oben.*

Auf|wärts|drall, der (Sport): *Drehschwung nach oben.*

Auf|wärts|ent|wick|lung, die: *günstig verlaufende Entwicklung:* Das Vereinsturnen habe eine erstauliche A. genommen, wenn man bedenkt, dass von 103 gemeldeten Kindern rund 70 regelmäßig an den Übungsstunden teilnehmen (Saarbr. Zeitung 28. 12. 79, 20).

auf|wärts ge|hen: s. aufwärts.

Auf|wärts|ha|ken, der (Boxen): *mit der Faust bei abgewinkeltem Arm nach oben geführter Stoß.*

Auf|wärts|stre|ben, das: *Streben nach wirtschaftlichem, sozialem Aufstieg.*

Auf|wärts|trend, der: *Aufwärtsentwicklung:* Der anhaltende A. der Schweizer Schwimmer kommt nicht nur durch die 14 Schweizer Rekorde ... zum Ausdruck (NZZ 30. 8. 83, 23).

Auf|war|tung, die; -, -en: **1. a)** (veraltet) *das Bedienen:* eine Hilfe zur A. haben;

b) (landsch.) *das Saubermachen, Reinigen:* sie macht die A. im Hause. **2.** (landsch.) *Aufwartefrau.* **3.** (geh.) *Höflichkeitsbesuch:* jmdm. eine, seine A. machen.

Auf|wasch, der; -[e]s (landsch.): **1.** *das Aufwaschen:* den A. besorgen, machen; der große A. hat Zeit bis zum nächsten Tage (Horn, Gäste 157); R das ist ein A.; das geht/das machen wir in einem A. (ugs.; *das lässt sich alles zusammen erledigen*). **2.** *abzuwaschendes Geschirr:* in der Küche steht noch der ganze A.

Auf|wasch|be|cken, das (landsch.): *Spülbecken.*

auf|wa|schen ⟨st. V.; hat⟩ (landsch.): *spülen, abwaschen:* Geschirr a.; Nachdem ..., sitzen Pat und Ann noch in der Küche, während Mom Rose in der Küche aufwäscht (Fr. Wolf, Menetekel 521); R das ist ein Aufwaschen; das geht/das machen wir in einem Aufwaschen (ugs.; *das lässt sich alles zusammen erledigen*); Man errichtet neben der alten Straße eine neue – und baut gleichzeitig die alte aus. Denn das geht dann in einem Aufwaschen (Wiener 10, 1983, 27).

Auf|wasch|lap|pen, der (landsch.): *Spültuch.*

Auf|wasch|was|ser, das ⟨Pl. ...wässer⟩ (landsch.): *Spülwasser.*

auf|we|cken ⟨sw. V.; hat⟩: *wach machen, aus dem Schlaf wecken:* die Kinder nicht a.; das Klingeln hat sie aufgeweckt; Peter entschuldigte sich, dass er sie nun aufgeweckt habe mit seinem Gemurkse (Hausmann, Abel 88).

auf|we|hen ⟨sw. V.; hat⟩: **1. a)** *in die Höhe wehen:* Ein schwüler Wind weht grauen Sand auf (Koeppen, Rußland 15); **b)** *wehend auftürmen:* der Wind hat die Schneeberge aufgeweht; **c)** *aufgewirbelt werden:* der Straßenstaub weht auf. **2.** (geh.) *wehend öffnen:* der Sturm hat Fenster und Türen aufgeweht.

auf|wei|chen ⟨sw. V.⟩: **1.** *durch Feuchtigkeit weich machen* ⟨hat⟩: ein Brötchen in Wasser a.; der Regen hat den Boden aufgeweicht; Wahrscheinlich hatte erst die Nässe an den Stufen den Dreck an den Schuhsohlen aufgeweicht (H. Gerlach, Demission 105); Will man zu einer optimalen Wagenwäsche kommen, muss der Schmutz vorerst einmal richtig aufgeweicht werden (Neue Kronen Zeitung 30. 3. 84, 53); Ü Neue ist für die Sandinisten ... jede politische Unterstützung wichtig, die ihre Isolation aufweicht (taz 6. 12. 84, 12); ein System a. (*von innen her allmählich zerstören*); Der Kündigungsschutz ist aufgeweicht worden (Woche, 7. 3. 97, 12). **2.** *weich werden* ⟨ist⟩: der Boden weicht auf; Ü die Fronten weichen auf.

Auf|wei|chung, die; -, -en: *das Aufweichen.*

auf|wei|nen ⟨sw. V.; hat⟩: *plötzlich für einen Augenblick laut weinen:* die Frau weinte laut auf; Er hatte jammervoll aufgeweint, als der große Ruben seine Zustimmung gegeben hatte, dass man ihn in die Grube würfe (Th. Mann, Joseph 583).

Auf|weis, der; -es, -e: *das Aufzeigen, Darlegen:* der A. großer Irrtümer ist ihm nicht gelungen; Es gibt noch eine »andere Dimension« – auch wenn sie sich dem A. entzieht (Sloterdijk, Kritik 378).

auf|wei|sen ⟨st. V.; hat⟩: **a)** *auf etw. hinweisen, etw. aufzeigen:* die Bedeutung, Wichtigkeit von etw. a.; der Redner wies neue Möglichkeiten auf; Es gibt Statistiken darüber, die aufweisen, dass zwischen dem Betriebsklima und dem Krankenstand eine direkte Korrelation besteht (Natur 72); Hier soll vielmehr versucht werden, die großen Linien der Entwicklung aufzuweisen, die für das Schicksal der politischen Parteien entscheidend waren (Fraenkel, Staat 185); **b)** *durch etw. Bestimmtes gekennzeichnet sein u. dies zeigen, erkennen lassen:* Parallelen zu etw., einen Mangel, Vorzüge a.; Heute, wo mein Antlitz abgemagert ist und meine Glieder die Merkmale des Alterns aufweisen (Th. Mann, Krull 79); während die junge Frau Ähnlichkeit aufweise mit seiner Mutter (Rolf Schneider, November 159); Zudem wies die Kölner Mannschaft zu viele Schwachpunkte auf (Kicker 6, 1982, 33); **etw. aufzuweisen haben* (etw. haben, über etw. verfügen): gute Zeugnisse aufzuweisen haben; Sie hatte keinerlei äußere Vorzüge aufzuweisen (Ott, Haie 160); ◆ **c)** *aufwiegeln, aufbringen* (4 b): Von den Knechten meinte ein jeder, er sei sein Freund, und gegen jeden wies er die andern auf (Gotthelf, Spinne 106).

Auf|wei|sung, die; -, -en: *das Aufweisen.*

auf|wen|den ⟨unr. V.; hat⟩: *(für einen bestimmten Zweck, ein erstrebtes Ziel) aufbringen; für etw. verwenden, einsetzen:* viel Kraft, Zeit, Kosten [für etw.] a.; In den letzten drei Jahren hat das Land für die Restaurierung der gesamten Anlage 28 Millionen Mark aufgewandt (Badische Zeitung 12. 5. 84, 6); er wendete/wandte alles auf, ihn zu überreden; die Tochter des einen wendet alle ihre weiblichen Listen auf, um den Freund ihres Vaters zu verführen (Nordschweiz 29. 3. 85, 8).

auf|wen|dig, aufwändig ⟨Adj.⟩ [zu ↑aufwenden]: *mit großem Aufwand verbunden; kostspielig:* Der ... Angeklagte hatte ... das Geld benötigt, um seinen -en Lebensstil zu finanzieren (Augsburger Allgemeine 22./23. 4. 78, 45); Anni musste ... eine ihrem Arbeiterhaushalt reichlich -e Wohnungseinrichtung bewundern (Kühn, Zeit 224); die Freisetzung der hier gebundenen Ölmengen ist a. und galt bisher als unrentabel (auto touring 2, 1979, 2); Aufwendig bemalte Jeeps mit einem goldenen Adler auf der Kühlerhaube (White [Übers.], Staaten 20); Das Rathaus wird a. rekonstruiert (Woche, 28. 1. 97, 16).

Auf|wen|dung, die; -, -en: **a)** *das Aufwenden:* unter A. seiner ganzen Beredsamkeit durchsetzen; **b)** ⟨Pl.⟩ *Ausgaben, Kosten; für etw. Bestimmtes aufwendender Betrag:* hohe -en haben; Der Gesellschaft gelang es, die -en für Löhne und Gehälter um 5,6 Prozent ... senken (Welt 5. 8. 65, 13).

auf|wer|fen ⟨st. V.; hat⟩: **1. a)** *nach oben, in die Höhe werfen:* die Schiffsschrauben warfen das Wasser auf; Mit äußerster Kraft, eine hohe Bugwelle aufwerfend, dampften Torpedoboote ... heran (Ott, Haie 167); den Kopf a. (*ruckartig heben*); **b)** *auf etw. werfen:* Kohlen, Holzscheite a. (*auf das Feuer werfen*); die Karten a. (*auf den Tisch werfen*); **c)** *aufhäufen, aufschütten:* einen Damm, ein Grab a.; Richard soll die Schanzen sehen, die von den Kriegern aufgeworfen, jetzt aber mit Gras überwachsen sind (Kempowski, Zeit 214); Schnee zu Wällen a.; aufgeworfene Erdmassen; Auf einer freien Stelle im Gelände ... hatte Pröll unter dem aufgeworfenen Schotter einen Kanalschacht entdeckt (Apitz, Wölfe 286). **2.** *mit Wucht öffnen:* mit einem Schwung die Tür a. **3.** *zur Sprache bringen, zur Diskussion stellen:* eine Frage a.; Die schwierigen organisatorischen und institutionellen Probleme, die durch die Kernwaffen aufgeworfen werden (Fraenkel, Staat 367). **4.** ⟨a. + sich⟩ *sich eigenmächtig zu etw. machen, sich (zu etw.) erheben* (3 a): sich zum Richter, Beschützer a.; dass der Trieb ... mehr den Zweck hat, zu verhindern, dass sich ein Vogel zum Tyrannen aufwirft (Lorenz, Verhalten I, 42); Wenn Abdul Hamid fällt, ist es mit Ihrem Einfluss in der Türkei zu Ende, und England wirft sich zum Protektor auf (Th. Mann, Zauberberg 527). **5.** (selten) *(die Lippen) schürzen:* die Lippen a.; ein aufgeworfener Mund.

auf|wer|ten ⟨sw. V.; hat⟩: *dem Wert nach verbessern, den Wert von etw. erhöhen:* die D-Mark a.; die Renten, die Währung a.; Ü sein Ansehen, seine Stellung in der Gesellschaft wurde aufgewertet (*nahm zu*); Er versuchte die Region um Besançon kulturell und politisch aufzuwerten (NJW 19, 1984, 1060); Als Monopolisten können sich die natürlich leisten, neue Trends zu ignorieren oder den eigenen Geschmack zum Trend aufzuwerten (tango 9, 1984, 35).

Auf|wer|tung, die; -, -en: *das Aufwerten, Aufgewertetwerden.*

auf|wi|ckeln ⟨sw. V.; hat⟩: **1. a)** *wickelnd zusammenrollen:* einen Bindfaden [auf eine Spule], Stoff [zu einem Ballen] a.; **b)** (ugs.) *auf Wickler aufdrehen:* sich, jmdm. die Haare a. **2.** *etw. Verpacktes durch Auseinanderwickeln der Hülle öffnen:* ein Paket vorsichtig a.

Auf|wi|ckel|spu|le, die (Film): *Spule am Projektor zum Aufwickeln des Filmbands.*

Auf|wi|cke|lung, Auf|wick|lung, die; -, -en: *das Aufwickeln.*

Auf|wie|ge|lei, die; -, -en (abwertend): *das Aufhetzen zur Auflehnung:* jmdn. wegen A. anklagen.

auf|wie|geln ⟨sw. V.; hat⟩ [2. Bestandteil zu mhd. wegen = sich bewegen (↑²bewegen), also eigtl. = in heftige Bewegung versetzen]: *[eine Menschengruppe] zur Auflehnung aufhetzen:* Menschen [gegen etw.] a.; das Volk [zum Widerstand] a.; Die Palästinenserführer beobachten kritisch, wie es der von Iran ausgehenden fanatischen religiösen Bewegung gelingt,

Aufwiegelung

die Massen im Nahen Osten aufzuwiegeln (Saarbr. Zeitung 4. 12. 79, 9).
Auf|wie|ge|lung, Aufwieglung, die; -, -en: *das Aufwiegeln.*
auf|wie|gen ⟨st. V.; hat⟩: *ausgleichen, Ersatz für etw. bieten:* die Vorteile wiegen die Nachteile auf; der Erfolg hat den Einsatz nicht aufgewogen; die Person des Führers und das Vertrauen in seine Fähigkeiten wogen viel des Üblen auf (Thieß, Reich 602); solange der Verlust der Freiheit mit einer ausreichenden Menge an Speck aufgewogen wird (Bieler, Bonifaz 69).
Auf|wieg|ler, der; -s, -: *jmd., der andere aufwiegelt:* Die Gewerkschaft schrieb: Westberliner A. missbrauchten die gut gemeinten Demonstrationen ehrlicher Kollegen zu Krawallen und Tumulten (Bieler, Bär 286).
Auf|wieg|le|rin, die; -, -nen: w. Form zu ↑Aufwiegler.
auf|wieg|le|risch ⟨Adj.⟩: *andere aufwiegelnd:* -e Reden führen; Wenn solche Gruppen ihre demagogischen Ergüsse vor unseren Toren verteilen und dann noch -e Kundgebungen veranstalten, ... (Delius, Siemens-Welt 96); a. reden.
Auf|wieg|lung: ↑Aufwiegelung.
auf|wim|mern ⟨sw. V.; hat⟩: *plötzlich, für einen Augenblick laut wimmern:* zur Seite knickend, dass ihm beinah die Knie brachen und er aufwimmerte vor Schmerz (Maass, Gouffé 188).
Auf|wind, der; -[e]s, -e (Met.): *vom Boden aufsteigende Luftbewegung:* das Segelflugzeug hat guten A.; Alpendohlen lassen sich von den -en ohne Flügelschlag emportragen (Fischer, Wohnungen 87); Ü durch erste Erfolge A. *(Auftrieb)* bekommen; Die objektiven Berliner Zuschauer wollten noch mehr Spannung ... Die Stuttgarter spürten den A. (Walter, Spiele 158); CTM ist ein Unternehmen im A. (Hamburger Abendblatt 24. 8. 85, 56); Adebar ... ist in Niedersachsen nach dramatischen Rückgängen zwischen 1950 und 1970 wieder im A. (Woche, 4. 4. 97, 27).
auf|win|den ⟨st. V.; hat⟩: 1. *durch Winden in die Höhe ziehen od. heben:* den Anker a. 2. (selten) *aufwickeln:* ein Kabel [auf eine Rolle] a.
Auf|wind|kraft|werk, das: *Kraftwerk, bei dem von der Sonne erwärmte Luft durch einen Schlot steigt u. dabei Turbinen antreibt.*
auf|wir|beln ⟨sw. V.⟩: a) *etw., was locker irgendwo liegt, hoch-, in die Luft wirbeln* ⟨hat⟩: Staub, altes Laub a.; b) *in die Höhe wirbeln, aufsteigen* ⟨ist⟩: Schnee wirbelte hoch auf; Mückenschwärme wirbelten auf und summten quälend um ihn (Gaiser, Jagd 193).
auf|wi|schen ⟨sw. V.; hat⟩: a) *wischend aufnehmen, entfernen:* verschüttetes Wasser, Bier a.; Die Wirtin hatte die Glasscherben mit einem großen, nassen Lumpen aufgewischt (M. Walser, Seelenarbeit 250); b) *mit einem feuchten Lappen wischend bearbeiten:* den Boden, die Diele [feucht] a.
Auf|wisch|lap|pen, der: *Lappen zum Aufwischen.*

auf|wo|gen ⟨sw. V.; hat⟩: *in die Höhe wogen, heftig wogen:* das Meer, die See wogte wild auf; Ü etw. mit aufwogender Freude vernehmen.
auf|wöl|ben, sich ⟨sw. V.; hat⟩: *eine Wölbung bilden:* das Blech hat sich aufgewölbt.
auf|wöl|ken ⟨sw. V.; ist⟩ (geh.): *wie eine Wolke in die Höhe fliegen, nach oben gelangen:* Hunderte von Sperlingen ..., die ... aufwölkten (Grass, Blechtrommel 668); Rauschend lief heißes Wasser in die Badewanne, und der Dampf wölkte auf (Sebastian, Krankenhaus 92); der Stier ... stoppt plötzlich seinen Lauf, so dass Staub aufwölkt (Frisch, Stiller 305).
Auf|wuchs, der; -es, Aufwüchse: 1. ⟨o. Pl.⟩ *das Hochwachsen, Heranwachsen:* der A. der Pflanze ist von der Sonnenbestrahlung abhängig. 2. (Forstw.) *junge Baumpflanzung.* 3. (Biol.) *an Feuchtigkeit gebundene Mikroorganismen (bes. Algen), die sich auf anderen Organismen od. Gegenständen ansiedeln.*
auf|wüh|len ⟨sw. V.; hat⟩: 1. a) *wühlend an die Oberfläche bringen:* Steine, Knochen a.; b) *wühlend aufreißen:* den Boden a. 2. *Wassermassen o. Ä. aufrühren, in stürmische Bewegung bringen:* der Sturm wühlte die See auf; ein Kamel, das sich durstig an eine Tränke stürzt, deren Wasser aufgewühlt, also saudreckig ist (Kirst, 08/15, 890); aufgewühlter Schlamm verdunkelt das Wasser; Ü die Nachricht wühlte ihn bis ins Innerste auf *(erregte ihn heftig);* Die Volksabstimmung von 1946 ... war in Ereignis, das die Leidenschaften Italiens tief aufwühlte (Fest, Im Gegenlicht 364); ein aufwühlendes Erlebnis; aufgewühlt *(innerlich stark erregt)* verließ er das Theater.
Auf|wurf, der; -[e]s, Aufwürfe (selten): 1. a) *das Aufwerfen, Aufschütten:* der A. eines Erdhügels; b) *kleiner aufgeworfener Hügel:* a. aus Steinen. 2. (südd.) *Auktion:* zwei Gemälde von Bracht kamen zum A.
auf|zah|len ⟨sw. V.; hat⟩ (südd., österr.): *(eine bestimmte Summe) zuzahlen:* [einen Mehrpreis] a. müssen; wer für die Automatik schwärmt, muss 800 DM a. (MM 20. 9. 68, 22).
auf|zäh|len ⟨sw. V.; hat⟩: a) (selten) *zählend Stück für Stück vorlegen:* jmdm. das Geld einzeln, genau a.; b) *einzeln angeben, nacheinander aufführen, nennen:* bestimmte Namen, Daten, Verdienste a.; jmdm. seine Versäumnisse a.; ihre Unterhaltungen ↓. bestanden meistens darin, dass sie Maltes Unarten aufzählten und sich über ihn beklagten (Rilke, Brigge 71); *jmdm. welche/ein paar a.* (ugs. veraltend; *jmdm. Schläge auf das Gesäß geben).*
Auf|zah|lung, die; -, -en: *das Aufzahlen.*
Auf|zäh|lung, die; -, -en: *das Aufzählen.*
auf|zäu|men ⟨sw. V.; hat⟩: *den Zaum anlegen:* der Pferde a.; Ü etw. verkehrt a. (ugs.; *falsch anpacken).*
auf|zeh|ren ⟨sw. V.; hat⟩ (geh.): a) *völlig aufbrauchen:* seine Vorräte, Ersparnisse a.; Luxuslimousine und Prachtvilla hatten einen Großteil der unterschlagenen

Gelder aufgezehrt (Augsburger Allgemeine 22./23. 4. 78, 45); Der indische Begleiter erkrankte, der Proviant war aufgezehrt (Trenker, Helden 230); Ü Diese gemeinsame Gegnerschaft zehrte allmählich die innere Autorität des Parlamentarismus auf (Niekisch, Leben 199); b) ⟨a. + sich⟩ *sich verbrauchen, verzehren über etw.:* du hast dich die Jahre hindurch [innerlich] aufgezehrt.
Auf|zeh|rung, die; -, -en: *das Aufzehren, Sichaufzehren.*
auf|zeich|nen ⟨sw. V.; hat⟩: 1. a) *auf etw. zeichnen:* ein Muster, einen Grundriss [auf ein Blatt] a.; b) *erklärend hinzeichnen:* jmdm. den Weg a. 2. *zur Dokumentation schriftlich, auf Tonträger, Film od. Magnetband festhalten:* seine Erinnerungen, die Vorfälle wahrheitsgetreu a.; eine Rede wortwörtlich a.; eine Sendung a.; Natascha hatte darüber nachgedacht, ob sie die traurige Geschichte von Rebecca und Bodakov a. solle (Rolf Schneider, November 50).
Auf|zeich|nung, die; -, -en: 1. *das Zeichnen auf etw.:* eine genaue A. des Entwurfs. 2. a) *das Festhalten von etw. durch Schrift, Bild od. Ton:* eine stenografische A.; -en [mit der Kamera, mit dem Tonbandgerät] machen; von Ingelheim hatte sich ... in jene Gartenecke zurückgezogen, wo er gerne noch ein wenig las oder -en in sein Tagebuch machte (Benrath, Konstanze 71); Dass Pilz längere Zeit in Rom weilte, erfahren wir aus den -en August Wilhelm von Schlegels (Hildesheimer, Legenden 24); b) (Funkw., Ferns.) *in Bild od. Ton Festgehaltenes:* das war eine A. und keine Livesendung; Der Vater ist noch auf, weil heute die Neuaustragung des Fußballspiels in einer A. gezeigt wird (Zenker, Froschfest 31).
auf|zei|gen ⟨sw. V.; hat⟩ (geh.): *deutlich zeigen, nachweisen, darlegen, demonstrieren:* Fehler, Schwächen a.; Wir haben die Wichtigkeit direkter Aktion aufgezeigt (Praunheim, Armee 278); er zeigte auf, wie groß die Umweltschäden sein würden; Wie sich »Der kleine Unterschied« für einige der darin protokollierten Frauen selbst ausgewirkt hat, möchte ich am Beispiel von Irmgard S. ... a. (Schwarzer, Unterschied 9); in Köln zeigte Rinus Michels seinem Kollegen Jupp Heynckes auf, wo die Grenzen der Himmelsstürmer ... liegen (Kicker 82, 1981, 18); Die Studie zeigt auf, dass sich die Wartungskosten senken lassen (CCI 7, 1987, 33).
auf|zer|ren ⟨sw. V.; hat⟩: 1. *durch Zerren aufmachen, öffnen, lösen:* die Krawatte, ein Paket ungeduldig a.; Der Posten stürzte zum großen Kasernentor und zerrte es auf (Kirst, 08/15, 445). 2. *durch Zerren hochheben:* jmdn. mit Gewalt vom Boden a.
auf|zie|hen ⟨unr. V.⟩: 1. *nach oben ziehen* ⟨hat⟩: eine Fahne, Segel a. *(hissen).* 2. ⟨hat⟩ a) *ziehend öffnen:* einen Reißverschluss a.; den Vorhang a. *(auseinander ziehen);* b) *durch Herausziehen öffnen:* die Schublade a.; c) *entkorken:* Flaschen a. 3. *auf etw. spannen* ⟨hat⟩: eine Landkarte, Saiten [auf ein Instrument] a.; die

Leinwand musste auf Pappe aufgezogen werden *(aufgeklebt, befestigt werden)*; eine Stickerei a. *(auf den Rahmen spannen)*; Schneeketten a. macht bei niedrigen Temperaturen nur wenig Spaß (a & r 2, 1997, 125). **4.** ⟨hat⟩ **a)** *(eine Feder) spannen:* die Feder einer Spieluhr a.; **b)** *durch Spannen der Feder o. Ä. bereitmachen:* die Armbanduhr, das Spielzeugauto a.; Ü sie war heute sehr aufgezogen *(angeregt, animiert).* **5.** *großziehen* ⟨hat⟩: ein Kind im christlichen Glauben, nach bestimmten Grundsätzen a.; ein fremdes Kind wie sein eigenes a.; sie war von ihren Großeltern aufgezogen worden; das freundliche Klärchen ..., die ... aufgezogen worden war mit Kenntnissen im Kochen, Sticken, Klavierspielen und sogar Klöppeln (Loest, Pistole 43); ein Tier mit der Flasche a. **6.** (ugs.) *ins Werk setzen, arrangieren* ⟨hat⟩: ein Fest, eine Unternehmung a.; die Versammlungen müssen neu a. (Rocco [Übers.], Schweine 16); die Idee, diese Landkommune aufzuziehen, ist wirklich nur reiner Notwehr entwachsen (Schnurre, Ich 82); Schewtschenko ... sollte einen Agentenring a. (Welt 18. 5. 83, 1); die Sache war falsch, richtig, zu einseitig aufgezogen; der Prozess sollte politisch aufgezogen werden. **7.** (ugs.) *necken, verspotten* ⟨hat⟩: jmdn. wegen seiner, mit seinen zu kurzen Hosen a.; irgendeine Freundin hat mich halt mal damit aufgezogen, wie wenig Beatgruppen ich kannte (Loest, Pistole 200). **8.** ⟨ist⟩ **a)** *aufmarschieren:* die Wache, der Posten ist aufgezogen; als er aus einigem Abstand beobachten musste, wie vor dem Haus der Gewerkschaften ... eine SA-Wache aufzog (Kühn, Zeit 356); **b)** *näher kommen, aufkommen* (1): ein Gewitter, eine schwarze Wolke zieht auf. **9.** *etw. Gestricktes, Gehäkeltes auftrennen* ⟨hat⟩: den Ärmel noch einmal a. **10.** (landsch.) *aufwischen* ⟨hat⟩. **11.** ⟨hat⟩ (Med.) **a)** *eine zur Injektion bestimmte Flüssigkeit in die Spritze einsaugen:* eine Traubenzuckerlösung a.; **b)** *eine Spritze durch Einsaugen des flüssigen Präparates für eine Injektion vorbereiten:* eine Spritze a. **12.** *bei der Schaufensterdekoration Kleiderpuppen anziehen* ⟨hat⟩: Figuren a.; ◆ **13.** *vertrösten, hinhalten* ⟨hat⟩: wie sehr Sie mit Ihren Forderungen an die Generalkriegskasse aufzieht (Lessing, Minna I, 4).

Auf|zucht, die; -, -en: *das Aufziehen, Großziehen;* die A. von Kälbern; Nachdem Frau Josefin bedeutet hatte, dass sie sich zu alt fühle, die A. der Enkel zu bewältigen (Fussenegger, Haus 66).

auf|züch|ten ⟨sw. V.; hat⟩: *zu Zuchtzwecken großziehen:* Milchkühe a.

auf|zu|cken ⟨sw. V.⟩: **1.** (geh.) *wie ein Blitz aufleuchten* ⟨hat/ist⟩: im Lichtschein zuckte auf; unten, am Ufer, wo das Königsschloss gestanden, zuckte eine Flamme auf wie ein glühendes Schwert (Schneider, Erdbeben 105); Ü als ob in ihren ein wenig verschwollenen grauen Augen etwas wie Hass gegen Klaus Heinrich aufzuckte (Th. Mann, Hoheit 146). **2.** *ruckartig auffahren, zusammenzucken* ⟨hat⟩: plötzlich zuckte er auf; hinter der langen Schlachtbank der kleine Raum, wo's nur noch ab und zu leise aufzuckte (Hilsenrath, Nacht 452); Er sah, dass die Hände des Mädchens aufzuckten (Wiechert, Jeromin-Kinder 760).

Auf|zug, der; -[e]s, Aufzüge: **1. a)** *das Aufziehen* (8 a), *Aufmarschieren, Anrücken:* den A. der Wache beobachten; Aufzüge veranstalten; der feierliche A. der Professoren; **b)** *das Aufziehen* (8 b), *Herankommen;* der A. größerer Wolkenfelder. **2.** *mechanische Vorrichtung zum Auf- bzw. Abwärtstransportieren von Personen oder Lasten; Fahrstuhl:* den A. benutzen; Janda steigt in den A. (Zenker, Froschfest 21); Wir können die Bahre nicht in den A. reinbringen (Remarque, Triomphe 447). **3.** (abwertend) *Aufmachung* (1); *Art der Kleidung:* ein lächerlicher, unmöglicher A.; in diesem A. kann ich mich nirgends blicken lassen; Ungekämmt und im Bademantel öffnete er die Tür. Es war ihm unangenehm, den Vater in diesem A. begrüßen zu müssen (Ossowski, Liebe 328). **4.** *größerer, in sich geschlossener Abschnitt einer Theateraufführung; Akt* (2): das Drama hat fünf Aufzüge. **5.** (Geräteturnen) *Übung, bei der man sich mit einer Drehung in den Stütz hochzieht:* einen A. am Reck turnen.

Auf|zug|füh|rer, der: *jmd., der einen Aufzug* (2) *bedient.*

Auf|zug|füh|re|rin, die: w. Form zu ↑Aufzugführer.

Auf|zug|schacht, Aufzugsschacht, der: *Schacht, in dem sich der Aufzug* (2) *bewegt.*

Auf|zug|seil, Aufzugsseil, das: *Drahtseil eines Aufzugs.*

Auf|zugs|schacht: ↑Aufzugschacht.

Auf|zugs|seil: ↑Aufzugseil.

Auf|zugs|tür, Auf|zug|tür, die: *Tür eines Aufzugs.*

auf|zün|geln ⟨sw. V.; ist⟩ (geh.): *in die Höhe züngeln:* Flammen züngelten auf; Ü hier und da züngelte Aufruhr auf.

auf|zup|fen ⟨sw. V.; hat⟩: **1.** *zupfend auftrennen:* eine Stickerei a. **2.** *durch Zupfen entwirren:* einen Knoten a.

auf|zwin|gen ⟨st. V.; hat⟩: **1.** *gewaltsam auferlegen; zwingen, etw. anzunehmen;* einem Volk eine neue Staatsform a.; Sie sind es gewohnt, Ihrer Umgebung Ihren Willen aufzuzwingen (Brecht, Groschen 195); Wir zwingen niemandem unsere Meinung auf (Capital 2, 1980, 153); er ärgerte sich, dass er sich das Tempo der Gegner a. ließ (Loest, Pistole 109). **2.** ⟨a. + sich⟩ *sich aufdrängen, zwingend bewusst werden:* ein Gedanke, eine Melodie zwang sich ihm auf.

auf|zwir|beln ⟨sw. V.; hat⟩: *(einen Schnauzbart) mit den Fingerspitzen nach oben drehen:* die Bartenden a.; Auf dem Konterfei trägt er noch den stolz aufgezwirbelten Schnurrbart (Remarque, Obelisk 264).

Aug. = ¹August.

Aug|ap|fel, der; -s, ...äpfel [mhd. ougapfel, ahd. ougapful]: *teilweise sichtbarer, gewölbter, in der Augenhöhle liegender Teil des Auges:* hervorquellende Augäpfel; mit den Augäpfeln/die Augäpfel rollen; die Pupillen verengten sich, das Weiße der Augäpfel schien sich zu vergrößern (Zwerenz, Quadriga 264); *jmdn., etw. wie seinen A. hüten (besonders sorgsam behüten):* Deshalb hütet er den Nachwuchsstar wie seinen A. (Kicker 6, 1982, 13).

Au|ge, das; -s, -n [mhd. ouge, ahd. ouga, viell. eigtl. = Seher]: **1.** *Sehorgan des Menschen u. vieler Tiere:* blaue, mandelförmige, tief liegende -n; vorstehende, große, eng beieinander liegende -n; kurzsichtige, verweinte, verquollene, blutunterlaufene, glasige, umflorte -n; er kriegt ganz glänzende -n, wenn er den Mut und die Risikobereitschaft Michail Gorbatschows bewundert (Spiegel 33, 1989, 49); das rechte, linke A.; listige, zornige, sanfte, gutmütige, lustige -n; Zuweilen kam auch ein Halbtoter .. hereingetaumelt, schaute sich mit leeren -n *(starr u. abwesend-ausdruckslos)* um (Hilsenrath, Nacht 84); ihre -n waren voller Schwermut; die -n strahlen, glänzen, leuchten, tränen; meine -n schmerzen; seine -n weiteten sich vor Entsetzen, blickten vorwurfsvoll; ihre -n verdunkelten sich, verklärten sich, fielen ihr vor Müdigkeit zu; die -n öffnen, aufschlagen, auf jmdn. richten; er wird bei einer Stecherei letztes Jahr ein A. verloren *(eingebüßt)* hat (Zenker, Froschfest 183); einem Toten die -n zudrücken; sich die -n reiben, verderben; schlechte, gute -n haben *(schlecht, gut sehen können);* etw. an jmds. -n ablesen können; auf einem A. blind sein; Otto hat. aus/mit großen -n angesehen; das ist etwas fürs A. *(es befriedigt das ästhetische Empfinden);* jmdm. nicht in die -n sehen können *(jmdm. gegenüber ein schlechtes Gewissen haben);* jmdm. stehen die Tränen in den -n *(jmd. ist dem Weinen nahe);* etw. mit eigenen -n gesehen haben; etw. mit bloßem, unbewaffnetem A. *(ohne optisches Hilfsmittel)* sehen können; dunkle Ringe um die -n haben; ein blaues A. haben *(durch eine Verletzung o. Ä. um das Auge einen Blutreguss haben);* das Kind verunglückte vor -n seiner Mutter; ein klares Ziel vor -n haben; die -n *(den Blick)* zu Boden senken, erheben, abwenden; er sieht mit dem linken A. in die rechte Westentasche (bes. berlin.; *er schielt);* R da bleibt kein A. trocken (ugs.: 1. *alle weinen vor Rührung.* 2. *alle lachen Tränen.* 3. *keiner bleibt verschont);* R ... -n waren größer als der Magen *(jmd. hat sich mehr auf den Teller getan, als er essen kann);* Spr aus den -n, aus dem Sinn *(wer abwesend ist, wird leicht vergessen);* Ü das A. Gottes ruhte mit Wohlgefallen auf ihm (geh.; *er verhielt sich gottgefällig,* Gott war ihm gewogen); *magisches A. (elektronische Röhre am Rundfunkempfänger zur Regelung der Abstimmschärfe);* das A. des Gesetzes (scherzh.; *Polizei);* **so weit das A. reicht** *(so weit man sehen kann);* **jmds. -n brechen** (geh.; *jmd. stirbt);* **jmdm. gehen die -n auf** *(jmd. durchschaut plötzlich einen Sachverhalt, erkennt Zusammenhänge, die er vorher nicht gesehen hatte);* **jmdm. gehen die -n noch auf** (ugs.; *jmd.*

Äugelchen

wird früher od. später die bittere Erfahrung machen, dass sich etw. anders verhält, als er glaubte); **jmdm. gehen die -n über** (1. *jmd. ist durch einen Anblick überwältigt.* 2. *geh.; jmd. beginnt zu weinen;* nach Joh. 11, 35); **sehenden -s** (geh.; *leichtsinnig; obwohl man die Gefahr kommen sieht*); **seinen [eigenen] -n nicht trauen** (ugs.; *vor Überraschung etw. nicht fassen können*); **das A. beleidigen** (*von einem ästhetischen Gesichtspunkt aus betrachtet sehr unschön, unharmonisch sein*); **ein A. voll Schlaf nehmen** (*ein wenig, für ganz kurze Zeit schlafen*); **-n wie ein Luchs haben** (*sehr scharf sehen u. alles bemerken*); **hinten keine -n haben** (ugs.; *nicht sehen können, was hinter einem vor sich geht*); **seine -n überall haben** (*auf alles aufpassen, sich nichts entgehen lassen*); **[große] -n machen** (ugs.; *staunen, sich wundern*); **jmdm. [schöne] -n machen** (ugs.; *mit jmdm. einen Flirt anfangen*): Ganz unten am Tisch saßen... Werner, der Ingeborg wieder schöne -n machte, und ich (Lentz, Muckefuck 181); **die -n offen haben/halten** (*Acht geben, aufpassen*); **die -n schließen/zumachen** (verhüll.; *sterben*): Was also geschieht mit den Menschen, die wir geliebt haben, wenn sie die -n schließen? (Thielicke, Ich glaube 184); **die -n vor etw. verschließen** (*etw. nicht zur Kenntnis nehmen, nicht wahrhaben wollen*); **sich [nach jmdm., etw.] die -n aus dem Kopf sehen/schauen** (ugs.; *intensiv [vergeblich] suchen od. erwartend Ausschau halten*); **jmdm. am liebsten die -n auskratzen mögen** (ugs.; *so wütend sein auf jmdn., dass man ihm am liebsten etw. Böses antäte*); **ein A./beide -n zudrücken** (ugs.; *etw. nachsichtig, wohlwollend übersehen*): ich hätte damals Methoden angewendet, bei denen man heute beide -n zudrücken müsste (H. Weber, Einzug 77); **ein A. riskieren** (ugs.; *einen verstohlenen Blick auf jmdn., etw. werfen*); **ein A. auf jmdn., etw. werfen** (ugs.; *sich für jmdn., etw. zu interessieren beginnen*); **ein A. auf jmdn., etw. haben** (1. *auf jmdn., etw. Acht geben.* 2. *an jmdm., etw. Gefallen finden*); **die -n auf null gestellt haben** (salopp; *tot sein*): »Der hat 'nen Abgang gemacht«, »die -n auf null gestellt«, kommentieren die Fixer aus der Szene, wenn es einen von ihnen erwischt hat (Spiegel 23, 1977, 185); **-n machen wie ein gestochenes Kalb** (ugs.; *töricht dreinschauen*); **ein A. für etw. haben** (*das richtige Verständnis, ein Urteilsvermögen für etw. haben*); **kein A. zutun** (ugs.; *nicht schlafen [können]*); **-n im Kopf haben** (ugs.; *etw. durchschauen, beurteilen können*); **keine -n im Kopf haben** (ugs.; *nicht aufpassen*); **jmdm. die -n öffnen** (*jmdn. darüber aufklären, wie unerfreulich etw. in Wirklichkeit ist*); **sich die -n ausweinen/aus dem Kopf weinen** (*sehr weinen;* aus dem Klagelied Jeremias 2, 11); **jmdm. die -n an den -n ablesen** (*die unausgesprochenen Wünsche des anderen von allein erkennen*); **jmdm. etw. aufs A. drücken** (salopp; *jmdm. etw. [Unangenehmes] aufbürden*): was sie selbst nicht bearbeiten wollen, drücken sie einfach einer Kollegin aufs Auge; **jmdm., etw. nicht aus den -n lassen** (*scharf beobachten*); **jmdm., etw. aus dem A./aus den -n verlieren** (*die Verbindung mit jmdm. verlieren, etw. nicht weiterverfolgen*): Im dichten Feierabendverkehr verlor er sie am Stadtrand aus den -n (Springer, Was 135); Wenn wir Brücken von der Vergangenheit in die Zukunft schlagen, brauchen wir ja nicht ... die Gegenwart aus dem A. zu verlieren (W. Brandt, Begegnungen 141); **nicht mehr/kaum noch aus den -n sehen können** (ugs.; *sehr müde, erschöpft, mitgenommen sein*): sie war so erkältet, dass sie kaum noch aus den -n sehen konnte; **geh mir aus den -n!** (*geh weg!, lass dich hier nicht mehr blicken!*); **jmdm. aus den -n sehen** (*jmds. Augen ansehen sein*): ihm sieht der Schalk, die Dummheit aus den -n; **jmdm., einander A. in A. gegenüberstehen** (*jmdm., einander ganz nahe gegenüberstehen*); **etw. im A. haben** (*etw. im Sinn haben, vorhaben*); **jmdn., etw. im A. behalten** (*jmdn. beobachten, etw. verfolgen*); **in jmds. -n** (*nach jmds. Ansicht*): das ist in meinen -n glatter Betrug; **[jmdm.] ins A./in die -n fallen/springen** (*auffallen*); **jmdm. ins A./in die -n stechen** (ugs.; *jmds. Wunsch wecken, es zu besitzen*); **jmdm. zu tief in die -n gesehen haben** (*sich in jmdn. verliebt haben*); **etw. ins A. fassen** (*etw. vornehmen*): Wir sprachen uns noch nicht ab, aber die Möglichkeit, dort zu trainieren, fassten wir doch schon ins A. (Maegerlein, Triumph 143); **einer Gefahr ins A. sehen** (*mutig entgegentreten*); **ins A. gehen** (ugs.; *schlecht enden, üble Folgen haben*); **in jmds. -n steigen/sinken** (*bei jmdm. an Ansehen, Achtung gewinnen, verlieren*); **mit einem lachenden und einem weinenden A.** (*teils erfreut, teils betrübt;* nach Shakespeare, Hamlet I, 2); **mit offenen -n schlafen** (ugs.: 1. *nicht aufpassen u. daher etw. nicht wissen od. wahrnehmen, was unangenehme od. nachteilige Auswirkungen hat;* oft als Vorwurf an jmdn. gerichtet. 2. *dösen*); **mit einem blauen A. davonkommen** (ugs.; *ohne großen Schaden, glimpflich davonkommen*); **etw., jmdn. mit anderen/neuen -n [an]sehen/betrachten** (*mit einem neuen Verständnis betrachten*); **jmdn., etw. mit den -n verfolgen** (*jmdm., einer Sache genau zusehen, aufmerksam hinterherblicken*); **jmdn., etw. mit den -n verschlingen** (ugs.; *mit begehrlichen Blicken ansehen*); ***jmdn. mit den -n ausziehen** (ugs.; *jmdn. voll sexueller Begierde ansehen*): Und diese Kerle, die mich mit den -n ausziehen, widern mich an (Kirst, 08/15, 542); **etw. nicht nur um jmds. schöner blauer -n willen tun** (*nicht aus reiner Gefälligkeit tun*); **A. um A., Zahn um Zahn** (*Gleiches wird mit Gleichem vergolten;* nach 2. Mos. 21, 24); **unter vier -n** (*zu zweit, ohne weitere Zeugen*); **unter jmds. -n** (*in jmds. Anwesenheit*); **jmdm. nicht [wieder] unter die -n kommen/treten dürfen** (*bei jmdm. unerwünscht sein, nicht wieder erscheinen dürfen*); **jmdm. wird [es] schwarz vor [den] -n** (*jmd. wird ohnmächtig*): Der Arzt stochert in der Wunde herum, dass mir schwarz vor den -n wird (Remarque, Westen 170); **vor aller -n** (*in der Öffentlichkeit; öffentlich*); **jmdm., sich etw. vor -n führen/halten/stellen** (*deutlich zeigen, klarmachen*): Man muss sich die Aufgaben des sowjetischen Sicherheitsministeriums noch einmal vor -n führen (Dönhoff, Ära 209); **jmdm. vor -n schweben** (*deutlich ins Bewusstsein treten*). 2. (bei *Kartoffel, Rebe, Obstbaum*) *Keim, Knospenansatz*: die -n aus der Kartoffel ausschneiden. 3. a) *Punkt auf dem Spielwürfel*: er hat sieben -n geworfen; b) *Zählwert bei bestimmten Spielen*: beim Skat zählt die Dame drei -n. 4. *auf einer Flüssigkeit, meist auf der Suppe schwimmender Fetttropfen*: auf der Suppe schwimmen viele -n; R in diese Suppe schauen mehr -n hinein als heraus (ugs. scherzh.; *sie ist sehr dünn, wenig gehaltvoll*). 5. (Seemannsspr.) a) *gelegte Schlinge am Ende eines Taus;* b) *große Öse in einem Tampen*: ein A. einspleißen. 6. *Loch für den Stiel* (bei *Hammer* od. *Axt*).

Äu|gel|chen, das; -s, -: Vkl. zu ↑ Auge (1).

Äu|ge|lei, die; -, -en (abwertend): *fortgesetztes, ständiges Äugeln* (1).

Äu|ge|lein, Äuglein, das; -s, -: Vkl. zu ↑ Auge (1).

äu|geln ⟨sw. V.; hat⟩ [mhd. ougeln]: **1.** *heimliche, verstohlene Blicke werfen*: nach jmdm. ä. **2.** (Gartenbau) *veredeln, okulieren*: Obstbäume, Rosen ä.

äu|gen ⟨sw. V.; hat⟩ [mhd. ougen]: *suchend blicken*: das Tier äugte in unsere Richtung; Der Küchenoffizier ... begab sich in die Küche und äugte durch die Ausgabeluke in den Speisesaal (Kirst, 08/15, 184); Ein zartblauer Briefumschlag mit einer mir nicht bekannten Schrift. Aufmerksam äugte Piroschka, als ich ihn öffnete (Hartung, Piroschka 69).

Au|gen|ab|stand, der (Med.): *Entfernung zwischen beiden Pupillen.*

Au|gen|arzt, der: *Facharzt für Augenkrankheiten; Ophthalmologe.*

Au|gen|ärz|tin, die: w. Form zu ↑ Augenarzt.

au|gen|ärzt|lich ⟨Adj.⟩: *vom Augenarzt ausgehend.*

Au|gen|auf|schlag, der: *das Heben der Augenlider:* Glasl probierte einen bittenden A., recht treuherzig wie ein Riesenschnauzer (Kühn, Zeit 34).

Au|gen|aus|druck, der: *Ausdruck der Augen.*

Au|gen|aus|wi|sche|rei, die; -, -en: *Augenwischerei.*

Au|gen|bad, das: *Spülung des Auges zur Heilung od. Erfrischung.*

Au|gen|ba|de|wan|ne, die: *dem Auge angepasste, kleine gläserne Schale für Augenbäder.*

Au|gen|bank, die ⟨Pl. -en⟩ (Med.): *Institution, die menschliche Augen zum Transplantieren zur Verfügung stellt.*

Au|gen|bin|de, die: a) *Binde zum Schutz des erkrankten Auges, der erkrankten Augen;* b) *Binde zum Verbinden* (2) *der Augen.*

Au|gen|blick [auch: --'-], der [mhd. ougenblick, eigtl.: (schneller) Blick der Augen]: *Zeitraum von sehr kurzer Dauer,*

Moment: Es war einer der schönsten -e meines Lebens (Geissler, Wunschhütlein 125); einen A. warten, aufpassen; einen A., bitte!; Er hatte stets, wie ein Kind, nur dem A. gelebt (Strittmatter, Wundertäter 389); Das wäre alles für den A. *(momentan;* Remarque, Obelisk 114); in dem A., wo/(geh. veraltend:) da ...; im richtigen A. *(zum richtigen Zeitpunkt);* den Zug im letzten A. erreichen; Im ersten A. begriff Matthieu nicht, was der Junge vorhatte (Jahnn, Nacht 126); In diesem A. *(da, zu diesem Zeitpunkt)* erschien eine ältere jüdische Frau im Amtszimmer (Niekisch, Leben 379); Deist war verblüfft, indigniert und wurde wütender mit jedem A. (Maass, Gouffé 288); Lesurques selbst beteuert seine Unschuld bis zum letzten A. (Mostar, Unschuldig 27); ** alle -e* (ugs.; *immer wieder*); **jeden A.** *(schon im nächsten Augenblick, sofort);* **im A.** *(jetzt, momentan);* **einen A. haben** (1. *vorübergehend bei klarem Verstand sein.* 2. scherzh.; *eine gute Idee haben*).

au|gen|blick|lich [auch: –́ –́ –́] ⟨Adj.⟩: 1. *unverzüglich, sofort;* a. *beginnen;* Katharina sollte a. aufhören, bei einem Italiener Küchendienste zu verrichten (Ossowski, Liebe ist 157); Sie gab das Manuskript an Giorgio Bassani weiter, der a. die literarische Bedeutung der Arbeit erkannte (Fest, Im Gegenlicht 90); auf -e Hilfe hoffen. 2. *derzeitig, momentan:* -e Bedürfnisse; Augenblicklicher Marktführer ist Texas Instruments (Presse 8. 6. 84, 12); wo ist er a. beschäftigt?; Augenblicklich wären höchstens fünf oder sechs Vereine in der Lage, die Kriterien für einen Börsengang zu erfüllen (Woche, 4. 4. 97, 2).

au|gen|blicks ⟨Adv.⟩: *sogleich, sofort:* etw. a. vergessen; a. verlässt du das Zimmer! Sie hatte ein so entzückendes Gesicht, dass Besucher jeden Alters und Geschlechts a. erstarrten und den Blick nicht mehr von ihr nehmen konnten (Süskind, Parfum 254).

Au|gen|blicks|bil|dung, die: *Ad-hoc-Bildung.*

Au|gen|blicks|er|folg, der: *vorübergehender Erfolg.*

Au|gen|blicks|idee, die: *nur für den Augenblick gültige Idee.*

Au|gen|blicks|sa|che, die: *Sache, die nur einen Augenblick dauert.*

Au|gen|blin|zeln, das, -s: *durch Blinzeln gegebenes Zeichen der Verständigung.*

◆ **Au|gen|blitz,** der [zu ↑ Blitz in der alten Bed. »Blick«]: *scharfer Blick, scharfes, aufmerksames Auge:* Dies ist ... der Mann, mit seltnem A. vom hohen Turm umherzuschaun bestellt (Goethe, Faust II, 9198 ff.).

Au|gen|braue, die: *Haarbogen über dem Auge:* buschige -n; sich die -n ausrasieren, auszupfen; eine Platzwunde an der A.

Au|gen|brau|en|bo|gen, der: *bogenförmiger, knöcherner Wulst des Stirnbeins im Bereich der Augenbraue.*

Au|gen|brau|en|stift, der: *Farbstift zum Nachziehen der Augenbrauen.*

◆ **Au|gen|braun,** das; -s, -e: *Augenbraue:* sein finsteres, überhängendes, buschichtes A. (Schiller, Räuber IV, 2).

◆ **Au|gen|brau|ne,** die; -n, -n: *Augenbraue:* Sorgfalt sodann für Haut und Haare, für -n und Zähne (Goethe, Wanderjahre II, 4).

Au|gen|but|ter, die: *gelb-weißliche Absonderung des Auges.*

Au|gen|de|ckel, der (ugs.): *[oberes] Lid:* ..., antwortete der Vater und klappte die A. zu (Ossowski, Liebe ist 329); mit den -n klappern.

Au|gen|dia|gno|se, die: *Methode, Krankheiten aus der Veränderung der Iris des Auges zu erkennen.*

Au|gen|dia|gnos|ti|ker, der: *Arzt, Heilkundiger, der die Methode der Augendiagnose anwendet.*

◆ **Au|gen|die|ner,** der: *Schmeichler; Kriecher:* wo mir sonst ein ganzes Heer geschäftiger A. entgegenstürzte (Lessing, Emilia Galotti IV, 3).

Au|gen|druck, der (Med.): *Augeninnendruck.*

Au|gen|ent|zün|dung, die: *Entzündung am Auge, an den Augen.*

au|gen|fäl|lig ⟨Adj.⟩: *auffällig, nicht zu übersehen:* ein -er Zusammenhang; Ein sehr -er Unterschied zwischen dem Judentum und vielen anderen Religionen ist ... (Kemelman [Übers.], Dienstag 38); Elses leerer Platz ist a. (Frischmuth, Herrin 88); Neben die weiterhin an den Reichsgrenzen postierten Truppen ... trat nun als -ste Neuerung eine mobile Eingreifreserve (Archäologie 2, 1997, 31); in dieser Phase hatte der Gegner a. Mühe, mit ihm zu kommen (NZZ 5. 9. 86, 47).

Au|gen|fält|chen ⟨Pl.⟩: *kleine Falten um die Augen:* beim Lachen wurden A. sichtbar.

Au|gen|far|be, die: *Farbe der Iris des Auges:* eine helle A. haben; A.: Graugrün.

Au|gen|feh|ler, der: *Mangel in Bezug auf die Sehfähigkeit des Auges.*

Au|gen|fleck, der (Biol.): *Sehorgan der Einzeller.*

Au|gen|flim|mern, das; -s: *nervöse Sehstörung durch scheinbares Flimmern vor den Augen.*

Au|gen|glas, das ⟨Pl. ...gläser⟩: **a)** ⟨meist Pl.⟩ (österr.) *Brille;* **b)** (veraltend) *Vorrichtung aus Glas zur Verbesserung der Sehleistung des Auges* (z. B. Brille, Zwicker, Monokel u. a.).

Au|gen|gym|nas|tik, die: *spezielle Gymnastik.*

Au|gen|heil|kun|de, die: *Fachrichtung der Medizin, die sich mit den Krankheiten des Auges befasst; Ophthalmologie.*

Au|gen|hin|ter|grund, der (Med.): *(bei der Untersuchung mit dem Augenspiegel sichtbar werdende) innere Oberfläche des Augapfels; Fundus Oculi.*

Au|gen|hö|he, die: *nur in der Fügung* **in A.** *(in Höhe der Augen):* etw. in A. anbringen.

Au|gen|höh|le, die: *Vertiefung im Schädel, in der der Augapfel eingebettet ist.*

Au|gen|in|nen|druck, der (Med.): *auf der Innenwand des Auges lastender* ¹*Druck* (1), *der bes. von bestimmten Vorgängen im Augapfel beeinflusst wird; Augendruck.*

Au|gen|klap|pe, die: *schwarze Klappe zum Schutz des erkrankten od. verletzten Auges.*

Au|gen|kli|nik, die: *Klinik für Augenkrankheiten.*

◆ **Au|gen|kno|chen,** der: *Jochbein:* Die Nas' hat auch gelitten. – Und das Auge. – Das Auge nicht, Gevatter ... Das ist der A. (Kleist, Krug 1).

Au|gen|kon|takt, der: *Blickkontakt:* Ob Parteichef Genscher tatsächlich im Kabinett Kohl über die A. mit ihm sucht wie früher (Spiegel 7, 1982, 43).

Au|gen|krank|heit, die: *Erkrankung des Auges.*

Au|gen|lei|den, das: *Augenkrankheit.*

Au|gen|licht, das ⟨o. Pl.⟩ (geh.): *Sehkraft, Sehfähigkeit:* das A. verlieren, zurückgewinnen.

Au|gen|lid, das: *Lid:* Vater war auch aufgestanden, sein linkes A. flatterte leicht (Schnurre, Bart 180); Seine -er waren schwer von der Nacht ohne Schlaf, aber er hielt sie offen (Baum, Paris 136); Er wusste, dass er die -er bereits gehoben hatte, doch sehen konnte er nichts (Rehn, Nichts 109).

Au|gen-Make-up, das: **1.** *kosmetische Präparate, die der Verschönerung der Augen dienen.* **2.** *kosmetische Verschönerung der Augen mit Augen-Make-up* (1).

Au|gen|maß, das ⟨o. Pl.⟩: *Fähigkeit, mit den Augen Entfernungen abzuschätzen:* [ein gutes, schlechtes] A. haben; Ü Politik mit A.; der neue Chefarzt bewies A. – mit dem Verzicht auf die Behandlungslizenz für schwer verletzte Unfallopfer (Spiegel 12, 1976, 52).

Au|gen|mensch, der (ugs.): *jmd., der Eindrücke am leichtesten visuell gewinnt:* Obwohl Sammy ein A. war. Er musste sehen, was er behielt (Schnurre, Schattenfotograf 110).

Au|gen|merk, das; -[e]s: *Aufmerksamkeit:* sein A. auf die spielenden Kindern, das, sein A. auf Wirtschaftsfragen richten, lenken, konzentrieren, legen; Ein spezielles A. wurde der gewachsenen Dorfstruktur ... entgegengebracht (NZZ 25. 8. 83, 32).

Au|gen|mus|kel, der: *Muskel am od. innerhalb des Augapfels:* die äußeren *(den Augapfel bewegenden)* -n; die inneren -n.

Au|gen|op|ti|ker, der: *Optiker, der Sehhilfen (bes. Brillen) herstellt* (Berufsbez.).

Au|gen|op|ti|ke|rin, die: *w. Form zu* ↑ Augenoptiker.

Au|gen|paar, das (geh.): *Paar zweier zusammengehörender Augen:* er sah erstaunte -e auf sich gerichtet.

Au|gen|par|tie, die: vgl. Mundpartie.

Au|gen|pfle|ge, die (Kosmetik): *Pflege des Auges u. seiner Umgebung:* Tipps für eine schonende A. geben; ** A. betreiben, machen* (ugs. scherzh.; *schlafen*).

Au|gen|pro|the|se, die: *Glasauge.*

Au|gen|pul|ver, das: *in der Verbindung* **ein A. sein** (ugs.; *sehr klein [u. diffizil] sein u. daher für die Augen sehr anstrengend;* z. B. eine Schrift, eine Näharbeit).

Au|gen|rän|der ⟨Pl.⟩: *die Ränder von Ober- u. Unterlid des Auges:* gerötete A. haben.

Augenringe

Au|gen|rin|ge ⟨Pl.⟩: *Augenschatten.*
Au|gen|sal|be, die: *Heilsalbe für ein erkranktes Auge.*
Au|gen|schat|ten ⟨Pl.⟩: *halbkreisförmige Schatten unter den Augen:* große, dunkle A. haben.
Au|gen|schein, der ⟨o. Pl.⟩ (geh.): *das Anschauen, die unmittelbare Wahrnehmung durch das Auge:* wie der A. zeigt, lehrt; sich durch A. von etw. überzeugen; Juli und August sind dem A. nach für alle Fremdenverkehrsbetriebe sehr erfolgreich verlaufen (Dolomiten 1. 10. 83, 8); **jmdn., etw. in A. nehmen (genau u. kritisch betrachten).*
au|gen|schein|lich [auch: – – '– –] ⟨Adj.⟩ (geh.): *offenbar, offensichtlich:* ein -er Mangel; Die neue Technik ist weniger störanfällig. Das wird künftig noch -er werden (NNN 21. 9. 85, 6); seine rhetorische Gewandtheit, über die er a. verfüge (Brückner, Quints 143).
Au|gen|schein|lich|keit, die; -: *das Augenscheinlichsein, Offensichtlichkeit.*
Au|gen|schirm, der: *über den Augen zu tragender Schutzschirm für die Augen.*
Au|gen|schmaus, der (scherzh.): *besonders erfreulicher Anblick:* das bunte Fastnachtstreiben war ein rechter A.
Au|gen|schwä|che, die: *Schwäche der Sehkraft.*
Au|gen|spal|te, die: *(in den frühen Entwicklungsstadien des Embryos) Falte, die den späteren Sitz des Auges markiert.*
Au|gen|spie|gel, der (Med.): *besonderer Spiegel für die Untersuchung des Auges; Ophthalmoskop.*
Au|gen|spie|ge|lung, die (Med.): *Untersuchung mit dem Augenspiegel.*
Au|gen|spin|ner, der [nach dem augenähnlichen Fleck auf der Flügelmitte bei den meisten Arten]: *(in zahlreichen Arten bes. in den Tropen u. Subtropen vorkommender) vor allem nachts fliegender, großer, meist bunt gefärbter Schmetterling.*
Au|gen|spra|che, die: *Zeichensprache mithilfe der Augen.*
Au|gen|stein, der (Med.): *in den Tränendrüsen auftretende Ablagerung.*
Au|gen|stern, der (dichter.): *Pupille:* leuchtende -e; ...worauf eigentlich das Sternenartige seines Blickes beruhte. Waren seine -e besonders hell, milde, strahlend? (Th. Mann, Krull 300); Ü das Kind war ihr [ganzer] A. (fam.; *war ihr Liebstes, Wertvollstes*); ihr erstes Enkelkind, ihr A. (Tikkanen [Übers.], Mann 49); ♦ das kitzelt unsern A. (*unser Auge* 1), das schmeichelt unsern Ohren gern (Schiller, Räuber IV, 5).
Au|gen|täu|schung, die: *optische Täuschung.*
Au|gen|tier, das: *Tier, dessen Lebensweise insbesondere durch seine visuellen Fähigkeiten bestimmt ist:* so ist auch der Vogel hauptsächlich A. (Lorenz, Verhalten I, 86); Ü Sprache ist nicht zu Bildern; sie lehrt uns, dass der Mensch vorwiegend ein A. ist (Heringer, Holzfeuer 203).
Au|gen|tier|chen, das: *Geißeltierchen.*
Au|gen|trip|per, der (Med.): *Infektion der Bindehaut mit Tripperregern.*
Au|gen|trop|fen ⟨Pl.⟩: *tropfenweise anzuwendende Flüssigkeit zur Heilung erkrankter Augen.*
Au|gen|trost, der [a: in der Volksmedizin hielt man die abgekochte Pflanze irrtümlich für ein Heilmittel bei Augenleiden]: **a)** *(auf Wiesen weit verbreitete) kleine Pflanze mit weißen od. violetten Blüten u. eiförmigen Blättern;* **b)** (dichter.) *das Liebste, Wertvollste:* das Mädchen war sein [ganzer] A.
Au|gen|wei|de, die ⟨o. Pl.⟩ [mhd. ougenweide, eigtl. = Speise, Labsal für die Augen, zu ↑²Weide in der alten Bed. »Nahrung, Speise«]: *sehr schöner, ästhetischer Anblick, den eine. od. jmd. bietet:* es war eine A. zu sehen, wie der (= Hektor) den Wurf geschmeidig abfing (Hagelstange, Spielball 189); Eine A. ist sie allemal, doch in den letzten Monaten macht Gabriela Sabatini auch sportlich von sich reden (tennis magazin 10, 1986, 146).
Au|gen|wim|per, die: *Wimper* (1).
Au|gen|win|kel, der: *(beim geöffneten Auge) von Ober- u. Unterlid gebildeter Winkel:* jmdn. aus den -n betrachten.
Au|gen|wi|sche|rei, die; -, -en [für älter Augenauswischerei, entstanden aus der veralt. Wendung »jmdm. die Augen auswischen« = jmdn. täuschen, übervorteilen, betrügen]: *Betrug, Schwindel:* Was bislang unter Nichtsesshaftenhilfe verstanden und praktiziert wird, ist nichts anderes als A. (Klee, Pennbrüder 107); es ist eine A. zu meinen, die Schweiz sei sauber, wenn keine Papierschnitzel herumliegen (Basler Zeitung 27. 7. 84, 17).
Au|gen|zahl, die: *beim Spiel Anzahl der erreichten Augen* (3 b): eine niedrige A.; seine A. zu erhöhen versuchen.
Au|gen|zahn, der: *oberer Eckzahn.*
Au|gen|zeu|ge, der: *wer am Geschehen mit eigenen Augen verfolgt hat:* die zwei Männer waren A./(seltener:) -n der Tat.
Au|gen|zeu|gen|be|richt, der: *Bericht eines Augenzeugen:* Aus -en ging hervor, dass das ganze Schiff plötzlich von einem furchtbaren Stoß erschüttert wurde (MM 8. 9. 74, 6, 8).
Au|gen|zeu|gin, die; w. Form zu ↑Augenzeuge.
Au|gen|zit|tern, das; -s: *zitternde Bewegung der Augäpfel.*
Au|gen|zwin|kern, das; -s: *kurzes Zusammenziehen eines Auges, der Augen als Zeichen der Verständigung:* sich durch A. verständigen.
au|gen|zwin|kernd ⟨Adj.⟩: *mit [einem] Augenzwinkern:* jmdm. a. zuprosten; Der Mann schaut ihr zu und sagt a.: In den Bergen hatte ich schon vergessen, dass es Frauen gibt (Chotjewitz, Friede 196); Ü der negative Utopist, der... mit -em Verstand zu bedeuten gibt, dass alles übel ist (Strauß, Niemand 133).
Au|gi|as|stall [auch: 'augias...], der; -[e]s ⟨o. Pl.⟩ [nach dem 30 Jahre lang nicht ausgemisteten Rinderstall des Königs Augias, den der altgriech. Sage Herkules reinigen musste]: **a)** *Raum, der sich in einem besonders verschmutzten od. vernachlässigten Zustand befindet;* **b)** *korrupte Verhältnisse, Zustände:* ***den A. ausmisten/reinigen** (geh.; *eine durch Schlamperei, Nachlässigkeit entstandene große Unordnung mit Mühe beseitigen; die Ordnung wiederherstellen*).
-äu|gig: in Zusb., z. B. bernstein-, mehr-, viel-, zweiäugig.
Au|git [auch: ...'git], der; -s, -e [lat. augitis, zu griech. augē = Glanz, nach dem Glanz einiger Arten] (Geol.): *(in verschiedenen Arten vorkommendes) silikathaltiges Mineral von dunkelgrüner, dunkelbrauner od. schwarzer Färbung.*
Äug|lein, das; -s, -: *Äugelchen.*
Aug|ment, das; -s, -e [lat. augmentum = Vermehrung, zu: augere = vermehren] (Sprachw.): *dem Verbstamm vorgesetzte Partikel zur Tempusbildung, bes. im Sanskrit u. im Griechischen.*
Aug|men|ta|ti|on, die; -, -en [spätlat. augmentatio = Vermehrung] (Musik): **a)** *Wertverlängerung einer Note in der Mensuralnotation;* **b)** *Wiederaufnahme des Themas einer Komposition in größeren rhythmischen Werten.*
Aug|men|ta|tiv, das; -s, -e (Sprachw.): *durch ein Präfix od. ein Suffix gekennzeichnete Vergrößerungsform.*
Aug|men|ta|tiv|prä|fix, das (Sprachw.): *Präfix, mit dem im Augmentativ gebildet wird.*
Aug|men|ta|tiv|suf|fix, das (Sprachw.): vgl. Augmentativpräfix.
Aug|men|ta|ti|vum, das; -s, ...va: *Augmentativ.*
aug|men|tie|ren ⟨sw. V.; hat⟩ [spätlat. augmentare = vermehren, zu lat. augmentum, ↑Augment]: **1.** (Sprachw.): *mit einem Augment versehen.* **2.** (Musik) *mit einer Augmentation (a) versehen.* **3.** (bildungsspr.) *vermehren.*
au gra|tin [ogra'tɛ̃; frz. = mit Kruste, zu: gratin, ↑Gratin] (Gastr.): *überbacken.*
Augs|burg: Stadt am Lech.
¹**Augs|bur|ger,** der; -s, -: Ew.
²**Augs|bur|ger** ⟨indekl. Adj.⟩: A. Bekenntnis (*wichtige lutherische Bekenntnisschrift von 1530*; Abk.: A. B.).
Augs|bur|ge|rin, die; -, -nen: w. Form zu ↑¹Augsburger.
augs|bur|gisch ⟨Adj.⟩.
Aug|spross, der; -es, -en (Jägerspr.): *unterster, kleinster Spross des Hirschgeweihs.*
Au|gur, der; -s u. ...uren, ...uren [lat. augur = Vogelschauer u. Priester im antiken Rom] (bildungsspr., oft spött.): *jmd., der als Eingeweihter Urteile, Interpretationen von sich anbahnenden, bes. politischen Entwicklungen ausspricht:* Trotz aller Verharmlosigkeitsbemühungen des Regierungsapparats wittern -en und ausländische Diplomaten um die Wischnewski-Reise (MM 5./6./7. 1. 79, 5); ... Elektronenstrahlauge für verschiedene Verwendungszwecke; -en versprechen dieser Technologie eine große Zukunft (NZZ 30. 1. 83, 13); Dass die -en sich irren können, zeigt ein Blick zurück in das Jahr 1957 (Woche 14. 11. 97, 13).
Au|gu|ren|lä|cheln, das; -s ⟨Pl. selten⟩: *überheblich-wissendes Lächeln [des Einverständnisses unter Eingeweihten]:* mit A.
au|gu|rie|ren ⟨sw. V.; hat⟩ [lat. augurare]: *weissagen; vermuten.*
¹**Au|gust,** der; -[e]s u. -, -e ⟨Pl. selten⟩

[lat. (mensis) Augustus, zu Ehren des Kaisers Augustus (63 v. Chr. – 14 n. Chr.)]: *achter Monat des Jahres;* Abk.: Aug.; vgl. April.

²**Au|gust** [nach dem m. Vorn.]: in der Fügung **dummer A.** *(Zirkusclown, Spaßmacher).*

Au|gus|ta|na, die; - [gek. aus mlat. Confessio Augustana, nach dem lat. Namen Augusta Vindelicorum der Stadt Augsburg]: *Augsburger Bekenntnis* (↑²Augsburger).

Au|gust|ap|fel, der [nach dem Reifemonat]: *Klarapfel.*

au|gus|te|isch ⟨Adj.⟩ [nach dem röm. Kaiser Augustus, ↑¹August]: in der Fügung **ein -es Zeitalter** (bildungsspr.; *eine Epoche, in der Kunst und Literatur besonders gefördert werden).*

Au|gust|fei|er, die: *in der Schweiz Feier am Abend des 1. August zum Gedenken an den Bund der Urkantone im August 1291.*

Au|gus|ti|ner, der; -s, - [nach dem Kirchenlehrer Augustinus (354–430)]: *Angehöriger der auf der Augustinerregel aufgebauten Ordensgemeinschaft.*

Au|gus|ti|ner|chor|herr, der: *Angehöriger einer nach der Augustinerregel lebenden kath. Ordensgemeinschaft.*

Au|gus|ti|ner|chor|her|ren|stift, das: *Kloster der Augustinerchorherren.*

Au|gus|ti|ner|ere|mit, der: *Angehöriger einer kath. Ordensgemeinschaft.*

Au|gus|ti|ne|rin, die; -, -nen: *Angehörige einer nach der Augustinerregel lebenden weiblichen Ordensgemeinschaft.*

Au|gus|ti|ner|re|gel, die: *(angeblich von Augustinus stammende) um 1200 aufgestellte Regeln für das Zusammenleben und -wirken in einer Ordensgemeinschaft.*

Auk|ti|on, die; -, -en [lat. auctio, eigtl. = Vermehrung, vgl. Autor]: *Versteigerung:* sich etw. auf einer A. ersteigern; Ich ... war durch die endlosen Hallen des Altonaer Fischmarktes gewandert und hatte eine A. dort mitgemacht (Fallada, Trinker 36).

Auk|ti|o|na|tor, der; -s, ...oren [spätlat. auctionator]: *Versteigerer.*

auk|ti|o|nie|ren ⟨sw. V.; hat⟩ [lat. auctionari]: *versteigern:* sie habe das Dokument bei Sotheby a. lassen (Spiegel 50, 1976, 155).

Auk|ti|ons|ka|ta|log, der: *Katalog* (1), *in dem die für eine Auktion angebotenen Gegenstände verzeichnet [und beschrieben, oft auch abgebildet] sind.*

auk|to|ri|al ⟨Adj.⟩ [zu lat. auctor, ↑Autor] (Literaturw.): **a)** *aus der Sicht des Autors (dargestellt, berichtet):* haben wir in diesem Buch, nach Jahrzehnten der Diskussion über die Krise -en Erzählens ..., einen Erzähler vor uns, wie er vielseitiger und allgegenwärtiger nicht gedacht werden kann (MM 29. 8. 77, 28); **b)** *den Autor betreffend, ihm eigentümlich, für ihn charakteristisch:* -e Eigenheiten des Stils; drei Kästen mit eng betippten Referenzkarten ... stehen als Zeichen -en Fleißes auf dem Regal in seinem Arbeitszimmer (Heym, Nachruf 677).

Aul, der; -s, -e [russ. aul < tatar. u. kirgis.

aul] (früher): *Zeltlager, Dorfsiedlung der Turkvölker.*

Au|la, die; -, ...len u. -s [lat. aula < griech. aulḗ]: **1.** *größerer Raum für Veranstaltungen, bes. in Schulen u. Universitäten:* Während bis heute deutsche Schulkinder in ihren Aulen das Lied fiepen (Spiegel 26, 1966, 28). **2.** *in der Antike Hof des griechischen u. römischen Hauses.* **3.** *Palast in der römischen Kaiserzeit.* **4.** *Vorhof einer Basilika* (1).

Au|le, die; -, -n [H. u.] (landsch. derb): *Auswurf* (2).

Au|le|tik, die; - [griech. aulētikḗ (téchnē)]: *das Spielen des Aulos ohne Musikod. Gesangsbegleitung.*

Au|lo|die, die; -, -n [griech. aulōdía]: *das Spielen des Aulos mit Gesangsbegleitung.*

Au|los, der; -, ...oi [griech. aulós, eigtl. = röhrenartiger Körper]: *antikes griechisches Musikinstrument in der Art einer Schalmei.*

au na|tu|rel [onaty'rɛl; frz. = nach der Natur, ↑Naturell] (Gastr.): *(von Speisen u. Getränken) ohne künstlichen Zusatz.*

au pair [o'pɛːr; frz., eigtl. = zum gleichen Wert, zu: pair = gleich u. lat. par]: *(in Bezug auf einen Arbeitsplatz meist in einem Haushalt im Ausland) ohne Bezahlung, nur gegen Unterkunft, Verpflegung u. Taschengeld:* deutsche Jugendliche, die a. p. ins Ausland gehen wollen, können sich an diese Adresse wenden (MM 29. 9. 89, 47).

Au|pair|mäd|chen, (auch:) **Au-pair-Mädchen,** das: *Mädchen, das au pair arbeitet, um die Sprache des jeweiligen Landes zu erlernen.*

Au|pair|stel|le, (auch:) **Au-pair-Stelle,** die: *Arbeitsstelle eines Aupairmädchens:* eine A. in England suchen.

AU-Pla|ket|te, die: *auf dem Nummernschild von Kraftfahrzeugen angebrachte Plakette* (1), *die die Abgasuntersuchung bescheinigt.*

au por|teur [opɔr'tœːr; frz. = dem Überbringer] (Börsenw.): *(von Wertpapieren) auf den Inhaber lautend.*

Au|ra, die; - [lat. aura = Luft(hauch, -zug), Wehen, Schimmer, spätlat. auch = Duft, Dunst < griech. aúra, zu aḗr, ↑aero-, Aero]: **1.** (geh.) *besondere [geheimnisvolle] Ausstrahlung:* von der A. eines Geheimnisses umgeben sein; Bücher, die im Selbstverlag des Autors erscheinen, umgibt zumindest eine merkwürdige A. aus Berufung, Sendungsbewusstsein und ... Spinnertum (Falter 23, 1983, 26); Eine furchtbare A. von Einsamkeit umgibt sie alle, die versteinten Alten im »Grauen Haus« (K. Mann, Wendepunkt 99); Der Herr mit der lieblichen A. lächelte (Dorpat, Ellenbogenspiele 111). **2.** (Med.): *Erweiterung des Bewusstseins, bes. Unbehagen, das einem epileptischen Anfall vorausgeht.*

au|ral ⟨Adj.⟩ [zu lat. auris = Ohr] (Med.): *aurikular.*

Aurar: Pl. von ↑Eyrir.

au|ra|tisch ⟨Adj.⟩ [zu ↑Aura]: *die Aura betreffend, zur Aura gehörend.*

Au|rea Me|di|o|cri|tas, die; -- [lat. = goldene Mitte, nach Horaz, Oden II, 10, 5]: *der goldene Mittelweg.*

Au|re|o|le, die; -, -n [mlat. aureola, zu lat. aureolus = schön, golden, zu: aurum, ↑Aurum]: **1.** (bildungsspr.) *die Gestalt umgebender Strahlenkranz, Heiligenschein:* Der rosig gedämpfte Schein ... zog eine schwache A. um Schultern und Brust (Fussenegger, Haus 251); um ihn herum schwebte eine ganz zarte A. in den Farben des Regenbogens (Hausmann, Abel 169). **2.** (Meteor.) *Sonne u. Mond wie ein Kranz umgebende atmosphärische Leuchterscheinung.* **3.** (Bergmannsspr.) *bläulicher, Grubengas anzeigender Lichtschein am Brenner der Bergmannslampe.* **4.** (Elektrot.) *äußere Leuchterscheinung eines Lichtbogens od. Glimmstromes.*

Au|re|us, der; -, ...ei [lat. (nummus) aureus, zu: aureus = golden, zu: aurum, ↑Aurum]: *altrömische Goldmünze:* ein A. entsprach 100 Sesterzen.

Au|ri|gna|ci|en [orɪnja'sɛ̃ː], das; -[s] [nach der frz. Stadt Aurignac] (Anthrop.): *Kulturstufe der Jüngeren Altsteinzeit.*

Au|ri|gnac|mensch [orɪn'jak...], der: *Menschentypus des Aurignacien.*

Au|ri|kel, die; -, -n [lat. auricula = Öhrchen (nach der Form der Blätter), Vkl. von: auris = Ohr]: *(in den Alpen vorkommende) zu den Primeln gehörende Pflanze mit glatten, fleischigen Blättern u. leuchtend gelben Blüten; Schlüsselblume.*

au|ri|ku|lar, au|ri|ku|lär ⟨Adj.⟩ [spätlat. auricularis] (Med.): *zum Ohr, zu den Ohren gehörend.*

Au|ri|pig|ment, das; -[e]s [lat. auripigmentum, eigtl. = Goldfarbe, zu: aurum (↑Aurum) u. pigmentum, ↑Pigment] (Geol.): *Rauschgelb.*

¹**Au|ro|ra** (röm. Myth.): *Göttin der Morgenröte.*

²**Au|ro|ra,** die; - ⟨meist ohne Artikel⟩ (dichter.): *Morgenröte:* Das Kriegsbeil ist begraben, eine neue A. ist im Aufgang (FAZ 24. 6. 61, 1).

Au|ro|ra|fal|ter, der [nach der der Morgenröte (↑²Aurora) ähnlichen Färbung]: *Tagfalter, dessen Vorderflügel zur Hälfte leuchtend orangerot od. leuchtend gelb gefärbt sind.*

Au|rum, das; -[s] [lat. aurum, eigtl. = das Leuchtende]: lat. Bez. für ↑Gold; Zeichen: Au

aus [mhd., ahd. ūʒ, urspr. = auf etw. hinauf, aus etwas hinaus]: **I.** ⟨Präp. mit Dativ⟩ **1. a)** *zur Angabe der Richtung von innen nach außen:* a. der Badewanne steigen; a. dem Haus gehen; ein Buch a. dem Schrank nehmen; Die Matschi hatte sich unterdessen auf der Toilette eingesperrt und schrie a. dem schmalen Fenster laut um Hilfe (Sommer, Und keiner 275); ◆ als ich bemerkte, dass ich a. dem Wege gekommen *(vom Wege abgekommen)* war (Chamisso, Schlemihl 70); **b)** *zur Angabe der räumlichen od. zeitlichen Herkunft, des Ursprungs, des Bereichs, aus dem jmd. herkommt, etw. her- od. weggenommen wird:* sie kommt, stammt, ist gebürtig a. Hamburg; ein Werk a. dem Jahr 1750; a. der Nähe; a. 100 m Entfernung; sie liest a. ihrem Ro-

Aus

man; **c)** zur Angabe der Veränderung eines Zustandes: die Waage a. dem Gleichgewicht bringen; jmdn. a. seinen Träumen herausreißen; a. tiefem Schlaf erwachen. **2.** zur Angabe des Grundes, der Ursache für etw.: **a.** Angst, Überzeugung, Hunger; Er sah sie jetzt a. Takt nicht a (Kronauer, Bogenschütze 22); verstärkt durch das Adv. »heraus«: er handelte a. einer Laune, a. einer Notlage heraus; * **a. sich heraus** *(unaufgefordert).* **3. a)** zur Angabe des Materials, aus dem etw. besteht, des Ausgangsstoffes, aus dem etw. hergestellt wird od. entsteht: eine Bank a. Holz, a. Stein; ein Haus a. Fertigteilen; Dann kaufe ich ... ein Paar Schuhchen a. hellblauem Leder (Kinski, Erdbeermund 260); **b)** zur Angabe eines früheren Entwicklungsstadiums, in Verbindung mit Verben, die ein Werden bezeichnen: a. den Raupen entwickeln sich Schmetterlinge; a. seiner Tochter wurde eine tüchtige Ärztin. **4.** (österr.) bei der Angabe eines [Schul]faches; *in:* eine Eins a. Mathematik; er hat die Prüfung a. Latein abgelegt. **II.** ⟨Adv.⟩ (ugs.) **1.** häufig imperativisch od. elliptisch; od. in Verbindung mit »sein«: **a)** *vorbei, Schluss, zu Ende:* die Schule, das Kino war a.; endlich ist der Krieg a. *(ist er beendet worden, hat er ein Ende gefunden);* ⟨auch unpers.:⟩ mit dem schönen Leben ist es a.; zwischen uns ist es a. *(unsere Beziehung, Freundschaft besteht nicht mehr);* Als sie ihn das merken ließen, war es a. (M. Walser, Pferd 119); Er ... blieb mit abgestorbenem Motor stehen. Aus (Frankenberg, Fahrer 136); a. der Traum vom einen Sieg; (Boxen:) sieben, acht, neun – a.!; nachdem sie den Ball dreimal verfehlt hatte, war sie a. *(ausgeschieden);* Ü mit ihm, mit der Firma ist es a. *(er, die Firma ist ruiniert);* mit ihr ist es a. *(sie stirbt, es gibt keine Hoffnung mehr für sie; sie ist am Ende [ihrer Kraft, ihrer Möglichkeiten]).* **b)** *erloschen, nicht mehr brennend, ausgeschaltet:* das Feuer, die Kerze ist a.; der Ofen ist schon a. gewesen; die Lampe, das Radio war a.; als Aufforderung: Licht, Scheinwerfer a.! *(ausschalten!);* Motor a. und aussteigen! **2.** in Verbindung mit »sein«: *ausgegangen:* wir waren gestern a.; sonntags sind sie immer a. *(sind sie nie zu Hause).* **3.** (Sport) *außerhalb der Spielfeldgrenze:* der Ball ist a.! **4.** * **auf etw., jmdn. a. sein** *(etw. sehr gern haben, erreichen wollen; auf etw., jmdn. versessen sein):* auf Abenteuer, auf eine Belohnung, auf diesen Posten a. sein; Vielleicht war er gar nicht auf Gegenstände oder Personen aus (Kronauer, Bogenschütze 119); Er hatte Liegesitze im Wagen und war immer auf Mädchen aus (Chotjewitz, Friede 75); **bei jmdm. ein und /a. und ein gehen** *(bei jmdm. verkehren);* **nicht a. noch ein/nicht ein noch a./nicht a. und ein/nicht ein und a./weder a. noch ein/weder ein noch a. wissen** *(völlig ratlos sein).*
Aus, das; -, - [LÜ von engl. out]: **1.** ⟨o. Pl.⟩ (Ballspiele) *Raum außerhalb der Spielfeldgrenzen:* der Ball rollte ins A.; Er flitzte nach dem Ball, wenn dieser ins A. getreten wurde (MM 30. 12. 75, 10). **2.** ⟨o. Pl.⟩ (Sport) *das Ausscheiden eines einzelnen Sportlers od. einer Mannschaft:* Derwall gibt der Fortuna den Rat, »auf keinen Fall die Abwehr zu vernachlässigen, da ein Tor der Glasgow Rangers schon das ›Aus‹ bedeuten könnte« (Saarbr. Zeitung 2. 10. 79, 8); so kam ... nach 120 Minuten ... durch eine unverdiente Niederlage das A. (Augsburger Allgemeine 6./7. 5. 78, 23); Ü Im Kalkül des gewieften Taktikers Lafontaine ist das A. der FDP hingegen fest eingeplant (Wiesbadener Kurier 6. 2. 85, 15); Für die amerikanische Autoproduktion prophezeien die Bosch-Techniker ... sogar in wenigen Jahren das endgültige A. für den Vergaser (ADAC-Motorwelt 6, 1983, 12). **3.** (Baseball) *Verlust der Spielberechtigung eines Spielers:* die Mannschaft erzielte das zweite A.
aus|agie|ren ⟨sw. V.; hat⟩ (Psych.): *eine Emotion [ungehemmt] in Handlung umsetzen u. dadurch eine innere Spannung abreagieren:* seine Wut a.; Stellvertretend lassen viele von diesen Erwachsenen ihre Kinder a., was ihnen selbst per Einsicht zugänglich, aber per Moral ... verboten ist (Höhler, Horizont 263); ⟨subst.:⟩ Das Ausagieren von Träumen und Fantasien in großen Gebärden war Wilhelm II. ein allseitig durchsichtiges Element deutscher Politik geworden (Sloterdijk, Kritik 857).
aus|apern ⟨sw. V.⟩ (südd., österr., schweiz.): **a)** *schneefrei werden* ⟨ist⟩: eine ausgeaperte Skipiste; **b)** *schneefrei machen* ⟨hat⟩: die Sonne hat die Felder ausgeapert.
Aus|ape|rung, die; -, -en: **a)** *das Ausapern:* der Herbst bringt im Allgemeinen die meisten Steinfallgefahren, eine Folge starker A. der Felsen (Eidenschink, Fels 85); **b)** *ausgeaperte Stelle.*
aus|ar|bei|ten ⟨sw. V.; hat⟩: **1. a)** *erarbeiten, erstellen:* einen Plan, ein Konzept a.; wir müssen einen Gegenvorschlag a., denn es würde nicht genügen, einfach nein zu sagen (Dönhoff, Ära 113); Sie werden mit der Lebensmittelkartenseite einen Entwurf für das Versorgungsprogramm a. (Bieler, Bonifaz 50); **b)** *(etw., was im Entwurf vorliegt) vollständig, bis ins Einzelne ausführen:* etw. sorgfältig, in allen Einzelheiten, im Detail a.; Beine, Arme und Köpfe der Figur sind plastisch ausgearbeitet. **2.** ⟨a. + sich⟩ *sich durch körperliche Arbeit einen Ausgleich zu anderer Tätigkeit verschaffen:* an den Wochenenden arbeite ich mich im Garten, durch Gartenarbeit aus.
Aus|ar|bei|tung, die; -, -en: *das Ausarbeiten, Ausgearbeitetwerden.*
aus|ar|ten ⟨sw. V.; ist⟩: **1. a)** *sich ins Negative entwickeln, steigern:* der Streit artete in eine Schlägerei aus; Die kleine Feier unter Männern artete erwartungsgemäß in eine massive Sauferei aus (Konsalik, Promenadeneck 473); dieses Gespräch begann in ein Verhör auszuarten (Ossowski, Liebe ist 230); dass das Gespräch ... zu einem theologischen Verhör ausartete (Süskind, Parfum 196); die blutige Rachetat ..., die zu einem heute noch unvergessenen Unterweltsspektakel ausartete (Prodöhl, Tod 43); Schließlich artete der Wahlkampf aus, als unbekannte Schmierer ... die ganze Innenstadt mit Parolen zur bevorstehenden Richterwahl verunzierten (NZZ 21. 12. 86, 29); **b)** *sich ungehörig benehmen:* wenn er Alkohol getrunken hat, artet er leicht aus. **2.** (Biol., Zool.) *Degenerationserscheinungen zeigen, entarten.*
Aus|ar|tung, die; -, -en: *das Ausarten* (2).
aus|äs|ten ⟨sw. V.; hat⟩: **a)** *(Bäume) von überflüssigen od. dürren Ästen durch Ausschneiden befreien:* Obstbäume a.; **b)** *(gefällte Bäume) vom Astwerk befreien.*
aus|at|men ⟨sw. V.; hat⟩: **1.** *(vom Atem) aus der Lunge ausströmen lassen:* kräftig, langsam a.; atmen Sie ruhig ein und aus; Luft [durch die Nase, den Mund] a.; Tief ausatmend ließ er den Kopf ... sinken (Hausmann, Abel 164). **2.** ⟨nur im Perf.⟩ (geh., selten) *gestorben sein:* er hat ausgeatmet. ♦ **3.** ⟨a. + sich⟩ *verschnaufen:* nachdem wir uns ein wenig ausgeatmet hatten (Stifter, Granit 27).
Aus|at|mung, die; -, -en ⟨Pl. selten⟩: *das Ausatmen.*
aus|ät|schen ⟨sw. V.; hat⟩ (landsch.): *mit dem Ruf »Ätsch!« verspotten:* die Kinder haben ihn ausgeätscht; Jo trippelte mit seinen drahtigen Gliedern an der Wand entlang, lachte und ... ätschte uns aus, dass wir das nicht konnten (Männerbilder 88).
aus|ät|zen ⟨sw. V.; hat⟩: *wegätzen:* Farbe a.
aus|ba|cken ⟨unr. V.; bäckt/backt aus, backte/(veraltend) buk aus, hat ausgebacken⟩ (Kochk.): **1.** *in [schwimmendem] Fett backen, garen:* die Pfannkuchen [in Öl] a.; Marie stand am Herd und buk Omeletten aus (Fussenegger, Haus 169). **2. a)** ⟨meist im 2. Part.⟩ *zu Ende backen, fertig backen:* der Kuchen ist noch nicht ganz ausgebacken; gut ausgebackenes Brot; **b)** *etw. so lange backen lassen, bis es gar ist:* du hast den Kuchen nicht ausgebacken; Der Auflauf wird ... offen in der Röhre ausgebacken (Horn, Gäste 176).
aus|ba|den ⟨sw. V.; hat⟩ [1: früher musste im öffentlichen Bad der letzte Badegast das von mehreren Badenden benutzte Badewasser ausgießen u. das Bad säubern]: **1.** (ugs.): *die Folgen tragen für etw., was man selbst od. (häufiger) ein anderer verschuldet hat* ⟨meist in Verbindung mit einem Modalverb, bes. mit »müssen«⟩: er musste den Ärger des Präsidenten a. (Springer, Was 202); So haben wir auszubaden, was der verschuldeten (Meckel, Suchbild 85); Fehlplanungen im Krankenhausbereich sollen jetzt Bürger und Ärzte a. (Rheinische Post 12. 5. 84, 12); auch er ließ seinen Staatssekretär die Sache a. (Dönhoff, Ära 57). ♦ **2.** *gänzlich baden:* Und haben wir im Traubensaft die Gurgel ausgebadet (Schiller, Räuber IV, 5).
aus|bag|gern ⟨sw. V.; hat⟩: **a)** *mit dem Bagger (eine Vertiefung) herstellen:* eine Baugrube a.; am darauf folgenden Tag waren die Fundamente für die ... Baracken schon ausgebaggert (v. d. Grün,

Glatteis 133); **b)** *mithilfe des Baggers säubern, von etw. befreien:* das Flussbett, die Kiesgrube a.; **c)** *(aus etw.) mithilfe des Baggers herausheben:* Schlamm, Geröll [aus der Fahrrinne] a.

Aus|bag|ge|rung, die; -, -en: *das Ausbaggern.*

aus|bal|ken ⟨sw. V.; hat⟩ (Seew.): *durch Baken kenntlich machen:* die Fahrrinne a.

aus|ba|lan|cie|ren ⟨sw. V.; hat⟩: **a)** *ins Gleichgewicht bringen, im Zustand des Gleichgewichts halten:* etw. richtig, genau a.; Auf Schnee und Eis fährt man mit einem unglaublichen Sicherheitsgefühl, weil der Audi ein sehr gut ausbalanciertes Fahrverhalten hat (ADAC-Motorwelt 4, 1987, 21); Ü Kräfte, Interessen a.; dieses kunstvoll ausbalancierte innenpolitische Gebäude (Niekisch, Leben 199); **b)** ⟨a. + sich⟩ *sich ausgleichen, ins Gleichgewicht kommen:* die Gewichte müssen sich exakt a.; Ü die verschiedenen Standpunkte haben sich [nicht] ausbalanciert.

Aus|ba|lan|cie|rung, die; -, -en: *das Ausbalancieren, Sichausbalancieren.*

aus|bal|do|wern ⟨sw. V.; hat⟩ [zu ↑baldowern] (salopp): *auskundschaften, mit Geschick ausfindig machen:* ein Versteck, eine geheime Zusammenkunft a.; Sein Komplize war ebenfalls als Kunde mehrfach in Erscheinung getreten – um den Laden auszubaldowern (BM 18. 3. 77, 13); eine gewisse Villa in Neuilly ..., die er ausbaldowert hatte (Th. Mann, Krull 230).

aus|bal|gen, aus|bäl|gen ⟨sw. V.; hat⟩ [zu ↑¹Balg] (landsch.): **a)** (Jägerspr.) *abbalgen:* einen Hasen a.; **b)** *einen Tierbalg ausstopfen, präparieren.*

Aus|ball, der; -[e]s, Ausbälle ⟨Pl. selten⟩ (Ballspiele): *über die (seitliche) Außenlinie od. die Torauslinie des Spielfeldes geratener Ball:* Es gab einen A. (Walter, Spiele 145).

Aus|bau, der; -[e]s, -ten: **1.** ⟨o. Pl.⟩ *das Ausbauen* (1): der A. des Motors. **2.** ⟨o. Pl.⟩ *das Vergrößern, Erweitern von etw. Vorhandenem:* ein zügiger A. des Straßennetzes; sie planen am A. ihres Hauses; Ü der A. des Schulwesens; Durch die Errichtung und den A. des Rechtsstaats wurde das Prinzip der formalen Rationalität in die politische Sphäre vorgeschoben (Fraenkel, Staat 286); (Sport:) der A. seines Vorsprungs [an Punkten]. **3.** ⟨o. Pl.⟩ *das Umbauen, [Aus]gestalten von etw. zu etw. anderem:* der A. einer Scheune zu einem Wohngebäude. **4.** (Bergbau) *Grubenausbau.* **5.** *abseits liegendes Anwesen; Einzelgehöft, das zu einer größeren Siedlung gehört; Aussiedlerhof.* **6.** (landsch. veraltet) *Vorbau am Haus, Erker.*

aus|bau|en ⟨sw. V.; hat⟩ [zu ↑bauchen]: **a)** *in eine bauchige, gewölbte Form bringen:* ein Tongefäß, einen Kupferkessel a.; eine ausgebauchte Form; der Wind baucht die Segel aus; **b)** ⟨a. + sich⟩ *sich wölben:* die Vorhänge, die Segel bauchen sich im Wind aus.

Aus|bau|chung, die; -, -en: *das Ausbauchen, Sichausbauchen.*

aus|bau|en ⟨sw. V.; hat⟩: **1.** *(ein Teilstück von etw.) mithilfe von Werkzeugen entfernen:* den Motor, die Batterie [aus dem Auto] a.; das Türschloss muss ausgebaut werden; ausgebaute Maschinenteile; Die ausgebauten Filter sind staubdicht zu verpacken (CCI 11, 1986, 18). **2.** *erweitern, vergrößern, [weiter] ausgestalten:* das Straßennetz a.; Zwar wurden inzwischen die Kurven des Wedau-Stadions ausgebaut, ... (Kicker 6, 1982, 10); ein gut ausgebautes Verkehrssystem; die Straße ist nicht ausgebaut *(nicht mit einem festen Belag versehen).* **3.** *weiterentwickeln; verbessern, vermehren:* eine Position, Handelsbeziehungen a.; er war nicht zu stoppen! Hatte er ein Thema beim Wickel, so baute er es weidlich aus (Bastian, Brut 54); Der schulpsychologische Dienst müsste nach Meinung der GEW-Bezirksgruppe ausgebaut werden (Saarbr. Zeitung 27. 12. 79, 22); die CDU konnte ihre Mehrheit sogar a.; (Sport:) einen Vorsprung a.; Unsere Mannschaft will nicht nur die Tabellenführung verteidigen und ... a. (Kicker 82, 1981, 5). **4.** *(zu etw.) umbauen, umgestalten:* Vor Beginn des Wintersemesters durfte er sich das Kabuff unterm Dach zur eigenen Mansardenwohnung a. (Bieler, Bär 31); Der Wagenschuppen und die Ställe waren ausgebaut und mit Heizung versehen worden (H. Gerlach, Demission 67). **5.** (Weinbau) *(Wein) durch entsprechende Behandlung zur vollen Entwicklung und Ausreifung bringen:* Naturweine, die im Keller des Erzeugers ausgebaut und abgefüllt sind (Horn, Gäste 90). **6.** (Bergbau) *einen Grubenbau betriebsfertig u. sicher machen:* einen Schacht [in Stahl(beton)] a. **7.** (veraltet) *vorspringend bauen:* Da war ein Balkon ausgebaut, der ... mickrige Miethauskarrees überragte (Johnson, Ansichten 91).

aus|bau|fä|hig ⟨Adj.⟩: *geeignet, ausgebaut (2, 3, 4) zu werden.*

Aus|bau|ge|biet, das: *strukturschwaches Gebiet, das im Rahmen eines regionalen Förderungsprogramms entwickelt werden soll.*

Aus|bau|ge|schwin|dig|keit, die (Verkehrsw.): *höchste gleich bleibende Geschwindigkeit, mit der ein Straßenabschnitt gefahrlos befahren werden kann.*

Aus|bau|ge|wer|be, das: *Gruppe derjenigen Handwerksbetriebe, die am Ausbau eines Gebäudes mitwirken* (z. B. Installations- und Malerbetriebe).

Aus|bau|ma|schi|ne, die: *Maschine, die zum Grubenausbau gebraucht wird.*

Aus|bau|woh|nung, die: *durch Ausbau eines ursprünglich nicht dafür vorgesehenen Teils eines Hauses entstandene Wohnung* (z. B. Kellerwohnung).

aus|bau|wür|dig ⟨Adj.⟩: *wert, ausgebaut zu werden.*

aus|be|din|gen, sich ⟨st. V.; hat⟩: *sich etw. vorbehalten, zur Bedingung machen:* ich bedang mir Bedenkzeit aus; ich habe mir bestimmte Freiheiten, Rechte, die Verfügungsgewalt ausbedungen; Aber ich habe mir eines ausbedungen: Zu meiner Geburtstagsfeier ... soll Mutter allein kommen (Hörzu 19, 1973, 105).

aus|be|hal|ten, sich ⟨st. V.; hat⟩ (veraltet, noch landsch.): *sich vorbehalten, sich ausbedingen.*

aus|bei|neln ⟨sw. V.; hat⟩: **a)** (österr. u. schweiz. mundartl.) *ausbeinen:* einen Schinken a.; Ü den Motor, das Uhrwerk a. *(herausnehmen, zerlegen);* **b)** (schweiz. mundartl.) *gründlich untersuchen:* jetzt wollen wir mal a., wie das geschehen konnte.

aus|bei|nen ⟨sw. V.; hat⟩ [zu ↑Bein (5)] (landsch.): *Knochen aus dem Fleisch (eines Schlachttiers) lösen:* Schinken, Koteletts a.

Aus|bein|mes|ser, das: *spezielles Messer zum Ausbeinen.*

aus|bei|ßen ⟨st. V.; hat⟩: **1.** ⟨a. + sich⟩ *einen Zahn beim Zubeißen, Kauen ab-, herausbrechen:* sich ⟨Dativ⟩ [an etw.] einen Zahn a. **2.** (Geol.) *(von einer geologischen Schicht) an die Erdoberfläche treten:* hier beißt an mehreren Stellen das Gestein aus. **3.** (landsch.) *ausstechen, verdrängen:* er versuchte seinen Bruder auszubeißen.

aus|bei|zen ⟨sw. V.; hat⟩: **a)** *mit einem ätzenden Mittel entfernen:* das wilde Fleisch an den Wundrändern a.; **b)** *mit einem ätzenden Mittel reinigen, desinfizieren:* die Wunde muss ausgebeizt werden.

aus|be|kom|men ⟨st. V.; hat⟩ (ugs.): **1.** *(nur mit Mühe) ausziehen können* (häufig verneint): die Schuhe, die Handschuhe, den Ring nicht a. **2.** (landsch.) *leer essen, leer trinken können* (häufig verneint): seinen Teller nicht a. können. **3.** (landsch.) *bis zum Ende lesen können* (häufig verneint): ein Buch in einem Tag [nicht] a.

aus|bes|sern ⟨sw. V.; hat⟩: **a)** *(schadhaft Gewordenes) reparieren, instand setzen, wiederherstellen:* das Dach, das Polster, den Zaun a.; die Wäsche muss ausgebessert *(geflickt)* werden; Ü wenn Sie Ihr Nervenkostüm a. möchten, ... lassen Sie sich einen Tipp geben (Spiegel 18, 1966, 59); **b)** *(eine schadhaft gewordene Stelle an etw.) beseitigen:* einen Schaden [an der Tapete] a.

Aus|bes|se|rung, die; -, -en: *das Ausbessern, Ausgebessertwerden.*

Aus|bes|se|rungs|ar|beit, die; -, -en ⟨meist Pl.⟩: *Arbeit, durch die etw. ausgebessert, repariert wird:* -en ausführen.

aus|bes|se|rungs|be|dürf|tig ⟨Adj.⟩: *einer Reparatur, Ausbesserung bedürfend, sie nötig habend.*

Aus|bes|se|rungs|werk, das (Eisenb.): *Werkstätte, in der die Fahrzeuge, Weichen u. a. überprüft u. instand gesetzt werden.*

aus|be|to|nie|ren ⟨sw. V.; hat⟩: *vollständig mit einer Betonschicht versehen:* den Boden a.; er hat ausbetonierte Räume.

Aus|be|to|nie|rung, die; -, -en: *das Ausbetonieren.*

aus|bet|ten ⟨sw. V.; hat⟩: **1.** *(einen Kranken in der Absicht, sein Lager herzurichten) aus dem Bett heben:* jeden Morgen werden die Kranken ausgebettet. **2.** *exhumieren.*

Aus|bet|tung, die; -, -en: *das Ausbetten, Ausgebettetwerden.*

◆ **aus|beu|gen** ⟨sw. V.; hat⟩: *ausweichen; aus dem Wege gehen:* Ihm auszubeugen, war der Schlag zu schnell (Lessing, Nathan III, 8); bleibt bei der Sache! Beugt nicht aus! (Schiller, Maria Stuart I, 7).

aus|beu|len ⟨sw. V.; hat⟩: **1. a)** *durch [längeres] Tragen ein Kleidungsstück an einer Stelle so dehnen, dass es die Form verliert, sich nach außen wölbt:* die Ärmel seiner Jacke a.; eine ausgebeulte Hose; das Manchesterzeug krümpelt um seine Beine, die Jacke weit ausgebeult und fleckig (Johnson, Mutmaßungen 8); **b)** ⟨a. + sich⟩ *(von einem Kleidungsstück) sich [an einer Stelle] so dehnen, dass die Form verloren geht u. eine Wölbung nach außen entsteht:* der Rock hat sich schnell ausgebeult; Ü In unserem Abschnitt beult sich die Front aus (Kirst, 08/15, 385). **2.** *eine eingedrückte Stelle, eine Beule aus etw. entfernen, herausschlagen:* den Kotflügel, den zerdrückten Hut a.; Darum also beulen wir die Backen mit der Zungenspitze aus (Grzimek, Serengeti 190).

Aus|beu|lung, die; -, -en: *das Ausbeulen, Sichausbeulen.*

Aus|beu|te, die; -, -n ⟨Pl. selten⟩: *Ertrag, Gewinn aus einer bestimmten Arbeit:* die wissenschaftliche A. dieser Arbeit ist bescheiden; eine reiche, spärliche A. [an Erzen, Kohle]; Überhaupt war der A. der sich bis in die Morgenstunden hinziehenden Tatortuntersuchung nicht den Aufwand der eingesetzten fünfzehn Funkwagen wert (Prodöhl, Tod 48); (Sport:) Ansonsten war ein Lattenschuss ... die gesamte A. der Gäste (NNN 2. 10. 86, 2); Zwölf Siege saarländischer Galopp- und Trabrennpferde waren die A. bei Veranstaltungen in ... (Saarbr. Zeitung 7. 7. 80, 15).

aus|beu|teln ⟨sw. V.; hat⟩ (landsch.): **1.** (bes. österr.) *ausschütteln:* das Staubtuch, die Tischdecke a. **2.** *(ein Kleidungsstück) ausbeulen* (1 a): Oskar verstand es, zu sitzen und den Knien seine Hosenbeine gleichmäßig auszubeuteln (Grass, Blechtrommel 572). **3.** *jmdm. beim Spiel alles Geld abgewinnen:* jmdn. beim Kartenspiel [völlig] a.; ich bin ganz ausgebeutelt *(ohne Geld).* **4.** *aushorchen, ausfragen:* sie haben ihn beim Abendschoppen tüchtig ausgebeutelt.

aus|beu|ten ⟨sw. V.; hat⟩ [zu mhd. biuten = Kriegsbeute machen < mniederd. būten, ↑¹Beute]: **1. a)** *wirtschaftlich nutzen, abbauen:* eine Grube, ein Erzvorkommen a.; Wenn mithilfe ausländischer Investitionen und Entwicklungshilfegelder die Natur- und Bodenschätze des Landes ... ausgebeutet werden können (Vaterland 27. 3. 85, 3); **b)** *systematisch nutzen, ausschöpfen:* alle historischen Quellen a.; vermutlich habe ich die Musik immer nur für meine literarischen Vorhaben ausgebeutet (Mayröcker, Herzzerreißende 102); dass mein Sinn für philosophische Feinheiten zwar vorhanden, doch offensichtlich nicht auszubeuten gewesen ist (Zwerenz, Kopf 114); sie hat die Arbeiten anderer Wissenschaftler schamlos ausgebeutet *(ohne Nennung der Quelle für ihre Arbeit verwendet).* **2. a)** (abwertend) *[skrupellos] für sich ausnutzen:* jmds. Arbeitskraft a.; Das gibt's nicht nur in Entwicklungsländern: Minderjährige Kinder werden massiv ausgebeutet (ran 2, 1980, 8); **b)** (marx.) *sich als Eigentümer von Produktionsmitteln das von den Arbeitnehmern erzeugte Arbeitsprodukt aneignen; exploitieren;* **c)** (abwertend) *sich skrupellos zunutze machen:* jmds. Unkenntnis, Gutmütigkeit a.; Hier griff eine Häuserspekulation ein, die ... die Not der Obdachlosen rücksichtslos ausbeutete (Thieß, Reich 352).

Aus|beu|ter, der; -s, -: **a)** (abwertend) *jmd., der andere Menschen ausbeutet, ausnutzt:* Die Diskussionen waren immer rege, denn Frieda griff im Gutsbesitzer an, den sie einen A. nannte (Schnurre, Bart 77); **b)** (marx.) *Privateigentümer von Produktionsmitteln:* Durch die Errichtung der Macht der Arbeiterklasse wurde auch die Intelligenz ... vom Dienst für kapitalistische A. befreit (Sonntag 7. 11. 76, 3).

Aus|beu|te|rei, die; - (ugs. abwertend): *das Ausbeuten* (2).

Aus|beu|te|rin, die; -, -nen: w. Form zu ↑Ausbeuter.

aus|beu|te|risch ⟨Adj.⟩: *in der Weise eines Ausbeuters.*

Aus|beu|ter|klas|se, die; - (marx.): *Klasse der Ausbeuter* (b).

Aus|beu|tung, die; -, -en ⟨Pl. selten⟩: *das Ausbeuten, Ausgebeutetwerden.*

Aus|beu|tungs|the|o|rie, die: *ökonomische Theorie, die auf der Ausbeutung der Arbeiter im Kapitalismus basiert.*

aus|be|zah|len ⟨sw. V.; hat⟩: **a)** *jmdm. eine Geldsumme [die ihm zusteht] auszahlen:* jmdm. das Gehalt a.; Pohlmann habe ... 136,– DM bar ausbezahlt bekommen (Noack, Prozesse 37); das Darlehen wird sofort ausbezahlt *(zur Verfügung gestellt);* **b)** (landsch.) *[bei Beendigung einer Tätigkeit] entlohnen, bezahlen:* die Tagelöhner, die Hilfskräfte a.; Es waren Kumpels der Mittagsschicht, die, heute, am Lohntag, ... ausbezahlt worden waren (Marchwitza, Kumiaks 160); **c)** *(jmdn., dem ein Teil von einem Vermögen zusteht, gehört) mit Bargeld abfinden:* die Erben, den Teilhaber a.; er hat seine Geschwister nach dem Tod des Vaters ausbezahlt.

Aus|be|zah|lung, die; -, -en: *das Ausbezahlen, Ausbezahltwerden.*

aus|bie|gen ⟨st. V.⟩: **1.** *(Verbogenes) gerade biegen, durch Biegen wieder in die ursprüngliche Form bringen* ⟨hat⟩: einen Draht a.; sie hat die verbogenen Metallstäbe wieder ausgebogen. **2.** (landsch.) *ausweichen, aus dem Wege gehen* ⟨ist⟩: sie ist dem Radfahrer ausgebogen; Er geht gedankenlos an einem Juwelierladen vorbei, biegt den Kisten aus, die vor einer Gemüsehandlung aufgeschichtet sind (Jens, Mann 7); in letzter Zeit biegt sie [mir] immer aus *(sucht sie ein Zusammentreffen zu vermeiden);* Er ... bog mürrisch jedem vertraulichen Wort aus (Feuchtwanger, Herzogin 43); Er liebt nicht, sich bloßzustellen, er biegt gern der Verantwortlichkeit aus (St. Zweig, Fouché 77).

aus|bie|ten ⟨st. V.; hat⟩: **1.** (selten) **a)** *zum Kauf anbieten, feilbieten:* die Bauern bieten ihre Erzeugnisse auf dem Markt aus; **b)** *bei einer Versteigerung zum Kauf anbieten, versteigern:* die Vitrinen ... werden zum Ersten, Zweiten, Dritten ausgeboten, verkauft (Feuchtwanger, Erfolg 762). ◆ **2.** *verbieten, das Haus, die Wohnung zu betreten:* ich biete dem Junker aus (Schiller, Kabale I, 1).

Aus|bie|tung, die; -, -en: *(bei der Versteigerung) Aufforderung zur Abgabe von Geboten.*

Aus|bie|tungs|ga|ran|tie, die ⟨o. Pl.⟩: *vertraglich festgelegte Verpflichtung eines Partners, bei einer Zwangsversteigerung bis zur Höhe der Hypothek mitzubieten, damit der andere Partner keinen Verlust durch Ausfall seiner Forderung erfährt.*

aus|bil|den ⟨sw. V.; hat⟩ [mhd. ūȝbilden = zu einem Bild ausprägen]: **1. a)** *durch Vermittlung von Kenntnissen, Fertigkeiten auf einem bestimmten Beruf vorbereiten:* Nachwuchs, Lehrlinge a.; mehr Techniker a. *(heranbilden);* jmdn. an einer Maschine, im Zeichnen, zum Facharzt a.; Ich habe hier keine Schreibschule. Ausgebildete Kräfte brauche ich (Fallada, Blechnapf 129); **b)** ⟨a. + sich⟩ *sich auf einem bestimmten Ausbildung unterziehen:* sich als Pianist, zum Pianisten a.; nebenher besuchte er Abendkurse ..., um sich im Modellieren ... auszubilden (Welt 14. 7. 65, 9); **c)** *durch Schulung bilden, zur Entfaltung bringen:* seine Anlagen, seine Stimme a.; seinen Geist, Verstand a.; Diese Sitte scheint sich erst im Laufe der Zeit in den Gallien stationierten Franken ausgebildet zu haben (Archäologie 2, 1997, 34). **2. a)** *aus sich entwickeln, hervorbringen:* eine bestimmte Eigenschaft, ein Verhalten a.; die Pflanzen ... bildeten ... immer breitere Blätter aus (Döblin, Märchen 5); Hier bildet der Mann alle Fehler und Untugenden aus (Bamm, Weltlaterne 44); für die Behauptung, ein solches Kind könne keine normale Identität a., gibt es keinen Beleg (Woche 7. 3. 97, 25); **b)** *(in bestimmter Weise) gestalten, formen, herstellen:* Zu diesem Zweck hat man die Kolbenstange hohl ausgebildet (Auto 8, 1965, 43); heutzutage werden ... Stahlbrücken ... mit orthotropen Fahrbahnplatten ausgebildet (MM 18. 5. 73, 17); Kraftomnibus, der als Gelenkfahrzeug ausgebildet ist (Straßenverkehrsrecht, StVZO 155); **c)** ⟨a. + sich⟩ *in bestimmter Weise entstehen, sich entwickeln:* die Blüten bilden sich sehr langsam aus.

Aus|bil|den|de, der u. die; -n, -n ⟨Dekl. ↑Abgeordnete⟩: *jmd., der die Aufgabe hat, andere auszubilden; Lehrherr.*

Aus|bil|der, der; -s, -: *Ausbildender, bes. beim Militär.*

Aus|bil|de|rin, die; -, -nen: w. Form zu ↑Ausbilder: Die Russin, inzwischen Generalin der Roten Armee, A. im Weltraumzentrum ... (Welt 21. 7. 78, 28).

Aus|bild|ner, der; -s, -. **1.** (österr.) *Ausbilder beim Militär.* **2.** (schweiz.) *Ausbildender:* Dieses Gesetz erleichtert auch die

Förderung betrieblicher A. (NZZ 22. 12. 83, 19).

Aus|bild|ne|rin, die; -, -nen (schweiz.): w. Form zu ↑Ausbildner (2): Die Stadt müsste als Arbeitgeberin und A. ... (NZZ 26. 8. 83, 27).

Aus|bil|dung, die; -, -en: **1.** *das Ausbilden* (1 a, b), *das Ausgebildetwerden*: eine gute A. ist das Wichtigste für beruflichen Erfolg; (milit.:) die A. am Geschütz, mit der Waffe. **2.** *das Ausbilden* (2), *Sichausbilden*.

Aus|bil|dungs|bei|hil|fe, die: *finanzielle staatliche Zuwendung für einen in der Ausbildung befindlichen Jugendlichen*.

Aus|bil|dungs|be|ruf, der: *Lehr- oder Anlernberuf*: Der A. Pferdewirt ist noch jung (FAZ 12. 3. 84, 19).

Aus|bil|dungs|dau|er, die: *Dauer der Ausbildung*.

Aus|bil|dungs|film, der: *Film, der Lehrzwecken dient*.

Aus|bil|dungs|för|de|rung, die: *finanzielle staatliche Zuwendung aus Mitteln des Bundes u. der Länder für in der Ausbildung befindliche Jugendliche*.

Aus|bil|dungs|för|de|rungs|ge|setz, das: *Gesetz, das die Ausbildungsförderung regelt*.

Aus|bil|dungs|gang, der: *geregelter Verlauf der Ausbildung*.

Aus|bil|dungs|kom|pa|nie, die (Milit.): *Einheit, in der die Wehrpflichtigen die Grundausbildung erhalten*.

Aus|bil|dungs|kurs, **Aus|bil|dungs|kur|sus**, der: *Kurs, der zu etw. ausbildet*.

Aus|bil|dungs|lehr|gang, der: *Ausbildungskurs*.

Aus|bil|dungs|me|tho|de, die: *Methode der Ausbildung*.

Aus|bil|dungs|mu|ni|ti|on, die (Milit.): *Munition, die bei der Ausbildung der Wehrpflichtigen verwendet wird*.

Aus|bil|dungs|of|fi|zier, der (Milit.): *Offizier, der die Grundausbildung der Soldaten überwacht*.

Aus|bil|dungs|ord|nung, die: *Rechtsverordnung, die den Ausbildungsgang staatlich anerkannter Berufe festlegt*.

Aus|bil|dungs|per|so|nal, das: *Personen, die mit der Ausbildung betraut sind*.

Aus|bil|dungs|pflicht, die: *Pflicht des Ausbildenden, dem Auszubildenden die nötigen Kenntnisse und Fertigkeiten zu vermitteln*.

Aus|bil|dungs|platz, der: *Stelle* (4), *auf der jmd. zu etw. ausgebildet wird*: ... dass zehn Prozent ... der weiblichen Bewerberinnen einen A. erhalten (MM 13./14. 9. 75, 35).

Aus|bil|dungs|richt|li|nie, die (meist Pl.): *Richtlinie für die Ausbildung*.

Aus|bil|dungs|stand, der ⟨o. Pl.⟩: *zu einer bestimmten Zeit erreichte Höhe einer Ausbildung*.

Aus|bil|dungs|stät|te, die: *Gebäude, in dem Ausbildung, Unterricht stattfindet*.

Aus|bil|dungs|ver|si|che|rung, die: *Versicherung, die Eltern für die spätere Finanzierung der Ausbildung ihrer Kinder abschließen*.

Aus|bil|dungs|ver|trag, der: *die Ausbildung betreffender Vertrag zwischen der* ausbildenden Person od. Institution u. der Person, die ausgebildet werden soll.

Aus|bil|dungs|we|sen, das ⟨o. Pl.⟩: *Gesamtheit der Ausbildungseinrichtungen, Schulen u. Ä.*

Aus|bil|dungs|zeit, die: *Ausbildungsdauer*.

Aus|bil|dungs|ziel, das: *formuliertes Ziel, zu dem eine Ausbildung hinführen soll*.

aus|bim|meln ⟨sw. V.; hat⟩ (ugs.): *zu Ende bimmeln*: Endlich ... hat das Münster ausgebimmelt (Frisch, Stiller 434).

aus|bin|den ⟨st. V.; hat⟩: **1.** (Druckerspr.) *den Satz mit einer Schnur zusammenbinden* (um das Auseinanderfallen zu verhindern): Satzkolumnen a. **2.** (Bauw.) *Bauteile mit* ¹*Bändern* (I2k) *u. Riegeln in sich verbinden*: ein Dach a. **3.** (Pferdesport) *die Haltung von Kopf u. Hals des Pferdes mithilfe von Ausbindezügeln festlegen*.

Aus|bin|de|zü|gel, der ⟨meist Pl.⟩: *vom Trensenring zum Sattelgurt waagerecht verlaufender Zügel als Hilfsmittel beim Longieren od. für Anfänger, der bewirkt, dass sich das Pferd in einer gleich bleibenden Haltung bewegt*.

Aus|biss, der; -es, -e (Geol.): *Ausstrich* (2): die Umgebung war von den »Ausbissen« der Tagbaustätten durchlöchert (ADAC-Motorwelt 8, 1973, 44).

aus|bit|ten ⟨st. V.; hat⟩: **1.** ⟨a. + sich⟩ **a)** (geh.) *sich etw. erbitten, jmdn. um etw. bitten*: ich bat um Bedenkzeit aus; Als Hochzeitsgeschenk bat er sich einen Papagei aus (Winckler, Bomberg 29); die Nachbarin hat sich den Staubsauger ausgebeten *(geliehen)*; er bat sich ein Buch als Andenken aus; **b)** *verlangen, mit Nachdruck fordern*: ich bitte mir Ruhe, etwas mehr Höflichkeit aus; Etwas mehr Begeisterung von deiner Seite bitte ich mir aus (Fries, Weg 211); das möchte ich mir ausgebeten haben! *(das erwarte ich als selbstverständlich!)* **2.** (veraltet) *zum Ausgehen einladen*: jmdn. zum Essen a.

aus|bla|sen ⟨st. V.; hat⟩: **1.** *(etw. mit offener Flamme Brennendes) durch Blasen auslöschen*: den Streichholz, die Kerze, das Licht a.; Er öffnete das Fensterchen der Kompasshaube und blies das Lämpchen aus (Hausmann, Abel 69). **2. a)** *durch Blasen entfernen*: den Dotter aus dem Ei a.; **b)** *(von etw.) leer blasen, durch Blasen säubern*: Eier a.; den Kamm, den Hobel a. **3.** *blasend ausatmen, ausstoßen*: den Rauch a.; Er öffnete den Mund und blies ... den Atem aus (Thieß, Legende 47). **4.** *aufhören zu blasen, zu wehen*: der Mistral hatte ausgeblasen (Seghers, Transit 102). **5.** (Hüttenw.) *(den Hochofen) außer Betrieb setzen, indem man den Ofenraum völlig entleert*.

Aus|blä|ser, der; -s, - (Milit.): *Artilleriegeschoss, das beim Aufschlagen ausbrennt u. nicht explodiert*.

aus|blas|sen ⟨sw. V.; ist⟩ (geh.): *völlig verblassen, die Farbe fast ganz verlieren*: die Tapete ist ganz ausgeblasst; ausgeblasste Vorhänge; eine Schäferszene mit ausgeblassten Rokokofiguren (Werfel, Himmel 20).

Aus|bla|sung, die; -, -en (Geol.): **1.** ⟨o. Pl.⟩ *Deflation* (2). **2.** *durch Deflation* (2) *entstandene Hohlform im Felsgestein*.

aus|blei|ben ⟨st. V.; ist⟩: **a)** *(von etw. Erwartetem) nicht eintreten*: der Erfolg, die erhoffte Wirkung, das befürchtete Chaos blieb aus; die Folgen deines Leichtsinns werden nicht a. *(werden zwangsläufig eintreten)*; es konnte ja nicht a. *(musste so kommen)*, dass an dieser Stelle gelacht wurde; Dann blieben den Kollegen erst die Fördergelder aus *(sie wurden nicht gezahlt)*; Woche 28. 3. 97, 52); **b)** *nicht [mehr] kommen, fernbleiben*: die Kunden, Besucher, Gäste bleiben aus; eines Jahres bricht plötzlich die Katastrophe ... herein: Die Fische bleiben aus (Jens, Mann 102); Wenn der Regen ausbleibt, stinkt es freilich sehr (Kempowski, Zeit 176); Um Mitternacht hörten sie die letzten Radionachrichten, doch die befürchtete Suchmeldung blieb aus (Bieler, Mädchenkrieg 146); in der Regel war ausgeblieben; ⟨subst.:⟩ das Ausbleiben einer Nachricht beunruhigte sie; **c)** *fortbleiben; nicht zurückkommen, nicht heimkommen*: tagelang, bis zum nächsten Tag, über Nacht a.; er ging wieder – um länger auszubleiben als das vorige Mal (Th. Mann, Krull 283); **d)** *stocken, aussetzen*: der Puls, die Atmung blieb aus; jetzt aber blieb aller Ton ihm aus, versagte krampfartig und abgeschnürt (Th. Mann, Joseph 67); weil die Milch nach wenigen Tagen ausblieb und Möller keine Amme zahlen wollte (Grass, Butt 345).

¹**aus|blei|chen** ⟨unr. V.; blich aus, ist ausgeblichen/⟨auch:⟩ ausgebleicht⟩: *die Farbe, an Farbintensität verlieren; abblassen*: das Material, der Stoff bleicht aus; ausgeblichene Farben; ausgebleichte Gebeine.

²**aus|blei|chen** ⟨sw. V.; hat⟩: *bewirken, dass etw. seine Farbe verliert, blass wird*: die Sonne hat den Stoff, die Vorhänge, das Gerippe ausgebleicht; ein vom Licht ausgebleichter Gobelin.

aus|blen|den ⟨sw. V.; hat⟩: **a)** (Rundf., Ferns., Film) *(Ton, Bild) durch Ausschalten aus einer Sendung, einem Film herausnehmen*: während einer Livesendung den Ton a.; Oft wird am Ende des Schlagers der Lautstärkeregler dazu genutzt, den Schlager langsam auszublenden (Kraushaar, Lippen 19); **b)** ⟨a. + sich⟩ (Rundf., Ferns.) *(von einem Sender o. Ä.) sich aus einer Sendung ausschalten*: der Bayerische Rundfunk ... wollte sich ... a. und seinem Publikum verdaulichere Kost bieten (Hörzu 49, 1972, 165).

Aus|blen|dung, die; -, -en: *das Ausblenden, Sichausblenden*.

Aus|blick, der; -[e]s, -e: **a)** *weiter Blick, Aussicht*: ein herrlicher, weiter A. [über das Tal]; Auf der Hochebene entschädigen die famosen Ausblicke für die Strapazen des Aufstiegs (a&r 2, 1997, 13); jmdm. den A. versperren; auf einer Bank ..., von wo man einen weiten und heiteren A. über das Rheintal genoss (Th. Mann, Zauberberg 612); **b)** *Vorausschau auf in der Zukunft Liegendes*: ein kurzer A. auf

ausblicken

die bevorstehende Entwicklung; Den Technikern eröffneten sich schwindelerregende -e. Dies war eine Erfindung, die die Welt ... revolutionieren musste! (Menzel, Herren 93).

aus|bli|cken ⟨sw. V.; hat⟩ (geh.): *[wartend od. suchend] nach jmdm., etw. Ausschau halten:* sehnsüchtig, verstohlen, ängstlich nach jmdm., etw. a.; er blickt um Hilfe nach seinem Meister aus (Remarque, Obelisk 121).

aus|blit|zen ⟨sw. V.; hat⟩: *aufhören zu blitzen* (meist in einer zusammengesetzten Zeitform): die Wanderer warteten in der Schutzhütte, bis es ausgeblitzt hatte.

aus|blü|hen ⟨sw. V.⟩: **1.** *aufhören zu blühen, verblühen* ⟨hat⟩: Das Gras steht hoch, es blüht schon aus (Waggerl, Brot 42); An der Straße stehen hohe, alte Kastanienbäume, sie haben schon ausgeblüht (Fallada, Trinker 125). **2.** ⟨ist⟩ **a)** (Geol., Mineral.) *(von bestimmten wasserlöslichen Salzen) durch Verdunstung der Bodenfeuchtigkeit an die Oberfläche treten und eine Verkrustung entstehen lassen:* an vielen Stellen des Bodens blüht Salpeter aus; **b)** *sich mit einer an die Oberfläche getretenen Salzkruste bedecken:* das Gestein, das Mauerwerk blüht aus.

Aus|blü|hung, die; -, -en: **1.** *das Ausblühen.* **2.** *durch Ausblühen* (2 a) *entstandene Kruste aus Salzen.*

aus|blu|ten ⟨sw. V.⟩: **a)** *leer bluten* ⟨ist⟩: ein geschlachtetes Tier a. lassen; das Schaf ist ausgeblutet; wie er nach dem Abschuss ausgeblutet in einem Wald der Ardennen lag (Fr. Wolf, Menetekel 35); Ü dass bestimmte Teile ... des Landes ausbluten *(durch Abwanderung größerer Teile der Bevölkerung an der Entwicklung nicht mehr teilhaben;* Bausinger, Dialekte 103); dass die Hauptschulen im Zuge der rückgehenden Schülerzahlen ausbluten, wenn noch mehr Gesamtschulen entstehen (Saarbr. Zeitung 27. 6. 80, 2); ein ausgeblutetes *(durch Krieg erschöpftes)* Land; **b)** *aufhören zu bluten* ⟨hat⟩: die Wunde hat endlich ausgeblutet; **c)** *durch hohe Verluste an Menschenleben schwächen:* Die düstere Prophezeiung gilt einer Stadt, die ein erbitterter Bürgerkrieg, der fast 150 000 Tote forderte, ausgeblutet hat (Spiegel 24, 1992, 162); Ü doch sei der Wunsch verständlich, den unendlichen Flüchtlingsstrom zu stoppen, der die »Zone« ökonomisch und intellektuell auszubluten drohte (W. Brandt, Begegnungen 12); **d)** ⟨a. + sich⟩ *sich finanziell ganz verausgaben* ⟨hat⟩: sich beim Bauen a.

aus|bo|gen ⟨sw. V.; hat⟩ (Schneiderei): *bogenförmig schneiden, nähen:* den Stoff, den Saum des Kleides a.; ausgebogte Ränder.

aus|boh|len ⟨sw. V.; hat⟩: *vollständig mit Bohlen auslegen:* den Fußboden a.

aus|boh|ren ⟨sw. V.; hat⟩: **a)** *(ein Loch o. Ä.) durch Bohren herstellen od. erweitern:* ein Bohrloch, einen Brunnen a.; **b)** *durch Bohren aus etw. entfernen, herausbohren:* Äste a.; das Kerngehäuse aus dem Apfel a.

aus|bo|jen ⟨sw. V.; hat⟩ (Seew.): *(eine Fahrrinne) durch Bojen kenntlich machen:* das Fahrwasser a.

aus|bom|ben ⟨sw. V.; hat; meist im Passiv u. im 2. Part.⟩: **a)** *durch einen Bombenangriff um Wohnung u. Habe bringen:* die Familie wurde im Krieg zweimal ausgebombt; **b)** *durch einen Bombenangriff zerstören:* sein Geschäft ist ausgebombt worden; Schutt und Geröll von ausgebombten Häusern (Borkowski, Wer 119); Ü Wer den Krieg in einem Landhaus überstanden hat, kann nicht wissen, dass es möglich ist, auch die Moral auszubomben (Kirst, 08/15, 946).

Aus|bom|bung, die; -, -en: *das Ausbomben, Ausgebombtwerden.*

aus|boo|ten ⟨sw. V.; hat⟩: **1.** (Seew.) **a)** *vom Schiff mit einem Boot an Land bringen; ausschiffen:* die Passagiere, Fahrgäste werden ausgebootet; **b)** *mit einem Boot das Schiff verlassen, um an Land zu gehen:* vor der Insel mussten sie a.; vor der Osterinsel – man sollte sie um 7 Uhr morgens erreichen, auf Reede gehen und dann a. (Konsalik, Promenadendeck 394); **c)** *aus einem Boot heranschaffen:* Sie boten die Heringe aus und breiten sie ... auf die Düne (Kisch, Reporter 237). **2.** (ugs.) *[als nicht mehr genehm] aus seiner Stellung verdrängen; aus einer Position verdrängen:* Ky ... suchte seit langem nach einer Gelegenheit, den mächtigen Rivalen auszubooten (Spiegel 16, 1966, 100); einige Dozenten sollen öffentlich verleumdet und dann ausgebootet werden (Müthel, Baum 38); Chile hatte die UdSSR mit 2:1 ausgebootet (besiegt o. *zum Ausscheiden gebracht;* Augsburger Allgemeine 27./28. 5. 78, 3).

Aus|boo|tung, die; -, -en: *das Ausbooten, Ausgebootetwerden.*

aus|bor|gen ⟨sw. V.; hat⟩ (landsch.): **a)** *sich ausleihen* (1): ich habe [mir] ein Buch [bei, von ihr] ausgeborgt; Wer den Radwanderweg benützen will, kann sich problemlos und äußerst preiswert auf dem Tullner Hauptbahnhof Räder a. (Kronen-Zeitung 22. 11. 83, 44); **b)** *leihen* (1): die Nachbarin hat mir ihre Leiter ausgeborgt; er wollte seine neue Platte nicht an einen Fremden a.

aus|bo|xen ⟨sw. V.; hat⟩ (Boxen): *(den Gegner) im Boxkampf besiegen:* er hat alle seine Gegner ausgeboxt.

aus|bra|ten ⟨st. V.⟩: **a)** *(von Fett) sich beim Braten absondern* ⟨ist⟩: aus dem Speck ist viel Fett ausgebraten; ausgebratenes Fett; **b)** *durch Braten das Fett aus etw. auslassen* ⟨hat⟩: sie hat Speck ausgebraten; Am nächsten Tag den Bacon fein würfeln und knusprig a. (e&t 7, 1987, 105); **c)** *bis zum Garsein braten* ⟨hat⟩: das Fleisch muss gut ausgebraten sein; 8 kleine Scheiben Weißbrot ... in heißem Öl knusprig a. (e&t 6, 1987, 10).

aus|brau|chen ⟨sw. V.; hat⟩ (ugs.): *so lange gebrauchen, bis man es nicht mehr benötigt:* die Schulbücher sind endgültig ausgebraucht; ich habe die Werkzeuge ausgebraucht *(brauche sie nicht länger);* Ü Jetzt braucht er dich aus, und wenn er dich ausgebraucht hat, wirft er dich weg (Fallada, Herr 216).

aus|brau|sen ⟨sw. V.; hat⟩ (selten): *ausgären, fertig gären:* der Most hat ausgebraust.

aus|bre|chen ⟨st. V.⟩: **1. a)** *(aus etw.) herausbrechen* ⟨hat⟩: Steine [aus der Mauer, aus der Wand], eine Wand a.; (mit der Nebenvorstellung des Unabsichtlichen:) ich habe mir einen Zahn ausgebrochen; **b)** *aus einer Verankerung herausbrechen, sich aus etw. lösen* ⟨ist⟩: wenn der Haken ausbricht, wird trotzdem die Wucht des Sturzes ... verringert (Eidenschink, Fels 63); **c)** *durch Herausbrechen von Mauerwerk herstellen* ⟨hat⟩: eine zusätzliche Tür, ein Fenster a.; Der neue Straßentunnel ... Vorerst wird nur die westliche Tunnelröhre zwischen St. Jakob im Rosental und Jesenice ausgebrochen (auto touring 2, 1979, 26). **2.** ⟨hat⟩ (Gartenbau, Weinbau) **a)** *unfruchtbare, überzählige Triebe ausschneiden, entfernen:* Geize a.; **b)** *von überzähligen Trieben befreien:* die Reben, Tomaten a.; **c)** (landsch.) *durch Ablösen von der Pflanze ernten:* Bohnen a. **3.** (etw., was man gegessen hat) *wieder erbrechen* ⟨hat⟩: der Kranke brach das Essen [wieder] aus; Fänä lief aufs Klo und brach alles aus (Degenhardt, Zündschnüre 14). **4.** ⟨ist⟩ **a)** *aus einem Gewahrsam entkommen:* ein Gefangener ist [aus dem Gefängnis] ausgebrochen; die Raubtiere brachen [aus den Käfigen] aus; **b)** (Milit.) *eine Einkreisung durch feindliche Truppen durchbrechen:* aus einem Kessel a.; **c)** *eine Bindung lösen, eine Gemeinschaft verlassen:* aus seiner Ehe, aus der bürgerlichen Gesellschaft a.; ein Mensch, der zu seinem Kreis gehörte, aus dem er nicht a. durfte (Kirst, 08/15, 179); Man müsste aus dem Alltag a. können (Ziegler, Konsequenz 185); Gab es irgendwann einen einzigen Zeitpunkt, an dem Sie einfach a. wollten ...? (a&r 2, 1997, 72). **5.** ⟨ist⟩ **a)** *(von Reittieren) vor einem Hindernis verweigern u. seitwärts aus der vorgesehenen Richtung wegdrehen, wegbewegen:* das Pferd ist vor der Hürde ausgebrochen; **b)** *die eingeschlagene Richtung, Bahn verlassen:* bei einer Bremsprobe war [ihm] der Wagen seitlich ausgebrochen *(aus der Spur geraten);* in der Kurve wollte der Wagen mit dem Heck a.; Das ASR ... sorgt dafür, dass die Hinterachse des Fahrzeugs nicht ausbricht (Hamburger Abendblatt 24. 8. 85, 13). **6.** ⟨ist⟩ **a)** *(vom Schweiß) aus den Poren austreten:* mir, dem Kranken brach der Schweiß aus; **b)** *mit Heftigkeit einsetzen; plötzlich beginnen:* Jubel, Streit, eine Meuterei, ein Aufstand, eine Panik, ein Krieg, eine Feuersbrunst bricht aus; plötzlich bricht draußen die Angst vor dem Sonntag aus (Böll, Und sagte 22); Zwei Tage später brach plötzlich der Vorfrühling aus (Rolf Schneider, November 249); **c)** *(von Krankheiten o. Ä.) zum Ausbruch kommen; mit Heftigkeit auftreten:* eine Epidemie, Krankheit bricht aus; Ü Damals war der Wohlstand noch nicht ausgebrochen *(allgemein verbreitet;* Gaiser, Schlußball 33). **7.** *(von einem Vulkan) in Tätigkeit treten* ⟨ist⟩: ein Vulkan bricht aus. **8.** *(in Bezug auf Gefühlsäußerungen) plötzlich u. heftig in* etw. verfallen, mit etw. beginnen ⟨ist⟩: in Gelächter, Weinen, Zorn a.; in Klagen, Tränen, Schluchzen a.; die Menge war in Jubel ausgebrochen; Manchmal passierte es Franziska, dass sie plötzlich ... in eine sprachlose Gerührtheit ausbrach (Handke, Frau 29). ♦ **9.** *aufbrechen* (2 a) ⟨ist⟩: *dass ... der vertrocknete Saft in der Rinde gewaltsam anschwillt, schon junges Laub ausbricht* (Mörike, Mozart 249).

Aus|bre|cher, der; -s, -: **1.** (ugs.) *Gefangener, der aus dem Gewahrsam ausgebrochen ist:* der A. wurde wieder gefasst. **2.** *Reittier, das die Neigung hat, vor einem Hindernis auszubrechen:* dieses Tier ist ein A.

Aus|bre|che|rin, die; -, -nen: w. Form zu ↑Ausbrecher (1).

Aus|bre|cher|kö|nig, der: *Gefängnissasse, dem immer wieder ein Ausbruch gelingt.*

Aus|bre|cher|krebs, der (Med.): **a)** *bösartiger Tumor, der auf Nachbarorgane übergreift;* **b)** ⟨o. Pl.⟩ *das umgebende Knochen- u. Weichteilgewebe in Mitleidenschaft ziehender expansiver Krebs der Lunge od. der Bronchien im Bereich der Lungenspitze.*

aus|brei|ten ⟨sw. V.; hat⟩: **1. a)** *(Zusammengelegtes, -gefaltetes) zu seiner ganzen Größe auseinander breiten:* einen Stadtplan auf dem Tisch a.; eine Decke, eine Zeitung a.; Er hatte unten am Ufer die Nahe seinen grünen Offiziersmantel ausgebreitet (Alexander, Jungfrau 29); sie breitete ein Tuch über den (auch: dem) Käfig aus (deckte es ausgebreitet darüber); Ü seine Ansichten, Probleme, sein Leben [vor jmdm.] a. *(darlegen);* einen Gedanken will er a., als Zuhörerin ist seine Frau immer nützlich (Loest, Pistole 36); Manchmal hätte er gern sein Glück und seine Pläne vor Johanna ausgebreitet (Feuchtwanger, Erfolg 623); **b)** *(aus Einzelteilen Bestehendes) nebeneinander hinlegen, auf einer Fläche verteilen:* seine Bücher, den Inhalt eines Paketes auf dem Tisch a.; die Händler breiten ihre Waren [auf dem Markt, vor den Käufern] aus; wenn sie sich bei den Personalabteilungen vorstellte und ihre Papiere ausbreitete (Bieler, Mädchenkrieg 495). **2.** *[paarweise Angeordnetes] nach den Seiten hin ausstrecken:* die Flügel, Schwingen, Fittiche a.; mit ausgebreiteten Armen auf jmdn. zukommen; die Bäume breiten ihre Äste, Zweige aus; Auf einem Eisblock breitete ein Hummer seine Scheren aus (Th. Mann, Krull 55). **3.** ⟨a. + sich⟩ **a)** *sich verbreiten; Raum, Boden gewinnen:* das Unkraut breitet sich auf dem Beet aus; Rauchschwaden breiteten sich über der (auch: die) Stadt aus; Der Wärter schließt ... ab. May ist allein. Dunkelheit breitet sich in der Zelle aus (Loest, Pistole 25); die Drogenszene, die sich in den USA immer weiter ausbreitet (Danella, Hotel 181); Warmer Zimtgeruch zog durch die Flure, ... Kandiszucker knisterte im Tee, Wohlbehagen breitete sich aus (Brückner, Quints 50); den Staat, darin sich Luxus und Wohlleben ausbreiten (Thieß, Reich 59);

Stille breitet sich aus, die Zeitungsprüfer schweigen (Sieburg, Robespierre 181); **b)** *um sich greifen:* das Feuer breitete sich mit Windeseile aus; Seuchen, Krankheiten breiten sich aus; **c)** *sich über eine bestimmte Fläche ausdehnen, erstrecken:* Wiesen und Felder breiten sich vor seinen Augen aus; Die Stadt breitet sich nun landwärts wie ein Fächer vor dem Reisenden aus (Koeppen, Rußland 59 f.). **4.** ⟨a. + sich⟩ (abwertend) *sich über etw. verbreiten, weitschweifig erörtern:* sie konnte sich stundenlang über ihr Lieblingsthema a. **5.** ⟨a. + sich⟩ (ugs.) *es sich an einem Platz bequem machen [und dabei viel Raum für sich beanspruchen]:* breite dich nicht so sehr aus!; sie hat sich auf dem Sofa ausgebreitet.

Aus|brei|tung, die; -: *das Ausbreiten, Sichausbreiten.*

Aus|brei|tungs|drang, der: *das Bedürfnis nach Ausbreitung.*

Aus|brei|tungs|ge|biet, das: *Gebiet, in dem sich etw. ausbreitet, ausgebreitet hat.*

Aus|brei|tungs|ge|schwin|dig|keit, die: *Geschwindigkeit, mit der sich etw. ausbreitet:* dass wichtige Fachleute ..., die sich mit der A. von Aids befassen, Alarm schlagen (Welt 28. 2. 87, 2).

Aus|brei|tungs|mög|lich|keit, die: *die Möglichkeit, sich auszubreiten:* sie haben in dieser Wohnung zu wenig A.

Aus|brei|tungs|re|ak|ti|on, die (Physiol.): *Reaktion eines nicht betroffenen Sinnesorganes (z. B. Lidschlag durch Schallreiz).*

aus|brem|sen ⟨sw. V.; hat⟩: **1. a)** (Rennsport) *(einen Fahrer, ein Fahrzeug) beim Einfahren in eine Kurve durch absichtlich spätes Bremsen überholen:* Zehn Runden später bremste er ... Cevert in eine gefährlichen Kurve aus (MM 30. 1. 73, 8); **b)** *sich vor jmdn. setzen und durch Bremsen behindern:* Kurz vor der Ausfahrt ... wurde er angeblich von einem Unbekannten überholt und ausgebremst (Nordschweiz 29. 3. 85, 3). **2.** (ugs.) *überlisten, geschickt als Konkurrenten o. Ä. ausschalten:* die Konkurrenz a.; Wie konnte es eigentlich geschehen, dass er, der Wahlsieger, nicht Minister wurde? Dieser Taktiker konnte ausgebremst werden (Erfolg Nov./Dez. 1983, 40); Die Revolution der deutschen Wende fraß ihre Kinder nicht – sie bremste die Bürgerrechtler aus und ließ sie stehen (Woche 27. 3. 98, 42).

aus|bren|nen ⟨unr. V.⟩: **1.** *(von etw. mit offener Flamme Brennendem) zu Ende brennen, völlig herunterbrennen* ⟨ist⟩: die Kerze, das Feuer brennt aus; eine Birne, halb ausgebrannt, trübe flackernd, lose im Kontakt (*schwach geworden;* Remarque, Triomphe 365); ein ausgebrannter *(erloschener)* Krater; (Kerntechnik:) ausgebrannte Kernbrennstäbe. **2.** ⟨ist⟩ **a)** *im Innern durch Feuer völlig zerstört werden:* die Wohnung, das Gebäude, das Schiff brannte völlig aus; Baracken brannten aus, Nissenhütten entstanden (Grass, Hundejahre 431); Durch einen Defekt brennt ein Farbfernsehgerät ... total aus (NNN 8. 12. 88, 6); **b)** (ugs.) *durch Brand seine Habe verlieren:* sie waren im Krieg zweimal ausgebrannt. **3.** (landsch.) *durch Feuer vernichten; ausräuchern* ⟨hat⟩: ein Wespennest a. **4.** ⟨hat⟩ **a)** *durch Ätzen reinigen:* eine Wunde a.; Weinfässer a. (landsch.; *ausschwefeln*); **b)** *durch Ätzen entfernen:* eine Warze a.; als wäre diese kleine Republik ... etwas Schlimmes gewesen, eine Art Krankheit, eine Pestbeule, die man ausbrennt (Heym, Schwarzenberg 9). **5.** (Textilw.) *(ein Gewebe) mit einer ätzenden Paste bedrucken, die eine Faserart des aus verschiedenen Fasern bestehenden Gewebes zerstört u. dadurch ein Muster entstehen lässt* ⟨hat⟩. **6.** (selten) *völlig ausdörren, versengen* ⟨hat⟩: die Sonne hat die Wiesen ausgebrannt; Ü die Kehle war ihm [wie] ausgebrannt. **7.** ⟨meist im 2. Part.; ist⟩ **a)** *seelisch und körperlich völlig erschöpft:* Wenn wir ... zurückkehren, sind wir ausgebrannt, wurzellos und ohne Hoffnung (Remarque, Westen 203); Nach der Vorstellung kam er in meine Garderobe. Ich fühle mich ausgebrannt, müde und traurig (Ziegler, Labyrinth 282); **b)** (Sport) *physisch nicht mehr in der Lage, eine sportliche Hochleistung zu erbringen:* dieser Läufer ist ausgebrannt.

Aus|bren|ner, der; -s, - (Textilw.): *Gewebe, dessen Muster durch Ausbrennen* (5) *entstanden ist.*

aus|brin|gen ⟨unr. V.; hat⟩: **1.** *(mit erhobenem Glas) einen Trinkspruch o. Ä.) sprechen, darbringen:* einen Trinkspruch, Toast, ein Hoch auf jmdn. etw. a.; Während der Redner noch ein »Siegheil« auf den Führer ausbringt, ... (Fallada, Jeder 39); jmds. Gesundheit a. (geh. selten; *auf jmds. Gesundheit trinken*). **2.** (Seemannsspr.) *(vom Schiff) ins Wasser bringen, zu Wasser lassen, nach außenbords bringen:* die Netze, den Anker a.; Der Kommandant ließ das Schlauchboot a. (Ott, Haie 237). **3.** (ugs.) *(nur mit Mühe) ausziehen können:* ich bringe die Schuhe nicht aus. **4.** (Druckw.) *beim Schriftsatz durch nachträgliches Vergrößern der Wortzwischenräume die Anzahl der gesetzten Zeilen erhöhen:* eine Zeile a. **5.** (Jägerspr.) *(von Federwild; landsch. auch von Geflügel) ausbrüten* (1): die Enten bringen ihre Jungen aus; die Eier werden ausgebracht. **6.** (Landw.) *(auf dem Acker o. Ä.) verteilen:* flüssigen Stickstoff a.; So wird z. B. beim Auftreten der Kartoffelkäfer nicht sofort das entsprechende Insektizid ausgebracht (Freie Presse 13. 10. 89, 4); Ein Flugzeug vom Typ AN-2, mit dem Dünger ausgebracht worden war (NNN 8. 7. 85, 2). **7.** (veraltet) *ausplaudern, unter die Leute bringen:* ein Geheimnis, ein Gerücht a. **8. a)** (Bergbau) *fördern:* in dieser Grube wird Eisenerz ausgebracht; **b)** (Hüttenw.) *(aus Erzen) durch Aufbereitung gewinnen:* aus diesen Erzen wird Zink, Uran ausgebracht.

Aus|brin|gung, die; -, -er: *das Ausbringen* (2, 4, 6), *Ausgebrachtwerden.*

aus|brö|ckeln ⟨sw. V.; ist⟩: **a)** *sich (in Brocken) von etw. lösen u. abfallen:* Mauerwerk bröckelt aus; dass ... Betonbrocken locker geworden und herabgefallen wa-

Ausbruch

ren oder auszubröckeln drohten (MM 21. 3. 70, 6); **b)** *durch brockenweises Sichlösen einzelner Teile schadhaft werden:* die Mauer bröckelt aus; eine ausgebröckelte Stelle.

Aus|bruch, der; -[e]s, Ausbrüche: **1. a)** *das gewaltsame Ausbrechen aus einem Gewahrsam; Flucht:* der A. der Gefangenen; **b)** (Milit.) *das Durchbrechen der feindlichen Linie bei dem Bemühen, aus einer Einkesselung durch feindliche Truppen herauszukommen:* einen A. wagen; **c)** *das Sichlösen aus einer Bindung, das Verlassen einer Gemeinschaft:* der A. aus der bürgerlichen Gesellschaft. **2. a)** *plötzlicher Beginn:* der A. des Krieges, der Meuterei, des Streites; **b)** *plötzliches, heftiges Einsetzen von etw.:* der A. einer Krankheit, Krise; der A. *(die Eruption, die mit Heftigkeit einsetzende Tätigkeit)* des Vulkans; der Konflikt kam ganz plötzlich zum A.; Wer konnte wissen, ob es die Schrulle eines absonderlichen Gelehrten oder ... der A. geistiger Umnachtung war? (Menzel, Herren 53); Er kam ins Lachen, und ich merkte, dass dieser unaufhaltsame A. seiner Heiterkeit sich auf etwas bezog, was ... (Hauptmann, Schuß 10); es war ein plötzlicher A. von Verzweiflung und Edelmut (Geissler, Wunschhütlein 181); Die Vertreibung der Hugenotten aus Frankreich (1685) war ein verspäteter A. der Unduldsamkeit (Fraenkel, Staat 154). **3.** *plötzliche Affektentladung; sich mit Heftigkeit äußernde Gemütsbewegung, Gefühlsentladung:* sich vor jmds. unbeherrschten Ausbrüchen fürchten; Ulrich hat den Brief Clarissens als eine Störung empfunden. Die sprunghaften Ausbrüche darin beunruhigen ihn (Musil, Mann 716); Ihre lang zurückgedrängte Bitterkeit macht sich dann in wilden Ausbrüchen Luft, wobei sie abwechselnd sich selbst und ihrem neuen Vater beschimpft (Kinski, Erdbeermund 41). **4.** (Weinbau) *Wein, der aus besonders ausgelesenen, überreifen Trauben hergestellt wird; Auslese.* **5.** (Bergbau) *durch Sprengen entstandener Hohlraum unter Tage:* ein A. wird durch den Ausbau gesichert.

Aus|bruchs|be|ben, das (Geol.): *mit einem Vulkanausbruch ursächlich zusammenhängendes Erdbeben.*

Aus|bruchs|herd, der (Geol.): *Stelle, an der die Lava aus dem Erdinnern hervorbricht.*

aus|bruch|si|cher, (seltener:) **ausbruchs|si|cher** ⟨Adj.⟩: *gegen Ausbruch* (1 a) *geschützt:* Die Strafanstalt Scheurental ... gilt als eines der ausbruchsichersten Gefängnisse der Schweiz (Ziegler, Konsequenz 24).

Aus|bruchs|ver|such, der: **a)** *Versuch, gewaltsam aus einem Gewahrsam auszubrechen;* **b)** *Versuch, sich aus einer Bindung, einer Gemeinschaft zu lösen:* Auf -e von Frauen reagieren Männer meist mit Gewalt (Schwarzer, Unterschied 24/25); **c)** (Milit.) *Versuch, aus einer feindlichen Einkreisung auszubrechen.*

Aus|bruch|wein, der (Weinbau): *Ausbruch* (4).

aus|brü|hen ⟨sw. V.; hat⟩ (selten): **a)** *(ein Gefäß) mit kochendem Wasser zum Vorwärmen ausspülen:* die Kaffeekanne a.; **b)** *durch Brühen in heißem Wasser reinigen:* neue Wäschestücke a.

aus|brül|len ⟨sw. V.; hat⟩ **1.** (ugs.) *aufhören zu brüllen* ⟨im Allg. im Perf.⟩: hast du bald ausgebrüllt? ♦ **2.** (verstärkend) *brüllen* (1): wenn sie euch unter dem Beile so zucken, a. wie die Kälber (Schiller, Räuber IV, 5).

aus|brü|ten ⟨sw. V.; hat⟩: **1. a)** *(junge Vögel) durch Bebrüten der Eier zum Ausschlüpfen bringen:* Enten a.; **b)** *(Eier) bis zum Ausschlüpfen der Jungen bebrüten:* die Henne brütet die Eier aus; Das Tsetseweibchen brütet das einzige Ei ... im Körper selbst aus (Grzimek, Serengeti 295). **2. a)** (ugs.) *[Übles] ersinnen, sich ausdenken:* einen Racheplan, finstere Gedanken a.; Was diese so genannten fähigen Köpfe ausgebrütet haben, ist ... eher ein starkes Stück Dilettantismus (Kirst, 08/15, 565); ... knallte Portugals Ministerpräsident Mario Soares den Abgeordneten eine Gesetzesvorlage auf den Tisch, die er im engsten Kabinettszirkel ausgebrütet hatte (Weltwoche 26. 7. 84, 5); **b)** (ugs. scherzh.) *im Begriff sein, krank zu werden:* die Kinder brüten etwas aus; Ich wusste aus Erfahrung, dass ich eine Mandelentzündung ausbrütete (Mishima [Übers.], Maske 110).

Aus|brü|tung, die; -: *das Ausbrüten* (1).

aus|bu|chen ⟨sw. V.; hat⟩: **1.** *bis zum letzten Platz belegen, ausverkaufen, vollständig reservieren:* Hotels, Flugzeuge, Busse und Fähren waren wochenlang ausgebucht; Das winzige Studio ... ist auf Monate hinaus ausgebucht (MM 25. 2. 74, 18); Im November sind die ... Snowboardkurse stark ausgebucht (Woche 14. 11. 97, 52); Ü (ugs.): der Künstler ist auf Monate hin ausgebucht *(hat keinen freien Termin mehr);* die beiden nächsten Wochenenden bin ich vollkommen ausgebucht. **2.** (Kaufmannsspr., Bankw.) *eine Buchung austragen, streichen:* einen Posten aus dem Konto a.

aus|buch|sta|bie|ren ⟨sw. V.; hat⟩: *bis zu Ende buchstabieren:* das Alphabet, ein Wort a.; Ü Ein Abend, der das Alphabet der Ehe am Abgrund bis zum Ende ausbuchstabiert *(in allen Phasen sichtbar werden lässt;* MM. 2. 2. 72, 32).

aus|buch|ten ⟨sw. V.; hat⟩ [zu ↑Bucht]: **1.** *sich buchtähnlich ausweiten:* die Straße buchtet nach aus; die Front ... weitet ... an dieser Stelle ziemlich tief nach Westen aus (A. Zweig, Grischa 51). **2.** *mit einer Ausbuchtung versehen:* die Wände des Gewölbes sind ausgebuchtet *(nach außen gewölbt);* ein ausgebuchtetes *(viele Buchten aufweisendes)* Ufer.

Aus|buch|tung, die; -, -en: **a)** *buchtähnlich nach außen gewölbte Form:* -en der Küste; **b)** *ausgebuchtete Stelle:* moosfarbene Flecken an Stellen, wo der Regen sich in -en sammelt (Böll, Haus 206).

Aus|bu|chung, die; -, -en: *das Ausbuchen.*

aus|bud|deln ⟨sw. V.; hat⟩ (landsch.): *ausgraben* (1): eine vergrabene Kiste [aus der Erde] a.; Kartoffeln a. *(ernten);* Bereit, ... in einer Strafkompanie Leichen zu vergraben und Minen auszubuddeln (Kirst, 08/15, 620); Ü alte Briefschaften aus der Schublade a. *(hervorziehen, hervorholen).*

aus|bü|geln ⟨sw. V.; hat⟩: **1. a)** *durch Bügeln glätten:* den Anzug, eine Hose a.; die Nähte müssen noch ausgebügelt werden; **b)** *durch Bügeln aus etw. entfernen:* Falten, Knitter [aus einem Kleidungsstück] a. **2.** (salopp) *bereinigen, wieder in Ordnung bringen:* die Angelegenheit muss wieder ausgebügelt werden; Mängel auszubügeln suchen; Die anfänglichen Einbußen wurden schnell wieder ausgebügelt *(wettgemacht;* FAZ 15. 11. 61, 22); In seiner Praxis bügelt er ... Fehler aus, die im Elternhaus und in der Schule gemacht werden (Augsburger Allgemeine 29./30. 4. 78, XXXV).

aus|bu|hen ⟨sw. V.; hat⟩ (ugs.): *durch Buhrufe sein Missfallen an jmdm., etw. bekunden:* die Theateraufführung, der Künstler, Redner wurde ausgebuht; Als ... der Bürgermeister ... erschien, buhten ihn an die tausend Studenten aus (Spiegel 7, 1967, 39).

Aus|bund, der; -[e]s [urspr. Kaufmannspr., eigtl. = das an einer Ware nach außen Gebundene, d. h. das beste Stück als Schaustück] (oft abwertend od. iron.): *Muster* (2), *Inbegriff:* sie ist ein A. an/von Klugheit, Tugend, Bosheit; sicher glaubte er, ein A. an Männlichkeit zu sein (H. Weber, Einzug 232); Der Dieselmotor ist zwar kein A. an Temperament, aber elastisch und sparsam (ADAC-Motorwelt 2, 1987, 31); sie ... stieg, ein A. von Großmutter, in Filzschuhen die Stiege zur Küche hinab (Grass, Hundejahre 27).

aus|bün|dig ⟨Adj.⟩ (veraltet): *außerordentlich, ungewöhnlich, sehr groß:* die gähnende, unausstehliche, -e Langeweile (Maass, Gouffé 312); das war a. dumm von ihm; ♦ Das ist gewiss das -e Bübel, das lesen und rechnen kann und allerhand Gedichtet's austüpfelt (Rosegger, Waldbauernbub 134).

aus|bür|gern ⟨sw. V.; hat⟩ [für frz. expatrier]: *jmdm. [gegen seinen Willen] die Staatsangehörigkeit aberkennen, entziehen:* Er war sich ... der »unzerreißbaren Bande« wohl bewusst, die ihn mit dem Land verknüpften, das ihn ausgebürgert hatte (Reich-Ranicki, Th. Mann 91); sie wurde unter Honecker ausgebürgert; war New York ... das wichtigste Zentrum der ausgebürgerten deutschen »intelligentsia« (K. Mann, Wendepunkt 339).

Aus|bür|ge|rung, die; -, -en: *das Ausbürgern.*

aus|bürs|ten ⟨sw. V.; hat⟩: **a)** *mit einer Bürste aus etw. entfernen:* den Staub [aus dem Mantel] a.; das Spray muss wieder aus dem Haar ausgebürstet werden; **b)** *mit einer Bürste reinigen:* die Kleider a.; **c)** *(Haare) kräftig bürsten, durchbürsten:* das Haar a.

aus|bü|ßen ⟨sw. V.; hat⟩ (veraltet, noch landsch.): *ausbaden:* ich habe die Sache [für dich] ausgebüßt.

aus|bü|xen ⟨sw. V.; ist⟩ [niederd. utbücksen, H. u.] (ugs. scherzh.): *sich davonmachen:* die Kinder waren [auf dem Weg zum Spielplatz] ausgebüxt; der Hund, der Kanarienvogel ist [mir] ausgebüxt; Die 14-Jährige, die Anfang Mai schon einmal aus einem Heim im Bergischen Land ausgebüxt war (Westd. Zeitung 12. 5. 84); sie ist ihrem Mann ausgebüxt *(hat ihn verlassen).*

aus|che|cken ⟨sw. V.⟩ (Flugw.): **a)** *(nach der Ankunft) abfertigen:* Passagiere, Gepäck a.; **b)** *(nach der Ankunft) sich abfertigen lassen:* ⟨subst.:⟩ Geschäftsleute, die in kleinen Maschinen von Termin zu Termin jetten, ohne dabei durch langes Ein- und Auschecken Zeit zu verlieren (MM 28. 10. 86, 5).

Ausch|witz: Stadt in Polen, in der im Zweiten Weltkrieg unter deutscher Besatzung das größte nationalsozialistische Vernichtungslager errichtet wurde: Zu den Personen, die mit dem Transport Nr. 42 nach A. *(in das Vernichtungslager)* kamen, gehörte Melissas Großvater, ein Jude aus Wien (Tagesspiegel 9. 5. 99, 30); Ü Ebendieses Paradox aber muss die christliche Theologie, zumal nach A. *(nach dem nationalsozialistischen Holocaust),* endgültig begreifen: dass das Christentum ganz im Judentum wurzelt (Zeit 8. 4. 99, 45).

aus|damp|fen ⟨sw. V.⟩: **a)** *in Form von Dampf abgeschieden werden* ⟨ist⟩: Feuchtigkeit, Nässe ist aus den Wäldern ausgedampft; Bei 60 Grad Wassertemperatur dampfen die flüchtigen Bestandteile des Blutes aus (ADAC-Motorwelt 2, 1982, 20); **b)** *bis zur Abkühlung Dampf abgeben* ⟨hat⟩: die heiße Flüssigkeit dampft aus; **c)** *zu Ende dampfen; aufhören zu dampfen* ⟨hat⟩: die Kartoffeln haben noch nicht ausgedampft; Am besten werden die kostbaren Stangen (= Spargel) in einer Serviette serviert, sie bleiben dann warm, können aber a. (Augsburger Allgemeine 27./28. 5. 78, 40).

◆ **aus|dämp|fen** ⟨sw. V.; hat⟩ [zu ↑dämpfen (3 a)]: *[aus]löschen:* der Kirchenmann ging wieder herum und dämpfte mit seinem Blechkäppchen an den Wänden und Bildern und Altären die Lichter aus (Rosegger, Waldbauernbub 113).

Aus|dau|er, die; - [rückgeb. aus veraltet ausdauern = ertragen, aushalten]: *Beharrlichkeit bei einer Arbeit, Tätigkeit):* sie hat keine A. bei der Arbeit; hatte K. also wenigstens die A. des einen gebrochen? (Kafka, Schloß 162); nur mit großer A. wird er sein Ziel erreichen.

Aus|dau|er|gren|ze, die: *(bei einer dynamischen Belastung) oberste Grenze der Belastungsfähigkeit.*

aus|dau|ern ⟨sw. V.; hat⟩ **1.** (geh. veraltend) *überdauern; Dauer, Bestand haben:* Holzhäuser ..., von denen nur noch die gemauerten Herdstellen ausdauerten (A. Zweig, Grischa 322). ◆ **2. a)** *aushalten, ertragen:* ob er das Maß seines Leidens a. kann (Goethe, Werther I, 12. August); **b)** *durch Ausdauer besiegen:* Der Bürger hinter seinen Mauern, der Ritter auf dem Felsennest verschwuren sich, uns auszuausdauern (Goethe, Faust II, 4815 ff.).

aus|dau|ernd ⟨Adj.⟩: **1.** *beharrlich; unermüdlich; von großer Ausdauer:* Der Strauß ist der -ste Läufer von allen Steppentieren (Grzimek, Serengeti 138); Versierter Automobilverkäufer, Anf. 30, an hartes und -es Arbeiten gewöhnt (Badische Zeitung 12. 5. 84, o. S.); Es bestand auch der Eindruck, dass der Beifall am Ende nicht so a. und herzlich war wie bei früheren Pfingstkonzerten (BZ 12. 6. 84, 13). **2.** (Bot.) *(von Stauden, Halbsträuchern u. Holzgewächsen) mehrere Jahre überdauernd u. austreibend; perennierend:* -e Pflanzen; In der DDR haben sich rund 70 Genossenschaften auf den Anbau der -en Hanfgewächse ... spezialisiert (NNN 5. 9. 86).

Aus|dau|er|quo|ti|ent, der: *mathematische Formel zur Messung der körperlichen Belastungsfähigkeit.*

Aus|dau|er|trai|ning, das: *Training, das eine Steigerung der Leistung bes. von Herz, Lunge u. Kreislauf für bestimmte sportliche Belastungen bewirken soll.*

aus|dehn|bar ⟨Adj.⟩: **a)** *die Möglichkeit zur Erweiterung bietend:* die Handelsbeziehungen sind noch erheblich a.; **b)** *(von elastischem Material) so beschaffen, dass ein Ausdehnen möglich ist; sich dehnen lassend:* -es Material; das Gewebe ist wenig a.

Aus|dehn|bar|keit, die; -: *das Ausdehnbarsein.*

aus|deh|nen ⟨sw. V.; hat⟩: **1. a)** *den Umfang, das Volumen von etw. vergrößern, ausweiten:* die Hitze hatte die Eisenbahnschienen ausgedehnt; **b)** ⟨a. + sich⟩ *an Umfang, Volumen zunehmen:* Metall, Wasser, Gas dehnt sich bei Erwärmung aus; *über einen bestimmten Bereich hinaus erweitern:* die Grenzen eines Staates a.; hatte China seine Herrschaft bis über den Amur hinaus ausgedehnt (Thieß, Reich 383); **d)** *jmdn., etw. in etw. einbeziehen:* die Nachforschungen auf die ganze Stadt a.; Der iranische Ministerpräsident ... drohte seinerseits damit, ... den Luftkrieg auch auf den Luftraum der übrigen Länder der Golfregion auszudehnen (Basellland. Zeitung 21. 3. 85, 2); Hans ... küsste seine ... Frau auf die Stirn und dehnte dann die Umarmung auf den Freund aus (Kronauer, Bogenschütze 58); Ich ging herum und dehnte meinen Hass aus auf alles, was von den Menschen kam (Bachmann, Erzählungen 120). **2.** ⟨a. + sich⟩ *sich ausbreiten, verbreiten; räumliche Ausdehnung gewinnen:* das Schlechtwettergebiet dehnt sich [rasch über das Land] aus; der Handel dehnte sich bis nach Indien aus. **3. a)** *verlängern, zeitlich in die Länge ziehen:* seinen Besuch, Aufenthalt bis zum folgenden Tag, über mehrere Wochen a.; Er ... dehnt ... gern die Unterhaltung noch etwas aus (Gaiser, Jagd 42); Die einjährige Materialgarantie wurde für den Originalverdichter auf drei Jahre ausgedehnt (CCI 9, 1997, 6); ausgedehnte *(lange)* Morgenspaziergänge; ein ausgedehntes Frühstück; **b)** ⟨a. + sich⟩ *(sehr lange) dauern:* die Besprechung, Sitzung dehnte sich bis nach Mitternacht, über viele Stunden, über Gebühr aus. **4.** ⟨a. + sich⟩ *sich (räumlich) erstrecken, über einen größeren Bereich ausbreiten:* weites Land dehnt sich vor seinen Augen aus; Wo wir jetzt durch Grasbüschel stolpern, hat sich einmal ... ein großer See ausgedehnt (Grzimek, Serengeti 323); sie besaß ausgedehnte *(große)* Ländereien; Nördlich von Luganville sind die unrentablen Kokosplantagen ausgedehnten Weideflächen gewichen (a & r 2, 1997, 99).

Aus|deh|nung, die; -, -en: *das Ausdehnen, Ausgedehntwerden, Sichausdehnen; Verbreitung.*

Aus|deh|nungs|drang, der: *das Bedürfnis, sich auszudehnen, mehr Raum einzunehmen; Expansionsdrang.*

aus|deh|nungs|fä|hig ⟨Adj.⟩: *in der Lage, geeignet, sich auszudehnen od. ausgedehnt zu werden.*

Aus|deh|nungs|fä|hig|keit, die: *das Ausdehnungsfähigsein.*

Aus|deh|nungs|ge|fäß, das (Technik): *Gefäß, das eine Flüssigkeitsmenge aufnimmt, die durch Zunahme des Volumens bei Erwärmung aus einem Behälter od. einem Flüssigkeitskreislauf austritt.*

Aus|deh|nungs|ko|ef|fi|zi|ent, der (Physik): *Zahl, die das Ausdehnungsvermögen eines Stoffes ausdrückt.*

Aus|deh|nungs|kraft, die: *Expansionskraft.*

Aus|deh|nungs|po|li|tik, die: *Expansionspolitik.*

Aus|deh|nungs|reg|ler, der (Technik): *elektrische Temperatursteuervorrichtung, deren Wirkungsweise auf der unterschiedlichen Wärmeausdehnung zweier verschiedener Werkstoffe auf Kontakthebeln beruht.*

Aus|deh|nungs|ther|mo|me|ter, das (Technik): *Thermometer, dessen Temperaturanzeige auf den durch die Temperaturänderungen bewirkten Volumen- od. Längenänderungen fester, flüssiger od. gasförmiger Stoffe beruht.*

Aus|deh|nungs|ver|mö|gen, das: *Expansionsvermögen.*

aus|dei|chen ⟨sw. V.; hat⟩: *(Landflächen) durch Zurückverlegen des Deichs aus dem geschützten Bereich herausnehmen; preisgeben:* große Flächen wurden ausgedeicht.

Aus|dei|chung, die; -, -en: *das Ausdeichen, Ausgedeichtwerden.*

aus|den|ken ⟨unr. V.; hat⟩: **1. a)** *ersinnen; sich in Gedanken, in seiner Vorstellung zurechtlegen:* sich eine Überraschung, einen Trick, etwas Lustiges a.; neue Methoden, Systeme a.; ich hatte mir den Plan in allen Einzelheiten ausgedacht; Morgen würde sie sich allerlei Entschuldigungen a. (Chr. Wolf, Nachdenken 75); R da musst du dir schon etwas anderes a. (ugs.; *damit kannst du mich nicht überzeugen; das, was du sagst, glaube ich dir nicht);* **b)** *sich etw. ausmalen, vorstellen:* ich hatte mir die Sache so schön ausgedacht; das ist eine ausgedachte *(erfundene)* Geschichte. **2.** *zu Ende denken; durchdenken:* Ihrer ... Art gemäß hat sie den Gedanken ... schärfer ausgedacht (Werfel, Bernadette 100); Zwar dürften Regans Vorstellungen, die noch nicht vollständig ausgedacht seien, ... zweifellos auf Interesse stoßen (NZZ 9. 12. 82,

ausdeuten

13); * **nicht auszudenken sein** *(unvorstellbar sein):* die Folgen dieses Leichtsinns sind gar nicht auszudenken; so, wie sie von der Arbeit kommen, legen sie sich hin. Der Mief in den Räumen ist nicht auszudenken (Klee, Pennbrüder 110); nicht auszudenken, was passiert wäre, wenn ...!

aus|deu|ten ⟨sw.V.; hat⟩: *(einer Sache) eine bestimmte Deutung geben:* jmds. Worte, Äußerungen [richtig, falsch] a.; Der Zentralrat deutete seine Bekanntmachung ... dahin aus (Niekisch, Leben 56).

aus|deut|schen ⟨sw.V.; hat⟩ [zu ↑deutsch] (österr. ugs., sonst veraltet): *jmdm. etw. erklären, sodass er es versteht:* man muss ihm alles erst a.

Aus|deu|tung, die; -, -en: **1.** ⟨o.Pl.⟩ *das Ausdeuten.* **2.** *ausdeutende Auslegung, Interpretation:* Das ... Kapitel enthält die theologische A. einer ... Geschichte Kafkas (Tucholsky, Werke II, 380).

aus|die|len ⟨sw. V.; hat⟩: *(den Fußboden) mit Dielen, Fußbodenbrettern belegen:* die Zimmer, den Boden a.

aus|die|nen ⟨sw.V.; hat; nur im 2. Part. u. in den mit »haben« gebildeten Zeitformen⟩: **1.** (veraltend) *seine Militärzeit beenden:* im Juli hat er ausgedient; ein ausgedienter Offizier. **2.** (ugs.) *unbrauchbar werden:* diese Schuhe haben ausgedient; in einer Schuhschachtel fanden sich einige ausgediente ... Glühbirnen (Grass, Blechtrommel 445).

aus|dif|fe|ren|zie|ren, sich ⟨sw. V.; hat⟩: *sich in einem Differenzierungsprozess von etw. ablösen u. verselbstständigen:* Historisches Denken ist ... eine abendländische Kulturerrungenschaft, die 2 500 Jahre alt ist und sich in ehrwürdiger Tradition durch die Jahrhunderte ausdifferenziert hat (Lernmethoden 1997, 64).

Aus|dif|fe|ren|zie|rung, die; -, -en: **1.** ⟨o. Pl.⟩ *das Ausdifferenzieren:* Der hohe Grad an Arbeitsteilung, die stärkere A. der Organisation führt zu einer zunehmenden Interdependenz der unterschiedlichen Teile (Capital 2, 1980, 94). **2.** *etw., was sich aus etw. ausdifferenziert hat:* Während sich die ... Fachsprachen ... als ... selbstständige ... -en aus der Gemeinsprache darstellen (Bausinger, Dialekte 72).

Aus|ding, das; -[e]s, -e (veraltet): *Ausgedinge.*

aus|din|gen ⟨st. u. sw.V.; dingte/dang aus, hat ausgedingt/ausgedungen⟩ (veraltet): *ausbedingen.*

aus|dis|ku|tie|ren ⟨sw.V.; hat⟩: *(eine Frage, ein Problem) so lange diskutieren, bis man in allen strittigen od. unklaren Punkten zur Übereinstimmung gekommen ist:* ein Problem a.; Man sollte Kinder miterleben lassen, wie Eltern unterschiedliche Auffassungen ausdiskutieren (Freie Presse 14. 12. 89,6); ein noch nicht ausdiskutierter Punkt.

aus|do|cken ⟨sw. V.; hat⟩ (Schiffbau): *(ein Schiff) aus dem Dock holen:* In den ersten Wochen des neuen Jahres soll das »schwimmende Hotel« ausgedockt werden (MM 31. 12. 68, 24).

aus|dor|ren ⟨sw.V.; ist⟩: *[durch anhaltende Hitze, Wärmezufuhr] völlig trocken werden:* der Erdboden ist durch die Hitze völlig ausgedorrt.

aus|dör|ren ⟨sw. V.⟩: **a)** *ausdorren* ⟨ist⟩: Wiesen und Felder sind ausgedörrt; Mein Hals ist so ausgedörrt, dass ich kaum reden kann (Imog, Wurliblume 272); **b)** *(etw.) völlig austrocknen, trocken werden lassen* ⟨hat⟩: die Hitze hat das Land ausgedörrt; Hatte die Sonne seinen Gehirnkasten bereits völlig ausgedörrt? (Cotton, Silver-Jet 53); ⟨häufig im 2. Part.:⟩ ausgedörrtes Holz; Das Café negro labt die vom Staub der Geschichte ausgedörrten Kehlen (Bamm, Weltlaterne 134).

aus|dre|hen ⟨sw.V.; hat⟩: **1. a)** *ausschalten, abstellen:* das Radio a.; ich las des Nachts, bis meine Mutter aufstand und kam und mir das Licht ausdrehte (Domin, Paradies 9); **b)** *durch Drehen eines Schalters o. Ä. die Zufuhr von etw. unterbinden:* ... dass plötzlich das Gas ausgedreht wurde (Th. Mann, Krull 24). **2.** (selten) *aus etw. herausdrehen:* die Sicherungen a.; Wir standen jetzt um den Tisch ...; Die Birnen waren ausgedreht bis auf die eine zu unsern Häuptern (Muschg, Gegenzauber 65). **3.** (Technik) *(eine Bohrung) durch Bearbeiten des Werkstücks auf der Drehbank herstellen:* ein Bohrloch a. **4.** (landsch.) *auswringen u. dadurch von Wasser befreien:* die Wäsche, den Badeanzug a. **5.** (landsch.) *ausrenken; auskugeln:* Meine Arme! ... Sie hat sie mir ausgedreht! (Remarque, Obelisk 166). **6.** (Kfz-T.) *(den Motor eines Wagens) bis zur höchstzulässigen Drehzahl) belasten, ausfahren:* Der ... 1,8-Liter-Motor ... erweist sich bei niedrigen Drehzahlen als kraftlos. Die Folge: Man dreht die Gänge oft höher aus als eigentlich wünschenswert (ADAC-Motorwelt 10, 1985, 30); Der DB-Vierstufenautomat ... dreht den Motor bis Kickdown voll aus (NZZ 23. 12. 83, 39); war der Maschine bereits nach 600 m voll ausgedreht (auto 7, 1965, 38).

aus|dre|schen ⟨st. V.; hat⟩: **1. a)** *(bes. Getreide) dreschen, bis alle Körner, Samen herausgelöst sind:* Korn, Raps a.; die Garben a.; **b)** *durch Dreschen (den Samen) aus etw. gewinnen:* die Körner, den Samen a. **2.** *das Dreschen beenden:* die Bauern haben für dieses Jahr ausgedroschen.

aus|drib|beln ⟨sw.V.; hat⟩ (Fußball): *(einen Spieler der gegnerischen Mannschaft) durch Dribbeln daran hindern, den Ball zu erreichen; durch Dribbeln ausspielen:* es gelang ihm, den Gegenspieler auszudribbeln.

aus|dril|len ⟨sw.V.; hat⟩ (Landw.): *(Saatgut) mit der Drillmaschine aussäen:* Gerste a.

¹**Aus|druck,** der; -[e]s, Ausdrücke [nach frz. expression für älteres Ausdruckung, aber schon mhd. (Mystik) ųʒdruc]: **1.** *Wort, Bezeichnung, Terminus, Wendung:* ein gewählter, umgangssprachlicher, fachsprachlicher, mundartlicher, ordinärer A; Im Übrigen ist der A. Pluralismus ... für mich nicht besonders glücklich (Fraenkel, Staat 256); Dieser ... Salongoethe freilich hätte nie einen krassen, einen echten, unmittelbaren A. gebraucht (Hesse, Steppenwolf 79); einen A. nicht verstehen, nicht kennen; Ausdrücke gebrauchen, im Munde führen, an sich haben *(derbe Wörter, Schimpfwörter gebrauchen);* sich im A. vergreifen *(in unangemessenem Ton sprechen);* R das ist gar kein A.! *(das ist viel zu schwach ausgedrückt, zu zurückhaltend formuliert);* Bist du noch ärgerlich? Das ist gar kein A., sagte Benhard (Kuby, Sieg 320). **2.** ⟨o. Pl.⟩ **a)** *sprachlicher Stil, Ausdrucksweise:* Welche Gunst ist es doch, über einen polierten und gefälligen A. zu verfügen (Th. Mann, Krull 334); sie besitzt große Gewandtheit im A.; **b)** *Aussagekraft, künstlerische Gestaltung:* ein Gedicht mit viel A. vortragen; sein Gesang, sein Spiel ist ohne A. (Frisch, Stiller 379). **3.** ⟨o. Pl.⟩ *äußeres, sichtbares Zeichen, in dem sich eine innere Beschaffenheit od. Struktur widerspiegelt; Kennzeichen:* A. solcher ideologisch überhöhten Sozialreaktion war der Antisemitismus (Fraenkel, Staat 204); Monumentalität ist der A. dieser Epoche; eine Äußerung mit dem A. *(mit der Bekundung)* tiefen Bedauerns zurücknehmen; einer Sache A. geben/verleihen (geh.), *etw. zu erkennen geben, äußern);* Wie sollte ich ihr gegenüber meine Zuneigung und Dankbarkeit zum A. bringen *(ausdrücken);* Kessel [Übers.], Patricia 95); in ihren Worten kam sie ihre Verbitterung zum A. *(drückte sich darin aus).* **4.** ⟨Pl. selten⟩ *Miene, [Gesichts]zug o. Ä., der Widerspiegelung einer psychischen Verfassung, einer Gemütsbewegung, Einstellung u. a. ist:* sein Gesicht bekam einen ärgerlichen A. **5.** (Math.) *durch eine spezielle Zeichenreihe dargestellte Aussage.*

²**Aus|druck,** der; -[e]s: **1. a)** (Nachrichten). *der vom Fernschreiber gelieferte ausgedruckte Text:* falls der A. der Fernschreibmaschinen zur Dokumentation erforderlich ist (Elektronik 12, 1971, 411); **b)** (EDV) *Output* (2); **c)** *von einer Rechenanlage, einem Drucker* (2) *gelieferter ausgedruckter Text:* dem Kunden wird ein A. mit sämtlichen Buchungsvorgängen zugeschickt; Wer einkauft, kann ganz einfach in einen Computer mit Bildschirm das gewünschte Familienmenü eingeben und erhält dann einen A., auf dem nicht nur die erforderlichen Mengen aufgelistet sind (Neue Kronen Zeitung 12. 5. 84, 36). **2.** (Druckerspr.) *Beendigung des Druckes:* Termin für den A. des Lexikons ist der 1. Dezember.

aus|dru|cken ⟨sw. V.; hat⟩: **1.** (Druckerspr.) **a)** *fertig drucken, zu Ende drucken:* die erste Auflage des Lexikons ist ausgedruckt; das Politbüro ... ließ 20 000 bereits ausgedruckte Exemplare einstampfen (Spiegel 6, 1966, 39); **b)** *(von Buchstaben u. Ä.) in bestimmter Weise im Druck erscheinen:* einige Buchstaben haben schlecht ausgedruckt; **c)** *unabgekürzt, im vollen Wortlaut drucken:* der Name, der Titel des Buches, der Text ist ganz auszudrucken. 2. (EDV, Nachrichtent.) *gedruckt wiedergeben, ausgeben:* der Fernschreiber, Computer druckt einen Text aus; Je nach Codierung wird die Standardpostanschrift in einer von vier verschiedenen internationalen Versionen ausgedruckt (CCI 8, 1985, 32). 3. *(in einem Katalog o. Ä.) aufführen, angeben:* unsere Angebote finden Sie im Katalog ausgedruckt.

aus|drü|cken ⟨sw. V.; hat⟩: **1. a)** *(Flüssigkeit) aus etw. herauspressen:* den Saft [aus den Apfelsinen] a.; **b)** *durch Drücken, Pressen die enthaltene Flüssigkeit aus etw. austreten lassen; auspressen:* eine Zitrone, den Schwamm a.; Die rohen Kartoffeln auf der Haushaltsreibe raffeln und gut a. (e & t 7, 1987, 54). **2.** *(Brennendes od. Glimmendes) durch Zerdrücken zum Erlöschen bringen:* die Zigarette, die Glut [im Aschenbecher] a. **3. a)** *in bestimmter Weise formulieren:* etw. verständlich, klar, präzise a.; etw. kaum mit Worten a. können *(in Worte fassen, aussprechen können):* Wie soll ich bloß a., was in mir vorging? (Bachmann, Erzählungen 112); etw. in Prozenten a. *(angeben);* ein zwar verhältnismäßig vornehm ausgedrückter, aber unverkennbar kräftiger Anschiss (Kirst, 08/15, 86); hätte es etwa mit Heinrich Manns politischen Irrtümern zu tun, dass sein Werk in der Bundesrepublik, gelinde ausgedrückt, keine Gegenliebe fand? (Reich-Ranicki, Th. Mann 115); **b)** ⟨a. + sich⟩ *in bestimmter Weise sprechen, sich äußern:* sich gewählt, verständlich a.; sie hatte manchmal Mühe, sich in der fremden Sprache auszudrücken; **c)** *mit Worten zum Ausdruck bringen, aussprechen:* [jmdm.] sein Mitgefühl, Bedauern, seine Dankbarkeit a. **4. a)** *erkennen lassen, zeigen, widerspiegeln:* seine Haltung drückte Trauer und Müdigkeit aus; Striegel stand da mit einer Miene, die alles andere als Einverständnis ausdrückte (H. Gerlach, Demission 33); Statt zu strahlen, drückte sein Gesicht Unglauben aus (Weber, Tote 34); mit einem Blicke ..., der weder Zustimmung noch Ablehnung auszudrücken schien (Maass, Gouffé 124); **b)** ⟨a. + sich⟩ *in etw. sichtbar, offenbar werden, in Erscheinung treten:* in ihren Worten drückte sich ihre Dankbarkeit, ihre Freude aus; Was sie empfinden mochten, drückte sich in ihrem Schweigen aus (Apitz, Wölfe 288).

aus|drück|lich [auch: -'--] ⟨Adj.⟩: *mit Nachdruck, unmissverständlich [vorgebracht]:* auf -en Wunsch; Niemand darf mehr das umstellte Gebiet ohne -e Genehmigung verlassen (Leonhard, Revolution 110); etw. a. *(extra, besonders)* betonen; Jedenfalls war er gerade in den Süden gefahren, in Begleitung, wie er ihr a. mitgeteilt hatte (Domin, Paradies 54).

Aus|drück|lich|keit, die; -: *ausdrückliche Betonung, Forderung o. Ä.*

Aus|drucks|be|dürf|nis, das ⟨o. Pl.⟩: *Bedürfnis, Drang, sich auszudrücken, etw. auszudrücken:* Alles Kunstschaffen entsprang dem A., dem Menschen eingeboren war (Feuchtwanger, Erfolg 484).

Aus|drucks|be|we|gung, die (Psych.): *Bewegung (Geste, Mimik u. a.), die unwillkürlicher* ¹*Ausdruck (4) eines psychischen Vorganges ist.*

Aus|drucks|er|schei|nung, die: *Ausdrucksbewegung.*

aus|drucks|fä|hig ⟨Adj.⟩: *von Ausdrucksfähigkeit zeugend, Ausdrucksfähigkeit beweisend.*

Aus|drucks|fä|hig|keit, die ⟨o. Pl.⟩: *Fähigkeit, Gabe, etw. durch Sprache od. durch außersprachliche Mittel auszudrücken.*

Aus|drucks|form, die: *Form, Weise, in der etw.* ¹*Ausdruck (3) findet:* Der Pluralismus ist die spezifische A. einer freiheitlichen Gesellschaft (Fraenkel, Staat 256).

Aus|drucks|fül|le, die: *Fülle, Reichtum des [sprachlichen]* ¹*Ausdrucks (2).*

Aus|drucks|ge|bär|de, die: *Gebärde, durch die etw. (ohne Zuhilfenahme der Sprache) ausgedrückt wird.*

Aus|drucks|häu|fung, die: *Pleonasmus.*

Aus|drucks|kraft, die ⟨o. Pl.⟩: *Kraft des [künstlerischen]* ¹*Ausdrucks (2).*

Aus|drucks|kun|de, die ⟨o. Pl.⟩: *Ausdruckspsychologie.*

Aus|drucks|kunst, die ⟨o. Pl.⟩ (selten): *Expressionismus.*

Aus|drucks|laut, der (Verhaltensf., Psych.): *(bei Menschen u. höheren Wirbeltieren) Lautäußerung, die Kundgabe, Begleiterscheinung eines inneren Zustandes oder Vorganges ist:* Soweit es sich um ... die Außenwelt betreffende -e, wie z. B. den Warnlaut, handelt (Lorenz, Verhalten I, 241).

aus|drucks|leer ⟨Adj.⟩: *ausdruckslos (a).*

aus|drucks|los ⟨Adj.⟩: **a)** *ohne* ¹*Ausdruck (4): ein -es Gesicht;* **b)** *ohne Emphase, ohne* ¹*Ausdruck (2 b): a. sprechen, singen;* »Der Berg ruft mich«, verkündete er beinahe a. (Broch, Versucher 43).

Aus|drucks|lo|sig|keit, die; -: *das Ausdruckslossein.*

Aus|drucks|mit|tel, das ⟨meist Pl.⟩: *etw., was geeignet ist, einen [künstlerischen] Gedanken od. eine Empfindung auszudrücken:* sprachliche, künstlerische A.; als habe ihm der Beruf ein notwendiges, tief menschliches A. seiner Seele geraubt (Wilhelm, Unter 49).

Aus|drucks|mög|lich|keit, die ⟨meist Pl.⟩: *die Möglichkeit, etw. auszudrücken, zu gebrauchen.*

Aus|drucks|psy|cho|lo|gie, die: *Teilgebiet der Psychologie, das sich mit der Erforschung des menschlichen Ausdrucksverhaltens befasst; Ausdruckskunde.*

aus|drucks|schwach ⟨Adj.⟩: *schwach im* ¹*Ausdruck (2).*

Aus|drucks|sei|te, die (Sprachw.): *der Lautkörper eines sprachlichen Zeichens im Unterschied zu dem damit verbundenen Inhalt.*

aus|drucks|stark ⟨Adj.⟩: *stark im* ¹*Ausdruck (2), expressiv:* ein Könner ..., der ... so a. auf der Mundharmonika bläst, dass er ... das Klangvolumen eines Saxophons erreicht zu haben scheint (MM 3. 9. 74, 20).

Aus|drucks|stel|lung, die (Sprachw.): *Stellung eines Wortes am Satzanfang (in Abweichung von der normalen Wortstellung).*

Aus|drucks|tanz, der ⟨o. Pl.⟩: *künstlerischer Tanz, der seelische Empfindungen durch Bewegung ausdrücken will.*

Aus|drucks|test, der: *psychologischer Test, bei dem der Ausdrucksgehalt einer gestellten Aufgabe ausgewertet wird.*

Aus|drucks|ver|ar|mung, die ⟨o. Pl.⟩ (Psych.): *Verminderung der Fähigkeit, seelische Vorgänge, Empfindungen (bes. durch Mimik, Gestik o. a.) auszudrücken.*

Aus|drucks|ver|hal|ten, das ⟨o. Pl.⟩ (Verhaltensf.): *für einen Partner derselben od. einer anderen Art bestimmte Ausdrucksbewegung, durch die etw. Bestimmtes signalisiert wird.*

Aus|drucks|ver|mö|gen, das ⟨o. Pl.⟩: *Fähigkeit, Gabe, sich mit sprachlichen Mitteln auszudrücken.*

aus|drucks|voll ⟨Adj.⟩ [nach frz. expressif]: **a)** *voll* ¹*Ausdruck (4): sie hat -e Augen;* **b)** *mit Emphase, mit viel* ¹*Ausdruck (2 b): er singt sehr a.*

Aus|drucks|wei|se, die: *Art des mündlichen od. schriftlichen* ¹*Ausdrucks (2 a); Diktion:* eine gewählte A.

Aus|drucks|wort, das [geb. von dem Schweizer Sprachwissenschaftler H. Glinz, geboren 1913] (Sprachw.): *Interjektion.*

Aus|drusch, der; -[e]s, -e (Landw.): **a)** ⟨o. Pl.⟩ *das Ausdreschen:* beim A. sein; **b)** ⟨Pl. selten⟩ *Ertrag des Dreschens.*

aus|dün|nen ⟨sw. V.; hat⟩ [zu ↑dünn]: **1. a)** (Gartenbau) *(an Obstbäumen) zu dicht stehende Blüten od. Fruchtansätze entfernen, um dadurch größere u. besser entwickelte Früchte zu erzielen:* Pflaumensorten können genau wie Apfel- und Birnbäume ausgedünnt werden (MM 15. 6. 68, 44); **b)** (Landw.) *(zu dicht stehende Pflanzen) vereinzeln; Saat lichten:* Rüben werden [maschinell] ausgedünnt. **2.** *(zu dichtes Kopfhaar) durch Herausschneiden reduzieren; effilieren:* [jmdm.] das Haar a. **3. a)** *bewirken, dass etw. in geringerem Maß vorhanden ist; verringern, vermindern:* Seit Jahren werden so gut wie keine Junglehrer mehr eingestellt, um die Lehrerschaft insgesamt angesichts der schrumpfenden Schülerzahlen »auszudünnen« (Spiegel 17, 1988, 10); Verkehrsbetriebe dünnen Fahrplan aus (MM 22./23. 5. 82, 29); Die Jahrgänge 1911 bis 1926 ... sind von zwei Weltkriegen ausgedünnt« (MM 12. 2. 76, 17); **b)** *sich verringern; spärlicher, weniger werden:* Etwas besser dagegen die Zukunftsperspektiven für die Umwelt, falls die Bevölkerung in den wirtschaftlichen Ballungsgebieten ausdünnt (tip 12, 1984, 25); Albert hat nicht nur theologische Argumente, um den ehelichen Verkehr zu ... reglementieren, sondern vor allem auch naturwissenschaftliche: ... Durch zu viel Verkehr dünnt das Gehirn aus (Ranke-Heinemann, Eunuchen 189).

Aus|dün|ner, der; -s, - (Landw.): *Maschine zum Lichten eines zu starken Pflanzenbestandes (bes. von Rüben); Rübenlichter.*

Aus|dün|nung, die; -, -en: *das Ausdünnen, Ausgedünntwerden.*
aus|duns|ten (seltener): ↑ ausdünsten.
aus|düns|ten ⟨sw. V.; hat⟩: **a)** *Feuchtigkeit u. andere flüchtige Substanzen an die Luft abgeben, absondern:* der Boden, die Wiese dünstet aus; als ihm das Glas gereicht wurde und der Sekt sich warm anfühlte, keineswegs moussierte und herbduftig ausdünstete (Prodöhl, Tod 25); irgendwelche Kunststoffe, die im Neuzustand noch ausdünsten (ADAC-Motorwelt 10, 1985, 25); **b)** *(einen Geruch o. Ä.) ausströmen:* Er durchquerte den Imbisssaal, der den Geruch geschrubbten Resopals ausdünstete (Fels, Unding 27); Die Reisenden dünsteten den Brodem unsauberer Wäsche ... aus (Miethe, Rang 51).
Aus|duns|tung (seltener), **Aus|düns|tung,** die; -, -en: **1.** *das Ausdünsten.* **2.** *häufig unangenehmer [Körper]geruch, der von jmdm., etw. ausgeschieden wird:* an den Tagen, an denen die ozeanischen Winde wehten, roch ich nicht die Ausdünstungen des Industrieviertels (Kaschnitz, Wohin 189); Sie war ihm so nah, dass er ihre A. spürte (Hilsenrath, Nacht 19).
aus|eg|gen ⟨sw. V.; hat⟩ (Landw.): *mithilfe der Egge aus dem Boden herausholen, entfernen:* Kartoffeln a.; das Unkraut wird ausgeeggt.
aus|ei|nan|der ⟨Adv.⟩: **1. a)** *an voneinander entfernten Orten [befindlich]; räumlich od. zeitlich voneinander getrennt:* die beiden Familien wohnen weit a.; die beiden Orte liegen nicht weit a.; ihre Zähne standen weit a.; die Vorgänge liegen zeitlich weit a., zwei Jahre a.; die Kinder sind im Alter nicht weit a. (ugs.; *sind fast gleich alt*); ** jmdn., etw. a. halten (jmdn., etw. voneinander unterscheiden, nicht verwechseln):* sie konnte die Zwillinge, Ursache und Wirkung nicht a. halten; **jmdn., etw. a. kennen** (ugs.; *jmdn., etw. unterscheiden können*): Zwillinge nicht a. kennen; **a. sein** (landsch.: *aufgeregt, verstört sein*): sie war ganz a. **b)** *in [zwei] verschiedene, entgegengesetzte Richtungen, voneinander weg:* die Gitterstäbe a. biegen; die Demonstranten, eine Herde a. jagen, scheuchen, sprengen, treiben; die Arme, Beine, Zähne a. machen; die Kisten a. schieben; die Finger a. spreizen; die Gardinen a. ziehen; weiter kriege, bekomme ich die Zehen nicht a.; ich habe die Stühle etwas a. gerückt; der Wind wehte den Sand a.; a. fahren, fliehen, fliegen, flitzen, laufen, spritzen, stieben, streben, strömen, treiben; die Afrikanische und die Amerikanische Platte driften a.; die westlichen Staaten drohen immer weiter a. zu driften *(sich voneinander zu entfernen);* der Vorhang ging a.; wir sind mit den Stühlen a. gerückt; die Menschenmenge war a. getreten, gewichen; das Laub war a. geweht; die beiden haben ein Jahr zusammen gewohnt, aber dann sind sie wieder a. gezogen; sie wollte die beiden Freunde durch ihr Gerede a. bringen *(entzweien);* er versuchte vergebens, die beiden Streithähne a. zu bringen *(zu trennen);* das Garn a. fitzen (ugs.; *entwirren*); Nägel a. klauben (landsch.; *trennen*); eine Familie a. reißen *(trennen);* ein Wort a. *(getrennt)* schreiben; die guten und die schlechten Nüsse a. sortieren *(voneinander trennen);* Kabel a. ziehen *(entwirren);* ein Gummiband a. ziehen *(in die Länge ziehen, dehnen);* die Fahrzeugkolonne hat sich a. gezogen *(die Abstände zwischen den einzelnen Fahrzeugen sind größer geworden);* die Lava floss a. *(zerfloss, breitete sich fließend aus);* die Farben flossen, liefen a. *(verliefen);* die Butter ist a. geflossen, gelaufen *(hat sich aufgelöst);* sie gingen grußlos a., in bestem Einvernehmen a. *(trennten sich in bestem Einvernehmen);* die Wege abgehen, laufen an dieser Stelle a. *(verlaufen von dieser Stelle an in verschiedenen Richtungen);* die Wunde klafft a. *(steht klaffend offen);* unsere Meinungen klaffen a. *(sind äußerst verschieden);* die Geschwister waren im Laufe der Jahre a. gekommen (ugs.; *hatten den Kontakt verloren, waren sich fremd geworden);* die beiden sind a. (ugs.; *haben sich getrennt);* die Partner streben a., haben sich im Laufe der Jahre immer mehr a. entwickelt, a. gelebt; a. strebende (geh. *divergierende)* Meinungen; ** a. gehen (sich unterscheiden, divergieren):* die Urteile, Ansichten gehen a.; wie das zu bewältigen sei, darüber gingen die Meinungen a.; **c)** *in einzelne Teile, Stücke; entzwei:* einen Motor a. bauen, machen, nehmen, schrauben; die Teile waren so miteinander verklebt, dass man sie kaum a. bekam, brachte, kriegte, hat die Schokolade a. gebrochen; einen Stock a. hacken, säbeln, sägen, schneiden; Kartons, einen Umschlag a. reißen; einen Schrank a. schlagen, trennen; einen alten Bunker a. sprengen; eine Nuss a. treten; die Beute a. zerren; Salat a. pflücken; eine Blüte a. rupfen, zupfen; etw., was eine Einheit darstellt, a. dividieren wollen; der Stuhl ist a. gebrochen, gefallen, gegangen, gekracht; der Glasbehälter, die Glühbirne ist a. geplatzt, gesprungen; das Papier, der Faden reißt gleich a.; das Auto war durch die Explosion einer Zeitbombe a. geflogen, gerissen worden; die Koalition ist a. gebrochen; die Gruppe fiel a.; der Bereich faltete sich, fächerte sich in mehrere Unterbereiche a. *(gliederte sich auf);* eine Theateraufführung a. pflücken *(in der Zeitung o. Ä. kritisch analysieren);* es war schwierig, die Sache a. zu klamüsern (landsch.; *sie zu entwirren, zu ordnen);* ** a. gehen ([von menschlichen Bindungen] sich wieder [auf]lösen):* ihre Verlobung, die Ehe ging a.; **jmdm. etw. a. klamüsern** (landsch.; *jmdm. etw. erklären, im Einzelnen darlegen*): kannst du mir das mal a. klamüsern?; **etw. a. machen** (landsch.; *[Ererbtes] teilen, aufteilen):* die Geschwister haben das Erbe a. gemacht; **etw. a. nehmen** (salopp; *vollständig demolieren, zerstören*): die Hooligans haben den Laden total a. genommen; **jmdn. a. nehmen** *(jmdn. vollständig besiegen):* er hat seinen Gegner a. genommen; **jmdm. etw. a. posamentieren** (landsch.; *jmdm. etw. in Einzelheiten [umständlich] erklären):* hast du ihm a. posamentiert, welchen Weg er fahren muss?; **a. sein** (ugs.; *[von menschlichen Bindungen] nicht mehr bestehen, aufgelöst sein*): ihre Verlobung, die Ehe ist a.; **jmdm. etw. a. setzen** *(jmdm. etw. erläutern, erklären, darlegen):* jmdm. seine Pläne, Absichten [umständlich] a. setzen; **sich mit etw. a. setzen** *(sich mit etw. eingehend beschäftigen, etw. kritisch durchdenken):* sich mit einem Problem, einer Frage a. setzen; ich habe mich lange mit diesem Philosophen a. gesetzt; **sich mit jmdm. a. setzen** *(mit jmdm. strittige Fragen, unterschiedliche Standpunkte im Gespräch klären):* sich mit seinem Kontrahenten a. setzen; **sich a. setzen** (Rechtsspr.; *sich über die Aufteilung eines Erbes einigen*); **etw. a. setzen** (Rechtsspr.; *auf dem Rechtswege gemeinschaftlichen Besitz aufteilen*); **d)** *nicht zusammen[gelegt, -gefaltet, -gerollt o. Ä.]:* eine Landkarte a. falten, machen; einen Teppich, ein Poster a. rollen; die Zeitung a. breiten; eine Decke a. spreiten; die Hülle, ein Segel a. wickeln; ** a. gehen (ugs.; *dick werden, an Körperfülle zunehmen*): in letzter Zeit ist er stark a. gegangen. **2.** *eines aus dem anderen heraus:* etw. a. entwickeln; Formeln a. ableiten.
aus|ei|nan|der be|kom|men, aus|ei|nan|der bie|gen, aus|ei|nan|der bre|chen, aus|ei|nan|der brei|ten, aus|ei|nan|der brin|gen usw.: s. auseinander (1).
Aus|ei|nan|der|ent|wick|lung, die: *das Sich-auseinander-Entwickeln.*
aus|ei|nan|der fä|chern, sich: s. auseinander (1 c).
Aus|ei|nan|der|fä|che|rung, die: *das Sich-auseinander-Fächern.*
aus|ei|nan|der fah|ren, aus|ei|nan|der fal|len, aus|ei|nan|der fal|ten, aus|ei|nan|der fit|zen, aus|ei|nan|der flie|gen, aus|ei|nan|der flie|ßen, aus|ei|nan|der ge|hen, aus|ei|nan|der hal|ten, aus|ei|nan|der ja|gen, aus|ei|nan|der klaf|fen, aus|ei|nan|der kla|mü|sern, aus|ei|nan|der krie|gen, aus|ei|nan|der lau|fen, aus|ei|nan|der le|ben, aus|ei|nan|der neh|men, aus|ei|nan|der po|sa|men|tie|ren, aus|ei|nan|der rei|ßen, aus|ei|nan|der rü|cken, aus|ei|nan|der scheu|chen, aus|ei|nan|der schie|ben, aus|ei|nan|der schnei|den, aus|ei|nan|der set|zen usw.: s. auseinander (1).
Aus|ei|nan|der|set|zung, die: **1.** *eingehende Beschäftigung mit etw.:* die politische und ideologische A. mit dem Nazismus (Leonhard, Revolution 165). **2. a)** *Diskussion, Debatte, [Streit]gespräch:* scharfe, erbitterte -en; Die Plenardebatten boten der politischen A. über das Regierungsprogramm (Fraenkel, Staat 92); **b)** *[mit Worten ausgetragener] heftiger Streit, Kontroverse:* erregte, heftige -en zwischen Eheleuten; es war schon zu heftigen und sogar tätlichen -en gekommen (Mostar, Unschuldig 55); Befürchtungen, dass es bei Gegendemonstrationen zu gewalttätigen -en kommt

(MM 11. 1. 90,6); **c)** *(zwischen Völkern) mit militärischen Mitteln ausgetragener Streit, Kampfhandlung:* eine militärische A.; die Beziehungen zwischen den Völkern wurden seit der letzten kriegerischen A. zusehends milder und vertrauensvoller (Musil, Mann 1301); Ü *(Sport:)* Gleich in der ersten A. *(im ersten Wettkampf)* des Abends hatte mit dem 20-jährigen Bantamgewichtler ... (NNN 23. 9. 87,2). **3.** (Rechtsspr.) *auf dem Rechtswege vorgenommene Aufteilung von gemeinschaftlichem Besitz:* die Erben beantragten die A.; eine gerichtliche A. herbeiführen.

aus|ei|nan|der sprei|zen, aus|ei|nan|der spren|gen, aus|ei|nan|der sprin|gen, aus|ei|nan|der sprit|zen, aus|ei|nan|der stie|ben, aus|ei|nan|der stre|ben, aus|ei|nan|der trei|ben, aus|ei|nan|der tre|ten, aus|ei|nan|der zer|ren, aus|ei|nan|der zie|hen, aus|ei|nan|der zup|fen usw.: s. auseinander (1).

aus|ei|sen ⟨sw. V.; hat⟩: *(Fest- oder Eingefrorenes) aus dem Eis herauslösen:* einen festgefrorenen Eimer a.; Ü sie versuchte ihren Freund auszueisen (selten; *ihn aus einer unangenehmen Lage zu befreien*).

aus|ei|tern ⟨sw. V.; hat⟩: *so lange eitern, bis der Heilungsprozess eintritt:* die Wunde muss a., hat ausgeeitert.

aus|ent|wi|ckeln ⟨V.; hat⟩: **1.** ⟨a. + sich⟩ *sich vollständig, bis zu seiner Vollendung entwickeln:* der Embryo konnte sich [nicht] a. **2.** (Fot.) *vollständig entwickeln:* Positiv ... bei hellem Licht ausentwickelt (Fotomagazin 8, 1968, 36).

Aus|ent|wick|lung, die; -, -en: *das Ausentwickeln; Sichausentwickeln.*

aus|er|kie|sen ⟨st. V.; hat⟩ [↑erkiesen] (geh.): *auserwählen, erwählen* ⟨im Inf. u. im Präs. Aktiv ungebr.⟩: man erkor ihn dazu aus; (scherzh.:) ich habe mir dieses Auto auserkoren; wenn man sich vor Augen hält, ... wie viele Saarbrücker Bürger es sich als Wochenendvergnügen auserkoren haben, den Fußballspielen des 1. FCS beizuwohnen (Saarbr. Zeitung 28. 12. 79, III); Wagner hat sich ein Feldgehölz ... zum persönlichen Schutzgebiet auserkoren (Freie Presse 3. 11. 88,8); Edwin Moses, der auserkoren wurde, den olympischen Eid zu sprechen (Vaterland 26. 7. 84, 23).

aus|er|ko|ren ⟨Adj.⟩ (geh.): *auserwählt:* er war a., dieses Amt zu übernehmen; Niemand sei von der Vorsehung so deutlich a. wie Madame Millet, diese Kundgebung zu veranstalten (Werfel, Bernadette 363).

Aus|er|ko|re|ne, der u. die ⟨Dekl. ↑ Abgeordnete⟩ (scherzh.): *Freund[in], Verlobte[r].*

¹aus|er|le|sen ⟨st. V.; hat⟩ (geh. selten): *auswählen, erwählen:* man erlas ihn aus, den Preis zu überreichen; Das Gelände der »Waldsiedlung« ... zu betreten, gar mit dem PKW zu befahren, ist nur einem auserlesenen Personenkreis gestattet (Freie Presse 24. 11. 89,4).

²aus|er|le|sen ⟨Adj.⟩: **a)** (geh.) *erlesen, fein, von besonderer Güte:* -e Speisen, Genüsse; einen ... spinnenzarten Mönch, ... dessen -e Artigkeit jeden normalen Menschen aufs Tiefste beschämt (Hochhuth, Stellvertreter 170); Auf nacktem Körper trugen viele der Leichen seidene Damenunterwäsche -er Eleganz (Apitz, Wölfe 59); die Weine sind a.; **b)** ⟨intensivierend bei Adj.⟩ *sehr, überaus, ausgesucht:* a. schöne Stücke.

Aus|er|le|sen|heit, die; -: *das Auserlesensein* (a).

aus|er|se|hen ⟨st. V.; hat⟩ (geh.): *zu jmdm. od. etw. bestimmen, ausersehen, für etw. vorsehen:* jmdn. als Leiter der Delegation a.; zu Großem a. sein; der Mann, den sich das Schicksal dazu ausersah ...; Wer zu diesem Beruf ausersehen wurde, muss alles andere hintanstellen (Menzel, Herren 116); Diese Situation hat sich Präsident Asad für seinen Besuch in Benghasi ausersehen (NZZ 27. 8. 86, 3).

aus|er|wäh|len ⟨sw. V.; hat⟩ (geh.): **a)** *auswählen, aussuchen:* jener Mann hatte nicht bloß zufällig Clarissens Fenster auserwählt, um sich darunter zu stellen (Musil, Mann 789); weil ... ihr menschenmörderisch finsterer Kult ihn zum Priester auserwählt hatte (Langgässer, Siegel 475); Ein Dutzend von uns war auserwählt worden, Rey und Rigaux das Geleit zu geben (Genet [Übers.], Miracle 216); **b)** *erwählen, zu Besonderem bestimmen:* viele sind berufen, aber wenige sind auserwählt (nach Matth. 20, 16).

Aus|er|wähl|te, der u. die ⟨Dekl. ↑ Abgeordnete⟩: **a)** (geh.) *jmd., der zu etw. Bestimmtem, zu Besonderem ausersehen ist:* ein Mann, der mit der Unantastbarkeit der -n seiner Bestimmung folgt (Hochhuth, Stellvertreter 65); Ich aber gehörte keineswegs zu den -n *(Bevorzugten),* ich hatte kein Visum ... und andererseits kein Aufenthaltsrecht (Seghers, Transit 60); **b)** (scherzh.) *Freund[in], Verlobte[r].*

Aus|er|wäh|lung, die; -, -en ⟨Pl. selten⟩: *das Auserwählen:* obgleich diese Neigung zu A. und zügelloser Vorliebe ... sich auf ein höheres Vorbild berufen konnte (Th. Mann, Joseph 318).

aus|er|zäh|len ⟨sw. V.; hat⟩: *zu Ende erzählen:* lass ihn [die Geschichte] a.!

aus|es|sen ⟨unr. V.; hat⟩ **1.** (seltener): **a)** *leer essen:* du sollst den Teller a.; eine Pampelmuse, Melone a. *(mit einem Löffel leer essen);* **b)** *ganz aufessen:* hast du die Suppe ausgegessen? **2.** (ugs.) *zu Ende essen:* die Kinder haben noch nicht ausgegessen.

aus|fa|chen ⟨sw. V.; hat⟩: **1.** (Tischlerei) *(ein Möbelstück) mit Fächern versehen:* einen Schrank a. **2.** (Bauw.) *die Fächer im Fachwerk ausmauern:* Fachwerkwände a.

aus|fä|chern ⟨sw. V.; hat⟩: **1. a)** *fächerförmig auseinander gehen, streben:* wie weit seine Truppe ... über das Gelände hinweg ... auszufächern vermöchte (Plievier, Stalingrad 125); unterm Unterholz der ausfächernden Zweige (Fries, Weg 157); **b)** ⟨a. + sich⟩ *sich fächerförmig verteilen, auseinander streben:* vier Strahlen streben, sich ausfächernd, vom Rheinauer Wasserwerk in die Stadt (MM 29. 4. 69, 4). **2.** *ausfachen* (1).

Aus|fä|che|rung, die; -, -en: *das Ausfächern.*

Aus|fa|chung, die; -, -en: *das Ausfachen.*

aus|fä|deln ⟨sw. V.; hat⟩: **1. a)** *(einen Faden) aus dem Nadelöhr herausziehen:* das Nähgarn a.; **b)** ⟨a. + sich⟩ *aus dem Nadelöhr rutschen:* der Faden hat sich ausgefädelt; das Garn ist schon wieder ausgefädelt. **2.** ⟨a. + sich⟩ (Verkehrsw.) *im fließenden Verkehr aus einer Fahrspur, einer Wagenkolonne ausscheren:* du musst versuchen, dich jetzt auszufädeln.

Aus|fä|de|lung, Aus|fäd|lung, die; -, -en: *das Ausfädeln, Sichausfädeln.*

Aus|fahr|bar|re, der ⟨Technik⟩: *Vorrichtung an ausfahrbaren Teilen eines Fahrzeugs, die den Ausfahrweg begrenzt.*

aus|fahr|bar ⟨Adj.⟩: *sich ausfahren* (4 a) *lassend:* eine -e Antenne.

aus|fah|ren ⟨st. V.⟩: **1.** ⟨ist⟩ **a)** *hinausfahren, um [in der Ferne] ein Ziel zu erreichen:* am frühen Morgen fahren die Fischerboote zum Heringsfang aus; **b)** *aus etw. herausfahren, fahrend einen Ort verlassen:* das Schiff fuhr aus dem Hafen aus; aus einem Grundstück a.; als der Zug ausfuhr, ließ sie schnell die Scheibe herab (A. Kolb, Schaukel 79); die Bergleute fahren bei Schichtende aus (Bergmannsspr.; *verlassen den Schacht).* **2. a)** *eine Ausfahrt machen, spazieren fahren* ⟨ist⟩: mit der Familie a.; **b)** *(bes. ein Kind) in einem Wagen spazieren fahren* ⟨hat⟩: die Mutter fährt das Baby aus. **3.** *(Waren u. a.) mit einem Fahrzeug ausliefern, verteilen* ⟨hat⟩: Getränke, Pakete, Pizzas a. **4.** (Technik) **a)** *(den ausfahrbaren Teil eines Apparates u. Ä.) mithilfe der Mechanik nach außen bringen* ⟨hat⟩: die Landeklappen, das Fahrwerk, die Antenne a.; Dann wird durch Funkbefehl eine kaum fünf Zentimeter breite Schaufel ... ausgefahren (MM 15. 4. 67, 29); **b)** *(von einem Ausfahrbarem) hervorkommen, ausgefahren* (4 a) *werden* ⟨ist⟩: die Gangway fährt aus. **5.** ⟨hat⟩ (Seemannsspr.) **a)** *ausbringen* (2): die Matrosen haben den Anker ausgefahren; **b)** *(eine Trosse o. Ä.) mit dem Beiboot zu der Stelle bringen, wo das Schiff festmacht:* sie haben die Leine ausgefahren. **6.** *(eine Pontonbrücke o. Ä.) für die Durchfahrt öffnen:* die Schiffbrücke a. **7.** *(Straßen, Wege) durch Befahren stark beschädigen* ⟨hat⟩: die Panzer haben die Wege völlig ausgefahren; Inzwischen war die Piste doch schon zu ausgefahren (Olymp. Spiele 1964, 19); ausgefahrene Feldwege. **8. a)** *(eine Strecke) in ihrer ganzen Länge durchfahren* ⟨ist⟩: ich bin mal die ganze Circolazione ausgefahren (Andersch, Rote 38); **b)** *eine Kurve auf der äußeren Seite der Fahrbahn durchfahren* ⟨ist⟩: eine Kurve aus. **9.** (Rennen) *(ein Rennen o. Ä.) austragen* ⟨hat⟩: ein Rennen, eine Meisterschaft, den Großen Preis von Europa a. **10.** ⟨hat⟩ **a)** *(ein Fahrzeug) so fahren, dass die Leistungsfähigkeit des Motors voll ausgenutzt wird:* er hat seinen Wagen niemals voll ausgefahren; ein ... Auto ..., das sich auf freier Autobahn mühelos a.

Ausfahrer

lässt (Herrenjournal 2, 1966, 123); **b)** *(eine technische Anlage o. Ä. in ihrer Kapazität) voll ausnutzen:* eine Anlage nur zum Teil a.; Jetzt kann sie (= die Anlage des Zellstoffwerks) in der Hochkonjunktur voll ausgefahren werden (MM 28. 6. 69, 6). **11.** (landsch.) *ausrutschen* (2) ⟨ist⟩: das Messer war ausgefahren und ihm in die Hand eingedrungen; die Schere war ihm ausgefahren. **12.** *eine heftige Bewegung machen* ⟨ist⟩: sein Arm fuhr aus, war ausgefahren; ausfahrende Bewegungen machen ⟨subst.⟩: wenn er auf die Wandtafel deutete, blieb seine Hand in halbem Ausfahren stecken (Johnson, Mutmaßungen 68). **13.** *(in Bezug auf einen Dämon o. Ä.) den Körper eines Besessenen verlassen* ⟨ist⟩: dass der Dämon wirklich ausgefahren ist (Thieß, Reich 192). **14.** (Jägerspr.) *(bes. von Fuchs, Dachs, Kaninchen) aus dem Bau herauskommen* ⟨ist⟩: der Fuchs war ausgefahren. **15.** (Jägerspr.) *(in Bezug auf bestimmte erlegte Tiere, bes. auf Federwild) die Eingeweide herausnehmen* ⟨hat⟩: einen Hasen, einen Auerhahn a.
Aus|fah|rer, der; -s, - (landsch.): *jmd., der berufsmäßig Ware ausfährt* (3): Häxels ... Bruder ..., A., sitzt zurzeit ein (Molsner, Harakiri 36).
Aus|fah|re|rin, die; -, -nen: w. Form zu ↑Ausfahrer.
Aus|fahr|gleis, das (Eisenb.): *Gleis, auf dem Züge aus dem Bahnhof ausfahren können.*
Aus|fahr|grup|pe, die (Eisenb.): *(auf einem Rangierbahnhof) Gruppe von Gleisen, auf denen die zusammengestellten Züge zur Ausfahrt bereitgehalten werden.*
Aus|fahr|si|gnal, das (Eisenb.): *Signal, das die Ausfahrt* (1 b) *freigibt.*
Aus|fahrt, die; -, -en: **1. a)** *das Ausfahren* (1 a): die A. zum Heringsfang; **b)** *das Ausfahren* (1 b): Er trat näher ans Fenster, um die A. beobachten zu können (Böll, Adam 32); die A. aus dem Schacht dauert wenige Minuten; der Zug hat noch keine A. *(darf noch nicht aus dem Bahnhof fahren).* **2. a)** *Stelle, an der ein Fahrzeug aus einem bestimmten umgrenzten Raum hinausfährt:* die A. des Hofes, des Hafens; bitte die A. freihalten; **b)** kurz für ↑Autobahnausfahrt: die A. Mannheim-Süd. **3.** *Spazierfahrt:* eine kleine A. machen.
Aus|fahrt|er|laub|nis, die: *Erlaubnis zum Ausfahren* (1).
Aus|fahrt|gleis: ↑Ausfahrgleis.
Aus|fahrts|er|laub|nis: ↑Ausfahrterlaubnis.
Aus|fahrts|si|gnal: ↑Ausfahrsignal.
Aus|fahrts|schild, das ⟨Pl. -er⟩: *Schild, das auf eine Ausfahrt* (2) *aufmerksam macht.*
Aus|fahrts|si|gnal: ↑Ausfahrsignal.
Aus|fahrts|stra|ße, die: *Straße, die aus einem Ort hinausführt:* Die Jefferson Street ... mündet erst im Süden der Stadt ... in die A. nach New York (Handke, Brief 9).
Aus|fahrt|stra|ße (selten): ↑Ausfahrtsstraße: Der Wagen ... glitt ... unter den strahlenden Richtzeigern hindurch auf die A. (Johnson, Mutmaßungen 108).

Aus|fahr|ver|rie|ge|lung, Aus|fahrver|rieg|lung, die (Technik): *Vorrichtung, die ausgefahrene Teile an Fahrzeugen in ihrer Position hält.*
Aus|fahr|weg, der (Technik): *(bei einem ausfahrbaren Teil) Ausfahrmöglichkeit bis zum Anschlag.*
Aus|fall, der; -[e]s, Ausfälle: **1.** ⟨o. Pl.⟩ **a)** *das Ausfallen* (1 a): der A. der Zähne, der Haare; **b)** (Sprachw.) *das Ausfallen* (1 b): der A. des »e«. **2. a)** *das Ausfallen* (3 a), *Nichtstattfinden:* der A. des Unterrichts; **b)** *das Ausfallen* (3 b), *Wegfall, Einbuße:* ein A. des Verdienstes, der Einnahmen; wegen des schlechten Wetters hatte die Hotelbranche einen großen A.; es gab Ausfälle in der Produktion; **c)** *das Fehlen, Nicht-anwesend-Sein:* mit einem mehrwöchigen A. des Erkrankten muss gerechnet werden; es gab Ausfälle durch Krankheit; wie rapid die Ausfälle in den besten Lebensjahren gestiegen sind (Kosmos 3, 1965, 93); dieser Spieler ist ein glatter A. (Sport; *ein Versager*); **d)** ⟨o. Pl.⟩ *das Ausfallen* (3 d), *das Nichtmehr-Funktionieren:* der A. eines Triebwerks. **3.** *Ergebnis, Beschaffenheit von etw.:* der A. der Ernte; hatte Klaus Heinrich sich nach dem A. des Experimentes erkundigt (Th. Mann, Hoheit 80). **4. a)** (Fechten) *Angriffsbewegung, bei der sich der bewaffnete Arm u. das ihm entsprechende Bein nach vorn bewegen:* einen A. parieren; **b)** (Gewichtheben) *Vor- bzw. Rückwärtsschritt mit einem Bein beim Umsetzen der Hantel:* er setzt ein Bein mit weitem A. nach hinten; **c)** (Turnen) *das Vor- od. Seitspreizen eines Beines.* **5.** (Milit.) *Ausbruch aus einer feindlichen Umklammerung u. Einschließung:* einen A. versuchen, wagen; Sie schrien den Grafen ... an, er möge einen A. machen (Jacob, Kaffee 40). **6.** *beleidigende Äußerung:* überraschte er durch antisemitische Ausfälle (Niekisch, Leben 242); wie Voltaire ... zu seinem A. gegen die Etymologen veranlasste (Ceram, Götter 118).
aus|fäll|bar ⟨Adj.⟩ (Chemie): *in Form von Kristallen, Flocken od. Tröpfchen ausscheidbar.*
Aus|fäll|bar|keit, die; - (Chemie): *das Ausfällbarsein.*
Aus|fall|bein, das (Fechten): *Bein, das zugleich mit dem bewaffneten Arm nach vorn bewegt wird.*
Aus|fall|bürg|schaft, die (Rechtsspr.): *Form der Bürgschaft, bei der der Bürge erst eintreten muss, wenn der Gläubiger eine völlig od. teilweise erfolglose Zwangsvollstreckung gegen den Schuldner nachweisen kann.*
aus|fal|len ⟨st. V.⟩: **1.** ⟨ist⟩ **a)** *sich aus einem organischen Zusammenhalt lösen; herausfallen, ausgehen:* die Zähne fallen [jmdm.] aus; die Federn sind ausgefallen; das Korn fällt schon aus *(die reifen Körner fallen heraus);* ausgefallene Haare; **b)** (Sprachw.) *synkopiert werden:* das »e« ist in diesem Wort ausgefallen. **2.** ⟨a. + sich⟩ (ugs.) *sich durch einen Sturz etw. ausbrechen* ⟨hat⟩: ich habe mir bei dem Sturz einen Zahn ausgefallen. **3.** ⟨ist⟩ **a)** *wegen eines widrigen Umstandes nicht stattfinden:* die Veranstaltung fällt aus; der Unterricht, die Schule ist ausgefallen; etw. a. lassen; Das (= das Winterfest) ist ja heute! ... Na, ohne mich! Fällt aus wegen Nebels! (Lederer, Liebe 9); **b)** *wegfallen:* sein Verdienst ist durch seine längere Krankheit ausgefallen; **c)** *fehlen, nicht anwesend, nicht verfügbar sein:* er ist wegen Krankheit eine Woche lang ausgefallen; Arbeiter, die ... für die Produktion ausfallen (Klein, Bildung 78); **d)** *plötzlich nicht mehr funktionieren, aussetzen:* die Maschine, ein Triebwerk ist ausgefallen; dass dann die Bodenverständigung für eine Weile ausgefallen war (Gaiser, Jagd 96). **4.** *in bestimmter Weise geartet, beschaffen sein; ein bestimmtes Ergebnis zeigen* ⟨ist⟩: etw. fällt gut, schlecht, zufrieden stellend aus; die Niederlage in diesem Spiel fiel sehr deutlich aus; dass ... meine Stimme gemein, mein Auge stumpf, meine Beine krumm hätten a. können (Th. Mann, Krull 81); selbst wenn die endgültige Entscheidung ungünstig a. sollte (Kafka, Schloß 95). **5.** (Milit. veraltet) *aus einer feindlichen Umklammerung od. Einschließung ausbrechen, einen Ausfall* (5) *machen* ⟨ist⟩: die eingeschlossenen Soldaten waren ausgefallen **6.** (Chemie) *sich abscheiden* ⟨ist⟩: aus der Lösung fällt Eiweiß aus. ◆ **7.** (landsch.) *herausspringen* (4): Sobald jedoch die Leute merkten, es fiele ... weiter nichts für sie aus, wurde ihnen die Sache langweilig (Rosegger, Waldbauernbub 90).
aus|fäl|len ⟨sw. V.; hat⟩: **1.** (Chemie) *gelöste Stoffe in Form von Kristallen, Flocken, Tröpfchen ausscheiden:* aus einer gesättigten Lösung Kochsalz a.; Ihr Mundspeichel fällt besonders viele Kalksalze aus, sagte sie (Wohmann, Absicht 234). **2.** (schweiz. Rechtsspr.) *(eine Strafe) verhängen:* eine Haftstrafe a.
aus|fal|lend ⟨Adj.⟩ [**1**: zu ↑ausfallen (5)]: **1.** *in grober Weise beleidigend, frech:* eine -e Bemerkung; er wird leicht a. [gegen andere]. **2.** *ausfahrend* (12): Cresspahls Stampfschritt und seine -en Armbewegungen (Johnson, Mutmaßungen 116).
Aus|fall|er|schei|nung: ↑Ausfallerscheinung.
aus|fäl|lig ⟨Adj.⟩: *ausfallend* (1): eine -e Bemerkung, Äußerung; er wird leicht a.; Die Augen blitzten a., die Münder verbogen sich leidenschaftlich (Th. Mann, Zauberberg 948).
Aus|fäl|lig|keit, die; -, -en: **1.** ⟨o. Pl.⟩ *das Ausfälligsein.* **2.** *ausfällige Äußerung, Geste o. Ä.*
Aus|fall|mus|ter, das (Kaufmannsspr.): *Warenmuster, das beim Handelskauf nach Abschluss des Kaufvertrages dem Käufer ausgehändigt wird u. an dem dieser erkennen kann, wie die Ware ausfallen wird.*
Aus|fall|pro|be, die (Kaufmannsspr.): *Ausfallmuster.*
Aus|fall|schritt, der (Sport): *Schritt zur Seite, nach vorn od. hinten.*
Aus|fall|schwung, der (Ski selten): *Telemarkschwung.*
Aus|falls|er|schei|nung, die (Med.): *Symptom, das durch den vorübergehen-*

den od. dauernden Ausfall einer Organfunktion o. Ä. hervorgerufen wird.
Aus|fall|si|cher ⟨Adj.⟩ (Technik): *(von einem Gerät) so beschaffen, dass sein Ausfallen* (3 d) *innerhalb eines größeren Systems die Funktion des Ganzen nicht in entscheidender Weise beeinträchtigt.*
Aus|fall|si|cher|heit, die ⟨o. Pl.⟩ (Technik): *das Ausfallsichersein.*
Aus|fall|stel|lung, die (Fechten): *Körperhaltung, die beim Ausfall* (4 a) *eingenommen wird.*
Aus|falls|tor, das (früher): *Stelle in einer Befestigungsanlage, von der aus ein Ausfall* (5) *unternommen werden kann.*
Aus|falls|stra|ße, die (Verkehrsw.): *Straße, die aus einem Ortsbereich hinausführt.*
Aus|falls|win|kel, der (Physik): *Reflexionswinkel.*
Aus|fall|tor (früher): ↑ Ausfallstor.
Aus|fäl|lung, die; -, -en: 1. (Chemie) **a)** *das Ausfällen* (1); **b)** *ausgefällter Stoff.* 2. (schweiz. Rechtsspr.) *das Ausfällen* (2).
Aus|fall|wahr|schein|lich|keit, die ⟨o. Pl.⟩ (Technik): *Wahrscheinlichkeit des Ausfallens technischer Einrichtungen durch auftretende Fehler:* die A. steigt rasch mit der Anzahl der verwendeten Bauteile.
Aus|fall|warn|zei|chen, das (Technik): *(bei Instrumenten, Anzeigegeräten u. a.) warnendes Signal o. Ä., das bei Ausfall der Stromversorgung od. bei bestimmten Störungen in Funktion tritt.*
Aus|fall|zeit, die: 1. *(in der Rentenversicherung) Zeit, in der eine versicherungspflichtige Beschäftigung durch eine infolge Krankheit od. Unfall bedingte Arbeitsunfähigkeit, durch Arbeitslosigkeit o. Ä. unterbrochen wird.* 2. ⟨meist Pl.⟩ *Zeit, in der jmd., etw. ausfällt, nicht zur Verfügung steht:* indem wir den Kampf darum führen, die geplanten -en je Kollektivmitglied um zehn Stunden zu senken (Freie Presse 14. 12. 84, 4); Die Stadtverwaltung ... bittet alle Wohngeldempfänger ..., bis spätestens 31. Januar 1980 einen neuen Antrag auf Wohngeld zu stellen, damit keine -en entstehen (Saarbr. Zeitung 18. 12. 79, 16).
aus|falt|bar ⟨Adj.⟩: *sich ausfalten* (1) *lassend:* der Reiseführer enthält mehrere -e Karten.
Aus|falt|bar|keit, die; -: *das Ausfaltbarsein.*
aus|fal|ten ⟨sw. V.; hat⟩: 1. *(Gefaltetes) aus etw. ausklappen:* einen eingehefteten Stadtplan a. 2. ⟨a. + sich⟩ (selten) *sich entfalten:* geistige Anlagen falten sich aus.
Aus|fal|tung, die; -, -en (seltener): *das Sichausfalten:* die A. des Tourismus (Enzensberger, Einzelheiten I, 191); die noch nicht dagewesene A. ... des psychologisch Eigenschaftlichen selbst (Gehlen, Zeitalter 58); Dieser Reifungsprozess umfasst ... -en die Temperaments und des Körperbaus (Studium 5, 1966, 310).
aus|fär|ben ⟨sw. V.⟩: 1. *vollständig färben* ⟨hat⟩: Wolle blau a. 2. *die Farbe verlieren, auslaufen* (10) ⟨ist⟩: die Farbe war völlig ausgefärbt; das Wasser ... hielt die Kolo-

nie der ... immer heftiger ausfärbenden Tabakflusen von sich ab (Böll, Haus 75).
Aus|fär|bung, die; -, -en: 1. *[durch etw. entstehende] Färbung:* gibt die rote A. der Schnur im Schnee ... Anhaltspunkte bei der Suche nach dem Verschütteten (Eidenschink, Eis 106); weil eine gute Düngung für die A. der Blätter wesentlich ist (MM 5. 1. 68, 40). 2. *das Farbeverlieren, Auslaufen der Farbe.*
aus|fa|sern ⟨sw. V.; ist/(auch:) hat⟩: *sich (am Rand u. Ä.) in einzelne Fasern, Fäden auflösen:* die Decke, der Teppich fasert aus; dass die Keimschicht der Deckzellen ... ausgefasert ist (Medizin II, 53).
aus|fas|sen ⟨sw. V.; hat⟩ (österr.): *bekommen, empfangen:* Im Übrigen hat Pramstaller schon einschlägige Vorstrafen ausgefasst (Sonntagspost 3. 12. 67, 2); Der Gendarmerieoffizier hatte die Nummer im Mai ausgefasst, der Sekretär des Landeshauptmannes bekam das Kennzeichen am 28. August. Anderthalb Monate fuhren die zwei Autos ... mit K 2129 (Kronen-Zeitung 15. 10. 68, 8).
aus|fau|len ⟨sw. V.; ist⟩: 1. *faul werden, faulen:* da ... das absinkende Plankton ... ausgefault ... am Seeboden ankommt (Thienemann, Umwelt 64); die Wintersaat ist unter Frost ausgefault (ausgewintert). 2. *(von Zähnen) von Fäulnis befallen sein u. ausfallen:* zwei Backenzähne sind [ihm] ausgefault.
aus|fech|ten ⟨st. V.; hat⟩: *bis zu einer Entscheidung durchfechten, durchkämpfen:* einen Streit, Prozess a.; er hatte manchen Strauß auszufechten; ein Konservativer ..., den es trieb, mit den links stehenden Intelligenz seine Fehden auszufechten (Niekisch, Leben 131).
aus|fe|dern ⟨sw. V.; hat⟩: 1. *(einen Stoß, eine Erschütterung o. Ä.) federnd auffangen:* als glitten Sie auf Skiern über kurze Hügel, genauso federn Sie jetzt die Stöße aus (Dwinger, Erde 132); Doch werden die kürzeren Bebenwellen aus dem Schwingungspaket bei der Passage durch die Erde schnell ausgefedert (ausgeglichen; Basler Zeitung 2. 10. 85, 3). 2. (Technik) *mit einer Federung versehen, ausstatten:* ein Polster gut a.; die Achse ist schlecht ausgefedert.
Aus|fe|de|rung, die; -, -en: *das Ausfedern.*
aus|fe|gen ⟨sw. V.; hat⟩: 1. (bes. nordd.) **a)** *durch Fegen [aus etw.] entfernen:* den Schmutz (aus dem Raum) a.; **b)** *(einen Raum o. Ä.) durch Fegen reinigen:* streute ein Pikkolo ... Sägespäne auf die Fliesen und fing an, den Flur auszufegen (Remarque, Triomphe 8). 2. (landsch.) *auslichten, ausästen:* die Apfelbäume a.
Aus|fe|ger, der; -s, - (landsch.): 1. *Kehrbesen.* 2. *Kehraus, letzter Tanz.*
Aus|feg|sel, das; -s (landsch.): *Kehricht.*
aus|fei|len ⟨sw. V.; hat⟩: 1. **a)** *durch Feilen in die gewünschte Form bringen; zurechtfeilen:* einen Schlüssel a.; **b)** *durch Feilen herstellen:* ein Loch a. 2. *bis ins Einzelne ausformen, ausarbeiten:* eine Rede, einen Aufsatz a.; eine ausgefeilte Skizze; ⟨subst.:⟩ bis ihm der Beruf die Zeit zum weiteren Ausfeilen seiner musikalischen

Fertigkeiten raubte (Augsburger Allgemeine 27. 5. 78, 3).
Aus|fei|lung, die; -, -en: *das Ausfeilen.*
aus|fens|tern ⟨sw. V.; hat⟩ [urspr. = den Fensternden (= Fenster|nden) schmähend zurückweisen] (veraltet): *ausschelten.*
aus|fer|ti|gen ⟨sw. V.; hat⟩ (Amtsspr.): **a)** *in amtlicher Funktion schreiben, ausstellen:* einen Pass, ein Zeugnis, Attest a.; **b)** *in schriftlicher Form erstellen, ausarbeiten:* einen Vertrag a.; *c) in amtlicher Funktion unterzeichnen:* 127 Gesetze hat er ausgefertigt (Spiegel 21, 1975, 24).
Aus|fer|ti|ger, der; -s, - (Amtsspr.): *jmd., der etw. ausfertigt.*
Aus|fer|ti|gung, die; -, -en: **a)** *das Ausfertigen:* kommt es ... zu. A. eines Ehe- und Erbvertrages (Benrath, Konstanze 18); **b)** *ausgefertigtes Schriftstück o. Ä.:* müssen wir erst einen Lebenslauf in vier -en (in vier Exemplaren, vierfach ausgefertigt) einreichen? (Remarque, Obelisk 119); **c)** (Rechtsspr.) *als Ersatz der Urschrift in gesetzlich vorgeschriebener Form gefertigte Abschrift eines amtlichen Schriftstücks* (z. B. Urtei., notarielle Urkunde): die A. hat die Kraft des Originals; **d)** *durch Unterschrift vorgenommene Beurkundung eines Gesetzestextes vor dessen Verkündung:* Die A. des Gesetzes obliegt meist dem Staatsoberhaupt, das aber in Demokratien nur selten ein eigenes sachliches Entscheidungsrecht hat (Fraenkel, Staat 116).
aus|fet|ten ⟨sw. V.; hat⟩ (landsch.): *(eine Backform o. Ä.) innen mit Fett bestreichen:* vor dem Einfüllen des Teiges muss die Kuchenform ausgefettet werden; Eine flache, ofenfeste Form mit Butter ausfetten, die Masse einfüllen (e&t 5, 1987, 101); Die Farce in gut ausgefettete Förmchen geben (IWZ 2, 1987, 29).
aus|feu|ern ⟨sw. V.; hat⟩ (landsch.): *(von Pferden) ausschlagen.*
aus|fie|ren ⟨sw. V.; hat⟩ (Seemannsspr.): *die Segelleine (Schot) nachlassen, um das Segel in die richtige Stellung zum Wind zu bringen:* dass der Bootsmann Fock- und Großsegelschot weit a. muss (Nachbar, Mond 29).
aus|fil|tern ⟨sw. V.; hat⟩ (bes. Technik): *mittels Filter abtrennen od. ausschalten:* Aus der Musik werden bestimmte Frequenzen ausgefiltert (Funkschau 21, 1971, 2224).
Aus|fil|te|rung, die; -, -en (bes. Technik): *das Ausfiltern:* die A. von Feinstäuben, die sich nur langsam ablagern (MM 8. 9. 73, 3).
aus|fil|zen ⟨sw. V.; hat⟩: 1. (Sattlerei) *mit Rosshaar o. Ä. ausstopfen, auspolstern:* ein Polster a. 2. (veraltet, noch landsch.) *heftig tadeln.*
aus|fin|den ⟨st. V.; hat⟩ (selten): 1. *herausfinden:* sie ... machte es mir zur Auflage, eine Möglichkeit zur seiner (= des Begehrens) Erfüllung auszufinden (Th. Mann, Krull 245); ♦ dem Leben war sein Inhalt ausgefunden (Schiller, Braut v. Messina 723). 2. ⟨a. + sich⟩ *sich zurechtfinden:* ich finde mich noch nicht gut aus in dem neuen System.
aus|fin|dig ⟨Adv.⟩: *nur in der Verbindung*

Ausfindigmachung

jmdn., etw. a. machen *(jmdn., etw. [lange, mühsam] suchen u. schließlich finden):* eine Adresse, jmds. Aufenthaltsort, ein Urlaubsquartier, eine Möglichkeit a. machen; das ist nun einmal mein Weg, die Recht und die Wahrheit a. zu machen (Baum, Paris 117).

Aus|fin|dig|ma|chung, die; -: *das Ausfindigmachen:* das schnellste ... Mittel zur A. des anderen Unfallbeteiligten (FAZ 14. 10. 61, 11).

aus|fir|nis|sen ⟨sw. V.; hat⟩: *inwendig mit Firnis streichen:* ein Schrankfach a.

aus|fi|schen ⟨sw. V.; hat⟩: **1. a)** *aus etw. herausfischen:* Karpfen [aus dem Teich] a.; **b)** *(ein [stehendes] Gewässer o. Ä.) leer fischen:* sie haben den See völlig ausgefischt; ⟨subst.:⟩ ein totales Ausfischen, d. h. der Fang junger Tiere, die noch nicht ihre volle Größe erreicht ... haben, zu verhindern (MM 29. 1. 74, 3). **2.** *aufhören zu fischen* ⟨meist in einer zusammengesetzten Zeitform⟩: sie haben für dieses Jahr ausgefischt.

aus|fit|ten ⟨sw. V.; hat⟩ [↑fitten] (Seemannsspr.): *(ein Schiff) mit dem seemännischen Zubehör ausrüsten.*

aus|fla|ckern ⟨sw. V.⟩: **a)** *flackernd verlöschen* ⟨ist⟩: die Glühbirne, die Kerze ist ausgeflackert; Ü Sie flackerte nur so aus und starb im August (Küpper, Simplicius 208); **b)** *aufhören zu flackern* ⟨hat⟩: die Petroleumlampe hat ausgeflackert.

aus|flag|gen ⟨sw. V.; hat⟩: **1.** (Seemannsspr.) *(ein Schiff) bei festlichen Anlässen über die Toppen flaggen, die Takelage mit aneinander gereihten Flaggen ausschmücken:* bei der Ausfahrt aus dem Hafen war das Schiff ausgeflaggt. **2.** (Seemannsspr.) *(ein Schiff) unter einer anderen nationalen Flagge fahren [lassen]:* Es wurden zu viele Schiffe ausgeflaggt oder ins Ausland verkauft (MM 4. 1. 74, 12). **3.** *durch Flaggen od. Fähnchen markieren, kennzeichnen:* Die ... ausgeflaggte Strecke für den Riesenslalom (Olymp. Spiele 1964, 14).

Aus|flag|gung, die; -, -en: *das Ausflaggen.*

aus|flan|ken ⟨sw. V.; ist/(seltener:) hat⟩ (Geräteturnen): *(mit einem Beinschwung) das Gerät rückwärts überqueren od. rückwärts vom Gerät abgehen:* er ist am Barren exakt ausgeflankt.

aus|flan|schen ⟨sw. V.; hat⟩ (Technik): *einen Teil des Flansches an beliebiger Stelle des Trägers aus diesem heraustrennen.*

aus|flech|ten ⟨st. V.; hat⟩ (veraltet, noch landsch.): **1.** *mit Flechtwerk ausfüllen:* Wände mit Reisig a. **2.** *(Flechten) lösen:* Zöpfe a.

aus|fle|cken ⟨sw. V.; hat⟩ [zu ↑Fleck(en)] (graf. Technik): *fehlerhafte Stellen mit spitzem Bleistift od. Pinsel beseitigen, retuschieren:* einen Fehler aus einem Negativ a.

aus|flei|schen ⟨sw. V.; hat⟩ (Gerberei): *(ein Fell) mit dem Ausfleischmesser von Fleischresten befreien, reinigen:* Felle a.; ausgefleischte Felle.

Aus|fleisch|mes|ser, das (Gerberei): *Messer, mit dem der Gerber die Felle ausfleischt.*

Aus|flei|schung, die; - (Gerberei): *das Ausfleischen.*

aus|flen|nen ⟨sw. V.; hat⟩ (ugs.): **a)** *aufhören zu weinen* ⟨meist in einer zusammengesetzten Zeitform⟩: hast du bald ausgeflennt?; **b)** (a. + sich) *sich ausweinen:* Machmal habe ich mich bei ihm nur ausgeflennt (Gabel, Fix 67).

aus|fli|cken ⟨sw. V.; hat⟩ (ugs.): *notdürftig flicken, ausbessern:* ein Dach, einen Zaun, eine Hose a.; Sie liefen ... an einem Häuserblock vorbei, dessen Fassade mit hässlichen Putzstellen ausgeflickt war (Böll, Und sagte 24).

aus|flie|gen ⟨st. V.⟩: **1.** ⟨ist⟩ **a)** *(von Vögeln, Insekten) hinausfliegen, ausschwärmen:* die beiden Störche sind ausgeflogen, um Futter zu suchen; als sei die Taube erst gestern aus der Arche ausgeflogen (Wiechert, Jeromin-Kinder 960); Ü die ganze Familie war ausgeflogen (ugs.; *war nicht zu Hause);* die betagten Pensionärinnen des Jungfernheims waren ausgeflogen *(hatten zu einem Ausflug das Haus verlassen;* Werfel, Himmel 154); **b)** *(von Jungvögeln) flügge geworden u. das Nest verlassen:* die jungen Vögel fliegen bald aus. **2. a)** *einen [eingeschlossenen] Ort, einen gefährdeten Bereich mit dem Flugzeug o. Ä. verlassen* ⟨ist⟩: aus einer Festung a.; Der ist ... ausgeflogen, um die Versorgung zu organisieren (Plievier, Stalingrad 220); begrüßte er ... den vor Tagen ausgeflogenen und soeben wieder eingeflogenen Obersten Carras, der mit dem letzten in Gumrak gelandeten Flugzeug zurückkehrt war (Plievier, Stalingrad 197); **b)** *(von Flugzeugen o. Ä.) einen bestimmten Luftraum verlassen* ⟨ist⟩: die unbekannten Flugzeuge sind wieder ausgeflogen; *mit dem Flugzeug o. Ä. von einem [gefährdeten] Ort wegbringen, abtransportieren* ⟨hat⟩: man hatte Frauen und Kinder ausgeflogen; die Schwerverwundeten ... waren in Marsch gesetzt worden ..., um aus dem Stalingrader Kessel ausgeflogen zu werden (Plievier, Stalingrad 100). **3.** *(ein Flugzeug) so schnell fliegen, dass die Leistungsfähigkeit voll ausgenutzt wird* ⟨hat⟩: eine Maschine a.

aus|flie|sen ⟨sw. V.; hat⟩: *(einen Raum o. Ä.) mit Fliesen auslegen, auskleiden:* das Bad wird neu ausgefliest.

aus|flie|ßen ⟨st. V.; ist⟩: **1. a)** *(aus einem Behälter, Gefäß o. Ä.) herausfließen:* durch ein Leck ist Fass floss das Benzin aus; ausfließendes Öl; **b)** *[durch ein Leck, eine undichte Stelle] Flüssigkeit austreten lassen, auslaufen:* ein Wasserbehälter, ein Fass fließt aus; **c)** *(von einem fließenden Gewässer) seine Austrittsstelle haben:* bei Stein fließt der Rhein aus dem Bodensee] aus. **2.** (selten) *(von Farbe o. Ä.) auseinander laufen, fließen:* Er (= ein Rauchpilz) floss in die Luft skurril aus wie Tusche (Gaiser, Jagd 89); ausgeflossene Farben.

aus|flip|pen ⟨sw. V.; ist⟩ [nach engl. to flip (out) = verrückt werden] (ugs.): **a)** *sich einer als bedrückend empfundenen äußeren od. inneren Situation durch den gewohnheitsmäßigen Genuss von Drogen entziehen:* manche Jugendliche, die mit ihrer Situation nicht fertig wurden, flippten aus; **b)** *sich bewusst außerhalb der gesellschaftlichen Norm stellen, die Gesellschaft verlassen, weil ihre Wertmaßstäbe nicht akzeptiert werden:* die Suche ... nach ausgeflippten Töchtern im Untergrund (Spiegel 21, 1975, 39); ⟨subst.:⟩ Gitties Gründe zum Ausflippen ... Die Eltern, die sie »Greise« nennt ..., haben den Kopf voll Karriere (Spiegel 28, 1974, 92); **c)** *die Nerven verlieren, kopflos werden:* er flippt bei jeder ungewöhnlichen Belastung aus; Wenn die Potenz ... gestört ist, flippen sie aus (Spiegel 36, 1974, 66); **d)** *vor Freude, Begeisterung o. Ä. ganz außer sich geraten:* über seinen Erfolg war er total ausgeflippt; Meine Freundin Sylvia flippt voll aus, wenn sie auch im Hemd sehen kann, was des Sehens wert ist (Spiegel 19, 1977, 79).

aus|flo|cken ⟨sw. V.⟩ (Chemie): **a)** *(einen kolloiden Stoff) aus einer Lösung ausscheiden, ausfällen* (1) ⟨hat⟩: Kasein a.; **b)** *sich in Form von Flocken aus einer Flüssigkeit abscheiden* ⟨ist⟩: der Käsestoff ist bei der Gerinnung ausgeflockt; Plankton, das sich von den ausgeflockten Humusstoffen nährt (Thieremann, Umwelt 66).

Aus|flo|ckung, die; -, -en: *das Ausflocken, Ausgeflocktwerden.*

Aus|flucht, die; -, Ausflüchte [spätmhd. ūʒvluht = (heimliche) Flucht (aus der Haft), zu: ūʒvliehen = entfliehen; 1: im 15. Jh. aus der Sonderbed. »Berufung an ein höheres Gericht« entstanden]: **1.** ⟨meist Pl.⟩ *Ausrede, Vorwand.* Meine Erklärungen ... klingen wie Ausflüchte (Frisch, Stiller 282); Aus allen Winkeln seines Hirns ... raffte er Ausflüchte zusammen, Schönfärberein (Feuchtwanger, Erfolg 759); nicht um Ausflüchte verlegen sein; Ausflüchte machen *(Ausreden vorbringen).* **2.** (seltener) *das Ausweichen, Flucht:* es gibt keine A. in den Gehorsam (Frisch, Nun singen 126).

Aus|flug, der; -[e]s, Ausflüge [mhd. ūʒvluc = erster Flug der Jungvögel u. Bienen]: **1.** *Wanderung, Spazierfahrt:* einen A. machen; Ausflüge unternehmen; Ü der Torhüter liebt weite Ausflüge (Sport Jargon; *dringt weit über die ihm vorgeschriebene Position im Spielfeld vor);* ein A. *(eine Abschweifung)* in die Theorie; Der Professor machte nach diesem A. ins Philosophische eine kurze Pause (Menzel, Herren 95). **2. a)** *(von Bienen, Vögeln u. a.) das Ausfliegen, Ausschwärmen:* der A. der Bienen; Abendfalter mit dem Blicken zu verfolgen (A. Zweig, Grischa 246); **b)** (Imkerei) *Flugloch des Bienenstocks.*

Aus|flüg|ler, der; -s, -: *jmd., der einen Ausflug* (1) *macht:* A. kehrten heim, die das warme Wetter ins Freie gelockt hatte (Musil, Mann 786).

Aus|flugs|ca|fé, das: *Café, das bes. von Ausflüglern besucht wird.*

Aus|flug|schnei|se, die; -, -n (Flugw.): *Flugschneise für die von einem Flughafen ausfliegenden Flugzeuge.*

Aus|flugs|damp|fer, der: *im Ausflugsverkehr eingesetzter Dampfer.*

Aus|flugs|fahrt, die: *als Ausflug unternommene Fahrt.*
Aus|flugs|lo|kal, das: vgl. Ausflugsort.
Aus|flugs|ort, der ⟨Pl. -e⟩: *Ort, der als Ausflugsziel beliebt ist.*
Aus|flugs|res|tau|rant, das: vgl. Ausflugsort.
Aus|flugs|schiff, das: vgl. Ausflugsdampfer.
Aus|flugs|ver|kehr, der: *Verkehr von Ausflüglern.*
Aus|flugs|ziel, das: *Ziel eines Ausflugs* (1).
Aus|fluss, der; -es, Ausflüsse: **1. a)** ⟨o. Pl.⟩ *(von Flüssigkeiten, Gas u. a.) das Ausfließen, Ausströmen:* den A. des Öls einzudämmen suchen; **b)** (Technik) *in einer bestimmten Zeiteinheit aus einer Öffnung ausströmende Flüssigkeits- od. Gasmenge:* der A. wurde auf 100 Liter pro Minute verringert. **2. a)** *Stelle, an der etw. ausfließen kann; Abfluss:* der A. des Beckens, der Wanne ist verstopft; **b)** *Austrittsstelle (eines Flusses o. Ä. aus einem größeren Gewässer):* der A. des Rheins aus dem Bodensee. **3.** (Med.) **a)** *Absonderung:* ein übel riechender A. von Eiter; **b)** *vermehrte Absonderung aus den weiblichen Geschlechtsorganen;* ²*Fluor:* an A. leiden. **4.** (geh.) *Auswirkung, Folge, Hervorbringung:* alles, was mir am öffentlichen Leben missfiel, betrachtete ich als A. bürgerlichen Geistes (Niekisch, Leben 34); Bei Tag besehen, erscheint alles nicht so schlimm und nur als A. von Stimmungen (Joho, Peyrouton 170).
Aus|fluss|ge|schwin|dig|keit, die (Technik): *Geschwindigkeit des Ausflusses* (1 b).
Aus|fluss|hahn, der: vgl. Ausflussöffnung.
Aus|fluss|loch, das: vgl. Ausflussöffnung.
Aus|fluss|men|ge, die (Technik): *Menge des Ausflusses* (1 b).
Aus|fluss|öff|nung, die: *Öffnung, durch die etw. ausfließen kann.*
Aus|fluss|rohr, das: vgl. Ausflussöffnung.
aus|fol|gen ⟨sw. V.; hat⟩ [zu veraltet folgen = folgen lassen, zuteilen] (bes. österr. Amtsspr.): *aushändigen, übergeben:* Zeschke ... erklärte, ohne Zustimmung des Hauptfeldwebels das Schriftstück nicht a. zu dürfen (Kuby, Sieg 361); eine Musterverordnung ..., die ... an Interessierte ausgefolgt wird (Vorarlberger Nachr. 25. 11. 68, 4).
Aus|fol|gung, die; -, -en (bes. österr. Amtsspr.): *das Ausfolgen, Ausgefolgtwerden.*
♦ **Aus|for|de|rer,** der; -s, -: *Herausforderer* (a): Darf ich den Namen dieses seltsamen -s wissen (Schiller, Fiesco I, 8).
♦ **aus|for|dern** ⟨sw. V.; hat⟩: *herausfordern* (1 a): auch er ... würde gern ... seinen Nebenbuhler ausgefordert haben (Goethe, Lehrjahre II, 14).
♦ **Aus|for|de|rung,** die; -, -en: *Herausforderung* (1): dass dem andern nichts übrig blieb, als Hut und Stock zu ergreifen und beim Abschiede eine ziemlich unzweideutige A. zurückzulassen (Goethe, Dichtung u. Wahrheit 9).

♦ **Aus|för|de|rung,** die; -, -en [zu: ausfördern = fördern (2)]: *Förderung* (2): nachdem ich anfänglich bei der A. der losgehauenen Stufen in Körben angestellt war (Novalis, Heinrich 65).
aus|for|men ⟨sw. V.; hat⟩: **1. a)** *(eine weiche, formbare Masse) formen:* Wachs, Teig zu Klößen a.; **b)** *aus einer weichen, formbaren Masse formen:* Klöße, ein Tongefäß a. **2. a)** *einer Sache endgültige Form, Gestalt geben:* einen Text, ein Kunstwerk a.; **b)** ⟨a. + sich⟩ *bestimmte Form, Gestalt gewinnen, zu etw. Bestimmtem werden:* Der marxsche Ideologiebegriff wurde in sich selbst ideologisch, indem er sich zum Instrument der Selbstverständigung einer revolutionären Gruppe ausformte (Fraenkel, Staat 139).
aus|for|mu|lie|ren ⟨sw. V.; hat⟩: *(seine Gedanken, Vorstellungen, einen Text o. Ä.) bis ins Einzelne formulieren; sprachlich ausarbeiten, in eine sprachliche Form bringen:* seine Gedanken, Auffassungen a.; ein Referat aufgrund von Stichworten a.; ohnehin schon im Vorteil durch seinen ausformulierten Fragenkatalog (Sprache 35, 1970, 196).
Aus|for|mu|lie|rung, die; -, -en: **1.** *das Ausformulieren.* **2.** *ausformulierter Text.*
Aus|for|mung, die; -, -en: **1.** *das Ausformen.* **2.** *Form, Gestalt:* In beiden -en verliert der Ideologiebegriff sein rationales, kritisches Element (Fraenkel, Staat 140).
aus|for|schen ⟨sw. V.; hat⟩: **1.** *eingehend, bis ins Einzelne über jmdn. od. etw. befragen; ausfragen:* er würde ... den Verbindungsmann ... über die Hafen- und Transportverhältnisse a. (Andersch, Sansibar 25). **2.** *durch eifriges Nachforschen herausfinden, erkunden; erforschen:* jmds. Versteck a.; Es geht ... darum, die allgemeineren Grundlagen auszuforschen (Sprache 25, 1968, 43). **3.** (österr. Amtsspr.) *ausfindig machen:* die Wilderer wurden aufgrund ihres Autokennzeichens ausgeforscht (Sonntagspost 3. 12. 67, 10).
Aus|for|schung, die; -, -en: **1.** *das Ausforschen* (1, 2). **2.** (österr. Amtsspr.) *[polizeiliche] Ermittlung.*
aus|frach|ten ⟨sw. V.; hat⟩ (Seew.): *(Frachtgut) ausladen:* Container a.
Aus|frach|tung, die; -, -en (Seew.): *das Ausfrachten.*
aus|fra|gen ⟨sw. V.; hat⟩: **a)** *durch gezieltes Fragen von jmdm. zu erfahren suchen, aushorchen:* lass dich nicht von ihm a.!; jmdn. nach einem Sachverhalt, über eine Person, wegen einer Angelegenheit a.; Er stutzte und fragte ihn argwöhnisch aus (Langgässer, Siegel 198); R so fragt man die Leute aus (ich lasse mich nicht ausfragen; als Antwort auf jmds. als zu dreist empfundenes Fragen); **b)** *aufhören zu fragen* ⟨meist in einer zusammengesetzten Zeitform⟩: hast du bald ausgefragt?
Aus|fra|ger, der; -s, -: *jmd., der einen anderen ausfragt.*
Aus|fra|ge|rei, die; -, -en (ugs. abwertend): *beständiges, als lästig empfundenes Ausfragen:* So hat sie den Verhören standgehalten ... und den törichten -en

des Neugierigen (Werfel, Bernadette 434).
Aus|fra|ge|rin, die; -, -nen: w. Form zu ↑Ausfrager.
aus|fran|sen ⟨sw. V.⟩: **a)** *(von Textilien, bes. Kleidungsstücken) sich an den Rändern in Fasern auflösen, ausfasern* ⟨ist⟩: die Ärmel fransen aus; in ausgefransten Hosen herumlaufen; ⟨auch a. + sich; hat:⟩ der Teppich hat sich ausgefranst; **b)** *(ein Gewebe) am Rand durch Ausziehen der Schussfäden mit Fransen versehen* ⟨hat⟩: eine Tischdecke rundum a.; Ü Die roten Flecken ... fransten den Himmel aus (Flammen schlugen zum Himmel u. lösten für das Auge den Horizont auf; Plievier, Stalingrad 16).
aus|frä|sen ⟨sw. V.; hat⟩ (Technik): **a)** *mit der Fräse beseitigen:* Unebenheiten an einem Werkstück a.; **b)** *durch Fräsen glätten:* ein Werkstück a.
Aus|frä|sung, die; -, -en: *das Ausfräsen.*
aus|frat|scheln ⟨sw. V.; hat⟩ [↑fratscheln] (österr. ugs.): *indiskret ausfragen:* lass dich nicht a.!
aus|fres|sen ⟨st. V.; hat⟩: **1. a)** *(Futter) aus etw. fressend herausholen:* die Vögel haben die Körner [aus dem Futternapf] ausgefressen; **b)** *(ein Gefäß, eine Frucht u. a.) leer fressen:* den Trog a.; sie ... trug das Ei ... an eine sichere Stelle ... und fraß es vorsichtig aus (Lorenz, Verhalten I, 49); (derb in Bezug auf Menschen:) er hat die ganze Schüssel [Pudding] ausgefressen; **c)** *zu Ende fressen* ⟨meist in einer zusammengesetzten Zeitform⟩: die Pferde haben noch nicht ausgefressen. **2.** *(von Wasser) auswaschen, durch Unterspülen zerstören:* das Wasser hat die Ufer über weite Strecken ausgefressen. **3.** (salopp) *die Folgen tragen müssen für etw., was jmd. selbst od. häufiger ein anderer verschuldet; ausbaden müssen:* was der Junker versaut, muss der Jude a. (Tucholsky, Werke I, 423). **4.** (ugs.) *etw. Unrechtes, Strafbares o. Ä. tun:* hat er was ausgefressen?; Noch niemals hat sich ein Täter durch angedrohte Strafen abhalten lassen, etwas auszufressen (Tucholsky, Werke I, 406).
aus|frie|ren ⟨st. V.⟩: **1.** (Landw.) *durch Frost zugrunde gehen, erfrieren, auswintern* ⟨ist⟩: die Saat ist in dem kalten Winter fast ganz ausgefroren. **2.** *(von Gewässern) bis zum Grunde frieren* ⟨ist⟩: der See ist bei der Kälte ausgefroren. **3.** (landsch.) *durch u. durch frieren* ⟨im 2. Part. häufig in Verbindung mit »sein«⟩: sie waren ganz ausgefroren, kamen ganz ausgefroren (durchgefroren) nach Hause. **4.** (Technik) *einen Stoff durch Kälteeinwirkung in einen festen Aggregatzustand überführen, um ihn so von Stoffen mit anderem Gefrierpunkt zu trennen* ⟨hat⟩: werden Wachs und weitere Nebenstoffe bei minus 30 Grad ausgefroren (MM 29. 1. 66, 6).
aus|fu|gen ⟨sw. V.; hat⟩ (Bauw.): *(bei einer Ziegelmauer o. Ä.) die Fugen ausfüllen, verfugen:* die Mauer muss noch ausgefugt werden; Steine mit Lehm a.
Aus|fu|gung, die; -, -en (Bauw.): *das Ausfugen.*
Aus|fuhr, die; -, -en: **a)** ⟨o. Pl.⟩ *das Aus-*

Ausfuhrartikel

führen (2), *Exportieren,* ¹*Export* (1): die A. von Weizen; die A. fördern, drosseln; **b)** *das Ausgeführte, Menge an ausgeführten Waren;* ¹*Export* (2): die A. steigern; von der A. abhängig sein; die -en nach Übersee.
Aus|fuhr|ar|ti|kel, der: *Artikel, der ausgeführt wird.*
aus|führ|bar ⟨Adj.⟩: **1.** *durchführbar; geeignet, verwirklicht zu werden:* er hält den Plan nicht für a. **2.** *für die Ausfuhr, den* ¹*Export geeignet:* diese leicht verderblichen Produkte sind nicht a.
Aus|führ|bar|keit, die: *das Ausführbarsein* (1).
Aus|fuhr|be|schrän|kung, die: *Beschränkung der Ausfuhr* (a).
Aus|fuhr|be|stim|mung, die ⟨meist Pl.⟩: *die Ausfuhr* (a) *regelnde Bestimmung* (1 b).
Aus|fuhr|be|wil|li|gung, die: *Ausfuhrgenehmigung.*
Aus|fuhr|bürg|schaft, die: *staatliche Bürgschaft für Exportgeschäfte von Privaten mit anderen Staaten od. Körperschaften.*
aus|füh|ren ⟨sw. V.; hat⟩: **1. a)** *ins Freie führen, spazieren führen:* einen Kranken, Blinden a.; sie führt morgens und abends ihren Hund aus; **b)** *zum Ausgehen* (1 b) *einladen; mit jmdm. ausgehen* (1 b): sich gerne a. lassen; Lerne erst genug Geld zu verdienen, damit du eine Dame standesgemäß a. kannst (Remarque, Obelisk 57); die Eltern führen ihre Töchter aus; **c)** (ugs. scherzh.) *(ein [neues] Kleidungsstück) in der Öffentlichkeit tragen, sich damit sehen lassen:* sie wollte sofort das neue Kleid a. **2.** *Waren ins Ausland verkaufen; exportieren:* Getreide, Südfrüchte a. **3. a)** *verwirklichen, realisieren:* ein Vorhaben a.; einen Plan, der leider nur teilweise ausgeführt wurde; Damals wurde eine Aggression nicht unterdrückt, sondern ausgeführt (Freud, Unbehagen 172); **b)** *einen Auftrag gemäß tun, vollziehen:* einen Befehl, eine Order, eine übertragene Aufgabe a.; seine Dekrete werden buchstäblich ausgeführt werden (St. Zweig, Fouché 37); die ausführende Gewalt *(Exekutive);* **c)** *(eine bestimmte Arbeit) machen, erledigen:* eine Reparatur a.; alle Arbeiten zur vollen Zufriedenheit a. **4. a)** *in Einzelheiten ausarbeiten u. vollenden:* der Schluss des vierten Aktes ist von dem Dichter nicht ausgeführt worden; **b)** *in bestimmter Weise mit bestimmtem Material herstellen, gestalten:* ein Bild in Öl, in Wasserfarben a. **5.** *(eine bestimmte Bewegung o. Ä.) machen:* bestimmte Tanzschritte a.; (Fußball, Eishockey:) einen Freistoß, Strafstoß, Eckball a.; ... die (= Pferde) um ihn herum zu einer nachgiebigen Musik ihre Pas, Kniebeugen und Drehungen ausführten (Th. Mann, Krull 225). **6.** *mündlich od. schriftlich ausführlich erläutern, darlegen:* etw. umständlich, an zahlreichen Beispielen a.; Weitschweifig führte sie aus, wie der Pfarrer getötet wurde (Langgässer, Siegel 86). **7.** (landsch. scherzh.) *wegnehmen; (was einem anderen gehört) an sich bringen:* sie wollte mir meinen neuen Hut a.

Aus|füh|ren|de, der u. die; -n, -n ⟨meist Pl.; Dekl. ↑ Abgeordnete⟩: *(bei künstlerischen Veranstaltungen) der od. die Vortragende, Mitwirkende:* A.: das Amati-Ensemble.
Aus|füh|rer, der; -s, -: *Exporteur.*
Aus|füh|re|rin, die; -, -nen: w. Form zu ↑ Ausführer.
Aus|fuhr|er|laub|nis, die: *Ausfuhrgenehmigung.*
Aus|fuhr|fi|nan|zie|rung, die: *Finanzierung von Exportgeschäften durch Fremdkapital.*
Aus|fuhr|för|de|rung, die: *private u. staatliche Maßnahmen zur Steigerung der Ausfuhr.*
Aus|fuhr|ga|ran|tie, die: *staatliche Garantie für Exportgeschäfte von Privaten mit Privaten im Ausland.*
Aus|fuhr|ge|neh|mi|gung, die: *staatliche Genehmigung für die Ausfuhr von Waren, deren Ausfuhr Beschränkungen unterliegt.*
Aus|fuhr|gut, das ⟨meist Pl.⟩: *zum Export bestimmte Ware.*
Aus|fuhr|ha|fen, der: *Hafen, von dem aus Güter ausgeführt werden.*
Aus|fuhr|händ|ler, der: *Kaufmann, der Exportgeschäfte betreibt.*
Aus|fuhr|händ|le|rin, die: w. Form zu ↑ Ausfuhrhändler.
Aus|fuhr|kre|dit, der: *Kredit zur Finanzierung eines Exportgeschäfts.*
Aus|fuhr|land, das ⟨Pl. ...länder⟩: **1.** *Land, das bestimmte Waren ausführt.* **2.** *Land, in das bestimmte Waren eingeführt werden.*
aus|führ|lich [auch: -'--] ⟨Adj.⟩: *eingehend, in allen Einzelheiten, detailliert:* eine -e Darstellung, Beschreibung; die Zeit für -e Gespräche ... sei gekommen (Dönhoff, Ära 113); a. über etw. berichten; sie ... wuschen sich a. *(sorgfältig, umständlich)* die Hände (Frisch, Gantenbein 393).
Aus|führ|lich|keit [auch: -'---], die; -: *das Ausführlichsein.*
Aus|fuhr|lis|te, die: *gesetzlich festgelegte Liste von Waren, deren Ausfuhr genehmigungspflichtig ist.*
Aus|fuhr|li|zenz, die: *Ausfuhrgenehmigung.*
Aus|fuhr|prä|mie, die: *Exportprämie.*
Aus|fuhr|quo|te, die: *Exportquote.*
Aus|fuhr|sub|ven|ti|on, die: *Exportsubvention.*
Aus|fuhr|über|schuss, der: *Exportüberschuss.*
Aus|füh|rung, die; -, -en: **1.** ⟨o. Pl.⟩ **a)** *das Ausführen, Verwirklichen, Realisieren:* Schwierigkeiten, die sich uns bei der A. des Planes entgegenstellten (Th. Mann, Krull 284); etw. zur A. bringen (nachdrücklich; *etw. ausführen*); zur A. gelangen/kommen (nachdrücklich; *ausgeführt werden*); **b)** *das weisungsgemäße Ausführen; Vollzug:* die A. eines Befehls, eines Auftrags; **c)** *das Ausführen (einer Arbeit o. Ä.), Erledigung:* die A. der Reparatur nimmt mehrere Wochen in Anspruch. **2. a)** ⟨o. Pl.⟩ *Ausarbeitung, Vollendung:* die A. [der Skizzen] vornehmen; **b)** *Herstellungsart, Qualität, Ausstattung:* eine einfache, elegante A.; Ledertaschen in verschiedenen -en. **3.** ⟨o. Pl.⟩ *das Ausführen einer bestimmten Bewegung:* die exakte A. der Tanzschritte ist wichtig; (Fußball, Eishockey:) die A. eines Freistoßes. **4.** ⟨meist Pl.⟩ *Darlegung:* seine -en waren langweilig, nicht sehr überzeugend; Schließlich kam er zum Höhepunkt seiner -en (Kirst, 08/15, 169).
Aus|füh|rungs|art, die: *Art der Ausführung.*
Aus|füh|rungs|be|stim|mung, die ⟨meist Pl.⟩: *Gesetz, Rechtsverordnung od. Verwaltungsvorschrift, die Einzelheiten zu einer im Allgemeinen höherrangigen Rechtsnorm enthält.*
Aus|füh|rungs|ge|setz, das: *Gesetz, das Einzelheiten zu einem anderen Gesetz enthält; Durchführungsgesetz.*
Aus|füh|rungs|or|gan, das: *ausführendes Organ.*
Aus|füh|rungs|ver|ord|nung, die: *Rechtsverordnung, die Einzelheiten zu einem Gesetz enthält.*
Aus|füh|rungs|wei|se, die: *Ausführungsart.*
Aus|füh|rungs|zeich|nung, die (Archit.): *in Einzelheiten ausgearbeitete Zeichnung, nach der ein Bau ausgeführt werden kann.*
Aus|füh|rungs|zeit, die: *(nach REFA) für die Ausführung einer bestimmten Arbeit ermittelte Zeit.*
Aus|fuhr|ver|bot, das: *Verbot durch staatliche Organe, bestimmte Waren (in bestimmte Länder) auszuführen.*
Aus|fuhr|zoll, der: *auf ausgeführte Güter erhobener Zoll.*
aus|fül|len ⟨sw. V.; hat⟩: **1. a)** *(einen Hohlraum) mit etw. [ganz] füllen, zuschütten:* einen Graben [mit Steinen] a.; Die Augen waren noch nicht da, sie waren ausgefüllt mit Kalkstaub (Remarque, Funke 157); Ü Lücken in der Gesetzgebung a.; **b)** *(einen bestimmten begrenzten Raum) völlig einnehmen, beanspruchen:* die Tür füllte fast die Breite der Zelle aus; sie füllte den Stuhl mit ihrem gelblichen, fetten Körper aus (Rinser, Mitte 99); wenn jemand seine Kleidungsstücke nicht richtig ausfüllt (scherzh.; *wenn sie ihm zu weit sind;* Wohmann, Absicht 73); Ü Ein Mensch kann dieses Schema nicht a. (Lorenz, Verhalten I, 153). **2.** *(ein Formular, einen Vordruck o. Ä.) mit den erforderlichen Eintragungen versehen:* ein Formular, einen Scheck a.; füllen Sie bitte diesen Fragebogen aus!; und wäre es auch nur zur Unterhaltung, so wie man etwa Kreuzworträtsel ausfüllt (Frisch, Stiller 126). **3. a)** *(eine Zeitspanne) mit etw. zubringen, hinbringen, überbrücken:* eine Pause, Wartezeit, seine freie Zeit mit etw. a.; **b)** *(einen bestimmten Zeitraum) ganz beanspruchen, einnehmen:* Dies (= ein Gespräch) füllte ... die Zeit bis zu Frau Grünlichs Erscheinen aus (Th. Mann, Buddenbrooks 223); Indessen füllte dies Grübeln Goldmunds Tage nicht aus (Hesse, Narziß 52); Fressen, Saufen und die christliche Demokratie können auch ein Leben ausfüllen (Bieler, Bonifaz 144). **4.** *(ein Amt o. Ä.) in bestimmter Weise versehen:* seinen Posten

... füllte Willi nur sehr unzureichend aus (Schnurre, Bart 76). **5. a)** *(von einer Tätigkeit, Aufgabe o. Ä.) jmdn. innerlich befriedigen, ganz in Anspruch nehmen:* die Hausarbeit füllt sie nicht aus; Redseligen Senatorentöchtern muss man beizeiten einen Beruf verschaffen, der sie anderweitig ausfüllt (Erich Kästner, Schule 42); Wir waren so ausgefüllt vom Studium, dass uns als Freizeit nur noch der Sonnabendnachmittag und der Sonntag blieben (Leonhard, Revolution 177); **b)** *(von Vorstellungen, Gedanken u. Ä.) jmdn. völlig beherrschen:* der Gedanke an eine baldige Heimkehr füllte sie ganz aus; ganz ausgefüllt war sie von wirbelnder Verstörung (A. Zweig, Claudia 129).
Aus|füll|lung, die; - (seltener): *das Ausfüllen* (1–3).
aus|fut|tern: ↑ ¹ausfüttern (2).
¹aus|füt|tern ⟨sw. V.; hat⟩: **1. a)** *(ein Kleidungsstück o. Ä.) mit einem Innenfutter versehen:* der Mantel war mit Pelz ausgefüttert; **b)** *auskleiden, ausschlagen:* der Koffer ist [mit Stoff] ausgefüttert. **2.** (Bauw.) *(Hohl- od. Zwischenräume bei zusammengehörenden Teilen eines Bauwerks) ausfüllen:* die Hohlräume müssen noch ausgefüttert werden.
²aus|füt|tern ⟨sw. V.; hat⟩: *ein Tier reichlich mit ¹Futter versorgen:* das Vieh a.; er hat seine Tiere gut ausgefüttert; Ü (scherzh.:) in den Ferien sind die Kinder bei den Großeltern [ordentlich] ausgefüttert worden.
¹Aus|füt|te|rung, die; -: *das ¹Ausfüttern.*
²Aus|füt|te|rung, die; -: *das ²Ausfüttern.*
Ausg. = Ausgabe (4, 5 a).
Aus|ga|be, die; -, -n: **1.** ⟨o. Pl.⟩ **a)** *das Ausgeben, Verteilen, Austeilen von etw.:* die A. des Essens, des Proviants; **b)** *das Aushändigen von etw.:* die A. der Bücher, der Post; **c)** (Bankw., Postw.) *das Ausgeben (Verkauf, Emission) von Wertpapieren, Aktien, Briefmarken o. Ä.:* Durch A. von Volksaktien ... sollen weite Kreise der Bevölkerung ... Gelegenheit zur Bildung von Eigentum erhalten (Fraenkel, Staat 311); **d)** (Bankw.) *(von Banknoten o. Ä.) das Ausgeben, In-Umlauf-Bringen:* die A. neuer Fünfmarkstücke; **e)** *das Bekanntgeben, Verkünden von etw.:* die A. eines Befehls, einer Losung. **2.** *Ort, Stelle, wo etw. ausgegeben, ausgehändigt wird, Ausgabeschalter:* die A. ist heute geschlossen. **3.** ⟨meist Pl.⟩ *Geldausgabe, aufzuwendende Geldsumme:* abzugsfähige, laufende, ungewöhnliche -n; Ich nehme an, dass er ... gezwungen war, seine -n genau zu begrenzen (Nossack, Begegnung 65). **4. a)** *(von einem Druckwerk o. Ä.) Form der Veröffentlichung; Edition:* eine gebundene, broschierte, kommentierte A.; eine A. erster, letzter Hand (die erste, letzte vom Autor selbst betreute Ausgabe eines Werkes); **b)** (selten) *Auflage* (1 a): die neueste A. des Wörterbuchs. **5. a)** *zu einem bestimmten Zeitpunkt erscheinende Nummer od. Folge einer Zeitung od. Zeitschrift:* Die veralteten, nachgesandten -n des »Beobachters« hatten recht behalten (Klepper, Kahn 61); **b)** *(bei Rundfunk u. Fernsehen) zu einem bestimmten Zeitpunkt gesendete od. aus-

gestrahlte Sendung:* die letzte A. der Tagesschau kommt heute um 0.45 Uhr. **6.** *Ausführung; Form, in der etw. hergestellt wird:* Nur 7,5 Prozent der 17-M-Käufer entschieden sich ... für die viertürige A. (auto 8, 1965, 33); Ü kohlmeisengroße -n unserer Nonnenmeise (Kosmos 3, 1965, 122). **7.** (EDV) *Arbeitsergebnis eines Rechners, Output* (2).
Aus|ga|be|be|leg, der: *Beleg über einen ausgegebenen Geldbetrag:* Jeder A. aus dem Titel 300 werde dem Bundesrechnungshof-Präsidenten vorgelegt (Spiegel 48, 1965, 43).
Aus|ga|be|buch, das: ↑ Ausgabenbuch.
aus|ga|be|freu|dig ⟨Adj.⟩: *zu Geldausgaben stets geneigt:* Den Gefahren, die von den Kreditbedürfnissen eines -en Staates ausgehen können, sucht man ... zu begegnen (Fraenkel, Staat 365).
Aus|ga|be|ge|rät, das (EDV): *peripheres* (3) *Gerät, das Daten ausgibt* (1 f); (z. B. Monitor, Drucker).
Aus|ga|be|ge|schwin|dig|keit, die (EDV): *Geschwindigkeit, mit der Zeichen auf einem peripheren* (3) *Gerät ausgegeben werden.*
Aus|ga|be|kurs, der (Bankw.): *Kurs, zu dem ein Wertpapier ausgegeben wird:* Konnte man vor nicht langer Zeit vor kurzem noch Darlehen zu 6 ¹/₂ Prozent und etwa 95 Prozent A. bekommen (Welt 20. 8. 65, 11).
Aus|ga|ben|be|leg, der: ↑ Ausgabebeleg.
Aus|ga|ben|buch, das: *Buch, in das Geldausgaben eingetragen werden.*
Aus|ga|ben|flut, die ⟨o. Pl.⟩: *Häufung von Geldausgaben in denen (= Jahren) ...* die A. sich beinahe der Kontrolle zu entziehen drohte (Bundestag 188, 1968, 10 167).
Aus|ga|ben|po|li|tik, die ⟨o. Pl.⟩: *die staatlichen Ausgaben betreffende Politik:* hat sich die Zurückhaltung der staatlichen A. in der Hochkonjunktur als politisch schwer durchführbar erwiesen (Fraenkel, Staat 96).
aus|ga|ben|wirk|sam ⟨Adj.⟩: *die Ausgaben [des Staates] beeinflussend:* Dies gilt auch für inflationelle Entwicklungen, die -e Programme unmöglich machen (Stamokap 39).
◆ **Aus|ga|be|post,** die [2. Bestandteil ältere Nebenf. von ↑ Posten (3)]: *als Ausgabe verbuchter Posten* (3 b): in den Büchern meines Großvaters läuft ... eine jährliche A.: zehn Pfund Tabak und ein Gewandstück für den armen Krischan Möller (Storm, Söhne 34).
Aus|ga|be|preis, der (Bankw.): *Ausgabekurs.*
Aus|ga|be|schal|ter, der: *Schalter, an dem etw. ausgegeben wird.*
Aus|ga|be|stel|le, die: *Stelle, Ort, wo etw. ausgegeben wird.*
Aus|ga|be|ter|min, der: *Termin, zu dem etw. ausgegeben wird.*
Aus|ga|be|wert, der ⟨o. Pl.⟩ (Bankw.): *durch den Ausgabekurs bestimmter Wert eines Wertpapiers.*
aus|ga|be|wirk|sam ⟨Adj.⟩: ↑ ausgabenwirksam: Bevor -e oder einnahmemindernde Beschlüsse gefasst werden (Bundestag 190, 1968, 10315).

Aus|gang, der; -[e]s, Ausgänge: **1. a)** *das Hinausgehen, Verlassen des Hauses; Spaziergang:* es war der erste A. für den Rekonvaleszenten; Wenn wir unsere Ausgänge in die Stadt unternahmen (Musil, Mann 1242); **b)** *(von Hausangestellten u. Soldaten) freier Tag; Erlaubnis zum Ausgehen* (1): Seine Uhr zeigte eins, und er hatte bis sechs A. (Böll, Adam 54). **2. a)** *Tür, Öffnung, durch die jmd. hinausgehen, ein Gebäude, einen Raum verlassen kann:* den A. suchen; das Gebäude hat mehrere Ausgänge; am A. warten; die Leute keilten ihn beiseite ... und gingen auf den A. zu (Bieler, Bonifaz 107); **b)** *Stelle am Rand eines [Orts]bereichs, wo der Weg wieder aus diesem hinausführt:* sie wohnen am A. des Dorfes, des Waldes; **c)** *Öffnung an einem Organ, durch die etw. austreten kann:* ein Abszess am A. des Magens, des Darmes; bei der Operation wurde ein künstlicher A. (Darmausgang) geschaffen. **3. a)** *(von einem größeren Zeitraum, einer Epoche) Ende:* die Askese des Mittelalters wurde ... nie ernster erlebt als hier am A. der Renaissance (Schneider, Leiden 51); **b)** *Ende, Ergebnis eines Vorgangs:* der A. des Krieges, des Prozesses, der Verhandlungen war ungewiss; ein glücklicher, unerwarteter A. des Unternehmens; nur zwei Unfälle ..., davon nur einer mit tödlichem A. (Feuchtwanger, Erfolg 300); **c)** *(von einer Zeile, einem Vers u. Ä.) Ende, Schluss:* der A. der Zeile, des Wortes (Wortauslaut). **4.** ⟨o. Pl.⟩ *Anfang, Ausgangspunkt:* sie kehrten an den A. ihres Gesprächs zurück; seinen A. von etw. nehmen *(von etw. ausgehen);* die Fleischergasse, von der einst der Bau der Judenstadt seinen A. genommen hatte (Buber, Gog 104). **5.** (Bürow.) **a)** ⟨o. Pl.⟩ *(von Post o. Ä.) das Abschicken:* einen Stoß Briefe, die ich ... fertig gemacht hatte zum A. (Gaiser, Schlußball 51); **b)** ⟨meist Pl.⟩ *zum Abschicken vorbereitete Post o. Ä.:* die Ausgänge fertig machen, erledigen.
aus|gangs: I. ⟨Adv.⟩ *am Ausgang* (2 b), *am Rand:* Ausgangs von Hohenstein hatte seine Maschine einen Pleuelbruch (MM 14. 7. 69, 14). **II.** ⟨Präp. mit Gen.⟩ **a)** (räumlich) *am Ausgang* (2 b): a. des Dorfes; als Bandini mit dem zweiten Ferrari ihn a. einer Spitzkehre berührte (Frankenberg, Fahrer 138); **b)** (zeitlich) *am Ende:* ein ... Mann a. der Fünfziger (Ende Fünfzig; Fallada, Jeder 267).
Aus|gangs|ba|sis, die: *Grundlage, von der aus geht, auf der etw. aufbaut:* Wir haben jetzt wieder eine bereinigte A. gewonnen (Bundestag 188, 1968, 10166).
Aus|gangs|be|schrän|kung, die ⟨o. Pl.⟩ (Milit.): *Disziplinarstrafe, bei der zu bestimmter Zeit die Unterkunft nicht verlassen werden darf.*
Aus|gangs|fra|ge, die: *Frage, an die sich eine weitläufigere Erörterung anschließt:* Unsere A. ... führte zu einer Einzelarbeit (Meyer, Unterrichtsvorbereitung 87).
Aus|gangs|ge|schwin|dig|keit, die: *Anfangsgeschwindigkeit.*
Aus|gangs|ge|stein, das (Geol.): *Gestein, aus dem ein Boden entsteht.*

Ausgangslage

Aus|gangs|la|ge, die: *Lage, Situation, die am Beginn von etw. besteht:* Sie sind in einer günstigeren A., Herr Leutnant (Kuby, Sieg 293).
Aus|gangs|ma|te|ri|al, das: *Material, das als Grundlage für die Herstellung eines Produkts, für die Erabeitung einer Konzeption o. Ä. verwendet wird:* Dient heute Papier als der Stoff, aus dem die Wandschmuck ist, so war bis in die Zeit der spanischen Weltherrschaft das Leder junger Ziegen und Schafe das A. (Zeit 26. 3. 98, 59).
Aus|gangs|po|si|ti|on, die: *Situation, Position am Beginn von etw.:* Die Partei hatte ... eine glänzende A. (Augstein, Spiegelungen 26).
Aus|gangs|pro|dukt, das: vgl. Ausgangsstoff.
Aus|gangs|punkt, der: **a)** *Stelle, Ort, von wo aus etw. seinen Ausgang nimmt, wo etw. beginnt:* der A. ihrer Reise; Ferngesteuert fuhr er ... und kehrte wieder zu seinem A. zurück (Menzel, Herren 12); **b)** *Ursprung, Grundlage für die Entstehung, Entwicklung von etw.:* der A. eines Gesprächs; Ebenso haben ... der soziale Wohnungsbau, die Gesetzgebung für Flüchtlinge ... ihren A. in der durch den Krieg hervorgerufenen Notlage (Fraenkel, Staat 317); ist der Begriff der Nation zum A. einer geschichtlich-politischen Entwicklung geworden (Fraenkel, Staat 210).
Aus|gangs|sper|re, die (bes. Milit.): *Verbot, zu bestimmten Zeiten auszugehen, das Haus, die Kaserne zu verlassen.*
Aus|gangs|spra|che, die (Sprachw.): **1.** *Sprache, aus der übersetzt wird.* **2.** *Sprache des Muttersprachlers im Hinblick auf eine Zielsprache* (2).
Aus|gangs|stel|le, die: *Stelle, Ort, von wo etw. ausgeht:* eine Leistung, die ... mit der Lokalisation dieser Reize an eine gemeinsame A. im Raume zusammenhängt (Lorenz, Verhalten I, 116).
Aus|gangs|stel|lung, die: **1.** (Sport) *Stellung des Körpers, von der aus eine Übung erfolgt:* in A. gehen. **2.** (Milit.) *Stellung* (6), *von der aus angegriffen wird.*
Aus|gangs|stoff, der: *Stoff, Material als Grundlage für ein bestimmtes Produkt.*
Aus|gangs|tür, die: *Tür, die als Ausgang dient.*
Aus|gangs|ver|bot, das: *Ausgangssperre.*
Aus|gangs|wert, der (Steuerw.): *Wert, von dem bei der Ermittlung eines Grundstückswertes ausgegangen wird.*
Aus|gangs|zei|le, die (Druckw.): *letzte, nicht bis zum Ende gefüllte Zeile eines Absatzes.*
Aus|gangs|zu|stand, der: *ursprünglicher Zustand am Beginn einer Entwicklung:* dass nach Möglichkeit der A. durch Heilungsprozesse wieder hergestellt werden kann (Medizin II, 170).
aus|gä|ren ⟨sw. u. st. V.; gärte/(auch:) gor aus, hat/ist ausgegärt/(auch:) ausgegoren⟩: *zu Ende gären, aufhören zu gären:* der Wein hat/ist ausgegärt, ausgegoren; noch nicht ausgegorener Most; Ü meine inzwischen zur vollen Reife ausgegorenen (inzwischen ausgereiften) Pläne (Habe, Namen 214).
Aus|gä|rung, die; -, -en: *das Ausgären.*
aus|ga|sen ⟨sw. V.⟩: **1.** *(einen Raum) mithilfe von Gas desinfizieren od. von Ungeziefer befreien* ⟨hat⟩: Stallungen, Krankenzimmer a. **2. a)** *(von festen od. flüssigen Stoffen) Gas austreten lassen* ⟨hat⟩: Metalle gasen bei so geringen Drücken aus (MM 22. 7. 70, 3); Kohle gast aus (Bergbau; *lässt Grubengas austreten*); Zieges Kopfschmerzen aus ... auf ausgasende Holzschutzmittel zurückzuführen (Spiegel 24, 1989, 62); **b)** *in Gasform aus etw. austreten* ⟨ist⟩: die Frage der Abfuhr des Heliums ... aus dem Brennraum sowie die Verunreinigung des Plasmas durch Teilchen, die aus den umgebenden Wänden ausgasen und zur Instabilität des Plasmas beitragen (Welt 4. 10. 89, 25).
Aus|ga|sung, die; -, -en: *das Ausgasen.*
♦ **aus|gat|tern** ⟨sw. V.⟩: [eigtl. = *durch ein Gatter erspähen*]: *auskundschaften:* Der Patriarch ... hat ausgegattert, wie die Feste sich nennt (Lessing, Nathan I, 5).
aus|ge|apert: ↑ ausapern.
aus|ge|ar|bei|tet: ↑ ausarbeiten (1 b).
aus|ge|ba|cken: ↑ ausbacken (2 a).
aus|ge|baut: ↑ ausbauen (1–3).
aus|ge|ben ⟨st. V.; hat⟩: **1. a)** *(in offizieller Funktion) verteilen, austeilen:* Verpflegung, Proviant a.; Das Stroh wird nur alle vier Wochen gewechselt ... Decken werden nicht ausgegeben (Mostar, Unschuldig 37); **b)** *(an zuständiger Stelle) aushändigen:* die Fahrkarten, die Bücher werden am Schalter ausgegeben; **c)** (Bankw., Postw.) *(Aktien, Briefmarken o. Ä.) zum Kauf anbieten:* die Gesellschaft gibt neue Aktien aus; **d)** (Bankw.) *(neue Banknoten, Geldstücke) in Umlauf bringen:* neue Fünfmarkstücke a.; **e)** (bes. Milit.) *(in offizieller Funktion) bekannt geben, verkünden, erlassen:* einen Befehl a.; vielleicht hatte General a. D. Heyne diese Parole ausgegeben (Ott, Haie 143); **f)** (EDV) *(einen Output) ausdrucken, gedruckt wiedergeben:* der Computer gibt einen Text aus. **2. a)** *(Geld) für etw. verbrauchen, aufwenden:* er hat sein ganzes Geld ausgegeben; Die Kaiserin selbst hat ein Vermögen dafür ausgegeben (Thieß, Reich 641); sie gibt gerne Geld aus *(ist verschwenderisch);* wie viel hast du für die Ausrüstung ausgegeben *(bezahlen müssen)?;* **b)** (ugs.) *(jmdm., einer Gruppe von Personen) spendieren:* [für die Kollegen] eine Runde, eine Lage Bier a.; * **einen a.** (ugs.; *eine Runde 4* spendieren): Natürlich muss ich in der Kantine einen a. (Remarque, Westen 110). **3.** ⟨a. + sich⟩ *sich kräftemäßig verausgaben, seine Kräfte völlig verbrauchen:* du hast dich bei dieser Arbeit völlig ausgegeben; Er (= *ein Läufer*) gab sich wahrscheinlich nicht völlig aus, wie er merkte, dass sein gefährlichster Gegner sechzig oder achtzig Meter hinter ihm lag (Lenz, Brot 110). **4.** *fälschlich als jmdn., etw. bezeichnen; behaupten, jmd. od. etw. Bestimmtes zu sein:* du gibst dich für seinen Freund aus; eine Weibsperson ..., die sich für die Frau meines Sohnes ausgibt (Fallada, Herr 198); Erfindungen seiner Fantasie gab er als Tatsachen aus (Niekisch, Leben 295). **5.** (landsch.) **a)** *(in bestimmter Weise) ergiebig sein, (eine bestimmte Menge o. Ä.) ergeben:* der Teig, die Wolle gibt viel, wenig aus; **b)** *einen bestimmten Ertrag geben, bringen:* der Acker hat wenig ausgegeben. **6.** (landsch.) *zur Bearbeitung weggeben, außer Hause arbeiten, fertigen lassen:* die Wäsche a.; sie gibt viele Arbeiten aus.
aus|ge|beult: ↑ ausbeulen.
Aus|ge|beu|te|te, der u. die; -n, -n ⟨Dekl. ↑ Abgeordnete⟩: *jmd., der ausgebeutet wird.*
aus|ge|bis|sen: ↑ ausbeißen.
aus|ge|blasst: ↑ ausblassen.
aus|ge|bleicht: ↑ [1, 2]ausbleichen.
aus|ge|bli|chen: ↑ [1]ausbleichen.
aus|ge|blu|tet: ↑ ausbluten.
aus|ge|bogt: ↑ ausbogen.
aus|ge|bombt: ↑ ausbomben.
Aus|ge|bomb|te, der u. die; -n, -n ⟨Dekl. ↑ Abgeordnete⟩: *jmd., der ausgebombt wurde:* Wir sprechen mit ... -n ... Alle behaupten: »Wir werden siegen ...« (K. Mann, Wendepunkt 344).
Aus|ge|bot, das; -[e]s, -e: *Ausbietung.*
aus|ge|brannt: ↑ ausbrennen (7).
aus|ge|bra|ten: ↑ ausbraten.
aus|ge|brö|selt ⟨Adj.⟩: *mit Bröseln ausgestreut:* eine -e Kuchenform.
aus|ge|bucht: ↑ ausbuchen (1).
aus|ge|buch|tet: ↑ ausbuchten (2).
aus|ge|bufft [zu landsch. buffen = stoßen, schlagen, Nebenf. von ↑ puffen, eigtl. = durch Schläge, Püffe erfahren, gewitzt] (salopp, häufig abwertend): **1.** *(in einem bestimmten Bereich) erfahren u. trickreich, mit Raffinesse vorgehend, clever:* in -er Geschäftsmann; das Durchschnittsalter ... »liegt bei 23«, aber es sind »auch ein paar -e Jungs« dabei (Spiegel 47, 1965, 74). **2.** *erledigt, abgetan:* Pornowelle in ihren letzten Zuckungen, sozusagen abgeschlafft und a. (MM 13. 3. 71, 5).
Aus|ge|buff|te, der u. die; -n, -n ⟨Dekl. ↑ Abgeordnete⟩: *jmd., der ausgebufft ist:* das ist ein ganz -r.
Aus|ge|burt, die; -, -en (geh. abwertend): **a)** *[üble] Hervorbringung,* Auswuchs: die -en des menschlichen Geistes sind: Hass, Neid, Machtstreben (Dönhoff, Ära 87); **b)** *jmd., der etw. Negatives, eine negative Eigenschaft in besonders ausgeprägter Form verkörpert; Ausbund:* Seine Lore, diese A. von Faulheit und Borniertheit (Kirst, 08/15, 562).
aus|ge|dacht: ↑ ausdenken.
aus|ge|dehnt: ↑ ausdehnen (3 a, 4).
aus|ge|dient: ↑ ausdienen.
Aus|ge|din|ge, das; -s, - (seltener:) **Aus|ge|ding,** das; -[e]s, -e [zu ↑ Gedinge] (landsch.): *Altenteil (bes. eines Bauern):* er hat sich auf sein, ins A. zurückgezogen.
Aus|ge|din|ger, der; -s, - (landsch.): *jmd., der auf dem Ausgedinge lebt.*
Aus|ge|din|ge|rin, die; -, -nen: w. Form zu ↑ Ausgedinger: er ... hat sechs Raubmorde verübt, alle an alten Frauen, (Kisch, Reporter 284).

aus|ge|druckt: ↑ausdrucken.
aus|ge|fah|ren: ↑ausfahren (7).
aus|ge|fal|len ⟨Adj.⟩ [eigtl. = aus dem Üblichen herausgefallen]: *ungewöhnlich, nicht alltäglich, extravagant:* ein -es Muster; Kätta wollte mit diesem -en Geschmack auf meinen Geschmack ... erzieherisch wirken (Andres, Liebesschaukel 80); ihr Geschmack ist etwas a.; Ist es nicht zum Verrücktwerden, wenn man die Verteilung von Leidenschaft und Schläfrigkeit in dieser -en Welt beobachtet (Thielicke, Ich glaube 142).
aus|ge|fa|sert: ↑ausfasern.
aus|ge|fe|dert: ↑ausfedern.
aus|ge|feilt: ↑ausfeilen (2).
aus|ge|feimt: *abgefeimt.*
aus|ge|flippt: ↑ausflippen.
Aus|ge|flipp|te, der u. die; -n, -n ⟨Dekl. ↑Abgeordnete⟩: *jmd., der ausgeflippt ist:* Père Christian, 69, der in seiner Barackensiedlung ... Obdachlosen und -n Zuflucht bietet (Spiegel 14, 1974, 176).
aus|ge|franst: ↑ausfransen.
aus|ge|fuchst [zu Fuchs = angehender Student] (ugs.): *(in einem bestimmten Bereich) sehr erfahren u. trickreich:* Der ... Trick -er Autofahrer besteht darin, Regenwasser ... einzufüllen (auto 8, 1965, 19); Ü das Ergebnis ... unserer -en *(bis ins Einzelne ausgearbeiteten) Test-*methoden (ADAC-Motorwelt 7, 1983, 20).
aus|ge|füllt: ↑ausfüllen (5 a).
aus|ge|gli|chen ⟨Adj.⟩: **a)** *harmonisch, in sich ruhend, gelassen:* ein -er Mensch; jetzt kommst du mir viel -er vor (Grass, Hundejahre 539); **b)** *gleichmäßig, frei von Schwankungen:* Der Strauch ist ... an ein -es Klima gebunden (Kosmos 3, 1965, 108); Die Handelsbilanz ist ... relativ a. geblieben (Bundestag 189, 1968, 10 239); die Mannschaft ist ein -es *(auf allen Positionen gleich gut besetztes) Team;* Nach einer -en ersten Runde *(nach einer Runde ohne Vorteil für die eine od. die andere Mannschaft, den einen od. den anderen Spieler)* geriet Koschemann ins Hintertreffen (Welt 26. 5. 65, 22).
Aus|ge|gli|chen|heit, die; -: *das Ausgeglichensein.*
aus|ge|glüht: ↑ausglühen.
aus|ge|go|ren: ↑ausgären.
Aus|geh|an|zug, der (bes. Milit.): *Anzug, der für den Ausgang u. den Urlaub bestimmt ist:* Er hatte den A. angezogen; seine Bügelfalte erregte Aufsehen, und seine Schuhe glänzten (Kirst, 08/15, 209); da ich unmöglich die zu meinem A. gehörige (= Hose) bei der Arbeit abnützen durfte (Th. Mann, Krull 234).
aus|geh|be|reit ⟨Adj.⟩: *bereit, fertig zum Ausgehen.*
aus|ge|hen ⟨unr. V.; ist⟩: **1. a)** *(zu einem bestimmten Zweck, mit einer bestimmten Absicht) die Wohnung verlassen, aus dem Haus gehen:* sie war ausgegangen, um einen Besuch, um Einkäufe zu machen; **b)** *(zum Vergnügen, zum Essen, Tanzen u. Ä.) ein Lokal o. Ä. aufsuchen:* häufig, selten, sonntags a.; wir gehen ganz groß aus; ⟨subst.:⟩ sich zum Ausgehen anziehen. **2.** *von einer bestimmten Stelle seinen Aus-*

gang nehmen, abgehen, abzweigen: von diesem Knotenpunkt gehen mehrere Fernstraßen aus. **3.** *(von Postsendungen) abgeschickt werden:* die aus- und eingehende Post; Herr von Balk hatte die Einladungen a. lassen *(hatte veranlasst, dass sie abgeschickt wurden;* Wiechert, Jeromin-Kinder 710). **4. a)** *von jmdm. herrühren, vorgebracht, geäußert, vorgeschlagen werden:* ich weiß nicht, ob der Wunsch von ihm ausging; die Anregung geht vom Minister aus; **b)** *ausgestrahlt, hervorgebracht werden:* Ruhe, Sicherheit, ein bestimmtes Fluidum geht von jmdm. aus; geht von seiner Person ein wahrnehmbarer Glanz aus (Nigg, Wiederkehr 196). **5.** *zum Ausgangspunkt nehmen, etw. zugrunde legen:* du gehst von falschen Voraussetzungen aus; gehen wir einmal davon aus, dass er im Recht ist; ich gehe davon aus *(nehme als sicher an, bin davon überzeugt),* dass die Tarifparteien sich bald einigen werden. **6.** *sich aus etw. zum Ziel setzen, es auf etw. absehen:* auf Gewinn, Betrug a.; Drahtzieher ..., die geflissentlich darauf ausgehen, das Verhältnis ... zu verschlechtern (Dönhoff, Ära 134); Unter dem Mantel von Treue und Tugend wird ... auf Eroberungen ausgegangen (Hörzu 18, 1973, 61). **7. a)** *in bestimmter Weise enden:* das kann nicht gut a.; der Autounfall hätte schlimmer a. können; **b)** (landsch.) *aufhören, zu Ende gehen:* die Schule geht um 12 Uhr aus; das Theater war spät ausgegangen; **c)** (Sprachw.) *(auf einen bestimmten Buchstaben, eine bestimmte Silbe o. Ä.) enden:* auf einen Vokal a.; Namen, die alle auf »hippos«, »Pferd«, ausgehen (Th. Mann, Krull 306); **d)** (selten) *in etw. übergehen, auslaufen:* das Muster geht am Rand in Bogen aus. **8.** *(von etw., was in bestimmter Menge vorhanden ist) sich erschöpfen, zu Ende gehen, schwinden:* die Vorräte sind ausgegangen; das Geld ging uns aus; Ü allmählich geht mir die Geduld aus. **9.** *sich aus einem organischen Zusammenhalt lösen, ausfallen:* die Zähne, Federn gehen aus; die Haare gehen ihm aus. **10.** (ugs.) *sich in bestimmter Weise ausziehen lassen:* die nassen Handschuhe gingen schwer aus. **11. a)** *aufhören zu brennen, zu leuchten; erlöschen:* das Licht, die Lampe ging aus; Michael ließ die trübe Funzel a. (Grzimek, Serengeti 128); die Pfeife war ausgegangen; **b)** *(von einem Motor) stehen bleiben, aufhören zu laufen:* mit der Zündung stimmt etwas nicht, der Motor geht an jeder Ampel aus. **12.** (landsch.) **a)** *(von Farbe) beim Waschen aus einem Gewebe o. Ä. schwinden od. auslaufen:* die Farbe, das Rot ist in diesem Stoff ist beim Waschen ausgegangen; **b)** *(von Gewebe o. Ä.) beim Waschen die Farbe verlieren, Farbe abgeben:* der Stoff geht beim Waschen [nicht] aus. **13. a)** *(ein Gelände, eine Strecke o. Ä.) gehend durchmessen:* auf gleich bleibender Höhe die Mulde a., auch wenn der Weg weiter erscheint (Eidenschink, Fels 109); **b)** (a. + sich) (österr.) *gerade ausreichen:* das, die Zeit geht sich aus; ⟨oft unpers.:⟩ es geht sich noch aus, dass wir den Zug erreichen.

aus|ge|hend ⟨Adj.⟩: *(von einem größeren Zeitraum, einer Epoche) sich dem Ende zuneigend, zu Ende gehend:* im -en Mittelalter; die Leitbegriffe der Sozialpsychologie des 19. Jahrhunderts (Hofstätter, Gruppendynamik 49).
Aus|ge|hen|de, das; -n ⟨Dekl. ↑²Junge, das⟩ (Geol.): *Ausstrich* (2).
Aus|ge|her, der; -s, - ⟨landsch., bes. südd.⟩: *Bote, Laufbursche.*
Aus|geh|er|laub|nis, die *Erlaubnis, das Haus, Heim od. die Kaserne zu verlassen.*
aus|geh|fer|tig ⟨Adj.⟩: *fertig, bereit zum Ausgehen* (1).
aus|ge|ho|ben: ↑ausheben.
aus|ge|hun|gert ⟨Adj.⟩: **a)** *sehr hungrig; großen Hunger leidend:* nach dem langen Marsch waren sie ganz a.; Ü Fräulein Oldenburg ... ist jetzt ganz a. nach Wind und frischer Luft (Faller, Frauen 128); **b)** *durch langes Hungern entkräftet:* die Flüchtlinge waren vollständig a.
Aus|geh|uni|form, die (Milit.): vgl. Ausgehanzug.
Aus|geh|ver|bot, das: *Verbot, das Haus, Heim, die Kaserne zu verlassen.*
aus|gei|zen ⟨sw. V.⟩ (Landw., Weinbau): *Nebentriebe (Geize), die die Entwicklung des Haupttriebes beeinträchtigen, entfernen:* ⟨subst.:⟩ das Ausgeizen muss durch Ausbrechen ohne Messer erfolgen (MM 29. 5. 69, 9).
aus|ge|kämpft: ↑auskämpfen (3).
aus|ge|klü|gelt: ↑ausklügeln.
aus|ge|kocht (ugs. abwertend): *raffiniert, durchtrieben:* ein -er Bursche, Gauner, Betrüger; wenn Sie es gewesen sind, sind Sie ein ganz -er Hund (Fallada, Blechnapf 289).
aus|ge|las|sen ⟨Adj.⟩ [2. Part. von: auslassen = los-, freilassen]: *in übermütiger, unbeschwerter Weise fröhlich:* eine -e Gesellschaft; in -er Stimmung sein; ein -es Fest, Damen in Abendkleidern lagern sich auf dem Parkett (Frisch, Gantenbein 242); sie tanzten a. *(wild).*
Aus|ge|las|sen|heit, die; -, -en ⟨Pl. selten⟩: **a)** ⟨o. Pl.⟩ *das Ausgelassensein; unbekümmerte, überschäumende Fröhlichkeit:* hatte mit der Schulleitung erkannt, dass ein wenig Fröhlichkeit und A. notwendig seien (Leonhard, Revolution 178); **b)** *ausgelassene Handlung.*
aus|ge|las|tet: ↑auslasten.
aus|ge|lernt ⟨Adj.⟩ [vgl. gelernt]: *seine Lehrzeit beendet habend:* ein ausgelernter Tischler.
Aus|ge|lern|te, der u. die; -n, -n ⟨Dekl. ↑Abgeordnete⟩: *jmd., der seine Lehrzeit beendet hat.*
Aus|ge|lie|fert|sein, das; -s: *das Preisgegebensein; das Schutzlossein gegenüber einer Macht:* der Mensch mit seiner ... kurz nach dem Leben und seinem A. an den Tod (Thielicke, Ich glaube 261).
aus|ge|lit|ten: nur in der Verbindung **a. haben** (geh.; *nach schwerem Leiden gestorben sein*).
aus|ge|lutscht ⟨Adj.⟩ [zu ↑auslutschen] (salopp): **1.** *kraftlos:* ein imagemäßig -er Typ (Hörzu 35, 1984, 37); Ich kam mir total vereinsamt vor, a. und in den Hintern getreten (Frings, Männer 80). **2.** *abgenutzt [u. entsprechend reizlos]:* zumal

ausgemacht

die -e Tastatur nicht immer auf Anhieb einrasten wollte (tango 9, 1984, 6); Das Thema kam ihm a. vor (Spiegel 16, 1984, 6); Die Filme haben viel Power ... – dagegen wirkt »Denver« richtig a. (Hörzu 3, 1987, 15).

aus|ge|macht [zu veraltet ausmachen = bis zu Ende machen]: **1.** *sicher, gewiss feststehend, beschlossen:* zwischen den Jungs ... ist -e Sache, es geht ein Gespenst um (A. Zweig, Grischa 81); etw. als a. voraussetzen; als a. gelten; Ich kann nicht genesen, es ist a. (*es steht fest*; Th. Mann, Zauberberg 496). **2. a)** *sehr groß, ausgesprochen, vollkommen:* eine -e Dummheit, Schurkerei; er ist ein -er Snob; **b)** ⟨intensivierend bei Adjektiven⟩ *sehr, überaus, ausgesprochen:* das war ein a. schäbiges Verhalten.

aus|ge|mer|gelt: ↑ ausmergeln.
aus|ge|mu|gelt: ↑ ausmugeln.
aus|ge|nom|men ⟨Konj.⟩: *außer [wenn]* ⟨mit nachgestelltem Bezugswort od. mit Gliedsatz⟩: er widerspricht allen, a. dem Vater; wir werden kommen, a. es regnet, ⟨bei einem Bezugswort im Nom.:⟩ alle waren da, a. sein Bruder/sein Bruder a.

aus|ge|picht [2. Part. von veraltet auspichen = inwendig mit Pech verschmieren] (ugs.): **a)** *(in einem bestimmten Bereich) sehr erfahren [u. zugleich durchtrieben, raffiniert]:* ein -er Junge; -e Stalinisten (Zwerenz, Kopf 102); der intellektuelle Jongleur und -e Artist (K. Mann, Wendepunkt 287); ich als -er Zivilist (Th. Mann, Zauberberg 530); die Frauen ... waren dumm oder a. genug ..., um sich von der Illusion berauschen ... zu lassen (Th. Mann, Zauberberg 648); **b)** *bis ins Letzte verfeinert:* zugunsten der späten und -en [= Lebensgaben], der Raffinements, denen man »frönt« (Th. Mann, Zauberberg 785); weil sie sich ... einer -en und gefräßigen Feinschmeckerei ergab (Fussenegger, Haus 197).

aus|ge|po|wert: ↑ auspowern.
aus|ge|prägt: ↑ ausprägen (2b).
Aus|ge|prägt|heit, die; -: *das Ausgeprägt-, Ausgebildetsein.*
aus|ge|pumpt ⟨Adj.⟩ (salopp): *nach einer körperlichen Anstrengung o. Ä. völlig erschöpft:* nach dem anstrengenden Training war die Mannschaft völlig a.; Ich fühle mich a., erschöpft, unfähig zu meiner Arbeit (K. Mann, Wendepunkt 391); so ein richtiger alter Arbeiter, ausgemergelt, a. (Fallada, Jeder 51).
aus|ger|ben ⟨sw. V.; hat⟩ (Gerberei): *vollständig gerben:* vorwiegend mit Eichen- und Fichtenrinde in der Grube ausgegerbtes Leder (MM 23. 9. 69, 24).
aus|ge|rech|net [auch: '−−'−−] ⟨Adv.⟩ [zu ↑ ausrechnen] (ugs.): drückt in emotionaler Ausdrucksweise Verärgerung, Unwillen, Verwunderung o. Ä. aus; *gerade:* a. heute, wo ich keine Zeit habe; das muss a. mir passieren!; unter den Bewerbern war a. er ausgewählt worden.
aus|ge|reift: ↑ ausreifen.
Aus|ge|reift|heit, die; -: *das Ausgereift-, Entwickeltsein.*
aus|ge|ris|sen: ↑ ausreißen.
aus|ge|run|gen: ↑ ausringen (2).
aus|ge|schamt, aus|ge|schämt [eigtl. = aufgehört habend, sich zu schämen] (landsch.): *unverschämt, schamlos:* weil Ihr ... achtenswert seid und nichts dafür könnt, dass Euer ausgeschämtes Mädchen ein »Räf« ist (R. Walser, Gehülfe 74).

aus|ge|schie|den: ↑ ausscheiden.
aus|ge|schil|dert: ↑ ausschildern.
aus|ge|schis|sen: ↑ ausscheißen.
aus|ge|schla|fen ⟨Adj.⟩ (ugs.): *hellwach* (b); *gewitzt:* ein ganz -er Bursche; Der Schlüssel zu der ... Erfolgskurve ... liegt, abgesehen von dem Beitrag eines -en Managements, in der Unternehmensverfassung (Welt der Arbeit 7, 1973, 6 [Wochenzeitung]); Ausgeschlafener Psychostudent sucht Zimmer in kreativer WG (Szene 6, 1983, 88).
aus|ge|schla|gen: ↑ ausschlagen (5, 12).
aus|ge|schlos|sen [auch: '−−'−−] ⟨Adj.⟩ [zu ↑ ausschließen (4)]: *unmöglich, undenkbar:* es ist nicht [ganz] a., dass sie noch kommt; a.! *(das kommt nicht infrage!);* etw. für a. halten, für a. erklären; »Ausgeschlossen, dass Sie das rausfinden«, sage ich (Remarque, Obelisk 344); ⟨subst.:⟩ Ein Ausgeschlossen ... gibt es für uns Ärzte nicht (Noack, Prozesse 215).
aus|ge|schnit|ten ⟨Adj.⟩: *(von einem Kleid, einer Bluse o. Ä.) am Hals mit einem größeren Ausschnitt* (2b) *versehen:* Sie trug ein ärmelloses, weißes Sommerkleid mit großen roten Blumen, das war in der Hüfte gerafft und oben weit a. (Kirst, 08/15, 103); sie trägt gerne tief a. (ugs.; *Kleidung mit tiefem Ausschnitt, mit Dekolleté*).
aus|ge|schos|sen: ↑ ausschießen.
aus|ge|schrie|ben ⟨Adj.⟩: *(von der Schrift) ausgeprägt:* er hat eine -e Handschrift.
aus|ge|ses|sen: ↑ aussitzen.
aus|ge|setzt: ↑ aussetzen.
Aus|ge|setzt|heit, die; - (geh.): *das Ausgesetzt-, Preisgegebensein:* Sie hat die A. erfahren und damit die Unschuld der Kindschaft verloren (FAZ 8. 8. 61, 14).
aus|ge|sorgt ⟨Adj.⟩: in der Verbindung **a. haben** (ugs.; *sich nicht mehr um seinen Lebensunterhalt sorgen müssen*): mit dieser Stellung hat er [für ein Leben] a.
Aus|ge|sperr|te, der u. die; -n, -n ⟨Dekl. ↑ Abgeordnete⟩: *(im Verlauf eines Streiks od. einer Streikdrohung) vom Arbeitgeber durch vorübergehende Schließung des Betriebes an der Aufnahme seiner Arbeit gehinderter Arbeitnehmer.*
aus|ge|spielt ⟨Adj.⟩: in der Verbindung **a. haben** *(nichts mehr gelten, keine Macht, Bedeutung, keinen Einfluss mehr haben):* dieser Politiker hat a.; die Sittenstrenge hat a. (Th. Mann, Zauberberg 320); er hat bei mir a. (ugs.; *ich will nichts mehr von ihm wissen*).
aus|ge|spro|chen: 1. ↑ aussprechen. **2.** ⟨Adj.⟩ **a)** *ausgeprägt:* eine -e Vorliebe für etw. haben; sie ist eine -e Schönheit; Sie ist ... vornehmen Aussehens, obwohl ohne -e Schönheit (Benrath, Konstanze 18); die Festlaune war von Anfang an sehr a. (Th. Mann, Zauberberg 451); Noch -er war dies der Fall bei dem ... Umsturz in Italien (Fraenkel, Staat 299);

b) ⟨intensivierend bei Adj.⟩ *sehr, besonders:* weil Gouffé aller Welt als ein ... a. freundlicher Mann bekannt wäre (Maass, Gouffé 16); Die Landschaft um den See herum ist a. abwechslungsreich (a & r 2, 1997, 84).
aus|ge|spro|che|ner|ma|ßen ⟨Adv.⟩: *unverkennbar:* In sozialen und politischen Fragen jedoch gehörten sie a. zum radikalen Flügel (Rothfels, Opposition 103).
aus|ge|stal|ten ⟨sw. V.; hat⟩: **1. a)** *(in seinem Ablauf o. Ä.) planend gestalten, arrangieren:* ein Fest, eine Feier a.; **b)** *einer Sache eine bestimmte Gestalt od. Form geben; in bestimmter Weise ausformen:* einen Raum geschmackvoll a.; Er schaute sich die Schilder über den Türen an, die inzwischen künstlerisch ausgestaltet worden waren mit Landschaften und Städteansichten (Kuby, Sieg 362). **2.** *[umgestaltend] zu etw. erweitern, ausbauen:* den Versuch, ... den Ideologiebegriff zum Grundbegriff einer einzelwissenschaftlichen Methode auszugestalten (Fraenkel, Staat 140); sehr weit ausgestaltet wurde die Ganzheitslehre (Hofstätter, Gruppendynamik 178).
Aus|ge|stal|tung, die; -, -en: **a)** ⟨o. Pl.⟩ *das Ausgestalten, Ausgestaltetwerden;* **b)** *Gestalt, Form:* der Rechtsstaat ... in der spezifischen A., die er im 19. Jh. erlangt hatte (Fraenkel, Staat 290).
aus|ge|stan|den: ↑ ausstehen.
aus|ge|stellt: ↑ ausstellen (5b).
aus|ge|sternt: ↑ ausgestirnt.
Aus|ge|steu|er|te, der u. die; -n, -n ⟨Dekl. ↑ Abgeordnete⟩: *jmd., der von der Arbeitslosen- od. Krankenversicherung ausgesteuert wurde, d. h. keine Zahlungen mehr aus der Versicherung erhält.*
aus|ge|stirnt ⟨Adj.⟩ [zu ↑ Gestirn] (dichter.): *ganz mit Sternen bedeckt:* Vor den Fenstern, weit offen, steht a. ... der Augusthimmel (A. Zweig, Grischa 255).
aus|ge|sto|chen: ↑ ausstechen.
Aus|ge|sto|che|ne, das; -n, -n ⟨Dekl. ↑ ²Junge, das⟩ (landsch.): **a)** *Plätzchen, bes. Weihnachtsplätzchen, das mit einem Förmchen ausgestochen wird;* **b)** ⟨o. Pl.⟩ *ausgestochenes Gebäck, bes. Weihnachtsgebäck:* die Kinder essen am liebsten das A.
aus|ge|stopft: ↑ ausstopfen.
aus|ge|stor|ben ⟨Adj.⟩: *unbelebt, menschenleer:* Die ausgestorbenen Dörfer, Landstraßen (K. Mann, Wendepunkt 343); abends ist die Innenstadt völlig a.
aus|ge|sto|ßen: ↑ ausstoßen.
aus|ge|sucht: 1. *besonders fein; erlesen, hervorragend:* -e Weine; Sie ... beschimpfte ihn ... mit -en Schmähungen (iron.; Jaeger, Freudenhaus 173); Die Gesellschaft war in diesen späten Jahren uneinheitlich, eher gewöhnlich als a. (Jahnn, Geschichten 169). **2. a)** *über das Übliche hinausgehend:* Dann fragte ich sie mit -er Freundlichkeit (Niekisch, Leben 237); **b)** ⟨intensivierend bei Adj.⟩ *sehr, überaus:* a. höflich; a. schöne Früchte. **3.** *übrig geblieben (nachdem das Gute herausgesucht wurde), wenig Auswahl bietend:* -e Ware, die Stoffe sind schon sehr a.

Aus|ge|sucht|heit, die; -: *das Ausgesuchtsein, ausgesuchte* (1) *Beschaffenheit:* Er schließt ... von der Großartigkeit oder A. gesellschaftlicher Veranstaltungen auf die soziale Stellung seines Brotherrn (Jahnn, Geschichten 167).

aus|ge|tre|ten: ↑austreten (2).

aus|ge|wach|sen ⟨Adj.⟩: **1.** *zur vollen Größe herangewachsen:* ein -er Bursche; Ü ein -er *(großer)* Skandal; ein -er (ugs.; *ausgesprochener) Blödsinn.* **2.** (landsch.) *schief, bucklig gewachsen, verwachsen:* der arme Kerl ist a.

aus|ge|wählt: ↑auswählen.

Aus|ge|wan|der|te, der u. die; -, -n ⟨Dekl. ↑Abgeordnete⟩: *jmd., der ausgewandert ist, seine Heimat verlassen hat, um in einem anderen Land zu leben.*

aus|ge|wa|schen: ↑auswaschen.

aus|ge|wech|selt: ↑auswechseln.

aus|ge|wie|sen ⟨Adj.⟩ [zu ↑ausweisen] (schweiz.): **a)** *nachweislich; nachgewiesen:* auch die Gemeinden erachten das Bedürfnis für a. (NZZ 27. 8. 83, 30); als sei eine solche Widerrechtlichkeit objektiv festgestellt und a. (NZZ 10. 8. 84, 32); **b)** *mit Zeugnissen, Referenzen versehen:* Wir suchen ... eine gut -e ... kaufm. Angestellte (Baselland. Zeitung 27. 3. 85, 16).

Aus|ge|wie|se|ne, der u. die; -n, -n ⟨Dekl. ↑Abgeordnete⟩: *jmd., der aus einem Land o. Ä. ausgewiesen wurde.*

aus|ge|win|tert: ↑auswintern.

aus|ge|wo|gen: 1. ↑auswägen. **2.** ⟨Adj.⟩ *genau, sorgfältig abgestimmt, harmonisch; sich in einem bestimmten Gleichgewicht befindend:* ein -es Programm aufstellen; Er stieß mit mir an in seiner ernsten, -en Art (Seghers, Transit 63); Der Rhythmus ist sehr a., ruhig (Seidler, Stilistik 250).

Aus|ge|wo|gen|heit, die; -: *das Ausgewogen-, Abgestimmtsein; Harmonie:* dass diese ... Figuren, bei aller ästhetischen A., ... weniger eindringlich gelangen (Grass, Hundejahre 223).

aus|ge|wöh|nen ⟨sw. V.; hat⟩ (seltener): *(einen Menschen, ein Tier) auf das Verlassen der gewohnten Umgebung vorbereiten:* die Kinder rechtzeitig a.; ⟨subst.:⟩ eine Zuchtanlage für Uhus und Adler, aus der die Jungvögel durch Ausgewöhnen ... der freien Natur zugeführt werden (MM 3. 5. 71, 12).

Aus|ge|wöh|nung, die; -, -en (seltener): *das Ausgewöhnen, Ausgewöhntwerden.*

aus|ge|zackt: ↑auszacken.

Aus|ge|zehrt|heit, die; -: *das Ausgezehrt-, Entkräftetsein.*

aus|ge|zeich|net [auch: '- - '- -] ⟨Adj.⟩ [zu ↑auszeichnen (3 a)]: **1.** *sehr gut, hervorragend, vortrefflich; exzellent:* -e Weine; Der Chef war ... ein -er Reiter (Böll, Adam 34); das Essen war a.; a. Deutsch sprechen. ◆ **2.** *gekennzeichnet, (als etw.) feststehend:* dass ehestens eine Amnestie ausgesprochen würde über alle, die nicht -e Rädelsführer seien (Keller, Frau Regel 188).

aus|gie|big ⟨Adj.⟩ [zu ↑ausgeben (5 b)]: **1.** *reichlich, in reichem Maße:* die ... ehrgeizig geplante und a. dekorierte Enzyklopädie (Enzensberger, Einzelheiten I, 152); einen -en *(ausgedehnten)* Mittagsschlaf halten; sie hatten a. gefrühstückt; bis zu 13, 14 Jahren braucht es sie a. (= das Kind die Mutter) auch noch ziemlich a. (nimmt es sie noch sehr in Anspruch; Petra 10, 1966, 6). **2.** (veraltend) *ergiebig, viel ausgebend:* -es Mehl; eine -e Sorte.

Aus|gie|big|keit, die; -: *das Ausgiebigsein.*

aus|gie|ßen ⟨st. V.; hat⟩: **1. a)** *aus einem Gefäß gießen, weggießen:* das Wasser, den restlichen Kaffee [in den Ausguss] a.; **b)** *durch Ausgießen* (1 a) *der Flüssigkeit leeren:* eine Flasche [mit abgestandenem Bier] a.; sie goss ihr Glas aus. **2.** (geh.) *über jmdn., etw. gießen, gießend über jmdn., etw. verteilen:* Unsinnig viel Salböl war über sie (= die Mumie) ausgegossen worden (Ceram, Götter 217); Ü während wir ... unseren Hohn über den Erfolglosen ausgossen (*ihn verhöhnten;* Thorwald, Chirurgen 90). **3.** (Technik) *(einen Hohlraum o. Ä.) mit einer zunächst flüssigen, später erstarrenden Masse füllen:* Fugen, Risse, Löcher [mit Teer] a.; die Glockenform wird mit dem flüssigen Metall ausgegossen. **4.** *(etw. Brennendes, Schwelendes) durch Übergießen mit einer Flüssigkeit löschen:* sie versuchten das schwelende Feuer auszugießen.

Aus|gie|ßer, der; -s, -: *Schnabel an einer Kanne od. einem Krug; Tülle.*

Aus|gie|ßung, die; -, -en ⟨Pl. selten⟩: **1.** *das Ausgießen von Hohlräumen mit einer flüssigen, später erstarrenden Masse:* die A. der Fugen soll mit Zement vorgenommen werden. **2.** * *die A. des Heiligen Geistes* (christl. Rel.; *das Erfülltwerden der Apostel mit dem Heiligen Geist).*

aus|gip|sen ⟨sw. V.; hat⟩: *mit Gips ausfüllen, ausschmieren:* Löcher, Risse [in der Wand] a.

Aus|gleich, der; -[e]s, -e ⟨Pl. selten⟩: **1. a)** *das Ausgleichen von Ungleichheiten, Gegensätzlichkeiten, Verschiedenheiten; Herstellung eines Gleichgewichts, einer Übereinstimmung:* auf [einen] A. bedacht sein; **b)** *etw., was im Gleichgewicht wiederherstellt; Entschädigung, Ersatz:* Mit dem Bundesversorgungsgesetz ... wird versucht, A. für Schäden ... zu erreichen (Fraenkel, Staat 317); als A., zum A. für seine sitzende Lebensweise treibt er Sport. **2.** (Bankw.) *kurz für* ↑*Kontoausgleich.* **3.** ⟨o. Pl.⟩ (Ballspiele) *Ausgleich des Torverhältnisses:* Er erzielte mit einem Linksschuss aus der Drehung heraus den A. (Walter, Spiele 14). **4.** (Reiten) **a)** *das Bemühen, die nach Alter, Leistung u. a. unterschiedlichen Voraussetzungen von Rennpferden bei Rennen durch Auflegen von Gewichten auszugleichen;* **b)** *Ausgleichsrennen* (a).

Aus|gleich|be|cken, das (Wasserwirtsch.): *(bes. bei Spitzenkraftwerken) Speicherbecken, das die Abflussmenge des vom Kraftwerk abgegebenen Wassers reguliert.*

Aus|gleich|be|häl|ter, der (Wasserwirtsch.): *Ausgleichbecken.*

aus|glei|chen ⟨st. V.; hat⟩: **1. a)** *(Unterschiedliches, Gegensätzliches o. Ä.) durch Angleichung beseitigen, aufheben:* Höhenunterschiede, Niveauunterschiede a.; **b)** ⟨a. + sich⟩ *(von Unterschiedlichem, Gegensätzlichem) sich aufheben:* die Unterschiede zwischen den beiden Gruppen glichen sich wieder aus; Einnahmen und Ausgaben gleichen sich aus; B war beliebter und A tüchtiger – im Durchschnitt glich sich das aus (Hofstätter, Gruppendynamik 129). **2. a)** *(Unterschiedliches, Gegensätzliches o. Ä.) durch Vermitteln mildern od. aufheben:* Spannungen, Differenzen, Konflikte a.; Krone ... diskutiert ... nicht, er gleicht aus, räumt Widerstände aus dem Wege, vermittelt (Dönhoff, Ära 55); eine ruhige Art wirkte ausgleichend. **b)** ⟨a. + sich⟩ *(von Gegensätzen o. Ä.) sich mildern, nivellieren:* Erscheinungen, anlässlich deren sich massenpsychische Spannungen ausglichen (Niekisch, Leben 197). **3.** *(Fehlendes, einen Mangel o. Ä. durch anderes) wettmachen:* er versucht seinen Mangel an Bewegung durch sportliche Betätigung auszugleichen. **4. a)** (Kaufmannsspr.) *(eine Rechnung o. Ä.) bezahlen, begleichen:* eine Rechnung, Schulden, Verbindlichkeiten a.; **b)** (Bankw.) *(bei einem Konto o. Ä.) Soll- u. Habenseite einander angleichen:* das Konto a.; **c)** ⟨a. + sich⟩ (Bankw.) *(von einem Konto o. Ä.) auf einen Gleichstand kommen:* das Konto eines Gläubigers gleicht sich aus, wenn eine Forderung in voller Höhe geleistet worden ist (K. Bott, Lexikon des kaufmännischen Rechnungswesens I, Stuttgart 1957, Sp. 181); Ü Unsere Konten hatten sich inzwischen ausgeglichen; Mein Bösesein wegen der Hundeaffäre – ihr Bösesein, weil ich mich ... nicht um sie gekümmert hatte (Hartung, Piroschka 68). **5.** (Ballspiele) *den Ausgleich* (3) *erzielen:* Preußen-Münster war nach der Pause in Führung gegangen, wir hatten ausgeglichen (Walter, Spiele 39).

Aus|glei|cher, der; -s, -: **1.** (Segeln) *Jacht, die in Ausgleichsrennen mitsegelt.* **2.** (Segeln, Rennen) *jmd., der dazu bestellt ist, den Ausgleich bei den Ausgleichsrennen festzusetzen; Handikapper.*

Aus|gleich|ge|trie|be: ↑Ausgleichsgetriebe.

Aus|gleichs|ab|ga|be, die (Finanzw.): *Abgabe zum Ausgleich von Schäden, Nachteilen, Belastungen, bes. im Rahmen des Lastenausgleichs, der Fürsorge für Schwerbehinderte o. Ä.*

Aus|gleichs|amt, das: *Behörde, die mit der Durchführung des Lastenausgleichs befasst ist.*

Aus|gleichs|schicht, die (Bauw.): *Estrichschicht zum Ausgleich von größeren Unebenheiten der Oberfläche, von Höhendifferenzen der tragenden Unterlage.*

Aus|gleichs|fonds, der (Finanzw.): *Fonds des Bundes, in den die Ausgleichsabgaben u. a. zufließen u. aus dem Zahlungen an Berechtigte geleistet werden.*

Aus|gleichs|ge|fäß, das (Technik): *an bestimmten Instrumenten angebrachtes Gefäß, das temperaturbedingte Volumenänderungen von Flüssigkeiten ausgleicht; Niveaugefäß.*

Ausgleichsgetriebe

Aus|gleichs|ge|trie|be, das (Technik): *Differenzialgetriebe.*
Aus|gleichs|gym|nas|tik, die: *Gymnastik, die einen Ausgleich bei einseitiger Körperbeanspruchung [im Beruf] schaffen soll.*
Aus|gleichs|klas|se, die (Segelsport): *Klasse von Jachten verschiedener Größe, die an Ausgleichsrennen (b) teilnehmen.*
Aus|gleichs|küs|te, die (Geol.): *gerade Küstenform mit einem Wechsel von Steil- u. Flachküstenstrecken.*
Aus|gleichs|leis|tung, die (Finanzw.): *Leistung an Vertriebene u. Kriegsgeschädigte nach dem Lastenausgleichsgesetz.*
Aus|gleichs|quit|tung, die (Rechtsspr.): *Quittung, durch die ein Arbeitnehmer bei Beendigung seines Arbeitsverhältnisses bestätigt, dass er keine Ansprüche mehr an den Arbeitgeber hat.*
Aus|gleichs|ren|nen, das: a) (Pferdesport) *Rennen, bei dem den einzelnen Pferden Gewichte aufgelegt werden, womit ein möglicher Ausgleich der Gewinnchancen herzustellen versucht wird;* b) (Segelsport) *Rennen, an dem Jachten unterschiedlicher Größe teilnehmen.*
Aus|gleichs|ren|te, die: *(in der Kriegsopferversorgung) vom Einkommen abhängiger Bestandteil einer Rente.*
Aus|gleichs|sport, der: *Sport, den jmd. betreibt, um die einseitige Körperbeanspruchung [im Beruf] auszugleichen.*
Aus|gleichs|steu|er, die (österr.): *Steuer, die anstelle der Umsatzsteuer auf importierte Waren erhoben wird.*
Aus|gleichs|tor, das (Ballspiele): *Tor, das den Gleichstand des Torverhältnisses herstellt.*
Aus|gleichs|trai|ning, das: vgl. Ausgleichssport.
Aus|gleichs|tref|fer, der (Ballspiele): *Ausgleichstor.*
Aus|gleichs|tur|nen, das: vgl. Ausgleichsgymnastik.
Aus|gleich|wei|her, der (Wasserwirtsch.): *Ausgleichbecken.*
aus|glei|ten ⟨st. V.; ist⟩ (geh.): **1.** *ausrutschen* (1): *meine Füße glitten auf den feuchten Blättern aus; er ist auf der gebohnerten Treppe ausgeglitten;* Ü ⟨subst.:⟩ *schalt ich mich wegen des ausgleitens meiner Zunge (wegen einer bösen Bemerkung;* Th. Mann, Krull 343). **2.** *ausrutschen* (2): *das Messer war ihr ausgeglitten.* **3.** *bis zum Stillstehen gleiten:* Bert ruderte so, dass das Boot in kurzem, gleich bleibendem Abstand zum Schilf durch das Wasser glitt ... In einer Bucht ließ er das Boot a. (Lenz, Brot 117).
aus|glie|dern ⟨sw. V.; hat⟩: a) *(aus einem größeren Ganzen) herauslösen, von etw. abtrennen:* einzelne Gebiete wurden aus dem Verwaltungsbereich ausgegliedert; b) *ausklammern, nicht behandeln:* ein besonders heikles Problem wurde bei den Verhandlungen ausgegliedert.
Aus|glie|de|rung, die; -, -en: *das Ausgliedern.*
aus|glim|men ⟨st. u. sw. V.; glomm/(auch:) glimmte aus, hat/ist ausgeglommen/(auch:) ausgeglimmt⟩ (geh. veraltet): a) *glimmend verlöschen* ⟨ist⟩: das

Holz im Kamin glomm aus; b) *aufhören zu glimmen* ⟨hat⟩: die verbrannten Balken haben noch nicht ausgeglimmt.
aus|glit|schen ⟨sw. V.; ist⟩ (landsch.): *auf glattem, schlüpfrigem Boden o. Ä. ausrutschen:* er war auf den nassen Holzplanken ausgeglitscht und gestürzt; Labans späte Söhne liefen jauchzend im Hemdchen durchs Getriebe, glitschten aus im vergossenen Schlachtblut und besudelten sich (Th. Mann, Joseph 296).
aus|glü|hen ⟨sw. V.⟩: **1.** ⟨hat⟩ a) *[zum Zweck der Reinigung, der Weiterverarbeitung] großer Hitze aussetzen:* Draht a.; Instrumente, Nadeln a.; b) *vollständig ausdörren:* die Hitze hatte das Land ausgeglüht; Sobald die Sonne erst die Beeren trockengedörrt und ausgeglüht hatte (Jacob, Kaffee 245). **2.** *aufhören zu glühen* ⟨hat⟩: die Drähte der Lampe glühten aus. **3.** *im Innern völlig ausbrennen* ⟨ist⟩: das Fahrzeug war völlig ausgeglüht; ein ausgeglühtes Autowrack. **4.** (Technik) *(Metall) erhitzen u. langsam abkühlen lassen u. so eine Änderung des Materialgefüges erreichen* ⟨hat⟩.
Aus|glü|hung, die; -: *das Ausglühen.*
♦ **aus|glu|ten** ⟨sw. V.; ist⟩ [zu gluten = glühend brennen, zu ↑Glut]: *ausglühen* (3): Alsdann den Stoß anzünden, brennen lassen, a. lassen (Rosegger, Waldbauernbub 148).
aus|gra|ben ⟨st. V.; hat⟩: **1.** a) *durch Graben wieder aus der Erde o. Ä. hervor-, herausholen:* einige Kisten mit Wertsachen a.; die während der letzten Tage ... eingegrabenen Toten, die jetzt wieder ausgegraben wurden (Plievier, Stalingrad 8); b) *(unter der Erdoberfläche Liegendes [Verschüttetes]) freilegen:* Tontafeln, eine Amphore, einen Tempel a.; c) *(Pflanzen, Bäume) grabend aus dem Erdreich, in dem sie verwurzelt sind, herausnehmen:* Sträucher [mit den Wurzeln] a.; d) (ugs.) *(Kartoffeln u. a.) durch Graben aus der Erde herausholen, ernten:* die Bauern graben schon [die] Kartoffeln aus; e) *(Altes, Vergessenes) wieder hervorholen, wieder ans Licht ziehen; (Abgetanes) wieder aufleben lassen:* ein altes Theaterstück wieder a.; Alte Familiengeschichten wurden ausgegraben (Grass, Hundejahre 323); f) ⟨a. + sich⟩ *sich freischaufeln:* Wir sind zugeschüttet und müssen uns a. (Remarque, Westen 80). **2.** (selten) *(eine Vertiefung o. Ä.) durch Graben herstellen; ausheben:* eine Grube, ein Loch a.
Aus|grä|ber, der; -s, -: *Archäologe, der Ausgrabungen durchführt.*
Aus|grä|be|rin, die; w. Form zu ↑Ausgräber.
Aus|gra|bung, die; -, -en: a) *systematisches, wissenschaftliches Ausgraben u. Freilegen von Gebäuden, Gegenständen u. a. aus der vor- u. frühgeschichtlichen Zeit:* die A. einer vorgeschichtlichen Siedlung; b) *archäologischer Fund:* das Museum zeigt -en aus dem mittelrheinischen Raum.
Aus|gra|bungs|ar|beit, die ⟨meist Pl.⟩: *Tätigkeit bei Ausgrabungen* (a).
Aus|gra|bungs|fund, der: *Ausgrabung* (b).

Aus|gra|bungs|ort, der ⟨Pl. -e⟩: *Ausgrabungsstätte.*
Aus|gra|bungs|stät|te, die: *Stätte, an der Ausgrabungen (a) vorgenommen werden.*
aus|gra|sen ⟨sw. V.; hat⟩: *von Gras befreien; ausjäten:* ein Beet a.; ⟨subst.:⟩ beim »Ausgrasen« meines Blumenfensters fiel mir eine ... Philodendronluftwurzel auf (MM 10. 12. 71, 50).
aus|grä|ten ⟨sw. V.; hat⟩ (seltener): *entgräten.*
aus|grät|schen ⟨sw. V.; hat⟩ a) *die Beine seitwärts spreizen:* ... saß Weisangk ... mit ausgegrätschten Beinen (Apitz, Wölfe 36); b) (Turnen) *aus dem Stand, Sitz, Stütz od. Hang einen Schwung mit seitwärts gespreizten Beinen ausführen:* ⟨subst.:⟩ zu dieser Übung gehört das Ausgrätschen.
aus|grei|fen ⟨st. V.; hat⟩: a) *(von Pferden) die Vorderbeine vorsetzen zur Vorwärtsbewegung:* Ich rückte mich behaglich im Sattel zurecht und wollte eben den Alex zu einem munteren Trabe a. lassen (Fallada, Herr 8); b) *ausholen* (1 b): er musste ziemlich a., um nachzukommen, aber so stramm sie auch ausgriffen, man hörte ihren festen Soldatenschritt nicht (Werfel, Himmel 216); sie ging mit ausgreifenden Schritten; Ü ist der Vater nicht doch vielleicht zu kühn gewesen, allzu weit ausgreifend mit seinen Plänen? (Waggerl, Brot 192).
aus|gren|zen ⟨sw. V.; hat⟩: a) *aus einem größeren Ganzen herausnehmen, ausklammern:* Zugelassen sind dann nur die kompatible Spielräume ausgrenzen, in denen jeder Einzelne ... seine besonderen Interessen verfolgen kann (Habermas, Spätkapitalismus 123); dass Lernschritte nie in ausgegrenzte Zeiträume zu pressen sind (Meyer, Unterrichtsvorbereitung 51); b) *aus einer Gemeinschaft, Gruppe herausschalten, ausschließen:* sie fühlte sich ausgegrenzt; Er ... wurde schließlich von seiner eigenen Kirche in die hartnäckiger und querköpfiger Moralist ins Abseits gedrängt, »ausgegrenzt« (Zivildienst 10, 1986, 32); Mein Kopf verschwindet im Helm, und ich höre die Umstehenden nur noch schlecht, bin wie ausgegrenzt aus ihrer Gruppe (Hamburger Rundschau 22. 8. 85, 3).
Aus|gren|zung, die; -: a) *das Ausgrenzen:* Nach A. der Konstituenten durch Substitutions- und Permutationstests (Sprachpflege 7, 1968, 134); b) *das Ausgrenzen* (b): die A. von Frauen aus so genannten Spitzenorchestern, nämlich den Wiener Philharmonikern, dem Staatsopernorchester und den Wiener Symphonikern (Orchester 5, 1983, 443).
Aus|griff, der; -[e]s, -e: *das Vordringen, Übergreifen in ein anderes [neues] Gebiet:* gelegentlich wagt sie in ihrem Aufsatz ein A. in einen benachbarten wissenschaftlichen Bereich.
aus|grü|beln ⟨sw. V.; hat⟩: *durch langes Nachdenken, Grübeln herausfinden, ersinnen:* er grübelte einen Plan aus.
aus|grün|den ⟨sw. V.; hat⟩ (Wirtsch.): *ein Unternehmen gründen durch Heraus-*

nahme u. Verselbstständigung eines Teiles einer bereits bestehenden größeren Firma: eine Tochtergesellschaft a.

Aus|grün|dung, die; -, -en: **1.** das Ausgründen: Geplant sei, eine Beschäftigungsgesellschaft zu gründen, neue Geschäftsfelder zu erschließen ... Für die erste A. habe der Aufsichtsrat bereits »grünes Licht« signalisiert (SZ 23. 3. 99, 3). **2.** ausgegründetes Unternehmen.

Aus|guck, der; -[e]s, -e [für niederd. ūtkīk < niederl. uitkijk]: **1.** (ugs.) Stelle, von der aus jmd. ausgucken, Ausschau halten kann: einen A. beziehen; seinen A. nicht verlassen; A. halten *(ausgucken).* **2.** (Seemannsspr.) **a)** Beobachtungsplatz (an erhöhter Stelle) auf einem Schiff: Alle Mann an Deck. A. besetzen (Hacks, Stücke 160); **b)** Matrose, der auf dem Beobachtungsplatz Wache hält: Der fehlende A. war nicht im Boot (Ott, Haie 281).

aus|gu|cken ⟨sw. V.; hat⟩ (ugs.): **1.** ausschauen, Ausschau halten: der Vater guckte ungeduldig nach den Kindern aus. **2.** sich etw. genau ansehen, auskundschaften: ich habe mir genau ausgeguckt, wie der Weg verläuft.

Aus|guck|loch, das: *Ausguck* (1).
Aus|guck|mann, der: *Ausguck* (2 b).
Aus|guck|pos|ten, der: *Ausguck* (2 b).
Aus|guss, der; -es, Ausgüsse: **1. a)** an die Abwasserleitung angeschlossenes Becken zum Ausgießen von Flüssigkeiten: das Waschwasser, den Kaffee in den A. schütten; Er tritt zum A. und reinigt dort eifrig seine Hände mit Bimsstein und Seife (Fr. Wolf, Zwei 379); **b)** *Abfluss eines Ausgusses* (1 a): ein verstopfter A. **2.** (landsch.) *[durch den Ausguss] ausgegossenes Wasser:* in dieser Gasse ..., wo die Ausgüsse über die Mauern rinnen (Frisch, Stiller 244). **3.** (landsch.) *Schnabel an einer Kanne, einem Krug; Tülle:* der A. der Kaffeekanne ist abgebrochen. **4.** (Hüttenw.) *im Boden von stählernen Gießpfannen eingelassener Auslaufstein.*

Aus|guss|be|cken, das: *Ausguss* (1 a).
Aus|guss|rohr, das: *Abflussrohr an einem Ausgussbecken.*
Aus|guss|was|ser, das: *schmutziges Wasser, das durch den Ausguss (1 b) abfließt.*

aus|haa|ren ⟨sw. V.; hat⟩: *(von Fell) Haare verlieren:* der Pelz haart aus.

aus|ha|ben ⟨unr. V.; hat⟩ (ugs.): **1.** *(ein Kleidungsstück) ausgezogen, abgelegt haben:* die Schuhe, den Mantel a. **2.** *zu Ende, ausgelesen haben:* sie hat das Buch schon aus. **3.** (landsch.) **a)** *leer gegessen, leer getrunken haben:* den Teller, die Flasche a.; **b)** *Matrose zu Ende gegessen, zu Ende getrunken haben:* hast du die Suppe, die Milch bald aus? **4.** *Schulschluss* (1) *haben:* wann habt ihr heute aus?

aus|ha|cken ⟨sw. V.; hat⟩: **1. a)** *mit der Hacke aus der Erde herausholen, ernten:* Kartoffeln, Rüben a.; **b)** *durch Hacken entfernen:* Unkraut a.; Den Winzern, deren Weinberge durch den Frost ... so gelitten haben, dass die Reben ausgehackt und neu angepflanzt werden müssen (Saarbr. Zeitung 4. 12. 79, 24). **2.** *mit dem Schnabel hackend herauspicken:* Möwen hatten dem Toten die Augen ausgehackt; die Vögel hackten sich gegenseitig, hackten sich/(geh.:) einander die Federn aus. **3.** (österr.) *(ein geschlachtetes Tier) zerlegen:* ein Schwein a.

aus|ha|gern ⟨sw. V.; ist⟩ [zu ↑hager] (Bodenk.): *(von Boden bei Vernichtung der Vegetationsdecke) austrocknen u. dadurch an Qualität verlieren:* der Boden der Kahlflächen ist völlig ausgehagert.

Aus|ha|ge|rung, die; -, -en (Bodenk.): *das Aushagern.*

aus|hak|bar ⟨Adj.⟩: *sich aushaken lassend:* Reisetasche ..., verstellbarer, -er Umhängeriemen (Wiesbadener Kurier 4. 6. 85, 5).

aus|ha|keln ⟨sw. V.; hat⟩ (Jägerspr.): *aushaken* (2).

aus|ha|ken ⟨sw. V.; hat⟩: **1. a)** *durch Lösen des Hakens öffnen, losmachen; loshaken:* eine Kette, den Fensterladen a.; ... kann er genauso schnell die Sitze aus der Bodenplatte a. und hinter die Vordersitze klappen (SZ 7. 6. 97, 21); **b)** ⟨a. + sich⟩ *sich aus der Verhakung lösen:* der Verschluss hakte sich aus; ausgehakt; * **bei jmdm. hakt es aus** (ugs.; **1.** *jmd. versteht, begreift die Handlungsweise eines anderen nicht, hat kein Verständnis dafür:* wenn ich so etwas höre, dann hakt es bei mir aus. **2.** *(bei einer Darlegung o. Ä.) jmd. verliert den Faden, weiß plötzlich nicht mehr weiter:* während er sprach, hakte es plötzlich bei ihm aus und er kam völlig aus dem Konzept. **3.** *jmds. Geduld ist zu Ende, jmd. verliert die Nerven:* »Da hakte es bei mir aus!«, erklärte Cryns vor Gericht. Zweimal schoss er auf Wehmer [Bild 8. 5. 64, 2]); **2.** (Jägerspr.) *(bei Federwild, ausgenommen Auerhahn u. Trappe) Magen u. Gedärme mithilfe eines dazu bestimmten Hakens durch den After herausziehen.*

aus|hal|len ⟨sw. V.; hat⟩ (selten): *aufhören zu hallen:* der Donner hat ausgehallt.

Aus|halt, der; -[e]s, -e (landsch.): *Altenteil.*

aus|hal|ten ⟨st. V.; hat⟩: **1.** *(Unangenehmes) ertragen, (Unangenehmem, bestimmten Belastungen) ausgesetzt sein:* sie hatten Hunger, Schmerzen, Strapazen auszuhalten; seine Nerven hielten nicht viel aus (waren nicht sehr belastbar; Thieß, Legende 39); ein Junge, der es zu Hause nicht mehr a. konnte (Andersch, Sansibar 76); es lässt sich a.; hier lässt es sich a. *(hier ist es sehr angenehm, hier lässt es sich gut leben);* ⟨subst.:⟩ es ist nicht zum Aushalten. **2.** *einer Sache standhalten, nicht ausweichen:* Er hielt den Blick des Kommandanten ruhig aus (Ott, Haie 315); Ü dieser Apparat hält jeden Vergleich mit der ausländischen Konkurrenz aus *(ist von gleich guter, vergleichbarer Qualität).* **3.** *irgendwo unter bestimmten, schwierigen Umständen bleiben, ausharren, durchhalten:* sie hatten ... ausgehalten bis zum Ende (Plievier, Stalingrad 69); er hatte bei ihm ausgehalten bis zu seinem Tod. **4.** (Musik) *(einen Ton) eine durch bestimmte Zeichen in der Notenschrift angegebene Zeit anhalten, erklingen lassen:* eine Note, einen Dreiklang, eine Terz a. **5.** (ugs. abwertend) *den Lebensunterhalt für jmdn. bezahlen u. ihn so von sich abhängig machen:* die Frauen, die von den Bankiers ausgehalten werden (Baum, Paris 48); wer sich a. lässt, muss sich unterordnen (Frisch, Gantenbein 139). **6.** ⟨a. + sich⟩ (landsch.) *sich etw. vorbehalten:* du hast dir das Wohnrecht im Haus ausgehalten. **7.** (Forstw.) *(gefälltes Holz) nach den Vorschriften der Holzmessanweisung in Stücke bestimmter Länge sägen u. einteilen.*

Aus|hal|tung, die; - (Forstw.): *das Aushalten* (7): Die Holznutzung ist äußerst unpfleglich, ebenso die A. (Mantel, Wald 76).

aus|häm|mern ⟨sw. V.; hat⟩: **a)** *(eine Beule in einem Gegenstand aus Metall) durch Hämmern entfernen, ausbeulen:* eine Beule aus dem Kotflügel a.; **b)** *(einen Gegenstand aus Metall) durch Hämmern formen:* einen Teller, ein Gefäß a.; Ü er muss seine Vorstellung von der ehernen Form a., in welche die Wirklichkeit hineinzuwachsen hat (Thieß, Reich 579).

aus|han|deln ⟨sw. V.; hat⟩: *in Abwägung der Interessen vereinbaren:* einen Kompromiss, Vertrag, neue Tarife a.; die zwischen Gewerkschaften und Arbeitgeberverbänden zentral ausgehandelten Löhne (Rittershausen, Wirtschaft 12).

aus|hän|di|gen ⟨sw. V.; hat⟩: *(jmdm., der zu dem Empfang berechtigt ist) etw. übergeben, in die Hand geben:* jmdm. Dokumente, Geld, seine Papiere a.; Jedem Interessenten muss ein Prospekt in dessen Heimatsprache ausgehändigt werden (SZ 17. 4. 99, V). Morgen früh werden ihre Entlassungspapiere ausgehändigt (Grass, Hundejahre 435); sie war ... in der leeren Wohnung, um die Schlüssel an den Hausverwalter auszuhändigen (Frisch, Homo 285).

Aus|hän|di|ger, der; -s, -: *Person, die einer anderen etw. aushändigt.*
Aus|hän|di|ge|rin, die: w. Form zu ↑Aushändiger.
Aus|hän|di|gung, die; -: *das Aushändigen.*
Aus|hand|lung, die; -: *das Aushandeln.*
Aus|hang, der; -[e]s, Aushänge: *öffentlich ausgehängte Bekanntmachung, Anschlag:* A. machen, lesen; etw. durch A. bekannt machen.

Aus|hän|ge|bo|gen, der (Druckw.): *[in der Druckerei] einem Druckwerk zur Qualitätskontrolle o. Ä. entnommener einzelner Bogen; Aushänger.*

Aus|hän|ge|kas|ten, der: *Schaukasten, in dem öffentliche Bekanntmachungen, Anschläge* (1) *o. Ä. ausgehängt werden.*

aus|han|gen ⟨st. V.⟩ (landsch. veraltend, schweiz. auch): ↑¹*aushängen.*

¹aus|hän|gen ⟨st. V.⟩: *zur allgemeinen Kenntnisnahme öffentlich angeschlagen, an dafür vorgesehener Stelle aufgehängt sein:* ein Anschlag, eine Bekanntmachung hängt aus; die Teilnehmerinnen (ugs.; *die Namen, Bilder der Teilnehmerinnen*) haben am schwarzen Brett ausgehangen; die Brautleute hingen im Bürgermeisteramt aus (ugs.; *ihr Aufgebot war dort im Aushängekasten öffentlich bekannt gemacht worden*).

aus|hän|gen ⟨sw. V.; hat⟩: **1.** *zur allgemeinen Kenntnisnahme öffentlich, an dafür vorgesehener Stelle aufhängen, anschlagen:* eine Bekanntmachung, eine Zeitung a.; man hat den neuen Fahrplan noch nicht ausgehängt; die Kinder sind im Schaufenster des Fotografen ausgehängt (ugs.; *ihre Fotografie ist dort ausgestellt*). **2. a)** *aus der Haltevorrichtung herausheben:* eine Tür, einen Fensterflügel a.; **b)** ⟨a. + sich⟩ *sich aus der Haltevorrichtung lösen:* die Fensterladen, die Kette hat sich ausgehängt. **3.** ⟨a. + sich⟩ (ugs.) *den Arm, den jmd. bei jmdm. eingehängt hat, wieder zurückziehen:* plötzlich hängte sie sich bei ihm aus und kam auf mich zu ⟨Küpper, Simplicius 61⟩. **4.** (ugs.) *ausrenken:* ich habe mir das Kreuz ausgehängt; er hat ihm den Arm ausgehängt. **5.** ⟨a. + sich⟩ *(von Kleidungsstücken u. Ä.) sich durch Hängen wieder glätten:* die Hose beult am Knie, hängt sich aber wieder aus (DM 49, 1965, 27).
Aus|hän|ger, der; -s, -: *Aushängebogen.*
Aus|hän|ge|sä|ge, die: *Schweifsäge mit auswechselbarem Blatt* (5).
Aus|hän|ge|schild, das ⟨Pl. -er⟩: **1.** (seltener) *Werbeplakat, Reklameschild:* Wunderbare Bäckerläden ... Eine große Brezel, auf der vielleicht sogar eine bunte Eule hockt, als A. ⟨Domin, Paradies 45⟩. **2.** *jmd., etw., mit dem für jmdn., etw. Reklame gemacht, um Vertrauen geworben wird:* sie diente mit ihrem bekannten Namen nur als A. für die Firma; Das Bad ist ein wichtiger Teil der Wohnung geworden, der vielfach als A. des persönlichen Geschmacks, des »Lebensstils«, gewertet wird ⟨Wohnfibel 160⟩.
Aus|hang|fahr|plan, der: *zum ²Aushängen* (1) *bestimmte amtlicher Fahrplan.*
Aus|hang|kas|ten, der: *Aushängekasten:* ließ die Aushangkästen der Sächsischen Arbeiterzeitung in der Amtsgasse und an der Windschenke abreißen ⟨G. Vesper, Laterna 43⟩.
aus|har|ken ⟨sw. V.; hat⟩ (bes. nordd.): **a)** *mit der Harke entfernen:* das Unkraut zwischen den Bäumen a.; Nicht zersetzte ältere Mährückstände auf dem Boden werden dabei nicht ausgeharkt, um Fäulnis im Winter zu verhüten ⟨Bergsträßer Anzeiger 14. 10. 74, 11⟩; **b)** *mit der Harke von etw. frei machen:* ein Beet a.
aus|har|ren ⟨sw. V.; hat⟩ (geh.): *an einem bestimmten Ort [trotz widriger Umstände] geduldig weiter, bis zum Ende warten, aushalten:* Man hat auf seinem Posten auszuharren oder zu sterben ⟨Thieß, Reich 543⟩; dass es ratsam schien, eine Weile hinter den dicken Mauern auszuharren ⟨Plievier, Stalingrad 247⟩; dass er sich in einer sehr dummen Lage befinde, aber möglichst in Ehren a. müsse ⟨Musil, Mann 1 486⟩.
aus|här|ten ⟨sw. V.⟩ (Technik): **1. a)** *(in Bezug auf Metalllegierungen u. bestimmte Kunststoffe) durch bestimmte Verfahren eine bessere Festigkeit erzielen* ⟨hat⟩: eine Aluminiumlegierung a.; **b)** *durch bestimmte Verfahren eine bessere Festigkeit erlangen* ⟨ist⟩: die Legierung härtet aus. **2.** *(von Leimen o. Ä.) vom flüssigen in den*

unlöslichen Zustand übergehen ⟨ist⟩: der Lack, der Leim ist sehr rasch ausgehärtet.
Aus|här|tung, die; -, -en: *das Aushärten:* In der Industrie dienen Strahlenquellen zur schnellen A. von Lacken (MM 23. 8. 71, 3).
◆ **Aus|hau**, der; -[e]s, -e: *durch Aushauen* (2) *entstandene baumlose Stelle im Wald:* während sein schneller Blick den A. des Waldes entlang und in das fremde Tal vor ihm flog ⟨Freytag, Ahnen 2⟩.
Aus|hauch, der; -[e]s, -e ⟨Pl. selten⟩ (selten): *das Ausatmen:* das Gesicht voll Schnee, der Sturm als Widersacher, der ... das Aufnehmen von Luft wie den A. verhinderte ⟨Th. Mann, Zauberberg 667⟩.
aus|hau|chen ⟨sw. V.; hat⟩ (geh.): **a)** *hauchend ausatmen:* flüsterte er und atmete tief die Luft, die nach Acker schmeckte, dann hauchte er sie aus ⟨Fühmann, Judenauto 126⟩; Ich sah ihn sterben. Nicht seinen letzten Atemzug a. Es war anders ⟨Jahnn, Geschichten 188⟩; Aber da entweicht schon der Strom aus der Leitung, eine Sirene haucht den Ton aus *(hört auf zu tönen;* Fries, Weg 37); **b)** *ausströmen:* Düfte, einen üblen Geruch a.; der Steinboden hauchte eisige Kälte aus; **c)** *leise, hauchend aussprechen, hören lassen:* leise Worte a.
aus|hau|en ⟨unr. V.; haute/hieb aus, hat ausgehauen/⟨landsch.⟩ ausgehaut⟩: **1. a)** *mit einem Werkzeug eine Vertiefung, ein Loch in etw. schlagen:* ein Loch im Eis, Stufen im Fels a.; **b)** *mit Schlagwerkzeugen einen Durchbruch durch etw. schaffen:* einen Weg durch den Fels, eine Schneise a.; **c)** *durch Behauen herstellen, gestalten:* ein Standbild in Marmor a.; ein Steinmetz hat die Inschrift auf dem Grabstein ausgehauen *(ausgemeißelt).* **2. a)** *einzelne Bäume u. Ä. aus einem Baumbestand herausschlagen u. diesen dadurch lichten:* Fichten a.; **b)** *(einen Wald, einen Weinberg) roden:* die alten Weinberge müssen ausgehauen werden; **c)** *(einen Baum) auslichten, dürre Zweige, Äste herausschneiden:* die Obstbäume werden ausgehauen. **3.** (Bergmannsspr.) *abbauen* (6 a): man haute hier Eisenerz aus. **4.** (landsch.) *(ein Schlachttier) zerlegen:* er haute das Schwein aus. **5.** (landsch. ugs.) *verprügeln:* er haute den Jungen fürchterlich aus.
aus|häu|sig ⟨Adj.⟩: *außer Haus [sich aufhaltend, stattfindend, geschehend]:* Für die Erkundung des Skidorfes und andere -e Aktivitäten bleibt da nicht mehr viel Zeit (SZ 3. 3. 98, 905); er ist oft a. *(unterwegs, nicht zu Hause);* Oliver ... bleibt hin und wieder ... länger a., als nötig wäre (Hörzu 27, 1971, 20).
Aus|häu|sig|keit, die; -: *das Aushäusigsein:* bei ... der umfangreichen A. der Professoren für außeruniversitäre Vorträge (FAZ 14. 10. 61, 49).
aus|he|beln ⟨sw. V.; hat⟩ (Ringen): *mit einem Hebelgriff* (1) *zu Fall bringen:* den Gegner a.; Ü Motorradunfälle ..., bei denen nicht eingeklappter Seitenständer die Maschine in der Kurve aushebel-

te und zum Sturz brachte (ADAC-Motorwelt 10, 1986, 16); Wann immer der Umweltminister in Bonn strengere Vorschriften ... erlässt, zieht Brüssel mit einer milderen Richtlinie nach, um die Verordnung wieder auszuhebeln (Spiegel 14, 1992, 62).
aus|he|ben ⟨st. V.; hat⟩: **1. a)** *Erde o. Ä. ausschaufeln:* für das Fundament, den Graben musste viel Erde ausgehoben werden; **b)** *durch Ausschaufeln von Erde o. Ä. herstellen, ausschachten:* eine Baugrube, einen Graben a.; unter diesem Führer werden die Gräber für die noch Lebenden ausgehoben (Plievier, Stalingrad 236). **2.** *aus seiner Haltevorrichtung herausheben, aushängen:* einen Fensterflügel a. **3. a)** *(in zerstörerischer od. räuberischer Absicht) aus dem Nest herausnehmen, wegnehmen:* sie haben heimlich die Eier, die jungen Vögel ausgehoben; **b)** *ein Nest durch Herausnehmen der Eier od. der jungen Vögel leeren:* die Jungen haben ein Krähennest ausgehoben; die Bäuerin hebt abends die Nester aus *(sammelt die Eier ein);* **c)** (landsch.) *(einen Briefkasten) leeren:* dieser Briefkasten wird dreimal am Tag ausgehoben. **4.** *eine Gruppe von Personen, die gesucht werden, in ihrem Versteck auffinden u. verhaften:* Ein Verschwörernest wurde ausgehoben, und Andreas war darein verwickelt (Küpper, Simplicius 47); Banden ... wurden aus ihren heimlichen Schlupfwinkeln in den Holzlägern am Seine-Ufer ... ausgehoben (Maass, Gouffé 8). **5.** (veraltet) *Soldaten zum Wehrdienst einberufen, einziehen:* während die ausgehobenen Regimenter an die Grenze marschieren (St. Zweig, Fouché 30); Ü einer der vielen ..., die ... dem Zug der Grippe zu folgen hatten, in den kommenden Winter und Frühjahr ein Heer eigener Art unter den Lebenden aushob (A. Zweig, Grischa 415). **6.** (Ringen) *den Gegner durch Hochheben zu Fall bringen suchen.* **7.** (ugs.) *ausrenken:* ich habe mir den Arm, die Schulter ausgehoben. **8.** (ugs.) *aushebern:* bei der Untersuchung wurde ihm der Magen ausgehoben. **9.** (Druckw.) **a)** *von Hand gesetzte Zeilen aus dem gefüllten Winkelhaken nehmen;* **b)** *die Druckform nach dem Druck aus der Druckmaschine nehmen.*
Aus|he|ber, der; -s, -: **1.** (Ringen) *Griff, mit dem der Gegner ausgehoben* (6) *wird.* **2.** (Gerberei) *Fehler im Leder, der durch eine Verletzung der Haut bei der Bearbeitung der Fleischseite entstanden ist.*
aus|he|bern ⟨sw. V.; hat⟩ [zu ↑Heber] (Med.): *Magensaft od. Mageninhalt durch Ansaugen über einen durch Mund u. Speiseröhre in den Magen eingeführten Schlauch entnehmen.*
Aus|he|be|rung, die; -, -en (Med.): *das Aushebern.*
Aus|he|bung, die; -, -en: *das Ausheben* (1, 3 c, 4, 5, 8).
aus|he|cheln ⟨sw. V.; hat⟩: *(Flachs) mit der Hechel reinigen.*
aus|he|cken ⟨sw. V.; hat⟩ [zu ↑hecken] (ugs.): *mit List ersinnen, sich ausdenken, planen:* einen Plan a.; die Kinder hecken immer neue Streiche aus; Es (= das At-

tentat) war im Münchener Polizeipräsidium ausgeheckt worden (Niekisch, Leben 105).

aus|hei|len ⟨sw. V.⟩: **1.** (selten) *vollständig heilen; wieder gesund werden lassen* ⟨hat⟩: *der Arzt hat den Patienten nie ganz a. können; du musst dich erst a. (musst erst gesund werden), bevor du wieder anfängst zu arbeiten; die ... in den Süden fahren können, um ihre kranken Lungen auszuheilen* (Bergengruen, Rittmeisterin 161). **2.** ⟨ist⟩ **a)** *(von Krankheiten) in einem Heilungsprozess wieder verschwinden:* eine frühe Tuberkulose ist ausgeheilt (Frisch, Gantenbein 342); Ü Feuerschaden, vielleicht durch künstlich angelegtes Jagdfeuer, heilte bald aus (Mantel, Wald 34); **b)** *(von Organen, Körperteilen o. Ä.) wiederhergestellt werden, gesunden:* Hans leidet etwas unter einem verstauchten Fuß, der bei der Beanspruchung nicht ordentlich a. kann (Normann, Tagebuch 77).

Aus|hei|lung, die; -, -en ⟨Pl. selten⟩: *das Ausheilen.*

aus|hei|misch ⟨Adj.⟩ (veraltet, noch landsch.): *nicht einheimisch; fremdländisch:* -e Produkte.

aus|hei|zen ⟨sw. V.; hat⟩ (seltener): *(einen Raum) durch Heizen vollständig erwärmen:* So ein Haus mit Rädern lässt sich gegen die dickste Kälte a. (ADAC-Motorwelt 9, 1971, 81).

aus|hel|fen ⟨st. V.; hat⟩: **a)** *jmdm. etw. geben od. leihen u. ihm damit in einer vorübergehenden Notlage, aus einer Verlegenheit helfen:* die Nachbarin hat mir mit Salz ausgeholfen; Ich kann Ihnen leicht a., wenn Sie in Verlegenheit sind (Remarque, Triomphe 28); **b)** *vorübergehend helfen, Beistand leisten; für jmdn. einspringen:* sie musste vorübergehend in einer anderen Abteilung seines Betriebes a.; in der Erntezeit beim Bauern a.; sich gegenseitig, sich/(geh.:) einander a.

Aus|hel|fer, der; -s, -: *jmd., der vorübergehend irgendwo aushilft* (b), *Aushilfe* (2): im Dezember benötigen wir (= die Post) kräftige und flinke A., die ganztägig körperliche Arbeiten verrichten (National-Zeitung 5 606, 1968).

Aus|hel|fe|rin, die; -, -nen: w. Form zu ↑Aushelfer.

◆ **aus|hel|len**, sich ⟨sw. V.; hat⟩: *sich aufhellen, aufklaren* (1): Das Wetter hellt sich aus, wir haben einen schönen Tag zu gewarten (Goethe, Götz V).

aus|het|zen ⟨sw. V.⟩ (Jägerspr.): *(einen Fuchs, Dachs) mit einem Hund aus dem Bau treiben:* einen Fuchs a.

aus|heu|len ⟨sw. V.; hat⟩: **1.** (ugs.) **a)** *aufhören zu weinen:* hast du bald ausgeheult?; **b)** ⟨a. + sich⟩ *sich ausweinen:* Das Kind hat sich bei der Mutter ausgeheult. **2.** *aufhören zu heulen* (1): die Sirene hat ausgeheult.

Aus|hil|fe, die; -, -n: **1.** *das Aushelfen; Hilfe in einer bedrängten Situation:* So sind wir am Ende des ... Exils in der Zwangslage ...: unsere Freunde um A. zu bitten (Kantorowicz, Tagebuch I, 143); stellen wir wen zur A. ein (Fallada, Mann 210). **2.** *jmd., der Aushilfsarbeiten macht; Aushilfskraft:* weil ich als Honorarkraft im Jugendzentrum arbeite. Aber nur als A. (Degener, Heimsuchung 140); wir suchen für vier Wochen eine A.

Aus|hilfs|ar|beit, die ⟨meist Pl.⟩: *Arbeit, die nur vorübergehend, aushilfsweise gemacht wird.*

Aus|hilfs|aus|ga|be, die (Philat.): **a)** *durch Aufdruck veränderte, für ihren ursprünglichen Verwendungszweck nicht geeignete Briefmarken;* **b)** *behelfsmäßig gedruckte Briefmarken.*

Aus|hilfs|kell|ner, der: vgl. Aushilfskraft.

Aus|hilfs|kell|ne|rin, die: w. Form zu ↑Aushilfskellner.

Aus|hilfs|koch, der: vgl. Aushilfskraft.

Aus|hilfs|kö|chin, die: w. Form zu ↑Aushilfskoch.

Aus|hilfs|kraft, die: *nur vorübergehend beschäftigte Arbeitskraft.*

Aus|hilfs|per|so|nal, das: vgl. Aushilfskraft.

aus|hilfs|wei|se ⟨Adv.⟩: *zur Aushilfe:* er arbeitet a. in einer Buchhandlung; ⟨mit Verbalsubstantiven auch attr.:⟩ eine a. Beschäftigung, Tätigkeit.

aus|ho|beln ⟨sw. V.; hat⟩: *(etw. aus Holz Bestehendes) mit dem Hobel bearbeiten, bis die gewünschte Form erreicht ist:* Bretter a.

aus|höh|len ⟨sw. V.; hat⟩: *inwendig hohl, leer machen, eine Höhlung in etw. schaffen:* Aber wie höhlt man eigentlich Kürbisse aus? (Bergengruen, Rittmeisterin 267); weil Sie mit dem Finger das Brötchen aushöhlen! (Winckler, Bomberg 17); So lang er war, fühlte er sich als ausgehöhlter Baum, und innen rieselte es (Plievier, Stalingrad 261); Als ich die letzten Seiten des Manuskriptes abgesandt hatte, schlich ich einige Tage umher, schlaff und leer, wie ausgehöhlt (Salomon, Boche 139); Ü ob man diese Kompetenzen Stück für Stück a. *(schwächen, untergraben)* kann (Bundestag 189, 1968, 10250); Die Slowakei, die allerdings die Garantien durch Zusatzerklärungen gleich wieder aushöhlt (Woche, 17. 1. 97, 20)

Aus|höh|lung, die; -, -en: **1.** *das Aushöhlen:* Die ›Krise des Rechtsstaats‹ setzte mit der A. des Gesetzesbegriffs in der Endphase der Weimarer Republik ein (Fraenkel, Staat 288). **2.** *ausgehöhlte Stelle, Vertiefung:* das Wasser hatte in dem Gestein eine A. entstehen lassen.

aus|höh|nen ⟨sw. V.; hat⟩ (selten): *verhöhnen, verspotten:* jmdn. a.

aus|ho|len ⟨sw. V.; hat⟩: **1. a)** *mit einem rückwärtigen Schwung zu einer heftigen Bewegung ansetzen:* er holte aus und versetzte seinem Gegner einen Schlag; mit dem Arm, der Hand a.; Halt fest!, rief Jumbo und holte zum Wurf aus (Hausmann, Abel 52); Ü Als die Stutzwir wieder zum Schlag ausholte (Langgässer, Siegel 443); Ich antworte nicht. Der Kirchenmann hält das für Schwäche und holt sofort zur Attacke aus. »Was macht die Lebensangst?«, fragt er (Remarque, Obelisk 217); Die Musik holt zu einem kräftigen Crescendo aus (Remarque, Obelisk 52); **b)** *sich mit großen, aus-, raumgreifenden Schritten fortbewegen:* die Wanderer mussten jetzt mächtig a.; sie ging mit [weit] ausholenden *(mit großen, raumgreifenden)* Schritten. **2.** *beim Erzählen, Berichten auf weit Zurückliegendes zurückgreifen; umständlich erzählen:* Ich habe Ihnen eine kurze Geschichte versprochen ..., aber ich sehe, dass ich wenigstens am Anfang weit a. muss (Roth, Beichte 16). **3.** (ugs.) *jmdn. ausfragen, aushorchen:* Sie unterließ es, mich über meine Person und mein Vorhaben auszuholen (Habe, Namen 117). **4.** (Seemannsspr.) *das Segel mithilfe des Ausholers festzurren:* das Segel a.

Aus|ho|ler, der; -s, - (Seemannsspr.): *Leine, die zum Ausholen* (4) *des Segels dient.*

aus|hol|zen ⟨sw. V.; hat⟩: **1.** *(einen Baumbestand o. Ä.) lichten:* die Fichten müssen ausgeholzt werden. **2.** *(eine mit Bäumen bestandene Fläche) abholzen, kahl schlagen:* ein Waldstück a.

Aus|hol|zung, die; -, -en: *das Ausholzen:* die A. eines Fichtenbestands; Ü A. des Schilderwaldes, um klarere Rechtsverhältnisse und mehr Rechtssicherheit zu schaffen (auto touring 2, 1979, 13).

aus|hor|chen ⟨sw. V.; hat⟩: *unauffällig ausfragen:* er kommt nur, um mich auszuhorchen.

Aus|hor|cher, der; -s, -: *jmd., der einen anderen aushorcht.*

Aus|hor|chung, die; -, -en ⟨Pl. selten⟩: *das Aushorchen.*

aus|hors|ten ⟨sw. V.; hat⟩ (Jägerspr.): *(einen jungen Greifvogel bes. zum Zwecke der Abrichtung zur Beizjagd) aus dem Horst herausholen:* Die Einheimischen bestätigen, dass früher alljährlich die Jungen (= junge Falken) ausgehorstet wurden (Tier 10, 1971, 31).

Aus|hors|tung, die; -, -en (Jägerspr.): *das Aushorsten.*

Aus|hub, der; -[e]s (Tiefbau): **1.** *das Ausheben von Erde, Erdmassen beim Herstellen von Gräben, Einschnitten, Baugruben:* Im Mai ... soll der A. beginnen, der Start der eigentlichen Bauarbeiten ist für die zweite Jahreshälfte vorgesehen (SZ 4. 2. 99, 4). **2.** *ausgehobene Erde, Erdmassen:* Im maschinell geförderten A. stießen die Arbeiter ebenfalls auf Skelett- und Sargüberreste (Vaterland 280, 1968).

aus|hül|sen ⟨sw. V.; hat⟩: *(Hülsenfrüchte) von den Hülsen befreien:* Erbsen, Bohnen a.

aus|hun|gern ⟨sw. V.; hat⟩: **a)** *[bis zur völligen Entkräftung] hungern lassen:* unsere Leute werden vor unseren Augen ausgehungert; Ü Es hat allen Anschein, dass die EWG ... politisch ausgehungert wird (Bundestag 189, 1968, 10259); **b)** *(eine Gruppe von Eingeschlossenen, eine Stadt o. Ä.) durch Hungernlassen zur Kapitulation o. Ä. zwingen:* die Stadt, die Belagerten, die Eingeschlossenen a.; **c)** (Schlagball) *als Fänger den Ball in das leere Schlagmal werfen od. tragen:* die Schlagpartei a.

◆ aus|hun|zen ⟨sw. V.; hat⟩ [↑hunzen]: *ausschimpfen, beschimpfen:* Kämmt' ich dieses Haar mir nicht? Legt' ich dies reingewaschne Kleid nicht an? Und das, um ausgehunzt von dir zu werden (Kleist, Amphitryon I, 5).

aus|hus|ten ⟨sw. V.; hat⟩: **1.** *durch Husten aus den Luftwegen entfernen:* Schleim a.; bitte husten Sie einmal aus! **2.** *zu Ende husten:* Sie müssen richtig a.; ⟨auch a. + sich:⟩ du hast dich nicht richtig ausgehustet.

aus|ixen ⟨sw. V.; hat⟩: **1.** *(auf der Schreibmaschine Geschriebenes) durch Übertippen mit dem Buchstaben x unleserlich machen, tilgen:* eines KP-Journalisten ..., der stundenlang über seiner Maschine hockt und Zeilen ausixt (MM 22. 5. 69, 29). **2.** (landsch.) *austüfteln:* er wird die Sache schon a.

aus|jam|mern ⟨sw. V.; hat⟩: **a)** *aufhören zu jammern; zu Ende jammern* ⟨meist in einer zusammengesetzten Zeitform⟩: hast du bald ausgejammert?; Müller ließ unterdessen Lepucha und dessen Frau a. und ging auf sein Ziel los (Marchwitza, Kumiaks 204); **b)** ⟨a. + sich⟩ *sich durch Klagen in seinem Schmerz Erleichterung verschaffen:* er hat sich bei der Nachbarin ausgejammert.

aus|jä|ten ⟨sw. V.; hat⟩: **a)** *(Unkraut) jätend entfernen:* Unkraut [aus den Beeten] a.; **b)** *(ein Beet o. Ä.) von Unkraut befreien, säubern:* Die Steingewächse auch mal wieder a. ... und die Stauden teilen (Kempowski, Zeit 191).

aus|ju|rie|ren ⟨sw. V.; hat⟩: *(von einer Jury 1b für eine Ausstellung, für Filmfestspiele o. Ä. als untauglich beurteilt, nicht auswählen:* drei unter seiner eingereichten Bilder wurden genommen, eins dagegen ausjuriert; Nach dem Krieg, als Münchner Kunstveranstalter ihn ausjurierten, fühlte er sich ungerechterweise »boykottiert« (Spiegel 36, 1981, 212).

aus|kal|ken ⟨sw. V.; hat⟩: *(einen Raum) an Decke u. Wänden mit Kalkmilch bestreichen:* den Hühnerstall a.

aus|kal|ku|lie|ren ⟨sw. V.; hat⟩: *genau berechnen, vollständig veranschlagen, kalkulieren:* die Kosten genau a.; Diese stets aufs Haar genau auszukalkulierende Knappheit der Bedingungen ließ erbeben (Th. Mann, Krull 224).

Aus|kal|ku|lie|rung, die; -, -en: *das Auskalkulieren.*

aus|käl|ten ⟨sw. V.; ist⟩ (veraltet, noch landsch.): *kalt werden, auskühlen* (2): bei der Rückkehr aus dem Urlaub waren die Zimmer völlig ausgekältet.

Aus|käl|tung, die; -: *das Auskälten:* Es begann wie immer mit einer Blutleere im Kopf, mit Herzgeflatter und einer A. aller Glieder (Werfel, Himmel 20).

aus|käm|men ⟨sw. V.; hat⟩: **1. a)** *mit dem Kamm aus dem Haar entfernen:* den Staub, Schmutz [aus den Haaren] a.; jmdm., sich etw. [aus dem Haar] a.; **b)** *Haare durch Kämmen zum Ausgehen bringen:* [sich] beim Frisieren eine Menge Haare a.; ausgekämmte Haare. **2. a)** *(das Haar) durch kräftiges Kämmen ordnen, glätten,* [jmdm., sich das Haar, die Frisur a.]: ihr Gesicht im Spiegel, während sie das Haar auskämmt bei schrägem Kopf (Frisch, Gantenbein 446); Am Festmorgen wurden sie (= die Zöpfchen) gelöst und mühsam ausge-kämmt (Rinser, Jan Lobel 4); will sie mir die Locken wieder a. *(durch Kämmen entfernen),* doch ich möchte gerade diese Locken behalten (Imog, Wurliblume 303); **b)** *kämmen, frisieren:* der Friseur muss die Kundin noch a.; sie sieht nicht, dass ich filme ..., während sie sich auskämmt (Frisch, Homo 271); Dann kämme ich mich selbst aus, geben Sie mir einen Kamm (Spiegel 6, 1966, 100); ⟨subst.:⟩ dass ihre Haare noch nicht trocken seien und sie noch fünf Minuten auf das Auskämmen warten müsse (Spiegel 6, 1966, 100). **3. a)** *(eine Anzahl von Personen aus einer größeren Gruppe in bestimmter Absicht) heraussuchen, auswählen:* Aus den in Europa stationierten US-Einheiten sollen 15 000 Spezialisten ausgekämmt ... werden (Spiegel 17, 1966, 30); Industrie, die mit ihren Werbekolonnen durchs Dorf zieht, um die letzten fähigen Leute auszukämmen (B. Vesper, Reise 429); **b)** (seltener) *(ein Gebiet, Gelände) systematisch nach jmdm., etw. durchsuchen:* Auch raffte sie (= die US-Army) sich ... auf und kämmte die Wälder aus mit leichten Panzern und deutscher Hilfspolizei sowie unterstützt von sowjetischen Kommissaren (Küpper, Simplicius 174).

Aus|käm|mung, die; -, -en: *das Auskämmen* (3).

aus|kämp|fen ⟨sw. V.; hat⟩: **1.** (selten) *(einen Kampf) zu Ende kämpfen:* Es (= das Land) braucht nicht den Krieg auszukämpfen, weil es ihn nicht mehr u. kann (Kuby, Sieg 408). **2.** *bis zu seinem Ende od. bis zu einer Entscheidung durchfechten, ausfechten:* einen Rechtsstreit a.; Waren Landwirtschaft, Industrie und ... Arbeiterschaft ... daran gewöhnt, ihre Interessengegensätze in sehr vitaler Weise in den Parlamenten auszukämpfen und auszugleichen (Fraenkel, Staat 327); Dvorski schien etwas mit sich auszukämpfen (Hilsenrath, Nacht 54). **3.** ***ausgekämpft haben*** (geh. verhüll.; *[nach schwerem Leiden] gestorben sein).*

aus|ka|pi|teln ⟨sw. V.; hat⟩ (landsch.): *abkapiteln.*

aus|kau|en ⟨sw. V.; hat⟩: **1.** *so lange auf etw. kauen, bis das darin Enthaltene aufgezehrt ist:* eine Zitronenscheibe, einen Kaugummi a. **2.** *aufhören zu kauen; zu Ende kauen:* du musst erst a., bevor du sprichst.

aus|kau|fen ⟨sw. V.; hat⟩: **1.** (ugs.) *leer kaufen:* die Touristen haben den ganzen Laden ausgekauft. **2.** (geh. selten) *nutzen:* die Zeit, die Tage a. **3.** *gegen Geld aus einer Stellung, Position verdrängen:* Seine beiden Neffen, vom Großvater einst für dieses Amt vorgesehen, hat er schon vor Jahren gegen eine etliche 100 Millionen Mark schwere Abfindung ausgekauft (Welt 6. 12. 85, 3).

aus|ke|geln ⟨sw. V.; hat⟩ [2: zu landsch. Kegel = Gelenk(knochen)]: **1.** *um einen bestimmten Preis kegeln:* morgen werden sie den Pokal a. **2.** (landsch.) *ausrenken:* ich habe mir, er hat ihm den Arm ausgekegelt.

aus|keh|len ⟨sw. V.; hat⟩ (Tischlerei): *halbrunde, rinnenförmige o. ä. Vertiefungen, Hohlkehlen herstellen:* Bretter a.; ausgekehlte Balken.

Aus|keh|lung, die; -, -en: **1.** ⟨o. Pl.⟩ *das Auskehlen.* **2.** *Stelle, an der etw. ausgekehlt ist.*

¹aus|keh|ren ⟨sw. V.; hat⟩ (bes. südd.): **a)** *durch ²Kehren aus etw. entfernen:* mit dem Besen den Schmutz [aus der Werkstatt] a.; kannst du mal a., bitte?; **b)** *(einen Raum o. Ä.) durch ²Kehren reinigen:* samstags, wenn der Lehrling die Werkstatt auskehrte (Böll, Haus 64); Während sie auskehrte und aufwischte (Fels, Sünden 78); ◆ **c)** *ausbürsten* (a, b): er solle daher die Kleider a. (Goethe, Werther II, Der Herausgeber an den Leser).

²aus|keh|ren ⟨sw. V.; hat⟩ (seltener): *an jmdn. eine Summe, auf die er Anspruch hat, auszahlen:* dass er ... die Summe von achtzehntausend Francs in bar am Gouffé a. müsse (Maass, Gouffé 266).

Aus|keh|richt, der; -s (veraltet, noch landsch.): *Kehricht.*

Aus|keh|rung, die; -, -en (seltener): *das ²Auskehren.*

aus|kei|len ⟨sw. V.; hat⟩: **1.** *(von einer geologischen Schicht, einem Flöz od. Gang) nach einer Seite hin keilförmig auslaufen:* eine Gesteinsschicht keilt aus; ⟨auch a. + sich:⟩ der Gang hat sich an dieser Stelle ausgekeilt. **2.** *(von Huftieren) ausschlagen:* das Pferd keilt aus; Ü Georg ... hastete auskeilend um die Kühlerhaube und rannte davon (Fels, Unding 166).

aus|kei|men ⟨sw. V.; ist⟩: *Keime bekommen, keimen; sich keimend entwickeln:* die Kartoffeln im Keller keimen aus; der Weizen ist ausgekeimt; erst bei günstigen Umweltbedingungen keimt sie (= eine solche Spore) wieder zu einem stäbchenförmigen Bazillus aus (Medizin II, 126).

Aus|kei|mung, die; -, -en: *das Auskeimen.*

aus|kel|tern ⟨sw. V.; hat⟩ (Weinbau): *keltern:* die Trauben werden ausgekeltert.

Aus|kel|te|rung, die; -, -en: *das Auskeltern.*

aus|ken|nen, sich ⟨unr. V.; hat⟩: *mit etw. vertraut sein, umzugehen wissen; etw. auf einem bestimmten Bereich genau Bescheid wissen:* ich kenne mich gut, nicht aus hier; sie kennt sich bei uns aus; in dieser Materie kenne ich mich aus *(ich bin darin bewandert);* er kannte sich aus mit den Gesetzen (Bieler, Bonifaz 189); Ü Aus seinen verschwollenen Schlitzaugen, in denen man sich nicht auskennt, blickt er schmerzlich auf sie herab (Werfel, Himmel 137).

aus|ker|ben ⟨sw. V.; hat⟩: *mit Kerben versehen, Kerben in etw. schneiden:* einen Haselnstock a.

Aus|ker|bung, die; -, -en: **1.** ⟨o. Pl.⟩ *das Auskerben.* **2.** *ausgekerbte Stelle:* der Balken trägt mehrere -en.

aus|ker|nen ⟨sw. V.; hat⟩: **1. a)** *(Steinobst) von Kernen befreien, entkernen:* Kirschen, Zwetschen, Mirabellen a.; **b)** (landsch.) *enthülsen:* Erbsen a. **2.** *im Innern völlig umbauen u. modernisieren:* alte Gebäude »auszukernen« und hässliche Neubauten mit stadtbildschonenden Vorhangfassaden zu verkleiden (Welt

8. 5. 81, 6); Das große Bürgerhaus daneben ist bis auf die prächtige Gründerzeitfassade ausgekernt (Woche, 21. 3. 97, 50).

Aus|ker|nung, die; -: **1.** *das Auskernen* (1). **2.** *das Auskernen* (2): Er bekämpft ... die modische Tendenz, Stadtsubstanz durch Rekonstruktion oder A. mit Fassadenrestauration ohne Rücksichtnahme auf den bestehenden Gehalt von Gebäuden einer staunenden Nachwelt zu erhalten (NZZ 29. 1. 83, 31).

aus|kie|sen ⟨sw. V.; hat⟩: *Kies aus dem Boden eines Gewässers, einer Grube o. Ä. entnehmen.*

Aus|kie|sung, die; -, -en: *das Auskiesen:* wird die Firma verpflichtet, etwa zwei Drittel der gesamten Wasserfläche nach der A. kostenlos der Gemeinde zu übereignen (MM 3. 11. 70, 9).

aus|kip|pen ⟨sw. V.; hat⟩: **a)** *(aus einem Gefäß o. Ä.) durch Kippen ausschütten:* Zigarettenasche a.; **b)** *(ein Gefäß o. Ä.) durch Kippen leeren:* einen Eimer, Papierkorb a.

aus|kit|ten ⟨sw. V.; hat⟩: *mit Kitt ausstreichen u. dadurch schließen:* Löcher, Risse in der Wand a.

aus|kla|gen ⟨sw. V.; hat⟩: **1.** (geh.) **a)** *klagend vorbringen, äußern:* sein Leid a.; Er ... »klagt aus, was sein empfindsames Gemüt verletzt ...« (Chr. Wolf, Nachdenken 123); **b)** ⟨a. + sich⟩ *sein Leid klagen, sich klagend aussprechen:* sie hatte das Bedürfnis sich auszuklagen; **c)** *aufhören zu klagen* ⟨meist in einer zusammengesetzten Zeitform⟩: es dauerte lange, bis er ausgeklagt hatte. **2.** (Rechtsspr.) **a)** *durch gerichtliche Klage eintreiben, einklagen:* die Miete, Schulden, eine Forderung a.; **b)** *durch gerichtliche Klage zwingen, etw. aufzugeben, zu verlassen:* sie wurden aus ihrer Wohnung ausgeklagt.

Aus|kla|gung, die; -, -en (Rechtsspr.): *das Ausklagen* (2).

aus|klam|mern ⟨sw. V.; hat⟩: **1.** (Math.) *vor od. hinter die eingeklammerte algebraische Summe stellen:* x, eine Zahl a. **2.** (Sprachw.) *einen Satzteil od. Attributsatz, der üblicherweise vor dem schließenden Prädikat steht, hinter dieses stellen:* einen Relativsatz a. **3.** *in einem bestimmten Zusammenhang unberücksichtigt, beiseite lassen, ausschließen:* eine heikle Frage, ein Thema a.; man kann Frankreich aus den Bemühungen um die europäische Einigung nicht a. (Bundestag 188, 1968, 10 163).

Aus|klam|me|rung, die; -, -en: *das Ausklammern.*

aus|kla|mü|sern ⟨sw. V.; hat⟩ [zu ↑klamüsern] (ugs.): *durch langes Nachdenken od. Probieren herausfinden:* eine neue Methode a.

Aus|klang, der; -[e]s, Ausklänge ⟨Pl. selten⟩: **1.** (selten) *Schluss eines Musikstücks o. Ä.:* die Sinfonie hat einen leisen A. **2.** (geh.) *Ende, Abschluss von etw.:* Der Anlass zu Heinzens eigentümlicher Lektüre lag in dem hässlichen A. jenes Grinzinger Abends (Brod, Annerl 115).

aus|klapp|bar ⟨Adj.⟩: *sich ausklappen lassend:* -e Bildtafeln.

Aus|klapp|bild, das: *ausklappbare Bildtafel (in einem Lexikon o. Ä.).*

aus|klap|pen ⟨sw. V.; hat⟩: *heraus-, nach außen klappen:* eine Schreibplatte a.

aus|kla|rie|ren ⟨sw. V.; hat⟩ [↑klarieren] (Zollw., Seew.): *Schiff u. Güter vor dem Auslaufen verzollen.*

Aus|kla|rie|rung, die; -, -en (Zollw., Seew.): *das Ausklarieren.*

aus|klau|ben ⟨sw. V.; hat⟩ (landsch.): *mit den Fingern [mühsam] auslesen:* Erbsen, Linsen a.

aus|kle|ben ⟨sw. V.; hat⟩: *inwendig, auf den Innenflächen mit etw. bekleben:* eine Schublade, ein Schrankfach a.

aus|klei|den ⟨sw. V.; hat⟩: **1.** (geh.) *ausziehen, entkleiden:* einen Kranken a.; ich hatte mich bereits ausgekleidet. **2.** *die Innenflächen von etw. mit etw. überziehen, bedecken:* einen Raum mit einer Vertäfelung, einer Seidentapete a.; der Ofen ist mit feuerfesten Steinen ausgekleidet; die mit Schleimhaut ausgekleideten Organe (Natur 94).

Aus|klei|dung, die; -, -en: **1. a)** *das Auskleiden* (2); **b)** *etw., womit die Innenflächen von etw. bedeckt, ausgekleidet sind;* ¹*Futter* (2, 4): dass der fertige Bau ... nicht die geringste innere A. aus feineren Stoffen besaß (Lorenz, Verhalten I, 77). **2.** ⟨o. Pl.⟩ (Milit.) *Rücknahme der Bekleidung u. persönlichen Ausrüstung eines Soldaten nach Beendigung der Dienstzeit.*

aus|kleis|tern ⟨sw. V.; hat⟩ (ugs.): *auskleben.*

aus|klen|gen ⟨sw. V.; hat⟩ [↑klengen] (Forstw.): *den Samen durch Einwirkung von Wärme o. Ä. durch mechanische Hilfsmittel aus den Zapfen herauslösen:* Fichtensamen a.

aus|kli|cken ⟨sw. V.; ist⟩: *mit einem klickenden Laut ausrasten:* Dann kratzte die Nadel eine Sekunde lang ziellos im Kreis, und der Plattenspieler klickte aus (Baldwin [Übers.], Welt 254).

aus|klin|gen ⟨st. V.⟩: **1. a)** *aufhören zu klingen* ⟨hat⟩: die Glocken klingen aus; wenn er (= der Glockenton) ausgeklungen hat, sind meine Zeiger hier (= auf dem Wecker) schon ein rechthaberisches Stück auseinander (Muschg, Sommer 253); **b)** *verklingen* ⟨ist⟩: als das letzte Lied ausgeklungen war, gingen sie nach Hause. **2.** ⟨ist⟩ **a)** *in bestimmter Weise enden; zu Ende gehen:* der Tag war harmonisch, festlich ausgeklungen; die Feier klang mit einer Musikdarbietung aus; Diese Gruppen traten bereits zu einer Zeit auf, in der die laufende Sonnenfleckenperiode noch nicht ausgeklungen war (Wochenpost 10. 9. 76, 8); **b)** *an seinem Ende, Ausgang in etw. Bestimmtes übergehen:* Auf die Ablenkungen zielt Voltaire, wenn er seinen »Candide« in den Rat a. lässt, seinen Garten zu bearbeiten (Freud, Unbehagen 104).

aus|klin|ken ⟨sw. V.⟩: **1. a)** *durch Betätigen eines Hebels o. Ä. aus einer Haltevorrichtung lösen, aushaken [und fallen lassen]* ⟨hat⟩: Geflogen ist der X-38 bereits, aber nur an der Leine hinter einem B-52-Bomber. Nun wird der Gleiter ohne eigenen Antrieb in 7000 Metern Höhe über der kalifornischen Mojave-Wüste ausgeklinkt (SZ 10. 3. 98, 12); die Flugzeuge hatten ihre Bombenladung über der Stadt ausgeklinkt; Die beiden Segelflieger konnten noch rechtzeitig a. und notlanden (Bild 6. 4. 64,); **b)** *sich aus einer Haltevorrichtung lösen* ⟨ist⟩: das Seil muss automatisch a.; ⟨subst.:⟩ Eine Sicherheitsbindung soll durch Ausklinken der Backen oder Haltevorrichtung den Fuß bei schweren Drehstürzen freigeben (Eidenschink, Eis 97); ⟨auch a. + sich; hat:⟩ das Halteseil darf sich nicht von selbst a. **2.** (ugs.) **a)** ⟨a. + sich⟩ *sich aus etw., bes. aus einer Gemeinschaft zurückziehen* ⟨hat⟩: So wich sie jetzt aus vor Einfällen ..., klinkte sich aus, verzog sich auf die erstbeste Seite (Johnson, Ansichten 109); Die ... Sendung, als ob es Radio Bremen bereits ausgeklinkt hat (tango 9, 1984, 11); sich in eine Wunschwelt auszuklinken (Hörzu 29, 1931, 74); In Berlin ... filmte Bott ... eine Gruppe von »ausgeklinkten« jungen Leuten (Spiegel 14, 1980, 255); **b)** *die Beherrschung verlieren; ausrasten* (2) ⟨ist⟩: Die erste Pistole habe ich mir in jener Nacht in die Tasche gesteckt, als ich gehört hatte, dass ... Da bin ich ausgeklinkt (Spiegel 32, 1978, 81); * **bei jmdm. klinkt es aus** (ugs.; jmd. verliert die Beherrschung, rastet aus); **c)** (Jargon) *für jmdn. Geld geben, bezahlen* ⟨hat⟩: er soll mal a. (Petra 10, 1974, 142); sie sehen einen Bettler ... - klinken direkt aus (Aberle, Stehkneipen 111); Diesmal wars umsonst ... Aber das nächstemal musst du wa a. (Quick 1, 1981, 99).

aus|klop|fen ⟨sw. V.; hat⟩: **a)** *durch Klopfen aus etw. entfernen; aus etw. herausklopfen:* den Schmutz [aus der Fußmatte] a.; die Asche [aus der Pfeife] a.; **b)** *durch Klopfen von etw. befreien, reinigen, säubern:* einen Teppich, Kleidungsstücke a.; Schließlich klopfte Abel seine Mundharmonika aus (Hausmann, Abel 41); Huhl klopfte die Pfeife an der Tischkante aus (Andres, Liebesschaukel 194).

Aus|klop|fer, der; -s, -: *Teppichklopfer.*

aus|klü|geln ⟨sw. V.; ha.⟩: *mit Scharfsinn ausdenken, ersinnen, austüfteln:* eine Methode a.; das hast du dir aber fein ausgeklügelt; ein raffiniert ausgeklügeltes System.

Aus|klü|ge|lung, Aus|klüg|lung, die; -, -en: *das Ausklügeln.*

aus|knei|fen ⟨st. V.; ist⟩ [für niederd. ütknipen, zu: knipen, ↑¹kneipen] (ugs.): *[aus Feigheit] heimlich weglaufen, ausreißen:* sie wollten vor der letzten Unterrichtsstunde a.; Ü Alles (= ein Drama, ein Gedicht) mehr oder minder unzulängliche Versuche, einem drohenden Wahnsinn auszukneifen (Becher, Prosa 55).

aus|knip|sen ⟨sw. V.; hat⟩ (ugs.): **1.** *durch Betätigen eines Schalters o. Ä. ein elektrisches Gerät od. Licht ausschalten:* die Taschenlampe a.; wie er den Heizofen ausknipste (Böll, Und sagte 15); jene Schnur, mit der man das Licht a. konnte (Grass, Blechtrommel 338). **2.** *(eine Zigarette o. Ä.) abkneifend ausdrücken:* Lankes knipste die Zigarette aus und verwahrte die Kippe (Grass, Blechtrom-

ausknobeln

mel 674); Ich ... knipste meine Zigarette aus und suchte einen Platz (Böll, Und sagte 31).

aus|kno|beln ⟨sw. V.; hat⟩ (ugs.): **1.** *durch Knobeln ermitteln; durch Knobeln entscheiden, auswürfeln:* wir knobelten aus, wer beginnen, wer die Sache bezahlen sollte. **2.** *durch intensives Nachdenken, Überlegen herausfinden, ersinnen; ausklügeln:* einen Plan, eine Methode a.; Der Name der neuen Direktbank wird noch von einer britischen Werbefirma ausgeknobelt und soll europaweit anwendbar sein (SZ 14. 11. 96, 32).

aus|kno|cken [ˈaʊsnɔkn] ⟨sw. V.; hat⟩ [für engl. to knock out, ↑ knock-out] (Boxen): *den Gegner durch einen Niederschlag, durch K. o. besiegen:* bereits in der dritten Runde knockte er seinen Gegner aus; Ü einen Konkurrenten a. *(ausstechen, ihm eine Niederlage beibringen).*

aus|knöpf|bar ⟨Adj.⟩: *sich ausknöpfen lassend:* ein Mantel mit -em Pelzfutter.

aus|knöp|feln ⟨sw. V.; hat⟩ (seltener): *ausknöpfen:* wie er ... seine Manschettenknöpfe ... ausgeknöpfelt und in eine Aschenschale gelegt hatte (Zuckmayer, Magdalena 115).

aus|knöp|fen ⟨sw. V.; hat⟩: *etw. Eingeknöpftes [losknöpfen u.] herausnehmen:* das Futter [aus dem Mantel] a.

aus|ko|chen ⟨sw. V.⟩: **1.** *(Suppenfleisch, Knochen o. Ä.) längere Zeit kochen lassen, um eine Brühe daraus zu gewinnen* ⟨hat⟩: sie hat Knochen, ein Stück Rindfleisch ausgekocht. **2.** (landsch.) *(Fett o. Ä.) auslassen* ⟨hat⟩: Gänsefett a. **3.** ⟨hat⟩ **a)** (selten) *(Wäsche) durch Kochenlassen säubern:* Meist aber genügt es, die Wäsche auszukochen (Horn, Gäste 157); **b)** *in kochendem Wasser steril, keimfrei machen:* die Arzthelferin hat die Instrumente ausgekocht. **4.** (salopp abwertend) *[Übles] ersinnen, planen; sich ausdenken* ⟨hat⟩: Vertiefen wollen die Genossen im Kloster auch das SPD-Wirtschaftsprogramm, das sie vor einem Jahr in Irsee ausgekocht haben und das mittlerweile Gemeingut der Gesamtpartei geworden ist (SZ 10. 1. 98, 46). **5.** (salopp) *durchdenken, entscheiden* ⟨hat⟩: Schmidt lässt Probleme gern a. Sei es, damit sie sich von selbst lösen, sei es, dass sich Mehrheiten herausschälen (Welt 19. 2. 81,3); Ausgekocht ist die Frage noch lange nicht (Sprachspiegel 3, 1965, 72). **6.** (Sprengt.) *(von einer Sprengladung) ohne Detonation abbrennen* ⟨ist⟩. **7.** (selten) *aus einem Gefäß herauskochen; überkochen* ⟨ist⟩: die Milch ist [aus dem Topf] ausgekocht. **8.** (österr.) *für jmdn. kochen u. ihn voll verpflegen* ⟨hat⟩: sie kocht für ihren Untermieter aus.

aus|kof|fern ⟨sw. V.; hat⟩ [zu ↑ Koffer (2)] (Straßenbau): *in dem geplanten Verlauf einer Straße eine Vertiefung für den Unterbau schaffen:* einen Straßenabschnitt a.

Aus|kof|fe|rung, die; -, -en (Straßenbau): *das Auskoffern.*

aus|kol|ken ⟨sw. V.; hat⟩ [zu ↑ Kolk] (Geol.): *(von fließendem Wasser) Vertiefun-*

gen, Löcher in felsigen Untergrund verursachen; auswaschen: das Wasser, der Bach hat hier im Laufe der Zeit Löcher ausgekolkt.

Aus|kol|kung, die; -, -en (Geol.): **1.** ⟨o. Pl.⟩ *das Auskolken.* **2.** *durch fließendes Wasser hervorgerufene Vertiefung in felsigem Untergrund.*

aus|kom|men ⟨st. V.; ist⟩ [mhd. ūʒkomen, ahd. ūʒqueman, eigtl. = aus etw. herauskommen, bis zum Ende kommen]: **1.** *von etw. so viel zur Verfügung haben od. etw. so einteilen, dass es für einen bestimmten Zweck reicht:* mit dem Haushaltsgeld auszukommen versuchen; ich komme einigermaßen aus (mit dem, was ich habe); Ü Da der Motor gut mit sechs Litern auskommt (Grzimek, Serengeti 159). **2.** *in einer gegebenen Situation, Lage ohne eine bestimmte Person od. Sache zurechtkommen, fertig werden:* er kommt nicht ohne seine Frau aus; die beiden kommen nicht ohne einander aus; früher ist man auch ohne Barometer ausgekommen (Schnurre, Bart 150). **3.** *sich mit jmdm. vertragen, verstehen:* Er hatte seine Mucken, aber ich bin immer gut mit ihm ausgekommen (Ott, Haie 305); Außerdem bin ich überzeugt, dass wir beide glänzend miteinander auskämen (Erich Kästner, Fabian 122). **4.** (südd., österr.) *entkommen, entfliehen, entwischen:* ein Gefangener ist [aus der Haftanstalt] ausgekommen. **5.** (landsch.) *ausschlüpfen:* die Küken sind ausgekommen; die Eier werden bald a. *(die Küken werden ausschlüpfen).* **6.** (landsch.) *entstehen, ausbrechen:* ein Feuer, ein Brand ist ausgekommen. **7.** (landsch.) *bekannt werden, herauskommen:* es ist ausgekommen, dass er gelogen hat.

Aus|kom|men, das; -s: **1.** *ausreichender Lebensunterhalt; für jmds. Lebensunterhalt ausreichendes Einkommen:* ein, sein [gutes, bescheidenes] A. haben, finden; ein Mensch ist dort zu Hause, wo er seine Arbeit und sein A. hat (v. d. Grün, Glatteis 25); der Zustand des gesicherten -s für alle, den wir bald erreicht haben werden (Nossack, Begegnung 122). **2.** * *mit jmdm. ist kein A.* (ugs.; *jmd. ist unverträglich, mit jmdm. ist nicht auszukommen* 3).

aus|kömm|lich ⟨Adj.⟩: *ausreichend (für den Lebensunterhalt):* -e Verhältnisse; der ... nach Paris gezogen sei, wo er mit seiner Frau und seinen drei Kindern a. leben könne (Mostar, Unschuldig 24).

aus|kom|po|nie|ren ⟨sw. V.; hat⟩: *(im Rahmen einer musikalischen Komposition) bis in alle Einzelheiten ausführen, gestalten:* unterstrich er die Resignation, die Strauss hier etwa nach dem ersten Auftreten des »Widersacher« ... so nobel melancholisch auskomponiert hat (Orchester 5, 1983, 473); Damals fehlte allerdings noch der auskomponierte dritte Teil (Melos I, 1984, 17); Jene cis-Moll-Fuge ... enthüllt sich ... als ein unaufhaltsam auskomponiertes Crescendo (Adorno, Prismen 140).

aus|ko|pie|ren ⟨sw. V.; hat⟩ (Fot.): *(von Auskopierpapier im Kontakt mit dem Ne-*

gativ) sich unter Einwirkung von Tageslicht unmittelbar schwärzen, das Bild hervortreten lassen.

Aus|ko|pier|pa|pier, das (Fot.): *Fotopapier, das sich unter Einwirkung von Tageslicht schwärzt.*

Aus|ko|pier|pro|zess, der (Fot. früher): *Verfahren, bei dem das Fotopapier vom Tageslicht unmittelbar geschwärzt wird.*

aus|kop|peln ⟨sw. V.; hat⟩: **1.** *(ein Tier, bes. einen Hund) aus der Koppel nehmen, losmachen.* **2.** *ein Lied, einen Song o. Ä., der bereits auf einer Langspielplatte, CD aufgenommen wurde, auf einer Single herausbringen.* **3.** *aus einem Zusammenhang herausnehmen, herauslösen:* Wir versuchen vor allem Lebensmittel und leicht verderbliche Güter auszukoppeln und teilweise auf der Straße zu transportieren (Freie Presse 1. 12. 89, 3); Aus dem ... Rundkurs von COSY soll dadurch ein besonders feiner ... Teilchenstrahl ausgekoppelt werden (BdW 8, 1987, 14).

Aus|kop|pe|lung, Aus|kopp|lung, die; -, -en: **1.** *das Auskoppeln.* **2.** *aus einer Langspielplatte, CD ausgekoppeltes Lied o. Ä.*

aus|kor|ri|gie|ren ⟨sw. V.; hat⟩: *(einen Fehler o. Ä.) durch Korrektur beseitigen, ausgleichen:* Es (= ein Fehlersignal) wird im Regelverstärker verstärkt und korrigiert die Schwankungen ... aus (Elektronik 11, 1971, 387).

aus|kos|ten ⟨sw. V.; hat⟩ (geh.): **a)** *ausgiebig bis zum Ende genießen, ganz ausschöpfen:* die Urlaubstage a.; abermals darf der Mensch die Freuden des Menschlichen a. (Schaper, Kirche 230); Nun kann ich gelassen ... meinen gegenwärtigen Lebensaugenblick a. (Thielicke, Ich glaube 182); dass es ein recht billiger Triumph war, den er auskostete *(dass er auf sehr wenig schöne Weise triumphierte;* Sebastian, Krankenhaus 160); ⟨subst.:⟩ die Schwärmerei ... als Eitelkeit, als sentimentales Auskosten der eigenen Gefühle (Lüthi, Es 119); **b)** *erleiden, durchleiden:* die Wiederholung eines Prozesses ..., der eine bittere Schmerzlichkeit in ... tief genug hatte a. müssen (Hesse, Steppenwolf 61); es läge im Willen Gottes, dass tiefster Schmerz bis zur Neige ausgekostet werde (Thieß, Reich 475).

aus|kot|zen ⟨sw. V.; hat⟩ (derb): **a)** *ausbrechen* (3), *erbrechen* (2 a): Mein ganzes Abendessen hab ich heute wieder ausgekotzt (Andersch, Rote 56); Ü Man hat sie (= die Vergangenheit) nicht bewältigt. Man hat sie ausgekotzt (Spiegel 1/2, 1967, 35); **b)** ⟨a. + sich⟩ *sich heftig übergeben, erbrechen* (2 b): Plötzlich rebellierte sein Magen. Und der Major kotzte sich aus (Kirst, 08/15, 692); Ü ich habe mich bei ihm ausgekotzt *(mich ausgesprochen, ihm mein Leid geklagt, meinem Groll Luft gemacht).*

aus|kra|gen ⟨sw. V.; hat⟩ [zu ↑ Krage] (Archit.): **a)** *(von Trägern od. Bauteilen an Bauwerken) überstehen, hinausragen; vorkragen* (a): ein Erker, ein Geschoss kragt aus; Unter einem etwa zweieinhalb Meter auskragenden Vordach können sich Passanten auch bei Regenwetter genüsslich an den Auslagen erfreuen (MM 6.9.68, 36); **b)** *einen Bauteil hervorspringen, hervorragen lassen; vorkragen* (b): einen Sims a.

Aus|kra|gung, die; -, -en (Archit.): **1.** ⟨o. Pl.⟩ *das Auskragen.* **2.** *aus der Fluchtlinie eines Baus vorspringender od. die Unterstützung überragender Bauteil (wie Balkon, Sims o. Ä.).*

◆ **aus|kral|len** ⟨sw. V.; hat⟩: *auskratzen* (1): *krallet den Verwegnen, den verfluchten Vogelstellern ungesäumt die Augen aus* (Goethe, Vögel).

aus|kra|men ⟨sw. V.; hat⟩ (ugs.): **1. a)** *irgendwo hervorsuchen, hervorkramen:* alte Fotografien, Briefe [aus der Schublade] a.; Ü Erinnerungen, alte Geschichten a. *(wieder ins Gedächtnis rufen);* **b)** *hervorkramend leeren:* er hat die ganze Kiste ausgekramt, ohne die Gesuchte zu finden. **2.** *[Geheimnisse] ausplaudern:* er hat alles, die ganze Geschichte ausgekramt; wie drauf und dran er gewesen war, sein Ungeschick mit der D. auszukramen (Johnson, Ansichten 131).

aus|krat|zen ⟨sw. V.⟩: **1.** *durch Kratzen mit einem scharfen Gegenstand tilgen, beseitigen; wegkratzen* ⟨hat⟩: einen Flecken a.; dann kam der Tischlermeister ... und kratzte das Wort mit einem Nagel aus (Böll, Haus 64). **2.** ⟨hat⟩ **a)** *durch Kratzen aus etw. entfernen, aus einem Gefäß o. Ä. herauskratzen:* sie hat den Rest [aus der Schüssel] ausgekratzt; **b)** *(ein Gefäß o. Ä.) durch Herauskratzen von Anhaftendem reinigen:* sie hat die Teigschüssel ausgekratzt. **3.** (Med.) *ausschaben* (c) ⟨hat⟩: man hat [bei ihr] die Gebärmutter ausgekratzt; die Patientin wurde ausgekratzt *(ihre Gebärmutter wurde ausgeschabt).* **4.** (salopp) *ausreißen, sich davonmachen* ⟨ist⟩: er ist [vor dem Lehrer] ausgekratzt.

Aus|krat|zung, die; -, -en (Med.): *das Auskratzen* (3), *Ausschabung; Abrasion, Kürettage.*

aus|krau|ten ⟨sw. V.; hat⟩ (landsch.): **a)** *(Unkraut) ausjäten:* die Quecken [aus den Beeten] a.; **b)** *von Unkraut befreien, säubern:* ein Beet, einen Acker a.

aus|krie|chen ⟨st. V.; ist⟩: *ausschlüpfen:* Sie (= die Eier) waren unbefruchtet, jedenfalls kroch keine Jungen aus (Lorenz, Verhalten I, 223).

aus|krie|gen ⟨sw. V.; hat⟩ (ugs.): *ausbekommen.*

Aus|kris|tal|li|sa|ti|on, die; -, -en: *das Auskristallisieren; Kristallbildung.*

aus|kris|tal|li|sie|ren ⟨sw. V.⟩: **1.** *aus etw. herauskristallisieren; durch Kristallisation gewinnen* ⟨hat⟩: durch Verdunstenlassen der Lösung Kochsalz a. **2.** *sich als Kristall niederschlagen* ⟨ist⟩: Beim Verdunsten des Wassers bleiben die in ihm gelösten Salze im Mauerwerk zurück und können dort a. (SZ 14.9.93, 302); ⟨auch a. + sich; hat:⟩ wurde das Holz unter die Siedpfannen ... geschürt, bis die ... Sole verdampfte und sich richtiges Salz auskristallisierte (MM 28.5.69, 13).

Aus|kris|tal|li|sie|rung, die; -, -en: *das Auskristallisieren.*

aus|ku|geln ⟨sw. V.; hat⟩ [volksetymologisch umgedeutet aus ↑auskegeln]: *ausrenken:* bei dem Sturz hat er sich den Arm ausgekugelt; Willy kugelt ihm den Arm aus (Remarque, Obelisk 329).

aus|küh|len ⟨sw. V.⟩: **1.** *durch kühl werden lassen; die Temperatur [eines Körpers] stark herabsetzen* ⟨hat⟩: der Aufenthalt in der Kälte hatte sie völlig ausgekühlt; ein eisiger Wind, der den Körper auskühlt und die Augen rötet (Kusenberg, Mal 5). **2.** *stark an Temperatur verlieren, abkühlen* ⟨ist⟩: der Raum kühlt schnell aus; leise knackend, mit einem Stöhnen kühlte das Flugzeug aus (Gaiser, Jagd 85); Die Tasse (= mit Kaffee) war ausgekühlt (Dorpat, Ellengenspiele 9); wir saßen in ausgekühlten Hörsälen (Augustin, Kopf 49).

Aus|küh|lung, die; -: *das Auskühlen, Ausgekühltwerden.*

Aus|kul|tant, der; -en, -en [lat. auscultans (Gen.: auscultantis), 1. Part. von: auscultare = zuhören, also eigtl. = Zuhörer, ↑auskultieren] (Rechtsspr.): **1.** *Beisitzer ohne Stimmrecht.* **2.** (österr.) *Anwärter auf das Richteramt.*

Aus|kul|ta|ti|on, die; -, -en [lat. auscultatio] (Med.): *das Auskultieren.*

Aus|kul|ta|tor, der; -s, ...oren [lat. auscultator = Zuhörer; vgl. Auskultant] (Rechtsspr. veraltet): *Gerichtsreferendar:* ◆ »Auf keinen Fall, mein Fräulein!«, sagt der A. Krippenstapel (Raabe, Chronik 137).

aus|kul|ta|to|risch ⟨Adj.⟩ (Med.): *durch Auskultieren feststellend od. feststellbar.*

aus|kul|tie|ren ⟨sw. V.; hat⟩ [lat. auscultare = mit Aufmerksamkeit zuhören, lauschen] (Med.): *ein Organ auf Geräusche hin abhorchen:* das Herz, die Lunge a.

aus|kund|schaf|ten ⟨sw. V.; hat⟩: *[heimlich] durch Nachforschen herausfinden, erkunden, ausmachen:* ein Versteck a.; jmds. Vermögensverhältnisse a.; Ich kundschafte erst einmal aus, wie der Weg ist (Grzimek, Serengeti 328).

Aus|kund|schaf|ter, der; -s, -: *jmd., der etw. auskundschaftet; Kundschafter.*

Aus|kund|schaf|te|rin, die; w. Form zu ↑Auskundschafter.

Aus|kund|schaf|tung, die; -, -en: *das Auskundschaften.*

Aus|kunft, die; -, Auskünfte [früher = Weg od. Mittel, um aus etw. herauszukommen; zu ↑auskommen, zum 2. Bestandteil vgl. Abkunft]: **1.** *auf eine Frage hin gegebene Information, aufklärende Mitteilung über jmdn., etw.:* eine A. erteilen, geben, einholen, verweigern; mit detaillierten Auskünften dienen können. **2.** ⟨o. Pl.⟩ *Stelle, die bestimmte Auskünfte* (1) *erteilt, bes. Fernsprechauskunft, Bahnauskunft:* die A. [im Hauptbahnhof] anrufen. **3.** (veraltet, noch landsch.) *Hilfsmittel, Ausweg:* eine A. suchen, finden.

Aus|kunf|tei, die; -, -en [1889 gepr. von dem Germanisten v. Pfister]: *Unternehmen, das gewerbsmäßig Auskünfte über private od. geschäftliche Verhältnisse anderer, bes. über deren Kreditwürdigkeit erteilt:* Die Auskunftei Creditreform geht davon aus, dass in den neuen Bundesländern heuer bis zu 3700 ... Baubetriebe Konkurs anmelden werden (SZ 2.1.98, 2).

Aus|kunfts|be|am|te, der: *Beamter, der Auskünfte erteilt.*

Aus|kunfts|be|am|tin, die; w. Form zu ↑Auskunftsbeamter.

Aus|kunfts|bü|ro, das: *Informationsbüro, bes. für Touristen.*

Aus|kunfts|dienst, der: kurz für ↑ Fernsprechauskunftsdienst.

◆ **Aus|kunfts|mit|tel,** das [zu ↑Auskunft (3)]: *Hilfsmittel, Ausweg:* wenn die Gemeinde sich den Luxus eines Gewissens gestatten dürfte, würde es gegen dieses A. protestieren (Ebner-Eschenbach, Gemeindekind 11).

Aus|kunfts|per|son, die: *Person, die (bei einer Umfrage, einer Befragung o. Ä.) Auskünfte über bestimmte Sachverhalte gibt:* -en für eine Umfrage auswählen.

Aus|kunfts|pflicht, die ⟨o. Pl.⟩ (Rechtsspr.): *die einer Person auferlegte Verpflichtung, einer anderen Person Auskünfte über bestimmte Sachverhalte zu geben.*

aus|kunfts|pflich|tig ⟨Adj.⟩: *der Auskunftspflicht unterliegend, nachkommen müssend.*

Aus|kunfts|recht, das ⟨o. Pl.⟩ (Rechtsspr.): *Recht einer Person, von einer anderen Person Auskunft über bestimmte Sachverhalte zu verlangen.*

Aus|kunfts|schal|ter, der: *Schalter, an dem Auskünfte erteilt werden.*

Aus|kunfts|stel|le, die: *[amtliche] Stelle, die bestimmte Auskünfte erteilt.*

Aus|kunfts|ver|wei|ge|rungs|recht, das ⟨o. Pl.⟩ (Rechtsspr.): *Recht des Zeugen, auf bestimmte Fragen die Auskunft zu verweigern.*

aus|kun|geln ⟨sw. V.; hat⟩ (ugs. abwertend): *in fragwürdiger Weise u. in nicht offen getroffener Absprache aushandeln:* Niemand könne eine Besetzung des Vorstandes ..., die nicht dem mehrheitlichen Willen der Parteidelegierten entspreche (SZ 27.4.94, 6); heimlich aber kungele er mit Roder ein Ja im Bundesrat aus (Spiegel 5, 1976, 20).

aus|kup|peln ⟨sw. V.; hat⟩: *durch Bedienen der Kupplung die Verbindung von Motor u. Getriebe aufheben:* vor dem Schalten muss ausgekuppelt werden.

Aus|kup|pe|lung, Aus|kupp|lung, die; -, -en: *das Auskuppeln.*

aus|ku|rie|ren ⟨sw. V.; hat⟩ (ugs.): *vollständig heilen, ausheilen* (1), *wieder gesund werden lassen:* Der Vater von Hoffmann hatte den Primus dann stillschweigend wieder auskuriert, der war Facharzt für solche Sachen (Rehn, Nichts 36); Wichtig ist, dass die Verletzung hundertprozentig auskuriert wird (SZ 2.3.99, 3); es dauerte lange, bis ich mich wieder auskuriert hatte.

aus|la|chen ⟨sw. V.; hat⟩: **1.** *sich lachend über jmdn. lustig machen, jmdn. wegen eines Verhaltens o. Ä. verspotten:* Da hatte er den einen Hut in der Hand gehabt und einen auf dem Kopf, wofür er tüchtig ausgelacht wurde (Schröder, Wanderer 59); lass dich nicht a.! *(mache dich nicht*

Auslad

lächerlich!). **2.** ⟨a. + sich⟩ *so lange lachen, bis man sich wieder gefangen hat:* Sie muss wirklich lachen, sie lacht sich mal aus, hat lange nicht mehr so gelacht (Wohmann, Absicht 12). **3.** *aufhören zu lachen* ⟨meist in einer zusammengesetzten Zeitform⟩*:* endlich hatten sie ausgelacht.

Aus|lad, der; -s (schweiz.): *das* ¹*Ausladen* (1)*:* Rund 750 Tonnen Zürcher Filterstaub ... sollen zur Entsorgung nach England verschifft werden, doch verweigern die britischen Hafenarbeiter den A. (Bund 7. 10. 87, 10).

Aus|la|de|bahn|hof, der: *Bahnhof, an dem Waggons entladen werden.*

¹**aus|la|den** ⟨st. V.; hat⟩: **1. a)** *(eine Ladung, Fracht o. Ä.) aus dem Transportfahrzeug herausnehmen, -holen:* die Fracht [aus dem Waggon] a.; Kartoffeln, Kisten, Mehlsäcke, Gepäck a.; einen Verletzten [aus dem Krankenwagen] a.; **b)** *ein Transportfahrzeug entladen:* den Lastwagen, das Schiff a. **2. a)** *auskragen* (a): der Erker, das Vordach lädt [weit] aus; **b)** *sich ausdehnen, ausbreiten:* Der Friedhof ... erstreckte sich ... als schmales Rechteck gegen Süden und lud dann ebenfalls rechteckig nach beiden Seiten aus (Th. Mann, Zauberberg 447); ausladende Bäume; **c)** *weit ausgreifen, ausholen* ⟨meist im 1. Part.⟩*:* Die untere Hälfte des E nämlich lud weit zu gefälligem Schwunge aus (Th. Mann, Krull 43); Bogorski machte mit den Armen eine ausladende Bewegung (Apitz, Wölfe 177). ◆ **3.** *sich entladen* (3 a): Schnell, unverhofft, bei nächtlich stiller Weile gärt's in dem tück'schen Feuerschlunde, ladet sich aus mit tobender Gewalt (Schiller, Wallensteins Tod III, 18).

²**aus|la|den** ⟨st. V.; hat⟩ [Gegenbildung zu ↑²*einladen*]*: eine Einladung, die jmdm. gegenüber ausgesprochen wurde, rückgängig machen:* einen Gast wieder a.; Durrer hatte ... verlangt, man solle Netanjaho wieder a.(SZ 26. 11. 98, 10).

Aus|la|de|platz, der: *Platz, auf dem etw. ausgeladen wird.*

Aus|la|de|ram|pe, die; -, -n: *dem Entladen eines Transportfahrzeugs dienende Rampe.*

Aus|la|de|stel|le, die: vgl. Ausladeplatz.

¹**Aus|la|dung,** die; -, -en: **1.** *das* ¹*Ausladen* (1). **2. a)** *Auskragung;* ◆ **b)** *etw., was ab-, hervor-, übersteht:* ein rosafarbenes Indienhütchen mit verschollenen -en und Verzierungen (Keller, Kammacher 233).

²**Aus|la|dung,** die; -, -en: **a)** *das* ²*Ausladen, das Rückgängigmachen einer Einladung:* eine A. der Gäste zu diesem Zeitpunkt ist unmöglich; **b)** *das Ausgeladenwerden, -sein:* Als Adamzyk ... von seiner A. berichtete, übten die Genossen ... Solidarität (Spiegel 3, 1970, 142).

Aus|la|ge, die; -, -n: **1. a)** *im Schaufenster o. Ä. ausgestellte Ware:* die Auslage[n] eines Juweliers bewundern; **b)** *Schaufenster, Schaukasten, Vitrine:* ein Kleid in die A. legen. **2.** ⟨meist Pl.⟩ *Geldbetrag, den jmd. ausgelegt* (3) *hat* [u. der erstattet wird]*; Unkosten, Ausgaben, Spesen:* hohe -n haben; jmdm. seine -n erstatten. **3.** (Sport) **a)** (Fechten) *Haltung in der Ausgangsstellung hinter der Startlinie:* in [die] A. gehen; **b)** (Boxen) *Körperhaltung des Boxers in der Grund- od. Ausgangsstellung vor, zwischen u. nach den einzelnen Aktionen;* **c)** (Rudern) *Körperhaltung des Ruderers in der ersten Phase eines Ruderschlags;* **d)** (Leichtathletik, bes. Kugelstoßen) *Grundstellung, Ausgangsstellung.* **4.** (Jägerspr.) *das Auseinanderstehen der Stangen eines Geweihs.*

Aus|la|gen|fens|ter, das: *Schaufenster.*

Aus|la|gen|ma|te|ri|al, das: *Material für die Ausgestaltung eines Schaufensters.*

Aus|la|gen|tisch, der: *Tisch, auf dem Waren ausgelegt, ausgestellt werden.*

aus|la|gern ⟨sw. V.; hat⟩: **1.** *(Wert-, Kunstgegenstände) zum Schutz vor möglicher Zerstörung an einen sicheren Ort bringen:* während des Krieges waren die Gemälde des Museums ausgelagert. **2.** *(eingelagerte Bestände) aus dem Lager herausnehmen u. zum Verkauf bringen:* Bisher wurden etwa 21 000 t (= Butterbestände) im Rahmen der laufenden Aktion ausgelagert (Welt 2. 8. 65, 11). **3.** *eine Firma, Behörde o. Ä. od. Teile davon an einen anderen Ort verlegen:* Teile der TU München ... sollen für das neu zu gründende Kompetenzzentrum nach Straubing ausgelagert werden (SZ 26. 2. 99, 6).

Aus|la|ge|rung, die; -, -en: *das Auslagern, Ausgelagertwerden.*

Aus|land, das; -[e]s [rückgeb. aus ↑*Ausländer,* ausländisch]: **1.** *fremdes, anderes Land, dessen Staatsangehörigkeit jmd. nicht besitzt; (von einem Staat aus gesehen) nicht zum eigenen Hoheitsbereich gehörendes Territorium:* im A. leben; ins A. reisen; sein Bruder ist ins A. gegangen (hat sich in einem fremden Land angesiedelt, ist ausgewandert). **2.** *fremde Länder (im Hinblick auf ihre Regierungen, ihre Bewohner):* das feindliche, neutrale A.; Der Kanzler hat dem A. seine ... Meinung vor Augen geführt (Dönhoff, Ära 21); Erich Mühsam ... wies auf den guten Namen hin, den er im A. genieße (Niekisch, Leben 67).

Aus|län|der, der; -s, - [mhd. uʒlender = Ausländer, Fremder]: *Angehöriger eines fremden Staates; ausländischer Staatsangehöriger od. Staatenloser:* er ist [ein] A.; einem A. helfen, eine Arbeitserlaubnis erteilen; Flora ... begrüßte ihn mit Antipathie. Hier hielt man nichts von -n (Baum, Paris 44).

Aus|län|der|be|auf|trag|te, der u. die: *in Verwaltungen, Firmen, Landesregierungen o. Ä. mit den Angelegenheiten von Ausländern beauftragte Person:* Die A. der Bundesregierung ... sprach sich unterdessen dafür aus, deutlich mehr Kosovo-Flüchtlinge in Deutschland aufzunehmen (SZ 16. 4. 99, 5).

Aus|län|der|be|hör|de, die (schweiz.): *für Ausländer (bes. deren Einbürgerung bzw. Ausweisung) zuständige Behörde.*

aus|län|der|feind|lich ⟨Adj.⟩: *Ausländern gegenüber feindlich eingestellt, eine entsprechende Einstellung erkennen lassend:* -e Parolen, Umtriebe.

Aus|län|der|feind|lich|keit, die: **1.** ⟨o. Pl.⟩ *feindliche Einstellung gegenüber Ausländern:* In Peking hat neutrale Beobachter ... am meisten die A. erschreckt, die nach der Fußballniederlage laut geworden ist (Hamburger Abendblatt 21. 5. 85, 10). Ich erlebe immer noch, dass Kommunen sich gebrandmarkt fühlen, wenn wir bei ihnen eine Aktion gegen A. machen wollen (SZ 3. 4. 99, 9). **2.** *ausländerfeindliche Handlung:* Ich bin gespannt, welchen -en und Beschimpfungen die Leute aus der Deutschen Demokratischen Republik ausgesetzt werden (Spiegel 16, 1984, 7).

Aus|län|der|hass, der ⟨o. Pl.⟩: *Hass auf Ausländer:* A. war die Triebfeder zu all seinen verbrecherischen Taten.

Aus|län|de|rin, die; -, -nen: w. Form zu ↑Ausländer.

Aus|län|der|ko|lo|nie, die: *Gegend einer Stadt, in der bes. in offizieller Mission in einem Land lebende Ausländer wohnen.*

Aus|län|der|kon|to, das: *Konto bei einem deutschen Geldinstitut für Personen mit ständigem Wohnsitz bzw. Sitz im Ausland.*

Aus|län|der|recht, das ⟨o. Pl.⟩: *Gesamtheit der Rechtsvorschriften, die als Sonderrecht für Ausländer gelten.*

aus|län|disch ⟨Adj.⟩ [mhd. uʒlendic = ausländisch, fremd]: **a)** *aus dem Ausland kommend, stammend; einem anderen Land angehörend:* -e Waren, Zeitungen, Sender; ein -er Geheimdienst; -e Arbeitnehmer; sie hat viele -e Freunde; ⟨subst.:⟩ Vielleicht kann man die Vorliebe für alles Ausländische damit erklären, dass ... immer mehr Leute ins Ausland reisen (Dariaux [Übers.], Eleganz 98); **b)** (selten) *fremdländisch, exotisch:* er hat ein -es Aussehen.

Aus|lands|ab|satz, der ⟨o. Pl.⟩ (Wirtsch.): *Absatz von Waren im Ausland.*

Aus|lands|ab|tei|lung, die: *Abteilung eines Unternehmens, die den Handelsverkehr mit dem Ausland abwickelt.*

Aus|lands|an|lei|he, die (Bankw.): *im Ausland aufgelegte, auf ausländische Währung laufende festverzinsliche Schuldverschreibung.*

Aus|lands|auf|ent|halt, der: *Aufenthalt im Ausland.*

Aus|lands|bank, die: ²*Bank* (1a)*, deren Arbeitsgebiet im Ausland liegt.*

Aus|lands|be|zie|hun|gen ⟨Pl.⟩: *Kontakte zum Ausland.*

Aus|lands|brief, der: *Brief* (1)*, der ins Ausland geht.*

aus|lands|deutsch ⟨Adj.⟩ (veraltend): *als Deutscher im Ausland lebend.*

Aus|lands|deut|sche, der u. die (veraltend): *im Ausland lebende deutsche Person.*

Aus|lands|fracht, die: vgl. Auslandsbrief.

Aus|lands|ge|schäft, das: *Geschäft, das mit dem Ausland abgewickelt wird; geschäftliche Beziehungen zum Ausland.*

Aus|lands|ge|spräch, das: *Telefongespräch mit einem Teilnehmer im Ausland.*

Aus|lands|hil|fe, die ⟨o. Pl.⟩: *wirtschaftliche o. ä. Hilfe, die einem ausländischen Staat gewährt wird.*

Aus|lands|in|ves|ti|ti|on, die (Wirtsch.):

langfristige Anlage inländischen Kapitals im Ausland.

Aus|lands|ka|pi|tal, das ⟨o. Pl.⟩ (Wirtsch.): ausländisches Kapital, das in der inländischen Wirtschaft eingesetzt wird.

Aus|lands|kon|to, das: Konto, das jmd. bei einer ausländischen Bank unterhält.

Aus|lands|kor|res|pon|dent, der: im Ausland tätiger Korrespondent (von Zeitung, Rundfunk od. Fernsehen).

Aus|lands|kre|dit, der: im Ausland aufgenommener Kredit.

Aus|lands|kun|de, die: Lehre u. Wissen von den besonderen geographischen, ethnologischen, politischen, sozialen, wirtschaftlichen, kulturellen Verhältnissen ausländischer Staaten.

Aus|lands|markt, der (Wirtsch.): Markt für wirtschaftliche Erzeugnisse, der sich im Ausland bietet.

Aus|lands|nie|der|las|sung, die: Niederlassung eines inländischen Unternehmens im Ausland.

Aus|lands|pres|se, die: Presse (2 a) des Auslands.

Aus|lands|rei|se, die: Reise ins Ausland.

Aus|lands|schul|den, die: Verbindlichkeiten inländischer Schuldner gegenüber ausländischen Gläubigern.

Aus|lands|schu|le, die: Schule, die ein Land in einem anderen Land einrichtet od. unterstützt.

Aus|lands|schutz|brief, der (Versicherungsw.): Schutzbrief (2) für Reisen ins Ausland.

Aus|lands|sen|der, der: Rundfunksender, der Sendungen für das Ausland ausstrahlt.

Aus|lands|sen|dung, die: 1. Postsendung ins Ausland od. aus dem Ausland. 2. Rundfunksendung, die ins Ausland ausgestrahlt od. aus einem Ausland übernommen wird.

Aus|lands|spiel, das (Sport): im Ausland ausgetragenes Mannschaftsspiel.

Aus|lands|tour|nee, die: Gastspielreise eines Künstlers od. einer Gruppe von Künstlern im Ausland.

Aus|lands|ver|bin|dun|gen ⟨Pl.⟩: Auslandsbeziehungen.

Aus|lands|ver|mö|gen, das: im Ausland befindliches Vermögen einer Privatperson, eines Unternehmens od. Staates.

Aus|lands|ver|tre|tung, die: a) Vertretung eines Unternehmens (2) im Ausland; b) diplomatische Vertretung eines Landes im Ausland.

aus|lan|gen ⟨sw. V.; hat⟩ (landsch.): 1. ausholen (1 a): er langte mit dem Arm [zum Schlag] aus; Ü Schwestern mit langen weißen Schürzen ... und weit auslangenden (ausladenden) weißen Hauben (Weiss, Marat 9). 2. für einen bestimmten Zweck reichen, ausreichen: das Geld langt nicht aus; * das/sein Auslangen finden, haben (österr.; den Lebensunterhalt bestreiten können; auskommen): Beide Frauen hatten es dahin gebracht, ohne Zuhälter das Auslangen zu finden (Doderer, Wasserfälle 29).

aus|län|gen ⟨sw. V.; hat⟩ (Forstw.): (bei Rundholz) die Schnittstellen für das Zerteilen des Stammes (der Länge nach) festlegen. Rundholz ist so auszulängen, dass es möglichst gut ausgenutzt wird.

Aus|län|gung, die; -, -en: das Auslängen.

Aus|lass, der; -es, Auslässe (bes. Technik): Öffnung, durch die etw. austreten, entweichen kann.

aus|las|sen ⟨st. V.; hat⟩: 1. (selten) aus etw. austreten, entweichen, herausfließen lassen: Dampf a.; das Wasser [aus dem Kessel] a. 2. (südd., österr.) a) freilassen, loslassen, nicht länger fest-, eingeschlossen halten: Noch längere Zeit, nachdem ich den Jungvogel ausgelassen hatte, waren sämtliche Dohlen sehr erregt (Lorenz, Verhalten I, 18); b) in Ruhe lassen, nicht weiter belästigen: das ... musst du mir unbedingt noch erklären, ich lass dich nicht aus (Musil, Mann 1 022). 3. a) weglassen, wegfallen lassen: ein Wort, einen Satz [beim Schreiben versehentlich] a.; Ich erzählte ihm sofort alles ... Nur eins ließ ich völlig aus: die Angelegenheit Weidel (Seghers, Transit 60); b) in einer Reihenfolge überspringen, übergehen: Mich als Primus ließ er (= der Lehrer) aus (Kempowski, Immer 167); Der Oberst ... ging langsam und fest, ließ kein Augenpaar aus (Böll, Adam 8); c) versäumen, verpassen; sich etw. entgehen lassen: kein Geschäft, keine Chance a.; Konnte man ihnen einen Streich spielen, so ließ man sich die Gelegenheit nicht aus (Bergengruen, Rittmeisterin 131). 4. (Ärger, Zorn o. Ä.) an einem Unschuldigen abreagieren; einen Unschuldigen etw. entgelten lassen: seinen Ärger an den Untergebenen a.; trotz der schönen Wut, die er an mir ausließ (Bieler, Bonifaz 84). 5. ⟨a. + sich⟩ sich in bestimmter Weise äußern; sich [urteilend] über jmdn., etw. verbreiten: und obgleich ihre Person und Sphäre dem Närrischen so fern waren wie möglich, war sie es eigentlich, die ich im Sinne hatte, als ich mich ausließ über die Clowns (Th. Mann, Krull 222); Und einmal ließ er sich seinem »jungen Freund« gegenüber auch näher über diese Erfahrung aus (Musil, Mann 450); Darin (= in dem Kapitel) ließ er sich knapp und lückenlos über das Schlagballspiel aus (Grass, Hundejahre 115). 6. (Kochk.) durch längeres Erhitzen zum Schmelzen bringen u. dadurch den reinen Fettanteil herauslösen; ausschmelzen: Butter a.; das Hammelnierenfett wurde in gusseiserner Pfanne ausgelassen ... und zum Braten verwendet (Grass, Hundejahre 171); ausgelassener Speck. 7. (Schneiderei) durch Auftrennen einer Naht länger, weiter machen: den [Rock]saum, die Ärmel a.; Die Hose müsse wohl ausgelassen werden, was? (Kempowski, Tadellöser 304). 8. (ugs.) (ein Kleidungsstück) weglassen, darauf verzichten, es anzuziehen: es ist so warm, du kannst die Weste, den Mantel a. 9. (ugs.) a) (einen elektrischen Apparat, eine Lampe o. Ä.) ausgeschaltet lassen, nicht einschalten: das Radio, das Licht a.; b) (einen Ofen o. Ä.) nicht anzünden, nicht in Gang setzen: wir lassen den Ofen aus; wir können heute die Heizung a. (brauchen sie nicht anzumachen).

Aus|lass|hahn, der: Hahn (3) zum Öffnen od. Schließen eines Auslasses.

Aus|las|sung, die; -, -er: a) Weglassung, Wegfall: die A. eines Wortes, Satzes; b) ⟨meist Pl.⟩ Äußerung: ihre -en über dich waren nicht sehr freundlich; Er ... las mit lebhaftem Eifer seinem Besuch eine langatmige A. vor (Musil, Mann 840).

Aus|las|sungs|punk|te ⟨Pl.⟩: 1. drei Punkte, die gesetzt werden, um eine Auslassung im Text zu kennzeichnen. 2. (in mathematischen Formeln) drei Punkte, die für Größen u. Zeichen stehen, die aus dem Vorhergehenden od. Nachfolgenden eindeutig zu erschließen sind.

Aus|las|sungs|satz, der (Sprachw.): Ellipse (2 b).

Aus|las|sungs|zei|chen, das (Sprachw.): Apostroph.

aus|las|ten ⟨sw. V.; hat⟩: 1. a) (ein Fahrzeug o. Ä.) bis zur Grenze der Tragfähigkeit belasten: ein Fahrzeug a.; b) bis zur Grenze des Möglichen, der Leistungsfähigkeit nutzen: Sein Ziel ist ein ... Produktionsvolumen, das die Kapazität des Betriebs völlig auslastet (Enzensberger, Einzelheiten I, 141); Die Druckereien von Le Creusot sind ausgelastet (Kuby, Sieg 315); Die Hochschulen sind ungenügend ausgelastet (Welt 3. 12. 75, 1). 2. (von einer Arbeit, Tätigkeit) jmdn. ausfüllen, befriedigen; jmds. Kräfte voll beanspruchen: die Hausarbeit lastete ihn nicht aus; Technische Geräte nehmen ihr Arbeit ab – und damit das Gefühl, ausgelastet zu sein (Hörzu 6. 1971, 6).

Aus|las|tung, die, -: das Auslasten, Ausgelastetsein: Zudem startet jeden Tag ein Frachtjumbo von Deutschland nach Chicago in der Nähe von Detroit. Die A. ist in beiden Richtungen gut, versichern die Lufthanseaten, Tendenz steigend (SZ 13. 4. 99, 2).

aus|lat|schen ⟨sw. V.; hat⟩ (ugs.): (von Schuhwerk) durch häufiges, langes Tragen ausweiten, ausweiten: seine Schuhe a.; er trägt völlig ausgelatschte Stiefel, Pantoffeln.

Aus|lauf, der; -[e]s, Ausläufe: 1. a) ⟨o. Pl.⟩ (selten) das Herauslaufen, Abfließen: der A. des Kühlwassers; b) Stelle, an der etw. heraus-, abfließen kann: das Wasser sucht sich einen A. 2. a) ⟨o. Pl.⟩ Möglichkeit, sich im Freien zu bewegen, zu spielen; Bewegungsfreiheit: die Kinder haben zu wenig A.; Hin und wieder braucht er A., dann verlässt er sein Büro, geht die hundert Meter zum Rhein (Brückner, Quints 283); b) Raum zum Umherlaufen: den A. für die Hühner einfrieden; Daneben beleben heute viele Arten Kraniche, Flamingos ... sowie zahlreiche weitere ... Vogelarten die Ausläufe und Volieren (Vogelpark Walsrode, 20. Aufl. 1985, 6). 3. (Sport) a) (Leichtathletik) Strecke zum Auslaufen hinter dem Ziel bzw. von der letzten Hürde bis zum Ziel; b) (Skispringen) Strecke, die dem Skispringer nach dem Aufsprung zum Abbremsen zur Verfügung steht: Sie sei von der Gipfelbaude in nördlicher Richtung herabgegangen, immer neben dem A. der Sprungschanze her (Rolf Schneider, November 128); Als er auch seinen zweiten großen Flug si-

auslaufen

cher gestanden hatte und unten im flachen A. der Schanze abschwang (Maegerlein, Piste 18); **c)** *(Fechten) hinter der eigentlichen Fechtbahn gelegene Fläche.* **4. a)** *Bereich, in dem etw. aufhört:* Wo der Sand am A. der Brandung feucht ist und dadurch härter (Frisch, Montauk 138); In den Ausläufen der Stadt lagen sandige Wege reglos in Baumschatten wie zu Friedenszeiten (Johnson, Ansichten 25); **b)** *Zeit, in der etw. aufhört, zu Ende geht:* Zum A. der Saison sind die Preise noch interessanter (Hamburger Abendblatt 22. 5. 85, 25).

aus|lau|fen ⟨st. V.⟩: **1.** ⟨ist⟩ **a)** *aus einem Gefäß o. Ä. herausfließen:* das Benzin ist [aus dem Tank] ausgelaufen; **b)** *durch Herauslaufen der Flüssigkeit leer werden:* Im Kellergang war ein Teerfass ausgelaufen (H. Weber, Einzug 41); viele von uns, die ... ihre im Gartenhäuschen stehende Waschmaschine ins Grüne a. lassen (Kurier 12. 5. 84, 17). **2.** *den Hafen verlassen, in See stechen* ⟨ist⟩: das Schiff wird morgen a.; die Trawler sind zum Fang ausgelaufen. **3.** *aufhören, in Tätigkeit, in Bewegung zu sein; allmählich zum Stillstand kommen* ⟨ist⟩: die Schwungräder, die Motoren laufen langsam aus. **4.** *(Sport) den Lauf hinter dem Ziel bis zum Stillstehen abbremsen* ⟨ist⟩: die Sprinter laufen locker aus. **5.** *nicht weiterführen; enden, aufhören* ⟨ist⟩: der Weg läuft am Waldrand aus. **6.** *nicht fortgesetzt, weitergeführt werden* ⟨ist⟩: eine Serie, ein Modell läuft aus; dass man vonseiten des Wohnungsbauministeriums beabsichtigt, diese Aktion a. zu lassen *(nicht weiterzuführen;* MM 13. 8. 66, 38); ein auslaufendes Modell (Spiegel 6, 1989, 20). **7.** *in etw. einmünden, übergehen* ⟨ist⟩: das Tal läuft in eine ausgedehnte Ebene aus; Einige Nebenstraßen der Stadt liefen zwischen Kleingärten und Feldern zu Landwegen aus (Johnson, Ansichten 25). **8.** *aufhören zu bestehen, sich dem Ende zuneigen* ⟨ist⟩: der Mietvertrag, die Amtszeit der Präsidentin läuft bald aus; Die Preußen Elektra betreibt ... im industurschwachen Raum Borken ein Braunkohlekraftwerk, dessen Betrieb 1993 a. soll (NZZ 21. 12. 86,2); Und die letzte Zwischenzeit ... läuft soeben aus (Wiener 10, 1983, 41); Erdbeeren und Kirschen laufen aus *(ihre Erntezeit geht dem Ende zu),* und daher steigen ihre Preise (Neue Kronen Zeitung 3. 8. 84, 48). **9.** *einen bestimmten Ausgang nehmen* ⟨ist⟩: der Streit, die Angelegenheit wird böse für ihn a. **10.** *(von Farben, Mustern u. Ä.) verlaufen, auseinander laufen, ausgehen, sich verwischen* ⟨ist⟩: die Farben sind beim Waschen ausgelaufen; Die mit Tinte gezogenen Linien liefen aus (H. Gerlach, Demission 81). **11.** ⟨a. + sich⟩ *sich durch Laufen, Spazierengehen Bewegung verschaffen* ⟨hat⟩: ich habe mich wieder einmal ordentlich ausgelaufen; Auf der Weiterfahrt ... bog er in einen Feldweg ein, um sich auszulaufen (Brückner, Quints 153).

Aus|läu|fer, der; -s, -: **1.** *etw., worin etw. ausläuft (7), endet:* die A. des Schwarzwaldes; links A. von Nadelwäldern (Kirst, 08/15, 648); Was ist Europa? Ein unbedeutender A. der asiatischen Landmasse (K. Mann, Wendepunkt 183); (Met.:) die A. einer Randstörung, eines Hochdruckgebietes streifen das Vorhersagegebiet. **2.** (Bot.) *Seitenspross, -trieb.* **3.** (österr., schweiz., sonst veraltet) *Bote:* einen A. suchen; ♦ er hatte ... seinem draußen beschäftigten A. etwas zugerufen (Storm, Söhne 43).

Aus|läu|fe|rin, die; -, -nen: w. Form zu ↑Ausläufer (3).

Aus|lauf|mo|dell, das (Kaufmannsspr.): *Modell* (3 b), *das aus dem Produktionsprogramm herausgenommen wurde, das nicht mehr hergestellt wird:* diese Waschmaschine ist im A., deshalb ist sie preisgünstig; Ü Beim Gipfel in Rom will das A. Nato seine Existenzberechtigung mit einer neuen Strategie rechtfertigen (Spiegel 45, 1991, 28).

aus|lau|gen ⟨sw. V.; hat⟩ [zu ↑Lauge]: **1. a)** *(lösliche Bestandteile) aus etw. herauswaschen, herausreißen:* Salze [aus der Asche] a.; **b)** *(von Wasser, Lauge o. Ä.) einem Stoff bestimmte Bestandteile entziehen:* das Wasser laugt die Böden aus; die verwitterten und vom Regenwasser ausgelaugten Mergelschichten (Grass, Hundejahre 144). **2.** *erschöpfen, entkräften:* die Arbeit hatte sie ausgelaugt; ein ausgelaugter Körper.

Aus|lau|gung, die; -, -en: *das Auslaugen* (1), *Ausgelaugtwerden.*

Aus|laut, der; -[e]s, -e (Sprachw.): *Laut, auf den ein Wort, eine Silbe endet.*

aus|lau|ten ⟨sw. V.; hat⟩ (Sprachw.): *(auf einen bestimmten Buchstaben) enden, ausgehen:* das Wort, die Silbe lautet auf e aus; ein auslautender *(im Auslaut stehender)* Konsonant.

aus|läu|ten ⟨sw. V.; hat⟩: **1.** *das Ende von etw. mit Glockengeläut ankündigen, begleiten:* den Gottesdienst, das alte Jahr a.; bis die Glocken ... die sechste Stunde ausläuteten (Bieler, Mädchenkrieg 78). **2.** *(früher) unter Zuhilfenahme einer Handglocke ausrufen u. so allgemein bekannt machen:* der Gemeindediener läutet eine Nachricht aus; brüllt der Gemeindevorsteher ... »Ich will die Versammlung a.!« *(will ausläuten, dass die Versammlung stattfindet;* Bieler, Bär 165). **3.** *aufhören zu läuten:* die Glocken haben ausgeläutet; ⟨subst.:⟩ vom Dorfzwiebelturm das klagende Ausläuten (Muschg, Gegenzauber 386).

Aus|laut|ver|här|tung, die (Sprachw.): *Verwandlung eines stimmhaften auslautenden Konsonanten in einen stimmlosen.*

aus|le|ben ⟨sw. V.; hat⟩: **1.** ⟨a. + sich⟩ **a)** *das Leben ohne Einschränkung genießen, auskosten; ungebunden leben:* du willst doch ungehemmt a.; Er findet, ein Dichter müsse er sich a. (Remarque, Obelisk 150); einer ..., der seinen Dienst liebt und sich ganz darin auslebte *(darin ganz die Erfüllung seines Lebens fand,* Plievier, Stalingrad 118); **b)** *(von einem Gefühl, einer Eigenschaft o. Ä.) sich ungehemmt entfalten:* ihr Hass gegen diese Mörder ihres Vaters ... hat sich noch lange nicht ausgelebt (St. Zweig, Fouché 216); Nur eine Seite der östlichen Frömmigkeit lebt sich in ihm aus (Nigg, Wiederkehr 146); In ihr (= seiner Rechtsschöpfung) hat sich die fanatische Geistigkeit dieses Monarchen ungehindert a. können (Thieß, Reich 636). **2.** (geh.) *[in seinem Leben, Schaffen o. Ä.] voll zur Entfaltung bringen, verwirklichen:* seine Begabung, Individualität, Persönlichkeit a.; dort kann sie in den Leistungskursen Deutsch und Englisch ihre Liebe zur Literatur a. (SZ 20. 3. 99, 6); Die meisten Zivilisationsmenschen leiden unter verdrängten Aggressionen, die sie nicht a. *(abreagieren)* können (Spiegel 4, 1966, 50). **3.** ⟨a. + sich⟩ (geh.) *Gestalt gewinnen:* was es ihr (= der Fantasie) versagt ist, sich in Werken der Kunst auszuleben (Thieß, Reich 140). ♦ **4.** *den Lebensabend verbringen:* ein sehr alter, aber gesunder, frohmütiger Mann, still, fein, klug, auslebend nun (Goethe, Wanderjahre I, 8).

aus|le|cken ⟨sw. V.; hat⟩: **a)** *aus einem Gefäß lecken:* den Brei a.; **b)** *durch Lecken leer machen, von Resten befreien:* die Schüssel a.

aus|lee|ren ⟨sw. V.; hat⟩: **a)** *(aus einem Gefäß) schütten; wegschütten:* das Abwaschwasser a.; **b)** *(durch Ausschütten des Inhalts) völlig leer machen, leeren:* einen Eimer a.; Er ... leerte sie {= die Flasche) aus ins Gras (Gaiser, Jagd 16); sein Glas in einem Zug a. *(austrinken).*

aus|le|gen ⟨sw. V.; hat⟩: **1. a)** *zur Ansicht, Einsichtnahme o. Ä. hinlegen, ausbreiten:* Waren [im Schaufenster] a.; eine Liste a.; **b)** *(als Köder, Fangvorrichtung o. Ä.) an dafür ausgesuchten Stellen hinlegen:* Köder, Rattengift, Schlingen, eine Aalreuse a.; **c)** *(zur Entwicklung von Wachstum) in die Erde bringen; setzen:* Saatgut, Kartoffeln a.; **d)** *in die für die Funktion erforderliche Lage bringen:* Leitungen, Kabel a.; die Ruder a. *(in die für die Gleichgewicht des Bootes erforderliche Lage bringen).* **2. a)** *an den dafür vorgesehenen Flächen ganz mit etw. bedecken, auskleiden:* einen Raum mit Teppichboden, einen Schrank [mit Papier] a.; **b)** *mit einer Einlegearbeit schmücken:* eine Tischplatte mit Elfenbein a. **3.** *(eine Geldsumme) vorlegen, jmdm. vorübergehend zur Verfügung stellen:* Geld [für jmdn.] a.; jmdm. eine bestimmte Summe a. **4.** *in bestimmter Weise deutend interpretieren:* jmds. Worte falsch a.; etw. als Furcht a.; etw. zu jmds. Gunsten a.; dieser Grundsatz ist nicht radikal auszulegen (Noelle, Umfragen 168); ein Gesetz, eine Vorschrift, ein Gleichnis a. *(inhaltlich erklären, erläutern);* **5.** (Technik) *auf eine bestimmte Leistung o. Ä. hin anlegen, einrichten, konstruieren:* der Motor ist für 180 km/h Höchstgeschwindigkeit ausgelegt. **6.** (landsch. ugs.) *sichtlich an Leibesumfang zunehmen:* du hast ganz schön ausgelegt.

Aus|le|ger, der; -s, -: **1.** *jmd., der etw. auslegt* (4), *interpretiert.* **2.** (Technik) *über die tragende Konstruktion hinausragender Teil:* der A. eines Baggers; Der Fahrer hatte mit dem A. seiner Planierraupe versucht, einen zweieinhalb Tonnen schweren Träger aufzurichten (MM 8. 7. 67,5). **3.** (Rudern) **a)** *Metallgestell, auf dem das Ruder liegt;* **b)** *seitlich am Boot angebrachte Kufe, die das Kentern verhindern soll.*

Aus|le|ger|boot, das: *Ruderboot mit Auslegern* (3).

Aus|le|ger|brü|cke, die: *Brücke mit unterschiedlichen Zwecken dienenden Auslegern* (2).

Aus|le|ge|wa|re, die ⟨o. Pl.⟩: *Teppichstoffe zum Auslegen* (2 a) *von Fußböden.*

Aus|le|gung, die; -, -en: *das Auslegen* (1, 4).

Aus|le|gungs|fra|ge, die: *Frage, die je nach der Auslegung entschieden wird:* irgendein Organ ..., das in Streitfällen und bei -n zuständig ist (Dönhoff, Ära 95).

Aus|le|gungs|me|tho|de, die: *Methode der Auslegung:* die Tendenz ..., die rechtspositivistische durch eine rechtssoziologische A. zu ersetzen (Fraenkel, Staat 105).

aus|lei|ern ⟨sw. V.⟩ (ugs.): **a)** *etw. durch vieles Drehen, häufigen Gebrauch so abnutzen, dass es sich nicht mehr fest ineinander fügt* ⟨hat⟩: ein Gewinde a.; **b)** *seine Festigkeit, Elastizität verlieren, locker werden* ⟨ist⟩: der Mechanismus leiert mit der Zeit aus; ⟨auch a. + sich; hat:⟩ das Gummiband hat sich ausgeleiert; ausgeleiertes Gummiband.

Aus|lei|he, die; -, -n: **1.** ⟨o. Pl.⟩ *das Ausleihen von etw.:* die A. der Bücher ist kostenlos. **2.** *Raum in einer öffentlichen Bibliothek, in dem die Bücher ausgegeben werden:* die A. hat geschlossen.

aus|lei|hen ⟨st. V.; hat⟩: **1.** *sich etw., jmdn. bei jmdm. leihen:* ich habe [mir] ein Buch [bei, von ihrem Freund] ausgeliehen; mit einem Theaterdirektor in Wien ..., von dem er sich einen Schauspieler a. wollte (K. Mann, Mephisto 361). **2.** *jmdm. etw., jmdm. leihen, borgen; etw. verleihen:* ich habe ihm/an ihn ein Buch ausgeliehen; der Verein hat einen Spieler ausgeliehen; Sie leihen mir auf eine Stunde Ihre Maschine aus (Gaiser, Jagd 57); dieser Film ... wird heute noch von den Bildstellen ausgeliehen (Kempowski, Immer 57); dass es nicht so einfach ist, seine Person auszuleihen (Th. Mann, Krull 286); Heute sollen sogar 40 BVG-Busfahrer an die Stadtreinigung ausgeliehen werden (Welt 24. 11. 65, 13).

Aus|lei|hung, die; -, -en: *das Ausleihen, Ausgeliehenwerden.*

aus|lei|ten ⟨sw. V.; hat⟩: *aus etw. leiten* (2 c): die Polizei leitet den Verkehr an der Abfahrt Homberg aus; Am Wehr ... Mooshausen leitete ... die Energieversorgung Schwaben AG bis zu 100 m³ in der Sekunde in ihren Kraftwerkskanal aus (BdW 8, 1987, 111).

Aus|lei|tung, die; -, -en: **1.** *das Ausleiten, Ausgeleitetwerden.* **2.** *[Autobahn]ausfahrt.*

aus|ler|nen ⟨sw. V.; hat⟩: *die Lehrzeit abschließen:* sie lernt in diesem Jahr aus; R man lernt nie aus *(hört nie auf, Erfahrungen zu sammeln).*

Aus|le|se, die; -, -n: **1.** ⟨o. Pl.⟩ *das Aussuchen; Auswahl:* Was Züchtung heißt, wurde uns ... folgendermaßen definiert: durch den Menschen gelenkte A. und Vermehrung von Tieren (auch Pflanzen) zur Erzielung bestimmter erwünschter Eigenschaften (Freie Presse 1. 12. 89, 6); natürliche A. (Biol.; *Ausmerzung schwächerer, weniger gut an ihre Umwelt angepasster Individuen u. Überleben der am besten angepassten*); Die Klasse der Emporgekommenen dagegen ... hatte unwillkürlich eine wählerische und verfeinernde A. getroffen (Musil, Mann 278); Bei dieser ganz strengen A. bleiben nur etwa 10 Fahrer auf der Welt übrig (Frankenberg, Fahrer 17). **2.** *die Besten aus einer Gruppe; Elite:* Alle neun Jahre hatten die Athener die A. ihrer Jugend zu schicken (Ceram, Götter 82); nur eine unvollständige A. (Auswahl (2a)) der überwiegend aus den Titelseiten gedruckten Schlagzeilen (Prodöhl, Tod 89). **3.** *Wein aus ausgelesenen Trauben:* weshalb die -n teurer sind als Weine, die früher gelesen werden.

¹aus|le|sen ⟨st. V.; hat⟩: **1. a)** *(Minderwertiges) aussondern:* die faulen Äpfel a.; Waldbodengerümpel wie Tannennadeln, Moosreste und Schmutz musste restlos ausgelesen sein (DM 5, 1966, 32); **b)** *von unbrauchbaren, verdorbenen Teilen befreien:* wie eine Mutter, die Erbsen ausliest (Langgässer, Siegel 565). **2.** (geh.) *auswählen:* die besten Schüler, die schönsten Früchte a.; Wir wollen jedenfalls noch Schlachtvieh a. zum Brandopfer (Th. Mann, Joseph 114).

²aus|le|sen ⟨st. V.; hat⟩: **1. a)** *zu Ende lesen:* ein Jugendbuch, das auch ältere Herren in einem Zug a. können (auto 8, 1965, 91); **b)** *aufhören zu lesen:* hast du bald ausgelesen? **2.** (EDV) *Daten od. Informationen auf einen Bildschirm, Drucker o. Ä. ausgeben:* die in Form von Hologrammen im Kristall gespeicherten Bilder ... einzeln auszulesen (Elektronik 10, 1971, 332); Die ... Bildchips sind so genannte »charge-coupled devices« ..., bestehend aus einer Matrix von ... Bildpunkten ..., deren Hell-Dunkel-Eindrücke seriell ausgelesen ... werden (Welt 16. 1. 90, 21).

aus|leuch|ten ⟨sw. V.; hat⟩: *vollständig u. gleichmäßig beleuchten:* einen Raum, eine Strecke a.; die Vollzugsanstalt ... in der Nacht ausgeleuchtet von 54 Tiefstrahlern (Spiegel 21, 1975, 46); Ü die Hintergründe eines Vorgangs a. *(einen Vorgang zu durchschauen, aufzuklären suchen).*

Aus|leuch|tung, die; -, -en: *das Ausleuchten.*

aus|lich|ten ⟨sw. V.; hat⟩: *bei einem Baum, Strauch zu dicht stehende Äste, Zweige entfernen:* Obstbäume a.; Blütensträucher a., sofern sie ... zu viel Holz haben (MM 8. 2. 69, 67); ⟨subst.:⟩ Jeder Wald braucht das Auslichten (SZ 12. 12. 98, 55).

Aus|lich|tung, die; -, -en: *das Auslichten.*

aus|lie|fern ⟨sw. V.; hat⟩: **1.** *[auf eine Forderung hin] übergeben, überantworten:* einen straffällig gewordenen Flüchtling [an seinen Heimatstaat] a.; einen Verbrecher der Justiz a.; sich selbst der Polizei a. *(stellen);* Ü hilflos seinen Feinden, seinem Schicksal ausgeliefert *(preisgegeben)* sein; in all den Erniedrigungen, die ich erfahre und denen ich mich bei meinen Abenteuern selber ausliefere (Strauß, Niemand 114). **2.** (Kaufmannsspr.) *zum Weiterverkauf an den Handel liefern:* Waren a.; wir liefern am 1. Dezember aus.

Aus|lie|fe|rung, die; -, -en: **1.** *das Ausliefern* (1) *eines Menschen:* die A. eines Flüchtlings, Verbrechers [an die Gerichte]; jmds. A. fordern, verweigern; er rechnete mit der A. an die Deutschen *(rechnete damit, an die Deutschen ausgeliefert zu werden;* Seghers, Transit 255). **2. a)** *das Ausliefern* (2) *von Waren:* die A. [des Buchs] erfolgt Anfang Dezember; **b)** *für die Auslieferung* (2 a) *zuständige Abteilung eines Betriebs; Auslieferungslager.*

Aus|lie|fe|rungs|an|trag, der (Völkerrecht): *Antrag auf Auslieferung eines Flüchtlings, Rechtsbrechers.*

Aus|lie|fe|rungs|la|ger, das: *Lager, von dem aus Waren an Handel od. Verbraucher ausgeliefert werden.* Krieger kaufte ... Gemeindeland ... und setzte einen Möbelmarkt mit einem 44 Meter hohen Auslieferungslager hin (Woche 14. 3. 97, 58).

Aus|lie|fe|rungs|ver|trag, der (Völkerrecht): *Vertrag zwischen Staaten über die Auslieferung strafrechtlich verfolgter Personen.*

aus|lie|gen ⟨st. V.; hat; südd., österr., schweiz. auch: ist⟩: **1.** *zur Ansicht, Einsichtnahme hingelegt, ausgebreitet sein:* Waren liegen in den Schaufenstern aus; Zeitschriften liegen ... [in der Bibliothek] aus; Die Listen zum Eintragen lagen auch bei uns im Institut aus (Leonhard, Revolution 84); wenn auf der Freibank kein Fleisch auslag *(zum Verkauf angeboten wurde;* Grass, Hundejahre 171). **2.** *(als Fangvorrichtung o. Ä.) daliegen, hingelegt sein:* Schlingen, Netze liegen aus.

Aus|lie|ger, der; -s, - (Geogr.): *einzelner Berg als Rest einer Geländestufe.*

Aus|li|nie, die; -, -n (Ballspiele): *Grenzlinie an der Längsseite des Spielfelds:* der Ball hatte die A. überschritten.

aus|li|tern ⟨sw. V.; hat⟩ (Technik): *den Rauminhalt von Gefäßen o. Ä. mithilfe einer einzufüllenden Masse bestimmen.*

aus|lo|ben ⟨sw. V.; hat⟩: **1.** (Rechtsspr.): *als Belohnung aussetzen:* für die Aufklärung eines Verbrechens einen Geldbetrag a.; Henkel veranstaltete einen Wettbewerb ..., bei dem für jeden akzeptablen Namen 50 Mark ausgelobt waren (Spiegel 13, 1966, 115). **2.** *(einen Wettbewerb) ausschreiben* (3): Denn eine Boulevardzeitung sucht die Nähe zur Jugend und hat deshalb zielgruppengerecht ein schwieriges Preisrätsel ausgelobt (SZ 29. 4. 99, 2); Der ... Bildhauer ... gehörte zu den Teilnehmern des Wettbewerbs, der für die Neckartor-Gestaltung ausgelobt wurde (MM 1. 10. 80, 40).

Aus|lo|bung, die; -, -en: *das Ausloben.*

aus|löf|feln ⟨sw. V.; hat⟩: **a)** *mit dem Löffel herausnehmen u. aufessen:* die Suppe, den Honig a.; **b)** *mithilfe eines Löffels leer essen:* den Teller, das Honigglas a.

ausloggen

aus|log|gen, sich ⟨sw. V.; hat⟩ [aus gleichbed. engl. to log out] (EDV): *durch Eingabe bestimmter Daten die Verbindung zu einer Datenverarbeitungsanlage beenden:* loggen Sie sich bitte aus.

aus|lo|gie|ren ⟨sw. V.; hat⟩ (veraltet): *ausquartieren.*

aus|loh|nen, aus|löh|nen ⟨sw. V.; hat⟩: *(bei der Entlassung) den Lohn auszahlen:* die Arbeiter a.

Aus|loh|nung, Aus|löh|nung, die; -, -en: *das Auslohnen, Auslöhnen.*

¹aus|lö|schen ⟨sw. V.; hat⟩: **1. a)** *vollständig löschen:* das Feuer im Herd, die Glut a.; **b)** *zum Verlöschen bringen:* die Kerzen, die Fackel a.; **c)** (geh.) *ausmachen, ausschalten:* das Licht a. **2.** *wegwischen, tilgen:* die Schrift an der Tafel, die Spuren a.; Ü die Erinnerung an jmdn., etw. a. (geh.; *aus dem Bewusstsein tilgen*); ein Menschenleben a. (geh.; *einen Menschen töten*).

²aus|lö|schen ⟨st. u. sw. V.; lischt aus, losch/(auch:) löschte aus, ist ausgelöscht/(auch:) ausgeloschen⟩ (geh.): *völlig verlöschen:* das Feuer, die Kerze losch aus; Ü Die winzige Hoffnung losch aus wie der letzte Funke im Aschenhaufen (Lederer, Liebe 70).

Aus|lö|schung, die; - (geh.): *völlige Vernichtung:* A. des Individuums (Fraenkel, Staat 329); die ... A., die heute von allen mit unbegreiflichem Gleichmut schon ins Auge gefasst wird (Kaschnitz, Wohin 69); die A. ganzer Städte durch eine thermonukleare Reaktion (Natur 32); die Furcht dieses Ich vor seiner eigenen A. (Mostar, Unschuldig 17).

Aus|lö|se|funk|ti|on, die (Verhaltensf.): *eine spezifische Verhaltensweise auslösende Funktion [eines Reizes]:* weil er keinerlei Kenntnis von seiner eigenen A. besitzt (Lorenz, Verhalten I, 167).

Aus|lö|se|hand|lung, die (Verhaltensf.): vgl. Auslösefunktion: dass junge Sperlingsvögel ... keine A. besitzen, die den Elternvogel zum Wärmen anregt (Lorenz, Verhalten I, 157).

Aus|lö|se|he|bel, der (Technik): *Hebel, mit dem etw. ausgelöst wird.*

Aus|lö|se|knopf, der (Technik): vgl. Auslösehebel.

Aus|lö|se|me|cha|nis|mus, der: **1.** (Technik) vgl. Auslösehebel. **2.** (Verhaltensf.) *Mechanismus, der auf bestimmte Reize der Umwelt anspricht u. eine entsprechende Verhaltensweise in Gang setzt.*

aus|lo|sen ⟨sw. V.; hat⟩: *durch das Los ermitteln:* Teilnehmer, eine Reihenfolge a.; Mit zwei Streichholzstückchen loste er aus, wer ... die Rolle des Staatsanwaltes und wer die des Protokollführers zu übernehmen hatte (Prodöhl, Tod 167); wurden vier Mann zum Essenholen ausgelost (Fühmann, Judenauto 157).

aus|lö|sen ⟨sw. V.; hat⟩: **1. a)** *in Gang setzen, betätigen:* einen Mechanismus [durch Knopfdruck], den Verschluss des Fotoapparates a.; **b)** ⟨a. + sich⟩ *in Gang kommen:* die Alarmanlage löst sich automatisch aus. **2.** *hervorrufen (2), bewirken:* eine bestimmte Reaktion, Handlung, Freude, Überraschung a.; eine Madonna ..., die ... weder nennenswerte Pilgerfahrten auslöste noch Wunder wirkte (Grass, Hundejahre 20). **3.** (landsch.) *herauslösen, herausschälen:* die Knochen [aus dem Fleisch] a.; **4.** (veraltend) **a)** *einlösen, durch Zahlung zurückerhalten:* ein Pfand a.; **b)** *loskaufen, freikaufen:* einen Gefangenen a.

Aus|lö|ser, der; -s, -: **1.** (Technik) *Mechanismus, durch den etw. ausgelöst (1 a) wird:* der A. des Fotoapparates; auf den A. drücken; Sie wird ... ihr Stativ, die Kamera einrichten, den A. zwischen die schon klammen Finger nehmen (Kant, Impressum 297). **2.** *etw., was etw. auslöst* (2): dieser Vorwurf war [der] A. des Streits; das Freiheitsgefühl, das unter anderem A. für einen solchen Führerschein zu sein scheint (Flensburger Tageblatt 22. 4. 84, 13); Die verzweifelte Suche nach einer Nachttischlampe, die Unzufriedenheit mit dem Angebot waren A. zum Selbermachen (Szene 6, 1983, 6). **3.** (Psych., Verhaltensf.) *Reiz, der bestimmte instinktmäßige Verhaltensweisen auslöst* (2): zwischen den unbestimmten Drang und den Vollzug einer Instinkthandlung hat die Natur eine Art Ausklinkmechanismus eingebaut, die so genannten A. (Spiegel 53, 1965, 68).

Aus|lö|sung, die; -, -en: *das Auslösen.*

Aus|lö|sung, die; -, -en: **1.** *das Auslösen.* **2. a)** *pauschale Entschädigung für Reisekosten, die Arbeitnehmern zur Abgeltung des Mehraufwands bei auswärtigen Arbeiten vom Arbeitgeber gewährt wird;* **b)** *Abgeltung des Mehraufwands, der dem Arbeitnehmer entsteht, dessen Wohnsitz in erheblicher Entfernung von seinem Arbeitsort liegt:* Der Sinn der A. liegt darin, dem Arbeitnehmer die Mehrkosten zu erstatten, die durch den Aufenthalt an einem Ort einer auswärtigen Baustelle entstehen (Handelsblatt 8. 6. 98, 45); A. erhalten; jmdm. A. zahlen müssen.

aus|lo|ten ⟨sw. V.; hat⟩: **1.** (Seew.) *mit dem Lot die Wassertiefe bestimmen:* das Fahrwasser a.; Ü dass die neue amerikanische Regierung die möglichen Absichten der Sowjetunion durch Verhandlungen auszuloten versuche (FAZ 15. 4. 61, 4); Hier muss das Bundesverfassungsgericht ausloten, welche früher ausgeübten Funktionen für eine Weiterbeschäftigung noch toleriert werden können (Woche 7. 3. 97, 45); jmds. Wesen auszuloten suchen (geh.; *ihn in seinem innersten Wesen zu erkennen suchen*). **2.** (Technik) *mit dem Lot die Senkrechte bestimmen:* Wände, Mauern a.

Aus|lo|tung, die; -, -en: *das Ausloten.*

Aus|lucht, die; -, -en [für niederd. ütlucht, zu: lucht = Lichtöffnung, Fenster; vgl. Lucht] (Archit.): **1.** *vom Erdboden aufsteigender, ein- od. mehrgeschossiger, meist reich verzierter Vorbau bes. an Häusern in bestimmter Ausprägung der Renaissance.* **2.** *quer verlaufender Giebel über die Jochen (7b) von Seitenschiffen gotischer Kirchen.*

aus|lüf|ten ⟨sw. V.; hat⟩: **1. a)** *gründlich lüften; frischer Luft aussetzen:* einen Raum, die Kleider a.; Ü (ugs.:) Mensch, Rahner, lüfte doch mal dein Gehirn aus (v. d. Grün, Glatteis 164); **b)** *frischer Luft ausgesetzt sein:* die Wintersachen müssen erst a. **2.** ⟨a. + sich⟩ (ugs. scherzh.) *sich in frischer Luft bewegen, spazieren gehen:* der Weg hierher hat nicht gereicht, mich auszulüften (Bieler, Mädchenkrieg 65); Wir vertreten uns die Füße, damit mein Schwager sich a. kann (Nossack, Begegnung 418).

Aus|lüf|tung, die; -, -en: *das Auslüften* (1).

Aus|lug, der; -[e]s, -e (veraltend): *Ausguck.*

aus|lu|gen ⟨sw. V.; hat⟩ (veraltend, noch landsch.): *Ausschau halten, ausspähen:* nach jmdm., etw. a.; finde ich einen flachen Trichter, in den ich mich hineingleiten lasse. Von hier luge ich aus (Remarque, Westen 148).

aus|lut|schen ⟨sw. V.; hat⟩ (ugs.): **a)** *lutschend aus etw. heraussaugen:* den Saft [aus einer Zitrone] a.; **b)** *durch Lutschen bewirken, dass kein Saft o. Ä. mehr in etw. ist:* eine Zitronenscheibe a.

ausm, (auch:) **aus'm** ⟨Präp. + Art.⟩ (ugs.): *aus dem, aus einem.*

aus|ma|chen ⟨sw. V.; hat⟩: **1.** (ugs.) **a)** *durch Bedienen eines Schalters o. Ä. abschalten, ausschalten:* das Radio, das Licht a.; **b)** *nicht weiterbrennen lassen; auslöschen:* das Gas, das Feuer, die Kerze, die Zigarette a. **2.** (landsch.) *[bei der Ernte] aus der Erde herausholen, ausgraben:* Kartoffeln, einen Baumstumpf a. **3.** *vereinbaren, verabreden:* einen Termin, Treffpunkt a.; etw. mit jmdm., miteinander a.; vor dem Ball hatten wir allerhand auszumachen (*zu besprechen*; Gaiser, Schlußball 80); zeitig am Vormittag, wie ausgemacht, fand mich ... ein (Th. Mann, Krull 392). **4.** *durch scharfes Beobachten, bes. mit dem Fernglas) in der Ferne erkennen, entdecken, ermitteln:* ein Flugzeug in großer Höhe a.; den Standort eines Schiffes, ein Versteck a.; etw. ist schwer auszumachen. **5.** *austragen, abmachen:* einen Rechtsstreit vor Gericht a.; etw. mit sich selbst, mit sich alleine, mit jmdm. a.; »Das mache mit dir aus«, antwortete Barbara (Bergengruen, Feuerprobe 8). **6.** *betragen; als Preis, Menge o. Ä. haben, ergeben:* die Gesamtsumme macht 100 Mark aus; der Unterschied in der Entfernung hat 5 km ausgemacht. **7. a)** *das Wesentliche an etw. sein, darstellen, bilden:* die Farben machen den Reiz seiner Bilder aus; ihm fehlt alles, was einen großen Künstler ausmacht; **b)** (ugs.) *sich in bestimmtem Maße positiv auswirken:* die neue Tapete macht sehr viel aus; die Sorge für ihre Familie macht ihr Leben aus; das Drum und Dran, das neun Zehntel unseres Lebens ausmacht (Frisch, Stiller 370). **9. a)** *in bestimmter Weise ins Gewicht fallen:* ein Prozent mehr macht nicht viel aus; **b)** *jmdn. stören; Mühe, Unbequemlichkeiten o. Ä. bereiten:* macht es Ihnen etwas aus, wenn das Fenster geöffnet wird?; würde es Ihnen etwas a., den Platz zu wechseln? **10.** ⟨a. + sich⟩ (salopp) *seine Notdurft verrichten:* wer hat sich hier da ausgemacht?

aus|mah|len ⟨unr. V.; hat⟩: *vollständig mahlen, zu Mehl verarbeiten:* Korn, Weizen a.; *fein ausgemahlenes Weizenmehl.*
Aus|mah|lung, die; -, -en: *das Ausmahlen.*
aus|ma|len ⟨sw. V.; hat⟩: **1. a)** *mit Farbe ausfüllen:* die Figuren im Malbuch a.; einen Holzschnitt a. *(koloriert);* **b)** *die Flächen eines Innenraumes bemalen, mit Malereien ausschmücken:* einen Kirchenraum a.; **c)** ⟨landsch.⟩ *etw. in seiner ganzen Fläche, vollständig streichen:* den Flur [mit Ölfarbe] a. **2. a)** *anschaulich darstellen, schildern:* ein Erlebnis, die Folgen einer Handlung in grellen Farben] a.; **b)** ⟨a. + sich⟩ *sich etw. in allen Einzelheiten vorstellen:* ich hatte mir die Reise, das Wiedersehen [in Gedanken] so schön ausgemalt; es war sinnlos, sich auszumalen, was gekommen wäre, wenn Rai den Krieg überlebt hätte (Böll, Haus 147).
Aus|ma|lung, die; -, -en: *das Ausmalen.*
aus|ma|nö|vrie|ren ⟨sw. V.; hat⟩: *durch geschickte Manöver, Winkelzüge als Konkurrenten o. Ä. ausschalten, hinausdrängen:* die Opposition a.; Nach all den gezielten Indiskretionen ... schien der Mercedes-Chef im Bild der Öffentlichkeit ausmanövriert (SZ 24. 10. 96, 30).
aus|mar|chen ⟨sw. V.; hat⟩ (schweiz.): *(Rechte, Interessen) abgrenzen, durch Auseinandersetzung festlegen:* Kredite ..., deren Schuldner keine Anstalten macht, mit dem IMF ein Anpassungsprogramm auszumarchen (NZZ 22. 12. 83, 9).
Aus|mar|chung, die; -, -en (schweiz.): *das Ausmarchen.*
aus|mä|ren, sich ⟨sw. V.; hat⟩ (landsch.): **1.** *langsam arbeiten, trödeln, sich bei seiner Arbeit o. Ä. nicht beeilen:* der märt sich heute wieder aus und wird den Zug verpassen. **2.** *aufhören zu trödeln, fertig werden:* mär dich endlich aus! **3.** *mit Erzählen nicht fertig werden; sehr viel erzählen:* unsre Nachbarin hat sich wieder [eine Stunde] ausgemärt.
Aus|marsch, der; -[e]s, Ausmärsche: *das Ausmarschieren, Hinausmarschieren:* Von immer neuen Ausmärschen dringt die Kunde zu uns (Kaiser, Villa 27).
aus|mar|schie|ren ⟨sw. V.; ist⟩: *aus einem umgrenzten Bereich o. Ä. hinausmarschieren, ausrücken:* die Kompanie ist ausmarschiert.
Aus|maß, das; -es, -e: **1.** *Größe, Ausdehnung, Dimension:* in Bergmassiv von gewaltigen -en. **2.** *Umfang, Grad, Maß:* das A. der Zerstörung war furchtbar; Man hat 1918 nicht ... das A. des deutschen Zusammenbruchs überlebt (Niekisch, Leben 234); ...hat seine väterliche Befangenheit erschreckende -e angenommen (Werfel, Bernadette 412); ethisch betrachtet die Kernspaltung ein Vergehen mephistophelischen Ausmaßes (Woche 28. 2. 97, 1); ein Betrug größten -es, von größtem A.; bis zu einem gewissen A.
aus|mau|ern ⟨sw. V.; hat⟩: *die Innenfläche von etw. mit Mauerwerk auskleiden:* ein Gewölbe, einen Ofen a.; einen alten Baum a. *(eine ausgehöhlte Höhlung mit Zement ausfüllen);* Matthieu erkannte eine längliche, ausgemauerte Grube (Jahnn, Nacht 136).
Aus|mau|e|rung, die; -, -en: *das Ausmauern.*
aus|mei|ßeln ⟨sw. V.; hat⟩: **a)** *mit dem Meißel aus einem harten Material herausarbeiten:* Inschriften aus dem Marmorblock a.; **b)** *meißelnd, mit dem Meißel herauslösen:* einen Zahn a.
Aus|mei|ße|lung, Aus|meiß|lung, die; -, -en: *das Ausmeißeln.*
aus|mel|ken ⟨st. V.; hat⟩: **a)** *leer melken:* die Euter ganz a.; eine Kuh *(das Euter einer Kuh)* a.; Ü Er fühlt sich wie ausgemolken *(völlig erschöpft;* Fr. Wolf, Menetekel 546); **b)** *melkend, durch Melken entnehmen:* die Milch vollständig a.
aus|mer|geln ⟨sw. V.; hat⟩ [zu ↑³Mark, eigtl. = das Mark auszehren]: *entkräften, auszehren:* die Krankheit hatte sie völlig ausgemergelt; der Kalk mergelt den Boden aus *(entzieht ihm die Nährstoffe, macht ihn unfruchtbar);* ein ausgemergelter Körper; ein ausgemergeltes Gesicht; das festliche Menü bestand nun meist aus einem ausgemergelten Vogel ... und einem scheußlichen rosa Ersatzpudding (K. Mann, Wendepunkt 52).
Aus|mer|ge|lung, Aus|merg|lung, die; -: *das Ausmergeln.*
aus|mer|zen ⟨sw. V.; hat⟩ [H. u.; viell. zu ↑ März, weil um diese Zeit schwache u. zur Zucht nicht taugliche Schafe aus den Herden ausgesondert wurden]: **1. a)** *ausrotten, vertilgen:* Ungeziefer a.; **b)** *als zur Zucht ungeeignet aussondern:* die zur Zucht ungeeigneten Tiere a.; Ü jene Unternehmer sollten aus dem Geschäftsleben ausgemerzt *(ausgeschaltet)* werden, die ... sich zu ... Befehlsempfängern ... entwürdigt haben (Rothfels, Opposition 117). **2.** *(als fehlerhaft o. Ä.) tilgen, beseitigen, eliminieren:* die stehen gebliebenen Fehler im Manuskript a.; Keine stilistische Nachlässigkeit ließ er durchgehen, er merzte sie mit eigener Hand aus (Niekisch, Leben 117); Ü etw. aus der Erinnerung a.
Aus|mer|zung, die; -, -en: *das Ausmerzen.*
aus|mes|sen ⟨st. V.; hat⟩: *die Größenverhältnisse von etw. durch Messen genau bestimmen:* ein Grundstück, einen Raum a.; Ü die Ebene, soweit das Auge sie a. *(erfassen)* kann (Plievier, Stalingrad 160).
Aus|mes|sung, die; -, -en: *das Ausmessen.*
¹aus|mie|ten ⟨sw. V.; hat⟩ (schweiz.): *[gelegentlich] vermieten:* ein Zimmer [an jmdn.] a.
²aus|mie|ten ⟨sw. V.; hat⟩ (Landw.): *aus der ²Miete herausnehmen:* Kartoffeln, Rüben a.
¹Aus|mie|tung, die; -, -en: *das ¹Ausmieten.*
²Aus|mie|tung, die; -, -en: *das ²Ausmieten.*
aus|mis|ten ⟨sw. V.; hat⟩: **1.** *von Mist säubern, reinigen:* einen Stall a.; Ausmisten will ich gern ..., schlachten kann ich nicht (Zwerenz, Kopf 521). **2.** (ugs.) **a)** *nicht mehr Gebrauchtes aus etw. entfernen, wegwerfen [u. dadurch Ordnung schaffen]:* eine Schublade, den Kleiderschrank a.; **b)** *als unbrauchbar aussortieren u. wegwerfen:* das Werk des Karl M. darf im ... Bücherkasten bleiben, auch der »Hessische Landbote« wird nicht ausgemistet (Fischer, Wohnungen 55).
aus|mit|teln ⟨sw. V.; hat⟩ (selten): *ermitteln, in Erfahrung bringen:* jmds. Adresse a.
Aus|mit|te|lung, Aus|mitt|lung, die; -, -en: *das Ausmitteln.*
aus|mit|tig ⟨Adj.⟩ (seltener): *exzentrisch* (1).
aus|mö|blie|ren ⟨sw. V.; hat⟩: *vollständig mit Möbeln ausstatten, möblieren:* einen Raum a.
Aus|mö|blie|rung, die; -, -en: *das Ausmöblieren.*
aus|mon|tie|ren ⟨sw. V.; hat⟩: *ein Teil aus etw. ausbauen:* den Motor [aus dem Auto], ein Maschinenteil a.
Aus|mon|tie|rung, die; -, -en: *das Ausmontieren.*
aus|mu|geln ⟨sw. V.; hat⟩ [zu ↑ Mugel] (österr.): *(einen Weg, ein Geländestück) ausfahren, uneben machen:* die Skipiste war ausgemugelt.
aus|mün|den ⟨sw. V.; hat/ist⟩ (seltener): *in etw. enden, auslaufen; in etw. übergehen:* die Straßen des Ortes münden alle in einen/in einem weiter. Platz aus; dorthin, wo die Küche sich befand, die ... in eine Veranda ausmündete (Bergengruen, Rittmeisterin 263).
Aus|mün|dung, die; -, -en (seltener): **1.** *das Ausmünden.* **2.** *Stelle, an der etw. ausmündet.*
aus|mün|zen ⟨sw. V.; hat⟩: **1.** (Metall) *zu Münzen prägen:* Silber [zu Geldstücken] a. **2.** (seltener) *verwerten, zu seinem eigenen Vorteil auswerten, verwenden:* jmds. Abhängigkeit für seine Zwecke a.; Hier münzt der Storyschreiber ein ... Ressentiment für sich aus (Enzensberger, Einzelheiten I, 98).
Aus|mün|zung, die; -, -en: *das Ausmünzen.*
aus|mus|tern ⟨sw. V.; hat⟩: **1.** (Milit.) *bei der Musterung als für den Militärdienst untauglich einstufen:* er wurde [wegen seiner Krankheit] ausgemustert. **2.** *unbrauchbar Gewordenes aussondern, ausscheiden:* alte Modelle, Fahrzeuge a.; der alte, vor dem Krieg zweifellos schon ausgemusterte Wagen setzte sich hüstelnd in Bewegung (Habe, Namen 128). **3.** (Textilind.) *Muster anfertigen:* neue Stoffe, Modelle a.
Aus|mus|te|rung, die; -, -en: *das Ausmustern.*
Aus|nah|me, die; -, -n [zu ↑ ausnehmen; zum 2. Bestandteil vgl. Abnahme]: **a)** *Abweichung von der geltenden Regel; Sonderfall:* eine A. machen; etw. bildet eine A., gilt als große A.; es beteiligten sich alle mit A. der Kinder; alle ohne A.; von wenigen -n abgesehen, waren alle einverstanden; R -n bestätigen die Regel; **b)** (südd., österr.) *Altenteil:* in die A. gehen.
Aus|nah|me|ath|let, der (Sport): vgl. Ausnahmemensch: Thomas Muster ist unbestritten der A. unter den Spitzenspielern (taz 23. 1. 97, 19).

Aus|nah|me|ath|le|tin, die: w. Form zu ↑ Ausnahmeathlet.
Aus|nah|me|be|fug|nis, die: *besondere, eine Ausnahme darstellende Befugnis.*
Aus|nah|me|be|stim|mung, die: vgl. Ausnahmebefugnis.
Aus|nah|me|er|schei|nung, die: vgl. Ausnahmemensch.
Aus|nah|me|fall, der: *Sonderfall.*
Aus|nah|me|ge|neh|mi|gung, die: *Genehmigung, durch die für jmdn. oder etwas eine Sonderregelung getroffen wird:* für etw. eine A. erteilen; eine A. haben, bekommen; mit A.
Aus|nah|me|ge|richt, das ⟨Rechtsspr.⟩: *in Abweichung von der gesetzlichen Zuständigkeit der ordentlichen Gerichte mit der Erledigung bestimmter Fälle betrautes Gremium (z. B. Standgericht).*
Aus|nah|me|mensch, der: *Mensch, der in seiner Besonderheit unter vielen eine Ausnahme bildet.*
Aus|nah|me|si|tu|a|ti|on, die: *außergewöhnliche, unübliche, eine Ausnahme darstellende Situation.*
Aus|nah|me|stel|lung, die: *Sonderstellung.*
Aus|nah|me|zu|stand, der: **a)** vgl. Ausnahmesituation; **b)** ⟨Staatsrecht⟩ *in Ausnahmesituationen, wie sie z. B. durch Krieg, Aufruhr, eine Naturkatastrophe hervorgerufen werden können, geltender Rechtszustand, in dem bestimmte Staatsorgane (z. B. Regierung, Polizei, Militär) besondere Vollmachten erhalten, um normale Verhältnisse wieder herzustellen;* während des -s kann die Verfassung außer Kraft gesetzt werden; In Sachsen wurde für die gesamte staatliche Polizei der A. verhängt (Loest, Pistole 47).
Aus|nahms|fall (österr.): ↑ Ausnahmefall.
aus|nahms|los ⟨Adj.⟩: *ohne Ausnahme.*
♦ **Aus|nahm|stüb|chen**, das, **Aus|nahm|stu|be**, die [zu ↑Ausnahme (2)]: *kleinere Wohnung im Altenteil:* ein kleineres Häuschen ... Es hat die Bestimmung, dem Hausbesitzer ... als so genanntes Ausnahmstübchen zu dienen (Stifter, Bergkristall 14).
aus|nahms|wei|se ⟨Adv.⟩: *als Ausnahme:* sie hat es a. erlaubt; ⟨mit Verbalsubstantiven auch attr.:⟩ eine a. Zustimmung.
aus|neh|men ⟨st. V.; hat⟩: **1. a)** *aus einem Nest o. Ä. herausnehmen, wegnehmen:* die Eier, junge Vögel [aus dem Nest] a.; **b)** *ein Nest o. Ä. durch Herausnehmen des Inhalts leeren:* die Nester im Hühnerstall a.; wenn man Michael wäre, den Habichtshorste ausnahm (*plünderte;* Wiechert, Jeromin-Kinder 20); Ü ein Verbrechernest, eine feindliche Stellung a. (*ausheben).* **2. a)** *die Eingeweide aus einem geschlachteten od. erlegten Tier entfernen:* die Eingeweide, Herz, Leber a.; **b)** ⟨*ein geschlachtetes od. erlegtes Tier*⟩ *von den Eingeweiden befreien:* ein Huhn, einen Hasen a. **3.** (ugs. abwertend) **a)** *jmdm. auf listige od. hinterhältige Weise Geld abnehmen; schröpfen:* jmdn. beim Spiel a.; er ist von seiner Geliebten tüchtig ausgenommen worden; und sie fristen ihr Leben irgendwie ... und werden von den Strichern ausgenommen (Rechy [Übers.], Nacht 123); **b)** *auf dreiste Art aushorchen, ausfragen:* er versuchte mich auszunehmen; Bert nahm ihn nicht aus, fragte nicht, warum er geflohen war (Lenz, Brot 57). **4.** *von etw. ausschließen; gesondert behandeln; nicht mitzählen:* du kannst dich, ihn bei der Schuldfrage nicht a.; sie vertraute allen, einen Einzigen ausgenommen; mich müsst ihr a. Ich weiß vor Arbeit nicht ein noch aus (Bredel, Väter 84). **5.** ⟨a. + sich⟩ (geh.) *in bestimmter Weise erscheinen, wirken:* das Bild nimmt sich in diesem Raum sehr gut, unpassend aus; Die ... Verleumdungen nahmen sich im Munde des feinen, geschulten Geistes wunderlich, ja geschmack- und stillos aus (Niekisch, Leben 244). **6.** (österr.) *erkennen, unterscheiden, wahrnehmen:* in den Ecken, wo die Betten standen, ragten undurchdringliche Schattenmassen, und Clarisse konnte nicht a., was geschah (Musil, Mann 438).
aus|neh|mend ⟨Adj.⟩ (geh.): **a)** *sehr groß, außergewöhnlich, außerordentlich:* er sprach mit -er Höflichkeit; **b)** ⟨intensivierend bei Adj. u. Verben⟩ *sehr, ungewöhnlich:* sie ist a. hübsch.
Aus|neh|mer, der; -s, - (österr.): *Altenteiler.*
Aus|neh|me|rin, die; -, -nen: w. Form zu ↑Ausnehmer.
aus|nüch|tern ⟨sw. V.; hat⟩: *nach übermäßigem Alkoholgenuss wieder nüchtern werden:* die Polizei hatte ihn in eine Arrestzelle gebracht, wo er a. sollte.
Aus|nüch|te|rung, die; -, -en: *das Ausnüchtern.*
Aus|nüch|te|rungs|zel|le, die: *Zelle (1), die zur Ausnüchterung Betrunkener dient.*
aus|nut|zen, (regional:) **aus|nüt|zen** ⟨sw. V.; hat⟩: **1. a)** *ganz nutzen, von einer bestehenden Möglichkeit vollen Gebrauch machen:* eine Gelegenheit, eine Situation a.; die zur Verfügung stehenden Mittel, den Raum, seine Zeit [gut, für etw.] a.; Der Schutz, den Wände ... und wucherndes Buschwerk gewährten, war geschickt ausgenützt (*in die Planung einbezogen;* Gaiser, Jagd 44); **b)** *aus seiner vorteilhaften Situation für sich bedenkenlos Nutzen, Vorteil ziehen:* seine Stellung, seine Bekanntheit in der Öffentlichkeit a.; Die Putzfrauen ... nützten ihr Monopol schamlos aus und waren sehr teuer (Ott, Haie 207). **2.** *in rücksichtsloser, egoistischer Weise für seine Zwecke in Anspruch nehmen:* jmds. Schwäche, Notlage, Gutmütigkeit schamlos a.; er hat seine Freunde, seine Angestellten immer ausgenutzt.
Aus|nut|zung, (regional:) **Aus|nüt|zung**, die; -: *das Ausnutzen, Ausnützen.*
aus|pa|cken ⟨sw. V.; hat⟩: **1. a)** *(Eingepacktes) aus der Verpackung auswickeln; aus dem Behältnis, in das etw. eingepackt ist, herausnehmen:* die Geschenke a.; die Kleider [aus dem Koffer] a.; **b)** *ein Behältnis, in das etw. eingepackt ist, durch Herausnehmen des Inhalts leeren:* Er packt die gestickte Tasche aus, es kommen ein paar gute Würste zum Vorschein (Remarque, Westen 187); hast du schon ausgepackt? **2.** (ugs.) **a)** *[was jmd. lange für sich behalten hat] anderen mitteilen, in aller Breite berichten:* ... fing sie an, eine Menge wirklich wahrer Gespenstergeschichten auszupacken (Geissler, Wunschhütlein 131); Obwohl ich wusste, dass damit der dreißigste November ... mein ... letzter Tag bei der Firma ... sein würde, packte ich alles aus, was ich wusste, was ich erlebt hatte (v. d. Grün, Glatteis 318); **b)** *Geheimnisse verraten [u. damit andere belasten]:* weil es einen zu großen Skandal gäbe, wenn ich a. würde (Andersch, Rote 227); Sollte sie (= finanzielle Unterstützung durch die Bundeswehr) ihm versagt bleiben, dann, so drohte der Arzt, »werde ich aber a.« (Spiegel 6, 1966, 32); Fachleute, die über dunkle Punkte im Tierhandel a. wollten (Hörzu 21, 1973, 28); **c)** *seinem Ärger Luft machen u. unmissverständlich seine Meinung sagen, Dinge beim Namen nennen:* Man ... hätte sich gerne einmal Luft gemacht, hatte vor, mal richtig auszupacken (Grass, Blechtrommel 650); »... Was wollen Sie tun?« »Über Herrn Unteroffizier a.!«, sagte Kropp und nahm die Finger an die Hosennaht (Remarque, Westen 24).
aus|pal|len ⟨sw. V.; hat⟩ (nordd.): *(Erbsen o. Ä.) aus der Hülse herauslösen:* Blumenkohl in Röschen teilen, Erbsen a., Möhren putzen und in Scheiben schneiden (Petra 8, 1967, 17).
aus|par|ken ⟨sw. V.; hat⟩: *aus der Parklücke herausfahren:* ich kann nicht a.; Trotz nun rückwärts ausparkender Kraftfahrzeuge und eines regen Verkehrsaufkommens durch diese Neuregelung der Verkehrssicherheit der Radfahrer (taz 23. 9. 96, 24); ⟨subst.:⟩ die bloße Gefährdung eines anderen geparkten Kraftfahrzeuges beim eigenen Ausparken (MM 4. 6. 69, 15).
aus|peit|schen ⟨sw. V.; hat⟩: *mit der Peitsche brutal schlagen, durch Peitschenhiebe bestrafen:* die Gefangenen wurden ausgepeitscht; Parlamentäre wurden gefangen genommen, Frauen öffentlich ausgepeitscht (Augstein, Spiegelungen 93).
Aus|peit|schung, die; -, -en: *das Auspeitschen.*
aus|pen|deln ⟨sw. V.⟩: **1.** *bis zum Stillstand hin u. her pendeln* ⟨ist⟩: die Schaukel, die Waage pendelt aus; als ich die Treppe hinaufstieg, hörte ich durch die auspendelnde Tür seine Stimme (Böll, Und sagte 90). **2.** (Boxen) *einem gegnerischen Schlag dadurch ausweichen, dass Kopf u. Oberkörper seitlich od. nach hinten weg bewegt werden* ⟨hat⟩: er pendelte die meisten Schläge geschickt aus.
Aus|pend|ler, der; -s, -: *Pendler [im Grenzgebiet], der sich täglich zu seinem auswärtigen Arbeitsplatz [im Nachbarland] begibt.*
Aus|pend|le|rin, die; -, -nen: w. Form zu ↑Auspendler.
aus|pen|nen ⟨sw. V.; hat⟩ (salopp): *ausschlafen:* Zur Armee gehen wir morgen, erst mal a.! (Plievier, Stalingrad 251).

aus|pfäh|len ⟨sw. V.; hat⟩: **1.** (selten) *einzäunen*. **2.** (Bergmannsspr.) *mit Pfählen abstützen*: Gesteinsmassen a.

◆ **aus|pfän|den** ⟨sw. V.; hat⟩: *vollständig pfänden*: Mag ihn der Wirt a. (Ebner-Eschenbach, Gemeindekind 145); welcher Mann wird nicht erschrecken vor dem Gedanken, in drei Jahren ausgepfändet zu werden (Iffland, Die Hagestolzen I, 6).

aus|pfei|fen ⟨st. V.; hat⟩: *durch wiederholte Pfiffe zum Ausdruck bringen, dass einem etw. sehr missfällt, dass man jmdn., jmds. Leistung nicht akzeptiert, nicht gut, empörend findet*: der Schauspieler, das Stück wurde ausgepfiffen; Wir wurden in den Berliner Kammerspielen ausgepfiffen ..., in Hamburg beklatscht (K. Mann, Wendepunkt 154).

aus|pflan|zen ⟨sw. V.; hat⟩: **1.** *junge Pflanzen ins Freiland setzen*: Heute Nachmittag müssen wir wieder Salat a. (Rinser, Jan Lobel 34); »So, sind sie (= die Freilandgurken) erfroren?«, fragte sie abwesend. »Da müssen wir eben noch mal a.« (Rinser, Jan Lobel 36); die Pflanze ... der in dritter Generation ausgepflanzten Abkömmlinge der ursprünglichen Kreuzung (MM 17. 2. 70, 3). **2.** *explantieren*.

Aus|pflan|zung, die; -, -en: *Explantation*: dass bei -en von menschlichen oder tierischen Geweben in geeigneten Nährlösungen die Zellen am Leben bleiben und sich ... vermehren (Medizin II, 135).

aus|pflü|cken ⟨sw. V.; hat⟩: **a)** *pflückend entfernen, herausnehmen*: ⟨subst.:⟩ hilft jetzt nur noch Auspflücken von verwelkten der befallenen Blätter (MM 14. 6. 69, 56); Bei früh reifenden Sorten (= Äpfeln, Pfirsichen) ... kann anstelle des Ausdünnens auch das Auspflücken während der Erntezeit treten (MM 27. 6. 70, 56); **b)** (landsch.) *(Hülsenfrüchte) aus den Hülsen herauslösen*: Erbsen, Bohnen a.

Aus|pi|zi|um, das; -s, ...ien ⟨meist Pl.⟩ [lat. auspicium, eigtl. = Vogelschau, zu: avis = Vogel u. specere = sehen] (bildungsspr.): **1.** *Vorbedeutung, Aussichten für etw.*: Angesichts solcher Auspizien scheint endlich auch der Westen aufzuwachen (Augsburger Allgemeine 11. 2. 78, 2); Unsere extrem schwierige Dreharbeit begann unter Besorgnis erregenden Auspizien (NNN 6. 12. 88, 3); * *unter jmds., einer Sache Auspizien* (bildungsspr.; *unter der Schirmherrschaft, Oberhoheit o. Ä. einer Person od. Institution o. Ä.*): als unter russischen Auspizien das Abkommen mit Indien ... geschlossen wurde (St. Galler Tagblatt 559, 1968, 1); journalistische Reisen ..., nicht mehr im Auftrag des Soldatenblattes, sondern unter den Auspizien einer New Yorker Revue (K. Mann, Wendepunkt 453). **2.** (Rel.) *Vogelschau* (2): »Tempel« bezeichnete ursprünglich den ... Bereich, von dem aus die Auspizien ... gemacht wurden (Bild. Kunst I, 94).

aus|plau|dern ⟨sw. V.; hat⟩: **1.** (etw., was *geheim bleiben sollte*) *weitererzählen, verraten*: die Kinder ... hatten es bereits ausgeplaudert (Marchwitza, Kumiaks 92); Bist du gekommen, um mir die eigenen Geheimnisse auszuplaudern? (Frisch, Cruz 86); Der ... unerbittlichste Zweifler, Lessing, hat hier unsere innersten Bedenken tapfer ausgeplaudert (ausgesprochen; Thielicke, Ich glaube 78). **2.** ⟨a. + sich⟩ (landsch.) *ausgiebig plaudern; sich aussprechen*: habt ihr euch wieder einmal ausgeplaudert?

aus|plau|schen ⟨sw. V.; hat⟩ (österr.): **1.** *ausplaudern* (1). **2.** ⟨a. + sich⟩ *ausplaudern* (2).

aus|plün|dern ⟨sw. V.; hat⟩: **a)** *jmdm. alles, was er besitzt od. bei sich trägt, mit Gewalt wegnehmen; jmdn. ausrauben*: die Reisenden, die Karawanen wurden ausgeplündert; Wir sind überfallen worden. Ihr habt uns ausgeplündert, Menschen erschossen oder verschleppt (Kirst, 08/15, 605); **b)** (ein *Gebiet, einen Raum o. Ä.) durch Plünderung ganz ausrauben*: das Land, einen Laden a.; Mit denen wollte sie nachts ... die Schiffergärten und ihre Hühnerställe a. (Klepper, Kahn 32); sie (= die Besatzung) plündert ihr Einflussgebiet so aus, dass ... (Müthel, Baum 27); indem er (= der Diktator) die Völker ausplündert (ausbeutet; Langgässer, Siegel 318); Ü dass er seinen Vorrat an Worten, Begriffen und Vorstellungen sozusagen a. muss, um ... dem Unsagbaren Ausdruck zu verleihen (Thielicke, Ich glaube 211); ⟨subst.:⟩ doch dort, ... im Steuerwesen, herrschte ein System brutalen Ausplünderns (Thieß, Reich 303).

Aus|plün|de|rung, die; -, -en: *das Ausplündern*.

aus|pols|tern ⟨sw. V.; hat⟩: *die Innenflächen von etw. vollständig mit einer Polsterung versehen*: eine Porzellankiste [mit Holzwolle] a.; einen Mantel a. (wattieren); Ü (scherzh.:) Der Feldwebel war gut ausgepolstert, unter dem Uniformrock ein richtiger Bauch (Plievier, Stalingrad 252).

Aus|pols|te|rung, die; -, -en: **1.** *das Auspolstern*. **2.** *etw., was zum Auspolstern dient*.

aus|po|sau|nen ⟨sw. V.; hat⟩ (ugs. abwertend): [*etw., was nicht bekannt werden sollte*] *überall erzählen*: als schließlich das »Hamburger Abendblatt« den Fall ausposaunte, hatte Hamburg seine Justizaffäre (Spiegel 8, 1966, 43); Es läge ja nahe, sie als seine Geliebte auszuposaunen (Sieburg, Robespierre 71); seine Jugend will jeder wahrhaben, aber sein Alter keiner, weshalb man denn auch die Großartigkeiten dieses Zustandes lieber verschweigt als ausposaunt (Kaschnitz, Wohin 135); Sie relativiert alle von Gewerkschaften und Politikern ausposaunten Patentrezepte (taz 20. 5. 92, 11).

aus|po|wern ⟨sw. V.; hat⟩ [zu ↑power] (ugs. abwertend): [*bis zur Verelendung*] *ausbeuten*: in einem völlig unbekannten Ort ..., dem man gleich ansieht, dass er ausgepowert ist bis auf die Mauern (Remarque, Westen 32); Ein Land trauert, und da ist ein ausgepowertes Volk (Plievier, Stalingrad 334); Die ausgepowerte deutsche Markt (Spiegel 21, 1966, 44).

Aus|po|we|rung, die; - (ugs. abwertend): *das Auspowern*.

aus|prä|gen ⟨sw. V.; hat⟩: **1. a)** (Metall) *zu Münzen o. Ä. prägen*: Silber [zu Münzen, Medaillen] a.; **b)** (Münzen o. Ä.) *prägen*: Münzen unterwertig auszuprägen und dadurch Münzgewinne einzuheimsen (Fraenkel, Staat 361). **2. a)** *sich in etw. ausdrücken, zeigen, offenbar werden*: Stefans Erstaunen prägte sich so deutlich in seinem Gesicht aus, dass ... (Kuby, Sieg 343); **b)** *sich herausbilden*: Und schon mit dem ... Erziehungsweg des einen und ... des anderen hatten sich Vorhandenes und Mitgebrachtes weiter ausgeprägt (Plievier, Stalingrad 110); der Sattel zwischen Nase und Stirn ... ganz schwach ausgeprägt (Doderer, Wasserfälle 50); Ihr Verstand war nicht sonderlich ausgeprägt (Kirst, 08/15, 695); ein ausgeprägter Wesenszug; **c)** *herausbilden* (b); *sich ausprägen* (2 b) *lassen*: Fähigkeiten und Fertigkeiten der Schüler im Kopfrechnen auszuprägen (NNN 8, 1986, o. S.); Dabei bei jedem Werktätigen das Bemühen um beste Qualität auszuprägen (Freie Presse 26. 11. 88, 1); man ... knüpft damit an das antik-römische Modell an, das schon beide Formen ausgeprägt hat (Fraenkel, Staat 79).

Aus|prä|gung, die; -, -en: *das Ausprägen, Ausgeprägtsein*.

aus|prei|sen ⟨sw. V.; hat⟩ (Kaufmannsspr.): *(Waren) mit Preisschildern versehen*: die Kleider in der Auslage sind noch nicht ausgepreist; So preiste Zenith Data Systems ... sein PC-kompatibles Einstiegsmodell ... mit DM 1999,– (inkl.) aus (CCI 6, 1987, 53).

aus|pres|sen ⟨sw. V.; hat⟩: **a)** *durch Pressen herausholen, herausfließen lassen*: den Saft [aus der Zitrone] a.; **b)** *aus etw. durch Pressen die darin enthaltene Flüssigkeit austreten lassen, herausholen*: eine Apfelsine a.; Ü jmdn. a. (ausfragen); Wir waren ... wie Zugtiere, wurden ausgewertet, ausgepresst, ausgenutzt (Kirst, 08/15, 930).

Aus|pres|sung, die; -: *das Auspressen*.

aus|pro|ben ⟨sw. V.; hat⟩ (selten): *erproben*.

aus|pro|bie|ren ⟨sw. V.; hat⟩: *[Neues] benutzen, um seine Brauchbarkeit festzustellen*: ein Rezept, ein Waschmittel a.; eine Methode a. (erproben); ein neues Medikament [an jmdm.] a.; hast du schon einmal ausprobiert, ob ...?; versuchten wir nicht, neue Wege auszuprobieren, sondern hielten starr an den alten Vorstellungen ... fest (Dönhoff, Ära 105).

Aus|puff, der; -[e]s, -e (Technik): *Gesamtheit der Bauteile, bes. Rohre, durch die die Abgase von Verbrennungsmotoren abgeleitet werden*: Mit röhrendem A. stieß ich ... zurück, wendete in Zinks Einfahrt und brauste mit so viel Krach davon, wie meine Kiste ... hergab (Martin, Henker 86).

Aus|puff|an|la|ge, die (Technik): *gesamte Anlage eines Auspuffs*.

aus|puf|fen ⟨sw. V.; hat⟩: *(Abgase o. Ä.) ausstoßen*: Abgase [durch den Auspuff, durch ein Ventil] a.; die Bleimenge, die ...

Auspuffflamme

von den Automotoren in die Umwelt ausgepufft wird (MM 4. 8. 72, 3).

Aus|puff|flam|me, die: *bei Fehlzündung aus dem Auspuff austretende Stichflamme.*

Aus|puff|gas, das ⟨meist Pl.⟩: *dem Auspuff entweichendes Abgas von Verbrennungsmotoren:* mit Autos voll gestopfte und von -en verpestete Innenstädte; Ein Flansch am Auspuff hatte sich gelöst. Die -e drangen in den Fahrerraum (Frankenberg, Fahrer 107).

Aus|puff|rohr, das (Technik): *Rohr an einem Auspuff, durch das die Abgase abgeleitet werden.*

Aus|puff|topf, der (Technik): *Teil des Auspuffs, der schalldämpfende Funktion hat.*

aus|pum|pen ⟨sw. V.; hat⟩: **a)** *durch Pumpen herausholen, herausfließen lassen:* Wasser [aus der Baugrube] a.; **b)** *durch Pumpen leeren:* die Baugrube, den Keller a.; [jmdm.] den Magen a. *(aushebern).*

aus|punk|ten ⟨sw. V.; hat⟩ (bes. Boxen): *(den Gegner) nach Punkten besiegen:* den Gegner a.; Ü Söhne wie Töchter punkten die harten Trinksitten ihrer Eltern mühelos aus (Reform-Rundschau 4, 1969, 22).

aus|pus|ten ⟨sw. V.; hat⟩ (ugs.): **1.** *ausblasen* (1): Sie pustet die Kerze aus (Grass, Hundejahre 296); Er schaltete eine Taschenlampe ein und pustete die Petroleumlampe aus (Kirst, 08/15, 359). **2.** *ausblasen* (3): Der Mann im Rollstuhl ... pustete vernehmlich die Luft aus (Bastian, Brut 55). **3.** *ausblasen* (2).

aus|put|zen ⟨sw. V.; hat⟩: **1.** (landsch.) **a)** *von überflüssigen od. dürren Ästen od. Trieben befreien:* Bäume a.; **b)** *säuberlich (bes. an den Innenflächen) reinigen:* den Ofen a.; du musst dir die Ohren a.; man müsse ihnen (= den Kindern) sogar den Hintern a. (v. d. Grün, Glatteis 239). **2.** (landsch.) *jmdn. ausnutzen:* du lässt dich von ihm a. **3.** (veraltend) **a)** *[mit etw.] ausschmücken:* das Zimmer festlich mit Blumen a.; **b)** *festlich kleiden, herausputzen:* sie hatte die Kinder ausgeputzt. **4.** (Fußball) *als Ausputzer* (1) *spielen:* er putzte souverän aus.

Aus|put|zer, der; -s, -: **1.** (Fußball) *Abwehrspieler, der hinter der eigenen Abwehr steht, um den vor dem Tor gelegenen Raum zu sichern.* **2.** (landsch.) *jmd., der andere ausputzt* (2).

aus|quar|tie|ren ⟨sw. V.; hat⟩: *jmdn. dazu veranlassen, [vorübergehend] sein Quartier, seine Unterkunft zu räumen:* wir mussten eines der Kinder wegen unseres Besuches a.; Ü Probleme, die ... ins Jenseits des »Schwierigen« oder »Unvergleichbaren« ausquartiert werden (Zorn, Mars 13).

Aus|quar|tie|rung, die; -, -en: *das Ausquartieren.*

aus|quat|schen ⟨sw. V.; hat⟩ (salopp): **1.** *ausplaudern* (1): einen Namen a.; er quatscht es ja doch aus in seiner Angst (Fallada, Jeder 70); wenn Eckhardt ausquatsche, dass er sie in Paris gesehen hatte (Baum, Paris 153). **2.** ⟨a. + sich⟩ *sich aussprechen; alles erzählen, was man auf dem Herzen hat:* wir hätten uns mal

richtig a. können (Baldwin [Übers.], Welt 283); er hätte den Quangel sich frei a. lassen sollen; nach dem Tode des Sohnes war der Mann in der Verfassung dazu (Fallada, Jeder 18).

¹**aus|quel|len** ⟨sw. V.; hat⟩: ²*quellen* (a): Reis ... bei sehr kleiner Flamme a. (Petra 8, 1967, 6).

²**aus|quel|len** ⟨st. V.; ist⟩: ¹*quellen* (2): Die Pilze in heißem Wasser 20 Minuten a. lassen (e & t 6, 1987, 118); die Hirse müsste nach 20 Minuten ausgequollen sein.

aus|quet|schen ⟨sw. V.; hat⟩: **1. a)** (seltener) *auspressen* (a): den Saft [aus den Früchten] a.; **b)** *auspressen* (b): Früchte, Beeren, Zitronen a. **2.** (ugs.) *aufdringlich ausfragen:* Der Untersuchungsrichter quetschte ihn nach allen Richtungen aus (Niekisch, Leben 295); Die Israelis quetschen die Ägypter nach allen Einzelheiten ... aus (Spiegel 24, 1967, 115); Es ist unfair, sie über politische Fragen auszuquetschen (Luzerner Tagblatt 31. 7. 84, 16).

aus|ra|deln, aus|rä|deln ⟨sw. V.; hat⟩: **1. a)** *mit einem Teigrädchen ausschneiden:* Teigstreifen, Plätzchen a.; Man kann auch Rauten ausradeln (Horn, Gäste 240); **b)** *(ausgerollten Teig) mit einem Teigrädchen in bestimmte Formen schneiden:* Der Teig wird ausgewellt und dann zu ... Formen ausgestochen oder ausgeradelt (Horn, Gäste 239); Er (= der Teig) wird ausgerollt und zu Viereck ausgeradelt (Horn, Gäste 178). **2.** *(ein Schnittmuster) vom Schnittmusterbogen mit einem Kopierrädchen auf eine Unterlage übertragen:* einen Schnitt, ein Schnittmuster, die Teile eines Kleiderschnitts a.

aus|ra|die|ren ⟨sw. V.; hat⟩: **1.** *(Geschriebenes) durch Radieren tilgen:* den Preis, ein Wort [mit dem Radiergummi] a.; Ü etw. aus seinem Gedächtnis a. *(die Erinnerung an etw. tilgen);* Die Denkmäler stehen hier noch, weil wir nicht zu den Leuten gehören wollen, die Denkmäler stürzen und die Vergangenheit a. (taz 10. 2. 95, 12). **2.** (salopp abwertend) **a)** *völlig zerstören, dem Erdboden gleichmachen:* die Stadt wurde [im Krieg durch Bomben] fast völlig ausradiert; Die ... Luftwaffen- und Artilleriebombardements ... radierten mehrere Dörfer ... aus (Spiegel 12, 1966, 108); **b)** *töten, vernichten:* Die Volksfeinde müssen von der Erdoberfläche ausradiert werden! (Leonhard, Revolution 23).

Aus|ra|die|rung, die; -: *das Ausradieren.*

aus|ran|gie|ren ⟨sw. V.; hat⟩: **a)** (ugs.) *(unbrauchbar Gewordenes) aussondern, nicht weiterverwenden:* einen alten Mantel a.; Aber die Kinder reißen auch nicht mehr so viel kaputt, da kann man öfter mal was a. (Brot und Salz 184); Von den Eltern ausrangierte Möbel (Wohnfibel 12); Wir alle haben ... ausrangierte Badewannen aufgestellt, in die wir das Regenwasser vom Dach leiten (Lentz, Muckefuck 8); **b)** *(einen Eisenbahnwaggon) auf ein Abstellgleis rangieren:* in Gießen, wo der Waggon ausrangiert wurde, um Spuren zu sichern (Gabel, Fix 172).

Aus|ran|gie|rung, die; -: *das Ausrangieren.*

aus|ra|sen ⟨sw. V.; hat⟩: *zu Ende rasen, toben:* warten, bis der Sturm ausgerast hat; ⟨auch a. + sich:⟩ der Ton liegt ... auf der Merkwürdigkeit einer Natur, die sich hier wie ein Orkan ausrast (Thieß, Reich 473); Ü seine Wut, Leidenschaft hat [sich] ausgerast.

aus|ra|sie|ren ⟨sw. V.; hat⟩: **a)** *(Haare) durch Rasieren entfernen:* [jmdm., sich] die Haare [im Nacken] a.; **b)** *durch Rasieren von Haaren befreien:* [jmdm., sich] den Nacken a.; ausrasierte Achselhöhlen; **c)** *(eine Haartracht o. Ä.) durch Rasieren herstellen, in eine bestimmte Form bringen:* ein ausrasierter Backenbart; die sauber ausrasierten Tonsuren auf den ... Köpfen (Böll, Und sagte 48); Sein kleines Bärtchen lag sauber ausrasiert über den Lippen (Thieß, Frühling 9).

¹**aus|ras|ten** ⟨sw. V.; ist⟩: **1.** (Technik) *sich aus einer ineinander greifenden Befestigung lösen, herausspringen:* aus einer Halterung a. **2.** (ugs.) *durchdrehen, die Nerven verlieren:* wenn du das tust, raste ich aus; ∗ **bei jmdm. rastet es aus** (ugs.; *jmd. verliert die Nerven*).

²**aus|ras|ten** ⟨sw. V.; hat⟩ (südd., österr.): *[sich] ausruhen:* schon wagte er es nicht mehr auszurasten, wenn seine Füße vom Stehen schmerzten (Fussenegger, Haus 273); ⟨auch a. + sich:⟩ ich muss mich von Zeit zu Zeit a.

aus|rat|schen ⟨sw. V.; hat⟩ (österr. ugs.): **1.** *ausplaudern* (1). **2.** ⟨a. + sich⟩ *ausplaudern* (2).

aus|rau|ben ⟨sw. V.; hat⟩: **1.** *durch Raub völlig leeren; ausplündern:* ein Geschäft, eine Wohnung, die Kasse a. **2.** *jmdm. unter Gewaltanwendung alles wegnehmen, was er besitzt od. bei sich trägt:* sie wurde unterwegs ausgeraubt; Einem Engländer, den er auf Rentierjagd begleitete, nahm er das Gewehr ab, raubte ihn aus und verschwand (Jahnn, Geschichten 232).

aus|räu|bern ⟨sw. V.; hat⟩: **1.** *in einen Raum o. Ä. eindringen u. darin Befindliches an sich bringen u. mitnehmen:* Kiosk ausgeräubert (MM 21. 12. 66, 5); sie hatten alles ausgeräubert, den Weinkeller und die Räucherkammer, die Obstbretter und den Wäscheschrank (Tucholsky, Gripsholm 150). **2.** *jmdn. überfallen u. ihm alles, was er besitzt od. bei sich trägt, abnehmen;* er (= der Wirt) sei total ausgeräubert worden, keinen Kanten Brot habe er im Hause (Heym, Schwarzenberg 174); Ü wir haben ihn beim Skat ganz schön ausgeräubert *(ihm beim Skatspiel viel Geld abgenommen).*

Aus|räu|be|rung, die; -, -en: *das Ausräubern.*

Aus|rau|bung, die; -, -en: *das Ausrauben.*

aus|räu|chern ⟨sw. V.; hat⟩: **1. a)** *(Schädlinge o. Ä.) mithilfe von Rauch od. Gas vertreiben od. vernichten:* Ungeziefer a.; Ü Es wäre doch gelacht, wenn wir die Boches nicht ausräucherten! (Kempowski, Zeit 347); **b)** (Jägerspr.) *durch Rauch, Gas aus dem Bau heraustreiben:* einen Fuchs, Dachs [aus dem Bau] a.

2. *(einen Raum o. Ä.) durch Räuchern von Ungeziefer befreien:* einen verwanzten Raum a.; die Brutstätten dieser Schaben auszuräuchern (Ott, Haie 126); Aber sie ist schon seit gestern Morgen fort, und dann haben sie hier natürlich gründlich ausgeräuchert, mit Formalin (Th. Mann, Zauberberg 22); Ü eine der stärksten ... Dschungelfestungen der Vietcong auszuräuchern (Spiegel 5, 1966, 72); Weil er eine Lasterhöhle samt Mafiosi ausgeräuchert ... hat (Spiegel 41, 1976, 214).

Aus|räu|che|rung, die; -, -en: *das Ausräuchern.*

aus|rau|fen ⟨sw. V.; hat⟩ (selten): *in großer Menge [her]ausreißen, ausrupfen:* Gras, Blumen, Unkraut a.

aus|räu|men ⟨sw. V.; hat⟩: **1. a)** *aus einem Raum herausschaffen, aus einem Behältnis o. Ä. herausnehmen:* die Möbel [aus dem Zimmer] a.; die Bücher aus dem Regal a.; **b)** *einen Raum, ein Behältnis o. Ä. durch Herausnehmen des Inhaltes leer machen:* die Schränke, die Wohnung a.; **c)** (ugs.) *ausrauben:* Ladenkasse ausgeräumt! Raubüberfall! (Bredel, Prüfung 30); dabei räumt man ihm die Taschen aus (Kempowski, Uns 37). **2.** (Med.) **a)** *nach einer Fehlgeburt Gewebsreste aus der Gebärmutter entfernen:* einen Abort a.; [aus.:] beim Ausräumen von Ei- und Schleimhaut mit der Kürette (Hilsenrath, Nacht 474); **b)** *Gewebspartien bes. aus vorgebildeten Körperhöhlen operativ entfernen:* Lymphdrüsen im Bereich der Achselhöhle, im Becken a. **3.** *(etw., was einer Sache hinderlich im Wege steht) beseitigen, aus dem Weg räumen:* Bedenken, einen Verdacht, Missverständnis a.; wenn auch nur die geringste Chance bestünde, den Konflikt ... auszuräumen (v. d. Grün, Glatteis 201).

Aus|räu|mung, die; -, -en: *das Ausräumen.*

aus|re|chen ⟨sw. V.; hat⟩ (bes. md., südd.): **a)** *mit dem Rechen aus etw. entfernen:* das Unkraut auf den Wegen a.; **b)** *mit dem Rechen von etw. frei machen:* ein Beet a.

aus|rech|nen ⟨sw. V.; hat⟩: **1. a)** *durch Rechnen lösen:* eine Rechenaufgabe a.; **b)** *durch Rechnen ermitteln, errechnen:* das Gewicht, den Preis, die Entfernung a.; Ich rechne jetzt eure Löhne aus (v. d. Grün, Glatteis 231); so haben wir seufzend nach Luftbildtabellen ausgerechnet (Grzimek, Serengeti 49); a., was jmd. zu zahlen hat; Ü die berufsmäßigen Propheten in den Zeitungen ..., die sorgfältig ausgerechnet hatten, warum Bert seine Medaille nicht hätte müssen (Lenz, Brot 130); * *sich* ⟨Dativ⟩ *etw. a. können (den Ausgang, die Folgen o. Ä. von etw. denken können):* Er kann es sich beiläufig a., wie lange das Glück noch dauern wird, denn er kennt den kurzen Weg die Steintreppe hinunter (Thieß, Legende 140); *auszurechnen sein* (Sport; *als Gegner berechenbar, einzuschätzen sein):* Die polnische Mannschaft ist gut auszurechnen (Augsburger Allgemeine 27. 5. 78, 24); »Der ist leicht auszurechnen«, schätzt der Berliner ... seinen Gegner (= im Halbschwergewicht) ... ein (Garm.-Part. Tagblatt 1. 10. 86). **2.** *mit etw. rechnen, etw. erwarten:* es geht nicht, was die sich da ausrechnen (Johnson, Mutmaßungen 155); Für Innsbruck hatten sich die Norweger einiges ausgerechnet (Olymp. Spiele 68); 30 (= Tennisspieler) verschwanden gleich wieder, weil sie sich keine Chance ausrechneten, dabei sie zu sein (SZ 16. 4. 96, 39); Fachleute rechneten Ireen Sheer wenig Chancen aus beim Grand Prix (Freizeitmagazin 26, 1978, 29).

Aus|rech|nung, die; -, -en: *das Ausrechnen.*

aus|re|cken ⟨sw. V.; hat⟩: **a)** *ausstrecken:* die Arme a.; **b)** ⟨a. + sich⟩ *sich recken, strecken:* ich musste mich sehr a., um das Buch im obersten Regalfach zu erreichen.

Aus|re|de, die; -, -n: *nicht wirklich zutreffender Grund, der als Entschuldigung für etw. vorgebracht wird:* so eine faule A.!; sie hat immer eine passende A.; »Keine A.«, sang die Tante im Garten, »du willst dich nur drücken« (Bieler, Bonifaz 127); er ist um -n niemals verlegen.

aus|re|den ⟨sw. V.; hat⟩: **1. a)** *zu Ende sprechen:* darf ich erst a.?; jmdn. [nicht] a. lassen; **b)** *seine Rede beenden:* hoffentlich hat er bald ausgeredet. **2.** *jmdn. durch Worte von etw., jmdm. abbringen; jmdn. in einer bestimmten Sache umstimmen:* jmdm. ein Vorhaben, eine Idee a.; Die Eltern versuchten, ihm das Mädchen auszureden; Das kann mir niemand a. (ich bleibe bei meiner Überzeugung; Schnabel, Marmor 112). **3.** (landsch.) *sich aussprechen, jmdm. sein Leid klagen:* sie musste sich einmal [bei ihrer Freundin] a. **4.** ⟨a. + sich⟩ (veraltend) *sich herausreden; Ausflüchte gebrauchen, etw. als Ausrede, Entschuldigung anführen:* unschlüssig bis zum letzten Augenblick, wie er sich a. werde (Musil, Mann I 066); Dass keiner es gewesen sein will, jeder sich auf den anderen ausredet, ist widerlich genug (Kantorowicz, Tagebuch I, 335); hätte er sich vielleicht durch verlegenes Stammeln ... verdächtig gemacht oder sich mit mangelnder Vollmacht schlecht ausgeredet (A. Zweig, Grischa 266).

aus|reg|nen ⟨sw. V.; hat⟩: **1. a)** ⟨unpers.⟩ *aufhören zu regnen:* es hat ausgeregnet; **b)** ⟨a. + sich⟩ *so lange regnen, bis die Wolken sich vollständig abgeregnet haben:* sich hat ausgeregnet; wo sich die radioaktive Wolke besonders reichlich ausgeregnet hatte (BdW 9, 1987, 73); die Wolke, die sich ausgeregnet hatte (Wiechert, Jeromin-Kinder 843). **2.** *durch Regnen wegbringen:* Gelingt es jedoch ..., an einer Stelle mehr Wasserdampf auszuregnen, dann fehlt diese Menge an einer anderen Stelle (MM 2. 3. 73,3); Diese Stickoxide nämlich ... werden in Bodennähe nach durchschnittlich zwei Tagen ausgeregnet und damit – als dünne Salpetersäure – aus der Atmosphäre entfernt (SZ 14. 9. 92, lu 1).

aus|rei|ben ⟨st. V.; hat⟩: **1. a)** *durch Reiben aus etw. entfernen:* Wenn sie (= Lippenstiftflecken in Servietten) am andern Tag noch nicht völlig ausgerieben sind, so verwendet man Spiritus (Horn, Gäste 157); **b)** *die Innenflächen von etw. durch Reiben säubern:* Gläser mit einem Tuch a.; **c)** *die Innenflächen von etw. einreiben:* Mit diesem (= Knoblauch) wird die Fonduepfanne zuerst ausgerieben (Horn, Gäste 178). **2.** (österr.) *eine Fläche mit einer Bürste scheuern:* den Fußboden, die Küche a.

Aus|reib|tuch, das ⟨Pl. ...tücher⟩ (österr.): *Scheuertuch.*

aus|rei|chen ⟨sw. V.; hat⟩: **1.** *in einem Maß od. einer Menge vorhanden sein, die für etw. reicht, genügt:* der Platz, der Vorrat, das Geld reicht [für den vorgesehenen Zweck, zu dem Vorhaben] aus; dass auch diese glänzenden persönlichen Eigenschaften nicht ausreichen, um das Amt eines Aufsehers ausfüllen zu können (Bieler, Bonifaz 192); dafür reichte die Vorstellung schon nicht mehr aus (das ging schon über das Vorstellungsvermögen hinaus; Plievier, Stalingrad 332); (iron.) Immerhin haben die paar Sekunden für fünf Bauchschüsse bei uns ausgereicht (Remarque, Westen 87); sie hatte keine ausreichenden Rücklagen; etw. ist in ausreichendem Maße vorhanden; er bekam für die Klassenarbeit die Note »ausreichend«; sie war nicht ausreichend unterrichtet. **2.** ⟨ugs.⟩ *mit einer vorhandenen Menge o. Ä. auskommen:* die Schneiderin wird mit dem Stoff nicht a.

aus|rei|fen ⟨sw. V.; ist⟩: **1. a)** *(von Früchten o. Ä.) völlig reif werden:* die Bananen reifen an der Staude aus: totenstill wurde es in dem ausreifenden Sommerweizen (Grass, Hundejahre 49); **b)** *sich voll, zur Reife entwickeln:* der Wein in diesen Fässern muss noch a.; Form aggio Parmigiano muss zwei bis drei Jahre ausgereift sein (Petra 8, 1957, 10); Außerdem gibt es in vielen Organen sehr weit ausgereifte *(differenzierte)* Zellen (Medizin II, 162); Ü eine der jenen ... Europäern, die in Jahrhunderten wahrer Kultur getränkt, ausgereift und mariniert waren (Wolfe [Übers.], Radical 68); ⟨subst.:⟩ dass der heutigen akademischen Jugend weitgehend die Muße und die Zeit zum Ausreifen fehlt (Mantel, Wald 119). **2.** *sich bis zu einer möglichen Vollkommenheit entwickeln:* eine Methode a. lassen; die Konstruktion ist ausgereift.

Aus|rei|fung, die; -: *das Ausreifen.*

Aus|rei|se, die; -, -n: *das Verlassen eines Landes [mit einem Verkehrsmittel]:* jmdm. die A. verweigern; bei der A. *(beim Grenzübertritt ins Ausland)* findet eine Zollkontrolle statt.

Aus|rei|se|er|laub|nis, die: *offizielle Erlaubnis zur Ausreise.*

Aus|rei|se|ge|neh|mi|gung, die: *Ausreiseerlaubnis.*

aus|rei|sen ⟨sw. V.; ist⟩: **1.** *ins Ausland reisen, die Landesgrenze überschreiten:* die 66-Jährige ..., die ... aus der Sowjetunion zu ihren ... Kindern nach Köln a. durfte (Welt 13. 10. 62,3); Bereits in Deutschland anerkannte Asylbewerber, die zum Kampf ins Kosovo ausgereist sind, dürfen nach Darstellung des bayerischen Innenministeriums wieder einreisen (SZ 26. 4. 99, 6). **2.** (veraltet) *verreisen, zu einer Reise aufbrechen:* dass er heute mit Frau und Kindern a. wolle. Man könne nicht immer zu Hause sitzen (R. Walser, Gehülfe 57).

Aus|rei|se|vi|sum, das: *Visum für die Ausreise:* Der 33-Jährige bemühe sich bei den Behörden um ein A. und wolle am liebsten in die USA auswandern (SZ 4. 11. 97, 8).

aus|rei|se|wil|lig ⟨Adj.⟩: *willig, bereit auszureisen:* Die sofortige Einstellung der Schikanen ... gegen -e Einwohner Mitteldeutschlands (Report 21, 1977, 2).

aus|rei|ßen ⟨st. V.⟩: **1.** *aus etw. herausreißen, durch Herausreißen entfernen* ⟨hat⟩: Blumen, Unkraut a.; jmdm., sich die ersten grauen Haare a.; Wie man der Kobra ... den Giftzahn ausreißt (Frisch, Stiller 41); die Fingernägel habe man ihm ausgerissen (Niekisch, Leben 365). **2.** ⟨ist⟩ **a)** *sich aus etw. gewaltsam lösen, von etw. abreißen:* der Ärmel, Henkel ist ausgerissen; **b)** *einreißen, durch einen Riss weiter werden:* die Knopflöcher sind ausgerissen; Der Mantel offen, die Knöpfe fehlten, die Taschen ausgerissen (Plievier, Stalingrad 142); Die Nahtenden an den Ärmelaufschlägen sind zusätzlich verriegelt. Sie reißen auch nach vielen Wäschen nicht aus (Herrenjournal 3, 1966, 32). **3.** (ugs.) *weglaufen [um sich einer unangenehmen Situation, jmds. Zugriff zu entziehen]* ⟨ist⟩: Nach eingehender Befragung gab die Achtjährige aber zu, sie habe mit einer Freundin a. wollen (SZ 20. 3. 98, 21); Zahlreiche Stenotypistinnen rissen verständlicherweise aus (Niekisch, Leben 72); Unterstützen Sie nur noch diesen Feigling, damit er auch sicher a. kann vor den Ansprüchen einer schutzlosen ... Frau! (Fallada, Herr 129); seine Frau ist ihm ausgerissen *(hat ihn verlassen).* **4.** (Sport) *durch plötzliches Erhöhen der Geschwindigkeit einen Vorsprung gegenüber anderen Teilnehmern eines Rennens o. Ä. gewinnen* ⟨ist⟩: Hellströms Lauf ist der Lauf eines Siegers: ... so zieht er vor und lässt Bert nicht weiter a. (Lenz, Brot 61).

Aus|rei|ßer, der; -s, -: **1.** (ugs.) *jmd., der aus dem Haus weggelaufen ist, bes. ein Kind:* beiden A. wurden von der Polizei aufgegriffen und wieder nach Hause gebracht; In manchen Küchen werden A. ohne Papiere angestellt (M. L. Fischer, Kein Vogel 162). **2.** (Technik Jargon) *einzelner Messwert einer Reihe, der von den übrigen Werten in auffälliger Weise abweicht:* Es gibt aber auch etliche A. (= bei Ampeln), die bei Gelb weit weniger als die vorgeschriebenen 3 Sekunden herausrücken (ADAC-Motorwelt 4, 1985, 56); Sieht man nun einmal von A. ab, so liegt der erforderliche Aufwand an Zusatzenergie der getesteten Anlagen zwischen 60 und 33 Prozent (CCI 6, 1987, 48); Ü Einziger schlechter A. waren völlig zermatschte Heidelbeeren mit Stielen, Blättern und Erinnerungen an bayerischem Waldboden (DM 5, 1966, 32). **3.** (Sport) *jmd., der durch plötzliches Erhöhen der Geschwindigkeit einen Vorsprung gegenüber anderen Teilnehmern* *eines Rennens o. Ä. gewinnt:* nachdem er auf den Schlussrunden ... Kinzel ... als seinen einzigen Widersacher als A. noch mit 1 : 35 Minuten auf den zweiten Platz verwiesen hatte (Tagesspiegel 13. 6. 84, 16). **4.** (Schießsport) *Schuss, der weit vom Ziel abweicht.*

Aus|rei|ße|rin, die; -, -nen: w. Form zu ↑Ausreißer (1, 3).

Aus|reiß|ver|such, der (Sport): *Versuch, durch Ausreißen (4) einen Vorsprung zu gewinnen.*

aus|rei|ten ⟨st. V.⟩: **1. a)** *einen Ort reitend verlassen* ⟨ist⟩: die Kompanie ist [aus der Kaserne] ausgeritten; **b)** *einen Ausritt machen* ⟨ist⟩: er reitet jeden Morgen aus; **c)** *einem Pferd durch einen Ausritt Bewegung verschaffen* ⟨hat⟩: Bei einem Bekannten ... hat sie den Job übernommen, seine zwei Andalusien-Pferde täglich auszureiten (Bravo 42, 1988, 8). **2.** ⟨hat⟩ (Reitsport) **a)** *(in einem Rennen) einem Pferd die äußerste Leistung abfordern:* ein Pferd [nicht voll] a.; **b)** *(ein Rennen) austragen:* das Rennen wird hier ausgeritten; **c)** *eine gekrümmte Strecke völlig abreiten:* der Mahnung, die Ecken richtig auszureiten, bedurfte es hier nicht (Bergengruen, Rittmeisterin 262).

aus|rei|zen ⟨sw. V.; hat⟩ (Kartenspiel): *bis zur höchsten Zahl reizen:* seine Karten a.; ***ausgereizt sein** (ugs.; *ausgeschöpft 2 sein):* Das Thema ist ausgereizt (Hörzu 40, 1974, 38); Sie (= Hochschulen) seien ... in ihrer Lehrkapazität »ausgereizt« (Welt 15. 11. 79, 1); Der Markt für Farbfernseher ... ist ... ausgereizt (Welt 11. 3. 83, 1); die schwarzen, runden Gummis sind technisch weitgehend ausgereizt (ADAC-Motorwelt 3, 1986, 36).

aus|ren|ken ⟨sw. V.; hat⟩ [↑renken]: *aus dem Gelenk drehen:* jmdm., sich den Arm a.; ich habe mir fast den Hals a. müssen, um etwas zu sehen; der einzige Blessierte war der Pastor; er hatte sich beim Fall die Kinnlade ausgerenkt (Kant, Impressum 182).

Aus|ren|kung, die; -, -en: *das Ausrenken.*

◆ **aus|reu|ten** ⟨sw. V.; hat⟩ [↑reuten]: *ausroden:* um das wilde Unkraut und Gestrüpp auszureuten (Keller, Romeo 15); eine Matte ..., das Rütli heißt sie ..., weil dort die Waldung ausgereutet ward (Schiller, Tell I, 4).

aus|rich|ten ⟨sw. V.; hat⟩: **1.** *im Auftrag eines anderen mitteilen, bestellen, übermitteln:* jmdm. Grüße [von jmdm.] a.; richte ihr aus, dass sie heute nicht zu kommen braucht. **2.** *bei etw. Erfolg haben; erreichen, tun können, erwirken:* bei jmdm. etwas, nicht viel a. können; Nein, mit Vernunft ist hier nichts auszurichten (Hildesheimer, Tynset 224); dass gegen die geheiligte Ordnung einer so vortrefflichen Hausfrau nichts auszurichten ist (Geissler, Nacht 164); Also wollen wir denn sehen, was wir ausrichten, jeder an seinem Platze (Th. Mann, Hoheit 235). **3.** *in eine bestimmte einheitliche Richtung bringen:* etw., sich in einer Linie a.; der Schirrmeister ließ die Fahrzeuge auf den Zentimeter genau a. (Kuby, Sieg 295); Schnurgerade ausgerichtet standen sie (= die Ballettmädchen) in einer Reihe (Ott, Haie 288). **4. a)** *auf etw., jmdn. einstellen, einrichten, abstellen:* das Warenangebot auf die Bedürfnisse/ nach den Bedürfnissen der Käufer a.; **b)** *in bestimmter Weise, an einer bestimmten Ideologie o. Ä. orientieren:* die Arbeit der Verbände einheitlich a.; diese Gruppe ist kommunistisch ausgerichtet; Als handele es sich ... nicht um eine ganz bestimmte Konzeption, auf die seit Jahren sein ... Handeln ausgerichtet ist (Dönhoff, Ära 128). **5.** *(für jmdn.) gestalten, arrangieren:* sie haben für ihre Tochter die Hochzeit ausgerichtet; Noch war die Leichenfeier für Eisner auszurichten (Niekisch, Leben 52); eine Tagung, Meisterschaften a. *(veranstalten).* **6.** (Bergbau) **a)** *eine Lagerstätte finden, entdecken:* ein Braunkohlevorkommen a.; **b)** *eine Lagerstätte erschließen:* ein Eisenerzlager a. **7.** (südd., österr. ugs.) *jmdn. herabsetzen, schlecht machen:* sie richten gerne andere Menschen aus. **8.** (schweiz.) *zahlen, auszahlen:* die Witwenrente, eine Subvention a.

Aus|rich|ter, der; -s, - (Sport): *jmd., Verein o. Ä., der eine sportliche Veranstaltung ausrichtet (5); Veranstalter:* A. der Veranstaltung ist das Kulturamt der Stadt Saarbrücken (Saarbr. Zeitung 2. 10. 79, 15); ... dass man im Mai den Zuschlag als A. der A-Weltmeisterschaft erhielte (SZ 8. 4. 99, 4).

Aus|rich|tung, die; -: *das Ausrichten (3–6).*

aus|rin|gen ⟨st. V.; hat⟩ [**1:** entstanden durch Vermischung von ↑ringen mit dem nicht verwandten ↑wringen]: **1.** (landsch.) ↑auswringen. **2.** ***ausgerungen haben** (geh. verhüll.; *[nach langem Leiden] gestorben sein.*

aus|rin|nen ⟨st. V.; ist⟩ (bes. südd., österr.): **a)** *langsam aus etw. fließen, herauslaufen:* das Benzin rinnt [aus dem Fass] aus; dass der Rest des nassen Inhalts (= des Bootes) fast bis zum letzten Tropfen mühelos ausrinnt (Alpinismus 2, 1980, 56); **b)** *durch Herausfließen leer werden:* das Fass rinnt aus; während er mit der Rechten die andere Flasche kippte und frei a. ließ (Jonke, Schule 30).

aus|rip|pen ⟨sw. V.; hat⟩: *von den Blattrippen befreien:* Tabakblätter a.

Aus|ritt, der; -[e]s, -e: **a)** *das Ausreiten* (1 a): der A. der Reiter aus dem Stadion; **b)** *kürzerer Ritt im Gelände; Spazierritt:* einen A. machen.

aus|ro|den ⟨sw. V.; hat⟩: *mit den Wurzeln ausgraben, vollständig roden:* Bäume, Buschwerk a.; Allmählich erkannte er die Landschaft wieder. Die Wälder waren ausgerodet (Jahnn, Geschichten 106); Ü als sei nun die letzte Hoffnung mit Stumpf und Stiel ausgerodet (Langgässer, Siegel 16).

Aus|ro|dung, die; -, -en: *das Ausroden.*

aus|rol|len ⟨sw. V.⟩: **1.** *langsam aufhören, sich rollend fortzubewegen* ⟨ist⟩: Ein schwarzes Samttuch müsse man auf den Tisch legen und Kugeln aus Bernstein oder Elfenbein a. lassen (Kempowski, Uns 285); Das Flugzeug setzte nun auf, rollte aus und kam genau vor dem Flughafengebäude zum Stehen (Simmel, Stoff 526); Ü dass alle Wellen (= der Geschichte) am Strande seiner (= Gottes) Ewigkeit ausrollen (Thielicke, Ich glaube 259); Gewitter von lächerlicher Überflüssigkeit ... entluden sich mit umständlich ausrollendem Widerhall (Th. Mann, Zauberberg 199). **2.** ⟨hat⟩ **a)** *(Zusammengerolltes) auf einer Fläche auseinander rollen:* einen Läufer [auf dem Boden] a.; und er bittet um eine Rolle Pauspapier, die er gelassen ausrollt (Frisch, Gantenbein 398); Dann rollen wir unsere Schlafsäcke aus (a & r 2, 1997, 111); **b)** *(Teig) auf einer Fläche in die Länge ziehend ausbreiten:* den Teig a.; alles zu einem mittelfesten Teig schlagen. Zugedeckt ... gehen lassen, auf bemehltem Backbrett 60 mal 40 Zentimeter groß ausrollen (Hörzu 36, 1975, 82).

aus|rot|ten ⟨sw. V.; hat⟩ [zu veraltet rotten = völlig vernichten, mhd. roten, Nebenf. von: riuten, ↑reuten]: *vollständig, bis zum letzten Exemplar vernichten, vertilgen:* Ungeziefer, Unkraut [mit Stumpf u. Stiel] a.; Allein hundertsechs Säugetierarten haben wir ... schon ausgerottet (Grzimek, Serengeti 246); muss man ... erst alle seine Feinde a. (Reinig, Schiffe 145); und in Deutschland wird meine Familie ausgerottet (Hochhuth, Stellvertreter 69); Edwards Familie schien übereingekommen, sich selbst auszurotten, damit er den Titel erben konnte (Brand [Übers.], Gangster 60); früher einmal tödliche Krankheiten auszurotten (Natur 40); Ü jeden Wirt mit der Wurzel auszurotten (Leonhard, Revolution 104); um den Faschismus und Militarismus auszurotten (Leonhard, Revolution 268); Trotzdem ist der Glaube nicht auszurotten, dass man Schlangen mit Musik betören könne (Grzimek, Serengeti 186).

Aus|rot|tung, die; -, -en: *das Ausrotten.*

aus|rü|cken ⟨sw. V.⟩: **1.** (bes. Milit.) *sich (in Formation) von einem Standort aus irgendwohin begeben, ausmarschieren* ⟨ist⟩: eines truppenlosen Kommandeurs, der mit siebzehntausend Mann ins Feld ausgerückt war (Plievier, Stalingrad 289); Die Garnison wird in Parade a. unterm Kommando eines Obersten (Werfel, Bernadette 381); Die Feuerwehr ist bereits ausgerückt (Bergengruen, Rittmeisterin 401). **2.** (ugs.) *weglaufen, sich heimlich davonmachen* ⟨ist⟩: ich war von zu Hause ausgerückt (Hörzu 8, 1973, 117); »So'n verrücktes Mädchen! Wenn ich nich aufgewacht wär, vielleicht wärst du ausgerückt ohne Adjöh?« (Lederer, Liebe 35). **3.** (Druckw.) *(im fortlaufenden Text) vor den Zeilenbeginn od. hinter den rechten Zeilenrand rücken* ⟨hat⟩: ein Wort, eine Zahl a. **4.** (Technik) *durch Verschieben die Übertragung des Antriebs aufheben, auskuppeln* ⟨hat⟩: die Kupplung, einen Treibriemen a.

Aus|rü|cker, der; -s, - (Technik): *Hebel zum Ausrücken* (4).

Aus|rü|ckung, die; -, -en: *das Ausrücken* (3, 4).

Aus|ruf, der; -[e]s, -e: **1.** *kurze, laute Äußerung als Ausdruck einer Gemütsbewegung:* ein A. des Entsetzens, der Überraschung; persönliche Erfahrungen, ... die ihm in gewissen Augenblicken den A. »Mein Gott!« abpressten (Th. Mann, Zauberberg 332); jmdn. mit einem freudigen A. begrüßen. **2.** (selten) *öffentliche Ankündigung, Bekanntmachung durch Ausrufen* (2 a): etw. durch A. bekannt machen.

aus|ru|fen ⟨st. V.; hat⟩: **1.** *spontan, in einem Ausruf* (1) *äußern:* »Wie schön!«, rief sie begeistert aus. **2. a)** *[laut rufend] nennen, mitteilen, bekannt geben:* die Stationen, eine Bekanntmachung, die Schlagzeilen einer Zeitung a.; Aus der Kuckucksuhr an der Wand schießt der Vogel und ruft die Stunde aus (Remarque, Obelisk 342); man hat sie auf dem Bahnsteig ausgerufen; **b)** *öffentlich, offiziell verkünden, proklamieren:* die Republik, einen Streik, den Notstand a.; jmdn. als Sieger a.; er wurde zum Kaiser ausgerufen; **c)** *rufend zum Kauf anbieten, feilbieten:* die Abendzeitung a.

Aus|ru|fer, der; -s, -: *jmd., der öffentliche Bekanntmachungen ausruft* (2 a).

Aus|ru|fe|satz, der (Sprachw.): *Satz, der einen Sachverhalt mit starker innerer Anteilnahme des Sprechers ausdrückt* (z. B. Wie schnell die Zeit vergeht!).

Aus|ru|fe|wort, das ⟨Pl. ...wörter⟩ (Sprachw.): *Interjektion.*

Aus|ru|fe|zei|chen, das: *Satzzeichen, das nach Ausrufe-, Wunsch- u. Aufforderungssätzen sowie nach Ausrufewörtern steht.*

Aus|ru|fung, die; -, -en: *das Ausrufen* (2); *Proklamation.*

Aus|ru|fungs|zei|chen, das (selten): *Ausrufezeichen.*

Aus|ruf|zei|chen, das (bes. österr., schweiz.): *Ausrufezeichen.*

aus|ru|hen ⟨sw. V.; hat⟩: **a)** *ruhen, um neue Kräfte zu sammeln, sich zu erholen:* du musst ein wenig a.; die wundersame und träumerische Zufriedenheit, mit der ich ... von meiner Schöpfung ausruhte (Th. Mann, Krull 48); ⟨meist a. + sich:⟩ sich auf einer Bank, nach der Arbeit, von den Strapazen a.; sie kamen ausgeruht *(erholt)* aus den Ferien zurück; **b)** *vorübergehend in Ruhelage bringen, nicht beanspruchen:* seine Augen, Beine a.

♦ **aus|run|den** ⟨sw. V.; hat⟩: *rund aushöhlen:* man geht aber immer in einer Rinne, gleichsam wie in einem ausgerundeten Graben, hinan (Stifter, Bergkristall 11).

aus|rup|fen ⟨sw. V.; hat⟩: *[mutwillig] ausreißen:* Gras, Unkraut, Blumen a.; Man rupft den Hähnen die Federn nicht aus (Grzimek, Serengeti 145).

aus|rüs|ten ⟨sw. V.; hat⟩: **1.** *mit etw. versehen, ausstatten, was zur Erfüllung einer bestimmten Aufgabe notwendig od. nützlich ist:* jmdn., sich, etw. [für etw.] a.; eine Expedition, ein Schiff a.; Wagentypen, die wahlweise mit zwei oder mit vier Türen ausgerüstet werden können (auto 8, 1965, 33); sie waren für ihre schwierige Aufgabe gut, unzureichend ausgerüstet. **2.** (Textilind.) *Stoffe durch Nachbehandlung veredeln:* einen Stoff bügelfrei a.; Eine Reihe von Waschmaschinen und ein Trommeltrockner dienen der Untersuchung von waschmaschinenfest ausgerüsteten Wolltextilien (Herrenjournal 1, 1966, 6).

Aus|rüs|ter, der; -s, - (Schifffahrt): **1. a)** *jmd., der ein ihm nicht selbst gehörendes Seeschiff für seine Rechnung verwendet, indem er es selbst führt bzw. einem anderen die Führung überträgt;* **b)** *Eigentümer eines Binnenschiffes.* **2.** *Appreteur.*

Aus|rüs|te|rin, die; -, -nen: w. Form zu ↑Ausrüster (2): sie übernahm als A. und Ausschneiderin Heimarbeit für heimische Stickereibetriebe (Vorarlberger Nachr. 27. 11. 68, 4).

Aus|rüs|tung, die; -, -en: **1.** *das Ausrüsten* (1, 2), *Ausgerüstetsein.* **2. a)** *Gesamtheit der Gegenstände, mit denen jmd., etw. für einen bestimmten Zweck ausgestattet ist:* eine neue A. für den Wintersport; das große schwarze Tuch, das damals noch zur A. der Fotografenzunft gehörte (Bergengruen, Rittmeisterin 317); um die soldatische A. ihres Verschollenen zu besichtigen (Frisch, Stiller 179); **b)** *bestimmte technische Anlage, deren Vorhandensein für das Funktionieren von etw. unbedingt nötig ist:* In jedem Chemiekombinat gehe es nun darum, die Modernisierung der Anlagen und -en zu beschleunigen (NNN 11. 11. 85, 2).

Aus|rüs|tungs|ge|gen|stand, der: *einzelner zur Ausrüstung* (2 a) *gehörender Gegenstand.*

aus|rut|schen ⟨sw. V.; ist⟩: **1.** *durch Rutschen auf einer glatten Fläche o. Ä. das Gleichgewicht verlieren [und zu Fall kommen]; ausgleiten:* auf einer Bananenschale a. [und hinfallen]; dass er fast auf dem raureifbedeckten Gras ausrutscht (Lentz, Muckefuck 144); Ü jetzt könne einmal ein bissel a. (ugs.; *sich unpassend benehmen*). **2.** *aus der Hand rutschen, wegrutschen:* beim Brotschneiden ist [ihr] das Messer ausgerutscht; das Gewehr rutschte aus und polterte über die Fliesen (Kirst, 08/15, 98).

Aus|rut|scher, der; -s, -: **1.** (ugs.) *das Ausrutschen auf einer glatten Fläche.* **2.** (ugs.) *Fauxpas:* seine Bemerkung war ein peinlicher A.; Jede Stadt hat ihren Partyschreck, der bei sämtlichen A. auf den Vernissagen und ähnlichen Belustigungen sorgfältig im Stammhirn notiert und umgehend seiner Zeitung meldet (ZS 13. 2. 99, R). **3.** (Sport) *unerwartete Niederlage:* ... dass eine Niederlage gegen den Tabellenletzten Empoli der einzige A. in einer durchweg positiven Rückrunde blieb (SZ 20. 4. 99, 3).

Aus|saat, die; -, -en: **1.** *das Aussäen:* die A. hatte sich in diesem Jahr um einige Wochen verzögert (Welt 19. 8. 65, 9); wir steckten gerade die dritte A. Erbsen, Rille für Rille (Rinser, Jan Lobel 35); mit der A. beginnen. **2.** *Saatgut; Pflanzgut:* es mangelt an -en.

aus|sä|en ⟨sw. V.; hat⟩: *Samen, Saatgut in die Erde bringen:* Getreide, Blumensamen, Radieschen, Mohrrüben a.; Ü Hass und Zwietracht a.; Er ... säte Prophezeiungen aus (Schneider, Erdbeben 61).

Aus|sa|ge, die; -, -n: **1.** *geäußerte Mei-*

Aussagekraft

nung, Feststellung, Urteil: die -n der Fachleute sind widersprüchlich; Nach den Sätzen der mathematischen Logik ist es leicht möglich, jede beliebige A. B zu beweisen (Natur 45); allgemeine unbelegte -n über Staat und Wirtschaft, Völker und Staaten (Fraenkel, Staat 112); wie die Bibel -n über die Geschichte der Menschheit macht (Thielicke, Ich glaube 258). **2.** *[vor Gericht, vor der Polizei] abgegebene Erklärung zu einem Tatbestand:* eine belastende, eidliche A.; eine A. [über etw.] machen, entkräften; die A. verweigern; Er revidiert ... seine -n gegenüber den vorausgegangenen Vernehmungen (Noack, Prozesse 187); Und auf diese A. wurde Frau Ziethen vereidigt! (Mostar, Unschuldig 61); es steht A. gegen A. **3.** *geistiger Gehalt; etw., was ein Werk ausdrückt:* die künstlerische, dichterische A. des Romans; wie man musikalisch sein muss, um Musik ... als eine tönende A. zu empfinden (Thielicke, Ich glaube 73).

Aus|sa|ge|kraft, die ⟨o. Pl.⟩: **1.** *Wirkung, Wirksamkeit einer Aussage* (3): der Albani-Psalter ..., dessen ... Figuren ... von einer überraschend unmittelbaren A. sind (Bild. Kunst III, 69). **2.** *Geltung als Aussage* (1); *Beweiskraft:* die A. einer Belegkartei, bestimmter Daten, von Statistiken, von Bewertungsunterlagen.

aus|sa|ge|kräf|tig ⟨Adj.⟩: *Aussagekraft* (2) *besitzend:* Der Jahresbericht ... enthält keine -en Zahlenangaben über Ertrag und Investitionen (FAZ 1. 7. 61, 9); Im -eren Zweimonatsvergleich sieht die Auftragslage der deutschen Wirtschaft ... weiterhin ungünstig aus (Augsburger Allgemeine 6. 5. 78, 14); Um a. zu sein, muss der Erfolg also stets in Beziehung gesetzt werden zum eingesetzten Kapital (Rittershausen, Wirtschaft 44).

aus|sa|gen ⟨sw. V.; hat⟩ /vgl. aussagend/: **1.** *zum Ausdruck bringen, ausdrücken, erkennen lassen, sagen; als Meinung o. Ä. kundtun:* diese Äußerung sagt einiges über ihre Einstellung aus; Will man über das östliche Christentum Wesentliches a. (Nigg, Wiederkehr 138); Und doch vermag in solcher Situation ... der Dichter, der einen höheren Grad an Erkenntnis und Gewissheit besitzt, etwas auszusagen (Dönhoff, Ära 82); ♦ Das Schlechte, das du anderen von dir aussagen (*von dir erzählen;* Ebner-Eschenbach, Gemeindekind 39). **2.** *vor Gericht, vor der Polizei eine Aussage* (2) *machen:* als Zeuge, gegen jmdn., vor Gericht a.; zugunsten des Angeklagten a.; über das Verbrechen ... konnte er nichts a., sie hatte erst durch die Zeitungen davon erfahren (Maass, Gouffé 262). **3.** *[in künstlerischer Form] ausdrücken; eine bestimmte Ausdruckskraft besitzen:* die frühen Bilder des Malers sagen wenig aus.

aus|sä|gen ⟨sw. V.; hat⟩: **a)** *mit einer Säge aus etw. herauslösen:* ein Herz [aus der Holztür] a.; **b)** *mit einer Säge aus Holz o. Ä. herstellen:* Krippenfiguren a.

aus|sa|gend ⟨Adj.⟩ (Sprachw.): *prädikativ.*

Aus|sa|ge|satz, der (Sprachw.): *Satz, der einen Sachverhalt einfach berichtend wiedergibt* (z. B.: Die Sonne scheint).

Aus|sa|ge|ver|wei|ge|rung, die (Rechtsspr.): *Verweigerung einer Aussage* (2).

Aus|sa|ge|wei|se, die: **1.** (Sprachw.) *Modus* (2). **2.** (Philos.) *Kategorie* (1).

Aus|sa|ge|wert, der: *Wert, Bedeutsamkeit einer Aussage* (1): sodass diese rein statistischen Preiserhebungen für einen begrenzten A. haben (MM 9. 10. 75, 7); Die Gliederung der Posten muss so erfolgen, dass diese für alle Beteiligten, die Geschäftsleitung, die Aktionäre und die Gläubiger, höchsten A. erhalten (Rittershausen, Wirtschaft 71).

Aus|salz|ef|fekt, der (Chemie): *Wirkung des Salzzusatzes beim Aussalzen.*

aus|sal|zen ⟨sw. V.; hat⟩ (Chemie): *einen in Lösung befindlichen Stoff durch Zugabe von Salz ausfällen.*

aus|sa|men, ⟨sw. V.; hat⟩: *sich durch Samen verbreiten:* Wo sich »Blaulicht« ... wohl fühlt, samt es sich auch selber aus (MM 27. 6. 70, 56).

Aus|satz, der, -es [mhd. ūʒsaz, rückgeb. aus: ūʒsetzic, ↑aussätzig] (Med.): *(in den Tropen u. Subtropen verbreitete) Infektionskrankheit, die bes. zu entstellenden Veränderungen der Haut führt; Lepra:* Konnte der heilige Franz den A. heilen? (Zuckmayer, Herr 143); Lichtlose Gassen, die Mauern wie vom A. befallen (Fest, Im Gegenlicht 366); Ü Ihn (= den Soldaten), der behaftet ist mit dem entsetzlichen A. der Geduld (Brecht, Geschichten 65).

aus|sät|zig ⟨Adj.⟩ [mhd. ūʒsetzic, älter: ūʒsetze, ahd. ūʒsāzeo, zu ↑setzen u. eigtl. = ausgesetzt, abgesondert]: *von Aussatz befallen:* als sei der ein Wundertier und noch dazu a. (Kirst, 08/15, 402).

Aus|sät|zi|ge, der u. die; -n, -n ⟨Dekl. ↑Abgeordnete⟩: *jmd., der Aussatz hat:* Man ... pflegt A., küsst ihre Geschwüre (Reinig, Schiffe 70); Man behandelt uns wie A. Wir können nirgends landen (Kirst, 08/15, 833); da kriegt man das Essen hingeschmissen wie ein -r: Kommen Sie nicht so nah! (Klee, Pennbrüder 45).

aus|sau|fen ⟨st. V.; hat⟩: **a)** *(von Säugetieren) von etw. saufen, bis nichts mehr übrig ist:* die Tiere haben alles Wasser [aus dem Trog] ausgesoffen (derb in Bezug auf Menschen:) Dann saufen wir durstig das Kühlwasser aus (Remarque, Westen 87); **b)** *leer saufen:* den Trog, den Eimer a.; (derb in Bezug auf Menschen:) ... hatte er ... eine halbe Flasche Korn ausgesoffen, die noch übrig geblieben war (Remarque, Obelisk 244).

aus|sau|gen ⟨st. u. sw. V.; saugte/(geh.:) sog aus, hat ausgesaugt/(geh.:) ausgesogen⟩: **1. a)** *aus etw. saugen:* den Saft [aus der Zitrone] a.; Blut [aus der Wunde] a.; Ü Er starrte in den Mond, der mit den Farben aussaugte mit seinem geborgten Licht (Remarque, Triomphe 199); **b)** *durch Saugen von etw. befreien, leer saugen:* die Wunde a. **2.** *ausbeuten, das Letzte herausholen:* die Herrscher haben das Land, die Menschen ausgesaugt; weil ... Grundbesitzer die Arbeitskraft des Volkes bis auf den letzten Tropfen aussaugen (Thieß, Reich 52).

aus|scha|ben ⟨sw. V.; hat⟩: **a)** *durch Schaben entfernen, aus etw. herausholen:* mit einem Löffel das Fruchtfleisch (= der Auberginen) a. (Petra 8, 1967, 17); **b)** *durch Ausschaben* (a) *leer machen, aushöhlen, von seinem Inhalt befreien:* Gurken a.; **c)** (Med.) *von Gewebe befreien, kürettieren:* die Gebärmutter a.

Aus|scha|bung, die; -, -en (Med.): *das Ausschaben* (c), *Abrasion, Kürettage.*

aus|schach|ten ⟨sw. V.; hat⟩ [zu ↑Schacht]: **a)** *[zur Herstellung einer Baugrube] ausheben, ausschaufeln:* Erde a.; **b)** *durch Ausheben von Erde herstellen:* eine Baugrube a.; Sie hatten ... dort die Gräber ausgeschachtet (Simmel, Stoff 128); Er hatte bereits die Grundfläche (= des Hauses) ausgeschachtet und wollte Pfähle einrammen für die Wände (Nossack, Begegnung 379).

Aus|schach|tung, die; -, -en: **1.** *das Ausschachten.* **2.** *durch Ausschachten entstandene Grube o. Ä.*

Aus|schach|tungs|ar|bei|ten ⟨Pl.⟩: *Arbeiten beim Ausschachten von etw.*

aus|schal|len ⟨sw. V.; hat⟩ (Bauw.): **a)** *die Schalung von Konstruktionen entfernen:* das Gewölbe a.; **b)** *eine zu errichtende Baukonstruktion verschalen, einschalen:* eine Wand, die Decke a.

aus|schä|len ⟨sw. V.; hat⟩: **1.** (selten) *(bestimmte Früchte, Samen) aus der äußeren [harten] Schale od. aus der Hülse, Schote herauslösen:* Hülsenfrüchte, Nüsse a. **2.** *aus dem Fleisch (eines Schlachttiers) herauslösen, herausschneiden:* den Knochen aus dem Schinken a. **3.** (Med.) *durch Herausschneiden aus dem Gewebe o. Ä. entfernen:* die Mandeln, einen Abszess a.; Er hatte vergebens versucht, die Niere auszuschälen (Thorwald, Chirurgen 163).

aus|schal|men ⟨sw. V.; hat⟩ (Forstw.): *durch Schalmen zum Fällen bestimmen, kennzeichnen:* Bäume a.

aus|schal|ten ⟨sw. V.; hat⟩: **1. a)** *durch Bedienen eines Schalters o. Ä. abstellen:* den Motor, das Licht, das Radio, den Strom a.; Wir nehmen das Gas weg und schalten die Zündung aus (Grzimek, Serengeti 163); **b)** (a. + sich) *durch einen Schalter in bestimmter Weise außer Betrieb gesetzt werden:* die Maschine schaltet sich von selbst, automatisch aus. **2.** *ausschließen, an einer weiteren Einflussnahme hindern:* das Gefühl bei etw. ganz a.; eine Fehlerquelle, die Konkurrenz a.; vor dem Machtantritt Hitlers hatte der Reichstag sich selbst ausgeschaltet (Fraenkel, Staat 233); da das Wechselkursrisiko ausgeschaltet ist (Woche 21. 3. 97, 10); einen Gegner im Wettkampf a. *(in seiner Leistung übertreffen u. dadurch bewirken, dass er ausscheiden muss).*

Aus|schal|tung, die; -, -en: *das Ausschalten.*

Aus|scha|lung, die; -, -en: **1.** *das Ausschalen.* **2.** *Material zum Ausschalen* (b).

Aus|schä|lung, die; -, -en: *das Ausschälen* (3).

¹Aus|schank, der; -[e]s, Ausschänke [zu ↑¹Schank]: **1.** ⟨o. Pl.⟩ *das Ausschenken von Getränken:* der A. alkoholischer Getränke; So wurde in ... Ägypten ... der Kaffee das zweite Mal verboten. Doch nur sein öffentlicher A. (Jacob, Kaffee 33). **2. a)** *Gastwirtschaft, Raum, in dem alkoholische Getränke ausgeschenkt werden:* Sie ging ... stadteinwärts und betrat den A. der Nusler Brauerei (Bieler, Mädchenkrieg 335); **b)** *Schanktisch, Büfett* (2a): am A. stehen.

²**Aus|schank,** die; -, Ausschänke (österr.): ¹*Ausschank* (2).

aus|schar|ren ⟨sw. V.; hat⟩: **1. a)** *durch Scharren aus der Erde herausholen:* die Vögel haben den Samen [aus den Beeten] ausgescharrt; **b)** *durch Scharren herstellen:* eine Vertiefung, Mulde, ein Loch a.; Nach der ... Durchsteigung der Großhorn-Nordwand ... biwakierten wir ... in einer notdürftig ausgescharrten Schneehöhle (Eidenschink, Eis 155). **2.** (selten) *einem akademischen Lehrer od. Vortragenden durch Scharren mit den Füßen sein Missfallen ausdrücken:* den Professor a.

Aus|schau, die; nur in der Wendung **nach jmdm., etw. A. halten** (nachdrücklich; *ausschauen* 1, 2): man konnte sehen, dass sie A. hielt nach jemand, den sie nicht gleich fand (Gaiser, Schlußball 187).

aus|schau|en ⟨sw. V.; hat⟩: **1.** *einer Sache, jmdm., auf dessen Erscheinen man wartet, entgegensehen; ausblicken:* sehnsüchtig, ungeduldig nach jmdm., nach dem Schiff a. **2.** (landsch.) *sich nach etw., jmdm. umsehen; etw., jmdn. zu erlangen, zu bekommen suchen:* nach einer guten Gelegenheit, einer neuen Arbeit a.; noch schaut der Meister nach Gesellen aus (Thielicke, Ich glaube 221); nach Sicherheiten auszuschauen (Goes, Hagar 108). **3.** (südd., österr.) **a)** *aussehen* (1a): er schaut gut, krank aus; Leer, der sich einen Vollbart stehen lässt und ausschaut wie vierzig (Remarque, Westen 111); Ü obwohl das hier wie eine unnötige Vorsichtsmaßnahme ausschaut (*wirkt*; Zenker, Froschfest 102); Wie die Beziehungen der Eheleute ausgeschaut haben *(gewesen sein)* müssen, lässt sich ... vermuten (Noack, Prozesse 48); ⟨auch unpers.:⟩ Im Osten schaut es nach Waffenstillstand ... aus (*scheint es einen Waffenstillstand zu geben*; Kühn, Zeit 252); **b)** ⟨unpers.⟩ *aussehen* (1b): mit ihr, mit dieser Sache schaut es nicht gut aus; wie schauts aus? (ugs.; *wie geht es dir [Ihnen, euch]?; wie steht es mit der Sache?*).

aus|schau|feln ⟨sw. V.; hat⟩: **a)** *schaufelnd [aus etw.] herausholen:* Erde [aus dem Graben] a.; **b)** *schaufelnd herstellen:* ein Loch, einen Abzugsgraben für das Wasser a.; das soeben ausgeschaufelte Grab noch einmal zuzuwerfen (Ceram, Götter 205); eine ... Mauer ... mit einem ausgeschaufelten Kellereingang darin (Remarque, Funke 153); **c)** *ausgraben, durch Schaufeln freilegen:* einen Verschütteten a.

aus|schäu|men ⟨sw. V.; hat⟩: *mit Schaumstoff ausfüllen:* Der Zwischenraum wird mit Polyurethan ausgeschäumt (CCI 10, 1989, 50).

Aus|scheid, der; -[e]s, -e (regional): *Ausscheidungs[wett]kampf, Wettkampf:* An den -en der jungen Talente nahmen 18 000 Pioniere und FDJler der Oberschulen unseres Bezirkes teil (Volk 2. 7. 64, 5); Gerd Kadelbach leitete ... den A. (= Vorlesewettbewerb) umsichtig und einfühlsam (Börsenblatt 47, 1973, 920).

aus|schei|den ⟨st. V.⟩: **1.** ⟨ist⟩ **a)** *eine Tätigkeit aufgeben, [u. damit zugleich] eine Gemeinschaft, Gruppe verlassen:* am, zum, mit dem 31. 3. aus der Firma a.; sie ist im vergangenen Jahr bei uns als Mitarbeiterin ausgeschieden; **b)** *an einem Spiel od. Wettkampf nicht weiter teilnehmen können:* in, nach der ersten Runde, nach einem Sturz [aus dem Rennen] a. **2.** *nicht infrage, nicht in Betracht kommen* ⟨ist⟩: dieser Bewerber, diese Möglichkeit scheidet aus. **3.** ⟨hat⟩ **a)** *aussondern, entfernen:* fehlerhafte Stücke aus einer Produktionsserie a.; Sie zählten, wogen und sortierten Edelsteine oder Banknoten, wobei sie die Fälschungen ausschieden (Jünger, Bienen 9); Ü Das Schicksal hatte diese acht Menschen aus der Welt und Freiheit ausgeschieden (Schnabel, Anne 71); ◆ **b)** ⟨a. + sich⟩ *nachlassen, sich legen:* er ... müsse wenigstens ein paar Jahre im warmen Klima ... zubringen, ob sich das Übel (= die Krankheit) vielleicht ausscheide (Arnim, Invalide 92). **4.** *von sich geben, absondern* ⟨hat⟩: der Körper hat die Giftstoffe [mit dem Stuhl, über die Haut] ausgeschieden.

Aus|schei|dung, die; -, -en: **1.** ⟨o. Pl.⟩ *das Ausscheiden* (1b, 2–4). **2.** ⟨meist Pl.⟩ *abgesondertes, ausgeschiedenes Stoffwechselprodukt, bes. vom Darm Ausgeschiedenes.* **3.** (Sport) *Ausscheidungs[wett]kampf, -runde, -spiel:* die Mannschaft scheiterte in der A.

Aus|schei|dungs|kampf, der: *sportlicher Wettkampf, bei dem die schwächeren Bewerber ausscheiden bzw. sich die besseren für den weiteren Wettbewerb qualifizieren.*

Aus|schei|dungs|lauf, der (Sport): vgl. Ausscheidungskampf.

Aus|schei|dungs|or|gan, das: *Körperorgan, das der Ausscheidung bes. von Stoffwechselprodukten dient.*

Aus|schei|dungs|pro|dukt, das: *Stoffwechselprodukt, das ausgeschieden wird:* also einer reinen Bestandsaufnahme der chemischen Verbindungen, die im tierischen Organismus und seinen -en vorkommen (Medizin II, 249).

Aus|schei|dungs|run|de, die (Sport): vgl. Ausscheidungskampf: Die Klubs der Ränge 9 bis 16 müssten gegen die acht Zweitklubs aus den gesetzten Ländern eine A. bestreiten (SZ 9. 2. 96, 48).

Aus|schei|dungs|spiel, das (Sport): vgl. Ausscheidungskampf.

Aus|schei|dungs|sprin|gen, das (Sport): vgl. Ausscheidungskampf.

Aus|schei|dungs|wett|kampf, der (Sport): vgl. Ausscheidungskampf.

aus|schei|ßen ⟨st. V.; hat⟩ (derb): **1. a)** *etw. als Verdautes od. mit Verdautem ausscheiden:* alles, was sie gegessen hat, hat sie fast unverdaut wieder ausgeschissen; * **wie ausgeschissen aussehen** (derb; *sehr blass aussehen*); **b)** *aufhören, Kot zu entleeren* ⟨meist in einer zusammengesetzten Zeitform⟩: hast du bald ausgeschissen?; * **[bei jmdm.] ausgeschissen haben** (derb; *jmds. Achtung verloren haben*): nach diesem Vorfall hat er bei mir ausgeschissen; Ich bin ein freier Mann. Ihr habt jetzt ausgeschissen, ihr Nazihunde (Spiegel 30, 1976, 11). **2.** ⟨a. + sich⟩ **a)** *den Darm völlig entleeren:* Bauchschmerzen ... Dann scheißen Sie sich gefälligst aus. Aber schnell! (Hilsenrath, Nazi 122); **b)** *sich aussprechen* (5a): immer kommt sie zu mir, um sich auszuscheißen.

aus|schel|ten ⟨st. V.; hat⟩: *(jmdn.) heftig schelten:* Ich hörte ... Einnets Freundin ... den verspäteten Sohn a. (Seghers, Transit 45); Ich habe oft ungeduldige Mütter ausgescholten, denen die Fortschritte der Kinder nicht schnell genug gingen (FR 15. 7. 98, 6).

aus|schen|ken ⟨sw. V.; hat⟩: **a)** *Getränke (im Lokal) verkaufen:* Alkohol darf an Kinder nicht ausgeschenkt werden; **b)** *in ein Trinkgefäß gießen, ausgießen:* den Kaffee a.; würdest du bitte [den Wein] a.?; in der schlechten Zeit, als es noch die Schulspeisung gab und in der Pause Kakao ausgeschenkt wurde (Gaiser, Schlußball 24).

aus|sche|ren ⟨sw. V.; ist⟩ [zu ↑⁴*scheren* (2)]: **a)** *eine Linie, Reihe, Gruppe [seitlich ausbiegend] verlassen:* drei Boote, Flugzeuge, Läufer scherten aus; aus einer Kolonne [nach links] a. und zum Überholen ansetzen; Ü die jüngeren Politiker möchten gern a.; Wer ausscherte, wer nicht mehr mitmachte, ... der ging über Bord (Nachbar, Mond 165); **b)** *rutschend aus der Spur geraten:* bei Glätte schert das Fahrzeug leicht aus.

aus|scheu|ern ⟨sw. V.; hat⟩: *innen durch Scheuern reinigen:* Töpfe [mit Sand] a.; Eigentlich hätten die Schübe nun ausgewaschen, nein ausgescheuert gehört (Hofmann, Fistelstimme 10); Sie (= Behälter) sollten vor ihrer Benutzung mit heißen Seifenlaugen ausgescheuert und danach gründlich ausgewässert werden (NNN 2. 11. 87, 6).

aus|schi|cken ⟨sw. V.; hat⟩: *zur Erfüllung eines Auftrags wegschicken:* jmdn. nach Brot, auf Kundschaft a.; sie schickten extra unseretwegen ein Rettungsboot aus (Hausmann, Abel 176).

aus|schie|ßen ⟨st. V.⟩: **1.** *aus etw. herausschießen, durch einen Schuss, Schüsse zerstören* ⟨hat⟩: jmdm. ein Auge a. **2.** (landsch.) *(Brot) schiebend aus dem Ofen herausholen* ⟨hat⟩: Brot a. **3.** (veraltet) *aussondern* ⟨hat⟩: fehlerhafte Stücke einer Ware a. **4.** (Druckw.) *die Druckstöcke der Seiten eines Druckwerks so anordnen, dass die Seiten nach dem Falzen der bedruckten Bogen in der richtigen Reihenfolge liegen* ⟨hat⟩: Seiten a. **5.** (Schießsport) *durch Schießen die Entscheidung um einen Sieger, Preis o. Ä. herbeiführen* ⟨hat⟩: einen Preis, Pokal, den besten Schützen a.; eine Meisterschaft a. (im Wettschießen austragen); ⟨subst.:⟩ Das sonntägliche Ausschießen im Schießstand Belpberg hat mit einem tödlichen Unfall sein tragisches Ende gefunden (Bund 15. 10. 68, 9). **6.** (Seemannsspr.) *(vom Wind) plötzlich nach rechts drehen* ⟨ist/hat⟩. **7.** *(von Pflanzen) aus der Erde sprießend heraus-, hervorkommen* ⟨ist⟩: das Dillkraut schoss aus (Grass, Hundejahre 318). **8.** (südd., österr.) *bleichen, verschießen* ⟨ist⟩: die Vorhänge sind ausgeschossen. **9.** ⟨hat⟩ (Jägerspr.) **a)** *durch Abschießen vernichten, ausrotten:* hat man ... die Nashörner ganz ausgeschossen (Tier 10, 1971, 14); **b)** *durch Abschießen den Wildbestand eines Gebietes verringern od. ganz vernichten:* ein Revier a.

aus|schif|fen ⟨sw. V.; hat⟩: *vom Schiff ans Land bringen:* Passagiere, Waren a.; Den Matrosengefreiten schifften sie mit Mühe und Not aus (Ott, Haie 237); In Amsterdam ist der Großteil der Mitreisenden ausgeschifft worden (Kantorowicz, Tagebuch I, 210); wo uns am Kai eine Kapelle der Heilsarmee begrüßte, als wir uns ausschifften *(an Land gingen;* B. Vesper, Reise 503).

Aus|schif|fung, die; -, -en ⟨Pl. selten⟩: *das Ausschiffen.*

aus|schil|dern ⟨sw. V.; hat⟩: **a)** *mit allen erforderlichen Verkehrsschildern ausstatten:* eine vorschriftsgemäß ausgeschilderte Straße; Neue Vorfahrtsstraßen werden ausgeschildert (MM 30. 1. 70, 6); **b)** *durch Hinweisschilder kenntlich machen, markieren:* Die Umleitung erfolgt über Marlow ... nach Ribnitz und ist ausgeschildert (NNN 23. 9. 87, 4).

Aus|schil|de|rung, die; -, -en: *das Ausschildern.*

aus|schimp|fen ⟨sw. V.; hat⟩: *durch Schimpfen zurechtweisen, ausschelten:* Allerdings habe sie ihren Sohn »ausgeschimpft und rausgeworfen« (FR 12. 9. 95, 1).

aus|schir|ren ⟨sw. V.; hat⟩: *(einem Zugtier, Zugtieren) das Geschirr* (2) *abnehmen:* Der Mann ... fuhr den Wagen unter das Strohdach ..., schirrte den Braunen aus (H. Kolb, Wilzenbach 25); Ü andere (= Kampfflieger nach der Landung) schirrten sich voll Gemächlichkeit aus (Gaiser, Jagd 34).

aus|schlach|ten ⟨sw. V.; hat⟩: **1.** *die Eingeweide von geschlachtetem Vieh herausnehmen:* ein Schwein a. **2.** (ugs.) *die noch brauchbaren Teile aus etw. ausbauen:* alte Autos a.; Niemand würde hier ... einem verlassenen Haus Holz ... entnehmen (bei uns nennt man das »ausschlachten«; hier schlachtet niemand aus) (Böll, Tagebuch 41). **3.** (ugs. abwertend) *bedenkenlos für seine Zwecke ausnutzen:* einen Fall [politisch, weidlich] a.; einen Roman zu einem Film a.; Die an sich recht nüchternen Begebenheiten wurden von der Presse ... ausgeschlachtet (Tier 10, 1971, 56); jmdn. a. *(schröpfen).*

Aus|schlach|tung, die; -, -en: *das Ausschlachten.*

aus|schla|cken ⟨sw. V.; hat⟩ (Technik): *innen von Schlacke befreien:* einen Schmelzofen a.

aus|schla|fen ⟨st. V.; hat⟩: **1.** *schlafen, bis die Müdigkeit überwunden ist:* ordentlich, gründlich a.; ausgeschlafen haben, sein; dass es viel wichtiger sei, ausgeschlafen zum Examen zu kommen (Leonhard, Revolution 87); Demnächst will die Bahn auch im Raum Hamburg für ausgeschlafenere Menschen am Arbeitsplatz sorgen (Welt 29. 4. 86, 12); ⟨auch a. + sich:⟩ ich muss mich endlich einmal a. **2.** *durch Schlafen vergehen lassen, überwinden:* seinen Rausch a.; dass man ... die Leute ihre Vergiftung a. lässt (Sebastian, Krankenhaus 10); Nachdem sie den letzten Rest des Schlafmittels ausgeschlafen hatte (Klepper, Kahn 118).

Aus|schlag, der; -[e]s, Ausschläge ⟨Pl. selten⟩: **1.** *an der Haut auftretende krankhafte Veränderung:* A. bekommen, haben; sie leidet an einem A. im Gesicht, an den Händen; Seine Haut ist flammig und gelb, weil von einem A. entstellt (Weiss, Marat 14). **2. a)** *das Abweichen vom Ruhe- od. Gleichgewichtszustand od. das Verlassen dieses Zustandes:* der A. des Pendels, der Magnetnadel, der Waage; Flügelbewegungen von sehr kleinem A.; **b)** ⟨o. Pl.⟩ (Kaufmannsspr.): *Über-, Gutgewicht (des Gewogenen):* die Waage hat A. *(zeigt Über-, Gutgewicht an);* * **den A. geben** (*entscheidend sein; die Entscheidung herbeiführen;* urspr. bezogen auf den Ausschlag des Züngleins an der Waage): ihre gute Kondition gab den A. [für den Sieg der Mannschaft]; Aber du hast auch dafür gesprochen, heißt es, und vielleicht den A. gegeben (Hacks, Stücke 382).

aus|schla|gen ⟨st. V.⟩ [7: viell. aus der Fechtersprache, einen Streich ausschlagen = durch einen Gegenschlag parieren]: **1.** *(gewöhnlich von Pferden) nach jmdm. schlagen, stoßen* ⟨hat⟩: das Pferd hat vorn und hinten ausgeschlagen. **2.** *durch einen Schlag, Schläge gewaltsam entfernen* ⟨hat⟩: ein Stück aus einer Platte a.; er hat ihr einen Zahn ausgeschlagen. **3.** (landsch.) *durch eine schlagende Handbewegung von etw. befreien* ⟨hat⟩: ein Staubtuch a. **4.** *durch Schlagen ersticken* ⟨hat⟩: ein Feuer mit nassen Decken a. **5.** *mit Stoff auskleiden* ⟨hat⟩: ein Zimmer, die Wände eines Zimmers schwarz, mit schwarzem Samt a.; Es gab nur Schlafabteile in diesem schönen Zug, sie waren ... mit blauer Seide ausgeschlagen (Koeppen, Rußland 142). **6.** (Handw.) *breit schlagen, hämmern* ⟨hat⟩: Gold zu dünnen Blättchen a. **7.** *ablehnen, zurückweisen* ⟨hat⟩: ein Geschenk, ein Angebot, eine Einladung, einen Bewerber a. **8.** ⟨hat/ist⟩ *aus dem Ruhe- od. Gleichgewichtszustand geraten:* das Pendel, die Wünschelrute schlägt aus; die Magnetnadel ist/hat nach links, um zwei Striche ausgeschlagen; **b)** *einen Ausschlag* (2 a) *anzeigen:* Aber dann holte er die Erzproben doch aus dem Auto. Wie rasend schlug der Geigerzähler aus (Menzel, Herren 13). **9.** *neue Triebe hervorbringen* ⟨hat/ist⟩: die Birken haben/sind schon ausgeschlagen. **10.** (selten) **a)** *austreten* ⟨ist⟩: Salpeter schlägt aus; **b)** *etw. austreten lassen, ausschwitzen* ⟨hat⟩: die Wände haben [Salpeter] ausgeschlagen. **11.** *sich entwickeln, zu etw. werden* ⟨ist⟩: die Sache ist gut, günstig, zu ihrem Nachteil ausgeschlagen; Starken Naturen schlägt selbst die Zweifelsucht, die andere untergräbt, zum Fruchtbaren aus (Maass, Gouffé 73). **12.** *aufhören zu schlagen* ⟨hat⟩: die Turmuhr hatte ausgeschlagen; Ü (geh.:) sein müdes Herz hat ausgeschlagen. ♦ **13.** *durchprügeln:* Den schlug ich wacker aus dazumal (Goethe, Götz I).

aus|schlag|ge|bend ⟨Adj.⟩: *entscheidend, bestimmend:* die Wahl war von -er Bedeutung; das ist dabei, dafür nicht a.; Begebnisse ..., die für das ganze Leben a. sind (Broch, Versucher 9).

Aus|schlag|win|kel, der (Technik): *Winkel, in dem etw. ausschlägt* (8).

aus|schläm|men ⟨sw. V.; hat⟩: *innen von Schlamm befreien.*

Aus|schläm|mung, die; -, -en: *das Ausschlämmen.*

aus|schle|cken ⟨sw. V.; hat⟩: *auslecken.*

aus|schlei|chen ⟨st. V.; hat⟩ (bes. Med.): *die Dosis eines Medikaments o. Ä. planmäßig reduzieren u. damit den Körper langsam auf das Auskommen ohne das bestimmte Medikament umstellen:* in Suchtgift, ein Medikament a.; Ziel ist die Sucht auf Polamidon zu beschränken und die Dosis innerhalb von Jahren »auszuschleichen« zu lassen (FR 14. 8. 93, 2).

aus|schlei|fen ⟨st. V.; hat⟩: *durch Schleifen [innen] glätten:* Dann hat er vielleicht eine Stunde ... auf dem Fußboden gekniet und die Bruchstelle ausgeschliffen (Johnson, Mutmaßungen 182); Ü wo der Badberg und der Gamskarkogel zu jener Klammsteilstufe zusammenrücken, die der Gießbach in Jahrtausenden ausgeschliffen hat (Burger, Blankenburg 172).

Aus|schlei|fung, die; -, -en: *das Ausschleifen.*

aus|schlei|men ⟨sw. V.; hat⟩: **1.** *entschleimen.* **2.** ⟨a. + sich⟩ (salopp) *sich aussprechen* (5 a): Wedelmann fand keine Worte ... »Nun schleimen Sie sich schon aus, Wedelmann.« (Kirst, 08/15, 298). **3.** ⟨a. + sich⟩ (vulg.) *sich durch Geschlechtsverkehr seines Samens entledigen:* Sie kommen von der Front, Sie wollen sich endlich mal a. (Kirst, 08/15, 391).

aus|schleu|sen ⟨sw. V.⟩: **1.** ⟨hat⟩ **a)** *aus der Schleuse herausfahren lassen:* ein Schiff, Personen a.; **b)** *durch geschicktes Verfahren [heimlich] aus einem abgeschlossenen Bereich herausbringen:* meldete ... ADN die Festnahme von zwei Österreichern, die ... Bürger der DDR unter Missbrauch der Transitwege in die BRD ausgeschleust haben sollen (MM 28. 7. 73, 4); 1951 wurde Barbie vom USA-Geheimdienst mit Personalpapieren ... ausgerüstet und nach Südamerika ausgeschleust (NBI 36, 1983, 20). **2.** *aus der Schleuse herausfahren* ⟨ist⟩: Als die »Lech« ausschleuste, waren die U-Boote bereits in voller Fahrt in Richtung Nordsee (MM 17. 9. 66, 25).

Aus|schleu|sung, die; -, -en: *das Ausschleusen, Ausgeschleustwerden.*

aus|schlie|ßen ⟨st. V.; hat⟩: **1.** *durch Verschließen der Tür jmdm. den Zutritt unmöglich machen:* sie konnte nicht ins

Haus, man hatte sie ausgeschlossen. **2.** *aus einer Gemeinschaft entfernen:* sie schlossen sie aus der Partei aus; Er wird zwar nicht formell ausgeschlossen, aber er ist bald »Luft« für die übrigen Gesprächsteilnehmer (Hofstätter, Gruppendynamik 75). **3. a)** *nicht teilhaben lassen:* jmdn. von einer Feier a.; von der Gnade, vom Heil ausgeschlossen sein; Arbeiter nicht von der Vermögensbildung a.; ich fing damals schon an, ... Hanna ... immer mehr auszuschließen und fern zu halten von meinen wahren Gedanken (Bachmann, Erzählungen 116); **b)** *ausnehmen, nicht mit einbeziehen:* wir lobte alle, ohne einen auszuschließen; wir haben diese Möglichkeit ausgeschlossen; Badebekleidung ist vom Umtausch ausgeschlossen *(wird nicht umgetauscht).* **4.** *unmöglich machen:* jeden Zweifel, Irrtum a.; der Glaube schließt eine solche Haltung nicht aus; Dadurch wird ... ein Zufall mit Sicherheit ausgeschlossen (Lorenz, Verhalten I, 76); Weil die EU-Kommission trotz der Warnung unabhängiger Wissenschaftler die Übertragbarkeit nicht schon im Mai 1996 ausschloss *(für unmöglich hielt;* Woche 14. 2. 97, 21). **5.** (Druckw.) *durch Füllen mit Ausschluss (2) die genaue Zeilenlänge herstellen:* Zeilen a.

aus|schließ|lich [auch: '-'--, -'-]: **I.** ⟨Adj.⟩ *alleinig, uneingeschränkt:* das -e Recht auf etw. haben; er ist dominierend, wenn auch nicht mehr so a. wie früher. **II.** ⟨Adv.⟩ *nur:* das ist a. sein Verdienst; sie lebt a. für ihre Familie; Er benutzte a. weiße Krawatten; was seiner Erscheinung etwas Festliches verlieh (Th. Mann, Hoheit 54); er ist a. *(nichts als)* Gelehrter. **III.** ⟨Präp. mit Gen.⟩ *ohne, außer:* die Kosten a. des genannten Betrages; ⟨ein stark dekliniertes Subst. im Sg. bleibt ungebeugt, wenn es ohne Art. od. Attr. steht:⟩ die Kosten a. Porto; ⟨im Pl. mit dem Dativ, wenn der Gen. nicht erkennbar ist:⟩ der Preis für die Mahlzeiten a. Getränken.

Aus|schließ|lich|keit [auch: '-'---, -'---], die; -: *Uneingeschränktheit, Absolutheit:* sie widmet sich ihrem Beruf mit einer A., die ihresgleichen sucht.

Aus|schlie|ßung, die; -, -en: *das Ausschließen* (1-4).

aus|schlip|fen ⟨sw. V.; ist⟩ (schweiz. mundartl.): *ausgleiten.*

Aus|schlupf, der; -[e]s, -e u. Ausschlüpfe: *Öffnung, Stelle zum Herausschlüpfen, Entwischen:* ein A. für die Hühner; einen A. finden.

aus|schlüp|fen ⟨sw. V.; ist⟩: *aus dem Ei, aus der Puppe schlüpfen:* dass ... dieser Schmetterling dort auf Java ... aus der Puppenhülle ausschlüpft und sich in die Luft schwingt (Thienemann, Umwelt 41); ⟨subst.:⟩ Vögel kurz nach dem Ausschlüpfen (Ruthe, Partnerwahl 52).

aus|schlür|fen ⟨sw. V.; hat⟩: **a)** *schlürfend leer trinken:* ein Glas a.; Der Mann ... schlug eins (= der Eier) an der Mauerkante geschickt an, sodass er es a. konnte (Kronauer, Bogenschütze 72); Etienne griff sich einen Krebs, biss hinein und schlürfte ihn aus (Salomon,

Boche 38); **b)** *schlürfend zu Ende trinken:* seinen Tee a.

Aus|schluss, der; -es, ...schlüsse: **1.** *das Ausschließen* (2, 3 a), *Ausgeschlossenwerden:* den A. [aus der Partei] beantragen; das Verfahren fand unter A. *(Fernhaltung)* der Öffentlichkeit statt; mit A. (veraltend; *mit Ausnahme)* einer Person, einer Sache. **2.** (Druckw.) *nicht druckende, niedrigere Typen für die Zwischenräume.*

aus|schmel|zen ⟨st., seltener sw. V.; hat⟩: *auslassen* (6): Butter, Speck a.

aus|schmie|ren ⟨sw. V.; hat⟩: **1. a)** *durch Schmieren innen gänzlich mit etw. bedecken:* eine Backform [mit Fett] a.; **b)** *mit einer schmierfähigen Masse ausfüllen:* Fugen [mit Gips] a.; Die Wände bestehen aus einem Holzgestell, die Zwischenräume werden mit einer Lehmmischung ausgeschmiert (NZZ 28. 8. 86, 4). **2.** (ugs.) *übers Ohr hauen, hereinlegen, prellen:* Er umgarnte zur gleichen Zeit wie ich Nicole, ... die uns aber als beide ausschmierte und einen portugiesischen Milliardär heiratete (Perrin, Frauen 126). **3.** (ugs.) *verraten* (1 a): ⟨subst.:⟩ Auch der neueste Vorstoß, das Ausschmieren von Radarkontrollen unter Strafe zu stellen, ging ins Leere (Spiegel 42, 1974, 55). **4.** (landsch. ugs.) *schelten, jmdm. die Meinung sagen.* **5.** (ugs.) *durch Schmieren* (3 b) *löschen, unkenntlich machen:* ein Wort ist nicht ausgeschmiert.

aus|schmü|cken ⟨sw. V.; hat⟩: **1.** *[einen Raum innen] vollständig schmücken, dekorieren:* einen Saal, eine Kirche [mit Blumen] a.; deutet die Deckfarbenmalerei auf einen höheren Rang der ausgeschmückten *(illuminierten)* Texte als die Federzeichnung (Bild. Kunst III, 64). **2.** *durch Zusätze ergänzen, durch zusätzliche erfundene Einzelheiten vorteilhafter erscheinen lassen:* eine Geschichte, einen Bericht a.; Der Inhalt dessen, was ich ... gesagt haben sollte, war verdreht, schief und fantastisch ausgeschmückt (Niekisch, Leben 319); Aber seit je hat die Fantasie den Ort mit Märchen und Legenden ausgeschmückt (Fest, Im Gegenlicht 289).

Aus|schmü|ckung, die; -, -en: **1.** *das Ausschmücken.* **2.** *etw. Ausschmückendes, Dekoration.*

◆ **aus|schnal|len** ⟨sw. V.; hat⟩: *abschnallen* (1): Ich wollt' den Harnisch a. (Goethe, Götz I).

aus|schnap|pen ⟨sw. V.; ist⟩: *(von einem Schloss o. Ä.) herausspringen, aufgehen, sich öffnen:* der Riegel, das Schloss schnappt aus; er tastete nach der Klinke, und die Tür schnappte aus (sprang aus dem Schloss; Gaiser, Jagd 106).

aus|schnau|ben ⟨sw., veraltend st. V.; hat⟩: **1.** (landsch.) *sich die Nase gründlich putzen:* du musst kräftig a.; Gut geschlafen, ausgeschnaubt und 'ne syrische Zigarette in der Schnauze (Benn, Stimme 28); ⟨auch a. + sich:⟩ sich schnaubt sich umständlich aus. **2.** (geh.) *den Atem schnaubend durch die Nase ausstoßen:* der Drache schnaubte [giftige Dämpfe] aus; Ü Er schnaubte seine Verachtung aus (Ossowski, Liebe 230).

aus|schnau|fen ⟨sw. V.⟩ (hat) (südd., österr. ugs.): *verschnaufen, rasten, ausruhen:* Im Stiegenhaus grüßte sie die Frau Kampfl, die beim ersten Treppenabsatz ausschnaufte, denn sie war viel zu dick (Sommer, Und keiner 381); ⟨subst.:⟩ Gehörte Joseph zu den Menschen, die mit Ausschnaufen ein Geschäft beginnen ...? (R. Walser, Gehülfe 9); ⟨auch a. + sich:⟩ hier kannst du dich etwas a.

aus|schnäu|zen ⟨sw. V.; hat⟩: *gründlich schnäuzen.*

Aus|schnei|de|bild, das: *Bild zum Ausschneiden.*

Aus|schnei|de|bo|gen, der: *Bogen mit Ausschneidebildern.*

aus|schnei|den ⟨unr. V.; hat⟩: **a)** *durch Schneiden herauslösen, heraustrennen:* eine Annonce aus der Zeitung a.; faulige, schwarze Stellen a.; Die Wände dieser Villa zeigten wunderbare Fresken, die ausgeschnitten und kopiert wurden (Ceram, Götter 21); man schneidet nur ein Stück um die Wunde herum (Grzimek, Serengeti 167); An den Brombeeren war allerlei aufzubinden, manches musste ausgeschnitten werden (Molo, Frieden 58); Ü die Gesellschaft, der ich mich widersetze, sondert mich ab, schneidet mich aus (Genet [Übers.], Tagebuch 225); **b)** *durch Herausschneiden [mit der Schere] herstellen:* Figuren, Sterne [aus Buntpapier] a.; **c)** *durch Herausschneiden von etw. befreien:* einen angefaulten Apfel a.; dann wurde die Wunde ausgeschnitten und die Wundstelle genäht (Maegerlein, Triumph 133); Bäume a. *(die überflüssigen Äste herausschneiden);* **d)** *mit einem Ausschnitt für den Hals versehen, dekolletieren:* ein Kleid tief a.

Aus|schnei|de|pup|pe, die: vgl. Ausschneidebild.

Aus|schnei|dung, die; -, -en (bes. Med.): *operative Entfernung durch Herausschneiden.*

Aus|schnitt, der; -[e]s, -e: **1. a)** *etw., was aus etw. ausgeschnitten* (a) *ist:* ein A. aus einer Zeitung; **b)** *kleinerer Teil, der eine bestimmte Kenntnis des Ganzen vermittelt, zu dem er gehört:* ein A. aus einem Brief, Bild, Film; etw. in -en zeigen, lesen, kennen lernen; Das Zeitelement der Musik ist nur eines: ein A. menschlicher Erdenzeit (Th. Mann, Zauberberg 748); -e davon (= von der Gründungszeremonie) wurden in der sowjetischen Wochenschau ... gezeigt (Leonhard, Revolution 232); im kleinsten A. noch fotografiert (Fotomagazin 8, 1967 18); hätte er nicht am Ende dieses trostlosen Korridors, in einem A. von Licht, ein verkrüppeltes Bäumchen gesehen (Härtling, Hubert 316). **2. a)** *durch Herausschneiden hergestellte Öffnung:* der herzförmige der Fensterläden; **b)** *Öffnung für den Hals an Kleidungsstücken:* ein Kleid, Pullover mit rundem, spitzem A.; der rechteckige A. ihres Kleides war von weißen Streifen umsäumt (Ott, Haie 182); Ich will mir ein eng anliegendes Kleid mit tiefem A. arbeiten lassen (Langgässer, Siegel 532).

aus|schnitt|wei|se ⟨Adv.⟩: *im Ausschnitt* (1 b), *in Ausschnitten:* einen Vor-

ausschnitzen

trag a. abdrucken; ⟨mit Verbalsubstantiven auch attr.:⟩ eine nur a. Zitierung der Rede.

aus|schnit|zen ⟨sw. V.; hat⟩: *durch Schnitzen herausarbeiten.*

aus|schnüf|feln ⟨sw. V.; hat⟩ (ugs. abwertend): *durch Schnüffeln, Spionieren herausbekommen, ausspionieren:* Reisende sind Forscher und neugierig ihrer Natur nach. Alles müssen sie a. (Th. Mann, Joseph 588); ich lasse mich nicht a. *(aushorchen).*

aus|schnü|ren ⟨sw. V.; hat⟩ (selten): *von der Verschnürung befreien.*

aus|schöp|fen ⟨sw. V.; hat⟩: **1. a)** *durch Schöpfen herausholen, herausschöpfen:* das Wasser [aus der Tonne] a.; **b)** *leer schöpfen:* eine Tonne, einen Kahn, einen Brunnen a. **2.** *sich etw. bis ins Letzte zunutze machen, ganz ausnutzen:* alle Möglichkeiten, Reserven a.; Die besondere ... Eigenart Fischers war, schlagkräftige Zitate auszuwählen und den Gehalt solcher Zitate bis ins Letzte auszuschöpfen (Niekisch, Leben 193).

Aus|schöp|fung, die; -: *das Ausschöpfen.*

aus|schop|pen ⟨sw. V.; hat⟩ (österr. ugs.): *ausstopfen.*

aus|scho|ten ⟨sw. V.; hat⟩ (landsch.): *aus den Schoten [heraus]lösen, enthülsen.*

aus|schrau|ben ⟨sw. V.; hat⟩: *herausschrauben:* eine Birne [aus der Fassung] a.

aus|schrei|ben ⟨st. V.; hat⟩: **1.** *nicht abgekürzt schreiben:* seinen Vornamen, ein Wort a. **2.** *ausfüllen, ausfertigen, ausstellen:* einen Scheck, eine Rechnung, ein Rezept, ein Attest a.; jmdm. eine Quittung a. **3.** *öffentlich u. schriftlich für Interessenten, Bewerber, Teilnehmer o. Ä. zur Kenntnis bringen, bekannt geben:* einen Wettbewerb, eine Meisterschaft a.; eine Wohnung [zum Vermieten], eine Stelle a.; Lieferungen a.; Wahlen a. *(ansetzen);* jmdn. [zwecks Festnahme] polizeilich a.; Er sah darauf, dass die ausgeschriebenen *(festgesetzten)* Steuern auch unnachsichtig eingetrieben wurden (Thieß, Reich 511). **4. a)** *(aus einem gegebenen Text o. Ä.) herausschreiben:* eine Stelle [aus einem Buch] a.; die Rollen eines Theaterstücks, die Stimmen [für die einzelnen Instrumente] aus einer Partitur a.; **b)** *für seine Zwecke ausschöpfen, ausbeuten:* eine wissenschaftliche Arbeit, einen Autor a. **5.** ⟨a. + sich⟩ **a)** *sich schreibend, schriftstellerisch entfalten:* In dessen Blättern konnte sich Habe a. (Spiegel 41, 1977, 268); **b)** *sich als Schriftsteller erschöpfen;* ⟨meist in einer zusammengesetzten Zeitform⟩: Veröffentlicht man zwei Jahre kein Buch, heißt es: »Er hat sich ausgeschrieben.« (Schnurre, Schattenfotograf 373); In den letzten Jahren hat Miller ... praktisch nichts mehr veröffentlicht. »Ich habe mich ausgeschrieben«, hat Miller einmal erklärt (MM 9. 6. 80, 28). ♦ **6.** *zu Ende schreiben:* So schreib doch deine Geschichte aus, die du angefangen hast (Goethe, Götz IV).

Aus|schrei|bung, die; -, -en: **1.** *das Aus-*

schreiben (3), *Ausgeschriebenwerden:* Routinemäßig erfolgte noch eine A. des Leichenfundes im Bundeskriminalblatt (Prodöhl, Tod 243); Der geplante Bau eines Kernkraftwerkes ...; später ... wurde die gewonnene A. illegalerweise wieder rückgängig gemacht (MM 11. 2. 74, 1); Acht Bewerbungen sind auf die A. ... eingegangen (FR 3. 5. 99, 3). **2.** *Text, mit dem etw. ausgeschrieben wird:* die Wettkampfbedingungen, die Lieferbedingungen stehen in der A.

aus|schrei|en ⟨st. V.; hat⟩: **1. a)** *schreiend, rufend zum Verkauf anbieten, ausrufen:* Zeitungen, Lose, Waren a.; dass letzten Endes auch das groß ist, was durch tüchtige Reklame dafür ausgeschrien wird (Musil, Mann 433); **b)** *laut schreiend bekannt machen, mitteilen:* eine Nachricht a.; Ü so oft schon hatte das Klatschmaul etwas als Sensation ausgeschrien, was sich dann als Belanglosigkeit entpuppte (Fühmann, Judenauto 7); wer dort (= an der Börse) als unzuverlässig ausgeschrien wird, der hat's sehr schwer (Tucholsky, Werke II, 102). **2. a)** ⟨a. + sich⟩ *anhaltend, heftig, ungezügelt schreien:* das Kind muss sich einfach a.; Denn Aua, als sie zurückgekehrt war und sich ausgeschrien hatte, erzählte nur beiläufig ... (Grass, Butt 69); Ü kaum dass sich die Sirene ausgeschrien hatte, zitterten die dünnen Wände (Apitz, Wölfe 354); **b)** *schreien, so laut man kann:* ich habe mir beinahe den Hals, die Kehle, die Lunge ausgeschrien; **c)** *aufhören zu schreien* ⟨meist mit einer zusammengesetzten Zeitform⟩: hast du bald ausgeschrien? ♦ **3.** *(jmdn.) in abschätziger Weise charakterisieren, in den Ruf bringen, bestimmte negative Eigenschaften zu haben:* taten schon damals ihr Bestes, den guten Aristipp für einen Wollüstigen auszuschreien (Wieland, Agathon 11, 1).

Aus|schrei|er, der; -s, -: *jmd., der etw. ausschreit* (1 a).

aus|schrei|ten ⟨st. V.⟩ (geh.): **1.** *mit Schritten ausmessen* ⟨hat⟩: Vom Hang bis zum Fluss sind es nicht mehr als fünfhundert Meter, ich habe es ausgeschritten (Th. Mann, Herr 64); Ü dass in ihm der Mensch seinen düsteren Weg bis zum Tode ausschritt, ohne der Schöpfung zu fluchen ..., ja, dass man ihn fröhlich ausschritt (Wiechert, Jeromin-Kinder 149); griechisches Wesen hat damals den vollen Kreis seiner Möglichkeiten zum ersten Mal ausgeschritten (Fraenkel, Staat 258). **2.** *sich mit raumgreifenden Schritten vorwärts bewegen* ⟨ist⟩: eilig, forsch, rüstig, rascher a.; Der Oberstleutnant schritt mit seinen langen Beinen gleichmäßig aus (Plievier, Stalingrad 284); »Es wird kalt«, sagte er und schritt aus (Jahnn, Nacht 62); Ihre elastischen, festen Beine schritten lustig und wohlgemut aus (Edschmid, Liebesengel 115).

Aus|schrei|tung, die; -, -en ⟨meist Pl.⟩ [zu veraltet ausschreiten = vom Weg abgehen]: **1.** *Übergriff, Gewalttätigkeit:* ein Gastwirt, der in seinem Lokal strafrechtliche -en dulde (Welt 9. 11. 65, 11); dass es in Kolumbien keine -en beim Fußball gibt (Saarbr. Zeitung 29./30. 12. 79, 7);

Darum geht die Furcht vor gewalttätigen -en, Unruhen und sogar Revolution um im Lande (FR 4. 5. 99, 7); Ü diese verbalen -en (Nuissl, Hochschulreform 63). **2.** (geh.) *Ausschweifung:* die krankhaften -en Moosbruggers (Musil, Mann 69); eine zügellose A. der Fantastik (Musil, Mann 219); Agathe glaubte oft, er sähe nur noch eine fantastische A. in ihnen (= den Erlebnissen; Musil, Mann 945).

aus|schro|ten ⟨sw. V.; hat⟩ [↑schroten] (österr.): **1.** *(Fleisch) fachgerecht für den Verkauf zerlegen, aushacken.* **2.** *publizistisch, propagandistisch ausschlachten:* ein Ereignis reichlich a.

aus|schu|len ⟨sw. V.; hat⟩: **1.** *(einen Schüler) aus der Schule nehmen.* **2.** (österr.) **a)** *aus der Schule entlassen;* **b)** *ausgeschult* (2 a) *werden; von der Schule abgehen:* die Begeisterung der jungen Abc-Schützen bis hinauf zu den ausschulenden Schülern ist groß (Vorarlberger Nachr. 23. 11. 68, 11).

Aus|schu|lung, die; -, -en: *das Ausschulen.*

Aus|schuss, der; -es, ...schüsse [2, 3: zu ↑ausschießen (3)]: **1.** *Austrittsstelle eines Geschosses:* Der A. ist meist größer als der Einschuss, weil er durch Knochensplitter und Gewebefetzen erweitert wird (Medizin II, 47). **2.** *für besondere Aufgaben aus einer größeren Gemeinschaft, Körperschaft ausgewählte Personengruppe:* im engeren, erweiterten, ständigen A.; ein A. von Wissenschaftlern; ein A. tagt, tritt zusammen; einen A. bilden, wählen; in einen A. gewählt werden; in jedem A. saß schon ein Vertreter des entsprechenden Ministeriums (Musil, Mann 224). **3.** ⟨o. Pl.⟩ *aussortierte, fehlerhafte, minderwertige Produkte, Werkstoffe, Werkstücke, Waren:* das alles A.; Überhaupt noch mehr A. produzieren, auch im Kanisterbau und so weiter (Degenhardt, Zündschnüre 39); die große Masse der Schafe war weiß und nur eine Minderzahl scheckig, sodass denn Jaakob auch tat, als handle es sich um eine Art von A. (Th. Mann, Joseph 354).

Aus|schuss|be|ra|tung, die; -, -en: *Beratung eines Ausschusses* (2).

Aus|schuss|mit|glied, das: *Mitglied eines Ausschusses* (2).

Aus|schuss|öff|nung, die: *Ausschuss* (1).

Aus|schuss|quo|te, die: *Anteil an Ausschuss* (3).

Aus|schuss|sit|zung, die: *Sitzung eines Ausschusses* (2).

Aus|schuss|vor|sit|zen|de, der u. die: *Vorsitzende[r] eines Ausschusses* (2): Die stellvertretende A. ... war gar so verärgert, dass sie gleich Strafanzeige gegen mehrere Beteiligte erstattete (FR 15. 4. 99, 4).

Aus|schuss|wa|re, die: *Ausschuss:* A. verbilligt verkaufen; Ü Es wird zu viel menschliche A. produziert, sagte er (Degener, Heimsuchung 171).

aus|schüt|teln ⟨sw. V.; hat⟩: **a)** *durch Schütteln aus etw. entfernen:* den Staub [aus einem Tuch] a.; **b)** *durch Schütteln von etw. befreien:* ein Staubtuch a.; Sie schüttelte den nassen Schirm aus (Brand

[Übers.], Gangster 21); Der Koch schüttelte den Mantel aus (Schnabel, Marmor 43).

aus|schüt|ten ⟨sw. V.; hat⟩: **1. a)** *durch Schütten aus etw. entfernen, wegschütten:* Sand, schmutziges Wasser a.; das Kind hat die Milch, den Zucker ausgeschüttet *(verschüttet);* Ü Geschenke über jmdn. a. *(geh.; ihn reichlich beschenken);* jmdm. seinen Kummer a. *(erzählen, um sich zu erleichtern);* * **sich a. vor Lachen** (ugs.; *sehr heftig u. anhaltend lachen);* **b)** *durch Ausschütten des Inhalts leer machen:* den Eimer, den Sack, den Aschenbecher a.; sie schüttete den Kübel in den, im Rinnstein aus; Fipps, der die Büchse hielt, war schon dabei, sie auszuschütten (Bachmann, Erzählungen 119). **2. a)** *auszahlen, verteilen:* Dividende, Prämien a.; Sie sind als gemeinnützige Unternehmen organisiert, die keine Gewinne ausschütten (Enzensberger, Einzelheiten I, 128); im ersten Rang sind 400 000 Mark ausgeschüttet worden; **b)** *(von Wirkstoffen o. Ä.) abgeben:* bestimmte Proteine werden dann von der Leber ausgeschüttet.

Aus|schüt|tung, die; -, -en: **1. a)** *das Ausschütten* (2): die A. der Dividende; **b)** *ausgeschütteter Geldbetrag:* die A. beläuft sich auf ... ;...; während die Sparkassen auf ein verzichten (FR 5. 5. 99, 15). **2.** *Produktion u. Abgabe bestimmter Wirkstoffe:* Überfunktion der Nebennierenrinde mit gesteigerter A. von männlichem Keimdrüsenhormon (Studium 5, 1966, 312); das Gerücht, man könne sich durch Bestreichen der Fensterscheiben mit Salz vor radioaktiven A. *(Niederschlägen)* schützen (FAZ 30. 12. 61, 17).

aus|schwär|men ⟨sw. V.; ist⟩: **1.** *schwärmend, in Schwärmen aus-, wegfliegen:* die Bienen schwärmen aus; Ü Fröhlich rollten die Autobusse, vergnügt wimmelten die Autotaxen. Das Heer der Clerks, der Sekretärinnen, der Verkäuferinnen schwärmte aus (Koeppen, New York 21); Als dann die »Einzelwesen« ausschwärmten und andere Partner suchten, löste sich der Beatklub praktisch auf (Wohngruppe 90). **2.** (Milit.) *sich mit einem bestimmten Auftrag im Gelände verteilen:* Die feindliche Infanterie ... schwärmte aus und arbeitete sich dann in einzelnen Sprüngen vor (Kirst, 08/15, 615); wie die Panzer am Potsdamer Platz ... auffuhren, wie die Kampfgruppen ausschwärmten (Dönhoff, Ära 76); bei nächtlichem Gefecht mit dem ausschwärmenden Freiwilligencorps des Capitaine de Chambure (Grass, Hundejahre 20); Ü Bis Ende des Jahres sollen etwa 450 Entwicklungshelfer ausgeschwärmt sein (Welt 14. 8. 65, 8).

aus|schwat|zen, (bes. südd.:) **ausschwät|zen** ⟨sw. V.; hat⟩ (abwertend): *etw., was geheim bleiben sollte, (aus einem unbeherrschten Redebedürfnis heraus) weitererzählen:* Dies wussten im Grunde alle im Voraus, und Hans Castorp, nach seiner Art, schwatzte es sogar aus (Th. Mann, Zauberberg 918); indem ich meiner Neigung nachgäbe, sofort das Beste auszuschwatzen (Th. Mann, Krull 103).

aus|schwe|feln ⟨sw. V.; hat⟩: **1.** *mit Schwefeloxid od. schwefliger Säure innen desinfizieren, ausräuchern* (2): ein Fass a.; Und das Bett? Das Zimmer, das ausgeschwefelt werden muss? (Remarque, Triomphe 36). **2.** *(Schädlinge o. Ä.) mithilfe von Schwefeldämpfen vertreiben od. vernichten, ausräuchern* (1 a): Ungeziefer a.; Als bei einem Imker in Stuttgart die gefährliche Seuche entdeckt wurde, ließ Bauer die rund 500 000 Bienen sofort a. (MM 25. 6. 69, 13).

aus|schwei|fen ⟨sw. V.⟩: **1.** *das normale Maß [des Lebensgenusses o. Ä.] stark überschreiten* ⟨ist⟩: in seinen Vorstellungen, Gefühlen, Leidenschaften a.; Oft bin ich ausgeschweift, denn mein Fleisch war schwach (Th. Mann, Krull 63); Die Weiber aber lassen ihr Haar fallen und schweifen aus in allen ihren Gebärden (Th. Mann, Joseph 449); Was die weite Reise betrifft, ließ ich meine Hoffnung ziemlich a. (Zwerenz, Kopf 208). **2.** (bes. Tischlerei) **a)** *nach außen schweifen* (2) ⟨hat⟩: die Stuhlbeine werden vom Tischler ausgeschweift; ausgeschweifte Biedermeierstühle; **b)** (selten) *eine Schweifung nach außen aufweisen* ⟨ist⟩: die Beine des Sessels schweiften leicht aus.

aus|schwei|fend ⟨Adj.⟩: *maßlos, übertreibend, übertrieben:* -e Gefühle, Fantasien; eine -e Darstellung, Fantasie; ein -es *(zügelloses, sittenloses)* Leben führen; ein Besuch Huhls in unserem Hause konnte nur einer reichlich -en Vorstellungskraft entstammen (Andres, Liebesschaukel 107); Sie wurden genügsam und a. gleichzeitig (Jahnn, Geschichten 75); Matronen und Dirnen, in manchem Jahrhundert a. in Tugend und Laszivität (Koeppen, Rußland 176); Bitow macht von seiner Freiheit a. (= als Autor) diesbezüglich ... Gebrauch (Wochenpresse 48, 1983, 50).

Aus|schwei|fung, die; -, -en: *Maßlosigkeit, Übertreibung, bes. im Lebensgenuss; Zügellosigkeit, Sittenlosigkeit; Exzess:* nächtliche -en; -en der Fantasie; ich habe niemals das so allgemeine Vergnügen an der Zote verstanden, sondern die A. des Mundes stets für die abstoßendste erachtet (Th. Mann, Krull 59).

aus|schwei|gen, sich ⟨st. V.; hat⟩: *zu etw. beharrlich schweigen, sich nicht äußern, nicht Stellung nehmen:* sich [über einen Vorfall] a.; Zum Motiv habe sich der Mann ausgeschwiegen, allerdings spreche viel für eine Ehekrise (SZ 13. 1. 99, 7); Die D. pflichtete solchen Reden gelegentlich bei ...; meist jedoch schwieg sie sich aus (Johnson, Ansichten 123).

aus|schwei|ßen ⟨sw. V.; hat⟩ [zu ↑schweißen (3)] (Jägerspr.): *ausbluten* (a): ⟨subst.:⟩ während er das große Gescheide herausscharrte und das kleine zum Ausschweißen an einen Ast hing (Löns, Gesicht 147).

aus|schwem|men ⟨sw. V.; hat⟩: **1.** *aus etw. schwemmen, nach draußen schwemmen:* das Meer schwemmt Seetiere aus; Die alkalische Lösung schwemmt Blei und Silicium aus (Fussenegger, Zeit 383); Sie (= saure Stoffwechselprodukte) müssen mit dem Urin über die Nieren ausgeschwemmt werden (Hörzu 9, 1973, 118). **2.** *durch Fließen aushöhlen, auswaschen* (2): der Boden ist vom letzten Gewitter gefährlich ausgeschwemmt, blanke Steine blitzen im Laternenlicht (Imog, Wurliblume 75). **3.** *durch Schwemmen, Spülen reinigen, von etwas befreien:* eine Wunde a.; Sand a., um Gold zu gewinnen.

Aus|schwem|mung, die; -, -en: *das Ausschwemmen.*

aus|schwen|ken ⟨sw. V.⟩: **1.** *durch Schwenken in od. mit Flüssigkeiten reinigen, mit Wasser ausspülen* ⟨hat⟩: einen Topf, Gläser [mit Wasser] a.; Wäsche a. **2.** *nach außen schwenken* ⟨hat⟩: einen Drehkran a.; am Armaturenbrett ..., wo sich die Uhren befinden oder wohin sie ausgeschwenkt werden können (Frankenberg, Fahren 117). **3.** *zur Seite schwenkend die Richtung ändern* ⟨ist⟩: die Nachhut ist [nach] rechts ausgeschwenkt; Plötzlich war unser Fahrgestell neuerdings ausgeschwenkt, ohne dass eine Piste kam (Frisch, Homo 28).

aus|schwin|gen ⟨st. V.⟩: **1. a)** *allmählich aufhören zu schwingen* ⟨hat⟩: die Glocken schwingen aus; Ü Ich ... liebte den Duft und Schimmer des Christbaumes, die warme Dunkelheit des ausschwingenden Jahres (Rinser, Mitte 3); **b)** (geh.) *auslaufen* ⟨ist⟩: Die Treppenlage ... steigert Neumann ... zu einer großzügig ausschwingenden Raumschöpfung (Bild. Kunst III, 27); in der taillenbetonten Silhouette und der leicht ausschwingenden Schoßpartie (Herrenjournal 2, 1966, 10). **2.** ⟨hat⟩ **a)** *weit nach außen, bis zum äußersten Punkt schwingen:* die Schaukel schwang weit aus; an den Ringen hängen und [weit] a.; Ü ⟨subst.:⟩ das Ausschwingen des Pendels aber nach der anderen Seite hin ..., das allerdings war erschütternd (Plievier, Stalingrad 146); **b)** *weit nach außen, bis zum äußersten Punkt schwingen lassen:* die Arme, Beine a. **3.** (Ski) *schwingend eine andere Richtung nehmen* ⟨hat/ist⟩: beim Wedeln schwingt der Skiläufer mal links und rechts aus. **4.** *mit weitem Schwung, in weitem Bogen verlaufen* ⟨ist⟩: eine weit ausschwingende Kurve. **5.** (schweiz.) *den Endkampf im Schwingen* (9) *bestreiten, kämpfen* ⟨hat⟩.

Aus|schwin|get, der; -s (schweiz.): *Endkampf, Entscheidungskampf im Schwingen* (9).

Aus|schwing|ma|schi|ne, die (schweiz.): *Wäscheschleuder.*

aus|schwit|zen ⟨sw. V.⟩: **1.** *schwitzend, durch Schwitzen ausscheiden* ⟨hat⟩: eine Flüssigkeit a.; Nikotin wird im Schlaf weitgehend ausgeschwitzt; Ü eine Erkältung a. *(durch Schwitzen heraustreiben);* Er war in der Tat ein Mensch, der philosophische Gedanken ausschwitzte (Niekisch, Leben 193). **2. a)** *austreten, sich absondern* ⟨ist⟩: aus den Wänden schwitzt Salpeter aus; Bei starkem Verölen kann aber eine neue Scheibe fällig sein, weil immer wieder Öl aus den Poren ausschwitzt (Gute Fahrt 3, 1974, 51); **b)** *austreten lassen, absondern* ⟨hat⟩: die Wände schwitzten Feuchtigkeit aus.

Ausschwitzung

3. (Kochk.) *durch Erhitzen von Feuchtigkeit befreien* ⟨hat⟩: *Mehl a.*
Aus|schwit|zung, die; -, -en: **1.** ⟨o. Pl.⟩ *das Ausschwitzen* (1, 2). **2.** *etw. Ausgeschwitztes* (2 a).
Au|ße, die; - (Jugendspr. veraltet): *Ausgeherlaubnis.*
aus|seg|nen ⟨sw. V.; hat⟩ (Rel.): **a)** *einem Verstorbenen den letzten Segen erteilen:* Dem Kardinal Frings, der im Dom seine sterblichen Überreste a. wird, zupfte er gar zu gerne an der Soutane (Spiegel 18, 1967, 25); **b)** (kath. Kirche früher) *einer Wöchnerin beim ersten Kirchgang nach der Niederkunft den priesterlichen Segen erteilen:* Meine Mutter durfte bei der Taufe nicht dabei sein, weil sie noch nicht »ausgesegnet« war (Ranke-Heinemann, Eunuchen 30); **c)** *weihen, segnen:* sie ließ einen Priester ihrer Pfarrei kommen, damit er das Haus aussegne (Fussenegger, Zeit 404).
Aus|seg|nung, die; -, -en (Rel.): *das Aussegnen.*
aus|se|hen ⟨st. V.; hat⟩: **1. a)** *einen bestimmten Anblick bieten; einen bestimmten Eindruck machen; wirken:* hübsch, gut, krank, bleich, wie das blühende Leben a.; Seitdem sie Alleinerbin war, sah sie zwanzig Jahre jünger aus (Bieler, Bonifaz 131); sie sah traurig, schuldbewusst aus; er sieht aus, als ob er krank wäre; wie siehst du denn aus? (Ausruf des Erstaunens über auffallendes od. unordentliches u. schmutziges Aussehen meist bei Kindern); der Fremde sah zum Fürchten aus; die Verletzung sieht böse, gefährlich aus; im Zimmer sah es wüst aus; Kanonen sehen im Frieden immer ein bisschen plump aus (Tucholsky, Werke II, 259); das Kleid sieht nach nichts aus (ugs.; *ist sehr schlicht*); ich kann mir denken, wie eine solche Maschine aussieht *(beschaffen ist);* in der Praxis sieht das alles ganz anders aus *(die Praxis stimmt nicht mit der Theorie überein);* So siehst du aus! (ugs.; *das stellst du dir so vor!; da irrst du dich aber!);* sehe ich so/danach aus? (ugs.; *kann man das von mir glauben?);* Ü das sieht wie Verrat, nach Verrat aus *(scheint Verrat zu sein);* Einsilbigkeit sieht nach Einverständnis aus (Wohmann, Absicht 121); ihre Reise sah nach Flucht aus *(deutete darauf hin);* gegen jmdn. gut, schlecht a. (Sport; *ein gutes, schlechtes Spiel gegen jmdn. liefern);* ⟨auch unpers.:⟩ es sieht nach Gewitter aus *(es scheint ein Gewitter zu geben);* Es sah nach Schnee aus, ... nach einem ordentlichen Gestöber (Th. Mann, Zauberberg 662); **b)** ⟨unpers.⟩ *in einer bestimmten Weise um jmdn., um etw. bestellt sein:* es sieht mit unseren Vorräten noch gut aus; mit ihm sah es schlimm aus; wie sieht es mit der Terminplanung aus? **2.** (selten) *ausschauen, Ausschau halten:* sie sah nach den Gästen aus.
Aus|se|hen, das; -s: *äußere Erscheinung, Beschaffenheit; Erscheinungsbild, Gesicht[sausdruck]:* ein gesundes, blühendes, kränkliches, vertrauenswürdiges A.; einer Sache ein harmloses A. geben; ein Hund von drolligem A.; es hat das A. (veraltend; *es hat den Anschein),* wenn/als ob sie sich bei uns nicht wohl fühlte; *dem A. nach (veraltend; *dem Anscheinen nach).
aus sein: s. aus (II).
au|ßen ⟨Adv.⟩ [mhd. ūʒen, ahd. ūʒan(a), zu ↑aus]: **1.** *auf der Außenseite:* der Becher ist a. und innen vergoldet; a. (Sport; *auf der Außenbahn, äußeren Bahn)* laufen; a. *(an der Außenseite)* liegende Zimmer; die Tür geht nach a. *(nach der Außenseite)* auf; die Füße beim Gehen nach a. *(nach der Außenseite hin, nach auswärts)* setzen; Gewöhnliche Fliegen ... legen ihre Flügel ... so auf dem Rücken, dass sie schräg nach a. zeigen (Grzimek, Serengeti 293); wir haben die Küche nur von a. *(von der Außenseite, von ihr nur die äußere Seite)* gesehen; diese Angelegenheit wollen wir einmal a. vor lassen (nordd.; *unberücksichtigt lassen);* Man kann doch nicht a. vor lassen (nordd.; *außer Betracht lassen),* dass es da wirklich massive politische Unterschiede gibt (Spiegel 38, 1982, 40); jmdn. a. vor halten (nordd.; *jmdn. nicht zulassen, nicht teilnehmen lassen);* Das Thema muss zunächst a. vor bleiben (nordd.; *kann zunächst nicht behandelt werden);* a. hui und innen pfui *(die inneren Qualitäten entsprechen nicht der schönen Fassade);* Ü sie ist nur auf a. *(auf äußerliche Wirkung, Wirkung anderen gegenüber)* bedacht; Hilfe von a. *(aus dem Ausland; von anderen, außen stehenden Menschen)* brauchen; die a. *(außerhalb einer Gruppe, Gemeinschaft)* Stehenden werden nicht berücksichtigt. **2.** (österr.) **a)** *(hier) draußen;* **b)** (veraltend) *(von drinnen gesehen) draußen:* ♦ Es harre jemand a., ... doch der nicht eher trete ... ein, ... bis er ihm Fried' gelobt und Sicherheit (Grillparzer, Medea I).
Au|ßen, der; -, - (Sport): *Außenstürmer:* er spielt A. *(als Außenstürmer).*
Au|ßen|an|strich, der: *Anstrich an Außenwänden.*
Au|ßen|an|ten|ne, die: *außen an einem Gebäude angebrachte Antenne.*
Au|ßen|ar|bei|ten ⟨Pl.⟩: *Arbeiten, die außen an einem Bau ausgeführt werden.*
Au|ßen|auf|nah|me, die ⟨meist Pl.⟩ (Film): *Aufnahme, die außerhalb eines Studios gedreht wird.*
Au|ßen|bahn, die (Leichtathletik, Schwimmen): *an der äußeren Krümmung des Stadions bzw. am Beckenrand gelegene Bahn:* A. losen; auf der A. starten.
Au|ßen|be|leuch|tung, die: *außen an einem Gebäude, einem Fahrzeug o. Ä. angebrachte Beleuchtung.*
Au|ßen|be|zirk, der: *Randbezirk, bes. einer Stadt.*
Au|ßen|bor|der, der; -s, - (ugs.): **1.** *Außenbordmotor.* **2.** *Boot mit Außenbordmotor.*
Au|ßen|bord|mo|tor, der: *kleiner Motor, der außen am Heck eines Bootes befestigt ist.*
au|ßen|bords ⟨Adv.⟩ (Seemannsspr.): *außerhalb der Schiffswände; außen an der Schiffswand; vom Schiff aus [nach] außen.*
au|ßen|bür|tig ⟨Adj.⟩ (Geol.): *exogen* (2).
Au|ßen|deich, der: **1.** *äußerer Deich.* **2.** *Deichvorland.*
aus|sen|den ⟨unr. V.; sandte/sendete aus, hat ausgesandt/ausgesendet⟩: **1.** *zur Erledigung eines Auftrags o. Ä. irgendwohin schicken:* wird man eine Rettungsexpedition von bärtigen Männern nach mir a. (Geissler, Wunschhütlein 84); dass Pierre sozusagen als Patrouille ausgesandt war, die Stellungen des bösen Feindes auszukundschaften (Salomon, Boche 117); Das Handelsministerium hat den Entwurf eines Bundesgesetzes ... zur Begutachtung ausgesendet (Vorarlberger Nachr. 28. 11. 68, 2). **2.** *nach verschiedenen Seiten, in die Weite senden, ausstrahlen:* so beginnt die Hypophyse gonadotropes Hormon auszusenden (Medizin II, 109); Die BBC wird ... ein eigenes Programm von leichter Musik und Beat a. (MM 29. 7. 67, 33); Die Sonne stand jetzt schon niedrig und sandte das flüssige honigfarbene Licht aus (Gaiser, Jagd 169).
Au|ßen|dienst, der: *Dienst außerhalb der eigentlichen Dienststelle:* im A. arbeiten.
Au|ßen|dienst|ler, der; -s, -: *Person, die im Außendienst arbeitet.*
Au|ßen|dienst|le|rin, die; -, -nen: w. Form zu ↑Außendienstler.
au|ßen|dienst|lich ⟨Adj.⟩: *den Außendienst betreffend, im od. vom Außendienst.*
Aus|sen|dung, die; -, -en: **1.** *das Aussenden.* **2. a)** (österr. Amtsspr.) *Rundschreiben, Verfügung, Verlautbarung:* Die Gewerkschaft der Eisenbahner übte ... in einer A. scharfe Kritik an der extrem schienenfeindlichen Politik der ÖVP (Neue AZ 20. 5. 88, 3); **b)** (selten) *Päckchen, Postsendung:* Entwickelt wurde die Verpackung von Hoechst für -en des Bereiches Farbstoffe, Pigmente und Vorprodukte (Blick auf Hoechst 8, 1984, 12).
Au|ßen|flä|che, die: vgl. Außenseite.
Au|ßen|ha|fen, der: *weiter außen liegender Hafen für Schiffe mit großem Tiefgang.*
Au|ßen|han|del, der: *Handel mit dem Ausland; zwischenstaatlicher Handel.*
Au|ßen|han|dels|bi|lanz, die: *Gegenüberstellung der Warenein- und -ausfuhrwerte eines Landes.*
Au|ßen|han|dels|kauf|frau, die: vgl. Außenhandelskaufmann.
Au|ßen|han|dels|kauf|mann, der: *im internationalen Import- u. Exportgeschäft tätiger Kaufmann* (Berufsbez.).
Au|ßen|haut, die: *glatte äußere Verkleidung, Verschalung, Bespannung (bes. eines Schiffes, Flugzeugs).*
Au|ßen|kan|te, die: *äußere, an der Außenseite befindliche Kante:* die A. des Schuhs.
Au|ßen|kom|man|do, das: *zu einem Betrieb, einer Strafanstalt gehörende Gruppe, die außerhalb arbeitet:* in einem A. arbeiten; auf A. kommen (ugs.; *einem Außenkommando zugeteilt werden).*
Au|ßen|kur|ve, die: *Kurve am äußeren Rand der Fahrbahn.*

Au|ßen|lan|dung, die: *Landung eines Flugzeugs außerhalb eines bestimmten Flugplatzes.*

Au|ßen|läu|fer, der (Ballspiele): *rechter od. linker Läufer, Mittelfeldspieler.*

Au|ßen|läu|fe|rin, die: w. Form zu ↑ Außenläufer.

au|ßen lie|gend: s. außen (1).

Au|ßen|li|nie, die (Ballspiele): *Linie, die das Spielfeld nach außen abgrenzt.*

Au|ßen|luft, die 〈o. Pl.〉: *Luft im Freien:* A., die direkt über die traditionelle Lüftungseinrichtung Fenster eintritt (CCI 9, 1985, 38).

Au|ßen|mau|er, die: *ein Gebäude nach außen abschließende Mauer:* massive -n; An den -n sind kurze, schwere Strebepfeiler angebracht (Bild. Kunst I, 200).

Au|ßen|mi|nis|ter, der: *Minister für auswärtige Angelegenheiten.*

Au|ßen|mi|nis|te|rin, die: w. Form zu ↑ Außenminister.

Au|ßen|mi|nis|te|ri|um, das: *Ministerium für auswärtige Angelegenheiten.*

Au|ßen|netz, das (Ballspiele): *seitliches Tornetz von außen.*

Au|ßen|po|li|tik, die: *Teil der Politik eines Staates, der sich mit der Regelung auswärtiger Angelegenheiten befasst.*

Au|ßen|po|li|ti|ker, der: *vorwiegend auf dem Gebiet der Außenpolitik tätiger Politiker.*

Au|ßen|po|li|ti|ke|rin, die: w. Form zu ↑ Außenpolitiker.

au|ßen|po|li|tisch 〈Adj.〉: *die Außenpolitik betreffend, zu ihr gehörend, auf ihr beruhend:* Die ersten Jahre der Bundesrepublik ... waren auch a. schwierige Jahre (Dönhoff, Ära 104).

Au|ßen|putz, der: *Mörtelüberzug an Außenwänden.*

Au|ßen|rist, der (bes. Fußball): *äußere Seite des Fußrückens:* den Ball mit dem A. schießen.

Au|ßen|schicht, die: *äußere Schicht.*

Au|ßen|sei|te, die: *äußere Seite:* die A. eines Stoffes; Ich fand mich in einem kühlen runden Raum, der gut zu der seltsamen A. des Hauses passte (Seghers, Transit 34); Ü man finde an den Bayern ... ruhige Sprache, ruhige A., dabei Neigung zur Rohheit (Feuchtwanger, Erfolg 516); Damit (= mit einem schönen Gesicht) ausgezeichneten Menschen waren ... fast immer Märtyrer ihrer glänzenden A., die sie zu Dünkel verführte (Musil, Mann 1074).

Au|ßen|sei|ter, der; -s, - [LÜ von engl. outsider]: **1.** (Sport) *Wettkampfteilnehmer, dessen Gewinnchancen gering zu veranschlagen sind:* Nach Squaw Valley war der kleine, zähe Postbote aus dem Schwarzwald ... mit dem leichten Gepäck des -s geflogen (Olymp. Spiele 30). **2.** *abseits der Gesellschaft, einer Gruppe Stehender; jmd., der seine eigenen Wege geht:* Überdies war er (= Mendel) ein völliger A., ein in der Wissenschaft ganz unbekannter Autodidakt (Kosmos 2, 1965, 82); sie sahen wie A. der Gesellschaft aus, wie ganz frühe oder wie ganz späte Christen (Koeppen, Rußland 152).

Au|ßen|sei|te|rin, die; -, -nen: w. Form zu ↑ Außenseiter.

au|ßen|sei|te|risch 〈Adj.〉: *von, in der Art eines Außenseiters:* dieser scharfsinnige und doch zugleich so -e Literaturkritiker (MM 9. 10. 73, 23).

Au|ßen|sei|ter|rol|le, die: *Rolle eines Außenseiters* (2): Die öffentliche Meinung weist Wehrunwilligen eine A. zu (Spiegel 6, 1966, 28).

Au|ßen|sei|ter|tum, das; -s: *das Außenseitersein:* Wir wissen ..., dass in der Geschichte der Archäologie die Außenseiter eine wichtige Rolle spielen. Das A. Belzonis aber ist ... eines der absonderlichsten (Ceram, Götter 130); entlarvt die Kamera ... den japanischen Großstadtalltag: »Way of life« des Westens ..., Konformismus und A., Protest und Provokation (Fotomagazin 8, 1968, 52).

Au|ßen|ski, der: *beim Fahren von Bogen u. Schwüngen jeweils auf der Außenseite befindlicher Ski.*

Au|ßen|spie|gel, der: *außen angebrachter Spiegel (bes. beim Auto).*

Au|ßen|stän|de 〈Pl.〉: *Gesamtheit ausstehender Geldforderungen:* In unserer Strazza von damals werden die A. noch aufgeschrieben sein (Werfel, Himmel 118); A. haben, einziehen, eintreiben.

Au|ßen|ste|hen|de, der u. die; -n, -n 〈Dekl. ↑ Abgeordnete〉: *jmd., der außerhalb einer Gruppe, Gemeinschaft steht, nicht eingeweiht ist, etwas nur von außen beurteilen kann:* A. mussten ihre Ehe ... für solide und normal halten (Bredel, Väter 370); für einen -n ist das unbegreiflich.

Au|ßen|stel|le, die: *außerhalb einer Zentralstelle eingerichtete Zweigstelle:* die A. eines Instituts.

Au|ßen|stür|mer, der (Ballspiele): *Links- od. Rechtsaußen.*

Au|ßen|stür|me|rin, die: w. Form zu ↑ Außenstürmer.

Au|ßen|ta|sche, die: *äußere Tasche.*

Au|ßen|tem|pe|ra|tur, die: *im Freien herrschende Temperatur.*

Au|ßen|toi|let|te, die: *Toilette außerhalb der Wohnung:* ...wuchs sie in kleinstädtischer Idylle auf, aber ohne Garten, Bad oder warmes Wasser und mit einer A. im Hinterhof (Spiegel 19, 1979, 123); Im dritten Stock eines verfallenen Hinterhauses, mit einer A. und Wasser auf dem Flur (Praunheim, Sex 47).

Au|ßen|trep|pe, die: *Treppe, die außen an einem Gebäude hochführt.*

Au|ßen|tür, die: *äußere Tür:* So öffnete ich die A. von 23, ihrem Schlafzimmer, und pochte mit hingeneigtem Ohr diskret an die innere (Th. Mann, Krull 201).

Au|ßen|vier|tel, das: *Vorstadtviertel.*

Au|ßen|wand, die: *äußere Wand:* Die Gliederung der Außenwände besteht aus Lisenen ..., aus Halbsäulen, Blendarkaden und Zwerggalerien (Bild. Kunst III, 19); das Klavier sollte nicht an der [kalten, feuchten] A. stehen.

Au|ßen|welt, die: **1.** *äußere Welt, Welt außerhalb des Ichs, außerhalb des Menschen, des eigenen Körpers:* Unter dem Einfluss der uns umgebenden realen A. hat ein Teil des Es eine besondere Entwicklung erfahren (Freud, Abriß 7). **2.** *Welt, Gesellschaft außerhalb des eigenen Bereichs; Umwelt:* von der A. völlig abgeschnitten leben; Unsere einzige ständige Verbindung zur A. war die »Bibliothek für ausländische Literatur« ..., etwa fünfzehn Minuten von unserem Kinderheim entfernt (Leonhard, Revolution 19).

Au|ßen|win|kel, der (Math.): *außen an einer geometrischen Figur durch Verlängerung einer Seite gebildeter Winkel.*

Au|ßen|wirt|schaft, die 〈o. Pl.〉: *Gesamtheit der wirtschaftlichen Beziehungen zum Ausland; internationale Wirtschaft.*

au|ßen|wirt|schaft|lich 〈Adj.〉: *die Außenwirtschaft betreffend, zu ihr gehörend, auf ihr beruhend:* wenn wir uns über die -e Absicherung unserer Wirtschaft und unseres Staates unterhalten (Bundestag 190, 1968, 10307).

au|ßer [mhd. ūzer, ahd. ūzar = außerhalb, heraus, zu ↑aus]: **I.** 〈Präp. mit Dativ〉 **1.** *ausgenommen, abgesehen von:* a. dir habe ich keinen Freund; man hörte nichts a. dem Ticken der Uhr; Nichts verbindet sie a. dem gemeinsamen Hass und der gemeinsamen Furcht, nichts haben sie gemeinsam a. dem Gegner (Sieburg, Robespierre 254); wir hatten nichts mitgenommen a. dem, was man für eine dreiwöchige Reise braucht (Katia Mann, Memoiren 101); Außer in Sport bin ich in nichts gut und in Mathe kapier ich gar nichts (Chor [Übers.], Ich 6); a. *(neben)* ihrem Beruf noch einen großen Haushalt zu versorgen; ◆ Bewacht ihn. Dass niemand mit ihm rede a. eurer Gegenwart *(ohne dass ihr dabei seid)*, Goethe, Götz V). **2.** *drückt aus, dass etw. außerhalb einer räumlichen od. zeitlichen Gegebenheit, Zuordnung od. einer anders gearteten Beziehung geschieht, sich abspielt, befindet o. Ä.:* a. Sicht, Hörweite, [aller] Gefahr sein; du kannst auch a. der Zeit kommen; a. Dienst sein; die Fabrik ist a. Betrieb *(arbeitet nicht mehr);* ich bin a. Atem *(bekomme nur keuchend Luft, bin atemlos);* er ist wieder a. Bett *(veraltend; kann wieder aufstehen);* sie sind alle a. Haus[e]/〈auch mit Gen.:〉 a. Hauses *(geh.;* haben das Haus verlassen, sind ausgegangen); 〈in Verbindung mit bestimmten Verben, meist in festen Wendungen, auch mit Akk.:〉 etw. a. jeden Zusammenhang stellen; etw. a. Zweifel setzen; das Schiff wurde a. Dienst gestellt; 〈mit Gen.:〉 a. Landes gehen (veraltend; *das Land verlassen);* *a. sich 〈Dativ〉 sein *(sich nicht zu fassen wissen):* ich bin ganz a. mir *(vor Freude);* **a. sich geraten** *(die Selbstbeherrschung verlieren):* ich geriet a. mich/〈auch:〉 mir vor Wut. **II.** 〈Konj.〉 *ausgenommen, es sei denn:* ich habe nichts erfahren können, a. dass er abgereist ist; ich komme, a. es regnet, a. wenn es regnet; das tut keiner a. ich selbst; du bist nirgendwo sicher a. bei mir.

au|ßer-: *drückt in Bildungen mit Adjektiven eine Verneinung aus, drückt aus, dass die beschriebene Sache außerhalb von etw. liegt:* außersportlich, -tariflich, -universitär.

äu|ßer... ⟨Adj.⟩ [mhd. ūʒer, ahd. ūʒaro, zu ↑außer; Umlaut nach dem Superlativ ↑äußerst]: **a)** *sich außen befindend:* die äußere Schicht ablösen; es ist nur eine äußere Verletzung; **b)** *von außen kommend:* ein äußerer Anlass; das Volk gegen einen äußeren Überfall ... verteidigen (Leonhard, Revolution 65); **c)** *von außen wahrnehmbar, unmittelbar in Erscheinung tretend:* der äußere Rahmen; die äußere Ähnlichkeit täuscht; **d)** *auswärtig* (2): die äußeren Angelegenheiten; ⟨subst.:⟩ er ist Minister des Äußeren.

Au|ßer-Acht-Las|sen, das; -s: *das Nichtbeachten.*

Au|ßer|acht|las|sung, die; -: *das Außer-Acht-Lassen.*

au|ßer|amt|lich ⟨Adj.⟩: *nicht amtlich.*

au|ßer|be|ruf|lich ⟨Adj.⟩: *nicht beruflich, außerhalb des Berufs.*

au|ßer|be|trieb|lich ⟨Adj.⟩: *außerhalb des Betriebes* (1 a) *[stattfindend]:* die -e Ausbildung.

au|ßer|dem [auch: – –́–] ⟨Adv.⟩: *darüber hinaus, überdies:* der Angeklagte ist a. vorbestraft; ..., und a. ist es gesünder; es gab Bier und a. [noch] Sekt; Du bist ein angenehmer Kerl und a. einer, der nach dieser Reise bestimmt ein paar sehr interessante Dinge zu berichten hat (Funke, Drachenreiter 124).

au|ßer|deutsch ⟨Adj.⟩: *nicht deutsch; außerhalb Deutschlands, des deutschen Sprachgebiets befindlich.*

au|ßer|dienst|lich ⟨Adj.⟩: *nicht dienstlich, außerhalb des Dienstes:* -e Telefongespräche; a. nicht mit jmdm. verkehren.

Äu|ße|re, das; -n ⟨Dekl. ↑²Junge, das⟩: *äußere Erscheinung:* ein gepflegtes, angenehmes, ansprechendes -s/(veraltend:) Ä.; auf sein -s achten; auf das Ä. Wert legen; nach dem -n zu urteilen; ein Herr von jugendlichem -m/(seltener:) -n.

au|ßer|ehe|lich ⟨Adj.⟩: *nicht ehelich, außerhalb der Ehe:* -e Geschlechtsbeziehungen; das Kind ist a. [geboren].

au|ßer|eu|ro|pä|isch ⟨Adj.⟩: vgl. außerdeutsch.

au|ßer|fahr|plan|mä|ßig ⟨Adj.⟩: *nicht fahrplanmäßig, über den Fahrplan hinaus [verkehrend]:* -e Züge; a. verkehren.

au|ßer|fa|mi|li|är ⟨Adj.⟩: *außerhalb der Familie befindlich:* lassen sich diese Aufgaben nicht vollständig an -e Einrichtungen übertragen (Brigitte 5, 1974, 113).

au|ßer|ga|lak|tisch ⟨Adj.⟩: *extragalaktisch.*

au|ßer|ge|richt|lich ⟨Adj.⟩ (Rechtsspr.): *ohne Mitwirkung eines Gerichts; nicht auf der Tätigkeit des Gerichts beruhend:* ein -er Vergleich; -e [Prozess]kosten; alle Beklagten ... einigten sich a. (CCI 6, 1986, 1).

au|ßer|ge|setz|lich ⟨Adj.⟩: *außerhalb des Gesetzes, nicht auf einem Gesetz beruhend:* auch erhält die Regierung nachträglich für als notwendig erkannte -e Maßnahmen herkömmlich vom Parlament Indemnität (Fraenkel, Staat 321).

au|ßer|ge|wöhn|lich ⟨Adj.⟩: **a)** *nicht in, von der gewöhnlichen, üblichen Art; vom Üblichen, Gewohnten abweichend; ungewöhnlich:* ein -er Umstand; sie ist ein -er Mensch; dieser Fall ist ganz a.; ⟨subst.:⟩ dass aus Tobias mit Gottes Hilfe etwas Außergewöhnliches werden sollte (Hauptmann, Thiel 12); **b)** *über das gewohnte Maß hinausgehend; sehr groß:* eine -e Begabung; **c)** ⟨intensivierend bei Adj.⟩ *sehr, überaus:* es war a. heiß.

au|ßer|halb [mhd. ūʒerhalp, ahd. ūʒerhalb, eigtl. = (auf der) äußere(n) Seite]: **I.** ⟨Präp. mit Gen.⟩ **a)** *nicht in einem bestimmten, umgrenzten Raum:* a. der Stadt, der Landesgrenzen; a. Bayerns; dann erhielt er die Erlaubnis, a. der Kaserne in einem eigenen Zimmer zu wohnen (Niekisch, Leben 23); Ü a. der Gemeinschaft; das ist a. *(nicht im Rahmen)* der Legalität; ♦ ⟨auch mit Dativ:⟩ sah man ihn nur selten a. den Ringmauern seines kleinen Schlosses (Tieck, Eckbert 3); **b)** *nicht in einem bestimmten Zeitraum, nicht während eines bestimmten Zeitraums:* a. der Geschäftszeit, der Sprechstunden. **II.** ⟨Adv.⟩ *nicht am Ort; draußen, in der näheren Umgebung:* sie hat ihr Geschäft in der Stadt, wohnt aber a.; der Flugplatz liegt a.; er kommt von a. *(von auswärts);* Ü sie steht immer a. *(außerhalb der Gemeinschaft, beteiligt sich nicht).*

au|ßer|häus|lich ⟨Adj.⟩: *außerhalb des Hauses:* den Müttern ..., die wegen ihrer -en Erwerbstätigkeit ihr Kind weggeben müssen (Zeit 7. 2. 75, 58); lässt sich das gleiche Ziel durch Verbesserung der -en Betreuungseinrichtungen erreichen (Brigitte 5, 1974, 113).

au|ßer|ir|disch ⟨Adj.⟩: **1.** *außerhalb der Erde [befindlich]; extraterrestrisch* (1): eine -e Station. **2.** *nicht der Erde angehörend, nicht aus dem Bereich der Planeten Erde stammend; extraterrestrisch* (2): Ufos, das ist ... meist gleichbedeutend mit Raumfahrzeugen -er Wesen (Hörzu 36, 1974, 41); ⟨subst.:⟩ dass sich irgendwo auf dem Planeten ... Außerirdische unter die Menschen gemischt hatten (Stories 72 [Übers.], 113).

au|ßer|kirch|lich ⟨Adj.⟩: *nicht kirchlich, außerhalb der kirchlichen Ordnung, Organisation.*

Au|ßer|kraft|set|zung, die; -, -en (Papierdt.): *das Außer-Kraft-Setzen:* eine Wiederholung der Entwicklung zu vermeiden, die ... zur ... A. der rechtsstaatlichen Demokratie geführt hat (Fraenkel, Staat 335).

äu|ßer|lich ⟨Adj.⟩ [mhd. ūʒerlich, zu ↑äußer...]: **1. a)** *an der Außenseite; außen wahrnehmbar, anwendbar o. Ä.:* eine -e Verletzung; nur zur -en Anwendung! (nicht zum Einnehmen!; auf Beipackzetteln); **b)** *nach außen hin, dem äußeren Verhalten nach:* ä. blieb sie ganz ruhig, aber innerlich kochte sie vor Wut. **2. a)** *von außen gesehen, oberflächlich [betrachtet], dem äußeren Anschein nach, scheinbar, [nur] das Äußere betreffend, darauf beruhend:* die beiden Gegenstände haben eine -e Ähnlichkeit, sind ä. [betrachtet] gleich; Äußerlich gesehen schien der Unterschied ... nicht allzu groß zu sein (Leonhard, Revolution 48); **b)** *oberflächlich, nicht wesentlich:* das sind [nur] -e Einzelheiten, diese Eigenschaften der Sache sind a. (veraltend, nicht wesentlich dafür). **3.** (selten) *oberflächlich [eingestellt]:* ein sehr -er Mensch. ♦ **4.** *draußen* (a), *in der Außenwelt [vorhanden, sichtbar]:* Dagegen ist von der Dichtkunst sonst nirgends ä. etwas anzutreffen (Novalis, Heinrich 26).

Äu|ßer|lich|keit, die; -, -en: **a)** *äußere Form des Umgangs, Verhaltens, Auftretens:* -en waren ihr ohnehin nicht mehr wichtig. Schon gar nicht bei Männern (Bastian, Brut 133); dass jeder Mensch von -en gefangen genommen wird (Tucholsky, Werke I, 405); **b)** *äußerliche, oberflächliche, unwesentliche Einzelheit:* das sind lächerliche, den Kern der Sache nicht berührende -en; Eine unscheinbare Ä. ist für fast alle linear sehenden Schriftsteller charakteristisch: sie haben eine Leidenschaft für ... den Gedankenstrich (Friedell, Aufklärung 103).

äu|ßerln ⟨sw. V.⟩ ⟨nur im Inf. gebr.⟩ (österr. ugs.): *(einen Hund) auf die Straße führen:* durch die Gassen ..., in denen um diese Zeit meist Dutzende von Hunden, wie man so sagt, »äußerln« geführt wurden (Menzel, Herren 77); Ü Grob legt er unter dem Tischtuch Mabm an sie, bebaut ihre Furche, geht mit ihrer kläffenden Furcht, die an der Kette zerrt, vor den Geschäftsfreunden ä. (Jelinek, Lust 68).

au|ßer|mit|tig ⟨Adj.⟩: *ausmittig:* beim Drehen des Fahrzeugs um einen Pylon, der etwas a. steht (Frankenberg, Fahren 109).

äu|ßern ⟨sw. V.; hat⟩ [mhd. ūʒern (refl.) = aus der Hand, aus dem Besitz geben, verzichten, zu ↑äußer...]: **1.** *aussprechen, kundtun:* seine Meinung, einen Wunsch, [seine] Bedenken ä.; Zweifel [an etw.], sein Befremden [über etw.] ä.; die Ansicht ä., dass ...; es hieß, der Regent habe großen Ärger und Verdruss ... geäußert (A. Kolb, Daphne 176); »Frieden gibt's nicht!«, äußert Albert kurz (Remarque, Westen 60). **2.** ⟨ä. + sich⟩ *seine Meinung sagen, Stellung nehmen:* sich freimütig, anerkennend ä.; sich dahin [gehend] ä., dass ...; sich über jmdn. abfällig ä.; sich über etw., zu etw. ä. **3.** ⟨ä. + sich⟩ *in bestimmter Weise in Erscheinung treten:* die Krankheit äußert sich in, durch Schüttelfrost; Eine gewisse Nervenüberreizung äußert sich zuweilen in sonderbaren inneren Erlebnissen (Niekisch, Leben 292).

au|ßer|or|dent|lich ⟨Adj.⟩: **a)** *vom Gewohnten abweichend, ungewöhnlich:* eine -e Situation, Begebenheit; ein -es Geschöpf. Wie a., wie ganz persönlich aus dem Rahmen des Akzeptierten ... fallend, sollte mir erst später klar werden (Th. Mann, Krull 338); **b)** *außerhalb der gewöhnlichen Ordnung stehend, stattfindend o. Ä.:* eine -e Sitzung einberufen; ein -es Gericht *(Sonder-, Ausnahmegericht);* er war *(früher:)* Professor (früher: *Hochschulprofessor, der kein Institut leitet);* **c)** *über das Gewöhnliche hinausgehend; hervorstechend, bemerkenswert, überdurchschnittlich; enorm:* eine -e Begabung; Sie verrät ... viel frühe Reife neben -er Kindlichkeit (Schnabel, Anne 8); ⟨subst.:⟩ Außerordentliches leisten; **d)** ⟨intensivierend bei Adj. u. Verben⟩

sehr, überaus: eine a. wichtige Sache; Ein Portier mit einem sehr langen, mit einem a. gepflegten Bart begrüßte uns (Koeppen, Rußland 121); etw. a. schätzen.

au|ßer|orts ⟨Adv.⟩ (bes. schweiz., österr.): *(in Bezug auf den Straßenverkehr) außerhalb des Ortes:* Ich überholte fast nie. Auch a. fuhr ich kaum über achtzig (Frisch, Gantenbein 33).

Au|ßer|orts|stra|ße, die (Amtsspr.): *Straße außerhalb einer geschlossenen Ortschaft:* Dass die ... Tempo-100-Regelung auf »einbahnigen -n« ... bereits erste ... Erfolge gebracht hat (MM 23. 11. 73, 12).

au|ßer|par|la|men|ta|risch ⟨Adj.⟩: *nicht parlamentarisch:* die -e Präsidialregierung; die -e Opposition (↑APO); In der Bundesrepublik ... obliegt die Nominierung der Kanzlerkandidaten ... -en Parteiinstanzen (Fraenkel, Staat 97).

au|ßer|par|tei|lich ⟨Adj.⟩: *außerhalb der Partei; nicht parteilich:* die Arbeit der Parteigruppen in allen -en Organisationen (Fraenkel, Staat 354).

au|ßer|plan|mä|ßig ⟨Adj.⟩: **1.** *nicht planmäßig, außerhalb eines Plans, über den Plan hinaus:* ... dass er ⟨ = der Finanzminister⟩ ... Haushaltsüberschreitungen und -e Ausgaben zu bewilligen hat (Fraenkel, Staat 92); er war -er Professor (früher; *Hochschulprofessor ohne bindende Anwartschaft auf einen Lehrstuhl*). **2.** kurz für ↑außerfahrplanmäßig.

Au|ßer|rho|den: ↑Appenzell.

au|ßer|schu|lisch ⟨Adj.⟩: *nicht schulisch, außerhalb der Schule:* Die Notwendigkeit des Sozialen und Demokratischen im -en Leben (Meyer, Unterrichtsvorbereitung 19); zur Einbeziehung der technisch interessierten FDJler und Pioniere in die -e Tätigkeit (Technikus 11, 1968, 4).

au|ßer|sinn|lich ⟨Adj.⟩ (Parapsych.): *außerhalb des sinnlich Wahrnehmbaren liegend:* Sie war angetreten mit dem Ziel angetreten, den Psi-Faktor, das Geheimnis der -en Wahrnehmung, zu entschlüsseln (Woche 11. 4. 97, 27).

au|ßer|sprach|lich ⟨Adj.⟩: *nicht sprachlich, außerhalb des sprachlichen Bereichs liegend, sich vollziehend:* Diese Verflechtung von sprachlichem Kontext und -er Situation (Deutsch als Fremdsprache 3, 1976, 159 [Zeitschrift]).

äu|ßerst ⟨Adv.⟩: *in höchstem Maße, überaus, sehr:* ein ä. schwieriger Fall; ä. nervös sein; das ist ä. gefährlich.

äu|ßerst... ⟨Adj.⟩ [mhd. ūzerst..., ahd. ūzarest...]: **1.** *am weitesten entfernt:* am äußersten Ende; im äußersten Norden. **2.** *in stärkstem, höchstem Maße gegeben, größtmöglich:* mit äußerster Konzentration; von äußerster Wichtigkeit; Meine Zunge prüft, wie sehr er wackelt (Straessle, Herzradieschen 144); auf das/aufs äußerste/Äußerste (*sehr*) erregt sein. **3.** *noch als Letztes möglich:* der äußerste Termin, Preis; ⟨subst.:⟩ Die Liebe ... tut und versucht das Äußerste, um die Nähe grenzenlos ... zu machen (Th. Mann, Krull 420); der Konflikt zwischen dem bis zum Äußersten geführten Individua-

lismus und dem Gedanken an eine politische und soziale Umwälzung (Weiss, Marat 140, Nachwort). **4.** *in höchstem Maße schlimm, ungünstig:* wenn der äußerste Fall eintritt; ⟨subst.:⟩ alle machen sich auf das Äußerste gefasst (Dönhoff, Ära 46).

au|ßer|stand, (auch:) **au|ßer Stand** [auch: ˈ---] (seltener), **au|ßer|stan|de,** (auch:) **au|ßer Stan|de** [auch: ˈ----] ⟨nur in Verbindung mit bestimmten Verben⟩: *nicht in der Lage, nicht fähig:* a. sein, etw. zu tun; sich a. sehen, fühlen, zeigen, erklären; a. zu helfen, lief sie weg; Hatte seine Anerkennung ... bewirkt, »die Staatsgewalt ... außerstande zu setzen ...« (Fraenkel, Staat 123).

äu|ßers|ten|falls ⟨Adv.⟩: *im äußersten, schlimmsten, ungünstigsten Fall:* das kostet ä. fünfzig Mark.

au|ßer|ta|rif|lich ⟨Adj.⟩: *nicht tariflich gebunden:* dass bestimmte Arbeitnehmer ... als -e Angestellte frei vereinbarte Vergütungen erhalten (NJW 19, 1984, 1143).

au|ßer|tour|lich ⟨Adj.⟩ (österr.): *außerhalb der Reihenfolge; zusätzlich [eingesetzt]:* aus budgetären Gründen sind keinerlei -e Veranstaltungen geplant (Vorarlberger Nachr. 26. 11. 68, 8); Er würde bestimmt der Prüfungen machen und sogar a. General werden (Roth, Radetzkymarsch 152).

Äu|ße|rung, die; -, -en [mhd. ūzerunge, zu ↑äußern]: **1.** *ausgesprochene Worte; Bemerkung; Stellungnahme:* eine freimütige, unvorsichtige, befremdliche Ä.; politische -en; eine Ä. tun; sich jeder Ä. enthalten; Dinge zu lesen ..., die sie so weit von den amtlichen -en der »Prawda« unterschieden (Leonhard, Revolution 240). **2.** *sichtbares Zeichen; Ausdruck:* sein Benehmen war eine Ä. des Trotzes; Was er sah, war die Ä. einer Seelenstimmung (Plievier, Stalingrad 308).

Äu|ße|rungs|form, die: *Form der Äußerung (2):* Sie (= die Grundrechte) binden ... die Staatsgewalt in allen -en, also grundsätzlich auch den Gesetzgeber (Fraenkel, Staat 127).

au|ßer|uni|ver|si|tär ⟨Adj.⟩: *nicht universitär, außerhalb der Universität:* Mit fortschreitender Erosion der Altsteinzeitforschung an den deutschen Universitäten gewinnen die Aktivitäten -er Einrichtungen für die Sicherung der Forschungsbasis zunehmend an Bedeutung (Archäologie 2, 1997, 37).

au|ßer|zeit|lich ⟨Adj.⟩: *außerhalb der Zeit befindlich, ablaufend.*

aus|set|zen ⟨sw. V.; hat⟩ [6: eigtl. = bei der Warenprüfung als fehlerhaft aus der Reihe setzen]: **1. a)** *an einen Ort bringen [u. dort sich selbst überlassen]:* ein Kind a.; Tiere in einem bestimmten Gebiet a. *(heimisch machen);* das Schiff setzt Boote aus *(bringt sie zu Wasser);* die Passagiere wurden ausgesetzt *(an Land gebracht);* **b)** (kath. Kirche) *zur Anbetung auf den Altar stellen:* das Allerheiligste a.; **c)** (Kaufmannsspr.) *zur Verpackung vorbereiten:* eine Sendung a.; ausgesetzt von ..., gepackt von ...; **d)** (Billard) *zum*

Spielen hinsetzen: die Kugel a. **2.** *[der Einwirkung von] jmdm. od. etw. preisgeben:* seinen Körper der Sonne a.; sich Vorwürfen, einer Gefahr, dem Verdacht a.; hohen Beanspruchungen ausgesetzt sein; Ich bedaure, dass Eure Heiligkeit sich schädlichen Erregungen aussetzen (Benrath, Konstanze 85); Heute zwingt das Geschäftsleben sie ..., ihre Waden den Blicken der Männerwelt auszusetzen (Brecht, Groschen 318); Kein Begriff ist jemals so tief greifenden Missdeutungen ausgesetzt gewesen wie der der Freiheit (Thieß, Reich 458). **3.** *in Aussicht stellen, versprechen:* eine Belohnung von 1 000 DM a.; für Neuanschaffungen wurde eine große Summe ausgesetzt; jmdm. ein Erbteil a. **4. a)** *mitten in einer Tätigkeit o. Ä. plötzlich [für eine gewisse Zeit] abbrechen, nicht weiterführen:* der Motor, der Atem, das Herz setzt aus; die Musik hat plötzlich ausgesetzt; **b)** *eine Pause machen:* ich muss eine Weile [wegen Krankheit] a.; beim Spiel einmal a. *(nicht mitspielen);* die vier Männer spielten Karten zu dritt, sodass immer einer aussetzte (Musil, Mann 1392); mit der Ratenzahlung a. **5. a)** *(seltener) vorübergehend unterbrechen, nicht weiterführen:* die Kur auf einige Zeit a.; **b)** (Rechtsspr.) *auf-, hinausschieben:* die Verhandlung a.; das Urteil zur Bewährung a. **6.** ⟨im Inf. mit »zu« in Verbindung mit bestimmten Verben⟩ *beanstanden, kritisieren:* immer etwas [an jmdm.] auszusetzen haben; ich finde nichts, es gibt wenig [daran] auszusetzen. ◆ **7.** *ansetzen (6a), festsetzen:* es sollen kaiserliche Kommissionen ernannt und ein Tag ausgesetzt werden, wo die Sache dann verglichen werden mag (Goethe, Götz I).

Aus|set|zer, der; -s, -: **1.** *jmd., der Waren, Sendungen o. Ä. aussetzt* (1c). **2.** *plötzlicher, vorübergehender Ausfall von etw.*

Aus|set|ze|rin, die; -, -nen: w. Form zu ↑Aussetzer (1).

Aus|set|zung, die; -, -en: *das Aussetzen* (1, 3, 5).

aus|set|zungs|fä|hig ⟨Adj.⟩ (Rechtsspr.): *zum Aussetzen (5b) geeignet:* Die ... Übergangsvorschriften erweitern den Bereich der -en Strafen auf Gefängnis bis zu einem Jahr (MM 30. 8. 69, 16).

Aus|sicht, die; -, -en [zuerst um 1700 in der Gartenkunst gebraucht]: **1.** ⟨Pl. selten⟩ *Sicht (1a) nach verschiedenen Seiten, ins Weite, in die Ferne:* jmdm. die A. verbauen, versperren; in einer Zelle, deren kleines Fenster, allzu hoch oben in der Wand angebracht ihm A. nicht gestattet (A. Zweig, Grischa 125); ein Zimmer mit A. *(Blick)* aufs Meer; Von Paradiso ... aus genießt man eine reizvolle A. über die Luganer Bucht (a&r 2, 1997, 76); eine schöne A. *(das schöne Bild, die schöne Ansicht einer Gegend o. Ä.)* betrachten. **2.** *für die Zukunft sich ergebende, zeigende Möglichkeit:* eine erfreuliche A.; seine -en, den Posten zu bekommen, sind gering; weitere -en: Wetterberuhigung und leichter Temperaturanstieg; »Nette -en«, sagte ein junger Student (Leonhard, Revolution 114);

aussichtslos

ein braver Bankbeamter ohne große -en *(ohne die Erwartung od. Möglichkeit zu einer Karriere;* Musil, Mann 1459); Der Kanzler indes erprobt – nicht ohne A. auf Erfolg – eine grandiose Marketingidee: die Umwertung der Schwäche zur Stärke (Woche 14. 11. 97, 1); * **A. auf etw. haben** *(auf etw. begründete Hoffnung haben; etw. erwarten lassen, können):* er hat A. auf eine neue Stelle; Nur der Betrug hat A. auf Erfolg (Th. Mann, Krull 44); **etw. in A. haben** *(etw. Positives erwarten, damit rechnen können):* wir haben endlich eine Wohnung in A.; **jmdn., etw. für etw. in A. nehmen** *(jmdn., etw. für etw. vorsehen):* man hat ihn für diesen Posten in A. genommen; **in A. stehen** *(zu erwarten sein);* **jmdm. etw. in A. stellen** *(jmdm. etw. versprechen).*
aus|sichts|los ⟨Adj.⟩: *ohne Aussicht (2) auf Erfolg, hoffnungslos:* Man wird ... schwerlich ein Volk finden, das in von vornherein -er Lage derart verbissen gegen fremde Unterdrücker ankämpft (Augstein, Spiegelungen 78).
Aus|sichts|lo|sig|keit, die; -: *das Aussichtslossein.*
Aus|sichts|punkt, der: *[hoch gelegene] Stelle mit schöner Aussicht (1):* an einem A. stehen bleiben.
aus|sichts|reich ⟨Adj.⟩: **1.** *mit Aussicht (2) auf Erfolg; Erfolg versprechend:* ein -es Projekt; ein -er *(gute Chancen auf den Titelgewinn bietender)* Tabellenplatz; dass einer der -sten Kanzlerkandidaten ... als ein ... machthungriger Lügenbold entlarvt worden ist (Dönhoff, Ära 62). **2.** *eine gute Aussicht (1) bietend:* eine -e Wegstrecke; ein Haus in -er Wohnlage.
Aus|sichts|turm, der: vgl. Aussichtspunkt.
aus|sichts|voll ⟨Adj.⟩: *aussichtsreich.*
Aus|sichts|wa|gen, der: *[zweistöckiger Eisenbahn]wagen mit großen Fenstern.*
aus|si|ckern ⟨sw. V.; ist⟩: *aus etw. sickern, tropfenweise aus etw. rinnen:* Aus der Zuleitung eines dieser Tanks waren mehr als 1 000 Liter Toluol ausgesickert (MM 5. 8. 71, 10).
Aus|sie, der; -s, -s [engl. Aussie, geb. mit dem in Kosef. üblichen Suffix -ie zu: Aus*tralian = Australier]* (Jargon): *Australier.*
aus|sie|ben ⟨sw. V.; hat⟩: **1.** *durch Sieben aus etw. aussondern:* Steine [aus dem Sand] a.; Dabei werden sie (= die Zeitzeichen) mit einem Filter aus dem Spektrum der eintreffenden Radiowellen ausgesiebt (Elektronik; *ausgeschaltet;* Funkschau 20, 1971, 2080). **2. a)** *aus einer größeren Gruppe nach kritischer Prüfung als geeignet o. Ä. auswählen:* aus den Bewerbern wurden zwei ausgesiebt und angenommen; **b)** *aus einer Gruppe nach kritischer Prüfung als nicht geeignet o. Ä. aussondern:* unter den Mittelschichtkindern wurden beim Übergang zu den höheren Schulen nur die schwachen ausgesiebt (Bausinger, Dialekte 54).
Aus|sie|bung, die; -, -en: *das Aussieben.*
aus|sie|deln ⟨sw. V.⟩: **1.** ⟨hat⟩ **a)** *durch amtliche Aufforderung zum Verlassen des* ursprünglichen Wohngebietes u. zum Ansiedeln in einem anderen Gebiet veranlassen: Das Dorf ... wurde ... überflutet. Die Bewohner, die ausgesiedelt und entschädigt wurden, bauten sich ... am Rand des ... Stausees neue Existenzen auf (LNN 31. 7. 84, 13); Kollektivwirtschaft? Ich denke, hier leben ausgesiedelte Kulaken? (Leonhard, Revolution 116); **b)** *jmds. [landwirtschaftlichen] Betrieb aus einer geschlossenen Ortschaft aufs freie Land verlegen:* Der Hof ... wurde in Sichtweite des Städtchens Markdorf in Obstgärten und Felder ausgesiedelt (Gute Fahrt 3, 1974, 41); Ü Die Kunstgesellschaft soll ausgesiedelt und im ... Kulturzentrum ... untergebracht werden (NZZ 28. 8. 86, 28); Gerd möchte expandieren, die Partyküche a. (e&t 5, 1987, 81). **2.** ⟨ist⟩ **a)** *sich aussiedeln* (1 a) *lassen, ausgesiedelt werden:* Sie (= die Familie) stammt aus der Ukraine und ist von dort über Polen 1942 als »Volksdeutsche« ausgesiedelt (Saarbr. Zeitung 30. 11. 79, 31); **b)** *ausgesiedelt* (1 b) *werden:* Erich siedelt aus und kriegt einen Neubau mit Wohnhaus und Wirtschaftsgebäude außerhalb des Dorfes (Chotjewitz, Friede 80); dass diese Erschließung für Heilbronn in den siebziger Jahren zu spät kam und deshalb viele produzierenden Betriebe aussiedelten (Heilbronner Stimme 12. 5. 84, 17).
Aus|sie|de|lung, Aussiedlung, die; -, -en: *das Aussiedeln, Ausgesiedeltwerden.*
Aus|sied|ler, der; -s, - (Amtsspr.): *jmd., der die deutsche Staats- od. Volkszugehörigkeit hat u. dem aufgrund bilateraler Verträge die Übersiedlung aus einem Staat Osteuropas in die Bundesrepublik Deutschland gestattet wird:* In diesem Jahre trafen bisher 500 deutsche A. aus der Sowjetunion ein (Welt 13. 10. 62, 3).
Aus|sied|ler|hof, der: *aus einer geschlossenen Ortschaft aufs freie Land, Feld verlegter Bauernhof.*
Aus|sied|le|rin, die; -, -nen: w. Form zu ↑ Aussiedler.
Aus|sied|lung: ↑ Aussiedelung.
aus|sin|gen ⟨st. V.; hat⟩: **1.** *zu Ende singen:* Wenn er (= der Vater beim Zu-Bett-Bringen) ausgesungen hat, dann legt er sie (= die Tochter) ins Bett zurück (Kempowski, Zeit 224). **2.** *singend ausformen:* bis zur letzten Silbe ausgesungen klang es ... aus der St.-Andreas-Kirche gegenüber (Böll, Tagebuch 17); so dürfen wir uns ... der ... Hirtenlieder freuen, in denen gläubiges Volk seine kindliche Weihnachtsfreude ausgesungen *(ausgedrückt)* hat (Glaube 51/52, 1966, 15); ⟨subst.:⟩ Bei Tschaikowskys »Fünfter« ging es Breuer ... um »schönen« Klang, um das Aussingen *(die volle klangliche Entfaltung) der Melodien* (Orchester 7/8, 1984, 667). **3.** (Seemannsspr.) *mit tönender Stimme ausrufen:* Los, los! Immer die Tiefe aussingen! (Hausmann, Abel 150); Hendrik ... hing weit über das Schanzdeck, die Lotleine in der ... Hand, und sang aus: »Zehneinhalb! Zehn ...« (Heim, Traumschiff 64).
aus|sin|nen ⟨st. V.; hat⟩ (geh.): *sich ausdenken; sinnend ersinnen:* Asch ... kam gar nicht dazu, ... Heimkehrgedanken auszusinnen (Kirst, 08/15, 833); Es geht nach des Alten Kopf, je wie er's aussinnt (Th. Mann, Joseph 667); So hatte der Alte sich's ausgesonnen (Th. Mann, Joseph 729).
aus|sit|zen ⟨unr. V.; hat⟩: **1.** (Reiten) *(beim Trab) fest im Sattel sitzen bleiben und sich den Bewegungen des Reittiers anpassen:* der Reiter sitzt den Trab, den Galopp aus. **2.** *durch Daraufsitzen ausbeulen:* einen Sessel, eine Hose a. **3.** (ugs.) *sich untätig verhalten in der Hoffnung, dass sich etwas Bestimmtes von selbst erledigt:* Er sitzt die Probleme eher aus, als dass er sie löst (Hamburger Abendblatt 20. 5. 85, 2); Er will auch diesen Skandal a. (Spiegel 4, 1984, 17); ⟨subst.:⟩ Kohls ... Fähigkeit ... ist zur politischen Grundtugend geworden: das Aussitzen (Spiegel 5, 1984, 9). **4.** *ausbrüten:* Brutfreudig sind auch die australischen Nymphensittiche, die friedvoll ihre Eier dreimal im Jahr aussitzen (Flensburger Tageblatt 22. 4. 84, 15).
aus|söh|nen ⟨sw. V.; hat⟩ [spätmhd. ūʒsüenen, zu ↑sühnen]: **a)** ⟨a. + sich⟩ *sich (oft nach entsprechenden, meist über einige Zeit hin sich erstreckenden Bemühungen) wieder ganz mit jmdm. versöhnen:* Bald söhnte sie sich mit ihren Eltern aus (Fallada, Herr 254); Thomas Mann ..., der ... sich erst 1955 ... durch die Annahme der Ehrenbürgerurkunde endgültig mit seiner Vaterstadt aussöhnte (MM 2. 1. 75, 32); Beide Seiten wollten sich a. (Spiegel 3, 1972, 78); Gut, wir sind ausgesöhnt. Handschlag (Hacks, Stücke 325); Ü Die Familie ... will sich mit dem grausamen Schicksal nicht a. (Werfel, Bernadette 366); mit dem Musik konnte man sich a. (Bamm, Weltlaterne 43); **b)** *(zwei miteinander im Streit liegende Personen, Parteien) veranlassen, sich auszusöhnen;* **a)** *miteinander versöhnen:* Er will schließlich den ... Westen mit dem ... Osten a. (Fraenkel, Staat 309) Ü söhnte viele durch den männlichen Mut, mit dem er sein Schicksal ertrug, mit seinem Verbrechen aus (Mostar, Unschuldig 41); es söhnt Lämmchen ein wenig mit dem unmodernen Stück (= Kinderwagen) aus, dass ein Kind so daran hängt (Fallada, Mann 173).
Aus|söh|nung, die; -, -en: **a)** *das Sichaussöhnen;* **b)** *das Aussöhnen* (b), *Ausgesöhntwerden.*
aus|son|dern ⟨sw. V.; hat⟩: **a)** *(nicht mehr Brauchbares o. Ä.) aus einer Menge heraussuchen u. entfernen:* die schlechten Früchte a.; Die alten klappernden Metrozüge a.; ... auch sie wurden gewiss bald ausgesondert (Rolf Schneider, November 41); Der Abschuss ist notwendig, ... um kranke und kümmernde Stücke auszusondern (Jagd 3, 1987, 66); Wer sich bewährt, darf aufsteigen, die Versager werden ausgesondert (Klee, Pennbrüder 104); **b)** (seltener) *als geeignet aus einer größeren Menge auswählen:* Er und die ... ihn ... für sein Amt ausgesondert hatten, verstanden nicht nicht zu bauen (Th. Mann, Krull 354); Schon bei der Prozession war es mir aufgefallen, denn das

Schöne und Elegante sondert mein Auge sogleich aus dem Gewöhnlichen aus (Th. Mann, Krull 433); Beim Konkurs werden aus den vorhandenen Vermögensgegenständen zunächst diejenigen ausgesondert *(herausgenommen),* die dem in Konkurs gefallenen Unternehmen ... nicht gehören (Rittershausen, Wirtschaft 55).

Aus|son|de|rung, die; -, -en: *das Aussondern, Ausgesondertwerden.*

aus|sor|tie|ren ⟨sw. V.; hat⟩: **a)** *(nicht mehr Brauchbares o. Ä.) durch Sortieren ausscheiden:* alte Kleidungsstücke a.; Ausschuss wird von dieser Maschine selbsttätig aussortiert; Die Leute dort fanden meinen Lebenslauf ... ganz gut, heutzutage wäre ich vielleicht aussortiert worden (Kirsch, Pantherfrau 51); ⟨subst.:⟩ Es ist die Selbst-dran-schuld-These, die ... die Unbrauchbaren dem Aussortieren aus der Gemeinschaft preisgibt (Klee, Pennbrüder 39); **b)** *sortierend aus einer größeren Menge auswählen:* Ich sortiere die Bücher aus, die ich noch brauchen könnte (Loest, Pistole 206); Dort wird aussortiert *(werden sie ausgewählt)* in Willige und Folgsame, die z. B. in die Wohnheime aufsteigen dürfen (Klee, Pennbrüder 90).

Aus|sor|tie|rung, die; -, -en: *das Aussortieren, Aussortiertwerden.*

aus|spä|hen ⟨sw. V.; hat⟩: **a)** *spähend, forschend Ausschau halten:* nach Nahrung, nach Hilfe a.; **b)** *auskundschaften, ausspionieren:* Geheimnisse a.; jmdn. a. (ugs.; *heimlich beobachten);* Von allem Anfang habe es ... zum Auftrag ... gehört, die SPD und ihre Organisationen auszuspähen (Welt 16. 7. 75, 1).

Aus|spä|hung, die; -, -en: *das Ausspähen, Ausgespähtwerden.*

Aus|spann, der; -[e]s, -e (früher): *Wirtshaus mit Stall zum Ausspannen* (2 a): Königliche Kutschen fuhren hier, der pasewalksche A. am Beginn des Königswegs stellte frische Pferde (Lentz, Muckefuck 18); Ich musste ... den nassen Alex in den A. »Halben Mondes« und in ein vernünftiges Futter bringen (Fallada, Herr 27); In jeder Metropole kennen sie (= die Gammler) einen A. (selten; *eine Kneipe),* wo sich ihre Wege kreuzen (Spiegel 39, 1966, 72).

aus|span|nen ⟨sw. V.; hat⟩: **1.** *weit ausbreiten u. gespannt halten:* Eine ... Frau spannte zwischen Zaunpfählen ein ... Fischernetz zum Trocknen aus (Seidel, Sterne 60); Die drei ... hatten wie einen Baldachin eine Zeltplane über sich ausgespannt (Plievier, Stalingrad 174); Ü Vor dem Petersdom neben der Kirche spannt' er (= Arlecq) seine azoteten Flügel aus (Fries, Weg 42); mit ... einem Licht, das nicht nur von der Sonne kam und dem blauen Himmel, der über dem Dorfe ausgespannt war (Wiechert, Jeromin-Kinder 403); Die Forscher ... haben die Herrschaft ihres Wissens über die ganze Erde ausgespannt (Bamm, Weltlaterne 121). **2. a)** *(ein Zugtier, Zugtiere) abschirren u. abspannen* (1): die Pferde a.; Ich würde in den »Alten Fuhrhof« gehen müssen, wo unsere Wagen immer ausspannen *(unsere Pferde immer ausgespannt werden;* Fallada, Herr 33); Auf deinen Wunsch ist gar nicht erst ausgespannt worden (Fallada, Herr 150); **b)** *etw. Eingespanntes lösen:* den Pflug a.; einen Bogen aus der Schreibmaschine a. **3.** (salopp) **a)** *mit sanfter Gewalt wegnehmen, von jmdm. entleihen:* einen Abend der Mutter den Schmuck a.; **b)** *abspenstig machen:* er hat mir meine Freundin ausgespannt. **4.** *eine Zeit lang mit der Arbeit aufhören, um sich zu erholen:* von der Arbeit a.; er will vier Wochen an der See a.

Aus|span|nung, die; -: *Erholung, Ruhe:* er braucht dringend A.

aus|spa|ren ⟨sw. V.; hat⟩: **1.** *(in einem Raum, von einer Fläche) einen Teil für etw. frei lassen; in etw. nicht mit einbeziehen; für etw. Platz lassen:* einen Raum für die Zuhörer a.; die ... Ärzte ... bedeckten seinen Körper mit ... Tüchern, nur den Fleck aussparend, wo Solnemanns Messer ansetzen sollte (Sebastian, Krankenhaus 124); eine ausgesparte Lücke in der Mauer. **2.** *ausnehmen, [für später] beiseite lassen:* eine Frage a.; das heikle Thema blieb ausgespart. ♦ **3.** *(mit etw.) sparsam umgehen; aufsparen:* Wie steht's Pulver? – So ziemlich. Wir sparen unsere Schüsse wohl aus (Goethe, Götz III).

Aus|spa|rung, die; -, -en: **a)** *das Aussparen;* **b)** *ausgesparter Raum:* eine A. für den Wandschrank.

aus|spei|en ⟨st. V.; hat⟩ (geh.): **a)** *ausspucken* (a): verächtlich, zornig [vor jmdm.] a.; **b)** *ausspucken* (b): Der Ast ... steckte beide (= Blätter und Knospen) in den Mund, spie sie aber gleich wieder aus (Jacob, Kaffee 10); dass die Steinfliesen in den New Yorker Untergrundbahnhöfen ... dicht besät sind mit ausgespienen ... Kaugummis (Grzimek, Serengeti 276); Ü vorbei an Fabriken, deren Menscheninhalt ausspien (Tucholsky, Werke II, 12); ⟨subst.:⟩ das Ausspeien von Messwerten durch den Computer; **c)** *erbrechen:* sie spie das Essen wieder aus.

aus|spei|sen ⟨sw. V.; hat⟩ (österr.): *Not Leidende, Kinder verpflegen:* Flüchtlinge a.

Aus|spei|sung, die; -, -en (österr.): *das Ausspeisen:* Die Mutter ... sorgte für die ordentliche A. im Wirtshaus »Zum heiligen Florian« (Wochenschau [Wien] 3. 12. 67, 7); so Direktor ... *(=* des Restaurants) Paul: »Ein bisserl was muss geboten werden, wir sind ja keine A.« ([*Institution der] Armenspeisung;* Presse 16. 2. 79, 20).

aus|sper|ren ⟨sw. V.; hat⟩ /vgl. ausgesperrte/ [2: rückgebildet aus ↑Aussperrung]: **1.** *durch Verschließen der Tür jmdn. den Eintritt verwehren, ihn ausschließen:* sie hat ihn einfach ausgesperrt; die Tür schlug zu, und ich war ausgesperrt *(konnte nicht mehr in die Wohnung).* **2.** *(im Arbeitskampf) die [streikenden] Arbeitnehmer von der Arbeit ausschließen:* eine große Zahl Arbeiter wurde ausgesperrt.

Aus|sper|rung, die; -, -en [nach engl. lockout]: *das Aussperren* (2): Die Direktion droht mit A., rief Kollmann (v. d. Grün, Glatteis 168).

aus|spie|len ⟨sw. V.; hat⟩ /vgl. ausgespielt/: **1.** (Kartenspiel) **a)** *(durch Hinlegen der ersten Karte) zu spielen beginnen:* geschickt, überlegt a.; wer spielt aus?; **b)** *(eine Karte) zum Spielbeginn auf den Tisch legen:* Herzass, Trumpf a.; Ü seine Erfahrung, seine künstlerischen Mittel a. *(zu seinen eigenen Gunsten ins Spiel bringen, einsetzen);* Das Drei-Liter-Aggregat mit sechs Zylindern und 200 PS kann seine wahre Kraft auf den geschwindigkeitsbeschränkten amerikanischen Autobahnen nicht a. *(zur Geltung bringen);* Woche 4. 4. 97, 36). **2. a)** (Sport) *um einen Titel, Pokal o. Ä. spielen:* einen Wanderpreis a.; suchten die Endspielkontrahenten nach einem neuen Termin, um doch noch den Meister auszuspielen (Spiegel 52, 1965, 63); **b)** *(in der Lotterie o. Ä.) als Gewinn aussetzen:* es werden rund zwanzig Millionen ausgespielt. **3.** (Sport) *nicht zur Entfaltung, nicht an den Ball kommen lassen:* den gegnerischen Torwart a.; wie Gondos seine Gegner (= im Schach) ausspielte *(besiegte;* MM 14. 3. 69, 43). **4.** (Theater) *in allen Einzelheiten spielen, durchgestalten:* eine Szene a.; die Rolle breit a. **5.** *[wechselseitig] eine Person gegen eine andere (zum eigenen Vorteil) einsetzen:* sie hat den Freund gegen den Bruder ausgespielt; Es war der alte und so bewährte Methode, uns gegeneinander auszuspielen (v. d. Grün, Glatteis 143).

Aus|spie|lung, die; -, -en: *Verlosung, Spielrunde in der Lotterie.*

aus|spin|nen ⟨st. V.; hat⟩: *Worte, Gedanken, eine Erzählung weiter ausbreiten, fortführen, ausmalen:* einen Gedanken a.; der habe das Märchen ... erzählen hören und dann fantastisch aufgeputzt und ausgesponnen (Lüthi, Es 88); Ein fesselndes Thema, reich an Lust, es mit Ihnen auszuspinnen (Gaiser, Schlußball 120).

aus|spio|nie|ren ⟨sw. V.; hat⟩: **a)** *durch Spionieren entdecken, ausfindig machen:* jmdn., jmds. Versteck a.; wie eine Wölfin, die den Käfig ausspioniert, in dem ihr Junges winselt (A. Zweig, Grischa 220); **b)** *aushorchen; durch Spionieren zu erfahren suchen:* traf Voltaire in Berlin ein, ... als Gast und Freund des Königs, der er a. und in die Arme Frankreichs treiben sollte (Goldschmit, Genius 135); Woher weißt du das? ... Hast du mich ausspioniert? (Werfel, Himmel 144).

aus|spot|ten ⟨sw. V.; hat⟩ (bes. österr., schweiz.): *verspotten:* Ü Eines Tages riss sich Rasso (= ein Hund), als Iwan ihn wieder ausspottete, von seiner Kette frei (Molo, Frieden 57).

Aus|spra|che, die; -, -n: **1.** ⟨o. Pl.⟩ **a)** *richtiges Aussprechen, Artikulation eines Wortes:* die A. ist in Lautschrift angegeben; **b)** *Art des Aussprechens, Artikulierens:* eine gute, schlechte, deutliche, klare A. haben; jmds. Herkunft an seiner A. erkennen; wie er in seiner harten polnischen A. ... seinen Nebenmann fragte (Bergengruen, Rittmeisterin 214); *eine

Ausspracheabend

feuchte A. haben (ugs. scherzh.; *beim Sprechen ungewollt spucken*). **2.** *Unterredung, klärendes Gespräch:* eine geheime, vertrauliche A.; Die Diskussion war lebendig, persönliche -n danach verrieten, dass ich Eindruck gemacht hatte (Niekisch, Leben 209); eine offene A. wünschen; Ich habe mit ihm ... eine ernste A. gehabt (Musil, Mann 115); jmdn. um eine A. bitten; Am nächsten Tag kam es zu einer weiteren A. ... in der Bank (Brecht, Groschen 132).

Aus|spra|che|abend, der: vgl. Diskussionsabend.

Aus|spra|che|an|ga|be, Aus|sprache|be|zeich|nung, die: *Angabe über die Aussprache* (1 a).

Aus|spra|che|wör|ter|buch, das: *Wörterbuch, das speziell die Aussprache* (1 a) *der Wörter angibt.*

aus|sprech|bar ⟨Adj.⟩: *(in bestimmter Weise) zum Aussprechen* (1, 3 a) *geeignet.*

aus|spre|chen ⟨st. V.; hat⟩: **1. a)** *in Lauten wiedergeben, artikulieren:* ein Wort deutlich, richtig, falsch, mit Akzent a.; dieser Laut ist schwer auszusprechen; Ich hörte das Wort Dollar auf allen Wegen, ... es wurde immer mit Andacht ausgesprochen (Koeppen, New York 24); **b)** ⟨a. + sich⟩ *sich schwer, leicht o. ä. aussprechen lassen:* ihr Name spricht sich schwer aus. **2.** *zu Ende sprechen:* er hatte kaum ausgesprochen, als ...; man soll den anderen immer a. lassen! **3. a)** *äußern, ausdrücken, zur Kenntnis geben:* einen Gedanken, Wünsche, seine Meinung, sein Beileid a.; jmdm. sein Bedauern a. (Parl.; *ein Vertrauensvotum für sie abgeben*); ein Urteil, eine Strafe a. *(verkünden);* **b)** ⟨a. + sich⟩ *in bestimmter Weise über jmdn., etw. sprechen:* sich lobend, tadelnd, anerkennend über jmdn. a.; sie hat sich nicht näher darüber ausgesprochen; **c)** ⟨a. + sich⟩ (seltener) *sich zeigen, zum Ausdruck kommen:* in ihren Gesichtern spricht sich Angst aus; In dem Manne ... sprach sich eine gewaltige Kraft aus (Bergengruen, Rittmeisterin 169). **4.** ⟨a. + sich⟩ **a)** *(für jmdn. od. etw.) Stellung nehmen; etw. befürworten:* sich für den Bewerber, für Reformen a.; **b)** *(gegen jmdn. od. etw.) Stellung nehmen; jmdn., etw. ablehnen:* sich gegen den Bewerber, gegen eine Maßnahme, gegen Atomwaffen a. **5.** ⟨a. + sich⟩ **a)** *sagen, was einen bewegt; sich erw. von der Seele reden:* sich offen a.; sie hat sich bei ihrer Mutter [darüber] ausgesprochen; Sprechen Sie sich aus *(äußern Sie sich freimütig),* lieber Freund (Grass, Hundejahre 465); sprich dich aus! (iron.; *was hast du mir noch alles vorzuwerfen?);* **b)** *zur Klärung einer Meinungsverschiedenheit o. Ä., in dem Wunsch nach Verständigung miteinander reden:* wir müssen uns einmal in Ruhe a.

♦ **aus|sprei|ten** ⟨sw. V.; hat⟩ [↑ spreiten]: *ausbreiten, spreizen:* mit ausgespreiteten Flügeln (Schiller, Räuber I, 2).

aus|spren|gen ⟨sw. V.; hat⟩: **1. a)** *versprühen:* Wasser a.; Ü Lügen über jmdn., ein Gerücht a. (geh.; *verbreiten*); schoss sie davon und um die Neuigkeit im Örtchen auszusprengen (Hauptmann, Thiel 12); **b)** *ganz u. gar mit etw. besprengen:* Mach ein Feuer auf dem Herd ..., und sprenge die Stuben mit reinem Wasser aus (Wiechert, Jeromin-Kinder 194). **2. a)** *durch Sprengung beseitigen:* Fels, Mauerreste a.; **b)** *durch Sprengung herstellen:* sechs Wochen nach dem ersten Sprengschuss sind 17 Meter des Richtstollens ausgesprengt (MM 12. 11. 74, 14).

aus|sprin|gen ⟨st. V.⟩: **1.** ⟨ist⟩ **a)** *herausspringen; sich lösen:* die Feder ist ausgesprungen; Es kam nicht darauf an, ob er (= der Augapfel) aussprang (Th. Mann, Krull 121); **b)** (Schneiderei) *(von Falten) aufspringen:* über dem Knie ausspringende Falten. **2.** (Skisport) *die größtmögliche Weite erreichen* ⟨hat⟩: Er ... sprang die kleine Schanze mit Sprüngen von 78,5 und 79,5 Metern fast aus (Gast, Bretter 127).

aus|sprit|zen ⟨sw. V.; hat⟩: **1. a)** *spritzend leeren:* den Schlauch a.; **b)** *spritzend herausschleudern, von sich geben:* das Insekt spritzt Gift aus; Ü sein Gift gegen jmdn. a. *(jmdn. mit Gehässigkeiten überschütten).* **2.** *durch Spritzen reinigen:* das Becken a.; der Arzt hat das Ohr ausgespritzt.

Aus|sprit|zung, die; -, -en: *das Ausspritzen* (1 b, 2).

Aus|spruch, der; -[e]s, Aussprüche: *[von einer bekannten Persönlichkeit geprägter] Satz, in dem eine Ansicht, Weisheit ausgesprochen ist:* einen A. von Goethe zitieren; Martin Luther tat den A., dass ... (Mantel, Wald 41); Solche Aussprüche (Meinungsäußerungen) ... sind wie ein Dolch in den Rücken der verständigungsbereiten ... Kräfte der Partei (Dönhoff, Ära 19).

aus|spu|cken ⟨sw. V.; hat⟩: **a)** *Speichel aus dem Mund ausstoßen:* er spuckte aus; (als Zeichen der Verachtung, des Abscheus:) verächtlich a.; der Gefangene spuckte vor ihm aus; **b)** *spuckend von sich geben:* Kirschkerne a.; Ü der Computer spuckt Informationen aus; dafür musste sie viel Geld a. (ugs.; *bezahlen, ausgeben*); Die US-Universitäten spucken nicht genug qualifizierte Kräfte aus (Woche 7. 11. 97, 19); »Haben Sie euch gleich bedient? Spuck schon aus!« (ugs.; *sag es schon!;* Kühn, Zeit 422); **c)** (ugs.) *erbrechen:* er hat das Essen wieder ausgespuckt.

aus|spü|len ⟨sw. V.; hat⟩: **1. a)** *durch Spülen aus etw. entfernen:* die Rückstände a.; **b)** *durch Spülen reinigen:* ein Glas, die Spritze a.; ich muss mir den Mund a.; ... zapfte er sich ... einen Becher voll Wasser aus dem Tank und spülte seinen Mund aus (Hausmann, Abel 61). **2.** *(von rasch fließendem Wasser o. Ä.) spülend aus etw. entfernen, von irgendwo wegreißen:* das Hochwasser hatte das Erdreich ausgespült; sie (= die Zementschicht der Fahrbahn) war rau, ausgespült, abgewetzt (Kirst, 08/15, 137).

Aus|spü|lung, die; -, -en: *das Ausspülen.*

aus|spü|ren ⟨sw. V.; hat⟩ (veraltet): *aufspüren, ausfindig machen:* jmdn., ein Wild a.; Ü Da kommen plötzlich sensibel ausgespürte zwischenmenschliche Bereiche in den Blickpunkt (MM 1. 12. 73, 64).

aus|staf|fie|ren ⟨sw. V.; hat⟩: *mit etw. ausstatten, versehen:* sie hat ihr Zimmer mit allerlei Trödel ausstaffiert; Die Wohnwagen werden innen liebevoll ausstaffiert (MM 8. 3. 84, 25); Vorher hab ich ihn noch ausstaffiert von meinem ersten Gehalt, hab ihm Handtücher, Hemden, Hosen und Turnhosen und alles Mögliche geschickt (Kirsch, Pantherfrau 82); Verkäuferinnen werden markttypisch ausstaffiert (NNN 5. 9. 86, 6); sich völlig neu a. *(einkleiden);* er wurde als Indianer ausstaffiert *(verkleidet);* du hast dich aber mächtig ausstaffiert (iron.; *herausgeputzt*)!

Aus|staf|fie|rung, die; -, -en: *das Ausstaffieren, Ausstaffiertwerden.*

Aus|stand, der; -[e]s, Ausstände [1: Ende 19. Jh. aus den oberdeutschen Mundarten; 2: spätmhd. ūȝstant = ausstehendes Geld]: **1.** ⟨Pl. selten⟩ *Streik:* in den A. treten; sich im A. befinden; im A. stehen. **2.** ⟨Pl.⟩ (veraltend) *Außenstände.* **3.** ⟨Pl. selten⟩ (bes. südd., österr.): **a)** *das Ausscheiden aus der Schule od. aus einer Stellung:* Es ist ein A. in Raten, mit dem sich Erich Zeller ... von der Wettkampfbühne des Eislaufens verabschiedet (Hamburger Morgenpost 20. 3. 84, 9); **b)** *kleine Feier, Umtrunk zum Ausstand* (3 a): Den A. geb ich bei anderer Gelegenheit (Brot und Salz 211).

aus|stän|dig ⟨Adj.⟩ (südd., österr.): *[noch] ausstehend, fehlend; nicht erledigt:* -e Gebühren; als er das Bild zur Begleichung des -en Honorars ... überbrachte (Fischer, Wohnungen 12); Hölzl ... hat ... noch mehr als drei Jahre Haft a. (Express 2. 10. 68, 3).

Aus|stän|di|ge, der u. die; -n, -n ⟨Dekl. ↑ Abgeordnete⟩, **Aus|ständ|ler,** der; -s, -: *jmd., der sich im Ausstand* (1) *befindet.*

Aus|ständ|le|rin, die; -, -nen: w. Form zu ↑ Ausständler.

aus|stan|zen ⟨sw. V.; hat⟩: *durch Stanzen hervorbringen, formen:* Schilder a.; ausgestanzte Metallteile.

aus|stat|ten ⟨sw. V.; hat⟩ [zu veraltet statten, mhd. staten = zu etw. verhelfen, zufügen]: **a)** *bestimmten Zwecken entsprechend vollständig mit etw. versehen, ausrüsten:* jmdn. mit Geldmitteln, mit Vollmachten a.; dass es kein Lebewesen gibt, das für den Daseinskampf der Urwelt so ungünstig ausgestattet war wie der Mensch (Bamm, Weltlaterne 46); Da er vom Kaiser reich ausgestattet war, folgte er seiner Neigung zu geben nur um so mehr (Thieß, Reich 600); ob auch alle älteren Fahrzeuge mit Gurten ausgestattet werden sollen (Gute Fahrt 4, 1974, 14); ich denke mir diesen Posten durchaus nicht mit einem bestechenden Gehalt ausgestattet (Musil, Mann 640); Ü Seit die Nation zum Kernbegriff ... geworden und geradezu mit moralisch-pseudoreligiösem Wert ausgestattet worden ist (Fraenkel, Staat 213); **b)** *mit einer bestimmten Ausstattung* (2 b, c) *versehen:* Die Besitzerin hatte einen Raum ... als Untersuchungszimmer eingerichtet und ausgestattet (Remarque, Triomphe 50);

welche (= Empfangsgemächer)... mit Möbeln eines historischen Stiles ausgestattet ... sind (Th. Mann, Krull 379); durch die ... Verlagsanstalten, die das Buch mit kitschigen Illustrationen und geschmacklosen Einbänden ausstatten (Nigg, Wiederkehr 74); Die Hofkirche war mit Pflanzen und Draperien ausgestattet (geschmückt; Th. Mann, Hoheit 32).
Aus|stat|ter, der; -s, -: *jmd., der beruflich etw. mit einer Ausstattung versieht.*
Aus|stat|te|rin, die; -, -nen: w. Form zu ↑Ausstatter.
Aus|stat|tung, die; -, -en: **1.** *das Ausstatten:* Firma N. übernimmt die A. der Räume. **2. a)** *Ausrüstung* (2 a): die A. der Expedition; die technische A. eines Autos; Zur A. ranghoher Krieger gehörten auch rundstabige oder gedrehte Halsreifen aus Bronze oder Silber (Archäologie 2, 1997, 29); **b)** *[Innen]einrichtung:* die Räume zeigen eine moderne, praktische A.; **c)** *Aufmachung, äußere Gestaltung:* Bücher in gediegener A.; die Revue wurde zum großen Erfolg durch ihre A. *(durch die in der Inszenierung verwendeten Bühnenbilder, Kostüme usw.);* **d)** (Rechtsspr.) *alles, was einem Kind zur Berufsausbildung, Geschäftsgründung od. Heirat mitgegeben, zugewendet wird.*
Aus|stat|tungs|film, der: *Spielfilm mit besonders aufwendiger Ausstattung (2c).*
Aus|stat|tungs|ge|gen|stand, der: *Gegenstand der Ausstattung.*
Aus|stat|tungs|re|vue, die: vgl. Ausstattungsfilm.
Aus|stat|tungs|schutz, der (Rechtsspr.): *Schutz der Eigenart einer Verpackung u. Aufmachung, auch der besonderen Werbung für eine Ware gegen Nachahmungen.*
Aus|stat|tungs|stück, das: *Theaterstück, dessen Wirkung auf der Ausstattung beruht.*
aus|stau|ben, (landsch. auch:) **aus|stäu|ben** ⟨sw. V.; hat⟩: *den Staub aus etw. schütteln:* das Staubtuch a.; die Männer staubten ihre Röcke aus (Süskind, Parfum 293).
aus|ste|chen ⟨st. V.; hat⟩ /vgl. Ausgestochene/ [3: urspr. = beim Turnier aus dem Sattel stechen]: **1.** *durch einen Stich zerstören:* jmdm. in Auge a. **2. a)** *mit einem spitzen, scharfen Gerät entfernen, herausholen:* Torf, Unkraut a.; **b)** *durch Ausstechen* (2 a), *Ausheben von Erde o. Ä. herstellen:* einen Graben a.; **c)** *mithilfe von Ausstechformen aus ausgerolltem Teig herstellen:* Sterne, Plätzchen a. **3.** *eindeutig übertreffen [u. verdrängen]:* einen Konkurrenten a.; jmdn. bei seiner Freundin, im Beruf a.; einer glaubte den andern dadurch a. zu müssen, dass er die dreistesten Witze erzählte (Sebastian, Krankenhaus 132). **4.** (Eishockey) *durch einen schnellen Schlag vom Gegner trennen:* die Scheibe mit dem Schläger a. ♦ **5.** *leeren, austrinken:* Haben doch ... lang' keine Flasche miteinander ausgestochen (Goethe, Götz I).
Aus|ste|cher|le, das; -s, - ⟨meist Pl.⟩ (landsch.): *ausgestochenes* (2 c) *[Weihnachts]plätzchen:* A. backen.

Aus|stech|form, die, **Aus|stech|förm|chen,** das: *etw. (Herzen, Sterne u. a.) im Umriss darstellende Figur aus Metall od. Plastik zum Ausstechen von Plätzchen.*
aus|ste|cken ⟨sw. V.; hat⟩: **1.** *eine Strecke durch Fähnchen markieren:* eine Slalomstrecke a.; Er ... steckte vorsichtig die Zwischenräume zwischen den markierten Punkten mit Fähnchen aus (Böll, Adam 70); Bis zum Kaukasus war sie (= die Russlandkarte mit den roten Wollfäden) ausgesteckt worden (Kempowski, Tadellöser 267). **2.** (österr.) *zum Zeichen, dass neuer Wein ausgeschenkt wird, einen Strauß, Kranz aus Zweigen o. Ä. über die Eingangstür des Gasthauses hängen:* Einige Heurige stecken nur wenige Monate aus, meistens im Frühjahr (e&t 7, 1987, 125). ♦ **3.** *abstecken* (1): Jeder hat sein Plätzchen auf der Erde ausgesteckt, hat seinen warmen Ofen (Eichendorff, Taugenichts 12).
aus|ste|hen ⟨unr. V.⟩ [spätmhd. ūʒstēn = ausbleiben]: **1.** *[zum Verkauf] ausgestellt sein* ⟨hat; südd., österr., schweiz. auch: ist⟩: die neuen Modelle stehen im Schaufenster aus. **2.** *noch zu erwarten, noch nicht eingetroffen sein* ⟨hat; südd., österr., schweiz. auch: ist⟩: die Antwort, die Lösung steht noch aus; ausstehende Gelder *(Außenstände).* **3.** *ertragen, aushalten* ⟨hat⟩: Angst, Schmerz, Qualen a.; sie hat um ihn viel ausgestanden; Ich stand minutenlang Todesängste aus (Normann, Tagebuch 123); ich habe viel auszustehen gehabt bei dieser Reise (Fallada, Herr 240); *** es ausgestanden haben** (verhüll.: *von einem Leiden erlöst, gestorben sein):* »Nun mal los, alter Junge!«, mahnte der Scharfrichter. »Mach jetzt keine langen Geschichten. In zwei Minuten hast du es ausgestanden ...« (Fallada, Jeder 397); sterben muss jeder von uns ... Deine Mutter hat es jetzt ausgestanden (M. L. Fischer, Kein Vogel 112); **ausgestanden sein** *(endlich vorbei, durchgestanden sein):* damit ist der Fall, die Sache ausgestanden; Verbandsjuristisch betrachtet ist die Saison noch nicht ausgestanden (Welt 10. 5. 65, 17); **jmdn., etw. nicht a. können** *(jmdn., etw. absolut nicht leiden können, unerträglich finden):* ich kann diesen Menschen nicht a.; der kann Quasseln auf den Tod nicht a. (Fallada, Jeder 282); dass immer etliche darunter waren, die sich nicht a. konnten, der kann den anderen Feind war (Niekisch, Leben 201). **4.** (südd., österr.) *aus einer Stellung ausscheiden; die Schule verlassen* ⟨ist⟩: sie ist schon letztes Jahr ausgestanden.
aus|stei|fen ⟨sw. V.; hat⟩ (Bauw.): *im Inneren absteifen; gegen Einknicken, Durchhängen o. Ä. absichern, abstützen:* ein Gewölbe a.; ausgesteifte Brückenteile; Beulwerte ausgesteifter Rechteckplatten (Börsenblatt 76, 1968, 5581).
Aus|stei|fung, die; -, -en (Bauw.): **1.** *das Aussteifen.* **2.** *Konstruktion, mit der etw. ausgesteift wird.*
aus|stei|gen ⟨st. V.; ist⟩: **1.** *ein Fahrzeug, Beförderungsmittel verlassen:* nicht a., bevor der Zug hält!; aus dem Auto a.; der Pilot musste a. (Fliegerspr. Jargon;

musste sich durch Abspringen mit dem Fallschirm retten). **2. a)** (ugs.) *sich bei etw. nicht mehr beteiligen:* aus einem Vertrag, einer Filmrolle a.; ihr Kompagnon ist aus dem Geschäft ausgestiegen; Hamburg steigt aus dem umstrittenen Kernkraftwerk an der Unterelbe aus (Jeversches Wochenblatt 30. 11. 84, 61); **b)** (Sport) *etw. aufgeben, bei etw. nicht mehr mitmachen:* aus einem Rennen a.; *** jmdn. a. lassen** (Fußball Jargon; *jmdn. ausspielen, umspielen);* **c)** (Jargon) *(meist ziemlich abrupt) seinen Beruf, seine gesellschaftlichen Bindungen o. Ä. aufgeben (um von allen Zwängen frei zu sein):* Ich hab schon zweimal versucht, auszusteigen, aber beide Male ging's schief (Ziegler, Gesellschaftsspiele 116); Katholische Priester steigen aus, weil sie mit dem Zölibat oder der Dogmen des Papstes nicht einverstanden sind (Woche 17. 1. 97, 26).
Aus|stei|ger, der; -s, - (Jargon): *jmd., der aussteigt* (2c) *od. ausgestiegen ist:* Viele etablierte Politiker behaupten, die Grünen sind A. (Kelly, Um Hoffnung 28); Tatsächlich produziert die Gesellschaft immer mehr A. (Christiane, Zoo 268).
Aus|stei|ge|rin, die; -, -nen: w. Form zu ↑Aussteiger.
aus|stei|nen ⟨sw. V.; hat⟩: *entsteinen:* Kirschen, Pflaumen a.
aus|stel|len ⟨sw. V.; hat⟩: **1.** *zur Ansicht, zum Verkauf ins Schaufenster o. Ä. stellen:* Waren, neue Modelle [im Schaufenster] a.; bekannte Künstler stellen aus *(stellen ihre Kunstwerke zur Schau).* **2.** *(aus bestimmten Gründen) an einem Platz sichtbar aufstellen:* Warnschilder, Posten a. **3.** *ausschreiben, ausfertigen:* ein Visum, Attest a.; [jmdm.] ein Zeugnis, eine Bescheinigung a.; eine Rechnung auf jmds. Namen a.; Selbstverständlich lasse ich Ihnen sofort ein neues Dokument a. (Leonhard, Revolution 109). **4.** (ugs.) *ausschalten* (1 a), *abstellen* (4 b): den Motor, das Radio, die Heizung a. **5. a)** *schräg, nach außen stellen:* den Rollladen, das Fenster a.; **b)** ⟨meist in 2. Part.⟩ (Mode) *(ein Kleidungsstück) so zuschneiden, dass es sich nach unten erweitert:* Modisches Leinenkleid mit ausgestelltem Rock (MM 6. 5. 66, 23); Schlanke Hose, ab Knie leicht ausgestellt (Hörzu 40, 1970, 109).
Aus|stel|ler, der; -s, -: *jmd., der etw. ausstellt* (1), *auf einer Ausstellung* (2) *vertreten ist.*
Aus|stel|le|rin, die; -, -nen: w. Form zu ↑Aussteller.
Aus|stell|fens|ter, das (Technik): *Fenster, bes. im Auto, das sich ausstellen* (5 a) *lässt:* das vordere A. öffnen.
Aus|stel|lung, die; -, -en: **1.** *das Ausstellen* (1, 2, 3). **2.** *Veranstaltung, bei der bestimmte wirtschaftliche od. künstlerische Erzeugnisse zur Schau gestellt werden;* Schau: die landwirtschaftliche A.; eine A. moderner Kunst; eine A. eröffnen; in eine A. gehen. **3.** ⟨meist Pl.⟩ (veraltend) *kritische Anmerkung; Einwand:* über die -en seiner Frau mit einem Achselzucken oder einer schneiden-

den Antwort hinwegzugehen (Musil, Mann 204); * **-en machen** (Papierdt.; *etw. auszusetzen haben*).

Aus|stel|lungs|be|su|cher, der: *jmd., der eine Ausstellung* (2) *besucht.*

Aus|stel|lungs|be|su|che|rin, die: w. Form zu ↑ Ausstellungsbesucher.

Aus|stel|lungs|flä|che, die: *gesamte Fläche, die für eine Ausstellung* (2) *zur Verfügung steht.*

Aus|stel|lungs|ge|län|de, das: *Gelände für eine Ausstellung* (2), *auf dem eine Ausstellung stattfindet.*

Aus|stel|lungs|hal|le, die: vgl. Ausstellungsgelände.

Aus|stel|lungs|ka|ta|log, der: *nummeriertes Verzeichnis der ausgestellten Gegenstände od. Werke [mit Abbildungen].*

Aus|stel|lungs|lei|tung, die ⟨Pl. selten⟩: *Organisationsbüro für eine Ausstellung.*

Aus|stel|lungs|pa|vil|lon, der: vgl. Ausstellungsgelände.

Aus|stel|lungs|raum, der: vgl. Ausstellungsgelände.

Aus|stel|lungs|stand, der: *abgegrenzter Raum für jeweils einen Aussteller, eine Firma innerhalb einer Ausstellungshalle o. Ä.;* Koje (3 b).

Aus|stel|lungs|stück, das: *auf einer Ausstellung* (2) *gezeigtes [unverkäufliches] Einzelstück, Muster; Exponat:* dies ist nur ein A., die Serienfertigung beginnt erst; Ü das ist kein A. *(damit kann man sich nicht sehen lassen, damit kann man keine Ehre einlegen).*

aus|stem|men ⟨sw. V.; hat⟩ (Technik): *mithilfe eines Stemmeisens herstellen:* eine Nut [aus einem Werkstück] a.; An einigen Abfallbrettern lerne ich Zinken anreißen und a. (Sobota, Minus-Mann 76).

Aus|ster|be|etat, der [eigtl. = Posten im Etat, der mit dem Tod des Inhabers erlischt]: in den Wendungen **auf dem A. sein/stehen/sich befinden** (ugs., meist scherzh.; *langsam zu Ende gehen; keine Bedeutung mehr haben*): Er saß fest im Sattel – Asch war praktisch schon auf dem A. (Kirst, 08/15, 309); »Heute spricht man von Oslo bis Swerdlowsk« ... von einer »Sportart, die im Bundesgebiet vor sechs Jahren auf dem A. war« (Spiegel 6, 1966, 68); **jmdn., etw. auf den A. setzen** (ugs., meist scherzh.; *langsam ausschalten, kaltstellen; eingehen lassen*).

aus|ster|ben ⟨st. V.; ist⟩: *sich nicht fortpflanzen; zu bestehen aufhören:* eine Familie, Pflanze stirbt aus; Mammuts sind ausgestorben; seine Haare wachsen ihm über den Kragen hinab, als wären die Haarschneider ausgestorben (Frisch, Cruz 30); Der Ort ... schien wie ausgestorben zu sein (Kirst, 08/15, 749); ⟨subst.:⟩ vom Aussterben bedroht sein; Ü diese Mundart, Sitte stirbt aus *(es gibt bald niemanden mehr, der noch diese Mundart spricht, der diese Sitte weiter pflegt);* Dankbarkeit ist eine Eigenschaft, die langsam ausstirbt (Sebastian, Krankenhaus 193); ein aussterbendes Handwerk.

Aus|steu|er, die; -, -n ⟨Pl. selten⟩ [rückgeb. aus ↑ aussteuern (3)]: *vor allem aus Tisch- u. Bettwäsche bestehende Braut-* ausstattung; Heiratsgut: eine komplette, wertvolle A.; Die Braut bekommt ihre A., wie es der Brauch verlangt, Möbel und Wäsche für ein Leben und Silber (Frisch, Montauk 175); die Frauen saßen still, die A. nähend (Fallada, Blechnapf 265); Mir scheint gar, du nähst an deiner A. (Broch, Versucher 94).

aus|steu|er|bar ⟨Adj.⟩: *sich aussteuern* (2) *lassend:* ein gut -er Lautsprecher.

Aus|steu|er|be|reich, der (Elektrot.): *Bereich der Stromspannung, innerhalb dessen keine Verzerrungen auftreten:* Der A. für beide Verstärker ist mit ± 10 V bei 10 mA angegeben (Elektronik 10, 1971, A 44).

aus|steu|ern ⟨sw. V.; hat⟩ /vgl. Ausgesteuerte/: **1.** *durch geschicktes Steuern unter Kontrolle bringen:* wenn ein Reifen platzt, darf man nicht bremsen, sondern muss den Wagen a.; Aus der Schussfahrt einen Ski parallel ausstellen und umsteigen, mit Beinedrehen den Schwung a. (Kemmler, Das große DSV-Skihandbuch, München/Bern/Wien 1977, S. 94). **2.** (Elektronik) *so einstellen, dass unerwünschte Verzerrungen vermieden werden:* einen Verstärker, ein Tonbandgerät a. **3.** *jmdm., bes. der Tochter, eine Aussteuer geben:* er musste drei Töchter a. **4.** (Versicherungsw.) *die Versicherungsleistungen an einen Versicherten beenden:* Die Krankenkasse hat mich inzwischen ausgesteuert (Hörzu 15, 1983, 137); während in Frankreich bereits etwa 200 000 Beschäftigungslose aus den Arbeitslosenversicherungen ausgesteuert sind (NZZ 31. 8. 87, 15).

Aus|steu|e|rung, die; -, -en: *das Aussteuern, Ausgesteuertwerden.*

Aus|steu|er|ver|si|che|rung, die: *Lebensversicherung zur Deckung der Anschaffungskosten für eine Aussteuer.*

Aus|stich, der; -s, -e [zu ↑ ausstechen (3)]: **a)** (schweiz.) *sportlicher Entscheidungskampf:* bei der Sieger dieses »Ausstichs« gleich fünf Begegnungen ... auszutragen (NZZ 29. 4. 83, 37); zu einem A. antreten; Ü Für die zweite Linie kam es auf dem Parteitag zu einem A., den der ... Gewerbetreibende Ulrich Beutel (57) für sich gewann (NZZ 19. 1. 83, 28); **b)** (bes. schweiz.) *das Beste, Schönste seiner Art:* dieser Wein ist der A.

aus|sti|cken ⟨sw. V.; hat⟩ (Handarb.): **a)** *durch Sticken [nach einem vorgegebenen Muster] verzieren:* eine Decke bunt a.; **b)** *(ein vorgezeichnetes Muster) mit Zierstichen ausfüllen:* Auf der Kaffeedecke haben sich all die vielen Schauspieler ... verewigt, und die Namenszüge hat man ausgestickt (Kempowski, Zeit 421).

Aus|stieg, der; -[e]s, -e: **1. a)** *das Heraussteigen aus etw.:* der A. aus der Höhle erfolgt über eine Leiter; Bei Omnibussen kann man Verbesserungen beobachten, die den Fahrgastfluss beschleunigen und Ein- und Ausstieg erleichtern (Welt 14. 9. 65, 10); **b)** *Öffnung, Stelle zum Heraussteigen:* der A. ist hinten; Im Bus später ... saß er vorn auf der Längsbank am A. (Johnson, Mutmaßungen 18). **2.** *das Aussteigen* (2 a): den A. aus der Atomenergie fordern.

Aus|stieg|lu|ke, die: *dem Ausstieg* (1 a) *dienende Luke* (2).

aus|stop|fen ⟨sw. V.; hat⟩: **a)** *durch Hineinstopfen von etw. ganz ausfüllen:* ein Kissen a.; die Ritzen [mit Stroh] a.; Die Schuhe stopfte er mit Zeitungspapier aus (Hausmann, Abel 63); **b)** *(den Balg eines Tieres) füllen, entsprechend präparieren u. ihm damit die natürliche Form geben:* einen Adler, Fuchs a.; ich verdiene mir mein Brot, indem ich ... Kanarienvögel, Papageien und Katzen ausstopfte (Th. Mann, Krull 340).

Aus|stop|fung, die; -, -en: *das Ausstopfen.*

Aus|stoß, der; -es, Ausstöße ⟨Pl. selten⟩ (Wirtsch.): *Produktionsmenge einer Maschine, eines Industriebetriebes in einer bestimmten Zeiteinheit:* Augenblicklich dürfte der monatliche A. etwa zwei Millionen Exemplare betragen (Enzensberger, Einzelheiten I, 139); Das Produktionsprogramm ... sieht für das 2. Halbjahr einen A. von 30 000 Fahrzeugen vor (Volk 10. 7. 64, 8); Ü die wachsenden Schwierigkeiten, den A. des Komforts unterzubringen, die Riesenhalden von Flaschen und Dosenblech (Gaiser, Schlußball 29).

aus|sto|ßen ⟨st. V.; hat⟩: **1.** *durch Druck nach außen pressen:* den Atem [durch die Nase] a.; der Vulkan stößt Rauchwolken aus; Sein Vater stößt lachend den Rauch seiner ... Zigarette aus (Fries, Weg 78). **2.** *von sich geben; laut hervorbringen, äußern:* einen Seufzer, Schrei a.; Wenn er sich herausgefordert fühlte, stieß er schneidende Befehle aus (Kirst, 08/15, 587); Er stieß einen schluchzenden Laut aus und wandte sich ab (Thieß, Legende 103). **3.** *durch einen Stoß verletzen, zerstören:* er hat ihm mit der Stange fast das Auge ausgestoßen. **4.** *aus einer Gemeinschaft ausschließen:* jmdn. aus dem Verein a.; sich ausgestoßen fühlen. **5.** (Wirtsch.) *in einer bestimmten Zeiteinheit produzieren:* das Werk stößt täglich 400 Autos aus.

Aus|stoß|rohr, das (Milit.): *Rohr zum Ausstoßen eines Torpedos od. einer Mine (z. B. bei einem U-Boot).*

Aus|sto|ßung, die; -, -en: *das Ausstoßen* (4), *Ausgestoßenwerden.*

aus|strah|len ⟨sw. V.; hat⟩: **1. a)** *nach allen Seiten, wie in Strahlen aussenden, verbreiten:* der Ofen strahlt Wärme aus; die Lampe strahlt ein mildes Licht aus; Ü sein Gesicht strahlt Zufriedenheit aus; sie strahlte so viel Würde aus, dass man ganz andächtig wurde in ihrer Nähe (Schnurre, Bart 151); **b)** *strahlenähnlich von einer Stelle ausgehen:* ein Licht strahlt von dem Turm aus; Ü die Schmerzen strahlten vom Kopf in den Arm aus. **2.** *vollständig mit Licht erfüllen; ausleuchten:* die Straße, die Bühne voll a. **3.** *auf jmdn., etw. wirken:* seine Ruhe strahlt auf die Umgebung aus. **4.** (Rundf., Ferns.) *über den Sender verbreiten, senden:* Nachrichten a.; das Programm wird von allen Sendern ausgestrahlt; Es war eine Probesendung. Ob und wann sie ausgestrahlt wird, weiß man nicht (Hörzu 51, 1972, 118).

Aus|strah|lung, die; -, -en: **a)** *das Ausstrahlen* (4): *von der Fußballübertragung wurden auch -en nach Übersee vorgenommen;* **b)** *starke Wirkung:* A. haben; die A. Andrea Palladios geht nicht nur von seinen kühl-eleganten Bauten, sondern auch von seinen theoretischen Schriften aus (Bild. KunstIII, 25); *weit hinaus ins Land reichen die -en dieses Vorpostens* (= Berlins; Dönhoff, Ära 72).

Aus|strah|lungs|kraft, die: *Ausstrahlung* (b): *der Darsteller des Großvaters ..., dessen A. dem Film großenteils dieses Gepräge gab* (Hörzu 7, 1973, 125); *Dadurch soll insbesondere die A. des Musikkorps erhöht werden* (NNN 12. 2. 86, 6).

aus|strec|ken ⟨sw. V.; hat⟩: **1.** *in ganzer Länge von sich strecken:* die Beine [unter dem Tisch], den Arm [nach der Mutter] a.; die Schnecke streckt ihre Fühler aus; mit ausgestrecktem Zeigefinger. **2.** ⟨a. + sich⟩ *sich der Länge nach [auf etw.] hinlegen; sich hinstrecken:* sie streckte sich behaglich [auf dem Sofa] aus; Der Bär hatte sich ausgestreckt und schlief (Bieler, Bonifaz 149); [auf dem Bauch] ausgestreckt daliegen.

aus|strei|chen ⟨st. V.; hat⟩: **1. a)** *streichend verteilen:* die Farbe auf den Brettern gut a.; einen Blutstropfen auf einer Glasplatte zum Mikroskopieren a.; **b)** *mit einer fest werdenden Masse ausfüllen:* die Fugen [mit Lehm] a.; **c)** *auf den Innenflächen ganz mit etw. bestreichen:* eine Backform [mit Butter] a.; **d)** *über etw. streichend glätten:* Knitterfalten a. **2.** *durch einen Strich Geschriebenes o. Ä. ungültig machen, durchstreichen:* ein Wort, das Geschriebene wieder a.; Ü Ich wollte ihn a. aus meinem Leben (Fallada, Herr 54); Aber diese beiden Worte ... sind nicht auszustreichen aus der Geschichte (St. Zweig, Fouché 20).

aus|streu|en ⟨sw. V.; hat⟩: **1.** *durch Streuen verbreiten, (auf dem Boden) verstreuen:* [den Vögeln, für die Vögel] Futter a.; die ... Wogenkämme glitzerten wie weißer Kristallzucker, ausgestreut über ... schwarzgrünes Gebirge (Ott, Haie 280); Ü weil es keine Zeitungen gab, wurden umso mehr Gerüchte ausgestreut (Thieß, Reich 504); *nachdem seine Ehefrau ausgestreut hatte, er habe die Flucht ergriffen* (National-Zeitung 553, 1968, 2). **2.** *gänzlich bestreuen:* den Stall mit Häcksel, das Kuchenblech mit Semmelbröseln a.

Aus|strich, der; -[e]s, -e: **1.** (Med., Biol.) *in dünner Schicht auf ein Glasplättchen aufgebrachte organische Flüssigkeit, die zur mikroskopischen Untersuchung bestimmt ist:* einen A. färben, untersuchen. **2.** (Geol.) *Stelle an der Erdoberfläche, wo eine Schicht, ein Flöz od. ein Gang angeschnitten wird; Ausbiss, Ausgehendes.*

aus|strö|men ⟨sw. V.⟩: **a)** *von sich geben u. ausbreiten* ⟨hat⟩: *Wärme a.; die Blumen strömen betörenden Duft aus; der spiegelnde Marmorfußboden strömte eine eisige Kälte aus* (Lederer, Bring 101); *Ü der Raum strömt Behaglichkeit aus;* **b)** *herausströmen, in großer Menge austreten* ⟨ist⟩: Gas, Dampf strömt aus; Der Badewannenhahn war weit geöffnet, und das ausströmende Wasser machte einigen Lärm (Simmel, Stoff 369); Ü ich empfinde den unendlichen Frieden, der von der Gegenwart Gottes ausströmt (Böll, Und sagte 20).

Aus|strö|mung, die; -, -en: *das Ausströmen.*

aus|stu|die|ren ⟨sw. V.; hat; meist in einer zusammengesetzten Zeitform⟩ (ugs.): *fertig, zu Ende studieren:* bis sie ausstudiert hat, ist sie 25 [Jahre alt]; Ich schick euch auf die große Schule, nach Padua, ... und wenn ihr ausstudiert habt, denkt an mich (Döblin, Alexanderplatz 22).

aus|stu|diert ⟨Adj.⟩ (ugs.): *ausstudiert habend:* ein -er Jurist.

aus|stül|pen ⟨sw. V.; hat⟩: *nach außen stülpen, kehren.*

Aus|stül|pung, die; -, -en: **1.** *das Ausstülpen, Ausgestülptwerden.* **2.** *Stelle, an der etw. ausgestülpt ist:* durch den defekten Fahrradmantel entstand eine A. am Schlauch.

aus|su|chen ⟨sw. V.; hat⟩: **1.** *aus einer Menge prüfend, wählend heraussuchen, auswählen:* ein Kleid, Bilder a.; drei Leute für eine Arbeit a.; er zeichnete einen Grundriss und suchte die Möbel aus (Geissler, Wunschhütlein 139); ich konnte mir den Platz nicht a. (Gaiser, Jagd 136); Sie haben für uns eine Fläche ausgesucht, die frei ist von Steinen (Grzimek, Serengeti 87). **2.** (veraltet, noch landsch.) *gründlich durchsuchen:* die Taschen, die ganze Wohnung a.

aus|sül|zen, sich ⟨sw. V.; hat⟩ (salopp): *etw., was einen bewegt oder bedrückt o. Ä. anderen mitteilen, sehr ausführlich berichten:* Herrgott, sülzt die sich wieder aus!

aus|sü|ßen ⟨sw. V.; ist⟩ (Fachspr.): *zu Süßwasser werden:* Ein Wasseraustausch mit dem offenen Meer muss also bleiben, ... weil das Wasser sonst allmählich aussüßt (MM 24. 4. 69, 3); Die Ostsee ist ein Binnenmeer, ... ein durch Regen und Zuflüsse stark ausgesüßtes (ADAC-Motorwelt 5, 1969, 108).

aus|tä|feln ⟨sw. V.; hat⟩: *(einen Raum) vollständig täfeln.*

aus|tan|zen ⟨sw. V.; hat⟩: **1.** *sich tanzend entfalten:* Am ehesten kann sich ... Ján Hal'ama als Schamane a. (MM 27. 5. 69, 24); ich habe mir sehr viel Spaß, mich bei Diskothekenmusik so richtig »auszutanzen und gehen zu lassen« (MM 13. 4. 85, 30). **2.** (bes. Fußball Jargon) *leichtfüßig, mit fast tänzerischer Eleganz ausdribbeln:* der Stürmer tanzte die gesamte Abwehr aus.

aus|ta|pe|zie|ren ⟨sw. V.; hat⟩: *(einen Raum) vollständig tapezieren:* einen Raum a.; dass sein Bunker mit Bildern aus illustrierten Zeitungen und Nacktfotos austapeziert (beklebt) war (Plievier, Stalingrad 141); Ü Zwei Straßen weiter / weiß ich noch eine Ruine / kenne noch Zimmer / mit Himmel austapeziert (Kaschnitz, Wohin 168).

aus|ta|rie|ren ⟨sw. V.; hat⟩: **a)** *ins Gleichgewicht bringen:* eine Waage a.; Ü Es gilt, Rechte und Pflichten auszutarieren (Weinberg, Deutsch 73); Damit die »ungleiche Lage zwischen Psychologe und Proband ...« ... besser austariert sei (ADAC-Motorwelt 1, 1979, 37); **b)** (österr.) *auf einer Waage das Leergewicht (Tara) feststellen.*

Aus|ta|rie|rung, die; -, -en: *das Austarieren.*

aus|tas|ten ⟨sw. V.; hat⟩: **1.** (bes. Med.) *(einen Hohlraum) mit einem od. mehreren Fingern tastend innen berühren:* das Rektum a.; ⟨subst.:⟩ Zur Früherkennung des Dickdarmkrebses gehört seit 1971 das Austasten des Enddarms mit dem Zeigefinger (Hörzu 11, 1977, 161). **2.** (Elektronik) *durch Drücken einer Taste* (2) *unterdrücken, ausschalten* (2): Im dritten Signalweg werden Störsignale, wie z. B. Muskelzittern und Nulllinienschwankungen, unterdrückt bzw. ausgetastet (Elektronik 11, 1971, 389).

Aus|tas|tung, die; -, -en: *das Austasten* (1, 2).

Aus|tausch, der; -[e]s: **a)** *das Austauschen* (a): Warum haben wir ... ihnen nicht längst den A. diplomatischen Vertretungen angeboten? (Dönhoff, Ära 153); etw. im A. [gegen etw. anderes] erhalten; Ü ein A. von Erfahrungen, Erinnerungen; bei drohendem Smog findet ein geringer A. von Luftmassen statt; es verlangte mich nach Ausweitung meines Daseins, nach reicheren Möglichkeiten des -es mit der Welt (Th. Mann, Krull 232); **b)** *das Austauschen* (b): ein A. der Ventile ist nötig geworden.

aus|tausch|bar ⟨Adj.⟩: *zum Austauschen geeignet:* -e Teile.

Aus|tausch|bar|keit, die; -: *das Austauschbarsein.*

Aus|tausch|dienst, der: *Institution für den Austausch innerhalb eines bestimmten Personenkreises.*

aus|tau|schen ⟨sw. V.; hat⟩: **a)** *wechselseitig (Gleichartiges) geben:* Botschafter, Gefangene a.; Absprachen werden per Videokonferenz getroffen, Daten via Internet ausgetauscht (Woche 14. 11. 97, 18); Ü Höflichkeiten, Erinnerungen, Gedanken a.; Die beiden Damen kannten den Namen und tauschten Mutmaßungen aus über die Person (Brecht, Groschen 28); sie tauschten über ihre Eindrücke aus (teilten sich diese mit, sprachen darüber); **b)** *durch Entsprechendes ersetzen:* den Motor a.; man verletzten Spieler gegen einen anderen a.; Wortschöpfungen ..., die selbstverständlich sofort während des Unterrichts gegen die korrekten Bezeichnungen ausgetauscht wurden (Sprachpflege 3, 1974, 55).

Aus|tausch|mo|tor, der (Kfz-W.): *vom Werk überholter, teilweise aus neuen Teilen bestehender Ersatzmotor;* Abk.: AT-Motor.

Aus|tausch|pro|fes|sor, der: *Hochschullehrer, der im Austausch gegen einen anderen Wissenschaftler eine Zeit lang in dessen Land Vorlesungen hält.*

Aus|tausch|pro|fes|so|rin, die: w. Form zu ↑Austauschprofessor.

Aus|tausch|re|ak|ti|on, die (Chemie): *Reaktion, bei der Kernteile, Atome,*

Austauschschüler

Atomgruppen od. Ionen ausgetauscht werden.
Aus|tausch|schü|ler, der: *Schüler, der im Austausch gegen einen anderen Schüler eine Zeit lang in dessen Land zur Schule geht.*
Aus|tausch|schü|le|rin, die: w. Form zu ↑Austauschschüler.
Aus|tausch|stoff, der (Technik, Wirtsch.): *Kunststoff, der an die Stelle eines Roh- od. Werkstoffes tritt.*
Aus|tausch|stu|dent, der: vgl. Austauschschüler.
Aus|tausch|stu|den|tin, die: w. Form zu ↑Austauschstudent.
Aus|tausch|trans|fu|si|on, die (Med.): *Transfusion, bei der körpereigenes Blut weitgehend od. völlig durch Blut aus Blutkonserven ersetzt wird.*
Aus|tausch|wa|re, die: *Ware, die man im Austausch gegen andere Ware erhält.*
aus|tausch|wei|se ⟨Adv.⟩: *im Austausch:* sie wird a. für ein Jahr nach Amerika gehen.
aus|tei|len ⟨sw. V.; hat⟩: *an einen bestimmten Personenkreis verteilen:* Post, die Suppe a.; den Schülern die Hefte/die Hefte an die Schüler a.; Lebensmittel unter die Flüchtlinge/(selten:) unter den Flüchtlingen a.; Doch bevor sie austeilte (= die Karten an die Spieler), nahmen wir noch einen (Bieler, Bonifaz 215); ⟨subst.:⟩ wenigstens eine Hand musste er warm erhalten, ... zum Austeilen der Sterbesakramente (Plievier, Stalingrad 137); Ü den Segen, Schläge, Ohrfeigen, Fußtritte, Prügel a.
Aus|tei|lung, die; -, -en: *das Austeilen, Ausgeteiltwerden.*
Aus|te|nit [auch: ...'nɪt], der; -s, -e [nach dem engl. Metallurgen Sir W. Ch. Roberts-Austen (1843–1902)]: *bestimmter Mischkristall im System Eisen-Kohlenstoff.*
Aus|ter, die; -, -n [niederd. üster < (m)niederl. oester, über das Roman. < lat. ostreum < griech. óstreon, zu: ostéon = Knochen (nach der harten Schale)]: *essbare Meeresmuschel, die sich am Untergrund mit ihrer Schale festsetzt:* eine A. aufbrechen, ausschlürfen; -n essen; Hungrige Schlemmer können an der Käfer-Bar -n schlürfen (Spiegel 44, 1979, 279).
Aus|te|ri|tät, die; - [frz. austérité, ↑Austerity] (bildungsspr.): *Austerity:* Für den Durchschnittsfranzosen, der nur noch mit Sarkasmus den sozialen Fortschritt, den ihm die Regierung der Linken in Form der fünften bezahlten Urlaubswoche bescherte, im Frankreich der A. genießen kann (FR 29. 3. 83, 3).
Aus|te|ri|ty [ɔs'tɛrɪtɪ], die; - [engl. austerity < frz. austérité = Strenge, Härte < lat. austeritas] (bildungsspr.): *wirtschaftliche Einschränkung; energische Sparpolitik:* Sie glauben dem jungen Demagogen nicht,... wenn er sich jetzt zu einer Politik der Wirtschaftsstabilisierung und »Austerity« im Sinne seines Vorgängers bekennt (FAZ 4. 10. 61, 1).
Aus|tern|bank, die ⟨Pl. ...bänke⟩: *Ansiedlung von Austern auf flachem Meeresgrund.*

Aus|tern|fisch, der: *Seewolf.*
Aus|tern|fi|scher, der: *(an Meeresküsten beheimateter) Watvogel mit schwarzer Oberseite, weißer Unterseite, roten Beinen u. rotem, spießartig verlängertem Schnabel.*
Aus|tern|ga|bel, die: *kleine Gabel mit verstärkten Zinken zum Öffnen von Austern.*
Aus|tern|park, der: *künstliche Anlage zur Austernzucht.*
Aus|tern|pilz, der: *Austernseitling:* Friséesalat mit -en (IWZ 14, 1988, 30).
Aus|tern|scha|le, die: *Schale der Auster.*
Aus|tern|seit|ling, der: *meist in Büscheln wachsender, schmackhafter Ständerpilz mit breitem, muschelförmigem Hut.*
Aus|tern|zucht, die: *Zucht (1) von Austern.*
aus|tes|ten ⟨sw. V.; hat⟩: *ganz u. gar durch Tests erforschen, untersuchen:* Weil es nie gelingen kann, jede Blutspende auf alle möglichen Viren auszutesten (profil 39, 1997, 40); Ü dass der Kreml die Bereitschaft der Bundesregierung, eine Anerkennung der »DDR« ins Auge zu fassen, voll a. wird (MM 29. 6. 68, 2).
Aus|tes|tung, die; -, -en: *das Austesten, Ausgetestetwerden:* Zur A. Krebs erzeugender Verbindungen werden meist Ratten und Mäuse verwendet (Medizin II, 106).
aus|tif|teln ⟨sw. V.; hat⟩ (selten): *austüfteln:* Hatte es noch ... Sinn, ... Schriftsätze auszutifteln? (Erné, Kellerkneipe 112); sie (= jene Einleitung) enthielt das Stück in so gedrungener, witzig ausgetiftelter Form (Muschg, Sommer 78).
aus|til|gen ⟨sw. V.; hat⟩: **a)** *vernichten, ganz u. gar beseitigen:* Unkraut, Ungeziefer, eine Krankheit a.; die schrecklichen Könige, die andere Götter hatten neben IHM und deshalb ausgetilgt wurden von der Erde (Ceram, Götter 231); Ein Schandfleck sind Sie! Sie müssen ausgetilgt werden! (Fallada, Jeder 359); **b)** *gänzlich tilgen:* die Schrift a.; Ü um das Image der Betulichkeit endlich auszutilgen (Delius, Siemens-Welt 74); Busonis ... Intellektualität hat eine der schönsten Eigenschaften fast jedes genialen Musikers ausgetilgt, die Naivität (Rheinische Post 12. 5. 84, 23).
Aus|til|gung, die; -, -en: *das Austilgen, Ausgetilgtwerden.*
aus|to|ben ⟨sw. V.; hat⟩: **1.** ⟨a. + sich⟩ **a)** *ungezügelt toben, wild spielen:* Kinder müssen sich a. [können]; **b)** *seine überschüssige Kraft ungezügelt verausgaben:* die Jugend will sich a.; er hat sich vor der Ehe ausgetobt; Aber auch da (= in meiner Bude) kann ich mich nicht a. – nicht einmal auf dem Klavier, des sterbenden ... Feldwebels wegen (Remarque, Obelisk 293); **c)** *mit großer Vehemenz wüten:* draußen tobt sich ein Unwetter, ein Sturm aus; Dort tobten die Wasser sich aus (Gaiser, Jagd 178); Ü Der Reichstag ... wurde zur Gelegenheit, bei der sich aufgespeicherter Ingrimm a., angesammelte Wut entladen konnten (Niekisch, Leben 197). **2.** *ungezügelt abreagieren:* seinen Zorn, seine Wut [an jmdm.] a.;

Göben ... hatte in sich eine Unbändigkeit, welche er im Frieden in Trunk und Spiel austobte (Winckler, Bomberg 133). **3.** ⟨meist in zusammengesetzten Zeitformen⟩ *zu Ende toben; (aus Erschöpfung) allmählich aufhören zu toben:* der Kranke hat ausgetobt; jmdn. a. lassen; sie ... wartete seelenruhig ..., bis der Mann ausgetobt hatte (Kronauer, Bogenschütze 135); ⟨auch a. + sich:⟩ Ü Schweigend hinkt er, nachdem sich das Gewitter ausgetobt, über das glatte Parkett hinaus (St. Zweig, Fouché 136); der Hunger hatte sich ausgetobt, nur ein Schwindel war zurückgeblieben (Fühmann, Judenauto 149).
aus|tol|len, sich ⟨sw. V.; hat⟩ (ugs.): *sich vergnügt austoben* (1 a): hier können die Kinder sich nach Herzenslust a.
aus|tö|nen ⟨sw. V.; hat⟩: *verklingen; aufhören zu tönen:* mit kunstvoll beherrschten Händen ließ sie das Thema (= auf der Geige) sich a. (A. Zweig, Claudia 124).
aus|ton|nen ⟨sw. V.; hat⟩ (Seew.): *durch Tonnen (5) kennzeichnen:* die Fahrrinne a.
Aus|trag, der; -[e]s: **1.** *das Austragen* (3 a): der A. von Streitigkeiten; Der Fall ... wird ... als ... Zeugnis für die Rangordnung der Werte zu betrachten sein, um deren A. es in kritischer Situation geht (Rothfels, Opposition 91); zum A. kommen/gelangen (Papierdt.; *ausgetragen, entschieden werden*). **2.** (Sport) *Durchführung:* der A. der Wettkämpfe. **3.** (südd., österr.) *Altenteil:* im A. leben; in den A. gehen.
aus|tra|gen ⟨st. V.; hat⟩: **1.** *jmdm. ins Haus bringen, zustellen:* Brötchen, Zeitungen, die Post a.; In Mexiko hatte er sich als Lastwagenfahrer durchgebracht; jetzt trug er in New York Blumen aus (K. Mann, Wendepunkt 161). **2.** *(bis zur völligen Reife) im Mutterleib tragen, behalten:* sie wollte das Kind a., obwohl ihr Gesundheitszustand sehr schlecht war; ein Kind nicht a. können. **3. a)** *klärend abschließen, entscheiden, ausfechten:* einen Streit, einen Konflikt, einen Kampf a.; Man ... hatte sich daran gewöhnt, religiöse Fragen nicht anders auszutragen als wären es Meinungsverschiedenheiten in der Schenke (Thieß, Reich 336); **b)** (Sport) *durchführen:* ein Rennen a. **4.** *eine Eintragung löschen:* Daten, Zahlen a.; sich aus der Anwesenheitsliste a. **5.** (österr.) *ausbedingen:* ich muss mir strengste Verschwiegenheit a.
Aus|trä|ger, der; -s, -: *jmd., der etw. austrägt* (1); *Bote.*
Aus|trä|ge|rin, die; -, -nen: w. Form zu ↑Austräger.
Aus|träg|ler, der; -s, - (südd., österr.): *jmd., der im Austrag* (3) *lebt; Altenteiler.*
Aus|träg|le|rin, die; -, -nen: w. Form zu ↑Austrägler.
Aus|trag|stüb|chen, das, **Aus|trag|stu|be,** die (südd., österr.): *kleine Wohnung für den Austrägler.*
Aus|tra|gung, die; -, -en ⟨Pl. selten⟩: *das Austragen* (1, 2).
Aus|tra|gungs|mo|dus, der: *Art u. Weise einer Austragung:* Einmal nur war der

A. geändert worden, und gerade in diesem Jahr wäre der Europameistertitel ihnen zugefallen (Maegerlein, Triumph 57).

Aus|tra|gungs|ort, der: *Ort, an dem ein Wettkampf ausgetragen* (3 b) *wird.*

aus|trai|niert ⟨Adj.⟩ (Sport): *durch ausgewogenes Training in Hochform befindlich:* dass kein guter und -er Boxer ohne Chance ist (MM 10. 9. 66, 17); mit ... dem Tempo eines -en Rennpferdes (Hörzu 11, 1975, 26); für uns »Normalverbraucher«, die wir mit Stresssituationen meist nicht so gelassen (oder so a.?) fertig werden (Hörzu 50, 1973, 5).

aus|tral, ⟨Adj.⟩ [lat. australis = südlich, Süd-] (veraltet): *auf der südlichen Halbkugel befindlich, Süd-.*

Aus|tral, der; -s, -e [span., zu: austral = südlich, Süd- < lat. australis] *(seit 1985) Währungseinheit in Argentinien* (1 Austral = 100 Centavos); Zeichen: A.

aus|tra|lid ⟨Adj.⟩: *Merkmale der Australiden aufweisend.*

Aus|tra|li|de, der u. die; -n, -n ⟨Dekl. ↑Abgeordnete⟩ [zu griech. -eidḗs = -gestaltig]: *Angehörige[r] einer überwiegend in Australien beheimateten, zur Urbevölkerung gehörenden Gruppe von Menschen, die durch bestimmte Merkmale gekennzeichnet sind.*

Aus|tra|li|en, -s: **1.** *kleinster Erdteil.* **2.** *aus Australien* (1) *u. einigen Inseln bestehender Staat.*

Aus|tra|li|er, der; -s, -: *Ew.*

Aus|tra|li|e|rin, die; -, -nen: w. Form zu ↑Australier.

aus|tra|lisch ⟨Adj.⟩: *Australien, die Australier betreffend; aus Australien stammend.*

aus|tra|lo|id ⟨Adj.⟩ [zu griech. -oeidḗs = ähnlich]: *den Australiden zugehörige Merkmale aufweisend.*

Aus|tra|lo|i|de, der u. die; -n, -n ⟨Dekl. ↑Abgeordnete⟩: *Mensch von australoidem Typus.*

Aus|tra|lo|pi|the|cus, der; -, ...cinae [...'tsinɛ] u. ...cinen [...'tsi:nən] od. ...zinen [zu lat. australis (↑austral) u. griech. píthēkos = Affe] (Anthrop): *in Süd- u. Ostafrika gefundener Hominide des Pliozäns u. des Pleistozäns:* Vermutlich gabelten sich die Australopithecinen in etliche Arten, nur aus einer von ihnen erwuchs dann über Zwischenformen Homo erectus (Zeit 21. 6. 96, 35).

aus|tram|peln ⟨sw. V.; hat⟩ (ugs.): *austreten* (1, 2 a).

aus|träu|men ⟨sw. V.; hat⟩: *zu Ende träumen:* hast du ausgeträumt und bist wach?; Ü Nun habe ich ausgeträumt (habe ich keine Illusionen mehr; Ziegler, Konsequenz 233); dass da ein Traum in einer Sekunde ausgeträumt *(verflogen)* war, der leicht hätte Wirklichkeit werden können (Maegerlein, Triumph 58); dass dieser Traum ausgeträumt *(dass es damit vorbei)* ist (Dönhoff, Ära 94).

aus|trei|ben ⟨st. V.; hat⟩: **1.** *(Vieh) auf die Weide treiben:* die Kühe a. **2. a)** (geh.) *vertreiben:* die Bewohner wurden aus ihren Häusern ausgetrieben; Ü Jedes Jahr am 18. und 19. März wird in Valencia mit diesem reinigenden Spektakel der Winter ausgetrieben (a & r 2, 86); **b)** *durch Beschwörung verbannen; exorzieren:* den Teufel, Dämonen a.; den Pfarrer zu rufen, damit er den Geist austriebe (Brand [Übers.], Gangster 65); **c)** *(aus den Poren) austreten lassen:* das trieb mir den Schweiß aus. **3.** *jmdn. dazu bringen, von etw. abzulassen; (auf recht grobe Weise) abgewöhnen:* ich habe ihr ihre Launen, ihren Hochmut ausgetrieben; ich spürte, dass sie (= Gefühle von Herzlichkeit) mir meine Anlage zu Schrecken und Panik für immer und ... mussten (Handke, Brief 18). **4. a)** *neue Triebe hervorbringen; ausschlagen:* die Birken treiben aus; die Pflanze treibt immer wieder neu aus; **b)** *hervorbringen:* die Sträucher treiben Blüten aus. **5.** (österr.) *Teig ausrollen:* den Teig a.

Aus|trei|bung, die; -, -en: *das Austreiben* (2), *Ausgetriebenwerden.*

Aus|trei|bungs|pe|ri|o|de, Aus|trei|bungs|zeit, die (Med.): *Phase der Geburt, in der die Leibesfrucht ausgestoßen wird.*

aus|tren|nen ⟨sw. V.; hat⟩: *durch Trennen entfernen:* das Futter [aus dem Mantel] a.

aus|tre|ten ⟨st. V.⟩: **1.** *(Brennendes, Glühendes) durch Darauftreten ersticken* ⟨hat⟩: eine Zigarette a.; Er lässt den Stummel fallen und tritt ... die Glut aus (Bieler, Bonifaz 121). **2.** ⟨hat⟩ **a)** *durch häufiges Treten bahnen, festtreten:* eine Spur im Schnee a.; ausgetretene Pfade; **b)** *durch häufiges Darauftreten abnutzen:* ausgetretene Stufen, Dielen; **c)** *durch Tragen ausweiten:* neue Schuhe a.; ausgetretene *(durch langes Tragen [übermäßig] ausgeweitete)* Schuhe. **3.** (Jägerspr.) *ins Freie treten* ⟨ist⟩: das Rudel tritt aus dem Wald aus; Göde saß noch keine Viertelstunde, da trat der Bock aus und stellte sich breit und blank vor ihn hin (Löns, Hansbur 72). **4.** ⟨nur im Inf. gebr.⟩ (ugs.) *einen Raum verlassen, um seine Notdurft zu verrichten* ⟨ist⟩: ich muss [mal] a.; a. gehen; Frauen ..., die ... dem Innern der Lkws entkletterten ... und du und uns ins Haus a. kamen (Küpper, Simplicius 91). **5.** *(aus einer Institution) freiwillig ausscheiden* ⟨ist⟩: aus einer Partei, aus der Kirche a. **6.** *nach außen, ins Freie gelangen* ⟨ist⟩: hier tritt Öl aus; in die oberen Räume war Gas ausgetreten; ob ... Dioxin mit dem Sickerwasser ... austritt und in den Rhein fließt (Basler Zeitung 27. 7. 84, 19); dort ..., wo der Wolchow aus dem Ilmensee austritt (Berger, Augenblick 113); So tritt das Blut ins Gewebe aus (Grzimek, Serengeti 187); der Bruch wird darunter (= unter der zu flachen Pelotte) immer wieder a. (Siegel, Bruchheilung 82). ◆ **7.** *über die Ufer treten:* Die Wasser sind von den entsetzlichen Regen alle ausgetreten (Goethe, Götz V); die Wiesen ... waren ... von ausgetretenen Gräben überschwemmt (Goethe, Kampagne in Frankreich 1792, 11. Oktober).

Aus|tria: lat. Bez. für Österreich.

Aus|tri|a|zis|mus, der; -, ...men [zu ↑Austria]: *österreichische Spracheigentümlichkeit* (z. B. »Paradeiser« für Tomate).

aus|trick|sen ⟨sw. V.; hat⟩: **a)** (Sportspr., bes. Ballspiele Jargon) *(einen Gegner) mit einem Trick geschickt aus-, umspielen:* er trickste den Verteidiger aus; **b)** *geschickt, durch List [als Konkurrenten] ausschalten:* Wenn man ... versucht, unbequeme Frager einfach auszutricksen (MM 21. 5. 70, 22); dass auch ausgeklügelte Sicherheitsanlagen ausgetrickst werden können (BM 15. 8. 75, 6).

Aus|trieb, der; -[e]s, -e ⟨Pl. selten⟩: *das Austreiben* (1, 4).

aus|trim|men ⟨sw. V.; hat⟩ (Seemannsspr., Fliegerspr.): *[wieder] völlig in die richtige Lage bringen:* mit dem Wasser der Reglertanks trimmte er das Boot aus und brachte es auf ebenen Kiel (Ott, Haie 226); der LI hielt es (= das Boot) auf Tiefe, er trimmte es mit der Besatzung aus (Ott, Haie 331).

aus|trin|ken ⟨st. V.; hat⟩: **a)** *restlos, bis zum letzten Tropfen trinken; zu Ende trinken:* den Kaffee, das Bier a.; die Milch ist ausgetrunken; **b)** *leer trinken:* ein Glas, die Flasche a.; Er ... trank mit geschlossenen Augen ein Hühnerei aus (Schnurre, Bart 135); trinkt aus!

Aus|trin|ket, der; -s (schweiz.): **1.** *gemeinsamer Trunk nach einem [Kirchweih]fest.* **2.** *Abschied eines Wirts von seinen Gästen bei Aufgabe der Wirtschaft.*

Aus|tritt, der; -[e]s, -e: **1.** ⟨Pl. selten⟩ *das Hinaustreten:* beim A. aus dem Zimmer, ins Freie. **2.** *das Austreten* (5): seinen A. [aus einer Partei] erklären; zahlreiche -e zu verzeichnen haben; als Nagy schließlich den A. aus dem Warschauer Pakt verkündet und die Neutralität proklamiert hatte (Dönhoff, Ära 149). **3.** *das Austreten* (6): den A. von Gas bemerken. **4.** (veraltend) *kleiner Balkon:* vom A. aus die Straße beobachten.

Aus|tritts|er|klä|rung, die: *Kündigung der Mitgliedschaft in einer Partei, einem Verein o. Ä.*

aus|trock|nen ⟨sw. V.⟩: **1.** ⟨hat⟩ **a)** *alle Feuchtigkeit aus etw. herausziehen, ausdörren:* die Sonne trocknet den Boden aus; Mit diesem Trick können wir also ... das gefrorene Gewebe a.: Gefriertrocknung (Medizin II, 69); Ü da können wir nicht ganze Wissenschaftsdisziplinen a. (Spiegel 22, 1975, 93); **b)** (selten) *trockenlegen:* den Sumpf, das Moor a. **2.** *völlig trocken werden* ⟨ist⟩: der Fluss, das Brot, die Haut trocknet aus; Seine Mundhöhle war vollkommen ausgetrocknet (Ott, Haie 181); plötzlich war auch der Schweiß wieder da auf seinem ausgetrockneten Körper (Rehn, Nichts 70); Ü nie mehr würde ich a. vor Angstgefühl (Handke, Brief 18). **3.** *mit einem trockenen Tuch o. Ä. im Innern von anhaftender Feuchtigkeit befreien; trocken machen* ⟨hat⟩: ich habe die Gläser innen ausgetrocknet.

Aus|trock|nung, die; -: *das Austrocknen.*

Aus|tro|fa|schis|mus [auch: '-----], der; - [zu ↑Austria]: *in Österreich entwickelte Ausprägung des Faschismus.*

Aus|tro|mar|xis|mus [auch: '-----], der; - [zu ↑Austria]: *in Österreich vor*

Austromarxist

1938 entwickelte Sonderform des Marxismus.
Aus|tro|mar|xịst [auch: '----], der; -en, -en: *Vertreter des Austromarxismus.*
Aus|tro|mar|xịs|tin, die; -, -nen: w. Form zu ↑Austromarxist.
aus|tro|mar|xịs|tisch [auch: '-----] ⟨Adj.⟩: **a)** *den Austromarxismus betreffend;* **b)** *die Theorie des Austromarxismus vertretend.*
aus|trom|meln ⟨sw. V.; hat⟩ (veraltet): *nach Ankündigung durch einen Trommelwirbel öffentlich bekannt geben:* die Nachricht wurde ausgetrommelt; Ü sie muss jede Neuigkeit gleich a. (ugs. veraltend; *überall erzählen*); ⟨subst. 2. Part.:⟩ dass uns (= hoch qualifizierte literarische Leistungen) vor dem lärmig Ausgetrommelten, auf den Tag Gemünzten zurückstehen (NZZ 5. 11. 82, 38).
aus|trom|pel|ten ⟨sw. V.; hat⟩ (ugs.): *überall laut verkünden, ausposaunen:* eine Neuigkeit, ein Geheimnis a.; er hat alles austrompetet.
aus|tru|deln ⟨sw. V.; hat⟩: **1.** (landsch.) *auswürfeln:* Sein Fahrer hatte ... in der »Genickschussrunde« gesessen und mit dem Lagerchauffeur ... die letzte Runde ausgetrudelt (Simmel, Stoff 275); Ü Bisher konnte der leitende Arzt ... nur a., welche Therapieabteilung er schließen wollte (Welt 6. 12. 65, 9). **2.** **etw. a. lassen* (ugs.; *etw. langsam zu Ende gehen lassen*): er ließ seine Karriere als Läufer a.
♦ **aus|tu|bakt** [zu: austubaken = zu Ende rauchen, zu: tubaken = Tabak rauchen, zu: ↑Tabak]: in der (bes. schweiz.) Fügung *es ist a. (es ist nichts mehr zu machen):* wenn man aber eine Frau habe, die einen um Haus und Hof bringe, so sei es austubaket (Gotthelf, Spinne 22).
aus|tüf|teln ⟨sw. V.; hat⟩ (ugs.): *durch sorgfältiges Nachdenken ausarbeiten, ersinnen, ausdenken:* Manchmal könnte man denken, die Professoren tüftelten sich das aus, um die Studenten befangen zu machen (Sebastian, Krankenhaus 123); neue Methoden zur Ersparung von Heizmaterial auszutüfteln (Lentz, Muckefuck 153); das auf weite Sicht ausgetüftelte Arbeitsprogramm (auto touring 2, 1979, 9).
Aus|tüf|te|lung, Aus|tüft|lung, die; -: *das Austüfteln.*
aus|tun ⟨unr. V.; hat⟩: **1.** (landsch.) *ausziehen* (2): das Kleid a.; sich a. **2.** (landsch.) *auslöschen:* das Feuer a. **3.** **sich a. können* (ugs.; *sich ungehemmt betätigen können*). **4.** (veraltet) *(ein Kind) weggeben:* Schielten sie (= die Theologen) nach der hohen Sterblichkeit der ausgetanen Kinder, sahen sie mit dem anderen Auge die verwaisten ehelichen Betten und die drohende Unzucht (Courage 2, 1978, 19).
aus|tun|ken ⟨sw. V.; hat⟩: **1.** *durch Auftunken völlig entfernen:* die Brühe, die Soße mit Brot a. **2.** *durch Auftunken leeren:* die Schüssel a.; Ü Du ... wolltest ihn (= den Brunnen der Schande) mit deinem Gesicht a. (Fussenegger, Zeit 242); etw. a. müssen (landsch.; *etw. ausbaden*

müssen; *die schlimmen Folgen von etw. tragen müssen).*
♦ **aus|tüp|feln** ⟨sw. V.; hat⟩: *austüfteln:* Das ist gewiss das ausbündige Bübel, das lesen und rechnen kann und allerhand Gedichtet's austüpfelt (Rosegger, Waldbauernbub 135).
aus|tup|fen ⟨sw. V.; hat⟩: *an den Innenseiten durch Tupfen trocknen, säubern:* ein Gefäß a.; eine Wunde a.
aus|tur|nen ⟨sw. V.; hat⟩ (Turnen): *eine Turnübung so durchführen, dass alle ihre Möglichkeiten ausgeschöpft sind:* er hat den Salto voll ausgeturnt.
aus|tu|schen ⟨sw. V.; hat⟩: *mit Tusche ausfüllen:* die Umrisse von Figuren a.
aus|üben ⟨sw. V.; hat⟩: **1.** *eine Tätigkeit regelmäßig od. längere Zeit [berufsmäßig] ausführen:* ein Gewerbe, Handwerk, einen Beruf a.; eine Kunst a.; eine Praxis a. *(praktizieren).* **2.** *innehaben u. anwenden:* die Macht, die Herrschaft a.; Sie übten ein wahres Schreckensregiment aus (Brecht, Groschen 237); ob jemand, der an den Rollstuhl gebunden ist, eine politische Führungsfunktion a. kann (Woche 28. 2. 97, 6); sein Wahlrecht a. *(davon Gebrauch machen).* **3.** *wirksam werden lassen:* Zwang, Einfluss, Druck auf jmdn. a.; ihr Name übt eine magische Wirkung aus; Unendliches Reiz übt aus die Jugend das Neue aus (Th. Mann, Krull 89).
Aus|übung, die; -: *das Ausüben, Ausgeübtwerden.*
aus|ufern ⟨sw. V.; ist⟩: **1.** (selten) *(von Gewässern) über die Ufer treten:* der Strom ist ausgeufert; Ü Statt die Städte für teures Geld a. zu lassen (MM 30. 4. 69, 21); Los Angeles, diese komplexe, ausufernde Stadt (Woche 19. 12. 97, 39). **2.** *sich unkontrolliert, im Übermaß entwickeln; ausarten:* die Nachkriegsjahrzehnte waren stärker von der Sorge um die ausufernde Inflation geprägt (Woche 18. 4. 97, 10); ⟨subst.:⟩ sei mit einem weiteren »Ausufern« der Preissteigerungen ... zu rechnen (BM 29. 11. 73, 1).
Aus|ufe|rung, die; -, -en: *das Ausufern.*
Aus|ver|kauf, der; -[e]s, ...käufe: *[jeweils am Ende einer Saison stattfindender] vollständiger [verbilligter] Verkauf von Waren zur Räumung des Lagers:* A. wegen Geschäftsaufgabe; etw. im A. billig erstehen; Ü der A. (emotional; *die immer geringere Berücksichtigung, die Aufgabe*) unserer Interessen; Es ist der große A. *(das Ende)* des Sparers, des ehrlichen Einkommens und der Anständigkeit (Remarque, Obelisk 46); Der A. eines Kontinents (Remarque, Triomphe 105).
aus|ver|kau|fen ⟨sw. V.; hat⟩: **a)** *restlos verkaufen:* alle Waren a.; diese Kunststoffflaschen in einer Übergangsfrist auszuverkaufen (MM 12. 1. 89, 1); ⟨meist im 2. Part.:⟩ die Karten sind ausverkauft; das Kino, die Vorstellung ist ausverkauft *(die Eintrittskarten dafür sind alle verkauft);* Wir haben nie genug verkaufen gehabt und sind immer vorzeitig ausverkauft *(unsere Vorräte sind ... verkauft;* Remarque, Obelisk 20); vor ausverkauftem *(voll besetztem)* Haus spielen; **b)** *durch restlosen Verkauf räumen:* Als

wir beinahe das gesamte Lager ausverkauft hatten (Remarque, Obelisk 45).
aus|ver|schämt ⟨Adj.⟩ [niederd. ütverschämt] (landsch.): *dreist, unverschämt:* eine -e Lüge; eine -e Antwort geben: Auf Ihr gefl., wenn auch -es Schreiben ... erlauben wir uns, Ihnen mitzuteilen (Tucholsky, Werke I, 84); meine Mutter solle man nicht a. werden (Kempowski, Tadellöser 107).
aus|wach|sen ⟨st. V.⟩: **1.** *(von Getreide o. Ä.)* infolge beständig feuchtwarmer Witterung auf dem Halm keimen ⟨ist⟩: das Getreide, Korn wächst aus. **2.** (selten) *(von Kindern) aus einem Kleidungsstück herauswachsen* ⟨hat⟩: er wird die Sachen bald a. ⟨meist im 2. Part.:⟩ Die bestickten Kittel ..., die man uns ... 1914 gekauft hatte, waren um 1917 längst ... ausgewachsen. (K. Mann, Wendepunkt 52); Sein ausgewachsenes Hemd bedeckte ihn kaum (Strittmatter, Wundertäter 106). **3.** ⟨a. + sich, hat⟩ **a)** *sich beim Wachstum normalisieren:* die Fehlbildung in der Zahnstellung wird sich noch a.; »Wenn der Großherzog das sieht«, sprach Herr von Knobelsdorff, »so sagen Sie ihm, dass es sich auswächst« (Th. Mann, Hoheit 16); **b)** (geh.) *sich vergrößern, sich weiterentwickeln:* die Unruhe im Volk wächst sich aus; das erste Stück eines Fernsehturmes ..., der sich zum höchsten Bauwerk Berlins a. soll (Spiegel 6, 1966, 43); In Afrika wuchs sich der Posten beträchtlich aus. Ich befehligte schockweise Eingeborene (Hauptmann, Schuß 10); **c)** *sich zu etw. Bestimmtem entwickeln:* Die Dinge in Lourdes wachsen sich zu einer Art von Rebellion aus (Werfel, Bernadette 221); in freudigem Erstaunen, das sich zur Begeisterung auswächst (Reinig, Schiffe 142); Das Kind wächst sich allmählich zu einer Gefahr aus (Apitz, Wölfe 237). **4.** (ugs.) *die Geduld verlieren:* ich bin bei dem stundenlangen Warten fast ausgewachsen; ⟨subst.:⟩ Was pusseln Sie denn dauernd an Ihren Schuhen herum. Das ist ja zum Auswachsen! Das ist kaum zum Aushalten; Weber, Tote 124).
aus|wä|gen ⟨V.; wog/(selten:) wägte aus, hat ausgewogen⟩: **1.** (Physik, Chemie) *das Gewicht von etw. genau feststellen:* eine Lösung a.; Ü Ein Meister konnte es a., Verstand und Herz (Wiechert, Jeromin-Kinder 655); ein pedantischer, Einerseits und Andererseits auswägender Geist (Musil, Mann 686); **2.** (Physik) *eichen:* Gewichte a.
Aus|wä|gung, die; -, -en: *das Auswägen.*
Aus|wahl, die; -, -en: **1.** ⟨o. Pl.⟩ *das Auswählen;* die [freie] A. haben *(wählen können);* eine A. treffen *(auswählen);* Im Großen und Ganzen war ... die A., die er vor seinen Leuten getroffen hatte, eine vortreffliche gewesen (Brecht, Groschen 87); Während ich jedem ... eine Menukarte zur A. des Desserts überreichte (Th. Mann, Krull 263). **2. a)** *Zusammenstellung ausgewählter Dinge, Auslese:* eine A. von Goethes Werken; sind ... bei vielen ... Autoren doch Werke angegeben, wenigstens in -en (Börsenblatt 43, 1965, Zusatzblatt J95);

b) (Sport) *Auswahlmannschaft:* in der A. spielen. **3.** *[Waren]angebot, Sortiment, das die Möglichkeit der Wahl bietet:* eine große A. an/von Gardinen haben; Die größte A. an Speisen und Getränken bieten die Selbstbedienungslokale (a & r 2, 1997, 116); wenig A. *(Auswahlmöglichkeit)* bieten; in reicher A. vorhanden sein.

Aus|wahl|ant|wort, die: *zur Auswahl stehende vorgegebene Antwort:* drei als Gespräch ausformulierte -en (Noelle, Umfragen 68).

Aus|wahl|band, der ⟨Pl. ...bände⟩: ²Band mit ausgewählten Werken eines Dichters, Schriftstellers.

aus|wäh|len ⟨sw. V.; hat⟩: *prüfend aussuchen [u. zusammenstellen]:* Kleidung, Geschenke a.; unter mehreren Bewerbern einen a.; Lila erzählt von ihrer Kindheit, während ich meine Zigarre auswähle (Frisch, Gantenbein 136); ich habe mir/für mich das Beste ausgewählt; ausgewählte *(in Auswahl zusammengestellte)* Werke.

Aus|wahl|mann|schaft, die (Sport): *Mannschaft von ausgewählten Spielern.*

Aus|wahl|mög|lich|keit, die: *Möglichkeit zur Auswahl* (1).

Aus|wahl|sen|dung, die (Kaufmannsspr.): *Warensendung, die verschiedene Waren zur Auswahl enthält.*

Aus|wahl|spie|ler, der (Sport): *einer Auswahlmannschaft angehörender Spieler.*

Aus|wahl|spie|le|rin, die: w. Form zu ↑Auswahlspieler.

Aus|wahl|ver|fah|ren, das: *Verfahren, in dem bes. Personen für einen bestimmten Zweck ausgewählt werden.*

Aus|wahl|wet|te, die: *Wette, bei der bestimmte Fußballergebnisse vorausgesagt werden müssen.*

aus|wal|ken ⟨sw. V.; hat⟩ (landsch.): *(Teig) ausrollen:* Auf einem ... mehlbestäubten Tisch walkte die Köchin Teigfladen aus (Schnurre, Bart 163).

aus|wal|len ⟨sw. V.; hat⟩ (schweiz., bayr.): *(Teig) ausrollen.*

aus|wal|zen ⟨sw. V.; hat⟩: *(einen halbfesten Stoff) in Länge u. Breite walzen:* Stahl a.; Aluminium zu Folien a.; Ü (ugs. abwertend:) Das Interview ... wurde in Blättern und Blättchen breit ausgewalzt (Maass, Gouffé 176); Der Schriftsteller ... hat das Problem ... auf etwa sechzig Gedichte ausgewalzt (Remarque, Obelisk 49); Jene eine Szene ..., hier wurde sie über drei Stunden ausgewalzt (Spiegel 5, 1966, 87).

Aus|wan|de|rer, der; -s, -: *jmd., der auswandert od. ausgewandert ist; Emigrant.*

Aus|wan|de|rer|be|ra|ter, der: *jmd., der Auswanderer berät:* Zu diesen ... Rückkehrern gehören ... die Unzufriedenen, die von ... -n ... in die Klasse der Versager eingestuft wurden (MM 18. 10. 74, 3).

Aus|wan|de|rer|be|ra|tung, die: *Beratung von Auswanderern.*

Aus|wan|de|rer|be|treu|ung, die: vgl. Auswandererberatung.

Aus|wan|de|rer|in|for|ma|ti|on, die: *Information (4) für Auswanderer.*

Aus|wan|de|rer|schiff, das: *Schiff, das Auswanderer in ihre neue Heimat bringt.*

Aus|wan|de|rer|vi|sum, das: *von einem Auswanderer benötigtes Visum:* Die australische Botschaft in Bonn erteilte ... 2571 Auswanderervisa (MM 18. 10. 74, 3).

Aus|wan|de|rin, die; -, -nen: w. Form zu ↑Auswanderer.

aus|wan|dern ⟨sw. V.; ist⟩ /vgl. Ausgewanderte/: *seine Heimat für immer verlassen [u. in einem andern Land eine neue Heimat suchen]; emigrieren:* er ist [vor zwanzig Jahren, aus Deutschland] ausgewandert; nach Australien, in die USA a.

Aus|wan|de|rung, die; -, -en ⟨Pl. selten⟩: *das Auswandern; Emigration.*

Aus|wan|de|rungs|be|hör|de, die: *für die Auswanderung zuständige Behörde.*

Aus|wan|de|rungs|er|laub|nis, die: *Erlaubnis zur Auswanderung.*

Aus|wan|de|rungs|frei|heit, die ⟨o. Pl.⟩: *Recht auf Auswanderung.*

Aus|wan|de|rungs|ge|setz|ge|bung, die: *die Auswanderung betreffende Gesetzgebung.*

Aus|wan|de|rungs|un|ter|neh|mer, der: *Unternehmer für die Beförderung von Auswanderern.*

Aus|wan|de|rungs|ver|bot, das: *Verbot der Auswanderung.*

Aus|wan|de|rungs|wel|le, die: *in einer bestimmten Zeit stark vermehrte Anzahl von Auswanderungen:* das Vaterland möglichst umgehend und für immer zu verlassen, mit der größten A. seit den 50er Jahren (Pohrt, Endstation 103).

aus|wan|de|rungs|wil|lig ⟨Adj.⟩: *bereit, willig auszuwandern:* stieg ... die Zahl der Anfragen -er Bundesbürger (MM 18. 10. 74, 3).

aus|wär|men ⟨sw. V.; hat⟩ (landsch.): **a)** *(einen Raum) gut heizen, sodass es überall warm ist:* die Stube ist gut ausgewärmt; **b)** ⟨a. + sich⟩ *völlig warm werden:* ich muss mich erst a.

◆ **aus|war|ten** ⟨sw. V.; hat⟩: *das Ende (von etw.) abwarten:* und ich mein müdes Leben ruhig a. könnte (Goethe, Benvenuto Cellini II, 3, 8).

aus|wär|tig ⟨Adj.⟩ [↑-wärtig]: **1. a)** *an einem anderen Ort befindlich:* unsere -en Geschäftsstellen; ein -es Unternehmen; **b)** *von auswärts kommend, stammend:* -e Gäste, Kunden, Schüler; finden auch -e Besucher, die über die Autobahn ... kommen, ohne langes Herumfragen den Weg (Saarbr. Zeitung 30. 11. 79, 17). **2.** *das Ausland, die Beziehungen zum Ausland betreffend:* -e Angelegenheiten; unsere -e Politik; im -en Dienst tätig sein: Die Sicherheit jedes Landes ... hängt nicht nur von seinen -en Gegebenheiten, sondern auch von seiner inneren Stabilität ... ab (Bundestag 188, 1968, 10 164); ⟨subst.:⟩ Bundesministerium des Auswärtigen *(Auswärtiges Amt* 2 a).

Aus|wär|ti|ge, der u. die; -n, -n ⟨Dekl. ↑Abgeordnete⟩: *jmd., der von auswärts kommt:* sie käme aus einem umliegenden Beichtspiegel oder sei eine ganz A. (Alexander, Jungfrau 326).

aus|wärts ⟨Adv.⟩ [↑-wärts]: **1.** *nach au-*

ßen: die Stäbe sind stark [nach] a. gebogen; a. gehen, laufen (ugs.; *mit nach außen gerichteten Füßen gehen*); ◆ Totgeschlagen, wer a. *(ins Ausland)* geht (Büchner, Dantons Tod I, 2). **2. a)** *nicht zu Hause:* a. essen; **b)** *nicht am Ort:* viele Schüler wohnen, kommen von a. *(von einem anderen Ort);* a. (Sport; *auf dem gegnerischen Platz, in der gegnerischen Halle o. Ä.*) spielen, antreten müssen; * **a. reden, sprechen** (ugs. scherzh.; *nicht die heimische Mundart, eine andere Sprache sprechen*).

Aus|wärts|bi|lanz, die (Sport Jargon): *Verhältnis der als Gastmannschaft errungenen o. abgegebenen Punkte.*

Aus|wärts|er|folg, der (Sport): *Auswärtssieg.*

aus|wärts ge|bo|gen: s. auswärts (1).
aus|wärts ge|hen: s. auswärts (1).
aus|wärts lau|fen: s. auswärts (1).

Aus|wärts|mann|schaft, die (Sport): *auswärts* (2 a), *als Gastmannschaft spielende, antretende Mannschaft:* Borussia Mönchengladbach, die stärkste A. der Bundesliga (13 : 7 Punkte), zerbrach den Heimnimbus von Werder (Kicker 6, 1982, 39).

Aus|wärts|nie|der|la|ge, die (Sport): *auswärts* (2 b), *als Gastmannschaft erlittene Niederlage.*

Aus|wärts|punkt, der (Sport): *auswärts* (2 b) *errungener Punkt:* Ein langer Pass auf Friedberger gab diesem die Möglichkeit -e, aber er verfehlte das leere Tor (RNZ 14. 3. 88, 19).

aus|wärts|schwach ⟨Adj.⟩ (Sport): *auswärts* (2 b) *schwach u. wenig erfolgreich spielend:* eine -e Elf; die Mannschaft gilt als, ist erstaunlich a.

Aus|wärts|schwä|che, die ⟨o. Pl.⟩ (Sport): *[häufige, auffällige] Schwäche, Erfolglosigkeit bei auswärts* (2 b) *ausgetragenen Spielen, Wettkämpfen.*

Aus|wärts|se|rie, die (Sport): *längere Zeit dauernde Folge von Siegen od. Niederlagen in Auswärtsspielen, auswärts* (2 b) *ausgetragenen Wettkämpfen.*

Aus|wärts|sieg, der (Sport): *auswärts* (2 b) *errungener Sieg.*

Aus|wärts|spiel, das (Sport): *auswärts* (2 b) *ausgetragenes Spiel.*

aus|wärts|stark ⟨Adj.⟩ (Sport): *auswärts* (2 b) *besonders gut u. erfolgreich spielend:* Denn die »Hausaufgabe« ... gegen den FC Wacker München erscheint leichter als die des schärfsten Verfolgers, MTV Ingolstadt, gegen den -en ASV Neumarkt (Augsburger Allgemeine 11./12. 2. 78, 24).

Aus|wärts|stär|ke, die ⟨o. Pl.⟩ (Sport): *Stärke, [häufiges] erfolgreiches Auftreten bei auswärts* (2 b) *ausgetragenen Spielen, Wettkämpfen:* FC Rot-Weiß Erfurt, der zuletzt mit dem 3 : 3 bei Meister BFC Dynamo gewachsene A. nachwies (Freie Presse 26. 11. 87, 5).

aus|wa|schen ⟨st. V.; hat⟩: **1. a)** *durch Waschen aus etw. entfernen:* den Schmutz [aus dem Kleid] a.; Limonadenflecken auf Anzügen und Kleidern werden nur mit heißem Wasser ausgewaschen (Horn, Gäste 157); **b)** *durch Ausspülen o. Ä. von etw. säubern:* den Pinsel,

Auswaschung

Gläser a.; ich habe mir die Wunde ausgewaschen; Der zur Abfüllung benutzte Glastrichter wurde mit konzentrierter Kalilauge ausgewaschen (Natur 38); Kohlendioxid [aus dem Koksofengas], Niederschläge a. (Chemie; *durch Lösungsmittel von Verunreinigungen befreien*); **c)** *durch Waschen von Schmutz, Flecken o. Ä. befreien:* Socken, Unterwäsche a.; Stark verfleckte Tischdecken werden am besten gleich abends noch eingeweicht und am andern Tag ausgewaschen (Horn, Gäste 157). **2.** *durch Wassereinwirkung abtragen, aushöhlen; erodieren:* Er ging, den Rosenkranz in den Händen, die einsamen Feldwege, welche von Regen und Hagel ausgewaschen ... waren (Langgässer, Siegel 615); unter den Füßen den nackten Fels, der vom Regen ganz ausgewaschen ist (Werfel, Bernadette 60).

Aus|wa|schung, die; -, -en: *durch Wassereinwirkung entstandene Abtragung, Aushöhlung.*

aus|wäs|sern ⟨sw. V.; hat⟩: *wässern* (1): Dann gibt man 150–200 g ausgewässerte ... Schweinsnieren daran (= an den Reis; Horn, Gäste 177).

aus|wat|tie|ren ⟨sw. V.; hat⟩: *wattieren:* eine Jacke a.; sie trug einen auswattierten Anorak; er trug ein Korsett. Seine Schultern waren ganz auswattiert (Fussenegger, Haus 454).

Aus|wech|sel|bank, die ⟨Pl. ...bänke⟩ (Sport): *Bank, auf der während des Spieles die Auswechselspieler sitzen.*

aus|wech|sel|bar ⟨Adj.⟩: *zum Auswechseln geeignet:* Leicht -e Blechteile (auto 8, 1965, 35).

aus|wech|seln ⟨sw. V.; hat⟩: *durch einen anderen, durch etw. anderes ersetzen:* alte Zündkerzen gegen neue a.; der Torwart musste ausgewechselt werden; dass der Fuchs ... mehrere Gesinnungen und Überzeugungen besaß und sie ... auszuwechseln verstand (Kirst, Aufruhr 192); sie war wie ausgewechselt *(in Stimmung u. Benehmen völlig verändert).*

Aus|wech|sel|spie|ler, der (Sport): *Ersatzspieler.*

Aus|wech|sel|spie|le|rin, die: w. Form zu ↑ Auswechselspieler.

Aus|wech|se|lung, Aus|wechs|lung, die; -, -en: *das Auswechseln, Ausgewechseltwerden:* beide Außenstürmer hatten bis zu ihrer A. nicht schlecht gespielt.

Aus|weg, der; -[e]s, -e: **1.** *Hilfe, rettende Lösung in einer schwierigen Situation:* das ist kein A.; sich einen A. offen halten; ich sehe keinen anderen A., als zu fliehen; etw. erscheint als letzter A.; Unruhig begann er umherzuwandern, er schien nach einem A. zu suchen (Apitz, Wölfe 92). ♦ **2.** *nach draußen führender, hinausführender Weg:* sieht sich unvermerkt in Höhen eingeschlossen, wo bald die Möglichkeit des -s sich verliert (Wieland, Oberon 8, 2).

aus|weg|los ⟨Adj.⟩: *ohne Ausweg; hoffnungslos:* sich in einer -en Lage befinden; die Situation scheint a.; Da habt ihr jahrelang geklagt, es gebe keine Hoffnung in dieser a. festgefahrenen Welt (Dönhoff, Ära 206).

Aus|weg|lo|sig|keit, die; -: *das Ausweglossein:* die scheinbare A., in der ich mich jetzt befand (Leonhard, Revolution 186); inmitten des Elendsviertels, in denen das irische Proletariat hauste, das die A. seines Daseins in den zahllosen Schnapskneipen zu beiden Seiten der engen Gassen zu ertränken versuchte (Thorwald, Chirurgen 202); Sein Schaffen war der Ausdruck einer inneren A., nicht ein Gleichnis der Wirklichkeit (Dürrenmatt, Meteor 41); wenn wir immer wieder in die A. geraten (Thielicke, Ich glaube 82).

Aus|weich|be|we|gung, die: vgl. Ausweichmanöver: Der Torpedo machte ... die A. des Bootes mit, er folgte der neuen Spur wie ein Polizeihund (Menzel, Herren 83).

Aus|wei|che, die; -, -n: *Verbreiterung eines Verkehrsweges, die Platz zum Ausweichen bietet:* immer dicht am Fels, einspurig mit »Ausweichen« für entgegenkommende Fahrzeuge (Caravan 1, 1980, 25).

aus|wei|chen ⟨st. V.; ist⟩: **1. a)** *aus der Bahn eines anderen gehen [und Platz machen]:* der Fahrer wich [dem Auto, der Fußgängerin] geschickt, in letzter Sekunde aus; [nach] rechts, nach der/zur Seite a.; **b)** *vor etw. zur Seite weichen, zu entgehen versuchen:* einem Schlag, einem Angriff blitzschnell a.; er konnte dem Stein nicht mehr a.; **c)** *aus dem Weg gehen; jmdn., etw. meiden:* jmdm. [auf der Straße] a.; einer Frage, jmds. Blicken a.; allen Entscheidungen diplomatisch auszuweichen (Nikisch, Leben 45); Das Ich strebt nach Lust, will der Unlust a. (Freud, Abriß 8); sie wich [höflich] aus (ging auf Fragen nicht ein); ausweichende Antworten geben. **2. a)** *(gezwungenermaßen od. aus guten Gründen) etw. anderes wählen:* auf das 3. Programm, auf eine andere Möglichkeit a.; **b)** (Sport) *eine andere als in der Spielanlage vorgesehene Position einnehmen:* der Mittelstürmer wich immer wieder auf die Flügel aus.

Aus|weich|flug|ha|fen, der: *Flughafen, auf den im Bedarfsfall ausgewichen werden kann.*

Aus|weich|la|ger, das: *zusätzliches Lager; Behelfs-, Ersatzlager.*

Aus|weich|ma|nö|ver, das: *Manöver* (2), *durch das jmd. mit seinem Fahrzeug einem Hindernis ausweicht:* bei einem A. wurde das Auto beschädigt; Ü meist nur A. *(Ausflüchte).*

Aus|wei|chung, die; -, -en (Musik): *vorübergehendes Verlassen der Haupttonart.*

aus|wei|den ⟨sw. V.; hat⟩: *einem geschlachteten, erlegten Tier die Eingeweide entnehmen, sie daraus entfernen:* ein Stück Wild a.; Er räumte Schränke aus, wie ein Jäger ein Tier ausweidet (Musil, Mann 896); Ü kranke Lastwagen standen ausgeweidet herum (Kirst, 08/15, 324).

aus|wei|nen ⟨sw. V.; hat⟩: **1. a)** ⟨a. + sich⟩ *sich durch Weinen erleichtern:* sich in einer Ecke, bei jmdm. a.; **b)** (geh.) *durch Weinen zu lindern versuchen:* sei-

nen Kummer a. **2.** *zu Ende weinen:* lass sie a.!

Aus|weis, der; -es, -e: **1. a)** *[amtliches] Dokument, das als Bestätigung, Legitimation für etw. ausgestellt worden ist, Angaben zur Person enthält [u. zu etw. berechtigt]:* ein gültiger A.; mein A. verfällt; einen A. beantragen, ausstellen, vorzeigen; Er war umstanden von Leuten, die alle schon ihre -e zu oft hatten zeigen müssen (Johnson, Ansichten 21). **b)** *Beweis, Nachweis:* Früher war es A. des Erfolges eines Unternehmens, wenn die Beschäftigtenzahl stieg (Woche 14. 2. 97, 10). **2.** (österr. veraltend) *Zeugnis.* **3.** ** nach A. (Papierdt. so erkennen ist):* nach A. der Statistik, des Berichts. **4.** kurz für ↑ Bankausweis.

aus|wei|sen ⟨st. V.; hat⟩: **1.** *des Landes verweisen, jmdn. nicht länger den Aufenthalt in einem bestimmten Land gestatten:* einen Staatenlosen a.; jmdn. als unerwünschte Person a. **2.** *[mithilfe eines Ausweises* (1)] *seine, jmds. Identität nachweisen:* bitte weisen Sie sich aus!; die Dokumente haben ihn als Unterhändler ausgewiesen; Ü ..., der (= ein Anglist) zwar hochschulpolitisch noch kaum hervorgetreten, aber als Mitglied des Bundes Freiheit der Wissenschaft eindeutig ausgewiesen war (Nuissl, Hochschulreform 67). **3. a)** ⟨a. + sich⟩ *sich erweisen:* sich als guter/(selten:) guten Geschäftsmann a.; wenn man in der Gruppe eine Aktionsform zu wählen bereit ist, die sich in Erfolgen auszuweisen vermag (Hofstätter, Gruppendynamik 21); **b)** *unter Beweis stellen:* sein Talent a.; Dieses Ansehen hat er sich mehr noch als durch sein ausgewiesenes Können durch die Furchtlosigkeit ... erworben (Böll, Und sagte 152 [Nachwort]); **c)** ⟨a. + sich⟩ (schweiz.) *(Kenntnisse, Fähigkeiten) nachweisen:* Der Bewerber muss sich über eine abgeschlossene handwerkliche Berufslehre a. können (Basler Zeitung 9. 10. 85, 50); **d)** ⟨a. + sich⟩ (schweiz.) *beweisen* (2): Weltrekordhalter Bubka wies sich über seine Nervenstärke aus (NZZ 31. 8. 86, 33); der Platzklub ... wies sich auch über eine gute Raumaufteilung aus (NZZ 2. 9. 86, 37). **4.** *rechnerisch nachweisen, zeigen:* wie die Statistik ausweist; amtliche Register wiesen aus, dass sie an diesem Tage in Paris geweilt hatten (Mostar, Unschuldig 25); ausgewiesene Überschüsse. **5.** (Bauw.) *für einen bestimmten Zweck vorsehen, zur Verfügung stellen:* Zu den noch verfügbaren Flächen wurden schon neue Gebiete ausgewiesen, die in fünf bis zehn Jahren verkauft werden können (Hamburger Abendblatt 23. 5. 85, 23); obwohl auch hier der Bebauungsplan ... eine ganz andere Bebauung ausweis (Stuttg. Zeitung 14. 10. 89, 34). **6. a)** *offiziell als etw. bezeichnen, zu etw. erklären, deklarieren:* Auch das Saarland unterstützt eine Initiative des Bundesrats, wonach der Ausbau der A 8 ... als Bedarf ausgewiesen wird (Saarbr. Zeitung 28. 12. 79, 24); Die einen erhoffen sich Entschädigungen, die anderen ein Gutachten, das ihre Häuser als einsturzgefährdet ausweist und staatliche Mittel verheißt (Fest, Im Gegenlicht 246); **b)** *kennzeichnen, angeben:* mit der Angabe der Verbraucherfrist, sie wird seit November 1986 generell ausgewiesen, kommen wir den Wünschen der Kunden entgegen (Freie Presse 17. 11. 83,3); die Kosten für Eltern und Kinder werden nicht separat ausgewiesen (a&r 9, 1998, 136).

Aus|weis|fah|rer, der (Motorsport): *Fahrer, der einen Ausweis für die Teilnahme an nationalen Wettbewerben im Motorsport besitzt:* nur 68 der 116 gestarteten Ausweis- und Lizenzfahrer erreichten das Ziel in Suhl (Volk 1. 7. 64,8).

Aus|weis|lich, die: *Ausweis* (1).

Aus|weis|kon|trol|le, die: *Kontrolle bestimmter Ausweise.*

aus|weis|lich ⟨Präp. mit Gen.⟩ (Papierdt.): *wie die entsprechenden Unterlagen ausweisen; wie aus etw. ersichtlich ist:* a. der Meinungsumfragen (Welt 12. 5. 86,2); Stefan war bei seinem Sturz, a. einer entsprechenden Schürfwunde, mit dem Kinn auf den Boden geschlagen (Rolf Schneider, November 11).

Aus|weis|pa|pie|re ⟨Pl.⟩: *[amtliche] Papiere, die jmdn. od. etw. legitimieren.*

Aus|weis|pflicht, die ⟨o. Pl.⟩: *Pflicht, einen Ausweis* (1) *zu besitzen u. ihn auf Verlangen vorzuzeigen.*

aus|wei|ßen ⟨sw. V.; hat⟩: *einen Raum vollständig weißen, tünchen:* den Keller a.; Schön ausgeweißt. Das ist also ein Atelier (Brot und Salz 12).

Aus|wei|sung, die; -, -en: *das Ausweisen* (1, 6), *Ausgewiesenwerden.*

aus|wei|ten ⟨sw. V.; hat⟩: **1. a)** *(beim Gebrauch) ausdehnen u. so zu weit machen:* du darfst meine Schuhe nicht anziehen, sonst weitest du sie aus; **b)** ⟨a. + sich⟩ *ein wenig zu weit werden, sich zu sehr dehnen:* das Gummiband weitet sich schnell aus; ein ausgeweiteter Pullover. **2. a)** *erweitern, vergrößern:* den Handel mit dem Ausland a.; dass er in vierzig Jahren diese Firma zum Welthaus ausgeweitet hat (Musil, Mann 269); Die Zuständigkeit des Entwicklungsministeriums soll ausgeweitet werden (Welt 27. 10. 65,2); **b)** ⟨a. + sich⟩ *sich erweitern; größer, umfangreicher werden:* Dieser Bereich hat sich erheblich ausgeweitet, er umfasst neben der ... Wirtschafts- und Sozialpolitik auch ... Wehr- und Außenpolitik (Fraenkel, Staat 274); Studentenunruhen drohten sich zu einer Revolution auszuweiten (Augsburger Allgemeine 13. 5. 78, 3).

Aus|wei|tung, die; -, -en: *das Ausweiten* (2), *Sichausweiten.*

aus|wel|len ⟨sw. V.; hat⟩ [zu veraltet wellen = rollen, wälzen] (südd.): *(Teig) ausrollen:* Blätterteig wird dünn ausgewellt.

aus|wen|dig ⟨Adv.⟩ [eigtl. = von außen, ohne in das Buch zu sehen]: *ohne Vorlage, aus dem Gedächtnis:* ein Gedicht a. können; eine Klaviersonate a. spielen; Sie kannten die Klassiker a. und die Modernen inwendig (Salomon, Boche 19); etw. a. lernen *(etw. so lernen, dass es aus dem Gedächtnis wiedergegeben werden kann; memorieren);* Ü etw. schon a. können (ugs. abwertend; *etw. bis zum Überdruss gehört od. gesehen haben).*

Aus|wen|dig|ler|nen, das; -s: *das Lernen eines Textes o. Ä. zur Wiedergabe aus dem Gedächtnis.*

aus|wer|fen ⟨st. V.; hat⟩: **1.** *durch Werfen zu einem bestimmten Zweck an eine vorgesehene entferntere Stelle bringen:* eine Angel, Netze a.; das Schiff wirft die Anker aus. **2. a)** *nach außen schleudern:* der Vulkan wirft Asche aus; **b)** *als Auswurf* (2) *durch den Mund ausstoßen:* Schleim a. **3. a)** *schaufelnd herausschleudern, -werfen:* Erde a.; **b)** *durch Auswerfen* (3 a) *von Erde anlegen:* einen Graben a. **4.** *zur Ausgabe festsetzen, bestimmen.* **4.** hohe Prämien a.; hohe Beträge für ein Projekt a.; die außerordentlichen Summen, die von ... wissenschaftlichen Instituten für archäologische Forschungen ausgeworfen werden (Ceram, Götter 367). **5.** (in größeren Mengen in einem bestimmten Zeitraum) automatisch herstellen, fertig stellen, produzieren: wie viel Tabletten wirft die Maschine täglich aus? **6.** (Bürow.) *ausrücken, gesondert aufführen:* einen Posten rechts a.

Aus|wer|fer, der; -s, - (Technik): *Vorrichtung, die etw. nach außen wirft, mechanisch betätigt:* der A. der Presse wird mechanisch betätigt; ein A. für Patronenhülsen.

aus|wer|keln ⟨sw. V.; hat⟩ (österr. ugs.): *ausleiern* (a): das Türschloss ist ganz ausgewerkelt.

aus|wert|bar ⟨Adj.⟩: *zum Auswerten geeignet:* Da nur eine einstimmige Annahme des Planes einen -en Erfolg dargestellt haben würde (Benrath, Konstanze 144).

Aus|wert|bar|keit, die; -: *das Auswertbarsein.*

aus|wer|ten ⟨sw. V.; hat⟩: *im Hinblick auf seine Aussagekraft prüfen [u. aufbereiten], nutzbar machen:* Erfahrungen, eine Statistik, Filmaufnahmen a.; Bedauerlicherweise ist nämlich das reichlich vorhandene Material noch gar nicht ausgewertet (Hofstätter, Gruppendynamik 154).

Aus|wer|tung, die; -, -en: *das Auswerten:* die A. der Umfrageergebnisse; die Brücke zwischen naturwissenschaftlicher Erkenntnis und praktischer A. ist ... vielfach noch nicht geschlagen (Mantel, Wald 27).

aus|wet|zen ⟨sw. V.; hat⟩: meist in der Wendung **eine Scharte a.** (*ein Versagen ausgleichen; einen Fehler wieder gutmachen; nach dem Ausschleifen der Scharten in der Sense mit dem Wetzstein*): Greifer ... dachte verbissen nach, fest entschlossen, die Scharte wieder auszuwetzen (Kirst, 08/15, 766); Dammers konnte seine Leute ... dem Zugführer melden. Damit hatte er eine S. ausgewetzt (Kuby, Sieg, 57).

aus|wich|sen ⟨sw. V.; ist⟩ (landsch. salopp): *davonlaufen, [heimlich] weglaufen:* aus Angst vor Schlägen ist [mir] der Junge ausgewichsen.

aus|wi|ckeln ⟨sw. V.; hat⟩: **a)** *die Umhüllung von etw. entfernen:* ein Bonbon, ein Päckchen, ein Geschenk a.; **b)** *etw., worin jmd. jmdn., sich eingehüllt hatte, wieder entfernen:* jmdn., sich aus den Decken a.; sie wickelte das Kind aus seinen Windeln aus; es dauerte ... eine halbe Stunde, ehe mein zartwüchsiger Oheim sich ausgewickelt (ausgezogen) hatte (Lenz, Suleyken 78).

aus|wie|gen ⟨st. V.; hat⟩: **1.** *das Gewicht von etw. genau feststellen:* die Ware a.; soll ich Ihnen das Stück Fleisch so a.? *(soll ich es bei diesem etwas zu hohen Gewicht des Fleisches belassen oder ein Stück davon wegnehmen?);* **2.** *kleine Mengen von etw. abwiegen:* Butter zu Portionen a.

aus|wil|dern ⟨sw. V.; hat⟩ (Jägerspr.): *(Wild, das längere Zeit in Gefangenschaft gehalten od. in Gefangenschaft aufgezogen worden ist) in die freie Wildbahn entlassen:* Wanderfalken a.

Aus|wil|de|rung, die; -, -en (Jägerspr.): *das Auswildern, Ausgewildertwerden.*

aus|win|den ⟨st. V.; hat⟩ (landsch.): *auswringen:* Fordan wand ein Tischtuch aus, dass es wie ein Tau zusammengedreht wurde (Klepper, Kahn 111); Die Arbeitsanzüge ... musste sie ... a. (Innerhofer, Schattseite 93); Kein Samstagsduft nach Unschlitt, nach ausgewundenen grauen Lappen (Muschg, Sommer 32).

aus|win|tern ⟨sw. V.; ist⟩ (Landw.): *(von Kulturpflanzen) durch Frost Schaden leiden, ausfrieren:* das Getreide ist ausgewintert.

Aus|win|te|rung, die; -: *das Auswintern.*

aus|wir|ken ⟨sw. V.; hat⟩: **1.** ⟨a. + sich⟩ *eine Wirkung ausüben, sich geltend machen:* der Streik wirkte sich verhängnisvoll auf die Wirtschaft aus; die Skandale wirken sich in den Wahlergebnissen aus; In den angelsächsischen Ländern wirkte sich der militante Calvinismus ... in strengen Moralforderungen aus (Fraenkel, Staat 154). **2.** (veraltet) *erwirken, verschaffen:* er hat ihm eine Vergünstigung ausgewirkt; was dir blüht durch des Zwerges Betreiben, der es für dich ausgewirkt, indem er dein gedachte (Th. Mann, Joseph 846). **3.** (Bäckerei) *(Teig) kneten, durcharbeiten:* den Brotteig a.

Aus|wir|kung, die; -, -en: *das Sichauswirken:* die -en der Entdeckung sind noch nicht abzusehen; dass allgemeine ... Lehren ... erst spät zur A. kamen (Mantel, Wald 129).

aus|wi|schen ⟨sw. V.⟩: **1.** ⟨hat⟩ **a)** *durch Wischen aus etw. entfernen:* den Staub [aus dem Regal] a.; Einmal nahm der Polizist seinen Helm ab, wischte den Schweiß aus (Frisch, Gantenbein 492); **b)** *durch Wischen [an den Innenseiten] säubern:* das Glas a.; den Schrank feucht a.; ich habe mir die Augen ausgewischt a.; **c)** *durch Wischen tilgen, auslöschen:* Kreidestriche, eine Zeichnung a.; Ü der Schock wischte alles Furchtempfinden aus (Grzimek, Serengeti 75). **2.** (landsch.) *entwischen* ⟨ist⟩: die Jungen sind uns ausgewischt; mitten in der Schlacht bin ich ausgewischt (Hacks, Stücke 216). **3.** ⟨hat⟩ *** jmdm. eins a.** (ugs.; *jmdm. [in boshafter Absicht, aus Rache o. Ä.] etw. Übles antun, einen Schaden zufügen;* wohl gek. aus älter: einem [im Nahkampf] ein Auge auswischen): dass er dem Lehrer eins auswischt, und das vor seinen Schülern (Gaiser, Schlußball 67); dass mancher ... Zeitgenosse in Versuchung kommen könnte, einem missliebigen Nachbarn oder Arbeitskollegen eins auszuwischen, indem er ihn der Polizei als Verdächtigen präsentiert (MM 21. 10. 67, 11); Der ... brennt darauf, der modernen Literatur kräftig eins auszuwischen (Kirst, Aufruhr 86).

aus|wit|tern ⟨sw. V.⟩: **1.** (Geol.) **a)** *verwittern* ⟨ist⟩: das Gestein ist stark ausgewittert; **b)** *verwittern lassen* ⟨hat⟩: Hitze und Kälte wittern das Gestein allmählich aus. **2. a)** *(von gelösten Substanzen in einem porösen Stoff) an die Oberfläche dringen [u. einen Überzug bilden]* ⟨ist⟩: das Salz wittert aus; **b)** *an die Oberfläche treten lassen* ⟨hat⟩: Salpeter a.; Ü ähnlich wie die alternden ... Fassaden noch im Verfall ein bisschen spröden Charme und melancholische Poesie auswittern (MM 11. 8. 69, 20). **3.** (veraltend) *ausfindig machen; aufspüren:* sie hatten einander ausgewittert und erkannten sich an Zeichen (Musil, Mann 444).

Aus|wit|te|rung, die; -, -en: *das Auswittern.*

aus|wrin|gen ⟨st. V.; hat⟩: *die Feuchtigkeit durch Zusammendrehen u. Drücken aus etw. herauspressen:* die Wäsche a.; anschließend konnte er auch seinen nassen Troyer ausziehen und a. (Ott, Haie 283); es geht nur mit einem Frottiertuch, das ich ... sich voll saugen lasse, dann im Bad auswringe (Frisch, Gantenbein 450); ⟨subst.:⟩ Sein Hemd war zum Auswringen *(ganz)* nass, und er keuchte (Werfel, Himmel 66); Ü (ugs.:) Ich war schließlich zum Auswringen, teils vor Nässe, teils vor Schweiß, und vollkommen erledigt, sodass ich wie tot umfiel (Leip, Klabauterflagge 19).

Aus|wuchs, der; -es, Auswüchse: **1.** *[krankhafte] Wucherung:* krankhafte Auswüchse an Obstbäumen; einen A. am Hals operativ entfernen. **2.** (Landw.) *vorzeitiges Keimen der Getreidekörner auf dem Halm.* **3.** ⟨meist Pl.⟩ *ungesunde Entwicklung, Übersteigerung:* Auswüchse der Fantasie; gegen die Auswüchse in der Verwaltung vorgehen; ob das nun ein genialer Abgesang auf die Konsumgesellschaft und ihre Auswüchse ... sei (Wochenpresse 25. 4. 79, 9).

aus|wuch|ten ⟨sw. V.; hat⟩ [zu ↑Wucht (1)] (Technik): *sich drehende Teile von Maschinen, Fahrzeugen so ausbalancieren, dass sie sich einwandfrei um ihre Achse drehen:* grundsätzlich bei jedem Wagen alle Räder »statisch und dynamisch« a. zu lassen (auto 8, 1965, 52); Ein Fahrzeug mit ausgewuchteten Rädern liegt besser auf der Straße und in den Kurven (FAZ 6. 5. 61, 10); ausgewuchteter Plattenteller (MM 3. 2. 72, 16).

Aus|wuch|tung, die; -, -en: *das Auswuchten.*

Aus|wurf, der; -[e]s, Auswürfe: **1.** ⟨o. Pl.⟩ *das Auswerfen* (2a): der A. von Asche aus dem Krater. **2.** ⟨Pl. selten⟩ (Med.:) *in den Mund gelangte schleimige Absonderung aus den Luftwegen; Sputum:* zäher, blutiger A.; starken A. haben. **3.** ⟨o. Pl.⟩ (abwertend) *Abschaum:* dass wir nicht nur den A. der Gesellschaft hier beherbergen (Weiss, Marat 33); Wozu braucht man ... noch diesen Menschen, ... diesen letzten schmiergsten A. der Revolution (St. Zweig, Fouché 213); Höfgen, ... den man schon ... zum A. der Nation, nämlich zu den Emigranten gezählt hatte (K. Mann, Mephisto 269).

aus|wür|feln ⟨sw. V.; hat⟩: *durch Würfeln entscheiden, um etwas würfeln:* sie würfelten eine Runde Bier aus; es wurde ausgewürfelt, wer bezahlen sollte.

Aus|würf|ling, der; -s, -e: **1.** (Geol.) *von einem Vulkan ausgeworfenes Magmaod. Gesteinsbruchstück:* -e bedeckten die Halde; Ü sie ... stierten ... in die Stadt hinunter, deren -e sie waren und der sie die Schuld an ihrem Unglück gaben (Hesse, Sonne 32). ◆ **2.** *minderwertiger Mensch, Abschaum:* Die fünf Wegemacherbuben konnte der A. nichts Böses lehren, sie wussten ohnehin schon alles (Ebner-Eschenbach, Spitzin 19).

Aus|wurf|mas|se, Aus|wurfs|mas|se, die; -, -n (Geol.): *von einem Vulkan ausgeworfene Masse.*

aus|wür|gen ⟨sw. V.; hat⟩: *durch Würgen von sich geben:* Würden diese (=Möwen) ... die Nahrungsbrocken vor den Jungen a. (Tier 10, 1971, 20).

aus|wü|ten ⟨sw. V.; hat⟩: *sich austoben, zu Ende toben:* er hat ausgewütet; Im Balkan hatten blutige Kriege ausgewütet (A. Kolb, Daphne 104); ⟨auch a. + sich:⟩ er wütet sich wieder aus; der Sturm hat sich ausgewütet.

aus|za|cken ⟨sw. V.; hat⟩: *mit Zacken versehen:* den Saum a.; ⟨meist im 2. Part.:⟩ ein ausgezackter Rand.

aus|zah|len ⟨sw. V.; hat⟩: **1.** *jmdm. einen ihm zustehenden Geldbetrag zahlen, aushändigen:* Gehälter, Prämien a.; sich sein Erbteil a. lassen. **2. a)** *entlohnen:* Dann haben wir alles zusammengerechnet und werden Sie glatt a. (=für die Lieferung des Kriegerdenkmals; Remarque, Obelisk 106); Der Händler ... zahlte das aus (= für die getragenen Herrenanzüge; Lynen, Kentaurenfährte 19); **b)** *abfinden* (1): Sie erzählte von ihrem Geschäft, dass ihr Mann sie beinahe zugrunde gerichtet habe, als sie ihn ohne Aufschub a. musste (Härtling, Hubert 306); Ich heiratete ... in ein Hotel mit Lebensmittelgeschäft ein ... Wir brauchten zunächst ziemlich viel Geld, um die erbberechtigten Geschwister meines Mannes auszuzahlen (Hörzu 31, 1971, 68). **3.** ⟨a. + sich⟩ (ugs.) *sich bezahlt machen; sich lohnen:* Verbrechen zahlen sich nicht aus; jetzt zahlt sich meine Mühe aus; Investieren, investieren und nochmals investieren, das zahlt sich aus in ein paar Jahren spätestens (Grass, Hundejahre 485).

aus|zäh|len ⟨sw. V.; hat⟩: **1.** *durch Zählen die genaue Zahl feststellen:* nach der Wahl die Stimmen a. **2.** (Boxen) *die Niederlage eines kampfunfähigen Boxers durch Zählen (bis zum Aus) feststellen:* Nach einer nur vorgetäuschten Rechten ließ er sich a. (MM 4. 1. 71, 15); Banks ... war nach einem Schlagabtausch in der neunten Runde ... zusammengebrochen und ausgezählt worden (Welt 14. 5. 65, 23). **3.** (landsch.) *durch Abzählen aussondern u. zu etw. bestimmen:* jeder Zehnte wurde beim Heraustreten ausgezählt; für das nächste Spiel haben die Kinder schon ausgezählt.

Aus|zah|lung, die; -, -en: **1.** *das Auszahlen* (1, 2). **2.** (Bankw.) **a)** *Devise* (2 b): Die A. London *(das englische Pfund)* ermäßigte sich gegenüber dem US-Dollar ... bis auf 2,7902 (Welt 4. 8. 65, 8); **b)** *Bankanweisung:* eine telegrafische A.

Aus|zäh|lung, die; -, -en: *das Auszählen* (1).

aus|zan|ken ⟨sw. V.; hat⟩ (landsch.): *ausschelten, ausschimpfen:* Statt sie drohend auszuzanken, wandte er sich an die Vernunft der kleinen Sünder (Carossa, Aufzeichnungen 146); Sie zankten einander aus, sodass man glauben konnte, sie möchten einander nicht (Musil, Mann 310).

aus|zeh|ren ⟨sw. V.; hat⟩ (geh.): *körperlich sehr schwächen, entkräften:* die Anstrengungen zehrten ihn völlig aus; eine ausgezehrte Gestalt; Dieser, zum Beispiel, mit dem gezeichneten, ausgezehrten Miene und dem spöttisch-wehen Lächeln, er sieht aus, als ... (K. Mann, Wendepunkt 100); Ü Bislang dauerte es immer etwa vier Legislaturperioden, dann war die vorherrschende Regierungsformation mit ihrem politischen Latein am Ende, war intellektuell ausgezehrt und personell verschlissen (Woche 28. 1. 97, 8).

Aus|zeh|rung, die; -: **1.** *Kräfteverfall:* das lange Hungern führte zu totaler A.; Ü sonst ist mit allmählicher A. der Wirtschaft zu rechnen (Fraenkel, Staat 367). **2.** (veraltet) *Schwindsucht:* eine jüngere Schwester von ihr war inzwischen an der A. gestorben (R. Walser, Gehülfe 83).

aus|zeich|nen ⟨sw. V.; hat⟩: **1.** *(Waren) mit einem Preisschild versehen:* die ausgestellten Stücke müssen noch ausgezeichnet werden. **2. a)** *durch etw. mit Vorzug behandeln, ehren:* so dass der Alte ... weiterhin mich durch Ansprache häufiger auszeichnete als ihn (Bamm, Weltlaterne 141); Sehr schmeichelhaftes Vertrauen, mit dem man Sie da auszeichnet! (Maass, Gouffé 159); Ü Dieser in jeder Weise vom Schicksal ausgezeichnete *(begünstigte)* Mensch (Musil, Mann 469); **b)** *durch die Verleihung einer Auszeichnung ehren:* einen Forscher mit dem Nobelpreis a.; Nach seinen eigenen Worten hatten die Professoren seine Gedankengänge nicht verstanden und ihn deshalb mit dem Prädikat Summa cum laude ausgezeichnet (Niekisch, Leben 126); ein in Cannes ausgezeichneter Film des spanischen Regisseurs Berlanda (Koeppen, Rußland 11). **3. a)** *aus einer Menge positiv herausheben, kennzeichnen:* Klugheit und Fleiß zeichneten ihn aus; gute Fahreigenschaften zeichnen diesen Wagen aus; beide waren sie durch sichtbare Gaben und Zeichen vor den andern ausgezeichnet (Hesse, Narziß 25); **b)** ⟨a. + sich⟩ *sich hervortun* (2a): Er hatte sich zwar niemals durch besondere Schnellig-

keit, überall aber durch Ausdauer ausgezeichnet (Schnabel, Marmor 106); Sie hatte sich immer durch ungewöhnliche Selbstbeherrschung ausgezeichnet (Thorwald, Chirurgen 240); Der Nachwuchs zeichnete sich aus (Gaiser, Jagd 89); Wir wechselten Briefe, wobei die seinigen sich durch den Geist ... kühler Gemessenheit auszeichneten (Niekisch, Leben 190); (iron:) Etliche Gefangene begannen zu randalieren. Insbesondere zeichnete sich dabei Mühsam aus (Niekisch, Leben 91); dieser Kunststoff zeichnet sich durch große Härte aus *(unterscheidet sich dadurch von allen übrigen).* **4.** (Druckw.) **a)** *durch eine besondere Schriftart hervorheben:* ein Zitat durch Sperrung a.; **b)** *ein Manuskript durch Angaben der Schriftarten u. a. zum Satz fertig machen:* er hat das Manuskript ausgezeichnet. ◆ **5.** *durch ein Zeichen kenntlich machen, anzeichnen* (b): aus den Briefen unserer Freunde ... geistreiche Worte auszuzeichnen (Goethe, Wahlverwandtschaften II, 9).
Aus|zeich|nung, die; -, -en: **1.** *das Auszeichnen* (1, 2, 4). **2.** *Orden, Medaille, Preis:* eine hohe A. erringen. **3. * mit A. (mit dem Prädikat »ausgezeichnet«):** er hat die Prüfung mit A. bestanden.
Aus|zeich|nungs|pflicht, die 〈o. Pl.〉: *Pflicht, zum Verkauf ausgestellte Waren mit ihrem Preis zu versehen.*
Aus|zeich|nungs|schrift, die (Druckw.): *von der Grundschrift abweichende Schriftart, die der Hervorhebung dient.*
Aus|zeit, die; -, -en (bes. Basketball, Volleyball, Handball, Eishockey): *Pause, Spielunterbrechung, die einer Mannschaft zusteht:* eine A. nehmen; Obwohl ihr Mannschaftsbetreuer ... seine -en voll nutzte, konnte auch er nicht verhindern, dass Lebach gegen eine immer nervöser werdende Gastgebermannschaft Punkt um Punkt aufholte (Saarbr. Zeitung 2. 10. 79, 9); Ü Boris Becker liebäugelt mit einem neuen Höhenflug ... »Man muss sehen, dass ich dieses Jahr so etwas wie eine A. genommen habe *(das Tennisspielen etwas zurückgestellt, nicht so eifrig betrieben habe).* Erst seit einigen Monaten trainiere ich, wie ich sollte ...« (Rheinpfalz 10. 9. 92, 9); Ü Anatoli Karpow hat bei der WM (= Schachweltmeisterschaft) in London ... seine erste A. genommen *(einen spielfreien Tag in Anspruch genommen;* Welt 19. 8. 86, 1).
aus|ze|men|tie|ren 〈sw. V.; hat〉: *die Innenseiten von etw. mit einer Zementschicht versehen:* Wenn Bolda große Wäsche hielt, stieg das Wasser im Heizungskeller aus einem schmalen, auszementierten Schacht (Böll, Haus 83); führten »zerlumpte Gestalten in Häftlingskleidung« die GIs zu einem »ungeheuren auszementierten Stollen« (Spiegel 44, 1984, 73).
aus|zieh|bar 〈Adj.〉: *sich ausziehen* (1 d) *lassend:* ein -er Tisch.
aus|zie|hen 〈unr. V.〉: **1.** 〈hat〉 **a)** *aus etw. herausziehen:* den Nagel mit der Zange a.; sich, jmdm. einen Splitter a.; Der alte Schurr hat den Kleinen, ... zog ein paar Radieschen aus (Gaiser, Jagd 81); das Schurren einer Schublade, die sie auszog, klang müde (Gaiser, Schlußball 183); **b)** *(Farben) durch Bleichen entfernen:* das Chlor hat die Farben ausgezogen *(ausgebleicht);* **c)** *einen Extrakt aus etw. herstellen:* Pflanzenstoffe a.; **d)** *durch Herausziehen von ineinander geschobenen Teilen verlängern, vergrößern:* ein Stativ, den Tisch a. **2.** 〈hat〉 **a)** *(ein Kleidungsstück) von sich tun, ablegen:* die Hose, den Mantel, Schuhe und Strümpfe a.; du kannst dir schon die Schuhe, das Hemd a.; **b)** *jmdm. die Kleidung vom Körper nehmen; entkleiden:* die Mutter zieht die Kleinen a.; sich a.; ganz ausgezogen sein; *** jmdn. a.** (ugs.; *jmdm. überdurchschnittlich viel Geld abverlangen):* der zieht seine Kunden ganz schön aus; **c)** (bes. süd[west]d.) *ablegen* (1 a, b). **3.** *ins Freie ziehen, ausrücken* 〈ist〉: zur Jagd a.; So zogen 1857 die Engländer ... Burton und ... Speke aus und entdeckten den Tanganjikasee (Grzimek, Serengeti 95); auf Raub, auf Abenteuer a. **4.** *eine Wohnung, einen Arbeitsraum aufgeben u. verlassen* 〈ist〉: am Ersten müssen wir a.; Eigentlich hätten wir längst schon a. müssen aus unserem Zimmer (Schnurre, Bart 33). **5.** *aus etw. herausziehen, schwinden, verloren gehen* 〈ist〉: das Aroma ist aus dem Kaffee] ausgezogen. **6.** *herausschreiben, exzerpieren* 〈hat〉: bestimmte Wörter aus einem Text a.; einen Roman, einen Schriftsteller *(einzelne Passagen aus dem Werk eines Schriftstellers)* a.; dort wurden die Zeitungen gelesen und die wichtigsten Nachrichten und Aufsätze ausgezogen und im Informationsblatt zusammengestellt (Niekisch, Leben 113). **7.** *zu einer Linie vervollständigen, nachzeichnen* 〈hat〉: eine punktierte Linie a.; Umrisse mit Tusche a.
Aus|zieh|fe|der, die: *Zeichenfeder zum Ausziehen von Linien mit Tusche.*
Aus|zieh|tisch, der: *Tisch, der durch Ausziehen* (1 d) *von Platten vergrößert werden kann.*
Aus|zieh|tu|sche, die: *Zeichentusche zum Ausziehen von Linien.*
aus|zie|ren 〈sw. V.; hat〉 (geh.): *verzieren; ausschmücken:* einen Saal mit Blumenschmuck a.; ein ausgeziertes Samtband; 〈subst.:〉 es folgen Anleitungen zum Auszieren von Intervallen, später von Tonfolgen und Volksliedern (Orchester 7/8, 1984, 408).
Aus|zie|rung, die; -, -en (geh.): **a)** *das Auszieren, Verzierung* (a); **b)** *Verzierung* (b): mit reizvollen -en im Blockflötenpart erklang die Orchestersuite »Hamburger Ebbe und Flut« (Hamburger Abendblatt 30. 5. 79, 11).
aus|zir|keln 〈sw. V.; hat〉: *genau aus-, abmessen:* den Kurs genau a.; wobei er auf dem Fußboden beinahe mathematisch ausgezirkelte Achter beschrieb (Habe, Namen 204); Ausgezirkelt der Platz für das blaugoldschwarze Reisenecessaire (Zeller, Amen 46); Ü er bedankte sich mit einer sorgfältig ausgezirkelten *(überlegten, abgewogenen)* Ansprache.
Aus|zir|ke|lung, Aus|zirk|lung, die; -, -en: *das Auszirkeln.*

aus|zi|schen 〈sw. V.〉: **1.** *durch Zischen sein Missfallen über jmdn., etw. kundtun* 〈hat〉: der Redner, das Stück wurde ausgezischt. **2.** (selten) *zischend verlöschen* 〈ist〉: eine große ... Lache, meine Zigarette zischte darin aus (Böll, Und sagte 91).
Aus|zu|bil|den|de, der u. die; -n, -n 〈Dekl. ↑ Abgeordnete〉 (Amtsspr.): *Lehrling, Anlernling;* Kurzwort: ↑ Azubi.
Aus|zug, der; -[e]s, Auszüge: **1. a)** *das Hinausziehen; geordnetes Verlassen eines Raumes o. Ä.:* ein überstürzter A.; der feierliche A. des Lehrkörpers aus der Aula; Mussolini benutzte den ... A. der Opposition aus dem Parlament dazu, schließlich ihre Mandate für ungültig zu erklären (Fraenkel, Staat 83); der A. *(die Auswanderung)* der Kinder Israel aus Ägypten; **b)** *das Aufgeben u. Verlassen einer Wohnung, eines Arbeitsraumes:* der A. muss bis zum Ersten nächsten Monats erfolgen. **2.** *aus etw., bes. aus Kräutern gewonnener Saft:* einen A. aus Heilkräutern bereiten. **3. a)** *herausgeschriebener Ausschnitt, Teilabschrift:* ein beglaubigter A. aus dem Grundbuch; die Bank schickt die Auszüge *(Mitteilungen über den Kontostand);* **b)** *ausgewählte [wichtige] Stelle aus etw., bes. aus einem Schriftwerk:* Auszüge aus einer Rede hören; Der zweite Genosse begann einen A. aus einem Buch vorzulesen (Leonhard, Revolution 194); **c)** *kurz für* ↑ Klavierauszug: einen A. [aus einer Oper] anfertigen. **4.** *ausziehbarer Teil:* der A. am Fotoapparat. **5.** (südd.) *Altenteil:* im A. leben. **6.** (schweiz. früher) *erste Altersklasse der Wehrpflichtigen:* Soldaten des -es. ◆ **7.** *gezogene Nummer in der Lotterie o. Ä.:* dieses bunte Lotto des Lebens ... – Nullen sind der A. (Schiller, Räuber III, 2).
Aus|zü|ger, ¹Aus|züg|ler, der; -s - (schweiz.): *Wehrpflichtiger der ersten Altersklasse.*
²Aus|züg|ler, der; -s, - (landsch.): *Altenteiler.*
Aus|züg|le|rin, die; -, -nen: w. Form zu ↑ ²Auszügler.
Aus|zug|mehl, das: *Auszugsmehl.*
Aus|zugs|bau|er, der (österr.): *Altenteiler.*
Aus|zugs|bäu|e|rin, die: w. Form zu ↑ Auszugsbauer.
Aus|zugs|hieb, der (Forstw.): *Entfernung alter Bäume aus einem jungen Bestand.*
Aus|zugs|mehl, das *besonders feines, kleiefreies Weizenmehl.*
aus|zugs|wei|se 〈Adv.〉: *in Auszügen* (3 b): eine Rede a. wiedergeben; 〈mit Verbalsubstantiven auch attr.:〉 ein -r Abdruck.
aus|zup|fen 〈sw. V.; hat〉: *zupfend herausziehen:* sich, jmdm. ein Haar a.; Im Dahingehen zupfte sie Unkraut aus (Langgässer, Siegel 80).
au|tark 〈Adj.〉 [griech. autárkēs, zu: autós = selbst u. arkeĩn = genügen, hinreichen]: **a)** *[vom Ausland] wirtschaftlich unabhängig:* ein -er Staat; die Wirtschaft dieses Landes ist a.; **b)** (bildungsspr.) *sich selbst genügend, auf niemanden angewiesen:* -es Denken; geistig a. sein.

Au|tar|kie, die; -, -n [griech. autárkeia]: **a)** *wirtschaftliche Unabhängigkeit eines Landes [vom Ausland]:* dieses Land strebt nach völliger A.; man kann die A. so organisieren, dass den privaten Monopolisten das Geld scheffelweise zuströmt (Niekisch, Leben 137); **b)** *(bildungsspr.) Selbstgenügsamkeit, Unabhängigkeit von äußeren Dingen, Einflüssen, Affekten:* religiöse, innere A. besitzen.

au|tar|kisch ⟨Adj.⟩: *die Autarkie betreffend.*

au|teln ⟨sw. V.; ist⟩ [zu ↑Auto] (veraltet): *Auto fahren (als Liebhaberei).*

au|terg ⟨Adj.⟩ [zu griech. autós = selbst u. érgon = Arbeit]: in der Fügung **-e Wirtschaft** (*Wirtschaft* 1, *in der alle Einkommen auf eigener Arbeitsleistung beruhen;* vgl. allerg).

Au|then|tie, die; - (bildungsspr.): *Authentizität.*

au|then|ti|fi|zie|ren ⟨sw. V.; hat⟩ [zu ↑authentisch u. lat. facere = machen, tun] (bildungsspr.): *beglaubigen, die Echtheit von etw. bezeugen.*

Au|then|tik, die; -, -en [mlat. authentica]: *(im MA.) durch ein authentisches Siegel beglaubigte Abschrift einer Urkunde.*

au|then|tisch ⟨Adj.⟩ [spätlat. authenticus < griech. authentikós] (bildungsspr.): *echt; den Tatsachen entsprechend u. daher glaubwürdig:* ein -er Text; -en Berichten zufolge; eine -e Darstellung; Es waren zwar auch -e (*richtige, unverfälschte*) Jeans, aber es war nicht die echte Sorte (Plenzdorf, Leiden 105); Unzählige ... Details vermitteln die -e Atmosphäre der Zeit (Herrenjournal 2, 1966, 120); die Meldung ist nicht a.

au|then|ti|sie|ren ⟨sw. V.; hat⟩ (Rechtsspr.): *glaubwürdig, rechtsgültig machen.*

Au|then|ti|zi|tät, die; - (bildungsspr.): *das Authentischsein.*

au|thi|gen ⟨Adj.⟩ [griech. authigenḗs = einheimisch] (Geol.): *(von Gesteinen) am Fundort entstanden; autogen (3).*

Au|tis|mus, der; - [zu griech. autós = selbst] (Med., Psych.): *auf einer psychotischen Störung der Persönlichkeit (1) beruhende extreme Selbstbezogenheit, Insichgekehrtheit, Kontaktunfähigkeit.*

Au|tist, der; -en, -en (Med., Psych.): *jmd., der an Autismus leidet.*

Au|tis|tin, die; -, -nen: w. Form zu ↑Autist.

au|tis|tisch ⟨Adj.⟩ (Med., Psych.): **a)** *den Autismus betreffend, auf ihm beruhend, durch ihn gekennzeichnet:* -e Sprache; -e Verhaltensweisen; **b)** *an Autismus leidend:* ein -es Kind; Erster Blickkontakt. Es ist gelungen, ein -es Kind aus seiner Abkapselung herauszuholen (Tagesspiegel 25. 12. 80, 14).

Aut|ler, der; -s, - [zu ↑auteln] (veraltet): *Autofahrer (aus Liebhaberei).*

Aut|le|rin, die; -, -nen: w. Form zu ↑Autler.

Au|to, das; -s, -s [Kurzf. von ↑Automobil]: *durch einen Motor angetriebenes Straßenfahrzeug mit gummibereiften Rädern u. offener od. geschlossener Karosserie zum Transport von Personen od. Gütern; Kraftwagen, Kraftfahrzeug, Automobil:* ein neues, altes, gebrauchtes A.; sein, das A. geriet ins Schleudern; ein A. haben, besitzen, fahren; gebrauchte -s verkaufen; A. fahren können; er fährt gut A.; A. und Rad fahren; mit dem A. unterwegs sein; er ist unter ein A. gekommen *(wurde von einem Auto überfahren);* **wie ein A. gucken* (ugs.; *sehr erstaunt, verblüfft dreinblicken*).

au|to-, Au|to- [zu griech. autós]: bedeutet in Bildungen mit Substantiven od. Adjektiven *selbst, persönlich, eigen:* autodynamisch, Autokinese.

Au|to|ag|gres|si|on, die (Psych.): *(auf Verdrängung ursprünglich gegen die soziale Umwelt gerichteter Aggressionen beruhende) gegen die eigene Person gerichtete Aggression.*

Au|to|ag|gres|si|ons|krank|heit, die (Med.): *Autoimmunkrankheit.*

Au|to|an|ti|kör|per, der (Med.): *Antikörper, der gegen körpereigene Substanzen wirkt.*

Au|to|at|las, der: *Atlas für den Autofahrer mit eingezeichneten Straßenverbindungen.*

Au|to|bahn, die: *durch Mittelstreifen in zwei Fahrbahnen getrennte, mehrspurige, kreuzungsfreie Schnellstraße, die nur für bestimmte Kraftfahrzeuge zugelassen ist.*

Au|to|bahn|ab|zweig, der: *abzweigende Autobahn.*

Au|to|bahn|an|schluss, der, **Au|to|bahn|an|schluss|stel|le**, die: *Straße, die von einer anderen Straße auf die Autobahn führt.*

Au|to|bahn|auf|fahrt, die: *Straße, die auf die Autobahn führt.*

Au|to|bahn|aus|fahrt, die: *Straße, die von der Autobahn herunterführt.*

Au|to|bahn|brü|cke, die: **a)** *Brücke als Teilstück einer Autobahn;* **b)** *über eine Autobahn führende Brücke.*

Au|to|bahn|drei|eck, das: *ein Dreieck bildende kreuzungsfreie Straßenführung, in der eine Autobahn mit einer anderen zusammentrifft.*

Au|to|bahn|ge|bühr, die: *für die Benutzung einer Autobahn zu entrichtende Gebühr.*

Au|to|bahn|klee|blatt, das (Jargon): *Autobahnkreuz.*

Au|to|bahn|kreuz, das: *Kreuzung zweier Autobahnen auf verschiedenen Ebenen (mit einer kleeblattförmigen Anlage), die den kreuzungsfreien Anschluss nach allen Richtungen erlaubt.*

Au|to|bahn|maut, die (österr.): *Autobahngebühr.*

Au|to|bahn|meis|ter, der: *Vorsteher einer Autobahnmeisterei.*

Au|to|bahn|meis|te|rei, die; -, -en: *bautechnische Dienststelle, die für die Erhaltung eines Stückes Autobahn zuständig ist.*

Au|to|bahn|rast|hof, der: *an einer Autobahn gelegener Restaurationsbetrieb mit Übernachtungsmöglichkeit.*

Au|to|bahn|rast|stät|te, die: *an einer Autobahn gelegene, mit den auf die Bedürfnisse von Reisenden auf der Autobahn ausgerichteten Einrichtungen ausgestattete Gaststätte.*

Au|to|bahn|zu|brin|ger, der: *Straße, die zu einer Autobahn hinführt.*

Au|to|bat|te|rie, die: *Batterie (2 a) eines Autos.*

Au|to|be|sit|zer, der: *Besitzer eines Autos.*

Au|to|be|sit|ze|rin, die: w. Form zu ↑Autobesitzer.

Au|to|bi|o|graf, auch: Autobiograph, der: *Verfasser einer Autobiografie.*

Au|to|bi|o|gra|fie, auch: Autobiographie, die: *literarische Darstellung des eigenen Lebens.*

au|to|bi|o|gra|fisch, auch: autobiographisch ⟨Adj.⟩: **a)** *das eigene Leben beschreibend:* sein Werk hat -e Züge; »Kiesbett« ist freilich nicht primär ein Krimi, sondern eher eine Mischung aus politischem Bekenntnis, autobiografischer Zwischenbilanz und politischer Wehklage (Woche 14. 2. 97, 39); **b)** *in Form einer Autobiografie verfasst:* ein -er Roman.

Au|to|bom|be, die (Jargon): *in einem Auto versteckter Sprengsatz.*

Au|to|bus, der: *Bus* (1).

Au|to|bus|fahrt, die: *Omnibusfahrt.*

Au|to|bus|hal|te|stel|le, die: *Bushaltestelle.*

Au|to|bus|li|nie, die: *Omnibuslinie.*

Au|to|ca|mi|on, der (schweiz.): *Lastkraftwagen.*

Au|to|camp, das: *Campingplatz für Camper mit Auto.*

Au|to|cam|ping, das: *Camping auf einem Autocamp.*

Au|to|car, der [frz. autocar, zu: auto- (mobile) u. engl. car = (Kraft)wagen] (schweiz.): *Omnibus für Gesellschaftsfahrten, Reiseomnibus.*

Au|to|chore [...'koːrə], die; -, -n [zu griech. chorein = sich fortbewegen] (Biol.): *Pflanze, die ihre Früchte od. Samen selbst verbreitet (z. B. Springkraut).*

Au|to|cho|rie, die; - (Biol.): *Verbreitung von Früchten od. Samen durch die Pflanze selbst.*

au|toch|thon [...ɔx'toːn] ⟨Adj.⟩ [griech. autóchthōn]: **1.** *(von Völkern od. Stämmen) alteingesessen, bodenständig:* -e Bevölkerung. **2.** (Biol., Geol.) *(von Lebewesen, Gesteinen) am Fundort vorkommend.*

Au|toch|tho|ne, der u. die; -n, -n ⟨Dekl. ↑Abgeordnete⟩: *Ureinwohner[in].*

Au|to|coat, der: *kurzer Mantel für Autofahrer.*

Au|to|cross, (auch:) **Au|to-Cross**, das; -, -e [↑Crosscountry]: *Autorennen auf einer abgesteckten Strecke im Gelände.*

Au|to|cue® [ˈɔːtoʊkjuː] der; -s, -s [engl. Autocue, aus: auto- < griech. autós (↑auto-, Auto-) und cue = Stichwort, H. u.]: *Teleprompter.*

Au|to|da|fé [autodaˈfeː], das; -s, -s [port. auto-de-fé, eigtl. = Urteil über den Glauben (für lat. actus fidei)]: **1.** (hist.) *öffentliche Verkündigung des Urteils eines Inquisitionsgerichts u. feierliche Durchführung dieses Urteils, meist Ketzerverbrennung.* **2.** (bildungsspr.) *Verbrennung von Büchern, Schriften u. Ä.:*

Don Juan de Zumárraga ... vernichtete in einem gigantischen A. jedes erreichbare Schriftstück (Ceram, Götter 389); »Nur eine Kerze«, sagte sie, »damit Sie meine Briefe verbrennen.« ... Es gab keine andere Bestimmung für diese Kerze, klein wie sie war für ein solches A. (Domin, Paradies 188).

Au|to|de|ter|mi|na|ti|on, die: *[Recht auf] politische Selbstbestimmung.*

Au|to|de|ter|mi|nis|mus, der (Philos.): *Lehre, nach der das menschliche Wollen u. Handeln nicht von außen, sondern von der eigenen Gesetzlichkeit der Vernunft bestimmt wird.*

Au|to|di|dakt, der; -en, -en [griech. autodidaktos = selbstgelehrt, zu ↑auto-, Auto- u. griech. didaktikós, ↑didaktisch] (bildungsspr.): *jmd., der sich ein bestimmtes Wissen ausschließlich durch Selbstunterricht angeeignet hat.*

au|to|di|dak|tisch ⟨Adj.⟩: a) *den Selbstunterricht betreffend;* b) *durch Selbstunterricht erworben.*

Au|to|dieb|stahl, der: *Diebstahl eines Autos.*

Au|to|di|ges|ti|on, die (Med.): *Autolyse* (1).

Au|to|drom, das; -s, -e [1: frz. autodrome, vgl. Motodrom]: **1.** *Motodrom.* **2.** (österr.) *Fahrbahn für Skooter.*

Au|to|drosch|ke, die (österr. veraltend): *Taxi.*

au|to|dy|na|misch ⟨Adj.⟩: *selbstwirkend, selbsttätig.*

Au|to|elek|trik, die: *elektrische Ausstattung moderner Kraftfahrzeuge.*

Au|to|ero|tik, die (Psych.): *Erotik ohne Partnerbeziehung (z. B. Narzissmus, Masturbation).*

au|to|ero|tisch ⟨Adj.⟩ (Psych.): *masturbatorisch:* -e *Betätigungen.*

Au|to|ero|tis|mus, der (Psych.): *Befriedigung sexueller Triebe am eigenen Körper (bes. im Kindesalter).*

Au|to|fäh|re, die: *Fähre, auf die Autos verladen werden können.*

Au|to|fah|rer, der: *Fahrer eines Autos.*

Au|to|fah|rer|gruß, der (ugs. scherzh.): *Tippen an die Stirn, womit ein Autofahrer einem anderen zu verstehen gibt, dass er an dessen Fahrweise Anstoß nimmt.*

Au|to|fah|re|rin, die: w. Form zu ↑Autofahrer.

Au|to|fahrt, die: *Fahrt mit dem Auto.*

Au|to|fal|le, die (ugs.): **1.** *an übersichtlicher Stelle o. Ä. aufgebautes Hindernis auf einer Straße, durch das Autos von Gangstern zum Halten gezwungen u. überfallen werden.* **2.** *für die Autofahrer nicht sichtbar aufgebaute Radarkontrolle, die die Geschwindigkeit der vorbeifahrenden Autos feststellt.*

Au|to|fell, das: *Bezug aus [Lamm]fell für den Sitz des Autos.*

Au|to|fo|kus, der (Fot.): *Einrichtung bei Kameras und Diaprojektoren, durch die sich die Bildschärfe automatisch einstellt:* eine Kamera mit A.

au|to|frei ⟨Adj.⟩: *ohne Autoverkehr:* -e Zonen, Straßen; ein -er Sonntag.

Au|to|fried|hof, der (ugs.): *Sammelstelle für zu verschrottende Autos.*

au|to|gam ⟨Adj.⟩ [zu ↑auto-, Auto- u. griech. gámos = Ehe] (Biol.): *sich selbst befruchtend.*

Au|to|ga|mie, die; -, -n (Biol.): *Selbstbefruchtung.*

Au|to|gas, das: *als Treibstoff für Kraftfahrzeuge verwendetes flüssiges Gasgemisch aus Propan u. Butan.*

au|to|gen ⟨Adj.⟩ [griech. autogenḗs = selbst erregt, ↑-gen]: **1.** (Technik) *(von Schweißen u. Brennschneiden) mit Stichflamme [ohne Zuhilfenahme eines Bindematerials]:* -e *Metallbearbeitung;* a. schweißen, schneiden. **2.** (Psych.) *aus eigenen Kräften, von innen heraus:* -es *Training* (Med.; *Entspannung durch Selbsthypnose;* nach dem dt. Nervenarzt J. H. Schultz, 1884–1970). **3.** (Geol.) *authigen.*

Au|to|gi|ro [...'ʒi:ro], das; -s, -s [span. autogiro, zu griech. gỹros = Kreis]: *Flugzeug mit sich drehenden Flügeln, die durch den Fahrtwind angetrieben werden.*

Au|to|gno|sie, die; - [zu griech. gnõsis, ↑Gnosis] (Philos.): *Selbsterkenntnis.*

Au|to|gramm, das: *eigenhändig geschriebener Namenszug [einer bekannten Persönlichkeit].*

Au|to|gramm|adres|se, die: *Adresse, unter der das Autogramm einer bekannten Persönlichkeit zu erhalten ist.*

Au|to|gramm|jä|ger, der (ugs.): *leidenschaftlicher Sammler von Autogrammen.*

Au|to|gramm|jä|ge|rin, die: w. Form zu ↑Autogrammjäger.

au|to|graph, auch: autograf ⟨Adj.⟩: *autographisch.*

Au|to|graph, auch: Autograf, das; -s, -e[n] [spätlat. autographum, zu lat. autographus = mit eigener Hand geschrieben < griech. autógraphos] (Buchw.): *von einer bekannten Persönlichkeit eigenhändig geschriebenes Schriftstück:* Der Geheimrat besaß Autographen von Bach, Haydn ... und Beethoven (Hauptmann, Schuß 42).

Au|to|gra|phen|samm|lung, auch: Autografensammlung, die: *Sammlung von Autographen.*

Au|to|gra|phie, auch: Autografie, die; -, -n: *veraltetes Vervielfältigungsverfahren.*

au|to|gra|phie|ren, auch: autografieren ⟨sw. V.; hat⟩: **1.** (veraltet) *eigenhändig schreiben.* **2.** *(nach einem veralteten Verfahren) vervielfältigen.*

Au|to|gra|phil|lie [zu griech. philia = Liebe], die: *Liebhaberei für alte [Original]manuskripte.*

au|to|gra|phisch, auch: autografisch ⟨Adj.⟩: **1.** (veraltet) *eigenhändig geschrieben.* **2.** *(nach einem heute veralteten Verfahren) vervielfältigt.*

Au|to|gra|vü|re, die ⟨o. Pl.⟩: *Rastertiefdruck* (a).

Au|to|hyp|no|se, die: *hypnotischer Zustand, in den sich jmd. selbst versetzt; Selbsthypnose.*

Au|to|im|mun|krank|heit, die (Med.): *durch Autoantikörper, die gegen die eigenen roten Blutkörperchen wirken, verursachte Krankheit; Autoaggressionskrankheit.*

Au|to|in|dus|trie, die: *Automobilindustrie.*

Au|to|in|fek|ti|on, die (Med.): *Infektion des eigenen Körpers durch einen Erreger, der bereits im Körper vorhanden ist.*

Au|to|in|to|xi|ka|ti|on, die (Med.): *Vergiftung des Körpers durch Stoffwechselprodukte, die im Organismus bei krankhaften Prozessen entstehen u. nicht wieder abgebaut werden.*

Au|to|kar|pie, die; - [zu griech. karpós = Frucht] (Bot.): *Fruchtansatz nach Selbstbestäubung.*

Au|to|kar|te, die: vgl. Autoatlas.

Au|to|ka|ta|ly|se, die (Chemie): *Beschleunigung einer Reaktion durch einen Stoff, der während dieser Reaktion entsteht.*

Au|to|kenn|zei|chen, das: *Autonummer.*

au|to|ke|phal ⟨Adj.⟩ [spätgriech. autoképhalos = selbstständig, zu griech. kephalḗ = Kopf]: *(von orthodoxen Nationalkirchen) eigenständig, mit eigenem Oberhaupt.*

Au|to|ke|pha|lie, die; -: *das Autokephalsein.*

Au|to|ki|ne|se, die; - [zu griech. kínēsis = Bewegung] (Fachspr.): *scheinbare Eigenbewegung eines Gegenstandes.*

Au|to|ki|no, das: *Kino, das aus einem großen Gelände u. einer Leinwand im Freien besteht u. in dem der Film vom Auto aus angesehen wird.*

Au|to|klav, der; -s, -en [frz. autoclave, zu lat. clavis = Schlüssel] (Technik): *aufheizbares, druckfestes Metallgefäß mit luftdicht schließendem Deckel, das zur Durchführung von chemischen Reaktionen bei hohem Druck od. zur Sterilisierung von medizinischen Geräten u. Dosenkonserven mithilfe von Wasserdampf verwendet wird.*

au|to|kla|vie|ren ⟨sw. V.; hat⟩ (Technik): *mit dem Autoklav erhitzen.*

Au|to|kna|cker, der (ugs.): *jmd., der Autos aufbricht, um daraus etw. zu stehlen.*

Aut|öko|lo|gie, die: *Teilgebiet der Ökologie, das sich mit den Auswirkungen der Umweltfaktoren auf ein einziges Individuum befasst.*

Au|to|ko|lon|ne, die: *Kolonne* (1 b) *von Autos.*

Au|to|kor|so, der: *Korso* (1 a), *der aus Autos besteht.*

Au|to|kran, der: *auf dem Fahrgestell eines Lkw montierter Kran.*

Au|to|krank|heit, die (Med.): *beim Autofahren auftretende Kinetose.*

Au|to|krat, der; -en, -en [zu griech. autokratḗs = unumschränkt herrschend; eigenmächtig, zu: krateīn = herrschen] (bildungsspr.): **1.** *Herrscher, der die unumschränkte Staatsgewalt für sich beansprucht:* Wenn der A. ... nicht auf den Vermittler hören will, sind die Militärs am Zug (Tagesspiegel 24. 3. 99, 3). **2.** *selbstherrlicher Mensch.*

Au|to|kra|tie, die; -, -n [griech. autokráteia] (bildungsspr.): *unumschränkte Staatsgewalt in der Hand eines einzelnen Herrschers:* Caesars System war eine ausgesprochen persönliche A., nicht eine organische Staatsführung (Goldschmit, Genius 37).

Au|to|kra|tin, die; -, -nen: w. Form zu

autokratisch

↑Autokrat: Aufklärerin, Bauherrin und A. – eine sehenswerte Ausstellung im Museum Fridericianum über Katharina II. (FR 29. 1. 98, 9).

au|to|kra|tisch ⟨Adj.⟩: **1.** *die Autokratie betreffend, auf ihr beruhend; unumschränkt:* -e Gewalt ausüben. **2.** *selbstherrlich.*

Au|to|kun|de, der: *Kunde, der mit dem Auto kommt, seine Geschäfte mit dem Auto erledigt:* Großselbstbedienungsgeschäft ... bequem erreichbar nur für -n (Welt 11. 11. 74, 14).

Au|to|la|ckie|re|rei, die: *Lackiererei für Autos.*

Au|to|len|ker, der (schweiz.): *Autofahrer.*

Au|to|len|ke|rin, die (schweiz.): w. Form zu ↑Autolenker.

Au|to|lift, der: *Lift für Autos.*

Au|to|ly|se, die; - [zu griech. lýsis, ↑Lysis]: **1.** (Med.) *Abbau von Körpereiweiß ohne Mitwirkung von Bakterien; Autodigestion.* **2.** (Biol.) *Selbstauflösung des Larvengewebes im Verlauf der Metamorphose bei Insekten.*

au|to|ly|tisch ⟨Adj.⟩ (Med.): *(von Körpereiweiß) sich selbst auflösend.*

Au|to|mar|der, der (Jargon): *jmd., der Autos aufbricht und ausraubt.*

Au|to|mar|ke, die: *Marke* (2 a) *von Autos:* er fährt immer die gleiche A. ! *(Wagen des gleichen Fabrikats).*

Au|to|mat, der; -en, -en [unter Einfluss von frz. automate zu griech. autómatos = sich selbst bewegend, aus eigenem Antrieb]: **1. a)** *Apparat, der nach Münzeinwurf selbsttätig Waren abgibt od. eine Dienst- od. Bearbeitungsleistung erbringt:* Zigaretten, Kondome am -en ziehen; **b)** *Werkzeugmaschine, die Arbeitsvorgänge nach Programm selbsttätig ausführt:* Die Werkstücke werden von einem -en noch einmal geprüft; Ü Ein todmüder A. *(wie ein Automat arbeitender Mensch)* arbeitete da mechanisch weiter (Remarque, Funke 241); **c)** *(in elektrischen Anlagen) automatische Sicherung zur Verhinderung von Schäden durch Überlastung.* **2.** (Math., EDV) *kybernetisches System, das Informationen an einem Eingang aufnimmt, selbstständig verarbeitet u. an einem Ausgang abgibt.*

Au|to|ma|ten|kna|cker, der (ugs.): *jmd., der Verkaufsautomaten aufbricht u. ausraubt.*

Au|to|ma|ten|res|tau|rant, das; -s, -s: *Restaurant mit Selbstbedienung an Automaten.*

Au|to|ma|ten|stra|ße, die: *(in Kantinen, Automatenrestaurants o. Ä.) Reihe nebeneinander aufgestellter Warenautomaten zur Selbstbedienung.*

Au|to|mat|ge|wehr, das: *automatisches Gewehr.*

Au|to|ma|tie, die; -, -n (Physiol., Verhaltensf.): *Automatismus* (2, 3).

Au|to|ma|tik, die; -, -en (Technik): **a)** *Vorrichtung, die einen eingeleiteten technischen Vorgang ohne weiteres menschliches Zutun steuert u. regelt:* die A. einer Armbanduhr; ein Auto mit A. *(Automatikgetriebe);* **b)** *Vorgang der*

Selbststeuerung: die A. der Entlüftung setzt ein; Ü die tödliche A. des Verbrechens wird dargestellt.

Au|to|ma|tik|ge|trie|be, das (Kfz-T.): *automatisch schaltendes Getriebe.*

Au|to|ma|ti|on, die; - [engl. automation, zu griech. autómatos, ↑Automat]: *durch Automatisierung erreichter Zustand der modernen technischen Entwicklung, der durch den Einsatz weitgehend bedienungsfreier Arbeitssysteme gekennzeichnet ist.*

Au|to|ma|ti|sa|ti|on, die; -, -en: *Automatisierung.*

au|to|ma|tisch ⟨Adj.⟩ [frz. automatique]: **1. a)** *(von technischen Geräten) mit einer Automatik ausgestattet:* ein -er Wärmeregler; **b)** *durch Selbststeuerung od. -regelung erfolgend:* ein -es Glockenzeichen; etw. a. regeln. **2. a)** *unwillkürlich, zwangsläufig:* der Prozess läuft a. ab; Ganz schön mutig, der jüngste Vorschlag ... die Wehrpflicht und damit a. den Zivildienst abzuschaffen (Woche, 21. 3. 97); **b)** *von selbst erfolgend:* eine -e Reaktion.

au|to|ma|ti|sie|ren ⟨sw. V.; hat⟩ [nach frz. automatiser]: *auf vollautomatische Fabrikation, Steuerung o. Ä. einstellen:* der Betrieb war völlig automatisiert, kein Mensch war zu sehen, die Schleusentore ... schlossen sich wie von Geisterhand (Koeppen, Rußland 112); Ü bei dieser schnellen Sportart müssen viele Bewegungsabläufe vollkommen automatisiert *(automatisch und unbewusst)* erfolgen.

Au|to|ma|ti|sie|rung, die; -, -en: *das Automatisieren, Automatisiertwerden.*

Au|to|ma|tis|mus, der; -, ...men [griech. automatismós = was von selbst geschieht]: **1.** (Technik) *programmgesteuerter od. selbsttätig geregelter Mechanismus:* der A. eines Roboters; Ü Wachstum ohne Beschäftigung. Dieser scheinbare A. ist einer jungen Branche fremd: Automatisierungsfirmen erzielen erst zweistellige Zuwächse – nicht nur an Umsatz, ebenso an Mitarbeitern (Woche, 11. 4. 97, 9). **2.** (Med., Biol.) *spontan ablaufender Vorgang od. Bewegungsablauf, der nicht vom Bewusstsein od. Willen beeinflusst wird.* **3.** (Psych.) *vom Bewusstsein nicht kontrolliert ablaufende Tätigkeit.*

Au|to|mat|waf|fe, die: *automatische Waffe, Maschinenwaffe.*

Au|to|me|cha|ni|ker, der: *Mechaniker in einer Kfz-Werkstatt.*

Au|to|me|cha|ni|ke|rin, die; -, -nen: w. Form zu ↑Automechaniker.

Au|to|mi|nu|te, die: *Strecke, die ein Auto mit durchschnittlicher Geschwindigkeit in einer Minute zurücklegt:* der Strand ist zehn -n entfernt.

Au|to|mi|xis, die; - [zu griech. mīxis = Mischung] (Biol.): *Selbstbefruchtung durch Verschmelzung zweier Keimzellen gleicher Abstammung.*

au|to|mo|bil ⟨Adj.⟩ (seltener): **a)** *das Auto betreffend, in Bezug auf das Auto:* der -e Laie; **b)** *vom Auto bestimmt:* Die Legende vom menschlichen Versagen in der -en Gesellschaft (Hörzu 14, 1973, 84).

Au|to|mo|bil, das; -s, -e [zu lat. mobilis

= beweglich] (veraltend, noch geh. u. scherzh.): *Auto.*

Au|to|mo|bil|aus|stel|lung, die: *Ausstellung, auf der die neuesten Modelle verschiedener Automarken vorgestellt werden; Automobilsalon.*

Au|to|mo|bil|in|dus|trie, die: *Autos herstellende Industrie.*

Au|to|mo|bi|lis|mus, der; -: *Kraftfahrzeugwesen.*

Au|to|mo|bi|list, der; -en, -en [frz. automobiliste] (bes. schweiz.): *Autofahrer.*

Au|to|mo|bi|lis|tin, die; -, -nen: w. Form zu ↑Automobilist.

au|to|mo|bi|lis|tisch ⟨Adj.⟩: *den Automobilismus betreffend:* hatten sich ... für das umstrittene -e Zubehör stark gemacht (Spiegel 33, 1984, 135).

Au|to|mo|bil|klub, der: *Vereinigung von Autofahrern zur Durchsetzung gemeinsamer Interessen.*

Au|to|mo|bil|kon|zern, der: *Konzern, dessen wirtschaftlicher Schwerpunkt bei der Produktion von Kraftfahrzeugen liegt.*

Au|to|mo|bil|sa|lon, der: *Automobilausstellung.*

Au|to|nom ⟨Adj.⟩ [griech. autónomos, zu: nómos = Gesetz]: **a)** *verwaltungsmäßig selbstständig, unabhängig* (b): ein -er Staat; -e Gebiete; **b)** *unabhängig* (1 a), *eigenständig:* Jede Gruppe arbeitet a. auf dem Gelände. Keine redet der anderen rein (Hamburger Rundschau 15. 3. 84, 18); Winwoods -es Künstlertum, frei von Arbeitsteilung, entspricht ganz seiner traditionellen Kunstauffassung (Szene 6, 1983, 47); fordere ich die Anerkennung und finanzielle Unterstützung des -en *(von politischen Parteien od. Gruppierungen unabhängigen)* Frauencafés durch die Stadt (Mannheim illustriert 12, 1984, 6); **c)** *zu den Autonomen gehörend, von ihnen ausgehend o. Ä.:* militante -e Gruppen störten die Demonstrationen gegen Ausländerfeindlichkeit.

Au|to|no|me, der u. die; -n, -n ⟨Dekl. ↑Abgeordnete⟩: *Angehörige[r] einer politisch der* ²*Linken* (2) *zuzuordnenden, nach eigenem Selbstverständnis aber keiner Ideologie verpflichteten Gruppierung, die Staat u. Gesellschaftssystem ablehnt u. mit Gewaltaktionen bekämpft:* 1986 erreichte die Zahl der Terrorakte der »Autonomen« (linksextremistische Kleingruppen und Einzeltäter) mit 282 Anschlägen ... eine erhebliche Steigerung (MM 20. 5. 87, 2).

Au|to|no|mie, die; -, -n [griech. autonomía]: **1.** (bildungsspr.) *[verwaltungsmäßige] Unabhängigkeit, Selbstständigkeit:* die A. dieses Landes ist gefährdet; Die A. der Fraktionen stellt das politisch bedeutsamste Gegengewicht gegen autokratische Tendenzen dar (Fraenkel, Staat 103); A. fordern. **2.** (Philos.) *Willensfreiheit.*

Au|to|no|mi|sie|rung, die; -: *(in der Regelungstechnik) das Bestreben von Regelkreisen u. anderen rückgekoppelten Systemen, äußere Störeinflüsse auf ein Mindestmaß zu reduzieren u. sich einem Zustand völliger Unabhängigkeit von äußeren Einwirkungen zu nähern.*

Au|to|no|mist, der; -en, -en: *jmd., der eine Autonomie (1) anstrebt.*

Au|to|no|mis|tin, die: w. Form zu ↑Autonomist.

Au|to|num|mer, die: *polizeiliches Kennzeichen eines Autos, das im Allgemeinen aus [Buchstaben u.] Zahlen besteht.*

au|to|nym ⟨Adj.⟩: [zu griech. ónyma = Name]: *vom Verfasser unter seinem eigenen Namen veröffentlicht.*

Au|to|phi|lie, die; - [zu griech. philia = Liebe] (Psych.): *Selbst-, Eigenliebe.*

Au|to|pi|lot, der (Technik): *automatische Steuerungsanlage in Flugzeugen, Raketen o. Ä.*

Au|to|plas|tik, die (Med.): *Verpflanzung körpereigenen Gewebes (z. B. von Haut bei Verbrennungen).*

Au|to|plo|i|die, Au|to|po|ly|plo|i|die, die; - [vgl. polyploid] (Biol.): *Form der Euploidie, die durch Vervielfachung des kompletten arteigenen Chromosomensatzes gekennzeichnet ist.*

Au|to|por|trät, das: **a)** *Selbstporträt;* **b)** *Selbstdarstellung* (a): *Seine zahlreichen ... glanzvoll geschriebenen -s* (Reich-Ranicki, Th. Mann 31).

Au|top|sie, die; -, -n [griech. autopsia = das Sehen mit eigenen Augen]: **1.** (Med.) *Leichenöffnung; Untersuchung des [menschlichen] Körpers nach dem Tod zur Feststellung der Todesursache.* **2.** (Fachspr.) *Prüfung durch persönliche Inaugenscheinnahme.*

Au|tor, der; -s, ...oren [lat. auctor = Urheber, Schöpfer, eigtl. = Mehrer, Förderer, zu: augere (2. Part.: auctum) = wachsen machen, mehren]: **a)** *Verfasser eines Werkes der Literatur, eines Textes:* ein viel gelesener A.; unter Mitwirkung eines bekannten -s; neue -en gewinnen; **b)** (seltener) *Urheber eines Werks der Musik, Kunst, Fotografie, Filmkunst.*

Au|to|ra|dio, das: *speziell zum Betrieb in Kraftfahrzeugen eingerichtetes Rundfunkgerät.*

Au|to|ra|dio|gramm, das: *durch Autoradiographie gewonnene fotografische Aufnahme.*

Au|to|ra|dio|gra|phie, die: *(in der Medizin, der Biologie u. der Metallurgie angewandte) Methode zur Sichtbarmachung der räumlichen Anordnung radioaktiver Stoffe, die auf der Schwärzung von speziellen Platten (5) durch die Radioaktivität dieser Stoffe beruht.*

Au|to|re|fe|rat, das: *Autorreferat.*

Au|to|rei|fen, der: *Reifen für das Auto.*

Au|to|rei|se|zug, der: *Zug, der Personen mit ihren Autos transportiert.*

Au|to|ren|bild, das: *Bild des Verfassers in spätantiken u. mittelalterlichen Handschriften (Evangelist, Kirchenvater, Übersetzer), das einem Werk vorangestellt wird.*

Au|to|ren|film, der: *Film* (3 a), *bei dem der Verfasser des Drehbuchs auch die Regie führt.*

Au|to|ren|kol|lek|tiv, das; -s, -e, auch: -s (bes. DDR): *Gruppe von Autoren, die ein Werk in Zusammenarbeit herausgibt.*

Au|to|ren|kor|rek|tur: ↑Autorkorrektur.

Au|to|ren|le|sung, die: vgl. Dichterlesung: Eine multimediale A. ist angekündigt (Saarbr. Zeitung 14. 3. 80, 5).

Au|to|ren|nen, das: *mit [Renn]autos ausgetragenes Rennen.*

Au|to|renn|sport, der: *mit Autos ausgeübter Rennsport.*

Au|to|ren|plu|ral, der: *Pluralis Modestiae.*

Au|to|ren|re|gis|ter, das: *am Ende eines Buches aufgeführte alphabetische Namenliste der zitierten Autoren.*

Au|to|ren|ver|lag, der: *Verlag, an dem die darin publizierten Autoren beteiligt sind.*

Au|to|re|pa|ra|tur, die: *Reparatur eines defekten Autos.*

Au|to|re|verse, das: *Automatik bes. bei Kassettenrekordern, die nach Ablauf einer Seite der Kassette auf die andere umschaltet.*

Au|to|rhyth|mie, die; -, -n [zu ↑Rhythmus] (Med.): *Aussendung von rhythmisch unterbrochenen Impulsen (z. B. durch das Atemzentrum im Gehirn).*

Au|to|rin, die; -, -nen: w. Form zu ↑Autor.

Au|to|ri|sa|ti|on, die; -, -en (bildungsspr.): *Ermächtigung, Vollmacht:* die A. erteilen.

au|to|ri|sie|ren ⟨sw. V.; hat⟩ [mlat. auctorizare] (bildungsspr.): **1.** *jmdn. bevollmächtigen, [als Einzigen] zu etw. ermächtigen:* jmdn. zu etw. a.; Ich bin autorisiert, Ihnen einen Vorschuss von fünfhundert Dollar auszuhändigen (Habe, Namen 243). **2.** *die Genehmigung zu etw. erteilen:* Auch seine (= des Romans) Fernsehfassung wurde ... von diesem (= Bergengruen) autorisiert (Bild und Funk 11, 1966, 33); autorisierte *(vom Autor genehmigte u. für gut befundene)* Übersetzungen.

Au|to|ri|sie|rung, die; -, -en: *das Autorisieren.*

au|to|ri|tär ⟨Adj.⟩ [frz. autoritaire, zu: auteur < lat. auctor, ↑Autor]: **1. a)** *totalitär, diktatorisch:* ein -es Regime; dort dominieren extrem -e Parteien den rechten Teil des politischen Spektrums (Woche 14. 2. 97, 7); **b)** *unbedingten Gehorsam fordernd:* eine -e Erziehung; sein Vater war sehr a. **2.** (veraltend) **a)** *auf Autorität beruhend:* -e Gewalt; **b)** *mit Autorität ausgestattet:* ein -er Herrscher.

Au|to|ri|ta|ris|mus, der; - [frz. autoritarisme] (bildungsspr.): *absoluter Autoritätsanspruch.*

Au|to|ri|tät, die; -, -en [lat. auctoritas]: **1.** (o. Pl.) *auf Leistung od. Tradition beruhender Einfluss einer Person od. Institution u. daraus erwachsendes Ansehen:* kirchliche, elterliche A.; die A. des Staates; A. haben, besitzen; sich A. verschaffen. **2.** *Persönlichkeit mit maßgeblichem Einfluss u. hohem [fachlichem] Ansehen:* eine medizinische A.; er ist eine A., gilt als A. auf seinem Gebiet; er ist für mich eine A.

au|to|ri|ta|tiv ⟨Adj.⟩ (bildungsspr.): *auf Autorität, Ansehen beruhend; maßgebend; aufgrund, mithilfe seiner Autorität, Stellung: der so ganz und gar nicht autoritäre, doch selbstverständlich -e Umgangston des Dirigenten* (Joachim Matzner: Bruno Walter, in: fono forum 2, 1972, 97 [Zeitschrift]): *das Abgehen von stark a. betonten Lehrsystemen* (Bild. Kunst III, 43).

au|to|ri|täts|gläu|big ⟨Adj.⟩ (abwertend): *eine Autorität* (2) *für unfehlbar haltend:* So viel Haltung des Hinsiechenden festigt nun auch den zweifelsüchtigsten und -sten Deutschen die Überzeugung, dass hier die Justiz mordete (Mostar, Unschuldig 67).

Au|to|ri|täts|gläu|big|keit, die; -: *das Autoritätsgläubigsein.*

Au|tor|kor|rek|tur, Autorenkorrektur, die (Buchw.): **1. a)** *vom Verfasser selbst gelesene Korrektur;* **b)** *vom Autor übersandte Korrekturfahne.* **2.** *vom Verfasser gewünschte nachträgliche Satzänderung.*

Au|tor|re|fe|rat, das: *vom Autor selbst verfasste Zusammenstellung der Ergebnisse seiner Untersuchung; Autoreferat.*

Au|tor|schaft, die; -: *Urheberschaft:* seine A. bestreiten.

Au|to|sa|lon, der: *Automobilsalon.*

Au|to|schal|ter, der: *Schalter [einer Bank], an dem der Kunde bedient wird, ohne das Auto verlassen zu müssen.*

Au|to|schlan|ge, die: *mehr od. weniger lange Reihe dicht aufeinander folgender, langsam fahrender Autos bei sich stauendem Verkehr.*

Au|to|schlos|ser, der: vgl. Automechaniker.

Au|to|schlos|se|rin, die: w. Form zu ↑Autoschlosser.

Au|to|schlüs|sel, der: *Schlüssel für die Autotür, den Kofferraum, das Zündschloss o. Ä.*

Au|to|se|man|ti|kon, das; -s, ...ka [zu griech. sēmantikós, ↑Semantik] (Sprachw.): *Wort, größere sprachliche Einheit mit eigener Bedeutung.*

au|to|se|man|tisch ⟨Adj.⟩ (Sprachw.): *eine eigene Bedeutung habend.*

Au|to|sen|si|bi|li|sie|rung, die; -, -en (Med.): *Bildung von Antikörpern im Organismus aufgrund körpereigener Substanzen.*

Au|tos epha [griech. = er selbst hat es gesagt, Formel der Pythagoreer, mit der sich die Schüler auf Worte des Meisters beriefen] (bildungsspr.) *Hinweis auf die höchste Autorität [eines Lehramtes], auf die höchste Entscheidungsgewalt.*

Au|to|ser|vice, der: *an einer Tankstelle (über das Tanken hinaus) angebotene Dienstleistungen.*

Au|to|sex, der: **1.** (Fachspr.) *am eigenen Körper vorgenommene sexuelle Handlung.* **2.** (ugs.) *Sex* (2) *im Auto.*

Au|to|se|xu|a|lis|mus, der (Psych.): *auf den eigenen Körper gerichtetes sexuelles Verlangen.*

au|to|se|xu|ell ⟨Adj.⟩: *den Autosexualismus betreffend.*

Au|to|skoo|ter, der: *Skooter.*

Au|to|sla|lom, der (Motorsport): *Geschicklichkeitswettbewerb in der Art eines Slaloms.*

Au|to|som, das; -s, -en [zu ↑auto-, Auto- u. ↑Chromosom] (Med.): *Chromosom, das im Unterschied zu den Geschlechtschromosomen in den diploiden Zellen beider Geschlechter paarweise vorkommt.*

Autostereotyp

Au|to|ste|reo|typ, das ([Sozial]psych.): Stereotyp, das eine Person od. Gruppe von sich selbst hat; Selbstbild.
Au|to|stopp, der [eindeutschende Schreibung von frz. autostop, aus: auto(mobile) u. engl. stop = das Anhalten, vgl. stoppen]: *das Anhalten von Autos zu dem Zweck, sich mitnehmen zu lassen:* A. machen; mit/perA. fahren; Er kauft einen offenen Wagen, allzeit bereit für A. (Frisch, Gantenbein 368).
Au|to|stop|per, der: *Anhalter:* das Mitnehmen eines unbekannten -s (Wochenpresse 46, 1983, 54).
Au|to|stop|pe|rin, die: w. Form zu ↑Autostopper.
Au|to|stra|da, die; -, -s [ital., aus: auto = Auto u. strada = Straße]: ital. Bez. für *mehrspurige Schnellstraße; Autobahn.*
Au|to|stra|ße, die: *Straße, die nur für Kraftfahrzeuge von einer bestimmten Mindestgeschwindigkeit an zugelassen ist.*
Au|to|strich, der (ugs.): **a)** *Straße, Gegend, in der sich Prostituierte aufhalten, um sich Autofahrern anzubieten:* der A. am Rande der Stadt; **b)** *Form der Prostitution, bei der sich Prostituierte an Autostraßen aufhalten, um sich Autofahrern anzubieten:* der A. hat sie kaputtgemacht.
Au|to|stun|de, die: vgl. Autominute.
Au|to|sug|ges|ti|on, die: *Steuerung des eigenen Verhaltens mit den Mitteln der Suggestion* (1 a).
au|to|sug|ges|tiv ⟨Adj.⟩: *sich selbst beeinflussend.*
Au|to|te|le|fon, das: vgl. Autoradio.
Au|to|to|mie, die; -, -n [zu griech. tomē = Schnitt] (Biol.): *(bei verschiedenen Tieren vorkommendes) Abwerfen von meist später wieder nachwachsenden Körperteilen an vorgebildeten Bruchstellen.*
Au|to|tour, die: *Tour* (1) *mit dem Auto.*
Au|to|tou|ris|mus, der: *touristischer Verkehr, Urlaubsverkehr mit Privatautos.*
Au|to|tou|ris|tik, die: *Autotourismus.*
Au|to|to|xin, das (Med.): *im eigenen Körper entstandenes Gift.*
Au|to|trans|fu|si|on, die (Med.): **1.** *Eigenblutbehandlung.* **2.** *Notmaßnahme (bei großen Blutverlusten) zur Versorgung der lebenswichtigen Organe mit Blut durch Hochlegen u. Bandagieren der Gliedmaßen.*
Au|to|trans|plan|tat, das (Med.): *körpereigenes Gewebe für die Autoplastik.*
au|to|troph ⟨Adj.⟩ [zu griech. trophē = Nahrung] (Biol.): *sich nur von anorganischen Stoffen ernährend.*
Au|to|tro|phie, die; - (Biol.): *Ernährung durch Aufnahme anorganischer Nahrung.*
Au|to|tro|pis|mus, der; -, ...men [zu griech. tropē = (Hin)wendung] (Bot.): *Bestreben eines Pflanzenorgans, die Normallage einzuhalten od. sie nach einem Reiz wiederzugewinnen.*
Au|to|tür, die: *Tür eines Autos.*
Au|to|ty|pie, die; -, -n [↑Type] (Druckw.): *Verfahren des Lichtdrucks, bei dem gerasterte Negative auf Glasplatten kopiert werden.*

Au|to|un|fall, der: *Unfall mit dem Auto:* die Zahl der Autounfälle ist leicht rückläufig; sie ist bei einem A. schwer verletzt worden.
Au|to|vak|zin, das, **Au|to|vak|zi|ne**, die (Med.): *Impfstoff für einen Kranken, der aus Erregern gewonnen wird, die aus dem Organismus des Kranken selbst stammen.*
au|to|ve|ge|ta|tiv ⟨Adj.⟩: *(von Zuchtsorten im Obstbau) sich direkt, ohne Veredlung vermehrend.*
Au|to|ver|kehr, der: *durch Autos entstehender Straßenverkehr:* Eine ... Stadt ohne A. (Welt 17. 11. 62, Die geist. Welt 1); der ... Durchblick ... zum wuselig kurvenden A. auf der Kreuzung von Hauptstraßen (Johnson, Ansichten 157).
Au|to|ver|leih, der: *Unternehmen, das gegen Entgelt Autos verleiht.*
Au|to|ver|wer|ter, der: *jmd., der aus gebrauchten od. beschädigten Autos die noch verwertbaren Teile ausbaut u. verkauft.*
Au|to|ver|wer|tung, die: *Betrieb eines Autoverwerters.*
Au|to|wan|dern, das; -s: *Form des Wanderns, bei der die Wanderer bis zu bestimmten angelegten Rundwegen fahren, die dann Ausgangs- und Endpunkt ihrer Wanderung sind.*
Au|to|werk|statt, die: *Werkstatt, in der Autos gewartet u. repariert werden.*
Au|to|wrack, das: *auch äußerlich stark beschädigtes funktionsunfähiges Auto.*
Aut|oxi|da|ti|on, die; -, -en (Chemie): *nur unter katalytischer Mitwirkung sauerstoffreicher Verbindungen erfolgende Oxidation.*
au|to|zen|triert ⟨Adj.⟩: *eigenständig, nicht integriert:* -e Entwicklung (Politik; entwicklungspolitische Strategie, die nicht eine Integration des Entwicklungslandes in die Weltwirtschaft zum Ziel hat, sondern sich für eine eigenständige Entwicklung auf der Basis der im Lande verfügbaren Ressourcen ausspricht).
Au|to|zid|me|tho|de, die [zu ↑auto-, Auto- u. lat. -cidere = töten]: *Verfahren der biologischen Schädlingsbekämpfung, bei dem einer Population* (1) *sterilisierte Männchen zugesetzt werden, um so die Zahl der unbefruchteten Eier zu erhöhen.*
Au|to|zoom, das; -s, -s (Fot.): *Vorrichtung einer Filmkamera, die automatisch die Brennweite abstimmt u. die Entfernung einstellt.*
Au|to|zu|be|hör, das: *Teile, die nachträglich in ein Auto eingebaut werden u. die seine Ausstattung ergänzen od. verbessern.*
Au|to|zu|sam|men|stoß, der: *Zusammenstoß von [zwei] Autos.*
autsch ⟨Interj.⟩: *Ausruf bei unvermutetem körperlichem Schmerz:* a., ich habe mir den Finger verbrannt!
aut si|mi|le, aut si|mi|lia [lat.]: *oder Ähnliches (Hinweis auf ärztlichen Rezepten);* Abk.: aut simil.
au|tum|nal ⟨Adj.⟩ [lat. autumnalis, zu: autumnus = Herbst] (Fachspr.): *herbstlich.*
Au|tum|nal|ka|tarrh, der; -s, -e (Med.):

im Herbst auftretender heuschnupfenartiger Katarrh.
Au|ver|gne [oˈvɛrnjə], die; -: Region in Frankreich.
Au|wald, der: *Auenwald:* Tiefer im A. wurden die Wege schmal und weich (Bieler, Mädchenkrieg 383).
au|weh ⟨Interj.⟩: *Ausruf des Schmerzes und des Bedauerns.*
au|wei[a] ⟨Interj.⟩ (salopp): *Ausruf, durch den jmd. Überraschung, Bestürzung, Beklommenheit ausdrückt:* a., ich habe meine Schlüssel vergessen!
aux fines herbes [ofinˈzɛrb; frz., ↑Fines Herbes] (Gastr.): *mit frisch gehackten Kräutern.*
au|xi|li|ar ⟨Adj.⟩ [lat. auxiliaris, zu: auxilium = Hilfe, Unterstützung, eigtl. = Zuwachs, zu: augere, ↑Autor] (Fachspr.): *helfend, zur Hilfe dienend.*
Au|xi|li|ar|kraft, die (veraltet): *Hilfskraft.*
Au|xi|li|ar|trup|pe, die: *Hilfstruppe im römischen Heer.*
Au|xi|li|ar|verb, das (Sprachw.): *Hilfsverb.*
Au|xin, das; -s, -e [zu griech. aúxein = wachsen machen]: *organische Verbindung, die das Pflanzenwachstum fördert; Wuchsstoff.*
au|xo|chrom ⟨Adj.⟩ [zu griech. chrōma = Farbe] (Chemie): *(von bestimmten chemischen Gruppen) eine Vertiefung od. Veränderung der Farbe bewirkend.*
au|xo|troph ⟨Adj.⟩ [zu lat. auxilium (↑auxiliar) u. griech. trophē = Nahrung] (Biol.): *(von Mutanten von Mikroorganismen od. kultivierten Zellen höherer Lebewesen) der Zufuhr bestimmter Substanzen bedürfend.*
a v. = a vista.
Aval, der, seltener: das; -s, -e [frz. aval < ital. avallo < arab. ḥawāla^h = Wechsel] (Bankw.): *Bürgschaft, bes. für einen Wechsel.*
ava|lie|ren ⟨sw. V.; hat⟩ [frz. avaler]: *als Bürge einen Wechsel unterschreiben.*
Ava|list, der; -en, -en [frz. avaliste]: *Bürge für einen Wechsel.*
Ava|lis|tin, die: w. Form zu ↑Avalist.
Aval|kre|dit, der: *Kreditgewährung einer Bank aufgrund einer Bürgschaft.*
Avan|ce [aˈvãːsə], die; -, -n [frz. avance, zu: avancer, ↑avancieren]: **1.** (veraltet) **a)** *Vorteil, Gewinn;* **b)** *Geldvorschuss.* **2.** *****jmdm. -n machen** (1. geh.; jmdm. gegenüber sein Interesse an ihm, an einer Beziehung mit ihm deutlich erkennen lassen: Sie hat ihm ja schon bei unserer Hochzeit sehr deutliche -n gemacht [Kranz, Märchenhochzeit 48]. 2. *jmdm. bestimmter Vorteile wegen deutliches Entgegenkommen zeigen, um ihn für sich zu gewinnen:* Sogar Moskau ließ sich dazu herbei, Jerusalem -n zu machen [Zeit 6. 6. 75, 1]).
Avan|ce|ment [avãsəˈmãː], das; -s, -s [frz. avancement] (geh. veraltend): *Beförderung, Aufrücken in eine höhere Stelle:* Da Sie Laufjunge und Bürodirektor in einem sind, brauchen Sie sich ja nicht ums A. zu kümmern (Remarque, Obelisk 241).
avan|cie|ren [avãˈsiːrən] ⟨sw. V.; ist⟩ [frz.

avancer, zu einem vlat. Verb mit der Bed. »vorwärts bringen«, zu spätlat. abante = vorweg]: **1.** (veraltend) *befördert werden, in einen höheren Dienstrang aufrücken:* er avanciert zum Direktor. **2.** *zu etw. werden, aufsteigen, aufrücken:* er ist zum besten Spieler der Mannschaft avanciert; (oft iron.:) In den nächsten Jahren avancierte München zur Stadt der Erdbewegung (Spiegel 19, 1966, 37); Lustlosigkeit ist zur sexuellen Störung Nummer eins avanciert (Woche 20. 2. 98, 1). **3.** (veraltet) *vorwärts gehen, vorrücken:* ◆ Es lief darauf hinaus, dass man (= bei dem Duell) a tempo a. und auf zehn Schritt Distanz feuern sollte (Fontane, Effi Briest 198); ⟨subst.:⟩ Zwei Fechtmeister ...: ein älterer ernster Deutscher ... und ein Franzose, der seinen Vorteil durch Avancieren und Retirieren ... zu erreichen suchte (Goethe, Dichtung u. Wahrheit 4).

Avan|ta|ge [aṽaˈtaːʒə], die; -, -n [frz. avantage, zu: avant, ↑Avantgarde]: **1.** (veraltet) *Vorteil, Gewinn.* **2.** frz. Bez. für *Vorteil* (2).

Avan|ta|geur [aṽataˈʒøːɐ̯], der; -s, -e [zu↑Avantage] (veraltet): *Fahnenjunker, Offiziersanwärter.*

Avant|gar|de [aṽãˈɡardə], die; -, -n [frz. avant-garde, aus: avant = vorn (< spätlat. abante, ↑avancieren) u. garde, ↑Garde]: **1.** *Gruppe von Vorkämpfern einer geistigen Entwicklung:* er gehört zur A. **2.** (veraltet) *Vorhut einer Armee;* ◆ Der Herzog von Weimar führte die A. und deckte zugleich den Rückzug der Bagage (Goethe, Kampagne in Frankreich 1792, 1. Oktober).

Avant|gar|dis|mus, der; -: *für neue Ideen eintretende kämpferische Richtung auf einem bestimmten Gebiet (bes. in der Kunst); fortschrittliche Haltung.*

Avant|gar|dist, der; -en, -en: *Vorkämpfer, Neuerer (bes. auf dem Gebiet der Kunst u. Literatur):* Mit seinem Nachdenken über die Natur ist er für Deutschland ein Spätling, in seinem Land aber ein A. (Woche, 14. 11. 97, 28).

Avant|gar|dis|tin, die; -, -nen: w. Form zu ↑Avantgardist.

avant|gar|dis|tisch ⟨Adj.⟩: *den Avantgardismus betreffend, zu ihm gehörend:* -e Literatur, Malerei; Die Ware muss gut und schnell verkaufbar sein, sie muss tragbar sein. Deshalb dürfen -e Kleider nur eine winzigen Anteil der Produktion ausmachen (Woche 7. 2. 97, 33).

avan|ti ⟨Interj.⟩ [ital. avanti < spätlat. abante, ↑avancieren]: *vorwärts!, los!, weiter!*

Ava|ta|ra: ↑Awatara.

AvD = Automobilclub von Deutschland.

avdp. = Avoirdupois.

Ave [ˈaːve], das; -[s], -[s]: kurz für ↑Ave-Maria: ein A. beten.

Avec [aˈvɛk], der; -s [frz. avec = mit < lat. apud = bei]: meist in der Wendung **mit [einem] A.** (ugs. veraltend; *mit Schwung, Leichtigkeit*): Marie packt mit einem A. ihren Stoß Wäsche auf den Tisch (Fallada, Mann 66).

Ave-Ma|ria, das; -[s], -[s] [nach den Anfangsworten des Gebets (nach Lukas 1, 28)] (kath. Kirche): *Gebet zur Verehrung Marias; Angelus* (a); *Englischer Gruß:* drei A. beten.

Ave-Ma|ria-Läu|ten, das; -s: *morgens, mittags u. abends ertönendes kurzes Glockenläuten als Aufforderung, das Ave-Maria zu beten.*

Ave|ni|da, die; -, -s u. ...den [span., port. avenida, zu lat. advenire = herankommen, hereinbrechen]: **1.** *breite Prachtstraße spanischer, portugiesischer u. lateinamerikanischer Städte.* **2.** *spanische u. portugiesische Bezeichnung für eine Sturzflut nach heftigen Regengüssen.*

Aven|tiu|re [avɛnˈtyːrə], die; -, -n [mhd. âventiure = ↑Abenteuer] (Literaturw.): **1.** *(in der mittelhochdeutschen Literatur, bes. in der Artusdichtung) ritterliche Bewährungsprobe, die der Held bestehen muss.* **2.** *Abschnitt in einem mittelhochdeutschen Epos, das nach einzelnen ritterlichen Bewährungsproben gegliedert ist.*

Aven|tü|re, die; -, -n (bildungsspr. veraltet): *Abenteuer; seltsamer Vorfall:* Deren -n standen ja nicht in den Zeitungen (Berndorff, Himmelbett 40).

Aven|tu|ri|er [avãtyˈrje:], der; -s, -s [frz. aventurier] (bildungsspr. veraltet): *Abenteurer; Glücksritter:* in den Armen hält er den Knaben ...; der problematischen kleinen Vagabunden, den grüblerischen A. (K. Mann, Vulkan 244).

Aven|tu|rin, der; -s, -e [frz. aventurine, H. u., vielleicht zu: aventure (↑Abenteuer), angeblich wurde der Stein dadurch künstlich hergestellt, dass Eisenfeilspäne »aufs Geratewohl« (frz. à l'aventure) in eine Glasschmelze gegeben wurden u. die Bez. für das Kunstprodukt dann auf den Naturstein übertragen wurde] (Bergbau): *gelber, roter od. golden flimmernder Quarz mit metallisch glänzenden Einlagerungen.*

Aven|tu|rin|glas, das ⟨Pl. ...gläser⟩: *dem Aventurin ähnliches Glas mit glänzenden Einlagerungen.*

Ave|nue [avəˈnyː], die; -, -n [...ˈnyːən; frz. avenue, zu lat. advenire = herankommen]: *mit Bäumen bepflanzte Prachtstraße in einer Stadt.*

ave|rage [ˈævərɪdʒ] ⟨indekl. Adj.⟩ [engl. average = durchschnittlich] (Kaufmannsspr.): *(von der Qualität von Waren) durchschnittlich, mittelmäßig.*

Ave|rage, der; -, -s [engl. average < frz. avarie, ↑Havarie]: **1.** (bes. Statistik) *Durchschnitt, Mittelwert.* **2.** (Kaufmannsspr.) *Ware mittlerer Güte.* **3.** (Seew.) *Havarie* (1).

Aver|bo, das; -s, -s [aus lat. a verbo = vom Verb] (Sprachw.): *Stammform des Verbs.*

aver|na|lisch, aver|nisch ⟨Adj.⟩ [lat. Avernalis, zu: Avernus = Unterwelt, nach der Sage nach als Eingang in die Unterwelt geltenden lacus Avernus = Averner See]: *höllisch* (1 b), *qualvoll.*

Avers, der; -es, -e [frz. avers < lat. adversus = mit der Vorderseite zugewendet] (Münzk.): *Vorderseite einer Münze od. einer Medaille:* ein Zweimarkstück ..., dessen A. den asketischen Kopf von Max Planck ... trägt (MM 12. 9. 68, 22).

Aver|sal|sum|me, die (veraltet): *Aversum, Abfindung* (2).

Aver|si|on, die; -, -en [frz. aversion < lat. aversio, eigtl. = das ⟨Sich⟩abwenden]: *Abneigung, Widerwille:* gegen jmdn., etw. eine A. haben, -en hegen.

Aver|si|o|nal|sum|me, die [zu ↑aversionieren] (veraltet): *Aversum, Abfindung* (2).

aver|si|o|nie|ren ⟨sw. V.; hat⟩ [zu lat. emptio per (in) aversionem = Kauf im Ganzen, ohne genaue Besichtigung, zu: aversio, ↑Aversion] (veraltet): *abfinden* (1).

Aver|sum, das; -s, ...a (veraltet): *Abfindung* (2).

aver|tie|ren ⟨sw. V.; hat⟩ [frz. avertir < lat. advertere = aufmerksam machen, eigtl. = auf etw. richten] (veraltet): **a)** *benachrichtigen:* bei Gerhardi ist in Strohwein angekommen – ein Wein – ach! Davon habe ich Sie a. wollen (Iffland, Die Hagestolzen I, 7); **b)** *warnen.*

Aver|tis|se|ment [...ˈmã:], das; -s, -s [frz. avertissement, zu: avertir, ↑avertieren] (veraltet): **a)** *Benachrichtigung;* **b)** *Warnung.*

AVG = Angestelltenversicherungsgesetz.

Avi|a|ri|um, das; -s, ...ien [lat. aviarium, zu: aviarius = zu den Vögeln gehörend, Vogel-, zu: avis = Vogel]: *großes Vogelhaus (in zoologischen Gärten).*

Avi|a|tik, die; -: *Flugtechnik, -wesen.*

Avi|a|ti|ker, der; -s, -: *Flugtechniker; Kenner des Flugwesens.*

Avi|a|ti|ke|rin, die; -, -nen: w. Form zu ↑Aviatiker.

Avi|gnon [aviˈnjõː]: *Stadt in Südfrankreich.*

Avi|o|nik, die; - [aus ↑Aviatik u. ↑Elektronik]: **a)** *Gesamtheit elektronischer Geräte (z. B. Bordcomputer), die in der Aviatik verwendet werden;* **b)** *Wissenschaft u. Technik der Avionik* (a).

avi|ru|lent ⟨Adj.⟩ [aus gr.-lat. a- = nicht, un- u. ↑virulent] (Med.): *(von Mikroorganismen) nicht virulent* (1).

Avis [aˈviː], der od. das; - [aˈviː(s)], - [aˈviːs, auch aˈviːs], der od. das; -es, -e [frz. avis, aus afrz. ce m'est a vis = das ist meine Ansicht < vlat. mihi visum est = es scheint mir]: **1.** (Kaufmannsspr.) *Anzeige, Ankündigung [einer Sendung an den Empfänger].* **2.** (Bankw.) *Mitteilung des Ausstellers eines Wechsels an den Schuldner über die Deckung der Wechselsumme.*

avi|sie|ren ⟨sw. V.; hat⟩: **a)** *das Bevorstehen von etw., die Ankunft, das Eintreffen von jmdm. od. etw. schriftlich o. ä. ankündigen:* eine Warenlieferung a.; Meine Ankunft musste avisiert worden sein, denn Mutter Marta ... wachte noch, um mich zu empfangen (Habe, Namen 116); ging ein Leuchten des Erkennens über sein Gesicht. Offenbar waren wir ihm avisiert (Böll, Tagebuch 31); Die avisierte Nutzung der Außenkapazitäten der Gaststätte ... wurde wieder annulliert (NNN 14. 11. 83, 6); **b)** (schweiz.) *benachrichtigen:* Der Arzt stellte fest: ein Verbrechen musste geschehen sein; die Polizei wurde avisiert (National-Zeitung 564, 1968, 3).

Aviso

¹**Avi|so**, der; -s, -s [frz. aviso, aus span. barca de aviso = Nachrichtenschiff, zu frz. avis, ↑Avis] (veraltet): *leichtes, schnelles, wenig bewaffnetes Kriegsschiff.*
²**Avi|so**, das; -s, -s [ital. avviso, aus afrz. ce m'est a vis, ↑Avis] (österr.): *Avis (1).*
a vis|ta [ital. = bei Sicht, aus ↑²a u. ↑Vista] (Bankw.): *bei Vorlage fällig;* Abk.: a v.
Avis|ta|wech|sel, der: *Wechsel, der bei Vorlage fällig ist; Sichtwechsel.*
Avi|ta|mi|no|se, die; -, -n [zu griech. a- = nicht, un- u. ↑Vitamin] (Med.): *Krankheit (z. B. Beriberi), die durch Vitaminmangel entstanden ist.*
Avi|va|ge [aviˈvaːʒə], die; -, -n [frz. avivage] (Textilind.): *das Avivieren.*
avi|vie|ren ⟨sw. V.; hat⟩ [frz. aviver, zu: vif = lebendig < lat. vivus] (Textilind.): *Glanz u. Geschmeidigkeit von Geweben o. Ä. aus Chemiefasern durch Nachbehandlung mit fetthaltigen Stoffen erhöhen; schönen (1 a).*
Avo|cal|do, die; -, -s [älter span. avocado, volksetym. Umdeutung (unter Anlehnung an älter: abocado = Advokat) von aguacate < Nahuatl (mittelamerik. Indianerspr.) ahuacatl]: *birnenförmige, essbare Frucht eines südamerikanischen Baumes.*
Avoir|du|pois [avoardyˈpoa, auch: ɛvədəˈpɔys], das; - [engl. avoirdupois (weight) < afrz. aveir de pois = Ware von Gewicht, zu: aveir, subst. Inf. von: aveir = haben (< lat. habere) u. pois = Gewicht < lat. pensum, ↑Pensum]: *englisches u. nordamerikanisches Handelsgewicht (16 Ounces);* Zeichen: avdp.
◆ **Avo|set|te**, die; -, -n [frz. avocette ∼ ital. avocetta, H. u.]: *Säbelschnäbler: in anmutigem Fluge schwebten Möwen und -n über Land und Wasser hin und wider* (Storm, Schimmelreiter 108).
Avun|ku|lat, das; -[e]s, -e [zu lat. avunculus = Onkel] (Völkerk.): *Vorrecht des Bruders der Mutter eines Kindes gegenüber dessen Vater in Kulturen mit Mutterrecht.*
Avus, die; - [Kurzwort für: Automobil-Verkehrs- u. -Übungsstraße]: *frühere Rennstrecke für Autorennen in Berlin (heute Teil der Autobahn).*
AWACS [ˈavaks, engl.: ˈeɪwæks; Abk. für engl. Airborne early warning and control system]: *Frühwarnsystem der Nato.*
Awa|re, der; -n, -n: *Angehöriger eines zu den Hunnen gehörenden mongolischen Nomadenvolks.*
awa|risch ⟨Adj.⟩: *die Awaren betreffend; zu den Awaren gehörend, von ihnen stammend.*
Awa|ta|ra, Avatara, die; -, -s [sanskr. = Herabstieg, Herabkunft]: *(in den indischen Religionen) [wiederholtes] Erscheinen eines Gottes auf der Erde (in Menschen- od. Tiergestalt).*
Awes|ta, das; -: *Sammlung heiliger Schriften der Parsen.*
awes|tisch ⟨Adj.⟩: *die Awesta betreffend, auf ihr beruhend.*
Awes|tisch, das; -[s] u. ⟨nur mit best. Art.⟩ **Awes|ti|sche**, das; -n: *die awestische Sprache.*
Axel, der; -s, - [nach dem norw. Eiskunstläufer Axel Paulsen (1855–1938)] (Eis-, Rollkunstlauf): *von der Außenkante des linken Fußes vorwärts ausgeführter Sprung, bei dem der Läufer nach einer Umdrehung rückwärts laufend mit der Außenkante des rechten Fußes wieder aufsetzt:* einen doppelten A. ausführen, springen; den dreifachen A. beherrschen, stehen.

axi|al ⟨Adj.⟩ [zu lat. axis = (Erd)achse, verw. mit ↑Achse] (Technik): *in der Achsenrichtung, längs der Achse, achsig:* -e Verschiebung, -e Belastung.
Axi|a|li|tät, die; -, -en: *axiale Anordnung, Achsigkeit.*
Axi|al|ver|schie|bung, die: *Verschiebung in Richtung der Längsachse.*
axil|lar ⟨Adj.⟩ [zu lat. axilla = Achselhöhle, Vkl. von: ala = Achsel]: **1.** (Med.) *zur Achselhöhle gehörend, in ihr gelegen.* **2.** (Bot.) *unmittelbar über der Ansatzstelle eines Blattes hervorbrechend od. gewachsen.*
Axil|lar|knos|pe, die (Bot.): *über einer Blattansatzstelle hervorbrechende Knospe.*
Axi|nit [auch: ...ˈnɪt], der; -s, -e [zu griech. axínē = Beil, nach der Form der Kristallstruktur] (Geol.): *vielfarbiges, als Schmuckstein verwendetes triklines Mineral.*
Axi|o|lo|gie, die; - [zu griech. áxios = würdig, wert u. ↑-logie] (Philos.): *Wertlehre.*
axi|o|lo|gisch ⟨Adj.⟩ (Philos.): *die Wertlehre betreffend.*
Axi|om, das; -s, -e [lat. axioma < griech. axíōma, eigtl. = Würdigung, Würde, Ansehen, zu: áxios, ↑Axiologie] (Wissensch., Philos.): **1.** *als absolut richtig erkannter Grundsatz; gültige Wahrheit, die keines Beweises bedarf.* **2.** *nicht abgeleitete Aussage eines Wissenschaftsbereichs, aus der andere Aussagen deduziert werden.*
Axi|o|ma|tik, die; - (Wissensch.): **1.** *Lehre vom Definieren u. Beweisen mithilfe von Axiomen:* Ü Irene, Agnes und mich verwendet er zu einer A. menschlichen Sprechens (Fichte, Versuch 209). **2.** *axiomatisches Verfahren, Vorgehen:* weil bei der Vergegenständlichung mathematischer Gesetze Axiome angesetzt werden, bei der für das sprachliche dagegen eine A. per definitionem ausgeschlossen ist (Zeitschrift für Phonetik 1–3, 1974, 78).
axi|o|ma|tisch ⟨Adj.⟩ [griech. axiōmatikós] (Wissensch.): **1.** *auf Axiomen beruhend.* **2.** *unanzweifelbar, gewiss.*
axi|o|ma|ti|sie|ren ⟨sw. V.; hat⟩ (Wissensch.): **1.** *zum Axiom erklären.* **2.** *axiomatisch festlegen.*
Axi|o|me|ter, das; -s, - [↑-meter] (Schiffbau): *Richtungsweiser für das Steuerruder von Schiffen.*
Axis|hirsch, der; -[e]s, -e [zu lat. axis = Achse, nach dem Rückenstreifen]: *(in Indien u. Sri Lanka vorkommender) kleinerer Hirsch mit rotbraunem, weiß getupftem Fell u. schwarzem Rückenstreifen.*
Ax|mins|ter|tep|pich [ˈɛksmɪnstə...], der; -s, -e [nach der engl. Stadt Axminster in Devonshire]: *gewebter Florteppich.*

Axol|lotl, der; -s, - [aztekisch]: *mexikanischer Schwanzlurch, der sich schon im Larvenstadium fortpflanzen kann.*
Axon, das; -s, Axone u. Axonen [griech. áxōn = Achse, verw. mit ↑Achse] (Biol.): *[mit einer besonderen Isolierschicht umgebener] Neurit.*
Axo|no|me|trie, die; -, -n [zu griech. áxōn = Achse u. métron, ↑Meter] (Math.): *geometrisches Verfahren, räumliche Gebilde durch Parallelprojektion auf eine Ebene darzustellen.*
axo|no|me|trisch ⟨Adj.⟩: *auf dem Verfahren der Axonometrie beruhend.*
Axt, die; -, Äxte [mhd. ackes, ax(t), ahd. ackus, wahrsch. aus einer kleinasiat. Spr.]: *Werkzeug mit schmaler Schneide u. langem Stiel, bes. zum Fällen von Bäumen:* die A. schwingen; R die A. im Haus erspart den Zimmermann *(jemand, der geschickt ist im Umgang mit Handwerkszeug, braucht für vieles nicht die Hilfe eines Fachmanns;* Schiller, Wilhelm Tell III, 1); R (ugs. scherzh.:) die A. im Haus ersetzt die Ehescheidung; **wie eine/die A. im Walde* (ugs.; *ungehobelt, rüpelhaft in seinem Benehmen;* er benimmt sich wie die A. im Walde); **einer Sache die A. an die Wurzel legen, an einer Sache die A. anlegen** (*sich anschicken, einen Missstand zu beseitigen;* nach Matthäus 3, 10).
Axt|hieb, der: *Hieb mit einer Axt.*
Aya|tol|lah: ↑Ajatollah.
Ayun|ta|mi|en|to, der od. das; -[s], -s [span. ayuntamiento, zu älter: ayuntar = verbinden, zu lat. adiunctum, ↑Adjunkt]: *(in Spanien) Gemeinderat, -verwaltung.*
Ayur|ve|da, Ayur|we|da, der; -[s] [sanskr. = Veda (= Wissen) von der (Verlängerung der) Lebensdauer; vgl. Weda]: *Sammlung der wichtigsten Lehrbücher der altindischen Medizin aus der brahmanischen Epoche.*
ayur|ve|disch, ayur|we|disch ⟨Adj.⟩: *den Ayurveda betreffend, in ihm enthalten:* -e Schriften.
AZ, Az. = Aktenzeichen.
a. Z. = auf Zeit.
Aza|lee (Fachspr.), **Aza|lie**, die; -, -n [griech. azaléa, zu: azaléos = trocken, dürr]: *(zu den Heidekrautgewächsen gehörende) als Strauch wachsende Pflanze mit großen, weißen, rosa od. roten, trichterförmigen Blüten u. kleinen, dunkelgrünen Blättern.*
azen|trisch ⟨Adj.⟩ [aus griech. a- = nicht, un- u. ↑zentrisch] (bes. Fachspr.): *ohne Zentrum, nicht zentrisch.*
aze|o|trop ⟨Adj.⟩ [zu griech. a- = nicht, un-, zeĩn = sieden u. tropḗ = (Hin)wendung] (Chemie): *(von einem Flüssigkeitsgemisch aus mehreren Komponenten) einen konstanten Siedepunkt besitzend.*
aze|phal: ↑akephal.
Aze|phal|le, der u. die; -n, -n [zu griech. a- = nicht, un- u. kephalḗ = Kopf] (Med.): *fehlgebildetes Lebewesen ohne Kopf.*
Aze|phal|len ⟨Pl.⟩ [eigtl. = Kopflose, vgl. Azephale] (Biol. veraltet): *Muscheln.*
Aze|phal|lie, die; -, -n [zu ↑Azephale] (Med.): *(bei fehlgebildeten Lebewesen) das Fehlen des Kopfes.*
Aze|ri|den ⟨Pl.⟩ [zu griech. a- = nicht,

un- u. lat. cera = Wachs] (Med.): *Arzneimittel, bes. Salben, die kein Wachs enthalten.*
A̱ze|tat usw.: ↑Acetat usw.
A̱zid, *das;* -[e]s, -e [zu ↑Azote] (Chemie): *Salz der Stickstoffwasserstoffsäure.*
A̱zid...: in der Fachspr. nicht mehr übliche Schreibung für Acid...
Azi̱|lien [azi'ljɛ̃ː], *das;* -[s] [nach dem frz. Fundort Le Mas d'Azil (Departement Ariège)] (Geol.): *Kulturstufe der jüngeren Altsteinzeit.*
Azi̱|mut, *das,* auch: *der;* -s, -e [arab. assumūt = die Wege] (Astron.): *Winkel zwischen der Vertikalebene eines Gestirns u. der Südhälfte der Meridianebene, gemessen von Süden über Westen, Norden u. Osten.*
azi|muta̱l ⟨Adj.⟩: *das Azimut betreffend.*
Azi̱|ne ⟨Pl.⟩ [zu ↑Azot] (Chemie): *stickstoffhaltige Verbindungen des Benzols.*
azi|nös ⟨Adj.⟩ [lat. acinosus, zu: acinus = Weintraube] (Med.): *(von Drüsen) traubenförmig.*
Azo|bé [...'beː], *das;* -[s] [afrik.]: *Bongosi.*
Azo|ben|zo̱l, *das;* -s [zu ↑Azote] (Chemie): *orangerote organische Verbindung, Grundstoff der Azofarbstoffe.*
A̱zo|farb|stoff, *der;* -[e]s, -e [zu ↑Azote] (Chemie): *Farbstoff der wichtigsten Gruppe der Teerfarbstoffe.*
A̱zo|grup|pe, *die* [zu ↑Azote] (Chemie): *chemische Gruppe aus zwei Stickstoffatomen.*
Azo̱|i|kum, *das;* -s [zu griech. ázōos = ohne Leben, aus a- = nicht, un- u. zōós = lebendig] (Geol.): *älteste erdgeschichtliche Formation.*
azo̱|isch ⟨Adj.⟩ (Geol.): **1.** *zum Azoikum gehörend.* **2.** *ohne Spuren organischen Lebens.*
Azo̱l, *das;* -s, -e ⟨meist Pl.⟩ [zu frz. azote, ↑Azote] (Chemie): *heterozyklische (2) Verbindung, die in einem fünfgliedrigen Ring mindestens ein Stickstoffatom enthält.*
Azo|o|sper|mie̱, *die;* -, -n [zu griech. ázōos (↑Azoikum) u. ↑Sperma] (Med.): *das Fehlen von beweglichen Spermien in der Samenflüssigkeit.*
Azo̱|ren ⟨Pl.⟩: *Inselgruppe im Atlantischen Ozean.: ein Hoch über den A. verspricht sommerliches Wetter.*
Azo̱|ren|hoch, *das;* -s (Met.): *häufig über dem mittleren Nordatlantik liegendes Hoch (2) mit Kern südlich od. westlich der Azoren, das zur Zone des subtropischen hohen Luftdrucks gehört u. großen Einfluss auf das Wettergeschehen West- u. Mitteleuropas hat.*
Azo|tä|mie̱, *die;* -, -n [zu frz. azote (↑Azote) u. griech. haĩma = Blut] (Med.): *Stickstoffüberschuss im Blut.*
Azo̱te [a'zɔt], *der;* - [frz. azote, zu griech. a- = nicht, un- u. zōē̓ = Leben (Stickstoff führt bei Mensch u. Tier in höheren eingeatmeten Konzentrationen zum Ersticken); gepr. von dem frz. Chemiker A. L. de Lavoisier (1743–1794)]: franz. Bez. für *Stickstoff.*
azo|tie̱|ren ⟨sw. V.; hat⟩ (Chem.): *Stickstoff in eine chemische Verbindung einführen.*
Azo|to|ba̱k|ter, *der* od. *das;* -s, - [zu ↑Azote u. ↑Bakterie] (Biol.): *im Boden u. in Gewässern vorkommende Bakterie, die molekularen Stickstoff der Luft zu binden vermag.*
Azo|to|ba̱k|te|rin, *das;* -s: *Düngemittel, das Azotobakter enthält.*
Azo|to|me̱|ter, *das;* -s, -: *Gerät zur quantitativen Bestimmung von Stickstoff in organischen Verbindungen.*
Azo|tor|rhö̱, *die;* -, -en [zu ↑Azote u. griech. rhoḗ = Fluss, das Fließen, zu: rheĩn = fließen] (Med.): *gesteigerte Ausscheidung stickstoffhaltiger Verbindungen (z. B. Harnstoff) im Stuhl.*
Azo|tu|rie̱, *die;* -, -n [zu griech. oũron = Harn] (Med.): *stark gesteigerte Ausscheidung von Stickstoff (Harnstoff) im Harn; Harnstoffruhr.*
A̱z|te|ke, *der;* -n, -n: *Angehöriger eines Indianerstammes in Mexiko.*
A̱z|te|ken|reich, *das;* -: *Reich der Azteken in Mexiko vor der spanischen Eroberung.*
a̱z|te|kisch ⟨Adj.⟩.
A̱z|te|kisch, *das;* -[s] ⟨nur mit best. Art.:⟩ **A̱z|te|ki|sche,** *das;* -n: *Sprache der Azteken.*
Azu̱|bi [a'tsuːbi, 'aːtsubi], *der;* -s, -s u. *die;* -, -s (ugs.): Kurzwort für: **Auszubildende[r].**
Azu|le̱|jos [atsu'lɛxɔs, asu...] ⟨Pl.⟩ [span. azulejos < arab. (mit Art.) az-zulaiğ = glasierte Keramik, Kacheln]: *mehrfarbig (vor allem dunkelgrün, blau, violett, rot) glasierte Wandkacheln aus Spanien:* Alicia schleust uns ... in den Mercado Central, den lichtdurchfluteten, reich mit A. verzierten Zentralmarkt (a & r 2, 1997, 86).
Azu|le̱n, *das;* -s, -e [zu ↑Azur] (Chemie): *blauer, bizyklischer aromatischer Kohlenwasserstoff.*
Azu̱r, *der;* -s [frz. azur < mlat. azzurum < arab. lāzaward (< pers. lāğward) = Lasurstein, lasurfarben] (dichter.): **1.** *blaue Farbe des Himmels.* **2.** *der blaue Himmel:* Glorreich und lieblich, mit vergoldeten Wölkchen in reinen A., kam der Tag herauf (Th. Mann, Hoheit 250).
azu̱r|blau ⟨Adj.⟩: *himmelblau, leuchtend blau:* ein -er Himmel.
Azu|ree̱|li|ni|en ⟨Pl.⟩ [frz. azurée, 2. Part. von: azurer = lasurblau färben]: *waagerechtes, meist wellenförmiges Linienband auf Vordrucken, z. B. Schecks, zur Erschwerung von Änderungen od. Fälschungen.*
azu|rie̱rt ⟨Adj.⟩: *mit Azureelinien versehen.*
Azu|ri̱t [auch: ...'rɪt], *der;* -s: *blaues durchscheinendes Mineral, das als Schmuckstein verwendet wird.*
azu̱rn ⟨Adj.⟩ (geh.): *himmelblau:* ein -er Himmel.
Azy|a|nop|sie̱, *die;* -, -n [zu griech. a- = nicht, un-, kyáneos = dunkelblau u. ópsis = das Sehen] (Med.): *Farbenblindheit für blaue Farben.*
Azy|gi̱e, *die;* - [spätgriech. azygía = das Unverbundensein, zu: a- = nicht, un- u. zygón = Joch]: **1.** (Biol.) *Ungepaartheit, das Nichtverschmelzen von Gameten.* **2.** (Med., Anat.) *einfaches Vorhandensein eines Organs (wie Leber od. Milz); Unpaarigkeit.*
azy̱|gisch ⟨Adj.⟩: **1.** (bes. Biol.) *Azygie (1) aufweisend, ungepaart.* **2.** (Med., Anat.) *Azygie (2) aufweisend, unpaarig.*
azy̱|klisch ['atsyːklɪʃ, 'aːtsyːk...] ⟨Adj.⟩ [aus griech. a- = nicht, un- u. ↑zyklisch]: **1.** (Chemie) *nicht kreisförmig:* -e Verbindungen. **2.** (bes. Med.) *regelmäßig, nicht zyklisch (1): eine -e Menstruation.* **3.** (Bot.) *(von Blütenblättern) spiralig angeordnet.*
Azy̱|ma: Pl. von ↑Azymon.
Azy̱|mit, *der;* -en, -en [mgriech. azymítēs, zu: ázymon (↑Azymon), die Katholiken feiern die Eucharistie mit ungesäuertem Brot]: in der griechisch-orthodoxen Kirche Bez. für *römisch-katholischer Christ.*
A̱zy|mon [auch: 'aːts...], *das;* -[s], ...ma [kirchenlat. azymon < spätgriech. ázymon, zu griech. ázymos = ungesäuert]: **1.** *ungesäuertes Brot; Maze.* **2.** ⟨Pl.⟩ *Passahfest als Fest der ungesäuerten Brote.*
Az|zu̱r|ri, (auch:) **Az|zu̱r|ris** ⟨Pl.⟩ [ital. azzurri (Pl.) = die Blauen (nach der Farbe ihres Trikots), zu: azzurro = blau < arab. lāzaward, ↑Azur]: *italienische Sportmannschaft[en].*

ABCDEFG

b, B [beː], das; - (ugs.: -s), - (ugs.: -s) [1: mhd., ahd. b]: **1.** *zweiter Buchstabe des Alphabets, ein Konsonant:* ein kleines b, ein großes B schreiben. **2.** (Musik) *um einen halben Ton erniedrigtes h.* **3.** (Musik) *Erniedrigungszeichen* (♭).
b = ²Bar; b-Moll.
B = B-Dur, vgl. b; Bel; Bor; Brief (2), Briefkurs (auf Kurszetteln); Bundesstraße.
β, B: ↑ Beta.
b. = bei[m].
B. = Bachelor; Bolivar.
Ba = Barium.
BA [biːˈeɪ] = British Airways (britische Luftfahrtgesellschaft).
Baal: semitischer Wetter- u. Himmelsgott.
Baas, der; -es, -e [niederl. baas < mniederl. baes, H.u.] (norddt., bes. Seemannsspr.): *Herr, Meister, Aufseher, Vermittler.*
BAB = Bundesautobahn.
ba|ba, bä|bä (Kinderspr.): weist auf etwas Schmutziges, Ekelhaftes hin, was nicht angefasst, nicht getan werden soll: nicht anfassen, das ist b.; Die Analytiker wissen genau, warum diese ersten selbstständigen Lusterlebnisse vergessen werden, wahrscheinlich, weil Eltern sie mit »baba« als ein Schlechtes kommentieren (Pilgrim, Mensch 95).
¹Ba|ba, der; - [türk. baba = Vater] (früher): *türkischer Ehrentitel für einen Geistlichen.*
²Ba|ba, die; -, -s [slaw., vgl. poln. baba = Großmutter, russ. baba = alte Frau; Lallwort der Kinderspr.] (landsch.): *Großmutter.*
bab|beln ⟨sw. V.; hat⟩ [lautm. nach den ersten kindlichen Sprechversuchen ba-ba] (landsch.): **1.** *(von Kleinkindern, bevor sie richtig sprechen können) noch unverständlich, einzelne Laute, Silben sprechen:* das Baby babbelt schon ein bisschen. **2.** *andauernd [töricht] reden, schwatzen; sich unterhalten:* dummes Zeug b.; Spießers feiern Konfirmation, sitzen 90 Minuten am Tisch und babbeln Spießiges (Hörzu 32, 1979, 28).
Bab|bitt [ˈbɛbɪt], der; -s, -s [nach dem Titelhelden eines Romans des amerik. Schriftstellers Sinclair Lewis (1885 bis 1951)] (selten): *geschäftstüchtiger Spießer.*

¹Ba|bel, das; -s, - [hebr. Bavel für griech. Babylon < babyl. bābilāni = Pforte der Götter] (selten): **1.** *Ort des Lasters, der Verworfenheit; Sündenbabel.* **2.** *Stadt mit einem Gemisch von Völkern u. Gewirr von Sprachen:* New York ist ein B.
²Ba|bel: ↑ Babylon.
Ba|bu|sche [auch: baˈbuːʃə], die; -, -n ⟨meist Pl.⟩ [frz. babouche < pers. pāpuš = Fußbekleidung] (landsch., bes. ostmd.): *bequemer, warmer, aus Stoff hergestellter Hausschuh.*
Ba|busch|ka, die; -, -s [russ. babuška, ²vgl. Baba] (landsch.): *Großmutter:* Wieder am Vordereingang, versperrte uns eine andere »Babuschka« den Weg (Spiegel 16, 1988, 155).
Ba|by [ˈbeːbi, engl.: ˈbeɪbɪ], das; -s, -s [engl. baby, Lallwort der Kinderspr.]: **1. a)** *Säugling, Kleinkind im ersten Lebensjahr:* ein süßes B.; das B. wickeln, füttern; Andrea kommt am siebenten Tag samt dem Baby aus dem Spital (Zenker, Froschfest 77); sie benimmt sich wie ein B.; er ist noch ein richtiges B. *(unselbstständig, hilflos);* **b)** *Kind:* sich ein B. wünschen; sie erwartet, bekommt ein B.; solange ... jährlich 100000 Babys im Mutterleib getötet werden (Alt, Frieden 102). **2.** (Kosew.) *Schätzchen, Liebling:* »Stimmt, B.«, sagte ich zu ihr (Bukowski [Übers.], Fuck 27); Sie lächelte. »Versuch es auch gar nicht erst, B. ...« (Remarque, Obelisk 302).
Ba|by|al|ter, das; *erstes Lebensjahr eines Kindes:* das B. ist bei ihm jetzt vorbei; sie ist noch im B.
Ba|by|aus|stat|tung, die; *Kleidung für das Baby (1) [u. Gegenstände für die Säuglingspflege].*
Ba|by|boom, der; (↑ Boom) (ugs.): *[plötzlicher] Anstieg der Geburtenziffer.*
Ba|by|boo|mer, der; -s, -[s] (ugs.): *jmd., der einem geburtenstarken Jahrgang entstammt.*
Ba|by|doll [auch: --ˈ-], das; -[s], -s [nach der Titelfigur des gleichnamigen amerik. Films]: *Damenschlafanzug aus leichtem Stoff mit kurzem Höschen und weitem Oberteil:* Ihre Brüste schimmern durch das B. (Sobota, Minus-Mann 165).
Ba|by|jahr, das: **1.** *bei Müttern für jedes Kind zusätzlich anzurechnendes Rentenversicherungsjahr:* die Anrechnung eines rentensteigernden -es auch für die 4,6

Millionen vor 1921 geborenen Mütter (Welt 5. 5. 86,4). **2.** *ein Jahr dauernder Mutterschutzurlaub:* Bei mir im Haus wohnt eine junge Frau, die jetzt im B. ist (MM 14./15. 6. 80, 16).
Ba|by|lon: Ruinenstadt am Euphrat.
Ba|by|lo|ni|en; -s: antikes Reich zwischen Euphrat u. Tigris.
Ba|by|lo|ni|er, der; -s, -: Ew.
Ba|by|lo|ni|e|rin, die; -, -nen: w. Form zu ↑ Babylonier.
ba|by|lo|nisch ⟨Adj.⟩: *Babylon, die Babylonier betreffend:* die -en Einwohner; die Babylonische Gefangenschaft (bibl.; *Zwangsverschleppung der Juden nach Babylon 597 u. 587 v. Chr.*); * **-e Sprachverwirrung, -es Sprachengewirr** (bildungsspr.; *Vielfalt von Sprachen, die an einem Ort, meist in einer Weltstadt, gesprochen werden;* nach 1. Mos. 11, 9).
Ba|by|lo|nis|mus, der; - (selten): *Vielfalt, Wirrwarr, Vielerlei:* der architektonische B. unserer Zeit hat sie (= die deutsche Kleinstadt) erwürgt (MM 23. 1. 69, 3).
Ba|by|nah|rung, die: *für Säuglinge besonders zubereitete, geeignete Nahrung.*
Ba|by|pup|pe, die: *Puppe, die einem Baby (1) nachgebildet ist.*
Ba|by|ras|sel, die: *Rassel (2):* gleich wurde das Geräusch einer B. hörbar (M. Walser, Seelenarbeit 78).
ba|by|sit|ten [...sɪtn, ...zɪtn] ⟨V., nur im Inf.⟩ (ugs.): *sich als Babysitter betätigen;* heute Abend gehe ich b., muss ich b.
Ba|by|sit|ter [...sɪtɐ, ...zɪtɐ], der; -s, - [engl. baby-sitter]: *Person, die kleine Kinder bei Abwesenheit der Eltern [gegen Entgelt] beaufsichtigt.*
Ba|by|sit|te|rin, die; -, -nen: w. Form zu ↑ Babysitter.
ba|by|sit|tern ⟨V., nur im Inf.⟩ (ugs.): *babysitten.*
Ba|by|sit|ting, das; -s [...sɪtɪŋ, ...zɪtɪŋ]; engl. baby-sitting, zu: to baby-sit = babysitten, aus: baby (↑ Baby) u. to sit = sitzen]: *Beaufsichtigung kleiner Kinder bei Abwesenheit der Eltern.*
Ba|by|speck, der (ugs. scherzh.): **a)** *rundliche Formen, die der Körper eines Säuglings. Kleinkindes aufweist;* **b)** *(meist unerwünschte) rundliche Körperformen bes. eines jungen Mädchens.*
Ba|by|strich, der (ugs.): **a)** ⟨o. Pl.⟩ *Prostitution von Minderjährigen;* **b)** *Straße, Ge-*

gend, in der sich Minderjährige für sexuelle Handlungen anbieten: Die vom B. in Schöneberg dürfen nur am Tag stehen; nachts, wenn die Älteren kommen, müssen die weg (Spiegel 34, 1985, 45).

Ba|by|wä|sche, die: *Wäsche (2) für Babys.*

Ba|by|zel|le, die: *kleine, längliche Batterie (2 a).*

Bac|cha|nal [baxa'na:l], das; -s, -e [lat. Bacchanal, zu ↑Bacchus] (geh.): *ungezügeltes, ausschweifendes Fest, Trinkgelage:* Die Folge war, dass die geplante Hinrichtung eines der verabscheuungswürdigsten Verbrechers seiner Zeit zum größten B. ausartete (Süskind, Parfum 303).

Bac|chant, der; -en, -en [mlat. bacchans (Gen.: bacchantis), zu lat. bacchari = toben, ausgelassen feiern, eigtl. = das Bacchusfest feiern] (geh.): *weinseliger Trinker.*

Bac|chan|tin, die; -, -nen: *Mänade.*

bac|chan|tisch ⟨Adj.⟩ (bildungsspr.): *ausgelassen, trunken, überschäumend:* ein -es Fest, Gelage; Ein -er Zug wälzte sich an mir vorbei (Hildesheimer, Legenden 123).

Bac|chi|us, der; -, ...ien [lat. bacchius pes < griech. bakcheîos poús = bacchischer Versfuß]: *dreisilbiger antiker Versfuß aus einer Kürze u. zwei Längen (. – –).*

¹Bac|chus ['baxus, österr. auch: 'bakus; lat. Bacchus < gr. Bákchos] (griech.-röm. Myth.): *Gott des Weines:* *** [dem] B. huldigen** (geh. verhüll.; *Wein trinken*): am Abend gab es pro Soldat zwei Flaschen Bier ... Dafür haben unsere Vorgesetzten B. um so mehr gehuldigt (Spiegel 9, 1977, 41).

²Bac|chus, der; -, -: **a)** ⟨o. Pl.⟩ *Rebsorte aus einer Kreuzung von Silvaner, Riesling u. Müller-Thurgau;* **b)** *aus Bacchus (a) hergestellter fruchtiger Weißwein mit mehr od. weniger stark ausgeprägtem muskatähnlichen Bukett.*

Bach, der; -[e]s, Bäche [mhd. bach, ahd. bah, H. u.]: **1.** *kleiner natürlicher Wasserlauf von geringer Tiefe u. Breite:* der B. rauscht, windet sich durch das Tal. **2.** *Rinnsal, das sich aus abfließendem Regenwasser, Schmutzwasser o. Ä. gebildet hat:* das Regenwasser floss in Bächen ab; an den Bürgersteigkanten gurgelten Bäche den Siphons zu (v. d. Grün, Irrlicht 19); Ü Bäche von Schweiß flossen an ihm herunter; *** [einen] B., [ein] Bächlein machen** (Kinderspr.; *urinieren*); **den B. runtergehen** (ugs.; *zunichte werden*): Wie der Naturschutz den B. runtergeht (Spiegel 40, 1981, 158); Unsere Renten gehen eines Tages den B. runter (Hörzu 50, 1984, 123). **3.** (Seemannsspr., Fliegerspr. Jargon) *Gewässer, Wasser, Meer:* Der Spi. (= Spinnacker) ging zu B., ich überfuhr ihn, warf schnell alle Schoten (Skipper 8, 1979, 15); lass mich nicht in'n B. fallen (Ott, Haie 10).

bach|ab ⟨Adv.⟩ (schweiz.): *verloren; zunichte:* *** etw. b. schicken** (*etw., bes. einen Antrag o. Ä., verwerfen, ablehnen*): Damals hatte der Souverän eine Vorlage des Gemeinderates b. geschickt (Vaterland 26. 7. 84, 27); **b. gehen** (*zunichte werden*).

Bach|bett, das: vgl. Flussbett.

Bach|blü|ten|the|ra|pie, (auch:) **Bach-Blü|ten-The|ra|pie,** die; - [nach dem engl. Arzt E. Bach]: *Therapie mit einer Essenz aus bestimmten Blüten u. Pflanzenteilen, durch die seelisch-geistige Zustände beeinflusst werden sollen.*

Ba|che, die; -, -n [mhd. bache, ahd. bacho = Speckseite, Schinken, zu ahd. bah = Rücken (↑²Backe); frühnhd. übertr. auf das ganze Schwein]: *weibliches Wildschwein von 3. Lebensjahr an.*

Bä|chel|chen, das; -s, -: Vkl. zu ↑Bach.

Ba|che|lor ['bɛtʃəlɐ], der; -[s], -s [engl. bachelor < afrz. bacheler < mlat. baccalaris, ↑Bakkalaureus]: *niedrigster akademischer Grad in England, den USA u. anderen englischsprachigen Ländern;* Abk.: B.

Bach|fo|rel|le, die: *in klaren, sauerstoffreichen Gewässern lebende Forelle mit dunklem Rücken u. hellen Seiten, die große dunkelrote Tupfen aufweisen.*

Bach|lauf, der: vgl. Flusslauf: Zwischen drei und 15 Millionen Mark ... sollen, allein einen Kilometer B. zu renaturieren (Welt 4. 1. 90, 19).

Bäch|lein, das; -s, -: Vkl. zu ↑Bach.

Bach|pa|te, der: *Personengruppe, Institution, die eine Bachpatenschaft übernimmt.*

Bach|pa|ten|schaft, die: *Verpflichtung einer Gruppe von Menschen, sich um die [Wiederherstellung u.] Erhaltung des ursprünglichen, natürlichen Zustands eines Baches zu kümmern:* unsere Schule möchte gern eine B. übernehmen; Fünf Ortsgruppen ... haben einen Antrag auf eine B. gestellt, oder ein Vertrag liegt schon vor (Wormser Zeitung 29. 11. 91, 16).

Bach|stel|ze, die [mhd. bachstelz, volksetym., zu dem stelzenden Gang des wasserliebenden Vogels, aber urspr. wohl = Vogel, der seinen Sterz (= Schwanz) ständig auf und ab bewegt]: *schwarz-weiß gefiederter, heimischer Singvogel mit auffallend langem, wippendem Schwanz.*

Bach-Wer|ke-Ver|zeich|nis, das ⟨o. Pl.⟩: *Verzeichnis der Werke Joh. Seb. Bachs* (Abk.: BWV).

back ⟨Adv.⟩ [engl. back = rückwärts; Rücken, verw. mit ↑²Backe] (Seemannsspr.): *entgegen, zurück, rückwärts.*

¹Back, die; -, -en [1 a: (m)niederd. bak, wohl zu einem galloroman. Wort mit der Bed. »Wassergefäß«; vgl. Becken; 1 b: urspr. = Gruppe von Seeleuten, die aus einer Schüssel essen; 2: nach dem Raum für die Back (1 b)] (Seemannsspr.): **1. a)** *hölzerne Schüssel, in der das Essen für die Schiffsmannschaft aufgetragen wird:* fünf Scheiben Brot mittags trocken und so 'ne B. voll Muckefuck (Fichte, Wolli 395); **b)** *Tischgemeinschaft der Schiffsmannschaft;* **c)** *zusammenklappbarer Esstisch der Schiffsmannschaft auf einem Schiff:* da zaubert der Smutje auch bei den miesesten Wetter noch eine heiße Suppe auf die B. (Skipper 8, 1979, 79). **2.** *Deckaufbau auf dem Vorschiff:* schlendre ich ... zwischen Achterdeck und B. hin und her (Hilsenrath, Nazi 236).

²Back [bɛk, engl.: bæk], der; -s, -s [engl. back, ↑back] (österr., sonst veraltet; bes. Fußball): *Verteidiger.*

Back|aro|ma, das: *beim Backen verwendetes [künstliches] Aroma.*

Back|blech, das: *flache Platte aus Blech, auf der Kuchen o. Ä. zum Backen in den Ofen geschoben wird; Kuchenblech:* Am Abend gibt es Rotwein und zwei -e mit Pizza (Zenker, Froschfest 92).

back|bord, backbords ⟨Adv.⟩ (Seew., Luftf.): *links, auf der linken Schiffs- od. Flugzeugseite.*

Back|bord, das ⟨Pl. selten⟩ [aus dem Niederd. < mniederd. ba(c)kbort, aus: bak = Rücken (verw. mit ↑²Backe) u. ↑²Bord; nach dem früheren Standort des Steuermanns auf der rechten hinteren Schiffsseite, wobei ihm die linke Schiffsseite im Rücken lag] (Seew., Flugw.): *linke Seite des Schiffes (in Fahrtrichtung gesehen) od. linke Seite eines Luftfahrzeugs (in Flugrichtung gesehen):* das Ruder nach B. legen.

Back|bord|flü|gel, der (Flugw.): *linker Flügel eines Flugzeugs.*

Back|bord|la|ter|ne, die (Seew.): *an Backbord befestigte Seitenlaterne eines Schiffes.*

Back|bord|licht, das (Flugw.): *rotes Licht an der linken Rumpfseite eines Flugzeugs.*

Back|bord|mo|tor, der (Flugw.): *linker Motor eines Flugzeugs.*

back|bords: ↑backbord.

Back|bord|sei|te, die (Seew.): *linker Schiffsteil (in Fahrtrichtung gesehen).*

Back|bord|wand, die (Seew.): *linke Seitenwand eines Schiffes.*

Bäck|chen, das; -s, -: Vkl. zu ↑¹Backe (1).

¹Ba|cke, die; -, -n [urspr. niederd. Nebenf. von ↑Backen]: **1.** *Teil des Gesichts links bzw. rechts von Nase u. Mund; Wange:* runde, gerötete -n; sie hat rote -n (*sieht frisch aus*); Elli kann stundenlang zuhören, bekommt rote -n dabei (Ossowski, Flatter 169); sie hatte eine dicke, geschwollene B. (*durch eine Entzündung an einem Zahn hervorgerufene Schwellung der Backe*); -n wie ein Hamster (*dicke Backen*) haben; ihre Frauen ... schreiten zum Anstand: Gewehr an die B. (Gregor-Dellin, Traumbuch 136); Frau Holle kaute mit vollen -n (Hilsenrath, Nazi 120); der Junge strahlte über beide -n (*strahlte vor Freude, Glück*); Tränen liefen ihr über die -n; B. eines Apfels; *** au B. [mei'n Zahn]!** (salopper Ausruf der Verwunderung, der [unangenehmen] *Überraschung*): Au B.! Der Fritz hat eine Scheibe eingeschmissen und weiß nicht, was er tun soll (MM 24. 4. 79, 15). **2.** *(paarweise angeordneter) beweglicher Seitenteil od. bewegliche Seitenfläche eines Gegenstandes aus Metall, Holz od. ähnlichem festem Material zum Festklammern, Anpressen od. Zerkleinern von etw.:* die -n eines Schraubstocks, einer Bremse.

²Ba|cke, die; -, -n [mhd. (ars)backe, bache, ahd. bahho = Schinken, Speckseite, urspr. = Rückenstück, zu ahd. bah = Rücken, H. u.; angelehnt an das nicht

backen

verwandte ↑¹Backe] (ugs.): *Gesäßhälfte:* die -n zusammenkneifen; *** etw. auf einer B. absitzen, abreißen, runterreißen** (salopp; *etw., bes. eine Haftstrafe o. Ä. ohne [größere] Schwierigkeiten hinter sich bringen*): *Seine mehrmaligen, dringenden Bitten beim zuständigen Staatsanwalt, ihn sofort wieder reinzulassen, damit er die nachfolgenden Strafen auf einer B. absitzen konnte, brachten keinen Erfolg* (FR 7. 12. 91, 1).

¹ba|cken ⟨unr. V.; bäckt/backt, backte/ (veraltend:) buk, hat gebacken⟩ [mhd. backen, ahd. backan, urspr. = wärmen, rösten]: **1. a)** *aus verschiedenen Zutaten einen Teig bereiten u. diesen unter Hitzeeinwirkung im Backofen gar u. genießbar machen:* sie bäckt gerne, gut; *Das Frauenhaus bastelt und backt* (MM 3. 9. 82, 24); **b)** *durch Backen* (1 a) *herstellen:* Kuchen, Plätzchen b.; Die Dame ... backte gerne Kuchen (Spiegel 3, 1989, 168); *Die Detmolder Wissenschaftler buken u. a. Stuten, Hefezöpfe, Stollen* (MM 3. 12. 87, 32); Ü (ugs. scherz.:) *Gerade sie, die doch eigentlich jenem Ideal ziemlich nahe kommen müsste, nach dem sich Parlamentspräsidenten in Sonntagsreden so gerne ihre Abgeordneten b.* (Woche 3. 1. 97, 3); wenn dir alle Frauen nicht gefallen, musst du dir eine b. lassen (drückt Kritik aus u. jmdm., der unerfüllbare Ansprüche hat); **c)** (landsch.) *in der Pfanne, im Topf auf dem Herd od. im Ofen in [schwimmendem] Fett unter starker Hitzeeinwirkung garen [u. knusprig braun werden lassen]:* Krapfen b.; ich habe mir drei Eier gebacken; **d)** *in der Teig mischen u. damit einem Gebäck o. Ä. zusetzen:* Leinsamen ins Brot b.; *Der Bäcker ... wurde verurteilt, weil er ... Kleie ins Brot gebacken hatte* (Bieler, Bonifaz 193). **2.** *in der Ofenhitze eines Backofens garen:* der Kuchen muss eine Stunde b. **3.** (ugs.) *etw. zu Backendes auf bestimmte Weise garen:* unser Herd bäckt ganz gleichmäßig. **4.** (landsch.) *durch Hitzeeinwirkung dörren, trocknen:* Pflaumen, Pfifferlinge b.; Backsteine werden im Ofen gebacken (in einem Spezialofen gebrannt).

²ba|cken ⟨sw. V.; hat⟩ [übertr. von ¹backen, da sich der Teig während des Backens fest anhängt] (landsch.): **1.** *[an]kleben, sich zusammenballen, sich fest anhängen:* der Schnee, Lehm backt an den Stiefeln. **2.** *festkleben, ankleben:* ein Schild b.; dann macht man sie (= die Abziehbildchen) nass, backt sie an Papier, zieht ab – und hat eine unerhörte Pracht (Keun, Mädchen 33).

³ba|cken: nur in der Wendung **b. und banken!** (Seemannsspr.; *Platz nehmen zum Essen;* eigtl. = Tisch u. Bänke herunterklappen, zu ↑¹Back 1 c u. ¹Bank).

Ba|cken, der; -s, - [1: mhd. backe, ahd. backo, viell. eigtl. = *Esser*] (südd.): **1.** ↑¹Backe (1). **2.** ↑¹Backe (2).

Ba|cken|bart, der: *seitlich an beiden Backen wachsender Bart.*

ba|cken|bär|tig ⟨Adj.⟩: *einen Backenbart tragend.*

Ba|cken|brem|se, die: **1.** *Bremse, bei der Backen gegen die Bremstrommel gedrückt werden.* **2.** [zu ²Backe] (salopp scherzh.) *in bestimmten Verbindungen,* z. B. **die B. ziehen** *(sich aufs Gesäß niederlassen u. dadurch eine Bremswirkung erzielen,* z. B. *beim Skilaufen).*

Ba|cken|fut|ter, das: *Spannvorrichtung zum Befestigen des Werkstücks in Werkzeugmaschinen.*

Ba|cken|kno|chen, der ⟨meist Pl.⟩: *Jochbein, bes. im Hinblick darauf, wie es die Form eines Gesichts prägt:* ein Gesicht mit hohen, starken B.

Ba|cken|mus|kel, der: *Muskel im Bereich der Backen.*

Ba|cken|streich, der: **1.** (veraltet) *Ohrfeige:* Es ist ... wie ein B. in mein Antlitz (Th. Mann, Joseph 335). **2.** (kath. Rel.) *bei der Firmung ein leichter Schlag, den der Bischof dem Firmling mit zwei Fingern auf die Backe gibt.*

Ba|cken|ta|sche, die ⟨meist Pl.⟩: *Ausstülpung rechts bzw. links neben der Mundhöhle bei Säugetieren:* das Eichhörnchen trägt die Nüsse in seinen -n. zum Nest.

Ba|cken|zahn, der: *Mahlzahn.*

Bä|cker, der; -s, - [mhd. becker, zu ↑¹backen]: *Handwerker, der Backwaren für den Verkauf herstellt* (Berufsbez.): er soll B. werden.

Bä|cker|brot, das: *vom Bäcker gebackenes Brot:* Trotz des etwas höheren Preises kauften die Leute ganz bewusst B.: Es schmeckt nicht so einheitlich wie im Supermarkt. (LVZ 26. 5. 97, 13).

Bäck|erb|se, die (bes. österr.): *Suppeneinlage aus Mehlteig in Form von kleinen Kügelchen.*

Bä|cker|bur|sche, der (südd.): *Bäckergeselle.*

Ba|cke|rei, die; - [zu ↑¹backen (1)] (ugs. abwertend): *beständiges, als lästig empfundenes Backen:* die B. vor Weihnachten.

Bä|cke|rei, die; -, -en [spätmhd.]: **1.** *Betrieb [mit Laden], der Backwaren aller Art für den Verkauf herstellt:* eine B. übernehmen; in einer B. arbeiten. **2.** ⟨o. Pl.⟩ **a)** *das Herstellen von Backwaren, das Backen;* **b)** *Bäckerhandwerk:* die B. erlernen. **3.** (südd., österr.) ⟨meist Pl.⟩ *Kleingebäck:* rosig diskretes Licht, gedämpfte Musik, gehäufte -en (K. Mann, Wendepunkt 229).

Bä|cker|ge|sel|le, der: *Geselle* (1) *im Bäckerhandwerk.*

Bä|cker|ge|sel|lin, die: w. Form zu ↑Bäckergeselle.

Bä|cker|hand|werk, das: *Handwerk der Bäcker.*

Bä|cke|rin, die; -, -nen: w. Form zu ↑Bäcker.

Bä|cker|in|nung, die: *Innung der Bäcker.*

Bä|cker|jun|ge, der (ugs.): *Bäckerlehrling.*

Bä|cker|la|den, der ⟨Pl. ...läden⟩: *Ladenlokal einer Bäckerei* (1).

Bä|cker|lehr|ling, der: *Lehrling im Bäckerhandwerk.*

Bä|cker|meis|ter, der: *Meister* (1) *im Bäckerhandwerk.*

Bä|cker|meis|te|rin, die: **1.** w. Form zu ↑Bäckermeister. **2.** (veraltet) *Frau eines Bäckermeisters.*

Bä|ckers|frau, die: *Frau eines Bäckers.*

Bä|cker|zunft, die: *(bes. im MA) Zunft der Bäcker.*

back|fer|tig ⟨Adj.⟩: *zum Backen vorbereitet, vorgefertigt:* -en Teig kaufen; der Teig ruht b. in einer zugedeckten Schüssel.

Back|fisch, der: **1.** *panierter gebackener Fisch.* **2.** (veraltend) *junges Mädchen (von etwa 14–17 Jahren):* es waren nicht jene kichernden oder hochnäsigen -e, die ihn anzogen (Weber, Tote 216).

back|fisch|haft ⟨Adj.⟩ (veraltend): *in der Art eines Backfischs* (2).

Back|fisch|schwär|me|rei, die (veraltend): *Schwärmerei, zu der junge Mädchen neigen.*

Back|form, die: *metallene od. irdene Form, in der etw. gebacken wird.*

Back|gam|mon [bæk'gæmən], das; -[s] [engl. backgammon, aus: back (↑back) u. gammon, wohl Nebenf. von mengl. gamen = Spiel]: *mit je 15 weißen u. schwarzen Spielsteinen u. zwei Würfeln zu spielendes Brettspiel für zwei Personen, bei dem derjenige gewinnt, der (mit taktischem Geschick bestimmten Regeln folgend) als Erster alle seine Spielsteine aus dem Spiel herausnehmen kann.*

Back|ground ['bɛkgraʊnt, engl.: 'bækgraʊnd], der; -s, -s [engl. background, aus: back (↑back) u. ground = (Hinter)grund]: **1.** (bildungsspr.) *geistige Herkunft; Milieu, aus dem etw. erwachsen ist; geistiger, materieller, historischer Hintergrund von jmdm., etw.:* Einblick in den gesellschaftlichen B. des Adels (Spiegel 30, 1974, 71). **2.** *Berufserfahrung, Kenntnis:* Exportkaufmann mit internationalem B. **3.** (Film) *Filmprojektion od. stark vergrößertes Foto als Hintergrund.* **4.** (Musik) **a)** *musikalischer Hintergrund:* andererseits könnte eine herausragende Gesangsstimme das für sich genommen etwas dünne Material sehr gut als B. verwenden (Szene 6, 1983, 57); **b)** *von Ensemble gebildeter harmonischer klanglicher Hintergrund bei den Soli im Jazz.*

Back|ground|mu|si|ker, der: *zum Background* (4 b) *gehörender Musiker.*

Back|hähn|chen, das; -s, -: *Backhendel.*

Back|hand ['bɛkhɛnt, engl.: 'bækhænd], die; -, -s, auch: der; -[s], -s [engl. backhand, aus: back (↑back) u. hand = Hand] (Sport): *Rückhand[schlag] im [Tisch]tennis, Badminton, [Eis]hockey u. Polo.*

Back|hau|be, die: *(ursprünglich zum Backen auf der Gasflamme gebrauchte) geschlossene Backform mit Elektroanschluss.*

Back|haus, das (früher): *besonderes Gebäude (in einem Dorf), in dem das Brot gebacken wird:* Zusammen mit einem Mädchen ... trug er die Kuchenbleche mit Teig in das nahe B. (Lentz, Muckefuck 210).

Back|he|fe, die: *Hefe* (1), *die zum Herstellen von Hefeteig gebraucht wird.*

Back|hendl, das (österr.): *paniertes gebackenes Hähnchen.*

Back|hendl|sta|ti|on, die (österr.): *Restaurant, in dem bes. Backhendln angeboten werden.*

Back|huhn, das: vgl. Backhendl.
Back|list ['bɛklɪst, engl. 'bæklɪst], die; -, -s [engl. backlist, aus: back = zurückliegend u. list = Verzeichnis, Liste] (Verlagsw.): *Anzahl, Reihe, Verzeichnis von Büchern, die nicht in neuester Zeit erschienen sind, aber weiterhin im Programm eines Verlags geführt werden.*
Back|mi|schung, die: *aus den für einen Teig notwendigen Zutaten bestehendes backfertiges Gemisch:* die B. für einen Hefezopf mit Milch anrühren.
Back|mul|de, die (landsch.): *Backtrog.*
Back|obst, das: *Dörrobst:* B. einweichen; **danke für B.* (ugs.; *unter keinen Umständen, kommt nicht in Frage*).
Back|ofen, der: **a)** *Ofen des Bäckers zum Backen von Brot, Kuchen u. a.;* **b)** *Teil des Herdes, in dem z. B. Kuchen auf dem Backblech, in der Backform gebacken werden kann.*
Back|ofen|glut, die: *Glut[hitze] in einem Backofen:* Ü Nach und nach überkam ihn eine seltsame Unruhe. Er schob es auf die B. *(die übermäßige Wärme),* welche das Stübchen erfüllte (Hauptmann, Thiel 23).
Back|ofen|hit|ze, die: *Backofenglut.*
Back|pfei|fe, die [eigtl. wohl = Schlag, der um die Backen pfeift] (landsch.): *Ohrfeige.*
back|pfei|fen ⟨sw. V.; hat⟩ (landsch.): *ohrfeigen:* er hat mich gebackpfeift; Erni nahm an, Vater erfuhr's. Backpfeife in der Herrn (Schnurre, Schattenfotograf 15).
Back|pfei|fen|ge|sicht, das (salopp abwertend): *Ohrfeigengesicht.*
Back|pflau|me, die: *Dörrpflaume.*
Back|pul|ver, das: *Treibmittel für den [Kuchen]teig.*
Back|pul|ver|ku|chen, der: *Kuchen aus Backpulverteig.*
Back|pul|ver|re|zept, das: *Rezept für einen Teig, der mit Backpulver gemacht wird.*
Back|pul|ver|teig, der: *Kuchenteig, bei dem Backpulver als Treibmittel verwendet wird.*
Back|rohr, das (österr.): *Backofen* (b).
Back|röh|re, die: *Backofen* (b).
Back|schaft, die; -, -en (Seemannsspr.): ¹Back (1 b): **B. machen* (*die Speisegeräte usw. der* ¹*Back (1 b) reinigen u. an ihren Platz bringen).*
Back|schaf|ter, der; -s, - (Seemannsspr.): *Person, die das Essen für die Schiffsmannschaft aufträgt u. den Tisch nach der Mahlzeit wieder abräumt:* Und auch die »B.« müssen ihrer Verantwortung gerecht werden, wenn die Stimmung nicht leiden soll - gestern waren die Mädchen dran und ihre Spaghettis haben allen geschmeckt (OVZ 5. 6. 98, 11).
Back|slash ['bɛkslɛʃ, engl. 'bækslæʃ], der; -s, -s [engl. backslash, aus: back = zurück u. slash = Hieb, Schnitt] (EDV): *Schrägstrich von links oben nach rechts unten.*
bäckst: ↑¹backen.
back|stage ['bɛksteɪdʒ] ⟨Adv.⟩ (Jargon): *im Bereich hinter der Bühne, hinter den Kulissen:* die Auftritte regelten die Assistenten b. (FR 31. 12. 98, 11).
Back|stage|aus|weis, der: *Ausweis, der*

zum Aufenthalt hinter der Bühne, hinter den Kulissen berechtigt.
Back|stein, der: *Ziegel* (a).
Back|stein|bau, der ⟨Pl. -ten⟩: *Bau, Gebäude mit Backsteinen als Baumaterial.*
Back|stein|dom, der: vgl. Backsteinbau.
Back|stein|fuß|bo|den, der: *Fußboden aus Backsteinen.*
Back|stein|go|tik, die (Kunstwiss.): *Sonderform der Gotik in Norddeutschland, die sich durch die Verwendung von Backstein als Baumaterial auszeichnet.*
Back|stein|kä|se, der (landsch.): *Limburger Käse, in Form eines Backsteins.*
Back|stu|be, die: *Arbeitsraum eines Bäckers.*
bäckt: ↑¹backen.
Back|trog, der: *langer Holztrog, in dem der Brotteig zubereitet wird; Backmulde.*
Back-up, auch: *back-up,* engl. back-up (copy), zu: to back up = unterstützen; hinter jmdm. stehen, zu: back = Rücken, ↑back], (auch:) **Back|up,** das; -s, -s (EDV): *Sicherungskopie.*
Back|wa|re, die ⟨meist Pl.⟩: *vom Bäcker hergestellte Ware (wie Brot, Brötchen u. Kleingebäck).*
Back|werk, das ⟨o. Pl.⟩: *Gebäck verschiedener Art:* sich duftendes B. schmecken lassen (NNN 27. 2. 88, 5).
Back|zeit, die: vgl. Garzeit.
Ba|con ['beːkn, engl.: 'beɪkən], der; -s [engl. bacon < afrz. bacon, verw. mit ahd. bacho, ↑Bache]: *durchwachsener, leicht gesalzener u. angeräucherter Speck (der Bestandteil des englischen Frühstücks ist).*
Bad, das; -[e]s, Bäder [mhd. bat, ahd. bad, verw. mit ↑bähen, urspr. nur Bez. für das heiße Bad]: **1. a)** *größere Menge temperiertes Wasser in einer Wanne zur Reinigung, Erfrischung des Körpers od. zu Heilzwecken:* ein kaltes, warmes B.; medizinische Bäder verabreichen; jmdm., sich ein B. einlaufen lassen; ins B. steigen; In der Frühe, als ich im -e lag, reichte ein ... Fliegerangriff ... ein (Niekisch, Leben 367); **b)** *das Baden in einer mit Wasser o. Ä. gefüllten Wanne (zum Zwecke der Erfrischung, Reinigung od. zu Heilzwecken):* der Arzt hat mir Bäder verordnet; das tägliche B. vermissen; Ein warmes B. ist das Beste gegen Traurigkeit (M. Walser, Pferd 143); ein B. nehmen *(baden);* Ü ein B. in heilkräftiger Moorerde, in heißem Sand, in warmer Luft, in praller Sonne; **c)** *das Baden, Schwimmen in einem Schwimmbad, See, im Meer o. Ä.:* ein erfrischendes B. im Meer; sich nach dem B. sofort umziehen; **B. in der Menge* (*unmittelbarer Kontakt mit einer [wohlmeinenden] Menschenmenge)*: er liebt das B. in der Menge; Offenbar sucht er das B. in der Menge (Strauß, Niemand 174). **2. a)** *Badezimmer:* ein weiß gekacheltes B.; Das B. ist ständig besetzt, das Baby schreit (Spiegel 48, 1978, 246); Die Wohnungen sind klein ... Sie haben kein B., anfangs auch kein fließend Wasser (Chotjewitz, Friede 145); **b)** *Schwimmbad, Hallenbad, Erlebnisbad, Strandbad:* die öffentlichen Bäder sind ab 1. Mai geöffnet; ein römisches B.; Über 1000 türkische Bäder zählt allein die Me-

tropole Tokio (Spiegel 2, 1978, 88). **3.** *Ort mit Heilquellen, Kurort:* in ein B. fahren, reisen. **4.** (Technik, Chemie) *bestimmte Lösung, Flüssigkeit, die bei eingetauchten Gegenständen eine Reaktion hervorruft:* ein B. zum Entwickeln eines Films, zum Galvanisieren von Metall.
Bad Bram|bach: *Ort u. Heilbad in Sachsen.*
Bad Dürk|heim: *Stadt u. Heilbad in Rheinland-Pfalz.*
Ba|de|an|la|ge, die: *Anlage* (3), *Einrichtung mit unterschiedlichen Bädern* (2 b).
Ba|de|an|stalt, die: *öffentliches Schwimmbad [im Freien].*
Ba|de|an|zug, der: *meist von Frauen beim Schwimmen getragenes einteiliges Kleidungsstück.*
Ba|de|arzt, der: *Arzt in einem Bad* (3), *der die Kurgäste betreut; Kurarzt:* Die Genehmigung zur Führung der Zusatzbezeichnung »Badearzt« ist erforderlich, da Pellworm Vertragsbadeort der Ersatzkassen ist (DÄ 47, 1985, 66).
Ba|de|be|klei|dung, die: *beim Schwimmen getragene Kleidung (wie Badeanzug, Badehose).*
Ba|de|frau, die (veraltend): *Wärterin, Angestellte in einer Badeeinrichtung:* B. Helga Rabenstein entnimmt dem Schlickriecher Schlick (Jeversches Wochenblatt 30. 11. 84, 8).
Ba|de|gast, der: **a)** *[Kur]gast in einem Badeort;* **b)** *Besucher eines Schwimmbads.*
Ba|de|ge|le|gen|heit, die: *Gelegenheit zum Baden, Schwimmen.*
Ba|de|hau|be, die (österr., sonst veraltet): *Bademütze.*
Ba|de|haus, das: *Gebäude mit Badeeinrichtungen in einem Bad* (3).
Ba|de|ho|se, die: *von Kindern, Jungen u. Männern beim Schwimmen getragene Hose.*
Ba|de|ka|bi|ne, die: *Umkleidekabine in einem Bad.*
Ba|de|kap|pe, die: *Bademütze.*
Ba|de|kos|tüm, das: vgl. Badeanzug.
Ba|de|kur, die: *mit Bädern* (1 b) *verbundene Kur in einem Bad* (3): offene B. (↑Kur).
Bad Els|ter: *Stadt u. Heilbad in Sachsen.*
ba|de|lus|tig ⟨Adj.⟩: *gewillt, gerne bereit zum Baden, Schwimmen.*
Ba|de|man|tel, der: *Mantel od. Umhang aus saugfähigem Stoff zum Abtrocknen u. Aufwärmen nach dem Baden.*
Ba|de|mat|te, die: *Fußmatte, Vorleger im Badezimmer.*
Ba|de|meis|ter, der: **1.** *Aufsichtsperson in einem Schwimmbad.* **2.** *für die Anwendung medizinischer Bäder u. anderer therapeutischer Maßnahmen ausgebildete Person:* medizinischer B.
Ba|de|meis|te|rin, die: *w. Form zu ↑Bademeister.*
Ba|de|mög|lich|keit, die: vgl. Badegelegenheit.
Bad Ems: *Stadt u. Heilbad in Rheinland-Pfalz.*
Ba|de|müt|ze, die: *Kopfbedeckung, die jmd. beim Baden, Schwimmen trägt.*
ba|den ⟨sw. V.; hat⟩ [mhd. baden, ahd. badon, zu ↑Bad]: **1.** *durch ein Bad* (1) *säu-*

Baden

bern, erfrischen, heilen: das Baby b.; ich badete mich täglich; die Wunde b.; Ü in Schweiß gebadet, wachte er auf; Sie war es, die bei der Trauerfeier am bitterlichsten geweint hatte, und sie war auch jetzt in Tränen gebadet (Danella, Hotel 208). **2. a)** *ein Bad* (1 a) *in der Badewanne nehmen:* warm, heiß b.; er badet jeden Morgen [in kaltem Wasser]; **b)** *sich in einem Schwimmbecken, im Wasser eines Sees, Flusses, des Meeres bewegen, schwimmen:* im Meer b.; b. gehen; ⟨subst.:⟩ er ist beim Baden ertrunken; Ü Das war einmal ein Sonntag. Rosa Utz badete in der Fröhlichkeit des Schuhmacherfestes (Kühn, Zeit 171); * **[bei, mit etw.] b. gehen** (salopp): *bei, mit einer Sache keinen Erfolg haben; mit etw. hereinfallen; scheitern*): mit seinen hochfliegenden Plänen ist er b. gegangen; Wenn die Preise schon b. gehen, dann sollten die Händler ... auch offen mit ihren echten Angeboten arbeiten (ADAC-Motorwelt 9, 1980, 55).
Ba̱|den; -s: westlicher Landesteil von Baden-Württemberg.
Ba̱|den-Ba̱|den: Stadt im Schwarzwald.
¹Ba̱|den-Ba̱|de|ner, der; -s, -: Ew.
²Ba̱|den-Ba̱|de|ner ⟨indekl. Adj.⟩: die B. Kuranlagen.
Ba̱|den-Ba̱|de|ne|rin, die; -, -nen: w. Form zu ↑ ¹Baden-Badener.
¹Ba̱|de|ner, der; -s, -: Ew. zu ↑ Baden.
²Ba̱|de|ner ⟨indekl. Adj.⟩: ein B. Kurort.
Ba̱|de|ne|rin, die; -, -nen: w. Form zu ↑ Badener.
Ba̱|de|ni|xe, die (ugs. scherzh.): *junge weibliche Person in Badebekleidung.*
¹Ba̱|den|ser, der; -s, -: ¹Badener.
²Ba̱|den|ser ⟨indekl. Adj.⟩: ein B. Kurort.
Ba̱|den|se|rin, die; -, -nen: w. Form zu ↑ Badenser.
Ba̱|den-Württ|tem|berg; -s: Land der Bundesrepublik Deutschland.
¹Ba̱|den-Württ|tem|ber|ger, der; -s, -: Ew.
²Ba̱|den-Württ|tem|ber|ger ⟨indekl. Adj.⟩: die B. Weinbaugebiete.
Ba̱|den-Württ|tem|ber|ge|rin, die; -, -nen: w. Form zu ↑ ¹Baden-Württemberger.
ba̱|den-württ|tem|ber|gisch ⟨Adj.⟩: *Baden-Württemberg, die* ¹Baden-Württemberger *betreffend; aus Baden-Württemberg stammend.*
Ba̱|de|ofen, der: *Ofen zum Erhitzen des Badewassers.*
Ba̱|de|ort, der: **1.** *Fremdenverkehrsort an der Küste od. an einem See mit Bademöglichkeiten.* **2.** *Ort mit Heilquellen, Kurort, Bad* (3).
Ba̱|de|platz, der: *Stelle mit Bademöglichkeit an einem Fluss od. See.*
Ba̱|der, der; -s, - [mhd. badære = Inhaber einer Badestube, der auch einfache medizinische Behandlungen vornahm u. Haare schnitt]: **1.** (veraltet) *auch als Heilgehilfe tätiger Haarschneider, Friseur.* **2.** (landsch. veraltend) *schlechter Arzt, Kurpfuscher.*
Bä̱|der: Pl. von ↑ Bad.
Ba̱|de|raum, der (seltener): *Badezimmer.*
Ba̱|de|rei|se, die; -, -nen (veraltet): *Reise in ein Bad* (3).
Ba̱|de|rin, die; -, -nen (veraltet): *Frau eines Baders* (1): Den Tag nach Mariä Geburt lag die B. mit geblähtem Bauch im Bett (Steimann, Aperwind 59).
Ba̱|de|sa|chen ⟨Pl.⟩: *zum Baden benötigte Dinge.*
Ba̱|de|sai|son, die: *Zeitraum (bes. während des Sommers), in dem die Badeorte besonders stark besucht werden.*
Ba̱|de|salz, das: *körniger, wohlriechender Zusatz für das Badewasser.*
Ba̱|de|schuh, der: *leichter Schuh (bes. aus Gummi od. Plastik) zum Baden.*
Ba̱|de|schwamm, der: *Schwamm* (2), *der dazu dient, sich zu waschen.*
Ba̱|de|strand, der: *Strand, an dem gebadet werden kann.*
Ba̱|de|stu|be, die (nordd.): *Badezimmer.*
Ba̱|de|ther|mo|me|ter, das: *Thermometer zum Messen der Temperatur des Badewassers.*
Ba̱|de|tri|kot, das (seltener): *Badeanzug.*
Ba̱|de|tuch, das ⟨Pl. ...tücher⟩: *Tuch aus saugfähigem Stoff zum Abtrocknen nach dem Baden.*
Ba̱|de|uten|si|li|en ⟨Pl.⟩: *Badesachen.*
Ba̱|de|ver|bot, das: *Verbot zu baden.*
Ba̱|de|vor|le|ger, der: *Bademattte.*
Ba̱|de|wan|ne, die: *Wanne zum Baden:* die B. reinigen; stundenlang in der B. sitzen.
ba̱|de|warm ⟨Adj.⟩: *angenehm warm zum Baden:* -es Wasser.
Ba̱|de|wär|ter, der: *Bademeister* (1).
Ba̱|de|wär|te|rin, die: w. Form zu ↑ Badewärter.
Ba̱|de|was|ser, das: *Wasser zum Baden in der Wanne:* das B. einlassen.
Ba̱|de|wet|ter, das: *Wetter, das zum Baden, Schwimmen geeignet ist:* Es war Westwind, die See rau, kein B. (Schreiber, Krise 9).
Ba̱|de|zeit, die: **1.** *vorgeschriebene Dauer eines Bades* (1 b): *die B. darf nicht überschritten werden.* **2.** ⟨Pl.⟩ *Öffnungszeiten einer Badeanstalt.* **3.** *Jahreszeit, in der im Freien gebadet werden kann.*
Ba̱|de|zel|le, die: **1.** *Badekabine.* **2.** *Einzelkabine, in der Heilbäder genommen werden.*
Ba̱|de|zeug, das (ugs.): *Badesachen.*
Ba̱|de|zim|mer, das: *zum Baden eingerichteter Raum der Wohnung.*
Ba̱|de|zu|satz, der: *flüssiger oder körniger, wohlriechender Zusatz für das Badewasser.*
Bad|gas|tein: Kurort in Österreich.
Bad Hers|feld: Stadt u. Heilbad in Hessen.
Ba|di̱a, die; -, ...ien [ital. badia, gek. aus: abbadia < spätlat. abbatia = Abtei]: *ital. Bez. für Abtei[kirche].*
Ba|di|na|ge [badiˈnaːʒə], die; -, -n [frz. badinage, ↑ Badinerie]: *Badinerie.*
◆ **Ba|di̱|ne,** die; -, -n [frz. badine, zu: badiner = spielen, tändeln, zu: badin, ↑ Badinerie]: *[Reit]gerte:* ... hätte ... mir mit der B. die Stiefel ... abgeklopft (Fontane, Jenny Treibel 127).
Ba|di|ne|rie, die; -, -n [frz. badinerie = Scherz, Tändelei, zu: badin = Narr, Spaßvogel, aus dem Provenz.]: *scherzhaft tändelndes Musikstück, bes. als Teil der Suite im 18. Jh.*
ba|disch ⟨Adj.⟩: *Baden, die* ¹Badener *betreffend; aus Baden stammend:* ⟨subst.:⟩ sie wohnt im Badischen *(in Baden);* im Badischen *(im badischen Dialekt)* nennt man ein Weihnachtsgebäck in Form eines Männchens »Dambedei«.
Bad I̱schl: Stadt u. Heilbad in Oberösterreich.
Bad|lands [ˈbædlændz] ⟨Pl.⟩ [engl., eigtl. = schlechte Ländereien, nach einem vegetationsarmen, fast wüstenhaften Gebiet in Süddakota (USA)] (Geogr.): *vegetationsarme, durch Rinnen, Furchen o. Ä. zerschnittene Landschaft.*
Bad Me̱r|gent|heim: Stadt u. Heilbad in Baden-Württemberg.
Bad|min|ton [ˈbɛtmɪntən, engl.: ˈbædmɪntn], das; - [engl. badminton, nach dem Ort Badminton, wo das Spiel zuerst nach festen Regeln gespielt wurde]: *sportmäßig betriebenes Federballspiel.*
Bad Oeyn|hau|sen [- ˈøːn...]: Stadt u. Heilbad in Nordrhein-Westfalen.
Bad Pyr|mont: Stadt u. Heilbad in Niedersachsen.
Bad Rei|chen|hall: Stadt u. Heilbad in Bayern.
Bad Se̱|ge|berg: Stadt u. Heilbad in Schleswig-Holstein.
Bad Trip [ˈbæd ˈtrɪp], der; - -s, - -s [engl. bad trip, eigtl. = schlechte Reise]: *Horrortrip.*
Bad Wil|dun|gen: Stadt u. Heilbad in Hessen.
Bad Wö|ris|ho|fen: Stadt u. Heilbad in Bayern.
Bae̱|de|ker®, der; -s, - [nach dem Begründer, dem Verleger u. Buchhändler K. Baedeker (1801–1859)]: *Reiseführer* (2): dieses Hotel steht im B.
Ba|fel, der; -s, - [1: wohl jidd. (talmud.) babel, bafel = alte, minderwertige Ware] (landsch.): **1.** *schlechte Ware, Ladenhüter; Wertloses.* **2.** ⟨o. Pl.⟩ *Gerede, Geschwätz.*
ba|feln ⟨sw. V.; hat⟩ (landsch.): *schwatzen:* der humorig bafelnde Stil in diesem Buch (Börsenblatt 26, 1968, 1879).
baff [lautm., eigtl. = verdutzt wie nach einem plötzlichen Schuss, vgl. paff]: *in der Verbindung* **b. sein** (salopp): *verblüfft, verdutzt, erstaunt sein über etw. Unerwartetes, Unvermutetes:* da bist du b., was?; Ich bin so b. über seine Reaktion, dass ich nur schlucke und nichts sage (Merian, Tod 68); Meine Mutter erlaubte mir tatsächlich, während der Feiertage jeden Abend wegzubleiben. Ich war selber b. (Christiane, Zoo 76).
BA̱föG, (auch:) **Ba̱|fög,** das; -[s] [Kurzwort für Bundesausbildungsförderungsgesetz]: **1.** *Gesetz, das die Förderung von bedürftigen Auszubildenden, Schülern u. Schülerinnen sowie Studierenden regelt.* **2.** (ugs.) *Stipendium aufgrund des Bafög* (1): B. erhalten.
Ba|ga̱|ge [baˈgaːʒə], die; -, -n ⟨Pl. selten⟩ [1: urspr. = Tross < frz. bagage, zu gleichbed. bagues, H. u.; 2: nach dem übel beleumdeten Tross der früheren Heere]: **1.** (veraltet) *Reisegepäck:* Alle Herren kümmern sich bloß um ihre eigene B. (Frisch, Gantenbein 127). **2.** (abwertend) *Gruppe von Menschen, über die sich jmd. ärgert:* wirf die ganze B. raus!; Die B. der Aktionäre, Couponschneider

und Rentiers im sichtbaren Müßiggang des Jet-sets (Pilgrim, Mensch 76). ◆ **3.** *Tross* (1)*:* Der Herzog von Weimar führte die Avantgarde und deckte zugleich den Rückzug der B. (Goethe, Kampagne in Frankreich 1792, 1. Oktober).

◆ **Ba|ga|ge|stück,** das: *Gepäckstück:* Eine alte Frau vermisste ein B. (Ebner-Eschenbach, Gemeindekind 164).

Ba|gas|se, die; -, -n [frz. bagasse < span. bagazo] (Fachspr.): *als Rückstand übrig bleibende Stängel des ausgepressten Zuckerrohrs bei der Zuckergewinnung.*

Ba|ga|tell|de|likt, das (Rechtsspr.): *geringfügige Straftat: Körperverletzung ist nicht mit einem B. wie Beleidigung gleichzusetzen* (LVZ 18. 12. 98, 22).

Ba|ga|tel|le, die; -, -n [frz. bagatelle < ital. bagatella = kleine, unnütze Sache, Vkl. von: baga < lat. baca = Beere]: **1.** *unbedeutende, geringfügige Angelegenheit; Kleinigkeit: etw. als B. betrachten, behandeln; Erinnerungen, die eigentlich nicht schrecklich sind; viel -n, nicht wert, dass ich sie erzähle* (Frisch, Montauk 156). **2.** (Musik) *kurzes, zweiteiliges Instrumentalstück.*

Ba|ga|tell|fall, der: **a)** (Rechtsspr.) *Bagatelldelikt;* **b)** *unbedeutende Angelegenheit.*

ba|ga|tel|li|sie|ren ⟨sw. V.; hat⟩: *als Bagatelle (1) ansehen, darstellen:* man darf dieses Problem nicht b.; Keine Nachricht, und sei sie noch so unwahrscheinlich, wird bagatellisiert, kein Gerücht ignoriert, keine Klatschgeschichte verpönt (Reich-Ranicki, Th. Mann 84).

ba|ga|tell|mä|ßig ⟨Adj.⟩: *meist in der Verbindung* **jmdn. b. behandeln** (österr.: *jmdn. geringschätzig behandeln*): *ich habe es nicht nötig, mich von ihm so b. behandeln zu lassen.*

Ba|ga|tell|sa|che, die: *unbedeutende, geringfügige [Rechts]sache.*

Ba|ga|tell|scha|den, der: *verhältnismäßig geringfügiger Schaden [bei einem Unfall].*

Bag|dad: Hauptstadt des Iraks.
¹Bag|da|der, der; -s, - [zu ↑baggern]:
²Bag|da|der ⟨indekl. Adj.⟩.
Bag|da|de|rin, die; -, -nen: *w.* Form zu ↑¹Bagdader.

Bag|ger, der; -s, - [zu ↑baggern]: **1.** *große Baumaschine zum Abtragen von Erdreich o. Ä.: etw. mit einem B. ab-, wegräumen; Als Nächstes wächst dort eine Baustelle. B. pflügen die Erde* (Ossowski, Flatter 128). **2.** (Volleyball) *Zuspiel von unten, wobei der Ball mit den dicht aneinander gelegten Unterarmen geschlagen wird.*

Bag|ge|rer, der; -s, -: *Baggerführer.*
Bag|ger|füh|rer, der: *den Bagger bedienender Arbeiter.*
Bag|ger|ma|schi|ne, die: *Bagger* (1).

bag|gern ⟨sw. V.; hat⟩ [aus dem Niederd. < niederl. baggeren = (ein Wasserbett) ausschlammen, zu mniederl. bagghęr = Schlamm, H. u.]: **1. a)** *mit einem Bagger arbeiten: er hat den ganzen Nachmittag lang ununterbrochen gebaggert;* **b)** *mit dem Bagger herstellen: eine Fahrrinne b.* **2.** (Volleyball) *den geschmetterten tiefen Ball durch Abprallenlassen von der Hand*

od. dem Arm hochspielen. **3.** (ugs.) *sich jmdm. nähern u. sein sexuelles Interesse sehr deutlich machen: Er schläft gern mit möglichst vielen Freundinnen. Manchmal ist er zurückhaltend, er »baggert« zwar ..., aber kriegt dann Angst vor seiner eigenen Courage* (FAZ Magazin 30. 8. 85, 33).

Bag|ger|see, der: *ausgebaggerte Kiesgrube, die sich mit Grundwasser gefüllt hat u. oft zum Baden benutzt wird.*

Bag|gings [ˈbɛɡɪŋs] ⟨Pl.⟩ [engl. baggings, zu: to bag = in Säcke verpacken] (Textilind.): *Gewebe aus Jute für Wandbespannungen u. Verpackungsstoffe.*

Ba|gno [ˈbanjo], der; -s, -s, auch: ...ni [ital. bagno, eigtl. = Bad < lat. balneum < griech. balaneĩon; nach einem Gefängnis für Galeerensklaven in Konstantinopel, das sich in einem alten Bad befand] (früher): *Kerker für Schwerverbrecher in Italien u. Frankreich.*

Bag|pipe [ˈbægpaɪp], die; -, -s [engl. bagpipe = Sackpfeife]: engl. Bez. für *Dudelsack.*

Ba|guette [baˈɡɛt], die; -, -n [...tn; frz. baguette, eigtl. = Stab, (Zier)leiste < ital. bacchetta, Vkl. von: bacchio < lat. baculum = Stab]: **1.** ⟨auch: das; -s, -s⟩ *französisches Stangenweißbrot:* Wer nicht einmal die rund drei Mark hat, bekommt gar eine B. mit Belag umsonst (Spiegel 42, 1984, 283); während ein frisches B. überall Anklang findet (MM 27./28. 5. 89, 47). **2.** *bes. bei Diamanten angewandter Edelsteinschliff mit rechteckiger, meist von zwei Kränzen mit je vier lang gestreckten Facetten umgebener Tafel.*

bah ⟨Interj.⟩: ↑bäh (1).
bäh ⟨Interj.⟩: **1.** *Ausruf des Ekels, der Verachtung, der Schadenfreude:* b., da vergeht mir der Appetit!; b., dieser widerliche Kerl!; b., reingefallen! **2.** *lautm. für das Blöken des Schafes.*

Ba|hai, der u. die; -, -[s]: *Anhänger[in] des Bahaismus.*

Ba|ha|is|mus, der; - [zu pers. Baha Ullah = Glanz Gottes, dem Ehrennamen des Gründers Mirsa Husain Ali (1817–1892)]: *aus dem Islam hervorgegangene universale Religion.*

Ba|ha|ma|er, der; -s, -: Ew. zu ↑Bahamas.
Ba|ha|ma|e|rin, die; -, -nen: *w.* Form zu ↑Bahamaer.
Ba|ha|ma|in|seln ⟨Pl.⟩: *Bahamas.*
ba|ha|ma|isch ⟨Adj.⟩: *die Bahamas, die Bahamaer betreffend; von den Bahamas stammend.*
Ba|ha|mas ⟨Pl.⟩: *Inselstaat im Karibischen Meer.*

¹bä|hen ⟨sw. V.; hat⟩ [mhd. bæhen, bæn, ahd. bāen = wärmen, mit erweichenden Umschlägen heilen, urspr. = wärmen, rösten, verw. mit ↑backen] (südd., österr., schweiz.): *(in Scheiben geschnittenes Brot od. Gebäck) leicht rösten:* Sie bestreicht ein gebähtes Weißbrot mit Butter (Schwaiger, Wie kommt 71).

²bä|hen ⟨sw. V.; hat⟩ [zu ↑bäh (2)] (selten): *blöken.*

Bäh|lamm, das (Kinderspr.): *Lamm.*

Bahn, die; -, -en [1, 2: mhd. ban(e), viell. verw. mit got. banja = Schlag, Wunde, eigtl. = Schneise, Durchhau im Walde; 3: vgl. mhd. ban(e) = Turnierplatz]: **1.** *Weg, den sich jmd., etw. (durch unwegsames Gelände o. Ä.) bahnt:* jmdm., sich eine B. durch die Dickicht, den Schnee schaffen; sich eine B. schlagen; das Wasser hat sich eine B. gebrochen, eine neue B. gesucht; Ein Funkwagen mit Blaulicht und akustischem Warnsignal jagte dem Shiguli voraus und sorgte für freie B. (Bastian, Brut 167); R freie B. dem Tüchtigen!; ***sich** ⟨Dativ⟩ **B. brechen** (*sich durchsetzen*); **einer Sache B. brechen** (*einer Sache zum Durchbruch verhelfen*); **jmdm., einer Sache die B. ebnen** (geh.; ↑Weg 1); **freie B. haben** (*alle Schwierigkeiten beseitigt haben*)*;* **auf die schiefe B. geraten/kommen** (*auf Abwege geraten, herunterkommen* 2 a): Damals habe ich nicht im Entferntesten daran gedacht, dass Christiane auf die schiefe B. geraten könnte (Christiane, Zoo 59); Jette war auf die schiefe B. gekommen (Ossowski, Liebe ist 278); **jmdn. aus der B. bringen, werfen, schleudern** (*jmdn. von seiner bisherigen Lebensweise, seinen [Berufs]zielen o. Ä. abbringen, ihn aus dem seelischen Gleichgewicht bringen*): sein Entschluss, ihr Verhältnis nicht vor einem Standesbeamten zu legalisieren, warf sie nicht aus der B. (Weber, Tote 217); ◆ Hier will ich enden ... Meine B. ist aus (Schiller, Fiesco V, 4) ***sich auf die B. machen** (*aufbrechen, sich auf den Weg machen*): Jetzt machte er sich auf den Weg und lenkte seine Schritte zuvörderst hinter das Kloster (Mörike, Hutzelmännlein 145). **2.** *Strecke, die ein Körper in einer vorgeschriebenen Richtung durchmisst; Linie, die ein Körper im Raum durchläuft:* die B. des Satelliten berechnen; eine kreisförmige B. beschreiben; der Mond zieht seine B., steht am Anfang seiner B.; Ü sein Leber verläuft in geregelten -en; das Verhalten der Wettbewerber in den -en des Anstands, der Redlichkeit und der guten kaufmännischen Sitten zu halten (NJW 19, 1984, 1 121); Als ihr Mann nicht antwortete, glitten ihre Gedanken in die vor gen- en zurück (Loest, Pistole 154); * **etw. in die richtige B. lenken** (*dafür sorgen, dass eine Sache sich erwartungsgemäß entwickelt*). **3. a)** *in einer bestimmten Breite und Länge abgesteckte od. abgeteilte Strecke für sportliche Wettkämpfe, Rennstrecke:* die B. (*Anlage für die Läufer*) besteht aus Tartan; die B. ist sehr schnell (*man kann auf ihr schnelle Zeiten laufen*); die deutsche Staffel läuft, schwimmt auf B. 6; der Bob des Europameisters wurde aus der B. getragen, kam von der E. ab; **b)** *Kegel-, Bowlingbahn: eine Anlage mit zwölf -en;* **c)** *abgeteilte Spur, Fahrbahn:* die Straße auf vier -en erweitern. **4** *breiter Streifen, zugeschnittenes Teilstück o. Ä. aus einem bestimmten Material:* die -en eines Rockes; die einzelnen -en der Tapete; Aus den Fenstern hingen geraffte -en grauer Wäsche (Fest, Im Gegenlicht 108); Wenn das Papier schlecht ist, ein Fehler in der B. zum Beispiel, reißt es schneller (Brot und Salz 360). **5.** (Handw.) *glatter, flächiger Teil eines*

bahnamtlich

Werkzeugs, der der unmittelbaren Berührung mit etw. u. der Einwirkung von etw. ausgesetzt ist: die B. eines Hammers, des Amboßes. **6. a)** kurz für ↑ Eisenbahn: ich setzte mich kurzerhand auf die B. (ugs.; *stieg in einen Zug*) und fuhr nach Köln; Gepäck per B. schicken; mit der B. fahren, reisen; **b)** kurz für Straßen-, S- od. U-Bahn: die B. war überfüllt; die B. verpassen; ich nehme die nächste B.; Robert ging über die Straße zur Haltestelle und stieg in die B. (Brasch, Söhne 11). **7. a)** *Bahnhof:* jmdn. von der B. abholen, zur B. bringen, begleiten; **b)** (ugs.) *Verwaltung einer Eisenbahn, die Eisenbahn als Institution (Deutsche Bahn AG):* die B. hat die Fahrpreise erhöht, ist teurer geworden; bei der B. arbeiten.

bahn|amt|lich ⟨Adj.⟩: *von der Eisenbahnverwaltung festgesetzt.*

Bahn|an|la|ge, die: *Gleisanlage.*

Bahn|an|schluss, der: **1.** *Lage eines Ortes an einer Bahnlinie:* ein abgelegener Ort ohne B. **2.** *Möglichkeit zur Weiterfahrt mit einer Bahn* (6 a).

Bahn|ar|bei|ter, der: *Arbeiter, der bei der Eisenbahn beschäftigt ist.*

Bahn|ar|bei|te|rin, die: w. Form zu ↑ Bahnarbeiter.

Bahn|auf|sicht, die: *Eisenbahnaufsicht.*

Bahn|bau, der ⟨o. Pl.⟩: *Eisenbahnbau.*

Bahn|be|am|te, der: vgl. Bahnarbeiter.

Bahn|be|am|tin, die: w. Form zu ↑ Bahnbeamte.

Bahn|be|för|de|rung, die: *Eisenbahnbeförderung.*

Bahn|be|triebs|werk, das: *Eisenbahnausbesserungswerk.*

bahn|bre|chend ⟨Adj.⟩: *eine gänzlich neue Entwicklung einleitend; umwälzend:* -e wissenschaftliche Entdeckungen; Seine -en Untersuchungen über kindliche Sexualität (Schreiber, Krise 121).

Bahn|bre|cher, der; -s, -: *jmd., der eine bahnbrechende Entwicklung einleitet.*

Bahn|bre|che|rin, die; -, -nen: w. Form zu ↑ Bahnbrecher: In dieser Stadt war die ... Athletin 1976 erstmals zur B. der Leichtathletik geworden (Saarbr. Zeitung 8. 7. 80, 7).

Bahn|brü|cke, die: *Eisenbahnbrücke.*

Bahn|bus, der: *Autobus, der der Eisenbahn untersteht.*

Bahn|ca|mi|on|na|ge, die (schweiz.): *Camionnage.*

Bahn|ca|mi|on|neur, der (schweiz.): *Camionneur.*

Bahn|card®, die; -, -s [zu engl. card = Karte]: *(käuflich erworbene, mit einem Passbild versehene) Ausweiskarte, die dazu berechtigt, Fahrkarten (der Deutschen Bahn AG) zu ermäßigtem Preis zu erwerben.*

Bähn|chen, das; -s, -: Vkl. zu ↑ Bahn (6).

Bahn|damm, der: *Damm* (1 b), *auf dem die Gleise verlaufen.*

Bahn|da|ten ⟨Pl.⟩ (Raumf.): *Daten einer Umlaufbahn.*

bah|nen ⟨sw. V.; hat⟩ [mhd. banen, zu ↑ Bahn]: *(einen Weg) schaffen, gangbar machen:* ich bahnte mir, dem Kind einen Weg durch den Schnee, durch die Menge; Ü wenn man einigen Wahrheiten die Gasse durch diesen Urwald bahnte (ihnen durch ein Gestrüpp von Vorurteilen zum Durchbruch verhalf; Bergengruen, Rittmeisterin 408).

Bah|nen|golf, das: *Minigolf.*

Bah|nen|rock, der: *Damenrock, der aus mehreren Stoffbahnen zusammengesetzt ist.*

bah|nen|wei|se ⟨Adv.⟩: *in einzelnen Bahnen* (4).

Bahn|fahrt, die: *Fahrt mit der Bahn* (6 a).

bahn|frei ⟨Adj.⟩ (Kaufmannsspr.): *ohne Beförderungskosten.*

Bahn|fre|vel, der (veraltend): *böswillige Beschädigung von Bahnanlagen:* B. begehen.

Bahn|ge|hen, das; -s (Leichtathletik früher): *Gehwettbewerb, der auf der Laufbahn des Stadions ausgetragen wird.*

Bahn|hof, der: **1.** *Gesamtkomplex einer Bahnstation mit Gleisanlagen u. zugehörigen Gebäuden:* der Zug hält nicht an diesem B.; jmdn. am B. abholen. **2.** *zum Bahnhof* (1) *gehörendes Gebäude mit [großer] Halle, in der sich die Schalter für Fahrkarten u. Gepäck, Wartesäle, Geschäfte für bestimmten Reisebedarf o. Ä. befinden:* im B. gibt es einen Friseur; In einem großen B. wie in Delhi oder Calcutta war er völlig hilflos (Fichte, Wolli 491); **[immer] nur B. verstehen* (ugs.; *nicht richtig, überhaupt nichts verstehen; nicht verstehen wollen;* H. u., viell. urspr. von Soldaten zu Ende des 1. Weltkriegs gesagt, die nur noch »Bahnhof«, d. h. Entlassung u. Heimfahrt, hören wollten, od. viell. nach der Vorstellung, dass jemand, der den Bahnhof als Ausgangspunkt der Urlaubsreise im Sinn hat, an nichts anderes mehr denken kann und nicht aufmerksam zuhört): Das erste Vierteljahr hat es aber nur B. verstanden (Spiegel 32, 1978, 80); Doch da verstehen die stolzen Bauherren nur noch B. (Hörzu 41, 1977, 10); **[ein] großer B.** (ugs.; *festlicher Empfang, bei dem viele Personen zur Begrüßung auf dem Bahnsteig od. Flugplatz anwesend sind*): Auch die junge Französischlehrerin Adelaide ... bekam keinen großen B. (Muschg, Gegenzauber 283); Dann taucht die Frage auf: Machen wir den großen B., oder lassen wir es bleiben (Spiegel 47, 1975, 178); Abk.: Bf., Bhf.

Bahn|hof|buf|fet, das (schweiz.): *Bahnhofsrestaurant.*

Bahn|hofs|buch|hand|lung, die: *Buchhandlung in einem Bahnhof* (2).

Bahn|hofs|gast|stät|te, die: *Bahnhofsrestaurant.*

Bahn|hofs|ge|bäu|de, das: *Bahnhof* (2).

Bahn|hofs|hal|le, die: *Halle im Bahnhof* (2).

Bahn|hofs|ho|tel, das: *in unmittelbarer Nähe eines Bahnhofs* (2) *befindliches Hotel.*

Bahn|hofs|mis|si|on, die: *Einrichtung konfessioneller Art zur Betreuung von Reisenden.*

Bahn|hofs|res|tau|rant, das: *im Bahnhof* (2) *befindliches Restaurant.*

Bahn|hofs|uhr, die: *große Uhr an, in einem Bahnhofsgebäude.*

Bahn|hofs|vier|tel, das: *Stadtviertel in der unmittelbaren Umgebung eines Bahnhofs* (2).

Bahn|hofs|vor|platz, der: *Platz vor einem Bahnhof* (2).

Bahn|hofs|vor|stand (österr.), **Bahn|hofs|vor|ste|her**, der: *Beamter, der einem Bahnhof* (1) *vorsteht.*

Bahn|hofs|vor|ste|he|rin, die: w. Form zu ↑ Bahnhofsvorsteher.

Bahn|hofs|wirt|schaft, die: vgl. Bahnhofsrestaurant.

Bahn|hö|he, die (Raumf.): *Höhe, in der eine Umlaufbahn verläuft.*

Bahn|kno|ten|punkt, der: *Eisenbahnknotenpunkt.*

Bahn|kör|per, der: *Gleisanlage.*

bahn|la|gernd ⟨Adj.⟩: *(von Frachtgut) bis zum Abgeholtwerden auf dem Bahnhof lagernd.*

Bahn|li|nie, die: *Strecke, auf der eine Eisenbahn verkehrt.*

♦ **bahn|los** ⟨Adj.⟩: *unwegsam; [aus]weglos:* Bahnlos liegt's hinter mir, und eine Mauer aus meinen eignen Werken baut sich auf, die mir die Umkehr türmend hemmt (Schiller, Wallensteins Tod III, 4).

Bahn|meis|ter, der: **1.** *Vorsteher einer Bahnmeisterei.* **2.** *Sieger eines Wettkampfes im Kegeln:* der Wanderpokal für den B. wurde zum 19. Mal ausgespielt. **3.** *die Aufsicht Führender auf einer Eisbahn o. Ä.:* der B. präparierte die Bahn für die nächsten Wettkämpfe.

Bahn|meis|te|rei, die: *bautechnische Dienststelle der Eisenbahn, die für die Erhaltung u. Erneuerung der Bahnanlage verantwortlich ist.*

Bahn|meis|te|rin, die: w. Form zu ↑ Bahnmeister.

Bahn|netz, das: *Eisenbahnnetz.*

Bahn|po|li|zei, die: *Polizei- u. Bahnbeamte, die für Sicherheit u. Ordnung innerhalb des Bahngeländes sorgen.*

Bahn|po|li|zist, der: *Angehöriger der Bahnpolizei.*

Bahn|po|li|zis|tin, die: w. Form zu ↑ Bahnpolizist.

Bahn|post, die: *Postdienststelle im Zug.*

Bahn|rei|se, die: *[Ferien]reise mit der Eisenbahn.*

Bahn|rei|sen|de, der u. die: *Person, die mit der Bahn reist.*

Bahn|ren|nen, das: **1.** (Rad- u. Automobilrennsport) *auf einer Rennbahn gefahrenes Rennen.* **2.** (Leichtathletik früher) *Laufwettbewerb, der auf der Laufbahn des Stadions ausgetragen wird.*

Bahn|schran|ke, die: *Schranke auf Straßen u. Wegen, die die Bahn kreuzen.*

Bahn|schwel|le, die: *Schwelle aus Holz, Stahl od. Beton, auf der die Schiene auf dem Bahnkörper befestigt ist.*

Bahn|sta|ti|on, die: *Halteplatz an einer Bahnlinie.*

Bahn|steig, der: *neben den Schienen verlaufende Plattform auf einem Bahnhof, die den Fahrgästen das Ein- u. Aussteigen ermöglicht.*

Bahn|steig|kan|te, die: *Kante (bes. als Begrenzungslinie) des Bahnsteigs:* bitte von der B. zurücktreten!

Bahn|steig|kar|te, die (früher): *Karte, die zum einmaligen Betreten des Bahnsteigs berechtigt.*

Bahn|steig|wa|gen, der: *auf dem Bahnsteig eingesetzter Wagen zur Aufnahme von Gepäck u. Fracht aus dem Gepäckwagen eines Zuges.*
Bahn|stre|cke, die: *Eisenbahnstrecke.*
Bahn|über|füh|rung, die: *Anlage zur Überführung einer Eisenbahnlinie über andere Verkehrswege hinweg.*
Bahn|über|gang, der: *Stelle, an der eine Straße, ein Weg über die Gleise der Bahn führt:* ein [un]gesicherter B.
Bahn|un|ter|füh|rung, die: *Anlage zur Unterführung einer Eisenbahnlinie unter anderen Verkehrswegen.*
Bahn|ver|bin|dung, die: *Zugverbindung.*
Bahn|ver|wal|tung, die: *Eisenbahnverwaltung.*
Bahn|wär|ter, der: *Angestellter der Eisenbahn, der die Schranken betätigt u. die Gleisanlagen überwacht.*
Bahn|wär|ter|haus, Bahn|wär|ter|häus|chen, das: *kleines Haus an einem beschrankten Bahnübergang, in dem sich der Bahnwärter aufhält.*
Bahn|wär|te|rin, die: w. Form zu ↑Bahnwärter.
Bah|öl, der; -s [zu mhd. behellen = über etw. hinaus tönen, zu: hellen, ahd. hellan = tönen] (österr. ugs.): *übertriebenes Getue:* die Weiber ... machten großen B. (Fussenegger, Zeit 72).
Bah|rain; -s: Inselgruppe u. Scheichtum im Persischen Golf.
Bah|rai|ner, der; -s, -: Ew.
Bah|rai|ne|rin, die; -, -nen: w. Form zu ↑Bahrainer.
bah|rai|nisch ⟨Adj.⟩: *Bahrain, die Bahrainer betreffend; aus Bahrain stammend.*
Bah|re, die; -, -n [mhd. bare, ahd. bara, zu: beran = tragen; vgl. gebären]: **a)** *Tragbahre;* **b)** *Totenbahre.*
Bahr|tuch, das ⟨Pl. ...tücher⟩: *Tuch zum Bedecken der Totenbahre.*
Bäh|schaf, das [zu ↑bäh (2)] (Kinderspr.): *Schaf.*
Baht, der; -, -: *Währungseinheit in Thailand.*
Bä|hung, die; -, -en [zu ¹bähen]: *Heilbehandlung durch äußerliche Anwendung warmer Dämpfe od. feuchtwarmer od. trockener, heißer Umschläge.*
Ba|hu|wri|hi, das od. der; -, - [sanskr. = viel Reis habend] (Sprachw.): *Kompositum, das eine Person od. Sache, die nicht in den Kompositionsgliedern genannt wird, nach einem charakteristischen Merkmal benennt (z. B. Rotkehlchen = Vogel mit einer roten Kehle).*
Bai, die; -, -en [niederl. baai < franz. baie < span. bahia < spätlat. baia]: *Meeresbucht, Meerbusen.*
Bai|er, der; -n, -n (Sprachw.): *jmd., der bayerische Mundart spricht.*
Bai|gneu|se [bɛnˈjøːzə, frz.: bɛˈnøːz], die; -, -n [frz. baigneuse = Badehaube, eigtl. w. Form zu: baigneur = Bademeister < lat. balneator = Bademeister, zu: balneum, ↑Bagno]: *(im 18. u. 19. Jh. getragene) Haube mit Bändern u. Spitzen.*
Bai|kal|see, der; -s: See in Südsibirien.
Bai|liff [ˈbeːlɪf, engl. ˈbeɪlɪf], der; -s

[engl. bailiff < afrz. bailli(f), ↑Bailli]: engl. Form von ↑Bailli.
Bail|li [baˈji], der; -[s], -s [frz. bailli, zu afrz. baillir = verwalten, über das Vlat. u. Vlat. zu lat. baiulus = Träger]: *(im MA.) Titel für bestimmte Verwaltungs- u. Gerichtsbeamte in England, Frankreich u. bei den Ritterorden.*
Bail|lia|ge [baˈjaːʒə], die; -, -n [frz. bailliage]: **a)** *Amt eines Bailli;* **b)** *Bezirk eines Bailli;* vgl. *Ballei.*
Bai|ram, der; -s [türk. bayram]: *türkischer Name zweier großer islamischer Feste.*
bai|risch ⟨Adj.⟩ (Sprachw.): *in bayerischer Mundart.*
Bai|ser [bɛˈzeː], das; -s, -s [frz. baiser = Kuss]: *Schaumgebäck aus Eischnee u. Zucker.*
Bais|se [ˈbɛːsə], die; -, -n [frz. baisse, zu: baisser = senken, über das Vlat. zu spätlat. bassus = niedrig] (Börsenw.): *Fallen der Börsenkurse od. Preise:* Es begann ein Netto-Abfluss und die lokalen Finanzinstitute konnten die B. wegen ihrer miserablen Finanzsituation nicht nutzen (HB 26. 1. 99, 35); auf die B. spekulieren; Ü was kann ... jene unsachgemäße Frage nach Hausse oder B. des Christentums schon bedeuten (Thielicke, Ich glaube 10).
Bais|se|klau|sel, die (Börsenw.): *Vereinbarung zwischen Käufer u. Verkäufer, dass der Käufer von einem Vertrag zurücktreten darf, wenn er von anderer Seite billiger beziehen kann.*
Bais|se|spe|ku|lant, der: *Baissier.*
Bais|sier [bɛˈsi̯eː], der; -s, -s [frz. baissier] (Börsenw.): *jmd., der auf Baisse spekuliert.*
Ba|ja|de|re, die; -, -n [frz. bayadère < port. bailadeira, zu: bailar < spätlat. ballare = tanzen]: *indische Tempeltänzerin.*
Ba|jaz|zo, der; -s, -s [venez. pajazzo, zu: paja (ital. paglia) = Stroh (wegen seines strohsackähnlichen Wollkleids) < lat. palea = Spreu]: *Possenreißer, Spaßmacher, komische Figur (im italienischen Theater).*
Ba|jo|nett, das; -[e]s, -e [frz. baïonnette, eigtl. Adj. zum Namen der frz. Stadt Bayonne, wo die Waffe wurde hier zuerst hergestellt]: **1.** *auf das Gewehr aufsetzbare Hieb-, Stoß- u. Stichwaffe mit Stahlklinge; Seitengewehr.* **2.** (Technik) *Bajonettanschluss, Bajonettverbindung, Bajonettverschluss:* wie alle Nikon-Spiegelreflexkameras hat auch die F-501 das bewährte B. für alle Nikon-Objektive (ADAC-Motorwelt 2, 1987, 41).
Ba|jo|nett|an|schluss, der: vgl. *Bajonettverschluss.*
Ba|jo|nett|fas|sung, die (Technik): *Fassung mit Bajonettverschluss für elektrische Glühbirnen.*
ba|jo|net|tie|ren ⟨sw. V.; hat⟩: *mit dem Bajonett fechten.*
Ba|jo|nett|ver|bin|dung, die: vgl. *Bajonettverschluss.*
Ba|jo|nett|ver|schluss, der (Technik): *leicht lösbare Verbindung von rohrförmigen Teilen (nach der Art, wie das Bajonett auf das Gewehr gesteckt wird).*

◆ **Ba|ju|te, Ba|jut|te,** die; -, -n [span.]: *großer Kragen an einem* ¹*Domino* (a): ein ... Solitär, welcher am Hals die purpurrote Bajute von Seidenflor, die über den Domino hinabfiel, zusammenhielt (Hauff, Jud Süß 382).
Ba|ju|wa|re, der; -n, -n (veraltet, noch scherzh.): *Bayer.*
Ba|ju|wa|rin, die; -, -nen: w. Form zu ↑Bajuware.
ba|ju|wa|risch ⟨Adj.⟩ (veraltet, noch scherzh.): *bayrisch:* hier bei den biederen -en Schlitzohrigkeit (Prodöhl, Tod 113).
Bal|ke, die; -, -n [aus dem Niederd. < mniederd. bake < afries. baken = Wahrzeichen, (Feuer)signal, verw. mit mhd. bouchen, ahd. bouhhan = Zeichen; H. u.]: **1.** (Verkehrsw.) **a)** *Orientierungs- u. Signalzeichen für Schiffe, Flugzeuge;* **b)** *(dreifaches) Ankündigungszeichen vor Eisenbahnübergängen u. Autobahnabfahrten;* **c)** *rechteckiges, tragbares Absperrbrett an Stellen, die Fahrbahnwechsel u. -verengung notwendig machen.* **2.** (Vermessungsw.) *Absteckpfahl für Vermessungen.*
Ba|kel, der; -s, - [lat. baculus = Stock] (veraltet): *Stock des Schulmeisters.*
ba|ke|li|sie|ren ⟨sw. V.; hat⟩ [zu ↑Bakelit] (Fachspr.): *mit speziellen Kunstharzen durchtränken, imprägnieren:* bakelisiertes Holz.
Ba|ke|lit® [bakəˈliːt, auch: ...ˈlɪt], das; -s [1909 von dem Belgier L. H. Baekeland erfunden]: *aus Kunstharzen hergestellter, spröder Kunststoff.*
Bak|ka|lau|re|at, das; -[e]s, -e [zu ↑Bakkalaureus]: **a)** *unterster akademischer Grad (in England u. Nordamerika);* **b)** *(in Frankreich) dem Abitur entsprechender Schulabschluss.*
Bak|ka|lau|re|us, der; -, ...rei [in Anlehnung an mlat. laureus = Lorbeer umgedeutet aus: baccalari(u)s = Knappe]: *Inhaber des Bakkalaureats* (a).
Bak|ka|rat [ˈbakara(t), ...ˈra], das; -s [frz. baccara, H. u.]: *Glücksspiel mit 104 Karten, an dem ein Bankhalter und zwei Mitspieler beteiligt sind:* Ich liebe Poker ... Und ich liebe B., aber ich setz nicht viel ein (Hörzu 18, 1976, 22).
Bak|ken, der; -s, - [norw. bakke < anord. bakki = Hügel, Flussufer] (Skisport): **a)** *Sprungschanze;* **b)** *Schanzentisch:* die Oberhofer »Thüringerschanze«, über deren B. zu gehen aller jungen Springer Wunschtraum ist (Gast, Bretter 249).
Bak|schisch, das; -[e]s, -e [pers. baḫšīš = Geschenk]: *(im Orient) [kleinerer] Geldbetrag, der jmdm. als Trinkgeld od. für eine erwiesene Gefälligkeit gegeben wird:* B. gegen Numerus clausus (Spiegel 29, 1981, 16); Diese Kasse, aus der auch schon mal ein B. für ausländische Politiker fließt, war im Dezember noch mit drei Millionen Mark gefüllt, weil Dotationen für ausländische Politiker offenbar aus der Mode sind (SZ 26. 3. 98, 5).
Bak|te|ri|ä|mie, die; -, ...ien [zu griech. haīma = Blut] (Med.): *Auftreten von Bakterien im Blut in sehr großer Anzahl.*
Bak|te|rie, die; -, -n ⟨meist Pl.⟩ [eingedeutscht aus ↑Bakterium] (Biol., Med.): *einzelliges Kleinstlebewesen, Spaltpilz:*

bakteriell

eine -n tötende Substanz; sich mit -n infizieren.
bak|te|ri|ell ⟨Adj.⟩ (Biol., Med.): *Bakterien betreffend, durch Bakterien hervorgerufen:* die -e Zersetzung organischer Substanzen; -e Erkrankungen.
bak|te|ri|en|be|stän|dig ⟨Adj.⟩: *widerstandsfähig gegenüber Bakterien.*
Bak|te|ri|en|fär|bung, die: *Einfärbung von Bakterien für mikroskopische Untersuchungen:* die Einführung von -en durch Robert Koch (Medizin II, 119).
Bak|te|ri|en|fil|ter, der od. das: *Filter, der Bakterien von Flüssigkeiten u. Gasen trennt.*
bak|te|ri|en|frei ⟨Adj.⟩: *frei von Bakterien.*
Bak|te|ri|en|krieg, der: *Krieg, bei dem Bakterien durch Bomben verbreitet werden.*
Bak|te|ri|en|kul|tur, die (Biol.): *auf künstlichem Nährboden gezüchtete Bakterien.*
Bak|te|ri|en|stamm, der: *Stamm (3 b) von Bakterien.*
Bak|te|ri|en|sym|bi|o|se, die: *Symbiose von Bakterien.*
Bak|te|ri|en tö|tend: s. Bakterie.
Bak|te|ri|en|to|xin, das (Med.): *von Bakterien ausgeschiedener Giftstoff.*
Bak|te|ri|en|trä|ger, der: *jmd., der Bakterien in sich trägt u. andere Personen ansteckt, ohne selbst krank zu sein.*
Bak|te|ri|en|zel|le, die: *Zelle eines Bakteriums.*
Bak|te|ri|en|züch|tung, die: *Züchtung von Bakterien.*
Bak|te|ri|o|id, das; -[e]s, -e [zu griech. -oeidḗs = ähnlich] (Med.): *bakterienähnlicher Mikroorganismus, dessen Gestalt von den normalen Wuchsformen der Bakterien abweicht.*
Bak|te|ri|o|lo|ge, der; -n, -n: *Wissenschaftler auf dem Gebiet der Bakteriologie.*
Bak|te|ri|o|lo|gie, die; - [↑-logie]: *Lehre von den Bakterien.*
Bak|te|ri|o|lo|gin, die; -, -nen: w. Form zu ↑ Bakteriologe.
bak|te|ri|o|lo|gisch ⟨Adj.⟩: *die Bakteriologie, den Bakteriologen betreffend:* Die bakteriologischen Befunde sind stets einwandfrei, deshalb wird das Wasser auch nicht gechlort (Tag & Nacht 2, 1997, 9).
Bak|te|ri|o|ly|se, die; -, -n [zu griech. lýsis = Auflösung] (Med.): *Auflösung, Zerstörung von Bakterien durch spezifische Antikörper.*
Bak|te|ri|o|ly|sin, das; -s, -e (Med.): *im Blut entstehender Schutzstoff, der bestimmte Bakterien zerstört.*
bak|te|ri|o|ly|tisch ⟨Adj.⟩ (Med.): *Bakterien zerstörend.*
Bak|te|ri|o|pha|ge, der; -n, -n [zu griech. phageīn = fressen] (Biol.): *Virus, das Bakterien infiziert u. sich darin vermehrt.*
Bak|te|ri|o|se, die; -, -n: *durch Bakterien verursachte Pflanzenkrankheit.*
Bak|te|ri|o|sta|se, die; -, -n [zu griech. stásis = das Stehen] (Med.): *Hemmung des Wachstums u. der Vermehrung von Bakterien.*

bak|te|ri|o|sta|tisch ⟨Adj.⟩ (Med.): *Wachstum u. Vermehrung von Bakterien hemmend.*
Bak|te|ri|o|the|ra|pie, die (Med.): *Erzeugung einer Immunität gegen ansteckende Krankheiten durch Schutzimpfung.*
Bak|te|ri|um, das; -s, ...ien [zu griech. baktḗrion, baktḗria = Stäbchen, Stöckchen, nach dem stäbchenförmigen Aussehen] (veraltet): *Bakterie.*
Bak|te|ri|urie, die; -, -n [zu griech. oûron = Harn] (Med.): *Vorkommen von Bakterien im Harn.*
bak|te|ri|zid [zu lat. -cidere = erschlagen, töten] ⟨Adj.⟩ (Med.): *die Eigenschaft besitzend, Bakterien abzutöten.*
Bak|te|ri|zid, das; -[e]s, -e (Med.): *bakterizides Mittel.*
Ba|ku: Hauptstadt Aserbaidschans.
Ba|la|lai|ka, die; -, -s u. ...ken [russ. balalajka, H. u.]: *dreisaitiges russisches Saiteninstrument mit meist dreieckigem Klangkörper und langem Hals.*
Ba|lan|ce [ba'laŋsə, auch: ba'lā:s(ə)], die; -, -n [...sn̩; frz. balance < lat. bilanx (Gen.: bilancis) = zwei Waagschalen habend]: *Gleichgewicht:* die B. verlieren, halten; aus der B. kommen; sich in [der] B. halten; Ü Bis zur Mitte des Jahrhunderts blieb die B. zwischen der historischen und der neuen Stadt gewahrt (Fest, Im Gegenlicht 331); Gesundheitsreform ... Dabei ist die paritätische Finanzierung längst aus der B., die Zuzahlung trägt schließlich allein der Patient (Woche, 14. 3. 97); der Vorfall hatte ihn aus der B. *(um sein inneres Gleichgewicht)* gebracht; die Großen brauchen den Europacup, um ihren Etat in der B. zu halten (Saarbr. Zeitung 17. 12. 79, 16/18).
Ba|lan|cé [balã'se:], das; -s, -s [frz. balancé]: *Schwebeschritt beim Ballett.*
Ba|lan|ce|akt, der: *Übung, Vorführung, bei der jmd. auf, über etw. balanciert:* einen B. ausführen; Ü selbst in totalitären Staaten ist das Regieren ein B. (Dönhoff, Ära 210).
Ba|lan|ce|ment [balãs(ə)'mã:], das; -s [frz. balancement = Schwanken, Wiegen, Schaukeln] (Musik): *Bebung.*
Ba|lan|cier [balã'sje:], der; -s, -s [frz. balancier]: **1.** *zweiarmige Schwinge als Hebel an Dampfmaschinen.* **2.** *Gangregler an alten Uhren, Unruh.*
ba|lan|cie|ren [balaŋ'si:rən, auch: balã'si:rən] ⟨sw. V.⟩ [frz. balancer]: **a)** *[bei gleichzeitiger Bewegung] im Gleichgewicht halten* ⟨hat⟩: einen Korb [auf dem Kopf] b.; / Eine Krankenschwester balancierte das Tablett zum Tisch (Bieler, Bär 314); **b)** *beim Gehen auf einer sehr schmalen Lauffläche das Gleichgewicht [zu] wahren suchen* ⟨ist⟩: über ein Brett, einen Stamm b.; an einen sehr breiten Graben, über den ... zwei Stangen ... gelegt waren; gerade wollten wir auf die andere Seite b. (Dönhoff, Ostpreußen 80); Ü Da wurden gelernte Handwerker zu Unternehmern, die ... ständig am Rand der Pleite balancieren (profil 46, 1983, 34); **c)** *über sehr unebenen, zerklüfteten o. ä. Boden klettern, steigen u.*

dabei nur mühsam das Gleichgewicht halten ⟨ist⟩: er balanciert über die Trümmer.
Ba|lan|cier|künst|ler, der: *Artist, der Balanceakte ausführt.*
Ba|lan|cier|stan|ge, die: *Stange, mit der auf Seilen, Balken o. Ä. das Gleichgewicht besser gehalten werden kann.*
Ba|la|ni|tis, die; -, ...itiden [zu griech. bálanos = Eichel (2 a)] (Med.): *Eichelentzündung.*
Ba|la|ta ['balata, ba'la:ta], die; - [span. balata, aus einer südamerik. Indianerspr.]: *kautschukähnliches Naturerzeugnis.*
Bal|bier, der; -s, -e (landsch.): *Barbier.*
bal|bie|ren ⟨sw. V.; hat⟩ (landsch.): *barbieren:* ♦ »Ja, ich tu mich ein wenig b.«, antwortete mein Vater und kratzte mit dem Schermesser (Rosegger, Waldbauernbub 65).
Bal|boa, der; -[s], -[s]: *Währungseinheit in Panama.*
bald [mhd. balde = sogleich; schnell, urspr. = mutig, kühn, ahd. bald = kühn, mutig, eigtl. = aufgeschwellt, hochfahrend] ⟨Adv.⟩: **1.** ⟨Steig.: eher, am ehesten, landsch., ugs.: bälder am bäldesten⟩ **a)** (landsch., bes. ostmd. auch: balde) *in[nerhalb] kurzer Zeit, nach einem relativ kurzen Zeitraum:* ich komme b. wieder; b. danach; b. ist Ostern; so b. als/wie möglich; möglichst/(seltener:) tunlichst b.; »Ich meine blofs, wir machen balde zu«, sagte die Servieren (Bieler, Bär 302); als drohende Frage od. Aufforderung: hast du jetzt b. genug? (landsch. ugs.: *hast du endlich genug?*); bist du b. still? (landsch. ugs.: *bist du endlich still?*); * **bis b.!; auf b.!** (ugs.; Abschiedsformel); ♦ Der Seppe stieg nicht bälder von dem Wagen, als bis der Bauer in seiner Hofrait hielt (Mörike, Hutzelmännlein 177); **b)** *leicht, schnell, rasch:* etw. sehr b. begriffen haben; nicht so b. einschlafen können; Wie b. werden helle Pullover schmuddlig, wenn man reist (Muschg, Gegenzauber 420); Das würde einem Architekten b. nicht gelingen (Frisch, Montauk 190). **2.** (ugs.) *fast, nahezu:* das hätte ich b. vergessen; wir warten schon b. drei Stunden; der Weg am diesseitigen Ufer, den wir gehen, man kann ihn schon b. eine Promenade nennen (Berger, Augenblick 37). **3.** ⟨nur in dem Wortpaar⟩ **b. - b.** (zur Bezeichnung einer raschen Aufeinanderfolge, eines Wechsels von zwei Situationen: *einmal - ein andermal, teils - teils:* bald lacht er, bald weint er.
Bal|da|chin ['baldaxi:n], der; -s, -e [ital. baldacchino, zu: Baldacco, älter für: Bagdad, das wegen seiner Seidenstoffe berühmt war]: **1.** *[prunkvoller] Himmel* (3) *über einem Bett, einem Thron o. Ä.:* Über dem Kopfende schwebte ein geraffter B. aus kastanienbraunem Samt (Kuby, Sieg 379). **2.** *tragbarer Himmel* (3), *der bes. bei Prozessionen u. Umzügen über dem Altarsakrament und dem Priester getragen wird:* sie beneidete die Priester, die die goldene Monstranz unter dem B. tragen durften (Alexander, Jungfrau 143). **3.** (Kunstwiss.) *steinerne Überda-*

chung über einer Kanzel, einer Statue o. Ä.
Bäl|de: nur in der Fügung **in B.** (Papierdt.; *bald, sehr schnell, in[nerhalb] kurzer Zeit*): ich komme in B.; Die Frage soll in B. ... aufs Tapet kommen (NZZ 5. 9. 86, 13); Schon in B. ist mit einer Vervielfachung des Erdölpreises zu rechnen (profil 17, 1979, 33).
bal|dig ⟨Adj.⟩: *in kurzer Zeit erfolgend, kurz bevorstehend:* wir bitten um -e Antwort; wobei Sellmann den -en Besuch seiner Frau ankündigte (Bieler, Bär 295); auf -es Wiedersehen! (Abschiedsformel).
bal|digst ⟨Adv.⟩: *so bald wie möglich, schnellstens:* ich werde das b. nachholen.
bald|mög|lichst ⟨Adj.⟩ (Papierdt.): *so bald wie möglich:* -e Erledigung zusagen; Wir suchen zum -en Eintritt eine Telefonistin (Augsburger Allgemeine 27./28. 5. 78, XVI); Eine Instandsetzung der Bürgersteige wird daher b. folgen müssen (Saarbr. Zeitung 3. 10. 79, 18).
bal|do|wern ⟨sw. V.; hat⟩ [zu gaunerspr. baldower = Auskunfter, zu hebr. ba'al = Herr u. davar = Sache, eigtl. = Herr der Sache] (landsch., bes. berlin.): *auskundschaften, nachforschen:* Da muss einer mindestens zwei Wochen lang baldowert haben (Fallada, Blechnapf 351).
Baldr ['baldɐ] (germ. Myth.): *Gott des Lichts.*
Bal|dri|an, der; -s, -e [mlat. valeriana, H. u.]: **1.** *(als Kraut od. Strauch wachsende) Pflanze mit weißen od. rosa Blüten, deren Wurzel ein stark riechendes, nervenberuhigendes Öl enthalten.* **2.** ⟨o. Pl.⟩ *Extrakt aus dem Öl der Wurzeln des Baldrians (1).*
Bal|dri|an|säu|re, die: *Säure in den Baldrian- u. Angelikawurzeln.*
Bal|dri|an|tee, der: *Tee aus den Blättern des Baldrians (1).*
Bal|dri|an|tink|tur, die: *Tinktur aus dem Öl des Baldrians (1).*
Bal|dri|an|trop|fen ⟨Pl.⟩: *Beruhigungsmittel aus Baldrian (2).*
Bal|dri|an|wur|zel, die: *Wurzel des Baldrians (1).*
bald|tun|lichst ⟨Adj.⟩ (veraltet): *baldmöglichst.*
Bal|dur: ↑Baldr.
Ba|le|a|ren ⟨Pl.⟩: *Inselgruppe im westlichen Mittelmeer.*
Bal|es|ter, der; -s, - [ital. balestra, mlat. balestrum = Wurfmaschine; vgl. Balliste]: *Schnäpper (3).*
Bal|es|tra, die; -, ...ren [nach ital. balestra, ↑Balester] (Fechten): *Sprung vorwärts mit Ausfall (4 a).*
¹Balg, der; -[e]s, Bälge [mhd. balc, ahd. balg = (Beutel o. Ä. aus Tier)haut, im Sinne von »abgezogene Tierhaut, die durch Füllung prall wird« verw. mit ↑¹Ball]: **1. a)** *Fell (1 b), Tierhaut:* einem Tier den B. abziehen; einen B. ausstopfen; Ü der leer gewordene B. *(die leere Hülle, sinnentleerte Form) eines großen Worts wird nach der Mode des Tages ausgestopft* (Musil, Mann 458); **b)** (salopp) *(vom Menschen) Haut od. Körper:* seinen B. in Acht nehmen; Heute ziehe ich mich fast schlampig an ... Ach, was solls, den B. behängen! (Fichte, Wolli 37); * **jmdm. auf den B. rücken** (↑Pelz 3); **jmdm. den B. abziehen** *(jmdn. übervorteilen, betrügen, ausnützen);* ◆ **c)** *Fell (1 a):* wie eine Katze schnurrt, wenn man sich mit ihr anlässt, ihr den B. streicht (Gotthelf, Spinne 94). **2.** (landsch., Biol.) *umschließende Hülle, Haut [einer Frucht]:* der aufgesprungene B. von Erbsen; die sauren Bälge der Stachelbeeren. **3.** *ausgestopfter Rumpf einer Puppe:* ein mit Sägemehl gefüllter B. **4.** *Teil eines Geräts, eines Instruments, das beim Zusammenpressen einen Luftstrom erzeugt:* die Bälge [der Orgel] treten; die B. des Akkordeons weit ausziehen. **5. a)** *harmonikaartig ausziehbare Hülle (als Verbindungsteil):* der B. einer Kamera; **b)** (Eisenb.) *bewegliches Verbindungsteil zwischen zwei Eisenbahnwagen.*
²Balg, der od. das; -[e]s, Bälger (bes. nordd.) u. Bälge (bes. südd.) [urspr. = ¹Balg (1 b)] (ugs., meist abwertend): *[unartiges, schlecht erzogenes] Kind:* ein freches, süßes B.; fünf hungrige Bälger ernähren müssen; brave Bürger ..., die jeden Tag zur Arbeit gingen, abends die Bälger und nachts die Frauen schlugen (Fels, Sünden 97).
Bäl|ge, Balje, die; -, -n [mniederd. balge < frz. baille = ²Kufe < ital. baglia < mlat. bacula] (nordd.): **1.** *Bottich, Fass.* **2.** *Fahrrinne im Wattenmeer bei Ebbe.*
bal|gen, sich ⟨sw. V.; hat⟩ [zu veraltet Balg = Balgerei, Lärm, Streit zu mhd. belgen, ahd. belgan = zornig, erregt sein, verw. mit ↑¹Balg]: *(bes. von Kindern) aus Übermut um etwas) raufen, sich [um etw.] ringend mit jmdm. auf dem Boden wälzen:* sich mit anderen Kindern b.; die Hunde balgten sich [um die Beute]; In gendeinem Hof balgte sich ein Katzenpaar (Hilsenrath, Nacht 19); Ü die Erben balgten sich (abwertend; *stritten*) um ihren Anteil (Koryphäen, die sich ... um die gerechte Verteilung der Redeminuten balgten (Weltwoche 17. 5. 84, 5).
Bal|gen, der; -s, - [eigtl. alter sw. Pl. von ↑¹Balg] (Fot.): *harmonikaartig ausziehbarer Verbindungsteil zwischen Objektiv u. Filmkassette bei bestimmten Fotoapparaten.*
Bal|gen|ka|me|ra, die: *Kamera mit einem Balgen.*
Bal|ge|rei, die; -, -en: *[dauerndes] Balgen; Rauferei:* eine B. mit jmdm., zwischen Jungen; Er warf unter die Leute eine Hand voll Geldstücke und nutzte die augenblicklich ausbrechende B., um ins sichere Castel Nuovo zu entkommen (Fest, Im Gegenlicht 239).
Bäl|ge|tre|ter, der; -s, - [zu ↑¹Balg (4)] (früher): *jmd., der den Blasebalg einer Orgel tritt.*
Balg|ge|schwulst, die; -, ...geschwülste [zu ¹Balg (1 b)]: *durch Verstopfung einer Talgdrüse hervorgerufene, gutartige Geschwulst; Grützbeutel.*
Balg|tre|ter, der; -s, - (früher): *Bälgetreter.*
Ba|li; -s: *westlichste der Kleinen Sundainseln.*
Ba|li|ne|se, der; -n, -n: *Ew.*

Ba|li|ne|sin, die; -, -nen: w. Form zu ↑Balinese.
ba|li|ne|sisch ⟨Adj.⟩: *Bali, die Balinesen betreffend; aus Bali stammend.*
Bal|je: ↑Balge.
Bal|kan, der; -s: **1.** *Gebirge in Südosteuropa.* **2.** *Balkanhalbinsel.*
Bal|kan|halb|in|sel, die; -: *Halbinsel Südosteuropas.*
bal|ka|nisch ⟨Adj.⟩: *den Balkan betreffend; vom Balkan stammend.*
bal|ka|ni|sie|ren ⟨sw. V.; hat⟩: *staatlich zersplittern u. in verworrene politische Verhältnisse bringen (wie die Staaten der Balkanhalbinsel vor dem Ersten Weltkrieg):* Gefahren, die Indiens nationale Einheit bedrohen, der ... Mächte, die uns gegeneinander aufbringen und uns b. wollen (Tages Anzeiger 28. 7. 84, 3); Ü Die Folge ist, dass die Politik ebenso »balkanisiert« ist wie die Wissenschaft (Gruhl, Planet 254).
Bal|ka|ni|sie|rung, die; -, -en: *das Balkanisieren.*
Bal|ka|ni|sie|rungs|pro|zess, der: *Vorgang, Prozess (2) des Balkanisierens:* ein konträres Signal zu den dramatischen Balkanisierungsprozessen in den ehemaligen Jugoslawien und im Kaukasus (Woche 18. 4. 97, 18).
Bal|ka|nis|tik, die; -: *Balkanologie.*
Bal|ka|no|lo|ge, der; -n, -n: *Wissenschaftler auf dem Gebiet der Balkanologie.*
Bal|ka|no|lo|gie, die; - [↑-logie]: *Wissenschaft von den Sprachen u. Literaturen der Balkanhalbinsel; Balkanistik.*
Bal|ka|no|lo|gin, die; -, -nen: w. Form zu ↑Balkanologe.
bal|ka|no|lo|gisch ⟨Adj.⟩: *die Balkanologie betreffend:* -e Forschungen.
Bälk|chen, das; -s, -: Vkl. zu ↑Balken (1).
Bal|ken, der; -s, - [mhd. balke, ahd. balko, im Sinne von »dickes Brett« verw. mit ↑¹Ball]: **1.** *vierkantiges, massives, langes Stück Bauholz (bes. zum Stützen od. Tragen):* ein morscher, tragender B.; neue B. einziehen; dann wuchtete er nach Solo und Vorlage ... die Kugel unter den B. (Fußball Jargon; *den Ball unter die Querlatte ins Tor);* sport echo 30. 11. 87, 7); * **lügen, dass sich die B. biegen** (ugs.; *maßlos lügen*). **2. a)** (Bauw., Archit.) *massiver Träger, z. B. aus Stein, Beton, Stahl;* **b)** (Sport, Jargon) *Schwebebalken:* am B. turnen; **c)** (Musik) *im Notensatz der zwei od. mehrere Notenhälse verbindende dicke Strich; Querbalken;* **d)** (bes. Heraldik) *schmaler [Trennungs]streifen von eigener Farbe:* das Wappen zeigt einen roten B. in weißem Feld. **3.** (Anat., Med.) *kräftig ausgebildeter Teil des Gehirns, der die beiden Großhirnhälften verbindet.*
Bal|ken|code, der: *Strichcode.*
Bal|ken|de|cke, die: *von freiliegenden Balken durchzogene Zimmerdecke.*
Bal|ken|kon|struk|ti|on, die: *Konstruktion aus Balken.*
Bal|ken|kopf, der: *(beim Fachwerkbau) herausragendes Ende eines Balkens [das durch Schnitzerei od. Malerei verziert ist].*
Bal|ken|kreuz, das (Heraldik): *Kreuz aus Pfahl (2) u. Balken (2 d).*

Bal|ken|la|ge, die (Bauw.): *Gesamtheit der in einer Ebene verlegten Balken.*

Bal|ken|über|schrift, die: *in großen, dicken Lettern gedruckte Schlagzeile in Zeitungen o. Ä.*

Bal|ken|waa|ge, die: *zweiarmige Waage mit je einer Schale für Gewichte u. für zu wiegende Dinge.*

Bal|ken|werk, das ⟨o. Pl.⟩: *Gebälk* (1): Kutschke stürmte, von Staub umhüllt, von B. behindert, gegen die Kellertür (Lentz, Muckefuck 226).

Bal|kon [bal'kɔŋ, bal'ko:n], der; -s, -s [bal'kɔŋs] u. -e [bal'ko:nə; frz. balcon < ital. balcone, eigtl. = Balkengerüst, aus dem Germ.]: **1.** *vom Wohnungsinnern betretbarer offener Vorbau, der aus dem Stockwerk eines Gebäudes herausragt:* ein sonniger B.; die -s gehen nach Süden; auf den B. [hinaus]treten; Die neuen Häuser haben -e (Schädlich, Nähe 168); sich auf den B. legen; Zu den -s einiger Erdgeschosswohnungen führen Rampen (Hörzu 15, 1984, 132); unter den -en liegen ordentlich gestapelte Scheite für den Kamin (a & r 2, 1997, 82); Ü Sie lacht aus voller Brust, und gegen den B. (salopp; *den üppigen Busen*) kommt nicht mal Hoppedietz' Verlobte an mit ihrer prallen Bluse (Bieler, Bär 66). **2.** *stark erhöhter Teil des Zuschauerraums im Theater od. Kino:* wir haben [auf dem] B. gesessen; B. *(einen Platz auf dem Balkon)* nehmen.

Bal|kon|blu|me, die: *zur Bepflanzung von Balkonkästen geeignete, bevorzugte Blume* (z. B. Begonie, Geranie).

Bal|kon|brüs|tung, die: *Brüstung* (1) *eines Balkons.*

Bal|kon|chen, das; -s, -: Vkl. zu ↑ Balkon (1).

Bal|kon|kas|ten, der: *auf od. an der Brüstung eines Balkons angebrachter Blumenkasten.*

Bal|kon|lo|ge, die: *Loge* (1 a) *im Balkon* (2).

Bal|kon|mö|bel, das ⟨meist Pl.⟩: *für den Gebrauch auf dem Balkon bestimmtes [wetterfestes] Möbel.*

Bal|kon|pflan|ze, die: vgl. Balkonblume.

Bal|kon|tür, die: *[von einem Zimmer] auf den Balkon* (1) *führende Tür.*

Bal|kon|zim|mer, das: *Zimmer mit einem Balkon* (1).

¹Ball, der; -[e]s, Bälle [mhd., ahd. bal, eigtl. = geschwollener, aufgeblasener Körper]: **1.** *kugelförmiger, gewöhnlich mit Luft gefüllter [elastischer] Gegenstand, der als Spielzeug od. Sportgerät verwendet wird:* der B. springt auf, prallt gegen die Torpfosten; den B. werfen, schleudern, abschlagen, schießen, ins Tor köpfen, anschneiden, [am Fuß] führen, stoppen, fangen, annehmen, abgeben; den B. spielen, [wieder] ins Spiel bringen; jmdm. den B. zuwerfen, zuspielen; sich ⟨Dat.⟩ den B. vorlegen; Heute traut sich doch kaum einer mehr von den Stürmern, den B. zum Beispiel mit dem Rücken zum Gegner anzunehmen (Kicker 82, 1981, 18); am B. sein, bleiben; [mit dem] B. spielen; nach dem B. laufen; sich nicht vom B. trennen lassen; *** den Ball flach halten** (ugs.; *sich zurückhalten,* kein unnötiges Risiko eingehen; nach der entsprechenden Taktik im Fußball: flach gespielte Bälle sind meist einfacher in den eigenen Reihen zu halten); **jmdm., einander/sich [gegenseitig] die Bälle spielen/zuwerfen** *(jmdn., einander [im Gespräch] geschickt begünstigen, unterstützen);* **am B. sein, bleiben** (ugs.; *sich von etw. nicht abbringen lassen; etw. mit Eifer weiterverfolgen*): so leicht is' der Konkurrenzkampf bei den schwarzen Theaterkarten auch wieder nich', da muss man hart am B. bleiben (Erné, Fahrgäste 111). **2.** (Ballspiele) *Art, wie ein Ball gespielt wird; Schlag, Wurf, Schuss u. Ä. [aufs Tor]:* der Torwart hielt die schwierigsten Bälle. **3.** (Tennis, Baseball) *Punkt:* einen B. machen. **4.** *[Gegenstand in Form eines Balles, einer] Kugel:* ein B. aus Papier, Wolle; (geh.:) der glühende B. der Sonne; Er knüllt die Alufolie zu einem B., wirft den B. in den Papierkorb (Richartz, Büroroman 24).

²Ball, der; -[e]s, Bälle [frz. bal, zu veraltet baller = tanzen < spätlat. ballare]: *größere [festliche] Tanzveranstaltung:* ein festlicher, glanzvoller B.; einen B. geben, veranstalten, besuchen; sie wollten zusammen auf den B. gehen.

bal|la, bal|la|bal|la ⟨Adj.⟩ [zu ↑¹Ball, in Anspielung auf die Kindertümlichkeit dieses Wortes; also eigtl. = kindlich, einfältig] (salopp, bes. Jugendspr.): *nicht recht bei Verstand:* der ist ja b.; die Alte is' so mitgegangen, die war so'n bisschen ballaballa (Schmidt, Strichjungengespräche 125).

Ball|ab|ga|be, die (Ballspiele): *Weitergabe des ¹Balls.*

Bal|la|de, die; -, -n [engl. ballad < afrz. balade = Tanzlied < provenz. ballada zu: balar = tanzen < spätlat. ballare, ↑²Ball]: **1.** *[volkstümliches] Gedicht, in dem ein handlungsreiches, oft tragisch endendes Geschehen [aus Geschichte, Sage od. Mythologie] erzählt wird:* viele -n von Goethe sind vertont worden. **2.** *in langsamem od. gemäßigtem Tempo gehaltene Komposition im Bereich von Jazz u. Popmusik, die meist die Form eines Liedes, eines Songs hat:* beim Jazzkonzert ... Wir spielten gerade eine B. (Lindenberg, El Panico 54).

bal|la|den|haft ⟨Adj.⟩: *in der Art einer Ballade.*

Bal|la|den|stoff, der: *für Balladen bes. geeigneter Stoff* (4 a).

bal|la|desk ⟨Adj.⟩: *balladenhaft;* Bei Licht besehen ist nämlich Tonio Kröger weder novellistisch noch lyrisch noch b. (Reich-Ranicki, Th. Mann 94).

Ball|an|nah|me, die (Ballspiele): *das Annehmen u. Unter-Kontrolle-Bringen eines zugespielten Balls.*

Bal|lar|tist, der (Ballspiele): *Spieler, bes. Fußballspieler mit hervorragender Technik, Ballbehandlung.*

Bal|last [auch österr. u. schweiz. nur: ba'last], der; -[e]s, -e ⟨Pl. selten⟩ [aus dem Niederd. < mniederd. ballast = Sandlast zum Gewichtsausgleich im untersten Raum des Schiffes; 1. Bestandteil: H. u., 2. Bestandteil: ↑Last]: **1.** *schwere Last, die [als Fracht von geringem Wert] zum Gewichtsausgleich mitgeführt wird:* B. über Bord werfen, abwerfen; Wenn man den Bugkofferraum mit B. beschwert, erreicht man eine weitere Verbesserung der Fahreigenschaften (Augsburger Allgemeine 3./4. 6. 78, VIII). **2.** *unnütze Last, überflüssige Bürde:* der dritte Koffer war nur B.; Ü historischen B. werfen; Historischer B. liegt auch auf dem Archiv – man spürt ihn selbst dann, wenn man noch nicht weiß, dass es sich um jenes von Leni Riefenstahl handelt (FR 26. 6. 98, 11).

Bal|last|stof|fe ⟨Pl.⟩: *nicht od. nur teilweise verwertbare Bestandteile der aufgenommenen Nahrung:* Die Deutschen essen – mehr als andere europäische Nationen – zu fett, zu salzig, zu süß und vor allem zu üppig. Sie trinken zu viel Alkohol und nehmen zu wenig B. zu sich (SZ 8. 5. 98, 11).

bal|last|stoff|reich ⟨Adj.⟩: *viele Ballaststoffe enthaltend:* -e Kost.

Bal|last|was|ser, das ⟨o. Pl.⟩: *in Schiffen als Ballast* (1) *verwendetes Wasser:* Beseitigung von Ölresten und verschmutztem B. von Tankern und anderen Schiffen (Welt 10. 7. 86, 7).

Bal|la|watsch: ↑ Pallawatsch.

Ball|be|hand|lung, die ⟨o. Pl.⟩ (Ballspiele): *Umgang eines Spielers mit dem Ball:* seine B. ist bewundernswert, lässt noch zu wünschen übrig.

Bäll|chen, das; -s, -: Vkl. zu ↑¹Ball (1, 4).

Ball|lei, die; -, -en [mhd. balie < mlat. ballia, vgl. Bailli] (hist.): *Bezirk eines [Ritter]ordens.*

Ball|lei|sen: ↑ Balleneisen.

bal|len ⟨sw. V.; hat⟩ [mhd. ballen, zu ↑¹Ball]: **1. a)** *(die Hand, die Faust) [zusammenpressend] fest schließen:* die Hand zur Faust, die Faust b.; mit geballten Fäusten; **b)** *zusammenpressen, -schieben [sodass eine runde od. klumpige Form entsteht]:* ein Papierblatt b.; eine geballte Ladung *(Milit.; Sprengladung aus zusammengebundenen Handgranaten);* **c)** ⟨b. + sich⟩ *sich zusammenpressen, -schieben [sodass eine runde od. klumpige Form entsteht]:* der Schnee ballt sich zu Klumpen; Mit etwa tausend Umdrehungen in der Minute werden die schweren Teile der Milch nach außen geschleudert, während die leichteren sich um die Achse herum ballen (Lentz, Muckefuck 140); Ü An den Haltestellen ballen sich Menschentrauben (Sobota, Minus-Mann 207); die Schwierigkeiten ballen *(häufen)* sich; geballte *(konzentrierte)* Kraft, Energie; so sind im Hintergrund der geballten Nachfrage ... gewisse Lieferschwierigkeiten aufgetreten (Saarbr. Zeitung 12./13. 7. 80, 18). **2.** (landsch.) *mit dem Ball spielen, werfen:* die Kinder haben auf dem Spielplatz geballt.

Bal|len, der; -s, - [mhd. balle, ahd. ballo, Nebenf. von ↑¹Ball]: **1. a)** *rundlicher Packen:* einige B. Stroh; Ü ein B. Erinnerungen und Beklemmungen, Ängste und Ungewissheiten (Loest, Pistole 132); **b)** *Zählmaß bestimmter Waren:* zwei B. Leder; **c)** *auf-, zusammengerollte Stoffbahn [von bestimmter Länge]:* ein B. Stoff. **2. a)** *Muskelpolster an der Innen-*

seite der Hand- u. Fußflächen bei Menschen u. Säugetieren: auf den B. gehen; **b)** *krankhafte Verdickung an der Innenseite des Mittelfußknochens:* die B. operativ entfernen. **3.** *Wurzelballen.*
Ba̲l|len|bin|der, der: *Person, die Waren in Ballen verpackt* (Berufsbez.).
Ba̲l|len|bin|de|rin, die: w. Form zu ↑Ballenbinder.
Ba̲l|len|ei|sen, das: *Stemmeisen mit schräger Schneide.*
Ba̲l|len|gicht, die: *Gicht an den Ballen* (2 a).
Ba̲l|len|pres|se, die: *Presse zum Packen von Ballen* (1).
bal|len|wei|se ⟨Adv.⟩: *in Ballen* (1): *etw.* b. *liefern,* [ver]*kaufen.*
Bal|le|ri̲|na, (selten:) **Bal|le|ri̲|ne,** die; -, ...nen [ital. ballerina, zu: ballare = tanzen < spätlat. ballare, ↑²Ball]: *Balletttänzerin.*
Bal|le|ri̲|no, der; -s, -s [ital. ballerino]: *Balletttänzer.*
¹Ba̲l|ler|mann, der; -s, ...männer [zu ↑ballern (1 a)]⟨ugs.⟩: *Schusswaffe, bes. Revolver:* dann hätte ich mir noch 'nen B. in den Gürtel gesteckt (Degener, Heimsuchung 52).
²Ba̲l|ler|mann [6], der; -s [Verballhornung der span. Bez. Balneario (No. 6)] ⟨ugs.⟩: *Lokal an einem Badestrand auf Mallorca, das bes. von deutschen Touristen als Treffpunkt für ausgiebigen Alkoholgenuss besucht wird:* Neben kulinarischen Schmankerln gibt dann DJ Mike sein Bestes. Er entführt die Zuhörer mit seiner Musik zum B. nach Mallorca (FNP 30. 4. 99, 5).
ba̲l|lern ⟨sw. V.; hat⟩ [lautm., vgl. mniederd. balderen, schwed. mundartl. ballra = lärmen] ⟨ugs.⟩: **1. a)** *anhaltend laut schießen, knallen:* mit Platzpatronen b.; in die Gegend; nach Tauben b.; Noch nicht b. – Weihnachtsruhe beachten (MM 21. 12. 79, 14); **b)** (Sport Jargon) *den Ball [wuchtig] irgendwohin schießen:* den Ball wuchtig gegen die Pfosten, ins Tor b. **2. a)** *mit Wucht gegen etw. schlagen, klopfen, sodass ein lautes Geräusch entsteht:* an die Tür b.; * **jmdm. eine b.** ⟨ugs.; *jmdm. eine kräftige Ohrfeige geben*⟩: wie ich morgens um zwei vom Elternabend gekommen bin und du mir eine geballert hast (Schwarzer, Unterschied 36); **b)** *mit Wucht, gegen etw. prallen, sodass ein lautes Geräusch entsteht:* Steine ballerten gegen die Tür; **c)** *mit Wucht [irgendwohin] werfen, schleudern, sodass ein lautes Geräusch entsteht:* etw. vor Wut in die Ecke b.; die Tür ins Schloss b. **3.** *knallende, krachende Geräusche machen:* Schüsse, Donnerschläge ballerten; * **einen b.** ⟨ugs.; *etw. Alkoholisches trinken*⟩.
Bal|les|te|rer, der; -s, - [eigtl. = jmd., der etw. (weg)schleudert, zu ↑Balester] (österr. salopp): *Fußballspieler.*
bal|les|tern ⟨sw. V.; hat⟩ [zu ↑¹Ball] (österr. salopp): *Fußball spielen.*
Bal|le̲tt, das; -[e]s, -e [ital. balletto, Vkl. von: ballo = Tanz, zu: ballare, ↑Ballerina]. **1. a)** ⟨o. Pl.⟩ *künstlerischer Tanz auf einer Bühne mit dazugehöriger Musik:* das klassische B.; **b)** *einzelnes Werk des*

Balletts (1 a): *ein B. aufführen, tanzen;* Nijinsky ... hat die kühnsten Ideen für -e (Riess, Cäsar 322). **2.** *Tanzgruppe für Bühnentanz:* das B. ist auf Tournee; die Damen vom B.; beim B. sein (ugs.; *Balletttänzer[in] sein*); Er verspricht, beim B. unterzubringen (Chotjewitz, Friede 6).
Bal|le̲tt|abend, der: *abendliche Aufführung eines Balletts* (1 b).
◆ **Bal|le̲t|te,** die; -, -n [zu frz. paillette, Paillette]: *mit Seide, Gold- od. Silberfäden umwickelter Pergamentstreifen zur Einfassung von Knopflöchern:* und einem Rock von grünem Berkan mit goldnen -n (Goethe, Dichtung u. Wahrheit 2).
Bal|let|teu̲|se [balɛˈtøːzə], die; -, -n [französisch zu ↑Ballett] (geh.): *Balletttänzerin.*
Bal|le̲tt|kom|pa|nie, die: *Kompanie* (3).
Bal|le̲tt|korps, das: *Gruppe der Balletttänzerinnen u. -tänzer, die auf der Bühne den Rahmen u. Hintergrund für die Solisten bilden.*
Bal|le̲tt|meis|ter, der: *Ausbilder eines Balletts* (2).
Bal|le̲tt|mu|sik, die ⟨Pl. -en⟩: *für ein Ballett* (1 b) *komponierte Musik.*
Bal|le̲tt|o|ma|ne, der; -n, -n: *jmd., der vom Ballett* (1 a) *besessen, begeistert ist:* unter dem Beifall der -n im Parkett und auf den Rängen (Saarbr. Zeitung 28. 12. 79, 6).
Bal|le̲tt|rat|te, die (ugs. scherzh.): *in der Ausbildung befindliche junge Balletttänzerin.*
Bal|le̲tt|schu|le, die: *Einrichtung, Ausbildungsstätte, in der Ballettanz gelehrt wird.*
Bal|le̲tt|tanz, der: *Ballett* (1 a).
Bal|le̲tt|tän|zer, der: *Tänzer beim Ballett.*
Bal|le̲tt|tän|ze|rin, die: w. Form zu ↑Balletttänzer.
Bal|le̲tt|the|a|ter, das: *Theater, das Ballette* (1 b) *aufführt.*
Bal|le̲tt|trup|pe, die: *Truppe* (2) *von Balletttänzerinnen u. -tänzern.*
ball|fü̲h|rend ⟨Adj.⟩ (Ballspiele): *mit der Ballführung beschäftigt:* den -en Spieler angreifen.
Ba̲ll|füh|rung, die (Ballspiele): *das Bewegen des Balls [in eine bestimmte Richtung], wobei der Spieler mit dem Ball mitläuft u. dessen Lauf ständig mit dem Fuß, der Hand od. einem Schläger steuert:* Er ist ohne Zweifel talentiert, technisch begabt, hat eine gute B. (Hörzu 46, 1983, 24).
Ba̲ll|gast, der: *jmd., der einen ²Ball besucht:* nach und nach trafen die prominenten Ballgäste ein.
Ba̲ll|ge|flüs|ter, das: *Klatsch* (2), *Gerede auf einem ²Ball.*
Ba̲ll|ge|fühl, das ⟨o. Pl.⟩ (Ballspiele): *besondere Fähigkeit, Veranlagung eines Spielers, geschickt mit dem Ball umzugehen:* ein hervorragendes, nicht besonders ausgeprägtes B. haben.
Ba̲ll|ge|sell|schaft, die: *Gesellschaft* (2 c) *auf einem ²Ball.*
Ba̲ll|haus, das (früher): *Haus, Halle für bestimmte Ballspiele:* das B. von Versailles.

ball|hor|ni|sie|ren ⟨sw. V.; hat⟩ (selten): *verballhornen:* er hat das Drehbuch ballhornisiert.
ba̲l|lig ⟨Adj.⟩ (selten): *ball[en]förmig, gerundet:* -e Wolken, Gebilde.
Bal|li̲s|te, die; -, -n [lat. ballista, zu griech. bállein = werfen, schleudern]: *antikes Wurfgeschütz.*
Bal|li̲s|tik, die; - [zu ↑ballistisch]: *Lehre von der Bewegung geschleuderter od. geschossener Körper.*
Bal|li̲s|ti|ker, der; -s, - *Forscher auf dem Gebiet der Ballistik.*
Bal|li̲s|ti|ke|rin, die; -, -nen: w. Form zu ↑Ballistiker.
bal|li̲s|tisch ⟨Adj.⟩ [zu ↑Balliste]: **a)** *die Ballistik betreffend, zu ihr gehörend, auf ihr beruhend:* -e Berechnungen; Er leitete -e und ideologische Kurse (Meckel, Suchbild 74); **b)** *die Flugbahn eines Körpers bzw. Geschosses betreffend, aufweisend:* die -e Kurve *(Flugbahn).*
Ba̲ll|jun|ge, der; -n, -r (Tennis): *Junge, der die ¹Bälle aufsammelt.*
Ba̲ll|kleid, das; -[e]s, -er: *festliches [langes] Kleid, das bei einem ²Ball getragen wird.*
Ba̲ll|kö|ni|gin, die: *schönste, begehrteste Frau auf einem ²Ball.*
Ba̲ll|künst|ler, der (Ballspiele): *Ballartist:* Schließlich ist davon auszugehen, dass er ein genialer B. ist (Hörzu 45, 1982, 16).
Ba̲ll|lo|kal, das: *Gebäude, in dem ein ²Ball stattfindet.*
Ba̲ll|mäd|chen, das (Tennis): *Mädchen, das die ¹Bälle aufsammelt.*
Ba̲ll|nacht, die: *Nacht, in der ein ²Ball stattfindet, die auf einem ²Ball verbracht wird:* die Zeit der rauschenden Ballnächte ist vorbei.
Ba̲ll|o|elek|tri|zi|tät, die [zu griech. bállein, ↑Balliste] (Physik): *elektrische Aufladung der in der Luft schwebenden Tröpfchen beim Zerstäuben von Wasser.*
Bal|lo̲n [baˈlɔŋ, baˈloːn] der; -s, -s [baˈlɔŋs] u. -e [baˈloːnə; zu ital. pallone = großer Ball, Vgr. von: palla = ¹Ball, aus dem Germ.]: **1. a)** *kugelförmiges, von einer mit Gas gefüllten Hülle getragenes Luftfahrzeug:* im B. aufsteigen, fliegen, fahren; **b)** *ballförmiges, mit Luft oder Gas gefülltes Kinderspielzeug:* einen B. aufblasen; Neben ihm plärrte ein Kind seinem in der Luft entkommenen blauen B. nach (Feuchtwanger, Erfolg 777). **2. a)** *große, bauchige [Korb]flasche:* den Wein in -s abfüllen; **b)** (Chemie) *Glaskolben:* Säuren in -s transportiert; Im Fallen riss der Leo noch den großen B. mit verdünnter Schwefelsäure ... mit hinab (Sommer, Und keiner 221). **3.** (Segeln) *leichtes großes Vorsegel von Jachten, das im Wind wie ein Ballon aufgebläht wird.* **4.** (ugs.) *Kopf:* du kriegst gleich ein paar an den, vor den B.; Katis Vater war gegen die Tür gelaufen. »Man rammelt sich hier den B. ein« (H. Weber, Einzug 11); * **[so] einen B. bekommen/kriegen** (salopp; *[aus Verlegenheit] einen roten Kopf bekommen*).
Bal|lon d'Es|sai [balõdɛˈsɛ], der; --, -s - [balõdɛˈsɛ; frz. Versuchsballon] (bildungsspr.): *lancierte Nachricht, Versuchsmodell o. Ä., womit die Meinung ei-*

Ballonett

nes bestimmten Personenkreises erkundet werden soll.
Bal|lo|nett, das; -[e]s, -e u. -s [frz. ballonnet = kleiner Ballon] (Fachspr.): *Luftsack im Innern von Fesselballons u. Luftschiffen.*
Bal|lon|fah|rer, der: *Pilot eines Ballons* (1 a).
Bal|lon|fah|re|rin, die: w. Form zu ↑ Ballonfahrer.
Bal|lon|fla|sche, die: *Ballon* (2 a).
bal|lon|för|mig ⟨Adj.⟩: *die Form eines Ballons* (1) *aufweisend.*
Bal|lon|füh|rer, der: *Ballonfahrer.*
Bal|lon|füh|re|rin, die: w. Form zu ↑ Ballonführer.
Bal|lon|kleid, das: *Kleid mit ballonförmiger Silhouette des Unterteils.*
Bal|lon|müt|ze, die: *hohe, runde Mütze [mit Schirm].*
Bal|lon|rei|fen, der: *Niederdruckreifen mit großem Querschnitt für Kraftfahrzeuge u. Fahrräder.*
Bal|lon|sa|tel|lit, der: *(bes. früher verwendeter) ballonförmiger Satellit* (2) *mit dünnwandiger Hülle, deren dünner metallischer Überzug als Reflektor zur Übermittlung von Funksignalen dient.*
Bal|lon|se|gel, das: *Ballon* (3).
Bal|lon|sei|de, die: *fester, wasserdichter Stoff für Ballons* (1 a), *Sportmäntel u. dgl.*
Bal|lon|sper|re, die (Milit.): *durch aufgelassene Ballons gebildete Sperre gegen feindliche Fliegerangriffe.*
¹**Bal|lot** [baˈloː], das; -s, -s [frz. ballot, zu: balle = Ballen, aus dem Germ.] (Kaufmannsspr.): *Stückmaß im Glashandel.*
²**Bal|lot** [ˈbɛlət], das; -s, -s [engl. ballot < frz. ballotte, ↑Ballotage]: *(im britischen u. amerikanischen Recht) geheime Abstimmung.*
Bal|lo|ta|de, die; -, -n [frz. ballotade, zu: balloter = hin u. her werfen, zu: ballotte, ↑Ballotage] (Reiten): *Sprung der hohen Schule, bei dem die Vorderbeine des Pferdes angezogen u. alle vier Hufe nach hinten gerichtet werden.*
Bal|lo|ta|ge [baloˈtaːʒə], die; -, -n [frz. ballottage, zu: balloter, ↑ballotieren]: *geheime Abstimmung durch Abgabe von weißen od. schwarzen Kugeln.*
bal|lo|tie|ren ⟨sw. V.; hat⟩ [frz. ballotter, zu afrz. ballotte = kleine Kugel, zu: balle = Kugel, Ballen, aus dem Germ.]: *durch Ballotage abstimmen.*
Bal|lo|ti|ne, die; -, -n [frz. ballotine, zu afrz. ballotte, ↑ballotieren; nach der Kugelform] (Kochk.): **a)** *Vorspeise aus haschiertem Fleisch, Wild od. Geflügel;* **b)** *von Knochen befreite, gebratene u. farcierte Geflügelkeule.*
Ball|pen|del, das: *Gerät mit einem frei an einer Schnur herabhängenden Ball, an dem Schüsse u. Kopfbälle bes. für den Fußball trainiert werden können.*
◆ **Ball|putz,** der [zu ↑ Putz (2 a)]: *Balltoilette: Die Figuren treten aus dem Schatten; ich sehe B. unter den dunklen Mänteln* (Raabe, Chronik 18).
Ball|ro|be, die (geh.): *Ballkleid.*
Ball|saal, der; -[e]s, ...säle: *Saal, in dem ein* ²*Ball stattfindet.*
Ball|sai|son, die: *Saison* (a), *bes. im Winter, in der viele* ²*Bälle stattfinden.*

Ball|schlep|per, der (Fußball Jargon): *Spieler mit der Aufgabe, den Ball von der Abwehr über das Mittelfeld in den eigenen Angriff zu bringen.*
Ball|schuh, der: vgl. Ballkleid.
Ball|spiel, das: *Spiel mit einem* ¹*Ball.*
Ball|spie|ler, der: *Spieler bei einem Ballspiel.*
Ball|spie|le|rin, die; -, -nen: w. Form zu ↑ Ballspieler.
Ball|sta|fet|te, die (Ballspiele, bes. Fußball): *Folge von Pässen* (3): *stets darauf bedacht ... mit verblüffenden -n den Gegner unter Druck zu setzen* (NZZ 3. 5. 83, 29).
Ball|tech|nik, die (Ballspiele): *Technik beim Ballspiel.*
Ball|toi|let|te, die (geh.): *festliche Kleidung, die bei einem* ²*Ball getragen wird.*
Ball|treiber, der (Fußball Jargon): *Spieler, der den Ball immer wieder aus der Abwehr über das Mittelfeld in den eigenen Angriff bringt.*
Ball|tre|ter, der (Fußball Jargon): *Fußballspieler.*
Bal|lung, die; -, -en: **1.** *das [Sich]ballen.* **2. a)** *Verdichtung, Zusammendrängung;* **b)** *geballtes Auftreten.*
Bal|lungs|ge|biet, das: *Gebiet, in dem sich Menschen u. Industrien zusammendrängen: das B. an der Ruhr; Das Wohnen und Leben in dem B. ist für den klassischen Alleinverdiener zur Herausforderung geworden* (FR 30. 12. 98, 4).
Bal|lungs|raum, der: *Ballungsgebiet: Die wirtschaftliche Entwicklung in den Ballungsräumen der Bundesrepublik soll Vorrang ... haben* (Augsburger Allgemeine 13. / 14. 5. 78, 2).
Bal|lungs|zen|trum, das: *Gebiet mit besonders großer Bevölkerungsdichte innerhalb eines Ballungsgebietes: die menschlichen Ballungszentren, die Millionen beherbergen* (Gruhl, Planet 264).
ball|ver|liebt ⟨Adj.⟩: (Fußball Jargon): *dazu neigend, den Ball (aufgrund einer guten Balltechnik) zu lange selbst zu führen, zu spät abzuspielen: ein (allzu) ballverliebter Spieler, Techniker.*
Ball|wech|sel, der; -s, - ([Tisch]tennis, Badminton): *ständiges Hin u. Her des von den Spielern über das Netz geschlagenen Balls.*
Ball|wurf|ma|schi|ne, die: *Tennismaschine.*
Bal|ly|hoo [ˈbælɪhuː, auch: - - ˈ -], das; - [engl. ballyhoo, H. u.]: *marktschreierische Propaganda, Reklamerummel: Dem Waldhof-Trainer ... gefällt das ganze B. nicht* (Kicker 6, 1982, 13).
Bal|me, die; -, -n [mlat. balma, viell. aus dem Kelt.] (Geol.): *durch Verwitterung entstandene nischenartige Höhlung unter einem Felsüberhang.*
Bal|mung: Schwert Siegfrieds.
bal|neo-, Bal|neo- [lat. bal(i)neum = Bad (1–3) < griech. balaneĩon = Bad, Badeort] ⟨Best. in Zus. mit der Bed.⟩: *Bad[e]-, Bäder-* (z. B. balneologisch, Balneotherapie).
Bal|neo|gra|phie, (auch:) Balneografie, die; -, -n [↑-graphie]: *Beschreibung von Heilbädern.*
Bal|ne|o|lo|gie, die; - [zu lat. bal(i)neum

= Bad (1–3) u. ↑-logie]: *Lehre von der therapeutischen Anwendung u. Heilwirkung des Wassers, von Schlamm, Moor u. a.*
bal|ne|o|lo|gisch ⟨Adj.⟩: *die Balneologie betreffend.*
Bal|neo|phy|si|o|lo|gie, die; -: *Physiologie der inneren u. äußerlichen Anwendung von Heilquellen beim Menschen.*
Bal|neo|the|ra|pie, die; - (Med.): *Heilbehandlung durch Bäder.*
Bal pa|ré [ˈbalpaˈreː], der; - -, - -s [ˈbalpaˈreː; frz. eigtl. = Ball, bei dem jeder reich geschmückt erscheint, aus: bal (↑²Ball) u. paré, adj. 2. Part. von: parer = schmücken, zieren < lat. parare = zubereiten, sich zu etw. rüsten] (geh. veraltet): *festlicher Ball, Prunkball.*
¹**Bal|sa,** die; -, -s [span. balsa = Floß, H. u.]: *Floß aus Binsenbündeln bei den Indianern Südamerikas.*
²**Bal|sa,** das; -: *Balsaholz.*
Bal|sa|baum, der: *(in Mittel- u. Südamerika heimischer) Baum, der ein sehr leichtes Nutzholz liefert.*
Bal|sa|holz, das: *Holz des Balsabaums.*
Bal|sam, der; -s, -s ⟨same ⟨Pl. selten⟩ [mhd. balsame, ahd. balsamo < lat. balsamum = Balsam(strauch) < griech. bálsamon, aus dem Semit.]: **1.** *dickflüssiges Gemisch aus Harzen u. ätherischen Ölen, bes. in der Parfümerie u. [als Linderungsmittel] in der Medizin verwendet.* **2.** (geh.) *Linderung, Wohltat: etw. ist B. für jmds. Seele; Lob ist, wenn nicht heilender, so doch lindernder B. für sie* (Reich-Ranicki, Th. Mann 19).
Bal|sam|ap|fel, der: *Gewächs mit eiförmigen, orangefarbenen Früchten.*
Bal|sam|baum, der: *Holzgewächs, das Balsam* (1) *liefert.*
Bal|sam|duft, der: **1.** *Duft von Balsam* (1). **2.** *süßer Wohlgeruch.*
Bal|sam|gur|ke, die: *Balsamapfel.*
Bal|sam|harz, das: *balsamhaltiges Harz der Balsambäume.*
bal|sa|mie|ren ⟨sw. V.; hat⟩ [mhd. balsemen]: **1.** *(einen Leichnam) durch Behandlung mit konservierenden Mitteln vor Verwesung schützen: Leichen b.* **2.** (geh.) *mit Balsam od. anderen heilkräftigen od. wohlriechenden Mitteln einreiben.*
Bal|sa|mie|rer, der; -s, - (früher): *jmd., der Leichen einbalsamiert.*
Bal|sa|mie|rung, die; -, -en: *das Balsamieren.*
Bal|sa|mi|ne, die; -, -n [frz. balsamine < griech. balsamínē]: *Springkraut.*
bal|sa|misch ⟨Adj.⟩: **1.** (geh.) *wohlriechend [u. lindernd] wie Balsam:* b. duften. **2.** *Balsam enthaltend:* -e Öle.
Bal|sam|kraut, das: *wohlriechendes Kraut (bes. die wohlriechende Wucherblume aus dem Orient od. die Krauseminze).*
Bal|sam|pflan|ze, die: *Pflanze, die Balsam, Harz od. Öl enthält.*
Bal|sam|tan|ne, die: *(in Nordamerika heimische) Tanne mit stark verharzten Knospen, aus denen Kanadabalsam gewonnen wird.*
Bal|sam|trop|fen ⟨Pl.⟩: *aus Balsam* (1) *bestehende, Balsam enthaltende Flüssig-*

Bal|te, der; -n, -n: Ew.
Bal|ten|land, das ⟨o. Pl.⟩: Baltikum.
Bal|ti|kum, das; -s: aus Estland, Lettland u. Litauen bestehendes Gebiet in Osteuropa.
Bal|tin, die; -, -nen: w. Form zu ↑Balte.
bal|tisch ⟨Adj.⟩: *das Baltikum, die Balten betreffend; aus dem Baltikum stammend.*
Bal|tis|tik, die; -: *Baltologie.*
Bal|to|lo|ge, der; -n, -n: *Wissenschaftler auf dem Gebiet der Baltologie.*
Bal|to|lo|gie, die; - [↑-logie]: *Wissenschaft von den baltischen Sprachen u. Literaturen.*
Bal|to|lo|gin, die; -, -nen: w. Form zu ↑Baltologe.
Ba|lu|ba: ↑Luba.
Ba|lus|ter, der; -s, - [frz. balustre < ital. balaustro < mlat. balaustium = Blüte des Granatbaums < griech. balaústion, nach der Form]: *kleine Säule als Stütze eines Geländers.*
Ba|lus|ter|säu|le, die: *Baluster.*
Ba|lus|tra|de, die; -, -n [frz. balustrade < ital. balustrata]: *Brüstung od. Geländer mit Balustern.*
Ba|lyk, der; - [russ. balyk, aus dem Turkotat.] (Kochk.): *getrockneter Rücken des Störs.*
Balz, die; -, -en [mhd. balz, H. u.]: **1.** *Liebesspiel bestimmter größerer Wald- u. Feldvögel (z. B. der Wildtauben, Waldhühner, Fasanen, Schnepfen während der Paarungszeit):* die B. der Fasanen beobachten. **2.** *Paarungszeit bestimmter größerer Wald- u. Feldvögel (z. B. der Wildtauben, Waldhühner, Fasanen, Schnepfen):* in die B. treten. **3.** * *auf die* **B.** *gehen* (Jägerspr.; *Jagd auf balzende Vögel machen*).
Balz|arie, die: *von balzenden Vögeln hervorgebrachte Folge von Lauten.*
Balz|be|we|gung, die: *auffällige Bewegung der balzenden männlichen Vögel, durch die die Weibchen angelockt werden sollen.*
bal|zen ⟨sw. V.; hat⟩ [mhd. balzen]: **a)** *(von bestimmten Wald- u. Feldvögeln wie Wildtauben, Waldhühnern, Fasanen, Schnepfen) während der Balz (2) durch Lockrufe u. auffällige Bewegungen um das Weibchen werben:* die Auerhähne balzen; *Wenn ein Männchen auf ein Weibchen balzt, dieses dann aber vor dem Kopulation versuchenden Männchen flieht* (Studium 5, 1966, 280); *balzende Erpel;* Ü (ugs. scherzh.) *alle im Büro amüsierten sich, wie die beiden balzten;* ♦ **b**) ⟨b. + sich⟩ *sich begatten* (b): *Canaillen die! Die balzen sich und jungen, wo ein Platz ist* (Kleist, Krug 2).
Balz|laut, der: vgl. Balzarie.
Balz|platz, der: *Platz, an dem die Balz* (1) *stattfindet.*
Balz|zeit, die: *Balz* (2).
bam ⟨Interj.⟩: lautm. für einen dunkleren [Glocken]klang.
Ba|ma|ko: Hauptstadt von Mali.
Bam|berg: Stadt in Franken.
¹Bam|ber|ger, der; -s, -: Ew.
²Bam|ber|ger ⟨indekl. Adj.⟩: B. Reiter (Reiterstandbild im Bamberger Dom).

Bam|ber|ge|rin, die; -, -nen: w. Form zu ↑¹Bamberger.
¹Bam|bi, das; -s, -s [nach W. Disneys 1941 entstandenem Zeichentrickfilm »Bambi«] (Kinderspr.): *kleines Reh.*
²Bam|bi der; -s, -s: *jährlich verliehener Filmpreis (in Form eines kleinen Rehs).*
Bam|bi|na, die; -, -s [ital. bambina]: weibl. Form von ↑Bambino (2).
Bam|bi|no, der; -s, ...ni, ugs.: -s [ital. bambino, Vkl. von gleichbed. älter: bambo, Lallwort]: **1.** (bild. Kunst) *Jesuskind in der Darstellung der italienischen Malerei u. Bildhauerei.* **2.** (ugs.) *kleines [italienisches] Kind, kleiner [italienischer] Junge von einer Familie mit acht Bambini.*
Bam|boc|cia|de [bambɔ'tʃa:də], die; -, -n [nach dem Niederländer Pieter van Laer (um 1599–1642), der als erster Genreszenen in Italien malte u. seiner Missgestalt wegen den Namen »Bamboccio« (= Knirps) trug] (bild. Kunst): *genrehafte, derbkomische Darstellung des Volkslebens.*
Bam|bu|le, die; -, -n ⟨meist o. Art.⟩ [frz. bamboula (bes. in der Wendung faire la bamboula = tüchtig feiern) = Trommel; zu Trommelrhythmen getanzter Tanz der afrik. Neger, über das Frz. der Insel Haiti aus einer westafrik. Spr.]: **1.** (Gaunerspr.) *in Form von Krawallen geäußerter Protest bes. von Häftlingen:* Die Bullen warten nur darauf, dass ihr wieder B. macht, also zittert endlich ab (Degener, Heimsuchung 24); Diese ganzen aufgestauten Aggressionen kamen bei dieser B. zum Ausbruch (Eppendorfer, Kuß 68). **2.** (Jugendspr.) *bes. von Jugendlichen veranstaltetes äußerst ausgelassenes Treiben [auf einem Treffen, einem Fest o. Ä.]:* Voll im Trend liegt das Schöne-Wochenende-Ticket: Samstagmorgen nach Sylt, Wein und Bier am Strand von Westerland, nach durchzechter Nacht am nächsten Tag zurück (Zeit 5. 9. 97, 77).
Bam|bus, der; -ses u. -, -se [niederl. bamboe(s) < malai. bambu]: *schnell wachsende [sub]tropische Graspflanze, deren leichter, hohler Stängel stark verholzt:* eine Wand, Hütte aus B.
Bam|bus|bär, der: *Kleinbär, bei dem Ohren, Beine u. Augenringe schwarz gefärbt sind, das übrige Fell gelblich weiß ist.*
Bam|bus|fa|ser, die: *Faser des Bambus.*
Bam|bus|hüt|te, die: *Hütte aus Bambus.*
Bam|bus|pa|pier, das: *aus Bambusfasern hergestelltes Papier.*
Bam|bus|rohr, das: *Stamm des Bambus.*
Bam|bus|spross, der ⟨meist Pl. -en⟩: *für Gemüse, Salat verwendeter Keimling des Bambus.*
Bam|bus|stab, der: *Stab* (1 a, d) *aus Bambusrohr.*
Bam|bus|stock, der: *[Spazier]stock aus Bambusrohr.*
Bam|bus|vor|hang, der [in Analogie zum Eisernen ↑Vorhang] (Politik): *[weltanschauliche] Grenze zum kommunistischen Machtbereich in Südostasien:* Ein Blick hinter den B. muss für Nachwuchsmanager nicht teuer sein (Zeit 10. 9. 98, 79).
Ba|mi|go|reng, das; -[s], -s [indones., aus

bami (bakmi) = *chinesisches Nudelgericht* u. goreng = *gebraten, geröstet*]: *indonesisches Nudelgericht.*
Bam|mel, der; -s [rückgeb. aus ↑bammeln] (salopp): *Angst, Furcht:* B. vor jmdm. haben; Ich hatte einen ziemlichen B. vor diesen Therapien (Christiane, Zoo 222).
bam|meln ⟨sw. V.; hat⟩ [urspr. lautm.; vgl. bam; nach dem Hin- und Herschwingen der Glocke] (landsch.): **1.** baumeln (1 b): er baumelte am Seil; an, von der Decke b. **2.** baumeln (2): Am Galgen sollst du Hund mir b. müssen (Fallada, Herr 40).
Bams, der; -, -e [eigtl. = Wanst < afrz. pance < lat. pantex, ↑Panzen] (bayr., österr. salopp): *Kind.*
bams|tig ⟨Adj.⟩ (österr. salopp): *aufwendig, protzig.*
¹Ban, der; -s, -e u. Banus, der; -, - [serbokroat. ban < türk. bay = reicher Mann] (hist.): *Statthalter, Gebietsvorsteher (bes. in Kroatien u. Südungarn).*
²Ban, der; -[s], Bani [rumän., eigtl. = Geld(stück)]: *Währungseinheit in Rumänien (100 Bani = 1 Leu).*
ba|nal ⟨Adj.⟩ [frz. banal, zu afrz. ban = Bann; urspr. = gemeinnützig] (bildungsspr.): **a)** (abwertend) *im Ideengehalt, gedanklich nicht unbedeutend, durchschnittlich:* eine -e Frage, -e Weisheiten; sein Vortrag war b.; das leicht zufrieden gestellte, aber nie gesättigte Bedürfnis nach -er Zerstörung (Gehlen, Zeitalter 66); **b)** *keine Besonderheit, nichts Auffälliges aufweisend; alltäglich, gewöhnlich:* eine -e Geschichte; Der tägliche Konfrontation mit dem Staat und seinen Organen in -en Fragen (NZZ 30. 1. 83, 17); nichts soll blass und zufällig und b. sein wie in Wirklichkeit (Chr. Wolf, Nachdenken 181).
ba|na|li|sie|ren ⟨sw. V.; hat⟩ [frz. banaliser]: *ins Banale ziehen:* ein Geschehen b.
Ba|na|li|tät, die; -, -en [frz. banalité]: **1.** ⟨o. Pl.⟩: *das Banalsein.* **2.** *banale Äußerung, Aussage.*
Ba|na|ne, die; -, -n [1: port. banana, aus einer westafrik. Spr.; 2: nach der Form]: **1.** *wohlschmeckende, längliche, gelbe Frucht einer baumähnlichen tropischen Staude:* Frau Kästl ging in die Großmarkthalle als Hilfsarbeiterin und brachte ihren Leuten manche leicht angefaulte B. mit (Sommer, Und keiner 29); R ausgerechnet -n! (Ausruf des Unmuts, wenn etwas Unerwartetes eintritt, Kehrreim eines nach dem Ersten Weltkrieg entstandenen Schlagers: ausgerechnet -n, verlangt sie von mir!); dich haben sie wohl mit der B./Bananenschale aus dem Urwald gelockt (ugs.; *du bist, benimmst dich reichlich naiv*). **2.** (ugs. scherzh.) *Hubschrauber mit zwei Rotoren.*
Ba|na|nen|damp|fer, der: *Kühlschiff zum Transport von Bananen.*
Ba|na|nen|flan|ke, die [nach der gebogenen Flugbahn des Balls] (Fußball-Jargon): *angeschnittene Flanke.*
Ba|na|nen|re|pu|blik, die [LÜ von engl. banana republic] (oft abwertend): *kleines Land in den tropischen Gebieten*

Bananenschale

Amerikas, das bes. vom Export von Bananen lebt (u. von fremdem, meist US-amerikanischem Kapital abhängig ist): Unter dem Titel Kultur werden in dieser Stadt Hobbys auf eine Art gefördert, die nur in einer B. möglich ist (NZZ 29. 8. 86, 33); Ü Wo aber bleibt da die geistig-moralische Wende? Es geht wohl eher in Richtung B. (Saarbr. Zeitung 12. 12. 96, 1).

Ba|na|nen|scha|le, die: *Schale* (1 a) *einer Banane:* auf einer B. ausrutschen.

Ba|na|nen|schiff, das: *Bananendampfer.*

Ba|na|nen|split, das; -s, -s [engl. banana split, aus: banana = Banane u. split = geteilt]: *Eisspeise aus einer längs durchgeschnittenen Banane, Eis, Schlagsahne [u. Schokoladensoße].*

Ba|na|nen|stau|de, die: *einzelner Stängel der Bananenpflanze, der die in mehreren Reihen wachsenden Früchte trägt.*

Ba|na|nen|ste|cker, der [nach der Form] (Elektrot.): *schmaler, einpoliger Stecker.*

Ba|nat, das; -[e]s: *Gebiet zwischen den Flüssen Donau, Theiß u. Maros im südlichen Osteuropa.*

¹Ba|na|ter, der; -s, -: Ew.

²Ba|na|ter ⟨indekl. Adj.⟩.

Ba|na|te|rin, die; -, -nen: w. Form zu ↑¹Banater.

Ba|nau|se, der; -n, -n [griech. bánausos = Handwerker, gemein, niedrig; wer im alten Griechenland ein Handwerk selbst betrieb, anstatt Sklaven für sich arbeiten zu lassen, galt als verachtenswert, da er so von »höheren Dingen« abgehalten wurde] (abwertend): *Mensch mit unzulänglichen, flachen, spießigen Ansichten in geistigen od. künstlerischen Dingen; Mensch ohne Kunstverständnis u. ohne feineren Lebensstil, der Dinge unangemessen behandelt od. verwendet, die von Kennern geschätzt werden:* er ist ein entsetzlicher B.; Was machen Küchenmeister, wenn es ein B. nicht abwarten kann? Sie verteidigen ihr kaltes Büffet (FR 16. 1. 97, 2).

Ba|nau|sen|tum, das; -s (abwertend): *Art, Wesen, typisches Verhalten eines Banausen.*

ba|nau|sisch ⟨Adj.⟩: *in der Art eines Banausen; ohne Verständnis für geistige u. künstlerische Dinge:* Ihre Romane ... handelten meist von unverstandenen Frauen, die unter ihren -en Gatten litten (K. Mann, Wendepunkt 13).

¹Band, das; -[e]s, Bänder u. -e [mhd. bant, ahd. band, zu ↑binden]: **I.** ⟨Pl. Bänder⟩ **1.** *längerer, schmaler [Gewebe]streifen zum Schmuck, zur Verstärkung, zum Zusammenhalten u. a.:* ein B. im Haar tragen; 5 Meter B. kaufen; eine Matrosenmütze mit langen, blauen Bändern; das Blaue B. *(Auszeichnung für das schnellste Passagierschiff zwischen Europa u. Amerika);* das B. der Ehrenlegion *(bedeutendster französischer Orden);* Ü ein langes B. marschierender Truppen (Plievier, Stalingrad 148). **2. a)** kurz für ↑Messband; **b)** kurz für ↑Farbband; **c)** kurz für ↑Zielband; **d)** *Tonband:* das B. bespielen, löschen; etw. auf B. [auf]nehmen; Der Mann spricht den Text auf B. (Weber, Tote 300); die Überprüfung und sendefertige Fertigstellung des -es nach der Aufnahme (NJW 19, 1984, 1110); **e)** kurz für ↑Förderband; **f)** kurz für ↑Fließband: am B. stehen, arbeiten; ein neues Automodell auf B. legen (Industrie; *anfangen, es serienmäßig zu produzieren);* ihr Wägelchen glänzte und glitzerte, als sei es eben erst vom B. gekommen (Borell, Romeo 216); * **am laufenden B.** (ugs.; *immer wieder, in einem fort*): Ich ... verdiene Geld am laufenden B. (Hilsenrath, Nazi 212); **g)** *dehnbarer, sehnenähnlicher Bindegewebsstrang zur Verbindung beweglicher Teile des Knochensystems:* ich habe mir ein B. angerissen, die Bänder gezerrt; **h)** (Technik) *endloses Sägeband einer Bandsäge;* **i)** (Handw.) *Metallbeschlag, eingefügter Metallstreifen [mit dem die Tür-, Fensterangel od. ein Scharnier verbunden ist]:* die Tür ist aus den Bändern gerissen; **j)** (Technik) *etw. (z. B. Baumwollballen, Balken) befestigender u. zusammenhaltender Metallstreifen;* **k)** (Bauw.) *kürzerer Verbindungsbalken, Verstrebung;* **l)** (Böttcherei) *Fassreifen:* die Bänder halten die Fassdauben zusammen; **m)** (Bergsteigen) *Felsstreifen, über den eine Kletterroute führt;* **n)** (Nachrichtent.) *abgegrenzter schmaler Frequenzbereich.* **II.** ⟨Pl. -e⟩ **1.** ⟨Sg. selten⟩ (geh. veraltet): **a)** *¹Fessel;* in -e schlagen *(fesseln, in Ketten legen);* **b)** *durch Zwang, Gewalt bewirkte Unfreiheit:* alle drückenden -e lösen, abschütteln, zerreißen. **2.** (geh.) *Bindung, enge Beziehung: verwandtschaftliche u.; die -e des Bluts:* Lebten wir ohne inneres B. gleichgültig nebeneinander in zwei Lagern (R. v. Weizsäcker, Deutschland 68); Damit sollten die -e zwischen Stadt und Land verstärkt werden (NZZ 30. 8. 86, 28); * **zarte -e knüpfen** (oft scherzh.; *eine Liebesbeziehung anfangen).*

²Band, der; -[e]s, Bände: *einzelnes Buch [als Teil eines größeren Druckwerkes, einer Bibliothek]:* ein schmaler B. Gedichte; eine Ausgabe in zehn Bänden; das Werk hat, umfasst mehrere Bände; Ü darüber könnte man Bände *(sehr viel)* erzählen, schreiben; * **Bände sprechen** (ugs.; *sehr aufschlussreich sein, alles sagen*): Der Kampf um die Abschaffung des Stichentscheids des Mannes in unserem Familienrecht spricht Bände (Dierichs, Männer 269); Abk.: Bd., Pl.: Bde.

³Band [bɛnt, engl.: bænd], die; -, -s [engl. band, eigtl. = Verbindung (von Personen, die miteinander musizieren) < (a)frz. bande, ↑²Bande]: *Gruppe von Musikern, die vorzugsweise moderne Musik wie Jazz, Beat, Rock usw. spielt:* eine B. spielte; sie fing an zu tanzen (Härtling, Hubert 206); der Sänger trat mit seiner B. auf.

band: ↑binden.

Ban|da|ge [banˈdaːʒə], die; -, -n [frz. bandage, zu: bande, ↑²Bande]: **a)** *fester Verband od. Wickel zum Stützen od. Schützen eines verletzten Körperteils, einer Wunde:* jmdm. eine B. machen, anlegen; das Knie kam, musste in eine B. *;* **b)** (Boxen) *schützende [Mull]binde, mit der die Hand umwickelt wird:* die -n anlegen; * **mit harten -n kämpfen** *(hart, erbittert kämpfen):* Wer Erfolg haben will im lukrativen Windelmarkt, der allein in den USA auf über 5 Milliarden Franken geschätzt wird, muss mit harten -n kämpfen (NZZ, Beilage Folio Nr. 3, 2. 3. 98, 22).

ban|da|gie|ren [bandaˈʒiːrən] ⟨sw. V.; hat⟩: **a)** *mit einer Bandage* (a) *versehen:* jmds. Knie b.; muss sie doch ... vierunddreißig Pferde füttern und mindestens sieben davon b. (Frischmuth, Herrin 69); **b)** (Boxen) *durch eine Bandage* (b) *stützen:* die Hände des Boxers waren noch bandagiert.

Ban|da|gist [bandaˈʒɪst], der; -en, -en: *jmd., der Bandagen u. Heilbinden herstellt od. verkauft* (Berufsbez.).

Ban|da|gis|tin, die; -, -nen: w. Form zu ↑Bandagist.

Band|al|ge, die: *einzellige Alge, die in band-, auch scheiben- od. sternförmigen Kolonien auftritt.*

Ban|dar Se|ri Be|ga|wan: Hauptstadt von Brunei.

Band|auf|nah|me, die: *elektroakustische Tonaufnahme auf ein Tonband.*

Band|auf|nah|me|ge|rät, das: *Tonbandgerät.*

Band|brei|te, die: **1.** *Breite eines ¹Bandes* (I 1, 2 a–m). **2. a)** (Physik) *Breite des Frequenzbereiches unterschiedlicher Schwingungen;* **b)** (Nachrichtent.) *Breite des Frequenzbandes [bei einer bestimmten Einstellung des Rundfunkgerätes].* **3.** *Bereich, Umfang, Spannweite:* dass in der Sexualität des Menschen die ganze B. von der ausschließlichen Heterosexualität bis zur ausschließlichen Homosexualität reicht (Wiedemann, Liebe 20); Drei Filme, ... die die erstaunliche B. des französischen Kinos unter Beweis stellen (Saarbr. Zeitung 7. 12. 79, II); psychosomatische Störungen in ihrer ganzen B. (Nds. Ä. 22, 1985, 29). **4.** (Geldw.) *Spielraum innerhalb der Ober- u. Untergrenze, zwischen denen die Kurse schwanken können; die Erweiterung der -n ablehnen; die obere, untere (Ober-, Untergrenze der)* B.

¹Bänd|chen, das; -s, -: u. Bänderchen: Vkl. zu ↑¹Band (I 1, 2 a–m).

²Bänd|chen, das; -s, -: Vkl. zu ↑²Band.

¹Ban|de, die; -, -n [frz. bande = Truppe, Schar (von Soldaten) < provenz. banda, viell. < got. bandwa, bandwo Zeichen u. dann eigtl. = Personen, die dem gleichen Zeichen (= Banner) folgen]: **1.** *organisierte Gruppe von Verbrechern;* eine B. von Autodieben; eine B. macht die Gegend unsicher; er gehörte einer B. an; Die Bekämpfung organisierter krimineller - in dient nur als Tarnaufgabe (Prodöhl, Tod 51). **2.** (abwertend od. scherzh.) *Gruppe gleich gesinnter Menschen (häufig Jugendlicher), die gemeinsam etw. unternehmen:* so eine B. Wut ... auf die Berufszyniker und die B. von Heuchlern und Schwindlern der Literaturszene (Gregor-Dellin, Traumbuch 109); die ausgelassene B. grölte; Onkel Carol, den eine B. so junger Kinder ... königlich amüsierte (Dönhoff, Ostpreußen 71).

²**Ban|de**, die; -, -n [frz. bande, aus dem Germ., verw. mit ↑binden]: **1.** (Sport) fester Rand, feste Einfassung einer Spielfläche (z. B. Billardtisch, Kegelbahn), eines Spielfeldes (z. B. beim Eishockey) od. einer Bahn (z. B. Reitbahn): die Kugel prallte an der, von der B. ab; den Puck an der B. einklemmen; Werbung an den -n übernimmt der MERC (MM 20. 12. 85, 21). **2.** (Physik) *Vielzahl eng benachbarter Spektrallinien.*
bän|de: ↑binden.
Ban|deau [bã'do:], das; -s, -s [frz. bandeau, zu: bande = Band, ↑Bandage] (veraltet): *Stirnband:* breite -s und Turbane (FAZ 15. 7. 61, 54).
Band|ei|sen, das: *dünn ausgewalztes, bandförmiges Eisen für Fassreifen, Beschläge u. Ä.*
Ban|del, das; -s, - (bayr., österr.): *Bändel.*
Bän|del, der (schweiz. nur so) od. das; -s, - [mhd. bendel, ahd. bentil, Vkl. von ↑¹Band] (regional): **a)** *[schmales] Band, Schnur:* bunte B. flattern am Hut; *****jmdn. am B. haben** (ugs.; *jmdn. unter Kontrolle haben*): sie hat ihn ganz schön, fest am B.; **b)** *kurz für* ↑Schuhbändel: der B. am Schuh ist auf.
Ban|de|lier [bandə'liːɐ̯], das; -s, -e [frz. bandoulière < span. bandolera, zu: banda = Schärpe, Binde < (a)frz. bande, ↑²Bandage]: **1.** (veraltet) *Schulterriemen, Wehrgehänge.* ◆ **2.** *Schärpe:* ein breites B. von Gold und Seide bis an die Hüften übergehängt (Eichendorff, Taugenichts 6).
Ban|den|be|kämp|fung, die: *Bekämpfung von* ¹*Banden* (1).
Ban|den|bil|dung, die: *das Sichbilden von* ¹*Banden* (1).
Ban|den|chef, der: *Bandenführer.*
Ban|den|füh|rer, der: *Anführer einer* ¹*Bande* (1).
Ban|den|füh|re|rin, die; -, -nen: *w. Form zu* ↑Bandenführer.
Ban|den|kri|mi|na|li|tät, die: *von* ¹*Banden* (1) *begangene Straftaten.*
Ban|den|mit|glied, das: *Mitglied einer* ¹*Bande* (1).
Ban|den|spek|trum, das (Physik): *Spektrum, das sich aus* ²*Banden* (2) *zusammensetzt.*
Ban|den|un|we|sen, das: *verwerfliches, Ruhe u. Ordnung störendes Treiben von* ¹*Banden* (1).
Ban|den|wer|bung, die: *Werbung (durch Plakate o. Ä.) auf der* ²*Bande* (1) *in Stadien o. Ä.*
Ban|den|we|sen, das: *Gesamtheit dessen, was mit* ¹*Banden* (1) *u. ihren Aktivitäten zusammenhängt.*
Bän|der: Pl. von ↑¹Band (I).
Bän|der|chen: Pl. von ↑¹Bändchen.
Ban|de|ril|la [bandɛ'rɪlja], die; -, -s [span. banderilla, Vkl. von: bandera = Banner, zu: banda = Schar (von Soldaten < got. bandwa, ↑¹Band]: *mit Fähnchen geschmückter kleiner Spieß, den der Banderillero dem Stier in den Nacken stößt.*
Ban|de|ril|le|ro [bandɛrɪl'jeːro], der; -s, -s [span. banderillero]: *Stierkämpfer, der den Stier mit den Banderillas reizt.*

Bän|der|leh|re, die ⟨o. Pl.⟩ (Med.): *Teilgebiet der Anatomie, das sich mit den* ¹*Bändern* (2g), *ihrer Funktion, ihrem Aufbau befasst.*
bän|dern ⟨sw. V.; hat⟩: **1.** *mit* ¹*Bändern* (1) *od. bandförmigen Streifen versehen.* **2.** (Fachspr.) *aus etw.* ¹*Bänder* (1) *od. Bandförmiges herstellen, verfertigen.*
Ban|de|rolle, die; -, -n [frz. banderole < ital. banderuola, Vkl. von: bandiera = Banner, aus dem Germ., vgl. Banner]: **1.** *[papierenes] Klebe- od. Verschlussband, bes. an abgabepflichtigen Waren, das ein Steuerzeichen trägt:* die B. von der Zigarettenschachtel lösen; Sie ... nahm von den Geldpäckchen eines weg, auf dessen B. »10000 Mark« stand (Prodöhl, Tod 61). **2.** *Spruchband* (2).
Ban|de|rol|len|steu|er, die: *Verbrauchssteuer auf verpackte Konsumgüter.*
ban|de|rol|lie|ren ⟨sw. V.; hat⟩: *mit Banderole[n] versehen:* Zeitungen für den Versand b.; Helmckes liebste Beschäftigung bestand darin, allmorgendlich zu die Geldscheine zu zählen, sorgfältig zu b. (Prodöhl, Tod 11).
Ban|de|ro|lie|rung, die; -, -en: *das Banderolieren, Banderoliertwerden.*
Bän|der|riss, der (Med.): *Riss in einem* ¹*Band* (I 2g).
Bän|der|tanz, der: *Volkstanz, bei dem die Tanzenden die von einem Mast herabhängenden Bänder ineinander schlingen u. wieder lösen.*
Bän|der|ton, der (Geol.): *toniges Sediment aus Gletscherabflüssen mit Wechsel von bandförmigen hellen u. dunklen Schichten.*
Bän|de|rung, die; -, -en [zu ↑bändern (1)]: *Muster in Form von Bändern, Streifenmuster:* die B. von Schneckenhäusern.
Bän|der|zer|rung, die (Med.): *schmerzhafte Überdehnung von* ¹*Bändern* (I 2g).
Band|fil|ter, der od. das (Nachrichtent.): *Bauelement der Hochfrequenztechnik, das aus einem größeren Frequenzbereich ein relativ schmales Frequenzband ausblendet.*
Band|för|de|rer, der (Technik): *Transportgerät in Form eines von einem Motor angetriebenen endlosen Förderbandes.*
band|för|mig ⟨Adj.⟩: *die Form eines* ¹*Bandes* (1) *aufweisend.*
Band|ge|ne|ra|tor, der: *(besonders in der Kernphysik verwendeter) Generator zur Erzeugung sehr hoher elektrischer Spannung.*
Band|ge|schwin|dig|keit, die: **1.** *Geschwindigkeit des Magnetbandes während der Aufnahme od. Wiedergabe von Ton- od. Bildaufzeichnungen.* **2.** *Geschwindigkeit eines Fließbandes:* die B. erhöhen, ändern.
Band|holz, das (Böttcherei): *langer, dünner, biegsamer Span, der kleinere Holzgebinde zusammenhält.*
bän|di|gen ⟨sw. V.; hat⟩ [zu veraltet bändig, mhd. bendec = (von Hunden) festgebunden, zu ↑¹Band]: *[trotz starken Widerstandes] unter seinen Willen zwingen; [be]zähmen, zum Gehorsam bringen:* es gelang ihm nicht, das Pferd zu b.; Einige von ihnen bändigten die Frau des Hauses

(Erné, Fahrgäste 146); Kannst du dich nicht ein bisschen b. (zusammennehmen), Hermann? (Bieler, Bär 68); die Kinder sind heute nicht zu b. (sind außer Rand u. Band); Naturgewalten, seine Triebe b.; Der stinkende Dunst der Gassen ... half ihm, die Leidenschaft, die ihn überfallen hatte, zu b. (Süskind, Parfum 219); sie hatte ihr Haar in einem Knoten gebändigt.
Bän|di|ger, der; -s, -: *Person, die Tiere bändigt, zähmt.*
Bän|di|ge|rin, die; -, -nen: *w. Form zu* ↑Bändiger.
Bän|di|gung, die; -, -en: *das Bändigen, Gebändigtwerden.*
Ban|dit [ban'diːt, auch: ...'dɪt], der; -en, -en [ital. bandito = Straßenräuber, eigtl. = Geächteter, subst. 2. Part. von: bandire = verbannen, aus dem Germ.]: *Verbrecher, [Straßen]räuber:* von zwei bewaffneten -en überfallen werden; Mehrere Mitglieder ihrer Familie haben irgendwann in Verdacht gestanden, -en zu sein oder mit -en zu kollaborieren (Chotjewitz, Friede 191); (fam. scherzh.:) wo hast du dich wieder herumgetrieben, du B.; ***einarmiger B.** (ugs. scherzh.): *Spielautomat, der mit einem Hebel an der Seite betätigt wird;* für engl. one-armed bandit).
Ban|di|ten|stück, das (abwertend): *Tat von Banditen.*
Ban|di|ten|un|we|sen, das: *vgl. Bandenunwesen.*
Ban|di|ten|we|sen, das: *vgl. Bandenwesen.*
Band|ke|ra|mik, die (Archäol.): **1.** *mit bestimmten Ornamenten verzierte Keramik der Jungsteinzeit in Mitteleuropa.* **2.** ⟨o. Pl.⟩ *Kultur der frühen Jungsteinzeit in Mitteleuropa (für die die Bandkeramik 1 typisch ist).*
Band|ke|ra|mi|ker, der: *Träger der bandkeramischen Kultur.*
band|ke|ra|misch ⟨Adj.⟩: *die Bandkeramik betreffend.*
Band|lea|der ['bɛntliːdɐ, engl.: 'bændliːdə], der; -s, - [engl. bandleader, aus: band (↑³Band) u. leader]: **1.** *(im traditionellen Jazz) die führende Stimme im Jazzensemble übernehmender [Kornett- od. Trompeten]bläser.* **2.** *Leiter einer* ³*Band.*
Band|maß, das: *aufrollbares Metermaß.*
Band|nu|del, die; -, -n ⟨meist Pl.⟩: *wie ein* ¹*Band* (I 1) *geformte Nudel.*
Ban|do|ne|on, Bandonion, das; -s, -s [nach dem dt. Erfinder H. Band (1821–1860)]: *Handharmonika mit Knöpfen zum Spielen an beiden Seiten.*
Ban|do|ne|o|nist, Bandonionist, der; -en, -en: *jmd., der Bandoneon spielt.*
Ban|do|ne|o|nis|tin, Bandonionistin, die; -, -nen: *w. Form zu* ↑Bandoneonist.
Ban|do|ni|on usw.: ↑Bandoneon usw.
Band|sä|ge, die: *Motorsäge mit endlosem Sägeband.*
Band|schei|be, die (Med.): *knorpelige, zwischen je zwei Wirbeln der Wirbelsäule liegende Scheibe mit weichem, gallertartigem Kern.*
Band|schei|ben|scha|den, der, **Band|schei|ben|vor|fall,** der (Med.): *Ver-*

Bändsel

schiebung, Vorfall des inneren Gallertkerns einer Bandscheibe.
Bänd|sel, das; -s, - [aus dem Niederd. < mniederd. bintsel, bintseil = Seil, mit dem Taue zusammengebunden werden] (Seemannsspr.): **1.** *dünnes Tau, Leine.* **2.** (landsch.) *kleines* ¹*Band* (I 1).
Band|stahl, der: *dünn ausgewalzter, bandförmiger Stahl.*
Ban|du|ra, die; -, -s [russ. bandura < poln. bandura < ital. pandora < lat. pandura < griech. pandoûra]: *lautenod. gitarrenähnliches ukrainisches Saiteninstrument.*
Ban|dur|ria, die; -, -s [span. bandurria < spätlat. pandurium < griech. pandoúrion]: *einer Mandoline ähnliches zehnsaitiges spanisches Zupfinstrument.*
Band|we|ber, der: *jmd., der* ¹*Bänder* (1), *Borten u. Ä.* webt (Berufsbez.).
Band|we|be|rei, die: **1.** ⟨o. Pl.⟩ *das Weben, Herstellen von* ¹*Bändern* (1), *Borten u. a.* **2.** *Weberei* (2), *in der vor allem* ¹*Bänder* (1), *Borten u. Ä. gefertigt werden.*
Band|we|be|rin, die: w. Form zu ↑ Bandweber.
Band|web|stuhl, der: *spezieller Webstuhl für* ¹*Bänder* (1), *Borten u. Ä.*
Band|wir|ker, der: *Bandweber.*
Band|wir|ke|rei, die: *Bandweberei.*
Band|wir|ke|rin, die: w. Form zu ↑ Bandwirker.
Band|wurm, der: *langer Plattwurm, der als Schmarotzer im Darm von Menschen u. Wirbeltieren vorkommt:* ein Mittel zur Abtreibung eines -s; Ü dieser Satz ist ein richtiger B.
Band|wurm|be|fall, der: *das Befallensein durch Bandwürmer.*
Band|wurm|satz, der (scherzh. abwertend): *überaus langer, verschachtelter Satz.*
bang: ↑bange.
Ban|ga|le, der; -n, -n: Ew. zu ↑ Bangladesch.
Ban|ga|lin, die; -, -nen: w. Form zu ↑ Bangale.
ban|ga|lisch ⟨Adj.⟩: *die Bangalen betreffend.*
Bang|büx, Bang|bü|xe, (auch:) **Bangbu|xe,** die [↑ Büx] (nordd. scherzh.): *besonders furchtsamer Mensch; Angsthase:* Ich benehme mich wieder mal ... als Kindskopf, als Bangbüxe, ganz die Tochter meiner Mutter (Zeller, Amen 42).
Bang|bü|xig|keit, die; - (nordd. scherzh.): *Ängstlichkeit.*
ban|ge, banger ⟨Adj.; auch: bänger, bängste⟩ [mhd., (md.), mniederd. bange (Adv.), md. u. niederd. Form von mhd. ange, ahd. ango, altes Adv. von ↑eng, eigtl. = beengt]: *von ängstlicher Beklommenheit erfüllt; voll Angst, Furcht, Sorge:* bange Minuten; banges Schweigen; in banger Erwartung, Sorge; wie ein Weihnachtsmann, der die bange harrenden Kindlein gleich respektabel bescheren wird (Bastian, Brut 425); jmdm. ist, wird b. [zumute, ums Herz]; b. wird b. und bänger; b. sein (landsch.; *Angst, Bedenken haben [etw. zu tun]*); b. um jmdn. sein (landsch.; *sich um jmdn. sorgen*); b. vor jmdm., etw. sein (landsch.; *Angst vor jmdm., etw. haben*);

*** auf jmdn., etw. b. sein** (landsch.; *auf jmdn., etw. ängstlich gespannt sein*); **b. nach jmdm., etw. sein** *(sich nach jmdm., etw. ängstlich-sorgenvoll sehnen).*
Ban|ge, die; - [mhd., mniederd. bange] (landsch.): *Angst, Furcht:* nur keine B.!; [große, keine] B. haben; jmdm. B. machen; R B. machen (od.: Bangemachen) gilt nicht (fam.; *nur keine Angst haben, sich nur nicht einschüchtern lassen*)!
ban|gen ⟨sw. V.; hat⟩ [mhd., mniederd. bangen] (geh.): **1.** *sich ängstigen, sorgen; Angst haben, in Sorge sein:* die Mutter bangt um ihr Kind; Die Thüringer Grünen ... bangen seither um ihre Existenz (Woche 7. 2. 97, 41); Vermutlich war auch sie etwas gebangt, dieses Wochenende könnte missglücken (Frisch, Montauk 155); Auch im Krieg kann der Mensch nicht jede Stunde b. (NNN 6. 12. 88, 5); ⟨landsch. auch: b. + sich:⟩ ich bangte mich um sie. **2.** (landsch.) *sich nach jmdm., etw. sehnen:* die Kinder bangten nach der Mutter; ⟨auch: b. + sich:⟩ sie bangten sich nach ihrer Heimat. **3.** ⟨unpers.⟩ *sich fürchten:* mir bangt [es] vor der Zukunft.
bän|ger: ↑bange.
Ban|gig|keit, die; -: *Furcht:* Die B.: Was wird, wenn ich gar nichts gewinne (Bastian, Brut 81).
Bang|krank|heit, die [nach dem dän. Tierarzt B. Bang (1848–1932)] (Med.): *Krankheit bei Rindern u. Schweinen, die zum Verwerfen führt u. auch auf den Menschen übertragen werden kann.*
Bang|la|desch, -s: Staat am Golf von Bengalen.
Bang|la|de|scher, der; -s, -: Ew.
Bang|la|de|sche|rin, die; -, -nen: w. Form zu ↑ Bangladescher.
bang|la|de|schisch ⟨Adj.⟩: *Bangladesch, die Bangladescher betreffend; aus Bangladesch stammend.*
bäng|lich ⟨Adj.⟩: *Ängstlichkeit, heimliche Angst erkennen lassend:* eine -e Antwort; ein wenig b. von etw. berichten; Grenouille folgte ihm, mit b. pochendem Herzen (Süskind, Parfum 52).
Bang|nis, die; -, -se (geh.): *Angst, Beklommenheit:* Jetzt ist es nicht mehr nötig, B. zu überspielen (Frisch, Montauk 155).
bängs|te: ↑bange.
Ban|gui [ˈbaŋgi]: Hauptstadt der Zentralafrikanischen Republik.
Ba|ni: Pl. von ↑²Ban.
Ban|ja, die; -, -s [russ. banja, wohl über das Vlat. zu lat. balneum, ↑balneo-, Balneo-]: *öffentliches russisches [Dampf]bad:* in diesen -s badet man nicht nur, man trinkt auch Bier und isst gesalzenen Fisch, spielt Karten oder verbringt die Zeit einfach nur mit Gesprächen (Spiegel 4, 1991, 108).
Ban|jo [ˈbanjo, ˈbɛndʒo], das; -s, -s [engl. banjo, nach der Aussprache von älter engl. bandore (= ein Zupfinstrument) durch die schwarzen Sklaven im Süden der USA]: *Zupfinstrument mit fünf bis neun Saiten, langem Hals u. rundem, trommelartigem Resonanzkörper.*
Ban|jul [ˈbandʒul]: Hauptstadt von Gambia.

¹**Bank,** die; -, Bänke [mhd., ahd. banc = Bank, Tisch, urspr. = Erhöhung]: **1. a)** *Sitzgelegenheit aus Holz, Stein o. Ä., die mehreren Personen nebeneinander Platz bietet:* sich auf die B. setzen; um ihn herum auf roh aus Brettern zusammengehauenen Bänken dicht gedrängt über zwei Dutzend Männer (Kühn, Zeit 24); in der Schule in einer B. *(Schulbank)* sitzen; Der Mann ... schob sich in der B. *(Anklagebank)* hin und her (Baum, Paris 124); * **etw. auf die lange B. schieben** (ugs.; *etwas Unangenehmes aufschieben, hinauszögern;* eigtl. = bis zur Bearbeitung in den langen Aktentruhen der Gerichte aufbewahren lassen): gemeinsam schoben sich Deutschlands außenpolitische Zukunft auf die lange B. (Ossowski, Liebe ist 158); **durch die B.** (ugs.; *durchweg, ohne Ausnahme, ohne Unterschied;* eigtl. = in der Reihenfolge, wie die Leute auf einer Bank sitzen): Die runderneuerten Fabrikate halten durch die B. weniger lang (ADAC-Motorwelt 10, 1985, 60); **vor leeren Bänken** *(vor wenigen Zuhörern, Zuschauern):* sie spielten vor leeren Bänken; **b)** (Sport) *Auswechselbank:* die beiden jungen Spieler saßen auf der B., mussten auf der B. sitzen; Klaus Allofs, millionenschwerer Einkauf, schmorte auf der B. (Kicker 6, 1982, 39). **2. a)** *kurz für* verschiedene Handwerkstische wie Dreh-, Hobel-, Werkbank usw.:* an der B. arbeiten; **b)** *bankförmiges Turngerät.* **3. a)** *kurz für* ↑ Sandbank; **b)** *Anhäufung von Meereslebewesen, die eine Erhöhung über dem Meeresgrund hervorruft:* hohe Bänke von Austern, Korallen; **c)** *lange Wolken- od. Dunstschicht;* **d)** (Geol.) *vom umliegenden Gestein gesonderte, fest zusammenhängende Gesteinsschicht.* **4.** *unverändert beibehaltene Vorhersage auf Tippscheinen:* eine B. tippen; dieses Spiel ist eine B. *(kann man als Bank tippen);* Ü dieser Spieler ist eine Bank in unserem Team (ugs.; *man kann sich hundertprozentig auf ihn verlassen*); »Showpeople« ist eine B. *(ein sicherer Erfolg)* als Geburtstags- oder Weihnachtsgeschenk (Oxmox 6, 1983, 141). **5.** (Sport) *Ausgangsstellung auf dem Boden mit auf Knie u. Arme gestütztem Körper.*
²**Bank,** die; -, -en [ital. banco, banca, eigtl. = Tisch des Geldwechslers, aus dem Germ.]: **1. a)** *Unternehmen, das Geld- u. Kreditgeschäfte betreibt u. den Zahlungsverkehr vermittelt:* ein Konto bei der B. haben; Geld auf der B. [liegen] haben, von der B. holen; In -en und Versicherungen arbeiten die Angestellten wie an Fließbändern (Gruhl, Planet 155); **b)** *Gebäude, in dem eine* ²*Bank* (1 a) *untergebracht ist:* die B. ist 1910 gebaut worden. **2.** (Glücksspiel) *Geldeinsatz eines einzelnen Bankhalters, der gegen alle anderen Spieler spielt od. den Einsatz verwaltet:* die B. halten, sprengen; gegen die B. spielen.
Bank|ak|zept, das (Bankw.): *auf eine* ²*Bank gezogenes u. von dieser zur Gutschrift angenommenes Akzept* (b).
Bank|an|ge|stell|te, der u. die: *Angestellte[r] in einer* ²*Bank* (1 a).

Bank|an|wei|sung, die: *Geldanweisung auf eine ²Bank (1 a).*

Bank|auf|trag, der: *Auftrag an eine ²Bank (1a), ein Geldgeschäft durchzuführen.*

Bank|aus|weis, der: *regelmäßig, meist wöchentlich veröffentlichte Zwischenbilanz einer Notenbank zur Beurteilung der Währungs- u. Geldmarktlage.*

Bank|au|to|mat, der: *Automat, an dem bestimmte Bankgeschäfte (wie Geldabhebungen, Überweisungen u. Ä.) erledigt werden können.*

Ban|ka|zinn, das; -[e]s [nach der indones. Insel Bangka]: *aus besonders reinem Erz gewonnenes Zinn.*

Bank|be|am|te, der (veraltend): *Bankangestellter.*

Bank|be|triebs|leh|re, die ⟨o. Pl.⟩: *spezielle Betriebswirtschaftslehre für das Bankwesen (an Hochschulen).*

Bank|bruch, der [für ital. banca rotta, ↑Bankrott] (veraltet): *Bankrott: so drohte der B. ... (Th. Mann, Krull 90).*

Bank|bürg|schaft, die: *Bürgschaft einer ²Bank (1 a) für bestimmte Geschäfte eines Kunden mit einem Dritten.*

Bänk|chen, das; -s, -: Vkl. zu ↑¹Bank (1).

Bank|di|rek|tor, der: *Direktor einer ²Bank (1 a).*

Bank|ein|bruch, der: *Einbruch in eine ²Bank (1 a).*

Bän|kel|lied, das: *Moritat.*

Bän|kel|sang, der; -[e]s: *das Singen von Bänkelliedern [als Kunstform, Darbietungsform].*

Bän|kel|sän|ger, der [zu: Bänkel, mundartl. Vkl. von ↑¹Bank (1), da die wandernden Sänger von einer kleinen Bank herab ihre Geschichten u. Lieder vortragen]: *(bes. vom 17. bis zum 19. Jh.) fahrender Straßensänger, der auf Jahrmärkten u. Ä. Moritaten vorträgt.*

Bän|kel|sän|ge|rin, die: w. Form zu ↑Bänkelsänger.

bän|kel|sän|ge|risch ⟨Adj.⟩: *in der Art eines Bänkelsängers.*

◆ **Bän|kel|toch|ter,** die [vgl. Bankert]: *nicht eheliche Tochter:* dass sie die Kaisers B. sei (Kleist, Käthchen V, 1).

Ban|ker [auch ˈbɛŋkɐ], der; -s, - [unter Einfluss von engl. banker zu ↑²Bank (1 a)] (ugs.): *Bankier, Bankfachmann:* Die Krise erwischt Nippons B. in instabiler Lage (Woche 14. 11. 97, 25).

Ban|ke|rin, die; -, -nen: w. Form zu ↑Banker: Prinzessin Arunrasmey, ... im Zivilberuf B. (Spiegel 2, 1998, 164).

ban|ke|rott (selten): ↑bankrott.

Ban|kert, der; -s, -e [mhd. banchart, eigtl. = das auf der Schlafbank der Magd gezeugte Kind] (landsch. veraltend, stark abwertend): *[nicht eheliches] Kind* (oft als Schimpfwort).

¹Ban|kett, das; -[e]s, -e [ital. banchetto, urspr. = Beistelltisch, Vkl. von: banco, ↑²Bank] (geh.): *Festessen, Festmahl:* [für jmdn.] ein B. geben; Schon vor seinem Geburtstag hatte man den Jubilar auf einem B. ... geehrt (Reich-Ranicki, Th. Mann 10).

²Ban|kett, das; -[e]s, -e, (auch:) **Ban|ket|te,** die; -, -n [frz. banquette = Fußsteig, Vkl. von: banc = ¹Bank]: *etwas er-*

höhter [befestigter] Randstreifen neben der Fahrbahn einer [Auto]straße: Bankette nicht befahrbar!

Bank|fach, das: **1.** ⟨o. Pl.⟩ *Spezialgebiet des Bankkaufmanns.* **2.** *Schließfach in einer ²Bank (1).*

Bank|fach|frau, die: *Expertin auf dem Gebiet des Bankwesens.*

Bank|fach|mann, der: *Experte auf dem Gebiet des Bankwesens.*

Bank|fach|wirt, der: *auf das Bankwesen spezialisierter Volkswirt.*

Bank|fach|wir|tin, die: w. Form zu ↑Bankfachwirt.

bank|fä|hig ⟨Adj.⟩: *zur Einlösung von einer ²Bank (1 a) geeignet:* ein -er Wechsel.

Bank|fei|er|tag, der [nach engl. bank holiday]: *Werktag, an dem die ²Banken (1) geschlossen sind.*

Bank|ge|bäu|de, das: ²Bank (1 b).

Bank|ge|heim|nis, das: *Recht u. Pflicht einer ²Bank (1 a), Verhältnisse u. Konten ihrer Kunden geheim zu halten.*

Bank|ge|schäft, das: *Geschäft, das an ²Banken (1 a) abgeschlossen wird.*

Bank|ge|wer|be, das: *Gesamtheit der gewerblichen Unternehmen, die Geld- u. Kreditgeschäfte betreiben.*

Bank|gut|ha|ben, das: *Guthaben (a), das jmd. bei einer ²Bank (1 a) hat.*

Bank|hal|ter, der (Glücksspiel): *Person, die das Spiel leitet, die Einsätze verwaltet u. gegen den die übrigen Spieler spielen.*

Bank|hal|te|rin, die: w. Form zu ↑Bankhalter.

Bank|haus, das: ²Bank (1 b).

Ban|ki|er [baŋˈkie:], der; s, -s [frz. banquier, zu: banque = ²Bank]: *Inhaber od. Vorstandsmitglied einer ²Bank (1 a).*

Ban|king [ˈbæŋkɪŋ], das; -[s] [engl.]: *Bankwesen, Bankverkehr, Bankgeschäfte.*

Ban|king|the|o|rie, die: *wirtschaftswissenschaftliche Theorie (des 19. Jh.s), nach der die Ausgabe von Banknoten nicht an die volle Deckung durch Gold gebunden zu sein braucht.*

Bank|in|sti|tut, das: ²Bank (1 b).

Bank|kauf|frau, die: *Bankangestellte mit abgeschlossener Banklehre od. gleichartiger Ausbildung (Berufsbez.).*

Bank|kauf|mann, der: vgl. Bankkauffrau.

Bank|kon|to, das: *Konto bei einer ²Bank (1 a).*

Bank|krach, der (Wirtsch. Jargon): *finanzieller Zusammenbruch von ²Banken (1 a).*

Bank|kre|dit, der: *von einer ²Bank (1 a) gewährter Kredit.*

Bank|kun|de, der: *Kunde einer bestimmten ²Bank (1 a).*

Bank|kun|din, die: w. Form zu ↑Bankkunde.

Bank|leh|ne, die: *Lehne einer ¹Bank (1).*

Bank|leh|re, die ⟨o. Pl.⟩: *Lehre bei einer ²Bank (1 a).*

Bank|leit|zahl, die: *achtstellige Zahl zur numerischen Kennzeichnung von ²Banken (1 a) u. Sparkassen (Abk.: BLZ).*

Bänk|ler, der; -s, - (schweiz.): *Banker.*

Bank|nach|bar, der: *Schüler, der neben einem anderen Schüler in der Schulbank sitzt.*

Bank|nach|ba|rin, die: w. Form zu ↑Banknachbar.

Bank|no|te, die: *Geldschein aus Papier, der als Zahlungsmittel verwendet wird.*

Ban|ko|mat, der; -en, -en [aus ↑²Bank u. ↑Automat]: *Bankautomat.*

Bank|ra|te, die: *Diskontsatz der Notenbank.*

Bank|raub, der: *das Ausrauben einer ²Bank (1 a):* täglich ein bis zwei -e (Spiegel 30, 1988, 31).

Bank|räu|ber, der: *jm d., der einen Bankraub begangen hat.*

Bank|räu|be|rin, die: w. Form zu ↑Bankräuber.

Bank|rei|he, die: *Reihe von ¹Bänken (1):* die vorderen, hinteren -n; Seine Stimme war leise, etwas zu schwach, um den großen Hörsaal bis in die letzten -n zu durchdringen (Erné, Fahrgäste 245).

bank|rott ⟨Adj.⟩: *(von Unternehmern) zahlungsunfähig:* der Betrieb ist b.; sich [für] b. erklären; diese Maßnahmen machen die Wirtschaft b.; du machst mich noch b. (ugs. scherzh.; *arm*); Ü er war innerlich b.; wir mussten uns in dieser Frage b. erklären (*mussten zugeben, dass wir nicht weiterwussten*).

Bank|rott, der; -[e]s, -e [ital. banco rotto, eigtl. = zerbrochener Tisch (des Geldwechslers), aus: banco (↑²Bank) u. rotto = zerbrochen]: *Zahlungsunfähigkeit; Einstellung aller Zahlungen [eines Schuldners gegenüber seinen Gläubigern]:* den B. erklären, anmelden, [kurz] vor dem B. stehen; Ü politischer, geistiger B.; vielleicht ist das das Wichtige an all diesen Dingen, dass sich an ihnen die Unmöglichkeit, der B. der menschlichen Gerechtigkeit offenbar macht (NJW 19, 1984, 1087); * **B. gehen** (*zahlungsunfähig werden*); **B. machen** (1. *zahlungsunfähig werden, fallieren.* 2. *scheitern:* er hat mit seiner Politik B. gemacht).

Bank|rott|er|klä|rung, die: *öffentliche Erklärung des Bankrotts:* Ü ihre Ausführungen kommen einer B. gleich.

Bank|rot|teur [baŋkrɔˈtø:ɐ], der; -s, -e [mit französierender Endung für älteres Bankrottierer]: *jmd., der bankrott ist.*

bank|rot|tie|ren ⟨sw. V.; hat⟩ (veraltet): *Bankrott machen.*

Bank|safe, der, auch: das: *Safe im Tresorraum einer ²Bank (1 b).*

Bank|schal|ter, der: *Schalter (2), an dem Kunden einer ²Bank (1 a) ihre Geschäfte erledigen.*

Bank|scheck, der: *schriftliche Anweisung an die ²Bank (1 a), die angegebene Geldsumme zu zahlen.*

Bank|tre|sen, der (bes. nordd.): *Bankschalter.*

Bank|über|fall, der: *Überfall auf eine ²Bank (1 a).*

Bank|über|wei|sung, die: *Geldüberweisung durch eine ²Bank (1 a).*

bank|üb|lich ⟨Adj.⟩: *allgemein bei ²Banken (1 a) üblich:* -e Zinsen verlangen.

Bank|ver|bin|dung, die: *kontoführendes Geldinstitut:* bitte teilen Sie uns ihre B. (den Namen Ihres Geldinstituts u. Ihre Kontonummer) mit.

Bank|ver|kehr, der: *geschäftlicher Verkehr mit ²Banken (1 a).*

Bank|we|sen, das ⟨o. Pl.⟩: *alles, was mit ²Banken* (1 a) *u. den von ihnen getätigten Geschäften zusammenhängt.*
Bank|zins, der: *Zins* (1).
Bann, der; -[e]s [mhd., ahd. ban, zu ↑ bannen]: **1.** *(im MA.) Ausschluss od. Ausweisung aus einer [kirchlichen] Gemeinschaft:* den B. über jmdn. aussprechen, verhängen; jmdn. mit dem B. belegen; vom B. gelöst werden; Ü Der Sitzungssaal des Stadtrates, der die Verordnung (= ein Rauchverbot) erließ, blieb allerdings von dem B. verschont (Hamburger Morgenpost 25. 5. 83, 3). **2.** (geh.) *beherrschender Einfluss; magische Kraft, Wirkung, der man sich kaum entziehen kann; Zauber:* den B. [des Schweigens] brechen; sich aus dem B. einer Musik lösen; das Spiel hielt ihn in [seinem] B.; in jmds. B. geraten; unter dem B. der Ereignisse stehen; * **jmdn. in seinen B. schlagen/ziehen** *(ganz gefangen nehmen, fesseln):* Opfer einer Show, die Millionen in ihren B. zieht (Kicker 82, 1981, 20). **3.** (nationalsoz.) *Gliederungsbereich innerhalb der Hitlerjugend.* ♦ **4.** *[zugewiesener] Bezirk, [abgegrenztes] Gebiet:* dann müssten sie Urfehde schwören, auf ihren Schlössern ruhig zu bleiben und nicht aus ihrem B. zu gehen (Goethe, Götz III).
Bann|bruch, der (Rechtsspr.): *Steuerstraftat desjenigen, der verbotswidrig ohne Verzollung Gegenstände ein- od. ausführt.*
Bann|bul|le, die: *päpstliche Urkunde über die Verhängung des Kirchenbannes.*
ban|nen ⟨sw. V.; hat⟩ [mhd. bannen = bannen (1), (unter Strafandrohung) geod. verbieten, ahd. bannan = gebieten, befehlen; vor Gericht fordern, urspr. = sprechen; seit dem 15. Jh. als Abl. von ↑ Bann empfunden u. sw. V.]: **1.** *(im MA.)* *über jmdn. den Bann* (1) *aussprechen:* der Papst bannte den Kaiser. **2.** (geh.) **a)** *durch Bann* (2) *[irgendwo] festhalten:* das Ereignis bannte die Zuschauer [auf ihre Plätze]; jmdn., etw. [wie] gebannt anstarren; Ü ein historisches Geschehen auf die Leinwand b. *(es malen od. filmen);* Musikalische Kostproben auf Tonbandrollen b. und an Jugendhäuser schicken (tip Jan 2, 1980, 44); **b)** *jmdn., etw. durch magische Kraft vertreiben:* der Zauberer versuchte den bösen Geist zu b.; Ü Esther ..., die er, zu seiner Qual, aus seinem Bewusstsein zu b. nie völlig imstande gewesen ist (Heym, Schwarzenberg 257); Die Gefahr war gebannt *(abgewendet),* und nun spielte nur noch eine Mannschaft (Kicker 6, 1982, 45).
Ban|ner, das; -s, - [mhd. ban(i)er(e) < (a)frz. bannière, letztlich zu einem germ. Wort mit der Bed. »[Feld]zeichen«, vgl. ¹Bande]: *Fahne [mit Feld-, Hoheitszeichen, Wappen], die durch eine waagerecht hängende Querstange mit dem Fahnenschaft verbunden ist:* das B. tragen; Ü (geh.:) das B. der Freiheit.
♦ **Ban|ner|herr,** der: *Anführer im Kriege, der die Landesfahne trägt; Fähnrich* (1 a): Auch find' ich dort den edlen -n von Attinghaus (Schiller, Tell I, 2).
Ban|ner|trä|ger, der: *jmd., der ein Banner trägt:* Von 500 Fahnen- und Bannerträgern ... umrahmt, legten die Repräsentanten ... Kränze nieder (NNN 22. 10. 84, 1); Ü ein B. (geh.; *Vorkämpfer)* des Fortschritts.
Bann|fluch, der: *(im MA.) mit einer Verfluchung verbundener Kirchenbann.*
Bann|gut, das (Rechtsspr.): *Bannware.*
Bann|herr, der (hist.): *Herr* (3), *der innerhalb eines Bezirks die Gerichtsbarkeit ausübt.*
ban|nig ⟨Adv.⟩ [wohl mniederd. bannich = gebannt, verdammt] (nordd.): *ungewöhnlich, außerordentlich, sehr:* ich habe mich b. gefreut; Der Schietkram hört auf, sonst werde ich mal b. ungemütlich (Fallada, Herr 63).
Bann|kreis, der (geh.): *Einflussbereich:* sich jmds. B. nicht entziehen können; Hans ... nennt ihm in B. der Domtürme jedoch selbst der kleinste Fußballsteppke nicht (Saarbr. Zeitung 1. 12. 79, 6).
Bann|mei|le, die: **1.** (hist.) *nähere Umgebung einer Stadt, in der besondere Vorschriften galten.* **2.** *nähere Umgebung von Regierungsgebäuden o. Ä., in der Versammlungsverbot besteht:* Neben Grünpflanzen und Schreibtischen wird, es zeichnet sich mittlerweile ab, auch die B. mit von Bonn nach Berlin ziehen (LVZ 10. 12. 98, 2).
Bann|recht, das: *(bis ins 19. Jh.) Recht eines Gewerbetreibenden, innerhalb eines Bezirks seine Waren herzustellen u. zu verkaufen.*
Bann|strahl, der (geh.): *Bannfluch:* Ü ich spüre doch nur zu deutlich, dass mich Glück und Fluch mit einem einzigen B. getroffen haben (Strauß, Niemand 42).
Bann|wald, der: *[Schutz]wald [gegen Lawinen], in dem kein Holz geschlagen werden darf.*
Bann|wa|re, die (Rechtsspr.): *Ware, die unter Umgehung der Zollgesetze ein- bzw. ausgeführt wird.*
Bann|wart, der (schweiz.): *Flur- u. Waldhüter.*
Ban|schaft, die; -, -en [zu ↑¹Ban] (hist.): *Verwaltungsbezirk im Königreich Jugoslawien.*
Ban|se, die; -, -n, auch: der, -s, -e [md., niederd., H. u.; vgl. got. bansts = Scheune] (landsch. veraltend): *Lagerplatz in einer Scheune od. für Kohlen auf einem Bahnhof.*
ban|sen ⟨sw. V.; hat⟩ (landsch. veraltend): *[Garben in der Scheune] aufschichten.*
Ban|tam|ge|wicht, das [nach engl. bantamweight, zu: bantam = frecher Knirps, eigtl. = Bantamhuhn (die Hähne sind bes. aggressiv)] (Schwerathletik): **a)** ⟨o. Pl.⟩ *niedrige Gewichtsklasse;* **b)** *Sportler der Gewichtsklasse Bantamgewicht* (a).
Ban|tam|ge|wicht|ler, der; -s, -: *Bantamgewicht* (b).
Ban|tam|huhn, das [nach der indones. Stadt Bantam (Banten), woher das Huhn importiert worden sein soll]: *farbenprächtiges Zwerghuhn.*
¹Ban|tu, der; -[s] *Angehöriger einer Sprach- u. Völkergruppe in Afrika.*
²Ban|tu, das; -[s]: *die Sprache der Bantus.*
Ban|tu|frau, die: *Angehörige einer Sprach- u. Völkergruppe in Afrika.*
ban|tu|isch ⟨Adj.⟩: *die ¹Bantus, das ²Bantu betreffend.*
Ban|tu|spra|che, die: *einzelne Sprache des ²Bantu.*
Ba|nus: ↑ ¹Ban.
Ba|o|bab, der; -s, -s [aus einer zentralafrik. Spr.]: *Affenbrotbaum.*
Bap|tis|mus, der; - [engl. baptism < griech. baptismós = Taufe]: *Lehre evangelischer Freikirchen, die die Bedingung für die Taufe ein persönliches Bekenntnis voraussetzt.*
Bap|tist, der; -en, -en [engl. baptist < griech. baptistēs = Täufer]: *Anhänger des Baptismus.*
Bap|tis|ten|ge|mein|de, die: *Gemeinde* (1 b, 2 b) *der Baptisten.*
Bap|tis|te|ri|um, das; -s, ...ien [kirchenlat. baptisterium < lat. baptisterium = Schwimmbecken < griech. baptistḗrion = Badestube] (christl. Rel., Kunstwiss.): **1.** *Taufbecken.* **2.** *Taufkirche:* Der große Platz mit dem Turm, dem Dom, dem B. (Männerbilder 16).
Bap|tis|tin, die; -, -nen: w. Form zu ↑ Baptist.
bap|tis|tisch ⟨Adj.⟩: *die Baptisten, den Baptismus betreffend.*
¹bar ⟨Adj.⟩ [mhd., ahd. bar = nackt; frei von; sofort verfügbar]: **1.** *in Geldscheinen od. Münzen; nicht im bargeldlosen Geldverkehr:* -es Geld; seine Kommandististeneinlage, drei Millionen -e Mark, zu dreißig Päckchen gebündelt (Prödöhl, Tod 22); wo jeder Werktätige das ihm Zukommende ... b. auf die Hand erhält (Heym, Schwarzenberg 197); wenn Sie b. bezahlen, bekommen Sie 3 % Skonto; * **in b.** (mit Geldscheinen, Münzen): etw. in b. bezahlen; Kann ich das Bild auch in b. haben? (Konsalik, Promenadendeck 439); **gegen b.** *(gegen Geldscheine od. Münzen):* Die Möbel sind an seinem Bild sind nur gegen b. zu kaufen (Saarbr. Zeitung 5. 10. 79, 14). **2.** (geh.) *rein, pur:* das ist -er Unsinn; An -en Gefälligkeitsrezensionen ist kein Mangel (Reich-Ranicki, Th. Mann 66); das ist für ihn ... die Selbstverständlichkeit (Augsburger Allgemeine 14. 2. 78, 2). **3.** (veraltet) *nackt, bloß, unbedeckt:* mit -em Haupt[e]; * **einer Sache b. sein** (geh.; *etwas nicht haben):* b. aller Vernunft, jeglichen Gefühls [sein]; aus Gründen, die jeglichen Eigennutzes b. sind (Heym, Schwarzenberg 187); Die Räumlichkeiten waren fast b. jeder Einrichtung (tip 13, 1983, 76).
²bar = ²Bar.
¹Bar, die; -, -s [engl. bar, urspr. = Schranke, die Gastraum u. Schankraum trennt < afrz. barre, ↑ Barre]: **1. a)** *intimes [Nacht]lokal, für das der erhöhte Schanktisch mit den dazugehörigen hohen Hockern charakteristisch ist:* eine B. besuchen, aufsuchen; in einer B. sitzen; **b)** *barähnliche Räumlichkeit in einem Hotel o. Ä.* **2.** *hoher Schanktisch mit Barhockern:* an der B. sitzen; Monsieur de Carrière lud mich ein, mich zu ihnen an die B. zu setzen (Ziegler, Labyrinth 258).
²Bar, das; -s, -s ⟨aber: 3 Bar⟩ [zu griech. báros = Schwere, Gewicht]: *Maßeinheit*

des [Luft]drucks; Zeichen: bar (in der Met. nur: b).

³**Bar,** der; -[e]s, -e [H. u.]: *regelmäßig gebautes, mehrstrophiges Lied des Meistergesangs.*

¹**Bär,** der; -en, -en [mhd. ber, ahd. bero, eigtl. = der Braune, verhüll. Bez.]: **1.** *großes Raubtier mit dickem braunem Pelz, gedrungenem Körper u. kurzem Schwanz:* der B. brummt; -en jagen, erlegen; Ü er ist ein richtiger B. (ugs.; *ein großer, kräftiger, oft etw. ungeschickt, aber gutmütig wirkender Mensch*); * **der Große B., der Kleine B.** *(Sternbilder des nördlichen Himmels;* nach lat. Ursa Major u. Ursa Minor); **wie ein B.** (ugs.; *sehr*): hungrig sein, stark sein wie ein B.; **da, dann** o. Ä. **ist der Bär los / geht der Bär ab** (ugs.; *da, dann ist etwas los, herrscht Stimmung, geht es hoch her;* die Wendung bezieht sich wohl auf den [entlaufenen] Tanzbären auf Jahrmärkten od. den Bären, der im Zirkus Kunststücke vollbringt): am ersten Tag des Winterschlussverkaufs war in der Innenstadt der B. los; Am Samstagnachmittag sei auf der Hauptstraße beim Rettichfestmarkt der B. los gewesen, aber am Samstagabend auf dem Festplatz habe gähnende Leere geherrscht (Rheinpfalz 3. 6. 92, 18); **jmdm. einen -en aufbinden** (ugs.; *jmdm. etw. Unwahres so erzählen, dass er es glaubt;* die Wendung geht wohl davon aus, dass es praktisch unmöglich ist, jmdm. – ohne dass er es merkt – einen Bären auf den Rücken zu binden): Dem Prott hab ich einen -en aufgebunden, der schluckt doch alles (Loest, Pistole 8). **2.** (salopp) **a)** *weibliche Schambehaarung;* **b)** *Vulva.*

²**Bär,** der; -s, -en, Fachspr.: -e (Technik, Bauw.): *Rammklotz, großer Hammer [zum Bearbeiten von Werkstücken od. Einrammen von Pfählen].*

-bar [mhd. -bære, ahd. -bāri; urspr. nur in Zus. vorkommendes Adj. mit der Bed. »tragend, fähig zu tragen«, zu ahd. beran, ↑gebären]: **1.** drückt in Bildungen mit Verben (Verbstämmen) aus, dass mit der beschriebenen Person oder Sache etw. gemacht werden kann: bebaubar, heizbar, öffenbar. **2.** drückt in Bildungen mit Verben (Verbstämmen) aus, dass die beschriebene Person oder Sache etw. machen kann: **a)** brennbar, haftbar; **b)** ⟨verneint in Verbindungen mit un-⟩ unverwechselbar, unerwitterbar. **3.** drückt in Bildungen mit Verben (Verbstämmen) aus, dass die beschriebene Sache zu etw. geeignet ist: badebar, tanzbar, wanderbar.

Ba|ra|ber, der; -s, - [eigtl. = jmd., der »parlare« (= ital.) statt »sprechen« sagt, urspr. nur für italienische Arbeiter] (österr. abwertend): *Bauarbeiter:* Der Feichtinger hat selber mit anpackt mit den -n, die Leit ham gweint (profil 17, 1979, 28).

ba|ra|bern ⟨sw. V.; hat⟩ (österr.): **1.** *als Hilfsarbeiter im Straßenbau, auf dem Bau arbeiten.* **2.** *hart arbeiten.*

Ba|ra|cke, die; -, -n [frz. baraque < span. barraca, zu: barro = Lehm, urspr. = Lehmhütte]: *nicht unterkellerter, einstöckiger [Holz]bau für eine behelfsmäßige Unterbringung:* -n aufbauen, aufstellen, abreißen; in einer B. hausen; Das Heim ist eine B. mit 6-Bett-Zimmern (Klee, Pennbrüder 64).

Ba|ra|cken|la|ger, das: *aus Baracken bestehendes Lager, in dem Menschen behelfsmäßig untergebracht werden.*

Ba|ra|cken|sied|lung, die: *aus Baracken bestehende Siedlung* (1 a).

Ba|rack|ler, der; -s, - (ugs.): *Bewohner einer Baracke:* Ein Siedlungsjunge, ein typischer B., nicht mal eine Hose hat er über dem Hintern! (Ossowski, Flatter 16).

Ba|ratt, der; -[e]s [ital. baratto, zu: barattare = (ver)tauschen] (Kaufmannsspr.): *Austausch von Waren.*

Ba|rat|te|rie, die; -, -n [ital. baratteria = Betrug] (Seew.): *vorsätzliche Unredlichkeit des Kapitäns od. der Schiffsbesatzung gegenüber dem Reeder od. dem Eigentümer der Fracht.*

Ba|ratt|han|del, der: *Tauschhandel.*

ba|rat|tie|ren ⟨sw. V.; hat⟩: *(Ware) gegen Ware tauschen.*

Bar|ba|di|er, der; -s, -: Ew. zu ↑Barbados.

Bar|ba|die|rin, die; -, -nen: w. Form zu ↑Barbadier.

bar|ba|disch ⟨Adj.⟩: *Barbados, die Barbadier betreffend; von Barbados stammend.*

Bar|ba|dos; Barbados': *Inselstaat im Osten der Kleinen Antillen.*

Bar|ba|ka|ne, die; -, -n [frz. barbacane, ital. barbacana, wohl aus dem Arab. od. Pers.]: *(bei mittelalterlichen Festungsanlagen) Vorwerk* (2) *zur Verteidigung des Burg- od. Stadttores.*

Bar|bar, der; -en, -en [lat. barbarus < griech. bárbaros, urspr. = mit der einheimischen Sprache nicht vertrauter Ausländer, Nichtgrieche, eigtl. = stammelnd] (abwertend): **1.** *roher, empfindungsloser Mensch ohne Kultur:* haben den Friedhof verwüstet; Karoline bekam sichtlich Achtung vor diesen Leuten, die man als kulturlose -en beschimpfte (Kühn, Zeit 77). **2.** *[auf einem bestimmten Gebiet] völlig ungebildeter Mensch:* was versteht dieser B. von Musik?; Was wissen Sie schon von der exquisiten Geistigkeit unserer Kirchenväter, Sie junger B.? (Remarque, Obelisk 217). **3.** *(für die Griechen u. Römer der Antike) Angehöriger eines fremden Volkes:* Die verstärkte Anwerbung von Söldnern unter den -en, bevorzugt bei Franken und Alamannen (Archäologie 2, 1997, 32).

Bar|ba|ra|zweig, der; -[e]s, -e ⟨meist Pl.⟩: *(bes. Kirschbaum- od. Forsythien)zweig, der am Barbaratag (4. Dezember) in die Vase gestellt wird, damit er zu Weihnachten blüht.*

Bar|ba|rei, die; -, -en [lat. barbaria]: **1.** *Rohheit, Unmenschlichkeit, Grausamkeit:* ein Akt der B.; weil ... Missachtung der Menschenrechte zu Akten der B. führten (Dönhoff, Ära 117). **2.** ⟨Pl. selten⟩ *Kulturlosigkeit, völlige Ungebildetheit, Unzivilisiertheit:* in die B. zurücksinken; es ist eine B., so zu handeln; Hier soll die Staumauer des geplanten Kraftwerks entstehen ... eine unfassbare B. (Alpinismus 2, 1980, 40).

Bar|ba|rin, die; -, -nen: w. Form zu ↑Barbar (3).

bar|ba|risch ⟨Adj.⟩ [mhd. barbarisch = fremd(ländisch)]: **1.** *unmenschlich, roh, grausam:* -e Maßnahmen, Strafen; dass die Terroristen in -er Weise den halbgelähmten jüdischen Touristen ... ermordet hatten (NZZ 12. 10. 85, 1); er wurde b. gefoltert. **2.** *unkultiviert, unzivilisiert:* ein -es Land; Ü Die Neubauten sehen b. aus. **3. a)** *über das normale od. erlaubte Maß hinausgehend, sehr groß, furchtbar:* eine -e Hitze; das war ja eine -e Hetze; **b)** ⟨intensivierend bei Adj. u. Verben⟩ *sehr:* es war b. kalt; wir haber b. gefroren; bessere Durchlüftung, ohne dass es gleich b. zieht (ADAC-Motorwelt 5, 1986, 63). **4.** *die Barbaren* (3) *betreffend:* zu ihnen zählten neben den Legionen auch die auxilia, die in -en Hilfstruppen (Archäologie 2, 1997, 31).

Bar|ba|ris|mus, der; -, ...men [lat. barbarismus < griech. barbarismós, zu: barbarízein = unverständlich, schlecht sprechen]: **1.** (Sprachw.) **a)** *ein in das klassische Latein od. Griechisch übernommener fremder Ausdruck;* **b)** *grober sprachlicher Fehler.* **2.** (Kunstwiss., Musik) *Anwendung von Ausdrucksformen der Primitiven in der modernen Kunst od. Musik.*

¹**Bar|be,** die; -, -n [mhd. barbe, ahd. barbo < lat. barbus, zu: barba = Bart, nach den vier Bartfäden]: *(zur Familie der Karpfen gehörender) großer Fisch mit braun- bis schwarzgrüner Oberseite u. weißlichem Bauch, der bes. in rasch fließenden Gewässern lebt.*

²**Bar|be,** die; -, -n [frz. barbe, eigtl. = Bart < lat. barba = Bart, weil dadurch das Kinn wie von einem Bart umgeben wurde] (früher): *Spitzenbesatz an einer Kopfbedeckung für Frauen.*

Bar|be|cue ['bɑ:bɪkju:], das; -[s], -s [amerik. barbecue < span. barbacoa; aus dem Taino (südamerik. Indianerspr.), urspr. = Holzrost]: **1.** *(im englischsprachigen Raum) Gartenfest, bei dem gegrillt wird:* B. auf dem Rasen des Weißen Hauses (Hörzu 5, 1988, 123); So feiern die Australier Weihnachten. B. am Strand (MM 26. 11. 81, 39). **2. a)** *Bratrost, der bei einem Barbecue* (1) *verwendet wird;* **b)** *auf dem Bratrost gebratenes Fleisch.*

◆ **bar|bei|nig** ⟨Adj.⟩: *mit nackten Beinen:* die Knaben nackt bis auf die Wolljacke, die kleinen Mädchen ... stampften b. im Staube und sangen (Freytag, Ahnen 11).

bär|bei|ßig ⟨Adj.⟩ [eigtl. = bissig wie ein Bärenbeißer (= früher zur Bärenjagd verwendeter Hund)]: *brummig-unfreundlich:* ein -es Gesicht; Er wütet mit knörzender, -er Stimme (Strauß, Niemand 124); der -e Humor des Kreml-Experten (Rhein. Merkur 2. 2. 85, 7).

Bär|bei|ßig|keit, die; -: *das Bärbeißigsein.*

◆ **Bar|ber|ross,** das; -es, -e u. ...rösser [Barber = Nebenf. von ↑Berber]: *von den Berbern* (1) *gezüchtetes Pferd:* Ein

Barbestand

Wütender auf einem B. ... sprengt vor (Schiller, Jungfrau V, 11).

Bar|be|stand, der: *Bestand an Bargeld.*

Bar|be|trag, der: *Betrag in bar:* dass ihnen zur Überbrückung größere Barbeträge ausgehändigt wurden (Basler Zeitung 2. 10. 85, 9).

Bar|bẹt|te, die; -, -n [frz. barbette, eigtl. = Brust u. Hals bedeckendes schleierartiges Tuch, Vkl. von: barbe = Bart]: **1.** (hist.) *gepanzerte Brustwehr* (a) *für die Artillerie* (b). **2.** *ringförmiger Panzer* (3) *um die Geschütztürme auf Kriegsschiffen.*

Bar|bier, der; -s, -e [mhd. barbier < frz. barbier < mlat. barbarius = Bartscherer, zu lat. barba = Bart] (veraltet): **1.** (noch scherzh.) *Herrenfriseur.* **2.** *Wundarzt.*

bar|bie|ren ⟨sw. V.; hat⟩ (veraltet, noch scherzh.): *rasieren:* er ließ sich genussvoll b.

Bar|bi|ton, das; -s, -s [griech. bárbiton], **Bar|bi|tos,** die; -, - [griech. bárbitos]: *der Lyra* (1) *ähnliches altgriechisches Musikinstrument.*

Bar|bi|tu|rat, das; -s, -e (Pharm.): *Medikament auf der Basis von Barbitursäure, das als Schlaf- u. Beruhigungsmittel verwendet wird:* Der 81-Jährige besorgte Ende Januar einer 91-jährigen Schwerkranken aus Freudenstadt ein B., mit dem sie sich das Leben nahm (Focus 8, 1998, 16).

Bar|bi|tur|säu|re, die ⟨o. Pl.⟩ [H. u.] (Pharm.): *chemische Substanz, die (in Form bestimmter Derivate) eine narkotische Wirkung hat.*

bar|brüs|tig ⟨Adj.⟩ [zu ¹bar (3)]: *mit nackter Brust:* die -e Marianne unter phrygischer Mütze (Scholl-Latour, Frankreich 160).

Bar|bu|da: vgl. Antigua.

bar|bu|sig ⟨Adj.⟩ [zu ↑¹bar (3)]: *mit nacktem Busen:* Plakate mit -en Damen; Die beiden Frauen auf dem Schiff sind so jung, dass sie es sich leisten können, b. herumzulaufen (Gregor-Dellin, Traumbuch 156).

Bar|ce|lo|na [bartse..., barse...; span.: barθe'lona]: *Stadt in Nordostspanien.*

Bar|chan, der; -s, -e [russ. barhan, aus dem Kirg.] (Geogr.): *halbmondförmige Wanderdüne, die auf der Luvseite flach ansteigt u. auf der Leeseite einen halbkreisförmig eingebuchteten Steilhang aufweist; Bogen-, Sicheldüne.*

Bär|chen, das; -s, -: Vkl. zu ↑¹Bär.

Bar|chent, der; -s, -e [mhd. barchant < mlat. barchanus < afrz. barracan, span. barragán < arab. barrakān]: *auf der linken Seite aufgerauter Baumwollflanell:* ein Nachthemd aus B.

Bạr|ches, der; -, - [jidd., zu hebr. bĕrakā = Segen]: *weißes, am Sabbat od. an Festtagen von den Juden gegessenes Brot.*

Bar|da|me, die: *Angestellte in einer* ¹*Bar* (1 a), *die Getränke verkauft u. die Gäste unterhält.*

¹**Bar|de,** die; -, -n [frz. barde, eigtl. = Reitkissen < span. albarda < arab. barda'aʰ] (Kochk.): *Speckscheibe, mit der das Geflügel beim Braten belegt wird.*

²**Bạr|de,** der; -n, -n [frz. barde < lat. bardus, aus dem Kelt.]: **a)** *(bes. altkeltischer) Sänger u. Dichter von Heldenliedern;* **b)** (oft iron.) *Dichter;* **c)** *Verfasser von zeit- und gesellschaftskritischen Liedern u. Balladen, der seine Lieder selbst zur Gitarre vorträgt:* Cale ist der avantgardistischste B. (MM 27. 10. 89, 4); Roger Siffer ... gegen einen Gesangsstar wie Bob Dylan antreten zu lassen war dem elsässischen -n gegenüber nicht ganz fair (Saarbr. Zeitung 10. 7. 80, 7).

bar|die|ren ⟨sw. V.; hat⟩ [zu ↑¹Barde] (Kochk.): *(Geflügel) mit Speckscheiben belegen, umwickeln.*

Bar|di|et, das; -[e]s, -e [zu lat. barditus = Gesang der Germanen beim Kampfbeginn; von Klopstock fälschlich auf ²Barde bezogen u. als »Bardengesang« aufgefasst]: *Schlachtgeschrei der Germanen vor dem Kampf.*

Bar|di|tus, der; -, - [...u:s]: lat. Form von ↑Bardiet.

Ba|rè|ge [ba'rɛ:ʒə], der; -s [frz. nach dem frz. Ort Barèges]: *durchsichtiges Seidengewebe.*

Bä|ren|bei|ßer, der: *Hund mit kurzhaarigem Fell, großem Kopf u. schwarzer Schnauze, der zur Bärenjagd verwendet wurde.*

Bä|ren|dienst: in der Wendung **jmdm. einen B. erweisen/leisten** (*in guter Absicht etw. tun, was einem anderen, zu dessen Nutzen es gedacht war, schadet;* viell. nach der Fabel »Der Bär und der Gartenliebhaber« von La Fontaine, in der der Bär dienstfertig eine Fliege von der Nase des Gärtners verscheucht, ihn dabei aber tötet): Wenn die Sozialversicherung also jetzt in Aktien einstiege, würde sie den Versicherten vielleicht einen B. erweisen (Handelsblatt 22. 1. 99, 2).

Bä|ren|dreck, der (südd., österr., schweiz.): *Lakritze.*

Bä|ren|fang, der: *Likör aus Bienenhonig.*

Bä|ren|fell, das: *Fell des Bären.*

Bä|ren|fell|müt|ze, die: *hohe Pelzmütze aus Bärenfell, die zur Uniform einiger Garderegimenter (bes. in Großbritannien) gehört.*

Bä|ren|füh|rer, der: **1.** (früher) *jmd., der mit einem Tanzbären umherzieht.* **2.** (ugs. scherzh.) *Fremdenführer:* den B. für jmdn. abgeben, spielen.

Bä|ren|ge|sund|heit, die: *sehr stabile, robuste Gesundheit.*

bä|ren|haft ⟨Adj.⟩: *stark, plump, ungeschickt (wie ein Bär).*

Bä|ren|hatz, die: *Bärenjagd.*

Bä|ren|haut, die: *Bärenfell:* *** auf der B. liegen** (ugs. abwertend; *faulenzen, faul sein;* in Humanistenkreisen des 16. Jh.s aufgrund von Tacitus' »Germania« [Kap. 15] aufgestellte Behauptung über die Lebensweise der alten Germanen): Als er vor einem Jahr pensioniert wurde, da sei es ihm doch schwer gefallen, »nicht gleich alle viere von sich zu strecken und nur noch auf der faulen B. zu liegen« (FR 19. 12. 96, 41).

Bä|ren|häu|ter, der [zuerst Soldatenschimpfwort, urspr. = einer, der nicht kämpft, sondern auf der Bärenhaut

liegt]: **1.** ⟨o. Pl.⟩ *Name einer Märchengestalt;* **2.** (veraltet) *Faulpelz.*

Bä|ren|hun|ger, der (ugs.): *sehr großer Hunger.*

Bä|ren|jagd, die: *Jagd auf Bären.*

Bä|ren|käl|te, die: *sehr starke Kälte.*

Bä|ren|klau, die; -, - od. der; -s, -: **1.** *Kraut od. Strauch mit großen, gespaltenen Blättern, Dornen in den Blattachseln u. weißen, blassvioletten od. bläulichen Blüten (meist Steppen- u. Wüstenpflanze); Akanthus.* **2.** *(in vielen Arten auf Wiesen u. an Rainen vorkommendes) kräftiges, Stauden bildendes Doldengewächs.*

Bä|ren|kraft, die ⟨meist Pl.⟩: *sehr große, ungewöhnliche körperliche Kraft:* Der junge Mann schrieb dies zuerst seinen Bärenkräften zu und grinste (Becker, Tage 91).

Bä|ren|lauch, der: *(zu den Liliengewächsen gehörende, bes. in Auwäldern wachsende) weiß blühende, stark nach Knoblauch riechende Pflanze.*

Bä|ren|na|tur, die: *sehr stabile, robuste, widerstandsfähige körperliche Verfassung:* Er schafft es, hat er eine B. (Konsalik, Promenadendeck 360).

Bä|ren|ru|he, die: *sehr große Gemütsruhe, Ausgeglichenheit.*

bä|ren|ru|hig ⟨Adj.⟩: *von unerschütterlicher Ruhe.*

bä|ren|stark ⟨Adj.⟩ (ugs.): *sehr stark* (1, 6, 8).

Bä|ren|tat|ze, die: **1.** *Tatze des Bären.* **2.** *Bärenklau.*

Bä|ren|trau|be, die: *Heidekrautgewächs mit eiförmigen, meist ledrigen Blättern, glockigen Blüten u. beerenartigen Früchten.*

Bä|ren|trau|ben|blät|ter|tee, der: *heilkräftiger Tee aus den Blättern der Bärentraube.*

Bä|ren|zu|cker, der (österr.): *Lakritze.*

Bä|ren|zwin|ger, der: *Zwinger* (1 b), *Gehege für Bären.*

Ba|rett, das; -[e]s, -e, selten: -s [mlat. barrettum, birretum, zu lat. birrus = Überwurf mit Kapuze]: *an den Seiten versteifte, flache, randlose Kopfbedeckung (auch Teil einer Amtstracht von Professoren, Richtern u. a.):* Der Wehrpflichtige ... war zu seiner Hochzeit in Uniform samt B. und Koppel angetreten (Spiegel 15, 1986, 117).

Bar|frau, die: *Bardame.*

Bar|frei|ma|chung, die: *Barzahlung von größeren Postsendungen, wobei die Freimachung durch eine Stempelmaschine erfolgt.*

Bar|frost, der [zu ↑¹bar] (landsch.): *Frost ohne Schnee.*

bar|fuß ⟨indekl. Adj.⟩: *mit bloßen Füßen:* b. gehen; die Kinder liefen b. durchs Gras; Zuvor hatte sie die Schuhe abgestreift, um b. zu sein (Frisch, Montauk 88); Jetzt musste ich loslegen – heute oder nie, sagte ich mir. Barfuß oder Lackschuh (ugs.; *entweder misslingt das Vorhaben völlig, oder es wird ein durchschlagender Erfolg;* Lindenberg, El Panico 94); b. bis zum Hals (ugs. scherzh.; *völlig nackt*) stand er vor ihr.

Bar|fuß, der (ugs.): *entblößter Fuß:* Er

war ... oft mit einem B. in die Vorlesung gegangen (Strittmatter, Wundertäter 345); Also ging Dorothea ... über den Strand und machte bis dorthin, wo die halbherzigen Ostseewellen schlappmachten, Spuren mit ihren Barfüßen (Grass, Butt 170).

Bar|fuß|arzt, der: *(in der Volksrepublik China) jmd., der medizinische Grundkenntnisse hat u. bes. auf dem Land einfachere Krankheiten behandelt.*

Bar|fü|ßer, der; -s, -: *Angehöriger eines katholischen Ordens, dessen Mitglieder ursprünglich barfuß gingen.*

bar|fü|ßig ⟨Adj.⟩: *barfuß:* er sah sie b. und aufgeregt ... in der Tür lehnen (Kronauer, Bogenschütze 73).

Bar|füß|ler, der; -s, -: *Barfüßer.*

barg: ↑bergen.

Bar|gai|ning ['baːgɪnɪŋ], das; -[s] [engl. bargaining, zu: to bargain = verhandeln] (Wirtsch.): **a)** *das Verhandeln;* **b)** *Vertragsabschluss.*

bär|ge: ↑bergen.

Bar|geld, das; ¹*bares* (1) *Geld.*

bar|geld|los ⟨Adj.⟩: *ohne Bargeld, nur durch Schecks, Kreditkarten, Bankanweisungen o. Ä. [erfolgend]:* -er Zahlungsverkehr.

Bar|ge|schäft, das (Kaufmannsspr.): *Geschäft, bei dem alles sofort bar bezahlt wird.*

bar|haupt ⟨Adv.⟩ (geh.): *ohne Kopfbedeckung:* die Frau, b. auf der Terrasse, putzte die große Fensterfront (Handke, Frau 38).

bar|häup|tig ⟨Adj.⟩: *ohne Kopfbedeckung:* Eliane tanzte nun b. (Muschg, Gegenzauber 274).

Bar|ho|cker, der; -s, -: *hoher Hocker, wie er in ¹Bars an der Theke steht.*

Ba|ri|bal, der; -s, -s [H. u.]: *(bes. in Nordamerika vorkommender) Schwarzbär.*

bä|rig ⟨Adj.⟩ [zu ↑¹Bär]: **1.** (landsch.) *bärenhaft, stark, robust:* ein -er Kerl. **2.** (ugs.) *großartig, toll; außergewöhnlich, gewaltig:* es war eine -e Stimmung; dass diese Band hier spielte, fand sie einfach b.

Ba|ril|la [baˈrɪlja], die; - [span. barrilla, H. u.]: *Asche aus verbrannten Meeres- od. Salzpflanzen.*

Bä|rin, die; -, -nen: w. Form zu ↑¹Bär.

Ba|ri|ol|la|ge [barjoˈlaːʒə], die; -, -n [frz. bariolage = buntes Farbengemisch] (Musik): *besondere Technik beim Violinspiel, die die Klangfarbe verändert, indem bei schnellem Saitenwechsel auf der tieferen Saite die höheren Töne u. auf der höheren Saite die tieferen Töne gespielt werden.*

ba|risch ⟨Adj.⟩ [↑²Bar] (Met.): *den Luftdruck betreffend:* das -e Windgesetz.

Ba|ri|ton ['baː(ː)rɪtɔn], der; -s, -e [...oːnə; ital. baritono, zu griech. barýtonos = volltönend] (Musik): **1.** *Männerstimme in der mittleren Lage zwischen Tenor u. Bass.* **2.** ⟨o. Pl.⟩ *solistische Baritonpartie in einem Musikstück:* den B. singen. **3.** *Sänger mit Baritonstimme:* ein gefeierter B.

ba|ri|to|nal ⟨Adj.⟩: *in der Art, Klangfarbe des Baritons* (1): seine Stimme, die b. und recht angenehm klang (Zuckmayer, Magdalena 64).

Ba|ri|to|nist, der; -en, -en (selten): *Bariton* (3).

Ba|ri|ton|par|tie, die: *für die Baritonstimme geschriebener Teil eines Musikwerkes.*

Ba|ri|ton|schlüs|sel, der: *auf der Mittellinie des Notensystems liegender F-Schlüssel.*

Ba|ri|ton|stim|me, die: *Bariton* (1).

Ba|ri|um, das; -s [zu ↑Baryt (das Element wurde hierin erstmals festgestellt)]: *ein silberweißes Leichtmetall, das an der Luft rasch oxidiert; chemisches Element* (Zeichen: Ba).

Ba|ri|um|sul|fat, das ⟨o. Pl.⟩: *schwefelsaures Barium.*

Bark, die; -, -en [niederl., engl. bark < afrz. barque, ↑Barke]: *großes Segelschiff mit drei od. vier Masten, von denen nur zwei die volle Segelausrüstung haben.*

Bar|ka|ne, Barkone, die; -, -n [ital. barcone, Vgr. von: barca, ↑Barkarole]: *Fischereifahrzeug mit zwei bis drei Masten.*

¹Bar|ka|ro|le, die; -, -n [ital. barcarola = Schifferlied, zu: barcarolo = Gondoliere, zu: barca < spätlat. barca, ↑Barke]: **1. a)** *Lied der venezianischen Gondolieri (im ⁶/₈- od. ¹²/₈-Takt);* **b)** *Instrumentalstück in der Art einer Barkarole* (a). **2.** *früher auf dem Mittelmeer verwendetes Ruderboot.*

²Bar|ka|ro|le, der; -n, -n [ital. barcarolo, ↑ ¹Barkarole]: *Schiffer auf einer ¹Barkarole* (2).

Bar|kas|se, die; -, -n [niederl. barkas < span. barcaza < ital. barcaccia, eigtl. = Großboot, Vgr. von: barca, ↑Barkarole]: **1.** *größtes Beiboot auf Kriegsschiffen.* **2.** *größeres Motorboot.*

Bar|kauf, der (Kaufmannsspr.): *Kauf gegen sofortige od. fristgerechte Zahlung.*

Bar|ke, die; -, -n [mhd. barke < mniederl. barke < (a)frz. barque < spätlat. barca, zu: baris < griech. bāris = Nachen]: *kleines Boot ohne Mast.*

Bar|kee|per [...kiːpɐ], der [engl. barkeeper, aus bar u. ¹Bar u. keeper ↑Keeper]: *jmd., der in einer ¹Bar [alkoholische] Getränke, bes. Cocktails, mixt u. ausschenkt:* Der B. taxierte ihn, während er vorgab, die Gläser zu spülen (Amory [Übers.], Matten 169).

Bar|ket|te, die; -, -n [frz. barquette, Vkl. von; barque, ↑Barke]: *kleines Ruderboot.*

Bar|ko|ne: ↑Barkane.

Bär|lapp, der; -s, -e [zu ↑¹Bär u. mhd. lappe, ahd. lappo (↑Lappen), eigtl. = Bärentatze, nach der Form]: *(zu den Farnpflanzen gehörende) bes. in feuchten Nadelwäldern wachsende, dem Moos ähnliche Pflanze mit langen, den Boden bedeckenden Sprossen.*

Bar|lohn, der: *in bar ausgezahlter Lohn* (1).

Bar|mäd|chen, das: *Bardame.*

Bar|mann, der: *Barkeeper.*

Bär|me, die; - [aus dem Niederd. < mniederd. berme, eigtl. = Quellendes, [Auf]wallendes; vgl. Ferment] (landsch., bes. berlin.): *Hefe.*

bar|men ⟨sw. V.; hat⟩ [mhd. barmen, ahd. (ir)barmen, ↑erbarmen]: **1.** (landsch., veraltet) *mit Mitgefühl erfüllen:* die frierenden Kinder barmten ihn; Der Patient selbst barmt uns gar nicht so sehr, aber die Massen, die dahinter stehen (Sloterdijk, Kritik 912). **2.** (bes. nordd.) *jammern, lamentieren:* die Frau barmte um das Kind/wegen des Kindes; Schließlich liege es, barmte Kettler, im Ermessen des Detektivs (Spiegel 51, 1982, 82); Wie oft hat er uns um Champagner b. *(betteln)* lassen, wollt' ihn partout nicht herausrücken (Kempowski, Zeit 157); Das macht um Erfolge barmende *(sich sorgende)* Politiker froh (Woche 19. 12. 97, 5).

barm|her|zig ⟨Adj.⟩ [mhd. barmherze(c), ahd. barmherzi, durch Einfluss v.: irbarmen (↑erbarmen) aus älterem armherzi, nach (kirchen)lat. misericors = mitleidig, eigtl. = ein Herz für die Armen (habend)] (geh.): *mitfühlend, mildtätig gegenüber Notleidenden; Verständnis für die Not anderer zeigend:* eine -e Lüge; sie war b. und half ihm; die Barmherzigen Brüder, Schwestern *(Angehörige katholischer Krankenpflegeorden);* Ausruf in plötzlicher Angst: -er Gott!, -er Himmel!; ⟨subst.:⟩ Selig sind die Barmherzigen, denn sie werden Barmherzigkeit erlangen (Matth. 5, 7); Ü die -e Schwärze der Nacht (Roehler, Würde 153).

Barm|her|zig|keit, die; - [mhd. barmherzekeit, barmherze, ahd. armherzi, nach (kirchen)lat. misericordia] (geh.): *barmherziges Wesen, Verhalten:* die B. Gottes; B. üben; Bethel, die damals größte Stadt der B. (NZZ 25. 12. 83, 1).

Bar|mit|tel ⟨Pl.⟩: *sofort verfügbares Bargeld (einschließlich Bank- u. Postscheckguthaben):* Kein Wirtschaftsunternehmen dieser Größenordnung verfügte heutzutage über B., um solche Summen ... auszuzahlen zu können (Prodöhl, Tod 140).

Bar|mi|xer, der [nach engl. to mix = mischen]: *Getränkemischer in einer ¹Bar.*

¹Bar-Miz|wa, der; -s, -s [hebr. = Sohn des Gebots]: *männlicher Jude, der das 13. Lebensjahr vollendet hat u. auf die religiösen Vorschriften des Judentums verpflichtet ist.*

²Bar-Miz|wa, die; -, -s: *Feier in der Synagoge, bei der die ¹Bar-Mizwas in die jüdische Glaubensgemeinschaft eingeführt werden.*

Bar|mu|sik, die ⟨o. Pl.⟩: *leichte Unterhaltungsmusik (wie man sie häufig in einer ¹Bar hören kann).*

Barn, das; -s, -s [engl. barn, viell. zu: barn = Scheune (in der Redewendung as big as a barn = groß wie eine Scheune)] (Physik): *(nicht gesetzliche) Maßeinheit zur Angabe von Wirkungsquerschnitten bes. in der Kernphysik;* Zeichen b (1 b = 10^{-28} m²).

Bar|na|bit, der; -en, -en [nach dem Mutterhaus St. Barnabas in Mailand]: *Angehöriger eines 1530 gegründeten kath. Männerordens.*

ba|rock ⟨Adj.⟩ [frz. baroque < ital. barocco, eigtl. = sonderbar; unregelmäßig < port. barroco): **a)** *im Stil des Barocks gestaltet, aus der Zeit des Barocks stammend; von üppigem Formenreichtum:* ein

Barock

-er Bau; -e Figuren; die Ornamentik wirkt b.; Ü nach der jüngsten Modernisierung der einst -en Karosserien (ADAC-Motorwelt 11, 1985, 24); **b)** (bildungsspr.) *seltsam, verschroben:* eine -e Fantasie, einen -en Geschmack haben; Seine Grabsprüche auf noch lebende Zeitgenossen machten in Bern die Runde. Diese -e Seite des Luzerners blitzte ... immer wieder auf (NZZ 5. 9. 86, 25).

Ba|rock, das od. der; -s (Fachspr. auch: -): **a)** *durch kraftvolle, verschwenderisch gestaltete Formen u. pathetischen Ausdruck gekennzeichneter Stil in der europäischen Kunst, Dichtung u. Musik von etwa 1600 bis 1750:* das Zeitalter, die Kirchen, die Musik, die Sprache des -s; **b)** *Barockzeit[alter]:* die Literatur im B.

ba|ro|ckal ⟨Adj.⟩: *dem Barock entsprechend.*

Ba|rock|al|tar, der: *barocker (a) Altar.*

Ba|rock|bau, der ⟨Pl. -bauten⟩: *barocker (a) Bau* (4).

Ba|rock|dich|ter, der: *Dichter des Barocks.*

Ba|rock|dich|tung, die: *Dichtung des Barocks.*

ba|ro|cki|sie|ren ⟨sw. V.; hat⟩: *den Barockstil nachahmen, im Barockstil [nach]bauen:* die Erneuerung der ursprünglich spätbarocken Kirche, die das ... Benediktinerkloster unter seinem Abt Frener ... barockisiert hat (Badische Zeitung 12. 5. 84, 6).

Ba|rock|kir|che, die: *barocke (a) Kirche.*

Ba|rock|kunst, die ⟨o. Pl.⟩: *Kunst des Barocks.*

Ba|rock|li|te|ra|tur, die: vgl. *Barockdichtung.*

Ba|rock|ma|le|rei, die: *Malerei des Barocks.*

Ba|rock|mu|sik, die: *barocke (a) Musik.*

Ba|rock|per|le, die ⟨meist Pl.⟩: *unregelmäßig geformte Perle.*

Ba|rock|stil, der ⟨o. Pl.⟩: *[Bau]stil des Barocks.*

Ba|rock|the|a|ter, das: **1.** *Bühnenkunst des Barocks.* **2.** *Theaterraum aus dem Barock.*

Ba|rock|zeit, die ⟨o. Pl.⟩: *Zeit[alter] des Barocks.*

Ba|rock|zeit|al|ter, das ⟨o. Pl.⟩: *Barockzeit.*

Ba|ro|gramm, das [zu griech. báros = Schwere, Druck u. ↑-gramm] (Met.): *Aufzeichnung des Barographen.*

Ba|ro|graph, der; -en, -en [↑-graph] (Met.): *Barometer, das die gemessenen Werte selbst aufzeichnet.*

Ba|ro|me|ter, das, landsch., österr., schweiz. auch: der; -s, - : *Luftdruckmesser:* das B. steigt, fällt, zeigt Wetterbesserung an, steht auf »Regen«; Ü die Börse ist ein B. der Konjunktur; R das B. steht auf Sturm *(es herrscht ein Zustand der Gereiztheit).*

Ba|ro|me|ter|stand, der: *Stand* (4 c) *des Barometers:* ein hoher, niedriger B.

Ba|ro|me|trie, die; - [↑-metrie]: *Luftdruckmessung.*

ba|ro|me|trisch ⟨Adj.⟩ (Met.): *die Luftdruckmessung betreffend:* -es Maximum *(höchster Luftdruck; Hoch),* -es Minimum *(tiefster Luftdruck; Tief).*

Ba|ron, der; -s, -e [frz. baron, aus dem Germ., eigtl. = streitbarer Mann]: **1.** ⟨o. Pl.⟩ *frz. Adelstitel, der dem dt. »Freiherr« entspricht.* **2.** ⟨o. Art.⟩ *Anrede für einen Freiherrn.* **3.** *Träger des Titels.*

Ba|ro|nat, das; -[e]s, -e: *Baronie.*

Ba|ro|ness, Ba|ro|nes|se, die; -, ...essen: **a)** *Tochter eines Barons; Freifräulein;* **b)** ⟨o. Art.⟩ *Anrede für die Tochter eines Barons.*

Ba|ro|net [ˈbarɔnɛt, ˈbɛrɔnɛt, engl.: ˈbærənɪt], der; -s, -s [engl. baronet]: **1.** ⟨o. Pl.⟩ *engl. Adelstitel, zwischen Baron u. Ritter (Knight) stehend.* **2.** *Träger des Titels.*

Ba|ro|nie, die; -, -n [frz. baronnie]: **1.** *Freiherrnwürde:* Sie bekam ... ihr fünftes Kind vom vierten Vater, einem Bürgerlichen, den sie, um ihre B. zu behalten, nicht heiraten wollte (Spiegel 5, 1989, 123). **2.** *Besitz eines Barons.*

Ba|ro|nin, die; -, -nen: w. Form zu ↑*Baron.*

ba|ro|ni|sie|ren ⟨sw. V.; hat⟩: *in den Freiherrnstand erheben.*

Ba|ro|ther|mo|graph, der (Met.): *Kombination von Barograph u. Thermograph zur gleichzeitigen Registrierung von Luftdruck u. Lufttemperatur.*

Bar|ra|ge [baˈraːʒə], die; -, -n [frz. barrage, zu: barre, ↑Barre] (veraltet): **1.** *Abdämmung, [Ab]sperrung.* **2.** *Schlagbaum.* **3.** *am Boden liegende Querhölzer zur sicheren Lagerung von Fässern.*

Bar|ra|ku|da, der; -s, -s [span. barracuda]: *(in tropischen Meeren lebender) schnell schwimmender Raubfisch mit lang gestrecktem Körper u. Kopf u. großen Zähnen; Pfeilhecht.*

Bar|ran|co, der; -, -s [span. barranco = Schlucht, aus dem Iber.] (Geogr.): **a)** *(auf den Kanarischen Inseln) Schlucht, die die Wand eines Vulkankraters nach außen durchbricht;* **b)** *(auf den Kanarischen Inseln) durch Erosion entstandene Furche am Steilhang eines Vulkankegels;* **c)** *(auf den Kanarischen Inseln) durch Erosion entstandener Riss im lockeren Gestein eines Trockengebietes.*

Bar|ras, der; - [urspr. (während der Napoleonischen Kriege) = Kommissbrot, H. u.] (Soldatenspr.): *Militär:* nicht beim B. gewesen sein; Beim Kommiss, auch B. genannt, begriff er ..., dass das, was er bisher gelernt hatte, »ein Dreck« war (Kirst, 08/15, 18); zum B. kommen, müssen.

Bar|re, die; -, -n [mhd. barre < (a)frz. barre = Stange, aus dem Vlat.-Roman.]: **1.** (veraltet) *Schranke aus waagrechten Stangen; Querriegel.* **2.** *Sandbank, Untiefe, bes. an der Mündung eines Flusses.*

Bar|ré [baˈreː], der; -s, -s [zu frz. barré = quer gelegt, quer durchgestrichen, zu: barrer = verriegeln, quer legen, mit Querstrichen versehen, zu: barre, ↑Barre]: **1.** (Musik) *das Quergreifen eines Fingers über mehrere Saiten beim Lauten- u. Gitarrenspiel.* **2.** (Textilind.) *quer gestreiftes Gewebe aus Chemiefasern.*

Bar|rel [ˈbɛrəl, engl.: ˈbærəl], das; -s, -s ⟨aber: 3 -⟩ [engl. barrel, eigtl. = Holzgefäß < afrz. baril]: *in Großbritannien und den USA verwendetes Hohlmaß (163,56451 bzw. in den USA für Petro-*

leum u. a. 158,9871); *Fass, Tonne:* Öl ist um 50 Cent pro B. teurer geworden.

bar|ren ⟨sw. V.; hat⟩ [zu ↑Barre] (Reiten): *ein Pferd durch Schlagen mit einer Stange an die Vorder- od. Hinterbeine dazu bringen, beim Springen über ein Hindernis ein Abwerfen* (2 a) *zu vermeiden:* könne sich Schockemöhle bei einem Pferd, das Hunderttausende koste, nicht leisten, unsachgemäß zu b. (Rheinpfalz 19. 7. 90); ⟨subst.:⟩ die öffentliche Diskussion um das umstrittene »Barren« (MM 17. 7. 90, 1).

¹**Bar|ren,** der; -s, - [eigtl. = (Metall)stange, zu ↑Barre; 2: 1812 gepr. von F. L. Jahn]: **1.** *Handelsform der unbearbeiteten Edelmetalle (urspr. in Stangen):* ein B. Gold, Silber. **2.** (Sport) *Turngerät mit zwei durch Stützen gehaltenen, parallel verlaufenden Holmen.*

²**Bar|ren,** der; -s, - [mhd. barn, barne, ahd. parno, H. u.] (südd., österr.): *Futtertrog der Rinder:* sie ... schaut zu, wie er vorher den B. säubert, bevor er den frischen Hafer einschüttet (Frischmuth, Herrin 128).

Bar|ren|gold, das: *Gold in* ¹*Barren* (1).

Bar|ren|sil|ber, das: *Silber in* ¹*Barren* (1).

Bar|ren|tur|nen, das: *das Turnen am* ¹*Barren* (2).

Bar|ren|übung, die: *Turnübung am* ¹*Barren* (2).

Bar|ret|ter, der; -s, - [engl. barretter] (Elektrot.): **1.** *von der Temperatur abhängender elektrischer Widerstand.* **2.** *Barretteranordnung.*

Bar|ret|ter|an|ord|nung, die (Elektrot.): *auf dem Prinzip des Bolometers beruhende Brückenschaltung zur Messung kleiner Wechselströme.*

Bar|ri|e|re, die; -, -n [frz. barrière, zu: barre, ↑Barre]: **1.** *Absperrung, die jmdn., etw. von etw. fern hält:* eine B. errichten, -n durchbrechen; Ü eine ganz starke emotionale B. in der Bevölkerung gegen Strauß (Saarbr. Zeitung 1. 12. 79, 30); Bei Rechtsfragen kommt die Koalition wegen ideologischer -n nicht voran (Hamburger Abendblatt 24. 5. 85, 2). **2.** (landsch. veraltend, schweiz.) *Bahnschranke.*

Bar|ri|ka|de, die; -, -n [frz. barricade = barrique = Fass (Barrikaden wurden oft aus Fässern errichtet)]: *[Straßen]sperre zur Verteidigung bes. bei Straßenkämpfen:* -n errichten, bauen; sie starben auf der B.; dein Gustl hat für sich und seine Kinder an der B. gestanden, umsonst war es nicht (Kühn, Zeit 313); * **auf die -n gehen/steigen** (ugs.; *empört gegen etw. angehen; durch Protestaktionen etwas durchzusetzen versuchen):* für die Arbeitszeitverkürzung auf die -n steigen.

Bar|ri|ka|den|kampf, der: *[Straßen]kampf auf, hinter Barrikaden.*

bar|ri|ka|die|ren ⟨sw. V.; hat⟩ (selten): *verbarrikadieren.*

Bar|ring, die; -, -s [niederl. barring, zu frz. barre, ↑Barre] (Seew.): *Gerüst auf Schiffen zwischen Fock- u. Großmast zur Aufstellung größerer Boote.*

Bar|ri|que [baˈrik], die; -, -s [frz. barrique < gaskogn. barrica = Fass, wohl aus dem Vlat.] **1.** (früher) *französisches Weinmaß.* **2.** *Weinfass aus Eichenholz.*

Bar|ris|ter [ˈbɛrɪstɐ, engl.: ˈbærɪstə], der; -s, - [engl. barrister, zu: bar, ↑¹Bar]: *Rechtsanwalt bei den englischen Obergerichten.*

barsch ⟨Adj.⟩ [aus dem Niederd. < mniederd. barsch = scharf, streng (von Geschmack), urspr. = scharf, spitz]: *mit heftiger oder unfreundlicher Stimme kurz und knapp [gesagt]; brüsk:* -e Worte; b. antworten; Ohne auf meine Sprachschwierigkeiten einzugehen, wies mich der Busfahrer b. ab (Saarbr. Zeitung 6./7. 10. 79, 31).

Barsch, der; -[e]s, -e [mhd., ahd. bars, eigtl. = der Stachelige]: **a)** *im Süßwasser lebender Raubfisch mit stacheligen Kiemendeckeln, großem Kopf u. tief gespaltener Mundöffnung;* **b)** *kurz für* ↑*Flussbarsch.*

Bar|schaft, die; -, -en ⟨Pl. selten⟩ [mhd. barschaft]: *Gesamtheit des in jmds. Besitz befindlichen Bargeldes:* ihre ganze B. bestand aus zehn Mark; Der Täter zwang den Tankwart, die Kasse zu öffnen und ihm die B., einige hundert Franken, zu übergeben (NZZ 29. 4. 83, 28).

Bar|scheck, der; -s, -s: *Scheck, der bei Vorlage bar ausgezahlt werden kann.*

Barsch|heit, die; -, -en: **a)** ⟨o. Pl.⟩ *barsches Wesen, Unfreundlichkeit;* **b)** *barsche Äußerung.*

Bar|soi, der; -s, -s [russ. borzoj, eigtl. = der Schnelle]: *russischer Windhund.*

Bar|sor|ti|ment, das; -[e]s, -e: *Betrieb des Buchhandels zwischen Buchhandlung u. Verlag.*

barst, bärs|te: ↑bersten.

Bart, der; -[e]s, Bärte [mhd., ahd. bart, wahrsch. eigtl. = Borste, Borstiges u. verw. mit ↑Barsch; vgl. Borste]: **1. a)** *die [steifen] Haare auf der unteren Gesichtspartie der Männer:* ein langer, dünner, schwarzer B.; der B. sticht, kratzt; einen starken B. *(Bartwuchs)* haben; einen B. bekommen; ich lasse mir einen B. wachsen, stehen; jmdm. den B. stutzen, schneiden, scheren; beim -e des Propheten! (scherzh.; *Ausruf der Beteuerung*); R der B. ist ab! (ugs.; *jetzt ist es zu Ende; nun ist es aber genug!*); Ü Ein veralteter Dampfer liegt noch immer am Anker, Ketten mit Bärten aus Tang (Frisch, Montauk 14); * **[so] einen B. haben** (ugs. abwertend; *längst bekannt sein*): Deine Tricks haben längst einen B. (Fels, Sünden 22); **etw. in seinen B. [hinein] brummen/murmeln** (ugs.; *etw. [unzufrieden od. unwillig] unverständlich vor sich hin sagen*); **jmdm. um den B. gehen/streichen** *(jmdm. schmeicheln);* **jmdm. Honig um den B. schmieren** (↑Honig); **b)** *[als Tastorgan dienende] Behaarung an der Schnauze vieler Säugetiere;* **c)** *Haarbüschel am Schnabel mancher Vögel.* **2.** *unterer, geschweifter Teil des Schlüssels, mit dem durch Drehen im Türschloss das Zu- u. Aufschließen bewirkt wird:* der B. ist abgebrochen. **3.** (Segelfliegen) *thermischer Aufwind.*

Bart|af|fe, der: *(in Vorderindien beheimateter) Affe mit glänzendem schwarzem Fell u. Bartkragen.*

Bart|an|flug, der ⟨o. Pl.⟩: *erste Anzeichen eines werdenden Bartes; beginnender Bartwuchs:* ein leichter B.

Bart|auf|wi|ckel|ma|schi|ne, die [scherzhaftes Bild im Zusammenhang mit Witzen, die schon sehr alt sind u. daher einen so langen Bart haben, dass er aufgewickelt werden muss]: Wenn auch ein paar Witze der prominenten Senioren der B. bedurft hätten ... (Hörzu 41, 1974, 119).

Bart|bin|de, die; (früher): *Binde, durch die der Schnurrbart rechtwinklig hochgerichtet wurde.*

Bärt|chen, das; -s, -: Vkl. zu ↑Bart (1).

¹Bar|te, die; -, -n [mhd. barte, ahd. barta, zu ↑Bart, weil das Eisen vom Stiel wie ein Bart herabhängt] (veraltet): *breites Beil, Axt [als Waffe].*

²Bar|te, die; -, -n [viell. zu niederl. baarden, Pl. von baard = Bart, nach der Ähnlichkeit mit herabhängenden Barthaaren]: *Hornplatte im Oberkiefer der Bartenwale; Fischbein.*

Bar|tel, die; -, -n ⟨meist Pl.⟩ [Vkl. von ↑Bart (1)]: *lange, fadenförmige, Sinnesorgane aufweisende Gebilde, die vom Maul mancher Fische herabhängen.*

Bar|ten|wal, der: *Wal, der statt Zähnen zwei Reihen quer gestellter ²Barten hat, mit deren Hilfe die aufgenommene Nahrung gefiltert wird.*

Bar|terl, das; -s, -[n] [mundartl. Vkl. von ↑Bart (1)] (bayr., österr.): *Kinderlätzchen.*

Bart|fal|den, der ⟨meist Pl.⟩: *Bartel.*

Bart|flaum, der: *erster, noch weicher Bart eines jungen Mannes.*

Bart|flech|te, die: **1.** *in Bergwäldern an den Ästen von Nadelbäumen vorkommende Flechte.* **2.** *durch Pilze od. Bakterien verursachte Entzündung der Wurzeln der Barthaare; Sykose.*

Bart|gei|er, der: *Lämmergeier.*

Bart|gras, das: *(in wärmeren Gegenden vorkommendes) auf sandigem Boden wachsendes Gras.*

Bart|grun|del, die: *Schmerle.*

Bart|haar, das: *einzelnes Haar des Barts (1).*

Bar|thel: in den Wendungen **wissen, wo B. [den] Most holt** (ugs.; *alle Kniffe kennen;* viell. aus der Gaunerspr., entstellt aus rotwelsch barsel = Brecheisen u. Moos = Geld, also eigtl. = wissen, wo man mit dem Brecheisen an Geld herankommt); **jmdm. zeigen, wo B. [den] Most holt** (ugs.; *jmdm. alle Kniffe zeigen*): Er wird denen einmal zeigen, wo B. den Moscht holt (M. Walser, Seelenarbeit 137).

Bär|tier|chen, das; -s, - [nach dem plumpen Körper]: *mikroskopisch kleines, meist im Wasser lebendes walzenförmiges Gliedertier.*

bär|tig ⟨Adj⟩ [älter: bärticht, mhd. bartoht]: *einen Bart tragend:* -e Jünglinge, Gesichter.

Bär|tig|keit, die; -: *das Bärtigsein.*

bart|los ⟨Adj.⟩: *ohne Bart.*

Bart|lo|sig|keit, die; -: *das Bartlossein.*

Bart|nel|ke, die: *(in den Gebirgen Südeuropas heimische) Nelke mit dunkelgrünen Blättern u. kurzstieligen, an den Zweigenden in Büscheln stehenden Blüten in verschiedenen Farben.*

Bart|sche|rer, der (ugs., meist scherzh.): *Barbier.*

Bart|stop|pel, die ⟨meist Pl.⟩ (ugs.): *kurzes Barthaar, wie es durch die tägliche Rasur entfernt wird.*

Bart|tracht, die: *durch Wuchs u. Schnitt bestimmte Art, den Bart zu tragen:* moderne -en; die B. des 19. Jahrhunderts.

Bart|trä|ger, der: *jmd., der einen Bart trägt.*

Bart|wich|se, die (früher): *Pomade zum Glätten, Formen des Bartes:* ♦ sein handgroßes Bündelein ... welches ... einen Kamm, ein Büchschen Pomade und einen Stängel B. enthielt (Keller, Kleider 21).

Bart|wisch, der (bayr., österr.): *Handbesen.*

Bart|wuchs, der: *Wuchs (1, 2) des Bartes.*

Bart|zot|tel, die ⟨meist Pl.⟩: *unordentliches Bündel von Barthaaren:* sein großes ... Gesicht mit den weißen -n (Fallada, Herr 208).

Ba|rut|sche, Birutsche, die; -, -n [ital. bar(r)occio, die; -, -n birotus = zweirädrig] (früher): *zweirädrige Kutsche mit zwei einander gegenüber angeordneten Sitzen.*

Bar|ver|mö|gen, das: *aus Barmitteln bestehendes Vermögen:* sie verfügt über ein B. von 100 000 Mark.

Ba|ry|on, das; -s, ...onen [zu griech. barýs = schwer] (Kernphysik): *schweres, unstabiles Elementarteilchen.*

Ba|ry|sphä|re, die; - (Geol.): *innerster Teil der Erde.*

Ba|ryt [baˈryːt, auch: ...ˈrʏt], der; -[e]s, -e [zu griech. barýs = schwer]: *ein farbloses Mineral; Schwerspat.*

Ba|ry|ton, das; -s, -e [frz. baryton, zu griech. barýtonos = volltönend]: *Streichinstrument des 18. Jh.s in der Art der Viola d'Amore.*

Ba|ry|to|ne|se, die; -, -n [griech. barytónēsis = das Setzen des Gravis]: *Verschiebung des Akzents vom Wortende weg.*

Ba|ry|to|non, das; -s, ...na [spätlat. (verbum) barytonon < griech. barýtonon, zu: barýtonos, ↑Baryton] (Sprachw.): *Wort mit unbetonter letzter Silbe.*

Ba|ryt|pa|pier, das: *mit Baryt beschichtetes [Kunstdruck-, Foto]papier.*

Ba|ryt|weiß, das: *Permanentweiß.*

ba|ry|zen|trisch ⟨Adj.⟩ (Physik): *auf das Baryzentrum bezüglich.*

Ba|ry|zen|trum, das; -s, ...tren (Physik): *Schwerpunkt.*

Bar|zah|lung, die; -, -en: *Zahlung in bar.*

Bar|zel|let|ta, die; -, ...tten u. -s [ital. barzelletta, aus oberital. Mundarten] (Musik): *volkstümliches norditalienisches Tanzlied.*

ba|sal ⟨Adj.⟩ [zu ↑Basis]: **1.** *die Basis bildend, auf der Basis befindlich, zur Basis gehörend.* **2.** (bes. Geol., Med.) *unten; an der Grundfläche gelegen.*

Ba|sa|li|om, das; -s, -e [zu ↑basal] (Med.): *auf intakter Haut sitzende Hautgeschwulst, die bei meist vorhandener örtlicher Gewebszerstörung sehr selten Metastasen bildet.*

Basalt

Ba|salt, der; -[e]s, -e [lat. basaltes, Verschreibung von: basanites < griech. basanitēs = (harter) Probierstein]: *dunkles Ergussgestein (bes. im Straßen- u. Molenbau verwendet).*
Ba|salt|block, der ⟨Pl. ...blöcke⟩: *Block (1) aus Basalt.*
Ba|sal|tem|pe|ra|tur, die [↑basal] (Med.): *am Morgen vor dem Aufstehen gemessene Körpertemperatur der Frau (zur Feststellung des Eisprungs).*
ba|sal|ten ⟨Adj.⟩: *aus Basalt [hergestellt].*
ba|salt|hal|tig ⟨Adj.⟩: *Basalt enthaltend:* -es Gestein.
ba|sal|tig, ba|sal|tisch ⟨Adj.⟩: *aus Basalt bestehend:* -e Gebirgsmassen.
Ba|salt|stel|le, die: *Stele aus Basalt.*
Ba|salt|tuff, der: *Basalt enthaltender Tuff.*
Ba|sa|ne, die; -, -n [frz. basane < provenz. bazana < span. badana < arab. bitāna = ²Futter]: *für Bucheinbände verwendetes Schafleder.*
Ba|sar, Bazar, der; -s, -e [frz. bazar < pers. bāzār]: **1.** *Händlerviertel in orientalischen Städten.* **2.** *Verkauf[sstätte] von Waren für wohltätige Zwecke.*
Bäs|chen, das; -s, -: Vkl. zu ↑¹Base.
Basch|ki|re, der; -n, -n: *Angehöriger eines turkotatarischen Volkes.*
Basch|ki|ri|en; -s: *Republik der Russischen Föderation.*
Basch|ki|rin, die; -, -nen: w. Form zu ↑Baschkire.
basch|ki|risch ⟨Adj.⟩: *Baschkirien, die Baschkiren betreffend; aus Baschkirien stammend.*
Basch|lik, der; -s, -s [russ. bašlyk, aus dem Turkotat.]: *kaukasische Wollkapuze.*
Ba|schyr: ↑Beschir.
¹Ba|se, die; -, -n [mhd. base = Vatersschwester, ahd. basa, wohl Lallw.]: **1.** *(veraltet, noch südd.) Cousine.* **2.** *(österr. u. schweiz. veraltet) Tante.*
²Ba|se, die; -, -n [rückgeb. aus dem Pl. Basen von ↑Basis] (Chemie): *Verbindung, die mit Säuren Salze bildet.*
³Base [beɪs], das; -, -s [engl. base = ²Mal, eigtl. = Grundlage, Basis]: *(im Baseball) ²Mal (3 a).*
Base|ball [ˈbeɪsbɔːl], der; -s [engl. baseball, aus: base = ²Mal, eigtl. = Grundlage, Basis u. ball = ¹Ball]: *amerikanisches Schlagballspiel.*
Base|bal|ler [bei engl. Ausspr. ...boːlɐ], der; -s, -: *jmd., der Baseball spielt.*
Base|ball|schlä|ger, der: *beim Baseball verwendete Schlagkeule.*
Ba|se|dow [ˈbaːzədo], der; -s, **Ba|se|dow|krank|heit,** (auch:) **Base|dow-Krank|heit,** die; -, **ba|se|dow|sche Krank|heit,** die; -n - [nach dem dt. Arzt K. von Basedow (1799–1854)]: *Krankheit, die auf Überfunktion der Schilddrüse beruht u. deren besonderes Kennzeichen das Hervortreten der Augäpfel, Kropfbildung u. schneller Herzschlag sind.*
Ba|sel: *schweizerische Stadt.*
Ba|sel|biet, das; -s: *Baselland.*
Ba|sel|bie|ter ⟨Adj.⟩: die B. Bevölkerung.
¹,²Ba|se|ler: ↑¹,²Basler.

Ba|se|le|rin, die: ↑Baslerin.
Ba|sel|land, (kurz für:) **Ba|sel-Land|schaft:** *Halbkanton der Schweiz.*
ba|sel|land|schaft|lich ⟨Adj.⟩: *den Halbkanton Basel-Landschaft betreffend.*
Ba|sel-Stadt: *Halbkanton der Schweiz.*
ba|sel|städ|tisch ⟨Adj.⟩: *den Halbkanton Basel-Stadt betreffend.*
Base|man [ˈbeɪsmæn], der; -s, ...men [...mɛn; engl. baseman, zu: base, ↑³Base]: *(im Baseball) Spieler, der ein ³Base bewacht.*
Base|ment [ˈbeɪsmənt], das; -s, -s [engl. basement]: *Tiefparterre, Souterrain.*
Base|ment|store [...stɔː], der; -s, -s [engl. basement store, ↑²Store]: *Laden (1) od. Abteilung eines Kaufhauses im Basement.*
Ba|sen: Pl. von ↑Basis, ¹²Base.
BASIC [ˈbeɪsɪk], das; -[s] [Kunstwort aus engl. **b**eginner's **a**ll purpose **s**ymbolic **i**nstruction **c**ode] (EDV): *einfache Programmiersprache.*
Ba|sic Eng|lish [ˈbeɪsɪk ˈɪŋglɪʃ], das; -- [engl. = Grundenglisch, zu: basic = Grund-]: *(von dem brit. Psychologen C. K. Ogden [1889–1957] geschaffene) vereinfachte Form des Englischen mit einem Grundwortschatz von 850 Wörtern u. wenig Grammatik.*
Ba|si|die, die; -, -n [zu griech. básis (↑Basis) in der Bed. »Gegenstand, auf dem etw. stehen kann«] (Biol.): *kurze, oft keulenförmige Zelle in den Fruchtkörpern der Ständerpilze, die an ihrem oberen Ende bis zu vier Sporen bildet.*
Ba|si|dio|spo|re, die (Biol.): *an einer Basidie befindliche Spore.*
ba|sie|ren ⟨sw. V.; hat⟩ [frz. baser, zu: base < lat. basis, ↑Basis] (bildungsspr.): **1.** *fußen, beruhen; sich gründen, sich stützen:* der Text basiert auf dem Vergleich einer großen Anzahl von Abschriften; An der Umfrage, auf der diese Wertung basiert, hätten sich kaum ein Viertel aller deutschen Rechtslehrer beteiligt (Saarbr. Zeitung 10. 10. 79, 21). **2.** *(selten) gründen:* wir haben unsere Pläne auf diese (auch: dieser) Tatsache basiert; die britische Regierung ... verweigerte zum Beispiel dem Richter zunächst einmal Einblick in das ... Aktenmaterial, auf das sie ihre Sache basierte (NZZ 21. 12. 86, 4).
ba|si|klin ⟨Adj.⟩ [zu ↑²Base u. griech. klínein = sich neigen] (Biol.): *(von Pflanzenarten u. -gesellschaften) häufiger auf alkalischem als auf saurem Boden vorkommend.*
Ba|sil, das; -s, -s [engl. basil, wohl entstellt aus frz. basane, ↑Basane]: *halbgerbtes australisches u. indisches Schafleder.*
Ba|si|li|a|ner, der; -s, - [nach dem griech. Kirchenlehrer Basilius dem Großen (330–379)]: *Mönch der griechisch-orthodoxen od. griechisch-unierten Kirche, der nach den Regeln des hl. Basilius lebt.*
Ba|si|lie, die; -, -n [mhd. basilie < mlat. basilia, zu griech. basíleia = Königin].
Ba|si|li|en|kraut, das: *Basilikum.*
Ba|si|li|ka, die; -, ...ken [spätlat. basilica = Kathedrale (lat. = Prachtbau; Halle)

< griech. basilikḗ (stoá) = königlich(e Halle)] (Kunstwiss.): **1.** *Kirche der frühchristlichen Zeit.* **2.** *Kirchenbau mit erhöhtem Mittelschiff in der Art der Basilika (1): eine romanische, gotische B.*
ba|si|li|kal ⟨Adj.⟩: *in der Form einer Basilika.*
Ba|si|li|kum, das; -s, -s u. ...ken [mlat. basilicum, zu lat. basilicus < griech. basilikós = königlich, wegen des edlen, würzigen Duftes]: *krautige oder strauchartige Pflanze mit weißen oder lila Blüten, die als Gewürz- u. Heilpflanze angepflanzt wird.*
Ba|si|lisk, der; -en, -en [< griech. basilískos < griech. basilískos = eine Schlangenart, eigtl. Vkl. von: basileús = König]: **1.** *(auf orientalische Vorstellungen zurückgehendes) antikes u. mittelalterliches Fabelwesen mit tödlichem Blick, das von einer Schlange od. Kröte aus einem Hühnerei ausgebrütet worden sein soll u. meist als Hahn mit einem Schlangenschwanz dargestellt wird.* **2.** *im tropischen Amerika heimischer Leguan mit Hautkämmen über Schwanz u. Rücken u. Hautlappen am Kopf.*
Ba|si|lis|ken|blick, der (bildungsspr.): *stechender, böser Blick:* Ich habe den B., an dem nur ein gelegentliches amüsiertes Blinzeln menschlich ist (Stern, Mann 86).
Ba|si|lis|ken|ei, das: *in böser Absicht gemachtes Geschenk.*
Ba|si|lon, das; -s [zu ↑Basis] (Anat.): *Messpunkt am Schädel; vorderster Punkt des Hinterhauptloches.*
ba|si|pe|tal ⟨Adj.⟩ [zu lat. petere = (nach etw.) streben] (Bot.): *(von den Verzweigungen einer Pflanze) absteigend.*
ba|si|phil ⟨Adj.⟩ [zu ↑²Base u. griech. phílein = lieben] (Biol.): *(von Pflanzenarten u. -gesellschaften) ausschließlich auf alkalischem Boden vorkommend.*
Ba|sis, die; -, Basen [lat. basis < griech. básis, zu: baínein = gehen, treten, also eigtl. = Gegenstand, auf den jmd. treten kann]: **1.** *(bildungsspr.) Grundlage, auf der man aufbaunt, auf der man sich stützen kann:* die B. für etw. bilden; auf der B. gegenseitigen Vertrauens; Die diskrete Selbstinszenierung – das war die B. seiner Existenz (Reich-Ranicki, Th. Mann 33); Durch die ständige Arbeit an modernsten Anlagen erweitern Sie Ihre berufliche B. (SZ 1. 3. 86, 88); So wurde die Metro in relativ kurzer Zeit zur B. des Verkehrsnetzes der Großstadt (NBI 39, 1989, 19). **2. a)** (Archit., Technik) *[Säulen- od. Pfeiler]sockel, Unterbau;* **b)** (Bot.) *Pflanzenteil nahe der Wurzel.* **3.** (Math.) **a)** *Grundlinie einer geometrischen Figur;* **b)** *Grundfläche eines Körpers;* **c)** *Grundzahl einer Potenz od. eines Logarithmus.* **4.** (Milit.) *Ort od. Gelände als Stützpunkt militärischer Operationen:* neue Basen für Bomber schaffen; Nach Zerstörung des Ziels ist die Einheit unversehrt auf ihre B. zurückgekehrt (NZZ 19. 12. 86, 5). **5. a)** (marx.) *die ökonomische Struktur einer Gesellschaft u. die gesellschaftlichen Verhältnisse als Grundlage der Existenz des Menschen: B. und Überbau;* **b)** *die Mitglieder einer po-*

litischen Partei, einer Gewerkschaft, Bewegung, die nicht zur Führung gehören: die Zustimmung der B. einholen; Ohne die imposanten Drohgebärden und ohne die Inszenierung der spezifischen, ausgeklügelten Dramaturgie haben sie Bedenken, ob ihnen die jeweils eigene B. den harten Kampf um Prozente und andere anstehende Punkte im Tarifvertrag auch wirklich abkauft (SZ 19. 2. 99, 4); **c)** *die breiten Volksmassen als Ziel politischer Arbeit:* an der B. arbeiten.

Ba|sis|ak|ti|on, die (marx.): *gezielte Aktion, die auf die Basis (5) einwirken soll:* müsse den Betroffenen in -en die Veränderbarkeit der gesellschaftlichen Bereiche erfahrbar gemacht werden (Stamokap 186).

Ba|sis|ar|beit, die ⟨o. Pl.⟩: *Arbeit an der Basis (5 b).*

ba|sisch ⟨Adj.⟩ (Chemie): *sich wie eine ²Base verhaltend:* b. reagieren.

Ba|sis|de|mo|kra|tie, die ⟨o. Pl.⟩: *(im Unterschied zur repräsentativen Demokratie) demokratisches System, in dem die Basis (5 c) selbst aktiv mitwirkt u. entscheidet.*

ba|sis|de|mo|kra|tisch ⟨Adj.⟩: **a)** *die Basisdemokratie betreffend, sie ausübend;* **b)** *auf der Grundlage der Basisdemokratie zustande gekommen.*

Ba|sis|frak|tur, die (Med.): *Bruch der Schädelbasis.*

Ba|sis|grup|pe, die: *[linksorientierter] politisch aktiver Arbeitskreis [von Studenten], der auf einem bestimmten [Fach]gebiet an der Basis (5 c) progressive Ideen zu verbreiten versucht:* Wir brauchen mehr Mittler wie zum Beispiel die »Kirche von unten«, gewerkschaftliche -n, alternative Medien (Kelly, Um Hoffnung 21).

Ba|sis|kurs, der (Börsenw.): *(im Prämiengeschäft) Tageskurs eines Wertpapiers.*

Ba|sis|la|ger, das: *Versorgungslager, bes. bei Hochgebirgsexpeditionen.*

Ba|sis|stein, der: *Steinsockel als Basis (2 a):* die -e der Figuren.

Ba|sis|win|kel, der (Math.): *auf der Basis eines gleichschenkligen Dreiecks liegender (paarweise auftretender) Winkel.*

Ba|sis|wort, das ⟨Pl. ...wörter⟩ (Sprachw.): *Wort, das einem abgeleiteten Wort zugrunde liegt (z. B. Mensch in* unmenschlich*).*

Ba|si|zi|tät, die; - [engl. basicity, geb. von dem engl. Chemiker Th. Graham (1805-1869), zu: base = ²Base] (Chemie): **1.** *Fähigkeit, ²Basen zu bilden.* **2.** *Zahl der Wasserstoffatome im Molekül einer Säure, die bei Salzbildung durch Metall ersetzt werden können.*

Bas|ke, der; -n, -n: Ew.

Bas|ken|land, das; -[e]s: *z. T. zu Spanien, z. T. zu Frankreich gehörende Region am Golf von Biskaya.*

Bas|ken|müt|ze, die [nach den Basken, einem Volksstamm im Baskenland u. in den westl. Pyrenäen]: *flache schirmlose Mütze aus Wolle od. Haarfilz:* er ... sah Sophie in die Tram steigen. Sie trug eine fleischrote B. (Bieler, Mädchenkrieg 281).

Bas|ker|ville [...vɪl], die; - [nach dem engl. Buchdrucker J. Baskerville (1706-1775)] (Druckw.): *Antiqua- u. Kursivdruckschrift.*

Bas|ket|ball [ˈbaː(ː)skətbal], der; -[e]s, ...bälle [engl. basketball, aus: basket = Korb u. ball = ¹Ball]: **1.** ⟨o. Pl.; meist o. Art.⟩ *zwischen zwei Mannschaften ausgetragenes Ballspiel, bei dem der Ball nach bestimmten Regeln in den gegnerischen Korb (3 a) geworfen werden muss.* **2.** *beim Basketball (1) verwendeter Ball.*

Bas|ket|bal|ler, der; -s, -: *jmd., der Basketball (1) spielt.*

Bas|ket|bal|le|rin, die; -, -nen: w. Form zu ↑Basketballer.

Bas|kin, die; -, -nen: w. Form zu ↑Baske.

Bas|ki|ne: ↑Basquine.

bas|kisch ⟨Adj.⟩: **a)** *das Baskenland, die Basken betreffend; aus dem Baskenland stammend;* **b)** *in der Sprache der Basken.*

Bas|kisch, das; -[s], ⟨nur mit bestimmtem Art.:⟩ **Bas|ki|sche,** das; -n: *die baskische Sprache.*

Bas|kü|le, die; -, -n [frz. bascule = Schaukelstuhl, Schaukelbrett, Schlagbalken, urspr. = das, was sich senkt]: *Verriegelung für Fenster u. Türen, die zugleich seitlich, oben u. unten greift.*

Bas|kü|le|ver|schluss, der: *Basküle.*

¹Bas|ler (schweiz. nur so), Baseler, der; -s, -: Ew. zu ↑Basel.

²Bas|ler (schweiz. nur so), Baseler ⟨indekl. Adj.⟩: die B. Fasnacht.

Bas|le|rin (schweiz. nur so), Baselerin, die; -, -nen: w. Form zu ↑¹Basler.

bas|le|risch ⟨Adj.⟩: *Basel, die ¹Basler betreffend; aus Basel stammend.*

ba|so|phil ⟨Adj.⟩ [zu ↑²Base u. griech. philein = lieben]: **1.** (Med., Biol.) *(von Gewebeteilen) mit basischen Farbstoffen färbbar.* **2.** (Chemie) *zur basischen Reaktion neigend.*

Ba|so|pho|bie, die [zu griech. básis (↑Basis) im Sinne von »Tritt, Gang« u. ↑Phobie] (Med., Psych.): *krankhafte Angst zu gehen; Zwangsvorstellung, nicht gehen zu können.*

Bas|qui|ne [basˈkiːnə], Baskine, die; -, -n [frz. basquine < span. basquiña = baskischer Rock]: **1.** *(im 16./17. Jh.) nach unten spitz auslaufendes, steifes Oberteil der Frauentracht.* **2.** *(um die Mitte des 19. Jh.) reich verzierte, lose Frauenjacke.*

Bas|re|li|ef [ˈbaː...], das; -s, -s u. -e [frz. bas-relief, aus: bas = niedrig (< vlat. bassus = dick, gedrungen) u. relief, ↑Relief] (bild. Kunst): *relativ flach gearbeitetes Relief.*

bass [mhd., ahd. baʒ = besser, zu einem Adj. mit der Bed. »gut« u. eigtl. umlautloses Adv. zu ↑besser, urspr. unregelmäßiger Komp. zu dem Adj. ↑wohl]: **1.** *in den Wendungen* **b. erstaunt/verwundert sein/sich b. [ver]wundern** (altertümelnd; *sehr erstaunt/verwundert sein*): alle waren darüber b. erstaunt, verwundert; ⟨auch attr.:⟩ Für einen Moment wichen sie zurück aus Ehrfurcht und -em Erstaunen (Süskind, Parfum 319). ◆ **2.** *tüchtig, besser:* Jetzt nennt man ihn Generalmajor. Das macht er, er tät sich b. hervor (weil er sich als tüchtig, besser gezeigt hat; Schiller, Wallensteins Lager 7).

Bass, der; -es, Bässe [1, 2: ital. basso,

Substantivierung von: basso = tief; klein, niedrig < vlat. bassus = dick, gedrungen; 4: kurz für: Bassgeige] (Musik): **1. a)** *tiefe Männer[sing]stimme, Bassstimme:* im tiefsten B. antworten; mit vollem B. singen; **b)** ⟨o. Pl.⟩ *Gesamtheit der tiefen Männerstimmen in einem Chor.* **2.** ⟨o. Pl.⟩ *Bassstimme in einem Musikstück.* **3.** *Sänger mit Bassstimme, Bassist.* **4. a)** *tiefstes u. größtes Streichinstrument; Kontrabass:* den B. streichen; **b)** ⟨meist Pl.⟩ *Gesamtheit, Klang der tiefsten Orgel- od. Orchesterstimmen:* die Bässe erdröhnten. **5.** *kurz für* ↑Bassgitarre.

Bass|ba|ri|ton, der: *Sänger mit dunkler Baritonstimme.*

Bass|blä|ser, der: *Musiker, der auf einem tiefen Blasinstrument den Bass (2) bläst.*

Bass|blä|se|rin, die: w. Form zu ↑Bassbläser.

Bass|buf|fo, der: *Opernsänger mit einer Stimme, die sich besonders für komische Bassrollen eignet.*

Basse Danse [basˈdɑ̃s], die; --, -s-s [basˈdɑ̃s; frz., eigtl. = tiefer Tanz (viell. nach dem Fehlen hoher Hüpfschritte), zu: basse, Fem. von: bas = tief, niedrig (< vlat. bassus = dick, gedrungen) u. danse, ↑Tanz]: *(im 15. u. 16. Jh.) langsamer Schreittanz in Spanien, Italien u. Frankreich.*

Basse|lis|se|stuhl [ˈbaslɪs..., basˈlɪs...], der; -[e]s, ...stühle [zu gleichbed. frz. métier de basse lisse, zu: basse (↑Basse danse) u. lisse < lat. licium, ↑Litze]: *Flachwebstuhl mit horizontaler Kettführung.*

Bas|se|na, die; -, -s [zu frz. bassin, ↑Bassin] (österr., bes. wiener.): *Wasserbecken im Flur eines alten Wohnhauses, von dem mehrere Mietparteien ihr Wasser holen.*

Bas|se|na|tratsch, der (österr., bes. wiener.): *niveauloses Gerede, übler Tratsch.*

Bas|se|na|woh|nung, die (österr., bes. wiener.): *Altbauwohnung ohne eigene Wasserleitung u. Toilette.*

Bas|set [baˈseː, engl.: ˈbæsɪt], der; -s, -s [frz. basset = Dachshund, subst. Vkl. von: bas = untersetzt, niedrig]: *Hund mit kurzen Beinen, langen Schlappohren u. kräftigem Körper.*

Bass|ett|horn, das; -[e]s, ...hörner [ital. bassetto, Vkl. zu: basso, ↑Bass]: *Altklarinette mit meist aufgebogenem Schalltrichter [u. geknickter Röhre].*

Bass|flö|te, die: *Blockflöte, Querflöte in Basslage.*

Bass|gei|ge, die: *Kontrabass.*

Bass|gei|ger, der: *Kontrabassist.*

Bass|gei|ge|rin, die: w. Form zu ↑Bassgeiger.

Bass|gi|tar|re, die: *viersaitige, besonders tief klingende Gitarre.*

Bass|horn, das: *(zu den Hörnern (3 a) zählendes) historisches Blasinstrument in tiefer Lage.*

Bas|si: Pl. von ↑Basso.

Bas|sin [baˈsɛ̃ː], das; -s, -s [frz. bassin < afrz. bacin, aus dem Vlat.; vgl. Becken]: *künstlich erbauter Wasserbehälter, angelegtes Wasserbecken:* das Wasser im B. erneuern.

Bassinstrument

Bass|in|stru|ment, das: *Instrument (innerhalb einer Gruppe von Musikinstrumenten) mit dem dunkelsten Klang (z. B. Bassgitarre).*
Bas|sist, der; -en, -en [zu ↑Bass] (Musik): **1.** *Sänger mit Bassstimme.* **2.** *jmd., der [berufsmäßig] Bass* (4 a, 5) *spielt.*
Bas|sis|tin, die; -, -nen: w. Form zu ↑Bassist (2): Noch zu Beginn ihres Studiums warnte sie ihr Professor vor falschen Hoffnungen, denn »eine Frau würde wahrscheinlich kaum eine Stelle als B. bekommen« (Rheinpfalz 4. 1. 92, 32).
Bass|kla|ri|net|te, die: *Klarinette in Basslage.*
Bass|la|ge, die (Musik): *Stimmlage des Basses* (1 a).
Bass|lau|te, die: *Laute in Basslage.*
Bas|so, der; -, Bassi [ital. basso, ↑Bass] (Musik): ital. Bez. für ↑Bass (1, 2).
Bas|so con|ti|nuo, der; -- [zu ital. continuo = ununterbrochen] (Musik): *Generalbass.*
Bas|so os|ti|na|to, der; -- [zu ital. ostinato = hartnäckig] (Musik): *sich oft wiederholendes Bassthema; Ostinato.*
Bas|sot|ti ⟨Pl.⟩ [ital. bassotti, zu: bassotto = klein, Vkl. von: basso, ↑Bass] (Kochk.): *dünne Makkaroni.*
Bass|par|tie, die: *für den Bass* (1 a) *geschriebener Teil eines Musikwerkes.*
Bass|po|sau|ne, die: *Posaune in Basslage.*
Bass|sai|te, die: *Saite mit Basslage auf Streichinstrumenten.*
Bass|sän|ger, der: *jmd., der im Bass* (1 b) *singt; Bass* (3)*, Bassist.*
Bass|schlüs|sel, der: *auf der 4. Linie des Notensystems liegender F-Schlüssel.*
Bass|stim|me, die: **1.** *tiefe Männer[sing]stimme.* **2.** *Noten für die Basssänger (in einem Chor].*
Bass|tu|ba, die: *Tuba in Basslage.*
Bast, der; -[e]s, -e [1: mhd., ahd. bast, H. u.; 2: weil sich die Haut später bastartig löst]: **1.** *pflanzliche Faserstoff zum Binden u. Flechten:* die Blumenstiele mit B. umwickeln. **2.** (Jägerspr.) *behaarte, filzige Haut auf einem neu gebildeten Geweih.*
bas|ta ⟨Interj.⟩ [ital. basta, zu: bastare = genug sein, hinreichen < mlat. bastare, H. u.] (ugs.): *Ausdruck, mit dem jmd. kundtut, dass er über etw. nicht mehr weiter zu sprechen wünscht; Schluss!*: und damit b.!; Man räumt eben die Stelle für einen Neuen und b. (Fels, Sünden 50).
Bas|taard ['basta:ɐ̯t], der; -[s], -s [afrikaans, niederl. bastaard < afrz. bastart, ↑Bastard]: *frühere Bez. für* ↑Baster.
Bas|tard, der; -s, -e [mhd. bast(h)art < afrz. bastard = rechtmäßig anerkannter außerehelicher Sohn eines Adligen, H. u.]: **1. a)** *(früher) uneheliches Kind bes. eines Adligen u. einer nicht standesgemäßen Frau:* Paris produzierte im Jahr über zehntausend neue Findelkinder, -e und Waisen (Süskind, Parfum 27); **b)** (Schimpfwort) *als minderwertig empfundener Mensch:* du B.!; Alle die verdammten -e, die uns sagen, wir sollen den Mut nicht verlieren, belügen uns (Spiegel 23, 1982, 131). **2.** (Biol.) *durch Rassen- od. Artenkreuzung entstandenes Tier od. Pflanze; Hybride:* Maulesel sind -e aus Pferd und Esel.
Bas|tar|da, die; - [ital. bastarda]: *Bastardschrift.*
bas|tar|die|ren ⟨sw. V.; hat⟩: *(verschiedene Rassen od. Arten) kreuzen.*
Bas|tar|die|rung, die; -, -en: *Artenkreuzung, Rassenmischung.*
Bas|tard|pflan|ze, die (Bot.): *durch Bastardierung entstandene Pflanze; Hybride.*
Bas|tard|schrift, die: *Druckschrift, die Merkmale zweier reiner Schriftarten vermischt, bes. die von Fraktur u. Antiqua.*
Bas|tard|ste|ri|li|tät, die: *Unfruchtbarkeit infolge einer Bastardierung.*
Bas|tard|tep|pich, der: *Orientteppich, der Muster aus fremden Gebieten übernommen hat.*
bast|ar|tig ⟨Adj.⟩: *wie Bast beschaffen.*
Bas|te, die; -, -n [frz. baste < span. basto = ¹Treff]: *Trumpfkarte in verschiedenen Kartenspielen.*
Bas|tei, die; -, -en [15. Jh. < ital. bastia, wohl aus dem Afrz.]: *vorspringender Teil an alten Festungsbauten; Bollwerk.*
Bas|tel|ar|beit, die: **1.** ⟨o. Pl.⟩ *das Basteln.* **2.** *Gegenstand, den man bastelt od. gebastelt hat.*
Bas|tel|buch, das: *Buch mit Anleitungen u. Vorlagen zum Basteln.*
Bas|tel|ecke, die: **1.** *[in regelmäßigen Abständen erscheinende] Sparte mit Vorschlägen für Bastler in einer Zeitung.* **2. a)** *Abteilung mit Bastelmaterial in einem Kaufhaus;* **b)** *Ecke in einem Kinderzimmer od. Gemeinschaftsraum, in der gebastelt wird.*
Bas|tel|ei, die; -, -en: **1.** *Gegenstand, an dem man bastelt.* **2.** *beständiges, als lästig empfundenes Basteln:* er hat genug von der ewigen B. an dem alten Auto.
bas|teln ⟨sw. V.; hat⟩ [spätmhd. (bayr.) pästlen = Handwerkerarbeit verrichten, ohne in einer Zunft zu sein, viell. zu ↑Bast]: **1. a)** *sich [in der Freizeit] aus Liebhaberei mit der handwerklichen Anfertigung verschiedener kleiner Dinge beschäftigen:* ich bast[e]le gern; **b)** *durch kleinere Handwerksarbeiten [als Hobby] herstellen, [nach eigenen Ideen] anfertigen:* sie bastelt an einem neuen Lampenschirm; für die Kinder eine Puppenstube b.; Robert Havemann, der ... in seiner Zelle Schwelkerzen und Sprengsätze ... bastelte (Spiegel 45, 1977, 92); Ü Es werden auf keinen Fall schon Notprogramme gebastelt (Hörzu 23, 1960, 17); Insgeheim aber bastelt der Premierminister in spe ... an seiner Kabinettsliste (Woche 28. 3.1997, 21). **2.** *sich an etw., was man verbessern, um- od. ausbauen will, handwerklich od. technisch betätigen:* an seinem Auto b.; Ü Nobelpreisträger bastelt nachts an seiner Rede (MM 6. 12. 85, 10); Trotzdem bastelt er weiter an seinem erfolgversprechenden Comeback (Freizeitmagazin 10, 1978, 5).
bas|ten ⟨Adj.⟩: *aus Bast* (1) *hergestellt:* ein -er Wandbehang.
Bas|ter, der; -s, - [afrikaans baster, vgl. Bastaard]: Angehöriger einer Afrikaans sprechenden Volksgruppe in Namibia, die im 19. Jh. im Kapland aus Verbindungen zwischen Europäern u. Hottentottenfrauen entstanden ist.
bast|far|ben ⟨Adj.⟩: *von der Farbe des Basts* (1)*; zartgelb, beige.*
Bast|fa|ser, die: *Faser des Basts* (1).
Bas|til|le [bas'ti:jə, ...'tɪljə], die; -, -n [frz. bastille, eigtl. Nebenf. von provenz. bastida = afrz. bastie, ↑Bastei]: **1.** ⟨o. Pl.⟩ *das 1789 gestürmte Staatsgefängnis in Paris.* **2.** (selten) *Festung, Gefängnis.*
Bas|ti|on, die; -, -en [frz. bastion < ital. bastione, Vgr. von: bastia, ↑Bastei]: *Bastei:* die Stadt wurde von den Feinden bis in die letzte B. erobert; Ü Das Theater ist die letzte B. gegen die so genannten Massenmedien (Herrenjournal 3, 1966, 2); Das US-System versucht, verlorene -en wiederzugewinnen (elan 2, 1980, 9).
bas|ti|o|nie|ren ⟨sw. V.; hat⟩ [frz. bastionner] (veraltet): *(eine Festung) mit Bollwerken versehen.*
Bast|ler, der; -s, -: *jmd., der gern bastelt.*
Bast|mat|te, die: *aus Bast* (1) *geflochtene Matte.*
Bas|to|na|de, die; -, -n [frz. bastonnade < ital. bastonata = Stockhieb, zu: bastonare = prügeln, zu: bastone = Stock]: *Folter, Prügelstrafe, bes. durch Schläge auf die Fußsohlen:* die sadistischen Genüsse des Wachpersonals ..., dessen Arbeit offensichtlich nur aus Vergewaltigung und der Ausübung der B. besteht (Spiegel 39, 1978, 214).
Bast|sei|de, die: *Rohseide, die im Gewebe ungleiche Verdickungen zeigt.*
Bast|seil, das: *Seil aus Bast* (1).
Bast|ta|sche, die: *aus Bast geflochtene Tasche.*
BAT = Bundesangestelltentarif.
Bat. = Bataillon.
bat: ↑bitten.
Ba|taille [ba'taljə, ba'ta:jə], die; -, -n [frz. bataille < vlat. battalia = Fechtübungen der Soldaten mit Stöcken < spätlat. battualia, zu lat. battuere = schlagen, klopfen] (veraltet): *Schlacht, Kampf, Gefecht.*
Ba|tail|lon [batal'jo:n], das; -s, -e [frz. bataillon < ital. battaglione, Vgr. von: battaglia = Schlacht(haufen) < vlat. battalia, ↑Bataille] (Milit.): *Truppenabteilung, Verband mehrerer Kompanien od. Batterien:* Für Hitler marschieren keine neuen -e, wie man das im Ausland glaubt (Augsburger Allgemeine 6./7. 5. 78, 2); Abk.: Bat., Btl.
Ba|tail|lons|chef, der (ugs.): *Bataillonskommandeur.*
Ba|tail|lons|füh|rer, der: *Bataillonskommandeur.*
Ba|tail|lons|kom|man|deur, der: *Offizier, der ein Bataillon kommandiert.*
Ba|ta|te, die; -, -n [span. batata, aus einer Indianerspr. Haitis]: **a)** *tropisches Windengewächs;* **b)** *süß schmeckende, kartoffelartige Knolle der Batate* (a).
Batch|pro|ces|sing ['bætʃprouːsɪŋ], das; -[s], -s [engl., aus: batch = Schub (2) u. processing = Verarbeitung] (EDV): *stapelweise Verarbeitung von Daten, die während eines bestimmten Zeitabschnitts angesammelt worden sind; Stapelbetrieb.*
bä|te: ↑bitten.

Ba|thik, die; - [zu griech. bathýs = niedrig, tief]: *niedrige, vulgäre Art des Redens od. Schreibens.*
ba|thisch ⟨Adj.⟩: *die Bathik betreffend; vulgär redend od. schreibend.*
Ba|tho|lith [auch: ...'lıt], der; -s u. -en, -en [zu griech. líthos = Stein] (Geol.): *in der Tiefe erstarrter, meist granitischer Gesteinskörper.*
Ba|tho|me|ter, das; -s, -: ¹*Lot für Messungen in der Tiefsee.*
Ba|tho|pho|bie, die [↑Phobie] (Med., Psych.): *mit Angst verbundenes Schwindelgefühl beim Anblick großer Höhen od. Tiefen.*
ba|thy|al ⟨Adj.⟩ (Geogr.): *zum Bathyal gehörend.*
Ba|thy|al, das (Geogr.): *lichtloser Bereich des Meeres zwischen 200 u. 800 m Tiefe.*
Ba|thy|gra|phie, die; - [↑-graphie]: *Tiefseeforschung.*
ba|thy|gra|phisch ⟨Adj.⟩: *die Bathygraphie betreffend; tiefseekundlich.*
Ba|thy|me|ter, das; -s, -: *Bathometer.*
Ba|thy|scaphe [...'ska:f], der od. das; -[s], - [...fə], **Ba|thy|skaph,** der; -en, -en [frz. bathyscaphe, zu lat. scapha = Boot < griech. skáphē = Gefäß]: *(von dem schweizer. Tiefseeforscher A. Piccard [1884–1962] entwickeltes) Gerät zum Tauchen in der Tiefsee.*
Ba|thy|sphä|re, die ⟨o. Pl.⟩: *tiefste Schicht des Weltmeeres.*
Ba|tik, der; -s, -en od. die; -, -en [indones. batik = geblümt, gemustert]: **1.** ⟨o. Pl.⟩ *(aus Java stammendes) Verfahren zum Färben von Geweben, bei dem Wachs verwendet wird.* **2.** *durch Batik (1) gefärbtes Gewebe.*
Ba|tik|druck, der ⟨Pl. -e⟩: *Batik.*
ba|ti|ken ⟨sw. V.; hat⟩: *unter Verwendung von Wachs mit einem Muster versehen u. färben: sie hat einen Schal gebatikt.*
Ba|tist, der; -[e]s, -e [frz. batiste, viell. nach einem flandrischen Leinenweber des 13. Jh.s Ba(p)tiste aus Cambrai]: *feines [Baumwoll]gewebe:* ein Nachthemd aus B.
Ba|tist|blu|se, die: *Bluse aus Batist.*
ba|tis|ten ⟨Adj.⟩: *aus Batist:* ein -es Nachthemd.
Ba|tist|kleid, das: *Kleid aus Batist.*
Ba|tist|ta|schen|tuch, das: *Taschentuch aus Batist.*
Batt. = Batterie (1 a).
Bat|ta|glia [ba'talja], die; -, ...lien [...ljən; ital. battaglia = Schlacht < vlat. battalia, ↑Bataille] (Musik): *Komposition, die Kampf, Schlachtgetümmel, Siegesmusik schildert.*
Bat|ter ['bætə], der; -s, - [engl. batter, zu: to batter = (ein)schlagen, über das Afrz. zu lat. battuere, ↑Batterie] (Baseball): *Spieler, der den vom Pitcher geworfenen Ball mit dem Baseballschläger wegzuschlagen hat; Schlagmann (2).*
Bat|te|rie, die; -, -n [frz. batterie, urspr. = Schlägerei, von Schlagen dient, zu: battre = schlagen < lat. bat(t)uere = 4: wohl über engl. battery = Schlagzeug(gruppe)]: **1.** (Milit.) **a)** *kleinste Einheit bei der Artillerie u. der Heeresflugabwehrtruppe:* Sie sind doch von der B. meines Sohnes (Kirst, 08/15, 738); Abk.:

Batt., Battr.; **b)** *aus mehreren Geschützen bestehende Zusammenstellung für ein Gefecht:* eine B. leichter Haubitzen. **2.** (Technik) **a)** *aus parallel od. hintereinander geschalteten Elementen bestehender Stromspeicher:* eine B. von 12 Volt; die B. aufladen; **b)** *[zusammengeschaltete] Gruppe von gleichartigen technischen Vorrichtungen:* eine B. von Winderhitzern; **c)** *kurz für* ↑Mischbatterie. **3.** (ugs.) *große Anzahl von etw. Gleichartigem:* eine ganze B. [von] Champagnerflaschen; eine dicke Verkäuferin ..., die ... eine B. Joghurtbecher ... beklebte (Kronauer, Bogenschütze 100); Wir halten sie in kleinen -n (Legebatterien; Brückner, Quints 130). **4.** *Schlagzeuggruppe einer Band od. eines Orchesters.*
bat|te|rie|be|trie|ben ⟨Adj.⟩: *mit einer Batterie (2 a), mit Batterien betrieben:* ein -er Kassettenrekorder.
Bat|te|rie|emp|fän|ger, der: *Rundfunkgerät, das mit Batteriestrom arbeitet.*
Bat|te|rie|ge|fechts|stand, der: *Gefechtsstand einer Batterie (1 a) auf dem Gefechtsfeld.*
Bat|te|rie|ge|rät, das (Elektrot.): *Gerät, das mit einer Batterie (2 a) betrieben wird.*
bat|te|rie|ge|speist ⟨Adj.⟩: *batteriebetrieben.*
Bat|te|rie|hal|tung, die ⟨o. Pl.⟩ (Landw.): *das Halten von Legehennen in Legebatterien.*
Bat|te|rie|huhn, das (Landw.): *in einer Legebatterie gehaltenes Huhn.*
Bat|te|rie|kes|sel, der: *Dampfkessel, der aus mehreren miteinander verbundenen Trommeln besteht.*
Bat|te|rie|stel|lung, die (Milit.): *Standort einer Batterie (1) im Kampfgebiet.*
Bat|te|rie|strom, der ⟨o. Pl.⟩: *elektrischer Strom aus einer Batterie (2 a).*
Bat|te|rie|zün|dung, die (Technik): *Zündung bei Verbrennungsmotoren, die durch eine Batterie (2 a) erfolgt.*
Bat|teur [ba'tø:r], der; -s, -e [frz. batteur, eigtl. = Schläger, zu: battre, ↑Batterie] (Textilind.): *spezielle Maschine, die zum Öffnen, Reinigen u. Mischen von Baumwolle u. Chemiefasern verwendet wird.*
◆ **bat|tie|ren** ⟨sw. V.; hat⟩ [frz. battre, ↑Batterie]: *(beim Fechten) dem Gegner mit einem starken Schlag auf die Klinge die Waffe aus der Hand schlagen:* ⟨subst.:⟩ Der Deutsche ... wusste mit Battieren und Ligieren seinen Gegner ein über das andre Mal zu entwaffnen (Goethe, Dichtung u. Wahrheit 4).
Battr. = Batterie (1 a).
Bat|tu|ta, Battute, die; -, ...ten [ital. battuta, ↑a battuta]: **1.** (Musik) *Taktschlag auf dem betonten Taktteil.* **2.** (Fechten) *Schlag gegen die gegnerische Klinge, um diese aus der Angriffslinie zu bringen od. um sich den Weg für einen eigenen Angriff frei zu machen.*
Bat|zen, der; -s, - [zu veraltet, noch mundartl. batzen = klebrig, weich sein, zusammenkleben, Intensivbildung zu ↑²backen, wegen des Aussehens der sog. Dickpfennige]: **1.** (ugs.) **a)** *größerer unförmiger Klumpen [aus einer weichen, klebrigen Masse]:* ein B. Eis, Lehm; Er

stand vor der Aufgabe zu schätzen, wie viel der B. Blutwurst wog, der auf der Waage lag (Woche 19. 12. 97, 33); Nur die Kinder essen in großen B. den künstlichen Dreck (Strauß, Niemand 208); **b)** *sehr viel Geld:* das hat einen [schönen] B. [Geld] gekostet; Wenn der Jugendverband hunderttausend Lose à drei Mark an den Mann brächte, ließe sich ein dicker B. einstreichen (Bieler, Bär 229). **2. a)** *(im Wert zwischen Gulden und Kreuzer rangierende) Münze;* **b)** (schweiz. veraltend) *Zehnrappenstück.*
◆ **Bat|zen|flö|te,** die [eigtl. = Flöte, die nur einen Batzen (2 a) kostet]: *einfache Holzflöte bes. als Spielzeug für Kinder:* dass die Kinder auf Blättern schalmeiten und in -n stießen (Jean Paul, Wutz 29).
Bau, der; -[e]s, -e u. -ten [mhd., ahd. bū, urspr. = Errichtung eines Wohnsitzes u. Bearbeitung des Feldes beim Sesshaftwerden; zusammengefallen mit einem alten Fem. »Baute«, ↑Baute]: **1.** ⟨o. Pl.⟩ *das Bauen, Errichten, Herstellen von Schulen, Straßen;* Obgleich er ... lieber beim B. der Nebenstrecken geschwitzt und geschuftet hätte (Kühn, Zeit 14); etw. ist im (auch: in) B. *(es wird daran gebaut).* **2.** ⟨o. Pl.⟩ **a)** *Art, in der etw. gebaut, [kunstvoll] aus seinen Teilen zusammengefügt ist; Struktur:* das B. eines Dramas untersuchen; **b)** *Körperbau:* das Mädchen ist von schlankem, zartem B. **3.** ⟨Pl.⟩ (ugs.) *Baustelle, Platz, wo gebaut wird:* auf dem B. arbeiten; Das Geld hat er auf dem B. verdient (Chotjewitz, Friede 57); Er war Maurer ... Am B. war er sehr beliebt (Borell, Lockruf 224); wer nichts will oder kann, geht zum B. (Plenzdorf, Leiden 88); *vom B. [sein]* (ugs.; *vom Fach [sein]*). **4.** ⟨Pl. Bauten⟩ *[größeres] Bauwerk, Gebäude:* ein lang gestreckter, moderner B.; historische -ten vor dem Verfall bewahren; da Veranstalter nicht für Mängel an öffentlichen -ten einstehen müssen (a & r 2, 1997, 127). **5. a)** ⟨Pl. Baue⟩ *Höhle als Unterschlupf bestimmter Säugetiere:* der Fuchs fährt aus seinem B.; Ü gezwungen, die dialektische Methode zu bemühen, um Pat aus dem B. zu locken (Fr. Wolf, Menetekel 130); **b)** ⟨o. Pl.⟩ (salopp) *Wohnung, Behausung;* bei dem Wetter rührt sich niemand aus seinem B.; **c)** ⟨o. Pl.⟩ (Soldatenspr.) *Gebäude, Raum, in dem Soldaten ihre Freiheitsstrafe verbüßen:* in den B. kommen, marschieren; **d)** ⟨Pl. Baue⟩ (Bergbau) *ausgebauter Stollen, Grube:* die alten -e sind eingestürzt. **6.** ⟨o. Pl.⟩ (Soldatenspr.) *Strafe, die im Bau (5 c) verbüßt wird:* drei Tage B. bekommen; In der Schweiz wurde Oberleutnant Hans Jakob Hirzel zu sechs Monaten B. verurteilt (Spiegel 49, 1982, 76). **7.** ⟨o. Pl.⟩ (bayr., österr.) *Anbau (von Feldfrüchten):* der B. von Rüben und Kartoffeln.
Bau|ab|nah|me, die: **1.** *behördliche Bestätigung, dass ein Bauvorhaben entsprechend der Bauerlaubnis ausgeführt wurde.* **2.** *Überprüfung eines ausgeführten Baues durch den Bauherrn.*
Bau|ab|schnitt, der: **1.** *Zeitabschnitt, in dem etw. gebaut wird.* **2.** *etw., was in ei-*

Bauabteilung

nem bestimmten Zeitabschnitt gebaut wird: mit dem nächsten B. wird erst im Frühjahr begonnen; Realisiert wird zunächst der erste B. (MM 16. 5. 75, 22).
Bau|ab|tei|lung, die: *Abteilung in einem Unternehmen, einer Verwaltung, die für das Bauwesen zuständig ist.*
Bau|amt, das: *Baubehörde.*
Bau|ar|bei|ten ⟨Pl.⟩: *Arbeiten auf einem Bau (3), auf einer Baustelle:* Umleitung wegen B.
Bau|ar|bei|ter, der: *Arbeiter auf einem Bau (3).*
Bau|ar|bei|te|rin, die: w. Form zu ↑ Bauarbeiter.
Bau|art, die: *Art und Weise, wie ein Gebäude o. Ä. gebaut ist.*
Bau|auf|sicht, die: *Überwachung der Einhaltung der gesetzlichen Vorschriften für alle Bauten durch die Baupolizei.*
Bau|auf|sichts|be|hör|de, die: *für die Bauaufsicht zuständige Behörde.*
Bau|auf|zug, der: *Aufzug (2) für die Beförderung von Baumaterial.*
Bau|ba|ra|cke, die: *Bauhütte (1).*
Bau|be|ginn, der: *Beginn der Bauarbeiten.*
Bau|be|hör|de, die: *städtische od. staatliche Behörde, die für das Bauwesen zuständig ist.*
Bau|be|stand, der: *Anzahl u. Art der auf einer bestimmten Fläche vorhandenen Bauten.*
Bau|be|trieb, der: *Baufirma.*
Bau|be|wil|li|gung, die: *Baugenehmigung.*
Bau|bio|lo|ge, der: *Spezialist auf dem Gebiet der Baubiologie.*
Bau|bio|lo|gie, die: *Lehre von den ganzheitlichen Beziehungen zwischen Lebewesen u. ihrer bebauten Umwelt:* Die B. berücksichtigt daher nicht nur die Harmonie von Architektur, Baustoffen und Innenausstattung (Mannheim illustriert 1, 1985, 27).
Bau|bio|lo|gin, die: w. Form zu ↑ Baubiologe.
bau|bio|lo|gisch ⟨Adj.⟩: *die Baubiologie betreffend, ihren Anforderungen entsprechend:* ein nach -en Gesichtspunkten errichtetes Gebäude.
Bau|block, der ⟨Pl. ...blöcke od. -s⟩: *von mehreren Straßen umschlossener, aus zusammenhängenden Bauten bestehender Komplex.*
Bau|boom, der: *Hochkonjunktur im Bauwesen.*
Bau|bu|de, die: *Bauhütte (1).*
Bauch, der; -[e]s, Bäuche [mhd. būch, ahd. būh, urspr. = der Geschwollene]: **1. a)** *(bei Wirbeltieren einschließlich des Menschen) unterer Teil des Rumpfes zwischen Zwerchfell u. Becken:* den B. vorstrecken; der Arzt tastete ihm den B. ab; auf dem B. schlafen; Zarathustra hatte er auf dem B. liegend gelesen (M. Walser, Pferd 11); jmdm. den B. aufschneiden (salopp; *ihn operieren*); Ü eine Entscheidung kam nicht aus dem Kopf, sondern aus dem B. (ugs.; *dem Bauch als dem angeblichen Sitz der Emotion, des subjektiven Gefühls*), »New Age« ist das neue Codewort für alle diejenigen, die weniger ihrem Kopf, sondern eher ihrem B. *(ih-*

rem Gefühl) vertrauen (IWZ 4, 1987, 15); das muss man erst mal begreifen – mit dem Kopf und mit dem B. *(sowohl verstandes- als auch gefühlsmäßig;* Grossmann, Beziehungsweise 56); ***sich** ⟨Dativ⟩ **[vor Lachen] den B. halten** (ugs.; *sehr lachen müssen*): Diesmal war's aber besonders nett, wir haben uns den B. gehalten vor Lachen (MM 5. 1. 76, 17); **auf den B. fallen** (ugs.; *etwas nicht erreichen; scheitern*): Sie haben jedenfalls keinen Versuch ausgelassen, mir etwas nachzuweisen ... Meistens sind sie damit auf den B. gefallen (Spiegel 39, 1987, 35); **vor jmdm. auf dem B. liegen/kriechen** (ugs. abwertend; *jmdm. gegenüber unterwürfig sein*); **b)** *der sich vorwölbende Teil des Bauches (1 a) (als Anzeichen von Beleibtheit):* ein dicker, spitzer B.; einen B. ansetzen, haben; die Hände über dem B. falten; Wenn er keine Jacke anhatte, sah man von ihm wahrscheinlich nichts als seinen B. (M. Walser, Pferd 10); In einer vertrauten Beziehung kann ich mich fallen lassen, ... muss nicht ständig den B. einziehen (Lemke, Ganz 118); Ü der B. *(die Wölbung)* eines Kruges; Sein Anzug hatte ... zu kurze Ärmel, an den Ellbogen und Knien bildete er Bäuche (Musil, Mann 1 326); ***einen schlauen B. haben** (ugs. iron.; *schlau, gewitzt sein;* hängt vielleicht mit jidd. bauchen = kundig sein zusammen). **2.** (ugs.) *der innere Teil des Rumpfes, in dem sich die Umsetzung u. Verdauung der Nahrung abspielen, Magen [u. Darm]:* einen leeren B. haben; sie hat sich den B. voll geschlagen *(sehr viel gegessen)*; mir tut der B. weh; nichts im B. haben *(noch nichts gegessen haben u. daher hungrig sein)*; Wenn viele ... nicht nur an den eigenen B., sondern auch an den Hunger der anderen denken würden (Kühn, Zeit 73); Spr ein voller B. studiert nicht gern *(ein satter Mensch ist träge u. denkfaul;* nach lat. plenus venter non studet libenter); Ü im B. *(im Innern)* des Schiffes; andere Schmerzensschreie aus dem B. *(dem Inneren, den Innenräumen)* dieser gewaltigen Klinik ließen sich nicht lokalisieren (Zivildienst 10, 1986, 5); ***aus dem hohlen B.** *(salopp; ohne gründliche Vorbereitung, ohne sich vorher fachlich orientiert zu haben)*: die Frage kann ich nicht so aus dem hohlen B. beantworten; So ein Liegerad kann nicht einfach aus dem hohlen B. gestampft werden (Lernmethoden 1997, 12).
Bauch|an|satz, der: *sich abzeichnende, sichtbar werdende Bildung eines Bauches* (1 b): Ziehm war in einem Mann Anfang vierzig mit spärlichem Haar und B. (Loest, Pistole 86).
Bauch|at|mung, die: *Zwerchfellatmung.*
Bauch|bin|de, die: **1.** *Leibbinde.* **2.** (ugs.) **a)** *Papierring um eine Zigarre [als Zeichen ihrer Qualität];* **b)** *mit einem Werbetext bedruckter Papierstreifen, der über den Schutzumschlag eines Buches gelegt wird.*
Bauch|de|cke, die (Anat.): *Muskel- u. Bindegewebsschicht über den Organen in der Bauchhöhle.*
Bäu|chel|chen, das; -s, -: Vkl. zu ↑ Bauch (1).

bau|chen, sich ⟨sw. V.; hat⟩: *sich wölben:* die Gardinen bauchten sich; gebauchte Segel.
Bauch|fell, das (Anat.): *Haut, die die Bauchhöhle auskleidet u. an der die Eingeweide befestigt sind;* Peritoneum.
Bauch|fell|ent|zün|dung, die: *Entzündung im Bereich des Bauchfells;* Peritonitis.
Bauch|fleisch, das: *Fleisch bes. vom Schweinebauch.*
Bauch|flos|se, die: *Flosse am Bauch eines Fisches.*
Bauch|fü|ßer (fachspr. nur so), **Bauch|füß|ler,** der; -s, - [nach dem auf der Bauchseite ausgebildeten Kriechfuß, der zur Fortbewegung dient] (Zool.): *(in vielen verschiedenen Arten auftretender) Vertreter der Klasse der Weichtiere;* Schnecke.
Bauch|ge|gend, die ⟨o. Pl.⟩: *Bereich des Bauches:* sie spürte einen stechenden Schmerz in der B.
Bauch|grim|men, das; -s [zu ↑²grimmen] (veraltend): *Bauchschmerz.*
Bauch|gurt, der: *Gurt um den Bauch des Pferdes (als Teil des Pferdegeschirrs u. des Sattelzeugs).*
Bauch|höh|le, die: *Hohlraum des Bauches, in dem die Organe liegen.*
Bauch|höh|len|schwan|ger|schaft, die (Med.): *Entwicklung einer Leibesfrucht außerhalb der Gebärmutter.*
bau|chig ⟨Adj.⟩: **1.** (seltener) *einen Bauch (1 b) habend, beleibt:* seine Hedy am Arm eines -en Enddreißigers (Sommer, Und keiner 272); die kurzen wendigen Schwinger: -e Routiniers (NZZ 20. 8. 83, 31). **2.** *eine Wölbung, eine gleichmäßige runde Verdickung aufweisend:* eine -e Vase.
bäu|chig ⟨Adj.⟩: (selten) *bauchig (1).*
Bauch|klat|scher, der; -s, - (ugs.): *ungeschicktes Auftreffen mit dem Bauch auf dem Wasser beim Kopfsprung.*
Bauch|knei|fen, Bauch|knei|pen, das; -s (ugs.): *Bauchschmerz.*
Bauch|knöpf|chen, das (Kinderspr. landsch.): *Nabel.*
Bauch|la|den, der (ugs.): *an einem um den Hals gelegten Riemen befestigtes u. vor dem Bauch getragenes Brett od. kastenähnlicher Gegenstand, auf dem Waren kleineren Formats zum Kauf angeboten werden:* Zwischen den Strandkörben lief ein Verkäufer mit B. umher (Kempowski, Zeit 67).
Bauch|lan|dung, die (Fliegerspr. Jargon): *Landung mit eingezogenem Fahrwerk auf der Rumpfunterseite des Flugzeugs:* das Flugzeug machte notgedrungen eine B.; Ü die rote Sendereihe macht sofort eine B. *(wird ein Reinfall, ein Misserfolg;* Hörzu 7, 1978, 133).
Bäuch|lein, das; -s, -: Vkl. zu ↑ Bauch (1).
bäuch|lings ⟨Adv.⟩ [mhd. biuchelingen]: *auf dem, den Bauch:* sich b. auf den Boden werfen; Ich habe keine Lust, sagte sie ... und presste sich b. auf die Matratze (Ossowski, Liebe ist 84).
Bauch|mus|kel, der ⟨meist Pl.⟩: *Muskel der Bauchdecke.*
Bauch|na|bel, der (ugs.): *Nabel.*
Bauch|or|gan, das: *im Bauch (1 a) befindliches Organ.*

Bauch|pilz, der: *(in verschiedenen Arten vorkommender) Ständerpilz; Gastromyzet.*
bauch|pin|seln: ↑gebauchpinselt.
Bauch|pres|se, die ⟨o. Pl.⟩: *das Zusammenziehen der Bauchdecken u. Zwerchfellmuskeln u. dadurch bewirkte Druckerhöhung innerhalb der Bauchhöhle (bei der Stuhlentleerung u. während eines Geburtsvorgangs):* die B. betätigen.
Bauch|re|de|kunst, die ⟨o. Pl.⟩: *Kunst des Bauchredens.*
bauch|re|den ⟨sw. V.; hat; meist im Inf.⟩: *ohne Lippenbewegung mit dem Kehlkopf sprechen.*
Bauch|red|ner, der [nach lat. ventriloquus, aus: venter = Bauch u. loqui = reden; die Stimme scheint aus dem Bauch zu kommen]: *jmd., der bauchreden kann* [u. bes. im Zirkus od. Varieté auftritt]; *Ventriloquist.*
Bauch|red|ne|rin, die: w. Form zu ↑Bauchredner.
Bauch|rie|men, der: *Bauchgurt.*
Bauch|schmerz, der ⟨meist Pl.⟩: *Schmerz im Bauch.*
Bauch|schnitt, der (Med.): *Öffnung der Bauchhöhle durch einen operativen Eingriff.*
Bauch|schuss, der: *[Verwundung durch einen] Schuss in den Bauch.*
Bauch|sei|te, die: *Unterseite bei Wirbeltieren.*
Bauch|speck, der: *Fettansatz am Bauch:* Mit Joga gegen B. (Hörzu 37, 1973, 126).
Bauch|spei|chel|drü|se, die: *in der Bauchhöhle hinter dem Magen quer liegendes Organ, das Eiweiß, Fett u. Kohlehydrate zerlegende Enzyme absondert; Pankreas.*
Bauch|tanz, der: *orientalischer Schautanz, bei dem die Tänzerin Hüften u. Bauchmuskeln rhythmisch bewegt.*
bauch|tan|zen ⟨sw. V.; meist nur im Inf.⟩: *einen Bauchtanz aus-, vorführen.*
Bauch|tän|zer, der: *Tänzer, der Bauchtänze vorführt.*
Bauch|tän|ze|rin, die: *Tänzerin, die Bauchtänze vorführt.*
Bauch|um|fang, der: *in Höhe des Bauches gemessener Umfang des Körpers.*
Bau|chung, die; -, -en: *bauchige Stelle, Wölbung.*
Bauch|wand, die ⟨Pl. selten⟩: *innere Seite der Bauchdecke.*
Bauch|was|ser|sucht, die (Med.): *krankhafte Ansammlung von seröser Flüssigkeit in der Bauchhöhle, die als Begleiterscheinung verschiedener Krankheiten auftritt; Aszites.*
Bauch|weh, das ⟨o. Pl.⟩ (ugs.): *Bauchschmerz.*
Bauch|wel|le, die: *Felgumschwung.*
Bauch|zwi|cken, das; -s (ugs.): *Bauchschmerz.*
Baud [baut, bo:t], das; -[s], - [nach dem frz. Ingenieur E. Baudot (1845–1903)] (Fernspr.): *Einheit der Telegrafiergeschwindigkeit:* der Fernschreiber hat 50 B. je Sekunde.
Bau|de, die; -, -n [1: tschech. bouda < mhd. buode, ↑Bude] (ostmd.): **1.** *abgelegene Hütte im Gebirge* [mit nur einem Raum]. **2.** *Berggasthof.*

Bau|den|abend, der (ostmd.): *geselliges abendliches Beisammensein auf einer Baude (2); Hüttenabend:* nach der Wanderung trafen wir uns zu einem gemütlichen B.
Bau|denk|mal, das: *Bauwerk als Denkmal vergangener Baukunst.*
Bau|ein|heit, die (Technik): *typisiertes Bauteil für Sonderwerkzeugmaschinen od. Fertigungsstraßen.*
Bau|ele|ment, das: *eines der [Grund]bestandteile, aus dem eine, ein Maschine, ein Haus] zusammengebaut wird.*
bau|en ⟨sw. V.; hat⟩ [mhd. būwen, ahd. būan = wohnen, bewohnen, Landwirtschaft betreiben, urspr. = wohnen; werden]: **1.** *nach einem bestimmten Plan in einer bestimmten Bauweise ausführen [lassen], errichten, anlegen:* Städte, Brücken, Eisenbahnen, Straßen b.; er hat [sich, für sich u. seine Eltern] ein Haus gebaut; die Schwalben bauen ihre Nester unter dem (auch:) unter dem Dach; was stattdessen nicht gebaut wird: Häuser zum Wohnen, Straßen, alles das, was wir mit unseren Händen schaffen können (Kühn, Zeit 55); Ü einen neuen Staat b. (schaffen); wir müssen noch die Betten b. (ugs. scherzh.; *machen, in Ordnung bringen*). **2. a)** *einen Wohnbau errichten, ausführen [lassen]:* sie haben kürzlich gebaut; in dieser Großstadt, wo überall gebaut wird (Richter, Flüchten 309); **b)** *einen Bau in bestimmter Weise ausführen:* die Firma baut sehr solide; fest, stabil, großzügig gebaute Häuser; Wir haben zu klein gebaut (Danella, Hotel 323). **3.** *mit dem Bau (1) von etw. beschäftigt sein:* an einer Brücke, Kirche, Zufahrtsstraße b. **4. a)** *entwickeln, konstruieren:* einen Rennwagen, ein neues Modell b.; **b)** *herstellen, anfertigen:* Schiffe, Atombomben, Maschinen b.; werden bald viele Kriege geführt, für die sie immer stärkere, schrecklichere Kanonen und Geräte b. lassen (Kühn, Zeit 55); Ü einen Satz b. (Sprachw.; *konstruieren*); So ließe sich eine Geschichte b., bei der kein Auge trocken bleibt (H. Weber, Einzug 405). **5.** (Fachspr.) *in bestimmter Weise technisch hergestellt, gebaut sein:* der Boxermotor baut flach. **6.** *sich auf jmdn., etw. verlassen können; jmdm. fest vertrauen:* auf jmds. Wort b.; auf diesen Mann, seinen Mut können wir b.; Ich darf doch auf Ihre Diskretion b. (Heim, Traumschiff 33); Ich baue auf unsere Freundschaft (Bieler, Bär 353). **7.** (ugs.) **a)** *(eine Prüfung o. Ä.) machen, ablegen:* das Abitur, das Examen, den Doktor b.; **b)** *(etw. Negatives) machen, verursachen:* einen Unfall, Sturz b.; Walk hatte überraschend freibekommen, weil Zigeuner-Artur ... Totalschaden (= mit dem Auto) gebaut hatte (H. Weber, Einzug 150); er hat Mist gebaut *(alles falsch gemacht);* die Ehe ... verhindert zwar nicht, dass einer Scheiße baut *(große Fehler macht;* Amendt, Sexbuch 193). **8. a)** (selten) *zu Ertragszwecken anbauen:* Weizen, Wein b.; euer Gemüse und eure Kartoffeln werdet ihr euch wohl auch b. können (Fallada, Mann 23); **b)** (veraltet) *(Land) bestellen, mit etw. bebauen:* den Boden, seinen

Acker b. ♦ **9.** ⟨b. + sich⟩ *sich als Bauwerk erheben, gebaut sein:* wo überm Sturzbach sich die Brücke baut (Kleist, Käthchen III, 6).
Bau|ent|wurf, der: *zeichnerischer Entwurf zu einem Bau* (4).
¹Bau|er, der; -n (selten: -s), -n [mhd. (ge)būre, ahd. gibūro, zu: būr = Wohnung, eigtl. = Mitbewohner, Dorfgenosse]: **1. a)** *jmd., der berufsmäßig Landwirtschaft betreibt; Landwirt:* er ist B.; Er verdingt den Buben als Knecht zu einem -n (Trenker, Helden 134); Spr die dümmsten -n haben die dicksten/größten Kartoffeln (wird gesagt, wenn jmd. mühelos u. völlig unverdient Erfolg hat); was der B. nicht kennt, frisst er nicht (wird gesagt, wenn jemand eine ihm unbekannte Speise ablehnt); **b)** (ugs. abwertend) *grober, ungehobelter Mensch:* er ist ein richtiger B.; * **kalter B.** (derb; *Sperma als Spuren nach dem Samenerguss*); **2. a)** *niedrigste Figur beim Schachspiel:* einen -n opfern; **b)** *in der Rangfolge an vierter Stelle stehende Spielkarte; Bube, Wenzel, Unter.*
²Bau|er, das, auch: der; -s, - [mhd. būr; ahd. būr = Haus, Kammer, Zelle, zu ↑bauen]: *Vogelkäfig:* der Vogel sitzt im B.
³Bau|er, der; -s, -: *Be-, Erbauer.*
Bäu|er|chen, das; -s, -: Vkl. zu ↑¹Bauer (1 a): * **[ein] B. machen** (fam.; *[von Säuglingen] aufstoßen*).
Bäu|e|rin, die; -, -nen [mhd. būrin, gebūrinne]: w. Form zu ↑¹Bauer (1 a).
bäu|e|risch: ↑bäurisch.
Bau|er|laub|nis, die: *Baugenehmigung.*
Bäu|er|lein, das; -s, -: Vkl. zu ↑¹Bauer (1 a).
bäu|er|lich ⟨Adj.⟩ [mhd. bürlich, gebürlich; ahd. gebürlih = die Mitbewohner, Dorfgenossen betreffend]: *die ¹Bauern* (1 a) *betreffend, zu ihnen gehörend, von ihnen stammend:* die -e Kunst; -er Hausrat; -e Betriebe; Es zeigt sich zum Beispiel, dass in -en Gesellschaften eine solche Lebensweise erst deutlich später auftritt (Schreiber, Krise 51); sie leben alle ganz b.
Bau|ern|auf|stand, der (hist.): vgl. Bauernkrieg.
Bau|ern|brot, das: **a)** *auf einem Bauernhof gebackenes Brot;* **b)** *dunkles, nach Art der Bauern gebackenes Brot.*
Bau|ern|bub, der (südd., österr., schweiz.), **Bau|ern|bur|sche,** der: *Sohn von Bauern; junger Mann vom Land.*
Bau|ern|dirn, die (bayr., österr., schweiz. ugs.): *Magd bei einem ¹Bauern* (1).
Bau|ern|dir|ne, die (veraltet): *Bauernmädchen.*
Bau|ern|dorf, das: *vorwiegend von Bauern bewohntes Dorf.*
Bau|ern|fa|mi|lie, die: *dem Bauernstand angehörende Familie.*
Bau|ern|fang, der: nur in der Wendung **auf B. ausgehen** (ugs.; *auf leicht durchschaubare Weise seine Mitmenschen zu betrügen versuchen*).
Bau|ern|fän|ger, der [aus der Berliner Gaunerspr., zu: fangen = überlisten, urspr.: durchtriebener Städter, der die

Bauernfängerei

etwas schwerfälligen Landbewohner betrügt] (abwertend): *plumper Betrüger: Nicht gegen viele verantwortungsbewusste Heilpraktiker ..., sondern gegen die Scharlatane und B.* (Saarbr. Zeitung 3. 10. 79, 10).

Bau|ern|fän|ge|rei, die; -: *plumper [leicht durchschaubarer] Betrug.*

Bau|ern|frau, die: *Bäuerin.*

Bau|ern|früh|stück, das: *Mahlzeit aus Bratkartoffeln mit Rührei u. Speck.*

Bau|ern|fuß|ball, der ⟨o. Pl.⟩ (Fußball Jargon): *plumper, meist den körperlichen Einsatz übertreibende Spielweise beim Fußball:* was hier gespielt wurde, war reiner B.

Bau|ern|ge|schlecht, das: vgl. Bauernfamilie.

Bau|ern|gut, das: *größerer Bauernhof.*

Bau|ern|haus, das: *Haus von Bauern.*

Bau|ern|hoch|zeit, die: *mit großem Aufwand, oft mehrtägig gefeierte Hochzeit auf einem Bauernhof, -gut:* Gegessen und getrunken wurde wirklich den ganzen Tag über auf der B. (Kühn, Zeit 159).

Bau|ern|hof, der: *Hof* (2).

Bau|ern|jun|ge, der: vgl. Bauernbursche.

Bau|ern|kaff, das (ugs. abwertend): *vorwiegend von Bauern bewohnte, [abgelegene] kleinere langweilige Ortschaft.*

Bau|ern|ka|len|der, der: *Sammlung von Bauernregeln, die sich bes. auf das Wetter beziehen.*

Bau|ern|knecht, der (veraltend): *Knecht* (1).

Bau|ern|ko|mö|die, die: *ländliches Lustspiel.*

Bau|ern|krieg, der: *revolutionäre Bewegung der Bauern im Feudalismus.*

Bau|ern|le|gen, das; -s (hist.): *(seit dem 30-jährigen Krieg, bes. im 18. Jh.) Einziehung von Bauerngütern (die zu wenig Zins abwarfen) durch den Grundherrn u. Vereinigung mit dem Herrschaftsgut.*

Bau|ern|lüm|mel, der (abwertend): *ungeschliffener, rüpelhafter junger Mann vom Land.*

Bau|ern|mäd|chen, das: *Tochter von Bauern; Mädchen vom Land.*

Bau|ern|magd, die (veraltend): *Magd* (1) *bei einem Bauern.*

Bau|ern|mö|bel, das ⟨meist Pl.⟩: *Möbel im bäuerlichen Stil.*

Bau|ern|op|fer, das (Schach): *das Preisgeben, Schlagenlassen eines Bauern* (2 a) *zugunsten einer bestimmten angestrebten Stellung:* durch das B. wurden für den Läufer die Diagonalen geöffnet; Ü die Entlassung des untergeordneten Beamten war ein echtes B. *(geschah nur, um die eigene Position behalten zu können).*

Bau|ern|par|tei, die: *politische Partei, die bes. die Interessen der Bauern vertritt.*

Bau|ern|re|gel, die: *altüberlieferte Lebensregel in Spruchform, bes. über das Wetter u. seine Auswirkungen auf die Landwirtschaft.*

Bau|ern|ro|man, der: *im bäuerlichen Milieu spielender Roman.*

Bau|ern|sa|me, Bauersame, die; - [mhd. gebûrsame] (schweiz. veraltend): *Bauernschaft.*

Bau|ern|schä|del, der (abwertend):

1. a) *eigensinniger Mensch [vom Land];* b) *Starrsinnigkeit [eines Menschen vom Land]:* sein B. hat sich dem Vorschlag widersetzt. 2. *kräftiger, breiter Schädel.*

Bau|ern|schaft, die; - [mhd. bûrschaft]: *Gesamtheit der* ¹*Bauern* (1 a).

bau|ern|schlau ⟨Adj.⟩: *mit bäuerlicher Pfiffigkeit ausgestattet, pfiffig, gewitzt:* Er ist auf seine Art b., stellt sich in Gegenwart des Vaters dümmer, als er ist (Föster, Nachruf 126).

Bau|ern|schläue, die: *das Bauernschlausein.*

Bau|ern|spitz, der (Fußball Jargon): *mit der Schuhspitze ausgeführter Stoß, Schuss.*

Bau|ern|stand, der ⟨o. Pl.⟩: *Stand* (5 b) *der Bauern.*

Bau|ern|ster|ben, das: *das kontinuierliche Zurückgehen der Zahl bäuerlicher Betriebe durch Rationalisierung in der Landwirtschaft u. Landflucht der jüngeren Dorfbewohner [u. der damit verbundene Bevölkerungsrückgang auf dem Lande].*

Bau|ern|stolz, der: *Standesbewusstsein der Bauern.*

Bau|ern|tanz, der: *bäuerlicher Volkstanz.*

Bau|ern|the|a|ter, das: 1. *Theater, das ländliche Volksstücke aufführt.* 2. *Laientruppe, deren Mitglieder der bäuerlichen Bevölkerung angehören.*

Bau|ern|toch|ter, die: *Tochter eines Bauern.*

Bau|ern|tram|pel, der (ugs. abwertend): *Trampel.*

Bau|ern|tum, das; -s: *[das dem] Bauernstand [eigene Wesen].*

Bau|ern|uni|ver|si|tät, die (DDR): *landwirtschaftliche Hochschule.*

Bau|ern|ver|band, der: *Verband* (2) *von Bauern.*

Bau|ern|ver|stand, der: *Bauernschläue.*

Bau|ern|volk, das: *Gesamtheit von Bauern.*

Bau|ern|wet|zel, der; -s [wohl zu mhd. wetze = Schlag, Ohrfeige (da bei der früher unter der Landbevölkerung verbreiteten Krankheit bes. die Ohrgegend anschwillt)] (landsch.): *Ziegenpeter.*

Bau|er|sa|me: ↑ Bauername.

Bau|ers|frau, die: *Bäuerin.*

Bau|ers|leu|te ⟨Pl.⟩: 1. Pl. von Bauersmann. 2. *Bauer u. Bäuerin.*

Bau|ers|mann, der ⟨Pl. ...leute⟩ (veraltet): *Bauer.*

Bäu|ert, die; -, -en [ahd. gibûrdia = Gegend, Provinz, zu: bûr = Wohnung] (schweiz.): *Fraktion* (1 c).

Bau|er|war|tungs|land, das ⟨o. Pl.⟩: *Boden, der in Kürze zur Bebauung freigegeben werden soll.*

Bau|fach, das ⟨o. Pl.⟩: *Fachgebiet des Bauwesens.*

Bau|fach|mann, der: *Fachmann des Bauwesens.*

bau|fäl|lig ⟨Adj.⟩ [Zusb. aus Bau u. fallen]: *sich in schlechtem baulichem Zustand befindend, vom Einsturz bedroht:* seit dem letzten Umzug hauste er in einer -en Bruchbude (Fels, Sünden 10).

Bau|fäl|lig|keit, die ⟨o. Pl.⟩: *das Baufälligsein; schlechter baulicher Zustand.*

Bau|fir|ma, die: *Firma, die die Ausführung von Bauvorhaben übernimmt.*

Bau|flucht, Bau|flucht|li|nie, die: *Grenze, über die hinaus eine Bebauung nach dem Bebauungsplan der Gemeinde verboten ist.*

Bau|form, die: *für einen Bau, seinen Baustil charakteristische Form der Ausführung:* moderne, barocke -en.

Bau|frei|heit, die ⟨o. Pl.⟩ (Rechtsspr.): *Berechtigung, auf einem Grundstück bauliche Anlagen zu errichten, bauliche Veränderungen vorzunehmen:* Viel Arbeit ... war im Bereich Mühlendamm – Gerberbruch – Petridamm erforderlich, um B. zu erlangen (NNN 3. 9. 86, 6).

Bau|füh|rer, der: *jmd., der die Arbeiten auf einer Baustelle leitet.*

Bau|füh|re|rin, die: w. Form zu ↑ Bauführer: Das war typisch für die neue so genannte B. (H. Weber, Einzug 110).

Bau|ge|län|de, das: 1. *Bauland.* 2. *Bauplatz.*

Bau|geld, das: *zum Bauen benötigtes Geld.*

Bau|ge|neh|mi|gung, die: *(von der Bauaufsichtsbehörde erteilte) Genehmigung zur Errichtung eines Baues.*

Bau|ge|nos|sen|schaft, die: *auf gemeinnütziger Grundlage betriebene, durch Staat u. Gemeinde geförderte Genossenschaft, die für ihre Mitglieder [preisgünstige] Wohnbauten errichtet u. instand hält.*

Bau|ge|rüst, das: *bei Bauarbeiten verwendetes Gerüst.*

Bau|ge|schich|te, die: *Geschichte der Entstehung eines Bauwerks.*

Bau|ge|sell|schaft, die: *Gesellschaft* (4 b), *die Bauten finanziert.*

Bau|ge|spann, das (schweiz.): *Stangen, die die Ausmaße eines geplanten Gebäudes anzeigen:* Das B. lässt erkennen, dass längs der Freudenbergstraße ein 47 Meter langer Block hochgezogen werden soll (Tages Anzeiger 14. 10. 85, 17).

Bau|ge|wer|be, das: *Gesamtheit der an der Errichtung von Bauten beteiligten Betriebe.*

bau|gleich ⟨Adj.⟩: *von gleicher Bauart, gleichem Bau* (2 a): Der letzte der drei im All abgesetzten Satelliten ist ein fast -es Modell der Satelliten, dessen Zündung im April versagte (Göttinger Tageblatt 20. 8. 85, 3); Da der neue Touring unter dem Blech mit der Stufenhecklimousine weitgehend b. ist (ADAC-Motorwelt 5, 1987, 34).

Bau|gru|be, die: *für das Fundament eines Baues ausgeschachtete Grube:* Hier wurde noch vermessen, und die Bagger begannen neue -n auszuheben (H. Weber, Einzug 104).

Bau|grund, der: 1. ⟨o. Pl.⟩ *Bauland.* 2. *(bes. österr.) Bauplatz:* Wir suchen dringend Baugründe und Landhäuser (Kronen-Zeitung 22. 11. 83, 49).

Bau|hand|werk, das ⟨o. Pl.⟩: *Handwerk des Bauwesens.*

Bau|hand|wer|ker, der: *jmd., der das Bauhandwerk erlernt hat.*

Bau|hand|wer|ke|rin, die: w. Form zu ↑ Bauhandwerker.

Bau|hel|fer, der: *Hilfsarbeiter auf einem*

Bau (3) *mit längerer einschlägiger Arbeitserfahrung* (Berufsbez.).
Bau|hel|fe|rin, die: w. Form zu ↑ Bauhelfer.
Bau|herr, der: *Person od. Instanz, die einen Bau errichten lässt u. finanziert.*
Bau|her|ren|mo|dell, das: *Modell* (5 a) *zur Finanzierung von Wohn- od. Geschäftsbauten, bei dem unter bestimmten Voraussetzungen Steuervorteile erzielt werden können.*
Bau|her|rin, die: w. Form zu ↑ Bauherr.
Bau|hof, der: *Lagerplatz von Baumaterial.*
Bau|holz, das ⟨o. Pl.⟩: *massives Holz, das beim Bauen verwendet wird.*
Bau|hüt|te, die: **1.** *Hütte für die Bauarbeiter.* **2.** *mittelalterliche Vereinigung der Steinmetzen u. Bildhauer beim Kirchenbau:* In den mittelalterlichen -n waren die Arbeiten an den großen Kathedralen des 13. bis 15. Jahrhunderts kollektiv organisiert (DÄ 47, 1985, 59).
Bau|in|dus|trie, die: **1.** *Industriezweig, der Material für das Baugewerbe herstellt.* **2.** ⟨o. Pl.⟩ *das Baugewerbe als Industriezweig.*
Bau|in|ge|ni|eur, der: *Ingenieur im Baufach.*
Bau|in|ge|ni|eu|rin, die: w. Form zu ↑ Bauingenieur.
Bau|jahr, das: **1.** *Jahr, in dem etw. gebaut wurde:* das B. des Hauses ist unbekannt. **2.** *Zeitabschnitt von einem Jahr, der bei einem Bauvorhaben verstreicht:* erst nach vielen -en wurde die Kirche vollendet.
Bau|kas|ten, der: *Kasten mit Bauklötzen als Kinderspielzeug.*
Bau|kas|ten|sys|tem, das ⟨o. Pl.⟩: *Methode, größere Objekte, Anlagen o. Ä. aus vereinheitlichten, aufeinander abgestimmten kleineren Einzelteilen herzustellen (bes. im Maschinen-, Motorenbau):* Ü die Firma bietet sogar als eine der ersten ein B. fürs Waschen an (natur 6, 1991, 35).
Bau|klam|mer, die: *große, schwere, beim Bauen verwendete Klammer aus Eisen.*
Bau|klotz, der ⟨Pl. ...klötze, ugs.: ...klötzer⟩: *Bauklötzchen;* * **Bauklötze[r] staunen** (ugs.; *äußerst erstaunt sein*).
Bau|klötz|chen, das: *(mit mehreren anderen zusammen) von Kindern zum spielerischen Bauen von etw. verwendetes [Holz]klötzchen.*
Bau|ko|lon|ne, die: *Gruppe von Bauarbeitern im Straßen- od. Gleisbau.*
Bau|kom|mis|si|on, die: *Kommission, die kontrolliert, ob ein Bau vorschriftsmäßig ausgeführt wird od. wurde.*
Bau|kon|junk|tur, die: *[günstige] Wirtschaftslage für das gesamte Bauwesen:* eine überhitzte B.
Bau|kör|per, der (Archit.): *gesamtes Volumen eines Bauwerks.*
Bau|kos|ten ⟨Pl.⟩: *Kosten für einen Bau.*
Bau|kos|ten|an|schlag, der: *Kostenvoranschlag für ein Bauvorhaben.*
Bau|kos|ten|zu|schuss, der: *Zuschuss, mit dem sich der Mieter (z. B. in Form einer Mietvorauszahlung) an den Baukosten des Vermieters beteiligt.*
Bau|kran, der: *Kran* (1), *der beim Bauen verwendet wird.*

Bau|kre|dit, der: ¹*Kredit* (1 a), *der für ein Bauvorhaben gewährt wird.*
Bau|kunst, die ⟨o. Pl.⟩: *das [sachgerechte, künstlerische] Bauen [einer Epoche, eines Volkes]; Architektur.*
Bau|künst|ler, der: *Architekt, Baumeister [der sich beim Bauen in besonderer Weise künstlerisch betätigt].*
Bau|künst|le|rin, die: w. Form zu ↑ Baukünstler.
bau|künst|le|risch ⟨Adj.⟩: *die Baukunst betreffend, zu ihr gehörend, auf ihr beruhend.*
Bau|land, das ⟨o. Pl.⟩: *Land, das bebaut werden kann.*
Bau|lei|ter, der: *jmd., der vom Bauherrn mit der Ausführung des Bauvorhabens beauftragt ist.*
Bau|lei|te|rin, die: w. Form zu ↑ Bauleiter.
Bau|lei|tung, die: **1.** ⟨o. Pl.⟩ *Leitung der Ausführung eines Baues:* einen Architekten mit der B. beauftragen. **2.** *Kreis von Personen, die mit der Ausführung eines Baues beauftragt sind.*
bau|lich ⟨Adj.⟩: *den, einen Bau betreffend:* -e Veränderungen vornehmen; In der Wärmeschutzverordnung sind Mindestanforderungen an den -en Wärmeschutz festgelegt (Tag & Nacht 2, 1997, 4).
Bau|lich|keit, die ⟨meist Pl.⟩ (Papierdt.): *Bau* (4): Über Nacht mussten diese -en sämtlich evakuiert ... werden (Heym, Schwarzenberg 281).
Bau|li|zenz, die: *Baugenehmigung.*
Bau|lö|we, der (ugs., meist abwertend): *Bauunternehmer od. Bauherr, der [mit nicht ganz einwandfreien Methoden] durch Errichten, Verkaufen o. Ä. vieler Bauten großen Profit zu machen versucht.*
Bau|lü|cke, die: *unbebautes od. bebaubares Grundstück zwischen bebauten Grundstücken:* In -n ... werden Neubauten eingefügt (Spiegel 49, 1978, 249).
Bau|lust, die ⟨o. Pl.⟩: *Lust zum Bauen, bes. Investitionsbereitschaft bei Bauvorhaben:* die Steuervergünstigungen sollen die B. anregen.
Baum, der; -[e]s, Bäume [mhd., ahd. boum, H. u.]: **1.** *Holzgewächs mit festem Stamm, aus dem Äste wachsen, die sich in Laub od. Nadeln tragende Zweige teilen:* die Bäume werden grün, verlieren ihr Laub; einen B. fällen; Zu Füßen der Bäume waren mehrere Reihen von Einzelgaragen (Handke, Frau 9); er ist stark wie ein B. (sehr stark); R die Bäume wachsen nicht in den Himmel *(jeder Erfolg hat seine Grenzen);* einen alten B. soll man nicht verpflanzen *(einen alten Menschen soll man nicht aus seiner gewohnten Umgebung reißen);* * **Bäume ausreißen [können]** (ugs.; *sehr viel leisten können, sodass einem nichts zu anstrengend ist*): Ich kann zwar noch keine Bäume ausreißen. Aber ich krauche durch den Garten, kann ein bisschen kochen, laufe herum (Hörzu 14, 1976, 32); **es ist, um auf die Bäume zu klettern** (ugs.; *es ist zum Verzweifeln*); **vom B. der Erkenntnis essen** *(durch Erfahrung klug, wissend werden;* nach 1. Mos. 2, 9 einer der beiden mit Namen benannten Bäume im Garten Eden,

von denen zu essen Gott Adam u. Eva verboten hatte; das Essen von diesem Baum ist im A. T. das Bild für den Ungehorsam des Menschen gegen Gott, die erste Sünde des Menschen); **zwischen B. und Borke sein/sitzen/stecken/stehen** (*in einem schweren Dilemma, in einer Zwickmühle sein;* nach der Situation eines Beils, das sich beim Behauen eines Baumes verklemmt hat). **2.** (ugs.) kurz für ↑ Weihnachtsbaum: den B. schmücken; sie haben den B. angesteckt *(die Kerzen am Weihnachtsbaum angezündet).* **3.** (Math., Informatik) ¹*Graph mit mehreren Knoten* (4), *deren Verbindungslinien (Kanten) kein geschlossenes Netz bilden, sodass je zwei Knoten durch genau einen Weg miteinander verbunden sind.*
Bau|markt, der: **1.** *wirtschaftlicher, finanzieller Bereich des Bauens:* es herrscht eine Flaute auf dem B. **2.** *Verkaufsstätte für Baumaterialien, Werkzeuge o. Ä.:* Fundgrube B. Preiswert, modern, praktisch (Brigitte viva! 4, 1999, 1).
baum|arm ⟨Adj.⟩: *einen nur geringen Baumbestand aufweisend:* eine -e Landschaft; Erhalten wir diese Oase im Herzen unserer doch recht -en Stadt (NNN 9. 4. 81, 6).
baum|ar|tig ⟨Adj.⟩: *einem Baum ähnlich, wie ein Baum aussehend, wirkend:* -e Pflanzen, Sträucher.
Bau|ma|schi|ne, die: *beim Bauen* (1) *verwendete Maschine.*
Bau|ma|te|ri|al, das: *zum Bauen* (1) *verwendetes Material.*
Baum|be|stand, der: *vorhandene Menge von Bäumen.*
Baum|blü|te, die: **1.** *das Blühen der [Obst]bäume.* **2.** *Zeit, in der die Bäume blühen:* während der B. eine Fahrt ins Grüne unternehmen.
Bäum|chen, das; -s, -: Vkl. zu ↑ Baum: * **B., wechsle dich** (1. *Kinderspiel, bei dem alle Mitspieler außer einem je an einem Baum stehen u. auf den Ruf des in der Mitte stehenden Spielers »Bäumchen, wechsle dich« hin zu einem anderen Baum laufen, während diese versucht, auch einen freien Baum zu erreichen.* 2. ugs. scherzh.; *Partnerwechsel*).
Baum|chi|rur|gie, die ⟨o. Pl.⟩: *Gesamtheit der Maßnahmen zur Erhaltung eines beschädigten od. von Holzfäule bedrohten Baumes.*
Baum|di|a|gramm, das: *Diagramm in Form eines Baumes* (3).
Bau|mé|grad [boˈmeː...], der; -[e]s, -e [nach dem frz. Chemiker A. Baumé (1728–1804)]: *Maßeinheit für das spezifische Gewicht von Flüssigkeiten* (Zeichen: °Bé).
Bau|meis|ter, der: **a)** (früher) *selbstständiger Bauunternehmer, Bauhandwerker od. Bautechniker mit Meisterprüfung* (Berufsbez.); **b)** *(im Altertum u. im MA.) Architekt; Erbauer [eines berühmten Bauwerks]:* Vitruv gilt als einer der größten B. der Antike.
Bau|meis|te|rin, die: w. Form zu ↑ Baumeister (a).
bau|meln ⟨sw. V.; hat⟩ [entweder eigtl. = an einem Baum hängen sich hin u. her

baumen

bewegen od. urspr. sächs.-thüring. Nebenf. von ↑bammeln]: **1.** (ugs.) **a)** *von etw. herabhängen u. dabei [gleichmäßig] hin u. her schwingen; Pendelbewegungen machen:* ich baum[e]le am Seil; er saß auf der Mauer und ließ die Beine b.; An seinen Hüften baumelte ein kurzer Holzknüppel (Hilsenrath, Nacht 87); Sie hat sich ... neu eingekleidet, bunt wie ein Specht, überall glitzert und baumelt was (Kronauer, Bogenschütze 81); **b)** *hin und her schwingen lassen:* er hing an einem Ast und baumelte mit den Beinen. **2.** (derb) *am Galgen hängen:* ich möchte den Kerl b. sehen.

bau|men, **¹bäu|men** ⟨sw.V.; hat⟩ (selten): **1.** (Jägerspr.) **a)** *aufbaumen;* **b)** *(von kletternden Wildtieren u. Vögeln) auf einem Baum sitzen.* **2. a)** *(ein Fuder Heu u. Ä.) mit dem Heubaum befestigen;* **b)** (Weberei) *den Kettfaden am Kettbaum aufziehen.*

²bäu|men, sich ⟨sw. V.; hat⟩ [1: mhd. boumen (von Pferden), eigtl. = wie ein Baum in die Höhe streben]: **1.** *sich plötzlich, ruckartig aufrichten, eine aufrechte Haltung annehmen:* das Pferd bäumte sich unter seiner Reiterin. **2.** (geh.) *sich sträuben, sich gegen etw. auflehnen:* sich gegen das Schicksal b.

Bau|me|tho|de, die: *beim Bauen angewendete Methode, Art und Weise des Bauens:* eine aufwendige, schnelle, billige B.; die modernsten -n.

Baum|fal|le, die: *größere, aus Stangen u. Ästen gebaute Falle (1) für Wild.*

Baum|farn, der: *(in mehreren Arten vorkommender) Farn mit aufrechtem, verholztem, sehr hohem Stamm.*

Baum|fre|vel, der: *gegen das Feld- u. Forstpolizeigesetz verstoßende Beschädigung von Bäumen.*

Baum|frev|ler, der: *Person, die Baumfrevel begeht.*

Baum|gar|ten, der: *Obstbaumgarten.*

Baum|gren|ze, die: *klimatisch bedingte Grenze, bis zu der normaler Baumwuchs noch möglich ist.*

Baum|grup|pe, die: *Gruppe von beieinander stehenden Bäumen.*

Baum|harz, das: *¹Harz.*

Baum|haus, das: *in eine Baumkrone hineingebaute kleine Hütte (bes. zum Spielen für Kinder).*

baum|hoch ⟨Adj.⟩: *von der Höhe eines Baumes:* baumhohe Farne.

Baum|höh|le, die: *Höhlung in einem meist älteren Baumstamm.*

Baum|kan|te, die (Holzverarb.): *Waldkante.*

baum|kan|tig ⟨Adj.⟩ (Holzverarb.): *(von Holzbalken) grob zugeschnitten, sodass an den Kanten noch die Rinde zu sehen ist.*

Baum|kro|ne, die: *vom Astwerk gebildeter Teil des Baumes, der als Ganzes eine mehr od. weniger ausladende Form hat:* Die Frau schaute aus dem Fenster, wo sich die -n im Garten stark bewegten (Handke, Frau 121).

Baum|ku|chen, der: *schichtweise gebackener, hoher, zylindrisch geformter Kuchen aus Biskuitteig.*

baum|lang ⟨Adj.⟩ (ugs.): *(von Menschen)*

sehr groß: patrouillierte auf der Straße ein -er, schnauzbärtiger Polizist auf und ab (Kühn, Zeit 24).

Baum|läu|fer, der: *kleiner, in der Hauptsache Insekten fressender Vogel mit langem, dünnem, gebogenem Schnabel, der an Baumstämmen hinaufzulaufen vermag.*

Baum|laus, die: *Blattlaus, die als Schmarotzer auf Holzgewächsen lebt.*

baum|los ⟨Adj.⟩: *keinen Baumbestand aufweisend:* Eine schwarze Wand steigt über den -en Bergkamm (Strauß, Niemand 190).

Baum|mar|der, der: *Edelmarder.*

Baum|öl, das: *unangenehm riechendes Olivenöl aus der zweiten Pressung.*

Baum|pa|ten|schaft, die: vgl. *Bachpatenschaft.*

Baum|pfahl, der: *Pfahl, an dem ein junger Baum festgebunden wird, damit er eine Stütze hat.*

baum|reich ⟨Adj.⟩: *einen reichen Baumbestand aufweisend.*

Baum|rie|se, der (geh.): *alter, mächtiger Baum.*

Baum|rin|de, die: *Rinde (1) eines Baums.*

Baum|sarg, der: *(in vorgeschichtlicher Zeit) ausgehöhlter Baumstamm als Sarg zur Bestattung eines Toten.*

Baum|schat|ten, der: *Schatten eines Baumes:* sie setzten sich in den kühlenden B.

Baum|schei|be, die: *Erdreich rings um den Stamm eines Baumes, das regelmäßig gelockert wird.*

Baum|sche|re, die: *stabile Schere zum Abschneiden von Blumen, Zweigen von Bäumen u. Sträuchern u. Ä.*

Baum|schlä|fer, der: *(zu den Schlafmäusen gehörendes) Nagetier, das seinen Winterschlaf vorzugsweise in Baumhöhlen hält.*

Baum|schlag, der: *Darstellungsweise des Laubwerks in der bildenden Kunst:* ♦ Der leise Kirschbaum vor dem Fenster malte auf dem Grund von Mondlicht aus Schatten einen bebenden B. in die Stube (Jean Paul, Wutz 47).

Baum|schnitt, der: **1.** *Beschneiden der Baumkrone.* **2.** ⟨o. Pl.⟩ *beim Baumschnitt (1), beim Beschneiden von Sträuchern, Hecken o. Ä. anfallender Abfall.*

Baum|schu|le, die: *gärtnerische od. forstwirtschaftliche Anlage, in der Bäume u. Sträucher aus Sämlingen gezogen werden.*

Baum|schul|fach|frau, die: vgl. *Baumschulfachmann.*

Baum|schul|fach|mann, der ⟨Pl. ...leute⟩: *Fachmann in Fragen der Baumschule.*

Baum|schwamm, der: *auf Bäumen u. Baumstrünken wachsender, das Holz zerstörender Pilz.*

Baum|stamm, der: *senkrecht gewachsener fester, verholzter Teil des Baumes, über den sich die verästelte, Laub od. Nadeln tragende Krone erhebt.*

baum|stark ⟨Adj.⟩: *(von Männern) sehr stark, kräftig [gebaut]:* ein langer, -er Kerl.

Baum|step|pe, die: *Gebiet in halbtrockenem Klima mit meist spärlichem Be-*

wuchs von Gras u. einzelnen Baumgruppen.

Baum|ster|ben, das; -s: vgl. *Waldsterben.*

Baum|strunk, der: *Baumstumpf.*

Baum|stück, das (landsch.): *mit Obstbäumen bewachsenes Grundstück.*

Baum|stumpf, der: *[in der Erde befindlicher] Rest eines gefällten Baumes.*

Baum|wachs, das ⟨o. Pl.⟩: *wachsartige Masse zum luft- u. wasserdichten Verschließen von Wunden bei Bäumen nach Veredelungen u. von größeren mechanischen Verletzungen.*

Baum|wip|fel, der: *Wipfel eines Baumes.*

Baum|wol|le, die [mhd. boumwolle, wohl nach der Überlieferung des griech. Historikers Herodot von Wolle tragenden indischen Bäumen]: **1.** *Malvengewächs mit großen Blättern, gelben Blüten u. walnussgroßen Kapselfrüchten, das (bes. in heißen Gegenden) in Strauchform gezogen wird u. dessen Samenfäden zu Baumwollgarn versponnen werden:* B. anpflanzen. **2.** *die geernteten Samenfäden der Baumwolle (1):* die B. wird in Ballen gepresst. **3.** *Gewebe aus Baumwolle:* ein Hemd aus reiner B.

baum|wol|len ⟨Adj.⟩: *aus Baumwolle (2) hergestellt:* ein -es Oberhemd.

Baum|woll|ern|te, die: **1.** *das Ernten der Samenfäden der Baumwolle (1).* **2.** *Gesamtheit der geernteten Baumwolle (2).*

Baum|woll|fa|den, der: vgl. *Baumwollgarn.*

Baum|woll|fa|ser, die: *Naturfaser der Baumwollpflanze.*

Baum|woll|feld, das: *mit Baumwolle (1) bebautes Feld.*

Baum|woll|garn, das: *Garn aus Baumwolle (2).*

Baum|woll|ge|we|be, das: *Gewebe aus Baumwollgarn.*

Baum|woll|hemd, das: *Hemd aus Baumwolle (2).*

Baum|woll|in|dus|trie, die: *Baumwolle (2) verarbeitende Industrie.*

Baum|woll|pflan|ze, die: *Baumwolle (1).*

Baum|woll|pflü|cker, der: *zur Baumwollernte (1) eingesetzte Arbeitskraft.*

Baum|woll|pflü|cke|rin, die: w. Form zu ↑Baumwollpflücker.

Baum|woll|plan|ta|ge, die: *Plantage, auf der Baumwolle angebaut wird.*

Baum|woll|sa|men, der: *Samen der Baumwollpflanze.*

Baum|woll|spin|ne|rei, die: *Spinnerei, in der Baumwolle (2) verarbeitet wird.*

Baum|woll|stau|de, die: *Baumwolle (1).*

Baum|woll|stoff, der: *Stoff aus Baumwolle (2).*

Baum|woll|strauch, der: *Baumwolle (1).*

Baum|woll|tuch, das ⟨Pl. ...tücher⟩: *Tuch aus Baumwolle (2).*

Baum|woll|wa|re, die: *Ware (2) – wie Bettwäsche, Kleidungsstücke, Stoffe o. Ä. – aus Baumwolle (2).*

Baum|wuchs, der: **1.** *Wachstum der Bäume:* den B. durch Düngen beschleunigen. **2.** *Form, Gestalt eines Baumes:* der eigenartige B. im Mittelmeerraum ist klimatisch bedingt.

Baun|zerl, das; -s, -n [H. u.] (österr.): *mürbes Milchbrötchen.*
Bau|ord|nung, die: *Verordnung, die die baupolizeilichen Richtlinien für die statische Berechnung u. Ausführung von Bauvorhaben enthält.*
Bau|or|na|ment, das: *schmückendes, gliederndes Ornament an einem Bauwerk.*
Bau|par|zel|le, die: vgl. Parzelle.
Bau|plan, der: **1.** *Bauvorhaben.* **2.** *Entwurf für etw., was gebaut werden soll.*
Bau|plan|ke, die: *Planke (2) bei einer Baustelle; Bauzaun.*
Bau|pla|nung, die: *Planung, vorbereitende Tätigkeit für einen Bau (4), ein Bauvorhaben.*
Bau|plas|tik, die (Archit., Kunstwiss.): *für einen Bau geschaffene, an diesem fest angebrachte figürliche Plastik (meist aus Stein); Architekturplastik.*
Bau|platz, der: *für einen [Neu]bau bestimmtes Grundstück.*
Bau|po|li|zei, die ⟨o. Pl.⟩: *[Beamte der] Bauaufsichtsbehörde.*
bau|po|li|zei|lich ⟨Adj.⟩: *die Baupolizei betreffend; durch die Baupolizei [durchzuführend].*
Bau|preis, der: vgl. Baukosten.
Bau|pro|gramm, das: **1.** *Aufstellung von Bauvorhaben für einen bestimmten Zeitraum.* **2.** *Programm für die Durchführung eines Bauvorhabens.*
Bau|pro|jekt, das: *[größeres] Bauvorhaben.*
Bau|rat, der: *leitender Beamter eines Bauamts.*
Bau|recht, das (Rechtsspr.): *Recht des Eigentümers eines Grundstücks auf Erteilung einer Baugenehmigung, wenn der Bauplan baupolizeilich zugelassen ist:* die Behörde hat ihr schließlich doch das B. an dem Grundstück eingeräumt.
bau|reif ⟨Adj.⟩: **a)** *(von Grundstücken o. Ä.) erschlossen u. zur Bebauung freigegeben:* -e Grundstücke; Seit 1975 stiegen die Preise für -es Land jährlich um 14 Prozent (Spiegel 50, 1983, 4); **b)** *so weit vorgeplant, dass mit dem Bau begonnen werden kann:* indem sie (= Kanton und Gemeinden) -e und beschlossene Projekte jetzt vergeben (NZZ 29. 1. 83, 32).
bäu|risch, (seltener:) bäuerisch ⟨Adj.⟩ [mhd. (ge)biurisch, zu ↑¹Bauer (1)] (abwertend): *unfein, plump, grobschlächtig:* ein -es Benehmen, Auftreten.
Bau|ru|i|ne, die (ugs.): *angefangener u. nicht weitergeführter Bau:* Dann setzte er sich nach Norden ab, ließ -n und Pleitefirmen zurück (Spiegel 30, 1979, 88).
Bau|sach|ver|stän|di|ge, der u. die: *Sachverständige[r] (1) auf dem Gebiet des Bauwesens.*
Bau|sai|son, die: *für die Aktivitäten im Bauwesen wichtigster Zeitabschnitt innerhalb eines Jahres, bes. während der Sommermonate.*
Bau|satz, der: *Satz (6) vorgefertigter Bauteile, aus denen man etw. (z. B. ein Haus, ein Auto, ein technisches Spielzeug o. Ä.) selbst bauen kann.*
◆ **Baus|ba|cke:** ↑Pausbacke: der Waldhornist ließ ... seine -n wieder einfallen (Eichendorff, Taugenichts 85).

Bausch, der; -[e]s, -e u. Bäusche [mhd. būsch = Wulst, Bausch, auch: Schlag (mit einem Knüppel), verw. mit ↑Beule]: **1.** *stark gebauschter Stoff[wulst]:* ein B. von gerafftem Taft. **2. a)** *etw. Weiches, Wollartiges, das leicht zusammengeknüllt ist:* ein B. Watte, Zellstoff; **b)** (veraltet) *Kompresse.* **3.** ** in B. und Bogen (im Ganzen, insgesamt, ganz u. gar, ohne das Einzelne zu berücksichtigen; alles in allem, en bloc; aus der Rechts- u. Kaufmannsspr., urspr. = Abmessung von Grundstücken ohne Rücksicht auf auswärts [= Bausch] od. einwärts [= Bogen] laufende Grenzstücke):* etw. in B. und Bogen verurteilen, ablehnen.
Bau|schaf|fen|de, der u. die; -n, -n ⟨Dekl. ↑Abgeordnete⟩ (regional): *jmd., der im Bauwesen beschäftigt ist:* Höhere Aufgaben also nicht nur für die -n dern auch für die Werktätigen der Möbelindustrie (Morgen 8. 11. 76, 3).
Bäusch|chen, das; -s, -: Vkl. zu ↑Bausch (1, 2 a).
Bäu|schel, Päuschel, der od. das; -s, - [zu mhd. biuschen, ↑bauschen] (Bergmannsspr.): *schwerer Hammer.*
bau|schen ⟨sw. V.; hat⟩ [mhd. būschen = schlagen, klopfen, beeinflusst von frühnhd. bausen = schwellen]: **1.** *[in lockere, duftige Form bringen u. dabei stark hervortreten lassen, prall machen]*: Plötzlich öffnete sich das Fenster leise, und der Wind des frühen Morgens bauschte die Gardine (H. Weber, Einzug 7); Ü Wie nun ... Dr. Niola auf ihn ... zutrat ..., bauschte väterlicher Stolz ihm die Segel (Thieß, Legende 15). **2.** *[durch viele duftige Falten] stark hervortreten, füllig werden; sich wölben:* die Ärmel bauschen; ⟨meist b. + sich:⟩ die Vorhänge bauschten sich; da bauscht sich die gelbe Fahne mit dem Greif (Kempowski, Zeit 118).
Bau|schen, der; -s, - (bayr., österr.): *Bausch (2 a);*
bau|schig ⟨Adj.⟩ [zu ↑bauschen]: *wie ein Bausch (1, 2 a) beschaffen, füllig, weich, nach außen gewölbt:* -e Gewänder.
Bäusch|lein, das; -s, -: Vkl. zu ↑Bausch (1, 2 a).
Bau|schlos|ser, der: *im Baufach tätiger Schlosser.*
Bau|schlos|se|rin, die: w. Form zu ↑Bauschlosser.
Bau|schrei|ner, der: vgl. Bauschlosser.
Bau|schu|le, die (früher): *Ingenieurschule für Bauwesen.*
Bau|schü|ler, der: *Studierender an einer Bauschule.*
Bau|schü|le|rin, die: w. Form zu ↑Bauschüler.
Bau|schutt, der: *beim Bauen anfallender Schutt, Abfall:* Sie sahen auf ein weißes Gebäude, vor dem der B. noch in Haufen an den Rändern eines unfertigen Platzes lag (Rolf Schneider, November 183); Die Sonne brannte auf Sand und B. nieder, auf geplatzte Zementsäcke, verrostete Armierungseisen, zerbrochene Bohlen (H. Weber, Einzug 39).
bau|seits ⟨Adv.⟩ [↑-seits] (Bauw.): *an die, zur Baustelle; bei der Baustelle, am Bau:*

die Fenster wurden b. geliefert; 50 b. vorhandene Ziegel wurden eingesetzt.
Bau|sol|dat, der (DDR): *Wehrdienstverweigerer, der in einer besonderen Einheit ohne Waffen, die vorrangig im Bau militärischer Anlagen eingesetzt wird, seinen Ersatzdienst leistet.*
bau|spa|ren ⟨sw. V.; hat; meist nur im Inf. gebräuchlich⟩: *aufgrund eines Bausparvertrages bei einer Bausparkasse sparen:* alle wollen jetzt b.; Wer bauspart, kann auch bauen (Hörzu 44, 1974, 125).
Bau|spa|rer, der: *jmd., der bauspart.*
Bau|spa|re|rin, die: w. Form zu ↑Bausparer.
Bau|spar|kas|se, die: *Kreditinstitut, das seinen Mitgliedern langfristige Darlehen zum Bau, Erwerb od. zur Renovierung von Häusern u. Ä. gewährt.*
Bau|spar|ver|trag, der: *Vertrag mit einer Bausparkasse:* einen B. abschließen, unterschreiben.
Bau|stahl, der: *beim Bauen (bes. beim Stahlbau, Tiefbau, beim Bauen von Schiffen o. Ä.) verwendeter Stahl.*
Bau|stein, der: **1.** *Stein zum Bauen.* **2.** (meist Pl.) *Bauklötzchen.* **3.** *kleiner, aber wichtiger Bestandteil von etw.; einer von vielen Bestandteilen, aus denen etw. zusammengesetzt werden kann:* Alle -e des Neutronenbombe sind fertig (elan 2, 1980, 6); die Physiker fahnden nach immer kleineren -en der Materie (Welt 4. 2. 77, 16).
Bau|stel|le, die: *Stelle, Platz, wo gebaut wird.*
Bau|stil, der: *Stil eines Bauwerks.*
Bau|stoff, der: **1.** *zum Bauen geeignetes, verwendetes Material.* **2.** (Biol.) *für den Aufbau u. die Erneuerung der Zellen benötigter Stoff.*
Bau|stopp, der: *Sperre für die Errichtung von Bauten:* Berufung gegen B. für Kaltenkirchen (Tagesspiegel 25. 12. 80, 2).
Bau|sub|stanz, die: *Gesamtheit der wichtigsten Bauteile eines Gebäudes, Gebäudekomplexes (bes. im Hinblick auf die Beschaffenheit, das Alter, den Erhaltungszustand o. Ä.):* alte, erhaltenswerte B.; den Zustand der B. eines älteren Stadtteils untersuchen.
Bau|sum|me, die: *für das Errichten eines Baues (4) erforderliche Geldsumme.*
Bau|ta|stein, der; -[e]s, -e [anord. bautasteinn, zu: bauto = stoßen, schlagen u. steinn = Stein]: *nicht behauener, inschriftloser, obeliskförmiger Grabstein der Wikingerzeit in Skandinavien.*
Bau|tä|tig|keit, die ⟨o. Pl.⟩: *Tätigsein, Aktivitäten im Bauwesen, beim Bauen:* Der Juniorchef zeigte sich beeindruckt von der B. in Ostberlin (Rolf Schneider, November 213).
Bau|te, die; -, -n [geb. aus dem Pl. Bauten von ↑Bau]: **1.** (schweiz. Amtsspr.) *Bau[werk].* ◆ **2.** *Gebäude, Haus:* Mein Hochbesitz, er ist nicht -ein, der Lindenbaum, die braune B., das morsche Kirchlein ist nicht mein (Goethe, Faust II, 11156 ff.).
Bau|tech|nik, die: *Technik des Bauens hinsichtlich der Methoden, des Materials u. der Ausrüstung.*

Bau|tech|ni|ker, der: *Techniker im Bauwesen.*
Bau|tech|ni|ke|rin, die: w. Form zu ↑Bautechniker.
bau|tech|nisch ⟨Adj.⟩: *die Bautechnik betreffend.*
Bau|teil: 1. ⟨der⟩ *Teil eines Bauwerks:* der hintere B. stammt aus dem vorigen Jahrhundert. **2.** ⟨das⟩ *vorgefertigtes Teilstück für den Bau von Häusern, Maschinen u. Ä.; Bauelement:* können Baustoffrohre in der Wärmeversorgung als ausgereiftes technisches B. betrachtet werden (CCI 10, 1985, 5).
Bau|tem|po, das: *Schnelligkeit, mit der ein Bauvorhaben durchgeführt wird.*
Bau|ten: Pl. von ↑Bau (4).
Bau|tisch|ler, der: vgl. Bauschlosser.
Bau|trä|ger, der: *Firma, die im Auftrag eines Bauherrn einen Bau errichtet.*
Bau|typ, der: *bestimmte [in einem Modell festgelegte] Bauart, bes. bei Maschinen.*
Bau|un|ter|neh|men, das: **1.** *größere Baufirma.* **2.** *größeres Bauvorhaben.*
Bau|un|ter|neh|mer, der: *Inhaber eines Bauunternehmens* (1).
Bau|un|ter|neh|me|rin, die: w. Form zu ↑Bauunternehmer.
Bau|ver|bot, das (Rechtsspr.): *Verbot, auf bestimmten Grundstücken bauliche Anlagen zu errichten od. zu verändern.*
Bau|ver|fah|ren, das: vgl. Bautechnik.
Bau|ver|trag, der: *Vertrag, der zwischen Bauherrn u. Bauunternehmer abgeschlossen wird.*
Bau|vor|ha|ben, das: **1.** *Entwurf, Idee für einen Bau* (4). **2.** *im Bau befindliches Gebäude.*
Bau|vor|schrift, die: *Bestimmung der Bauordnung.*
Bau|wei|se, die: **1.** *Art u. Weise, in der gebaut wird; bestimmtes Verfahren beim Bauen.* **2.** *Art u. Weise, wie etw. gebaut ist.*
Bau|werk, das: *größerer, durch seine architektonische Gestaltung beeindruckender Bau.*
Bau|wer|ker, der: *Hilfsarbeiter auf einer Baustelle.*
Bau|we|sen, das ⟨o. Pl.⟩: *Gesamtheit dessen, was mit dem Errichten von Bauten zusammenhängt.*
Bau|wich, der; -[e]s, -e [2. Bestandteil zu ↑²weichen] (Bauw.): *Abstand zwischen zwei Gebäuden.*
Bau|wirt|schaft, die ⟨o. Pl.⟩: *Bauwesen als Wirtschaftszweig.*
bau|wür|dig ⟨Adj.⟩ (Bergmannsspr.): *abbauwürdig.*
Bau|wut, die: *übermäßige Baulust:* Die B. der Nachwendezeit zeigt sich besonders bei den Büroflächen: So steht etwa in Leipzig bereits jedes dritte Büro leer (Woche 18. 4. 97, 14).
Bau|xerl, das; -s, -n [H. u.] (österr.): *kleines, niedliches, durch Aussehen u. Art liebenswertes Kind.*
Bau|xit [auch: ...'ksɪt], der; -[e]s, -e [frz. bauxite, nach dem ersten Fundort Les-Baux-de-Provence in Südfrankreich]: *durch Verwitterung entstandenes Mineral, das Rohstoff für die Aluminiumherstellung ist.*
bauz ⟨Interj.⟩ [lautm.]: Ausruf bei einem plötzlichen dumpfen Fall, vor allem wenn jmd., bes. ein Kind, hinfällt: b., da liegt sie!
Bau|zaun, der: *Einzäunung einer Baustelle.*
Bau|zeich|ner, der: *technischer Zeichner im Bauwesen.*
Bau|zeich|ne|rin, die: w. Form zu ↑Bauzeichner.
Bau|zeich|nung, die: *Bauentwurf.*
Bau|zeit, die: *für die Durchführung eines Bauvorhabens benötigte Zeit:* nach dreijähriger B. wurde die Autobahn dem Verkehr übergeben.
Bau|zu|schuss, der: *Zuschuss* (1) *zu den Baukosten:* Vielleicht bekommt er einen B. vom Denkmalamt (H. Lenz, Tintenfisch 109).
Bal|va|ria, die; - [nach dem nlat. Namen für Bayern]: *Frauengestalt als Sinnbild Bayerns.*
♦ **ba|xen:** ↑boxen: Die drüben baxen sich um ein Herzogtum (Schiller, Fiesco V, 7).
Bax|te|ri|a|nis|mus [bɛkstɐr...], der; - [engl. Baxterianism, nach dem engl. Theologen R. Baxter (1615–1691)]: *gemäßigte Form des englischen Puritanismus.*
Bay|er, der; -n, -n: Ew.
Bay|e|rin, die; -, -nen: w. Form zu ↑Bayer.
bay|e|risch, bayrisch ⟨Adj.⟩: *Bayern, die Bayern betreffend; aus Bayern stammend:* die -en Landtagswahlen; eine typisch -e Brotzeit.
Bay|ern; -s: Bundesland der Bundesrepublik Deutschland.
bay|risch: ↑bayerisch.
Ba|zar [baˈzaːɐ̯]: ↑Basar.
Ba|zi, der; -, - [gek. aus ↑Lumpazi(us)]: **1.** (südd., österr., meist scherzh.) *durchtriebener Mensch, Schlingel, Gauner, Lump:* er ist ein richtiger B.; du bist vielleicht ein B. **2.** (spött. abwertend) *Bayer.*
ba|zil|lär ⟨Adj.⟩: **a)** *Bazillen betreffend;* **b)** *durch Bazillen verursacht.*
Ba|zil|le, die; -, -n [rückgeb. aus dem Pl. von ↑Bazillus] (ugs.): *Bazillus* (1).
Ba|zil|len|trä|ger, der: vgl. Bakterienträger.
Ba|zil|lu|rie, die; -, -n [zu griech. oûron = Harn] (Med.): *Bakteriurie.*
Ba|zil|lus, der; -, ...llen [zu spätlat. bacillus = Stäbchen, Vkl. von lat. baculum = Stab]: **1.** (Biol., Med.) *oft als Krankheitserreger wirkende, stäbchenförmige, Sporen bildende Bakterie.* **2.** ⟨o. Pl.⟩ *etw. Negatives, was auf viele Menschen übergreift:* der B. der Unzufriedenheit.
Ba|zoo|ka [baˈzuːka], die; -, -s [engl. bazooka, nach einem Musikinstrument, das ähnlich aussieht; H. u.]: *tragbares Gerät zum Abschießen von Raketen kleinen Kalibers, das meist von zwei Mann bedient wird.*
BBC [biːbiːˈsiː], die; - [Abk. für: British Broadcasting Corporation]: *britische Rundfunkgesellschaft.*
BBk = Deutsche Bundesbank.
BCG [nach dem frz. Bakteriologen A. L. C. Calmette (1863–1933) u. seinem Schüler C. Guérin (1872–1961)] = Bazillus Calmette-Guérin.
BCG-Schutz|imp|fung, die: *vorbeugende Impfung gegen Tuberkulose.*
Bd. = ²Band.
BDA = Bund Deutscher Architekten.
Bde. = ²Bände.
BDM, der; - [Abk. für: **B**und **D**eutscher **M**ädel] (nationalsoz.): *zur Hitlerjugend gehörende Organisation, bestehend aus Mädchen im Alter von 14 bis zu 18 Jahren.*
BDPh = Bund deutscher Philatelisten.
BDÜ = Bundesverband der Dolmetscher und Übersetzer.
B-Dur, das; - (Musik): *auf dem Grundton B beruhende Durtonart;* Zeichen: B (↑b, B 2).
B-Dur-Ton|lei|ter, die: *auf dem Grundton B beruhende Durtonleiter.*
Be = Beryllium.
BE = Broteinheit.
Bé = Baumé; vgl. Baumégrad.
be- [mhd. be-, ahd. bi-, zum Verbalpräfix gewordenes tonloses ↑bei]: **1. a)** macht in Bildungen mit intransitiven Verben diese transitiv: beangeln, belabern, beplaudern; **b)** macht in Bildungen mit transitiven Verben mit Präpositionalobjekt dieses zum Akkusativobjekt: bebauen, bestreuen, betippen. **2.** drückt in Bildungen mit Substantiven oder Formen des 2. Partizips aus, dass eine Person oder Sache mit etw. versehen wird, ist: beblumen, begittern; behaubt, beschlipst.
be|ab|sich|ti|gen ⟨sw. V.; hat⟩: *die Absicht haben, etw. zu tun; vorhaben; gedenken, etw. zu tun:* ich beabsichtige zu verreisen; die beabsichtigte Wirkung blieb aus; ihre Feinde beabsichtigten damit irgendetwas Niederträchtiges (Remarque, Obelisk 261); Übrigens war deutlich, dass Dariotis nur einen Schreckschuss beabsichtigt hatte (Geissler, Nacht 121).
Beach [biːtʃ], der; -[es], -es, auch: die; -, -es [ˈbiːtʃəs; engl. beach, viell. identisch mit aengl. bæce = Bach, Flüsschen u. dann urspr. = (steiniges) Flusstal]: engl. Bez. für *Strand.*
Beach|com|ber [ˈbiːtʃkəʊmə], der; -s, -s [engl., zu: to comb = durchkämmen, durchsuchen]: *[am Strand lebender] Aussteiger:* Bibsi nannte ihn einen armen B. (Erné, Kellerkneipe 31).
Beach-la-mar [ˈbiːtʃləˈmaː], das; -: engl. Form von ↑Bêche-de-mer.
be|ach|ten ⟨sw. V.; hat⟩ [mhd. beahten, ahd. biahtōn = zurechnen, bedenken]: **1.** *auf die Einhaltung von etw. achten; berücksichtigen, befolgen:* die Spielregeln, Vorschriften, Prinzipien, Sicherheitsmaßnahmen b.; bei den vielen Verordnungen ... kann man doch unmöglich immer alle Verordnungen b. (Hofmann, Fistelstimme 210). **2.** *aufmerksam auf jmdn., etw. achten, zur Kenntnis nehmen:* ich bitte zu b., dass wir schon um 7 Uhr geöffnet haben; einen Einwurf nicht b.; gingen ... Löwen daran vorbei, ohne sie und das Feuer viel zu b. (Grzimek, Serengeti 303); der einsame Jüngling ... verließ, von niemandem beachtet, ... die laute ... Halle (Th. Mann, Krull 147); den beachte ich gar nicht *(ich sehe bewusst über ihn hinweg).*
be|ach|tens|wert: *Beachtung verdie-*

nend, bemerkenswert: eine -e Neuerscheinung.
be|ạcht|lich ⟨Adj.⟩: **a)** *ziemlich groß, beträchtlich:* -e Verbesserungen; -e Fortschritte machen; Das vergiftete Rheinwasser hat in den Niederlanden -e Schäden angerichtet (NNN 13. 11. 86, 2); Wir bieten ... eine -e betriebliche Altersversorgung (Saarbr. Zeitung 22. 12. 79, 8); **b)** *recht wichtig u. bedeutsam; respektabel:* er hat eine -e Position, Stellung; Vom Spitzenquartett feierte Kleinblittersdorf ... den -sten Sieg (Saarbr. Zeitung 3. 12. 79, 21/23); dass der ... Sänger und Gitarrist ... eine ganze Reihe -er Soloplatten eingespielt hat (Oxmox 8, 1984, 10); Der Asylbewerber kann ... die Frage zur Entscheidung stellen, ob der Folgeantrag b. (bes. Rechtsspr.; *so geartet, bedeutsam, dass er beachtet, berücksichtigt werden muss*) oder unbeachtlich ist (NJW 9. 5. 84, XL); **c)** *in recht deutlich erkennbarer Weise, sehr:* die Rohstoffpreise sind b. gestiegen; Herr Andreas war b. hübsch (Doderer, Wasserfälle 8).
Be|ạch|tung, die; -: *das Beachten:* die B. von Vorschriften erzwingen; etw. verdient B. *(ihm sollte Aufmerksamkeit geschenkt werden);* B. finden *(beachtet werden);* jmdm., einer Sache [keine] B. schenken *(jmdn., etw. [nicht] beachten);* einer Sache, jmdm. wird B. zuteil *(etw., jmd. wird beachtet);* Die Verkehrspolizei verweist auf die B. der wechselhaften Wetterlage (Freie Presse 24. 11. 87, 4).
Beach|vol|ley|ball [ˈbiːtʃvɔlɪ...], der, auch: das ⟨o. Pl.⟩ [engl. beach volleyball, aus: beach (↑Beach) u. volleyball, ↑Volleyball] *auf Sand von Zweiermannschaften gespielte Variante des Volleyballs (1).*
be|ạckern ⟨sw. V.; hat⟩: **1.** (seltener) *(einen Acker) bebauen, bestellen:* sein Vater beackerte ein Stück Land (Morus, Skandale 184); Sorgfältig beackerte Felder wechselten mit Palmen und Feigenpflanzungen (Jahnn, Geschichten 197); Ü Christlichen Mutterboden beackert nun auch der Komponist ... Mauricio Kagel (Spiegel 8, 1980, 217); Dissertation, die sich einem interessanten ... vergleichsweise wenig beackerten Feld des Urheber- und Medienrechts widmet (NJW 19, 1984, 1 100). **2.** (ugs.) **a)** *durchackern:* sie hat sämtliche Literatur über dieses Fachgebiet beackert; **b)** *[mit einem Anliegen] hartnäckig bearbeiten:* jmdn. so lange b., bis er zustimmt.
Bea|gle [ˈbiːgəl], der; -s, -[s] [engl. beagle, aus dem Afrz., viell. zu afrz. beer = offen, weit u. gueule = Mund, Maul]: *Hund mit kurzen Beinen u. meist weiß, schwarz u. braun geschecktem Fell, der bes. für die Jagd auf Hasen u. Wildkaninchen geeignet ist.*
Beam [biːm], der; -s, -s [engl. beam = (Licht-, Leit)strahl, eigtl. = Balken, urspr. = Baum, verw. mit ↑Baum]: *keulenförmige Fläche, die der Sendestrahl eines Satelliten (2) abdeckt.*
Beam|an|ten|ne, die: *Antenne für Sendestrahlen mit besonderer Richtwirkung.*
bea|men [ˈbiːmən] ⟨sw. V.; hat⟩ [engl. to beam, eigtl. = aussenden, ausstrahlen (4), zu: beam, ↑Beam]: *(von Personen in der Sciencefictionliteratur u. in Sciencefictionfilmen) bewirken, dass jmd. bis zur Unsichtbarkeit aufgelöst wird u. an einen anderen [gewünschten] Ort gelangt, wo er wieder Gestalt annimmt:* Die Mannschaft beamte sich vom Raumschiff auf den Planeten; Ü der Chef will dich sprechen, beam dich mal schnell (ugs. scherzh.; *begib dich schnell*) in sein Büro; Der Film beginnt in einem dieser jüdischen Delirestaurants in New York, ... so dass man mitten aus Manhattan heraus in ein versunkenes Osteuropa gebeamt wird (Scene 8, 1984, 50).
be|ạm|peln ⟨sw. V.; hat⟩ (Fachspr.): *mit Verkehrsampeln versehen:* eine gefährliche Kreuzung b.
Be|ạm|te, der; -n, -n ⟨Dekl. ↑Abgeordnete⟩ [subst. aus veraltet beamt, Kurzf. von ↑beamtet]: *jmd., der im öffentlichen Dienst (bei Bund, Land, Gemeinde u. Ä.) od. im Dienst einer Körperschaft des öffentlichen Rechts steht und in bestimmtes Rechtsverhältnis seinem Dienstherrn gegenüber hat:* ein pflichttreuer, kleiner -r; politischer -r (Beamter [z. B. Staatssekretär, Regierungspräsident], der im Amt bekleidet, bei dessen Ausübung er in fortwährend Übereinstimmung mit der jeweiligen Bundes- od. Landesregierung stehen muss u. der jederzeit [z. B. bei einem Regierungswechsel] in den Ruhestand versetzt werden kann); die höheren -n; sämtliche -n(auch:) B.; zwei B. erstatteten Bericht; tüchtigem -n/(veraltet:) -m wurde Auszeichnung verliehen; ihm als -n/(neben:) -m; die Ernennung städtischer -n/(veraltend:) -n; Weil aber Langer noch -r auf Probe sei, müsse er ... mit der Entfernung aus dem Schuldienst rechnen (Spiegel 11, 1983, 49).
Be|ạm|ten|an|wär|ter, der: *Anwärter auf eine Beamtenstelle.*
Be|ạm|ten|ap|pa|rat, der: *Gesamtheit der Beamten [die für einen bestimmten Aufgabenbereich eingesetzt sind].*
Be|ạm|ten|bag|ger, der (ugs. scherzh.): *Paternoster.*
Be|ạm|ten|bel|ei|di|gung, die: *Beleidigung eines Beamten im Dienst.*
Be|ạm|ten|be|ste|chung, die: *Bestechung eines Beamten.*
Be|ạm|ten|bund, der: *Organisation, die die Interessen der Beamten vertritt.*
Be|ạm|ten|da|sein, das: *abgesichertes, als eher behäbig, nicht sehr aufregend betrachtetes Dasein eines Beamten:* ein ruhiges B. führen.
Be|ạm|ten|deutsch, das (abwertend): *unlebendige, unanschauliche, oft langatmige u. verschachtelt konstruierte trockene Ausdrucksweise [in behördlichen Bestimmungen u. Ä.]; Amts-, Behördendeutsch.*
Be|ạm|ten|ethos, das: *Ethos des Beamtenstandes.*
Be|ạm|ten|ge|setz, das: *den Beamtenstatus betreffendes Gesetz.*
Be|ạm|ten|ge|werk|schaft, die: *die Interessen von Beamten vertretende Gewerkschaft.*
Be|ạm|ten|heer, das: *überaus große Anzahl von Beamten.*
Be|ạm|ten|hie|rar|chie, die: *Hierarchie innerhalb einer Beamtenschaft:* dieses höchste in der B. zu vergebende Amt (Welt 3. 3. 62, 3).
Be|ạm|ten|kar|ri|e|re, die: *Karriere, berufliche Laufbahn eines Beamten.*
Be|ạm|ten|korps, das: *Gemeinschaft, Stand der Beamten in einem bestimmten Bereich:* die Universität Neapel, die Kaiser 1224 zu dem Zweck gründete, sich ein unabhängiges B. herauszubilden (Fest, Im Gegenlicht 124).
Be|ạm|ten|lauf|bahn, die: vgl. Beamtenkarriere.
Be|ạm|ten|mie|ne, die (abwertend): *humorloser, strenger, dienstlicher Gesichtsausdruck.*
Be|ạm|ten|or|ga|ni|sa|ti|on, die: vgl. Beamtengewerkschaft.
Be|ạm|ten|recht, das ⟨o. Pl.⟩: *Gesamtheit der Gesetze, die die Rechtsverhältnisse der Beamten regeln.*
Be|ạm|ten|schaft, die; -: *Gesamtheit der Beamten innerhalb eines Staates, eines Landes, einer Gemeinde usw.*
Be|ạm|ten|schicht, die: *die Beamten als bestimmte Schicht, Gruppe innerhalb der Gesellschaft:* Aufbau einer vom Lande unabhängigen B. (Fraenkel, Staat 88).
Be|ạm|ten|see|le, die (abwertend): *kleinlicher, engherziger Beamter, der über seinen engen Dienstbereich nicht hinaussieht.*
Be|ạm|ten|si|lo, der, auch: das (ugs. scherzh.): *ungewöhnlich großes, unpersönlich wirkendes Gebäude, in dem viele Beamte [od. Angestellte bei Behörden] arbeiten:* Abschied vom Rathausbau. Stadt will kein B. (MM 21./22. 8. 76, 26).
Be|ạm|ten|sohn, der: *Sohn eines Beamten.*
Be|ạm|ten|staat, der: *Staat, dessen öffentliche Angelegenheiten von Beamten verwaltet werden.*
Be|ạm|ten|stand, der: *Berufsstand der Beamten.*
Be|ạm|ten|stel|le, die: *Stelle, Posten eines Beamten.*
Be|ạm|ten|toch|ter, die: *Tochter eines Beamten.*
Be|ạm|ten|tum, das; -s: **1.** *Stand der Beamten:* das moderne B. **2.** *Beamtenschaft.*
Be|ạm|ten|ver|hält|nis, das: *Rechtsverhältnis eines Beamten zu seinem Dienstherrn.*
Be|ạm|ten|we|sen, das ⟨o. Pl.⟩: *Gesamtheit der Einrichtungen u. Vorgänge, die mit dem Beamtentum zusammenhängen.*
Be|ạm|ten|will|kür, die: *von Beamten ausgehende Willkür.*
be|ạm|tet ⟨Adj.⟩ [2. Part. von veraltet beamten = mit einem Amt versehen] (Amtsspr.): *als Beamter angestellt, tätig:* die -n und die nicht -n Mitarbeiterinnen der Behörde; wenn er -er Lehrer geworden wäre (M. Walser, Pferd 42).
Be|ạm|te|te, der; -n, -n ⟨Dekl. ↑Abgeordnete⟩ (Amtsspr.): *jmd., der beamtet ist.*
Be|ạm|tin, die; -, -nen: w. Form zu ↑Beamte.
be|ạn|ga|ben ⟨sw. V.; hat⟩ [zu ↑Angabe (4)] (österr. Kaufmannsspr.): *für etw. ei-*

beängstigen

ne Anzahlung leisten: er hat die Ware mit 100 Schilling beangabt.
be|ängs|ti|gen ⟨sw. V.; hat⟩ (veraltend): *jmdm. Angst machen, ihn ängstigen:* der Vorgang beängstigte ihn; ⟨meist im 1. Part.⟩: ein beängstigendes Gedränge.
Be|ängs|ti|gung, die; -, -en: *das Beängstigen, Beängstigtsein:* In jener Zeit ... war dies für die zurückbleibende Familie eine nicht endende B. (Dönhoff, Ostpreußen 31).
be|an|schrif|ten ⟨sw. V.; hat⟩ (Amtsspr.): *adressieren:* Briefe b.
Be|an|schrif|tung, die; -, -en: *das Beanschriften.*
be|an|spru|chen ⟨sw. V.; hat⟩: **1.** *auf etw. Anspruch erheben; fordern, verlangen [worauf man Anspruch hat]:* Schadenersatz, sein Erbteil, seinen Anteil b.; der Koalitionspartner beansprucht drei Ressorts; Sie beanspruchen die Vorherrschaft im ganzen Land (Spiegel 6, 1966, 78); Es ist sicher, dass nicht jeder ... b. kann, als Zeuge edler Gesinnung auf den Schild gehoben zu werden (Rothfels, Opposition 18); wer sich so verhält, kann nicht [für sich] b., wie ein Erwachsener behandelt zu werden; Ü ihre Thesen können auch heute noch Gültigkeit b. **2. a)** *von etw. Gebrauch machen, verwenden, ausnutzen:* jmds. Gastfreundschaft nicht länger b. wollen; **b)** *(jmdm. od. einer Sache) viel abverlangen; großen Anforderungen aussetzen:* der Beruf beansprucht ihn völlig; Maximilianes Herz wurde weniger beansprucht und beruhigte sich (Brückner, Quints 280); bei so einer Fahrweise werden die Reifen stark beansprucht *(strapaziert);* **c)** *benötigen, brauchen:* viel Raum, Zeit b.; Das beanspruchte einen Teil seiner Gedanken *(nahm ihn in Anspruch),* mit den anderen rechnete er die Primzahlen zwischen 200 und 300 aus (Loest, Pistole 115).
Be|an|spru|chung, die; -, -en: *das Beanspruchen* (2 b), *Beanspruchtwerden:* starker B. ausgesetzt sein.
be|an|stan|den, (österr. auch:) **be|an|stän|den** ⟨sw. V.; hat⟩ [zu veraltet Anstand = Einwand, Aufschub]: *als mangelhaft, als nicht annehmbar bezeichnen [u. zurückweisen, nicht akzeptieren]:* eine Rechnung, eine Ware b.; der TÜV hat die Bremsen beanstandet; ich habe an ihrer Arbeit nichts zu b. *(zu tadeln, zu kritisieren);* es kümmere sie wenig, dass die Lehrerin die schlechte Schulschrift ihres Sohnes beanstande (Schwaiger, Wie kommt 82); der Kunde hat beanstandet, dass die Ware nicht ordnungsgemäß verpackt war.
Be|an|stan|dung, (österr. auch:) **Be|an|stän|dung,** die; -, -en: *Bemängelung, Reklamation, Beschwerde:* sie, ihre Arbeit gibt keinen Anlass zu -en; dass in diesem Saal seit zwanzig Jahren schon Konzerte ohne eine einzige Beanstandung stattfänden (Bieler, Mädchenkrieg 141).
be|an|tra|gen ⟨sw. V.; hat⟩ [für älter antragen, zu ↑Antrag] **a)** *[auf schriftlichem Wege] (die Gewährung von etw., meist von etw., worauf man unter bestimmten Voraussetzungen einen Anspruch hat)*

verlangen: ein Visum, ein Stipendium, Kindergeld, Gebührenerlass, seine Versetzung b.; [beim Chef] Urlaub b.; [bei der Krankenkasse] eine Kur b.; [bei der Geschäftsleitung] einen weiteren Mitarbeiter b.; **b)** *die [Beschließung u.] Durchführung von etw. verlangen:* die Auslieferung eines Straftäters b.; für einen Angeklagten die Todesstrafe b.; ich beantrage, dass sofort abgestimmt wird; beim/ (schweiz. Amtsspr.:) dem Verwaltungsrat der Bank wird am Mittwoch verabschiedeten Botschaft beantragt der Bundesrat dem Parlament die Genehmigung von Verfassungsänderungen (NZZ 29. 4. 83, 21).
Be|an|tra|gung, die; -, -en: *das Beantragen.*
be|ant|wor|ten ⟨sw. V.; hat⟩: **1.** *auf eine Frage eine Antwort geben:* eine Frage mit [einem] Nein b.; Wegener stellte viele Fragen, die Teichmann möglichst genau und erschöpfend beantwortete (Ott, Haie 309); die Frage nach der Unfallursache ist mit Gewissheit nicht zu b. *(zu lösen).* **2.** *sich auf einen Brief, ein Schreiben hin schriftlich äußern, darauf antworten:* einen Brief, eine Anfrage [schriftlich] b.; Die meisten Briefe hatten zu lange gelegen und ließen sich nicht mehr b. (Johnson, Achim 337). **3.** *etw. als Reaktion auf etw. unternehmen; auf etw. mit etw. reagieren:* einen Gruß b.; er beantwortete die Provokation mit ihrer sofortigen Entlassung; er beantwortete die Ohrfeige mit einem Kinnhaken; Da aber auch die Lehrerin nur durch einen kurzen Seitenblick die Beleidigung beantwortete (Kafka, Schloß 133); mein Recht als Kommunist sei es, religiöse Propaganda mit Lachen zu b. (Berger, Augenblick 111).
Be|ant|wor|tung, die; -, -en: *das Beantworten:* die B. meiner Frage steht noch aus; ***in B.** (Amtsspr., Kaufmannsspr.; *[als Antwort] auf ...):* in B. Ihres Schreibens vom 01. 10. 95.
be|ar|bei|ten ⟨sw. V.; hat⟩: **1.** *sich mit einem Gesuch, einem Fall als entsprechende Instanz prüfend od. erforschend beschäftigen [u. darüber befinden]:* einen Antrag b.; Der Polizeimajor, der den Fall bearbeitete (Mehnert, Sowjetmensch 285); zur Aufklärung eines seit zwei Jahren fruchtlos bearbeiteten Diamantendiebstahls (Maass, Gouffé 68). **2. a)** *zu einem bestimmten Zweck körperliche Arbeit an etw. wenden:* Metall, Leder, den Boden b.; sie bearbeitete ihre Finger mit einer Nagelbürste; Ein Mann in Hemdsärmeln bearbeitete des Sängers Rücken ... mit einem Handtuch (Th. Mann, Krull 38); Er bearbeitet seine Perücke, indem sie kämmt (Hacks, Stücke 285); er hat die elektronische Orgel so bearbeitet *(so wild, kräftig darauf gespielt),* dass die Scheiben klirrten; **b)** *mit etw. behandeln:* die Möbel mit Politur b.; er bearbeitete seine Stiefel mit Schuhcreme; weshalb sie (= die Haare) des öfteren mit Pomade zu b. pflegte (Hausmann, Abel 12). **3.** *mit etw. heftig schlagen, wiederholt auf jmdn. einschlagen:* jmdn. mit den Fäusten b.; Zouzou ... be-

arbeitete mit einem kleinen Faustrommel nunmehr die Bank, auf der wir saßen (Th. Mann, Krull 440). **4. a)** *unter einem bestimmten Gesichtspunkt neu gestalten, überarbeiten, verändern:* ein Manuskript, einen Text b.; ein Schauspiel für das Fernsehen b.; ein Buch für den Film b.; eine Komposition für großes Orchester b.; Immer wieder hat man den Eindruck, rasch ... skizzierte Entwürfe zu lesen oder erste Fassungen, die noch bearbeitet werden sollten (Reich-Ranicki, Th. Mann 117); **b)** *durchforschen, untersuchen; über etw. wissenschaftlich arbeiten:* ein Thema b.; Es ist nicht bequem, Gefühle wissenschaftlich zu b. (Freud, Unbehagen 91). **5.** (ugs.) *eindringlich auf jmdn. einreden, einwirken, um ihn von etw. zu überzeugen od. für etw. zu gewinnen:* jmdn. politisch, diplomatisch, methodisch b.; die Wähler b.; die Bevölkerung wurde durch Presse und Rundfunk ständig in dieser Richtung bearbeitet; sie bearbeiteten den Festgenommenen so lange, bis er die Information preisgab.
Be|ar|bei|ter, der; -s, -: *jmd., der etw. bearbeitet [hat]* (1, 4).
Be|ar|bei|te|rin, die; -, -nen: w. Form zu ↑Bearbeiter.
Be|ar|bei|tung, die; -, -en: **1.** *das Bearbeiten.* **2.** *überarbeitete, neue Fassung:* eine B. eines alten Theaterstücks; Lenz' »Hofmeister« in der B. von Brecht; Karajan spielte das Stück in der der wohlmeinenden, aber verflachenden -en (Welt 29. 7. 65, 7).
Be|ar|bei|tungs|ge|bühr, die: *für die Bearbeitung eines Antrags o. Ä. [von einer Behörde] erhobene Gebühr.*
Be|ar|bei|tungs|kos|ten ⟨Pl.⟩: *für eine Bearbeitung anfallende Kosten.*
Be|ar|bei|tungs|me|tho|de, die: *Methode der Bearbeitung.*
Be|ar|bei|tungs|zeit, die: *für eine Bearbeitung benötigte Zeit:* bei diesem zweiten Schritt wird man ... wesentlich schnellere -en erzielen (BdW 7, 1987, 73).
be|arg|wöh|nen ⟨sw. V.; hat⟩ (geh.): *gegen jmdn., etw. Argwohn haben; verdächtigen, jmdm. misstrauen:* einen Fremden b.; gleichzeitig fühlt sich der Beförderte auch von seinen Leuten beargwöhnt (Richter, Flüchten 196).
Be|arg|wöh|nung, die; -, -en: *das Beargwöhnen.*
Be|ar|ner So̱ße, die: *Sauce béarnaise.*
Beat [bi:t], der; -[s], -s ⟨engl. beat, zu: to beat = (Takt) schlagen⟩ (Musik): **1.** *gleichmäßige Reihenfolge betonter Taktteile; Grundschlag:* Der Sound ist megahart, der dröhnende Bass und die schnellen -s sind bohrend (MM 8. 2. 95, 13); Ingo sorgt für den wuchtigen B. (Bravo 42, 1988, 30). **2.** ⟨o. Pl.⟩ *kurz für* ↑Beatmusik: B. hören, spielen.
be|a|tae me|mo|ri|ae [...tɛ ...iɛ; lat.]: *seligen Angedenkens* (von Verstorbenen; Abk.: b. m.).
Beat|band ['biːt...], die: ³*Band, die Beat* (2) *spielt.*
bea|ten ['biːtn̩] ⟨sw. V.; hat⟩ (ugs. veraltend): **a)** *Beatmusik spielen:* die Band beatete bis Mitternacht; Hier können sie

lautstark b., ohne dass die Nachbarn gestört werden (Gut wohnen 9, 1974, 15); **b)** *nach Beatmusik tanzen:* sie beateten die ganze Nacht; der Weltmeister ... beatete selbstverständlich mit (MM 14. 10. 69, 5).

Beat|fan ['bi:tfɛn], der: *begeisterter Anhänger des Beat (2).*

Beat|ge|ne|ra|tion ['bi:tdʒɛnəreɪʃən], die; - [engl.(-amerik.) beat generation, viell. zu: beat = geschlagen; viell. in Anlehnung an: beatitude = Glückseligkeit]: *Gruppe amerikanischer, eng der Jazzszene verbundener Schriftsteller, die in den Jahren 1956–60 literarische Bedeutung gewann u. in den Schaffen ein bestimmtes, bes. durch eine radikale Ablehnung alles Bürgerlichen gekennzeichnetes Lebensgefühl Ausdruck fand.*

Beat|grup|pe ['bi:t...], die: *Beatband.*

Be|a|ti|fi|ka|ti|on, die; -, -en [spätlat. beatificatio = Beglückung, zu: beatificare, ↑beatifizieren]: *Seligsprechung.*

be|a|ti|fi|zie|ren ⟨sw. V.; hat⟩ [spätlat. beatificare = beglücken, zu lat. beatus = glücklich u. facere = machen]: *selig sprechen:* der Papst beatifizierte den Märtyrer.

Bea|tle ['bi:tl], der; -s, -s [nach den Beatles, den Mitgliedern einer Liverpooler Beatband, die lange Haare (»Pilzköpfe«) trugen] (veraltend): *Jugendlicher mit langen Haaren:* Dem B. werden wir die Haare schneiden müssen, sagt einer der Pfleger (Zenker, Froschfest 58).

Bea|tle|mäh|ne, die (veraltend): *Frisur (eines Mannes) mit langen Haaren:* Sie spielen schließlich einen amerikanischen Colonel ..., und den nimmt Ihnen bei Ihrer B. niemand ab (Hörzu 1, 1971, 8).

be|at|men ⟨sw. V.; hat⟩ (Med.): *jmdm. zu Heilzwecken künstlich Luft od. Gasgemische in die Atmungsorgane blasen:* Ich würde es ablehnen, diesen Patienten künstlich zu b. (Spiegel 47, 1975, 178); die Kinder, die ... mit Sauerstoff beatmet werden (Zenker, Froschfest 215).

Be|at|mung, die; -, -en: *das Beatmen.*

Be|at|mungs|ge|rät, das: *Gerät zur Beatmung.*

Beat|mu|sik ['bi:t...], die: *Art des Jazz mit besonderer Betonung des Beat (1) u. charakteristischer Instrumentierung (Gitarren mit Verstärker als Rhythmus- u. Harmonieinstrumente).*

Beat|nik ['bi:tnɪk], der; -s, -s [engl. beatnik, geb. mit dem jidd. Suffix -nik, das die Zugehörigkeit zu einer Gruppe kennzeichnet]: **1.** *Vertreter der Beatgeneration.* **2.** *jmd., der sich durch unkonventionelles Verhalten gegen die bürgerliche Norm wendet:* George, ein 22-jähriger B., wegen bandenmäßigen Raubüberfalls seit zehn Monaten schon in Untersuchungshaft (Ziegler, Labyrinth 77).

Beat|pad ['bi:tpɛt], der; -s, -s [engl. beat pad, zu: pad = Bude] (Jargon): *Stelle, wo man Rauschgift kaufen kann.*

Beat|schup|pen, der (salopp): vgl. Schuppen (2).

Beau [bo:], der; -, -s [frz. beau, eigtl. = der Schöne, zu: beau < lat. bellus = schön] (meist spött.): *gut aussehender Mann.*

be|auf|la|gen ⟨sw. V.; hat⟩ [zu ↑Auflage (2 b)] (DDR): *(einer Person, einem Betrieb u. Ä.) eine Pflichtleistung auferlegen:* der Betrieb ist beauflagt worden, die Produktionskosten weiter zu senken; Außerdem wurde Paul beauflagt, sich wieder mit seiner Frau zu versöhnen (Plenzdorf, Legende 135).

Beau|fort|ska|la ['bo:fɐt..., bo'fɔ:r...], die; - [nach dem engl. Admiral Sir F. Beaufort] (Met.): *ursprünglich 12-, jetzt 17-teilige Skala zur Messung der Windstärke.*

be|auf|schla|gen ⟨sw. V.; hat⟩ (Technik): *Turbinenschaufeln mit einem Wasser- od. Dampfstrahl treffen; auf etw. mechanisch durch einen gezielten Schlag einwirken:* Dazu wurde das Reibrad mit einer Schraubenfeder beaufschlagt (auto 6, 1965, 18).

Be|auf|schla|gung, die; -, -en: *das Beaufschlagen.*

be|auf|sich|ti|gen ⟨sw. V.; hat⟩ [15. Jh.]: *über jmdn., etw. die Aufsicht ausüben; überwachen:* die Schüler, jmds. Arbeit b.; Kufalt hat ... die Treppen zu bohnern, streng beaufsichtigt von dem Dienstmädchen (Fallada, Blechnapf 88).

Be|auf|sich|ti|gung, die; -, -en: *das Beaufsichtigen.*

be|auf|tra|gen ⟨sw. V.; hat⟩: *jmdm. einen Auftrag erteilen; befehlen, etw. Bestimmtes zu tun:* jmdn. mit etw. b.; man hat mich beauftragt, die Konferenz vorzubereiten; der Rechtsanwalt ist beauftragt, meine Interessen wahrzunehmen; Mit dem Vollzug der Strafe wurde der Kanton Bern beauftragt (Bund 11. 10. 83, 1).

Be|auf|trag|te, der u. die; -n, -n ⟨Dekl. ↑Abgeordnete⟩: *jmd., der einen bestimmten Auftrag hat:* er ist mein -r.

Be|auf|tra|gung, die; -, -en: *das Beauftragen.*

be|au|gap|feln ⟨sw. V.; hat⟩ (landsch. scherzh.): *kritisch betrachten, ansehen, mustern:* sie beaugapfelte den Kanarienvogel eingehend; Wenn er mich nur ein Viertelstündchen die Bräute b. ließe (Rocco [Übers.], Schweine 17).

be|äu|geln ⟨sw. V.; hat⟩ (ugs. scherzh.): *interessiert, neugierig betrachten, ansehen:* ich beäug[e]lte den kuriosen Hut; jmdn. neugierig durch das Lorgnon b.

be|äu|gen ⟨sw. V.; hat⟩: *genau, eingehend betrachten:* die Dorfbewohner beäugten uns misstrauisch; Die Kuh kam ans Gatter und beäugte uns; Wie die Hähne haben sich beide gegenübergestanden und sich beäugt (Plenzdorf, Legende 80).

be|au|gen|schei|ni|gen ⟨sw. V.; hat⟩ [zu ↑Augenschein] (Papierdt., aber meist scherzh.): *in Augenschein nehmen, ansehen:* der Sachverständige wird den Schaden b.; wir beaugenscheinigten den neuen Wagen.

Beau Geste [bo'ʒɛst], die; --, -x -s [bo -; frz.] (bildungsspr.): *höfliche Geste, freundliches Entgegenkommen.*

Beau|jo|lais [boʒo'lɛ, - ...'lɛ(s)], der; - [...'lɛs] [nach der frz. Landschaft Beaujolais]: *(meist roter) Wein aus dem Gebiet der Monts du Beaujolais in Mittelfrankreich.*

Beaune [bo:n], der; -[s], -s: *Wein aus dem französischen Weinbaugebiet Côte de Beaune.*

Beau|té [bo'te:], die; -, -s [frz. beauté, über das Vlat. zu lat. bellus = schön] (bildungsspr.): *[elegante] schöne Frau:* sie ist eine B.

Beau|ty ['bju:ti], die; -, -s [engl. beauty = Schönheit < (a)frz. beauté, ↑Beauté]: *Beauté.*

Beau|ty|case [...keɪs], der, auch: das; -, - u. -s [...sɪz; zu engl. case = Koffer]: *Kosmetikkoffer.*

Beau|ty|cen|ter, das: **a)** *Laden (1) für Kosmetika; Kosmetikabteilung;* **b)** *Kosmetiksalon.*

Beau|ty|farm, die: *Schönheitsfarm.*

be|bän|dern ⟨sw. V.; hat⟩ [zu ↑¹Band (I 1)]: *mit Bändern versehen, schmücken;* ⟨meist im 2. Part.:⟩ ein bebänderter Hut; die Ordenstracht, ... eine bebänderte Haube, ein Schultertuch (Brückner, Quints 253).

be|bar|tet ⟨Adj.⟩: *mit Bart versehen:* ein -er Mann.

be|bau|en ⟨sw. V.; hat⟩: **1.** *(ein Gelände, Grundstück) mit einem Gebäude od. mit Bauten versehen:* ein Gelände [mit Mietshäusern] b.; bebaute Grundstücke. **2.** *(den Boden) bestellen u. für den Anbau nutzen:* die Felder, den Acker b.

Be|bau|ung, die; -, -en: **1.** *das Bebauen.* **2.** *Gesamtheit der Gebäude, mit denen eine Fläche bebaut ist:* eine dichte B.

Be|bau|ungs|plan, der: *Plan, nach dem eine Fläche bebaut werden soll:* den B. einsehen.

Bé|bé [be'be:], das; -s, -s [frz. bébé < engl. baby, ↑Baby] (schweiz.): *Säugling, Baby.*

be|ben ⟨sw. V.; hat⟩ [mhd. biben, ahd. bibēn, urspr. = zittern; sich fürchten; lautlich beeinflusst vom Niederd. (mniederd. bēven)]: **1.** *eine Erschütterung zeigen, erzittern:* die Wände, Mauern beben; der Boden bebte unter unseren Füßen; Die alte Brücke ... wird nicht mehr unter dem Straßenverkehr b. (NZZ 26. 8. 83, 7); die Lampen bebten ängstlich (Marchwitza, Kumiaks 33); Der Saal bebte vor Lärm (Kirst, Aufruhr 207); Ü Wieder einmal bebten die Börsen, wackelten die internationalen Finanzzentren (Woche 28. 1. 97, 15); diese Stadt bebt von Leben (Remarque, Triomphe 167). **2.** (geh.) *(vom menschlichen Körper) infolge einer starken Erregung, von Kälte, Fieber u. Ä. zittern:* ihre Knie, Lippen bebten; er, seine Stimme bebte vor Wut; Ich öffnete die Tür, die Glieder bebten mir (Jahnn, Geschichten 69); er hatte ... unter all der Hilflosigkeit und dem Glück gebebt (Hausmann, Abel 172). **3.** (geh. veraltend) **a)** *große Angst haben:* sie zitterte und bebte vor ihm; **b)** *in großer Sorge sein, bangen:* sie bebte um ihr Kind; Sie bebte, ob ich nicht den Weg verfehle (Kaiser, Villa 163).

Be|ben, das; -s, - [**1. a)** *das Erzittern; Erschütterung:* das B. der Mauern; wenn die U-Bahn unter dem Haus durchfährt, verspürt man ein leichtes B.; **b)** *Erdbeben: ein vulkanisches B.;* ein B. legte die Stadt in Schutt und Asche. **2.** (geh.) *(bei*

Bebenherd

Menschen) leichtes Zittern als Zeichen innerer Erregung: das feierliche B. seiner Stimme.

Be̱|ben|herd, der: *Ausgangspunkt des Erdbebens im Erdinnern:* Das Epizentrum ist der Punkt an der Erdoberfläche, der direkt über dem B. liegt (Basler Zeitung 2. 10. 85, 12).

Be̱|ben|stär|ke, die: *Stärke eines Bebens* (1 b).

be|bi̱l|dern ⟨sw. V.; hat⟩: *mit Bildern versehen, illustrieren:* ein Buch, eine Erzählung b.; bebilderte Handschriften, Magazine; In einem der bebilderten Interviews, das veröffentlicht wurde (Brückner, Quints 65).

Be|bi̱l|de|rung, die; -, -en: **1.** *das Bebildern.* **2.** *Gesamtheit der Bilder, mit denen etw. illustriert ist:* der Band besticht durch seine reiche B.

be|blät|tert ⟨Adj.⟩ (Bot.): *Blätter tragend, mit Blättern bewachsen:* -e Zweige.

be|blümt ⟨Adj.⟩: *mit Blumen bewachsen:* -e Wiesen, Hänge; eine -e Flachlandschaft (Th. Mann, Krull 384); Ü ... die wir den Staub der Heimat von den -en *(mit Blumen als Muster versehenen)* Pantoffeln gerne schütteln sähen (Tucholsky, Werke II, 323).

Be|bop ['bi:bɔp], der; -[s], -s [amerik. be-bop, nach dem dabei in einem bestimmten Rhythmus vorkommenden Lallsilben]: **1.** ⟨o. Pl.⟩ *Jazzmusik eines bestimmten Stils der 40er-Jahre.* **2.** *Stück, Tanz im Stil des Bebop* (1).

be|bri̱llt ⟨Adj.⟩: *eine Brille tragend:* eine -e Frau; ein -es Gesicht; das -e Antlitz des Mannes (v. d. Grün, Irrlicht 18); er war b.

be|brü̱|ten ⟨sw. V.; hat⟩: **1.** *(von Vögeln) sich zum Brüten (auf etw.) setzen; brütend mit dem eigenen Körper bedecken:* ein Ei, ein Nest b.; Nur noch am Randsaum können einige Gelege bebrütet werden (Jagd 5, 1987, 139). **2. a)** (Biol.) *einer regelmäßigen Wärmeeinwirkung aussetzen u. dadurch ausreifen lassen:* eine Bakterienkultur b.; **b)** (ugs.) *über etw. nachdenken, grübeln:* sie bebrütet ihre Lage.

Be|brü̱|tung, die; -, -en: *das Bebrüten.*

Be̱|bung, die; -, -en [zu ↑beben] (Musik): *leichtes Schwanken der Tonhöhe bei länger anhaltendem Ton (bes. bei Saiteninstrumenten).*

be|bun|kern ⟨sw. V.; hat⟩ (Fachspr.): *(ein Schiff) mit Brennstoff versehen:* der Frachter, wurde bebunkert.

be|bu̱scht ⟨Adj.⟩: *mit Büschen bewachsen:* ein -er Hang.

be|bu̱st ⟨Adj.⟩ (ugs. scherzh.): *(in einer bestimmten Weise) mit Busen versehen:* eine üppig -e Blondine.

Bé|cha|mel|kar|tof|feln [beʃaˈmɛl...] ⟨Pl.⟩: *Kartoffelscheiben in Béchamelsoße.*

Bé|cha|mel|so|ße, die [frz. sauce (à la) Béchamel, nach L. Béchamel, dem Haushofmeister Ludwigs XIV.]: *weiße, gebundene [Sahne]soße [mit Zwiebeln, Schinken, Speck od. Kalbfleisch] u. Gewürzen.*

Bêche-de-Mer [bɛʃdəˈmeːɐ̯], das; - [frz., aus port. bicho do mar = Seegurke (früher wichtiger Handelsartikel im westl. Stillen Ozean)]: *dem Pidginenglisch ähnliche Verkehrssprache auf den Inseln des westlichen Stillen Ozeans.*

Be̱|cher, der; -s, - [mhd. becher, ahd. behhari < mlat. bicarium < griech. bîkos = irdenes Gefäß, wahrsch. aus dem Ägypt.]: **1.** *höheres, etwa zylinderförmiges [Trink]gefäß [ohne Fuß], meist ohne Henkel:* die B. füllen, leeren; Milch in einen B. gießen; einen B. *(Becher voll)* Eis essen; Ü den B. des Leidens leeren (dichter.; *Leid erfahren*); * **zu tief in den B. geschaut haben** (ugs.; *angeheitert, betrunken sein*). **2.** *Pflanzenteil, der einem Becher ähnlich ist:* der B. der Eichel.

be|cher|för|mig ⟨Adj.⟩: *in der Form einem Becher* (1) *ähnelnd.*

Be̱|cher|frucht, die: *Frucht der Buchengewächse, die von einer becherförmigen Hülle umgeben ist.*

Be̱|cher|glas, das (Chemie): *im Laboratorium vielseitig verwendetes, becherförmiges, dünnwandiges Glasgefäß, in dem Flüssigkeiten erhitzt werden.*

Be̱|cher|klang, der (dichter.): *Klang, der beim Anstoßen entsteht.*

be|chern ⟨sw. V.; hat⟩ (ugs. scherzh.): *eine größere Menge Alkohol trinken; zechen:* gestern haben wir ganz schön gebechert; ein kleiner Rest sitzt verunsichert an der Bar und bechert (Frings, Liebesdinge 265).

Be̱|cher|werk, das (Technik): *Fördervorrichtung, die aus einer endlosen Reihe hintereinander laufender becherähnlicher Gefäße besteht.*

be|ci̱r|cen ⟨Adj.⟩: ↑bezirzen

Be̱|cken, das; -s, - [mhd. becken, ahd. beckīn = Becken (1), aus dem Vlat., vgl. Bassin]: **1.** *großes, flaches, schüsselförmiges Gefäß:* ein B. aus Porzellan, Edelstahl; Die Sauberkeit der Toilette überraschte ihn. Die B. waren säuberlich einzementiert (Böll, Adam 58); das B. *(der Abfluss des [Wasch]beckens)* ist verstopft; das Wasser aus dem B. lassen; bitte keine Kippen in die B. *(Urinale)* werfen!; ◆ Sie brachte inzwischen notdürftig ein B. *(eine Schale* 2) *voll warmen Kaffee zusammen (Keller, Romeo 52). **2. a)** *größeres [ausgemauertes] Wasserbecken; Bassin, Schwimmbecken, Planschbecken:* das Wasser im B. erneuern; **b)** (Geogr.) *breite, meist fruchtbare Senkung, Mulde; Kessel:* die Stadt liegt am Eingang des großen, fruchtbaren -s; das Wiener B.; **c)** (Med.) *in seinem Knochen bestehender Teil des [menschlichen] Skeletts, der die Verbindung zwischen Beinen u. Lendenwirbelsäule herstellt u. die in der Bauchhöhle ruhenden Eingeweide stützt:* sie hat ein breites, gebärfreudiges B.; Mädchen ..., die mit dem B. wackeln (Jahnn, Geschichten 136); **d)** ⟨meist Pl.⟩ (Musik) *aus zwei tellerförmigen Metallscheiben, die gegeneinander geschlagen werden, bestehendes Musikinstrument (bes. des Jazz u. der Unterhaltungsmusik).*

Be̱|cken|bruch, der ⟨Pl. ...brüche⟩: *Bruch eines Beckenknochens.*

Be̱|cken|end|la|ge, die (Med.): *Längslage des Kindes im Mutterleib, sodass bei der Geburt nicht – wie üblich – der Kopf, sondern das Becken* (2 c) *zuerst erscheint.*

be̱|cken|för|mig ⟨Adj.⟩: *in der Form einem Becken* (1) *ähnlich.*

Be̱|cken|gurt, der: **a)** *das Becken* (2 c) *umspannender Sicherheitsgurt;* **b)** *das Becken* (2 c) *umspannender Teil eines Dreipunktgurts.*

Be̱|cken|gür|tel, der: *Verbindung von Knochen bei den Wirbeltieren, der die Wirbelsäule mit den hinteren Gliedmaßen verbindet.*

Be̱|cken|kno|chen, der: *zum Becken* (2 c) *gehörender Knochen.*

Be̱|cken|or|gan, das ⟨meist Pl.⟩: *im Becken* (2 c) *liegendes Organ.*

Be̱|cken|rand, der: *Rand eines Beckens* (1, 2 a): Kopfsprünge vom seitlichen B. sind verboten.

Be̱ck|mes|ser, der; -s, - [nach der gleichnamigen Gestalt in R. Wagners Oper »Die Meistersinger von Nürnberg«, mit der der Komponist einen Kritiker verspotten wollte] (abwertend): *kleinlicher Nörgler; Kritiker, der sich an kleinen Mängeln stößt, anstatt das Ganze zu sehen.*

Beck|mes|se|rei̱, die; -, -en (abwertend): *Kritik, die sich an Kleinigkeiten stößt, dabei aber den großen Zusammenhang übersieht.*

beck|mes|se|risch ⟨Adj.⟩ (abwertend): *in der Art eines Beckmessers verfahrend, kleinlich, nörglerisch kritisierend:* Nicht das Resultat b. angestellter Vergleiche ist von Belang (NZZ 27. 8. 83, 11).

beck|mes|sern ⟨sw. V.; hat⟩ (abwertend): *kleinlich tadeln, kritisieren.*

Bec|que|rel [bɛkəˈrɛl], das; -s, - [nach dem frz. Physiker H. A. Becquerel (1852–1908)] (Physik): *Maßeinheit für die Aktivität ionisierender Strahlung; Zeichen: Bq.*

Bec|que|rel|ef|fekt, der (Physik): *Unterschied in der Elektrodenspannung, der auftritt, wenn die eine von zwei gleichen, in einen Elektrolyten getauchten Elektroden belichtet wird.*

be|da̱|chen ⟨sw. V.; hat⟩: *mit einem Dach* (1) *versehen, ausstatten:* die Hütte b.; ⟨meist im 2. Part.:⟩ eine mit Eisenplatten bedachte Baracke; bedachte Brücken.

be|da̱cht ⟨Adj.⟩ [mhd. bedāht, adj. 2. Part. von: bedenken, ↑bedenken]: **1.** *besonnen, überlegt, umsichtig:* b. handeln, vorgehen; Kaufleute führen das darauf zurück, dass Weihnachtsgeschenke b. und bewusst ausgewählt wurden (Saarbr. Zeitung 28. 12. 79, 17). **2.** in der Verbindung **auf etw. b. sein** *(auf etw. besonderen Wert legen, etw. sehr wichtig nehmen; auf etw. genau achten):* er ist immer auf seinen guten Ruf b. gewesen; Er hatte eine Freundin, war aber b. darauf, dass ich sie nicht kennen lernte (Frisch, Montauk 42).

Be|da̱cht, der [mhd. bedāht = Erwägung]: *nur in den geh. Fügungen u. Wendungen:* **ohne B.** *(ohne jede Überlegung, unbesonnen, überstürzt):* sie reagierte überstürzt und ohne B.; Mechanisch und ohne den rechten B. erledigte er die kleinen Handgriffe (Th. Mann, Zauberberg 127); **voll B.** *(voll Überlegung, Sorgfalt; bedacht):* »Das stimmt vielleicht, in der

Abstraktion«, sagte er voll B. (Zuckmayer, Herr 142); **mit B.** *(mit einer bestimmten Überlegung; überlegt, besonnen):* mit B. auswählen; Alle wichtigen Dinge im Leben ... sollte man mit B. tun: Essen, Trinken, die Liebe (Danella, Hotel 73); **auf etw. [keinen] B. nehmen** *(auf etw. [nicht] bedacht sein, [nicht] achten):* darauf müssen wir besonderen B. nehmen; In Auftreten und Wandel auf Zweck und Ansehen des Klosters B. zu nehmen (Brückner, Quints 303).

Be|dach|te, der u. die; -n, -n ⟨Dekl. ↑Abgeordnete⟩ [subst. 2. Part. zu ↑bedenken (2)] (Rechtsspr.): *jmd., dem ein Vermächtnis ausgesetzt worden ist.*

be|däch|tig ⟨Adj.⟩ [mhd. bedæhtic]: **1.** *ohne jede Hast, langsam, gemessen:* -e Bewegungen; Der Soldat tat einen -en Schluck (Hilsenrath, Nacht 219); etw. b. hinstellen. **2.** *besonnen, umsichtig, vorsichtig, wohl überlegt:* -e Worte; Nur zwei Tage später richtet Thomas Mann an den Autor dieses Werks ein wortreiches und -es Dankschreiben (Reich-Ranicki, Th. Mann 83).

Be|däch|tig|keit, die; -: *bedächtiges Wesen, bedächtige Art.*

◆ **be|däch|tig|lich** ⟨Adj.⟩: *bedächtig (1):* Bedächtiglich schreitet er einher, von Zeit zu Zeit stehen bleibend (Raabe, Chronik 5).

◆ **be|dächt|lich** ⟨Adj.⟩: *mit Bedacht:* fasst ihn b. bei der Hand (Schiller, Fiesco I, 8).

be|dacht|sam ⟨Adj.⟩ (geh.): *mit Bedacht, Überlegung handelnd; behutsam, vorsichtig:* ein ruhiger und -er Mensch; wir müssen sehr b. vorgehen; Das Projekt müsse sorgfältig und b. weiterverfolgt werden (NZZ 20. 8. 83, 24); Sei mit dem Wort Lüge b. (Schnurre, Bart 112).

Be|dacht|sam|keit, die; - (geh.): *Bedächtigkeit.*

Be|da|chung, die; -, -en (Handw.): **1.** *das Bedachen:* die B. der Gebäude ist abgeschlossen. **2.** *Dach (1):* die -en bestehen aus Wellblech; ein halb fertiger Bunker, dem die B. fehlte (Giordano, Die Bertinis 486).

be|damp|fen ⟨sw. V.; hat⟩ (Technik): *auf der Oberfläche von etw. durch Verdampfen eines Materials eine Schicht, bes. von Metall, anbringen:* man bedampfte den Gegenstand.

be|dämp|fen ⟨sw. V.; hat⟩ (bes. Elektrot.): *die Neigung zu nicht gewünschten Schwingungen dämpfen, zu verringern suchen:* Es ist in erster Linie der Anstieg der Hallzeit in den Tiefen zu b. (Funkschau 21, 1971, 2 214); Außerdem kann ... der Konverterausgang schmalbandig gemacht werden, was ... die Oszillatorfrequenz oder deren Oberwellen am Ausgang des Konverters bedämpft (Funkschau 19, 1971, 1 981).

Be|damp|fung, die; -, -en: *das Bedampfen.*

Be|dämp|fung, die; -, -en (bes. Elektrot.): *das Bedämpfen:* eine B. möglicher UKW-Signale (Funkschau 19, 1971, 1 982).

Bed and Break|fast ['bɛd ənd 'brɛkfəst; engl. = Bett und Frühstück]: *Zimmer mit Frühstück (in Privathäusern)* (Angebot im Beherbergungsgewerbe anglo-amerikanischer Länder).

be|dang: ↑²bedingen.

be|dan|ken ⟨sw. V.; hat⟩: **1.** ⟨b. + sich⟩ *jmdm. für etw. danken, seinen Dank für etw. aussprechen:* ich bedankte mich höflich bei ihr für die Einladung; Für den Tatsachenbericht »Die vierte Dimension« ... möchte ich mich b. (NBI 36, 1983, 38); dafür bedanke ich mich [bestens]! (ugs. iron.; *damit möchte ich nichts zu tun haben, das lehne ich ab*); bedanke dich bei ihr! (ugs. iron.; *in ihr findest du die Schuldige, sie ist dafür verantwortlich*); ich bedanke mich (leicht gespreizt; *danke sehr, ich danke Ihnen*). **2.** (südd., österr.) **a)** *jmdm. danken:* der Redner wurde vom Vorsitzenden herzlich bedankt; sei bedankt!; »Das ist einmal ein gutes Wort!« bedankte ihn Fischel (Musil, Mann I 008); **b)** *sich (für etw.) bedanken:* seine Hilfe soll bedankt sein.

Be|darf, der; -[e]s, (Fachspr.:) -e [aus dem Niederd. < mniederd. bedarf, zum Präsensstamm von: bedörven = benötigt]: *das in einer bestimmten Lage Benötigte, Gewünschte; Nachfrage nach etw.:* der B. des Organismus an Vitaminen; seinen B. [an Lebensmitteln] decken; Die Industrie selbst hat einen steigenden B. an Dienstleistungen (Gruhl, Planet 155); [keinen] B. an/(Kaufmannsspr.:) in etw. haben *(etw. [nicht] brauchen, benötigen);* »Ich denke, wir wollten zusammen aufs Winzerfest?« – »Kein B.!« (salopp; *Dinge des täglichen ...*); bei B. *(im Bedarfsfalle)* müssen ganz schnell und zuverlässig erfahrene Service-Spezialisten zur Stelle sein (Woche 14. 11. 97, 19); ein Taschengeld für den persönlichen B.; er ... begann, die armen Witwen zu besuchen, ... sie nach ihrem B. zu fragen (Buber, Gog 45); [je] nach B. *(wie man es braucht);* wir sind schon über B. *(mehr als nötig)* eingedeckt damit; ℜ mein B. ist gedeckt (ugs.; *ich bin es überdrüssig, habe genug davon*).

-be|darf, der; -[e]s, (Fachspr.:) -e: drückt in Bildungen mit Substantiven – selten mit Verben (Verbstämmen) – aus, dass etw. benötigt wird, man ein Verlangen nach etw. besteht: Entscheidungs-, Erneuerungs-, Handlungs-, Harmoniebedarf.

Be|darfs|ar|ti|kel, der: *für den Bedarf bestimmter Artikel.*

Be|darfs|be|frie|di|gung, die: vgl. Bedarfsdeckung.

Be|darfs|de|ckung, die: *Deckung eines Bedarfs.*

Be|darfs|er|mitt|lung, die (Wirtsch.): *Ermittlung des Bedarfs an einer bestimmten Ware durch entsprechende Analysen o. Ä.*

Be|darfs|fall, der (Papierdt.): in den Fügungen **für den B.** *(für den Fall, dass Bedarf an etw. besteht):* etw. für den B. bereithalten; **im Bedarfsfall[e]** *(im Falle, dass Bedarf an etw. besteht):* etw. kann im B. angefordert werden.

be|darfs|ge|recht ⟨Adj.⟩: *dem Bedarf entsprechend:* eine -e Versorgung der Bevölkerung; mit möglichst einfachen Mitteln die Pausenhöfe b. und attraktiv zu gestalten (Saarbr. Zeitung 6. 12. 79, 14).

Be|darfs|gut, das ⟨meist Pl.⟩: *Konsumgut.*

Be|darfs|hal|te|stel|le, die: *Haltestelle, an der ein öffentliches Verkehrsmittel nur im Bedarfsfall hält.*

Be|darfs|trä|ger, der (Wirtsch.): *Person, Firma, die einen Bedarf an bestimmten Waren (auch Geldmitteln) hat:* Das Nahrungsgetreide wird von den Pflanzenbaubetrieben ... entsprechend seiner Eignung ausgewählt und den -n zur Verfügung gestellt (Freie Presse 22. 8. 89, 8).

be|dau|er|lich ⟨Adj.⟩: *zu bedauern, bedauernswert, unerfreulich:* ein -er Irrtum; es ist b., dass es so weit mit ihr gekommen ist; ich finde das [tief] b.

be|dau|er|li|cher|wei|se ⟨Adv.⟩: *in bedauerlicher Weise, leider.*

be|dau|ern ⟨sw. V.; hat⟩ [mhd. betüren = zu teuer dünken, zu: türen, ↑²dauern]: **1.** *Mitgefühl mit jmdm. empfinden, bemitleiden:* ich bedauere dich aufrichtig; du lässt dich zu gern b.; Er beschloss theatralisch, auf etwas zu verzichten, das noch nicht einmal Formen angenommen hatte, und bedauerte sich tief (H. Gerlach, Demission 169). **2.** *unerfreulich, schade finden:* sie bedauerte ihre Äußerung; er bedauerte nachträglich, mitgekommen zu sein; ich bedauere *(es tut mir Leid),* dass ich nicht dabei sein konnte; (als Ausdruck einer Ablehnung:) »Könntest du mir dabei helfen?« – »Bedaure, ich habe leider keine Zeit.«

Be|dau|ern, das; -s: **1.** *mitfühlende Anteilnahme, Mitleid, Mitgefühl:* jmdm. sein B. ausdrücken. **2.** *Betrübnis:* zu meinem großen B. kann ich nicht kommen.

be|dau|erns|wert ⟨Adj.⟩: *bemitleidenswert, arm:* -e Menschen; Im Unterschied zu Diederich Heßling ist Unrat nicht nur widerlich, sondern auch b. Er ist ein unglücklicher und einsamer Mann (Reich-Ranicki, Th. Mann 130).

be|dau|erns|wür|dig ⟨Adj.⟩ (geh.): *bedauernswert.*

be|de|cken ⟨sw. V.; hat⟩ /vgl. bedeckt/ [mhd. bedecken, ahd. bidecchen]: **1.** *mit etw. zudecken, um zu verhüllen od. zu verbergen:* den Leichnam mit einem Tuch b.; sie bedeckte ihr Gesicht mit den Händen; In Shorts kommt keiner in den Tempel. Vielleicht haben Ihre Freunde etwas, womit Sie sich b. können? (Heim, Traumschiff 84); den Tisch mit einem Tuch b.; Wer noch bedeckt war *(eine Kopfbedeckung trug),* nahm spätestens jetzt die Mütze ab (Süskind, Parfum 297); Ü Rechtsanwalt Schily, vom Rotieren offenbar keineswegs begeistert, hält sich bedeckt *(äußert sich nicht, bezieht keine Stellung;* Spiegel 14, 1983, 24). **2.** *sich über etw., jmdn ausbreiten:* weiche Teppiche bedecken den Boden; Wasser bedeckt die Erdoberfläche zu über 70 Prozent (Gruhl, Planet 31); der Rock bedeckt das Knie *(reicht über das Knie);* der Schreibtisch ist mit Büchern bedeckt *(auf ihm liegen viele Bücher).* **3.** (österr.) *decken (5).* ◆ **4.** *decken (3b):* Ich kann die Stadt von Land und Wasser bestür-

bedeckt

men. Rom, Frankreich und Parma bedecken mich (Schiller, Fiesco II, 18).
be|deckt ⟨Adj.⟩: **1.** *(vom Himmel) [stark] bewölkt:* der Himmel war b. **2.** *(von der [Sing]stimme) etwas belegt, heiser, rau:* eine -e Stimme.
Be|deckt|sa|mer, der; -s, - ⟨meist Pl.⟩ (Bot.): *Pflanze, deren Samenanlage im Fruchtknoten eingeschlossen ist.*
be|deckt|sa|mig ⟨Adj.⟩ (Bot.): *in der Art der Bedecktsamer; zu den Bedecktsamern gehörend.*
Be|de|ckung, die; -, -en [1: mhd. bedeckunge]: **1.** *das Bedecken* (1). **2.** *Schutz, Bewachung:* jmdm. militärische, polizeiliche B. mitgeben; B. hatten sie keine, obwohl sonst die englischen Passagier- und Handelsschiffe eskortiert wurden (Domin, Paradies 132). **3.** *etw., was zum Bedecken* (1) *von etw. verwendet wird:* weil sich ... die gegen Frühjahrsfröste schützenden -en besser anbringen lassen (NZZ 10. 8. 84, 31). **4.** (österr.) *Deckung* (4b).
be|den|ken ⟨unr. V.; hat⟩ /vgl. bedacht/ [mhd. bedenken = nachdenken; auch: beschenken, ahd. bidenchan = erwägen; sich kümmern, sorgen]: **1. a)** *(über etw.) nachdenken, genau überlegen, erwägen, durchdenken:* die weitere Planung b.; er hatte sorgfältig bedacht, was er sagen wollte; Dieser Satz war heraus, ehe May ihn recht bedacht hat (Loest, Pistole 27); **b)** *in Betracht ziehen, beachten:* du musst b., dass sie noch jahrelang ist; eine vernünftige Portion Angst gehöre zum Fahren dazu, damit man alle Gefahren bedenke (ADAC-Motorwelt 8, 1982, 21); [jmdm.] zu b. geben, dass ... *(auf etw. besonders hinweisen).* **2.** (geh.) *mit etw. beschenken; jmdm., einer Sache etw. zuteil werden lassen:* jmdn. bei der Erbteilung reichlich b.; ein Theaterstück mit großem Beifall b.; er bedachte Magda und Helga immer wieder mit einem Kompliment (Danella, Hotel 302); Die Realschule wurde mit einer Stoppuhr und einem Bandmaß bedacht (Saarbr. Zeitung 8. 7. 80, 13); (iron.:) sie bedachten sich [gegenseitig]/(geh.:) einander mit groben Vorwürfen; Beide haben ihn mehr als einmal mit höhnischen Seitenhieben bedacht (Reich-Ranicki, Th. Mann 43). **3.** ⟨b. + sich⟩ *[vor einer Entscheidung] mit sich zurate gehen, sich kurz besinnen:* ich bedachte mich einen Augenblick und unterschrieb dann. ◆ **3.** *sich* ⟨Dativ⟩ *ein B. machen* (üblicherweise verneint; *Bedenken haben*): wiewohl sie sich kein B. machte, Geschenke von ihm anzunehmen (Wieland, Agathon 11, 2).

Be|den|ken, das; -s, - [aus der Kanzleispr. des 15. Jh.]: **1.** ⟨o. Pl.⟩ *Nachdenken, Überlegung:* nach kurzem, gründlichem B. **2.** ⟨meist Pl.⟩ *eine aufgrund von vorhandenen Zweifeln, Befürchtungen od. Vorbehalten angestellte Überlegung, die ratsam erscheinen lässt, mit der Zustimmung noch zu zögern od. den Plan o. Ä. neu zu durchdenken; Zweifel, Einwand, Skrupel:* B. hegen, etw. zu tun; B. gegen einen Plan äußern, haben; B. tragen (nachdrücklich, geh.; *Bedenken haben*); Er schob jedes B. beiseite (Bieler, Mädchenkrieg 40).
be|den|ken|los ⟨Adj.⟩: **a)** *hemmungslos, skrupellos:* Daraus ergab sich die -e Ausbeutung dieses Planeten (Gruhl, Planet 14); **b.** *Geld ausgeben;* **b)** *ohne Bedenken:* das kannst du b. unterschreiben; Man darf sich b. der Hoffnung ... anschließen (Pirsch 22. 9. 84, 1446).
Be|den|ken|lo|sig|keit, die; -: *bedenkenloses* (a) *Wesen, bedenkenlose Art.*
be|den|kens|wert ⟨Adj.⟩: *wert, bedacht zu werden:* ein -er Einwand.
Be|den|ken|trä|ger, der: *jmd., der gegenüber einem Plan o. Ä. [übertriebene] Bedenken hegt:* An kleingeistigen -n dürfen die großen Reformen ... nicht scheitern (Spiegel 40, 1998, 43).
Be|den|ken|trä|ge|rin, die: w. Form zu ↑Bedenkenträger.
be|denk|lich ⟨Adj.⟩ [zu veraltet bedenken = verdächtigen, bezweifeln]: **1.** *voller Bedenken* (2), *skeptisch, besorgt:* ein -es Gesicht machen; das macht, stimmt mich b. **2. a)** *nicht einwandfrei; zweifelhaft, fragwürdig:* Dafür haben sich die Verordnungsmengen der ebenfalls -en Antidepressiva ... deutlich erhöht (Woche 21. 3. 97, 26); die Bundesärzteordnung ... derart zu manipulieren ist verfassungsrechtlich b. (DÄ 47, 1985, 1); **b)** *Besorgnis erregend:* eine -e Wendung nehmen; Verkehrskontrollen mit teils -em Resultat (NZZ 23. 10. 86, 33); Die Leberwerte seien schon b. (Gabel, Fix 130); der Himmel sieht b. aus.
Be|denk|lich|keit, die; -, -en: **1.** ⟨Pl.⟩ (veraltet) *Einwände, Zweifel:* wir müssen es ungeachtet aller -en riskieren; Sie ahnen nicht ... wir vertraut mir Ihre -en sind (Maron, Überläuferin 184). **2.** ⟨o. Pl.⟩ **a)** *Zweifelhaftigkeit, Verdächtigkeit, Fragwürdigkeit:* die B. solcher Mittel, Geschäfte; **b)** *das Bedenklichsein.*
Be|denk|zeit, die ⟨o. Pl.⟩: *Zeit, sich zu bedenken, bevor man eine Entscheidung trifft:* um B. bitten.
be|dep|pert ⟨Adj.⟩ [H. u., viell. zu mundartl. veraltet betöbern = betäuben] (salopp): *[unerwartet] in Verlegenheit gebracht, ratlos, gedrückt:* ein -es Gesicht machen; ein wenig b. dreinschauen.
be|deu|ten ⟨sw. V.; hat⟩ /vgl. bedeutend/ [mhd. bediuten = andeuten, verständlich machen; refl. = zu verstehen sein, zu ↑denken]: **1. a)** *(als Zeichen, als Folge von Zeichen) für einen bestimmten Inhalt stehen, als Bedeutung* (1b) *haben; ausdrücken, meinen:* was bedeutet dieses Zeichen, Wort?; das Wort Automobil bedeutet eigentlich »Selbstbeweger«; was soll das b.? (welchen Sinn, Grund, Zweck hat das, was steckt dahinter?); **b)** *notwendig zur Folge haben, mit sich bringen:* handelspolitischer Protektionismus bedeutet Einschränkung des Verkehrs zwischen den Völkern; er ahnte nicht, was es bedeutet, ein Ausgestoßener zu sein; das bedeutet (heißt, besagt), dass sie den Vertrag erfüllen müssen; Diese Stadt ... aufzugeben bedeutet, die freie Welt zu zerstören (Hörzu 19, 1981, 18); **c)** *(unter einem bestimmten Gesichtspunkt betrachtet) sein:* ein Wagnis b.; das Konzil von Nizäa bedeutet einen Meilenstein in der Geistesgeschichte der Menschheit; sie bedeutete ihm nur ein Abenteuer; Es hatte einen gewissen Reiz bedeutet, Helga dorthin mitzunehmen (Danella, Hotel 36); **d)** *auf etw. Zukünftiges hindeuten; Zeichen sein für etw., was eintreten wird:* das bedeutet nichts Gutes; Spr Perlen bedeuten Tränen (bekommt man Perlen geschenkt, hat man für die Zukunft mit Kummer u. Sorgen zu rechnen; schon im 9. Jh. verbreiteter Aberglaube). **2.** *[für jmdn., etw.] in einem bestimmten Maße wichtig genommen, ernst genommen werden, Bedeutung* (2b) *haben:* als Politiker etwas b.; ihr Name bedeutet viel in der Fachwelt; Geld bedeutet mir wenig; Am auffallendsten, dass ihnen die Antike nichts mehr bedeutete (Fest, Im Gegenlicht 303); das hat nichts zu b. *(ist nicht wichtig, nicht wesentlich);* Wie wenig kann ich ihm noch b., wenn er imstande ist, tatsächlich abzureisen (Strauß, Niemand 12). **3. a)** (geh.) *zu verstehen geben:* er bedeutete mir, ihm zu folgen; Ein Milizionär bedeutet uns, den Damm zu verlassen (Berger, Augenblick 122); mir wurde bedeutet, dass ich warten sollte; **b)** (veraltet) *aufklären; (jmdn.) wissen lassen:* »Er ist ein Neffe des Barons«, ◆ und es pickt sie Pendeluhr, die eintönig mich bedeutet, wie das Leben weiterschreitet (Lenau, In der Krankheit). ◆ **4. a)** *anzeigen, verdeutlichen:* das wird bedeutet durch den runden Hut (Schiller, Piccolomini IV, 5); **b)** *zeigen* (2a): so muss man ihn freundlich grüßen und in meine Wohnung b. (Schiller, Fiesco II, 15).

be|deu|tend ⟨Adj.⟩ [zu bedeuten (2)]: **1.** *von besonderem Gewicht, besonderer Tragweite, wichtig:* dies ist ein Schritt vorwärts, ⟨subst.:⟩ es handelt sich um nichts Bedeutendes. **2.** *von großem Ansehen; berühmt, namhaft, sehr bekannt:* er ist ein -er Gelehrter; eine -e Handelsstadt; Der Verfasser einer Autobiographie ... müsse ... überaus b. sein (Fest, Im Gegenlicht 373). **3.** *von hoher Qualität u. daher von großem Wert; hervorragend, wertvoll:* ein -er Film. **4.** *von beachtlicher Größe, Höhe, von besonderem Ausmaß; groß, beachtlich:* eine -e Summe; Der verhältnismäßig -e Altersunterschied zu den vier Großen (Dönhoff, Ostpreußen 143); sein Anteil daran ist nicht sehr b., ist am -sten; ⟨subst.:⟩ um ein Bedeutendes *(sehr)* zunehmen; sie sieht jetzt um ein Bedeutendes *(viel)* besser aus. **5.** ⟨intensivierend bei Komparative u. Verben⟩ *um vieles, sehr:* das war schon b. besser; sie ist b. älter als er; ihr Zustand hat sich b. gebessert.

be|deut|sam ⟨Adj.⟩: **1.** *bedeutend* (1): dass alle -en schulischen Lernziele von Jungen und Mädchen gleichermaßen erreicht werden können (Lernmethoden 51); als strategisch -en Ausgang des Roten Meeres (elan 2, 1980, 11); volkswirtschaftlich sehr b. ist die Einsparung von Dieselkraftstoff (NNN 14. 11. 83, 6). **2.** *viel sagend, wissend:* ein -es Lächeln; jmdn. b. anblicken.
Be|deut|sam|keit, die; -: **1.** *Wichtigkeit,*

Tragweite: die B. dieser Tatsache für die weitere Entwicklung. **2.** (geh.) *Sinn, Bedeutung:* eine tiefere B. bekommen.
Be|deu|tung, die; -, -en [mhd. bediutunge = Auslegung]: **1. a)** ⟨o. Pl.⟩ *Sinn, der in Handlungen, Gegebenheiten, Dingen, Erscheinungen liegt:* die B. eines Traumes erklären; die Fabel hat eine tiefere B.; einer Sache eine schlimme B. beimessen; Wittgenstein, der sagte: Die B. der Sprache hat sich gewandelt; »Geist« hat mehrere -en. **2.** ⟨o. Pl.⟩ **a)** *Gewicht, Tragweite, Belang:* etw. ist von praktischer B.; Rolf erklärt mir alles Wissenswerte über den Hafen und seine wirtschaftliche B. (Schwaiger, Wie kommt 33); nichts von B. *(nichts Besonderes, Nennenswertes);* **b)** *Geltung, Ansehen, Wert:* die B. Bismarcks als konservativer Politiker/als eines konservativen Politikers; Schriftsteller von einiger B. hingegen, die seine politischen Ansichten teilten (Reich-Ranicki, Th. Mann 113).
Be|deu|tungs|ent|lee|rung, die (Sprachw.): *phrasenhafter Gebrauch eines Wortes.*
Be|deu|tungs|ent|leh|nung, die (Sprachw.): *Entlehnung einer Wortbedeutung.*
Be|deu|tungs|ent|wick|lung, die (Sprachw.): *Entwicklung, Wandel der Wortbedeutung.*
Be|deu|tungs|er|wei|te|rung, die (Sprachw.): *Erweiterung der Wortbedeutung.*
Be|deu|tungs|feld, das (Sprachw.): *Wortfeld.*
Be|deu|tungs|ge|halt, der: *Gehalt der Bedeutung (1) eines Wortes, einer Aussage, eines Werks o. Ä.*
Be|deu|tungs|leh|re, die ⟨o. Pl.⟩ (Sprachw.): *Lehre von der Bedeutung des Wortes; Semasiologie.*
be|deu|tungs|los ⟨Adj.⟩: *nicht ins Gewicht fallend, nicht wichtig; ohne besondere Bedeutung:* eine -e parlamentarische Minderheit.
Be|deu|tungs|lo|sig|keit, die; -: *Eigenschaft, bedeutungslos zu sein:* zur völligen B. verurteilt sein.
be|deu|tungs|schwan|ger ⟨Adj.⟩: *eine tiefere Bedeutung (1a, 2a) verheißend:* -e Blicke; eine -e Pause machen.
be|deu|tungs|schwer ⟨Adj.⟩ (geh.): **a)** *von tiefer, tief greifender Bedeutung* (1a, 2a); **b)** *bedeutungsschwanger:* Ihre Darstellung erschöpft sich in Kunstpausen, -en Blicken, hilflosem Herumstehen (Hamburger Rundschau 15. 5. 85, 10).
Be|deu|tungs|über|tra|gung, die (Sprachw.): *auf metaphorischem Gebrauch beruhende Verschiebung der Wortbedeutung.*
Be|deu|tungs|um|fang, der (Sprachw.): *Umfang an Bedeutungen* (1b).

Be|deu|tungs|un|ter|schied, der (Sprachw.): *Unterschied zwischen zwei [ähnlichen] Bedeutungen* (1b).
Be|deu|tungs|ver|bes|se|rung, die (Sprachw.): *Aufwertung einer Bedeutung, die ein Wort haben kann.*
Be|deu|tungs|ver|en|ge|rung, Be|deu|tungs|ver|en|gung, die (Sprachw.): *Veränderung der Wortbedeutung durch Einengung auf eine bestimmte spezielle Bedeutung.*
Be|deu|tungs|ver|schlech|te|rung, die (Sprachw.): *Abwertung der Wortbedeutung.*
be|deu|tungs|voll ⟨Adj.⟩: **1.** *von Bedeutung* (2a), *wichtig:* ein -er Tag; Der Aufsichtsrat traf -e Entscheidungen, obwohl er beschlussunfähig war (Focus 24, 1994, 26). **2.** *viel sagend, bedeutsam* (2): ein -er Blick.
Be|deu|tungs|wan|del, der (Sprachw.): *Veränderung der Wortbedeutung.*
Be|deu|tungs|wör|ter|buch, das: *Wörterbuch, das besonderes Gewicht auf die genaue Angabe der Wortbedeutung legt.*
be|dich|ten ⟨sw. V.; hat⟩ (seltener): *in einem Gedicht behandeln, rühmen, verherrlichen:* auf eben jenem Ettersberg, an dessen Hängen Goethe zuweilen die Nacht zu b. pflegte (Spiegel 42, 1975, 119); Dennoch jammerte er nach dem Urselchen und hat es wohl auch lateinisch bedichtet (Grass, Butt 349).
be|die|nen ⟨sw. V.; hat⟩: **1. a)** *jmdm. [persönliche] Dienste leisten:* die Zofe bediente ihre Herrin; jmdn. vorn und hinten b. [müssen] (ugs.; *für jmdn. jede Kleinigkeit tun [müssen]*); **b)** *jmdm. [bei Tisch] mit Speisen u. Getränken aufwarten, ihn damit versorgen:* ein mürrischer Kellner bediente uns ⟨auch o. Akk.-Obj.:⟩ welche Kellnerin bedient hier?; Ein kleines Restaurant, ganz in der Nähe. Sehr hübsch ... ich hab da bedient (Danella, Hotel 149); ich bin bedient (schweiz.: *ich werde [schon] bedient*); ⟨b. + sich:⟩ ich bediente mich *(nahm mir von den Speisen u. Getränken);* Nach dem Amen bedient sich mein Vater zuerst (Gabel, Fix 47); bitte, bedienen Sie sich *(greifen Sie bitte zu);* **c)** *sich* (bes. als Verkäufer, als Schalterbeamter o. Ä.) *jmds. annehmen, ihm behilflich sein:* seine Kunden aufmerksam b.; ⟨auch o. Akk.-Obj.:⟩ bedient hier denn niemand?; Er arbeitete in der Drogerie am Kirchplatz (G. Vesper, Laterna 35); Ü als er sah, dass der Laden leer war, hat er sich selbst bedient *(gestohlen);* **d)** *versorgen:* die Bevölkerung umfassend mit Informationen b.; mehrere Fluggesellschaften bedienen diese Strecke; die Kunden werden in Zukunft beides brauchen, die Schiene und den Bus. Nur so lässt sich sicherstellen, dass die Bevölkerung umfassend bedient werden kann (Blickpunkt 4, 1983, 3); **e)** in den Verbindungen **gut/schlecht** o. ä. **bedient sein** (ugs.; *sehr zufrieden sein können/mit etw. vorlieb nehmen müssen, was nicht befriedigend ist*): mit einem solchen Vertrag wären sie sehr gut bedient; **bedient sein** (salopp, iron.; *genug haben*): Schafft euch 'n kleinen Bruder an, und ihr seid für alle Zei-

ten bedient (H. Weber, Einzug 29); ◆ **jmdm. bedient sein** *(jmdm. dienen, in jmds. Diensten stehen):* da Herr Siebert Sönksen dem Gegenpart bedient ist (Storm, Söhne 21). **2.** (*größere Geräte* o. Ä.) *handhaben, steuern:* als seien die Fahrer zu blöd, die Autos zu b. (Woche 1. 11. 97, 3); In Banken und Versicherungen arbeiten die Angestellten wie an Fließbändern, sie bedienen Schreib- und Rechenmaschinen und Datenverarbeitungsanlagen (Gruhl, Planet 155). **3. a)** (Fußball) *jmdm. den Ball zuspielen:* den Mittelstürmer mit einer prächtigen Steilvorlage b.; Mattern ... wollte es dann allein machen, statt den mitgelaufenen und völlig freien Cestonaro zu b. (Kicker 6, 1982, 34); **b)** (Kartenspiel) *die geforderte Farbe spielen:* musst Trumpf, Herz b.; ⟨auch o. Akk.-Obj.:⟩ du hättest b. müssen; **c)** (Geldw.) *für etw. Zinsen zahlen:* wenn die Kaution ist dieses Jahr noch nicht bedient worden; wenn ein Schuldner über längere Frist sein Unvermögen demonstriert hat, seine Schulden zu b. (NZZ 25. 12. 83, 13). **4.** ⟨b. + sich⟩ (geh.) *von jmdm., etw. Gebrauch machen; etw., jmdn. verwenden, benutzen:* sie bediente sich eines Führers, Kompasses; ich bediene mich eines Vergleiches, um das Problem zu verdeutlichen; Der Hauptangeklagte und seine Cousine hatten sich gefälschter Reisepässe bedient (NZZ 31. 8. 66, 32); Neuronale Netze seien sich einer am Nervensystem orientierten Architektur (natur 3, 1994, 31); Zur Beleuchtung der Gestalt Thomas Manns bedient sich Mendelssohn vor allem einer Aureole (Reich-Ranicki, Th. Mann 263).
Be|die|ner, der; -s, -: *jmd., der eine Maschine, technische Anlage o. Ä. bedient* (2): Für den Arbeitsplatz wurden solche Prinzipien gefunden, die eigentlich jede Verletzung an der laufenden Maschine unmöglich machen (NNN 4. 9. 86, 5); Alle diese Informationspunkte müssen dem B. der Leitstelle ... angezeigt werden (CCI 9, 1985, 52).
Be|die|ne|rin, die; -, -nen: **1.** w. Form zu ↑Bediener. **2.** (österr.) *Haushaltshilfe, Zugehfrau, Putzfrau:* Da werden die Schiebetüren vom Speiseraum von der B. weit geöffnet, und alle können die Stimme ... hören (Zeller, Amen 48).
be|diens|tet ⟨Adj.⟩ [2. Part. von veraltet bediensten = in Dienst stellen]: in der Verbindung **b. sein** (österr.; *im [öffentlichen] Dienst stehen, angestellt sein*).
Be|diens|te|te, der u. die; -n, -n ⟨Dekl. ↑Abgeordnete⟩: **1.** (Amtsspr.) *im öffentlichen Dienst angestellte Person:* Da der Nikolaus ... im Hauptberuf -r des Kreiskrankenhauses Völklingen ist (Saarbr. Zeitung 15./16. 12. 79, 19). **2.** *jmd., der bei einer Privatperson gegen Entlohnung Dienst tut:* Heutzutage, wo es keine -n gibt, wie soll man in einem Schloss wohnen (Danella, Hotel 365).
Be|dien|te, der u. die; -n, -n ⟨Dekl. ↑Abgeordnete⟩ (veraltet): *Diener, Dienerin.* ◆ ich habe mit meinem -n zu sprechen (Lessing, Minna I, 3).
Be|die|nung, die; -, -en: **1.** ⟨o. Pl.⟩ *das Be-*

dienen eines Kunden, Gastes: die B. in dem Laden, Lokal ist vorbildlich; Ein Gourmetrestaurant mit B. gibt es am gesamten Flughafen nicht (a & r 2, 1997, 116); B. *(Bedienungsgeld) inbegriffen.* **2.** *das Handhaben, Steuern von Geräten:* die B. von Maschinen, Geschützen; Der Mittelmüller unterweist seinen Sohn Otto ... in der B. der Mühle (Strittmatter, Laden 362). **3. a)** *in einer Gaststätte od. in einem Geschäft bedienende Person:* die B. rufen; Man sah, dass Lorella bereits im zweiten Jahr unter den -en im Speisesaal eine Sonderstellung erlangt hatte (Gregor-Dellin, Traumbuch 121); **b)** (bes. österr.) *Haushaltshilfe, Zugehfrau, Putzfrau.* **4.** (österr.) *Stelle als Bedienerin:* sich um eine B. bewerben. **5.** (Milit.) *Einheit, die technische Geräte (große Geschütze u. die verschiedensten Apparaturen) bedient:* der Geschützführer befahl seiner B., in Deckung zu gehen. **6.** (Geldw.) *das Bedienen* (3 c): einer Exportausweitung, die teilweise mit Schillingkrediten finanziert wurde, deren B. in Fremdwährung zumindest nicht ganz problemlos sei (NZZ 30. 4. 83, 19). ♦ **7. a)** *Diener, Dienerin:* ein ... Knabe, der sich bei Wilhelm als seine B. ankündigte und das Abendessen brachte (Goethe, Lehrjahre VII, 1); **b)** ⟨o. Pl.⟩ *Dienerschaft:* Meine Frau liegt darin todkrank, den einzigen Winkel, der leer ist, mit ihrer B. erfüllend (Kleist, Käthchen II, 7); **c)** *Dienst:* vernahm mit sichtlicher Freude den Bericht über meinen Eintritt in die B. des Admirals (C. F. Meyer, Amulett 29).
Be|die|nungs|an|lei|tung, die: *Anleitung zur Bedienung (eines Geräts o. Ä.):* vor dem Einschalten des Gerätes bitte die B. lesen.
Be|die|nungs|auf|schlag, der: *Bedienungsgeld.*
Be|die|nungs|ele|ment, das: *zur Bedienung (2) eines Gerätes, einer Apparatur o. Ä. erforderliches Bauteil* (z. B. Schalter, Hebel, Knopf): Der Bedienungskomfort der gigantischen Maschinen wird ... durch eine Vereinfachung der zahlreichen -e in der Fahrerkabine ... erhöht (Wirtschaftswoche 4, 1986, 80).
Be|die|nungs|feh|ler, der: *Fehler bei der Bedienung (eines Geräts o. Ä.):* Ein Defekt oder ein B. im Pumpenraum des Schiffs führten vermutlich zu der Explosion (Focus 44, 1995, 80).
be|die|nungs|freund|lich ⟨Adj.⟩: *bequem, sicher u. einfach zu bedienen:* -e Armaturen; das Gerät gilt als ausgesprochen b.
Be|die|nungs|geld, das: *(in der Gastronomie) Preisaufschlag für die Bedienung* (1).
Be|die|nungs|ge|rät, das: *Gerät, das zur Bedienung (2) bestimmter Apparaturen, Maschinen o. Ä. dient.*
Be|die|nungs|kom|fort, der: *eine bequeme, sichere, einfache Bedienung (2) ermöglichende Ausstattung:* Lange Zeit betrachteten Computerhersteller und Softwareanbieter den B. – sprich: einfach zu handhabende Programme und Handbücher – eher als lästige Pflicht

denn als Gütesiegel (Wirtschaftswoche 41, 1989, 145).
Be|die|nungs|mann|schaft, die (Milit.): vgl. Bedienung (5).
Be|die|nungs|vor|schrift, die: vgl. Bedienungsanleitung.
Be|die|nungs|zu|schlag, der: *Bedienungsgeld.*
Be|ding, der; -[e]s, -e: **1.** in den Fügungen **mit dem B.:** (veraltet; *unter der Bedingung); **unter dem B.** (veraltet; *unter der Bedingung, Voraussetzung*): er hatte eben eine lebenslange Rente ... unter dem B. will ich mir auch eine Vorstellung von der Welt machen, die sich sehen lassen kann (Wollschläger, Zeiten 53). ♦ **2.** *Bedingung:* mit dem B. wechsle' ich selbst mit Euch den Ring (Goethe, Faust I, 3001 f.); Vom Besitzer hört' ich die -e; doch der Preis ist keineswegs geringe (Goethe, Wandrer u. Pächterin).
¹**be|din|gen** ⟨sw. V.; hat⟩ [mhd. bedingen = dingen; durch Verhandlung gewinnen; später beeinflusst von ↑ Bedingung (1)]: **a)** *bewirken, zur Folge haben, verursachen:* ihr großer Fleiß bedingte ein rasches Voranschreiten der Arbeit; das eine bedingt das andere; Die unnatürliche Schrägstellung des Fußes bedingt Hammerzehen (natur 2, 1991, 71); öffentliche Wohlfahrt ... und unser Glück bedingen sich gegenseitig (sind voneinander abhängig, sind ohneeinander nicht denkbar; Th. Mann, Hoheit 235); der Produktionsrückstand ist durch den Streik bedingt; der Wandel ist psychologisch bedingt; bedingter Reflex (Psych.; *nicht angeborener, sondern durch Konditionierung erworbener Reflex*); **b)** (selten) *erfordern, voraussetzen:* diese Aufgabe bedingt großes Geschick; dem Einschränkungen beim Vorsteuerabzug bedingen Einstimmigkeit der Beschlussfassung im EG-Ministerrat (NZZ 3. 2. 83, 17); bedingende (Sprachw.; *konditionale*) Konjunktionen.
²**be|din|gen,** sich ⟨st. V.; hat⟩ [zu ²Ding] (veraltend): *sich zur Bedingung machen, sich ausbedingen, vereinbaren:* ich bedang mir einen freien Tag pro Woche; der bedungene Lohn; Bedingen Sie sich reichlich Urlaub (Kaiser, Villa 128).
Be|ding|nis, das; -ses, -se (österr. Amtsspr.), veraltet: die; -, -se: *Bedingung* (1), *Voraussetzung:* ein wichtiges B. für den weiteren Verkehr der Tramway auf dieser Strecke ist ein höheres Fahrgastaufkommen; Groß, stark, gut aussehend, den Charme einsetzen können. Die äußeren -se meistern (Alexander, Jungfrau 357); ♦ Die B., an welche sein Wiedersehen mit der Schwester geknüpft worden ist (Ebner-Eschenbach, Gemeindekind 69); Wir setzen also ... den Musikus fest ... und machen den Brief der Tochter zur einzigen B. seiner Befreiung (Schiller, Kabale III, 1).
be|dingt ⟨Adj.⟩: *nicht uneingeschränkt, nur mit Einschränkung[en]:* eine -e Erlaubnis; -er Straferlass (Rechtsspr.; *Straferlass unter der Voraussetzung einwandfreier Führung während der Bewährungsfrist*); er wurde zu zwei Monaten Gefängnis b. (österr.; schweiz.; *auf Be-

währung*) verurteilt; etw. nur b. gutheißen; b. tauglich, geeignet, richtig, gültig; ♦ er weiß so glatt und so b. *(mit Einschränkungen, Vorbehalten)* zu sprechen, dass sein Lob erst recht zum Tadel wird (Goethe, Torquato Tasso IV, 2).
-be|dingt: drückt in Bildungen mit Substantiven aus, dass die beschriebene Sache durch etw. hervorgerufen wird, in etw. begründet ist: alkohol-, alters-, ernährungs-, krankheits-, saison-, verletzungsbedingt.
Be|dingt|gut, das ⟨o. Pl.⟩: *Kommissionsgut.*
Be|dingt|heit, die; -, -en: **1. a)** *das Bedingtsein durch bestimmte Umstände:* die soziale B. des einzelmenschlichen Erlebens und Denkens (Hofstätter, Gruppendynamik 181); etw. in seiner historischen B. sehen; **b)** *bedingte Gültigkeit, bedingte Richtigkeit; Relativität:* sie ist sich der B. jeder menschlichen Erkenntnis bewusst. **2.** (selten) *Bedingung* (2): klimatische B.
Be|dingt|sen|dung, die: *Kommissionssendung.*
Be|din|gung, die; -, -en [im 16. Jh. = rechtliche Abmachung, Vereinbarung]: **1. a)** *etw., was gefordert u. von dessen Erfüllung etw. anderes abhängig gemacht wird:* wie lauten ihre -en?; unsere -en sind nicht erfüllt worden; jmds. -en [nicht] akzeptieren; -en stellen; etw. zur B. machen; **b)** *etw., was zur Verwirklichung von etw. anderem als Voraussetzung notwendig, gegeben, vorhanden sein muss:* Die Teilung der Gewalten ist die erste B. einer freien Regierung (Fraenkel, Staat 121); unter keiner B.; unter folgender B.; unter welchen -en? **2.** ⟨meist Pl.⟩ *Gegebenheit, die für jmdn., etw. bestimmend ist; [Lebens]umstand:* gute, ungünstige -en; die klimatischen, hygienischen -en.
Be|din|gungs|form, die (Sprachw. selten): *Konditional.*
be|din|gungs|los ⟨Adj.⟩: **1.** *ohne jede Bedingung, an keinerlei Bedingungen geknüpft:* die -e Kapitulation fordern; Disziplin musste her, Gehorsam aufs Wort und -e Unterwerfung (Heym, Schwarzenberg 49); sich jmdm. b. unterwerfen. **2.** *uneingeschränkt, absolut, unbedingt:* -e Hingabe, Treue; Nach dem Ende des Zweiten Weltkriegs setzte Kanzler Konrad Adenauer angesichts millionenfacher Wohnungsnot auf -es Wachstum (Stern 17, 1996, 134); Dieser Anschlusstreffer war das Signal zum -en Angriffsspiel (NNN 1. 9. 86, 9); jmdm. b. gehorchen, vertrauen.
Be|din|gungs|lo|sig|keit, die; -: *Eigenschaft, bedingungslos zu sein; bedingungsloses Erfolgen von etw.:* »Mich fasziniert die Bedingungslosigkeit, mit der Penthesilea für ihre Liebe eintritt, ihr Ziel verfolgt« (Tagesspiegel 25. 5. 99, 35).
Be|din|gungs|satz, der (Sprachw.): *Umstandssatz, der eine Bedingung* (1) *angibt; Konditionalsatz.*
be|din|gungs|wei|se ⟨Adv.⟩: *unter einer bestimmten Bedingung* (1): jmdn. nur b. anstellen.